Britz/Hellermann/Hermes
Energiewirtschaftsgesetz

EnWG
Energiewirtschaftsgesetz

Kommentar

Herausgegeben von

Prof. Dr. Gabriele Britz
Universität Gießen

Prof. Dr. Johannes Hellermann
Universität Bielefeld

Prof. Dr. Georg Hermes
Universität Frankfurt a. M.

Bearbeitet von
den Herausgebern und von

Felix Arndt, Heidelberg
Dr. Annegret Groebel, Bonn
Dr. Alexander Hanebeck, LL.M., Berlin
Karsten Herzmann, Universität Gießen
Dr. Frank Hölscher, Bonn
Dr. Kara Preedy, LL.M., Berlin
Dr. Michael Robert, Berlin
Dr. Matthias Stölzel, Frankfurt a. M.

Verlag C. H. Beck München 2008

Verlag C. H. Beck im Internet:
beck.de

ISBN 978 3 406 49933 3

© 2008 Verlag C. H. Beck oHG
Wilhelmstraße 9, 80801 München
Druck: CPI books, Birkstraße 10, 25917 Leck

Satz: Druckerei C. H. Beck Nördlingen
(Adresse wie Verlag)

Gedruckt auf säurefreiem, alterungsbeständigem Papier
(hergestellt aus chlorfrei gebleichtem Zellstoff)

Vorwort

Durch das Zweite Gesetz zur Neuregelung des Energiewirtschaftsrechts aus dem Jahr 2005 wurde das Energiewirtschaftsgesetz in Umsetzung der Elektrizitäts- und Erdgasbinnenmarktrichtlinie aus dem Jahr 2003 grundlegend reformiert und völlig neu gefaßt. Die leitungsgebundene Energieversorgung in Deutschland hat damit einen neuen Ordnungsrahmen erhalten. Im Zentrum des neuen Energiewirtschaftsgesetzes stehen die Herstellung und Förderung von Wettbewerb durch faire Netzzugangsbedingungen. Diese werden durch Entflechtungsregeln für integrierte Energieversorgungsunternehmen und umfangreiche Regulierungsbefugnisse insbesondere der Bundesnetzagentur flankiert. Detaillierte Regelungen zum behördlichen und gerichtlichen Verfahren ergänzen diese neuen Regulierungsbefugnisse. Daneben stehen die Pflichten der Netzbetreiber, die Grundversorgungspflicht, Fragen der Planung von Energieversorgungsleitungen und der Wegenutzung sowie Vorkehrungen im Interesse der Versorgungssicherheit im Mittelpunkt des neuen Energiewirtschaftsgesetzes.

Das vorliegende Werk präsentiert eine umfassende Kommentierung dieses neugefaßten, inzwischen schon mehrfach geänderten Energiewirtschaftsgesetzes; die letzte Änderung durch Gesetz vom 18. Dezember 2007 hat nur noch partiell berücksichtigt werden können. Dabei ist es uns ein besonderes Anliegen gewesen, eine gleichermaßen wissenschaftlich fundierte und praxisgerechte Kommentierung vorzulegen.

Dieses spezifische Anliegen hat die Auswahl des Autorenkreises geprägt. Er vereinigt neben den Herausgebern, die als Hochschullehrer auf den Gebieten des Energie-, Regulierungs- und Infrastrukturrechts tätig sind, und wissenschaftlichen Mitarbeitern, Rechtsanwälte und Mitarbeiter aus Ministerien, Bundesnetzagentur und Deutscher Börse, die insbesondere auch ihre langjährige Praxiserfahrung in das Werk eingebracht haben. Ihnen danken die Herausgeber herzlich für ihre engagierte Mitwirkung.

Ein besonderer Dank der Herausgeber gilt auch allen Mitarbeiterinnen und Mitarbeitern der Lehrstühle in Gießen, Bielefeld und Frankfurt am Main, ohne deren tatkräftige Unterstützung im Sekretariat,

Vorwort

durch Recherche- und Redaktionsarbeiten die Fertigstellung des Werks nicht möglich gewesen wäre.

Gießen/Bielefeld/Frankfurt am Main

Gabriele Britz
Johannes Hellermann
Georg Hermes

Bearbeiterverzeichnis

I. Nach Paragraphen
EnWG

§ 1	Hellermann/Hermes
§§ 2, 3	Hellermann
§§ 3a–5	Hermes
§§ 6–10	Hölscher
§§ 11–19	Stötzel
§ 20	Britz/Arndt
§§ 21, 21a	Groebel
§ 21b	Herzmann
§§ 22–24	Britz
§§ 25–28a	Arndt
§ 29	Britz
§§ 30–33	Robert
§ 35	Herzmann
§§ 36–42	Hellermann
§§ 43–45a	Hermes
§§ 46, 48	Hellermann
§§ 49–53a	Stötzel
§§ 54–64a	Hermes
§§ 65–74	Hanebeck
§§ 75–88	Preedy
§§ 89–108	Hölscher
§ 109	Hellermann
§ 110	Stötzel
§ 111	Hölscher
§ 112	Britz
§ 112a	Herzmann
§ 113	Hellermann
§ 114	Hölscher
§§ 115, 116	Stötzel
§ 117	Hellermann
§ 118	Britz

Bearbeiterverzeichnis

II. In alphabetischer Ordnung

Felix Arndt, Max-Planck-Institut für ausländisches öffentliches Recht und Völkerrecht, Heidelberg	§ 20 Rn. 125–235; §§ 25–28a
Prof. Dr. Gabriele Britz, Universität Gießen	Vorb §§ 20 ff. – § 20 Rn. 124; Vorb §§ 22 f. – § 24; Vorb §§ 29 ff. – § 29; §§ 112, 118
Dr. Annegret Groebel, Bundesnetzagentur, Bonn	§§ 21, 21a
Dr. Alexander Hanebeck, LL.M., Bundesministerium des Innern, Berlin ...	Vorb §§ 65 ff. – § 74
Prof. Dr. Johannes Hellermann, Universität Bielefeld	§§ 1–3, 36–42, 46, 48, 109, 113, 117
Prof. Dr. Georg Hermes, Universität Frankfurt	§§ 1, 3a–5, 43–45a, 54–64a
Karsten Herzmann, Wissenschaftlicher Mitarbeiter, Universität Gießen	§§ 21b, 35, 112a
Dr. Frank Hölscher, Rechtsanwalt, Redeker Sellner Dahs & Widmaier, Bonn	§§ 6–10, 89–108, 111, 114
Dr. Kara Preedy, LL.M., Rechtsanwältin, Geiser & von Oppen Rechtsanwälte, Berlin	Vorb §§ 75 ff. – § 88
Dr. Michael Robert, Bundesnetzagentur, Berlin	§§ 30–33
Dr. Matthias Stötzel, Rechtsanwalt, Gleiss Lutz Rechtsanwälte, Frankfurt a. M.	§§ 11–19, 49–53a, 110, 115, 116

Inhaltsverzeichnis

	Seite
Vorwort	V
Bearbeiterverzeichnis	VII
Abkürzungsverzeichnis	XV
Text des Energiewirtschaftsgesetzes	1

Kommentar zum Energiewirtschaftsgesetz

Teil 1. Allgemeine Vorschriften

§ 1	Zweck des Gesetzes	101
§ 2	Aufgaben der Energieversorgungsunternehmen	119
§ 3	Begriffsbestimmungen	125
§ 3a	Verhältnis zum Eisenbahnrecht	148
§ 4	Genehmigung des Netzbetriebs	155
§ 5	Anzeige der Energiebelieferung	168

Teil 2. Entflechtung

§ 6	Anwendungsbereich und Ziel der Entflechtung	179
§ 7	Rechtliche Entflechtung	193
§ 8	Operationelle Entflechtung	209
§ 9	Verwendung von Informationen	233
§ 10	Rechnungslegung und interne Buchführung	239

Teil 3. Regulierung des Netzbetriebs

Abschnitt 1. Aufgaben der Netzbetreiber

§ 11	Betrieb von Energieversorgungsnetzen	253
§ 12	Aufgaben der Betreiber von Übertragungsnetzen	275
§ 13	Systemverantwortung der Betreiber von Übertragungsnetzen	291
§ 14	Aufgaben der Betreiber von Elektrizitätsverteilernetzen	307
§ 15	Aufgaben der Betreiber von Fernleitungsnetzen	312

Inhaltsverzeichnis

	Seite
§ 16 Systemverantwortung der Betreiber von Fernleitungsnetzen	320
§ 16a Aufgaben der Betreiber von Gasverteilernetzen	326

Abschnitt 2. Netzanschluss

§ 17 Netzanschluss	328
§ 18 Allgemeine Anschlusspflicht	350
§ 19 Technische Vorschriften	365

Abschnitt 3. Netzzugang

Vorbemerkung	369
§ 20 Zugang zu den Energieversorgungsnetzen	381
§ 21 Bedingungen und Entgelte für den Netzzugang	461
§ 21a Regulierungsvorgaben für Anreize für eine effiziente Leistungserbringung	551
§ 21b Messeinrichtungen	589
Vorbemerkung	606
§ 22 Beschaffung der Energie zur Erbringung von Ausgleichsleistungen	609
§ 23 Erbringung von Ausgleichsleistungen	615
§ 23a Genehmigung der Entgelte für den Netzzugang	621
§ 24 Regelungen zu den Netzzugangsbedingungen, Entgelten für den Netzzugang sowie zur Erbringung und Beschaffung von Ausgleichsleistungen	636
§ 25 Ausnahmen vom Zugang zu den Gasversorgungsnetzen im Zusammenhang mit unbedingten Zahlungsverpflichtungen	650
§ 26 Zugang zu den vorgelagerten Rohrleitungsnetzen und zu Speicheranlagen im Bereich der leitungsgebundenen Versorgung mit Erdgas	658
§ 27 Zugang zu den vorgelagerten Rohrleitungsnetzen	663
§ 28 Zugang zu Speicheranlagen	666
§ 28a Neue Infrastrukturen	673

Abschnitt 4. Befugnisse der Regulierungsbehörde, Sanktionen

Vorbemerkung	686
§ 29 Verfahren zur Festlegung und Genehmigung	689
§ 30 Missbräuchliches Verhalten eines Netzbetreibers	705
§ 31 Besondere Missbrauchsverfahren der Regulierungsbehörde	724
§ 32 Unterlassungsanspruch, Schadensersatzpflicht	734

		Seite
§ 33	Vorteilsabschöpfung durch die Regulierungsbehörde	744
§ 34	(aufgehoben)	750
§ 35	Monitoring	750

Teil 4. Energielieferung an Letztverbraucher

§ 36	Grundversorgungspflicht	761
§ 37	Ausnahmen von der Grundversorgungspflicht	782
§ 38	Ersatzversorgung mit Energie	791
§ 39	Allgemeine Preise und Versorgungsbedingungen	801
§ 40	(aufgehoben)	819
§ 41	Energielieferverträge mit Haushaltskunden	819
§ 42	Stromkennzeichnung, Transparenz der Stromrechnungen	827

Teil 5. Planfeststellung, Wegenutzung

§ 43	Erfordernis der Planfeststellung	841
§ 43 a	Anhörungsverfahren	857
§ 43 b	Planfeststellungsbeschluss, Plangenehmigung	866
§ 43 c	Rechtswirkungen der Planfeststellung und Plangenehmigung	876
§ 43 d	Planänderung vor Fertigstellung des Vorhabens	880
§ 43 e	Rechtsbehelfe	883
§ 44	Vorarbeiten	887
§ 44 a	Veränderungssperre, Vorkaufsrecht	898
§ 44 b	Vorzeitige Besitzeinweisung	906
§ 45	Enteignung	915
§ 45 a	Entschädigungsverfahren	936
§ 46	Wegenutzungsverträge	939
§ 47	(aufgehoben)	970
§ 48	Konzessionsabgaben	970

Teil 6. Sicherheit und Zuverlässigkeit der Energieversorgung

§ 49	Anforderungen an Energieanlagen	983
§ 50	Vorratshaltung zur Sicherung der Energieversorgung	996
§ 51	Monitoring der Versorgungssicherheit	1001
§ 52	Meldepflichten bei Versorgungsstörungen	1007
§ 53	Ausschreibung neuer Erzeugungskapazitäten im Elektrizitätsbereich	1015

Inhaltsverzeichnis

		Seite
§ 53a	Sicherstellung der Versorgung von Haushaltskunden mit Erdgas	1022

Teil 7. Behörden

Abschnitt 1. Allgemeine Vorschriften

§ 54	Allgemeine Zuständigkeit	1027
§ 55	Bundesnetzagentur, Landesregulierungsbehörde und nach Landesrecht zuständige Behörde	1042
§ 56	Tätigwerden der Bundesnetzagentur beim Vollzug des europäischen Rechts	1048
§ 57	Zusammenarbeit mit Regulierungsbehörden anderer Mitgliedstaaten und der Europäischen Kommission	1051
§ 58	Zusammenarbeit mit den Kartellbehörden	1058

Abschnitt 2. Bundesbehörden

§ 59	Organisation	1066
§ 60	Aufgaben des Beirates	1076
§ 60a	Aufgaben des Länderausschusses	1081
§ 61	Veröffentlichung allgemeiner Weisungen des Bundesministeriums für Wirtschaft und Technologie	1088
§ 62	Gutachten der Monopolkommission	1094
§ 63	Berichterstattung	1098
§ 64	Wissenschaftliche Beratung	1104
§ 64a	Zusammenarbeit zwischen den Regulierungsbehörden	1107

Teil 8. Verfahren

Abschnitt 1. Behördliches Verfahren

Vorbemerkung		1115
§ 65	Aufsichtsmaßnahmen	1122
§ 66	Einleitung des Verfahrens, Beteiligte	1126
§ 66a	Vorabentscheidung über Zuständigkeit	1136
§ 67	Anhörung, mündliche Verhandlung	1137
§ 68	Ermittlungen	1145
§ 69	Auskunftsverlangen, Betretungsrecht	1149
§ 70	Beschlagnahme	1159
§ 71	Betriebs- oder Geschäftsgeheimnisse	1161
§ 71a	Netzentgelte vorgelagerter Netzebenen	1166
§ 72	Vorläufige Anordnungen	1168

		Seite
§ 73	Verfahrensabschluss, Begründung der Entscheidung, Zustellung	1171
§ 74	Veröffentlichung von Verfahrenseinleitungen und Entscheidungen	1177

Abschnitt 2. Beschwerde

Vorbemerkung		1178
§ 75	Zulässigkeit, Zuständigkeit	1179
§ 76	Aufschiebende Wirkung	1186
§ 77	Anordnung der sofortigen Vollziehung und der aufschiebenden Wirkung	1192
§ 78	Frist und Form	1202
§ 79	Beteiligte am Beschwerdeverfahren	1204
§ 80	Anwaltszwang	1207
§ 81	Mündliche Verhandlung	1207
§ 82	Untersuchungsgrundsatz	1209
§ 83	Beschwerdeentscheidung	1213
§ 83 a	Abhilfe bei Verletzung des Anspruchs auf rechtliches Gehör	1222
§ 84	Akteneinsicht	1225
§ 85	Geltung von Vorschriften des Gerichtsverfassungsgesetzes und der Zivilprozessordnung	1234

Abschnitt 3. Rechtsbeschwerde

§ 86	Rechtsbeschwerdegründe	1236
§ 87	Nichtzulassungsbeschwerde	1238
§ 88	Beschwerdeberechtigte, Form und Frist	1240

Abschnitt 4. Gemeinsame Bestimmungen

§ 89	Beteiligtenfähigkeit	1242
§ 90	Kostentragung und -festsetzung	1244
§ 90 a	Elektronische Dokumentenübermittlung	1249
§ 91	Gebührenpflichtige Handlungen	1249
§ 92	Beitrag	1258
§ 93	Mitteilung der Bundesnetzagentur	1270

Abschnitt 5. Sanktionen, Bußgeldverfahren

§ 94	Zwangsgeld	1272
§ 95	Bußgeldvorschriften	1274
§ 96	Zuständigkeit für Verfahren wegen der Festsetzung einer Geldbuße gegen eine juristische Person oder Personenvereinigung	1284

Inhaltsverzeichnis

		Seite
§ 97	Zuständigkeiten im gerichtlichen Bußgeldverfahren	1288
§ 98	Zuständigkeit des Oberlandesgerichts im gerichtlichen Verfahren	1290
§ 99	Rechtsbeschwerde zum Bundesgerichtshof	1292
§ 100	Wiederaufnahmeverfahren gegen Bußgeldbescheid	1293
§ 101	Gerichtliche Entscheidungen bei der Vollstreckung	1293

Abschnitt 6. Bürgerliche Rechtsstreitigkeiten

§ 102	Ausschließliche Zuständigkeit der Landgerichte	1295
§ 103	Zuständigkeit eines Landgerichts für mehrere Gerichtsbezirke	1299
§ 104	Benachrichtigung und Beteiligung der Regulierungsbehörde	1300
§ 105	Streitwertanpassung	1304

Abschnitt 7. Gemeinsame Bestimmungen für das gerichtliche Verfahren

§ 106	Zuständiger Senat beim Oberlandesgericht	1308
§ 107	Zuständiger Senat beim Bundesgerichtshof	1311
§ 108	Ausschließliche Zuständigkeit	1313

Teil 9. Sonstige Vorschriften

§ 109	Unternehmen der öffentlichen Hand, Geltungsbereich	1315
§ 110	Objektnetze	1320
§ 111	Verhältnis zum Gesetz gegen Wettbewerbsbeschränkungen	1333

Teil 10. Evaluierung, Schlussvorschriften

§ 112	Evaluierungsbericht	1343
§ 112a	Bericht der Bundesnetzagentur zur Einführung einer Anreizregulierung	1343
§ 113	Laufende Wegenutzungsverträge	1351
§ 114	Wirksamwerden der Entflechtungsbestimmungen	1354
§ 115	Bestehende Verträge	1356
§ 116	Bisherige Tarifkundenverträge	1359
§ 117	Konzessionsabgaben für die Wasserversorgung	1360
§ 118	Übergangsregelungen	1363

Stichwortverzeichnis 1367

Abkürzungsverzeichnis

a. A.	anderer Ansicht
a. a. O.	am angeführten Ort
ABl.	Amtsblatt
ABl. BNetzA	Amtsblatt der Bundesnetzagentur
ABl. EG	Amtsblatt der Europäischen Gemeinschaft
Abs.	Absatz
ADEW	Arbeitsgemeinschaft der Elektrizitätswerke
a. E.	am Ende
a. F.	alte Fassung
AG	Aktiengesellschaft, Amtsgericht, Die Aktiengesellschaft (Jahr und Seite)
AGBG	Gesetz zur Regelung der allgemeinen Geschäftsbedingungen
AGFW	Arbeitsgemeinschaft Fernwärme
AK	Kommentar zum Grundgesetz für die Bundesrepublik Deutschland (Reihe Alternativkommentare), 3. Aufl., Losebl. (Stand: August 2002)
AktG	Aktiengesetz
Albath	Albath, Handel und Investitionen in Strom und Gas, Die internationalen Regeln, 2005
allg.	allgemein
Alt.	Alternative
Altrock	Altrock, „Subventionierende" Preisregelungen, Die Förderung erneuerbarer Energieträger durch das EEG, Diss. Heidelberg, 2002
a. M.	anderer Meinung
amtl.	amtlich
and.	anders
Änd.	Änderung
Anh.	Anhang
Anl.	Anlage
Anm.	Anmerkung
Anm. d. Verf.	Anmerkung des Verfassers
AO	Abgabenordnung
App/Wettlaufer	App/Wettlaufer, Verwaltungsvollstreckungsrecht, 4. Aufl. 2005
APX	Amsterdamer Power Exchange
ARE	Arbeitsgemeinschaft regionaler Energieversorgungsunternehmen e. V.
arg.e.	Argument aus

Abkürzungsverzeichnis

Art.	Artikel
AtG	Atomgesetz
Aufl.	Auflage
ausf.	ausführlich
AVB	Allgemeine Versorgungsbedingungen
AVBEltV	Verordnung über Allgemeine Bedingungen für die Elektrizitätsversorgung von Tarifkunden
AVBFernwärmeV	Verordnung über allgemeine Bedingungen für die Versorgung mit Fernwärme
AVBGasV	Verordnung über Allgemeine Bedingungen für die Gasversorgung von Tarifkunden
Az.	Aktenzeichen
BaFin	Bundesanstalt für Finanzdienstleistungen
BAG	Bundesarbeitsgericht
BAnz.	Bundesanzeiger
Bartsch	Bartsch/Röhling/Salje/Scholz, Stromwirtschaft, Ein Praxishandbuch, 2002
BauGB	Baugesetzbuch
Baur, Energiewirtschaft	Baur (Hrsg.), Die Energiewirtschaft in der Regulierung, Die neuen rechtlichen Herausforderungen, 2004
Baur, Entwicklungen	Baur (Hrsg.), Gegenwärtige und zukünftige Entwicklungen in der deutschen und europäischen Energiewirtschaft, Gestaltung durch Recht und Politik, 2001
Baur, Regulierter Wettbewerb	Baur, Regulierter Wettbewerb in der Energiewirtschaft, 2002
Baur et al., Regulierung	Baur/Pritzsche/Simon, Regulierung in der Strom- und Gaswirtschaft, 2006
Baur et al., Unbundling	Baur/Pritzsche/Simon, Unbundling, 2005
Bausch	Bausch, Netznutzungsregeln im liberalisierten Strommarkt der Europäischen Union. Eine rechtsvergleichende Untersuchung der europäischen Vorgaben sowie der Regime in Deutschland, Frankreich und England/Wales unter besonderer Berücksichtigung der „Essential Facilities"-Doktrin, Diss. Berlin, 2004
Bay./bay.	Bayern, bayerisch
BB	Betriebs-Berater (Jahr und Seite)
Bd.	Band
BDI	Bundesverband der deutschen Industrie
BDSG	Bundesdatenschutzgesetz
BEB	BEB Erdgas und Erdöl GmbH
Bechtold	Bechtold, Kartellgesetz, Gesetz gegen Wettbewerbsbeschränkungen, 4. Aufl. 2006

Abkürzungsverzeichnis

BeckAEG-Komm	Hermes/Sellner (Hrsg.), Beck'scher AEG-Kommentar, 2006
BeckTKG-Komm	Geppert/Piepenbrock/Schütz/Schuster (Hrsg.), Beck'scher TKG-Kommentar, 3. Aufl. 2006
BEE	Bundesverband Erneuerbarer Energien
Begr. BT-Drucks. 15/3917	Begründung des Regierungsentwurfs vom 14. 10. 2004 zum Entwurf eines Zweiten Gesetzes zur Neuregelung des Energiewirtschaftsrechts, BT-Drucks. 15/3917
Begr.	Begründung
Beil.	Beilage
Bek.	Bekanntmachung
ber.	berichtigt
Berl./berl.	Berlin, berliner
BerlK-EnR	Säcker (Hrsg.), Berliner Kommentar zum Energierecht, Energiewettbewerbsrecht, Energieregulierungsrecht und Energieumweltschutzrecht, 2004
BerlK-TKG	Säcker (Hrsg.), Berliner Kommentar zum Telekommunikationsgesetz, 2006
Beschl.	Beschluss
betr.	betreffend
BFH	Bundesfinanzhof
BGB	Bürgerliches Gesetzbuch
BGBl.	Bundesgesetzblatt
BGH	Bundesgerichtshof
BGHZ	Entscheidungssammlung des BGH in Zivilsachen
BGW	Bundesverband der deutschen Gas- und Wasserwirtschaft e. V.
BGW/VKU-KV	Vereinbarung über die Kooperation gemäß § 20 Ib EnWG zwischen den Betreibern von in Deutschland gelegenen Gasversorgungsnetzen vom 19. Juli 2006, www.bgw.de/energiepolitik/kooperationsvereinbarung_erdgas
BImSchG	Bundes-Immissionsschutzgesetz
BK	Bilanzkreis
BK-GG	Dolzer/Waldhoff/Graßhof (Hrsg.), Bonner Kommentar zum Grundgesetz, Losebl. (Stand: Juni 2008)
BKartA	Bundeskartellamt
BKV	Bilanzkreisverantwortlicher
BMVBW	Bundesministerium für Verkehr, Bau- und Wohnungswesen
BMWA	Bundesministerium für Wirtschaft und Arbeit
BMWi	Bundesministerium für Wirtschaft und Technologie

Abkürzungsverzeichnis

BNAG	Gesetz über die Bundesnetzagentur für Elektrizität, Gas, Telekommunikation, Post und Eisenbahnen
BNE	Bundesverband Neuer Energieanbieter
BNetzA	Bundesnetzagentur
Bockhorst	Bockhorst, ABC Energie, Eine Einführung mit Lexikon, Energieerzeugung und Energienutzung, Probleme und Lösungsansätze, 2002
BR	Bundesrat
Braband	Braband, Strompreise zwischen Privatautonomie und staatlicher Kontrolle, 2003
Brandenb./brandenb.	Brandenburg, brandenburgisch
BR-Drucks.	Bundesratsdrucksache
BReg	Bundesregierung
Brem./brem.	Bremen, bremisch
bspw.	beispielsweise
BStBl.	Bundessteuerblatt
BT	Bundestag
BT-Drucks.	Bundestagsdrucksache
BTOElt	Bundestarifordnung Elektrizität
Büdenbender, EnWG	Büdenbender, EnWG – Kommentar zum Energiewirtschaftsgesetz, 2003
Büdenbender, SP	Büdenbender, Schwerpunkte der Energierechtsreform 1998, 1999
Büdenbender et al.	Büdenbender/Heintschel von Heinegg/Rosin, Energierecht, Bd. 1, Recht der Energieanlagen, 1999
Busche/Schmidt	Busche/Schmidt, Energierecht, Rechtliche Grundlagen der Elektrizitäts- und Gaswirtschaft, 2005
B. v.	Beschluss vom
BVerfG	Bundesverfassungsgericht
BVerfGE	Entscheidungssammlung des BVerfG
BVerwG	Bundesverwaltungsgericht
BVerwGE	Entscheidungssammlung des BVerwG
BW	Baden-Württemberg, baden-württembergisch
BWK	Brennstoff-Wärme-Kraft (Zeitschrift für Energiewirtschaft und Technische Überwachung) (Jahr und Seite)
bzgl.	bezüglich
bzw.	beziehungsweise
ca.	circa
CAPEX	Capital Expenditure
CEPI	Central European Power Index
CEPMLP	Centre of Energy, Petroleum and Material Law and Policy

Abkürzungsverzeichnis

Corino	Corino, Energy Law in Germany and its Foundations in International and European Law, 2003
CR	Computer und Recht (Jahr und Seite)
C/R	Calliess/Ruffert (Hrsg.), Kommentar des Vertrages über die Europäische Union und des Vertrages zur Gründung der Europäischen Gemeinschaft, 2. Aufl. 2002
Däuper	Däuper, Gaspreisbildung und europäisches Kartellrecht, Diss. Berlin, 2003
Dauses	Dauses, Handbuch des EU-Wirtschaftsrechts, Losebl. (Stand: Oktober 2007)
DB	Der Betrieb (Jahr und Seite)
d. h.	das heißt
DIHT	Deutscher Industrie- und Handelskammertag
DIN	Deutsche Industrienorm
Distribution Code 2003	Distribution Code 2003, Regeln für den Zugang zu Verteilungsnetzen, Verband der Netzbetreiber – VDN – e. V. beim VDEW, August 2003
Diss.	Dissertation
Dreier	Dreier (Hrsg.), Grundgesetz, Kommentar, Bd. 1 (2. Aufl.) 2004, Bd. 2 (2. Aufl.) 2006, Bd. 3 2000
DRiG	Deutsches Richtergesetz
Drucks.	Drucksache
D/T	Danner/Theobald, Energierecht: Energiewirtschaftsgesetz mit Verordnungen, EU-Richtlinien, Gesetzesmaterialien, Verbändevereinbarungen, Kommentar, Losebl. (Stand: Juli 2007)
DVBl.	Deutsches Verwaltungsblatt (Jahr und Seite)
DVG	Deutsche Verbundgesellschaft
DVGW	Deutscher Verein des Gas- und Wasserfaches e. V.
E	Entwurf
EAG	Vertrag zur Gründung der Europäischen Atomgemeinschaft
ebd.	ebenda
Ebel, Kartellrecht	Ebel (Hrsg.), Kartellrecht, Losebl. (Stand: November 2003)
Ebrecht	Ebrecht, Netzzugang in der Gaswirtschaft, Diss. Berlin, 2004
ed.	Editor
eds.	Editors
EDV	Elektronische Datenverarbeitung
E/E	Erichsen/Ehlers (Hrsg.), Allgemeines Verwaltungsrecht, 13. Aufl. 2006
EEG	Erneuerbare-Energien-Gesetz

Abkürzungsverzeichnis

EE-Rl	Richtlinie 2001/77/EG des Europäischen Parlaments und des Rates vom 27. September 2001 zur Förderung der Stromerzeugung aus erneuerbaren Energiequellen im Elektrizitätsbinnenmarkt
EFET	European Federation of Energy Traders
EG	Europäische Gemeinschaft; Vertrag zur Gründung der Europäischen Gemeinschaft
Ehricke, Energiewirtschaft	Ehricke (Hrsg.), Das neue Recht für die Energiewirtschaft, Ziele und Herausforderungen, 2005
Ehricke, Regulierungsbehörde	Ehricke, Die Regulierungsbehörde für Strom und Gas, Eine Abhandlung zu den Vorgaben der Vorschläge für die Richtlinien 2003/54/EG und 2003/55/EG (Beschleunigungsrichtlinien Elektrizität und Gas) im Hinblick auf die in diesen Richtlinien vorgesehene Regulierungsbehörde („Regulator") und deren Umsetzung in das deutsche Recht, 2004
Elt.	Elektrizität
EltRl	Richtlinie 2003/54/EG des Europäischen Parlaments und des Rates vom 26. Juni 2003 über gemeinsame Vorschriften für den Elektrizitätsbinnenmarkt und zur Aufhebung der Richtlinie 96/92/EG
EltRl alt	Richtlinie 96/92/EG des Europäischen Parlaments und des Rates vom 19. Dezember 1996 betreffend gemeinsame Vorschriften für den Elektrizitätsbinnenmarkt
EltVU	Elektrizitätsversorgungsunternehmen
EltWOG	Elektrizitätswirtschafts- und -organisationsgesetz
E & M	Energie & Management (Jahr und Seite)
EMV BeitrV	Verordnung über Beiträge nach dem Gesetz über die elektromagnetische Verträglichkeit von Geräten
EMVG	Gesetz über die elektromagnetische Verträglichkeit von Betriebsmitteln
emw	Zeitschrift für Energie, Markt und Wetbewerb (Jahr und Seite)
EnEG	Energieeinsparungsgesetz
EnEV	Energieeinsparverordnung
Engelhardt/App	Engelhardt/App, VwVG, VwZG, Kommentar, 8. Aufl. 2008
EnSG	Energiesicherungsgesetz
EnStaG	Energiestatistikgesetz
EnVKG	Energieverbrauchskennzeichnungsgesetz

Abkürzungsverzeichnis

EnWG	Energiewirtschaftsgesetz, Gesetz über die Elektrizitäts- und Gasversorgung vom 7. Juli 2005
EnWG 1998	Energiewirtschaftsgesetz, Gesetz über die Elektrizitäts- und Gasversorgung vom 24. April 1998
EP	Einheitspreis
ERGEG	European Regulators' Group for Electricity and Gas
Erl.	Erläuterung
EStG	Einkommensteuergesetz
ET/et	Energiewirtschaftliche Tagesfragen (Ausgabe/Jahr und Seite)
et al.	und andere
etc.	et cetera
ETSO	European Transmission System Operators
EU	Europäische Union
EuG	Europäisches Gericht erster Instanz
EuGH	Europäischer Gerichtshof
EuGHE	Entscheidungssammlung des EuGH
EUV	Vertrag über die Europäische Union
EuZW	Europäische Zeitschrift für Wirtschaftsrecht (Jahr und Seite)
EV	Einigungsvertrag
e. V.	eingetragener Verein
evtl.	eventuell
EVU	Energieversorgungsunternehmen
EW	Elektrizitätswerk; Elektrizitätswirtschaft (Jahr und Seite)
Ew	ew – das Magazin für die Energiewirtschaft (Ausgabe/Jahr und Seite)
EWG	Europäische Wirtschaftsgemeinschaft
EWGV	Vertrag zur Gründung der Europäischen Wirtschaftsgemeinschaft
f., ff.	folgende
F/H	Friauf/Höfling (Hrsg.), Berliner Kommentar zum Grundgesetz, Losebl. (Stand: Februar 2008)
FK	Frankfurter Kommentar zum Kartellrecht, Losebl. (Stand: November 2007)
FKVO	Fusionskontrollverordnung
Fn.	Fußnote
FS	Festschrift
FStrG	Bundesfernstraßengesetz
G	Gesetz
GA	Generalanwalt

Abkürzungsverzeichnis

GasfernleitungsVO	Verordnung (EG) Nr. 1775/2005 des Europäischen Parlaments und des Rates vom 28. September 2005 über die Bedingungen für den Zugang zu den Erdgasfernleitungsnetzen
GasGVV	Verordnung über Allgemeine Bedingungen für die Grundversorgung von Haushaltskunden und die Ersatzversorgung mit Gas aus dem Niederdrucknetz – Gasgrundversorgungsverordnung
GasNEV	Verordnung über die Entgelte für den Zugang zu Gasversorgungsnetzen
GasNZV	Verordnung über den Zugang zu Gasversorgungsnetzen
GasRl	Richtlinie 2003/55/EG des Europäischen Parlaments und des Rates vom 26. Juni 2003 über gemeinsame Vorschriften für den Erdgasbinnenmarkt und zur Aufhebung der Richtlinie 98/30/EG
GasRl alt	Richtlinie 98/30/EG des Europäischen Parlaments und des Rates vom 22. Juni 1998 betreffend gemeinsame Vorschriften für den Erdgasbinnenmarkt
GBl.	Gesetzblatt
GbR	Gesellschaft bürgerlichen Rechts
GD	Generaldirektion
GD TREN	Generaldirektion Energie und Verkehr
Gegenäußerung BT-Drucks. 15/4068	Gegenäußerung der Bundesregierung zur Stellungnahme des Bundesrates zum Entwurf eines Zweiten Gesetzes zur Neuregelung des Energiewirtschaftsrechts, BT-Drucks. 15/4068
gem.	gemäß
gestr.	gestrichen
GewO	Gewerbeordnung
GG	Grundgesetz für die Bundesrepublik Deutschland
ggf.	gegebenenfalls
GGPSSO	Guidelines for Good Practice for Storage System; Operators vom 23. 3. 2005
G/H	Grabitz/Hilf (Hrsg.), Das Recht der Europäischen Union. EUV/EGV, Losebl. (Stand: Oktober 2007)
GmbH	Gesellschaft mit beschränkter Haftung
GmbHG	Gesetz betreffend die Gesellschaften mit beschränkter Haftung
Göbbels	Göbbels, Durchleitungsverträge unter dem Wettbewerbsregime auf den Märkten für elektrische Energie, Die Umsetzung des energierechtlichen

Abkürzungsverzeichnis

	Durchleitungstatbestandes des § 6 EnWG in die vertragliche Praxis, Diss. Köln, 2004
Göhler, OWiG	Göhler/König/Seitz, Gesetz über Ordnungswidrigkeiten, 14. Aufl. 2006
Grunwald	Grunwald, Das Energierecht der Europäischen Gemeinschaften, EGKS-EURATOM-EG, Grundlagen – Geschichte – Geltende Regelungen, 2003
GVBl.	Gesetz- und Verordnungsblatt
GVU	Gasversorgungsunternehmen
GWB	Gesetz gegen Wettbewerbsbeschränkungen
GWF (R+S)	Das Gas- und Wasserfach (Recht und Steuern im Gas- und Wasserfach) (Ausgabe Gas, Jahr und Seite)
GWh	Gigawattstunde
h. A.	herrschende Ansicht
Hamb./hamb.	Hamburg, hamburgisch
Hampel	Hampel, Die Zukunft der Tarifkundenversorgung, Konzept und Rechtmäßigkeit der Anschluss- und Versorgungspflicht sowie der (Tarif-) Preiskontrolle bei der Stromversorgung von Kleinkunden, Diss. Berlin, 2005
HdbStR	Isensee/Kirchhof (Hrsg.), Handbuch des Staatsrechts, 3. Aufl. 2003–2007
HeidelbergerK z WettbewerbsR	Ekey/Klippel/Kotthoff/Meckel/Plaß, Heidelberger Kommentar zum Wettbewerbsrecht, 2. Aufl. 2005
Hellermann	Hellermann, Örtliche Daseinsvorsorge und gemeindliche Selbstverwaltung, Zum kommunalen Betätigungs- und Gestaltungsspielraum unter den Bedingungen europäischer und staatlicher Privatisierungs- und Deregulierungspolitik, 2000
Hempel/Franke	Hempel/Franke (Hrsg.), Recht der Energie- und Wasserversorgung, Kommentar, Losebl. (Stand: September 2007)
Hempelmann-Bericht	Bericht des Abgeordneten Rolf Hempelmann zur Beschlussempfehlung des Ausschusses für Wirtschaft und Arbeit zum Entwurf eines Zweiten Gesetzes zur Neuregelung des Energiewirtschaftsrechts, BT-Drucks. 15/5268
Hensing et al.	Hensing/Pfaffenberger/Ströbele, Energiewirtschaft, 1998
Hermes	Hermes, Staatliche Infrastrukturverantwortung: rechtliche Grundstrukturen netzgebundener Transport- und Übertragungssysteme zwischen

Abkürzungsverzeichnis

	Daseinsvorsorge und Wettbewerbsregulierung am Beispiel der leitungsgebundenen Energieversorgung in Europa, 1998
Herrmann	Herrmann, Europäische Vorgaben zur Regulierung der Energienetze, Eine Analyse der „Beschleunigungsrichtlinien" zur Vollendung des Energiebinnenmarktes, Diss. Berlin, 2005
Hess./hess.	Hessen, hessisch
HessGVBl.	Hessisches Gesetz- und Verordnungsblatt
HessVGH	Hessischer Verwaltungsgerichtshof
HGB	Handelsgesetzbuch
h. L.	herrschende Lehre
h. M.	herrschende Meinung
Horstmann	Horstmann, Netzzugang in der Energiewirtschaft, 2002
Horstmann/Cieslarczyk	Horstmann/Cieslarczyk, Energiehandel – Ein Praxisbuch, 2005
Hrsg.	Herausgeber
Hs.	Halbsatz
i. d. F.	in der Fassung
i. d. R.	in der Regel
IDW	Institut der Wirtschaftsprüfer in Deutschland e. V.
IDW ERS ÖFA	IDW Stellungnahme zur Rechnungslegung: Rechnungslegung der öffentlichen Verwaltung nach den Grundsätzen der doppelten Buchführung
i. E.	im Ergebnis
i. e. S.	im engeren Sinn
I/M	Immenga/Mestmäcker (Hrsg.), Gesetz gegen Wettbewerbsbeschränkungen, Kommentar, 3. Aufl. 2001
Ingerl/Rohnke	Ingerl/Rohnke, Markengesetz, 2. Aufl. 2003
inkl.	inklusive
IR	Infrastrukturrecht (Jahr und Seite)
i. S.	im Sinne
i. S. d.	im Sinne des/der
IT	Informationstechnik
ISO	Independent System Operator
i. V. m.	in Verbindung mit
JoNI	Journal of Network Industries
Jarass	Jarass, Europäisches Energierecht, Bestand – Fortentwicklung – Umweltschutz, 1996
JENREL	Journal of Energy and Natural Resources Law (Jahr und Seite)
jew. m. w. N.	jeweils mit weiteren Nachweisen

Abkürzungsverzeichnis

Jones, EU Energy Law	Jones, EU Energy Law, Bd. 1, 2004
J/P	Jarass/Pieroth, Grundgesetz für die Bundesrepublik Deutschland, Kommentar, 9. Aufl. 2007
Keinert	Keinert, Aktuelle Fragen zum Energierecht und Energiekartellrecht, 2004
KG	Kommanditgesellschaft; Kammergericht
KgaA	Kommanditgesellschaft auf Aktien
K/K/R	Koenig/Kühling/Rasbach, Energierecht, 2006
KKW	Kernkraftwerk
Klinkhardt	Klinkhardt, Der Netzverbund und der europäische Binnenmarkt, Untersuchung des rechtlichen Rahmens der europäischen Übertragungsnetzbetreiber, Diss. Potsdam, 2003
km	Kilometer
KOM	Mitteilung der Kommission
Komitologie-Beschluß	Beschluß 1999/468/EG des Rates vom 28. Juni 1999 zur Festlegung der Modalitäten für die Ausübung der der Komission übertragenen Durchführungsbefugnisse, ABl. EG 1999 L 184/23, zuletzt geändert durch Beschluß 2006/512/EG des Rates vom 17. Juli 2006, ABl. EU 2006 L 200/11
K/R	Kopp/Ramsauer, Kommentar zum Verwaltungsverfahrensgesetz, 10. Aufl. 2008
Kraus	Kraus, Lexikon der Energiewirtschaft, 2004
krit.	kritisch
K/S	Kopp/Schenke, Kommentar zur Verwaltungsgerichtsordnung, 15. Aufl. 2007
KStG	Körperschaftsteuergesetz
Kühling	Kühling, Sektorspezifische Regulierung in den Netzwirtschaften, 2004
Kühne	Kühne (Hrsg.), Berg- und Energierecht im Zugriff europäischer Regulierungstendenzen, 2004
kV	Kilovolt
kV(A)	Kilovolt (Ampere)
kW	Kilowatt
kWh	Kilowattstunde
KWKG	Kraft-Wärme-Kopplungsgesetz
KWKGV	Verordnung über Gebühren und Auslagen des Bundesamtes für Wirtschaft und Ausfuhrkontrolle bei der Durchführung des Kraft-Wärme-Kopplungsgesetzes
L/B	Langen/Bunte, Kommentar zum deutschen und europäischen Kartellrecht, 10. Aufl. 2006
LBO	Landesbauordnung

Abkürzungsverzeichnis

LFGB	Lebensmittel-, Bedarfsgegenstände- und Futtermittelgesetzbuch
LG	Landgericht
Lippert	Lippert, Energiewirtschaftsrecht, Gesamtdarstellung für Wissenschaft und Praxis, 2002
lit.	Buchstabe
Lit.	Literatur
L/M/R, KartellR	Löwenheim/Meessen/Riesenkampff, Kartellrecht, 2006
LNG	Liquefied natural gas (Flüssigerdgas)
L/O/H/F	Ludwig/Odenthal/Hempel/Franke (Hrsg.), Recht der Elektrizitäts-, Gas- und Wasserversorgung, Kommentar, Losebl. (Stand: Juni 2005)
Loos	Loos, Die Entflechtung der Rechnungslegung als Instrument zur Durchsetzung des Netzzugangs in der Energiewirtschaft, Diss. Gießen, 2004
Losebl.	Loseblattsammlung
LPX	Leipziger Power Exchange
LS	Leitsatz
LT-Drucks.	Landtags-Drucksache
Ma	Jahresmenge
Manssen, TKM	Manssen (Hrsg.), Telekommunikations- und Multimediarecht, Losebl. (Stand: Juni 2007)
Maslaton/Wolf	Maslaton/Wolf, Energierecht im Wandel, Tagungsband/Freiberger Energierechtstag 2004, 2005
Mayer/Stibi	Mayer/Stibi, Energie und Steuern, 2005
Md	Tagesbezugsmenge
M/D	Maunz/Dürig u. a. (Hrsg.), Grundgesetz, Kommentar, Losebl. (Stand: Dezember 2007)
ME	Marktplatz Energie (Jahr und Seite)
Meckl.-Vorp./ meckl.-vorp.	Mecklenburg-Vorpommern, mecklenburgvorpommerisch
Mio.	Million
M/K	v. Münch/Kunig (Hrsg.), Grundgesetz–Kommentar, 5. Aufl., Bd. 1 2000, Bd. 2 2001, Bd. 3 2003
m. N.	mit Nachweisen
Müller, Entflechtung	Müller, Entflechtung und Deregulierung, Ein methodischer Vergleich, Diss. Augsburg, 2004
Müller, HB	Müller, Handbuch der Elektrizitätswirtschaft, 2001
MW	Megawatt
MWh	Megawattstunde
m. w. N.	mit weiteren Nachweisen
m. zahlr. w. N.	mit zahlreichen weiteren Nachweisen

Nauschütz	Nauschütz, Das Unbundling integrierter Erdgasunternehmen, Rechtliche Grenzen europäischer Wirtschaftsregulierung, 2005
NAV	Verordnung über Allgemeine Bedingungen für den Netzanschluss und dessen Nutzung für die Elektrizitätsversorgung in Niederspannung (Niederspannungsanschlussverordnung)
NDAV	Verordnung über Allgemeine Bedingungen für den Netzanschluss und dessen Nutzung für die Gasversorgung in Niederdruck (Niederdruckanschlussverordnung)
Nds./nds.	Niedersachsen, niedersächsisch
NEVen	Netzentgeltverordnungen
n. F.	neue Fassung
Nowotny	Nowotny (Hrsg.), Handbuch der österreichischen Energiewirtschaft, 2004
N&R	Netzwirtschaften & Recht (Jahr und Seite)
Nr.	Nummer
Nrn.	Nummern
NT/T	Nill-Theobald/Theobald, Grundzüge des Energiewirtschaftsrechts, Die Liberalisierung der Strom- und Gaswirtschaft, 2001
NVwZ	Neue Zeitschrift für Verwaltungsrecht (Jahr und Seite)
NVwZ-RR	Rechtsprechungsreport der NVwZ (Jahr und Seite)
NW/nw	Nordrhein-Westfalen, nordrhein-westfälisch
NZVO	Netzeverordnung
o. ä.	oder ähnliches
Obermayer	Obermayer (Begr.), Kommentar zum Verwaltungsverfahrensgesetz, 3. Aufl., herausgegeben von Roland Fritz, 1999
og.	oben genannt
OHG	Offene Handelsgesellschaft
OLG	Oberlandesgericht
OPEX	Operational Expenditure
OVG	Oberverwaltungsgericht
P	Palandt, Kommentar Bürgerliches Gesetzbuch, BGB, 67. Aufl. 2008
pa.	per annum
Pielow, Grundsatzfragen	Pielow (Hrsg.), Grundsatzfragen der Energiemarktregulierung, Dokumentation einer Fachtagung des Instituts für Berg- und Energierecht am 1. Oktober 2004, 2005

Abkürzungsverzeichnis

RAnz.	Deutscher Reichsanzeiger und Preußischer Staatsanzeiger
Rayermann	Rayermann, Energierecht, Handbuch, 2003
Rayermann/Loibl	Rayermann/Loibl (Hrsg.), Energierecht, Handbuch, 2004
RdE	Recht der Elektrizitätswirtschaft, seit 1992 Recht der Energiewirtschaft (Jahr und Seite)
Rebhan	Rebhan, Energiehandbuch, Gewinnung, Wandlung und Nutzung von Energie, 2002
RegE	Regierungsentwurf
RegTP	Regulierungsbehörde für Telekommunikation und Post
RegTPn	RegTP news (Ausgabe/Jahr und Seite)
Reiche	Reiche (Hrsg.), Grundlagen der Energiepolitik, 2005
RG	Reichsgericht
RGBl. (I, II)	Reichsgesetzblatt (Teil I, Teil II)
Rheinl.-Pf./rheinl.-pf.	Rheinland-Pfalz, rheinland-pfälzisch
RL	Richtlinie
Rn.	Randnummer
Roggenkamp	Roggenkamp, Energy law in Europe, National, EU and international law and institutions, 2001
Rs.	Rechtssache
R/S/D	Reshöft/Steiner/Dreher, Erneuerbare-Energien-Gesetz, Handkommentar, 2. Aufl. 2005
Rspr.	Rechtsprechung
RVU	Regionalversorgungsunternehmen
RWE	Rheinisch-Westfälische Elektrizitätswerke
S.	Seite
s.	siehe
S/SA/P	Schoch/Schmidt-Aßmann/Pietzner, Verwaltungsgerichtsordnung, Kommentar, Losebl. (Stand: September 2007)
Saarl./saarl.	Saarland, saarländisch
Sachs	Sachs (Hrsg.), Grundgesetz Kommentar, 4. Aufl. 2007
Sachs./sachs.	Sachsen, sächsisch
Sachs.-Anh./sachs.-anh.	Sachsen-Anhalt, sachsen-anhaltinisch
Säcker, Neues Energierecht	Säcker, Neues Energierecht, 2003
Säcker, Reform	Säcker, Reform des Energierechts: Beiträge zum Energiewirtschaftsrecht, Energiewettbewerbsrecht, Energievertragsrecht und Verwaltungsverfahrensrecht, 2003

Abkürzungsverzeichnis

Salje, EEG	Salje, Erneuerbare-Energien-Gesetz. Gesetz für den Vorrang erneuerbarer Energien (EEG), Kommentar, 3. Aufl. 2005
Salje, EnWG	Salje, Energiewirtschaftsgesetz, Gesetz über die Elektrizitäts- und Gasversorgung, Kommentar, 2006
S/B/S	Stelkens/Bonk/Sachs, VwVfG, Kommentar, 6. Aufl. 2001
Schmidt-Schlaeger/Zinow	Schmidt-Schlaeger/Zinow (Hrsg.), Grundlagen des Energierechts, 2004
Schneider, Liberalisierung	Schneider, Liberalisierung der Stromwirtschaft durch regulative Marktorganisation: eine vergleichende Untersuchung zur Reform des britischen, US-amerikanischen, europäischen und deutschen Energierecht, 1999
Schnutenhaus u. a.	Schnutenhaus/Reimann/Oeter/Hollender, Energierecht von A-Z, 2005
Schwintowski, Netzzugang	Schwintowski (Hrsg.), Verhandelter versus regulierter Netzzugang, Grenzen legitimer Preisgenehmigung für Strom, 2004
Schwintowski, Energierecht	Schwintowski (Hrsg.), Energierecht der Zukunft: Herausforderungen für kommunale EVU, 2001
Schwintowski/Dannischewski	Schwintowski/Dannischewski, Deutsches und europäisches Energie- und Netzrecht, 2003
SH	Schleswig-Holstein, schleswig-holsteinisch
Slg.	Sammlung
S/M	Scheurle/Mayen (Hrsg.), Telekommunikationsgesetz, 2002
s. o.	siehe oben
sog.	sogenannt
Sp.	Spalte
Specht	Specht, Stromlieferverträge im liberalisierten Energiemarkt, Gestaltung von Sonderverträgen und Ausschreibung von Stromlieferungen, 2005
Spreng	Spreng, Netzzugang im deutschen und britischen Gasmarkt, Rechtsfragen im Vergleich, Diss. Bayreuth, 2005
S/SP/S	Schmitt/Schmidt-Preuß/Schneider, Energierecht zwischen Umweltschutz und Wettbewerb, 2002

Abkürzungsverzeichnis

S/T	Schneider/Theobald, Handbuch zum Recht der Energiewirtschaft, Die Grundsätze der neuen Rechtslage, 2003
StAnz.	Staatsanzeiger
StE	Steuern in der Elektrizitätswirtschaft (Jahr und Seite)
Stellungnahme BT-Drucks. 15/3917	Stellungnahme des Bundesrates zum Entwurf eines Zweiten Gesetzes zur Neuregelung des Energiewirtschaftsrechts, BT-Drucks. 15/3917
StenBer.	Stenografischer Bericht
StrEG	Stromeinspeisungsgesetz
Streinz	Streinz (Hrsg.), EUV/EGV, Vertrag über die Europäische Union und Vertrag zur Gründung der Europäischen Gemeinschaft, 2003
StromGVV	Verordnung über allgemeine Bedingungen für die Grundversorgung von Haushaltskunden und die Ersatzversorgung mit Elektrizität aus dem Niederspannungsnetz (Stromgrundversorgungsverordnung)
StromhandelsVO	Verordnung (EG) Nr. 1228/2003 des Europäischen Parlaments und des Rates vom 26. Juni 2003 über die Netzzugangsbedingungen für den grenzüberschreitenden Stromhandel, geändert durch Beschluß der Kommission vom 9. November 2006 zur Änderung des Anhangs zur Verordnung (EG) Nr. 1228/2003 über die Netzzugangsbedingungen für den grenzüberschreitenden Stromhandel (2006/770/EG)
StromNEV	Verordnung über die Entgelte für den Zugang zu Elektrizitätsversorgungsnetzen
StromNZV	Verordnung über den Zugang zu Elektrizitätsversorgungsnetzen
StromStG	Stromsteuergesetz
StromStV	Stromsteuerverordnung
st. Rspr.	ständige Rechtsprechung
S/Z	Sodan/Ziekow (Hrsg.), VwGO Großkommentar, 2. Aufl. 2006
t	Tonne
TA	Technische Anleitung
Teplitzky	Teplitzky, Wettbewerbsrechtliche Ansprüche und Verfahren, 9. Aufl. 2006
Theobald/Zenke	Theobald/Zenke, Grundlagen der Strom- und Gasdurchleitung, Die aktuellen Rechtsprobleme, 2001
Thür./thür.	Thüringen, thüringisch

Abkürzungsverzeichnis

TKG	Telekommunikationsgesetz
TKG 1996	Telekommunikationsgesetz vom 25. Juli 1996, BGBl. I 1996 S. 1120, zuletzt geändert durch Art. 4 Abs. 73 G v. 5. 5. 2004, BGBl. I S. 718, außer Kraft getreten durch § 152 II TKG 2004
T/P	Thomas/Putzo, Zivilprozeßordnung, 27. Aufl. 2005
TPA	Third Party Access
Transmission Code 2003	Transmission Code 2003, Netz- und Systemregeln der deutschen Übertragungsnetzbetreiber, Verband der Netzbetreiber – VDW – e.V. beim VDEW, August 2003
Tz.	Textziffer; Teilziffer
U.	Urteil
u.	und
UA	Unterabsatz
u. a.	und anderem
UCTE	Union for the Co-ordination of Transmission of Electricity
ÜNB	Übertragungsnetzbetreiber
UmwG	Umwandlungsgesetz
u. U.	unter Umständen
U. v.	Urteil vom
UVP	Umweltverträglichkeitsprüfung
UVPG	Gesetz über die Umweltverträglichkeitsprüfung
UWG	Gesetz gegen den unlauteren Wettbewerb
v.	vom
VDE	Verband deutscher Elektrotechniker
VDEW	Verband der Elektrizitätswirtschaft
vdG/S	von der Groeben/Schwarze, Vertrag über die Europäische Union und Vertrag zur Gründung der Europäischen Gemeinschaft, 6. Aufl. 2004
VDGW	Verband deutscher Gas- und Wasserfachmänner
VDN	Verband der Netzbetreiber
VEA	Bundesverband der Energieabnehmer e.V.
VEAG	Vereinigte Energiewerke AG
VEnergR	Veröffentlichungen des Energierechtlichen Instituts der Universität Köln
VerfGH	Verfassungsgerichtshof
Vermittlungsausschuss BT-Drucks. 15/5736	Beschlussempfehlung des Vermittlungsausschusses zu dem Zweiten Gesetz zur Neuregelung des Energiewirtschaftsrechts, BT-Drucks. 15/5736

Abkürzungsverzeichnis

VersorgBdg.	Versorgungsbedingungen
VersWirt	Versorgungswirtschaft. Monatszeitschrift für Betriebswirtschaft, Wirtschaftsrecht und Steuerrecht der Elektrizitäts-, Gas- und Wasserwerke (Jahr und Seite)
Vfg.	Verfügung
VG	Verwaltungsgericht
VGH	Verwaltungsgerichtshof
vgl.	vergleiche
VIK	Verband der Industriellen Energie- und Kraftwirtschaft e. V.
VKU	Verband kommunaler Unternehmen e. V.
VKU-ND	Nachrichtendienst des VKU
vM/K/S	v. Mangoldt/Klein/Starck (Hrsg.), Das Bonner Grundgesetz, Kommentar, Bd. 1–3, 5. Aufl. 2005
VNB	Verteilernetzbetreiber
VO	Verordnung
Vossebein	Vossebein, Die Energierechtsreform auf den Märkten für Elektrizität und Gas: eine rechts- und evolutionsökonomische Analyse, Diss. Cottbus, 2004
VuR	Verbraucher und Recht (Jahr und Seite)
VV	Verbändevereinbarung
VV I Gas	Verbändevereinbarung zum Netzzugang bei Erdgas vom 4. Juli 2000
VV I Strom	Verbändevereinbarung über Kriterien zur Bestimmung von Durchleitungsentgelten vom 22. Mai 1998
VV II Gas	Verbändevereinbarung zum Netzzugang bei Erdgas vom 3. Mai 2002
VV II Strom	Verbändevereinbarung über Kriterien zur Bestimmung von Netznutzungsentgelten für elektrische Energie vom 13. Dezember 1999
VV II Strom Plus	Verbändevereinbarung über Kriterien zur Bestimmung von Netznutzungsentgelten für elektrische Energie und Prinzipien der Netznutzung vom 13. Dezember 2001
VWEW, EnWG	VWEW (Hrsg.), Kommentar zum EnWG 1998, 1999
VwGO	Verwaltungsgerichtsordnung
VwVfG	Verwaltungsverfahrensgesetz
VwVG	Verwaltungsvollstreckungsgesetz
W/B/S I, II, III	Wolff/Bachof/Stober, Verwaltungsrecht, Bd. 1: 11. Aufl. 1999; Bd. 2: 6. Aufl. 2000; Bd. 3 5. Aufl. 2004

Abkürzungsverzeichnis

W/D	Wolff/Decker, Verwaltungsgerichtsordnung (VwGO), Verwaltungsverfahrensgesetz (VwVfG), Studienkommentar, 2. Aufl. 2007
Wiedemann	Wiedemann (Hrsg.), Handbuch des Kartellrechts, 1999
Wissmann	Wissmann (Hrsg.), Telekommunikationsrecht. Praxishandbuch, 2. Aufl. 2006
Wöhe, ABWL	Wöhe, Einführung in die Allgemeine Betriebswirtschaftslehre, 22. Aufl. 2005
WPg	Die Wirtschaftsprüfung (Jahr und Seite)
WuW	Wirtschaft und Wettbewerb (Jahr und Seite)
WuW/E	Wirtschaft und Wettbewerb/Entscheidungssammlung zum Kartellrecht (Jahr und Seite)
wwe	Wirtschaftswelt Energie (Jahr und Seite)
z. B.	zum Beispiel
Zenke/Neveling/Lokau	Zenke/Neveling/Lokau, Konzentration in der Energiewirtschaft, Politische und rechtliche Fusionskontrolle, 2005
Zenke/Schäfer	Zenke/Schäfer (Hrsg.), Energiehandel in Europa, Öl, Gas, Strom, Derivate, Zertifikate, 2005
ZfE	Zeitschrift für Energierecht (Jahr und Seite)
ZfK	Zeitschrift für Kommunale Wirtschaft (Jahr und Seite)
Ziff.	Ziffer
zit.	zitiert
ZNER	Zeitschrift für Neues Energierecht (Jahr und Seite)
ZPO	Zivilprozeßordnung
Z/R/K	Zander/Riedel/Kraus (Hrsg.), Praxishandbuch Energiebeschaffung, Losebl. (Stand: Juli 2002)
z. T.	zum Teil
ZWeR	Zeitschrift für Wettbewerbsrecht (Jahr und Seite)
z. Zt.	zur Zeit

Gesetz über die
Elektrizitäts- und Gasversorgung
(Energiewirtschaftsgesetz – EnWG)[1,2]

Vom 7. Juli 2005
(BGBl. I S. 1970, ber. S. 3621)

geänd. durch Art. 7 G zur Beschleunigung von Planungsverfahren für Infrastrukturvorhaben v. 9. 12. 2006 (BGBl. I S. 2833, ber. BGBl. 2007 I S. 691), Art. 7 Abs. 14 G zur Stärkung der Selbstverwaltung der Rechtsanwaltschaft v. 26. 3. 2007 (BGBl. I S. 358) und Art. 2 G zur Bekämpfung von Preismissbrauch im Bereich der Energieversorgung und des Lebensmittelhandels v. 18. 12. 2007 (BGBl. I S. 2966)

FNA 752-6

Inhaltsübersicht

Teil 1. Allgemeine Vorschriften

	§§
Zweck des Gesetzes	1
Aufgaben der Energieversorgungsunternehmen	2
Begriffsbestimmungen	3
Verhältnis zum Eisenbahnrecht	3a
Genehmigung des Netzbetriebs	4
Anzeige der Energiebelieferung	5

Teil 2. Entflechtung

Anwendungsbereich und Ziel der Entflechtung	6
Rechtliche Entflechtung	7
Operationelle Entflechtung	8
Verwendung von Informationen	9
Rechnungslegung und interne Buchführung	10

Teil 3. Regulierung des Netzbetriebs
Abschnitt 1. Aufgaben der Netzbetreiber

Betrieb von Energieversorgungsnetzen	11
Aufgaben der Betreiber von Übertragungsnetzen	12

---

[1] Verkündet als Art. 1 des Zweites G zur Neuregelung des Energiewirtschaftsrechts vom 7. 7. 2005 (BGBl. I S. 1970, 3621).

[2] **Amtl. Anm.:** Dieses Gesetz dient der Umsetzung der Richtlinie 2003/54/EG des Europäischen Parlaments und des Rates vom 26. Juni 2003 über gemeinsame Vorschriften für den Elektrizitätsbinnenmarkt und zur Aufhebung der Richtlinie 96/92/EG (ABl. EU Nr. L 176 S. 37), der Richtlinie 2003/55/EG des Europäischen Parlaments und des Rates vom 26. Juni 2003 über gemeinsame Vorschriften für den Erdgasbinnenmarkt und zur Aufhebung der Richtlinie 98/30/EG (ABl. EU Nr. L 176 S. 57) und der Richtlinie 2004/67/EG des Rates vom 26. April 2004 über Maßnahmen zur Gewährleistung der sicheren Erdgasversorgung (ABl. EU Nr. L 127 S. 92).

EnWG

Gesetzestext

	§§
Systemverantwortung der Betreiber von Übertragungsnetzen	13
Aufgaben der Betreiber von Elektrizitätsverteilernetzen	14
Aufgaben der Betreiber von Fernleitungsnetzen	15
Systemverantwortung der Betreiber von Fernleitungsnetzen	16
Aufgaben der Betreiber von Gasverteilernetzen	16 a

Abschnitt 2. Netzanschluss

Netzanschluss	17
Allgemeine Anschlusspflicht	18
Technische Vorschriften	19

Abschnitt 3. Netzzugang

Zugang zu den Energieversorgungsnetzen	20
Bedingungen und Entgelte für den Netzzugang	21
Regulierungsvorgaben für Anreize für eine effiziente Leistungserbringung	21 a
Messeinrichtungen	21 b
Beschaffung der Energie zur Erbringung von Ausgleichsleistungen	22
Erbringung von Ausgleichsleistungen	23
Genehmigung der Entgelte für den Netzzugang	23 a
Regelungen zu den Netzzugangsbedingungen, Entgelten für den Netzzugang sowie zur Erbringung und Beschaffung von Ausgleichsleistungen	24
Ausnahmen vom Zugang zu den Gasversorgungsnetzen im Zusammenhang mit unbedingten Zahlungsverpflichtungen	25
Zugang zu den vorgelagerten Rohrleitungsnetzen und zu Speicheranlagen im Bereich der leitungsgebundenen Versorgung mit Erdgas	26
Zugang zu den vorgelagerten Rohrleitungsnetzen	27
Zugang zu Speicheranlagen	28
Neue Infrastrukturen	28 a

Abschnitt 4.
Befugnisse der Regulierungsbehörde, Sanktionen

Verfahren zur Festlegung und Genehmigung	29
Missbräuchliches Verhalten eines Netzbetreibers	30
Besondere Missbrauchsverfahren der Regulierungsbehörde	31
Unterlassungsanspruch, Schadensersatzpflicht	32
Vorteilsabschöpfung durch die Regulierungsbehörde	33
(aufgehoben)	34
Monitoring	35

Teil 4. Energielieferung an Letztverbraucher

Grundversorgungspflicht	36
Ausnahmen von der Grundversorgungspflicht	37
Ersatzversorgung mit Energie	38

Energiewirtschaftsgesetz **EnWG**

§§

Allgemeine Preise und Versorgungsbedingungen 39
(aufgehoben) 40
Energielieferverträge mit Haushaltskunden 41
Stromkennzeichnung, Transparenz der Stromrechnungen 42

Teil 5. Planfeststellung, Wegenutzung

Erfordernis der Planfeststellung 43
Anhörungsverfahren .... 43 a
Planfeststellungsbeschluss, Plangenehmigung .... 43 b
Rechtswirkungen der Planfeststellung und Plangenehmigung .. 43 c
Planänderung vor Fertigstellung des Vorhabens .... 43 d
Rechtsbehelfe .... 43 e
Vorarbeiten 44
Veränderungssperre, Vorkaufsrecht .... 44 a
Vorzeitige Besitzeinweisung .... 44 b
Enteignung 45
Entschädigungsverfahren .... 45 a
Wegenutzungsverträge 46
(aufgehoben) 47
Konzessionsabgaben 48

Teil 6. Sicherheit und Zuverlässigkeit der Energieversorgung

Anforderungen an Energieanlagen 49
Vorratshaltung zur Sicherung der Energieversorgung 50
Monitoring der Versorgungssicherheit 51
Meldepflichten bei Versorgungsstörungen 52
Ausschreibung neuer Erzeugungskapazitäten im Elektrizitätsbereich 53
Sicherstellung der Versorgung von Haushaltskunden mit Erdgas .... 53 a

Teil 7. Behörden

Abschnitt 1. Allgemeine Vorschriften

Allgemeine Zuständigkeit 54
Bundesnetzagentur, Landesregulierungsbehörde und nach Landesrecht zuständige Behörde 55
Tätigwerden der Bundesnetzagentur beim Vollzug des europäischen Rechts 56
Zusammenarbeit mit Regulierungsbehörden anderer Mitgliedstaaten und der Europäischen Kommission 57
Zusammenarbeit mit den Kartellbehörden 58

Abschnitt 2. Bundesbehörden

Organisation 59
Aufgaben des Beirates 60
Aufgaben des Länderausschusses .... 60 a

	§§
Veröffentlichung allgemeiner Weisungen des Bundesministeriums für Wirtschaft und Technologie	61
Gutachten der Monopolkommission	62
Berichterstattung	63
Wissenschaftliche Beratung	64
Zusammenarbeit zwischen den Regulierungsbehörden	64 a

Teil 8. Verfahren
Abschnitt 1. Behördliches Verfahren

Aufsichtsmaßnahmen	65
Einleitung des Verfahrens, Beteiligte	66
Vorabentscheidung über Zuständigkeit	66 a
Anhörung, mündliche Verhandlung	67
Ermittlungen	68
Auskunftsverlangen, Betretungsrecht	69
Beschlagnahme	70
Betriebs- oder Geschäftsgeheimnisse	71
Netzentgelte vorgelagerter Netzebenen	71 a
Vorläufige Anordnungen	72
Verfahrensabschluss, Begründung der Entscheidung, Zustellung	73
Veröffentlichung von Verfahrenseinleitungen und Entscheidungen	74

Abschnitt 2. Beschwerde

Zulässigkeit, Zuständigkeit	75
Aufschiebende Wirkung	76
Anordnung der sofortigen Vollziehung und der aufschiebenden Wirkung	77
Frist und Form	78
Beteiligte am Beschwerdeverfahren	79
Anwaltszwang	80
Mündliche Verhandlung	81
Untersuchungsgrundsatz	82
Beschwerdeentscheidung	83
Abhilfe bei Verletzung des Anspruchs auf rechtliches Gehör	83 a
Akteneinsicht	84
Geltung von Vorschriften des Gerichtsverfassungsgesetzes und der Zivilprozessordnung	85

Abschnitt 3. Rechtsbeschwerde

Rechtsbeschwerdegründe	86
Nichtzulassungsbeschwerde	87
Beschwerdeberechtigte, Form und Frist	88

Abschnitt 4. Gemeinsame Bestimmungen

Beteiligtenfähigkeit	89
Kostentragung und -festsetzung	90
Elektronische Dokumentenübermittlung	90 a

	§§
Gebührenpflichtige Handlungen	91
Beitrag	92
Mitteilung der Bundesnetzagentur	93

Abschnitt 5. Sanktionen, Bußgeldverfahren

Zwangsgeld	94
Bußgeldvorschriften	95
Zuständigkeit für Verfahren wegen der Festsetzung einer Geldbuße gegen eine juristische Person oder Personenvereinigung	96
Zuständigkeiten im gerichtlichen Bußgeldverfahren	97
Zuständigkeit des Oberlandesgerichts im gerichtlichen Verfahren	98
Rechtsbeschwerde zum Bundesgerichtshof	99
Wiederaufnahmeverfahren gegen Bußgeldbescheid	100
Gerichtliche Entscheidungen bei der Vollstreckung	101

Abschnitt 6. Bürgerliche Rechtsstreitigkeiten

Ausschließliche Zuständigkeit der Landgerichte	102
Zuständigkeit eines Landgerichts für mehrere Gerichtsbezirke	103
Benachrichtigung und Beteiligung der Regulierungsbehörde	104
Streitwertanpassung	105

Abschnitt 7. Gemeinsame Bestimmungen für das gerichtliche Verfahren

Zuständiger Senat beim Oberlandesgericht	106
Zuständiger Senat beim Bundesgerichtshof	107
Ausschließliche Zuständigkeit	108

Teil 9. Sonstige Vorschriften

Unternehmen der öffentlichen Hand, Geltungsbereich	109
Objektnetze	110
Verhältnis zum Gesetz gegen Wettbewerbsbeschränkungen	111

Teil 10. Evaluierung, Schlussvorschriften

Evaluierungsbericht	112
Bericht der Bundesnetzagentur zur Einführung einer Anreizregulierung	112a
Laufende Wegenutzungsverträge	113
Wirksamwerden der Entflechtungsbestimmungen	114
Bestehende Verträge	115
Bisherige Tarifkundenverträge	116
Konzessionsabgaben für die Wasserversorgung	117
Übergangsregelungen	118

Teil 1. Allgemeine Vorschriften

§ 1 Zweck des Gesetzes. (1) Zweck des Gesetzes ist eine möglichst sichere, preisgünstige, verbraucherfreundliche, effiziente und umweltverträgliche leitungsgebundene Versorgung der Allgemeinheit mit Elektrizität und Gas.

(2) Die Regulierung der Elektrizitäts- und Gasversorgungsnetze dient den Zielen der Sicherstellung eines wirksamen und unverfälschten Wettbewerbs bei der Versorgung mit Elektrizität und Gas und der Sicherung eines langfristig angelegten leistungsfähigen und zuverlässigen Betriebs von Energieversorgungsnetzen.

(3) Zweck dieses Gesetzes ist ferner die Umsetzung und Durchführung des Europäischen Gemeinschaftsrechts auf dem Gebiet der leitungsgebundenen Energieversorgung.

§ 2 Aufgaben der Energieversorgungsunternehmen.
(1) Energieversorgungsunternehmen sind im Rahmen der Vorschriften dieses Gesetzes zu einer Versorgung im Sinne des § 1 verpflichtet.

(2) Die Verpflichtungen nach dem Erneuerbare-Energien-Gesetz und nach dem Kraft-Wärme-Kopplungsgesetz bleiben vorbehaltlich des § 13 unberührt.

§ 3 Begriffsbestimmungen. Im Sinne dieses Gesetzes bedeutet
1. Ausgleichsleistungen
   Dienstleistungen zur Bereitstellung von Energie, die zur Deckung von Verlusten und für den Ausgleich von Differenzen zwischen Ein- und Ausspeisung benötigt wird, zu denen insbesondere auch Regelenergie gehört,
1 a. Ausspeisekapazität
   im Gasbereich das maximale Volumen pro Stunde in Normkubikmeter, das an einem Ausspeisepunkt aus einem Netz oder Teilnetz insgesamt ausgespeist und gebucht werden kann,
1 b. Ausspeisepunkt
   ein Punkt, an dem Gas aus einem Netz oder Teilnetz eines Netzbetreibers entnommen werden kann,
2. Betreiber von Elektrizitätsversorgungsnetzen
   natürliche oder juristische Personen oder rechtlich unselbständige Organisationseinheiten eines Energieversorgungsunternehmens, die Betreiber von Übertragungs- oder Elektrizitätsverteilernetzen sind,

3. Betreiber von Elektrizitätsverteilernetzen
natürliche oder juristische Personen oder rechtlich unselbständige Organisationseinheiten eines Energieversorgungsunternehmens, die die Aufgabe der Verteilung von Elektrizität wahrnehmen und verantwortlich sind für den Betrieb, die Wartung sowie erforderlichenfalls den Ausbau des Verteilernetzes in einem bestimmten Gebiet und gegebenenfalls der Verbindungsleitungen zu anderen Netzen,

4. Betreiber von Energieversorgungsnetzen
Betreiber von Elektrizitätsversorgungsnetzen oder Gasversorgungsnetzen,

5. Betreiber von Fernleitungsnetzen
natürliche oder juristische Personen oder rechtlich unselbständige Organisationseinheiten eines Energieversorgungsunternehmens, die die Aufgabe der Fernleitung von Erdgas wahrnehmen und verantwortlich sind für den Betrieb, die Wartung sowie erforderlichenfalls den Ausbau des Fernleitungsnetzes in einem bestimmten Gebiet und gegebenenfalls der Verbindungsleitungen zu anderen Netzen,

6. Betreiber von Gasversorgungsnetzen
natürliche oder juristische Personen oder rechtlich unselbständige Organisationseinheiten eines Energieversorgungsunternehmens, die Gasversorgungsnetze betreiben,

7. Betreiber von Gasverteilernetzen
natürliche oder juristische Personen oder rechtlich unselbständige Organisationseinheiten eines Energieversorgungsunternehmens, die die Aufgabe der Verteilung von Gas wahrnehmen und verantwortlich sind für den Betrieb, die Wartung sowie erforderlichenfalls den Ausbau des Verteilernetzes in einem bestimmten Gebiet und gegebenenfalls der Verbindungsleitungen zu anderen Netzen,

8. Betreiber von LNG-Anlagen
natürliche oder juristische Personen oder rechtlich unselbständige Organisationseinheiten eines Energieversorgungsunternehmens, die die Aufgabe der Verflüssigung von Erdgas oder der Einfuhr, Entladung und Wiederverdampfung von verflüssigtem Erdgas wahrnehmen und für den Betrieb einer LNG-Anlage verantwortlich sind,

9. Betreiber von Speicheranlagen
natürliche oder juristische Personen oder rechtlich unselbständige Organisationseinheiten eines Energieversorgungsunternehmens, die die Aufgabe der Speicherung von Erdgas wahrnehmen und für den Betrieb einer Speicheranlage verantwortlich sind,

EnWG § 3 Gesetzestext

10. Betreiber von Übertragungsnetzen
    natürliche oder juristische Personen oder rechtlich unselbständige Organisationseinheiten eines Energieversorgungsunternehmens, die verantwortlich sind für den Betrieb, die Wartung sowie erforderlichenfalls den Ausbau des Übertragungsnetzes in einem bestimmten Gebiet und gegebenenfalls der Verbindungsleitungen zu anderen Netzen,
10 a. Bilanzkreis
    im Elektrizitätsbereich innerhalb einer Regelzone die Zusammenfassung von Einspeise- und Entnahmestellen, die dem Zweck dient, Abweichungen zwischen Einspeisungen und Entnahmen durch ihre Durchmischung zu minimieren und die Abwicklung von Handelstransaktionen zu ermöglichen,
10 b. Bilanzzone
    im Gasbereich der Teil eines oder mehrerer Netze, in dem Ein- und Ausspeisepunkte einem bestimmten Bilanzkreis zugeordnet werden können,
10 c. Biogas
    Biomethan, Gas aus Biomasse, Deponiegas, Klärgas und Grubengas,
11. dezentrale Erzeugungsanlage
    eine an das Verteilernetz angeschlossene verbrauchs- und lastnahe Erzeugungsanlage,
12. Direktleitung
    eine Leitung, die einen einzelnen Produktionsstandort mit einem einzelnen Kunden verbindet, oder eine Leitung, die einen Elektrizitätserzeuger und ein Elektrizitätsversorgungsunternehmen zum Zwecke der direkten Versorgung mit ihrer eigenen Betriebsstätte, Tochterunternehmen oder Kunden verbindet, oder eine zusätzlich zum Verbundnetz errichtete Gasleitung zur Versorgung einzelner Kunden,
13. Eigenanlagen
    Anlagen zur Erzeugung von Elektrizität zur Deckung des Eigenbedarfs, die nicht von Energieversorgungsunternehmen betrieben werden,
13 a. Einspeisekapazität
    im Gasbereich das maximale Volumen pro Stunde in Normkubikmeter, das an einem Einspeisepunkt in ein Netz oder Teilnetz eines Netzbetreibers insgesamt eingespeist werden kann,
13 b. Einspeisepunkt
    ein Punkt, an dem Gas an einen Netzbetreiber in dessen Netz oder Teilnetz übergeben werden kann, einschließlich der Übergabe aus

Speichern, Gasproduktionsanlagen, Hubs oder Misch- und Konversionsanlagen,
14. Energie
Elektrizität und Gas, soweit sie zur leitungsgebundenen Energieversorgung verwendet werden,
15. Energieanlagen
Anlagen zur Erzeugung, Speicherung, Fortleitung oder Abgabe von Energie, soweit sie nicht lediglich der Übertragung von Signalen dienen, dies schließt die Verteileranlagen der Letztverbraucher sowie bei der Gasversorgung auch die letzte Absperreinrichtung vor der Verbrauchsanlage ein,
15 a. Energieeffizienzmaßnahmen
Maßnahmen zur Verbesserung des Verhältnisses zwischen Energieaufwand und damit erzieltem Ergebnis im Bereich von Energieumwandlung, Energietransport und Energienutzung,
16. Energieversorgungsnetze
Elektrizitätsversorgungsnetze und Gasversorgungsnetze über eine oder mehrere Spannungsebenen oder Druckstufen,
17. Energieversorgungsnetze der allgemeinen Versorgung
Energieversorgungsnetze, die der Verteilung von Energie an Dritte dienen und von ihrer Dimensionierung nicht von vornherein nur auf die Versorgung bestimmter, schon bei der Netzerrichtung feststehender oder bestimmbarer Letztverbraucher ausgelegt sind, sondern grundsätzlich für die Versorgung jedes Letztverbrauchers offen stehen,
18. Energieversorgungsunternehmen
natürliche oder juristische Personen, die Energie an andere liefern, ein Energieversorgungsnetz betreiben oder an einem Energieversorgungsnetz als Eigentümer Verfügungsbefugnis besitzen,
18 a. Erneuerbare Energien
Energie im Sinne des § 3 Abs. 1 des Erneuerbare-Energien-Gesetzes,
19. Fernleitung
der Transport von Erdgas durch ein Hochdruckfernleitungsnetz, mit Ausnahme von vorgelagerten Rohrleitungsnetzen, um die Versorgung von Kunden zu ermöglichen, jedoch nicht die Versorgung der Kunden selbst,
19 a. Gas
Erdgas, Flüssiggas, sofern es der Versorgung im Sinne des § 1 Abs. 1 dient, und Biogas,

EnWG § 3 Gesetzestext

19 b. Gaslieferant
natürliche und juristische Personen, deren Geschäftstätigkeit ganz oder teilweise auf den Vertrieb von Gas zum Zwecke der Belieferung von Letztverbrauchern ausgerichtet ist,

20. Gasversorgungsnetze
alle Fernleitungsnetze, Gasverteilernetze, LNG-Anlagen oder Speicheranlagen, die für den Zugang zur Fernleitung, zur Verteilung und zu LNG-Anlagen erforderlich sind und die einem oder mehreren Energieversorgungsunternehmen gehören oder von ihm oder von ihnen betrieben werden, einschließlich Netzpufferung und seiner Anlagen, die zu Hilfsdiensten genutzt werden, und der Anlagen verbundener Unternehmen, ausgenommen sind solche Netzteile oder Teile von Einrichtungen, die für örtliche Produktionstätigkeiten verwendet werden,

21. Großhändler
natürliche oder juristische Personen mit Ausnahme von Betreibern von Übertragungs-, Fernleitungs- sowie Elektrizitäts- und Gasverteilernetzen, die Energie zum Zwecke des Weiterverkaufs innerhalb oder außerhalb des Netzes, in dem sie ansässig sind, kaufen,

22. Haushaltskunden
Letztverbraucher, die Energie überwiegend für den Eigenverbrauch im Haushalt oder für den einen Jahresverbrauch von 10 000 Kilowattstunden nicht übersteigenden Eigenverbrauch für berufliche, landwirtschaftliche oder gewerbliche Zwecke kaufen,

23. Hilfsdienste
sämtliche zum Betrieb eines Übertragungs- oder Elektrizitätsverteilernetzes erforderlichen Dienste oder sämtliche für den Zugang zu und den Betrieb von Fernleitungs- oder Gasverteilernetzen oder LNG-Anlagen oder Speicheranlagen erforderlichen Dienste, einschließlich Lastausgleichs- und Mischungsanlagen, jedoch mit Ausnahme von Anlagen, die ausschließlich Fernleitungsnetzbetreibern für die Wahrnehmung ihrer Aufgaben vorbehalten sind,

24. Kunden
Großhändler, Letztverbraucher und Unternehmen, die Energie kaufen,

25. Letztverbraucher
Kunden, die Energie für den eigenen Verbrauch kaufen,

26. LNG-Anlage
eine Kopfstation zur Verflüssigung von Erdgas oder zur Einfuhr, Entladung und Wiederverdampfung von verflüssigtem Erdgas; darin eingeschlossen sind Hilfsdienste und die vorübergehende Speicherung, die für die Wiederverdampfung und die anschließende Einspeisung in

das Fernleitungsnetz erforderlich sind, jedoch nicht die zu Speicherzwecken genutzten Teile von LNG-Kopfstationen,
27. Netzbetreiber
Netz- oder Anlagenbetreiber im Sinne der Nummern 2 bis 7 und 10,
28. Netznutzer
natürliche oder juristische Personen, die Energie in ein Elektrizitäts- oder Gasversorgungsnetz einspeisen oder daraus beziehen,
29. Netzpufferung
die Speicherung von Gas durch Verdichtung in Fernleitungs- und Verteilernetzen, ausgenommen sind Einrichtungen, die Fernleitungsnetzbetreibern bei der Wahrnehmung ihrer Aufgaben vorbehalten sind,
29 a. neue Infrastruktur
eine Infrastruktur, die nach dem 12. Juli 2005 in Betrieb genommen worden ist,
29 b. örtliches Verteilernetz
ein Netz, das überwiegend der Belieferung von Letztverbrauchern über örtliche Leitungen, unabhängig von der Druckstufe oder dem Durchmesser der Leitungen, dient; für die Abgrenzung der örtlichen Verteilernetze von den vorgelagerten Netzebenen wird auf das Konzessionsgebiet abgestellt, in dem ein Netz der allgemeinen Versorgung im Sinne des § 18 Abs. 1 und des § 46 Abs. 2 betrieben wird einschließlich von Leitungen, die ein örtliches Verteilernetz mit einem benachbarten örtlichen Verteilernetz verbinden,
30. Regelzone
im Bereich der Elektrizitätsversorgung das Netzgebiet, für dessen Primärregelung, Sekundärregelung und Minutenreserve ein Betreiber von Übertragungsnetzen im Rahmen der Union für die Koordinierung des Transports elektrischer Energie (UCTE) verantwortlich ist,
31. Speicheranlage
eine einem Gasversorgungsunternehmen gehörende oder von ihm betriebene Anlage zur Speicherung von Gas, einschließlich des zu Speicherzwecken genutzten Teils von LNG-Anlagen, jedoch mit Ausnahme des Teils, der für eine Gewinnungstätigkeit genutzt wird, ausgenommen sind auch Einrichtungen, die ausschließlich Betreibern von Leitungsnetzen bei der Wahrnehmung ihrer Aufgaben vorbehalten sind,
31 a. Teilnetz
im Gasbereich ein Teil des Transportgebiets eines oder mehrerer Netzbetreiber, in dem ein Transportkunde gebuchte

EnWG § 3 Gesetzestext

Kapazitäten an Ein- und Ausspeisepunkten flexibel nutzen kann,

31b. Transportkunde
im Gasbereich Großhändler, Gaslieferanten einschließlich der Handelsabteilung eines vertikal integrierten Unternehmens und Letztverbraucher,

32. Übertragung
der Transport von Elektrizität über ein Höchstspannungs- und Hochspannungsverbundnetz zum Zwecke der Belieferung von Letztverbrauchern oder Verteilern, jedoch nicht die Belieferung der Kunden selbst,

33. Umweltverträglichkeit
dass die Energieversorgung den Erfordernissen eines nachhaltigen, insbesondere rationellen und sparsamen Umgangs mit Energie genügt, eine schonende und dauerhafte Nutzung von Ressourcen gewährleistet ist und die Umwelt möglichst wenig belastet wird, der Nutzung von Kraft-Wärme-Kopplung und erneuerbaren Energien kommt dabei besondere Bedeutung zu,

34. Verbindungsleitungen
Anlagen, die zur Verbundschaltung von Elektrizitätsnetzen dienen, oder eine Fernleitung, die eine Grenze zwischen Mitgliedstaaten quert oder überspannt und einzig dem Zweck dient, die nationalen Fernleitungsnetze dieser Mitgliedstaaten zu verbinden,

35. Verbundnetz
eine Anzahl von Übertragungs- und Elektrizitätsverteilernetzen, die durch eine oder mehrere Verbindungsleitungen miteinander verbunden sind, oder eine Anzahl von Gasversorgungsnetzen, die miteinander verbunden sind,

36. Versorgung
die Erzeugung oder Gewinnung von Energie zur Belieferung von Kunden, der Vertrieb von Energie an Kunden und der Betrieb eines Energieversorgungsnetzes,

37. Verteilung
der Transport von Elektrizität mit hoher, mittlerer oder niederer Spannung über Elektrizitätsverteilernetze oder der Transport von Gas über örtliche oder regionale Leitungsnetze, um die Versorgung von Kunden zu ermöglichen, jedoch nicht die Belieferung der Kunden selbst,

38. vertikal integriertes Energieversorgungsunternehmen
ein im Elektrizitäts- oder Gasbereich tätiges Unternehmen oder eine im Elektrizitäts- oder Gasbereich tätige Gruppe von Unternehmen, die im Sinne des Artikels 3 Abs. 2 der Verordnung (EG)

Nr. 139/2004 des Rates vom 20. Januar 2004 über die Kontrolle von Unternehmenszusammenschlüssen (ABl. EU Nr. L 24 S. 1) miteinander verbunden sind, wobei das betreffende Unternehmen oder die betreffende Gruppe im Elektrizitätsbereich mindestens eine der Funktionen Übertragung oder Verteilung und mindestens eine der Funktionen Erzeugung oder Vertrieb von Elektrizität oder im Erdgasbereich mindestens eine der Funktionen Fernleitung, Verteilung, Betrieb einer LNG-Anlage oder Speicherung und gleichzeitig eine der Funktionen Gewinnung oder Vertrieb von Erdgas wahrnimmt,
39. vorgelagertes Rohrleitungsnetz
Rohrleitungen oder ein Netz von Rohrleitungen, deren Betrieb oder Bau Teil eines Öl- oder Gasgewinnungsvorhabens ist oder die dazu verwendet werden, Erdgas von einer oder mehreren solcher Anlagen zu einer Aufbereitungsanlage, zu einem Terminal oder zu einem an der Küste gelegenen Endanlandeterminal zu leiten, mit Ausnahme solcher Netzteile oder Teile von Einrichtungen, die für örtliche Produktionstätigkeiten verwendet werden.

§ 3a Verhältnis zum Eisenbahnrecht. Dieses Gesetz gilt auch für die Versorgung von Eisenbahnen mit leitungsgebundener Energie, insbesondere Fahrstrom, soweit im Eisenbahnrecht nichts anderes geregelt ist.

§ 4 Genehmigung des Netzbetriebs. (1) Die Aufnahme des Betriebs eines Energieversorgungsnetzes bedarf der Genehmigung durch die nach Landesrecht zuständige Behörde.

(2) [1]Die Genehmigung nach Absatz 1 darf nur versagt werden, wenn der Antragsteller nicht die personelle, technische und wirtschaftliche Leistungsfähigkeit und Zuverlässigkeit besitzt, um den Netzbetrieb entsprechend den Vorschriften dieses Gesetzes auf Dauer zu gewährleisten. [2]Unter den gleichen Voraussetzungen kann auch der Betrieb einer in Absatz 1 genannten Anlage untersagt werden, für dessen Aufnahme keine Genehmigung erforderlich war.

(3) Im Falle der Gesamtrechtsnachfolge oder der Rechtsnachfolge nach dem Umwandlungsgesetz oder in sonstigen Fällen der rechtlichen Entflechtung des Netzbetriebs nach § 7 geht die Genehmigung auf den Rechtsnachfolger über.

§ 5 Anzeige der Energiebelieferung. [1]Energieversorgungsunternehmen, die Haushaltskunden mit Energie beliefern, müssen die Aufnahme und Beendigung der Tätigkeit sowie Änderungen ihrer Firma

EnWG § 6 Gesetzestext

bei der Regulierungsbehörde unverzüglich anzeigen. ²Eine Liste der angezeigten Unternehmen wird von der Regulierungsbehörde laufend auf ihrer Internetseite veröffentlicht; veröffentlicht werden die Firma und die Adresse des Sitzes der angezeigten Unternehmen. ³Mit der Anzeige der Aufnahme der Tätigkeit ist das Vorliegen der personellen, technischen und wirtschaftlichen Leistungsfähigkeit sowie der Zuverlässigkeit der Geschäftsleitung darzulegen. ⁴Die Regulierungsbehörde kann die Ausübung der Tätigkeit jederzeit ganz oder teilweise untersagen, wenn die personelle, technische oder wirtschaftliche Leistungsfähigkeit oder Zuverlässigkeit nicht gewährleistet ist.

Teil 2. Entflechtung

§ 6 Anwendungsbereich und Ziel der Entflechtung. (1) ¹Vertikal integrierte Energieversorgungsunternehmen und rechtlich selbständige Betreiber von Elektrizitäts- und Gasversorgungsnetzen, die im Sinne von § 3 Nr. 38 mit einem vertikal integrierten Energieversorgungsunternehmen verbunden sind, sind zur Gewährleistung von Transparenz sowie diskriminierungsfreier Ausgestaltung und Abwicklung des Netzbetriebs verpflichtet. ²Um dieses Ziel zu erreichen, müssen sie die Unabhängigkeit der Netzbetreiber von anderen Tätigkeitsbereichen der Energieversorgung nach den §§ 7 bis 10 sicherstellen. ³Abweichend von Satz 2 gelten für die Unabhängigkeit der Betreiber von LNG-Anlagen und von Speicheranlagen in vertikal integrierten Energieversorgungsunternehmen, soweit die Anlagen nicht den Gasversorgungsnetzen zugerechnet werden müssen, nur die §§ 9 und 10.

(2) ¹Die in wirtschaftlich engem Zusammenhang mit der rechtlichen oder operationellen Entflechtung nach den §§ 7 und 8 übertragenen Wirtschaftsgüter gelten als Teilbetrieb im Sinne der §§ 15, 16, 20 und 24 des Umwandlungssteuergesetzes. ²Satz 1 gilt nur für diejenigen Wirtschaftsgüter, die unmittelbar auf Grund des Organisationsakts der Entflechtung übertragen werden. ³Für die Anwendung des § 15 Abs. 1 Satz 2 des Umwandlungssteuergesetzes gilt auch das der übertragenden Körperschaft im Rahmen des Organisationsakts der Entflechtung verbleibende Vermögen als zu einem Teilbetrieb gehörend. ⁴§ 15 Abs. 3 des Umwandlungssteuergesetzes, § 8b Abs. 4 des Körperschaftssteuergesetzes sowie § 6 Abs. 3 Satz 2 und Abs. 5 Satz 4 sowie § 16 Abs. 3 Satz 3 und 4 des Einkommensteuergesetzes finden auf Maßnahmen nach Satz 1 keine Anwendung, sofern diese Maßnahme von Unternehmen im Sinne von § 7 Abs. 1 und 2 bis zum 31. Dezember 2007 und von Unternehmen im Sinne von § 7 Abs. 3 bis zum 31. Dezember

Energiewirtschaftsgesetz §§ 7, 8 EnWG

2008 ergriffen worden sind. [5] Bei der Prüfung der Frage, ob die Voraussetzungen für die Anwendung der Sätze 1 und 2 vorliegen, leistet die Regulierungsbehörde den Finanzbehörden Amtshilfe (§ 111 der Abgabenordnung).

(3) [1] Erwerbsvorgänge im Sinne des § 1 des Grunderwerbsteuergesetzes, die sich aus der rechtlichen oder operationellen Entflechtung nach den §§ 7 und 8 ergeben, sind von der Grunderwerbsteuer befreit.
[2] Absatz 2 Satz 4 und 5 gilt entsprechend.

(4) Die Absätze 2 und 3 gelten entsprechend für diejenigen Unternehmen, die eine rechtliche Entflechtung auf freiwilliger Grundlage vornehmen.

§ 7 Rechtliche Entflechtung. (1) Vertikal integrierte Energieversorgungsunternehmen haben sicherzustellen, dass Netzbetreiber, die mit ihnen im Sinne von § 3 Nr. 38 verbunden sind, hinsichtlich ihrer Rechtsform unabhängig von anderen Tätigkeitsbereichen der Energieversorgung sind.

(2) [1] Vertikal integrierte Energieversorgungsunternehmen, an deren Elektrizitätsversorgungsnetz weniger als 100 000 Kunden unmittelbar oder mittelbar angeschlossen sind, sind hinsichtlich der Betreiber von Elektrizitätsverteilernetzen, die mit ihnen im Sinne von § 3 Nr. 38 verbunden sind, von den Verpflichtungen nach Absatz 1 ausgenommen.
[2] Satz 1 gilt für Gasversorgungsnetze entsprechend.

(3) Hinsichtlich der Betreiber von Elektrizitätsverteilernetzen und der Betreiber von Gasverteilernetzen, die im Sinne von § 3 Nr. 38 mit vertikal integrierten Energieversorgungsunternehmen verbunden sind, gilt die Verpflichtung aus Absatz 1 erst ab dem 1. Juli 2007.

§ 8 Operationelle Entflechtung. (1) Unternehmen nach § 6 Abs. 1 Satz 1 haben die Unabhängigkeit ihrer im Sinne von § 3 Nr. 38 verbundenen Netzbetreiber hinsichtlich der Organisation, der Entscheidungsgewalt und der Ausübung des Netzgeschäfts nach Maßgabe der folgenden Absätze sicherzustellen.

(2) Für Personen, die für den Netzbetreiber tätig sind, gelten zur Gewährleistung eines diskriminierungsfreien Netzbetriebs folgende Vorgaben:
1. Personen, die mit Leitungsaufgaben für den Netzbetreiber betraut sind oder die Befugnis zu Letztentscheidungen besitzen, die für die Gewährleistung eines diskriminierungsfreien Netzbetriebs wesentlich sind, müssen für die Ausübung dieser Tätigkeiten einer betrieblichen Einrichtung des Netzbetreibers angehören und dürfen keine An-

EnWG § 8

gehörige von betrieblichen Einrichtungen des vertikal integrierten Energieversorgungsunternehmens sein, die direkt oder indirekt für den laufenden Betrieb in den Bereichen der Gewinnung, Erzeugung oder des Vertriebs von Energie an Kunden zuständig sind.

2. Personen, die in anderen Teilen des vertikal integrierten Energieversorgungsunternehmens sonstige Tätigkeiten des Netzbetriebs ausüben, sind insoweit den fachlichen Weisungen der Leitung des Netzbetreibers zu unterstellen.

(3) Unternehmen nach § 6 Abs. 1 Satz 1 haben geeignete Maßnahmen zu treffen, um die berufliche Handlungsunabhängigkeit der Personen zu gewährleisten, die für die Leitung des Netzbetreibers zuständig sind.

(4) [1] Vertikal integrierte Energieversorgungsunternehmen haben zu gewährleisten, dass die Netzbetreiber tatsächliche Entscheidungsbefugnisse in Bezug auf die für den Betrieb, die Wartung und den Ausbau des Netzes erforderlichen Vermögenswerte des vertikal integrierten Energieversorgungsunternehmens besitzen und diese im Rahmen der Bestimmungen dieses Gesetzes unabhängig von der Leitung und den anderen betrieblichen Einrichtungen des vertikal integrierten Energieversorgungsunternehmens ausüben können. [2] Zur Wahrnehmung der wirtschaftlichen Befugnisse der Leitung des vertikal integrierten Energieversorgungsunternehmens und seiner Aufsichtsrechte über die Geschäftsführung des Netzbetreibers im Hinblick auf dessen Rentabilität ist die Nutzung gesellschaftsrechtlicher Instrumente der Einflussnahme und Kontrolle, unter anderem der Weisung, der Festlegung allgemeiner Verschuldungsobergrenzen und der Genehmigung jährlicher Finanzpläne oder gleichwertiger Instrumente, insoweit zulässig, als dies zur Wahrnehmung der berechtigten Interessen des vertikal integrierten Energieversorgungsunternehmens erforderlich ist. [3] Dabei ist die Einhaltung der §§ 11 bis 16 sicherzustellen. [4] Weisungen zum laufenden Netzbetrieb sind nicht erlaubt; ebenfalls unzulässig sind Weisungen im Hinblick auf einzelne Entscheidungen zu baulichen Maßnahmen an Energieanlagen, solange sich diese Entscheidungen im Rahmen eines vom vertikal integrierten Energieversorgungsunternehmen genehmigten Finanzplans oder gleichwertigen Instruments halten.

(5) [1] Vertikal integrierte Energieversorgungsunternehmen sind verpflichtet, für die mit Tätigkeiten des Netzbetriebs befassten Mitarbeiter ein Programm mit verbindlichen Maßnahmen zur diskriminierungsfreien Ausübung des Netzgeschäfts (Gleichbehandlungsprogramm) festzulegen, den Mitarbeitern dieses Unternehmens und der Regulierungsbehörde bekannt zu machen und dessen Einhaltung durch eine Person

oder Stelle zu überwachen. [2] Pflichten der Mitarbeiter und mögliche Sanktionen sind festzulegen. [3] Die zuständige Person oder Stelle legt der Regulierungsbehörde jährlich spätestens zum 31. März einen Bericht über die nach Satz 1 getroffenen Maßnahmen des vergangenen Kalenderjahres vor und veröffentlicht ihn.

(6) [1] Vertikal integrierte Energieversorgungsunternehmen, an deren Elektrizitätsversorgungsnetz weniger als 100 000 Kunden unmittelbar oder mittelbar angeschlossen sind, sind hinsichtlich der Betreiber von Elektrizitätsverteilernetzen, die mit ihnen im Sinne von § 3 Nr. 38 verbunden sind, von den Verpflichtungen nach den Absätzen 1 bis 5 ausgenommen. [2] Satz 1 gilt für Gasversorgungsnetze entsprechend.

§ 9 Verwendung von Informationen. (1) Unbeschadet gesetzlicher Verpflichtungen zur Offenbarung von Informationen haben vertikal integrierte Energieversorgungsunternehmen und Netzbetreiber sicherzustellen, dass die Vertraulichkeit wirtschaftlich sensibler Informationen, von denen sie in Ausübung ihrer Geschäftstätigkeit als Netzbetreiber Kenntnis erlangen, gewahrt wird.

(2) Legen das vertikal integrierte Energieversorgungsunternehmen oder der Netzbetreiber, der im Sinne von § 3 Nr. 38 mit ihm verbunden ist, über die eigenen Tätigkeiten als Netzbetreiber Informationen offen, die wirtschaftliche Vorteile bringen können, so hat dies in nichtdiskriminierender Weise zu erfolgen.

§ 10 Rechnungslegung und interne Buchführung. (1) Energieversorgungsunternehmen haben ungeachtet ihrer Eigentumsverhältnisse und ihrer Rechtsform einen Jahresabschluss nach den für Kapitalgesellschaften geltenden Vorschriften des Handelsgesetzbuchs aufzustellen, prüfen zu lassen und offen zu legen.

(2) Im Anhang zum Jahresabschluss sind die Geschäfte größeren Umfangs mit verbundenen oder assoziierten Unternehmen im Sinne von § 271 Abs. 2 oder § 311 des Handelsgesetzbuchs gesondert auszuweisen.

(3) [1] Unternehmen, die im Sinne von § 3 Nr. 38 zu einem vertikal integrierten Energieversorgungsunternehmen verbunden sind, haben zur Vermeidung von Diskriminierung und Quersubventionierung in ihrer internen Rechnungslegung jeweils getrennte Konten für jede ihrer Tätigkeiten in den nachfolgend aufgeführten Bereichen so zu führen, wie dies erforderlich wäre, wenn diese Tätigkeiten von rechtlich selbständigen Unternehmen ausgeführt würden:

EnWG § 10 Gesetzestext

1. Elektrizitätsübertragung;
2. Elektrizitätsverteilung;
3. Gasfernleitung;
4. Gasverteilung;
5. Gasspeicherung;
6. Betrieb von LNG-Anlagen.

²Tätigkeit im Sinne dieser Bestimmung ist auch jede wirtschaftliche Nutzung eines Eigentumsrechts an Elektrizitäts- oder Gasversorgungsnetzen, Gasspeichern oder LNG-Anlagen. ³Für die anderen Tätigkeiten innerhalb des Elektrizitätssektors und innerhalb des Gassektors sind Konten zu führen, die innerhalb des jeweiligen Sektors zusammengefasst werden können. ⁴Für Tätigkeiten außerhalb des Elektrizitäts- und Gassektors sind ebenfalls eigene Konten zu führen, die zusammengefasst werden können. ⁵Soweit eine direkte Zuordnung zu den einzelnen Tätigkeiten nicht möglich ist oder mit unvertretbarem Aufwand verbunden wäre, hat die Zuordnung durch Schlüsselung der Konten, die sachgerecht und für Dritte nachvollziehbar sein muss, zu erfolgen. ⁶Mit der Erstellung des Jahresabschlusses ist für jeden der genannten Tätigkeitsbereiche intern jeweils eine den in Absatz 1 genannten Vorschriften entsprechende Bilanz und Gewinn- und Verlustrechnung aufzustellen. ⁷Dabei sind in der internen Rechnungslegung die Regeln einschließlich der Abschreibungsmethoden anzugeben, nach denen die Gegenstände des Aktiv- und Passivvermögens sowie die Aufwendungen und Erträge den gemäß den Sätzen 1 bis 4 geführten Konten zugeordnet worden sind.

(4) ¹Die Prüfung des Jahresabschlusses gemäß Absatz 1 umfasst auch die Einhaltung der Pflichten zur internen Rechnungslegung nach Absatz 3. ²Dabei ist neben dem Vorhandensein getrennter Konten auch zu prüfen, ob die Wertansätze und die Zuordnung der Konten sachgerecht und nachvollziehbar erfolgt sind und der Grundsatz der Stetigkeit beachtet worden ist. ³Im Bestätigungsvermerk zum Jahresabschluss ist anzugeben, ob die Vorgaben nach Absatz 3 eingehalten worden sind.

(5) ¹Der Auftraggeber der Prüfung des Jahresabschlusses hat der Regulierungsbehörde unverzüglich eine Ausfertigung des geprüften Jahresabschlusses einschließlich des Bestätigungsvermerks oder des Vermerks über seine Versagung zu übersenden. ²Die Bilanzen und Gewinn- und Verlustrechnungen für die einzelnen Tätigkeitsbereiche sind beizufügen. ³Unternehmen, die keine Tätigkeiten nach Absatz 3 ausüben, sind von der Verpflichtung nach Satz 1 freigestellt; die Befugnisse der Regulierungsbehörde bleiben unberührt. ⁴Geschäftsberichte zu den

Tätigkeitsbereichen, die nicht in Absatz 3 Satz 1 aufgeführt sind, hat die Regulierungsbehörde als Geschäftsgeheimnisse zu behandeln.

Teil 3. Regulierung des Netzbetriebs

Abschnitt 1. Aufgaben der Netzbetreiber

§ 11 Betrieb von Energieversorgungsnetzen. (1) [1]Betreiber von Energieversorgungsnetzen sind verpflichtet, ein sicheres, zuverlässiges und leistungsfähiges Energieversorgungsnetz diskriminierungsfrei zu betreiben, zu warten und bedarfsgerecht auszubauen, soweit es wirtschaftlich zumutbar ist. [2]Sie haben insbesondere die Aufgaben nach den §§ 12 bis 16 zu erfüllen. [3]Die Verpflichtung gilt auch im Rahmen der Wahrnehmung der wirtschaftlichen Befugnisse der Leitung des vertikal integrierten Energieversorgungsunternehmens und seiner Aufsichtsrechte nach § 8 Abs. 4 Satz 2.

(2) [1]In Rechtsverordnungen über die Regelung von Vertrags- und sonstigen Rechtsverhältnissen können auch Regelungen zur Haftung der Betreiber von Energieversorgungsnetzen aus Vertrag und unerlaubter Handlung für Sach- und Vermögensschäden, die ein Kunde durch Unterbrechung der Energieversorgung oder durch Unregelmäßigkeiten in der Energieversorgung erleidet, getroffen werden. [2]Dabei kann die Haftung auf vorsätzliche oder grob fahrlässige Verursachung beschränkt und der Höhe nach begrenzt werden. [3]Soweit es zur Vermeidung unzumutbarer wirtschaftlicher Risiken des Netzbetriebs im Zusammenhang mit Verpflichtungen nach § 13 Abs. 2, auch in Verbindung mit § 14, und § 16 Abs. 2 erforderlich ist, kann die Haftung darüber hinaus vollständig ausgeschlossen werden.

§ 12 Aufgaben der Betreiber von Übertragungsnetzen.

(1) Betreiber von Übertragungsnetzen haben die Energieübertragung durch das Netz unter Berücksichtigung des Austauschs mit anderen Verbundnetzen zu regeln und mit der Bereitstellung und dem Betrieb ihrer Übertragungsnetze im nationalen und internationalen Verbund zu einem sicheren und zuverlässigen Elektrizitätsversorgungssystem in ihrer Regelzone und damit zu einer sicheren Energieversorgung beizutragen.

(2) Betreiber von Übertragungsnetzen haben Betreibern eines anderen Netzes, mit dem die eigenen Übertragungsnetze technisch verbunden sind, die notwendigen Informationen bereitzustellen, um den sicheren und effizienten Betrieb, den koordinierten Ausbau und den Verbund sicherzustellen.

(3) Betreiber von Übertragungsnetzen haben dauerhaft die Fähigkeit des Netzes sicherzustellen, die Nachfrage nach Übertragung von Elektrizität zu befriedigen und insbesondere durch entsprechende Übertragungskapazität und Zuverlässigkeit des Netzes zur Versorgungssicherheit beizutragen.

(3a) ¹Betreiber von Übertragungsnetzen haben alle zwei Jahre, erstmals zum 1. Februar 2006 einen Bericht über den Netzzustand und die Netzausbauplanung zu erstellen und diesen der Regulierungsbehörde auf Verlangen vorzulegen. ²Auf Verlangen der Regulierungsbehörde ist ihr innerhalb von drei Monaten ein Bericht entsprechend Satz 1 auch über bestimmte Teile des Übertragungsnetzes vorzulegen. ³Die Regulierungsbehörde hat Dritten auf Antrag bei Vorliegen eines berechtigten Interesses, insbesondere soweit es für die Durchführung von Planungen für Energieanlagen erforderlich ist, innerhalb einer Frist von zwei Monaten Zugang zu den Berichten nach den Sätzen 1 und 2 zu gewähren. ⁴Die Regulierungsbehörde kann durch Festlegung nach § 29 Abs. 1 zum Inhalt des Berichts nähere Bestimmungen treffen.

(4) Betreiber von Erzeugungsanlagen, Betreiber von Elektrizitätsverteilernetzen und Lieferanten von Elektrizität sind verpflichtet, Betreibern von Übertragungsnetzen auf Verlangen unverzüglich die Informationen bereitzustellen, die notwendig sind, damit die Übertragungsnetze sicher und zuverlässig betrieben, gewartet und ausgebaut werden können.

§ 13 Systemverantwortung der Betreiber von Übertragungsnetzen. (1) ¹Sofern die Sicherheit oder Zuverlässigkeit des Elektrizitätsversorgungssystems in der jeweiligen Regelzone gefährdet oder gestört ist, sind Betreiber von Übertragungsnetzen berechtigt und verpflichtet, die Gefährdung oder Störung durch
1. netzbezogene Maßnahmen, insbesondere durch Netzschaltungen, und
2. marktbezogene Maßnahmen, wie insbesondere den Einsatz von Regelenergie, vertraglich vereinbarte abschaltbare und zuschaltbare Lasten, Information über Engpässe und Management von Engpässen sowie Mobilisierung zusätzlicher Reserven

zu beseitigen. ²Bei netzbezogenen Maßnahmen nach Satz 1 sind die Verpflichtungen nach § 4 Abs. 1 des Erneuerbare-Energien-Gesetzes und nach § 4 Abs. 1 des Kraft-Wärme-Kopplungsgesetzes zu berücksichtigen. ³Bei Maßnahmen nach Satz 1 ist nach sachlich-energiewirtschaftlichen Grundsätzen im Sinne des § 1 Abs. 1 vorzugehen.

(2) ¹Lässt sich eine Gefährdung oder Störung durch Maßnahmen nach Absatz 1 nicht oder nicht rechtzeitig beseitigen, so sind Betreiber

Energiewirtschaftsgesetz § 14 EnWG

von Übertragungsnetzen im Rahmen der Zusammenarbeit nach § 12 Abs. 1 berechtigt und verpflichtet, sämtliche Stromeinspeisungen, Stromtransite und Stromabnahmen in ihren Regelzonen den Erfordernissen eines sicheren und zuverlässigen Betriebs des Übertragungsnetzes anzupassen oder diese Anpassung zu verlangen. ²Bei einer erforderlichen Anpassung von Stromeinspeisungen und Stromabnahmen sind insbesondere die betroffenen Betreiber von Elektrizitätsverteilernetzen und Stromhändler soweit möglich vorab zu informieren.

(3) Eine Gefährdung der Sicherheit und Zuverlässigkeit des Elektrizitätsversorgungssystems in der jeweiligen Regelzone liegt vor, wenn örtliche Ausfälle des Übertragungsnetzes oder kurzfristige Netzengpässe zu besorgen sind oder zu besorgen ist, dass die Haltung von Frequenz, Spannung oder Stabilität durch die Übertragungsnetzbetreiber nicht im erforderlichen Maße gewährleistet werden kann.

(4) ¹Im Falle einer Anpassung nach Absatz 2 ruhen bis zur Beseitigung der Gefährdung oder Störung alle hiervon jeweils betroffenen Leistungspflichten. ²Soweit bei Vorliegen der Voraussetzungen nach Absatz 2 Maßnahmen getroffen werden, ist insoweit die Haftung für Vermögensschäden ausgeschlossen. ³Im Übrigen bleibt § 11 Abs. 2 unberührt.

(5) ¹Über die Gründe von durchgeführten Anpassungen und Maßnahmen sind die hiervon unmittelbar Betroffenen und die Regulierungsbehörde unverzüglich zu informieren. ²Auf Verlangen sind die vorgetragenen Gründe zu belegen.

(6) Reichen die Maßnahmen gemäß Absatz 2 nach Feststellung eines Betreibers von Übertragungsnetzen nicht aus, um eine Versorgungsstörung für lebenswichtigen Bedarf im Sinne des § 1 des Energiesicherungsgesetzes abzuwenden, muss der Betreiber von Übertragungsnetzen unverzüglich die Regulierungsbehörde unterrichten.

(7) ¹Zur Vermeidung schwerwiegender Versorgungsstörungen haben Betreiber von Übertragungsnetzen jährlich eine Schwachstellenanalyse zu erarbeiten und auf dieser Grundlage notwendige Maßnahmen zu treffen. ²Das Personal in den Steuerstellen ist entsprechend zu unterweisen. ³Über das Ergebnis der Schwachstellenanalyse und die notwendigen Maßnahmen hat der Übertragungsnetzbetreiber jährlich bis zum 31. August der Regulierungsbehörde zu berichten.

§ 14 Aufgaben der Betreiber von Elektrizitätsverteilernetzen.

(1) ¹Die §§ 12 und 13 gelten für Betreiber von Elektrizitätsverteilernetzen im Rahmen ihrer Verteilungsaufgaben entsprechend, soweit sie für die Sicherheit und Zuverlässigkeit der Elektrizitätsversorgung in

ihrem Netz verantwortlich sind. ²§ 12 Abs. 3a ist mit der Maßgabe anzuwenden, dass Betreiber von Elektrizitätsverteilernetzen einen Bericht über den Netzzustand und die Netzausbauplanung erstmals zum 1. August 2006 zu erstellen haben. ³Betreiber von Elektrizitätsverteilernetzen einschließlich vertikal integrierter Energieversorgungsunternehmen, an deren Elektrizitätsverteilernetz weniger als 10000 Kunden unmittelbar oder mittelbar angeschlossen sind, sind von den Verpflichtungen nach § 12 Abs. 3a ausgenommen. ⁴§ 13 Abs. 7 ist mit der Maßgabe anzuwenden, dass die Betreiber von Elektrizitätsverteilernetzen nur auf Anforderung der Regulierungsbehörde die Schwachstellenanalyse zu erstellen und über das Ergebnis zu berichten haben.

(1a) Die Betreiber von Elektrizitätsverteilernetzen sind verpflichtet, Maßnahmen des Betreibers von Übertragungsnetzen, in dessen Netz sie technisch eingebunden sind, nach dessen Vorgaben durch eigene Maßnahmen zu unterstützen, soweit diese erforderlich sind, um Gefährdungen und Störungen in den Übertragungsnetzen mit geringstmöglichen Eingriffen in die Versorgung zu vermeiden.

(2) ¹Bei der Planung des Verteilernetzausbaus haben Betreiber von Elektrizitätsverteilernetzen die Möglichkeiten von Energieeffizienz- und Nachfragesteuerungsmaßnahmen und dezentralen Erzeugungsanlagen zu berücksichtigen. ²Die Bundesregierung wird ermächtigt, durch Rechtsverordnung ohne Zustimmung des Bundesrates allgemeine Grundsätze für die Berücksichtigung der in Satz 1 genannten Belange bei Planungen festzulegen.

§ 15 Aufgaben der Betreiber von Fernleitungsnetzen.

(1) Betreiber von Fernleitungsnetzen haben den Gastransport durch ihr Netz unter Berücksichtigung der Verbindungen mit anderen Netzen zu regeln und mit der Bereitstellung und dem Betrieb ihrer Fernleitungsnetze im nationalen und internationalen Verbund zu einem sicheren und zuverlässigen Gasversorgungssystem in ihrem Netz und damit zu einer sicheren Energieversorgung beizutragen.

(2) Um zu gewährleisten, dass der Transport und die Speicherung von Erdgas in einer mit dem sicheren und effizienten Betrieb des Verbundnetzes zu vereinbarenden Weise erfolgen kann, haben Betreiber von Fernleitungsnetzen, Speicher- oder LNG-Anlagen jedem anderen Betreiber eines Gasversorgungsnetzes, mit dem die eigenen Fernleitungsnetze oder Anlagen technisch verbunden sind, die notwendigen Informationen bereitzustellen.

(3) Betreiber von Fernleitungsnetzen haben dauerhaft die Fähigkeit ihrer Netze sicherzustellen, die Nachfrage nach Transportdienstleistun-

Energiewirtschaftsgesetz § 16 EnWG

gen für Gas zu befriedigen und insbesondere durch entsprechende Transportkapazität und Zuverlässigkeit der Netze zur Versorgungssicherheit beizutragen.

§ 16 Systemverantwortung der Betreiber von Fernleitungsnetzen. (1) Sofern die Sicherheit oder Zuverlässigkeit des Gasversorgungssystems in dem jeweiligen Netz gefährdet oder gestört ist, sind Betreiber von Fernleitungsnetzen berechtigt und verpflichtet, die Gefährdung oder Störung durch
1. netzbezogene Maßnahmen und
2. marktbezogene Maßnahmen, wie insbesondere den Einsatz von Ausgleichsleistungen, vertragliche Regelungen über eine Abschaltung und den Einsatz von Speichern,
zu beseitigen.

(2) [1] Lässt sich eine Gefährdung oder Störung durch Maßnahmen nach Absatz 1 nicht oder nicht rechtzeitig beseitigen, so sind Betreiber von Fernleitungsnetzen im Rahmen der Zusammenarbeit nach § 15 Abs. 1 berechtigt und verpflichtet, sämtliche Gaseinspeisungen, Gastransporte und Gasausspeisungen in ihren Netzen den Erfordernissen eines sicheren und zuverlässigen Betriebes des Netzes anzupassen oder diese Anpassung zu verlangen. [2] Bei einer erforderlichen Anpassung von Gaseinspeisungen und Gasausspeisungen sind die betroffenen Betreiber von anderen Fernleitungs- und Gasverteilernetzen und Gashändler soweit möglich vorab zu informieren.

(3) [1] Im Falle einer Anpassung nach Absatz 2 ruhen bis zur Beseitigung der Gefährdung oder Störung alle hiervon jeweils betroffenen Leistungspflichten. [2] Soweit bei Vorliegen der Voraussetzungen nach Absatz 2 Maßnahmen getroffen werden, ist insoweit die Haftung für Vermögensschäden ausgeschlossen. [3] Im Übrigen bleibt § 11 Abs. 2 unberührt.

(4) [1] Über die Gründe von durchgeführten Anpassungen und Maßnahmen sind die hiervon unmittelbar Betroffenen und die Regulierungsbehörde unverzüglich zu informieren. [2] Auf Verlangen sind die vorgetragenen Gründe zu belegen.

(5) [1] Zur Vermeidung schwerwiegender Versorgungsstörungen haben Betreiber von Fernleitungsnetzen jährlich eine Schwachstellenanalyse zu erarbeiten und auf dieser Grundlage notwendige Maßnahmen zu treffen. [2] Über das Ergebnis der Schwachstellenanalyse und die Maßnahmen hat der Fernleitungsbetreiber der Regulierungsbehörde auf Anforderung zu berichten.

§ 16 a Aufgaben der Betreiber von Gasverteilernetzen. ¹Die §§ 15 und 16 Abs. 1 bis 4 gelten für Betreiber von Gasverteilernetzen im Rahmen ihrer Verteilungsaufgaben entsprechend, soweit sie für die Sicherheit und Zuverlässigkeit der Gasversorgung in ihrem Netz verantwortlich sind. ² § 16 Abs. 5 ist mit der Maßgabe anzuwenden, dass die Betreiber von Gasverteilernetzen nur auf Anforderung der Regulierungsbehörde eine Schwachstellenanalyse zu erstellen und über das Ergebnis zu berichten haben.

Abschnitt 2. Netzanschluss

§ 17 Netzanschluss. (1) Betreiber von Energieversorgungsnetzen haben Letztverbraucher, gleich- oder nachgelagerte Elektrizitäts- und Gasversorgungsnetze sowie -leitungen, Erzeugungs- und Speicheranlagen zu technischen und wirtschaftlichen Bedingungen an ihr Netz anzuschließen, die angemessen, diskriminierungsfrei, transparent und nicht ungünstiger sind, als sie von den Betreibern der Energieversorgungsnetze in vergleichbaren Fällen für Leistungen innerhalb ihres Unternehmens oder gegenüber verbundenen oder assoziierten Unternehmen angewendet werden.

(2) ¹Betreiber von Energieversorgungsnetzen können einen Netzanschluss nach Absatz 1 verweigern, soweit sie nachweisen, dass ihnen die Gewährung des Netzanschlusses aus betriebsbedingten oder sonstigen wirtschaftlichen oder technischen Gründen unter Berücksichtigung der Ziele des § 1 nicht möglich oder nicht zumutbar ist. ²Die Ablehnung ist in Textform zu begründen. ³Auf Verlangen der beantragenden Partei muss die Begründung im Falle eines Kapazitätsmangels auch aussagekräftige Informationen darüber enthalten, welche konkreten Maßnahmen und damit verbundene Kosten zum Ausbau des Netzes im Einzelnen erforderlich wären, um den Netzanschluss durchzuführen; die Begründung kann nachgefordert werden. ⁴Für die Begründung nach Satz 3 kann ein Entgelt, das die Hälfte der entstandenen Kosten nicht überschreiten darf, verlangt werden, sofern auf die Entstehung von Kosten zuvor hingewiesen worden ist.

(2 a) ¹Betreiber von Übertragungsnetzen, in deren Regelzone die Netzanbindung von Offshore-Anlagen im Sinne des § 10 Abs. 3 Satz 1 des Erneuerbare-Energien-Gesetzes erfolgen soll, haben die Leitungen von dem Umspannwerk der Offshore-Anlagen bis zu dem technisch und wirtschaftlich günstigsten Verknüpfungspunkt des nächsten Übertragungs- oder Verteilernetzes zu errichten und zu betreiben; die Netzanbindungen müssen zu dem Zeitpunkt der Herstellung der technischen Betriebsbereitschaft der Offshore-Anlagen errichtet sein. ²Eine

Energiewirtschaftsgesetz § 18 EnWG

Leitung nach Satz 1 gilt ab dem Zeitpunkt der Errichtung als Teil des Energieversorgungsnetzes. ³Betreiber von Übertragungsnetzen sind zum Ersatz der Aufwendungen verpflichtet, die die Betreiber von Offshore-Anlagen für die Planung und Genehmigung der Netzanschlussleitungen bis zum 17. Dezember 2006 getätigt haben, soweit diese Aufwendungen den Umständen nach für erforderlich anzusehen waren und den Anforderungen eines effizienten Netzbetriebs nach § 21 entsprechen. ⁴Die Betreiber von Übertragungsnetzen sind verpflichtet, den unterschiedlichen Umfang ihrer Kosten nach den Sätzen 1 und 3 über eine finanzielle Verrechnung untereinander auszugleichen; § 9 Abs. 3 des Kraft-Wärme-Kopplungsgesetzes findet entsprechende Anwendung.

(3) ¹Die Bundesregierung wird ermächtigt, durch Rechtsverordnung mit Zustimmung des Bundesrates
1. Vorschriften über die technischen und wirtschaftlichen Bedingungen für einen Netzanschluss nach Absatz 1 oder Methoden für die Bestimmung dieser Bedingungen zu erlassen und
2. zu regeln, in welchen Fällen und unter welchen Voraussetzungen die Regulierungsbehörde diese Bedingungen oder Methoden festlegen oder auf Antrag des Netzbetreibers genehmigen kann.

²Insbesondere können durch Rechtsverordnungen nach Satz 1 unter angemessener Berücksichtigung der Interessen der Betreiber von Energieversorgungsnetzen und der Anschlussnehmer
1. die Bestimmungen der Verträge einheitlich festgesetzt werden,
2. Regelungen über den Vertragsabschluss, den Gegenstand und die Beendigung der Verträge getroffen werden und
3. festgelegt sowie näher bestimmt werden, in welchem Umfang und zu welchen Bedingungen ein Netzanschluss nach Absatz 2 zumutbar ist; dabei kann auch das Interesse der Allgemeinheit an einer möglichst kostengünstigen Struktur der Energieversorgungsnetze berücksichtigt werden.

§ 18 Allgemeine Anschlusspflicht. (1) ¹Abweichend von § 17 haben Betreiber von Energieversorgungsnetzen für Gemeindegebiete, in denen sie Energieversorgungsnetze der allgemeinen Versorgung von Letztverbrauchern betreiben, allgemeine Bedingungen für den Netzanschluss von Letztverbrauchern in Niederspannung oder Niederdruck und für die Anschlussnutzung durch Letztverbraucher zu veröffentlichen sowie zu diesen Bedingungen jedermann an ihr Energieversorgungsnetz anzuschließen und die Nutzung des Anschlusses zur Entnahme von Energie zu gestatten. ²Diese Pflichten bestehen nicht, wenn der Anschluss oder die Anschlussnutzung für den Betreiber des Energieversorgungsnetzes aus wirtschaftlichen Gründen nicht zumutbar ist.

EnWG § 19 Gesetzestext

(2) ¹Wer zur Deckung des Eigenbedarfs eine Anlage zur Erzeugung von Elektrizität betreibt oder sich von einem Dritten an das Energieversorgungsnetz anschließen lässt, kann sich nicht auf die allgemeine Anschlusspflicht nach Absatz 1 Satz 1 berufen. ²Er kann aber einen Netzanschluss unter den Voraussetzungen des § 17 verlangen. ³Satz 1 gilt nicht für die Deckung des Eigenbedarfs von Letztverbrauchern aus Anlagen der Kraft-Wärme-Kopplung bis 150 Kilowatt elektrischer Leistung und aus erneuerbaren Energien.

(3) ¹Die Bundesregierung kann durch Rechtsverordnung mit Zustimmung des Bundesrates die Allgemeinen Bedingungen für den Netzanschluss und dessen Nutzung bei den an das Niederspannungs- oder Niederdrucknetz angeschlossenen Letztverbrauchern angemessen festsetzen und hierbei unter Berücksichtigung der Interessen der Betreiber von Energieversorgungsnetzen und der Anschlussnehmer
1. die Bestimmungen über die Herstellung und Vorhaltung des Netzanschlusses sowie die Voraussetzungen der Anschlussnutzung einheitlich festsetzen,
2. Regelungen über den Vertragsabschluss und die Begründung des Rechtsverhältnisses der Anschlussnutzung, den Übergang des Netzanschlussvertrages im Falle des Überganges des Eigentums an der angeschlossenen Kundenanlage, den Gegenstand und die Beendigung der Verträge oder der Rechtsverhältnisse der Anschlussnutzung treffen und
3. die Rechte und Pflichten der Beteiligten einheitlich festlegen.
²Das Interesse des Anschlussnehmers an kostengünstigen Lösungen ist dabei besonders zu berücksichtigen. ³Die Sätze 1 und 2 gelten entsprechend für Bedingungen öffentlich-rechtlich gestalteter Versorgungsverhältnisse mit Ausnahme der Regelung des Verwaltungsverfahrens.

§ 19 Technische Vorschriften. (1) Betreiber von Elektrizitätsversorgungsnetzen sind verpflichtet, unter Berücksichtigung der nach § 17 festgelegten Bedingungen für den Netzanschluss von Erzeugungsanlagen, Elektrizitätsverteilernetzen, Anlagen direkt angeschlossener Kunden, Verbindungsleitungen und Direktleitungen technische Mindestanforderungen an deren Auslegung und deren Betrieb festzulegen und im Internet zu veröffentlichen.

(2) Betreiber von Gasversorgungsnetzen sind verpflichtet, unter Berücksichtigung der nach § 17 festgelegten Bedingungen für den Netzanschluss von LNG-Anlagen, dezentralen Erzeugungsanlagen und Speicheranlagen, von anderen Fernleitungs- oder Gasverteilernetzen und von Direktleitungen technische Mindestanforderungen an die Auslegung und den Betrieb festzulegen und im Internet zu veröffentlichen.

Energiewirtschaftsgesetz § 20 EnWG

(3) ¹Die technischen Mindestanforderungen nach den Absätzen 1 und 2 müssen die Interoperabilität der Netze sicherstellen sowie sachlich gerechtfertigt und nichtdiskriminierend sein. ²Die Interoperabilität umfasst insbesondere die technischen Anschlussbedingungen und die Bedingungen für netzverträgliche Gasbeschaffenheiten unter Einschluss von Gas aus Biomasse oder anderen Gasarten, soweit sie technisch und ohne Beeinträchtigung der Sicherheit in das Gasversorgungsnetz eingespeist oder durch dieses Netz transportiert werden können. ³Für die Gewährleistung der technischen Sicherheit gilt § 49 Abs. 2 bis 4. ⁴Die Mindestanforderungen sind der Regulierungsbehörde mitzuteilen. ⁵Das Bundesministerium für Wirtschaft und Technologie unterrichtet die Europäische Kommission nach Artikel 8 der Richtlinie 98/34/EG des Europäischen Parlaments und des Rates vom 22. Juni 1998 über ein Informationsverfahren auf dem Gebiet der Normen und technischen Vorschriften und der Vorschriften für die Dienste der Informationsgesellschaft (ABl. EG Nr. L 204 S. 37), geändert durch die Richtlinie 98/48/EG (ABl. EG Nr. L 217 S. 18).

Abschnitt 3. Netzzugang

§ 20 Zugang zu den Energieversorgungsnetzen. (1) ¹Betreiber von Energieversorgungsnetzen haben jedermann nach sachlich gerechtfertigten Kriterien diskriminierungsfrei Netzzugang zu gewähren sowie die Bedingungen, einschließlich Musterverträge, und Entgelte für diesen Netzzugang im Internet zu veröffentlichen. ²Sie haben in dem Umfang zusammenzuarbeiten, der erforderlich ist, um einen effizienten Netzzugang zu gewährleisten. ³Sie haben ferner den Netznutzern die für einen effizienten Netzzugang erforderlichen Informationen zur Verfügung zu stellen. ⁴Die Netzzugangsregelung soll massengeschäftstauglich sein.

(1 a) ¹Zur Ausgestaltung des Rechts auf Zugang zu Elektrizitätsversorgungsnetzen nach Absatz 1 haben Letztverbraucher von Elektrizität oder Lieferanten Verträge mit denjenigen Energieversorgungsunternehmen abzuschließen, aus deren Netzen die Entnahme und in deren Netze die Einspeisung von Elektrizität erfolgen soll (Netznutzungsvertrag). ²Werden die Netznutzungsverträge von Lieferanten abgeschlossen, so brauchen sie sich nicht auf bestimmte Entnahmestellen zu beziehen (Lieferantenrahmenvertrag). ³Netznutzungsvertrag oder Lieferantenrahmenvertrag vermitteln den Zugang zum gesamten Elektrizitätsversorgungsnetz. ⁴Alle Betreiber von Elektrizitätsversorgungsnetzen sind verpflichtet, in dem Ausmaß zusammenzuarbeiten, das erforderlich ist, damit durch den Betreiber von Elektrizitätsversorgungsnetzen, der den

EnWG § 20 Gesetzestext

Netznutzungs- oder Lieferantenrahmenvertrag abgeschlossen hat, der Zugang zum gesamten Elektrizitätsversorgungsnetz gewährleistet werden kann. [5] Der Netzzugang durch die Letztverbraucher und Lieferanten setzt voraus, dass über einen Bilanzkreis, der in ein vertraglich begründetes Bilanzkreissystem nach Maßgabe einer Rechtsverordnung über den Zugang zu Elektrizitätsversorgungsnetzen einbezogen ist, ein Ausgleich zwischen Einspeisung und Entnahme stattfindet.

(1 b) [1] Zur Ausgestaltung des Zugangs zu den Gasversorgungsnetzen müssen Betreiber von Gasversorgungsnetzen Einspeise- und Ausspeisekapazitäten anbieten, die den Netzzugang ohne Festlegung eines transaktionsabhängigen Transportpfades ermöglichen und unabhängig voneinander nutzbar und handelbar sind. [2] Zur Abwicklung des Zugangs zu den Gasversorgungsnetzen ist ein Vertrag mit dem Netzbetreiber, in dessen Netz eine Einspeisung von Gas erfolgen soll, über Einspeisekapazitäten erforderlich (Einspeisevertrag). [3] Zusätzlich muss ein Vertrag mit dem Netzbetreiber, aus dessen Netz die Entnahme von Gas erfolgen soll, über Ausspeisekapazitäten abgeschlossen werden (Ausspeisevertrag). [4] Wird der Ausspeisevertrag von einem Lieferanten mit einem Betreiber eines Verteilernetzes abgeschlossen, braucht er sich nicht auf bestimmte Entnahmestellen zu beziehen. [5] Alle Betreiber von Gasversorgungsnetzen sind verpflichtet, untereinander in dem Ausmaß verbindlich zusammenzuarbeiten, das erforderlich ist, damit der Transportkunde zur Abwicklung eines Transports auch über mehrere, durch Netzkopplungspunkte miteinander verbundene Netze nur einen Einspeise- und einen Ausspeisevertrag abschließen muss, es sei denn, diese Zusammenarbeit ist technisch nicht möglich oder wirtschaftlich nicht zumutbar. [6] Sie sind zu dem in Satz 5 genannten Zweck verpflichtet, bei der Berechnung und dem Angebot von Kapazitäten, der Erbringung von Systemdienstleistungen und der Kosten- oder Entgeltwälzung eng zusammenzuarbeiten. [7] Sie haben gemeinsame Vertragsstandards für den Netzzugang zu entwickeln und unter Berücksichtigung von technischen Einschränkungen und wirtschaftlicher Zumutbarkeit alle Kooperationsmöglichkeiten mit anderen Netzbetreibern auszuschöpfen, mit dem Ziel, die Zahl der Netze oder Teilnetze sowie der Bilanzzonen möglichst gering zu halten. [8] Betreiber von über Netzkopplungspunkte verbundenen Netzen haben bei der Berechnung und Ausweisung von technischen Kapazitäten mit dem Ziel zusammenzuarbeiten, in möglichst hohem Umfang aufeinander abgestimmte Kapazitäten in den miteinander verbundenen Netzen ausweisen zu können. [9] Bei einem Wechsel des Lieferanten kann der neue Lieferant vom bisherigen Lieferanten die Übertragung der für die Versorgung des Kunden erforderli-

chen, vom bisherigen Lieferanten gebuchten Ein- und Ausspeisekapazitäten verlangen, wenn ihm die Versorgung des Kunden entsprechend der von ihm eingegangenen Lieferverpflichtung ansonsten nicht möglich ist und er dies gegenüber dem bisherigen Lieferanten begründet. [10] Betreiber von Fernleitungsnetzen sind verpflichtet, die Rechte an gebuchten Kapazitäten so auszugestalten, dass sie den Transportkunden berechtigen, Gas an jedem Einspeisepunkt für die Ausspeisung an jedem Ausspeisepunkt ihres Netzes oder, bei dauerhaften Engpässen, eines Teilnetzes bereitzustellen (entry-exit System). [11] Betreiber eines örtlichen Verteilernetzes haben den Netzzugang nach Maßgabe einer Rechtsverordnung nach § 24 über den Zugang zu Gasversorgungsnetzen durch Übernahme des Gases an Einspeisepunkten ihrer Netze für alle angeschlossenen Ausspeisepunkte zu gewähren.

(2) [1] Betreiber von Energieversorgungsnetzen können den Zugang nach Absatz 1 verweigern, soweit sie nachweisen, dass ihnen die Gewährung des Netzzugangs aus betriebsbedingten oder sonstigen Gründen unter Berücksichtigung der Ziele des § 1 nicht möglich oder nicht zumutbar ist. [2] Die Ablehnung ist in Textform zu begründen und der Regulierungsbehörde unverzüglich mitzuteilen. [3] Auf Verlangen der beantragenden Partei muss die Begründung im Falle eines Kapazitätsmangels auch aussagekräftige Informationen darüber enthalten, welche Maßnahmen und damit verbundene Kosten zum Ausbau des Netzes erforderlich wären, um den Netzzugang zu ermöglichen; die Begründung kann nachgefordert werden. [4] Für die Begründung nach Satz 3 kann ein Entgelt, das die Hälfte der entstandenen Kosten nicht überschreiten darf, verlangt werden, sofern auf die Entstehung von Kosten zuvor hingewiesen worden ist.

§ 21 Bedingungen und Entgelte für den Netzzugang. (1) Die Bedingungen und Entgelte für den Netzzugang müssen angemessen, diskriminierungsfrei, transparent und dürfen nicht ungünstiger sein, als sie von den Betreibern der Energieversorgungsnetze in vergleichbaren Fällen für Leistungen innerhalb ihres Unternehmens oder gegenüber verbundenen oder assoziierten Unternehmen angewendet und tatsächlich oder kalkulatorisch in Rechnung gestellt werden.

(2) [1] Die Entgelte werden auf der Grundlage der Kosten einer Betriebsführung, die denen eines effizienten und strukturell vergleichbaren Netzbetreibers entsprechen müssen, unter Berücksichtigung von Anreizen für eine effiziente Leistungserbringung und einer angemessenen, wettbewerbsfähigen und risikoangepassten Verzinsung des eingesetzten Kapitals gebildet, soweit in einer Rechtsverordnung nach § 24 nicht

eine Abweichung von der kostenorientierten Entgeltbildung bestimmt ist. ²Soweit die Entgelte kostenorientiert gebildet werden, dürfen Kosten und Kostenbestandteile, die sich ihrem Umfang nach im Wettbewerb nicht einstellen würden, nicht berücksichtigt werden.

(3) ¹Um zu gewährleisten, dass sich die Entgelte für den Netzzugang an den Kosten einer Betriebsführung nach Absatz 2 orientieren, kann die Regulierungsbehörde in regelmäßigen zeitlichen Abständen einen Vergleich der Entgelte für den Netzzugang, der Erlöse oder der Kosten der Betreiber von Energieversorgungsnetzen durchführen (Vergleichsverfahren). ²Soweit eine kostenorientierte Entgeltbildung erfolgt und die Entgelte genehmigt sind, findet nur ein Vergleich der Kosten statt.

(4) ¹Die Ergebnisse des Vergleichsverfahrens sind bei der kostenorientierten Entgeltbildung nach Absatz 2 zu berücksichtigen. ²Ergibt ein Vergleich, dass die Entgelte, Erlöse oder Kosten einzelner Betreiber von Energieversorgungsnetzen für das Netz insgesamt oder für einzelne Netz- oder Umspannebenen die durchschnittlichen Entgelte, Erlöse oder Kosten vergleichbarer Betreiber von Energieversorgungsnetzen überschreiten, wird vermutet, dass sie einer Betriebsführung nach Absatz 2 nicht entsprechen.

§ 21 a Regulierungsvorgaben für Anreize für eine effiziente Leistungserbringung. (1) Soweit eine kostenorientierte Entgeltbildung im Sinne des § 21 Abs. 2 Satz 1 erfolgt, können nach Maßgabe einer Rechtsverordnung nach Absatz 6 Satz 1 Nr. 1 Netzzugangsentgelte der Betreiber von Energieversorgungsnetzen abweichend von der Entgeltbildung nach § 21 Abs. 2 bis 4 auch durch eine Methode bestimmt werden, die Anreize für eine effiziente Leistungserbringung setzt (Anreizregulierung).

(2) ¹Die Anreizregulierung beinhaltet die Vorgabe von Obergrenzen, die in der Regel für die Höhe der Netzzugangsentgelte oder die Gesamterlöse aus Netzzugangsentgelten gebildet werden, für eine Regulierungsperiode unter Berücksichtigung von Effizienzvorgaben. ²Die Obergrenzen und Effizienzvorgaben sind auf einzelne Netzbetreiber oder auf Gruppen von Netzbetreibern sowie entweder auf das gesamte Elektrizitäts- oder Gasversorgungsnetz, auf Teile des Netzes oder auf die einzelnen Netz- und Umspannebenen bezogen. ³Dabei sind Obergrenzen mindestens für den Beginn und das Ende der Regulierungsperiode vorzusehen. ⁴Vorgaben für Gruppen von Netzbetreibern setzen voraus, dass die Netzbetreiber objektiv strukturell vergleichbar sind.

(3) ¹Die Regulierungsperiode darf zwei Jahre nicht unterschreiten und fünf Jahre nicht überschreiten. ²Die Vorgaben können eine zeit-

liche Staffelung der Entwicklung der Obergrenzen innerhalb einer Regulierungsperiode vorsehen. ³Die Vorgaben bleiben für eine Regulierungsperiode unverändert, sofern nicht Änderungen staatlich veranlasster Mehrbelastungen auf Grund von Abgaben oder der Abnahme- und Vergütungspflichten nach dem Erneuerbare-Energien-Gesetz und dem Kraft-Wärme-Kopplungsgesetz oder anderer, nicht vom Netzbetreiber zu vertretender, Umstände eintreten. ⁴Falls Obergrenzen für Netzzugangsentgelte gesetzt werden, sind bei den Vorgaben die Auswirkungen jährlich schwankender Verbrauchsmengen auf die Gesamterlöse der Netzbetreiber (Mengeneffekte) zu berücksichtigen.

(4) ¹Bei der Ermittlung von Obergrenzen sind die durch den jeweiligen Netzbetreiber beeinflussbaren Kostenanteile und die von ihm nicht beeinflussbaren Kostenanteile zu unterscheiden. ²Der nicht beeinflussbare Kostenanteil an dem Gesamtentgelt wird nach § 21 Abs. 2 ermittelt; hierzu zählen insbesondere Kostenanteile, die auf nicht zurechenbaren strukturellen Unterschieden der Versorgungsgebiete, auf gesetzlichen Abnahme- und Vergütungspflichten, Konzessionsabgaben und Betriebssteuern beruhen. ³Ferner gelten Mehrkosten für die Errichtung, den Betrieb oder die Änderung eines Erdkabels, das nach § 43 Satz 3 planfestgestellt worden ist, gegenüber einer Freileitung bei der Ermittlung von Obergrenzen nach Satz 1 als nicht beeinflussbare Kostenanteile; dies gilt auch für Erdkabel mit einer Nennspannung von 380 Kilovolt, deren Verlegung auf Grund anderer öffentlich-rechtlicher Vorschriften durch einen Planfeststellungsbeschluss zugelassen ist. ⁴Soweit sich Vorgaben auf Gruppen von Netzbetreibern beziehen, gelten die Netzbetreiber als strukturell vergleichbar, die unter Berücksichtigung struktureller Unterschiede einer Gruppe zugeordnet worden sind. ⁵Der beeinflussbare Kostenanteil wird nach § 21 Abs. 2 bis 4 zu Beginn einer Regulierungsperiode ermittelt. ⁶Effizienzvorgaben sind nur auf den beeinflussbaren Kostenanteil zu beziehen. ⁷Die Vorgaben für die Entwicklung oder Festlegung der Obergrenze innerhalb einer Regulierungsperiode müssen den Ausgleich der allgemeinen Geldentwertung vorsehen.

(5) ¹Die Effizienzvorgaben für eine Regulierungsperiode werden durch Bestimmung unternehmensindividueller oder gruppenspezifischer Effizienzziele auf Grundlage eines Effizienzvergleichs unter Berücksichtigung insbesondere der bestehenden Effizienz des jeweiligen Netzbetriebs, objektiver struktureller Unterschiede, der inflationsbereinigten gesamtwirtschaftlichen Produktivitätsentwicklung, der Versorgungsqualität und auf diese bezogener Qualitätsvorgaben sowie gesetzlicher Regelungen bestimmt. ²Qualitätsvorgaben werden auf der

EnWG § 21a Gesetzestext

Grundlage einer Bewertung von Zuverlässigkeitskenngrößen ermittelt, bei der auch Strukturunterschiede zu berücksichtigen sind. ³Bei einem Verstoß gegen Qualitätsvorgaben können auch die Obergrenzen zur Bestimmung der Netzzugangsentgelte für ein Energieversorgungsunternehmen gesenkt werden. ⁴Die Effizienzvorgaben müssen so gestaltet und über die Regulierungsperiode verteilt sein, dass der betroffene Netzbetreiber oder die betroffene Gruppe von Netzbetreibern die Vorgaben unter Nutzung der ihm oder ihnen möglichen und zumutbaren Maßnahmen erreichen und übertreffen kann. ⁵Die Methode zur Ermittlung von Effizienzvorgaben muss so gestaltet sein, dass eine geringfügige Änderung einzelner Parameter der zugrunde gelegten Methode nicht zu einer, insbesondere im Vergleich zur Bedeutung, überproportionalen Änderung der Vorgaben führt.

(6) ¹Die Bundesregierung wird ermächtigt, durch Rechtsverordnung mit Zustimmung des Bundesrates
1. zu bestimmen, ob und ab welchem Zeitpunkt Netzzugangsentgelte im Wege einer Anreizregulierung bestimmt werden,
2. die nähere Ausgestaltung der Methode einer Anreizregulierung nach den Absätzen 1 bis 5 und ihrer Durchführung zu regeln sowie
3. zu regeln, in welchen Fällen und unter welchen Voraussetzungen die Regulierungsbehörde im Rahmen der Durchführung der Methoden Festlegungen treffen und Maßnahmen des Netzbetreibers genehmigen kann.

²Insbesondere können durch Rechtsverordnung nach Satz 1
1. Regelungen zur Festlegung der für eine Gruppenbildung relevanten Strukturkriterien und über deren Bedeutung für die Ausgestaltung von Effizienzvorgaben getroffen werden,
2. Anforderungen an eine Gruppenbildung einschließlich der dabei zu berücksichtigenden objektiven strukturellen Umstände gestellt werden, wobei für Betreiber von Übertragungsnetzen gesonderte Vorgaben vorzusehen sind,
3. Mindest- und Höchstgrenzen für Effizienz- und Qualitätsvorgaben vorgesehen und Regelungen für den Fall einer Unter- oder Überschreitung sowie Regelungen für die Ausgestaltung dieser Vorgaben einschließlich des Entwicklungspfades getroffen werden,
4. Regelungen getroffen werden, unter welchen Voraussetzungen die Obergrenze innerhalb einer Regulierungsperiode auf Antrag des betroffenen Netzbetreibers von der Regulierungsbehörde abweichend vom Entwicklungspfad angepasst werden kann,
5. Regelungen zum Verfahren bei der Berücksichtigung der Inflationsrate getroffen werden,

6. nähere Anforderungen an die Zuverlässigkeit einer Methode zur Ermittlung von Effizienzvorgaben gestellt werden,
7. Regelungen getroffen werden, welche Kostenanteile dauerhaft oder vorübergehend als nicht beeinflussbare Kostenanteile gelten,
8. Regelungen getroffen werden, die eine Begünstigung von Investitionen vorsehen, die unter Berücksichtigung der Ziele des § 1 zur Verbesserung der Versorgungssicherheit dienen,
9. Regelungen für die Bestimmung von Zuverlässigkeitskenngrößen für den Netzbetrieb unter Berücksichtigung der Informationen nach § 51 und deren Auswirkungen auf die Regulierungsvorgaben getroffen werden, wobei auch Senkungen der Obergrenzen zur Bestimmung der Netzzugangsentgelte vorgesehen werden können, und
10. Regelungen zur Erhebung der für die Durchführung einer Anreizregulierung erforderlichen Daten durch die Regulierungsbehörde getroffen werden.

(7) In der Rechtsverordnung nach Absatz 6 Satz 1 sind nähere Regelungen für die Berechnung der Mehrkosten von Erdkabeln nach Absatz 4 Satz 3 zu treffen.

§ 21b Messeinrichtungen.

(1) Der Einbau, der Betrieb und die Wartung von Messeinrichtungen sowie die Messung der gelieferten Energie sind Aufgabe des Betreibers von Energieversorgungsnetzen, soweit nicht eine anderweitige Vereinbarung nach Absatz 2 oder 3 getroffen worden ist.

(2) [1] Der Einbau, der Betrieb und die Wartung von Messeinrichtungen kann auf Wunsch des betroffenen Anschlussnehmers von einem Dritten durchgeführt werden, sofern der einwandfreie und den eichrechtlichen Vorschriften entsprechende Betrieb der Messeinrichtungen durch den Dritten gewährleistet ist und die Voraussetzungen nach Satz 5 Nr. 2 vorliegen. [2] Der Netzbetreiber ist berechtigt, den Einbau, den Betrieb und die Wartung von Messeinrichtungen durch einen Dritten abzulehnen, sofern die Voraussetzungen nach Satz 1 nicht vorliegen. [3] Die Ablehnung ist in Textform zu begründen. [4] Der Messstellenbetreiber hat einen Anspruch auf den Einbau einer in seinem Eigentum stehenden Messeinrichtung. [5] Sie muss
1. den eichrechtlichen Vorschriften entsprechen und
2. den von dem Netzbetreiber einheitlich für sein Netzgebiet vorgesehenen technischen Mindestanforderungen und Mindestanforderungen in Bezug auf Datenumfang und Datenqualität genügen.

⁶Die Mindestanforderungen des Netzbetreibers müssen sachlich gerechtfertigt und nichtdiskriminierend sein. ⁷Der Messstellenbetreiber und der Netzbetreiber sind verpflichtet, zur Ausgestaltung ihrer rechtlichen Beziehungen einen Vertrag zu schließen. ⁸Bei einem Wechsel des Messstellenbetreibers sind der bisherige und der neue Messstellenbetreiber verpflichtet, die für einen effizienten Wechselprozess erforderlichen Verträge abzuschließen und die notwendigen Daten unverzüglich auszutauschen.

(3) ¹Die Bundesregierung wird ermächtigt, durch Rechtsverordnung mit Zustimmung des Bundesrates die Voraussetzungen für den Einbau, die Wartung und den Betrieb von Messeinrichtungen durch einen Dritten zu regeln. ²Durch Rechtsverordnung mit Zustimmung des Bundesrates kann die Bundesregierung auch bestimmen, dass die Messung von Energie auf Wunsch des betroffenen Anschlussnutzers von einem Dritten durchgeführt werden kann, sofern durch den Dritten die einwandfreie Messung und eine Weitergabe der Daten an alle berechtigten Netzbetreiber und Lieferanten, die eine fristgerechte und vollständige Abrechnung ermöglicht, gewährleistet ist; dabei sind in Bezug auf die Zulassung des Dritten zur Messung angemessene Übergangsfristen vorzusehen. ³In Rechtsverordnungen nach den Sätzen 1 und 2 können insbesondere

1. der Zeitpunkt der Übermittlung der Messdaten und die für die Übermittlung zu verwendenden Datenformate festgelegt werden,
2. die Vorgaben zur Dokumentation und Archivierung der relevanten Daten bestimmt werden,
3. die Haftung für Fehler bei Messung und Datenübermittlung geregelt werden,
4. die Vorgaben für den Wechsel des Messstellenbetreibers näher ausgestaltet werden,
5. das Vorgehen beim Ausfall des Messstellenbetreibers geregelt werden.

§ 22 Beschaffung der Energie zur Erbringung von Ausgleichsleistungen. (1) ¹Betreiber von Energieversorgungsnetzen haben die Energie, die sie zur Deckung von Verlusten und für den Ausgleich von Differenzen zwischen Ein- und Ausspeisung benötigen, nach transparenten, auch in Bezug auf verbundene oder assoziierte Unternehmen nichtdiskriminierenden und marktorientierten Verfahren zu beschaffen. ²Dem Ziel einer möglichst preisgünstigen Energieversorgung ist bei der Ausgestaltung der Verfahren, zum Beispiel durch die Nutzung untertäglicher Beschaffung, besonderes Gewicht beizumessen, sofern hierdurch nicht die Verpflichtungen nach den §§ 13 und 16 gefährdet werden.

(2) ¹Bei der Beschaffung von Regelenergie durch die Betreiber von Übertragungsnetzen ist ein diskriminierungsfreies und transparentes Ausschreibungsverfahren anzuwenden, bei dem die Anforderungen, die die Anbieter von Regelenergie für die Teilnahme erfüllen müssen, soweit dies technisch möglich ist, von den Betreibern von Übertragungsnetzen zu vereinheitlichen sind. ²Die Betreiber von Übertragungsnetzen haben für die Ausschreibung von Regelenergie eine gemeinsame Internetplattform einzurichten. ³Die Einrichtung der Plattform nach Satz 2 ist der Regulierungsbehörde anzuzeigen. ⁴Die Betreiber von Übertragungsnetzen sind unter Beachtung ihrer jeweiligen Systemverantwortung verpflichtet, zur Senkung des Aufwandes für Regelenergie unter Berücksichtigung der Netzbedingungen zusammenzuarbeiten.

§ 23 Erbringung von Ausgleichsleistungen. ¹Sofern den Betreibern von Energieversorgungsnetzen der Ausgleich des Energieversorgungsnetzes obliegt, müssen die von ihnen zu diesem Zweck festgelegten Regelungen einschließlich der von den Netznutzern für Energieungleichgewichte zu zahlenden Entgelte sachlich gerechtfertigt, transparent, nichtdiskriminierend und dürfen nicht ungünstiger sein, als sie von den Betreibern der Energieversorgungsnetze in vergleichbaren Fällen für Leistungen innerhalb ihres Unternehmens oder gegenüber verbundenen oder assoziierten Unternehmen angewendet und tatsächlich oder kalkulatorisch in Rechnung gestellt werden. ²Die Entgelte sind auf der Grundlage einer Betriebsführung nach § 21 Abs. 2 kostenorientiert festzulegen und zusammen mit den übrigen Regelungen im Internet zu veröffentlichen.

§ 23 a Genehmigung der Entgelte für den Netzzugang.
(1) Soweit eine kostenorientierte Entgeltbildung im Sinne des § 21 Abs. 2 Satz 1 erfolgt, bedürfen Entgelte für den Netzzugang nach § 21 einer Genehmigung, es sei denn, dass in einer Rechtsverordnung nach § 21a Abs. 6 die Bestimmung der Entgelte für den Netzzugang im Wege einer Anreizregulierung durch Festlegung oder Genehmigung angeordnet worden ist.

(2) ¹Die Genehmigung ist zu erteilen, soweit die Entgelte den Anforderungen dieses Gesetzes und den auf Grund des § 24 erlassenen Rechtsverordnungen entsprechen. ²Die genehmigten Entgelte sind Höchstpreise und dürfen nur überschritten werden, soweit die Überschreitung ausschließlich auf Grund der Weitergabe nach Erteilung der Genehmigung erhöhter Kostenwälzungssätze einer vorgelagerten Netz-

EnWG § 23a

oder Umspannstufe erfolgt; eine Überschreitung ist der Regulierungsbehörde unverzüglich anzuzeigen.

(3) [1]Die Genehmigung ist mindestens sechs Monate vor dem Zeitpunkt schriftlich zu beantragen, an dem die Entgelte wirksam werden sollen. [2]Dem Antrag sind die für eine Prüfung erforderlichen Unterlagen beizufügen; auf Verlangen der Regulierungsbehörde haben die Antragsteller Unterlagen auch elektronisch zu übermitteln. [3]Die Regulierungsbehörde kann ein Muster und ein einheitliches Format für die elektronische Übermittlung vorgeben. [4]Die Unterlagen müssen folgende Angaben enthalten:
1. eine Gegenüberstellung der bisherigen Entgelte sowie der beantragten Entgelte und ihrer jeweiligen Kalkulation,
2. die Angaben, die nach Maßgabe der Vorschriften über die Strukturklassen und den Bericht über die Ermittlung der Netzentgelte nach einer Rechtsverordnung über die Entgelte für den Zugang zu den Energieversorgungsnetzen nach § 24 erforderlich sind, und
3. die Begründung für die Änderung der Entgelte unter Berücksichtigung der Regelungen nach § 21 und einer Rechtsverordnung über die Entgelte für den Zugang zu den Energieversorgungsnetzen nach § 24.

[5]Die Regulierungsbehörde hat dem Antragsteller den Eingang des Antrags schriftlich zu bestätigen. [6]Sie kann die Vorlage weiterer Angaben oder Unterlagen verlangen, soweit dies zur Prüfung der Voraussetzungen nach Absatz 2 erforderlich ist; Satz 5 gilt für nachgereichte Angaben und Unterlagen entsprechend. [7]Das Bundesministerium für Wirtschaft und Technologie wird ermächtigt, durch Rechtsverordnung mit Zustimmung des Bundesrates das Verfahren und die Anforderungen an die nach Satz 4 vorzulegenden Unterlagen näher auszugestalten.

(4) [1]Die Genehmigung ist zu befristen und mit einem Vorbehalt des Widerrufs zu versehen; sie kann unter Bedingungen erteilt und mit Auflagen verbunden werden. [2]Trifft die Regulierungsbehörde innerhalb von sechs Monaten nach Vorliegen der vollständigen Unterlagen nach Absatz 3 keine Entscheidung, so gilt das beantragte Entgelt als unter dem Vorbehalt des Widerrufs für einen Zeitraum von einem Jahr genehmigt. [3]Satz 2 gilt nicht, wenn
1. das beantragende Unternehmen einer Verlängerung der Frist nach Satz 2 zugestimmt hat oder
2. die Regulierungsbehörde wegen unrichtiger Angaben oder wegen einer nicht rechtzeitig erteilten Auskunft nicht entscheiden kann und dies dem Antragsteller vor Ablauf der Frist unter Angabe der Gründe mitgeteilt hat.

(5) ¹Ist vor Ablauf der Befristung oder vor dem Wirksamwerden eines Widerrufs nach Absatz 4 Satz 1 oder 2 eine neue Genehmigung beantragt worden, so können bis zur Entscheidung über den Antrag die bis dahin genehmigten Entgelte beibehalten werden. ²Ist eine neue Entscheidung nicht rechtzeitig beantragt, kann die Regulierungsbehörde unter Berücksichtigung der §§ 21 und 30 sowie der auf Grund des § 24 erlassenen Rechtsverordnungen ein Entgelt als Höchstpreis vorläufig festsetzen.

§ 24 Regelungen zu den Netzzugangsbedingungen, Entgelten für den Netzzugang sowie zur Erbringung und Beschaffung von Ausgleichsleistungen. ¹Die Bundesregierung wird ermächtigt, durch Rechtsverordnung mit Zustimmung des Bundesrates
1. die Bedingungen für den Netzzugang einschließlich der Beschaffung und Erbringung von Ausgleichsleistungen oder Methoden zur Bestimmung dieser Bedingungen sowie Methoden zur Bestimmung der Entgelte für den Netzzugang gemäß den §§ 20 bis 23 festzulegen,
2. zu regeln, in welchen Fällen und unter welchen Voraussetzungen die Regulierungsbehörde diese Bedingungen oder Methoden festlegen oder auf Antrag des Netzbetreibers genehmigen kann,
3. zu regeln, in welchen Sonderfällen der Netznutzung und unter welchen Voraussetzungen die Regulierungsbehörde im Einzelfall individuelle Entgelte für den Netzzugang genehmigen oder untersagen kann und
4. zu regeln, in welchen Fällen die Regulierungsbehörde von ihren Befugnissen nach § 65 Gebrauch zu machen hat.

²Insbesondere können durch Rechtsverordnungen nach Satz 1
1. die Betreiber von Energieversorgungsnetzen verpflichtet werden, zur Schaffung möglichst einheitlicher Bedingungen bei der Gewährung des Netzzugangs in näher zu bestimmender Weise zusammenzuarbeiten,
2. die Rechte und Pflichten der Beteiligten, insbesondere die Zusammenarbeit und Pflichten der Betreiber von Energieversorgungsnetzen, einschließlich des Austauschs der erforderlichen Daten und der für den Netzzugang erforderlichen Informationen, einheitlich festgelegt werden,
2a. die Rechte der Verbraucher bei der Abwicklung eines Anbieterwechsels festgelegt werden,
3. die Art sowie Ausgestaltung des Netzzugangs und der Beschaffung und Erbringung von Ausgleichsleistungen einschließlich der hierfür erforderlichen Verträge und Rechtsverhältnisse und des Ausschreibungsverfahrens auch unter Abweichung von § 22 Abs. 2 Satz 2 fest-

EnWG § 24 Gesetzestext

gelegt werden, die Bestimmungen der Verträge und die Ausgestaltung der Rechtsverhältnisse einheitlich festgelegt werden sowie Regelungen über das Zustandekommen und die Beendigung der Verträge und Rechtsverhältnisse getroffen werden,

3 a. im Rahmen der Ausgestaltung des Netzzugangs zu den Gasversorgungsnetzen für Anlagen zur Erzeugung von Biogas im Rahmen des Auswahlverfahrens bei drohenden Kapazitätsengpässen sowie beim Zugang zu örtlichen Verteilernetzen Vorrang gewährt werden,

3 b. die Regulierungsbehörde befugt werden, die Zusammenfassung von Teilnetzen, soweit dies technisch möglich und wirtschaftlich zumutbar ist, anzuordnen,

4. Regelungen zur Ermittlung der Entgelte für den Netzzugang getroffen werden, wobei die Methode zur Bestimmung der Entgelte so zu gestalten ist, dass eine Betriebsführung nach § 21 Abs. 2 gesichert ist und die für die Betriebs- und Versorgungssicherheit sowie die Funktionsfähigkeit der Netze notwendigen Investitionen in die Netze gewährleistet sind,

5. Regelungen über eine Abweichung von dem Grundsatz der Kostenorientierung nach § 21 Abs. 2 Satz 1 getroffen werden, nach denen bei bestehendem oder potentiellem Leitungswettbewerb die Entgeltbildung auf der Grundlage eines marktorientierten Verfahrens oder eine Preisbildung im Wettbewerb erfolgen kann,

6. Regelungen darüber getroffen werden, welche netzbezogenen und sonst für ihre Kalkulation erforderlichen Daten die Betreiber von Energieversorgungsnetzen erheben und über welchen Zeitraum sie diese aufbewahren müssen,

7. Regelungen für die Durchführung eines Vergleichsverfahrens nach § 21 Abs. 3 einschließlich der Erhebung der hierfür erforderlichen Daten getroffen werden.

[3] Im Falle des Satzes 2 Nr. 1 und 2 ist das Interesse an der Ermöglichung eines effizienten und diskriminierungsfreien Netzzugangs im Rahmen eines möglichst transaktionsunabhängigen Modells unter Beachtung der jeweiligen Besonderheiten der Elektrizitäts- und Gaswirtschaft besonders zu berücksichtigen; die Zusammenarbeit soll dem Ziel des § 1 Abs. 2 dienen. [4] Regelungen nach Satz 2 Nr. 3 können auch weitere Anforderungen an die Zusammenarbeit der Betreiber von Übertragungsnetzen bei der Beschaffung von Regelenergie und zur Verringerung des Aufwandes für Regelenergie vorsehen. [5] Regelungen nach Satz 2 Nr. 4 und 5 können vorsehen, dass Entgelte nicht nur auf der Grundlage von Ausspeisungen, sondern ergänzend auch auf der Grundlage von Einspeisungen von Energie berechnet und in Rechnung gestellt werden, wobei bei Einspeisungen von Elektrizität aus

dezentralen Erzeugungsanlagen auch eine Erstattung eingesparter Entgelte für den Netzzugang in den vorgelagerten Netzebenen vorzusehen ist.

§ 25 Ausnahmen vom Zugang zu den Gasversorgungsnetzen im Zusammenhang mit unbedingten Zahlungsverpflichtungen. ¹Die Gewährung des Zugangs zu den Gasversorgungsnetzen ist im Sinne des § 20 Abs. 2 insbesondere dann nicht zumutbar, wenn einem Gasversorgungsunternehmen wegen seiner im Rahmen von Gasliefervertrügen eingegangenen unbedingten Zahlungsverpflichtungen ernsthafte wirtschaftliche und finanzielle Schwierigkeiten entstehen würden. ²Auf Antrag des betroffenen Gasversorgungsunternehmens entscheidet die Regulierungsbehörde, ob die vom Antragsteller nachzuweisenden Voraussetzungen des Satzes 1 vorliegen. ³Die Prüfung richtet sich nach Artikel 27 der Richtlinie 2003/55/EG des Europäischen Parlaments und des Rates vom 26. Juni 2003 über gemeinsame Vorschriften für den Erdgasbinnenmarkt und zur Aufhebung der Richtlinie 98/30/EG (ABl. EU Nr. L 176 S. 57). ⁴Das Bundesministerium für Wirtschaft und Technologie wird ermächtigt, durch Rechtsverordnung, die nicht der Zustimmung des Bundesrates bedarf, die bei der Prüfung nach Artikel 27 der Richtlinie 2003/55/EG anzuwendenden Verfahrensregeln festzulegen. ⁵In der Rechtsverordnung nach Satz 4 kann vorgesehen werden, dass eine Entscheidung der Regulierungsbehörde, auch abweichend von den Vorschriften dieses Gesetzes, ergehen kann, soweit dies in einer Entscheidung der Kommission der Europäischen Gemeinschaften vorgesehen ist.

§ 26 Zugang zu den vorgelagerten Rohrleitungsnetzen und zu Speicheranlagen im Bereich der leitungsgebundenen Versorgung mit Erdgas. Der Zugang zu den vorgelagerten Rohrleitungsnetzen und zu Speicheranlagen erfolgt abweichend von den §§ 20 bis 24 auf vertraglicher Grundlage nach Maßgabe der §§ 27 und 28.

§ 27 Zugang zu den vorgelagerten Rohrleitungsnetzen. ¹Betreiber von vorgelagerten Rohrleitungsnetzen haben anderen Unternehmen das vorgelagerte Rohrleitungsnetz für Durchleitungen zu Bedingungen zur Verfügung zu stellen, die angemessen und nicht ungünstiger sind, als sie von ihnen in vergleichbaren Fällen für Leistungen innerhalb ihres Unternehmens oder gegenüber verbundenen oder assoziierten Unternehmen tatsächlich oder kalkulatorisch in Rechnung gestellt werden. ²Dies gilt nicht, soweit der Betreiber nachweist, dass ihm die Durchleitung aus betriebsbedingten oder sonstigen Gründen unter Berücksichtigung der Ziele des § 1 nicht möglich oder nicht zumutbar ist. ³Die Ablehnung ist in Textform zu begründen. ⁴Die Verweigerung des Netzzugangs nach Satz 2 ist nur zulässig, wenn einer der in Artikel 20 Abs. 2 Satz 3 Buchstabe a bis d der Richtlinie 2003/55/EG genannten Gründe vorliegt. ⁵Das Bundesministerium für Wirtschaft und Technologie wird ermächtigt, durch Rechtsverordnung mit Zustimmung des Bundesrates die Bedingungen des Zugangs zu den vorgelagerten Rohrleitungsnetzen und die Methoden zur Berechnung der Entgelte für den Zugang zu den vorgelagerten Rohrleitungsnetzen unter Berücksichtigung der Ziele des § 1 festzulegen.

§ 28 Zugang zu Speicheranlagen. (1) Betreiber von Speicheranlagen haben anderen Unternehmen den Zugang zu ihren Speicheranlagen und Hilfsdiensten zu angemessenen und diskriminierungsfreien technischen und wirtschaftlichen Bedingungen zu gewähren, sofern der Zugang für einen effizienten Netzzugang im Hinblick auf die Belieferung der Kunden technisch oder wirtschaftlich erforderlich ist.

(2) ¹Betreiber von Speicheranlagen können den Zugang nach Absatz 1 verweigern, soweit sie nachweisen, dass ihnen der Zugang aus betriebsbedingten oder sonstigen Gründen unter Berücksichtigung der Ziele des § 1 nicht möglich oder nicht zumutbar ist. ²Die Ablehnung ist in Textform zu begründen.

(3) ¹Betreiber von Speicheranlagen sind verpflichtet, den Standort der Speicheranlage, Informationen über verfügbare Kapazitäten sowie ihre wesentlichen Geschäftsbedingungen für den Speicherzugang im Internet zu veröffentlichen. ²Dies betrifft insbesondere die verfahrensmäßige Behandlung von Speicherzugangsanfragen, die Beschaffenheit des zu speichernden Gases, die nominale Arbeitsgaskapazität, die Ein- und Ausspeicherungsperiode, soweit für ein Angebot der Betreiber von Speicheranlagen erforderlich, sowie die technisch minimal erforderlichen Volumen für die Ein- und Ausspeicherung.

(4) Das Bundesministerium für Wirtschaft und Technologie wird ermächtigt, durch Rechtsverordnung mit Zustimmung des Bundesrates die technischen und wirtschaftlichen Bedingungen sowie die inhaltliche Gestaltung der Verträge über den Zugang zu den Speicheranlagen zu regeln.

§ 28a Neue Infrastrukturen. (1) Verbindungsleitungen zwischen Deutschland und anderen Staaten oder LNG- und Speicheranlagen können von der Anwendung der §§ 20 bis 28 befristet ausgenommen werden, wenn

1. durch die Investition der Wettbewerb bei der Gasversorgung und die Versorgungssicherheit verbessert werden,
2. es sich um größere neue Infrastrukturanlagen im Sinne des Artikels 22 Abs. 1 der Richtlinie 2003/55/EG handelt, bei denen insbesondere das mit der Investition verbundene Risiko so hoch ist, dass die Investition ohne eine Ausnahmegenehmigung nicht getätigt würde,
3. die Infrastruktur Eigentum einer natürlichen oder juristischen Person ist, die entsprechend des § 7 Abs. 1 und der §§ 8 bis 10 von den Netzbetreibern getrennt ist, in deren Netzen die Infrastruktur geschaffen wird,
4. von den Nutzern dieser Infrastruktur Entgelte erhoben werden und
5. die Ausnahme sich nicht nachteilig auf den Wettbewerb oder das effektive Funktionieren des Erdgasbinnenmarktes oder das effiziente Funktionieren des regulierten Netzes auswirkt, an das die Infrastruktur angeschlossen ist.

(2) Absatz 1 gilt auch für Kapazitätsaufstockungen bei vorhandenen Infrastrukturen, die insbesondere hinsichtlich ihres Investitionsvolumens und des zusätzlichen Kapazitätsvolumens bei objektiver Betrachtung wesentlich sind, und für Änderungen dieser Infrastrukturen, die die Erschließung neuer Gasversorgungsquellen ermöglichen.

(3) [1] Auf Antrag des betroffenen Gasversorgungsunternehmens entscheidet die Regulierungsbehörde, ob die vom Antragsteller nachzuweisenden Voraussetzungen nach Absatz 1 oder 2 vorliegen. [2] Die Prüfung und das Verfahren richten sich nach Artikel 22 Abs. 3 Buchstabe b bis e und Abs. 4 der Richtlinie 2003/55/EG. [3] Soweit nach Artikel 22 Abs. 4 der Richtlinie 2003/55/EG die Beteiligung der Kommission der Europäischen Gemeinschaften (EG-Beteiligungsverfahren) vorgesehen ist, leitet die Regulierungsbehörde dieses Verfahren ein. [4] Die Regulierungsbehörde hat eine Entscheidung über einen Antrag nach Satz 1 nach Maßgabe einer endgültigen Entscheidung der Kommission nach Artikel 22 Abs. 4 in Verbindung mit Artikel 30 Abs. 2 der Richtlinie 2003/55/EG zu ändern oder aufzuheben; die §§ 48 und 49 des Verwaltungsverfahrensgesetzes bleiben unberührt.

(4) Die Entscheidungen werden von der Regulierungsbehörde auf ihrer Internetseite veröffentlicht.

Abschnitt 4. Befugnisse der Regulierungsbehörde, Sanktionen

§ 29 Verfahren zur Festlegung und Genehmigung. (1) Die Regulierungsbehörde trifft Entscheidungen über die Bedingungen und Methoden für den Netzanschluss oder den Netzzugang nach den in § 17 Abs. 3, § 21a Abs. 6 und § 24 genannten Rechtsverordnungen durch Festlegung gegenüber einem Netzbetreiber, einer Gruppe von oder allen Netzbetreibern oder durch Genehmigung gegenüber dem Antragsteller.

(2) [1]Die Regulierungsbehörde ist befugt, die nach Absatz 1 von ihr festgelegten oder genehmigten Bedingungen und Methoden nachträglich zu ändern, soweit dies erforderlich ist, um sicherzustellen, dass sie weiterhin den Voraussetzungen für eine Festlegung oder Genehmigung genügen. [2]Die §§ 48 und 49 des Verwaltungsverfahrensgesetzes bleiben unberührt.

(3) [1]Die Bundesregierung kann das Verfahren zur Festlegung oder Genehmigung nach Absatz 1 sowie das Verfahren zur Änderung der Bedingungen und Methoden nach Absatz 2 durch Rechtsverordnung mit Zustimmung des Bundesrates näher ausgestalten. [2]Dabei kann insbesondere vorgesehen werden, dass Entscheidungen der Regulierungsbehörde im Einvernehmen mit dem Bundeskartellamt ergehen.

§ 30 Missbräuchliches Verhalten eines Netzbetreibers.
(1) [1]Betreibern von Energieversorgungsnetzen ist ein Missbrauch ihrer Marktstellung verboten. [2]Ein Missbrauch liegt insbesondere vor, wenn ein Betreiber von Energieversorgungsnetzen
1. Bestimmungen der Abschnitte 2 und 3 oder der auf Grund dieser Bestimmungen erlassenen Rechtsverordnungen nicht einhält,
2. andere Unternehmen unmittelbar oder mittelbar unbillig behindert oder deren Wettbewerbsmöglichkeiten ohne sachlich gerechtfertigten Grund erheblich beeinträchtigt,
3. andere Unternehmen gegenüber gleichartigen Unternehmen ohne sachlich gerechtfertigten Grund unmittelbar oder mittelbar unterschiedlich behandelt,
4. sich selbst oder mit ihm nach § 3 Nr. 38 verbundenen Unternehmen den Zugang zu seinen intern genutzten oder am Markt angebotenen Waren und Leistungen zu günstigeren Bedingungen oder Entgelten ermöglicht, als er sie anderen Unternehmen bei der Nutzung der Waren und Leistungen oder mit diesen in Zusammenhang stehenden Waren oder gewerbliche Leistungen einräumt, sofern der Betreiber

des Energieversorgungsnetzes nicht nachweist, dass die Einräumung ungünstigerer Bedingungen sachlich gerechtfertigt ist,
5. ohne sachlich gerechtfertigten Grund Entgelte oder sonstige Geschäftsbedingungen für den Netzzugang fordert, die von denjenigen abweichen, die sich bei wirksamem Wettbewerb mit hoher Wahrscheinlichkeit ergeben würden; hierbei sind insbesondere die Verhaltensweisen von Unternehmen auf vergleichbaren Märkten und die Ergebnisse von Vergleichsverfahren nach § 21 zu berücksichtigen; Entgelte, die die Obergrenzen einer dem betroffenen Unternehmen erteilten Genehmigung nach § 23a nicht überschreiten, und im Falle der Durchführung einer Anreizregulierung nach § 21a Entgelte, die für das betroffene Unternehmen für eine Regulierungsperiode vorgegebene Obergrenzen nicht überschreiten, gelten als sachlich gerechtfertigt oder
6. ungünstigere Entgelte oder sonstige Geschäftsbedingungen fordert, als er sie selbst auf vergleichbaren Märkten von gleichartigen Abnehmern fordert, es sei denn, dass der Unterschied sachlich gerechtfertigt ist.

³Satz 2 Nr. 5 gilt auch für die Netze, in denen nach einer Rechtsverordnung nach § 24 Satz 2 Nr. 5 vom Grundsatz der Kostenorientierung abgewichen wird. ⁴Besondere Rechtsvorschriften über den Missbrauch der Marktstellung in solchen Netzen bleiben unberührt.

(2) ¹Die Regulierungsbehörde kann einen Betreiber von Energieversorgungsnetzen, der seine Stellung missbräuchlich ausnutzt, verpflichten, eine Zuwiderhandlung gegen Absatz 1 abzustellen. ²Sie kann den Unternehmen alle Maßnahmen aufgeben, die erforderlich sind, um die Zuwiderhandlung wirksam abzustellen. ³Sie kann insbesondere
1. Änderungen verlangen, soweit die gebildeten Entgelte oder deren Anwendung sowie die Anwendung der Bedingungen für den Anschluss an das Netz und die Gewährung des Netzzugangs von der genehmigten oder festgelegten Methode oder den hierfür bestehenden gesetzlichen Vorgaben abweichen, oder
2. in Fällen rechtswidrig verweigerten Netzanschlusses oder Netzzugangs den Netzanschluss oder Netzzugang anordnen.

§ 31 Besondere Missbrauchsverfahren der Regulierungsbehörde. (1) ¹Personen und Personenvereinigungen, deren Interessen durch das Verhalten eines Betreibers von Energieversorgungsnetzen erheblich berührt werden, können bei der Regulierungsbehörde einen Antrag auf Überprüfung dieses Verhaltens stellen. ²Diese hat zu prüfen, inwieweit das Verhalten des Betreibers von Energieversorgungsnetzen

EnWG § 32

mit den Vorgaben in den Bestimmungen der Abschnitte 2 und 3 oder der auf dieser Grundlage erlassenen Rechtsverordnungen sowie den nach § 29 Abs. 1 festgelegten oder genehmigten Bedingungen und Methoden übereinstimmt. [3] Soweit das Verhalten des Betreibers von Energieversorgungsnetzen nach § 23a genehmigt ist, hat die Regulierungsbehörde darüber hinaus zu prüfen, ob die Voraussetzungen für eine Aufhebung der Genehmigung vorliegen. [4] Interessen der Verbraucherzentralen und anderer Verbraucherverbände, die mit öffentlichen Mitteln gefördert werden, werden im Sinne des Satzes 1 auch dann erheblich berührt, wenn sich die Entscheidung auf eine Vielzahl von Verbrauchern auswirkt und dadurch die Interessen der Verbraucher insgesamt erheblich berührt werden.

(2) [1] Ein Antrag nach Absatz 1 bedarf neben dem Namen, der Anschrift und der Unterschrift des Antragstellers folgender Angaben:
1. Firma und Sitz des betroffenen Netzbetreibers,
2. das Verhalten des betroffenen Netzbetreibers, das überprüft werden soll,
3. die im Einzelnen anzuführenden Gründe, weshalb ernsthafte Zweifel an der Rechtmäßigkeit des Verhaltens des Netzbetreibers bestehen und
4. die im Einzelnen anzuführenden Gründe, weshalb der Antragsteller durch das Verhalten des Netzbetreibers betroffen ist.

[2] Sofern ein Antrag nicht die Voraussetzungen des Satzes 1 erfüllt, weist die Regulierungsbehörde den Antrag als unzulässig ab.

(3) [1] Die Regulierungsbehörde entscheidet innerhalb einer Frist von zwei Monaten nach Eingang des vollständigen Antrags. [2] Diese Frist kann um zwei Monate verlängert werden, wenn die Regulierungsbehörde zusätzliche Informationen anfordert. [3] Mit Zustimmung des Antragstellers ist eine weitere Verlängerung dieser Frist möglich. [4] Betrifft ein Antrag nach Satz 1 die Entgelte für den Anschluss größerer neuer Erzeugungsanlagen, so kann die Regulierungsbehörde die Fristen nach den Sätzen 1 und 2 verlängern.

(4) [1] Soweit ein Verfahren nicht mit einer den Beteiligten zugestellten Entscheidung nach § 73 Abs. 1 abgeschlossen wird, ist seine Beendigung den Beteiligten schriftlich oder elektronisch mitzuteilen. [2] Die Regulierungsbehörde kann die Kosten einer Beweiserhebung den Beteiligten nach billigem Ermessen auferlegen.

§ 32 Unterlassungsanspruch, Schadensersatzpflicht. (1) [1] Wer gegen eine Vorschrift der Abschnitte 2 und 3, eine auf Grund der Vorschriften dieser Abschnitte erlassene Rechtsverordnung oder eine auf

Grundlage dieser Vorschriften ergangene Entscheidung der Regulierungsbehörde verstößt, ist dem Betroffenen zur Beseitigung einer Beeinträchtigung und bei Wiederholungsgefahr zur Unterlassung verpflichtet. [2] Der Anspruch besteht bereits dann, wenn eine Zuwiderhandlung droht. [3] Die Vorschriften der Abschnitte 2 und 3 dienen auch dann dem Schutz anderer Marktbeteiligter, wenn sich der Verstoß nicht gezielt gegen diese richtet. [4] Ein Anspruch ist nicht deswegen ausgeschlossen, weil der andere Marktbeteiligte an dem Verstoß mitgewirkt hat.

(2) Die Ansprüche aus Absatz 1 können auch von rechtsfähigen Verbänden zur Förderung gewerblicher oder selbständiger beruflicher Interessen geltend gemacht werden, soweit ihnen eine erhebliche Zahl von Unternehmen angehört, die Waren oder Dienstleistungen gleicher oder verwandter Art auf demselben Markt vertreiben, sofern sie insbesondere nach ihrer personellen, sachlichen und finanziellen Ausstattung imstande sind, ihre satzungsmäßigen Aufgaben der Verfolgung gewerblicher oder selbständiger beruflicher Interessen tatsächlich wahrzunehmen und soweit die Zuwiderhandlung die Interessen ihrer Mitglieder berührt.

(3) [1] Wer einen Verstoß nach Absatz 1 vorsätzlich oder fahrlässig begeht, ist zum Ersatz des daraus entstehenden Schadens verpflichtet. [2] Geldschulden nach Satz 1 hat das Unternehmen ab Eintritt des Schadens zu verzinsen. [3] Die §§ 288 und 289 Satz 1 des Bürgerlichen Gesetzbuchs finden entsprechende Anwendung.

(4) [1] Wird wegen eines Verstoßes gegen eine Vorschrift der Abschnitte 2 und 3 Schadensersatz begehrt, ist das Gericht insoweit an die Feststellung des Verstoßes gebunden, wie sie in einer bestandskräftigen Entscheidung der Regulierungsbehörde getroffen wurde. [2] Das Gleiche gilt für entsprechende Feststellungen in rechtskräftigen Gerichtsentscheidungen, die infolge der Anfechtung von Entscheidungen nach Satz 1 ergangen sind.

(5) [1] Die Verjährung eines Schadensersatzanspruchs nach Absatz 3 wird gehemmt, wenn die Regulierungsbehörde wegen eines Verstoßes im Sinne des Absatzes 1 ein Verfahren einleitet. [2] § 204 Abs. 2 des Bürgerlichen Gesetzbuchs gilt entsprechend.

§ 33 Vorteilsabschöpfung durch die Regulierungsbehörde.

(1) Hat ein Unternehmen vorsätzlich oder fahrlässig gegen eine Vorschrift der Abschnitte 2 und 3, eine auf Grund der Vorschriften dieser Abschnitte erlassene Rechtsverordnung oder eine auf Grundlage dieser Vorschriften ergangene Entscheidung der Regulierungsbehörde verstoßen und dadurch einen wirtschaftlichen Vorteil erlangt, kann die Re-

gulierungsbehörde die Abschöpfung des wirtschaftlichen Vorteils anordnen und dem Unternehmen die Zahlung des entsprechenden Geldbetrags auferlegen.

(2) ¹Absatz 1 gilt nicht, sofern der wirtschaftliche Vorteil durch Schadensersatzleistungen oder durch die Verhängung der Geldbuße oder die Anordnung des Verfalls abgeschöpft ist. ²Soweit das Unternehmen Leistungen nach Satz 1 erst nach der Vorteilsabschöpfung erbringt, ist der abgeführte Geldbetrag in Höhe der nachgewiesenen Zahlungen an das Unternehmen zurückzuerstatten.

(3) ¹Wäre die Durchführung der Vorteilsabschöpfung eine unbillige Härte, soll die Anordnung auf einen angemessenen Geldbetrag beschränkt werden oder ganz unterbleiben. ²Sie soll auch unterbleiben, wenn der wirtschaftliche Vorteil gering ist.

(4) ¹Die Höhe des wirtschaftlichen Vorteils kann geschätzt werden. ²Der abzuführende Geldbetrag ist zahlenmäßig zu bestimmen.

(5) Die Vorteilsabschöpfung kann nur innerhalb einer Frist von bis zu fünf Jahren seit Beendigung der Zuwiderhandlung und längstens für einen Zeitraum von fünf Jahren angeordnet werden.

§ 34 (aufgehoben)

§ 35 Monitoring.

(1) Die Regulierungsbehörde führt zur Wahrnehmung ihrer Aufgaben nach diesem Gesetz, insbesondere zur Herstellung von Markttransparenz, ein Monitoring durch über
1. die Regeln für das Management und die Zuweisung von Verbindungskapazitäten; dies erfolgt in Abstimmung mit der Regulierungsbehörde oder den Regulierungsbehörden der Mitgliedstaaten, mit denen ein Verbund besteht;
2. die Mechanismen zur Behebung von Kapazitätsengpässen im nationalen Elektrizitäts- und Gasversorgungsnetz;
3. die Zeit, die von Betreibern von Übertragungs-, Fernleitungs- und Verteilernetzen für die Herstellung von Anschlüssen und Reparaturen benötigt wird;
4. die Veröffentlichung angemessener Informationen über Verbindungsleitungen, Netznutzung und Kapazitätszuweisung für interessierte Parteien durch die Betreiber von Übertragungs-, Fernleitungs- und Verteilernetzen unter Berücksichtigung der Notwendigkeit, nicht statistisch aufbereitete Einzeldaten als Geschäftsgeheimnisse zu behandeln;
5. die tatsächliche Entflechtung der Rechnungslegung entsprechend § 10 zur Verhinderung von Quersubventionen zwischen den Er-

zeugungs-, Übertragungs-, Verteilungs- und Versorgungstätigkeiten oder Fernleitungs-, Verteilungs-, Speicher-, LNG- und Versorgungstätigkeiten;
6. die Bedingungen und Tarife für den Anschluss neuer Elektrizitätserzeuger unter besonderer Berücksichtigung der Kosten und der Vorteile der verschiedenen Technologien zur Elektrizitätserzeugung aus erneuerbaren Energien, der dezentralen Erzeugung und der Kraft-Wärme-Kopplung;
7. die Bedingungen für den Zugang zu Speicheranlagen nach den §§ 26 und 28 sowie die Netzzugangsbedingungen für Anlagen zur Erzeugung von Biogas;
8. den Umfang, in dem die Betreiber von Übertragungs-, Fernleitungs- und Verteilernetzen ihren Aufgaben nach den §§ 11 bis 16 nachkommen;
9. die Erfüllung der Verpflichtungen nach § 42;
10. das Ausmaß von Transparenz und Wettbewerb;
11. die wettbewerbliche Entwicklung in den Netzen für Elektrizität und Gas aus Sicht der Haushaltskunden und mögliche Gegenmaßnahmen für den Fall von Fehlentwicklungen;
12. bundesweit einheitliche Mindestanforderungen an Messeinrichtungen sowie Datenumfang und Datenqualität nach § 21b Abs. 2 Satz 5 Nr. 2.

(2) Zur Durchführung des Monitoring gelten die Befugnisse nach § 69 entsprechend.

Teil 4. Energielieferung an Letztverbraucher

§ 36 Grundversorgungspflicht. (1) [1]Energieversorgungsunternehmen haben für Netzgebiete, in denen sie die Grundversorgung von Haushaltskunden durchführen, Allgemeine Bedingungen und Allgemeine Preise für die Versorgung in Niederspannung oder Niederdruck öffentlich bekannt zu geben und im Internet zu veröffentlichen und zu diesen Bedingungen und Preisen jeden Haushaltskunden zu versorgen. [2]Die Pflicht zur Grundversorgung besteht nicht, wenn die Versorgung für das Energieversorgungsunternehmen aus wirtschaftlichen Gründen nicht zumutbar ist.

(2) [1]Grundversorger nach Absatz 1 ist jeweils das Energieversorgungsunternehmen, das die meisten Haushaltskunden in einem Netzgebiet der allgemeinen Versorgung beliefert. [2]Betreiber von Energieversorgungsnetzen der allgemeinen Versorgung nach § 18 Abs. 1 sind

EnWG § 37 Gesetzestext

verpflichtet, alle drei Jahre jeweils zum 1. Juli, erstmals zum 1. Juli 2006, nach Maßgabe des Satzes 1 den Grundversorger für die nächsten drei Kalenderjahre festzustellen sowie dies bis zum 30. September des Jahres im Internet zu veröffentlichen und der nach Landesrecht zuständigen Behörde schriftlich mitzuteilen. [3] Über Einwände gegen das Ergebnis der Feststellungen nach Satz 2, die bis zum 31. Oktober des jeweiligen Jahres bei der nach Landesrecht zuständigen Behörde einzulegen sind, entscheidet diese nach Maßgabe der Sätze 1 und 2. [4] Stellt der Grundversorger nach Satz 1 seine Geschäftstätigkeit ein, so gelten die Sätze 2 und 3 entsprechend.

(3) Im Falle eines Wechsels des Grundversorgers infolge einer Feststellung nach Absatz 2 gelten die von Haushaltskunden mit dem bisherigen Grundversorger auf der Grundlage des Absatzes 1 geschlossenen Energielieferverträge zu den im Zeitpunkt des Wechsels geltenden Bedingungen und Preisen fort.

§ 37 Ausnahmen von der Grundversorgungspflicht. (1) [1] Wer zur Deckung des Eigenbedarfs eine Anlage zur Erzeugung von Energie betreibt oder sich von einem Dritten versorgen lässt, hat keinen Anspruch auf eine Grundversorgung nach § 36 Abs. 1 Satz 1. [2] Er kann aber Grundversorgung im Umfang und zu Bedingungen verlangen, die für das Energieversorgungsunternehmen wirtschaftlich zumutbar sind. [3] Satz 1 gilt nicht für Eigenanlagen (Notstromaggregate), die ausschließlich der Sicherstellung des Energiebedarfs bei Aussetzen der öffentlichen Energieversorgung dienen, wenn sie außerhalb ihrer eigentlichen Bestimmung nicht mehr als 15 Stunden monatlich zur Erprobung betrieben werden, sowie für die Deckung des Eigenbedarfs von in Niederspannung belieferten Haushaltskunden aus Anlagen der Kraft-Wärme-Kopplung bis 50 Kilowatt elektrischer Leistung und aus erneuerbaren Energien.

(2) [1] Reserveversorgung ist für Energieversorgungsunternehmen im Sinne des Absatzes 1 Satz 2 nur zumutbar, wenn sie den laufend durch Eigenanlagen gedeckten Bedarf für den gesamten Haushalt umfasst und ein fester, von der jeweils gebrauchten Energiemenge unabhängiger angemessener Leistungspreis mindestens für die Dauer eines Jahres bezahlt wird. [2] Hierbei ist von der Möglichkeit gleichzeitiger Inbetriebnahme sämtlicher an das Leitungsnetz des Energieversorgungsunternehmens angeschlossener Reserveanschlüsse auszugehen und der normale, im gesamten Niederspannungs- oder Niederdruckleitungsnetz des Energieversorgungsunternehmens vorhandene Ausgleich der Einzelbelastungen zugrunde zu legen.

Energiewirtschaftsgesetz §§ 38, 39 EnWG

(3) ¹Das Bundesministerium für Wirtschaft und Technologie kann durch Rechtsverordnung mit Zustimmung des Bundesrates regeln, in welchem Umfang und zu welchen Bedingungen Versorgung nach Absatz 1 Satz 2 wirtschaftlich zumutbar ist. ²Dabei sind die Interessen der Energieversorgungsunternehmen und der Haushaltskunden unter Beachtung der Ziele des § 1 angemessen zu berücksichtigen.

§ 38 Ersatzversorgung mit Energie. (1) ¹Sofern Letztverbraucher über das Energieversorgungsnetz der allgemeinen Versorgung in Niederspannung oder Niederdruck Energie beziehen, ohne dass dieser Bezug einer Lieferung oder einem bestimmten Liefervertrag zugeordnet werden kann, gilt die Energie als von dem Unternehmen geliefert, das nach § 36 Abs. 1 berechtigt und verpflichtet ist. ²Die Bestimmungen dieses Teils gelten für dieses Rechtsverhältnis mit der Maßgabe, dass der Grundversorger berechtigt ist, für diese Energielieferung gesonderte Allgemeine Preise zu veröffentlichen und für die Energielieferung in Rechnung zu stellen. ³Für Haushaltskunden dürfen die Preise die nach § 36 Abs. 1 Satz 1 nicht übersteigen.

(2) ¹Das Rechtsverhältnis nach Absatz 1 endet, wenn die Energielieferung auf der Grundlage eines Energieliefervertrages des Kunden erfolgt, spätestens aber drei Monate nach Beginn der Ersatzenergieversorgung. ²Das Energieversorgungsunternehmen kann den Energieverbrauch, der auf die nach Absatz 1 bezogenen Energiemengen entfällt, auf Grund einer rechnerischen Abgrenzung schätzen und den ermittelten anteiligen Verbrauch in Rechnung stellen.

§ 39 Allgemeine Preise und Versorgungsbedingungen. (1) ¹Das Bundesministerium für Wirtschaft und Technologie kann im Einvernehmen mit dem Bundesministerium für Ernährung, Landwirtschaft und Verbraucherschutz durch Rechtsverordnung mit Zustimmung des Bundesrates die Gestaltung der Allgemeinen Preise nach § 36 Abs. 1 und § 38 Abs. 1 des Grundversorgers unter Berücksichtigung des § 1 Abs. 1 regeln. ²Es kann dabei Bestimmungen über Inhalt und Aufbau der Allgemeinen Preise treffen sowie die tariflichen Rechte und Pflichten der Elektrizitätsversorgungsunternehmen und ihrer Kunden regeln.

(2) ¹Das Bundesministerium für Wirtschaft und Technologie kann im Einvernehmen mit dem Bundesministerium für Ernährung, Landwirtschaft und Verbraucherschutz durch Rechtsverordnung mit Zustimmung des Bundesrates die allgemeinen Bedingungen für die Belieferung von Haushaltskunden in Niederspannung oder Niederdruck mit Energie im Rahmen der Grund- oder Ersatzversorgung angemessen

EnWG §§ 40, 41 Gesetzestext

gestalten und dabei die Bestimmungen der Verträge einheitlich festsetzen und Regelungen über den Vertragsabschluss, den Gegenstand und die Beendigung der Verträge treffen sowie Rechte und Pflichten der Vertragspartner festlegen. [2]Hierbei sind die beiderseitigen Interessen angemessen zu berücksichtigen. [3]Die Sätze 1 und 2 gelten entsprechend für Bedingungen öffentlich-rechtlich gestalteter Versorgungsverhältnisse mit Ausnahme der Regelung des Verwaltungsverfahrens.

§ 40 (aufgehoben)

§ 41 Energielieferverträge mit Haushaltskunden. (1) [1]Verträge über die Belieferung von Haushaltskunden mit Energie außerhalb der Grundversorgung haben insbesondere Bestimmungen zu enthalten über
1. die Vertragsdauer, die Preisanpassung, die Verlängerung und Beendigung der Leistungen und des Vertragsverhältnisses sowie das Rücktrittsrecht des Kunden,
2. zu erbringende Leistungen einschließlich angebotener Wartungsdienste,
3. die Zahlungsweise,
4. Haftungs- und Entschädigungsregelungen bei Nichteinhaltung vertraglich vereinbarter Leistungen,
5. den unentgeltlichen und zügigen Lieferantenwechsel und
6. die Art und Weise, wie aktuelle Informationen über die geltenden Tarife und Wartungsentgelte erhältlich sind.

[2]Dem Haushaltskunden sind vor Vertragsabschluss verschiedene Regelungen nach Satz 1 Nr. 3 anzubieten.

(2) [1]Das Bundesministerium für Wirtschaft und Technologie kann im Einvernehmen mit dem Bundesministerium für Ernährung, Landwirtschaft und Verbraucherschutz durch Rechtsverordnung mit Zustimmung des Bundesrates nähere Regelungen für die Belieferung von Haushaltskunden mit Energie außerhalb der Grundversorgung treffen, die Bestimmungen der Verträge einheitlich festsetzen und insbesondere Regelungen über den Vertragsabschluss, den Gegenstand und die Beendigung der Verträge treffen sowie Rechte und Pflichten der Vertragspartner festlegen. [2]Hierbei sind die beiderseitigen Interessen angemessen zu berücksichtigen. [3]Die jeweils in Anhang A der Richtlinie 2003/54/EG des Europäischen Parlaments und des Rates vom 26. Juni 2003 über gemeinsame Vorschriften für den Elektrizitätsbinnenmarkt und zur Aufhebung der Richtlinie 96/92/EG (ABl. EU Nr. L 176 S. 37) und der Richtlinie 2003/55/EG vorgesehenen Maßnahmen sind zu beachten.

Energiewirtschaftsgesetz **§ 42 EnWG**

§ 42 Stromkennzeichnung, Transparenz der Stromrechnungen. (1) Elektrizitätsversorgungsunternehmen sind verpflichtet, in oder als Anlage zu ihren Rechnungen an Letztverbraucher und in an diese gerichtetem Werbematerial für den Verkauf von Elektrizität anzugeben:
1. den Anteil der einzelnen Energieträger (Kernkraft, fossile und sonstige Energieträger, Erneuerbare Energien) an dem Gesamtenergieträgermix, den der Lieferant im letzten oder vorletzten Jahr verwendet hat; spätestens ab 15. Dezember eines Jahres sind jeweils die Werte des vorangegangenen Kalenderjahres anzugeben;
2. Informationen über die Umweltauswirkungen zumindest in Bezug auf Kohlendioxidemissionen (CO_2-Emissionen) und radioaktiven Abfall, die auf den in Nummer 1 genannten Gesamtenergieträgermix zur Stromerzeugung zurückzuführen sind.

(2) Die Informationen zu Energieträgermix und Umweltauswirkungen sind mit den entsprechenden Durchschnittswerten der Stromerzeugung in Deutschland zu ergänzen.

(3) [1] Sofern ein Energieversorgungsunternehmen im Rahmen des Verkaufs an Letztverbraucher eine Produktdifferenzierung mit unterschiedlichem Energieträgermix vornimmt, gelten für diese Produkte sowie für den verbleibenden Energieträgermix die Absätze 1 und 2 entsprechend. [2] Die Verpflichtungen nach den Absätzen 1 und 2 bleiben davon unberührt.

(4) [1] Bei Elektrizitätsmengen, die über eine Strombörse bezogen oder von einem Unternehmen mit Sitz außerhalb der Europäischen Union eingeführt werden, können die von der Strombörse oder von dem betreffenden Unternehmen für das Vorjahr vorgelegten Gesamtzahlen, ansonsten der UCTE-Strommix, zugrunde gelegt werden. [2] Dieser ist auch für alle Strommengen anzusetzen, die nicht eindeutig erzeugungsseitig einem der in Absatz 1 Nr. 1 genannten Energieträger zugeordnet werden können.

(5) Erzeuger und Vorlieferanten von Elektrizität haben im Rahmen ihrer Lieferbeziehungen den nach Absatz 1 Verpflichteten auf Anforderung die Daten so zur Verfügung zu stellen, dass diese ihren Informationspflichten genügen können.

(6) Elektrizitätsversorgungsunternehmen sind verpflichtet, in ihren Rechnungen an Letztverbraucher das Entgelt für den Netzzugang gesondert auszuweisen.

(7) Die Bundesregierung wird ermächtigt, durch Rechtsverordnung, die nicht der Zustimmung des Bundesrates bedarf, Vorgaben zur Darstellung der Informationen nach den Absätzen 1 bis 3 sowie die Me-

thoden zur Erhebung und Weitergabe von Daten zur Bereitstellung der Informationen nach den Absätzen 1 bis 3 festzulegen.

Teil 5. Planfeststellung, Wegenutzung

§ 43 Erfordernis der Planfeststellung. [1]Die Errichtung und der Betrieb sowie die Änderung von
1. Hochspannungsfreileitungen, ausgenommen Bahnstromfernleitungen, mit einer Nennspannung von 110 Kilovolt oder mehr und
2. Gasversorgungsleitungen mit einem Durchmesser von mehr als 300 Millimeter

bedürfen der Planfeststellung durch die nach Landesrecht zuständige Behörde. [2]Bei der Planfeststellung sind die von dem Vorhaben berührten öffentlichen und privaten Belange im Rahmen der Abwägung zu berücksichtigen. [3]Für Hochspannungsleitungen mit einer Nennspannung von 110 Kilovolt im Küstenbereich von Nord- und Ostsee, die zwischen der Küstenlinie und dem nächstgelegenen Netzverknüpfungspunkt, höchstens jedoch in einer Entfernung von nicht mehr als 20 Kilometer von der Küstenlinie landeinwärts verlegt werden sollen, kann ergänzend zu Satz 1 Nr. 1 auch für die Errichtung und den Betrieb sowie die Änderung eines Erdkabels ein Planfeststellungsverfahren durchgeführt werden. [4]Küstenlinie ist die in der Seegrenzkarte Nr. 2920 „Deutsche Nordseeküste und angrenzende Gewässer", Ausgabe 1994, XII., und in der Seegrenzkarte Nr. 2921 „Deutsche Ostseeküste und angrenzende Gewässer", Ausgabe 1994, XII., des Bundesamtes für Seeschifffahrt und Hydrographie jeweils im Maßstab 1 : 375 000 dargestellte Küstenlinie. [5]Für das Planfeststellungsverfahren gelten die §§ 72 bis 78 des Verwaltungsverfahrensgesetzes nach Maßgabe dieses Gesetzes. [6]Die Maßgaben gelten entsprechend, soweit das Verfahren landesrechtlich durch ein Verwaltungsverfahrensgesetz geregelt ist.

§ 43a Anhörungsverfahren. Für das Anhörungsverfahren gilt § 73 des Verwaltungsverfahrensgesetzes mit folgenden Maßgaben:
1. Die Auslegung nach § 73 Abs. 2 des Verwaltungsverfahrensgesetzes erfolgt in den Gemeinden, in denen sich das Vorhaben voraussichtlich auswirkt, innerhalb von zwei Wochen nach Zugang des Plans.
2. Die Anhörungsbehörde benachrichtigt innerhalb der Frist des § 73 Abs. 2 des Verwaltungsverfahrensgesetzes auch die nach § 59 des Bundesnaturschutzgesetzes oder nach landesrechtlichen Vorschriften im Rahmen des § 60 des Bundesnaturschutzgesetzes anerkannten Vereine sowie sonstige Vereinigungen, soweit diese sich für den Umweltschutz

einsetzen und nach in anderen gesetzlichen Vorschriften zur Einlegung von Rechtsbehelfen in Umweltangelegenheiten vorgesehenen Verfahren anerkannt sind, (Vereinigungen) von der Auslegung des Plans und gibt ihnen Gelegenheit zur Stellungnahme. Die Benachrichtigung erfolgt durch die ortsübliche Bekanntmachung der Auslegung nach § 73 Abs. 5 Satz 1 des Verwaltungsverfahrensgesetzes in den Gemeinden nach Nummer 1. Unbeschadet davon bleibt die Beteiligung anderer Vereinigungen nach den allgemeinen Vorschriften.
3. Für Vereinigungen gilt § 73 Abs. 4 des Verwaltungsverfahrensgesetzes entsprechend. § 73 Abs. 6 des Verwaltungsverfahrensgesetzes gilt für Vereinigungen entsprechend, wenn sie fristgerecht Stellung genommen haben. Sie sind von dem Erörterungstermin zu benachrichtigen.
4. Nicht ortsansässige Betroffene, deren Person und Aufenthalt bekannt sind, sollen auf Veranlassung der Anhörungsbehörde von der Auslegung in der Gemeinde mit dem Hinweis nach § 73 Abs. 5 Satz 2 des Verwaltungsverfahrensgesetzes benachrichtigt werden.
5. Die Anhörungsbehörde kann auf eine Erörterung verzichten. Findet eine Erörterung statt, so hat die Anhörungsbehörde die Erörterung innerhalb von drei Monaten nach Ablauf der Einwendungsfrist abzuschließen. Die Anhörungsbehörde gibt ihre Stellungnahme innerhalb eines Monats nach Abschluss der Erörterung ab und leitet sie innerhalb dieser Frist mit dem Plan, den Stellungnahmen der Behörden, den Stellungnahmen der Vereinigungen und den nicht erledigten Einwendungen der Planfeststellungsbehörde zu. Findet keine Erörterung statt, so hat die Anhörungsbehörde ihre Stellungnahme innerhalb von sechs Wochen nach Ablauf der Einwendungsfrist abzugeben und zusammen mit den sonstigen in Satz 2 aufgeführten Unterlagen der Planfeststellungsbehörde zuzuleiten.
6. Soll ein ausgelegter Plan geändert werden, so sind auch Vereinigungen entsprechend § 73 Abs. 8 Satz 1 des Verwaltungsverfahrensgesetzes zu beteiligen. Für Vereinigungen, die sich nicht in der sich aus Nummer 3 in Verbindung mit § 73 Abs. 4 Satz 1 des Verwaltungsverfahrensgesetzes ergebenden Frist geäußert haben, und im Falle des § 73 Abs. 8 Satz 2 des Verwaltungsverfahrensgesetzes erfolgt die Benachrichtigung von der Planänderung und der Frist zur Stellungnahme in entsprechender Anwendung der Nummer 2 Satz 2. Im Regelfall kann von der Erörterung im Sinne des § 73 Abs. 6 des Verwaltungsverfahrensgesetzes und des § 9 Abs. 1 Satz 3 des Gesetzes über die Umweltverträglichkeitsprüfung abgesehen werden.
7. Einwendungen gegen den Plan oder – im Falle des § 73 Abs. 8 des Verwaltungsverfahrensgesetzes – dessen Änderung sind nach Ablauf

der Einwendungsfrist ausgeschlossen. Einwendungen und Stellungnahmen der Vereinigungen sind nach Ablauf der Äußerungsfrist nach den Nummern 3 und 6 ausgeschlossen. Auf die Rechtsfolgen der Sätze 1 und 2 ist in der Bekanntmachung der Auslegung oder bei der Bekanntgabe der Einwendungs- oder Stellungnahmefrist sowie in der Benachrichtigung der Vereinigungen hinzuweisen. Abweichend von § 73 Abs. 3a Satz 2 des Verwaltungsverfahrensgesetzes können Stellungnahmen der Behörden, die nach Ablauf der Frist des § 73 Abs. 3a Satz 1 des Verwaltungsverfahrensgesetzes eingehen, auch noch nach Fristablauf berücksichtigt werden; sie sind stets zu berücksichtigen, wenn später von einer Behörde vorgebrachte öffentliche Belange der Planfeststellungsbehörde auch ohne ihr Vorbringen bekannt sind oder hätten bekannt sein müssen oder für die Rechtmäßigkeit der Entscheidung von Bedeutung sind.

§ 43 b Planfeststellungsbeschluss, Plangenehmigung. Für Planfeststellungsbeschluss und Plangenehmigung gilt § 74 des Verwaltungsverfahrensgesetzes mit folgenden Maßgaben:

1. Bei Planfeststellungen für Vorhaben im Sinne des § 43 Satz 1 werden für ein bis zum 31. Dezember 2010 beantragtes Vorhaben für die Errichtung und den Betrieb sowie die Änderung von Hochspannungsfreileitungen oder Gasversorgungsleitungen, das der im Hinblick auf die Gewährleistung der Versorgungssicherheit dringlichen Verhinderung oder Beseitigung längerfristiger Übertragungs-, Transport-, oder Verteilungsengpässe dient, die Öffentlichkeit einschließlich der Vereinigungen im Sinne von § 43a Nr. 2 ausschließlich entsprechend § 9 Abs. 3 Satz 1 des Gesetzes über die Umweltverträglichkeitsprüfung mit der Maßgabe einbezogen, dass die Gelegenheit zur Äußerung einschließlich Einwendungen und Stellungnahmen innerhalb eines Monats nach der Einreichung des vollständigen Plans für eine Frist von sechs Wochen zu gewähren ist. Nach dieser Frist eingehende Äußerungen, Einwendungen und Stellungnahmen sind ausgeschlossen. Hierauf ist in der Bekanntmachung des Vorhabens hinzuweisen. § 43a Nr. 4 und 5 Satz 2 gilt entsprechend. Für die Stellungnahmen der Behörden gilt § 43a Nr. 7 Satz 4.

2. Abweichend von Nummer 1 und § 43 Satz 1 und 3 ist für ein Vorhaben, für das nach dem Gesetz über die Umweltverträglichkeitsprüfung eine Umweltverträglichkeitsprüfung nicht durchzuführen ist, auf Antrag des Trägers des Vorhabens, an Stelle des Planfeststellungsbeschlusses eine Plangenehmigung zu erteilen. Ergänzend zu § 74 Abs. 6 Satz 1 Nr. 1 des Verwaltungsverfahrensgesetzes kann eine

Energiewirtschaftsgesetz §§ 43c, 43d EnWG

Plangenehmigung auch dann erteilt werden, wenn Rechte anderer nur unwesentlich beeinträchtigt werden.
3. Die Plangenehmigung hat die Rechtswirkungen der Planfeststellung.
4. Verfahren zur Planfeststellung oder Plangenehmigung bei Vorhaben, deren Auswirkungen über das Gebiet eines Landes hinausgehen, sind zwischen den zuständigen Behörden der beteiligten Länder abzustimmen.
5. Planfeststellungsbeschluss und Plangenehmigung sind dem Träger des Vorhabens, den Vereinigungen, über deren Einwendungen und Stellungnahmen entschieden worden ist, und denjenigen, über deren Einwendungen entschieden worden ist, mit Rechtsbehelfsbelehrung zuzustellen.

§ 43c Rechtswirkungen der Planfeststellung und Plangenehmigung. Für die Rechtswirkungen der Planfeststellung und Plangenehmigung gilt § 75 des Verwaltungsverfahrensgesetzes mit folgenden Maßgaben:
1. Wird mit der Durchführung des Plans nicht innerhalb von zehn Jahren nach Eintritt der Unanfechtbarkeit begonnen, so tritt er außer Kraft, es sei denn, er wird vorher auf Antrag des Trägers des Vorhabens von der Planfeststellungsbehörde um höchstens fünf Jahre verlängert.
2. Vor der Entscheidung nach Nummer 1 ist eine auf den Antrag begrenzte Anhörung nach den für die Planfeststellung oder für die Plangenehmigung vorgeschriebenen Verfahren durchzuführen.
3. Für die Zustellung und Auslegung sowie die Anfechtung der Entscheidung über die Verlängerung sind die Bestimmungen über den Planfeststellungsbeschluss entsprechend anzuwenden.
4. Als Beginn der Durchführung des Plans gilt jede erstmals nach außen erkennbare Tätigkeit von mehr als nur geringfügiger Bedeutung zur plangemäßen Verwirklichung des Vorhabens; eine spätere Unterbrechung der Verwirklichung des Vorhabens berührt den Beginn der Durchführung nicht.

§ 43d Planänderung vor Fertigstellung des Vorhabens. [1] Für die Planergänzung und das ergänzende Verfahren im Sinne des § 75 Abs. 1a Satz 2 des Verwaltungsverfahrensgesetzes und für die Planänderung vor Fertigstellung des Vorhabens gilt § 76 des Verwaltungsverfahrensgesetzes mit der Maßgabe, dass im Falle des § 76 Abs. 1 des Verwaltungsverfahrensgesetzes von einer Erörterung im Sinne des § 73 Abs. 6 des Verwaltungsverfahrensgesetzes und des § 9 Abs. 1 Satz 3 des Gesetzes über die Umweltverträglichkeitsprüfung abgesehen werden kann.

² Im Übrigen gelten für das neue Verfahren die Vorschriften dieses Gesetzes.

§ 43 e Rechtsbehelfe. (1) ¹ Die Anfechtungsklage gegen einen Planfeststellungsbeschluss nach § 43, auch in Verbindung mit § 43 b Nr. 1, oder eine Plangenehmigung nach § 43 b Nr. 2 hat keine aufschiebende Wirkung. ² Der Antrag auf Anordnung der aufschiebenden Wirkung der Anfechtungsklage gegen einen Planfeststellungsbeschluss oder eine Plangenehmigung nach § 80 Abs. 5 Satz 1 der Verwaltungsgerichtsordnung kann nur innerhalb eines Monats nach der Zustellung des Planfeststellungsbeschlusses oder der Plangenehmigung gestellt und begründet werden. ³ Darauf ist in der Rechtsbehelfsbelehrung hinzuweisen. ⁴ § 58 der Verwaltungsgerichtsordnung gilt entsprechend.

(2) ¹ Treten später Tatsachen ein, die die Anordnung der aufschiebenden Wirkung rechtfertigen, so kann der durch den Planfeststellungsbeschluss oder die Plangenehmigung Beschwerte einen hierauf gestützten Antrag nach § 80 Abs. 5 Satz 1 der Verwaltungsgerichtsordnung innerhalb einer Frist von einem Monat stellen und begründen. ² Die Frist beginnt mit dem Zeitpunkt, in dem der Beschwerte von den Tatsachen Kenntnis erlangt.

(3) ¹ Der Kläger hat innerhalb einer Frist von sechs Wochen die zur Begründung seiner Klage dienenden Tatsachen und Beweismittel anzugeben. ² § 87 b Abs. 3 der Verwaltungsgerichtsordnung gilt entsprechend.

(4) ¹ Mängel bei der Abwägung der von dem Vorhaben berührten öffentlichen und privaten Belange sind nur erheblich, wenn sie offensichtlich und auf das Abwägungsergebnis von Einfluss gewesen sind. ² Erhebliche Mängel bei der Abwägung oder eine Verletzung von Verfahrens- oder Formvorschriften führen nur dann zur Aufhebung des Planfeststellungsbeschlusses oder der Plangenehmigung, wenn sie nicht durch Planergänzung oder durch ein ergänzendes Verfahren behoben werden können; die §§ 45 und 46 des Verwaltungsverfahrensgesetzes und die entsprechenden landesrechtlichen Bestimmungen bleiben unberührt.

§ 44 Vorarbeiten. (1) ¹ Eigentümer und sonstige Nutzungsberechtigte haben zur Vorbereitung der Planung und der Baudurchführung eines Vorhabens oder von Unterhaltungsmaßnahmen notwendige Vermessungen, Boden- und Grundwasseruntersuchungen einschließlich der vorübergehenden Anbringung von Markierungszeichen sowie sonstige Vorarbeiten durch den Träger des Vorhabens oder von ihm Beauftragte

Energiewirtschaftsgesetz § 44a EnWG

zu dulden. ²Weigert sich der Verpflichtete, Maßnahmen nach Satz 1 zu dulden, so kann die nach Landesrecht zuständige Behörde auf Antrag des Trägers des Vorhabens gegenüber dem Eigentümer und sonstigen Nutzungsberechtigten die Duldung dieser Maßnahmen anordnen.

(2) Die Absicht, solche Arbeiten auszuführen, ist dem Eigentümer oder sonstigen Nutzungsberechtigten mindestens zwei Wochen vor dem vorgesehenen Zeitpunkt unmittelbar oder durch ortsübliche Bekanntmachung in den Gemeinden, in denen die Vorarbeiten durchzuführen sind, durch den Träger des Vorhabens bekannt zu geben.

(3) ¹Entstehen durch eine Maßnahme nach Absatz 1 einem Eigentümer oder sonstigen Nutzungsberechtigten unmittelbare Vermögensnachteile, so hat der Träger des Vorhabens eine angemessene Entschädigung in Geld zu leisten. ²Kommt eine Einigung über die Geldentschädigung nicht zustande, so setzt die nach Landesrecht zuständige Behörde auf Antrag des Trägers des Vorhabens oder des Berechtigten die Entschädigung fest. ³Vor der Entscheidung sind die Beteiligten zu hören.

§ 44 a Veränderungssperre, Vorkaufsrecht. (1) ¹Vom Beginn der Auslegung der Pläne im Planfeststellungsverfahren oder von dem Zeitpunkt an, zu dem den Betroffenen Gelegenheit gegeben wird, den Plan einzusehen, dürfen auf den vom Plan betroffenen Flächen bis zu ihrer Inanspruchnahme wesentlich wertsteigernde oder die geplante Baumaßnahmen erheblich erschwerende Veränderungen nicht vorgenommen werden (Veränderungssperre). ²Veränderungen, die in rechtlich zulässiger Weise vorher begonnen worden sind, Unterhaltungsarbeiten und die Fortführung einer bisher ausgeübten Nutzung werden davon nicht berührt. ³Unzulässige Veränderungen bleiben bei Anordnungen nach § 74 Abs. 2 Satz 2 des Verwaltungsverfahrensgesetzes und im Entschädigungsverfahren unberücksichtigt.

(2) ¹Dauert die Veränderungssperre über vier Jahre, im Falle von Hochspannungsfreileitungen über fünf Jahre, können die Eigentümer für die dadurch entstandenen Vermögensnachteile Entschädigung verlangen. ²Sie können ferner die Vereinbarung einer beschränkt persönlichen Dienstbarkeit für die vom Plan betroffenen Flächen verlangen, wenn es ihnen mit Rücksicht auf die Veränderungssperre wirtschaftlich nicht zuzumuten ist, die Grundstücke in der bisherigen oder einer anderen zulässigen Art zu benutzen. ³Kommt keine Vereinbarung nach Satz 2 zustande, so können die Eigentümer die entsprechende Beschränkung des Eigentums an den Flächen verlangen. ⁴Im Übrigen gilt § 45.

EnWG § 44b Gesetzestext

(3) In den Fällen des Absatzes 1 Satz 1 steht dem Träger des Vorhabens an den betroffenen Flächen ein Vorkaufsrecht zu.

§ 44b Vorzeitige Besitzeinweisung. (1) [1]Ist der sofortige Beginn von Bauarbeiten geboten und weigert sich der Eigentümer oder Besitzer, den Besitz eines für den Bau, die Änderung oder Betriebsänderung von Hochspannungsfreileitungen, Erdkabeln oder Gasversorgungsleitungen im Sinne des § 43 benötigten Grundstücks durch Vereinbarung unter Vorbehalt aller Entschädigungsansprüche zu überlassen, so hat die Enteignungsbehörde den Träger des Vorhabens auf Antrag nach Feststellung des Plans oder Erteilung der Plangenehmigung in den Besitz einzuweisen. [2]Der Planfeststellungsbeschluss oder die Plangenehmigung müssen vollziehbar sein. [3]Weiterer Voraussetzungen bedarf es nicht.

(2) [1]Die Enteignungsbehörde hat spätestens sechs Wochen nach Eingang des Antrags auf Besitzeinweisung mit den Beteiligten mündlich zu verhandeln. [2]Hierzu sind der Antragsteller und die Betroffenen zu laden. [3]Dabei ist den Betroffenen der Antrag auf Besitzeinweisung mitzuteilen. [4]Die Ladungsfrist beträgt drei Wochen. [5]Mit der Ladung sind die Betroffenen aufzufordern, etwaige Einwendungen gegen den Antrag vor der mündlichen Verhandlung bei der Enteignungsbehörde einzureichen. [6]Die Betroffenen sind außerdem darauf hinzuweisen, dass auch bei Nichterscheinen über den Antrag auf Besitzeinweisung und andere im Verfahren zu erledigende Anträge entschieden werden kann.

(3) [1]Soweit der Zustand des Grundstücks von Bedeutung ist, hat die Enteignungsbehörde diesen bis zum Beginn der mündlichen Verhandlung in einer Niederschrift festzustellen oder durch einen Sachverständigen ermitteln zu lassen. [2]Den Beteiligten ist eine Abschrift der Niederschrift oder des Ermittlungsergebnisses zu übersenden.

(4) [1]Der Beschluss über die Besitzeinweisung ist dem Antragsteller und den Betroffenen spätestens zwei Wochen nach der mündlichen Verhandlung zuzustellen. [2]Die Besitzeinweisung wird in dem von der Enteignungsbehörde bezeichneten Zeitpunkt wirksam. [3]Dieser Zeitpunkt soll auf höchstens zwei Wochen nach Zustellung der Anordnung über die vorzeitige Besitzeinweisung an den unmittelbaren Besitzer festgesetzt werden. [4]Durch die Besitzeinweisung wird dem Besitzer der Besitz entzogen und der Träger des Vorhabens Besitzer. [5]Der Träger des Vorhabens darf auf dem Grundstück das im Antrag auf Besitzeinweisung bezeichnete Bauvorhaben durchführen und die dafür erforderlichen Maßnahmen treffen.

(5) [1]Der Träger des Vorhabens hat für die durch die vorzeitige Besitzeinweisung entstehenden Vermögensnachteile Entschädigung zu

leisten, soweit die Nachteile nicht durch die Verzinsung der Geldentschädigung für die Entziehung oder Beschränkung des Eigentums oder eines anderen Rechts ausgeglichen werden. ²Art und Höhe der Entschädigung sind von der Enteignungsbehörde in einem Beschluss festzusetzen.

(6) ¹Wird der festgestellte Plan oder die Plangenehmigung aufgehoben, so sind auch die vorzeitige Besitzeinweisung aufzuheben und der vorherige Besitzer wieder in den Besitz einzuweisen. ²Der Träger des Vorhabens hat für alle durch die Besitzeinweisung entstandenen besonderen Nachteile Entschädigung zu leisten.

(7) ¹Ein Rechtsbehelf gegen eine vorzeitige Besitzeinweisung hat keine aufschiebende Wirkung. ²Der Antrag auf Anordnung der aufschiebenden Wirkung nach § 80 Abs. 5 Satz 1 der Verwaltungsgerichtsordnung kann nur innerhalb eines Monats nach der Zustellung des Besitzeinweisungsbeschlusses gestellt und begründet werden.

§ 45 Enteignung.
(1) Die Entziehung oder die Beschränkung von Grundeigentum oder von Rechten am Grundeigentum im Wege der Enteignung ist zulässig, soweit sie zur Durchführung
1. eines Vorhabens nach § 43 oder § 43b Nr. 1 oder 2, für das der Plan festgestellt oder genehmigt ist, oder
2. eines sonstigen Vorhabens zum Zwecke der Energieversorgung
erforderlich ist.

(2) ¹Über die Zulässigkeit der Enteignung wird in den Fällen des Absatzes 1 Nr. 1 im Planfeststellungsbeschluss oder in der Plangenehmigung entschieden; der festgestellte oder genehmigte Plan ist dem Enteignungsverfahren zugrunde zu legen und für die Enteignungsbehörde bindend. ²Hat sich ein Beteiligter mit der Übertragung oder Beschränkung des Eigentums oder eines anderen Rechtes schriftlich einverstanden erklärt, kann das Entschädigungsverfahren unmittelbar durchgeführt werden. ³Die Zulässigkeit der Enteignung in den Fällen des Absatzes 1 Nr. 2 stellt die nach Landesrecht zuständige Behörde fest.

(3) Das Enteignungsverfahren wird durch Landesrecht geregelt.

§ 45a Entschädigungsverfahren.
Soweit der Vorhabenträger auf Grund eines Planfeststellungsbeschlusses oder einer Plangenehmigung verpflichtet ist, eine Entschädigung in Geld zu leisten, und über die Höhe der Entschädigung keine Einigung zwischen dem Betroffenen und dem Träger des Vorhabens zustande kommt, entscheidet auf Antrag eines der Beteiligten die nach Landesrecht zuständige Behörde; für das

EnWG § 46 Gesetzestext

Verfahren und den Rechtsweg gelten die Enteignungsgesetze der Länder entsprechend.

§ 46 Wegenutzungsverträge. (1) [1] Gemeinden haben ihre öffentlichen Verkehrswege für die Verlegung und den Betrieb von Leitungen, einschließlich Fernwirkleitungen zur Netzsteuerung und Zubehör, zur unmittelbaren Versorgung von Letztverbrauchern im Gemeindegebiet diskriminierungsfrei durch Vertrag zur Verfügung zu stellen. [2] Unbeschadet ihrer Verpflichtungen nach Satz 1 können die Gemeinden den Abschluss von Verträgen ablehnen, solange das Energieversorgungsunternehmen die Zahlung von Konzessionsabgaben in Höhe der Höchstsätze nach § 48 Abs. 2 verweigert und eine Einigung über die Höhe der Konzessionsabgaben noch nicht erzielt ist.

(2) [1] Verträge von Energieversorgungsunternehmen mit Gemeinden über die Nutzung öffentlicher Verkehrswege für die Verlegung und den Betrieb von Leitungen, die zu einem Energieversorgungsnetz der allgemeinen Versorgung im Gemeindegebiet gehören, dürfen höchstens für eine Laufzeit von 20 Jahren abgeschlossen werden. [2] Werden solche Verträge nach ihrem Ablauf nicht verlängert, so ist der bisher Nutzungsberechtigte verpflichtet, seine für den Betrieb der Netze der allgemeinen Versorgung im Gemeindegebiet notwendigen Verteilungsanlagen dem neuen Energieversorgungsunternehmen gegen Zahlung einer wirtschaftlich angemessenen Vergütung zu überlassen.

(3) [1] Die Gemeinden machen spätestens zwei Jahre vor Ablauf von Verträgen nach Absatz 2 das Vertragsende durch Veröffentlichung im Bundesanzeiger oder im elektronischen Bundesanzeiger bekannt. [2] Wenn im Gemeindegebiet mehr als 100 000 Kunden unmittelbar oder mittelbar an das Versorgungsnetz angeschlossen sind, hat die Bekanntmachung zusätzlich im Amtsblatt der Europäischen Union zu erfolgen. [3] Beabsichtigen Gemeinden eine Verlängerung von Verträgen nach Absatz 2 vor Ablauf der Vertragslaufzeit, so sind die bestehenden Verträge zu beenden und die vorzeitige Beendigung sowie das Vertragsende öffentlich bekannt zu geben. [4] Vertragsabschlüsse mit Unternehmen dürfen frühestens drei Monate nach der Bekanntgabe der vorzeitigen Beendigung erfolgen. [5] Sofern sich mehrere Unternehmen bewerben, macht die Gemeinde bei Neuabschluss oder Verlängerung von Verträgen nach Absatz 2 ihre Entscheidung unter Angabe der maßgeblichen Gründe öffentlich bekannt.

(4) Die Absätze 2 und 3 finden für Eigenbetriebe der Gemeinden entsprechende Anwendung.

(5) Die Aufgaben und Zuständigkeiten der Kartellbehörden nach dem Gesetz gegen Wettbewerbsbeschränkungen bleiben unberührt.

§ 47 (aufgehoben)

§ 48 Konzessionsabgaben. (1) ¹Konzessionsabgaben sind Entgelte, die Energieversorgungsunternehmen für die Einräumung des Rechts zur Benutzung öffentlicher Verkehrswege für die Verlegung und den Betrieb von Leitungen, die der unmittelbaren Versorgung von Letztverbrauchern im Gemeindegebiet mit Energie dienen, entrichten. ²Eine Versorgung von Letztverbrauchern im Sinne dieser Vorschrift liegt auch vor, wenn ein Weiterverteiler über öffentliche Verkehrswege mit Elektrizität oder Gas beliefert wird, der diese Energien ohne Benutzung solcher Verkehrswege an Letztverbraucher weiterleitet.

(2) ¹Das Bundesministerium für Wirtschaft und Technologie kann durch Rechtsverordnung mit Zustimmung des Bundesrates die Zulässigkeit und Bemessung der Konzessionsabgaben regeln. ²Es kann dabei jeweils für Elektrizität oder Gas, für verschiedene Kundengruppen und Verwendungszwecke und gestaffelt nach der Einwohnerzahl der Gemeinden unterschiedliche Höchstsätze in Cent je gelieferter Kilowattstunde festsetzen.

(3) Konzessionsabgaben sind in der vertraglich vereinbarten Höhe von dem Energieversorgungsunternehmen zu zahlen, dem das Wegerecht nach § 46 Abs. 1 eingeräumt wurde.

(4) Die Pflicht zur Zahlung der vertraglich vereinbarten Konzessionsabgaben besteht auch nach Ablauf des Wegenutzungsvertrages für ein Jahr fort, es sei denn, dass zwischenzeitlich eine anderweitige Regelung getroffen wird.

Teil 6. Sicherheit und Zuverlässigkeit der Energieversorgung

§ 49 Anforderungen an Energieanlagen. (1) ¹Energieanlagen sind so zu errichten und zu betreiben, dass die technische Sicherheit gewährleistet ist. ²Dabei sind vorbehaltlich sonstiger Rechtsvorschriften die allgemein anerkannten Regeln der Technik zu beachten.

(2) Die Einhaltung der allgemein anerkannten Regeln der Technik wird vermutet, wenn bei Anlagen zur Erzeugung, Fortleitung und Abgabe von

EnWG § 49 Gesetzestext

1. Elektrizität die technischen Regeln des Verbandes der Elektrotechnik Elektronik Informationstechnik e. V.,
2. Gas die technischen Regeln der Deutschen Vereinigung des Gas- und Wasserfaches e. V.

eingehalten worden sind.

(3) ¹Bei Anlagen oder Bestandteilen von Anlagen, die nach den in einem anderen Mitgliedstaat der Europäischen Union oder in einem anderen Vertragsstaat des Abkommens über den Europäischen Wirtschaftsraum geltenden Regelungen oder Anforderungen rechtmäßig hergestellt und in den Verkehr gebracht wurden und die gleiche Sicherheit gewährleisten, ist davon auszugehen, dass die Anforderungen nach Absatz 1 an die Beschaffenheit der Anlagen erfüllt sind. ²In begründeten Einzelfällen ist auf Verlangen der nach Landesrecht zuständigen Behörde nachzuweisen, dass die Anforderungen nach Satz 1 erfüllt sind.

(4) Das Bundesministerium für Wirtschaft und Technologie kann, soweit Anlagen zur Erzeugung von Strom aus erneuerbaren Energien im Sinne des Erneuerbare-Energien-Gesetzes betroffen sind im Einvernehmen mit dem Bundesministerium für Umwelt, Naturschutz und Reaktorsicherheit, Rechtsverordnungen mit Zustimmung des Bundesrates über Anforderungen an die technische Sicherheit von Energieanlagen erlassen.

(5) Die nach Landesrecht zuständige Behörde kann im Einzelfall die zur Sicherstellung der Anforderungen an die technische Sicherheit von Energieanlagen erforderlichen Maßnahmen treffen.

(6) ¹Die Betreiber von Energieanlagen haben auf Verlangen der nach Landesrecht zuständigen Behörde Auskünfte über technische und wirtschaftliche Verhältnisse zu geben, die zur Wahrnehmung der Aufgaben nach Absatz 5 Satz 1 erforderlich sind. ²Der Auskunftspflichtige kann die Auskunft auf solche Fragen verweigern, deren Beantwortung ihn selbst oder einen der in § 383 Abs. 1 Nr. 1 bis 3 der Zivilprozessordnung bezeichneten Angehörigen der Gefahr strafrechtlicher Verfolgung oder eines Verfahrens nach dem Gesetz über Ordnungswidrigkeiten aussetzen würde.

(7) Die von der nach Landesrecht zuständigen Behörde mit der Aufsicht beauftragten Personen sind berechtigt, Betriebsgrundstücke, Geschäftsräume und Einrichtungen der Betreiber von Energieanlagen zu betreten, dort Prüfungen vorzunehmen sowie die geschäftlichen und betrieblichen Unterlagen der Betreiber von Energieanlagen einzusehen, soweit dies zur Wahrnehmung der Aufgaben nach Absatz 5 Satz 1 erforderlich ist.

§ 50 Vorratshaltung zur Sicherung der Energieversorgung. Das Bundesministerium für Wirtschaft und Technologie wird ermächtigt, zur Sicherung der Energieversorgung durch Rechtsverordnung mit Zustimmung des Bundesrates

1. Vorschriften zu erlassen über die Verpflichtung von Energieversorgungsunternehmen sowie solcher Eigenerzeuger von Elektrizität, deren Kraftwerke eine elektrische Nennleistung von mindestens 100 Megawatt aufweisen, für ihre Anlagen zur Erzeugung von
   a) Elektrizität ständig diejenigen Mengen an Mineralöl, Kohle oder sonstigen fossilen Brennstoffen,
   b) Gas aus Flüssiggas ständig diejenigen Mengen an Flüssiggas
   als Vorrat zu halten, die erforderlich sind, um 30 Tage ihre Abgabeverpflichtungen an Elektrizität oder Gas erfüllen oder ihren eigenen Bedarf an Elektrizität decken zu können,
2. Vorschriften zu erlassen über die Freistellung von einer solchen Vorratspflicht und die zeitlich begrenzte Freigabe von Vorratsmengen, soweit dies erforderlich ist, um betriebliche Schwierigkeiten zu vermeiden oder die Brennstoffversorgung aufrechtzuerhalten,
3. den für die Berechnung der Vorratsmengen maßgeblichen Zeitraum zu verlängern, soweit dies erforderlich ist, um die Vorratspflicht an Rechtsakte der Europäischen Gemeinschaften über Mindestvorräte fossiler Brennstoffe anzupassen.

§ 51 Monitoring der Versorgungssicherheit. (1) Das Bundesministerium für Wirtschaft und Technologie führt ein Monitoring der Versorgungssicherheit im Bereich der leitungsgebundenen Versorgung mit Elektrizität und Erdgas durch.

(2) [1]Das Monitoring nach Absatz 1 betrifft insbesondere das Verhältnis zwischen Angebot und Nachfrage auf dem heimischen Markt, die erwartete Nachfrageentwicklung und das verfügbare Angebot, die in der Planung und im Bau befindlichen zusätzlichen Kapazitäten, die Qualität und den Umfang der Netzwartung, eine Analyse von Netzstörungen sowie Maßnahmen zur Bedienung von Nachfragespitzen und zur Bewältigung von Ausfällen eines oder mehrerer Versorger sowie im Erdgasbereich das verfügbare Angebot auch unter Berücksichtigung der Bevorratungskapazität und des Anteils von Einfuhrverträgen mit einer Lieferfrist von mehr als zehn Jahren (langfristiger Erdgasliefervertrag) sowie deren Restlaufzeit. [2]Bei der Durchführung des Monitoring hat das Bundesministerium für Wirtschaft und Technologie die Befugnisse nach § 12 Abs. 3a, den §§ 68, 69 und 71. [3]Die §§ 73, 75 bis 89 und 106 bis 108 gelten entsprechend.

§ 52 Meldepflichten bei Versorgungsstörungen. ¹Betreiber von Energieversorgungsnetzen haben der Bundesnetzagentur bis zum 30. Juni eines Jahres über alle in ihrem Netz im letzten Kalenderjahr aufgetretenen Versorgungsunterbrechungen einen Bericht vorzulegen. ²Dieser Bericht hat mindestens folgende Angaben für jede Versorgungsunterbrechung zu enthalten:
1. den Zeitpunkt und die Dauer der Versorgungsunterbrechung,
2. das Ausmaß der Versorgungsunterbrechung und
3. die Ursache der Versorgungsunterbrechung.

³In dem Bericht hat der Netzbetreiber die auf Grund des Störungsgeschehens ergriffenen Maßnahmen zur Vermeidung künftiger Versorgungsstörungen darzulegen. ⁴Darüber hinaus ist in dem Bericht die durchschnittliche Versorgungsunterbrechung in Minuten je angeschlossenem Letztverbraucher für das letzte Kalenderjahr anzugeben. ⁵Die Bundesnetzagentur kann Vorgaben zur formellen Gestaltung des Berichts machen sowie Ergänzungen und Erläuterungen des Berichts verlangen, soweit dies zur Prüfung der Versorgungszuverlässigkeit des Netzbetreibers erforderlich ist. ⁶Sofortige Meldepflichten für Störungen mit überregionalen Auswirkungen richten sich nach § 13 Abs. 6.

§ 53 Ausschreibung neuer Erzeugungskapazitäten im Elektrizitätsbereich. Sofern die Versorgungssicherheit im Sinne des § 1 durch vorhandene Erzeugungskapazitäten oder getroffene Energieeffizienz- und Nachfragesteuerungsmaßnahmen allein nicht gewährleistet ist, kann die Bundesregierung durch Rechtsverordnung mit Zustimmung des Bundesrates ein Ausschreibungsverfahren oder ein diesem hinsichtlich Transparenz und Nichtdiskriminierung gleichwertiges Verfahren auf der Grundlage von Kriterien für neue Kapazitäten oder Energieeffizienz- und Nachfragesteuerungsmaßnahmen vorsehen, die das Bundesministerium für Wirtschaft und Technologie im Bundesanzeiger oder im elektronischen Bundesanzeiger veröffentlicht.

§ 53 a Sicherstellung der Versorgung von Haushaltskunden mit Erdgas. ¹Die Energieversorgungsunternehmen sind verpflichtet, auch im Falle einer teilweisen Unterbrechung der Versorgung mit Erdgas und im Falle außergewöhnlich hoher Gasnachfrage in extremen Kälteperioden Haushaltskunden mit Erdgas zu versorgen, solange die Versorgung für das Energieversorgungsunternehmen aus wirtschaftlichen Gründen zumutbar ist. ²Zur Gewährleistung einer sicheren Versorgung von Haushaltskunden mit Erdgas kann insbesondere auf die im Anhang der Richtlinie 2004/67/EG des Rates vom 26. April 2004 über Maßnahmen zur Gewährleistung der sicheren Erdgasversorgung (ABl. EU

Energiewirtschaftsgesetz § 54 EnWG

Nr. L 127 S. 92) aufgeführten Mittel und Maßnahmen zurückgegriffen werden.

Teil 7. Behörden

Abschnitt 1. Allgemeine Vorschriften

§ 54 Allgemeine Zuständigkeit. (1) Die Aufgaben der Regulierungsbehörde nehmen die Bundesnetzagentur für Elektrizität, Gas, Telekommunikation, Post und Eisenbahnen (Bundesnetzagentur) und nach Maßgabe des Absatzes 2 die Landesregulierungsbehörden wahr.

(2) ¹Den Landesregulierungsbehörden obliegt
1. die Genehmigung der Entgelte für den Netzzugang nach § 23a,
2. die Genehmigung oder Festlegung im Rahmen der Bestimmung der Entgelte für den Netzzugang im Wege einer Anreizregulierung nach § 21a,
3. die Genehmigung oder Untersagung individueller Entgelte für den Netzzugang, soweit diese in einer nach § 24 Satz 1 Nr. 3 erlassenen Rechtsverordnung vorgesehen sind,
4. die Überwachung der Vorschriften zur Entflechtung nach § 6 Abs. 1 in Verbindung mit den §§ 7 bis 10,
5. die Überwachung der Vorschriften zur Systemverantwortung der Betreiber von Energieversorgungsnetzen nach den §§ 14 bis 16a,
6. die Überwachung der Vorschriften zum Netzanschluss nach den §§ 17 und 18 mit Ausnahme der Vorschriften zur Festlegung oder Genehmigung der technischen und wirtschaftlichen Bedingungen für einen Netzanschluss oder die Methoden für die Bestimmung dieser Bedingungen durch die Regulierungsbehörde, soweit derartige Vorschriften in einer nach § 17 Abs. 3 Satz 1 Nr. 2 erlassenen Rechtsverordnung vorgesehen sind,
7. die Überwachung der technischen Vorschriften nach § 19,
8. die Missbrauchsaufsicht nach den §§ 30 und 31 sowie die Vorteilsabschöpfung nach § 33 und
9. die Entscheidung nach § 110 Abs. 4,

soweit Energieversorgungsunternehmen betroffen sind, an deren Elektrizitäts- oder Gasverteilernetz jeweils weniger als 100 000 Kunden unmittelbar oder mittelbar angeschlossen sind. ²Satz 1 gilt nicht, wenn ein Elektrizitäts- oder Gasverteilernetz über das Gebiet eines Landes hinausreicht. ³Für die Feststellung der Zahl der angeschlossenen Kunden sind die Verhältnisse am 13. Juli 2005 für das Jahr 2005 und das Jahr 2006 und danach diejenigen am 31. Dezember eines Jahres jeweils für die Dauer des folgenden Jahres maßgeblich. ⁴Begonnene behördliche oder gerichtliche Verfahren werden von der Behörde beendet, die zu Beginn des behördlichen Verfahrens zuständig war.

(3) Weist eine Vorschrift dieses Gesetzes eine Zuständigkeit nicht einer bestimmten Behörde zu, so nimmt die Bundesnetzagentur die in diesem Gesetz der Behörde übertragenen Aufgaben und Befugnisse wahr.

§ 55 Bundesnetzagentur, Landesregulierungsbehörde und nach Landesrecht zuständige Behörde. (1) [1] Für Entscheidungen der Regulierungsbehörde nach diesem Gesetz gelten hinsichtlich des behördlichen und gerichtlichen Verfahrens die Vorschriften des Teiles 8, soweit in diesem Gesetz nichts anderes bestimmt ist. [2] Leitet die Bundesnetzagentur ein Verfahren ein, führt sie Ermittlungen durch oder schließt sie ein Verfahren ab, so benachrichtigt sie gleichzeitig die Landesregulierungsbehörden, in deren Gebiet die betroffenen Unternehmen ihren Sitz haben.

(2) Leitet die nach Landesrecht zuständige Behörde ein Verfahren nach § 4 oder § 36 Abs. 2 ein oder führt sie nach diesen Bestimmungen Ermittlungen durch, so benachrichtigt sie die Bundesnetzagentur, sofern deren Aufgabenbereich berührt ist.

§ 56 Tätigwerden der Bundesnetzagentur beim Vollzug des europäischen Rechts. [1] Die Bundesnetzagentur nimmt die in der Verordnung (EG) Nr. 1228/2003 des Europäischen Parlaments und des Rates vom 26. Juni 2003 über die Netzzugangsbedingungen für den grenzüberschreitenden Stromhandel (ABl. EU Nr. L 176 S. 1) den Regulierungsbehörden der Mitgliedstaaten übertragenen Aufgaben wahr. [2] Zur Erfüllung dieser Aufgaben hat die Bundesnetzagentur die Befugnisse, die ihr auf Grund der Verordnung (EG) Nr. 1228/2003 und bei der Anwendung dieses Gesetzes zustehen. [3] Es gelten die Verfahrensvorschriften dieses Gesetzes.

§ 57 Zusammenarbeit mit Regulierungsbehörden anderer Mitgliedstaaten und der Europäischen Kommission. (1) [1] Die Bundesnetzagentur darf im Rahmen der Zusammenarbeit mit den Regulierungsbehörden anderer Mitgliedstaaten und der Europäischen Kommission zum Zwecke der Anwendung energierechtlicher Vorschriften Informationen, die sie im Rahmen ihrer Ermittlungstätigkeit erhalten hat und die nicht öffentlich zugänglich sind, nur unter dem Vorbehalt übermitteln, dass die empfangende Behörde
1. die Informationen nur zum Zwecke der Anwendung energierechtlicher Vorschriften sowie in Bezug auf den Untersuchungsgegenstand verwendet, für den sie die Bundesnetzagentur erhoben hat,

Energiewirtschaftsgesetz § 58 EnWG

2. den Schutz vertraulicher Informationen wahrt und diese nur an andere weitergibt, wenn die Bundesnetzagentur dem zustimmt; dies gilt auch in Gerichts- und Verwaltungsverfahren.
[2] Vertrauliche Angaben, einschließlich Betriebs- und Geschäftsgeheimnisse, dürfen nur mit Zustimmung des Unternehmens übermittelt werden, das diese Angaben vorgelegt hat.

(2) Die Regelungen über die Rechtshilfe in Strafsachen sowie Amts- und Rechtshilfeabkommen bleiben unberührt.

§ 58 Zusammenarbeit mit den Kartellbehörden. (1) [1] In den Fällen des § 65 in Verbindung mit den §§ 6 bis 10, des § 25 Satz 2, des § 28a Abs. 3 Satz 1, des § 56 in Verbindung mit Artikel 7 Abs. 1 Buchstabe a der Verordnung (EG) Nr. 1228/2003 und von Entscheidungen, die nach einer Rechtsverordnung nach § 24 Satz 1 Nr. 2 in Verbindung mit Satz 2 Nr. 5 vorgesehen sind, entscheidet die Bundesnetzagentur im Einvernehmen mit dem Bundeskartellamt, wobei jedoch hinsichtlich der Entscheidung nach § 65 in Verbindung mit den §§ 6 bis 9 das Einvernehmen nur bezüglich der Bestimmung des Verpflichteten und hinsichtlich der Entscheidung nach § 28a Abs. 3 Satz 1 das Einvernehmen nur bezüglich des Vorliegens der Voraussetzungen des § 28a Abs. 1 Nr. 1 erforderlich ist. [2] Trifft die Bundesnetzagentur Entscheidungen nach den Bestimmungen des Teiles 3, gibt sie dem Bundeskartellamt und der nach Landesrecht zuständigen Behörde, in deren Bundesland der Sitz des betroffenen Netzbetreibers belegen ist, rechtzeitig vor Abschluss des Verfahrens Gelegenheit zur Stellungnahme.

(2) Führt die nach dem Gesetz gegen Wettbewerbsbeschränkungen zuständige Kartellbehörde im Bereich der leitungsgebundenen Versorgung mit Elektrizität und Gas Verfahren nach den §§ 19, 20 und 29 des Gesetzes gegen Wettbewerbsbeschränkungen, Artikel 82 des Vertrages zur Gründung der Europäischen Gemeinschaft oder nach § 40 Abs. 2 des Gesetzes gegen Wettbewerbsbeschränkungen durch, gibt sie der Bundesnetzagentur rechtzeitig vor Abschluss des Verfahrens Gelegenheit zur Stellungnahme.

(3) Bundesnetzagentur und Bundeskartellamt wirken auf eine einheitliche und den Zusammenhang mit dem Gesetz gegen Wettbewerbsbeschränkungen wahrende Auslegung dieses Gesetzes hin.

(4) [1] Bundesnetzagentur und die Kartellbehörden können unabhängig von der jeweils gewählten Verfahrensart untereinander Informationen einschließlich personenbezogener Daten und Betriebs- und Geschäftsgeheimnisse austauschen, soweit dies zur Erfüllung ihrer jeweiligen

Aufgaben erforderlich ist, sowie diese in ihren Verfahren verwerten. ²Beweisverwertungsverbote bleiben unberührt.

Abschnitt 2. Bundesbehörden

§ 59 Organisation. (1) ¹Die Entscheidungen der Bundesnetzagentur nach diesem Gesetz werden von den Beschlusskammern getroffen. ²Satz 1 gilt nicht für die Erhebung von Gebühren nach § 91 und Beiträgen nach § 92, die Durchführung des Vergleichsverfahrens nach § 21 Abs. 3, die Datenerhebung zur Erfüllung von Berichtspflichten und Maßnahmen nach § 94. ³Die Beschlusskammern werden nach Bestimmung des Bundesministeriums für Wirtschaft und Technologie gebildet.

(2) ¹Die Beschlusskammern entscheiden in der Besetzung mit einem oder einer Vorsitzenden und zwei Beisitzenden. ²Vorsitzende und Beisitzende müssen Beamte sein und die Befähigung zum Richteramt oder für eine Laufbahn des höheren Dienstes haben.

(3) Die Mitglieder der Beschlusskammern dürfen weder ein Unternehmen der Energiewirtschaft innehaben oder leiten noch dürfen sie Mitglied des Vorstandes oder Aufsichtsrates eines Unternehmens der Energiewirtschaft sein.

§ 60 Aufgaben des Beirates. ¹Der Beirat nach § 5 des Gesetzes über die Bundesnetzagentur für Elektrizität, Gas, Telekommunikation, Post und Eisenbahnen hat die Aufgabe, die Bundesnetzagentur bei der Erstellung der Berichte nach § 63 Abs. 3 bis 5 zu beraten. ²Er ist gegenüber der Bundesnetzagentur berechtigt, Auskünfte und Stellungnahmen einzuholen. ³Die Bundesnetzagentur ist insoweit auskunftspflichtig.

§ 60 a Aufgaben des Länderausschusses. (1) Der Länderausschuss nach § 8 des Gesetzes über die Bundesnetzagentur für Elektrizität, Gas, Telekommunikation, Post und Eisenbahnen (Länderausschuss) dient der Abstimmung zwischen der Bundesnetzagentur und den Landesregulierungsbehörden mit dem Ziel der Sicherstellung eines bundeseinheitlichen Vollzugs.

(2) ¹Vor dem Erlass von Allgemeinverfügungen, insbesondere von Festlegungen nach § 29 Abs. 1, durch die Bundesnetzagentur nach den Teilen 2 und 3 ist dem Länderausschuss Gelegenheit zur Stellungnahme zu geben. ²In dringlichen Fällen können Allgemeinverfügungen erlassen werden, ohne dass dem Länderausschuss Gelegenheit zur Stellungnahme gegeben worden ist; in solchen Fällen ist der Länderausschuss nachträglich zu unterrichten.

Energiewirtschaftsgesetz §§ 61–63 EnWG

(3) ¹Der Länderausschuss ist berechtigt, im Zusammenhang mit dem Erlass von Allgemeinverfügungen im Sinne des Absatzes 2 Auskünfte und Stellungnahmen von der Bundesnetzagentur einzuholen. ²Die Bundesnetzagentur ist insoweit auskunftspflichtig.

(4) ¹Der Bericht der Bundesnetzagentur nach § 112a Abs. 1 zur Einführung einer Anreizregulierung ist im Benehmen mit dem Länderausschuss zu erstellen. ²Der Länderausschuss ist zu diesem Zwecke durch die Bundesnetzagentur regelmäßig über Stand und Fortgang der Arbeiten zu unterrichten. ³Absatz 3 gilt entsprechend.

§ 61 Veröffentlichung allgemeiner Weisungen des Bundesministeriums für Wirtschaft und Technologie. Soweit das Bundesministerium für Wirtschaft und Technologie der Bundesnetzagentur allgemeine Weisungen für den Erlass oder die Unterlassung von Verfügungen nach diesem Gesetz erteilt, sind diese Weisungen mit Begründung im Bundesanzeiger zu veröffentlichen.

§ 62 Gutachten der Monopolkommission. (1) ¹Die Monopolkommission erstellt alle zwei Jahre ein Gutachten, in dem sie den Stand und die absehbare Entwicklung des Wettbewerbs und die Frage beurteilt, ob funktionsfähiger Wettbewerb auf den Märkten der leitungsgebundenen Versorgung mit Elektrizität und Gas in der Bundesrepublik Deutschland besteht, die Anwendung der Vorschriften dieses Gesetzes über die Regulierung und Wettbewerbsaufsicht würdigt und zu sonstigen aktuellen wettbewerbspolitischen Fragen der leitungsgebundenen Versorgung mit Elektrizität und Gas Stellung nimmt. ²Das Gutachten soll in dem Jahr abgeschlossen sein, in dem kein Hauptgutachten nach § 44 des Gesetzes gegen Wettbewerbsbeschränkungen vorgelegt wird.

(2) ¹Die Monopolkommission leitet ihre Gutachten der Bundesregierung zu. ²Die Bundesregierung legt Gutachten nach Absatz 1 Satz 1 den gesetzgebenden Körperschaften unverzüglich vor und nimmt zu ihnen in angemessener Frist Stellung. ³Die Gutachten werden von der Monopolkommission veröffentlicht. ⁴Bei Gutachten nach Absatz 1 Satz 1 erfolgt dies zu dem Zeitpunkt, zu dem sie von der Bundesregierung der gesetzgebenden Körperschaft vorgelegt werden.

§ 63 Berichterstattung. (1) Das Bundesministerium für Wirtschaft und Technologie veröffentlicht alle zwei Jahre spätestens zum 31. Juli einen Bericht über die bei dem Monitoring der Versorgungssicherheit nach § 51 im Bereich der leitungsgebundenen Elektrizitätsversorgung gewonnenen Erkenntnisse und etwaige getroffene oder geplante Maßnahmen und übermittelt ihn unverzüglich der Europäischen Kommission.

(2) Das Bundesministerium für Wirtschaft und Technologie veröffentlicht spätestens zum 31. Juli eines jeden Jahres einen Bericht über die bei dem Monitoring der Versorgungssicherheit nach § 51 im Bereich der leitungsgebundenen Erdgasversorgung gewonnenen Erkenntnisse und etwaige getroffene oder geplante Maßnahmen und übermittelt ihn unverzüglich der Europäischen Kommission.

(3) [1] Die Bundesnetzagentur veröffentlicht alle zwei Jahre einen Bericht über ihre Tätigkeit sowie über die Lage und Entwicklung auf ihrem Aufgabengebiet nach diesem Gesetz. [2] In den Bericht sind die allgemeinen Weisungen des Bundesministeriums für Wirtschaft und Technologie nach § 59 aufzunehmen. [3] Die Bundesregierung leitet den Bericht der Bundesnetzagentur dem Deutschen Bundestag unverzüglich mit ihrer Stellungnahme zu.

(4) Die Bundesnetzagentur veröffentlicht jährlich einen Bericht über das Ergebnis ihrer Monitoring-Tätigkeiten gemäß § 35.

(4a) Die Bundesnetzagentur veröffentlicht alle zwei Jahre unter Berücksichtigung eigener Erkenntnisse eine Auswertung der Berichte, deren Vorlage sie nach § 12 Abs. 3a Satz 1 und 2 angefordert hat.

(5) [1] Die Bundesnetzagentur unterbreitet der Europäischen Kommission bis zum Jahre 2009 jährlich und danach alle zwei Jahre jeweils bis zum 31. Juli im Einvernehmen mit dem Bundeskartellamt einen Bericht über Marktbeherrschung, Verdrängungspraktiken und wettbewerbsfeindliches Verhalten im Bereich der leitungsgebundenen Energieversorgung. [2] Dieser Bericht enthält auch eine Untersuchung der Veränderungen der Eigentumsverhältnisse sowie eine Darstellung der konkreten Maßnahmen, die getroffen wurden, um eine ausreichende Vielfalt an Marktteilnehmern zu garantieren, oder die konkreten Maßnahmen, um Verbindungskapazität und Wettbewerb zu fördern. [3] Er wird anschließend in geeigneter Form veröffentlicht.

(6) Das Statistische Bundesamt unterrichtet die Europäische Kommission alle drei Monate über in den vorangegangenen drei Monaten getätigte Elektrizitätseinfuhren in Form physikalisch geflossener Energiemengen aus Ländern außerhalb der Europäischen Union.

§ 64 Wissenschaftliche Beratung. (1) [1] Die Bundesnetzagentur kann zur Vorbereitung ihrer Entscheidungen oder zur Begutachtung von Fragen der Regulierung wissenschaftliche Kommissionen einsetzen. [2] Ihre Mitglieder müssen auf dem Gebiet der leitungsgebundenen Energieversorgung über besondere volkswirtschaftliche, betriebswirtschaftliche, verbraucherpolitische, technische oder rechtliche Erfahrungen und über ausgewiesene wissenschaftliche Kenntnisse verfügen.

(2) ¹Die Bundesnetzagentur darf sich bei der Erfüllung ihrer Aufgaben fortlaufend wissenschaftlicher Unterstützung bedienen. ²Diese betrifft insbesondere

1. die regelmäßige Begutachtung der volkswirtschaftlichen, betriebswirtschaftlichen, technischen und rechtlichen Entwicklung auf dem Gebiet der leitungsgebundenen Energieversorgung,
2. die Aufbereitung und Weiterentwicklung der Grundlagen für die Gestaltung der Regulierung des Netzbetriebs, die Regeln über den Netzanschluss und -zugang sowie den Kunden- und Verbraucherschutz.

§ 64 a Zusammenarbeit zwischen den Regulierungsbehörden.

(1) ¹Die Bundesnetzagentur und die Landesregulierungsbehörden unterstützen sich gegenseitig bei der Wahrnehmung der ihnen nach § 54 obliegenden Aufgaben. ²Dies gilt insbesondere für den Austausch der für die Wahrnehmung der Aufgaben nach Satz 1 notwendigen Informationen.

(2) ¹Die Landesregulierungsbehörden unterstützen die Bundesnetzagentur bei der Wahrnehmung der dieser nach den §§ 35, 60, 63 und 64 obliegenden Aufgaben; soweit hierbei Aufgaben der Landesregulierungsbehörden berührt sind, gibt die Bundesnetzagentur den Landesregulierungsbehörden auf geeignete Weise Gelegenheit zur Mitwirkung. ²Dies kann auch über den Länderausschuss nach § 60a erfolgen.

Teil 8. Verfahren

Abschnitt 1. Behördliches Verfahren

§ 65 Aufsichtsmaßnahmen. (1) Die Regulierungsbehörde kann Unternehmen oder Vereinigungen von Unternehmen verpflichten, ein Verhalten abzustellen, das den Bestimmungen dieses Gesetzes sowie den auf Grund dieses Gesetzes ergangenen Rechtsvorschriften entgegensteht.

(2) Kommt ein Unternehmen oder eine Vereinigung von Unternehmen seinen Verpflichtungen nach diesem Gesetz oder den auf Grund dieses Gesetzes erlassenen Rechtsverordnungen nicht nach, so kann die

Regulierungsbehörde die Maßnahmen zur Einhaltung der Verpflichtungen anordnen.

(3) Soweit ein berechtigtes Interesse besteht, kann die Regulierungsbehörde auch eine Zuwiderhandlung feststellen, nachdem diese beendet ist.

(4) § 30 Abs. 2 bleibt unberührt.

§ 66 Einleitung des Verfahrens, Beteiligte. (1) Die Regulierungsbehörde leitet ein Verfahren von Amts wegen oder auf Antrag ein.

(2) An dem Verfahren vor der Regulierungsbehörde sind beteiligt,
1. wer die Einleitung eines Verfahrens beantragt hat,
2. Unternehmen, gegen die sich das Verfahren richtet,
3. Personen und Personenvereinigungen, deren Interessen durch die Entscheidung erheblich berührt werden und die die Regulierungsbehörde auf ihren Antrag zu dem Verfahren beigeladen hat, Interessen der Verbraucherzentralen und anderer Verbraucherverbände, die mit öffentlichen Mitteln gefördert werden, auch dann erheblich berührt werden, wenn sich die Entscheidung auf eine Vielzahl von Verbrauchern auswirkt und dadurch die Interessen der Verbraucher insgesamt erheblich berührt werden.

(3) An Verfahren vor den nach Landesrecht zuständigen Behörden ist auch die Regulierungsbehörde beteiligt.

§ 66 a Vorabentscheidung über Zuständigkeit. (1) [1]Macht ein Beteiligter die örtliche oder sachliche Unzuständigkeit der Regulierungsbehörde geltend, so kann die Regulierungsbehörde über die Zuständigkeit vorab entscheiden. [2]Die Verfügung kann selbständig mit der Beschwerde angefochten werden.

(2) Hat ein Beteiligter die örtliche oder sachliche Unzuständigkeit der Regulierungsbehörde nicht geltend gemacht, so kann eine Beschwerde nicht darauf gestützt werden, dass die Regulierungsbehörde ihre Zuständigkeit zu Unrecht angenommen hat.

§ 67 Anhörung, mündliche Verhandlung. (1) Die Regulierungsbehörde hat den Beteiligten Gelegenheit zur Stellungnahme zu geben.

(2) Vertretern der von dem Verfahren berührten Wirtschaftskreise kann die Regulierungsbehörde in geeigneten Fällen Gelegenheit zur Stellungnahme geben.

(3) [1]Auf Antrag eines Beteiligten oder von Amts wegen kann die Regulierungsbehörde eine öffentliche mündliche Verhandlung durch-

führen. ²Für die Verhandlung oder für einen Teil davon ist die Öffentlichkeit auszuschließen, wenn sie eine Gefährdung der öffentlichen Ordnung, insbesondere der Sicherheit des Staates, oder die Gefährdung eines wichtigen Betriebs- oder Geschäftsgeheimnisses besorgen lässt.

(4) Die §§ 45 und 46 des Verwaltungsverfahrensgesetzes sind anzuwenden.

§ 68 Ermittlungen. (1) Die Regulierungsbehörde kann alle Ermittlungen führen und alle Beweise erheben, die erforderlich sind.

(2) ¹Für den Beweis durch Augenschein, Zeugen und Sachverständige sind § 372 Abs. 1, §§ 376, 377, 378, 380 bis 387, 390, 395 bis 397, 398 Abs. 1, §§ 401, 402, 404, 404a, 406 bis 409, 411 bis 414 der Zivilprozessordnung sinngemäß anzuwenden; Haft darf nicht verhängt werden. ²Für die Entscheidung über die Beschwerde ist das Oberlandesgericht zuständig.

(3) ¹Über die Zeugenaussage soll eine Niederschrift aufgenommen werden, die von dem ermittelnden Mitglied der Regulierungsbehörde und, wenn ein Urkundsbeamter zugezogen ist, auch von diesem zu unterschreiben ist. ²Die Niederschrift soll Ort und Tag der Verhandlung sowie die Namen der Mitwirkenden und Beteiligten ersehen lassen.

(4) ¹Die Niederschrift ist dem Zeugen zur Genehmigung vorzulesen oder zur eigenen Durchsicht vorzulegen. ²Die erteilte Genehmigung ist zu vermerken und von dem Zeugen zu unterschreiben. ³Unterbleibt die Unterschrift, so ist der Grund hierfür anzugeben.

(5) Bei der Vernehmung von Sachverständigen sind die Bestimmungen der Absätze 3 und 4 anzuwenden.

(6) ¹Die Regulierungsbehörde kann das Amtsgericht um die Beeidigung von Zeugen ersuchen, wenn sie die Beeidigung zur Herbeiführung einer wahrheitsgemäßen Aussage für notwendig erachtet. ²Über die Beeidigung entscheidet das Gericht.

§ 69 Auskunftsverlangen, Betretungsrecht. (1) ¹Soweit es zur Erfüllung der in diesem Gesetz der Regulierungsbehörde übertragenen Aufgaben erforderlich ist, kann die Regulierungsbehörde bis zur Bestandskraft ihrer Entscheidung
1. von Unternehmen und Vereinigungen von Unternehmen Auskunft über ihre technischen und wirtschaftlichen Verhältnisse sowie die Herausgabe von Unterlagen verlangen; dies umfasst auch allgemeine Marktstudien, die der Regulierungsbehörde bei der Erfüllung der ihr

übertragenen Aufgaben, insbesondere bei der Einschätzung oder Analyse der Wettbewerbsbedingungen oder der Marktlage, dienen und sich im Besitz des Unternehmens oder der Vereinigung von Unternehmen befinden;
2. von Unternehmen und Vereinigungen von Unternehmen Auskunft über die wirtschaftlichen Verhältnisse von mit ihnen nach Artikel 3 Abs. 2 der Verordnung (EG) Nr. 139/2004 verbundenen Unternehmen sowie die Herausgabe von Unterlagen dieser Unternehmen verlangen, soweit sie die Informationen zur Verfügung haben oder soweit sie auf Grund bestehender rechtlicher Verbindungen zur Beschaffung der verlangten Informationen über die verbundenen Unternehmen in der Lage sind;
3. bei Unternehmen und Vereinigungen von Unternehmen innerhalb der üblichen Geschäftszeiten die geschäftlichen Unterlagen einsehen und prüfen.

² Gegenüber Wirtschafts- und Berufsvereinigungen der Energiewirtschaft gilt Satz 1 Nr. 1 und 3 entsprechend hinsichtlich ihrer Tätigkeit, Satzung und Beschlüsse sowie Anzahl und Namen der Mitglieder, für die die Beschlüsse bestimmt sind.

(2) Die Inhaber der Unternehmen oder die diese vertretenden Personen, bei juristischen Personen, Gesellschaften und nichtrechtsfähigen Vereinen die nach Gesetz oder Satzung zur Vertretung berufenen Personen, sind verpflichtet, die verlangten Unterlagen herauszugeben, die verlangten Auskünfte zu erteilen, die geschäftlichen Unterlagen zur Einsichtnahme vorzulegen und die Prüfung dieser geschäftlichen Unterlagen sowie das Betreten von Geschäftsräumen und -grundstücken während der üblichen Geschäftszeiten zu dulden.

(3) Personen, die von der Regulierungsbehörde mit der Vornahme von Prüfungen beauftragt sind, dürfen Betriebsgrundstücke, Büro- und Geschäftsräume und Einrichtungen der Unternehmen und Vereinigungen von Unternehmen während der üblichen Geschäftszeiten betreten.

(4) ¹ Durchsuchungen können nur auf Anordnung des Amtsgerichts, in dessen Bezirk die Durchsuchung erfolgen soll, vorgenommen werden. ² Durchsuchungen sind zulässig, wenn zu vermuten ist, dass sich in den betreffenden Räumen Unterlagen befinden, die die Regulierungsbehörde nach Absatz 1 einsehen, prüfen oder herausverlangen darf. ³ Auf die Anfechtung dieser Anordnung finden die §§ 306 bis 310 und 311a der Strafprozessordnung entsprechende Anwendung. ⁴ Bei Gefahr im Verzuge können die in Absatz 3 bezeichneten Personen während der Geschäftszeit die erforderlichen Durchsuchungen ohne richterliche Anordnung vornehmen. ⁵ An Ort und Stelle ist eine Niederschrift über

die Durchsuchung und ihr wesentliches Ergebnis aufzunehmen, aus der sich, falls keine richterliche Anordnung ergangen ist, auch die Tatsachen ergeben, die zur Annahme einer Gefahr im Verzuge geführt haben. [6] Das Grundrecht der Unverletzlichkeit der Wohnung (Artikel 13 Abs. 1 des Grundgesetzes) wird insoweit eingeschränkt.

(5) [1] Gegenstände oder geschäftliche Unterlagen können im erforderlichen Umfang in Verwahrung genommen werden oder, wenn sie nicht freiwillig herausgegeben werden, beschlagnahmt werden. [2] Dem von der Durchsuchung Betroffenen ist nach deren Beendigung auf Verlangen ein Verzeichnis der in Verwahrung oder Beschlag genommenen Gegenstände, falls dies nicht der Fall ist, eine Bescheinigung hierüber zu geben.

(6) [1] Zur Auskunft Verpflichtete können die Auskunft auf solche Fragen verweigern, deren Beantwortung sie selbst oder in § 383 Abs. 1 Nr. 1 bis 3 der Zivilprozessordnung bezeichnete Angehörige der Gefahr strafrechtlicher Verfolgung oder eines Verfahrens nach dem Gesetz über Ordnungswidrigkeiten aussetzen würde. [2] Die durch Auskünfte oder Maßnahmen nach Absatz 1 erlangten Kenntnisse und Unterlagen dürfen für ein Besteuerungsverfahren oder ein Bußgeldverfahren wegen einer Steuerordnungswidrigkeit oder einer Devisenzuwiderhandlung sowie für ein Verfahren wegen einer Steuerstraftat oder einer Devisenstraftat nicht verwendet werden; die §§ 93, 97, 105 Abs. 1, § 111 Abs. 5 in Verbindung mit § 105 Abs. 1 sowie § 116 Abs. 1 der Abgabenordnung sind insoweit nicht anzuwenden. [3] Satz 1 gilt nicht für Verfahren wegen einer Steuerstraftat sowie eines damit zusammenhängenden Besteuerungsverfahrens, wenn an deren Durchführung ein zwingendes öffentliches Interesse besteht, oder bei vorsätzlich falschen Angaben der Auskunftspflichtigen oder der für sie tätigen Personen.

(7) [1] Die Regulierungsbehörde fordert die Auskünfte nach Absatz 1 Nr. 1 durch Beschluss, die nach Landesrecht zuständige Behörde fordert sie durch schriftliche Einzelverfügung an. [2] Darin sind die Rechtsgrundlage, der Gegenstand und der Zweck des Auskunftsverlangens anzugeben und eine angemessene Frist zur Erteilung der Auskunft zu bestimmen.

(8) [1] Die Regulierungsbehörde ordnet die Prüfung nach Absatz 1 Nr. 2 durch Beschluss mit Zustimmung des Präsidenten oder der Präsidentin, die nach Landesrecht zuständige Behörde durch schriftliche Einzelverfügung an. [2] In der Anordnung sind Zeitpunkt, Rechtsgrundlage, Gegenstand und Zweck der Prüfung anzugeben.

(9) Soweit Prüfungen einen Verstoß gegen Anordnungen oder Entscheidungen der Regulierungsbehörde ergeben haben, hat das Unter-

EnWG §§ 70, 71

nehmen der Regulierungsbehörde die Kosten für diese Prüfungen zu erstatten.

(10) [1] Lassen Umstände vermuten, dass der Wettbewerb im Anwendungsbereich dieses Gesetzes beeinträchtigt oder verfälscht ist, kann die Regulierungsbehörde die Untersuchung eines bestimmten Wirtschaftszweiges oder einer bestimmten Art von Vereinbarungen oder Verhalten durchführen. [2] Im Rahmen dieser Untersuchung kann die Regulierungsbehörde von den betreffenden Unternehmen die Auskünfte verlangen, die zur Durchsetzung dieses Gesetzes und der Verordnung (EG) Nr. 1228/2003 erforderlich sind und die dazu erforderlichen Ermittlungen durchführen. [3] Die Absätze 1 bis 9 sowie die §§ 68, 71 und 69 gelten entsprechend.

§ 70 Beschlagnahme. (1) [1] Die Regulierungsbehörde kann Gegenstände, die als Beweismittel für die Ermittlung von Bedeutung sein können, beschlagnahmen. [2] Die Beschlagnahme ist dem davon Betroffenen unverzüglich bekannt zu geben.

(2) Die Regulierungsbehörde hat binnen drei Tagen um die richterliche Bestätigung des Amtsgerichts, in dessen Bezirk die Beschlagnahme vorgenommen ist, nachzusuchen, wenn bei der Beschlagnahme weder der davon Betroffene noch ein erwachsener Angehöriger anwesend war oder wenn der Betroffene und im Falle seiner Abwesenheit ein erwachsener Angehöriger des Betroffenen gegen die Beschlagnahme ausdrücklich Widerspruch erhoben hat.

(3) [1] Der Betroffene kann gegen die Beschlagnahme jederzeit um die richterliche Entscheidung nachsuchen. [2] Hierüber ist er zu belehren. [3] Über den Antrag entscheidet das nach Absatz 2 zuständige Gericht.

(4) [1] Gegen die richterliche Entscheidung ist die Beschwerde zulässig. [2] Die §§ 306 bis 310 und 311a der Strafprozessordnung gelten entsprechend.

§ 71 Betriebs- oder Geschäftsgeheimnisse. [1] Zur Sicherung ihrer Rechte nach § 30 des Verwaltungsverfahrensgesetzes haben alle, die nach diesem Gesetz zur Vorlage von Informationen verpflichtet sind, unverzüglich nach der Vorlage diejenigen Teile zu kennzeichnen, die Betriebs- oder Geschäftsgeheimnisse enthalten. [2] In diesem Fall müssen sie zusätzlich eine Fassung vorlegen, die aus ihrer Sicht ohne Preisgabe von Betriebs- oder Geschäftsgeheimnissen eingesehen werden kann. [3] Erfolgt dies nicht, kann die Regulierungsbehörde von ihrer Zustimmung zur Einsicht ausgehen, es sei denn, ihr sind besondere Umstände bekannt, die eine solche Vermutung nicht rechtfertigen. [4] Hält die Regulierungsbehörde die Kennzeichnung der Unterlagen als Betriebs- oder Geschäftsgeheimnisse für unberechtigt, so muss sie vor der Entscheidung über die Gewährung von Einsichtnahme an Dritte die vorlegenden Personen hören.

§ 71a Netzentgelte vorgelagerter Netzebenen. Soweit Entgelte für die Nutzung vorgelagerter Netzebenen im Netzentgelt des Verteilernetzbetreibers enthalten sind, sind diese von den Landesregulierungsbehörden zugrunde zu legen, soweit nicht etwas anderes durch eine sofort vollziehbare oder bestandskräftige Entscheidung der Bundesnetzagentur oder ein rechtskräftiges Urteil festgestellt worden ist.

§ 72 Vorläufige Anordnungen. Die Regulierungsbehörde kann bis zur endgültigen Entscheidung vorläufige Anordnungen treffen.

§ 73 Verfahrensabschluss, Begründung der Entscheidung, Zustellung. (1) [1] Entscheidungen der Regulierungsbehörde sind zu begründen und mit einer Belehrung über das zulässige Rechtsmittel den Beteiligten nach den Vorschriften des Verwaltungszustellungsgesetzes zuzustellen. [2] § 5 Abs. 4 des Verwaltungszustellungsgesetzes und § 178 Abs. 1 Nr. 2 der Zivilprozessordnung sind entsprechend anzuwenden auf Unternehmen und Vereinigungen von Unternehmen. [3] Entscheidungen, die gegenüber einem Unternehmen mit Sitz im Ausland ergehen, stellt die Regulierungsbehörde der Person zu, die das Unternehmen der Regulierungsbehörde als im Inland zustellungsbevollmächtigt benannt hat. [4] Hat das Unternehmen keine zustellungsbevollmächtigte Person im Inland benannt, so stellt die Regulierungsbehörde die Entscheidungen durch Bekanntmachung im Bundesanzeiger zu.

(2) Soweit ein Verfahren nicht mit einer Entscheidung abgeschlossen wird, die den Beteiligten nach Absatz 1 zugestellt wird, ist seine Beendigung den Beteiligten schriftlich mitzuteilen.

(3) Die Regulierungsbehörde kann die Kosten einer Beweiserhebung den Beteiligten nach billigem Ermessen auferlegen.

§ 74 Veröffentlichung von Verfahrenseinleitungen und Entscheidungen. [1] Die Einleitung von Verfahren nach § 29 Abs. 1 und 2 und Entscheidungen der Regulierungsbehörde auf der Grundlage des Teiles 3 sind auf der Internetseite und im Amtsblatt der Regulierungsbehörde zu veröffentlichen. [2] Im Übrigen können Entscheidungen von der Regulierungsbehörde veröffentlicht werden.

Abschnitt 2. Beschwerde

§ 75 Zulässigkeit, Zuständigkeit. (1) [1] Gegen Entscheidungen der Regulierungsbehörde ist die Beschwerde zulässig. [2] Sie kann auch auf neue Tatsachen und Beweismittel gestützt werden.

(2) Die Beschwerde steht den am Verfahren vor der Regulierungsbehörde Beteiligten zu.

(3) [1] Die Beschwerde ist auch gegen die Unterlassung einer beantragten Entscheidung der Regulierungsbehörde zulässig, auf deren Erlass der Antragsteller einen Rechtsanspruch geltend macht. [2] Als Unterlassung gilt es auch, wenn die Regulierungsbehörde den Antrag auf Erlass der Entscheidung ohne zureichenden Grund in angemessener Frist nicht beschieden hat. [3] Die Unterlassung ist dann einer Ablehnung gleich zu achten.

(4) [1] Über die Beschwerde entscheidet ausschließlich das für den Sitz der Regulierungsbehörde zuständige Oberlandesgericht, in den Fällen des § 51 ausschließlich das für den Sitz der Bundesnetzagentur zuständige Oberlandesgericht, und zwar auch dann, wenn sich die Beschwerde gegen eine Verfügung des Bundesministeriums für Wirtschaft und Technologie richtet. [2] § 36 der Zivilprozessordnung gilt entsprechend.

§ 76 Aufschiebende Wirkung. (1) Die Beschwerde hat keine aufschiebende Wirkung, soweit durch die angefochtene Entscheidung nicht eine Entscheidung zur Durchsetzung der Verpflichtungen nach den §§ 7 und 8 getroffen wird.

(2) [1] Wird eine Entscheidung, durch die eine vorläufige Anordnung nach § 72 getroffen wurde, angefochten, so kann das Beschwerdegericht anordnen, dass die angefochtene Entscheidung ganz oder teilweise erst nach Abschluss des Beschwerdeverfahrens oder nach Leistung einer Sicherheit in Kraft tritt. [2] Die Anordnung kann jederzeit aufgehoben oder geändert werden.

(3) [1] § 72 gilt entsprechend für das Verfahren vor dem Beschwerdegericht. [2] Dies gilt nicht für die Fälle des § 77.

§ 77 Anordnung der sofortigen Vollziehung und der aufschiebenden Wirkung. (1) Die Regulierungsbehörde kann in den Fällen des § 76 Abs. 1 die sofortige Vollziehung der Entscheidung anordnen, wenn dies im öffentlichen Interesse oder im überwiegenden Interesse eines Beteiligten geboten ist.

(2) Die Anordnung nach Absatz 1 kann bereits vor der Einreichung der Beschwerde getroffen werden.

(3) ¹Auf Antrag kann das Beschwerdegericht die aufschiebende Wirkung ganz oder teilweise wiederherstellen, wenn
1. die Voraussetzungen für die Anordnung nach Absatz 1 nicht vorgelegen haben oder nicht mehr vorliegen oder
2. ernstliche Zweifel an der Rechtmäßigkeit der angefochtenen Verfügung bestehen oder
3. die Vollziehung für den Betroffenen eine unbillige, nicht durch überwiegende öffentliche Interessen gebotene Härte zur Folge hätte.
²In den Fällen, in denen die Beschwerde keine aufschiebende Wirkung hat, kann die Regulierungsbehörde die Vollziehung aussetzen. ³Die Aussetzung soll erfolgen, wenn die Voraussetzungen des Satzes 1 Nr. 3 vorliegen. ⁴Das Beschwerdegericht kann auf Antrag die aufschiebende Wirkung ganz oder teilweise anordnen, wenn die Voraussetzungen des Satzes 1 Nr. 2 oder 3 vorliegen.

(4) ¹Der Antrag nach Absatz 3 Satz 1 oder 4 ist schon vor Einreichung der Beschwerde zulässig. ²Die Tatsachen, auf die der Antrag gestützt wird, sind vom Antragsteller glaubhaft zu machen. ³Ist die Entscheidung der Regulierungsbehörde schon vollzogen, kann das Gericht auch die Aufhebung der Vollziehung anordnen. ⁴Die Wiederherstellung und die Anordnung der aufschiebenden Wirkung können von der Leistung einer Sicherheit oder von anderen Auflagen abhängig gemacht werden. ⁵Sie können auch befristet werden.

(5) Entscheidungen nach Absatz 3 Satz 1 und Beschlüsse über Anträge nach Absatz 3 Satz 4 können jederzeit geändert oder aufgehoben werden.

§ 78 Frist und Form. (1) ¹Die Beschwerde ist binnen einer Frist von einem Monat bei der Regulierungsbehörde schriftlich einzureichen. ²Die Frist beginnt mit der Zustellung der Entscheidung der Regulierungsbehörde. ³Es genügt, wenn die Beschwerde innerhalb der Frist bei dem Beschwerdegericht eingeht.

(2) Ergeht auf einen Antrag keine Entscheidung, so ist die Beschwerde an keine Frist gebunden.

(3) ¹Die Beschwerde ist zu begründen. ²Die Frist für die Beschwerdebegründung beträgt einen Monat; sie beginnt mit der Einlegung der Beschwerde und kann auf Antrag von dem oder der Vorsitzenden des Beschwerdegerichts verlängert werden.

(4) Die Beschwerdebegründung muss enthalten
1. die Erklärung, inwieweit die Entscheidung angefochten und ihre Abänderung oder Aufhebung beantragt wird,
2. die Angabe der Tatsachen und Beweismittel, auf die sich die Beschwerde stützt.

EnWG §§ 79–82

(5) Die Beschwerdeschrift und die Beschwerdebegründung müssen durch einen Rechtsanwalt unterzeichnet sein; dies gilt nicht für Beschwerden der Regulierungsbehörde.

§ 79 Beteiligte am Beschwerdeverfahren. (1) An dem Verfahren vor dem Beschwerdegericht sind beteiligt
1. der Beschwerdeführer,
2. die Regulierungsbehörde,
3. Personen und Personenvereinigungen, deren Interessen durch die Entscheidung erheblich berührt werden und die die Regulierungsbehörde auf ihren Antrag zu dem Verfahren beigeladen hat.

(2) Richtet sich die Beschwerde gegen eine Entscheidung einer nach Landesrecht zuständigen Behörde, ist auch die Regulierungsbehörde an dem Verfahren beteiligt.

§ 80 Anwaltszwang. [1] Vor dem Beschwerdegericht müssen die Beteiligten sich durch einen Rechtsanwalt als Bevollmächtigten vertreten lassen. [2] Die Regulierungsbehörde kann sich durch ein Mitglied der Behörde vertreten lassen.

§ 81 Mündliche Verhandlung. (1) Das Beschwerdegericht entscheidet über die Beschwerde auf Grund mündlicher Verhandlung; mit Einverständnis der Beteiligten kann ohne mündliche Verhandlung entschieden werden.

(2) Sind die Beteiligten in dem Verhandlungstermin trotz rechtzeitiger Benachrichtigung nicht erschienen oder gehörig vertreten, so kann gleichwohl in der Sache verhandelt und entschieden werden.

§ 82 Untersuchungsgrundsatz. (1) Das Beschwerdegericht erforscht den Sachverhalt von Amts wegen.

(2) Der oder die Vorsitzende hat darauf hinzuwirken, dass Formfehler beseitigt, unklare Anträge erläutert, sachdienliche Anträge gestellt, ungenügende tatsächliche Angaben ergänzt, ferner alle für die Feststellung und Beurteilung des Sachverhalts wesentlichen Erklärungen abgegeben werden.

(3) [1] Das Beschwerdegericht kann den Beteiligten aufgeben, sich innerhalb einer zu bestimmenden Frist über aufklärungsbedürftige Punkte zu äußern, Beweismittel zu bezeichnen und in ihren Händen befindliche Urkunden sowie andere Beweismittel vorzulegen. [2] Bei Versäumung der Frist kann nach Lage der Sache ohne Berücksichtigung der nicht beigebrachten Unterlagen entschieden werden.

(4) ¹Wird die Anforderung nach § 69 Abs. 7 oder die Anordnung nach § 69 Abs. 8 mit der Beschwerde angefochten, hat die Regulierungsbehörde die tatsächlichen Anhaltspunkte glaubhaft zu machen. ²§ 294 Abs. 1 der Zivilprozessordnung findet Anwendung.

§ 83 Beschwerdeentscheidung. (1) ¹Das Beschwerdegericht entscheidet durch Beschluss nach seiner freien, aus dem Gesamtergebnis des Verfahrens gewonnenen Überzeugung. ²Der Beschluss darf nur auf Tatsachen und Beweismittel gestützt werden, zu denen die Beteiligten sich äußern konnten. ³Das Beschwerdegericht kann hiervon abweichen, soweit Beigeladenen aus wichtigen Gründen, insbesondere zur Wahrung von Betriebs- oder Geschäftsgeheimnissen, Akteneinsicht nicht gewährt und der Akteninhalt aus diesen Gründen auch nicht vorgetragen worden ist. ⁴Dies gilt nicht für solche Beigeladene, die an dem streitigen Rechtsverhältnis derart beteiligt sind, dass die Entscheidung auch ihnen gegenüber nur einheitlich ergehen kann.

(2) ¹Hält das Beschwerdegericht die Entscheidung der Regulierungsbehörde für unzulässig oder unbegründet, so hebt es sie auf. ²Hat sich die Entscheidung vorher durch Zurücknahme oder auf andere Weise erledigt, so spricht das Beschwerdegericht auf Antrag aus, dass die Entscheidung der Regulierungsbehörde unzulässig oder unbegründet gewesen ist, wenn der Beschwerdeführer ein berechtigtes Interesse an dieser Feststellung hat.

(3) Hat sich eine Entscheidung nach den §§ 29 bis 31 oder § 40 wegen nachträglicher Änderung der tatsächlichen Verhältnisse oder auf andere Weise erledigt, so spricht das Beschwerdegericht auf Antrag aus, ob, in welchem Umfang und bis zu welchem Zeitpunkt die Entscheidung begründet gewesen ist.

(4) Hält das Beschwerdegericht die Ablehnung oder Unterlassung der Entscheidung für unzulässig oder unbegründet, so spricht es die Verpflichtung der Regulierungsbehörde aus, die beantragte Entscheidung vorzunehmen.

(5) Die Entscheidung ist auch dann unzulässig oder unbegründet, wenn die Regulierungsbehörde von ihrem Ermessen fehlsamen Gebrauch gemacht hat, insbesondere wenn sie die gesetzlichen Grenzen des Ermessens überschritten oder durch die Ermessensentscheidung Sinn und Zweck dieses Gesetzes verletzt hat.

(6) Der Beschluss ist zu begründen und mit einer Rechtsmittelbelehrung den Beteiligten zuzustellen.

§ 83a Abhilfe bei Verletzung des Anspruchs auf rechtliches Gehör. (1) ¹Auf die Rüge eines durch eine gerichtliche Entscheidung beschwerten Beteiligten ist das Verfahren fortzuführen, wenn
1. ein Rechtsmittel oder ein anderer Rechtsbehelf gegen die Entscheidung nicht gegeben ist und
2. das Gericht den Anspruch dieses Beteiligten auf rechtliches Gehör in entscheidungserheblicher Weise verletzt hat.

²Gegen eine der Entscheidung vorausgehende Entscheidung findet die Rüge nicht statt.

(2) ¹Die Rüge ist innerhalb von zwei Wochen nach Kenntnis von der Verletzung des rechtlichen Gehörs zu erheben; der Zeitpunkt der Kenntniserlangung ist glaubhaft zu machen. ²Nach Ablauf eines Jahres seit Bekanntgabe der angegriffenen Entscheidung kann die Rüge nicht mehr erhoben werden. ³Formlos mitgeteilte Entscheidungen gelten mit dem dritten Tage nach Aufgabe zur Post als bekannt gegeben. ⁴Die Rüge ist schriftlich oder zur Niederschrift des Urkundsbeamten der Geschäftsstelle bei dem Gericht zu erheben, dessen Entscheidung angegriffen wird. ⁵Die Rüge muss die angegriffene Entscheidung bezeichnen und das Vorliegen der in Absatz 1 Satz 1 Nr. 2 genannten Voraussetzungen darlegen.

(3) Den übrigen Beteiligten ist, soweit erforderlich, Gelegenheit zur Stellungnahme zu geben.

(4) ¹Ist die Rüge nicht statthaft oder nicht in der gesetzlichen Form oder Frist erhoben, so ist sie als unzulässig zu verwerfen. ²Ist die Rüge unbegründet, weist das Gericht sie zurück. ³Die Entscheidung ergeht durch unanfechtbaren Beschluss. ⁴Der Beschluss soll kurz begründet werden.

(5) ¹Ist die Rüge begründet, so hilft ihr das Gericht ab, indem es das Verfahren fortführt, soweit dies aufgrund der Rüge geboten ist. ²Das Verfahren wird in die Lage zurückversetzt, in der es sich vor dem Schluss der mündlichen Verhandlung befand. ³Im schriftlichen Verfahren tritt an die Stelle des Schlusses der mündlichen Verhandlung der Zeitpunkt, bis zu dem Schriftsätze eingereicht werden können. ⁴Für den Ausspruch des Gerichts ist § 343 der Zivilprozessordnung anzuwenden.

(6) § 149 Abs. 1 Satz 2 der Verwaltungsgerichtsordnung ist entsprechend anzuwenden.

§ 84 Akteneinsicht. (1) ¹Die in § 79 Abs. 1 Nr. 1 und 2 und Abs. 2 bezeichneten Beteiligten können die Akten des Gerichts einsehen und sich durch die Geschäftsstelle auf ihre Kosten Ausfertigungen, Auszüge und Abschriften erteilen lassen. ²§ 299 Abs. 3 der Zivilprozessordnung gilt entsprechend.

(2) ¹Einsicht in Vorakten, Beiakten, Gutachten und Auskünfte sind nur mit Zustimmung der Stellen zulässig, denen die Akten gehören oder die die Äußerung eingeholt haben. ²Die Regulierungsbehörde hat die Zustimmung zur Einsicht in ihre Unterlagen zu versagen, soweit dies aus wichtigen Gründen, insbesondere zur Wahrung von Betriebs- oder Geschäftsgeheimnissen, geboten ist. ³Wird die Einsicht abgelehnt oder ist sie unzulässig, dürfen diese Unterlagen der Entscheidung nur insoweit zugrunde gelegt werden, als ihr Inhalt vorgetragen worden ist. ⁴Das Beschwerdegericht kann die Offenlegung von Tatsachen oder Beweismitteln, deren Geheimhaltung aus wichtigen Gründen, insbesondere zur Wahrung von Betriebs- oder Geschäftsgeheimnissen, verlangt wird, nach Anhörung des von der Offenlegung Betroffenen durch Beschluss anordnen, soweit es für die Entscheidung auf diese Tatsachen oder Beweismittel ankommt, andere Möglichkeiten der Sachaufklärung nicht bestehen und nach Abwägung aller Umstände des Einzelfalles die Bedeutung der Sache das Interesse des Betroffenen an der Geheimhaltung überwiegt. ⁵Der Beschluss ist zu begründen. ⁶In dem Verfahren nach Satz 4 muss sich der Betroffene nicht anwaltlich vertreten lassen.

(3) Den in § 79 Abs. 1 Nr. 3 bezeichneten Beteiligten kann das Beschwerdegericht nach Anhörung des Verfügungsberechtigten Akteneinsicht in gleichem Umfang gewähren.

§ 85 Geltung von Vorschriften des Gerichtsverfassungsgesetzes und der Zivilprozessordnung. Im Verfahren vor dem Beschwerdegericht gelten, soweit nicht anderes bestimmt ist, entsprechend
1. die Vorschriften der §§ 169 bis 197 des Gerichtsverfassungsgesetzes über Öffentlichkeit, Sitzungspolizei, Gerichtssprache, Beratung und Abstimmung;
2. die Vorschriften der Zivilprozessordnung über Ausschließung und Ablehnung eines Richters, über Prozessbevollmächtigte und Beistände, über die Zustellung von Amts wegen, über Ladungen, Termine und Fristen, über die Anordnung des persönlichen Erscheinens der Parteien, über die Verbindung mehrerer Prozesse, über die Erledigung des Zeugen- und Sachverständigenbeweises sowie über die sonstigen Arten des Beweisverfahrens, über die Wiedereinsetzung in den vorigen Stand gegen die Versäumung einer Frist.

Abschnitt 3. Rechtsbeschwerde

§ 86 Rechtsbeschwerdegründe. (1) Gegen die in der Hauptsache erlassenen Beschlüsse der Oberlandesgerichte findet die Rechtsbeschwerde an den Bundesgerichtshof statt, wenn das Oberlandesgericht die Rechtsbeschwerde zugelassen hat.

(2) Die Rechtsbeschwerde ist zuzulassen, wenn
1. eine Rechtsfrage von grundsätzlicher Bedeutung zu entscheiden ist oder
2. die Fortbildung des Rechts oder die Sicherung einer einheitlichen Rechtsprechung eine Entscheidung des Bundesgerichtshofs erfordert.

(3) ¹Über die Zulassung oder Nichtzulassung der Rechtsbeschwerde ist in der Entscheidung des Oberlandesgerichts zu befinden. ²Die Nichtzulassung ist zu begründen.

(4) Einer Zulassung zur Einlegung der Rechtsbeschwerde gegen Entscheidungen des Beschwerdegerichts bedarf es nicht, wenn einer der folgenden Mängel des Verfahrens vorliegt und gerügt wird:
1. wenn das beschließende Gericht nicht vorschriftsmäßig besetzt war,
2. wenn bei der Entscheidung ein Richter mitgewirkt hat, der von der Ausübung des Richteramtes kraft Gesetzes ausgeschlossen oder wegen Besorgnis der Befangenheit mit Erfolg abgelehnt war,
3. wenn einem Beteiligten das rechtliche Gehör versagt war,
4. wenn ein Beteiligter im Verfahren nicht nach Vorschrift des Gesetzes vertreten war, sofern er nicht der Führung des Verfahrens ausdrücklich oder stillschweigend zugestimmt hat,
5. wenn die Entscheidung auf Grund einer mündlichen Verhandlung ergangen ist, bei der die Vorschriften über die Öffentlichkeit des Verfahrens verletzt worden sind, oder
6. wenn die Entscheidung nicht mit Gründen versehen ist.

§ 87 Nichtzulassungsbeschwerde. (1) Die Nichtzulassung der Rechtsbeschwerde kann selbständig durch Nichtzulassungsbeschwerde angefochten werden.

(2) ¹Über die Nichtzulassungsbeschwerde entscheidet der Bundesgerichtshof durch Beschluss, der zu begründen ist. ²Der Beschluss kann ohne mündliche Verhandlung ergehen.

(3) ¹Die Nichtzulassungsbeschwerde ist binnen einer Frist von einem Monat schriftlich bei dem Oberlandesgericht einzulegen. ²Die Frist beginnt mit der Zustellung der angefochtenen Entscheidung.

(4) ¹Für die Nichtzulassungsbeschwerde gelten die §§ 77, 78 Abs. 3, 4 Nr. 1 und Abs. 5, §§ 79, 80, 84 und 85 Nr. 2 dieses Gesetzes sowie die §§ 192 bis 197 des Gerichtsverfassungsgesetzes über die Beratung und Abstimmung entsprechend. ²Für den Erlass einstweiliger Anordnungen ist das Beschwerdegericht zuständig.

(5) ¹Wird die Rechtsbeschwerde nicht zugelassen, so wird die Entscheidung des Oberlandesgerichts mit der Zustellung des Beschlusses des Bundesgerichtshofs rechtskräftig. ²Wird die Rechtsbeschwerde zugelassen, so beginnt mit der Zustellung des Beschlusses des Bundesgerichtshofs der Lauf der Beschwerdefrist.

§ 88 Beschwerdeberechtigte, Form und Frist. (1) Die Rechtsbeschwerde steht der Regulierungsbehörde sowie den am Beschwerdeverfahren Beteiligten zu.

(2) Die Rechtsbeschwerde kann nur darauf gestützt werden, dass die Entscheidung auf einer Verletzung des Rechts beruht; die §§ 546, 547 der Zivilprozessordnung gelten entsprechend.

(3) ¹Die Rechtsbeschwerde ist binnen einer Frist von einem Monat schriftlich bei dem Oberlandesgericht einzulegen. ²Die Frist beginnt mit der Zustellung der angefochtenen Entscheidung.

(4) Der Bundesgerichtshof ist an die in der angefochtenen Entscheidung getroffenen tatsächlichen Feststellungen gebunden, außer wenn in Bezug auf diese Feststellungen zulässige und begründete Rechtsbeschwerdegründe vorgebracht sind.

(5) ¹Für die Rechtsbeschwerde gelten im Übrigen die §§ 76, 78 Abs. 3, 4 Nr. 1 und Abs. 5, §§ 79 bis 81 sowie §§ 83 bis 85 entsprechend. ²Für den Erlass einstweiliger Anordnungen ist das Beschwerdegericht zuständig.

Abschnitt 4. Gemeinsame Bestimmungen

§ 89 Beteiligtenfähigkeit. Fähig, am Verfahren vor der Regulierungsbehörde, am Beschwerdeverfahren und am Rechtsbeschwerdeverfahren beteiligt zu sein, sind außer natürlichen und juristischen Personen auch nichtrechtsfähige Personenvereinigungen.

§ 90 Kostentragung und -festsetzung. ¹Im Beschwerdeverfahren und im Rechtsbeschwerdeverfahren kann das Gericht anordnen, dass die Kosten, die zur zweckentsprechenden Erledigung der Angelegenheit notwendig waren, von einem Beteiligten ganz oder teilweise zu erstatten sind, wenn dies der Billigkeit entspricht. ²Hat ein Beteiligter

EnWG §§ 90a, 91 Gesetzestext

Kosten durch ein unbegründetes Rechtsmittel oder durch grobes Verschulden veranlasst, so sind ihm die Kosten aufzuerlegen. ³Im Übrigen gelten die Vorschriften der Zivilprozessordnung über das Kostenfestsetzungsverfahren und die Zwangsvollstreckung aus Kostenfestsetzungsbeschlüssen entsprechend.

§ 90a Elektronische Dokumentenübermittlung. ¹Im Beschwerdeverfahren und im Rechtsbeschwerdeverfahren gelten § 130a Abs. 1 und 3 sowie § 133 Abs. 1 Satz 2 der Zivilprozessordnung mit der Maßgabe entsprechend, dass die Beteiligten nach § 89 am elektronischen Rechtsverkehr teilnehmen können. ²Die Bundesregierung und die Landesregierungen bestimmen für ihren Bereich durch Rechtsverordnung den Zeitpunkt, von dem an elektronische Dokumente bei den Gerichten eingereicht werden können, sowie die für die Bearbeitung der Dokumente geeignete Form. ³Die Landesregierungen können die Ermächtigung durch Rechtsverordnung auf die Landesjustizverwaltung übertragen. ⁴Die Zulassung der elektronischen Form kann auf einzelne Gerichte oder Verfahren beschränkt werden.

§ 91 Gebührenpflichtige Handlungen. (1) ¹Die Regulierungsbehörde erhebt Kosten (Gebühren und Auslagen) für folgende gebührenpflichtige Leistungen:
1. Untersagungen nach § 5;
2. Amtshandlungen auf Grund von § 33 Abs. 1 und § 36 Abs. 2 Satz 3;
3. Amtshandlungen auf Grund der §§ 21a, 23a, 29, 30 Abs. 2, § 31 Abs. 2 und 3, § 65 sowie § 110 Abs. 4;
3a. Entscheidungen auf Grund einer Rechtsverordnung nach § 24 Satz 1 Nr. 3;
4. Erteilung von beglaubigten Abschriften aus den Akten der Regulierungsbehörde.

²Daneben werden als Auslagen die Kosten für weitere Ausfertigungen, Kopien und Auszüge sowie die in entsprechender Anwendung des Justizvergütungs- und -entschädigungsgesetzes zu zahlenden Beträge erhoben.

(2) ¹Gebühren und Auslagen werden auch erhoben, wenn ein Antrag auf Vornahme einer in Absatz 1 bezeichneten Amtshandlung abgelehnt wird. ²Wird ein Antrag zurückgenommen, bevor darüber entschieden ist, so ist die Hälfte der Gebühr zu entrichten.

(3) ¹Die Gebührensätze sind so zu bemessen, dass die mit den Amtshandlungen verbundenen Kosten gedeckt sind. ²Darüber hinaus kann die wirtschaftliche Bedeutung, die der Gegenstand der gebührenpflich-

tigen Handlung hat, berücksichtigt werden. ³Ist der Betrag nach Satz 1 im Einzelfall außergewöhnlich hoch, kann die Gebühr aus Gründen der Billigkeit ermäßigt werden.

(4) Zur Abgeltung mehrfacher gleichartiger Amtshandlungen können Pauschalgebührensätze, die den geringen Umfang des Verwaltungsaufwandes berücksichtigen, vorgesehen werden.

(5) Gebühren dürfen nicht erhoben werden
1. für mündliche und schriftliche Auskünfte und Anregungen;
2. wenn sie bei richtiger Behandlung der Sache nicht entstanden wären.

(6) ¹Kostenschuldner ist
1. in den Fällen des Absatzes 1 Satz 1 Nr. 1, wer eine Genehmigung beantragt hat;
2. in den Fällen des Absatzes 1 Satz 1 Nr. 1 bis 3, wer durch einen Antrag die Tätigkeit der Regulierungsbehörde veranlasst hat, oder derjenige, gegen den eine Verfügung der Regulierungsbehörde ergangen ist;
3. in den Fällen des Absatzes 1 Satz 1 Nr. 4, wer die Herstellung der Abschriften veranlasst hat.

²Kostenschuldner ist auch, wer die Zahlung der Kosten durch eine vor der Regulierungsbehörde abgegebene oder ihr mitgeteilte Erklärung übernommen hat oder wer für die Kostenschuld eines anderen kraft Gesetzes haftet. ³Mehrere Kostenschuldner haften als Gesamtschuldner.

(7) ¹Eine Festsetzung von Kosten ist bis zum Ablauf des vierten Kalenderjahres nach Entstehung der Schuld zulässig (Festsetzungsverjährung). ²Wird vor Ablauf der Frist ein Antrag auf Aufhebung oder Änderung der Festsetzung gestellt, ist die Festsetzungsfrist so lange gehemmt, bis über den Antrag unanfechtbar entschieden wurde. ³Der Anspruch auf Zahlung von Kosten verjährt mit Ablauf des fünften Kalenderjahres nach der Festsetzung (Zahlungsverjährung). ⁴Im Übrigen gilt § 20 des Verwaltungskostengesetzes.

(8) ¹Das Bundesministerium für Wirtschaft und Technologie wird ermächtigt, im Einvernehmen mit dem Bundesministerium der Finanzen durch Rechtsverordnung mit Zustimmung des Bundesrates die Gebührensätze und die Erhebung der Gebühren vom Gebührenschuldner in Durchführung der Vorschriften der Absätze 1 bis 6 sowie die Erstattung der Auslagen für die in § 73 Abs. 1 Satz 4 und § 74 Satz 1 bezeichneten Bekanntmachungen und Veröffentlichungen zu regeln, soweit es die Bundesnetzagentur betrifft. ²Sie kann dabei auch Vorschriften über die Kostenbefreiung von juristischen Personen des öffentlichen Rechts, über die Verjährung sowie über die Kostenerhebung treffen.

EnWG § 92   Gesetzestext

(8 a) Für die Amtshandlungen der Landesregulierungsbehörden werden die Bestimmungen nach Absatz 8 durch Landesrecht getroffen.

(9) Das Bundesministerium für Wirtschaft und Technologie wird ermächtigt, durch Rechtsverordnung mit Zustimmung des Bundesrates das Nähere über die Erstattung der durch das Verfahren vor der Regulierungsbehörde entstehenden Kosten nach den Grundsätzen des § 90 zu bestimmen.

§ 92 Beitrag. (1) [1] Zur Deckung der Kosten der Bundesnetzagentur für Maßnahmen zur Sicherstellung eines chancengleichen und funktionsfähigen Wettbewerbs auf den Märkten für die leitungsgebundene Versorgung mit Elektrizität und Gas und für die Verwaltung, Kontrolle sowie Durchsetzung von mit diesem Gesetz verbundenen Rechten und Pflichten, darauf beruhenden Verordnungen und Nutzungsrechten, soweit sie nicht anderweitig durch Gebühren oder Auslagen nach diesem Gesetz gedeckt sind, haben die Betreiber von Energieversorgungsnetzen einen Beitrag zu entrichten. [2] Dies umfasst auch die Kosten für die in Satz 1 genannten Aufgaben in Bezug auf die internationale Zusammenarbeit. [3] Der auf das Allgemeininteresse entfallende Kostenanteil ist beitragsmindernd zu berücksichtigen. [4] Der Beitragsanteil darf höchstens 60 Prozent der nicht anderweitig durch Gebühren oder Auslagen gedeckten Kosten betragen.

(2) Die beitragsrelevanten Kosten nach Absatz 1 werden anteilig auf die einzelnen beitragspflichtigen Unternehmen nach Maßgabe ihrer Umsätze bei der Tätigkeit als Betreiber von Energieversorgungsnetzen umgelegt und von der Bundesnetzagentur als Jahresbeitrag erhoben.

(3) [1] Das Bundesministerium für Wirtschaft und Technologie wird ermächtigt, durch Rechtsverordnung mit Zustimmung des Bundesrates im Einvernehmen mit dem Bundesministerium der Finanzen das Nähere über die Erhebung der Beiträge, insbesondere über den Verteilungsschlüssel und -stichtag, die Mindestveranlagung, das Umlageverfahren einschließlich eines geeigneten Schätzverfahrens und einer Klassifizierung hinsichtlich der Feststellung der beitragsrelevanten Kosten nach Absatz 2, die Pflicht zur Mitteilung der Umsätze einschließlich eines geeigneten Verfahrens mit der Möglichkeit einer Pauschalierung sowie die Zahlungsfristen, die Zahlungsweise und die Höhe der Säumniszuschläge zu regeln. [2] Die Rechtsverordnung kann auch Regelungen über die vorläufige Festsetzung des Beitrags vorsehen. [3] Das Bundesministerium für Wirtschaft und Technologie kann die Ermächtigung nach Satz 1 durch Rechtsverordnung unter Sicherstellung der Einvernehmensregelung auf die Bundesnetzagentur übertragen.

Energiewirtschaftsgesetz §§ 93–95 EnWG

§ 93 Mitteilung der Bundesnetzagentur. ¹Die Bundesnetzagentur veröffentlicht einen jährlichen Überblick über ihre Verwaltungskosten und die insgesamt eingenommenen Abgaben. ²Soweit erforderlich, werden Gebühren- und Beitragssätze in den Verordnungen nach § 91 Abs. 8 und § 92 Abs. 3 für die Zukunft angepasst.

Abschnitt 5. Sanktionen, Bußgeldverfahren

§ 94 Zwangsgeld. ¹Die Regulierungsbehörde kann ihre Anordnungen nach den für die Vollstreckung von Verwaltungsmaßnahmen geltenden Vorschriften durchsetzen. ²Die Höhe des Zwangsgeldes beträgt mindestens 1000 Euro und höchstens zehn Millionen Euro.

§ 95 Bußgeldvorschriften. (1) Ordnungswidrig handelt, wer vorsätzlich oder fahrlässig
1. ohne Genehmigung nach § 4 Abs. 1 ein Energieversorgungsnetz betreibt,
2. entgegen § 5 Satz 1 eine Anzeige nicht, nicht richtig, nicht vollständig oder nicht rechtzeitig erstattet,
3. einer vollziehbaren Anordnung nach
   a) § 5 Satz 4, § 65 Abs. 1 oder 2 oder § 69 Abs. 7 Satz 1 oder Abs. 8 Satz 1 oder
   b) § 30 Abs. 2
   zuwiderhandelt,
4. entgegen § 30 Abs. 1 Satz 1 eine Marktstellung missbraucht oder
5. einer Rechtsverordnung nach
   a) § 17 Abs. 3 Satz 1 Nr. 1, § 24 Satz 1 Nr. 1 oder § 27 Satz 5, soweit die Rechtsverordnung Verpflichtungen zur Mitteilung, Geheimhaltung, Mitwirkung oder Veröffentlichung enthält,
   b) § 17 Abs. 3 Satz 1 Nr. 2, § 24 Satz 1 Nr. 2 oder § 29 Abs. 3 oder
   c) einer Rechtsverordnung nach § 49 Abs. 4 oder § 50
   oder einer vollziehbaren Anordnung auf Grund einer solchen Rechtsverordnung zuwiderhandelt, soweit die Rechtsverordnung für einen bestimmten Tatbestand auf diese Bußgeldvorschrift verweist.

(1 a) Ordnungswidrig handelt, wer vorsätzlich oder leichtfertig entgegen § 12 Abs. 3 a Satz 1 oder 2 einen Bericht nicht, nicht richtig, nicht vollständig oder nicht rechtzeitig vorlegt.

(2) ¹Die Ordnungswidrigkeit kann in den Fällen des Absatzes 1 Nr. 3 Buchstabe b, Nr. 4 und 5 Buchstabe b mit einer Geldbuße bis zu einer Million Euro, über diesen Betrag hinaus bis zur dreifachen Höhe des durch die Zuwiderhandlung erlangten Mehrerlöses, in den Fällen des Absatzes 1 Nr. 5 Buchstabe a sowie des Absatzes 1 a mit einer Geldbuße

EnWG §§ 96, 97 Gesetzestext

bis zu zehntausend Euro und in den übrigen Fällen mit einer Geldbuße bis zu hunderttausend Euro geahndet werden. ²Die Höhe des Mehrerlöses kann geschätzt werden.

(3) Die Regulierungsbehörde kann allgemeine Verwaltungsgrundsätze über die Ausübung ihres Ermessens bei der Bemessung der Geldbuße festlegen.

(4) ¹Die Verjährung der Verfolgung von Ordnungswidrigkeiten nach Absatz 1 richtet sich nach den Vorschriften des Gesetzes über Ordnungswidrigkeiten. ²Die Verfolgung der Ordnungswidrigkeiten nach Absatz 1 Nr. 4 und 5 verjährt in fünf Jahren.

(5) Verwaltungsbehörde im Sinne des § 36 Abs. 1 Nr. 1 des Gesetzes über Ordnungswidrigkeiten ist die nach § 54 zuständige Behörde.

§ 96 Zuständigkeit für Verfahren wegen der Festsetzung einer Geldbuße gegen eine juristische Person oder Personenvereinigung. ¹Die Regulierungsbehörde ist für Verfahren wegen der Festsetzung einer Geldbuße gegen eine juristische Person oder Personenvereinigung (§ 30 des Gesetzes über Ordnungswidrigkeiten) in Fällen ausschließlich zuständig, denen

1. eine Straftat, die auch den Tatbestand des § 95 Abs. 1 Nr. 4 verwirklicht, oder
2. eine vorsätzliche oder fahrlässige Ordnungswidrigkeit nach § 130 des Gesetzes über Ordnungswidrigkeiten, bei der eine mit Strafe bedrohte Pflichtverletzung auch den Tatbestand des § 95 Abs. 1 Nr. 4 verwirklicht,

zugrunde liegt. ²Dies gilt nicht, wenn die Behörde das § 30 des Gesetzes über Ordnungswidrigkeiten betreffende Verfahren an die Staatsanwaltschaft abgibt.

§ 97 Zuständigkeiten im gerichtlichen Bußgeldverfahren. ¹Sofern die Regulierungsbehörde als Verwaltungsbehörde des Vorverfahrens tätig war, erfolgt die Vollstreckung der Geldbuße und des Geldbetrages, dessen Verfall angeordnet wurde, durch die Regulierungsbehörde als Vollstreckungsbehörde auf Grund einer von dem Urkundsbeamten der Geschäftsstelle des Gerichts zu erteilenden, mit der Bescheinigung der Vollstreckbarkeit versehenen beglaubigten Abschrift der Urteilsformel entsprechend den Vorschriften über die Vollstreckung von Bußgeldbescheiden. ²Die Geldbußen und die Geldbeträge, deren Verfall angeordnet wurde, fließen der Bundeskasse zu, die auch die der Staatskasse auferlegten Kosten trägt.

Energiewirtschaftsgesetz §§ 98–102 EnWG

§ 98 Zuständigkeit des Oberlandesgerichts im gerichtlichen Verfahren. (1) [1] Im gerichtlichen Verfahren wegen einer Ordnungswidrigkeit nach § 95 entscheidet das Oberlandesgericht, in dessen Bezirk die zuständige Regulierungsbehörde ihren Sitz hat; es entscheidet auch über einen Antrag auf gerichtliche Entscheidung (§ 62 des Gesetzes über Ordnungswidrigkeiten) in den Fällen des § 52 Abs. 2 Satz 3 und des § 69 Abs. 1 Satz 2 des Gesetzes über Ordnungswidrigkeiten. [2] § 140 Abs. 1 Nr. 1 der Strafprozessordnung in Verbindung mit § 46 Abs. 1 des Gesetzes über Ordnungswidrigkeiten findet keine Anwendung.

(2) Das Oberlandesgericht entscheidet in der Besetzung von drei Mitgliedern mit Einschluss des vorsitzenden Mitglieds.

§ 99 Rechtsbeschwerde zum Bundesgerichtshof. [1] Über die Rechtsbeschwerde (§ 79 des Gesetzes über Ordnungswidrigkeiten) entscheidet der Bundesgerichtshof. [2] Hebt er die angefochtene Entscheidung auf, ohne in der Sache selbst zu entscheiden, so verweist er die Sache an das Oberlandesgericht, dessen Entscheidung aufgehoben wird, zurück.

§ 100 Wiederaufnahmeverfahren gegen Bußgeldbescheid. Im Wiederaufnahmeverfahren gegen den Bußgeldbescheid der Regulierungsbehörde (§ 85 Abs. 4 des Gesetzes über Ordnungswidrigkeiten) entscheidet das nach § 98 zuständige Gericht.

§ 101 Gerichtliche Entscheidungen bei der Vollstreckung. Die bei der Vollstreckung notwendig werdenden gerichtlichen Entscheidungen (§ 104 des Gesetzes über Ordnungswidrigkeiten) werden von dem nach § 98 zuständigen Gericht erlassen.

Abschnitt 6. Bürgerliche Rechtsstreitigkeiten

§ 102 Ausschließliche Zuständigkeit der Landgerichte. (1) [1] Für bürgerliche Rechtsstreitigkeiten, die sich aus diesem Gesetz ergeben, sind ohne Rücksicht auf den Wert des Streitgegenstandes die Landgerichte ausschließlich zuständig. [2] Satz 1 gilt auch, wenn die Entscheidung eines Rechtsstreits ganz oder teilweise von einer Entscheidung abhängt, die nach diesem Gesetz zu treffen ist.

(2) Die Rechtsstreitigkeiten sind Handelssachen im Sinne der §§ 93 bis 114 des Gerichtsverfassungsgesetzes.

EnWG §§ 103–105

§ 103 Zuständigkeit eines Landgerichts für mehrere Gerichtsbezirke. (1) ¹Die Landesregierungen werden ermächtigt, durch Rechtsverordnung bürgerliche Rechtsstreitigkeiten, für die nach § 102 ausschließlich die Landgerichte zuständig sind, einem Landgericht für die Bezirke mehrerer Landgerichte zuzuweisen, wenn eine solche Zusammenfassung der Rechtspflege, insbesondere der Sicherung einer einheitlichen Rechtsprechung, dienlich ist. ²Die Landesregierungen können die Ermächtigung auf die Landesjustizverwaltungen übertragen.

(2) Durch Staatsverträge zwischen Ländern kann die Zuständigkeit eines Landgerichts für einzelne Bezirke oder das gesamte Gebiet mehrerer Länder begründet werden.

(3) Die Parteien können sich vor den nach den Absätzen 1 und 2 bestimmten Gerichten auch anwaltlich durch Personen vertreten lassen, die bei dem Gericht zugelassen sind, vor das der Rechtsstreit ohne die Regelung nach den Absätzen 1 und 2 gehören würde.

§ 104 Benachrichtigung und Beteiligung der Regulierungsbehörde. (1) ¹Das Gericht hat die Regulierungsbehörde über alle Rechtsstreitigkeiten nach § 102 Abs. 1 zu unterrichten. ²Das Gericht hat der Regulierungsbehörde auf Verlangen Abschriften von allen Schriftsätzen, Protokollen, Verfügungen und Entscheidungen zu übersenden.

(2) ¹Der Präsident oder die Präsidentin der Regulierungsbehörde kann, wenn er oder sie es zur Wahrung des öffentlichen Interesses als angemessen erachtet, aus den Mitgliedern der Regulierungsbehörde eine Vertretung bestellen, die befugt ist, dem Gericht schriftliche Erklärungen abzugeben, auf Tatsachen und Beweismittel hinzuweisen, den Terminen beizuwohnen, in ihnen Ausführungen zu machen und Fragen an Parteien, Zeugen und Sachverständige zu richten. ²Schriftliche Erklärungen der vertretenden Personen sind den Parteien von dem Gericht mitzuteilen.

§ 105 Streitwertanpassung. (1) ¹Macht in einer Rechtsstreitigkeit, in der ein Anspruch nach dem § 32 geltend gemacht wird, eine Partei glaubhaft, dass die Belastung mit den Prozesskosten nach dem vollen Streitwert ihre wirtschaftliche Lage erheblich gefährden würde, so kann das Gericht auf ihren Antrag anordnen, dass die Verpflichtung dieser Partei zur Zahlung von Gerichtskosten sich nach einem ihrer Wirtschaftslage angepassten Teil des Streitwerts bemisst. ²Das Gericht kann die Anordnung davon abhängig machen, dass die Partei glaubhaft macht, dass die von ihr zu tragenden Kosten des Rechtsstreits weder unmittelbar noch mittelbar von einem Dritten übernommen werden. ³Die Anordnung hat zur Folge, dass die begünstigte Partei die Gebühren ihres Rechtsanwalts ebenfalls nur nach diesem Teil des Streitwerts zu entrichten hat. ⁴Soweit ihr Kosten des Rechtsstreits auferlegt werden oder soweit sie diese übernimmt, hat sie die von dem Gegner entrichteten Gerichtsgebühren und die Gebühren seines Rechtsanwalts nur nach dem Teil des Streitwerts zu erstatten. ⁵Soweit die außergerichtlichen Kosten dem Gegner auferlegt oder von ihm übernommen werden, kann der Rechtsanwalt der begünstigten Partei seine Gebühren von dem Gegner nach dem für diesen geltenden Streitwert beitreiben.

(2) ¹Der Antrag nach Absatz 1 kann vor der Geschäftsstelle des Gerichts zur Niederschrift erklärt werden. ²Er ist vor der Verhandlung zur Hauptsache anzubringen. ³Danach ist er nur zulässig, wenn der angenommene oder festgesetzte Streitwert später durch das Gericht heraufgesetzt wird. ⁴Vor der Entscheidung über den Antrag ist der Gegner zu hören.

Abschnitt 7. Gemeinsame Bestimmungen für das gerichtliche Verfahren

§ 106 Zuständiger Senat beim Oberlandesgericht. (1) Die nach § 91 des Gesetzes gegen Wettbewerbsbeschränkungen bei den Oberlandesgerichten gebildeten Kartellsenate entscheiden über die nach diesem Gesetz den Oberlandesgerichten zugewiesenen Rechtssachen sowie in den Fällen des § 102 über die Berufung gegen Endurteile und die Beschwerde gegen sonstige Entscheidungen in bürgerlichen Rechtsstreitigkeiten.

(2) Die §§ 92 und 93 des Gesetzes gegen Wettbewerbsbeschränkungen gelten entsprechend.

§ 107 Zuständiger Senat beim Bundesgerichtshof. (1) Der nach § 94 des Gesetzes gegen Wettbewerbsbeschränkungen beim Bundesgerichtshof gebildete Kartellsenat entscheidet über folgende Rechtsmittel:
1. in Verwaltungssachen über die Rechtsbeschwerde gegen Entscheidungen der Oberlandesgerichte (§§ 86 und 88) und über die Nichtzulassungsbeschwerde (§ 87);
2. in Bußgeldverfahren über die Rechtsbeschwerde gegen Entscheidungen der Oberlandesgerichte (§ 99);
3. in bürgerlichen Rechtsstreitigkeiten, die sich aus diesem Gesetz ergeben,
   a) über die Revision einschließlich der Nichtzulassungsbeschwerde gegen Endurteile der Oberlandesgerichte,

b) über die Sprungrevision gegen Endurteile der Landgerichte,
c) über die Rechtsbeschwerde gegen Beschlüsse der Oberlandesgerichte in den Fällen des § 574 Abs. 1 der Zivilprozessordnung.

(2) § 94 Abs. 2 des Gesetzes gegen Wettbewerbsbeschränkungen gilt entsprechend.

§ 108 Ausschließliche Zuständigkeit. Die Zuständigkeit der nach diesem Gesetz zur Entscheidung berufenen Gerichte ist ausschließlich.

Teil 9. Sonstige Vorschriften

§ 109 Unternehmen der öffentlichen Hand, Geltungsbereich.
(1) Dieses Gesetz findet auch Anwendung auf Unternehmen, die ganz oder teilweise im Eigentum der öffentlichen Hand stehen oder die von ihr verwaltet oder betrieben werden.

(2) Dieses Gesetz findet Anwendung auf alle Verhaltensweisen, die sich im Geltungsbereich dieses Gesetzes auswirken, auch wenn sie außerhalb des Geltungsbereichs dieses Gesetzes veranlasst werden.

§ 110 Objektnetze. (1) Die Teile 2 und 3 sowie die §§ 4, 52 und 92 finden keine Anwendung auf den Betrieb von Energieversorgungsnetzen, die sich auf einem
1. räumlich zusammengehörenden Betriebsgebiet befinden sowie überwiegend dem Transport von Energie innerhalb des eigenen Unternehmens oder zu im Sinne des § 3 Nr. 38 verbundenen Unternehmens dienen,
2. räumlich zusammengehörenden privaten Gebiet befinden und dem Netzbetreiber oder einem Beauftragten dazu dienen, durch einen gemeinsamen übergeordneten Geschäftszweck, der
    a) über reine Vermietungs- und Verpachtungsverhältnisse hinausgeht, und
    b) durch die Anwendung der im einleitenden Satzteil genannten Bestimmungen unzumutbar erschwert würde,
    bestimmbare Letztverbraucher mit Energie zu versorgen oder
3. räumlich eng zusammengehörenden Gebiet befinden und überwiegend der Eigenversorgung dienen,

sofern das Energieversorgungsnetz nicht der allgemeinen Versorgung im Sinne des § 3 Nr. 17 dient und der Betreiber des Objektnetzes oder sein Beauftragter die personelle, technische und wirtschaftliche Leistungsfähigkeit besitzen, um den Netzbetrieb entsprechend den Vorschriften dieses Gesetzes auf Dauer zu gewährleisten.

(2) Soweit Energieversorgungsunternehmen unter Nutzung von Netzen nach Absatz 1 Letztverbraucher mit Energie beliefern, findet Teil 4 keine Anwendung.

(3) Eigenversorgung im Sinne des Absatzes 1 Nr. 3 ist die unmittelbare Versorgung eines Letztverbrauchers aus der für seinen Eigenbedarf errichteten Eigenanlage oder aus einer Anlage, die von einem Dritten ausschließlich oder überwiegend für die Versorgung eines bestimmbaren Letztverbrauchers errichtet und betrieben wird.

(4) Die Regulierungsbehörde entscheidet auf Antrag, ob die Voraussetzungen nach Absatz 1 vorliegen.

(5) Die Anwendung dieses Gesetzes auf den Fahrstrom der Eisenbahnen (§ 3a) bleibt unberührt.

§ 111 Verhältnis zum Gesetz gegen Wettbewerbsbeschränkungen. (1) [1]Die §§ 19, 20 und 29 des Gesetzes gegen Wettbewerbsbeschränkungen sind nicht anzuwenden, soweit durch dieses Gesetz oder auf Grund dieses Gesetzes erlassener Rechtsverordnungen ausdrücklich abschließende Regelungen getroffen werden. [2]Die Aufgaben und Zuständigkeiten der Kartellbehörden bleiben unberührt.

(2) Abschließende Regelungen im Sinne des Absatzes 1 Satz 1 enthalten
1. die Bestimmungen des Teiles 3 und
2. die Rechtsverordnungen, die auf Grund von Bestimmungen des Teiles 3 erlassen worden sind, soweit diese sich für abschließend gegenüber den Bestimmungen des Gesetzes gegen Wettbewerbsbeschränkungen erklären.

(3) In Verfahren der Kartellbehörden nach den §§ 19, 20 und 29 des Gesetzes gegen Wettbewerbsbeschränkungen, die Preise von Energieversorgungsunternehmen für die Belieferung von Letztverbrauchern betreffen, deren tatsächlicher oder kalkulatorischer Bestandteil Netzzugangsentgelte im Sinne des § 20 Abs. 1 sind, sind die von Betreibern von Energieversorgungsnetzen nach § 20 Abs. 1 veröffentlichten Netzzugangsentgelte als rechtmäßig zugrunde zu legen, soweit nicht ein anderes durch eine sofort vollziehbare oder bestandskräftige Entscheidung der Regulierungsbehörde oder ein rechtskräftiges Urteil festgestellt worden ist.

EnWG §§ 112, 112a

Teil 10. Evaluierung, Schlussvorschriften

§ 112 Evaluierungsbericht. [1]Die Bundesregierung hat den gesetzgebenden Körperschaften bis zum 1. Juli 2007 einen Bericht über die Erfahrungen und Ergebnisse mit der Regulierung vorzulegen (Evaluierungsbericht). [2]Sofern sich aus dem Bericht die Notwendigkeit von gesetzgeberischen Maßnahmen ergibt, soll die Bundesregierung einen Vorschlag machen. [3]Der Bericht soll insbesondere

1. Vorschläge für Methoden der Netzregulierung enthalten, die Anreize zur Steigerung der Effizienz des Netzbetriebs setzen,
2. Auswirkungen der Regelungen dieses Gesetzes auf die Umweltverträglichkeit der Energieversorgung darlegen,
3. Auswirkungen der Netzregulierung sowie der Regelungen nach Teil 4 auf die Letztverbraucher untersuchen,
4. eine Prüfung beinhalten, ob für die Planung des Verteilernetzausbaus die Aufnahme einer Ermächtigung zum Erlass einer Rechtsverordnung notwendig wird um sicherzustellen, dass nachfragesteuernde und effizienzsteigernde Maßnahmen angemessen beachtet werden,
5. die Bedingungen der Beschaffung und des Einsatzes von Ausgleichsenergie darstellen sowie gegebenenfalls Vorschläge zur Verbesserung des Beschaffungsverfahrens, insbesondere der gemeinsamen regelzonenübergreifenden Ausschreibung, und zu einer möglichen Zusammenarbeit der Betreiber von Übertragungsnetzen zur weiteren Verringerung des Aufwandes für Regelenergie machen,
6. die Möglichkeit der Einführung eines einheitlichen Marktgebiets bei Gasversorgungsnetzen erörtern und Vorschläge zur Entwicklung eines netzübergreifenden Regelzonenmodells bei Elektrizitätsversorgungsnetzen prüfen sowie
7. den Wettbewerb bei Gasspeichern und die Netzzugangsbedingungen für Anlagen zur Erzeugung von Biogas prüfen.

§ 112 a Bericht der Bundesnetzagentur zur Einführung einer Anreizregulierung. (1) [1]Die Bundesnetzagentur hat der Bundesregierung bis zum 1. Juli 2006 einen Bericht zur Einführung der Anreizregulierung nach § 21a vorzulegen. [2]Dieser Bericht hat ein Konzept zur Durchführung einer Anreizregulierung zu enthalten, das im Rahmen der gesetzlichen Vorgaben umsetzbar ist. [3]Zur Vorbereitung und zur Erstellung des Berichts stehen der Bundesnetzagentur die Ermittlungsbefugnisse nach diesem Gesetz zu.

(2) [1]Die Bundesnetzagentur soll den Bericht unter Beteiligung der Länder, der Wissenschaft und der betroffenen Wirtschaftskreise erstellen

sowie die internationalen Erfahrungen mit Anreizregulierungssystemen berücksichtigen. ²Sie gibt den betroffenen Wirtschaftskreisen nach der Erstellung eines Berichtsentwurfs Gelegenheit zur Stellungnahme; sie veröffentlicht die erhaltenen Stellungnahmen im Internet. ³Unterlagen der betroffenen Wirtschaftskreise zur Entwicklung einer Methodik der Anreizregulierung sowie der Stellungnahme nach Satz 2 sind von den Regelungen nach § 69 Abs. 1 Satz 1 Nr. 1 und 3 sowie Satz 2 ausgenommen.

(3) ¹Die Bundesnetzagentur hat der Bundesregierung zwei Jahre nach der erstmaligen Bestimmung von Netzzugangsentgelten im Wege einer Anreizregulierung nach § 21a einen Bericht über die Erfahrungen damit vorzulegen. ²Die Bundesregierung hat den Bericht binnen dreier Monate an den Deutschen Bundestag weiterzuleiten; sie kann ihm eine Stellungnahme hinzufügen.

§ 113 Laufende Wegenutzungsverträge. Laufende Wegenutzungsverträge, einschließlich der vereinbarten Konzessionsabgaben, bleiben unbeschadet ihrer Änderung durch die §§ 36, 46 und 48 im Übrigen unberührt.

§ 114 Wirksamwerden der Entflechtungsbestimmungen. ¹Auf Rechnungslegung und interne Buchführung findet § 10 erstmals zu Beginn des jeweils ersten vollständigen Geschäftsjahres nach Inkrafttreten dieses Gesetzes Anwendung. ²Bis dahin sind die §§ 9 und 9a des Energiewirtschaftsgesetzes vom 24. April 1998 (BGBl. I S. 730), das zuletzt durch Artikel 1 des Gesetzes vom 20. Mai 2003 (BGBl. I S. 686) geändert worden ist, weiter anzuwenden.

§ 115 Bestehende Verträge. (1) ¹Bestehende Verträge über den Netzanschluss an und den Netzzugang zu den Energieversorgungsnetzen mit einer Laufzeit bis zum Ablauf von sechs Monaten nach Inkrafttreten dieses Gesetzes bleiben unberührt. ²Verträge mit einer längeren Laufzeit sind spätestens sechs Monate nach Inkrafttreten einer zu diesem Gesetz nach den §§ 17, 18 oder 24 erlassenen Rechtsverordnung an die jeweils entsprechenden Vorschriften dieses Gesetzes und die jeweilige Rechtsverordnung nach Maßgabe dieser Rechtsverordnung anzupassen, soweit eine Vertragspartei dies verlangt. ³§ 20 Abs. 1 des Gesetzes gegen Wettbewerbsbeschränkungen findet nach Maßgabe des § 111 Anwendung.

(1a) Abweichend von Absatz 1 Satz 2 sind die dort genannten Verträge hinsichtlich der Entgelte, soweit diese nach § 23a zu genehmigen sind, unabhängig von einem Verlangen einer Vertragspartei anzupassen.

(2) ¹Bestehende Verträge über die Belieferung von Letztverbrauchern mit Energie im Rahmen der bis zum Inkrafttreten dieses Gesetzes bestehenden allgemeinen Versorgungspflicht mit einer Laufzeit bis zum Ablauf von sechs Monaten nach Inkrafttreten dieses Gesetzes bleiben unberührt. ²Bis dahin gelten die Voraussetzungen des § 310 Abs. 2 des Bürgerlichen Gesetzbuchs als erfüllt, sofern die bestehenden Verträge im Zeitpunkt des Inkrafttretens dieses Gesetzes diese Voraussetzungen erfüllt haben. ³Verträge mit einer längeren Laufzeit sind spätestens sechs Monate nach Inkrafttreten einer zu diesem Gesetz nach § 39 oder § 41 erlassenen Rechtsverordnung an die jeweils entsprechenden Vorschriften dieses Gesetzes und die jeweilige Rechtsverordnung nach Maßgabe dieser Rechtsverordnung anzupassen.

(3) ¹Bestehende Verträge über die Belieferung von Haushaltskunden mit Energie außerhalb der bis zum Inkrafttreten dieses Gesetzes bestehenden allgemeinen Versorgungspflicht mit einer Restlaufzeit von zwölf Monaten nach Inkrafttreten dieses Gesetzes bleiben unberührt. ²Bis dahin gelten die Voraussetzungen des § 310 Abs. 2 des Bürgerlichen Gesetzbuchs als erfüllt, sofern die bestehenden Verträge im Zeitpunkt des Inkrafttretens dieses Gesetzes diese Voraussetzungen erfüllt haben. ³Verträge mit einer längeren Laufzeit sind spätestens zwölf Monate nach Inkrafttreten einer zu diesem Gesetz nach § 39 oder § 41 erlassenen Rechtsverordnung an die entsprechenden Vorschriften dieses Gesetzes und die jeweilige Rechtsverordnung nach Maßgabe dieser Rechtsverordnung anzupassen. ⁴Sonstige bestehende Lieferverträge bleiben im Übrigen unberührt.

§ 116 Bisherige Tarifkundenverträge. ¹Unbeschadet des § 115 sind die §§ 10 und 11 des Energiewirtschaftsgesetzes vom 24. April 1998 (BGBl. I S. 730), das zuletzt durch Artikel 126 der Verordnung vom 25. November 2003 (BGBl. I S. 2304) geändert worden ist, sowie die Verordnung über Allgemeine Bedingungen für die Elektrizitätsversorgung von Tarifkunden vom 21. Juni 1979 (BGBl. I S. 684), zuletzt geändert durch Artikel 17 des Gesetzes vom 9. Dezember 2004 (BGBl. I S. 3214), und die Verordnung über Allgemeine Bedingungen für die Gasversorgung von Tarifkunden vom 21. Juni 1979 (BGBl. I S. 676), zuletzt geändert durch Artikel 18 des Gesetzes vom 9. Dezember 2004 (BGBl. I S. 3214), auf bestehende Tarifkundenverträge, die nicht mit Haushaltskunden im Sinne dieses Gesetzes abgeschlossen worden sind, bis zur Beendigung der bestehenden Verträge weiter anzuwenden. ²Bei Änderungen dieser Verträge und bei deren Neuabschluss gelten die Bestimmungen dieses Gesetzes sowie der auf Grund dieses Gesetzes erlassenen Rechtsverordnungen.

§ 117 Konzessionsabgaben für die Wasserversorgung. Für die Belieferung von Letztverbrauchern im Rahmen der öffentlichen Wasserversorgung gilt § 48 entsprechend.

§ 118 Übergangsregelungen. (1) § 22 Abs. 2 Satz 2 ist erst sechs Monate nach Inkrafttreten einer Rechtsverordnung über die Entgelte für den Zugang zu Elektrizitätsversorgungsnetzen nach § 24 anzuwenden.

(1 a) § 20 Abs. 1 b ist erst ab dem 1. Februar 2006 anzuwenden.

(1 b) [1] Betreiber von Elektrizitätsversorgungsnetzen haben erstmals drei Monate nach Inkrafttreten einer Rechtsverordnung über die Entgelte für den Zugang zu den Elektrizitätsversorgungsnetzen und Betreiber von Gasversorgungsnetzen erstmals sechs Monate nach Inkrafttreten einer Rechtsverordnung über die Entgelte für den Zugang zu den Gasversorgungsnetzen einen Antrag nach § 23 a Abs. 3 zu stellen. [2] § 23 a Abs. 5 gilt entsprechend.

(2) § 24 Satz 4 ist erst ab dem 1. Oktober 2007 anzuwenden.

(3) Abweichend von § 36 Abs. 2 ist Grundversorger bis zum 31. Dezember 2006 das Unternehmen, das die Aufgabe der allgemeinen Versorgung im Zeitpunkt des Inkrafttretens dieses Gesetzes durchgeführt hat.

(4) § 42 Abs. 1 und 6 ist erst ab dem 15. Dezember 2005 anzuwenden.

(5) Die Bundesregierung soll unverzüglich nach Vorlage des Berichts nach § 112 a Abs. 1 zur Einführung der Anreizregulierung den Entwurf einer Rechtsverordnung nach § 21 a Abs. 6 vorlegen.

(6) § 6 Abs. 2 ist mit Wirkung vom 26. Juni 2003 anzuwenden.

(7) § 17 Abs. 2 a gilt nur für Offshore-Anlagen, mit deren Errichtung bis zum 31. Dezember 2011 begonnen worden ist.

(8) Vor dem 17. Dezember 2006 beantragte Planfeststellungsverfahren oder Plangenehmigungsverfahren werden nach den Vorschriften dieses Gesetzes in der ab dem 17. Dezember 2006 geltenden Fassung zu Ende geführt.

Gesetz über die Elektrizitäts- und Gasversorgung (Energiewirtschaftsgesetz – EnWG) Kommentar

Teil 1. Allgemeine Vorschriften

§ 1 Zweck des Gesetzes

(1) **Zweck des Gesetzes ist eine möglichst sichere, preisgünstige, verbraucherfreundliche, effiziente und umweltverträgliche leitungsgebundene Versorgung der Allgemeinheit mit Elektrizität und Gas.**

(2) **Die Regulierung der Elektrizitäts- und Gasversorgungsnetze dient den Zielen der Sicherstellung eines wirksamen und unverfälschten Wettbewerbs bei der Versorgung mit Elektrizität und Gas und der Sicherung eines langfristig angelegten leistungsfähigen und zuverlässigen Betriebs von Energieversorgungsnetzen.**

(3) **Zweck dieses Gesetzes ist ferner die Umsetzung und Durchführung des Europäischen Gemeinschaftsrechts auf dem Gebiet der leitungsgebundenen Energieversorgung.**

Literatur: *Büdenbender,* Umweltschutz in der Novelle des Energiewirtschaftsgesetzes, DVBl. 2005, 1161; *Köhn,* Zweckkonforme Auslegung und Rechtsfortbildung im Energierecht, ZNER 2005, 16; *Kuxenko,* Zum Verhältnis von Wettbewerb und Gemeinwohlzielen im Energiewirtschaftsgesetz, UPR 2003, 373; *Schalast,* Der fortdauernde Zielkonflikt zwischen Umweltschutz und Wettbewerb im deutschen Energierecht, RdE 2001, 121; *Tettinger,* Zum Thema „Sicherheit" im Energierecht, RdE 2002, 225.

Übersicht

	Rn.
A. Allgemeines	1
I. Inhalt und Zweck	1
II. (Entstehungs-)Geschichte	2
III. Gemeinschaftsrechtliche Vorgaben	7
IV. Das EnWG im Verhältnis zu anderen Rechtsgebieten	8
1. Allgemeines Zivilrecht	9
2. Wettbewerbsrecht	12
3. (Energie-)Umweltrecht und Recht der technischen Sicherheit	13

	Rn.
B. Anwendungsbereich und Zweck des Gesetzes (§ 1 I)	18
I. Anwendungsbereich	18
II. Gesetzeszweck	22
1. Die einzelnen Gesetzeszwecke	23
a) Sicherheit	24
b) Preisgünstigkeit	28
c) Verbraucherfreundlichkeit	32
d) Effizienz	34
e) Umweltverträglichkeit	38
2. Rechtliche Bedeutsamkeit und Wirkung der Gesetzeszwecke	40
a) Verhältnis der Gesetzeszwecke zueinander	41
b) Auswirkungen auf die Auslegung und Anwendung spezieller Normen	43
C. Ziele der Netzregulierung (§ 1 II)	46
I. Funktion, Verhältnis zu § 1 I und rechtliche Bedeutung	46
II. Regulierung der Elektrizitäts- und Gasversorgungsnetze	48
III. Wettbewerb	49
IV. Sicherung funktionsfähiger Energieversorgungsnetze	50
D. Umsetzung und Durchführung des Europäischen Gemeinschaftsrechts (§ 1 III)	52

A. Allgemeines

I. Inhalt und Zweck

1 In der einleitenden Vorschrift des § 1, dem eine präambelartige Funktion zukommt, hat der Gesetzgeber zunächst die **allgemeinen Zwecke des Energiewirtschaftsgesetzes** niedergelegt (§ 1 I). Mit der „leitungsgebundenen Versorgung der Allgemeinheit mit Elektrizität und Gas" hat er in § 1 I zugleich den **Anwendungsbereich des EnWG** definiert. Darüber hinaus werden in § 1 II die Ziele genauer formuliert, denen die **Regulierung der Energieversorgungsnetze** dienen soll. Angesichts des Umstandes, daß das nationale Recht der leitungsgebundenen Energieversorgung in erheblichem Umfang durch europarechtliche Vorgaben geprägt ist, hebt § 1 III schließlich hervor, daß das EnWG auch der Umsetzung und Durchführung des **Europäischen Gemeinschaftsrechts** auf dem Gebiet der leitungsgebundenen Energieversorgung dient.

II. (Entstehungs-)Geschichte

Das EnWG 1935 hatte in seiner Präambel das Ziel in den Mittelpunkt gestellt, die „Energieversorgung so **sicher und billig** wie möglich zu gestalten".

In die Neufassung des § 1 aus dem Jahr 1998 wurde neben der Sicherheit und der Preisgünstigkeit auch die **Umweltverträglichkeit** der Energieversorgung, die zugleich in § 2 IV EnWG 1998 ausdrücklich definiert wurde (zum Zusammenhang vgl. BT-Drucks. 13/7274, S. 14), als zusätzliches Ziel aufgenommen. Dies war wohl auch der gesetzgeberische Versuch, Befürchtungen, die im EnWG 1998 vorgenommene Wettbewerbsöffnung und Deregulierung des Energiesektors könne Umweltrisiken provozieren, durch Hervorhebung des Umweltschutzzieles entgegenzutreten (vgl., in manchen Formulierungen diese Interpretation nahelegend, BT-Drucks. 13/7274, S. 13).

Die Zieltrias des EnWG 1998 wollte die Bundesregierung in ihrem Gesetzentwurf (BT-Drucks. 15/3917, S. 9) zunächst nur um das Ziel des **Verbraucherschutzes** ergänzen. In ihrer Gegenäußerung zu dem Streichungsvorschlag des Bundesrates (BR-Drucks. 613/04, S. 3) wies sie insbesondere auf die Vorschriften zur Stromkennzeichnung und zu den stärkeren Beteiligungsrechten der Verbraucherverbände hin, durch die das eigenständige Ziel des Verbraucherschutzes konkretisiert werde (BT-Drucks. 15/4068, S. 2). Auf Empfehlung des Ausschusses für Wirtschaft und Arbeit wurde dann zusätzlich auch noch das Ziel einer **„effizienten" Energieversorgung** aufgenommen. Damit sollte klargestellt werden, „daß die Effizienz der Energieversorgung, insbesondere auch die Kosteneffizienz der Energieversorgungsnetze, ebenfalls Zweck des Energiewirtschaftsgesetzes ist, das zur Erreichung dieses Zwecks um eine Reihe von Regelungen zur Effizienz der leitungsgebundenen Energieversorgung ergänzt worden ist" (BT-Drucks. 15/5268, S. 116).

Bereits der Regierungsentwurf hatte außerdem eine Ergänzung des bisherigen § 1 EnWG um eine Regelung zu den **Zielen der Regulierung** in § 1 II vorgesehen. Der Gesetzgeber wollte damit eine Zielvorgabe für die Auslegung und Anwendung der in dieser Form neuen Vorschriften über die Regulierung in den Teilen 2 und 3 schaffen (BT-Drucks. 15/3917, S. 47 f.).

Ebenfalls neu ist die Regelung in § 1 III, die die **Umsetzung und Durchführung des Europäischen Gemeinschaftsrechts** durch das Gesetz betont. Ausweislich der Gesetzesbegründung sollte hiermit insbesondere auch die Berücksichtigung der zwingenden gemeinschaftsrechtlichen Vorgaben bei der Gesetzesauslegung angemahnt werden (BT-Drucks. 15/3917, S. 48).

III. Gemeinschaftsrechtliche Vorgaben

7 Die Formulierung der Ziele in § 1 I deckt sich weitgehend mit den Zielvorgaben, die das **Gemeinschaftsrecht** für den Elektrizitäts- und den Gassektor enthält. So gibt Art. 3 I EltRl das Ziel eines „wettbewerbsorientierten, sicheren und unter ökologischen Aspekten nachhaltigen Elektrizitätsmarktes" vor, und Art. 3 II EltRl erlaubt mitgliedstaatliche Verpflichtungen der Unternehmen, die sich auf „Sicherheit, einschließlich Versorgungssicherheit, Regelmäßigkeit, Qualität und Preis der Versorgung sowie Umweltschutz, einschließlich Energieeffizienz und Klimaschutz, beziehen können". Nahezu wortgleiche Formulierungen finden sich in Art. 3 I und II GasRl.

IV. Das EnWG im Verhältnis zu anderen Rechtsgebieten

8 Für die leitungsgebundene Versorgung mit Elektrizität und Gas, die den Anwendungsbereich des EnWG ausmacht (vgl. Rn. 18 ff.), gilt in erster Linie die **allgemeine Rechtsordnung.** Die allgemeinen Regeln etwa des Zivil-, Wettbewerbs- oder des Umwelt- und des Rechts der technischen Sicherheit von Anlagen finden auf die einzelnen Akteure, Rechtsverhältnisse, Verhaltensweisen und Vorhaben der leitungsgebundenen Energieversorgung also grundsätzlich Anwendung. Die Normen des EnWG als **spezielles Energiewirtschaftsrecht** verdrängen oder modifizieren diese allgemeinen Regeln nur partiell, soweit ihr jeweiliger Anwendungsbereich reicht.

9 **1. Allgemeines Zivilrecht.** Den Rahmen für die Selbstorganisation der in der Energiewirtschaft tätigen Unternehmen liefert das allgemeine **Gesellschaftsrecht.** Es wird modifiziert durch die speziellen Entflechtungsregeln der §§ 6 ff.

10 Größte Bedeutung für das gesamte energiewirtschaftliche Geschehen kommt dem **allgemeinen Vertragsrecht** zu, das den Rahmen darstellt sowohl für die Netzanschluß-, Netznutzungs- und sonstigen Netzverträge (dazu *de Wyl/Müller-Kirchenbauer,* in: S/T, § 13, Rn. 49 ff., 130 ff.) als auch für die verschiedenen Formen von Energielieferungsverträgen (dazu *de Wyl/Essig/Holtmeier,* in: S/T, § 10, Rn. 48 ff., 103 ff.). Die vertragsrechtlichen Grundstrukturen mit ihren Regeln etwa zum Zustandekommen und zur Beendigung der Vertragsbeziehungen, zu Allgemeinen Geschäftsbedingungen oder zu Leistungsstörungen werden durch das EnWG schon deshalb nicht angetastet, weil nur das allgemeine Vertragsrecht die Gestaltungsfreiheit und Flexibilität gewährleistet, durch die die vielfältigen und sich wandelnden Beziehungen zwischen den an der Energieversorgung beteiligten Akteuren in rechtliche Formen gegossen werden können.

Allerdings wird die grundsätzliche Freiheit der an der Energieversorgung Beteiligten in ihrer Entscheidung darüber, ob und mit welchem Inhalt sie einen Vertrag abschließen wollen, aus Gründen der Ermöglichung oder Förderung von Wettbewerb (Netzzugang) oder aus Gründen des Verbraucherschutzes (Grundversorgung) durch das EnWG in vielfältiger Weise eingeschränkt. Rechtstechnisch geschieht dies regelmäßig in der Form des **Kontrahierungszwangs** (z. B. §§ 17 I, 18 I, 20 I), der behördlich und/oder gerichtlich durchgesetzt werden kann (näher dazu *Hermes,* ZHR 166 [2002], 433 ff.). Mit diesem Kontrahierungszwang notwendig verbunden sind Vorgaben für den Inhalt des (erzwungenen) Vertrages. Die Bestimmung dieses **Vertragsinhalts** kann sowohl durch Gesetz (z. B. § 41) oder Rechtsverordnung (§ 17 III, § 39 I und II) als auch durch regulierungsbehördliche Festlegung oder einzelfallbezogene Genehmigungs- (z. B. § 23 a) oder Untersagungsentscheidung erfolgen. Regelmäßig sieht das EnWG eine gestufte Konkretisierung der Vertragsinhalte vor, die von der gesetzlichen Vorgabe allgemeiner Kriterien über ihre weitere Konkretisierung durch Rechtsverordnung bis hin zur administrativen Einzelfallentscheidung reicht.

2. Wettbewerbsrecht. Auch die Anwendbarkeit des allgemeinen Wettbewerbsrechts bleibt durch das EnWG grundsätzlich unangetastet. Relevanz für die leitungsgebundene Energiewirtschaft kommt hier zunächst der **Fusionskontrolle** (dazu *Sanden,* EuZW 2004, 620 ff.) zu. Außerdem sind das Verbot der mißbräuchlichen Ausnutzung einer marktbeherrschenden Stellung nach § 19 GWB und das Diskriminierungsverbot nach § 20 GWB von großer praktischer Bedeutung (vgl. nur *Kühne,* NJW 2006, 654 ff.; *Säcker,* ZNER 2007, 114 ff.). Allerdings finden die kartellrechtlichen **Mißbrauchsaufsicht**snormen der §§ 19 und 20 GWB nach der Neufassung des EnWG aus dem Jahr 2005 nur noch insoweit Anwendung, als das EnWG oder die auf seiner Grundlage erlassenen Rechtsverordnungen keine abschließenden Regelungen treffen. Diese in **§ 111** ausdrücklich normierte Spezialität der energiewirtschaftsrechtlichen **(sektorspezifischen) Regulierung** bezieht sich – abgesehen von Einzelfragen der Abgrenzung (dazu § 111 Rn. 2 ff.) – auf die Normen des Teils 3 (§§ 11 ff.), die den Netzbetrieb, den Netzanschluß und den Netzzugang einschließlich des Bereichs der Ausgleichsleistungen betreffen. Demgegenüber enthält das EnWG für die Energieerzeugung, den Energiehandel und den Energievertrieb nur vereinzelt Normen, denen eine das allgemeine Wettbewerbsrecht verdrängende Spezialität zukommt. Aus dieser Überschneidung zwischen Energiewirtschafts- und Kartellrecht wie auch aus den Wechselwirkungen zwischen Netzregulierung einerseits und Mißbrauchsaufsicht über Energieerzeugung, -handel und -vertrieb andererseits resultiert ein erheblicher Abstimmungsbedarf zwischen den Kartellbehörden und der BNetzA. Diesen Koordinierungsbedarf sucht § 58 durch verfahrensrechtliche Vorkehrungen zu befriedigen.

13 **3. (Energie-)Umweltrecht und Recht der technischen Sicherheit.** Was den Standort des EnWG im System des Umweltrechts angeht, soweit dieses Bedeutung für die leitungsgebundene Energieversorgung hat, so bietet sich zunächst die Unterteilung in drei Regelungskomplexe an (s. dazu *Hermes,* in: FS Rehbinder, 2007, S. 569, 575 ff.): Einem ersten Bereich lassen sich die **anlagenbezogenen** Normen zuordnen, die Umweltbeeinträchtigungen durch Gewinnungs-, Erzeugungs- und Transportanlagen vermeiden oder minimieren sollen. Zunehmende Bedeutung kommt dem zweiten Komplex der energieumweltrechtlichen Normen zu, die die **Umwandlung** oder den **Verbrauch von Energie** auf das Ziel der Energieeffizienz (Energieeinsparung) ausrichten und auf diese Weise neben dem Umweltschutz im engeren Sinne (zum weiteren Begriff der Umweltverträglichkeit s. § 3 Nr. 33) auch der Ressourcenschonung (Versorgungssicherheit) dienen. Der dritte Regelungskomplex betrifft die Auswahl zwischen den verschiedenen Primärenergiearten für die Erzeugung von bzw. die Umwandlung in Elektrizität oder Wärme und ist vor allem durch Instrumente zur **Förderung erneuerbarer Energien** geprägt.

14 Das auf die verschiedenen **Energieanlagen** bezogene Umweltrecht findet sich vor allem im Immissionsschutz-, Atom-, Wasser-, Berg-, Raumordnungs-, Bau- und Naturschutzrecht (ausführlich dazu *Fehling,* in: S/T, § 7; *Büdenbender et al.,* S. 78 ff. und passim). Die in diesen Fachgesetzen statuierten materiellen und verfahrensrechtlichen (Genehmigungsvorbehalte etc.) Anforderungen werden durch das EnWG nicht berührt. Eine Ausnahme gilt lediglich für große **Leitungsvorhaben,** für die nach § 43 ein Planfeststellungs- oder Plangenehmigungsverfahren mit Konzentrationswirkung vorgesehen ist (s. § 43).

15 Der Teil des Energieumweltrechts, der sich mit der effizienten (s. § 3 Nr. 15 a) und sparsamen **Umwandlung von Energie (Energieeinsparung)** befaßt (zusammenfassend m. w. N. *Hermes,* in: Schulze/Zuleeg, Europarecht, 2006, § 35, Rn. 100 ff.), betrifft zum einen die Förderung der Erzeugung von Elektrizität in Anlagen mit Kraft-Wärme-Kopplung nach dem Gesetz für die Erhaltung, die Modernisierung und den Ausbau der Kraft-Wärme-Kopplung vom 19. 3. 2002 und zum anderen die gesetzlichen Anforderungen an die Gesamtenergieeffizienz von Gebäuden (Energieeinsparungsgesetz, Energieeinsparverordnung) und an die Effizienz energiebetriebener Geräte (Energieverbrauchskennzeichnungsgesetz). Das EnWG nimmt auf diese Normen partiell Bezug und enthält begleitende Vorschriften (vgl. z.B. § 13 I 2), läßt deren Anwendbarkeit aber vollständig unberührt.

Was schließlich die Steuerung des Primärenergieeinsatzes durch die **Förderung erneuerbarer Energien** angeht, so ist das einschlägige Instrumentarium einer gesetzlichen Abnahmepflicht für Strom zu gesetzlich festgelegten Mindestpreisen in dem Gesetz für den Vorrang Erneuerbarer Energien **(EEG)** enthalten, dessen Anwendbarkeit durch das EnWG unberührt bleibt (s. § 2 II sowie – zur Ausnahme nach § 13 I 2 – § 13, Rn. 15 ff.). Im übrigen enthält das EnWG eine Reihe flankierender Regelungen wie etwa die Verpflichtung zur Stromkennzeichnung nach § 42 I (vgl. außerdem §§ 18 II, 21a III, 35 I Nr. 6, 37 I, 49 IV). 16

Ergänzend zum anlagenbezogenen Umweltrecht (Rn. 14) sind die zahlreichen Normen und Regelwerke zu erwähnen, die die **technische Sicherheit** von Anlagen der Erzeugung, des Transports und der Umwandlung von Energie betreffen. Sie finden sich insbesondere in den nunmehr auf dem Gesetz über technische Arbeitsmittel und Verbraucherprodukte vom 6. Januar 2004 (BGBl. I S. 2) beruhenden Rechtsverordnungen (z.B. Druckbehälterverordnung, Dampfkesselverordnung) und bleiben durch das EnWG vollständig unberührt. 17

B. Anwendungsbereich und Zweck des Gesetzes (§ 1 I)

I. Anwendungsbereich

Ausweislich der Formulierung in § 1 I bezieht sich das gesamte Energiewirtschaftsgesetz (nur) auf die **„leitungsgebundene Versorgung der Allgemeinheit mit Elektrizität und Gas"**. § 1 I definiert auf diese Weise den Anwendungsbereich des Gesetzes. 18

Mit der Beschränkung auf **Elektrizität** und **Gas** werden andere Energieträger wie Fernwärme oder auch Mineralölprodukte sowie die meisten Primärenergieträger (Stein- und Braunkohle, Öl, Uran, Biomasse) aus dem Anwendungsbereich des Gesetzes auch dann ausgeschieden, wenn sie mittels Leitungen transportiert und/oder verteilt werden (Fernwärme, Öl). Wie sich aus § 3 Nr. 10c und Nr. 19a ergibt, ist unter „Gas" Erdgas, Flüssiggas, Biomethan, Gas aus Biomasse, Deponiegas, Klärgas und Grubengas zu verstehen. 19

20 Durch das Kriterium der **Leitungsgebundenheit** wird aus dem Anwendungsbereich des EnWG die Versorgung mit Gas ausgeschieden, die sich mittels anderer Transportsysteme als Leitungen (Tankwagen, Flaschengas etc.) vollzieht.

21 Schließlich werden durch das Kriterium der **Versorgung der Allgemeinheit** die Sachverhalte aus dem Anwendungsbereich des EnWG ausgeschieden, die das EnWG an verschiedenen Stellen als „Eigenversorgung" (§ 110 I Nr. 3, § 110 III) durch „Eigenanlagen" (§ 3 Nr. 13, § 37 I 3, § 110 III) zur Deckung des „Eigenbedarfs" (§ 37 I 1 und 3, § 110 III) anspricht. Diese Beschränkung entspricht der Funktion des EnWG, die Rahmenbedingungen für diejenigen wirtschaftlichen Austauschprozesse zu normieren, welche sich auf Elektrizität und Gas beziehen, soweit diese mittels Leitungen transportiert werden. Wo nicht mindestens zwei verschiedene Wirtschaftssubjekte an dem Vorgang der „Energieversorgung" beteiligt sind, fehlt es an dem wirtschaftlichen Austauschvorgang und damit an der Notwendigkeit energiewirtschaftsrechtlicher Normierung. Bleibende Regelungsnotwendigkeiten betreffen entweder die schwierigen Abgrenzungsfragen zwischen Eigen- und Fremdversorgung (§§ 37, 110) oder betreffen allein Fragen der Abwehr von Gefahren, die durch Anlagen der Eigenversorgung entstehen können. Letztere finden sich nicht im EnWG, sondern im einschlägigen Sicherheitsrecht (vgl. Rn. 13 ff.).

II. Gesetzeszweck

22 Während § 1 I seine Aussage zum Anwendungsbereich des EnWG (vgl. dazu Rn. 18 ff.) eher implizit trifft, hat er seinen ausdrücklichen, primären Regelungsgehalt in der **Festlegung der grundlegenden Zwecke des Gesetzes.** Dabei konnte dem früheren Verweis auf das Interesse der Allgemeinheit in § 1 EnWG 1998 und kann wohl auch der heutigen Bezugnahme auf die Versorgung der Allgemeinheit in § 1 I entnommen werden, daß das Gesetz insgesamt Interessen der Allgemeinheit zu dienen bestimmt ist (*Böwing*, in: VWEW, EnWG, Art. 1, § 1, Rn. 3); dies entspricht im übrigen auch der Beurteilung des *BVerfG*, das die Energieversorgung insgesamt als eine der öffentlichen Daseinsvorsorge dienende Aufgabe gekennzeichnet hat (*BVerfG*, NJW 1990, 1783). Diese allgemeine Zweckbestimmung des Gesetzes kann dabei nicht auf die einzelnen (privaten) EVU und ihr energiewirtschaftliches Verhalten als solches zielen: Zwar ist es nicht falsch, daß sie sich zur Durchsetzung ihrer Individual- oder Partikularinteressen nicht auf § 1 EnWG berufen können (*Böwing*, in: VWEW, EnWG, Art. 1, § 1, Rn. 3), doch hindert das selbstverständlich nicht, daß sie im Rahmen der gesetzlichen Vorgaben des EnWG ihre privaten, wirtschaftlichen Interessen verfolgen. Die Gesetzeszweckbestimmung gilt nicht dem privaten Verhalten als solchem, sondern allein den ihm vorgegebenen gesetzlichen Rahmenbedingungen; sie richtet sich insofern vor allem an die Anwender der gesetzlichen Vorgaben des EnWG. Insoweit aber wird mit Recht der Bindung an das Allgemeininteresse, die sich bereits aus dem Rechtsstaatsprinzip als allgemeine Bindung jeglicher hoheitlicher Rechtsetzung und -anwendung ableiten läßt, keine eigenständige rechtliche Bedeutung zuerkannt (*Theobald,* in: D/T, EnWG, § 1, Rn. 11). Darüber hinaus führende, eigenständige rechtliche Bedeutung kann vielmehr allenfalls den konkreteren Gesetzeszwecken des § 1 I zukommen.

1. Die einzelnen Gesetzeszwecke. In der heute geltenden Fassung stellt § 1 I dem EnWG **fünf einzelne Zwecke** voran, die zunächst je für sich auf ihren sachlichen Gehalt hin zu untersuchen sind. 23

a) Sicherheit. Der Gesetzeszweck der Sicherheit der Energieversorgung hat **zwei zu unterscheidende Zielrichtungen,** wie die Gesetzesbegründung zum EnWG 1998 deutlich gemacht hat (BT-Drucks. 13/7274, S. 14; vgl. auch *Tettinger,* RdE 2002, 225, 226). 24

Einerseits geht es um die **technische Sicherheit** der Energieversorgung und damit um die Ungefährlichkeit der Erzeugungs-, Transport- und Verteilungsanlagen für Menschen und Sachen (vgl. BT-Drucks. 13/7274, S. 14). Mit diesem Teilaspekt trägt der Gesetzeszweck dem besonderen Gefahrenpotential Rechnung, das der Energieversorgung im heutigen großtechnischen Maßstab, angesichts des Ausmaßes der Nachfrage und der zu ihrer Befriedigung erforderlichen technischen Anlagen, eigen ist. Zur Sicherstellung der erforderlichen Sicherheit der Energieversorgungsanlagen trägt das EnWG selbst, namentlich in § 49, Rechnung und im übrigen das jeweils einschlägige anlagenbezogene Umweltrecht (vgl. dazu Rn. 13 ff.) bzw. das besondere technische Sicherheitsrecht, also etwa das Atomrecht, das Bergrecht etc. Dem dahinter stehenden Gesetzeszweck des § 1 bleibt danach im wesentlichen deklaratorische und ansonsten allenfalls auslegungsdirigierende und lückenschließende Funktion (vgl. *Salje,* EnWG, § 1, Rn. 25). 25

Andererseits zielt dieser Gesetzeszweck aber auch auf die **Versorgungssicherheit** i. S. einer stets ausreichenden und ununterbrochenen Befriedigung der Nachfrage nach Energie (vgl. *Büdenbender,* EnWG, § 13, Rn. 17; *Salje,* EnWG, § 1, Rn. 26). Dieser Aspekt von Sicherheit der Energieversorgung gewinnt seine Bedeutung einerseits aus der elementaren Angewiesenheit des einzelnen in seiner privaten Existenz wie auch des gesamten wirtschaftlichen und öffentlichen Lebens auf eine stetige, ausreichende leitungsgebundene Versorgung mit Energie; ande- 26 rerseits erscheint es unter den Bedingungen der Wettbewerbsöffnung und Deregulierung im Energiesektor besonders bedeutsam, diesen Zweck der gesetzlichen Regelungen hervorzuheben. Denn unter diesen Bedingungen ist die Energieversorgung von den unter Wettbewerbsbedingungen zu treffenden Entscheidungen der einzelnen Wirtschaftssubjekte abhängig. Die gesetzliche Gewährleistung von Versorgungssicherheit muß wiederum vor allem zwei Aspekte beachten. Zum einen verlangt die Versorgungssicherheit – wie auch schon die Sicherheit i. S. v. Ungefährlichkeit der Anlagen (vgl. Rn. 25) – technische Zuverlässigkeit der Energieversorgung; eine mengenmäßig ausreichende Energieversorgung setzt das Vorhandensein ausreichend dimensionierter Erzeugungs-, Transport- und Verteilungsanlagen voraus, und vor allem verlangt eine ununterbrochene, ausfallsichere Energieversorgung eine entsprechende, auch redundante Auslegung der nötigen Anlagen (*Salje,* EnWG, § 1, Rn. 27). Wie danach unmittelbar einleuchtet, ist Versorgungssicherheit zum anderen auch auf einer ökonomischen Ebene zu gewährleisten; auf dieser Ebene wird Versorgungssicherheit vor allem verlangen, daß die nötigen Finanzmittel für die Unterhaltung von Reservekapazitäten, für Wartungsarbeiten, Reparaturen, Erneuerungs- und Ersatzinvestitionen bereit stehen (*Salje,* EnWG, § 1, Rn. 27).

27 Ob auch **Preisgünstigkeit ein Teilaspekt von Versorgungssicherheit** ist, kann offen bleiben, nachdem das Ziel einer preisgünstigen Versorgung eigenständig und damit abschließend als Gesetzeszweck (vgl. dazu Rn. 28 ff.) genannt ist (*Theobald,* in: D/T, EnWG, § 1, Rn. 16). In der Sache erscheint das Verhältnis von (Versorgungs-)Sicherheit und Preisgünstigkeit der Energieversorgung ambivalent: Einerseits kann Preisgünstigkeit als Voraussetzung und Element von Versorgungssicherheit verstanden werden, weil der stetige Energiebezug ökonomisch nur gesichert ist, wenn er auch bezahlbar ist. Andererseits kann die Preisgünstigkeit auch mit der Sicherheit der Versorgung konfligieren, weil diese besonderen Kostenaufwand mit preissteigernder Wirkung verursacht (*Salje,* EnWG, § 1, Rn. 31). Diese Ambivalenz ist nunmehr freilich irrelevant für die Bestimmung des Gesetzeszwecks der Sicherheit, sondern als Zielkonflikt zwischen den gesondert ausgewiesenen Gesetzeszwecken der Sicherheit und der Preisgünstigkeit auszumitteln (vgl. zu Zielkonflikten in § 1 allgemein Rn. 41).

28 **b) Preisgünstigkeit.** Das frühere Ziel einer möglichst billigen Energieversorgung (s. Rn. 2) findet sich seit dem EnWG 1998 sprachlich etwas verändert im Gesetzeszweck der Preisgünstigkeit wieder. Unabhängig von der Frage, ob dieser Austausch der Begriffe auch eine inhaltlich Veränderung bedeutet (dies verneinend *Böwing,* in: VWEW, EnWG, Art. 1, § 1, Rn. 4.3), zielt Preiswürdigkeit jedenfalls **nicht ein-**

fach nur auf möglichst billigen Energiebezug für die Endkunden. Vielmehr verlangt mit Blick auf diesen Gesetzeszweck ebenso auch die individuelle Leistungsfähigkeit des jeweiligen EVU wie auch die Notwendigkeit der Erhaltung von Investitionskraft und -bereitschaft und der Erzielung von angemessenen Gewinnen Beachtung (*Theobald,* in: D/T EnWG, § 1, Rn. 19; vgl. auch *Salje,* EnWG, § 1, Rn. 37).

Die Verwirklichung dieses Gesetzeszwecks steht in besonderer **Ab-** 29 **hängigkeit vom Ordnungsrahmen der Energieversorgung.** Der Gesetzgeber des EnWG 1935 hatte volkswirtschaftlich schädliche Auswirkungen des Wettbewerbs vermeiden wollen und folglich die Preisgünstigkeit der in monopolistischen Strukturen erfolgenden Energieversorgung über Instrumente staatlicher Aufsicht sicherstellen müssen (vgl. *Böwing,* in: VWEW, EnWG, Art. 1, § 1, Rn. 4.3). Der Gesetzgeber des EnWG 1998 ging hingegen davon aus, daß die Allgemeinwohlziele, insbesondere auch das Ziel der Preisgünstigkeit der Energieversorgung sich gerade in einem wettbewerblichen System am besten realisieren lassen (BT-Drucks. 13/7274, S. 13). Unter diesen Bedingungen sollte Preisgünstigkeit eine Versorgung zu Wettbewerbspreisen, ersatzweise zu möglichst geringen Kosten bedeuten (BT-Drucks. 13/7274, S. 14).

In dem Ordnungsrahmen des EnWG 2005 wird **Preisgünstigkeit** 30 **durch Wettbewerb, aber auch durch ergänzende Instrumente** sicherzustellen sein. Wettbewerb allein dürfte jedenfalls im Haushaltskunden- bzw. Kleinabnehmersegment schon deshalb keine hinreichende Gewähr bieten, weil er sich hier erst noch entwickelt; insofern erscheinen die verbraucherschützenden Vorgaben der Art. 3 V EltRl, Art. 3 III 4 GasRl und des EnWG (vgl. auch Rn. 33), die etwa Preistransparenz und Erleichterung des Lieferantenwechsels anstreben, auch als ein Beitrag zur Erreichung von Preisgünstigkeit. Außerdem stellt im Bereich der Netznutzung die hoheitliche Regulierung der Netznutzungsentgelte sich als besonders bedeutsame Ausprägung der Verwirklichung dieses Gesetzeszwecks dar (*Theobald,* in: D/T, EnWG, § 1, Rn. 18).

Preisgünstigkeit meint nicht **Sozialverträglichkeit.** Insbesondere 31 rechtfertigt dieses Ziel daher nicht etwa eine Quersubventionierung zugunsten bestimmter sozial schwacher Abnehmergruppen (*Theobald,* in: D/T EnWG, § 1, Rn. 20).

c) **Verbraucherfreundlichkeit.** Die eigenständige Funktion des mit 32 dem EnWG 2005 neu eingefügten (vgl. Rn. 4) weiteren Ziels der Verbraucherfreundlichkeit erschließt sich nicht ohne weiteres. Verbraucherfreundlichkeit läßt sich weithin als **Oberbegriff zu den anderen Zielen insbesondere der Versorgungssicherheit, Preisgünstigkeit und Umweltverträglichkeit** verstehen (so der Einwand des Bundesrates gegen die Aufnahme dieses Gesetzeszwecks in BT-Drucks. 15/3917, Anlage 2, S. 78). Eine sichere, preisgünstige und umweltverträgliche Energieversorgung dürfte zugleich auch die Anforderungen an eine verbraucherfreundliche Versorgung weitgehend erfüllen (*Theobald,* in: D/T, EnWG, § 1, Rn. 23).

33 Anhaltspunkte für die inhaltliche Konkretisierung, insbesondere die Ermittlung des eigenständigen, zusätzlichen Regelungsgehalts dieses Gesetzeszwecks ergeben sich aus den einschlägigen gemeinschaftsrechtlichen Vorgaben, die auch den Anstoß zur Aufnahme des Gesetzeszwecks gegeben haben. Es handelt sich um **Art. 3 V EltRl, Art. 3 III 4 GasRl, jeweils i. V. m. Anhang A.** Diese Bestimmungen schreiben den Mitgliedstaaten u. a. Maßnahmen in Bezug auf die Transparenz der Vertragsbedingungen, allgemeine Informationen und Streitbeilegungsverfahren sowie zur Erleichterung des Lieferantenwechsels vor. Diese Vorgaben setzt das EnWG in verschiedenen Vorschriften, insbesondere aber in den §§ 36 ff. um. Die BReg hat den eigenständigen Stellenwert dieses Gesetzeszwecks insbesondere in den Vorschriften zur Stromkennzeichnung sowie zu stärkeren Beteiligungsrechten der Verbraucherverbände verwirklicht gesehen (BT-Drucks. 15/4068, S. 2).

34 d) **Effizienz.** Das Ziel der Effizienz, um das § 1 I erst im Gesetzgebungsverfahren ergänzt worden ist (vgl. Rn. 4), ist aus sich heraus zunächst inhaltlich offen, da Effizienz lediglich einen möglichst geringen Aufwand zur Erreichung eines bestimmten Zieles verlangt. Auch dem Effizienzziel des § 1 I kann **unterschiedliche Wirkungsrichtung** beigemessen werden, je nachdem welche Zielsetzung und welcher Aufwand maßgeblich sein soll.

35 Die Begründung für den Vorschlag zur Einführung dieses Gesetzeszwecks stellte auf Effizienz der Energieversorgung insbesondere i. S. v. **Kosteneffizienz** ab, und zwar vor allem hinsichtlich der Energieversorgungsnetze; es sollte klargestellt werden, daß dies ebenfalls ein Zweck des – insoweit um eine Reihe von Regelungen ergänzten – EnWG sei (BT-Drucks. 15/5268, S. 116). In diesem Verständnis gewinnt das Effizienzziel, wie vor allem auch der besondere Hinweis auf die insoweit regulierungsbedürftigen Energieversorgungsnetze belegt, eine besondere Nähe zum anderen Gesetzeszweck der Preisgünstigkeit (vgl. *Theobald,* in: D/T, EnWG, § 1, Rn. 17).

36 Effizienz i. S. v. § 1 I kann jedoch auch als **Energieeffizienz,** also Effizienz des Einsatzes von Primärenergieträgern bei der Erzeugung, beim Transport und bei der Verteilung von Energie verstanden werden (vgl. *Salje,* EnWG, § 1, Rn. 46). In diesem Sinne wird Effizienz etwa in Art. 3 II 1 und 3 EltRl gefordert. Das gleiche Verständnis findet sich auch in der Definition von Energieeffizienzmaßnahmen in § 3 Nr. 15 a sowie in §§ 14 II, 53. In dieser Zielrichtung steht das Effizienzziel dem Umweltverträglichkeitszweck, der insbesondere auch Nachhaltigkeit und Ressourcenschonung umfaßt (vgl. Rn. 39), nahe.

Der **mögliche Zielkonflikt zwischen Energieeffizienz und** 37 **Kosteneffizienz** stellt sich damit zunächst als interner, im Verständnis des Effizienzziels auszutragender Konflikt dar. Zugleich kann er aber auch als Konflikt zwischen den anderen Gesetzeszwecken der Preisgünstigkeit einerseits, der Umweltverträglichkeit andererseits verstanden werden.

e) **Umweltverträglichkeit.** Das bereits 1998 eingefügte Ziel der 38 Umweltverträglichkeit der Energieversorgung kann sich auf **verpflichtende gemeinschafts- und verfassungsrechtliche Vorgaben** (vgl. dazu *Salje,* EnWG, § 1, Rn. 23) stützen. Gemeinschaftsrechtlich ist das Umweltschutzziel im europäischen Primärrecht (Art. 3 I lit. 1 i. V. m. Art. 174, 175, 176 EG) und konkretisierend insbesondere den Art. 6 II lit. c, 11 III, 14 IV EltRl festgeschrieben. Zudem ist es verfassungsrechtlich allgemein in Art. 20 a GG verankert.

Der einfachgesetzlich in § 1 I aufgenommene Gesetzeszweck der 39 Umweltverträglichkeit erfährt seine Konkretisierung in der **Definition des § 3 Nr. 33,** die – bis auf die Einfügung des Oberbegriffs der Nachhaltigkeit im ersten Halbsatz – dem Vorbild des § 2 IV EnWG 1998 folgt. Umweltverträglichkeit soll danach bedeuten, daß die Energieversorgung den Erfordernissen eines nachhaltigen, insbesondere rationellen und sparsamen Umgangs mit Energie genügt, eine schonende und dauerhafte Nutzung von Ressourcen gewährleistet ist und die Umwelt möglichst wenig belastet wird; hervorgehoben wird die Bedeutung der Nutzung von Kraft-Wärme-Kopplung und erneuerbaren Energien als Instrumente zur Erreichung der vorgenannten Ziele. Die darin zum Ausdruck kommenden leitenden Prinzipien werden als Einsparungsprinzip, Nachhaltigkeitsprinzip sowie Belastungsminimierungsprinzip gekennzeichnet (*Salje,* EnWG, § 1, Rn. 2). Der Berücksichtigung dieser Prinzipien dienen verschiedene Regelungen des EnWG (s. dazu *Büdenbender,* DVBl. 2005, 1161, 1165 ff.), so z. B. die Regelung über die Stromkennzeichnung (§ 42). Im übrigen spielt für die Erreichung gerade auch der Umweltverträglichkeitsziele das spezialgesetzlich geregelte (Umwelt-)Energierecht etwa in Gestalt des KWKG, des EEG oder des Energieeinsparungsgesetzes (vgl. dazu Rn. 13 ff.) eine besondere Rolle.

2. Rechtliche Bedeutsamkeit und Wirkung der Gesetzeszwe- 40 **cke.** Aus einer isolierten Anwendung des § 1 I lassen sich **keine Rechtsfolgen** begründen. Die Vorschrift ist in diesem Sinne nicht unmittelbar vollziehbar (für § 1 EnWG 1998 etwa *Büdenbender,* EnWG, § 1, Rn. 11).

Dies folgt bereits aus den allgemeinen verfassungsrechtlichen Anforderungen, die der Vorbehalt des Gesetzes und das Bestimmtheitsgebot an die Präzision solcher Normen stellen, die – gerichtlich oder behördlich durchsetzbare – Pflichten begründen sollen. Die rechtliche Bedeutsamkeit dieser Norm liegt – neben der Bestimmung des Anwendungsbereichs des EnWG (s. Rn. 18 ff.) – vielmehr darin, die **Auslegung und Anwendung spezieller Normen des Energiewirtschaftsgesetzes** zu determinieren. Das gilt insbesondere für die Konkretisierung unbestimmter Rechtsbegriffe, für die Präzisierung des Zweckes, an dem sich Ermessensentscheidungen gem. § 40 VwVfG zu orientieren haben, und für die Identifizierung derjenigen öffentlichen Belange, die im Rahmen von Abwägungs- und Normsetzungsentscheidungen zu berücksichtigen sind.

41 **a) Verhältnis der Gesetzeszwecke zueinander.** Die Orientierung an den Zwecken des § 1 I kann die Auslegung und Anwendung energiewirtschaftsrechtlicher Normen allerdings nur in begrenztem Umfang steuern. Abgesehen von der fehlenden Präzision der einzelnen Zwecke (Rn. 24 ff.), resultiert dies vor allem daraus, daß das Verhältnis der verschiedenen Zwecke zueinander in § 1 I selbst nicht präzisiert wird. Obwohl § 1 I im Singular von dem „Zweck" spricht, handelt es sich nämlich bei den anschließend aufgelisteten Adjektiven, die die Qualitätsmaßstäbe und Anforderungen an die leitungsgebundene Versorgung der Allgemeinheit mit Elektrizität und Gas umschreiben, um durchaus **konkurrierende** oder konfligierende **Ziele** (zu Zielkomplementarität, Zielneutralität und Zielkonkurrenz s. die Hinweise bei *Salje,* EnWG, § 1, Rn. 48 ff.). Diese verschiedenen Ziele lassen sich nicht – harmonisierend – als ein einheitlicher Zweck begreifen, der in seiner abstrakten Umschreibung bereits die unterschiedlichen Ziele zu einem Ausgleich gebracht oder die offensichtlichen Konflikte z. B. zwischen einer möglichst preisgünstigen und einer möglichst umweltfreundlichen Versorgung aufgelöst hat. Auch für die Entscheidung, wie im Rahmen einzelfallbezogener Auslegungs-, Ermessens- oder Abwägungsentscheidungen die durch die „Zielpluralität" (*Salje,* EnWG, § 1, Rn. 51) verursachten Konflikte zu einem Ausgleich zu bringen sind, enthält § 1 I keine Maßstäbe.

42 Vor diesem Hintergrund kann § 1 I nur ein **Berücksichtigungs- und Optimierungsgebot** des Inhalts entnommen werden, bei der Auslegung und bei der einzelfallbezogenen Anwendung spezieller energiewirtschaftsrechtlicher Normen alle Zwecke zu berücksichtigen und dabei den Ausgleich zwischen konkurrierenden Zwecken in einer Weise vorzunehmen, daß alle Zwecke möglichst optimal erfüllt werden.

b) Auswirkungen auf die Auslegung und Anwendung spezieller Normen. Die rechtliche Bedeutung der in § 1 I genannten Zwecke als Auslegungs-, Ermessens- und Abwägungsdirektive scheint zunächst von dem Umstand abzuhängen, ob spezielle Normen des EnWG einen **expliziten Verweis auf § 1 I** (§§ 2 I, 13 I 3, 17 II 1, 20 II 1, 21 a VI 2 Nr. 8, 27 2 und 4, 28 II 1, 37 III 2, 39 I 1, 43 I 5) enthalten oder nicht. Allerdings kommt den ausdrücklichen Verweisen auf § 1 I lediglich **deklaratorische Bedeutung** zu, weil bei der Auslegung unbestimmter Rechtsbegriffe sowie bei Ermessens- oder Abwägungsnormen auch ohne einen solchen expliziten Verweis auf § 1 I nach allgemeinen Regeln eine Berücksichtigung der Gesetzeszwecke erforderlich ist.

43

Eine Sonderrolle nehmen allerdings solche Normen ein, die zur Konkretisierung einzelner Tatbestandsmerkmale lediglich auf **einzelne** der in § 1 I genannten **Zwecke verweisen** (z. B. § 53) oder nur einen der in § 1 I genannten Zwecke als Tatbestandselement verwenden (z. B. Versorgungssicherheit in § 28 a I Nr. 1, Umweltverträglichkeit in § 112 Nr. 2). In diesen Fällen stellt sich insbesondere nicht die Frage, wie Konflikte zwischen den in § 1 I genannten Zielen zum Ausgleich zu bringen sind. Vielmehr dient das jeweilige Ziel – ggf. i. V. m. einer Begriffsbestimmung in § 3 – nur als vor die Klammer gezogener Begriff, dessen einheitliches Verständnis im System der einzelnen Normen des EnWG sicherzustellen ist.

44

Soweit die in § 1 I genannten Ziele insgesamt – sei es wegen eines ausdrücklichen Verweises, sei es nach allgemeinen Auslegungsregeln (Rn. 43) – zu berücksichtigen sind, gilt dies sowohl für die – abstrakte – **Auslegung** unbestimmter Begriffe der jeweiligen Norm als auch für die – konkrete – **Anwendung** der Norm auf den Einzelfall. Bei **Ermessens**entscheidungen wird – vorbehaltlich speziellerer Ermessensdirektiven – durch § 1 I der Zweck konkretisiert, dem entsprechend die Behörde ihr Ermessen gem. § 40 VwVfG auszuüben hat. Bei (planerischen) **Abwägungs**entscheidungen sind die in § 1 I genannten Ziele als öffentliche Belange zwingend zu berücksichtigen. Bei dem **Erlaß von Rechtsverordnungen** gehört § 1 I neben den Vorgaben der jeweiligen Verordnungsermächtigungsnorm zu den Normen, die Inhalt, Zweck und Ausmaß der Verordnungsermächtigung i. S. d. Art. 80 I 2 GG bestimmen. Unabhängig von der – rechtstheoretischen – Tragfähigkeit der Unterscheidung zwischen Normsetzung, -auslegung und -anwendung verpflichtet § 1 I die zuständigen Exekutiv- und Rechtsprechungsorgane dazu, im Prozeß der fortschreitenden Konkretisierung energiewirtschaftsrechtlicher Prinzipien durch Rechtsverordnungen, Verwaltungsvorschriften, Verwaltungsakte und sonstige Maßnahmen

45

jeweils die Ziele des § 1 I in dem Umfang zu berücksichtigen, in dem dem jeweiligen Entscheidungsträger durch höherrangige und/oder vorangegangene Konkretisierungen noch Spielräume verbleiben.

C. Ziele der Netzregulierung (§ 1 II)

I. Funktion, Verhältnis zu § 1 I und rechtliche Bedeutung

46 In § 1 II sind mit dem wirksamen und unverfälschten Wettbewerb sowie der Leistungsfähigkeit und Zuverlässigkeit des Netzbetriebs **spezielle Ziele der Netzregulierung** festgelegt. Sie entsprechen der allgemeinen Vorgabe in Art. 3 I EltRl und Art. 3 I GasRl, wonach die Mitgliedstaaten dafür Sorge zu tragen haben, daß Elektrizitäts- und Erdgasunternehmen „im Hinblick auf die Errichtung eines wettbewerbsorientierten" Energiemarktes betrieben werden. Die Vorschrift betrifft nach ihrem sachlichen Anwendungsbereich (Netze) und nach dem Kreis der Vorschriften des EnWG, für die sie Bedeutung erlangen soll (Netzregulierung), einen Teilbereich dessen, was § 1 I zum Gegenstand hat. Denn § 1 I erfaßt die leitungsgebundene Energieversorgung insgesamt und beansprucht bei der Auslegung, Anwendung etc. (s. o. Rn. 43 ff.) aller Normen des EnWG Berücksichtigung.

47 Dennoch steht **§ 1 II zu § 1 I nicht** in einem **Verhältnis der Spezialität** in dem Sinne, daß im Bereich der Netzregulierung die Ziele des § 1 I durch diejenigen des § 1 II verdrängt würden. Vielmehr treten die Ziele des § 1 II ergänzend zu denen des § 1 I hinzu (so auch die Begründung in BT-Drucks. 15/3917, S. 47). In der Sache bedeutet dies, daß die Netzregulierung neben der Sicherheit, Preisgünstigkeit, Verbraucherfreundlichkeit, Effizienz und Umweltverträglichkeit der leitungsgebundenen Energieversorgung insgesamt auch dem wirksamen und unverfälschten Wettbewerb und einem leistungsfähigen und zuverlässigen Netzbetrieb dienen soll. Konflikte zwischen den in § 1 II genannten Zielen der Netzregulierung einerseits und den in § 1 I genannten Zielen des gesamten Energiewirtschaftsgesetzes andererseits sind durch das systematische Verhältnis der beiden Absätze nicht entschieden und müssen im Rahmen der Anwendung der jeweiligen speziellen energiewirtschaftsrechtlichen Norm gelöst werden. Umgekehrt ist es offensichtlich nicht die Funktion des § 1 II, die Relevanz des Wettbewerbsziels oder die Ziele eines leistungsfähigen und zuverlässigen Netzbetriebs auf die Vorschriften zur Netzregulierung zu beschränken. Vielmehr sollte die besondere Bedeutung hervorgehoben werden, die diesen Zielen „insbesondere" für die Regulierung der Netze zukommt (so ausdrücklich BT-Drucks. 15/3917, S. 48).

II. Regulierung der Elektrizitäts- und Gasversorgungsnetze

Die in § 1 II benannten Ziele gelten nach dem Wortlaut der Norm **48** nur für Energieversorgungsnetze im Sinne des § 3 Nr. 16, die der Versorgung der Allgemeinheit dienen, und sind nur im Rahmen der Auslegung und Anwendung derjenigen Normen zu berücksichtigen, die als „Regulierung" angesprochen werden. § 1 II nimmt damit zunächst die Gesamtheit der **Vorschriften des Teils 3** (§§ 11 bis 35) in Bezug, die der Gesetzgeber der Überschrift „Regulierung des Netzbetriebs" zugeordnet hat. Darüber hinaus gehören auch die Vorschriften des Teils 2 über die **Entflechtung** (§§ 6 ff.) zur Regulierung der Elektrizitäts- und Gasversorgungsnetze i. S. d. § 1 II. Dafür spricht neben der amtlichen Begründung (BT-Drucks. 15/3917, S. 47) die bekannte Funktion der Entflechtungsregelungen, die in einer Flankierung der Netzzugangsregeln liegt. Unabhängig davon wird in § 6 I nochmals ausdrücklich hervorgehoben, daß die Entflechtungsregeln dem Ziel der Gewährleistung von Transparenz sowie diskriminierungsfreier Ausgestaltung und Abwicklung des Netzbetriebs dienen. Da diese (Unter-)Ziele offensichtlich im Dienste eines wirksamen und unverfälschten Wettbewerbs stehen, dürfte kein Zweifel daran bestehen, daß auch bei der Auslegung und Anwendung der Entflechtungsregeln das (Ober-)Ziel des Wettbewerbs bei der Versorgung mit Elektrizität und Gas zu berücksichtigen ist. Schließlich sind die in § 1 II genannten Ziele – neben denjenigen des § 1 I – auch bei der Auslegung und Anwendung von **Vorschriften außerhalb des 2. und 3. Teils** zu berücksichtigen, sofern ihnen Wettbewerbsrelevanz zukommt. Denn die besondere Betonung der netzspezifischen Regulierungsziele hat nicht die Funktion, die Berücksichtigung dieser Ziele im Rahmen anderer wettbewerbs- oder versorgungssicherheitsrelevanter Normen auszuschließen (s. o. Rn. 47).

III. Wettbewerb

Mit der ausdrücklichen Betonung, daß die Regulierung der Energie- **49** versorgungsnetze dem Ziel der Sicherstellung eines wirksamen und unverfälschten Wettbewerbs bei der Versorgung mit Elektrizität und Gas auf den vor- und nachgelagerten Marktstufen dient (BT-Drucks. 15/3917, S. 47 f.), zieht der Gesetzgeber die Konsequenzen aus ökonomischen, rechtswissenschaftlichen und staatstheoretischen Erkenntnissen zur **Sonderstellung von (Infrastruktur-)Netzen** (s. dazu nur *Hermes*, S. 256 ff.; *Kühling*, S. 11 ff., *Schneider*, Liberalisierung, S. 128 ff. jew. m. w. N.). Jenseits vielfacher Differenzierungen lassen sich diese Erkenntnisse dahin zusammenfassen, daß die Ausstattung mit funktionsfähigen und flächendeckenden Energieversorgungsnetzen zu den Basisfaktoren funktionierender arbeitsteiliger Volkswirtschaften gehört, daß es sich bei diesen Netzen um natürliche Monopole handelt und daß Wettbewerb auf den Ebenen der Energieerzeugung und des Handels nur dann funktionieren kann, wenn der gleichberechtigte Zugang von Erzeugern und Verbrauchern zu wettbewerbsneutral betriebenen Übertragungs- und Verteilungsnetzen sichergestellt ist. Solange die Energieversorgungsnetze nicht vom Staat oder einer sonstigen unabhängigen und neutralen Institution betrieben werden, ist die letztgenannte Voraussetzung angesichts von Verflechtungen zwischen Unternehmen verschiedener Marktstufen nur durch intensive Regulierung (Entflechtung, Netzanschluß, Netzzugang) zu haben.

IV. Sicherung funktionsfähiger Energieversorgungsnetze

50 Indem der Gesetzgeber in § 1 II das Ziel der Sicherung eines langfristig angelegten leistungsfähigen und zuverlässigen Betriebs der Energieversorgungsnetze besonders hervorhebt, reagiert der Gesetzgeber vor allem auf die Erkenntnis, daß für ein Unternehmen, das als **Monopolist** ein **Energieversorgungsnetz** betreibt, keine Marktanreize existieren, dieses Netz dem langfristig prognostizierbaren Bedarf entsprechend zu unterhalten und auszubauen. Dieses „Marktversagen" kann nur durch Regulierungsinstrumente kompensiert werden.

51 Ziel dieser Netzregulierung muß es zum einen sein, den Bedarf an Transportkapazitäten durch die Unterhaltung und einen nachfragegerechten Ausbau der Netze zu decken **(Leistungsfähigkeit)**. Zum anderen ist durch Unterhaltungs- und Ausbaumaßnahmen sicherzustellen, daß Energieversorgungsnetze in qualitativer und quantitativer Hinsicht auf Belastungsspitzen, technische Störungen, partielle Netzausfälle und ähnliche Ereignisse ausgelegt sind, damit das Risiko von Versorgungsunterbrechungen minimiert wird **(Zuverlässigkeit)**. Beide Ziele können angesichts beachtlicher Umsetzungszeiträume nur erreicht werden, wenn die erforderlichen Netzmaßnahmen **langfristig angelegt** sind. Maßstab kann deshalb nicht der aktuelle, sondern muß der prognostizierbare zukünftige Bedarf sein, der einerseits anhand der von den (potentiellen) Netznutzern nachgefragten Kapazitäten und andererseits auf der Grundlage (raum-)planerischer Rahmendaten und weiterer fachplanerischer Vorgaben (Einzelheiten bei *Hermes,* in: S/T, § 6, Rn. 2 ff.) zu ermitteln ist.

D. Umsetzung und Durchführung des Europäischen Gemeinschaftsrechts (§ 1 III)

In § 1 III „stellt" § 1 „klar" (so ausdrücklich BT-Drucks. 15/ 3917, S. 48), daß das Gesetz auch der Umsetzung und Durchführung des Gemeinschaftsrechts auf dem Gebiet der leitungsgebundenen Energieversorgung dient. In der Gesetzesbegründung wird in diesem Zusammenhang außerdem hervorgehoben, daß zwingende gemeinschaftsrechtliche Vorgaben „bei der Auslegung der Vorschriften des Gesetzes zu berücksichtigen" sind (BT-Drucks. 15/3917, S. 48). Auf diese Weise hebt das Gesetz an prominenter Stelle den offensichtlichen Umstand hervor, daß die Neufassung des Energiewirtschaftsgesetzes aus dem Jahr 2005 in erheblichem Umfang durch die EltRl und die GasRl determiniert ist, und erinnert die diesem Gesetz unterworfenen Unternehmen, Behörden, Gerichte wie auch alle sonstigen Rechtsanwender daran, daß in Zweifelsfällen die Notwendigkeit einer gemeinschaftsrechts- und insbesondere **richtlinienkonformen Auslegung** in Betracht zu ziehen ist.

§ 1 III enthält keine Bezugnahme auf spezielle Richtlinien und beansprucht deshalb auch für die Umsetzung und Durchführung zukünftigen Sekundärrechts – ggf. nach entsprechender Änderung oder Ergänzung des Energiewirtschaftsgesetzes – Geltung. Daneben enthält das Gesetz in seiner amtlichen Fußnote entsprechend den Vorgaben in **Art. 30 III EltRl**, **Art. 33 III GasRl** und **Art. 11 der RL 2004/67/EG** über Maßnahmen zur Gewährleistung der sicheren Erdgasversorgung den ausdrücklichen Hinweis, daß es der Umsetzung dieser drei Richtlinien dient.

52

53

§ 2 Aufgaben der Energieversorgungsunternehmen

(1) **Energieversorgungsunternehmen sind im Rahmen der Vorschriften dieses Gesetzes zu einer Versorgung im Sinne des § 1 verpflichtet.**

(2) **Die Verpflichtungen nach dem Erneuerbare-Energien-Gesetz und nach dem Kraft-Wärme-Kopplungsgesetz bleiben vorbehaltlich des § 13 unberührt.**

Literatur: *Büdenbender*, Umweltschutz in der Novelle des Energiewirtschaftsgesetzes, DVBl. 2006, 1161.

Übersicht

	Rn.
A. Allgemeines	1
I. Inhalt und Zweck	1
II. (Entstehungs-)Geschichte	3
B. Versorgungspflicht der EVU (§ 2 I)	6
I. Reichweite der Versorgungspflicht	6
II. Vorbehalt des Rahmens der weiteren Vorschriften	8
C. Verpflichtungen nach EEG und KWKG (§ 2 II)	11
I. Grundsätzlicher Vorrang von EEG und KWKG	11
II. Vorrang des § 13	12

A. Allgemeines

I. Inhalt und Zweck

1 Die Bestimmung enthält eine grundsätzliche, allgemeine Regelung der **Pflichtenstellung der EVU im Hinblick auf das EnWG einerseits, EEG und KWKG andererseits**. § 2 I enthält ihre Verpflichtung zu einer Versorgung nach § 1, freilich unter dem Vorbehalt der näheren Regelung in weiteren Vorschriften des EnWG. § 2 II betont die grundsätzliche, nur durch § 13 modifizierte Bindung an die Verpflichtungen nach EEG und KWKG und regelt insoweit das Verhältnis zu Regelungen des Sonderenergierechts (vgl. § 1, Rn. 13 ff.).

2 Der Bestimmung kommt im wesentlichen **deklaratorische und allenfalls klarstellende Funktion** zu. Nach der Begründung des Gesetzentwurfs (vgl. BT-Drucks. 15/3917, S. 48) soll namentlich in § 2 I die wirtschaftliche Eigenverantwortung der EVU besonders betont werden. Das ist der Bestimmung freilich kaum, allenfalls in dem Vorbehalt zugunsten der weiteren Vorschriften des Gesetzes zu entnehmen. Vielmehr geht es dem Regelungsgehalt des § 2 I nach eher darum, vor dem Hintergrund der im EnWG 2005 durch Liberalisierungs- und Entflechtungsregelungen (vgl. §§ 6 ff.) begründeten wirtschaftlichen Eigenverantwortung der EVU die grundsätzliche Versorgungsverpflichtung der EVU appellativ hervorzuheben. Die Gesetzesbegründung betont dabei vor allem die Verpflichtung zur notwendigen Zusammenarbeit der nun rechtlich selbständigen Energieerzeuger, Netzbetreiber und Stromhändler. Dahinter steht die gesetzgeberische Sorge, Energieerzeuger und -lieferanten könnten – anders als bislang die integrierten EVU mit Netzbetrieb – sich u. U. wegen mangelnder Gewinnträchtigkeit aus der Versorgung von Kunden zurückziehen und die hinreichende Energieversorgung gefährden (vgl. *Salje,* EnWG, § 2, Rn. 6 f.). Dieser Gefahr soll die Regelung, wenn auch nur mit dem keine zusätzliche rechtliche Bindung erzeugenden Mittel des Appells, entgegenwirken. In ähnlicher, klarstellender Absicht will § 2 II den grundsätzlichen Vorrang der Verpflichtungen aufgrund spezieller, sonderenergierechtlicher Gesetze klarstellen; auch insoweit handelt es sich um eine rechtlich bloß deklaratorische, vornehmlich in ihrem politischen Aussagegehalt bedeutsame Regelung (*Büdenbender,* DVBl. 2006, 1161, 1166).

II. (Entstehungs-)Geschichte

Die Vorschrift, die sich also zumindest teilweise ihrer Funktion nach 3 geradezu als Reaktion auf Liberalisierung und Entflechtung im neuen EnWG verstehen läßt, ist **in ihrer heutigen Form ohne unmittelbaren Vorgänger** im früheren Energiewirtschaftsrecht. Bis dahin gab es weder eine so prominent plazierte Regelung der Pflichtenstellung der EVU an der Spitze des Gesetzes noch eine Vorschrift, die sowohl die Versorgungspflicht im Rahmen des EnWG wie auch die sonderenergierechtlichen Verpflichtungen zusammenfassend thematisiert hätte. Auch die einzelnen Regelungsgehalte von § 2 I und § 2 II können sich nur partiell und bedingt auf je eigene Vorläufer beziehen.

Die **Regelung einer grundsätzlichen energiewirtschaftsrecht- 4 lichen Versorgungspflicht** fand sich im EnWG 1935 allenfalls in Gestalt von § 8 EnWG 1935, der die – regelmäßig als (Monopol-)Gebietsversorger tätigen – Elektrizitätsversorgungsunternehmen unter Androhung der Betriebsuntersagung dazu anhielt, im Rahmen ihrer Versorgungsaufgabe u. a. den Ausbau und die technische Sicherheit des Stromnetzes zu gewährleisten. Unter veränderten Rahmenbedingungen ordnete dann der im Zuge des Gesetzgebungsverfahrens (vgl. BT-Drucks. 13/7274, S. 33 f.) zur Umsetzung der EltRl alt eingefügte § 4 I EnWG 1998 an, daß Elektrizitätsversorgungsunternehmen zu einem Betrieb ihres Versorgungsnetzes verpflichtet sind, der eine Versorgung entsprechend den Zielen des § 1 EnWG 1998 sicherstellt. Diese Regelung war allerdings zum einen auf Elektrizitätsversorgungsunternehmen beschränkt und blieb dies auch, nachdem der Versuch einer Ausdehnung auf die Gasversorgung im Rahmen der sog. Gasnovelle des Jahres 2002 (vgl. § 4a des Entwurfs, BT-Drucks. 14/5969, S. 5, 8 f.) mit dieser gescheitert war. Zum anderen erfaßte die grundsätzliche Betriebspflicht von vornherein nur den Versorgungsnetzbetrieb. An § 4 I EnWG 1998 in der Sache teilweise anknüpfend (*Salje,* EnWG, § 2, Rn. 1) enthielt bereits der RegE des EnWG 2005 die Regelung des heutigen § 2 I (BT-Drucks. 15/3917, S. 9); sie hat das Gesetzgebungsverfahren unverändert durchlaufen.

5 Die **Regelung des Verhältnisses zu sonderenergierechtlichen Regelungen** hat ihren Vorläufer in § 2 V EnWG 1998 bzw. § 2 VI EnWG i. d. F. des Änderungsgesetzes vom 20. Mai 2003 (BGBl. I S. 686); danach richtete sich die Abnahme- und Vergütungspflicht für die Einspeisung von Elektrizität aus erneuerbaren Energien in das Netz für die allgemeine Versorgung nach dem früher geltenden Stromeinspeisungsgesetz bzw. dem ihm nachfolgenden EEG. An diese Regelung knüpfte § 2 Abs. 2 RegE sachlich an; der Verweis auf „§ 2 Abs. 5 des geltenden Energiewirtschaftsgesetzes" in der Gesetzesbegründung (BT-Drucks. 15/3917, S. 48) bezieht sich möglicherweise verfehlt auf die Absatzzählung der Ursprungsfassung von 1998, beruht jedenfalls offenbar auf einem Versehen (i. E. ebenso *Theobald,* in: D/T, EnWG, § 2, Rn. 11; *Salje,* EnWG, § 2, Rn. 1; *Büdenbender,* DVBl. 2006, 1161, 1166). § 2 II RegE erklärte zunächst nur die Verpflichtungen nach dem EEG für unberührt; im Zuge der Beratungen ist dann noch, im Zusammenhang mit der Ergänzung von § 13 I 2 um einen Hinweis auf das KWKG, eine Gleichstellung der Verpflichtungen nach dem KWKG erfolgt (vgl. BT-Drucks. 15/5268, S. 11, 25, 116 f., 118).

B. Versorgungspflicht der EVU (§ 2 I)

I. Reichweite der Versorgungspflicht

6 Aus der Beschreibung der Verpflichteten und des Verpflichtungsgegenstandes in § 2 I ergibt sich, daß grundsätzlich **alle EVU i. S. v. § 3 Nr. 18** (*Theobald,* in: D/T, EnWG, § 2, Rn. 6) und damit die gesamte leitungsgebundene Versorgung anderer mit Energie erfaßt sein sollen. § 2 I geht damit in zwei Hinsichten über den früheren § 4 I EnWG 1998 (vgl. Rn. 4) hinaus: Zum einen unterwirft § 2 I nicht mehr nur Elektrizitätsversorgungsunternehmen, sondern auch Gasversorgungsunternehmen der grundsätzlichen Versorgungspflicht. Zum anderen beschränkt sich die Versorgungspflicht nach § 2 I nicht mehr nur auf den Betrieb des Versorgungsnetzes, sondern umfaßt alle Marktstufen der Wertschöpfungskette der leitungsgebundenen Energieversorgung, also insbesondere auch die Energieerzeugung einerseits, den Handel und die Belieferung mit Energie andererseits. Darin kommt die besondere Sorge des Gesetzgebers zum Ausdruck, unter den Bedingungen von Liberalisierung und Entflechtung könnten gerade die auf diesen Marktstufen tätigen EVU sich u. U. aus der Versorgung zurückziehen (Rn. 2).

7 In der Sache spricht § 2 I eine grundsätzliche **Verpflichtung zu einer Versorgung i. S. v. § 1** aus. Über die grundlegende Verpflichtung zur Erbringung der jeweiligen Energieversorgungsleistung hinaus steckt darin auch eine Verpflichtung der EVU auf die Ziele, die in § 1 grundlegend als Gesetzeszwecke niedergelegt sind. Als solche Gesetzeszwecke richten sie sich zunächst an die Gesetzesanwender, nicht an die EVU in Wahrnehmung der ihnen eingeräumten wirtschaftlichen Eigenverantwortlichkeit (vgl. § 1, Rn. 22). § 2 I unternimmt den Versuch, diese Ziele auch dem unternehmerischen Handeln der EVU vorzugeben.

II. Vorbehalt des Rahmens der weiteren Vorschriften

§ 2 I begründet jedoch **keine eigenständigen, rechtlich verbindlichen und durchsetzbaren Versorgungspflichten**, weder grundsätzlich noch konkreter im Hinblick auf die Ziele des § 2 I. Dies folgt daraus, daß die Versorgungspflicht des § 2 I unter den ausdrücklichen Vorbehalt gestellt ist, daß sie nur im Rahmen der weiteren Vorschriften des EnWG besteht. 8

Rechtlich bindende, ggf. durchsetzbare Pflichten können sich daher allein aus **einzelnen sonstigen Vorschriften des EnWG** ergeben. Eine konkrete Versorgungspflicht besteht aber gemäß § 11 I, der insoweit in der Regelungstradition des § 4 I EnWG 1998 bleibt, nur für Betrieb, Wartung und Ausbau von Energieversorgungsnetzen (vgl. näher die Erläuterungen zu § 11). Für Energieerzeuger und Energiehändler hingegen besteht keine gesetzliche Versorgungspflicht, sieht man von der Grundversorgungsverpflichtung für energieliefernde EVU nach § 36 ab (*Salje*, EnWG, § 2, Rn. 6). Diese erfaßt aber zum einen nur Haushaltskunden und damit nicht die Versorgung insgesamt (*Theobald*, in: D/T, EnWG, § 2, Rn. 7); zum anderen läßt sich aus der Grundversorgungspflicht auch nicht ableiten, daß das insoweit verpflichtete EVU seine Versorgungstätigkeit nicht insgesamt einstellen dürfte (vgl. § 36 II 4; dazu § 36, Rn. 53). Angesichts dieser unterschiedlich ausgeprägten konkreten Betriebspflichten bleibt die Erstreckung der allgemeinen Versorgungspflicht nach § 2 I über den Netzbetrieb hinaus auch auf die anderen Marktstufen der leitungsgebundenen Energieversorgung (vgl. Rn. 6) praktisch folgenlos (*Salje*, EnWG, § 2, Rn. 1). 9

Im Ergebnis erweist sich damit die Regelung des § 2 I als **rechtlich ohne besondere Bedeutung.** Sie erscheint als ein eher hilfloser Versuch des Gesetzgebers, den vermuteten Gefahren von Liberalisierung und Entflechtung für die Versorgungssicherheit zu wehren. Unter diesen Bedingungen hängt die Versorgung im wesentlichen, soweit nicht die konkrete Betriebspflicht des § 11 I greift, davon ab, daß die EVU im Rahmen ihrer eigenen wirtschaftlichen Verantwortung unter Wettbe- 10 werbsbedingungen die nötigen Versorgungsleistungen anbieten (*Salje,* EnWG, § 2, Rn. 9, hält die Regelung daher für „schlichtweg überflüssig"; ähnlich *Theobald,* in: D/T, EnWG, § 2, Rn. 8, 10).

C. Verpflichtungen nach EEG und KWKG (§ 2 II)

I. Grundsätzlicher Vorrang von EEG und KWKG

11 Die Fortgeltung von EEG und KWGK folgt schon daraus, daß sie Spezialgesetze zum EnWG sind (*Theobald,* in: D/T, EnWG, § 2, Rn. 12; *Büdenbender,* DVBl. 2006, 1166). § 2 II stellt den **grundsätzlichen Vorrang der Spezialitätsregel vor der lex-posterior-Regel** im Verhältnis von EEG sowie KWKG und nachfolgendem EnWG noch einmal klar. EVU müssen also ungeachtet des EnWG, soweit nicht § 13 EnWG eingreift (vgl. Rn. 13), die Verpflichtungen nach EEG und KWKG beachten.

II. Vorrang des § 13

12 Mit dem Vorbehalt zugunsten des § 13 erkennt § 2 II eine bereits unter dem EnWG 1998 anerkannte, aus dem Gebot der Versorgungssicherheit abgeleitete Befugnis des netzbereibenden EVU an (*Salje,* EnWG, § 2, Rn. 13; *Theobald,* in: D/T, EnWG, § 2, Rn. 14). § 13 regelt nunmehr ausdrücklich die **Systemverantwortlichkeit des Betreibers von (Strom-)Übertragungsnetzen und daraus folgende besondere Befugnisse, u. a. im Hinblick auf die Stromeinspeisung** (vgl. näher die Kommentierung zu § 13). Hierdurch können auch durch EEG und KWKG begründete Verpflichtungen des EVU zur Einspeisung von Strom in der Sache temporär überlagert werden. In Krisensituationen kommen vor allem Maßnahmen zur Anpassung von Stromeinspeisungen nach § 13 II in Betracht, eingeschränkt auch Maßnahmen nach § 13 I (vgl. BT-Drucks. 15/3917, S. 48; BT-Drucks. 15/5268, S. 116 f.); bei netzbezogenen Maßnahmen nach § 13 I 1 verlangt § 13 I 2 die Berücksichtigung der Verpflichtungen nach § 4 I EEG, § 4 I KWKG (vgl. § 13, Rn. 15 ff.), worin man zugleich eine Bestätigung des grundsätzlichen Vorrangs des § 13 erkennen kann (zum Zusammenhang zwischen Einfügung des Hinweises auf § 4 KWKG in § 13 I 2 und Ausdehnung des § 2 II auf die Verpflichtungen nach KWKG vgl. Rn. 5).

§ 3 Begriffsbestimmungen

Im Sinne dieses Gesetzes bedeutet

1. Ausgleichsleistungen
   Dienstleistungen zur Bereitstellung von Energie, die zur Deckung von Verlusten und für den Ausgleich von Differenzen zwischen Ein- und Ausspeisung benötigt wird, zu denen insbesondere auch Regelenergie gehört,
1 a. Ausspeisekapazität
   im Gasbereich das maximale Volumen pro Stunde in Normkubikmeter, das an einem Ausspeisepunkt aus einem Netz oder Teilnetz insgesamt ausgespeist und gebucht werden kann,
1 b. Ausspeisepunkt
   ein Punkt, an dem Gas aus einem Netz oder Teilnetz eines Netzbetreibers entnommen werden kann,
2. Betreiber von Elektrizitätsversorgungsnetzen
   natürliche oder juristische Personen oder rechtlich unselbständige Organisationseinheiten eines Energieversorgungsunternehmens, die Betreiber von Übertragungs- oder Elektrizitätsverteilernetzen sind,
3. Betreiber von Elektrizitätsverteilernetzen
   natürliche oder juristische Personen oder rechtlich unselbständige Organisationseinheiten eines Energieversorgungsunternehmens, die die Aufgabe der Verteilung von Elektrizität wahrnehmen und verantwortlich sind für den Betrieb, die Wartung sowie erforderlichenfalls den Ausbau des Verteilernetzes in einem bestimmten Gebiet und gegebenenfalls der Verbindungsleitungen zu anderen Netzen,
4. Betreiber von Energieversorgungsnetzen
   Betreiber von Elektrizitätsversorgungsnetzen oder Gasversorgungsnetzen,
5. Betreiber von Fernleitungsnetzen
   natürliche oder juristische Personen oder rechtlich unselbständige Organisationseinheiten eines Energieversorgungsunternehmens, die die Aufgabe der Fernleitung von Erdgas wahrnehmen und verantwortlich sind für den Betrieb, die Wartung sowie erforderlichenfalls den Ausbau des Fernleitungsnetzes in einem bestimmten Gebiet und gegebenenfalls der Verbindungsleitungen zu anderen Netzen,
6. Betreiber von Gasversorgungsnetzen
   natürliche oder juristische Personen oder rechtlich unselbständige Organisationseinheiten eines Energieversorgungsunternehmens, die Gasversorgungsnetze betreiben,

7. **Betreiber von Gasverteilernetzen**
   natürliche oder juristische Personen oder rechtlich unselbständige Organisationseinheiten eines Energieversorgungsunternehmens, die die Aufgabe der Verteilung von Gas wahrnehmen und verantwortlich sind für den Betrieb, die Wartung sowie erforderlichenfalls den Ausbau des Verteilernetzes in einem bestimmten Gebiet und gegebenenfalls der Verbindungsleitungen zu anderen Netzen,
8. **Betreiber von LNG-Anlagen**
   natürliche oder juristische Personen oder rechtlich unselbständige Organisationseinheiten eines Energieversorgungsunternehmens, die die Aufgabe der Verflüssigung von Erdgas oder der Einfuhr, Entladung und Wiederverdampfung von verflüssigtem Erdgas wahrnehmen und für den Betrieb einer LNG-Anlage verantwortlich sind,
9. **Betreiber von Speicheranlagen**
   natürliche oder juristische Personen oder rechtlich unselbständige Organisationseinheiten eines Energieversorgungsunternehmens, die die Aufgabe der Speicherung von Erdgas wahrnehmen und für den Betrieb einer Speicheranlage verantwortlich sind,
10. **Betreiber von Übertragungsnetzen**
    natürliche oder juristische Personen oder rechtlich unselbständige Organisationseinheiten eines Energieversorgungsunternehmens, die verantwortlich sind für den Betrieb, die Wartung sowie erforderlichenfalls den Ausbau des Übertragungsnetzes in einem bestimmten Gebiet und gegebenenfalls der Verbindungsleitungen zu anderen Netzen,

10 a. **Bilanzkreis**
im Elektrizitätsbereich innerhalb einer Regelzone die Zusammenfassung von Einspeise- und Entnahmestellen, die dem Zweck dient, Abweichungen zwischen Einspeisungen und Entnahmen durch ihre Durchmischung zu minimieren und die Abwicklung von Handelstransaktionen zu ermöglichen,

10 b. **Bilanzzone**
im Gasbereich der Teil eines oder mehrerer Netze, in dem Ein- und Ausspeisepunkte einem bestimmten Bilanzkreis zugeordnet werden können,

10 c. **Biogas**
Biomethan, Gas aus Biomasse, Deponiegas, Klärgas und Grubengas,

§ 3

11. **dezentrale Erzeugungsanlage**
    eine an das Verteilernetz angeschlossene verbrauchs- und lastnahe Erzeugungsanlage,

12. **Direktleitung**
    eine Leitung, die einen einzelnen Produktionsstandort mit einem einzelnen Kunden verbindet, oder eine Leitung, die einen Elektrizitätserzeuger und ein Elektrizitätsversorgungsunternehmen zum Zwecke der direkten Versorgung mit ihrer eigenen Betriebsstätte, Tochterunternehmen oder Kunden verbindet, oder eine zusätzlich zum Verbundnetz errichtete Gasleitung zur Versorgung einzelner Kunden,

13. **Eigenanlagen**
    Anlagen zur Erzeugung von Elektrizität zur Deckung des Eigenbedarfs, die nicht von Energieversorgungsunternehmen betrieben werden,

13 a. **Einspeisekapazität**
    im Gasbereich das maximale Volumen pro Stunde in Normkubikmeter, das an einem Einspeisepunkt in ein Netz oder Teilnetz eines Netzbetreibers insgesamt eingespeist werden kann,

13 b. **Einspeisepunkt**
    ein Punkt, an dem Gas an einen Netzbetreiber in dessen Netz oder Teilnetz übergeben werden kann, einschließlich der Übergabe aus Speichern, Gasproduktionsanlagen, Hubs oder Misch- und Konversionsanlagen,

14. **Energie**
    Elektrizität und Gas, soweit sie zur leitungsgebundenen Energieversorgung verwendet werden,

15. **Energieanlagen**
    Anlagen zur Erzeugung, Speicherung, Fortleitung oder Abgabe von Energie, soweit sie nicht lediglich der Übertragung von Signalen dienen, dies schließt die Verteileranlagen der Letztverbraucher sowie bei der Gasversorgung auch die letzte Absperreinrichtung vor der Verbrauchsanlage ein,

15 a. **Energieeffizienzmaßnahmen**
    Maßnahmen zur Verbesserung des Verhältnisses zwischen Energieaufwand und damit erzieltem Ergebnis im Bereich von Energieumwandlung, Energietransport und Energienutzung,

16. **Energieversorgungsnetze**
    Elektrizitätsversorgungsnetze und Gasversorgungsnetze über eine oder mehrere Spannungsebenen oder Druckstufen,

17. **Energieversorgungsnetze der allgemeinen Versorgung**
Energieversorgungsnetze, die der Verteilung von Energie an Dritte dienen und von ihrer Dimensionierung nicht von vornherein nur auf die Versorgung bestimmter, schon bei der Netzerrichtung feststehender oder bestimmbarer Letztverbraucher ausgelegt sind, sondern grundsätzlich für die Versorgung jedes Letztverbrauchers offen stehen,

18. **Energieversorgungsunternehmen**
natürliche oder juristische Personen, die Energie an andere liefern, ein Energieversorgungsnetz betreiben oder an einem Energieversorgungsnetz als Eigentümer Verfügungsbefugnis besitzen,

18 a. **Erneuerbare Energien**
Energie im Sinne des § 3 Abs. 1 des Erneuerbare-Energien-Gesetzes,

19. **Fernleitung**
der Transport von Erdgas durch ein Hochdruckfernleitungsnetz, mit Ausnahme von vorgelagerten Rohrleitungsnetzen, um die Versorgung von Kunden zu ermöglichen, jedoch nicht die Versorgung der Kunden selbst,

19 a. **Gas**
Erdgas, Flüssiggas, sofern es der Versorgung im Sinne des § 1 Abs. 1 dient, und Biogas,

19 b. **Gaslieferant**
natürliche und juristische Personen, deren Geschäftstätigkeit ganz oder teilweise auf den Vertrieb von Gas zum Zwecke der Belieferung von Letztverbrauchern ausgerichtet ist,

20. **Gasversorgungsnetze**
alle Fernleitungsnetze, Gasverteilernetze, LNG-Anlagen oder Speicheranlagen, die für den Zugang zur Fernleitung, zur Verteilung und zu LNG-Anlagen erforderlich sind und die einem oder mehreren Energieversorgungsunternehmen gehören oder von ihm oder von ihnen betrieben werden, einschließlich Netzpufferung und seiner Anlagen, die zu Hilfsdiensten genutzt werden, und der Anlagen verbundener Unternehmen, ausgenommen sind solche Netzteile oder Teile von Einrichtungen, die für örtliche Produktionstätigkeiten verwendet werden,

21. **Großhändler**
natürliche oder juristische Personen mit Ausnahme von Betreibern von Übertragungs-, Fernleitungs- sowie Elektrizitäts- und Gasverteilernetzen, die Energie zum Zwecke des Weiterver-

kaufs innerhalb oder außerhalb des Netzes, in dem sie ansässig sind, kaufen,
22. **Haushaltskunden**
Letztverbraucher, die Energie überwiegend für den Eigenverbrauch im Haushalt oder für den einen Jahresverbrauch von 10 000 Kilowattstunden nicht übersteigenden Eigenverbrauch für berufliche, landwirtschaftliche oder gewerbliche Zwecke kaufen,
23. **Hilfsdienste**
sämtliche zum Betrieb eines Übertragungs- oder Elektrizitätsverteilernetzes erforderlichen Dienste oder sämtliche für den Zugang zu und den Betrieb von Fernleitungs- oder Gasverteilernetzen oder LNG-Anlagen oder Speicheranlagen erforderlichen Dienste, einschließlich Lastausgleichs- und Mischungsanlagen, jedoch mit Ausnahme von Anlagen, die ausschließlich Fernleitungsnetzbetreibern für die Wahrnehmung ihrer Aufgaben vorbehalten sind,
24. **Kunden**
Großhändler, Letztverbraucher und Unternehmen, die Energie kaufen,
25. **Letztverbraucher**
Kunden, die Energie für den eigenen Verbrauch kaufen,
26. **LNG-Anlage**
eine Kopfstation zur Verflüssigung von Erdgas oder zur Einfuhr, Entladung und Wiederverdampfung von verflüssigtem Erdgas; darin eingeschlossen sind Hilfsdienste und die vorübergehende Speicherung, die für die Wiederverdampfung und die anschließende Einspeisung in das Fernleitungsnetz erforderlich sind, jedoch nicht die zu Speicherzwecken genutzten Teile von LNG-Kopfstationen,
27. **Netzbetreiber**
Netz- oder Anlagenbetreiber im Sinne der Nummern 2 bis 7 und 10,
28. **Netznutzer**
natürliche oder juristische Personen, die Energie in ein Elektrizitäts- oder Gasversorgungsnetz einspeisen oder daraus beziehen,
29. **Netzpufferung**
die Speicherung von Gas durch Verdichtung in Fernleitungs- und Verteilernetzen, ausgenommen sind Einrichtungen, die Fernleitungsnetzbetreibern bei der Wahrnehmung ihrer Aufgaben vorbehalten sind,

29 a. neue Infrastruktur
eine Infrastruktur, die nach dem 12. Juli 2005 in Betrieb genommen worden ist,

29 b. örtliches Verteilernetz
ein Netz, das überwiegend der Belieferung von Letztverbrauchern über örtliche Leitungen, unabhängig von der Druckstufe oder dem Durchmesser der Leitungen, dient; für die Abgrenzung der örtlichen Verteilernetze von den vorgelagerten Netzebenen wird auf das Konzessionsgebiet abgestellt, in dem ein Netz der allgemeinen Versorgung im Sinne des § 18 Abs. 1 und des § 46 Abs. 2 betrieben wird einschließlich von Leitungen, die ein örtliches Verteilernetz mit einem benachbarten örtlichen Verteilernetz verbinden,

30. Regelzone
im Bereich der Elektrizitätsversorgung das Netzgebiet, für dessen Primärregelung, Sekundärregelung und Minutenreserve ein Betreiber von Übertragungsnetzen im Rahmen der Union für die Koordinierung des Transports elektrischer Energie (UCTE) verantwortlich ist,

31. Speicheranlage
eine einem Gasversorgungsunternehmen gehörende oder von ihm betriebene Anlage zur Speicherung von Gas, einschließlich des zu Speicherzwecken genutzten Teils von LNG-Anlagen, jedoch mit Ausnahme des Teils, der für eine Gewinnungstätigkeit genutzt wird, ausgenommen sind auch Einrichtungen, die ausschließlich Betreibern von Leitungsnetzen bei der Wahrnehmung ihrer Aufgaben vorbehalten sind,

31 a. Teilnetz
im Gasbereich ein Teil des Transportgebiets eines oder mehrerer Netzbetreiber, in dem ein Transportkunde gebuchte Kapazitäten an Ein- und Ausspeisepunkten flexibel nutzen kann,

31 b. Transportkunde
im Gasbereich Großhändler, Gaslieferanten einschließlich der Handelsabteilung eines vertikal integrierten Unternehmens und Letztverbraucher,

32. Übertragung
der Transport von Elektrizität über ein Höchstspannungs- und Hochspannungsverbundnetz zum Zwecke der Belieferung von Letztverbrauchern oder Verteilern, jedoch nicht die Belieferung der Kunden selbst,

§ 3

33. **Umweltverträglichkeit**
    dass die Energieversorgung den Erfordernissen eines nachhaltigen, insbesondere rationellen und sparsamen Umgangs mit Energie genügt, eine schonende und dauerhafte Nutzung von Ressourcen gewährleistet ist und die Umwelt möglichst wenig belastet wird, der Nutzung von Kraft-Wärme-Kopplung und erneuerbaren Energien kommt dabei besondere Bedeutung zu,
34. **Verbindungsleitungen**
    Anlagen, die zur Verbundschaltung von Elektrizitätsnetzen dienen, oder eine Fernleitung, die eine Grenze zwischen Mitgliedstaaten quert oder überspannt und einzig dem Zweck dient, die nationalen Fernleitungsnetze dieser Mitgliedstaaten zu verbinden,
35. **Verbundnetz**
    eine Anzahl von Übertragungs- und Elektrizitätsverteilernetzen, die durch eine oder mehrere Verbindungsleitungen miteinander verbunden sind, oder eine Anzahl von Gasversorgungsnetzen, die miteinander verbunden sind,
36. **Versorgung**
    die Erzeugung oder Gewinnung von Energie zur Belieferung von Kunden, der Vertrieb von Energie an Kunden und der Betrieb eines Energieversorgungsnetzes,
37. **Verteilung**
    der Transport von Elektrizität mit hoher, mittlerer oder niederer Spannung über Elektrizitätsverteilernetze oder der Transport von Gas über örtliche oder regionale Leitungsnetze, um die Versorgung von Kunden zu ermöglichen, jedoch nicht die Belieferung der Kunden selbst,
38. **vertikal integriertes Energieversorgungsunternehmen**
    ein im Elektrizitäts- oder Gasbereich tätiges Unternehmen oder eine im Elektrizitäts- oder Gasbereich tätige Gruppe von Unternehmen, die im Sinne des Artikels 3 Abs. 2 der Verordnung (EG) Nr. 139/2004 des Rates vom 20. Januar 2004 über die Kontrolle von Unternehmenszusammenschlüssen (ABl. EU Nr. L 24 S. 1) miteinander verbunden sind, wobei das betreffende Unternehmen oder die betreffende Gruppe im Elektrizitätsbereich mindestens eine der Funktionen Übertragung oder Verteilung und mindestens eine der Funktionen Erzeugung oder Vertrieb von Elektrizität oder im Erdgasbereich mindestens eine der Funktionen Fernleitung, Verteilung, Betrieb einer LNG-Anlage oder Speicherung und gleichzeitig eine der Funktionen Gewinnung oder Vertrieb von Erdgas wahrnimmt,

39. vorgelagertes Rohrleitungsnetz
Rohrleitungen oder ein Netz von Rohrleitungen, deren Betrieb oder Bau Teil eines Öl- oder Gasgewinnungsvorhabens ist oder die dazu verwendet werden, Erdgas von einer oder mehreren solcher Anlagen zu einer Aufbereitungsanlage, zu einem Terminal oder zu einem an der Küste gelegenen Endanlandeterminal zu leiten, mit Ausnahme solcher Netzteile oder Teile von Einrichtungen, die für örtliche Produktionstätigkeiten verwendet werden.

Übersicht

	Rn.
A. Allgemeines	1
I. Inhalt und Zweck	1
II. (Entstehungs-)Geschichte	4
III. Gemeinschaftsrechtliche Vorgaben	7
IV. Verhältnis zu den anderen Vorschriften des EnWG	8
B. Die einzelnen Definitionen	9

A. Allgemeines

I. Inhalt und Zweck

1 Die Bestimmung enthält **Definitionen von Gesetzesbegriffen des EnWG.** Insgesamt 54 solcher Begriffe, die im Rahmen des EnWG von hervorgehobener Bedeutung sind, werden mit Verbindlichkeit für die Auslegung und Anwendung der anderen Vorschriften des Gesetzes in ihrem Bedeutungsgehalt bestimmt.

2 Bei der inhaltlichen Fassung der Definitionen geht es der Bestimmung **teils um die Umsetzung von definitorischen Vorgaben von EltRl und GasRl, teils um weitere begriffliche Klarstellungen** (vgl. Rn. 7). Die Gesetzesbegründung macht dies als allgemeine Zielsetzung und dann auch konkretisierend bezogen auf die jeweils einzelnen Gesetzesbegriffe deutlich (vgl. BT-Drucks. 15/3917, S. 48 ff.)

3 Über den Zweck der Umsetzung gemeinschaftsrechtlicher Vorgaben hinaus liegt der spezifische Zweck einer solchen vorangestellten Definition in der **Vereinfachung und Vereinheitlichung der Auslegung und Anwendung des Gesetzes.** Diese Regelungstechnik ist aus Richtlinien des Gemeinschaftsrechts bekannt und findet sich inzwischen in einer Reihe von neueren wirtschaftsverwaltungsrechtlichen Gesetzen, z. B. in dem TKG oder dem GenTG (*Theobald,* in: D/T,

EnWG, § 3, Rn. 1). Dahinter steht letztlich das Bemühen um einen Beitrag zur Rechtssicherheit.

II. (Entstehungs-)Geschichte

Bereits im **EnWG 1935** fand sich unter den einleitenden Paragraphen eine Vorschrift mit Begriffsbestimmungen. § 2 EnWG 1935 definierte die Gesetzesbegriffe der Energieanlage sowie des Energieversorgungsunternehmens.

§ 2 I bis IV **EnWG 1998** hat diese Tradition bewußt fortsetzen wollen (vgl. BT-Drucks. 13/7274, S. 14). Auch dort sind – gegenüber dem EnWG 1935 leicht verändert – die Begriffe Energieanlagen und Energieversorgungsunternehmen vorab allgemein definiert worden; hinzugekommen sind Definitionen von Energie sowie Umweltverträglichkeit. Allerdings blieb diese Bestimmung unter den veränderten Umständen insofern defizitär, als sie es versäumte, die zahlreichen Begriffsbestimmungen des Gemeinschaftsrechts, namentlich der EltRl alt, aufzunehmen und definitorisch in das deutsche Energiewirtschaftsrecht einzupassen (krit. dazu *Salje,* EnWG, § 3, Rn. 3 ff.).

Im **Gesetzgebungsverfahren zum EnWG 2005** hat bereits der RegE einen § 3 vorgesehen, der dem § 2 EnWG 1998 nachfolgen und diesen zur Umsetzung von EltRl und GasRl um weitere Begriffsbestimmungen ergänzen wollte (BT-Drucks. 15/3917, S. 19); dabei hat bereits der Regierungsentwurf einen umfangreichen Katalog von 39 Begriffsbestimmungen vorgelegt (BT-Drucks. 15/3917, S. 9 ff.). Im Gesetzgebungsverfahren haben dann sowohl der Bundesrat (BT-Drucks. 15/3917, S. 79 f.) wie auch der Wirtschaftsausschuß des Bundestages (BT-Drucks. 15/5268, S. 11 ff.) Änderungs- und Ergänzungsvorschläge eingebracht, die von der Bundesregierung freilich überwiegend nicht akzeptiert worden sind (BT-Drucks. 15/4068, S. 2). Letzte Korrekturen am Entwurf sind noch im Vermittlungsausschuß erfolgt (vgl. BT-Drucks. 15/5736, S. 2).

III. Gemeinschaftsrechtliche Vorgaben

Die maßgeblichen gemeinschaftsrechtlichen Vorgaben finden sich in **Art. 2 EltRl, Art. 2 GasRl,** die ebenso wie § 3 eine Vielzahl einzelner einschlägiger Begriffe definieren. Dabei ist schon auf europäischer Ebene die Begriffsbestimmung in beiden Richtlinien ohne besondere wechselseitige Abstimmung erfolgt (*Salje,* EnWG, § 3, Rn. 8). Im übrigen entsprechen die gemeinschaftsrechtlichen Begriffe bzw. deren Definitionen auch nicht immer vollständig den korrespondierenden, zum Zweck der Umsetzung in das nationale Recht aufgenommenen Begriffsbestimmungen des § 3.

IV. Verhältnis zu den anderen Vorschriften des EnWG

8   Die Bestimmung steht in einem besonderen **wechselseitigen Ergänzungsverhältnis** zu den anderen Vorschriften des EnWG. Sie selbst kennt, da sie sich auf verbindliche Begriffsbestimmungen beschränkt, keine Anordnung unmittelbarer Rechtsfolgen; diese treten erst mittelbar, durch ergänzenden Rückgriff auf andere Vorschriften des EnWG ein. Umgekehrt werden diese anderen, bestimmte Rechtsfolgen auslösenden Vorschriften des EnWG durch § 3 inhaltlich angereichert und konkretisiert, wobei allerdings auch die Verwendung der fraglichen Begriffe in den weiteren Vorschriften des Gesetzes im Sinne systematischer Interpretation für die Auslegung von § 3 heranzuziehen ist.

B. Die einzelnen Definitionen

9   Der Begriff der **Ausgleichsleistungen (Nr. 1)** gilt den Leistungen, die von der Netzzugangsregulierung nach §§ 20 ff. umfaßt sind; hierzu soll insbesondere auch die Regelenergie zählen, die für den Ausgleich von Differenzen zwischen Ein- und Ausspeisungen benötigt wird (BT-Drucks. 15/3917, S. 48). Bedeutung gewinnen solche Ausgleichsleistungen für zwei Sachverhalte: für physikalisch bedingte Netzverluste sowie für den Ausgleich von Ein- und Ausspeisemenge im Falle sog. Fahrplanabweichungen (*Theobald,* in: D/T, EnWG, § 3, Rn. 4).

10 Die **Ausspeisekapazität (Nr. 1 a)** gibt für den Gasbereich an, wieviel Volumen an Gas in Normkubikmetern (vgl. § 2 Nr. 11 GasNZV) pro Stunde maximal an einem bestimmten Ausspeisepunkt i. S. v. Nr. 1 b (Rn. 11) entnommen werden kann.

11 Als **Ausspeisepunkt (Nr. 1 b)** werden für den Gasbereich jene Punkte definiert, an denen Gas aus einem Netz oder Teilnetz eines Netzbetreibers entnommen werden kann. Die Ausspeisepunkte sind vom Netzbetreiber konkret festzulegen (*Salje,* EnWG, § 3, Rn. 15). Das EnWG bezieht sich auf sie in Nr. 10 b (Rn. 22) und Nr. 31 a (Rn. 53) sowie in § 20 I b.

12 Als **Betreiber von Elektrizitätsversorgungsnetzen (Nr. 2)** kommen dem Wortlaut nach natürliche und juristische Personen, aber auch rechtlich unselbständige Organisationseinheiten eines EVU, also auch

Netzbetriebsabteilungen eines EVU i. S. v. § 3 Nr. 18 (Rn. 34) in Betracht (*Salje,* EnWG, § 3, Rn. 17); wegen der Entflechtung von Netzbetrieb und Vertrieb kommen insoweit allerdings außer im Rahmen der De-minimis-Regelung des § 7 II nur solche EVU in Betracht, die ein Netz betreiben oder an einem solchen Verfügungsbefugnis haben, während Strom liefernde EVU ausscheiden (*Theobald,* in: D/T, EnWG, § 3, Rn. 15). Auch die bloß teilrechtsfähigen Personengesellschaften in Gestalt der OHG oder der KG werden ungeachtet des engeren Wortlauts von Nr. 2 erfaßt sein (*Theobald,* in: D/T, EnWG, § 3, Rn. 17). Betreiber sind sie, wenn sie das fragliche Elektrizitätsversorgungsnetz unterhalten und seine bestimmungsgemäße Nutzung organisieren (*Salje,* EnWG, § 3, Rn. 16). Der Begriff des Elektrizitätsversorgungsnetzes wird implizit legaldefiniert; er umfaßt sowohl Übertragungsnetze wie auch Verteilernetze unabhängig von der Spannungsstufe (*Theobald,* in: D/T, EnWG, § 3, Rn. 14).

Der Umsetzung von Art. 2 Nr. 6 EltRl soll die Definition des **Betreibers von Elektrizitätsverteilernetzen (Nr. 3)** dienen (BT-Drucks. 15/3917, S. 48). Hinsichtlich des Begriffs und des zugelassenen Kreises der Betreiber kann auf die Erläuterung zu Nr. 2 verwiesen werden (Rn. 12). Gegenständlich stellt Nr. 3 zunächst auf die Wahrnehmung der Aufgabe der Verteilung von Elektrizität ab, die nach der Definition der Verteilung in Nr. 37 (Rn. 60) die Spannungsebenen der Hoch-, Mittel- und Niederspannung umschließen kann und nur die Höchstspannungsebene ausschließt; im Bereich der Hochspannung kann entweder Verteilung oder Übertragung i. S. v. Nr. 32 (Rn. 55) stattfinden (*Theobald,* in: D/T, EnWG, § 3, Rn. 21). Außerdem verweist Nr. 3 auf die dem Netzbetreiber obliegende Verantwortlichkeit für Betrieb, Wartung und evtl. Ausbau des Verteilernetzes, die in §§ 11 ff. verbindlich konkretisiert wird. Das bestimmte Gebiet, auf das die Aufgabenwahrnehmung und Verantwortlichkeit sich nach § 3 Nr. 3 bezieht, wird durch den jeweiligen Konzessionsvertrag bestimmt sein (*Theobald,* in: D/T, EnWG, § 3, Rn. 22). Der Definition können auch Betreiber von Objektnetzen, die freilich von vielen gesetzlichen Verpflichtungen ausgenommen sind, unterfallen (*Salje,* EnWG, § 3, Rn. 22).

Die zur Klarstellung eingefügte (BT-Drucks. 15/3917, S. 48), sachlich kaum weiterführende Definition des **Betreibers von Energieversorgungsnetzen (Nr. 4)** überspannt alle sonstigen Netzbetreiberdefinitionen (vgl. Nr. 2 bis 7, 10). Schon aus der Definition von Energie (Nr. 14) folgt, daß Elektrizitäts- und Gasversorgungsnetze umfaßt sind. Weiter sind Versorgungsnetze aller Spannungs- und Druckstufen bzw. aller Versorgungsstufen eingeschlossen. An den Begriff des Energieversorgungsnetzbetreibers knüpft das EnWG in einer Vielzahl von Vorschriften, die insbesondere seine Pflichten umschreiben, so z. B. in §§ 6 ff., 20 ff., 52, 92, an (vgl. *Theobald,* in: D/T, EnWG, § 3, Rn. 25).

15 Zur Umsetzung von Art. 2 Nr. 4 GasRl wird der **Betreiber von Fernleitungsnetzen (Nr. 5)** besonders definiert (BT-Drucks. 15/3917, S. 48). Als Aufgabe des Betreibers (zu Definition und Personenkreis vgl. Rn. 12) wird die Fernleitung von Erdgas i. S. v. § 3 Nr. 19 (vgl. Rn. 36) vorausgesetzt. Weiter wird auch hier auf die Verantwortlichkeit für Betrieb, Wartung und erforderlichenfalls Ausbau des Fernleitungsnetzes in einem bestimmten Gebiet abgestellt; die Verantwortlichkeit wird ausdrücklich auch auf Verbindungsnetze zu anderen Netzen erstreckt.

16 Der **Betreiber von Gasversorgungsnetzen (Nr. 6)** ist definiert durch den Betrieb (zu Definition und möglichem Personenkreis des Betreibers vgl. Rn. 12) eines Gasversorgungsnetzes i. S. v. § 3 Nr. 20 (vgl. Rn. 39). Die Definition dient allein der Klarstellung (BT-Drucks. 15/3917, S. 48); sie umschließt die Betreiber von Fernleitungen i. S. v. Nr. 19 (Rn. 36) und die Gasverteilernetzbetreiber i. S. v. Nr. 7 (Rn. 17).

17 Die Definition des **Betreibers von Gasverteilernetzen (Nr. 7)** soll der Umsetzung von Art. 2 Nr. 6 Gas RL dienen (BT-Drucks. 15/3917, S. 48). Zur Erläuterung kann auf den Betreiberbegriff und die Aufgaben- und Verantwortungsumschreibung in § 3 Nr. 2 (vgl. Rn. 12) bzw. Nr. 3 (Rn. 13) verwiesen werden. Sie ist hier bezogen auf die Verteilung von Gas i. S. v. § 3 Nr. 19 a (vgl. Rn. 37). Für den Begriff der Verteilung gilt § 3 Nr. 37 (vgl. Rn. 60), so daß die Verteilung über örtliche und regionale Verteilernetze in Nieder- und Mitteldruck (*Theobald,* in: D/T, EnWG, § 3, Rn. 36), ausdrücklich aber nicht die Kundenbelieferung erfaßt ist.

18 Auf Art. 2 Nr. 12 GasRl geht der Begriff des **Betreibers von LNG-Anlagen (Nr. 8)** zurück. Der Betreiberbegriff entspricht dem von Nr. 2 (Rn. 12). Die Umschreibung von Aufgabe und Verantwortlichkeit des LNG-Betreibers legt die Definition der LNG-Anlage in Nr. 26 (Rn. 45) zugrunde.

19 Der gemeinschaftsrechtlich in Art. 2 Rn. 10 GasRl vorgegebene (vgl. BT-Drucks. 15/3917, S. 48) Begriff des **Betreibers von Speicheranlagen (Nr. 9)** verwendet wieder den bereits zu Nr. 2 erläuterten Betreiberbegriff (Rn. 12). Maßgeblich sind die Aufgabe der Speicherung von Erdgas und die Verantwortlichkeit für den Betrieb einer Speicheranlage i. S. v. Nr. 31 (Rn. 52); mit Rücksicht auf Nr. 31 ist die Definition der Nr. 9 richtigerweise, trotz des engeren, auf die Speicherung von Erdgas beschränkenden Wortlauts, auf Speicherung von bzw.

Speicheranlagen nicht nur für Erdgas, sondern für Gas i. S. v. Nr. 19 a (Rn. 37) zu erstrecken (*Theobald,* in: D/T, EnWG, § 3, Rn. 41).

Auf Art. 2 Nr. 4 EltRl geht die Definition des **Betreibers von** 20 **Übertragungsnetzen (Nr. 10)** zurück (BT-Drucks. 15/3917, S. 48). Maßgeblich ist die Verantwortlichkeit des Betreibers (vgl. hierzu Rn. 12) für Betrieb, Wartung und ggf. Ausbau eines Übertragungsnetzes in einem bestimmten Gebiet einschließlich der Verbindungsleitungen zu anderen Netzen. Nr. 10 erfaßt, auch wenn von EVU gesprochen wird, nur Elektrizitätsversorgungsunternehmen, da Übertragung gemäß Nr. 32 (vgl. Rn. 55) nur den Transport von Elektrizität über ein Höchst- oder Hochspannungsnetz meint. Die Verantwortlichkeit für Übertragungsnetze ist in §§ 11 ff. und insbesondere in §§ 12, 13, die eine besondere Systemverantwortlichkeit für die jeweilige Regelzone i. S. v. Nr. 30 (Rn. 51) begründen, näher ausgeformt.

Die auf Empfehlung des Wirtschaftsausschusses (BT-Drucks. 15/ 21 5268, S. 13) aufgenommene Definition des **Bilanzkreises (Nr. 10 a)** zielt auf seine Verwendung in § 20 I a 5. Dort ist ein in ein vertraglich begründetes Bilanzkreissystem nach Maßgabe der StromNZV einbezogener Bilanzkreis vorausgesetzt. Die Regelung dient der Ausgestaltung und Sicherung des Netzzugangs. Innerhalb des jeweiligen Bilanzkreises werden die von den vorab aufgestellten sog. Fahrplänen abweichenden Einspeise- und Entnahmemengen ausgeglichen, um die gleichbleibende Frequenz im Stromnetz zu sichern (*Theobald,* in: D/T, EnWG, § 3, Rn. 52). Die Definition beschränkt den Begriff explizit auf den Strombereich, obgleich die nachfolgende, dem Gasbereich geltende Definition der Bilanzzone (Rn. 22) auch den Begriff des Bilanzkreises verwendet.

Ebenso wurde auch der Begriff der **Bilanzzone (Nr. 10 b)** auf 22 Empfehlung des Wirtschaftsausschusses (BT-Drucks. 15/5268, S. 13) mit Rücksicht auf die Verwendung in § 20 I b aufgenommen. Es ist auf den Gasbereich beschränkt. Er soll das Gegenstück nicht zum Bilanzkreis (Nr. 10 a), sondern zur Regelzone (Nr. 30) im Strombereich (vgl. Rn. 21, 51) darstellen (*Salje,* EnWG, § 3, Rn. 48; *Theobald,* in: D/T, EnWG, § 3, Rn. 56).

Die Einfügung der Definition von **Biogas (Nr. 10 c)** geht ebenfalls 23 auf den Wirtschaftsausschuß des Bundestages zurück (BT-Drucks. 15/ 5268, S. 13). Dem Begriff unterfallen die in § 3 I EEG genannten Gase sowie darüber hinaus Biomethan. Grubengas wird gleichgestellt.

Die gesetzliche Definition der **dezentralen Erzeugungsanlage** 24 **(Nr. 11)** beruht auf Art. 2 Nr. 31 EltRl (BT-Drucks. 15/3917, S. 48), erfaßt aber sowohl den Strom- wie auch den Gasbereich (*Theobald,* in: D/T, EnWG, § 3, Rn. 70, unter Hinweis auf § 19 II). Kennzeichnend ist zunächst der Anschluß an das Verteilernetz, dessen Definition aus Nr. 37 abgeleitet werden kann (vgl. Rn. 60). Weiter ist die Verbrauchs- und Lastnähe gefordert. Solche Anlagen dienen der lokalen Versorgung; ihre Nutzung soll einem unnötigen Ausbau des Verteilernetzes wehren (*Theobald,* in: D/T, EnWG, § 3, Rn. 72).

25 Zur Umsetzung von Art. 2 Nr. 15 EltRl/Art. 2 Nr. 18 GasRl wird der Begriff der **Direktleitung (Nr. 12)** erläutert (BT-Drucks. 15/3917, S. 48). Er setzt den Netzbegriff voraus und grenzt sich davon ab (*Salje,* EnWG, § 3, Rn. 55). Die Definition kennt mehrere Varianten. Sowohl für den Strom- wie für den Gasbereich sollen Leitungen erfaßt sein, die einen einzelnen Produktionsstandort mit einem einzelnen Kunden verbinden (Nr. 12 Alt. 1); dabei soll nicht nur bei Versorgung eines einzigen, sondern auch bei der einer begrenzten Anzahl einzelner Kunden eine Direktleitung vorliegen (*Theobald,* in: D/T, EnWG, § 3, Rn. 77). Im Strombereich sind weiter Leitungen erfaßt, die einen Elektrizitätserzeuger bzw. ein Elektrizitätsversorgungsunternehmen zum Zwecke der direkten Versorgung mit einer eigenen Betriebsstätte, mit Tochterunternehmen oder mit Kunden verbindet (Nr. 12 Alt. 2); insbesondere im letzteren Falle setzt die Definition die implizite Abgrenzung von netzzugehörigen Leitungen voraus. Schließlich werden für den Gasbereich auch als Direktleitungen angesehen Leitungen, die zusätzlich zum Verbundnetz zur Versorgung einzelner Kunden errichtet sind (Nr. 12 Alt. 3).

26 Die Definition der **Eigenanlagen (Nr. 13)** knüpft an § 1 Fünfte DVO an (BT-Drucks. 15/3917, S. 48). Sie beschränkt den Begriff der „Eigenanlage" auf Anlagen zur Erzeugung von Elektrizität, die nicht von einem EVU betrieben werden und der Deckung des Eigenbedarfs dienen. Auf den in § 110 III verwandten und abweichend bestimmten Begriff der Eigenanlage, auf den § 110 I Nr. 3 Bezug nimmt, paßt die Definition in Nr. 13 nicht vollständig; sie dürfte insoweit nicht anwendbar sein (*Reimann/Birkenmeier,* RdE 2006, 230, 236; *Rosin,* RdE 2006, 9, 14). In § 37 I 1 spricht das EnWG von Anlagen zur Erzeugung von Energie zur Deckung des Eigenbedarfs (vgl. § 37, Rn. 7) und erfaßt damit auch Gaserzeugungs- bzw. -gewinnungsanlagen, die hier nicht unter den Eigenanlagenbegriff gezogen werden.

27 Der Begriff der **Einspeisekapazität (Nr. 13 a),** die das Gegenstück zur Ausspeisekapazität i. S. v. Nr. 1 a (Rn. 10) darstellt, gibt für den Gasbereich an, wieviel Volumen an Gas in Normkubikmetern pro Stunde maximal an einem bestimmten Einspeisepunkt i. S. v. Nr. 13 b (Rn. 28) in ein Netz oder Teilnetz eingespeist werden kann.

28 Das Gegenstück zum Ausspeisepunkt i. S. v. Nr. 1 b (Rn. 11) ist der **Einspeisepunkt (Nr. 13 b).** Die Definition erfaßt alle Punkte, an denen Gas an den Netzbetreiber in dessen Netz oder Teilnetz übergeben werden kann. Klarstellend wird auch die Übergabe aus Speichern (vgl. Nr. 31, Rn. 52), Gasproduktionsanlagen, Hubs sowie Misch- und Konversionsanlagen erfaßt. Hubs sind Knotenpunkte, von denen aus Gas in mehrere Richtungen weitertransportiert werden kann (*Salje,* EnWG, § 3, Rn. 55), und damit Erdgashandelsplätze (vgl. näher *Theobald,* in: D/T, EnWG, § 3, Rn. 94 ff.). Mischanlagen sind Anlagen zur Herstellung von Gasgemischen (vgl. *Theobald,* in: D/T, EnWG, § 3, Rn. 97). In Konversionsanlagen werden schwere in leichte Gasprodukte umgewandelt (*Theobald,* in: D/T, EnWG, § 3, Rn. 98).

Der für das Gesetz grundlegende Begriff der **Energie (Nr. 14)** wird im Anschluß an § 2 Abs. 1 EnWG 1998 (BT-Drucks. 15/3917, S. 48) umschrieben. Erfaßt sind danach Elektrizität und Gas. Im Gegensatz zu Elektrizität wird Gas in Nr. 19 a noch konkretisierend definiert (vgl. Rn. 37). Einschränkend ist, dem Anwendungsbereich des EnWG entsprechend (§ 1, Rn. 18 ff.), gefordert, daß Strom und Gas zur leitungsgebundenen Energieversorgung eingesetzt werden. 29

Der schon im EnWG 1935 definierte Begriff der **Energieanlagen (Nr. 15)** wird entsprechend § 2 Abs. 2 EnWG 1998 gefaßt, ergänzt um eine Klarstellung insbesondere für den Bereich der Gasversorgung (BT-Drucks. 15/3917, S. 48; vgl. dazu auch BT-Drucks. 15/5268, S. 14, 117). Der Anlagenbegriff soll grundsätzlich weit zu fassen sein (*Salje,* EnWG, § 3, Rn. 79). Energieanlagen liegen nur vor, wenn der Zweck, der Erzeugung, Speicherung, Fortleitung oder Abgabe von Elektrizität oder Gas zu dienen, unmittelbar zum Ausdruck kommt und auch tatsächlich, aktuell mit den Anlagen verfolgt wird (*Theobald,* in: D/T, EnWG, § 3, Rn. 105). Ausdrücklich ausgenommen werden Anlagen, die lediglich der Übertragung von Signalen dienen, also namentlich alle Telegrafen- und Telefon-, Rundfunk- und Fernsehanlagen; den Energieanlagen zuzurechnen sind allerdings der Netzsteuerung dienende Einrichtungen wie Fernwirkleitungen (*Theobald,* in: D/T, EnWG, § 3, Rn. 116 f.). Ausdrücklich mitumfaßt sind Verteileranlagen der Letztverbraucher i. S. v. Nr. 25 (vgl. Rn. 44) sowie bei der Gasversorgung auch die letzte Absperreinrichtung vor der Verbrauchsanlage. Nicht erfaßt hingegen sind Energieverbrauchsgeräte (*Theobald,* in: D/T, EnWG, § 3, Rn. 119). Die Qualifizierung als Energieanlagen ist wesentlich für die Einschlägigkeit der technischen Sicherheitsanforderungen gemäß § 49 und ggf. die Anwendbarkeit von § 65. 30

Die Definition der **Energieeffizienzmaßnahmen (Nr. 15 a)** ist mit Rücksicht auf § 14 II aufgenommen worden (BT-Drucks. 15/5268, S. 117; vgl. *Theobald,* in: D/T, EnWG, § 3, Rn. 120), der die Beachtung u. a. der Möglichkeiten von Energieeffizienz und Nachfra- 31 gesteuerungsmaßnahmen verlangt. Die Begriffe der Energieeffizienz und der Nachfragesteuerung lassen sich auf Art. 2 Ziff. 25 EltRl zurückführen.

32   Der Begriff des **Energieversorgungsnetzes (Nr. 16)** erfaßt sowohl Stromnetze aller Spannungsebenen wie auch Gasnetze aller Druckstufen. Er überspannt damit alle spezielleren Netzbegriffe des EnWG, die sich namentlich in Nr. 17 (Rn. 33), Nr. 20 (Rn. 39), Nr. 29 b (Rn. 50), Nr. 31 a (Rn. 53), Nr. 35 (Rn. 58), Nr. 39 (Rn. 62) finden, und nimmt auf deren Definitionen Bezug. Der allgemeine Begriff des Energieversorgungsnetzes wird verwandt in §§ 11, 17 ff. und 20 ff., um Betriebspflicht, Netzanschlußpflicht und Netzzugangsanspruch zu regeln.

33   Voraussetzung für die Qualifikation eines Energieversorgungsnetzes (Nr. 16; vgl. Rn. 32) als **Energieversorgungsnetz der allgemeinen Versorgung (Nr. 17)** ist zunächst, daß es der Verteilung von Energie an Dritte dient; das schließt insbesondere Energieversorgungsnetze aus, die ausschließlich der Verteilung von Energie an Konzerngesellschaften dienen (*Boesche/Wolf*, ZNER 2005, 285, 292). Weiter darf das Netz nicht von vornherein nur auf die Versorgung bestimmter, schon bei der Netzerrichtung feststehender oder bestimmbarer Letztverbraucher ausgelegt sein; vielmehr muß es grundsätzlich für die Versorgung aller Letztverbraucher im Netzgebiet offenstehen, d. h. daß die durch das Netz zu versorgenden Letztverbraucher weder individuell noch im Hinblick auf ihre Anzahl feststehen dürfen (*Rosin*, RdE 2006, 9, 13 f.; *Boesche/Wolf*, ZNER 2005, 285, 292). Dabei soll das qualitative Merkmal der Unbegrenztheit ausschlaggebend sein, nicht das quantitative Merkmal der Anzahl der versorgten Letztverbraucher (*Theobald*, in: D/T, EnWG, § 3, Rn. 133), so daß u. U. auch Versorgung einzelner Häuser oder Häuserblocks reichen soll (vgl. *BGH*, RdE 2005, 222, 226). Der Versorgung einzelner Letztverbraucher dienende Netze oder der Versorgung bestimmter Abnehmer oder Abnehmergruppen dienende Direkt- oder Stichleitungen fallen nicht unter den Begriff (vgl. § 18, Rn. 7). Weiter zieht § 110 I den Begriff des Energieversorgungsnetzes der allgemeinen Versorgung heran, um in Abgrenzung hierzu das Objektnetz zu definieren (vgl. § 110, Rn. 15). Energieversorgungsnetze der allgemeinen Versorgung unterliegen der grundsätzlichen Netzanschlußpflicht nach § 18 I 1 (vgl. § 18, Rn. 6 ff., 11 ff.). Darüber hinaus ist die Definition der Nr. 17 auch heranzuziehen, um das – in § 3 nicht eigens definierte – Netzgebiet der allgemeinen Versorgung zu bestimmen, auf das § 36 I, II für die Grundversorgungspflicht abstellt (vgl. § 36, Rn. 36 ff.).

34   Ein zentraler Begriff des EnWG ist der des **Energieversorgungsunternehmens (Nr. 18).** Nach dem Willen des Gesetzgebers soll er

§ 2 Abs. 4 EnWG 1998 präzisierend definiert werden (BT-Drucks. 15/ 3917, S. 49). Daß Nr. 18 nunmehr statt auf Unternehmen und Betriebe auf natürliche oder juristische Personen abstellt, ist jedoch keine geglückte Präzisierung. Zum einen wird damit die sonst im Wirtschaftsrecht gängige Unterscheidung von Unternehmen und Unternehmensträger unterlaufen (zutr. krit. dazu *Salje,* EnWG, § 3, Rn. 107 ff.; *Theobald,* in: D/T, EnWG, § 3, Rn. 142), zum anderen bedarf die im Wortlaut angelegte Beschränkung auf rechtsfähige Personen der Erweiterung, so daß auch nicht rechtsfähige Einheiten, z. B. ein öffentlichrechtlich geregelter Eigenbetrieb, ein EVU sein können (vgl. *Theobald,* in: D/T, EnWG, § 3, Rn. 141 ff.). Maßgeblich für den Begriff des EVU muß eine funktionale Betrachtung sein, die darauf abstellt, ob eine – nicht notwendig rechtsfähige – Einheit eine einschlägige energiewirtschaftliche Tätigkeit ausübt. Als eine solche Tätigkeit von EVU sieht Nr. 18 Alt. 1 die Lieferung von Energie, d. h. Strom oder Gas, an andere (vgl. *Salje,* EnWG, § 3, Rn. 114 ff.; *Theobald,* in: D/T, EnWG, § 3, Rn. 147 ff.). Lieferung an andere soll nach h. M. vorliegen, wenn Versorger und Abnehmer sich als selbständige wirtschaftliche Einheiten gegenüberstehen und verschiedene Rechtssubjekte sind bzw. verschiedenen Rechtssubjekten angehören. Sie soll auch bei Lieferung durch eine juristische Person (AG, GmbH, Zweckverband usw.) an ihre Gesellschafter, Mitglieder etc. vorliegen. An der Lieferung an andere fehlt es hingegen und bloße Eigenbedarfsdeckung ist gegeben bei Lieferungen innerhalb desselben Rechtsträgers bzw. zwischen verschiedenen Betrieben ein und desselben Rechtsträgers. Nach Nr. 18 Alt. 2 ist auch EVU, wer ein Energieversorgungsnetz (vgl. Nr. 16; Rn. 32) betreibt; der Betreiber muß nicht Eigentümer, kann etwa auch Pächter sein (*Theobald,* in: D/T, EnWG, § 3, Rn. 152). Nr. 18 Alt. 3 erfaßt darüber hinaus auch denjenigen, der als Eigentümer an einem Energieversorgungsnetz Verfügungsbefugnis besitzt.

Die Definition der **Erneuerbaren Energien (Nr. 18 a)** verweist 35 auf § 3 I EEG. Erfaßt sind danach Wasserkraft einschließlich der Wellen-, Gezeiten-, Salzgradienten- und Strömungsenergie, Windenergie, solare Strahlungsenergie, Geothermie, Energie aus Biomasse einschließlich Biogas, Deponiegas und Klärgas sowie aus dem biologisch abbaubaren Anteil von Abfällen aus Haushalten und Industrie (vgl. näher *Salje,* EEG, § 3 Rn. 6 ff.). Grubengas fällt nicht unter § 3 I EEG; da aber Nr. 10 c für das EnWG auch Grubengas unter den Begriff des Biogases zieht (Rn. 23), darf Grubengas auch als Erneuerbare Energie i. S. v. Nr. 18 a gelten (*Theobald,* in: D/T, EnWG, § 3, Rn. 154, 160).

Auf Art. 2 Nr. 3 GasRl führt der Gesetzgeber die Definition der 36 **Fernleitung (Nr. 19)** zurück (BT-Drucks. 15/3917, S. 49). Allerdings gibt es insoweit einige terminologische Diskrepanzen (ausführlich *Theobald,* in: D/T, EnWG, § 3, Rn. 162 ff.). Übereinstimmend wird der überregionale Transport von Erdgas in Hochdrucknetzen erfaßt. Ausdrücklich ausgenommen sind insoweit vorgelagerte Rohrleitungsnetze i. S. v. Nr. 39 (vgl. Rn. 62). Der Ausschluß der „Versorgung der Kunden selbst" ist in der Verwendung des Versorgungsbegriffs (vgl. die Legaldefinition in Nr. 36, Rn. 59) ungenau; in der Sache soll die Belieferung von Kunden mit Erdgas zwar Zweck des Transports sein, aber vom Begriff der Fernleitung nicht mehr umschlossen sein.

37 Die erst auf Anregung des Wirtschaftsausschusses in das Gesetz aufgenommene (BT-Drucks. 15/5268, S. 117), partiell den Begriff der Energie in Nr. 14 (vgl. Rn. 29) konkretisierende Definition von **Gas (Nr. 19 a)** legt einen weiten Begriff zugrunde; Gas ist danach grundsätzlich jeder Energieträger, unabhängig von spezifischer Beschaffenheit, Herkunft, Produktion, der – jedenfalls in normalem Zustand – gasförmig und geeignet ist, in der Energieversorgung durch Verbrennung Verwendung zu finden (vgl. *Theobald,* in: D/T, EnWG, § 3, Rn. 168). Im einzelnen fallen darunter Erdgas, Flüssiggas, soweit es – dem in § 1 I festgelegten Anwendungsbereich des EnWG entsprechend (§ 1, Rn. 20) – für die leitungsgebundene Energieversorgung verwendet wird, sowie Biogas i. S. v. Nr. 10 c (Rn. 23).

38 Als **Gaslieferant (Nr. 19 b)** werden entgegen dem engeren Wortlaut nicht nur natürliche und juristische Personen, sondern auch Personengesellschaften in Betracht kommen (*Theobald,* in: D/T, EnWG, § 3, Rn. 173). Die Gaslieferung muß nur einen Teil der Geschäftstätigkeit ausmachen. Gaslieferanten zählen nach Nr. 31 b zu den Transportkunden (Rn. 54), so daß die Definition Bedeutung für die diesen zustehenden Rechte nach § 20 I b gewinnt.

39 In Umsetzung von Art. 2 Nr. 13 GasRl und in Anknüpfung an § 2 III EnWG 2003 hat der Gesetzgeber die Definition der **Gasversorgungsnetze (Nr. 20)** aufgenommen (BT-Drucks. 15/3917, S. 49). Ausdrücklich klargestellt worden ist, daß diese einem oder auch mehreren EVU gehören bzw. auch von mehreren EVU gemeinsam betrieben werden können. Die Abgrenzung der Gasversorgungsnetze erfolgt zunächst durch eine Aufzählung davon erfaßter Netze und Anlagen, die teils anderweitig noch näher definiert sind (vgl. zu den LNG-Anlagen Nr. 26, Rn. 45, und zu den Speicheranlagen Nr. 31 (Rn. 52). Ausdrücklich zugerechnet werden Netzpufferung i. S. v. Nr. 29 (vgl. Rn. 48) sowie zu Hilfsdiensten i. S. v. Nr. 23 (vgl. Rn. 42) genutzte Anlagen. Auch vorgelagerte Rohrleitungen werden als Teil von Gasversorgungsnetzen anzusehen sein (vgl. § 26, Rn. 9). Nicht zum vorgelagerten Netz sollen ausdrücklich solche Netzteile oder Teile von Einrichtungen gehören, die für örtliche Produktionstätigkeit verwendet werden; die Gesetzesbegründung verweist insoweit ausdrücklich allgemein auf die Anwendbarkeit des BBergG sowie speziell für Bau und Betrieb von Erdgasuntergrundspeichern auf § 126 BBergG (BT-Drucks. 15/3917, S. 49). Anders als in § 2 III EnWG 2003 sind Direktleitungen nicht mehr erwähnt und nicht mehr als Bestandteil von Gasversorgungsnetzen anzusehen (*Salje,* EnWG, § 3, Rn. 163; *Theobald,* in: D/T, EnWG, § 3, Rn. 180).

Auf Art. 2 Nr. 8 EltRl/Art. 2 Nr. 29 GasRl geht die Definition des **Großhändlers (Nr. 21)** zurück (BT-Drucks. 15/3917, S. 49). Großhändler können natürliche und juristische Personen, über den Wortlaut hinaus wohl auch Personengesellschaften sein (*Theobald,* in: D/T, EnWG, § 3, Rn. 185). Die maßgebliche Tätigkeit wird positiv im Kern umschrieben als das Kaufen von Energie zum Zwecke des Weiterverkaufs. Es erfolgt weiter eine Beschränkung auf reine Großhändler, indem ausdrücklich Betreiber von Übertragungsnetzen (Nr. 10; vgl. Rn. 20), Fernleitungsnetzen (Nr. 5; vgl. Rn. 15) sowie Elektrizitäts- und Gasverteilernetzen (Nr. 3 bzw. 7; vgl. Nr. 13, 17) ausgenommen werden; damit fallen Verteilerunternehmen, auch wenn sie Weiterverkaufstätigkeiten ausüben, aus der Definition heraus (*Salje,* EnWG, § 3, Rn. 174). **40**

Die Bestimmung des **Haushaltskunden (Nr. 22)** soll Art. 2 Nr. 10 EltRl/Art. 2 Nr. 25 GasRl umsetzen (BT-Drucks. 15/3917, S. 49). Haushaltskunden sind grundsätzlich, abgesehen von einer gewissen Ausweitung, eine Teilgruppe der Letztverbraucher i. S. v. Nr. 25 (Rn. 46). Diese Ausweitung liegt in Nr. 22 Alt. 1. Danach ist, obwohl der Letztverbraucher nach Nr. 25 Energie – allein – für den Eigenverbrauch kauft, auch Haushaltskunde, wer Energie nur überwiegend für den Eigenverbrauch im Haushalt kauft; für die Haushaltskundeneigenschaft somit unschädlich ist somit, wenn die gekaufte Energie zu einem Anteil von weniger als der Hälfte weiterverkauft wird, z. B. an Untermieter (vgl. auch § 36 Rn. 22; zur Frage, ob solche Haushaltskunden als Letztverbraucher i. S. v. Nr. 25 anzusehen sind, vgl. Rn. 44). Nr. 22 Alt. 2 nimmt eine den Mitgliedstaaten in Art. 3 III EltRl/3 III GasRl gewährte Option in Anspruch, indem auch Kleinunternehmen mit einem Eigenverbrauch bis zu einem Jahresverbrauch von 10.000 kWh (zu Anwendungsschwierigkeiten bzgl. dieser Jahresverbrauchsgrenze vgl. § 36 Rn. 23) als Haushaltskunden definiert werden. Die Definition gewinnt vor allem Bedeutung für die Bestimmung des Kreises von Letztverbrauchern, die grundsätzlich Anspruch auf Grundversorgung i. S. v. § 36 haben und zu deren Gunsten die verbraucherschützende Vorschrift des § 41 wirkt. Der Begriff wird aber auch sonst vielfach verwendet, z. B. in §§ 5, 53 a. **41**

42 Art. 2 Nr. 17 EltRl/Art. 2 Nr. 14 GasRl umsetzend werden **Hilfsdienste (Nr. 23)** definiert (BT-Drucks. 15/3917, S. 49). Hierzu werden etwa die Netzsteuerung, die Wartung der Netze, bei Gasnetzen auch Zwischenspeicherung, LNG-Betrieb sowie Lastausgleich und Mischung gezählt (*Salje,* EnWG, § 3, Rn. 179).

43 Die Definition des **Kunden (Nr. 24),** die Art. 2 Nr. 7 EltRl/ Art. 2 Nr. 24 GasRl umsetzt (BT-Drucks. 15/3917, S. 49), kann als Gegenstück zur Definition des EVU angesehen werden (*Salje,* EnWG, § 3, Rn. 182). Der Begriff umschließt als Oberbegriff sämtliche Energiekäufer. Gewisse Unstimmigkeiten ergeben sich im EnWG in der Verwendung der Begriffe des Kunden und des Netznutzers i. S. v. Nr. 28 (vgl. *Theobald,* in: D/T, EnWG, § 3, Rn. 205) sowie durch die Verwendung des nicht legaldefinierten Begriffs des Verbrauchers (vgl. § 24 Rn. 23).

44 Die Endkundendefinition des Art. 2 Nr. 9 EltRl/Art. 2 Nr. 27 GasRl wird für das EnWG in der Definition des **Letztverbrauchers (Nr. 25)** umgesetzt (BT-Drucks. 15/3917, S. 49). Ihn unterscheidet vom Kunden i. S. v. Nr. 24 (Rn. 43) das Merkmal des Energiekaufs „für den eigenen Verbrauch". Dieser Eigenverbrauch ist zu bejahen, solange der Bezieher von Energie und derjenige, der sie nutzt, sich nicht als selbständige wirtschaftliche Subjekte gegenüberstehen und nicht verschiedene Rechtssubjekte sind bzw. solchen angehören (*Theobald,* in: D/T, EnWG, § 3, Rn. 207). Haushaltskunden i. S. v. Nr. 22 Alt. 1, die überwiegend für den Eigenverbrauch, aber auch für den Weiterverkauf Energie kaufen (vgl. Rn. 41), werfen eine definitorische Unstimmigkeit zwischen Nr. 22 und Nr. 25 auf; deren angemessene Auflösung dürfte darin liegen, die in Nr. 22 vorgenommene Modifikation insoweit auf den Oberbegriff durchschlagen zu lassen und auch solche Haushaltskunden, trotz der Abweichung von der Definition der Nr. 25, als Letztverbraucher anzusehen (a. A. *Theobald,* in: D/T, EnWG, § 3, Rn. 208). Hingegen kann die in Nr. 22 für einen begrenzten Kundenkreis vorgenommene Modifikation des Oberbegriffs des Letztverbrauchers es nicht rechtfertigen, für den Letztverbraucherbegriff insgesamt anstelle des ausschließlichen einen überwiegenden Eigenverbrauch genügen zu lassen (so *Salje,* EnWG, § 3, Rn. 191). Die Letztverbrauchereigenschaft wird etwa in §§ 17, 18 sowie §§ 38, 41 herangezogen.

45 Art. 2 Nr. 11 GasRl gab die Vorlage (vgl. BT-Drucks. 15/3917, S. 49) für die wortgleiche Definition der **LNG-Anlage (Nr. 26).** LNG steht für „liquid natural gas", also verflüssigtes Erdgas oder Flüssigerdgas (vgl. näher *Theobald,* in: D/T, EnWG, § 3, Rn. 212). Zu der in Nr. 26 definierten Kopfstation zählen ausdrücklich auch die Hilfsdienste i. S. v. Nr. 23 (Rn. 42) und die vorübergehende Speicherung.

Im übrigen aber sind die zu Speicherzwecken genutzten Teile von LNG-Kopfstationen ausgeschlossen (vgl. Nr. 31, Rn. 52).

Sinn und Zweck der Definition des **Netzbetreibers (Nr. 27)** liegt 46 allein darin, einen einheitlichen Begriff für die Betreiber verschiedener Netze i. S. v. Nr. 2 bis 7 sowie 10 (vgl. Rn. 12 ff., 20) zu bilden. Der im EnWG häufiger verwandte Begriff des Betreibers von Energieversorgungsnetzen (Nr. 16; vgl. Rn. 32) ist sachlich übereinstimmend (*Salje*, EnWG, § 3, Rn. 197).

Der **Netznutzer (Nr. 28)** wird in Umsetzung von Art. 2 Nr. 18 47 EltRl/Art. 2 Nr. 23 GasRl definiert (BT-Drucks. 15/3917, S. 49). Als Netznutzer wird man über die ausdrücklich genannten natürlichen und juristischen Personen hinaus auch Personengesellschaften anzuerkennen haben (*Theobald*, in: D/T, EnWG, § 3, Rn. 221 f.). Die Definition erfaßt einerseits die Einspeisung von Energie etwa durch Energieerzeuger in das Netz, andererseits den Bezug von Energie daraus. Auf der Abnehmerseite steht damit der Netznutzerbegriff, für den die Nutzung der Netzinfrastruktur für den Empfang der Energielieferung auf der Grundlage eines Netznutzungsvertrages mit dem Netzbetreiber kennzeichnend ist neben dem des Kunden i. S. v. Nr. 24 (Rn. 43), der auf den Energiekauf abstellt (*Theobald*, in: D/T, EnWG, § 3, Rn. 224).

Art. 2 Nr. 15 GasRl wird durch die Definition der **Netzpufferung** 48 **(Nr. 29)** umgesetzt (BT-Drucks. 15/3917, S. 49). Die Definition des Gasversorgungsnetzes in Nr. 20 (Rn. 39) verweist auf sie. Die Netzpufferung geschieht durch Verdichtung von Gas in Gasnetzen mit der Folge einer Erhöhung des Drucks und einer Vergrößerung der Aufnahmekapazität. Ausgenommen sind Einrichtungen, die ausschließlich von Fernleitungsnetzbetreibern genutzt werden (vgl. Nr. 5 und 19; Rn. 15, 36).

Die Definition der **neuen Infrastruktur (Nr. 29 a)** ist mit Rück- 49 sicht auf § 28 a erfolgt (BT-Drucks. 15/5268, S. 117). Als Infrastruktur dürften damit gegenständlich die in § 28 a genannten Leitungen und Anlagen erfaßt sein. Nr. 29 a beschränkt sich darauf, das maßgebliche Datum der Inbetriebnahme unter Rekurs auf das Inkrafttreten des EnWG 2005 festzusetzen.

Der Begriff des **örtlichen Verteilernetzes (Nr. 29 b)** ist zur Erläu- 50 terung nach seiner Aufnahme in das EnWG, und zwar in §§ 20 I b 11, 24 2 Nr. 3 a aufgenommen worden (BT-Drucks. 15/5268, S. 117; *Theobald*, in: D/T, EnWG, § 3, Rn. 230). Er erfaßt, wie aus der Bezugnahme auf Druckstufe bzw. Leitungsdurchmesser in Nr. 29 a und aus §§ 20 I b 11, 24 2 Nr. 3 a erhellt, ausschließlich Gasnetze (so richtig *Theobald*, in: D/T, EnWG, § 3, Rn. 231, gegen *Salje*, EnWG, § 3, Rn. 209). Druckstufe und Leitungsdurchmesser sind unerheblich. Entscheidend soll allein die überwiegende Letztverbraucherbelieferung sein. Für die Abgrenzung von vorgelagerten Netzebenen wird auf das Konzessionsgebiet i. S. v. §§ 18 I, 46 II abgestellt.

51 Die **Regelzone (Nr. 30)** ist im Elektrizitätsbereich das Netzgebiet, in dem ein Übertragungsnetzbetreiber (vgl. Nr. 10, 32; Rn. 20, 55) die Regelverantwortlichkeit im Rahmen der UCTE trägt. Die Teilaspekte der Primärregelung, Sekundärregelung sowie Minutenreserve sind in § 2 StromNZV konkretisiert. Die Gesetzesbegründung weist darauf hin, daß die technischen Regeln für den nationalen und internationalen Verbundbetrieb der Übertragungsnetze auf den Mindestanforderungen der UCTE beruhen, daß diese freilich einzelnen Übertragungsnetzbetreibern die Möglichkeit belassen, darüber hinaus weitergehende Festlegungen zu treffen und Detaillierungen vorzunehmen (BT-Drucks. 15/3917, S. 49).

52 Zur Umsetzung von Art. 2 Nr. 9 GasRl (BT-Drucks. 15/3917, S. 49) wird für den Gasbereich die **Speicheranlage (Nr. 31)** definiert. Erfaßt sind nur einem Gasversorgungsunternehmen gehörende oder von ihm betriebene Anlagen. Gegenständlich wird der Begriff nur für Teile von LNG-Anlagen (vgl. Nr. 26; Rn. 45), die für Speicherzwecke von Betreibern von Leitungsnetzen genutzt werden, und für Einrichtungen, die ausschließlich von Betreibern von Leitungsnetzen genutzt werden, konkretisiert. Nach Maßgabe von Nr. 20 (Rn. 39) gehören Speicheranlagen zu den Gasversorgungsnetzen.

53 Ein **Teilnetz (Nr. 31 a)** gibt es allein im Gasbereich. Es ist der Teil des Transportgebiets eines oder mehrerer Netzbetreiber, in dem ein Transportkunde (Nr. 31 b; Rn. 54) die von ihm gebuchten Kapazitäten an den Ein- und Ausspeisepunkten (Nr. 1 b, 13 b; Rn. 11, 28) flexibel nutzen kann. Die Begriffsdefinition ist mit Rücksicht auf die Begriffsverwendung in §§ 20 I b, 24 erfolgt (BT-Drucks. 15/5268, S. 117).

54 Im Zusammenhang mit der Definition des Teilnetzes in Nr. 31 a (Rn. 53) ist auch die des **Transportkunden (Nr. 31 b)** aufgenommen worden. Der Begriff erfaßt für den Gasbereich alle Netznutzer und legt damit die Grundlage für den Netzzugang von jedermann (*Salje,* EnWG, § 3, Rn. 219). Er findet in § 20 I b und ansonsten in der GasNZV Verwendung.

55 Durch die Definition der **Übertragung (Nr. 32)** soll Art. 2 Nr. 3 EltRl umgesetzt werden (BT-Drucks. 15/3917, S. 49). Der Begriff meint den Transport von Elektrizität über Höchstspannungsnetze von 220 kV oder 380 kV bzw. Hochspannungsnetze von 110 kV, der zum Zwecke der Belieferung von Verteilern (vgl. Nr. 37; Rn. 60) und Letztverbrauchern erfolgt, ohne aber die Belieferung von Kunden selbst einzuschließen.

Die Definition der **Umweltverträglichkeit (Nr. 33)** schließt an die 56 Regelung in § 2 IV EnWG 1998, § 2 V EnWG 2003 an (vgl. BT-Drucks. 15/3917, S. 49), ergänzt diese aber um die besondere Hervorhebung der Nachhaltigkeit. Eine enge sachliche Beziehung besteht zu den in Nr. 15a (vgl. Rn. 31) definierten Energieeffizienzmaßnahmen. Das Umweltverträglichkeitsziel ist insbesondere durch die auf das EnWG 1998 zurückgehende (vgl. § 1, Rn. 3) Aufnahme in die Ziele des § 1 I aufgewertet worden; Umweltverträglichkeit ist damit einer der grundlegenden Gesetzeszwecke des EnWG (vgl. § 1, Rn. 38f.).

Der Umsetzung von Art. 2 Nr. 13 EltRl/Art. 2 Nr. 17 GasRl (vgl. 57 BT-Drucks. 15/3917, S. 49; *Theobald*, in: D/T, EnWG, § 3, Rn. 263) dient die Definition der **Verbindungsleitungen (Nr. 34)**. Für den Elektrizitätsbereich fallen darunter sämtliche der Verbundschaltung von Übertragungs- und Elektrizitätsverteilernetzen dienende Anlagen, ohne Einschränkung auf Netze bestimmter Spannungsebenen (*Theobald*, in: D/T, § 3, Rn. 266). Für den Gasbereich findet sich hingegen eine Einschränkung auf Fernleitungen i.S.v. Nr. 19 (vgl. Rn. 36), die eine Grenze zwischen Mitgliedstaaten der EU überqueren und ausschließlich dem Zweck der Verbindung der mitgliedstaatlichen Fernleitungsnetze dienen.

Das **Verbundnetz (Nr. 35)** wird in Umsetzung von Art. 2 Nr. 14 58 EltRl/Art. 2 Nr. 16 GasRl definiert (BT-Drucks. 15/3917, S. 49). Es besteht aus einer Mehrzahl von Elektrizitätsversorgungs- bzw. Gasversorgungsnetzen. Diese sind im Strombereich durch Verbindungsleitungen i.S.v. Nr. 34 (vgl. Rn. 57), im Gasbereich wegen der insoweit engeren Definition der Nr. 34 durch Verbindungsleitungen in einem untechnischen Sinn verbunden.

Die Definition der **Versorgung (Nr. 36)** gewinnt vor allem daraus 59 besondere klarstellende Bedeutung, daß der gemeinschaftsrechtliche und der dem EnWG zugrunde liegende, nationale Versorgungsbegriff auseinanderfallen. Nach Art. 2 Nr. 19 EltRl/Art. 2 Nr. 7 GasRl ist unter Versorgung – nur – der Verkauf von Energie zu verstehen. Der Versorgungsbegriff nach Nr. 36, der sowohl dem Strom- wie dem Gasbereich gilt, schließt dies ein, ist aber sehr viel weiter. Nr. 36 Alt. 1 nennt die Erzeugung oder Gewinnung von Energie zur Belieferung von Kunden. Weiter ist nach Nr. 36 Alt. 2 auch der Vertrieb von Energie an Kunden Versorgung; dies entspricht der engeren europäischen Begriffsverwendung. Nr. 36 Alt. 3 bezieht schließlich auch den Betrieb von Energieversorgungsnetzen (vgl. Nr. 4, 16; Rn. 14, 32) in den Begriff ein.

Zur Umsetzung von Art. 2 Nr. 5 EltRl/Art. 2 Nr. 5 GasRl ist die 60 Definition der **Verteilung (Nr. 37)** vorgenommen worden (BT-

§ 3a Teil 1. Allgemeine Vorschriften

Drucks. 15/3917, S. 49). Der Begriff erfaßt für Strom- und Gasbereich übereinstimmend den Transport von Energie zur Ermöglichung der Versorgung von Kunden, nicht jedoch die Belieferung der Kunden selbst. In den weiteren Merkmalen wird differenziert. Im Strombereich ist der Transport über Verteilernetze in Nieder-, Mittel- und Hochspannung erfaßt, nicht aber über Höchstspannungsnetze, die folglich allein der Übertragung nach Nr. 32 (Rn. 55) dienen. Für den Gasbereich wird auf den Transport über örtliche oder regionale Leitungsnetze, ohne Differenzierung nach Druckstufen, abgestellt.

61 Auf die Vorgabe von Art. 2 Nr. 21 EltRl/Art. 2 Nr. 20 GasRl geht die Definition des **vertikal integrierten Energieversorgungsunternehmens (Nr. 38)** zurück (BT-Drucks. 15/3917, S. 49). Erfaßt sind einzelne EVU oder auch eine Gruppe von EVU, die konzernartig miteinander verbunden sind (vgl. dazu näher BT-Drucks. 15/3917, S. 49 f.). Vertikale Integration soll dem Grundsatz nach vorliegen, wenn neben Tätigkeiten im Bereich des Netzbetriebs auch Tätigkeiten auf vor- oder nachgelagerten Wertschöpfungsstufen ausgeübt werden (BT-Drucks. 15/3917, S. 49). Im einzelnen liegt vertikale Integration vor, wenn im Elektrizitätsbereich mindestens eine der Funktionen Übertragung/Verteilung und eine der Funktionen Erzeugung/Vertrieb oder wenn im Erdgasbereich mindestens eine der Funktionen Fernleitung/Verteilung/LNG-Anlagenbetrieb/Speicherung und eine der Funktionen Gewinnung/Vertrieb von Erdgas wahrgenommen wird. Auf vertikal integrierte EVU zielen die Entflechtungsvorschriften der §§ 6 ff.

62 Zur Umsetzung von Art. 2 Nr. 2 GasRl, in Anlehnung an § 2 III EnWG 1998 ist die Definition des **vorgelagerten Rohrleitungsnetzes (Nr. 39)** erfolgt (BT-Drucks. 15/3917, S. 49). Das Rohrleitungsnetz dient der Zuführung von Erdgas zum Fernleitungsnetz, nicht schon selbst der Fernleitung von Erdgas; aus diesem Grund sind vorgelagerte Rohrleitungsnetze ausdrücklich vom Begriff der Fernleitungen nach Nr. 19 (Rn. 36) ausgenommen. In der Folge gelten die für Gasversorgungsnetze (Nr. 20; Rn. 39) aufgestellten Regeln des EnWG, insbesondere die §§ 20 ff. für vorgelagerte Rohrleitungsnetze nicht (*Theobald,* in: D/T, EnWG, § 3, Rn. 306).

§ 3 a Verhältnis zum Eisenbahnrecht

Dieses Gesetz gilt auch für die Versorgung von Eisenbahnen mit leitungsgebundener Energie, insbesondere Fahrstrom, soweit im Eisenbahnrecht nichts anderes geregelt ist.

Literatur: *Ehricke,* Zur Abgrenzung der Anwendungsbereiche des Allgemeinen Eisenbahngesetzes (AEG) und des neuen Energiewirtschaftsgesetzes (EnWG) im Hinblick auf die Versorgung mit leitungsgebundener Energie im Eisenbahnsektor, ZNER 2005, 301; *ders.,* Zur Bestimmung der Entgelte für die Nutzung von Bahnstromfernleitungen, IR 2006, 10; *Grün/Jasper,* Die Regulierung des Bahnstroms im Spannungsfeld zwischen Eisenbahnrecht und Energierecht, N&R 2007, 46.

Übersicht

	Rn.
A. Hintergründe, Entstehungsgeschichte und Funktion	1
B. Versorgung von Eisenbahnen mit leitungsgebundener Energie	6
C. Geltung des EnWG unter Vorbehalt eisenbahnrechtlicher Spezialregelungen	9
I. Erzeugung von Energie	10
II. Bahnstromleitungen	11
III. Lieferung von Energie an Eisenbahnen	14

A. Hintergründe, Entstehungsgeschichte und Funktion

Die Vorschrift des § 3a regelt das Verhältnis zwischen dem EnWG **1** und dem Eisenbahnrecht (BT-Drucks. 15/5268, S. 117) im Hinblick auf die Versorgung von Eisenbahnen mit leitungsgebundener Energie, insbesondere mit Fahrstrom. Für diese Versorgung gilt das EnWG, soweit im Eisenbahnrecht nichts anderes geregelt ist. § 3a kommt **klarstellende Funktion** zu, weil nach der allgemeinen Regelung des § 1 I (s. dazu § 1, Rn. 18 ff.) auch die Versorgung von Eisenbahnen mit leitungsgebundener Energie in den Anwendungsbereich des EnWG fällt. Zu einer „Erweiterung des Anwendungsbereichs des EnWG" führt § 3a also nicht (so aber *Ehricke,* ZNER 2005, 301, 302, der aber lediglich auf den insoweit nicht ergiebigen Gesetzeswortlaut verweist). Die komplementäre eisenbahnrechtliche Regelung findet sich in **§ 1 II 3 AEG,** wonach das AEG „nicht für die Versorgung von Eisenbahnen mit leitungsgebundener Energie, insbesondere Fahrstrom, und Telekommunikationsleistungen" gilt, soweit nicht durch das AEG oder aufgrund des AEG „etwas anderes bestimmt ist".

Die Hintergründe für die gesetzliche Klärung des Verhältnisses zwi- **2** schen Energiewirtschafts- und Eisenbahnrecht liegen in systematischen, technischen und wirtschaftlichen Aspekten. Rechtssystematisch geht es um die **Zuordnung des technischen Systems der Eisenbahninfrastruktur,** das neben der Schiene regelmäßig auch Elektrizitätsleitungen umfaßt, zur Eisenbahn- und/oder zur Energieinfrastruktur. Insoweit ist § 3a und § 1 II 3 AEG die klare Entscheidung zu entnehmen, daß die Eisenbahninfrastruktur nicht als einheitliches System insgesamt dem Eisenbahnrecht unterworfen sein soll, sondern daß die Komponenten der leitungsgebundenen Energieversorgung – unter dem Vorbehalt eisenbahnrechtlicher Spezialregelungen – dem Energiewirtschaftsrecht unterliegen. In technischer Hinsicht ist die Besonderheit zu berücksichtigen, daß der Fahrstrom für Eisenbahnen in Deutschland traditionell eine **andere Frequenz** (16,7 Hz) verglichen mit dem allgemeinen Netz (50 Hz) aufweist. § 3a ist insoweit die Aussage zu entnehmen, daß es für die Anwendbarkeit des EnWG auf diese technische Besonderheit nicht ankommen soll mit der Folge, daß Voraussetzung für den Netzzugang speziell ausgelegte Erzeugungs- bzw. Umformeranlagen sind (*Salje,* EnWG, § 3a, Rn. 6). Den wirtschaftlichen Hintergrund des § 3a schließlich bilden Vorwürfe von Eisenbahnverkehrsunternehmen, bei der **Gestaltung der Fahrstrompreise durch die DB Energie GmbH** im Vergleich zu den Unternehmen des DB Konzerns benachteiligt worden zu sein (dazu z. B. *OLG Frankfurt,* WuW/E DE-R 1901 ff.; *OLG Frankfurt,* OLGR 2007, 416 ff.). Solche Konflikte hatten zu der Frage geführt, ob der Zugang zum Bahnnetz im Hinblick auf die Energieversorgung durch die eisenbahnspezifische Regulierungsinstanz oder aber durch diejenige Regulierungsbehörde sicherzustellen sei, die diese Aufgaben auch für nicht eisenbahnspezifische Stromnetze erledigt. Das in § 3a dokumentierte Ergebnis dieser Diskussionen ist, daß das Bahnstromnetz unter Wahrung seiner Besonderheiten dem allgemeinen Regulierungsrecht für Elektrizitätsnetze unterstehen soll (*Salje,* EnWG, § 3a, Rn. 1).

3 Aus der nur teilweise dokumentierten **Entstehungsgeschichte** (*Ehricke,* ZNER 2005, 301, 302) ist darauf hinzuweisen, daß der Regierungsentwurf (BT-Drucks. 15/3917, S. 11) § 3a noch nicht enthielt. Die Vorschrift wurde ohne weitere Begründung durch den Änderungsvorschlag des Ausschusses für Arbeit und Wirtschaft (BT-Drucks. 15/5268, S. 18, 117) in das Gesetzgebungsverfahren eingeführt.

4 Den **europarechtlichen Hintergrund** des § 3a bildet das Sekundärrecht zur Liberalisierung sowohl des Eisenbahnwesens (dazu *Hermes,* in: ders./Sellner, BeckAEG-Komm, Einführung B, Rn. 25 ff.; *Schweinsberg,* in: Hermes/Sellner, BeckAEG-Komm, Einführung F) als auch der leitungsgebundenen Energieversorgung insbesondere durch die EltRl und die GasRl. Das europäische Eisenbahnrecht sichert jedem Eisenbahnverkehrsunternehmen einen Anspruch auf Zugang zur Eisenbahninfrastruktur. Dieses Zugangsrecht hat auch die **Nutzung von**

Verhältnis zum Eisenbahnrecht 5–7 § 3a

Versorgungseinrichtungen für Fahrstrom zum Inhalt, sofern der jeweilige Fahrweg oder die „Serviceeinrichtung" (Bahnhöfe, Güterterminals, Rangierbahnhöfe, Abstellgleise, Wartungseinrichtungen etc.) tatsächlich mit solchen Einrichtungen ausgestattet ist (Art. 5 I i. V. m. Anhang II Nr. 1 und 2 RL 2001/14/EG). Davon zu unterscheiden ist die **Lieferung** – oder „Bereitstellung" – **von Fahrstrom,** zu der der Betreiber der Eisenbahninfrastruktur nur dann verpflichtet ist, wenn er sich auch gegenüber anderen Eisenbahnverkehrsunternehmen als „Fahrstromlieferant" betätigt (Art. 5 II i. V. m. Anhang II Nr. 3 a RL 2001/14/EG; zur Trennung zwischen der Nutzung der Versorgungseinrichtungen und der Lieferung von Fahrstrom s. auch *Ehricke*, ZNER 2005, 301, 303).

Vor diesem Hintergrund läßt sich der **Sinn und Zweck** des § 3 a 5 unschwer umschreiben als die klarstellende normative Vorgabe, daß sich die Versorgung von Eisenbahnen mit leitungsgebundener Energie nach denselben **(Wettbewerbs-)Regeln** vollziehen soll wie die **allgemeine Energieversorgung,** soweit nicht eisenbahnspezifische Besonderheiten zu berücksichtigen sind, die im Eisenbahnrecht ihren ausdrücklichen und speziell auf die Energieversorgung bezogenen Niederschlag gefunden haben. Konkret sollen insbesondere Eisenbahnverkehrsunternehmen, die außerhalb des DB-Unternehmensverbundes stehen, ihren Energielieferanten frei wählen können (*Salje,* EnWG, § 3 a, Rn. 7).

B. Versorgung von Eisenbahnen mit leitungsgebundener Energie

Die Geltung des EnWG ist in § 3 a für den gesamten Bereich der 6 Versorgung von Eisenbahnen mit leitungsgebundener Energie angeordnet. Der Begriff der **Versorgung** ist in § 3 Nr. 36 legal definiert und umfasst neben der Erzeugung und Gewinnung von Energie zur Belieferung von Kunden und dem Betrieb eines Energieversorgungsnetzes auch den Vertrieb von Energie an Kunden (dazu *Ehricke,* ZNER 2005, 301, 303 f.).

Unter **Eisenbahnen** sind nach der Legaldefinition in § 2 I AEG, auf 7 die auch für die Auslegung des § 3 a abzustellen ist (*Ehricke,* ZNER 2005, 301, 304), sowohl Eisenbahninfrastrukturunternehmen als auch Eisenbahnverkehrsunternehmen zu verstehen. Zwar wird die im Wortlaut des § 3 a angesprochene Versorgung von Eisenbahnverkehrsunternehmen mit Fahrstrom in der Praxis im Vordergrund stehen. Es besteht jedoch kein Grund, die Versorgung von Eisenbahninfrastrukturunternehmen aus dem Geltungsbereich des EnWG auszunehmen. Insofern gilt im EnWG kein engerer Eisenbahnbegriff als im AEG (zum Eisenbahnbegriff des AEG siehe *Suckale,* in: Hermes/Sellner, BeckAEG-Komm, § 2, Rn. 40 ff.).

8 Nach seinem insoweit eindeutigen Wortlaut ordnet § 3a die Geltung des EnWG für die Versorgung von Eisenbahnen nicht nur mit Elektrizität, sondern allgemein mit **leitungsgebundener Energie** an. Obwohl dies nicht der typische Fall sein dürfte, richtet sich also im Falle einer entsprechenden Nachfrage auch die leitungsgebundene Versorgung von Eisenbahnen mit Gas nach dem EnWG.

C. Geltung des EnWG unter Vorbehalt eisenbahnrechtlicher Spezialregelungen

9 Für die Versorgung von Eisenbahnen mit leitungsgebundener Energie ordnet § 3a die Geltung des EnWG an. Der Vorbehalt in § 3a zugunsten abweichender eisenbahnrechtlicher Regelungen, der mit demjenigen in § 1 II 3 AEG übereinstimmt, greift immer dann, wenn sich im Eisenbahnrecht (so die Formulierung in § 3a) bzw. im AEG selbst oder in den auf seiner Grundlage ergangenen Bestimmungen (so § 1 II 3 AEG) eine **ausdrückliche – eisenbahnspezifische – Regelung** der jeweiligen Frage findet. Darauf, ob der jeweilige Aspekt der Versorgung von Eisenbahnen mit leitungsgebundener Energie bahnbezogene Eigenheiten aufweist, kommt es erst dann an, wenn der Gesetz- oder Verordnungsgeber auf diese Besonderheiten durch spezielle eisenbahnrechtliche Regelungen reagiert hat (unklar insoweit *Ehricke,* ZNER 2005, 301, 305). Der Rechtsanwender ist auch nicht aufgefordert, im Einzelfall zu prüfen, ob eine „vergleichbare Lage" zwischen einem zu versorgenden Eisenbahnunternehmen und sonstigen Strom- oder Gaskunden besteht (so aber offenbar *Ehricke,* ZNER 2005, 301, 305). Denn über die Vergleichbarkeit hat bereits der Gesetzgeber in § 3a entschieden, indem er Eisenbahnen, die Elektrizität oder Gas abnehmen, als zu „versorgende" Kunden (s. § 3 Nr. 36) definiert und die rechtliche Beurteilung aller damit zusammenhängenden Vorgänge dem EnWG unterworfen hat.

I. Erzeugung von Energie

10 Für die **Erzeugung von Elektrizität** bedeutet dies, daß auf sie ohne Einschränkungen das EnWG Anwendung findet. Denn weder im AEG noch in den auf dem AEG beruhenden Verordnungen finden sich diesbezügliche Spezialregelungen. Unerheblich ist dabei, ob es sich um 16,7-Hz-Fahrstrom oder um 50-Hz-Strom z. B. für die Versorgung der

Signalanlagen handelt (*Ehricke,* ZNER 2005, 301, 305). Auch Kraftwerke, die ausschließlich Bahnstrom produzieren, unterfallen keinen eisenbahnrechtlichen Spezialregelungen (für die Planfeststellung s. *Vallendar,* in: Hermes/Sellner, BeckAEG-Komm, § 18, Rn. 47; allg. für die Erzeugung von Bahnstrom *Suckale,* in: Hermes/Sellner, BeckAEG-Komm, § 2, Rn. 137). Nicht ausgeschlossen ist allerdings, daß die allgemeine eisenbahnrechtliche Sicherheitspflicht des § 4 I AEG durch Rechtsverordnung auf der Grundlage des § 26 I Nr. 1 lit. a AEG konkretisiert wird in bezug auf Erzeugungsanlagen, die so in ein Bahnstromnetz eingebunden sind, daß ihr Bau, ihre Instandhaltung, ihre Ausrüstung oder ihre Betriebsweise sicherheitsrelevant im eisenbahnspezifischen Sinne sind.

II. Bahnstromleitungen

Was die Leitungen angeht, über die Elektrizität oder Gas zur Versorgung von Eisenbahnen transportiert wird, so richten sich die rechtlichen Anforderungen an ihre **Errichtung,** ihre **Unterhaltung,** ihren **Betrieb** und insbesondere an den **Zugang** zu ihnen ebenfalls grundsätzlich nach dem EnWG. Es handelt sich um Energieversorgungsnetze i. S. d. § 3 Nr. 16 und je nach ihrer konkreten Funktion kann es sich z. B. um Versorgungs- (§ 3 Nr. 2, 6), Verteiler- (§ 3 Nr. 3, 7), Übertragungs- (§ 3 Nr. 32) oder um Fernleitungsnetze (§ 3 Nr. 19) handeln. Eine Privilegierung dieser Netze nach § 110 kommt nicht in Betracht, weil dessen Voraussetzungen nicht vorliegen (*Salje,* EnWG, § 3 a, Rn. 10). 11

Eisenbahnrechtliche Spezialregelungen, die die energiewirtschaftsrechtlichen Vorschriften verdrängen, gelten allerdings für sog. **Bahnstromfernleitungen.** Dabei handelt es sich um 110-kV-Leitungen, die der Zuleitung von Bahnstrom dienen (vgl. z. B. *BVerwG,* Urt. v. 25. 10. 2001 – 11 A 30.00, juris; *Suckale,* in: Hermes/Sellner, BeckAEG-Komm, § 2, Rn. 135 ff.), die von der DB Energie GmbH betrieben werden. Sie sind gem. § 2 III AEG Bestandteil der Eisenbahninfrastruktur. Ihr Bau und ihre Änderung bedürfen gem. § 18 AEG der eisenbahnrechtlichen Planfeststellung oder Plangenehmigung (*Vallendar,* in: Hermes/Sellner, BeckAEG-Komm, § 18, Rn. 47). Die Sicherheitsanforderungen an Bahnstromfernleitungen folgen aus § 4, I AEG und den konkretisierenden Regelwerken (dazu *Hermes/Schweinsberg,* in: Hermes/Sellner, BeckAEG-Komm, § 4, Rn. 16, 33 ff.). Der Anspruch auf Benutzung von Bahnstromfernleitungen zur Durchleitung, die von der Lieferung (dazu unten Rn. 14) zu unterscheiden ist, folgt aus § 14 I AEG und steht nur den in § 14 II, III AEG genannten Zugangsberechtigten zu (*Grün/Jasper,* 12

N&R 2007, 46, 48). Dieses Nutzungsrecht verdrängt den Anspruch auf Netzanschluß nach §§ 17 ff. und auf Netzzugang nach §§ 20 ff. Eine Konkretisierung des Zugangsanspruchs durch die Eisenbahninfrastruktur-Benutzungsverordnung (EIBV) findet nicht statt (s. zur Problematik der Entgeltbemessung, *Ehricke*, IR 2006, 10 ff.) Für Bahnstromfernleitungen gilt schließlich, daß der Betreiber der Schienenwege sie nicht selbst betreiben muß (vgl. § 4 III AEG, wo nur Anlagen zur streckenbezogenen Versorgung mit Fahrstrom genannt sind).

13 Die zweite Kategorie von Energieleitungen zur Versorgung von Eisenbahnen, für die eisenbahnrechtliche Spezialregelungen existieren, sind die sog. **Anlagen zur streckenbezogenen Versorgung mit Fahrstrom.** Den Betrieb dieser Anlagen, hinter denen sich in erster Linie der „Fahrdraht" und Stromschienen verbergen (Einzelheiten bei *Gerstner*, in: Hermes/Sellner, BeckAEG-Komm, § 14, Rn. 66), muß der Betreiber der Schienenwege gem. § 4 III AEG zum Gegenstand seines Unternehmens machen. Der Zugangsanspruch ergibt sich aus § 14 I AEG i. V. m. § 3 I 2 und Anlage 1 Nr. 1 b EIBV.

III. Lieferung von Energie an Eisenbahnen

14 Die **Lieferung von Energie an Eisenbahnen,** insbesondere der Vertrieb sog. Traktionsenergie unterliegt keinen eisenbahnrechtlichen Spezialregelungen (so auch *OLG Frankfurt,* WuW/E DE-R 1901; *OLG Frankfurt,* OLGR 2007, 416, 418 f.; *Ehricke,* ZNER 2005, 301, 305). Einen Anspruch von Eisenbahnen auf Belieferung mit Energie kennt weder das Eisenbahn- noch das Energiewirtschaftsrecht, sofern die Eisenbahn im konkreten Fall nicht die Merkmale eines Haushaltskunden (§ 3 Nr. 22, § 36) erfüllt. Zu beachten ist allerdings die erwähnte europarechtliche Vorgabe (s.o. Rn. 4), wonach der Betreiber der Eisenbahninfrastruktur einzelne Eisenbahnverkehrsunternehmen nicht diskriminierend von der Fahrstromversorgung ausschließen darf (Art. 5 II i. V. m. Anhang II Nr. 3 a RL 2001/14/EG; zum Diskriminierungsverbot in Art. 5 II RL 2001/14/EG allg. *Kühling/Hermeier/Heimeshoff,* Gutachten zur Klärung von Entgeltfragen nach AEG und EIBV im Auftrag der BNetzA, S. 99, abrufbar unter http://www.bundesnetzagentur.de/media/archive/10175.pdf). Diese Vorgabe ist im deutschen Recht durch das wettbewerbsrechtliche Diskriminierungsverbot erfüllt (dazu *OLG Frankfurt,* WuW/E DE-R 1901; *OLG Frankfurt,* OLGR 2007, 416, 418 f; anders *Grün/Jasper,* N&R 2007, 46, 49 f., die die Verpflichtung zur diskriminierungsfreien Lieferung von Fahrstrom aus § 3 I 1 i. V. m. Anlage 1 Nr. 2 a EIBV ableiten).

§ 4 Genehmigung des Netzbetriebs

(1) **Die Aufnahme des Betriebs eines Energieversorgungsnetzes bedarf der Genehmigung durch die nach Landesrecht zuständige Behörde.**

(2) [1]**Die Genehmigung nach Absatz 1 darf nur versagt werden, wenn der Antragsteller nicht die personelle, technische und wirtschaftliche Leistungsfähigkeit und Zuverlässigkeit besitzt, um den Netzbetrieb entsprechend den Vorschriften dieses Gesetzes auf Dauer zu gewährleisten.** [2]**Unter den gleichen Voraussetzungen kann auch der Betrieb einer in Absatz 1 genannten Anlage untersagt werden, für dessen Aufnahme keine Genehmigung erforderlich war.**

(3) **Im Falle der Gesamtrechtsnachfolge oder der Rechtsnachfolge nach dem Umwandlungsgesetz oder in sonstigen Fällen der rechtlichen Entflechtung des Netzbetriebs nach § 7 geht die Genehmigung auf den Rechtsnachfolger über.**

Literatur (zur Rechtslage nach dem EnWG 1998): *Becker*, Die Betriebsaufnahmegenehmigung nach § 3 EnWG im Gefüge des neuen Energiewirtschaftsrechts, RdE 2000, 7; *Börner/Börner*, Die energierechtliche Genehmigung restituierter Stadtwerke, 1991; *Büdenbender*, Die Energieaufsicht über Energieversorgungsunternehmen nach dem neuen Energiewirtschaftsgesetz, DVBl. 1999, 7; *Herrmann/Dick*, Die Kundenbündelung und ihre Bedeutung für das Energie- und Konzessionsabgabenrecht, BB 2000, 885; *Krieglstein*, Die staatliche Aufsicht über die Elektrizitätswirtschaft nach dem Energiewirtschaftsgesetz, 2002; *Schladebach*, Neue Akteure am Energiemarkt: Genehmigungsbedürftigkeit nach § 3 EnWG?, RdE 2002, 67; *Zenke*, Genehmigungszwänge im liberalisierten Energiemarkt, 1998; *dies.*, Genehmigungszwang in einem liberalisierten Markt – ein trojanisches Pferd?, ZNER 1999, 12.

Übersicht

	Rn.
A. Allgemeines	1
B. Genehmigungsvorbehalt für Netz-Betriebsaufnahme	5
I. Reichweite des Genehmigungsvorbehaltes (§ 4 I)	6
1. Energieversorgungsnetze	6
2. Aufnahme des Betriebs	9
3. Betriebserweiterung durch Inhaber einer Genehmigung nach § 4	12
4. Verfahren bei Zweifeln über die Reichweite des Genehmigungsvorbehalts	15
II. Genehmigungsvoraussetzungen (§ 4 II 1)	17
1. Bezugspunkt: Dauerhafter „Netzbetrieb" entsprechend den gesetzlichen Anforderungen	18
2. Personelle Leistungsfähigkeit	23
3. Technische Leistungsfähigkeit	24

	Rn.
4. Wirtschaftliche Leistungsfähigkeit	25
5. Zuverlässigkeit	26
III. Zuständigkeit, Verfahren, Genehmigungsinhalt	28
1. Zuständigkeit der Landesbehörden	28
2. Genehmigungsverfahren	30
3. Inhalt und Umfang der Genehmigung	34
4. Rechtsnachfolge (§ 4 III)	36
IV. Rechtsschutz	42
C. Energieversorgungsnetze, die vor dem 13. 7. 2005 in Betrieb genommen wurden (§ 4 II 2)	44

A. Allgemeines

1 Die Vorschrift des § 4 I unterwirft die Aufnahme des **Betriebs von Energieversorgungsnetzen** einem **Genehmigungsvorbehalt,** um den Betrieb dieser Netze entsprechend den gesetzlichen Vorgaben zu gewährleisten. Dem gleichen Ziel dient die Befugnis nach § 4 II 2, den Betrieb von solchen Energieversorgungsnetzen zu untersagen, die bereits betrieben werden und für deren Betriebsaufnahme keine Genehmigung erforderlich war. Schließlich wird im Zusammenhang mit dem Genehmigungsvorbehalt in § 4 I die Frage des Übergangs der Genehmigung auf den Rechtsnachfolger geregelt (§ 4 III).

2 Im Vergleich zur **Rechtslage vor 2005** bedeutet die Beschränkung des Genehmigungsvorbehaltes in § 4 auf die Aufnahme des Betriebs eines Energieversorgungsnetzes eine deutliche Beschränkung genehmigungsbedürftiger Tätigkeiten im energiewirtschaftlichen Sektor. **§ 5 EnWG 1935** sah für die Aufnahme der Energieversorgung anderer fast ausnahmslos eine präventive Kontrolle vor, ergänzt um eine Anzeigepflicht in Fällen der Eigenversorgung. Diese Vorschrift war Bestandteil einer kontinuierlichen staatlichen Kontrolle der Tätigkeit von Energieversorgungsunternehmen, die neben der Betriebsaufnahmegenehmigung die sog. Investitionskontrolle (§ 4 EnWG 1935), ein Untersagungsverfahren (§ 8 EnWG 1935) sowie Vorschriften über Tarif- und Vertragsbedingungen und die Vorratshaltung umfasste. Die praktische Bedeutung von § 5 EnWG 1935 war jedoch gering, weil ein Großteil der EVU bereits vor Inkrafttreten des EnWG 1935 tätig waren und deshalb über eine fingierte Genehmigung verfügte. Erst mit der Gründung kommunaler Energieversorger in den neuen Bundesländern nach 1990 gewann § 5 EnWG 1935 eine gewisse Bedeutung (dazu *Börner/ Börner,* Die energierechtliche Genehmigung restituierter Stadtwerke).

3 Die Vorschrift des **§ 3 EnWG 1998** sah eine präventive Kontrolle von Unternehmen vor, die erstmals die Strom- oder Gasversorgung anderer aufnehmen. Zweck der Regelung war die Gewährleistung einer möglichst sicheren, preisgünstigen und umweltverträglichen Energieversorgung. Diese Ziele sollten weder durch den Marktzutritt von Unternehmen mit unzureichender Leistungsfähigkeit noch (im Falle der Elektrizitätsversorgung) durch nachteilige Strukturveränderungen zu Lasten bestehender Versorgungsverhältnisse in einem Versorgungsgebiet infolge der Tätigkeit von Newcomern gefährdet werden (BT-Drucks. 13/7274, S. 15). § 3 erweiterte die Kontrollfunktion der Betriebsaufnahmegenehmigung gegenüber § 5 EnWG 1935 in gewissem Umfang, indem erstmals eine präventive Zuverlässigkeitskontrolle beim Marktzutritt von EVU stattfand (*Franke*, in: S/T, § 3, Rn. 11). Unklarheit herrschte allerdings darüber, ob der erstmalige Betrieb eines **Netzes für die allgemeine Versorgung** genehmigungsbedürftig war (dafür *Becker*, RdE 2000, 7, 10; dagegen *Büdenbender* SP, Rn. 518; *Franke*, in: S/T, § 3, Rn. 16; *Schneider*, in: Böwing, Art. 1 § 3 Ziff. 2.2). Angesichts dieser Unklarheit wurde die Genehmigungsbedürftigkeit des Betriebs von Energieversorgungsnetzen de lege ferenda allgemein befürwortet (Bericht des Arbeitskreises Energiepolitik an die Wirtschaftsministerkonferenz zum Vollzug des neuen Energiewirtschaftsgesetzes, S. 32; *Franke*, in: S/T, § 3 Rn. 16; *Krieglstein*, S. 127; *Schneider*, in: Böwing, Art. 1 § 3 Ziff. 2.2; ein entsprechender Vorschlag des Bundesrates im Rahmen des Gesetzgebungsverfahrens für das Erste Gesetzes zur Änderung des Gesetzes zur Neuregelung des Energiewirtschaftsrechts blieb aber unberücksichtigt, vgl. BT-Drucks. 14/5969, S. 11, 15).

Die entscheidende Neuerung des § 4 gegenüber § 3 EnWG 1998 liegt also darin, daß einerseits über die Genehmigungsbedürftigkeit der Aufnahme des Betriebs eines Energieversorgungsnetzes positiv entschieden und andererseits „die bisherigen Genehmigungserfordernisse auf die Fälle der Aufnahme des Betriebes eines Energieversorgungsnetzes" beschränkt wurden (BT-Drucks. 15/3917, S. 50). Wegen der „**besonderen Bedeutung der Energieversorgungsnetze** als Infrastruktureinrichtung" hat der Gesetzgeber auch nach der Marktöffnung im Bereich der leitungsgebundenen Energieversorgung eine staatliche Genehmigung für erforderlich gehalten (BT-Drucks. 15/3917, S. 50).

B. Genehmigungsvorbehalt für Netz-Betriebsaufnahme

In § 4 I ist ein (formelles) Verbot mit Erlaubnisvorbehalt normiert, das dem gewerberechtlichen Modell der **Kontrollerlaubnis** entspricht.

Zu beachten ist dabei, daß sachlicher Bezugspunkt der **Genehmigungsbedürftigkeit** ein bestimmtes Verhalten – die Aufnahme des Betriebs eines Energieversorgungsnetzes – ist, während die **Genehmigungsvoraussetzungen** durch bestimmte Eigenschaften des Antragstellers definiert sind. Aus dieser Kombination ergeben sich wechselseitige Einflüsse in dem Sinne, daß der Kreis der genehmigungsbedürftigen Tatbestände durch die Erteilungsvoraussetzungen begrenzt wird (Rn. 6 ff.), und daß umgekehrt die Genehmigungsvoraussetzungen nur die spezifischen Anforderungen an den Netzbetrieb erfassen können (Rn. 17 ff.). Nach § 4 II 1 hat der Antragsteller einen **Rechtsanspruch auf Erteilung,** wenn keiner der dort aufgeführten Versagungsgründe eingreift. Insoweit handelt es sich um eine sog. gebundene Erlaubnis.

I. Reichweite des Genehmigungsvorbehaltes (§ 4 I)

6   1. **Energieversorgungsnetze.** Die Energieversorgungsnetze, deren Betriebsaufnahme dem Genehmigungsvorbehalt unterworfen ist, definiert **§ 3 Nr. 16 als Elektrizitäts- und Gasversorgungsnetze** (§ 3 Nr. 20), wobei es nach dieser Legaldefinition unerheblich ist, ob die Netze eine oder mehrere Spannungsebenen oder Druckstufen umfassen. Erfaßt werden von dem Genehmigungsvorbehalt also sowohl Übertragungs- und Fernleitungsnetze als auch (örtliche) Verteilernetze, wobei im Gasbereich auch LNG-Anlagen und Speicheranlagen einbezogen sind (vgl. § 3 Nr. 20). Weil die Funktionsfähigkeit des Gesamtnetzes abhängig ist von jedem seiner Teile, unterfallen auch **Teilnetze** und **Netzteile** dem Genehmigungsvorbehalt.

7   Auch Netze i. S. d. § 110 Nr. 1 bis 3 unterliegen dem Genehmigungsvorbehalt des § 4 I, wenn sie der allgemeinen Versorgung dienen (s. dazu § 110 Rn. 15). Ist dies nicht der Fall, wird die Prüfung der materiellen Genehmigungsvoraussetzungen des § 4 I ersetzt durch die Prüfung der Regulierungsbehörde nach § 110 IV, ob der **Objektnetzbetreiber** die personelle, technische und wirtschaftliche Leistungsfähigkeit besitzt.

8   Die vom Bundesrat vorgeschlagene Ausweitung des Genehmigungsvorbehalts auf „die Errichtung und der Betrieb einer Direktleitung" im Gasbereich, die mit dem „besonderen technischen Gefährdungspotential bei der Gasversorgung" begründet worden war (BT-Drucks. 15/3917, S. 80), ist nicht aufgegriffen worden. **Direktleitungen** sind danach nicht nach § 4 genehmigungsbedürftig, was Genehmigungsvorbehalte nach anderen Gesetzen (z. B. Baurecht) ebensowenig ausschließt wie Aufsichtsmaßnahmen nach §§ 65 ff., wenn der

Betreiber einer Direktleitung seinen Pflichten nach dem Energiewirtschaftsgesetz oder nach den auf seiner Grundlage erlassenen Rechtsverordnungen nicht nachkommt.

2. Aufnahme des Betriebs. Genehmigungsbedürftig nach § 4 ist 9
nicht die Errichtung, sondern erst und nur die Aufnahme des Betriebs
eines Energieversorgungsnetzes. Wegen dieses Anknüpfungspunktes ist
die Betriebsaufnahmegenehmigung nach § 4 **abzugrenzen von** den
Zulassungstatbeständen, die die **Errichtung und den Betrieb von
Netzanlagen** betreffen. Dies sind die Planfeststellung und die Plangenehmigung nach § 43. Diese Zulassungsentscheidungen sind auch in
ihren Zulassungsvoraussetzungen anlagenbezogen, so daß zu ihrem
Prüfprogramm die Zuverlässigkeit und sonstige Eigenschaften des der
Anlage betreibenden Unternehmens nicht gehören. Diese Lücke füllt
§ 4, indem zusätzlich zu den anlagenbezogenen (insbesondere technischen und planungsrechtlichen) Voraussetzungen auch die persönlichen
bzw. unternehmensbezogenen Gefahren und Risiken erfaßt werden,
die mit dem Betrieb von Energieversorgungsnetzen verbunden sind.

Unter der Aufnahme des Betriebs eines Energieversorgungsnetzes 10
sind die technischen Maßnahmen zu verstehen, durch die der jeweiligen Anlage **erstmals** ihre **netzspezifische Transportfunktion** zugewiesen wird. Praktisch bedeutet dies die Maßnahmen, durch die das
Netz unter Spannung bzw. unter Druck gesetzt wird. Als Maßnahmen,
die der Betriebsaufnahme vorgelagert sind und die Genehmigungsbedürftigkeit (noch) nicht auslösen, sind die technischen (Errichtung der
Anlagen), wirtschaftlichen und rechtlichen (Unternehmensgründung,
Netzanschluß- und -nutzungsverträge etc.) **Vorbereitungshandlungen** einzustufen (ähnlich für § 3 EnWG 1998 *Franke,* in: S/T, § 3,
Rn. 12; *Salje,* EnWG, § 4, Rn. 35).

Unter der alten Rechtslage (§ 3 EnWG 1998) war umstritten, ob ein 11
Rechtsträgerwechsel eine neue Genehmigungspflicht auslöst. Die
Genehmigungspflicht hing nach h. M. davon ab, ob in tatsächlicher
Hinsicht eine Betriebsaufnahme stattfand oder ob lediglich eine bereits
bestehende Tätigkeit in einer anderen gesellschaftsrechtlichen Form
vollzogen wurde. Ausschließlich im ersten Fall sollte eine Genehmigung erforderlich sein, während bei einem reinen Rechtsformwechsel
mangels Betriebsaufnahme im wirtschaftlichen Sinne eine Genehmigungspflicht nicht bestehen sollte (*Krieglstein,* S. 124 f.; *Lippert,* S. 614;
W. Schneider, in: Böwing, Art. 1 § 3 Ziff. 2.1.). Dieser Problemkreis ist
heute nach § 4 III abschließend geregelt (dazu s. unten Rn. 36 ff.).

3. Betriebserweiterung durch Inhaber einer Genehmigung 12
nach § 4. Keine klare Antwort liefert § 4 auf die Frage, wie die Aufnahme des Betriebs eines **zusätzlichen Energieversorgungsnetzes**

bzw. eines **neuen Netzteiles** durch solche Unternehmen zu beurteilen ist, die **bereits über eine Genehmigung nach § 4 verfügen.** Diese Frage ist zunächst abzugrenzen von derjenigen nach der Behandlung von den Altfällen solcher Unternehmen, die bereits vor Inkrafttreten des EnWG 2005 Energieversorgungsnetze betrieben haben (dazu Rn. 44 ff.). Auch Fragen der Rechtsnachfolge (Rn. 36 ff.) gehören nicht hierher. Auch die auf den ersten Blick vergleichbare Diskussion, die von § 3 EnWG 1998 ihren Ausgang nahm (s. dazu nur *Franke,* in: S/T, § 3, Rn. 14; *Büdenbender,* DVBl. 1997, 7, 14; *Becker,* RdE 2000, 7, 10), ist im Zusammenhang mit § 4 nur sehr begrenzt verwertbar, weil diese Vorschrift andere Genehmigungsvoraussetzungen hatte (s. o. Rn. 3).

13 Wenn ein Betreiber über eine gültige Genehmigung nach § 4 verfügt, so scheint der Wortlaut des § 4 I dafür zu sprechen, daß jede Netzerweiterung oder -ergänzung genehmigungsbedürftig ist. Dies würde aber offensichtlich der in § 4 II 1 zum Ausdruck kommenden Funktion des § 4 widersprechen, die darin liegt, Gefahren für den Netzbetrieb abzuwehren, die aus der fehlenden Zuverlässigkeit oder der fehlenden Leistungsfähigkeit des Betreibers resultieren. Diese potentielle Gefahrenlage stellt sich nämlich bei Betreibern, die bereits über eine § 4-Genehmigung verfügen, nicht bereits mit der Inbetriebnahme jeder neuen oder zusätzlichen Netzanlage (zur Abgrenzung zwischen § 4 und anlagenbezogenen Zulassungstatbeständen s. Rn. 9). Vielmehr kann eine potentielle Gefahrenlage erst dann entstehen und sich damit die **Genehmigungsfrage neu stellen,** wenn die **Betriebserweiterung** in dem Sinne **wesentlich** ist, daß die der vorhandenen Genehmigung zugrundeliegenden und geprüften Erkenntnisse über die Leistungsfähigkeit und Zuverlässigkeit nicht ausreichen, um die Voraussetzungen des § 4 II 1 auch im Hinblick auf die neuen Anlagen ohne nähere Prüfung bejahen zu können.

14 Eine in diesem Sinne wesentliche Betriebserweiterung liegt beispielsweise dann vor, wenn der Genehmigungsinhaber seine **Netzkapazitäten** in einem solchen Umfang **erweitert,** daß ihr Betrieb mehr bzw. anders qualifiziertes Personal oder zusätzliche finanzielle Reserven etwa zur Erfüllung von Schadensersatzpflichten bei Störungen erfordert. Auch wenn ein Unternehmen, dessen vorhandene § 4-Genehmigung sich auf den Betrieb von **Elektrizitätsversorgungsnetzen** bezieht, nunmehr ein **Gasversorgungsnetz** betreiben will, steht die Genehmigungsbedürftigkeit außer Frage, weil insbesondere die personelle und technische Leistungsfähigkeit hier neu zu prüfen ist.

15 **4. Verfahren bei Zweifeln über die Reichweite des Genehmigungsvorbehalts.** Wird – entgegen der Erwartung des Antragstellers –

ein Vorhaben von der Behörde als genehmigungspflichtig angesehen, ist die **Feststellung der Genehmigungspflichtigkeit** auf § 18 zu stützen (*Franke,* in: S/T, § 3, Rn. 21 Fn. 2).

Die Genehmigungsbehörde kann gegenüber einem Unternehmen 16 auf Antrag erklären, daß für eine bestimmte Tätigkeit eine Betriebsaufnahmegenehmigung nicht benötigt wird (sog. **"Negativattest"** oder **"Unbedenklichkeitsbescheinigung"**). Unklar ist der Rechtscharakter einer solchen Erklärung. Die Beantwortung dieser Frage richtet sich nach allgemeinem Verwaltungsrecht. Von einem feststellenden Verwaltungsakt ist auszugehen, wenn ein Rechtsverhältnis oder einzelne Rechte oder Pflichten strittig sind bzw. als klärungsbedürftig angesehen werden. In diesem Falle handelt die Behörde in der Regel mit dem Willen, eine "regelnde Feststellung" mit rechtlicher Bindungswirkung zu treffen (Beispiele nach der Rechtslage des EnWG 1998 bei *Franke,* in: S/T, § 3, Rn. 21; allg. *P. Stelkens/U. Stelkens,* in: Stelkens/Bonk/Sachs, VwVfG, 6. Aufl. 2001, § 35, Rn. 60, 142 ff.; *Kopp/Ramsauer,* VwVfG, 10. Aufl., 2008, § 35, Rn. 51 ff.).

II. Genehmigungsvoraussetzungen (§ 4 II 1)

Mit der (negativen) Formulierung der Versagungsgründe nennt 17 § 4 II 1 – positiv gewendet – die Voraussetzungen, bei deren Vorliegen der Netzbetreiber einen **Anspruch** auf Erteilung der Genehmigung hat. Diese Voraussetzungen bestehen zum einen in der **Leistungsfähigkeit,** die in personeller, technischer und wirtschaftlicher Hinsicht gegeben sein muß. Insoweit übernimmt die Norm die Voraussetzungen, die bereits in § 3 II Nr. 1 EnWG 1998 enthalten waren. Zum anderen verlangt § 4 II 1 ergänzend die aus dem Gewerberecht bekannte **Zuverlässigkeit** als Genehmigungsvoraussetzung. Diese Voraussetzungen müssen kumulativ gegeben sein. Die Anpassung "an die Erfordernisse nach der Marktöffnung im Bereich der leitungsgebundenen Energieversorgung" (BT-Drucks. 15/3917, S. 50) liegt darin, daß evtl. negative Auswirkungen der beantragten Tätigkeit auf die "Versorgungsbedingungen" oder "für das verbleibende Gebiet des bisherigen Versorgers" (so noch § 3 II Nr. 2 EnWG 1998) nicht mehr zu den (negativen) Genehmigungsvoraussetzungen gehören. Durch § 4 II 1 wurde der Genehmigungstatbestand vielmehr auf eine gewerberechtliche Kontrollerlaubnis mit **gefahrenabwehrrechtlicher Funktion** zurückgeführt.

1. Bezugspunkt: Dauerhafter "Netzbetrieb" entsprechend 18 **den gesetzlichen Anforderungen.** Bezugspunkt für die Prüfung sowohl der Leistungsfähigkeit als auch der Zuverlässigkeit ist die auf

Dauer angelegte Gewährleistung des Netzbetriebs entsprechend den Vorschriften des Energiewirtschaftsgesetzes.

19 Entgegen dem ursprünglichen Regierungsentwurf (BT-Drucks. 15/3917, S. 11), der als Bezugspunkt noch die „Energieversorgung" (zur redaktionellen Anpassung der Genehmigungsvoraussetzungen an den eingeschränkten, nur noch die Aufnahme des Netzbetriebs erfassenden Genehmigungstatbestand s. die Beschlussempfehlung des Ausschusses für Wirtschaft und Arbeit, BT-Drucks. 15/5268, S. 18, 117) enthielt, beziehen sich die Leistungsfähigkeit und die Zuverlässigkeit ausschließlich auf den **Netzbetrieb**.

20 Dieser Netzbetrieb muß **den Vorschriften des Energiewirtschaftsgesetzes entsprechend** erfolgen. Maßgeblich sind insoweit in erster Linie die Vorschriften des Teils 3 über die Regulierung des Netzbetriebs (§§ 11 bis 28a) einschließlich der auf diesen Vorschriften beruhenden **Rechtsverordnungen, Festlegungen** und sonstigen behördlichen Entscheidungen **(Verwaltungsakte)**. Obwohl § 4 II 1 – anders als etwa § 65 I und II – nicht ausdrücklich die aufgrund des Energiewirtschaftsgesetzes ergangenen Rechtsvorschriften bzw. Rechtsverordnungen erwähnt, entspricht es dem Sinn des § 4 II, diese als Konkretisierungen derjenigen Pflichten heranzuziehen, deren Erfüllung Voraussetzung für einen funktionsgerechten Netzbetrieb ist. Gleiches gilt für Festlegungen und behördliche Einzelfallentscheidungen.

21 Durch die Formulierung „**auf Dauer**" bringt das Gesetz zum Ausdruck, daß die Beurteilung der Leistungsfähigkeit und Zuverlässigkeit eine **Zukunftsprognose** der Behörde erforderlich macht. Dabei richtet sich der Prognosezeitraum nach den berechtigten Erwartungen derjenigen (Netzanschluß- und -zugangsberechtigten), die auf die Funktionsfähigkeit des jeweiligen Netzes vertrauen dürfen.

22 Schließlich verlangt § 4 II 1, daß der Antragsteller den funktionsgerechten Netzbetrieb „**gewährleisten**" muß, was eine eigenverantwortliche Übernahme dieser Aufgabe bedeutet.

23 **2. Personelle Leistungsfähigkeit.** In personeller Hinsicht ist zum einen erforderlich, daß der Antragsteller über eine **ausreichende Zahl** fachkundiger Mitarbeiter verfügt, die die notwendige technische und kaufmännische **Sachkunde** mitbringen. Dies ist durch geeignete Angaben zur Mitarbeiterzahl, deren Ausbildung und einschlägige Erfahrungen auf dem Gebiet des Netzbetriebs nachzuweisen.

24 **3. Technische Leistungsfähigkeit.** Die **technische Leistungsfähigkeit** des Antragstellers verlangt, daß er einen störungsfreien Betrieb des jeweiligen Netzes dadurch gewährleisten kann (zu § 3 a. F. *Franke*, in: S/T, § 3, Rn. 24), daß er über die erforderlichen technischen Mittel und Einrichtungen verfügt. Der Nachweis technischer

Leistungsfähigkeit kann auch dadurch geführt werden, daß qualifizierte Fremdfirmen zur Verfügung stehen, die jeweils Teilaufgaben im Zusammenhang mit der Überwachung, Instandhaltung etc. des Netzbetriebs wahrnehmen. Allerdings muß der Netzbetreiber zur Wahrnehmung der Letztverantwortung imstande sein. Insbesondere hat er darzulegen, daß die Kontrolle der Tätigkeit von Fremdfirmen gewährleistet ist (*Franke,* in: S/T, § 3, Rn. 23). Insoweit überschneiden sich die Anforderungen an die technische mit denjenigen an die personelle Leistungsfähigkeit.

4. Wirtschaftliche Leistungsfähigkeit. Von einer **ausreichenden** 25 **wirtschaftlichen Leistungsfähigkeit** ist auszugehen, wenn aktuelle Bilanzen, Gewinn- und Verlustrechnungen, Wirtschaftsprüferberichte oder sonstige Nachweise den Schluß zulassen, daß das Unternehmen auf einer abgesicherten finanziellen Basis agiert bzw. agieren wird. Zu berücksichtigen ist insbesondere der absehbare Investitionsbedarf zur Errichtung und zum Betrieb erforderlicher Netzanlagen. Mit einem hohen zukünftigen Gewinn muß hingegen nicht zu rechnen sein (*Franke,* in: S/T, § 3, Rn. 24). Die Überprüfung der finanziellen Leistungsfähigkeit gestaltet sich vor allem bei Neugründungen schwierig. Hier ist in erster Linie auf eine der geplanten Unternehmenstätigkeit angemessene Kapitalausstattung zu achten.

5. Zuverlässigkeit. Über die Leistungsfähigkeit hinaus muß der 26 Antragsteller die für einen ordnungsgemäßen Netzbetrieb erforderliche Zuverlässigkeit besitzen. Nach dem gebräuchlichen **gewerberechtlichen Verständnis** wird dieses Kriterium negativ definiert dadurch, daß derjenige unzuverlässig ist, der „nach dem Gesamteindruck seines Verhaltens nicht die Gewähr dafür bietet, daß er sein Gewerbe künftig ordnungsgemäß betreibt" (*BVerwGE* 65, 1 f., st. Rspr.). Die umfangreiche gewerberechtliche Entscheidungspraxis zur Frage der Unzuverlässigkeit (s. die Übersicht m. w. N. bei *Ruthig/Storr,* Öffentliches Wirtschaftsrecht, 2005, Rn. 164 ff.) läßt sich für die Auslegung und Anwendung von § 4 II 1 fruchtbar machen, wenn dabei berücksichtigt wird, daß Bezugspunkt der Zuverlässigkeitsprüfung der auf Dauer angelegte gesetzeskonforme Netzbetrieb (s. o. Rn. 21) ist.

Danach kann Anknüpfungspunkt der Unzuverlässigkeitsprüfung bei 27 **juristischen Personen** und **Personengesellschaften** sowohl ein Verhalten des Unternehmens als organisierter Einheit als auch ein Verhalten einzelner verantwortlich handelnder Personen (z. B. Betriebsleiter) sein. Anhaltspunkte für eine Unzuverlässigkeit können sich in erster Linie aus Verstößen gegen solche Rechtspflichten ergeben, die **spezifisch** auf den **Betrieb von Energieversorgungsnetzen** bezogen sind (z. B. Nichterfüllung der Berichts- und Informationspflichten nach

§§ 12 III a, 13 V). Darüber hinaus können aber auch Verstöße gegen **allgemeine (Straf-)Vorschriften** berücksichtigungsfähig sein, wenn sie von solchem Gewicht sind, daß sie Rückschlüsse auch auf die Nichtbeachtung netzspezifischer Verhaltenspflichten erlauben. Entsprechend der Struktur des Zuverlässigkeitskriteriums (Fehlen von Anhaltspunkten für die Unzuverlässigkeit) ist es Sache der Behörde, Anhaltspunkte für die Unzuverlässigkeit des Antragstellers zu ermitteln (*Lippert*, S. 617 f.; *Becker*, RdE 2000, 7, 11).

III. Zuständigkeit, Verfahren, Genehmigungsinhalt

28 **1. Zuständigkeit der Landesbehörden.** Die Zuständigkeit für die Erteilung der Genehmigung nach § 4 I liegt entsprechend der nach § 3 a. F. geltenden Rechtslage bei den **nach Landesrecht zuständigen Behörden.** „Diese verfügen aufgrund ihrer bisherigen Befassung über die notwendige Sachkunde und sind in besonderer Weise in der Lage, die Voraussetzungen nach § 4 II festzustellen. Hinzu kommt, daß die nach Landesrecht zuständigen Behörden auch für die Fragen der technischen Sicherheit der Energieanlagen nach § 49 zuständig bleiben, die für den Betrieb der Energieversorgungsnetze große Bedeutung haben" (BT-Drucks. 15/3917, S. 50).

29 Welche Behörde in den Ländern als „Energieaufsichtsbehörde" tätig wird, entscheiden gem. Art. 84 I 1 GG die Länder in eigener Verantwortung. Eine von dieser verfassungsrechtlichen Grundregel gem. Art. 84 I 2 bis 6 GG mögliche Abweichung enthält das Energiewirtschaftsgesetz nicht. Das gilt auch im Hinblick auf die örtliche Zuständigkeit. Für Netzbetreiber, die **über die Grenzen eines Landes hinaus** tätig sind, ist nach den insoweit übereinstimmenden Verwaltungsverfahrensgesetzen der Länder (z. B. § 3 I Nr. 3 b) HessVwVfG) dasjenige Land zuständig, in dem der Netzbetreiber seinen Sitz hat.

30 **2. Genehmigungsverfahren.** Das Genehmigungsverfahren richtet sich – vorbehaltlich spezieller landesrechtlicher Regelungen – nach den **Verwaltungsverfahrensgesetzen** der Länder.

31 Es wird durch einen entsprechenden **Antrag** des jeweiligen Netzbetreibers eingeleitet. Mindestanforderungen an Inhalt und Umfang der notwendigen Antragsunterlagen müssen in erster Linie aus dem Genehmigungsvorbehalt des § 4 I und den Genehmigungsvoraussetzungen des § 4 II 1 gewonnen werden. Da sich der Genehmigungsvorbehalt auf ein bestimmtes Energieversorgungsnetz bezieht, gehört zu den Minimalanforderungen an den Antrag die genaue Bezeichnung des Netzes einschließlich seiner wesentlichen technischen Bestandteile und

seiner Funktion. Bezogen auf dieses Netz sind die Umstände darzulegen, die die Leistungsfähigkeit (s. o. Rn. 23 ff.) begründen. Im übrigen können die erforderlichen Antragsunterlagen durch Landesrecht konkretisiert werden. Wo dies nicht geschehen ist, kann die zuständige Landesbehörde in dem durch § 4 II 1 vorgegebenen Rahmen die notwendigen Antragsunterlagen einzelfallbezogen oder auch durch Verwaltungsvorschrift konkretisieren.

Beteiligte des Genehmigungsverfahrens sind nach den auch insoweit übereinstimmenden Vorschriften der Landesverwaltungsverfahrensgesetze (z. B. § 13 HessVwVfG) der Netzbetreiber als Antragsteller und solche Rechtsträger, die fakultativ zum Verfahren hinzugezogen werden, weil der Ausgang des Verfahrens ihre rechtlichen Interessen berühren kann (z. B. § 13 II 1 HessVwVfG). Wegen der relativ weiten Fassung der Voraussetzung der Hinzuziehung und dem kaum abstrakt lösbaren Problem, zwischen bloßen faktischen Auswirkungen und rechtlich geschützten Interessen zu unterscheiden (dazu *Bonk,* in: Stelkens/Bonk/Sachs, VwVfG, 6. Aufl. 2001, § 13, Rn. 32), können auch die Netzanschluss- und Netzzugangsberechtigten zum Verfahren hinzugezogen werden.

Wenn die nach Landesrecht zuständige Behörde ein Genehmigungsverfahren nach § 4 I einleitet, muss sie die **BNetzA gem. § 55 II benachrichtigen,** sofern deren Aufgabenbereich berührt ist (s. § 55 Rn. 12 ff.).

3. Inhalt und Umfang der Genehmigung. Inhalt und Reichweite der Betriebsaufnahmegenehmigung nach § 4 I ergeben sich aus dem **Antrag,** der das Energieversorgungsnetz einschließlich seiner technischen Elemente und seiner Funktion bestimmt, dem gesetzlich bestimmten **Genehmigungsgegenstand** (Betriebsaufnahme) und aus den gesetzlichen **Genehmigungsvoraussetzungen** (Leistungsfähigkeit und Zuverlässigkeit eines bestimmten Betreibers). Danach ist die Errichtung der Netzanlagen nicht Gegenstand der Betriebsaufnahmegenehmigung und wird – etwa bei fehlender oder rechtswidriger Zulassungsentscheidung für Netzanlagen – durch diese auch nicht „legalisiert". Adressat und berechtigt zur Betriebsaufnahme ist nur das Unternehmen, das Antragsteller und Objekt der Leistungsfähigkeits- und Zuverlässigkeitsprüfung war.

Nebenbestimmungen sind ebenfalls nach Maßgabe der Regelungen der Landesverwaltungsverfahrensgesetze zulässig, soweit sie zur Ausräumung von Versagungsgründen erforderlich sind (z. B. § 36 I HessVwVfG). Hierbei wird es sich in der Praxis – je nach Funktion der Nebenbestimmung – um aufschiebende Bedingungen oder Auflagen handeln.

§ 4 36–40   Teil 1. Allgemeine Vorschriften

36   **4. Rechtsnachfolge (§ 4 III).** Wegen des subjektiv beschränkten Genehmigungsinhalts, der nur das antragstellende und im Genehmigungsverfahren genauer geprüfte netzbetreibende Unternehmen erfasst (s. o. Rn. 34), bedarf es bei einem **Wechsel des netzbetreibenden Unternehmens** einer neuen Genehmigung nach § 4 I.

37   Von diesem Grundsatz sieht § 4 III eine Ausnahme für die Fälle vor, in denen der Betrieb bestehender Energieversorgungsnetze durch **Gesamtrechtsnachfolge** oder durch rechtliche **Entflechtung nach § 7** auf eine andere juristische Person übergeht. Um „in diesem Zusammenhang unnötigen Verwaltungsaufwand" zu vermeiden (BT-Drucks. 15/3917, S. 50), geht eine vorhandene Genehmigung auf den Rechtsnachfolger über.

38   Nach seinem eindeutigen Wortlaut ordnet § 4 III den Übergang der Genehmigung auf den Rechtsnachfolger an, setzt also voraus, daß der **Rechtsvorgänger Inhaber einer Genehmigung nach § 4 I** war. Deshalb verhält sich § 4 III nicht zu den (Alt-)Fällen, in denen das bisherige netzbetreibende Unternehmen keiner Genehmigung nach § 4 bedurfte, weil das Netz bei Inkrafttreten des EnWG 2005 bereits betrieben wurde. Diese fallen unter § 4 II 2 (dazu unten Rn. 44 ff.).

39   Die in § 4 III geregelte **Gesamtrechtsnachfolge** liegt nur vor, wenn ein neuer Rechtsträger in sämtliche Rechte und Pflichten des Rechtsvorgängers einrückt. Sie ist von der Sonderrechtsnachfolge abzugrenzen. Dazu gehört auch der Betriebsübergang im Sinne des § 613 a BGB, da nach dieser Vorschrift Rechtsfolge des Betriebsüberganges lediglich das Einrücken des Erwerbers in die Arbeitgeberposition ist (dazu näher *Salje,* EnWG, § 4, Rn. 50).

40   Die ebenfalls zur Rechtsfolge des § 4 III führende **Rechtsnachfolge nach dem Umwandlungsgesetz** erfaßt Verschmelzungen nach § 2 Nr. 1 und 2 UmwG, wenn lediglich der übertragende Rechtsträger EVU ist, sowie Aufspaltungen, Abspaltungen und Ausgliederungen nach §§ 123 ff. UmwG (*Franke,* in: S/T, § 3, Rn. 15). Im Falle einer Verschmelzung i. S. d. § 2 Nr. 1 UmwG von zwei oder mehr Unternehmen liegt hingegen lediglich eine genehmigungsfreie Ausweitung der Versorgungstätigkeit des übernehmenden Rechtsträgers vor, wenn dieser schon bisher zulässigerweise andere mit Energie versorgt hat und er mit Ausweitung der Tätigkeit den Genehmigungsumfang nicht überschreitet (*Lippert,* S. 614; *W. Schneider,* in: Böwing, Art. 1 § 3 Ziff. 2.1; s. zur Betriebserweiterung oben Rn. 12 f.). Genehmigungsfrei möglich sind schließlich Gesellschafterwechsel bei Kapitalgesellschaften, Wechsel der Rechtsform nach §§ 190 ff. UmwG sowie die bloße Übernahme von Betrieben, Betriebsteilen oder Versorgungsanlagen durch bestehen-

de EVU mit entsprechender Genehmigung (*Franke,* in: S/T, § 3, Rn. 15).

Der Genehmigungsübergang nach § 4 III greift schließlich auch in sonstigen (also nicht unter §§ 123 ff. UmwG fallenden) Konstellationen der **Entflechtung des Netzbetriebs nach § 7.** Hierin dürfte eine Art salvatorischer Klausel zu sehen sein. Ihr Sinn dürfte darin liegen sicherzustellen, daß die von § 7 verlangte Entflechtung verbundener Unternehmen nicht wider den gesetzlichen Regelungszweck zu einer erneuten Genehmigungspflicht führt, obwohl der Netzbetrieb auch nach der Entflechtung auf dieselben personellen und sachlichen Ressourcen zurückgreift wie dies im verbundenen Unternehmen der Fall war (ähnlich *Salje,* EnWG, § 4, Rn. 59). 41

IV. Rechtsschutz

Wird die beantragte Genehmigung nicht erteilt, stehen dem **Antragsteller** die Verpflichtungs- (§ 42 I VwGO) bzw. Untätigkeitsklage (75 VwGO) als Rechtsschutzinstrumente zur Verfügung. Die Durchführung eines Vorverfahrens ist entbehrlich, soweit die nach Landesrecht zuständige Behörde eine oberste Landesbehörde (Ministerium) ist (§ 68 I 2 Nr. 1 VwGO). 42

Eine **Drittanfechtungsklage** gegen eine einem EVU erteilte Genehmigung nach § 4 wäre unzulässig. Es ist keine für die Klagebefugnis nach § 42 II VwGO erforderliche subjektiv-öffentliche Rechtsposition denkbar, die einen Dritten zu einer solchen Klage berechtigen könnte. Dies fügt sich zu den Ausführungen oben zu den fakultativ Beteiligten im Verwaltungsverfahren (oben Rn. 32). 43

C. Energieversorgungsnetze, die vor dem 13. 7. 2005 in Betrieb genommen wurden (§ 4 II 2)

Da sich der Genehmigungsvorbehalt des § 4 I nur auf die Betriebsaufnahme bezieht, ist die **Fortführung** des Betriebs derjenigen Energieversorgungsnetze, die bei Inkrafttreten des EnWG 2005 bereits in Betrieb waren, **nicht genehmigungsbedürftig.** 44

Für den Betrieb dieser „Alt-Netze" sieht § 4 II 2 statt eines Genehmigungsvorbehaltes eine **Untersagungsbefugnis** vor. Die Vorschrift, die im Regierungsentwurf (BT-Drucks. 15/3917) noch nicht enthalten war, geht zurück auf einen Vorschlag des Bundesrates. Dieser wurde damit begründet, daß die „Möglichkeit zum Entzug einer Betriebsbe- 45 rechtigung für Anlagen nach Absatz 1" auch für den Fall klargestellt werden sollte, daß „aus historischen Gründen, insbesondere bei Versorgungsaufnahme vor 1935, keine Genehmigung erforderlich war." (BT-Drucks. 15/3917, S. 80 = BR-Drucks. 613/04, S. 7). Zurück geht dies auf eine Beschlussempfehlung des Ausschusses für Wirtschaft (BT-Drucks. 15/5268, S. 117). Problematisch ist die Untersagung angesichts fehlender einschlägiger Überleitungsvorschriften in den Fällen einer **bestehenden Genehmigung nach § 3 EnWG 1998**. Hier könnte deren Bestandskraft einer auf § 4 gestützten Untersagungsverfügung im Wege stehen mit der Folge, daß die Genehmigung nach § 3 EnWG 1998 zunächst aufzuheben wäre. Dies würde auf eine Anwendung der Rücknahme und Widerrufsvorschriften der Landesverwaltungsverfahrensgesetze hinauslaufen. Alternativ ist aber auch daran zu denken, den bestandskräftigen Altgenehmigungen keinen Schutzcharakter im Verhältnis zu auf § 4 gestützten Untersagungen zuzumessen (dazu auch § 5 Rn. 31).

46 Die **Untersagungsvoraussetzungen** entsprechen nach dem klaren Gesetzeswortlaut („unter den gleichen Voraussetzungen") den Genehmigungsvoraussetzungen (dazu oben Rn. 17 ff.).

47 Die **Zuständigkeit** richtet sich nach Landesrecht, das **Verwaltungsverfahren** nach den Verwaltungsverfahrensgesetzen der Länder. Gegen die Untersagungsverfügung als belastenden VA sind **Widerspruch** nach Maßgabe des § 68 VwGO und **Anfechtungsklage** gem. § 42 I VwGO gegeben. Der **einstweilige Rechtsschutz** richtet sich nach § 80 VwGO.

§ 5 Anzeige der Energiebelieferung

¹**Energieversorgungsunternehmen, die Haushaltskunden mit Energie beliefern, müssen die Aufnahme und Beendigung der Tätigkeit sowie Änderungen ihrer Firma bei der Regulierungsbehörde unverzüglich anzeigen.** ²**Eine Liste der angezeigten Unternehmen wird von der Regulierungsbehörde laufend auf ihrer Internetseite veröffentlicht; veröffentlicht werden die Firma und die Adresse des Sitzes der angezeigten Unternehmen.** ³**Mit der Anzeige der Aufnahme der Tätigkeit ist das Vorliegen der personellen, technischen und wirtschaftlichen Leistungsfähigkeit sowie der Zuverlässigkeit der Geschäftsleitung darzulegen.** ⁴**Die Regulierungsbehörde kann die Ausübung der Tätigkeit jederzeit ganz oder teilweise untersagen, wenn die personelle, technische oder wirtschaftliche Leistungsfähigkeit oder Zuverlässigkeit nicht gewährleistet ist.**

Literatur: *Scheil/Friedrich,* Ein Jahr Bundesnetzagentur – Organisation, Zuständigkeiten und Verfahren nach dem Paradigmenwechsel im EnWG, N&R 2006, 90; vgl. auch die Hinweise zu § 4.

Übersicht

	Rn.
A. Allgemeines	1
B. Anzeigepflicht (§ 5 1 und 3)	4
I. Adressaten	5
1. Energieversorgungsunternehmen, die Haushaltskunden beliefern	5
2. Einzelfälle	8
II. Voraussetzungen und Inhalt der Anzeigepflicht	13
1. Aufnahme der Tätigkeit	14
2. Beendigung der Tätigkeit	18
3. Änderungen der Firma	19
4. Darlegung der Leistungsfähigkeit und Zuverlässigkeit bei Aufnahme der Tätigkeit	20
III. Zuständigkeit, Verfahren, Sanktionen	28
C. Veröffentlichung durch die Regulierungsbehörde (§ 5 2)	29
D. Untersagungsbefugnis (§ 5 4)	30
I. Untersagungsgründe, Bestandsschutz, Verhältnismäßigkeit	31
II. Zuständigkeit, Verfahren und Rechtsschutz	35

A. Allgemeines

Die in § 5 normierte **Anzeigepflicht,** die bereits im Regierungsentwurf (BT-Drucks. 15/3917, S. 11 f.) enthalten war, ersetzt teilweise die in § 3 EnWG 1998 enthaltene Genehmigungspflicht. Diese bezog sich sehr weitgehend auf die Aufnahme der Energieversorgung anderer. Von der Genehmigungspflicht ausgenommen waren nur die Einspeisung in das Netz eines Energieversorgungsunternehmens, die Versorgung von Abnehmern außerhalb der allgemeinen Versorgung im Sinne des damaligen § 10 I, sofern die Belieferung überwiegend aus Anlagen zur Nutzung erneuerbarer Energien, aus Kraft-Wärme-Kopplungsanlagen oder aus Anlagen erfolgt, die Industrieunternehmen zur Deckung des Eigenbedarfs betreiben, sowie die Versorgung verbundener Unternehmen im Sinne des § 15 des Aktiengesetzes. Im Vergleich zu diesem umfassenden Genehmigungsvorbehalt enthält § 5 also eine zweifache Reduktion der präventiven Kontrolle: zum einen unterfallen ihr nur noch Unternehmen, die Haushaltskunden mit Energie beliefern, und zum anderen wurde der Genehmigungsvorbehalt in eine An-

§ 5 2, 3   Teil 1. Allgemeine Vorschriften

zeigepflicht überführt. Verbunden ist diese Anzeigepflicht mit der Pflicht der Bundesnetzagentur zur **Veröffentlichung** einer Liste der angezeigten Unternehmen (§ 5 2) und mit Anforderungen an die **Leistungsfähigkeit und Zuverlässigkeit** der Unternehmen (§ 5 3), bei deren Nichterfüllung die Versorgungstätigkeit untersagt werden kann (**Untersagungsbefugnis** nach § 5 4).

2   Der Zweck der Vorschrift liegt in dem **Schutz von Haushaltskunden**. Die Anzeigepflicht soll in Kombination mit der Veröffentlichung einer höheren Transparenz für Haushaltskunden (BT-Drucks. 15/5268, S. 117), für Landesbehörden wie auch für die am Stromwettbewerb Interessierten (BT-Drucks. 15/3917, S. 80) dienen. Sie stattet darüber hinaus die Bundesnetzagentur mit den erforderlichen Basisinformationen aus, um im Fall von Anhaltspunkten, die Zweifel an der Leistungsfähigkeit oder Zuverlässigkeit eines Unternehmens begründen, auf der Grundlage von § 5 4 gegen ein solches Unternehmen vorgehen und dessen Tätigkeit untersagen zu können (BT-Drucks. 15/3917, S. 50).

3   Was die **Zuständigkeit der Bundesnetzagentur** (s. § 54) angeht, so lagen dieser Zuständigkeitsentscheidung folgende Erwägungen zugrunde: „Angesichts der Bedeutung des Energiehandels für die Schaffung bundesweit einheitlicher Wettbewerbsbedingungen und angesichts der in der Regel länderübergreifenden Tätigkeit der Energiehändler werden die behördlichen Aufgaben nicht der nach Landesrecht zuständigen Behörde, sondern der Regulierungsbehörde zugewiesen. Bei der Tätigkeit als Stromhändler stehen zudem nicht Fragen der technischen Sicherheit von Energieanlagen im Vordergrund, sondern Fragen der Vertragsanbahnung und der wirtschaftlichen Abwicklung von Lieferverträgen. Dabei sind nicht nur Vertragsbeziehungen mit Letztverbrauchern, sondern im Rahmen der Gewährung des Netzzugangs nach den §§ 20 ff. auch Vertragsbeziehungen mit Betreibern von Energieversorgungsnetzen von Bedeutung. Beschwerden über eine etwaige Unzuverlässigkeit von Stromhändlern könnten damit nicht nur von Letztverbrauchern, sondern auch von Betreibern von Energieversorgungsnetzen erhoben werden. Soweit diese auf Erfahrungen im Rahmen der Abwicklung von Netzzugangsverträgen beruhen, ist die für die Regulierung des Netzzugangs nach den §§ 20 ff. ausschließlich zuständige Regulierungsbehörde in besonderem Maße geeignet, die bei der Abwicklung von Lieferverträgen notwendige Leistungsfähigkeit und Zuverlässigkeit und damit auch die Relevanz von Beschwerden zu beurteilen." (BT-Drucks. 15/3917, S. 50).

B. Anzeigepflicht (§ 5 1 und 3)

§ 5 1 unterwirft EVU, die Haushaltskunden mit Energie beliefern, 4
einer „unverzüglich" zu erfüllenden Anzeigepflicht, die durch die Aufnahme und Beendigung der Tätigkeit sowie durch Änderungen der Firma ausgelöst und hinsichtlich des Inhalts der Anzeige konkretisiert wird.

I. Adressaten

1. Energieversorgungsunternehmen, die Haushaltskunden 5
beliefern. Adressaten der Anzeigepflicht sind Energieversorgungsunternehmen i. S. d. **§ 3 Nr. 18,** die Haushaltskunden im Sinne des **§ 3 Nr. 22** beliefern.

Von den denkbaren Kunden – Großhändler, Letztverbraucher und 6
Unternehmen, die Energie kaufen (vgl. § 3 Ziff. 24) – werden nur die **Haushaltskunden** erfasst, die gemäß § 3 Ziff. 22 als Letztverbraucher Energie überwiegend für den Eigenverbrauch im Haushalt oder für den einen Jahresverbrauch von 10.000 Kilowattstunden nicht übersteigenden Eigenverbrauch für berufliche, landwirtschaftliche oder gewerbliche Zwecke kaufen. Damit fallen über den Haushaltsbereich hinaus auch diejenigen Freiberufler, Landwirte oder Gewerbekunden unter den Haushaltskundenbegriff, die höchstens 10.000 Kilowattstunden pro Jahr für eigene Zwecke verbrauchen. Diese Schwelle gilt sowohl für den Elektrizitäts- als auch für den Gasverbrauch (*Salje,* EnWG, § 5, Rn. 19).

Mit **Belieferung** bezeichnet das Gesetz den Kauf von Elektrizität 7
oder Gas, wobei auch die Belieferung in Zusammenhang mit anderen Vertragsverhältnissen (z. B. Tausch) erfasst wird (*Salje,* EnWG, § 5, Rn. 6). Dabei geht § 5 1 offensichtlich von zwei rechtlich und/oder wirtschaftlich unterscheidbaren Subjekten aus, wenn einerseits von dem liefernden EVU und andererseits von den belieferten Haushaltskunden die Rede ist. Die Eigenversorgung ist deshalb nicht anzeigepflichtig.

2. Einzelfälle. Nicht für alle Tätigkeiten auf dem Gebiet der Ener- 8
gieversorgung ist abschließend geklärt, ob sie der Anzeigepflicht nach § 5 unterliegen. Dies gilt insbesondere für sog. **„neue Akteure",** also z. B. **Stromhändler, -makler oder -bündler,** zu denen das EnWG keine ausdrücklichen Regelungen enthält (dazu – auf der Grundlage des EnWG 1998 – *Schladebach,* RdE 2002, 67 ff.; zum Stromhandel allgemein *Schulte-Beckhausen,* RdE 1999, 51 ff.).

9 **Stromeinzelhändler** treten als Käufer von Elektrizität auf und verkaufen diese an Haushaltskunden weiter. Sie unterfallen damit der Anzeigepflicht. Da es § 5 um den Schutz der Verbraucher zu tun ist, kommt es auch nicht darauf an, daß der Energiehändler nicht auf ein eigenes Netz zurückzugreifen vermag (so auch *Salje,* EnWG, § 5, Rn. 9 f.).

10 **Stromgroßhändler** hingegen unterfallen nicht der Anzeigepflicht, weil sie keine Haushaltskunden beliefern. Ebenso wenig unterfallen mangels direktem „Endverbraucherkontakt" reine **Vermittlungstätigkeiten** zur Anbahnung von Energieversorgungsverträgen der Anzeigepflicht, darunter fallen etwa **Strombörsen, Agenten, Handelsmakler** oder **Broker** und **Handelsvertreter** (so auch *Salje,* EnWG, § 5, Rn. 13). Der Gesetzeszweck wird ausreichend erfüllt, wenn lediglich der rechtlich verantwortliche Lieferant die Anzeige nach § 5 vornimmt (zum alten Recht *Schneider,* EnWG 1998, § 3, Anm. 2.1, S. 60). Bloße **Energieberater** unterfallen ebenfalls nicht der Anzeigepflicht. Sie stehen zwar im Endverbraucherkontakt, liefern aber keine Energie (*Salje,* EnWG, § 5, Rn. 16).

11 Bei den sog. „**Strombündlern**" oder „**Bündelkunden**" handelt es sich nicht um eine eigenständige Kategorie, sondern um einen Oberbegriff für Unternehmen, die durch eine Zusammenfassung („Bündelung") der Nachfragemacht einer möglichst homogenen Kundengruppe günstige Versorgungskonditionen gegenüber Energielieferanten durchsetzen wollen (*Becker,* RdE 2000, 7, 10; *Krieglstein,* S. 136 f.). Beschränkt sich der Bündler darauf, mit dem EVU einen Rahmenvertrag abzuschließen, der die wesentlichen Lieferbedingungen einer Mehrzahl von Energielieferverträgen enthält, und bestehen zwischen dem EVU und den Letztverbrauchern ergänzende Stromlieferungsverträge, so liegt lediglich eine vermittelnde Tätigkeit vor, die keiner Anzeige bedarf (*Becker,* RdE 2000, 7, 10; *Krieglstein,* S. 138). Bei dem Strombündler handelt es sich dann de facto um einen Strommakler. Die Anzeigepflicht greift hingegen, wenn der **Strombündler als Abnehmer von Elektrizität gegenüber dem Lieferanten** auftritt und den Strom an seine Kunden weiterliefert (*Theobald,* in D/T, § 5, Rn. 17). Hier gelten die oben beschriebenen Grundsätze über den Stromhändler (Rn. 9), d. h. es ist danach zu differenzieren, ob es sich bei den Kunden, deren Nachfrage zusammengefasst wird, um Letztverbraucher oder um andere EVU handelt (*Krieglstein,* S. 137 f.).

12 **Objektnetze** sind nach § 110 nicht von der Anwendung des § 5 ausgenommen, sofern sie der Versorgung von Haushaltskunden dienen. Eine solche Versorgungstätigkeit erstreckt sich meist auf geschlossene Häuserblocks und wird z. B. von Wohnungsbauunternehmen wahrgenommen.

II. Voraussetzungen und Inhalt der Anzeigepflicht

Angezeigt werden müssen **Aufnahme und Beendigung der Tä-** 13
tigkeit sowie **Änderungen der Firma.**

1. Aufnahme der Tätigkeit. Eine **Aufnahme der Versorgungs-** 14
tätigkeit liegt bereits bei Vertragsabschlüssen vor, weil damit der Kontakt mit dem Haushaltskunden beginnt und damit der Verbraucherschutzzweck des § 5 berührt ist. Die Einschränkung, daß von einer Aufnahme der Versorgungstätigkeit „spätestens mit der Erfüllung von Lieferverpflichtungen" beginnt (*Salje,* EnWG, § 5, Rn. 24), verfehlt diesen Gesetzeszweck. Nicht unter den Begriff „Aufnahme" fallen hingegen vorbereitende Tätigkeiten wie die Unternehmensgründung, die Errichtung von Anlagen oder der Abschluss von Bezugsverträgen (*Theobald,* in: D/T, EnWG, § 5, Rn. 6; *Franke,* in: S/T, § 3, Rn. 12).

Unternehmen, die **bei Inkrafttreten des EnWG 2005** bereits 15
rechtmäßig Haushaltskunden mit Energie versorgt haben, unterliegen nicht der Anzeigepflicht, da sie ihre Tätigkeit nicht „aufnehmen". Dies gilt allerdings nur so lange, wie sie ihre Tätigkeit nicht in einer für die Anzeigepflicht relevanten Art und Weise verändern (Rn. 16).

Vor dem Hintergrund der verbraucherschutzrechtlichen Funktion 16
der Anzeigepflicht (Rn. 2) können auch **wesentliche Veränderungen** der **bisherigen Versorgungstätigkeit** unter den Begriff der „Aufnahme" fallen. Dies betrifft Änderungen wie etwa den Wechsel oder die Ausweitung der Versorgungstätigkeit von Strom zu Gas und umgekehrt, wenn sich daraus im Hinblick auf die Anforderungen an die Leistungsfähigkeit oder die Zuverlässigkeit nach § 5 3 Veränderungen ergeben, ebenso ist eine Ausdehnung des Versorgungsgebietes unter dieser Voraussetzung anzeigepflichtig. Insoweit besteht eine Parallele zur früheren Rechtslage und der danach gegeben Genehmigungspflicht (dazu *Franke,* in: S/T, § 3, Rn. 14). Die bloße Ausdehnung der Versorgungstätigkeit durch Altunternehmen ohne Wechsel der Versorgungssparte ist hingegen ohne Anzeige möglich (so zur alten Rechtslage *Franke,* in: S/T, § 3, Rn. 14).

Auch in einem **Identitätswechsel des EVU selbst** kann eine an- 17
zeigepflichtige (Neu-)„Aufnahme" der Versorgungstätigkeit liegen. Auf die Identität eines EVU wirkt es sich in diesem Sinne aus, wenn Veränderungen die Anforderungen an die Leistungsfähigkeit nach § 5 3 betreffen, wenn sich also im Unternehmensbestand Veränderungen ergeben, die die personelle, technische und wirtschaftliche Leistungsfähigkeit sowie die Zuverlässigkeit betreffen können. Auf gesellschaftsrechtliche Veränderungen kommt es aus dieser Perspektive, die ihren

Grund im Verbraucherschutzziel des § 5, hat, nicht an. Bleibt die Identität des EVU nach diesen Maßgaben unverändert, kann sich eine Anzeigepflicht nur aus § 5 1 ergeben, nach dem eine Firmenänderung ebenfalls anzeigepflichtig ist.

18 **2. Beendigung der Tätigkeit.** Eine **Beendigung** der Tätigkeit liegt vor, wenn die Belieferung des letzten Kunden eingestellt wird und aus den gesamten Umständen ersichtlich ist, daß keine weitere Belieferung von Haushaltskunden beabsichtigt ist. Indizien dafür können sich insbesondere daraus ergeben, daß keine weiteren Lieferverhandlungen geführt werden, daß der Lieferant im Handelsregister gelöscht oder sein Gewerbe untersagt wurde (*Salje,* EnWG, § 5, Rn. 24).

19 **3. Änderungen der Firma.** Unter **Änderungen** ihrer Firma i. S. v. § 5 1 sind diejenigen Veränderungen des Namens des Unternehmens (§ 17 I HGB) zu verstehen, die gem. § 14 GewO und § 29 HGB der Mitteilungspflicht gegenüber Gewerbe- und Handelsregister unterliegen. Bezugspunkt für die Frage, ob eine Änderung der Firma vorliegt, ist die bisherige Firma des EVU, welches für die Belieferung von Haushaltskunden in der Vergangenheit verantwortlich war (Rn. 5 ff.).

20 **4. Darlegung der Leistungsfähigkeit und Zuverlässigkeit bei Aufnahme der Tätigkeit.** Soweit die Anzeigepflicht nach § 5 1 nur durch die **Änderung der Firma** ausgelöst wird (Rn. 20), beschränkt sich auch der **Inhalt der gebotenen Anzeige** auf die Firmenänderung. Ausreichend ist es dann, die zu den Registern eingereichten Änderungsmitteilungen auch der Regulierungsbehörde zu übersenden.

21 Wird die Anzeigepflicht durch die **Beendigung der Tätigkeit** ausgelöst, so beschränkt sich auch hier der **Inhalt der Anzeige** auf den Umstand, daß und zu welchem Zeitpunkt das EVU die Belieferung von Haushaltskunden einstellt bzw. eingestellt hat.

22 Abweichend von den beiden zuvor genannten Fällen (Rn. 18 ff.) stellt § 5 3 bei der Anzeige der **Aufnahme der Tätigkeit** zusätzliche Anforderungen an den Inhalt der Anzeige. Hier sind die Leistungsfähigkeit in personeller, technischer und wirtschaftlicher Hinsicht sowie die Zuverlässigkeit der Geschäftsleitung darzulegen.

23 Die **personelle, technische und wirtschaftliche Leistungsfähigkeit** sowie die **Zuverlässigkeit** sind die zentralen materiellrechtlichen Begriffe des § 5. Dass diese Vorgaben erfüllt sind, **ist in der Anmeldung** darzulegen. Ihr Fehlen ermächtigt die Regulierungsbehörde zu einer **Untersagungsverfügung** gegenüber dem EVU (dazu auch unten Rn. 30 ff.). Dem verbraucherschutzrechtlichen Regelungsansatz der Vorschrift folgend, ist in tatsächlicher Hinsicht Bezugspunkt dieser Vorgaben die Liefertätigkeit des EVU in ihren

Auswirkungen auf die technischen und wirtschaftlichen Belange der Haushaltskunden. Allgemein gilt, daß sich die vom EVU zu leistende „Darlegung" auf die Umstände beziehen muß, die eine Zukunftsprognose der Behörde erlauben, ob das Unternehmen die erforderliche Leistungsfähigkeit auf Dauer gewährleisten kann.

In **personeller** Hinsicht ist erforderlich, daß das EVU über fachkundiges Personal verfügt, welches die notwendige technische Sachkunde und kaufmännische Qualifikation mitbringt. Dies ist durch geeignete Angaben zur Mitarbeiterzahl, deren Ausbildung und einschlägige Erfahrungen auf dem Gebiet der Energieversorgung nachzuweisen (vgl. Merkblatt des Ministeriums für Wirtschaft und Mittelstand, Energie und Verkehr des Landes Nordrhein-Westfalen zu § 3 EnWG 1998, Stand: 1. 1. 2002, aber auf § 5 übertragbar). Welche Anforderungen an Stromhändler zu stellen sind, ist weitgehend ungeklärt. Kaufmännische Kenntnisse, vor allem im Vertragsmanagement sind für Handelsunternehmen jedoch unabdingbar (so noch zum alten Recht *Bündenbender,* DVBl. 1999, 7, 15; *Franke,* in: S/T, § 3, Rn. 24).

Die **technische Leistungsfähigkeit** des EVU ist ebenfalls Gegenstand der vom EVU darzulegenden Qualifikation. Bei der Prüfung der technischen Leistungsfähigkeit können sich Überschneidungen mit den Anforderungen personeller Art ergeben, da die technische Leistungsfähigkeit in hohem Maße von entsprechend geschulten Mitarbeitern abhängt. Das EVU muß in der Lage sein, einen störungsfreien Betrieb zur Gewährleistung der Versorgungssicherheit aufrecht zu erhalten (zum alten Recht *Franke,* in: S/T, § 3, Rn. 24). Der Nachweis technischer Leistungsfähigkeit kann auch dadurch geführt werden, daß qualifizierte Fremdfirmen zur Verfügung stehen, die jeweils Teilaufgaben im Zusammenhang mit der Überwachung des Anlagenbetriebs wahrnehmen. Die Letztverantwortung trägt jedoch in jedem Fall der Antragsteller.

Von einer ausreichenden **wirtschaftlichen Leistungsfähigkeit** ist auszugehen, wenn aktuelle Bilanzen, Gewinn- und Verlustrechnungen, Wirtschaftsprüferberichte oder sonstige Nachweise (vgl. Merkblatt des Ministeriums für Wirtschaft und Mittelstand, Energie und Verkehr des Landes Nordrhein-Westfalen zu § 3 EnWG 1998, Stand: 1. 1. 2002, aber auf § 5 übertragbar) den Schluß zulassen, daß das Unternehmen auf einer abgesicherten finanziellen Basis agieren wird. Die Überprüfung der finanziellen Leistungsfähigkeit gestaltet sich vor allem bei Neugründungen schwierig. Hier ist in erster Linie auf eine der geplanten Unternehmenstätigkeit angemessene Kapitalausstattung zu achten, die sich z. B. aus einer Eröffnungsbilanz ergeben kann. An die wirtschaftliche Leistungsfähigkeit von Stromeinzelhändlern, die keine Energieanlagen betreiben und keine allgemeine Versorgung von Letztverbrauchern durchführen, sind dabei keine besonderen Anforderungen zu stellen.

27 Schließlich müssen der Unternehmer bzw. die vertretungsberechtigten Personen einer Kapital- oder Personenhandelsgesellschaft die notwendige persönliche **Zuverlässigkeit** aufweisen. Im Gegensatz zur Prüfung der personellen Leistungsfähigkeit, welche der Antragsteller im Rahmen seiner Mitwirkungspflicht nach § 26 II 1 und 2 VwVfG nachzuweisen hat, ist es primär Sache der Behörde, Anhaltspunkte für die persönliche Unzuverlässigkeit des Antragstellers zu ermitteln (zum alten Recht ebenso *Lippert,* S. 617 f.; *Becker,* RdE 2000, 7, 11). Insofern können an die Darlegung der Zuverlässigkeit nach § 5 keine hohen Anforderungen gestellt werden. Als ausreichend anzusehen ist deshalb die Erklärung, daß die Zuverlässigkeit in Zweifel ziehende Umstände nicht vorliegen. Eine Prüfung der persönlichen Zuverlässigkeit kann sich an den im Gewerberecht herausgearbeiteten Grundsätzen orientieren (s. dazu näher § 4 Rn. 26).

III. Zuständigkeit, Verfahren, Sanktionen

28 Die **Anzeige ist an die BNetzA** zu richten, weil keine Zuständigkeit der Landesregulierungsbehörden nach § 54 II vorgesehen ist. Ein **besonderes Verfahren** ist **nicht vorgesehen.** Die Verfahrensbestimmungen der §§ 9 ff. VwVfG sind nicht einschlägig, da das Anzeigeverfahren nicht mit einem VA endet. Bei Nichterfüllung der Anzeigepflicht erfolgt die **Durchsetzung** durch eine **Anordnung nach § 65 II.** Auch ein **Bußgeld** nach § 95 I Nr. 2, II kommt in Betracht. Materiell-rechtlich begründet eine unterlassene Anzeige allerdings einen Anhaltspunkt für die Annahme der Unzuverlässigkeit.

C. Veröffentlichung durch die Regulierungsbehörde (§ 5 2)

29 Nach § 5 2 veröffentlicht die BNetzA eine fortlaufend aktualisierte Liste der angezeigten EVU auf ihrer **Internetseite.** Veröffentlicht werden nur die Firma und die Adresse des Sitzes der angezeigten Unternehmen. Mit dieser auf Initiative des Wirtschaftsausschusses aufgenommenen Regelung (BT-Drucks. 15/5268, S. 118) soll eine höhere Transparenz für die Haushaltskunden erreicht werden, weshalb die Veröffentlichung nicht zur Disposition des EVU oder der BNetzA steht (*Theobald,* in: D/T, § 5, Rn. 32).

D. Untersagungsbefugnis (§ 5 4)

Nach § 5 4 kann die BNetzA einem EVU, das Haushaltskunden mit Energie beliefert, die Ausübung seiner Tätigkeit jederzeit ganz oder teilweise **untersagen,** wenn dessen Leistungsfähigkeit oder Zuverlässigkeit nicht gewährleistet ist. Es handelt sich dabei um eine typische – § 35 I GewO vergleichbare – wirtschaftsverwaltungsrechtliche Untersagungsbefugnis, die als Ermessensentscheidung ausgestaltet ist (unzutreffend einen Ermessensspielraum verneinend *Salje,* EnWG, § 5, Rn. 34). 30

I. Untersagungsgründe, Bestandsschutz, Verhältnismäßigkeit

Die Untersagungsbefugnis setzt voraus, daß die personelle, technische oder wirtschaftliche **Leistungsfähigkeit** oder die **Zuverlässigkeit** nicht gewährleistet sind. Mit diesen Untersagungsvoraussetzungen nimmt § 5 4 Bezug auf die Anforderungen, die im Rahmen der Anzeige der Betriebsaufnahme darzulegen sind (Rn. 20 ff.). 31

Mit dem ausdrücklichen Hinweis auf die „jederzeit" bestehende Untersagungsbefugnis bringt das Gesetz zum Ausdruck, daß Gesichtspunkte des **Vertrauensschutzes** eine Untersagung nicht entgegenstehen, wenn aktuell die Leistungsfähigkeit oder Zuverlässigkeit nicht gewährleistet ist. 32

Etwas anderes könnte für solche EVU gelten, die **Inhaber einer Genehmigung nach altem Recht** (§ 3 EnWG 1998) sind und deren Tätigkeit i. S. d. § 5 1 von dieser Genehmigung umfaßt ist. Eine ausdrückliche Überleitungsregelung hinsichtlich solcher Genehmigungen hat die Neufassung des EnWG im Jahr 2005 nicht getroffen. Dies könnte zur Folge haben, daß die Altgenehmigungen fortgelten und lediglich nach den Regeln der Landesverwaltungsverfahrensgesetze (und deren Einschränkungen) aufgehoben werden könnten. Dann würde sich allerdings die Frage nach der fortbestehenden Zuständigkeit der Landesbehörden stellen, die die Altgenehmigung erteilt haben. Will man hier nicht in analoger Anwendung des § 5 i. V. m. § 54 eine Widerrufszuständigkeit der BNetzA annehmen, bietet sich als Alternative der Weg an, mangels ausdrücklicher Überleitungsregelung (etwa vergleichbar derjenigen für Altverträge in §§ 113, 115, 116) die Altgenehmigungen mit dem Inkrafttreten des EnWG 2005 als gegenstandslos zu betrachten mit der Folge, daß sie keine Bestandskraft mehr entfalten. Danach kann die Untersagung auch in diesen Fällen auf § 5 4 gestützt werden. 33

34 Der Umfang der Untersagungsbefugnis wird maßgeblich durch den allgemeinen **Verhältnismäßigkeitsgrundsatz** bestimmt. Mit dem ausdrücklichen Hinweis auf eine „teilweise" Untersagung trägt der Wortlaut des § 5 4 dem Rechnung. So gebietet es der Verhältnismäßigkeitsgrundsatz insbesondere, die Untersagung auf die Tätigkeitsbereiche zu beschränken, auf die die fehlende Leistungsfähigkeit bezogen und beschränkt ist (*Salje,* EnWG, § 5, Rn. 34).

II. Zuständigkeit, Verfahren und Rechtsschutz

35 Zuständig für die Untersagung ist gem. § 54 die **BNetzA**. Für das Verfahren gelten die allgemeinen Regelungen des **VwVfG**, insbesondere die Regelungen der §§ 10 bis 53 zum Verwaltungsverfahren und zum Verwaltungsakt, weil es sich bei der Untersagung nach § 54 um einen Verwaltungsakt handelt. Gegen die Untersagungsentscheidung der BNetzA ist gemäß §§ 75 ff. die **Beschwerde** zum *OLG Düsseldorf* zulässig.

Teil 2. Entflechtung

§ 6 Anwendungsbereich und Ziel der Entflechtung

(1) [1] Vertikal integrierte Energieversorgungsunternehmen und rechtlich selbständige Betreiber von Elektrizitäts- und Gasversorgungsnetzen, die im Sinne von § 3 Nr. 38 mit einem vertikal integrierten Energieversorgungsunternehmen verbunden sind, sind zur Gewährleistung von Transparenz sowie diskriminierungsfreier Ausgestaltung und Abwicklung des Netzbetriebs verpflichtet. [2] Um dieses Ziel zu erreichen, müssen sie die Unabhängigkeit der Netzbetreiber von anderen Tätigkeitsbereichen der Energieversorgung nach den §§ 7 bis 10 sicherstellen. [3] Abweichend von Satz 2 gelten für die Unabhängigkeit der Betreiber von LNG-Anlagen und von Speicheranlagen in vertikal integrierten Energieversorgungsunternehmen, soweit die Anlagen nicht den Gasversorgungsnetzen zugerechnet werden müssen, nur die §§ 9 und 10.

(2) [1] Die in wirtschaftlich engem Zusammenhang mit der rechtlichen oder operationellen Entflechtung nach den §§ 7 und 8 übertragenen Wirtschaftsgüter gelten als Teilbetrieb im Sinne der §§ 15, 16, 20 und 24 des Umwandlungssteuergesetzes. [2] Satz 1 gilt nur für diejenigen Wirtschaftsgüter, die unmittelbar auf Grund des Organisationsakts der Entflechtung übertragen werden. [3] Für die Anwendung des § 15 Abs. 1 Satz 2 des Umwandlungssteuergesetzes gilt auch das der übertragenden Körperschaft im Rahmen des Organisationsakts der Entflechtung verbleibende Vermögen als zu einem Teilbetrieb gehörend. [4] § 15 Abs. 3 des Umwandlungssteuergesetzes, § 8b Abs. 4 des Körperschaftsteuergesetzes sowie § 6 Abs. 3 Satz 2 und Abs. 5 Satz 4 bis 6 sowie § 16 Abs. 3 Satz 3 und 4 des Einkommensteuergesetzes finden auf Maßnahmen nach Satz 1 keine Anwendung, sofern diese Maßnahme von Unternehmen im Sinne von § 7 Abs. 1 und 2 bis zum 31. Dezember 2007 und von Unternehmen im Sinne von § 7 Abs. 3 bis zum 31. Dezember 2008 ergriffen worden sind. [5] Bei der Prüfung der Frage, ob die Voraussetzungen für die Anwendung der Sätze 1 und 2 vorliegen, leistet die Regulierungsbehörde den Finanzbehörden Amtshilfe (§ 111 der Abgabenordnung).

(3) [1] Erwerbsvorgänge im Sinne des § 1 des Grunderwerbsteuergesetzes, die sich aus der rechtlichen oder operationellen

Entflechtung nach den §§ 7 und 8 ergeben, sind von der Grunderwerbsteuer befreit. ²Absatz 2 Satz 4 und 5 gilt entsprechend.

(4) Die Absätze 2 und 3 gelten entsprechend für diejenigen Unternehmen, die eine rechtliche Entflechtung auf freiwilliger Grundlage vornehmen.

Literatur: *Appel/Beisheim/Edelmann/Kaufmann,* Unbundling – Gestaltungsmodelle und Handlungsoptionen für Stadtwerke und EVU, et 4/2004, 242 ff.; *Appel/Beisheim/Edelmann/Kaufmann,* Praxis des Unbundling – der Teufel steckt im Detail, et 2006, 36 ff.; *Bausch,* Entflechtungsregeln im Stromsektor: Die Vorgaben des Gesetzesentwurfes zum Energiewirtschaftsrecht, ZNER 2004, 332 ff.; *Behrendt/Schlereth,* Unbundling, Steuerrechtliche Beurteilung der Verwaltungsauffassung zum Energiewirtschaftsrecht (EnWG), BB 2006, 2050 ff.; *Ehricke,* Vermerke der Kommission zur Umsetzung von Richtlinien, EuZW 2004, 359 ff.; *Hummeltenberg/Behrendt/Schlereth,* Zur Auslegung des § 6 Abs. 2 Satz 4 EnWG: Können „entflechtungsgeborene" Anteile steuerbegünstigt veräußert werden?, BB 2006, 241 ff.; *Koenig/Haratsch/Rasbach,* Neues aus Brüssel zum Unbundling: „Interpreting Note" zu den Beschleunigungsrichtlinien für Strom und Gas, ZNER 2004, 10 ff.; *Koenig/Schellberg/Spickermann,* Energierechtliche Entflechtungsvorgaben versus gesellschaftsrechtliche Kontrollkompetenzen?, RdE 2007, 72 ff.; *Kühling/Hermeier,* Eigentumsrechtliche Leitplanken eines Ownership-Unbundlings in der Energiewirtschaft, et 1–2/2008, 134 ff.; *Müller,* Eine preistheoretische Betrachtung des Ownership Unbundling, et 1–2/2006, 34 ff.; *Nagel,* Probleme des Unbundling nach dem neuen Energiewirtschaftsrecht aus der Sicht der Stadtwerke, ZNER 2005, 147 f.; *Pathe/Mussaeus,* Steuerneutralität der rechtlichen Entflechtung von Energieversorgungsunternehmen, N&R 2004, 147 ff.; *Säcker,* Aktuelle Rechtsfragen des Unbundling in der Energiewirtschaft, RdE 2005, 85 ff.; *Scholz/Strohe,* Unbundling – aktueller Rechtsrahmen und neuer Richtlinienentwurf der Kommission, et 1–2/2003, 80 ff.; *Staebe,* Unbundling-Vorgaben für vertikal integrierte Infrastrukturbetreiber als Kern eines „allgemeinen Regulierungsrechts"?, IR 2006, 204 ff.; *Storr,* Die Vorschläge der EU-Kommission zur Verschärfung der Unbundling-Vorschriften im Energiesektor, EuZW 2007, 232 ff.; *Wiedmann/Langerfeldt,* Verschärftes Unbundling in der deutschen Energiewirtschaft (Teil 1), et 3/2004, 158 ff.; *Wiedmann/Langerfeldt,* Verschärftes Unbundling in der deutschen Energiewirtschaft (Teil 2), et 4/2004, 248 ff.

Übersicht

	Rn.
A. Allgemeines	1
I. Inhalt und Zweck der Regelung	1
II. Entstehungsgeschichte	3
III. Europarechtliche Vorgaben	7
B. Zielsetzung und Anwendungsbereich (§ 6 I)	8
I. Zweck	8
II. Stufen der Entflechtung	11
1. Buchhalterische Entflechtung	12
2. Informatorische Entflechtung	13

Anwendungsbereich und Ziel der Entflechtung 1–3 § 6

Rn.
- 3. Organisatorische Entflechtung („Management-Unbundling") ... 14
- 4. Rechtliche Entflechtung („Legal Unbundling") 15
- 5. Ownership Unbundling? ... 16
- III. Auslegungshinweise ... 21
  - 1. Vermerk der GD Energie und Verkehr ... 22
  - 2. ERGEG Guidelines ... 26
  - 3. Gemeinsame Auslegungsgrundsätze ... 27
- IV. Zur Entflechtung verpflichtete Unternehmen ... 29
  - 1. Vertikal integriertes Energieversorgungsunternehmen ... 30
  - 2. LNG-Anlagenbetreiber ... 34
  - 3. Betreiber von Speicheranlagen ... 35
- C. Steuerliche Behandlung (§ 6 II–IV) ... 38
  - I. Ertragssteuerrechtliche Behandlung (§ 6 II) ... 39
  - II. Grunderwerbssteuer (§ 6 III) ... 41
  - III. Freiwillige Entflechtung (§ 6 IV) ... 42

A. Allgemeines

I. Inhalt und Zweck der Regelung

§ 6 enthält zwei Regelungskomplexe. In § 6 I sind – der Überschrift **1** entsprechend – **Anwendungsbereich und Ziel** der Entflechtung geregelt. § 6 I stellt dabei die Basisregelung für die Entflechtungsvorschriften in den §§ 6 bis 10 dar.

§ 6 II–IV enthalten **steuerliche Regelungen,** die vor allem ein **2** Folgeproblem der rechtlichen Entflechtung nach § 7 betreffen: Im Rahmen der Durchführung der rechtlichen Entflechtung nach § 7 und der operationellen Entflechtung nach § 8 kann es dazu kommen, daß Wirtschaftsgüter auf eine (neue) Netzgesellschaft übertragen werden. Für diesen Fall enthält § 6 II eine Teilbetriebsfiktion, die die Übertragung dieser Wirtschaftsgüter zum Buchwert, d. h. ohne Aufdeckung stiller Reserven an die Netzgesellschaft ermöglicht. § 6 III enthält für diese Vorgänge darüber hinausgehend eine Befreiung von der Grunderwerbssteuer. § 6 IV erstreckt die Regelungen des § 6 II und III auf diejenigen Unternehmen, die eine rechtliche Entflechtung auf freiwilliger Basis vornehmen.

II. Entstehungsgeschichte

Die Entflechtungsvorschriften der §§ 6 ff. gehen weit über den bisherigen Rechtszustand hinaus. **Vorgängervorschriften** waren für den **3**

§ 6 4–7   Teil 2. Entflechtung

Stromsektor die §§ 9 II, 4 VII und 7 IV EnWG 1998. Für den Gassektor wurden Vorläufer durch das Änderungsgesetz vom Mai 2003 (BGBl. I S. 686) in § 9 a EnWG 1998 eingefügt (*Schulte-Beckhausen,* in: Hempel/Franke, EnWG, vor §§ 6–10, Rn. 17).

4   § 6 entspricht im wesentlichen der Fassung des Regierungsentwurfs (BT-Drucks. 15/3917, S. 12; Begr., S. 51 f.).

5   **§ 6 I** erfuhr im Gesetzgebungsverfahren nur eine **geringfügige Änderung.** In § 6 I 3 wurde ein Einschub eingefügt, der bezüglich der geringeren Entflechtungsvorgaben für LNG-Anlagen und Speicheranlagen klarstellte, daß die geringeren Anforderungen nur gelten, soweit die Anlagen nicht den Gasversorgungsnetzen zugerechnet werden müssen (Ausschußbericht, BT-Drucks. 15/5268, S. 17; Begründung, S. 113: Klarstellung des Gewollten).

6   **Umfangreichere Änderungen** hat der Wirtschaftsausschuß bezüglich der **steuerrechtlichen Vorschriften** vorgenommen. Diese Änderungen haben dem Ziel gedient, eine steuerrechtliche Neutralität von Entflechtungsmaßnahmen im Rahmen der Umsetzung der gesetzlichen Vorgaben der Entflechtung sicherzustellen. Dabei sollten auch Maßnahmen, die bereits vor Erlaß des Gesetzes ergriffen sind, berücksichtigt werden (BT-Drucks. 15/5268, S. 113). Im Wirtschaftsausschuß wurde § 6 IV neu eingefügt. Von den Regelungen des § 6 II und III sollten auch die Netzbetreiber erfaßt werden, die entweder unter die De-minimis-Regel fallen oder die rechtliche Entflechtung vor dem 1. 7. 2007 als gesetzlich verpflichtend festgeschriebenen Zeitpunkt umsetzen (Ausschußbericht, a. a. O.).

III. Europarechtliche Vorgaben

7   In den §§ 6 ff. werden die Vorgaben, die in den **Richtlinien 2003/54/EG für Elektrizität** und **2003/55/EG für den Gasbereich** getrennt getroffen wurden, einheitlich umgesetzt. Zudem hat der deutsche Gesetzgeber die auch bezüglich der Entflechtung in den Richtlinien vorgesehene Unterscheidung von Übertragungsnetzbetreibern und Verteilnetzbetreibern (Art. 10 und 15 EltRl) bzw. zwischen Fernleitungsnetzbetreibern und Verteilnetzbetreibern (Art. 9 bzw. 13 GasRl) einheitlich umgesetzt. Insgesamt dienen die Vorschriften der §§ 6 ff. der Umsetzung der Art. 10, 12, 15, 16 und 19 EltRl und der Art. 9, 10, 13, 14 und 17 GasRl (vgl. näher bei *Staebe,* IR 2006, 204, 205 f.).

B. Zielsetzung und Anwendungsbereich (§ 6 I)

I. Zweck

Der Zweck der Entflechtungsvorschriften wird in § 6 I 1 dahingehend beschrieben, daß sie sicherstellen sollen, daß vertikal integrierte Energieversorgungsunternehmen ihrer **Verpflichtung** zur Gewährleistung von Transparenz sowie diskriminierungsfreier Ausgestaltung und Abwicklung des **Netzzugangs** nachkommen. Das Gesetz sowie das Europäische Richtlinienrecht nimmt dabei darauf Rücksicht, daß sowohl die Strom- als auch die Gasversorgung als vertikal integriertes Geschäft entstanden sind. **Vertikale Integration** bedeutet dabei, daß in einem Unternehmen im Verhältnis zum Netzbetrieb vorgelagerte und nachgelagerte Wertschöpfungsstufen integriert sind (*Bausch,* ZNER 2004, 332). Dies sind beim Strom die Erzeugung bzw. Beschaffung auf vorgelagerter Ebene und der Vertrieb auf nachgelagerter Stufe. Beim Gas gehören auf vorgelagerter Stufe die Förderung, der Import bzw. die Beschaffung dazu wie auf nachgelagerter Stufe der Vertrieb. Der deutsche Markt zeichnet sich dabei – im Gegensatz zu manch anderem europäischen Markt – dadurch aus, daß vielfach vertikal integrierte Unternehmen auf **unterschiedlichen Handelsstufen** existieren. So finden sich reine Verteilerstadtwerke (zu Gestaltungsmodellen und Handlungsoptionen für Stadtwerke *Apel/Beisheim/Edelmann/Kaufmann,* et 4/2004, 242 ff.), die über keinen eigenen Gasimport und auch über keine Stromerzeugung verfügen. Solange sie neben dem Netzbetrieb aber die Funktionen der Beschaffung und des Vertriebs von Elektrizität bzw. Gas wahrnehmen, handelt es sich bei ihnen um integrierte Energieversorgungsunternehmen (*Salje,* EnWG, § 6, Rn. 6 ff.).

Das System des regulierten Netzzugangs und die ihm dienenden Entflechtungsvorschriften sollen wirksamen Wettbewerb auf der dem Netzbetrieb nachgelagerten Stufe, dem Vertrieb, ermöglichen. Wettbewerbshemmnisse auf der nachgelagerten Stufe sollen dadurch vermieden werden, daß die **Nutzung des Netzes** auch Wettbewerbern **diskriminierungsfrei** zur Verfügung steht. Zudem sollen **Quersubventionierungen** des Netzbetriebs an den nachgelagerten Bereich (Vertrieb) vermieden werden (BT-Drucks. 15/3917, S. 51; *Eder,* in: D/T, EnWG, § 6, Rn. 15; *Salje,* EnWG, § 6, Rn. 2). Im Normgefüge der §§ 6 ff. dienen die §§ 8 und 9 in erster Linie der ersten Zielrichtung, der Gewährung nicht diskriminierenden Netzzugangs, der § 10 in erster Linie der Verhinderung von Quersubventionen. Das in § 7 vorgeschriebene gesellschaftsrechtliche Unbundling hat gegenüber §§ 8, 9 und 10 seinerseits **dienende Funktion**.

10 Regulierungsökonomisch werden die weitreichenden Eingriffe in die Handlungsfreiheit der integrierten Energieversorgungsunternehmen mit der **Theorie der sog. „natürlichen Monopole"** gerechtfertigt (Vermerk der GD TREN, S. 1; *Bausch,* ZNER 2004, 332, 334 m. w. N.; näher *Wiedmann/Langerfeldt,* et 3/2004, 158 ff.). Unter einem natürlichen Monopol wird eine monopolistische Stellung eines Netzbetreibers verstanden, die ihre Ursache nicht in der Verleihung eines rechtlichen Monopols (wie ehemals bei Post und Telekommunikation) hat, sondern die darauf beruht, daß der Betrieb bestimmter Netze eine **stets fallende Durchschnittskostenkurve** hat (vgl. *Wiemann/Langerfeldt,* et 3/2004, 158, Fn. 4). Unter diesen Bedingungen soll die Errichtung und der Betrieb konkurrierender Netze volkswirtschaftlich unsinnig und wettbewerblich nicht zu erwarten sein (*Bausch,* ZNER 2004, 332, 334). Die Gewährung zum Netzzugang ist im Rahmen dieser ökonomischen Theorie eine notwendige Voraussetzung dafür, daß auf dem nachgelagerten Markt Wettbewerb entstehen kann.

II. Stufen der Entflechtung

11 Die Entflechtungsvorschriften haben – wie bereits ausgeführt – dienende Funktion bezüglich der Einhaltung der Verpflichtung des Netzbetreibers zum diskriminierungsfreien Netzzugang. Im Hinblick darauf, daß die Entflechtungsvorgaben bestimmte Handlungspflichten des Netzbetreibers sicherstellen sollen, lassen sich **primäre und sekundäre Entflechtungsvorschriften** unterscheiden, die stärker unmittelbar bzw. mittelbar die Erfüllung der gesetzlichen Handlungsanforderungen sicherstellen sollen. Als primäre Entflechtungsvorschriften können dabei die Vorschriften über die organisatorische Entflechtung (§ 8), die informatorische Entflechtung (§ 9) und die buchhalterische Entflechtung (§ 10) verstanden werden. Über diese Entflechtungsvorschriften soll strukturell sichergestellt werden, daß der Netzbetreiber seiner Verpflichtung zum diskriminierungsfreien Netzzugang nachkommt. Sekundär ist demgegenüber die Verpflichtung zur gesellschaftsrechtlichen Entflechtung. Sie soll sicherstellen, daß die primären Entflechtungsvorschriften nicht über die Verbundenheit in einem rechtlich integrierten Unternehmen überspielt werden. Noch weitergehend ist die rechtspolitisch diskutierte eigentumsrechtliche Entflechtung (Ownership Unbundling) die nach derzeitigem Rechtszustand nicht vorgeschrieben ist (*Eder,* in: D/T, EnWG, § 6, Rn. 23 f.).

12 **1. Buchhalterische Entflechtung.** Die buchhalterische Entflechtung ist in § 10 vorgesehen. Diese fordert eine separate Rechnungslegung für die Aktivitäten Übertragung und Verteilung. Sie war für

Stromversorger bereits in § 9 EnWG 1998 vorgesehen (*Schulte-Beckhausen,* in: Hempel/Franke, EnWG, vor §§ 6–10, Rn. 8). Die buchhalterische Entflechtung dient dazu, Quersubventionen zwischen Netzbetrieb und dem vorgelagerten und nachgelagerten Funktionen der Beschaffung und der Erzeugung sowie den nachgelagerten Funktionen des Vertriebs zu vermeiden. Durch die buchhalterische Entflechtung wird überprüfbar, ob **Quersubventionen** zu den vor- und nachgelagerten Bereichen vorliegen.

2. Informatorische Entflechtung. Die informatorische Entflechtung ist in § 9 geregelt. Sie verlangt von den Energieversorgungsunternehmen, daß es keinen **wettbewerbsverzerrenden Informationsfluß** zwischen dem Netzbetrieb und den vor- und nachgelagerten wettbewerblichen Bereichen des Unternehmens gibt. Insbesondere ist es dem Netzbetrieb nicht gestattet, dem Vertrieb des integrierten Energieversorgungsunternehmens Informationen zukommen zu lassen, die den Wettbewerbern nicht zur Verfügung stehen (*Schulte-Beckhausen,* in: Hempel/Franke, EnWG, vor §§ 6–10, Rn. 9).

3. Organisatorische Entflechtung („Management-Unbundling"). Der Schwerpunkt der Entflechtungsvorschriften liegt in der organisatorischen Entflechtung des Netzbetriebs und der vor- und nachgelagerten Aktivitäten des integrierten Energieversorgungsunternehmens. Über Regelungen der **Organisationsstruktur** und des **Personaleinsatzes** soll sichergestellt werden, daß der Netzbetreiber seiner Verpflichtung zu diskriminierungsfreiem Netzzugang nachkommt (*Schulte-Beckhausen,* in: Hempel/Franke, EnWG, vor §§ 6–10, Rn. 10).

4. Rechtliche Entflechtung („Legal Unbundling"). Zur Abstützung der drei aufgeführten primären Entflechtungsverpflichtungen ist mit dem EnWG 2005 in § 7 die Verpflichtung zu einer rechtlichen Entflechtung („Legal Unbundling") vorgesehen worden. Mit der gesellschaftsrechtlichen Entflechtung werden die Vorschriften des Gesellschaftsrechts und des Bilanzrechts zum Zwecke der Unterstützung der Regelungen der §§ 8 und 10 zu Nutze gemacht. Bezüglich der getrennten Rechnungsführung bedeutet dies, daß es sich bei der **getrennten Rechnungsführung** nicht nur um eine regulatorische Parallelberechnung handelt, sondern daß die Entflechtung unmittelbar in die Bücher der Unternehmen durchschlägt. Zudem unterstreicht die gesellschaftsrechtliche Entflechtung die **Selbständigkeit und Eigenverantwortlichkeit der Netzbetreiber,** die in eigenen juristischen Personen organisiert sind. Dies dient der strukturellen Absicherung der in § 8 vorgeschriebenen operationellen Entflechtung.

5. Ownership Unbundling? Gesetzlich nicht vorgesehen ist die stärkste Form der Entflechtung, die eine eigentumsrechtliche Trennung des Netzgeschäfts von den wettbewerblichen Bereichen, das sog. „Ownership Unbundling", darstellt. Unter „Ownership Unbundling" versteht man Organisationsformen, bei denen die Gesellschaftsanteile des Netzbetreibers nicht im Eigentum des integrierten Energieversorgungsunternehmens bleiben (*Schulte-Beckhausen,* in: Hempel/Franke, EnWG, vor §§ 6–10, Rn. 12). Bei einem „Ownership Unbundling" **verliert das Energieversorgungsunternehmen seine Charakterisierung als integriertes Energieversorgungsunternehmen.** Ownership Unbundling kann durch die Errichtung eines konzernfreien Netzbetreibers, durch Privatisierung oder Verstaatlichung des Netzbetriebes oder durch Schaffung eines nationalen Netzbetreibers vorgesehen werden (*Schulte-Beckhausen,* in: Hempel/Franke, EnWG, vor §§ 6–10, Rn. 12).

17 Im **politischen Raum** ist ein „Ownership Unbundling" immer wieder propagiert worden, etwa in der Sector Inquiry der Kommission (10. 1. 2007) und in den Draft Guidelines des „Councel of European Energy Regulators" (30. 4. 2007). Der durch die Europäische Kommission am 19. 9. 2007 angenommene Vorschlag zur Richtlinienänderung mit dem Ziel der Entflechtung von Erzeugung und Netz (Kommission der Europäischen Gemeinschaften, Vorschlag für eine Richtlinie des europäischen Parlaments und des Rates zur Änderung der Richtlinie 2003/54/EG über gemeinsame Vorschriften für den Elektrizitätsmarkt vom 19. 9. 2007, COM (2007) 528) ist im Ministerrat auf verfassungsrechtliche und wirtschaftspolitische Bedenken gestoßen (Erörterungen im Ministerrat am 3. 12. 2007 und am 28. 2. 2008). Der zuständige Parlamentsausschuss für Industrie, Forschung und Energie hat sich jedoch in erster Lesung am 6. 5. 2008 der Linie von Berichterstatterin *Morgan* angeschlossen Europäisches Parlament, Berichterstatterin *Morgan,* Entwurf eines Berichts über den Vorschlag für eine Richtlinie des Europäischen Parlaments und des Rates zur Änderung der Richtlinie 2003/54/EG über gemeinsame Vorschriften für den Elektrizitätsbinnenmarkt vom 12. 2. 2008, 2007/0195(COD) mit weiteren Änderungsanträgen) und mit knapper Mehrheit eine vollständige Entflechtung befürwortet. Ob es auf europäischer Ebene zu einer Verpflichtung eines „Ownership-Unbundling" kommen wird, ist derzeit offen.

18 Rechtlich stößt das „Ownership Unbundling" auf erhebliche Probleme: Das Eigentum am Netz und an der Netzgesellschaft ist **verfassungsrechtlich durch Art. 14 GG geschützt.** Zwar schließt das Grundgesetz Enteignungen (Art. 14 III GG) und Verstaatlichungen (Art. 15 GG) nicht kategorisch aus, doch sind sie an die Verpflichtung zur Entschädigung gebunden. Das Gleiche würde gelten, wenn man ein Unbundling als entschädigungspflichtige Inhalts- und Schrankenbestimmung (vgl. *BVerfGE* 14, 263, 283 f.; 100, 289, 303) ansehen würde.

Anwendungsbereich und Ziel der Entflechtung 19–23 § 6

Die sich aus deutschem Verfassungsrecht ergebenden Bedenken gegen eine Verpflichtung zur eigentumsrechtlichen Trennung lassen sich auch nicht einfach durch eine europäische Richtlinie oder Verordnung überspielen. Zunächst ist im EG-Vertrag ausdrücklich vorgesehen, daß die Eigentumsordnung in den Mitgliedstaaten unberührt bleibt (Art. 195 EG). Hiermit ist der EU eine Kompetenzsperre gesetzt. Zudem gehört das Eigentumsgrundrecht zu den ungeschriebenen Grundrechten des Europäischen Primärrechts, das auch Richtlinien- und Verordnungsgeber bindet (*EuGH,* Slg. 1979, 3727, Rn. 17 ff.; Slg. 1994, I, 4973, Rn. 77 ff.). 19

Unabhängig davon spricht zum derzeitigen Zeitpunkt **rechtspolitisch** nichts dafür, für ein „Ownership Unbundling" zu plädieren. Der Übergang vom verhandelten Netzzugang zum regulierten Netzzugang ist europarechtlich erst mit dem Richtlinienpaket aus Mitte 2003 vollzogen worden. Dieses ist in Deutschland erst mit dem EnWG 2005 in nationales Recht transformiert worden. Aufgrund der gesetzlichen Übergangsvorschriften mußten die Entflechtungsvorschriften erst zum 1. 7. 2007 umgesetzt werden. Vor diesem Hintergrund wäre es unverhältnismäßig, den mit dem „Ownership Unbundling" verbundenen Eingriff in die Eigentumsrechte der Energieversorgungsunternehmen vorzunehmen, bevor absehbar ist, ob die bisher getroffenen rechtlichen Vorgaben greifen. 20

III. Auslegungshinweise

Die Entflechtungsvorschriften des EnWG sind bisher nicht Gegenstand von Entscheidungen der Regulierungsbehörden oder von Gerichtsentscheidungen geworden. Daher gewinnen die – rechtlich durchwegs unverbindlichen – Auslegungshinweise der Europäischen Kommission, des „Council of European Energy Regulators" (ERGEG) sowie der Regulierungsbehörden des Bundes und der Länder besondere Bedeutung. 21

1. Vermerk der GD Energie und Verkehr. Die GD Energie und Verkehr der Europäischen Kommission hat zu den Richtlinien 2003/54/EG und 2003/55/EG verschiedene Vermerke gefertigt. Für die Entflechtungsregelung ist der Vermerk „Die Entflechtungsregelung" vom 16. 1. 2004 von Bedeutung. 22

Die GD Energie und Verkehr hat bereits in der Überschrift dieses Vermerks deutlich gemacht, daß es sich um ein **rechtlich nicht bindendes Kommissionspapier** handelt (so auch *Eder,* in: D/T, EnWG, § 6, Rn. 7; *Ehricke,* IR 2004, 170). Gleichwohl ist das Bestreben der GD Energie und Verkehr (GD TREN) nicht zu verkennen, Einfluß auf die Umsetzung der Richtlinien in den Mitgliedstaaten und auf die Anwen- 23 dung der umgesetzten Richtlinienvorschriften durch die nationalen Regulierungsbehörden zu gewinnen.

24 Hervorgehoben werden muß auf jeden Fall, daß es sich bei diesem Papier um **keinen Rechtsakt im Sinne des EG-Vertrages handelt.** Daher besteht keine Verpflichtung der nationalen Regulierungsbehörden und der nationalen Gerichte, die in diesem Papier niedergelegten Rechtsauffassungen zu berücksichtigen. Im Gegensatz zur rechtlich ebenfalls unverbindlichen Empfehlung i. S. d. Art. 249 EG handelt es sich bei dem Vermerk der GD Energie und Verkehr um keinen Rechtsakt, da die Kommission als Kollegialorgan über dieses Papier nicht entschieden hat.

25 Wegen des unklaren rechtlichen Charakters der Vermerke ist sowohl ihre europarechtliche Rechtmäßigkeit als auch ihre rechtliche Bedeutung umstritten. Zum einen wird darauf verwiesen, die Bedeutung der Vermerke bestehe darin, daß die Kommission darauf hinweise, welche Richtlinienauslegung sie bei ihrer Aufgabe der Überwachung der Einhaltung der Richtlinienbestimmungen nach Art. 85 I, II EG bevorzugen wird (*Koenig/Haratsch/Rasbach,* ZNER 2004, 10, 11). Demgegenüber hält *Ehricke* die Vermerke wegen mangelnder Verabschiedung durch die Kommission als Kollegium sowie wegen Verstoßes gegen die Kompetenzen des Europäischen Parlaments, des Rates und der Mitgliedstaaten für rechtswidrig (*Ehricke,* EuZW 2004, 359 ff.).

26 **2. ERGEG Guidelines.** Die bisher nur als „Draft ERGEG Guidelines of Good Practise on Functional, Informational and Legal Unbundling" vorliegenden Richtlinien der European Regulators Group **entbehren** ebenfalls **jeden rechtlichen Charakters.** Für den nationalen Rechtsanwender können sie noch viel weniger als der Vermerk der GD Energie und Verkehr zur Auslegung des nationalen Rechts herangezogen werden. Zudem ist für die „Guidelines" bezeichnend, daß die ERGEG in diesem Papier davon ausgeht, daß das im europäischen und im nationalen Recht vorgesehene Unbundling hinter dem von der ERGEG postulierten Ideal eines „Ownership Unbundling" zurückbleibt. Das Papier ist von dieser Grundauffassung getragen und enthält damit keine ausgewogene Interpretation des geltenden Gemeinschaftsrechts, sondern an vielen Stellen rechtspolitische Bekenntnisse.

27 **3. Gemeinsame Auslegungsgrundsätze.** Die Regulierungsbehörden des Bundes und der Länder haben mit Datum vom 1. 3. 2006 Gemeinsame Auslegungsgrundsätze zu den Entflechtungsbestimmungen in §§ 6 bis 10 veröffentlicht. Die Auslegungsgrundsätze geben das gemeinsame Verständnis der Regulierungsbehörden des Bundes und der Länder zur Auslegung und Umsetzung der Entflechtungsbestimmungen der §§ 6 bis 10 wieder. Das Dokument ist **keine Festlegung** i. S. d. **§ 29** und hat auch **nicht** den Charakter einer **Verwaltungsvorschrift,** wie in dem Dokument ausdrücklich klargestellt ist (S. 5).

Gleichwohl steht zu erwarten, daß sich die Regulierungsbehörden des Bundes und der Länder in ihrer Verwaltungspraxis **an diesen Auslegungsgrundsätzen orientieren** werden. Dabei ist nicht zu erwarten, daß die Bundesnetzagentur oder die Regulierungsbehörden der Länder sklavisch an diesem Papier kleben werden. Auch bezüglich des im Zusammenhang mit der Entgeltregulierung publizierten „Positionspapiers" haben sich die unterschiedlichen Regulierungsbehörden durchaus flexibel gezeigt. Wer allerdings bei der Ausgestaltung der Entflechtung sich an die Gemeinsamen Auslegungsgrundsätze hält, dürfte sich auf der „sicheren Seite" befinden.

IV. Zur Entflechtung verpflichtete Unternehmen

Vollständige Anwendung finden die Vorschriften über die Entflechtung nach § 6 I 1 auf **vertikal integrierte Energieversorgungsunternehmen** und rechtlich selbständige Netzbetreiber, die mit vertikal integrierten Energieversorgungsunternehmen verbunden sind. Mit den beiden Fallgruppen umschreibt das Gesetz das integrierte Energieversorgungsunternehmen vor und nach Entflechtung. Darüber hinaus sind die §§ 9 und 10 der Entflechtungsvorschriften (Beachtung des Vertraulichkeitsgebots sowie Entflechtung der Rechnungslegung) auf integrierte Energieversorgungsunternehmen anwendbar, soweit sie LNG- bzw. Speicheranlagen betreiben (*Schulte-Beckhausen,* in: Hempel/Franke, EnWG, § 6, Rn. 10; *Eder,* in: D/T, EnWG I, § 6, Rn. 28).

1. Vertikal integriertes Energieversorgungsunternehmen. Der Begriff des vertikal integrierten Energieversorgungsunternehmens ist in § 3 Ziffer 38 definiert. Es umfaßt Unternehmen gleich welcher Rechtsform, die elektrizitätswirtschaftliche Funktionen (Erzeugung, Netzbetrieb, Vertrieb) und/oder gaswirtschaftliche Funktionen (Gewinnung, Netzbetrieb, Speicherung) wahrnehmen. Adressaten sind ebenfalls Unternehmensgruppen i. S. v. Art. 3 II FKVO (VO [EG] Nr. 139/2004 des Rates v. 20. 1. 2004), wobei die Gruppe so organisiert sein muß, daß die Entscheidungen im Unternehmensverbund von einer Stelle aus koordinierbar sind. Vom Begriff des **integrierten Energieversorgungsunternehmens** ist also **auch der Konzern erfaßt**, in dem unterschiedliche Gesellschaften die verschiedenen energiewirtschaftlichen Funktionen wahrnehmen (*Salje,* EnWG, § 6, Rn. 6).

31 Für die Anwendung der §§ 6 ff. kommt es demnach darauf an, ob im Konzernverbund gleichzeitig eine Netzfunktion und auf anderer Wertschöpfungsstufe liegende energiewirtschaftliche Funktionen wahrgenommen werden. Während der Netzbetrieb bei Elektrizitätsversorgungsunternehmen nur Verteilung und Übertragung umfaßt, können bei Gasversorgungsunternehmen zum Netzbetrieb zusätzlich die Funktionen Betrieb einer LNG-Anlage und/oder Speicheranlage gehören (*Salje,* EnWG, § 6, Rn. 7).

32 Keine Adressaten der Entflechtungsbestimmungen sind damit **reine Netzbetreiber**, also Unternehmen, die – auch im Konzernverbund – ausschließlich die Funktion eines Netzbetreibers wahrnehmen (*Salje,* EnWG, § 6, Rn. 8). Nach Kenntnis des Verfassers gibt es derzeit in der Bundesrepublik Deutschland lediglich einen Betreiber eines Gasfernleitungsnetzes, bei dem dies der Fall ist. Ebenfalls unter die Entflechtungsvorschriften fallen nicht diejenigen **Energieversorgungsunternehmen, die kein Netz betreiben** (*Salje,* EnWG, § 6, Rn. 8). Dies ist in der Bundesrepublik Deutschland bei einer Reihe von Energiehändlern und auch bei wenigen Produzenten der Fall.

33 Wenn ein Netzbetreiber schon rechtlich verselbständigt ist, ist eine rechtliche Entflechtung i. S. d. § 7 bereits gegeben. Einer „Entflechtung" bedarf es nicht mehr, gleichwohl behält § 7 seine Bedeutung, da ein Zusammenschluß des Netzbetreibers mit den Gesellschaften, die andere energiewirtschaftliche Funktionen wahrnehmen, verboten bleibt. Aufgrund der Konzernklausel in § 3 Ziff. 38 ist die ausdrückliche Aufnahme des rechtlich selbstständigen Netzbetreibers im Unternehmensverbund in § 6 I 1 überflüssig (*Salje,* EnWG, § 6, Rn. 9).

34 **2. LNG-Anlagenbetreiber.** Bei LNG handelt es sich um Liquified Natural Gas. Es handelt sich um Erdgas, das zum Transport verflüssigt wurde. LNG-Anlagen dienen in der Regel zum Import von LNG, das in der LNG-Anlage wiederverdampft wird (*Salje,* EnWG § 6, Rn. 10; *Eder,* in: D/T, EnWG, § 6, Rn. 28). Hat die LNG-Anlage diese Importfunktion, gelten für diese Anlagen lediglich die §§ 9 und 10. Wenn eine LNG-Anlage als Speicher genutzt wird, d. h. wenn flüssiges LNG gespeichert wird, um es bei Bedarf in das Netz einzuspeisen, kommt es für die Entflechtungsvorschriften darauf an, ob diese LNG-Anlage dem Netz zuzurechnen ist. Dafür gelten die Auslegungskriterien, die auch für Speicheranlagen gelten (hierzu *Schulte-Beckhausen,* in: Hempel/Franke, EnWG, § 6, Rn. 11). Derzeit gibt es in Deutschland keine LNG-Anlagen. Ein LNG-Terminal ist für den Standort Wilhelmshaven geplant.

35 **3. Betreiber von Speicheranlagen.** Speicheranlagen können zumindest zu zweierlei Zwecken betrieben werden. Einerseits können sie – als Teil des Netzes – zum Ausgleich **kurzzeitiger Schwankungen** im Netz benutzt werden. Dann sind sie Teil des Netzes (*Schulte-Beckhausen,* in: Hempel/Franke, EnWG, § 6, Rn. 11). Für den Netzbetreiber, der solche Speicheranlagen betreibt, gelten die Entflechtungsvorschriften ohnehin in vollem Umfang.

Darüber hinaus können Speicheranlagen dazu benutzt werden, um die **jahreszeitlichen Schwankungen** im Gasverbrauch auszugleichen. Während industrielle Gasverbraucher, die das Gas als Energielieferant oder als Prozeßgas nutzen, häufig über das Jahr einen gleichmäßigen Gasverbrauch haben, ist der Verbrauch von Gas zur Heizung oder zum Verbrauch innerhalb von Kraftwärmekopplung starken jahreszeitlichen Schwankungen unterworfen. Da die Lieferungen aus den Gaslieferländern während des Jahres im wesentlichen konstant laufen, bedarf es einer inländischen Speicherung von Erdgas, um diese Verbrauchsschwankungen abzupuffern. Von Betreibern von Speicheranlagen, die diesem Zweck dienen, also der Strukturierung der Lieferung, gelten lediglich die §§ 9 und 10. Sie müssen nicht von dem Handelsgeschäft des integrierten Energieversorgungsunternehmens getrennt werden, was ihrer Funktion entspricht, da sie nicht Teil des Betriebes des Ne-tzes sind (*Schulte-Beckhausen,* in: Hempel/Franke, EnWG, § 6, Rn. 11).

Aufgrund der unterschiedlichen Aufgaben, die Speicheranlagen haben können, ist es unzutreffend, wenn *Salje* (EnWG, § 6, Rn. 12), davon ausgeht, daß Speicheranlagen grundsätzlich dem Netzbetrieb zuzurechnen sind. Vielmehr ist aufgrund der oben geschilderten Sachlage davon auszugehen, daß es auf die **konkrete Funktion des Speichers** ankommt. Die große Masse der Speicherkapazitäten dürfte dem Ausgleich der jahreszeitlichen Verbrauchsschwankungen dienen und damit nicht dem Netzbetrieb zuzurechnen sein.

C. Steuerliche Behandlung (§ 6 II–IV)

Die § 6 II–IV dienen der steuerunschädlichen Durchführung der Entflechtungsmaßnahme. Soweit die rechtliche Entflechtung eine steuerlich relevante Umwandlung beinhaltet, hat der Gesetzgeber die Gefahr gesehen, daß über die Versteuerung des Buchgewinns bei Auflösung stiller Reserven sowie im Rahmen des Grunderwerbs hohe Steuerlasten die Wirtschaftlichkeit der Unternehmen gefährden könnten. Daher hat der Gesetzgeber Vorkehrungen dafür getroffen, daß die Unternehmen **nicht aufgrund der Entflechtung steuerlichen Nachteilen** ausgesetzt sind.

I. Ertragssteuerrechtliche Behandlung (§ 6 II)

39 Ertragssteuerrechtlich ist die Übertragung von Wirtschaftsgütern ohne Auflösung der gebildeten stillen Reserven davon abhängig, daß es sich bei dem ausgegliederten Betriebsteil um einen „Teilbetrieb" handelt (Begr., BT-Drucks. 15/3917, S. 51). Der einkommensteuerrechtliche Begriff des Teilbetriebs ist gesetzlich nicht definiert. Nach der Rechtsprechung werden hieran hohe Anforderungen gestellt (*BFH, NJW-RR* 2000, 1054 f. m. N.). Danach ist ein Teilbetrieb ein organisatorisch geschlossener, mit einer gewissen Selbständigkeit ausgestatteter Teil des Gesamtbetriebs, der für sich lebensfähig ist. Aus dieser Definition folgt, daß häufig in wesentlich größerem Umfang Wirtschaftsgüter dem Netzbetrieb zugeordnet werden müßten als dies von den Entflechtungsregelungen gefordert ist (BT-Drucks, 15/3917, S. 51 f.). Daher hat der Gesetzgeber im Rahmen des § 6 II 1 im Wege einer **steuerlichen Fiktion** geregelt, daß die im Zuge der Entflechtungsbestimmungen zu übertragenden Wirtschaftsgüter als Teilbetrieb gelten (BT-Drucks. 15/3917, S. 52).

40 Die gesetzliche Regelung soll sicherstellen, daß die Entflechtung nach § 7 **steuerneutral** vorgenommen werden kann. Da die Entflechtung mittlerweile durchgeführt ist, wird auf eine ausführliche Kommentierung verzichtet (verwiesen werden kann auf die Kommentierungen von *Eder*, in: D/T, EnWG, § 6, Rn. 30 ff. und *Schulte-Beckhausen*, in: Hempel/Franke, EnWG, § 6, Rn. 18 ff.).

II. Grunderwerbssteuer (§ 6 III)

41 Mit der rechtlichen Entflechtung ist häufig auch die Übertragung von Grundstücken verbunden. Dies löst nach dem Grunderwerbssteuergesetz normalerweise die Grunderwerbssteuer aus. Der Gesetzgeber hat daher in § 6 III 1 eine entsprechende Steuerbefreiung angeordnet.

III. Freiwillige Entflechtung (§ 6 IV)

42 Die steuerrechtliche Privilegierung nach § 6 II und III gilt auch dann, wenn – etwa aufgrund der **De-minimis-Regelung** oder bei **vorzeitiger Entflechtung** – der unmittelbare Anwendungsbereich des § 6 II und III nicht gegeben ist. Der Gesetzgeber wollte damit – auf Initiative des Wirtschaftsausschusses – eine Schlechterstellung der Unternehmen vermeiden, die ohne gesetzlichen Zwang eine Entflechtung herbeiführen.

§ 7 Rechtliche Entflechtung

(1) **Vertikal integrierte Energieversorgungsunternehmen haben sicherzustellen, dass Netzbetreiber, die mit ihnen im Sinne von § 3 Nr. 38 verbunden sind, hinsichtlich ihrer Rechtsform unabhängig von anderen Tätigkeitsbereichen der Energieversorgung sind.**

(2) [1] **Vertikal integrierte Energieversorgungsunternehmen, an deren Elektrizitätsversorgungsnetz weniger als 100 000 Kunden unmittelbar oder mittelbar angeschlossen sind, sind hinsichtlich der Betreiber von Elektrizitätsverteilernetzen, die mit ihnen im Sinne von § 3 Nr. 38 verbunden sind, von den Verpflichtungen nach Absatz 1 ausgenommen.** [2] **Satz 1 gilt für Gasversorgungsnetze entsprechend.**

(3) **Hinsichtlich der Betreiber von Elektrizitätsverteilernetzen und der Betreiber von Gasverteilernetzen, die im Sinne von § 3 Nr. 38 mit vertikal integrierten Energieversorgungsunternehmen verbunden sind, gilt die Verpflichtung aus Absatz 1 erst ab dem 1. Juli 2007.**

Literatur: Büdenbender, Auswirkungen der Energierechtsreform 2005 auf die Personalpolitik der Energieversorgungsunternehmen, et 4/2006, 81 ff.; *Ehricke,* Zur Vereinbarkeit der Gesellschaftsform einer GmbH für die Netzgesellschaft mit den Vorgaben des Legal Unbundling, IR 2004, 170 ff.; *Fenzl,* Ausgewählte steuerliche Fragen bei der Verpachtung von Stromnetzen im Zuge des Unbundling, RdE 2006, 224 ff.; *Fuhrberg-Baumann/Claus/Porbatzki/Hiller,* Umsetzung des Legal Unbundling und Neukonzeption des strategischen Asset Managements, et 12/2006, 32 ff.; *Gerland/Helm,* Übergang zum Übertragungsmodell (Ownership Unbundling) bei Energieversorgungsunternehmen – Wege aus dem Pachtmodell?, BB 2008, 192 ff.; *Hohmann/Makatsch,* Legal-Unbundling: Möglichkeiten einer praktischen Umsetzung, et 12/2003, 833 ff.; *Just/Lober,* Wer ist zum Unbundling verpflichtet? Entflechtung von Problemen um die Entflechtung, et 1/2/2005, 98 ff.; *Koenig/Haratsch/Rasbach,* Neues aus Brüssel zum Unbundling: „Interpreting Note" zu den Beschleunigungsrichtlinien für Strom und Gas, ZNER 2004, 10 ff.; *Kühling/Hermeier,* Eigentumsrechtliche Leitplanken eines Ownership-Unbundlings in der Energiewirtschafts, et 1–2/2008, 134 ff.; *Kühne/Brodowski,* NVwZ 2005, 849 ff.; *Pathe/Mussaeus,* Steuerneutralität der rechtlichen Entflechtung von Energieversorgungsunternehmen. Mögliche Problemfelder bei der Anwendung des § 6 EnWG-Regierungsentwurf, N&R 2004, 147 ff.; *Rasbach/Schreiber,* Legal Unbundling – Damoklesschwert oder Hoffnungsschimmer?, ZNER 2003, 124 ff.; *Säcker,* Entflechtung von Netzgeschäft und Vertrieb bei den Energieversorgungsunternehmen: Gesellschaftsrechtliche Möglichkeiten zur Umsetzung des sog. Legal Unbundling, DB 2004, 691 ff.; *Säcker,* Aktuelle Rechtsfragen des Unbundling in der Energiewirtschaft, RdE 2005, 85 ff.; *Seel,* Arbeitsrechtliche Aspekte der Entflechtung von Netzgeschäft und Vertrieb, et 10/2006, 71 ff.; *Sievert/Behnes,* Das Unbundling in der Energiewirtschaft aus steuerlicher Sicht, RdE 2005, 93 ff.; *Storr,* Die Vorschläge der EU-Kommission zur Verschärfung der Unbundling-Vorschriften im Energiesektor, EuZW 2007, 232 ff.

Übersicht

	Rn.
A. Allgemeines	1
B. Europarechtliche Vorgaben	3
C. Rechtliche Entflechtung (§ 7 I)	4
I. Gestaltungsmodelle	8
1. Übertragung des Netzeigentums	9
2. Pachtmodell	13
II. Rechtsformen der unabhängigen Netzgesellschaft	25
1. GmbH	28
2. Aktiengesellschaft	30
3. GmbH & Co./AG & Co.	33
III. Kombinationsnetzbetreiber	35
IV. Kooperationsmodell	39
V. Shared-Services	40
D. Ausnahmen von der Verpflichtung zur rechtlichen Entflechtung	41
I. De-minimis-Regelung (§ 7 II)	41
1. Kundenbegriff	45
a) Abstellen auf Belieferung	46
b) Kriterium des Netzanschlusses	47
aa) Unmittelbare Kunden	50
bb) Mittelbare Kunden	51
cc) Anschlußnutzer mit mehreren Netzanschlüssen	52
c) Relevanter Zeitpunkt für die Ermittlung der Kundenzahl	53
2. Keine Anwendung der De-minimis-Regelung	54
II. Übergangsfrist für Verteilernetze (§ 7 III)	57

A. Allgemeines

1 § 7 I regelt die Verpflichtung der vertikal integrierten EVU zur Sicherstellung der Unabhängigkeit der mit ihnen gem. § 3 Nr. 38 **verbundenen Netzbetreiber** von anderen Tätigkeitsbereichen der Energieversorgung hinsichtlich ihrer Rechtsform. Er galt bis zum 1. 7. 2007 ausschließlich für Übertragungsnetzbetreiber, die in der Praxis zum Teil schon vor Jahren diese rechtliche Organisationsstruktur gewählt haben. Für die Geschäftsbereiche des Verteilernetzbetriebs gilt die Verpflichtung erst ab dem 1. 7. 2007 (§ 7 III).

2 Eine Änderung des geltenden Rahmens des Gesellschafts-, Mitbestimmungs- und Steuerrechts ist allerdings zur Umsetzung der rechtlichen Entflechtung nicht vorgesehen. Es wird davon ausgegangen, daß eine Erfüllung der Entflechtungsbestimmungen im **Rahmen der**

sonstigen gesetzlichen Bestimmungen durch entsprechende Gestaltung im Einzelfall möglich ist (BT-Drucks. 15/3917, S. 52).

B. Europarechtliche Vorgaben

§ 7 setzt die Bestimmungen der **Art. 10 und 15 EltRL** sowie **der Art. 9 und 13** der **GasRL** in nationales Recht um (BT-Drucks. 15/3917, S. 52). Der Regelungszweck des § 7 geht aus Erwägungsgrund 8 EltRL und 10 GasRL hervor. Hier heißt es: „Um einen effizienten und nichtdiskriminierenden Netzzugang zu gewährleisten, ist es angezeigt, daß die Übertragungs- und Verteilernetze durch unterschiedliche Rechtspersonen betrieben werden, wenn vertikal integrierte Unternehmen bestehen".

C. Rechtliche Entflechtung (§ 7 I)

Gemäß § 7 I sind vertikal **integrierte Energieversorgungsunternehmen** verpflichtet, den Netzbetrieb in einer gesellschaftsrechtlich selbständigen Form zu organisieren. Der Netzbetreiber muß in seiner Rechtsform unabhängig von den übrigen Tätigkeitsbereichen der Energieversorgung sein. Unter einem Netzbetreiber versteht man gem. § 3 Nr. 27 alle Netz- und Anlagenbetreiber i. S. v. § 3 Nr. 2–7, 10. Unter die anderen Tätigkeitsbereiche der **Energieversorgung** fallen die Erzeugung, Gewinnung und der Vertrieb von Energie an den Kunden.

Dies bedeutet die zwingende Verortung der folgenden **Bereiche bei der selbständigen Netzgesellschaft:** der Bereich Planung, Bau, Wartung und Betrieb des Netzes, welcher neben der Netzausbau- und Instandhaltungsplanung die Wartung des Netzes, den Betrieb des Netzes („Dispatching"), die Entwicklung von Netzanschlußprodukten sowie die Kalkulation der Netznutzungsentgelte erfaßt; der Bereich der Geschäftsprozesse im Rahmen der Kundenakquisition und -kontaktpflege, wie etwa Vermarktung und Erstellung von Netzanschlüssen und Hausanschlüssen, die Erstellung, Nutzung und Verwaltung von Netzzugangs- und Netznutzungsverträgen sowie Kunden- und Lieferantenwechsel. Hinsichtlich dieser Tätigkeiten muß die Verantwortung, nicht aber die Ausführung beim Netzbetreiber liegen.

Demgegenüber sind Tätigkeiten aus dem Bereich der Abrechnungsprozesse sowie sonstige Aufgaben ohne weiteres delegierbar und können „eingekauft" werden. Hierunter fallen Zählerablesungen, Verbrauchsabrechnungen, Forderungsmanagement, Mahn- und Sperrwesen, Netzcontrolling, IT-Dienste etc. (*Seel,* et 10/2006, 71 f.).

7 Die **rechtliche Entflechtung** allein kann allerdings, da sie rein formal zu betrachten ist, die Entscheidungsunabhängigkeit der Netzgesellschaft nicht endgültig sicherstellen (*Salje,* EnWG, § 7, Rn. 6). Denn die rechtliche Entflechtung würde allein wenig bewirken, wenn der rechtlich verselbständigte Netzbetreiber entsprechend den gesellschaftsrechtlichen Gestaltungsmöglichkeiten des AktG oder des GmbHG einer umfaßenden unternehmerischen Steuerung seitens der Muttergesellschaft ausgesetzt wäre (*Büdenbender,* et 4/2006, 81). Ergänzend ist daher die **operationelle Entflechtung** nach § 8 vorgesehen, da es den EVU ansonsten unbenommen bliebe, den Netzbetrieb und die sonstigen Tätigkeitsbereiche der Energieversorgung hinsichtlich der Leitung, der personellen Ausstattung und der Entscheidungsbefugnisse in einheitliche Hände zu legen (*Eder,* in: D/T, EnWG, § 7, Rn. 4). Die rechtliche Entflechtung bildet aber das Fundament dafür, daß der Netzbetrieb auch in wirtschaftlicher Hinsicht selbständig betrieben wird (*Schulte-Beckhausen* in: Hempel/Franke, EnWG, § 7, Rn. 4). § 7 und § 8 ergänzen sich daher hinsichtlich ihres Regelungsgehalts, überschneiden sich aber nicht (*Eder,* in: D/T, EnWG, § 7, Rn. 4).

I. Gestaltungsmodelle

8 Die Separierung des Netzbetriebs kann durch Herauslösung des Netzgeschäfts aus dem integrierten Unternehmen und Überführung in eine (neu zu gründende) Netzgesellschaft erfolgen oder durch Trennung der übrigen Bereiche vom Netzbetrieb (bspw. Gründung von Erzeugungs- und Vertriebsgesellschaften). Ferner kann der Netzbetrieb durch eine bereits existierende Gesellschaft übernommen werden. Diese Trennung von Netzbetrieb und den sonstigen Bereichen ist **alternativ durch verschiedene Modelle möglich,** da es zur rechtlichen Entflechtung keiner eigentumsrechtlichen Entflechtung (sog. „Ownership-Unbundling") bedarf, wie sich Erwägungsgrund 8 EltRl und 10 GasRl entnehmen läßt. Daher stehen Eigentumsübertragung und Verpachtung der Wirtschaftsgüter als gleichwertige Formen der rechtlichen Entflechtung nebeneinander. Sie unterliegen den gleichen rechtlichen Voraussetzungen. Zum Teil wird hinsichtlich der Modelle terminologisch differenziert zwischen einer Netzgesellschaft und einer Netzbetriebsgesellschaft (beim Pachtmodell) (*Eder,* in: D/T, EnWG, § 7, Rn. 9f.). Rechtliche Bedeutung hat diese terminologische Unterscheidung nicht.

9 **1. Übertragung des Netzeigentums.** Die Eigentumsübertragung kann auf verschiedenem Wege erfolgen. So ist die Abtrennung der zum Netzgeschäft gehörenden Vermögensgegenstände (Assets) durch Aufspaltung (§ 123 I UmwG), Abspaltung (§ 123 II UmwG), Ausgliederung (§ 123 III UmwG) oder sonstige rechtsgeschäftliche Übertragungsakte möglich. Die Unternehmen sind in der **Art der Eigentumsübertragung** frei (*Eder*, in: D/T, EnWG, § 7, Rn. 11).

Die Spaltungsarten nach § 123 III UmwG unterscheiden sich danach, 10 ob durch die rechtliche Entflechtung zwei neue Rechtsträger anstelle des bisherigen Rechtsträgers geschaffen werden sollen (dann **Aufspaltung**) oder neben die bisherige Einheitsgesellschaft eine Schwesterngesellschaft tritt (dann **Abspaltung**) oder ob der Netzbetrieb in eine Tochtergesellschaft der bisherigen Einheitsgesellschaft verlagert wird (dann **Ausgliederung**) (*Pathe/Mussaeus*, N&R 2004, 147, 150). Ob eine Ausgliederung gem. § 123 III UmwG, bei der die Netzgesellschaft zur Muttergesellschaft wird, den Anforderungen an die Entflechtung genügt, ist fraglich (ablehnend *Pathe/Mussaeus*, N&R 2004, 147, 150f.). Diese Konstruktion erschwert jedenfalls die Gewährleistung der Unabhängigkeit der Muttergesellschaft, da die Pflicht zur ordnungsgemäßen Beteiligungsverwaltung, die der Obergesellschaft obliegt, eine koordinierte Gesamtplanung für den Konzern gebietet (*Säcker*, DB 2004, 691, 692; *ders.*, RdE 2005, 83, 90, der aber die Zulässigkeit der Netzgesellschaft als Muttergesellschaft bei entsprechender Ausgestaltung der Geschäftsordnung nicht ausschließt und hierfür einen Formulierungsvorschlag bereithält). Praktische Bedeutung hat diese Gestaltungsform nach Kenntnis des Verfassers bisher nicht erlangt.

Das Ziel der Entflechtung, die Unabhängigkeit des Netzbetriebs 11 wird auch dann vereitelt, wenn ein unbeschränkter Beherrschungsvertrag über die Netzgesellschaft besteht (*Schulte-Beckhausen*, in: Hempel/Franke, EnWG, § 7, Rn. 24). Ein **„Teilbeherrschungsvertrag"** ist nur dann zulässig, wenn er einen weisungsfreien Bereich zur Sicherstellung der Unabhängigkeit der Netzgesellschaft vorsieht (*Schulte-Beckhausen*, in: Hempel/Franke, EnWG, § 7, Rn. 25; *Säcker*, DB 2004, 691, *ders.*, RdE 2005, 85, 86 der hierfür Formulierungsvorschläge bereitstellt [S. 692]; a.A. *Beisheim/Edelmann*, Unbundling, S. 123f.). Der Abschluß eines Gewinnabführungsvertrags ist dagegen zulässig (ausführlich *Beisheim/Edelmann*, Unbundling, S. 120ff.).

In der Praxis ist nach Kenntnis des Verfassers überwiegend von einer 12 **Übertragung des Netzeigentums** abgesehen worden. Eine ganz einheitliche Handhabung ist allerdings auch bei den großen Versorgungsunternehmen nicht zu verzeichnen.

2. Pachtmodell. Praktisch relevanter ist das Pachtmodell. Verbleibt 13 das Netzeigentum bei der Gesellschaft, die auch die Erzeugungs-/Gewinnungs- oder Vertriebsaktivitäten wahrnimmt, besteht, um der rechtlichen Entflechtung gerecht zu werden, die Möglichkeit, lediglich die Verantwortlichkeit für den Netzbetrieb auf eine separate Gesellschaft zu übertragen. Dies erfolgt dadurch, daß die Assets des Netzes an die Netzgesellschaft verpachtet werden. Die Verantwortlichkeit der Netzgesellschaft für den Netzbetriebs setzt dazu eine **Mindestlaufzeit des Pachtvertrages** voraus (nach den Gemeinsamen Auslegungsgrundsätzen, S. 13 Fn. 14 liegt eine Parallelwertung aus dem europäischen Wettbewerbsrecht nahe, daß die Laufzeit drei Jahre sicher nicht unterschreiten darf [„Mitteilung der KOM über den Begriff des Zusammenschlusses", ABl. 98/C 66/02, Fn. 25]). Die Unabhängigkeit der Netzgesellschaft muß zudem durch die vertraglichen Vereinbarungen sichergestellt werden und die notwendige Transparenz muß gewährleistet werden.

14 Unmittelbare rechtliche Vorgaben für **die im Pachtvertrag zu vereinbarenden Entgelte** enthält weder das EnWG noch die StromNEV oder die GasNEV. Nach §§ 4 V StromNEV/GasNEV ist allerdings sichergestellt, daß die Vorschriften von StromNEV und GasNEV nicht durch die Gestaltung der Entgelte im Rahmen des Pachtvertrages umgangen werden können. Im Rahmen der Entgeltgenehmigungen können nämlich nur die Kosten angesetzt werden, die entstehen würden, wenn das Netz sich im Eigentum des jeweiligen Netzbetreibers befinden würde.

15 Werden im Pachtvertrag **höhere Entgelte** vereinbart, als in der Entgeltkalkulation nach StromNEV und GasNEV angesetzt werden können, ist die wirtschaftliche Überlebensfähigkeit des Netzbetreibers u. U. nicht gegeben. Sie kann dann allenfalls durch einen Gewinnabführungsvertrag mit dem Eigentümer, der auch zum Verlustausgleich verpflichtet ist, sichergestellt werden.

16 Problematisch ist die Behandlung von **Pachtverträgen, die mit konzernunabhängigen Dritten geschlossen wurden** und höhere Entgelte vorsehen, als sie nach §§ 4 V StromNEV/GasNEV angesetzt werden können. Wendet man entsprechend der Rechtsauffassung der BNetzA auch in diesen Fällen die §§ 4 V StromNEV/GasNEV an, so kann dadurch die Rentabilität des Netzbetriebes dauerhaft gefährdet sein. Nach dem Zweck der §§ 4 V StromNEV/GasNEV ist diese Anwendung allerdings nicht notwendig. Die genannten Vorschriften dienen der Verhinderung einer Umgehung der Vorschriften von StromNEV und GasNEV. Wird von konzernunabhängigen Dritten Infrastruktur gepachtet oder geleast, liegt allerdings kein Umgehungstatbestand vor. Dies spricht für eine Nichtanwendung der genannten Vorschrift.

17 Falls sich die Rechtsauffassung der BNetzA durchsetzt, werden die betroffenen Netzbetreiber nicht umhin kommen, eine **Anpassung der Pachtverträge** nach § 313 BGB (Störung der Geschäftsgrundlage) zu

verlangen. Ob die Voraussetzungen für ein solches Anpassungsverlangen vorliegen, ist eine Frage des Einzelfalls.

Im Rahmen des Pachtmodells geschlossene Dienstleistungsverträge zwischen Netzgesellschaft und anderen Unternehmensteilen des integrierten EVU müssen die notwendige Transparenz gewährleisten. Die Vertragsgestaltungen müssen dem Netzbetreiber berechtigen, alle **Daten und sonstigen Informationen zu erlangen,** die auch gegenüber der Regulierungsbehörde hätten offen gelegt werden müssen, wenn der Netzbetreiber selbst Eigentümer des Netzes wäre, wie sich aus §§ 4 V 1 StromNEV/GasNEV ergibt (*Schulte-Beckhausen,* in: Hempel/Franke, EnWG, § 7, Rn. 29). 18

Aufgrund der Regelungen der §§ 4 V StromNEV/GasNEV taugt das Pachtmodell **nicht** zur **Umgehung** der **energiewirtschaftsrechtlichen Entgeltregulierung.** Gleichwohl hat das Pachtmodell gegenüber der Eigentumsübertragung den Vorteil, daß die Unternehmen insbesondere dann, wenn im Konzernverbund Netzbetreiber auf unterschiedlichen Ebenen tätig sind, eine höhere Flexibilität haben. Die Zusammenlegung mehrerer Netzbetreiber eines Konzern zu effizienteren Einheiten, die in der Zukunft wünschenswert oder notwendig sein kann, stößt dann nämlich nicht auf die steuerlichen Probleme, die durch § 6 II–IV lediglich für das erstmalige Unbundling gelöst werden. 19

Zudem kann es Fälle geben, in denen es betriebswirtschaftlich nicht sinnvoll ist, nur die Bereiche Elektrizität und Gas zu entflechten, wie z. B. dann, wenn ein Energieversorgungsunternehmen zumindest auf Verteilernetzebene noch **weitere Sektoren** wie Wasser, Abwasser und Fernwärme bewirtschaftet und diese im Bereich des Netzbaus und -ausbaus vielfältige technische Verknüpfungen und Synergien mit den Sektoren Gas und Strom aufweisen (*Eder,* in: D/T, EnWG, § 7, Rn. 12). In Anbetracht dessen, daß die steuerlichen Privilegierungen des § 6 II nur für die Bereiche Elektrizität und Gas gelten, ist in diesen Fällen eine Entflechtung im Wege des Pachtmodells möglicherweise sinnvoller (zu den Vor- und Nachteilen überblickartig: *Gerland/Helm,* BB 2008, 192 f. 20

Eine flexiblere Handhabe durch das Pachtmodell zeigt sich auch im Bereich der **Wegenutzungsverträge** gem. § 46. Diese müssen im Falle der Eigentumsübertragung des Netzbetriebes angepaßt oder übertragen werden. Dies ist beim Pachtmodell nur bei einer entsprechenden Ausgestaltung des Wegenutzungsvertrages erforderlich (*Eder,* in: D/T, EnWG, § 7, Rn. 13; näher *Eder/de Wyl,* emw 3/2004, 14, 18 f.). 21

In steuerlicher Hinsicht fällt beim Pachtmodell die **Ertrags- und Grunderwerbssteuer** auch ohne Einhaltung der Voraussetzungen der Teilbetriebsfunktion in § 6 II und auch für Vermögensgegenstände 22 anderer Medien außerhalb des Entflechtungsvorgangs nicht an (*Eder,* in: D/T, EnWG, § 7, Rn. 12). Weiterer steuerlicher Vorteil des Pachtmodells ist, daß die Aufdeckung stiller Reserven (§ 6 VI EStG, § 8 III 2 KStG) hier im Gegensatz zur Übertragung des Netzbetriebes nicht erfolgt, da die Verpachtung nicht zu Übertragung des zivilrechtlichen Eigentums führt. Infolgedessen liegt keine Veräußerung vor, die eine steuerrechtliche Gewinnrealisierung bewirken könnte. Pachteinnahmen unterliegen auf Ebene des Verpächters der Besteuerung und sind auf der Ebene des Pächters als Betriebsausgaben abzugsfähig (*Sievert/Behnes,* RdE 2005, 93, 95; für problematisch halten *Gerland/Helm,* BB 2008, 192, 193 das Pachtmodell nach der Unternehmenssteuerreform 2008).

23 Zu beachten ist allerdings, daß sich diese steuerlichen Vorteile des Pachtmodells nur dann realisieren, wenn es durch die Verpachtung nicht zum **Übergang des wirtschaftlichen Eigentums** an den Assets des betreffenden Netzes kommt. Wirtschaftliches Eigentum kann nach deutschem Steuerrecht nur die Person erlangen, die die tatsächliche Sachherrschaft über ein Wirtschaftsgut in der Weise ausübt, daß sie den rechtlichen Eigentümer im Regelfall für die gewöhnliche Nutzungsdauer von der Einwirkung auf das Wirtschaftsgut ausschließen kann (§ 39 II Nr. 1 AO).

24 Eine solche Gefahr besteht insbesondere im Hinblick darauf, daß die Netzgesellschaft nach den Entflechtungsvorschriften mit der Pachtung des Netzbetriebs unabhängig werden soll und ihr folglich Entscheidungsbefugnisse gerade auch über die Vermögensgegenstände des Netzes zustehen sollen. Gleichzeitig setzt der *BFH* (BStBl. III 1966, 61; 1966, 147) aber voraus, daß der Pächter Fremdbesitzer der Vermögensgegenstände bleiben muß, damit das wirtschaftliche Eigentum beim Verpächter verbleibt. Dieses **Spannungsverhältnis Unabhängigkeit des Netzbetreibers und Verfügungsmacht des Verpächters** ist hinsichtlich der Aufdeckung stiller Reserven im Pachtmodell problematisch (vgl. *Sievert/Behnes,* RdE 2005, 93, 95 f.). Anderes kann aber für Personengesellschaften wegen der gesetzlich vorgesehenen Buchwertfortführung gelten (hierzu näher *Sievert/Behnes,* RdE 2005, 93, 96).

II. Rechtsformen der unabhängigen Netzgesellschaft

25 Die Wahl der Rechtsform der Gesellschaft sowie auch Zahl und Größe der Rechtspersonen ist grundsätzlich frei. Durch geeignete **Ausgestaltung im Einzelfall** ist aber sicherzustellen, daß die in den nachfolgenden **Bestimmungen des § 8 zur operationellen Entflechtung** enthaltenen Anforderungen erfüllt werden (BT-Drucks. 15/3917,

S. 52). Denn einige Gesellschaftsformen bergen im Hinblick auf die notwendige operationelle Unabhängigkeit i. S. v. § 8 unzulässige Einschränkungen (z. B. die Weisungsabhängigkeit des GmbH-Geschäftsführers und bestimmte Informationsrechte der Gesellschafter) (Gemeinsame Auslegungsgrundsätze, S. 12), die bei der gesellschaftsrechtlichen Gestaltung berücksichtigt werden müssen.

Bei der Wahl der Rechtsform stellt sich daher für das betroffene Unternehmen die Aufgabe, einen angemessenen Ausgleich zwischen widerstreitenden Interessen zu finden. Einerseits muß die Einhaltung der Unbundling-Vorschriften gewährleistet werden, andererseits besteht das Interesse, auch weiterhin einen gewissen **Einfluß auf die Netzgesellschaft** zu haben, um zu vermeiden, daß Investitionskosten in den Netzbereich „versanden" (*Ehricke,* IR 2004, 170). 26

In dem Entwurf des Vermerks vom 24. 7. 2003 hatte die Kommission noch der Aktiengesellschaft gegenüber der GmbH (§ 37 GmbHG) den Vorzug gegeben, da sie in der Praxis die Bedingungen des operationellen Unbundlings regelmäßig erfüllen würde. Dieser Hinweis existiert auch noch in der Fassung vom November 2003, wurde dann aber in der jetzt endgültigen Fassung vom 16. 1. 2004 aufgehoben (S. 6). Die Dienststellen der **Kommission** gehen daher zu Recht davon aus, daß die Unbundling-Vorschriften die **Rechtsform der Netzgesellschaft nicht determinieren.** Eine andere Betrachtungsweise wäre für kommunale Versorgungsunternehmen in den Bundesländern problematisch geworden, in denen für kommunale Betriebe die Aktiengesellschaft als Rechtsform nicht zur Verfügung steht. 27

1. GmbH. Die praktisch häufigste Form der Netzgesellschaft ist in Anbetracht der vergleichsweise geringen Kosten und dem **begrenzten Gründungsaufwand** die GmbH. Die GmbH lässt sich leicht in einen bestehenden Unternehmensverbund eingliedern (*Pathe/Mussaeus,* N&R 2003, 147, 150). **Besonderer Gestaltungsaufwand** entsteht bei der GmbH aufgrund des Umstandes, daß die insgesamt hohe Flexibilität in der Ausgestaltung der Beziehungen zwischen den Organen der Gesellschaft je nach Ausgestaltung zu einer eingeschränkten Selbständigkeit des Managements gegenüber der Gesellschafterversammlung und ggf. dem Aufsichtsrat führen kann. Es besteht insbesondere das Problem der Vereinbarkeit des Weisungsrechts gegenüber dem GmbH-Geschäftsführer gem. §§ 37, 46 GmbHG mit der von § 8 geforderten Unabhängigkeit des Managements (vgl. den Formulierungsvorschlag von *Säcker* zur Einschränkung des Weisungsrechts des GmbH-Geschäftführers, DB 2004, 691, 693 f.). Dies ist aber eine Frage der Ausgestaltung der operationellen Entflechtung und hindert nach § 7 die Rechtsform der GmbH nicht. 28

29 Auch die umfassenden **Auskunfts- und Einsichtnahmerechte** eines jeden Gesellschafters nach § 51a GmHG müssen unbundlingkonform im Hinblick auf die Ziele des Unbundlings (dazu bereits § 6, Rn. 8 ff.) teleologisch reduziert werden (*Säcker,* DB 2004, 691, 694; *Seel,* et 10/2006, 71). Dasselbe gilt hinsichtlich der Widerrufsmöglichkeit der Bestellung des Geschäftsführers gem. § 38 GmbHG, da der Geschäftsführer, um einer Abberufung zu entgehen, die Geschäfte abhängig von den Vorstellungen des Gesellschafters führen könnte (sehr ausführlich zu dem Konflikt von Unbundling und GmbH *Ehricke,* IR 2004, 170, 171 ff.).

30 **2. Aktiengesellschaft.** Die Ausgestaltung der Netzgesellschaft als Aktiengesellschaft erfordert einen gegenüber der GmbH größeren Gründungsaufwand (§ 32 I und II AktG). Ferner fallen höhere Gründungskosten an und es besteht ein laufender Organisationsaufwand durch Aufsichtratssitzungen, Hauptversammlungen etc. Dennoch wird die Aktiengesellschaft als „rechtlich-konstruktiv einfachster Weg zum Legal-Unbundling" bezeichnet (*Säcker,* DB 2004, 691; *Sievert/Behnes,* RdE 2005, 93, 95).

31 Hierfür spricht, daß eine große von § 8 geforderte **Unabhängigkeit des Managements** besteht, denn der Vorstand ist weder im Verhältnis zum Aufsichtsrat (§ 111 IV 1 AktG) noch im Verhältnis zur Hauptversammlung (§ 119 II AktG) weisungsgebunden (§§ 76, 311 AktG). Es bleibt ferner die Möglichkeit bestehen, Dritte – ggf. sogar über den Kapitalmarkt – am Netzgeschäft zu beteiligen und die Netzgesellschaft an die Börse zu bringen (*Schulte-Beckhausen,* in: Hempel/Franke, EnWG, § 7, Rn. 20; kritischer mit Gegenargumenten *Eder,* in: D/T, EnWG, § 7, Rn. 17 f.). Soll der Netzbetrieb demnach einen größeren Umfang erhalten und für Beteiligungen Dritter offen sein, bietet sich die Aktiengesellschaft an (*Pathe/Mussaeus,* N&R 2003, 147, 150).

32 Teilweise wird die Auffassung vertreten, daß bei der Übertragung des Netzbetriebs an eine AG der **Abschluss von Unternehmensverträgen** nach §§ 291 ff. AktG ausgeschlossen sein soll (*Seel,* et 10/2006, 71). Diese Auffassung trifft aber nicht zu. Vielmehr gelten die gleichen Grundsätze wie bei der Gestaltung des Gesellschaftsvertrages der GmbH. Gegen Gewinnabführungsverträge bestehen dabei keine Bedenken, da die Herbeiführung einer steuerrechtlichen Organschaft regulierungsrechtlich nicht zu missbilligen ist. Soweit Beherrschungsverträge abgeschlossen werden, müssen sie sicherstellen, daß die Vorgaben des § 8 eingehalten werden.

33 **3. GmbH & Co./AG & Co.** Bei der GmbH & Co./AG & Co. handelt es sich hinsichtlich der Gesellschaftsform um eine Personengesellschaft, für die insbesondere in steuerrechtlicher Hinsicht andere

Regelungen gelten (vgl. näher hierzu *v. Hammerstein/Timmer/Koch/ Könemann,* emw 1/2004, 17 f.).

Diese wird u. a. wegen der **Vorteile einer Personengesellschaft** 34 bei ihrer Gründung gewählt und weil sie für den laufenden Geschäftsbetrieb wegen ihrer Struktur, insbesondere im Hinblick auf ihre Haftungsstruktur und die Steuerungsmöglichkeiten, bessere Eingliederungsmöglichkeiten in den Kapitalgesellschaftskonzern eines EVU besitzt (*Pathe/Mussaeus,* N&R 2004, 147, 150). Regulierungsrechtlich bestehen gegen die Wahl einer Kapitalgesellschaft & Co. als Netzbetreiber keine durchgreifenden Bedenken. In der Praxis ist von dieser Gestaltungsmöglichkeit nach Kenntnis des Verfassers allerdings nur wenig Gebrauch gemacht worden.

III. Kombinationsnetzbetreiber

Unter einem Kombinationsnetzbetreiber versteht man einen Netzbe- 35 treiber, der mehrere Netze unterschiedlicher Art in ein und demselben Unternehmen betreibt (Vermerk der GD TREN, S. 6). Dabei kann es sich um Netze unterschiedlicher Spannungsebenen bzw. im Gasbereich unterschiedlicher Druckstufen, aber auch um solche unterschiedlicher Geschäftsbereiche handeln. Es stellt sich daher die Frage, ob es im Hinblick auf die Anforderungen der rechtlichen Entflechtung zulässig ist, einen solchen Kombinationsnetzbetrieb zu betreiben.

In der Praxis kann eine Koppelung von Netzen unterschiedlicher 36 Geschäftsbereiche wie Strom, Gas und Fernwärme, ggf. auch Wasser, Abwasser und Telekommunikation in einer Netzgesellschaft betriebswirtschaftlich und technisch sinnvoll sein. Dasselbe gilt für den Betrieb von Energienetzen auf verschiedenen Spannungsebenen oder Druckstufen, also sowohl auf Übertragungs- oder Fernleitungs- als auch auf Verteilerebene (hierzu näher *Schulte-Beckhausen,* in: Hempel/Franke, EnWG, § 7, Rn. 32). Relevant wird der Kombinationsnetzbetrieb insbesondere für sog. **Multi-Utility-Versorgungsunternehmen,** welche möglicherweise ihr Versorgungsgeschäft trennen, jedoch z. B. ihre Strom-, Gas- und Wassernetze in einem einzigen Unternehmen betreiben möchten, um Synergie-Effekte (economies of scope) und Größenvorteile (economies of scale) zu nutzen (Vermerk der GD TREN, S. 6; *Pathe/Mussaeus,* N&R 2004, 147, 150).

Aus den §§ 6 ff. sind keine Gründe gegen die Zulässigkeit der Kom- 37 binationsnetzbetriebe ersichtlich, weder bezüglich des Betriebs unterschiedlicher Spannungsebenen noch bezüglich des Betriebs unterschiedlicher Geschäftsbereiche. Die Entflechtungsvorgaben betreffen gerade nur die Trennung der Netzbetriebe Strom und Gas von den anderen Bereichen der Energieversorgung. Ein getrennter Betrieb der

Netze der **Sektoren Gas und Strom** wird nicht gefordert; genauso wenig ein getrennter Netzbetrieb von den Netzen der **anderen Geschäftsfelder** (so auch BT-Drucks. 15/3917, S. 51). Dasselbe gilt für den Netzbetrieb auf verschiedenen Spannungsebenen oder Druckstufen. Zu beachten ist allerdings die Einhaltung des § 10 III 1, 2.

38   Auch die **Beschleunigungsrichtlinien** sprechen nicht dagegen. Im Gegenteil sehen sie hinsichtlich kombinierter Übertragungs- und Verteilernetzbetriebe eine Freistellung von der rechtlichen Entflechtung vor und enthalten eine explizite Bestimmung, die einen solchen gemeinsamen Betrieb unter der Voraussetzung zuläßt, daß die Rechnungslegung entflochten wird und die Tätigkeit der Kombinationsnetzbetreibern funktional von den anderen Tätigkeiten des Sektors entflochten wird (Art. 17 EltRL und Art. 15 GasRL; vgl. den Vermerk der GD TREN, S. 6). Hinsichtlich der Kombination der Netzbetriebe verschiedener Geschäftsbereiche sehen die Beschleunigungsrichtlinien keine Bestimmung vor. Allerdings birgt der Betrieb verschiedener Netze in einem Unternehmen keine so große Gefahr der Diskriminierung und des Interessenkonflikts, sofern eine getrennte Rechnungslegung zur Gewährleistung der Transparenz und der Vermeidung von Quersubventionen erfolgt (Vermerk der GD TREN, S. 6).

IV. Kooperationsmodell

39   Die Zusammenführung der Netzbetriebe mehrerer vertikal integrierter EVU in eine gemeinsame Netzgesellschaft spricht den Anforderungen der Entflechtung ebenfalls nicht entgegen, da auch hier eine **Trennung der Netze von den anderen Tätigkeitsbereichen** der Energieversorgung erfolgt. Allerdings erlangt dieses Kooperationsmodell im Hinblick auf die De-minimis-Regelung (§ 7 II) Relevanz, denn die Netze der vertikal integrierten EVU werden dann zwar von einem einheitlichen Netzbetreiber bewirtschaftet, aber nicht ohne weiteres zu einem einheitlichen Netz zusammengefaßt (*Eder*, in: D/T, EnWG, § 7, Rn. 25).

V. Shared-Services

40   Gegen die Einrichtung von Shared-Services spricht unter dem Blickwinkel des § 7 nichts. Näherer Erörterung bedürfen diese „gemeinsamen Dienstleistungsgesellschaften" und die Inanspruchnahme von Diensten der Muttergesellschaft aber im Rahmen der operationellen Entflechtung (vgl. § 8, Rn. 24 ff.).

D. Ausnahmen von der Verpflichtung zur rechtlichen Entflechtung

I. De-minimis-Regelung (§ 7 II)

§ 7 II setzt die in Art. 15 II 3 EltRL und in Art. 13 II 3 GasRL enthaltene Option einer sog. De-minimis-Regelung um. Vertikal integrierte Energieversorgungsunternehmen bis zu einer bestimmten Größe werden von der Verpflichtung zur rechtlichen Entflechtung ihrer **Verteilernetzbetriebe** ausgenommen. Der Begriff der Verteilung ergibt sich aus § 3 Nr. 37.

Das Größenkriterium von weniger als 100.000 Kunden des Energieversorgungsunternehmens, die unmittelbar oder mittelbar an deren Netz angeschlossen sind, dient dem Zweck, kleinere Unternehmen zu definieren, bei denen der Aufwand rechtlicher und operationeller Entflechtungsmaßnahmen mit Blick auf die Entflechtungsziele nicht mehr **verhältnismäßig** wäre (BT-Drucks. 15/3917, S. 52 f.), insbesondere in Anbetracht dessen, daß hier hohe Transaktionskosten einem nur geringen Diskriminierungspotenzial kleiner Unternehmen gegenüberstehen (*Koenig/Haratsch/Rasbach*, ZNER 2004, 10, 12).

Eine rechtliche Entflechtungspflicht der Verteilernetzbetriebe trifft demnach diejenigen Unternehmen nicht, an deren Elektrizitätsversorgungsnetz bzw. Gasversorgungsnetz weniger als 100.000 Kunden unmittelbar oder mittelbar angeschlossen sind. Zur informatorischen (§ 9) und zur buchhalterischen (§ 10) Entflechtung sind hingegen auch diese verpflichtet.

Relevant wird die De-minimis-Regelung insbesondere für zahlreiche **Stadtwerke** und für Gesellschaften, die Beteiligungen an solchen halten (*Scholz/Strohe*, et 1–2/2003, 80, 82). Aus § 7 II 2 folgt dabei, daß eine sektorengetrennte Bestimmung der Kundenzahl erfolgen muß (*Eder*, in: D/T, EnWG, § 7, Rn. 53).

Im Kooperationsmodell wird bei Ermittlung der Kundenzahl – zumindest im Falle galvanisch nicht verbundener Netze- auf jedes **einzelne Netz** in der Netzgesellschaft gesondert abgestellt (*Eder*, in: D/T, EnWG, § 7, Rn. 41). Dies folgt aus § 7 II 1, der (ebenso wie § 8 VI 1) auf das Versorgungsnetz im Singular abstellt.

1. Kundenbegriff. Der Kundenbegriff ist maßgeblich für die Bestimmung der Einschlägigkeit der De-minimis-Regelung. Zur Kundenbestimmung wären mehrere **Alternativen denkbar,** etwa die Zahl der Belieferten oder die Zahl der Nutzer.

a) Abstellen auf Belieferung. In § 3 Nr. 24 ist der Begriff des „Kunden" definiert als „Großhändler, Letztverbraucher und Unternehmen, die Energie kaufen", wobei letztere Variante bereits von den beiden vorgenannten umfaßt wird und daher überflüssig ist (vgl. näher *Eder,* in: D/T, EnWG, § 7, Rn. 43; *Büdenbender/Rosin,* Energierechtreform I, S. 102). Dies spricht dafür, auf die **Zahl der Belieferten** abzustellen, wie auch schon der Wortlaut der EU-Richtlinien (Art. 13 II 2 EltRL und Art. 15 II 2 GasRL: „weniger als 100.000 angeschlossene Kunden oder kleine isolierte Netze beliefern") und der Auslegungshinweise der EU-Kommission (Vermerk der GD TREN, S. 2, 5).

47 **b) Kriterium des Netzanschlusses.** Nach den Gemeinsamen Auslegungsgrundsätzen und nach der in der Literatur vertretenen Rechtsauffassung (*Schulte-Beckhausen,* in: Hempel/Franke, EnWG, § 7, Rn. 7) wird aufgrund des Wortlautes des § 7 II („unmittelbar oder mittelbar angeschlossen") davon ausgegangen, daß nicht auf die Anzahl der **Belieferten,** sondern auf die Anzahl der **Netzanschlüsse** abzustellen ist. Vor dem Hintergrund, daß die Richtlinien dem nationalen Gesetzgeber ein Wahlrecht bezüglich der De-minimis-Regelung überlassen ist diese Abweichung von den Richtlinien europarechtlich hinnehmbar, wenn sichergestellt ist, daß die Zahl der Belieferten nicht über der Zahl der Anschlüsse liegt. Dies dürfte durch die Einbeziehung der mittelbar Belieferten in die Berechnung der Fall sein.

48 Mit der Bestimmung der relevanten Kunden soll im Interesse der Gleichbehandlung sichergestellt werden, daß nicht einzelne größere Unternehmen mit Hilfe einer scheinbaren Bündelung von Versorgungsverhältnissen auf wenige Kunden in den Genuß dieser Ausnahme gelangen (BT-Drucks. 15/3917, S. 52). Daher fallen unter den Kundenbegriff sowohl alle unmittelbar angeschlossenen Kunden als auch alle nur mittelbar angeschlossenen Kunden. Man kann für die Bestimmung der Anschlüsse auf das faktische Kriteriums des Vorhandenseins eines **Hausanschlusses** abstellen (Anschlußnehmer/Eigentümer des Hauses) oder auf das **rechtliche Kriterium,** ob zwischen Kunde und Netzbetreiber ein Anschlußnutzungsvertrag besteht (Mieter, Pächter) (*Schulte-Beckhausen,* in: Hempel/Franke, EnWG, § 7, Rn. 8). Nicht erfaßt aber werden alle diejenigen Personen, die von der Energielieferung profitieren, also nicht alle Energieverbraucher eines Haushalts (*Salje,* EnWG, § 7, Rn. 11).

49 In Anbetracht des Zieles der Ausnahmeregelung, Unternehmen die Entflechtung zu ersparen, für die sie ein unverhältnismäßig hoher Aufwand wäre, muß auch dieses Kriterium des hohen Aufwandes bei der Auslegung des Kundenbegriffs maßgeblich sein (*Schulte-Beckhausen,* in: Hempel/Franke, EnWG, § 7, Rn. 8). Zur Verdeutlichung des Kundenbegriffs findet sich für bestimmte **Einzelfälle** eine Zuordnung in den **Gemeinsamen Auslegungsgrundsätzen der Regulierungsbehörden** des Bundes und der Länder im Anhang 1 (S. 35 f.).

aa) Unmittelbare Kunden. Unter die „unmittelbaren Kunden" fallen solche, die für die Erfüllung eines Liefervertrages unmittelbar mit dem Netzbetreiber über eine oder mehrere Anschlüsse angebunden sind (BT-Drucks. 15/3917, S. 53). Es kommt also auf die **Zahl der physischen Verbindungsstellen** mit dem Verteilernetz an, nicht auf die Anzahl der abgeschlossenen Verträge (*Schulte-Beckhausen,* in: Hempel/Franke, EnWG, § 7, Rn. 8; *Säcker,* RdE 2005, 85). Diese unmittelbaren Kunden decken sich mit den Anschlußnehmern (*Eder,* in: D/T, EnWG, § 7, Rn. 47).

bb) Mittelbare Kunden. Als „mittelbare Kunden" bezeichnet man solche, deren Netzanschluß nicht dem Netzbetreiber zugerechnet werden kann. Unter die mittelbaren Kunden werden beispielsweise solche Verbraucher gezählt, die als Mieter eines Hochhauses jeweils einzeln gemessene Stromlieferverhältnisse mit ihrem Vermieter haben, der seinerseits als alleiniger Stromkunde von einem Energieversorgungsunternehmen bezieht und an das Netz unmittelbar angeschlossen ist. Bei der Versorgung mit Gas gilt entsprechendes. Bezieht der Mieter in einem Hochhaus Wärme, die im Haus zentral aus Gas hergestellt wird, so kann er nicht als mittelbar angeschlossener Gaskunde angesehen werden (BT-Drucks. 15/3917, S. 53). Aus dem Netzanschlußvertrag i. V. m. § 7 II kann eine Auskunftspflicht des unmittelbar angeschlossenen Kunden bezüglich der Anzahl der „von ihm abzuleitenden" mittelbaren Kunden hergeleitet werden. Zu den mittelbaren Kunden zählen auch diejenigen Kunden, die über sog. **„Arealnetzbetreiber"** beliefert werden (vgl. hierzu *Schulte-Beckhausen,* in: Hempel/Franke, EnWG, § 7, Rn. 10). Letztlich deckt sich der Begriff des „mittelbaren Kunden" mit demjenigen des „Anschlußnutzers" (*Eder,* in: D/T, EnWG, § 7, Rn. 47).

cc) Anschlußnutzer mit mehreren Netzanschlüssen. Auch wenn es auf das Kriterium des Netzanschlusses ankommt, darf ein Anschlußnehmer, der **mehrere Anschlüsse** des Netzbetreibers nutzt, nur als **ein Kunde** gewertet werden. Zumindest dies folgt aus der Verwendung des Begriff des Kunden i. S. v. § 3 Nr. 24 (hierzu *Eder,* in: D/T, EnWG, § 7, Rn. 50 mit Beispielen; vgl. hierzu insbesondere auch die Beispiele in den Gemeinsamen Auslegungsgrundsätzen, Anlage 1, S. 35 f., die sich aber in weiten Teilen von der Auslegung *Eders* unterscheiden).

c) Relevanter Zeitpunkt für die Ermittlung der Kundenzahl. Es ist für die Bestimmung der Zahl der angeschlossenen Kunden jeweils auf die **aktuelle Kundenzahl** abzustellen. Haben die vertikal integrierten EVU aber einmal die 100.000 Kundengrenze überschritten und waren damit zur rechtlichen Entflechtung verpflichtet, werden sie, falls sie diese Grenze wieder unterschreiten, die rechtliche Entflechtung wohl dauerhaft beibehalten, da der betriebswirtschaftliche Aufwand einer ständigen Umstrukturierung zu hoch wäre (*Eder,* in: D/T, EnWG, § 7, Rn. 52).

54 **2. Keine Anwendung der De-minimis-Regelung.** Die Ausnahme gilt aber nicht für Unternehmen mit weniger als 100.000 Kunden, wenn ein größeres Energieversorgungsunternehmen durch eine Beteiligung **„bestimmenden Einfluß"** ausüben könnte. In diesem Fall muß die Kundenzahl dieses Unternehmens dem kleinen Unternehmen zugerechnet werden. Werden unter Zusammenrechnung der angeschlossenen Kunden nun mehr als 100.000 gezählt, fallen beide Unternehmen nicht unter die Ausnahmetatbestände.

55 Maßgeblich für den bestimmenden Einfluß ist durch den Verweis auf die Europäische **Fusionskontrollverordnung** (Art. 3 II FKVO die „Mitteilung der KOM über den Begriff des Zusammenschlusses", ABl. 98/C 66/02 und § 37 GWB. Der bestimmende Einfluß liegt bereits bei der rechtlichen oder tatsächlichen Möglichkeit der Kontrolle vor, eine tatsächliche Ausübung ist nicht erforderlich (BT-Drucks. 15/3917, S. 50). Ein bestimmender Einfluß besteht, wenn ein Unternehmen unabhängig von der Höhe seiner Beteiligung die Stimmrechtsmehrheit erwirbt. Ansonsten bedarf es einer Mehrheitsbeteiligung, es sei denn, andere besondere Umstände führen bereits zu einem bestimmenden Einfluß (z. B. faktische Kontrolle über regelmäßige Mehrheit in der Hauptversammlung, Vetorechte bei wesentlichen Entscheidungen, von Kapitalanteilen abweichende Stimmrechte). Bei paritätischem Erwerb (50:50) liegt eine gemeinsame Kontrolle vor, es sei denn Zusatzvereinbarungen oder entsprechende Abreden im Gesellschaftsvertrag sprechen dagegen (BT-Drucks. 15/3917, S. 50).

56 Liegt kein Beteiligungserwerb vor, kann dennoch eine Kontrolle durch Erwerb von Vermögenswerten oder Nutzungsrechten am Vermögen oder durch konzernrechtliche **Organisationsverträge** (z. B. Beherrschungs-, Betriebsüberlassungs-, Betriebsführungsvertrag) oder **in „sonstiger Weise"** (z. B. personelle Verflechtung) begründet werden. Letztlich kommt es auf das erzielte Ergebnis an und nicht auf die äußere Form. Der Einfluß muß auf eine dauerhafte strukturelle Veränderung im Verhältnis der beteiligten Unternehmen angelegt sein (BT-Drucks. 15/3917, S. 50) (Gemeinsame Auslegungsgrundsätze, S. 9; zur näheren Bestimmung des bestimmenden Einflusses vgl. die Rechenbeispiele ebenda S. 10 und *Eder,* in: D/T, EnWG, § 7, Rn. 57 ff.; *Hohmann/Makatsch,* et 12/2003, 833 f.; insgesamt hierzu auch ausführlich *Just/Lober,* et 1–2/2005, 98 ff.).

II. Übergangsfrist für Verteilernetze (§ 7 III)

Informatorisches (§ 9), operationelles (§ 8) und rechtliches (§ 7) Unbundling gelten bereits seit dem 13. 7. 2005, allerdings sieht § 7 III für das rechtliche Unbundling beruhend auf Art. 30 II i. V. m. 15 EltRL und Art. 33 II i. V. m. 13 GasRL eine **Übergangsfrist für Vereilernetzbetreiber** (§ 3 Nr. 3 und 7) vor. Diese trifft die Pflicht zum rechtlichen Unbundling erst seit dem 1. 7. 2007. Während der Übergangsfrist konnte der Verbund der Unternehmen weiterbestehen oder jede andere Organisationsform gewählt werden; die Führung der Verteilernetze in einer besonderen Organisationsform ist nicht vorgeschrieben. (*Eder*, in: D/T, EnWG, Einf, Rn. 31; *Salje*, EnWG, § 7, Rn. 15).

57

Die Regelung sollte den betroffenen Unternehmen auf der Grundlage klarer inhaltlicher Gesetzesvorgaben eine längere Planungsphase eröffnen, um Kosteneffizienz und Qualität der unternehmerischen Entflechtungsmaßnahmen optimieren zu können. Die Verpflichtungen zur operationellen Trennung gemäß § 8 blieben davon unberührt. Dies bedeutet insbesondere, daß ausreichende Maßnahmen zur Sicherung der Unabhängigkeit der Leitung des Netzbetriebs getroffen wurden. So durfte der Leiter des Geschäftsbereichs Netzbetrieb nicht dem übergeordneten Leitungsgremium des vertikal integrierten Energieversorgungsunternehmens angehören; gleichzeitig war durch angemessene organisatorische Maßnahmen Sorge dafür zu tragen, daß eine annäherungsweise ebenso unabhängige Stellung wie die des Geschäftsführers eines rechtlich entflochtenen Geschäftsbereichs Netzbetrieb erreicht wurde.

58

§ 8 Operationelle Entflechtung

(1) **Unternehmen nach § 6 Abs. 1 Satz 1 haben die Unabhängigkeit ihrer im Sinne von § 3 Nr. 38 verbundenen Netzbetreiber hinsichtlich der Organisation, der Entscheidungsgewalt und der Ausübung des Netzgeschäfts nach Maßgabe der folgenden Absätze sicherzustellen.**

(2) **Für Personen, die für den Netzbetreiber tätig sind, gelten zur Gewährleistung eines diskriminierungsfreien Netzbetriebs folgende Vorgaben:**
1. **Personen, die mit Leitungsaufgaben für den Netzbetreiber betraut sind oder die Befugnis zu Letztentscheidungen besitzen, die für die Gewährleistung eines diskriminierungsfreien Netzbetriebs wesentlich sind, müssen für die Ausübung dieser Tätigkeiten einer betrieblichen Einrichtung des Netzbetreibers angehö-**

ren und dürfen keine Angehörige von betrieblichen Einrichtungen des vertikal integrierten Energieversorgungsunternehmens sein, die direkt oder indirekt für den laufenden Betrieb in den Bereichen der Gewinnung, Erzeugung oder des Vertriebs von Energie an Kunden zuständig sind.
2. Personen, die in anderen Teilen des vertikal integrierten Energieversorgungsunternehmens sonstige Tätigkeiten des Netzbetriebs ausüben, sind insoweit den fachlichen Weisungen der Leitung des Netzbetreibers zu unterstellen.

(3) Unternehmen nach § 6 Abs. 1 Satz 1 haben geeignete Maßnahmen zu treffen, um die berufliche Handlungsunabhängigkeit der Personen zu gewährleisten, die für die Leitung des Netzbetreibers zuständig sind.

(4) [1] Vertikal integrierte Energieversorgungsunternehmen haben zu gewährleisten, dass die Netzbetreiber tatsächliche Entscheidungsbefugnisse in Bezug auf die für den Betrieb, die Wartung und den Ausbau des Netzes erforderlichen Vermögenswerte des vertikal integrierten Energieversorgungsunternehmens besitzen und diese im Rahmen der Bestimmungen dieses Gesetzes unabhängig von der Leitung und den anderen betrieblichen Einrichtungen des vertikal integrierten Energieversorgungsunternehmens ausüben können. [2] Zur Wahrnehmung der wirtschaftlichen Befugnisse der Leitung des vertikal integrierten Energieversorgungsunternehmens und seiner Aufsichtsrechte über die Geschäftsführung des Netzbetreibers im Hinblick auf dessen Rentabilität ist die Nutzung gesellschaftsrechtlicher Instrumente der Einflussnahme und Kontrolle, unter anderem der Weisung, der Festlegung allgemeiner Verschuldungsobergrenzen und der Genehmigung jährlicher Finanzpläne oder gleichwertiger Instrumente, insoweit zulässig, als dies zur Wahrnehmung der berechtigten Interessen des vertikal integrierten Energieversorgungsunternehmens erforderlich ist. [3] Dabei ist die Einhaltung der §§ 11 bis 16 sicherzustellen. [4] Weisungen zum laufenden Netzbetrieb sind nicht erlaubt; ebenfalls unzulässig sind Weisungen im Hinblick auf einzelne Entscheidungen zu baulichen Maßnahmen an Energieanlagen, solange sich diese Entscheidungen im Rahmen eines vom vertikal integrierten Energieversorgungsunternehmen genehmigten Finanzplans oder gleichwertigen Instruments halten.

(5) [1] Vertikal integrierte Energieversorgungsunternehmen sind verpflichtet, für die mit Tätigkeiten des Netzbetriebs befassten Mitarbeiter ein Programm mit verbindlichen Maßnahmen zur

diskriminierungsfreien Ausübung des Netzgeschäfts (Gleichbehandlungsprogramm) festzulegen, den Mitarbeitern dieses Unternehmens und der Regulierungsbehörde bekannt zu machen und dessen Einhaltung durch eine Person oder Stelle zu überwachen. [2] Pflichten der Mitarbeiter und mögliche Sanktionen sind festzulegen. [3] Die zuständige Person oder Stelle legt der Regulierungsbehörde jährlich spätestens zum 31. März einen Bericht über die nach Satz 1 getroffenen Maßnahmen des vergangenen Kalenderjahres vor und veröffentlicht ihn.

(6) [1] Vertikal integrierte Energieversorgungsunternehmen, an deren Elektrizitätsversorgungsnetz weniger als 100 000 Kunden unmittelbar oder mittelbar angeschlossen sind, sind hinsichtlich der Betreiber von Elektrizitätsverteilernetzen, die mit ihnen im Sinne von § 3 Nr. 38 verbunden sind, von den Verpflichtungen nach den Absätzen 1 bis 5 ausgenommen. [2] Satz 1 gilt für Gasversorgungsnetze entsprechend.

Literatur: *Bourwieg/Horstmann*, Das Gleichbehandlungsprogramm – ein zentrales Mittel zu einem diskriminierungsfreien Netzbetrieb, et 5/2006, 72 ff.; *Hohmann/Knecht/Neidert*, Vereinbarkeit des organisatorischen Unbundling mit dem Gesellschafts-, EG- und Verfassungsrecht, et 12/2004, 822 ff.; *Klees/Langerfeldt* (Hrsg.), Entflechtung in der deutschen Energiewirtschaft, 2005; *Koenig/Rasbach/Stelzner*, Kurz-Leitfaden zur Erstellung eines Gleichbehandlungsprogramms, et 2005, Special, 29 ff.; *Koenig/Schellberg/Spiekermann*, Energierechtliche Entflechtungsvorgaben versus gesellschaftsrechtliche Kontrollkompetenzen?, RdE 2007, 72 ff.; *Koenig/Spiekermann/Stelzner*, Arbeitsrechtliche Verflechtungen i. R. energiewirtschaftsrechtlicher Entflechtung, IR 2005, 242 ff.; *Lieder/Ziemann*, Entflechtung mit Pachtmodellen in der Energiewirtschaft, RdE 2006, 217 ff.; *Maier-Weigt*, Kurze Anmerkung zum Beitrag „Arbeitsrechtliche Verflechtungen i. R. energiewirtschaftsrechtlicher Entflechtung", IR 2005, 242, IR 2006, 35 f.; *Otto*, Organisatorisches und informatorisches Unbundling, RdE 2005, 261 ff.; *Schoon*, Operationelles Unbundling: Auswirkungen auf den Netzbetrieb, et 9/2004, 606 ff.; *Seel*, Arbeitsrechtliche Aspekte der Entflechtung von Netzgeschäft und Vertrieb, et 10/2006, 71 ff.; *Stolzenburg*, Inhalt und Umfang von Gleichbehandlungsprogrammen vertikal integrierter Energieversorgungsunternehmen, IR 2006, 26 ff.; *Theobald*, Gleichbehandlungsprogramm und Regulierungsmanagement, IR 2004, 218 ff.; *Theobald/Theobald*, Das EnWG 2005, IR 2005, 175 ff.

Übersicht

	Rn.
A. Allgemeines	1
B. Anwendungsbereich der operationellen Entflechtung (§ 8 I)	4
C. Personelle Entflechtung (§ 8 II)	5

	Rn.
I. Personen mit Leitungsaufgaben oder Personen mit der Befugnis zu Letztentscheidungen in wesentlichen Fragen des diskriminierungsfreien Netzbetriebs (§ 8 II Nr. 1)	7
1. Begriff des Leitungspersonals (§ 8 II Nr. 1 Alt. 1)	8
2. Personen mit Letztentscheidungskompetenz (§ 8 II Nr. 1 Alt. 2)	9
3. Angehörige einer betrieblichen Einrichtung	14
a) Betriebliche Einrichtung	15
b) Angehörige	16
c) Direkte oder indirekte Zuständigkeit in den Wettbewerbsbereichen	17
II. Personen, die sonstige Tätigkeiten ausüben (§ 8 II Nr. 2)	22
III. Shared Services	24
D. Berufliche Handlungsunabhängigkeit der Netzbetriebsleitung (§ 8 III)	30
I. Betroffener Personenkreis	31
II. Ziel und notwendige Maßnahmen	32
E. Unabhängige Entscheidungsgewalt (§ 8 IV)	35
I. Tatsächliche Entscheidungsunabhängigkeit (§ 8 IV 1)	37
1. Vermögenswerte	38
2. Sicherstellung der tatsächlichen Entscheidungsbefugnisse	41
II. Einsatz gesellschaftsrechtlicher Instrumente (§ 8 IV 2)	42
III. Weisungsverbot	46
F. Gleichbehandlungsprogramm, Gleichbehandlungsbeauftragter, Gleichbehandlungsbericht (§ 8 V)	49
I. Gleichbehandlungsprogramm	49
1. Adressat der Verpflichtung zur Aufstellung	50
2. Zielsetzung	53
3. Form und Bekanntmachung und Durchsetzung	54
4. Inhalt	55
a) Mit Tätigkeiten des Netzbetriebs befaßte Mitarbeiter	56
b) Festlegungen der konkreten Maßnahmen	57
c) Mögliche Sanktionen bei Nichtbeachtung	59
II. Gleichbehandlungsbeauftragter	60
1. Aufgaben und Funktionen	60
2. Anforderungen an die Person oder Stelle	63
III. Gleichbehandlungsbericht	64
G. De-minimis-Regelung (§ 8 VI)	65

A. Allgemeines

1 § 8 setzt die Bestimmungen der Art. 10 und 15 EltRl sowie der Art. 8 und 13 der GasRl um (BT-Drucks. 15/3917, S. 53). Die **opera-**

tionelle Entflechtung ergänzt die **rechtliche Entflechtung,** da diese faktisch leerlaufen könnte, wenn die rechtlich entflochtenen Betriebe organisatorisch und personell noch voneinander abhängig wären. Sämtliche Entflechtungsvorgaben des § 8 gelten ab dem 13. 7. 2005. Vorläuferregelung zu § 8 war § 4 IV EnWG 1998, wonach das Übertragungsnetz als eigene Betriebsabteilung getrennt von der Erzeugung und Verteilung sowie den übrigen Tätigkeiten zu führen war.

Im Gesetzgebungsverfahren wurden wesentliche Änderungen des § 8 RegE (vgl. BT-Drucks. 15/3917, S. 12 f.) im **Ausschuß für Wirtschaft und Arbeit** erarbeitet. Hier wurden § 8 II Nr. 1 und Nr. 2 RegE zu Nr. 1 zusammengefaßt (zum RegE noch *Schoon,* et 9/2004, 606 ff.; *Hohmann/Knecht/Neider,* et 2004, 822 ff.). Ferner wurde § 8 V entsprechend der geteilten Zuständigkeitszuweisung zwischen Bundesnetzagentur und Landesregulierungsbehörden (§ 54) angepaßt. Außerdem ist die Anwendung der De-minimis-Regelung des § 8 VI hinsichtlich der Verpflichtung zur Aufstellung des Gleichbehandlungsprogramms ausgenommen worden (BT-Ausschußdrucks. 15(9) 1811, S. 7 f. und BT-Drucks. 15/5268, S. 20 f.). Letzteres wurde jedoch im Vermittlungsausschuß wieder rückgängig gemacht (BT-Drucks. 15/5736 (neu), S. 2). 2

In der Stellungnahme des **Bundesrates** wurde bezüglich § 8 II noch gefordert, den Anwendungsbereich der Vorschrift entsprechend den europäischen Richtlinienvorgaben auf Personen, die für die Leitung des Netzbetriebs zuständig sind, zu beschränken (BR-Drucks. 613/04 (Beschluß), S. 8 mit Begründung). Dieser Vorschlag wurde von der Bundesregierung in ihrer Gegenäußerung jedoch abgelehnt (BT-Drucks. 15/4068, S. 3 mit Begründung). Ihm wird jedoch mit der jetzt gültigen Fassung dadurch Rechnung getragen, daß § 8 II Nr. 1 Alt. 2 nun nur noch Personen mit der Befugnis zu Letztentscheidungen erfaßt (geändert im **Vermittlungsausschuß,** BT-Drucks. 15/5736 (neu), S. 2). 3

B. Anwendungsbereich der operationellen Entflechtung (§ 8 I)

Nach § 8 I sind zur operationellen Entflechtung die in § 6 I bezeichneten Unternehmen verpflichtet. Dies sind alle vertikal integrierten Energieversorgungsunternehmen bei denen der Netzbetreiber mit den Unternehmen verbunden ist, die vor- oder nachgelagerte Funktionen wahrnehmen. Die operationale Entflechtung ergänzt dabei die rechtliche Entflechtung nach § 7. Sachlich sind diese Unternehmen zur 4

§ 8 5, 6   Teil 2. Entflechtung

Entflechtung der Organisation, der Entscheidungsgewalt und der Ausübung des Netzgeschäfts verpflichtet, deren Einzelheiten durch die nachfolgenden Absätze bestimmt werden. Darin sind neben Vorgaben zur **Organisationsstruktur** Elemente der **Verhaltenskontrolle** enthalten (BT-Drucks. 15/3917, S. 53; ausführlich zu den Begrifflichkeiten des § 8 I *Salje,* EnWG, § 8, Rn. 5, 8 ff.).

C. Personelle Entflechtung (§ 8 II)

5 § 8 II regelt für bestimmte Personen, die für den Netzbetreiber tätig sind, die zwingende Zugehörigkeit oder Inkompatibilität einer Zugehörigkeit zu einem rechtlich selbständigen Netzbetreiber bzw. dem verbundenen vertikal integrierten Energieversorgungsunternehmen sowie zwingende Anforderungen an die Kompetenzausstattung bzw. Weisungsabhängigkeit (BT-Drucks. 15/3917, S. 53). Diese Personen unterliegen dem Verbot der Wahrnehmung von Doppelfunktionen im vertikal integrierten EVU (*Salje,* EnWG, § 8, Rn. 12). Der Regelung liegt ein **funktionaler Mitarbeiterbegriff** zugrunde. Es kommt hier nicht auf die formale Zugehörigkeit zu einer Netzgesellschaft bzw. zu dem Netzbereich, also auf das Vorliegen arbeitsrechtlicher Verträge an, sondern auf die faktische Tätigkeit einer Person für den Netzbetreiber (funktionaler Mitarbeiterbegriff). Dies folgt aus der neutralen Formulierung der Vorschrift „tätig sind" (*Eder,* in: D/T, EnWG, § 8, Rn. 7; *Koenig/Rasbach,* et 2005, Special, 29). Denkbar sind also neben einem Anstellungsverhältnis zur Netzgesellschaft auch eine Tätigkeit aufgrund einer Arbeitnehmerüberlassung oder auch eine solche ohne jeden formalen Anknüpfungspunkt (*Büdenbender/Rosin,* Energierechtsreform I, S. 141 f.).

6 Soweit sich aus § 8 II Nr. 1 keine zwingende Aufgabenwahrnehmung durch Personal des Netzbetreibers ergibt, ist das Unternehmen frei, unter Beachtung von § 8 II Nr. 2 und der sonstigen Bestimmungen, wie beispielsweise zur informationellen Entflechtung, Dienstleistungen von anderen Geschäftsbereichen des vertikal integrierten Unternehmens oder von Dritten in Anspruch zu nehmen. Dabei sind die Erbringung von Dienstleistungen ausschließlich im Auftrag des Netzbereiches ebenso wie gemeinsame Dienste (**shared services,** dazu unten Rn. 24 ff.) denkbar, die gleichzeitig verschiedenen Geschäftsbereichen des Unternehmens angeboten werden (BT-Drucks. 15/3917, S. 53 f.).

I. Personen mit Leitungsaufgaben oder Personen mit der Befugnis zu Letztentscheidungen in wesentlichen Fragen des diskriminierungsfreien Netzbetriebs (§ 8 II Nr. 1)

Nach § 8 II Nr. 1 müssen Personen, die mit Leitungsaufgaben für den Netzbetreiber betraut sind oder die Befugnis zu Letztentscheidungen besitzen, die für **die Gewährleistung eines diskriminierungsfreien Netzzugangs** wesentlich sind, für die Ausübung dieser Tätigkeit einer betrieblichen Einrichtung des Netzbetreibers angehören und dürfen keine Angehörige von betrieblichen Einrichtungen des vertikal integrierten EVU sein, die direkt oder indirekt zuständig für den laufenden Betrieb der Wettbewerbsbereiche sind. Diese Beschränkung auf ein Aufgabengebiet soll die Unabhängigkeit der für den Netzbetrieb verantwortlichen Leitungspersonen sichern. Diese sollen in ihrer Person keiner Interessenkollision ausgesetzt sein (BT-Drucks. 15/3917, S. 53; Gemeinsame Auslegungsgrundsätze, S. 17).

1. Begriff des Leitungspersonals (§ 8 II Nr. 1 Alt. 1). Unter die von § 8 II Nr. 1 erfaßten, mit Leitungsaufgaben betrauten Personen fallen solche Personen, die im Hinblick auf unternehmerische Verantwortung, Planung und operative Gestaltung Einfluß auf die Unternehmenspolitik haben (Begr., BT-Drucks. 15/3917, S. 53). Jedenfalls erfaßt sind demnach die rechtlichen Vertreter des Netzbetriebs, wie der **Geschäftsführer, der Vorstand oder der Prokurist.** Ferner können aber je nach individueller Ausgestaltung der funktionalen Kompetenzen im Netzbereich auch Personen unterhalb dieser obersten Führungsebene unter den Begriff des Leitungspersonals fallen, wie etwa der **Abteilungsleiter oder andere leitende Angestellte,** wenn diese entscheidenden Einfluß auf Planung und operative Gestaltung des Netzbetriebs haben. Es kommt also immer auf die Aufgabenverteilung im konkreten Einzelfall an, wie sie z.B. in Unterschriften- und Vollmachtsregelungen oder in Unternehmensrichtlinien zum Ausdruck kommt oder der Unternehmenspraxis entspricht (BT-Drucks. 15/3917, S. 53; Gemeinsame Auslegungsgrundsätze, S. 17, ein engeres Verständnis geht allerdings aus dem Änderungsantrag der Fraktion der SPD und Bündnis 90/Die Grünen [Ausschuß für Wirtschaft und Arbeit, Ausschußdrucks. 15(9)1820, S. 16] hervor, woraufhin die Formulierung der 2. Alt. [Personen mit Letztentscheidungskompetenz] erst in § 8 II Nr. 1 aufgenommen wurde).

2. Personen mit Letztentscheidungskompetenz (§ 8 II Nr. 1 Alt. 2). Ferner sind Personen von der personellen Entflechtung betroffen, die die Befugnis zu Letztentscheidungen, die für die Gewährleistung eines diskriminierungsfreien Netzbetriebs wesentlich sind, haben. Diese Personengruppe wird also über ihre **konkreten Entscheidungsbefugnisse im Tagesgeschäft** des Netzbetriebs bestimmt. Eine Letztentscheidung ist für den diskriminierungsfreien Netzbetrieb wesentlich, wenn sie in einem Tätigkeitsbereich mit Diskriminierungspotenzial anzusiedeln ist. Ein Diskriminierungspotential liegt vor, wenn der Tätigkeit ein erheblicher Gestaltungsspielraum und eine Einwirkungsmöglichkeit auf die Wettbewerbsinteressen zukommt, wie bspw. in der Netzführung, der strategischen Netzplanung oder der Kapazitätszuteilung (Gemeinsame Auslegungsgrundsätze, S. 18; *Eder*, in: D/T, EnWG, § 8, Rn. 17). Als wesentlich für den Netzbetrieb und dessen Steuerung wurden im Gesetzesentwurf der Bundesregierung insbesondere die Bedarfs-, Einsatz- und gegebenenfalls Bauplanung der Kapazitäten, die Kapazitätsprüfung von Transport- und Speicheranfragen sowie die Optimierung des Netzes auf Grundlage der Nominierungen aller Netzkunden angesehen.

10 Nicht erfaßt sind damit insbesondere **Tätigkeiten dienender Funktion** und in Bereichen, die keine erheblichen Gestaltungs- und Einwirkungsmöglichkeiten auf die Wettbewerbsinteressen des vertikal integrierten Energieversorgungsunternehmens bieten und damit in den Anwendungsbereich des folgenden § 8 II Nr. 2 fallen (BT-Drucks. 15/3917, S. 53 f. zu § 8 II Nr. 2 RegE). Die „Vermarktung von Netzkapazitäten und die Steuerung des Netzes" sind auch in der Begründung der Ausschußdrucksache des Ausschusses für Wirtschaft und Arbeit, die letztlich Grundlage des § 8 II Nr. 1 war, aufgenommen worden (BT-Ausschußdrucks. 15(9)1820, S. 16).

11 Eine **wesentliche Letztentscheidung** liegt letztlich dann vor, wenn
– der Entscheider einen mit seiner Aufgabe verbundenen tatsächlichen Entscheidungsspielraum hat,
– die Entscheidung vor ihrer Umsetzung in der Regel nicht mehr durch Vorgesetzte, insbesondere durch Leitungspersonal überprüft wird bzw. wegen kurzer Entscheidungsfristen nicht mehr überprüfbar ist, und
– die Entscheidung diskriminierende Auswirkungen auf das „Ob" und „Wie" des Netzzugangs für Dritte hat oder haben kann.

12 Für die Beurteilung ist die Ausgestaltung der **Betriebsführung im konkreten Einzelfall** heranzuziehen (Gemeinsame Auslegungsgrundsätze, S. 18; vgl. näher *Otto*, RdE 2005, 261, 262 f.). Eine Befugnis zur Letztentscheidung besitzt derjenige, der über den Zugang zum Netz entscheidet (§§ 20 ff.) oder Netzentgelte im Einzelfall festsetzt, Entscheidungen über den Netzanschluß oder dessen Bedingungen trifft (§§ 17 ff.) oder Verantwortung in bezug auf den Betrieb von Energieversorgungsnetzen wahrzunehmen hat (§§ 11 ff.). Es geht letztlich insbesondere um Entscheidungen im betrieblichen Ablauf, nicht die langfristige strategische Planung. Die bloße Vorbereitung von Letztentscheidungen gibt keine Befugnis i. S. d. § 8 II Nr. 1 Alt. 2 (*Salje,* EnWG, § 8, Rn. 27).

Insgesamt werden sich die Personenkreise des § 8 II Nr. 1 häufig **13** überschneiden, da Personen mit Leitungsaufgaben in der Regel auch für den diskriminierungsfreien Netzbetrieb wesentliche Letztentscheidungen treffen. Aber unter § 8 II Nr. 1 Alt. 2 fällt auch ein darüber hinaus gehender Personenkreis (Gemeinsame Auslegungsgrundsätze, S. 18; zur Problematik des Verhältnisses der beiden Alternativen zueinander ausführlich *Eder,* in: D/T, EnWG, § 8, Rn. 9 ff.). In der Regel wird man davon ausgehen können, daß Letztentscheidungen regelmäßig von Personen mit Leitungsfunktion getroffen werden. Die wichtigste Ausnahme stellt das **Dispatching** dar, wo ganz kurzfristig Entscheidungen über Kapazitätsanforderungen getroffen werden müssen, die vor Umsetzung von Leitungspersonal nicht überprüft werden können.

3. Angehörige einer betrieblichen Einrichtung. § 8 II Nr. 1 **14** sieht vor, daß die genannten Personen für die Ausübung der beschriebenen Tätigkeiten einer betrieblichen Einrichtung des Netzbetreibers angehören müssen und keine Angehörigen von betrieblichen Einrichtungen des vertikal integrierten EVU sein dürfen, die direkt oder indirekt für den laufenden Betrieb in den Wettbewerbsbereichen zuständig sind.

a) Betriebliche Einrichtung. Betriebliche Einrichtungen sind alle **15** organisatorischen und/oder rechtsförmlichen Einheiten des Unternehmens oder der Betrieb als Ganzes. Der Wortlaut des Gesetzes ist insoweit mißglückt. Als Einheiten des Unternehmens sind bspw. Unternehmensorgane, Leitungen von Filialen, Leitungen von Werken und Betrieben, Unternehmensabteilungen oder sonstige Organisationseinheiten, die energiewirtschaftliche Funktionen wahrnehmen, zu verstehen (*Salje,* EnWG, § 8, Rn. 21).

b) Angehörige. Ob eine Person Angehöriger einer betrieblichen **16** Einrichtung der Netzgesellschaft oder des vertikal integrierten EVU ist, hängt davon ab, ob ein **Anstellungs- oder Arbeitsvertrag** mit diesen besteht (*Büdenbender/Rosin,* Energierechtsreform I, S. 148; Gemeinsame Auslegungsgrundsätze, S. 18; *Schulte-Beckhausen,* in: Hempel/Franke, EnWG, § 8, Rn. 17; *Seel,* et 2006, 71, 73). Teilweise wird nur eine **organisatorische Ansiedlung,** nicht aber ein arbeitsrechtlich formaler Anknüpfungspunkt verlangt, da gerade nicht der Begriff des Angestellten verwandt wird (*Eder,* in: D/T, EnWG, § 8, Rn. 20). Nur wenn man eine verpflichtende Anstellung bei der Netzgesellschaft fordert, kann eine stärkere Bindung an ihre Interessen herbeigeführt werden. Auch im Interesse der Rechtssicherheit ist ein Abstellen auf einen Anstellungsvertrag sinnvoll. Es ist aber zulässig, daß ein Geschäftsführer einer Netzgesellschaft einen Anstellungsvertrag mit der Netzgesellschaft und zugleich mit der Muttergesellschaft hat, soweit ihm keine Zuständigkeiten für die Wettbewerbsbereiche zustehen.

17 **c) Direkte oder indirekte Zuständigkeit in den Wettbewerbsbereichen.** Das Leitungspersonal darf **ausschließlich** Verantwortung und Aufgaben im Geschäftsbereich **Netzbetrieb der Sektoren Elektrizität und Gas** übernehmen. Aufgaben aus benachbarten Bereichen dürfen nur jenseits der Sektoren Elektrizität und Gas wahrgenommen werden und dürfen keine Zuständigkeit für die Wettbewerbsbereiche in den Sektoren Elektrizität und Gas begründen. Der Begriff der Zuständigkeit ist auf die interne Zuständigkeitsregelung bezogen, bedeutet dabei nicht Vertretungsbefugnis nach außen. Dies zeigt sich insbesondere bei Prokuristen, deren Vertretungsmacht nur im Innenverhältnis beschränkbar ist, so daß sie nach außen unbeschränkte Vertretungsmacht haben. Dies gibt aber noch keine Auskunft über die inhaltliche Tätigkeit des Prokuristen (*Eder*, in: D/T, EnWG, § 8, Rn. 25) und bedeutet nicht etwa, daß eine Prokura bei der Muttergesellschaft ausgeschlossen wäre.

18 Eine Mitgliedschaft der Geschäftsführung des Netzbetreibers in **Leitungsgremien** vertikal integrierter Unternehmen scheidet demgegenüber wegen deren Zuständigkeit und Gesamtverantwortung für das Gesamtunternehmen unter Einbeziehung der Wettbewerbsbereiche aus. Die Gesamtverantwortung des Vorstandes oder der Geschäftsführung eines vertikal integrierten Energieversorgungsunternehmens bleibt im Rahmen der gesetzlichen Vorgaben erhalten (BT-Drucks. 15/3917, S. 53).

19 Eine Mitgliedschaft der Geschäftsführung des Netzbetreibers in **Aufsichtsgremien** (Aufsichtsrat, Beirat, Gesellschafterversammlung der GmbH) des vertikal integrierten EVU ist dagegen in der Regel zulässig, auch wenn diese Gremien Aufsichtsfunktionen in den Bereichen Gewinnung, Erzeugung und Vertrieb wahrnehmen. Etwas anderes gilt nur dann, wenn das Aufsichtsgremium in Entscheidungen zum laufenden Betrieb involviert ist (*Schulte-Beckhausen*, in: Hempel/Franke, EnWG, § 8, Rn. 20; Vermerk der GD Wettbewerb, B.4.2.1.).

20 Zulässig ist es dagegen, wenn **Leitungspersonen in den verschiedenen Sektoren** (Gas, Strom) im Netzbetrieb parallel tätig werden. Nur eine parallele Verantwortung in den verschiedenen Sektoren für die getrennten Bereiche Netzbetrieb und Gewinnung, Erzeugung und Vertrieb (also bspw. Gasvertrieb und Stromnetz) ist unzulässig.

Inwieweit der Geschäftsführer eines Netzunternehmens für eine **Holding-Gesellschaft** arbeiten kann, die nicht gleichzeitig mit der Erzeugung oder dem Vertrieb zu tun hat, da für diese Zweige ebenfalls rechtlich getrennte Unternehmen bestehen, ist je nach Einzelfall zu entscheiden. Voraussetzung wäre jedenfalls, daß die Holding-Gesellschaft keine Managemententscheidungen hinsichtlich des laufenden Betriebs der Netztochter oder Versorgungs-, Erzeugungs- bzw. Vertriebstochter trifft (Vermerk der GD Wettbewerb, B.4.2.1.; *Schulte-Beckhausen*, in: Hempel/Franke, EnWG, § 8, Rn. 22).

II. Personen, die sonstige Tätigkeiten ausüben (§ 8 II Nr. 2)

Die von § 8 II Nr. 2 vorgesehenen Anforderungen sind wesentlich geringer, da sie nur rein ausführende und dienende, also die im Sinne von § 8 II Nr. 1 Alt. 2 für den diskriminierungsfreien Netzbetrieb nicht wesentlichen Tätigkeiten betreffen (Gemeinsame Auslegungsgrundsätze, S. 18 f.), welche gerade nicht von § 8 II Nr. 1 erfaßt sind. § 8 II Nr. 2 geht von dem Sachverhalt aus, daß Personen, die sonstige Tätigkeiten für den Netzbetreiber erbringen, auch an anderer Stelle im vertikal integrierten Unternehmen angestellt und mit anderen Aufgaben betraut werden können. Insofern gilt also keine strikte personelle Trennung, was insbesondere die sog. **„Shared Services"** ermöglicht (dazu sogleich Rn. 24 ff.).

Nr. 2 sieht vor, daß die hier beschriebenen Personen im Hinblick auf Tätigkeiten im Netzbetrieb der Weisungsbefugnis des Leitungspersonals des Geschäftsbereiches Netzbetrieb in dem Sinne unterstellt sind, daß deren fachliche Weisungen zu Tätigkeiten des Netzbetriebes Vorrang vor anderen Vorgaben oder Weisungen genießen, der die betroffene Person im Rahmen ihrer Tätigkeit für andere Geschäftsbereiche folgt. Die Regelung gewährleistet, daß sich der Netzbetreiber nötige Befugnisse für Verhaltensvorgaben und Informations- und Kontrollrechte gegenüber den anderen Geschäftsbereichen des vertikal integrierten Energieversorgungsunternehmens sichert (BT-Drucks. 15/3917, S. 53 f.).

III. Shared Services

Unter sog. „Shared Services" oder gemeinsamen Dienstleistungen versteht man geschäftsbereichsübergreifende Leistungen, deren gemeinsame Erbringung nennenswerte Synergien mit sich bringen und daher aus betriebswirtschaftlichen Gründen sinnvoll sind. Als Beispiele werden in der Gesetzesbegründung der Bundesregierung etwa Serviceeinrichtungen zur Wartung von technischen Anlagen und Geräten, **IT-Dienste** oder **Rechtsberatung** genannt (BT-Drucks. 15/3917, S. 54).

25 Soweit die Vorgaben des § 8 II Nr. 1 und 2 nicht entgegenstehen, ist die Einrichtung solcher „Shared Services" zulässig, soweit die Anforderungen an die Entflechtung (insbesondere §§ 9, 10) eingehalten werden. Der Regulierungsbehörde verbleibt ein Prüfungsrecht im Einzelfall (*Salje*, EnWG § 8, Rn. 31). Die GD TREN stellt in ihrem Vermerk folgende **Zulässigkeitsbedingungen** auf:
- Quersubventionen, die an das Netzgeschäft gehen oder von diesem stammen, sind ausgeschlossen. Um dies zu gewährleisten, wird die Dienstleistung zu Marktbedingungen erbracht, die in einer vertraglichen Vereinbarung zwischen dem Unternehmen, das die gemeinsame Dienstleistung erbringt, und dem Unternehmen, das diese nutzt, festgelegt sind.
- Gemeinsame Dienstleistungen werden in der Regel außerhalb des Netzgeschäfts betrieben und verwaltet, d. h. von dem verbundenen Versorgungsunternehmen oder besser noch von einer Holding-Gesellschaft, es sei denn, das Netz ist der überwiegende Nutzer (Vermerk, B.4.2.2.).

Die Überprüfung dieser Zulässigkeitsbedingungen wird durch das Weisungsrecht der Netzgesellschaft in der nationalen Regelung des § 8 II Nr. 2 vereinfacht, sofern es nicht gegen das Direktionsrecht des Arbeitgebers und die Privatautonomie des Arbeitnehmers verstößt.

26 Bei den Shared Services spielt vor allem die Nutzung gemeinsamer EDV und die Beauftragung der Rechtsabteilung des Mutterunternehmens durch den Netzbetreiber eine besondere Rolle. Die gemeinsame **Nutzung von IT-Diensten** wirft vor allem Probleme des „Information Unbundling" auf. Auf sie wird bei § 9 eingegangen. Soweit die Maßgaben des § 9 eingehalten werden, insbesondere Wettbewerbsbereiche keinen Zugriff auf Daten des Netzbetriebs haben, wirft die gemeinsame Nutzung von IT-Infrastruktur keine besonderen Probleme im Rahmen des § 8 auf. Vielmehr würde es der Zielsetzung des EnWG, eine preiswerte Energieversorgung sicherzustellen, zuwiderlaufen, wenn kostenintensive IT-Infrastrukturen nicht gemeinsam genutzt werden könnten.

27 Demgegenüber ist die Inanspruchnahme von Dienstleistungen einer **zentralen Rechtsabteilung** Gegenstand intensiver Diskussionen gewesen. Die bisher einzige Behördenentscheidung, die zum Unbundling – wenn auch nicht im Bereich der Energiewirtschaft, so doch für die

Deutsche Bahn AG – ergangen ist, bezieht sich auf die Nutzung der Dienste der Konzern-Rechtsabteilung, die hinsichtlich Regulierungsfragen untersagt wurde (EBA, Bescheid v. 24. 11. 2006, bestätigt v. VG *Köln*, Urt. v. 14. 11. 2007 – 18 K 1596/07 n. rkr.). Hierbei handelt es sich um eine Einzelfallentscheidung, die sich auf den Energiebereich nicht übertragen läßt.

Unproblematisch im Rahmen des § 8 ist es, wenn Dienste der zentralen Rechtsabteilung im wettbewerblich nicht relevanten Bereich betroffen sind. Dies betrifft insbesondere Dienstleistungen im Bereich des **Arbeitsrechts,** aber auch im **allgemeinen Vertragsrecht.** Hier hat die Einschaltung einer zentralen Rechtsabteilung keine weitergehende wettbewerbliche Relevanz als die Beauftragung einer externen Anwaltskanzlei. 28

Nicht ohne weiteres unproblematisch ist es dagegen, die zentrale Konzern-Rechtsabteilung mit der Beratung bezüglich regulatorischer Rechtsfragen zu beauftragen. Für die Zulässigkeit kommt es entscheidend darauf an, ob auch bei der Beauftragung einer zentralen Rechtsabteilung die Vorgaben des § 8 eingehalten werden können. Grundsätzlich spricht nichts dagegen, die zentrale Rechtsabteilung auch für die Beratung der Netzgesellschaft in Anspruch zu nehmen. Dies gilt jedenfalls dann, wenn die Netzgesellschaft frei ist, ob sie die Dienstleistungen der zentralen Rechtsabteilung in Anspruch nehmen will oder lieber externe Berater oder eigenes Personal einsetzen will. Allein aus dem Umstand, daß die zentrale Rechtsabteilung auch für wettbewerbliche Bereiche eingesetzt werden kann, folgt nicht, daß ihre Einschaltung unzulässig ist. Die **Rechtsabteilung hat nämlich regelmäßig weder Leitungsfunktionen noch Letztentscheidungsbefugnisse.** Etwas anderes würde nur dann gelten, wenn die Netzgesellschaft an den rechtlichen Rat der zentralen Rechtsabteilung gebunden wäre. Dann würden der zentralen Rechtsabteilung Leitungsbefugnisse zuwachsen, die die Beauftragung der zentralen Rechtsabteilung in einen Widerspruch zu § 8 geraten ließe. 29

D. Berufliche Handlungsunabhängigkeit der Netzbetriebsleitung (§ 8 III)

Neben der operationellen Entflechtung hat nach § 8 III das vertikal integrierte EVU zur Unterstützung der Handlungsunabhängigkeit des Leitungspersonals des Netzbetriebs geeignete Maßnahmen zur Sicherung der berufsbedingten Interessen dieses Personenkreises zu ergreifen (BT-Drucks. 15/3917, S. 54). 30

I. Betroffener Personenkreis

31 § 8 III spricht von Personen, die für die Leitung des Netzbetreibers zuständig sind. Hiermit sind trotz etwas abweichender Formulierung Personen im Sinne von § 8 II Nr. 1 Alt. 1 gemeint, also die **jeweiligen Gesellschaftsorgane**. Dafür spricht auch die Formulierung in der Gesetzesbegründung „Leitungspersonal" (nach a. A. sollen wegen des differenten Wortlaut des § 8 III auch die Personen mit Letztentscheidungskompetenz nach § 8 II Nr. 1 Alt. 2 in den Adressatenkreis einbezogen werden, *Schulte-Beckhausen,* in: Hempel/Franke, EnWG, § 8, Rn. 34). Für die Übergangszeit der rechtlichen Entflechtung für Verteilernetzbetreiber aus § 7 III bis zum 1. 7. 2007 fällt hierunter auch der Leiter der unselbständigen Organisationseinheit Netz in einem rechtlich noch nicht entflochtenen Unternehmen (Gemeinsame Auslegungsgrundsätze, S. 19). Denn für die operationelle Entflechtung gilt diese Übergangszeit nicht.

II. Ziel und notwendige Maßnahmen

32 Die Gewährleistung der beruflichen Unabhängigkeit bezweckt, daß das Leitungspersonal keine Nachteile erwarten muß, wenn es ausschließlich den Interessen der Netzgesellschaft nachkommt und daß keine Anreize gesetzt werden, die das Verhalten nicht auf den Erfolg der Netzgesellschaft ausrichten (Gemeinsame Auslegungsgrundsätze, S. 19). Unter Maßnahmen im Sinne des vorliegenden Abschnitts, die die faktische oder rechtliche Handlungsunabhängigkeit des Leitungspersonals im Netzbetrieb gewährleisten sollen, sind insbesondere solche zu verstehen, die die **Unabhängigkeit des individuellen Verhaltens** des Leitungspersonals im Netzbetrieb und die Ausrichtung ihrer Tätigkeit an den Interessen des Netzbetriebs sicherstellen und somit die Gewährleistung eines diskriminierungsfreien Zugangs ermöglichen (*Büdenbender/Rosin,* Energierechtsreform I, S. 152; *Eder,* in: D/T, EnWG, § 8, Rn. 44; *Salje,* EnWG, § 8, Rn. 14). Die Gesetzesbegründung der Bundesregierung zählt zu diesen Maßnahmen solche, die verhindern, daß wesentliche Anteile der Bezahlung und Erfolgshonorierung von anderen als den Leistungen und Erfolgen im Netzgeschäft abhängen (BT-Drucks. 15/3917, S. 54). Aus der Formulierung „wesentliche Anteile" folgt, daß die in Rede stehenden Vereinbarungen ein gewisses wirtschaftliches Gewicht haben müssen (*Schulte-Beckhausen,* in: Hempel/Franke, EnWG, § 8, Rn. 30). Insgesamt geht es um Fragen der Vertragslaufzeiten der Arbeitsverträge, welche nicht nachteilig von den anderweitig in übrigen Unternehmen üblichen abweichen dürfen, und der Vergütung, welche sich bei Leistungsabhängigkeit am Erfolg der Netzgesellschaft auszurichten hat (Gemeinsame Auslegungsgrundsätze, S. 19).

Es dürfen keine Nachteile im **Kündigungsschutz** bestehen oder die Gefahr einer eventuellen Nichtverlängerung von Dienstverträgen der Leitungsorgane (*Eder,* in: D/T, EnWG, § 8, Rn. 44; *Salje,* EnWG, § 8, Rn. 14). Diese Gefahr besteht insbesondere im Hinblick auf das Widerrufsrecht der Bestellung des Geschäftsführers einer GmbH (§ 38 I GmbHG). Daher ist eine teleologische Reduktion geboten in dem Sinne, daß den Vorgaben des operationellen Unbundlings entsprochen wird. Es wird vorgeschlagen, § 38 I GmbHG auf den Inhalt des § 84 III AktG zu beschränken (*Beisheim,* ew 2003, 22, 25; *Schulte-Beckhausen,* in: Hempel/Franke, EnWG, § 8, Rn. 32). Ferner darf im Anstellungsvertrag auch kein Passus enthalten sein, durch welchen der Geschäftsführer gerade aufgrund seiner Verfolgung der Interessen des Netzbetriebs **Sanktionen** ausgesetzt wird (*Eder,* in: D/T, EnWG, § 8, Rn. 46).

Nach Auffassung der GD TREN darf ein Leitungsmitarbeiter der Netzgesellschaft keine **Aktien** am verbundenen Versorgungs-, Erzeugungs- bzw. Holdingunternehmen halten. Denn sonst habe er ein unmittelbar finanzielles Interesse an der Leistung des verbundenen Versorgungszweiges und er wäre nicht mehr in der Lage „unabhängig zu handeln" (Vermerk, B.4.2.1.; krit. zu Recht *Salje,* EnWG, § 8, Rn. 39; ausf. zu der Thematik *Otto,* RdE 2005, 261, 264). Gegen die Auffassung der GD TREN spricht schon, daß die Leitungsmitarbeiter der Netzgesellschaft bei einer solchen Regelung gegenüber den Mitarbeiter der sonstigen Bereiche benachteiligt werden. Sie könnten nämlich bei Modellen der Mitarbeiterbeteiligung der Muttergesellschaft nicht berücksichtigt werden.

E. Unabhängige Entscheidungsgewalt (§ 8 IV)

§ 8 IV 1 verpflichtet vertikal integrierte Energieversorgungsunternehmen, den jeweiligen Netzbetreibern tatsächliche Entscheidungsbefugnisse zur Nutzung des Netzanlagevermögens für den **Betrieb, die Wartung und den Ausbau des Netzes zuzuweisen** und die Möglichkeit der Ausübung dieser im Rahmen der Bestimmungen des EnWG unabhängig von der Leitung und den anderen betrieblichen Einrichtungen des vertikal integrierten EVU zu gewährleisten. Es geht hier um den Fall, daß die für den Netzbetrieb erforderlichen Vermögenswerte nicht in die Netzgesellschaft eingebracht worden sind, sondern in anderen Bereichen des Konzerns verblieben sind. Relevanz beansprucht § 8 IV daher für die sog. „schlanken Netzgesellschaften", die in einen Konzern eingebunden und damit Teil eines vertikal integrierten EVU sind; denn in den Fällen, in denen der Netzbetreiber Eigentümer der Vermögenswerte ist, hat er ohnehin die rechtliche und tatsächliche Entscheidungsgewalt über sie (*Schulte-Beckhausen*, in: Hempel/Franke, EnWG, § 8, Rn. 38, 45). § 8 IV findet auf noch nicht rechtlich entflochtene Verteilernetzbetreiber wegen seines Bezugs auf Beziehungen eines Mutter- zu einem Tochterunternehmen nur analoge Anwendung (Vermerk der GD TREN, B.4.3.4.).

36 Die Unabhängigkeit der Entscheidungsbefugnisse gegenüber der Leitung des integrierten Unternehmens und anderen betrieblichen Einrichtungen bezieht sich im wesentlichen auf die Ausübung und **Ausgestaltung des laufenden Netzbetriebs und der Wartung.** Weisungen aus dem vertikal integrierten Unternehmen sind insoweit unzulässig. Dies gilt auch für die Ausführung von Netzausbaumaßnahmen, solange sich die Netzbetriebsgesellschaft dabei an den Rahmen eines vom vertikal integrierten Unternehmen genehmigten Finanzplanes oder vergleichbarer Vorgaben hält (BT-Drucks. 15/3917, S. 54).

I. Tatsächliche Entscheidungsunabhängigkeit (§ 8 IV 1)

37 Die tatsächlichen Entscheidungsbefugnisse bedingen zum einen **rechtliche Entscheidungsmöglichkeiten** des Netzbetreibers bezüglich des Netzes, wenn nicht durch Eigentumsübertragung, dann durch vertragliche Ausgestaltung. Zum anderen bedarf es für die tatsächliche Unabhängigkeit auch einer gewissen **wirtschaftlichen Unabhängigkeit** des Netzbetreibers, damit dieser die ihm gewährten Rechte auch realisieren kann (Gemeinsame Auslegungsgrundsätze, S. 19).

38 **1. Vermögenswerte.** Die tatsächliche Entscheidungsunabhängigkeit bezieht sich auf die Vermögenswerte, die für den Betrieb, die Wartung und den Ausbau des Netzes erforderlich sind. Entscheidungsunabhängigkeit setzt hierbei keineswegs Eigentum voraus, sondern kann auch im Rahmen von Pachtverhältnissen bestehen. Die **Vermögenswerte** müssen sich auf den **Betrieb, die Wartung und den Ausbau** des Netzes beziehen. Der Begriff des Betriebs von Energieversorgungsnetzen ergibt sich aus § 11 und dem weiteren Teil 3 des EnWG. Hieraus folgt daß die in § 8 IV 1 gesondert aufgeführte Wartung und der Ausbau des Netzes bereits unter den Betrieb des Netzes fällt (*Eder*, in: D/T, EnWG, § 8, Rn. 54).

39 Mit Blick auf den 3. Teil des EnWG ist von einer weiten Auslegung der unter § 8 IV 1 fallenden **Vermögenswerte** auszugehen. Neben

dem eigentlichen Betrieb (Wahrung der Sicherheit, Vorhaltung der erforderlichen Kapazität, Störungsbeseitigung etc.) fallen hierunter auch Gegenstände, die im **Zusammenhang** mit Themen des **Netzanschlusses** und des **Netzzugangs** stehen, denn gerade die Einflußnahme auf diese Bereiche birgt ein hohes Diskriminierungspotenzial (*Schulte-Beckhausen,* in: Hempel/Franke, EnWG, § 8, Rn. 41). Unter die erforderlichen Vermögenswerte werden auch Wegenutzungsverträge gefaßt (*Schulte-Beckhausen,* in: Hempel/Franke, EnWG, § 8, Rn. 42).

Hat der Netzbetreiber finanzielle Mittel zur Ausübung seiner Ent- **40** scheidungsunabhängigkeit in den genannten Bereichen nicht zur Verfügung und erwirbt er sie auch nicht im laufenden Geschäftsjahr, so hat das vertikal integrierte EVU die erforderlichen Vermögenswerte entweder selbst zur Verfügung zu stellen oder eine Fremdkapitalaufnahme zu Marktbedingungen zu ermöglichen. Zur Wahrung des Unabhängigkeitspostulats müssen insbesondere **Kredite der Muttergesellschaft** marktgerecht sein (*Salje,* EnWG, § 8, Rn. 46).

2. Sicherstellung der tatsächlichen Entscheidungsbefugnisse. **41** Zur Sicherstellung der tatsächlichen Entscheidungsbefugnisse ist keine Übertragung des Eigentums am Netz auf den Netzbetreiber erforderlich, sondern es reicht auch eine vertragliche Überlassung im Wege des **Pachtvertrags** der relevanten Vermögenswerte, sofern so die Vorgaben des § 8 IV eingehalten werden (*Eder,* in: D/T, EnWG, § 8, Rn. 55 ff.). § 8 IV 1 gilt also auch (oder gerade) für den Fall, daß das Mutterunternehmen weiterhin Eigentümer der Vermögenswerte ist (Vermerk der GD TREN, B.4.3.2.; m. Bsp. *Salje,* EnWG, § 8, Rn. 47). In diesem Fall ist dann im Wege einer vertraglichen Vereinbarung die Absicherung der in Rede stehenden Kompetenzen erforderlich. Ist das Mutterunternehmen in die Umsetzung der Entscheidungen des Netzunternehmens involviert, bedarf es der Festlegung, daß die Muttergesellschaft lediglich ausführend tätig wird (Vermerk der GD TREN, B.4.3.2.; *Schulte-Beckhausen,* in: Hempel/Franke, EnWG, § 8, Rn. 45). Eine Delegationsbefugnis der Entscheidungsbefugnisse des Netzbetriebs an das vertikal integrierte EVU besteht nicht (*Schulte-Beckhausen,* in: Hempel/Franke, EnWG, § 8, Rn. 46).

II. Einsatz gesellschaftsrechtlicher Instrumente (§ 8 IV 2)

Von § 8 IV wird keine vollständige Autonomie des Netzbetriebs ge- **42** fordert, wie § 8 IV 2 zeigt. Dieser schränkt den Anwendungsbereich des § 8 IV 1 ein. Soweit es zur Wahrnehmung der berechtigten wirtschaftlichen Interessen des vertikal integrierten Unternehmens an der **rentablen Geschäftsführung** des Netzbetriebs erforderlich ist und nicht zu einer Einschränkung der Unabhängigkeit des Netzbetriebs zu diskriminierenden Zwecken dient, ist die Ausübung **gesellschaftsrechtlicher Leitungs- und Aufsichtsrechte zulässig.** Die in § 8 IV 2 genannten zulässigen Steuerungsinstrumente der Muttergesellschaft sind nicht abschließend (näher hierzu bei *Eder,* in: D/T, EnWG, § 8, Rn. 62ff.). § 8 IV 2 nennt die Weisung, die Festlegung einer allgemeinen Verschuldensobergrenze, die Prüfung und Genehmigung jährlicher Finanzpläne und gleichwertige gesellschaftsrechtliche Instrumente der Einflußnahme und Kontrolle. Weisungen können generell oder für den Einzelfall durch allgemeine Verhaltensregeln, durch Geschäftspläne, eine Geschäftsordnung, durch Genehmigungsvorbehalte oder vergleichbare Maßnahmen getroffen werden (*Schulte-Beckhausen,* in: Hempel/Franke, EnWG, § 8, Rn. 51).

43 Die Festlegung der **Verschuldensobergrenze** betrifft die Steuerung der Finanzplanung des Unternehmens, welche die Beschaffung von Eigenkapital und Fremdkapital umfaßt. Durch sie kann die Fremdmittelaufnahme begrenzt werden, solange die finanzielle Handlungsfähigkeit der Netzgesellschaft nicht unverhältnismäßig eingeschränkt wird. Die Genehmigung der Finanzpläne durch die Muttergesellschaft bezieht sich ausdrücklich nur auf die „jährlichen". Kürzere Intervalle würden zu stark in die Eigenständigkeit der Netzgesellschaft eingreifen. Die „gleichwertigen Instrumente" betreffen insbesondere den Bereich der Investitionspolitik und reichen über die Einrichtung von Investitionsbudgets, die **Mitwirkung in Investitionsausschüssen** bis hin zu **Genehmigungsvorbehalten** für Investitionen ab einer gewissen Summe (*Schulte-Beckhausen,* in: Hempel/Franke, EnWG, § 8, Rn. 56ff.).

44 Ein **berechtigtes Interesse** des vertikal integrierten EVU an der rentablen Geschäftsführung des Netzbetriebs kann ausgeschlossen werden, wenn ein Gesetzesverstoß u. a. gegen energierechtliche Vorgaben gegeben ist, wie sich bereits dem Wort „berechtigt" entnehmen läßt. Berechtigte Interessen sind aber vor allem Interessen wirtschaftlicher Art. Wie erheblich der wirtschaftliche Nachteil bei Vernachlässigung des Interesses wäre ist nicht maßgebend. Es reicht bereits die Vermeidung geringer Nachteile aus, um ein berechtigtes Interesse zu begründen (Gemeinsame Auslegungsgrundsätze, S. 20; *Eder,* in: D/T, EnWG, § 8, Rn. 60).

45 **Erforderlichkeit** ist nur dann anzunehmen, wenn kein gleichermaßen geeignetes, milderes Mittel zur Verfügung steht, das die Unabhängigkeit des Netzbetreibers weniger einschränkt (Gemeinsame

Auslegungsgrundsätze, S. 20). Durch § 8 IV 3 wird deutlich, daß bei der Verwendung der dem vertikal integrierten EVU durch § 8 IV 2 zugestandenen Rechte die Vorgaben der §§ 11–16a (Aufgaben der Netzbetreiber) einzuhalten sind und schränkt damit die Befugnisse des § 8 IV 2 wiederum ein; die sich aus §§ 11–16a für den Netzbetreiber ergebenden Aufgaben und Pflichten dürfen durch die Ausübung der Rechte des vertikal integrierten EVU nicht betroffen sein (§ 11 I 3) (Gemeinsame Auslegungsgrundsätze, S. 20). Daß § 8 IV 3 nur §§ 11–16 nennt, ist ein Redaktionsversehen. Vorgesehen war der ganze 1. Abschnitt des 3. Teils (*Eder*, in: D/T, EnWG, § 8, Rn. 65).

III. Weisungsverbot

§ 8 IV 4 stellt klar, daß sich das Unternehmen die Befugnisse aus § 8 IV 2 nicht in der Weise zu Nutze machen darf, welche die Entscheidungsautonomie des Netzbetreibers aus § 8 IV 1 umgeht oder faktisch unmöglich macht. Insofern besteht ein Weisungsverbot. Die **in § 8 IV 4 aufgeführten Weisungen** sind entgegen § 8 IV 2 daher immer unzulässig (Gemeinsame Auslegungsgrundsätze, S. 20). Unter den laufenden Netzbetrieb fallen keine Geschäftsvorfälle, Geschäftsprozesse oder Entscheidungen, die nicht zum üblichen Netzbetrieb gehören oder von erheblicher Bedeutung sind (*Eder*, in: D/T, EnWG, § 8, Rn. 69). Anhaltspunkt hierfür kann der Geldwert des jeweiligen Geschäfts sein (*Schulte-Beckhausen,* in: Hempel/Franke, EnWG, § 8, Rn. 52).

Weisungen im Hinblick auf **Einzelentscheidungen zu baulichen Maßnahmen** an Energieanlagen (§ 3 Nr. 15) berühren die nach § 8 IV 1 erforderlichen Vermögenswerte und werden durch § 8 IV 4 erneut ausdrücklich ausgeschlossen, soweit sich die Entscheidungen im Rahmen des Finanzplans oder des gleichwertigen Instruments halten, wobei allerdings die Grenzen eines zulässigerweise aufgestellten Finanz- oder Investitionsplans auch durch Einzelweisungen überprüft, kontrolliert und beeinflußt werden dürfen (*Eder*, in: D/T, EnWG, § 8, Rn. 70). Das Verbot der Weisungen bezüglich baulicher Maßnahmen ist dabei in zweierlei Weise eingeschränkt. Zunächst müssen sich die weisungsfrei gestellten Entscheidungen im Rahmen des genehmigten Finanzplans halten. Dieser kann aber für herausragende Einzelvorhaben Genehmigungsvorbehalte enthalten. Zudem ist das Weisungsverbot auf einzelne Entscheidungen beschränkt. Daher sind auch über den Finanzplan hinausgehende Festlegungen durch Weisung zulässig, etwa eine Gruppe von Investitionsvorhaben einer anderen Gruppe vorzuziehen.

48 Bei Verstoß gegen das Weisungsverbot des § 8 IV 4 ist die Weisung **unwirksam gem. § 134 BGB** direkt oder analog, wenn es sich nicht um eine in die Form eines Rechtsgeschäfts gekleidete Weisung handelt (*Salje,* EnWG, § 8, Rn. 52; *Lieder/Ziemann,* RdE 2006, 217, 221). Dies erlangt insbesondere Relevanz in dem Fall, daß die Rechtform einer GmbH gewählt wurde und das nach § 37 GmbHG bestehende Weisungsrecht der Gesellschafter gegenüber der Geschäftsführung gegen § 8 IV 1, 4 verstößt (zu dieser Thematik *Klees/Spreckelmeyer,* in: Klees/Langenfeldt, Entflechtung, S. 45, 48 ff.). Vorsorglich sollte daher das Weisungsrecht der Gesellschafter bereits in der Satzung so beschränkt werden, daß es nicht gegen § 8 IV verstößt. Ohne eine Absicherung des GmbH-Geschäftsführers gegen Weisungen der Gesellschafterversammlung würde es aber auch bereits an der Handlungsunabhängigkeit (§ 8 III) der Netzbetreiber-Unternehmensleitung fehlen (*Salje,* EnWG, § 8, Rn. 17). Im Anwendungsbereich der Entflechtungsregelungen kann es daher nur bei den hier ausdrücklich genannten Einflußnahmemöglichkeiten bleiben (*Eder,* in: D/T, EnWG, § 8, Rn. 53).

F. Gleichbehandlungsprogramm, Gleichbehandlungsbeauftragter, Gleichbehandlungsbericht (§ 8 V)

I. Gleichbehandlungsprogramm

49 Nach § 8 V 1 werden vertikal integrierte Energieversorgungsunternehmen verpflichtet, für die mit Tätigkeiten des Netzbetriebs befaßten Personen des Unternehmens ein verbindliches Maßnahmenprogramm zur Gewährleistung diskriminierungsfreier Ausübung des Netzbetriebs (sog. Gleichbehandlungsprogramm) festzulegen und den Mitarbeitern dieses Unternehmens und der Regulierungsbehörde bekannt zu machen.

50 **1. Adressat der Verpflichtung zur Aufstellung.** Adressat ist nach dem Wortlaut das gesamte vertikal integrierte EVU nach § 3 Nr. 38 (*Eder,* in: D/T, EnWG, § 8, Rn. 76; *Bounvieg/Horstmann,* et 5/2006, 72; *Salje,* EnWG, § 8, Rn. 55, der aber hier von einem **Redaktionsversehen des deutschen Gesetzgebers** ausgeht, da nach europäischen Vorgaben nur die Netzbetreiber zur Aufstellung aufgefordert werden; nach *Koenig/Rasbach/Stelzner,* et 2005, spezial, 29 soll auch im deutschen Recht nur das über eine Netzgesellschaft Kontrollfunktionen ausübende Mutterunternehmen, nicht die Netzgesellschaft selbst, verpflichtet werden).

Entgegen dem zu weit geratenen Wortlaut sind Adressaten der Verpflichtung zur Aufstellung eines Gleichbehandlungsprogramms und zur Bestellung eines Gleichbehandlungsbeauftragten **ausschließlich die Netzbetreiber.** Ein Festhalten am Wortlaut des § 8 V 1 würde dazu führen, daß das Mutterunternehmen, dem u. a. auch die wettbewerblichen Bereiche angehören, zur Aufstellung und Durchsetzung des Gleichbehandlungsprogramms verpflichtet wäre. Auch der Gleichbehandlungsbeauftragte würde dann von der Konzernmutter bestimmt und müßte Befugnisse haben, in die Netzgesellschaft „hereinzuregieren". Dies widerspricht aber gerade dem Grundprinzip der operationalen Entflechtung. 51

Zudem würde eine Adressatenstellung des integrierten EVU kein Mehr an operationaler Entflechtung bringen. Adressaten der Gleichbehandlungsverpflichtung ist ausschließlich der Netzbetreiber. Sie bezieht sich gerade nicht auf die **wettbewerblichen Bereiche.** Daher sind für die wettbewerblichen Bereiche auch **keine Gleichbehandlungsprogramme** aufzustellen und kein Gleichbehandlungsbeauftragter zu bestellen. Nach Sinn und Zweck der Regelung in § 8 V bedarf es daher einer teleologischen Korrektur des in den Sinnzusammenhang des § 8 nicht passenden Wortlauts. Die Verpflichtung zur Aufstellung eines Gleichbehandlungsprogramms und zur Bestellung eines Gleichbehandlungsbeauftragten richtet sich – ausschließlich – an die Netzbetreiber. 52

2. Zielsetzung. Im Interesse der erforderlichen Klarheit und Verbindlichkeit sieht das Gesetz zwingend die ausdrückliche Festlegung der Pflichten der Mitarbeiter und Sanktionsmöglichkeiten in diesem Programm vor (§ 8 V 2) (BT-Drucks. 15/3917, S. 54). Bei § 8 V 2 geht es primär darum, daß die Mitarbeiter das Programm verstehen und ihnen **praktische Hinweise** an die Hand gegeben werden dazu, was die Entflechtungsregelungen für ihre tägliche Arbeit im Netzbetrieb bedeuten. Das Gleichbehandlungsprogramm soll also den Prozeß des Mentalitätswandels und der Unternehmenskultur zu einem unabhängigen Netzbetreiber unterstützen. Denn es kann nicht davon ausgegangen werden, daß mit Inkrafttreten der Entflechtungsregelungen die betriebliche Wirklichkeit bereits den gesetzlichen Zielvorstellungen entspricht. Diese Zielsetzung ist bei der Aufstellung des Gleichbehandlungsprogramm zu berücksichtigen. Ferner soll sie als Leitlinie bei der Betrachtung durch die Regulierungsbehörden dienen, denen das Gleichbehandlungsprogramm bekannt zu machen ist (Gemeinsame Auslegungsgrundsätze, S. 20). 53

3. Form und Bekanntmachung und Durchsetzung. Das Gleichbehandlungsprogramm sollte durch die Geschäftsleitung des 54

Netzbetreibers unterschrieben sein und in geeigneter Form allen Mitarbeitern zugänglich gemacht werden. Die Rechtsform des Gleichbehandlungsprogramms wird in § 8 nicht vorgeschrieben, genauso wenig eine bestimmte Form der Bekanntmachung. Nach den Gemeinsamen Auslegungsgrundsätzen wird aber vorgeschlagen, die Maßnahmen des Gleichbehandlungsprogramms als **Dienstanweisungen** auszugestalten, deren Empfang oder Kenntnisnahme jede/r betroffene Mitarbeiter/in schriftlich bestätigt. Ferner ist es sinnvoll, daß sie über das Gleichbehandlungsprogramm geschult werden, um zu verhindern, daß die Verpflichtung der Mitarbeiter zur Einhaltung des Gleichbehandlungsprogramms eine lähmende und den Geschäftsbetrieb behindernde Wirkung entfaltet (Gemeinsame Auslegungsgrundsätze, S. 21; *Stolzenburg*, IR 2005, 26, 29; weitere Vorschläge zur Durchsetzung des Gleichbehandlungsprogramms in dem Vermerk der GD TREN, B.4.4.2.). Dies ist ferner deshalb naheliegend, weil es sich hier um eine spezialgesetzliche Ausformung des Direktionsrechts des Arbeitgebers handelt. Die Bekanntmachungspflicht gegenüber der Regulierungsbehörde sollte durch Übersendung des Textes erfolgen (*Eder*, in: D/T, EnWG, § 8, Rn. 82).

55 **4. Inhalt.** Das Programm muß Festlegungen von konkreten Maßnahmen (§ 8 V 1), Pflichten und Sanktionen (§ 8 V 2) für die mit Tätigkeiten des Netzbetriebes befaßten Mitarbeiter enthalten.

56 **a) Mit Tätigkeiten des Netzbetriebs befaßte Mitarbeiter.** Auch im Rahmen von § 8 V gilt wiederum der funktionale Mitarbeiterbegriff (s. o. Rn. 5). Unter die Tätigkeiten des Netzbetriebs fallen alle in Teil 3 Abschnitt 1–3 benannten Bereiche, nicht dagegen rein verwaltende oder dienende Tätigkeiten. Das Gleichbehandlungsprogramm gilt nur für mit **Tätigkeiten des Netzbetriebs befaßte Mitarbeiter,** also nicht für alle (näher *Stolzenburg*, IR 2006, 26, 28). Erfaßt werden aber auch Mitarbeiter, die im Bereich der **Shared-Services** tätig sind.

57 **b) Festlegungen der konkreten Maßnahmen.** Die Gemeinsamen Auslegungsgrundsätze der Regulierungsbehörden fordern zumindest eine Darstellung der Unternehmensstruktur und eines aktuellen Organigramms des gesamten EVU nach der Entflechtung. Betreffend die einzelnen Pflichten und Verhaltensregeln der Mitarbeiter werden bestimmte Inhalte für das Gleichbehandlungsprogramm umrissen, wie das Verhalten der Mitarbeiter im Kundenkontakt, das Unterlassen von Empfehlungen möglicher Versorger, die Festlegung vertraulicher Informationen und ihrer Behandlung (näher noch § 9) sowie die Festlegung von Sanktionen bei Verstößen (dazu sogleich Rn. 59) und die Reglementierung im **Zugang zu Räumlichkeiten,** sensiblen Bereichen oder EDV-Systemen des Netzbetreibers (ausführlicher in den gemein-

samen Auslegungsgrundsätzen, S. 21 und auch schon die Interpreting Notes, B.4.4.1.; *Salje,* EnWG, § 8, Rn. 56; *Schulte-Beckhausen,* in: Hempel/Franke, EnWG, § 8, Rn. 68 ff.; *Bourwieg/Horstmann,* et 2006, 72 f.).

Hinsichtlich des Detaillierungsgrads der im Gleichbehandlungsprogramm festgelegten Maßnahmen muß das Gleichgewicht gefunden werden zwischen der regulatorisch gebotenen Genauigkeit und der für den Betriebsablauf und die Erfassung unterschiedlichster Sachverhalte erforderlichen Abstraktheit. Die Anforderungen an den **Detaillierungsgrad** dürfen daher nicht zu hoch sein. Wesentlich ist, daß die Grundzüge eines diskriminierungsfreien Bearbeitens der Geschäftsprozesse deutlich werden (*Eder,* in: D/T, EnWG, § 8, Rn. 84). 58

c) **Mögliche Sanktionen bei Nichtbeachtung.** Nach § 8 V 2 sind mögliche Sanktionen im Gleichbehandlungsprogramm festzulegen (hierzu näher *Theobald,* IR 2004, 218, 219). Mit den Sanktionen sind arbeitsrechtliche Konsequenzen bei Verstößen gegen das Gleichbehandlungsprogramm gemeint (Gemeinsame Auslegungsgrundsätze, S. 20 f.; *Stolzenburg,* IR 2006, 26, 19). Ein **näheres Eingehen** auf konkrete Sanktionen ist im Gleichbehandlungsprogramm **nicht erforderlich.** Der Detaillierungsgrad ist insofern deutlich niedriger als bei den Verhaltenspflichten (*Eder,* in: D/T, EnWG, § 8, Rn. 87). 59

II. Gleichbehandlungsbeauftragter

1. Aufgaben und Funktionen. Die Einhaltung des Gleichbehandlungsprogramms ist nach § 8 V 1 a. E. durch eine Person oder Stelle überwachen zu lassen. In der Regel wird ein Gleichbehandlungsbeauftragter ernannt. Ferner hat diese Person oder Stelle den jährlichen Bericht nach § 8 V 3 zu erstellen (Gleichbehandlungsbericht). Der Gleichbehandlungsbeauftragte ist durch die Regelungen des Gleichbehandlungsprogramms zu installieren und seine Rechte und Aufgaben zu beschreiben. Zur Überwachung sind beispielsweise organisatorische und verfahrensmäßige Vorgaben und Verhaltenskontrollen denkbar (BT-Drucks. 15/3917, S. 54). Der Gleichbehandlungsbeauftragte hat folglich das **Recht zu regelmäßigen Kontrollen** (Stichproben) der Einhaltung der Prozesse und Vorgaben des Gleichbehandlungsprogramms, zur Einsichtnahme in die laufenden und geplanten Geschäftsprozesse, zum Zugang zu allen für seine Tätigkeit erforderlichen Daten. Ferner darf ein jeder Mitarbeiter sich in Zweifelsfällen immer an den Gleichbehandlungsbeauftragten wenden (Gemeinsame Auslegungsgrundsätze, S. 21). Eine solche Überwachung ist nicht nur deshalb von grundlegender Bedeutung, um sicherzustellen, daß das Programm ordnungs- 60 gemäß funktioniert, sondern auch um die Bereiche zu ermitteln, in denen die Gefahr der Nichtgleichbehandlung am größten ist. Das Bewertungsverfahren ist transparent durchzuführen, wobei den Mitarbeitern gegenüber zum Ausdruck gebracht wird, daß ihr Verhalten kontinuierlich anhand des Inhalts des Programms überprüft wird (Vermerk der GD TREN, B.4.4.3.).

61 Allerdings beschränken sich die Befugnisse des Gleichbehandlungsbeauftragten auf **reine Überwachungsfunktionen**. Sofern nicht ausdrücklich durch die Unternehmensleitung angeordnet, steht ihm kein Recht zu, selbständig bei Verstößen gegen das Gleichbehandlungsprogramm tätig zu werden. Der Gleichbehandlungsbeauftragte ist also ein Zuarbeiter der Unternehmensleitung, welche der Letztverantwortung für die diskriminierungsfreie Ausgestaltung des Netzbetriebes, die Einhaltung der Entflechtungsvorgaben und die Aufstellung des Gleichbehandlungsprogramms inklusive Durchsetzung hat.

62 Art und Umfang der Überwachungstätigkeiten stehen mangels gesetzlicher Vorgaben im **Ermessen des Unternehmens** und können entweder von der Unternehmensleitung festgelegt werden oder ganz oder zum Teil an den Gleichbehandlungsbeauftragten delegiert werden. Gilt ein Gleichbehandlungsprogramm für mehrere Gesellschaften, steht die Zuordnung des Gleichbehandlungsbeauftragten zu einer Gesellschaft im Ermessen der Unternehmen. Es ist auch zulässig, die Funktion des Gleichbehandlungsbeauftragten auf einen externen Dienstleister zu übertragen, denn § 8 V 1 spricht gerade nicht von „Mitarbeiter", sondern nur von „Person oder Stelle" (*Eder*, in: D/T, EnWG, § 8, Rn. 93 ff.; 99 ff.).

63 **2. Anforderungen an die Person oder Stelle.** Um die Prozeßabläufe innerhalb des Unternehmens beurteilen zu können, muß die betreffende Person über eine gute Kenntnis des Unternehmens verfügen und durch ihre **Aus- und Vorbildung geeignet** sein, diese Aufgabe wahrzunehmen. Der Gleichbehandlungsbeauftragte ist in Bezug auf seine direkten Aufgaben innerhalb des Unternehmens unabhängig (Gemeinsame Auslegungsgrundsätze, S. 21).

III. Gleichbehandlungsbericht

64 Nach § 8 V 3 hat der Gleichbehandlungsbeauftragte der Regulierungsbehörde jährlich spätestens bis zum 31. März einen Bericht über die nach § 8 V 1 getroffenen Maßnahmen des vergangenen Kalenderjahres vorzulegen und zu veröffentlichen. Die Bekanntmachung ist *nicht* formgebunden. Durch den Gleichbehandlungsbericht muß der Regulierungsbehörde ein zutreffendes Bild von den nach § 8 V 1 getroffenen Maßnahmen vermittelt werden. Im übrigen ist der Gleichbehandlungsbeauftragte in der **Wahl der Darstellungsform frei.**

Inhaltlich muß der Bericht durch den Verweis auf die Maßnahmen nach § 8 V 1 die Festlegung und Bekanntmachung des Gleichbehandlungsprogramms, die durchgeführten Überwachungsmaßnahmen und die Bestellung des Gleichbehandlungsbeauftragten zum Inhalt haben. Hinsichtlich des Detaillierungsgrads ist insbesondere § 71 zu beachten, welcher nur für die Vorlage bei der Regulierungsbehörde, nicht aber für die Veröffentlichung gilt. Ansonsten ist kein bestimmter Detaillierungsgrad vorgesehen. Es ist aber davon auszugehen, daß beispielsweise bei zahlreichen Verstößen gegen das Gleichbehandlungsprogramm nicht jeder einzelne geschildert werden muß, sondern typisiert werden darf (*Salje,* EnWG, § 8, Rn. 68). Der Gleichbehandlungsbeauftragte ist nach Sinn und Zweck des Gesetzes nicht nur für die Vorlage und Veröffentlichung, sondern auch für die Erstellung und den Inhalt des Gleichbehandlungsberichts verantwortlich (*Eder,* in: D/T, EnWG, § 8, Rn. 102 ff.).

G. De-minimis-Regelung (§ 8 VI)

§ 8 VI enthält eine § 7 II entsprechende De-minimis-Regelung, die kleine Unternehmen von den Verpflichtungen zur operationellen Entflechtung nach § 8 I–V ausnimmt. Die Bestimmungen der §§ 9 und 10 zur informationellen und buchhalterischen Entflechtung bleiben aber auch für diese Unternehmen verbindlich. Unabhängig von § 8 kann sich daher die Notwendigkeit von operationellen Maßnahmen ergeben, wenn ein Leerlaufen der §§ 9 und 10 im konkreten Einzelfall auf anderem Wege nicht zu vermeiden wäre (BT-Drucks. 15/3917, S. 54). Konkret bedeutet dies, daß EVU, die **weniger als 100.000 angeschlossene Kunden** haben und keine unter die sog. Konzernklausel des § 3 Nr. 38 fallende Beteiligung aufweisen, gemäß § 8 VI, anders als zwischendurch beabsichtigt (BT-Drucks. 15/5268, S. 21), kein Gleichbehandlungsprogramm aufstellen und keinen Gleichbehandlungsbeauftragten benennen müssen (wieder geändert im Vermittlungsausschuß, BT-Drucks. 15/5736 (neu), S. 2; *Theobald/Theobald,* IR 2005, 175, 176).

§ 9 Verwendung von Informationen

(1) **Unbeschadet gesetzlicher Verpflichtungen zur Offenbarung von Informationen haben vertikal integrierte Energieversorgungsunternehmen und Netzbetreiber sicherzustellen, dass die Vertraulichkeit wirtschaftlich sensibler Informationen, von denen**

sie in Ausübung ihrer Geschäftstätigkeit als Netzbetreiber Kenntnis erlangen, gewahrt wird.

(2) **Legen das vertikal integrierte Energieversorgungsunternehmen oder der Netzbetreiber, der im Sinne von § 3 Nr. 38 mit ihm verbunden ist, über die eigenen Tätigkeiten als Netzbetreiber Informationen offen, die wirtschaftliche Vorteile bringen können, so hat dies in nichtdiskriminierender Weise zu erfolgen.**

Übersicht

	Rn.
A. Allgemeines	1
I. Inhalt und Zweck	1
II. Entstehungsgeschichte und europarechtliche Vorgaben	3
B. § 9 I: Inhalt des Vertraulichkeitsgebots	4
I. Adressaten der Verpflichtung	5
II. Wirtschaftlich sensible Informationen	8
III. Kenntnis aus Netzbetreibergeschäftstätigkeit	10
IV. Gesetzliche Verpflichtungen	11
V. Sicherstellung der Vertraulichkeit	13
C. Diskriminierungsfreie Weitergabe von Informationen	18
I. Weitergabe von Informationen	18
II. Diskriminierungsfreiheit	21

A. Allgemeines

I. Inhalt und Zweck

1 § 9 enthält die Regelung zur sog. „informatorischen Entflechtung". Dabei verfolgt die Regelung eine doppelte Zielrichtung: Zum einen sollen die Informationen, die der Netzbetreiber aufgrund seiner Funktion von den Kunden des Netzbetreibers (den Händlern) erhält, **vertraulich behandelt** werden. Zudem soll der Netzbetreiber Informationen nur **diskriminierungsfrei** seinen Kunden (einschließlich des integrierten Unternehmens) **zur Verfügung stellen.** Eine in Ansätzen mit § 9 I vergleichbare Regelung enthält § 17 TKG.

2 Die BNetzA hat am 13. 6. 2007 eine „Gemeinsame Richtlinie der Regulierungsbehörden des Bundes und der Länder zur Umsetzung der informatorischen Entflechtung nach § 9 EnWG" veröffentlicht. Diese Richtlinie gibt das gemeinsame Verständnis der Regulierungsbehörden des Bundes und der Länder zur Auslegung und Anwendung der Bestimmungen zur informatorischen Entflechtung des § 9 wieder. Das Dokument ist – wie es selbst (S. 3) feststellt – keine Festlegung im Sinne des § 29 und hat auch nicht den Charakter einer Verwaltungsvorschrift. Bei einer Umsetzung der **Gemeinsamen Richtlinie** soll gegenüber den Regulierungsbehörden eine **Vermutung** dafür bestehen, die Entflechtung innerhalb des Unternehmens entspreche den **gesetzlichen Vorgaben**. Auch wenn es sich bei der gemeinsamen Richtlinie nicht um eine Verwaltungsvorschrift handelt, dürfte bezüglich der BNetzA und der Regulierungsbehörden der Länder insoweit eine Selbstbindung vorliegen, daß ein Einschreiten gegen einen Netzbetreiber, der die Richtlinie umgesetzt hat, ermessensfehlerhaft wäre.

II. Entstehungsgeschichte und europarechtliche Vorgaben

§ 9 ist in der Fassung des **Regierungsentwurfes** Gesetz geworden. Er setzt die Art. 12 und 16 EltRl sowie Art. 10 und 14 GasRl um. 3

B. § 9 I: Inhalt des Vertraulichkeitsgebots

§ 9 I enthält ein Vertraulichkeitsgebot bezüglich wirtschaftlich sensibler Informationen, von denen der Netzbetreiber in Ausübung seiner Geschäftstätigkeit Kenntnis erlangt. Zielrichtung des Vertraulichkeitsgebots ist es vor allem, den Netzbetreiber daran zu hindern, vertrauliche Informationen, die er von seinen sonstigen Kunden erlangt, an die mit ihm in einem Unternehmen **verbundenen wettbewerblichen Bereiche** weiterzugeben. Umfaßt von der Verpflichtung ist aber auch das Verbot, diese Informationen an andere Kunden weiterzugeben. 4

I. Adressaten der Verpflichtung

Adressaten der Pflichten aus § 9 sind alle vertikal integrierten **Energieversorgungsunternehmen** i. S. d. § 3 Nr. 38 sowie nicht mit einem sonstigen Energieversorgungsunternehmen zusammengeschlossene **Netzbetreiber** (*Eder,* in: D/T, EnWG, § 9, Rn. 5). Die Verpflichtungen aus § 9 sind damit weitergezogen als die Verpflichtungen in §§ 6 bis 8 und 10. Dies ist deshalb gerechtfertigt, weil auch bei einem von Energieversorgungsunternehmen im übrigen unabhängigen Netzbetreiber die Notwendigkeit der vertraulichen Behandlung wirtschaftlich sensibler Informationen besteht. 5

Innerhalb eines integrierten Energieversorgungsunternehmens richten sich die Verpflichtungen insbesondere auch an die sog. Shared-Service-Einheiten (Gemeinsame Richtlinie, S. 7). Über die Nutzung von **Shared-Services** darf es nicht dazu kommen, daß wirtschaftlich sensible Informationen im Sinne des § 9 I dem wettbewerblichen Be- 6 reich zugänglich gemacht werden. Wird die Rechtsabteilung oder die IT-Abteilung des integrierten Unternehmens auch vom Netzbetrieb genutzt, müssen entsprechende Vorkehrungen (**„Chinese Walls"**) getroffen werden, um eine unzulässige Weitergabe von Informationen auszuschließen.

7   Externe Dienstleister werden von der Verpflichtung des § 9 nicht umfaßt. Zutreffend führt allerdings die „Gemeinsame Richtlinie" aus, daß die **Beauftragung Dritter** nicht dazu führen darf, gesetzliche Vorgaben zu umgehen. Werden externen Dienstleistern wirtschaftlich sensible Informationen i. S. d. § 9 I zugänglich gemacht, ist das Energieversorgungsunternehmen verpflichtet, vor Einschaltung dieser Dienstleister die Wahrung der **Vertraulichkeit** durch eine **vertragliche Vereinbarung** mit diesen Dienstleistern sicherzustellen.

II. Wirtschaftlich sensible Informationen

8   Unter wirtschaftlich sensiblen Informationen im Sinne von § 9 I sind alle Daten zu verstehen, die im Rahmen des Netzbetriebes anfallen und für Netzkunden von Bedeutung sein können. Diese Informationen sind unabhängig davon geschützt, ob sie ökonomischer, technischer oder rechtlicher Natur sind. Merkmal dafür, ob Informationen geschützt sind, ist die Frage, ob sie **wirtschaftlich sensibel** sind. Dieser Begriff ist **im Zweifel weit auszulegen.** Wirtschaftlich sensibel sind alle Informationen, welche für Unternehmen, die mit nachgelagerten Einheiten des integrierten Energieversorgungsunternehmens in Wettbewerb treten wollen, nutzbar sind.

9   Wirtschaftlich sensibel sind insbesondere sämtliche Informationen, die für das integrierte Energieversorgungsunternehmen und seine Wettbewerber bei ihrer Tätigkeit – insbesondere bei der **Gewinnung von Kunden** – von Bedeutung sind. Dies umfaßt vertragliche Lieferbeziehungen, Informationen über Anschlüsse und Anlagen der Netznutzer sowie Abnahmecharakteristika wie Leistungsdaten und Arbeitsmengen. Der gemeinsamen Richtlinie ist als Anlage 1 eine Liste wirtschaftlich sensibler/vorteilhafter Netzdaten beigefügt, die nicht abschließend gemeint ist.

III. Kenntnis aus Netzbetreibergeschäftstätigkeit

10   § 9 I bezieht sich auf solche Informationen, deren Kenntnis in Ausübung der Netzbetreibertätigkeit eines Elektrizitäts- oder Gasnetzbetreibers erlangt wird. Dieses Tatbestandsmerkmal ist im Zweifel weit auszulegen. Aus der Natur der Sache her erlangt das Netzunternehmen alle wirtschaftlich sensiblen Informationen, die sich auf das Netzge-

schäft beziehen, aus der Tätigkeit in diesem Bereich (*Schulte-Beckhausen,* in: Hempel/Franke, EnWG, § 9, Rn. 10). Für die Kenntniserlangung in Ausübung der Netzbetreibertätigkeit ist es unerheblich, ob es sich um **Daten** handelt, die **von Kunden des Netzbetriebs** zur Verfügung gestellt werden – etwa im Rahmen der Buchung von Netzkapazität – oder ob es sich um **eigen generierte Informationen** des Netzbetriebs handelt – etwa über Kapazitäten und ihre Auslastung.

IV. Gesetzliche Verpflichtungen

Rechtliche Verpflichtungen zur Weitergabe der wirtschaftlich sensiblen Information gehen der Verpflichtung aus § 9 I hervor. Dies betrifft sowohl Verpflichtungen, Behörden bestimmte Auskünfte zu geben, als auch insbesondere die Fülle von **Veröffentlichungspflichten,** denen Energieversorgungsunternehmen unterliegen. Die Gemeinsame Richtlinie listet in Anlage 2 über 80 solcher Veröffentlichungspflichten auf. 11

Auch **Offenlegungspflichten gegenüber Behörden** (Kartellbehörden, Regulierungsbehörden, Gewerbeaufsicht) gehen der Vertraulichkeitsverpflichtung des § 9 I vor. Da diese Behörden nach § 30 VwVfG oder vergleichbaren Vorschriften zur Amtsverschwiegenheit verpflichtet sind, wird die Vertraulichkeit wirtschaftlich sensibler Informationen durch eine Offenbarung gegenüber Behörden nicht berührt. 12

V. Sicherstellung der Vertraulichkeit

Die Vertraulichkeitsverpflichtung aus § 9 I steht in einem gewissen **Spannungsverhältnis** zu dem Auskunfts- und Einsichtsrecht der Gesellschafter aus **§ 51 a GmbHG.** Würde man der Auskunftsverpflichtung der Gesellschaft gegenüber ihren Gesellschaftern nach § 51 a GmbHG Vorrang vor der Vertraulichkeitsverpflichtung aus § 9 I zukommen lassen, würde die Vertraulichkeit nach § 9 I weitgehend leerlaufen. Es ist daher eine Abwägung zwischen den berechtigten Interessen der Muttergesellschaft im Konzern einerseits und der gebotenen Selbständigkeit der Netztochter andererseits erforderlich (*Schulte-Beckhausen,* in: Hempel/Franke, EnWG, § 9, Rn. 14). Man wird daher den Auskunftsanspruch des Gesellschafters nach § 51 a GmbHG auf aggregierte Daten beschränken müssen, die wettbewerblich keine Relevanz mehr haben. 13

Die Adressaten der Verpflichtung aus § 9 I sind verpflichtet, die Vertraulichkeit der geschützten Informationen sicherzustellen. Dies erfordert geeignete **technische und organisatorische Maßnahmen,** um eine unzulässige Weitergabe zu verhindern. 14

15 Soweit **EDV-Systeme** vom Netzbetreiber und von anderen Einheiten des integrierten Energieversorgungsunternehmens gemeinsam genutzt werden, muß sichergestellt sein, daß andere Einrichtungen über geeignete **Systeme der Zugriffsberechtigung** davon ausgeschlossen werden, auf Daten des Netzbetriebs zuzugreifen. Eine physikalische Trennung der Datenbestände des Netzbetreibers und der anderen Einheiten des integrierten Unternehmens ist nicht notwendig (Gemeinsame Richtlinie, S. 9).

16 Besonderer **organisatorischer Vorkehrungen** bedarf es auch dort, wo außerhalb der EDV sogenannte **Shared Services** genutzt werden. Nutzt etwa der Netzbetreiber die zentrale Rechtsabteilung des integrierten Energieversorgungsunternehmens, muß durch geeignete organisatorische Vorkehrungen sichergestellt werden, daß die Vertraulichkeit der Informationen des Netzbetreibers auch in diesen Einheiten gewahrt wird. Auch hier kommen als mögliche organisatorische Maßnahmen die funktionale oder räumliche Trennung von Vertraulichkeitsbereichen, die Schaffung von Zutrittsbeschränkungen oder die Regelung von Zugriffsberechtigungen auf Daten in Betracht (Gemeinsame Richtlinie, S. 6).

17 Ein besonderes Problem der Wahrung der Vertraulichkeit ergibt sich daraus, daß auch Unternehmen, die nicht zur rechtlichen und organisatorischen Entbündelung verpflichtet sind („De-minimis-Unternehmen"), den Verpflichtungen des § 9 unterfallen. Dies wird ein Minimum an organisatorischen Vorkehrungen erforderlich machen. Zumindest wird man § 9 I entnehmen müssen, daß Mitarbeiter, die mit Aufgaben des Energievertriebs befaßt sind, keine Zuständigkeiten in Bereichen haben dürfen, in denen wirtschaftlich sensible Informationen in Ausübung der Tätigkeit als Netzbetreiber gewonnen werden (*Eder*, in: D/T, EnWG, § 9, Rn. 39).

C. Diskriminierungsfreie Weitergabe von Informationen

I. Weitergabe von Informationen

18 § 9 II bestimmt für die Weitergabe von Informationen, die wirtschaftliche Vorteile bringen können, daß diese Weitergabe in nicht diskriminierender Weise zu erfolgen hat. Es ist sinnvoll, daß ein Netzbetreiber seinen **Transportkunden** eine Anzahl von Informationen zur Verfügung stellt, über die er nur aufgrund seiner Eigenschaft als Netzbetreiber verfügt. Insbesondere liegt es nahe, daß der Netzbetreiber seinen Kunden **Informationen über freie Kapazitäten im Netz, Lastverläufe etc.** zur Verfügung stellt. Solche Informationen erlauben es den Transportkunden, ihre eigene Geschäftspolitik auf die Kapazitäten des Netzes abzustellen.

§ 9 II betrifft die **freiwillige Offenlegung** von Informationen **über die eigene Tätigkeit** als Netzbetreiber. Von § 9 II sind demgemäß solche Informationen nicht umfaßt, die der Netzbetreiber von seinen Transportkunden erhalten hat und die für die Transportkunden wirtschaftlich sensible Informationen darstellen. Bei der Verwendung eigener Informationen aus dem Bereich des Netzbetriebes entscheidet der Netzbetreiber eigenverantwortlich, welche Informationen er zur Verfügung stellen will (vgl. Gemeinsame Richtlinie, S. 10). 19

Keine Anforderungen erwachsen aus § 9 II in dem Fall **gesetzlicher Veröffentlichungspflichten**. In diesem Fall ergibt sich bereits aus der Veröffentlichungspflicht, daß und wie die Information in nichtdiskriminierender Weise weitergegeben werden soll. 20

II. Diskriminierungsfreiheit

Soweit der Netzbetreiber solche Informationen zur Verfügung stellt, muß dies **diskriminierungsfrei** erfolgen. Das heißt, daß der Netzbetreiber dem integrierten Unternehmen keine informatorischen Vorsprünge verschaffen darf. Dies bedeutet, daß er nicht nur sämtliche Informationen, die er zur Verfügung stellen will, sowohl dem integrierten Betreiber als auch allen anderen Transportkunden zur Verfügung stellen muß. Dies bedeutet vielmehr auch, daß diese **Informationen zeitgleich** zur Verfügung gestellt werden müssen. Dabei bietet es sich an, elektronische Portale für die Datenübertragung – an den integrierten Betreiber und an andere Transportkunden – zu nutzen. 21

Zu weitgehend ist es allerdings, wenn die Regulierungsbehörden in der „Gemeinsamen Richtlinie" auf das Internet als Veröffentlichungsmedium hinweisen. Für die Diskriminierungsfreiheit im Sinne des § 9 II ist es auch ausreichend, wenn ein **begrenzter Zugang ("Extranet")** eröffnet wird, der allen Kunden des Netzbetreibers gleichermaßen zur Verfügung steht. 22

§ 10 Rechnungslegung und interne Buchführung

(1) **Energieversorgungsunternehmen haben ungeachtet ihrer Eigentumsverhältnisse und ihrer Rechtsform einen Jahresabschluss nach den für Kapitalgesellschaften geltenden Vorschriften des Handelsgesetzbuchs aufzustellen, prüfen zu lassen und offen zu legen.**

(2) **Im Anhang zum Jahresabschluss sind die Geschäfte größeren Umfangs mit verbundenen oder assoziierten Unternehmen im**

§ 10

Sinne von § 271 Abs. 2 oder § 311 des Handelsgesetzbuchs gesondert auszuweisen.

(3) ¹Unternehmen, die im Sinne von § 3 Nr. 38 zu einem vertikal integrierten Energieversorgungsunternehmen verbunden sind, haben zur Vermeidung von Diskriminierung und Quersubventionierung in ihrer internen Rechnungslegung jeweils getrennte Konten für jede ihrer Tätigkeiten in den nachfolgend aufgeführten Bereichen so zu führen, wie dies erforderlich wäre, wenn diese Tätigkeiten von rechtlich selbständigen Unternehmen ausgeführt würden:
1. Elektrizitätsübertragung;
2. Elektrizitätsverteilung;
3. Gasfernleitung;
4. Gasverteilung;
5. Gasspeicherung;
6. Betrieb von LNG-Anlagen.

²Tätigkeit im Sinne dieser Bestimmung ist auch jede wirtschaftliche Nutzung eines Eigentumsrechts an Elektrizitäts- oder Gasversorgungsnetzen, Gasspeichern oder LNG-Anlagen. ³Für die anderen Tätigkeiten innerhalb des Elektrizitätssektors und innerhalb des Gassektors sind Konten zu führen, die innerhalb des jeweiligen Sektors zusammengefasst werden können. ⁴Für Tätigkeiten außerhalb des Elektrizitäts- und Gassektors sind ebenfalls eigene Konten zu führen, die zusammengefasst werden können. ⁵Soweit eine direkte Zuordnung zu den einzelnen Tätigkeiten nicht möglich ist oder mit unvertretbarem Aufwand verbunden wäre, hat die Zuordnung durch Schlüsselung der Konten, die sachgerecht und für Dritte nachvollziehbar sein muss, zu erfolgen. ⁶Mit der Erstellung des Jahresabschlusses ist für jeden der genannten Tätigkeitsbereiche intern jeweils eine den in Absatz 1 genannten Vorschriften entsprechende Bilanz und Gewinn- und Verlustrechnung aufzustellen. ⁷Dabei sind in der internen Rechnungslegung die Regeln einschließlich der Abschreibungsmethoden anzugeben, nach denen die Gegenstände des Aktiv- und Passivvermögens sowie die Aufwendungen und Erträge den gemäß den Sätzen 1 bis 4 geführten Konten zugeordnet worden sind.

(4) ¹Die Prüfung des Jahresabschlusses gemäß Absatz 1 umfasst auch die Einhaltung der Pflichten zur internen Rechnungslegung nach Absatz 3. ²Dabei ist neben dem Vorhandensein getrennter Konten auch zu prüfen, ob die Wertansätze und die Zuordnung der Konten sachgerecht und nachvollziehbar erfolgt sind und der Grundsatz der Stetigkeit beachtet worden ist. ³Im Bestätigungs-

vermerk zum Jahresabschluss ist anzugeben, ob die Vorgaben nach Absatz 3 eingehalten worden sind.

(5) ¹Der Auftraggeber der Prüfung des Jahresabschlusses hat der Regulierungsbehörde unverzüglich eine Ausfertigung des geprüften Jahresabschlusses einschließlich des Bestätigungsvermerks oder des Vermerks über seine Versagung zu übersenden. ²Die Bilanzen und Gewinn- und Verlustrechnungen für die einzelnen Tätigkeitsbereiche sind beizufügen. ³Unternehmen, die keine Tätigkeiten nach Absatz 3 ausüben, sind von der Verpflichtung nach Satz 1 freigestellt; die Befugnisse der Regulierungsbehörde bleiben unberührt. ⁴Geschäftsberichte zu den Tätigkeitsbereichen, die nicht in Absatz 3 Satz 1 aufgeführt sind, hat die Regulierungsbehörde als Geschäftsgeheimnisse zu behandeln.

Übersicht

	Rn.
A. Zweck und Entstehungsgeschichte	1
I. Zweck	1
II. Entstehungsgeschichte	3
III. Europarechtliche Vorgaben	7
B. Anforderungen an das externe Rechnungswesen (§ 10 I und II)	8
I. Anwendungsbereich	8
II. Grundlagen des externen Rechnungswesens	12
III. Geschäfte mit verbundenen oder assoziierten Unternehmen	18
C. Aktivitätsbezogene interne Rechnungslegung (§ 10 III–V)	22
I. Allgemeines und Adressaten	22
II. Trennung der Konten	24
III. Grundsätze für die Rechnungslegung	26
IV. Zuordnung zu den Konten	29
V. Prüfungsverpflichtung	35
VI. Vorlage an die Regulierungsbehörde	38

A. Zweck und Entstehungsgeschichte

I. Zweck

§ 10 enthält Vorgaben für die externe und die interne Rechnungslegung von Energieversorgungsunternehmen. § 10 I und II, die die externe Rechnungslegung von Energieversorgungsunternehmen betreffen, dienen der **Transparenz und der Publizität** der wirtschaftlichen Verhältnisse der Energieversorgungsunternehmen (Begr. BT-Drucks. 15/

1

3917, S. 55). Sie gehen über die ansonsten nach Handelsrecht bestehenden Publizitätserfordernisse teilweise hinaus. Insbesondere schneiden sie Gestaltungen zur Vermeidung von Publizität ab.

2 § 10 III bis V beziehen sich demgegenüber auf eine interne, nicht der Publizität unterliegende Rechnungslegung der integrierten Energieversorgungsunternehmen. Sie dienen der **Vermeidung von Diskriminierung und Quersubventionierung,** wie in § 10 III 1 ausdrücklich geregelt ist. Die in § 10 III bis V geregelte interne Rechnungslegung dient der Information der Regulierungsbehörde. Eine Veröffentlichungspflicht besteht nicht.

II. Entstehungsgeschichte

3 § 10 hatte in § 9 (Rechnungslegung der Elektrizitätsversorger) und § 9a (Rechnungsleger der Gasversorger) EnWG 1998 zwei unmittelbare **Vorgängervorschriften.** Sie wurden in § 10 in einer einheitlichen Vorschrift zusammengefaßt und dem europäischen Rechtsstand angepaßt. Die in § 9 I 2 EnWG 1998 für Energieversorger noch vorgesehene Offenlegung der segmentierten Jahresabschlüsse gegenüber der Öffentlichkeit haben europäische und nationale Gesetzgeber nicht fortgeführt.

4 § 10 ist in der **Fassung des Regierungsentwurfes** Gesetz geworden (BT-Drucks. 15/3917, S. 13, Begr. S. 55 f.).

5 Der **Bundesrat** ist mit seinem Vorschlag, § 10 IV einen Satz 4 anzufügen, der klarstellt, daß die Befugnisse der Regulierungsbehörde unberührt blieben, **nicht durchgedrungen.** Zur Begründung dieser Änderung hatte der Bundesrat ausgeführt, Gerichte neigten dazu, Wirtschaftsprüfertestaten eine praktisch nicht überprüfbare „Richtigkeitsvermutung" beizumessen (BT-Drucks. 15/3917, S. 80). Dem ist die Bundesregierung mit der Erwägung entgegengetreten, daß der Hinweis auf die Befugnisse der Regulierungsbehörde die Regelungen über die Beweiswürdigung der Gerichte nicht berühren würde (BT-Drucks. 15/4068, S. 3).

6 Durch die Beratungen des **Wirtschaftsausschusses** wurde § 10 V ein weiterer Satz angefügt: Die Regulierungsbehörde soll Dritten auf Antrag bei Vorlegen eines berechtigten Interesses Zugang zu den Jahresabschlüssen, soweit sie nicht bereits nach § 10 I offenzulegen sind, sowie den Bilanzen und Gewinn- und Verlustrechnungen für die einzelnen Tätigkeitsbereiche nach § 10 III 3 gewähren; Betriebs- und Geschäftsgeheimnisse dürfen nicht weitergegeben werden. Zur Begründung hat der Wirtschaftsausschuß ausgeführt, die Zugänglichmachung dieser Informationen könne beispielsweise die Wahrneh-

mung eigener Rechte in einer Rechtsstreitigkeit mit einem Netzbetreiber erleichtern (BT-Drucks. 15/5268, S. 118). Diese Regelung ist zunächst vom Bundestag beschlossen worden, dann im **Vermittlungsverfahren** aber wieder gestrichen worden (BT-Drucks. 15/5736 [neu], S. 2).

III. Europarechtliche Vorgaben

§ 10 setzt die Vorgaben von **Art. 19 EltRl** und **Art. 17 GasRl** um. Differenzierungen, die zwischen Gasversorgungsunternehmen und Elektrizitätsversorgungsunternehmen nach den Richtlinien möglich waren, hat der deutsche Gesetzgeber nicht aufgegriffen.

B. Anforderungen an das externe Rechnungswesen (§ 10 I und II)

I. Anwendungsbereich

Die Verpflichtungen nach § 10 I und II treffen **sämtliche Energieversorgungsunternehmen** und nicht lediglich (wie § 10 III–V) integrierte Energieversorgungsunternehmen. Energieversorgungsunternehmen sind nach der Begriffsbestimmung des § 3 Nr. 18 alle natürlichen oder juristischen Personen, die Energie an andere liefern, ein Energieversorgungsnetz betreiben oder an einem Energieversorgungsnetz als Eigentümer Verfügungsbefugnis besitzen. Dabei ist es ausreichend, wenn eines dieser Merkmale vorliegt. Die Verpflichtung gilt **auch für „De-minimis-Unternehmen"** nach § 7 II und § 8 VI (*Schulte/Beckhausen,* in: Hempel/Franke, EnWG, § 10, Rn. 7, 11).

Unternehmen, die Energie an andere liefern, sind sowohl die **Erzeuger von Energie** als auch die **Händler,** die Energie liefern, ohne über eigene Erzeugungskapazitäten zu verfügen. Nach der nationalen Rechtslage gilt § 10 I und II demnach nicht für Unternehmen, die für den Eigenbedarf Elektrizität erzeugen und Erdgas für den Eigenbedarf gewinnen. Art. 19 EltRl und Art. 17 GasRl gelten nämlich für alle Unternehmen, die energiewirtschaftliche Funktionen wahrnehmen. Da eine unmittelbare Anwendbarkeit der Richtlinien im bipolaren Bürger-Staat-Verhältnis zu Lasten des Bürgers nicht in Betracht kommt (*EuGH,* Slg. 1987, 3969, 3985), finden Art. 19 EltRl und Art. 17 GasRl insoweit keine unmittelbare Anwendung. Unternehmen, die die Eigenversorgung betreiben, fallen daher nicht unter § 10 I und II (a. A. *Schulte-Beckhausen,* in: Hempel/Franke, EnWG, § 10, Rn. 7). Erfaßt sind aber sog. **„Independant Power Producers",** die im Wege des

Contracting die Energieversorgung für ein Unternehmen übernommen haben (hierzu ebenfalls *Schulte-Beckhausen,* a. a. O.), da diese Energie an „andere" liefern. Dies gilt auch, wenn die Energieerzeugung in einem Industrieunternehmen an ein rechtlich selbständiges Tochterunternehmen ausgelagert ist. Von praktischer Bedeutung ist diese Verpflichtung, da diese Tochterunternehmen regelmäßig nach § 264 III HGB von der Möglichkeit des befreienden Konzernabschlusses Gebrauch machen können.

10 § 10 I und II findet auch auf **Betreiber von Energieversorgungsnetzen** Anwendung. Darunter fallen Betreiber von Elektrizitätsversorgungsnetzen (§ 3 Nr. 2) und Betreiber von Gasversorgungsnetzen (§ 3 Nr. 6). Zu den Gasversorgungsnetzen zählen neben Fernleitungsnetzen und Gasverteilernetzen nach § 3 Nr. 20 auch LNG-Anlagen und Speicheranlagen, die für den Zugang zur Fernleitung, zur Verteilung oder zu LNG-Versorgungsanlagen erforderlich sind (§ 3 Nr. 20). Von der Regelung des § 10 ausgenommen sind Betreiber von Objektnetzen nach § 114 I (*Schulte/Beckhausen,* in: Hempel/Franke, EnWG, § 10, Rn. 8).

11 Die Vorschriften von § 10 I und II gelten auch für Unternehmen, die **Verfügungsbefugnis als Eigentümer an einem Energieversorgungsnetz** haben. Dazu reicht bereits die abstrakte Verfügungsbefugnis aus, unter § 10 I und II fallen daher auch Fallgestaltungen, in denen der Verpächter nur noch mittelbarer Besitzer des Netzes ist (vgl. *Salje,* EnWG, § 10, Rn. 7).

II. Grundlagen des externen Rechnungswesens

12 § 10 I bestimmt einheitlich für **alle Energieversorgungsunternehmen** die Grundlagen des externen Rechnungswesens und zwar unabhängig von Eigentumsverhältnissen und Rechtsform. Sämtliche Energieversorgungsunternehmen werden damit den handelsrechtlichen Regelungen über die externe Rechnungslegung der Kapitalgesellschaften nach §§ 264 ff. HGB unterworfen. Bedeutung hat diese Regelung für öffentlich-rechtliche Energieversorgungsunternehmen, für Personenhandelsgesellschaften und im Konzernverbund.

13 Soweit Energieversorgungsunternehmen (ausnahmsweise) in **öffentlich-rechtlicher Rechtsform** betrieben werden, gelten die Rechnungslegungsvorschriften und die Publizitätspflichten des HGB nicht unmittelbar für diese Unternehmen. Als öffentlich-rechtliche Rechtsformen für Energieversorgungsunternehmen kommen der Eigenbetrieb (hierzu *Salje,* EnWG, § 10, Rn. 22) und die Anstalt des öffentlichen Rechts in Betracht. Inwieweit Gemeinden Energieversorgungsunternehmen in diesen Rechtsformen betreiben dürfen und welche Regelungen in diesen Fällen gelten, bemißt sich nach Landesrecht. Mit der Regelung des § 10 I hat der Bundesgesetzgeber dafür Sorge getragen, daß diese Energieversorgungsunternehmen zur Rechnungslegung nach §§ 264 ff. HGB verpflichtet sind. Dies gilt auch für die Publizitätspflichten nach §§ 325 ff. HGB.

Soweit Personengesellschaften Träger eines Energieversorgungsunternehmens sind, folgt aus § 10 I, daß die Ausnahmeregelungen der §§ 264a bis 264c HGB auf solche Gesellschaften keine Anwendung finden. § 264a HGB führt zu einer Privilegierung von solchen Personenhandelsgesellschaften, bei denen mindestens eine **natürliche Person** mittelbar oder unmittelbar **persönlich haftender Gesellschafter** ist. Hintergrund der Regelung ist, daß diese Gesellschaften vom Gesetzgeber als besonders personenbezogen angesehen wurden und er diese Gesellschaften insbesondere keiner Publizitätspflicht unterwerfen wollte. Bei Energieversorgungsunternehmen tritt demgegenüber die Berührung öffentlicher Interessen durch die Tätigkeit dieser Unternehmen in den Vordergrund. 14

Die praktisch größte Bedeutung dürften die Regelungen von § 10 I und II bezüglich der Tochterunternehmen haben, die ohne diese Regelungen nach § 264 III HGB von der Verpflichtung zur Aufstellung, Prüfung und Publizierung des Jahresabschlusses aufgrund eines **befreienden Konzernabschlusses** befreit sind. 15

Im Rahmen der Rechnungslegungsvorschriften des HGB für Kapitalgesellschaften sind bestimmte Erleichterungen für **kleine und mittelgroße Kapitalgesellschaften** (§ 267 HGB) vorgesehen. Privilegierungen finden sich in §§ 274a, 276, 316 I, 326, 327 HGB. Die Erleichterungen betreffen den Detaillierungsgrad von Gewinn- und Verlustrechnung und Bilanz. Kleine Kapitalgesellschaften sind von der Verpflichtung zur Prüfung des Jahresabschlusses befreit (*Eder*, in: D/T, EnWG, § 10, Rn. 13). Auch bezüglich der Offenlegung des Jahresabschlusses gibt es Erleichterungen hinsichtlich des Detaillierungsgrades. 16

Eine kleine Kapitalgesellschaft ist nach der Definition des § 267 I HGB eine Gesellschaft, bei der zwei von drei im Gesetz vorgegebenen Merkmalen nicht überschritten werden: Bilanzsumme von 3,438 Mio. Euro, Umsatzerlöse von 6,875 Mio. Euro, 50 Arbeitnehmer im Jahresdurchschnitt. Nach § 267 II HGB liegt eine mittelgroße Kapitalgesellschaft vor, wenn zwar zwei der vorgenannten Merkmale, aber nicht zwei der folgenden drei Merkmale überschritten werden: Bilanzsumme von 13,75 Mio. Euro, Umsatzerlöse von 27,5 Mio. Euro oder 250 Arbeitnehmer (im Jahresdurchschnitt). Da § 10 I die Anwendung der handelsrechtlichen Vorschriften lediglich unabhängig von Rechtsform 17 und Eigentumsverhältnissen anordnet, finden die Erleichterungen, die auf die Größe des Unternehmens abstellen, auch auf Energieversorgungsunternehmen Anwendung (Auslegungsgrundsätze, S. 29; *Schulte-Beckhausen,* in: Hempel/Franke, EnWG, § 10, Rn. 12; *Salje,* EnWG, § 10, Rn. 35; ausführlich und differenzierend: *Eder,* in: D/T, EnWG, § 10, Rn. 14 ff.).

III. Geschäfte mit verbundenen oder assoziierten Unternehmen

18 § 10 II stellt eine Ergänzung zu den Vorschriften über den Anhang des Jahresabschlusses in §§ 248 f. HGB dar. Energieversorgungsunternehmen müssen **Geschäfte** größeren Umfangs mit verbundenen oder assoziierten Unternehmen im Sinne von § 271 II oder § 311 HGB **gesondert ausweisen.**

19 Bei verbundenen Unternehmen gemäß § 271 II HGB handelt es sich also um Unternehmen, die als **Mutter- oder Tochterunternehmen** in dem Konzernabschluß eines Mutterunternehmens nach den Vorschriften über die Konsolidierung einzubeziehen sind. Dies setzt u. a. eine einheitliche Leitung der unter der Kapitalgesellschaft stehenden Töchter voraus. Assoziierte Unternehmen i. S. d. § 311 HGB sind Unternehmen, bei denen das Tochterunternehmen nicht unter einheitlicher Leitung der Muttergesellschaft steht, die Muttergesellschaft aber maßgeblichen Einfluß auf die Geschäfts- und Finanzpolitik dieses Unternehmens hat. Der maßgebliche Einfluß wird bei **20% der Stimmanteile** am Tochterunternehmen vermutet. Diese Beteiligungen werden im Konzernabschluß teilkonsolidiert, d. h. mit der Beteiligungsquote in den Konzernabschluß einbezogen (*Salje,* EnWG, § 10, Rn. 45 f., 47 f.).

20 Was **Geschäfte größeren Umfangs** sind, ist im EnWG nicht näher definiert. Mit Blick auf die Vielgestaltigkeit der Konstellationen verbietet es sich, an einen absoluten Wert anzuknüpfen. Selbst die Angabe eines bestimmten Prozentsatzes vom Umsatz scheint nicht möglich zu sein. Allgemein läßt sich sagen, daß ein Geschäft größeren Umfangs dann anzunehmen ist, wenn es aus dem Rahmen der gewöhnlichen Energieversorgungstätigkeit herausfällt und für die Bewertung der Vermögens- und Ertragslage des Unternehmens nicht nur von untergeordneter Bedeutung ist (*Schulte-Beckhausen,* in: Hempel/Franke, EnWG, § 10, Rn. 17). Hieraus läßt sich folgern, daß jedenfalls die Geschäfte, die die Grundlage des Netzbetriebs darstellen, im Anhang auszuweisen sind. Dies sind insbesondere **Netzpachtverträge** und **Betriebsführungsverträge.**

21 Ein bestimmter Detaillierungsgrad ist nicht vorgegeben. Es entspricht gängiger Praxis, Geschäfte größeren Umfangs einzeln aufzuführen und durch Angabe wesentlicher Merkmale wie **Datum, Vertragspartner, Gegenstand** des Vertrages **und Volumen** identifizierbar zu machen (*Schulte-Beckhausen,* in: Hempel/Franke, EnWG, § 10, Rn. 19).

C. Aktivitätsbezogene interne Rechnungslegung (§ 10 III–V)

I. Allgemeines und Adressaten

§ 10 III–V enthalten Regelungen über eine aktivitätsbezogene interne Rechnungslegung von **vertikal integrierten Energieversorgungsunternehmen** (§ 10 III), die Prüfung des Jahresabschlusses bezüglich der aktivitätsbezogenen internen Rechnungslegung (§ 10 IV) und ihre Vorlage bei der Regulierungsbehörde (§ 10 V). Die eigentliche Verpflichtung zur aktivitätsbezogenen internen Rechnungslegung ist in § 10 III enthalten. § 10 IV und V haben mit der Verpflichtung zur Prüfung und zur Übersendung der geprüften aktivitätsbezogenen Jahresabschlüsse insoweit Annex-Charakter. Dies wird in § 10 V 3 deutlich, der Unternehmen, die keine Tätigkeiten nach § 10 III ausüben, von der Verpflichtung nach § 10 III 1 (der Vorlage) freistellt.

Adressaten der Verpflichtungen aus § 10 III–V sind vertikal integrierte Energieversorgungsunternehmen i. S. d. § 3 Nr. 38. Kennzeichnend für diese Unternehmen ist, daß sie – zumindest im Rahmen eines verbundenen Unternehmens – **regulierte und unregulierte Tätigkeiten im Bereich der Elektrizitäts- oder Gaswirtschaft** wahrnehmen. Die regulierten Tätigkeiten sind in § 10 III 1 Nr. 1 bis 6 vollständig aufgelistet.

II. Trennung der Konten

§ 10 III 1 bis 4 verpflichten das integrierte Energieversorgungsunternehmen, **aktivitätsbezogen getrennte Konten** zu führen. Bezüglich der regulierten Tätigkeiten bestimmt § 10 III 1, daß die Aktivitäten Elektrizitätsübertragung, Elektrizitätsverteilung, Gasfernleitung, Gasverteilung, Gasspeicherung und Betrieb von LNG-Anlagen jeweils auf getrennten Konten erfaßt werden müssen. Für die weiteren Aktivitäten des integrierten Unternehmens geben § 10 III 3 und 4 vor, daß ebenfalls getrennte Konten für sonstige Aktivitäten im Elektrizitätsbereich, sonstige Aktivitäten im Gasbereich sowie Aktivitäten außerhalb der Energiewirtschaft geführt werden müssen. Bezüglich dieser drei Bereiche können weitere Untergliederungen vorgenommen werden (etwa in

Elektrizitätserzeugung und Elektrizitätsvertrieb, Gaserzeugung und Gasvertrieb etc.). Eine solche Trennung ist aber nicht vorgegeben.

25 § 10 III 2 bestimmt dabei – in Übereinstimmung mit der Begriffsbestimmung in § 3 Nr. 18 für das Energieversorgungsunternehmen – daß auch jede **wirtschaftliche Nutzung eines Eigentumsrechts** an Elektrizitäts- oder Gasversorgungsnetzen, Gasspeichern oder LNG-Anlagen eine Tätigkeit im Sinne dieser Vorschrift darstellt. Dies führt im häufigen Fall der Betriebsaufspaltung dazu, daß auch bei der **Besitzgesellschaft getrennte Konten** für die Tätigkeit der Verpachtung zu führen sind (*Schulte-Beckhausen,* in: Hempel/Franke, EnWG, § 10, Rn. 25).

III. Grundsätze für die Rechnungslegung

26 Nach § 10 III 1 sind die getrennten Konten für die Tätigkeiten so zu führen, wie es erforderlich wäre, wenn diese Tätigkeiten von rechtlich selbständigen Unternehmen ausgeführt würden. Nach § 10 III 6 ist für jeden Tätigkeitsbereich intern eine den in § 10 I genannten Vorschriften entsprechende Bilanz und Gewinn- und Verlustrechnung aufzustellen. Dies bedeutet, daß auch für die interne Rechnungslegung nach § 10 III die Rechnungslegungsvorschriften des HGB maßgeblich sind. Die **interne Rechnungslegung** folgt damit **nicht den Kalkulationsgrundsätzen von StromNEV und GasNEV.** Damit ist aus der Rechnungslegung nicht unmittelbar ablesbar, ob Diskriminierung und Quersubventionierung vermieden wird.

27 Handelsrechtliche Rechnungslegung und regulatorische Entgeltkalkulation stimmen nur insoweit überein, als es sich um die **„operating expenditure" (OPEX)** handelt. Bei dem wesentlichen Kostenblock von Netzbetreibern, den Kapitalkosten oder **„capital expenditure" (CAPEX)** bestehen erhebliche Unterschiede. Diese rühren zunächst daher, daß in der handelsrechtlichen Rechnungslegung die **Abschreibungsdauer** regelmäßig niedriger angesetzt ist, als es den Anlagen 1 zu StromNEV und GasNEV entspricht. Zudem werden in der handelsrechtlichen Rechnungslegung lediglich die tatsächlich gezahlten Schuldzinsen als Kosten ausgewiesen. Kalkulatorisch werden demgegenüber nach § 7 StromNEV/GasNEV **kalkulatorische Kosten für Eigenkapitalverzinsung** angesetzt. Aus dem Ergebnis der getrennten Rechnungslegung nach § 10 III kann demnach nicht geschlossen werden, ob unzulässige Quersubventionierungen erfolgen. Bedeutung hat die getrennte Rechnungslegung nach § 10 III vor allem für die Allokation der OPEX.

28 § 10 III 7 schreibt vor, daß die Regeln einschließlich der Abschreibungsmethoden anzugeben sind, nach denen die Gegenstände des Ak-

tiv- und Passivvermögens sowie die Aufwendungen und Erträge den gemäß § 10 III 1–4 geführten Konten zugeordnet werden. § 10 IV 2 hebt zudem hervor, daß der **Grundsatz der Stetigkeit** auch im internen Rechnungswesen zu beachten ist. Dies bedeutet nicht, daß ein Methodenwechsel von vornherein ausgeschlossen wäre. Aus dem Gebot der Stetigkeit folgt aber, daß im Fall eines Methodenwechsels eine **Überleitrechnung** zu erstellen ist, die einen Vergleich aufeinander folgender Jahresabschlüsse ermöglicht.

IV. Zuordnung zu den Konten

§ 10 III 5 bestimmt, daß in den Fällen, in denen eine direkte Zuordnung zu den einzelnen Tätigkeiten nicht möglich ist oder mit unvertretbarem Aufwand verbunden wäre, die **Zuordnung durch Schlüsselung auf Konten,** die sachgerecht und für Dritte nachvollziehbar sein muß, zu erfolgen hat. Die Zuordnung zu den Konten der verschiedenen Tätigkeitsbereiche hat dabei in drei Schritten zu erfolgen:

In einem ersten Schritt werden den Konten der verschiedenen Tätigkeitsbereiche die Kosten zugeschlüsselt, die unmittelbar zur Erbringung der Leistungen in den einzelnen Tätigkeitsbereichen dienen. Hierbei handelt es sich um die **Einzelkosten** der jeweiligen Tätigkeitsbereiche.

In einem zweiten Schritt sind die **vereinzelbaren Gemeinkosten** den einzelnen Tätigkeitsbereichen zuzuordnen. Diese vereinzelbaren Gemeinkosten fallen zunächst auf gemeinsamen Kostenstellen an und können über Verrechnungspreise den Sekundärkostenstellen zugeordnet werden.

Schließlich sind in einem letzten Schritt die **Gemeinkosten den Sekundärkostenstellen** nach sachgerechten und für Dritte nachvollziehbaren Kriterien **zuzuordnen.** In der Praxis werden unterschiedliche Modelle der Schlüsselung verwendet, etwa die Schlüsselung nach Umsatz, nach Rohmargen, nach Mitarbeitern bzw. Personalaufwand, nach Anlagen oder nach speziellen energiewirtschaftlichen Schlüsseln anknüpfend an Leistung und Arbeit (vgl. *Schulte-Beckhausen,* in: Hempel/Franke, EnWG, § 10, Rn. 34). Für die Gemeinkosten, die nicht vereinzelbar sind, hat dabei in der Praxis die Methode der Zuschlüsselung nach Gemeinkostenzuschlagssätzen die größte Bedeutung. Bei dieser Methode werden die Gemeinkosten – ggf. differenziert nach Organisationseinheiten – in der Weise zugeschlüsselt, daß ein **Gemeinkostenzuschlagssatz** ermittelt wird. Dabei spielt die Einordnung bestimmter Kosten als Gemeinkosten einerseits oder als Einzelkosten und vereinzelbare Gemeinkosten andererseits eine entscheidende

Rolle. Meinungsverschiedenheiten bei der Zuordnung können sich hier erheblich auswirken.

33 Ob Gemeinkosten vereinzelt werden müssen, richtet sich danach, ob eine direkte Zuordnung der einzelnen Tätigkeiten nicht möglich oder mit unvertretbarem Aufwand verbunden wäre. Hiernach entscheidet sich etwa, ob die Kosten einer zentralen Rechtsabteilung aufgrund der **für die einzelnen Tätigkeitsbereiche geleisteten Stunden** umgelegt werden müssen oder ob eine Umlegung über **pauschale Gemeinkostenzuschlagssätze** zulässig ist.

34 Die Pflicht zur getrennten Kontenführung bedeutet nicht, daß ein Unternehmen während des Jahres getrennte Buchungen vornehmen muß. Es ist auch eine **Überleitung zulässig,** nach der die im Laufe des Geschäftsjahres gebuchten Kosten am Ende des Geschäftsjahres auf getrennte Konten übergeleitet werden. Hier kann dann eine Verrechnung von Primärkonten auf Sekundärkonten erfolgen (*Schulte-Beckhausen,* in: Hempel/Franke, EnWG, § 10, Rn. 26; *Eder,* in: D/T, EnWG, § 10, Rn. 30; Begr., BT-Drucks. 15/3917, S. 55).

V. Prüfungsverpflichtung

35 Nach § 10 IV 1 umfaßt die **Prüfung** des Jahresabschlusses auch die **Einhaltung der Pflichten zur internen Rechnungslegung** nach § 10 I. Eine Prüfung des Jahresabschlusses durch einen Abschlußprüfer ist in § 316 I HGB für mittelgroße und große Kapitalgesellschaften vorgeschrieben. Diese Regelung gilt nach § 10 I auch für Energieversorgungsunternehmen, die keine Kapitalgesellschaften sind.

36 In der Literatur ist umstritten, ob die Verpflichtung zur Prüfung des Jahresabschlusses aus § 316 I HGB im Rahmen des § 10 auch für **kleine Energieversorgungsunternehmen i. S. d. § 267 HGB** gilt (so *Schulte-Beckhausen,* in: Hempel/Franke, EnWG, § 10, Rn. 38; a. A. *Salje,* EnWG, § 10, Rn. 15; *Eder,* in: D/T, EnWG, § 10, Rn. 13). Überwiegendes spricht dafür, kleine Energieversorgungsunternehmen hier auszunehmen. Die Regelung des § 316 I HGB beruht auf der Überlegung, daß eine Prüfung des Jahresabschlusses bei kleinen Kapitalgesellschaften mit einem unverhältnismäßigen Aufwand verbunden ist. Dies würde erst recht gelten, wenn die kleinen Energieversorgungsunternehmen auch noch ihren aktivitätsbezogenen Abschluß prüfen lassen müßten. Daß das Institut der Wirtschaftsprüfer eine andere Rechtsauffassung vertritt, dürfte in erster Linie an den Interessen der Berufsstandes liegen (IDW, Stellungnahme zur Rechnungslegung [IDW ERS ÖFA 2 n. F.], WPg 2006, 465 [2.1.(4)]; ebenso *Ellerich,* WPg 2006, 836).

Soweit Energieversorgungsunternehmen prüfungspflichtig sind, erweitert § 10 IV die Prüfungspflicht darauf, ob die Wertansätze und die Zuordnung der Konten sachgerecht und nachvollziehbar erfolgt sind und der Grundsatz der Stetigkeit beachtet worden ist. Der Abschlußprüfer hat aufgrund dieser Vorschrift die **Abschlüsse der einzelnen Tätigkeitsbereiche** so zu prüfen, **als ob** es sich um **Abschlüsse eigenständiger Unternehmen** handeln würde. § 10 IV 3 zieht die Konsequenz aus der umfassenden Prüfungspflicht des Abschlußprüfers. Dieser hat im **Bestätigungsvermerk** ausdrücklich anzugeben, ob die Vorgaben nach § 10 III eingehalten wurden. 37

VI. Vorlage an die Regulierungsbehörde

Nach § 10 V 1 hat der **Auftraggeber** der Prüfung des Jahresabschlusses der Regulierungsbehörde unverzüglich eine Ausfertigung des geprüften Jahresabschlusses (einschließlich der aktivitätsbezogenen Abschlüsse nach § 10 III) einschließlich des Bestätigungsvermerks oder Vermerks über seine Versagung zu übersenden. Nach § 318 I 1 HGB wird der Abschlußprüfer von den **Gesellschaftern** gewählt (*Salje,* EnWG, § 10, Rn. 131). Der Auftrag wird von den gesetzlichen Vertretern bzw. vom Aufsichtsrat erteilt (§ 318 I 4 HGB). Die **gesetzlichen Vertreter des Energieversorgungsunternehmens bzw. sein Aufsichtsrat wird also verpflichtet**, den Jahresabschluß einschließlich des Bestätigungsvermerks der Regulierungsbehörde zu übermitteln. 38

Dem Jahresabschluß der integrierten Energieversorgungsunternehmen sind die Bilanzen und Gewinn- und Verlustrechnungen für die einzelnen Tätigkeitsbereiche nach § 10 III beizufügen. 39

Geschäftsberichte zu den Tätigkeitsbereichen, die nicht zu den regulierten Tätigkeitsbereichen nach § 10 III 1 gehören, hat die Regulierungsbehörde als **Geschäftsgeheimnisse** zu behandeln. Diese Formulierung provoziert Mißverständnisse. Man könnte sie so verstehen, daß der Jahresabschluß und die Erläuterungen zu den in § 10 III 1 aufgeführten regulierten Bereichen von der Regulierungsbehörde Dritten zugänglich gemacht werden dürfen. Gegen dieses Verständnis spricht aber die Entstehungsgeschichte. Ein Vorstoß des Wirtschaftsausschusses, in § 10 III V einen weiteren Satz anzufügen, nach dem die Regulierungsbehörden Dritten auf Antrag bei Vorlegen eines berechtigten Interesses Zugang zu den Jahresabschlüssen, soweit sie nicht bereits nach § 10 I offenzulegen sind, gewähren soll, ist nämlich im Vermittlungsverfahren gestrichen worden. **Hieraus folgt, daß** die Regulierungsbehörde **diese Abschlüsse nach § 10 III** eben- 40 falls nach § 30 VwVfG als **Betriebs- und Geschäftsgeheimnisse** vertraulich behandeln muß, soweit die Energieversorgungsunternehmen nicht nach anderen Vorschriften verpflichtet sind, diese Abschlüsse zu publizieren.

Teil 3. Regulierung des Netzbetriebs

Abschnitt 1. Aufgaben der Netzbetreiber

§ 11 Betrieb von Energieversorgungsnetzen

(1) [1]Betreiber von Energieversorgungsnetzen sind verpflichtet, ein sicheres, zuverlässiges und leistungsfähiges Energieversorgungsnetz diskriminierungsfrei zu betreiben, zu warten und bedarfsgerecht auszubauen, soweit es wirtschaftlich zumutbar ist. [2]Sie haben insbesondere die Aufgaben nach den §§ 12 bis 16 zu erfüllen. [3]Die Verpflichtung gilt auch im Rahmen der Wahrnehmung der wirtschaftlichen Befugnisse der Leitung des vertikal integrierten Energieversorgungsunternehmens und seiner Aufsichtsrechte nach § 8 Abs. 4 Satz 2.

(2) [1]In Rechtsverordnungen über die Regelung von Vertrags- und sonstigen Rechtsverhältnissen können auch Regelungen zur Haftung der Betreiber von Energieversorgungsnetzen aus Vertrag und unerlaubter Handlung für Sach- und Vermögensschäden, die ein Kunde durch Unterbrechung der Energieversorgung oder durch Unregelmäßigkeiten in der Energieversorgung erleidet, getroffen werden. [2]Dabei kann die Haftung auf vorsätzliche oder grob fahrlässige Verursachung beschränkt und der Höhe nach begrenzt werden. [3]Soweit es zur Vermeidung unzumutbarer wirtschaftlicher Risiken des Netzbetriebs im Zusammenhang mit Verpflichtungen nach § 13 Abs. 2, auch in Verbindung mit § 14, und § 16 Abs. 2 erforderlich ist, kann die Haftung darüber hinaus vollständig ausgeschlossen werden.

Literatur: *Badura,* Netzzugang oder Mitwirkungsrecht Dritter bei der Energieversorgung mit Gas, DVBl. 2004, 1197 ff.; *Baur,* Der Regulator, Befugnisse, Kontrollen – Einige Überlegungen zum künftigen Regulierungsrecht, ZNER 2004, 318 ff.; *Büdenbender,* Durchleitungen in der Elektrizitätswirtschaft und Eigentumsschutz, WuW 2000, 119 ff.; *Büttner/Däuper,* Weitere typische Klauseln in Gaslieferverträgen – Teil 3, ZNER 2003, 205, 209; *Ehricke,* Der europäische Regelungsansatz zur Versorgungssicherheit in Bezug auf Stromnetze – zum Richtlinienvorschlag für die Sicherung der Elektrizitätsversorgung, ZNER 2004, 211 ff.; *Ehricke/Kästner,* Haftungsbeschränkungen für Netzbetreiber am Übergang zum neuen EnWG, et 2005, 242 f.; *Fritz/Linke/Haber,* Vermiedene Netzausbaukosten durch Zubau dezentraler Energieversorgung, et 2005, 798 ff.; *Holzherr/*

Kofluk, Wertorientierte Führung von regulierten Stromnetzgesellschaften, et 2004, 718 ff.; *Koenig/Kühling/Winkler,* Pflichten zur Veränderung von Netzinfrastrukturen, WuW 2003, 228; *Papier,* Durchleitungen und Eigentum, BB 1997, 1213 ff.; *Säcker,* Der Referentenentwurf zum Energiewirtschaftsrecht – ordnungspolitische und rechtsdogmatische Grundsatzbemerkungen, N&R 2004, 46 ff.; *Schmidt-Preuß,* Die Gewährleistung des Privateigentums durch Art. 14 GG im Lichte aktueller Probleme, AG 1996, 1 ff.; *Schulze,* Verpflichtung marktbeherrschender Netzbetreiber zum Netzausbau?, et 2001, 816 ff.; *Wagner/Igelspacher,* Netzzugangsmodelle für Gas im Spannungsfeld von Technik und Handelsflexibilität, et 2004, 564 ff.

Übersicht

	Rn.
A. Allgemeines	1
I. Inhalt	1
II. Zweck	2
B. Betrieb von Energieversorgungsnetzen (§ 11 I)	5
I. Normadressat	6
II. Allgemeine Betriebspflicht (§ 11 I 1)	9
1. Kooperationspflichten der Netzbetreiber	10
2. Sicherheit, Zuverlässigkeit und Leistungsfähigkeit	11
a) Sicherheit	12
b) Zuverlässigkeit und Leistungsfähigkeit	15
c) Maßstab, insbesondere technisches Regelwerk	18
3. Betrieb, Wartung und Ausbau	24
a) Diskriminierungsfreier Betrieb	25
b) Wartung	30
c) Bedarfsgerechter Ausbau	31
4. Wirtschaftliche Zumutbarkeit	38
5. Durchsetzung der Betriebspflicht	40
III. Aufgabenerfüllung nach den §§ 12 bis 16 a (§ 11 I 2)	41
IV. Vertikal integrierte Energieversorgungsunternehmen (§ 11 I 3)	42
C. Verordnungsermächtigung (§ 11 II)	43

A. Allgemeines

I. Inhalt

1 § 11 setzt Art. 9 lit. a bis d und Art. 14 I, III, VII der EltRl sowie Art. 8 I lit. a und c und Art. 12 I und III GasRl in deutsches Recht um (Begr. BT-Drucks. 15/3917 S. 56). Die Vorschrift regelt Anforderungen an den Betrieb und Ausbau von Energieversorgungsnetzen. Sie ergänzt für Netzbetreiber die für Energieversorgungsunternehmen allgemein geltende Pflicht aus § 2 I, zu einer dem Gesetzeszweck entsprechenden Energieversorgung beizutragen. Gegenstand von § 11 I sind Anforderungen an den Betrieb, die Wartung und den Ausbau von Energieversorgungsnetzen. § 11 II enthält eine unselbständige Verordnungsermächtigung. Sie erlaubt im Rahmen von Rechtverordnungen zu Vertrags- und sonstigen Rechtsverhältnissen Regelungen zur Haftung der Netzbetreiber.

II. Zweck

Eine **sichere Energieversorgung** setzt eine ausreichende Menge 2 qualitativ hochwertiger und verknüpfter Transportkapazität voraus. Dem trägt § 11 Rechnung. Die Anforderungen an den Netzbetrieb und -ausbau sollen außerdem sicherstellen, daß es beim Auftreten von Störungen nicht zu einem Zusammenbruch der Energieversorgungsnetze kommt (vgl. *Ehricke*, ZNER 2004, 211, 212). Im Stromsektor beruhen Versorgungsunterbrechungen in etwa 80 Prozent der Fälle auf Störungen im Bereich der Mittelspannungsnetze. Etwa 20 Prozent gehen auf Störungen im Niederspannungsbereich zurück. Abgesehen von Großstörungen spielt der Ausfall von Hoch- und Höchstspannungsnetzen für Versorgungsunterbrechungen keine nennenswerte Rolle. Das Gleiche gilt für Kraftwerksausfälle (*VDN*, Daten und Fakten – Stromnetze in Deutschland 2005, Ziff. 16). Das EnWG enthält auch keine entsprechenden Regelungen für Energieerzeuger. Für sie bleibt es bei den sich aus § 2 I ergebenden Anforderungen.

Mit § 11 reagiert der Gesetzgeber auf die fortschreitende **Liberali-** 3 **sierung des Strom- und Gasmarktes**. Sie führt zu veränderten rechtlichen und tatsächlichen Rahmenbedingungen. Nach Wegfall der kartellrechtlichen Sonderbehandlung des Strom- und Gasmarktes sollen in erster Linie Marktkräfte eine sichere und preisgünstige Energieversorgung gewährleisten (*Danner/Theobald*, in: D/T, EnWG, § 1, Rn. 2). Dies wirkt sich auch und gerade auf Energieversorgungsnetze aus. Der Betrieb und Ausbau der Netze ist mit erheblichen Investitionen verbunden. Anders als bei geschlossenen Gebietsmonopolen lassen sich in einem Wettbewerbsmarkt diese Investitionen nicht ohne weiteres auf Strom- und Gaskunden abwälzen. Die Netzbetreiber reagieren deshalb mit Kostensenkungsmaßnahmen auf den zunehmenden Wettbewerb. Sie betreffen den Betrieb und die Instandhaltung von Energieversorgungsnetzen ebenso wie Investitionen in den Netzausbau. Ein allein am Maßstab der Kosteneffizienz orientierter Netzbetrieb kann zu mangelnden Transportkapazitäten führen. Dies hat negative Auswirkungen auf die **Versorgungssicherheit**.

Für den Fall eines Marktversagens eröffnet § 11 die Möglichkeit ei- 4 ner **staatlichen Intervention**. § 11 begegnet damit der Gefahr, daß die Versorgungssicherheit im Netzbereich unter Wettbewerbsbedingungen absinkt. Deshalb werden Netzbetreiber im Rahmen des wirtschaftlich Zumutbaren dazu verpflichtet, durch den Betrieb, die Wartung und den Ausbau der Energieversorgungsnetze einen (entscheidenden) Beitrag zur Versorgungssicherheit zu leisten (vgl. auch *Ehricke,* ZNER 2004, 213, 215; *Schulze,* et 2001, 816).

B. Betrieb von Energieversorgungsnetzen (§ 11 I)

5   Gemäß § 11 I 1 ist Aufgabe der Netzbetreiber der Betrieb, die Wartung und der Ausbau von Energieversorgungsnetzen. § 11 I 2 enthält einen klarstellenden Verweis auf die besonderen Aufgabenzuweisungen in §§ 12 bis 16 a. § 11 I 3 stellt klar, daß auch bei der Ausübung von Leitungs- und Aufsichtsrechten in einem vertikal integrierten Energieversorgungsunternehmen die Aufgaben der Netzbetreiber zu beachten sind.

I. Normadressat

6   Adressat von § 11 sind die Betreiber von Energieversorgungsnetzen (dazu § 3, Rn. 14). § 11 erfaßt **Elektrizitätsversorgungsnetze** und **Gasversorgungsnetze** gleichermaßen. Dies gilt unabhängig von der Spannungsebene oder Druckstufe (§ 3 Nr. 4). Im Strombereich betrifft § 11 Betreiber von Übertragungs- oder Elektrizitätsverteilernetzen (§ 3 Nr. 2; vgl. § 12, Rn. 4, § 14, Rn. 2). Im Gasbereich fallen Betreiber von Fernleitungsnetzen, Gasverteilernetzen, LNG-Anlagen und Speicheranlagen in den Anwendungsbereich von § 11 (§ 3 Nr. 6 und 20; vgl. § 15, Rn. 4, und 16 § 16 a, Rn. 2). Auf Betreiber von Speicheranlagen ist § 11 anwendbar, wenn Speicheranlagen für den Zugang zur Fernleitung, zur Verteilung und zu LNG-Anlagen erforderlich sind. Darüber hinaus müssen die Anlagen einem oder mehreren Energieversorgungsunternehmen gehören oder von ihm bzw. von ihnen betrieben werden. Für die in § 110 geregelten **Objektnetze** gilt § 11 nicht. Sie fallen aus dem Anwendungsbereich des dritten Teils des EnWG heraus.

7   Betreiber von Energieversorgungsnetzen können juristische oder natürliche Personen sein. Es kann sich auch um unselbständige Organisationseinheiten eines Energieversorgungsunternehmens handeln. Sie müssen jeweils die Aufgaben des Netzbetriebs, der Netzwartung und gegebenenfalls des Netzausbaus wahrnehmen (§ 3 Nr. 5, 6, 7, 8 und 9). Regelmäßig sind Netzbetreiber rechtlich selbständige juristische Personen (wegen des rechtlichen Unbundlings gem. § 7 sind Netzbetreiber

vertikal integrierter Energieversorgungsunternehmen in selbständiger Rechtsform zu führen). Unselbständige Organisationseinheiten können Netzbetreiber sein, soweit sie nicht den Anforderungen aus § 7 unterliegen. Dies ist aufgrund der De-minimis-Regelung in § 7 II bei Energieversorgungsunternehmen der Fall, an deren Elektrizitätsverteilernetz oder Gasversorgungsnetz unmittelbar oder mittelbar weniger als 100.000 Kunden angeschlossen sind (s. § 7, Rn. 41 ff.). Ferner gilt das rechtliche Unbundling nicht für Betreiber von LNG-Anlagen und Speicheranlagen (§ 6 I 3). Die Einbeziehung natürlicher Personen als Netzbetreiber ist konsequent, um Lücken zu vermeiden. Sie wird in der Praxis jedoch keine nennenswerte Rolle spielen.

Der **Betreiberbegriff** wird im EnWG nicht definiert. Entscheidend **8** ist, wer das Netz faktisch betreibt. Dafür ist die tatsächliche Sachherrschaft über das Netz ausschlaggebend. Der Netzbetreiber muß die Möglichkeit haben, den Netzbetrieb in technischer und in wirtschaftlicher Hinsicht zu steuern. Er muß die Verantwortung für die Betriebssicherheit tragen (*Büdenbender,* EnWG, § 4, Rn. 14; *Danner,* in: D/T, EnWG, § 4, Rn. 7, und § 4a, Rn. 6). Bei Netzgesellschaften vertikal integrierter Energieversorgungsunternehmen ergibt sich aus den Bestimmungen zur operationellen Entflechtung des Netzbetriebs in § 8, daß die Netzgesellschaften von der Leitung des integrierten Unternehmens unabhängig den Netzbetrieb steuern können. Sie müssen nach § 8 dazu personell, organisatorisch und im Hinblick auf ihre Entscheidungsbefugnisse in der Lage sein. § 11 I 3 verpflichtet ferner die Leitung integrierter Energieversorgungsunternehmen auf die Erfüllung der Aufgaben nach §§ 11 bis 16 a. Sie muß diese bei der – gem. § 8 IV 2 grundsätzlich zulässigen – Ausübung gesellschaftsrechtlicher Leitungs- und Aufsichtsrechte beachten. Neben den Netzbetreibern selbst sind insofern auch integrierte Energieversorgungsunternehmen Adressat der §§ 11 bis 16 a (vgl. Rn. 43).

II. Allgemeine Betriebspflicht (§ 11 I 1)

§ 11 I 1 verpflichtet Betreiber von Energieversorgungsnetzen zum **9** Betrieb, zur Wartung und zum bedarfsgerechten Ausbau ihrer Netze. Die Energieversorgungsnetze müssen sicher, zuverlässig und leistungsfähig sein. § 11 I 1 stellt die Aufgabenerfüllung durch die Netzbetreiber ausdrücklich unter den Vorbehalt des wirtschaftlich Zumutbaren. Darüber hinaus muß sich die Auslegung der Vorschrift an den Zielen des § 1 orientieren. Dazu gehören insbesondere das Interesse der Energieverbraucher an einer preisgünstigen Energieversorgung und Belange des Umweltschutzes (dazu § 1, Rn. 22 ff., Begr. BT-Drucks. 15/3917 S. 56).

10 1. Kooperationspflichten der Netzbetreiber. Zur Gewährleistung der Versorgungssicherheit können die einzelnen Netze nicht isoliert betrachtet werden. Dies gilt aufgrund des stark vermaschten Verbundnetzes besonders im Stromsektor. Allerdings sind die Netzbetreiber unmittelbar nur für ihre eigenen Netze verantwortlich; nur auf diese haben sie Zugriff. Deshalb ist eine **Kooperation der Netzbetreiber** bei der Erfüllung der ihnen obliegenden Aufgaben unverzichtbar (*Badura,* DVBl. 2004, 1197). Dies gilt zumindest für den Netzbetrieb und -ausbau. Wartungsarbeiten müssen koordiniert werden, wenn Netze eines anderen Betreibers während der Wartung die entsprechenden Transportaufgaben übernehmen sollen. § 11 I 1 geht auf eine Kooperation der Netzbetreiber nicht ein. Dagegen sehen §§ 12 I und 15 I sowie – durch einen Verweis auf diese Vorschriften – §§ 14 I und § 16 a 1 ausdrücklich vor, daß der Netzbetrieb im nationalen und internationalen Verbund zu erfolgen hat. Außerdem regeln §§ 12 II und 15 II gegenseitige Informationspflichten der Betreiber von Übertragungs- und Fernleitungsnetzen. Auch im Rahmen der allgemeinen Betriebspflicht des § 11 I 1 kann der Verbund mit anderen Netzen nicht ausgeblendet werden. Es liegt auf der Hand, daß in der Praxis weder beim Netzbetrieb noch beim Netzausbau Insellösungen umgesetzt werden können. Deshalb besteht auch nach § 11 I 1 eine Verpflichtung der Netzbetreiber, soweit erforderlich bei der Erfüllung der ihnen zugewiesenen Aufgaben zu kooperieren.

11 2. Sicherheit, Zuverlässigkeit und Leistungsfähigkeit. § 11 I 1 schreibt einen bestimmten **Qualitätsstandard** der Energieversorgungsnetze vor. Er ist von den Netzbetreibern bei Betrieb, Wartung und Ausbau der Netze zu gewährleisten. Die Netzbetreiber haben dafür zu sorgen, daß die Netze sicher, zuverlässig und leistungsfähig sind. Unter dieser Voraussetzung können Energieversorgungsnetze die ihnen zukommende Transportfunktion bei der Energieversorgung wahrnehmen und ihren Beitrag zur Versorgungssicherheit leisten.

12 a) Sicherheit. Die Sicherheit der Netze kann unter zwei Gesichtspunkten von Bedeutung sein. Zum einen kann darunter die technische Anlagensicherheit verstanden werden. Zum anderen kann Sicherheit auch Versorgungssicherheit meinen (*Büdenbender,* EnWG, § 1, Rn. 17; *Ehricke,* ZNER 2004, 211, 212; *Danner/Theobald,* in: D/T, EnWG, § 1, Rn. 11 f.). Gegenstand der **technischen Anlagensicherheit** ist die Einhaltung technischer Standards zum Schutz der Allgemeinheit und der Mitarbeiter vor Schäden. Daß § 11 I 1 die Beachtung dieser Standards beim Betrieb von Energieversorgungsnetzen voraussetzt, ist nicht zweifelhaft. Darin liegt aber nicht der wesentliche Regelungsgehalt der

Vorschrift. Außer in spezialgesetzlichen Regelungen wird die technische Anlagensicherheit im EnWG selbst bereits an anderer Stelle geregelt. Gemäß § 49 I 1 sind Energieanlagen so zu errichten und zu betreiben, daß die technische Sicherheit gewährleistet ist (dazu § 49, Rn. 4). Zu den Energieanlagen nach § 3 Nr. 15 gehören auch die Energieversorgungsnetze; § 3 Nr. 15 entspricht der in § 2 II EnWG a. F. enthaltenen Legaldefinition der Energieanlagen (Begr. BT-Drucks. 15/3917 S. 48). Anforderungen an die technische Anlagensicherheit von Energieversorgungsnetzen werden also bereits außerhalb von § 11 I 1 geregelt.

Die Forderung sicherer Energieversorgungsnetze in § 11 I 1 zielt in erster Linie auf die **Versorgungssicherheit** ab. Danach sind sichere Energieversorgungsnetze solche, die eine im wesentlichen unterbrechungsfreie, d. h. eine regelmäßige Energieversorgung ermöglichen. Diese Auslegung entspricht dem Zweck der Vorschrift (Rn. 3). Sie trägt der zentralen Bedeutung der Energieversorgungsnetze für die Versorgungssicherheit Rechnung. Versorgungssicherheit läßt sich nur bei Verfügbarkeit ausreichender und qualitativ hochwertiger Transportkapazitäten für Strom und Gas gewährleisten. In einer hoch technisierten Gesellschaft können Unterbrechungen der Energieversorgung aufgrund von Netzausfällen schwerwiegende Folgen haben. Dies liegt für die Stromversorgung auf der Hand. Im Gasbereich gilt im Grundsatz nichts anderes. Zwar kann Gas durch andere Energieträger (Kohle, Öl, Fernwärme und Strom) ersetzt werden. Eine unterbrechungsfreie Versorgung ist aber trotzdem unverzichtbar. Auch im Gasbereich kann auf Versorgungsunterbrechungen jedenfalls nicht kurzfristig reagiert werden (vgl. dazu *Büdenbender,* EnWG, § 1, Rn. 32).

Für diese Verständnis des Sicherheitsbegriffs in § 11 I 1 sprechen auch Art. 9 und 14 EltRl sowie Art. 8 und Art. 12 GasRl, deren Umsetzung in deutsches Recht § 11 dient (Rn. 1). Sie stellen die Verpflichtung, sichere Energieversorgung zu betreiben, in den Zusammenhang der Versorgungssicherheit. Besonders deutlich wird dies in Art. 9 lit. a EltRl. Danach ist die Unterhaltung eines sicheren (sowie zuverlässigen und effizienten) Elektrizitätsversorgungsnetzes notwendige Voraussetzung für die von den Übertragungsnetzbetreibern zu regelnde Energieübertragung.

b) Zuverlässigkeit und Leistungsfähigkeit. § 11 I 1 verpflichtet die Netzbetreiber weiter dazu, zuverlässige und leistungsfähige Energieversorgungsnetze zu betreiben. Soweit – wie hier – Sicherheit im Sinne von Versorgungssicherheit verstanden wird, haben diese Kriterien nur eine begrenzte eigenständige Bedeutung. Bei beiden handelt es sich um Teilaspekte der Versorgungssicherheit.

§ 11 16–19 Teil 3. Regulierung des Netzbetriebs

16   Unter Zuverlässigkeit wird (im Bereich der Technik) allgemein die Fähigkeit einer betrachteten Einheit, eines Verfahrens oder Materials verstanden, innerhalb der vorgegebenen Toleranzen den durch den Verwendungszweck bestimmten Anforderungen, die an das Verhalten ihrer Eigenschaften während einer gegebenen Zeitdauer gestellt werden, zu genügen. Wichtige Kenngrößen sind Lebensdauer, Ausfallrate und Verfügbarkeit. Legt man dieses Begriffsverständnis zugrunde, bedeutet Zuverlässigkeit in § 11 I 1, daß die Energieversorgungsnetze eine hohe Verfügbarkeit oder – umgekehrt ausgedrückt – eine **geringe Ausfallrate** aufweisen müssen. Das Kriterium der Zuverlässigkeit zielt danach vor allem darauf ab, Netzausfälle zu vermeiden.

17   Leistungsfähigkeit bezeichnet allgemein die Möglichkeit, Leistung zu erbringen. Leistung wird als eine Handlung verstanden, die zu einem bestimmten Ergebnis oder zur Lösung einer bestimmten Aufgabe führt. § 11 I 1 verlangt daher neben einer hohen Verfügbarkeit einen bestimmten **qualitativen Standard** der Energieversorgungsnetze. Sie müssen in der Lage sein, den Transport von Strom und Gas bezogen auf die Qualität und Menge der Energie sowie deren zeitliche Verfügbarkeit entsprechend dem vorhandenen Bedarf abzuwickeln.

18   **c) Maßstab, insbesondere technisches Regelwerk.** Welches Maß an Sicherheit, Zuverlässigkeit und Leistungsfähigkeit Energieversorgungsnetze haben müssen, wird in § 11 I 1 **nicht konkretisiert**. Im Hinblick auf den Zweck der Vorschrift, die Versorgungssicherheit im Netzbereich auch unter Wettbewerbsbedingungen zu gewährleisten (Rn. 3 f.), liefert der heute **erreichte Netzstandard** (dazu Rn. 21 ff.) einen ersten Anhaltspunkt. Dieser Standard darf grundsätzlich nicht unterschritten werden. Bleiben Energieversorgungsnetze im Einzelfall dahinter zurück, sind die verantwortlichen Netzbetreiber nach § 11 I 1 zu Abhilfemaßnahmen verpflichtet. Dies kann insbesondere dann der Fall sein, wenn als Ursache von Versorgungsunterbrechungen Mängel im Bereich der Energieversorgungsnetze festgestellt werden. Damit ist nicht gesagt, daß Energieversorgungsnetze in Zukunft nicht kosteneffizienter betrieben werden können. Vielmehr sind Effizienzsteigerungen in den §§ 20 ff. gerade angelegt. Für Elektrizitätsverteilernetze enthält § 14 II Planungsvorgaben zur Steigerungen der Kosteneffizienz (§ 14, Rn. 12). Gemäß § 11 I 1 darf die Effizienz jedoch nicht zu Lasten der Versorgungssicherheit gehen.

19   Weitgehend ist die Auffassung von *Büdenbender* (EnWG, § 1, Rn. 18), daß „für das Ziel der Versorgungssicherheit (...) das EnWG nahezu kompromißlos" und „abgesehen von Fällen der Unzumutbarkeit (...) die Versorgungssicherheit stets zu gewährleisten" sei. Eine Einschränkung – darauf weist auch *Büdenbender* hin – macht § 11 I 1

selbst. Er stellt die Aufgabenerfüllung durch die Netzbetreiber unter den Vorbehalt der wirtschaftlichen Zumutbarkeit (Rn. 39 f.). Außerdem ist bei der Auslegung von § 11 der Gesetzeszweck zu berücksichtigen. An der Maßgeblichkeit der **Ziele des § 1** ändert nichts, daß in § 11 I 1 – anders als in dem aufgrund der Beschlußempfehlung des Vermittlungsausschusses (BT-Drucks. 15/5736) eingefügten § 13 I 3 – darauf nicht ausdrücklich Bezug genommen wird. Es ist unzweifelhaft, daß § 1 eine Auslegungsleitlinie für sämtliche Vorschriften des EnWG enthält (§ 1, Rn. 43; *Büdenbender,* EnWG, § 1 Rn. 12; *Danner/ Theobald,* in: D/T, EnWG, § 1, Rn. 5). Deshalb können Investitionen, dann nicht gefordert werden, wenn sie mit dem Ziel einer **preisgünstigen Energieversorgung** unvereinbar sind. Dies gilt unabhängig davon, ob sie für Netzbetreiber wirtschaftlich zumutbar sind. Es darf im Netzbereich kein Maß an Versorgungssicherheit verlangt werden, das eine Energieversorgung zu angemessenen Preisen nicht mehr zuläßt (vgl. *Ehricke,* ZNER 2004, 211, 212). Versorgungssicherheit, die für Energieverbraucher nicht mehr bezahlbar ist, verlangt § 11 I 1 nicht.

Wann das Ziel einer preisgünstigen Energieversorgung der Forderung entgegensteht, im Bereich der Energieversorgungsnetze weitere Maßnahmen zur Versorgungssicherheit umzusetzen, kann nicht abstrakt festgelegt werden. Dazu bedarf es im Einzelfall einer **Abwägung** des mit der konkreten Maßnahme erzielbaren Gewinns für die Versorgungssicherheit einerseits mit den für die Energieverbraucher damit verbundenen Kosten andererseits (*Danner/Theobald,* in: D/T, EnWG, § 1, Rn. 19; zur Abwägungskompetenz vgl unten Rn. 23). Weder der Versorgungssicherheit noch der Preisgünstigkeit der Energieversorgung kommt dabei Vorrang zu (vgl. *Büdenbender,* EnWG, § 1, Rn. 42 ff.). Allerdings hat der Gesetzgeber mit der Aufgabenzuweisung in § 11 deutlich gemacht, daß er den Energieversorgungsnetzen für die Versorgungssicherheit herausragende Bedeutung beimißt. Es sind daher die Kosten zu akzeptieren, die zur Erreichung der erforderlichen Versorgungssicherheit notwendig sind. Maßstab ist das technisch Erforderliche, nicht das technisch Mögliche (*Kunze,* in: Böwing, Art. 1, § 4, Anm. 2.4). Eine wesentliche zusätzliche Kostenbelastung der Energieverbraucher ist allerdings dann nicht gerechtfertigt, wenn damit ein nur minimaler Gewinn an Versorgungssicherheit zu erreichen ist (*Danner/ Theobald,* in: D/T, EnWG, § 1, Rn. 19). 20

In der Praxis spielt für die Anwendung von § 11 I 1 das **technische Regelwerk** eine wesentliche Rolle. Anforderungen an den Betrieb und den Ausbau der Elektrizitätsversorgungsnetze legen insbesondere der Transmission Code 2003 und der Distribution Code 2003 des VDN fest. Ziel ist die Stabilität der Netze. Diese hängt neben unmittelbar 21 netzbezogenen Maßnahmen, wie Frequenz- und Spannungshaltung, auch vom Verhalten der an das Netz angeschlossenen Anlagen und anderen Netze ab. Von Bedeutung für den Betrieb sicherer Elektrizitätsversorgungsnetze sind daher auch die im Transmission Code 2003 und Distribution Code 2003 festgelegten Netzanschlußbedingungen. Bestimmungen zum Betrieb der Elektrizitätsversorgungsnetze sind in zahlreichen weiteren technischen Richtlinien und Regeln enthalten, etwa des VDN, der UCTE, des VDEW und der DVG. Im Gasbereich finden sich technische Regeln vor allem im Regelwerk des DVGW. Von Bedeutung sind insbesondere die „Mindestanforderungen bezüglich Interoperabilität und Anschluß an Gasnetze" (DVGW Arbeitsblatt G 2000 [Entwurf; Einspruchsfrist: 31. 12. 2005]). Errichtung, Betrieb, Überprüfung und Instandsetzung von Gasleitungen werden in weiteren DVGW Arbeitsblättern geregelt.

22 Zwar kommt dem technischen Regelwerk **keine rechtliche Verbindlichkeit** zu; etwas anderes gilt bei der Einbeziehung in bilaterale Verträge. Es kann aber in der Praxis zur Ausfüllung des von § 11 I 1 vorgegebenen Qualitätsstandards der sicheren, zuverlässigen und leistungsfähigen Energieversorgungsnetze herangezogen werden. Die Umsetzung dieses Regelwerks hat in der Vergangenheit ein **hohes Niveau an Versorgungssicherheit** gewährleistet (*Säcker*, N&R 2004, 46, 50). Laut Verfügbarkeitsstatistik des VDN kam es im Jahr 2004 pro Stromkunden durchschnittlich zu 22,9 Minuten Versorgungsunterbrechungen durch Störungen (Frankreich: 59 Minuten, Großbritannien: 73 Minuten, Italien: 91 Minuten). Mehrtägige Stromausfälle ereigneten sich infolge mangelnder Standfestigkeit von Hochspannungsmasten aber im Herbst 2005 im Raum Münster/Osnabrück. Im Gasbereich werden nur Schadensereignisse statistisch erfasst. Verfügbarkeitsstatistiken gibt es hier nicht.

23 Der Betrieb, die Wartung und der Ausbau von Energieversorgungsnetzen anhand der einschlägigen technischen Richtlinien und Regeln sind daher grundsätzlich geeignet, die Sicherheit, Zuverlässigkeit und Leistungsfähigkeit der Netze zu gewährleisten. Die Regulierungsbehörde muß aber im Einzelfall selbst prüfen, welches Maß an Versorgungssicherheit nach § 11 I 1 erforderlich ist. Dazu muß sie sich vergewissern, ob das technische Regelwerk mit der **tatsächlichen Entwicklung** Schritt hält. Sie hat ferner zu berücksichtigen, daß die technischen Richtlinien und Regeln im wesentlichen von den Netzbetreibern bzw. deren Verbänden aufgestellt werden. Die Netzbetreiber legen also praktisch das aus ihrer Sicht erforderliche Maß an Versorgungssicherheit selbst fest. Daß diese Festlegung nicht frei von **Wertungen** ist, liegt auf der Hand. Es ist Aufgabe der Regulierungsbehörde und nicht der Netzbetreiber, diese Wertungen vorzunehmen. Die Regulierungsbehörde hat in eigener Verantwortung die Anforderungen des § 11 I 1 an die Sicherheit, Zuverlässigkeit und Leistungsfähigkeit der Energieversorgungsnetze zu konkretisieren. Soweit sie dabei auf das technische Regelwerk abstellt, muß sie darin enthaltene Wertungen jedenfalls nachvollziehen. Stimmen diese mit dem in § 11 I 1 vorgegebenen Qualitätsstandard nicht überein, muß sie die Aufgaben der Netzbetreiber davon abweichend festlegen. Zur Prüfungs- und Entscheidungskompetenz der Regulierungsbehörde gehört dabei auch die Abwägung des mit einer bestimmten Maßnahmen erzielbaren Gewinns für die Versorgungssicherheit einerseits mit der für die Energieverbraucher damit verbundenen Kosten andererseits (vgl. oben Rn. 20).

3. Betrieb, Wartung und Ausbau. § 11 I 1 gilt für den Betrieb, 24 die Wartung und den Ausbau von Energieversorgungsnetzen. Sie müssen den in § 11 I 1 geregelten qualitativen Anforderungen – Sicherheit, Zuverlässigkeit und Leistungsfähigkeit – entsprechen. Während sich der Betrieb und die Wartung auf bestehende Netze beziehen, geht die Pflicht zum Ausbau darüber hinaus. Sie bedeutet, daß Netzbetreiber bei bestehendem Bedarf in neue Energieversorgungsnetze investieren müssen. Die Ausbaupflicht greift daher ganz erheblich in die Rechte der Netzbetreiber ein.

a) Diskriminierungsfreier Betrieb. Der Betrieb von Energiever- 25 sorgungsnetzen umfaßt alle für den Transport von Elektrizität und Gas erforderlichen Tätigkeiten. Dies sind zum einen **technische Betreiberleistungen.** Neben dem Transport von Energie gehören dazu sog. Systemdienstleistungen. Bei Elektrizitätsversorgungsnetzen werden darunter Frequenzhaltung, Spannungshaltung, Versorgungswiederaufbau und Betriebsführung verstanden (Transmission Code 2003 und Distribution Code 2003, jeweils Ziff. 4). Im Gassektor zählen zu den Systemdienstleistungen die Überwachung und Steuerung des Gasflusses innerhalb der Netze, Messungen bzgl. der Beschaffenheit des eingespeisten und Odorierung des zu transportierenden Gases. Auch bei der Wartung der Energieversorgungsnetze handelt es sich um eine technische Betreiberleistung (*Kunze,* in: Böwing, Art. 1, § 4, Anm. 2.3.1). Sie wird in § 11 I 1 jedoch gesondert erwähnt (Rn. 30). Zum anderen erfordert der Netzbetrieb nichttechnische Maßnahmen, etwa **Verwaltungs- und Organisationsmaßnahmen** (*Büdenbender,* EnWG, § 4, Rn. 17). Allerdings wird § 11 I 1 für diese Maßnahmen nur in Ausnahmefällen praktische Bedeutung haben. Im wesentlichen sind sie Gegenstand der §§ 6 ff. Darüber hinaus muß der Netzbetrieb mit den daran Beteiligten vertraglich abgewickelt werden.

§ 11 26, 27   Teil 3. Regulierung des Netzbetriebs

26   § 11 I 1 verlangt, daß Energieversorgungsnetze **diskriminierungsfrei** betrieben werden. Die Vorschrift ergänzt im Hinblick auf den Netzbetrieb die Regelungen des Netzanschlusses (§§ 17 ff.) und des Netzzugangs (§§ 20 ff.). Sie setzen ebenfalls eine diskriminierungsfreie Bereitstellung der Energieversorgungsnetze voraus. § 11 I 1 soll verhindern, daß Netzbetreiber durch Maßnahmen der Betriebsführung die Nutzung der Energieversorgungsnetze im Einzelfall vereiteln oder erschweren. Deshalb verbietet § 11 I 1, daß beim Betrieb der Netze deren Nutzer ohne **sachlichen Grund** unterschiedlich behandelt werden. Insbesondere ist eine Bevorzugung mit dem Netzbetreiber verbundener Unternehmen unzulässig. Betriebsbedingte Anforderungen an die Netznutzung dürfen ausschließlich aus netztechnischen Gründen gestellt werden. Sie müssen erforderlich sein, um eine sichere und störungsfreie Energieversorgung zu gewährleisten. Soweit dies technisch und im Hinblick auf die von § 11 I 1 geforderte Sicherheit, Zuverlässigkeit und Leistungsfähigkeit der Netze möglich ist, sind Energieversorgungsnetze so zu betreiben, daß sich netztechnische Maßnahmen nicht zu Lasten einzelner Netznutzer auswirken.

27   § 11 I 1 beantwortet ausdrücklich nur die Frage, wie Energieversorgungsnetze zu betreiben sind. Unklar ist dagegen, ob der Gesetzgeber auch eine **Betriebspflicht** hat anordnen wollen (bejahend zu § 4 I a. F. *Kunze,* in: Böwing, Art. 1, § 4, Anm. 2.2; *Büdenbender,* EnWG, § 4, Rn. 16 ff.). Der Wortlaut von § 11 I 1 läßt sich einerseits so verstehen, daß Netzbetreiber dazu verpflichtet sind, bestehende Energieversorgungsnetze auch tatsächlich zu betreiben. Andererseits ist denkbar, den Regelungsgehalt der Vorschrift auf inhaltliche Anforderungen an den Netzbetrieb für den Fall zu beschränken, daß Energieversorgungsnetze überhaupt betrieben werden. Ein solches Verständnis würde aber zu kurz greifen. Es wäre mit dem Zweck und der Systematik von § 11 I 1 nicht zu vereinbaren. Die Vorschrift soll die Versorgungssicherheit im Netzbereich gewährleisten. Dazu ist nicht nur erforderlich, daß der Betrieb der Netze einem bestimmten qualitativen Standard entspricht. Vielmehr muß auch – in quantitativer Hinsicht – ausreichende Transportkapazität zur Verfügung stehen. Die Versorgungssicherheit könnte nicht sichergestellt werden, wenn es Netzbetreibern freistünde, den Betrieb ihrer Netze ohne weiteres einzustellen. Die verfügbare Transportkapazität würde dadurch kurzfristig verknappt. Auch die in § 11 I 1 angeordnete Verpflichtung zu einem bedarfsgerechten Ausbau der Netze ließe sich ohne Betriebspflicht nicht rechtfertigen. Es wäre im Hinblick auf die damit verbundenen Eingriffe in die Rechte der Netzbetreiber unverhältnismäßig, Ausbaumaßnahmen zu verlangen, wenn Kapazitätsengpässe dadurch entstehen, daß bereits vorhandene Netze

(anderer Betreiber) nicht betrieben werden. Eine Ausbauverpflichtung kann nur dann begründet werden, wenn bei **Ausschöpfung aller verfügbaren Netzkapazitäten** der vorhandene Bedarf nicht angemessen befriedigt werden kann.

Auch die **Netzanschluß- und Netzzugangsregelungen** der §§ 17 ff. sprechen für eine Betriebspflicht der Netzbetreiber. Ihnen liegt die Vorstellung des Gesetzgebers zugrunde, daß die kapazitive Ausschöpfung der knappen und kostenintensiven Infrastruktur Energieversorgungsnetze aus Gründen der Versorgungssicherheit und des Wettbewerbs erforderlich ist. Nur unter dieser Voraussetzung ist auch die Erfüllung der Netzzugangsansprüche gem. §§ 20 ff. möglich. Sie würden ins Leere laufen, könnten sich Netzbetreiber darauf berufen, den Betrieb von Energieversorgungsnetzen einzustellen. Entscheidet sich ein Unternehmen, als Netzbetreiber auf dem Markt aufzutreten, ist es daher gem. § 11 I 1 verpflichtet, die in seiner Betreiberverantwortung stehenden Netze auch tatsächlich zu betreiben (so auch *Büdenbender*, EnWG, § 4, Rn. 17). 28

Damit ist nicht gesagt, daß für Netzbetreiber die Verpflichtung besteht, Energieversorgungsnetze auf ewig zu betreiben. Eine solche Verpflichtung ergibt sich nicht aus § 11 I 1. Sie kann auch mit dem Zweck der Vorschrift, die Versorgungssicherheit zu gewährleisten, nicht gerechtfertigt werden. Allerdings regelt das EnWG weder die Voraussetzungen noch die Folgen der Beendigung des Netzbetriebs. Entscheidend sind zwei Gesichtspunkte: Zum einen darf die nach § 11 I 1 bestehende **Betriebspflicht nicht umgangen** werden. Deshalb können Netzbetreiber nur aufgrund eines eindeutigen Unternehmensbeschlusses den Netzbetrieb einstellen. Er muß die endgültige Aufgabe des Netzbetriebs zum Gegenstand haben. Vorbehalte, insbesondere nur zeitliche Unterbrechungen des Netzbetriebes, sind mit der Betriebspflicht nicht zu vereinbaren. Zum anderen dürfen sich **keine negativen Auswirkungen auf die Versorgungssicherheit** ergeben. Insofern kommt es auf die Bedeutung des jeweiligen Netzes für die Energieversorgung an. Soweit ein Netz nicht mehr erforderlich ist, kann es endgültig stillgelegt werden. Schwieriger ist der Fall, daß sich ein Netzbetreiber aus dem Markt zurückzieht, das von ihm betriebene Energieversorgungsnetz aber weiterhin benötigt wird. Dann muß sichergestellt werden, daß dieses Netz auch zukünftig zur Verfügung steht. Dazu bietet sich eine entsprechende Anwendung von § 46 II 2 an (vgl. auch § 11 AEG zur Stillegung von Eisenbahninfrastrukturen, dazu *Hermes/Schütz*, in: Hermes/Sellner, BeckAEG-Komm, § 11, Rn. 26 ff.) Auch diese Vorschrift soll eine unterbrechungsfreie Versorgung sicherstellen, wenn ein Netzbetreiber den Betrieb seines Netzes nicht weiter- 29 führt (vgl. *Büdenbender,* EnWG, § 4, Rn. 18 im Hinblick auf § 13 II 2 a. F.). Danach besteht bei Beendigung des Netzbetriebs eine Verpflichtung des bisherigen Betreibers, sein Netz einem neuen Betreiber zu überlassen. Dieser muß für das Netz eine wirtschaftlich angemessene Vergütung bezahlen. Allerdings darf der bisherige Betreiber keine so hohe Vergütung verlangen, daß kein anderer Netzbetreiber zur Übernahme des Netzes bereit ist (dazu im einzelnen *Theobald,* in: D/T, EnWG, § 13, Rn. 48 ff.; *BGHZ* 143, 128 ff.).

30 **b) Wartung.** Die Wartung der Energieversorgungsnetze gehört zu den technischen Betreiberleistungen. § 11 I 1 hebt sie im Hinblick auf ihre Bedeutung für den Erhalt funktionstüchtiger Netze besonders hervor. Der Begriff der Wartung ist weit zu verstehen. Er umfaßt die regelmäßige **Prüfung** der Betriebsbereitschaft und Betriebssicherheit sowie die damit zusammenhängende Einstellung von Anlagen. Typische Wartungsarbeiten sind Pflege, Reinigung und Justierung. Zur Wartung im Sinne von § 11 I 1 zählt ferner die **Instandhaltung.** Sie beinhaltet auch den vorbeugenden Austausch von Anlagenteilen, um ansonsten zu erwartende Schäden zu vermeiden. Darüber hinaus sind Netzbetreiber zur **Instandsetzung** ihrer Energieversorgungsnetze verpflichtet. Sie müssen trotz Instandhaltungsmaßnahmen eintretende Schäden beheben. Nach allgemeinem Begriffsverständnis handelt es sich bei der **Ersatzbeschaffung** für nicht mehr reparable Anlagenteile dagegen nicht mehr um Instandsetzung. Gemäß § 11 I 1 sind die Netzbetreiber jedoch im Rahmen der Wartung ihrer Netze auch zur Ersatzbeschaffung verpflichtet. Es wäre angesichts der Ausbauverpflichtung der Netzbetreiber widersinnig, die Ersatzbeschaffung nicht zu ihren Aufgaben zu zählen.

31 **c) Bedarfsgerechter Ausbau.** Von den in § 11 I 1 geregelten Aufgaben der Netzbetreiber greift die Verpflichtung zu einem bedarfsgerechten Ausbau der Energieversorgungsnetze am stärksten in die unternehmerische Freiheit der Netzbetreiber ein. Sie läßt die sich aus § 4 II EEG ergebende Netzausbauverpflichtung unberührt (vgl. dazu *Fischer/Henning,* ZUR 2006, 225, 226 ff.). § 11 I 1 enthält eine – notfalls von der Regulierungsbehörde gem. § 65 durchsetzbare – **gesetzliche Investitionspflicht** der Netzbetreiber. Die Ausbauverpflichtung rechtfertigt sich aus der Monopolstellung der Netzbetreiber. Nur wenn diese ihre Netze an den zu erwartenden Bedarf anpassen, kann im Netzbereich Versorgungssicherheit gewährleistet werden. Die Beschränkung auf die Pflicht zum Betrieb der vorhandenen Netzkapazitäten reicht dazu nicht aus (*Büdenbender,* EnWG, § 4, Rn. 20). Ob sich die Netzbetreiber – zur Begrenzung gesetzlicher Ausbaupflichten – auf die Grundrechte, insbesondere auf Art. 12 und Art. 14 GG berufen können, ist umstritten. Das *BVerfG* hat in einem Beschluß aus dem Jahr 1989 die **Grundrechtsfähigkeit** der Hamburgische Electrizitäts-Werke AG unter Hinweis auf die Wahrnehmung einer **öffentlichen Aufgabe der Daseinsvorsorge** abgelehnt, ohne maßgeblich auf die Beteiligungsverhältnisse an dem Unternehmen abzustellen. Unter Bezugnahme auf diese Rechtsprechung wird die Grundrechtsfähigkeit der Netzbetreiber teilweise generell verneint (so *Hermes,* Staatliche Infrastrukturverantwortung, 1998, S. 84 ff., 380 f., 477 ff. jew. m. w. N.; *Theobald,* in: D/T, EnWG, § 1, Rn. 136). Nach anderer, soweit ersichtlich herrschender Auffassung sollen sich Netzbetreiber auf die Grundrechte berufen können (vgl. *Papier,* BB 1997, 1213 ff.; *Büdenbender,* WuW 2000, 119 ff.; *Schmidt-Preuß,* AG 1996, 1, 5 ff.). Auch danach hätte die in § 11 I 1 gesetzlich geregelte Ausbaupflicht aber Bestand. Es würde sich im Hinblick auf die überragende Bedeutung einer sicheren Energieversorgung (vgl. dazu *BVerfGE* 66, 248 ff.; *BVerwGE* 116, 365 ff.) um einen verhältnismäßigen Eingriff in die Grundrechte der Netzbetreiber handeln (vgl. dazu auch unten Rn. 38 f.).

Gegenstand der Ausbauverpflichtung ist die Schaffung neuer Netzkapazitäten. Neben den Energieleitungen gehören dazu sämtliche für den Betrieb der Netze erforderlichen Netzelemente. Entscheidend ist, daß die vorhandene Netzkapazität **in quantitativer Hinsicht** erweitert wird. Deshalb umfaßt § 11 I 1 nicht nur Ausbaumaßnahmen an vorhandenen Energieversorgungsnetzen, sondern auch den Neubau von Netzen. Schwieriger ist die Einordnung von Umbaumaßnahmen. Soweit sie als **qualitative** Veränderungen der Netze zur Befriedigung eines bestimmten Bedarfs verstanden werden (so *Koenig/Kühling/Winkler,* WuW 2003, 228, 231), handelt es sich bei ihnen nicht um einen Ausbau der Energieversorgungsnetze i. S. v. § 11 I 1. Ob eine Verpflichtung zum Netzumbau besteht, ist in diesen Fällen nach §§ 17 ff., 20 ff. zu entscheiden. Dagegen kann ein Umbau dann Gegenstand der Ausbaupflicht sein, wenn dessen Ziel die (quantitative) Erhöhung der Netzkapazität ist. 32

Die Ausbaupflicht ist **von der Anmeldung eines konkreten Bedarfs unabhängig.** Sie greift nicht erst dann ein, wenn Netzanschluß- oder Netzzugangsansprüche (§§ 17 f., 20 ff.) geltend gemacht werden, die ohne einen Netzausbau nicht befriedigt werden könnten. Dafür spricht der Zweck von § 11 I 1. Die Ausbaupflicht soll aus Gründen der Versorgungssicherheit den prognostizierten zukünftigen Bedarf an Transportkapazität abdecken. Dies geht nur mit einer **vorausschauenden Netzausbauplanung** und deren Umsetzung. Die Ausbaupflicht wäre für die Versorgungssicherheit nichts wert, wenn damit unmittelbar nur auf einen bereits bestehenden Bedarf reagiert werden müßte. Auch 33

§ 11   34   Teil 3. Regulierung des Netzbetriebs

die weitere Konkretisierung der Aufgaben der Netzbetreiber in den §§ 12 III a und 14 II zeigt, daß es auf einen unmittelbar bestehenden Bedarf nicht ankommt. Diese Vorschriften setzen im Bereich der Übertragungsnetze und der Elektrizitätsverteilernetze eine Netzausbauplanung voraus, die nicht auf die Befriedigung bereits bestehender Nachfrage beschränkt ist.

34   Die in § 11 I 1 geregelte Pflicht zum Netzausbau unterscheidet sich daher von Ausbaumaßnahmen, die Voraussetzung für die **Erfüllung konkreter Netznutzungsansprüche** sind. Bisher war im Rahmen von § 6 a. F. umstritten, ob Netzbetreiber zur Erweiterung der Netzkapazität verpflichtet waren, wenn nur so Netznutzungsansprüche befriedigt werden konnten. Dem wurde entgegengehalten, daß es dazu im Hinblick auf die betroffenen Grundrechte der Netzbetreiber aus Art. 14 I und 12 I GG einer ausdrücklichen gesetzlichen Regelung des Gesetzgebers bedurft hätte (*Britz*, in: L/O/H/F, § 6, Rn. 68 m. w. N.; *Kunze*, in: Böwing, Art. 1, § 4, Anm. 2.3.2; vgl. auch *Säcker/Boesche*, in: BerlK-EnWG, § 6, Rn. 243; *Koenig/Kühling/Winkler*, WuW 2003, 228 ff.; *Schulze*, et 2001, 816 ff.; *BKartA*, B. v. 21. 12. 1999 – B9-63220-T-199/97 und T-16/98 – Puttgarden, WuWE DE-V 253 ff.). In § 11 I 1 hat der Gesetzgeber eine solche Regelung nicht getroffen. Die Verpflichtung zum Ausbau der Energieversorgungsnetze nach § 11 I 1 besagt nicht, daß die Netzbetreiber auch zu Ausbaumaßnahmen verpflichtet sind, um konkrete Netznutzungsansprüche zu befriedigen. Die §§ 17 II 3, 20 II 3 legen das Gegenteil nahe (§ 17, Rn. 44, § 20, Rn. 202 ff.). § 3 I 2 StromNZV bestimmt ausdrücklich, daß der Anspruch auf Netznutzung durch die jeweiligen Kapazitäten der Elektrizitätsversorgungsnetze begrenzt wird. Aber auch nach § 11 I 1 kann der Ausbau von Energieversorgungsnetzen **nicht** verlangt werden, **um einen spezifischen Bedarf zu befriedigen.** Reicht die bestehende Netzkapazität zur Gewährleistung der Versorgungssicherheit aus, ergibt sich eine Ausbaupflicht nicht deshalb, weil diese Kapazität bestimmte Lastflüsse nicht zuläßt. Es würde einen unverhältnismäßigen Eingriff in die Rechte der Netzbetreiber bedeuten, müßten diese in einem solchen Fall ihre Netze ausbauen. Die Ausbaupflicht nach § 11 I 1 ist aus Gründen der Versorgungssicherheit gerechtfertigt. Von den Netzbetreibern kann aber im Hinblick auf ihre Rechte aus Art. 12 I und Art. 14 I nicht verlangt werden, ihre Netze ausschließlich zur Förderung von Konkurrenzinteressen auszubauen. Eine solche Verpflichtung würde auch erhebliche praktische Probleme mit sich bringen. Für den Netzbetreiber besteht das Risiko, daß zusätzliche Netzkapazitäten nur vorübergehend nachgefragt werden. Dann stellt sich die Frage, wie die für den Netzausbau und -betrieb anfallenden Kosten gedeckt sind. Prak-

tisch müßte sich daher der Netznutzer verpflichten, das Netz über einen gewissen Zeitraum zu nutzen (oder trotz unterbleibender Nutzung dafür zu bezahlen). Dieser Zeitraum müßte so bemessen sein, daß die Amortisierung durch den Kapazitätsausbau entstehender Kosten des Netzbetreibers möglich ist (*Büdenbender,* EnWG, § 4, Rn. 22; *Schulze,* et 2001, 816, 817).

Ein **bedarfsgerechter** Ausbau der Energieversorgungsnetze erfordert eine Bedarfsermittlung und Ausbauplanung. Auch dazu sind die Netzbetreiber deshalb nach § 11 I 1 verpflichtet. § 12 III a setzt diese Verpflichtung voraus. Die **Bedarfsprognose** stellt die Weichen dafür, welche Maßnahmen für einen bedarfsgerechten Ausbau der Energieversorgungsnetze erforderlich sind. Sie muß den für Prognosen allgemein geltenden **rechtlichen Anforderungen** entsprechen. Die Bedarfsprognose muß die für sie relevanten Tatsachen – die Prognosebasis – umfassend ermitteln. Ferner muß die Prognose schlüssig sein. Das ist dann nicht der Fall, wenn der Schluß von der Prognosebasis auf den zukünftigen Bedarf nicht rational, nicht vertretbar oder nicht plausibel ist oder auf methodisch nicht abgesicherten Verfahren beruht (*BVerwGE* 56, 110, 121). Da die Planung und der Bau von Energieversorgungsnetzen erhebliche Zeit in Anspruch nehmen, ist die Bedarfsprognose langfristig auszurichten. In der Praxis schreiben die Netzbetreiber ihre Netzplanung permanent fort. Die Bedarfsprognose setzt eine möglichst genaue Analyse der zukünftigen Nachfrage nach Netzkapazitäten voraus. Die Nachfrage hängt maßgeblich vom Energiebedarf ab. Deshalb müssen in die Bedarfsprognose Daten zur Bevölkerungsentwicklung und zur Entwicklung der industriellen und gewerblichen Nachfrage eingehen. Dabei sind die Höhe des Energiebedarfs und dessen regionale Verteilung zu berücksichtigen. Ferner ist in die Bedarfsprognose die voraussichtliche Bedarfsdeckung durch dezentrale Energieversorgungsanlagen einzustellen. § 14 II 1 schreibt dies für Elektrizitätsverteilernetze ausdrücklich vor. Dadurch können Kapazitäten im Netzbereich eingespart werden (vgl. Begr. BT-Drucks. 3917 S. 57; dazu auch *Fritz/ Linke/Haber,* et 2005, 798 ff.). Eingangsgrößen für die Bedarfsprognose sind daneben – auch dies regelt § 14 II 1 ausdrücklich – Möglichkeiten von Energieeffizienz- und Nachfragesteuerungsmaßnahmen.

Es liegt auf der Hand, daß Bedarfsprognosen aufgrund der vor allem von der wirtschaftlichen Entwicklung und der Wettbewerbssituation abhängigen Parameter mit erheblichen **Unsicherheiten** belastet sind. Werden Bedarfsprognosen der Netzbetreiber später aufgrund der tatsächlichen Entwicklung überholt, sind sie nicht zwangsläufig falsch. Sie sind gleichwohl nicht zu beanstanden, wenn sie zum Zeitpunkt ihrer Erstellung den maßgeblichen Anforderungen entsprachen. Dieses

Problem wird durch eine fortlaufende Ausbauplanung der Netzbetreiber zum Teil entschärft. Die Netzbetreiber müssen bei der Bedarfsprognose aber grundsätzlich **konservative Annahmen** zugrunde legen; sie müssen sich auf die sichere Seite schlagen. Läßt sich beispielsweise nicht genau absehen, wann zusätzliche Netzkapazitäten benötigt werden, ist auf den bei realistischer Betrachtung frühestmöglichen Zeitpunkt abzustellen (*Büdenbender*, EnWG, § 1, Rn. 13).

37 Unsicherheiten der Bedarfsprognose drängen die Frage auf, ob den Netzbetreibern – gegenüber der Regulierungsbehörde und den Gerichten – eine **Einschätzungsprärogative** zukommt. Dies wird von *Baur* (ZNER 2004, 318, 322) bejaht. Konkrete Anweisungen im Hinblick auf die von den Netzbetreibern zu leistenden Investitionen könne die Regulierungsbehörde nicht erteilen. Ein Verhältnis staatlicher Investitionslenkung bestehe im Netzbereich grundsätzlich nicht. Nach wie vor entscheide die Unternehmensleitung über Art und Ausmaß der Investitionen. Im Hinblick auf die in § 11 I 1 ausdrücklich geregelte Pflicht der Netzbetreiber zum bedarfsgerechten Ausbau der Energieversorgungsnetze ist diese Auffassung nicht haltbar. Entscheidend ist, ob sich die Investitionsentscheidungen der Netzbetreiber **innerhalb des durch § 11 I 1 gezogenen rechtlichen Rahmens** halten. Dazu gehört, daß der Ausbau des Netzes bedarfsgerecht ist, also auf einer nicht zu beanstandenden Bedarfsprognose beruht. Außerdem muß der von § 11 I 1 vorgegebene Netzstandard eingehalten werden. Die Energieversorgungsnetze müssen sicher, zuverlässig und leistungsfähig sein. Werden diese Anforderungen beachtet, obliegt es den Netzbetreibern, zwischen etwa bestehenden gleichwertigen Ausbaualternativen zu entscheiden (so *Büdenbender*, EnWG, § 1, Rn. 46 f.). Innerhalb dieser **Bandbreite** kann die Regulierungsbehörde nicht gem. § 65 I eine bestimmte Ausbauvariante durchsetzen. Es ist auch nicht Aufgabe der Gerichte, sich insofern an die Stelle der Netzbetreiber zu setzen. Soweit dagegen (unterbliebene) Investitionsentscheidungen mit § 11 I 1 nicht vereinbar sind, ist es Aufgabe der Regulierungsbehörde, korrigierend einzugreifen. Dies kann im äußersten – in der Praxis unwahrscheinlichen – Fall bedeuten, daß der Ausbau von Energieversorgungsnetzen gegen den Willen der Netzbetreiber von der Regulierungsbehörde durchgesetzt wird. Im Falle eines Marktversagens muß die Regulierungsbehörde durch geeignete Maßnahmen für Versorgungssicherheit im Netzbereich sorgen. Diese Möglichkeit gibt ihr § 11 I 1 an die Hand.

38 **4. Wirtschaftliche Zumutbarkeit.** § 11 I 1 verpflichtet die Netzbetreiber zum Betrieb, zur Wartung und zum Ausbau der Energieversorgungsnetze nur im Rahmen des wirtschaftlich Zumutbaren.

Von Bedeutung ist dieses Korrektiv vor allem für den Netzausbau. Unabhängig von der Grundrechtsfähigkeit der Netzbetreiber (dazu oben Rn. 31) soll der Vorbehalt der wirtschaftlichen Zumutbarkeit gem. § 11 I 1 **unverhältnismäßige Eingriffe** in die – wenn auch möglicherweise nur einfachgesetzlich geschützte – Rechtsposition der Netzbetreiber **verhindern**. Dies bedeutet, daß Pflichten der Netzbetreiber nicht über das zur Erreichung des Ziels der Versorgungssicherheit Erforderliche hinausgehen und – wie § 11 I 1 ausdrücklich hervorhebt – Netzbetreiber nicht unzumutbar treffen dürfen. Dies folgt, wenn man von der Grundrechtsfähigkeit der Netzbetreiber ausgeht, aus der Notwendigkeit einer gerechten, an der Gemeinwohlverpflichtung aus Art. 14 II GG orientierten Abwägung (vgl. *Papier,* BB 1997, 1213 ff.; *Büdenbender,* WuW 2000, 119 ff.; *Schmidt-Preuß,* AG 1996, 1 ff.; *Ehricke,* ZNER 2004, 211, 216).

Nach § 11 I 1 sind jedenfalls solche Investitionen für Netzbetreiber **39** wirtschaftlich unzumutbar, die zu einer **Existenzgefährdung** führen. Darüber hinaus kommt es für das Kriterium der wirtschaftlichen Zumutbarkeit entscheidend auf den Zweck der den Netzbetreibern gesetzlich zugewiesenen Aufgaben an. Sie sollen langfristig die Versorgungssicherheit im Netzbereich gewährleisten (Rn. 3). Dazu sind Investitionen in die Energieversorgungsnetze erforderlich. Die Netzbetreiber sind darauf angewiesen, das zur Finanzierung dieser Investitionen **erforderliche Eigen- und Fremdkapital** zu beschaffen. Dies ist nur möglich, wenn eine angemessene Rendite auf das eingesetzte Kapital erwartet werden kann. Auch Fremdkapitalgeber setzen eine solche Rendite voraus; nur dann können sie von der Rückzahlbarkeit gewährter Kredite ausgehen (*Büdenbender,* EnWG, § 1, Rn. 24; *Holzherr/ Kofluk,* et 2004, 718 ff.; vgl. auch *Schneider,* in: Böwing, Art. 1 § 1 Anm. 4.3). Dies bedeutet, daß Investitionen in Energieversorgungsnetze gem. § 11 I 1 wirtschaftlich unzumutbar sind, wenn mangels Renditeerwartung unter Marktbedingungen eine Kapitalbeschaffung für diese Investitionen nicht möglich ist. Anhaltspunkte dafür, welche Renditeerwartungen zum Erhalt der **Investitionsfähigkeit** der Netzbetreiber zugrunde zu legen sind, liefern die zur Bemessung der Netznutzungsentgelte entwickelten Maßstäbe.

5. Durchsetzung der Betriebspflicht. In der Praxis ist zu erwar- **40** ten, daß die in § 11 I 1 geregelte Betriebspflicht der Netzbetreiber nur in Ausnahmefällen Gegenstand von Maßnahmen der Regulierungsbehörde sein wird. Die Regulierungsbehörde hat jedoch die Möglichkeit, die Einhaltung der sich aus § 11 I 1 ergebenden Pflichten durchzusetzen. Zwar umfassen die im vierten Abschnitt geregelten Befugnisse der Regulierungsbehörde keine Maßnahmen, um die Einhaltung der sich aus § 11 ergebenden Pflichten sicherzustellen. Die Regulierungsbehörde kann sich aber auf die allgemeine Befugnisnorm des § 65 stützen. Danach kann sie Betreiber von Energieversorgungsnetzen zu Maßnahmen verpflichten, die zur Einhaltung von Verpflichtungen erforderlich sind, die sich aus dem EnWG oder aus auf seiner Grundlage ergangenen Rechtsverordnungen ergeben (§ 65 II). Die Regulierungsbehörde kann ferner verlangen, daß ein diesen Verpflichtungen widersprechendes Verhalten abgestellt wird (§ 65 I).

III. Aufgabenerfüllung nach den §§ 12 bis 16 a (§ 11 I 2)

41 § 11 I 2 stellt klar, daß die Betreiber von Energieversorgungsnetzen insbesondere die Aufgaben nach den §§ 12 bis 16 zu erfüllen haben. Daß § 16 a nicht genannt wird, dürfte darauf beruhen, daß die Vorschrift erst auf die Beschlußempfehlung des Vermittlungsausschusses vom 15. 6. 2005 (BT-Drucks. 15/5736) in das Gesetz eingefügt wurde. Aufgrund des nur klarstellenden Charakters von § 11 I 2 hat dies keine praktische Bedeutung.

IV. Vertikal integrierte Energieversorgungsunternehmen (§ 11 I 3)

42 § 11 I 3 bestimmt, daß integrierte Energieversorgungsunternehmen bei der Ausübung von **Leitungs- und Aufsichtsrechten** nach § 8 IV 2 an die Aufgabenzuweisung gem. § 11 gebunden sind. § 8 regelt die Gestaltung der Organisation und Entscheidungsgewalt in integrierten Energieversorgungsunternehmen. Dadurch soll sichergestellt werden, daß durch eine operationelle Entflechtung die für den Netzbetrieb maßgeblichen Entscheidungen tatsächlich von der dafür zuständigen Gesellschaft getroffen werden können. Deshalb sind insbesondere Weisungen der Leitung des integrierten Energieversorgungsunternehmens zum laufenden Netzbetrieb unzulässig. Weisungen zu Netzausbaumaßnahmen sind dann nicht erlaubt, wenn sich der Netzbetreiber an die Vorgaben des Finanzplans des vertikal integrierten Energieversorgungsunternehmens hält. Diesem verbleiben gegenüber dem Netzbetreiber jedoch die in § 8 II 4 geregelten gesellschaftsrechtlichen Leitungs- und Aufsichtsrechte. Sie dürfen nur unter Beachtung von § 11 ausgeübt werden.

C. Verordnungsermächtigung (§ 11 II)

§ 11 II enthält eine **unselbständige** Verordnungsermächtigung. Danach können im Rahmen von Rechtverordnungen zu Vertrags- und sonstigen Rechtsverhältnissen auch Regelungen zur **Haftung der Netzbetreiber** getroffen werden. Der Erlaß einer Rechtsverordnung allein aufgrund von § 11 II ist also nicht möglich. Voraussetzung ist, daß Rechtsverordnungen aufgrund anderer Vorschriften des EnWG erlassen werden. Dazu kommen insbesondere Verordnungen über den Netzanschluß gem. §§ 17 III, 18 III in Betracht.

Haftungsbeschränkungen können für die vertragliche und deliktische Haftung der Netzbetreiber für Sach- und Vermögensschäden vorgesehen werden, die Kunden aufgrund von **Versorgungsunterbrechungen oder -unregelmäßigkeiten** erleiden (§ 11 II 1). Die Haftung kann auf vorsätzlich oder grob fahrlässig verursachte Schäden beschränkt werden. Es ist auch eine Haftungsbeschränkung der Höhe nach möglich (§ 11 II 2). Darüber hinaus kann die Haftung im Zusammenhang mit Notfallmaßnahmen der Netzbetreiber (§§ 13 II, 14, 16 II, 16 a) völlig ausgeschlossen werden. Der Haftungsausschluß muß zur Vermeidung unzumutbarer wirtschaftlicher Risiken des Netzbetriebs erforderlich sein (§ 11 II 3). Auch in § 11 II 3 ist ein Verweis auf § 16 a nicht enthalten. Dies ist als Redaktionsversehen zu beurteilen (Rn. 42). Für Notfallmaßnahmen der Betreiber von Gasverteilernetzen kommt ein Haftungsausschluß nicht weniger in Frage als für andere Betreiber von Energieversorgungsnetzen.

Hintergrund von § 11 II ist die **Störanfälligkeit der Energieversorgungsnetze**. Sie kann auch bei Einhaltung des durch § 11 I 1 vorgegebenen Qualitätsstandards nicht völlig ausgeschlossen werden. Es ist denkbar, daß schon kleine (leicht fahrlässig verursachte) Fehler im Bereich des Netzbetriebs zu erheblichen Versorgungsunterbrechungen führen. Dadurch können finanzielle Schäden größeren Ausmaßes entstehen. Müßte dieses zum Teil nicht versicherbare Schadensrisiko bei der Kalkulation der Netznutzungsentgelte (und damit der Strompreise) in vollem Umfang berücksichtigt werden, ginge dies zu Lasten der **Preisgünstigkeit der Energieversorgung** (§ 1 I). Es entspricht daher dem Interesse der Netzbetreiber und der Energieverbraucher, die Haftung im Zusammenhang mit der Netzbetrieb auf ein angemessenes Maß zu beschränken (*Ehricke/Kästner*, et 2005, 242f.). Dies gilt insbesondere, wenn Netzbetreiber, wie bei Notfallmaßnahmen gem. §§ 13 II, 14, 16 II, 16 a, zu Eingriffen in den Netzbetrieb gesetzlich verpflichtet sind.

46 Die Erforderlichkeit von Haftungsbeschränkungen ist allgemein anerkannt. Für den Bereich der Grundversorgung ist sie in § 6 AVBElt und § 6 AVBGas geregelt. § 11 II trägt der **Trennung von Energieversorgung und Netzbetrieb** Rechnung. Aus Sicht des Kunden kommt es nicht darauf an, ob sein Lieferant tatsächlich Energie in das Netz einspeist. Für ihn ist entscheidend, ob das Energieversorgungsnetz, an das er angeschlossen ist, ordnungsgemäß funktioniert. Deshalb ermöglicht § 11 II den AVB entsprechende Haftungsbeschränkungen für den Betrieb von Energieversorgungsnetzen. *Ehricke/Kästner* (et 2005, 242, 246 f.) schlagen vor, die Regelungen der AVB für den Netzbetrieb zu übernehmen und auf Sondervertragskunden auszudehnen.

47 Der Verordnungsgeber folgt dem nur zum Teil. Die NAV und die NDAV enthalten jeweils in § 18 Haftungsbeschränkungen zugunsten der Netzbetreiber. Beide Verordnungen wurden auf der Grundlage von § 18 III erlassen. Sie sind also, wie sich auch aus § 1 I NAV und § 1 I NDAV ergibt, auf den Betrieb von Energieversorgungsnetzen für die allgemeine Versorgung beschränkt. Für den Betrieb sonstiger Energieversorgungsnetze verweist die Verordnungsbegründung (BR-Drucks. 367/06, S. 55 f.) auf die Möglichkeit, entsprechende Haftungsbeschränkungen vertraglich zu vereinbaren. Der *BGH* hat dies im Hinblick auf § 6 AVBElt auch in Allgemeinen Geschäftsbedingungen für zulässig gehalten (*BGHZ* 138, 118 ff.; dazu krit. *Büttner/Däuper*, ZNER 2003, 205, 209). Es bleibt abzuwarten, ob die Rechtsprechung die Übernahme von Haftungsbeschränkungen der NAV und NDAV entsprechend beurteilen wird. Dafür spricht, daß diese sich an den Regelungen der § 6 AVBElt/AVBGas orientieren.

48 Den jeweils in § 18 NAV und NDAV vorgesehenen Haftungsbeschränkungen liegen § 6 AVBElt bzw. § 6 AVBGas zugrunde. Die Regelungen werden an den neuen rechtlichen Rahmen (Trennung von Energieversorgung und Netzbetrieb) angepaßt und umgestaltet. § 18 I NAV/NDAV übernimmt die Systematik von § 6 I AVBElt/AVBGas. Die Haftung der Netzbetreiber wird für Vermögensschäden auf **Vorsatz** und **grobe Fahrlässigkeit** beschränkt. Für Vermögensschäden wird anders als nach § 6 I 1 Nr. 3 AVBElt/AVBGas auch bei einem Verschulden von Erfüllungs- und Verrichtungsgehilfen gehaftet. § 18 II und III NAV/NDAV regeln im Grundsatz entsprechend der Systematik von § 6 II und III AVBElt/AVBGas **Haftungshöchstbeträge** für Sachschäden. Sie werden im Vergleich zu den Haftungshöchstbeträgen der AVBElt/AVBGas angehoben. In die Haftungshöchstgrenzen können nach § 18 II 3 NAV/NDAV Schäden von Anschlußnutzern einbezogen werden, die Netzanschlüsse an vorgelagerten Spannungsebenen nutzen bzw. von Anschlußnutzern in Mittel- und Hochdruck. Voraussetzung dafür ist, dass die Haftung den Anschlußnutzern gegenüber entsprechend § 18 I 1 NAV/NDAV begrenzt ist. Nach § 18 IV NAV/NDAV ist die Haftung für Vermögensschäden auf jeweils 5.000 Euro sowie je Schadensereignis insgesamt auf 20 Prozent der jeweiligen Haftungshöchstbeträge für Sachschäden begrenzt.

§ 18 V–VII NAV/NDAV entsprechen § 6 IV–VI AVBElt/AVBGas. 49

§ 12 Aufgaben der Betreiber von Übertragungsnetzen

(1) Betreiber von Übertragungsnetzen haben die Energieübertragung durch das Netz unter Berücksichtigung des Austauschs mit anderen Verbundnetzen zu regeln und mit der Bereitstellung und dem Betrieb ihrer Übertragungsnetze im nationalen und internationalen Verbund zu einem sicheren und zuverlässigen Elektrizitätsversorgungssystem in ihrer Regelzone und damit zu einer sicheren Energieversorgung beizutragen.

(2) Betreiber von Übertragungsnetzen haben Betreibern eines anderen Netzes, mit dem die eigenen Übertragungsnetze technisch verbunden sind, die notwendigen Informationen bereitzustellen, um den sicheren und effizienten Betrieb, den koordinierten Ausbau und den Verbund sicherzustellen.

(3) Betreiber von Übertragungsnetzen haben dauerhaft die Fähigkeit des Netzes sicherzustellen, die Nachfrage nach Übertragung von Elektrizität zu befriedigen und insbesondere durch entsprechende Übertragungskapazität und Zuverlässigkeit des Netzes zur Versorgungssicherheit beizutragen.

(3 a) [1]Betreiber von Übertragungsnetzen haben alle zwei Jahre, erstmals zum 1. Februar 2006 einen Bericht über den Netzzustand und die Netzausbauplanung zu erstellen und diesen der Regulierungsbehörde auf Verlangen vorzulegen. [2]Auf Verlangen der Regulierungsbehörde ist ihr innerhalb von drei Monaten ein Bericht entsprechend Satz 1 auch über bestimmte Teile des Übertragungsnetzes vorzulegen. [3]Die Regulierungsbehörde hat Dritten auf Antrag bei Vorliegen eines berechtigten Interesses, insbesondere soweit es für die Durchführung von Planungen für Energieanlagen erforderlich ist, innerhalb einer Frist von zwei Monaten Zugang zu den Berichten nach den Sätzen 1 und 2 zu gewähren. [4]Die Regulierungsbehörde kann durch Festlegung nach § 29 Abs. 1 zum Inhalt des Berichts nähere Bestimmungen treffen.

§ 12 1 Teil 3. Regulierung des Netzbetriebs

(4) **Betreiber von Erzeugungsanlagen, Betreiber von Elektrizitätsverteilernetzen und Lieferanten von Elektrizität sind verpflichtet, Betreibern von Übertragungsnetzen auf Verlangen unverzüglich die Informationen bereitzustellen, die notwendig sind, damit die Übertragungsnetze sicher und zuverlässig betrieben, gewartet und ausgebaut werden können.**

Übersicht

	Rn.
A. Allgemeines	1
I. Inhalt	1
II. Technisches Regelwerk	3
B. Normadressat: Betreiber von Übertragungsnetzen	4
C. Betrieb der Übertragungsnetze (§ 12 I)	6
I. Abgrenzung von der Systemverantwortung nach § 13	7
II. Regelung der Elektrizitätsübertragung	11
1. Kraftwerkseinsatz, Bilanzkreise, Fahrpläne	12
2. Austausch mit anderen Verbundnetzen	15
III. Bereitstellung und Betrieb der Übertragungsnetze	16
IV. Befugnisse und Haftung der Übertragungsnetzbetreiber	19
V. Beitrag zur sicheren Elektrizitätsversorgung	20
1. Sicheres und zuverlässiges Elektrizitätsversorgungssystem	21
2. Sichere Energieversorgung	24
D. Informationspflicht der Übertragungsnetzbetreiber (§ 12 II)	25
I. Betreiber verbundener Netze	26
II. Notwendige Informationen	27
III. Informationsanspruch	29
E. Sicherstellung nachfragegerechter Netzkapazität (§ 12 III)	30
F. Berichtspflicht (§ 12 III a)	32
I. Inhalt der Berichtspflicht (§ 12 III a 1 und 2)	33
II. Zugang Dritter zu Berichten (§ 12 III a 3)	35
III. Festlegung des Berichtsinhalts (§ 12 III a 4)	38
G. Informationspflicht von Netznutzern (§ 12 IV)	39

A. Allgemeines

I. Inhalt

1 Die Übertragungsnetzbetreiber haben bei der Gewährleistung der Versorgungssicherheit eine zentrale Funktion. Sie regeln im Verbund mit anderen Übertragungsnetzbetreibern großräumig die Elektrizitätsübertragung unter Einbeziehung der Erzeugerseite, der Verteilernetze und der Energieverbraucher. Die Aufgaben der Übertragungsnetzbetreiber sind Gegenstand von Art. 9 EltRl. § 12 setzt die sich daraus ergebenden europarechtlichen Vorgaben in nationales Recht um. Allerdings hat der Gesetzgeber die Aufgaben der Übertragungsnetzbetreiber nicht nur in § 12, sondern – im Hinblick auf die Verantwortung der Übertragungsnetzbetreiber für die Funktionsfähigkeit des Gesamtsystems der Elektrizitätsversorgung – daneben auch in § 13 geregelt. Die Abgrenzung beider Vorschriften ist nicht eindeutig. Sie ist für die Praxis aber von Bedeutung (vgl. Rn. 7 ff.).

§ 12 I verpflichtet die Übertragungsnetzbetreiber zur Regelung der 2 Energieübertragung im Verbund mit anderen Netzen. Sie müssen durch den Betrieb und die Bereitstellung der Übertragungsnetze in ihrer Regelzone zu einer sicheren Energieversorgung beitragen. Übertragungsnetzbetreiber haben Betreibern anderer Netze die für deren Betrieb und Ausbau erforderlichen Informationen bereitzustellen (§ 12 II). Sie sind verpflichtet, dauerhaft die Fähigkeit ihrer Netze zu einer nachfragegerechten Übertragung von Elektrizität sicherzustellen (§ 12 III). Die in § 12 III a vorgesehene Berichtspflicht der Übertragungsnetzbetreiber an die Regulierungsbehörde wurde erst aufgrund der Beschlußempfehlung des Ausschusses für Wirtschaft und Arbeit vom 13. 4. 2005 (BT-Drucks. 15/5268) und des Vermittlungsausschusses vom 15. 6. 2005 (BT-Drucks. 15/5736) in das EnWG aufgenommen. Mit § 12 IV nimmt der Gesetzgeber auch die Netznutzer in die Pflicht. Auf Verlangen der Übertragungsnetzbetreiber müssen sie diesen die für Betrieb, Wartung und Ausbau der Übertragungsnetze erforderlichen Informationen zur Verfügung stellen.

II. Technisches Regelwerk

In der Praxis werden die Aufgaben der Übertragungsnetzbetreiber 3 durch das vorhandene technische Regelwerk konkretisiert. Von Bedeutung sind vor allem der **Transmission Code 2003** und die für den internationalen Verbund relevanten Regeln der UCTE und der ETSO. Sie enthalten – zum Teil unter Verweis auf weitere technische Richtlinien und Regeln – konkrete Anforderungen an den Betrieb der Übertragungsnetze. An ihnen kann sich auch die Regulierungsbehörde orientieren. Rechtlich verbindlich ist das technische Regelwerk jedoch nicht. Deshalb muß sich die Regulierungsbehörde vergewissern, ob es den gesetzlichen Vorgaben entspricht. Es muß den aktuellen Stand der technischen Entwicklung wiederspiegeln und mit den Wertungen des Gesetzgebers in Einklang stehen (§ 11, Rn. 22 f.).

B. Normadressat: Betreiber von Übertragungsnetzen

4 § 12 gilt für Betreiber von Übertragungsnetzen. Gemäß § 3 Nr. 10 sind dies natürliche oder juristische Personen oder rechtlich unselbständige Organisationseinheiten eines Energieversorgungsunternehmens, die verantwortlich sind für den Betrieb, die Wartung und erforderlichenfalls für den Ausbau des Übertragungsnetzes in einen bestimmten Gebiet bzw. der Verbindungsleistungen zu anderen Netzen. Welche Netze der Übertragung von Elektrizität dienen, ergibt sich aus § 3 Nr. 32. Danach handelt es sich bei der Übertragung um den Transport von Elektrizität über ein **Höchstspannungs- oder Hochspannungsverbundnetz** zum Zwecke der Belieferung von Letztverbrauchern oder Verteilern. Ausgenommen ist die Belieferung der Kunden (§ 3 Nr. 24) selbst. Welche Spannungsebenen zu den Höchstspannungs- bzw. Hochspannungsverbundnetzen gehören, ist gesetzlich nicht definiert. In Deutschland werden Höchstspannungsnetze mit einer Nennspannung von 380 kV und 220 kV betrieben. Der Betrieb von Hochspannungsnetzen erfolgt mit einer Nennspannung von 60 bis 220 kV (*VDN,* Daten und Fakten – Stromnetze in Deutschland 2005, Ziff. 2).

5 Aus der Definition der Betreiber von Übertragungsnetzen in § 3 Nr. 10 ergibt sich, daß diese – vorbehaltlich bestehender Kooperationspflichten (vgl. Rn. 15, 18 und 25 ff.) – unmittelbar jeweils nur für ein Übertragungsnetz in einem bestimmten Gebiet, d. h. einer **Regelzone** verantwortlich sind. § 12 I verpflichtet die Übertragungsnetzbetreiber dementsprechend dazu, zu einem sicheren und zuverlässigen Elektrizitätsversorgungssystem in ihrer Regelzone beizutragen. Unter einer Regelzone ist ein Netzgebiet zu verstehen, für dessen Primärregelung, Sekundärregelung und Minutenreserve ein Betreiber von Übertragungsnetzen im Rahmen der UCTE verantwortlich ist (§ 3 Nr. 30). In Deutschland ist das Übertragungsnetz in vier Gebiete räumlich aufgeteilt. Jedes dieser Teilnetze – es entspricht einer Regelzone – wird von der Netzgesellschaft eines der vier großen Energieversorgungsunternehmen betrieben (zum Betreiberbegriff vgl. § 11, Rn. 8). Der Adressatenkreis von § 12 steht daher fest. Die Vorschrift richtet sich derzeit an die EnBW Transportnetze AG, die E. ON Netz GmbH, die RWE Transportnetz Strom GmbH und die Vattenfall Europe Transmission GmbH.

C. Betrieb der Übertragungsnetze (§ 12 I)

6 § 12 I verpflichtet die Übertragungsnetzbetreiber zur Regelung der Energieübertragung durch das Netz. Unter Energie versteht das EnWG

Elektrizität und Gas (§ 3 Nr. 14). In § 12 I ist dagegen nur die Übertragung von Elektrizität gemeint; Übertragungsnetzbetreiber regeln nicht den Gastransport. Ferner verlangt § 12 I, daß die Übertragungsnetzbetreiber mit der Bereitstellung und dem Betrieb der Übertragungsnetze im nationalen und internationalen Verbund zu einem sicheren und zuverlässigen Elektrizitätsversorgungssystem in ihrer Regelzone und damit zu einer sicheren Energieversorgung beitragen.

I. Abgrenzung von der Systemverantwortung nach § 13

Die Regelung des Betriebs der Übertragungsnetze in zwei unterschiedlichen Vorschriften entspricht nicht den Bedürfnissen der Praxis. Die Abgrenzung beider Bereiche – Aufgaben gem. § 12 und Systemverantwortung nach § 13 – kann im Einzelfall Schwierigkeiten bereiten. Sie ist aber aus rechtlichen Gründen erforderlich. Anders als § 12 regelt § 13 ausdrücklich die Befugnisse der Übertragungsnetzbetreiber anderen Marktteilnehmern gegenüber; § 12 IV räumt den Übertragungsnetzbetreibern nur einen Informationsanspruch ein. Ferner schließt § 13 IV 2 bei bestimmten Maßnahmen die Haftung der Übertragungsnetzbetreiber aus. Eine entsprechende Regelung findet sich in § 12 nicht (dazu unten Rn. 19). 7

Zu den Pflichten der Übertragungsnetzbetreiber nach § 12 I gehören **nicht die Maßnahmen, die in den Anwendungsbereich von § 13 fallen.** Bei der Systemverantwortung gem. § 13 geht es darum, eine Gefährdung oder Störung des Elektrizitätsversorgungssystems in einer bestimmten Regelzone zu vermeiden. Sie liegt nach § 13 IV vor, wenn örtliche Netzausfälle oder kurzfristige Netzengpässe zu besorgen sind oder die Besorgnis besteht, daß die Haltung der Frequenz, Spannung oder Stabilität durch die Übertragungsnetzbetreiber nicht in erforderlichem Maße gewährleistet werden kann. Übertragungsnetzbetreiber müssen auf eine Gefährdung oder Störung des Elektrizitätsversorgungssystems mit netz- oder marktbezogenen Maßnahmen reagieren. In Betracht kommen insbesondere Netzschaltungen, der Einsatz von Regelenergie, die Ab- oder Zuschaltung von Lasten, das Engpaßmanagement und die Mobilisierung von Reserven (§ 13 I). Reichen diese Maßnahmen nicht aus, sind als Notfallmaßnahmen Stromeinspeisungen, Stromabnahmen und Stromtransite anzupassen (§ 13 II). 8

Die von § 13 umfaßten Maßnahmen betreffen zentrale Bereiche des Betriebs der Übertragungsnetze. Ohne sie können in der Praxis die Übertragungsnetzbetreiber die ihnen durch § 12 I zugewiesenen Aufgaben nicht erfüllen. Als Bestandteil der Systemverantwortung gem. § 13 fallen diese Maßnahmen aber aus dem Anwendungsbereich von 9

§ 12 heraus. Dies gilt für Maßnahmen, die bei einer **Besorgnis von Netzausfällen** ergriffen werden müssen, ebenso wie für das **Engpaßmanagement**. Weiter wird man § 13 so verstehen müssen, daß § 12 I auch nicht für die sogenannten **Systemdienstleistungen** der Übertragungsnetzbetreiber gilt. Dabei handelt es sich um die Frequenz- und Spannungshaltung, den Versorgungswiederaufbau und die Betriebsführung (Transmission Code 2003, Ziff. 4, S. 32 ff.). Zwar gilt § 13 für Systemdienstleistungen nur dann, wenn die Haltung der Frequenz und Spannung nicht im erforderlichen Maße gewährleistet werden kann. Es würde jedoch für die Praxis kaum handhabbare Abgrenzungsprobleme mit sich bringen, etwa den Einsatz von Regelenergie erst ab einem bestimmten Leistungsungleichgewicht bei § 13 und im übrigen als Aufgabe nach § 12 I einzuordnen. Dagegen spricht auch, daß § 13 mit der Regelung der Systemverantwortung an die im Transmission Code 2003 geregelten Systemdienstleistungen anknüpft. Ferner werden in § 13 I 1 der Einsatz von Regelenergie und das Zu- und Abschalten von Lasten als marktbezogene Maßnahmen im Rahmen der Systemverantwortung ausdrücklich erwähnt.

10 Zusammenfassend ist zur Abgrenzung von § 13 und § 12 I folgendes festzuhalten: Nach § 13 haben die Übertragungsnetzbetreiber in ihrer Regelzone dafür zu sorgen, daß die für die Übertragung der Elektrizität erforderlichen Systembedingungen vorliegen. § 12 I betrifft dagegen die **Nutzung dieses Systems**. Die Vorschrift verpflichtet die Übertragungsnetzbetreiber dazu, die Übertragung von Elektrizität durch das Netz zu regeln und mit dem Betrieb und der Bereitstellung der Übertragungsnetze zu einer sicheren Energieversorgung beizutragen. Diese im Grundsatz klare Unterscheidung schließt nicht aus, daß es im Einzelfall zu erheblichen Abgrenzungsschwierigkeiten zwischen § 12 und § 13 kommen kann.

II. Regelung der Elektrizitätsübertragung

11 Gemäß § 12 I haben Betreiber von Übertragungsnetzen die Elektrizitätsübertragung durch das Netz unter Berücksichtigung des Austauschs mit anderen Verbundnetzen zu regeln. Der Leistungsfluß in den Übertragungsnetzen hängt vor allem vom Einsatz der Erzeugungseinheiten und dem Verhalten der Energieverbraucher ab.

12 **1. Kraftwerkseinsatz, Bilanzkreise, Fahrpläne.** Die Elektrizitätsübertragung wird von den Übertragungsnetzbetreibern maßgeblich durch den **Kraftwerkseinsatz** gesteuert. Deshalb ist es gem. § 12 I Aufgabe der Übertragungsnetzbetreiber, die Kraftwerke bedarfsgerecht einzusetzen. Sie stellen dadurch das Gleichgewicht von Erzeugung und

Verbrauch in ihrer Regelzone sicher. Grundlage für die Steuerung des Kraftwerkseinsatzes sind Einspeisepläne, die den Übertragungsnetzbetreibern von Betreibern der an das Netz angeschlossenen Kraftwerke mit einer Netto-Engpaßleistung von mehr als 100 MW mitgeteilt werden (vgl. Transmission Code 2003, Ziff. 3.2.1, S. 25). Soweit Kraftwerke zur Frequenz- und Spannungshaltung eingesetzt werden, sind entsprechende Maßnahmen nach § 13 zu beurteilen.

Wesentliches Instrument zur Erfüllung der den Übertragungsnetzbetreibern durch § 12 I zugewiesenen Regelungsaufgabe ist die Einrichtung von **Bilanzkreisen** (vgl. § 4 StromNZV). In den Bilanzkreisen werden Einspeise- und Entnahmestellen innerhalb einer Regelzone zusammengefaßt, um Abweichungen zwischen Einspeisungen und Entnahmen durch ihre Durchmischung zu minimieren und die Abwicklung von Handelstransaktionen zu ermöglichen (§ 3 Nr. 10 a). Verantwortlich dafür ist der Bilanzkreisverantwortliche. Er sorgt durch einen Elektrizitätsaustausch mit anderen Bilanzkreisen für den Ausgleich des Saldos. Verbleibende Ungleichgewichte (Mehr- oder Mindereinspeisungen) in ihrer Regelzone haben die Übertragungsnetzbetreiber durch die Bereitstellung von **Ausgleichsenergie** abzudecken. Die Gesetzesbegründung geht ausdrücklich davon aus, daß die Bereitstellung von Ausgleichsenergie zu den Pflichten der Übertragungsnetzbetreiber nach § 12 I gehört (Begr. BT-Drucks. 15/ 3917, 56). Können Bilanzkreisüber- oder Bilanzkreisunterdeckungen durch die Bereitstellung von Ausgleichsenergie oder die Notreserve nicht mehr ausgeglichen werden, sind die Übertragungsnetzbetreiber verpflichtet, Maßnahmen nach § 13 zu ergreifen. Die Übertragungsnetzbetreiber schließen für jeden Bilanzkreis mit dem Bilanzkreisverantwortlichen einen Bilanzkreisvertrag (zum Inhalt vgl. § 26 StromNZV).

Lieferungen von Elektrizität zwischen den Bilanzkreisen werden von den Bilanzkreisverantwortlichen bei den Übertragungsnetzbetreibern mit entsprechenden **Fahrplänen** angemeldet (vgl. § 5 StromNZV). Fahrpläne geben für jede Viertelstunde an, wieviel Leistung zwischen Bilanzkreisen ausgetauscht bzw. am Einspeiseknoten/Entnahmeknoten eingespeist/entnommen wird (Transmission Code 2003, Ziff. 8.2, S. 55). Die Übertragungsnetzbetreiber müssen den Betrieb ihrer Netze grundsätzlich so führen, daß die angemeldeten Fahrpläne ohne Einschränkungen erfüllt werden. Falls der Übertragungsnetzbetreiber feststellt, daß im Hinblick auf die jeweilige Stromlieferung miteinander korrespondierende Fahrpläne nicht übereinstimmen oder wenn ein Fahrplan fehlt, hat der Übertragungsnetzbetreiber die betroffenen Bilanzkreisverantwortlichen zur kurzfristigen Klärung aufzufordern.

15 **2. Austausch mit anderen Verbundnetzen.** Im Stromsektor hat sich (anders als im Gasbereich) ein stark vermaschtes Verbundnetz herausgebildet. In dem 1,6 Mio. km Leitungen umfassenden Netz sorgen 566 000 Transformatoren für die Umspannung und Kopplung innerhalb des Verbundsystems (*VDN,* Daten und Fakten – Stromnetze in Deutschland 2005, Ziff. 3). Vor diesem Hintergrund verlangt § 12 I, daß die Regelung der Elektrizitätsübertragung unter Berücksichtigung des **Austauschs mit anderen Verbundnetzen** zu erfolgen hat. Gemäß § 3 Nr. 35 handelt es sich bei einem Verbundnetz um eine Anzahl von Übertragungs- und Elektrizitätsverteilernetzen, die durch Verbindungsleitungen – also durch Anlagen zur Verbundschaltung von Elektrizitätsnetzen (§ 3 Nr. 34) – miteinander verbunden sind. Die Übertragungsnetzbetreiber müssen nach § 12 I auch mit anderen Verbundnetzen, also mit anderen Regelzonen vereinbarte Fahrpläne berücksichtigen. Die Bilanzkreisverantwortlichen der entsprechenden Regelzonen melden den Übertragungsnetzbetreibern die geplanten Einspeisungen und Entnahmen. Der Austausch von Elektrizität mit **ausländischen Regelzonen** erfolgt nach der StromhandelsVO sowie den Regeln der UCTE und ETSO. Die Regelung der Elektrizitätsübertragung im Austausch mit anderen Verbundnetzen bedeutet auch, daß die Übertragungsnetzbetreiber gegebenenfalls Ausgleichsenergie für diese bereitstellen müssen (Begr. BT-Drucks. 15/3917, 56).

III. Bereitstellung und Betrieb der Übertragungsnetze

16 § 12 I verpflichtet die Übertragungsnetzbetreiber neben der Regelung der Elektrizitätsübertragung zur Bereitstellung und zum Betrieb der Übertragungsnetze im nationalen und internationalen Verbund. Die **Bereitstellungsverpflichtung** wird an anderer Stelle konkretisiert. Sie ist zum einen Gegenstand von § 12 III (dazu unten Rn. 30 f.). Zum anderen ergibt sich aus den Netzanschluß- und Netzzugangsregeln der §§ 7 ff. und 20 ff., unter welchen Voraussetzungen Dritte einen Anspruch auf Anschluß an die Übertragungsnetze und auf deren Nutzung haben. Der Bereitstellungsverpflichtung nach § 12 I kommt daher in der Praxis keine wesentliche eigenständige Bedeutung zu.

17 Auch im Hinblick auf die Verpflichtung zum **Betrieb** der Übertragungsnetze hat § 12 I die Funktion eines Auffangtatbestandes. Grundsätzlich umfaßt sie alle für den Transport von Elektrizität erforderlichen technischen und sonstigen Betreiberleistungen (vgl. § 11, Rn. 25). § 12 I greift jedoch nur dann ein, wenn diese nicht bereits zur Regelung der Elektrizitätsübertragung gehören oder als Maßnahmen im Rahmen der Systemverantwortung in § 13 besonders normiert sind.

Beim Betrieb der Übertragungsnetze ist deren Einbindung in den nationalen und internationalen Verbund Rechnung zu tragen (dazu oben Rn. 15). Ebenso wie § 11 setzt § 12 I voraus, daß die vorhandenen Übertragungsnetze auch tatsächlich betrieben werden. Es besteht also eine **Betriebspflicht** (vgl. dazu im einzelnen § 11, Rn. 27 ff.).

Eigenständige Bedeutung hat § 12 I insofern, als die Vorschrift betont, daß der Betrieb und die Bereitstellung der Übertragungsnetze **im nationalen und internationalen Verbund** zu erfolgen hat. Daraus ergibt sich für die Übertragungsnetzbetreiber die Verpflichtung, die Übertragungsnetze so zu betreiben und bereitzustellen, daß sie ihre Funktion im Verbund mit anderen Netzen erfüllen können. Die Übertragungsnetzbetreiber dürfen daher keine Maßnahmen ergreifen, die ausschließlich den Bedürfnissen der eigenen Regelzone entsprechen, die Anforderungen des nationalen und internationalen Verbunds jedoch unberücksichtigt lassen.

IV. Befugnisse und Haftung der Übertragungsnetzbetreiber

§ 12 ermächtigt und verpflichtet die Übertragungsnetzbetreiber nicht zu bestimmten Maßnahmen anderen Marktteilnehmern gegenüber; § 12 IV räumt den Übertragungsnetzbetreibern nur einen Informationsanspruch ein. Insoweit unterscheidet sich die Vorschrift von § 13, der den Übertragungsnetzbetreibern gesetzlich bestimmte Befugnisse einräumt, um ihre Systemverantwortung wahrnehmen zu können. Ferner enthält § 12 I im Gegensatz zu § 13 IV 2 keine Regelung zur Haftung der Übertragungsnetzbetreiber. Im Zusammenhang mit der Aufgabenerfüllung nach § 12 richten sich daher die Befugnisse und die Haftung der Übertragungsnetzbetreiber nach den getroffenen **vertraglichen Vereinbarungen.** Soweit darin auf diese Bezug genommen wird, gelten ferner die technischen Regeln, insbesondere der Transmission Code 2003. Praktische Bedeutung haben vor allem die mit den Bilanzkreisverantwortlichen abgeschlossenen Bilanzkreisverträge sowie Verträge über den Anschluß von Kraftwerken an das Netz.

V. Beitrag zur sicheren Elektrizitätsversorgung

Mit der Regelung der Elektrizitätsübertragung sowie der Bereitstellung und dem Betrieb der Übertragungsnetze haben die Übertragungsnetzbetreiber gem. § 12 I zu einem sicheren und zuverlässigen Elektrizitätsversorgungssystem in ihrer **Regelzone** und damit zu einer sicheren Energieversorgung beizutragen. § 12 I gibt dadurch für den Betrieb der Übertragungsnetze einen bestimmten **Qualitätsmaßstab** vor. Daran haben sich die Übertragungsnetzbetreiber bei der Aufgabenerfüllung gem. § 12 I zu orientieren.

21 **1. Sicheres und zuverlässiges Elektrizitätsversorgungssystem.** Der Begriff des **Elektrizitätsversorgungssystems** ist im EnWG nicht definiert. Nach der Definition des Transmission Code 2003 (Ziff. 8.2, S. 54) handelt es sich um eine nach technischen, wirtschaftlichen und sonstigen Kriterien **abgrenzbare funktionale Einheit** innerhalb der Elektrizitätswirtschaft. Diese Definition entspricht der den Übertragungsnetzbetreibern durch § 12 I zugewiesenen Aufgabe, die Übertragung der Elektrizität zu regeln. Dabei sind neben Elektrizitätsversorgungsnetzen (zum Begriff vgl. § 3 Nr. 2) auch die Erzeugerseite und die Energieverbraucher einzubeziehen. Zum Elektrizitätsversorgungssystem gehören daher neben dem Netzbereich auch Kraftwerke und Anlagen der Energieverbraucher.

22 Übertragungsnetzbetreiber müssen in ihrer Regelzone zum einen die Sicherheit des Elektrizitätsversorgungssystems gewährleisten. Diese Verpflichtung kann nur soweit gehen, wie die Sicherheit des Systems vom Betrieb der Übertragungsnetze abhängt. Sie bedeutet in erster Linie, daß die Übertragungsnetzbetreiber eine im wesentlichen unterbrechungsfreie, d. h. eine regelmäßige Energieversorgung ermöglichen müssen. Sie müssen die **Versorgungssicherheit** in ihrer Regelzone gewährleisten. Ein sicheres Energieversorgungssystem erfordert ferner die Beachtung von Anforderungen an die **technische Anlagensicherheit.** Daher müssen die Übertragungsnetzbetreiber beim Betrieb der Übertragungsnetze auch für den Schutz der Allgemeinheit und ihrer Mitarbeiter vor Schäden sorgen (vgl. § 11, Rn. 12 ff.).

23 § 12 I verpflichtet die Übertragungsnetzbetreiber zum anderen, zur **Zuverlässigkeit** des Elektrizitätsversorgungssystems beizutragen. Es handelt sich dabei um einen Teilaspekt der Versorgungssicherheit. Er betont die Verpflichtung der Übertragungsnetzbetreiber, für eine hohe Verfügbarkeit des Elektrizitätsversorgungssystems oder – mit anderen Worten – für eine geringe Ausfallrate zu sorgen (vgl. § 11, Rn. 16). Auch diese Verpflichtung besteht nur insoweit wie der Betrieb der Übertragungsnetze Einfluß auf die Zuverlässigkeit des Elektrizitätsversorgungssystems insgesamt hat.

24 **2. Sichere Energieversorgung.** § 12 I verpflichtet die Übertragungsnetzbetreiber weiter dazu, durch ein sicheres und zuverlässiges Elektrizitätsversorgungssystem zu einer sicheren Energieversorgung beizutragen. Dadurch stellt § 12 I klar, daß die Sicherheit und Zuverlässigkeit des Elektrizitätsversorgungssystems kein Selbstzweck ist. Vielmehr dient dieses System dazu, eine sichere Energieversorgung zu gewährleisten. Daß sich aus § 12 I insofern weitergehende Anforderungen an den Betrieb der Übertragungsnetze ergeben, ist jedoch zu bezweifeln.

D. Informationspflicht der Übertragungsnetzbetreiber (§ 12 II)

Nachdem § 12 I zu einem Netzbetrieb im nationalen und internationalen Verbund verpflichtet, konkretisiert § 12 II durch die Informationspflicht der Übertragungsnetzbetreiber die Kooperation mit anderen Netzbetreibern. Danach haben Übertragungsnetzbetreiber den Betreibern technisch verbundener Netze die zum Betrieb und zum Ausbau sowie die für den Verbund erforderlichen Informationen zur Verfügung zu stellen.

I. Betreiber verbundener Netze

Die Informationspflicht der Übertragungsnetzbetreiber besteht gegenüber den Betreibern anderer Netze, die mit ihrem Übertragungsnetz technisch verbunden sind. Dies können Betreiber anderer **Übertragungsnetze** ebenso wie Betreiber von **Elektrizitätsverteilernetzen** sein. Theoretisch können sich auch die Betreiber von Objektnetzen gem. § 110 auf die Informationspflicht berufen. Erforderlich ist jeweils eine technische Verbindung mit dem Übertragungsnetz. Da § 12 II auf den Betrieb der Elektrizitätsversorgungsnetze im Verbund abzielt, muß sie durch entsprechende **Verbindungsleitungen** hergestellt sein. Nach § 3 Nr. 34 handelt es sich bei Verbindungsleitungen um Anlagen zur Verbundschaltung von Elektrizitätsnetzen. Mit dem Übertragungsnetz nicht i. S. v. § 12 II technisch verbunden sind gleich- oder nachgelagerte Elektrizitätsversorgungsnetze, die nach § 17 an das Übertragungsnetz nur angeschlossen sind. Der Informationsaustausch mit den Betreibern dieser Netze richtet sich nach den §§ 17 ff. Im Rahmen von § 12 II ohne Bedeutung sind etwaige gesellschaftsrechtliche oder wirtschaftliche Beziehungen zwischen dem Übertragungsnetzbetreiber und den Betreibern technisch verbundener Netze.

II. Notwendige Informationen

Von den Übertragungsnetzbetreibern sind nach § 12 II die notwendigen Informationen bereitzustellen, um den sicheren und effizienten Betrieb, den koordinierten Ausbau und den Verbund sicherzustellen. Damit sollen die Betreiber anderer Netze in die Lage versetzt werden, die ihnen nach den §§ 11 ff. obliegenden **Aufgaben im Verbund** ihrerseits ordnungsgemäß erfüllen zu können. Die Informationspflicht dient dazu, daß die Erfüllung dieser Aufgaben zwischen den Netzbetreibern **koordiniert** werden kann. Soweit nicht ein regelmäßiger Informationsaustausch stattfindet, sind die Informationen von den Übertragungsnetzbetreibern **auf Verlangen** der anderen Netzbetreiber zur Verfügung zu stellen.

28 § 12 II verweist allerdings nicht allgemein auf die zur Aufgabenerfüllung nach den §§ 11 ff. erforderlichen Informationen. Vielmehr konkretisiert die Vorschrift selbst die für die Informationspflicht maßgeblichen Bezugspunkte. Dies ist der **sichere und effiziente Betrieb** anderer Netze. Der sichere Netzbetrieb umfaßt ebenso wie in § 11 die Aspekte der Versorgungssicherheit und der technischen Anlagensicherheit (vgl. § 11, Rn. 12 ff.). Dagegen findet sich das Effizienzerfordernis im ersten Abschnitt nur in § 12 II. Es ist im Zusammenhang mit der Informationspflicht und deren Zweck zu sehen, den koordinierten Netzbetrieb im Verbund sicherzustellen. Die Effizienz des Netzbetriebs meint daher in § 12 II in erster Linie, daß die Elektrizitätsversorgungsnetze die ihnen im Verbund zukommende Funktion, aber keine Aufgaben erfüllen sollen, die von anderen Netzen des Verbunds übernommen werden. Ferner sind Informationen für den **koordinierten Ausbau** der Netze zur Verfügung zu stellen. Dies bedeutet, daß die Übertragungsnetzbetreiber den Betreibern technisch verbundener Netz insbesondere Informationen über ihre Ausbauplanung und – soweit erforderlich – die Bedarfsprognose bereitstellen müssen. Dadurch sollen zum einen im Verbund die notwendigen Netzkapazitäten geschaffen werden. Zum anderen soll verhindert werden, daß in teure Netzinfrastruktur investiert wird, obwohl der Bedarf bereits an anderer Stelle im Verbund befriedigt werden kann. Schließlich sind Gegenstand von § 12 II die zur **Sicherstellung des Verbundes** erforderlichen Informationen. Dazu gehören sämtliche Informationen, die zur Koordinierung des Verbundes notwendig sind und nicht bereits den Betrieb oder Ausbau der Netze betreffen.

III. Informationsanspruch

29 Die Informationspflicht der Übertragungsnetzbetreiber gem. § 12 II dient in erster Linie dazu, den Verbund der Elektrizitätsversorgungsnetze und damit eine sichere Versorgung mit Elektrizität zu gewährleisten. Sie liegt insofern im Interesse der Allgemeinheit. Dies könnte dagegen sprechen, daß § 12 II einen subjektiven **Anspruch auf Information** begründet. Andererseits sind die Netzbetreiber auf die Informationen zur Erfüllung der ihnen in den §§ 11 ff. übertragenen Aufgaben ange-

wiesen. Es liegt deshalb nahe und dient auch der Sicherheit der Elektrizitätsversorgung, daß § 12 II den Betreibern anderer Netze einen einklagbaren Anspruch gegen die zur Information verpflichteten Übertragungsnetzbetreiber einräumt.

E. Sicherstellung nachfragegerechter Netzkapazität (§ 12 III)

Betreiber von Übertragungsnetzen haben nach § 12 III dauerhaft die Fähigkeit des Netzes sicherzustellen, die Nachfrage nach Übertragung von Elektrizität zu befriedigen. Sie müssen durch entsprechende Übertragungskapazität und Zuverlässigkeit des Netzes zur Versorgungssicherheit beitragen. In der Praxis muß das Netz so ausgelegt sein, daß die Übertragung der prognostizierten Höchstbelastung und die Übertragung der Primärregel-, Sekundärregel- und Minutenreserveleistung gewährleistet sind (Transmission Code 2003, Ziff. 4.2.2, S. 33).

§ 12 III bezieht sich zum einen auf den Zustand der vorhandenen Übertragungsnetze. Sie müssen durch **Wartung, Instandhaltung und Instandsetzung** auf einem technischen Stand gehalten werden, der eine sichere und zuverlässige Elektrizitätsübertragung gewährleistet. Zum anderen haben sich Übertragungsnetzbetreiber einer sich verändernden Nachfrage anzupassen. § 12 III regelt daher in der Sache insbesondere eine **Ausbaupflicht** der Übertragungsnetzbetreiber. Sie ist in § 11 I bereits ausdrücklich normiert. Die Ausführungen zu § 11 I gelten für § 12 III entsprechend (vgl. § 11, Rn. 31 ff.). Anhaltspunkte dafür, daß die Ausbaupflicht für den Bereich der Übertragungsnetze in § 12 III verschärft wird, ergeben sich nicht (so aber *Baur*, ZNER 2004, 318, 322). Übertragungsnetzbetreiber haben eine Bedarfsprognose zu erstellen und auf dieser Grundlage etwa erforderliche Ausbaumaßnahmen durchzuführen. Die Gesetzesbegründung zu § 12 III weist ausdrücklich darauf hin, daß sie die Netzkapazitäten an der regionalen Entwicklung der Nachfrage ausrichten müssen. Die unternehmerische Eigenverantwortlichkeit für Investitionsentscheidungen der Übertragungsnetzbetreiber nach wirtschaftlichen Kriterien bleibe durch § 12 III unberührt (Begr. BT-Drucks. 15/3917, 56). Daran ist richtig, daß weder die Regulierungsbehörde noch die Gerichte dazu berufen sind, die Übertragungsnetzbetreiber zu bestimmten Ausbaumaßnahmen zu verpflichten. Erforderlich ist aber, und hier endet die Entscheidungsfreiheit der Übertragungsnetzbetreiber, daß sich die Ausbauentscheidungen **innerhalb des von § 12 III und § 11 I vorgegebenen Rahmens** halten (vgl. § 11, Rn. 37).

F. Berichtspflicht (§ 12 III a)

32 Die in § 12 III a vorgesehene Berichtspflicht der Übertragungsnetzbetreiber an die Regulierungsbehörde wurde erst aufgrund der Beschlußempfehlung des Ausschusses für Wirtschaft und Arbeit vom 13. 4. 2005 (BT-Drucks. 15/5268) und des Vermittlungsausschusses vom 15. 6. 2005 (BT-Drucks. 15/5736) in das EnWG aufgenommen. Sie versetzt die Regulierungsbehörde in die Lage, sich in regelmäßigen Abständen ein Bild vom Zustand der Übertragungsnetze und den Ausbauplänen der Netzbetreiber zu machen.

I. Inhalt der Berichtspflicht (§ 12 III a 1 und 2)

33 § 12 III a 1 verlangt von den Übertragungsnetzbetreibern alle zwei Jahre, erstmals zum 1. 2. 2006, die Vorlage eines Berichts über den **Netzzustand** und die **Netzausbauplanung** bei der Regulierungsbehörde. Konkrete Anforderungen an den Inhalt der Berichte bleiben gem. § 12 III a 4 der Festlegung durch die Regulierungsbehörde vorbehalten (Rn. 38). Im Grundsatz gilt, daß die Berichte der Übertragungsnetzbetreiber die Informationen enthalten müssen, die erforderlich sind, damit die Regulierungsbehörde die Erfüllung der den Übertragungsnetzbetreibern nach § 12 I und III obliegenden Pflichten überprüfen kann. Sie muß insbesondere erkennen können, ob die Versorgungssicherheit im Bereich der Übertragungsnetze gewährleistet ist. Der Zustand der Übertragungsnetze muß daher so dargestellt werden, daß tragfähige Rückschlüsse auf deren Sicherheit und Zuverlässigkeit möglich sind. Ob dazu auch Aussagen zur Kapazität der Übertragungsnetze gehören, kann offenbleiben. Jedenfalls der Bericht über die Netzausbauplanung muß Kapazitätsannahmen und Bedarfsprognosen enthalten. Diese können gegebenenfalls in komprimierter Form wiedergegeben werden.

34 Die Regulierungsbehörde kann nach § 12 III a 2 verlangen, daß ihr innerhalb von drei Monaten ein § 12 III a 1 entsprechender Bericht über **bestimmte Teile des Übertragungsnetzes** vorgelegt wird. Ob sie von dieser Möglichkeit Gebrauch macht, steht im pflichtgemäßen Ermessen der Behörde. Maßgeblich ist, ob sie Anlaß dazu sieht, bestimmte Netzbereiche näher zu prüfen. Dies kann dann der Fall sein, wenn sich aus den Berichten nach § 12 III a 1 Anhaltspunkte für Defizite in bestimmten Bereichen des Übertragungsnetzes ergeben. Ferner können auch der Regulierungsbehörde sonst zugängliche Informationen oder Netzausfälle Grund dafür sein, daß die Behörde die Vorlage von Berichten gem. § 12 III a 2 verlangt. Ein entsprechendes Verlangen ohne jeden sachlichen Grund, etwa nur zur Stichprobe, ist angesichts der Berichtspflicht der Übertragungsnetzbetreiber nach § 12 III a 1 nicht gerechtfertigt.

II. Zugang Dritter zu Berichten (§ 12 III a 3)

Die Regulierungsbehörde hat Dritten auf Antrag bei Vorliegen eines **berechtigten Interesses** innerhalb einer Frist von zwei Monaten Zugang zu den Berichten nach § 12 III a 1 und 2 zu gewähren (§ 12 III a 3). Ein berechtigtes Interesse liegt gem. § 12 III a 3 insbesondere dann vor, wenn und soweit der Zugang für die Durchführung von Planungen für Energieanlagen erforderlich ist. Energieanlagen sind Anlagen zur Erzeugung, Speicherung, Fortleitung oder Abgabe von Energie (§ 3 Nr. 15). Ebenso wie § 12 II begründet auch § 12 III a 3 einen Informationsanspruch (vgl. Rn. 29). Die Vorschrift stellt den Zugang zu den Berichten nicht in das Ermessen der Regulierungsbehörde. Liegt ein berechtigtes Interesse vor – und handelt es sich nicht um Betriebs- oder Geschäftsgeheimnisse (dazu unten Rn. 37) – *hat* die Regulierungsbehörde Zugang zu gewähren.

Das in § 12 III a 3 genannte Beispiel macht deutlich, daß für den Zugang zu den Berichten ein energiespezifisches Interesse vorliegen muß. Es wird regelmäßig bei **Betreibern von Energieanlagen** gegeben sein, die im Rahmen ihrer Tätigkeit die in den Berichten der Übertragungsnetzbetreiber enthaltenen Informationen benötigen. Dabei muß der Zugang zu den Berichten nicht unausweichlich sein. Ausreichend ist, daß er die Tätigkeit der Betreiber anderer Energieanlagen wesentlich erleichtert. Praktische Bedeutung hat die Zugangsmöglichkeit vor allem für die Betreiber, die sich nicht auf den Informationsanspruch nach § 12 II berufen können. Fraglich ist, ob die Regulierungsbehörde die Berichte auch **Personen und Personenvereinigungen nach § 31 I 1** zu gewähren hat. Dafür spricht zwar, daß der Gesetzgeber diesen die Möglichkeit eröffnet, das Verhalten der Netzbetreiber zu kontrollieren. Diese Möglichkeit dient jedoch primär zur Herstellung von Wettbewerb auf den Energiemärkten. Dagegen soll § 12 in erster Linie eine sichere Energieversorgung gewährleisten. Dazu tragen Personen und Personenvereinigungen nach § 31 I 1 nicht bei. Sie haben deshalb nach § 12 III a 3 keinen Anspruch auf Zugang zu den Berichten der Übertragungsnetzbetreiber. Entsprechendes gilt, wenn der Zugang von Dritten beantragt wird, die keinen unmittelbaren Bezug zur Energieversorgung haben. So haben etwa **Umweltverbände** trotz der Umweltauswirkungen neuer Leitungstrassen keinen Anspruch auf Einsichtnahme in die Berichte der Übertragungsnetzbetreiber.

37 Für in den Berichten der Übertragungsnetzbetreiber etwa enthaltene **Betriebs- oder Geschäftsgeheimnisse** gilt § 71. Danach haben die Übertragungsnetzbetreiber die Teile der Berichte zu kennzeichnen, bei denen es sich im Betriebs- oder Geschäftsbereiche handelt (§ 71 1). Sie müssen eine zusätzliche Berichtsfassung vorlegen, die ohne Preisgabe von Betriebs- oder Geschäftsgeheimnissen von Dritten gem. § 12 III a 3 eingesehen werden kann (§ 71 2). Soweit dies nicht geschieht, kann die Regulierungsbehörde grundsätzlich davon ausgehen, daß die Übertragungsnetzbetreiber mit einer Einsichtnahme in die Berichte einverstanden sind (§ 71 3). Hält die Regulierungsbehörde die Kennzeichnung von Berichtsteilen als Betriebs- oder Geschäftsgeheimnisse für unberechtigt, hat sie die Übertragungsnetzbetreiber anzuhören, bevor die Informationen Dritten zugänglich gemacht werden.

III. Festlegung des Berichtsinhalts (§ 12 III a 4)

38 § 12 III a 4 eröffnet der Regulierungsbehörde die Möglichkeit, den Inhalt der von den Übertragungsnetzbetreibern vorzulegenden Berichte durch **Festlegung nach § 29 I** zu bestimmen. Mit dem Instrument der Festlegung (dazu § 29, Rn. 10 ff.) können für alle Übertragungsnetzbetreiber einheitliche Vorgaben für die Erfüllung der Berichtspflicht gemacht werden.

G. Informationspflicht von Netznutzern (§ 12 IV)

39 Um es den Betreibern von Übertragungsnetzen zu ermöglichen, ihre Netze sicher und zuverlässig betreiben zu können, steht ihnen nach § 12 IV ein Informationsanspruch zu. Zur Bereitstellung von Informationen verpflichtet sind **Betreiber von Erzeugungsanlagen, Betreiber von Elektrizitätsverteilernetzen** (§ 3 Nr. 3) und **Lieferanten von Elektrizität** (§ 2 Nr. 5 StromNZV). Die Verpflichtung setzt ein entsprechendes Verlangen der Übertragungsnetzbetreiber voraus. Ein darüber hinausgehender Informationsaustausch, insbesondere zwischen Übertragungsnetzbetreibern und Bilanzkreisverantwortlichen, ist in der StromNZV geregelt.

40 Bereitzustellen sind die Informationen, die notwendig sind, damit die Übertragungsnetze sicher und zuverlässig betrieben, gewartet und ausgebaut werden können. Da der Lastfluß in den Übertragungsnetzen vom **Kraftwerkseinsatz** abhängig ist, sind in der Praxis vor allem Informationen der Betreiber von Erzeugungsanlagen von Bedeutung. Dazu gehören Einspeisepläne, die nach dem Transmission Code 2003 den Übertragungsnetzbetreibern von Betreibern der an das Netz angeschlossenen Kraftwerke mit einer Netto-Engpaßleistung von mehr als 100 MW mitzuteilen sind. Ferner sind Informationen über die Verfügbarkeit von Kraftwerkskapazitäten, geplante Kraftwerksrevisionen und Investitionen im Kraftwerksbereich zu liefern (vgl. Begr. BT-Drucks. 15/3917, S. 56).

§ 13 Systemverantwortung der Betreiber von Übertragungsnetzen

(1) ¹Sofern die Sicherheit oder Zuverlässigkeit des Elektrizitätsversorgungssystems in der jeweiligen Regelzone gefährdet oder gestört ist, sind Betreiber von Übertragungsnetzen berechtigt und verpflichtet, die Gefährdung oder Störung durch

1. netzbezogene Maßnahmen, insbesondere durch Netzschaltungen, und
2. marktbezogene Maßnahmen, wie insbesondere den Einsatz von Regelenergie, vertraglich vereinbarte abschaltbare und zuschaltbare Lasten, Information über Engpässe und Management von Engpässen sowie Mobilisierung zusätzlicher Reserven

zu beseitigen. ²Bei netzbezogenen Maßnahmen nach Satz 1 sind die Verpflichtungen nach § 4 Abs. 1 des Erneuerbare-Energien-Gesetzes und nach § 4 Abs. 1 des Kraft-Wärme-Kopplungsgesetzes zu berücksichtigen. ³Bei Maßnahmen nach Satz 1 ist nach sachlich-energiewirtschaftlichen Grundsätzen im Sinne des § 1 Abs. 1 vorzugehen.

(2) ¹Lässt sich eine Gefährdung oder Störung durch Maßnahmen nach Absatz 1 nicht rechtzeitig beseitigen, so sind Betreiber von Übertragungsnetzen im Rahmen der Zusammenarbeit nach § 12 Abs. 1 berechtigt und verpflichtet, sämtliche Stromeinspeisungen, Stromtransite und Stromabnahmen in ihren Regelzonen den Erfordernissen eines sicheren und zuverlässigen Betriebs des Übertragungsnetzes anzupassen oder diese Anpassung zu verlangen. ²Bei einer erforderlichen Anpassung von Stromeinspeisungen und Stromabnahmen sind insbesondere die betroffenen Betreiber von Elektrizitätsverteilernetzen und Stromhändler soweit möglich vorab zu informieren.

(3) Eine Gefährdung der Sicherheit und Zuverlässigkeit des Elektrizitätsversorgungssystems in der jeweiligen Regelzone liegt vor, wenn örtliche Ausfälle des Übertragungsnetzes oder kurzfristige Netzengpässe zu besorgen sind oder zu besorgen ist, dass die Haltung von Frequenz, Spannung oder Stabilität durch die

Übertragungsnetzbetreiber nicht im erforderlichen Maße gewährleistet werden kann.

(4) [1] Im Falle einer Anpassung nach Absatz 2 ruhen bis zur Beseitigung der Gefährdung oder Störung alle hiervon jeweils betroffenen Leistungspflichten. [2] Soweit bei Vorliegen der Voraussetzungen nach Absatz 2 Maßnahmen getroffen werden, ist insoweit die Haftung für Vermögensschäden ausgeschlossen. [3] Im Übrigen bleibt § 11 Abs. 2 unberührt.

(5) [1] Über die Gründe von durchgeführten Anpassungen und Maßnahmen sind die hiervon unmittelbar Betroffenen und die Regulierungsbehörde unverzüglich zu informieren. [2] Auf Verlangen sind die vorgetragenen Gründe zu belegen.

(6) Reichen die Maßnahmen gemäß Absatz 2 nach Feststellung eines Betreibers von Übertragungsnetzen nicht aus, um eine Versorgungsstörung für lebenswichtigen Bedarf im Sinne des § 1 des Energiesicherungsgesetzes abzuwenden, muss der Betreiber von Übertragungsnetzen unverzüglich die Regulierungsbehörde unterrichten.

(7) [1] Zur Vermeidung schwerwiegender Versorgungsstörungen haben Betreiber von Übertragungsnetzen jährlich eine Schwachstellenanalyse zu erarbeiten und auf dieser Grundlage notwendige Maßnahmen zu treffen. [2] Das Personal in den Steuerstellen ist entsprechend zu unterweisen. [3] Über das Ergebnis der Schwachstellenanalyse und die notwendigen Maßnahmen hat der Übertragungsnetzbetreiber jährlich bis zum 31. August der Regulierungsbehörde zu berichten.

Literatur: *Ehricke/Kästner*, Haftungsbeschränkungen für Netzbetreiber am Übergang zum neuen EnWG, et 2005, 242 f.

Übersicht

	Rn.
A. Allgemeines	1
I. Inhalt und Systematik	1
II. Zweck	3
B. Gefährdung der Sicherheit und Zuverlässigkeit (§ 13 III)	4
I. Kritische Netzzustände	5
II. Besorgnis	7
C. Netz- und marktbezogene Maßnahmen (§ 13 I)	9
I. Allgemeines	10
II. Netzbezogene Maßnahmen (§ 13 I 1 Nr. 1)	12
III. Marktbezogene Maßnahmen (§ 13 I 1 Nr. 2)	13

	Rn.
IV. Berücksichtigung der Pflichten aus EEG und KWKG (§ 13 I 2)	15
V. Vorgehen nach den Grundsätzen von § 1 I (§ 13 I 3)	18
D. Notfallmaßnahmen (§ 13 II)	19
I. Gegenstand von Notfallmaßnahmen (§ 13 II 1)	20
II. Informationspflicht (§ 13 II 2)	23
III. Stromeinspeisungen aus EEG- und KWKG-Anlagen	24
E. Rechtsfolgen von Notfallmaßnahmen (§ 13 IV)	25
I. Ruhen von Leistungspflichten (§ 13 IV 1)	26
II. Haftungsausschluß (§ 13 IV 2)	27
F. Unterrichtung über Gründe (§ 13 V)	31
G. Unterrichtung über schwerwiegende Versorgungsstörungen (§ 13 VI)	33
H. Schwachstellenanalyse (§ 13 VII)	34

A. Allgemeines

I. Inhalt und Systematik

§ 13 konkretisiert Aufgaben und Rechtsstellung der Übertragungs- **1** netzbetreiber (zum Begriff vgl. § 12, Rn. 4 f.) im Hinblick auf die Gewährleistung der **Funktionsfähigkeit des Gesamtsystems der Elektrizitätsversorgung.** Den Übertragungsnetzbetreibern obliegt es, durch Maßnahmen im Netz und gegenüber Netznutzern auf Erzeuger- und Verbraucherseite Gefährdungen und Störungen vorzubeugen und im Störungsfall zur Schadensbegrenzung beizutragen (Begr. BT-Drucks. 15/3917, S. 56 f.).

§ 13 III enthält eine Legaldefinition der Gefährdung der Sicherheit **2** und Zuverlässigkeit des Elektrizitätsversorgungssystems in der jeweiligen Regelzone. Bei Vorliegen einer solchen Gefährdung oder Störung sieht § 13 ein **Stufensystem** vor. Zunächst haben die Übertragungsnetzbetreiber netz- oder marktbezogene Maßnahmen zu ergreifen (§ 13 I). Reichen diese Maßnahmen zur Beseitigung der Gefährdung oder Störung nicht aus, sind sie zu Notfallmaßnahmen berechtigt und verpflichtet (§ 13 II). Für diesen Fall bestimmt § 13 IV das Ruhen von Leistungspflichten und einen Haftungsausschluß für Vermögensschäden. § 13 V und VI normieren Informationspflichten der Übertragungsnetzbetreiber betroffenen Netznutzern und der Regulierungsbehörde gegenüber. Nach § 13 VII sind die Übertragungsnetzbetreiber verpflichtet, eine Schwachstellenanalyse zu erstellen und, auf dieser Grundlage, etwa erforderliche Abhilfemaßnahmen durchzuführen.

II. Zweck

3 Großflächige Stromausfälle im Nordosten der USA, Italien, Südschweden und London haben die zentrale Bedeutung eines sicheren und zuverlässigen Elektrizitätsversorgungssystems für die Versorgungssicherheit vor Augen geführt. In Deutschland kam es im Herbst 2005 im Raum Münster/Osnabrück zu mehrtägigen Stromausfällen. Die Übertragungsnetzbetreiber verfügen über den besten Überblick und die zentralen technischen Einwirkungsmöglichkeiten, um **Störungen des Systems bereits im Vorfeld zu unterbinden.** Entscheidend dabei ist das dynamische Verhalten des Übertragungsnetzes. Es hängt mit den Wechselwirkungen zwischen Erzeugungseinheiten, dem europäischen, synchron zusammengeschalteten Übertragungsnetz und den Anschlußnutzern mit ihren jeweiligen Regeleinrichtungen zusammen. Diese Wechselwirkungen und der Zustand des Übertragungsnetzes in seiner Gesamtheit müssen von den Übertragungsnetzbetreibern beurteilt werden. Sie müssen daran die **Betriebsführung** der Übertragungsnetze durch ihre Leitstellen ausrichten. Vor diesem Hintergrund und unter Berücksichtigung von Art. 9 EltRl weist § 13 den Übertragungsnetzbetreibern die Verantwortung für das Funktionieren des Elektrizitätsversorgungssystems zu (Begr. BT-Drucks. 15/3917, S. 56 f.; *Ehricke,* et 2005, 242, 245).

B. Gefährdung der Sicherheit und Zuverlässigkeit (§ 13 III)

4 § 13 III definiert, wann eine Gefährdung der Sicherheit und Zuverlässigkeit des Elektrizitätsversorgungssystems in einer Regelzone vorliegt. Dies ist der Fall, wenn örtliche Ausfälle des Übertragungsnetzes oder kurzfristige Netzengpässe zu besorgen sind. Eine Gefährdung besteht ferner dann, wenn zu besorgen ist, daß die Haltung von Frequenz, Spannung oder Stabilität durch die Übertragungsnetzbetreiber nicht in dem erforderlichen Maß gewährleistet werden kann. Zum Elektrizitätsversorgungssystem gehören neben den Elektrizitätsversorgungsnetzen auch Kraftwerke und Anlagen der Energieverbraucher (vgl. § 12, Rn. 21). Unklar ist, warum in § 13 III die Gefährdung der Sicherheit *und* Zuverlässigkeit definiert wird, § 13 I und II als Voraussetzung für Gegenmaßnahmen dagegen auf die Gefährdung der Sicherheit *oder* Zuverlässigkeit abstellen. Praktische Bedeutung hat diese Frage nicht. Ist zu besorgen, daß die in § 13 III genannten Netzzustände eintreten, liegt in der Regel sowohl eine Gefährdung der Sicherheit und der Zuverlässigkeit des Elektrizitätsversorgungssystems vor (zu den Begriffen „Sicherheit" und „Zuverlässigkeit" vgl. § 11, Rn. 12 ff.).

I. Kritische Netzzustände

Bei den in § 13 III genannten Netzzuständen handelt es sich nicht um Störungen, die das Elektrizitätsversorgungssystem insgesamt betreffen oder zeitlich andauernd sein müssen. Um Störungen des Verbundsystems zu vermeiden, setzt § 13 III früher an. Danach liegen kritische Netzzustände bereits bei **örtlichen Ausfällen** des Übertragungsnetzes oder **kurzfristigen Netzengpässen** vor. Ein Ausfall des Übertragungsnetzes bedeutet, daß eine Übertragung von Elektrizität durch das Netz nicht mehr stattfindet; das Netz ist in einem spannungslosen Zustand. Da jede Unterbrechung des Übertragungsnetzes kritisch ist, kommt es für das Vorliegen einer Gefährdung der Zuverlässigkeit und Sicherheit des Elektrizitätsversorgungssystems nicht auf die Größe des ausgefallenen Netzbereichs an. Bei Netzengpässen steht das Übertragungsnetz zwar zur Verfügung. Die Übertragung der Elektrizität kann aber nicht in einem betriebssicheren Zustand abgewickelt werden. Der Transmisson Code 2003 (Ziff. 3.3 (2), S. 30) definiert als Engpaß die begründete Erwartung des Übertragungsnetzbetreibers, daß bei Akzeptanz aller angemeldeten bzw. prognostizierten Fahrpläne das betriebliche **(n-1)-Kriterium** nicht eingehalten werden kann. Das (n-1)-Kriterium bestimmt für Übertragungsnetze die bei störungsbedingten Netzausfällen auszuschließenden Auswirkungen (Transmission Code 2003, Anhang C). Eine Gefährdung der Zuverlässigkeit und Sicherheit des Elektrizitätsversorgungssystems gem. § 13 III liegt bereits dann vor, wenn **kurzfristige** Engpässe zu erwarten sind; eine bestimmte Dauer ist nicht erforderlich.

Ferner definiert § 13 III als Gefährdung der Zuverlässigkeit und Sicherheit des Elektrizitätsversorgungssystems den Fall, daß die **Haltung von Frequenz, Spannung oder Stabilität** durch die Übertragungsnetzbetreiber nicht in dem erforderlichen Maß gewährleistet werden kann. Das erforderliche Maß für die Frequenz- und Spannungshaltung sowie die Haltung der Stabilität des Netzes ergibt sich aus den für diese Kenngrößen im technischen Regelwerk festgelegten **Grenzwertbereichen**. Sie dürfen nicht verlassen werden. Für die Definition der Gefährdung der Zuverlässigkeit und Sicherheit des Elektrizitätsversorgungssystems in § 13 III sind die Maßnahmen außer Betracht zu lassen, die Gegenstand von § 13 I und II sind. Dies bedeutet, daß es für die Auslegung von § 13 III darauf ankommt, ob die Haltung von Frequenz, Spannung und Stabilität durch die Übertragungsnetzbetreiber ohne diese Maßnahmen gewährleistet werden kann. Ist dies nicht der Fall, liegt eine Gefährdung der Sicherheit und Zuverlässigkeit des Elektrizitätsversorgungssystems vor.

II. Besorgnis

7   Gemäß § 13 III setzt eine Gefährdung voraus, daß die in der Vorschrift genannten Netzzustände zu *besorgen* sind. Dies bedeutet, daß die bloße Möglichkeit ihres Eintritts nicht ausreicht. Andererseits ist nicht notwendig, daß sie mit Sicherheit zu erwarten sind. § 13 III verlangt vielmehr das Vorliegen einer gewissen **Wahrscheinlichkeit**. Wie groß die Wahrscheinlichkeit (der Grad der Besorgnis) sein muß, läßt sich nicht abstrakt mathematisch genau festlegen. Es muß im Einzelfall aufgrund der gegebenen Umstände darauf geschlossen werden können, daß es ohne ein Eingreifen der Übertragungsnetzbetreiber bei ungehindertem Verlauf zu den unerwünschten Netzzuständen kommt. Dabei spielt entsprechend der „je-desto-Formel" des Polizeirechts (dazu bspw. *Gusy*, Polizeirecht, 3. Aufl. 1996, Rn. 115) auch im Rahmen von § 13 III das **potentielle Schadensausmaß** eine Rolle. Deshalb ist bei Netzzuständen, die zu Großstörungen führen könnten, ein geringeres Maß an Wahrscheinlichkeit zu verlangen als bei lokal begrenzten Störungen. Die Schwelle für Maßnahmen nach § 13 I, II liegt daher bei Netzzuständen mit potentiell großem Schadensausmaß niedriger als bei überschaubaren Schadensereignissen.

8   Um festzustellen, ob eine Gefährdung der Sicherheit und Zuverlässigkeit des Elektrizitätsversorgungssystems vorliegt, müssen die Übertragungsnetzbetreiber eine **Prognose** anstellen. Sie muß den für Prognosen allgemein geltenden **rechtlichen Anforderungen** entsprechen. Die Prognose hat die für sie relevanten Tatsachen – die Prognosebasis – umfassend zu ermitteln. Ferner muß die Prognose schlüssig sein. Dabei ist zu berücksichtigen, daß in der Praxis Entscheidungen unter komplexen Sachverhaltsbedingungen und unter erheblichem Zeitdruck getroffen werden müssen (Begr. BT-Drucks. 15/3917, S. 57). Dies ist vor allem für die Haftung der Übertragungsnetzbetreiber bei Notfallmaßnahmen gem. § 13 II von Bedeutung (dazu unten Rn. 27 ff.).

C. Netz- und marktbezogene Maßnahmen (§ 13 I)

9   Ist die Sicherheit oder Zuverlässigkeit des Elektrizitätsversorgungssystems gefährdet oder gestört, müssen Übertragungsnetzbetreiber dem nach § 13 I auf einer **ersten Stufe** mit netzbezogenen oder marktbe-

zogenen Maßnahmen begegnen. Eine Störung liegt dann vor, wenn in § 13 III genannte Netzzustände bereits eingetreten sind.

I. Allgemeines

Die Übertragungsnetzbetreiber sind gem. § 13 I 1 zu netz- oder marktbezogenen Maßnahmen **berechtigt** und **verpflichtet**. Dies heißt zum einen, daß die davon etwa betroffenen Netznutzer diese Maßnahmen als rechtmäßig hinzunehmen haben. Ansprüche gegen die Übertragungsnetzbetreiber stehen ihnen nicht zu, soweit die von diesen durchgeführten Maßnahmen den Anforderungen von § 13 I genügen. In der Praxis werden Maßnahmen gem. § 13 I in der Regel auch aufgrund der im Hinblick auf die Netznutzung getroffenen vertraglichen Vereinbarungen möglich sein. Die Haftung der Übertragungsnetzbetreiber beurteilt sich im übrigen nach den für den Netzbetrieb geltenden Haftungsregeln (dazu unten Rn. 27 ff. sowie § 11, Rn. 47 ff.). Zum anderen läßt § 13 I den Übertragungsnetzbetreibern keine Wahl. Ist die Zuverlässigkeit oder Sicherheit des Elektrizitätsversorgungssystems gefährdet oder gestört, *müssen* sie Gegenmaßnahmen ergreifen. 10

§ 13 I legt kein Rangverhältnis zwischen netz- und marktbezogenen Maßnahmen fest. Die Übertragungsnetzbetreiber haben daher im Einzelfall selbst zu entscheiden, ob netz- oder markbezogene Maßnahmen und welche davon konkret erforderlich sind. Die Maßnahmen müssen geeignet sein, die Gefährdung oder Störung der Sicherheit oder Zuverlässigkeit des Elektrizitätsversorgungssystems **rechtzeitig** und **effektiv** zu beseitigen. Kommen unter diesem Gesichtspunkt alternativ verschiedene Maßnahmen in Frage, müssen die Übertragungsnetzbetreiber diejenige auswählen, die mit den **geringsten Auswirkungen** auf die Versorgung und die Netznutzer verbunden ist. Nach einer entsprechenden Auswahl ist es nicht Aufgabe der Übertragungsnetzbetreiber, weitergehende Verhältnismäßigkeitserwägungen anzustellen. Sie sind vielmehr nach § 13 I zur Durchführung der Maßnahmen verpflichtet. 11

II. Netzbezogene Maßnahmen (§ 13 I 1 Nr. 1)

Netzbezogene Maßnahmen gem. § 13 I 1 Nr. 1 sind solche, die innerhalb des Übertragungsnetzes in einer Regelzone durchgeführt werden. Sie betreffen den **technischen Netzbetrieb**. § 13 I 1 Nr. 1 nennt beispielhaft **Netzschaltungen**. Eine Beteiligung der Netznutzer an diesen Maßnahmen ist nicht erforderlich. Netzschaltungen können insbesondere Eingriffe der Übertragungsnetzbetreiber in automatisierte Netzabläufe sein. Diese Netzabläufe sind im Normalbetrieb sinnvoll, gefährden aber bei bestimmten Netzzuständen die Sicherheit oder Zu- 12

§ 13 13, 14 Teil 3. Regulierung des Netzbetriebs

verlässigkeit des Elektrizitätsversorgungssystems. Soweit Netzschaltungen durchgeführt werden, um Stromeinspeisungen oder Stromabnahmen anzupassen, handelt es sich um Notfallmaßnahmen gem. § 13 II (Rn. 20 ff.).

III. Marktbezogene Maßnahmen (§ 13 I 1 Nr. 2)

13 Im Unterschied zu netzbezogenen Maßnahmen werden bei marktbezogenen Maßnahmen nach § 13 I 1 Nr. 2 die Netznutzer einbezogen. Grundlage entsprechender Maßnahmen sind die mit den Netznutzern getroffenen **vertraglichen Vereinbarungen**. Praktische Bedeutung haben vor allem die mit den Energieerzeugern unter Verweis auf das technische Regelwerk, insbesondere den Transmission Code 2003, vereinbarten Netzanschlußbedingungen. Sie enthalten Vorgaben für das Verhalten der Kraftwerke bei einer Gefährdung oder Störung der Sicherheit oder Zuverlässigkeit des Elektrizitätsversorgungssystems. Für den Anschluß nachgelagerter Netze gelten die mit den Betreibern dieser Netze vereinbarten Netzanschlußbedingungen.

14 § 13 I 1 Nr. 2 führt als marktbezogene Maßnahme beispielhaft den Einsatz von Regelenergie, vertraglich vereinbarte abschaltbare und zuschaltbare Lasten, die Information über Engpässe, das Engpaßmanagement sowie die Mobilisierung zusätzlicher Reserven an. **Regelenergie** ist von den Übertragungsnetzbetreibern einzusetzen, um Leistungsungleichgewichte in der jeweiligen Regelzone auszugleichen (§ 2 Nr. 9 StromNZV). Dabei wird zwischen Primärregelung (§ 2 Nr. 8 StromNZV) und Sekundärregelung (§ 2 Nr. 10 StromNZV) unterschieden. Ferner ist zur Gewährleistung einer ausreichenden Sekundärregelreserve **Minutenreserve** (§ 2 Nr. 8 StromNZV) vorzuhalten. Anders als nach § 13 II, der die Übertragungsnetzbetreiber zu entsprechenden Maßnahmen gesetzlich ermächtigt, können von diesen im Rahmen marktbezogener Maßnahmen gem. § 13 I 1 Nr. 2 **Lasten,** d. h. Leistungsentnahmen zum Zweck des Verbrauchs, nur dann ab- oder zugeschaltet werden, wenn dies mit den Netznutzern vertraglich vereinbart ist. Zwar verpflichtet § 13 I 1 Nr. 2 die Übertragungsnetzbetreiber nicht dazu, solche Vereinbarungen zu treffen. Die Übertragungsnetzbetreiber sind aber gut beraten, sich für marktbezogene Maßnahmen einen entsprechenden vertraglichen Spielraum zu verschaffen. Das von den Übertragungsnetzbetreibern durchzuführende **Engpaßmanagement** umfaßt – von Notfallmaßnahmen nach § 13 II abgesehen – alle Maßnahmen, die zur Vermeidung oder Behebung eines Engpasses erforderlich sind (Transmission Code 2003, Ziff. 8.2, S. 55).

IV. Berücksichtigung der Pflichten aus EEG und KWKG (§ 13 I 2)

§ 2 II regelt, daß die Verpflichtungen nach dem EEG und dem KWKG von den Vorschriften des EnWG unberührt bleiben. Damit wird klargestellt, daß die Anschluß-, Abnahme- und Vergütungspflichten des EEG und des KWKG durch die Vorschriften des EnWG nicht eingeschränkt werden (Begr. BT-Drucks. 15/3917, S. 56 f.). Dies soll gem. § 2 II jedoch nur vorbehaltlich des § 13 gelten. Im Rahmen der Systemverantwortung gem. § 13 können deshalb die Übertragungsnetzbetreiber auch Maßnahmen treffen, mit denen die Abnahme von in EEG- oder KWKG-Anlagen erzeugtem Strom begrenzt wird. Für **netzbezogene Maßnahmen** nach § 13 I 1 Nr. 1 bestimmt § 13 I 2 jedoch, daß von den Übertragungsnetzbetreibern die Verpflichtungen aus § 4 I EEG und § 4 I KWKG zu berücksichtigen sind.

§ 4 I EEG verpflichtet die Netzbetreiber dazu, Anlagen zur Erzeugung von Strom aus **erneuerbaren Energien** und aus Grubengas vorrangig an ihr Netz anzuschließen und den gesamten aus diesen Anlagen angebotenen Strom aus erneuerbaren Energien oder Grubengas vorrangig abzunehmen und zu übertragen. Diese Pflichten gelten auch für Übertragungsnetzbetreiber (*Salje* EEG, § 3, Rn. 78 ff.). Wie sich aus der Gesetzesbegründung (Begr. BT-Drucks. 15/3917, S. 57) ergibt, soll § 13 I 2 den Vorrang erneuerbarer Energien sicherstellen. Übertragungsnetzbetreiber müssen daher bei netzbezogenen Maßnahmen der Übertragung von Strom aus EEG-Anlagen grundsätzlich **Vorrang vor der Übertragung konventionell erzeugten Stroms** einräumen. § 13 I 2 verlangt aber nicht, daß die Pflichten aus § 4 I EEG unter allen Umständen zu erfüllen sind. Es besteht (nur) eine **Berücksichtigungspflicht.** Soweit im Einzelfall netzbezogene Maßnahmen bei einem Vorrang erneuerbarer Energien eine Gefährdung der Sicherheit oder Zuverlässigkeit des Elektrizitätsversorgungssystems nicht rechtzeitig und effektiv beseitigen können, dürfen Übertragungsnetzbetreiber vom Vorrangprinzip des § 4 I EEG abweichen.

Nach § 4 I KWKG sind die Netzbetreiber verpflichtet, **KWKG-Anlagen** an ihr Netz anzuschließen und den in diesen Anlagen erzeugten KWK-Strom abzunehmen. § 4 I KWKG ist auch auf Übertragungsnetzbetreiber anwendbar (*Salje,* KWKG, § 3, Rn. 4, 7 f.). Die Vorschrift regelt **kein Vorrangprinzip** zugunsten von KWKG-Anlagen. Dies bedeutet jedoch nicht, daß Übertragungsnetzbetreiber bei netzbezogenen Maßnahmen die Übertragung von KWK-Strom zugunsten von konventionell erzeugtem Strom nach freiem Ermessen einschränken dürfen. Vielmehr verlangt § 13 I 2, daß die Übertragung von Strom aus KWKG-Anlagen bei netzbezogenen Maßnahmen **zu berücksichtigen** ist. Dadurch wird § 2 II, wonach die Erfüllung der Pflichten aus § 4 I KWKG generell unter dem Vorbehalt von § 13 steht, für netzbezogenen Maßnahmen eingeschränkt. Die Übertragungsnetzbetreiber dürfen daher die Übertragung von KWK-Strom hinter die Übertragung konventionell erzeugten Stroms nur zurückstellen, wenn dies zur rechtzeitigen und effektiven Beseitigung einer Gefährdung oder Störung für die Sicherheit und Zuverlässigkeit des Elektrizitätsversorgungssystems notwendig ist. Ansonsten müssen sie bei netzbezogenen Maßnahmen auch die unbeschränkte – im Verhältnis zu Strom aus EEG-Anlagen nachrangige – Übertragung von KWK-Strom sicherstellen.

V. Vorgehen nach den Grundsätzen von § 1 I (§ 13 I 3)

18 Vorgaben für netzbezogene und marktbezogene Maßnahmen enthält § 13 I 3. Danach müssen die Übertragungsnetzbetreiber bei diesen Maßnahmen nach sachlich-energiewirtschaftlichen Grundsätzen i. S. d. § 1 I vorgehen. § 1 I legt als Gesetzeszweck eine möglichst sichere, preisgünstige, verbraucherfreundliche, effiziente und umweltverträgliche Energieversorgung fest. Da § 1 I Auslegungsleitlinie für sämtliche Vorschriften des EnWG ist (*Büdenbender,* EnWG, § 1, Rn. 12; *Danner/Theobald,* in: D/T, § 1, Rn. 5), hat § 13 I 3 nur klarstellende Bedeutung. Die Beachtlichkeit der in § 1 I geregelten Grundsätze für die Systemverantwortung der Übertragungsnetzbetreiber ergibt sich bereits aus § 1 I selbst.

D. Notfallmaßnahmen (§ 13 II)

19 Reichen auf einer ersten Stufe netz- oder marktbezogene Maßnahmen gem. § 13 I 1 nicht aus, um eine Gefährdung oder Störung des Elektrizitätsversorgungssystems rechtzeitig zu beseitigen, berechtigt und verpflichtet § 13 II die Übertragungsnetzbetreiber auf einer **zweiten Stufe** zu Notfallmaßnahmen. In der Praxis werden Notfallmaßnahmen nur ausnahmsweise erforderlich sein (Begr. BT-Drucks. 15/3917, S. 57). Für ihre Auswahl gelten die Grundsätze zu netz- und marktbezogenen Maßnahmen entsprechend (vgl. oben Rn. 11).

I. Gegenstand von Notfallmaßnahmen (§ 13 II 1)

Anders als § 13 I 1, der eine beispielhafte Aufzählung von Maßnahmen enthält, regelt § 13 II 1 den Gegenstand von Notfallmaßnahmen **abschließend**. Danach sind Übertragungsnetzbetreiber im Rahmen der Zusammenarbeit nach § 12 I berechtigt und verpflichtet, sämtliche Stromeinspeisungen, Stromtransite und Stromabnahmen in ihren Regelzonen den Erfordernissen eines sicheren und zuverlässigen Betriebs des Übertragungsnetzes anzupassen oder eine entsprechende Anpassung zu verlangen. Voraussetzung ist, daß eine Gefährdung oder Störung **durch netz- oder marktbezogene Maßnahmen nicht oder nicht rechtzeitig beseitigt** werden kann. Dies ist nicht erst dann der Fall, wenn solche Maßnahmen bereits ohne Erfolg durchgeführt wurden. Ist von vornherein absehbar, daß netz- oder marktbezogene Maßnahmen zur Beseitigung der Gefährdung oder Störung nicht geeignet wären, dürfen und müssen Übertragungsnetzbetreiber Notfallmaßnahmen sofort ergreifen. Grund für das Stufensystem sind **Verhältnismäßigkeitsgesichtspunkte**: Notfallmaßnahmen haben in der Regel schädigende Auswirkungen auf die Netznutzer (*Ehricke/Kästner*, et 2005, 242, 246). Sie sollen deshalb erst durchgeführt werden, wenn weniger einschneidende Maßnahmen nach § 13 I 1 fehlgeschlagen oder nicht erfolgversprechend sind.

Bei Vorliegen einer Gefährdungslage oder einer bereits eingetretenen Störung erlaubt und erfordert § 13 II 1 Eingriffe der Übertragungsnetzbetreiber in die zur Elektrizitätsübertragung angemeldeten Fahrpläne. Die Eingriffe müssen den **Erfordernissen eines sicheren und zuverlässigen Betriebs** des Übertragungsnetzes entsprechen. Sie dürfen darüber nicht hinausgehen. Anpassungen auf der Erzeugerseite (Stromeinspeisungen) können ebenso erfolgen wie auf der Verbraucherseite (Stromabnahmen). Ferner sieht § 13 II 1 die Anpassung von Stromtransiten vor. Es handelt sich dabei um die Übertragung von Elektrizität, bei der sowohl der liefernde als auch der empfangende Bilanzkreis in nicht benachbarten Regelzonen liegen, die Übertragung also durch dazwischen liegende Übertragungsnetze erfolgt (Transmission Code 2003, Ziff. 8.2, S. 71). Soweit die Übertragungsnetzbetreiber durch Schalthandlungen dazu in der Lage sind, können sie die **Anpassungen selbst vornehmen**. Sind sie dagegen auf die Mitwirkung der Netznutzer angewiesen, können sie von diesen entsprechende **Anpassungen verlangen**. Dies gilt etwa, wenn ein geänderter Einsatz von Erzeugungseinheiten Maßnahmen der Kraftwerksbetreiber erfordert. Dem Anpassungsverlangen der Übertragungsnetzbetreiber steht eine Verpflichtung der Netznutzer gegenüber, entsprechende Anpassungen vorzunehmen. Ohne eine solche Verpflichtung könnten die Übertragungsnetzbetreiber die ihnen durch § 13 übertragene Systemverantwortung nicht effektiv und rechtzeitig wahrnehmen. In der Praxis sollten sich die Übertragungsnetzbetreiber die Durchführung von Notfallmaßnahmen jedoch vertraglich vorbehalten.

22 § 13 II 1 sieht ausdrücklich vor, daß Notfallmaßnahmen von den Übertragungsnetzbetreibern im Rahmen der **Zusammenarbeit nach § 12** getroffen werden. § 12 I verpflichtet Übertragungsnetzbetreiber zu einem Betrieb ihrer Netz im nationalen und internationalen Verbund (§ 12, Rn. 15). Gemäß § 12 II müssen sie Betreibern technisch verbundener Netze die zum Betrieb und zum Ausbau sowie den Verbund erforderlichen Informationen zur Verfügung zu stellen (§ 12, Rn. 25 ff.). Durch den Verweis auf diese Zusammenarbeit will § 13 II 1 sicherstellen, daß die Durchführung von Notfallmaßnahmen zwischen den Übertragungsnetzbetreibern und mit den Betreibern anderer Netze abgestimmt wird. § 13 II 1 trägt dadurch dem stark vermaschten **Verbundnetz** im Stromsektor Rechnung. Es erfordert, daß eine Gefährdung oder Störung der Sicherheit oder Zuverlässigkeit des Elektrizitätsversorgungssystems über die Grenzen einer Regelzone hinaus betrachtet und ggf. koordiniert durch Notfallmaßnahmen beseitigt wird.

II. Informationspflicht (§ 13 II 2)

23 Nach § 13 II 2 müssen Übertragungsnetzbetreiber bei einer Anpassung von Stromeinspeisungen und Stromabnahmen *insbesondere* die betroffenen Betreiber von Elektrizitätsverteilernetzen und Stromhändler soweit wie möglich vorab informieren. Der Gesetzgeber geht mit der beispielhaften Nennung von Elektrizitätsverteilernetzbetreibern und Stromhändlern offenbar davon aus, daß eine Informationspflicht gegenüber allen von der Anpassung Betroffen besteht. Sie gilt gem. § 13 II 2 jedoch nur bei einer Anpassung von **Stromeinspeisungen** und **Stromabnahmen.** Bei einer Anpassung von Stromtransiten ist eine vorherige Information nach § 13 II 2 nicht erforderlich. § 13 II 2 stellt angesichts des Zeitdrucks, unter dem über Notfallmaßnahmen entschieden werden muß, die Informationspflicht unter den Vorbehalt, daß deren Erfüllung im Einzelfall möglich ist.

III. Stromeinspeisungen aus EEG- und KWKG-Anlagen

24 Für Notfallmaßnahmen enthält § 13 keine Vorgaben zur Berücksichtigung der Pflichten aus § 4 I EEG und § 4 I KWKG. Daher gilt für diese Maßnahmen der in § 2 II geregelte Vorbehalt, daß im Rahmen

der Systemverantwortung nach § 13 die Abnahme von Strom aus EEG-KWKG-Anlagen eingeschränkt werden kann (vgl. oben Rn. 15). Die Übertragungsnetzbetreiber müssen dabei jedoch nach **sachlich-energiewirtschaftlichen Grundsätzen** i. S. d. § 1 I vorgehen. Zwar bestimmt § 13 II – anders als § 13 I 3 – dies nicht ausdrücklich. § 1 I gilt als Auslegungsleitlinie jedoch auch für die Anwendung von § 13 II (Rn. 18). Ferner ergibt sich aus der Verpflichtung zum **diskriminierungsfreien Betrieb** der Übertragungsnetze gem. § 11 I 1, daß eine vorrangige Anpassung von Einspeisungen aus EEG- und KWKG-Anlagen vor einer Anpassung von Einspeisungen konventionell erzeugten Stroms nicht ohne sachlichen Grund erfolgen darf (vgl. § 11, Rn. 26). Die Übertragungsnetzbetreiber sind deshalb insbesondere daran gehindert, ohne Rücksicht auf die Umstände des Einzelfalls im Rahmen von Notfallmaßnahmen nach § 13 II generell zuerst EEG- und KWKG-Anlagen vom Netz zu trennen.

E. Rechtsfolgen von Notfallmaßnahmen (§ 13 IV)

§ 13 IV regelt, welche Rechtsfolgen sich bei Notfallmaßnahmen nach § 13 II im Hinblick auf die davon betroffenen Leistungspflichten und die Haftung der Übertragungsnetzbetreiber ergeben.

I. Ruhen von Leistungspflichten (§ 13 IV 1)

Nach § 13 IV 1 ruhen im Falle einer Anpassung gem. § 13 II bis zur Beseitigung der Gefährdung oder Störung alle hiervon jeweils betroffenen Leistungspflichten. Notfallmaßnahmen lassen danach die von den angepaßten Stromeinspeisungen, Stromtransiten und Stromabnahmen betroffenen Schuldverhältnisse in ihrem Bestand unverändert unberührt. Sie stellen insbesondere keinen Kündigungsgrund dar. Die aus den Schuldverhältnissen folgenden Leistungspflichten müssen, soweit sie von der Anpassung im Einzelfall betroffen sind, jedoch **zeitweilig nicht erfüllt** werden. Dies gilt für die Leistungspflichten der Übertragungsnetzbetreiber ebenso wie für die der Netznutzer. § 13 IV 1 bestimmt, daß die Leistungspflichten bis zur Beseitigung der Gefährdung oder Störung ruhen. Dahinter steht die Vorstellung des Gesetzgebers, daß die Gefährdung oder Störung mit Abschluß der Notfallmaßnahmen beseitigt ist; nur deren Rechtsfolgen regelt § 13 IV 1. Sollten ausnahmsweise weitere netz- oder marktbezogene Maßnahmen erforderlich sein, muß § 13 IV 1 daher einschränkend so ausgelegt werden, daß die vertraglichen Leistungspflichten bereits nach Abschluß der Notfallmaßnahmen wieder aufleben.

II. Haftungsausschluß (§ 13 IV 2)

27 Die Übertragungsnetzbetreiber müssen in einer komplexen Situation und unter hohem Zeitdruck über Notfallmaßnahmen entscheiden, die nahezu zwangsläufig Auswirkungen auf die Netznutzer haben. § 13 IV 2 schließt vor diesem Hintergrund die Haftung der Übertragungsnetzbetreiber für **Vermögensschäden** vollständig aus. Nach dem Willen des Gesetzgebers soll dadurch verhindert werden, daß Übertragungsnetzbetreiber angesichts unüberschaubarer Haftungsrisiken trotz Vorliegen einer Gefährdung der Sicherheit oder Zuverlässigkeit des Elektrizitätsversorgungssystems untätig bleiben (Begr. BT-Drucks. 15/3917, S. 57).

28 Bereits § 11 II 3 sieht vor, daß die Haftung für Notfallmaßnahmen im Rahmen einer Rechtsverordnung vollständig ausgeschlossen werden kann (vgl. § 11, Rn. 44). Anders als noch in der Entwurfsfassung vorgesehen, hat der Verordnungsgeber davon in § 18 NAV/NDAV keinen Gebrauch gemacht.

29 Unabhängig vom Umfang des Haftungsausschlusses entfällt die Haftung nur dann, wenn die **gesetzlichen Voraussetzungen für Notfallmaßnahmen** vorliegen. § 13 IV 2 regelt dies ausdrücklich. Der Haftungsausschluß für „Maßnahmen nach § 13 II" ist so zu verstehen, daß davon nur Notfallmaßnahmen erfaßt werden, die den gesetzlichen Voraussetzungen entsprechen.

30 Problematisch sind jedoch gerade die Fälle, in denen sich erst nachträglich herausstellt, daß die Voraussetzungen von § 13 II tatsächlich nicht vorgelegen haben. Die Frage ist, wie sich dieses **Fehleinschätzungsrisiko** für Übertragungsnetzbetreiber auf der Haftungsseite auswirkt. Zwei Fälle sind zu unterscheiden: Der Übertragungsnetzbetreiber hat in der ihm zur Verfügung stehenden Zeit alle Erkenntnismittel ausgeschöpft und auf dieser Grundlage **(Ex-ante-Beurteilung) zutreffend** auf eine nur durch Notfallmaßnahmen zu beseitigende Gefährdung oder Störung geschlossen. In diesem Fall greift der Haftungsausschluß auch dann ein, wenn sich später (Ex-post-Beurteilung) ergibt, daß die Voraussetzungen von § 13 II tatsächlich nicht vorgelegen haben. Dagegen spricht zwar, daß § 13 IV 2 gerade vom Vorliegen dieser Voraussetzungen ausgeht. Dem Übertragungsnetzbetreiber kann aber kein Ex-post-Wissen angelastet werden, das ex ante von ihm nicht antizipiert werden konnte (*Ehricke/Kästner*, et 2005, 242, 246). Mit anderen Worten: Im Gegensatz zum Prognosevorgang ist das Ergebnis der Prognose des Übertragungsnetzbetreibers nicht kontrollierbar. Dies gilt auch dann, wenn die Prognose durch die spätere Entwicklung widerlegt wird (*Hoppe*, in: Hoppe/Bönker/Grotefels, Öffentliches Baurecht,

3. Aufl. 2004, Rn. 108 ff.). Anders liegt der Fall, wenn bereits zum Zeitpunkt der Prognose, also bei der Entscheidung des Übertragungsnetzbetreibers, Notfallmaßnahmen durchzuführen, die Voraussetzungen von § 13 II nicht gegeben waren. Dann kann sich der Übertragungsnetzbetreiber, weil die Prognose auch **aus Ex-ante-Sicht unzutreffend** war, nicht auf den Haftungsausschluß gem. § 13 IV 2.

F. Unterrichtung über Gründe (§ 13 V)

§ 13 V 1 verpflichtet die Übertragungsnetzbetreiber dazu, über Gründe für durchgeführte Anpassungen und Maßnahmen die hiervon unmittelbar Betroffenen und die Regulierungsbehörde unverzüglich zu unterrichten. Unmittelbar Betroffene i. S. v. § 13 V 2 sind nach der Gesetzesbegründung die **Adressaten der jeweiligen Maßnahmen** (Begr. BT-Drucks. 15/3917, S. 57). Darunter sind – wie der Hinweis auf die „Adressaten" nahelegen könnte – nicht nur die Netznutzer zu verstehen, die auf Erzeuger- oder Verbraucherseite an der Durchführung der Maßnahme beteiligt sind. Zu informieren sind unabhängig davon auch die Netznutzer, auf die sich die Maßnahmen unmittelbar auswirken. Die Übertragungsnetzbetreiber müssen über netz- und marktbezogene Maßnahmen nach § 13 I ebenso informieren wie über Notfallmaßnahmen gem. § 13 II. Der **Umfang der Informationspflicht** wird in § 13 V 1 nicht näher konkretisiert. Er hängt von den Auswirkungen der Maßnahmen auf die davon Betroffenen und das Elektrizitätsversorgungssystem insgesamt ab. Deshalb erfordern Notfallmaßnahmen eine umfangreichere Begründung als netz- oder marktbezogene Maßnahmen. Die Regulierungsbehörde und die unmittelbar Betroffenen müssen anhand der angegebenen Gründe die Berechtigung der Maßnahmen nachvollziehen können.

Nach § 13 V 2 haben die Übertragungsnetzbetreiber auf Verlangen die vorgetragenen **Gründe zu belegen.** Wer berechtigt ist, ein entsprechendes Verlangen zu stellen, regelt die Vorschrift nicht. Da § 13 V 2 die Informationspflicht aus § 13 V 1 ergänzt, kann das Verlangen von den von Maßnahmen gem. § 13 I und II unmittelbar Betroffenen und der Regulierungsbehörde gestellt werden. Die Entscheidung darüber, wie die Gründe im Einzelfall belegt werden, steht den Übertragungsnetzbetreibern zu. Sie können insbesondere Aufzeichnungen über kritische Netzzustände vorlegen, die Anlaß der Maßnahmen waren. § 13 V 2 erfordert weder einen Beweis noch die Glaubhaftmachung der Gründe.

G. Unterrichtung über schwerwiegende Versorgungsstörungen (§ 13 VI)

33 Eine weitergehende Informationspflicht regelt § 13 VI. Danach müssen die Übertragungsnetzbetreiber unverzüglich die Regulierungsbehörde unterrichten, wenn nach ihrer Feststellung selbst Notfallmaßnahmen nach § 13 II nicht ausreichen, um eine Versorgungsstörung für lebenswichtigen Bedarf gem. § 1 EnSG abzuwenden. Dadurch soll der Regulierungsbehörde die Prüfung ermöglicht werden, ob Maßnahmen nach dem EnSG notwendig sind (Begr. BT-Drucks. 15/3917, S. 57).

H. Schwachstellenanalyse (§ 13 VII)

34 § 13 VII 1 verpflichtet die Übertragungsnetzbetreiber dazu, zur Vermeidung schwerwiegender Versorgungsstörungen jährlich eine Schwachstellenanalyse zu erarbeiten und auf dieser Grundlage notwendige Maßnahmen zu treffen. Diese Verpflichtung bezweckt nicht, Netzausbaupflichten der Übertragungsnetzbetreiber zu unterstützen. Vielmehr sollen Vorbereitungen dafür getroffen werden, daß mit Maßnahmen nach § 13 I oder II identifizierte Schwachstellen des Systems in einem **Gefährdungs- oder Störungsfall** am besten ausgeglichen werden können (Begr. BT-Drucks. 15/3917, S. 57). Dabei bezieht sich die Schwachstellenanalyse nur auf das **Übertragungsnetz selbst**. Zwar haben die Übertragungsnetzbetreiber nach § 13 die Verantwortung für das Elektrizitätsversorgungssystems in einer Regelzone insgesamt. Diese fällt ihnen aber deshalb zu, weil sie durch Maßnahmen im Übertragungsnetz selbst – und nicht an Anlagen der Netznutzer – dessen Funktionieren gewährleisten können. Da die Schwachstellenanalyse gem. § 13 VII 1 **schwerwiegende Versorgungsstörungen** vermeiden soll, muß sie ferner nur die Schwachstellen identifizieren, die potentiell zu solchen Versorgungsstörungen führen können.

35 Nach § 13 VII 2 ist das **Personal** an den Steuerstellen entsprechend zu **unterweisen.** Dies bedeutet, daß die dafür verantwortlichen Personen die Ergebnisse der Schwachstellenanalyse und die auf dieser Grundlage getroffenen Vorkehrungen im Gefährdungs- oder Störungsfall auch unter Zeitdruck und bei hohem Koordinierungsbedarf umsetzen können sollen. Sie sind dazu entsprechend vorzubereiten und in regelmäßigen Abständen zu trainieren (Begr. BT-Drucks. 15/3917, S. 57).

36 § 13 VII 3 verlangt, daß die Übertragungsnetzbetreiber die **Regulierungsbehörde** jährlich bis zum 31. August über das Ergebnis der

Schwachstellenanalyse und die notwendigen Maßnahmen zu **unterrichten**. Durch die Beschränkung auf deren Ergebnisse müssen die Übertragungsnetzbetreiber – auch auf Verlangen der Regulierungsbehörde – die Schwachenstellenanalyse nicht vollständig dokumentieren.

§ 14 Aufgaben der Betreiber von Elektrizitätsverteilernetzen

(1) ¹**Die §§ 12 und 13 gelten für Betreiber von Elektrizitätsverteilernetzen im Rahmen ihrer Verteilungsaufgaben entsprechend, soweit sie für die Sicherheit und Zuverlässigkeit der Elektrizitätsversorgung in ihrem Netz verantwortlich sind.** ²**§ 12 Abs. 3 a ist mit der Maßgabe anzuwenden, dass Betreiber von Elektrizitätsverteilernetzen einen Bericht über den Netzzustand und die Netzausbauplanung erstmals zum 1. August 2006 zu erstellen haben.** ³**Betreiber von Elektrizitätsverteilernetzen einschließlich vertikal integrierter Energieversorgungsunternehmen, an deren Elektrizitätsverteilernetz weniger als 10 000 Kunden unmittelbar oder mittelbar angeschlossen sind, sind von den Verpflichtungen nach § 12 Abs. 3 a ausgenommen.** ⁴**§ 13 Abs. 7 ist mit der Maßgabe anzuwenden, dass die Betreiber von Elektrizitätsverteilernetzen nur auf Anforderung der Regulierungsbehörde die Schwachstellenanalyse zu erstellen und über das Ergebnis zu berichten haben.**

(1 a) **Die Betreiber von Elektrizitätsverteilernetzen sind verpflichtet, Maßnahmen des Betreibers von Übertragungsnetzen, in dessen Netz sie technisch eingebunden sind, nach dessen Vorgaben durch eigene Maßnahmen zu unterstützen, soweit diese erforderlich sind, um Gefährdungen und Störungen in den Übertragungsnetzen mit geringstmöglichen Eingriffen in die Versorgung zu vermeiden.**

(2) ¹**Bei der Planung des Verteilernetzausbaus haben Betreiber von Elektrizitätsverteilernetzen die Möglichkeiten von Energieeffizienz- und Nachfragesteuerungsmaßnahmen und dezentralen Erzeugungsanlagen zu berücksichtigen.** ²**Die Bundesregierung wird ermächtigt, durch Rechtsverordnung ohne Zustimmung des Bundesrates allgemeine Grundsätze für die Berücksichtigung der in Satz 1 genannten Belange bei Planungen festzulegen.**

Übersicht

	Rn.
A. Allgemeines	1
B. Normadressat: Betreiber von Elektrizitätsverteilernetzen	2

§ 14 1, 2 Teil 3. Regulierung des Netzbetriebs

	Rn.
C. Entsprechende Geltung der §§ 12, 13 (§ 14 I)	3
I. Verantwortung für Sicherheit und Zuverlässigkeit (§ 14 I 1)	3
II. Bericht über Netzzustand und Netzausbauplanung (§ 14 I 2 und 3)	6
III. Schwachstellenanalyse (§ 14 I 4)	7
D. Unterstützung des Übertragungsnetzbetreibers (§ 14 I a)	8
I. Unterstützungsmaßnahmen	8
II. Haftung bei Notfallmaßnahmen	10
E. Planung des Verteilernetzausbaus (§ 14 II)	12

A. Allgemeines

1 § 14 regelt die Pflichten der Betreiber von Elektrizitätsverteilernetzen. Gemäß § 14 I gelten die §§ 12, 13 für Verteilernetzbetreiber entsprechend. Die Berichterstattung über Netzzustand und -ausbauplanung wird jedoch ebenso wie die Verpflichtung zur Durchführung einer Schwachstellenanalyse eingeschränkt. § 14 I a verpflichtet die Betreiber von Elektrizitätsverteilernetzen zur Unterstützung der Übertragungsnetzbetreiber bei der Vermeidung von Gefährdungen oder Störungen in den Übertragungsnetzen. § 14 II enthält Vorgaben für die Planung des Verteilernetzausbaus. Sie können in einer Rechtsverordnung der Bundesregierung konkretisiert werden.

B. Normadressat: Betreiber von Elektrizitätsverteilernetzen

2 Betreiber von Elektrizitätsverteilernetzen sind nach § 3 Nr. 3 natürliche oder juristische Personen oder rechtlich unselbständige Organisationseinheiten eines Energieversorgungsunternehmens, die die Aufgabe der Verteilung von Elektrizität wahrnehmen und verantwortlich sind für den Betrieb, die Wartung und erforderlichenfalls für den Ausbau des Verteilernetzes in einen bestimmten Gebiet bzw. der Verbindungsleistungen zu anderen Netzen. Welche Netze der Verteilung von Elektrizität dienen, ergibt sich aus § 3 Nr. 37. Danach handelt es sich bei der Verteilung um den Transport von Elektrizität mit hoher, mittlerer und niedriger Spannung über Elektrizitätsverteilernetze, um die Versorgung von Kunden (§ 3 Nr. 24) zu ermöglichen, nicht aber um die Belieferung der Kunden selbst. Elektrizitätsverteilernetze mit hoher Spannung werden mit einer Nennspannung von 60 bis 220 kV betrieben. Der Transport in mittlerer Spannung erfolgt über 6 bis 60 kV und mit niedriger Spannung über 0,4 kV Verteilernetze (*VDN,* Daten und Fakten – Stromnetze in Deutschland 2005, Ziff. 2).

C. Entsprechende Geltung der §§ 12, 13 (§ 14 I)

I. Verantwortung für Sicherheit und Zuverlässigkeit (§ 14 I 1)

Nach § 14 I 1 gelten die §§ 12 und 13 für Betreiber von Elektrizitätsverteilernetzen im Rahmen ihrer Verteilungsaufgaben entsprechend, soweit sie für die Sicherheit und Zuverlässigkeit der Elektrizitätsversorgung in ihrem Netz verantwortlich sind. § 14 I 1 trägt damit dem **Aufgabenzuschnitt** und den **Einwirkungsmöglichkeiten** der Verteilernetzbetreiber Rechnung. Nur soweit im Einzelfall bei den Übertragungsnetzbetreibern vergleichbare Regelungsaufgaben und -möglichkeiten vorliegen, gelten die §§ 12 und 13 auch für die Betreiber von Elektrizitätsverteilernetzen (Begr. BT-Drucks. 15/3917, S. 57). Unter dieser Voraussetzung müssen sie ihre Netze den Anforderungen von § 12 I entsprechend betreiben und eine nachfragegerechte Netzkapazität sicherstellen (§ 12 III). 3

Mit den in § 14 I 2 und 3 geregelten Einschränkungen (dazu unten Rn. 6) gelten für Verteilernetzbetreiber die sich aus § 12 II und III a ergebenden Informations- und Berichtspflichten. Sie haben gem. § 14 I 1 i. V. m. § 12 IV umgekehrt einen Informationsanspruch gegenüber den Netznutzern. Bei der entsprechenden Anwendung von § 12 sind Besonderheiten beim Betrieb der Elektrizitätsverteilernetze zu beachten. Verteilernetzbetreiber haben insbesondere für die Abwicklung der Stromlieferung an Letztverbraucher mit einer Jahresverbrauchmenge von bis zu 100.000 kWh **standardisierte Lastprofile** anzuwenden (§ 12 I StromNZV). Sie müssen ferner Differenzbilanzkreise führen, die Abweichungen der Verbraucher mit standardisierten Lastprofilen von dem für diese Verbraucher prognostizierten Verbrauch erfassen (§ 12 III SromNZV). 4

Nach § 14 I i. V. m. § 13 haben die Betreiber von Elektrizitätsverteilernetzen, soweit sie eine eigenständige Regelung ihres Netzes vornehmen (Begr. BT-Drucks. 15/3917, S. 57), die Verantwortung für die Sicherheit und Zuverlässigkeit des Elektrizitätsversorgungssystems **(Systemverantwortung).** Sie sind deshalb bei Vorliegen einer Gefährdung oder Störung (§ 13 III) zu netz- oder marktbezogenen Maßnahmen (§ 13 I) berechtigt und verpflichtet. Reichen diese Maßnahmen 5 zur Gefährdungs- oder Störungsbeseitigung nicht aus, müssen sie Notfallmaßnahmen (§ 13 II) ergreifen. In diesem Fall gelten die für Notfallmaßnahmen in § 13 IV geregelten Rechtfolgen (Ruhen von Leistungspflichten, Haftungsausschluß) für Verteilernetzbetreiber entsprechend. Über die Gründe für durchgeführte Maßnahmen und über schwerwiegende Versorgungsstörungen sind die davon unmittelbar Betroffenen bzw. die Regulierungsbehörde den in § 13 V und VI geregelten Anforderungen entsprechend zu unterrichten (zur Schwachstellenanalyse vgl. unten Rn. 7).

II. Bericht über Netzzustand und Netzausbauplanung (§ 14 I 2 und 3)

6   § 12 III a verpflichtet Übertragungsnetzbetreiber, alle zwei Jahre einen Bericht über den Netzzustand und die Netzausbauplanung zu erstellen (vgl. dazu im einzelnen § 12, Rn. 32 ff.). Für Betreiber von Elektrizitätsverteilernetzen gilt die Berichtspflicht mit Einschränkungen. Gemäß § 14 I 2 war ein entsprechender Bericht erstmals zum 1. 8. 2006 erforderlich; § 12 III a 1 nennt als Datum den 1. 2. 2006. Ferner sind Betreiber von Elektrizitätsverteilernetzen, an deren Netz **weniger als 10.000 Kunden** (§ 3 Nr. 24) unmittelbar oder mittelbar angeschlossen sind, nach § 14 I 3 von der Berichtspflicht nach § 12 III a befreit. Dies gilt auch für i. S. v. § 3 Nr. 38 vertikal integrierte Energieversorgungsunternehmen. Insbesondere für sehr kleine Stadtwerke soll durch § 14 I 3 unverhältnismäßiger bürokratischer Aufwand vermieden werden (BT-Drucks. 15/5268, S. 118).

III. Schwachstellenanalyse (§ 14 I 4)

7   Eingeschränkt ist gem. § 14 I 4 auch die Verpflichtung zur Erstellung einer Schwachstellenanalyse. Danach sind die Betreiber von Elektrizitätsverteilernetzen nicht von sich aus, sondern nur **auf Anforderung der Regulierungsbehörde** zu einer Schwachstellenanalyse verpflichtet.

D. Unterstützung des Übertragungsnetzbetreibers (§ 14 I a)

I. Unterstützungsmaßnahmen

8   Neben der Verantwortung für ihren eigenen Regelungsbereich haben die Verteilernetzbetreiber nach § 14 I a die Aufgabe, mit Übertra-

gungsnetzbetreibern zusammenzuarbeiten. Sie müssen Maßnahmen des Übertragungsnetzbetreibers, in dessen Netz sie technisch eingebunden sind, nach dessen Vorgaben durch eigene Maßnahmen unterstützen. § 14 I a setzt voraus, daß die Maßnahmen der Verteilernetzbetreiber erforderlich sind, um Gefährdungen oder Störungen in den Übertragungsnetzen mit geringstmöglichen Eingriffen in die Versorgung zu vermeiden. Aus dem Ziel der Gefährdungs- und Störungsvermeidung ergibt sich, daß § 14 I a für **netz- und marktbezogene Maßnahmen** gem. § 13 I sowie für **Notfallmaßnahmen** nach § 13 II gilt.

§ 14 I a regelt ansatzweise, wie die Zusammenarbeit zwischen den Netzbetreibern auszusehen hat. Danach müssen sich Betreiber von Elektrizitätsverteilernetzen nach den **Vorgaben der Übertragungsnetzbetreiber** richten. Dies ist konsequent, weil die Übertragungsnetzbetreiber den Zustand des Übertragungsnetzes in seiner Gesamtheit beurteilen können (vgl. § 13, Rn. 3). Soweit die von ihnen verlangten Maßnahmen zur Vermeidung von Gefährdungen oder Störungen mit geringstmöglichen Eingriffen nicht erforderlich sind, können Verteilernetzbetreiber ihre **Unterstützung verweigern.** In der Praxis wird es sich dabei zumeist um eine bloß theoretische Möglichkeit handeln. Verteilernetzbetreiber verfügen in der Regel nicht über die Informationen, um die Vorgaben der Übertragungsnetzbetreiber im einzelnen überprüfen zu können. Dies gilt umso mehr, als bei Gefährdungen und Störungen in den Übertragungsnetzen Entscheidungen über Gegenmaßnahmen unter hohem Zeitdruck getroffen werden müssen.

II. Haftung bei Notfallmaßnahmen

Fraglich ist, wie sich die Zusammenarbeit im Rahmen von § 14 I a auf eine mögliche Haftung der Betreiber von Elektrizitätsverteilernetzen bei Notfallmaßnahmen auswirkt. Grundsätzlich greift der Haftungsausschluß nach § 14 I 1 i. V. m. § 13 IV nur ein, wenn die in § 13 II für Notfallmaßnahmen geregelten Voraussetzungen vorliegen. Die Verteilernetzbetreiber sind von der Haftung aber ebenso befreit, wenn sie zum Zeitpunkt der Entscheidung **(Ex-ante-Beurteilung)** zutreffend auf eine nur durch Notfallmaßnahmen zu beseitigende Gefährdung oder Störung geschlossen haben und sich erst später **(Ex-post-Beurteilung)** herausstellt, daß die Voraussetzungen von § 13 II tatsächlich nicht vorgelegen haben (dazu § 13, Rn. 30). Dies gilt auch dann, wenn sich die Verteilernetzbetreiber im Rahmen der Zusammenarbeit gem. § 14 I a auf die **Vorgaben der Übertragungsnetzbetreiber** verlassen haben und keinen Anlaß hatten, an deren Einschätzung zu zweifeln. Ist für Verteilernetzbetreiber erkennbar, daß entgegen der

§ 15 Teil 3. Regulierung des Netzbetriebs

Beurteilung der Übertragungsnetzbetreiber Notfallmaßnahmen tatsächlich nicht erforderlich sind, kommt ein Haftungsausschluß nach § 14 I 1 i. V. m. § 13 IV nicht in Frage, wenn die Verteilernetzbetreiber entsprechende Maßnahmen trotzdem durchführen.

11 Umgekehrt setzen sich Betreiber von Elektrizitätsverteilernetzen den Übertragungsnetzbetreibern gegenüber – vorbehaltlich etwaiger vertraglicher Vereinbarungen – einem Haftungsrisiko aus, wenn sie **Notfallmaßnahmen unterlassen,** obwohl diese von den Übertragungsnetzbetreibern nach § 14 I a zu Recht verlangt wurden. Auch insofern kommt es auf eine Ex-ante-Beurteilung an. Ergibt sich erst im Nachhinein (Ex-post-Beurteilung), daß Notfallmaßnahmen tatsächlich hätten durchgeführt werden müssen, haften die Verteilernetzbetreiber nicht. Zwar ergibt sich der Haftungsausschluß in diesem Fall nicht aus § 14 I 1 i. V. m. § 13 IV. Er greift nur ein, wenn Notfallmaßnahmen tatsächlich durchgeführt werden. Die Betreiber von Elektrizitätsverteilernetzen trifft jedoch kein Verschulden, wenn sie aufgrund einer Ex-ante-Beurteilung davon ausgehen mußten, daß Notfallmaßnahmen nicht erforderlich waren.

E. Planung des Verteilernetzausbaus (§ 14 II)

12 § 14 II 1 enthält Vorgaben für die Planung des Verteilernetzausbaus. Danach haben Betreiber von Elektrizitätsverteilernetzen den Netzausbau unter Berücksichtigung von Energieeffizienz- und Nachfragesteuerungsmaßnahmen sowie dezentraler Erzeugungsanlagen zu planen. Diese Umstände führen zu einem verringerten Bedarf an Leitungskapazität. Ihre Berücksichtigung bei der Ausbauplanung soll zur **Kosteneffizienz** im Bereich der Elektrizitätsverteilernetze beitragen. Es darf dadurch jedoch nicht zu Abstrichen bei der Versorgungssicherheit kommen (Begr. BT-Drucks. 15/3917, S. 57). Nach § 14 II 2 kann die Bundesregierung in einer **Rechtsverordnung** allgemeine Grundsätze für die Berücksichtigung der in § 14 II 1 genannten Belange bei den Planung des Verteilernetzausbaus festlegen.

§ 15 Aufgaben der Betreiber von Fernleitungsnetzen

(1) **Betreiber von Fernleitungsnetzen haben den Gastransport durch ihr Netz unter Berücksichtigung der Verbindungen mit anderen Netzen zu regeln und mit der Bereitstellung und dem Betrieb ihrer Fernleitungsnetze im nationalen und internationalen Verbund zu einem sicheren und zuverlässigen Gasversorgungssys-**

tem in ihrem Netz und damit zu einer sicheren Energieversorgung beizutragen.

(2) Um zu gewährleisten, dass der Transport und die Speicherung von Erdgas in einer mit dem sicheren und effizienten Betrieb des Verbundnetzes zu vereinbarenden Weise erfolgen kann, haben Betreiber von Fernleitungsnetzen, Speicher- oder LNG-Anlagen jedem anderen Betreiber eines Gasversorgungsnetzes, mit dem die eigenen Fernleitungsnetze oder Anlagen technisch verbunden sind, die notwendigen Informationen bereitzustellen.

(3) Betreiber von Fernleitungsnetzen haben dauerhaft die Fähigkeit ihrer Netze sicherzustellen, die Nachfrage nach Transportdienstleistungen für Gas zu befriedigen und insbesondere durch entsprechende Transportkapazität und Zuverlässigkeit der Netze zur Versorgungssicherheit beizutragen.

Übersicht

	Rn.
A. Allgemeines	1
I. Inhalt	1
II. Technisches Regelwerk	3
B. Normadressat: Betreiber von Fernleitungsnetzen	4
C. Gastransport und -versorgung (§ 15 I)	5
I. Abgrenzung von der Systemverantwortung nach § 16	6
II. Gastransport	8
1. Regelung des Gastransports	9
2. Verbindung mit anderen Netzen	11
III. Bereitstellung und Betrieb von Fernleitungsnetzen	12
IV. Beitrag zur sicheren Gasversorgung	14
D. Informationspflicht (§ 15 II)	15
I. Verpflichtete: Betreiber von Fernleitungsnetzen, Speicher- oder LNG-Anlagen	16
II. Berechtigte: Betreiber technisch verbundener Gasversorgungsnetze	17
III. Notwendige Informationen	18
E. Nachfragegerechte Netzkapazität (§ 15 III)	19

A. Allgemeines

I. Inhalt

Die Fernleitungsnetzbetreiber haben im Gasbereich eine den Übertragungsnetzbetreibern im Stromsektor vergleichbare Regelungsaufgabe. Sie regeln den Gastransport. Die Aufgaben der Fernleitungsnetzbetreiber sind Gegenstand von Art. 8 GasRl. § 15 setzt die sich daraus ergebenden europarechtlichen Vorgaben in nationales Recht um. Ferner enthält § 15 netzbezogene Mindeststandards für die Sicherheit der Gasversorgung i. S. v. Art. 3 I der Richtlinie 2004/67/EG des Rates vom 26. April 2004 über Maßnahmen zur Gewährleistung der sicheren Erdgasversorgung (zur Sicherstellung der Erdgasversorgung von Privathaushalten vgl. § 53 a, Rn. 4 ff.). Der Gesetzgeber hat allerdings die Aufgaben der Fernleitungsnetzbetreiber in § 15 und – soweit es um die Systemverantwortung der Fernleitungsnetzbetreiber geht – in § 16 geregelt. Für die Praxis spielt die Abgrenzung beider Vorschriften eine wichtige Rolle (vgl. Rn. 6 f.).

2 § 15 I verpflichtet die Betreiber von Fernleitungsnetzen zur Regelung des Gastransports unter Berücksichtigung der Verbindungen mit anderen Netzen. Sie müssen durch den Betrieb und die Bereitstellung der Fernleitungsnetze zu einer sicheren Energieversorgung beitragen. Nach § 15 II haben Betreiber von Fernleitungsnetzen sowie von Speicher- oder LNG-Anlagen Betreibern technisch verbundener Gasversorgungsnetze die für einen sicheren und effizienten Betrieb des Verbundnetzes erforderlichen Informationen bereit zu stellen. § 15 III verlangt von den Fernleitungsnetzbetreibern, dauerhaft die Fähigkeit ihrer Netze sicherzustellen, die Nachfrage nach Transportdienstleistungen für Gas zu befriedigen.

II. Technisches Regelwerk

3 Die Aufgaben der Übertragungsnetzbetreiber werden durch das vorhandene technische Regelwerk konkretisiert. Von Bedeutung sind vor allem die **technischen Regeln des DVGW** (vgl. die Übersicht unter www.dvgw.de). An ihnen kann sich auch die Regulierungsbehörde orientieren. Rechtlich verbindlich ist das technische Regelwerk jedoch nicht. Deshalb muß sich die Regulierungsbehörde vergewissern, ob es den gesetzlichen Vorgaben entspricht. Es muß den aktuellen Stand der technischen Entwicklung wiederspiegeln und mit den Wertungen des Gesetzgebers in Einklang stehen (dazu § 11, Rn. 23).

B. Normadressat: Betreiber von Fernleitungsnetzen

4 § 15 ist an die Betreiber von Fernleitungsnetzen adressiert. § 15 II regelt darüber hinaus Informationspflichten auch für Betreiber von Speicher- oder LNG-Anlagen (dazu Rn. 15 ff.). Gemäß § 3 Nr. 5 sind Betreiber von Fernleitungsnetzen natürliche oder juristische Personen oder rechtlich unselbständige Organisationseinheiten eines Energieversorgungsunternehmens, die die Aufgabe der Fernleitung von Erdgas wahrnehmen und verantwortlich sind für den Betrieb, die Wartung und erforderlichenfalls für den Ausbau des Fernleitungsnetzes in einen bestimmten Gebiet bzw. der Verbindungleitungen zu anderen Netzen. Fernleitung ist nach § 3 Nr. 19 der Transport von Erdgas durch ein Hochdruckfernleitungsnetz, mit Ausnahme von vorgelagerten Rohrleitungsnetzen, um die Versorgung von Kunden (§ 3 Nr. 24) zu ermöglichen, nicht jedoch die Versorgung von Kunden selbst.

C. Gastransport und -versorgung (§ 15 I)

§ 15 I verpflichtet die Fernleitungsnetzbetreiber zur Regelung des Gastransports durch ihr Netz. Darüber hinaus verlangt § 15 I, daß die Fernleitungsnetzbetreiber mit der Bereitstellung und dem Betrieb ihrer Netze im nationalen und internationalen Verbund zu einem sicheren und zuverlässigen Gasversorgungssystem in ihrem Netz und damit zu einer sicheren Energieversorgung beitragen.

I. Abgrenzung von der Systemverantwortung nach § 16

Ebenso wie beim Betrieb der Übertragungsnetze (dazu § 12, Rn. 7 ff.) ist fraglich, ob die Regelung des Betriebs der Fernleitungsnetze in zwei unterschiedlichen Vorschriften den Bedürfnissen der Praxis entspricht. Die Abgrenzung der Aufgaben der Fernleitungsnetzbetreiber gem. § 15 einerseits und der Systemverantwortung nach § 16 andererseits ist erforderlich, da – im Gegensatz zu § 16 – in § 15 Befugnisse der Übertragungsnetzbetreiber anderen Marktteilnehmern gegenüber nicht geregelt sind. Außerdem schließt § 16 III 2 bei bestimmten Maßnahmen die Haftung der Fernleitungsnetzbetreiber aus. § 15 enthält dagegen keine Haftungsbegrenzung.

Die Aufgaben der Fernleitungsnetzbetreiber nach § 15 I umfassen nicht die Maßnahmen, die in den Anwendungsbereich von § 16 fallen. Wie im Strombereich auch (dazu § 12, Rn. 10), ist im Grundsatz von folgender Unterscheidung auszugehen: Nach § 16 haben die Fernleitungsnetzbetreiber in ihrem Netz dafür zu sorgen, daß die für den Gastransport erforderlichen **Systembedingungen** vorliegen. Dazu haben sie mit netzbezogenen und marktbezogenen Maßnahmen (z. B. Ausgleichsleistungen, Abschaltung und Einsatz von Speichern) sowie – falls diese nicht ausreichen – mit Notfallmaßnahmen (Anpassung von Gaseinspeisungen, -transporten und -ausspeisungen) eine Gefährdung oder

Störung des Gasversorgungssystems zu vermeiden. § 15 I betrifft dagegen die **Nutzung dieses Systems**. Dazu gehören nicht die von § 16 umfaßten Maßnahmen, obwohl sie zentrale Bereiche des Betriebs der Fernleitungsnetze betreffen, ohne die in der Praxis die Fernleitungsnetzbetreiber die ihnen durch § 15 I zugewiesenen Aufgaben nicht erfüllen können.

II. Gastransport

8   Gemäß § 15 I haben Betreiber von Fernleitungsnetzen den Gastransport durch ihr Netz unter Berücksichtigung der Verbindungen mit anderen Netzen zu regeln. Wie diese Regelungsaufgabe zu erfüllen ist, wird – abgesehen von dem rechtlich nicht verbindlichen technischen Regelwerk (s. o. Rn. 3) – durch die GasNZV konkretisiert.

9   **1. Regelung des Gastransports.** Wichtiges Instrument im Zusammenhang mit der Regelung des Gastransports ist die **Bildung von Bilanzkreisen**. In Bilanzkreisen werden nach § 2 Nr. 4 GasNZV eine beliebige Anzahl von Einspeise- oder Ausspeisepunkten zusammengefaßt, um Abweichungen zwischen Einspeisungen und Ausspeisungen zu saldieren. Die Fernleitungsnetzbetreiber sind gem. § 31 I GasNZV zur Bildung von Bilanzzonen verpflichtet, in denen Bilanzkreise angemeldet werden können. Die Anzahl der Bilanzzonen ist so gering wie möglich zu halten. Für jeden Bilanzkreis muß ein Bilanzkreisverantwortlicher benannt werden, bei dem es sich um einen bei dem Netzbetreiber angemeldeten Transportkunden handelt (§ 31 III GasNZV). Er schließt mit dem Netzbetreiber einen Bilanzkreisvertrag (§ 32 GasNZV). Der Ausgleich von Abweichungen zwischen Ein- und Ausspeisungen findet durch den Einsatz von Ausgleichsenergie (vgl. § 2 Nr. 2 GasNZV) statt, und zwar innerhalb bestimmter Toleranzgrenzen in einem ohne gesondertes Entgelt durchzuführenden Basisbilanzausgleich (§§ 26 II, 30 GasNZV).

10 Geplante Gastransporte werden bei den Fernleitungsnetzbetreibern von den Transportkunden oder Bilanzkreisverantwortlichen in einem sog. **Normierungsverfahren** angemeldet (§ 27 GasNZV). Im Rahmen des technisch Möglichen müssen die Fernleitungsnetzbetreiber den Transportkunden neben diesem Standardnormierungsverfahren ein Normierungsersatzverfahren anbieten (§ 28 GasNZV). Danach kommt insbesondere in Betracht, bei der Belieferung von Letztverbrauchern, für die kein Standardlastprofil gilt, eine zeitlich versetzte Normierung vorzunehmen.

11 **2. Verbindung mit anderen Netzen.** Nach § 15 I haben die Fernleitungsnetzbetreiber den Gastransport unter Berücksichtigung der

Verbindungen mit anderen Netzen zu regeln. Was unter Verbindungen zu verstehen ist, sagt § 15 I nicht ausdrücklich. Erfaßt werden zum einen **Verbindungsleitungen** gem. § 3 Nr. 34. Dabei handelt es sich um Fernleitungen, die eine Grenze zwischen Mitgliedstaaten queren oder überspannen und die einzig dem Zweck dienen, die nationalen Fernleitungsnetze dieser Mitgliedstaaten zu verbinden (dazu § 3, Rn. 57). § 15 I verlangt von den Fernleitungsnetzbetreibern also die Berücksichtigung des grenzüberschreitenden Gastransports. Zum anderen sind die durch **Netzkopplungspunkte** bestehenden Verbindungen mit anderen Netzen zu berücksichtigen. Um den netzübergreifenden Gastransport zu beschleunigen und zu vereinfachen sieht § 25 GasNZV vor, daß Netzbetreiber mit Betreibern von Netzen, mit denen sie über einen Netzkopplungspunkt verbunden sind, **Netzkopplungsverträge** abschließen.

III. Bereitstellung und Betrieb von Fernleitungsnetzen

§ 15 I verpflichtet die Fernleitungsnetzbetreiber über die Regelung des Gastransports hinaus zur Bereitstellung und zum Betrieb der Fernleitungsnetze im nationalen und internationalen Verbund. Dieser Pflicht kommt in der Praxis keine wesentliche eigenständige Bedeutung zu. Die **Bereitstellungsverpflichtung** wird in § 15 III (dazu unten Rn. 19) sowie den Netzanschluß- und Netzzugangsregeln der §§ 7 ff. und 20 ff. näher konkretisiert. Die **Betriebspflicht** gem. § 15 I greift nur ein, wenn die entsprechenden Betreiberleistungen nicht die Regelung des Gastransports oder die Systemverantwortung der Netzbetreiber gem. § 16 betreffen (zu den entsprechenden Pflichten der Übertragungsnetzbetreiber vgl. § 12, Rn. 16 ff.).

Ebenso wie § 12 I hat § 15 I insofern eigenständige Bedeutung, als die Vorschrift die Notwendigkeit des Betriebs und der Bereitstellung der Fernleitungsnetze **im nationalen und internationalen Verbund** betont. Dies bedeutet, daß die Fernleitungsnetzbetreiber ihre Netze so bereitstellen und betreiben müssen, daß diese ihre Funktion im Verbund mit anderen Netzen erfüllen können.

IV. Beitrag zur sicheren Gasversorgung

Durch die Regelung des Gastransports sowie die Bereitstellung und den Betrieb der Fernleitungsnetze haben die Fernleitungsnetzbetreiber gem. § 15 I zu einem sicheren und zuverlässigen Gasversorgungssystem in ihrem Netz und damit zu einer sicheren Energieversorgung beizutragen. Zum Gasversorgungssystem gehören entsprechend der Regelungsaufgabe der Fernleitungsnetzbetreiber neben anderen Gasversorgungsnetzen (§ 3 Nr. 20) die Erzeugerseite und die Energieverbraucher. Die Anforderungen an den Beitrag der Fernleitungsnetzbetreiber zu einem sicheren und zuverlässigen Gasversorgungssystem sowie einer sicheren Energieversorgung entsprechen den Pflichten der Übertragungsnetzbetreiber gem. § 12 I (dazu näher § 12, Rn. 18). Die Fernleitungsnetzbetreiber müssen danach vor allem die Versorgungssicherheit in ihrem Netz gewährleisten.

D. Informationspflicht (§ 15 II)

15 § 15 II regelt eine Informationspflicht der Betreiber von Fernleitungsnetzen, Speicher- oder LNG-Anlagen gegenüber Betreibern anderer Gasversorgungsnetze, die mit den eigenen Fernleitungsnetzen oder Anlagen technisch verbunden sind.

I. Verpflichtete: Betreiber von Fernleitungsnetzen, Speicher- oder LNG-Anlagen

16 Neben **Betreibern von Fernleitungsnetzen** (dazu Rn. 4) sind nach § 15 II auch Betreiber von Speicher- oder LNG-Anlagen zur Bereitstellung von Informationen verpflichtet, da auch von ihren Anlagen der sichere und effiziente Betrieb des Verbundnetzes abhängt. § 3 Nr. 8 definiert **Betreiber von LNG-Anlagen** als natürliche oder juristische Personen oder rechtlich unselbständige Organisationseinheiten eines Energieversorgungsunternehmens, die die Aufgabe der Verflüssigung von Erdgas oder der Einfuhr, Entladung oder Wiederverdampfung von verflüssigtem Erdgas wahrnehmen und für den Betrieb einer LNG-Anlage verantwortlich sind (dazu § 3, Rn. 18). Nach § 3 Nr. 9 handelt es sich bei **Betreibern von Speicheranlagen** um natürliche oder juristische Personen oder rechtlich unselbständige Organisationseinheiten eines Energieversorgungsunternehmens, die die Aufgabe der Speicherung von Erdgas wahrnehmen und für den Betrieb einer Speicheranlage verantwortlich sind (dazu § 3, Rn. 19).

II. Berechtigte: Betreiber technisch verbundener Gasversorgungsnetze

17 Die Informationspflicht der Betreiber von Fernleitungsnetzen, Speicher- oder LNG-Anlagen besteht gegenüber jedem anderen Betreiber eines Gasversorgungsnetzes mit dem die eigenen Fernleitungsnetze oder Anlagen technisch verbunden sind. Einen **Informationsanspruch** (vgl. § 12, Rn. 29) gem. § 15 II haben demnach – unter den in

§ 3 Nr. 20 für das Vorliegen von Gasversorgungsnetzen weiter geregelten Voraussetzungen (dazu § 3, Rn. 39) – Betreiber anderer Fernleitungsnetze, Gasverteilernetze, LNG-Anlagen oder Speicheranlagen. Erforderlich ist eine **technische Verbindung** zwischen den Gasversorgungsnetzen und dem Fernleitungsnetz oder der Speicher- oder LNG-Anlage des Betreibers, von dem Informationen verlangt werden. Eine solche Verbindung wird zumeist über Netzkopplungspunkte hergestellt (vgl. § 25 GasNZV). Sie kann aber auch durch Verbindungsleitungen nach § 3 Nr. 34 erfolgen. Zwar dienen diese ausschließlich zur Verbindung mit Netzen anderer Mitgliedstaaten. Deshalb können sich auch Betreiber von Gasversorgungsnetzen außerhalb Deutschlands auf den Informationsanspruch gem. § 15 II berufen. Dies ist konsequent, da § 15 I die Fernleitungsnetzbetreiber zur Bereitstellung und Betrieb ihrer Netze nicht nur im nationalen, sondern auch im internationalen Verbund verpflichtet.

III. Notwendige Informationen

Bereitzustellen sind nach § 15 II die Informationen, die für den Transport und die Speicherung von Erdgas in einer mit dem sicheren und effizienten Betrieb des Verbundnetzes zu vereinbarenden Weise erforderlich sind. Die Informationspflicht dient zur Koordinierung der den Betreibern von Gasversorgungsnetzen gem. §§ 11, 15 ff. im Verbund obliegenden Aufgaben. Die Informationen sind, soweit nicht ein regelmäßiger Informationsaustausch stattfindet, **auf Verlangen** der anderen Netzbetreiber bereitzustellen. Sie müssen für den sicheren und effizienten Betrieb des Verbundnetzes erforderlich sein. Die **Sicherheit** des Netzbetriebs umfaßt die Aspekte der Versorgungssicherheit und der technischen Anlagensicherheit (vgl. § 11, Rn. 12 ff.). Das **Effizienzerfordernis** zielt darauf ab, daß die Gasversorgungsnetze die ihnen im Verbund jeweils zukommende Funktion, jedoch keine Aufgaben erfüllen sollen, die von anderen Netzen des Verbunds übernommen werden (dazu § 12, Rn. 28).

E. Nachfragegerechte Netzkapazität (§ 15 III)

Betreiber von Fernleitungsnetzen haben nach § 15 III dauerhaft die Fähigkeit ihrer Netze sicherzustellen, die Nachfrage nach Transportdienstleistungen für Gas zu befriedigen und insbesondere durch entsprechende Transportkapazität und Zuverlässigkeit der Netze zur Versorgungssicherheit beitragen. Dies bedeutet, daß die vorhandenen

Fernleitungsnetze durch **Wartung, Instandhaltung und Instandsetzung** auf einem technischen Stand gehalten werden müssen, der eine sichere und zuverlässige Elektrizitätsübertragung gewährleistet. Darüber hinaus müssen Fernleitungsnetzbetreiber gem. § 15 III ihre Netze einer etwa steigenden Nachfrage nach Transportkapazitäten entsprechend ausbauen. Eine **Ausbaupflicht** der Fernleitungsnetzbetreiber besteht bereits nach § 11 I. Die sich aus § 11 I an den Netzausbau ergebenden Anforderungen gelten für § 15 III entsprechend (vgl. § 11, Rn. 31 ff.).

§ 16 Systemverantwortung der Betreiber von Fernleitungsnetzen

(1) **Sofern die Sicherheit oder Zuverlässigkeit des Gasversorgungssystems in dem jeweiligen Netz gefährdet oder gestört ist, sind Betreiber von Fernleitungsnetzen berechtigt und verpflichtet, die Gefährdung oder Störung durch**
1. **netzbezogene Maßnahmen und**
2. **marktbezogene Maßnahmen, wie insbesondere den Einsatz von Ausgleichsleistungen, vertragliche Regelungen über eine Abschaltung und den Einsatz von Speichern,**
zu beseitigen.

(2) ¹Lässt sich eine Gefährdung oder Störung durch Maßnahmen nach Absatz 1 nicht oder nicht rechtzeitig beseitigen, so sind Betreiber von Fernleitungsnetzen im Rahmen der Zusammenarbeit nach § 15 Abs. 1 berechtigt und verpflichtet, sämtliche Gaseinspeisungen, Gastransporte und Gasausspeisungen in ihren Netzen den Erfordernissen eines sicheren und zuverlässigen Betriebs der Netze anzupassen oder diese Anpassung zu verlangen. ²Bei einer erforderlichen Anpassung von Gaseinspeisungen und Gasausspeisungen sind die betroffenen Betreiber von anderen Fernleitungs- und Gasverteilernetzen und Gashändler soweit möglich vorab zu informieren.

(3) ¹Im Falle einer Anpassung nach Absatz 2 ruhen bis zur Beseitigung der Gefährdung oder Störung alle hiervon jeweils betroffenen Leistungspflichten. ²Soweit bei Vorliegen der Voraussetzungen nach Absatz 2 Maßnahmen getroffen werden, ist insoweit die Haftung für Vermögensschäden ausgeschlossen. ³Im Übrigen bleibt § 11 Abs. 2 unberührt.

(4) ¹Über die Gründe von durchgeführten Anpassungen und Maßnahmen sind die hiervon unmittelbar Betroffenen und die Regulierungsbehörde unverzüglich zu informieren. ²Auf Verlangen sind die vorgetragenen Gründe zu belegen.

(5) [1] Zur Vermeidung schwerwiegender Versorgungsstörungen haben Betreiber von Fernleitungsnetzen jährlich eine Schwachstellenanalyse zu erarbeiten und auf dieser Grundlage notwendige Maßnahmen zu treffen. [2] Über das Ergebnis der Schwachstellenanalyse und die Maßnahmen hat der Fernleitungsbetreiber der Regulierungsbehörde auf Anforderung zu berichten.

Übersicht

	Rn.
A. Allgemeines	1
B. Gefährdung oder Störung der Sicherheit oder Zuverlässigkeit	3
C. Netz- und marktbezogene Maßnahmen (§ 16 I)	5
D. Notfallmaßnahmen (§ 16 II)	8
I. Gegenstand von Notfallmaßnahmen (§ 16 II 1)	9
II. Informationspflicht (§ 16 II 2)	11
E. Rechtsfolgen von Notfallmaßnahmen (§ 16 III)	12
I. Ruhen von Leistungspflichten (§ 16 III 1)	13
II. Haftungsausschluß (§ 16 III 2)	14
F. Unterrichtung über Gründe für Maßnahmen (§ 16 IV)	15
G. Schwachstellenanalyse (§ 16 V)	17

A. Allgemeines

§ 16 überträgt den Fernleitungsnetzbetreibern die Verantwortung für die **Funktionsfähigkeit des Gesamtsystems der Gasversorgung.** Sie haben die Aufgabe, durch Maßnahmen im Netz und gegenüber Netznutzern auf Erzeuger- und Verbraucherseite Gefährdungen und Störungen des Gasversorgungssystems vorzubeugen und im Störungsfall zur Schadensbegrenzung beizutragen (vgl. entsprechend zu § 13 Begr. BT-Drucks. 15/3917, S. 56 f.). 1

Zu diesem Zweck sieht § 16 ein **Stufensystem** vor. Auf einer ersten Stufe müssen die Fernleitungsnetzbetreiber netz- oder marktbezogene Maßnahmen ergreifen (§ 16 I). Soweit diese Maßnahmen zur Beseitigung der Gefährdung oder Störung nicht ausreichen, sind sie – auf einer zweiten Stufe – zu Notfallmaßnahmen berechtigt und verpflichtet (§ 16 II). § 16 III regelt für diesen Fall das Ruhen von Leistungspflichten und einen Haftungsausschluß für Vermögensschäden. § 16 IV verpflichtet die Fernleitungsnetzbetreiber zur Information der betroffenen Netznutzer und der Regulierungsbehörde über durchgeführte Maßnahmen. Nach § 16 V müssen die Fernleitungsnetzbetreiber eine Schwachstellenanalyse erarbeiten und etwa erforderliche Abhilfemaßnahmen treffen. 2

B. Gefährdung oder Störung der Sicherheit oder Zuverlässigkeit

3 Anders als § 13 für den Stromsektor, enthält § 16 **keine gesetzliche Definition** der Gefährdung oder Störung der Sicherheit und Zuverlässigkeit des Gasversorgungssystems. Es wäre wünschenswert gewesen, hätte sich der Gesetzgeber hier weniger zurückhaltend gezeigt. Zum Gasversorgungssystem gehören neben den Gasversorgungsnetzen auch Anlagen der Energieverbraucher (vgl. § 15, Rn. 14). Zu den Begriffen „Sicherheit" und „Zuverlässigkeit" vgl. § 11, Rn. 12 ff. § 16 setzt Betriebszustände des Fernleitungsnetzes voraus, die eine sichere und zuverlässige Gasversorgung gefährden oder stören. Dies können – wie nach § 13 III auch – örtliche **Netzausfälle** oder kurzfristigen **Netzengpässe** sein. Dabei müssen sich die Netzengpässe auf die Abwicklung der im Normierungsverfahren gem. § 27 GasNZV angemeldeten Gastransporte beziehen; Netzengpässe im Rahmen der Kapazitätsvergabe nach den §§ 3 ff. GasNZV gehören nicht hierher. Ferner kann eine Gefährdung oder Störung vorliegen, wenn die Druckverhältnisse im Fernleitungsnetz einen sicheren und zuverlässigen Gastransport nicht mehr zulassen.

4 Während bei einer Störung die vorstehend genannten Netzzustände bereits eingetreten sind, erfordert eine Gefährdung eine entsprechende **Besorgnis** (dazu im einzelnen § 13, Rn. 7 f.). Dies bedeutet, daß die Netzzustände mit einer gewissen **Wahrscheinlichkeit** zu erwarten sein müssen. Dabei ist entsprechend der „je-desto-Formel" des Polizeirechts (dazu bspw. *Gusy,* Polizeirecht, 3. Aufl. 1996, Rn. 115) bei Netzzuständen, die zu Großstörungen führen können, ein geringeres Maß an Wahrscheinlichkeit zu verlangen als bei lokal begrenzten Störungen. Die Schwelle für Maßnahmen nach § 13 I, II liegt daher bei Netzzuständen mit potentiell großem Schadensausmaß niedriger als bei überschaubaren Schadensereignissen. Um festzustellen, ob eine Gefährdung der Sicherheit und Zuverlässigkeit des Elektrizitätsversorgungssystems vorliegt, müssen die Übertragungsnetzbetreiber eine **Prognose** anstellen. Sie muß in der Praxis unter komplexen Sachverhaltsbedingungen und unter erheblichem Zeitdruck getroffen werden.

C. Netz- und marktbezogene Maßnahmen (§ 16 I)

5 Bei Vorliegen einer Gefährdung oder Störung der Sicherheit oder Zuverlässigkeit des Gasversorgungssystems müssen Fernleitungsnetzbetreiber nach § 16 I auf einer **ersten Stufe** mit netzbezogenen oder marktbezogenen Maßnahmen reagieren. Im Hinblick auf die Durchführung und Auswahl der Maßnahmen gelten die zu § 13 I erläuterten Grundsätze entsprechend (vgl. § 13, Rn. 11). Aufgrund der sich aus § 16 I ergebenden **Berechtigung** der Fernleitungsbetreiber zur Durchführung netz- oder marktbezogener Maßnahmen sind diese von betroffenen Netznutzern als rechtmäßig hinzunehmen. Fernleitungsnetzbetreiber *müssen* bei Vorliegen einer Gefährdung oder Störung netz- oder marktbezogene Maßnahmen ergreifen, da § 16 I sie dazu nicht nur berechtigt, sondern auch **verpflichtet**. Sie haben die Maßnahmen zu treffen mit denen die Gefährdung oder Störung **rechtzeitig** und **effektiv** beseitigt werden kann. Soweit alternativ verschiedene Maßnahmen in Betracht kommen, haben sie diejenige auszuwählen, die mit den **geringsten Auswirkungen** auf die Gasversorgung und die Netznutzer verbunden ist.

Bei **netzbezogenen Maßnahmen** handelt es sich um technische Maßnahmen, die innerhalb des Fernleitungsnetzes durchgeführt werden. Die Netznutzer sind an diesen Maßnahmen nicht beteiligt. Soweit mit netzbezogenen Maßnahmen Gaseinspeisungen, Gastransporte oder Gasausspeisungen angepaßt werden, sind diese Maßnahmen als Notfallmaßnahmen nach § 16 II einzuordnen (dazu Rn. 9).

Marktbezogene Maßnahmen werden unter Einbeziehung der Netznutzer durchgeführt. § 16 I Nr. 2 nennt beispielhaft den Einsatz von Ausgleichsleistungen sowie vertragliche Regelungen über eine Abschaltung und den Einsatz von Speichern. Nach § 2 Nr. 2 GasNZV handelt es sich bei Ausgleichsenergie um die für den Ausgleich von Abweichungen zwischen Ein- und Ausspeisungen von Transportkunden in einem festgelegten Zeitintervall benötigte Energie.

D. Notfallmaßnahmen (§ 16 II)

Soweit netz- oder marktbezogene Maßnahmen nicht ausreichen, um eine Gefährdung oder Störung des Gasversorgungssystems rechtzeitig zu beseitigen, berechtigt und verpflichtet § 16 II die Übertragungsnetzbetreiber auf einer **zweiten Stufe** zu Notfallmaßnahmen. Für die Auswahl der Maßnahmen gelten die Grundsätze zu netz- und marktbezogenen Maßnahmen entsprechend (oben Rn. 5).

I. Gegenstand von Notfallmaßnahmen (§ 16 II 1)

Nach § 16 II sind Notfallmaßnahmen den Erfordernissen eines sicheren und zuverlässigen Betriebs der Fernleitungsnetze entsprechende

Anpassungen von Gaseinspeisungen, Gastransporten und **Gasausspeisungen.** Soweit die Fernleitungsnetzbetreiber zu solchen Anpassungen nicht selbst in der Lage sind, sind sie berechtigt und verpflichtet, diese von den jeweiligen Netznutzern zu verlangen. Notfallmaßnahmen kommen erst dann in Betracht, wenn eine Gefährdung oder Störung **durch netz- oder marktbezogene Maßnahmen nicht oder nicht rechtzeitig beseitigt** werden kann (dazu § 13, Rn. 20).

10 § 16 II 1 regelt, daß Notfallmaßnahmen von den Übertragungsnetzbetreibern im Rahmen der **Zusammenarbeit nach § 15 I** getroffen werden. § 15 I verpflichtet Fernleitungsnetzbetreiber zu einem Betrieb ihrer Netze im nationalen und internationalen Verbund (§ 15, Rn. 13). Deshalb müssen Notfallmaßnahmen ggf. mit den Betreibern anderer Gasversorgungsnetze abgestimmt werden, um eine Gefährdungs- oder Störungslage über die Grenzen eines einzelnen Fernleitungsnetzes hinaus beurteilen und beseitigen zu können.

II. Informationspflicht (§ 16 II 2)

11 Nach § 16 II 2 haben Fernleitungsbetreiber bei einer Anpassung von **Gaseinspeisungen** und **Gasausspeisungen** die betroffenen Betreiber anderer Fernleitungs- und Gasverteilernetze sowie Gashändler soweit wie möglich vorab zu informieren. Bei einer Anpassung von Gastransporten ist eine vorherige Information nicht erforderlich. Da im Regelfall über Notfallmaßnahmen unter erheblichem Zeitdruck entschieden werden muß, steht die Informationspflicht gem. § 16 II 2 unter dem Vorbehalt, daß ihre Erfüllung im Einzelfall möglich ist.

E. Rechtsfolgen von Notfallmaßnahmen (§ 16 III)

12 § 16 IV bestimmt die Rechtsfolgen, die sich bei Notfallmaßnahmen nach § 16 II im Hinblick auf die davon betroffenen Leistungspflichten und die Haftung der Fernleitungsnetzbetreiber ergeben. Die Vorschrift entspricht § 13 IV (dazu § 13, Rn. 25 ff.).

I. Ruhen von Leistungspflichten (§ 16 III 1)

13 Bei Notfallmaßnahmen gem. § 16 II ruhen bis zur Beseitigung der Gefährdung oder Störung alle betroffenen Leistungspflichten. Die von einer Anpassung von Gaseinspeisungen, Gastransporten und Gasausspeisungen betroffenen Vertragsverhältnisse müssen daher **zeitweilig nicht erfüllt** werden. Dies gilt für Leistungspflichten der Übertragungsnetzbetreiber ebenso wie für Pflichten der Netznutzer. Sie ruhen bis zur

Beseitigung der Gefährdung oder Störung. Soweit zusätzlich netz- oder marktbezogene Maßnahmen zur Gefährdungs- oder Störungsbeseitigung erforderlich sein sollten, leben die vertraglichen Leistungspflichten bereits nach Abschluß der Notfallmaßnahmen wieder auf.

II. Haftungsausschluß (§ 16 III 2)

§ 16 III 2 schließt die Haftung der Fernleitungsnetzbetreiber für **Vermögensschäden** vollständig aus. Die Haftung der Fernleitungsnetzbetreiber richtet sich nach den gleichen Grundsätzen, die für den Haftungsausschluß zugunsten der Übertragungsnetzbetreiber gem. § 13 IV 2 gelten (dazu näher § 13, Rn. 27 ff.). Danach entfällt die Haftung grundsätzlich nur, wenn die **gesetzlichen Voraussetzungen für Notfallmaßnahmen** vorliegen. Soweit Fernleitungsnetzbetreiber nach Ausschöpfung aller zur Verfügung stehenden Erkenntnismöglichkeiten **(Ex-ante-Beurteilung) zutreffend** von einer nur durch Notfallmaßnahmen zu beseitigenden Gefährdung oder Störung ausgegangen sind, greift der Haftungsausschluß aber auch dann ein, wenn sich später (Ex-post-Beurteilung) herausstellt, daß die Voraussetzungen von § 16 II tatsächlich nicht vorgelegen haben. Dies gilt nicht, wenn bereits zum Zeitpunkt der Entscheidung des Fernleitungsnetzbetreibers, Notfallmaßnahmen durchzuführen, die Voraussetzungen von § 16 II erkennbar nicht gegeben waren. In diesem Fall kann sich der Fernleitungsnetzbetreiber nicht auf den Haftungsausschluß gem. § 16 III 2 berufen, weil die Einschätzung auch **aus Ex-ante-Sicht unzutreffend** war.

F. Unterrichtung über Gründe für Maßnahmen (§ 16 IV)

Nach § 16 IV 1 müssen die Fernleitungsnetzbetreiber über Gründe für durchgeführte Anpassungen und Maßnahmen gem. § 16 I und II die hiervon unmittelbar Betroffenen und die Regulierungsbehörde unverzüglich zu unterrichten. **Unmittelbar Betroffene** i. S. v. § 16 IV 1 sind Netznutzer, die an der Durchführung einer Maßnahme beteiligt sind. Ferner gehören unabhängig davon dazu auch die Netznutzer, auf die sich die Maßnahmen unmittelbar auswirken. Der **Umfang der Informationspflicht** richtet sich nach den Auswirkungen der Maßnahmen auf die davon Betroffenen und das Elektrizitätsversorgungssystem insgesamt. Deshalb machen Notfallmaßnahmen in der Regel eine umfangreichere Begründung als netz- oder marktbezogene Maßnahmen erforderlich.

16 § 16 IV 2 verpflichtet die Fernleitungsnetzbetreiber, auf Verlangen die vorgetragenen **Gründe zu belegen**. Das Verlangen kann von den gem. § 16 IV 1 unmittelbar Betroffenen und der Regulierungsbehörde gestellt werden. Wie die Gründe im Einzelfall belegt werden, ist den Fernleitungsnetzbetreibern überlassen.

G. Schwachstellenanalyse (§ 16 V)

17 Zur Vermeidung schwerwiegender Versorgungsstörungen sieht § 16 V 1 vor, daß von den Fernleitungsnetzbetreibern jährlich eine Schwachstellenanalyse zu erarbeiten und auf dieser Grundlage notwendige Maßnahmen zu treffen sind. Die Schwachstellenanalyse dient dazu, identifizierte Schwachstellen im **Gefährdungs- oder Störungsfall** beherrschen zu können. Sie bezieht sich nur auf das Fernleitungsnetz selbst (vgl. entsprechend zur Schwachstellenanalyse der Übertragungsnetzbetreiber § 13, Rn. 34 ff.).

18 § 16 V 1 regelt, daß die Fernleitungsnetzbetreiber die **Regulierungsbehörde** auf Aufforderung über das Ergebnis der Schwachstellenanalyse und die notwendigen Maßnahmen zu **unterrichten** haben. Sie müssen danach die Schwachstellenanalyse nicht vollständig dokumentieren, sondern können sich auf die Darstellung der Ergebnisse beschränken.

§ 16 a Aufgaben der Betreiber von Gasverteilernetzen

[1]**Die §§ 15 und 16 Abs. 1 bis 4 gelten für Betreiber von Gasverteilernetzen im Rahmen ihrer Verteilungsaufgaben entsprechend, soweit sie für die Sicherheit und Zuverlässigkeit der Gasversorgung in ihrem Netz verantwortlich sind.** [2]**§ 16 Abs. 5 ist mit der Maßgabe anzuwenden, dass die Betreiber von Gasverteilernetzen nur auf Anforderung der Regulierungsbehörde eine Schwachstellenanalyse zu erstellen und über das Ergebnis zu berichten haben.**

Übersicht

	Rn.
A. Allgemeines	1
B. Normadressat: Betreiber von Gasverteilernetzen	2
C. Entsprechende Geltung der §§ 15, 16 I bis IV (§ 16 a 1)	3
D. Schwachstellenanalyse (§ 16 a 2)	4

A. Allgemeines

Für die Betreiber von Gasverteilernetzen gelten gem. § 16a 1 die §§ 15 und 16 I bis IV entsprechend. Nach § 16a 2 besteht eine Verpflichtung der Gasverteilernetzbetreiber zur Erarbeitung einer Schwachstellenanalyse nur auf Aufforderung der Regulierungsbehörde. **1**

B. Normadressat: Betreiber von Gasverteilernetzen

Betreiber von Gasverteilernetzen sind gem. § 3 Nr. 7 natürliche oder juristische Personen oder rechtlich unselbständige Organisationseinheiten eines Energieversorgungsunternehmens, die die Aufgabe der Verteilung von Gas wahrnehmen und verantwortlich sind für den Betrieb, die Wartung und erforderlichenfalls für den Ausbau des Verteilernetzes in einem bestimmten Gebiet bzw. der Verbindungsleitungen zu anderen Netzen. Nach § 3 Nr. 37 handelt es sich bei Verteilung um den Transport über **örtliche oder regionale Leitungsnetze,** um die Versorgung von Kunden (§ 3 Nr. 24) zu ermöglichen, nicht aber um die Belieferung der Kunden selbst. **2**

C. Entsprechende Geltung der §§ 15, 16 I bis IV (§ 16a 1)

§ 16a 1 erklärt die §§ 15 und 16 I bis IV auf Betreiber von Gasverteilernetzen für entsprechend anwendbar, soweit sie für die Sicherheit und Zuverlässigkeit der Gasversorgung in ihrem Netz verantwortlich sind. Deshalb betreffen die sich aus den §§ 15 und 16 I bis IV ergebenden Pflichten auch die Gasverteilernetzbetreiber. Dies gilt jedoch nur unter der einschränkenden Voraussetzung, daß sie entsprechend der **Funktion ihrer Netze** und ihren **Einwirkungsmöglichkeiten** diese Aufgaben auch wahrnehmen können. Ist dies der Fall, sind Betreiber von Gasversorgungsnetzen dazu verpflichtet, ihre Netze den Anforderungen der §§ 15 und 16 I bis IV entsprechend zu betreiben und auszubauen. Sie haben dabei speziell für den Betrieb der Verteilernetze geltende Regelungen (z. B. § 8 GasNZV) zu beachten. **3**

D. Schwachstellenanalyse (§ 16a 2)

4 Nach § 16a 2 ist die Verpflichtung der Betreiber von Gasverteilernetzen zur Erarbeitung einer Schwachstellenanalyse eingeschränkt. Sie sind dazu und zum Bericht über die Ergebnisse der Analyse nur **auf Anforderung der Regulierungsbehörde** verpflichtet.

Abschnitt 2. Netzanschluss

§ 17 Netzanschluss

(1) Betreiber von Energieversorgungsnetzen haben Letztverbraucher, gleich- oder nachgelagerte Elektrizitäts- und Gasversorgungsnetze sowie -leitungen, Erzeugungs- und Speicheranlagen zu technischen und wirtschaftlichen Bedingungen an ihr Netz anzuschließen, die angemessen, diskriminierungsfrei, transparent und nicht ungünstiger sind, als sie von den Betreibern der Energieversorgungsnetze in vergleichbaren Fällen für Leistungen innerhalb ihres Unternehmens oder gegenüber verbundenen oder assoziierten Unternehmen angewendet werden.

(2) ¹Betreiber von Energieversorgungsnetzen können einen Netzanschluss nach Absatz 1 verweigern, soweit sie nachweisen, dass ihnen die Gewährung des Netzanschlusses aus betriebsbedingten oder sonstigen wirtschaftlichen oder technischen Gründen unter Berücksichtigung der Ziele des § 1 nicht möglich oder nicht zumutbar ist. ²Die Ablehnung ist in Textform zu begründen. ³Auf Verlangen der beantragenden Partei muss die Begründung im Falle eines Kapazitätsmangels auch aussagekräftige Informationen darüber enthalten, welche konkreten Maßnahmen und damit verbundene Kosten zum Ausbau des Netzes im Einzelnen erforderlich wären, um den Netzanschluss durchzuführen; die Begründung kann nachgefordert werden. ⁴Für die Begründung nach Satz 3 kann ein Entgelt, das die Hälfte der entstandenen Kosten nicht überschreiten darf, verlangt werden, sofern auf die Entstehung von Kosten zuvor hingewiesen worden ist.

(2a) ¹Betreiber von Übertragungsnetzen, in deren Regelzone die Netzanbindung von Offshore-Anlagen im Sinne des § 10 Abs. 3 Satz 1 des Erneuerbare-Energien-Gesetzes erfolgen soll, haben die Leitungen von dem Umspannwerk der Offshore-Anlagen bis zu dem technisch und wirtschaftlich günstigsten Verknüpfungspunkt des nächsten Übertragungs- oder Verteilernetzes zu errichten und zu betreiben; die Netzanbindungen müssen zu dem Zeitpunkt der Herstellung der technischen Betriebsbereitschaft der Offshore-Anlagen errichtet sein. ²Eine Leitung nach Satz 1 gilt ab dem Zeitpunkt der Errichtung als Teil des Energieversorgungsnetzes. ³Betreiber von Übertragungsnetzen sind zum Ersatz der Aufwendungen verpflichtet, die die Betreiber von Offshore-Anlagen für die Planung und Genehmigung der Netzanschlussleitungen bis

§ 17 Teil 3. Regulierung des Netzbetriebs

zum 17. Dezember 2006 getätigt haben, soweit diese Aufwendungen den Umständen nach für erforderlich anzusehen waren und den Anforderungen eines effizienten Netzbetriebs nach § 21 entsprechen. ⁴Die Betreiber von Übertragungsnetzen sind verpflichtet, den unterschiedlichen Umfang ihrer Kosten nach den Sätzen 1 und 3 über eine finanzielle Verrechnung untereinander auszugleichen; § 9 Abs. 3 des Kraft-Wärme-Kopplungsgesetzes findet entsprechende Anwendung.

(3) ¹Die Bundesregierung wird ermächtigt, durch Rechtsverordnung mit Zustimmung des Bundesrates
1. Vorschriften über die technischen und wirtschaftlichen Bedingungen für einen Netzanschluss nach Absatz 1 oder Methoden für die Bestimmung dieser Bedingungen zu erlassen und
2. zu regeln, in welchen Fällen und unter welchen Voraussetzungen die Regulierungsbehörde diese Bedingungen oder Methoden festlegen oder auf Antrag des Netzbetreibers genehmigen kann.

²Insbesondere können durch Rechtsverordnungen nach Satz 1 unter angemessener Berücksichtigung der Interessen der Betreiber von Energieversorgungsnetzen und der Anschlussnehmer
1. die Bestimmungen der Verträge einheitlich festgesetzt werden,
2. Regelungen über den Vertragsabschluss, den Gegenstand und die Beendigung der Verträge getroffen werden und
3. festgelegt sowie näher bestimmt werden, in welchem Umfang und zu welchen Bedingungen ein Netzanschluss nach Absatz 2 zumutbar ist; dabei kann auch das Interesse der Allgemeinheit an einer möglichst kostengünstigen Struktur der Energieversorgungsnetze berücksichtigt werden.

Literatur: *Boesche,* Keine Verpflichtung zum Abschluß von Netznutzungsverträgen, ZNER 2003, 33 ff.; *Braun,* Der Zugang zu wirtschaftlicher Netzinfrastruktur, 2003; *Büdenbender,* Grundlagen und Grenzen eines Anspruchs von Niederspannungskunden auf einen Wechsel zu einem Anschluß in Mittelspannung, RdE 2005, 285 ff.; *Büdenbender,* Durchleitung elektrischer Energie nach der Energierechtsreform, RdE 1999, 1 ff.; *Buntscheck,* Der Anspruch auf Anschluß an Energieversorgungsnetze nach § 17 EnWG, WuW 2006, 30 ff.; *Eder/de Wyl/Becker,* Der Entwurf eines neuen EnWG, ZNER 2004, 3 ff.; *Hempel,* Die Rechtsbeziehungen des Verteilnetzbetreibers bei der „Durchleitung" elektrischer Energie – Zur Notwendigkeit von Netznutzung- und Anschlußnutzungsverträgen, ZNER 2004, 140 ff.; *Meinhold,* Netzanschluß von Areal- und Objektnetzen nach „Mainova" und dem neuen EnWG – Auftrieb für Kraft-Wärme-Kopplung (KWK) und Contracting?, ZNER 2005, 196 ff.; *Walter/Keussler,* Der diskriminierungsfreie Zugang zum Netz: Reichweite des Anspruchs auf Durchleitung (Teil 2), RdE 1999, 223 ff.

Übersicht

	Rn.
A. Allgemeines	1
I. Inhalt	1
II. Zweck	2
B. Normadressat	4
C. Anspruch auf Netzanschluß (§ 17 I)	6
I. Rechtsnatur des Anspruchs	7
II. Anspruchsberechtigte	11
1. Letztverbraucher	12
2. Gleich- oder nachgelagerte Elektrizitäts- und Gasversorgungsnetze sowie -leitungen	13
3. Erzeugungs- und Speicheranlagen	15
III. Festlegung der Spannungsebene oder Druckstufe	16
IV. Bedingungen des Netzanschlusses	18
1. Angemessen, diskriminierungsfrei, transparent	19
2. Nicht ungünstiger als unternehmensinterne Bedingungen	22
D. Verweigerung des Netzanschlusses (§ 17 II)	25
I. Verhältnis zur Verweigerung des Netzzugangs	26
II. Verweigerungsgründe (§ 17 II 1)	28
1. Unmöglichkeit des Netzanschlusses	29
2. Unzumutbarkeit des Netzanschlusses	30
a) Bezugspunkt der Unzumutbarkeit	31
b) Abwägung und Berücksichtigung der Ziele des § 1	33
c) Betriebsbedingte Gründe	34
d) Sonstige wirtschaftliche oder technische Gründe	35
e) Verweigerung des Netzanschlusses in Mittelspannung	37
3. Sonderleistungen des Anschlußnehmers	42
III. Begründung (§ 17 II 2)	43
IV. Informationen über Netzausbaumaßnahmen (§ 17 II 3 und 4)	44
E. Durchsetzung der Anschlußpflicht	46
F. Verordnungsermächtigung (§ 17 III)	48

A. Allgemeines

I. Inhalt

§ 17 dient der Umsetzung von Art. 23 II EltRl und Art. 25 II GasRl (Begr. BT-Drucks. 15/3917, S. 58). § 17 I regelt die grundsätzliche Verpflichtung der Betreiber von Energieversorgungsnetzen zum Netzanschluß. Die Vorschrift umfaßt sämtliche Sachverhalte des Netzanschlusses mit Ausnahme der in § 18 geregelten Fälle. Nach § 17 II kann

§ 17 2–4   Teil 3. Regulierung des Netzbetriebs

der Netzanschluß verweigert werden, wenn er für den Netzbetreiber aus betriebsbedingten oder sonstigen wirtschaftlichen oder technischen Gründen nicht möglich oder zumutbar ist. Die Verweigerung des Netzanschlusses ist vom Netzbetreiber zu begründen. § 17 III enthält eine Ermächtigung der Bundesregierung, durch Rechtsverordnung die technischen und wirtschaftlichen Bedingungen des Netzanschlusses oder die Methoden für deren Festlegung zu regeln.

II. Zweck

2   Das EnWG unterscheidet zwischen Netzanschluß (§§ 17 ff.) und Netzzugang (§§ 20 ff.). Es trägt damit der Öffnung der Energiemärkte und der Entflechtung des Netzbetriebs von den Wettbewerbsbereichen Energieerzeugung und Energievertrieb Rechnung. Dadurch ist aus dem Verhältnis zwischen Kunden und Energieversorger ein dreiseitiges Verhältnis zwischen Kunden, Energielieferant und Netzbetreiber geworden. Die im Verhältnis zwischen Kunden und Netzbetreiber – sowie im Verhältnis von Netzbetreibern untereinander – relevanten Fragen des Netzanschlusses sind Gegenstand von § 17. Der Anschluß von Letztverbrauchern (§ 3 Nr. 25, dazu § 3, Rn. 44) an Energieversorgungsnetze der allgemeinen Versorgung (§ 3 Nr. 17, dazu § 3, Rn. 33) ist in § 18 besonders geregelt. Der Netzanschluß ist tatsächliche und rechtliche Voraussetzung für einen Netzzugang. Von den §§ 17, 18 unberührt bleiben die vorrangigen Anschlußpflichten nach dem EEG (Begr. BT-Drucks. 15/3917, S. 58).

3   In § 17 (und § 18) bringt das EnWG erstmals eine **eigenständige Regelung des Netzanschlusses.** Außerhalb des Bereichs der allgemeinen Versorgung wurden bisher Ansprüche auf Netzanschluß auf die kartellrechtlichen Mißbrauchsvorschriften der §§ 19, 20 GWB gestützt; im Mittelpunkt stand der Anschluß sog. Arealnetze (dazu § 110, Rn. 5 ff.). Auf die §§ 19, 20 GWB konnten sich – ebenso wie auf den Durchleitungstatbestand des § 6 EnWG a. F. – jedoch nur Unternehmen berufen. Dagegen räumt § 17 auch Privaten einen Anspruch auf Netzanschluß ein.

B. Normadressat

4   § 17 verpflichtet die Betreiber von Energieversorgungsnetzen (dazu § 3, Rn. 14). Die Vorschrift gilt gem. § 3 Nr. 4 demnach für Betreiber von **Elektrizitätsversorgungsnetzen** ebenso wie für Betreiber von **Gasversorgungsnetzen,** und zwar unabhängig von der Spannungs-

ebene oder Druckstufe. Daher sind im Strombereich neben Betreibern von Elektrizitätsverteilernetzen auch Betreiber von Übertragungsnetzen zum Netzanschluß gem. § 17 verpflichtet (§ 3 Nr. 2). Im Gasbereich besteht eine Netzanschlußverpflichtung für Betreiber von Fernleitungsnetzen, Gasverteilernetzen, LNG-Anlagen und Speicheranlagen (§ 3 Nr. 6 u. 20). Der Adressatenkreis von § 17 deckt sich insofern mit dem von § 11. Die Ausführungen zu § 11, insbesondere zur Rechtsform der Netzbetreiber und zum Betreiberbegriff, gelten deshalb für § 17 entsprechend (vgl. § 11, Rn. 6 ff.).

Im Vergleich zur bisherigen Rechtslage, nach der Anschlußpflichten zumeist auf das kartellrechtliche Mißbrauchsverbot gestützt wurden (oben Rn. 3), führt § 17 zu einer Ausweitung der zum Netzanschluß verpflichteten Netzbetreiber. Nach § 17 kommt es – anders als im Kartellrecht – auf eine marktbeherrschende Stellung des Netzbetreibers nicht an. In der Praxis wird diese Ausweitung jedoch keine wesentlichen Auswirkungen haben, da die Rechtsprechung zu § 19 IV Nr. 4 GWB in der Regel von einer marktbeherrschenden Stellung der Netzbetreiber in dem auf ihr Netz begrenzten relevanten Markt der Mitbenutzung dieses Netzes ausging (*Buntscheck,* WuW 2006, 30, 33). 5

C. Anspruch auf Netzanschluß (§ 17 I)

Nach § 17 I sind Betreiber von Energieversorgungsnetzen verpflichtet, Letztverbraucher, gleich- oder nachgelagerte Netze sowie Erzeugungs- und Speicheranlagen zu angemessenen, diskriminierungsfreien und transparenten Bedingungen **an ihr Netz anzuschließen.** Anders als § 18 I 1 erwähnt § 17 I 1 nicht die Pflicht der Netzbetreiber, die Nutzung des Anschlusses zur Entnahme von Energie zu gestatten (dazu § 18, Rn. 11 und 14). Die **Anschlußnutzung** ist jedoch auch ohne ausdrückliche Erwähnung von § 17 I 1 umfaßt. 6

I. Rechtsnatur des Anspruchs

Die Rechtsnatur des Anspruchs auf Netzanschluß ist in § 17 I nicht geregelt. Es stellt sich deshalb die schon im Zusammenhang mit § 6 EnWG a. F. umstrittene Frage (zum Meinungsstand vgl. *Säcker/Boesche,* in: BerlK-EnWG, § 6 EnWG, Rn. 271 ff. und *Theobald/Zenke,* in: S/T, § 12, Rn. 5 ff., 119 ff. jew. m. w. N.), ob § 17 I 1 einen **unmittelbaren Anspruch** auf Netzanschluß einräumt oder einen auf den Abschluß eines Netzanschluß- bzw. Anschlußnutzungsvertrages gerichteten **Kontrahierungszwang** der Netzbetreiber regelt. Für die allgemeine 7

§ 17 8, 9 Teil 3. Regulierung des Netzbetriebs

Anschlußpflicht nach § 18 geht der Gesetzgeber von einer differenzierenden Lösung aus. Danach soll das Netzanschlußverhältnis (Anschluß der Kundenanlage an das Netz) durch Vertrag zwischen Anschlußnehmer und Netzbetreiber begründet werden. Dagegen soll das Anschlußnutzungsverhältnis (Bereitstellung des Netzanschlusses zur Entnahme von Energie) kraft Gesetzes zustande kommen (Begr. BT-Drucks. 15/3917, 58 f.). Entsprechende Regelungen enthalten die §§ 2 II, 3 II NAV/NDAV.

8 Auf den Netzanschluß nach § 17 I ist diese Systematik nicht ohne weiteres übertragbar. Zwar erscheint eine systematisch unterschiedliche Behandlung der Rechtsverhältnisse in § 17 einerseits und in § 18 andererseits nicht wünschenswert. Allerdings weist die Gesetzesbegründung für den Bereich der allgemeinen Anschlußpflicht auf die Interessen des Kundenschutzes und den Massengeschäftscharakter hin (Begr. BT-Drucks. 15/3917, 59). Anders als § 18 III 1 Nr. 2 sieht die Verordnungsermächtigung in § 17 III auch nicht vor, daß Regelungen über die Begründung des Rechtsverhältnisses der Anschlußnutzung getroffen werden können. Vielmehr ermächtigt § 17 III 2 Nr. 2 nur zu Regelungen über den Abschluß, den Gegenstand und die Beendigung von Verträgen. Dies läßt sich so deuten, daß nach der **Vorstellung des Gesetzgebers** im Rahmen von § 17 das Anschlußnutzungsverhältnis nicht als gesetzliches Schuldverhältnis, sondern – wie das Netzanschlußverhältnis auch – durch Vertrag begründet werden soll. Es zeigt sich auch, daß der **Wortlaut** von § 17 I (*„an ihr Netz anzuschließen"*) nicht unbedingt für die Annahme eines unmittelbaren Netzanschlußanspruchs spricht. Trotz eines insofern entsprechenden Wortlauts in § 18 I 1 (*„an ihr Energieversorgungsnetz anzuschließen"*) geht der Gesetzgeber hier vom Zustandekommen des Netzanschlußverhältnisses durch Vertrag und dementsprechend von einem Kontrahierungszwang aus. Hinzu kommt, daß eine unmittelbare Vollzugsfähigkeit von § 17 I mangels Ausgestaltung der Netzanschlußbedingungen durch eine der AVBEltAV bzw. AVBGasAV vergleichbare Rechtsverordnung nicht gegeben ist, so daß auch aus diesem Grund eine vertragliche Vereinbarung zwischen Netzbetreiber und Anschlußnehmer notwendig erscheint (vgl. *Büdenbender,* EnWG, § 5, Rn. 70 ff.). Vor diesem Hintergrund liegt nahe, die Regelung in **§ 17 I als Kontrahierungszwang** der Netzbetreiber zu verstehen. Eine Behinderung des Wettbewerbs muß darin nicht liegen, wenn zur Durchsetzung des Anspruchs eine unmittelbar auf die Durchführung des Netzanschlusses gerichtete Leistungsklage zugelassen wird (dazu unten Rn. 46).

9 § 17 I setzt zur Begründung des Netzanschlußverhältnisses den Abschluß eines **Netzanschlußvertrages** zwischen Anschlußnehmer und Netzbetreiber voraus (näher zum Vertragsinhalt *de Wyl/Müller-*

Kirchenbauer, in: S/T, § 13, Rn. 152 ff., 217 ff.). Im Fall eines **Eigentümerwechsels** stellt sich die Frage, ob der für das Grundstück oder Gebäude abgeschlossene Netzanschlußvertrag auf den neuen Eigentümer übergeht. Dies ist für § 17 – anders als in § 2 II NAV/NDAV für die allgemeine Anschlußpflicht – nicht ausdrücklich normiert. Es sollte deshalb in den Netzanschlußvertrag eine Regelung aufgenommen werden, die den Anschlußnehmer zur Übertragung der Rechte und Pflichten aus dem Vertrag auf den neuen Eigentümer verpflichtet. Es ist aber naheliegend, daß der Netzanschlußvertrag als grundstückbezogene Vereinbarung auch bei Fehlen einer entsprechenden vertraglichen Verpflichtung auf den neuen Eigentümer übergeht.

Ferner erfordert § 17 I für die Nutzung des Netzanschlusses zum Bezug von Energie einen **Anschlußnutzungsvertrag** zwischen Netzbetreiber und Anschlußnutzer. Jedenfalls bei bereits bestehenden Netzanschlüssen wurde im Hinblick auf § 6 EnWG a. F. bemängelt, daß darin eine unangemessene Barriere für den Netzzugang liege (*Säcker/Boesche,* in: BerlK-EnWG, § 6 EnWG, Rn. 271 ff.; *Boesche,* ZNER 2003, 33 ff.). Nach a. A. war ein Anschlußnutzungsvertrag erforderlich, um die Rechtsbeziehungen zwischen Anschlußnehmer und Netzbetreiber zu regeln (*de Wyl/Müller-Kirchenbauer,* in: S/T, § 13, Rn. 231 ff.; *Hempel,* ZNER 2004, 140, 143 ff.). Davon geht anders als bei der allgemeinen Anschlußpflicht nach § 18 der Gesetzgeber auch für den Netzanschluß gem. § 17 I aus (oben Rn. 8). 10

II. Anspruchsberechtigte

Nach § 17 I haben Betreiber von Energieversorgungsnetzen Letztverbraucher, gleich- oder nachgelagerte Elektrizitäts- und Gasversorgungsnetze sowie -leitungen und Erzeugungs- und Speicheranlagen an das Netz anzuschließen. § 17 I vermischt Anspruchsberechtigte und an das Netz anzuschließende Anlagen. Letztverbraucher haben Anspruch auf Netzanschluß der entsprechenden Grundstücke oder Gebäude. Inhaber des Anspruchs auf Anschluß der in § 17 I genannten Netze, Leitungen und Anlagen sind deren Betreiber. 11

1. Letztverbraucher. Letztverbraucher sind gem. § 3 Nr. 25 Kunden, die Energie **für den eigenen Verbrauch** kaufen (dazu § 3, Rn. 44). Dabei ist unerheblich, ob es sich um natürliche oder juristische Personen handelt. Gemäß § 17 I nicht als Letztverbraucher anschlußberechtigt sind Personen oder Unternehmen, die den Netzanschluß nicht selbst zum Energiebezug nutzen, sondern – wie insbesondere Betreiber anderer Energieversorgungsnetze – zur Weiterverteilung von Energie. Im Hinblick auf die Unterscheidung von Netzanschluß und 12

Anschlußnutzung ist ein **Anschlußnehmer** nach § 17 I auch dann anspruchberechtigt, wenn er den Anschluß nicht selbst zur Entnahme von Energie nutzen will, es sich aber bei dem **Anschlußnutzer** um einen Letztverbraucher handelt. Unter dieser Voraussetzung hat der Anschlußnutzer selbst gem. § 17 I Anspruch auf Gestattung der Anschlußnutzung. Für den Fall der Vermietung von Grundstücken oder Gebäuden hat die Unterscheidung zwischen Netzanschluß und Anschlußnutzung, anders als im Rahmen der allgemeinen Anschlußpflicht nach § 18 (§ 18, Rn. 15), jedoch keine große praktische Bedeutung. Denn der Vermieter kann sich im Fall von § 17 I auch auf die Pflicht des Netzbetreibers zum Anschluß von Versorgungsleitungen berufen (Rn. 14).

13 **2. Gleich- oder nachgelagerte Elektrizitäts- und Gasversorgungsnetze sowie -leitungen.** Einen Anspruch auf Netzanschluß gem. § 17 I haben außerdem Betreiber gleich- oder nachgelagerter Elektrizitäts- oder Gasversorgungsnetze oder -leitungen. Vorgelagerte Netze oder Leitungen müssen nicht nach § 17 I angeschlossen werden. Zu Elektrizitätsversorgungsnetzen gehören Übertragungs- und Elektrizitätsverteilernetze (§ 3 Nr. 2, dazu § 3, Rn. 12). Anschlußberechtigt sind daher auch Betreiber sog. **Arealnetze.** Auch bei diesen Netzen handelt es sich um Elektrizitätsversorgungsnetze. § 17 I verlangt nicht, daß die Netze i. S. d. § 3 Nr. 17 der allgemeinen Versorgung dienen (vgl. *Buntscheck,* WuW 2006, 30, 34, der Arealnetze offenbar nur als Leitungen einordnen will). Gasversorgungsnetze sind gem. § 3 Nr. 20 Fernleitungsnetze, Gasverteilernetze, LNG-Anlagen und Speicheranlagen, wobei letztere für den Zugang zur Fernleitung, zur Verteilung oder zu LNG-Anlagen erforderlich sein und einem oder mehreren Energieversorgungsunternehmen gehören oder von ihm bzw. von ihnen betrieben werden müssen (dazu § 3, Rn. 39).

14 Das EnWG enthält keine Definition der nach § 17 I an das Netz anzuschließenden Elektrizitäts- oder Gasversorgungsleitungen. Erfaßt werden sämtliche Versorgungsleitungen und netzähnlichen Installationen, die – ohne Energieversorgungsnetz zu sein – dem Transport von Elektrizität oder Gas dienen (*Buntscheck,* WuW 2006, 30, 34). Deshalb haben Grundstückseigentümer, insbesondere **Vermieter,** soweit diese nicht Letztverbraucher sind (oben Rn. 12), einen Anspruch auf Netzanschluß ihrer Grundstücke oder Gebäude.

15 **3. Erzeugungs- und Speicheranlagen.** Betreiber von Energieversorgungsnetzen haben nach § 17 I ferner Erzeugungs- und Speicheranlagen an ihr Netz anzuschließen. Erzeugungsanlagen sind alle Anlagen zur Gewinnung von Energie aus konventionellen oder regenerativen Quellen (*Fehling,* in: S/T, § 7, Rn. 1). Für dem EEG oder dem KWKG unterfallende Anlagen ist der Netzanschluß spezialgesetzlich geregelt.

Speicheranlagen sind bereits als Gasversorgungsnetze anzuschließen, soweit sie für den Zugang zur Fernleitung, zur Verteilung oder zu LNG-Anlagen erforderlich sind und einem oder mehreren Energieversorgungsunternehmen gehören oder von ihm bzw. von ihnen betrieben werden (§ 3 Nr. 20). Die gesonderte Erwähnung von Speicheranlagen in § 17 I hat deshalb praktische Bedeutung vor allem für die Anlagen, die diese Voraussetzungen nicht erfüllen.

III. Festlegung der Spannungsebene oder Druckstufe

16 Nicht in allen Fällen steht fest, auf welcher Spannungsebene oder Druckstufe der Netzanschluß nach elektrizitäts- oder gaswirtschaftlichen Grundsätzen zu erfolgen hat. Es gibt keine festen Grenzen, die eine eindeutige Zuordnung erlauben würden. Vielmehr kann im Einzelfall insbesondere fraglich sein, welcher Spannungsebene der Anschlußnehmer zuzuordnen ist (*Büdenbender*, RdE 2005, 285, 290). Wie der Anschluß sog. Arealnetze an das Mittelspannungsnetz zeigt, hat diese Frage **wirtschaftlich erhebliche Bedeutung.** Erfolgt der Anschluß in Mittelspannung, hat zwar der Arealnetzbetreiber selbst durch entsprechende Anlageninvestitionen für die erforderliche Umspannung zu sorgen. Dies wird zumeist jedoch günstiger sein als die Bezahlung des Netzentgelts, das für die Umspannung durch den Netzbetreiber bei einem Anschluß an das Niederspannungsnetz anfällt.

17 Auf welcher Spannungsebene oder Druckstufe der Netzanschluß erfolgen soll, bestimmt nach § 17 I der Anschlußnehmer. Soweit der Netzbetreiber einen entsprechenden Anschluß für nicht sachgerecht hält, kann er diesen nur unter den in § 17 II geregelten Voraussetzungen (dazu Rn. 25 ff.) verweigern. Bedeutung hat dieser Regelungsmechanismus für die **Darlegungs- und Beweislast.** Sie liegt gem. § 17 II beim Netzbetreiber. Kann er Gründe, die ihn zur Verweigerung des Netzanschlusses auf der vom Anschlußnehmer gewünschten Spannungsebene oder Druckstufe berechtigen, darlegen und – falls notwendig – beweisen, muß sich der Anschlußnehmer auf eine andere Spannungsebene oder Druckstufe verweisen lassen. Liegen dagegen Verweigerungsgründe nicht vor, hat der Netzanschluß auf der von dem Anschlußnehmer gewünschten Spannungsebene oder Druckstufe zu erfolgen (*Buntscheck,* WuW 2006, 30, 35; *Büdenbender,* RdE 2005, 285, 289; *Meinhold,* ZNER 2005, 196, 199).

IV. Bedingungen des Netzanschlusses

18 Der Netzanschluß muß gem. § 17 I zu technischen und wirtschaftlichen Bedingungen erfolgen, die angemessen, diskriminierungsfrei und

transparent sind. Sie dürfen nicht ungünstiger sein, als sie von den Betreibern der Energieversorgungsnetze innerhalb ihres Unternehmens oder gegenüber verbundenen oder assoziierten Unternehmen angewendet werden. § 17 I gilt für sämtliche Netzanschlußbedingungen, bspw. Anforderungen an Kundenanlagen und andere Netze, Haftungsfragen, Vereinbarungen über Leistungen des Netzbetreibers, Zahlungen, Laufzeiten, etc.

19 **1. Angemessen, diskriminierungsfrei, transparent.** Welche Bedingungen **angemessen** sind, ist bis zum Erlaß einer Rechtsverordnung gem. § 17 III (dazu unten Rn. 48 f.) nach allgemeinen Maßstäben zu bestimmen. Die Netzanschlußbedingungen müssen guter fachlicher Praxis entsprechen. Dies gilt unabhängig davon, daß § 17 I darauf nicht ausdrücklich Bezug nimmt (vgl. *Büdenbender,* EnWG, § 6, Rn. 76). In technischer Hinsicht bedeutet dies, daß der Anschlußnehmer grundsätzlich die im **technischen Regelwerk,** insbesondere dem Transmission Code und dem Distribution Code sowie im Regelwerk des DVGW enthaltenen technischen Anschlußvoraussetzungen erfüllen muß. Mangels rechtlicher Verbindlichkeit des Regelwerks hat der Anschlußnehmer nach § 17 I Anspruch auf davon abweichende Bedingungen, soweit Anforderungen des technischen Regelwerks aufgrund besonderer Umstände des Einzelfalls unangemessen sind. In wirtschaftlicher Hinsicht geht es in erster Linie um die Höhe des **Netzanschlußentgelts.** § 21 II bestimmt für den Netzzugang, daß die Entgelte auf der Grundlage einer effizienten und strukturell vergleichbaren Netzbetreibern entsprechenden Betriebsführung unter Berücksichtigung von Anreizen für eine effiziente Leistungserbringung und einer angemessenen, wettbewerbsfähigen und risikoangepaßten Verzinsung des eingesetzten Kapitals festzulegen sind. In § 9 I NAV/NDAV ist vorgesehen, daß Netzbetreiber für die Herstellung des Netzanschlusses gem. § 18 die Erstattung der bei wirtschaftlicher Betriebsführung notwendigen Kosten verlangen können. § 17 I liefert für die Bemessung des Netzanschlußentgelts dagegen keinen Maßstab. Angemessen ist jedenfalls ein Netzanschlußentgelt, das die den Netzbetreibern entstehenden **Kosten des Netzanschlusses** deckt. Deshalb dürfen die Netzbetreiber die Kosten für die Herstellung oder Änderung, den Betrieb und die Instandhaltung des Netzanschlusses auf den Anschlußnehmer überwälzen (*Buntscheck,* WuW 2006, 30, 34). Als Maßstab der Angemessenheit kommt auch für Netzanschlußentgelte ein Vergleich mit den von strukturell **vergleichbaren Netzbetreibern** berechneten Entgelten in Betracht. Soweit Netzanschlußentgelte im Einzelfall wesentlich höher als der Vergleichsmaßstab sind, ist dies ein Indiz für ihre Unangemessenheit. Neben der Kostendeckung ist den Netzbetreibern bei der Kalkulation der Netzanschlußentgelte eine **an-**

gemessene Verzinsung auf das eingesetzte Kapital zuzubilligen, um das zur Finanzierung der Investitionen in das Netz erforderliche Eigen- und Fremdkapital zu beschaffen (vgl. § 11, Rn. 39).

Die Bedingungen des Netzanschlusses müssen **diskriminierungsfrei** 20 sein. Dieses Erfordernis zielt darauf ab, Netzanschlußbedingungen zu verhindern, die den Netzanschluß im Einzelfall unbillig erschweren. § 17 I verbietet, Anschlußnehmer ohne **sachlichen Grund** unterschiedlich zu behandeln. Grundsätzlich dürfen sich Netzanschlußbedingungen nicht zu Lasten einzelner Anschlußnehmer oder Gruppen von Anschlußnehmern auswirken. Im Hinblick auf das Diskriminierungsverbot steht in der Praxis die Frage der Gleichbehandlung Dritter mit den mit dem Netzbetreiber verbundenen oder assoziierten Unternehmen im Vordergrund (dazu Rn. 22 ff.).

Das Gebot der **Transparenz** betrifft zwei Aspekte. Zunächst geht es 21 um die Möglichkeit der Anschlußnehmer zur **Kenntnisnahme** der Netzanschlußbedingungen. Anders als § 18 I erfordert § 17 I dazu nicht Veröffentlichung der Bedingungen durch die Netzbetreiber. Zu veröffentlichen sind gem. § 19 jedoch technische Mindestanforderungen für den Netzanschluß. § 19 konkretisiert dadurch das Transparenzgebot nach § 17 I (*Buntscheck*, WuW 2006, 30, 35). Die sonstigen Bedingungen des Netzanschlusses sind den Anschlußnehmern auf Verlangen in geeigneter Form zugänglich zu machen. Ein zweiter Aspekt des Transparenzgebots ist die Möglichkeit der Anschlußnehmer, die Netzanschlußbedingungen der Netzbetreiber **inhaltlich nachvollziehen** zu können. Praktische Bedeutung hat dieser Aspekt vor allem für die Bemessung der Netzanschlußentgelte. Insofern stellt sich die Frage, ob die Netzbetreiber Anschlußnehmern auf Verlangen die Grundlagen der **Kalkulation der Netzanschlußentgelte** offen zu legen haben. Es ist zweifelhaft, ob dies mit dem Transparenzgebot in § 17 I gemeint ist. Offenbar bezieht der Gesetzgeber das Transparenzgebot vor allem auf die Möglichkeit zur Kenntnisnahme der Netzanschlußbedingungen und damit ihre Transparenz i. S. d. Vorhersehbarkeit für die Anschlußnehmer; die Gesetzesbegründung verweist im Hinblick auf die Veröffentlichungspflicht gem. § 18 I auf im Vergleich zu § 17 erhöhte Transparenzpflichten (Begr. BT-Drucks. 15/3917, S. 58). Es kommt aber ein zivilrechtlicher Anspruch der Anschlußnehmer auf Offenlegung der Kalkulationsgrundlagen der Netzanschlußentgelte in Betracht (vgl. *LG Bonn*, B v. 31. 1. 2006 – 8 S 146/05, zur Kalkulation von Gaspreisen).

2. Nicht ungünstiger als unternehmensinterne Bedingungen. 22 Nach § 17 I dürfen die Netzanschlußbedingungen nicht ungünstiger sein, als sie von den Netzbetreibern in vergleichbaren Fällen innerhalb ihres Unternehmens oder gegenüber verbundenen oder assoziierten

Unternehmen angewendet werden. Hintergrund dieses **vertikalen Diskriminierungsverbots** (*Säcker/Boesche,* in: BerlK-EnWG, § 6 EnWG, Rn. 95) ist die gängige und vor dem Hintergrund der Entflechtungsregeln der §§ 6 ff., insbesondere der Anforderungen an die Rechnungslegung und interne Buchführung gem. § 10 rechtlich erforderliche Praxis von Unternehmen, auch unternehmensintern sowie gegenüber verbundenen und assoziierten Unternehmen Leistungen ebenso wie gegenüber fremden Unternehmen zu bewerten und zu berechnen (*Büdenbender,* EnWG, § 6, Rn. 77). Bei **verbundenen Unternehmen** handelt es sich um Unternehmen i. S. d. § 271 II HGB. Die davon abweichende Definition der verbundenen Unternehmen in § 15 AktG ist nicht anzuwenden. Die Einbeziehung der nur im HGB definierten assoziierten Unternehmen legt nahe, daß der Gesetzgeber in § 17 I auch im Hinblick auf die verbundenen Unternehmen auf die handelsrechtlichen Definitionen hat Bezug nehmen wollen. Welche Unternehmen zu den **assoziierten** Unternehmen gehören, ergibt sich aus § 311 I HGB.

23 § 17 I verlangt eine Gleichbehandlung fremder Unternehmen nur in **vergleichbaren Fällen.** Der Gesetzgeber stellt damit zwar eine Selbstverständlichkeit klar. Es liegt auf der Hand, daß ein Gleichbehandlungsanspruch nur bei Vorliegen vergleichbarer Sachverhalte besteht. Es ist aber zu beachten, daß die Bildung von Vergleichsgruppen als Stellschraube für die Anwendung von § 17 I eine erhebliche Rolle spielen kann.

24 Nach dem eindeutigen Wortlaut der Vorschrift ist entscheidend, welche Netzanschlußbedingungen von den Netzbetreibern **tatsächlich angewendet** werden. Deshalb können sich Netzbetreiber nicht auf unternehmensintern sowie gegenüber Gruppenunternehmen kalkulierte Netzanschlußentgelte berufen, wenn diese in der Praxis unterschritten werden. In diesem Fall kommt es auf die tatsächlich berechneten Entgelte an. Soweit die Anforderungen von § 17 I an die Gleichbehandlung Dritter mit den mit dem Netzbetreiber verbundenen oder assoziierten Unternehmen eingehalten werden, die Netzanschlußentgelte jedoch ungünstiger sind als die vergleichbarer Unternehmen, kann ein Verstoß gegen das Gebot der Angemessenheit vorliegen (oben Rn. 19).

D. Verweigerung des Netzanschlusses (§ 17 II)

25 Von der grundsätzlichen Verpflichtung zum Netzanschluß gem. § 17 I ausgehend, eröffnet § 17 II den Netzbetreibern die Möglichkeit, den Netzanschluß im Einzelfall zu verweigern. Netzbetreiber sind dazu nur berechtigt, wenn einer der in § 17 I 1 genannten Verweigerungsgründe vorliegt. Zwischen der Anschlußpflicht nach § 17 I und der Verweigerung des Netzanschlusses gem. § 17 II besteht daher ein **Regel-Ausnahme-Verhältnis**. Daraus folgt zum einen, daß die Netzbetreiber für das Vorliegen von Verweigerungsgründen die **Darlegungs- und Beweislast** tragen (*Recknagel,* in: Böwing, Art. 1, § 6, Anm. 13.3; *Säcker/Boesche,* in: BerlK-EnWG, § 6 EnWG, Rn. 219). Zum anderen ist § 17 II als ausnahmsweise Durchbrechung der grundsätzlich bestehenden Anschlußpflicht **restriktiv auszulegen** (vgl. *Büdenbender,* EnWG, § 10, Rn. 97). § 17 II 2 bis 4 enthalten Anforderungen an die Begründung der Verweigerung des Netzanschlusses.

I. Verhältnis zur Verweigerung des Netzzugangs

Das EnWG unterscheidet zwischen Ansprüchen auf Netzanschluß 26 und Netzzugang. In beiden Fällen – für den Netzzugang gem. § 20 II – steht den Netzbetreibern unter bestimmten Voraussetzungen ein Verweigerungsrecht zu. Deshalb können Netzbetreiber den Netzanschluß nicht aufgrund von Umständen verweigern, die erst im Rahmen des Netzzugangs von Bedeutung sind. Anders ausgedrückt: Die nach § 17 II geltend gemachten Verweigerungsgründe müssen speziell den Netzanschluß betreffen. Da der Netzanschluß neben dem **Netzanschlußverhältnis** auch das **Anschlußnutzungsverhältnis** umfaßt (vgl. §§ 2, 3 NAV/NDAV), kann der Netzanschluß nach § 17 II auch verweigert werden, wenn die Anschlußnutzung unmöglich oder für den Netzbetreiber unzumutbar ist.

Die Umsetzung der Unterscheidung zwischen Netzanschluß und 27 Netzzugang kann in der Praxis Schwierigkeiten bereiten. Steht fest, daß der Netzanschluß nicht zum Energiebezug genutzt werden könnte, weil eine rechtmäßige **Verweigerung des Netzzugangs** nach § 20 II erfolgen würde, ist dies bereits im Rahmen von § 17 II zu berücksichtigen. Anderenfalls wäre der Netzbetreiber zur Herstellung eines funktionslosen Netzanschlusses verpflichtet. Dies ist für den Netzbetreiber nicht zumutbar. Etwas anderes gilt dann, wenn der Netzzugang nur vorübergehend verweigert werden kann. In diesem Fall ist der Netzbetreiber so rechtzeitig zum Netzanschluß verpflichtet, daß der Anschluß bei Wegfall des Verweigerungsgrundes genutzt werden kann. Die Berücksichtigung des Netzzugangs im Rahmen von § 17 II entspricht der zur allgemeinen Anschlußpflicht nach § 18 vertretenen Meinung, daß der Netzbetreiber den Netzanschluß nur herstellen muß, wenn dieser zum Bezug von Energie genutzt werden soll und kann (dazu § 18, Rn. 14).

II. Verweigerungsgründe (§ 17 II 1)

28 Nach § 17 II 1 kann der Netzanschluß verweigert werden, wenn dieser für den Netzbetreiber aus betriebsbedingten oder sonstigen wirtschaftlichen oder technischen Gründen nicht möglich oder zumutbar ist. § 17 II 1 unterscheidet demnach zum einen zwischen der Unmöglichkeit und der Unzumutbarkeit des Netzanschlusses. Zum anderen werden betriebsbedingte und sonstige Verweigerungsgründe unterschieden.

29 **1. Unmöglichkeit des Netzanschlusses.** Der Netzanschluß ist unmöglich, wenn er objektiv nicht durchführbar ist. In der Regel wird dies betriebsbedingte Gründe (dazu näher unten Rn. 34) haben. Dabei liegt Unmöglichkeit des Netzanschlusses bereits dann vor, wenn die technischen Voraussetzungen für einen sicheren Netzbetrieb nicht mehr gewährleistet sind (*Walter/Keussler,* RdE 1999, 223, 224). Die Unmöglichkeit kann sich auch aufgrund von Kapazitätsengpässen ergeben. Dies zeigt § 17 II 3, der davon ausgeht, daß die Netzbetreiber bei mangelnder Kapazität zur Verweigerung des Netzanschlusses berechtigt sind. Aus § 17 II 3 ergibt sich ferner, daß in diesem Fall **keine Verpflichtung der Netzbetreiber zum Kapazitätsausbau** besteht. Eine Ausbaupflicht der Netzbetreiber läßt sich aus § 17 nicht ableiten. Die Netzbetreiber sind zum Ausbau ihrer Netze nur unter den in § 11 geregelten Voraussetzungen, nicht aber aufgrund eines konkreten Netzanschlußbegehrens verpflichtet (dazu § 11, Rn. 33 f.; zur Beurteilung von Kapazitätsfragen im Rahmen des Netzzugangs nach § 6 EnWG a. F. vgl. *Säcker/Boesche,* in: BerlK-EnWG, § 6 EnWG, Rn. 239 ff.; *Braun,* Der Zugang zu wirtschaftlicher Netzinfrastruktur, 2003, S. 238; *Büdenbender,* EnWG, § 10, Rn. 121; *ders.,* RdE 1999, 1, 2).

30 **2. Unzumutbarkeit des Netzanschlusses.** Anders als die Unmöglichkeit hängt die Unzumutbarkeit des Netzanschlusses von einer Abwägung aller betroffenen Belange ab. Dazu gehören – wie der Verweis auf § 1 in § 17 II 1 zeigt – neben den Interessen des Netzbetreibers und des Anschlußnehmers insbesondere auch Aspekte der Versorgungssicherheit. Besteht die Unzumutbarkeit – was regelmäßig der Fall sein wird – bereits vor **Herstellung des Netzanschlusses,** kann diese verweigert werden. Tritt die Unzumutbarkeit erst danach auf, ist der Netzbetreiber berechtigt, die Fortsetzung der **Anschlußnutzung** zu verweigern (entsprechend zur Anschluß- und Versorgungspflicht nach § 10 EnWG a. F. *Büdenbender,* EnWG, § 10, Rn. 125 f.).

31 **a) Bezugspunkt der Unzumutbarkeit.** § 17 II 1 bestimmt ausdrücklich, daß der Netzanschluß verweigert werden kann, wenn dieser für den **Netzbetreiber** unzumutbar ist. Deshalb kommt es insbesondere nicht auf die wirtschaftlichen Verhältnisse vertikal integrierter Energieversorgungsunternehmen (§ 3 Nr. 38) an. Vielmehr ist allein auf die für den Netzbetrieb verantwortliche Gesellschaft abzustellen. Soweit es sich bei einem Netzbetreiber – mangels rechtlichen Unbundlings (vgl. §§ 6 I 3, 7 II) – um eine **rechtlich unselbständige Organisationseinheit** handelt, sind deren Verhältnisse für die Beurteilung der Unzumutbarkeit maßgeblich.

Damit ist noch nicht die Frage beantwortet, ob Bezugspunkt der Unzumutbarkeit gem. § 17 II 1 die wirtschaftliche Gesamtsituation des Netzbetreibers oder das Vertragsverhältnis mit dem jeweiligen Anschlußnehmer ist. Würde man auf die wirtschaftliche Gesamtsituation abstellen, wäre die Unzumutbarkeit des Netzanschlusses erst gegeben, wenn dadurch der Netzbetreiber insgesamt in Schieflage geraten würde. Ein solches Verständnis würde § 17 II 1 nicht entsprechen. Es geht bei § 17 II 1 um die Frage, ob der konkret geltend gemachte Anspruch auf Netzanschluß vom Netzbetreiber als unzumutbar zurückgewiesen werden darf. Dies ist im Hinblick auf das **Vertragsverhältnis zwischen Netzbetreiber und Anschlußnehmer** zu beurteilen. Es kommt nicht darauf an, wie sich der konkrete Netzanschluß auf die noch von zahlreichen anderen Faktoren abhängige wirtschaftliche Gesamtsituation des Netzbetreibers auswirkt. Dagegen spricht auch die von § 17 II 3 unterstellte Möglichkeit des Anschlußnehmers, die Unzumutbarkeit durch zusätzliche Leistungen auszuräumen (unten Rn. 42). Insofern kann es nur darum gehen, das Gleichgewicht von Leistung und Gegenleistung im Verhältnis zwischen Netzbetreiber und Anschlußnehmer herzustellen. Der Gesetzgeber hatte nicht die Vorstellung, daß der Anschlußnehmer Einfluß auf die wirtschaftliche Gesamtsituation des Netzbetreibers nehmen soll.

b) Abwägung und Berücksichtigung der Ziele des § 1. Ob der Netzanschluß für den Netzbetreiber unzumutbar ist, läßt sich nur anhand der konkreten **Umstände des Einzelfalls** beurteilen. Erforderlich ist eine Abwägung aller im Einzelfall relevanten Belange (vgl. *Büdenbender*, § 6 EnWG, Rn. 62). In die Abwägung einzustellen sind insbesondere die gegenläufigen Interessen des Netzbetreibers und des Anschlußnehmers. Dabei sind auf Seiten des Netzbetreibers nicht nur die **Kosten** für die Herstellung des Netzanschlusses, sondern auch Folgekosten zu berücksichtigen, die den Netzanschluß oder sonstige Netzbestandteile betreffen können. Auf Seiten des Anschlußnehmers spielt insbesondere eine Rolle, in welchem Maße er für den Energiebezug auf den konkret gewünschten Netzanschluß angewiesen ist, und ob **alternative Anschlußmöglichkeiten** bestehen. § 17 II 1 verlangt ausdrücklich die Berücksichtigung der Ziele des § 1. Dadurch wird der Blick insbesondere auf den Gesichtspunkt der Versorgungssicherheit gelenkt. Aufgrund der in § 1 angelegten und ihrerseits im Wege der Abwägung aufzulösenden Zielkonflikte ist die **Steuerungswirkung von § 1** für die Beurteilung der Unzumutbarkeit des Netzanschlusses jedoch **gering** (*Recknagel,* in: Böwing, Art. 1, § 6, Anm. 13.2). Ergibt sich als Ergebnis der Abwägung, daß die mit dem Netzanschluß verbundenen Kosten den Netzbetreiber unter Berücksichtigung der Gegenleistung des Anschlußnehmers unzumutbar belasten, kann der Netzanschluß nach § 17 II 1 wegen Unzumutbarkeit verweigert werden.

34 **c) Betriebsbedingte Gründe.** Die Unzumutbarkeit des Netzanschlusses kann sich aus betriebsbedingten Gründen ergeben. Darunter sind alle Umstände zu verstehen, die den **Netzbetrieb betreffen.** Als Maßstab sind die sich aus den §§ 11 ff. ergebenden Anforderungen an den Netzbetrieb zugrunde zu legen. Deshalb müssen die mit dem Netzanschluß verbundenen netztechnischen Fragen so gelöst werden können, daß diese Anforderungen eingehalten werden. Insbesondere darf der Netzanschluß die Sicherheit des Netzes nicht gefährden (vgl. *Recknagel,* in: Böwing, Art. 1, § 6, Anm. 11.3; *Walter/Keussler,* RdE 1999, 223, 224). Dies gilt für die Versorgungssicherheit und die technische Anlagensicherheit (dazu § 11, Rn. 12 ff.) gleichermaßen.

35 **d) Sonstige wirtschaftliche oder technische Gründe.** Nach § 17 II 1 können auch sonstige wirtschaftliche oder technische Gründe die Verweigerung des Netzanschlusses rechtfertigen. Es handelt sich dabei um Gründe, die nicht durch den Netzbetrieb selbst veranlaßt sind. Die Frage, ob sich Netzbetreiber zur Verweigerung des Netzanschlusses auf ihr Interesse an einer bestimmten **Netzstruktur** berufen können, spielt in der Praxis im wesentlichen im Zusammenhang mit dem Anschluß an das Mittelspannungsnetz eine Rolle (dazu unten Rn. 37 ff.). Als sonstiger Grund für die Verweigerung des Netzanschlusses kommt insbesondere die fehlende Bereitschaft oder Fähigkeit des Anschlußnehmers in Betracht, ein angemessenes **Netzanschlußentgelt** zu bezahlen oder sonstige wesentliche vertragliche Pflichten zu erfüllen (*Theobald/Zenke,* in: S/T, § 12, Rn. 103; *Walter/Keussler,* RdE 1999, 223, 225). Insofern kann sich der Netzbetreiber auf die §§ 273, 320 BGB berufen. § 17 II gibt ihm jedoch kein Mittel an die Hand, durch die Verweigerung des Netzanschlusses streitige Forderungen durchzusetzen. Deshalb ist eine Verweigerung nur gerechtfertigt, wenn die gegen den Anschlußnehmer geltend gemachte Forderung unbestritten ist oder der Anschlußnehmer nichts Substantielles vorträgt, um diese zu bestreiten (*Büdenbender,* EnWG, § 6, Rn. 42; *Säcker/Boesche,* in: BerlK-EnWG, § 6 EnWG, Rn. 268).

Beim **Anschluß gleichgelagerte Energieversorgungsnetze** ist 36
theoretisch denkbar, daß wechselseitige Ansprüche der Netzbetreiber
nach § 17 I bestehen. In diesem Fall kann ein Netzbetreiber den Netzanschluß dem Rechtsgedanken von § 273 BGB entsprechend auch dann
verweigern, wenn der andere Netzbetreiber nicht bereit ist, seinerseits
den Netzanschluß herzustellen (*Büdenbender*, § 6 EnWG, Rn. 45 ff.).

e) Verweigerung des Netzanschlusses in Mittelspannung. Der 37
Anschlußnehmer bestimmt im Rahmen von § 17 I darüber, auf welcher Spannungsebene der Netzanschluß erfolgen soll. Einen Netzanschluß auf dieser Spannungsebene kann der Netzbetreiber nur unter
den in § 17 II geregelten Voraussetzungen verweigern. Abgesehen von
den Fällen der Unmöglichkeit, in denen sich der Strombedarf des
Anschlußnehmers nicht auf der jeweiligen Spannungsebene decken läßt
(*Büdenbender*, RdE 2005, 285, 289 f.), muß dazu der Anschluß auf der
vom Anschlußnehmer gewünschten Spannungsebene für den Netzbetreiber unzumutbar sein. Streitig sind vor allem die Fälle, in denen der
Anschlußnehmer einen Anschluß an das Mittelspannungsnetz wünscht,
um das **Netzentgelt für die Umspannung** durch den Netzbetreiber
zu sparen (vgl. oben Rn. 16). Dies kann insbesondere beim Anschluß
sog. Arealnetze (dazu § 110, Rn. 5 ff.) und großer industrieller Stromabnehmer relevant sein.

Keine Probleme bereiten in der Praxis die Fälle, in denen ein 38
Anschluß in Mittelspannung im Interesse des Netzbetreibers und des
Anschlußnehmers ist. Davon ist auszugehen, wenn der Strombedarf des
Anschlußnehmers aus dem Niederspannungsnetz nicht sinnvoll gedeckt
werden kann, weil erhebliche Netzkapazitäten in Anspruch genommen
würden und das Netz deshalb ausgebaut werden müßte. Dann wird
zumeist ein Anschluß an das Mittelspannungsnetz mit nachfolgender
Transformation auch für den Netzbetreiber wirtschaftlich günstiger
sein. Dagegen liegt ein Netzanschluß in Mittelspannung dann nicht im
Interesse des Netzbetreibers, wenn dadurch die Kapazitäten des Niederspannungsnetzes unausgelastet wären, ohne daß der Netzbetreiber nennenswerte Kostenvorteile hätte. In diesen Fällen berufen sich die Netzbetreiber auf eine nachteilige **Veränderung der Kunden- und
Kostenstruktur** der Niederspannungsnetze. In der Literatur wird darin
ein beachtliches Argument gesehen. Die Verlagerung der von abgewanderten Großkunden bisher getragenen Kosten des Niederspannungsnetzes auf die verbliebenen (kleineren) Kunden verstoße gegen
die Grundregeln einer kostenorientierten Preisbildung und das Verbot
einer Subventionierung einzelner Kundengruppen zu Lasten anderer
Kunden. Den Netzbetreibern sei auch nicht zuzumuten, die Einnahmeausfälle selbst zu tragen (*Büdenbender*, RdE 2005, 285, 292).

39 In der **Mainova-Entscheidung des BGH** vom 28. 6. 2005 (*BGHZ* 163, 297, 306 ff.) werden dagegen die strukturellen Bedenken der Netzbetreiber im Grundsatz zurückgewiesen. In dem konkreten Fall rechtfertigten sie nach Auffassung des *BGH* nicht die Verweigerung des Anschlusses eines Arealnetzes an das Mittelspannungsnetz. Zwar sei nicht zu bestreiten, daß es durch den Netzanschluß zu einer gewissen nachteiligen Veränderung der Kundenstruktur kommen könne. Der Gesetzgeber habe dies aber durch die Zulassung von Wettbewerb in Kauf genommen. Es sei daher nicht Voraussetzung des Netzanschlusses, daß die Gefahr des „Rosinenpickens" ausgeschlossen sei. Im Ergebnis ging der *BGH* deshalb von der **Zumutbarkeit eines Anschlusses in Mittelspannung** aus. Im Hinblick auf eine stärkere Berücksichtigung des Interesses der Allgemeinheit an einer möglichst günstigen Kostenstruktur der Energieversorgungsnetze verwies der *BGH* auf die Möglichkeit einer Rechtsverordnung gem. § 17 III 2 Nr. 3.

40 Im Grundsatz gelten die Erwägungen des *BGH* auch für § 17 II 1 (*Meinhold*, ZNER 2005, 196, 199). Die Absage des *BGH* an die Verweigerung des Netzanschlusses in Mittelspannung aufgrund einer Veränderung der Kundenstruktur ändert aber nichts daran, daß § 17 II 1 eine **umfassende Abwägung** aller nach den konkreten Umständen des Einzelfalls relevanten Belange erfordert (oben Rn. 33). Im Rahmen dieser Abwägung sind auch Auswirkungen auf die Kunden- und Kostenstruktur der Niederspannungsnetze zu berücksichtigen. Dies gilt unabhängig davon, ob entsprechende Vorgaben in einer Rechtsverordnung nach § 17 III 2 Nr. 3 konkretisiert sind oder nicht. Zwar können sich die Netzbetreiber nicht auf jede nachteilige Veränderung der Kunden- und Kostenstruktur ihres Niederspannungsnetzes berufen. Eine Verweigerung des Netzanschlusses in Mittelspannung kommt jedoch in Betracht, wenn eine den Zielen des § 1 entsprechende **Elektrizitätsversorgung durch das Niederspannungsnetzes gefährdet** wäre (vgl. *Büdenbender*, § 6 EnWG, Rn. 51). Auch der *BGH* hält unter dieser – im konkreten Fall verneinten – Voraussetzung offenbar eine Verweigerung des Netzanschlusses in Mittelspannung für möglich (*BGHZ* 163, 297, 307). Im übrigen hat es der Verordnungsgeber auf der Grundlage von § 17 III 2 Nr. 3 in der Hand, Anforderungen an die nach § 17 II 1 erforderliche Abwägung zu präzisieren (*BGHZ* 163, 297, 308; *Meinhold*, ZNER 2005, 196, 199).

41 In der Literatur wird unter Hinweis auf die Gesamtverantwortung für das Netz eine **Einschätzungsprärogative der Netzbetreiber** bei der Entscheidung darüber befürwortet, auf welcher Spannungsebene der Netzanschluß erfolgt. Die Entscheidung der Netzbetreiber könne nur darauf hin kontrolliert werden, ob sie sich im Rahmen des stromwirtschaftlich Vertretbaren halte (*Büdenbender,* RdE 2005, 285, 293f.). Diese Auffassung ist **abzulehnen**. Hinter dem Maßstab des stromwirtschaftlich Vertretbaren verbergen sich Wertungen, die § 17 II nicht den Netzbetreibern überläßt. Ihre Konkretisierung bei der Entscheidung über die Unzumutbarkeit des Netzanschlusses liegt nicht im (nur eingeschränkt kontrollierbaren) Ermessen der Netzbetreiber. Es bleibt deshalb auch im Hinblick auf die Frage, auf welcher Spannungsebene der Netzanschluß erfolgt, uneingeschränkt bei der Darlegungs- und Beweislast der Netzbetreiber gem. § 17 II (vgl. Rn. 25).

3. Sonderleistungen des Anschlußnehmers. Soweit der Netzanschluß aus wirtschaftlichen Gründen unzumutbar ist, hat der Anschlußnehmer die Möglichkeit, durch zusätzliche Leistungen den Einwand der **Unzumutbarkeit auszuräumen**. Davon geht im Hinblick auf die Beseitigung von Kapazitätsmängeln auch § 17 II 3 aus. In der Praxis wird es in der Regel um die Erstattung von Kosten gehen, die den Netzanschluß für den Netzbetreiber unzumutbar machen. Dazu können auch mit dem Netzanschluß in Zukunft verbundene Kosten gehören (vgl. *Büdenbender,* EnWG, § 10, Rn. 103f.; *Hempel,* in: Böwing, Art. 1, § 10, Anm. 5.2; *Recknagel,* in: Böwing, Art. 1, § 6, Anm. 11.3.2).

III. Begründung (§ 17 II 2)

§ 17 II 2 verpflichtet die Netzbetreiber im Fall der Verweigerung des Netzanschlusses dazu, die Ablehnung in Textform (§ 126b BGB) zu begründen. Die Begründung ist obligatorisch. Sie soll dem den Netzanschluß Begehrenden die **Überprüfung der Verweigerung** erleichtern. Deshalb darf die Begründung nicht nur formelhaft sein (Begr. BT-Drucks. 15/3917, S. 58). Sie muß im Fall der Unmöglichkeit des Netzanschlusses die dafür maßgeblichen Umstände darstellen. Soweit sich der Netzbetreiber darauf beruft, daß der Netzanschluß für ihn unzumutbar ist, muß er die wesentlichen betroffenen Belange und die Abwägung dieser Belange erläutern, aus der sich aus seiner Sicht die Unzumutbarkeit ergibt.

IV. Informationen über Netzausbaumaßnahmen (§ 17 II 3 und 4)

Verweigert der Netzbetreiber den Netzanschluß aufgrund eines Kapazitätsmangels, muß die Begründung gem. § 17 II 3 auf Verlangen des den Netzanschluß Beantragenden auch aussagekräftige Informationen darüber enthalten, welche konkreten Maßnahmen und damit verbundenen Kosten zum Ausbau des Netzes im einzelnen erforderlich wären, **um den Netzanschluß durchzuführen.** Die Begründung nach § 17 II 3 kann nachgefordert werden. Der Antragsteller verliert seinen Anspruch auf Begründung also nicht deshalb, weil er diese möglicherweise nicht in unmittelbarem Zusammenhang mit der Verweigerung des Netzanschlusses fordert. Wie der Wortlaut von § 17 II 3 (*aussagekräftige* Informationen, *konkrete* Maßnahmen, *im einzelnen*) verdeutlicht, muß die Begründung den Antragsteller in die Lage versetzen, eine Entscheidung über die Durchführung der Netzausbaumaßnahmen zu treffen. § 17 II 3 verlangt aber nicht, daß der Netzbetreiber dem Antragsteller bereits ein unterschriftsreifes Vertragsangebot vorlegt.

45 § 17 II 4 trägt dem sich aus § 17 II 3 für den Netzbetreiber ergebenden Begründungsaufwand durch eine **Entgeltpflicht** des den Netzanschluß Begehrenden Rechnung. Danach kann für die Begründung ein Entgelt verlangt werden, das die **Hälfte der entstandenen Kosten** nicht überschreiten darf. Dabei sollen nur solche Kosten zu ersetzen sein, die die tatsächlichen Kosten der Bereitstellung der Informationen widerspiegeln und über die normalen Geschäftsanbahnungskosten hinausgehen (BT-Drucks. 15/3917, S. 58). Voraussetzung der Entgeltpflicht ist, daß der Netzbetreiber zuvor auf die Entstehung der Kosten hingewiesen hat. Dazu reicht der Hinweis nicht aus, daß dem Antragsteller überhaupt Kosten entstehen. Vielmehr muß der Netzbetreiber zumindest Angaben über die Größenordnung der anfallenden Kosten machen.

E. Durchsetzung der Anschlußpflicht

46 Der den Netzanschluß Begehrende kann diesen im **ordentlichen Rechtsweg** durchsetzen. Da § 17 I einen Kontrahierungszwang des Netzbetreibers regelt (oben Rn. 8), müßte grundsätzlich erst auf Abschluß des Netzanschluß- bzw. Anschlußnutzungsvertrages und dann auf dessen Erfüllung geklagt werden. Darin würde eine erhebliche Erschwerung der Rechtsdurchsetzung liegen. Für ähnliche Fallgestaltungen ist jedoch anerkannt, daß ein solches gestuftes Vorgehen nicht erforderlich, sondern eine unmittelbar **auf Erfüllung gerichtete Leistungsklage** zulässig ist (vgl. *BGH,* ZNER 2003, 234, 240 zur Anschluß-, Abnahme- und Vergütungspflicht nach dem EEG). Deshalb kann der Antragsteller unmittelbar auf Herstellung des Netzanschlusses bzw. Gestattung der Anschlußnutzung klagen. Die erforderliche Zustimmung des Netzbetreibers zum Abschluß eines Netzanschluß- bzw. Anschlußnutzungsvertrages wird durch ein stattgebendes Urteil inzident

ersetzt. Die nähere Ausgestaltung der Vertragsbedingungen kann einem am Maßstab von § 17 I auszuübenden Leistungsbestimmungsrechts (§ 315 BGB) des Netzbetreibers überlassen bleiben (*Büdenbender,* EnWG, § 5, Rn. 74 ff.). Unter den in § 32 geregelten Voraussetzungen kommen **Unterlassungs- und Schadensersatzansprüche** des Antragstellers in Betracht (dazu § 32, Rn. 7 ff.).

Soweit der Netzanschluß oder die Anschlußnutzung zu Unrecht ver- 47 weigert werden, kann die **Regulierungsbehörde** den Netzbetreiber nach § 30 II verpflichten, die Zuwiderhandlung abzustellen. Sie kann insbesondere den Netzanschluß anordnen oder eine Änderung der Anschlußbedingungen verlangen (vgl. § 30, Rn. 48 ff.). Eine Verweigerung des Netzanschlusses kann von der Regulierungsbehörde nach § 31 auch auf Antrag von Personen oder Personenvereinigungen überprüft werden, deren Interessen durch das Verhalten des Netzbetreibers erheblich berührt werden (dazu § 31, Rn. 5 ff.). Entscheidungen der Regulierungsbehörde gem. § 29 über Bedingungen und Methoden des Netzanschlusses durch Festlegung oder Genehmigung setzen den Erlaß einer – noch nicht vorliegenden – Rechtsverordnung nach § 17 III voraus.

F. Verordnungsermächtigung (§ 17 III)

§ 17 III 1 ermächtigt die Bundesregierung, in einer Rechtsverord- 48 nung Vorschriften über die technischen und wirtschaftlichen **Bedingungen** für einen Netzanschluß nach § 17 I oder **Methoden** für die Bestimmung dieser Bedingungen zu erlassen (§ 17 III Nr. 1). Davon ist bisher nicht Gebrauch gemacht worden. Die Bundesregierung kann die Netzanschlußbedingungen abschließend gestalten. Sie kann sich aber auch auf eine Methodenregulierung beschränken und den Netzbetreibern Spielräume bei der Ausgestaltung der Bedingungen belassen. Gemäß § 17 III 1 Nr. 2 soll in der Rechtsverordnung festgelegt werden, in welchem Umfang inhaltlich abschließende Regelungen getroffen werden und inwiefern Raum für ergänzende Entscheidungen der **Regulierungsbehörde** durch Festlegung oder Genehmigung nach § 29 verbleibt (Begr. BT-Drucks. 15/3917, S. 58).

Die möglichen Inhalte der Rechtsverordnung werden in § 17 III 2 49 beispielhaft konkretisiert. Danach können unter angemessener Berücksichtigung der Interessen der Betreiber von Energieversorgungsnetzen und der Anschlußnehmer insbesondere **Vertragsbedingungen** einheitlich festgesetzt (§ 17 III 2 Nr. 1) sowie Regelungen über den Vertragsschluß, den Gegenstand und die Beendigung von Verträgen getroffen werden (§ 17 III 2 Nr. 1). Dagegen sind anders als in § 18 III 1 Nr. 2 keine Regelungen über die Begründung des Rechtsverhältnisses der Anschlußnutzung vorgesehen (kritisch dazu *Eder/de Wyl/Becker*, ZNER 2004, 3, 7), das auch ohne ausdrückliche Erwähnung von § 17 I umfaßt ist (oben Rn. 6). § 17 III 2 geht vielmehr davon aus, daß Netzanschluß und Anschlußnutzung auf der Grundlage vertraglicher Vereinbarungen zwischen Netzbetreiber und Anschlußnehmer erfolgen (Rn. 7 ff.). Nach § 17 III 2 Nr. 3 kann geregelt werden, in welchem Umfang und zu welchen Bedingungen ein Netzanschluß gem. § 17 II zumutbar ist. Dabei kann auch das **Interesse der Allgemeinheit an einer möglichst kostengünstigen Struktur der Energieversorgungsnetze** berücksichtigt werden. Von Bedeutung ist dies insbesondere für die Frage, ob und unter welchen Voraussetzungen Netzbetreiber aufgrund einer Veränderung der Kunden- und Kostenstruktur des Niederspannungsnetzes einen Netzanschluß in Mittelspannung als unzumutbar verweigern können (dazu Rn. 37 ff.).

§ 18 Allgemeine Anschlusspflicht

(1) [1] **Abweichend von § 17 haben Betreiber von Energieversorgungsnetzen für Gemeindegebiete, in denen sie Energieversorgungsnetze der allgemeinen Versorgung von Letztverbrauchern betreiben, allgemeine Bedingungen für den Netzanschluss von Letztverbrauchern in Niederspannung oder Niederdruck und für die Anschlussnutzung durch Letztverbraucher zu veröffentlichen sowie zu diesen Bedingungen jedermann an ihr Energieversorgungsnetz anzuschließen und die Nutzung des Anschlusses zur Entnahme von Energie zu gestatten.** [2] **Diese Pflichten bestehen nicht, wenn der Anschluss oder die Anschlussnutzung für den Betreiber des Energieversorgungsnetzes aus wirtschaftlichen Gründen nicht zumutbar ist.**

(2) [1] **Wer zur Deckung des Eigenbedarfs eine Anlage zur Erzeugung von Elektrizität betreibt oder sich von einem Dritten an das Energieversorgungsnetz anschließen lässt, kann sich nicht auf die allgemeine Anschlusspflicht nach Absatz 1 Satz 1 berufen.** [2] **Er kann aber einen Netzanschluss unter den Voraussetzungen des § 17 verlangen.** [3] **Satz 1 gilt nicht für die Deckung des Eigenbedarfs von Letztverbrauchern aus Anlagen der Kraft-Wärme-Kopplung bis 150 Kilowatt elektrischer Leistung und aus erneuerbaren Energien.**

(3) [1] **Die Bundesregierung kann durch Rechtsverordnung mit Zustimmung des Bundesrates die Allgemeinen Bedingungen für den Netzanschluss und dessen Nutzung bei den an das Niederspan-**

nungs- oder Niederdrucknetz angeschlossenen Letztverbrauchern angemessen festsetzen und hierbei unter Berücksichtigung der Interessen der Betreiber von Energieversorgungsnetzen und der Anschlussnehmer
1. die Bestimmungen über die Herstellung und Vorhaltung des Netzanschlusses sowie die Voraussetzungen der Anschlussnutzung einheitlich festsetzen,
2. Regelungen über den Vertragsabschluss und die Begründung des Rechtsverhältnisses der Anschlussnutzung, den Übergang des Netzanschlussvertrages im Falle des Überganges des Eigentums an der angeschlossenen Kundenanlage, den Gegenstand und die Beendigung der Verträge oder der Rechtsverhältnisse der Anschlussnutzung treffen und
3. die Rechte und Pflichten der Beteiligten einheitlich festlegen.
[2] Das Interesse des Anschlussnehmers an kostengünstigen Lösungen ist dabei besonders zu berücksichtigen. [3] Die Sätze 1 und 2 gelten entsprechend für Bedingungen öffentlich-rechtlich gestalteter Versorgungsverhältnisse mit Ausnahme der Regelung des Verwaltungsverfahrens.

Literatur: *Boesche/Wolf,* Viel Lärm um kleine Netze, ZNER 2005, 285 ff.; *Büdenbender,* Grundlagen und Grenzen eines Anspruchs von Niederspannungskunden auf einen Wechsel zu einem Anschluß in Mittelspannung, RdE 2005, 285 ff.; *Eder/de Wyl/Becker,* Der Entwurf eines neuen EnWG, ZNER 2004, 3 ff.; *Hempel,* Von der Tarifkundenversorgung zur Grundversorgung, ZNER 2004, 117 ff.; *Meinhold,* Netzanschluß von Areal- und Objektnetzen nach „Mainova" und dem neuen EnWG – Auftrieb für Kraft-Wärme-Kopplung (KWK) und Contracting?, ZNER 2005, 196 ff.; *Rosin,* Die Privilegierung von Objektnetzen nach § 110 EnWG, RdE 2006, 9 ff.

Übersicht

	Rn.
A. Allgemeines	1
I. Inhalt	1
II. Zweck	2
B. Normadressat	4
I. Betreiber von Energieversorgungsnetzen	5
II. Energieversorgungsnetze der allgemeinen Versorgung	6
III. Beschränkung auf Gemeindegebiete	9
C. Netzanschluß (§ 18 I)	10
I. Allgemeine Anschlußpflicht (§ 18 I 1)	11
1. Inhalt und Rechtsnatur des Anspruchs	11
2. Letztverbraucher als Anschlußberechtigte	14
3. Netzanschluß in Niederspannung oder Niederdruck	16

§ 18 1, 2   Teil 3. Regulierung des Netzbetriebs

	Rn.
4. Bedingungen für Netzanschluß und Anschlußnutzung	17
a) NAV und NDAV	18
b) Bedingungen der Netzbetreiber	19
II. Vorbehalt der wirtschaftlichen Zumutbarkeit (§ 18 I 2)	22
1. Bedeutung von § 18 I 2	23
2. Bezugspunkt der wirtschaftlichen Unzumutbarkeit	24
3. Gruppenkalkulation als Rahmen	25
4. Sonstige Gründe wirtschaftlicher Unzumutbarkeit	26
5. Sonderleistungen des Anschlußnehmers	29
D. Ausnahmen von der allgemeinen Anschlußpflicht (§ 18 II)	30
E. Durchsetzung der allgemeinen Anschlußpflicht	33
F. Verordnungsermächtigung (§ 18 III)	34

A. Allgemeines

I. Inhalt

1   § 18 enthält eine eigenständige und im Verhältnis zu § 17 **spezielle Regelung** des Netzanschlusses von Letztverbrauchern an das Niederspannungs- oder Niederdrucknetz. Adressat der Anschlußpflicht gem. § 18 I sind Betreiber von Energieversorgungsnetzen der allgemeinen Versorgung von Letztverbrauchern. Sie müssen allgemeine Bedingungen für den Netzanschluß veröffentlichen und zu diesen Bedingungen jedermann an ihr Netz anschließen sowie die Anschlußnutzung zur Entnahme von Energie gestatten (§ 18 I 1). Nach § 18 I 2 steht diese Verpflichtung unter dem Vorbehalt der wirtschaftlichen Zumutbarkeit für die Netzbetreiber. § 18 II regelt einen Ausschluß der allgemeinen Anschlußpflicht für die Fälle, in denen Eigenbedarfsanlagen betrieben werden oder der Anschluß an das Energieversorgungsnetz durch Dritte erfolgt, wobei bestimmte KWK-Anlagen und EEG-Anlagen ausgenommen werden. In § 18 III wird die Bundesregierung zum Erlaß von Rechtsverordnungen ermächtigt, in denen Allgemeine Bedingungen für den Netzanschluß und dessen Nutzung festgesetzt werden können. Von der Verordnungsermächtigung hat die Bundesregierung mit Erlaß der NAV und der NDAV Gebrauch gemacht.

II. Zweck

2   Die Unterscheidung zwischen Netzanschluß und Netzzugang sowie die Entflechtung des Netzbetriebs von den Wettbewerbsbereichen Energieerzeugung und Energievertrieb (vgl. dazu § 17, Rn. 2) führt auch bei der zuvor in § 10 EnWG a. F. geregelten allgemeinen

Anschluß- und Versorgungspflicht zu einer Trennung beider Bereiche. Während § 18 die allgemeine **Anschlußpflicht** regelt, ist die **Grundversorgungspflicht** Gegenstand von § 36. Die Regelungen des Netzanschlusses und der Anschlußnutzung gelten zwischen dem Netzbetreiber und dem Anschlußnehmer bzw. Anschlußnutzer unabhängig davon, zwischen wem der Netzzugang vereinbart ist und von wem der Kunde Energie bezieht (BT-Drucks. 15/3917, S. 59). Der Netzanschluß ist tatsächliche und rechtliche Voraussetzung für den Netzzugang und den Bezug von Energie.

Praktische Relevanz hat § 18 vor allem für **Haushaltskunden** und **kleinere Gewerbebetriebe** (Begr. BT-Drucks. 15/3917, S. 58). Ihnen steht im Regelfall nur ein Energieversorgungsnetz zur Verfügung, an das der Netzanschluß erfolgen kann. Konkurrierende Energieversorgungsnetze der allgemeinen Versorgung von Letztverbrauchern sind aufgrund der hohen Kosten ausgeschlossen. Vor diesem Hintergrund ist die allgemeine Anschlußpflicht die Konsequenz des **faktischen Monopols,** über das die Netzbetreiber auch nach und mit fortschreitender Öffnung der Energiemärkte verfügen (vgl. *Büdenbender,* EnWG, § 10, Rn. 44; *Hempel,* in: Böwing, Art. 1, § 10, Anm. 2.2.1.2 und 4.1). Im Unterschied zu § 17 bestehen nach § 18 erhöhte Transparenzpflichten der Netzbetreiber (Begr. BT-Drucks. 15/3917, S. 58).

B. Normadressat

Die allgemeine Anschlußpflicht gem. § 18 gilt für Betreiber von Energieversorgungsnetzen in Gemeindegebieten, in denen sie Netze der allgemeinen Versorgung von Letztverbrauchern betreiben.

I. Betreiber von Energieversorgungsnetzen

§ 18 ist auf Betreiber von Elektrizitätsversorgungsnetzen und Betreiber von Gasversorgungsnetzen gleichermaßen anwendbar (§ 3 Nr. 4). Die Vorschrift regelt jedoch nur den Netzanschluß in Niederspannung oder Niederdruck. Daraus folgt, daß die allgemeine Anschlußpflicht nur für Betreiber von **Elektrizitätsverteilernetzen in Niederspannung** und für Betreiber von **Gasverteilernetzen in Niederdruck** gilt. Betreiber von Elektrizitätsverteilernetzen nehmen die Aufgabe der Verteilung von Elektrizität wahr und sind für den Betrieb, die Wartung und erforderlichenfalls den Ausbau des Verteilernetzes verantwortlich (§ 3 Nr. 3). Entsprechende Aufgaben treffen die Betreiber von Gasverteilernetzen für die Verteilung von Gas sowie den Betrieb, die Wartung und den Ausbau des Gasverteilernetzes (§ 3 Nr. 7). Bei den Betreibern (zum Betreiberbegriff § 11, Rn. 8) kann es sich um natürliche oder juristische Personen oder rechtlich unselbständige Organisationseinheiten eines Energieversorgungsunternehmens handeln (vgl. auch § 3 sowie § 14, Rn. 2 und § 16a, Rn. 2).

II. Energieversorgungsnetze der allgemeinen Versorgung

6 Energieversorgungsnetze der allgemeinen Versorgung sind nach § 3 Nr. 17 solche, die der Verteilung von Energie an Dritte dienen und von ihrer Dimensionierung nicht von vornherein nur auf die Versorgung bestimmter, schon bei der Netzerrichtung feststehender oder bestimmbarer Letztverbraucher (§ 3 Nr. 25) ausgelegt sind, sondern grundsätzlich für die Versorgung jedes Letztverbrauchers offenstehen.

7 Voraussetzung ist gem. § 3 Nr. 17 zunächst die Verteilung von Energie **an Dritte.** Sie ist enger zu verstehen als die nach § 3 Nr. 18 ausreichende Belieferung anderer. Deshalb werden bereits unter diesem Aspekt von § 3 Nr. 17 insbesondere Energieversorgungsnetze ausgeschlossen, die ausschließlich der Verteilung von Energie an Konzerngesellschaften dienen (*Boesche/Wolf,* ZNER 2005, 285, 292). § 3 Nr. 17 setzt ferner voraus, daß die Energieversorgungsnetze nicht von vornherein nur auf die Versorgung bestimmter, schon bei der Netzerrichtung feststehender oder bestimmbarer Letztverbraucher ausgelegt sind. Wesentlich ist, daß es auf die Individualität des einzelnen Abnehmers nicht ankommt, sondern die Netze von ihrer Dimensionierung grundsätzlich **für die Versorgung aller Letztverbraucher im Netzgebiet offenstehen;** dies ist zum Zeitpunkt der Netzerrichtung zu beurteilen (*Boesche/Wolf,* ZNER 2005, 285, 292; *Büdenbender,* EnWG, § 10, Rn. 35). Es dürfen daher nach § 3 Nr. 17 die durch das Netz zu versorgenden Letztverbraucher weder individuell noch im Hinblick auf ihre Anzahl feststehen (*Rosin,* RdE 2006, 9, 13 f.; *Boesche/Wolf,* ZNER 2005, 285, 292). Keine Energieversorgungsnetze der allgemeinen Versorgung sind Netze, die der Versorgung einzelner Kunden dienen (*Hempel,* ZNER 2004, 117, 120). Anbieter, die über Direkt- oder Stichleitungen nur bestimmte Abnehmer oder Abnehmergruppen versorgen, unterliegen nicht der allgemeinen Anschlußpflicht gem. § 18 I 1. Zur Einordnung sog. **Arealnetze** vgl. § 110, Rn. 5 ff.

8 Der Annahme eines Energieversorgungsnetzes der allgemeinen Versorgung steht nicht entgegen, wenn der Anschluß einzelner Letztverbraucher vom Netzbetreiber als **wirtschaftlich unzumutbar** abgelehnt wird (*Rosin,* RdE 2006, 9, 16; *Boesche/Wolf,* ZNER 2005, 285, 292). § 18 I 2 stellt den Netzanschluß ausdrücklich unter den Vorbehalt der wirtschaftlichen Zumutbarkeit. Im Rahmen von § 3 Nr. 17 ohne Bedeutung ist auch, ob für das jeweilige Energieversorgungsnetz ein wirksamer **Konzessionsvertrag** besteht. Diese Frage ist ausschließlich im Verhältnis zwischen Netzbetreiber und Gemeinde relevant. Sie betrifft nicht die Beziehung zwischen Netzbetreiber und Letztverbraucher (*Büdenbender*, EnWG, § 10, Rn. 38).

III. Beschränkung auf Gemeindegebiete

Die allgemeine Anschlußpflicht gilt für Netzbetreiber nur in Gemeindegebieten, in denen sie Energieversorgungsnetze der allgemeinen Versorgung betreiben. Die Anwendbarkeit von § 18 ist daher für jedes Gemeindegebiet gesondert zu prüfen. Das Gebiet, in dem ein Energieversorgungsnetz der allgemeinen Versorgung betrieben wird, muß sich nicht mit Grenzen des Gemeindegebiets decken. Der Netzbetrieb kann auch über Gemeindegrenzen hinausgehen oder sich auf **Teile eines Gemeindegebiets** beschränken (*Hempel*, in: Böwing, Art. 1, § 10, Anm. 2.2.2.2; *Büdenbender*, EnWG, § 10, Rn. 31). Für die Versorgung mit Elektrizität hat dies keine besondere praktische Bedeutung; sie erfolgt überwiegend flächendeckend. Dagegen ist die Bundesrepublik für die Gasversorgung nicht flächendeckend erschlossen. Deshalb kann der Betrieb von Gasversorgungsnetzen der allgemeinen Versorgung auf Teile eines Gemeindegebiets beschränkt sein (*Büdenbender*, EnWG, § 10, Rn. 39).

C. Netzanschluß (§ 18 I)

§ 18 I 1 regelt die Pflicht der Netzbetreiber, in Gemeindegebieten, in denen sie Energieversorgungsnetze der allgemeinen Versorgung von Letztverbrauchern betreiben, jedermann an ihr Netz anzuschließen und die Anschlußnutzung zu gestatten. Von dieser grundsätzlich bestehenden Verpflichtung macht § 18 I 2 für die Fälle eine Ausnahme, in denen den Netzbetreibern der Netzanschluß oder die Anschlußnutzung aus wirtschaftlichen Gründen nicht zumutbar ist.

I. Allgemeine Anschlußpflicht (§ 18 I 1)

1. Inhalt und Rechtsnatur des Anspruchs. Die allgemeine Anschlußpflicht gem. § 18 I 1 beinhaltet zum einen die Herstellung des Netzanschlusses und dessen weiteren Betrieb. **Der Netzanschluß** verbindet das Verteilernetz mit der Kundenanlage (§§ 2 I, 6 I NAV/NDAV). Zum anderen kann nach § 18 I 1 die Gestattung der Nutzung dieses Anschlusses verlangt werden. Die **Anschlußnutzung** hat die Entnahme von Energie über den Netzanschluß zum Gegenstand (§ 3 I, 16 I NAV/NDAV).

12 Die Rechtsnatur des Anspruchs auf Netzanschluß und Anschlußnutzung ist in § 18 nicht ausdrücklich geregelt. Der Gesetzgeber geht jedoch von einer Begründung des **Netzanschlußverhältnisses** durch Vertrag zwischen Anschlußnehmer und Netzbetreiber aus. Dagegen soll das **Anschlußnutzungsverhältnis** kraft Gesetzes zustande kommen (Begr. BT-Drucks. 15/3917, S. 58f.). § 18 III 1 Nr. 2 spiegelt diese Systematik wider. Danach können in einer Rechtsverordnung Regelungen über den Vertragsschluß, die Begründung des Anschlußnutzungsverhältnisses, den Übergang des Netzanschlußvertrages sowie den Gegenstand und die Beendigung der Verträge oder der Rechtsverhältnisse der Anschlußnutzung getroffen werden. Auf dieser Grundlage sieht § 2 II NAV/NDAV die Entstehung des Netzanschlußverhältnisses durch Vertrag mit dem Anschlußnehmer vor, der die Herstellung des Netzanschlusses beantragt. Nach § 3 II NAV/NDAV kommt das Anschlußnutzungsverhältnis mit der Entnahme von Elektrizität bzw. Gas über den Netzanschluß aus dem Verteilernetz zustande.

13 § 18 regelt demnach bezogen auf den **Netzanschluß** einen **Kontrahierungszwang** der Betreiber von Energieversorgungsnetzen der allgemeinen Versorgung von Letztverbrauchern. Diese sind unter den in § 18 geregelten Voraussetzungen verpflichtet, mit dem Anschlußnehmer einen Vertrag über die Herstellung des Netzanschlusses abzuschließen. Dagegen ist ausgehend von § 3 II NAV/NDAV für die **Anschlußnutzung** ein Vertrag nicht erforderlich. Die Netzbetreiber sind gem. § 18 I 1 verpflichtet, die Nutzung des Anschlusses zu Entnahme von Energie zu gestatten. Mit der Entnahme kommt ein **gesetzliches Schuldverhältnis** zwischen Netzbetreiber und Anschlußnutzer zustande. Für das Netzanschlußverhältnis und das Anschlußnutzungsverhältnis gelten die in der NAV/NDAV geregelten und ergänzend die von den Netzbetreibern nach § 18 I 1 veröffentlichten Bedingungen (vgl. Rn. 19ff.).

14 **2. Letztverbraucher als Anschlußberechtigte.** Nach dem Wortlaut von § 18 I 1 ist *jedermann* an das Netz anzuschließen. Aus der Vorschrift ergibt sich jedoch, daß die allgemeine Anschlußpflicht nur gegenüber Letztverbrauchern besteht. § 18 I 1 setzt den Betrieb von Energieversorgungsnetzen der allgemeinen Versorgung von *Letztverbrauchern* voraus. Ferner sind von den Netzbetreibern Bedingungen für den Netzanschluß von *Letztverbrauchern* zu veröffentlichen. Bei Letztverbrauchern handelt es sich gem. § 3 Nr. 25 um Kunden, die Energie für den **eigenen Verbrauch** kaufen. Der Anspruch nach

§ 18 I 1 hat deshalb zur Voraussetzung, daß ein eigener unmittelbarer Energiebedarf gedeckt werden soll. Nicht gem. § 18 I 1 anspruchsberechtigt sind insbesondere Weiterverteiler von Energie; sie haben einen Anspruch auf Netzanschluß gem. § 17. Dies gilt vor allem für Betreiber anderer Energieversorgungsnetze, bspw. von Arealnetzen. Außerdem muß die Absicht und rechtlich und tatsächlich die **Möglichkeit des Energiebezugs** bestehen (*Hempel,* in: Böwing, Art. 1, § 10, Anm. 4.5.1). Ein Gasanschluß, der nur im Notfall bei Nichtverfügbarkeit des sonst eingesetzten Energieträgers (z. B. Öl) genutzt werden soll, kann nach § 18 I 1 nicht verlangt werden (*Büdenbender,* EnWG, § 10, Rn. 61).

§ 18 I 1 unterscheidet zwischen Netzanschluß und Anschlußnutzung (Rn. 11 ff.). Die Vorschrift geht davon aus, daß Anschlußnehmer (§ 1 II NAV/NDAV) und Anschlußnutzer (§ 1 III NAV/NDAV) nicht identisch sein müssen. Deshalb kann sich auf die allgemeine Anschlußpflicht ein **Anschlußnehmer** auch dann berufen, wenn er den Anschluß nicht selbst zur Entnahme von Energie nutzen will, wenn er also nicht selbst Letztverbraucher i. S. d. § 3 Nr. 25 ist. Voraussetzung eines Anspruchs nach § 18 I 1 ist in diesem Fall jedoch, daß es sich bei dem **Anschlußnutzer** um einen Letztverbraucher handelt. Unter dieser Voraussetzung hat der Anschlußnutzer. § 18 I 1 Anspruch auf Gestattung der Anschlußnutzung. Praktische Bedeutung hat die Unterscheidung zwischen Netzanschluß und Anschlußnutzung vor allem für **vermietete Grundstücke** oder Gebäude. Dem Vermieter steht ein Anspruch auf Netzanschluß gem. § 18 I 1 zu, soweit der Anschluß vom Mieter zum Bezug von Energie für den eigenen Verbrauch genutzt werden soll. Der Mieter kann vom Netzbetreiber die Gestattung der Anschlußnutzung verlangen.

3. Netzanschluß in Niederspannung oder Niederdruck. Betreiber von Energieversorgungsnetzen der allgemeinen Versorgung von Letztverbrauchern sind nur zu einem Netzanschluß in Niederspannung oder Niederdruck verpflichtet (*Büdenbender,* RdE 2005, 285, 288; *Hempel,* ZNER 2004, 117, 121). Nur dafür sind nach § 18 I 1 Netzanschlußbedingungen zu veröffentlichen. Ein Anschluß an Netze anderer Spannungsebenen bzw. Druckstufen kann nur gem. § 17 verlangt werden (vgl. § 17, Rn. 4). In der Praxis sind deshalb Kunden mit höherem Energiebedarf, der technisch-wirtschaftlich nur oberhalb der Ebenen Niederspannung oder Niederdruck gedeckt werden kann, von dem Anschluß nach § 18 ausgeschlossen (*Büdenbender,* EnWG, § 10, Rn. 65).

4. Bedingungen für Netzanschluß und Anschlußnutzung. Die der allgemeinen Anschlußpflicht unterliegenden **Netzbetreiber** haben gem. § 18 I 1 Bedingungen für den Netzanschluß von Letztverbrauchern in Niederspannung oder Niederdruck und für die Anschlußnutzung zu veröffentlichen. Zu diesen Bedingungen sind der Netzanschluß herzustellen und die Anschlußnutzung zu gestatten. Ein Anspruch auf Netzanschluß und Anschlußnutzung zu davon abweichenden Bedingungen besteht nach § 18 I 1 nicht (*Hempel*, in: Böwing, Art. 1, § 10, Anm. 4.3.2, 4.3.2.3). Für Bedingungen der Netzbetreiber ist jedoch nur Raum, soweit der **Verordnungsgeber** diese nicht in einer Rechtsverordnung gem. § 18 III geregelt hat.

18 a) **NAV und NDAV.** Der Verordnungsgeber hat auf der Grundlage von § 18 III die NAV und die NDAV erlassen. Die Verordnungen haben **Rechtsnormcharakter**. Sie sind Bestandteil des Rechtsverhältnisse über den Netzanschluß und die Anschlußnutzung (§ 1 I 2 NAV/NDAV). Ihre Geltung hängt – soweit es um den Netzanschluß geht – nicht von der vertraglichen Einbeziehung in den Netzanschlußvertrag ab. Die NAV/NDAV und die NDAV enthalten neben allgemeinen Vorschriften (Teil 1) Bestimmungen zum Netzanschluß (Teil 2) und zur Anschlußnutzung (Teil 3). Sie regeln ferner den Betrieb von Anlagen, Rechte des Netzbetreibers, Anforderungen an die Fälligkeit von Zahlungen des Kunden sowie Rechtsfolgen von Verstößen gegen Zahlungspflichten und die Beendigung der Rechtsverhältnisse (Teil 4). Die Regelungen entsprechen zum Teil den in der bisherigen AVBEltV und der der AVBGasV zum Netzanschluß enthaltenen Bestimmungen.

19 b) **Bedingungen der Netzbetreiber.** Die NAV und die NDAV regeln – nach dem Willen des Gesetzgebers umfassend (Begr. BT-Drucks. 15/3917, 59) – die Bedingungen, zu denen Netzbetreiber nach § 18 I jedermann an ihr Netz anzuschließen und den Anschluß zur Entnahme von Energie zur Verfügung zu stellen haben (§ 1 I 1 NAV/NDAV). Den Netzbetreibern bleibt zur Gestaltung der Bedingungen für den Netzanschluß und die Anschlußnutzung deshalb nur Spielraum für die NAV und die NDAV **ergänzende Regelungen** (*Hempel*, in: Böwing, Art. 1, § 10, Anm. 3.1.1, 4.3.2.2). Nach § 20 NAV/NDAV sind die Netzbetreiber berechtigt, in Form **Technischer Anschlußbedingungen** weitere technische Anforderungen an den Netzanschluß und andere Anlagenteile sowie den Betrieb der Anlage festzulegen. Die Technischen Anschlußbedingungen müssen aus Gründen der sicheren und störungsfreien Versorgung, insbesondere im Hinblick auf die Erfordernisse des Verteilernetzes, notwendig sein und den allgemein anerkannten Regeln der Technik entsprechen. § 18 I 1 selbst regelt keine **inhaltliche Anforderungen** für ergänzende Bedingungen der Netzbetreiber. Es ist selbstverständlich, daß die Bedingungen mit den in der NAV und der NDAV getroffenen Regelungen in Einklang stehen müssen. Im übrigen kann auf die in § 17 I geregelten Anforderungen zu-

rückgegriffen werden. Die Bedingungen müssen daher angemessen, diskriminierungsfrei und transparent sein.

Da die NAV und NDAV keine Bestimmungen enthalten, nach denen etwaige ergänzende Bedingungen der Netzbetreiber mit ihrer Veröffentlichung wirksam werden, hängt deren Geltung von einer **vertraglichen Vereinbarung** zwischen Netzbetreiber und Anschlußnehmer bzw. Anschlußnutzer ab. Daran ändert nichts, daß § 18 I 1 den Netzanschluß und die Anschlußnutzung zu diesen Bedingungen vorsieht. Sie müssen daher ausdrücklich in den Netzanschlußvertrag einbezogen werden. Auch für die Anschlußnutzung ist eine Einbeziehungsvereinbarung erforderlich. Ergänzende Bedingungen der Netzbetreiber werden ansonsten nicht Bestandteil des gesetzlichen, durch die NAV und die NDAV näher ausgestalteten Anschlußnutzungsverhältnisses. 20

Nach § 18 I 1 sind die Netzanschlußbedingungen und die Bedingungen für die Anschlußnutzung von den Netzbetreibern zu **veröffentlichen**. Da die Veröffentlichung der Transparenz der Bedingungen dient, muß sie so erfolgen, daß (potentielle) Anschlußnehmer und Anschlußnutzer von den Bedingungen in zumutbarer Weise Kenntnis nehmen können. Insbesondere bietet sich eine Veröffentlichung im Internet an. Sie ist jedoch – anders als gem. § 20 I 1 bei Netzzugangsbedingungen – nicht zwingend vorgeschrieben. 21

II. Vorbehalt der wirtschaftlichen Zumutbarkeit (§ 18 I 2)

Die allgemeine Anschlußpflicht gem. § 18 I 1 steht nach § 18 I 2 unter dem Vorbehalt der *wirtschaftlichen* Zumutbarkeit für die Netzbetreiber. Sonstige Aspekte der Zumutbarkeit sind im Rahmen von § 18 I 2 irrelevant (*Büdenbender*, EnWG, § 10, Rn. 99). Dabei sind allein die Zumutbarkeit des Netzanschlusses und der Anschlußnutzung von Bedeutung. Ob die Pflicht zur Grundversorgung nach § 36 I 2 zumutbar ist (dazu § 36, Rn. 29 ff.), spielt im Rahmen von § 18 I 2 keine Rolle, soweit der Netzanschluß zum Bezug von Energie genutzt werden kann und soll (zum Verhältnis zwischen Netzanschluß und Netzzugang vgl. § 17, Rn. 2; zur Unmöglichkeit des Netzanschlusses unten Rn. 28). 22

1. Bedeutung von § 18 I 2. Angesichts des mit der Anschlußpflicht verbundenen Eingriffs in die Vertragsfreiheit der Netzbetreiber, trägt der Gesetzgeber mit § 18 I 2 dem Grundsatz der Verhältnismäßigkeit Rechnung (*Hempel*, in: Böwing, Art. 1, § 10, Anm. 5; zur Frage der Grundrechtsfähigkeit der Netzbetreiber vgl. § 11, Rn. 31). § 18 I 2 dient daneben dem Interesse der Letztverbraucher an einer preiswürdigen Energieversorgung und bringt die Grundsätze der Gleichbehand- 23 lung und Preisgerechtigkeit zum Tragen. Zwischen § 18 I 1 und der Ausnahme von der Anschlußpflicht nach § 18 I 2 besteht ein Regel-Ausnahme-Verhältnis. Daher haben die Netzbetreiber die **Darlegungs- und Beweislast** für das Vorliegen von Umständen, aus denen sich die wirtschaftliche Unzumutbarkeit ergibt (*Büdenbender,* EnWG, § 10, Rn. 96; *Hempel,* in: Böwing, Art. 1, § 10, Anm. 5.1). Ferner ist § 18 I 2 als Ausnahmeregelung **restriktiv auszulegen** (vgl. *Büdenbender,* EnWG, § 10, Rn. 97). Ob der Netzanschluß für Netzbetreiber wirtschaftlich unzumutbar ist, läßt sich nur anhand der konkreten Umstände des Einzelfalls beurteilen. Erforderlich ist eine **Abwägung** aller im Einzelfall relevanten Belange (vgl. § 17, Rn. 33). Als allgemein geltender Auslegungsmaßstab sind dabei die Ziele des § 1 unabhängig davon zu berücksichtigen, daß darauf in § 18 I 2 nicht ausdrücklich Bezug genommen wird.

24 **2. Bezugspunkt der wirtschaftlichen Unzumutbarkeit.** § 18 I 2 stellt darauf ab, ob der Netzanschluß für den Betreiber des Energieversorgungsnetzes wirtschaftlich unzumutbar ist. Maßgeblich sind daher nur die **wirtschaftlichen Verhältnisse des Netzbetreibers** selbst. Auf die wirtschaftliche Situation vertikal integrierter Energieversorgungsunternehmen (§ 3 Nr. 38) kommt es nicht an. Insofern gilt das zu § 17 II Gesagte entsprechend (§ 17, Rn. 31 f.). Ferner ist die Frage der Unzumutbarkeit nicht anhand der wirtschaftlichen Gesamtsituation des Netzbetreibers, sondern im Hinblick auf das konkrete **Vertragsverhältnis zwischen Netzbetreiber und Anschlußnehmer** zu beurteilen. Neben den dafür bereits im Zusammenhang mit § 17 angeführten Gründen (§ 17, Rn. 32), die auch hier gelten, spielen für die allgemeine Anschlußpflicht die Gesichtspunkte der Gleichbehandlung und der Preisgerechtigkeit eine besondere Rolle. Würde auf die wirtschaftliche Gesamtlage des Netzbetreibers abgestellt, bestünde die Gefahr, daß Sondervorteile Einzelner zu Lasten der Allgemeinheit der Anschlußnehmer bzw. Anschlußnutzer gehen würden (*Büdenbender,* EnWG, § 10, Rn. 102).

25 **3. Gruppenkalkulation als Rahmen.** Dies hängt mit der Kalkulation standardisierter Anschlußverhältnisse im Bereich der allgemeinen Anschlußpflicht nach § 18 zusammen. Wegen der Vielzahl der Anschlußverhältnisse wird von den Netzbetreibern nicht jedes Anschlußverhältnis einzeln kalkuliert. Vielmehr werden standardisierte Anschlußverhältnisse zugrundegelegt und in einer Gruppenkalkulation zusammengefaßt. § 9 I 2 NAV/NDAV sieht ausdrücklich vor, daß die Kosten für die Herstellung oder Änderung des Netzanschlusses auf der Grundlage der **durchschnittlich für vergleichbare Fälle entstehenden Kosten** pauschal berechnet werden können. Dadurch wird ein

Rahmen für die einzelnen Anschlußverhältnisse gebildet. Soweit sich diese innerhalb des Rahmens halten, sind Abweichungen von kalkulierten Durchschnittswerten für § 18 I 2 ohne Bedeutung. Fällt ein Netzanschluß dagegen aus dem Kalkulationsrahmen heraus, werden die durch den Anschluß verursachten Kosten durch Gegenleistungen des Anschlußnehmers nicht mehr gedeckt. Dies geht in einem ersten Schritt zu Lasten des Netzbetreibers, muß aber im zweiten Schritt von den übrigen Anschlußnehmern aufgefangen werden. Darin liegt ein Verstoß gegen die Grundsätze der Gleichbehandlung und der Preisgerechtigkeit. Deshalb kann sich ein Netzbetreiber auf die wirtschaftliche Unzumutbarkeit des Netzanschlusses gem. § 18 I 2 berufen, wenn sich das **Anschlußverhältnis außerhalb des Kalkulationsrahmens** bewegt, der den Netzanschlußbedingungen zugrunde liegt. Insofern dient § 18 I 2 auch dem Interesse der Gesamtheit der Anschlußnehmer. Da der Kalkulationsrahmen von den **örtlichen Verhältnissen** (städtisch bzw. ländlich geprägte Gebiete) abhängt, kommt es auf die Kalkulation für das jeweilige Gemeindegebiet an, in dem der Netzbetreiber ein Energieversorgungsnetz der allgemeinen Versorgung von Letztverbrauchern betreibt (*Büdenbender*, EnWG, § 10, Rn. 110 ff.; *Hempel*, in: Böwing, Art. 1, § 10, Anm. 5.1).

4. Sonstige Gründe wirtschaftlicher Unzumutbarkeit. Die 26 wirtschaftliche Unzumutbarkeit des Netzanschlusses nach § 18 I 2 kann sich auch aus anderen Gründen ergeben. Sie kann insbesondere vorliegen, wenn der Anschlußnehmer den **Anschluß nicht oder nicht mehr zur Entnahme von Energie** nutzen will. Dann steht der Vorhaltung des Netzanschlusses und entsprechender Netzkapazitäten möglicherweise kein wirtschaftliches Äquivalent gegenüber, das den Netzanschluß unter Berücksichtigung des Interesses der Letztverbraucher an einer preiswürdigen Energieversorgung wirtschaftlich zumutbar erscheinen läßt. Der Anschluß an Gasversorgungsnetze birgt in diesem Fall zusätzlich technische Risiken, die sich aus der Vorhaltung des Gasanschlusses für nicht genutzte oder bewohnte Gebäude ergeben können (Begr. BT-Drucks. 15/3917, S. 58).

Ferner kommt die **Verletzung von Vertragspflichten** durch den 27 Anschlußnehmer als Grund der wirtschaftlichen Unzumutbarkeit gem. § 18 I 2 in Betracht. Dies kann insbesondere der Fall sein, wenn der Anschlußnehmer die für die Herstellung des Netzanschlusses anfallenden Kosten nicht bezahlt. Dann kann sich der Netzbetreiber auf die §§ 273, 320 BGB berufen und die Inbetriebnahme der Kundenanlage verweigern (*Hempel*, in: Böwing, Art. 1, § 10, Anm. 5.2). Er kann im Rahmen von § 18 I 2 jedoch keine Forderungen durchsetzen, die vom Anschlußnehmer substantiell bestritten werden (dazu § 17, Rn. 35).

28 Fraglich ist, wie Fälle zu behandeln sind, in denen die zur Erfüllung der allgemeinen Anschlußpflicht erforderliche **Netzkapazität nicht zur Verfügung steht.** Während der Netzanschluß gem. § 17 II aufgrund von Kapazitätsmängeln verweigert werden kann (§ 17, Rn. 29), eröffnet § 18 I 2 den Netzbetreibern diese Möglichkeit nicht. § 18 I 2 ist die Aussage zu entnehmen, daß die Anschlußpflicht nach § 18 I 1 nur unter dem Vorbehalt der wirtschaftlichen Zumutbarkeit steht. Fehlende Netzkapazität – sie führt regelmäßig bereits zur Unmöglichkeit des Netzanschlusses (§ 17, Rn. 29) – soll nach der Vorstellung des Gesetzgebers daher kein Grund für den Ausschluß der allgemeinen Anschlußpflicht sein. Dem liegt offenbar die Annahme zugrunde, daß Betreiber von Energieversorgungsnetzen der allgemeinen Versorgung von Letztverbrauchern die zur Erfüllung der allgemeinen Anschlußpflicht **erforderlichen Netzkapazitäten vorzuhalten** haben. Insofern konkretisiert § 18 mittelbar die sich aus § 11 I 1 ergebende Pflicht zu einem nachfragegerechten Ausbau der Energieversorgungsnetze (dazu § 11, Rn. 31 ff.). § 18 I 2 schneidet deshalb Netzbetreibern den Einwand ab, die Erfüllung der allgemeinen Anschlußpflicht sei aufgrund von Kapazitätsmängeln wirtschaftlich unzumutbar. Dies ändert nichts daran, daß von niemandem die Erbringung einer unmöglichen Leistung verlangt werden kann (§ 275 I BGB). Daher sind Netzbetreiber zu einem Netzanschluß nach § 18 I 1 dann nicht verpflichtet, wenn dieser aus Kapazitätsgründen **unmöglich** ist. Sie müssen jedoch gem. §§ 11 I 1, 18 I vorhandene Kapazitätsengpässe unverzüglich (§ 121 I 1 BGB) beseitigen. Ferner kommen Schadensersatzansprüche der den Netzanschluß Beantragenden nach §§ 280, 823 II BGB i. V. m. § 18 I in Betracht (*Büdenbender,* EnWG, § 10, Rn. 121).

29 **5. Sonderleistungen des Anschlußnehmers.** Soweit der Netzanschluß gem. § 18 I 2 aus wirtschaftlichen Gründen unzumutbar ist, hat der Anschlußnehmer die Möglichkeit, durch zusätzliche Leistungen den Einwand der **Unzumutbarkeit auszuräumen.** In diesem Fall steht ihm uneingeschränkt ein Anspruch auf Netzanschluß nach § 18 I 1 zu. Betrifft die wirtschaftliche Unzumutbarkeit die Herstellung eines weit entlegenen Anschlusses, der aus dem Rahmen der standardisiert kalkulierten Anschlußverhältnisse (Rn. 25) fällt, kommt eine Geldzahlung des Anschlußnehmers zum Ausgleich der erhöhten Anschlusskosten einschließlich etwaigen Unterhaltungsaufwandes in Betracht (*Hempel,* in: Böwing, Art. 1, § 10, Anm. 5.2; *Büdenbender,* EnWG, § 10, Rn. 104).

D. Ausnahmen von der allgemeinen Anschlußpflicht (§ 18 II)

§ 18 II 1 schließt die allgemeine Anschlußpflicht an Elektrizitätsversorgungsnetze grundsätzlich aus, wenn der den Netzanschluß Beantragende eine **Eigenbedarfsanlage** betreibt. Der Gesetzgeber geht von Ansprüchen nach § 18 I 1 nur unter der Voraussetzung aus, daß der gesamte Bedarf an Elektrizität aus dem Verteilernetz des Netzbetreibers gedeckt wird. Insofern werden bereits auf der Ebene des Netzanschlusses – und nicht erst im Rahmen der Grundversorgung gem. § 36 – Fragen des Energiebezugs relevant. Die allgemeine Anschlußpflicht ist nach § 18 II 1 auch dann ausgeschlossen, wenn sich der Anschlußnehmer **durch einen Dritten** an das Energieversorgungsnetz **anschließen läßt**. Die Regelung entspricht dem in § 10 II 1 EnWG a. F. und § 37 I 1 enthaltenen Anspruchsausschluß für den Fall der Energieversorgung durch Dritte. Es ist unklar, wie sie bezogen auf den Netzanschluß auszulegen ist. § 18 II 1 läßt sich so verstehen, daß der Anschluß an das Energieversorgungsnetz eines Dritten zum Ausschluß von Ansprüchen gem. § 18 I 1 führt. Dies entspricht dem Verständnis, daß über den Netzanschluß der gesamte Energiebedarf des Anschlußnutzers bzw. Anschlußnehmers gedeckt werden soll (oben Rn. 14). Ferner ist eine Auslegung denkbar, nach der ein von anderen Personen als dem Netzbetreiber ausgeführter Anschluß an dessen Energieversorgungsnetz erfaßt wird (*Eder/de Wyl/Becker*, ZNER 2004, 3, 7). Der Netzbetreiber muß aber auch unabhängig von § 18 II 1 nicht die Ausführung des Netzanschlusses durch Dritte dulden. § 6 I 1 NAV/NDAV regelt ausdrücklich, daß der Netzanschluß durch den Netzbetreiber hergestellt wird.

Scheidet ein Anspruch auf Netzanschluß nach § 18 II 1 aus, kann gem. § 18 II 2 ein Anschluß an das Energieversorgungsnetz **unter den Voraussetzungen des § 17** verlangt werden. Diese Regelung hat nur klarstellende Bedeutung. Da es sich bei § 18 um eine im Verhältnis zu § 17 spezielle Regelung des Netzanschlusses handelt, bleibt der Rückgriff auf § 17 auch ohne ausdrückliche Regelung zulässig, soweit ein Anspruch nach § 18 ausscheidet.

Der Ausschluß von Ansprüchen gem. § 18 II 1 gilt nicht für die Deckung des Eigenbedarfs von Letztverbrauchern aus Anlagen der **Kraft-Wärme-Kopplung** bis 150 kW elektrischer Leistung und aus **erneuerbaren Energien** (§ 18 II 3). Diese Anlagen werden durch § 18 II 3 gezielt privilegiert (*Hempel*, in: Böwing, Art. 1, § 10, Anm. 7.3). Deren Betreibern wird ein Anspruch auf Netzanschluß gem. § 18 I 1 eingeräumt, obwohl über das Verteilernetz des Netzbetreibers in diesen Fällen nur eine Reserveversorgung stattfindet. Es greift zu kurz, wenn die Anwendung von § 18 II 3 unter Hinweis auf den Charakter als Ausnahmevorschrift auf die Fälle beschränkt wird, in denen aus KWK- bzw. EEG-Anlagen der **Eigenbedarf des Betreibers** selbst gedeckt wird (so zu § 10 EnWG a. F. *Hempel,* in: Böwing, Art. 1, § 10, Anm. 7.3). Vielmehr läßt der Wortlaut von § 18 II 3 („Deckung des Eigenbedarfs von Letztverbrauchern") zu und fordert der Zweck der Regelung, auch die Fälle zu erfassen, in denen aus den in § 18 II 3 genannten Anlagen **weitere Letztverbraucher** versorgt werden (*Meinhold,* ZNER 2005, 196, 202). Auch diese fallen in den Anwendungsbereich von § 18 II 3 und können sich zum Zweck der Reserveversorgung auf die allgemeine Anschlußpflicht nach § 18 I 1 berufen.

E. Durchsetzung der allgemeinen Anschlußpflicht

33   Die allgemeine Anschlußpflicht kann unter den gleichen Voraussetzungen durchgesetzt werden wie die Anschlußpflicht gem. § 17 (vgl. im einzelnen § 17, Rn. 46 f.). Der den Netzanschluß Begehrende hat die Möglichkeit, eine unmittelbar auf die Herstellung des Netzanschlusses gerichtete **Leistungsklage** zu erheben. Die erforderliche Zustimmung des Netzbetreibers zum Abschluß eines Netzanschlußvertrages wird durch ein stattgebendes Urteil inzident ersetzt. Auf Gestattung der Anschlußnutzung kann unmittelbar geklagt werden. Es kommt kraft Gesetzes als gesetzliches Schuldverhältnis zustande (oben Rn. 13). Soweit der Netzanschluß oder die Anschlußnutzung zu Unrecht verweigert werden, kann die **Regulierungsbehörde** den Netzbetreiber nach § 30 II verpflichten, die Zuwiderhandlung abzustellen.

F. Verordnungsermächtigung (§ 18 III)

34   § 18 III 1 ermächtigt die Bundesregierung, durch Rechtsverordnung die **Allgemeinen Bedingungen** für den Netzanschluß und dessen Nutzung bei den an das Niederspannungs- oder Niederdrucknetz angeschlossenen Letztverbrauchern angemessen festzusetzen. Die möglichen Inhalte der Rechtsverordnung werden in § 18 III 1 näher konkretisiert. § 18 III 2 hebt hervor, daß das Interesse des Anschlußnehmers an kostengünstigen Lösungen besonders zu berücksichtigen ist. Durch § 18 III 3 wird die Verordnungsermächtigung auf die Festlegung von Bedingungen für öffentlich-rechtlich gestaltete Versorgungsverhältnisse erstreckt. Mit den Rechtsverordnungen zum Anschluß von Letztverbrauchern an Elektrizitäts- und die Gasverteilernetze der allgemeinen Versorgung sollen im

Hinblick auf die Interessen des Kundenschutzes und den Massengeschäftscharakter die Rechte und Pflichten der Beteiligten umfassend geregelt werden (Begr. BT-Drucks. 15/3917, 59). Diesen Zweck erfüllen die von der Bundesregierung erlassene NAV und die NDAV. Darin ist vorgesehen, daß die Verordnungen Bestandteil der Rechtsverhältnisse über den Netzanschluß und die Anschlußnutzung werden (§ 1 I NAV/NDAV); zum Inhalt der Verordnungsentwürfe vgl. oben Rn. 18.

§ 19 Technische Vorschriften

(1) **Betreiber von Elektrizitätsversorgungsnetzen sind verpflichtet, unter Berücksichtigung der nach § 17 festgelegten Bedingungen für den Netzanschluss von Erzeugungsanlagen, Elektrizitätsverteilernetzen, Anlagen direkt angeschlossener Kunden, Verbindungsleitungen und Direktleitungen technische Mindestanforderungen an deren Auslegung und deren Betrieb festzulegen und im Internet zu veröffentlichen.**

(2) **Betreiber von Gasversorgungsnetzen sind verpflichtet, unter Berücksichtigung der nach § 17 festgelegten Bedingungen für den Netzanschluss von LNG-Anlagen, dezentralen Erzeugungsanlagen und Speicheranlagen, von anderen Fernleitungs- oder Gasverteilernetzen und von Direktleitungen technische Mindestanforderungen an die Auslegung und den Betrieb festzulegen und im Internet zu veröffentlichen.**

(3) **[1]Die technischen Mindestanforderungen nach den Absätzen 1 und 2 müssen die Interoperabilität der Netze sicherstellen sowie sachlich gerechtfertigt und nichtdiskriminierend sein. [2]Die Interoperabilität umfasst insbesondere die technischen Anschlussbedingungen und die Bedingungen für netzverträgliche Gasbeschaffenheiten unter Einschluss von Gas aus Biomasse oder anderen Gasarten, soweit sie technisch und ohne Beeinträchtigung der Sicherheit in das Gasversorgungsnetz eingespeist oder durch dieses Netz transportiert werden können. [3]Für die Gewährleistung der technischen Sicherheit gilt § 49 Abs. 2 bis 4. [4]Die Mindestanforderungen sind der Regulierungsbehörde mitzuteilen. [5]Das Bundesministerium für Wirtschaft und Technologie unterrichtet die Europäische Kommission nach Artikel 8 der Richtlinie 98/34/EG des Europäischen Parlaments und des Rates vom 22. Juni 1998 über ein Informationsverfahren auf dem Gebiet der Normen und technischen Vorschriften und der Vorschriften für die Dienste der Informationsgesellschaft (ABl. EG Nr. L 204 S. 37), geändert durch die Richtlinie 98/48/EG (ABl. EG Nr. L 217 S. 18).**

Übersicht

	Rn.
A. Allgemeines	1
B. Festlegung und Veröffentlichung technischer Mindestanforderungen	2
I. Anschluß an Elektrizitätsversorgungsnetze (§ 19 I)	2
II. Anschluß an Gasversorgungsnetze (§ 19 II)	3
C. Kriterien für technische Mindestanforderungen (§ 19 III 1 bis 3)	4
D. Mitteilung und Unterrichtung (§ 19 III 4 und 5)	6

A. Allgemeines

1 Nach § 19 I, II sind Betreiber von Elektrizitätsversorgungsnetzen und Betreiber von Gasversorgungsnetzen verpflichtet, technische Mindestanforderungen an den Netzanschluß festzulegen und zu veröffentlichen. Sie müssen den in § 19 III 1 bis 3 geregelten Anforderungen entsprechen und gem. § 19 III 4 der Regulierungsbehörde mitgeteilt werden. Über die technischen Mindestanforderungen unterrichtet das Bundesministerium für Wirtschaft und Arbeit die Europäische Kommission (§ 19 III 5). Die Festlegung und Veröffentlichung der Mindestanforderungen erfolgt aus Gründen der **Transparenz.** Für Anschlußnehmer soll erkennbar sein, welche technischen Voraussetzungen ihre Anlagen, Netze oder Leitungen erfüllen müssen, um an Energieversorgungsnetze angeschlossen zu werden. Insofern setzt § 19 die Anforderungen aus Art. 5 EltRl und Art. 6 GasRl in nationales Recht um.

B. Festlegung und Veröffentlichung technischer Mindestanforderungen

I. Anschluß an Elektrizitätsversorgungsnetze (§ 19 I)

2 § 19 I verpflichtet Betreiber von Elektrizitätsversorgungsnetzen, für den Netzanschluß von Erzeugungsanlagen, Elektrizitätsverteilernetzen (§ 3 Nr. 37), Anlagen direkt angeschlossener Kunden, Verbindungsleitungen (§ 3 Nr. 34) und Direktleitungen (§ 3 Nr. 12) technische Mindestanforderungen an deren Auslegung und Betrieb **festzulegen.** Dabei sind die Bedingungen für den Netzanschluß nach § 17 zu berücksichtigen. Die Netzbetreiber müssen die von ihnen festgelegten technischen Mindestanforderungen **im Internet veröffentlichen.**

§ 19 I bezieht sich nicht auf die allgemeine Anschlußpflicht gem. § 18, sondern auf technische Mindestanforderungen für den **Netzanschluß nach § 17**. Dies folgt daraus, daß § 19 I sämtliche Betreiber von Elektrizitätsversorgungsnetzen (§ 3 Nr. 2) unabhängig davon verpflichtet, ob sie Netze der allgemeinen Versorgung betreiben. Ferner nimmt § 19 I ausdrücklich auf die Netzanschlußbedingungen gem. § 17 Bezug und verlangt technische Mindestanforderungen für Netze und Anlagen, deren Anschluß nach § 18 überwiegend nicht in Betracht kommt. Für den Netzanschluß im Rahmen der allgemeinen Anschlußpflicht nach § 18 berechtigt zudem § 20 NAV/NDAV die Netzbetreiber, Technische Anschlußbedingungen festzulegen (§ 18, Rn. 19 ff.).

II. Anschluß an Gasversorgungsnetze (§ 19 II)

§ 19 II enthält eine § 19 I entsprechende Verpflichtung der Betreiber von Gasversorgungsnetzen. Sie haben unter Berücksichtigung der Bedingungen nach § 17 für den Netzanschluß von LNG-Anlagen (§ 3 Nr. 26), dezentraler Erzeugungsanlagen und Speicheranlagen (§ 3 Nr. 31), von anderen Fernleitungsnetzen (§ 3 Nr. 19) und Gasverteilernetzen (§ 3 Nr. 37) und von Direktleitungen (§ 3 Nr. 12) technische Mindestanforderungen an deren Auslegung und Betrieb festzulegen und im Internet zu veröffentlichen.

C. Kriterien für technische Mindestanforderungen (§ 19 III 1 bis 3)

Die technischen Mindestanforderungen für den Netzanschluß müssen gem. § 19 III 1 die Interoperabilität der Netze sicherstellen sowie sachlich gerechtfertigt und nicht diskriminierend sein. Die **Interoperabilität der Netze** zielt auf den Netzbetrieb im Verbund ab, zu dem die Betreiber von Energieversorgungsnetzen nach den §§ 11 ff. verpflichtet sind. Sie soll nicht durch technische Anforderungen an den Netzanschluß beeinträchtigt werden. Die Interoperabilität umfaßt insbesondere die technischen Anschlußbedingungen. Im Gassektor gehören dazu die Bedingungen für netzverträgliche Gasbeschaffenheiten, einschließlich Gas aus Biomasse und andere Gasarten, soweit sie technisch und ohne Beeinträchtigung der Sicherheit in das Gasversorgungsnetz eingespeist oder durch dieses Netz transportiert werden können (§ 19 III 2). Die technischen Mindestanforderungen sind **sachlich gerechtfertigt,** wenn sie aus Gründen der sicheren und störungsfreien Versorgung notwendig sind und den allgemein anerkannten Regeln der

Technik entsprechen. Insofern gelten für § 19 III 1 keine anderen als die in § 20 NAV/NDAV genannten Maßstäbe. Das Kriterium der **Nichtdiskriminierung** verlangt, daß unterschiedliche technische Mindestanforderungen einen sachlichen Grund in der Eigenart der an das Netz anzuschließenden Anlagen oder Netze und den Erfordernissen des Netzbetriebs gem. §§ 11 ff. haben müssen. Eine Ungleichbehandlung einzelner Anlagen oder Netze ohne sachlichen Grund ist unzulässig. Im Hinblick auf die Gewährleistung der **technischen Sicherheit** verweist § 19 III 3 auf die sich aus § 49 II bis IV ergebenden Anforderungen (dazu § 49, Rn. 7 ff.).

5 Technische Mindestanforderungen an Anlagen und Netze für den Netzanschluß ergeben sich aus dem bestehenden **technischen Regelwerk**. Im Stromsektor sind insbesondere der Transmission Code und der Distribution Code des VDN sowie der Metering Code des VDEW von Bedeutung. Im Gasbereich legen die technischen Regeln des DVGW Anforderungen für den Netzanschluß fest. Nach der Gesetzesbegründung ist das technische Regelwerk bei der Überprüfung der von den Netzbetreibern festzulegenden technischen Mindestanforderungen am Maßstab von § 19 III zu berücksichtigen (Begr. BT-Drucks. 15/3917, 59). Für den Aspekt der technischen Sicherheit gilt darüber hinaus nach § 49 II die widerlegbare Vermutung der Einhaltung der allgemein anerkannten Regeln der Technik, soweit die technischen Regeln des VDE und des DVGW beachtet werden (§ 49, Rn. 10).

D. Mitteilung und Unterrichtung (§ 19 III 4 und 5)

6 Die Netzbetreiber haben gem. § 19 III 4 der **Regulierungsbehörde** die technischen Mindestanforderungen mitzuteilen. Es ist nicht erforderlich, daß die Mitteilung vor Veröffentlichung der Anforderungen erfolgt. Die Mitteilung soll der Regulierungsbehörde die Überprüfung der technischen Mindestanforderungen ermöglichen. Ein Zustimmungserfordernis sieht das Gesetz nicht vor. Zu verlangen ist aber, daß die Mitteilung der Netzbetreiber spätestens **unverzüglich nach Veröffentlichung** der technischen Mindestanforderungen im Internet (§ 19 I, II) erfolgt.

7 Nach § 19 III 5 unterrichtet das Bundesministerium für Wirtschaft und Arbeit die **Europäische Kommission** gem. Art. 8 der Richtlinie 98/34/EG vom 22. Juni 1998 über ein Informationsverfahren auf dem Gebiet der Normen und technischen Vorschriften über die technischen Mindestanforderungen der Netzbetreiber.

Abschnitt 3. Netzzugang

Vorbemerkung

Literatur: *Arndt,* Vollzugssteuerung im Regulierungsverbund, DV 2006, 100 ff.; *Baur,* Der Regulator, Befugnisse, Kontrollen, ZNER 2004, 318 ff.; *Bentzien,* Aspekte der Gasdurchleitung, in: Baur, Regulierter Wettbewerb, 2002, S. 41 ff.; *Berringer,* Regulierung als Erscheinungsform der Wirtschaftsaufsicht, 2004; *Böhnel,* Wettbewerbsbegründende Durchleitungen in der Elektrizitätswirtschaft: richtlinienkonforme Durchsetzbarkeit nach deutschem Recht, Diss. Göttingen, 2001; *Britz,* Öffnung der Europäischen Strommärkte durch die Elektrizitätsbinnenmarktrichtlinie, RdE 1997, 85 ff.; *Britz,* Erweiterung des Instrumentariums administrativer Normsetzung zur Realisierung gemeinschaftsrechtlicher Regulierungsaufträge, EuZW 2004, 426 ff.; *Britz,* Markt(er)öffnung durch Regulierung – Neue Regulierungsaufgaben nach den Energie-Beschleunigungsrichtlinien und der Stromhandelsverordnung, in: Aschke/Hase/Schmidt-De Caluwe (Hrsg.), Festschrift zum siebzigsten Geburtstag Friedrich v. Zezschwitz 2005, S. 374 ff.; *Britz,* Vom Europäischen Verwaltungsverbund zum Regulierungsverbund?, EuR 2006, 46 ff.; *v. Danwitz,* Was ist eigentlich Regulierung?, DÖV 2004, 977 ff.; *Eickhof/Kreikenbaum,* Die Liberalisierung der Märkte für leitungsgebundene Energien, WuW 1998, 666 ff.; *Ellwanger/Mangelmann,* Marktstrukturen im europäischen Energiehandel, in: Zenke/Ellwanger (Hrsg.), Handel mit Energiederivaten, 2003, S. 14 ff.; *Ende/Kaiser,* Die Verbändevereinbarung Strom II im Spannungsfeld zwischen TEAG-Beschluss des Bundeskartellamtes und der EnWG-Novelle, ZNER 2003, 118 ff.; *Erdmann,* Grundlagen des Handels mit leitungsgebundenen Energieträgern – Existenzberechtigung herstellerunabhängiger Energiehändler, in: Zenke/Schäfer, Energiehandel in Europa, 2005, S. 8 ff.; *Fleischer/Weyer,* Neues zur „essential facilities"-Doktrin im Europäischen Wettbewerbsrecht, WuW 1999, 350 ff.; *v. Hammerstein/Hertel,* Die gesetzliche Veredelung der Verbändevereinbarung Gas II – verfassungs- und europarechtliche Bewertung, ZNER 2002, 193 ff.; *Horstmann,* Netzzugang in der Energiewirtschaft, 2001; *Kasper,* Durchleitung von Strom: Pflichten und Verweigerungsmöglichkeiten der Elektrizitätsversorgungsunternehmen, Diss. Münster (Westfalen), 2001; *Klimisch/Lange,* Zugang zu Netzen und anderen wesentlichen Einrichtungen als Bestandteil der kartellrechtlichen Missbrauchsaufsicht, WuW 1998, 15 ff.; *Klocker,* Verrechtlichung der Verbändevereinbarung gem. § 6 EnWG in der Rechtsprechung des OLG Düsseldorf, WuW 2003, 880 ff.; *Knieps,* Entgeltregulierung aus der Perspektive des disaggregierten Regulierungsansatzes, N&R 2004, 7 ff.; *Knieps,* Wettbewerbsökonomie. Regulierungstheorie, Industrieökonomie, Wettbewerbspolitik, 2. Aufl., 2005; *Lokau/Ritzau,* Der Markt für Strom, in: Zenke/Schäfer, Energiehandel in Europa, 2005, S. 56 ff.; *May,* Kooperative Gesetzeskonkretisierung am Beispiel der Verbändevereinbarung Strom. Kartell-, verfassungs- und europarechtliche Aspekte der Verbändevereinbarung Strom II plus, Diss. Osnabrück, 2004; *Säcker/Boesche,* Der Gesetzesbeschluss des Deutschen Bundestages zum Energiewirtschaftsgesetz vom 28. Juni 2002 – ein Beitrag zur „Verhexung des Denkens durch die Mittel unserer Sprache"?, ZNER 2002, 183 ff.; *Salje,* Bindung der Kartellbehörden nach Implementierung der

VV II plus im Rahmen der EnWG Novelle, ET 53 (2003), 413 ff.; *Schmidt-Aßmann,* Das Allgemeine Verwaltungsrecht als Ordnungsidee, 2. Aufl. 2004; *Schmidt-Preuß,* Selbstregulative Verantwortung oder staatliche Steuerung – Zur Verrechtlichung der Verbändevereinbarung, ZNER 2002, 262 ff.; *Schneider, J.-P.,* Kooperative Netzzugangsregulierung und europäische Verbundverwaltung im Elektrizitätsbinnenmarkt, ZWeR 2003, 381 ff.; *Scholtka,* Das neue Energiewirtschaftsgesetz, NJW 2005, 2421 ff.; *Schwintowski,* Der Zugang zu wesentlichen Einrichtungen, WuW 1999, 842 ff.; *Seeger,* Die Durchleitung elektrischer Energie nach neuem Recht, Diss. Erlangen-Nürnberg, 2002; *Seidewinkel/Seifert/Wetzel,* Rechtsgrundlagen für den Netzzugang bei Erdgas, 2001; *Steinberg/Britz,* Der Energieliefer- und -erzeugungsmarkt, 1995; *Theobald,* Wettbewerb in Netzen als Ziel effizienten Rechts, WuW 2000, 231 ff.; *Trute,* Der europäische Regulierungsverbund in der Telekommunikation – ein neues Modell europäisierter Verwaltung, FS Selmer, 2004, S. 565 ff.; *Trute,* Regulierung – am Beispiel des Telekommunikationsrechts, FS Brohm, 2002, S. 169 ff.

Übersicht

	Rn.
I. Wettbewerbstheoretische und -politische Bedeutung des Netzzugangs	1
II. Technischer Sachverhalt des Netzzugangs	5
III. Entwicklung des deutschen Netzzugangsrechts	6
1. Netzzugang vor 1998	6
2. Netzzugang nach EnWG 1998	8
3. Netzzugang nach dem Ersten Änderungsgesetz 2003	11
4. Änderungsbedarf infolge der Beschleunigungsrichtlinien	12
IV. Regulierter Netzzugang	13
1. Festsetzung der Netzzugangsbedingungen als Regulierungsaufgabe	13
2. Europarechtliche Vorgaben	18
3. Wesentliche Züge der Netzzugangsregulierung nach EnWG 2005	22

I. Wettbewerbstheoretische und -politische Bedeutung des Netzzugangs

1   Hintergrund der (Neu-)Regelung des Netzzugangs ist die fortschreitende Liberalisierung der Energiewirtschaft in der Europäischen Union. Mit der gesetzlichen Verankerung des Netzzugangs und der Aufhebung der Freistellung der Demarkations- und ausschließlichen Konzessionsverträge vom Kartellverbot erfolgte eine Abkehr von der jahrzehntelang herrschenden Doktrin, Energieversorgung könne nur unter weitestgehendem Ausschluss von Wettbewerb sicher und preisgünstig erfolgen. Durchgesetzt hat sich vielmehr auch in Deutschland die **ordnungspolitische Vorstellung,** im Energiesektor sei mehr Wettbewerb möglich und wünschenswert (Begründung des Regierungsentwurfs zum EnWG

Vorbemerkung **2, 3 Vorb §§ 20 ff.**

1998, BT-Drucks. 13/7274, S. 9; *Schneider,* Liberalisierung, S. 132 ff. m. w. N.).

Der Zugang zu den Energieversorgungsnetzen ist Voraussetzung dafür, daß es im Energiesektor zu Wettbewerb kommen kann (*Kühling,* S. 182 ff.). Mithilfe des Rechts auf Netzzugang können Unternehmen mit Energie handeln, ohne selbst über Energieversorgungsnetze verfügen zu müssen. Der Energiesektor weist insofern eine Besonderheit gegenüber anderen Wirtschaftsbereichen auf, als der Handel mit Strom und Gas auf eine besondere Infrastruktur – Stromnetze und Gasnetze – angewiesen ist. Insoweit ist der Handel von Energie etwa vergleichbar mit dem bestimmter Telekommunikations- oder Personenbeförderungsdienstleistungen. Diese **Leitungsgebundenheit** ist ein natürliches Hindernis konkurrierender Energieversorgung. Es hat auch stets Einigkeit darüber bestanden, daß Wettbewerb kaum über konkurrierende Versorgungsleitungen entstehen könne. Wo ein Netzbetreiber bereits über ein umfassendes Leitungsnetz verfügt, ist es selten lohnend, ein konkurrierendes Netz zu errichten. Die hohen Investitionskosten machen Energieleitungen darum teilweise zu „**natürlichen Monopolen**" (*Eickhof/Kreikenbaum,* WuW 1998, 666, 672 f.; *Knieps,* Wettbewerbsökonomie, S. 21 ff.; *ders.,* N&R 2004, 7, 9 ff.; *Theobald,* WuW 2000, 231, 234 f.; *NT/T,* S. 14 f.). Lediglich bei Teilen der Gasversorgung wird Leitungswettbewerb für möglich gehalten (*Knieps,* N&R 2004, 7, 10; *NT/T,* S. 61; s. auch § 24, Rn. 29). Konkurrierende Energieversorgung kann darum im wesentlichen nur über die bestehenden Versorgungsleitungen erfolgen. Unter ökologischen Gesichtspunkten ist der konkurrierende Leitungsbau im übrigen auch nicht wünschenswert. 2

Erst infolge der Ermöglichung des Netzzugangs eröffnen sich im Energiebereich zudem neue wirtschaftliche Tätigkeitsfelder. Mittels Netznutzung können nicht nur Stromerzeuger bzw. Gasförderer miteinander um Kunden konkurrieren. Vielmehr ist nun ein **herstellerunabhängiger (physischer) Strom- und Gashandel** durch unabhängige Energiehändler möglich (*Erdmann,* in: Zenke/Schäfer, S. 8 ff.). Neben diese physischen Energiegeschäfte treten zudem **finanzielle Kontrakte,** die nicht auf Lieferung von Energie, sondern auf finanziellen Ausgleich gerichtet sind (ausführlich *de Wyl/Essig/Holtmeier,* in: S/T, § 11 Rn. 16 ff.; *Zenke,* in: D/T, EnHandel, Rn. 4 ff.). Damit eröffnet sich ein Geschäftsbereich für **Energiebroker,** die kurzfristig bilaterale Geschäfte vermitteln (*Zenke,* in: D/T, EnHandel, Rn. 39 ff.). Die Standardisierung der Produkte erlaubt schließlich den Aufbau von **Energiebörsen** (*Ellwanger/Mangelmann,* in: Zenke/Ellwanger, S. 14 ff.; *Lokau/Ritzau,* in: Zenke/Schäfer, S. 56, 64 ff.; *Zenke,* in: D/T, EnHandel, Rn. 42 ff.). In Deutschland existiert derzeit eine Strombörse. 3

4 Weil Gebietsversorger die eigenen Leitungen in der Regel nicht freiwillig von ihren Konkurrenten mitnutzen lassen, blieb die Erleichterung des Netzzugangs gegen den Willen des Netzbetreibers unerlässliche Bedingung der Marktöffnung. Dies ist die Funktion der Vorschriften über den Netzzugang. Die Betreiber bestehender Energieversorgungsnetze müssen im Rahmen des Netzzugangs einen Beitrag zur Marktöffnung leisten, indem sie ihre Netze anderen Energieversorgungsunternehmen zur Verfügung stellen. Investitionen, die sie ursprünglich allein im eigenen Interesse getätigt hatten, kommen damit den Konkurrenten zugute. Wettbewerbsrechtstheoretisch lässt sich diese Belastung der Netzbetreiber anhand der aus dem amerikanischen Kartellrecht ins deutsche Wettbewerbsrecht importierten **„Essential-Facilities-Doktrin"** (*Klimisch/Lange,* WuW 1998, 15 ff.; *Schwintowski,* WuW 1999, 842 ff.; *Fleischer/Weyer,* WuW 1999, 350 ff.; *Kühling,* S. 207 ff.) erklären: Hinter der Netzzugangsregelung steht die Einsicht, daß durch (Infrastruktur-)Investitionen wie den Bau von Energieversorgungsleitungen u. U. wesentliche Einrichtungen geschaffen werden, deren Nutzung Schlüssel für den Zutritt zu nachgelagerten Märkten ist. Wer mit der wesentlichen Einrichtung die Schlüsselposition innehat, kann über den Zutritt anderer zu nachgelagerten Märkten entscheiden. Der Kern der „Essential-Facilities-Doktrin" liegt darin, daß der nachgelagerte Markt für Wettbewerb geöffnet werden soll, indem die Verfügungsmacht des Inhabers der Schlüsselposition beschnitten und dem Konkurrenten Zugang zu der wesentlichen Einrichtung gewährt wird. Diese Doktrin ist expressis verbis auch ins deutsche Wettbewerbsrecht aufgenommen worden (§ 19 IV Nr. 4 GWB). Die sektorspezifischen Netzzugangsregelungen der §§ 20 ff. beruhen auf demselben Gedanken.

II. Technischer Sachverhalt des Netzzugangs

5 Die Gewährung von Netzzugang läßt sich bei wirtschaftlich-praktischer Betrachtung sinnvoll als Transportdienstleistung bezeichnen. Bei technischer Betrachtung hingegen ist der Stromnetzzugang kein Transportvorgang. Auch der Gasnetzzugang läßt sich technisch nicht ohne weiteres als Transportvorgang beschreiben. Tatsächlich handelt es sich beim Netzzugang einerseits um eine **Einspeisung** von Energie ins Netz und andererseits um eine **Entnahme von Energie aus dem Netz.** Beim Stromtransport wird nicht etwa die vereinbarte Menge Strom vom konkurrierenden Stromanbieter durch die Leitung zum Empfänger transportiert. Die Dienstleistungen des Netzbetreibers sind vielmehr sog. Systemdienstleistungen (§ 20 Abs. 1 a, Rn. 52). Zwar erhält der Empfänger aus dem Versorgungsnetz die vereinbarte Menge

Strom und der Anbieter speist an anderer Stelle auch die vereinbarte Menge Strom ein. Der Zusammenhang zwischen Einspeisung und Entnahme ist jedoch ein rechtlicher, kein tatsächlicher, weil der Empfänger nicht genau den Strom entnimmt, den der Anbieter einspeist. Beim Erdgastransport kommt es hingegen tatsächlich zum Transport von Gasmolekülen. Allerdings muß auch hier keine Identität zwischen eingespeistem und entnommenem Erdgas bestehen (*Seidewinkel/Seifert/Wetzel*, Rechtsgrundlagen für den Netzzugang bei Erdgas, S. 112; *Bentzien*, in: Baur, Regulierter Wettbewerb, S. 47f.).

III. Entwicklung des deutschen Netzzugangsrechts

1. Netzzugang vor 1998. Es wurde schon lange diskutiert, ob sich **unmittelbar aus Art. 82 EG** Durchleitungspflichten ergeben (*Seeger*, Die Durchleitung elektrischer Energie, S. 72ff.; *Steinberg/Britz*, Der Energieliefer- und -erzeugungsmarkt, S. 156ff.; *Theobald/Zenke*, S. 43ff.; *Kasper*, Durchleitung von Strom, S. 164ff.) Seit Erlass der beiden **ersten Energiebinnenmarktrichtlinien** 1997 und 1998 spielte das Primärrecht für die Marktorganisation in der Energiewirtschaft jedoch praktisch kaum noch eine Rolle. Bereits diese ersten Binnenmarktrichtlinien (EltRl alt und GasRl alt) sahen für Gas und Strom Netzzugangsregelungen vor.

Das Energiewirtschaftsgesetz enthielt vor der Novelle durch das EnWG 1998 keine Bestimmung über den Netzzugang. Im **GWB** fand sich eine Bestimmung über den damals noch als Durchleitung bezeichneten Netzzugang im Zusammenhang mit den Ausnahmevorschriften für energiewirtschaftliche Kartellverträge: Nach § 103 V 1 Nr. 1, 2 Nr. 4 GWB a.F. konnte die Kartellbehörde im Rahmen der Mißbrauchsaufsicht einschreiten, wenn ein Versorgungsunternehmen ein anderes Versorgungsunternehmen oder ein sonstiges Unternehmen im Absatz oder im Bezug von Energie dadurch unbillig behinderte, daß es sich weigerte, mit diesem Unternehmen Verträge über die Einspeisung von Energie in sein Versorgungsnetz und eine damit verbundene Entnahme (Durchleitung) zu angemessenen Bedingungen abzuschließen. Diese Regelung kam praktisch kaum zur Anwendung. Die Möglichkeit eine Durchleitung zu erzwingen, sollte durch die Änderung des § 103 V 2 Nr. 4 GWB a.F. im Rahmen der fünften GWB-Novelle 1989 erleichtert werden. Ursprünglich hatte die Vorschrift bestimmt, die Verweigerung einer Durchleitung sei in der Regel nicht unbillig, wenn die Durchleitung zur Versorgung eines Dritten im Gebiet des Versorgungsunternehmens führen würde, es sich also um eine wettbewerbsbegründende Durchleitung handelte. Damit war ein Wettbewerb um Kunden im Versorgungsgebiet praktisch ausgeschlossen. Diese Regelvermutung wurde gestrichen. Allerdings konnte sich in der Folgezeit auch die umgekehrte Regelvermutung, die Verweigerung sei grundsätzlich missbräuchlich, nicht durchsetzen: Der *BGH* vertrat die Ansicht, § 103 V 2 Nr. 4 GWB a. F. dürfe nicht dahin ausgelegt werden, daß EVU grundsätzlich zur Durchleitung verpflichtet seien (*BGH*, RdE 1995, 123, 127). Im Ergebnis erwies sich die Durchleitungsregelung damit auch nach der Gesetzesänderung nicht als effektiv. Mit Hilfe des § 103 V 2 Nr. 4 GWB a. F. ist keine einzige Durchleitung erzwungen worden.

8 **2. Netzzugang nach EnWG 1998.** Die Netzzugangsregelung des § 6 EnWG 1998 bildete das Kernstück der Energierechtsnovelle von 1998. Der mittlerweile nicht mehr gebräuchliche Begriff der Durchleitung wurde (nur) in der Gesetzesüberschrift abgelöst durch den des Netzzugangs. Mit der Wahl der Bezeichnung Netzzugang ist eine Angleichung an die englische Terminologie (Third Party Access) erfolgt. Zudem sollten durch die Bezeichnung unzutreffende Vorstellungen vom physikalischen Vorgang vermieden werden, die die Bezeichnung Durchleitung leicht erwecken kann. Die Gesetzesnovelle setzte die **Vorgaben der EltRl alt** ins deutsche Recht um. Die EltRl alt überließ den Mitgliedstaaten die Wahl zwischen einem Netzzugang auf Vertragsbasis und einem Alleinabnehmersystem. Charakteristikum des Netzzugangs auf Vertragsbasis war, daß der Netzbetreiber Netzzugangsinteressenten vertraglich ein Recht zur Netzbenutzung einräumen mußte. Innerhalb des vertragsbasierten Netzzugangs wurde noch unterschieden zwischen „verhandeltem" Netzzugang (Regelfall) und „geregeltem" Netzzugang, bei dem das Netzzugangsrecht zu einem festgelegten und veröffentlichten Tarif gewährt wird (zu den Netzzugangsregelungen der Binnenmarktrichtlinien ausführlicher *Schneider*, in: S/T, § 2, Rn. 49ff.; *Britz*, RdE 1997, 85, 89f.; *Böhnel*, Wettbewerbsbegründende Durchleitungen, S. 66ff.; *Horstmann*, Netzzugang, S. 8ff.; *Seidewinkel/Seifert/Wetzel*, Rechtsgrundlagen für den Netzzugang bei Erdgas, S. 19ff.; *Seeger*, Die Durchleitung elektrischer Energie, S. 119ff.; *Kasper*, Durchleitung von Strom, S. 13ff.).

9 Der deutsche Gesetzgeber hat 1998 beim Strom zunächst von **beiden Netzzugangssystemen** Gebrauch gemacht. § 6 I EnWG 1998 gewährleistete den in der Praxis klar dominierenden **verhandelten Netzzugang auf Vertragsbasis.** § 6 II EnWG 1998 ermächtigt das Bundesministerium für Wirtschaft, durch Rechtsverordnung Kriterien zur Bestimmung von Durchleitungsentgelten festzulegen. Dies hätte zum geregelten Netzzugang auf Vertragsbasis geführt. Jedoch wurde von der Verordnungsermächtigung kein Gebrauch gemacht. Vielmehr wurden die Durchleitungsbedingungen, insbesondere die Preisbil-

dungskriterien in der privatrechtlichen Verbändevereinbarung (zuletzt VV II Strom Plus) ausgehandelt. §§ 7 ff. EnWG 1998 setzten das Alleinabnehmersystem in nationales Recht um.

Das nach dem EnWG 1998 in der Praxis dominierende System des verhandelten Netzzugangs wies in den Augen der Kritiker **konzeptionelle Schwächen** auf, die verhinderten, daß der Netzzugang effektiv werden konnte. Zwar bestand gem. § 6 I 1 EnWG 1998 ein Kontrahierungszwang des Netzbetreibers. Die Betroffenen mußten jedoch selbst die **Bedingungen des Netzzugangs** aushandeln. § 6 I EnWG gab hierfür lediglich minimale Leitlinien vor. In der Praxis bildete sich zwar in Form der Verbändevereinbarungen ein Ersatz für die fehlende staatliche Regelung heraus. Auch diese wurden jedoch als nicht hinreichend effektiv angesehen. Als unzureichend galt daneben die verfahrens- und organisationsmäßige Ausgestaltung des Netzzugangs nach dem EnWG (*Schneider*, Liberalisierung, S. 468 ff.). Auffällig war die schwache Mitwirkung staatlicher Behörden. Daß die allgemeine Befugnisnorm des § 18 EnWG 1998 als Grundlage für die behördliche Durchsetzung des Netzzugangs verwendet werden könnte, wurde bestritten. Neben dem Problem der Schwäche behördlicher Befugnisnormen stellte sich das Problem fehlender inhaltlicher Aufsichtsmaßstäbe. Es zeigte sich, daß ein Netzzugangsanspruch wenig effektiv ist, solange nicht gewährleistet ist, daß der Netzzugang zu Bedingungen gewährt wird, die für den Netzzugangsinteressenten tragbar sind.

3. Netzzugang nach dem Ersten Änderungsgesetz 2003. Durch das Erste Gesetz zur Änderung des Gesetzes zur Neuregelung des Energiewirtschaftsrechts vom 20. 5. 2003 (BGBl. I S. 686) erfolgte zum einen die längst überfällige Umsetzung der **GasRl alt**. Erst hierin wurde mit § 6a EnWG 1998 auch für den **Gassektor** eine **Netzzugangsregelung** getroffen, die ebenfalls das Modell des verhandelten Netzzugangs vorsah. Zudem wurde die rechtliche Wirkung der Verbändevereinbarungen Strom und Gas gestärkt, indem mit § 6 I 4, 5 und § 6a II 5 EnWG 1998 **Vermutungsregelungen** eingeführt wurden. Obwohl die Verbändevereinbarungen von vielen Seiten kritisiert worden waren, weil sie den Netzzugang nicht hinreichend effektiv ausgestalteten (*NT/T*, S. 183 ff.; *Kühling*, S. 397 ff.; für VVII Gas *v. Hammerstein/Hertel*, ZNER 2002, 193 ff.; Bericht über die energiewirtschaftlichen und wettbewerblichen Wirkungen der Verbändevereinbarungen (Monitoring-Bericht), BT-Drucks. 15/1510), wurde nach den Vermutungsregeln des EnWG 1998 die Rechtmäßigkeit der Netznutzungsentgelte vermutet, sofern die Kriterien der Verbändevereinbarungen für die Entgeltbildung eingehalten waren (aus der überwiegend kritischen Literatur *Salje*, ET 53 (2003), 413 ff.; *Säcker/Boesche*, ZNER

2002, 183, insb. 188 ff.; *Schmidt-Preuß*, ZNER 2002, 262 ff.; *May*, Kooperative Gesetzeskonkretisierung, insb. S. 212 ff.; *Ende/Kaiser*, ZNER 2003, 118, 119 f.; *Klocker*, WuW 2003, 880 ff.; *Schneider*, ZWeR 2003, 381, 384 ff.).

12 **4. Änderungsbedarf infolge der Beschleunigungsrichtlinien.** Das deutsche Netzzugangsmodell, das ganz überwiegend als verhandelter Netzzugang ausgestaltet war, wurde von der Kommission skeptisch beobachtet. Die beiden sog. Beschleunigungsrichtlinien von 2003 (EltRl, GasRl) haben dem verhandelten Netzzugang schließlich die Grundlage entzogen. Der **Übergang zum regulierten Netzzugang** wurde ebenso zwingend vorgegeben wie die Errichtung einer **Regulierungsbehörde** (Rn. 18).

IV. Regulierter Netzzugang

13 **1. Festsetzung der Netzzugangsbedingungen als Regulierungsaufgabe.** Aus den Erfahrungen mit dem verhandelten Netzzugang wurde gefolgert, daß eine stärkere **Regulierung der Netzzugangsbedingungen** Voraussetzung für eine größere Effektivität des Netzzugangsanspruchs ist. Die Netzbetreiber haben strukturell bedingte Anreize, den Netznutzern überzogene Netzzugangsbedingungen abzuverlangen. Zum einen besteht ein Anreiz, das Netzeigentum durch möglichst hohe Netznutzungspreise optimal zu vermarkten. Problematisch ist dabei, daß dem Gewinnstreben angesichts der Monopolsituation der Netzbetreiber nicht durch Konkurrenten Grenzen gesetzt sind. Andererseits besteht für vertikal integrierte Energieversorgungsunternehmen (§ 2 Nr. 38) ein Anreiz, den Netzzugang durch überzogene Netznutzungsbedingungen zu erschweren, um so eigene Aktivitäten des Netzbetreibers auf vor- und nachgelagerten Märkten vor Durchleitungswettbewerb zu schützen bzw. quer zu subventionieren. Nur zum Teil kann dem durch das in § 21 I normierte „interne Diskriminierungsverbot" („Bedingungen und Entgelte ... dürfen nicht ungünstiger sein, als sie von den Betreibern der Energieversorgungsnetze in vergleichbaren Fällen für Leistungen innerhalb ihres Unternehmens oder gegenüber verbundenen oder assoziierten Unternehmen angewendet und tatsächlich oder kalkulatorisch in Rechnung gestellt werden") und durch die in Teil 2 des Gesetzes angeordneten Entflechtungsgebote begegnet werden. Deswegen wurde daneben eine hoheitliche Festsetzung der Netzzugangsbedingungen für erforderlich gehalten.

14 Allerdings kann es auch nicht das Ziel der Regulierung der Netzzugangsbedingungen sein, die damit verbundenen Netzzugangsschwellen schlicht zu nivellieren, um so den maximalen Netzzugang für Dritte zu ermöglichen. Die Bedingungen müssen vielmehr so gesetzt werden, daß es zu einem „gesamtwirtschaftlich optimierten Netzzugang" kommt; insbesondere müssen von den Netznutzungsentgelten noch **hinreichende Investitionsanreize** zur Erhaltung, Anpassung und gegebenenfalls zur Erweiterung des Netzes ausgehen (*Schneider*, ZWeR 2003, 381, 383 f.).

Bei der regulierenden Festsetzung der Netznutzungsbedingungen stößt der Regulator angesichts dieses Spannungsverhältnisses an **Wissensgrenzen:** Die Regulierung eines natürlichen Monopols ist grundsätzlich mit dem Problem asymmetrisch verteilter Informationen behaftet. Um mittels der Vorgabe der Netznutzungsbedingungen die „richtigen Signale" an Netzbetreiber und Netznutzer aussenden zu können, müssten die konkreten technischen und ökonomischen Implikationen der Netznutzung bekannt sein. Sollen die Bedingungen hoheitlich festgesetzt werden, benötigt die Regulierungsinstanz darum Informationen, über die sie nicht ohne weiteres verfügt (s. nur *BNetzA*, B. v. 6. 6. 2006 – BK 8-05/019, ZNER 2006, 177, 188). Das regulierte Unternehmen kennt seine Gegebenheiten hingegen wesentlich besser als es die Regulierungsinstanz jemals könnte.

Zur Vermeidung staatlicher Wissensanmaßung und Selbstüberforderung wurde darum für die Energienetzzugangsregulierung die Realisierung diverser Formen **selbstregulativer Regelsetzung durch die Marktakteure** gefordert (*Schneider*, ZWeR 2003, 381, 384). Tatsächlich dürfte eine Netzzugangsregulierung praktisch nicht ohne kooperative Wissensgenerierung möglich sein. Zur Kooperation zwischen Regulator und Regulierungsadressaten wird es darum immer kommen, unabhängig davon, ob der Gesetzgeber förmliche Kooperationsformen vorsieht oder nicht.

Ergänzend kann dem Wissensproblem durch **Entscheidungsflexibilität des Regulators** begegnet werden, die es gestattet, die Regulierungsmaßstäbe regelmäßig zu überdenken und an neue Erkenntnisse anzupassen, gegebenenfalls sogar die einmal getroffene Regulierungsentscheidung aufgrund praktischer Erfahrungen mit den regulativ vorgegebenen Netzzugangsbedingungen zeitnah zu revidieren. Dies spricht zum einen dafür, die Regulierung nicht vollständig durch Gesetz vorzunehmen, sondern wesentliche Anteile der flexibleren **Verwaltungspraxis** zu überlassen. Zum anderen ist damit die Forderung nach administrativen **Entscheidungsspielräumen** verbunden. Nach verbreiteter Auffassung ist Regulierung eine „Gestaltungsaufgabe", deren Entscheidungsmaßstäbe der administrativen Fixierung im Verwaltungsverfahren bedürfen, so daß den Behörden typischerweise Einschätzungsprärogativen zugestanden werden. Die Festsetzung der Netzzugangsbedingungen

Vorb §§ 20 ff. 18, 19   Teil 3. Regulierung des Netzbetriebs

ist dann kein reiner Akt der nachvollziehenden Rechtsfindung, sondern zugleich ein Akt der Rechtskreation (krit. *Baur,* Der Regulator, Befugnisse, Kontrollen, ZNER 2004, 318, 321). Tatsächlich gibt es gute Gründe dafür, anzunehmen, daß gerade im Bereich der Netzzugangsregulierung angesichts dynamischer und komplexer Wettbewerbsbedingungen ein hohes Maß an Regulierungsflexibilität erforderlich ist, um das Regulierungsziel des Netzzugangs effektiv erreichen zu können (für den Energiesektor *Schneider,* Liberalisierung, S. 36 f.; *ders.,* ZWeR 2003, 381, 399 ff.; allg. *Schmidt-Aßmann,* Allgemeines Verwaltungsrecht, S. 141; *Berringer,* Regulierung, S. 217 f.; für den TK-Sektor *Trute,* Selmer-FS, S. 567; *Trute,* Brohm-FS, S. 169, 172 ff.; *Britz,* EuR 2006, 46, 59 f.). Ob besonders weitreichende exekutive Spielräume begriffsnotwendige Merkmale von Regulierung sind, ist allerdings streitig (sehr krit. *v. Danwitz,* Was ist eigentlich Regulierung?, DÖV 2004, 977 ff.).

18   **2. Europarechtliche Vorgaben.** Die Beschleunigungsrichtlinien erzwingen den Übergang zum regulierten Netzzugang und lassen das Modell eines rein privatvertraglich verhandelten Netzzugangs nicht mehr zu (§ 20, Rn. 2 ff.). Regulierungsbedürftig sind vor allem die Netzzugangsbedingungen. Gemäß Art. 20 I EltRl, Art. 18 I GasRl stellen die Mitgliedstaaten sicher, daß die **Tarife** oder die Methoden zu ihrer Berechnung von einer Regulierungsbehörde vor deren Inkrafttreten **genehmigt** werden. Nach Art. 23 II EltRl und Art. 25 I GasRl obliegt es den Regulierungsbehörden daneben, zumindest die Methoden zur Festlegung auch der **Bedingungen für den Anschluss an die nationalen Netze** und den Zugang zu den nationalen Netzen und für die Erbringung von Ausgleichsleistungen vor deren Inkrafttreten **festzulegen** oder zu **genehmigen** (Überblick über die Regulierungsaufgaben nach EltRl, GasRl und StromhandelsVO bei *Schneider,* ZWeR 2003, 381, 389 ff.; *Britz,* v. Zezschwitz-FS, S. 374 ff.). Weil sich die Richtlinien mit einer sog. Methodenregulierung (als Minimallösung) begnügen, bleibt allerdings viel Raum für die Beibehaltung vertraglicher und selbstregulativer Elemente bei der Ausgestaltung des Netzgangs durch das nationale Recht. Die Richtlinien verbieten insbesondere nicht, daß dem Netzzugang ein privatrechtlicher Vertrag zugrunde gelegt wird, wenn auch die Vertragsbedingungen in stärkerem Maße als zuvor hoheitlicher Regulierung bedürfen.

19   In **materiell-rechtlicher Hinsicht** lässt das europäische Sekundärrecht dem **Regulator viel Spielraum.** Der Regulierungsauftrag an die Regulierungsbehörden ist im wesentlichen final formuliert: Gemäß Art. 23 I EltRl und Art. 25 I GasRl haben die Regulierungsbehörden „die Aufgabe, Nichtdiskriminierung, echten Wettbewerb und ein effizientes Funktionieren des Markts sicherzustellen". Die Zugangsbedin-

gungen werden auf gemeinschaftsrechtlicher Ebene durch die StromhandelsVO und die GasfernleitungsVO präzisiert (§ 20, Rn. 23).

Ganz im Sinne der oben genannten Flexibilitätsanforderungen (Rn. 17) scheint das Sekundärrecht auch weniger von einer legislativen als vielmehr von einer **administrativen Regulierung** der Netzzugangsbedingungen auszugehen (*Schneider,* Kooperative Netzzugangsregulierung, ZWeR 2003, 381, 394; *Britz,* EuZW 2004, 462; *Britz,* v. Zezschwitz-FS 2005, S. 374, 378 ff.). Gemäß Art. 23 II EltRl und Art. 25 II GasRl obliegt es den Regulierungsbehörden, zumindest die Methoden zur Berechnung oder Festlegung der Netzzugangsbedingungen vor deren Inkrafttreten festzulegen oder zu genehmigen. Nach Art. 5 II StromhandelsVO bedürfen auch die von den Übertragungsnetzbetreibern bei der grenzüberschreitenden Übertragung zugrunde gelegten Modelle für die Berechnung der Gesamtübertragungskapazität der Genehmigung durch die Regulierungsbehörde. Auf die herausgehobene Stellung der Regulierungsbehörden weisen auch der 15. Erwägungsgrund der EltRl und der 13. Erwägungsgrund der GasRl hin, wonach der wirksamen Regulierung durch eine oder mehrere nationale Regulierungsbehörden eine Schlüsselrolle bei der Gewährleistung eines nichtdiskriminierenden Netzzugangs zukommt. 20

Das Gemeinschaftsrecht führt auch **selbstregulative Elemente** ein oder lässt diese zumindest zu. So legen die Übertragungsnetzbetreiber gem. Art. 5 II StromhandelsVO selbst fest, welche Sicherheits-, Betriebs- und Planungsstandards sie hinsichtlich der Übertragungskapazität für grenzüberschreitende Stromübertragung verwenden. Zudem richten die Übertragungsnetzbetreiber nach Art. 5 I StromhandelsVO Verfahren für die Koordinierung und den Informationsaustausch ein, um die Netzsicherheit im Rahmen des Engpaßmanagements zu gewährleisten. Vorgaben für die Abwicklung von Engpaßmanagement und Koordinierung finden sich unter Ziffer 2 und 3 der Leitlinien zur StromhandelsVO. Besonders ausgeprägt sind Pflichten zur kooperativen Selbstregulierung auch in den auf Art. 9 GasfernleitungsVO gestützten Leitlinien für Dienstleistungen für den Netzzugang Dritter. Nach Ziffer 3 dieser Leitlinien konzipieren Fernleitungsnetzbetreiber etwa Netzcodes und harmonisierte Verträge im Anschluss an eine angemessene Konsultation der Netznutzer. Unter entscheidender Beteiligung der Branchenvertreter kommen auch die unverbindlichen Leitlinien des Madrider Forums (Gas) und des Florenzer Forums (Elektrizität) zustande, die die rechtsverbindlichen Leitlinien ergänzen und vorbereiten (*Neveling,* in: D/T, B I a, Rn. 582 ff.; *Arndt,* DV 2006, 100, 106). 21

3. Wesentliche Züge der Netzzugangsregulierung nach EnWG 2005. Durch die Neufassung des EnWG werden die europa- 22 rechtlichen Vorgaben zum regulierten Netzzugang umgesetzt. Das „Primat der privatautonomen Zugangsverhandlung" (*Kühling*, S. 182) wurde aufgegeben. Zwar liegen dem Netzzugang weiterhin privatrechtliche Verträge zugrunde (§ 20 I a, I b). Diese müssen sich jedoch in ein enger gewordenes Korsett regulativer Vorgaben einfügen. Es wird die Zuständigkeit einer **Regulierungsbehörde** begründet (§§ 54 ff.). Wesentliche Aspekte der **Vertragsbedingungen** sind nun **hoheitlich reguliert.** Insbesondere werden die Netzzugangsentgelte individuellen Genehmigungsverfahren unterworfen (§ 23 a). Die sonstigen Netzzugangsbedingungen oder Methoden zur Festsetzung dieser Bedingungen werden durch oder aufgrund von Verordnungen nach § 24 reguliert. Darüber hinaus zeigt sich der regulative Charakter der Netzzugangsregelung nach dem EnWG 2005 auch darin, daß die Regulierungsbehörde den Netzzugang gem. § 30 II 2 Nr. 2 im Fall der rechtswidrigen Zugangsverweigerung notfalls hoheitlich anordnen kann.

23 **Materiell-rechtliche Regulierungsvorgaben** zu Netzzugangsentgelten und -bedingungen finden sich insbesondere in § 20 (§ 20, Rn. 14 ff.) und § 21. Diese Vorschriften werden durch Rechtsverordnungen konkretisiert. So wird die Bundesregierung in § 24 1 Nr. 1 ermächtigt, durch Rechtsverordnung die Bedingungen für den Netzzugang einschließlich der Beschaffung und Erbringung von Ausgleichsleistungen oder Methoden zur Bestimmung dieser Bedingungen sowie Methoden zur Bestimmung der Entgelte für den Netzzugang festzulegen. Von diesen Ermächtigungen wurde in den Netzentgelt- und Netzzugangsverordnungen ausführlich Gebrauch gemacht. Darüber hinaus kann die Regulierungsbehörde selbst die materiellrechtlichen Vorgaben durch Festlegungen nach § 42 GasNZV, § 27 StromNZV, § 30 GasNEV und § 30 StromNZV präzisieren.

24 Dessen ungeachtet erfolgt die Netzzugangsregulierung weiterhin unter **Einbeziehung selbstregulativer Normierungselemente.** Die Netzbetreiber werden intensiv an der konkreten Ausgestaltung des Netzzugangs beteiligt. Selbstregulative Züge tragen insbesondere die gesetzlichen Kooperationspflichten der Netzbetreiber (§ 20, Rn. 27 ff.).

25 **Spezialvorschriften** finden sich für den Zugang zu **vorgelagerten Rohrleitungsnetzen** und **Speicheranlagen** im Gassektor in §§ 26 bis 28. Hier wurden die Netzzugangsvorschriften des EnWG 1998 zum Teil wörtlich übernommen. Wenn der Gesetzgeber den wesentlichen Unterschied zu den Netzzugangsregeln des § 20 allerdings darin sieht, daß nach §§ 26 ff. der Netzzugang „abweichend von § 20 ... auf vertraglicher Grundlage" erfolgt (Begr. BT-Drucks. 15/3917, S. 62), wird dies der in § 20 getroffenen Regelung nicht gerecht. Auch der Netzzugang nach § 20 erfolgt auf vertraglicher Grundlage. Die eigentliche

Neuerung durch § 20 I liegt nicht in der Abkehr vom Vertragsmodell, sondern in der stärkeren hoheitlichen Beeinflussung der Vertragsbedingungen und der Intensivierung der Standardisierungs- und Eingriffsmöglichkeiten der Regulierungsbehörde (*Scholtka,* NJW 2005, 2421, 2424). Eben darauf wird bezüglich vorgelagerten Rohrleitungen und Speicheranlagen verzichtet.

§ 20 Zugang zu den Energieversorgungsnetzen

(1) ¹Betreiber von Energieversorgungsnetzen haben jedermann nach sachlich gerechtfertigten Kriterien diskriminierungsfrei Netzzugang zu gewähren sowie die Bedingungen, einschließlich Musterverträge, und Entgelte für diesen Netzzugang im Internet zu veröffentlichen. ²Sie haben in dem Umfang zusammenzuarbeiten, der erforderlich ist, um einen effizienten Netzzugang zu gewährleisten. ³Sie haben ferner den Netznutzern die für einen effizienten Netzzugang erforderlichen Informationen zur Verfügung zu stellen. ⁴Die Netzzugangsregelung soll massengeschäftstauglich sein.

(1a) ¹Zur Ausgestaltung des Rechts auf Zugang zu Elektrizitätsversorgungsnetzen nach Absatz 1 haben Letztverbraucher von Elektrizität oder Lieferanten Verträge mit denjenigen Energieversorgungsunternehmen abzuschließen, aus deren Netzen die Entnahme und in deren Netze die Einspeisung von Elektrizität erfolgen soll (Netznutzungsvertrag). ²Werden die Netznutzungsverträge von Lieferanten abgeschlossen, so brauchen sie sich nicht auf bestimmte Entnahmestellen zu beziehen (Lieferantenrahmenvertrag). ³Netznutzungsvertrag oder Lieferantenrahmenvertrag vermitteln den Zugang zum gesamten Elektrizitätsversorgungsnetz. ⁴Alle Betreiber von Elektrizitätsversorgungsnetzen sind verpflichtet, in dem Ausmaß zusammenzuarbeiten, das erforderlich ist, damit durch den Betreiber von Elektrizitätsversorgungsnetzen, der den Netznutzungs- oder Lieferantenrahmenvertrag abgeschlossen hat, der Zugang zum gesamten Elektrizitätsversorgungsnetz gewährleistet werden kann. ⁵Der Netzzugang durch die Letztverbraucher und Lieferanten setzt voraus, dass über einen Bilanzkreis, der in ein vertraglich begründetes Bilanzkreissystem nach Maßgabe einer Rechtsverordnung über den Zugang zu Elektrizitätsversorgungsnetzen einbezogen ist, ein Ausgleich zwischen Einspeisung und Entnahme stattfindet.

(1b) ¹Zur Ausgestaltung des Zugangs zu den Gasversorgungsnetzen müssen Betreiber von Gasversorgungsnetzen Einspeise- und Ausspeisekapazitäten anbieten, die den Netzzugang ohne Festle-

§ 20   Teil 3. Regulierung des Netzbetriebs

gung eines transaktionsabhängigen Transportpfades ermöglichen und unabhängig voneinander nutzbar und handelbar sind. [2] Zur Abwicklung des Zugangs zu den Gasversorgungsnetzen ist ein Vertrag mit dem Netzbetreiber, in dessen Netz eine Einspeisung von Gas erfolgen soll, über Einspeisekapazitäten erforderlich (Einspeisevertrag). [3] Zusätzlich muss ein Vertrag mit dem Netzbetreiber, aus dessen Netz die Entnahme von Gas erfolgen soll, über Ausspeisekapazitäten abgeschlossen werden (Ausspeisevertrag). [4] Wird der Ausspeisevertrag von einem Lieferanten mit einem Betreiber eines Verteilernetzes abgeschlossen, braucht er sich nicht auf bestimmte Entnahmestellen zu beziehen. [5] Alle Betreiber von Gasversorgungsnetzen sind verpflichtet, untereinander in dem Ausmaß verbindlich zusammenzuarbeiten, das erforderlich ist, damit der Transportkunde zur Abwicklung eines Transports auch über mehrere, durch Netzkopplungspunkte miteinander verbundene Netze nur einen Einspeise- und einen Ausspeisevertrag abschließen muss, es sei denn, diese Zusammenarbeit ist technisch nicht möglich oder wirtschaftlich nicht zumutbar. [6] Sie sind zu dem in Satz 5 genannten Zweck verpflichtet, bei der Berechnung und dem Angebot von Kapazitäten, der Erbringung von Systemdienstleistungen und der Kosten- oder Entgeltwälzung eng zusammenzuarbeiten. [7] Sie haben gemeinsame Vertragsstandards für den Netzzugang zu entwickeln und unter Berücksichtigung von technischen Einschränkungen und wirtschaftlicher Zumutbarkeit alle Kooperationsmöglichkeiten mit anderen Netzbetreibern auszuschöpfen, mit dem Ziel, die Zahl der Netze oder Teilnetze sowie der Bilanzzonen möglichst gering zu halten. [8] Betreiber von über Netzkopplungspunkte verbundenen Netzen haben bei der Berechnung und Ausweisung von technischen Kapazitäten mit dem Ziel zusammenzuarbeiten, in möglichst hohem Umfang aufeinander abgestimmte Kapazitäten in den miteinander verbundenen Netzen ausweisen zu können. [9] Bei einem Wechsel des Lieferanten kann der neue Lieferant vom bisherigen Lieferanten die Übertragung der für die Versorgung des Kunden erforderlichen, vom bisherigen Lieferanten gebuchten Ein- und Ausspeisekapazitäten verlangen, wenn ihm die Versorgung des Kunden entsprechend der von ihm eingegangenen Lieferverpflichtung ansonsten nicht möglich ist und er dies gegenüber dem bisherigen Lieferanten begründet. [10] Betreiber von Fernleitungsnetzen sind verpflichtet, die Rechte an gebuchten Kapazitäten so auszugestalten, dass sie den Transportkunden berechtigen, Gas an jedem Einspeisepunkt für die Ausspeisung an jedem Ausspeisepunkt ihres Netzes oder, bei dauerhaften

Engpässen, eines Teilnetzes bereitzustellen (entry-exit System). [11] Betreiber eines örtlichen Verteilernetzes haben den Netzzugang nach Maßgabe einer Rechtsverordnung nach § 24 über den Zugang zu Gasversorgungsnetzen durch Übernahme des Gases an Einspeisepunkten ihrer Netze für alle angeschlossenen Ausspeisepunkte zu gewähren.

(2) [1] Betreiber von Energieversorgungsnetzen können den Zugang nach Absatz 1 verweigern, soweit sie nachweisen, dass ihnen die Gewährung des Netzzugangs aus betriebsbedingten oder sonstigen Gründen unter Berücksichtigung der Ziele des § 1 nicht möglich oder nicht zumutbar ist. [2] Die Ablehnung ist in Textform zu begründen und der Regulierungsbehörde unverzüglich mitzuteilen. [3] Auf Verlangen der beantragenden Partei muss die Begründung im Falle eines Kapazitätsmangels auch aussagekräftige Informationen darüber enthalten, welche Maßnahmen und damit verbundene Kosten zum Ausbau des Netzes erforderlich wären, um den Netzzugang zu ermöglichen; die Begründung kann nachgefordert werden. [4] Für die Begründung nach Satz 3 kann ein Entgelt, das die Hälfte der entstandenen Kosten nicht überschreiten darf, verlangt werden, sofern auf die Entstehung von Kosten zuvor hingewiesen worden ist.

Literatur allgemein und zu § 20 I: *Böhnel,* Wettbewerbsbegründende Durchleitungen in der Elektrizitätswirtschaft: richtlinienkonforme Durchsetzbarkeit nach deutschem Recht, Diss. Göttingen, 2001; *Britz,* „Selbstregulative Zusammenarbeit" und „moderierende Regulierung" im EnWG, ZNER 2006, 91 ff.; *Held/Zenke,* Rechtsfragen des Börsenhandels von Strom, in: Becker/Held/Riedel/Theobald (Hrsg.), Energiewirtschaft im Aufbruch, 2001, S. 223 ff.; *Hermes,* Die Regulierung der Energiewirtschaft zwischen öffentlichem und privatem Recht, ZHR 2002, 433 ff.; *Horstmann,* Netzzugang in der Energiewirtschaft, 2001; *Kühling/el-Barudi,* Das runderneuerte Energiewirtschaftsgesetz, DVBl. 2005, 1470 ff.; *Kühne,* Der Netzzugang und seine Verweigerung im Spannungsfeld zwischen Zivilrecht, Energierecht und Kartellrecht, RdE 1999, 1 ff.; *Schneider,* Kooperative Netzzugangsregulierung und europäische Verbundverwaltung im Elektrizitätsbinnenmarkt, ZWeR 2003, 381 ff.; *Schneider/Prater,* Das europäische Energierecht im Wandel, RdE 2004, 57; *Seeger,* Die Durchleitung elektrischer Energie nach neuem Recht, Diss. Erlangen-Nürnberg, 2002.

Literatur zu § 20 Ia: *Britz,* „Selbstregulative Zusammenarbeit" und „moderierende Regulierung" im EnWG, ZNER 2006, 91 ff.; *Brückl/Neubarth/Wagner,* Regel- und Reserveleistungsbedarf eines Übertragungsnetzbetreibers, ET 2006, 50 ff.; *Fritz,* Bilanzkreismodell und Lastprofilverfahren, wwe 2000, 12 ff.; *Koenig/Rasbach,* Netzeigentumsübergreifendes Regelzonenmodell auf dem verfassungsrechtlichen Prüfstand, N&R 2004, 53 ff.; *Müller-Kirchenbauer/Ritzau,* VV II – Anforderungen und Chancen in der Praxis, ET 2000, 212 ff.; *Ritzau/Zander,* Verbändevereinbarung II – Sind die Voraussetzungen für eine liquiden Energie-

§ 20 Teil 3. Regulierung des Netzbetriebs

handel gegeben?, in: Becker/Held/Riedel/Theobald (Hrsg.), Energiewirtschaft im Aufbruch, 2001, S. 157 ff.; *Rossel/Koch,* Die Umsetzung des Netznutzungskonzepts der VV II plus in die vertragliche Praxis, ET 2002, 860 ff.; *Säcker,* Die konkludente Netzverbundgesellschaft als Irrweg oder als Ausweg zu mehr Wettbewerb auf den Märkten für Energie?, WuW 2002, 241 ff.; *Schau,* Die automatisierte Ausgestaltung des Stromnetzzugangs durch die Bundesnetzagentur, ZNER 2007, 25 ff.; *Schröder/Stelzner,* Der Bilanzkreisvertrag unter besonderer Berücksichtigung der Strombörsen, ET 2000, 683 ff.; *Schwintowski,* Der Netzverbundvertrag, WuW 2001, 1042 ff.; *Stumpf/Gabler,* Netzzugang, Netznutzungsentgelte und Regulierung in Energienetzen nach der Energierechtsnovelle, NJW 2005, 3174, 3175; *VDN,* Kommentarband, Umsetzung der Verbändevereinbarung über Kriterien zur Bestimmung von Netznutzungsentgelten für elektrische Energie und über Prinzipien der Netznutzung vom 13. Dezember 2001 (VV II +), als Download unter www.vdn-berlin.de/global/downloads/Publikationen/kommentarband_vv2.pdf (letzter Zugriff: 6. 6. 2006).

Literatur zu § 20 I b: *Badura,* Netzzugang oder Mitwirkung Dritter bei der Energieversorgung mit Gas?, DVBl. 2004, 1189 ff.; *Breuer u. a.,* Die Kooperationsvereinbarung der Gastransportnetzbetreiber gemäß § 20 Abs. 1 b) EnWG – ein Überblick, RdE 2006, 264 ff.; *Britz,* „Selbstregulative Zusammenarbeit" und „moderierende Regulierung" im EnWG, ZNER 2006, 91 ff.; *Däuper,* Ausgestaltung des regulierten Gasnetzzugangs gemäß § 20 Abs. 1 b EnWG, ZNER 2006, 210 ff.; *Däuper/Kolf,* Die Neuregelung des Gasnetzzugangs, IR 2006, 194 ff.; *Graßmann,* Die vorrangige Einspeisung von Biogas in die Erdgasnetze, ZNER 2006, 12 ff.; *Huber/Storr,* Der Transportkunde als Schlüsselfigur des regulierten Netzzugangs auf dem Gasmarkt, RdE 2007, 1 ff.; *Koenig/Rasbach,* Netzeigentumsübergreifendes Regelzonenmodell auf dem verfassungsrechtlichen Prüfstand, N&R 2004, 53 ff.; *Kühling/el-Barudi,* Das runderneuerte Energiewirtschaftsgesetz, DVBl. 2005, 1470 ff.; *Neveling,* Der neue Verordnungsentwurf zum Gasnetzzugang, ET 2004, 611 ff.; *Neveling/Däuper,* Verfassungsrechtliche Kartenhäuser in der Diskussion um ein netzeigentumsübergreifendes Entry-Exit-Gasnetzzugangsmodell, IR 2004, 126 ff.; *Spreng,* Netzzugang im deutschen und britischen Gasmarkt, 2005.

Literatur zu § 20 II: *Büdenbender,* Grundfragen des energierechtlichen Netzzugangs in der Gaswirtschaft nach der Gasnovelle (§ 6a EnWG), RdE 2001, 165 ff.; *Giermann,* Der diskriminierungsfreie Durchleitungsanspruch gemäß § 6 I EnWG und die Verweigerung der Durchleitung in der Praxis, RdE 2000, 222 ff.; *Hamdorf,* Die Verordnung (EG) Nr. 1228/2003 über die Netzzugangsbedingungen für den grenzüberschreitenden Stromhandel, IR 2004, 245 ff.; *Hammerstein,* Netzanschluß und Netzzugang für Kohle- und Gaskraftwerke, ZNER 2006, 110 ff.; *Knops/de Vries/Hakvoort,* Congestion Management in the European Electricity System, JoNI 2 (2001), 311 ff.; *Kühling,* Die neuen Engpass-Leitlinien der Kommission im grenzüberschreitenden Stromhandel, RdE 2006, 173 ff.; *Kühling/Hermeier,* Innovationsoffenheit des Unbundling-Regimes? – Die Einführung neuer Strukturen im grenzüberschreitenden Stromhandel als Bewährungsprobe, ZNER 2006, 27 ff.; *Kühne,* Der Netzzugang und seine Verweigerung im Spannungsfeld zwischen Zivilrecht, Energierecht und Kartellrecht, RdE 2000, 1 ff.; *Neveling,* Der neue Verordnungsentwurf zum Gasnetzzugang, ET 2004, 611 ff.; *Pritzsche/Stephan/Pooschke,* Engpassmanagement durch marktorientiertes Redispatching, RdE 2007, 36 ff.; *de Wyl/Hartmann/Hilgenstock,* Wettbewerb auf dem Erzeugermarkt?, IR 2006, 199 ff. (Teil 1), 218 ff. (Teil 2); *Zimmer u. a.*, Weiterentwicklung des grenzüberschreitenden Engpass-Managements im europäischen Stromnetz, ET 2004, 786 ff.

Übersicht

	Rn.
A. Allgemeines	1
I. Inhalt und Zweck	1
II. Europarecht	2
1. Richtlinien	2
2. StromhandelsVO	3
3. GasfernleitungsVO	5
III. Entstehungsgeschichte	6
B. Netzzugang (§ 20 I)	7
I. Zugangsverpflichtete (§ 20 I 1)	7
II. Zugangsberechtigte (§ 20 I 1)	8
III. Anspruchsinhalt	9
IV. Netzzugangsbedingungen	11
1. Allgemeines	11
2. Gesetzliche Maßstäbe für die Netzzugangsbedingungen	12
a) Maßstäbe des § 20 I 1	13
aa) Sachlich gerechtfertigte Kriterien	13
(1) Kriterien	13
(2) Sachliche Rechtfertigung	16
bb) Diskriminierungsverbot	19
b) Sonstige Maßstäbe des EnWG	22
c) Maßstäbe des Gemeinschaftsrechts	23
3. Veröffentlichung	25
V. Durchsetzung des Anspruchs	26
VI. Zusammenarbeitspflicht (§ 20 I 2)	27
VII. Informationspflicht (§ 20 I 3)	32
VIII. Massengeschäftstauglichkeit, Standardangebote (§ 20 I 4)	33
IX. Ermöglichung kurzfristigen (Börsen)Handels	35
X. Ausnahmen von der Netzzugangspflicht	36
XI. Verhältnis zu anderen Vorschriften	37
C. Zugang zu den Stromnetzen (§ 20 I a)	38
I. Vertragsverhältnisse nach § 20 I a im Überblick	38
II. Entstehungsgeschichte	39
III. Technisch-organisatorischer Hintergrund des Netzzugangsmodells	42
1. Technischer „Gesamtnetzcharakter" und organisatorischer „Individualisierungsbedarf"	44
a) Gesamtnetzcharakter	44
b) Individualisierungsbedarf	45
2. Nutzung mehrerer Teilnetze und „Ein-Vertrag-Modell"	47

	Rn.
a) Nutzung mehrerer Netze	47
b) Ein-Vertrag-Modell	49
3. Ausgleichsmaßnahmen	52
a) Erfordernis physikalischen Ausgleichs	52
b) Regelungsaufgabe der Übertragungsnetzbetreiber	54
c) Wirtschaftliche Verantwortung für Abweichungen durch Netznutzung	57
d) Einbindung des Verteilernetzbetreibers	59
aa) Aufgaben des Verteilernetzbetreibers	60
bb) Insbesondere Abwicklung von Lastprofilverfahren	61
IV. Netznutzungs- und Lieferantenrahmenvertrag (§ 20 I a 1, 2)	63
1. Netznutzungsvertrag	63
a) Vertragspartner	64
b) Vertragsinhalt	68
2. Lieferantenrahmenvertrag	80
a) Abgrenzung zum Netznutzungsvertrag	81
aa) Bisherige Vertragspraxis	81
bb) Wortlaut von § 20 I a 2	83
b) Vertragsinhalt	84
3. Sonstige Verträge	89
4. Vertragsschluß	90
5. Lieferantenwechsel	91
V. Zugang zum gesamten Elektrizitätsversorgungsnetz (§ 20 I a 3)	94
VI. Zusammenarbeitspflicht (§ 20 I a 4)	96
1. Inhalt	96
2. Bestehende Zusammenarbeitsformen	100
3. Durchsetzung der Zusammenarbeitspflicht	104
VII. Einbeziehung in ein Bilanzkreissystem (§ 20 I a 5)	107
1. Entstehung und Zweck des Bilanzkreissystems	108
2. Bilanzkreis	110
3. Bilanzkreise zur Abwicklung von Handelsgeschäften (§ 4 I 3 StromNZV)	113
4. Bilanzkreisverantwortlicher (§ 4 II 1 StromNZV)	114
5. Bilanzausgleich (§ 4 II 2 StromNZV)	115
6. Unterbilanzkreis und Verrechnung der Salden verschiedener Bilanzkreise (§ 4 I 4, 5 StromNZV)	117
7. Fahrplanabwicklung (§ 5 StromNZV)	118
D. Zugang zu den Gasversorgungsnetzen (§ 20 I b)	125
I. Überblick	125
II. Entwicklung des Netzzugangsmodells	126
III. Ausgestaltung des Zugangs (§ 20 I b 1)	131
1. Kein transaktionsabhängiger Transportpfad	132
2. Unabhängigkeit	135
3. Handelbarkeit	136

		Rn.
IV.	Vertragliche Abwicklung (§ 20 I b 2–4)	139
	1. Einspeisevertrag (§ 20 I b 2)	142
	2. Ausspeisevertrag (§ 20 I b 3)	145
	3. Lieferantenrahmenvertrag (§ 20 I b 4)	149
	4. Bilanzkreisvertrag	150
	5. Geschäftsbedingungen für den Gastransport	153
V.	Kooperationspflicht der Betreiber von Gasversorgungsnetzen (§ 20 I b 5–7)	166
	1. Umsetzung durch Kooperationsvereinbarung	168
	2. Ausnahme bei Unmöglichkeit oder Unzumutbarkeit	170
	3. Ausweisung und Angebot von Kapazitäten	171
	4. Systemdienstleistungen, Kosten- oder Entgeltwälzung	172
	5. Gemeinsame Vertragsstandards	174
	6. Zahl der Teilnetze sowie der Bilanzzonen	175
VI.	Kooperationspflicht zwischen Betreibern verbundener Netze (§ 20 I b 8)	180
VII.	Rucksackprinzip (§ 20 I b 9)	182
VIII.	Entry-Exit-System (§ 20 I b 10)	189
IX.	Regelungen für örtliche Verteilnetze (§ 20 I b 11)	194
E. Zugangsverweigerung und Netzausbau (§ 20 II)		200
I.	Überblick	200
II.	Unmöglichkeit der Zugangsgewährung	201
	1. Technische Gründe	201
	2. Kapazitätsmangel	202
	a) Engpaßarten	202
	b) Ermittlung der technisch verfügbaren Kapazitäten	205
	c) Privilegierung bestimmter Netznutzer	206
	d) Lieferantenwechsel	207
	e) Wirksamkeit von Kapazitätsverträgen	208
	f) Engpaßmanagement beim Zugang zu Elektrizitätsversorgungsnetzen	209
	g) Engpaßmanagement beim Zugang zu den Gasversorgungsnetzen	214
	h) Verwendung der Erlöse aus dem Engpaßmanagement	219
	i) Freigabe ungenutzer Kapazitäten beim Gasnetzzugang	221
III.	Unzumutbarkeit	225
	1. Maßgebliche Interessen	225
	2. Konkurrierende Lieferverträge	227
	3. Reziprozität des Netzzugangs	228
	4. In der Person des Zugangspetenten liegende Gründe	230
IV.	Formelle Anforderungen	231
V.	Informationspflicht über Ausbaukosten	232

A. Allgemeines

I. Inhalt und Zweck

1 § 20 I trifft die Kernregelung über den Netzzugang. Ziel der Netzzugangsbestimmung ist „die Ermöglichung wirksamen Wettbewerbs auf den dem Netzbereich vor- und nachgelagerten Märkten" (Begr. BT-Drucks. 15/3917, S. 46). Grundzüge des Netzzugangsmodells sind in § 20 Ia (Zugang zu den Stromnetzen) und in § 20 Ib (Zugang zu den Gasnetzen) geregelt. Konkrete Ausgestaltung erfährt der Netzzugang durch die StromNEV, GasNEV, StromNZV und die GasNZV. Wie aus § 20 Ia und Ib hervorgeht, erfolgt der Netzzugang weiterhin auf vertraglicher Grundlage. § 20 II sieht für bestimmte Ausnahmefälle die Möglichkeit einer Durchleitungsverweigerung vor. Eine Konkretisierung dieser Ausnahmeregelung speziell für die Verweigerung des Gasnetzzugangs findet sich in § 25. Im Gassektor gelten eigenständige Netzzugangsregelungen für den Zugang zu den vorgelagerten Rohrleitungsnetzen und zu Speicheranlagen (§§ 26 ff.). § 20 ist insoweit nicht anwendbar.

II. Europarecht

2 **1. Richtlinien.** § 20 I dient der Umsetzung von Art. 9 lit. f, Art. 14 III, Art. 20 I und Art. 23 IV EltRl sowie Art. 8 I lit. d, Art. 12 IV, Art. 18 I und Art. 25 IV GasRl (Begr. BT-Drucks. 15/3917, 59). Die zentralen europarechtlichen Netzzugangsregelungen finden sich in Art. 20 I 1 EltRl und Art. 18 I 1 GasRl: „Die Mitgliedstaaten gewährleisten die Einführung eines Systems für den Zugang Dritter zu den Übertragungs- und Verteilernetzen auf der Grundlage veröffentlichter Tarife; die Zugangsregelung gilt für alle zugelassenen Kunden und wird nach objektiven Kriterien und ohne Diskriminierung zwischen den Netzbenutzern angewandt" (Art. 20 I 1 EltRL). § 20 II dient der Umsetzung von Art. 20 II 2 EltRl und Art. 21 I 2 GasRl (Begr. BT-Drucks. 15/3917, 59), die grundsätzlich eine Möglichkeit der Netzzugangsverweigerung vorsehen. Die in § 20 I a und I b in den Grundzügen geregelten vertraglichen Ausgestaltungen des Netzzugangs haben kein europarechtliches Vorbild.

3 **2. StromhandelsVO.** Auch die StromhandelsVO enthält Vorschriften über den Netzzugang. Diese sind unmittelbar anwendbar, so daß eine Abgrenzung zu den nationalen Netzzugangsvorschriften erforderlich ist. Gegenstand der StromhandelsVO ist nach deren Art. 1 1 der grenzüberschreitende Stromhandel. Die StromhandelsVO hat nach

Art. 1 2 drei wesentliche Regelungsbereiche: die Schaffung eines **Ausgleichsmechanismus** für grenzüberschreitende Stromflüsse (Art. 3 StromhandelsVO, *Schneider/Prater,* RdE 2004, 57, 62), die Höhe der **Netzzugangsentgelte** bei grenzüberschreitender Übertragung (Art. 4 StromhandelsVO, § 21, Rn. 37) und die Zuweisung der auf den „**Verbindungsleitungen**" (vgl. Legaldefinition in Art. 2 I StromhandelsVO) zwischen nationalen Übertragungsnetzen verfügbaren Kapazitäten (Art. 5–7 StromhandelsVO, § 20 Abs. 2, Rn. 205). Die Regulierungsbehörde hat damit sowohl nationales Recht als auch die StromhandelsVO anzuwenden. Eine Abgrenzung zum Anwendungsbereich des nationalen Rechts ist insbesondere hinsichtlich der Netzzugangsentgelte erforderlich. Die Entgeltregeln des Art. 4 StromhandelsVO gelten nach der Definition des Anwendungsbereichs in Art. 1 1 StromhandelsVO (nur) für den Netzzugang zwecks **grenzüberschreitender Übertragung**. Zwar geht die Leitlinienkompetenz der Kommission darüber hinaus. Gemäß Art. 8 III StromhandelsVO enthalten die Leitlinien geeignete Regeln für eine schrittweise **Harmonisierung** der zugrunde liegenden Grundsätze für die Festsetzung der nach den nationalen Tarifsystemen von Erzeugern und Verbrauchern zu zahlenden Entgelte. Bislang sind jedoch keine Leitlinien zu den nationalen Tarifsystemen ergangen.

Die Regulierungsbehörde muß darum bei der Regulierung der Netznutzungsentgelte danach differenzieren, ob eine **grenzüberschreitende Übertragung** begehrt wird (dann gelten die materiellrechtlichen Vorgaben von Art. 4 StromhandelsVO) oder ob ein rein innerstaatlicher Zugangssachverhalt vorliegt (dann gelten die materiellrechtlichen Vorgaben des § 21). In der Praxis wird die Handhabung der grenzüberschreitenden Sachverhalte dadurch erleichtert, daß die materiellrechtlichen Vorgaben des § 21 und der StromNEV den europarechtlichen Anforderungen genügen (§ 21, Rn. 34 ff.). Daß die nationalen Vorschriften sogar weitergehende, detailliertere Bestimmungen als die StromhandelsVO enthalten, ist gem. Art. 11 StromhandelsVO unbedenklich.

3. GasfernleitungsVO. Auch die GasfernleitungsVO enthält Vorschriften über den Netzzugang. Ziel der GasfernleitungsVO ist nach deren Art. 1 I die Festlegung nicht diskriminierender Regeln für die Bedingungen für den Zugang zu Erdgasfernleitungsnetzen. Sie hat gem. Art. 1 I 2 im wesentlichen fünf Regelungsbereiche: die Festlegung der **Tarife** für den Zugang zu den Fernleitungsnetzen (Art. 3 GasfernleitungsVO, § 21, Rn. 37), die Einrichtung von **Dienstleistungen für den Netzzugang** Dritter (Art. 4 GasfernleitungsVO), harmonisierte Grundsätze der **Kapazitätszuweisungsmechanismen** und Verfahren für das **Engpaßmanagement** (Art. 5 GashandelsVO, § 20, Rn. 214 ff.) sowie Regeln für den **Ausgleich** von Mengenab-

§ 20 6, 7 Teil 3. Regulierung des Netzbetriebs

weichungen und Ausgleichsentgelte (Art. 7 GasfernleitungsVO, § 22, Rn. 5) und den **Handel mit Kapazitätsrechten** (Art. 8 GasfernleitungsVO). Der Anwendungsbereich der GasfernleitungsVO ist im Vergleich zu dem der StromhandelsVO weiter, da ihr materiellrechtlicher Regelungsgehalt umfassender ist und da sie jeglichen (nicht nur den grenzüberschreitenden) Netzzugang zu Gasfernleitungen erfaßt. Die Regulierungsbehörde hat die Vorgaben der GasfernleitungsVO beim Zugang zu Gasfernleitungen mithin immer zu beachten, ohne daß zwischen grenzüberschreitenden und rein innerstaatlichen Durchleitungssachverhalten zu differenzieren wäre.

III. Entstehungsgeschichte

6 § 20 I und II ähneln den Vorläuferregelungen in §§ 6, 6a EnWG 1998 (vgl. Begr. BT-Drucks. 15/3917, S. 59). § 20 I a und I b sind erst später in den Gesetzentwurf aufgenommen worden, nachdem bereits der Bundesrat in seiner Stellungnahme angeregt hatte, die grundlegenden Aussagen über das Modell des Netzzugangs bei Strom und Gas in das Gesetz aufzunehmen (Stellungnahme BT-Drucks. 15/3917, S. 82). Es wurden daraufhin die Grundprinzipien der Netzzugangsmodelle aus den Entwürfen für Rechtsverordnungen als § 20 I a und I b aufgenommen (Hempelmann-Bericht, S. 119). Erst im Rahmen des Vermittlungsverfahrens wurden § 20 I b nochmals geändert und das sog. Entry-Exit-Modell konkretisiert (Vermittlungsausschuß BT-Drucks. 15/5736, S. 3). Weil die Arbeiten an der GasNZV zu diesem Zeitpunkt bereits abgeschlossen waren, decken sich nun im Gasbereich die Vorgaben von Gesetz und Verordnung nicht vollständig.

B. Netzzugang (§ 20 I)

I. Zugangsverpflichtete (§ 20 I 1)

7 Die Pflicht zur Gewährung des Netzzugangs trifft grundsätzlich alle Betreiber von Energieversorgungsnetzen. Zu den Energieversorgungsnetzen zählen gem. § 3 Nr. 16 sowohl die Elektrizitätsversorgungsnetze als auch die Gasversorgungsnetze. Als Gasversorgungsnetze sind neben den Fernleitungsnetzen und Gasverteilernetzen auch die weiteren in § 3 Nr. 20 genannten Anlagen anzusehen, für die allerdings teilweise nach § 26 ff. Sonderregelungen gelten. Von der Zugangspflicht ausgenommen sind außerdem unter bestimmten Voraussetzungen Betreiber der in § 110 aufgezählten und dort als Objektnetze bezeichneten Energieversorgungsnetze.

II. Zugangsberechtigte (§ 20 I 1)

Zugangsberechtigt ist jedermann. Dies können sowohl natürliche als auch juristische Personen sein (vgl. § 3 Nr. 28). Der Netznutzungsanspruch steht sowohl demjenigen zu, der sich mittels Netzzugangs beliefern lassen möchte als auch demjenigen, der auf diese Weise einen anderen beliefern möchte.

III. Anspruchsinhalt

Der Netzzugangsanspruch wird vertraglich begründet (Rn. 10), sein Inhalt ist jedoch gesetzlich vorgezeichnet. Der Gesetzgeber hat den Zugangsanspruch vom Anspruch auf Netzanschluß (§§ 17 ff.) getrennt. Der Netzzugangsanspruch bezieht sich auf den **„Transport"** von Energie über das Netz (s. zum technischen Hintergrund des „Transports" vor Abschnitt 3 Rn. 5). Der Netzbetreiber schuldet dem Zugangsberechtigten den Zugang zu seinem Netz, also die Ermöglichung der Belieferung der vereinbarten Entnahmestelle. Tatsächlich besteht diese Leistung aus zahlreichen Einzelleistungen, deren Notwendigkeit sich teilweise bereits aus der Natur der Sache ergibt (vgl. *OLG Dresden*, ZNER 2001, 168, 169; *OLG Dresden*, RdE 2002, 49, 50, 51; *Schultz*, in: L/B, Anh. z. 5. Abschn., EnergieW, Rn. 63). Der Anspruchsinhalt wird durch die zulässigen Zugangsbedingungen konturiert (Rn. 11). Der Zugangsanspruch ist durch die Netzkapazitäten begrenzt (§ 3 I 2 StromNZV); der Netzbetreiber ist dem Zugangsberechtigten daher nicht nach § 20 I zum Ausbau seines Netzes verpflichtet (zur allgemeinen Ausbaupflicht § 11, Rn. 31 ff.). Neben die Transportpflicht des Netzbetreibers tritt gem. § 21 b grundsätzlich die Pflicht zur Erbringung von Meßdienstleistungen (§ 21 b, Rn. 9 ff.).

Unter der Geltung des EnWG 1998 war sehr streitig, ob § 6 I 1 EnWG 1998 einen unmittelbaren **gesetzlichen Anspruch auf Netzzugang,** oder lediglich einen Anspruch auf vertragliche Gewährung des Netzzugangs und damit einen **Kontrahierungszwang,** eventuell sogar bloß einen **Anspruch auf Durchführung von Vertragsverhandlungen** begründete (*Böhnel,* S. 275; *Hermes,* ZHR 2002, 433, 453; *Horstmann,* S. 37 ff.; *Kühling,* S. 185 ff.; *Kühne,* RdE 1999, 1, 2; *NT/T,* S. 170 ff.; *Recknagel,* in: VWEW, EnWG, § 6, Rn. 3; *Seeger,* S. 266). Auch § 20 I klärt diese Frage nicht ausdrücklich. §§ 23, 24 I 1, 25 I StromNZV und § 3 I 1 GasNZV lassen jedoch erkennen, daß der Verordnungsgeber annahm, es bestehe lediglich ein Anspruch auf Abschluß eines Netznutzungsvertrags (*Kühling/el-Barudi,* DVBl. 2005, 1470, 1474 f.; *Schultz,* in: L/B, Anh. z. 5. Abschn., EnergieW, Rn. 65).

Angesichts der intensiven Regulierung der Netzzugangsbedingungen durch Regulierungsbehörden fällt der Unterschied zwischen einem Anspruch auf Vertragsschluß und einem unmittelbaren Anspruch auf Netzzugang allerdings nicht mehr so sehr ins Gewicht, weil wesentliche Vertragsbedingungen aufgrund der Regulierungsentscheidungen bereits feststehen (Rn. 11, 14). In **prozeßrechtlicher** Hinsicht ist unabhängig von der dogmatischen Einordnung des Anspruchsinhalts eine Klage unmittelbar auf Netzzugang möglich (überzeugend *BGH,* ZNER 2003, 234, 139 f.; *Büdenbender,* EnWG, § 5, Rn. 74; s. auch § 17, Rn. 46; § 26, Rn. 12).

IV. Netzzugangsbedingungen

11 1. **Allgemeines.** Netzzugangsbedingungen sind einerseits **Umstände und Pflichten auf Seiten des Netznutzers,** an die der Netzbetreiber die Gewährung des Netzzugangs knüpft, wie z. B. die Entrichtung des Netzentgelts. Andererseits betreffen die Netzzugangsbedingungen auch **Umstände und Pflichten auf Seiten des Netzbetreibers,** die von Bedeutung für die Abwicklung des Netzzugangs sind. Da der Netzzugang aufgrund eines privatrechtlichen Vertrags erfolgt, werden die Netzzugangsbedingungen im Grundsatz zwischen den Vertragspartnern ausgehandelt. Die meisten Netzzugangsbedingungen sind damit nichts anderes als Vertragspflichten, deren Akzeptanz ein Vertragspartner zur Voraussetzung des Vertragsschlusses macht. Allerdings ist der **vertragliche Gestaltungsspielraum** durch Vorgaben des EnWG, auf Grundlage des EnWG ergangener Verordnungen und durch Entscheidungen der Regulierungsbehörde eingeschränkt. Reguliert ist insbesondere die Entgelthöhe (§§ 23 a, 21 a), die genehmigungsbedürftig und damit nicht verhandelbar ist. Auch die sonstigen Netzzugangsbedingungen sind nicht völlig frei aushandelbar, sondern unterliegen rechtlichen Vorgaben, obgleich sie nicht genehmigungsbedürftig sind (Rn. 14, 17). Soweit die Bedingungen durch normative oder behördliche Regulierung vorgegeben sind, bilden sie zugleich den Inhalt einschließlich der Grenzen des gesetzlich vorgezeichneten vertraglichen Netzzugangsanspruchs (Rn. 9).

12 2. **Gesetzliche Maßstäbe für die Netzzugangsbedingungen.** Zur Beurteilung der Rechtmäßigkeit der Netzzugangsbedingungen finden sich an unterschiedlichen Stellen des EnWG und auch außerhalb des EnWG einschlägige Maßstäbe. Im Vordergrund steht § 20 I, der verlangt, daß nach sachlich gerechtfertigten Kriterien diskriminierungsfrei Netzzugang gewährt wird.

Zugang zu den Energieversorgungsnetzen   13–15 § 20

a) Maßstäbe des § 20 I 1. aa) Sachlich gerechtfertigte Krite- 13
rien. (1) Kriterien. Nach § 20 I 1 haben die Netzbetreiber jedermann
nach sachlich gerechtfertigten Kriterien Netzzugang zu gewähren. Mit
dem Wort „Kriterien" ist hier nichts anderes gemeint als mit der ansonsten im Gesetz verwendeten Bezeichnung „Bedingung" (Rn. 9).
Das Netzentgelt ist eine wesentliche Bedingung des Netzzugangs.
Darüber hinaus sind zahlreiche sonstige Aspekte des Netzzugangs als
Kriterien i. S. d. § 20 I 1 anzusehen. Dazu zählen u. a. Vertragslaufzeiten, Voraussetzungen des Lieferantenwechsels, Zahlungstermine, Sicherheitsleistungen, Rechtsfolgen bei Vertragsstörungen und sonstige
Haftungsfragen. Grundsätzlich können auch technische Vertragsbedingungen Kriterien i. S. d. § 20 I 1 sein, etwa die technischen Anschlußbedingungen für Einspeisung und verwendete Datenformate oder Vereinbarungen über Systemdienstleistungen des Netzbetreibers, wie die
Frequenz- und Spannungshaltung, Reservestellung oder die Unterbrechbarkeit der Leistungen.

Im Vergleich zur alten Rechtslage hat auch im Bereich dieser sonsti- 14
gen Bedingungen die **Regulierungsdichte** erheblich zugenommen.
Zahlreiche Fragen, insbesondere zur technischen Abwicklung des
Netzzugangs, sind nun durch hoheitliche Regelung in Gestalt der
Netzzugangsverordnungen verbindlich beantwortet bzw. können durch
Festlegungen seitens der Regulierungsbehörde beantwortet werden.
Auch § 20 I a, I b regeln bereits Aspekte der Ausgestaltung der sonstigen Netzzugangsbedingungen. §§ 11 ff. konkretisieren die Aufgaben
der Netzbetreiber, insbesondere deren Systemverantwortung. Insoweit
stehen die Netzzugangsbedingungen nicht mehr zur Disposition der
Vertragspartner.

In systematischer Hinsicht lassen sich Netzzugangskriterien i. S. d. 15
§ 20 I 1 nicht strikt von **Zugangsverweigerungsgründen** i. S. d.
§ 20 II 1 unterscheiden. Grundsätzlich lassen sich gerechtfertigte Zugangsbedingungen ohne inhaltliche Änderung als Zugangsverweigerungsgründe umformulieren und umgekehrt. Praktisch stellt sich die
Frage nach der Zulässigkeit der Zugangsbedingungen bzw. der Verweigerungsgründe immer dann, wenn der Netzbetreiber Zugang nur zu
solchen Bedingungen zu gewähren bereit ist, die der Netznutzungsinteressent nicht erfüllen möchte. Ob man dann fragt, ob die vom Betreiber verwendeten Zugangsbedingungen zulässig sind oder aber fragt, ob
die Nichterfüllung jener Bedingungen durch den Netzzugangsinteressenten zur Zugangsverweigerung berechtigen, macht im Ergebnis keinen Unterschied. Insbesondere in prozeßrechtlicher Hinsicht ist der
Unterschied gering. In beiden Fällen muß der Netzbetreiber darlegen,
daß die Einhaltung der Bedingung erforderlich ist (s. Rn. 16 einerseits

und § 20 II, Rn. 231 andererseits; allg. zur Verteilung der materiellen Beweislast § 68, Rn. 6 f.).

16 **(2) Sachliche Rechtfertigung.** Das Merkmal der sachlichen Rechtfertigung dürfte sich im Ergebnis weitgehend mit dem in § 21 I genannten Merkmal der Angemessenheit decken. Das Tatbestandsmerkmal der sachlichen Rechtfertigung macht jedoch noch deutlicher, daß grundsätzlich jede vom Netzbetreiber geforderte Bedingung neben dem Netznutzungsentgelt legitimierungsbedürftig ist. Eine Bedingung ist dann sachlich gerechtfertigt, wenn sie **erforderlich ist, um den Netzzugang technisch und organisatorisch abzuwickeln.** Dies ist vom Netzbetreiber darzulegen. Die Bedingungen müssen dabei so gewählt sein, daß die Vertragsanbahnungskosten möglichst gering bleiben und ein Anbieterwechsel nicht unnötig erschwert wird (*Kühling/el-Barudi*, DVBl. 2005, 1470, 1475). Hingegen können Bedingungen beispielsweise nicht aus dem Gegenleistungsgedanken heraus gerechtfertigt werden. Gegenleistung für die Einräumung des Netzzugangs ist allein das Entgelt. Darum darf der Netzbetreiber keine sonstigen Bedingungen verwenden, die Gegenleistungscharakter haben. Zulässig ist aber etwa die Vereinbarung einer sog. **„Netzentgelt-Nachberechnungsklausel"**, weil dies der Weg ist, wie Netzbetreiber die sich nach erfolgreichen Rechtsmitteln gegen die Netzentgelt-Genehmigung ergebenden Differenzen zwischen dem ursprünglich genehmigten und dem rechtmäßigen Netzentgelt nachträglich realisieren können (*OLG Düsseldorf*, B. v. 30. 8. 2006 – VI-3-Kart 295/06 (V), IR 2006, 251 f.).

17 Was sachlich gerechtfertigte Bedingungen sein können, wird insbesondere durch die **Netzzugangsverordnungen** näher ausgestaltet. § 24 1 Nr. 1 ermächtigt den Verordnungsgeber, die Bedingungen für den Netzzugang oder Methoden zur Bestimmung dieser Bedingungen festzulegen. § 24 1 Nr. 2 gestattet dem Verordnungsgeber, die Regulierungsbehörde zu ermächtigen, entsprechende Festlegungen zu treffen. Von beidem hat der Verordnungsgeber in der StromNZV und der GasNZV Gebrauch gemacht (s. § 24, Rn. 12 ff.). Konkrete Bedingungen für den Zugang zu den Übertragungsnetzen (Strom) finden sich in den Bestimmungen über die organisatorische Abwicklung des Netzzugangs im Rahmen eines **Bilanzkreissystems** (§§ 4 f. StromNZV) und in den Regeln über die Verpflichtung der Netzbetreiber im Rahmen der Beschaffung und Erbringung der **Ausgleichsleistungen** (§§ 6 ff. StromNZV). Separat normiert sind in der StromNZV die Bedingungen für den Zugang zum Verteilernetz. Die dort geregelten Fragen der Verwendung standardisierter **Lastprofile** (§§ 12 f. StromNZV; s. § 20, Rn. 24 f.) waren früher im Einzelnen sehr streitig. Auch die Regelungen zum **Lieferantenwechsel** (§ 14 StromNZV, § 37 GasNZV, s. auch

§ 20, Rn. 91 ff.) klären früher umstrittene Fragen. Insbesondere stellen § 14 VI StromNZV, § 37 V GasNZV klar, daß die Netzbetreiber den Lieferantenwechsel nicht von anderen Bedingungen als den in den Verordnungen genannten abhängig machen dürfen. Weitere Bedingungen des Netzzugangs ergeben sich aus der Verpflichtung der Netzbetreiber zum **Engpaßmanagement** (§ 15 StromNZV, s. auch § 20, Rn. 209 ff.). Auch die Regelungen über die Veröffentlichung netzrelevanter **Daten** (§ 17 StromNZV, §§ 20 ff. GasNZV), zum Datenaustausch (§ 22 StromNZV) und zur **Messung** (§§ 18 ff. StromNZV, §§ 38 ff. GasNZV, s. auch § 21 b, Rn. 22 f.) enthalten wichtige Netzzugangsbedingungen.

Auch durch behördliche **Festlegung** nach § 27 StromNZV, § 42 GasNZV wird präzisiert und auf der Homepage der BNetzA publiziert (§ 74 S. 1), was sachlich gerechtfertigte Kriterien sind. **18**

bb) Diskriminierungsverbot. § 20 I 1 statuiert ein Diskriminierungsverbot. Dieses **„externe Diskriminierungsverbot"** wird in § 21 I um das aus dem EnWG 1998 bekannte Verbot einer „internen Diskriminierung" im Verhältnis zu Leistungen innerhalb des Unternehmens oder gegenüber verbundenen oder assoziierten Unternehmen ergänzt (§ 21, Rn. 46 ff.). **19**

Obwohl die Netznutzungsentgelte nach §§ 23 a, 21 a reguliert sind, hat das Diskriminierungsverbot in § 20 I 1 auch bezüglich der Entgelthöhe Bedeutung. Das Diskriminierungsverbot verbietet nicht nur die vereinzelte Forderung eines höheren als des genehmigten Entgelts; dies folgt bereits aus der Genehmigung selbst, weil durch diese gem. § 23 a II 2 ein Höchstpreis festgesetzt wird. Das Diskriminierungsverbot **verbietet** vielmehr darüber hinaus **individuelle Abweichungen nach unten**. Es ist demnach nicht zulässig, daß Netzbetreiber und Netzzugangsinteressent im Einzelfall ein geringeres als das genehmigte Entgelt vereinbaren. Unbenommen bleibt dem Netzbetreiber aber, allgemein einen niedrigeren als den genehmigten Tarif zu veranschlagen. **20**

Das Diskriminierungsverbot des § 20 I 1 zwingt allerdings **nicht zu einer formalen Gleichbehandlung** (*Kühling/el-Barudi*, DVBl. 2005, 1470, 1475). Die Netzentgelt- und Netzzugangsverordnungen sehen darum zulässigerweise selbst Differenzierungen vor. § 24 1 Nr. 3 ermächtigt den Verordnungsgeber im Übrigen ausdrücklich, Regelungen darüber zu treffen, in welchen Sonderfällen der Netznutzung und unter welchen Voraussetzungen die Regulierungsbehörde im Einzelfall individuelle Entgelte für den Netzzugang genehmigen oder untersagen kann. Davon hat der Verordnungsgeber in § 19 StromNEV Gebrauch gemacht (s. § 24, Rn. 14 ff.). **21**

22 b) Sonstige Maßstäbe des EnWG. Weitere inhaltliche Vorgaben für die Bildung der Netzzugangsbedingungen finden sich in § 21 I. § 21 I nennt als Kriterien für die Beurteilung der Netzzugangsbedingungen und -entgelte, daß diese angemessen, transparent und diskriminierungsfrei sein müssen. Hier fehlt das in § 20 I genannte Merkmal der sachlichen Rechtfertigung. Dieser Divergenz kommt keine Bedeutung zu. Das Merkmal der Angemessenheit ist vielmehr im gleichen Sinne zu deuten wie das der sachlichen Rechtfertigung (Rn. 16). Ehemals streitige Fragen der Zulässigkeit von Netzzugangsbedingungen bezüglich Einbau, Betrieb, Wartung und Nutzung von **Meßeinrichtungen** sind jetzt durch § 21a und durch die Netzzugangsverordnungen geklärt.

23 c) Maßstäbe des Gemeinschaftsrechts. Auch aus dem **Gemeinschaftsrecht** ergeben sich gewisse Vorgaben für die inhaltliche Ausgestaltung der Netzzugangsbedingungen. Die **Richtlinien** sind allerdings insbesondere bei der Nennung von Preisbildungskriterien für das Netznutzungsentgelt sehr zurückhaltend. Es müssen gem. Art. 20 I 1 EltRl und Art. 18 I 1 GasRl lediglich „objektive Kriterien" angewandt und Diskriminierung vermieden werden. Dies deckt sich vom deutschen Gesetzgeber verwendeten Kriterien der sachlichen Rechtfertigung (Rn. 16) und der Angemessenheit (Rn. 22). Für den Zugang zu den Übertragungsnetzen zwecks grenzüberschreitender Übertragung finden sich zudem unmittelbar anwendbare Vorgaben zu den Netzzugangsbedingungen in der **StromhandelsVO** (Rn. 3 f.). Gemäß Art. 4 I StromhandelsVO müssen die Entgelte, die die Netzbetreiber für den Zugang zu den Netzen berechnen, transparent sein, der Notwendigkeit der Netzsicherheit Rechnung tragen, ohne Diskriminierung angewandt werden und die tatsächlichen Kosten insofern widerspiegeln, als sie denen eines effizienten und strukturell vergleichbaren Netzbetreibers entsprechen. Diese Entgelte dürfen nicht entfernungsabhängig sein. Eine vergleichbare Regelung findet sich für den Zugang zu den Erdgasfernleitungsnetzen in Art. 3 **GasfernleitungsVO** (Rn. 5).

24 Weitere Anhaltspunkte für die inhaltliche Ausgestaltung der Netzzugangsbedingungen enthalten die als Anhänge zur StromhandelsVO und zur GasfernleitungsVO verabschiedeten **Leitlinien**. Diesbezüglich finden sich weitere Normierungskompetenzen in Art. 8 StromhandelsVO und in Art. 9 GasfernleitungsVO (zur Bindungswirkung der Leitlinien *Schneider*, ZWeR 2003, 381, 407).

25 3. Veröffentlichung. Die Netzzugangsbedingungen einschließlich der Musterverträge und Entgelte sind gem. § 20 I 1 2. Hs. im Internet zu veröffentlichen. Diese Verpflichtung wird durch die Informationspflichten nach Satz 3 ergänzt (s. Rn. 32). Weitergehende Pflichten zur Veröffentlichung netzrelevanter Daten auf der Internetseite finden sich in § 17 StromNZV und in §§ 20 ff. GasNZV. Zudem kommt nach § 27 I Nr. 12 StromNZV und § 42 III GasNZV eine Ausweitung von Veröffentlichungspflichten in Betracht.

V. Durchsetzung des Anspruchs

Der Anspruch auf Netzzugang ist gegen den Willen des Netzbetreibers durch die **Regulierungsbehörde** nach § 30 II 3 Nr. 1 und 2 durchsetzbar. Zwar steht das Einschreiten der Behörde gegen den Netzbetreiber nach § 30 II im Ermessen der Regulierungsbehörde. Netzzugangsinteressenten können jedoch nach § 31 ein behördliches Einschreiten erzwingen, sofern deren Interessen durch das Verhalten des Netzbetreibers erheblich berührt werden (§ 31, Rn. 6). Der Anspruch auf Netzzugang kann zudem **unmittelbar zivilrechtlich** geltend gemacht werden (Begr. BT-Drucks. 15/3917, S. 46; s. auch oben, Rn. 10). Neben dem Anspruch auf Netzzugang steht dem Netzzugangsinteressenten gem. Art. 32 auch ein Beseitigungs- bzw. Unterlassungsanspruch gegen den unzulässigerweise den Netzzugang verweigernden Netzbetreiber zu (§ 32, Rn. 1, 22 f.). Diese Ansprüche können ebenfalls unmittelbar zivilgerichtlich geltend gemacht werden. Da die Beseitigung einer aus unzulässiger Netzzugangsverweigerung resultierenden Beeinträchtigung durch Gewährung des Netzzugangs zu erfolgen hat, führen hier die Geltendmachung des positiven Netzzugangsanspruchs und des negativen Beseitigungsanspruchs zum selben Ergebnis. Auch der Schadensersatzanspruch nach § 32 III ist in diesem Fall auf Gewährung des Netzzugangs gerichtet (Naturalrestitution).

26

VI. Zusammenarbeitspflicht (§ 20 I 2)

Eine ausdrückliche Verpflichtung der Netzbetreiber zur Zusammenarbeit ist durch die EnWG-Novelle 2005 **erstmals** begründet worden. Der Gesetzgeber hielt dies angesichts der Vielzahl der Netzbetreiber für erforderlich, um einen effizienten Netzzugang zu gewährleisten. Die Regelung läßt offen, in welcher Weise und in welchem Umfang eine solche Zusammenarbeit erfolgt (Begr. BT-Drucks. 15/3917, S. 59). Der Verordnungsgeber wird durch § 24 2 Nr. 1 und 2 sowie Satz 3 und 4 zur Konkretisierung der Zusammenarbeitspflichten ermächtigt.

27

Durch das EnWG und die Netzzugangsverordnungen sind über § 20 I 2 hinaus **zahlreiche Zusammenarbeitspflichten** der Netzbetreiber begründet worden. Zum Teil sind diese generalklauselartig als

28

§ 20 29–31 Teil 3. Regulierung des Netzbetriebs

allgemeine Zusammenarbeitspflichten anläßlich bestimmter Netzvorgänge normiert: Allgemeine Zusammenarbeitspflichten finden sich außer in § 20 I a 2 auch in §§ 12 I, § 15 I (Netzbetrieb), § 20 I a 4, § 20 I b 5–9 (Netzzugang), § 21 b II 7, 8 (Meßeinrichtungen), § 22 II 4 (Beschaffung von Regelenergie). Daneben finden sich spezielle Zusammenarbeitspflichten, die sich insbesondere auf die gegenseitige Bereitstellung von Informationen beziehen (§ 12 II, § 12 IV, § 13 II 2, § 15 II, § 16 II 2). Auch in den Netzzugangsverordnungen finden sich Zusammenarbeitspflichten (§ 4 IV, § 15 I, § 16 I, II StromNZV; § 6 VI, § 20 I Nr. 2, § 22 I, § 23, § 25, § 27 II, § 37 I GasNZV; s. auch § 14 II 3 StromNEV).

29 Die Zusammenarbeitserfordernisse verlangen einerseits kooperatives Verhalten der Netzbetreiber bei der **technischen und organisatorischen Abwicklung** der Netznutzung (näher *Britz*, ZNER 2006, 91 f.).

30 Andererseits ist im Vorfeld der konkreten Netznutzung die **kooperative Erstellung abstrakt-genereller Regelwerke** durch die Netzbetreiber erforderlich, anhand derer der Netzzugang praktisch und organisatorisch abgewickelt werden kann. Weil es ineffizient wäre, den konkreten Modus des Netzzugangs in jedem einzelnen Netzzugangsfall erneut zwischen allen Beteiligten zu vereinbaren, müssen die erforderlichen Regelungen vorab einheitlich festgelegt werden (vgl. § 16 I StromNZV). Weder der Gesetzgeber noch der Verordnungsgeber haben insoweit eine abschließende eigene Normierung vorgenommen. Vielmehr wurde die nähere Ausgestaltung des Netzzugangs teilweise den Netzbetreibern überlassen. Das gilt insbesondere für die Entwicklung gemeinsamer Vertragsstandards für den Gasnetzzugang (§ 20 I b 7). In der Praxis werden entsprechende Standards auf Verbandsebene erarbeitet (vgl. § 20, Rn. 100 ff.).

31 Durch die gesetzliche Verankerung der Zusammenarbeitspflicht haben diese **verbandlichen Regelwerke** einen „gesetzlichen Aufhänger" erhalten; sie entstehen damit nicht mehr im rechtsfreien Raum. Gleichwohl sind die Regelwerke nach wie vor nicht als Rechtsnormen anzusehen. Sie bleiben **behördlich und gerichtlich überprüfbar.** So kann die Regulierungsbehörde im Rahmen des Mißbrauchsverfahrens nach § 30 II ein Verhalten des Netzbetreibers beanstanden, auch wenn dieses den Vorschriften des Verbandsregelwerks entspricht. Dann muß allerdings gezeigt werden, daß das Regelwerk die gesetzlichen Anforderungen in unzulässiger Weise konkretisiert (näher *Britz*, ZNER 2006, 91, 93 f.).

VII. Informationspflicht (§ 20 I 3)

§ 20 I 3 verpflichtet die Betreiber von Energieversorgungsnetzen über die Pflicht zur Veröffentlichung ihrer Entgelte und Geschäftsbedingungen nach Satz 1 hinaus, den Netznutzern Informationen zur Verfügung zu stellen, die sie benötigen, um ihren Netzzugangsanspruch in effizienter Form wahrnehmen zu können (Begr. BT-Drucks. 15/3917, S. 59). Eine nähere Ausgestaltung dieser Verpflichtung ist auf Grundlage des § 24 2 Nr. 2 durch § 17 StromNZV erfolgt. Dort ist insbesondere klargestellt, daß die im einzelnen näher aufgeführten netzrelevanten Daten zumindest auf der Internetseite zu veröffentlichen und zwei Jahre verfügbar zu machen sind. Eine entsprechende Verpflichtung für Gasnetzbetreiber findet sich in §§ 20 und 21 GasNZV. Eine Besonderheit regelt § 22 GasNZV, der gemeinsame Veröffentlichungspflichten der Gasnetzbetreiber statuiert. Weitere Informationspflichten ergeben sich aus Art. 5 StromhandelsVO und aus Art. 6 GasfernleitungsVO. Diese sind direkt anwendbar und können über die Pflichten nach den deutschen Netzzugangsverordnungen hinausgehen. So dürfte die auf die folgenden 36 Monate beschränkte Pflicht zur Veröffentlichung gebuchter Kapazitäten nach § 20 I Nr. 8 lit. b GasNZV hinter den Anforderungen des Art. 6 III GasfernleitungsVO zurück bleiben, der wohl die Veröffentlichung aller kontrahierten Kapazitäten verlangt; vgl. auch Ziffer 3.3 der Leitlinien für die Definition der technischen Informationen (Anhang zur GasfernleitungsVO).

VIII. Massengeschäftstauglichkeit, Standardangebote (§ 20 I 4)

Die Netzzugangsregelung soll nach § 20 I 4 massengeschäftstauglich sein. Zur Vereinfachung des Netzzugangs im Massenkundengeschäft wurde in Satz 1 eine Verpflichtung aufgenommen, **Musterverträge** im Internet zu veröffentlichen. Mit dem Ziel der Massengeschäftstauglichkeit in engem Zusammenhang stehen auch weitere **Vereinheitlichungspflichten der Netzbetreiber.** So können gem. § 24 2 Nr. 2 durch Rechtsverordnung die Zusammenarbeitspflichten der Netzbetreiber bezüglich des Austauschs der erforderlichen Daten und der für den Netzzugang erforderlichen Informationen einheitlich festgelegt werden. Im gleichen Kontext ist auch die Verordnungsermächtigung nach § 24 2 Nr. 1 zu sehen, wonach die Netzbetreiber verpflichtet werden können, zur Schaffung möglichst einheitlicher Bedingungen bei der Gewährung des Netzzugangs in näher zu bestimmender Weise zusammenzuarbeiten. § 24 2 Nr. 3 ermöglicht eine Vereinheitlichung der

Vertragsbestimmungen und der Regeln über Zustandekommen und Beendigung der Verträge im Verordnungswege.

34 Besondere Bedeutung kommt den auf § 24 1 Nr. 2 gestützten Ermächtigungen der Regulierungsbehörde nach § 28 StromNZV und § 43 GasNZV zu, die es ermöglichen, **Standardangebote** festzulegen. So kann die Regulierungsbehörde nach § 28 StromNZV Festlegungen gegenüber Betreibern von Elektrizitätsversorgungsnetzen zur Vereinheitlichung der Vertragspflichten aus den in §§ 23 bis 26 StromNZV genannten Verträgen treffen. Das Standardangebot muß so umfassend sein, daß es von den einzelnen Nachfragern ohne weitere Verhandlungen angenommen werden kann. Das Verfahren zur Erarbeitung und Festlegung von Standardangeboten durch die Regulierungsbehörde trägt dem Umstand Rechnung, daß aufgrund der Vielzahl von Betreibern von Elektrizitätsversorgungsnetzen und Netznutzern ein funktionierender und nichtdiskriminierender Netzzugang nur bei Vorliegen einheitlicher Bedingungen gewährleistet werden kann (Begründung zur StromNZV, BR-Drucks. 244/05 v. 14. 4. 2005, S. 30).

IX. Ermöglichung kurzfristigen (Börsen)Handels

35 In § 20 ist keine Aussage zur Möglichkeit kurzfristiger Energiehandelsgeschäfte insbesondere zu deren börslicher Abwicklung getroffen worden. Eine Regelung wie in Ziffer 2.2.3 der VV Strom II plus („Kurzzeitige Lieferungen sowie Spot- und Börsengeschäfte sind möglich") wurde in den Gesetzestext nicht aufgenommen. Gleichwohl sind durch § 20 wichtige Voraussetzungen eines kurzfristigen (Börsen)Handels gewährleistet. Der Börsenhandel wie auch der kurzfristige bilaterale Handel mit Energie sind darauf angewiesen, daß der Netzzugang transaktionsunabhängig geregelt ist (*Held/Zenke,* in: Becker et al., S. 223, 230). § 20 I verlangt nicht ausdrücklich die Einführung transaktionsunabhängiger Netznutzungsmodelle. § 20 I b 1 schreibt hingegen für die Ausgestaltung des Zugangs zu den Gasversorgungsnetzen explizit den Verzicht auf die Festlegung eines transaktionsabhängigen Transportpfades vor. Beim Stromnetzzugang wurde bereits durch die Verbändevereinbarungen das transaktionsunabhängige sog. „Marktplatzmodell" etabliert, das in § 20 I a unmittelbar Eingang gefunden hat (§ 20, Rn. 13). Das Marktplatzmodell koppelt die kaufrechtliche Transaktion vom Transportvorgang ab und erlaubt damit die kurzfristige Abwicklung von Stromhandelsgeschäften und damit auch den börslichen Stromhandel (näher *Held/Zenke,* in: Becker et al., S. 223, 230 ff.; *de Wyl/Essig/Holtmeyer,* in: S/T, § 11, Rn. 73).

X. Ausnahmen von der Netzzugangspflicht

Die Möglichkeiten, ausnahmsweise von den Netzzugangspflichten **36** befreit zu werden, richten sich nach Art. 7 StromhandelsVO, § 20 II, § 25 und § 28 a.

XI. Verhältnis zu anderen Vorschriften

Die Netzzugangsbestimmungen der StromhandelsVO und der Gas- **37** fernleitungsVO sind neben § 20 I anwendbar und haben im Zweifel Vorrang. Das Verhältnis zu den Vorschriften des deutschen und europäischen Wettbewerbsrechts richtet sich nach § 111. § 21 ist hinsichtlich der Anforderungen an die Netzzugangsbedingungen und -entgelte im Verhältnis zu § 20 I die speziellere Norm, schließt einen Rückgriff auf die materiellrechtlichen Kriterien des § 20 I jedoch nicht aus. Der Zugang zu den vorgelagerten Rohrleitungsnetzen und zu Speicheranlagen im Bereich der leitungsgebundenen Versorgung mit Erdgas ist in §§ 26 ff. spezieller geregelt; § 20 I ist insoweit nicht anwendbar. Die Vorschriften über den Netzbetrieb (§§ 11 ff.) haben einen eigenständigen Regelungsgegenstand und sich neben § 20 I anwendbar.

C. Zugang zu den Stromnetzen (§ 20 I a)

I. Vertragsverhältnisse nach § 20 I a im Überblick

In § 20 I a werden die für die Ausgestaltung des Rechts auf Netzzu- **38** gang wesentlichen Vertragsverhältnisse genannt. Abzuschließen ist ein **Netznutzungsvertrag** (§ 20 I a 1, § 24 StromNZV), der auch in Gestalt eines **Lieferantenrahmenvertrags** geschlossen werden kann (§ 20 I a 2, § 25 StromNZV). Erwähnt wird zudem die Notwendigkeit eines vertraglich begründeten Bilanzkreissystems (§ 20 I a 5), was auf die Notwendigkeit des in § 26 StromNZV näher geregelten **Bilanzkreisvertrages** hindeutet. Nicht Gegenstand der Regelung des § 20 I a sind hingegen der sog. Netzanschlußvertrag, der Anschlußnutzungsvertrag und der Stromlieferungsvertrag (Rn. 89).

II. Entstehungsgeschichte

Mit Abs. 1 a wurde die Forderung des Bundesrats (BT-Drucks. **39** 15/3917, S. 82) erfüllt, grundlegende Aussagen über das Modell des Netzzugangs bei Strom ins Gesetz aufzunehmen. Im Regierungsentwurf war eine entsprechende Regelung nicht enthalten. Die Bundesregierung hatte aber bereits in ihrer Gegenäußerung (BT-Drucks. 15/

§ 20 40, 41   Teil 3. Regulierung des Netzbetriebs

4068, S. 4) erklärt, daß es nach Abschluß der Arbeiten an den Netzzugangs- und Netzentgeltverordnungen sachgerecht sein könne, die gesetzlichen Bestimmungen durch Übernahme konkretisierender Regelungen aus den Verordnungsentwürfen zu ergänzen. Tatsächlich sind dann einige zentrale Bestimmungen aus einem Referentenentwurf der StromNZV in § 20 I a verschoben worden. Die Vorgaben des § 20 I a sind für sich genommen schwer zu verstehen.

40   Seit dem Beginn der Strommarktliberalisierung hat sich in der Praxis nach und nach ein Modell zur rechtlichen und organisatorischen Gestaltung der Netzzugangsabwicklung herausgebildet. Eine maßgebliche Rolle hat dabei das **verbandsautonome Netzrecht** in Form von zwischen den Verbänden vereinbarten **(technischen) Regelwerken** (Rn. 41) gespielt. Als verbandsautonomes Netzrecht im weiteren Sinne sind auch Musterverträge anzusehen, die insbesondere von den Verbänden und ihren Mitgliedern erarbeitet wurden (Rn. 41). Durch diese Musterverträge wird versucht, den Vorgang der Netznutzung in seinen ökonomischen, technischen und rechtlichen Dimensionen abzubilden. Technische Regelwerke und Musterverträge haben gemeinsam die Praxis der Ausgestaltung der Netznutzung erheblich geprägt. In § 20 I a hat der Gesetzgeber den Versuch unternommen, diese **Rechtspraxis im Gesetzestext** in Grundzügen **abzubilden.** Angesichts der Komplexität der Netzzugangspraxis kann diese jedoch kaum angemessen in einer einzelnen Vorschrift nachgezeichnet werden. Zwar wurde auf einer zweiten Normebene durch die StromNZV versucht, eine nähere Regelung vorzunehmen. Auch diese bleibt jedoch für sich genommen schwer verständlich.

41   Zum besseren Verständnis hilfreich sind insbesondere die Hinzuziehung der **VV Strom II plus,** der vom VDN herausgegebene Kommentarband zur VV Strom II plus (*VDN*, Kommentarband), die beiden technischen Regelwerke **Transmission Code 2003** (www.vdn-berlin.de) und **DistributionCode 2003** (www.vdn-berlin.de), die vom VDN (www.vdn-berlin.de) vorgeschlagenen und an das neue EnWG angepaßten Muster für einen Netznutzungsvertrag, Lieferantenrahmenvertrag und Bilanzkreisvertrag sowie der Muster-Lieferantenrahmenvertrag des BNE (www.neue-energieanbieter.de). In den VDN-Musterverträgen wird der hilfsweise Rückgriff auf Transmission Code, DistributionCode und MeteringCode zur Schließung vertraglicher Regelungslücken ausdrücklich erwähnt (VDN-Lieferantenrahmenvertrag-Muster, Ziffer 15.2; VDN-Netznutzungsvertrag-Muster, Ziffer 13.2).

III. Technisch-organisatorischer Hintergrund des Netzzugangsmodells

Die Komplexität der für die Ausgestaltung des Netzzugangs erforderlichen Vertragsverhältnisse ist den technisch-organisatorischen Bedingungen des Stromnetzzugangs geschuldet. Das den Netzzugang ausgestaltende Vertragskonstrukt dient letztlich vor allem der **Abbildung einer Vielzahl physikalischer und rechnerischer Ausgleichsmaßnahmen.** Ziel dieser Maßnahmen ist es, Abweichungen zwischen Stromeinspeisungen ins und Stromentnahmen aus dem Netz physikalisch zwecks Sicherstellung eines stabilen Netzbetriebs zu verhindern und die tatsächlich-physikalische, organisatorische und wirtschaftliche Verantwortlichkeit für den Ausgleich individuell zuschreiben zu können. Für diese Zuschreibung bietet das in § 20 I a angedeutete Vertragsgeflecht die rechtliche Grundlage.

Das Vertragsgeflecht realisiert im wesentlichen **drei grundlegende technisch-organisatorische Anforderungen:** Erstens löst es den Widerspruch auf, daß zwar einerseits jeder Netznutzungsvorgang potentiell das gesamte Netz betrifft und sich individuelle Nutzungsvorgänge kompensieren, daß aber andererseits aus wirtschaftlich-rechtlichen Gründen eine Individualisierung der Netznutzungsvorgänge unerläßlich ist (Rn. 44 ff.). Zweitens steigert das Vertragsmodell die Effektivität des Netzzugangs dadurch, daß – obwohl ein Netznutzungsvorgang die Netze unterschiedlicher Eigentümer betrifft – der Netznutzer nur mit einem Netzbetreiber in vertragliche Beziehungen treten muß (Rn. 47 ff.). Drittens regelt es die Verantwortlichkeit von ÜNB und VNB für physikalische Ausgleichsleistungen einerseits und der Netznutzer und BKV für den wirtschaftlichen Ausgleich andererseits (Rn. 52 ff.).

1. Technischer „Gesamtnetzcharakter" und organisatorischer „Individualisierungsbedarf". a) Gesamtnetzcharakter. Physikalisch gesprochen läßt sich der rechtlich-wirtschaftliche Vorgang einer Stromtransaktion im Netz weder hinsichtlich der beteiligten Akteure individualisieren noch läßt er sich geographisch lokalisieren. Es lassen sich zwar ein Ort der Einspeisung und ein Ort der Entnahme ausmachen. Sowohl die Einspeisung als auch die Entnahme betreffen jedoch jeweils das gesamte Netz. Das Stromnetz ist physikalisch gesehen im wesentlichen ein einheitliches Netz. Dies gilt zunächst für die Übertragungs- und Elektrizitätsverteilungsnetze innerhalb Deutschlands. Aufgrund grenzüberschreitender Verbindungsleitungen besteht darüber hinaus ein europaweites Stromnetz. Durch einen Netznutzungsvorgang ist nicht nur das Netz derjenigen Netzbetreiber berührt, bei denen

Strom eingespeist oder entnommen wird, sondern auch andere Teile des Gesamtnetzes. Lediglich der technische Anschluß, der für Einspeisung und Entnahme erforderlich ist, ist physikalisch auf jeweils ein bestimmtes Netz bezogen. Im übrigen **verteilen sich Effekte der Einspeisung oder Entnahme** sofort **auf das gesamte Netz**. Dies führt auch dazu, daß sich die an verschiedenen Netzen vorgenommenen Einzeleinspeisungen und Einzelentnahmen tatsächlich im wesentlichen soweit ausgleichen wie die Gesamtsumme der Einzelentnahmen von der Gesamtsumme der Einzeleinspeisungen gedeckt ist. Aus Sicht der Netzbetreiber ist darum vor allem das **Gesamtsaldo** der Einspeisungen und Entnahmen interessant, ohne daß es darauf ankäme, aus welchen individuellen Vorgängen dieses Gesamtsaldo resultiert. Nur hinsichtlich des Gesamtsaldos sind physikalische Ausgleichsmaßnahmen des Netzbetreibers erforderlich.

45 **b) Individualisierungsbedarf.** Gleichwohl ist es infolge der Öffnung des Netzes für Dritte, die ihre Stromgeschäfte hierüber abwickeln wollen, erforderlich geworden, die **Einzelsalden** zu betrachten und diesen wirtschaftlich und rechtlich Rechnung zu tragen. Zwar gleichen sich Einspeisungen und Entnahmen in der Summe zu einem großen Teil aus. Sieht man auf das individuelle Netznutzungsverhältnis, decken sich Einspeisung und Entnahme jedoch in der Regel keineswegs. Daß es insgesamt zu einem weitgehend ausgeglichenen Verhältnis kommt, liegt daran, daß die im einen Netznutzungsverhältnis auftretende Mindereinspeisung durch die in anderen Netznutzungsverhältnissen auftretenden Mehreinspeisungen ausgeglichen wird. Selbstverständlich müssen aber diejenigen, in deren Netznutzungsverhältnis mehr Strom entnommen als eingespeist wird, einen Preis dafür zahlen, daß ihr zusätzlicher Bedarf „fremdgedeckt" wird. Umgekehrt haben diejenigen, die dem Gesamtnetz mehr Strom zur Verfügung stellen als für ihr individuelles Netznutzungsverhältnis benötigt wird, ein Interesse daran, daß ihnen dieser zusätzliche Strom vergütet wird. Darum ist es erforderlich, Ungleichheiten der Ein- und Ausspeisung grundsätzlich auf der Ebene des individuellen Netznutzungsverhältnisses zu betrachten.

46 Grundelement des gesamten Ausgleichsmechanismus ist darum die Bilanz der Einspeisung und Entnahme bezüglich jedes individuellen Netznutzungsverhältnisses (zu den Möglichkeiten der Vermeidung individueller Bilanzabweichungen mittels einer Aggregierung individueller Salden im Rahmen des sog. Bilanzkreissystems Rn. 109). Das Recht trägt dem zum einen dadurch Rechnung, daß für Netznutzungsvorgänge individuelle Netznutzungsverträge zu schließen sind (§ 20 I a 1). Zum anderen ist jedes einzelne Netznutzungsverhältnis im Bilanzkreissystem abzubilden (§ 20 I a 5, s. u. Rn. 107 ff.).

2. Nutzung mehrerer Teilnetze und „Ein-Vertrag-Modell". 47
a) Nutzung mehrerer Netze. Ein rechtliches Netzzugangsmodell muß zudem dem Umstand Rechnung tragen, daß das Netz in Deutschland eigentumsrechtlich in zahlreiche Teilnetze aufgeteilt ist und eine Netznutzung verschiedene Teile des Gesamtnetzes berührt. Das gesamte Stromnetz umfaßt **verschiedene Spannungsebenen,** die jeweils durch **Umspannwerke** miteinander verbunden sind. In Deutschland wird unterschieden zwischen Höchstspannungsnetzen, Hochspannungsnetzen, Mittelspannungsnetzen und Niederspannungsnetzen. Die erste Netzebene gilt als Übertragung (§ 3 Nr. 32), die beiden letzten Netzebenen als Verteilung (§ 3 Nr. 37). Hochspannungsnetze können beides sein (§ 3 Nr. 32, 37). Verschiedene Netze einer Spannungsebene sind in der Regel nicht direkt miteinander, sondern nur mit der nächst höheren oder mit der niedrigeren Ebene verbunden. Aus verschiedenen technischen und wirtschaftlichen Gründen ist es nicht möglich, bzw. nicht sinnvoll, flächenmäßig ausgedehnte Netze auf niedriger Spannungsebene zu betreiben (*Zander,* in: Z/R/K, II.1.1.2, S. 5). Mittelbar sind die verschiedenen Netze einer Spannungsebene damit aber über die nächst höheren Netze verbunden. Diese Verbindung kommt beim Netznutzungsvorgang zum Tragen, weil für die Abwicklung einer Netznutzung unterschiedliche Spannungsebenen und damit **Netze unterschiedlicher Netzbetreiber** genutzt werden.

Welche Netze für die Stromübertragung als „genutzt" gelten, ergibt 48 sich aus dem **elektronischen „Verbindungsweg"** zwischen dem Einspeise- und dem Entnahmeort. Zwar darf die Netznutzung nicht als physikalischer Transportvorgang vom Ort der Einspeisung zum Ort der Entnahme verstanden werden (Vorb. § 20, Rn. 5). Gleichwohl werden sowohl neben den Netzen, in die die Einspeisung erfolgt, als auch neben den Netzen, aus denen die Entnahme erfolgt, jeweils die höheren Netzebenen potentiell vom Netznutzungsvorgang berührt, weil der Ausgleich von Einspeisungs-/Entnahmedifferenzen in den unteren Netzebenen über diese überlagerten Netzebenen erfolgt. Aus den überlagerten Netzen erfolgt die physikalische Abgabe zusätzlich benötigten Stroms bei negativer Abweichung im nachgelagerten Netz. In die überlagerten Netze erfolgt umgekehrt auch die Übernahme bei positiver Abweichung von Einspeise- und Entnahmemengen im nachgelagerten Netz.

b) Ein-Vertrag-Modell. Der Netznutzer bekommt die „Benutzung" der unterschiedlichen Spannungsebenen allerdings lediglich in 49 Form des Netznutzungsentgelts zu spüren. Seine Transaktionen beschränken sich auf das Netz, aus dem seine Entnahme erfolgt („Anschlußnetz"). Der Netznutzer schließt gem. § 20 I a 1 einen einzigen Netznutzungsvertrag mit demjenigen EVU („Anschlußnetzbetreiber"), aus dessen Netz der Strom entnommen werden soll („Ein-Vertrag-Modell"). In der Regel ist dies ein Netz der Verteilerebene. Der Netznutzungsvertrag dient insbesondere der Festlegung des Netznutzungsentgelts. Im übrigen wird das **Gesamtnetz für den Netznutzer als einheitliches Netz fingiert,** ohne daß er sich um die unterschiedlichen betroffenen Netzebenen kümmern müßte.

50 Bereits mit der VV Strom II wurde in Deutschland der sog. **Netzpunkttarif** eingeführt („Point of Connection Tariff"/**„transaktionsunabhängiges Punktmodell",** s. jetzt § 15 I 1 StromNEV). Hierbei wird die Benutzung der Spannungsebene, an die der Kunde angeschlossen ist, sowie aller höheren Spannungsebenen bis einschließlich des Höchstspannungsnetzes unterstellt. Weil die Transaktionen auf die Höchstspannungsebene bezogen werden, ist insoweit auch vom **„Marktplatzmodell"** die Rede (*de Wyl/Müller-Kirchenbauer,* in: S/T, § 13 Rn. 130). Grundsätzlich ist für jedes benutzte Teilnetz, also für jede Spannungsebene (vgl. § 17 I 2 StromNEV), ein (entfernungsunabhängiges, § 17 I 1 StromNEV) Entgelt („Briefmarke") zu zahlen. Das gesamte Netznutzungsentgelt ergibt sich dann aus der Summe aller Einzelentgelte der benutzten Netzebenen. Es muß also jeder Netznutzer seinen elektrischen Verbindungsweg bis zum nächsten Anschlußpunkt im Höchstspannungsnetz zahlen. Die Entgelte („Briefmarken") für alle genutzten Spannungsebenen werden zu einem einheitlichen Entgelt zusammen gefaßt, das nur an den Netzbetreiber zu zahlen ist, an dessen Netz der unmittelbare Anschluß besteht (*Zander,* in: Z/R/K, II.1.1.2, S. 7). Mit der organisatorischen Abwicklung der Nutzung der überlagerten Netze hat der Netznutzer hingegen nichts zu tun. Dies wird vielmehr durch den Anschlußnetzbetreiber für den Netznutzer erledigt.

51 Das Modell des Netzpunkttarifs ist nun gesetzlich in § 20 I a 3 angedeutet, wonach der Netznutzungsvertrag (mit dem Anschlußnetzbetreiber) den Zugang zum gesamten Elektrizitätsversorgungsnetz vermittelt. Damit der Anschlußnetzbetreiber tatsächlich den Zugang zum gesamten Netz vermitteln kann, sind nach § 20 I a 4 alle Netzbetreiber verpflichtet, zusammenzuarbeiten.

52 **3. Ausgleichsmaßnahmen. a) Erfordernis physikalischen Ausgleichs.** Im Rahmen der technisch-physikalischen Abwicklung des Netzzugangs haben die Netzbetreiber verschiedene Aufgaben zu erfüllen. Zum einen müssen sie die Leistung der Übertragung (ÜNB) bzw. der Verteilung (VNB) erbringen. Dafür muß insbesondere hinreichend Übertragungs- und Verteilungskapazität vorhanden sein. Daneben sind die sog. **„Systemdienstleistungen"** zu erbringen. Dies sind Frequenzhaltung, Spannungshaltung, Versorgungswiederaufbau und Betriebsführung (TransmissionCode 2003, Ziffer 4.1; DistributionCode 2003, Ziffer 4). Bezüglich der Übertragungs- und Verteilungskapazität ist allerdings auch möglich, daß ein Netz durch einen zusätzlichen Nutzer entlastet wird. In Deutschland weisen die Netze aller Spannungsebenen regelmäßig Erzeugungsdefizite auf und profitieren darum von einer zusätzlichen Stromeinspeisung (*Zander,* in: Z/R/K, II.1.1.2, S. 7 f.). Dies ist der Grund dafür, daß gem. § 15 I 3 StromNEV für die Einspeisung elektrischer Energie keine Netzentgelte zu entrichten sind.

Im Rahmen dieser Systemdienstleistungen besteht eine besonders wichtige Aufgabe der Netzbetreiber darin, die Ausgeglichenheit von Einspeisungen und Entnahmen in das und aus dem Netz zu jedem Zeitpunkt sicherzustellen. Die Abnahme und Einspeisung von Strom durch die Marktteilnehmer unterliegt typischerweise **kurzfristigen Schwankungen,** die **nicht vorhersehbar** sind. Einerseits kann es zu Kraftwerksausfällen oder Leitungsschäden kommen, so daß die tatsächlichen Einspeisungsmengen – bei Leitungsausfall auch die Entnahmemengen – von den ursprünglich veranschlagten Mengen abweichen. Andererseits lassen sich Einspeise- und Entnahmeumfang im Stromsektor auch im Normalbetrieb nicht präzise vorhersagen. Auf Seiten der Einspeisung sind insbesondere die aus erneuerbaren Energiequellen abzunehmenden Strommengen nicht mit Sicherheit kalkulierbar, sofern sie naturbedingten Schwankungen unterliegen. Auf Seiten der Entnahme ist insbesondere im Bereich der Haushaltskundenversorgung (§ 3 Nr. 22) niemals mit Sicherheit prognostizierbar, wieviel Strom tatsächlich abgenommen wird. Die eingeschränkte Prognostizierbarkeit des tatsächlichen Strombedarfs ist eines der wesentlichen Merkmale der Stromwirtschaft. Verstärkt wird der Effekt noch durch die **fehlende Speicherbarkeit** von Strom, die dazu führt, daß Abweichungen nicht über Zeitperioden kompensierbar sind. Aus grundsätzlichen physikalisch-technischen Gründen muß jedoch zu jedem Zeitpunkt die Leistungsbilanz zwischen Erzeugung und Abnahme (einschließlich der Netzverluste) ausgeglichen sein. Bereits kurze Abweichungen in der Leistungsbilanz von nur wenigen Sekunden führen zu spürbaren Veränderungen der Netzfrequenz und der Spannungshöhe. Daher muß jedes Netz hinsichtlich der Frequenzhaltung und der Spannungshaltung geregelt werden (*Zander,* in: Z/R/K, II.1.1.2, S. 17).

b) Regelungsaufgabe der Übertragungsnetzbetreiber. Diese Regelung ist letztlich Aufgabe der ÜNB (vgl. § 3 Nr. 30; näher § 12, Rn. 11 ff.; zu Ausgleichsaufgaben der VNB s. Rn. 60 ff.). Bereits vor Verabschiedung des neuen EnWG waren die Netze der deutschen ÜNB in sog. Regelzonen aufgeteilt worden. Das Netz eines jeden

ÜNB einschließlich der nachgelagerten Netzebenen bildet eine von derzeit vier Regelzonen. Der ÜNB ist dafür zuständig, innerhalb seiner **Regelzone** auftretende Bilanzabweichungen, d. h. Überschuß- oder Fehlmengen der einzelnen Marktteilnehmer physikalisch abzunehmen oder bereitzustellen.

55 Die Einteilung der Regelzonen geht auf die Strommarktorganisation auf **europäischer Ebene** zurück, auf die sich auch die Definition der Regelzone in § 3 Nr. 30 bezieht. Tatsächlich werden die Netzaufgaben keineswegs allein auf nationaler Ebene wahrgenommen. Vielmehr arbeiten hier zahlreiche europäische Länder im Rahmen des UCTE-Verbundnetzes zusammen. An dem auf der Höchstspannungsebene angesiedelten Verbundnetz sind auf deutscher Seite die vier ÜNB beteiligt. Kurzfristige Leistungsbilanzschwankungen werden als sog. Primärregelung im Rahmen des UCTE-Netzes gemeinsam ausgeregelt (TransmissionCode 2003, Ziffer 4.2.2.1 und Anhang D, Ziffer 3.1). Darüber hinaus ist jeder Verbundnetzpartner (in Deutschland also die ÜNB) verpflichtet, im Wege der Sekundärregelung innerhalb kurzer Zeit seine Leistungsbilanz selbst eigenverantwortlich auszugleichen (TransmissionCode 2003, Ziffer 4.2.2.2 und Anhang D, Ziffer 3.2).

56 Letzteres ist die **Regelungsaufgabe der ÜNB.** Dabei kommt ihnen allerdings zugute, daß sich die einzelnen Fehl- und Überschußmengen der Marktteilnehmer in der Regelzone eines ÜNB zu einem großen Teil bereits gegenseitig ausgleichen (*Zander,* in: Z/R/K, II.1.1.2, S. 16). Sofern sich die Differenzen nicht gegenseitig aufheben, muß der ÜNB allerdings tatsächlich für Ausgleich der verbleibenden Überschuß- bzw. Fehlmenge sorgen (TransmissionCode 2003 Ziffer 3.1. Absatz 1, Ziffer 3.4 Absatz 1).

57 **c) Wirtschaftliche Verantwortung für Abweichungen durch Netznutzung.** Im Rahmen der Netznutzung besteht ein Ausgleichsbedarf dann, wenn das liefernde Unternehmen nicht die prognostizierte Menge einspeist oder der Kunde nicht die prognostizierte Strommenge abnimmt. Grundsätzlich handelt es sich hierbei freilich nicht um eine Besonderheit der Netznutzung durch Dritte. Auch ohne Netznutzung Dritter sind die Einspeise- und Abgabemengen für den Netzbetreiber nicht präzise prognostizierbar, so daß er positive oder negative Ausgleichsleistungen erbringen muß. Die wirtschaftliche **Verantwortung für Abweichungen** hat sich jedoch vom nachgelagerten Netzbetreiber **auf das Netznutzungsverhältnis verlagert** und wird durch den sog. **Bilanzkreisverantwortlichen** wahrgenommen. Früher konnten die mit der Regelenergieleistung verbundenen Kosten oder Ersparnisse als allgemeine Systemdienstleistungen unmittelbar den nachgelagerten Netzbetreibern in Rechnung gestellt,

bzw. gutgeschrieben werden. Der nachgelagerte Netzbetreiber hatte die finanzielle Verantwortung für eine ausgeglichene Bilanz innerhalb seines Netzbereichs zu tragen. Dies war vor der Öffnung der Versorgungsmonopole angemessen, da der Betreiber des Verteilernetzes selbst die Mengen eingespeisten Stroms steuern konnte. Im liberalisierten System gestaltet sich dies allerdings erheblich schwieriger. Alle Abnehmer und Einspeiser können jederzeit Strom aus dem Netz entnehmen oder in dieses einspeisen. Der Verteilernetzbetreiber hat damit nicht mehr die Kontrolle über die eingespeisten Mengen und kann darum auch nicht die Verantwortung für eine ausgeglichene Leistungsbilanz übernehmen. Diese muß vielmehr bei den Netznutzern liegen, die für Abweichungen zwischen Einspeisung und Entnahme einzustehen haben. Abweichungen müssen mit dem regelzonenverantwortlichen ÜNB abgerechnet werden.

Organisatorisch und finanziell wird dies über das in § 20 I a 5 angedeutete **Bilanzkreissystem** (Rn. 110) und die Person des BKV abgewickelt, der ein möglichst ausgeglichenes Bilanzkreissaldo innerhalb seines Bilanzkreises sicherzustellen hat (TransmissionCode 2003, Ziffer 3.1 Abs. 12). Im Bilanzkreissystem sind zum Zweck der Abwicklung des Netzzugangs alle Einspeisestellen und alle Entnahmestellen Bilanzkreisen zugeordnet (TransmissionCode 2003, Ziffer 3.1 Abs. 3). Der ÜNB führt für jeden Bilanzkreis eine Energiebilanz (TransmissionCode 2003, Ziffer 3.1 Abs. 9). Für Abweichungen der Einspeisemenge von der Entnahmemenge innerhalb eines Bilanzkreises ist aufgrund eines zwischen ÜNB und BKV geschlossenen Bilanzkreisvertrages der Bilanzkreisverantwortliche wirtschaftlich verantwortlich (TransmissionCode 2003, Ziffer 3.1 Abs. 12). Bilanzabweichungen zwischen Einspeisung und Entnahme im Bilanzkreis gleicht der ÜNB durch zusätzliche Einspeisung in das betroffene Netz oder durch die Abnahme aus dem betroffenen Netz aus und rechnet sie mit dem BKV ab. Ein physikalischer Ausgleich durch den ÜNB verlangt von diesem freilich nur insoweit Anstrengungen als sich die Salden der verschiedenen Bilanzkreise nicht bereits innerhalb eines Verteilernetzes oder aber spätestens auf der Netzebene des ÜNB gegenseitig ausgleichen. Die Abrechnung zwischen BKV und ÜNB erfolgt davon unabhängig. BKV, die zuviel Strom in ihren Bilanzkreis eingespeist hatten, bekommen diesen vom ÜNB vergütet. BKV, die zur selben Bilanzierungsperiode zuwenig Strom in ihrem Bilanzkreis eingespeist hatten, müssen dafür den Ausgleichsenergiepreis an den ÜNB bezahlen (*VDN,* Kommentarband, 3.7.3.2).

d) Einbindung des Verteilernetzbetreibers. Durch dieses Bilanzkreissystem wird die **VNB-Ebene bei der Bilanzierung über-**

sprungen, weil der BKV unmittelbar mit dem ÜNB abrechnet. Es werden also nicht erst noch Salden pro Verteilernetz gebildet, obwohl die Anschlüsse für Einspeisung und Entnahme regelmäßig an den Verteilernetzen bestehen. Damit wird innerhalb einer Regelzone ein „Einheitsnetz" fingiert, das die Eigentumsverhältnisse am Netz ignoriert. Dies vereinfacht den Bilanzierungsvorgang. Es ist sachgerecht, da der VNB keine Verantwortung für die Ausgeglichenheit von Einspeisung und Entnahme in seinem Netz trägt. Der Verteilernetzbetreiber hat mit der Ausgestaltung des Netzzugangs also nur am Rande zu tun.

60 **aa) Aufgaben des Verteilernetzbetreibers.** Gleichwohl hat auch der VNB im Rahmen der Netzzugangsabwicklung bestimmte Aufgaben wahrzunehmen:

– Typischerweise bilden Verteilernetze die Anschlußnetze für Ein- und Ausspeisung, so daß der VNB den **Netzanschluß** ermöglichen muß.

– Zudem ist der VNB für die **Ablesung, Verarbeitung und Weiterleitung der Zählwerte** bezüglich der mit einem Netzzugang verbundenen Einspeisungen und Entnahmen zuständig (TransmissionCode 2003, Ziffer 3.1 Abs. 2): Der VNB ist zuständig und verantwortlich für die Erfassung der für die Abrechnung und Bilanzierung relevanten Zählwerte beim Anschlußnutzer. Der VNB ermittelt zu Bilanzierungszwecken für jede Viertelstunde alle Einspeisungen und Entnahmen in seinem Netz (Netzbilanz) und leitet entsprechende Angaben an den Lieferanten und den ÜNB weiter (DistributionCode 2003, Ziffer 3.6, s. auch § 4 IV StromNZV).

– Daneben hat der VNB eigene physikalische **Ausgleichsleistungen** zu erbringen: Zwar werden die sog. Regelleistungen vom ÜNB erbracht. Jedoch sind die VNB zum einen für den **Ausgleich der Netzverluste** in ihren Netzen zuständig (§ 10 StromNZV, TransmissionCode 2003, Ziffer 3.5). Zum anderen werden Ausgleichsleistungen der VNB bei der Anwendung sog. **Lastprofilverfahren** (§§ 12 f. StromNZV) erforderlich.

61 **bb) Insbesondere Abwicklung von Lastprofilverfahren.** Die Verwendung von **Lastprofilen** erleichtert die Organisation des Netzzugangs. Sie bieten eine Methode, die Abweichungen zwischen Einspeisungen und Entnahmen möglichst gering zu halten. Sofern es sich (bei Großkunden) lohnt, den Verbrauch zeitgleich im Wege der „registrierenden Lastgangmessung" zu bestimmen, kann auch die zugehörige Einspeisemenge entsprechend reguliert werden; es bedarf dann keines Lastprofilverfahrens. Die Installation entsprechender Geräte lohnt jedoch nicht bei der Belieferung von Kleinkunden. In diesem Fall erfolgt zwar die für die Abrechnung erforderliche Arbeitszählung, nicht jedoch

eine Lastgangzählung (DistributionCode 2003, Ziffer 3.7 Abs. 1). Hier bietet das Lastprofilverfahren eine vereinfachte Abwicklungsmethode: Der Lieferung werden bestimmte Kundenlastprofile zugrundegelegt (zur Unterscheidung zwischen analytischem und synthetischem Verfahren: *Ohlms/Evers,* in: Z/R/K, II.1.3.2, S. 21). Diese Kundenlastprofile enthalten aufgrund verschiedener Erfahrungswerte eine Prognose über das künftige Verbrauchsverhalten eines Abnehmers (vgl. § 13 I StromNZV). Der Lieferant deckt präzise den sich aus dem Lastprofil ergebenden Strombedarf (DistributionCode 2003, Ziffer 3.7 Abs. 2).

Da das Lastprofil lediglich eine auf statistischen Annahmen beruhende Prognose ist, kommt es regelmäßig zu Abweichungen zwischen Profil und tatsächlicher Abnahme und damit auch zu Abweichungen zwischen (strikt nach Lastprofil) gelieferter Menge und tatsächlich abgenommener Menge. Dies **auszugleichen ist Aufgabe des VNB:** Er stellt die im Jahresverlauf auftretenden Mehr-/Mindermengen bereit, bzw. nimmt diese auf (DistributionCode 2003, Ziffer 3.7 Abs. 8; *VDN,* Kommentarband, Ziffer 3.3; s. auch § 13 II StromNZV). Diese Mehr- und Mindermengen werden finanziell zwischen VNB und Lieferant bzw. Kunden ausgeglichen (§ 13 III StromNZV). Der VNB hat einen sog. Differenzbilanzkreis einzurichten, der die Gesamtheit der (von ihm ausgeglichenen) Abweichungen des tatsächlichen Verbrauchs der Lastprofilkunden vom mittels der Profile prognostizierten Verbrauch erfaßt (§ 12 III StromNZV). Diese Differenz kann er entweder aufgrund eines offenen Liefervertrages mit einem andere Lieferanten oder Kunden ausgleichen. Bilanzkreistechnisch müßte der Differenzbilanzkreis hierfür als Subbilanzkreis zum diesem Lieferverhältnis zugrunde liegenden Bilanzkreis fungieren (*VDN,* Kommentarband, Ziffer 3.5). Oder aber der VNB rechnet als BKV für den Differenzbilanzkreis selbst unmittelbar mit dem ÜNB ab (*VDN,* Kommentarband, Ziffer 3.5).

IV. Netznutzungs- und Lieferantenrahmenvertrag (§ 20 I a 1, 2)

1. Netznutzungsvertrag. Bei der vertraglichen Gestaltung des Netzzugangs ist zwischen Netznutzung einerseits und Stromlieferung andererseits zu unterscheiden. In § 20 I a 1, 2 ist lediglich die Netznutzung angesprochen. Das der Stromlieferung zugrunde liegende Rechtsverhältnis ist davon unabhängig. Die nach dem Netznutzungsvertrag durch den Netzbetreiber zu erbringende Leistung besteht darin, die für die Stromversorgung des Letztverbrauchers erforderliche Netzinfrastruktur vorzuhalten und Netzdienste zu erbringen. Nicht erfaßt ist hingegen die technische Anbindung (Netzanschluß) (*de Wyl/Müller-Kirchenbauer,* in: S/T, § 13, Rn. 170).

64 a) Vertragspartner. Grundlage des rechtlichen Netzzugangsverhältnisses ist ein Vertrag zwischen Letztverbrauchern von Elektrizität oder Lieferanten einerseits und dem Energieversorgungsunternehmen, aus dessen Netz die Entnahme und in dessen Netz die Einspeisung von Elektrizität erfolgen soll, andererseits. Dabei genügt es, daß der Netzbetreiber entweder mit dem **Letztverbraucher oder** mit dem **Lieferanten** einen Netznutzungsvertrag schließt. In § 24 I 2 StromNZV ist diese früher streitige Frage ausdrücklich geklärt: „Wird der Netznutzungsvertrag von einem Lieferanten abgeschlossen, so darf der Betreiber von Elektrizitätsversorgungsnetzen den Netzzugang nicht vom gleichzeitigen Abschluß eines Netznutzungsvertrages zwischen ihm und dem Letztverbraucher abhängig machen". Umgekehrt ist ein separater Abschluß eines Netznutzungsvertrags zwischen Netzbetreiber und Letztverbraucher jedoch nicht ausgeschlossen, sofern der Letztverbraucher dies wünscht (*Stumpf/Gabler,* NJW 2005, 3174, 3175). Dies kann insbesondere für Großverbraucher sinnvoll sein, die Strom von mehreren Lieferanten beziehen („Portfoliobezieher"; *de Wyl/Müller-Kirchenbauer,* in: S/T, § 13, S. 809 Fn. 3). Welcher der beiden Wege zur Anwendung kommt, entscheidet letztlich der Kunde durch die Ausgestaltung seiner Vertragsbeziehung zum Lieferanten (reiner/integrierter Stromlieferungsvertrag, s. Rn. 82). Im Fall eines integrierten Stromlieferungsvertrages schließt der Lieferant den Netznutzungsvertrag. Die Netznutzung kann in diesem Fall im Lieferantenrahmenvertrag (s. Rn. 80 ff.) geregelt werden (DistributionCode 2003, Ziffer 3.3).

65 Daß die Netznutzung vertraglich nicht mit dem Letztverbraucher abgewickelt werden muß, sondern auch mit dem Lieferanten abgewickelt werden kann, kommt praktischen Bedürfnissen entgegen. In der Praxis werden zwischen Lieferant und Letztverbraucher selten reine Stromlieferungsverträge geschlossen. Vielmehr übernimmt der Lieferant im Rahmen sog. **integrierter Stromlieferungsverträge („All-Inclusive-Verträge")** für den Letztverbraucher auch die Abwicklung der Netznutzung gegenüber dem Netzbetreiber. Dies vereinfacht die Lieferbeziehungen insgesamt und macht einen Versorgerwechsel aus Sicht des Letztverbrauchers attraktiver. Aus steuerrechtlichen Gründen ist es dabei für den Lieferanten vorteilhaft, selbst Gläubiger der Netznutzungsgewährung durch den Netzbetreiber zu sein (*de Wyl/Müller-Kirchenbauer,* in: S/T, § 13, Rn. 177).

66 Auf Seiten der Netzzugangsberechtigten werden in § 20 I a 1 als Vertragspartner lediglich Letztverbraucher und Lieferanten genannt. Letztverbraucher sind gem. § 3 Nr. 25 nur jene Kunden, die Energie für den eigenen Verbrauch kaufen. Lieferanten sind gem. § 2 Nr. 5 StromNZV Unternehmen, deren Geschäftstätigkeit auf den Vertrieb von Elektrizität gerichtet ist. **Stromhändler** sind demnach nur erfaßt, sofern sie im Netznutzungsverhältnis als Lieferanten beteiligt sind. Nicht erfaßt sind hingegen Stromhändler, die im Wege der Netznutzung Strom als Empfänger zur Weiterveräußerung beziehen. Sie sind dann zwar Kunden (§ 3 Nr. 24), nicht aber Letztverbraucher (§ 3 Nr. 25) und kommen darum in ihrer Rolle als Strombezieher nicht als Vertragspartner in Betracht.

Das Vertragsverhältnis der Netznutzer wird lediglich mit jenen Netzbetreibern begründet, an deren Netz der Einspeise- oder Entnahmeanschluß besteht (**„Anschlußnetzbetreiber"**). Dies ist insofern bemerkenswert als die Netznutzung tatsächlich physikalisch das gesamte Netz einschließlich der überlagerten Netzebenen betrifft (Rn. 47). Zur Erleichterung der Abwicklung des Netzzugangs hat man es den Netznutzern jedoch erspart, mit den Betreibern aller betroffenen Netze eigene Vertragsverhältnisse begründen zu müssen. Die Abwicklung mit den überlagerten Netzen übernimmt vielmehr der Anschlußnetzbetreiber (§ 20 I a 3, s. u. Rn. 95). Der Vertragsaufwand des Netznutzers wird allerdings gesteigert, wenn er tatsächlich sowohl mit dem Netzbetreiber, aus dessen Netz Strom entnommen wird, als auch mit dem Netzbetreiber, in dessen Netz eingespeist wird, einen Netznutzungsvertrag schließen muß (vgl. § 20 I a 1). In der Praxis scheint für den Abschluß eines Einspeisevertrags in der Regel kein Bedürfnis zu bestehen (zurückhaltende Formulierung auch bei *Salje,* EnWG, § 20, Rn. 29; s. aber *Schultz,* in: L/B, Anh. z. 5. Abschnitt, EnergieW, Rn. 66). Lediglich in dem eher untypischen Fall, daß die Einspeisung aus an das Netz des VNB angeschlossenen Anlagen (z. B. KWK-Anlagen, Brennstoffzellen, Photovoltaikanlagen etc.) erfolgt, wird eine gesonderte vertragliche Regelung getroffen (vgl. Ziffer 1.2, Muster-Lieferantenrahmenvertrag des BNE, www.neue-energie-anbieter.de; Ziffer 1.3, Muster-Netznutzungsvertrag des VDN, www.vdn-berlin.de). 67

b) Vertragsinhalt. Mindestregeln zum Vertragsinhalt des Netznutzungsvertrags finden sich in § 24 II StromNZV. Die Aufzählung geht in wesentlichen Teilen auf einen aufgrund der VV Strom II plus erarbeiteten früheren Mustervertrag des VDN zurück. 68

Vertragsgegenstand (§ 24 II Nr. 1 StromNZV): Vertragsgegenstand ist einerseits das Recht auf bzw. die Pflicht zur Gewährung von Netzzugang i. S. d. § 20 I hinsichtlich der Belieferung bestimmter, im Vertrag zu nennender Letztverbraucher. Der Netzbetreiber schuldet neben der Zurverfügungstellung von Verteilungs-/Übertragungsnetzkapazität 69 die Erbringung der sog. Systemdienstleistungen (TransmissionCode 2003, Ziffer 4; ebenso und zur Abgrenzung der Aufgaben zwischen VNB und ÜNB DistributionCode 2003, Ziffer 4). Andererseits ist Vertragsgegenstand der Anspruch auf bzw. die Pflicht zur Zahlung des Netznutzungsentgelts. Die Entgelthöhe ist reguliert (§§ 21 a, 23 a).

70 **Voraussetzungen der Nutzung** (§ 24 II Nr. 2 StromNZV): In den Musterverträgen von VDN und BNE (Rn. 41) wird als Voraussetzung für die Netznutzung das Vorliegen eines **Netzanschlußvertrages** (Rn. 89) zwischen Anschlußnehmer und Netzbetreiber mit ausreichender Anschlußkapazität und eines **Anschlußnutzungsvertrages** (Rn. 89) zwischen Anschlußnutzer und Netzbetreiber genannt. Ob es dieser Verträge tatsächlich bedarf oder ob diese nicht wegen eines ohnehin bestehenden gesetzlichen Netzanschlußverhältnisses und Netzanschlußnutzungsverhältnisses entbehrlich sind (*Säcker*, in: BerlK-EnR, S. 1611; ebenso Begr. BT-Drucks. 15/3917, S. 58 f., für das Anschlußnutzungsverhältnis bzgl. § 18), ist streitig (vgl. § 17, Rn. 7 ff.; § 18, Rn. 12).

71 Da die Strombelieferung der Entnahmestellen in gesonderten Verträgen zwischen einem Lieferanten und dem Netznutzer zu regeln ist, muß der Netznutzer nach dem VDN-Mustervertrag bei seiner Anmeldung für die Netznutzung versichern, daß ab Beginn seiner Zuordnung zu einem Bilanzkreis ein solcher **Stromlieferungsvertrag** besteht. Dieser Vertrag muß entweder den gesamten Bedarf des Netznutzers an der Entnahmestelle oder den über eventuelle Fahrplanlieferungen hinausgehenden Bedarf des Netznutzers vollständig abdecken. Es muß also ein sog. offener Liefervertrag (*de Wyl/Essig/Holtmeier*, in: S/T, § 10, Rn. 48) nachgewiesen werden, durch den sicher gestellt ist, daß ein Lieferant vollständig (finanziell) für den Bedarf des Kunden aufkommt. An dieser Absicherung hat der Netzbetreiber ein berechtigtes Interesse.

72 Die Netznutzung setzt nach dem VDN-Musterentwurf weiterhin voraus, daß die Entnahmestelle(n) des Netznutzers in ein vertraglich begründetes **Bilanzkreissystem** einbezogen ist (sind). Der Netznutzer teilt dem Netzbetreiber den (Unter-)Bilanzkreis mit, dem die Entnahmestellen des Kunden in der Regelzone des Übertragungsnetzbetreibers zugeordnet werden sollen. Der Netznutzer benennt den BKV und weist dessen Bilanzkreisverantwortlichkeit mit Bestätigung der Datenzuordnungsermächtigung auf Verlangen des Netzbetreibers nach. Dies konkretisiert in zulässiger Weise die Regelung des § 20 I a 5.

73 **Leistungsmessung und Lastprofilverfahren** (§ 24 II Nr. 3 StromNZV): Grundsätzlich stehen sich die Modelle der fortlaufenden registrierenden viertelstündlichen Leistungsmessung (Lastgangzählung) und der Belieferung über Lastprofile gegenüber (Rn. 61 f.). Welches

Modell gewählt wird, hängt von der Ausstattung der Entnahmestelle ab. Bei der Abwicklung von Stromlieferungen an Letztverbraucher mit einer jährlichen Entnahme von bis zu 100.000 Kilowattstunden muß der Netzbetreiber die Verwendung standardisierter Lastprofile ermöglichen (§ 12 I 1 StromNZV). Kommt das Lastprofilverfahren zur Anwendung, muß vertraglich vereinbart werden, ob das analytische oder das synthetische Verfahren gelten soll.

Zuordnung von Einspeise- oder Entnahmestellen zu Bilanzkreisen (§ 24 II Nr. 4 StromNZV): Im Netznutzungsvertrag erfolgt die nach § 4 III 1 StromNZV erforderliche Zuordnung. 74

Abrechnung (§ 24 II Nr. 5 StromNZV): Zu regeln sind insbesondere Abrechnungszeitraum und Fälligkeitszeitpunkt. 75

Datenverarbeitung (§ 24 II Nr. 6 StromNZV): Hier ist insbesondere an Vereinbarungen zum Datenaustausch, zur Datenweitergabe und zum Datenschutz gedacht. Zwecks Vereinheitlichung (vgl. § 22 StomNZV) hat die BNetzA hierzu durch eine Festlegung nähere Vorgaben gemacht (*BNetzA*, B. v. 11. 7. 2006 – BK6-06-009; dazu *OLG Düsseldorf*, B. v. 28. 3. 2007, ZNER 2007, 202 f.; *Schau*, ZNER 2007, 25 ff.). 76

Haftung (§ 24 II Nr. 7 StromNZV): Erforderlich sind Haftungsregelungen über Schäden, die den Vertragspartnern oder ihren Kunden durch Unterbrechungen der Elektrizitätsversorgung oder durch Unregelmäßigkeiten in der Elektrizitätsbelieferung entstehen. 77

Voraussetzungen für die Erhebung einer Sicherheitsleistung in begründeten Fällen (§ 24 II Nr. 8 StromNZV): Der VNB kann in begründeten Fällen, wenn zu besorgen ist, daß der Lieferant seinen Zahlungsverpflichtungen aus dem Netznutzungsvertrag nicht oder nicht rechtzeitig nachkommen wird, eine angemessene Sicherheitsleistung vom Lieferanten verlangen. Die Voraussetzungen dafür müssen im Vertrag präzisiert werden. 78

Kündigungsrechte (§ 24 II Nr. 9 StromNZV): Die Vereinbarung besonderer Kündigungsrechte kommt insbesondere bezüglich erheblicher Verletzungen der Zahlungspflicht in Betracht. Durch eine Vereinbarung über Kündigungsrechte kann das in § 23 II StromNZV vorgesehene Kündigungsrecht des Netzbetreibers konkretisiert werden. 79

2. Lieferantenrahmenvertrag. Eine Sonderform des Netznutzungsvertrags bildet der in § 20 I a 2 und in § 25 StromNZV geregelte Lieferantenrahmenvertrag. 80

a) Abgrenzung zum Netznutzungsvertrag aa) Bisherige Vertragspraxis. Die Konstruktion des Lieferantenrahmenvertrags hat sich bereits unter der Geltung des alten Rechts in der Netzgangspraxis herausgebildet. Der Gesetzeswortlaut deckt sich allerdings nicht ganz mit der Terminologie der Vertragspraxis (Rn. 83). Ausweislich der 81

Musterverträge des VDN wurden und werden in der Praxis als mögliche Vertragspartner eines Netznutzungsvertrags nur „Kunden" (Letztverbraucher) angesehen. Ein Lieferant kann also keinen Netznutzungsvertrag schließen. Das **einzig mögliche Vertragsverhältnis zwischen Lieferant und Netzbetreiber** ist vielmehr der Lieferantenrahmenvertrag. Der Abschluß eines Lieferantenrahmenvertrags wurde als zwingende Voraussetzung des Netzzugangs angesehen (*VDN*, Kommentarband, Ziffer 1.2.1.4).

82 Der Lieferantenrahmenvertrag gestattet zwei Modelle der Netznutzung: „Liegt ein **integrierter Stromlieferungsvertrag** zur Versorgung eines Kunden vor (Stromlieferung plus Netznutzung = All-Inclusive-Vertrag), hat der Lieferant gegenüber dem Netzbetreiber Anspruch auf die Leistung „Netznutzung" einschließlich der Zurverfügungstellung des Netzes zum Zwecke der Belieferung des Kunden. Der Lieferant schuldet dem Netzbetreiber die anfallenden Netzentgelte. Liegt ein **reiner Stromlieferungsvertrag** zur Versorgung eines Kunden vor, bedarf es einer besonderen Vereinbarung über die Leistung „Netznutzung" zwischen Kunde und Netzbetreiber (Netznutzungsvertrag)" (VDN-Formulierungshilfe-Lieferanten-Rahmenvertrag, Ziffer 2). Das Besondere am Lieferantenrahmenvertrag ist demnach, daß er vom Lieferanten geschlossen ist. Ein „Netznutzungsvertrag" i. S. d. § 20 I a 1 2. Alt. zwischen Lieferant und Netzbetreiber ist demnach in der Vertragspraxis automatisch (als Folge eines integrierten Stromlieferungsvertrages) ein Lieferantenrahmenvertrag.

83 **bb) Wortlaut von § 20 I a 2.** Folgt man hingegen dem Wortlaut des § 20 I a 2, ist der Abschluß eines Lieferantenrahmenvertrags nicht zwingend. Vielmehr scheint der **Lieferantenrahmenvertrag eine mögliche Unterform des Netznutzungsvertrags** zu sein, der nicht vom Letztverbraucher, sondern vom Lieferanten abgeschlossen ist und der sich nicht auf eine bestimmte Entnahmestelle bezieht (*K/K/R*, S. 56). Nicht jeder vom Lieferanten geschlossene Netznutzungsvertrag ist damit automatisch ein Lieferantenrahmenvertrag. Der Begriff ist damit enger als der der Vertragspraxis. Die Besonderheit des Lieferantenrahmenvertrags scheint vielmehr in der Belieferung einer **Vielzahl von Kunden** zu liegen: Der Abschluß eines Lieferantenrahmenvertrags kommt dann in Betracht, wenn der Lieferant über das Netz ein und desselben VNB verschiedene Letztverbraucher beliefern will. Der Netznutzungsvertrag (in Gestalt eines Lieferantenrahmenvertrags) gilt dann für alle aktuellen und zukünftigen Kunden des Lieferanten innerhalb des Netzgebiets (*Stumpf/Gabler*, NJW 2005, 3174, 3175). Rechtliche Konsequenzen dieser – vermutlich unbeabsichtigten – terminologischen Abweichungen sind allerdings nicht ersichtlich.

b) Vertragsinhalt. Mindestregeln zum Vertragsinhalt finden sich in **84** § **25 II StromNZV,** die durch Festlegungen der Bundesnetzagentur nach § 27 I Nr. 15 StromNZV ergänzt werden (vgl. etwa *BNetzA,* Az: BK6-06-036 – vorläufige Anordnung). Auch die Aufzählung in § 25 II StromNZV geht in wesentlichen Teilen auf den aufgrund der VV Strom II plus erarbeiteten Mustervertrag des VDN zurück. Abweichungen von der Formulierung in § 24 II StromNZV sind daher nicht notwendig bewußt gewählt und sind darum nicht überzubewerten. Identisch mit den Vorgaben zum Netznutzungsvertrag sind die Nennung des **Vertragsgegenstands** (Nr. 1), der **Leistungsmessung und Lastprofilverfahren** (Nr. 6), der **Abrechnung** (Nr. 7), der **Haftungsbestimmungen** (Nr. 9), der Voraussetzungen für die Erhebung einer **Sicherheitsleistung** in begründeten Fällen (Nr. 10) und der **Kündigungsrechte** (Nr. 11).

Als **Regelung zur Netznutzung** (Nr. 2) ist vor allem eine Abrede **85** darüber zu treffen, ob die Netznutzung dem Kunden (reiner Stromlieferungsvertrag) oder dem Lieferanten (integrierter Stromlieferungsvertrag) geschuldet sein soll.

§ 25 II Nr. 3 StromNZV nennt den **Datenaustausch,** wohin- **86** gegen § 24 II Nr. 6 StromNZV von Datenverarbeitung spricht. Tatsächlich wird man in beiden Verträgen zu beiden Aspekten Regelungen benötigen.

Als **Voraussetzungen der Belieferung** (Nr. 4) kommen vergleich- **87** bare Regelungen wie im Netznutzungsvertrag zu den Voraussetzungen der Netznutzung (§ 24 II Nr. 2 StromNZV) in Betracht (Rn. 34).

Angaben zur An- und Abmeldung eines Kunden zum/vom **Bilanz- 88 kreis** (Nr. 5) sind vor allem in den Fällen unerläßlich, in denen der Kunde keinen eigenen Netznutzungsvertrag mit dem Netzbetreiber schließt, durch den eine eigenständige Zuordnung zu einem Bilanzkreis erfolgt (§ 24 II Nr. 4 StromNZV).

3. Sonstige Verträge. Ob es eines eigenen Netzanschlußvertrags **89** und eines Netzanschlußnutzungsvertrags bedarf, ist streitig (Rn. 33). Der **Netzanschlußvertrag** zwischen Netzbetreiber und Anschlußnehmer regelt die Errichtung, Bereitstellung und Änderung des Anschlusses sowie die Bezahlung von Anschlußkosten und Baukostenzuschüssen. Eine Aufzählung der üblichen Regelungsgegenstände des Netzanschlußvertrags findet sich im DistributionCode 2003, Ziffer 3.2 Abs. 1. Der **Anschlußnutzungsvertrag** zwischen Netzbetreiber und letztverbrauchenden Kunden regelt die Rechte und Pflichten, die sich aus der Belieferung über diesen Anschluß und dessen Nutzung zur Entnahme von Elektrizität ergeben. Zusätzlich sind im Vertrag Regelungen für eine mögliche Ersatzbelieferung des Kunden (z.B. für den

§ 20 90, 91 Teil 3. Regulierung des Netzbetriebs

Fall des Ausfalls der Lieferung eines Lieferanten, der Kündigung von Bilanzkreis- oder Lieferanten-Rahmenvertrag) aufzunehmen. Eine Aufzählung der Regelungsgegenstände des Netzanschlußvertrags findet sich im DistributionCode 2003, Ziffer 3.2 Abs. 2. Unerläßlich ist der **Bilanzkreisvertrag** zwischen Bilanzkreisverantwortlichem und ÜNB (s. Rn. 110). Zwingend ist auch der Abschluß eines **Stromlieferungsvertrags** zwischen Lieferant und Letztverbraucher. Dieser wird regelmäßig in Form eines integrierten Stromlieferungsvertrags geschlossen, wenn der Lieferant durch einen eigenen Netznutzungsvertrag mit dem Netzbetreiber die Netznutzung für den Letztverbraucher abwickeln soll. Denkbar ist aber auch ein reiner Stromlieferungsvertrag, wenn sich der Kunde mittels eines zwischen ihm und dem Netzbetreiber geschlossenen Netznutzungsvertrags selbst um seinen Netzzugang kümmert.

90 **4. Vertragsschluß.** § 20 I a 1, 2 verpflichtet den Netzbetreiber zum Abschluß eines Netznutzungs- oder Lieferantenrahmenvertrags. § 24 I 1 StromNZV formuliert dies umgekehrt als **Anspruch** des Netznutzers auf Abschluß eines Netznutzungsvertrags. § 23 I StromNZV macht Vorgaben für das **Verfahren** des Vertragsschlusses. Der Netzbetreiber ist demnach verpflichtet, ein vollständiges und bindendes Angebot innerhalb einer Frist von sieben Arbeitstagen nachdem der Netzzugangsberechtigte, spätestens durch Anmeldung der ersten Kundenentnahmestelle zur Netznutzung, ein Angebot zum Abschluß eines Lieferantenrahmenvertrags oder eines Netznutzungsvertrags bei ihm angefordert hat, abzugeben. Verzögerungen können auftreten, wenn sich Netzbetreiber und Netzzugangsberechtigter nicht über die Bedingungen der Netznutzung einig sind. Allerdings ist dieses Problem dadurch entschärft, daß die Höhe des Netznutzungsentgelts reguliert ist. Eine weitere Möglichkeit zur Verhinderung dieses Problems bietet die Entwicklung von Standardgeboten durch die Regulierungsbehörde (§ 28 StromNZV). Diese müssen gem. § 28 I 4 StromNZV so umfassend sein, daß sie von den einzelnen Nachfragern ohne weitere Verhandlungen angenommen werden können.

91 **5. Lieferantenwechsel.** Voraussetzung für die Ermöglichung von Wettbewerb um Energiekunden ist neben dem Netzzugang auch, daß der Wechsel vom bisherigen Lieferanten zu einem neuen Lieferanten nicht unzulässig erschwert wird. § 14 StromNZV trifft darum Regelungen über den Lieferantenwechsel. Diese Norm beruht auf der Verordnungsermächtigung in § 24 2 Nr. 2a, die auf Regelungen zum **Netzzugang** begrenzt ist. Gegenstand des § 14 StromNZV kann darum nicht das Rechtsverhältnis zwischen Kunde und Lieferant sein. Insoweit sind Fragen des Lieferantenwechsels vielmehr in einer Rechts-

verordnung nach § 39 II zu regeln. Konsequenterweise regelt § 14 StromNZV daher Fragen des Lieferantenwechsels nur soweit der Netzbetreiber betroffen ist.

§ 14 StromNZV legt für den Lieferantenwechsel bestimmte **Fristen** 92 fest. Ein Wechsel von Entnahmestellen zu anderen Lieferanten ist nach § 14 I StromNZV nur zum Ende eines Kalendermonats durch An- und Abmeldung beim Anschlußnetzbetreiber möglich. Der neue Lieferant ist nach § 14 III verpflichtet dem Netzbetreiber spätestens einen Monat vor dem beabsichtigten Beginn der Lieferung alle neuen Entnahmestellen, die er beliefern möchte und den Beginn der beabsichtigten Netznutzung mitzuteilen. Allerdings kann die Regulierungsbehörde nach § 27 I Nr. 17 StromNZV zur Abwicklung des Lieferantenwechsels kürzere Fristen festlegen.

Bedeutend ist die Regelung in § 14 VI StromNZV, daß Betreiber 93 von Elektrizitätsversorgungsnetzen den Lieferantenwechsel **nicht** von **anderen Bedingungen** als den in Abs. 1 bis 5 genannten abhängig machen dürfen. Die Möglichkeit, eigene Festlegungen zur Abwicklung des Lieferantenwechsels nach § 27 I Nr. 17 zu treffen, bleibt der Regulierungsbehörde allerdings unbenommen. Einem Lieferantenwechsel kann auch kein kapazitätsbedingter Zugangsverweigerungsgrund entgegengehalten werden (§ 20, Rn. 206).

V. Zugang zum gesamten Elektrizitätsversorgungsnetz (§ 20 I a 3)

§ 20 I a 3 zieht die notwendige Konsequenz aus der in § 20 I a 1 an- 94 gelegten Entscheidung des Gesetzgebers, den Abschluß **eines einzigen Netznutzungsvertrags genügen** zu lassen (Rn. 49, 67). Dieser eine Vertrag würde für sich genommen für die Realisierung des Netzzugangs nicht ausreichen, da die Netznutzung physikalisch gesehen nicht nur das Anschlußnetz, sondern mittelbar vielmehr das gesamte Elektrizitätsversorgungsnetz und damit die Teilnetze anderer Eigentümer betrifft (Rn. 47). § 20 I a 3 ordnet darum an, daß der eine Netznutzungsvertrag den Zugang zum gesamten Elektrizitätsversorgungsnetz vermittelt. Die Verpflichtung der sonstigen Netzbetreiber, Dienstleistungen im Rahmen des Netzzugangs zu erbringen, besteht damit von Gesetzes wegen (zu einer früheren Stellvertretungskonstruktion *Schwintowski,* WuW 2001, 1042 ff.; krit. *Säcker,* WuW 2002, 241 ff.).

Nicht ausdrücklich geregelt ist, ob der **Anschlußnetzbetreiber** da- 95 mit den **Zugang zum gesamten Netz schuldet.** Dagegen spricht, daß es nicht in seiner Macht liegt, dies zu gewährleisten, sondern daß er auf die Kooperation (§ 20 I a 4) anderer Netzbetreiber angewiesen ist

§ 20 Teil 3. Regulierung des Netzbetriebs

(*LG Kiel,* Urt. v. 24. 5. 2006 – 14 O Kart. 57/06, IR 2006, 185 f.). Dafür spricht die Ratio des § 20 I a. Grundsätzlich wäre eine Ausgestaltung des Netzzugangs vorstellbar gewesen, nach der der Netznutzer mit jedem betroffenen Netzbetreiber einen eigenen Vertrag hätte schließen müssen. Damit hätte er zweifellos zumindest vertragliche Ansprüche bezüglich der Nutzung jeder betroffenen Spannungsebene gegen die jeweiligen Netzbetreiber erworben. Indem der Gesetzgeber dem Netznutzer durch § 20 I a 1, 3 den Abschluß mehrerer Verträge erspart hat, wollte er dessen Position stärken, nicht schwächen. Demnach muß auch nach dem jetzt gewählten Vertragsmodell gewährleistet sein, daß der Netznutzer seinen Netzzugangsanspruch bezüglich aller betroffenen Netzebenen durchsetzen kann. Mithin muß er entweder einen Anspruch gegen den Anschlußnetzbetreiber auf Gewährleistung des Zugangs zum gesamten Netz haben. Oder aber es muß ein direkter Anspruch gegenüber den sonstigen Netzbetreibern bestehen (zu den Möglichkeiten Rn. 104). Damit wäre der Netznutzer aber doch wieder auf die Einzeldurchsetzung seines Zugangsrechts gegenüber jedem einzelnen Netzbetreiber verwiesen, obwohl ihm gerade dies erspart bleiben sollte. Dies spricht dafür, daß im Außenverhältnis der Anschlußnetzbetreiber die gesamte Dienstleistung der Netznutzung zu verantworten hat, auch soweit dabei andere Netzbetreiber eingebunden sind (*Schütte/Höch/Schweers,* in: BerlK-EnR, S. 1004 Rn. 11). Auch die Formulierung des § 20 I a 4 deutet darauf hin, der von der Gewährleistung des Zugangs zum gesamten Netz durch den Anschlußnetzbetreiber spricht.

VI. Zusammenarbeitspflicht (§ 20 I a 4)

1. Inhalt. § 20 I a 4 statuiert eine gegenüber § 20 I 2 (Rn. 27 ff.) **spezielle Zusammenarbeitspflicht,** deren Notwendigkeit aus der Regelung des § 20 I a 3 resultiert. § 20 I a 3 bestimmt, daß der Netznutzungsvertrag mit dem Anschlussnetzbetreiber den Zugang zum gesamten Elektrizitätsversorgungsnetz vermittelt. Der Netznutzer braucht also nur diesen einen Vertrag mit dem Anschlussnetzbetreiber zu schließen. Tatsächlich sind durch den Netzzugang eines Netznutzers allerdings auch andere Netze berührt, mit denen nach § 20 I a 3 jedoch seitens des Netznutzers kein Vertragsverhältnis begründet wird. Praktisch läßt sich der Netzzugang nur abwickeln, wenn auch andere Netzbetreiber hierzu die erforderlichen Beiträge leisten. Mangels vertraglicher Verpflichtung bedurfte es der gesetzlichen Inpflichtnahme der sonstigen Netzbetreiber durch § 20 I a 4.

Die Zusammenarbeitspflicht hat eine technisch-physikalische und eine organisatorische Komponente. In **technisch-physikalischer Hinsicht** müssen alle betroffenen Netzbetreiber am Vorgang der Einspeisung und der Entnahme von Strom mitwirken: Es muß die Netzkapazität für Belastungen des gesamten Netzes durch den Netznutzungsvorgang bereitgestellt werden. Insbesondere müssen auch die Umspannungsstellen zwischen den Netzen entsprechend ausgestattet sein. Außerdem ist zu jedem Zeitpunkt der Ausgleich möglicher Minder- oder Mehrmengen zu gewährleisten, der aus einer Abweichung von eingespeister und tatsächlich entnommener Strommenge resultiert. In **organisatorischer Hinsicht** ist vor allem die finanzielle Verantwortung der Beteiligten für die Netzleistungen zu regeln, indem ein gemeinsamer Abrechnungsmodus zur Anwendung kommt. Sowohl die technische als auch die organisatorische Abwicklung verlangen nicht zuletzt einen intensiven Informationsaustausch. **97**

Dabei sind zwei Ebenen der Zusammenarbeit zu unterscheiden. Zum einen muß eine **praktische Zusammenarbeit** im Sinne der technischen und organisatorischen Abwicklung eines jeden Netznutzungsvorgangs erfolgen. Zum anderen muß es zu einer **normierenden Zusammenarbeit** in dem Sinne kommen, daß sich die Netzbetreiber auf allgemeine Regeln über die technische und organisatorische Abwicklung der Netznutzungsvorgänge einigen. Welche Maßnahmen der praktischen Zusammenarbeit zu ergreifen sind, kann nicht für jeden Netznutzungsfall neu vereinbart werden, sondern bedarf abstrakt genereller Regelung. Dies zu tun, ist Teil der durch § 20 I a 4 übertragenen Kooperationsaufgabe. Insofern hat der Gesetzgeber ein Stück Normierungstätigkeit auf die Netzbetreiber delegiert (Rn. 30 f.). **98**

Worin die Zusammenarbeit im einzelnen bestehen muß, welchen **genauen Inhalt** also die Zusammenarbeitspflicht hat, hat der Gesetzgeber weitgehend offen gelassen. Die inhaltlichen Vorgaben beschränken sich im wesentlichen auf die Notwendigkeit, einen effizienten Netzzugang zu gewähren (§ 20 I 3). Selbst der in § 16 I StromNZV angesprochene Maßstab der **Transaktionskostenminimierung** dürfte für die Ausgestaltung der Zusammenarbeit noch einigen Spielraum lassen. Dies gilt etwa für die Frage der Anzahl der Regelzonen. Aus Netznutzersicht wäre eine Zusammenfassung Deutschlands zu einer Regelzone sinnvoll, was unter Beibehaltung der bisherigen Eigentumsverhältnisse an den Übertragungsnetzen geschehen könnte (skeptisch zu eigentumsübergreifenden Regelzonen *Koenig/Rasbach*, N&R 2004, 53, 55 ff.). Dadurch würde der Regelleistungsbedarf infolge der Durchmischung der verschiedenen Gebiete reduziert (vgl. *Ritzau/Zander*, in: Becker et al., S. 157, 165). Gleichwohl wird man die Aufrechterhaltung **99** von derzeit noch vier Regelzonen nicht für rechtswidrig halten können, da der Gesetz- und der Verordnungsgeber von der Möglichkeit mehrerer Regelzonen ausgingen; s. nur § 112 3 Nr. 6.

100 **2. Bestehende Zusammenarbeitsformen.** In der elektrizitätswirtschaftlichen Praxis findet eine Kooperation der Netzbetreiber seit vielen Jahren auf verschiedenen Ebenen statt. Vermutlich hatte der Gesetzgeber bei der Normierung der Zusammenarbeitspflicht in § 20 I a 4 diese bereits bestehenden Zusammenarbeitsformen und -resultate vor Augen.

101 Auf **europäischer Ebene** sind hier insbesondere die Regeln der **UCTE** zu nennen (www.ucte.org). Mitglieder der UCTE sind die Übertragungsnetzbetreiber 23 europäischer Länder. Aufgabe der 1951 gegründeten Organisation ist es, die internationale Kooperation der innerhalb des UCTE-Verbundnetzes zusammengeschlossenen Übertragungsnetzbetreiber zu organisieren und dafür entsprechende Regeln festzulegen. Das UCTE-Regelwerk ist mittlerweile im UCTE-Operation-Handbook (www.ucte.org/ohb/e_default.asp) zusammengefaßt. Die deutschen ÜNB, als Teil des UCTE-Verbundnetzes, haben die UCTE-Regelungen für Maßnahmen zur Frequenzerhaltung (technische Vorgaben, bereitzustellender Umfang der jeweiligen Reserveleistungen, organisatorische Rahmenbedingungen) für verbindlich erklärt (TransmissionCode 2003, Anhang D, Ziffer 1).

102 Anläßlich der Errichtung des Energiebinnenmarkts wurde eine weitergehende Kooperation der europäischen Übertragungsnetzbetreiber für erforderlich gehalten. In der UCTE sind nicht alle europäischen ÜNB vereint. Neben der UCTE gibt es drei weitere europäische ÜNB-Vereinigungen: TSOI (irische ÜNB); UKTSOA (britische ÜNB); NORDEL (skandinavische ÜNB). Da diese vier Vereinigungen einen über ihre jeweiligen Mitgliedsgrenzen hinaus gehenden Harmonisierungsbedarf sahen, wurde mit **ETSO** eine übergreifende Vereinigung gegründet (www.etso-net.org). Auch hier kooperieren die nationalen ÜNB und einigen sich auf Regelungen (www.etso-net.org/activities/cbt/e_default.asp), die der Abwicklung des Netzbetriebs und des Netzzugangs zugrunde gelegt werden.

103 Auf nationaler Ebene erfolgt die Zusammenarbeit der Netzbetreiber in Deutschland vor allem über den 2001 gegründeten **VDN**. Im November 2005 hatte der VDN 415 Mitglieder; darunter vier Übertragungsnetzbetreiber, 52 regionale, 348 kommunale Verteilungsnetzbetreiber und fünf ausländische Netzbetreiber. Maßgebliche Regelwerke sind der TransmissionCode 2003, Distribution-Code 2003 und der MeteringCode 2004. Diese Regelwerke haben nicht die Bindungswirkung staatlicher Regelwerke. Praktisch kommt ihnen jedoch besonders große Bedeutung zu. Dies liegt zum einen daran, daß sich das staatliche Recht, insbesondere die Strom-NZV stark an den hier getroffenen Regeln orientiert. Zum anderen wird die (hilfsweise) Anwendbarkeit dieser Regelwerke gewöhnlich im Rahmen von Netznutzungs-, Liefertantenrahmen- und Bilanzkreisvertrag vereinbart.

3. Durchsetzung der Zusammenarbeitspflicht. § 20 I a 4 klärt **104** nicht ausdrücklich, ob der **Netznutzer** einen **Anspruch** auf die im Rahmen der Zusammenarbeit zu erbringenden Leistungen der anderen Netzbetreiber hat, der etwa im Wege des **zivilgerichtlichen Rechtsschutzes** geltend gemacht werden könnte. Ein eigenes Vertragsverhältnis besteht insoweit nicht, da der Netznutzer gemäß § 20 I a 1, 3 nur mit dem Anschlußnetzbetreiber einen Vertrag schließt. Sofern man nicht in die vertraglichen Beziehungen der Netzbetreiber untereinander Wirkungen zugunsten des Netznutzers hineinkonstruieren möchte oder aber dem Netznutzungsvertrag mit dem Anschlußnetzbetreiber drittverpflichtenden Charakter beimißt (*Salje,* EnWG, § 20, Rn. 32), fehlt es mithin an den Voraussetzungen eines vertraglichen Anspruchs des Netznutzers gegenüber den anderen Netzbetreibern. Allerdings könnte insofern durch § 20 I a 4 ein gesetzliches Schuldverhältnis begründet sein. Andererseits spricht jedoch manches dafür, im Außenverhältnis zum Netznutzer nicht alle betroffenen Netzbetreiber, sondern den Anschlußnetzbetreiber für den Netzzugang zum gesamten Netz einstehen zu lassen (Rn. 95).

Sofern ein Netzbetreiber gegen seine Zusammenarbeitspflicht ver- **105** stößt, kann dies jedoch einen Mißbrauch nach § 30 I darstellen. Dann besteht die Möglichkeit, die Regulierungsbehörde im Wege des **besonderen Mißbrauchsverfahrens** nach § 31 einzuschalten.

Praktisch dürfte es allerdings schwierig sein, einen Verstoß gegen Zu- **106** sammenarbeitspflichten festzustellen. Die Kooperationspflichten werden in den Netzcodes, mithin durch verbandsautonomes Recht konkretisiert (Rn. 31). Dabei haben Gesetz- und Verordnungsgeber den Netzbetreibern inhaltlich reichlich Spielraum gelassen. Mangels detaillierter inhaltlicher Maßstäbe für die Ausgestaltung der Zusammenarbeit kann eine hohe **Kontrolldichte** weder von der Regulierungsbehörde noch von den Gerichten erwartet werden; mit der Ermächtigung zur Zusammenarbeit haben der Gesetz- und der Verordnungsgeber vielmehr ein Stück Normierungsbefugnis auf die Netzbetreiber delegiert (näher *Britz,* ZNER 2006, 91, 94). Ein Verstoß gegen Zusammenarbeitspflichten kann allerdings dann festgestellt werden, wenn ein Netzbetreiber zuungunsten des Netznutzers von den in den Netzcodes niedergelegten Regeln abweicht.

VII. Einbeziehung in ein Bilanzkreissystem (§ 20 I a 5)

107 Die Einbeziehung eines jeden Netznutzungsverhältnisses in ein Bilanzkreissystem ist ein Instrument, um die Kosten der Netzbetreiber verursachungsgerecht auf alle Netznutzer verteilen zu können (VV Strom II plus, Anlage 2). Damit können einerseits Kosten individuell zugeordnet werden. Anderseits gestattet die nähere Ausgestaltung des Bilanzkreissystems durch § 4 StromNZV eine Saldierung der Bilanzen verschiedener Bilanzkreise und reduziert damit die Belastung der Netznutzer, die aus dem wirtschaftlichen Ausgleich individueller Bilanzen resultieren würde.

108 **1. Entstehung und Zweck des Bilanzkreissystems.** Das Bilanzkreismodell wurde bereits durch die Verbändevereinbarung eingeführt. Heute ist es in §§ 4f. StromNZV näher geregelt. Zum besseren Verständnis sind die ausführlicheren Beschreibungen des Bilanzkreismodells in der VV Strom II plus und im TransmissionCode 2003, Ziffer 3 hilfreich, die der Verordnungsregelung zugrunde liegen (s. außerdem *Fritz*, wwe 2000, 12; *Müller-Kirchenbauer/Ritzau*, ET 2000, 212 ff.; *Schröder/Stelzner*, ET 2000, 683 ff.; *Rossel/Koch*, ET 2002, 860 ff.).

109 Das Bilanzkreissystem ist ein Element des Gesamtsystems rechnerischer und physikalischer Ausgleichsleistungen (Rn. 52 ff.). Eine auf das individuelle Netznutzungsverhältnis bezogene Bilanzierung tatsächlicher Einspeise- und Entnahmemengen wie auch reiner Stromhandelsgeschäfte (Rn. 113) ist zur verursachungsgerechten Kostenzuordnung unerläßlich. Der Zweck des Bilanzkreissystems geht darüber jedoch hinaus. Indem das Bilanzkreismodell eine virtuelle Bündelung von Einspeisungen und Entnahmen ermöglicht, können **Abweichungen zwischen Einspeisungen und Entnahmen** durch ihre Durchmischung insgesamt **minimiert** werden.

110 **2. Bilanzkreis.** Ein Bilanzkreis „ist innerhalb einer Regelzone die Zusammenfassung von Einspeise- und Entnahmestellen, die dem Zweck dient, Abweichungen zwischen Einspeisungen und Entnahmen durch ihre Durchmischung zu minimieren und die Abwicklung von Handelstransaktionen zu ermöglichen" (§ 3 Nr. 10a). Der Bilanzkreis ist nicht etwa ein geographisches Gebiet, sondern ein vertraglich begründetes Rechtsverhältnis, mithin ein „virtuelles Gebilde" (VV Strom II plus Anlage 2, Ziffer 1). Dem Bilanzkreis liegt ein **Bilanzkreisvertrag** nach § 26 StromNZV zugrunde, der zwischen dem BKV und dem ÜNB geschlossen wird. § 26 II StromNZV zählt auf, zu welchen Gegenständen im Bilanzkreisvertrag Regelungen zu treffen sind. Nach § 27 I Nr. 15 StromNZV können zudem durch Festlegungen der Regulierungsbehörde nähere Regelungen zu den Inhalten des Bilanzkreisvertrags getroffen werden. Überdies kann die Regulierungsbehörde gem. § 28 StromNZV auf die Unterbreitung von Standardangeboten auch im Bereich der Bilanzkreisverträge hinwirken (vgl. *BNetzA,* Standardangebotsverfahren, Az: BK6-06-013).

Ein Bilanzkreis besteht dabei im einfachsten Fall aus einem einzigen Netznutzer (Entnahme und Einspeisungen). Es können aber auch mehrere Netznutzer (z. B. einzelne Industriestandorte) aggregiert werden (VV Strom II plus Anlage 2, Ziffer 1). Gemäß § 4 I 1, 2 StromNZV sind dementsprechend von **einem oder mehreren Netznutzern** Bilanzkreise zu bilden, die aus mindestens einer Einspeise- und Entnahmestelle bestehen müssen, sofern nicht ein Bilanzkreis zur Abwicklung von Handelsgeschäften gebildet wurde (§ 4 I 3 StromNZV) (Rn. 113). Alle Einspeise- und Entnahmestellen müssen einem Bilanzkreis zugeordnet sein (§ 4 III 1 StromNZV). Der Wortlaut läßt offen, ob die Zuordnung zu „mindestens einem" Bilanzkreis gemeint ist, oder ob vielmehr die Zuordnung zu „genau einem" Bilanzkreis gefordert wird. Nach der VV Strom II plus war es möglich, eine Einspeisestelle mehreren Bilanzkreisen zuzuordnen, wohingegen die Zuordnung der Entnahmestellen eindeutig sein mußte (*VDN*, Kommentarband, Ziffer 3.2; zur Ausgestaltung näher TransmissionCode 2003, Ziffer 3.1 Abs. 4). 111

Bilanzkreise sind **innerhalb einer Regelzone** zu bilden (§ 4 I 1 StromNZV). Das heißt, daß Bilanzkreise hinsichtlich der Abwicklung des Bilanzausgleichs mit den Übertragungsnetzbetreibern grundsätzlich auf Regelzonen (§ 3 Nr. 30) beschränkt sind und ein regelzonenübergreifender rechnerischer Ausgleich nicht in Betracht kommt. Die VV Strom II plus sah vor, daß im Verhältnis zu den Netznutzern durch die Bilanzkreisverantwortlichen auch regelzonenübergreifend aggregiert werden dürfe (VV Strom II plus, Anlage 2, Ziffer 1) (allerdings nur mit eigenen Bilanzkreisen des BKV, TransmissionCode 2003, Ziffer 3.1 Abs. 12), wobei der Bilanzkreisverantwortliche diese Aggregation jedoch im Verhältnis zum jeweiligen ÜNB wieder auf Bilanzkreise für je eine Regelzone aufteilen müsse. Es spricht nichts gegen die Fortführung dieser Praxis. 112

3. Bilanzkreise zur Abwicklung von Handelsgeschäften (§ 4 I 3 StromNZV). Der Bilanzausgleich muß nicht zwingend zur Abwicklung der Versorgung von Letztverbrauchern erfolgen. Abweichend von § 4 I 2 StromNZV kann ein Bilanzkreis vielmehr auch für einen Vorgang gebildet werden, bei dem es nicht zur physikalischen Einspeisung, nicht zur physikalischen Entnahme oder sogar zu keinem von beidem kommt. Damit können Bilanzkreise auch zur Abwicklung von Stromhandelsgeschäften gebildet werden. Damit dient der Bilanz- 113 kreis auch dazu, die Abwicklung von Handelstransaktionen zu ermöglichen. Die Einführung des Bilanzkreissystems ist eine notwendige Voraussetzung für einen liquiden Stromhandel (*Ritzau/Zander,* in: Becker et al, S. 157, 165), weil sie den Stromhandel innerhalb einer Regelzone vereinfacht (*Schröder/Stelzner,* ET 2000, 683, 684).

114 **4. Bilanzkreisverantwortlicher (§ 4 II 1 StromNZV).** Für jeden Bilanzkreis ist von den bilanzkreisbildenden Netznutzern gegenüber dem jeweiligen ÜNB ein BKV zu nennen. Dieser ist verantwortlich für eine ausgeglichene Bilanz zwischen Einspeisungen und Entnahmen in seinem Bilanzkreis. BKV kann jeder sein. Regelmäßig ist es für Stromhändler sinnvoll, für die Abwicklung ihrer Handelsgeschäfte innerhalb einer Regelzone als BKV eines Bilanzkreises zu agieren, sofern sie die Bilanzkreisverantwortung nicht an andere Händler weiterreichen wollen. Daneben agieren die Handels- und Vertriebsabteilungen bestehender EVUs als BKV.

115 **5. Bilanzausgleich (§ 4 II 2 StromNZV).** Für die Beurteilung der Ausgeglichenheit von Einspeisung und Entnahme wird die Summe aller zu einem Bilanzkreis gehörigen Entnahmen und Einspeisungen innerhalb einer Viertelstunde zugrunde gelegt, so daß es auf individuelle Abweichungen nicht ankommt. Die Verantwortung des BKV für die Ausgeglichenheit von Einspeisung und Entnahme (Rn. 114) ist lediglich eine **wirtschaftliche Verantwortung.** Die Beschaffung tatsächlicher Ausgleichsleistungen zur Regelung von nach der Saldierung verbleibenden physikalischen Abweichungen obliegt nicht dem Bilanzkreisverantwortlichen, sondern ist gem. § 6 StromNZV Aufgabe der ÜNB (TransmissionCode 2003, Ziffer 3.1). Allerdings trifft den Bilanzkreisverantwortlichen gem. § 5 IV 2 StromNZV im Sonderfall des durch ungeplante Kraftwerksausfälle bedingten Ungleichgewichts zwischen Einspeisung und Entnahme eine Ausgleichspflicht für die Zeit ab Ablauf von vier Viertelstunden nachdem der Ausfall eingetreten ist. (Nur) insoweit hat der Bilanzkreisverantwortliche für die Bereitstellung einer Dauerreserve zu sorgen (*Brückl/Neubarth/Wagner,* ET 2006, 50, 52).

116 Der Bilanzkreisverantwortliche hat im Übrigen gem. § 5 StromNZV für seinen Bilanzkreis die **Fahrplanabwicklung** (Rn. 118) zu organisieren. Die Netzbetreiber sind gem. § 4 IV verpflichtet, dem Bilanzkreisverantwortlichen und anderen Netzbetreibern solche Daten, die zur Abrechnung und Verminderung der Bilanzkreisabweichungen erforderlich sind, in elektronischer Form unverzüglich zu übermitteln.

117 **6. Unterbilanzkreis und Verrechnung der Salden verschiedener Bilanzkreise (§ 4 I 4, 5 StromNZV).** § 4 I 4 StromNZV gestattet die Bildung von Subbilanzkreisen. Es können sich danach Bilanzkreise hinsichtlich des Abrechnungsverfahrens einem verantwortlichen Bilanzkreis mit dessen Zustimmung als Subbilanzkreise zuordnen, so daß der Unterbilanzkreis selbst gegenüber dem ÜNB nicht für den Ausgleich der Abweichungen verantwortlich ist (§ 2 Nr. 11 StromNZV). In diesen Fällen ermittelt der ÜNB für die Abrechnung den Ausgleich der Gesamtheit der beteiligten Bilanzkreise (VV Strom II plus, Ziffer 1). Subbilanzabweichungen werden darum nicht zwischen ÜNB und dem Betreiber des Subbilanzkreises direkt abgerechnet (*VDN,* Kommentarband, Ziffer 3.2.2). Daneben ist eine Verrechnung der Salden verschiedener Bilanzkreise gem. § 4 I 5 StromNZV auch ohne die Bildung von Subbilanzkreisen möglich.

7. Fahrplanabwicklung (§ 5 StromNZV). Der BKV ist nach § 4 II 2 StromNZV verantwortlich für eine ausgeglichene Bilanz innerhalb seines Bilanzkreises. Um Salden der von ihm bilanzierten Einspeisungen und Entnahmen auszugleichen, kann der BKV einen Tausch seiner Mehr- oder Mindermengen mit entsprechenden Minder- oder Mehrmengen eines anderen BKV vereinbaren. Die **Abwicklung** solcher **Lieferungen elektrischer Energie zwischen Bilanzkreisen** erfolgt gem. § 5 StromNZV auf Grundlage von Fahrplänen, die von den Bilanzkreisverantwortlichen mitzuteilen sind und die angeben, wie viel elektrische Leistung in jeder Zeiteinheit zwischen den Bilanzkreisen ausgetauscht wird oder an einer Einspeise- oder Entnahmestelle eingespeist oder entnommen wird (§ 2 Nr. 1 StromNZV). Der Leistungsaustausch zwischen Bilanzkreisen wird auch als Fahrplanlieferung bezeichnet. Ein eigener Netznutzungsvertrag ist hierfür nicht zu schließen und es ist auch kein Netznutzungsentgelt zu entrichten.

Vorschriften zur Fahrplanabwicklung finden sich in § 5 StromNZV. Insgesamt ist die Fahrplanabwicklung in § 5 StromNZV nur rudimentär geregelt. Allerdings ist die Regulierungsbehörde nach § 27 I Nr. 16 StromNZV befugt, Festlegungen zu treffen über Verfahren zur Handhabung und Abwicklung sowie zur Änderung von Fahrplänen durch die ÜNB. Dabei darf sie von den Regelungen des § 5 I, III StromNZV abweichen. Sofern die Regulierungsbehörde von ihrer Regelungsbefugnis keinen Gebrauch macht, wird es auch künftig darauf ankommen, daß die Netzbetreiber für ein eigenes Reglement der Fahrplanabwicklung sorgen. Aus § 20 I 2, I a 4 ergibt sich eine entsprechende Kooperationspflicht der Netzbetreiber. In der Anlage 2 zur **VV Strom II plus** und im **TransmissionCode 2003,** Ziffer 3.2 finden sich recht detaillierte Angaben zur betrieblichen Abwicklung der Fahrpläne. Daran kann sich die Praxis auch nach Einführung des § 5 StromNZV orientieren.

Fahrplanlieferungen erfolgen gem. TransmissionCode, Ziffer 3.1 Abs. 12 mit Bilanzkreisen anderer BKV innerhalb einer Regelzone oder mit eigenen Bilanzkreisen in anderen Regelzonen. Ein **regelzonenüberschreitender Austausch** mit Bilanzkreisen anderer BKV ist danach hingegen nicht möglich. Diese Einschränkung ist in § 5 StromNZV nicht ausdrücklich enthalten. Daß Fahrplanlieferungen grundsätzlich regelzonenintern und regelzonenübergreifend erfolgen können, ergibt sich aus § 5 II 1 StromNZV. Für den fahrplanmäßigen Austausch elektrischer Leistung mit ausländischen Regelzonen haben UCTE und ETSO Grundsätze erarbeitet, die gem. TransmissionCode 2003, Ziffer 3.2.1 Abs. 2, 3.2.2 Abs. 4 zur Anwendung kommen sollen.

121 **Gegenstand des** durch den BKV an den ÜNB mitzuteilenden **Fahrplans** sind: alle Summen-Austauschfahrpläne mit anderen Bilanzkreisen innerhalb der jeweiligen Regelzone, alle Summen-Austauschfahrpläne mit den eigenen Bilanzkreisen in den jeweiligen anderen Regelzonen und ein (unverbindlicher, nicht abrechnungsrelevanter) Summen-Fahrplan für alle dem BKV zugeordneten Erzeugungsstellen (Erzeugungsprognose) in der jeweiligen Regelzone (TransmissionCode 2003, Ziffer 3.2.1 Abs. 3). Hingegen muß der Fahrplan **keine Angaben bezüglich der bilanzkreisinternen Einspeisungen und Entnahmen** enthalten. Daß diese von der Fahrplananmeldung frei sind, ist vielmehr einer der wichtigsten Rationalisierungseffekte des Bilanzkreissystems.

122 **Inhaltlich** müssen die Fahrpläne vollständig sein und eine ausgeglichene Bilanz des Bilanzkreises ermöglichen, so daß auch die sich aus den Bilanzen der Bilanzkreise zusammensetzende Bilanz der Regelzone ausgeglichen sein kann (vgl. § 5 I 5 StromNZV). Die Erstellung von Summen-Austauschfahrplänen sichert die Vollständigkeit. Daß aufgrund der Fahrplanlieferungen letztlich wirklich ein vollständiger Austausch gelingt, kann hingegen im Zeitpunkt der Fahrplanmitteilung angesichts der Prognoseunsicherheit hinsichtlich der bilanzkreisinternen Salden nicht mit Sicherheit gesagt werden. Darum heißt es in § 5 I 5 StromNZV richtigerweise, daß eine ausgeglichene Bilanz „ermöglicht" (nicht: garantiert) werden müsse.

123 Grundsätzlich bedürfen die Fahrpläne **keiner Genehmigung** (TransmissionCode 2003, Ziffer 3.2.2 Abs. 1). Vielmehr hat der ÜNB gem. § 5 I 4 StromNZV die rechtzeitig angemeldeten Fahrpläne der Bilanzierung des Bilanzkreises und der Regelzone zugrunde zulegen, sofern nicht der ÜNB zuvor einen Netzengpaß (§ 15 IV StromNZV) veröffentlicht hat. Der Verzicht auf das Erfordernis einer Genehmigung der Fahrpläne vereinfacht das Verfahren aus Sicht der BKV, bedeutet allerdings auch, daß sie dafür verantwortlich bleiben, daß es zu einer ausgeglichenen Bilanz kommt. Der BKV trägt damit insbesondere das Risiko, daß es zu **Unstimmigkeiten im Hinblick auf den korres-**

pondierenden Fahrplan jenes BKV kommt, mit dem der fahrplanmäßige Austausch erfolgen soll. Im TransmissionCode 2003, Ziffer 3.2.1 Abs. 7 ff.) sind Regelungen für einen Interessenausgleich aller Beteiligten getroffen: Die ÜNB stellen dem BKV eine Eingangsbestätigung der Fahrpläne und das Ergebnis einer nicht rechtsverbindlichen, formalen Prüfung bereit. Nach Eingang der korrespondierenden Fahrpläne der jeweiligen Handelspartner erfolgt eine nicht rechtsverbindliche Prüfung auf Übereinstimmung. Das Prüfungsergebnis stellt der ÜNB dem BKV auf Anforderung ebenfalls bereit. Falls die Prüfung von zwei miteinander korrespondierenden regelzoneninternen Fahrplänen Differenzen ergeben hat oder wenn ein Fahrplan fehlt, fordert der ÜNB die betroffenen BKV zu bilateraler Fehlerklärung und Neuübermittlung der (geänderten) Fahrpläne auf. Für den Fall, daß dies nicht gelingt, sind im TransmissionCode 2003 einzelne weitere Schritte vorgesehen.

Die **Änderung von Fahrplänen** ist in § 5 II–IV StromNZV geregelt. Grundsätzlich können Fahrpläne mit einem zeitlichen Vorlauf von mindestens drei Viertelstunden zu jeder Viertelstunde eines Tages geändert werden (§ 5 II 1 StromNZV). Die Frist ist zugunsten des BKV für die Sondersituation eines ungeplanten Kraftwerkausfalls sogar noch auf eine Vorlaufzeit von 15 Minuten zum Beginn einer jeden Viertelstunde verkürzt (§ 5 IV 3 StromNZV). Die Änderungsmöglichkeiten nach § 5 II und IV StromNZV betreffen Änderungen, die vor dem Erfüllungszeitpunkt vorgenommen werden sollen. Sie sind für regelzoneninterne und regelzonenübergreifende Lieferungen gleichermaßen möglich. Die **nachträgliche Änderbarkeit** von Fahrplänen (§ 5 III StromNZV) ist hingegen auf regelzoneninterne Fahrpläne beschränkt. Da sich aus regelzoneninternen Fahrplänen kein physikalischer Lastfluß über Regelzonen hinweg ergibt, sondern nur eine Lieferung zwischen Bilanzkreisen innerhalb einer Regelzone erfolgt, ist eine Änderung oder Ergänzung im nachhinein möglich (TransmissionCode 2003, Ziffer 3.2.1. Abs. 11). Die nachträgliche Änderung muß bis 16 Uhr des auf den Erfüllungstag folgenden Werktags erfolgen (§ 5 III 1 StromNZV).

D. Zugang zu den Gasversorgungsnetzen (§ 20 I b)

I. Überblick

§ 20 I b etabliert den Rahmen für die Ausgestaltung des Rechts auf Zugang zu den Gasversorgungsnetzen. Gefordert wird ein netzübergreifendes Regelzonen- oder Marktgebietsmodell. Normiert werden zum einen die hierfür zentralen Vertragsverhältnisse. Dies sind Einspeise- und Ausspeisevertrag, weshalb auch von einem **Zwei-Vertragsmodell** die Rede ist. Zum anderen wird die für die Umsetzung des Modells notwendige Zusammenarbeit der Betreiber von Gasversorgungsnetzen geregelt.

II. Entwicklung des Netzzugangsmodells

126 Ein rechtliches Netzzugangsmodell muß berücksichtigen, daß das Gasversorgungsnetz in Deutschland eigentumsrechtlich in ca. 730 Netze (davon 24 überörtliche Netze) unterteilt ist. Das Gesamtnetz umfaßt verschiedene **Druckstufen,** die durch Verdichterstationen miteinander verbunden sind. Unterschieden wird grundsätzlich zwischen der Fernleitungs- (§ 3 Nr. 19) und der Verteilnetzebene (§ 3 Nr. 37), die wiederum in regionale und örtliche Verteilnetze (§ 3 Nr. 29 b) unterteilt ist. Ca. 80% der örtlichen Verteilnetze haben nur einen vorgelagerten Netzbetreiber (zu weiteren infrastrukturellen Daten s. *BNetzA,* Monitoring-Bericht 2006, S. 69). Weitere Besonderheiten des Erdgasmarktes in Deutschland sind die Einspeisung von Importen aus mehreren Richtungen und die Einspeisung unterschiedlicher Gasqualitäten (Monitoring-Bericht des BMWA, BT-Drucks. 15/1510, S. 26).

127 Anders als im Stromsektor konnte der Gesetzgeber nicht auf ein im wesentlichen etabliertes und zwischen den Marktbeteiligten unstreitiges Netzzugangsmodell zurückgreifen. Unter der **VV Gas II** fand ein **kontraktpfadabhängiges Modell** Anwendung (Punkt zu Punkt-Modell). Dies führte zu hohen Transaktionskosten, zur Marktzersplitterung und damit nicht zu wirksamem Wettbewerb. Das vertragliche Modell bildete auch die physikalischen Gegebenheiten nicht ab. Vielmehr durchmischen sich verschiedene Einspeisungen und Entnahmen in zeitlicher und örtlicher Hinsicht. Vertragliche und technische Abwicklung sind somit zu unterscheiden. Der Monitoring-Bericht empfahl daher ein netzübergreifendes Regelzonenmodell, das auf Einspeise- und Ausspeiseverträgen beruht (Monitoring-Bericht des BMWA, BT-Drucks. 15/1510, S. 25, 28 f.). **Entry/Exit-Modelle** beruhen auf dem Prinzip, daß die Einspeise- bzw. Ausspeisekapazitäten den Zugang zu einem einheitlichen Marktgebiet ermöglichen. Um seine Funktion als **virtueller Handelspunkt** effektiv zu erfüllen, muß das Marktgebiet vertikal integriert sein, d. h. alle Netzebenen vom Fernleitungsnetz bis hin zum Verbraucher umfassen. Ziel der Empfehlung war ein dem Strombereich angenähertes und vergleichbar effektives Modell. Ein wichtiger Unterschied zum Stromnetzzugang ist die

Erforderlichkeit eines Einspeisevertrages. Damit wird der Knappheit an Einspeisekapazitäten, insbesondere an Importpunkten, Rechnung getragen, die über die Einspeiseentgelte gesteuert werden kann. Vorbild für die Implementierung eines Entry/Exit-Modells ist Großbritannien (dazu *Spreng,* S. 73 ff.).

Erste Schritte in Richtung eines Entry-Exit-Modells wurden mit den Zusagen von BEB und Ruhrgas im Rahmen der Einstellung des wettbewerbsrechtlichen „Marathon"-Verfahrens durch die Europäische Kommission gemacht. Wegweisend war insbesondere die Verpflichtung der Ruhrgas, das Entry-Exit-Modell schrittweise über die eigenen Netzeigentumsgrenzen hinaus auszudehnen und mit anderen Netzbetreibern zu kooperieren. Bemerkenswert ist, daß die Kommission längerfristig ein bundesweites Marktgebiet, das flächendeckend alle Gasversorgungsnetze umfaßt, für erstrebenswert hält (Pressemitteilung der Kommission, IP/03/1129 (BEB), IP/04/573 (Ruhrgas)). **128**

Der **Entwurf der GasNZV** (BR-Drucks. 246/05), deren Prinzipien auch die Grundlage für die erste Fassung des § 20 I b darstellten (Rn. 6), blieb hinter den Empfehlungen des Monitoring-Berichts zurück. Sie ging von einem nur nominellen Entry-Exit-Modell aus, das Ein- und Ausspeiseverträge mit jedem Netzbetreiber, dessen Netz genutzt wird, vorsah. Dieses Modell kam dem überkommenen Kontraktpfadmodell noch sehr nahe (*Schultz,* in: L/B, Anh. zum 5. Abschnitt, EnergieW, Rn. 74, zu einem Vorentwurf auch *Neveling,* ET 2004, 611, 612). **129**

Im **Vermittlungsverfahren** wurde § 20 I b grundlegend umgestaltet (zu den Hintergründen *Däuper,* ZNER 2006, 210, 211 f.). Eingefügt wurden zum einen die Regelungen zur Funktion von Einspeise- und Ausspeisevertrag (§ 20 I b 2–4). Ferner wurde die Kooperationspflicht erweitert und konkretisiert. Gestrichen wurde hingegen die mit einem netzbetreiberscharfen Zugangsmodell verbundene Pflicht zum Vertragsmanagement für fremde Netze. Inhaltlich wurde damit die Empfehlung des Monitoring-Berichts aufgegriffen und ein netzübergreifendes, auf Kooperation beruhendes Zugangsmodell etabliert. Problematisch ist insbesondere, daß nach diesen Änderungen die Zeit für eine kohärente Anpassung der GasNZV nicht ausgereicht hat. Angeglichen wurde vor allem § 3 I GasNZV, in dem klargestellt wurde, daß für den Zugang zu den Gasversorgungsnetzen nur zwei Verträge notwendig sind. Daraus läßt sich schließen, daß es nicht Ziel der GasNZV ist, die Netzbetreiber auf ein weiteres Zugangsmodell neben dem sogenannten Basismodell zu verpflichten. Vorschriften der GasNZV, die auf netzbetreiberscharfe Verträge abzustellen scheinen, sind entweder gesetzeskonform auszulegen oder nicht anwendbar. **130**

III. Ausgestaltung des Zugangs (§ 20 I b 1)

131 § 20 I b 1 legt fest, daß der Gasnetzzugang auf der Buchung der Einspeise- und Ausspeisekapazitäten aufbaut (sog. **Entry/Exit-Modell**). An diese werden zunächst nur einige Grundanforderungen gestellt. Sie müssen den Netzzugang ohne Festlegung eines transaktionsabhängigen Transportpfades ermöglichen sowie unabhängig voneinander nutzbar und handelbar sein. § 20 I b 1 läßt offen, auf welches Netz bzw. welche Netze sich Einspeisung und Ausspeisung beziehen. Aus dem systematischen Zusammenhang folgt jedoch, daß die Bezugsgröße ein netzübergreifendes Marktgebiet ist (Rn. 140).

132 **1. Kein transaktionsabhängiger Transportpfad.** Diese Anforderung an das Netzzugangssystem normiert die Abkehr des unter der VV Gas II praktizierten entfernungsabhängigen Kontraktpfadmodells. Aus dem Verbot der Transaktionsabhängigkeit folgt dabei, daß im Netz die einzelnen Buchungen der Transportkunden saldiert betrachtet werden. Die Vorteile der sich daraus ergebenden Summeneffekte sind an alle Transportkunden diskriminierungsfrei weiterzugeben (*Neveling/Gewehr*, in: D/T, EnWG, § 20 Abs. 1 b, Rn. 53).

133 Eine große Zahl an Regelzonen bzw. Marktgebieten führt jedoch mittelbar zu einer Pfadabhängigkeit. Ein Netznutzer muß ggf. eine Kette von Verträgen abschließen, um ein bestimmtes Marktgebiet zu erreichen. Dies ist besonders problematisch, wenn Netzbetreiber als marktgebietsaufspannende Netzbetreiber fungieren, die weder direkten Zugang zur innerstaatlichen Produktion noch zu Importpunkten besitzen. Soweit § 20 I b 5 die Bildung mehrerer Marktgebiete zuläßt (Rn. 170), wird das Prinzip der Pfadunabhängigkeit eingeschränkt.

134 Aus dem Verbot einer Transportpfadabhängigkeit folgt auch, daß faktisch bestehende Transportalternativen zwischen der Ferngasebene und dem örtlichen Verteilnetz im Rahmen der Kosten- und Entgeltwälzung nicht zu unterschiedlich hohen Entgelten bei der Nutzung desselben Ausspeisepunktes führen dürfen. Unter dem Kosten- und Entgeltwälzungssystem der BGW/VKU 2006 war hierzu eine besondere Vereinbarung zur Erzielung der Gleichpreisigkeit der Ausspeiseentgelte notwendig (siehe das Muster in Anlage 2 der BGW/VKU-KV 2006). Nunmehr sieht § 6 BGW/VKU-KV ein Modell vor, bei dem die Kosten- und Entgelte unabhängig von ihrer Herkunft aus unterschiedlichen Marktgebieten, unterschiedlichen vorgelagerten Netzen oder verschiedener Entgeltstrukturen in Summe gewälzt werden (Rn. 173). Dieses Modell stellt die Gleichpreisigkeit systemimmanent sicher. Dies ist auch mit Blick auf die Transaktionsunabhängigkeit von Bedeutung (zur insoweit problematischen Regelung der BGW/

VKU-KV 2006 *Neveling/Gewehr,* in: D/T, EnWG, § 20 Abs. 1 b, Rn. 149).

2. Unabhängigkeit. Ein- und Ausspeisekapazitäten müssen unabhängig voneinander nutzbar sein. Dies erfordert zunächst die Möglichkeit, Kapazitäten in unterschiedlicher Höhe und zeitlich voneinander abweichend zu buchen (§ 4 III GasNZV). Die Nutzung der Kapazitätsrechte darf weiterhin nicht vom Besitz oder Erwerb korrespondierender Rechte abhängig gemacht werden. Zudem darf keine weitere Prüfung der hydraulischen Gegebenheiten notwendig sein, um die Kapazitätsrechte zu nutzen (*Kühling/el-Barudi,* DVBl. 2005, 1470, 1474; *Neveling/Gewehr,* in: D/T, EnWG, § 20 Abs. 1 b, Rn. 54). Zulässig ist es allerdings, die Nutzung der Rechte von ihrer Einbringung in einen **Bilanzkreis** abhängig zu machen. Weitere Vorgaben ergeben sich für die **Entgeltbildung.** Das Einspeiseentgelt darf nicht davon abhängen, welcher Ausspeisepunkt genutzt wird. 135

3. Handelbarkeit. Ein- und Ausspeisekapazitäten müssen unabhängig von einander handelbar sein. Dies ist auch für die optimale Ausnutzung des Netzes von Bedeutung, da Netznutzer nicht benötigte Kapazitäten frei handeln können. Art. 8 GasfernleitungsVO sieht ebenfalls vor, daß der Netzbetreiber den Handel mit Kapazitätsrechten ermöglichen sollen. Der Netzbetreiber ist zudem grundsätzlich verpflichtet, den Transfer von Kapazitätsrechten nach einer Mitteilung durch die Netznutzer anzuerkennen. 136

Für die Ermöglichung des Handels mit Kapazitätsrechten haben die Netzbetreiber eine gemeinsame **elektronische Plattform** zu errichten (§ 14 I GasNZV). Nach deren Errichtung dürfen Kapazitätsrechte ausschließlich über diese veräußert oder zur Nutzung überlassen werden (§ 14 II GasNZV). Diese Vorschrift dient der Transparenz des Handels und der Gewährleistung eines diskriminierungsfreien Netzzugangs. Für die Teilnahme am Handel ist eine Registrierung als Transportkunde bei der Handelsplattform erforderlich. Diese kann an angemessene Bedingungen geknüpft werden, z. B. Nachweise der Zuverlässigkeit und der Bonität. 137

Die **Entgelte** für gehandelte Kapazitäten dürfen die ursprünglich mit den Netzbetreibern vereinbarten Entgelte nicht wesentlich überschreiten (§ 14 IV GasNZV). Durch die Vorschrift sollen Anreize zur Kapazitätshortung vermieden werden. Eine wesentliche Überschreitung liegt jedenfalls dann vor, wenn der Verkäufer abzüglich seiner Transaktionskosten einen Gewinn mit dem Kapazitätshandel erwirtschaftet. 138

IV. Vertragliche Abwicklung (§ 20 I b 2–4)

139 § 20 I b 2–4 geben den Rahmen für die Abwicklung des Zugangsanspruchs vor und konkretisieren insoweit § 20 I 1. Auf andere Abwicklungsmöglichkeiten besteht im Umkehrschluß kein Anspruch des Zugangspetenten.

140 Jeweils ein Ein- und Ausspeisevertrag ermöglichen den Zugang zu den Gasversorgungsnetzen. Aus der Verwendung des Plurals folgt, daß diese zwei Verträge grundsätzlich den Zugang zum **Gesamtnetz** vermitteln (so auch *Neveling/Gewehr*, in: D/T, EnWG, § 20 Abs. 1 b, Rn. 46, 159). Dies wird auch durch die Kooperationspflicht in § 20 I b 5 unterstrichen (*Schultz*, in: L/B, Anh. z. 5. Abschnitt, EnergieW, Rn. 77). Eingeschränkt wird diese Regel nur durch den in § 20 I b 5 enthaltenen Vorbehalt **technischer Möglichkeit** und **wirtschaftlicher Zumutbarkeit**. Diese Auslegung wird auch durch § 3 I GasNZV bestätigt, der im Hinblick auf die Änderungen von § 20 I b im Gesetzgebungsverfahren durch den Verordnungsgeber angepaßt wurde. Danach haben Transportkunden Verträge entweder mit nur einem Netzbetreiber oder mit zwei Netzbetreibern abzuschließen. Der Abschluß von Verträgen mit mehr als zwei Netzbetreibern wird daher im Umkehrschluß ausgeschlossen. Im Rahmen eines Einzelbuchungsmodells (Rn. 169) würde dies aber oftmals notwendig sein, um den Zugang zu den Gasversorgungsnetzen zu ermöglichen. § 20 I b 2 und 3 verpflichten daher nicht zur Umsetzung eines solchen Modells.

141 Die Ausdehnung des Gesamtnetzes wird jedenfalls durch den Anwendungsbereich des EnWG begrenzt. Dies erklärt, warum an **Grenzübergangspunkten** eine Ausspeisung notwendig ist, ohne daß eine physische Entnahme erfolgt.

142 **1. Einspeisevertrag (§ 20 I b 2). Vertragspartner** des Einspeisevertrages sind der Netzkunde und der Betreiber des Netzes, durch das das Gas in das Marktgebiet eingespeist werden soll. Die Einspeisung wird in der Regel an einem Grenzübergangspunkt, an einer Aufbereitungsanlage einer heimischen Produktionsstätte oder an einem LNG-Terminal in das Netz eines Fernleitungsnetzbetreibers erfolgen. Sonderregeln gelten für die Einspeisung von lokal produziertem Biogas in die örtlichen Verteilnetze (*Graßmann*, ZNER 2006, 12 ff.).

143 Der Begriff der **Einspeisung** i. S. d. § 20 I b erfaßt nicht die Überspeisung von Gas an einem Netzkopplungspunkt, der kein Grenzübergangspunkt ist. Da Ein- und Ausspeisevertrag grundsätzlich den Zugang zum Gesamtnetz vermitteln (Rn. 140), bezieht sich auch der Begriff der Einspeisung nur auf das Gesamtnetz bzw. auf die im Einklang mit

§ 20 I b 5 gebildeten Marktgebiete. Daraus folgt, daß aus § 20 I b 2 kein Anspruch des Netznutzers auf Abschluß eines Einspeisevertrages mit jedem einzelnen Netzbetreiber eines Marktgebietes abgeleitet werden kann.

Der Einspeisevertrag regelt insbesondere die Zuordnung des Einspeisepunkts zu einem Marktgebiet, den Umfang der Kapazitätsrechte und die Höhe des vom Netznutzer zu zahlenden Einspeiseentgelts. Der Netzbetreiber des Einspeisepunktes ist verpflichtet, das bereitgestellte Gas an diesem zu übernehmen. Der Einspeisevertrag ermöglicht somit den Zugang zum **virtuellen Handelspunkt** des Marktgebietes. Die Entgelthöhe ist reguliert (§§ 21 a, 23 a). 144

2. Ausspeisevertrag (§ 20 I b 3). Vertragspartner des Ausspeisevertrages sind der Netznutzer und der Netzbetreiber, aus dessen Netz die Entnahme von Gas erfolgen soll. Dies wird in der ganz überwiegenden Zahl der Fälle ein VNB sein. Großverbraucher können jedoch durchaus an das Fernleitungsnetz angeschlossen sein. Eine Ausspeisung aus dem Fernleitungsnetz liegt darüber hinaus vor, wenn Gas an einem Grenzübergangspunkt exportiert wird. 145

Der Begriff der **Ausspeisung** bezieht sich wie der Begriff der Einspeisung (Rn. 143), auf das Gesamtnetz. Er umfaßt damit die physische Entnahme durch einen Verbraucher und die Übergabe von Gas an einem Grenzübergangspunkt. Aus § 20 I b 3 läßt sich daher kein Anspruch des Netznutzers auf Abschluß eines Ausspeisevertrages an jedem Netzkopplungspunkt eines Netzbetreiber ableiten. 146

Der Ausspeisevertrag regelt den Transport vom virtuellen Handelspunkt des Marktgebietes zu dem Punkt, an dem das Gas aus dem Netz entnommen wird. Er definiert die am Ausspeisepunkt vorzuhaltende Ausspeisekapazität und die Höhe des Ausspeiseentgelts. Dieses wird aus der Briefmarke des VNB und dem kumulierten Netzentgelten der vorgelagerten Netzbetreiber gebildet (**Kosten- und Entgeltwälzung,** Rn. 173). Die Entgelthöhe ist reguliert (§§ 21, 23 a). 147

Der Ausspeisenetzbetreiber schuldet nicht nur den den Zugang zu seinem eigenen Netz, sondern auch für alle **vorgelagerten Netze** bis zum virtuellen Handelspunkt des Marktgebietes. Dies folgt aus dem Ziel des § 20 I b, den Netzzugang zu vereinfachen und dem Netznutzer den Abschluß von mehr als zwei Verträgen zu ersparen (aus verfassungsrechtlicher Sicht krit. *Badura,* DVBl. 2004, 1189, 1198; *Koenig/Rasbach,* N&R 2004, 53 ff.; s. andererseits *Neveling/Däuper,* IR 2004, 126 ff.). 148

3. Lieferantenrahmenvertrag (§ 20 I b 4). § 20 I b 4 sieht eine besondere Form des Ausspeisevertrages vor, die im Prinzip dem Lieferantenrahmenvertrag beim Stromnetzzugang (§ 20 I a, Rn. 80 ff.) entspricht. Schließen Lieferanten einen Ausspeisevertrag mit einem VNB 149 ab, muß sich dieser nicht auf bestimmte Entnahmestellen beziehen. Der Ausspeisevertrag gilt dann für alle aktuellen und zukünftigen Kunden des Lieferanten innerhalb des Netzgebiets des VNB. Die Regelung gilt für örtliche und regionale VNB.

150 **4. Bilanzkreisvertrag. Vertragspartner** eines Bilanzkreisvertrages sind in der Regel der marktgebietsaufspannende Netzbetreiber und der Bilanzkreisverantwortliche (§ 31 III GasNZV), der in Vertretung der betroffenen Transportkunden handelt. Die in der ursprünglichen Fassung von § 16 Anlage 3 BGW/VKU-KV 2006 vorgesehene Bildung von Bilanzkreisen bei nachgelagerten Netzbetreibern ist mit der Abschaffung der Einzelbuchungsvariante entbehrlich geworden und nicht übernommen worden.

151 **Gegenstand** des Bilanzkreisvertrages ist insbesondere der Ausgleich und die Abrechnung von Abweichungen zwischen ein- und ausgespeisten Gasmengen (vgl. § 32 I GasNZV). Nach den Musterbedingungen der BGW/VKU-KV wird im Bilanzkreisvertrag zudem die operative Abwicklung des Transportes und die Übertragung von Gasmengen zwischen Bilanzkreisen geregelt. Insoweit ersetzt der Bilanzkreisvertrag den in § 3 II Nr. 2 GasNZV vorgesehenen **Portfoliovertrag.**

152 Ein **marktgebietsübergreifender Ausgleich** zwischen Bilanzkreisen des gleichen BKV, wie er im Strombereich möglich ist (Rn. 112), war zunächst nicht vorgesehen (krit. *Däuper/Kolf,* IR 2006, 194, 198). § 20 BGW/VKU-KV sieht nun eine solche Möglichkeit für diejenigen Ausspeisenetze vor, in denen Letztverbraucher über mehrere Marktgebiete erreicht werden.

153 **5. Geschäftsbedingungen für den Gastransport.** § 19 GasNZV enthält Mindestanforderungen für die Geschäftsbedingungen, die der Netznutzung zugrunde liegen. Diese sind nach § 3 II 4 GasNZV den Ein- und Ausspeiseverträgen zugrunde zu legen. Ihre Inhalte sind mit Regelungen gleicher Art in **Netzkopplungsverträgen** abzustimmen (§ 19 II GasNZV). Nach § 20 I b 7, 1. Hs. 1 sind gemeinsame Standards zwischen den Netzbetreibern zu entwickeln (Rn. 174). Die BGW/VKU-KV enthält in Anlage 3 ein Muster für solche Netznutzungsbedingungen.

154 **Regelungen zur Nutzung des Netzes, des Teilnetzes, der Ein- und Ausspeisepunkte (§ 19 I Nr. 1 GasNZV).** In den Geschäftsbedingungen sind zum einen eventuelle Zuordnungsauflagen oder andere Nutzungsbeschränkungen für die Ein- bzw. Ausspeisepunkte des Netzbetreibers festzulegen. Zum anderen bedarf das Verfahren der Bilanzkreisbildung einer Regelung.

155 Nach § 11 Nr. 3 der Musterbedingungen der BGW/VKU-KV ist das Bestehen eines **Netzanschluß-** und/oder **Anschlußnutzungs-**

verhältnisses Voraussetzung für die Ausspeisung. Ob dieses vertraglich begründet werden muß oder ohnehin gesetzlich besteht, ist streitig (vgl. § 17, Rn. 7 ff.; § 18, Rn. 12).

Regelungen zur Abwicklung der Netzzugangsanfrage, der 156
Buchung und der Nominierung (§ 19 I Nr. 2 GasNZV). Regelungsbedürftig sind Form und Fristen für das Stellen und die Bearbeitung der Netzzugangsanfrage. Weiterhin enthalten die Musterbedingungen der BGW/VKU-KV spezielle Regelungen für die Abwicklung der nach § 15 V GasNZV anzubietenden Online-Anfragen und -Buchungen. Ebenso sind Form und Fristen für Nominierungen festzulegen, die in der Regel durch den Bilanzkreisverantwortlichen vorgenommen werden. Dies gilt insbesondere für die nachträgliche Änderung von Nominierungen am Erfüllungstag (vgl. § 27 V GasNZV). Gegebenenfalls ist die Möglichkeit eines Nominierungsersatzverfahrens nach § 28 GasNZV vorzusehen.

Gasbeschaffenheit und Drücke des Gases (§ 19 I Nr. 3 Gas- 157
NZV). Notwendig ist die Regelung der technischen Anforderungen an das zu transportierende Gas. Dies betrifft zum einen die Gasbeschaffenheit, insbesondere den Brennwert, die relative Dichte sowie den Schwefel- und Kohlendioxidgehalt. Zum anderen sind die Druckspezifikationen für die jeweiligen Ein- bzw. Ausspeisepunkte festzulegen.

Allokation (§ 19 I Nr. 4 GasNZV): Regelungsbedürftig ist das 158
Verfahren für die Zuordnung von eingespeisten, ausgespeisten oder am virtuellen Handelspunkt übertragenen Gasmengen zu einem Bilanzkreis.

Leistungsmessung oder Lastprofilverfahren (§ 19 I Nr. 5 Gas- 159
NZV). Grundsätzlich stehen sich die Modelle der stündlich registrierenden Leistungsmessung (Lastgangmessung) und der Belieferung über Lastprofile gegenüber (vgl. § 38 II GasNZV). Bei der Abwicklung von Gaslieferungen an Letztverbraucher mit einer relativ geringen Abnahme sind Standardlastprofile anzuwenden. Die Grenze bildet grundsätzlich eine maximale stündliche Ausspeiseleistung von 500 kW und eine maximale jährliche Entnahme von 1,5 Mio. kWh (§ 29 I GasNZV). In ihren Geschäftsbedingungen für den Gastransport können die Netzbetreiber höhere Grenzwerte festlegen (§ 29 II 1 GasNZV). Niedrigere Grenzen sind nur zulässig, wenn ansonsten ein funktionierender Netzbetrieb technisch nicht möglich ist oder bestimmte Netznutzer eine wirtschaftlich unangemessene Benachteiligung gegenüber anderen Transportkunden erfahren würden (§ 29 II 2 GasNZV). Anders als bei Stromlieferungen (vgl. Rn. 73) ist eine vertragliche Abweichung von den Grenzwerten im Einzelfall nicht möglich (§ 29 II 5 GasNZV). Vertraglich muß vereinbart werden, ob ein analytisches oder syntheti-

sches Lastprofilverfahren gelten soll. Für Gewerbe- und Haushaltskunden sind jeweils spezifische Standardlastprofile zu verwenden (§ 29 III GasNZV). Eine feinere Untergliederung ist möglich.

160 **Maßgebliche Wetterstation (§ 29 IV GasNZV).** In den Geschäftsbedingungen ist die für die zur Anwendung der Lastprofile notwendige Temperaturprognose maßgebliche Wetterstation festzulegen.

161 **Messung und Ablesung des Gasverbrauchs (§ 19 I Nr. 6 GasNZV).** Festzulegen ist insbesondere der Referenzbrennwert der jeweiligen Ein- und Ausspeisepunkte, der für die Umrechung von in m^3 gebuchten Kapazitäten in Energieeinheiten maßgebend ist.

162 **Differenzmengenregelungen und Verfahren für den Bilanzausgleich (§ 19 I Nr. 8 und 9 GasNZV).** Hinsichtlich der zwischen Nominierung und tatsächlicher Nutzung auftretenden Differenzmengen müssen insbesondere der Abrechnungszeitraum und die Arbeits- und Leistungspreise für die Entgegennahme oder Lieferung von Differenzmengen vertraglich geregelt werden. Werden Standardlastprofile verwendet, sind die Vorgaben aus § 29 V-VII GasNZV zu beachten. Hinsichtlich des Verfahrens für den Bilanzausgleich bedarf es Regelungen über die anwendbaren Toleranzen pro Bilanzkreis und das Verhältnis von Netzbetreiber, Bilanzkreisverantwortlichem und Transportkunden.

163 **Entziehung längerfristig nicht genutzter Kapazitäten (§ 19 I Nr. 15 GasNZV).** Die Geschäftsbedingungen müssen Regelungen zur Umsetzung der in § 13 II GasNZV normierten Freigabepflicht für ungenutzte Kapazität enthalten. Notwendig sind insbesondere detailliertere Verfahrens- und Fristenregelungen (vgl. § 34 Musterbedingungen).

164 **Ansprechpartner und Erreichbarkeit (§ 19 I Nr. 16 GasNZV).** Ansprechpartner sind für alle den Netzzugang betreffenden Fragen zu benennen, insbesondere für Kapazitätsanfragen (vgl. § 21 Nr. 11 GasNZV) und -buchung, Nominierungen, technische Fragestellungen.

165 **Weitere Regelungsgegenstände.** Zu den Regelungsgegenständen der Datenverarbeitung (Nr. 7), der Vertraulichkeit der Daten (Nr. 13), der Störungen und Haftungsbestimmungen (Nr. 10), der Voraussetzungen für die Erhebung einer Sicherheitsleistung in begründeten Fällen (Nr. 11), der Kündigungsrechte (Nr. 12), der Abrechnung (Nr. 14) vgl. die Kommentierung zu den insoweit parallelen Vorgaben der StromNZV (Rn. 75–79).

V. Kooperationspflicht der Betreiber von Gasversorgungsnetzen (§ 20 I b 5–7)

Die Zusammenarbeit von Betreibern miteinander verbundener Netze ist allgemein unerläßlich, da sie sich technisch nicht unabhängig voneinander betreiben lassen (*Britz*, ZNER 2006, 91). Das Ziel der in § 20 I b 5–7 verlangten Kooperation ist spezieller. Sie ist auf die **Ermöglichung** eines **Modells** gerichtet, in dem der Netznutzer für die Nutzung der Gesamtheit der Gasversorgungsnetze nur einen Einspeise- und einen Ausspeisevertrag schließen muß. § 20 I b 5 legt neben dem **Ziel** auch die **Grenzen der Kooperationspflicht** fest. § 20 I b 6 und 7 regeln den Umfang der Kooperationspflicht. **Verpflichtete** sind alle Betreiber von Gasversorgungsnetzen. 166

Das Gesetz gibt für die Kooperation der Netzbetreiber lediglich einen Rahmen vor. Die Ausarbeitung des konkreten Zugangsmodells und die damit verbundene Regelung komplexer technischer Fragen werden den Netzbetreibern überlassen. Deren Zusammenarbeit hat also auch eine **normierende Funktion** (vgl. Rn. 98 f.). 167

1. Umsetzung durch Kooperationsvereinbarung. Zur Erfüllung der Kooperationspflicht ist auf Verbandsebene eine „Vereinbarung über die Kooperation gemäß § 20 I b zwischen den Betreibern von in Deutschland gelegenen Gasversorgungsnetzen" ausgearbeitet worden, die am 19. 7. 2006 unterzeichnet wurde (zum Inhalt vgl. *Breuer u. a.*, RdE 2006, 264 ff.). Der Erarbeitungsprozeß ist von der Bundesnetzagentur moderierend begleitet worden (zu dieser „moderierenden Regulierung" *Britz*, ZNER 2006, 91, 95 f.). Nachdem die BNetzA die darin enthaltene sog. Einzelbuchungsvariante untersagt hat (Rn. 193), wurde am 25. 4. 2007 eine geänderte Fassung der Kooperationsvereinbarung veröffentlicht. Sie ist darauf angelegt, daß ihr alle Gasversorger in Deutschland beitreten (zum Beitrittsstand siehe www.bgw.de/energiepolitik/kooperationsvereinbarung_erdgas). Anders als im Stromreich (Rn. 53, 103) wird die Kooperation also durch einen multilateralen Vertrag geregelt. 168

Die BGW/VKU-KV 2006 enthielt neben Regelungen für die Kooperation des gesetzlich vorgesehen Zwei-Vertrags-Modells **(Basismodell)** auch Regeln für die Abwicklung von einzelnetzbezogenen Kapazitätsbuchungen (sog. **Einzelbuchungsmodell**). Da § 20 I b keine Verpflichtung der Netzbetreiber auf die Umsetzung des Einzelbuchungsmodells enthält (Rn. 190), war dieses auch nicht von der Kooperationspflicht umfaßt. Die ursprüngliche BGW/VKU-KV 2006 mußte daher zwingend die Möglichkeit vorsehen, der Vereinbarung 169 unter dem **Vorbehalt** beizutreten, die Regelungen zum Einzelbuchungsmodell nicht umzusetzen.

170 **2. Ausnahme bei Unmöglichkeit oder Unzumutbarkeit.** Die Kooperationspflicht steht unter dem Vorbehalt technischer Möglichkeit und wirtschaftlicher Zumutbarkeit. Das Vorliegen eines dieser Ausnahmegründe führt dazu, daß mehrere **Marktgebiete** gebildet werden können. Für Transporte zwischen den Marktgebieten sind dann weitere Ein- und Ausspeiseverträge notwendig. Wichtigster Grund für die Bildung zusätzlicher Marktgebiete ist die Bildung von Teilnetzen bzw. Bilanzzonen (§ 20 I b 7). Umstritten ist, ob Engpässe in Hochlastsituationen eine dauerhafte, statische Marktgebietsbildung rechtfertigen können (für eine dynamische Einteilung *Däuper,* ZNER 2006, 210, 216; dagegen *Neveling/Gewehr,* in: D/T, EnWG, § 20 Abs. 1 b, Rn. 141). Aus § 112 Nr. 6 läßt sich schließen, daß der Gesetzgeber davon ausging, daß derzeit die Bildung mehrerer Marktgebiete zulässig ist.

171 **3. Ausweisung und Angebot von Kapazitäten.** Bei der Ausweisung von Kapazitäten ist eine Zusammenarbeit insbesondere hinsichtlich der zu verwendenden **Berechnungsmethoden** erforderlich (vgl. dazu Anlage 2 BGW/VKU-KV). Die Kooperation beim Angebot von Kapazitäten bezieht sich auf die **interne Bestellung** von Kapazitäten durch den Ausspeisenetzbetreiber bei den ihm vorgelagerten Netzbetreibern. Diese ist notwendig, damit der Ausspeisenetzbetreiber seine Verpflichtung erfüllen kann, dem Transportkunden den Zugang zum virtuellen Handelspunkt zu verschaffen. Nach § 8 BGW/VKU-KV bestellt der Ausspeisenetzbetreiber grundsätzlich einmal jährlich die notwendigen Kapazitäten bei dem ihm unmittelbar vorgelagerten Netzbetreiber. Dieser verfährt jeweils gleichermaßen bis der marktgebietsaufspannende Netzbetreiber erreicht ist. Bei diesem hat die Bestellung für das folgende Gaswirtschaftsjahr spätestens bis zum 30. Juni vorzuliegen. Das Verfahren für unterjährige Bestellungen mit einer Laufzeit von weniger als einem Jahr regelt § 14 BGW/VKU-KV.

172 **4. Systemdienstleistungen, Kosten- oder Entgeltwälzung.** Als Systemdienstleistungen werden die Maßnahmen von Netzbetreibern bezeichnet, die für den Netzzugang erforderlich sind. Dazu zählt insbesondere folgendes (vgl. § 5 II GasNZV): Maßnahmen zur Abwicklung der Zugangsverträge, also der Empfang und die Bestätigung von Nominierungen sowie von Messwerten über die Beschaffenheit des eingespeisten Gases, die Mengenübernahme und -übergabe, die Messung und Allokation bei Übernahme und Übergabe, die Auswertung der Messungen, die Dokumentation, Abrechnung und Rechnungserstellung. Weiterhin erfaßt sind die **Netzsteuerung** zur Gewährleistung von Zeitgleichheit und Wärmeäquivalenz der übergebenen und übernommenen Mengen, der **Basisbilanzausgleich,** der Einsatz von Treibgas sowie die Odorierung im Bereich der Verteilnetze.

Der kaskadenförmigen internen Bestellung von Kapazitäten durch den Ausspeisenetzbetreiber steht die Notwendigkeit gegenüber, die vom Netznutzer gezahlten Entgelte auf die Netzbetreiber aufzuteilen. Dies erfolgt im Wege der sog. **Kosten- oder Entgeltwälzung** (zur Terminologie *Neveling/Gewehr,* in: D/T, EnWG, § 20 Abs. 1 b, Rn. 96). Der Ausspeisenetzbetreiber bildet das Entgelt, das er dem Netznutzer in Rechnung stellt, aus der Summe der Entgelte der vorgelagerten Netzbetreiber und dem Entgelt für die Nutzung seines Netzes. Den auf die vorgelagerten Netzbetreiber entfallenden Teil kehrt er an den ihm unmittelbar vorgelagerten Betreiber aus. Dieser verfährt gleichermaßen bis der marktgebietsaufspannende Netzbetreiber erreicht ist. 173

5. Gemeinsame Vertragsstandards. Nach § 20 I b 7, 1. Hs. müssen die Betreiber von Gasversorgungsnetzen gemeinsame Vertragsstandards entwickeln. Dazu gehört nach § 24 GasNZV die Vorbereitung von Einspeise- und Ausspeiseverträgen bis zur Unterschriftsreife. Der dort enthaltene Bezug auf § 20 I b 5 ist ein Redaktionsversehen bei der Anpassung an die Änderungen im Vermittlungsverfahren. 174

6. Zahl der Teilnetze sowie der Bilanzzonen. § 20 I b 7 sieht als zweites vor, daß die Netzbetreiber alle Kooperationsmöglichkeiten auszuschöpfen haben, um die Zahl der Netze oder Teilnetze sowie der Bilanzzonen möglichst gering zu halten. 175

Begrifflich sind Marktgebiete von Teilnetzen zu unterscheiden. Marktgebiete sind zwingend vertikal integriert, während ein Teilnetz zwar die Netze mehrerer Netzbetreiber umfassen kann, aber nicht muß (§ 3 Nr. 31 a). Gleichwohl korreliert die Bildung von Marktgebieten mit der von Teilnetzen. So wird die Teilnetzbildung auf der Fernleitungsebene regelmäßig auch zur Aufteilung in unterschiedliche Marktgebiete führen (für eine Gleichsetzung der Begriffe *Neveling/Gewehr,* in: D/T, EnWG, § 20 Abs. 1 b, Rn. 138). Die Marktgebiete fungieren weiterhin als **Bilanzzonen.** Aus § 20 I b 7 ergibt sich somit eine Pflicht, die Zahl der Marktgebiete so weit wie möglich zu minimieren. 176

§ 6 IV GasNZV regelt die Zulässigkeit der Teilnetzbildung. Sie ist nur dann zulässig, wenn auch durch die in § 6 III GasNZV vorgesehenen Maßnahmen keine ausreichende frei zuordenbare Kapazität ausgewiesen werden kann. Dies ist bei **dauerhaften Engpässen** der Fall, die technisch begründet sind. Eventuelle vertragliche Engpäße sind unerheblich. Ein dauerhafter Engpaß liegt vor, wenn nur für den Gastransport zwischen Teilen eines Netzes keine oder nur in sehr geringem Umfang feste Kapazitäten ausgewiesen werden können oder die Engpaßbeseitigung bauliche Maßnahmen erfordern würde. Als Beispiele nennt 177

§ 6 IV 3 GasNZV nicht kompatible Gasbeschaffenheiten und fehlenden Netzverbund.

178 Die Regulierungsbehörde ist im Rahmen ihrer Aufsichtsbefugnisse berechtigt, die **Zusammenlegung** von Marktgebieten zu verlangen. Dem steht nicht entgegen, daß in § 6 IV 6 GasNZV nur die Zusammenlegung von Teilnetzen erwähnt wird. Im Kontext des durch § 20 I b etablierten netzübergreifenden Zugangsmodells ist die Unterteilung der Gasversorgungsnetze in Marktgebiete eine Teilmenge der Bildung von Teilnetzen. § 6 IV 4–6 GasNZV hat ohnehin hinsichtlich der Befugnisse der Regulierungsbehörde insoweit nur eine deklaratorische Bedeutung. Seine Funktion liegt lediglich in einer Ermessensbindung der Regulierungsbehörde bei der Überprüfung der Neubildung von Teilnetzen (weitergehend *Neveling/Gewehr*, in: D/T, EnWG, § 20 Abs. 1 b, Rn. 175).

179 Die Netzbetreiber haben zunächst 19 Marktgebiete ausgewiesen (vgl. Anlage 1 zur BGW/VKU-KV 2006). Ein hiergegen gerichtetes Mißbrauchsverfahren hat die BNetzA zwar als unzulässig zurückgewiesen. Gleichzeitig hat sie angedeutet, daß eine Überprüfung von Amts wegen erfolgen werde, wenn die Zahl der Marktgebiete nicht freiwillig reduziert wird (*BNetzA*, B. v. 17. 11. 2006 – BK7-06-074, 79). Durch die Zusammenlegung von unternehmensinternen Marktgebieten konnte ihre Zahl zum 1. 10. 2007 zunächst auf 14 verringert werden. Zum 1. 10. 2008 wird die Zahl der Marktgebiete durch die Kooperation von Netzbetreibern weiter reduziert.

VI. Kooperationspflicht zwischen Betreibern verbundener Netze (§ 20 I b 8)

180 § 20 I b 8 normiert eine weitere spezielle Kooperationspflicht für Netzbetreiber, deren Netze über einen **Netzkopplungspunkt** miteinander verbunden sind. Eine parallele Vorschrift findet sich in § 6 VI GasNZV. Durch die Regelung wird die Kooperationspflicht aus § 20 I b 6 ergänzt. Insbesondere wird klargestellt, daß ein Ziel der Kooperation die Ausweisung von aufeinander abgestimmten technischen Kapazitäten in möglichst hohem Umfang ist. Technische Kapazitäten sind dabei von den Ein- und Ausspeisekapazitäten zu unterscheiden, die den Netznutzern angeboten werden, da sie auch die Kapazitäten an Netzkopplungspunkten umfassen. Die Netzbetreiber müssen zum einen abstimmen, welche **Lastflußsimulationen** sie verwenden, um die verfügbare Kapazität zu bestimmen. Zum anderen haben die Netzbetreiber bei der Aufteilung von Kapazitäten auf verschiedene Kopplungspunkte zu berücksichtigen, welche Kapazitäten auf der Seite der jeweils aufnehmenden Netzbetreiber zur Verfügung stehen. Weiterhin müssen die Laufzeiten der Verträge abgestimmt werden.

Dies ist insbesondere bei **marktgebietsüberschreitenden Transporten** von Bedeutung. Hier sind die Modalitäten der Ausspeisekapazitäten aus dem abgebenden Netz mit denen der Einspeisekapazitäten in das aufnehmende Netz auf einander abzustimmen (vgl. auch *Neveling/Gewehr,* in: D/T, EnWG, § 20 Abs. 1 b, Rn. 92). Bei marktgebietsinternen Transporten verlangt schon § 20 I b 5, 6 eine entsprechende Kooperation. 181

VII. Rucksackprinzip (§ 20 I b 9)

§ 20 I b 9 regelt die **Übertragung** von **Einspeise- und Ausspeisekapazitäten** im Falle eines **Lieferantenwechsels.** Im Rahmen der VV Gas II war diese bisher nur eingeschränkt vorgesehen. Soweit der neue Lieferant für die Versorgung des Kunden vom bisherigen Lieferanten gebuchte Kapazitäten benötigt, kann er deren Übertragung verlangen. Dies wird regelmäßig der Fall sein, wenn der neue Lieferant aufgrund von Kapazitätsengpässen keine zusätzliche Kapazität erhalten kann. Der neue Lieferant muß die Erforderlichkeit begründen, er trägt daher grundsätzlich die **Darlegungs-** und **Beweislast.** Eine Beweiserleichterung enthält die **Vermutung** des § 9 VII 2 GasNZV. Danach gilt die Höchstabnahmemenge des vorangegangenen Jahres als erforderlich. Diese Vermutung ist nach § 292 ZPO widerlegbar. Größere Kapazitätsmengen können erforderlich sein, wenn die Höchstabnahmemenge des vorangegangen Jahres ungewöhnlich niedrig war. Die Übertragung ist hingegen nicht erforderlich, wenn an dem betreffenden Ein- bzw. Ausspeisepunkt eine ausreichende zusätzliche Kapazitätsbuchung möglich ist. Das gleiche gilt, wenn auf der virtuellen Handelsplattform zu dem auf dem Primärmarkt geltenden Entgelt entsprechende Kapazität verfügbar ist. 182

Ausspeisekapazitäten werden bei einem Lieferantenwechsel regelmäßig übertragen, da der bisherige Lieferant diese nicht weiter für seine Zwecke nutzen kann. Der Netzbetreiber wird über die erfolgte Übertragung der Kapazitätsrechte lediglich informiert. Eine Kapazitätsprüfung findet nicht statt. Problematisch kann hingegen die Übertragung der Einspeisekapazität sein. Anders als bei der Ausspeisekapazität kann der Altlieferant diese unabhängig von der Belieferung des Kunden nutzen, z. B. für die Befüllung eines Speichers. 183

Ob die Versorgung des Kunden ohne die Übertragung von **Einspeisekapazität** möglich ist oder nicht, hängt zum einen von der Kapazitätssituation an dem vom Altlieferanten genutzten Einspeisepunkt ab. 184

Sie wird nicht bereits dadurch möglich, daß der neue Lieferant Einspeisekapazität an anderen Punkten des Marktgebietes buchen könnte. Ansonsten würde er in der Auswahl seiner Vorlieferanten und damit potentiell in seiner Wettbewerbsfähigkeit beschränkt. Falls der Altlieferant mehrere Einspeisekapazitäten alternativ für die Belieferung des Kunden genutzt hat (vgl. § 13 III GasNZV), besitzt der neue Lieferant ein Wahlrecht, für welche Kapazitäten er die Übertragung fordert (so auch *Neveling/Gewehr*, in: D/T, EnWG, § 20 Abs. 1 b, Rn. 60). Zum anderen muß der neue Lieferant nachweisen, daß er tatsächlich Gas über den betroffenen Einspeisepunkt beziehen kann.

185 Eine mit § 20 I b 9 wortgleiche Regelung findet sich in § 9 VII 1 GasNZV. Nach § 9 VII 3 GasNZV soll das Rucksackprinzip nicht für Einspeisekapazitäten an Grenzübergangspunkten gelten, wenn diese benötigt werden, um vertragliche Pflichten aus **Gasimportverträgen** zu erfüllen oder vertragliche Rechte aus solchen Verträgen auszuüben. Die Vereinbarkeit dieser Regelung mit den gesetzlichen Vorgaben ist problematisch, weil § 20 I b 9 insofern keine ausdrückliche Einschränkung vorsieht. Nach der Begründung des Verordnungsentwurfs soll die Regelung der **Versorgungssicherheit** dienen (BR-Drucks. 246/05, S. 42), die nach § 1 I zu den Zielen des Gesetzes gehört. Zwar sind die Vorschriften des EnWG im Lichte dieser Ziele auszulegen (§ 1, Rn. 43). Jedoch bietet sich keine der Voraussetzungen des § 20 I b 9 für eine restriktive Auslegung im Lichte der Versorgungssicherheit an. Gegen eine weitergehende teleologische Reduktion von § 20 I b 9 durch die GasNZV unter diesem Gesichtspunkt bestehen erhebliche Bedenken.

186 Daß der Altlieferant vertragliche Rechte nicht ausüben kann, gefährdet schon nicht die Versorgungssicherheit. Diese wird durch den Neulieferanten gewährleistet. Insofern widerspricht die Einschränkung des Rucksackprinzips den gesetzlichen Vorgaben. § 9 VII 3, 2. Alt. ist nichtig.

187 Eine Beeinträchtigung der Versorgungssicherheit ist hingegen denkbar, wenn der bisherige Lieferant nach der Übertragung der Kapazitäten nicht mehr in der Lage ist, seine vertraglichen Verpflichtungen aus langfristigen Lieferverträgen zu erfüllen (§ 9 II 3, 1. Alt.). Kann er die vertraglich vereinbarten und durch **unbedingte Zahlungsverpflichtungen** sanktionierten Mindestmengen nicht abnehmen, können ihm dadurch **ernsthafte wirtschaftliche Schwierigkeiten** entstehen. In diesem Fall wird der Versorgungssicherheit jedoch bereits durch das in § 25 normierte Zugangsverweigerungsrecht Rechnung getragen. Hierbei ist im Rahmen der Ermessensausübung auch zu berücksichtigen, daß eine alternative Vermarktung des Gases durch die Übertragung von Einspeisekapazitäten erschwert oder verhindert werden kann. Die Regelung des § 25 ist aufgrund der besonderen, durch die GasRl vorgegebenen, verfahrensmäßigen Ausgestaltung (§ 25, Rn. 2, 17) **abschließend**. Eine weitergehende Privilegierung von Gasversorgungsunternehmen im Zusammenhang mit langfristigen Lieferverträgen ist daher auch europarechtlich nicht zulässig. Auch „überragende gesamtwirtschaftliche Belange der Bundesrepublik Deutschland" sind nicht betroffen (so aber *Neveling/Gewehr*, in: D/T, EnWG, § 20 Abs. 1 b, Rn. 117). Zur Begründung solcher Belange wird angeführte, der ausländische Vorlieferanten könne ansonsten aufgrund des Engpasses dasselbe Gas mehrfach verkaufen. Dies verstieße jedoch gegen das Prinzip von Treu und Glauben. In der Regel wird der Altlieferant gegenüber seinem ausländischen Vorlieferanten daher einen Anspruch auf Vertragsanpassung haben. Die von § 25 unabhängige Einschränkung des Rucksackprinzips durch § 9 VII 3 GasNZV ist nichtig.

Die BNetzA kann nach § 42 VII Nr. 4 GasNZV **Festlegungen** zur 188 Abwicklung des Lieferantenwechsels treffen. Mit Beschluß vom 20. 8. 2007 hat die BNetzA eine solche Festlegung getroffen (BK7-06-067), die zum 1. 8. 2008 umzusetzen ist.

VIII. Entry-Exit-System (§ 20 I b 10)

§ 20 I b 10 beinhaltet eine Legaldefinition des Entry-Exit-Systems. 189 Danach sind Betreiber von Fernleitungsnetzen verpflichtet, die Rechte an gebuchten Kapazitäten so auszugestalten, daß sie den Transportkunden berechtigen, Gas an jedem Einspeisepunkt für die Ausspeisung an jedem Ausspeisepunkt bereitzustellen. Erst hieraus ergibt sich ausdrücklich, daß die in § 20 I b 1–4 vorgesehenen Ein- und Ausspeisekapazitäten grundsätzlich **frei zuordenbar** sein müssen. Ausnahmen hiervon sieht § 6 III Nr. 2 und 3 GasNZV vor. Eine ausnahmsweise **Teilnetzbildung** ist nur möglich, soweit dauerhafte Engpässe bestehen (vgl. Rn. 53).

Aus dieser Regelung läßt sich **keine Verpflichtung** ableiten, neben 190 dem Basismodell den Zugang zu den Gasversorgungsnetzen auf Grundlage einer **netzbetreiberscharfen Buchung** von Kapazitäten (sog. Einzelbuchungsvariante oder Optionsmodell) anzubieten (*BNetzA*, B. v. 17. 11. 2006 – BK7-06-074, 85 ff.). Entscheidend für den Inhalt der Verpflichtung aus § 20 I b 10 ist die Bedeutung des Begriffs Ausspeisung an einem Ausspeisepunkt. Eine Verpflichtung zu einer netzbetreiberscharfen Buchung von Kapazitäten wäre nur begründbar, wenn Ausspeisung auch die Überspeisung von Gas in das Netz eines anderen Netzbetreibers im Anwendungsbereich des EnWG einschließen würde (dies annehmend *Huber/Storr*, RdE 2007, 1, 8). Noch keine abschließende Klärung bringt die Definition in § 3 Nr. 1 b, nach der Ausspeisung die Entnahme von Gas bedeutet. Die Entnahme von Gas könnte sowohl nur die physische Entnahme aus dem Gesamtnetz als auch zusätzlich die Überspeisung in ein anderes Netz umfassen. Der bei isolierter Betrachtung insoweit mehrdeutige Wortlaut erklärt sich aus der Entstehungsgeschichte des § 20 I b. In der vom Ausschuß für Wirtschaft und Arbeit vorgeschlagenen Fassung war ein Netzzugangsmodell vorgesehen, das auf mit jedem Netzbetreiber getrennt abzuschließenden Ein- und Ausspeiseverträgen aufbaute (BT-Drucks. 15/5268, S. 31). Die im Vermittlungsverfahren eingefügten Änderungen, die ein Zweivertragsmodell etablieren, haben jedoch Rückwirkungen auf die Auslegung des Begriffs Ausspeisung. Im Kontext von § 20 I b verdeutlicht nunmehr dessen Satz 3, daß mit Ausspeisung nur die physische Entnahme durch den Verbraucher bzw. die Übergabe an einem Grenzübergangspunkt gemeint ist (Rn. 22). Dem läßt sich nicht entgegenhalten, daß eine so verstandene Ausspeisung aus dem Fernleitungsnetz empirisch selten ist (so aber begründungslos *Huber/Storr*, RdE 2007, 1, 8). Zum einen sollte die Bedeutung des grenzüberschreitenden Transports nicht unterschätzt werden. Zum anderen würde erst ein gänzliches Leerlaufen der Regelung die Auslegung ernsthaft in Frage stellen.

191 Auch aus der Formulierung „jeder Ausspeisepunkt ihres Netzes" folgt keine Verpflichtung zu einer netzbetreiberscharfen Buchungsmöglichkeit. Der Netzbegriff ist hier nicht eigentumsbezogen zu verstehen (*Neveling/Gewehr*, in: D/T, EnWG, § 20 Abs. 1 b, Rn. 160; a. A. *Huber/Storr*, RdE 2007, 1, 4 und 7 f.), sondern wie der Begriff des Teilnetzes **funktional.** Teilnetze können nach § 3 Nr. 31 a ausdrücklich **eigentumsübergreifend** gebildet werden. Auch § 20 I b 7 geht von einem funktionalen Netzbegriff aus, wenn er vorgibt, die Zahl der Netze durch Kooperation möglichst gering zu halten.

192 Weiterhin sprechen systematische, teleologische und verfassungsrechtliche Gründe dagegen, § 20 I b die Etablierung zweier Zugangsmodelle zu entnehmen. Die Funktion von § 20 I b 10 ist eine partielle, in dem sie mit der freien Zuordenbarkeit von Kapazitäten nur ein Element des Zugangssystems normiert. Die Vorschrift regelt daher nicht die Einführung eines weiteren eigenständigen Zugangssystems. Dementsprechend enthält § 20 I b auch keine Verpflichtung zu einer nachfragegerechten Entbündelung, wie sie § 21 I 1 TKG ausdrücklich vorsieht (*BNetzA*, B. v. 17. 11. 2006 – BK 7-06-074, 85 f.; a. A. *Huber/Storr*, RdE 2007, 1, 8 f.). Eine Analogiebildung zum Telekommunikationsrecht ist mangels einer planwidrigen Regelungslücke unzulässig. Die parallele Abwicklung zweier Zugangsmodelle verursachte ferner unnötige Kosten, die dem Gesetzeszweck einer preisgünstigen und effizienten Versorgung mit Gas (§ 1 I) zuwiderlaufen. Zudem wäre eine gesetzliche Etablierung zweier Zugangsmodelle ein **unverhältnismäßiger** Eingriff in Art. 12, 14 GG, da für einen effizienten Gasnetzzugang die Umsetzung eines Modells ausreichend ist (*Däuper/Kolf,* IR 2006, 194, 196 f.). Bei verfassungskonformer Auslegung fordert § 20 I b 10 daher nicht die Möglichkeit einer netzbetreiberscharfen Buchung.

Auch eine Umsetzung des Optionsmodells auf **freiwilliger Basis** ist nicht unproblematisch. Sie birgt die Gefahr von Diskriminierungen von Netznutzern, die nach dem Basismodell Zugang begehren. Weiterhin droht das gesetzliche Zugangsmodell durch die Verringerung der Liquidität untergraben zu werden und durch die Abstimmung mit dem Optionsmodell an Effizienz einzubüßen (zu den Anforderungen an eine freiwillige Umsetzung vgl. *Däuper,* ZNER 2006, 210, 214 f.). Die zusätzlich entstehenden Kosten dürften zudem nicht Eingang in die Kalkulation der Netzentgelte finden. Dementsprechend hat die BNetzA die Anwendung der in der BGW/VKU-KV 2006 vorgesehenen Einzelbuchungsvariante untersagt (*BNetzA,* B. v. 17. 11. 2006 – BK7-06-074; zust. *Neveling/Gewehr,* in: D/T, EnWG, § 20 Abs. 1 b, Rn. 165). Bestehende Einzelbuchungsverträge sind nichtig.

IX. Regelungen für örtliche Verteilnetze (§ 20 I b 11)

§ 20 I b 11 ermöglicht **spezielle Regelungen** für die Betreiber örtlicher Verteilnetze (§ 3 Nr. 29 b), die im Rahmen einer Rechtsverordnung nach § 24 erlassen werden können. Aus systematischen Gründen ermächtigt die Vorschrift jedoch nur zu Sonderregeln, die mit dem allgemein durch § 20 I b 1–4 etablierten Zugangsmodell **kompatibel** sind (*Neveling/Gewehr,* in: D/T, EnWG, § 20 Abs. 1 b, Rn. 128 f.). Auch aus § 20 I 4 ergibt sich, daß die allgemeinen Regeln auch den Zugang zu den örtlichen Verteilnetzen umfassen. § 8 GasNZV trifft solche Sonderregelungen, deren Vereinbarkeit mit § 20 I b im Einzelnen aber problematisch ist.

Nach § 8 I 1. Hs. GasNZV soll der Zugang zu den örtlichen Verteilnetzen auf der Grundlage eines Transportvertrages erfolgen, in dem Ein- und Ausspeisepunkte und die Vorhalteleistung am Ausspeisepunkt bestimmt werden. Diese Regelung ist geprägt von einem Zugangsmodell mit **netzbetreiberscharfen Verträgen,** wie es auch im Gesetzgebungsverfahren diskutiert wurde. Mit dem durch § 20 I b etablierten Modell ist sie **nicht kompatibel.** Da § 8 I 1. Hs. GasNZV nicht mit der gesetzlichen Ermächtigung im Einklang steht, findet nur § 20 I b Anwendung (*LG Kiel,* IR 2006, 185 f.; *Däuper/Kolf,* IR 2006, 194, 196).

196 Nach § 8 I 2. Hs. GasNZV sollen eine Reihe von Regelungen der GasNZV keine Anwendung auf örtliche Verteilnetze finden. Dies gilt zunächst für die §§ 4, 6 GasNZV, die die Ermittlung der verfügbaren Kapazitäten regeln und unter dem Zwei-Vertragsmodell für die **Marktgebietsbestimmung** von Bedeutung sind. Diese werden durch § 8 III GasNZV ersetzt. Danach kann ein VNB Zuordnungsauflagen für bestimmte Ein- und Ausspeisepunkte sowie deren zeitliche und leistungsmäßige Beschränkung festlegen, wenn ein örtliches Verteilnetz mehrere Einspeisepunkte, d. h. Netzkopplungspunkte zu vorgelagerten Netzen, besitzt und eine vollständige Erreichbarkeit aller Ausspeisepunkte von jedem Einspeisepunkt nicht gegeben ist. Die Zuordnung verschiedener Teile eines örtlichen Verteilnetzes zu verschiedenen Marktgebieten wird dadurch erleichtert.

197 Die Nichtanwendbarkeit einer Reihe weiterer Vorschriften der GasNZV ist hingegen noch eine Folge des netzbetreiberscharfen Zugangsmodells und ist durch § 20 I b überholt. Dies gilt zunächst für die Nichtanwendbarkeit des § 3 Satz 2 und 3. Gleiches trifft für die Befreiung von § 7 GasNZV zu, da der Abschluß eines Portfoliovertrages nicht mehr notwendig ist. Auch der Ausschluß der Regeln für die **Kapazitätsanfrage und Buchung** (§§ 15–17 GasNZV) hat seine praktische Bedeutung verloren. Bei der nach § 20 I b vorgeschriebenen netzübergreifenden Buchung bleiben die Regelungen vollständig anwendbar.

198 Weiterhin finden nach § 8 I 1 GasNZV die Regelungen zur Kapazitätsvergabe und zum Engpaßmanagement (§§ 9–11 GasNZV) sowie zur Freigabe ungenutzter Kapazitäten (§ 13 GasNZV) und zum Handel mit Kapazitätsrechten (§ 14 GasNZV) keine Anwendung auf örtliche Verteilnetze. Dies ist unbedenklich, aber auch ohne praktische Auswirkungen. Innerhalb eines Marktgebietes sind Kapazitätsrestriktionen ohnehin ausgeschlossen. Marktgebietsüberschreitende Transporte, bei denen Engpässe auftreten können, werden auf der Ebene der marktgebietsaufspannenden Netzbetreiber abgewickelt (vgl. § 21 BGW/VKU-KV), so daß die Betreiber von örtlichen Verteilnetzen nicht in das Engpaßmanagement involviert sind. Ein Handel von Kapazitätsrechten, der über Übertragungen nach dem Rucksackprinzip hinausginge, ist nicht erforderlich (*Neveling/Gewehr*, in: D/T, EnWG, § 20 Abs. 1 b, Rn. 56).

199 Die Befreiung von einigen **Veröffentlichungspflichten** ist die Folge der Nichtanwendbarkeit materieller Regeln (§ 20 I Nr. 6 und 8, § 21 II Nr. 5, 6 8, 10 und 11 GasNZV) bzw. dient im Fall der historischen Auslastungsraten und Lastflüsse der Vermeidung unnötigen Aufwandes (§ 20 I Nr. 9). Bei Anwendung des Zwei-Vertrags-Modells sind die örtlichen VNB trotz der vordergründigen Befreiung von § 21 II

Nr. 10 und 11 aufgrund von § 21 I verpflichtet, standardisierte Formulare in deutscher und englischer Sprache und Ansprechpartner für den Netzzugang zu veröffentlichen.

E. Zugangsverweigerung und Netzausbau (§ 20 II)

I. Überblick

§ 20 II 1 erlaubt die Verweigerung des Netzzugangs, soweit dieser 200 aus betriebsbedingten oder sonstigen Gründen unter Berücksichtigung der Ziele des § 1 unmöglich (Rn. 2 ff.) oder unzumutbar (Rn. 26 ff.) ist. Eine Zugangsverweigerung liegt vor, wenn der vom Zugangspetenten nachgefragte Zugang durch den Netzbetreiber nicht gewährt wird. Dies gilt auch dann, wenn statt der nachgefragten festen Transportkapazitäten lediglich unterbrechbare Kapazitäten (§ 13 I 1 GasNZV) angeboten werden (*BNetzA*, RdE 2006, 206, 207). Für den Fall einer Zugangsverweigerung aus Kapazitätsgründen begründet § 20 II 3 die Pflicht des Netzbetreibers, Informationen über Ausbaumaßnahmen zur Beseitigung des Engpasses zur Verfügung zu stellen (Rn. 33 ff.).

II. Unmöglichkeit der Zugangsgewährung

1. Technische Gründe. Der Netzzugang kann aus technischen 201 Gründen unmöglich sein. Ein praktisch wichtiger Anwendungsfall ist die Zugangsverweigerung wegen **inkompatibler Gasqualitäten** (Rn. 157). Die Einhaltung der technischen Kompatibilität wird nach § 35 I GasNZV vermutet, wenn die technischen Regeln der Deutschen Vereinigung des Gas- und Wasserfachs e. V. eingehalten werden. § 35 II GasNZV sieht vor, daß der Netzbetreiber in der Regel ein Angebot zur Herstellung der Kompatibilität zu machen hat.

2. Kapazitätsmangel. a) Engpaßarten. Die Gewährung des Netz- 202 zugangs ist weiterhin unmöglich, falls keine ausreichenden Netzkapazitäten zur Verfügung stehen. Zu unterscheiden ist hierbei zwischen **physischen** und **vertraglichen Engpässen.** Physische Engpässe treten insbesondere auf den Verbindungsleitungen zwischen den nationalen Übertragungsnetzen (zu den wirtschaftlich-technischen Hintergründen *Beienburg*, in: Zenke/Schäfer, § 23, Rn. 2 ff.) und aufgrund verstärkter Transitflüsse im Gasfernleitungsnetz auf. Weiterhin sind physische Engpässe denkbar bei Netzstörungen. Reduziert sich z. B. aufgrund dieser aus technischen Gründen die verfügbare Kapazität, sind die bestehenden Kapazitätsrechte **anteilig** zu reduzieren (§ 11 GasNZV). Gleiches gilt im Fall unvorhersehbarer Engpäße, z. B. aufgrund unerwartet hohen Aufkommens von vorrangig einzuspeisender Windenergie (*Hammerstein*, ZNER 2006, 110, 118).

203 Vertragliche Engpässe liegen hingegen bereits dann vor, wenn die verfügbare Kapazität vertraglich gebunden ist. Es kann dann keine zusätzliche feste Kapazität vergeben werden, ohne die Erfüllung der bestehenden Verträge zu gefährden. Die Zuweisung **unterbrechbarer Kapazität** ist hingegen stets möglich (*Neveling*, in: D/T, Europ. Energierecht, Rn. 348). In diesem Sinne ermöglicht § 13 I GasNZV, nicht nominierte Kapazitäten auf unterbrechbarer Basis anzubieten. Der Kapazitätsinhaber wird hierdurch nicht von seiner Zahlungspflicht befreit, so daß ein Anreiz gegen eine unnötige Kapazitätsreservierung gesetzt wird. Eine parallele Regelung findet sich in Art. 5 III GasfernleitungsVO.

204 Um sich auf einen Engpaß berufen zu können, muß der Netzbetreiber die technisch verfügbaren Kapazitäten zutreffend berechnet haben (Rn. 205). Weiterhin müssen bei der Zuteilung der Kapazitäten die Regeln zum Engpaßmanagement (Rn. 209 ff., 214 ff.) beachtet worden sein. Kapazitätsverträge, die entgegen dieser Regeln zustande gekommen sind, sind nach § 134 BGB nichtig und begründen daher keine Unmöglichkeit der Zugangsgewährung. Gleiches gilt für Verträge, die nicht mit den wettbewerbsrechtlichen Vorgaben oder dem Prinzip der Nichtdiskriminierung vereinbar sind (Rn. 208). Ferner darf kein vorrangiger Zugangsanspruch des Netznutzers bestehen (Rn. 206). Besondere Regeln gelten auch im Falle des Lieferantenwechsels (Rn. 207). Die Berechtigung zur Zugangsverweigerung wird auch durch eine eventuelle Ausbaupflicht des Netzbetreibers beschränkt (Rn. 235).

205 **b) Ermittlung der technisch verfügbaren Kapazitäten.** Für den Zugang zu den **Gasversorgungsnetzen** regelt § 6 GasNZV die Ermittlung der verfügbaren Kapazität. Die Netzbetreiber haben danach für alle Einspeise- und Ausspeisepunkte ihres Netzes die jeweils frei zuordenbare Kapazität (§ 4 II GasNZV) auszuweisen. Die notwendigen technischen Berechnungen und Lastflußsimulationen müssen nach dem Stand der Technik erfolgen und sind ggf. zu aktualisieren. Die BNetzA kann nach § 42 VII Nr. 1 GasNZV hierzu Festlegungen treffen. Die Ermittlung der Kapazitäten erfolgt vor der Zuteilung von Kapazität an die Netznutzer (§ 6 I 1 GasNZV). Sie ist daher grundsätzlich unabhängig von bereits bestehenden Buchungen nach dem bisherigen Netzzugangsmodell vorzunehmen. Ist absehbar, daß die so ermittelten Kapazitäten nicht ausreichen, hat der Netzbetreiber insbesondere die in § 6 III Nr. 1 bis 3 GasNZV genannten Maßnahmen zu prüfen, um eine Erhöhung der frei zuordenbaren Kapazitäten im gesamten Netz zu erreichen. Für den Zugang zu den **Elektrizitätsversorgungsnetzen** normiert § 15 I StromNZV die Pflicht, Engpässe im Rahmen des wirtschaftlich Zumutbaren durch netzbezogene und marktbezogene Maßnahmen (vgl. § 13 I Nr. 1 und 2) zu verhindern. Daraus folgt, daß Netzbetreiber verpflichtet sind, die maximale Kapazität des Netzes zur Verfügung zu stellen, die mit einem sicheren Netzbetrieb vereinbar ist. Für Verbindungsleitungen normiert Art. 6 III StromhandelsVO dies ausdrücklich. Die technischen Standards zur Berechnung der Kapazität und der Sicherheitsmargen finden sich in zwischen den Netzbetreibern vereinbarten Regelwerken (vgl. *Beienburg,* in: Zenke/Schäfer, § 23, Rn. 6 ff.). Nach Art. 5 II StromhandelsVO haben die ÜNB ein allgemeines Modell für die Berechnung der Gesamtübertragungskapazität und der Sicherheitsmarge zu veröffentlichen und von der Regulierungsbehörde genehmigen zu lassen (zu Anforderungen an ein solches Modell siehe *BNetzA,* B. v. 20. 12. 2006 – BK6-06-025, 3). Die Nutzung einer Verbindungsleitung in der dem Engpaß entgegengesetzten Richtung entlastet diese. Sie ist im Rahmen der Netzsicherheit als kapazitätserhöhend zu berücksichtigen (Art. 6 V StromhandelsVO). Um eine bessere Ausnutzung der Kapazitäten zu erreichen, muss das Berechunungsmodell effizient mit voneinander abhängigen physikalischen Ringflüssen umgehen und Abweichungen zwischen physikalischen und kommerziellen Lastflüssen berücksichtigen (Punkt 3.5 lit. a der Leitlinien im Anhang der StromhandelsVO). Hierzu ist die Anwendung von lastflussbasierten Verfahren erforderlich.

c) Privilegierung bestimmter Netznutzer. Der Netzzugang kann nicht aus Kapazitätsgründen verweigert werden, wenn der Zugangspetent einen vorrangigen Zugangsanspruch genießt. Beim Zugang zu den Elektrizitätsversorgungsnetzen wird Strom aus Erneuerbaren Energien nach § 4 I EEG ein Vorrang gegenüber konventionell erzeugtem Strom eingeräumt. Strom aus Kraft-Wärme-Kopplung wird nach § 4 I KWKG privilegiert (zur Rangfolge vgl. § 2, Rn. 11 f., zu den Grenzen des Vorrangs § 13, Rn. 15 ff.). § 7 KraftNAV sieht für bestimmte neue Erzeugungsanlagen einen auf zehn Jahre befristeten bevorzugten Netzzugang vor, wenn für diese bis zum 31. 12. 2007 ein vollständiges Netzanschlussbegehren an den Netzbetreiber gerichtet worden ist und sie im Regelfall vor dem 31. 12. 2012 an das Netz angeschlossen werden. Die Befristung soll Mitnahmeeffekte verhindern (Begr. BR-Drucks. 283/07, S. 22). Dieser bevorzugte Netzzugang ist nach § 7 III 3 KraftNAV auf die Hälfte der verfügbaren Leitungskapazität begrenzt. Wird diese Schwelle überschritten, werden die bevorzugten Zugangsrechte anteilig gekürzt. Aus § 1 II 2 KraftNAV läßt sich herleiten, dass für den vorrangigen Netzzugang nach EEG benötigte Kapazität nicht unter die verfügbare Kapazität nach § 7 III 3 KraftNAV fällt. Der bevorzugte Netzzugang nach der KraftNAV ist insofern nachrangig. Beim Zugang zu den Gasversorgungsnetzen werden Transportkunden, die Biomethan und Gas aus Biomasse einspeisen, nach § 10 IV GasNZV bei drohenden Kapazitätsengpässen relativ zu anderen Zugangspetenten vorrangig berücksichtigt (s. auch § 24, Rn. 26). Der Vorrang reicht weniger weit als der vergleichbare Vorrang beim Elektrizitätsnetzzugang, da bereits bestehende Kapazitätsverträge hiervon nicht berührt werden (§ 10 V GasNZV).

207 **d) Lieferantenwechsel.** Bei einem Lieferantenwechsel kann der neue Lieferant nach § 20 I b 9 die Übertragung von Ein- und Ausspeisekapazität verlangen, wenn er diese für die Versorgung des Kunden benötigt (sog. **Rucksackprinzip**, vgl. Rn. 182 ff.). Für den Zugang zu den Elektrizitätsversorgungsnetzen ist dies nicht ausdrücklich geregelt. Das Rucksackprinzip läßt sich allerdings bereits aus dem Prinzip der Nichtdiskriminierung ableiten. Der Lieferantenwechsel ist auch im Strombereich regelmäßig kapazitätsneutral, so daß kein Verweigerungsgrund besteht (*Herrmann*, S. 235; *Säcker/Boesche*, BerlK-EnR, § 6, Rn. 242).

208 **e) Wirksamkeit von Kapazitätsverträgen.** Kapazitätsverträge können eine Zugangsverweigerung nur begründen, wenn sie zum einen mit den **wettbewerbsrechtlichen Vorgaben** vereinbar sind. Zweifel bestehen hier insbesondere hinsichtlich langfristiger Verträge zwischen konzernrechtlich verbundenen Unternehmen, die einen überwiegenden Teil der verfügbaren Kapazität betreffen. Solche Verträge haben **marktabschottende Wirkungen** und können daher gegen § 1 GWB, Art. 81 EG sowie Art. 82 EG, § 30 I EnWG verstoßen (*Hammerstein*, ZNER 2006, 110, 118; *Herrmann*, S. 234 f.). Zum anderen ist ihre Vereinbarkeit mit dem Prinzip der **Nichtdiskriminierung** zweifelhaft. Langfristige Kapazitätsverträge haben vergleichbare Wirkungen wie Kapazitätsreservierungen zur Erfüllung langfristiger Lieferverträge, die eine unzulässige Diskriminierung darstellen (für den Stromsektor *EuGH*, Rs. 17/03 – VvEMV, *EuGHE* 2005, I-4983, Rn. 56 ff., 84 f. = EuZW 2005, 695). Bei der Übertragung dieser Rechtsprechung auf den Gasnetzzugang ist Art. 18 III GasRl zu beachten. Danach stehen die Bestimmungen der GasRl dem Abschluß von langfristigen Verträgen grundsätzlich nicht entgegen, sofern diese mit dem Wettbewerbsrecht vereinbar sind. Die Feststellungen des *EuGH* zur diskriminierenden Wirkung langfristiger Kapazitätsreservierungen sind aber auch im Rahmen der wettbewerbsrechtlichen Prüfung relevant.

209 **f) Engpaßmanagement beim Zugang zu Elektrizitätsversorgungsnetzen.** § 15 II StromNZV legt nur allgemeine Vorgaben für das Engpaßmanagement fest. Dieses hat diskriminierungsfrei nach **marktorientierten** und transparenten Verfahren zu erfolgen. Diese

Regelung knüpft an Art. 6 I StromhandelsVO an (vgl. Begr. BR-Drucks. 244/05, S. 26). Die BNetzA kann nach § 27 I Nr. 10 Strom-NZV **Festlegungen** zum Engpaßmanagement treffen. Marktorientiert sind Verfahren, die dem Angebots- und Nachfrageverhalten auf dem Markt weitestgehend Rechnung tragen (*Kühling*, RdE 2006, 173, 177).

Als marktorientierte Verfahren für die Vergabe knapper Kapazitäten gelten insbesondere **explizite** und **implizite Auktionen** (*Beienburg*, in: Zenke/Schäfer, § 23, Rn. 24 ff.; vgl. nunmehr ausdrücklich Punkt 2.1 der novellierten Leitlinien im Anhang der StromhandelsVO). Bei expliziten Auktionen werden die Kapazitäten unabhängig von der eigentlichen Energielieferung versteigert. Implizite Auktionen koppeln Kapazitätsvergabe und Energiehandel. Aktuell werden auch hybride Formen entwickelt (dazu *Kühling*, RdE 2006, 173, 175 f.; zur Vereinbarkeit mit den Unbundling-Vorschriften vgl. *Kühling/Hermeier*, ZNER 2006, 27; krit. zur Praktikabilität auktionsbasierter Methoden bei Engpässen innerhalb des deutschen Übertragungsnetzes *Pritzsche/Stephan/Pooschke*, RdE 2007, 36, 40 ff.). Ebenfalls als marktbasiert angesehen werden können das **Redispatching** und das mit diesem verwandte **Countertrading** (*Hamdorf*, IR 2004, 245, 247; *Pritzsche/Stephan/Pooschke*, RdE 2007, 36, 43 f.; zur Wirkungsweise dieser Methoden *Knops/de Vries/Hakvoort*, JoNI 2 (2001), 311 ff.; *Zimmer u. a.*, ET 2004, 786, 787).

Dagegen sind das **Prioritätsprinzip** und eine **pro-rata-Zuteilung** mit dem Prinzip der Marktorientierung nicht vereinbar (*Herrmann*, S. 240; *Neveling*, in: D/T, Europ. Energierecht, Rn. 540; *Jones*, EU Energy Law I, Rn. 7.21). Das Prioritätsprinzip ist zudem unter dem Gesichtspunkt der Diskriminierungsfreiheit bedenklich (*Beienburg*, in: Zenke/Schäfer, § 23, Rn. 23; *Herrmann*, S. 237 f.). Ebenfalls nicht diskriminierungsfrei ist eine vorrangige Kapazitätsvergabe an Bestandskraftwerke (*Hammerstein*, ZNER 2006, 110, 117 f.; *de Wyl/Hartmann/Hilgenstock*, IR 2006, 199, 202 ff.; *Pritzsche/Stephan/Pooschke*, RdE 2007, 36, 45) oder zur Erfüllung langfristiger Lieferverträge (*EuGH*, Rs. 17/03 – VvEMV, *EuGHE* 2005, I-4983, Rn. 56 ff., 84 f. = EuZW 2005, 695). Die BNetzA plant, dies im Rahmen einer Festlegung ausdrücklich dementsprechend zu regeln (BK6–06–074).

Bei der Vergabe von Kapazitäten auf Verbindungsleitungen i. S. d. StromhandelsVO sind die Vorgaben der Leitlinien für das Management und die Vergabe verfügbarer Übertragungskapazitäten im Anhang der StromhandelsVO zu beachten. Danach ist eine Zugangsverweigerung nur zulässig, wenn u. a. der monetäre Wert der verweigerten Anfrage im Engpaßmanagementverfahren niedriger ist als der aller anderen Anträge, die für die dieselbe Leitung zu denselben Bedingungen angenommen werden sollen (Punkt 1.6 lit. b der Leitlinien). Dies bedeutet, daß eine Kapazitätsvergabe außerhalb des Engpaßmanagementverfahrens nicht mehr zulässig sind, sobald ein Engpaß voraussehbar ist (vgl. zur Definition des Engpasses Art. 2 II lit. c StromhandelsVO). Weiterhin dürfen beim Engpaßmanagement keine Unterschiede zwischen verschiedenen Transaktionen gemacht werden (Punkt 1.6 S. 1 der Leitlinien). Daraus läßt sich ableiten, daß die **gesamte technisch verfügbare Kapazität** in das Engpaßmanagementverfahren einbezogen werden muß. Bestehende Verträge, die vor Auftreten des Engpasses geschlossen wurden, genießen daher keinen Vorrang. Langfristige Verträge sind aus Transparenzgründen zweckmäßigerweise mit einer Freigabeklausel für den Fall eines später auftretenden Engpasses zu versehen. Der Eintritt von neuen Marktteilnehmern würde ansonsten durch langfristige Kapazitätsreservierungen unverhältnismäßig behindert. Da insoweit auch das Prinzip der Nichtdiskriminierung verletzt würde, ist diese Anforderung über die Verbindungsleitungen hinaus auf ein eventuelles Engpaßmanagement in anderen Elektrizitätsversorgungsnetzen übertragbar, obwohl Art. 6 StromhandelsVO für diese nicht unmittelbar gilt. Die weitere Ausgestaltung des Auktionsverfahrens bei bestimmten Verbindungsleitungen wird in den Regeln der beteiligten ÜNB niedergelegt. Diese sind in einem Konsultationsverfahren mit den Regulierungsbehörden abgestimmt worden (www.bundesnetzagentur.de/enid/80d18a34ef4a6d067c90bacc7692929c,0/Konsultationen/Konsultationen_-_Ergebnisse_275.html).

213 Nach Art. 6 IV StromhandelsVO müssen **ungenutzte Kapazitäten** nach einem offenen, transparenten und nichtdiskriminierenden Verfahren an den Markt zurückgehen. Betreiber von Verbindungsleitungen sind daher verpflichtet, in ihren Verträgen Regelungen zur Umsetzung des **use-it-or-lose-it-Prinzips** (*Beienburg,* in: Zenke/Schäfer, § 23, Rn. 29) zu treffen.

214 g) **Engpaßmanagement beim Zugang zu den Gasversorgungsnetzen.** Nach § 9 GasNZV werden Kapazitäten grundsätzlich nach dem **Prioritätsprinzip** vergeben (krit. hierzu *Neveling,* ET 2004, 611, 614). Über den Auslastungsgrad haben die Netzbetreiber mittels eines Ampelsystems nach § 10 II GasNZV zu informieren. Sind 90% der Kapazität gebucht, finden die Regeln zum Engpaßmanagement nach § 10 GasNZV Anwendung. § 9 GasNZV regelt nicht, wie weit für die Zukunft Kapazitätsbuchungen vorgenommen werden können. Punkt 2.3. der Leitlinien der GasfernleitungVO unterstreicht jedoch, daß die Kapazitätszuweisungsmechanismen keine unangemessenen Markteintrittsschranken errichten dürfen. Eine solche droht jedenfalls dann, wenn der überwiegende Teil der Kapazitäten mehr als fünf Jahre im Voraus gebucht werden kann.

215 Überschreiten die eingehenden Anfragen die Schwelle von 90% der verfügbaren Kapazität, wird die Vergabe um 24 Stunden aufgeschoben, in denen weitere Anfragen gesammelt werden (§ 10 III GasNZV). Liegt nach dieser Wartefrist ein **vertraglicher Engpaß** (Rn. 4) vor, sind die Kapazitäten vorbehaltlich des Vorrangs von Biogas (Rn. 6) in dem **Versteigerungsverfahren** nach § 10 IV GasNZV zu vergeben. Teilnahmeberechtigt an diesem einmal im Jahr stattfindenden Verfahren sind alle Zugangspetenten, die bis zu dem vom Netzbetreiber festzusetzenden Stichtag Kapazität angefragt haben (§ 10 VI GasNZV), unabhängig davon, ob ihre Anfrage bereits während der Frist des § 10 III GasNZV vorlag. Der Stichtag und die Versteigerung müssen möglichst zeitnah vor dem Beginn des jeweiligen Gaswirtschaftsjahres liegen, da ansonsten eine diskriminierende Markteintrittsschranke aufgestellt würde. Die Regulierungsbehörde kann das Versteigerungsverfahren durch Festlegung detaillierter regeln (§ 42 II GasNZV).

216 Kapazitäten, die nach Abschluß des Versteigerungsverfahrens frei werden, werden vorrangig den Teilnehmern der Auktion angeboten. Nach einer Ansicht sollen dabei nur die erfolgreichen Teilnehmer berücksichtigt werden (so *K/K/R,* S. 78). Hierfür findet sich kein Anhaltspunkt im Wortlaut der Regelung. § 10 IV 3 GasNZV stellt vielmehr darauf ab, welche Kapazitäten die Teilnehmer bei der Auktion nachgefragt, nicht welche sie letztlich zugeteilt bekommen haben. Nicht ausdrücklich geregelt ist, zu welchem Preis diese Kapazitäten angeboten werden müssen. Jedenfalls solange trotz der freiwerdenden Kapazitäten ein Engpaß fortbesteht, ist der durch das Versteigerungsverfahren ermittelte Preis maßgebend. In diesem Fall liegen die Voraussetzungen für eine erneute Durchführung des Versteigerungsverfahrens an sich vor, es wird lediglich aus organisatorischen Gründen während des laufenden Gaswirtschaftsjahres darauf verzichtet.

217 Werden hingegen mehr als 10% der gebuchten Kapazität frei, greift zunächst § 9 IV GasNZV ein. Freiwerdende feste Kapazitäten sind danach vorrangig den Transportkunden anzubieten, die für den betreffenden Zeitraum bereits unterbrechbare Kapazitäten gebucht haben.

218 **Bestehende Kapazitätsbuchungen** werden nicht berührt (§ 10 V GasNZV). Dies setzt allerdings voraus, daß die Kapazitätsbuchungen kartellrechtlich wirksam sind. Zu Zweifeln an der Wirksamkeit siehe Rn. 9.

219 **h) Verwendung der Erlöse aus dem Engpaßmanagement.** Die **Mehrerlöse,** die ein Netzbetreiber durch eine Versteigerung von Kapazitäten oder auf andere Weise im Rahmen der Engpaßbewirtschaftung erzielt, dürfen nur für die in § 10 VI 4 GasNZV bzw. § 15 III StromNZV bestimmten Zwecke eingesetzt werden. Sie sind entweder direkt für die Beseitigung von Engpässen zu verwenden, für diese zurückzustellen oder für alle Netznutzer entgeltmindernd zu berücksichtigen. Diese Regelungen bestimmen nicht ausdrücklich, ob einer dieser Zwecke vorrangig zu erfüllen ist. Für den Stromsektor ergibt sich ein **Vorrang der Engpaßbeseitigung** jedoch aus der in § 15 I StromNZV normierten Pflicht zur Vermeidung von Engpässen im Rahmen des wirtschaftlich Zumutbaren (*K/K/R*, S. 63). Für Gasversorgungsnetze normiert § 6 III 5 GasNZV zwar ebenfalls eine solche Engpaßvermeidungspflicht, diese umfaßt jedoch nicht Maßnahmen zum Ausbau der Netze (§ 6 III 6 GasNZV). Ein Vorrang der Engpaßbeseitigung folgt gleichwohl aus dem Ziel des § 1 II, einen wirksamen und unverfälschten Wettbewerb auf den Energiemärkten zu erreichen. Engpässe entfalten eine marktschließende Wirkung, die nicht durch eine Absenkung der Netzentgelte kompensiert werden kann. Daraus ergibt sich, daß Engpässe vielmehr möglichst zügig und nachhaltig zu beseitigen sind. Eine Zurückstellung der Erlöse dürfte daher nur in Frage kommen, wenn die notwendigen Investitionen für eine nachhaltige Beseitigung des Engpasses nicht aus den Erlösen einer Versteigerung gedeckt werden können oder solange sich Ausbaumaßnahmen in der Planungs- oder Genehmigungsphase befinden. Eine Senkung der Netznutzungsentgelte ist nur zulässig, wenn eine Kapazitätserweiterung technisch nicht möglich oder unwirtschaftlich ist (ähnlich *Beienburg*, in: Zenke/Schäfer, § 23, Rn. 39; *Hammerstein*, ZNER 2006, 110, 111). Um eine **Kontrolle** der Mittelverwendung durch die Regulierungsbehörde zu ermöglichen, sind die Erlöse von den Fernleitungsnetzbetreibern bzw. den Übertragungsnetzbetreibern zu dokumentieren (§ 10 VI 6 GasNZV, § 15 III 2 StromNZV). Eine parallele Regelung zur Erlösverwendung findet sich in Art. 6 VI StromhandelsVO. Die Betreiber einer Verbindungsleitung sind verpflichtet, die Verwendung von Engpaßerlösen im Voraus festzulegen (Punkt 6.4 der Leitlinien im Anhang der StromhandelsVO).

220 Nicht ausdrücklich geregelt ist die Verwendung von Einnahmen, die der Netzbetreiber aufgrund der Nutzung **unterbrechbarer Kapazitäten** nach § 13 I GasNZV erzielt. Art. 9 GasfernleitungsVO i. V. m. Punkt 2.2.2. der Leitlinien für Grundsätze der Kapazitätszuweisungsmechanismen, Engpassmanagementverfahren und ihre Anwendung bei vertraglich bedingten Engpässen schreibt vor, daß zu dieser Frage Regeln durch die Regulierungsbehörde festzulegen oder zu genehmigen sind. Die Erlösverwendung muß mit einer effektiven und effizienten Netznutzung vereinbar sein. Dies spricht dafür, daß auch diese Einnahmen grundsätzlich vorrangig für die Engpaßbeseitigung einzusetzen sind.

i) Freigabe ungenutzter Kapazitäten beim Gasnetzzugang.

221 Eine Zugangsverweigerung wegen Kapazitätsmangels ist auch dann nicht zulässig, wenn der Netzbetreiber ungenutzte Kapazitäten anderer Netznutzer nach § 13 II 3 GasNZV einziehen kann (**„use-it-or-lose-it-Prinzip"**). Durch das Verfahren des § 13 II GasNZV sollen künstliche Engpässe verhindert werden, die durch eine Kapazitätshortung durch einzelne Netznutzer entstehen können. Nutzt ein Netznutzer seine gebuchten Kapazitäten über einen Zeitraum von sechs Monaten nicht oder nur in geringem Umfang, muß der Netzbetreiber ihn auffordern, diese am Sekundärmarkt zu veräußern. Der Sechsmonatszeitraum muß mindestens einen Monat der Monate Oktober bis März umfassen. Dies erklärt sich daraus, daß eine Nichtnutzung von Kapazität in den anderen Monaten typischerweise auf jahreszeitlichen Schwankungen beruht. Bleibt die Aufforderung erfolglos, ist der Netzbetreiber berechtigt und verpflichtet, die nicht genutzte Kapazität zu entziehen. Kapazitäten, die für die Abwicklung eines **Gas Release-Programms** benötigt werden, stehen ungenutzten Kapazitäten gleich (*BNetzA*, RdE 2006, 206 ff.).

222 Problematisch ist insbesondere, wann eine **Nutzung in geringem Umfang** vorliegt. Als Anhaltspunkte sollen zunächst die Dauer der Unternutzung sowie das Verhältnis von gebuchter und tatsächlich genutzter Kapazität dienen (Begr. BR-Drucks. 246/05, S. 43). Das zweite Kriterium birgt jedoch die Gefahr, Netznutzer, die größere Mengen an Kapazität gebucht haben, zu bevorzugen. Dies wäre insbesondere der Fall, wenn bereits die Nutzung der Hälfte der Kapazität nicht mehr als gering anzusehen wäre. Überzeugender ist es, mit Blick auf § 13 I 2 GasNZV eine Nutzung als gering anzusehen, die längerfristig deutlich geringer ist als die gebuchte Kapazität. Erfaßt wird dann die Nichtnutzung gaswirtschaftlich relevanter Kapazitätsvolumina, die nicht offensichtlich im Rahmen normaler Schwankungen liegt.

223 Der Netznutzer kann den **Entzug** von Kapazitäten **verhindern,** wenn er schlüssig darlegt, daß er die gebuchten Kapazitäten für die Erfüllung bereits bestehender vertraglicher Verpflichtungen oder die Ausübung von bereits bestehenden vertraglichen Rechten benötigt (§ 13 II 4 GasNZV). Dazu wird er nachzuweisen haben, warum diese vertraglichen Bindungen in der Vergangenheit nicht zu einer Auslastung der Kapazität geführt haben. Ein Transportkunde kann nach § 13 III GasNZV mehrere Einspeisekapazitäten **alternativ** nutzen, ohne daß dies eine Nichtnutzung der Kapazität i. S. v. § 13 I GasNZV darstellt. Voraussetzung ist, daß die jeweils nicht genutzte Kapazität dem Netzbetreiber oder Dritten angeboten wird. In der Folge ist auch die Anwendung des § 13 II GasNZV nicht möglich.

224 Entzogene Kapazitäten sind vorrangig den Zugangspetenten **anzubieten**, deren Bedarf wegen des Engpasses nicht befriedigt werden konnte (§ 13 II 5 GasNZV). Übersteigt die Nachfrage trotzdem die verfügbare Kapazität, finden hilfsweise die allgemeinen Regeln zum Engpassmanagement Anwendung. Ein eventuelles Versteigerungsverfahren bleibt dabei auf den nach § 13 II 5 GasNZV vorrangig zu berücksichtigenden Personenkreis beschränkt.

III. Unzumutbarkeit

225 **1. Maßgebliche Interessen.** Die Gewährung des Netzzugangs ist unzumutbar, wenn dem Netzbetreiber unverhältnismäßige Nachteile entstehen würden, die seine eigenen wirtschaftlichen Interessen berühren. Die Interessen einer **konzernverbundenen Vertriebsgesellschaft** können dem Netzbetreiber grundsätzlich nicht zugerechnet werden. Dies widerspräche dem Sinn der Vorschriften zur rechtlichen Entflechtung, die Unabhängigkeit des Netzbetreibers zu gewährleisten und dadurch Diskriminierungen zu verhindern (*Herrmann*, S. 225 f., so schon zur alten Rechtslage *Giermann*, RdE 2000, 222, 228 f.; *Theobald/Zenke*, in: S/T, § 12, Rn. 49). An dieser Auslegung vermag auch der Verweis auf die aktienrechtliche Pflicht der Konzernmutter, für eine optimale Geschäftsentwicklung aller Tochtergesellschaften hinzuwirken (*Säcker/Boesche*, BerlK-EnR, § 6, Rn. 231), nichts zu ändern. Eine solche Argumentation ist zirkulär, da ein Unternehmen nicht verpflichtet sein kann, etwas rechtlich Unzulässiges zur wirtschaftlichen Optimierung einzusetzen. Die Zulässigkeitkeit einer Privilegierung von Konzerngesellschaften läßt sich auch nicht aus Art. 10 II lit. c, 15 II lit. c und 17 II lit. c EltRl ableiten (*Herrmann*, S. 226; a. A. *Säcker/Boesche*, BerlK-EnR, § 6, Rn. 234). Diese Vorschriften ermöglichen die Ausübung von Koordinierungsmechanismen innerhalb eines Konzerns, um die Rentabilität des Netzbetreibers sicherzustellen. Sie erlauben aber gerade keine Weisungen bezüglich des laufenden Betriebs, um die wirtschaftlichen Interessen anderer Tochterunternehmen durchzusetzen.

226 Eine ausnahmsweise Zurechnung fremder Interessen findet sich in § 25, der einen Fall der Unzumutbarkeit im Zusammenhang mit **unbedingten Zahlungsverpflichtungen** regelt (vgl. § 25, Rn. 9). Durch diese Regelung können Gasversorgungsunternehmen unter strengen Voraussetzungen vor Wettbewerb geschützt werden.

227 **2. Konkurrierende Lieferverträge.** Wirksame Lieferverträge eines anderen Energieversorgungsunternehmens mit einem Kunden, der von dem Zugangspetenten beliefert werden soll, führen hingegen nicht zu einer Unzumutbarkeit der Zugangsgewährung. Verträge Dritter begründen keine eigenen Interessen des Netzbetreibers. Dies gilt auch, wenn der Altvertrag mit einem konzernrechtlich verbundenen Unternehmen des Netzbetreibers abgeschlossen worden ist (Rn. 26). Vor diesem Hintergrund problematisch ist § 14 V 2 StromNZV, der einen faktischen **Vorrang des Altlieferanten** vorsieht, wenn die konkurrierenden Lieferanten keine Einigung erzielen können. Diese Regelung diskriminiert neue Marktteilnehmer und ist daher nicht mit dem Prinzip der Nichtdiskriminierung des § 20 I vereinbar. Sie ist materiell rechtswidrig und begründet keine Verpflichtung für den Netzbetreiber.

3. Reziprozität des Netzzugangs. Gleichermaßen sind keine eigenen Interessen des Netzbetreibers berührt, wenn einer mit ihm verbundenen Vertriebsgesellschaft durch einen mit dem Zugangspetenten verbundenen Netzbetreiber der Zugang verweigert wird (*Herrmann*, S. 228, anders noch *Büdenbender*, EnWG, § 6, Rn. 45 f.; *Kühne*, RdE 2000, 1, 3).

228

Eine Verweigerung des Netzzugangs aufgrund der in den Beschleunigungsrichtlinien enthalten **Reziprozitätsklauseln** ist in Deutschland nicht möglich. Im EnWG hat der außer Kraft getretene Art. 4 § 2 EnWR-NRG 1998 keine Nachfolgeregelung erhalten. Art. 21 II EltRl und Art. 23 II GasRl erlauben es den Mitgliedstaaten, bis zum 1. 7. 2007 auf Ungleichgewichte bei der Öffnung der Energiemärkte zu reagieren. Sie können die Verweigerung des Netzzugangs für grenzüberschreitende Lieferungen ermöglichen, wenn der Markt im Herkunftsland für die jeweils betroffene Kundengruppe nicht ebenfalls geöffnet ist. Eine Verpflichtung zur Umsetzung besteht allerdings nicht. Ein EVU kann sich nicht unmittelbar auf die Richtlinien berufen. § 20 II ist insoweit auch nicht „richtlinienkonform" auszulegen (*Herrmann*, S. 229; *Theobald/Zenke*, in: S/T, § 12, Rn. 87 ff.; i. E. auch *Neveling*, in: D/T, Europ. Energierecht, Rn. 369).

229

4. In der Person des Zugangspetenten liegende Gründe. Die Gewährung von Netzzugang ist hingegen unzumutbar bei **fehlender Zahlungsbereitschaft** oder **Zahlungsunfähigkeit**. Auch Rückstände können im Fall unstreitiger Verbindlichkeiten eine Zugangsverweigerung rechtfertigen. Sind Forderungen des Netzbetreibers hingegen streitig, ist zunächst eine gerichtliche Klärung herbeizuführen (*Büdenbender*, EnWG, § 6, Rn. 42; *Herrmann*, S. 247; *Säcker/Boesche*, BerlK-EnR, § 6, Rn. 268). Nach § 18 II GasNZV ist das Verlangen eines **Bonitätsnachweises** zulässig, soweit er im Verhältnis zur jeweiligen Netznutzung angemessen ist. Eine angemessene Sicherheitsleistung darf nur in begründeten Fällen verlangt werden (§ 23 II StromNZV, § 18 II 2 GasNZV, s. auch Rn. 78).

230

IV. Formelle Anforderungen

231 Die **Darlegungs- und Beweislast** für das Vorliegen eines Verweigerungsgrunds trifft den Netzbetreiber (§ 20 II 1). Er hat die Ablehnung in **Textform** (§ 126b BGB) zu begründen. Die Ablehnung des Zugangs ist einschließlich der Begründung unverzüglich der Regulierungsbehörde mitzuteilen (§ 20 II 2). Damit soll der Regulierungsbehörde eine effiziente Ex-post-Kontrolle nach § 30 ermöglicht werden (Hempelmann-Bericht, S. 119).

V. Informationspflicht über Ausbaukosten

232 Wird der Netzzugang aus Kapazitätsgründen verweigert, kann der Zugangspetent Informationen darüber verlangen, welche Ausbaumaßnahmen der Beseitigung des Engpasses erforderlich wären (§ 20 II 3). Die Begründung muß den Antragsteller in die Lage versetzen, eine Entscheidung über den Netzausbau zu treffen (vgl. § 17, Rn. 44). Die Informationen können auch noch nach der Begründung der Zugangsverweigerung gefordert werden. Die aufgrund von Art. 20 II 3 EltRl für den Zugang zu den Elektrizitätsnetzen zwingende Informationspflicht wird somit gleichermaßen auf den Gasnetzzugang erstreckt.

233 Die **Kosten** für die Zusammenstellung dieser Informationen haben Netzbetreiber und Zugangspetent je zur Hälfte zu tragen, sofern auf die Entstehung von Kosten zuvor hingewiesen worden ist (§ 20 II 4). Aus dem Wortlaut dieser Regelung wird deutlich, daß die Kosten zu diesem Zeitpunkt nicht bereits im Detail aufgeschlüsselt werden müssen. Angaben über die Größenordnung der anfallenden Kosten reichen aus. Der Gesetzesentwurf der Bundesregierung sah vor, daß der Netzbetreiber ein angemessenes Entgelt fordern konnte. Nach Ansicht des Ausschusses für Wirtschaft und Arbeit barg diese Regelung die Gefahr, dass die Netzbetreiber die Kosten durch übermäßigen Aufwand nach oben treiben (Hempelmann-Bericht, S. 119). Die Kostenteilung setzt hingegen einen Anreiz, unangemessenen Aufwand zu vermeiden. Das Kriterium der Angemessenheit bleibt dabei als ungeschriebene Voraussetzung erhalten. Dies ergibt sich sowohl aus § 670 BGB (*Salje,* EnWG, § 17 Rn. 61) als auch aus den Anforderungen aus Art. 20 II EltRl.

234 Eine parallele Regelung zu § 20 II 3 und 4 findet sich in § 17 II 3 und 4 für den **Netzanschluß** (§ 17, Rn. 44f.).

235 Übernimmt der Zugangspetent die Ausbaukosten, sind Betreiber von Elektrizitätsversorgungsnetzen aufgrund von § 15 I StromNZV zum **Ausbau** des Netzes **verpflichtet,** da dieser jedenfalls dann insoweit wirtschaftlich zumutbar ist. Bei Gasversorgungsnetzen scheint § 6 III 6

GasNZV diese Pflicht auszuschließen. Eine solche Auslegung stößt jedoch auf systematische Bedenken, da § 20 II 3 dann im Gassektor de facto leerlaufen würde. § 6 III 6 GasNZV ist daher restriktiv auszulegen, um einen Konflikt mit § 20 II 3 zu vermeiden. Diese Regelung erfaßt nur Fälle, in denen sich die wirtschaftliche Zumutbarkeit nicht aus einer Übernahme der Ausbaukosten durch den Zugangspetenten ergibt. Zudem kann § 6 III 6 GasNZV eine nach § 11 I bestehende Ausbauverpflichtung, deren Umfang im einzelnen streitig ist (§ 11, Rn. 34), nicht einschränken.

§ 21 Bedingungen und Entgelte für den Netzzugang

(1) **Die Bedingungen und Entgelte für den Netzzugang müssen angemessen, diskriminierungsfrei, transparent und dürfen nicht ungünstiger sein, als sie von den Betreibern der Energieversorgungsnetze in vergleichbaren Fällen für Leistungen innerhalb ihres Unternehmens oder gegenüber verbundenen oder assoziierten Unternehmen angewendet und tatsächlich oder kalkulatorisch in Rechnung gestellt werden.**

(2) [1]**Die Entgelte werden auf der Grundlage der Kosten einer Betriebsführung, die denen eines effizienten und strukturell vergleichbaren Netzbetreibers entsprechen müssen, unter Berücksichtigung von Anreizen für eine effiziente Leistungserbringung und einer angemessenen, wettbewerbsfähigen und risikoangepassten Verzinsung des eingesetzten Kapitals gebildet, soweit in einer Rechtsverordnung nach § 24 nicht eine Abweichung von der kostenorientierten Entgeltbildung bestimmt ist.** [2]**Soweit die Entgelte kostenorientiert gebildet werden, dürfen Kosten und Kostenbestandteile, die sich ihrem Umfang nach im Wettbewerb nicht einstellen würden, nicht berücksichtigt werden.**

(3) [1]**Um zu gewährleisten, dass sich die Entgelte für den Netzzugang an den Kosten einer Betriebsführung nach Absatz 2 orientieren, kann die Regulierungsbehörde in regelmäßigen zeitlichen Abständen einen Vergleich der Entgelte für den Netzzugang, der Erlöse oder der Kosten der Betreiber von Energieversorgungsnetzen durchführen (Vergleichsverfahren).** [2]**Soweit eine kostenorientierte Entgeltbildung erfolgt und die Entgelte genehmigt sind, findet nur ein Vergleich der Kosten statt.**

(4) [1]**Die Ergebnisse des Vergleichsverfahrens sind bei der kostenorientierten Entgeltbildung nach Absatz 2 zu berücksichtigen.** [2]**Ergibt ein Vergleich, dass die Entgelte, Erlöse oder Kosten einzel-**

§ 21

Teil 3. Regulierung des Netzbetriebs

ner Betreiber von Energieversorgungsnetzen für das Netz insgesamt oder für einzelne Netz- oder Umspannebenen die durchschnittlichen Entgelte, Erlöse oder Kosten vergleichbarer Betreiber von Energieversorgungsnetzen überschreiten, wird vermutet, dass sie einer Betriebsführung nach Absatz 2 nicht entsprechen.

Literatur: Bericht der Arbeitsgruppe Netznutzung Strom der Kartellbehörden des Bundes und der Länder über 1. die Reichweite der kartellrechtlichen Eingriffsnormen für die Überprüfung der Höhe der Entgelte für die Nutzung der Stromnetze, 2. die kartellrechtliche Relevanz von den Netzzugang behindernden Verhaltensweisen der Stromnetzbetreiber v. 19. 4. 2001 (zit. *Bericht der Kartellbehörden*); Bericht der Bundesnetzagentur nach § 112a EnWG zur Einführung der Anreizregulierung nach § 21a EnWG v. 30. 6. 06 (zit. *Anreizregulierungsbericht*), im Internet abrufbar unter: http://www.bundesnetzagentur.de/enid/7e0923deffc15184d0413bb5d8b80fe3,d0d2d85f7472636964092d0 936 333 139/Anreizregulierung/Bericht_zur_Anreizregulierung_2um.html; *BNetzA und Länderregulierungsbehörden*, Positionspapier der Regulierungsbehörden des Bundes und der Länder zu Einzelfragen der Kostenkalkulation gemäß Stromnetzverordnung, Bonn, 7. März 2006 (zit. *Positionspapier*); *Britz*, Abänderbarkeit behördlicher Regulierungsentscheidungen nach dem neuen EnWG, N&R 2006, 6 ff.; *Britz*, Behördliche Befugnisse und Handlungsformen für die Netzentgeltregulierung nach neuem EnWG, RdE 2006, 1 ff.; *Büdenbender*, Die Kontrolle von Durchleitungsentgelten in der leitungsgebundenen Energiewirtschaft, ZIP 2000, 2225 ff.; *Büdenbender*, Das deutsche Energierecht nach der Energierechtsreform 2005, ET 2005, 642 ff.; *Büdenbender*, Das kartellrechtliche Preismissbrauchsverbot in der aktuellen höchstrichterlichen Rechtsprechung, ZWeR 2006, 233 ff.; *Busse von Colbe*, Betriebswirtschaftliche Konkretisierung der Entgeltfindungsprinzipien nach dem Regierungsentwurf des TKG, TKMR-Tagungsband 2004, 23 ff.; *Dal-Canton/Ungemach*, Zulässigkeit von Modellnetzen bei der zukünftigen Entgeltregulierung durch die REGTP, emw 4/04, 22 ff.; *Ehricke*, Zur kartellrechtlichen Bestimmung von Netznutzungsentgelten eines kommunalen Elektrizitätsversorgungsunternehmens – Reflektionen über den Stadtwerke-Mainz-Beschluss des BGH, N&R 2006, 10 ff.; *Engelsing*, Konzepte der Preismissbrauchsaufsicht im Energiesektor, ZNER 2003, 111 ff.; *Engelsing*, Kostenkontrolle und Erlösvergleich bei Netzentgelten, RdE 2003, 249 ff.; *Franz*, Die künftige Anreizregulierung der deutschen Strom- und Gasnetzbetreiber, IR 2006, 7 ff.; *Gerke/Schäffner*, Risikogerechte Eigenkapitalverzinsung für die Netzdurchleitung aus kapitalmarkttheoretischer Sicht, ew 2003, 42 ff.; *Groebel*, Die Entgeltgenehmigungspraxis der RegTP – Erfahrungen aus dem Telekommunikationsbereich, TKMR-Tagungsband 2004, 39 ff.; *Hadré/Katzfey*, Vorbereitung auf die Anreizregulierung, emw 4/05, 10 ff.; *Haucap/Kruse*, Ex-ante-Regulierung oder Ex-post-Aufsicht für netzgebundene Industrien?, WuW 2004, 266 ff.; *Heck*, Die Anreizregulierung als politische Allzweckwaffe für die Regulierung der Netzentgelte, emw 4/05, 6 ff.; *Koenig/Rasbach*, Methodenregulierung in der Energiewirtschaft – Die REGTP auf der Reservebank?, ET 2004, 702 ff.; *Koenig/Schellberg*, Elektrizitätswirtschaftliche Methodenregulierung – ein Entwurf der Netzentgeltverordnung Strom auf dem Prüfstand, RdE 2005, 1 ff.; *Kühling/el-Barudi*, Das runderneuerte Energiewirtschaftsgesetz – Zentrale Neuerungen und erste Probleme, DVBl. 2005, 1470 ff.; *Kühling*, Eckpunkte der Entgeltregulierung in einem künftigen Energiewirtschaftsgesetz, N&R 2004, 12 ff.; *Kunz,* Regulierungsregime in Theorie und Praxis, in: Knieps/Brunekreeft (Hrsg.), Zwischen Regulierung und Wettbewerb – Netzsektoren in Deutschland, 2000, S. 45 ff. (zit. *Kunz* (2000)); *Monopolkommission,* XIV. Hauptgutachten „Netzwettbewerb durch Regulierung" 2000/2001, 2003; *Monopolkommission,* XVI. Hauptgutachten „Mehr Wettbewerb auch im Dienstleistungssektor" 2004/2005, Juli 2006, im Internet abrufbar unter: http://www.monopolkommission.de/aktuell.html; *Müller-Kirchenbauer/Thomale,* Der Entwurf der Netzentgeltverordnung Strom vom April 2004, IR 2004, 148 ff.; *Pritzsche/Klauer,* Das neue Energiewirtschaftsgesetz: Ein Überblick, emw 2005, 22 ff.; *Rosin/Krause,* Vorgaben der Beschleunigungsrichtlinie Elektrizität an eine Ex-ante-Regulierung, ET-Special 2003, 17 ff.; *Säcker,* Freiheit durch Wettbewerb, Wettbewerb durch Regulierung, Diskussionsbeiträge zum Energie- und Telekommunikationsrecht Nr. 1, FU Berlin Mai 2004 (zit. *Säcker* (2004)); *Säcker,* Das Regulierungsrecht im Spannungsfeld von öffentlichem und privatem Recht – Zur Reform des deutschen Energie- und Telekommunikationsrechts, AöR 2005, 180 ff.; *Säcker,* Wettbewerbskonforme Methoden der Regulierung von Netznutzungsentgelten, Vortrag auf der BNetzA-Konferenz zur Anreizregulierung, Bonn, 25. April 2006 (zit. *Säcker* (2006)), im Internet abrufbar unter: http://www.bundesnetzagentur.de/enid/7e0923deffc15184d0413bb5d8b80fe3,0/ Anreizregulierung/Wissenschaftliche_Konferenz_2ok.html; *Schalle/Boos,* Stromnetzentgeltprüfungen durch die Regulierungsbehörden – Erfahrungen und bevorstehende Auseinandersetzungen, ZNER 2006, 20 ff.; *Schmidt-Preuß,* Der verfassungsrechtliche Schutz der Unternehmenssubstanz – Kernfragen der staatlichen Festsetzung von Netznutzungsentgelten im Stromsektor, ET 2003, 758 ff.; *Schmidt-Preuß,* Regulierung im neuen „Energiepaket": „Philosophie" und Netznutzungsentgelte, IR 2004, 146 ff.; *Schmidt-Preuß,* Netz, Preis und Regulierung im Energiesektor – die aktuellen Entwürfe für das Energiewirtschaftsgesetz 2004 und die Netzentgelt-Veordnung Strom, N&R 2004, 90 ff.; *Schmidt-Preuß,* Kalkulation und Investition in der Entgeltregulierung – Die so genannte pauschale Saldierung des § 6 Abs. 5 des Referentenentwurfs einer Stromnetzentgeltverordnung als regulatorisches und verfassungsrechtliches Problem, N&R 2005, 51 ff.; *Stumpf/Gabler,* Netzzugang, Netznutzungsentgelte und Regulierung in Energienetzen nach der Energierechtsnovelle, NJW 2005, 3174 ff.; *Theobald/Hummel,* Entgeltregulierung im künftigen Energiewirtschaftsrecht, ZNER 2003, 176 ff.; *TKMR Tagungsband* zum Workshop „Der Regulierungsentwurf zum TKG", 15. Dez. 2003, Berlin, Institut für Energierecht Berlin e. V., 2004 (zit. TKMR Tagungsband 2004); *Wöhe,* Einführung in die Allgemeine Betriebswirtschaftslehre, 22. neubearbeitete Auflage, München 2005 (zit. *Wöhe,* ABWL); *Zenke/Thomale,* Kalkulation von Netznutzungsentgelten Strom sowie Mess- und Verrechnungspreisen, WuW 2005, 28 ff.; *Zimmerlich/Müller,* Entgeltberechnung bei Infrastrukturzugang (§ 19 Abs. 4 Nr. 4 GWB), N&R 2006, 46 ff.

Übersicht

	Rn.
A. Allgemeines	1
I. Inhalt und Zweck	1
II. Sektorspezifische Regulierung vs. kartellrechtliche Mißbrauchsaufsicht	3
III. Inkonsistenzen der gesetzlichen Regelungen	5

	Rn.
IV. Lösungsansätze	11
1. Effizienzmaßstab und Wettbewerbsanalogie (§ 21 II)	11
2. Vergleichsmethode und Vermutungsregel (§ 21 IV 2)	12
3. Verhältnis Ex-ante-Regulierung und Ex-post-Regulierung im EnWG	15
V. Vergleich der Prüfmethoden nach EnWG und GWB	25
VI. Zusammenwirken der Entgeltregulierungsmechanismen nach §§ 21, 21a und 23a	32
VII. Europarechtliche Vorgaben	34
VIII. Entstehungsgeschichte	38
B. Allgemeine Mißbrauchskriterien (§ 21 I)	44
I. Überblick	44
II. Vertikales Gleichbehandlungsgebot	46
III. Transparenzgebot	50
IV. Horizontales Diskriminierungsverbot	51
V. Angemessenheit	53
VI. Gesamtwirkung von Entgelt und Bedingungen	55
VII. Verhältnis zum Effizienzkriterium (§ 21 II)	56
C. Kostenorientierte Entgeltbildung (§ 21 II)	62
I. Überblick	62
II. Kosten	63
III. Kriterien des Kostenmaßstabs	65
1. Effizienzkriterium (§ 21 II 1)	66
2. Wettbewerbsanalogie und Anreize für eine effiziente Leistungserbringung	67
3. Verzinsung des eingesetzten Kapitals	68
IV. Maßstab und Methode der Kostenermittlung	69
V. Behördliche Kostenbestimmung und Beurteilungsspielraum	70
D. Ermittlung der Netzkosten gemäß StromNEV und GasNEV	72
I. Auslegungspraxis der Regulierungsbehörden	73
II. Kostengrundlage und allgemeine Ermittlungsvorgaben	76
1. Zusammensetzung der Netzkosten	76
2. Bilanzielle und kalkulatorische Kosten	77
3. Relevante Bezugsdaten	78
4. Vorlage- und Dokumentationspflichten der Netzbetreiber	79
5. Stufen der Kostenermittlung (§§ 3 ff.) im Überblick	81
6. Normative Vorgaben zur Kostenermittlung	85
a) Effizienzkriterium (§§ 4 I Strom-/GasNEV)	85
b) Verursachungsgerechte Zurechnung (Einzelkosten/Gemeinkosten)	86

	Rn.
7. Periodenübergreifende Saldierung (§ 11 Strom-NEV, § 10 GasNEV)	91
8. Gegenüberstellung von Strom-/GasNEV und Verbändevereinbarungen	94
9. Behördliches Prüfschema	96
III. Prüfung der kalkulatorischen Kosten im einzelnen	97
1. Kalkulatorische Abschreibung nach §§ 6 Strom-/GasNEV	98
a) Unterschiedliche Kapitalerhaltungskonzepte bei Alt- und Neuanlagen	98
b) Anschaffungs- und Herstellungskosten (§§ 6 II 2 Nr. 2, VI Strom-/GasNEV)	106
c) Tagesneuwert (§§ 6 II 2 Nr. 1, III Strom-/GasNEV)	107
d) Restwertermittlung (§§ 6 II 3, VI i. V. m. §§ 32 III Strom-/GasNEV)	109
e) Errechnung des Abschreibungsbetrags (§§ 6 V, Anlage 1 Strom-/GasNEV)	114
2. Kalkulatorische Eigenkapitalverzinsung (§§ 7 Strom-/GasNEV)	115
a) Kalkulatorische Eigenkapitalquote	116
b) Betriebsnotwendiges Eigenkapital	117
c) Übersteigender Eigenkapitalanteil	119
d) Festlegung der Eigenkapitalverzinsung nach §§ 7 VI 1 Strom-/GasNEV	121
aa) Allgemeines	121
bb) Wagniszuschlag, Risiken und deren regulatorische Behandlung	122
cc) Methoden der Zinssatzbestimmung und Kriterienkatalog	128
dd) Steuerliche Behandlung	132
e) Festlegung der Eigenkapitalverzinsung nach §§ 7 VI 2 Strom-/GasNEV	133
3. Kalkulatorische Steuern (§§ 8 Strom-/GasNEV)	137
4. Kostenmindernde Erlöse und Erträge (§§ 9 Strom-/GasNEV)	139
5. Behandlung von Netzverlusten (§ 10 StromNEV)	140
6. Ergebnis der regulatorischen Kostenprüfung	142
IV. Kostenstellen- und Kostenträgerrechnung (§§ 12ff., 15ff. StromNEV, §§ 11ff., 13ff. GasNEV)	146
E. Vergleichsverfahren (§§ 22ff. StromNEV, §§ 21ff. GasNEV)	150
I. Funktion des Vergleichsverfahrens	150
II. Vorgehen und Strukturklassenbildung	152
III. Ergebnisse des ersten Vergleichsverfahrens	156
F. Abweichung von der kostenorientierten Entgeltbildung (§ 21 II 1 letzter Hs.)	157

A. Allgemeines

I. Inhalt und Zweck

1 Während § 20 vor allem das „Ob" des Netzzugangs (Zugangsanspruch) regelt betrifft § 21 das **„Wie"**, d. h. die **Bedingungen und Entgelte des Netzzugangs**. Die Regelungen des § 21 konzentrieren sich auf die **Entgelte** und die **Kriterien der Entgeltregulierung** und befassen sich im einzelnen mit dem Prüfmaßstab sowie der Ermittlung der nach § 23 a genehmigungspflichtigen Entgelte (s. zu den Bedingungen § 20, Rn. 11 ff.). Für die Herleitung der Entgelte aus den zugrundezulegenden Kosten und ihre Berechnung sind die detaillierten Vorschriften der Strom-/Gas-Netzentgeltverordnungen (Strom-/GasNEV) und deren ökonomische Implikationen von besonderer Bedeutung.

2 § 21 und § 21 a sowie § 23 a sind die **zentralen Normen der Entgeltregulierung** des Netzzugangs. Sie bilden zusammen mit der Zugangsregulierung (§ 20) und den übrigen die Regulierung des Netzbetriebs umfassenden Vorschriften des 3. Teils sowie den Entflechtungsregelungen in Teil 2 das Kernstück des Gesetzes. Mit der Einführung der von den Beschleunigungsrichtlinien vorgegebenen Regulierung findet in Deutschland ein **Paradigmenwechsel** vom sog. „verhandelten" zum „regulierten" Netzzugang (einschließlich der Entgelte) statt. Gemäß § 1 II dient die Regulierung der Elektrizitäts- und Gasversorgungsnetze dazu einen wirksamen und unverfälschten Wettbewerb bei der Versorgung mit Gas und Elektrizität sicherzustellen. Entflechtung und Regulierung des Netzes schaffen die Voraussetzungen für funktionierenden Wettbewerb auf den vor- und nachgelagerten Märkten (Begr. BT-Drucks. 15/3917, S. 47). **Regulierung** ist somit also nicht ein dem Wettbewerb oder Marktmechanismus entgegengerichtetes behördliches Handeln, sondern dient als wettbewerbs- oder **marktorientierte Regulierung** im Gegenteil gerade der **Ermöglichung wirksamen Wettbewerbs**. Am prägnantesten kommt dies in dem Titel des XIV. Hauptgutachtens der Monopolkommission zum Ausdruck „Netzwettbewerb durch Regulierung".

Konzept der Regulierung

- wettbewerbliche Teilmärkte → Keine Regulierung
  - Erzeugung / Gewinnung
  - Großhandel
  - Transport- und Verteilnetze
  - Vertrieb
- Natürliche Monopole → Regulierung
  - Regulierung des Netzbetriebs
    - Netzzugangsregulierung
    - Entgeltregulierung
      - Kostenregulierung
      - Anreizregulierung
  - Entflechtung

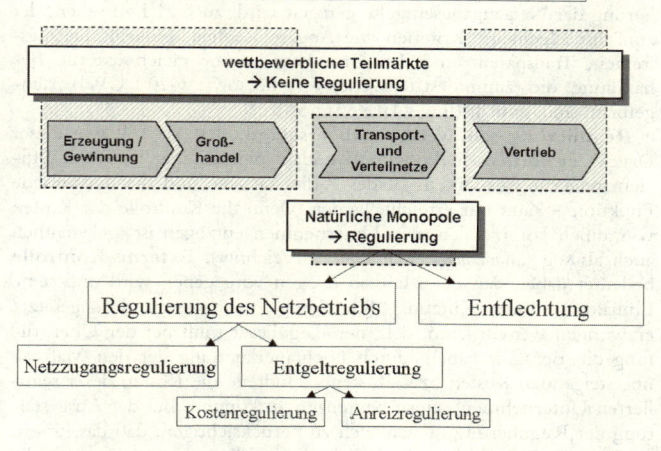

Abb. 1: Konzept der Regulierung

II. Sektorspezifische Regulierung vs. kartellrechtliche Mißbrauchsaufsicht

Auch wenn Regulierung wegen der im Vergleich zum Preisbildungsprozess in einem Wettbewerbsmarkt unterlegenen Informationsverarbeitungskapazität und der Informationsasymmetrien zwischen Aufsichtsbehörde und regulierten/m Unternehmen immer nur „*second best*" sein kann, ist sie doch erforderlich, weil aufgrund sektorspezifischer Besonderheiten Wettbewerb in leitungsgebundenen Netzindustrien nicht von alleine entsteht (vgl. ausf. *Groebel*, TKMR-Tagungsband 2004, 39 ff.; *Kunz* (2000), S. 45 ff.). Die **sektorspezifische Aufsicht** muß deshalb auch über **die wettbewerbsrechtliche Mißbrauchsaufsicht** hinsichtlich des Prüfmaßstabs und des Eingriffsinstrumentariums sowie im Hinblick auf ihre Wirksamkeit insbesondere auch bezüglich des Eingriffszeitpunkts **hinausgehen** (vgl. XIV. Hauptgutachten, Rn. 734 ff.; *Hellwig,* schriftliche Stellungnahme zu BT-Drucks. 15/3917, BT-Ausschußdrucks. 15(9)1539; vgl. auch *Säcker*, AöR 2005, 180 ff., 199 f., der zwischen lediglich mißbrauchsabwehrenden *Grenznormen* [wie z. B. §§ 19, 20 GWB] einerseits und von regulierungsrechtlichen Eingriffs- oder *Richtnormen* [wie z. B. §§ 21 ff. EnWG, § 31 TKG] andererseits unterscheidet). In diesem Zusammenhang ist auch das Verhältnis der § 21 II–IV, in denen die (Art und Weise der) Regulierung der Netzzugangsentgelte geregelt wird, zu § 21 I zu sehen, der zunächst allgemeine Kriterien wie Angemessenheit, Diskriminierungsfreiheit, Transparenz und den Grundsatz interne gleich externe Behandlung, die (zumindest teilweise) § 19 IV sowie § 20 I GWB nachgeformt sind, enthält (Rn. 44 ff., 53 f., 56 ff.).

4 **Regulierung** soll **Wettbewerb ersetzen,** d. h. sie soll wie dieser Druck zur effizienten Produktion und in dynamischer Sicht zur Effizienzsteigerung bewirken. Beides – die statische und die dynamische Funktion – kann nur erreicht werden, wenn die Kontrolle der Kosten von außen kommt, d. h. den Unternehmen entzogen ist (gelegentlich auch als sog. *„hard budget constraint"* bezeichnet). **Externe Kontrolle** bedeutet dabei, daß der Maßstab exogen vorgegeben wird und seine Einhaltung durch Kürzung (Streichung) von Kosten durchgesetzt/erzwungen werden kann, d. h. der Regulierer muß bei der Überprüfung die Befugnis haben, durch Nichtanerkennung der den Maßstab übersteigenden Kosten bzw. Kostenbestandteile die Kosten des/r regulierten Unternehmen extern begrenzen zu können. Bei der Ausgestaltung der Regulierung ist demnach zu berücksichtigen, daß das für ein **wirksames Eingreifen** erforderliche Kontrollinstrumentarium u. a. die Möglichkeit der **Nichtanerkennung** geltend gemachter Kosten umfasst, wenn diese den Maßstab (die Sollkosten) übersteigen, was mehr ist als eine bloße Ist-Kostenkontrolle.

III. Inkonsistenzen der gesetzlichen Regelungen

5 **§ 21** und **§ 21 a** sowie **§ 23 a,** die zusammengehören und zusammen gelesen werden müssen, sind wohl die Paragraphen, die im Laufe des Gesetzgebungsverfahrens mit die stärksten Veränderungen erfahren haben bzw. überhaupt erst ganz am Ende aufgenommen wurden (§ 23 a), womit doch noch ein **Paradigmenwechsel** hin zu einer **Ex-ante-Entgeltregulierung** anhand des **Effizienzkostenmaßstabs** und der **Einführung der Anreizregulierung** stattgefunden hat. Denn ursprünglich war für die Entgeltregulierung ein anderes Konzept – nämlich lediglich eine Ex-post-Kontrolle und ein anderer Kostenmaßstab, die Kosten einer energiewirtschaftlich rationellen Betriebsführung einschließlich des Verfahrens der Nettosubstanzerhaltung – vorgesehen, das in Verbindung mit den frühen Entwürfen der StromNEV, die für die Kalkulation der Kosten weitgehend die Preisfindungsprinzipien der VV II Strom Plus (Verbändevereinbarung über Kriterien zur Bestimmung von Netzzugangsentgelten für elektrische Energie und über Prinzipien der Netznutzung vom 13. 12. 2001 und Ergänzungen vom 23. 4. 2002, Bundesanzeiger Nr. 85 b v. 8. 5. 2002) und damit deren Gestaltungsspielräume – übernommen hatten, zu einer (reinen) Kostenregulierung und einer Fortschreibung der bisherigen – ineffektiven – Aufsicht geführt hätte (vgl. *Busse von Colbe,* schriftliche Stellungnahme zu BT-Drucks. 15/3917, BT-Ausschußdrucks. 15(9)1511, S. 237; vgl. auch *Säcker,* AöR 2005, 180 ff., 201, insb. Fn. 93 und *ders.* (2004), S. 19/20). Die gar nicht oder nicht richtig vorgenommene Anpassung der Verweise erschwert die widerspruchsfreie Auslegung. Um zu einer konsistenten und dem jetzigen Konzept einer am Maßstab der Kosten eines effizienten Netzbetreibers orientierten Ex-ante-Entgeltregulierung gerecht werdenden Auslegung zu gelangen, ist ferner der Bedeutungswandel einzelner Vorgaben der Bestimmungen zu berücksichtigen.

§ 21 II – führt mit der **„kostenorientierten Entgeltbildung"** die **Kostenregulierung** ein, aber nicht in der reinen (klassischen) Form einer Erstattung der tatsächlichen Kosten („Quasi-Vollkostenansatz", *Koenig/Rasbach,* ET 2004, 702 ff., 703; *Koenig/Schellberg,* RdE 2005, 1 ff., 2 f. oder „Cost-Plus- oder Rate-of-Return-Regulierung", *Säcker* (2006), S. 3; vgl. auch *Heck,* emw 4/2005, 6 ff., 7; *Hadré/Katzfey,* emw 4/2005, 10 ff., 10), sondern in verschärfter Form als „Kosten einer Betriebsführung, die denen eines effizienten und strukturell vergleichbaren Netzbetreibers entsprechen müssen", d. h. es handelt sich um eine **Kostenregulierung mit Effizienzmaßstab,** die sich als Mischform der Entgeltregulierung oder 1. Schritt auf dem Weg zur **Anreizregulierung,** deren Einführung dann in § 21 a als 2. Schritt nach Erlaß einer Rechtsverordnung gem. § 21 a VI durch die Bundesregierung mit Zustimmung des Bundesrates vorgesehen ist, bezeichnen läßt. Die Anreizregulierung löst die Kostenregulierung ab, § 23 a I (vgl. *Pritzsche/Klauer,* emw 4/2005, 22 ff., 23 f.).

Die **Überprüfung** der Einhaltung des Maßstabs sollte ursprünglich **nachträglich** (repressive oder Ex-post-Aufsicht) erfolgen (§ 21 i. V. m. § 30, RegE BT-Drucks. 15/3917 sowie Begr. BT-Drucks. 15/3917, S. 63), eine generelle Genehmigungspflicht (präventive oder Ex-ante-Kontrolle) der Netzentgelte war nicht vorgesehen. Aus der Begründung zu § 21 läßt sich entnehmen, daß die Entgelte nach den in den Rechtsverordnungen gem. § 24 näher ausgestalteten Methoden zur Entgeltfindung von den Betreibern (für die Preisbildung) zu kalkulieren sind. Ebenfalls laut Begründung wird der **Behörde** als **Instrumentarium** zur Überprüfung mit dem letzten Satz von § 21 II das **Vergleichsmarktkonzept** (nach § 30) an die Hand gegeben (Begr. BT-Drucks. 15/3917, S. 60), das dann mit dem sog. „Vergleichsverfahren" in

§ 21 III und IV konkretisiert wird. Aus der Bezugnahme auf § 30, der seinerseits materielle Wertungen des GWB übernimmt und das (kartellrechtliche) Vergleichsmarktkonzept läßt sich folgern, daß die Überprüfung wie bislang im wesentlichen entsprechend der Vorgehensweise und den Grundsätzen der **wettbewerbsrechtlichen Missbrauchsaufsicht** erfolgen sollte. Die Konkretisierung des Vergleichsmarktkonzepts mit dem Vergleichsverfahren, bei dem gemäß § 21 IV 2 nur die durchschnittlichen Entgelte als Vergleichsmaßstab herangezogen werden sollen, bleibt jedoch (schon) hinter dem kartellrechtlichen Mißbrauchsmaßstab, der den Mißbrauch im Verhältnis zu dem wettbewerbsanalogen oder kostengünstigsten (i. e. effizienten) Preis mißt, zurück (*Stumpf/Gabler*, NJW 2005, 3174 ff., 3178; *Engelsing*, BerlK-EnR, § 19 GWB, Rn. 235).

8   Andererseits ging bereits das ursprünglich vorgesehenen Konzept insoweit über die kartellrechtliche Missbrauchsaufsicht hinaus, als gemäß § 21 III 1 **kein Anfangsverdacht** zu bestehen braucht (*Dal-Canton/Ungemach*, emw 4/2004, 22 ff., 23) und die Ergebnisse des Vergleichsverfahrens gem. § 21 IV 1 bei der kostenorientierten Entgeltbildung zu berücksichtigen sind. Letzteres enthält zu einem gewissen Grad ein Regulierungselement, weil es als materielle Vorgabe in die Berechnung der kostenorientierten Entgelte einfließt, d. h. die Ergebnisse des Vergleichsverfahrens dienten nicht mehr nur der Überprüfung, sondern gingen wieder in die Entgeltbildung mit ein, die mithin nicht mehr eine nur kostenorientierte wäre, wobei allerdings unklar blieb, in welcher Weise dies geschehen sollte bzw. soll (s. u.). Denn es stellt sich die Frage, ob die Regelung nur bei der **Überprüfung im Einzelfall** zum Tragen kommt oder **generell** „durchschlägt", d. h. die Ergebnisse allgemein in Form von Vorgaben in die Kalkulation der kostenorientiert gebildeten Entgelte einzufließen hätten. Die Antwort ergibt sich aus dem Bezug der Vermutungsregel in § 21 IV 2 auf „*einzelne* **Betreiber**" und dem Hinweis in der Begründung zu § 21, daß es sich bei § 20 IV um eine Konkretisierung des Vergleichsmarktprinzips handelt, was stellvertretend für einen Eingriff im Sinne der Mißbrauchsaufsicht des § 30 (mit dem Maßstab des § 19 IV Nr. 2 GWB) steht. Mit anderen Worten dient das Vergleichsverfahren nach § 21 III nur der *indirekten* Kontrolle der Kalkulation der Netzbetreiber (*Stumpf/Gabler*, NJW 2005, 3174 ff., 3178), wobei der Vergleich bezogen auf das gesamte Netz oder die einzelne Netz- bzw. Umspannebene (§§ 22, 23 StromNEV) durchzuführen ist (d. h. keine Einzelbetrachtung repräsentativer Abnahmefälle erfolgt, siehe zur konkreten Ausgestaltung – Erlösvergleich pro km Leitungslänge – im einzelnen unten Rn. 154). Aus § 21 IV 2 ergibt sich, daß die Durchsetzung nur in bezug auf den **Ein-**

zelfall – wenn die Entgelte, Erlöse oder Kosten *einzelner* Betreiber die durchschnittlichen Entgelte, Erlöse oder Kosten vergleichbarer Betreiber überschreiten – erfolgen kann, also **keine *generelle* Änderung** der kostenorientiert gebildeten Entgelte auslöst oder als allgemeine Vorgabe in die Entgeltkalkulation einfließt – wie dies bei einem „traditionellen" Regulierungsregime der Fall wäre. Hinzu kommt, dass die fehlende Anpassung der Mißbrauchsschwelle in der Vermutungsregel des § 21 IV 2 zu einem nicht aufgelösten Widerspruch mit dem Maßstab des § 21 II (Kosten eines effizienten und strukturell vergleichbaren Betreibers) führt, was zu einem Leerlaufen der Vermutungsregel in materieller Hinsicht führt (siehe im einzelnen unten Rn. 13).

Gegenüber der bisherigen kartell- und energiewirtschaftsrechtlichen Aufsicht nach § 6 I 1 bzw. § 6a II 1 EnWG a. F. wäre die Wirksamkeit durch die erleichterte Eingriffsvoraussetzung (kein begründeter Anfangsverdacht) zwar verbessert gewesen, aber sie hätte (letztlich) eben immer noch im Wege der Einzelfallprüfung, bei der die Mißbräuchlichkeit der Entgelte bzw. Erlöse nur in Bezug auf die tatsächlichen Kosten überprüft werden kann (*Hellwig,* Schriftliche Stellungnahme zu BT-Drucks. 15/3917, BT-Ausschußdrucks. 15(9)1539, S. 3), erfolgen müssen, was ihre Wirksamkeit im Vergleich zu einer Ex-ante-Regulierung anhand des Effizienzmaßstabs mindert. Dieses Defizit wird auch nicht durch die neue **Vermutungsregel in § 21 IV 2** behoben, die im Gegensatz zu der bisherigen Vermutung der guten fachlichen Praxis nach § 6 I 5 bzw. § 6a II 5 EnWG a. F., der bis zum Beschluß KVR 17/04 des *BGH* vom 28. 6. 2005 (Stadtwerke Mainz, *BGH* WuW/E DE-R 1513) infolge der Rechtsprechung des *OLG Düsseldorf* quasi eine Sperrwirkung für die Anwendung § 19 GWB zukam, eine Umkehrung der Beweislast bedeutet, aber die Aufsicht hätte eben nach wie vor nur **nachträglich** und anhand des Mißbrauchsmaßstabs (Angemessenheit in Bezug auf tatsächliche/zu deckende Kosten, vgl. *Engelsing,* ZNER 2003, 111 ff.; *ders.,* RdE 2003, 249 ff.), der zudem noch mit der Beschränkung der Vermutungsregel auf die durchschnittlichen Entgelte „auf Mittelmaß zurechtgestutzt" wurde, erfolgen können. Im Ergebnis wurde somit die Verbesserung der Wirksamkeit der kartell- und energiewirtschaftsrechtlichen Aufsicht gegenüber der alten Regelung durch die erleichterte Eingriffsvoraussetzung und die Vermutungsregelung zulasten der Betreiber (vgl. *Zenke/Thomale,* WuW 2005, 28 ff., 38) durch die Entschärfung des Vergleichsmaßstabs (Hochsetzung der Mißbrauchsschwelle auf die durchschnittlichen Entgelte) sofort wieder relativiert.

Die (ursprünglich geplante) **nachträgliche Kontrolle** schlägt sich auch in **§ 21 III** nieder: Eine Notwendigkeit, die Entwicklung der

Kosten gemäß dem Maßstab zu *gewährleisten* ergibt sich nur, wenn diese **nicht zuvor** *(ex ante)* genehmigt wurden. Dieser Logik wird mit dem Ergänzungssatz in § 21 III, der erst in der Sitzung des Vermittlungsausschusses am 15. 6. 2005 (als Folgeänderung zu § 23 a) eingefügt wurde, insofern Rechnung getragen, als im Falle genehmigter Entgelte nur ein Kostenvergleich stattfindet, was aber – jedenfalls zunächst – den Widerspruch noch immer nicht auflöst, denn wenn die Entgelte gemäß dem Maßstab des § 21 II genehmigt wurden, müssen sie sich an den Kosten einer Betriebsführung, die denen eines effizienten und strukturell vergleichbaren Netzbetreibers entsprechen, orientieren, weil sie ansonsten **nicht** gemäß § 23 a II 1 **genehmigungsfähig** gewesen wären („…, *soweit* die Entgelte den Anforderungen dieses Gesetzes … entsprechen", Hervorhebung nur hier, A. G.). Bei einer Ex-ante-Kontrolle, d. h. einer Vorabgenehmigung bleibt für den Regulierer im Nachhinein nichts mehr zu *„gewährleisten"*. § 21 III ist also tatsächlich eigentlich nur im System der Ex-post-Aufsicht sinnvoll. § 21 III und IV passen deshalb strenggenommen auch nicht zueinander, aber anscheinend sollte mit § 21 IV ursprünglich wohl die mangelnde Effizienzkomponente bei der Kostenregulierung bzw. genauer deren fehlende Kontrolle durch eine Berücksichtigung der Ergebnisse des Vergleichsverfahrens bei der kostenorientierten Entgeltbildung ausgeglichen werden, was sich jetzt aber wegen des im Vergleich zum Effizienzmaßstab des § 21 IV schwächeren Durchschnittsmaßstabs als hochproblematisch bzw. widersprüchlich herausstellt.

IV. Lösungsansätze

1. Effizienzmaßstab und Wettbewerbsanalogie (§ 21 II). Der letzte Satz von § 21 II **(Nichtberücksichtigungsfähigkeit von Kosten, die sich im Wettbewerb nicht einstellen würden)**, wurde im ursprünglichen Konzept als reiner Methodenhinweis (Vergleichsmarktkonzept, vgl. Begr. BT-Drucks. 15/3917, S. 60), der zugleich die Art des Eingriffs (Mißbrauchsaufsicht) kennzeichnet, verstanden. Im Zusammenspiel mit dem neuen **Maßstab** der Kosten eines effizienten Betreibers **in § 21 III 1** muß er jedoch als **Präzisierung des Effizienzkostenbegriffs,** die mit der **Wettbewerbsanalogie** „die sich im Wettbewerb nicht einstellen würden" ausgedrückt wird, gelesen werden. Unter Berücksichtigung dieses Bedeutungswandels läßt sich auch im System der **Ex-ante-Kontrolle** dem **Vergleichsverfahren** eine **Funktion** zuweisen, das dann zur Ermittlung der Kosten eines effizienten und strukturell vergleichbaren Betreibers herangezogen werden kann, (die sonst nicht gemessen bzw. miteinander verglichen werden könnten), wobei seine Anwendung jedoch unter Anlegung des **Effi-**

zienz- und **nicht** des **Durchschnittsmaßstabs** erfolgt. Denn ein Vergleich nur der „durchschnittlichen" Entgelte widerspräche dem Effizienzkostenkonzept, das einen Vergleich anhand der besten erfordert (i. S. d. Vergleichsmarktverfahrens nach § 19 Abs. 4 Nr. 2 GWB, vgl. *Engelsing,* BerlK-EnR, § 19 GWB, Rn. 235).

2. Vergleichsmethode und Vermutungsregel (§ 21 IV 2). Hinsichtlich des Zwecks von § 21 III („Gewährleistung") läßt sich der Widerspruch damit zwar nicht auflösen, aber wenn das **Vergleichsverfahren** neben der Kostenprüfung nach § 23a als **Methode zur Überprüfung** der beantragten Entgelte im Genehmigungsverfahren verstanden wird, lassen sich die Ergebnisse für die Genehmigungsentscheidung heranziehen, so daß es in der Phase der Kostenregulierung als **Benchmarking-Instrument** für den Quervergleich der Unternehmen (Effizienzvergleich, vgl. *Zimmerlich/Müller,* N&R 2006, 46 ff., 50) zum Einsatz kommt (*Cronenberg,* ET 2005, 886), denn die Kostenkalkulation der regulierten Unternehmen weist nicht zwangsläufig nur die Kosten aus, die den „Wettbewerbstest bestehen würden" (*Franz,* IR 1/2006, 7 ff., 7, Fn. 1; vgl. auch *Heck,* emw 4/2005, 6 ff., 8). Das Vergleichsverfahren dient zur Absicherung der Ergebnisse der Kostenermittlung und wird parallel zur Kostenprüfung vorangetrieben. Das Vergleichsverfahren ist deshalb nicht als eine eigenständige „zweite Phase" (*Stumpf/Gabler,* NJW 2005, 3174 ff., 3177) oder gar als ein „zweiter und paralleler Regulierungsansatz" (*Hadré/Katzfey,* emw 4/2005, 10 ff., 10) zu sehen, sondern beschreibt eine Methode, die zur Bestimmung der Kosten, die sich im Wettbewerb einstellen würden (i. e. effiziente Kosten, *Säcker,* AöR 2005, 180 ff., 203), im Rahmen der Genehmigungsverfahren [ergänzend] verwendet werden *kann* (*Kann*-Vorschrift). Auch das *OLG Düsseldorf* hat die Möglichkeit, das Vergleichsverfahren als **„Effizienzvergleich"** zu verwenden, bestätigt (*OLG Düsseldorf,* B. v. 21. 7. 2006 – VI-3 Kart 289/06 (V), S. 23 den amtlichen Umdrucks).

In Rahmen der Ex-ante-Kontrolle nach § 23a kann die **Vermutungsregel des § 21 IV 2 in materieller Hinsicht keine Rolle** spielen, denn der **Prüfmaßstab** ist durch die Kosten eines effizienten Netzbetreibers **(§ 21 II)** vorgegeben, der den Vergleich der effizienten Unternehmen (Best-practice-Ansatz) und nicht des Durchschnitts *(Average-practice)* verlangt. Theoretisch denkbar wäre, daß die Vermutungsregel nach § 21 IV 2 zur Anwendung kommt, wenn das Vergleichsverfahren im Rahmen der allgemeinen Mißbrauchsaufsicht nach § 30, eingesetzt wird. Jedoch kann die **Vermutungsregel** auch in diesem Fall **nicht greifen,** weil der Ex-post-Maßstab des § 30 EnWG dem wettbewerbsrechtlichen entspricht (s. o. Rn. 7 und Begr. BT-Drucks. 15/3917, S. 63 sowie unten § 30), d. h. es gibt im EnWG –

anders als mit § 28 TKG – keinen weicheren Ex-post-Maßstab (hier der Durchschnittsentgelte), so daß die Vermutungswirkung des § 21 IV 2 gänzlich leerläuft (s. grundlegend zum Verhältnis Ex-ante/Ex-post-Regulierung u. Rn. 15 ff.). § 21 IV 2 stellt somit keinen materiellen Maßstab dar, sondern ist lediglich als Kriterium für die Verteilung der Darlegungs- und Beweislast zu verstehen (vgl. auch *Anreizregulierungsbericht*, Rn. 120). Im Ergebnis räumt auch das *OLG Düsseldorf* dem Maßstab des § 21 II einen Vorrang vor dem Vergleichsverfahren ein (vgl. z. B. *OLG Düsseldorf*, B. v. 24. 10. 2007 – VI-3 Kart 472/06 (V), S. 39 des amtlichen Umdrucks).

14 *Stumpf/Gabler* gehen zwar von der grundsätzlichen Gültigkeit der Vermutungsregel des § 21 IV 2 aus. Diese wird jedoch für nach § 23 a genehmigte Entgelte von der Vermutung des § 30 I 2 Nr. 5 a. E. (*Stumpf/Gabler*, NJW 2005, 3174 ff., 3178) verdrängt, so daß im Ergebnis ebenfalls der Effizienzmaßstab (§ 21 II) den Durchschnittsmaßstab (§ 21 IV 2) „überschreibt". Widersprüchlich argumentiert *Schultz*, der zwar die Überprüfung der Entgelte anhand des Effizienzkriteriums vorsieht, aber die Durchsetzung der Reduktion der Netzentgelte (auf das effiziente Niveau) in den Bereich der nachträglichen Mißbrauchsaufsicht verlagert, so daß der Gesetzgeber überhöhte Netzentgelte in Kauf nähme (*Schultz*, in: L/B, Rn. 88). Dies ist jedoch – wie gezeigt – gerade nicht der Fall, denn dann würde der Effizienzkostenmaßstab des § 21 II unterlaufen, sondern die offensichtliche Vermengung bzw. Verwechslung der Vermutungsregel des § 21 IV 2 mit einem materiellen Maßstab ist wiederum auf die mangelnde Konsolidierung nach Aufnahme der Ex-ante-Regulierung in das Gesetz zurückzuführen. Für eine widerspruchsfreie Auslegung ist also die Gesetzesgenese heranzuziehen. Im Ergebnis läßt sich für das **Verhältnis von § 21 II und § 21 IV 2** festhalten, daß der **strengere Effizienzmaßstab** (§ 21 II) dem **schwächeren Durchschnittsmaßstab** (§ 21 IV 2) vorgeht und diesen **ausschaltet.**

15 **3. Verhältnis Ex-ante-Regulierung und Ex-post-Regulierung im EnWG.** In diesem Zusammenhang sei kurz auf das **Verhältnis** zwischen **Ex-ante-Entgeltregulierung** (§ 23 a i. V. m. mit dem Maßstab des § 21 II) und **Ex-post-Mißbrauchsaufsicht** gemäß §§ 30 und 31 eingegangen (vgl. auch unten § 30, Rn. 9 ff.). Anders als im TKG ist dieses Verhältnis im **EnWG nicht überschneidungsfrei** geregelt, denn grundsätzlich unterfällt auch ein nach § 23 a vorab genehmigtes Entgelt der Ex-post-Kontrolle nach § 30 I 2 Nr. 1, da der Gesetzgeber leider darauf verzichtet hat, den Vorschlag des BR nach einer klaren Trennung von Ex-ante- und Ex-post-Aufsicht durch Ergänzung eines § 30 I a, mit dem eindeutig geregelt worden wäre, daß genehmigte

Entgelte nicht Gegenstand von Mißbrauchsverfahren sein können (Stellungnahme des Bundesrats, BT-Drucks. 15/3917, S. 85, Nr. 30, lit. b), aufzunehmen. Allerdings werden dann gemäß § 23 a genehmigte Entgelte und die Obergrenze im Rahmen der Anreizregulierung (§ 21 a) durch einen auf Empfehlung des Vermittlungsausschusses eingeführten **„Kunstgriff"** letztlich doch wieder der Ex-post-Aufsicht entzogen, indem sie mit **§ 30 I 2 Nr. 5** als **sachlich gerechtfertigt** gelten (BR-Drucks. 498/05, S. 10; vgl. unten § 30, Rn. 74; siehe auch unten Vor § 29 [2. Ex-post-Befugnisse], Rn. 5; *Britz,* RdE 2006, 1 ff., 4), solange sie nicht überschritten werden.

Auch materiellrechtlich wäre ein Aufgreifen im Rahmen der allgemeinen Mißbrauchsaufsicht unwahrscheinlich, da der Maßstab der **Effizienzkostenorientierung strenger** ist als der dem **Wettbewerbsrecht** entlehnte Maßstab des § 30 (vgl. auch unten § 30, Rn. 10). Schließlich ließe sich auch argumentieren, daß zur Vermeidung von Widersprüchen, die dann entstünden, wenn die zuvor ex ante genehmigten Entgelte nun mit dem (milderen, da einen Unschärfebereich zulassenden, s. u. Rn. 29) Ex-post-Maßstab geprüft würden, eine Übertragung des Ex-ante-Maßstabs in das Mißbrauchsverfahren erforderlich ist (s. u. § 30, Rn. 11), m. a. W. eine enge Auslegung der Ex-post-Kriterien (kein Zulassen einer Abweichung von der Zielgröße). Somit ist die mit § 30 I 2 Nr. 5 gewählte Vorgehensweise der sachlichen Rechtfertigung vom Ansatz her unterschiedlich zu der vom BR vorgeschlagenen Variante der A-priori-Herausnahme, im Ergebnis jedoch gleich: keine Ex-post-Überprüfung vorab genehmigter Entgelte – mit einer Ausnahme. **16**

Indessen gibt es eine Fallkonstellation, nach der auch ein nach § 23 a vorab genehmigtes Entgelt ex post im Rahmen der besonderen Mißbrauchsaufsicht überprüft werden kann: auf Antrag erheblich Betroffener (Wettbewerber) hat die Behörde nämlich nach **§ 31 I 3** darüber hinaus zu prüfen, ob die **Voraussetzungen** für eine **Aufhebung der Genehmigung** vorliegen. Eine Aufhebung dürfte nur dann in Frage kommen, wenn neue Erkenntnisse vorliegen, so daß die Voraussetzungen der zuvor erteilten Genehmigung nicht mehr gegeben sind. Dann kann wegen des obligatorischen Widerrufsvorbehalts nach § 23 a IV 1 die erteilte Genehmigung widerrufen werden (vgl. auch unten § 31, Rn. 18 ff.). **17**

Im **TKG 2004** ist das Verhältnis von Ex-ante- zu Ex-post-Regulierung hingegen so ausgestaltet, daß die **Entgelte** entweder unter die eine *(ex ante)* oder die andere *(ex post)* Regulierungsregel fallen, d. h. ein (ex ante) genehmigtes Entgelt ist dann durch die Behörde nicht mehr ex post überprüfbar (sieht man von der gerichtlichen Kontrolle **18** und der nicht ausschließbaren Überprüfung nach Art. 82 EGV ab). Des weiteren gelten im Falle des Telekommunikationsrecht für Ex-ante- und Ex-post-Regulierung unterschiedliche Maßstäbe (der strenge Ex-ante-Maßstab der Kosten der effizienten Leistungsbereitstellung und im Falle der Ex-post-Aufsicht die weiter gefassten Mißbrauchskriterien, die eine gewisse Bandbreite [Unschärfebereich] zulassen), so daß das Vergleichsmarktkonzept nach § 35 TKG je nach Verfahren unterschiedlich genutzt wird, d. h. die konkrete Anwendung richtet sich nach dem jeweiligen Maßstab (vgl. *Groebel*, BerlK-TKG, §§ 28, 30, 31 und 35). Dies ist jedoch dann nicht möglich, wenn es – wie im EnWG – zu Überschneidungen kommt.

19 Im ursprünglichen Konzept war als **Ex-ante-Komponente** die **Methodenregulierung** nach § 29 I ergänzend zur **nachträglichen Missbrauchsaufsicht** vorgesehen, allerdings unter so einengenden Voraussetzungen, daß kaum von einer Ex-ante-Regulierung gesprochen werden kann (*Koenig/Rasbach*, ET 2004, 702 ff., 703). Daß es sich um eine Ex-ante-Regulierung („*Vorab*-Genehmigung") handelt, geht genau genommen nur aus dem Hinweis in der Begründung hervor, daß mit § 29 Art. 23 Abs. 2 EltRl bzw. Art. 25 Abs. 2 GasRl umgesetzt wird, die eindeutig eine **Ex-ante-Befugnis** vorgeben (Begr. BT-Drucks. 15/3917, S. 62). Außerdem kann die Behörde ebenfalls laut Begründung nach § 29 nur ergänzend und nur wenn die Verordnungen keine abschließenden Regelungen treffen, tätig werden (Begr. BT-Drucks. 15/3917, S. 62).

20 § 29 II enthält hingegen wieder nur eine **Ex-post-Befugnis:** die Behörde kann die nach § 29 I festgelegten oder genehmigten Bedingungen und Methoden *nachträglich* ändern, soweit dies erforderlich ist, um sicherzustellen, daß sie weiterhin den Voraussetzungen für eine Festlegung oder Genehmigung genügen, womit laut Begründung Art. 23 Abs. 4 EltRl bzw. Art. 25 Abs. 4 GasRl umgesetzt werden soll (Begr. BT-Drucks. 15/3917, S. 62). Hier zeigt sich ein Mißverständnis: während sich Art. 23 Abs. 4 EltRl bzw. Art. 25 Abs. 4 GasRl auf eine Änderung der „Bedingungen, Tarife, Regeln, Mechanismen und Methoden der *Betreiber*" bezieht, betrifft die Regelung des § 29 II die von der *Behörde* nach § 29 I *selbst* festgelegten bzw. genehmigten Bedingungen und Methoden und bezieht sich damit auf einen ganz anderen Fall. Es handelt sich um eine Art **„Korrekturerlaubnis"**, die die Vorbehalte des Gesetzesentwurfs gegen Ex-ante-Kompetenzen der Regulierungsbehörde und für eine „normierende Regulierung", was Assoziationen an den Begriff der „gelenkten Demokratie" hervorruft, deutlich erkennen lassen (die „normierende Regulierung" begrüßend: *Schmidt-Preuß*, IR 2004, 146 ff., 146, dagegen krit. gegenüber der „normierenden Regulierung" *Koenig/Rasbach,* ET 2004, 702 ff., 703 f.). Die vom Bundesrat vorgeschlagene Ergänzung in § 29 I „§ 23 a bleibt unberührt", die klargestellt hätte, daß genehmigte Entgelte nicht nachträglich geändert werden können (Stellungnahme des Bundesrats, BT-Drucks. 15/3917, 85 f., Nr. 30, lit. a), ist bedauerlicherweise nicht aufgenommen worden, so daß eine trennscharfe Regelung unterbleibt (zu den Folgen der Überschneidung des Ex-ante- und Ex-post-Bereichs s. o. Rn. 15 ff.).

In diesem Zusammenhang stellt sich generell die Frage der nachträglichen Abänderbarkeit genehmigter Entgelte (siehe auch *Britz,* N&R 2006, 6 ff.). Grundsätzlich läuft die Möglichkeit der Abänderbarkeit und der Ex-post-Überprüfbarkeit (s. o. Rn. 15 ff.) genehmigter Entgelte dem Gedanken der Rechtssicherheit zuwider. Insbesondere widerspricht es der **Philosophie der Vorab-Genehmigung,** mit der ein bestimmtes Verhalten des Unternehmens genehmigt wird (nämlich ein bestimmtes Entgelt zu erheben), das dann im Vertrauen auf die erteilte Genehmigung handelt (Kalkulationssicherheit), wenn die **Behörde** ohne weitere Voraussetzungen jederzeit eine einmal erteilte **Genehmigung widerrufen kann,** wie dies nach dem Widerrufsvorbehalt des § 23 a IV 1, der an keinerlei Voraussetzungen zu knüpfen ist, der Fall ist. Um diese im Ex-ante-Regime (an und für sich schon) systemwidrige Abänderbarkeit genehmigter Entgelte überhaupt zu beschränken, muß deshalb auf die Regelungen des § 29 II und III zurückgegriffen werden, bei denen die Revisibilität nicht voraussetzungslos erfolgen kann. Auch wenn der Hinweis auf § 23 a in § 29 I (im Gegensatz zum eingefügten Verweis auf § 21 a VI) unterbleibt und auch der Wortlaut dagegen spricht – Entgelte werden nicht erwähnt (nur Bedingungen und Methoden; vgl. des weiteren unten § 31, Rn. 16 f.) – kann deshalb *Britz* gefolgt und in Analogie zum Verweis auf § 21 a VI § 29 II und III entsprechend auch bei Entgeltgenehmigungen angewandt werden, um den unbeschränkten Widerrufsvorbehalt des § 23 a IV 1 wenigstens zu begrenzen (s. u. § 29, Rn. 4, 21 ff. und *Britz,* N&R 2006, 6 ff., 9). Gleichwohl sollte von der Möglichkeit der Abänderung einer Genehmigungsentscheidung aus den genannten Gründen nur äußerst restriktiv Gebrauch gemacht werden.

Eine **Ausnahme** bildet die erstmalige Entgeltgenehmigung nach § 23 a, weil in diesem Fall noch nicht das volle Prüfprogramm, sondern nur eine Schwerpunktprüfung durchgeführt wurde (siehe Entgeltgenehmigungsbeschluss Vattenfall v. 6. 6. 2006, Az. BK8–05/19 (Tenor und Preisblatt wurden im Amtsblatt Nr. 14/2006 v. 19. 7. 1006 als Mitteilung Nr. 259/2006 veröffentlicht, Beschluß im Internet abrufbar unter: http://www.bundesnetzagentur.de/enid/952a2d58d30199d9ee8

§ 21 23–25   Teil 3. Regulierung des Netzbetriebs

bf7e91fd1bd4d,0/Genehmigung_allgemeiner_Entgelte_nach__23a_En WG/BK8-_5-_ss9_2up.html). Wegen dieses reduzierten Prüfprogramms ist in den Erstgenehmigungsverfahren zur Absicherung der Widerrufsvorbehalt („Effizienzvorbehalt", Beschluß BK8–05/19, 42 des amtlichen Umdrucks) sinnvoll und erforderlich.

23   Die **Ex-ante-Methodenregulierung** bleibt auch jetzt **noch möglich** (s. u. § 23 a, Rn. 1), indessen dürfte ihr aber wegen §§ 21 a und 23 a als eigenständiges Verfahren wenig praktische Bedeutung zukommen.

24   Gemäß **§ 23 a II** genehmigt die Behörde die beantragten Entgelte (Einzelentgeltgenehmigungsbefugnis), **soweit** sie die Genehmigungsvoraussetzungen – d. h. die materiellen Maßstäbe – erfüllen. Das *„soweit"* ist **„quantitativ"** zu verstehen, d. h. die Behörde hat die aufgrund der Kostenprüfung oder des Vergleichs (bzw. einer Modellanalyse, s. u. Rn. 25) festgestellten die Kosten eines effizienten und strukturell vergleichbaren Betreibers übersteigenden Kosten **betragsmäßig zu kürzen,** wenn sie ohne diese Streichung nicht dem Effizienzkostenmaßstab des § 21 II entsprechen („..., *dürfen* Kosten und Kostenbestandteile, die sich ihrem Umfang nach im Wettbewerb nicht einstellen würden, nicht berücksichtigt werden", s. u. Rn. 64; vgl. auch *Säcker* (2006), S. 6). Die Behörde erteilt in diesem Fall nur eine **Teilgenehmigung.** Das Recht (und die Pflicht) zur Kürzung ergibt sich auch aus § 4 I Strom- bzw. GasNEV, nach dem „bilanzielle und kalkulatorische Kosten des Netzbetriebs nur insoweit anzusetzen [sind], als sie den Kosten eines effizienten und strukturell vergleichbaren Netzbetreibers entsprechen" (s. u. Rn. 85). Mit der **Genehmigungsbefugnis** erhält die Behörde damit die **Auslegungshoheit** über die in den Strom-/GasNEV fixierten Kalkulationsvorgaben, die sie mit der Anerkennung bzw. Nichtanerkennung der geltend gemachten Kosten ausübt. Dafür steht ihr auch die vom Gesetzgeber mit **§ 29 I EnWG i. V. m. § 30 Strom-/GasNEV** übertragene **Festlegungskompetenz** zur Verfügung.

V. Vergleich der Prüfmethoden nach EnWG und GWB

25   Als Methode war im ursprünglichen Konzept der **Ex-post-Aufsicht** ein **Vergleich** der Entgelte, Erlöse oder der Kosten, aber **keine Kostenprüfung,** die erst mit der Ex-ante-Regulierung (§ 23 a) eingeführt wurde, vorgesehen. Denn erst § 23 a schreibt mit der Beantragung der genehmigungsbedürftigen Entgelte die **Vorlage von Kostenunterlagen** (§ 23 a III 2) vor, die bestimmte Angaben zu enthalten haben („... und ihrer jeweiligen Kalkulation", § 23 a III 4 Nr. 1). Gemäß

§ 23 a III 4 Nr. 1 obliegt es dem Antragsteller die Übereinstimmung der auf Basis der vorgelegten Kalkulationsunterlagen (Kostendokumentation, §§ 28 Strom-/GasNEV) beantragten Entgelte mit den materiellrechtlichen Vorgaben zu begründen (vgl. auch u. § 23 a, Rn. 15), d. h. das **Unternehmen** hat die **Darlegungslast.** Die Kostenunterlagen sind von den Unternehmen gemäß den Vorschriften der Strom-/Gas-NEV, die die Kalkulationsprinzipien und Berechnungsschritte vorgeben, zu erstellen, wobei die **Istkosten** (die gemäß § 4 I Strom-/GasNEV nur insoweit anzusetzen sind, als sie den Kosten eines effizienten und strukturell vergleichbaren Netzbetreibers entsprechen, s. u. Rn. 85), nachzuweisen sind. Sie werden von der Behörde **einzelfallbezogen** geprüft **(Kostenprüfung).** Wie oben dargelegt, *kann* die Behörde daneben gemäß § 21 III 2 auch **Kostenvergleiche** durchführen, etwa wenn anders die Kosten „eines effizienten und strukturell vergleichbaren Betreibers" nicht verglichen werden könnten. Schließlich ist auch an den Einsatz **analytischer Kostenmodelle** – wie sie im Telekommunikationsbereich gebräuchlich und für die Verfahren der Ex-ante-Regulierung zulässig (§ 35 I Nr. 3 TKG) sind – zur Bestimmung der Kosten einer effizienten Betriebsführung zu denken, den § 21 jedenfalls nicht ausschließt und in der Erwägung gezogen werden sollte, wenn anders die **Effizienzprüfung** nicht möglich ist (so auch *Säcker,* AöR 2005, 180 ff., 204; *Kühling,* N&R 2004, 12 ff., 15 f.; verneinend hingegen *Dal-Canton/Ungemach,* emw 4/2004, 22 ff., 23, allerdings noch auf Basis der Gesetzes- bzw. Verordnungsentwürfe Stand 1. Hb. 2004).

Die Prüfung findet in zwei Schritten (vgl. z. B. auch *Schultz,* in: L/B, Rn. 55; *Säcker,* AöR 2005, 180 ff., 221) statt: zunächst erfolgt die **Überprüfung der Einhaltung der Kalkulationsgrundsätze der Entgeltverordnungen** („Wirtschaftsprüfer"), bei der die Erfüllung der Vorschriften, d. h. die „richtige" Berechnung (korrekte Ermittlung) der geltend gemachten Kosten geprüft wird. Im Anschluß daran kommt es dann zur (eigentlichen) **Effizienzprüfung** („regulatorische Prüfung" i. e. S.) gemäß dem Maßstab des § 21 II i. V. m. § 4 I der Strom-/-GasNEV, bei der die berechneten Kosten (materiell) anhand des **Effizienzkriteriums** geprüft werden und ggf. über die **Kosten** eines effizienten strukturell vergleichbaren Netzbetreibers hinausgehende Kosten, die sich im Wettbewerb nicht einstellen würden, **gekürzt** werden, denn nur die Kosten, die bei wirksamen Wettbewerb durchsetzbar sind, sind berücksichtigungsfähig. Der sich im Wettbewerb bildende Preis spiegelt die Kosten eines effizienten und strukturell vergleichbaren Netzbetreibers wider, nur diese sind deshalb anerkennungsfähig (zur Reichweite der Effizienzprüfung siehe im einzelnen unten unter Rn. 66, 98 ff.; sowie § 21 a, Rn. 44 f.).

§ 21 27–29   Teil 3. Regulierung des Netzbetriebs

27 Im Unterschied zur Ex-ante-Entgeltregulierung im TKG, das in § 31 II eine Legaldefinition der Kosten der effizienten Leistungsbereitstellung als langfristige Zusatzkosten plus angemessenem Gemeinkostenzuschlag einschließlich angemessener Verzinsung des eingesetzten Kapitals enthält, wird der **Effizienzkostenbegriff** (Sollkosten) im **EnWG nicht näher präzisiert**. Eine Konkretisierung der *vorzulegenden* Kosten erfolgt nur über die Kalkulationsvorgaben der Strom-/Gas-NEV. Insofern läßt sich hinsichtlich des Vorgehens eine unterschiedliche Steuerungslogik der beiden Entgeltregulierungsregime feststellen. Während im TKG durch die Genehmigung gemäß den legaldefinierten Kosten der effizienten Leistungsbereitstellung unmittelbar **Druck** zur Kostenreduzierung aufgebaut wird, werden im EnWG in der Kombination aus Kosten- und Anreizregulierungsphase die Netzbetreiber zur Effizienzsteigerung **gezogen** (s. auch u. Rn. 91 – periodenübergreifende Saldierung).

28 Es wurde oben (Rn. 9) schon auf die Schwierigkeiten (Beweislast) der kartellrechtlichen Missbrauchsaufsicht bei der Kontrolle von Netzzugangsentgelten hingewiesen (vgl. auch *Streb,* Wettbewerbsprobleme im Strommarkt: die Sicht der Monopolkommission, in: Consumer Watchdogs – eine Option für die liberalisierten Märkte in Deutschland?, 2005, S. 34 ff.; Monopolgutachten 2004/2005, Rn. 20). In methodischer Hinsicht ergibt sich dies auch deshalb, weil ein Effizienzvergleich nur **indirekt** möglich ist: als externer mit der Vergleichsmarktbetrachtung zur Feststellung des wettbewerbsanalogen Preises (§ 19 IV Nr. 2 GWB) oder als interner mit einer Kostenkontrolle zur Ermittlung des angemessenen Entgelts (§ 19 IV Nr. 4 GWB). Die Kostenkontrolle ist in Deutschland bislang noch nicht als Methode zur Feststellung des wettbewerbsanalogen Preises nach § 19 IV Nr. 2 höchstrichterlich anerkannt (*Engelsing*, ZNER 2003, 111 ff., 116), wobei aber wegen der Schwächen der jeweiligen Methode eine Überprüfung mittels beider Methoden erforderlich ist (*Engelsing,* BerlK-EnR, § 19 GWB, Rn. 176 ff., 182; *ders.,* ZNER 2003, 111 ff.; *ders.,* RdE 2003, 249 ff.), um auf ein mißbräuchlich überhöhtes (i. e. nicht angemessenes) Entgelt schließen zu können.

29 Zudem verlangt die einschlägige *BGH*-Rechtsprechung für die Feststellung der Mißbräuchlichkeit eine **deutliche Abweichung** von dem Wettbewerbspreis, d. h. einen sog. „**Erheblichkeitszuschlag**" auf den ermittelten Als-ob-Wettbewerbspreis (d. h. des hypothetischen Preises, der sich bei wirksamem Wettbewerb ergibt), der aus dem **Unwerturteil** des Mißbrauchsbegriff folgt (*BGH* WuW/E DE-R 375, 379 – Flugpreisspaltung; zuletzt für den Energiebereich bestätigt mit *BGH,* B. v. 28. 6. 2005 – KVR 17/04 [Stadtwerke Mainz], WuW/E DE-R

1513) und läßt die Einrede der Kostenunterdeckung – wenn auch nur bis zu den objektiven – nicht unternehmensindividuellen Umständen zurechenbaren – Kosten, die sich bei ordnungsgemäßer Kostenzuordnung und Ausschöpfung etwaiger Rationalisierungsreserven ergeben – gelten (*BGH* WuW/E DE-R 375, 377/8 – Flugpreisspaltung; *Engelsing,* BerlK-EnR, § 19 GWB, Rn. 176 ff., 267, 317; *BGH* WuW/E DE-R 1513; *Büdenbender,* ZWeR 2006, 233 ff., 249 f.).). Im Ergebnis bedeutet dies, daß anders als bei einer **regulatorischen Kontrolle,** deren Instrumentarium eine **direkte** Überprüfung des Effizienzkostenmaßstabs, d. h. eine strikte(re) Anwendung gestattet, die kartellrechtliche Mißbrauchsaufsicht notwendigerweise immer einen „gewissen" **Unschärfebereich** (Spielraum nach oben) zuläßt und mithin systematisch weniger wirksam als die eine **„Punktlandung"** anstrebende sektorspezifische Regulierung ist (s. u. Rn. 56 ff.).

Wegen der **Bedeutung** richtig „gesetzter" **Netzzugangsentgelte** für das Entstehen von Wettbewerb im Energiebereich, bei der selbst geringfügig zu hohe Netznutzungsentgelte preisgünstige Angebote verhindern (Stellungnahme des Bundesrats, BT-Drucks. 15/3917, S. 86, Nr. 31), also zur Zielverfehlung führen, ist dieses **„Mehr"** aber **entscheidend,** weshalb der Gesetzgeber mit dem Effizienzkostenmaßstab des § 21 II und der Kostenkontrolle nach § 23 a sowie dem hilfsweise zur Überprüfung der Ergebnisse der Kostenkontrolle heranzuziehenden Vergleichsverfahren nach § 21 III (zur europarechtlichen Herleitung siehe *Rosin/Krause,* ET-Special 2003, 17 ff., 23) die Voraussetzungen für eine effektive (Ex-ante-)Regulierung, die einen effizienten Netzzugang sicherstellt, geschaffen hat. Damit stehen aufgrund der Änderungen im Vermittlungsausschuß der Regulierungsbehörde in materiellrechtlicher und verfahrensmäßiger Hinsicht die erforderlichen **scharfen Instrumente** für eine **strenge Entgeltregulierung** in der Einzelentgeltgenehmigungsphase zur Verfügung, mit der das Ausgangsniveau für die nachfolgende Phase der Anreizregulierung vorbereitet wird. Die Einführung der **Anreizregulierung (§ 21 a),** die zusätzlich auch generelle Vorgaben erlaubt, **komplettiert** das über die kartellrechtliche Missbrauchsaufsicht hinausgehende **Regulierungsregime.**

An der im Wettbewerbsrecht (wegen des Begriffs „*angemessen*") immer bestehenden Bandbreite (*Zimmer/Müller,* N&R 2006, 46 ff., 47) ändert sich also auch nach dem *BGH*-Beschluß vom 28. 6. 2005 nichts. Der *BGH* hält zwar die Vorgabe einer Umsatzobergrenze durch das BKartA im Falle Stadtwerke Mainz auch nach dem GWB für rechtlich nicht zu beanstanden (wobei die Entscheidung interessanterweise erst nach Vermittlungsausschuß-Kompromiß v. 15. 6. 2005 ergangen ist; vgl. auch *Markert,* Anmerkung zum *BGH*-Beschluß, RdE 2005,

233 ff.), da es sich dabei **nicht** um eine (kartellrechtlich unzulässige) präventive Preiskontrolle handelt (siehe auch *Schebstadt*, Vorverständnis und Methodenwahl in der Mißbrauchsaufsicht, Zugleich zu *BGH,* B. v. 28. 6. 2005, Stadtwerke Mainz, WuW 2005, 1009 ff., 1010), mithin **nicht preisregulierend** ist, weil dem Unternehmen die Anpassung überlassen bleibt (*BGH* WuW/E DE-R 1513, 1516; zust. i. E., aber krit. hinsichtlich der Begründung des *BGH Büdenbender,* ZWeR 2006, 233 ff., 245 f.; abl. dagegen *Ehricke,* N&R 2006, 10 ff., 11; siehe auch *Zenke, BGH:* Aufhebung des Beschlusses des *OLG Düsseldorf* i. S. Stadtwerke Mainz ./. Bundeskartellamt, IR 2005, 229 ff., 231). Etwaige Zweifel hinsichtlich der kartellrechtlichen Zulässigkeit von Vorgaben sind durch die 7. GWB-Novelle inzwischen endgültig ausgeräumt, die eine positive Tenorierung nach § 32 II GWB n. F. auch explizit erlaubt (*Zimmer/Müller,* N&R 2006, 46 ff., 50). Der *BGH* hält daran fest, daß ein **Erheblichkeitszuschlag** anzusetzen ist (*BGH* WuW/E DE-R 1513, 1519, siehe auch *Büdenbender,* ZWeR 2006, 233 ff., 250 f.; Monopolkommission, XVI. Hauptgutachten 2004/2005, Rn. 411; *Ehricke,* N&R 2006, 10 ff., 12 f.). Die Regulierung setzt darüber hinausgehend **marktwirtschaftskonforme** Signale durch Preise, die den Kosten eines effizienten und strukturell vergleichbaren Netzbetreibers entsprechen (§ 23 a i. V. m. § 21 II), so daß bereits in dieser Phase der Entgeltregulierung (effizienzkontrollierende Kostenregulierung, *Säcker,* AöR 2005, 180 ff., 202) Anreize zu einem wettbewerbsanalogen Verhalten gesetzt werden. Nach der Phase der Einzelgenehmigung wird dies verstärkt fortgesetzt durch die Phase der Anreizregulierung.

VI. Zusammenwirken der Entgeltregulierungsmechanismen nach §§ 21, 21 a und 23 a

32 Die Anreizregulierung, für die die BNetzA gemäß § 112 a ein detailliertes Konzept zu erarbeiten hat, setzt auf den genehmigten Entgelten der ersten Phase auf und löst die Kostenregulierung ab, womit dann die Individualkostenprüfungen entfallen können (*Säcker* (2006), S. 13). Unter **Anreizregulierung** wird allgemein ein Regulierungsansatz verstanden, bei dem die Preise oder Erlöse eines Unternehmens nicht starr an seinen Kosten orientiert sind, sondern ineffizienten Unternehmen geringere und effizienteren Unternehmen höhere Renditen zugestanden werden. Durch die Abkoppelung der Preise/Erlöse von der Kostenlage entsteht ein Anreiz zur Effizienzsteigerung (Kostenreduktion), weil die Unternehmen die potentiellen Zusatzgewinne aufgrund der Effizienzsteigerung behalten dürfen. Dieser Mechanismus entspricht den Gegebenheiten in Wettbewerbsmärkten, in denen effizientere Unternehmen höhere (überdurchschnittliche) Renditen erzielen können, m. a. W. wird der **Anreizmechanismus** des Wettbewerbs simuliert (vgl. *Kurth,* Energiewirtschaftsgesetz seit 13. 7. 2005 in Kraft, emw 4/05, 26 ff., 29; *Säcker,* AöR 2005, 180 ff., 205). Mit der **Anreizregulierung** wird die **statische** Betrachtungsweise der **Kostenregulierungsphase** verlassen und in die **dynamische** durch Vorgabe von Preis- oder Erlösobergrenzen (Price- oder Revenue-cap) unter Berücksichtigung von Effizienzvorgaben (§ 21 a I) gekennzeichnete Phase eingetreten.

Das Entgeltregulierungskonzept des EnWG (§§ 21, 21 a und 23 a) **33** läßt sich wie folgt darstellen:

Entgeltregulierungskonzept

Ex-ante Entgeltregulierung

Einzelgenehmigung (§ 23a)	Anreizregulierungskonzept
Kostenregulierung (§ 21 II)	Anreizregulierung (§ 21a)
statischer Effizienzmaßstab	dynamische Effizienzvorgaben
1. Phase	2. Phase

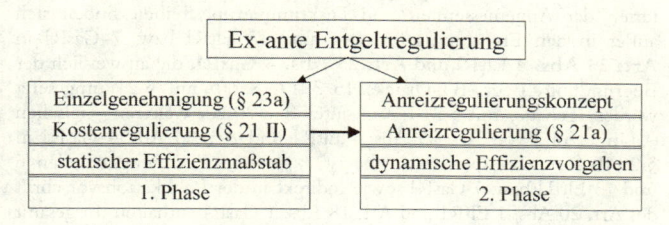

Abb. 2: Entgeltregulierungskonzept

Das **Zusammenwirken** der drei erst gegen Ende des Gesetzgebungsverfahren eingefügten zentralen Elemente der Entgeltregulierung der **Ex-ante-Kontrolle** (Einzelentgeltgenehmigungspflichtigkeit nach § 23 a), des **Effizienzkostenmaßstabs** (nach § 21 II) und der **Anreizregulierung** (nach § 21 a) bewirken ein effektives Regulierungsinstrumentarium zur Sicherstellung eines **effizienten Netzzugangs**.

VII. Europarechtliche Vorgaben

Die **Beschleunigungsrichtlinien** schreiben die Ex-ante-Regu- **34** lierung zumindest der Methoden zur Berechnung der Bedingungen einschließlich der Entgelte in Art. 23 Abs. 2 EltRl und Art. 25 Abs. 2 GasRl vor („... *vor* deren Inkrafttreten", siehe auch Art. 20 Abs. 1 EltRl und Art. 18 Abs. 1 GasRl; vgl. hierzu *Rosin/Krause,* ET-Special

2003, 17 ff.; unklar *Theobald/Hummel,* ZNER 2003, 176 ff., 177). Dies ist auch ökonomisch notwendig, weil ansonsten die Verpflichtung zur Netzzugangsgewährung durch prohibitiv hohe Netzzugangsentgelte und unfaire bzw. diskriminierende Bedingungen unterlaufen werden könnte, so daß der Marktzutritt alternativer Anbieter nicht stattfinden würde und folglich auch kein Wettbewerb entstünde (vgl. z. B. *Zimmerlich/Müller,* N&R 2006, 46 ff., 47; *Klotz,* Zugangsentgelte in der Netzwirtschaft, N&R 2004, 42 f., 42; *Groebel,* TKMR-Tagungsband 2004, 39 ff., 41). Der Bestimmung der Netzzugangsentgelte kommt entscheidende Bedeutung („Stellschraube") für die Schaffung von Wettbewerb zu (Stellungnahme des Bundesrats, BT-Drucks. 15/3917, S. 86, Nr. 31).

35 Neben sich in der Regel auch im Wettbewerbsrecht findenden allgemeinen Kriterien der Angemessenheit, Diskriminierungsfreiheit, Transparenz und dem Grundsatz interne gleich externe Behandlung sind es die – in den Beschleunigungsrichtlinien allerdings eher vage gehaltene – **Kostenorientierung** und der anzulegende **Kostenmaßstab**, der ein Regulierungsregime kennzeichnet. Die allgemeinen Kriterien der Angemessenheit und Diskriminierungsfreiheit finden sich außer in den Erwägungsgründen 6 und 13 EltRl bzw. 7 GasRl in **Art. 23 Abs. 4 EltRl** und **Art. 25 Abs. 4 GasRl,** die ausweislich der Begründung (Begr. BT-Drucks. 15/3917, S. 60) mit § 21 umgesetzt werden (genauer mit § 21 I; s. o. unter Rn. 20 zur weiteren – falschen – Umsetzung von Art. 23 Abs. 4 EltRl und Art. 25 Abs. 4 GasRl in § 29 II). Die Transparenzvorgabe ist explizit in Erwägungsgründen 6 und 13 EltRl bzw. 7 GasRl sowie indirekt in der Publikationsvorschrift des Art. 20 Abs. 1 EltRl und Art. 18 Abs. 1 GasRl enthalten. Insgesamt sind die diesbezüglichen Vorgaben der Beschleunigungsrichtlinien „wenig präzise" (*Kühling,* N&R 2004, 12 ff., 12 f.; *ders./el-Barudi,* DVBl. 2005, 1470 ff., 1476; vgl. auch *Koenig/Rasbach,* Grundkoordinaten der energiewirtschaftlichen Netznutzungsentgeltregulierung, IR 2004, 26 ff., 26), wohingegen z. B. in der Zugangsrichtlinie 2002/19/EG für den Bereich der elektronischen Kommunikation in deren Art. 13 Abs. 3 Zugangsrichtlinie explizit der Begriff der Kosten der effizienten Leistungsbereitstellung verwendet wird.

36 Hinsichtlich des Prinzips der **Kostenorientierung** und des Kostenmaßstabs, findet sich außer in **Erwägungsgrund 18 EltRl** und **16 GasRl** (nichtdiskriminierend und **kostenorientiert**) in **Art. 23 Abs. 2 lit. a) EltRl** und **Art. 25 Abs. 2 lit. a) GasRl** noch die Anforderung, daß „diese Tarife oder Methoden so zu gestalten [sind], daß die notwendigen Investitionen in die Netze so vorgenommen werden können, daß die Lebensfähigkeit der Netze gewährleistet ist". Diese materielle Vorgabe wird jedoch nicht im Gesetz selbst umgesetzt, son-

dern bleibt gemäß § 24 I 2 Nr. 4 („... sowie die Funktionsfähigkeit der Netze notwendigen Investitionen in die Netze gewährleistet sind") einer Verordnung vorbehalten (im Referentenentwurf v. 28. 2. 2004 war die „Lebensfähigkeit der Netze" noch in § 20 VI 3 EnWG-RefE enthalten, s. u. Rn. 77, 101). Damit wird die Konkretisierung des „Lebensfähigkeitsprinzips", d. h. letztlich des Kapitalerhaltungskonzepts, dem Verordnungsgeber übertragen und **nicht** der Regulierungsbehörde überlassen. Insofern läßt sich hier von einem Umsetzungsdefizit sprechen, als es gemäß Art. 23 Abs. 2 EltRl und Art. 25 Abs. 2 EltRl den **Regulierungsbehörden** obliegt, „... diese Tarife oder Methoden so zu gestalten, daß die notwendigen Investitionen in die Netze so vorgenommen werden können, daß die Lebensfähigkeit der Netze gewährleistet ist". Nicht einmal die wenigen in den Richtlinien genannten Kostenprinzipien werden richtig umgesetzt und es zeigt sich wieder die Entscheidung des Gesetz- bzw. Verordnungsgebers für eine normierende Regulierung, obwohl der Regulierer zwar nicht bei der Setzung, aber mit der Genehmigungsbefugnis (§ 23 a II 1) zumindest teilweise über das Anlegen des Kostenmaßstabs (Auslegungshoheit) eine gewisse Gestaltungskompetenz erhält (s. o. Rn. 24; vgl. auch *Britz*, Markt(er)öffnung durch Regulierung – Neue Regulierungsaufgaben nach den Energie-Beschleunigungsrichtlinien und der Stromhandelsverordnung, in: Aschke/Hase/Schmidt-De Caluwe (Hrsg.), Selbstbestimmung und Gemeinwohl, S. 374 ff., 377–380).

Der Maßstab der **Kosten eines effizienten und strukturell vergleichbaren Netzbetreibers** in § 21 II 1 entstammt dagegen **Art. 4 Abs. 1** EG-StromhandelsVO (Nr. 1228/2003), womit der für den grenzüberschreitenden Netzzugang geltende Kostenmaßstab sinnvollerweise auch als Maßstab für den nationalen Bereich übernommen wird, was zu einer konsistenten Behandlung beider führen und die Regulierungsbehörde bei der Auslegung leiten sollte. Ansonsten käme es zu „gespaltenen Kontrollmaßstäben für nationale Energietransporte einerseits und internationale Transporte andererseits" (*Säcker* (2004), S. 23). Der Maßstab der Kosten eines effizienten und strukturell vergleichbaren Netzbetreibers ist auch in **Art. 3 Abs. 1** der am 1. 7. 2006 in Kraft getretenen EG-GasfernleitungsVO (Nr. 1775/2005) enthalten.

VIII. Entstehungsgeschichte

Ursprünglich war mit den im Gesetzentwurf vorgesehenen Grundsätzen der Entgeltfindung eine **Fortschreibung** der bisherigen Maßstäbe des **§ 6 I 1** und **§ 6 a II 1 EnWG a. F.** angestrebt worden. Insbesondere wurde für den Kostenbegriff auf den in der VV II Strom

§ 21   39, 40   Teil 3. Regulierung des Netzbetriebs

Plus näher definierten Begriff der „elektrizitätswirtschaftlich rationellen Betriebsführung" unter Beachtung der Nettosubstanzerhaltung zurückgegriffen (RegE und Begr. BT-Drucks. 15/3917, S. 60), womit – wenn auch nicht mehr formal – die „gute fachliche Praxis" – fortgeführt worden wäre, die zusätzlich noch mit dem Vergleichsverfahren (§ 21 III) und der Vermutungsregel (§ 21 IV 2) verfestigt wurde.

39   Im Widerspruch dazu standen die ebenfalls bereits im Entwurf genannten „Kosten eines effizienten und strukturell vergleichbaren Netzbetreibers" (Stellungnahme des Bundesrats, BT-Drucks. 15/3917, S. 83, Nr. 27; vgl. auch *Säcker* (2004), S. 21 ff.). Des weiteren war unklar, wie die „Anreize für eine kosteneffiziente Leistungserbringung" bei der Berechnung hätten berücksichtigt werden sollen (*Hellwig*, Schriftliche Stellungnahme zu BT-Drucks. 15/3917, BT-Ausschußdrucks. 15(9) 1539, S. 9). Deshalb stand der **Bundesrat** sowohl dem vorgeschlagenen Kostenbegriff als auch dem Kapitalerhaltungskonzept von Anfang an ablehnend gegenüber (Stellungnahme des Bundesrats, BT-Drucks. 15/3917, S. 83 f., Nr. 28 ff.). In ihrer Gegenäußerung (BT-Drucks. 15/4068) hielt die **Bundesregierung** jedoch die beiden Kostenbegriffe für miteinander kompatibel und eine die „kompakte und durchsetzungsfähige Missbrauchsaufsicht" ergänzende Ex-ante-Methodenregulierung nach §§ 24 und 29 RegE für ausreichend, um „systemwidrige Spielräume bei der Interpretation der rechtlichen Vorgaben [der Netzentgeltverordnungen]" abstellen zu können (BT-Drucks. 15/4068, S. 4 f., Nr. 24 und v. a. 25), womit sie immerhin Schwachstellen („*systemwidrige* Spielräume") ihres Regulierungsansatzes einräumte.

40   Der **Ausschuß für Wirtschaft und Arbeit** (9. Ausschuß) empfahl auf der Sitzung am 13. 4. 2005 die Streichung „*energiewirtschaftlich rationellen*" sowie die Einfügung „*wettbewerbsfähigen und risikoangepassten*" Verzinsung, das Nettosubstanzerhaltungskonzept blieb erhalten (BT-Drucks. 15/5268, S. 32; zur Diskussion vgl. Hempelmann-Bericht, BT-Drucks. 15/5268, S. 105 ff.), da sich offensichtlich für die Abgeordneten in der 1. Anhörung der Sachverständigen am 28. 10. 2004 kein einheitliches Meinungsbild gezeigt hatte (vgl. insb. zur Diskussion des Nettosubstanz- und Realkapitalerhaltungskonzepts *Busse von Colbe* und *von Hammerstein*, BT-Drucks. 15(9)1511, S. 1284 f.). Auf der Sitzung des **Vermittlungsausschusses** am 15. Juni 2005 wurde schließlich die **Streichung** beider (betriebswirtschaftlich rationelle Betriebsführung und Nettosubstanzerhaltung) durchgesetzt, so daß als Maßstab die **Kosten eines effizienten und strukturell vergleichbaren Netzbetreibers** vorgegeben wurden (BT-Drucks. 15/5736 (neu), S. 3, Nr. 12 a), außerdem als Folgeänderung zu § 23 a die Einfügung des Kostenvergleichs für genehmigte Entgelte als § 21 III 2.

Die späte Änderung des Kostenbegriffs – Einführung des **Effizienz-** 41
kostenmaßstabs als alleinigem Maßstab – ist vor dem Hintergrund der
Einführung der **Anreizregulierung** in § 21 a konsequent, da mit der
Genehmigung in der 1. Phase der Kostenregulierung das **Ausgangsniveau** (vor)bestimmt (*Cronenberg,* ET 2005, 886) wird, das den weiteren Verlauf in der 2. Phase der Anreizregulierung vorbereitet und deshalb vom Maßstab her **konsistent** sein muß (*Petrov,* ET 2005, 886 f.),
statische (Ausgangsniveau) und **dynamische** (durch Effizienzvorgaben
bestimmter Entwicklungspfad) **Betrachtung** müssen **zueinander passen** (vgl. auch Hempelmann-Bericht, BT-Drucks. 15/5268, S. 120).
Die andere wesentliche Änderung – der **Wegfall** des betriebswirtschaftlich nicht anerkannten Kapitalerhaltungskonzepts der **Nettosubstanzerhaltung** (vgl. *Busse von Colbe,* BT-Drucks. 15(9)1511, S. 1284 und
Hempelmann-Bericht, BT-Drucks. 15/5268, S. 113) – und **Einführung** des **Realkapitalkonzepts** (für ab dem Stichtag 1. 1. 2006 aktivierte Neuanlagen, §§ 6 Strom-/GasNEV, s. u. Rn. 100, 103, insb. Abb.
4), bei dem auf Basis der historischen Anschaffungswerte abgeschrieben
wird, zielt in dieselbe Richtung, nämlich die Verhinderung des Einrech-
nens ineffizienter Kosten, die aufgrund überholter Netzstrukturen entstehen, wodurch es zu wettbewerbswidrigen Entgelten kommt. Denn im
Wettbewerb spiegeln die Entgelte ebenfalls nur die Kosten, die ein neu
auftretender Wettbewerber für ein neues effizientes Netz ansetzen müs-
te, wider (vgl. *Busse von Colbe,* Schriftliche Stellungnahme zu BT-
Drucks. 15/3917, BT-Ausschußdrucks. 15(9)1511, S. 236).

Zur Vermeidung von **Kostensprüngen** bei der **Umstellung** (vgl. 42
Hempelmann-Bericht, BT-Drucks. 15/5268, S. 112) von der bislang
praktizierten Methode der Nettosubstanzerhaltung zur Realkapitalerhaltung, bei der auf Basis der historischen Anschaffungswerte linear
über die Nutzungsdauer abgeschrieben wird, sehen §§ 6 Strom-/Gas-
NEV vor, daß eine Tagesneuwertabschreibung nach Nettosubstanzer-
haltungsmethode nur noch für den eigenfinanzierten Anteil (von max.
40%) von Anlagen, die vor dem 1. 1. 2006 aktiviert wurden, erfolgen
darf, während für ab dem 1. 1. 2006 aktivierte Neuanlagen insgesamt
die Realkapitalerhaltungsmethode anzuwenden ist (vgl. z. B. *Stumpf/
Gabler,* NJW 2005, 3174 ff., 3177; *Pritzsche/Klauer,* emw 4/2005, 22 ff.,
24).

Bei der **Nettosubstanzerhaltung** erfolgt die Abschreibung für den 43
eigenkapitalfinanzierten Anteil des Anlagevermögens auf Basis von
Tagesneuwerten, während der fremdfinanzierte Anteil auf Basis der
historischen Anschaffungswerte abgeschrieben wird, was **kapitalstruk-
turkonservierend** (*Koenig/Schellberg,* RdE 2005, 1 ff., 1; *Koenig/Ras-
bach,* ET 2004, 702 ff., 703) wirkt, denn die Tagesneuwertorientierung

der Abschreibung führt (wegen der Hochrechnung der Anschaffungswerte der ursprünglich vorgenommenen Investitionen über Indizes) dazu, „daß ältere Anlagen zur Verrechnung vergleichsweise hoher Kosten führen" (Stellungnahme des Bundesrats, BT-Drucks. 15/3917, S. 84, Nr. 29). Demgegenüber fallen bei der Realkapitalerhaltung höhere Kapitalrückflüsse in den Anfangsjahren einer Investition an (vgl. *BKartA*, Schriftliche Stellungnahme zu BT-Drucks. 15/3917, BT-Ausschußdrucks. 15(9) 1511, S. 139). Grundsätzlich krankt die Nettosubstanzerhaltung an dem Problem, daß nur eine fiktive Zuordnung des Eigen- und Fremdkapitals zu den Vermögensgegenständen möglich ist (vgl. Hempelmann-Bericht, BT-Drucks. 15/5268, S. 113 und *Busse von Colbe*, Schriftliche Stellungnahme zu BT-Drucks. 15/3917, BT-Ausschußdrucks. 15(9)1511, S. 236).

B. Allgemeine Mißbrauchskriterien (§ 21 I)

I. Überblick

44 Die in **§ 21 I** enthaltenen Kriterien können als **allgemeine Mißbrauchskriterien** angesehen werden. Die nachfolgende Tabelle gibt einen Überblick über die nach § 21 I und II EnWG zu prüfenden Kriterien und ihre Herkunft bzw. sonstiges (explizites) Auftreten in bezug auf Entgelte an anderer Stelle im EnWG-2005:

§ 21 EnWG	Kriterium	EltRl/ GasRl	GWB	EnWG a. F.	EnWG-2005
Abs. 1	angemessen	Art. 23/25 IV	§ 19 IV Nr. 4	–	– [§ 30 I 2 Nr. 5 1. Hs.]
Abs. 1	diskriminierungsfrei	Art. 23/25 IV	§ 20 I	–	§ 30 I 2 Nr. 3; § 23 I
Abs. 1	transparent	Erwäg. 6, 13/ Erwäg. 7	–	–	–
Abs. 1	intern = extern	–	§ 6 I, § 6a II	–	§ 30 I 2 Nr. 4; § 23 I
Abs. 2	kostenorientiert	Art. 23/25 II lit. a	–	–	–

Die in **§ 21 I** für Netzzugangsbedingungen und Entgelte vorgegebenen Kriterien entstammen bis auf den Grundsatz intern gleich extern externe Behandlung den beiden Beschleunigungsrichtlinien (s. o. Rn. 34 ff., letzterer zumindest nicht expressis verbis enthalten). Das Kriterium der **Angemessenheit** findet sich auch in § 19 IV Nr. 4 GWB („*angemessenes* Entgelt"), das horizontale Diskriminierungsverbot auch in § 20 I 2. Alt. GWB. Für die Entgeltprüfung ist insbesondere das **Verhältnis** zwischen dem Kriterium der **Angemessenheit** und der in § 21 II enthaltenen Kostenorientierung gemäß dem **Effizienzkriterium** zu klären.

II. Vertikales Gleichbehandlungsgebot

Der **Gleichbehandlungsgrundsatz** (intern gleich extern, auch als **vertikales Diskriminierungsverbot** bezeichnet, so *Säcker/Boesche*, BerlK-EnR, § 6 EnWG a. F., Rn. 95 ff.) ist aus den § 6 I und § 6a II EnWG a. F. (Begr. BT-Drucks. 15/3917, S. 60) übernommen worden. Er ist weitergehend als das Diskriminierungsverbot des § 20 I GWB, das sich nur auf die Gleichbehandlung externer Parteien (**horizontales Diskriminierungsverbot,** siehe hierzu oben § 20, Rn. 19 ff.) bezieht, während **§ 21 I 1 weitergehend** nicht nur Diskriminierungsfreiheit sondern auch eine **Gleichbehandlung** von externen Dritten mit der eigenen Vertriebsabteilung hinsichtlich der Bedingungen und Entgelte des Netzzugangs verlangt (*Engelsing*, BerlK-EnR, § 19 GWB, Rn. 176 ff., 314; *Bericht der Kartellbehörden*, 24; siehe auch *Kühling* (2004), 276 ff.; *Schmidtchen/Bier*, Netznutzungsentgelte als Wettbewerbshindernis? Diskriminierungsanreize und Regulierung in liberalisierten Strommärkten – Eine spieltheoretische Analyse, ZfE 2006, 183 ff.), d. h. der interne Verrechnungspreis wird einem Marktpreis gleichgestellt (*Büdenbender*, ZIP 2000, 2225 ff., 2228). Alle Kostenbestandteile, die nicht für die Netz- und Transportleistung entstehen, sind aus dem Netzentgelt herauszurechnen, insbesondere darf dieses keine vertriebsbezogenen Kosten enthalten (*Säcker/Boesche*, BerlK-EnR, § 6, Rn. 95 ff.). Zur Erreichung der Gleichstellung interner und externer Stromlieferanten wird die Einbeziehung der kalkulatorischen Kosten („... tatsächlich oder *kalkulatorisch* in Rechnung gestellt werden") vorgeschrieben, so daß externe Lieferanten auch nicht durch unternehmensinterne Kostenverrechnungen (Begünstigungen) diskriminiert werden (*Bericht der Kartellbehörden*, S. 24, insb. Fn. 45).

Dieses weitergehende Gleichbehandlungsgebot ist erforderlich, um **Price-squeezing** und **Quersubventionierung** vertikal integrierter Netzbetreiber zu **verhindern,** die einen Wettbewerbsnachteil und eine

§ 21 48, 49   Teil 3. Regulierung des Netzbetriebs

Marktzutrittsbarriere für Energielieferanten ohne eigenes Netz darstellt, die nicht konkurrenzfähig wären, da sie ihre Verluste im Vertriebsbereich nicht durch Gewinne aus überhöhten Netzentgelten ausgleichen können (*Engelsing,* BerlK-EnR, § 19 GWB, Rn. 176 ff., 314; *Bericht der Kartellbehörden,* S. 24; Stellungnahme des Bundesrats, BT-Drucks. 15/3917, S. 83, Nr. 25). Das Gebot ist extrem wichtig, da im Falle einer **Kosten-Preis-Schere** *(margin squeeze)*, der Zugangspetent das ihn aus dem Markt heraushaltende wettbewerbsschädliche Verhalten des Netzbetreibers, der sich darüber die Konkurrenz auf dem nachgelagerten Markt „vom Leibe hält" finanziert, sich also gewissermaßen sein „eigenes Grab schaufelt" (vgl. *Groebel,* BerlK-TKG, § 28, Rn. 55 ff., 67 m. w. N.; Monopolkommission, XVI. Hauptgutachten 2004/2005, Rn. 15).

48   **Ursache** für eine solche wettbewerbsbehindernde (mißbräuchliche) Preisgestaltung ist neben der Verwendung unterschiedlicher Kostenzuordnungsverfahren für die Bereiche Netz und Vertrieb vor allem eine **einseitige Zuordnung von Kosten** – insbesondere Gemeinkosten – auf die Komponenten Stromerzeugung, Strombeschaffung und Vertrieb durch den Netzbetreiber, die dazu führt, dass die Netzentgelte hoch (überhöht) und die Endkundenpreise (zu) niedrig sind, so daß die Marge für den Zugangspetenten nicht ausreicht, seine eigenen Kosten (für Strombeschaffung, Verwaltungs- und Vertriebskosten einschließlich einer Rendite) zu decken und dieser aus dem **Markt gedrängt** *("squeezed out")* wird bzw. gar **nicht erst eintritt** (*Büdenbender,* ZIP 2000, 2225 ff., 2232 ff.). Regeln bezüglich einer möglichst verursachungsnahen Zuordnung von Gemeinkosten zielen mithin in dieselbe Richtung wie das Gleichbehandlungsgebot und unterstützen dieses. Gemäß §§ 30 I Nr. 1 Strom-/GasNEV kann die Regulierungsbehörde Festlegungen über die Schlüsselung der Gemeinkosten nach §§ 4 IV Strom-/GasNEV treffen (s. u. Rn. 86 ff.). Bei einer längerfristigen kostenverursachungswidrigen Belastung verschiedener Kundengruppen wird von Preisstrukturmissbrauch gesprochen (s. u. Rn. 52).

49   Das **vertikale Gleichbehandlungsgebot** wird ergänzt durch die **Entflechtungsvorschriften,** insbesondere die in § 10 geregelte **buchhalterische Entflechtung** (getrennte Kontoführung, *accounting unbundling* oder *accounting separation*), ohne die es mangels Kontrollmöglichkeiten unternehmensinterner Verrechnungsvorgänge zu Schwierigkeiten hinsichtlich der **Überprüfbarkeit und Durchsetzbarkeit** kommt (ein Manko des EnWG a. F., siehe hierzu *Säcker/Boesche,* BerlK-EnR, § 6, Rn. 40–42 und 95 ff.).

III. Transparenzgebot

Dem dient auch das **Transparenzerfordernis** (vgl. auch *Busse von Colbe*, BerlK-TKG, § 24, v. a. Rn. 6), das nunmehr explizit in § 21 I enthalten ist, während es im EnWG a. F. nur indirekt über die Publikationsvorschrift des § 6 IV bzw. § 6a VI EnWG a. F. vorhanden war (*Büdenbender*, ZIP 2000, 2225 ff., 2231; zur Publikationspflicht der Netzzugangsbedingungen und Entgelte nach § 20 I 1 s. o. § 20, Rn. 25; weitere Veröffentlichungspflichten der Netzbetreiber finden sich in §§ 27 Strom-/GasNEV). Die **Transparenzvorgabe** zusammen mit den **Unbundling-Vorschriften** ermöglicht somit jetzt eine **verbesserte Überprüfbarkeit,** denn durch die getrennte Kontoführung können die Zahlungsströme zwischen den Unternehmenseinheiten transparent und damit eine Diskriminierung zulasten Dritter offenbar gemacht werden (vgl. auch *Salje*, EnWG, § 21, Rn. 23; kritisch zur Wirkung: Monopolkommission, XVI. Hauptgutachten 2004/2005, Rn. 27). Da die anderen von der Kostenzuordnung betroffenen energiewirtschaftlichen Wertschöpfungsstufen (Stromerzeugung/-beschaffung [bzw. Gasgewinnung oder allgemein die Energieerzeugung] und Handel/Vertrieb) als **Wettbewerbsbereiche** in die Zuständigkeit des **BKartA** fallen (vgl. auch *Büdenbender*, ZWeR 2006, 233 ff., 238) ist bei der Überprüfung eine **enge Zusammenarbeit mit dem BKartA** gemäß § 58 geboten.

50

IV. Horizontales Diskriminierungsverbot

Entgelte müssen auch **diskriminierungsfrei** sein, womit die horizontale Gleichbehandlung gemeint ist. D. h. allen **externen** Nachfragern müssen **gleiche Bedingungen** eingeräumt werden, um nicht durch unterschiedliche Behandlung einzelne Konkurrenten zu bevorzugen oder zu benachteiligen, wodurch die Wettbewerbschancen verzerrt würden. Dies widerspräche dem regulatorischen Grundgedanken der Schaffung eines „*level playing field*". Wettbewerbsrechtlich stellt die unterschiedliche Behandlung eine Konkurrentenbehinderung (Behinderungstatbestand) dar (siehe hierzu auch *Säcker/Boesche*, BerlK-EnR, § 6, Rn. 97, 99 f.). Anders als § 20 I 2. Alt. GWB sieht § 21 I EnWG **keine sachliche Rechtfertigung** vor und ist insofern strenger.

51

Als dritter Aspekt des Diskriminierungsverbots (nach der internen und externen Gleichbehandlung) ist die **Diskriminierung** von Abnehmergruppen zu betrachten, die dadurch entsteht, daß einzelne Abnehmergruppen mit mehr als den durch sie verursachten Kosten belastet werden, was eine **Quersubventionierung zwischen Kun-**

52

§ 21 53, 54 Teil 3. Regulierung des Netzbetriebs

dengruppen impliziert. Dieser sog. **Preisstrukturmißbrauch** bedeutet, daß das Verhalten des Unternehmens mit seinem eigenen Verhalten auf anderen Märkten verglichen wird. Zur Verhinderung des Strukturmissbrauchs dient das **Kostenverursachungsprinzip** (explizit angesprochen in bezug auf die Gemeinkosten in § 4 IV StromNEV/§ 4 IV GasNEV sowie in Zusammenhang mit der Kostenwälzung in § 14 IV StromNEV, s. u. Rn. 81, 146), denn ein Preisstrukturmissbrauch i. S. d. § 19 IV Nr. 3 GWB ist ein „Verstoß gegen eine kostenverursachungsgerechte Preisbildung und eine **Quersubventionierung** bestimmter Kundengruppen durch andere Kundengruppen" (*Engelsing*, BerlKEnR, § 19 GWB, Rn. 176 ff., 276–277). Über das **Kostenverursachungsprinzip** und die Regeln zur Schlüsselung von Gemeinkosten (Festlegungen der Regulierungsbehörde nach §§ 30 I Nr. 1 Strom-/GasNEV) kann somit auch ohne explizite Nennung des **Preisstrukturmißbrauchs** (wie in § 30 I 2 Nr. 6) dieses Kriterium **geprüft** werden und es entsteht keine Überprüfungslücke (siehe auch unten zu § 30 I 2 Nr. 6, Rn. 78 ff.).

V. Angemessenheit

53   Das Kriterium der **Angemessenheit** betrifft die **Entgelthöhe** und bezeichnet den zu zahlenden Gegen**wert** der in Anspruch genommenen Leistung (hier des Netzzugangs). Es ist ein unbestimmter Rechtsbegriff, der im Sinne des wettbewerbsrechtlichen Maßstabs als **nicht mißbräuchlich** zu verstehen ist (vgl. zum Begriff des „angemessenen Entgelts" in § 19 IV Nr. 4 GWB *Engelsing,* BerlK-EnR, § 19 GWB, Rn. 307 ff.). Das Kriterium der Angemessenheit in § 21 I ist mithin weiter gefaßt als das den **Kosten**maßstab kennzeichnende **Effizienzkriterium** des § 21 II (s. u. Rn. 66).

54   Wie das **Transparenzerfordernis** waren auch die Kriterien der **Diskriminierungsfreiheit** und **Angemessenheit** bislang nur indirekt über den Hinweis auf §§ 19 IV und 20 I und II GWB in § 6 I bzw. § 6 a II EnWG a. F. enthalten (das o. a. Problem der Rechtsprechung des *OLG Düsseldorf* ist inzwischen durch das *BGH*-Urteil [Stadtwerke Mainz] v. 28. 6. 2005 aufgelöst, *BGH* WuW/E DE-R 1513). Nunmehr sind die Vorgaben der Beschleunigungsrichtlinien (s. o.) auch explizit umgesetzt. Darüber hinaus ist zur **Vermeidung einer Doppelüberprüfung** mit § 111 EnWG die Anwendbarkeit von §§ 19, 20 GWB für Entscheidungen nach dem Teil 3 des EnWG ausgeschlossen worden (zum Verhältnis zur nachträglichen Mißbrauchskontrolle nach § 30 s. o. Rn. 15 ff. und Rn. 56 ff.).

VI. Gesamtwirkung von Entgelt und Bedingungen

Soweit das „*und*" zwischen den „Bedingungen *und* Entgelten" als einschließendes verstanden wird, ist die **Gesamtwirkung** aus beiden bei der Angemessenheitsprüfung zu berücksichtigen (*Salje*, EnWG, § 21, Rn. 13), d. h. Bedingungen in Form von Nebenpflichten (z. B. Nachzahlungsklausel) sind wie ein „Kostenbestandteil" zu verstehen und in das (nackte) Entgelt einzurechnen, d. h. beide Bestandteile zusammengenommen dürfen nicht mißbräuchlich sein, wobei zu beachten ist, daß ohnehin „jede vom Netzbetreiber geforderte Bedingung neben dem Netznutzungsentgelt legitimierungsbedürftig ist", weil das Entgelt die alleinige Gegenleistung für die Einräumung des Netzzugangs ist (s. o. § 20, Rn. 16). 55

VII. Verhältnis zum Effizienzkriterium (§ 21 II)

Zur Klärung des **Verhältnisses von § 21 I zu § 21 II** sind die allgemeinen Mißbrauchskriterien des § 21 I mit dem Kostenmaßstab des § 21 II (Effizienzkriterium) zu vergleichen. Die Kette der Konkretisierung in bezug auf das Entgeltniveau (Entgelthöhe) liest sich zusammengefaßt wie folgt: 56

> angemessen ≅ nicht mißbräuchlich ⇒ wettbewerbsanaloger Preis (Als-ob-Preis) = Preis der sich bei wirksamen Wettbewerb einstellen würde ≅ Kosten, die im Wettbewerb durchsetzbar wären = Kosten eines effizienten Betreibers (Sollkosten).

Wie oben (Rn. 53) dargelegt, entspricht „angemessen" „nicht mißbräuchlich", was zu dem „wettbewerbsanalogen Preis", das ist der Preis, der sich bei wirksamen Wettbewerb einstellen würde, führt. Dieser Preis ist äquivalent zu den Kosten, die im Wettbewerb durchsetzbar wären, die gleich zu setzen sind mit den Kosten eines effizienten Betreibers, da sich im Wettbewerb nur der effiziente Betreiber durchsetzt. 57

Die **Angemessenheit** nach § 21 I allein reicht jedoch nicht, denn um genehmigungsfähig zu sein, muß das Entgelt dem **Effizienzkriterium** nach § 21 II genügen, was wegen der Bedeutung der Netzzugangsentgelte für den Wettbewerb eine **„Punktlandung"** erfordert, die keine Abweichung von den Kosten eines effizienten Betreibers zuläßt, d. h. keine Anerkennung von „überschüssigen" Kosten, wohingegen die **Mißbrauchsaufsicht**, die „bloß" die Angemessenheit prüft, **eine gewisse Bandbreite** erlaubt (*Zimmerlich/Müller*, N&R 2006, 46 ff., 47), was in der Rechtsprechung mit dem Erheblichkeitszuschlag 58 erfaßt wird, der bei einem effizienzorientierten Entgeltregulierungsansatz ausscheidet (*Kühling,* N&R 2004, 12 ff., 17). Dies läßt sich am ehesten mit dem Bild eines sich auf die Zielgröße (Effizienzkostenentgelt) verengenden „Trichters" (angemessener Preis) darstellen. Der strengere Maßstab der Effizienzkosten des § 21 II geht somit dem milderen Kriterium der Angemessenheit (§ 21 I = § 19 IV Nr. 4 GWB) vor. Das bedeutet dann aber auch, daß ein das **Effizienzkriterium erfüllendes** (genehmigungsfähiges) **Entgelt** zugleich auch immer **angemessen** (nicht mißbräuchlich) ist, mithin auch **materiellrechtlich** nicht mehr nach § **30** angegriffen werden könnte (s. o. Rn. 16 und § 30, Rn. 10). Daß *angemessenes* Entgelt und *kostenorientiertes* Entgelt nicht identisch sein können, ergibt sich logisch auch daraus, daß es ansonsten der eigenständigen Definition in § 21 II als den Kosten eines effizienten strukturell vergleichbaren Netzbetreibers nicht mehr bedurft hätte. § 21 II stellt auf den Idealpunkt ab, während sich ein angemessenes Entgelt nach § 21 I in einem gewissen Unschärfebereich bewegen kann, ohne deshalb schon mißbräuchlich zu sein (vgl. auch *Groebel,* BerlK-TKG, § 35, Rn. 23).

59 Während der Effizienzmaßstab des § 21 II unmittelbar die Entgelthöhe betrifft, darf ein wesentlicher Aspekt, der sich ebenfalls auf die Entgelthöhe auswirkt, nicht außer acht gelassen werden – die **Entgeltstruktur,** die von den **Kostenzuordnungsregeln** beeinflusst wird, die ein Mißbrauchspotential aufweisen. Denn bei nicht verursachungsgerechter Kostenzuordnung, kommt es zur Quersubventionierung zwischen einzelner Abnehmergruppen. Wie oben (Rn. 52) ausgeführt, wird bei der **Preisstrukturkontrolle** geprüft, daß die Gesamtkosten diskriminierungsfrei (gerecht) auf alle Abnehmer verteilt wurden (*Engelsing,* BerlK-EnR, § 19 GWB, Rn. 191), d. h. die Kosten so zugeordnet wurden, daß die einzelnen Abnehmergruppen die durch sie verursachten Kosten tragen.

60 Für einen **diskriminierungsfreien Netzzugang,** der seinerseits Voraussetzung für funktionierenden Wettbewerb ist (s. o.), müssen die Entgelte nach innen (Gleichbehandlungsgebot) und außen **diskriminierungsfrei und transparent** sowie **angemessen** sein, d. h. die allgemeinen Mißbrauchskriterien des § 21 I erfüllen. Für einen **effizienten Netzzugang** müssen sie darüber hinaus auch noch **(effizienz)kostenorientiert** sein, d. h. dem Maßstab des § 21 II (und nicht „nur" **angemessen,** s. o. Rn. 58) genügen.

61 Für ein nach § **23 a genehmigtes Entgelt** wurden somit die allgemeinen Mißbrauchskriterien (einschließlich des Gleichbehandlungsgebot intern = extern) des § 21 I sowie die Kostenorientierung gemäß § 21 II durchgeprüft (vergleichbar § 24 TKG-1996, der auch eine

Überprüfung der Orientierung an den Kosten der effizienten Leistungsbereitstellung (§ 21 I) und der Nicht-Mißbräuchlichkeit (§ 21 II) verlangte). Ein genehmigtes Entgelt ist mithin bereits als **nicht-mißbräuchlich** festgestellt worden, so daß es (konkludent) auch die nach denselben Kriterien vorzunehmende Prüfung im Rahmen der nachträglichen Mißbrauchskontrolle nach § 30 bestanden hat, jedenfalls eine solche Prüfung logisch zu keinem anderen Ergebnis kommen könnte. **Sachlich** bestünde also kein Anwendungsraum für die nachträgliche Mißbrauchskontrolle, formal unterliegen indes auch genehmigte Entgelte grundsätzlich der Ex-post-Regulierung (§ 30 I 2 Nr. 1, s. o.), weshalb der Gesetzgeber mit **§ 30 I 2 Nr. 5** genehmigte Entgelte als **sachlich** gerechtfertigt qualifiziert und sie dadurch einer (erneuten) nachträglichen Prüfung entzieht (s. o. Rn. 15).

C. Kostenorientierte Entgeltbildung (§ 21 II)

I. Überblick

Während § 21 I unverändert gegenüber dem Gesetzesentwurf (BT-Drucks. 15/3917) in das Gesetz übernommen wurde, ist § 21 II im Laufe der parlamentarischen Beratungen einer kompletten Wandlung unterzogen worden (s. o. unter A. III Entstehungsgeschichte) und insbesondere der **Kostenmaßstab** (Kosten eines **effizienten** und strukturell vergleichbaren Betreibers) im Kern verändert und entscheidend verbessert worden. Insofern kann der Kritik der Monopolkommission in diesem Punkt nicht zugestimmt werden, die weiterhin „einen eindeutigen und effizienzorientierten Entgeltmaßstab" vermißt (Monopolkommission, XVI. Hauptgutachten 2004/2005, Rn. 33). Der in bezug auf die bloß auf den Durchschnitt abstellende Vermutungsregel des § 21 IV 2 bestehende Widerspruch ist – wie oben gezeigt – auf dem Wege der Auslegung (Gesetzesgenese) zu bereinigen: die Vermutungsregel kann materiell nicht greifen, der Effizienzmaßstab „als zwingendes Kalkulationsprinzip" (*Schultz*, in: L/B, Rn. 57) verdrängt diese, denn nur Entgelte, die diesen Maßstab einhalten, sind genehmigungsfähig nach § 23a (s. o. Rn. 13; zur Rolle der Behörde bei der Durchsetzung des Maßstab s. u. Rn. 70).

II. Kosten

63 Das **Entgelt** ist die Gegenleistung für die Inanspruchnahme des Netzzugangs, womit ökonomisch die **Kosten der Netznutzung** (Transport/Verteilung, Systemdienstleistungen, Messung – soweit nicht in § 21 b enthalten) abgegolten werden. Denn der Petent erhält Zugang zum gesamten Versorgungsnetz (zu allen Netzebenen, transaktionsunabhängiges Punktmodell des Stromnetzzugangs mit entfernungsunabhängigen Entgelten, §§ 15, 17 StromNEV und Art. 4 Abs. 1 a. E. EG-StromhandelsVO; vgl. Begründung StromNEV-RE v. 14. 4. 2005, BR-Drucks. 245/05, S. 30; *Büdenbender,* ET 2005, 642 ff., 651 und oben zu § 20 I a). Zukünftig gilt dies gemäß den Vorgaben des § 20 I b für ein Gasnetzzugangsmodell, das die Grundlage der Entgeltbildung ist (§ 13 I GasNEV), auch für den gaswirtschaftlichen Netzzugang insgesamt. **Kosten** sind der zur Herstellung und Absatz von betrieblichen **Leistungen** erforderliche **bewertete Verbrauch** von Gütern und Dienstleistungen und die Aufrechterhaltung der dafür erforderlichen Kapazitäten (siehe hierzu z. B. *Wöhe,* ABWL, 2005, S. 1077; *Busse von Colbe,* BerlK-TKG, Vor § 27, Rn. 44). Charakteristisch für den Kostenbegriff ist also seine **Leistungsbezogenheit**.

64 Zur Bestimmung genehmigungsfähiger **Entgelte** für die Netznutzung ist demzufolge einerseits die Ermittlung der **Kosten** für die Erstellung eben dieser Leistung erforderlich. Wegen des **Effizienzmaßstabs und der Wettbewerbsorientierung** andererseits ist aber nicht wie bei der reinen Cost-plus-Regulierung schlicht auf die tatsächlich entstandenen Kosten abzustellen, sondern es sind nur die Kosten, die sich im Wettbewerb einstellen würden (Sollkosten), bei der Genehmigung zu berücksichtigen, wodurch dem Unternehmen ein **Anreiz** zu wettbewerbsanalogem Verhalten gesetzt wird. Die Behörde hat somit zu prüfen, „ob die geltend gemachten Kosten auch bei effizienter Unternehmensführung entstanden wären" (*Säcker* (2006), S. 12). Dabei hat sie die nicht wettbewerbsanalogen (i. e. ineffizienten) Kosten zu eliminieren, denn ausdrücklich heißt es in **§ 21 II 2**, daß „Kosten und Kostenbestandteile, die sich ihrem Umfang nach bei Wettbewerb nicht einstellen würden, nicht berücksichtigt werden *dürfen*". Demzufolge hat die Behörde **kein Ermessen**, mehr als die Kosten eines effizienten und strukturell vergleichbaren Netzbetreibers anzuerkennen und hat die darüber hinausgehenden Kosten zu streichen. *Salje* spricht in diesem Zusammenhang von § 21 II 2 deshalb treffend als einer **Kürzungsvorschrift** (*Salje,* EnWG, § 21, Rn. 34).

III. Kriterien des Kostenmaßstabs

Der Kostenmaßstab des § 21 II wird mit den folgenden **vier** 65
Merkmalen konkretisiert:
- Kosten eines effizienten und strukturell vergleichbaren Netzbetreibers;
- Anreize für eine effiziente Leistungserbringung;
- angemessene, wettbewerbsfähige und risikoangepaßte Verzinsung des eingesetzten [i. e. zur Leistungserbringung erforderlichen] Kapitals;
- nur soweit sie sich im Wettbewerb einstellen.

Die genannten vier **Merkmale** des Kostenmaßstabs gelten **kumulativ,** d. h. das Gesamtergebnis der Berechnung spiegelt die Kosten wider, bei denen alle Merkmale erfüllt sind.

1. Effizienzkriterium (§ 21 II 1). Effizient bedeutet, daß nur die 66 für die Erbringung der Leistung **erforderlichen** Kosten (vgl. z. B. die Legaldefinition in § 31 II TKG: „soweit diese Kosten jeweils für die Leistungsbereitstellung notwendig sind", *Groebel,* BerlK-TKG, § 31, Rn. 22 f.; siehe auch *Säcker,* AöR 2005, 180 ff.; 202, *ders.* (2004), S. 28 f.) berücksichtigungsfähig sind. Die **Erforderlichkeit** wird vom Genehmigungszeitpunkt aus gesehen bemessen, d. h. es wird nicht gefragt, was in der Vergangenheit zur Erstellung der Leistung erforderlich war, sondern wie im Telekommunikationsrecht **zukunftsgerichtet** unter Einbeziehung heutiger technologischer Gegebenheiten, weil dies die Entscheidungssituation eines im Wettbewerb stehenden Unternehmens darstellt, das mit den heute bei einem effizienten Netzbetreiber entstehenden Kosten konkurriert und diese zur Beurteilung der eigenen Wettbewerbsfähigkeit mit seinen Angebots- und Preiskalkulationen vergleichen muß, wenn es am Markt bestehen will. Maßgeblich sind somit die am Genehmigungszeitpunkt relevanten Kosten (s. u. zur Auswirkung für die Berechnung der Kapitalkosten und der Berücksichtigung von in der Vergangenheit getroffenen Entscheidungen über Investitionen in die Netzkapazität [Bewertung des Netzes] und zur Reichweite der Effizienzprüfung, Rn. 98 ff.; s. u. § 21 a, Rn. 44 f.). Dies bezieht sich auf die (alle) Kosten der Betriebsführung eines **strukturell vergleichbaren** Netzbetreibers, d. h. beeinflußbare und unbeeinflußbare Kosten unterliegen der Überprüfung auf **Einhaltung** des Effizienzmaßstabs (nicht in bezug auf die Effizienz*vorgaben,* § 21 a IV, *Säcker* (2006), S. 6); d. h. auf das Erreichen eines bestmöglichen Verhältnisses zwischen Inputfaktoren und Output (optimale [= kostenminimale] Faktorkombination, was bei gegebener Technologie ein Bewegen auf der effizienten Produktionsmöglichkeitenkurve *[efficient production frontier]* bedeutet, da keine Ressourcen verschwendet, sondern alle Faktoren optimal genutzt werden; siehe auch unten § 21a, Rn. 38), wobei es zu Unterschieden zwischen den Klassen kommt, die auf die objektiv unterschiedlichen Bedingungen (z.B. siedlungsgeographisch bedingt, zur Strukturklassenbildung s.u. Rn. 152) zurückzuführen sind. Der **energierechtliche** Maßstab der **Kosten** eines **effizienten** und strukturell vergleichbaren **Netzbetreibers** (§ 21 II) entspricht dem **telekommunikationsrechtlichen** Maßstab der **Kosten** der **effizienten Leistungsbereitstellung** (§ 31 TKG).

67 2. **Wettbewerbsanalogie und Anreize für eine effiziente Leistungserbringung.** Das **Effizienzkriterium** und das Merkmal der **Wettbewerbsanalogie** sind die zwei Seiten **derselben Medaille**, denn im Wettbewerb setzt sich der effiziente Anbieter durch, so daß sich der Wettbewerbspreis im Gleichgewicht auf dem Niveau der Kosten eines effizienten Betreibers einpendelt. Wenn nur diese effizienten, sich im Wettbewerb einstellenden Kosten anerkannt werden, ist damit automatisch ein **Anreiz zu einer effizienten Leistungserbringung** verbunden. Dieses ist mithin bereits in den beiden anderen Merkmalen der Effizienz und Wettbewerbsorientierung enthalten. Insofern ist die gesonderte Auflistung dieses Maßstabs deshalb streng genommen redundant und dürfte ein Relikt der ursprünglichen Gesetzesfassung (BT-Drucks. 15/3917) sein, die mit einem anderen nicht notwendigerweise zu einer effizienten Leistungserbringung führenden Kostenbegriff (energiewirtschaftlich rationellen Betriebsführung) arbeitete. Das Merkmal läßt sich jetzt als **Verbindung zur Anreizregulierung** (§ 21a) lesen, d.h. die Einzelentgeltgenehmigung soll bereits die zukünftige Anreizregulierung im Blick haben und die Behörde erhält somit einen „Auftrag" diese mit den genehmigten Entgelten vorzubereiten (s.o. Rn. 41). Die beiden Formen der Entgeltregulierung – Einzelentgeltgenehmigung (§ 23a) und Anreizregulierung (§ 21a) – werden also zusätzlich zum Effizienzmaßstab über die Vorgabe, Anreize zu einer effizienten Leistungserbringung zu setzen, in eine Linie gebracht. Das bedeutet auch, daß unabhängig von der Erarbeitung eines Anreizregulierungskonzepts (bzw. dem Stand der Arbeiten hieran) die **Anreizkomponente** gesetzlich vorgegebener Bestandteil des Kostenmaßstabs des § 21 II ist und folglich bei der **Berechnung** zu **berücksichtigen** ist. Dies kann sich etwa in den Abwägungen bei der Ermittlung der effizienten Kosten niederschlagen: der von ihr gesetzte Anreiz zur effizienten Leistungserbringung ist um so stärker, je strikter sie bei der Beurteilung vorgeht (s.u. Rn. 70 zum Beurteilungsspielraum der Behörde). So kann es diesbezüglich zu keinem Auseinanderfallen von § 21 und § 21a kommen (anders *Salje*, EnWG, § 21, Rn. 31). Die Anreizwirkung wird erzielt, weil die Nichtanerkennung von geltend gemachten Kosten die

Unternehmen zur Anpassung zwingt, d. h. zur Reduzierung ihrer Kosten müssen sie – unter Aufrechterhaltung der **Zuverlässigkeit** des Netzbetriebs, §§ 6 I Strom-/GasNEV – effizient(er) produzieren, d. h. die Kosteneinsparung darf nicht zulasten der Qualität gehen (zur „Qualitätsregulierung" s. u. § 21 a, Rn. 52 ff.).

3. Verzinsung des eingesetzten Kapitals. Nahtlos fügen sich 68 auch die den auf das eingesetzte Kapital in Anschlag zu bringenden **Zinssatz** präzisierenden Kriterien in das Gesamtkostenkonzept ein: die Verzinsung muß angemessen, wettbewerbsfähig und risikoangepasst sein, d. h. auch für die Höhe der Verzinsung gilt, daß diese sich nach den zuvor genannten Merkmalen der **Effizienz** und **Wettbewerbsorientierung** richtet. Im TKG 2004 wurden die bei der Berechnung des angemessenen Kapitalzinssatzes zu berücksichtigenden Kriterien in § 31 IV präzisiert, nachdem bis dato die allgemeine Vorgabe der Angemessenheit (§ 24 I TKG-1996 i. V. m. § 3 II TEntgV) als ausreichend erachtet worden war (siehe hierzu ausführlich *Groebel*, BerlK-TKG, § 31, Rn. 45 ff.). Wie beim Kostenmaßstab insgesamt (s. o. Rn. 66) ist hier bezüglich des Kriteriums *„angemessen"* Übereinstimmung von energie- und telekommunikationsrechtlichen Vorgaben zur Verzinsung zu konstatieren. Das Kriterium „risikoangepasst" läßt sich in dem telekommunikationsrechtlichen Kriterium „leistungsspezifische Risiken" wiederfinden. Die Merkmale werden in dem nicht abschließenden *(insbesondere)* Kriterienkatalog des §§ 7 V Strom-/GasNEV präzisiert (s. u. zu den Einzelvorschriften der Zinssatzberechnung, Rn. 121 ff.).

IV. Maßstab und Methode der Kostenermittlung

Von dem durch die o. a. Merkmale charakterisierten Maßstab zu 69 unterscheiden ist die zur Bestimmung dieser normativen Kosten (Sollkosten) angewandten Methode. Denn **Maßstab**, d. h. die Zielgröße (z. B. Effizienzkostenmaßstab vs. Vollkostenansatz oder den Kosten einer elektrizitätswirtschaftlich rationellen Betriebsführung) und die zu ihrer Ermittlung verwendete **Methode** (Kostenprüfung, Vergleichsmarktbetrachtung, Kostenmodellierung) dürfen nicht miteinander verwechselt werden (so auch *Kühling/el-Barudi,* DVBl. 2005, 1470 ff., 1476 f.). So kann z. B. eine Vergleichsmarktbetrachtung je nach anzulegendem Maßstab zur Ermittlung der Vergleichsgröße nur auf die kostengünstigsten (niedrigsten) Preise abstellen *(Best-practice-Ansatz)* oder lediglich eine Durchschnittsbetrachtung *(Average-Practice-Ansatz)* durchführen, d. h. auch weniger günstige (höhere) Preise etc. einrechnen und den Schnitt weiter „hinten" ansetzen (nach unten ziehen). Der Maßstab bestimmt die Art und Weise, in der die Methode angewandt wird, nicht umgekehrt (siehe hierzu ausführlich *Groebel*, BerlK-TKG § 31, Rn. 16 ff., § 35, Rn. 10 ff.; sowie oben Rn. 18). § 21 II liefert nur den Maßstab, nicht aber die Methode der Kostenbestimmung.

V. Behördliche Kostenbestimmung und Beurteilungsspielraum

70 Die Regulierungsbehörden haben die nach den Vorgaben des EnWG und der Strom-/GasNEV von den Netzbetreibern kalkulierten Kosten des Netzbetriebs mittels der genannten Methoden dahingehend zu überprüfen, ob sie dem Effizienzmaßstab gerechtfertigten (anerkennungsfähigen) Kosten entsprechen oder ggf. auf das Niveau der effizienten, d. h. sich im Wettbewerb einstellenden Kosten zu kürzen sind. D. h. unabhängig davon, wie viel Einsparpotential der Netzbetreiber bei seinen Kalkulationen bereits gemäß § 4 I Strom-/GasNEV berücksichtigt hat, bleibt die **Einschätzungsprärogative** bei der die Entgelte **genehmigenden Behörde.** Denn sie legt in Ausübung ihrer Genehmigungsbefugnis nach § 23 a den gesetzlich vorgegeben Maßstab (§ 21 II) an die vorgelegten Kosten an und hat für die Bestimmung der Kosten eines effizienten Betreibers einschließlich der angemessenen, wettbewerbsfähigen und risikoangepassten Verzinsung und die Auswahl der hierfür geeigneten Methoden im Rahmen der gesetzlichen und verordnungsrechtlichen Vorgaben einen **Beurteilungsspielraum** (*Groebel*, BerlK-TKG, § 31, Rn. 39 f. m. w. N. zur telekommunikationsrechtlichen Rspr.; allg. *Schmidt-Aßmann*, Das Allgemeine Verwaltungsrecht als Ordnungsidee, 2. Aufl., 2004, S. 141 m. w. N.; noch offen *Büdenbender*, ET 2005, 642 ff., 654; vgl. *OLG Düsseldorf*, B. v. 28. 6. 2006 – VI-3 Kart 151/06 (V), S. 11 f. zur Zulässigkeit der Auskunftsverlangen der BNetzA gem. §§ 69, 112a EnWG [Daten für die Erstellung des Anreizregulierungskonzepts/-berichts]; ebenso *OLG Düsseldorf,* B. v. 6. 7. 2006 – VI-3 Kart 162/06 (V) wegen Beiladungspraxis der BNetzA in den Entgeltgenehmigungsverfahren nach § 23 a EnWG; verneinend in bezug auf die Bestimmung des kapitalmarktüblichen Fremdkapitalzinssatzes nach § 5 II StromNEV allerdings *OLG Düsseldorf,* B. v. 21. 7. 2006 – VI-3 Kart 289/06 (V), S. 18 f. des amtl. Umdrucks). Hier besteht der wesentliche Unterschied zur bisherigen energie- und kartellrechtlichen Mißbrauchsaufsicht und ihm kommt der Behörde eine ganz entscheidende Rolle zu: ihr obliegt es, mit der Genehmigungspraxis den **Effizienzmaßstab durch Kürzungen durchzusetzen** und mit dieser externen Kostenkontrolle das bisherige „Kostenmachen" („Vergoldung") und „Durchreichen" wirksam zu verhindern (siehe hierzu im einzelnen u. Rn. 73 f.).

Wenn die Kürzungen anhand der vorgelegten Kostenunterlagen 71
vorgenommen werden, wird diese Vorgehensweise als „*top-down*" bezeichnet. Alternativ kann – wie z. B. bei der Entscheidungspraxis der
BNetzA im Bereich der Entgeltregulierung nach § 31 TKG – mit der
effizienten Investitionssumme gerechnet werden, die mittels eines
analytischen Kostenmodells, mit dem ausgehend von bestimmten
Strukturparametern des existierenden Netzes (sog. *Scorched-node*-Ansatz)
ein **effizientes Netz** *bottom-up* konstruiert wird, bestimmt wird (siehe
zur Bestimmung der effizienten Gesamtinvestitionssumme ausführlich
Groebel, BerlK-TKG, § 35, Rn. 25–36; zur Zulässigkeit der Verwendung analytischer Kostenmodelle nach EnWG s. o. Rn. 25; zur Anwendung von Netzkostenmodellen im Energiebereich siehe z. B. *Fritz/
Maurer,* Modell- und Vergleichsnetzanalyse – Anwendungsbeispiele für
Strom- und Gasnetze, emw 1/2006, 22 ff.; *Fritz,* Stichwort: „Modellnetze", emw 6/2005, 66 ff.; *Franz/Wengler,* WIK Machbarkeitsstudie
zum Einsatz von analytischen Kostenmodellen in der Stromnetzregulierung (für die RegTP, 2005); *Katzfey/Vetter/Chabowski/Hiller/
Heitmeier/Nitschke/Oberländer,* Modellnetzverfahren zur Bestimmung
kostentreibender Strukturmerkmale, EW 2004, 14 ff.; *Wolffram/Haubrich,* Zur Objektivierung kostenrelevanter Strukturgrößen für Hochspannungsnetze, ET 2002, 388 ff.; zur Verwendung von analytischen
Kostenmodellen in der Telekommunikationsentgeltregulierung *Ritter/
Piepenbrock,* Analytische Kostenmodelle zur Bestimmung von Netzzugangspreisen – Lessons learned: Ein Blick auf liberalisierte Netzstrukturen in der Telekommunikation, emw 4/2004, 16 ff.; sowie unten
§ 21 a, Rn. 40 f.).

D. Ermittlung der Netzkosten gemäß StromNEV und GasNEV

Die nach § 24 IV erlassene **Strom- und GasNEV** enthalten **de-** 72
taillierte Kalkulationsvorgaben für die Ermittlung der **Netzkosten**
und die Bestimmung der **Netzentgelte** auf der Grundlage der zuvor
ermittelten Kosten (§§ 3 Strom-/GasNEV).

I. Auslegungspraxis der Regulierungsbehörden

Entscheidende **Weichenstellungen zur Auslegung** der Strom-/ 73
GasNEV finden sich in der **Entscheidungspraxis der BNetzA,** insbesondere in der ersten Entgeltgenehmigungsentscheidung nach § 23 a
der BNetzA zu Stromnetzentgelten (B. v. 6. 6. 2006 – BK8-05/19),

mit dem der Antrag der Vattenfall Europe Transmission GmbH vom 31. 10. 2005 beschieden wurde (Tenor und Preisblatt wurden in ABl. Nr. 14/2006 v. 19. 7. 2006 als Mitteilung Nr. 259/2006 veröffentlicht, Beschluß im Internet abrufbar unter: http://www.bundesnetz-agentur. de/enid/952a2d58d30199d9ee8bf7e91fd1bd4d,0/Genehmigung_ allgemeiner_Entgelte_nach_23a_EnWG/BK8-_5-_ss9_2up.html; siehe auch Pressemitteilung und Sprechzettel v. 8. 6. 2006, im Internet abrufbar unter: http://www.bundesnetzagentur.de/enid/605a226d67a 874ef7d626239ba01e04f,0/Archiv_Pressemitteilungen/PM_2_6_-_Juni-_2wd.html#8554; Sprechzettel: http://www.bundesnetzagentur.de/ enid/56fdab13c81d0751911fca8244fca02e,0/Archiv_Pressemitteilungen /PM_2_6_-_Juni-_2wd.html). Mit diesem Beschluß (im folgenden zitiert als BK8-05/19), der seinerseits auf dem Positionspapier (s. u. Rn. 75) fußt und bis auf einen Punkt (Gewerbesteuerzahlungen) deckungsgleich mit diesem ist, wurden zum ersten Mal die Kalkulationsvorgaben und Entgeltermittlungsvorschriften der StromNEV durch die Behörde angewandt ("Leitentscheidung", siehe auch Pressemitteilung der BNetzA v. 25. 7. 2006 zum Beschluss des *OLG Düsseldorf,* im Internet abrufbar unter: http://www.bundesnetzagentur.de/enid/ 605a226d67a874ef7d626239ba01e04f,0/Presse/Pressemitteilungen_d2. html#8887). Der Beschluß wurde hinsichtlich der Einhaltung der **materiellen Vorgaben** der Strom-/GasNEV und des Kostenmaßstabs im wesentlichen durch die Eilentscheidung des *OLG Düsseldorf* (B. v. 21. 7. 2006 – VI-3 Kart 289/06 (V)) und durch die Entscheidung in der Hauptsache (HS-Beschluß v. 9. 5. 2007 – VI-3 Kart 289/06 (V), RdE 2007, 193 ff.) sowie seine jüngsten Beschlüsse zur Genehmigung von Gasnetzzugangsentgelten v. 24. 10. 2007 (*OLG Düsseldorf,* Beschlüsse VI-3 Kart 471/06 (V), VI-3 Kart 472/06 (V) und VI-3 Kart 8/07 (V)) **bestätigt.**

74 Die **Vorgehensweise** bei den weiteren inzwischen ergangenen Entgeltgenehmigungsentscheidungen (RWE-Beschluß v. 27. 7. 2006 – BK8-05/20, abrufbar unter: http://www.bundesnetzagentur.de/ enid/8ce4711aacf3855cc1ae1222ede484d2,0/Genehmigung_allgemein er_Entgelte_nach_23a_EnWG/BK8-_5-_2_2wp.html, EnBW-Beschluss v. 27. 7. 2006 – BK8-05/17 abrufbar unter: http://www. bundesnetzagentur.de/enid/9d5bd827171c112343c078db47e30924,0/ Genehmigung_allgemeine_Entgelte_nach_23a_EnWG/BK8-_5-_ss7 _2wa.html; Verteilnetzbetreiber TEN) ist **dieselbe** wie bei dem VET-Genehmigungsbeschluß. Darüber hinaus wurde der Beschluß des *OLG Düsseldorf* berücksichtigt (vgl. Pressemitteilung der *BNetzA* v. 31. 7. 2006, im Internet abrufbar unter: http://www.bundesnetzagentur.de/ enid/605a226d67a874ef7d626239ba01e04f,0/Presse/Pressemitteilungen_d2.html#8898). Unterschiede bei den Kürzungen der vorgelegten Kosten (ca. 11,7% bei VET, gut 9% RWE, gut 8% EnBW, rund 14% TEN; Pressemitteilungen der *BNetzA* v. 8. 6. 2006 [VET] und v. 31. 7. 2006 [RWE, EnBW, TEN]) sind auf konkrete kostenrechnerische unternehmensindividuelle Gegebenheiten zurückzuführen. Wegen der vom Gericht im Falle Vattenfall abgelehnten Mehrerlösabschöpfung der Differenz zwischen den erhobenen und genehmigten Entgelten für den Zeitraum des Genehmigungsverfahrens (*OLG Düsseldorf*, B. – VI-3 Kart 289/06 (V), S. 27 f.), ist hiervon in den Genehmigungsentscheidungen RWE, EnBW und TEN abgesehen worden, die Genehmigung wird ab dem Zeitpunkt der Bekanntgabe wirksam (BK8-05/17, 46; siehe auch unten zu § 23 a, Rn. 25 ff.). Am 30. 8. 2006 wurden schließlich die Entgeltgenehmigungen für die Übertragungsnetzbetreiber mit der Bekanntgabe des Beschlusses für die E.ON Netz GmbH (BK8-05/18; abrufbar unter: http://www.bundesnetzagentur.de/enid/ 6d4c910bb861390661a01da63f5125c0,0/Genehmigung_allgemeiner_ Entgelte_nach_23a_EnWG/BK8-_5-_ss8_2yk.html) abgeschlossen. Ebenfalls am 30. 8. 2006 erfolgte die **erste Gasnetzentgeltgenehmigungsentscheidung** für die E.ON Thüringer Energie AG, bei der es wie im Strombereich zu Kürzungen der Netzkosten kam (vgl. Pressemitteilung und Sprechzettel v. 30. 8. 2006, im Internet abrufbar unter: http://www.bundesnetzagentur.de/enid/52dd151b2cd7ae4ea4092a93a 8d23e3c,0/Presse/Pressemitteilungen_d2.html#9012).

Zur Sicherstellung einer **einheitlichen Auslegung** haben BNetzA und Länderregulierungsbehörden nach Diskussion im Länderausschuß ein **gemeinsames Positionspapier** verabschiedet (im folgenden zitiert als *Positionspapier*) und den Netzbetreibern zur Beachtung bei der [Neu]Berechnung der Netzentgelte übersandt, aber auf eine Festlegung nach § 29 EnWG i. V. m. § 30 StromNEV (noch) verzichtet (vgl. hierzu auch *Schalle/Boos*, ZNER 2006, 20 ff., 20).

II. Kostengrundlage und allgemeine Ermittlungsvorgaben

1. Zusammensetzung der Netzkosten. Die **Netzkosten** setzen sich nach §§ **4 II Strom-/GasNEV** aus folgenden Kosten (Elementen) zusammen:
– Aufwandsgleiche Kostenpositionen (§ 5);
– Kalkulatorische Abschreibungen (§ 6, Anlage 1);
– Kalkulatorische Eigenkapitalverzinsung (§ 7);
– Kalkulatorische Steuern (§ 8);
– Kostenmindernde Erlöse und Erträge (§ 9).

Bei der Berechnung der Kosten des **Elektrizitätsnetzes** kommen noch die Kosten der Beschaffung von Verlustenergie (Behandlung von Netzverlusten, § 10 StromNEV) hinzu.

77 **2. Bilanzielle und kalkulatorische Kosten.** Nach §§ 4 I Strom-/GasNEV sind sowohl **bilanzielle als auch kalkulatorische Kosten des Netzbetriebs** umfaßt. Der Verordnungsgeber hat also zwei Kategorien von Kosten gebildet: die bilanziellen Kosten, die unmittelbar dem Rechenwerk des Unternehmens entnommen werden können und die kalkulatorischen, die erst noch einer Berechnung (Kalkulation) bedürfen. **Aufwandsgleiche Kosten** (Personal-, Material-, Betriebskosten, Fremdkapitalzinsen etc.) sind direkt der Finanzbuchhaltung (hier der GuV nach § 4 II oder III) zu entnehmen (*Wöhe*, ABWL, S. 1081 ff., 1083). Im Gegensatz zu diesen Kosten, sind **kalkulatorische Kosten** wie z. B. kalkulatorische Abschreibungen, Eigenkapitalzinsen und Steuern Kosten, denen kein oder ein anderer Aufwand in der Finanzbuchhaltung gegenübersteht und die deshalb erst gesondert berechnet werden müssen, um den **gesamten** bei der Erstellung der Leistung tatsächlich entstandenen (verursachten) Verbrauch an Gütern und Dienstleistungen zu erfassen und zu bewerten. So werden in der Kostenrechnung also z. B. nicht die aus steuerlichen Gründen in der Bilanz angesetzten Abschreibungen zugrundegelegt, sondern die kalkulatorisch – unter dem Gesichtspunkt der Erhaltung der Leistungs-/Lebensfähigkeit des Netzes und dessen ökonomischer Lebensdauer – erforderliche Abschreibung (vgl. z. B. *Busse von Colbe*, BerlK-TKG, Vor § 27, Rn. 44, 49 ff.). Wie im Telekommunikationssektor und in leitungsgebundenen Netzindustrien generell gehören auch im Energiebereich die **Kapitalkosten** (Abschreibungen und Zinsen) zu den bedeutendsten Kosten, die die Gesamthöhe und Struktur der Netzkosten (hohe versunkene Kosten, degressiver Verlauf der Durchschnittskosten) maßgeblich beeinflussen. Wegen der Relevanz für die Bewertung des Netzes unter ökonomischen Gesichtspunkten sind deshalb **Kosten im betriebswirtschaftlichen Sinne** einschließlich der kalkulatorischen Kosten zu ermitteln und den Entgeltberechnungen zugrundezulegen.

78 **3. Relevante Bezugsdaten. Bezugsbasis** für die Ermittlung der Entgelte und der (bilanziellen sowie kalkulatorischen) Kosten sind die **Daten** (ausgehend von der Gewinn- und Verlustrechnung nach § 10 III) des **letzten abgelaufenen Geschäftsjahres**, gesicherte Erkenntnisse über das Planjahr können dabei berücksichtigt werden (§§ 3 I, 4 II Strom-/GasNEV; siehe auch *Müller-Kirchenbauer/Thomale*, IR 2004, 148 ff., 149). Somit bilden die **Istwerte (Istkosten)** den Ausgangspunkt für die weiteren Berechnungen. Von gesicherten Erkenntnissen bezüglich Plandaten ist aus Sicht der zuständigen Beschlusskammer erst dann auszugehen, wenn „mit dem Eintritt des kostenverursachenden Ereignisses mit an Sicherheit grenzender Wahrscheinlichkeit zu rechnen ist" und deren Höhe bestimmt oder jedenfalls mit Sicherheit bestimmbar ist, also z. B. bei Vorliegen vertraglicher Vereinbarungen, die entsprechende Kosten im Planjahr auslösen (BK8-05/019, S. 4 des amtlichen Umdrucks). Diese **restriktive Auslegung** des Begriffs „gesicherte Erkenntnisse" verhindert ein gezieltes Ansetzen **überhöhter Plankosten** (s. u. zur Gefahr systematischer Prognosefehler bei der Absatzmenge und ihrer Beseitigung durch die periodenübergreifende Saldierung, Rn. 91). Die **Darlegungs- und Beweislast** für das Vorliegen **gesicherter Erkenntnisse** hat das antragstellende **Unternehmen** (bestätigt durch Eilentscheidung *OLG Düsseldorf*, B. – VI-3 Kart 289/06 (V) v. 21. 7. 2006, 9 f. des amtlichen Umdrucks, *OLG Düsseldorf*, B. v. 24. 10. 2007 – VI-3 Kart 472/06 (V), 21 ff. des amtlichen Umdrucks); a. A. *Jansen/Sieberg*, Der Ansatz von Plankosten im Rahmen der Kalkulation der Netzentgelte, ET 2007, 67 ff.).

4. Vorlage- und Dokumentationspflichten der Netzbetreiber. Die Netzbetreiber unterliegen umfassenden Vorlage- und Dokumentationspflichten. Gemäß § 23a III Nr. 1 EnWG und § 26 StromNEV bzw. § 27 GasNEV haben sie zu der vorgelegten Kalkulationen einen Bericht nach §§ 28 Strom-/GasNEV zu erstellen, in dem sie **vollständig** die **Ermittlung der Netzentgelte nachvollziehbar darlegen** und alle relevanten Informationen mitliefern. Die Darlegungs- und Beweislast hinsichtlich der Vollständigkeit gem. § 23a IV 2 hat der Antragsteller (*OLG Düsseldorf*, Eilentscheidung Vattenfall-Beschwerde gegen B. BK8-05/19, B. VI-3 Kart 289/06 (V) v. 21. 7. 2006, 6 des amtlichen Umdrucks; siehe auch die vergleichbare Rechtsprechung zur Nachweispflicht und hinsichtlich [auch materieller] Anforderungen an die Kostenunterlagen in der telekommunikationsrechtlichen Entgeltregulierung *VG Köln*, Urt. v. 18. 11. 2004 – 1 K 639/00; *VG Köln*, Urt. v. 17. 2. 2005 – 1 K 8312/01; *OVG NRW*, B. v. 1. 3. 2005 – 13 A 3342/04). Die umfassende Nachweispflicht des Unternehmens ist somit sowohl energie- wie telekommunikationsrechtlich gerichtlich bestätigt. Erster Prüfschritt der Behörde ist eine **Prüfung der** Unterlagen auf **Vollständigkeit,** denn die sechsmonatige Entscheidungsfrist beginnt erst mit Vollständigkeit der Unterlagen (s. u. zu den weiteren Prüfschritten einschließlich der **regulatorischen Prüfung** auf Einhaltung des Effizienzmaßstabs, Rn. 96).

Ähnliche Vorgaben bezüglich der Vorlage- und Dokumentationspflichten finden sich in § 33 TKG, insbesondere muß die **Nachvollziehbarkeit** der Kalkulation sichergestellt sein, weil die Behörde ansonsten ihrem Prüfpflicht in der zur Verfügung stehenden Verfahrensfrist nicht nachkommen kann (vgl. *Groebel/Seifert,* BerlK-TKG, § 33, Rn. 19 ff.). Allerdings unterscheiden sich die genannten Vorschriften hinsichtlich **Detailtiefe** ihrer Kalkulationsvorgaben. Die Vorgaben des § 33 TKG erreichen nicht annähernd den Detaillierungsgrad der Strom- und GasNEV, wobei die **Behörde** nach § 29 TKG detailliertere Vorgaben zur Kostenrechnung und Kostenrechnungsmethoden anordnen kann (vgl. *Groebel,* BerlK-TKG, § 29), während sie im Energierecht bereits vom **Verordnungsgeber** festgelegt worden sind. Aufgrund der von der Branche und den Verbänden im Gesetzesverfahren gewollten detaillierten Vorgaben hat die Behörde in diesem Bereich nur einen vergleichsweise strikten normativen Rahmen für die Kostenprüfung, der sich (erwartungsgemäß) in der Praxis eher als Hemmschuh für eine flexible Handhabung erweist. Die Fülle der Detailvorgaben führt kaum zu einer „schlanken und effizienten Regulierung" (so *Theobald/Hummel,* ZNER 2003, 176 ff., 179).

81 **5. Stufen der Kostenermittlung (§§ 3 ff.) im Überblick.** Nach § 3 I **StromNEV** sind die **Netzkosten** gemäß §§ 4–11 StromNEV nach **Kostenarten** zusammenzustellen, sodann auf die **Kostenstellen** zu verteilen (§§ 12–13 und Anlage 2), danach im Wege der Kostenwälzung den **Kostenträgern** zuzuordnen (§ 14 und Anlage 3) und schließlich unter Verwendung einer **Gleichzeitigkeitsfunktion** nach § 16 (und Anlage 4) die **Netzentgelte** für jede Netz- und Umspannebene zu bestimmen (§§ 15, 17). Durch die **Kostenwälzung** werden die Kosten einer Netzebene anteilig auf die nachgelagerte Netzebene **verursachungsgerecht verteilt** (*Theobald,* IR 2004, 123 ff., 125; *Büdenbender,* ET 2005, 642 ff., 651; Begründung StromNEV-RE v. 14. 4. 05, BR-Drucks. 245/05, S. 38). Mit dem Netzentgelt werden über die Kostenwälzung die Kosten der Netz- und Umspannebene, an die der Netznutzer angeschlossen ist, einschließlich der Kosten aller vorgelagerten Ebene abgegolten.

82 Auch in § 3 I **GasNEV** sind die **Netzkosten** gemäß §§ 4–10 GasNEV nach **Kostenarten** zusammenzustellen, sodann auf die **Kostenstellen** zu verteilen (§§ 11–12 und Anlage 2), danach den **Kostenträgern** zuzuordnen (§§ 13–14) und schließlich die **Netzentgelte** für die Gasfernleitungen und Gasverteilung zu bestimmen (§§ 15 ff.). Dabei ist eine möglichst **verursachungsgerechte Aufteilung** der Gesamtkosten in die Beträge, die durch **Einspeiseentgelte** einerseits und in die Beträge, die durch die **Ausspeiseentgelte** andererseits zu decken sind, vorzunehmen, wobei eine **angemessene Aufteilung** der Gesamtkosten zwischen den Ein- und Ausspeisepunkten zu gewährleisten ist (§ 15 I). Soweit Entgelte **überregionaler Gasfernleitungsnetze** (§ 2

Bedingungen und Entgelte für den Netzzugang　　　83　§ 21

Nr. 3) nicht der kostenorientierten Entgeltbildung unterliegen (§ 21 II 1, letzter Halbsatz), werden die Entgelte abweichend von den §§ 4–18 nach Maßgabe des § **19 GasNEV** auf der Grundlage eines Vergleichsverfahrens nach § 26 (Vergleich der Fernleitungsnetzbetreiber) gebildet. Dies ist dann der Fall, wenn die Behörde festgestellt hat, daß das Fernleitungsnetz zu einem überwiegendem Teil wirksamem bestehenden oder potentiellem **Wettbewerb** ausgesetzt ist (§ 3 II GasNEV, siehe zur Ausnahme von der kostenorientierten Entgeltbildung unten Rn. 157 ff.).

Das **Vorgehen zur Kostenermittlung** erfolgt geradezu lehrbuchmäßig (vgl. z. B. *Wöhe*, ABWL, S. 1081 ff., 1094, 1109) nach dem Dreischritt der Kostenrechnung (Abb. 3 kostenbasierte Entgeltermittlung, *Bericht der Kartellbehörden*, S. 27 f.; *Theobald*, IR 2004, 123 ff., 124): 83

Kostenermittlung

Stufen der kostenbasierten Entgeltermittlung
(Grundsätze der Entgeltbestimmung: §§ 3 Strom-/GasNEV)

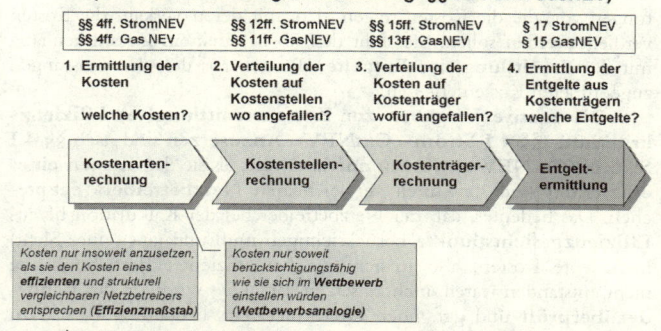

§§ 4ff. StromNEV §§ 4ff. Gas NEV	§§ 12ff. StromNEV §§ 11ff. GasNEV	§§ 15ff. StromNEV §§ 13ff. GasNEV	§ 17 StromNEV § 15 GasNEV
1. Ermittlung der Kosten welche Kosten?	2. Verteilung der Kosten auf Kostenstellen wo angefallen?	3. Verteilung der Kosten auf Kostenträgern wofür angefallen?	4. Ermittlung der Entgelte aus Kostenträgern welche Entgelte?
Kostenarten- rechnung	Kostenstellen- rechnung	Kostenträger- rechnung	Entgelt- ermittlung

Kosten nur insoweit anzusetzen, als sie den Kosten eines **effizienten** und strukturell vergleichbaren Netzbetreibers entsprechen (**Effizienzmaßstab**)

Kosten nur soweit berücksichtigungsfähig wie sie sich im **Wettbewerb** einstellen würden (**Wettbewerbsanalogie**)

▶ Gegenprobe der Ergebnisse im Rahmen des **Vergleichsverfahrens**
(§§ 22ff. StromNEV, §§ 21ff. GasNEV)

Abb. 3: Kostenbasierte Entgeltermittlung

– **Kostenarten:** welche Kosten sind angefallen?
Erfassung der entstandenen Kosten (z. B. Personal-, Kapitalkosten etc.) und Unterteilung in Einzel- und Gemeinkosten (dem Kostenträger direkt zuordenbare Kosten und dem Kostenträger nur indirekt über eine Schlüsselung zuordenbare Kosten, §§ 4 IV Strom-/Gas NEV, s. u.);

Groebel　　　507

– **Kostenstellen:** wo sind die Kosten angefallen?
Verteilung der Kosten auf Organisationseinheiten (Betriebsbereiche, spiegeln die Struktur des Netzes wider: Systemdienstleistungen Hochspannungs- oder Hochdrucknetz, Messung, Abrechnung etc., Anlage 2 Strom-/GasNEV);
– **Kostenträger:** wofür sind die Kosten angefallen?
für welche Leistungen, die die Kosten tragen und als Grundlage für die Entgeltermittlung (preispolitische Entscheidungen, z. B. Kalkulation einer Angebotspreisuntergrenze) dienen (z. B. Höchstspannungsebene setzt sich zusammen aus Höchstspannungsnetz plus Systemleistungen, Umspannung etc., Anlage 3 StromNEV).

84 Während also die **Kostenartenrechnung** dazu dient, die entstandenen Kosten nach Art der Kosten (s. o. zur Zusammensetzung der Kosten Rn. 76 f.) zu **erfassen,** wird bei der **Kostenstellenrechnung** die **Verteilung** der Kosten nach dem Ort bzw. der Organisationseinheit, in der diese angefallen sind, vorgenommen, weshalb bei den Stromkosten die Kostenwälzung, die die anteilige Verteilung der Kosten einer Netzebene auf die nachgelagerten Ebene beschreibt, hierzu zählt. Die **Kostenträgerrechnung** nimmt die **Zuordnung** der Kosten auf die Leistungen vor, die die Kosten tragen, d. h. mit deren Verkauf die Kosten verdient werden sollen. Sie steht deshalb in direktem Zusammenhang mit der **Ermittlung der Entgelte,** die sich aus den den Leistungen zugeordneten Kosten ergeben.

85 **6. Normative Vorgaben zur Kostenermittlung. a) Effizienzkriterium (§§ 4 I Strom-/GasNEV). Anzusetzen** sind nach **§§ 4 I Strom-/GasNEV** die Kosten **nur insoweit,** als sie den **Kosten eines effizienten** und strukturell vergleichbaren **Netzbetreibers** entsprechen. Das bedeutet, daß der Netzbetreiber bei der Kalkulation bereits **Effizienzgesichtspunkte** berücksichtigen muß und (aus seiner Sicht) ineffiziente Kosten, also Kosten, die bei effizienter Betriebsführung nicht entstanden wären, nicht ansetzen darf. Dies wird von der **Behörde überprüft** und ggf. noch **korrigiert.** Das bedeutet z. B. daß zu prüfen ist, ob Rationalisierungspotentiale bei Personalkosten ausgeschöpft wurden, denn es dürfen nur Kosten berücksichtigt werden, die sich auch im Wettbewerb einstellen würden.

86 **b) Verursachungsgerechte Zurechnung (Einzelkosten/Gemeinkosten).** Es wird eine möglichst **verursachungsgerechte** Kostenzuordnung (Kostenverursachungsprinzip) angestrebt (Auslegungsvermerk der GD Energie und Verkehr zu den Richtlinien 2003/54/EG und 2003/55/EG über den Elektrizitäts- und Erdgasbinnenmarkt zur „Rolle der Regulierungsbehörden" v. 14. 1. 2004 (im Internet abrufbar unter http://ec.europa.eu/energy/electricity/legislation/notes_for_im-

plementation_en.htm; Punkt 3.1 Netzzugang, 7 f.). Denn eine verursachungsgerechte Kostenzuordnung bedeutet zum einen verzerrungsfreie (diskriminierungsfreie) Entgeltstrukturen (s. o. Rn. 46 ff., 52, 59) und zum anderen werden **alle** Netznutzer **nur** mit den **Netz**kosten, die aus Einzel- und Gemeinkosten bestehen, belastet, d. h. es werden überhöhte Entgelte und die damit einhergehende Ausbeutung verhindert. **Einzelkosten** des Netzes sind dem Netz direkt zuzuordnen, §§ 4 IV 1 Strom-/GasNEV. **Gemeinkosten** (§§ 4 IV 2 Strom-/GasNEV), d. h. Kosten, die sich nicht direkt einer Leistung zuordnen lassen, weil sie für mehrere oder alle Leistungen der Kostenbereiche entstanden sind, sind deshalb über – möglichst verursachungsnahe – Schlüssel (in der Regel über die Kostenstellen) den Kostenträgern zuzurechnen (vgl. z. B. *Wöhe*, ABWL, S. 1081 ff., 1082; *Busse von Colbe*, TKMR-Tagungsband 2004, S. 23 ff., 29; s. auch *Kühling* (2004), S. 288, insb. Fn. 447 und 448). Die zugrundegelegten Schlüssel müssen **sachgerecht** sein und den Grundsatz der **Stetigkeit** beachten (§§ 4 IV Strom-/GasNEV), **Änderungen** sind nur zulässig, sofern diese **sachlich geboten** sind, die maßgeblichen Gründe hierfür sind nachvollziehbar und vollständig zu dokumentieren. Im Strombereich sind die Gemeinkosten über eine **verursachungsgerechte Schlüsselung** dem Elektrizitätsübertragungs- oder dem Elektrizitätsverteilernetz, im Gasbereich dem Gasversorgungsnetz zuzuordnen. Auch für Gemeinkosten gilt das **Erforderlichkeitsprinzip**, d. h. sie sind dem Netzbetrieb nur insoweit zuzuordnen, als sie für die effiziente Leistungserbringung notwendig sind (*Säcker* (2006), S. 9). So wäre es z. B. nicht sachgerecht, auf den Endkunden zielende Marketingkosten (Sponsoring) dem Netz zuzuordnen, weil sie nicht leistungsbezogen sind (a. A. *Salje*, EnWG, § 21, Rn. 37 f.).

Zur Verhinderung willkürlicher Änderungen von Schlüsselungen, mit denen Gemeinkosten zwischen den Bereichen (v. a. zwischen Netz und Vertrieb) verschoben (bzw. „verschleiert") werden, hat der Verordnungsgeber diese gleich an zwei Bedingungen geknüpft: Schlüssel müssen **stetig** sein (Schlüsselungsstetigkeit) und Änderungen sind nur zulässig, sofern sie **sachlich geboten** sind, wofür der Netzbetreiber die Gründe zu dokumentieren hat. Dies setzt v. a. wegen des Prinzips der **Nicht-Veränderbarkeit** hohe Hürden. Ebenso wichtig ist die Pflicht zu einer vollständigen Dokumentation der Schlüssel (§§ 4 IV Strom-/GasNEV) und der Ermittlung der Kosten insgesamt (§§ 28 Strom-/GasNEV), weil so Doppelverrechnungen (eher) offen gelegt werden. Mit **§ 25 StromNEV** und **§ 24 GasNEV (Kostenstruktur)** wurde der Behörde eine spezielle Befugnis zur Überprüfung der **Sachgerechtigkeit der Gemeinkostenschlüssel** im Rahmen von Vergleichen eingeräumt. Der Verordnungsgeber hat die Negativwirkungen falsch zugerechneter Gemeinkosten für den Wettbewerb erkannt und durch explizite Regelungen versucht, die bisherigen Gestaltungsspielräume der VV II Strom Plus (in den sog. Preisfindungsprinzipien in Anlage 3 sind hierzu nämlich keine Ausführungen enthalten) einzuengen.

88 Im Bereich der **telekommunikationsrechtlichen** Entgeltregulierung sind die materiellen Grundsätze bezüglich der Schlüsselung von Gemeinkosten **allgemeiner** gehalten. Nach § 33 II Nr. 2 TKG sind *plausible* Mengenschlüssel für die Kostenzuordnung zu den einzelnen Diensten des Unternehmens darzulegen (*Busse von Colbe* geht allerdings davon aus, daß damit eine verursachungsnahe Schlüsselung der Gemeinkosten gemeint ist, *Busse von Colbe,* TKMR-Tagungsband 2004, S. 23 ff., 29).

89 **Ursache überhöhter Gemeinkosten** kann also zum einen sein, daß diese aufgrund z. b. aufgeblähter (überbesetzter, ineffizient arbeitender und schlecht organisierter) allgemeiner Verwaltungsbereiche (Personalkosten von innerbetrieblichen Serviceeinrichtungen oder höheren Leitungsebenen, die für mehrere Bezugsobjekte eingesetzt werden oder verantwortlich sind) absolut zu hoch sind oder mehrfach verrechnet wurden (überhöhtes Niveau) und/oder daß zum anderen eine nicht verursachungsgerechte Zuschlüsselung erfolgte, d. h. es werden mehr Gemeinkosten dem Netzbetrieb zugeordnet, als dort entstanden sind (fehlerhafte Zuordnung, gleichbedeutend mit einer Quersubventionierung der Aktivitäten in den vor- und nachgelagerten Wettbewerbsmärkten aus dem Netz; siehe zum Problem der Gemeinkostenzuschlüsselung auch *Koenig/Schellberg,* RdE 2005, 1 ff., 2 und Fn. 7; *Kühling/el-Barudi,* DVBl. 2005, 1470 ff., 1476; s. o. Rn. 51 f.).

90 Wegen der großen Bedeutung überhöhter und nicht verursachungsgerecht geschlüsselter **Gemeinkosten** ist deren Prüfung ein Schwerpunkt der BNetzA in der ersten Runde der Entgeltgenehmigungen gewesen. Als Indiz für überhöhte Gemeinkosten hat die Beschlußkammer folgende Faktoren gewertet:
– ein vergleichsweise hoher Anteil der Gemeinkosten an den Gesamtkosten des Netzes, wobei den Vergleichsmaßstab die Gemeinkostenansätze aller in der Genehmigungsperiode geprüften Netzbetreiber bilden;
– Personalzusatzkosten sind der Höhe nach anerkennungsfähig, wenn sie in einem angemessenen Verhältnis zu den Personalkosten stehen, das bedeutet 25% der Personalkosten nicht übersteigen (BK8-05/19, 5 f. des amtlichen Umdrucks).

91 **7. Periodenübergreifende Saldierung (§ 11 StromNEV, § 10 GasNEV).** Nach § 15 II StromNEV (§ 15 V GasNEV) sind die Netzentgelte so zu kalkulieren, daß die **Differenz** aus den tatsächlich

erzielten Erlösen und den zu deckenden Netzkosten nach dem Ende der **bevorstehenden Kalkulationsperiode möglichst gering ist.** Netzentgelte hängen deshalb außer von den zuvor ermittelten Netzkosten, die über ein jährliches Entgelt, das aus einem Jahresleistungspreis in Euro pro Kilowatt und einem Arbeitspreis in Cent pro Kilowattstunde (§ 17 II StromNEV; zu den Einzelheiten der Entgeltberechnung im Gasbereich siehe § 13 II GasNEV) besteht, gedeckt werden, von der **prognostizierten Absatzmenge** ab. Diese ist abhängig von der Absatzstruktur (Anlage 5 StromNEV), für die die Verprobung gem. § 20 StromNEV vorgeschrieben ist. Für die Gasnetzentgelte ist das Buchungsverhalten der Netznutzer für unterschiedliche Kapazitätsprodukte (insbesondere hinsichtlich unterbrechbarer und unterjähriger Kapazitäten) zu beachten (§ 15 V GasNEV), die Verprobung ist in § 16 GasNEV geregelt. Da Erlöse (E) das Produkt aus Entgelten (p) × prognostizierter Menge (m^e) sind, die zuvor ermittelten Kosten (K) zu decken haben, lassen sich über eine Unterschätzung der Menge die Entgelte erhöhen, was bei höherer tatsächlicher Absatzmenge (m^t) zu **Kostenüberdeckung** führt, denn die tatsächlichen Erlöse (E^t) fallen höher als zur Kostendeckung erforderlich aus ($E^t = p \times m^t > K = p \times m^e \Leftrightarrow m^t > m^e$). Um den ansonsten (vgl. z.B. die Lücke in den Preisfindungsprinzipien in Anlage 3 der VV II Strom Plus, die keinen Abgleich vorsieht) bestehenden Anreiz zu einer systematischen Unterschätzung der prognostizierten Absatzmenge auszuschalten, wurde die **periodenübergreifende Saldierung** (§ 11 StromNEV, § 10 GasNEV; s. auch Begründung StromNEV-RE v. 14. 4. 2005, BR-Drucks. 245/05, S. 37 sowie Begründung GasNEV-RE v. 14. 4. 2005, BR-Drucks. 247/05, S. 31; *Müller-Kirchenbauer/Thomale,* IR 2004, 148 ff., 150) eingeführt, d. h. ein **Abgleich** vorgeschrieben. Diese sieht vor, daß eine positive (negative) **Differenz** zwischen den erzielten Erlösen und den zu deckenden Netzkosten in den drei Folgeperioden kostenmindernd (kostenerhöhend) zu **verrechnen** ist, d. h. es wird ein Vergleich zwischen den tatsächlich erzielten Erlösen und den zu deckenden Kosten durchgeführt und die Differenz saldiert.

Da die Entgelte für die bevorstehende Kalkulationsperiode (t + 1) bestimmt werden und die tatsächlich erzielten Erlöse, mit denen die ermittelten Kosten zu decken sind, somit immer erst im nachhinein feststehen und auch die Überprüfung immer erst nachträglich vorgenommen werden kann, ist die Vorgabe, die Differenz zwischen zu deckenden Kosten und tatsächlich erzielten Erlösen zu minimieren, eine notwendige Ergänzung, um ein **Abweichen** von den geprüften (und nach dem Maßstab für zulässig erachteten) **Kosten über Mengeneffekte** zu **verhindern** (zur Behandlung von Mengeneffekten nach

§ 21a III, der gem. §§ 32 IV Strom-/GasNEV § 11 StromNEV bzw. § 10 GasNEV ablöst, s. u. § 21a, Rn. 26). Die **Saldierung** nach § 11 StromNEV, § 10 GasNEV bedeutet lediglich eine periodenübergreifende **Verrechnung der Differenz** aufgrund der Mengenabweichung, es erfolgt keine Anpassung der bereits gem. § 23a EnWG geprüften und normativ korrigierten Kosten. M. a. W. die in der entsprechenden Kalkulationsperiode tatsächlich angefallenen Kosten spielen im Rahmen der periodenübergreifenden Saldierung keine Rolle (skeptisch *Steurer*, Die Methodik der periodenübergreifenden Saldierung der neuen Netzentgeltverordnungen – Schon jetzt ein zahnloser Tiger?, IR 2006, 271 ff., 272). Das heißt z. b. wenn in der betrachteten Periode höhere als die mit den Entgelten „genehmigten" Kosten entstanden sind, gehen diese zulasten des Unternehmens, nicht der Netznutzer.

93 **Anders** als bei der **telekommunikationsrechtlichen Entgeltregulierung,** bei der das Entgelt unter bestimmten Annahmen bezüglich der Absatzmenge (bzw. der Auslastung) bestimmt wird und keine nachträgliche Kontrolle der Kostendeckung erfolgt, d. h. das Auslastungsrisiko vollständig bei dem regulierten Unternehmen verbleibt, erfolgt im Energiesektor eine solche. In diesem Punkt unterscheiden sich beide Entgeltregulierungsmodelle, was auf die unterschiedliche Herangehensweise bei der Kostenkontrolle zurückzuführen ist (zu den Implikationen für die Berechnung des Eigenkapitalzinssatzes, insb. des Wagniszuschlags, s. u. Rn. 123; *Koenig/Schellberg*, RdE 2005, 1 ff., 4). Während im Energiesektor die Vorgaben zur Ermittlung der entstandenen [Ist-] Kosten wesentlich detaillierter sind (s. o. Rn. 80) und zur Bestimmung der effizienten Kosten nur der allgemeine Grundsatz (nur soweit sie sich im Wettbewerb einstellen) vorgegeben wird, ist es im Telekommunikationssektor genau umgekehrt. Im TKG werden die Kosten der effizienten Leistungsbereitschaft als langfristige Zusatzkosten konkretisiert (§ 31 II TKG), aber keine exakten Vorgaben zur Ermittlung der entstandenen Kosten gemacht. D. h. die „Denkrichtungen" (Berechnungslogiken) sind – bei gleichem Prüfmaßstab (Effizienzkriterium, s. o. Rn. 66) – entgegengesetzt: bei der Entgeltregulierung im Energiesektor wird von der Istkostenseite hin zu den Sollkosten gedacht, während im Telekommunikationssektor die Istkosten von der normativen Kostengröße aus betrachtet werden. Im Energiesektor bleiben die „genehmigten [normativ korrigierten] Istkosten" dann aber auch „stehen", während sie sich im Telekommunikationsbereich aus der abgesetzten Menge ergeben und die Differenz vom Netzbetreiber getragen wird (bzw. bei diesem verbleibt. (s. o. Rn. 27 und zu § 21a, Rn. 1).

94 **8. Gegenüberstellung von Strom-/GasNEV und Verbändevereinbarungen.** Entscheidend für die **Bewertung der Regelungen**

der **Strom-/GasNEV** (und den Vergleich zu den Preisfindungsprinzipien in Anlage 3 der VV II Strom Plus bzw. dem Kalkulationsleitfaden für den Netzzugang bei Erdgas (Anlage 9 zur Verbändevereinbarung zum Netzzugang bei Erdgas v. 3. 5. 2002 [VV II Gas], Bundesanzeiger Nr. 87 b v. 14. 5. 2002) wird sein, inwiefern die Vorgaben bezüglich der Kosten- und Netzentgeltermittlung dem Erfordernis der **Wettbewerbsbezogenheit** genügen, denn nicht alles, was betriebswirtschaftlich erlaubt ist, ist unter dem regulatorisch im Vordergrund stehenden Aspekt, ein Entgelt zu ermitteln, das den Kosten eines effizienten und strukturell vergleichbaren Netzbetreibers entspricht, energierechtlich (§ 21 II EnWG i. V. m. §§ 4 I Strom-/GasNEV) zulässig. Da nur die Kosten, die sich im Wettbewerb einstellen würden, berücksichtigt werden dürfen, sind stets die Zurechnungsmethoden zu wählen, die den größten Wettbewerbsbezug aufweisen (vgl. *Bericht der Kartellbehörden*, 30). Es ist folglich zu fragen, ob mit den Regelungen der StromNEV/GasNEV die Spielräume bei der Kostenzuordnung (und damit das Potential für eine mißbräuchliche Preisgestaltung), die in den Preisfindungsprinzipien (Anlage 3 der VV II Strom Plus) und dem Kalkulationsleitfaden (Anlage 9 der VV Erdgas) enthalten waren (vgl. zur Kritik an den Preisfindungsprinzipien der VV II Strom Plus z. B. *Engelsing*, BerlK-EnR, § 19 GWB, Rn. 326 ff., 332 ff.; *Säcker/Boesche*, BerlK-EnR, § 6, Rn. 93–94, 98; zur Berechnung *Zimmermann*, Die kalkulatorischen Kosten bei der Kalkulation von Netznutzungsentgelten, Gutachten im Auftrag des BKartA (2003); zur Sicht der Energiewirtschaft *Männel*, Gutachten zu den Preisfindungsprinzipien der Verbändevereinbarung VV II plus vom 13. 12. 2001 und 23. 4. 2002 (2003); knapp zur Sicht der Wettbewerber *Bundesverband neuer Energieanbieter (BNE)*, Chronik der Verbändevereinbarung 1/2005, im Internet abrufbar unter: http://www.neue-energieanbieter.de/energiemarkt/chronik/index.html), jetzt wirksam über das Instrumentarium der Ex-ante-Prüfung eingeschränkt werden können, obwohl die Kalkulationsprinzipien der Verbändevereinbarungen (VVII Strom Plus für die StromNEV, VV II Gas für die GasNEV), die auf die tatsächlichen Kosten der Netzbetreiber abstellen, den Ausgangspunkt bildeten (Monopolkommission, XVI. Hauptgutachten 2004/2005, Rn. 32 f.; die Gemeinsamkeiten betonend *Schmidt-Preuß*, N&R 2004, 90 ff.).

Zwei Kritikpunkten hinsichtlich zu weiter Regelungen der VV II Strom Plus wurde schon begegnet: die Vorgabe verursachungsgerechter Gemeinkostenschlüssel (§§ 4 IV Strom-/GasNEV) und der periodenübergreifenden Saldierung (§ 11 StromNEV, § 10 GasNEV) zur Vermeidung systematisch unterschätzter Absatzmengen. Ein weiterer Punkt ist der Ausschluss von Angebotspreisen bei der Ermittlung der Tages-

§ 21 Teil 3. Regulierung des Netzbetriebs

neuwerte. Hier wird die Indizierung über die Preisreihen des StBuA (§§ 6 III Strom-/GasNEV) vorgeschrieben, um eine überhöhte Bewertung des Anlagevermögens zu verhindern. Zur Vermeidung einer Überbewertung des Anlagevermögens dient auch die Vorgabe der Nutzungsdauern für die Anlagekategorien nach Anlage 1 Strom-/GasNEV sowie die Vermutungsregel zur Ermittlung der kalkulatorischen Restwerte in §§ 32 III Strom-/GasNEV, mit der eine Mehrfachverrechnung von Abschreibungen ebenso ausgeschlossen werden soll wie mit dem Verbot von Abschreibungen unter Null (§§ 6 VI, VII Strom-/GasNEV). Darüber hinaus tragen die **Netzbetreiber die Darlegungslast** für die tatsächlich zugrunde gelegten Nutzungsdauern, d. h. sie müssen die Abschreibungen für die gesamte Abschreibungszeit nachweisen (*OLG Düsseldorf*, B. VI-3 Kart 289/06 (V), 15). Des weiteren ist keine Scheingewinnbesteuerung als kostenerhöhender Faktor mehr zugelassen. Auf diese die **Gestaltungsspielräume** einzeln und in der Summe **erfolgreich beschränkenden Vorschriften** wird im folgenden bei der Darstellung der Kapitalkostenermittlung als einem wesentlichen Kostenblock ein besonderes Augenmerk gelegt werden (siehe allg. zur Einengung der bisher im Rahmen der VV II Strom Plus-Kalkulationsprinzipien bestehenden Möglichkeiten zur „aktiven Kostengestaltung" *Cohnen/Latkovic/Wagner*, Der Entwurf der Strom-Netzentgeltverordnung – Anreizregulierung durch die Hintertür?, emw 4/2004, 26 ff.; *Müller-Kirchenbauer/Thomale*, IR 2004, 148 ff.).

96 9. Behördliches Prüfschema. An die o. a. **Vollständigkeitsprüfung** (Rn. 79) schließt sich die **Einzelprüfung** an, d. h. die Prüfung der Einhaltung der materiellen Vorgaben der Strom-/GasNEV und des Kostenmaßstabs (Effizienzkriterium). Dabei werden zunächst die von dem Antragsteller vorgelegten Kostenkalkulationen einer **systematische** Betrachtung in bezug auf die Ermittlungsvorgaben unterzogen. Wie o. a. hat die Behörde in der ersten Runde der Entgeltgenehmigungen wegen der Vielzahl der zeitgleich durchzuführenden Verfahren nicht das volle Prüfprogramm durchführen können (Rn. 22), sondern sich auf Prüfungsschwerpunkte bezüglich der Einhaltung der materiellen Vorgaben der Strom-/GasNEV beschränkt. Das Prüfraster enthält außer den o. a. Punkten der Gemeinkostenaufteilung (s. o. Rn. 90), der Abweichung der Planwerte von den Istwerten (und der Verlustenergie) wegen der großen Bedeutung der **kalkulatorischen Kostenarten** für die Gesamtkosten die folgenden Schwerpunkte:
– Berechnung des Sachanlagevermögens, d. h. im einzelnen:
  – Restwertermittlung nach § 32 III StromNEV,
  – Tagesneuwertberechnung (Indizierung § 6 III);
– Berechnung der Eigenkapitalverzinsung (§ 7);

Bedingungen und Entgelte für den Netzzugang 97, 98 § 21

– Berechnung der Fremdkapitalverzinsung (§ 5 II);
– Berücksichtigung der Gewerbesteuer (§ 8);
– Kein Ansatz von Tagesneuwerten bei Grundstücken.

Bei den einzelnen Punkten können sich je nach Anzahl der Berechnungsschritte auch mehrere Prüfschritte ergeben. Die Einzelprüfung wird mit den **individuellen Prüfungsfeststellungen** der von dem Unternehmen berechneten Kostenpositionen, d. h. der Feststellung der **konkreten** Abweichungen zu den Ermittlungsvorgaben und der daraus folgenden Kürzungen sowie der Umrechnung in genehmigte Entgelte (Preisblatt) durch die Behörde abgeschlossen.

III. Prüfung der kalkulatorischen Kosten im einzelnen

Gemäß §§ 4 II 1 Strom-/GasNEV sind zur Bestimmung der Netzkosten die kalkulatorischen Kosten zu berechnen. §§ 4 II 2 Strom-/GasNEV zählen die relevanten Kosten im einzelnen auf. Von besonderer Bedeutung sind dabei die Kapitalkosten. Zur Ermittlung der **Kapitalkosten,** d. h. der kalkulatorischen Abschreibungen und der zulässigen kalkulatorischen Eigenkapitalverzinsung sowie der Fremdkapitalzinsen, ist die **Bewertung des Sachanlagevermögens** erforderlich (vgl. hierzu und im folgenden BK8-05/19, 7 ff.). Allgemein dienen **Abschreibungen** dazu, den Wertverzehr des Anlagevermögens über die Nutzungsdauer hinweg **kalkulatorisch** zu erfassen und ermöglichen am Ende der Nutzungsdauer seine Wiederbeschaffung (s. hierzu z. B. *Wöhe,* ABWL, S. 1088 ff.; Begründung StromNEV-RE v. 14. 4. 2005, BR-Drucks. 245/05, S. 33). Die die Wertminderungen des **betriebsnotwendigen** Anlagevermögens erfassenden Abschreibungen sollen so bemessen sein, daß ein langfristig angelegter leistungsfähiger und zuverlässiger Netzbetrieb gewährleistet ist, §§ 6 I Strom-/GasNEV. Damit werden dem Netzbetreiber sowohl die **Wirtschaftlichkeit** (leistungsfähig) als auch die **Sicherheit** (zuverlässig) des Netzbetriebs zur Bedingung gemacht, die er bei der Kostenkalkulation zu berücksichtigen hat, so daß auch bei der Sicherheit der Kostenaspekt zu beachten ist, während umgekehrt bei den Kosten die Sicherheit nicht außer acht gelassen werden darf (s. o. Rn. 67). Die gem. § 6 II–VII berechneten **kalkulatorischen** Abschreibungen **treten** insoweit **an die Stelle** der entsprechenden **bilanziellen Abschreibungen,** § 6 I 2.

1. Kalkulatorische Abschreibung nach §§ 6 Strom-/GasNEV.
a) Unterschiedliche Kapitalerhaltungskonzepte bei Alt- und Neuanlagen. Nach §§ 6 I 3 Strom-/GasNEV ist bei der kalkulatorischen Abschreibung zu unterscheiden zwischen Anlagegütern, die vor dem 1. 1. 2006 aktiviert wurden (Altanlagen) und Anlagegütern,

97

98

die ab dem 1. 1. 2006 aktiviert wurden (Neuanlagen). Konsequenz der **Leistungsbezogenheit** der Kostenermittlung ist das für Neuanlagen geltende **Realkapitalerhaltungskonzept** (§§ 6 I und IV Strom-/GasNEV), bei dem von den jeweiligen historischen **Anschaffungs- und Herstellungskosten** ausgegangen wird. Es soll nicht mehr per se die in der Vergangenheit aufgebaute Substanz erhalten werden, sondern das für die Erstellung der Leistung langfristig (zukünftig) notwendige Netz. Denn bei einer auf die Substanzerhaltung gerichteten Methode wie der **Nettosubstanzerhaltung,** die für Altanlagen gilt, wird unterstellt, daß auch für überdimensionierte und in ihrer technischen Ausstattung überholte Netze wegen der **Tagesneubewertung für den eigenfinanzierten Teil** (§ 6 II Nr. 1 und III) Mittel zur Wiederbeschaffung verdient werden müssen. Dies ist jedoch nicht der Fall und stellt einen **Verstoß gegen das Effizienzgebot** da, weil diese Mittel für die Erhaltung des für die Leistungserbringung erforderlichen Netzes nicht benötigt werden, es also zu einer Überbezahlung käme. Rechnerisch ergibt sich dies dadurch, daß die Anschaffungswerte der ursprünglich vorgenommenen Investitionen einfach mit einem Index (s. u. Rn. 107) auf den Tagesneuwert (Wiederbeschaffungswert) hochgerechnet werden, auch wenn es sich um veraltete (ineffizienten) Netzstrukturen handelt, also unabhängig davon, ob die vorhandene Kapazität noch benötigt wird oder neue Technologien effizientere Netzstrukturen erlauben. Gedanklich läßt sich die Überbezahlung in einen Preis- und einen Mengeneffekt aufspalten, wobei letzterer wiederum in den Kapazitäts- und den Technikeffekt unterteilt werden kann. Mit dem Preiseffekt wird die Tagesneuwertberechnung mittels Indexierung beschrieben, der Kapazitätseffekt bezieht sich auf die Dimensionierung und der Technikeffekt erfaßt die technische Ausstattung und den Einsatz neuer – effizienterer – Technologien, die eine kostengünstigere Produktion gestatten. Die **Überbezahlung** ist dann das Ergebnis aus **Überbewertung** (bei Verwendung von Indizes, die zu einem überhöhten Tagesneuwert führen), **Überdimensionierung** (Einbeziehung nicht mehr benötigter Kapazitäten) und **„Überalterung"** (Fortschreibung alter/vorhandener Technik; siehe auch die Beispielsrechnung bei *Säcker,* AöR 2005, 180 ff., 210 f.; s. u. Rn. 144).

99 Das **Effizienzgebot** erfordert den Erhalt des Netzes wie es zur Leistungserstellung gebraucht wird, nicht der vorhandenen Substanz als solcher (a. A. *Schmidt-Preuß,* ET 2003, 758 ff., der ein eher statisches Verständnis erkennen läßt, während *Koenig/Schellberg* (RdE 2005, 1 ff., 2) das Effizienzpostulat zurecht dynamisch deuten und von *„anpassungsfähigen* Investitionen" sprechen, siehe hierzu auch unten Rn. 123, 128). Es wird also gefragt, was ein effizienter Netzbetreiber aus heutiger Sicht

(zum Bewertungs-/Prüfungszeitpunkt) investieren muß, **um die Leistung zu produzieren**. Denn das Netz würde heute nicht mehr spiegelbildlich neugebaut, sondern unter heutigen technologischen und nachfrageseitigen Bedingungen, woraus sich die relevanten Kosten, die in der Kalkulation zu berücksichtigen sind, ergeben. Ansonsten würden Fehlentscheidungen der Vergangenheit (z. B. aufgrund einer falschen Wachstumsprognose, die zu − ineffizientem − Leerstand führt, sprich *stranded/over investment;* vgl. *Säcker,* AöR 2005, 180 ff., 209 ff.; *ders.* (2004), S. 28 f.) perpetuiert, in die Preise einkalkuliert und auf die Netznutzer abgewälzt. Das Risiko hinsichtlich der Dimensionierung (Kapazität) und der Struktur des Netzes (einschließlich der technischen Ausstattung bzw. der Netzplanung im allgemeinen, i. e. das **Netzplanungsrisiko**) ist Teil des vom Betreiber zu tragenden unternehmerischen Risikos, das über den Wagniszuschlag mit der Eigenkapitalverzinsung abgegolten wird (s. u. Rn. 123) und nicht noch einmal in Form überhöhter Preise verrechnet werden darf.

Der **Wechsel** von dem betriebswirtschaftlich nicht anerkannten **Nettosubstanzerhaltungskonzept** zur **Realkapitalerhaltung** für **Neuanlagen** erfolgt also aus ökonomischer Perspektive **zu recht**. Allerdings wird es sich unmittelbar wegen des Stichtags 1. 1. 2006 nur beschränkt auswirken. Wegen der großen Bedeutung des Kapitalkostenblocks war die Wahl des Kapitalerhaltungskonzepts (neben der Behandlung des Eigenkapitalzinssatzes) eine der umstrittensten Entscheidungen der parlamentarischen Beratungen, die erst am Ende mit der Vermittlungsausschusssitzung feststand (zur Entstehungsgeschichte s. o. Rn. 38 ff. sowie *Büdenbender,* ET 2005, 642 ff., 652; zum Konzept der Nettosubstanzerhaltung *Busse von Colbe,* BerlK-TKG, Vor § 27, Rn. 52 f.; zur Gegenüberstellung der Konzepte aus kartellrechtlicher Sicht *Engelsing,* BerlK-EnR, § 19, Rn. 340 ff.; zur Begründung des Nettosubstanzerhaltungsprinzips siehe auch die Gutachten im Auftrag der Energiewirtschaft von *Sieben/Maltry,* Nutzungsentgelte für elektrische Energie. Gutachten zu den Grundsätzen der Bestimmung von Netznutzungsentgelten für elektrische Energie auf Basis einer Kostenermittlung unter besonderer Berücksichtigung der Unternehmenserhaltung (2002) und *Männel,* Preisfindungsprinzipien der Verbändevereinbarung VV II plus (2003); *ders.,* Kalkulation des künftigen stromverteilungsspezifischen Regulierungskonzeptes (2004); *Schmidt-Preuß,* Substanzerhaltung und Eigentum (2003); *ders.,* S. 758 ff.; *ders.,* N&R 2004, 90 ff.; *ders.,* N&R 2005; 51 ff.; *Kaldewei/Kutschke/Simons,* Nettosubstanzerhaltung − ein ausgewogenes Kalkulationsmodell, ET-Special 2005, 17 ff.; zur Sicht der Wettbewerber und (industriellen) Großverbraucher *Positionspapier von BNE/VCI/VEA/VIK/ZDH* v. 14. 1.

2004 Vergleich von Nettosubstanzerhalt und Realkapitalerhalt: Schlanke Regulierung nur bei Realkapitalerhalt möglich; *v. Hammerstein/ Schlemmermeier,* Nettosubstanzerhaltung, Realkapitalerhaltung und Effizienz, VIK-Mitteilungen 4–2004, 78 ff.; *Bauer/Bier/Weber,* Nettosubstanzerhaltung vs. Realkapitalerhaltung im regulierten Umfeld, ET-Special 2005, 12 ff.; *Borchers,* Abschreibungsmethoden und Netznutzungsentgelte in der Energiewirtschaft, BNE-Kompass 01/2005 – Nettosubstanzerhaltung vs. Realkapitalerhaltung).

101 In der Benennung des Zwecks der **Abschreibungen** als den zum Erhalt der **langfristig angelegten Leistungsfähigkeit** des Netzbetriebs erforderlichen, wird Bezug genommen auf das Postulat der BRL (zu den europarechtlichen Vorgaben s. o. Rn. 36 u. Rn. 92), daß die Tarife oder Methoden so zu gestalten sind, daß die notwendigen Investitionen in die Netze so vorgenommen werden können, daß die Lebensfähigkeit der Netze gewährleistet ist", denn **Lebensfähigkeit** läßt sich mit langfristiger **Leistungsfähigkeit** übersetzen.

102 Das für die Entgeltregulierung des Energiesektors gewählte Kapitalerhaltungskonzept **unterscheidet** sich von dem in der **telekommunikationsrechtlichen Entgeltregulierung** verwendeten insofern, als daß dort auf **Wiederbeschaffungswerte** für ein heute neu zu errichtendes Telekommunikationsnetz abgestellt wird. In diesem Sektor wird **Infrastrukturwettbewerb** für möglich gehalten und es werden effiziente Infrastrukturinvestitionen gefördert (§ 2 II Nr. 3 TKG). Die abzubildende ökonomische Fragestellung, die die relevanten Kosten bestimmt, ist daher die der „*Make-or-buy*-Entscheidung". Ein in den Markt eintretender Netzbetreiber kann und muß also zwischen der Investition in ein eigenes Netz und dem Vorleistungsbezug entscheiden, während Energienetze nach wie vor als natürliche Monopole (Durchleitungswettbewerb) gesehen werden (vgl. Monopolkommission, XVI. Hauptgutachten 2004/2005, Rn. 14 sowie oben Abb. 1; *Groebel,* BerlK-TKG, § 31, Rn. 28 ff., 30, zur Ermittlung der Gesamtnetzinvestition auch § 35, Rn. 27 ff.) und deshalb mit dem Übergang zur Realkapitalerhaltung für Neuanlagen komplett auf die Anschaffungs- und Herstellungskosten abstellt. Hinsichtlich der aus dem Effizienzgebot folgenden Berücksichtigung **nur des zur Leistungserstellung benötigten** ([TKG:] eingesetzten = betriebsnotwendigen [EnWG]) **Kapitals** besteht indessen kein Unterschied zwischen den Entgeltregulierungsvorschriften des TKG und des EnWG.

103 Die für den Energiebereich in §§ 6 I 3 und II Strom-/GasNEV getroffene Unterscheidung für unterschiedliche Kapitalerhaltungskonzepte bei Alt- und Neuanlagen läßt sich wie folgt darstellen (Abb. 4):

Kapitalerhaltungskonzepte

Altanlagen:
Aktivierung
bis 31.12.2005

Neuanlagen:
Aktivierung
ab 1.1.2006

Nettosubstanzerh.		Realkapitalerhaltung
TNW (EK) / AHK (FK)	kalk. Abschreibungen	AHK
Realzins auf betriebsnotwendiges EK zu TNW / AHK (FK-Zinsen nach GuV)	kalk. Zinsen	Nominalzins auf Gesamtkapital zu AHK
Anlagen(gruppen)-spezifisch über TNW	Inflationierung	einheitlich über (Nominal)Zins

Legende: AHK – Anschaffungs-/Herstellungskosten, EK – Eigenkapital, FK – Fremdkapital, GuV – Gewinn- und Verlustrechnung, TNW – Tagesneuwerte.

Abb. 4: Kapitalerhaltungskonzepte bei Alt- und Neuanlagen

Die Abschreibungs- und Zinshöhe hängt von dem Mengengerüst und der Bewertung des Sachanlagevermögens sowie dessen Nutzungsdauer ab.

Für die **Bewertung des Sachanlagevermögens** (Kabel, Freileitungen, Stations-, Umspanneinrichtungen, Hauptverteilerstationen etc.) nach der für **Altanlagen** vorgeschriebenen Methode der Nettosubstanzerhaltung müssen die folgenden Größen bestimmt werden:
– die historischen Anschaffungs- und Herstellungskosten;
– die Tagesneuwerte (mittels Indexierung);
– die Restwerte (einschließlich der Restnutzungsdauern).

Für **Neuanlagen** sind die kalkulatorischen Abschreibungen durchgängig ausgehend von den jeweiligen historischen AHK nach der linearen Abschreibungsmethode zu bestimmen, §§ 6 IV Strom-/GasNEV.

b) Anschaffungs- und Herstellungskosten (§§ 6 II 2 Nr. 2, VI Strom-/GasNEV). Bei den Angaben der Netzbetreiber ist insbeson-

§ 21 107 Teil 3. Regulierung des Netzbetriebs

dere zu prüfen, ob die **historischen Anschaffungs- und Herstellungskosten** gem. §§ 6 II 2 Nr. 2 Strom-/GasNEV erfaßt und abgeleitet wurden, um die Vorgabe des § 21 II 2 EnWG „in größtmöglichem Umfang" zu erfüllen (vgl. Begründung StromNEV-RE v. 14. 4. 2005, BR-Drucks. 245/05, S. 34). Es sind deshalb die bei der erstmaligen Aktivierung **ursprünglich angesetzten Anschaffungs- und Herstellungskosten** den Kalkulationen zugrundezulegen, d. h. spätere Änderungen während des Nutzungsverlaufs wie etwa die Verwendung eines Sachzeitwertes bei einem Netzkauf sind nicht zulässig, weil es dadurch zu einer **Mehrfachfinanzierung** und zu einer Abschreibung über den ursprünglich angesetzten Abschreibungszeitraum hinaus (Abschreibung unter Null) kommen würde (vgl. BK8-05/19, 7 des amtlichen Umdrucks). Beides hat der Verordnungsgeber explizit ausgeschlossen: §§ 6 VI Strom-/GasNEV verbietet die Abschreibung unter Null und § 6 VII sieht ausdrücklich vor, daß Änderungen an den Eigentumsverhältnissen bei der Ermittlung der kalkulatorischen Abschreibungen ohne Auswirkungen bleiben (BK8-05/19, 8 des amtlichen Umdrucks; Begründung StromNEV-RE v. 14. 4. 2005, BR-Drucks. 245/05, S. 35; Begründung GasNEV-RE v. 14. 4. 2005, BR-Drucks. 247/05, S. 29). Beide Absätze sind eindeutig, insbesondere § 6 VI schließt konsequent alle Varianten einer Erhöhung der ursprünglichen Kalkulationsgrundlage aus:
– kalkulatorischer Restwert beträgt Null nach Ablauf des ursprünglich angesetzten Abschreibungszeitraums (§ 6 VI 1);
– Wiederaufleben des kalkulatorischen Restwerts ist unzulässig (§ 6 VI 2);
– bei Veränderung der ursprünglich angesetzten Abschreibungsdauer ist sicherzustellen, daß keine Erhöhung der Kalkulationsgrundlage erfolgt; in diesem Fall bildet der jeweilige Restwert zum Zeitpunkt der Umstellung der Abschreibungsdauer die Grundlage der weiteren Abschreibung (§ 6 VI 3, 4);
– neuer Abschreibungsbetrag ergibt sich durch Division: *Rest*wert/*Rest*nutzungsdauer (§ 6 VI 5);
– es erfolgt keine Abschreibung unter Null (§ 6 VI 6).

107 **c) Tagesneuwert (§§ 6 II 2 Nr. 1, III Strom-/GasNEV).** Für die **Tagesneuwertermittlung** mittels **Indexierung** ist zu prüfen, ob diese gemäß §§ 6 III Strom-/GasNEV erfolgte. Nach § 6 III 1 ist der Tagesneuwert der unter Berücksichtigung der **technischen Entwicklung** maßgebliche Anschaffungswert zum jeweiligen **Bewertungszeitpunkt.** Dies gestattet Anpassungen an den jeweiligen technischen Stand und ist – wie oben dargelegt – Ausfluß des Effizienzgebots (Rn. 98), denn ansonsten würde schematisch unterstellt, „daß die gleichen Güter auch bei einer zukünftigen Erneuerung des Netzes erforderlich sind" (*Säcker* (2006), S. 10). Sodann schreibt § 6 III 2 vor, daß zur Umrechnung der historischen AHK (s. o.) auf Tagesneuwerte (TNW) anlagenspezifische oder anlagengruppenspezifische Preisindizes, die auf den **Indexreihen des Statistischen Bundesamtes beruhen** (Veröffentlichungen des StBuA „Preise und Preisindizes", Fachserie 16 und 17) zu verwenden sind. Insoweit diese nicht unmittelbar auf das Sachanlagevermögen der EVU zugeschnitten sind, ist eine Anpassung an die netzwirtschaftlichen Verhältnisse erforderlich (vgl. BK8-05/19, S. 8 des amtlichen Umdrucks).

Den antragstellenden **Unternehmen** obliegt es, **nachzuweisen,** daß die von ihnen verwendeten Indexreihen auf den genannten Preisreihen des StBuA beruhen, was auch dann gilt, wenn von Beratungsunternehmen ermittelte Reihen wie z. B. die von einem großen Teil der Netzbetreiber benutzten WIBERA-Indizes, verwendet werden (BK8-05/19, S. 8 des amtlichen Umdrucks). Es müssen also bei selbsterstellte Mischindexreihen oder modifizierten Indexreihen die vorgenommenen unternehmensindividuellen Anpassungen **nachvollziehbar dargelegt** werden (siehe auch Positionspapier, S. 10). Die **Behörde prüft die Angemessenheit** der verwendeten Indexreihen und **bestimmt** die den TNW-Berechnungen **zugrundezulegenden Indexreihen**. Im Fall der Vattenfall-Entscheidung wurde auf die WIBERA-Indizes zurückgegriffen. Ebenso hat der Verordnungsgeber der Behörde u. a. wegen der Notwendigkeit einer Anpassung der Reihen des StBuA an netzwirtschaftliche Verhältnisse gemäß § 29 I EnWG i. V. m. § 30 II Nr. 2 StromNEV eine **Festlegungskompetenz** bezüglich der in Anwendung zu bringenden Indexreihen gegeben (siehe auch *OLG Düsseldorf*, B. VI-3 Kart 289/06 (V), 14 des amtlichen Umdrucks). **Nicht mehr erlaubt** ist die Verwendung von **Angebotspreisen,** die nach Punkt 3.1.2 der Anlage 3 der VV II Strom Plus dann zulässig war, „sofern indizierte Tagesneuwerte nicht zu *plausiblen* Ergebnissen führen" (a. a. O.). Mit dieser Formulierung war einer willkürlichen Umrechnung Tür und Tor geöffnet (*Koenig/Schellberg*, RdE 2005, 1 ff., 3 sprechen von „Freiheitsgraden, die zu einer systematischen Überhöhung der Kapitalbasis genutzt werden könnten").

d) Restwertermittlung (§§ 6 II 3, VI i. V. m. §§ 32 III Strom-/ GasNEV). Die **Restwertermittlung** richtet sich nach der Übergangsvorschrift des **§ 32 III StromNEV.** Danach sind die seit der Inbetriebnahme der **Sachanlagegüter tatsächlich zugrundegelegten Nutzungsdauern** (§ 32 III 2) heranzuziehen, denn auf dieser Basis sind die Abschreibungen erfolgt. Würden jetzt unbesehen die betriebsgewöhnlichen Nutzungsdauern der Anlage 1 StromNEV verwendet, könnte es bei bislang kürzeren Abschreibungszeiten zu einer Verlängerung kommen, die zu einer Mehrfachverrechnung (Doppelabschreibungen) bzw. sog. Abschreibungen unter Null (was aber gerade nach § 6 VI 6 und VII expressis verbis untersagt ist) führt. Denn die bisherigen Abschreibungsbeträge waren auf Basis der ursprünglich zugrundegelegten Nutzungsdauer berechnet worden, infolgedessen ist bei dieser Nutzungszeit ein größerer Teil bereits abgeschrieben und der Restwert folglich geringer. Für die Berechnung der Abschreibung ist der sich auf Basis der **bisherigen Nutzungsdauer** ergebende **kalkulatorische Restwert** auf die **neue Restnutzungsdauer** zu verteilen, bei Änderung ist darauf zu achten, daß „ausschließlich der kalkulatorische Restwert im Zeitpunkt des Nutzungsdauerwechsels auf die veränderte Restnutzungsdauer verteilt worden ist", ggf. mehrstufig (siehe Positionspapier, S. 5 f. m. Bsp.).

110 Das **Unternehmen** trägt die **Darlegungslast** für die Nutzungsdauern in vollem Umfang, § 32 III 1, 2 StromNEV (*OLG Düsseldorf*, B. VI-3 Kart 289/06 (V), 15 des amtlichen Umdrucks). Für die bislang der Stromtarifbildung nach BTOElt (v. 18. 10. 1989, BGBl. I S. 2255) unterliegenden Kosten des Elektrizitätsversorgungsnetzes wird vermutet, daß auf Basis der jeweils zulässigen Nutzungsdauern abgeschrieben worden ist **(Vermutungsregel, § 32 III 3)**, wobei die Nachweis längerer Abschreibungszeiträume gem. § 32 III 2 die Behörde verpflichtet ist, diese anzuerkennen. Netzbetreiber haben die Verwendung der in BTOElt-Verfahren zuletzt ermittelten kalkulatorischen Restwerte darzulegen (Positionspapier, 4). Unabhängig davon, welche Nutzungsdauern jeweils zulässig waren, besteht demnach die Grundregel, daß nur die **tatsächlich noch vorhandenen Restwerte abzuschreiben sind,** womit der dem § 6 VI innewohnenden Logik, daß nur noch nicht abgeschriebene (nicht verdiente) Größen berücksichtigt werden dürfen, gefolgt wird (vgl. auch Positionspapier, 7).

111 Die Beschlußkammer hat die Einwände gegen den Vermutungstatbestand des § 32 III 3 StromNEV zurückgewiesen (BK8-05/19, 10 des amtlichen Umdrucks), so daß bei bislang den BTOElt-Verfahren unterliegenden Kosten regelmäßig der **Vermutung** des § 32 III 3 zu folgen ist und es nicht zu einem unmittelbaren Eingreifen der – günstigeren – Vermutungsregel nach § 32 III 4 kommt. Nur soweit keine kostenbasierten Preise nach BTOElt gefordert wurden, wird **vermutet,** daß die unteren Werte der in Anlage 1 StromNEV genannten Spannen der Nutzungsdauern zugrundegelegt wurden, es sei denn, der Betreiber weist etwas anderes nach **(widerlegbare Vermutung, § 32 III 4).** Die Vermutungsregel des § 32 III 4 ist eine Auffangvorschrift zu § 32 III 3 (vgl. hierzu *Hummel/Ochsenfahrt*, Die Ermittlung der kalkulatorischen Restwerte nach § 32 III StromNEV, IR 2006, 74 ff., 76 ff.;

zum Rangverhältnis der Vermutungen siehe auch *Salje,* Die Abschreibung von Netzanlagen im Übergang zwischen Tarifgenehmigung und Netzentgeltgenehmigung, RdE 2006, 253 ff.). Das *OLG Koblenz* verneint im Falle des § 32 III 3 StromNEV das Eintreten der materiellrechtlichen Tatbestandswirkung und sieht diese allein auf die formelle Seite der früheren BTOElt-Genehmigungen nach § 12 beschränkt, d. h. es ist nicht zwingend davon auszugehen, daß die damaligen Genehmigungen kostenbasiert i. S. d. BTOElt-Vorgaben waren (*OLG Koblenz,* B. v. 4. 5. 2007 − W 595/06 Kart, RdE 2007, 198 ff., 201; a. A. *OLG Stuttgart,* B. v. 5. 4. 2007 − 202 EnWG 8/06, Rn. 90 ff. und B. v. 3. 5. 2007 − 202 EnWG 4/06, IR 2007, 182 f., beide abrufbar unter http://www.olg-stuttgart.de). Die Unterscheidung in „formelle" und „materiell-rechtliche" Tatbestandswirkung vermag indes nicht zu überzeugen, ist doch gerade der Sinn der Vorschrift, die Feststellung, daß die Anforderungen des § 12 BTOElt in materieller Hinsicht erfüllt waren, also eine gemäß den Vorgaben richtigerweise ergangene Tarifgenehmigung erfolgte, um zu vermeiden, daß es zu einer nochmaligen Belastung der Netznutzer kommt und ausschließlich noch nicht abgeschriebene Restwerte umgelegt werden (es sei denn, der Netzbetreiber weist etwas anderes nach). Ansonsten würde unterstellt, daß die damalige Genehmigung fälschlicherweise ergangen ist (bzw. zumindest hätte ergangen sein können), d. h. ohne daß die genehmigten Tarife den Anforderungen entsprachen, also nicht kostenbasiert i. S. d. Vorgaben des § 12 BTOElt waren und mithin die Genehmigungsvoraussetzungen nicht erfüllten. Damit würde aber die gerade mit der Vermutung der §§ 32 III 3 Strom-/GasNEV bezweckte Wirkung, die von den genehmigten Tarifen auf die gemäß den Vorschriften angesetzten Nutzungsdauern schließt, konterkariert.

Bei ihren **Restwertkalkulationen** haben die Netzbetreiber ganz überwiegend die historischen AHK sowie die ermittelten TNW jeweils durch die *Gesamt*nutzungsdauer gemäß Anlage 1 StromNEV dividiert, d. h. die in der Vergangenheit nach BTOElt zugrundegelegten − jedenfalls zeitweilig zulässigen − kürzeren Abschreibungsdauern **nicht berücksichtigt,** was „mit hoher Wahrscheinlichkeit zu **systematisch überhöhten kalkulatorischen Restwerten** und mithin zu überhöhten jährlichen kalkulatorischen Abschreibungen [führt]" (Positionspapier, S. 11, Hervorhebung nur hier, A. G.). Die (mögliche) Größenordnung der Überschätzung zeigen *Schalle/Boos,* ZNER 2006, 20 ff., 22, am Beispiel Hessen auf, die davon ausgehen, daß die konsequente Anwendung des § 32 III 3 bei den meisten Netzbetreibern „zu einer Absenkung der kalkulatorischen Restwerte des Anlagevermögens um mehr als ein Drittel führt". Die Auffassung der Behörde zur Anwendung des § 32 III wurde inzwischen vom *OLG Düsseldorf* bestätigt (ebenda, S. 15 des amtlichen Umdrucks). Das Gericht folgt der Behörde bezüglich der Zugrundelegung der tatsächlichen Nutzungsdauern und des Vorrangs der Vermutungsregel des § 32 III 3 vor § 32 III 4.

113 Insofern es für den **Gasbereich** keine Entgeltgenehmigung nach BTOElt gab, entfällt die Vermutungsregel, daß auf Basis der nach den Länderverwaltungsvorschriften jeweils zulässigen Nutzungsdauern abgeschrieben worden ist. Stattdessen greift nach § 32 III GasNEV eine § 32 IV StromNEV entsprechende Vermutungsregel.

114 e) **Errechnung des Abschreibungsbetrags (§§ 6 V, Anlage 1 Strom-/GasNEV).** Aus dem nach der oben beschriebenen Vorgehensweise feststehenden **bewerteten Sachanlagevermögen** sind gemäß **§§ 6 V i. V. m. §§ 32 III Strom-/GasNEV** nunmehr nach der **linearen** Abschreibungsmethode für jedes Anlagegut jährlich die **kalkulatorischen Abschreibungen** auf Grundlage der jeweiligen **betriebsgewöhnlichen Nutzungsdauern** nach **Anlage 1 Strom-/ GasNEV** durch Division zu ermitteln. Die jährlichen kalkulatorischen Abschreibungen ergeben sich nach § 6 II Nr. 1 für den eigenfinanzierten Anteil als Summe der nach § 6 V auf Basis der TNW bestimmten Abschreibungsbeträge aller Altanlagen multipliziert mit der Eigenkapitalquote (EKQ). Nach § 6 II Nr. 2 sind für den fremdfinanzierten Anteil die auf Basis der historischen AHK bestimmten Abschreibungsanträge aller Altanlagen zu summieren und mit dem Fremdkapitalquote (definiert als 1 − EKQ, § 6 II 5) zu multiplizieren. Der Abschreibungsbetrag eines Anlagegutes $_i$ errechnet sich demnach mit folgender Formel (Positionspapier, S. 11):

$$Jahresabschreibung_i = \frac{Restwert_{TNW_i}}{Restnutzungsdauer_i} \times EKQuote + \frac{Restwert_{AHK_i}}{Restnutzungsdauer_i} \times FKQuote$$

Die Formel zeigt die Schwäche des Nettosubstanzerhaltungskonzepts auf: die Zuordnung des Eigen- und Fremdkapitals auf die Anlagegüter ist nur fiktiv möglich, es wird deshalb eine für alle einheitliche Aufteilung unterstellt. Die Ermittlung der Eigenkapitalquote wird nachfolgend bei der Kalkulation der Eigenkapitalverzinsung dargestellt (Rn. 116).

115 **2. Kalkulatorische Eigenkapitalverzinsung (§§ 7 Strom-/ GasNEV).** Die Ermittlung der **kalkulatorische Eigenkapitalverzinsung** erfolgt in vier Schritten:
– Ermittlung der kalkulatorischen Eigenkapitalquote (§§ 7 I 2 i. V. m. §§ 6 II 3 Strom-/GasNEV);

Bedingungen und Entgelte für den Netzzugang **116, 117** **§ 21**

- Ermittlung des betriebsnotwendigen Eigenkapitals (§§ 7 I 2 Strom-/GasNEV);
- Ermittlung des die zugelassene Eigenkapitalquote übersteigenden Eigenkapitalanteils (§§ 7 I 3 Strom-/GasNEV);
- Ermittlung der Zinsen für die beiden Eigenkapitalanteile (§§ 7 VI und I 3 Strom-/GasNEV).

a) Kalkulatorische Eigenkapitalquote. Die **kalkulatorische Eigenkapitalquote** (EKQ), die den eigenfinanzierten Anteil des betriebsnotwendigen Sachanlagevermögens angibt, errechnet sich nach §§ 6 II 3 Strom-/GasNEV wie folgt: 116

Kalkulatorische Restwerte des Sachanlagevermögens zu historischen AHK
+ Finanzanlagen
+ Umlaufvermögen
= **Betriebsnotwendiges Vermögen I (BNV I)**
− Steueranteil der Sonderposten mit Rücklageanteil
− Verzinsliches Fremdkapital
− Abzugskapital
= **Betriebsnotwendiges Eigenkapital I (BEK I)**

EKQ = BEK I/BNV I, wobei nach §§ 6 II 4 Strom-/GasNEV die EKQ maximal 40% beträgt. Das BNV I ergibt sich demnach als die Summe der kalkulatorischen Restwerte des Sachanlagevermögens zu historischen AHK plus Finanzanlagen und Umlaufvermögen. Zur Ermittlung des betriebsnotwendigen Eigenkapitals (BEK I) sind von dem zu finanzierenden BNV I alle Fremdkapitalposten abzuziehen. Die EKQ ist der Quotient aus BEK und BNV. Sie gibt den eigenfinanzierten Anteil des BNV I an.

b) Betriebsnotwendiges Eigenkapital. Verzinsungsbasis der Eigenkapitalzinsen ist das **betriebsnotwendige Eigenkapital,** wie es in §§ 7 I 2 Strom-/GasNEV, d. h. unter Berücksichtigung der Bewertung zu TNW für den eigenfinanzierten Anteil (EKQ) der betriebsnotwendigen Altanlagen, vorgegeben ist: 117

Kalkulatorische Restwerte des Sachanlagevermögens zu TNW
× Eigenkapitalquote (max. 40%, §§ 7 I 2 i.V.m. §§ 6 II 4 Strom-/GasNEV)
+ Kalk. Restwerte des Sachanlagevermögens zu historischen AHK
× Fremdkapitalquote (min. 60%, §§ 7 I 2 i.V.m. §§ 6 II 5 Strom-/GasNEV)
+ Finanzanlagen
+ Umlaufvermögen
= **Betriebsnotwendiges Vermögen II (BNV II)**
− Steueranteil der Sonderposten mit Rücklageanteil

- Verzinsliches Fremdkapital
- Abzugskapital
= **Betriebsnotwendiges Eigenkapital II (BEK II).**

118 Unter Verwendung der zuvor bestimmten EKQ wird das betriebsnotwendige Vermögen der Altanlagen (BNV II) ermittelt, indem die kalkulatorischen Restwerte des Sachanlagevermögens zu TNW mit der EKQ multipliziert (gewichtet) und die kalkulatorischen Restwerte des Sachanlagevermögens zu historischen AHK mit der Fremdkapitalquote multipliziert werden und anschließend die Summe gebildet wird. Zur Ermittlung des **betriebsnotwendigen Eigenkapitals** (BEK II) sind von dem BNV II alle Fremdkapitalposten abzuziehen.

119 c) **Übersteigender Eigenkapitalanteil.** Da das **betriebsnotwendige Eigenkapital** gem. §§ 7 I 2 unter Berücksichtigung von §§ 6 II **Strom-/GasNEV** zu bestimmen ist, ist auch die i. R. d. Berechnung des betriebsnotwendigen Eigenkapitals **anzusetzende EKQ** auf maximal **40% begrenzt** (BK8-05/19, 13 d. amtl. Umdr.). Diese sog. „**doppelte Quotierung**" ist wegen der uneingeschränkten Verweisung in § 7 I 2 auf § 6 II und dem Wortlaut des § 6 II 4 (für die Berechnung der *Netzentgelte*) erforderlich (vgl. *OLG Düsseldorf,* B. VI-3 Kart 289/06 (V), 17 d. amtl. Umdr.). Damit wird das Prinzip der Nettosubstanzerhaltung nicht unterwandert, denn der Restwert der Altanlagen wird vollständig erfasst, nur wegen §§ 6 II Strom-/GasNEV je nach Eigen- und Fremdkapitalanteil unterschiedlich bewertet. Die EKQ wird auf den *zuvor* ermittelten TNW der Anlagegüter angewandt. Bei einem Übersteigen des Maximalwertes von 40% des Eigenkapitalanteils ist dieser auf 40% zu kappen. Die **Deckelung** soll eine Überkapitalisierung verhindern. Der übersteigende Anteil ist gem. § 7 I 3 nominal wie Fremdkapital zu verzinsen. Die Verzinsung des übersteigenden Anteils mit dem Fremdkapitalzinssatz hat der Verordnungsgeber inzwischen durch Änderung von §§ 7 I 3 Strom-/GasNEV explizit aufgenommen (BGBl. I 2007 S. 2529 ff., 2544). Soweit das nach § 7 I 2 ermittelte betriebsnotwendige Eigenkapital die Grenze nicht übersteigt, kann keine Aufteilung mehr erfolgen (Positionspapier, S. 14).

Am 9. 5. 2007 hat das *OLG Düsseldorf* mit der Entscheidung in der Hauptsache seine Eilentscheidung sowohl hinsichtlich der Ablehnung der Mehrerlösabschöpfung (s. hierzu ausführlich § 23 a, Rn. 25) als auch v. a. hinsichtlich der Rechtmäßigkeit der materiellen Entgeltfestsetzung bestätigt (*OLG Düsseldorf,* HS-B. VI-3 Kart 289/06 (V), RdE 2007, 193 ff.). Insbesondere bestätigt das *OLG Düsseldorf* die sog. „doppelte Quotierung" für die Berechnung des **Eigenkapitals** nach **§§ 7 I 3 Strom-/GasNEV** und verstärkt seine Begründung noch (ferner ergänzt mit der Entscheidung des *OLG Düsseldorf,* B. v. 24. 10.

Bedingungen und Entgelte für den Netzzugang 119 § 21

2007 – VI-3 Kart 472/06 (V), S. 41 ff., 44 d. amtl. Umdr.). Ebenso – teilweise fast wortgleich – argumentieren das *OLG Koblenz* (B. v. 4. 5. 2007 – W 595/06 Kart, RdE 2007, 198 ff.) und das *OLG Stuttgart* (B. v. 5. 4. 2007 – 202 EnWG 8/06 und B. – 202 EnWG 4/06 v. 3. 5. 2007, Rn. 98 ff., 109 f., IR 2007, 182 f., beide abrufbar unter http://www.olg-stuttgart.de), a. A. hingegen das *OLG Naumburg* (B. v. 16. 4. 2007 – 1 W 25/06 (EnWG); der Beschluß des *OLG Naumburg* wurde inzwischen vom *BGH* mit B. v. 13. 11. 2007 – KVR 23/07 aufgehoben, IR 2008, 113 f.). Die **doppelte Quotierung** ergibt sich zunächst aus dem unmittelbaren Zusammenhang, d. h. logischerweise bezieht sich in § 7 I der auf S. 2 folgende S. 3 auf das zuvor in S. 2 definierte *Eigenkapital* (*OLG Düsseldorf,* HS-B. VI-3 Kart 289/06 (V), 13/14 d. amtl. Umdr.) und nicht auf das tatsächlich eingesetzte Kapital (wie die Beschwerdeführerin und das *OLG Naumburg* meinen), was in der Tat widersprüchlich wäre. Gewissermaßen „unfreiwillig" gibt dies auch das *OLG Naumburg* zu, dem in diesem Zusammenhang eine fast Freudsche Fehlleistung unterläuft. Denn es heißt dort „Allerdings erwähnt Satz 3 den „*die zugelassene Eigenkapitalquote übersteigenden Anteil*" **dieses** (Hervorhebung d. Verf.) Eigenkapitals" (*OLG Naumburg,* B. 1 W 25/06 (EnWG), 19 d. amtl. Umdr.). Richtig, genau das ist vom Verordnungsgeber gemeint gewesen: **dieses** – gerade berechnete – Eigenkapital und nicht irgendein anderes. Das *OLG Düsseldorf* baut dann seine Argumentation aus der Eilentscheidung aus und leitet die doppelte Quotierung aus dem uneingeschränkten Verweis auf die „Berechnung der Netzentgelte" in **§§ 6 II 4 Strom-/GasNEV** her. D. h. die zweite Quotierung folgt „nicht erst aus § 7 I 3 StromNEV, sondern aus § 6 II 4 StromNEV" (HS-Beschluß VI-3 Kart 289/06 (V), 14 d. amtl. Umdr.). Das Gericht setzt damit schon früher, nämlich bei § 6 II 4 an, woraus sich ergibt, daß § 7 I 3 nur die Verzinsung des die zugelassene EKQ überschießenden Eigenkapitalanteils (nominal wie Fremdkapital) regelt, weil dieses sonst gänzlich unverzinst wäre, nicht jedoch die zweite Quotierung selbst. Wegen der Verknüpfung mit §§ 6 II 4 in §§ 7 I 2 Strom-/GasNEV soll eine Quotierung des *gesamten* Eigenkapitals – unabhängig davon, ob es bereits quotiert war oder nicht – erfolgen (ebenda, S. 15), d. h. es wird nicht unterschiedlich behandelt.

Das *OLG Düsseldorf* verbindet diese an der Systematik ausgerichtete Auslegung weiter mit Sinn und Zweck des EnWG nach § 1 I und speziell mit der Vorgabe in § 21 II 2 EnWG, daß Kosten und Kostenbestandteile, die sich ihrem umfang nach im Wettbewerb nicht einstellen würden, nicht berücksichtigt werden [dürfen]. In bemerkenswerter Deutlichkeit führt das Gericht aus, daß dies auch für die Kapitalkosten gilt, d. h. ein Eigenkapitaleinsatz, der über dem sich im Wettbewerb

Groebel

§ 21 119 Teil 3. Regulierung des Netzbetriebs

bildenden liegt, ist nur „zurückhaltend" zu perpetuieren (ebenda, S. 15 f.), weil es der Zielsetzung der Schaffung einer preisgünstigen Energieversorgung durch funktionierenden Wettbewerb mittels der Entgeltregulierung zuwiderläuft. D. h. auch die **Kapitalkosten** (und damit die Berechnung der Verzinsungsbasis) unterliegen dem **Effizienzgebot** und die Festlegung dessen, was eine angemessene Verzinsung darstellt, ist am Gesetzeszweck zu orientieren (ebenda, S. 16). So auch noch deutlicher das *OLG Koblenz:* „Sinn und Zweck der Deckelung ist es, einen überhöhten Einsatz von Eigenkapital zu sanktionieren", dessen Verzinsung gemäß § 21 II wettbewerbsfähig zu sein hat, wodurch der Netzbetreiber zu einer „effizienten Eigenkapitalbegrenzung „angereizt" werden [soll]", andernfalls würde die tatsächliche Eigenkapitalquote erhalten. Eine Erhaltung der tatsächlichen Eigenkapitalquote „soll aber nach dem erklärten Willen des Verordnungsgebers im Rahmen der kalkulatorischen Betrachtungsweise nicht geschützt werden" (*OLG Koblenz,* v. 4. 5. 2007 – W 595/06 Kart, RdE 2007, 198 ff., 203). Damit wird deutlich, daß aus dem **Gesetzesziel** heraus nur der Eigenkapitaleinsatz, der sich **im Wettbewerb** herausbildet, angemessen zu verzinsen ist und daß die Behörde befugt ist, darüber hinausgehende Kapitalkosten zu kürzen. Mithin ist der tatsächliche Kapitaleinsatz und die daraus geltend gemachten Kosten nicht grundsätzlich geschützt (vgl. z. B. *OLG Naumburg,* B. 1 W 25/06 (EnWG), 21 d. amtl. Umdr.), sondern die Kosten sind nur **soweit sie effizient** sind anzuerkennen. Dies gilt wegen der Verbindung zwischen § 21 und § 21 a (s. u. § 21 a, Rn. 14) ebenso für die **Anreizregulierung** und entspricht der Auffassung der BNetzA, daß auch Kapitalkosten für Bestandsanlagen beeinflußbare Kostenanteile i. S. v. § 21 a IV 6 EnWG darstellen, die dem Effizienzmaßstab unterliegen (*Anreizregulierungsbericht,* Rn. 64, siehe auch § 21 a, Rn. 44). Im übrigen weist das *OLG Koblenz* zurecht darauf hin, daß es – anders als z. B. das *OLG Naumburg* meint (B. 1 W 25/06 (EnWG), 21 d. amtl. Umdr.) – durch die Regelung des § 7 I 3 kein unverzinstes Eigenkapital gibt, sondern der überschießende Anteil lediglich nominal wie Fremdkapital verzinst wird (*OLG Koblenz,* v. 4. 5. 2007 – W 595/06 Kart, RdE 2007, 198 ff., 203). Für die Festlegung des auf den überschießenden Anteil des Eigenkapitals nach §§ 7 I 3 Strom-/GasNEV anzuwenden Zinssatz räumt das *OLG Koblenz* der LRB einen Beurteilungsspielraum ein, den diese jedoch fehlerhaft nicht ausgeübt habe (*OLG Koblenz,* v. 4. 5. 2007 – W 595/06 Kart, RdE 2007, 198 ff., 204).

Im wesentlichen mit derselben Begründung – Vorrang bei der Auslegung dessen, was in die Verzinsungsbasis einzustellen ist, hat die **Zielsetzung des EnWG** und nicht die des HGB – lehnt das *OLG*

Düsseldorf auch die von der Klägerin geltend gemachte Einbeziehung geleisteter Anzahlungen, von Anlagen im Bau sowie von aktiven Rechnungsabgrenzungsposten in die Eigenkapitalbasis ab und bestätigt die Vorgehensweise der BNetzA. Alle genannten Posten haben in der handelsrechtlichen Bilanz eine bestimmte Funktion, die aber im Kontext der Entgeltregulierung nicht maßgeblich ist, da im allgemeinen wegen der Vermutung der Äquivalenz von Verträgen sich Vor- und Nachteile bereits ausgleichen und somit eine – nochmalige – Anerkennung bei der Ermittlung des betriebsnotwendigen Eigenkapitals nicht geboten ist. Alle Einzelposten und deren Berücksichtigung bei der Entgeltgenehmigung sind im Lichte der Zielsetzungen des EnWG zu beurteilen. Zudem definiert §§ 7 I Strom-/GasNEV das betriebsnotwendige Eigenkapital abschließend (*OLG Düsseldorf,* HS-B. VI-3 Kart 289/06 (V), 9 ff. d. amtl. Umdr.).

Dieser – auch in den jüngsten Beschlüssen des *OLG Düsseldorf* zur Genehmigung von Gasnetzzugangsentgelten (*OLG Düsseldorf,* B. v. 24. 10. 2007 – VI-3 Kart 471/06 (V), VI-3 Kart 472/06 (V) und VI-3 Kart 8/07 (V)) – fortgesetzte Ansatz, daß die Netzkosten ausdrücklich unter dem Vorbehalt stehen, daß sie denen eines effizienten und strukturell vergleichbaren Netzbetreibers entsprechen müssen und Kosten und Kostenbestandteile, die sich ihrem Umfang nach im Wettbewerb nicht einstellen würden, nicht berücksichtigt werden dürfen (vgl. z. B. *OLG Düsseldorf,* B. VI-3 Kart 472/06 (V), 36, 39 d. amtl. Umdr.), zeigt, daß es sich bei der kostenorientierten Entgeltregulierung nach § 21 nicht um eine bloße „*Cost-plus*-Regulierung", die ein „Durchschieben" der Kosten gestattet, handelt, sondern um eine **Kostenorientierung mit Effizienzmaßstab,** bei der die Anerkennungsfähigkeit geltendgemachter Kosten durch das Effizienzgebot (§ 21 II 1) und die Wettbewerbsanalogie (§ 21 II 2) wirksam begrenzt wird (s. o. Rn. 6). Entsprechend bestätigt das *OLG Düsseldorf* in derselben Entscheidung auch die Kürzung des Umlaufvermögens durch die BNetzA (B. v. 23. 11. 2006 – BK9-06/301) auf die betriebsnotwendige Höhe, bei der kurzfristige auf Zahlungsströme gerichtete Posten nicht zu berücksichtigen sind, da sie nicht der Finanzierung von dauerhaft dem Geschäftsbetrieb zur Verfügung stehenden Anlagevermögens dienen (vgl. z. B. *OLG Düsseldorf,* B. VI-3 Kart 472/06 (V), 37, 40 d. amtl. Umdr.; s. auch das *OLG Stuttgart* (B. v. 5. 4. 2007 – 202 EnWG 8/06). In seinen Grundsatzentscheidungen v. 14. 8. 2008 hat der *BGH* die Beschlüsse der BNetzA weitgehend **bestätigt** (Az. KVR 39/07) und ihr in allen wesentlichen o. a. Punkten (incl. Mehrerlösabschöpfung) Recht gegeben (vgl. *BGH* PM Nr. 156/08).

Bei den **Kostenprüfungen** i. R. d. Entgeltgenehmigungsverfahren wurde der Fremdkapitalzinssatz, mit dem auch der übersteigende Anteil verzinst wurde, einer Prüfung unterzogen (s. u. Rn. 135). Gleichfalls wird überprüft, ob Altanlagen, die die betriebsgewöhnliche Nutzungsdauer bereits überschritten haben, unberechtigterweise in die Ermittlung der Eigenkapitalbasis miteinbezogen wurden oder nicht betriebsnotwendige Finanzanlagen dem betriebsnotwendigen Vermögen und damit der Verzinsungsbasis zugerechnet wurden. Der Verordnungsgeber hat inzwischen durch Einführung von **„betriebsnotwendigen"** vor „Finanzanlagen" und „Umlaufvermögen" in §§ 7 I 2 Nr. 4 Strom-/GasNEV klargestellt, daß nur die **betriebsnotwendigen** Bestandteile zu berücksichtigen sind (BGBl. I 2007 S. 2529 ff., 2544). Zur korrekten Ermittlung der Verzinsungsbasis ist auch die Bewertung von Grundstücken zu überprüfen. **Grundstücke** sind betriebsnotwendig, soweit sie für den Netzbetrieb eingesetzt werden. Da sie keine Abnutzung und damit keinen Werteverzehr erleiden, sind sie nicht abzuschreiben und zu **historischen AHK** (und nicht zu Tagesneuwerten) in die Verzinsungsbasis einzustellen (BK8-05/19, 13 d. amtl. Umdr.). Dies ist nicht zu beanstanden (*OLG Düsseldorf*, B. VI-3 Kart 289/06 (V), 17 f. d. amtl. Umdr.). Diese Herangehensweise hat inzwischen auch der Verordnungsgeber mit der Ergänzung nach Satz 2 in §§ 7 I Strom-/GasNEV bestätigt (BGBl. I 2007 S. 2529 ff., 2544).

121 **d) Festlegung der Eigenkapitalverzinsung nach §§ 7 VI 1 Strom-/GasNEV. aa) Allgemeines.** Gemäß **§§ 7 VI 1 Strom-/GasNEV** i. V. m. § 29 I EnWG **legt die Regulierungsbehörde** in Anwendung der § 21 IV und V die **Eigenkapitalzinssätze nach § 21 II** erstmals dann **fest,** wenn die Netzentgelte nach § 21 a im Wege der Anreizregulierung bestimmt werden, danach regelmäßig alle zwei Jahre. Der Eigenkapitalzinssatz ist *nach* Ertragsteuern festzusetzen, § 7 VI 1 a. E.

122 **bb) Wagniszuschlag, Risiken und deren regulatorische Behandlung.** Mit dem Eigenkapitalzins wird der Faktor Eigenkapital entlohnt, mit dem sog. **Wagniszuschlag** (Risikoprämie) das **allgemeine unternehmerische Risiko** abgedeckt, das die Entwicklung des Gesamtbetriebs betrifft. Es wird nicht als Kostenfaktor (kalkulatorische Kostenposition) angesetzt, sondern ist aus dem Gewinn zu bestreiten, denn dem allgemeinen Risiko stehen entsprechende Chancen des Gewinns gegenüber (vgl. z. B. *Wöhe,* ABWL, S. 1092 ff.). Generell gilt, daß ein Risiko immer nur einmal zu berücksichtigen ist – entweder als (kalkulatorische) Kostenposition oder im Wagniszuschlag. **§§ 7 IV 1 Strom-/GasNEV** präzisiert, daß der angemessene Zuschlag zur Abdeckung **„netzbetriebsspezifischer unternehmerischer Wagnisse",** für dessen Ermittlung wie in § 31 IV TKG ein – **nicht abschließender** (*insbesondere*) – Kriterienkatalog nach §§ 7 V Strom-/GasNEV zu berücksichtigen ist, dient. Der auf das betriebsnotwendige Eigenkapital, das auf Neuanlagen entfällt, anzuwendende Eigenkapitalzinssatz darf nach §§ 7 IV 1 Strom-/GasNEV den auf die letzten zehn abgeschlossenen Kalenderjahre bezogenen Durchschnitt der von der Deutschen Bundesbank veröffentlichten Umlaufrenditen festverzinslicher Wertpapiere inländischer Emittenten zuzüglich eines angemessenen Zuschlags zur Abdeckung netzbetriebsspezifischer unternehmerischer Wagnisse nach § 21 V nicht überschreiten. Bei Altanlagen ist die Preisänderungsrate herauszurechnen (§ 7 IV 2), d. h. es ist mit dem Realzins zu rechnen, da die Inflation wegen der Bewertung zu TNW bereits über anlage[gruppen]spezifische Preisindizes in diesen enthalten ist. Denn das **Preisänderungsrisiko** darf − wie jedes andere Risiko auch − immer nur einmal berücksichtigt werden, d. h. bei Verwendung von TNW ist mit dem Realzins, bei AHK mit dem Nominalzins, der die allgemeine Preisänderungsrate (Verbraucherpreisindex) enthält, zu rechnen (vgl. *Busse von Colbe*, BerlK-TKG, Vor § 27, Rn. 54, 140), damit es nicht zu einer **Doppelverrechnung der Inflation** kommt.

Neben dem **Preisänderungsrisiko** lassen sich als weitere unternehmerische Risiken noch das **Auslastungsrisiko** (Absatzschwankungen) und das **Netzplanungsrisiko**, d. h. das Risiko von Investitionen in das Netz (s. o. Rn. 66) nennen. Wie oben erläutert (siehe Rn. 93) ist − anders als bei der Entgeltregulierung im Telekommunikationsbereich − das Auslastungsrisiko durch die periodenübergreifende Saldierung (§ 11 StromNEV, § 10 GasNEV) bereits erfaßt, so daß es keinen Wagniszuschlag mehr rechtfertigt (siehe auch *Engelsing*, BerlK-EnR, § 19 GWB, Rn. 342 ff., 346). Ebenso wenig darf das **Netzplanungsrisiko** doppelt berücksichtigt werden. D. h. wenn der vorhandene Anlagebestand − wie in der Vergangenheit aufgrund der Kalkulationsvorschriften der VV II Strom Plus (bzw. deren mangelnder externen Kontrolle) bereits als Kostenposition 1:1 in die Kalkulation übernommen wird, ist − wenn über die periodengerechte Saldierung auch das Auslastungsrisiko ausgeschaltet ist − kein Raum mehr für einen Wagniszuschlag.

Bei der **Nichtanerkennung** von Kosten aus fehlerhaften Netzplanungs- und Investitionsentscheidungen der Vergangenheit wegen der **bereits erfolgten Berücksichtigung** des Netzplanungsrisikos im Eigenkapitalzinssatz (genauer im Wege des Wagniszuschlags) ist **Regulierung** also insoweit **weitergehend** als die **kartellrechtliche Mißbrauchsaufsicht,** die zwar keinen Wagniszuschlag anerkennt, aber im Rahmen der Missbrauchskontrolle die historisch gewachsene Netzstruktur/-dimensionierung hinzunehmen hat (vgl. dazu *Engelsing,* BerlK-EnR, § 19 GWB, Rn. 342 ff., 358), was Abstriche an Netzanlagen, die über das n-1 Sicherheitskriterium des Grid-Code als Maßstab der Versorgungssicherheit hinausgehen, nicht ausschließt (siehe *Bericht der Kartellbehörden*, S. 37), während bei Berücksichtigung des Risikos über den Wagniszuschlag Verluste infolge von Fehlinvestitionen zulasten des Netzbetreibers (bzw. der Anteilseigner) gehen. Die Notwendigkeit eines **stärkeren regulatorischen Eingriffsinstrumentariums** läßt sich mit der unterschiedlichen Ausgangslage begründen. Während bei der kartellrechtlichen Aufsicht grundsätzlich vom Vorhandensein von Wettbewerb ausgegangen wird, ist dies bei zu regulierenden Sektoren, speziell wenn es sich wie bei Energienetzen um natürliche Monopole handelt (s. o. Rn. 2 und Abb. 1), gerade nicht der Fall, so daß ein **aktiveres Handeln** zur **Förderung** desselben erforderlich ist. Wie eingangs dargestellt (s. o. Rn. 4) soll Regulierung Wettbewerb ersetzen oder simulieren. Genau das tut die Regulierungsbehörde aber, wenn sie Kosten, die im Wettbewerb nicht in die Preise eingestellt würden – wie z. B. Kosten aus Fehlinvestitionen – nicht anerkennt. Dafür hat der Gesetzgeber sie mit der **Genehmigungsbefugnis** des § 23 a bzw. der **Festlegungsbefugnis** des §§ 7 VI 1 Strom-/GasNEV ausgestattet. Dies schließt auch und gerade die Festlegung des **angemessenen Eigenkapitalzinssatzes** (bzw. Wagniszuschlags) als Bestandteil des von der Behörde anzulegenden Maßstabs nach § 21 II und § 21 a ein. Letzteres ist auch unmittelbar dem Wortlaut des **§§ 7 VI 1 Strom-/GasNEV** zu entnehmen: „über die Eigenkapitalzinssätze nach § 21 II **entscheidet die Regulierungsbehörde**". Die Bestimmung des angemessenen Zinssatzes steht somit zweifelsfrei der Behörde zu.

125 Anderer Auffassung ist *Schmidt-Preuß*, der dies mit **verfassungsrechtlichen Bedenken** begründet, da es sich bei der Festlegung des Eigenkapitalzinssatzes um einen „so massiven, an den Nerv des Netzbetreibers rührenden Eingriff im grundrechtssensiblen Bereich" handelt, daß dieser nicht einer Behörde überlassen werden kann (*Schmidt-Preuß*, N&R 2004, 90 ff., 92; *ders.*, Substanzerhaltung und Eigentum (2003), die verfassungsrechtliche Kritik zurückweisend *Säcker*, AöR 2005, 180 ff., 206 ff.), weil nach Art. 14 GG eine Bestandsgarantie für die Unternehmenssubstanz bestehe (*ders.*, ET 2003, 758 ff., 759 f.). Zwar gesteht *Schmidt-Preuß* zu, daß die Eigentumsgarantie des Art. 14 GG betriebswirtschaftliche Ineffizienz nicht honoriert (*ders.*, ET 2003, 758 ff., 760). Allerdings legt er die beiden Gedanken dann nicht übereinander bzw. wendet das Effizienzpostulat nicht auf das Netz (Kapitalkosten), sondern nur dessen Betrieb (operative Kosten) an, denn ansonsten würde er den Widerspruch zwischen beiden erkennen: auch im Wettbewerb hat kein Unternehmen eine Bestandsgarantie, das Risiko falscher Investitionsentscheidungen, für dessen Übernahme es einen angemessenen (risikoadäquaten) Wagniszuschlag erhält, trägt dasselbe, was in letzter Konsequenz auch ein Ausscheiden aus dem Markt (i. e. Unternehmensinsolvenz) impliziert. Es gibt im Wettbewerb nämlich keinen Schutz vor einem Ausscheiden aus dem Markt, wenn sich ein Unternehmen „verkalkuliert". Im Gegenteil macht genau die Tatsache, daß in einer Wettbewerbsordnung für die Folgen des eigenen Handelns gehaftet werden muß, den Unterschied zu einer Planwirtschaft aus (vgl. zur Bedeutung der Haftung *[„wer den Nutzen hat, muss auch den Schaden tragen"]* für eine Wettbewerbsordnung *Eucken,* Grundsätze der Wirtschaftspolitik, 1952, S. 279 ff.).

Wenn demnach der Gesetzgeber dem Regulierer den Auftrag erteilt, den **Wettbewerb** zu **simulieren** und ihm dafür das nötige Instrumentarium an die Hand gibt, muß zwangsläufig auch diese Seite des Wettbewerbs „simuliert" und die **Folgen** (Verluste) **hingenommen** werden, denn Chancen und Risiken von Investitionen gehören im Wettbewerb untrennbar zusammen. Auch in der regulierten Welt kann es demzufolge **keine Bestands- oder Substanzgarantie** geben. Wenn also die Behörde ihren Auftrag nicht verfehlen will, muß sie zur Zielerreichung das Instrumentarium in Gänze und mit allen Konsequenzen anwenden. Ansonsten wäre ihr Handeln in sich widersprüchlich und bliebe unwirksam, weil das Risiko von Fehlentscheidungen bei einer staatlichen Substanzgarantie nicht mehr von dem Adressaten des behördlichen Handelns – dem Netzbetreiber – getragen, sondern auf die Marktgegenseite in Form überhöhter Netznutzungsentgelte (für ineffiziente, d. h. ungenutzte Netzinvestitionen [Leerstand]/Überkapazitäten etc. aufgrund von Fehlplanungen) abgewälzt würde, was in einem Wettbewerbsmarkt jedoch gerade ausgeschlossen ist. Deshalb läßt sich nur so – indem der Regulierer wie das Preissystem eines Wettbewerbsmarktes agiert – das „ordnungspolitische Postulat der marktwirtschaftlichen Regulierung" (*Schmidt-Preuß,* N&R 2005, 51 ff., 53) erfüllen. Würde demgegenüber der Ansicht von *Schmidt-Preuß* gefolgt, müßte der Wettbewerb bzw. die Marktwirtschaft, deren Kernelement in der Übernahme von Risiken durch Unternehmen besteht, [als solche] für mit dem Grundgesetz unvereinbar erklärt werden, was dann – auch wenn das Grundgesetz keine Wirtschaftsform explizit vorschreibt – sicherlich nicht mehr verfassungskonform wäre.

Neben diesen **prinzipiellen** Überlegungen, dem Regulierer die Festlegung des angemessenen Eigenkapitalzinssatzes zu überlassen, stehen **praktische** Erwägungen. Da sich naturgemäß Risiken und Wagnisse im Zeitablauf ständig ändern, ist eine **flexible Handhabung** durch den Regulierer anstelle einer nur mit großer Zeitverzögerung eintretenden Anpassung auf dem Verordnungswege erforderlich. Eine „normierende Regulierung" mit einer Fixierung des Eigenkapitalzinssatzes durch den Verordnungs- oder gar Gesetzgeber ist also gerade bei der Bestimmung des Wagniszuschlags verfehlt. Gleichwohl hat der Verordnungsgeber mit **§§ 7 VI 2 Strom-/GasNEV** „im Interesse der Rechtssicherheit" von dieser Möglichkeit Gebrauch gemacht, allerdings wenigstens nur für den Übergangszeitraum bis zur Einführung der Anreizregulierung nach § 21 a (s. Begründung StromNEV-RE vom 14. 4. 2005, BR-Drucks. 245/05, S. 35; Begründung GasNEV-RE vom 14. 4. 2005, BR-Drucks. 247/05, S. 30), um für die Zeit danach der Behörde (endlich) die **Befugnis** zur **Festlegung** des Eigenkapitalzinssatzes nach § 29 I zu übertragen (zur Problematik der vorherigen Festlegung durch den Verordnungsgeber siehe auch *Koenig/Schellberg,* RdE 2005, 1 ff., 4 sowie *ders./Rasbach,* ET 2004, 702 ff., 703 f.; zur Sichtweise der Energiewirtschaft siehe *Gerke,* Gutachten zur risikoadjustierten Bestimmung des Kalkulationszinssatzes in der Stromnetzkalkulation (2003); *ders./ Schäffner,* ew 2003, 42 ff.; *Männel,* Risikoorientierte Kalkulation von Netznutzungsentgelten in der Stromverteilungswirtschaft, ET 2004, 256 ff.; *Schmidt-Preuß,* ET 2003, 758 ff., 762; *Holzherr/Kofluk,* Wertorientierte Führung von regulierten Stromnetzgesellschaften – Eine Analyse unter besonderer Berücksichtigung der VVII+, ET 2004, 718 ff.).

cc) Methoden der Zinssatzbestimmung und Kriterienkatalog. Für die Bestimmung der mit dem **Wagniszuschlag** abzudeckenden Risiken durch die Behörde von der **Sachinvestitionsseite** auszugehen, denn **§§ 7 IV 1 Strom-/GasNEV** sieht vor, daß dieser die *„netzbetriebsspezifischen* unternehmerischen Wagnisse" abdeckt (siehe hierzu auch *Groebel,* BerlK-TKG, § 31, Rn. 45–82, 52). Die *netzbetriebsspezifischen* (realwirtschaftlichen) Risiken stehen somit eindeutig im Vordergrund bei der Bestimmung des Wagniszuschlags, so daß bei der Ermittlung der Höhe des Zuschlags gemäß **§§ 7 V Strom-/GasNEV** nicht nur die Perspektive eines Finanzinvestors einzunehmen ist, sondern eben speziell die Risiken von Investitionen in Energienetze (§ 7 IV 1) die Auslegung der Kriterien nach **§ 7 V** determinieren. Diese dienen wiederum dazu, die drei in § 21 II genannten Merkmale einer **angemessenen, wettbewerbsfähigen** und **risikoangepaßten** Verzinsung auszufüllen, wobei das erste Merkmal der Angemessenheit auch unmittelbar in § 7 IV genannt wird: *angemessener* Zuschlag, d. h. ein risikoadäquater Zuschlag. Es ist also der das Risiko einer Investition in Netze abdeckende Wagniszuschlag zu bestimmen, der einerseits ausreicht, die Lebensfähigkeit eines (sicheren) Netzes zu erhalten (Begrenzung von unten) und andererseits Überkapazitäten verhindert (Begrenzung nach oben). Der Wagniszuschlag muß also so bestimmt werden, daß einerseits **langfristig** genügend Kapital attrahiert wird, um die zum Erhalt der Leistungsfähigkeit des Netzes notwendigen Erneuerungs- und ggf. Erweiterungsinvestitionen zu finanzieren, ohne andererseits zu Überinvestitionen zu führen (vgl. auch *Jarass/Obermair*, Marktmäßige Netznutzungsentgelte statt Nettosubstanzerhaltung, IR 2005, 146 ff.). Dies ist mit dem Merkmal der **Wettbewerbsfähigkeit** gemeint. **Risikoangepaßt** bedeutet die *netzbetriebsspezifischen Wagnisse* abdeckend (vgl. auch *Kühne/Brodowski*, Das neue Energiewirtschaftsrecht nach der Reform 2005, NVwZ 2005, 849 ff., 852; zur Behandlung von Wagnissen in der Anreizregulierung *Koenig/Schellberg*, RdE 2005, 1 ff., 4 f.).

Für die Kalkulation eines angemessenen – die netzbetriebsspezifischen Wagnisse – abdeckenden Zuschlags sind von der Betriebswirtschaftslehre verschiedene **Methoden** entwickelt worden, von denen die meisten grundsätzlich zur Bestimmung geeignet sind. Eine gängige – allerdings die finanzwirtschaftliche Sicht in den Vordergrund rückende Methode- ist der sog. **kapitalmarktorientierte Ansatz,** der auf dem **CAP-M** – Capital Asset Pricing Modell basiert (vgl. z. B. *Busse von Colbe*, BerlK-TKG, Vor § 27, Rn. 84 ff., 103 ff.; *ders.*, TKMR-Tagungsband 2004, 23 ff., 33 ff.; *Gerke/Schäffner*, ew 2003, 42 ff.; *Schmidt-Preuß*, ET 2003, 758 ff., 762; *ders.*, IR 2004, 146 ff., 147 f.). Im Rahmen der TKG-Entgeltregulierung wird der **kalkulatorische Ansatz (Bilanzmethode)** verwendet (vgl. hierzu *Groebel*, BerlK-TKG, § 31, Rn. 51 ff.). Für die rechtliche Bewertung entscheidend ist jedoch, daß in **§§ 7 Strom-/GasNEV keine bestimmte Methode** vorgegeben wird, so daß der Regulierungsbehörde – wie im TKG – hinsichtlich der Wahl der geeigneten Methode zur Bestimmung des angemessenen Zinssatzes ein **Beurteilungsspielraum** zusteht (diesen bejahend *VG Köln*, Urt. v. 6. 2. 2003 – 1 K 8003/98, S. 32 des amtlichen Umdrucks; hingegen nicht eindeutig *OVG NRW*, B. v. 19. 8. 2005 – 13 A 1521/03; siehe auch VG Köln, B. v. 19. 12. 2005 – 1 L 1586/05 und B. v. 21. 8. 2007 – 1 L 911/07; siehe auch *Groebel*, BerlK-TKG, § 31, Rn. 40). Dabei sind *insbesondere* die in §§ 7 V Strom-/GasNEV genannten Kriterien zu berücksichtigen.

Die drei nach **§§ 7 V Strom-/GasNEV** bei der Bestimmung der Höhe des Zuschlags zur Abdeckung netzbetriebsspezifischer unternehmerischer Wagnisse **insbesondere** zu berücksichtigenden **Kriterien** (wörtlich „*Umstände*") sind:
– Kapitalmarktverhältnisse (national und international) und die Bewertung von Elektrizitäts-/Gasversorgungsnetzen (Nr. 1);
– Durchschnittliche Verzinsung des Eigenkapitals von Netzbetreibern auf ausländischen Märkten (Nr. 2);
– Beobachtbare und quantifizierbare unternehmerische Wagnisse (Nr. 3).

131 Das **Kriterium Nr. 1** findet sich nahezu wortgleich in § 31 IV Nr. 2 TKG. Es beschreibt die Merkmale „wettbewerbsfähig" näher, d. h. es ist eine marktgerechte, die Erfordernisse des Kapitalmarktes einbeziehende Verzinsung zu ermitteln, wobei aber wegen §§ 7 IV 1 Strom-/GasNEV nicht ausschließlich die Sicht der Kapitalgeber einzunehmen ist, sondern die netzbetriebsspezifischen Wagnisse aus Sicht des die Mittel investierenden Unternehmens zu berücksichtigen sind (vgl. hierzu auch *Groebel*, BerlK-TKG, § 31, Rn. 73 ff.). Das **zweite Kriterium** der durchschnittlicher Eigenkapitalverzinsung von Netzbetreibern auf ausländischen Märkten ist doppeldeutig. Sofern damit die Bewertung von Betreibern auf internationalen Kapitalmärkten gemeint ist, wäre es bereits im ersten Kriterium enthalten. Sofern es sich um die Eigenkapitalverzinsung ausländische Netzbetreiber („auf [ihren jeweiligen] ausländischen Märkten") handelt, wäre es fragwürdig, weil aufgrund spezieller Faktoren eine Vergleichbarkeit nicht ohne weiteres gegeben ist. Dieses Kriterium war in ähnlicher Form ursprünglich auch im TKG-Entwurf enthalten, ist dann jedoch fallengelassen worden (vgl. zur Kritik *Busse von Colbe,* TKMR-Tagungsband 2004, S. 23 ff., 30 f.). Jedenfalls sollte es nicht überbetont werden. Das **dritte Kriterium** erscheint widersprüchlich, weil die Begriffe „beobachtete und quantifizierbare" auf die sog. „speziellen Wagnisse" wie Feuergefahr, Diebstähle, Forderungsausfälle u. ä. hindeuten, die nicht die Betriebsentwicklung insgesamt betreffen und in ihrer Größenordnung ungefähr abschätzbar sind, so daß sie kostenrechnerisch erfaßt werden (vgl. z. B. *Wöhe*, ABWL, S. 1092 ff.). Diese können also hier nicht gemeint sein. Es könnte sich nur um besondere unternehmerische Wagnisse handeln, die aus der Eigenart des Wirtschaftszweigs entstehen (*Wöhe,* ABWL, S. 1093). Auch für diese gilt das oben gesagte: sofern sie bereits kostenrechnerisch erfaßt wurden, dürfen sie nicht mehr gesondert angesetzt werden, da ein Risiko immer nur einmal zu berücksichtigen ist – entweder als (kalkulatorische) Kostenposition oder im Wagniszuschlag ist.

132 **dd) Steuerliche Behandlung.** Zur **steuerlichen Behandlung** sieht **§§ 7 VI 1 a. E. Strom-/GasNEV** vor, daß der Eigenkapitalzinssatz *nach* Ertragsteuern festzulegen ist. Damit bekräftigt der Gesetzgeber, daß die bisherige Vorgehensweise (im übrigen auch der VV II Strom Plus) fortzusetzen ist: *nach* Ertragsteuern, d. h. als (kalkulatorische) Kostenposition wird in §§ 8 Strom-/GasNEV nur die Gewerbesteuer genannt (s. u. Rn. 137), während der Eigenkapitalzinssatz ansonsten wie bisher *vor* Körperschaftssteuer (§§ 7 VI 2 Strom-/GasNEV) festzulegen ist, so daß der Anteilseigner die Belastung trägt. Auf diese Weise werden Anteilseigner und Anleihebesitzer **netto** gleichgestellt, denn beide haben die steuerliche Belastung zu tragen (s. Begründung

StromNEV-RE vom 14. 4. 2005, BR-Drucks. 245/05, S. 35 f.). Eine andere Auslegung würde dem Willen des Gesetzgebers zuwiderlaufen (so auch *Kühne/Brodowski,* Das neue Energiewirtschaftsrecht nach der Reform 2005, NVwZ 2005, 849 ff., 853). In dem Anhörungsdokument zur Festlegung der Eigenkapitalverzinsung der BNetzA vom 19. 5. 2008 (BK 4 – 08 – 068) vertrat die zuständige Beschlußkammer noch die Auffassung, daß die Körperschaftsteuer unberücksichtigt zu bleiben habe. In der endgültigen Entscheidung vom 7. 7. 2008 erfolgte nach nochmaliger Prüfung der geänderten Verordnung (Wegfall der Wörter „wobei dieser Zinssatz nach Ertragssteuern festzulegen ist" in §§ 7 VI I Strom-/GasNEV, BGBl. I 2007 S. 2529 ff., 2544 f.) eine Korrektur dahingehend, daß die Eigenkapitalverzinsung unter Einbeziehung der Körperschaftsteuer zu berechnen ist (vgl. BK 4 – 08 – 068, S. 42 ff., abzurufen im Internet unter: www.bundesnetzagentur.de/-enid/4f6b/453/7e78377a58c74392874b3f5,0/Aktuelles/Beschluesse_Eigenkapitalzinssatz_4rf.html). Dieselbe Vorgehensweise ist bei der Entgeltregulierung im Telekommunikationsbereich zu finden (*Groebel,* BerlK-TKG, § 31, Rn. 54; vgl. hingegen *Busse von Colbe,* Hempelmann-Bericht, BT-Drucks. 15/5268, S. 105 ff., 113; ebenso *Männel,* Körperschaftsteuer in der Netzentgeltkalkulation, ET 2005, 556 ff.; *Franz/Neu,* Berücksichtigung der Körperschaftsteuer bei der Kalkulation wettbewerbsadäquater Netzentgelte, WIK-Kurzstudie für die RegTP, 2005; a. A. *VIK-Papier* v. 13. 1. 2005, Auswirkungen der Körperschaftssteuer auf die Attraktivität einer Aktienbeteiligung an einem Netzbetreiber).

e) Festlegung der Eigenkapitalverzinsung nach §§ 7 VI 2 Strom-/GasNEV. §§ 7 VI 1 Strom-/GasNEV treffen eine **Übergangsregelung:** Bis zur erstmaligen Festlegung eines angemessenen Eigenkapitalzinssatzes nach § 21 II durch die Behörde beträgt der Eigenkapitalzinssatz für Altanlagen gem. **§ 7 VI 2 StromNEV real 6,5% vor Steuern** (für Neuanlagen 7,91%). Bei der Quantifizierung des Eigenkapitalzinssatzes wurde auf die bisherige Regelung der VV II Strom Plus/VV II Gas zurückgegriffen. Aus der **VV II Strom Plus** (Punkt 3.3 der Anlage 3) ergab sich ohne nähere Erläuterungen aus einem Basiszinssatz von 4,8% plus einem **Wagniszuschlag von 1,7%** ein realer Eigenkapitalzinssatz vor Steuern für die Elektrizitätswirtschaft von 6,5% (7,8% für die Gaswirtschaft, siehe Punkt 3.3 der VV II Gas), der mit **§ 7 VI 2** für die Altanlagen auch weiterhin vorgeschrieben wurde. Der sog. risikolose Basiszinssatz in Höhe von 4,8% ergab sich nach einer Berechnung von *Gerke* aus der durchschnittlichen Umlaufrendite öffentlicher Anleihen für einen Zeitraum von 40 Jahren als der typischen Investitionsdauer (zur nachträglichen Bestätigung des VV II

Strom Plus-Zinssatzes durch *Gerke,* Gutachten zur risikoadjustierten Bestimmung des Kalkulationszinssatzes in der Stromnetzkalkulation (2003); sowie *ders./Schäffner,* ew 2003, 42 ff., 44; *Engelsing* nennt dasselbe Ergebnis als Zehn-Jahresdurchschnitt der Umlaufrendite festverzinslicher inländischer Wertpapiere, *Engelsing,* BerlK-EnR, § 19 GWB, Rn. 336).

134 Die **Eigenkapitalzinsen** für den 40% nicht übersteigenden Anteil des Eigenkapitals errechnen sich demnach wie folgt:

$$\text{EK-Zinsen} = \text{BEK II} \ (\leq 40\%) \times 6{,}5\% \text{ vor Steuern.}$$

135 Darüber hinaus gehendes Eigenkapital ist gemäß **§ 7 I 3 i. V. m. § 5 II StromNEV** mit **dem tatsächlich gezahlten Fremdkapitalzinssatz,** maximal dem kapitalmarktüblichen, den die Beschlußkammer mit 4,8% ermittelt hat (BK8-05/19, 14 des amtlichen Umdrucks), zu verzinsen (siehe auch *Schalle/Boos,* ZNER 2006, 20 ff., 22). Anders als die Beschlußkammer hält das *OLG Düsseldorf* für die Ermittlung der *kapitalmarktüblichen Zinsen* nach § 5 II einen Beurteilungsspielraum wegen der bereits erfolgten wirtschaftswissenschaftlichen Klärung dieses Rechtsbegriffs nicht für gegeben (B. VI-3 Kart 289/06 (V), 18 f. des amtlichen Umdrucks).

136 An der **Festlegung konkreter Eigenkapitalzinssätze** (§§ 7 VI 2 Strom-/GasNEV, siehe hierzu auch Begründung StromNEV-RE vom 14. 4. 2005, BR-Drucks. 245/05, S. 35 f.; Begründung GasNEV-RE vom 14. 4. 2005, BR-Drucks. 247/05, S. 29 f.) hat die Monopolkommission zurecht Kritik geübt (Monopolkommission, XVI. Hauptgutachten 2004/2005, Rn. 33; ebenfalls abl. *Koenig/Schellberg,* RdE 2005, 1 ff., 4; diese dagegen ausdrücklich begrüßend *Schmidt-Preuß,* N&R 2004, 90 ff., 92; *ders.,* IR 2004, 146 ff., 147 f.). Die bei der Festlegung eines angemessenen, wettbewerbsfähigen und risikoangepassten Zinssatzes durch die Behörde (§ 7 VI 1) zu beachtenden Gesichtspunkte sind oben ausführlich behandelt worden (s. o. Rn. 121 ff.).

137 **3. Kalkulatorische Steuern (§§ 8 Strom-/GasNEV).** Bei der als Kostenposition berücksichtigungsfähigen **Gewerbesteuer** folgt die BNetzA in der Entscheidung nicht der strikten Linie des Positionspapiers, nur die tatsächlich gezahlte Gewerbesteuer anzuerkennen (Positionspapier, 15 f.). Vielmehr sieht sie die Gewerbesteuer als rein kalkulatorische Kostenposition an und berücksichtigt darum einen **kalkulatorischer Gewerbesteueransatz** auf der Grundlage der anerkannten kalkulatorischen Eigenkapitalverzinsung, was eine im Lichte der Entstehung von **§ 8 StromNEV** ebenfalls vertretbare (wenn auch nicht zwingende) Auslegung darstellt (vgl. BK8-05/19, 14 f. des amtlichen Umdrucks). Dieses Vorgehen impliziert eine von der Unternehmensorganisation unabhängige Behandlung, was insbesondere für den sog. kommunalwirtschaftlichen (gewerbesteuerlichen) Querverbund, bei dem Gewinne aus dem Netzbetrieb zum Ausgleich von Verlusten anderer Sparten (öffentlicher Personennahverkehr, kommunale Infrastruktur etc.) verwendet werden, eine Rolle spielt (zur Diskussion bezüglich der nach § 8 StromNEV anzusetzenden Gewerbesteuer siehe *Böck/Missling*, Die Berücksichtigung der Gewerbesteuer in der Netzentgeltkalkulation nach § 8 NEV, IR 2006, 98 ff.; *Schalle/Boos*, ZNER 2006, 20 ff., 23). Die Auffassung der BNetzA, die Gewerbesteuer als rein kalkulatorische Kostenposition anzusehen, ist inzwischen auch in der Hauptsache durch das *OLG Düsseldorf* bestätigt worden, weil so die „sachgerechte Zuordnung der Gewerbesteuer als kalkulatorische Kostenposition" i. S. d. § 8 1 StromNEV realisiert wird. Ein vorheriges Hineinrechnen in die Eigenkapitalverzinsung ist nicht vorgesehen. Lediglich der Insich-Abzug der Gewerbesteuer ist nach § 8 2 StromNEV wegen der ausdrücklichen Anordnung zu berücksichtigen (*OLG Düsseldorf*, HS-B. – VI-3 Kart 289/06 (V), 18/19 des amtlichen Umdrucks, *OLG Düsseldorf*, B. v. 24. 10. 2007 – VI-3 Kart 472/06 (V), 47/48 des amtlichen Umdrucks, ebenso *OLG Koblenz* (B. v. 4. 5. 2007 – W 595/06 Kart RdE 2007, 19 8 ff., 204 f.; *OLG Stuttgart*, B. v. 3. 5. 2007 – 202 EnWG 4/06 Rn. 122 ff., IR 2007, 182 f., abrufbar unter http://www.olg-stuttgart.de). Auch hier betont das Gericht, daß es nicht auf unternehmensindividuelle Kürzungen und Hinzurechnungen, die die tatsächlich angefallene Gewerbesteuer betreffen, ankommt. Anderer Auffassung ist das *OLG Naumburg,* das fälschlicherweise davon ausgeht, daß grundsätzlich die tatsächlichen Kosten des Netzbetriebes anzusetzen sind. Zwar erwähnt auch das *OLG Naumburg* die Begrenzung durch das Effizienzgebot in § 21 II EnWG, ohne dies jedoch anzuwenden (*OLG Naumburg,* B. 1 W 25/06 (EnWG), S. 20 ff., 21 des amtlichen Umdrucks). Der Beschluß des *OLG Naumburg* wurde inzwischen vom *BGH* mit B. v. 13. 11. 2007 – KVR 23/07 aufgehoben, IR 2008, 113 f.

Nicht anerkannt wird hingegen die sog. **Scheingewinnbesteuerung,** d. h. die fiktiv auf den aus der Differenz zwischen kalkulatorischen und bilanziellen Abschreibungen rechnerisch entstehenden Gewinn zu zahlenden Ertragsteuern, was z. B. nach Punkt 3.3 der Preisfindungsprinzipien der VV II Strom Plus zulässig war (zur Begründung dieser VV II Strom Plus-Regelung zur Behandlung von Scheingewinnen siehe *Vaal*, Die Kostenansätze der Kartellbehörden und ihre Auswirkungen auf die Erfolgslage der Stromnetzbetreiber, ew 2003, 14 ff.; ebenfalls befürwortend *Schmidt-Preuß*, ET 2003, 758 ff., 763; *ders.,* IR 2004, 146 ff., 148). Die Einbeziehung des Scheingewinns in die Bemessungsgrundlage für den kalkulatorischen Gewerbesteueransatz wäre nicht sachgerecht, weil es die Netznutzer einseitig belastet. Diese folgt der Sichtweise des Verordnungsgebers, wie sie in den Beratungen zu § 8 StromNEV erkennbar ist (BK8-05/19, 14 f., bestätigt durch *OLG Düsseldorf,* B. VI-3 Kart 289/06 (V), 19 des amtlichen Umdrucks). Der Verordnungsgeber wollte mit der bisherigen VV II Strom Plus-Praxis brechen.

139 **4. Kostenmindernde Erlöse und Erträge (§§ 9 Strom-/ GasNEV).** Diese Position dient dazu, die **Netzkosten** um **kostenmindernde Erlöse und Erträge,** die sachlich dem Netz zuzurechnen sind, zu **bereinigen.** Dadurch werden z. B. außerhalb der jeweiligen Kalkulationsperiode anfallende Zahlungen periodenspezifisch verrechnet (vgl. Begründung StromNEV-RE vom 14. 4. 2005, BR-Drucks. 245/05, S. 36; Begründung GasNEV-RE vom 14. 4. 2005, BR-Drucks. 247/05, S. 30 f.). Im einzelnen sind diese insbesondere den Positionen der GuV:
1. aktivierte Eigenleistungen;
2. Zins- und Beteiligungserträge;
3. Netzanschlußkosten;
4. Baukostenzuschüsse oder
5. sonstige Erträge und Erlöse

zu entnehmen. Dabei wird in § 21 II hinsichtlich der **Baukostenzuschüsse** für Anschlüsse die Regelung getroffen, daß diese anschlussindividuell über 20 Jahre aufzulösen sind. Dies soll wegen des bestehenden Diskriminierungspotentials verhindern, daß vertikal integrierte Unternehmen diese allgemein netzkostenmindernd in Ansatz bringen. § 9 III StromNEV betrifft die Verwendung von netzkostenmindernden **Einnahmen** aus der Zuweisung von **Kapazitäten an grenzüberschreitenden Kuppelstellen** durch Übertragungsnetzbetreiber.

140 **5. Behandlung von Netzverlusten (§ 10 StromNEV).** Physikalisch bedingt entstehen bei Transport und Verteilung von Elektrizität Netzverluste (sog. Verlustenergie; vgl. Begründung StromNEV-RE vom 14. 4. 2005, BR-Drucks. 245/05, S. 36 f.). Die **Kosten** für die **Beschaffung von Energie** zum Ausgleich der **Netzverluste** können gemäß **§ 10 I 1 StromNEV** bei der Ermittlung der Netzkosten in Ansatz gebracht werden. Planwerte finden keine Berücksichtigung, denn in § 10 I 2 StromNEV heißt es, daß sich die Kostenposition aus den *tatsächlichen* Beschaffungskosten der entsprechenden Verlustenergie im abgelaufenen Kalenderjahr ergibt. § 10 I geht als spezielle Regelung § 3 vor (ebenso *OLG Koblenz,* B. v. 4. 5. 2007 – W 595/06 Kart, RdE 2007, 198 ff., 198). Die geltend gemachten Ist-Kosten sind gem. § 4 I StromNEV einer Effizienzprüfung in Form einer Vergleichsbetrachtung der Mengen und Preise für die Beschaffung der Verlustenergie unterzogen worden (vgl. BK8-05/19, 5, 17 f. des amtlichen Umdrucks sowie nachfolgend).

Bei der **Effizienzprüfung** der Beschaffungskosten für Verlustenergie (§ 10 StromNEV) wurde anhand eines **Vergleichs** mit den anderen Übertragungsnetzbetreibern festgestellt, daß die von der VET geltend gemachten tatsächlichen Beschaffungskosten für die Verlustenergiemenge 2004 (abgelaufenes Kalenderjahr gem. § 5 I 2, der als die speziellere Regelung § 3 I 5 vorgeht, vgl. BK8-05/19, 5 des amtlichen Umdrucks; gegenteiliger Auffassung *Schalle/Boos,* ZNER 2006, 20 ff., 25) überhöht sind, so daß sie nicht in voller Höhe anerkannt werden konnten, weil sie nicht denen eines effizienten und strukturell vergleichbaren Netzbetreibers entsprechen (BK8-05/19, 17 f. des amtlichen Umdrucks). Das *OLG Düsseldorf* hat bestätigt, daß der von der Behörde vorgenommene **Effizienzvergleich** nicht den Vorgaben des § 21 III widerspricht, wonach die Behörde zunächst ein Vergleichsverfahren durchzuführen habe (*OLG Düsseldorf,* B. VI-3 Kart 289/06 (V), 12, 23 des amtlichen Umdrucks). Dies macht deutlich, daß die **Vergleichsmarktbetrachtung** im Sinne eines „Benchmarking", d. h. als **Methode** zur Ermittlung der **Kosten eines effizienten und strukturell vergleichbaren Netzbetreibers herangezogen** werden kann (s. o. Rn. 12). 141

6. Ergebnis der regulatorischen Kostenprüfung. Die Prüfung der vorgelegten Kostenunterlagen durch die Beschlusskammer erfolgte gemäß den strengen Vorgaben der StromNEV, die Ausdruck des Effizienzgebots sind. §§ 6 Strom-/GasNEV stellt die **Begrenzung** der Abschreibungen auf den zur Leistungserstellung (den Erhalt der Leistungsfähigkeit des Netzes, s. o. Rn. 98 f.) notwendigen Umfang gleich mehrfach klar: nur das **betriebsnotwendige** (für eine effiziente Leistungserbringung **erforderliches,** Begründung StromNEV-RE vom 14. 4. 2005, BR-Drucks. 245/05, S. 33) Anlagevermögen darf über die **betriebsgewöhnliche Nutzungsdauer** (= ökonomische Lebensdauer) nach Anlage 1 Strom-/GasNEV hinweg abgeschrieben werden, d. h. keine Mehrfachverrechnungen (keine Doppelabschreibungen). § 7 sieht vor, daß nur das **betriebsnotwendige Eigenkapital** (für die Erbringung der Leistung eingesetzte Eigenkapital) und nur bis zu einer Quote von maximal 40% mit dem Eigenkapitalzinssatz zu verzinsen ist. Die Behörde hat diese Vorgaben – gerichtlich bestätigt – dahingehend ausgelegt, daß eine Abschreibung und Verzinsung nur der Restwerte und nur für die Restnutzungsdauer, beides ausgehend von den ursprünglich zugrundegelegten AHK und tatsächlichen Nutzungsdauern kalkuliert, zu erfolgen hat. Sie hat dementsprechend Kürzungen vorgenommen. 142

Darüber hinaus hat sie wegen der Sanierungsbedürftigkeit infolge unzureichender Wartung und Instandhaltung des sog. DDR-Altan- 143 lagevermögens eine pauschale **Minderung der Gesamtnutzungsdauern** um jeweils 25% vorgenommen (neben dem Wertabschlag auf die DDR-Anlagen zur Berücksichtigung des schlechteren technischen Zustands, den bereits die Antragstellerin vorgenommen hatte, vgl. BK8-05/19, 19 f. des amtlichen Umdrucks und Sprechzettel, 4). Das Gericht führt hierzu aus, daß „die *Kombination* aus substantiellem Wertabschlag und verminderter Nutzungsdauer somit insgesamt sachgerecht [erscheint]" (*OLG Düsseldorf,* B. VI-3 Kart 289/06 (V), 15 f. des amtlichen Umdrucks, Hervorhebung nur hier, A. G.). Dies zeigt deutlich, daß wie die Behörde auch das Gericht einen strengen Maßstab hinsichtlich der Bewertung anlegt und eine Überbewertung des Anlagevermögens und damit überhöhte Abschreibungen für unzulässig und unvereinbar mit dem Effizienzmaßstab hält.

144 Die Höhe der Abschreibungen hängt neben der Bewertung (TNW, AHK) und den Nutzungsdauern auch von dem **Mengengerüst**, d. h. dem Anlagebestand insgesamt ab, womit der Kapazitätsaspekt (die Dimensionierung) des Netzes angesprochen ist. Grundsätzlich unterliegt auch (und gerade) die **Dimensionierung** dem **Effizienzgebot** (s. o. Rn. 98 ff.). Allerdings konnte die Beschlußkammer diesen Punkt noch nicht prüfen, weshalb sie die Genehmigung mit einem „Effizienzvorbehalt" versehen hat (BK8-05/19, S. 42, s. o. Rn. 22 und 96). Ein anschauliches Beispiel für die Berücksichtigung auch der Effizienzgesichtspunkte bei der Berechnung der Wiederbeschaffungswerte eines *effizienten* Netzes in zwei Schritten (zunächst erfolgt das Herausrechnen der Ineffizienzen aufgrund von Übermaß- und/oder Fehlinvestitionen, dann die Ermittlung der TNW für das *effiziente* Netz) findet sich bei Säcker (siehe *Säcker,* AöR 2005, 180 ff., 210 f. und oben Rn. 98).

145 Die sich aus den **konkreten Prüfungsfeststellungen** ergebenden **Kürzungen** aufgrund der Bewertung des Sachanlagevermögens, der Eigenkapitalverzinsung, der kalkulatorischen Gewerbesteuer, der Kosten für die Veredelung regenerativer Energien sowie der Kosten für Verlustenergie beliefen sich auf insgesamt ca. 11,7% der vorgelegten Istkosten der VET (ca. 18% in bezug auf die beantragten Entgelte, vgl. Pressemitteilung der BNetzA vom 8. 6. 2006 sowie Sprechzettel, S. 3).

IV. Kostenstellen- und Kostenträgerrechnung
(§§ 12 ff., 15 ff. StromNEV, §§ 11 ff., 13 ff. GasNEV)

146 Die **ermittelten** (und auf die Kostenstellen gem. Anlage 2 verteilten) **Netzkosten** werden über ein **jährliches Netzentgelt** gedeckt, § 15 I StromNEV. Indem für alle Netz- und Umspannebenen die spezifischen Jahreskosten gemäß den Vorgaben zur **Kostenwälzung nach**

§ 14 gebildet werden, erfolgt eine **verursachungsgerechte Zuteilung** der Kosten auf die aus der jeweiligen Netz- oder Umspannebene entnehmenden Netznutzer (BK8-05/19, S. 39 f. des amtlichen Umdrucks). Zur Umrechnung der **Netzentgelte** je Netz- oder Umspannebene in **Leistungs- und Arbeitspreise** werden die ermittelten leistungsbezogenen Gesamtjahreskosten mit den nach Anlage 4 StromNEV kalkulierten Parametern der **Gleichzeitigkeitsfunktion** nach § 16 II, mit der die Durchmischung der Inanspruchnahme des Netzes oder Netzbereichs durch mehrere Entnahmestellen, abhängig von der Benutzungsdauer der höchsten in Anspruch genommenen Netzkapazität, berücksichtigt wird, multipliziert (zur Änderung der Regelungen der VV II Strom Plus zur Kalkulation der Gleichzeitigkeitsfunktion, die in Anlage 4 mehrere Freiheitsgrade enthielt, durch die engeren Vorgaben der StromNEV siehe *Cohnen/Latkovic/Wagner,* Der Entwurf der Strom-Netzentgeltverordnung – Anreizregulierung durch die Hintertür?, emw 4/2004, 26 ff., 29; *Müller-Kirchenbauer/Thomale,* IR 2004, 148 ff., 150). Nach § 17 I 2 richten sich die Netzentgelte nach
– der Anschlussebene,
– den jeweils vorhandenen Messeinrichtungen an,
– der jeweiligen Benutzungsstundenzahl
der Entnahmestelle. Infolge unterschiedlicher Netznutzerstrukturen etc. (die z. B. mit individuellen Netzentgelten gem. § 19 II StromNEV für stromintensive Produktionsbetriebe einhergehen) ergeben sich Unterschiede zwischen den Netzbetreibern und Kostenkürzungen schlagen sich nicht immer in einer entsprechenden Absenkung der bisherigen Entgelte nieder (siehe als Beispiel RWE Transportnetz Strom GmbH, vgl. Pressemitteilung der BNetzA vom 31. 7. 2006).

Für **Gasnetze** werden **Ein- und Ausspeiseentgelte** als Kapazitätsentgelte in Euro pro Kubikmeter pro Stunde pro Zeiteinheit gebildet, § 13 II 1 GasNEV. Sie werden nach Ermittlung der Kosten und Verteilung auf die Kostenstellen gem. **§ 13 GasNEV** berechnet und für feste und unterbrechbare Kapazitäten ausgewiesen (§ 13 III). Die besonderen Regeln für Fernleitungsnetze gem. § 19 GasNEV werden weiter unten im einzelnen erläutert (s. u. Rn. 157 ff.).

Als **Fazit** in Bezug auf die eingangs dieses Abschnitts (s. o. Rn. 94) gestellte Frage nach der Einschränkung von Handlungsspielräumen der VV II Strom Plus (bzw. VV II Gas) mit inhärenten Anreizen zu Kostenüberhöhungen läßt sich festhalten, daß die Verbindlichmachung durch Normierung in der Strom-/GasNEV und der externen Kontrolle durch die BNetzA im Rahmen der Genehmigungsverfahren nach § 23 a diese wirksam kontrollieren kann.

149 Insgesamt läßt sich für § 21 durch Auslegung feststellen, daß eine **Ex-ante-Kostenregulierung nach dem Effizienzmaßstab** zu erfolgen hat, obwohl die Vorschrift aufgrund der mühseligen und langwierigen Entstehungsgeschichte nicht in sich geschlossen ist. Der Effizienzmaßstab ist durch Rückgriff auf Art. 4 EG-StromhandelsVO bzw. Art. 3 EG-GasfernleitungsVO als „Kosten eines effizienten und strukturell vergleichbaren Netzbetreibers" definiert. Kosten und Kostenanteile, die sich ihrem Umfang nach im Wettbewerb nicht einstellen würden, dürfen bei der **regulatorischen Kostenprüfung** nicht anerkannt werden. Die Einzelheiten der vorzulegenden **Kostennachweise** sowie die Prüf- und Ermittlungsschritte bei der Entgeltermittlung sind in der Strom-/GasNEV enthalten. Die **Nachweispflicht** (Darlegungslast) obliegt den **Netzbetreibern.** Ergänzend kann die Behörde ein **Vergleichsverfahren** (§ 21 III und IV i. V. m. §§ 22 ff. StromNEV bzw. §§ 21 ff. GasNEV) durchführen (s. u. Abschnitt E.). Die Vermutungsregel des § 21 IV 2 EnWG greift in materieller Hinsicht nicht.

E. Vergleichsverfahren (§§ 22 ff. StromNEV, §§ 21 ff. GasNEV)

I. Funktion des Vergleichsverfahrens

150 Die BNetzA führt das **Vergleichsverfahren** flankierend zur Einzelkostenprüfung der Genehmigungsverfahren nach § 23a durch, d. h. sie nutzt die Ergebnisse zur Kontrolle der Resultate aus den Kostenprüfungen (Kontrollmethode, siehe zum Verhältnis der beiden Methode auch oben Abb. 3). Deshalb werden gegenwärtig ausschließlich **Kostenvergleiche** durchgeführt, § 21 III 2. In diesem Sinne können die Ergebnisse des Vergleichsmarktverfahrens in die Einzelentgeltgenehmigungen einfließen, § 21 IV 1, wobei allerdings – wie dargestellt – Entgeltgenehmigungsverfahren bereits nach **Durchführung der Kostenprüfungen,** die es erlauben, überhöhte Kosten **unmittelbar** zu erkennen und zu kürzen, abgeschlossen werden konnten.

151 Darüber hinaus wird mit dem Vergleichsverfahren das Ziel verfolgt, die **Transparenz** zu erhöhen und sich zu Beginn der Energieregulierung einen Überblick über die vorgefundene Ausgangssituation zu schaffen. Zur Schaffung von Transparenz ist die Veröffentlichung der Ergebnisse im Amtsblatt gem. § 22 I 3 StromNEV (§ 21 I 2 GasNEV) vorgesehen, womit zugleich durch den Prangereffekt (*Schmidt-Preuß,* IR 2004, 146 ff., 148) eine effizienzsteigernde Wirkung eintreten sollte. Dieser Effekt zeigte sich bereits im Vorfeld, als 115 zur Datenlieferung nach § 24 IV StromNEV (§ 23 IV GasNEV) verpflichtete Netzbetreiber gegen die vollumfängliche Veröffentlichung der Ergebnisse des Vergleichsverfahrens mit namentlicher Nennung vorbeugend Unterlassungsanträge vor dem *OLG Düsseldorf* stellten (zu den Datenanforderungen der BNetzA im Rahmen der standardisierten Abfrage s. Festlegung vom 21. 9. 2005 (Az. E405 e-05–001/E24–08–2005; E405 c-05–001/E24–08–2005; ABl. 18/2005, S. 1337; http://www.bundesnetzagentur.de/enid/52dd151b2cd7ae4ea4092a93a8d23e3c,0/Anzeigen_/_Mitteilungen/Mitteilung_-_Vergleichsverfahren_Strom_und_Gas_Datenerhebung_2ku.html).

II. Vorgehen und Strukturklassenbildung

Das **Vergleichsverfahren** nach § 21 III wird durch die **§§ 22 ff. StromNEV** bzw. **§§ 21 ff.** GasNEV (für Entgelte, die der kostenorientierten Entgeltbildung unterliegen, für die Ausnahme gemäß § 21 II 1 letzter Halbsatz EnWG s. u. Rn. 157 ff.) im einzelnen beschrieben. Auf die Verwendung als „**Benchmarking-Instrument**" (Zweckänderung der Methode) wurde bereits oben näher eingegangen (s. Rn. 11 f.). Das Vergleichsverfahren – darauf deutet bereits der Begriff – folge in seiner Anlage 4 dem in Punkt 4 der Anlage 3 beschriebenen Vergleichsverfahren der VV II Strom Plus (in der VV II Gas gab es kein Vergleichsverfahren). Dieses „ergänzte das Prinzip der Kostendeckung" und sollte – wie das kartellrechtliche Vergleichsmarktkonzept (zum Unterschied s. o. Rn. 7) – dazu dienen, „Anreize zu einer Verbesserung der Wirtschaftlichkeit von Betriebsführung und Investitionstätigkeit [zu liefern]", um „die Maßgabe, daß die kalkulatorischen Kosten nur in einem Umfang, der sich im Wettbewerb einstellen würde, anzusetzen sind", durchzusetzen (VV II Strom Plus, Einleitung und Punkt 4). Dieses Ziel konnte jedoch nicht erreicht werden, da die Art und Weise der sog. Strukturklassenbildung und die Setzung der Zielgröße dies mehr oder minder systematisch unterlief, indem zum einen nur auf den Mittelwert charakteristischer Abnahmefälle abgestellt wurde und zum anderen eine Überprüfung erst dann einsetzte, wenn die Entgelte innerhalb einer Streubreite der höchsten 30% einer Strukturklasse lagen (zum Vergleichsmarktprinzip der VV II Strom Plus aus Sicht der Energiewirtschaft siehe z. B. *Birkner/Staschus,* Vergleichsmarktprinzip der VV II plus und das paneuropäische Benchmarking-Projekt, ET 2004, 230 ff.). Eine ähnlich unzureichende Regelung ist mit der Vermutungsregel in § 21 IV 2 EnWG, die nur auf den Durchschnitt abstellt, enthalten, die aber wegen des Effizienzpostulats in § 21 II EnWG nicht greift (s. o. Rn. 13).

§ 21 153, 154   Teil 3. Regulierung des Netzbetriebs

153   Gemäß § 22 I StromNEV (§ 21 II GasNEV) kann der **Vergleich für Netzentgelte, Erlöse** und **Kosten** von der Regulierungsbehörde in regelmäßigen zeitlichen Abständen (bei Gasversorgungsnetzen mindestens jährlich, § 21 I GasNEV) durchgeführt werden. Im Strombereich hat der Vergleich getrennt nach Netz- und Umspannebenen zu erfolgen, § 23 I StromNEV. Im Gasbereich sind die Druckstufen zu berücksichtigen, § 22 Nr. 2 und 3 GasNEV. Für einen **sachgerechten Vergleich** sind die Netzbetreiber **Strukturklassen** zuzuordnen (§ 22 II 2 StromNEV, § 21 II 3 GasNEV), wobei die in § 24 StromNEV bzw. § 23 GasNEV genannten **Strukturmerkmale** zu berücksichtigen sind (s. u. Rn. 155). § 22 III StromNEV (§ 21 III GasNEV) sieht vor, daß die Behörde Feststellungen gem. § 30 III zu Erlösen oder Kosten von Betreibern anderer Mitgliedstaaten der EU treffen kann (s. hierzu z. B. *Fritz/Zimmer,* Bedeutung von Struktureinflüssen beim Netzbenchmarking, ET 2004, 320 ff.). Sofern der Vergleich die Dimensionierung der Netzanlagen als gegeben hinnimmt, wird die Frage von *stranded investment* (s. o. Rn. 98 ff., 123) ausgeklammert (Begründung StromNEV-RE vom 14. 4. 2005, BR-Drucks. 245/05, S. 41 ff., 42; Begründung GasNEV-RE vom 14. 4. 2005, BR-Drucks. 247/05, S. 36 ff., 37).

154   Um die Verzerrung durch die Betrachtung nur einzelner Abnahmefälle auszuschalten, schreibt § 23 I Nr. 1 StromNEV (§ 22 Nr. 1 GasNEV) einen **mengengewichteten** Vergleich der Netzentgelte vor (Begründung StromNEV-RE vom 14. 4. 2005, BR-Drucks. 245/05, S. 41 ff., 42; Begründung GasNEV-RE vom 14. 4. 2005, BR-Drucks. 247/05, S. 36 ff., 36). Wie bei dem **Erlösvergleich** (§ 23 I Nr. 2 StromNEV) ist der durch die Kostenwälzung bedingte Anteil zu bereinigen, ebenso ist der unterschiedlichen Auslastung, die den Netzentgeltvergleich beeinflußt, Rechnung zu tragen. Bei einem **Erlösvergleich** ist das Verhältnis der bereinigten Erlöse einer Netzebene zur **Stromkreislänge** der jeweiligen Netzebene zu berücksichtigen. Damit wird das vom BKartA entwickelte Konzept aus dem Stadtwerke-Mainz-Verfahren (Mißbrauchsverfügung B 11–38/01 v. 17. 4. 2003) des **Erlösvergleichs pro Kilometer Leitungslänge,** bei dem es sich um einen mengengewichteten Vergleich handelt, in der Verordnung verwendet. Bei diesem Vergleichskonzept wird mit der Bezugsgröße **Kilometer Leitungslänge** der **ausschlaggebende Kostentreiber** (i. e. entgeltbestimmende Faktor) und die **gesamte** Abnahme**struktur** des betroffenen Netzgebiets erfaßt (zur Erläuterung des Konzepts und der Vorgehensweise bei der Ermittlung *Engelsing,* BerlK-EnR, § 19 GWB, Rn. 192 ff.; *ders.,* RdE 2003, 249 ff.; *ders.,* ZNER 2003, 111 ff., 113 f.; BKartA, Tätigkeitsbericht 2003/2004, BT-

Drucks. 15/5790, S. 131 ff.). Damit hat dieses Vergleichsmarktkonzept, das inzwischen mit der Entscheidung des *BGH* vom 28. 6. 2005 auch gerichtlich bestätigt ist (*BGH,* WuW/E DE-R 1513, 1516), eine verordnungsrechtliche Grundlage erhalten (*Stumpf/Gabler,* NJW 2005, 3174 ff., 3177 f.). Als Beispiele für die Durchführung von **Kostenvergleichen** siehe z. B. den Vergleich der Beschaffungskosten für Verlustenergie oder für die Veredelung (der EEG-Stromeinspeisung) im Genehmigungsbeschluss Vattenfall (BK8-05/19, 5, 17, 38 f. des amtlichen Umdrucks; bestätigt durch *OLG Düsseldorf,* B. VI-3 Kart 289/06 (V), 12, 23 des amtlichen Umdrucks und oben Rn. 141).

Zur **Bildung** der **Struktur**klassen, die einen sachgerechten Vergleich **strukturell** vergleichbarer Netzbetreiber sicherstellt, ist es erforderlich, Netzbetreiber in **Klassen** einzuteilen, die durch die **maßgeblich** die **Kosten** prägenden **strukturellen Merkmale** (Kostentreiber) **definiert** werden. Die Kosten pro Kilometer Leitungslänge (bei Netzebenen) bzw. pro installierter Leistungseinheit (bei Umspannebenen) werden von der (Bebauungs-)**Dichte der Oberfläche** bestimmt, weshalb die Verordnung die Bildung von jeweils sechs Strukturklassen je Netz- und Umspannebene vorsieht, die sich nach der **Belegenheit** des Netzes (Ost und West) und der **Absatzdichte** (hoch, mittel, niedrig) richtet, wobei über die Abgrenzung zwischen hoher, mittlerer und niedriger Absatzdichte die Behörde entscheidet (§ 24 I StromNEV und Begründung StromNEV-RE vom 14. 4. 2005, BR-Drucks. 245/05, S. 41 ff., 43; § 23 I GasNEV; *Koenig/Schellberg* plädieren wegen der effizienzfördernden Wirkung dafür, die Strukturmerkmale nicht in der Verordnung festzuschreiben, *Koenig/Schellberg,* RdE 2005, 1 ff., 5). Für Verteilnetze in der Niederspannung, die sich lediglich über die besiedelte Fläche erstrecken, ist nicht die gesamte geographische Fläche, sondern die versorgte Fläche kostenrelevant (zum Einsatz von Vergleichsmethoden und dem Einfluss von Strukturmerkmalen siehe z. B. *Maurer/Wolfram/v. Sengbusch,* Netzvergleich mit Referenzverfahren, ET 2004, 436 ff., *Haubrich/Löppen/Maurer/v. Sengbusch,* Zur Ableitung der Kosten von Mittelspannungsnetzen aus Strukturmerkmalen, ET 2004, 439 ff.; *Fritz/Maurer,* Modell- und Vergleichsnetzanalyse, emw 1/06, 22 ff.; *Dal-Canton/Ungemach,* emw 4/2004, 22 ff.). Sofern sich innerhalb einer so gebildeten Klasse strukturell vergleichbarer Netzbetreiber eine große Spannbreite der Ergebnisse ergibt, deutet das auf vorhandene Ineffizienzen im Netzbetrieb hin, denn diese können nicht durch strukturelle Besonderheiten erklärt werden.

III. Ergebnisse des ersten Vergleichsverfahrens

156 Am 24. 8. 2006 hat die BNetzA die **Ergebnisse des Vergleichsverfahrens veröffentlicht** (siehe Pressemitteilung und Veröffentlichung, im Internet abrufbar unter: http://www.bundesnetzagentur.de/enid/52dd151b2cd7ae4ea4092a93a8d23e3c,0/Presse/Pressemitteilungen_d2.html#8981; Vergleichsergebnisse: http://www.bundesnetzagentur.de/enid/52dd151b2cd7ae4ea4092a93a8d23e3c,0/Anzeigen_/_Mitteilungen/Ergebnisse_Vergleichsverfahren_Strom_und_Gas_2x2.html). Anstelle der ursprünglich geplanten Veröffentlichung individueller Daten hat man sich auf die Darstellung von Bandbreiten konzentriert, d. h. es wird der Medianwert sowie der oberste und unterste Wert der maßgeblichen Kennzahl ohne Nennung des Unternehmens veröffentlicht. Die anhängigen Gerichtsverfahren wurden mit einem Vergleich beendet. Verglichen werden die **Kosten des Netzbetriebs** in **Euro pro Kilometer Leitungslänge** differenziert nach der **Absatzdichte.** Die Ergebnisse zeigen gravierende Kostenunterschiede innerhalb der Strukturklassen, die zu grob sind, um die Kostentreiber adäquat abzubilden, weshalb für die Vergleichsmarktbetrachtungen im Rahmen der Anreizregulierung auf die Strukturklassen verzichtet wird (siehe hierzu ausführlich § 21 a, Rn. 32). Die **großen Kostenunterschiede** innerhalb einer Klasse sind nicht mehr mit strukturellen Besonderheiten der einzelnen Unternehmen erklärbar, sondern lassen auf **Ineffizienzen** schließen.

F. Abweichung von der kostenorientierten Entgeltbildung (§ 21 II 1 letzter Hs.)

157 § 21 II 1 letzter Halbsatz i. V. m. **§ 24 2 Nr. 5** gestattet eine Abweichung von der kostenorientierten Entgeltbildung. Sofern ein Betreiber eines überregionalen Gasfernleitungsnetzes nachweist, daß das Fernleitungsnetz nach **§ 3 II GasNEV** zu einem überwiegenden Teil wirksamem bestehenden oder potentiellem Wettbewerb ausgesetzt ist, können die Entgelte für die Nutzung der Fernleitungsnetze nach **§ 19 GasNEV** auf der Grundlage eines von der Regulierungsbehörde jährlich durchzuführenden **Vergleichsverfahrens** nach Maßgabe des **§ 26** gebildet werden. Gemäß **§ 19** sind Ein- und Auspeiseentgelte gemäß den Anforderungen nach § 15 und den Grundsätzen gemäß §§ 13–15 zu bilden (siehe auch Begründung GasNEV, BR-Drucks. 247/05 v. 14. 4. 2005, S. 35 f.). Für die Durchführung des Vergleichsverfahrens nach § 26 wird auf die Vorschriften für das Vergleichsverfahren nach

§§ 21–25 verwiesen, soweit sie auf die marktorientierte Entgeltbildung anwendbar sind. Der Vergleich kann Netzbetreiber in anderen Mitgliedstaaten der Europäischen Union miteinbeziehen (siehe auch Begründung GasNEV, BR-Drucks. 247/05 v. 14. 4. 2005, S. 38).

Voraussetzung für die Feststellung von wirksamem bestehenden oder potentiellem Wettbewerb ist gem. § 3 II 2 Nr. 1 und Nr. 2 GasNEV, daß bei überregionalen Gasfernleitungsnetzen zumindest

– die überwiegende Zahl der Ausspeisepunkte dieses Netzes in Gebieten liegt, die auch über überregionale Gasfernleitungsnetze Dritter erreicht werden oder unter kaufmännisch sinnvollen Bedingungen erreicht werden können, oder
– die überwiegende Menge des transportierten Erdgases in Gebieten ausgespeist wird, die auch über überregionale Gasfernleitungsnetze Dritter erreicht werden oder unter kaufmännisch sinnvollen Bedingungen erreicht werden können.

Damit werden **Betreiber überregionaler Gasfernleitungsnetze** bei der Entgeltregulierung **privilegiert.** Für diese Privilegierung sieht die Monopolkommission keine Berechtigung (XVI. Hauptgutachten 2004/2005, Juli 2006, Rn. 37). Da die Privilegierung auch europarechtlich fragwürdig ist, ist bei der Prüfung des Vorliegens von wirksamem bestehenden oder potentiellem Wettbewerb durch die Behörde ein **strenger Maßstab** anzulegen. Die Behörde hat dabei die o. a. Vermutungstatbestände zu berücksichtigen, ist aber nicht ausschließlich an diese gebunden (Begründung GasNEV-RE, BR-Drucks. 247/05 v. 14. 4. 2005, S. 25). Den Netzbetreibern obliegt die Nachweispflicht (§ 3 III 1 GasNEV). Erfolgt kein Nachweis, ordnet die Behörde die kostenorientierte Entgeltbildung an.

Die **Ausnahmeregelung** für Gasfernleitungsnetze bedeutet, daß die Überprüfung nicht mittels Kostenprüfung, sondern über ein marktbasiertes Verfahren – d. h. eine **Vergleichsmarktbetrachtung** nach § 26 GasNEV stattfindet. Die Privilegierung bezieht sich somit nur auf die **Methode,** nicht aber den Maßstab. Denn auch die Gasfernnetzbetreiber unterliegen grundsätzlich der (Ex-post-)Regulierung, wobei der **Maßstab der Ex-ante-Regulierung** zur Anwendung kommt – die Ausnahmeregelung bezieht sich nur auf die **kostenorientierte Entgeltbildung,** so daß hier ein „**Best-practice-Vergleich**" durchzuführen ist, der auf den effizienten Anbieter abstellt. Wenn Wettbewerb herrscht, dürfte dies im Ergebnis zu keinem Unterschied führen, weil auch bei der Effizienzkostenprüfung gemäß § 21 II 2 GasNEV Kosten und Kostenbestandteile, die sich ihrem Umfang nach im Wettbewerb nicht einstellen würden, nicht berücksichtigt werden dürfen (Methodenäquivalenz). Das bedeutet, der Gesetzgeber wollte die Erleichterung (*Britz,*

§ 21 161–164 Teil 3. Regulierung des Netzbetriebs

RdE 2006, 1 ff., 1) nur bezüglich der Methode, nicht hinsichtlich des Maßstabs gewähren.

161 Daraus folgt nach den obigen Erläuterungen (Rn. 58), daß **kein Raum** für einen **Erheblichkeitszuschlag** i. S. d. kartellrechtlichen Judikatur besteht, auch wenn das Vergleichs[markt]verfahren angewandt wird. Denn dieses wird im Rahmen der energierechtlichen Entgeltregulierung und nicht als kartellrechtliches Verfahren durchgeführt. Dies ergibt sich ferner auch unmittelbar aus dem Wortlaut von § 19 III GasNEV, der keine Erheblichkeitsschwelle kennt.

162 § 21 II 1 letzter Halbsatz ist somit ein reiner **Methodenhinweis,** mit dem jedoch keine Änderung des Maßstabs verbunden ist. Dies ergibt sich auch aus **systematischen Überlegungen:** die Ausnahmeregelung findet sich in § 21 II, nicht in § 30. Im Gegenteil: mit § **30 I 3** wird explizit darauf hingewiesen, daß Satz 2 Nr. 5 auch für die Netze gilt, bei denen vom Grundsatz der Kostenorientierung abgewichen wird, d. h. diese sind im Rahmen der Ex-post-Überprüfung nicht anders zu behandeln, als die Netzentgelte, die der kostenorientierten Entgeltbildung unterliegen. Es handelt sich mithin auch nicht um eine Ex-post-Regulierung.

163 Verfahrensmäßig handelt es sich mithin **nicht um ein Ex-post-Verfahren** nach § 30 EnWG, denn § 19 III sieht vor, daß eine Anpassung **unverzüglich** zu erfolgen hat, wenn das von der Behörde durchgeführte Vergleichsverfahren ein Überschreiten der Netzentgelte feststellt. Die Netzbetreiber, deren Netzentgelte **ohne sachliche Rechtfertigung** die Entgelte anderer strukturell vergleichbarer Netze oder Teilnetze in der EU überschreiten, sind **verpflichtet,** diese unverzüglich anzupassen. Auch wenn dies naturgemäß immer nur nachträglich erfolgen kann, bedarf es aufgrund dieser verordnungsrechtlichen Verpflichtung der Netzbetreiber zur Entgeltanpassung keines weiteren [Ex-post]Verfahrens mehr.

164 Als Ergebnis läßt sich festhalten, daß **überregionale Gasnetzbetreiber,** deren Netze nachweislich wirksamem bestehenden oder potentiellem Wettbewerb ausgesetzt sind, nach § **21 II 1 letzter Hs.** von **der kostenorientierten Entgeltbildung,** aber nicht von der Regulierung ausgenommen sind, wenn eine Verordnung nach § 24 2 Nr. 5 erlassen wurde. Die Entgelte werden mittels eines von der Behörde gem. § 19 i. V. m. § 26 GasNEV jährlich durchzuführenden **Vergleichsverfahrens** bestimmt, wobei dieselben Grundsätze wie im Ex-ante-Verfahren gelten. Die **Privilegierung** bezieht sich mithin nur auf die Methode der Entgeltbestimmung – Vergleichsverfahren anstelle Kostenprüfung – nicht hingegen auf den Maßstab.

§ 21 a Regulierungsvorgaben für Anreize für eine effiziente Leistungserbringung

(1) Soweit eine kostenorientierte Entgeltbildung im Sinne des § 21 Abs. 2 Satz 1 erfolgt, können nach Maßgabe einer Rechtsverordnung nach Absatz 6 Satz 1 Nr. 1 Netzzugangsentgelte der Betreiber von Energieversorgungsnetzen abweichend von der Entgeltbildung nach § 21 Abs. 2 bis 4 auch durch eine Methode bestimmt werden, die Anreize für eine effiziente Leistungserbringung setzt (Anreizregulierung).

(2) [1]Die Anreizregulierung beinhaltet die Vorgabe von Obergrenzen, die in der Regel für die Höhe der Netzzugangsentgelte oder die Gesamterlöse aus Netzzugangsentgelten gebildet werden, für eine Regulierungsperiode unter Berücksichtigung von Effizienzvorgaben. [2]Die Obergrenzen und Effizienzvorgaben sind auf einzelne Netzbetreiber oder auf Gruppen von Netzbetreibern sowie entweder auf das gesamte Elektrizitäts- oder Gasversorgungsnetz, auf Teile des Netzes oder auf die einzelnen Netz- und Umspannebenen bezogen. [3]Dabei sind Obergrenzen mindestens für den Beginn und das Ende der Regulierungsperiode vorzusehen. [4]Vorgaben für Gruppen von Netzbetreibern setzen voraus, dass die Netzbetreiber objektiv strukturell vergleichbar sind.

(3) [1]Die Regulierungsperiode darf zwei Jahre nicht unterschreiten und fünf Jahre nicht überschreiten. [2]Die Vorgaben können eine zeitliche Staffelung der Entwicklung der Obergrenzen innerhalb einer Regulierungsperiode vorsehen. [3]Die Vorgaben bleiben für eine Regulierungsperiode unverändert, sofern nicht Änderungen staatlich veranlasster Mehrbelastungen auf Grund von Abgaben oder der Abnahme- und Vergütungspflichten nach dem Erneuerbare-Energien-Gesetz und dem Kraft-Wärme-Kopplungsgesetz oder anderer, nicht vom Netzbetreiber zu vertretender, Umstände eintreten. [4]Falls Obergrenzen für Netzzugangsentgelte gesetzt werden, sind bei den Vorgaben die Auswirkungen jährlich schwankender Verbrauchsmengen auf die Gesamterlöse der Netzbetreiber (Mengeneffekte) zu berücksichtigen.

(4) [1]Bei der Ermittlung von Obergrenzen sind die durch den jeweiligen Netzbetreiber beeinflussbaren Kostenanteile und die von ihm nicht beeinflussbaren Kostenanteile zu unterscheiden. [2]Der nicht beeinflussbare Kostenanteil an dem Gesamtentgelt wird nach § 21 Abs. 2 ermittelt; hierzu zählen insbesondere Kostenanteile, die auf nicht zurechenbaren strukturellen Unterschieden der Versor-

§ 21a Teil 3. Regulierung des Netzbetriebs

gungsgebiete, auf gesetzlichen Abnahme- und Vergütungspflichten, Konzessionsabgaben und Betriebssteuern beruhen. ³ Ferner gelten Mehrkosten für die Errichtung, den Betrieb oder die Änderung eines Erdkabels, das nach § 43 Satz 3 planfestgestellt worden ist, gegenüber einer Freileitung bei der Ermittlung von Obergrenzen nach Satz 1 als nicht beeinflussbare Kostenanteile; dies gilt auch für Erdkabel mit einer Nennspannung von 380 Kilovolt, deren Verlegung auf Grund anderer öffentlich-rechtlicher Vorschriften durch einen Planfeststellungsbeschluss zugelassen ist. ⁴ Soweit sich Vorgaben auf Gruppen von Netzbetreibern beziehen, gelten die Netzbetreiber als strukturell vergleichbar, die unter Berücksichtigung struktureller Unterschiede einer Gruppe zugeordnet worden sind. ⁵ Der beeinflussbare Kostenanteil wird nach § 21 Abs. 2 bis 4 zu Beginn einer Regulierungsperiode ermittelt. ⁶ Effizienzvorgaben sind nur auf den beeinflussbaren Kostenanteil zu beziehen. ⁷ Die Vorgaben für die Entwicklung oder Festlegung der Obergrenze innerhalb einer Regulierungsperiode müssen den Ausgleich der allgemeinen Geldentwertung vorsehen.

(5) ¹ Die Effizienzvorgaben für eine Regulierungsperiode werden durch Bestimmung unternehmensindividueller oder gruppenspezifischer Effizienzziele auf Grundlage eines Effizienzvergleichs unter Berücksichtigung insbesondere der bestehenden Effizienz des jeweiligen Netzbetriebs, objektiver struktureller Unterschiede, der inflationsbereinigten gesamtwirtschaftlichen Produktivitätsentwicklung, der Versorgungsqualität und auf diese bezogener Qualitätsvorgaben sowie gesetzlicher Regelungen bestimmt. ² Qualitätsvorgaben werden auf der Grundlage einer Bewertung von Zuverlässigkeitskenngrößen ermittelt, bei der auch Strukturunterschiede zu berücksichtigen sind. ³ Bei einem Verstoß gegen Qualitätsvorgaben können auch die Obergrenzen zur Bestimmung der Netzzugangsentgelte für ein Energieversorgungsunternehmen gesenkt werden. ⁴ Die Effizienzvorgaben müssen so gestaltet und über die Regulierungsperiode verteilt sein, dass der betroffene Netzbetreiber oder die betroffene Gruppe von Netzbetreibern die Vorgaben unter Nutzung der ihm oder ihnen möglichen und zumutbaren Maßnahmen erreichen und übertreffen kann. ⁵ Die Methode zur Ermittlung von Effizienzvorgaben muss so gestaltet sein, dass eine geringfügige Änderung einzelner Parameter der zugrunde gelegten Methode nicht zu einer, insbesondere im Vergleich zur Bedeutung, überproportionalen Änderung der Vorgaben führt.

§ 21a

(6) [1]Die Bundesregierung wird ermächtigt, durch Rechtsverordnung mit Zustimmung des Bundesrates
1. zu bestimmen, ob und ab welchem Zeitpunkt Netzzugangsentgelte im Wege einer Anreizregulierung bestimmt werden,
2. die nähere Ausgestaltung der Methode einer Anreizregulierung nach den Absätzen 1 bis 5 und ihrer Durchführung zu regeln sowie
3. zu regeln, in welchen Fällen und unter welchen Voraussetzungen die Regulierungsbehörde im Rahmen der Durchführung der Methoden Festlegungen treffen und Maßnahmen des Netzbetreibers genehmigen kann.

[2]Insbesondere können durch Rechtsverordnung nach Satz 1
1. Regelungen zur Festlegung der für eine Gruppenbildung relevanten Strukturkriterien und über deren Bedeutung für die Ausgestaltung von Effizienzvorgaben getroffen werden,
2. Anforderungen an eine Gruppenbildung einschließlich der dabei zu berücksichtigenden objektiven strukturellen Umstände gestellt werden, wobei für Betreiber von Übertragungsnetzen gesonderte Vorgaben vorzusehen sind,
3. Mindest- und Höchstgrenzen für Effizienz- und Qualitätsvorgaben vorgesehen und Regelungen für den Fall einer Unter- oder Überschreitung sowie Regelungen für die Ausgestaltung dieser Vorgaben einschließlich des Entwicklungspfades getroffen werden,
4. Regelungen getroffen werden, unter welchen Voraussetzungen die Obergrenze innerhalb einer Regulierungsperiode auf Antrag des betroffenen Netzbetreibers von der Regulierungsbehörde abweichend vom Entwicklungspfad angepasst werden kann,
5. Regelungen zum Verfahren bei der Berücksichtigung der Inflationsrate getroffen werden,
6. nähere Anforderungen an die Zuverlässigkeit einer Methode zur Ermittlung von Effizienzvorgaben gestellt werden,
7. Regelungen getroffen werden, welche Kostenanteile dauerhaft oder vorübergehend als nicht beeinflussbare Kostenanteile gelten,
8. Regelungen getroffen werden, die eine Begünstigung von Investitionen vorsehen, die unter Berücksichtigung der Ziele des § 1 zur Verbesserung der Versorgungssicherheit dienen,
9. Regelungen für die Bestimmung von Zuverlässigkeitskenngrößen für den Netzbetrieb unter Berücksichtigung der Informationen nach § 51 und deren Auswirkungen auf die Regulie-

§ 21a

rungsvorgaben getroffen werden, wobei auch Senkungen der Obergrenzen zur Bestimmung der Netzzugangsentgelte vorgesehen werden können, und

10. Regelungen zur Erhebung der für die Durchführung einer Anreizregulierung erforderlichen Daten durch die Regulierungsbehörde getroffen werden.

(7) In der Rechtsverordnung nach Absatz 6 Satz 1 sind nähere Regelungen für die Berechnung der Mehrkosten von Erdkabeln nach Absatz 4 Satz 3 zu treffen.

Literatur: *Balzer/Schönefuß,* Erste rechtliche Bewertung des Endberichts der BNetzA zur Anreizregulierung nach § 112a EnWG, RdE 2006, 213 ff.; Bericht der Bundesnetzagentur nach § 112a EnWG zur Einführung der Anreizregulierung nach § 21a EnWG v. 30. 6. 2006 (zit. als *Anreizregulierungsbericht*), im Internet abrufbar unter: http://www.bundesnetzagentur.de/enid/7e0923deffc15184d0413bb5d8b80fe3,d0d2d85f7472636964092d0 936 333 139/Anreizregulierung/Bericht_zur_Anreizregulierung_2um.html; *Britz,* Behördliche Befugnisse und Handlungsformen für die Netzentgeltregulierung nach neuem EnWG, RdE 2006, 1 ff.; *Britz,* Erweiterung des Instrumentariums administrativer Normsetzung zur Realisierung gemeinschaftsrechticher Regulierungsaufträge, EuZW 2004, 462 ff.; *Büdenbender,* Das deutsche Energierecht nach der Energierechtsreform 2005, ET 2005, 642 ff.; *Engelsing,* Konzepte der Preismissbrauchsaufsicht im Energiesektor, ZNER 2003, 111 ff.; *Franz,* Die künftige Anreizregulierung der deutschen Strom- und Gasnetzbetreiber, IR 2006, 7 ff.; *Koenig/Rasbach,* Methodenregulierung in der Energiewirtschaft – Die RegTP auf der Reservebank?, ET 2004, 702 ff.; *Koenig/Schellberg,* Elektrizitätswirtschaftliche Methodenregulierung – ein Entwurf der Netzentgeltverordnung Strom auf dem Prüfstand, RdE 2005, 1 ff.; *Kühling/el-Barudi,* Das runderneuerte Energiewirtschaftsgesetz – Zentrale Neuerungen und erste Probleme –, DVBl. 2005, 1470 ff.; *Kühling,* Eckpunkte der Entgeltregulierung in einem künftigen Energiewirtschaftsgesetz, N&R 2004, 12 ff.; *Kühne/Brodowski,* Das neue Energiewirtschaftsrecht nach der Reform 2005, NVwZ 2005, 849 ff.; *May,* BNetzA: Bericht zur Einführung Anreizregulierung, IR 2006, 184 f.; *Pritzsche/Klauer,* Das neue Energiewirtschaftsgesetz: Ein Überblick, emw 2005, 22 ff.; *Ruge,* Zur rechtlichen Zulässigkeit von initialer Absenkung und Frontier-Effizienzmaßstab im Berichtsentwurf der BNetzA zur Anreizregulierung, IR 2006, 122 ff.; *Säcker,* Das Regulierungsrecht im Spannungsfeld von öffentlichem und privatem Recht – Zur Reform des deutschen Energie- und Telekommunikationsrechts, AöR 2005, 180 ff.; *Säcker,* Wettbewerbskonforme Methoden der Regulierung von Netznutzungsentgelten, Vortrag auf der BNetzA-Konferenz zur Anreizregulierung, Bonn, 25. 4. 2006 (zit.: *Säcker* (2006)), im Internet abrufbar unter: http://www.bundesnetzagentur.de/enid/7e0923deffc15184d0413bb5d8b80fe3,0/Anreizregulierung/Wissenschaftliche_Konferenz_2ok.html; *Schaefer/Schönefuß,* Anreizregulierung und Benchmarking der deutschen Strom- und Gasnetze, ZfE 2006, 173 ff.; *Stumpf/Gabler,* Netzzugang, Netznutzungsentgelte und Regulierung in Energienetzen nach der Energierechtsnovelle, NJW 2005, 3174 ff.; *Theobald/Hummel,* Entgeltregulierung im künftigen Energiewirtschaftsrecht, ZNER 2003, 176 ff.; *TKMR Tagungsband* zum Workshop „Der Regulierungsentwurf zum TKG", 15. 12.

2003, Berlin, Institut für Energierecht Berlin e. V., 2004 (zit. als TKMR Tagungsband 2004).

Übersicht

	Rn.
A. Allgemeines	1
I. Inhalt und Zweck	1
II. Europarechtliche Vorgaben	6
III. Entstehungsgeschichte	8
B. Ablösung der kostenorientierten Entgeltbildung (§ 21 a I) und Verhältnis zu §§ 21, 23 a	14
C. Obergrenzen und Effizienzvorgaben (§ 21 a II und III)	16
I. Überblick (Gesamtkonzept)	16
1. Ausgangsniveau (§ 21 a IV)	18
2. Yardstick-Verfahren (3. Regulierungsperiode)	20
3. Regulierungsformel (allgemein)	21
II. Preis- oder Erlösobergrenze (Price-/Revenue-cap)	23
1. Regulierungsperiode (§ 21 a III)	24
2. Anreizformel (konkrete Elemente)	26
III. Effizienzvorgaben (Effizienzziele)	31
1. Effizienzvergleich	32
2. Benchmarkingmethoden	36
3. Komplementäres Benchmarking (ausgewählte Methoden)	40
D. Beeinflußbare und nicht beeinflußbare Kostenanteile (§ 21 a IV)	42
E. Maßnahmen zur Effizienzsteigerung (§ 21 a V)	47
I. Zumutbare Maßnahmen (§ 21 a V 4)	47
II. Erreichbarkeit und Übertreffbarkeit (§ 21 a V 4)	48
F. Qualitätsregulierung (§ 21 a V 2 und 3)	52
G. Yardstick-Regulierung (3. Regulierungsperiode)	56
H. Empfehlungen für die Anreizregulierungsverordnung (§ 21 a VI)	57
I. Regelungen für die Berechnung der Mehrkosten der Erdkabelverlegung nach § 21 a IV 3 in der Rechtsverordnung nach § 21 a VI (§ 21 a VII)	61

A. Allgemeines

I. Inhalt und Zweck

§ 21 a gehört mit § 21 und § 23 a zur Trias der zentralen Entgeltregulierungsnormen des EnWG. **§ 21 a,** der die Bestimmungen zur **Anreizregulierung** *(incentive regulation)* enthält, ist die notwendige Ergänzung zur Kostenregulierung mit Effizienzmaßstab nach § 21 und löst diese ab. Denn im Unterschied zur telekommunikationsrechtlichen Entgeltregulierung, die über die Legaldefinition der Kosten der effizienten Leistungsbereitstellung als langfristige Zusatzkosten bereits dynamisch angelegt ist, ist die energiewirtschaftsrechtliche Entgeltregulierung in die zwei Phasen der **statischen Kostenregulierung** nach § 21 und die **dynamische der Anreizregulierung** nach § 21 a aufgeteilt. Kernelement der Anreizregulierung ist nämlich das **Setzen von Anreizen** zur **Kosteneinsparung** durch **Effizienzsteigerung.** Dies erfolgt durch die Entkoppelung der Entgelte/Erlöse von der Kostenentwicklung, denn weil die Netzbetreiber die [Zusatz]Gewinne, die durch Kostensenkung unter den vorgegebenen **Preis- oder Erlöspfad** (Effizienzvorgaben, § 21 a II 1) entstehen, behalten dürfen, haben sie – wie im Wettbewerb auch – aus eigenem Interesse einen Anreiz zur Effizienzsteigerung, bevor in der darauffolgenden Regulierungsperiode die entstandenen Effizienzgewinne an alle Netznutzer weitergereicht werden. Denn das Heben von Effizienzpotentialen ist kein Selbstzweck, sondern dient dem Ziel einer preisgünstigen und sicheren Energieversorgung, § 1 I. Es handelt sich mithin um eine **Optimierung unter Nebenbedingungen,** insbesondere die der Versorgungssicherheit, da eine Kosteneinsparung nicht durch Qualitätsreduzierung, sondern durch eine Verbesserung der Produktionsprozesse/-effizienz erzielt werden soll. Deshalb wird bei der Ermittlung der **Effizienzvorgaben** über das Setzen von Randparametern (Qualitätsvorgaben, § 21 a V) die Erhaltung der **Versorgungszuverlässigkeit** sichergestellt (sog. Qualitätsregulierung, vgl. z. B. *Riechmann* in der Anhörung v. 29. 11. 2004, BT-Ausschuß(9)-Wortprotokoll 15/77, S. 1292; knapper Überblick zur Anreizregulierung *ders./Milczarek,* Anreizregulierung: Eine Chance für Verbraucher und Netzbetreiber?, vwd: energy weekly, 4/2004, 6 ff.; krit. gegenüber der Anreizregulierung *Salje,* EnWG § 21 a, Rn. 3; vgl. oben zur „Steuerungslogik" des energierechtlichen Entgeltregulierungssystems § 21, Rn. 27).

2   Bei der Anreizregulierung handelt es sich um eine **Methodenregulierung,** d. h. daß lediglich die Methoden, nach denen die Entgelte zu bestimmen sind, ex ante vorgegeben werden, ohne diese selbst wie bei der Genehmigung konkret festzusetzen (vgl. hierzu und im folgenden ausführlich unten Vor § 29, Rn. 3; § 29, Rn. 5 ff.). Allerdings beinhaltet die Setzung von Obergrenzen und Effizienzvorgaben materielle, die Entgelthöhe maßgeblich regelnde Entscheidungen. § 21 a VI 1 Nr. 2 gibt der Bundesregierung die Ermächtigung, die **Methoden der Anreizregulierung** in einer Rechtsverordnung zu regeln. Ermächtigt der Verordnungsgeber gem. **§ 21 a VI 1 Nr. 3** die Behörde, kann sie im Rahmen der Anreizregulierung nach § 29 I, in dem explizit Bezug auf die Verordnung nach § 21 a VI genommen wird, **Festlegungen** zur **Durchführung der Methoden** im einzelnen gegenüber (einer Grup-

pe von oder) allen Netzbetreibern treffen (siehe zu den behördlichen Handlungsformen *Britz,* RdE 2006, 1 ff.; *dies.,* EuZW 2004, 462 ff.). Mit diesen Festlegungen wird zum einen der Regulierungsmaßstab auf Basis der Ergebnisse eines bundesweiten Effizienzvergleichs mit einer für alle einheitlichen Methodik [Regeln] durch die BNetzA berechnet und die Erlösobergrenzen einschließlich der (unternehmensindividuellen) Effizienzvorgaben für den einzelnen Netzbetreiber in einem Verwaltungsakt (Einzelfestlegung), der je nach Zuständigkeit von der BNetzA in einem Beschlußkammerverfahren nach § 59 I bzw. von den nach § 54 II 1 Nr. 2 zuständigen Landesregulierungsbehörden gemäß den Landesvorschriften ergeht, umgesetzt (s. u. Rn. 33 und *Anreizregulierungsbericht,* Rn. 326 ff.).

Zunächst hat die BNetzA gem. **§ 112 a I** der Bundesregierung den **Bericht** zur Einführung der Anreizregulierung, der ein detailliertes **Konzept** zur Durchführung derselben enthält, bis zum 1. 7. 2006 vorzulegen. Dieser „Bericht der Bundesnetzagentur nach § 112 a zur Einführung der Anreizregulierung nach § 21 a EnWG vom 30. 6. 2006" (i. f. zitiert als *Anreizregulierungsbericht*) wurde dem BMWi fristgerecht am 30. 6. 2006 übergeben. Der Bericht spricht in Kapitel 3 Empfehlungen für die Umsetzung des vorgeschlagenen Konzepts im Rahmen einer Rechtsverordnung aus. Der Bundesregierung obliegt nun die Entscheidung darüber, ob und wann die Anreizregulierung eingeführt wird, § 21 a VI 1 Nr. 1 (**Verordnungsvorbehalt,** s. u. Rn. 8; *Büdenbender,* ET 2005, 642 ff., 653). Gemäß § 118 V soll sie *unverzüglich* nach Vorlage des Berichts den Verordnungsentwurf vorlegen. Sofern die Verordnung nach § 21 a VI von der Bundesregierung mit Zustimmung des BR rechtzeitig erlassen wird, ist der Beginn der Anreizregulierung zum von der BNetzA angestrebten Starttermin 1. 1. 2008 möglich (*Anreizregulierungsbericht,* Rn. 32). Infolge des langwierigen Verordnungsgebungsverfahrens kam es erst am 5. 11. 2007 zur Veröffentlichung der Anreizregulierungsverordnung (BGBl. I 2007 S. 2599 ff.), so daß sich der Starttermin um ein Jahr auf den 1. 1. 2009 verschoben hat.

Wegen der detaillierten Regelungen im Gesetz (§ 21 a II–V) und der sehr weitgehenden Verordnungsermächtigung in **§ 21 a VI** bleibt der **Behörde wenig eigener Raum** zur Methodenregulierung. Allerdings kann sie über die Entwicklung des Konzepts der Anreizregulierung, das die grundsätzlichen methodischen Überlegungen auf Basis der ermittelten empirischen Daten etc. zu einem Gesamtergebnis verdichtet und die notwendigen Einzelheiten der praktischen Umsetzung enthält, den Entscheidungsprozeß des Verordnungsgebers vorstrukturieren und prägen. Auch wenn der Verordnungsgeber nicht an den vorgelegten Bericht gebunden ist, dürfte auf diesem Weg die Behörde doch die Normierung der Methodenregulierung mit beeinflussen (zum Prozeß der Datenerhebung, Gutachtenvergabe und Einbindung der Länder, Wissenschaft und betroffenen Wirtschaftskreise bei der Erstellung des Berichts, siehe *Anreizregulierungsbericht*, Kapitel 4 – Vorgehen BNetzA, Rn. 390 ff. sowie die eingegangenen 27 Stellungnahmen zum Entwurf des *Anreizregulierungsberichts*, im Internet abrufbar unter: http://www.bundesnetzagentur.de/enid/7e0923deffc15184d0413bb5d8b80fe3,0/Anreizregulierung/Stellungnahmen_zum_Berichtsentwurf_2oj.html; zu § 112a EnWG siehe unten § 112a, Rn. 4 ff. sowie *Groebel*, BerlK-EnR, § 112a, i. E.).

5 Schematisch läßt sich die **Anreizregulierung** wie folgt darstellen:

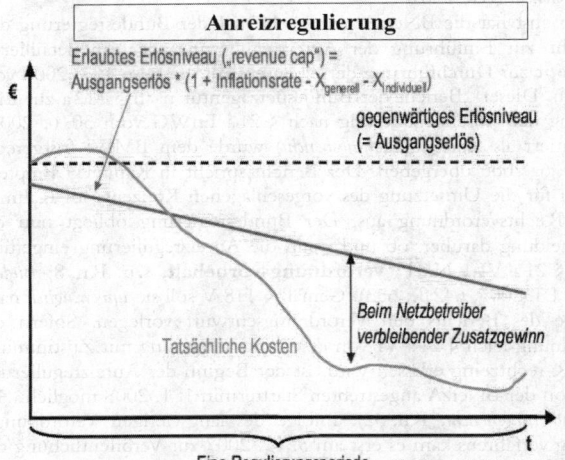

Anreizregulierung

Erlaubtes Erlösniveau („revenue cap") =
Ausgangserlös * (1 + Inflationsrate - $X_{generell}$ - $X_{individuell}$)

gegenwärtiges Erlösniveau
(= Ausgangserlös)

Tatsächliche Kosten

Beim Netzbetreiber
verbleibender Zusatzgewinn

Eine Regulierungsperiode   X - Produktivitätssteigerungsrate

Quelle: Conenergy Anreizregulierung cui bono?, CE-Research – 14. März 2005

Abb. 1: Anreizregulierung

Die Abbildung zeigt noch mal deutlich den Mechanismus der Anreizregulierung: das regulierte Unternehmen kann die bei **Übertreffen** der Effizienzvorgaben durch **überproportionale Kostensenkung** erzielbaren Zusatzgewinne in der Regulierungsperiode behalten (Stellungnahme des BR, BT-Drucks. 15/3917, S. 83 f., Nr. 27; Hempelmann-Bericht, BT-Drucks. 15/5268, S. 119/120; *Kühne/Brodowski*, NVwZ 2005, 849 ff., 852; zum Grundgedanken der Anreizregulierung vgl. z. B. auch *Franz*, IR 2006, 7 ff.; *ders./Schäffner/Trage*, Anreizregulierung nach dem neuen EnWG – Optionen und offene Fragen, ZfE 2005, 89 ff.; *Säcker* (2006), S. 13 ff.; gegenüber dem Konzept der Anreizregulierung eher kritisch *Baur/Pritzsche/Garbers*, Anreizregulierung nach dem Energiewirtschaftsgesetz 2005, 2006; zur theoretischen Begründung *Burns/Jenkins/Milczarek/Riechmann*, Anreizregulierung – Kostenorientierung oder Yardstick Competition?, ZfE 2005, 99 ff.). Zum **Funktionieren** des Mechanismus ist deshalb die Maßgabe in § 21 a V 4, daß die Effizienzvorgaben so gestaltet sein müssen, daß sie ein **Übertreffen** erlauben, **wesentlich**. Insgesamt läßt sich der Mechanismus der Anreizregulierung mit dem bekannten „Zuckerbrot-und-Peitsche"-Vorgehen vergleichen: einerseits wird ein Anreiz dadurch gesetzt, daß die Zusatzgewinne behalten werden dürfen („Zuckerbrot"), andererseits aber gleichzeitig mit der nicht zu überschreitenden Obergrenze („erlaubtes Erlösniveau" in Abb. 1) für die nötige Disziplin gesorgt („Peitsche").

II. Europarechtliche Vorgaben

Die Beschleunigungsrichtlinien sehen in Art. 23 II EltRl und Art. 25 II GasRl neben der konkreten Ex-ante-**Einzelentgelt**regulierung *zumindest* die **Ex-ante-Methodenregulierung** vor, d. h. die Vorgabe eines Vorgehens oder Verfahrens (*Rosin/Krause*, Vorgaben der Beschleunigungsrichtlinie Elektrizität an eine Ex-ante-Regulierung, ET-Spezial 2003, 17 ff., 20), eines Rechenwegs (*Koenig/Rasbach*, ET 2004, 702 ff., 702), ohne dies jedoch näher zu spezifizieren (*Kühling*, N&R 2004, 12 ff.; *ders./el-Barudi*, DVBl. 2005, 1470 ff., 1476; vgl. auch *Koenig/Rasbach*, Grundkoordinaten der energiewirtschaftlichen Netznutzungsentgeltregulierung, IR 2004, 26 ff., 26; *Theobald/Hummel*, ZNER 2003, 176 ff., 177). D. h. die im EnWG mit § 21 a gewählte Methode der Anreizregulierung in Form einer Preis- oder Erlösobergrenze (Price- oder Revenue-cap) ist eine Möglichkeit der Ausgestaltung, der die Richtlinien jedenfalls nicht entgegenstehen (a. A. *Theobald/Hummel*, ZNER 2003, 176 ff., 178, die die Anreizregulierung als nicht von der Richtlinie gedeckt sehen). Explizit erwähnt wird die Setzung von „Anreizen zur Verbesserung der Effizienz" sowie die Entkoppelung der Kosten des regulierten Unternehmens von den Einnahmen aus den Netztarifen, zwischen denen kein „starres kategorisches Verhältnis bestehen müsste" in dem rechtlich nicht bindenden Auslegungsvermerk der GD Energie und Verkehr zu den RL 2003/54/EG und 2003/55/EG über den Elektrizitäts- und Erdgasbinnenmarkt zur „Rolle der Regulierungsbehörden" v. 14. 1. 2004 (im Internet abrufbar unter http://ec.europa.eu/energy/electricity/legislation/notes_for_implementation_en.htm; Punkt 3.1 Netzzugang, 7; siehe im übrigen zu den europarechtlichen Vorgaben ausführlich oben § 21, Rn. 34 ff.).

§ 21a 7–9 Teil 3. Regulierung des Netzbetriebs

7   Wegen des **Verordnungsvorbehalts** (s. u. Rn. 8) läßt sich auch bezüglich der Anreizregulierung wieder von einem **Umsetzungsdefizit** sprechen, da es gem. Art. 23 II EltRl und Art. 25 II GasRl „den *Regulierungsbehörden* obliegt, zumindest die **Methoden zur Berechnung** oder Festlegung folgender Bedingungen vor deren Inkrafttreten **festzulegen** oder zu genehmigen", d. h. die Beschleunigungsrichtlinien sehen eine **administrative** – und keine normierende – Regulierung vor, denn es wird konkret den Regulierungsbehörden – und gerade nicht dem Gesetz- oder Verordnungsgeber – eine Handlungsbefugnis zugewiesen. Zwar wird die Auffassung vertreten, daß es europarechtlich ausreiche, wenn der Verordnungsgeber die Behörde zur Regulierung ermächtigt. Dem läßt sich jedoch entgegenhalten, daß durch den Verordnungsvorbehalt und die detaillierten gesetzlichen Regelungen in § 21 a II–V der behördliche Gestaltungsspielraum deutlich limitiert wird.

III. Entstehungsgeschichte

8   Der **Regierungsentwurf** enthielt außer dem vagen Hinweis in § 21 II auf die „*Anreize* für eine kosteneffiziente Leistungserbringung" noch **keine Vorschriften** zur (Ausgestaltung der) **Anreizregulierung**. Diese wurde auf Vorschlag des **Bundesrats** mit der Beschlußempfehlung des 9. Ausschusses mit **§ 21 a** in den Gesetzesentwurf aufgenommen (Stellungnahme des BR, BT-Drucks. 15/3917, S. 83 f., Nr. 27; BT-Drucks. 15/5268, S. 32 ff. sowie Hempelmann-Bericht, BT-Drucks. 15/5268, S. 119/120). Dieser Vorschlag wurde in der Sitzung des Vermittlungsausschusses vor allem in bezug auf die Einführungsbestimmungen, mit denen die Befugnisse der Regulierungsbehörde zugunsten einer normierenden Regelung auf dem Verordnungswege zurückgedrängt wurden (Wegfall der im Vorschlag vorgesehenen Abs. 6 und 7, Einfügung des **Verordnungsvorbehalts** in Abs. 1; siehe auch *Kühling/el-Barudi*, DVBl. 2005, 1470 ff., 1478; *Franz*, IR 2006, 7 ff., 8), geändert. Materiell-inhaltlich (hinsichtlich der zu regelnden Gegenstände, Bestandteile eines Anreizregulierungssystems etc.) blieb er im wesentlichen unverändert zu der Beschlußempfehlung (BT-Drucks. 15/5736 (neu), S. 3 f., Nr. 13). Bevor die Behörde Festlegungen im Rahmen der Durchführung der Anreizregulierung treffen kann, hat die **Bundesregierung** mit Zustimmung des Bundesrates eine **Verordnung** zur Einführung der Anreizregulierung gem. **§ 21 a VI** zu erlassen, die somit Voraussetzung für das Tätigwerden der Behörde und diesem vorgeschaltet ist (vgl. auch *Anreizregulierungsbericht*, Rn. 33–41).

9   Die Trennung der Entgeltregulierung in **zwei Phasen** läßt sich somit ebenfalls wieder auf die **Gesetzesgenese** zurückführen. Denn die

Einführung der Ex-ante-Genehmigungspflichtigkeit aller Einzelentgelte (§ 23 a) erfolgte erst auf der Sitzung des Vermittlungsausschusses am 15. 6. 2005, während – wie gerade gezeigt – § 21 a bereits in der Beschlußempfehlung vom 13. 4. 2005 enthalten war. Es wäre deshalb sicherlich falsch, retrospektiv die erste Phase als allmählichen Einstieg in die [Ex-ante-]Entgeltregulierung zu charakterisieren, bevor dann mit der zweiten Phase der Anreizregulierung diese erst richtig einsetzt. Der Unterschied besteht in der *Dimension,* d. h. ein *statischer* Effizienzmaßstab in der ersten Phase, auf den *dynamische* **Effizienzvorgaben** (Entwicklungspfad) in der zweiten folgen, wobei beide Phasen über das Effizienzpostulat verbunden sind (zur Meinungsbildung der betroffenen Wirtschaftskreise siehe für einen Überblick *Conenergy,* Anreizregulierung – cui bono?, CE-Research 14. 3. 2005, 11 ff.; die Anreizregulierung befürwortend *Richmann/VIK,* Dynamische Anreizregulierung für Strom- und Erdgasnetzbetreiber, ET 2004, 134 ff.; hingegen in der Tendenz ablehnend die Energiewirtschaft beispielhaft *Kuscke/Mölder/Nissen/Weißenfels[alle RWE],* Anreizregulierung für den Zugang zu den deutschen Stromnetzen? Vergleich deutscher und internationaler Erfahrungen, ET 2004, 139 ff.; im parlamentarischen Beratungsprozeß Hempelmann-Bericht, BT-Drucks. 15/5268, S. 109 ff., 111 f.; BT-Ausschuß(9)-Wortprotokoll 15/77, S. 1277–1286).

Für die gewählte Form der Anreizregulierung als **Preis- oder Erlösobergrenze** (Price- oder Revenue-cap, § 21 a II 1) spricht v. a. die große Anzahl (über 1.500) der Netzbetreiber in Deutschland. Denn Vorteil einer Preis- oder Erlösobergrenzenregulierung ist, daß sie generell geringere Informationsanforderungen stellt. Dadurch, daß das Unternehmen ein eigenes Interesse hat, werden Kostensenkungspotentiale (Effizienzreserven) aufgedeckt, von denen der Regulierer sonst keine Kenntnis hätte, d. h. es kommt zu einem **Abbau der Informationsasymmetrie** zwischen Regulierungsbehörde und regulierten Unternehmen. Die Nutzbarmachung des eigenen Interesses des Unternehmens zur Zielerreichung erhöht prinzipiell die Wirksamkeit der Regulierung, während bei der Methode der Einzelkostenprüfung das regulierte Unternehmen eher zu einem „strategischen Verhalten" neigt und versucht durch „kreative Kostenrechnung" die materiellen Anforderungen zu unterlaufen und den Regulierer in die Irre zu führen. Es ist von der Behörde „nur" noch die Einhaltung der Obergrenzen zu kontrollieren (*Kühling/el-Barudi,* DVBl. 2005, 1470 ff., 1479). Als „Nebeneffekt" stellt sich mithin eine schlankere und effektivere Regulierung ein.

In der **Telekommunikationsregulierung** wird das Price-cap-Verfahren nach § 34 TKG in der Form der sog. **Korbregulierung für Endkundenentgelte** eingesetzt, um dem regulierten Unternehmen die nötige Flexibilität für die Tarifstrukturgestaltung der im Korb zusammengefaßten Einzelleistungen zu geben. Auf diese Weise kann das Unternehmen z. B. ein *„rebalancing"* durchführen, d. h. die Tarifstruktur entsprechend den jeweiligen Marktbedingungen anpassen, solange es die Preisniveaubeschränkung (Senkungsvorgabe) insgesamt einhält. Dies ist in sehr dynamischen Märkten sinnvoll, weil so dem regulierten Unternehmen hinlänglich eigene Aktionsparameter verbleiben. Für Zugangsentgelte ist hingegen die **Einzelentgeltgenehmigung** gemäß dem Maßstab der Kosten der effizienten Leistungsbereitstellung (§ 31 I TKG) besser geeignet und wegen der geringen Zahl regulierter Unternehmen im Unterschied zum Energiesektor auch leichter durchführbar.

12 Von diesen Arten der Preis- und Erlösobergrenzen*regulierung* zu unterscheiden ist die **Vorgabe von Erlösobergrenzen** gem. § 32 GWB im Rahmen der **kartellrechtlichen Mißbrauchsaufsicht,** denn die nach § 19 IV Nr. 2 und Nr. 4 GWB durchgeführte Vergleichsmarktbetrachtung konkreter Preise und Erlöse erlaubt nicht die Vorgabe „eines abstrakt an dem allgemeinen Preisindex und dem geschätzten Produktivitätswachstum der gesamten Branche" orientierten Entwicklungspfads, so daß eine Price-/Revenue-cap-Regulierung in hier beschriebenen Sinn kartellrechtlich nicht gedeckt wäre (*Engelsing*, ZNER 2003, 111 ff., 117). Das bedeutet nicht, daß die Vorgabe einer Erlösobergrenze kartellrechtlich unzulässig ist wie der bereits erwähnte *BGH*-Beschluß v. 28. 6. 2005 – KVR 17/04 (WuW-E DE-R 1513) zeigt, mit dem die vom BKartA im Rahmen des Mißbrauchsverfahrens gegen die Stadtwerke Mainz verwendete Vorgabe einer Gesamterlösobergrenze als rechtlich nicht zu beanstanden bestätigt wurde, weil sie (gerade) nicht wie eine präventive Preiskontrolle wirke und keine preisregulierende Wirkung entfalte, da den Unternehmen die Anpassung überlassen bleibe (vgl. *BGH*-Beschluß KVR 17/04, WuW-E DE-R 1513, 1516; siehe auch oben § 21, Rn. 31).

13 Schließlich ist bemerkenswert, daß mit dem Terminus **„effiziente Leistungserbringung"** in § 21a I EnWG der telekommunikationsrechtliche Begriff der „effizienten Leistungsbereitstellung" aus § 31 I TKG fast wörtlich aufgegriffen wird. Auf die Entsprechung der energie- und telekommunikationsrechtlichen Entgeltmaßstäbe wurde weiter oben bereits ausführlich eingegangen (vgl. § 21, Rn. 66). Hier wird der Terminus nun expressis verbis zur Kennzeichnung des **Zwecks** der Anreizregulierung („Anreize für eine effiziente Leistungserbringung setzt") in das EnWG eingeführt.

B. Ablösung der kostenorientierten Entgeltbildung (§ 21 a I) und Verhältnis zu §§ 21, 23 a

§ 21 a I beschreibt die Bedingungen für einen Wechsel von der kostenorientierten Entgeltbildung zur **Methode der Anreizregulierung**. Voraussetzung für die Anwendung der Anreizregulierung ist demnach, daß die Entgelte der kostenorientierten Entgeltbildung im Sinne des § 21 II 1 unterliegen, d. h. der **Regulierung unterworfen** sind. Gemäß § 21 a I ersetzt die Anreizregulierung die kostenorientierte Entgeltbildung nach § 21 II–IV als **Methode** zur Bestimmung der regulierten Entgelte, um **Anreize für eine effiziente Leistungserbringung** zu setzen. Dies wird explizit als **Anreizregulierung** bezeichnet. Interessant ist dabei, daß der Einsatz der Anreizregulierung als *Abweichung* klassifiziert wird, d. h. die Anreizregulierung wird als separate von der kostenorientierten Entgeltbildung zu unterscheidende Methode gekennzeichnet. Daß es sich dabei um die zweite Phase der **Ex-ante-Entgeltregulierung** handelt, geht aus § 23 a I, der die **Klammer** um beide bildet, hervor. Dort heißt es nach gleichlautendem Eingangshalbsatz („soweit eine kostenorientierte Entgeltbildung im Sinne des § 21 II 1 erfolgt"), daß die Entgelte der Genehmigung bedürfen, es sei denn, die Bestimmung der Entgelte im Wege der Anreizregulierung ist in einer Verordnung nach § 21 a VI (bereits) angeordnet worden. D. h. die Anreizregulierung tritt an die Stelle der kostenorientierten Entgeltbildung und löst die Einzelgenehmigung ab, aber beide gehören intrinsisch zusammen. Dies kommt auch darin zum Ausdruck, daß in § 21 a IV direkt auf die Ermittlung der Kosten nach § 21 II–IV Bezug genommen wird, so daß die Ergebnisse der kostenorientierten Entgeltbildung Berücksichtigung finden bei der Ableitung bestimmter Elemente der Anreizregulierung wie z. B. den Effizienzvorgaben und dem Ausgangsniveau (siehe auch Begründung zu § 21 a in Hempelmann-Bericht, BT-Drucks. 15/5268, S. 119/120). Aus dem systematischen Zusammenhang folgt somit, daß §§ 21 und 21 a gemeinsam zu betrachten sind (a. A. *Ruge,* IR 2006, 122 ff., 124). Entsprechend schlug sich die enge Verzahnung beider auch in der Ausgestaltung des Konzepts der Anreizregulierung nieder (s. u. Rn. 18, 46).

Soweit **Netzbetreiber,** die den Nachweis bestehenden oder potentiellen Leitungswettbewerbs erbracht haben, gem. **§ 21 II 1 letzter Halbsatz** nicht der kostenorientierten Entgeltbildung und damit auch **nicht der Genehmigungspflicht nach § 23 a** unterliegen und eine Verordnung nach § 24 2 Nr. 5 erlassen wurde, fallen diese auch **nicht** unter die **Anreizregulierung** nach § 21 a (vgl. auch *Büdenbender,* ET 2005, 642 ff., 653 und oben § 21, Rn. 157 ff.).

C. Obergrenzen und Effizienzvorgaben (§ 21a II und III)

I. Überblick (Gesamtkonzept)

16 Für das Konzept der Anreizregulierung nach § 21a sind die folgenden Elemente zu bestimmen, § 21a II:
- Netzzugangsentgelt- oder Gesamterlösobergrenze;
- Effizienzvorgaben (Bestandteile und Ermittlungsmethoden);
- Regulierungsperiode (Dauer);
- Neben-/Randbedingungen (Versorgungszuverlässigkeit etc.).

Obergrenzen und Effizienzvorgaben sind auf einzelne Netzbetreiber oder auf Gruppen von Netzbetreibern sowie entweder auf das gesamte Elektrizitäts- oder Gasversorgungsnetz, auf Teile des Netzes oder auf die einzelnen Netz- und Umspannebenen bezogen, § 21a II 2. Vorgaben für Gruppen setzen voraus, daß die Netzbetreiber objektiv strukturell vergleichbar sind, § 21a II 4. Netzbetreiber gelten als strukturell vergleichbar, wenn sie unter Berücksichtigung struktureller Unterschiede einer Gruppe zugeordnet sind, § 21a IV 4 (s. u. Rn. 32). Obergrenzen sind mindestens für den Beginn und das Ende der Regulierungsperiode vorzusehen, § 21a II 3. Insbesondere bei der Bestimmung der Obergrenzen und Effizienzvorgaben als den Eckpfeilern des Anreizregulierungskonzepts sind eine Reihe von gesetzlichen Vorgaben zu beachten. So ist bei der Ermittlung der Obergrenzen zwischen **beeinflußbaren** und **nicht beeinflußbaren Kostenanteilen** zu unterscheiden, § 21a IV 1. Effizienzvorgaben sind nur auf den beeinflußbaren Kostenanteile zu beziehen, § 21a IV 6. **Effizienzvorgaben müssen** so gestaltet sein, daß sie mit den Netzbetreibern möglichen und **zumutbaren** Maßnahmen **erreichbar** und **übertreffbar** sind, § 21a V 4. Auf die Bedeutung der **Qualitätsvorgaben** zur Sicherstellung der Versorgungszuverlässigkeit wurde oben bereits hingewiesen (s. o. Rn. 1).

17 Den gesetzlichen Vorgaben war bei der Entwicklung des Konzepts ebenso Rechnung zu tragen wie den Spezifika der deutschen Energienetzwirtschaft, die durch eine Vielzahl und Heterogenität von Netzbetreibern gekennzeichnet ist wie sie in keinem anderen Land anzutreffen ist. Zur Erfüllung der gesetzlichen Anforderung der Verwendung einer **robusten Methode** zur Ermittlung von Effizienzvorgaben (§ 21a V 5) wird eine Kombination mehrerer Methoden (komplementäres Benchmarking) verwandt, weil so spezifische Schwächen einzelner Methoden neutralisiert werden. Unter Beachtung der vorgenannten Punkte sowie des engen Zusammenhangs zwischen der ersten und zweiten Phase der

Entgeltregulierung hält die BNetzA deshalb ein **Gesamtkonzept** (vgl. im einzelnen *Anreizregulierungsbericht,* Rn. 335 ff.) mit den folgenden Bestandteilen für am besten geeignet, die Anreizregulierung gemäß den gesetzlichen Vorschriften in Deutschland zu realisieren:

– Zweistufiges **Konzept über mehrere Regulierungsperioden**, um **langfristige** Berechenbarkeit und Planungssicherheit zu gewährleisten:
– **Einführungsphase** über zwei Perioden (zusammen sechs bis acht Jahre) mit **Revenue-cap**, berücksichtigt unternehmensindividuelle Kosten und dient dazu, heute bestehende große Effizienzunterschiede abzubauen, um alle Unternehmen an ein effizientes Gesamtniveau heranzuführen;
– **Yardstick-Competition** (Vergleichswettbewerb) ab dritter Periode (zwei Jahre), das bedeutet die Effizienzvorgaben werden vollkommen unabhängig von der unternehmensindividuellen Kostenbasis aufgrund eines Unternehmensvergleichs (Benchmarking) ermittelt, es ist die wettbewerbsähnlichste Ausgestaltung der Anreizregulierung.

1. Ausgangsniveau (§ 21 a IV). Für die Bestimmung des **Ausgangsniveaus** war der Effizienzmaßstab des § 21 II anzuwenden, § 21 a IV und § 21 a V 4. Folgerichtig wird die Durchführung einer **regulatorischen Kostenprüfung** nach den auch in den Genehmigungsverfahren gem. § 23 a zugrundegelegten materiellen Kostenermittlungsvorschriften der Strom-/GasNEV vorgesehen, auf deren Ergebnis dann die Effizienzvorgaben basieren (sofern die Kostenprüfung im Rahmen des Genehmigungsverfahrens zeitnah erfolgte, kann das genehmigte Entgelt die Ausgangsbasis bilden). Zwar ist auf die im Konsultationsentwurf des Anreizregulierungsberichts v. 2. 5. 2006 noch vorgeschlagene ursprünglich zum Start der Anreizregulierung geplante pauschale **initiale Absenkung** (sog. P_0-Cut) der Entgelte auf ein effizientes Niveau aus verschiedenen Gründen **verzichtet** worden (vgl. hierzu und im folgenden *Anreizregulierungsbericht,* Rn. 132 ff.; die initiale Absenkung ablehnend *Ruge,* IR 2006, 122 ff.; hingegen befürwortend *Oligmüller,* Bedenken der Netzbetreiber bezogen auf die ins Auge gefaßte Anreizregulierung, Kurzgutachten für den VIK 2006, 8 ff.). Stattdessen werden die Unternehmen über einen Anpassungszeitraum aber mittels stärkerer **individueller Effizienzvorgaben** an die **Effizienzgrenze** (sog. *Frontier*) herangeführt, d. h. die Kürzung der Kosten über die Einführungsphase „gestreckt", m. a. W. eine „Eingewöhnungsphase" gewährt, was nach § 21 a V 4 zulässig und den zwischen den Netzbetreibern bestehenden großen Effizienzunterschieden, die abzubauen sind, geschuldet ist (nur im Einzelfall werden extreme Überhöhungen bei „Ausreißern" korrigiert, *Anreizregulierungsbericht,* Rn. 138, 733 f.).

19 Die unternehmensindividuellen Effizienzvorgaben werden gem. § 21 a V 1 aus dem **Effizienzvergleich (Benchmarking)** der Netzbetreiber ermittelt, wobei bezüglich der zu erreichenden Zielgröße mit der Frontier-Betrachtung und mithin bezüglich der Absenkungspfade zurecht eine strenge Gesetzesauslegung vorgenommen wurde. Entsprechend dem Grundsatz, daß effiziente Kosten Grundlage der Entgelte sein sollen, wird eine **sofortige Umsetzung** der Benchmarkergebnisse für geboten gehalten und infolgedessen keine Effizienzklassen gebildet (vgl. hierzu *Anreizregulierungsbericht*, Rn. 286).

20 **2. Yardstick-Verfahren (3. Regulierungsperiode).** Der konzeptionelle Schwerpunkt liegt damit auf der **dynamischen** Effizienzkomponente, was auch in dem für die dritte Periode vorgeschlagenen reinen **Yardstick-Verfahren**, das die größtmögliche Wettbewerbsnähe aufweist, weil – wie im Wettbewerb auch – die Erlössenkung unabhängig von der eigenen Kostensituation ist und nur noch von der Produktivitätsentwicklung anderer Unternehmen, die als Meßlatte (*„Yardstick"* oder Vergleichsmaßstab, siehe *Anreizregulierungsbericht*, Rn. 174 f.; 341 ff. und unten Abb. 4) herangezogen werden, abhängt, zum Ausdruck kommt (vgl. zum Verfahren z. B. *Lundborg/Ruhle/Schulze zur Wiesche,* Entgeltregulierung im Energiesektor mittels Yardstick-Competition, ZfE 2005, 115 ff.; zur theoretischen Begründung *Shleifer,* A theory of yardstick competition, RAND Journal of Economics, 1985, 327 ff.). Die Regulierungsperiode dieser Phase soll nur zwei Jahre betragen, damit die volle Anreizwirkung erzielt werden kann, was eine Aktualisierung der zulässigen Erlöse in kürzeren Abständen verlangt (vgl. Sprechzettel PK 2. 5. 2006, S. 9).

21 **3. Regulierungsformel (allgemein).** Die BNetzA hat eine vollständige alle Elemente enthaltende **Regulierungsformel (Anreizformel)** zur Berechnung der Erlösobergrenze vorgelegt, die in der Rechtsverordnung mit der Möglichkeit festgelegt werden soll, daß die BNetzA sie künftig an veränderte Anforderungen anpassen kann (*Anreizregulierungsbericht,* Rn. 336 ff., 351 ff., 357). Die Regulierungsformel beinhaltet auch einen Faktor für die **Versorgungsqualität** (§ 21 a V 2 und 3) und einen **Erweiterungsfaktor,** um Erweiterungsinvestitionen sicherzustellen. Für die Ausgestaltung der **Qualitätsregulierung** wird ein **Bonus-/Malus System** auf der Grundlage von Versorgungszuverlässigkeitskenngrößen vorgeschlagen. Für die **Transportnetzbetreiber** wurden **gesonderte Vorgaben** gemacht, was sich zum einen aus den zusätzlichen Aufgaben (Ausbau internationaler Grenzkuppelstellen, EEG) ergibt, für deren Berücksichtigung von der BNetzA zu genehmigende sog. **Investitionsbudgets** vorgeschlagen werden (§ 21a VI 2 Nr. 2 und Nr. 8). Zum anderen ist die gesonderte Vorgehensweise methodisch bedingt, da die aufgrund der geringen Unternehmenszahl für das komplementäre Benchmarking notwendige Verbreiterung der Vergleichsbasis die Durchführung eines internationalen Benchmarking erfordert. Zur Sicherstellung der Zuverlässigkeit der Methode zur Bestimmung der Effizienzvorgaben für die Übertragungsnetzbetreiber gem. § 21a VI 2 Nr. 6 ist des weiteren künftig der Einsatz der **Referenznetzanalyse** geplant.

Nach diesem Überblick der wesentlichen Bestandteile des von der BNetzA zur Anreizregulierung entwickelten Konzepts werden im folgenden zu den einzelnen Elementen jeweils die grundsätzlichen rechtlichen und ökonomischen Überlegungen und die Begründung der gewählten Variante dargestellt sowie die umstrittenen Punkte diskutiert, für technische Details (der Berechnung etc.) wird auf den Bericht und die Gutachten (die in Form von vier Referenzberichten vorliegen) verwiesen. Bei der Darstellung wird der ökonomischen Logik gefolgt, die mit der Gesetzessystematik nicht durchgängig nachvollzogen wird.

II. Preis- oder Erlösobergrenze (Price-/Revenue-cap)

§ 21a II sieht vor, daß die Anreizregulierung die Vorgabe von **Obergrenzen** für Netzentgelte oder Gesamterlöse beinhaltet. Die Vorgabe von Obergrenzen in Form von nicht zu überschreitenden Preisen oder Gesamterlösen (Preis × Menge) ist ein als „**Price- oder Revenue-cap**" bekanntes geläufiges Verfahren (*Kühling*, N&R 2004, 12 ff., 17; zur theoretischen Begründung vgl. z. B. *Kunz*, Regulierungsregime in Theorie und Praxis, in: Knieps/Brunekreeft (Hrsg.), Zwischen Regulierung und Wettbewerb – Netzsektoren in Deutschland, 2000, S. 45 ff., 52 ff.). Denkbar sind auch hybride Formen, d. h. eine Mischung aus Preis- und Erlösobergrenze (siehe hierzu BNetzA, Price-Caps, Revenue-Caps und hybride Ansätze, 1. Referenzbericht Anreizregulierung, 8. 12. 2005; *Petrov/Keller/Speckamp*, Optionen der Ausgestaltung des Regulierungsverfahrens – Praktikabilität, Konsistenz und Sachbezug, ET 2005, 8 ff.). In der Praxis verwendete Systeme enthalten in der Regel hybride Elemente (siehe *Anreizregulierungsbericht*, Rn. 173). Bei einem Price- oder Revenue-cap wird von einem zu bestimmenden Ausgangsniveau mittels **Effizienzvorgaben** ein **Entwicklungspfad** zu dem am Ende der Periode zu erreichenden (bzw. zu übertreffenden) Effizienzniveau „gelegt", wobei die Zielgröße als feste Obergrenze (maximal zulässige Preise/Erlöse) ausgedrückt wird, auf die sich das Unternehmen mit effizienzsteigernden Maßnahmen zu bewegt. Bei den Effizienzvorgaben werden im allgemeinen die folgenden drei Parameter berücksichtigt:
– allgemeine Produktivitätssteigerungsrate ($X_{allgemein}$);

- unternehmensspezifische Produktivitätssteigerungsrate ($X_{individuell}$), abhängig vom Effizienzergebnis im Rahmen des Benchmarking (Effizienzbewertung);
- Inflationsrate (RPI – Retail Price Index).

24 **1. Regulierungsperiode (§ 21a III).** Das bedeutet, daß neben den für die Effizienzvorgaben zu ermittelnden Elementen noch das **Ausgangsniveau** und die **Dauer** der **Regulierungsperiode,** die die „Steilheit" des Absenkungspfads hin zur Zielgröße ebenfalls beeinflußt, zu bestimmen ist. Das **Ausgangsniveau,** auf dem der Entwicklungspfad aufsetzt, wird mittels einer **regulatorischen Kostenprüfung** auf Basis der Daten des letzten abgelaufenen Geschäftsjahres bestimmt (*Anreizregulierungsbericht,* Rn. 138, s. o. Rn. 18). Die Überprüfung dient zugleich dazu, die für den Aufbau einer einheitlichen, konsolidierten, belastbaren Datenbasis, die Grundvoraussetzung für die Durchführung des **Effizienzvergleichs** ist, erforderliche Vergleichbarkeit der Kostenangaben sicherzustellen (*Anreizregulierungsbericht,* Rn. 292 ff., 359, 730 ff.). Die Vergleichsdaten sollen ebenso wie die Spezifikation der Benchmarking-Methoden (s. u. Rn. 36 ff.) und die Ergebnisse zur Herstellung der Transparenz veröffentlicht werden.

25 Nach § 21a III 1 darf die **Regulierungsperiode zwei Jahre** nicht unter- und **fünf Jahre** nicht überschreiten. Gemäß § 21a II 3 sind Obergrenzen mindestens für den Beginn und das Ende der Regulierungsperiode vorzusehen. Sie bleiben für die Regulierungsperiode **unverändert,** sofern nicht Änderungen staatlich veranlasster Mehrbelastungen auf Grund von Abgaben oder der Abnahme- und Vergütungspflichten nach dem EEG und dem KWKG oder anderer, **nicht vom Netzbetreiber zu vertretender Umstände eintreten,** § 21a III 2. Diese exogenen, d. h. objektiv auf von außen wirkenden Umständen, beruhenden Änderungen können nicht dem Netzbetreiber zugerechnet werden, da sie seiner Einflußsphäre entzogen sind. Sie sind keine von ihm zu kontrollierenden Faktoren der Kostenentwicklung, beeinflussen aber die Höhe der Obergrenze. Mit der Regelung wird eine [kosten]neutrale Anpassung der Obergrenze sichergestellt.

26 **2. Anreizformel (konkrete Elemente).** Die BNetzA hat sich für eine **Erlösobergrenze** mit einem die nachhaltigen Mengeneffekte berücksichtigenden **hybriden Element** entschieden, dem sog. **Erweiterungsfaktor,** der die aufgrund einer bestimmten Änderung der Versorgungsaufgabe entstehenden Kosten notwendiger Erweiterungsinvestitionen erfaßt (vgl. hierzu und im folgenden *Anreizregulierungsbericht,* Rn. 700 ff.). Für die kurzfristigen Mengenschwankungen aufgrund von Differenzen zwischen prognostizierten und tatsächlichen Erlösen eines Jahres ist die Verbuchung auf einem sog. **Regulierungskonto** (*An-*

reizregulierungsbericht, Rn. 358) vorgesehen, die bei der Bildung einer neuen Erlösobergrenze verrechnet werden (siehe hierzu auch oben die Ausführungen zur periodenübergreifenden Saldierung nach § 11 StromNEV (§ 10 GasNEV) siehe oben § 21, Rn. 91 f.). Für das **Revenue-Cap** sprach v. a., daß es erlaubt, die wesentlichen etablierten **Entgeltermittlungsregelungen der Strom-/GasNEV beizubehalten,** wodurch der Informationsbedarf und die regulatorische Eingriffstiefe insgesamt geringer ist.

Die nachfolgende Abbildung zeigt schematisch die Festlegung eines Entwicklungspfads und enthält die Grundgleichung (Abb. 2). **27**

Anreizregulierung

Festlegung eines Entwicklungspfads

Price-Cap (PC) oder
Revenue-Cap (RC)

$$PC_t = PC_{t-1} * (1 + RPI - X_{allgemein} - X_{individuell}) \pm Z$$
$$RC_t = RC_{t-1} * (1 + RPI - X_{allgemein} - X_{individuell} + Q) \pm Z$$

Entkoppelung von Erlösen und Kosten

Berücksichtigung der Versorgungssicherheit

P = Preis
R = Erlös
K = Kosten
Q = Menge (Anpassungsfaktor)
RPI = Inflationsrate
X = Produktivitätssteig.rate
Z = Zufallsfaktor

Regulierungsperiode

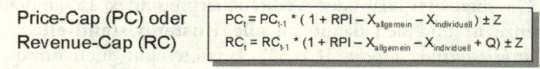

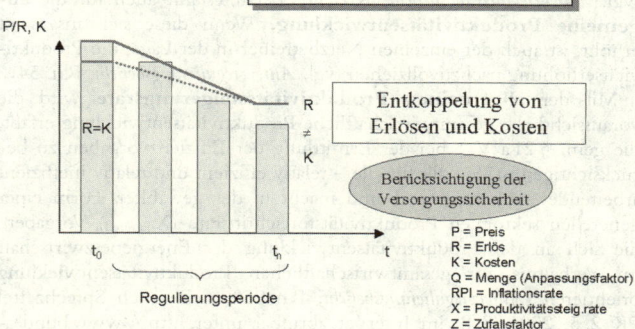

Abb. 2: Anreizregulierung

Der Formel läßt sich entnehmen, daß das Preis- oder Erlösniveau zum Zeitpunkt t jeweils von dem Niveau zum Zeitpunkt t-1 abhängt (für die genaue von der BNetzA für die Verordnung vorgeschlagene **Anreizformel** siehe *Anreizregulierungsbericht,* Rn. 337, 351 ff.). Zur Berücksichtigung der Mengenentwicklung wird ein Anpassungsfaktor eingeführt (konkret der Erweiterungsfaktor, s.o. Rn. 21). Mit dem Zufallsfaktor (Z) können unvorhergesehene Ereignisse, die außerhalb der Kontrolle der Netzbetreiber liegen, wie Naturkatastrophen, Umweltschutzpolitik, Steuererhöhungen etc. erfaßt werden. Bei einer Qualitätsregulierung wird noch ein entsprechender Qualitätsfaktor einge- **28** fügt, der in Deutschland als Bonus-/Malus-Regelung ausgestaltet wird. Der **Produktivitätsfaktor** (sog. X-Faktor) teilt sich in die allgemeine ($X_{allgemein}$) und die unternehmensspezifische Produktivitätssteigerungsrate ($X_{individuell}$) auf. Diese sind in der Formel mit einem Minuszeichen versehen, weil die mit der Produktivitätssteigerungsrate vorgegebene Effizienzsteigerung kosten- und damit preis- bzw. erlössenkend wirkt, während die Inflation (gemessen mit dem RPI oder VPI – Verbraucherpreisindex) positiv (additiv) zu berücksichtigen ist. Mit der Einbeziehung der **Inflationsrate** wird gewährleistet, daß sich bei einem Anstieg des allgemeinen Preisniveaus auch die Netzentgelte gleichförmig entwickeln können (*Kurth*, Energiewirtschaftsgesetz seit 13. 7. 2005 in Kraft, emw 2005, 26 ff., 29). Denn nach § 21 a IV 7 ist für die Entwicklung oder Festlegung der **Obergrenze** innerhalb einer Regulierungsperiode ein Ausgleich der allgemeinen Geldentwertung vorzusehen. Das bedeutet, daß der Verbraucherpreisindex Bestandteil der Obergrenze ist und sich damit auf **alle Kostenbestandteile** bezieht (vgl. *Anreizregulierungsbericht,* Rn. 53). Letzteres gilt auch für die **allgemeine Produktivitätsentwicklung.** Wenn diese sich insgesamt erhöht, ist auch der einzelnen Netzbetreiber in der Lage, die Produktivitätserhöhung nachzuvollziehen (vgl. *Anreizregulierungsbericht,* Rn. 54).

29 Mit der **allgemeinen Produktivitätssteigerungsrate** wird die voraussichtliche gesamtwirtschaftliche Produktivitätsentwicklung erfaßt, die gem. § 21 a V 1 bei der Ermittlung der Effizienzvorgaben zu berücksichtigen ist. Sie gilt für alle – relativ effizient und relativ ineffizient arbeitende – Netzbetreiber und macht in der gewählten Form einer generellen sektoralen Produktivitätsfortschrittsrate ($X_{generell}$) Vorgaben, die sich an der Produktivitätsentwicklung der Energienetzwirtschaft im Verhältnis zur gesamtwirtschaftlichen Produktivitätsentwicklung orientieren (*Anreizregulierungsbericht,* Rn. 259, siehe auch Sprechzettel PK 2. 5. 2006, S. 8, im Internet abrufbar unter http://www.bundesnetzagentur.de/enid/7e0923deffc15184d0413bb5d8b80fe3,0/Archiv_Pressemitteilungen/PM_2__6_-_Jan_-Mai_2sb.html#7858). Auf diese Weise wird der Bezug zur Energiewirtschaft gem. § 21 a VI 2 Nr. 5 her- und sichergestellt, „daß sich ein einzelnes Unternehmen steigern muß, wenn dies auch für den Durchschnitt der Unternehmen gilt" (*Kurth,* Energiewirtschaftsgesetz seit 13. 7. 2005 in Kraft, emw 2005, 26 ff., 29). Es ist davon auszugehen, daß wegen den über dem gesamtwirtschaftlichen Durchschnitt liegenden Möglichkeiten zu Verbesserungen der Faktorproduktivität „die gesamte Netzbranche in den nächsten Jahren im Vergleich zur Situation nicht regulierter und wettbewerblicher Branchen erhebliche Produktivitätssteigerungen realisieren kann" (Pressemitteilung der BNetzA v. 30. 6. 2006, im Internet abrufbar unter http://www.bundesnetzagentur.de/enid/7e0923deffc15184d0413bb5d8b80fe3,0/Archiv_Pressemitteilungen/PM_2__6_-_Juni____2wd.html#8770). Darin enthalten ist zum einen ein Aufholprozess ineffizienter Unternehmen („*Catch-up*-Effekt", s. u.), d. h. es wird mit einem Nachholbedarf gerechnet sowie zum anderen Produktivitätssteigerungen effizienter Unternehmen (sog. *„Frontier-Shift"*). Die konkret vorgeschlagene Berechnungsmethode (sog. Malmquist-Index) ermöglicht es, die Produktivitätsentwicklung differenziert nach Strom- und Gasnetzen zu berücksichtigen und wird in zwei Komponenten (*Catch-up*-Effekt und *Frontier-Shift*) aufgeteilt (siehe BNetzA, Generelle sektorale Produktivitätsentwicklung im Rahmen der Anreizregulierung, 2. Referenzbericht Anreizregulierung, 26. 1. 2006; zur Diskussion siehe *Stronzik*, Anreizregulierung: Der Streit um den generellen X-Faktor, ZfE 2006, 221 ff.). Im Ergebnis wird nach Abzug eines Sicherheitszuschlags aus den (aufgrund mangelnder Datenverfügbarkeit mit dem Törnquist-Index) ermittelten 2,54% p. a. eine generelle Produktivitätssteigerungsrate zwischen 1,5–2% von der BNetzA vorgeschlagen (*Anreizregulierungsbericht,* Rn. 259 ff., 362).

Der „Clou" der Anreizregulierung ist jedoch die Vorgabe **individueller Produktivitätssteigerungsraten** in Abhängigkeit von der **unternehmensspezifischen Effizienz,** die mit Hilfe des **Benchmarking,** d. h. einem Vergleich der individuellen Effizienz der Netzbetreiber bestimmt wird, § 21 a V 1. Je nach der bei der Effizienzbewertung erzielten Position wird die individuelle Rate des Unternehmens bestimmt, die aussagt, welche **Effizienzsteigerung** erforderlich ist, um die Effizienz des **Best-Practice-Unternehmens,** dessen Kosten die Meßlatte bilden, zu erreichen (vgl. hierzu und im folgenden *Anreizregulierungsbericht,* Rn. 119 ff.). Bei der Bestimmung unternehmensindividueller oder gruppenspezifischer **Effizienzziele** auf der Grundlage **eines Effizienzvergleichs** (Benchmarking) sind insbesondere die bestehende Effizienz die jeweiligen Netzbetriebs, objektive strukturelle Unterschiede, die inflationsbereinigte gesamtwirtschaftliche Produktivitätsentwicklung, die Versorgungsqualität und auf diese bezogene Qualitätsvorgaben sowie gesetzliche Regelungen zu berücksichtigen, § 21 a V 1.

III. Effizienzvorgaben (Effizienzziele)

Für den **Effizienzvergleich** sind eine Anzahl von **Benchmarking-Methoden** (ökonometrische und statistische Vergleichsanalysen) entwickelt worden (siehe den Überblick bei *Franz/Stronzik,* Benchmarking-Ansätze zum Vergleich der Effizienz von Energieunternehmen, WIK-Bericht 2005; *Ajodhia/Petrov/Scarsi,* Benchmarking and its Applications, ZfE 2003, 261 ff.; *Riechmann/Rodgarkia-Dara,* Regulatorisches Benchmarking – Konzeption und praktische Interpretation, ZfE 2006, 205 ff.).

§ 21a 32   Teil 3. Regulierung des Netzbetriebs

Gemeinsam ist allen Ansätzen, daß die Effizienz der Unternehmen miteinander verglichen wird und als Ergebnis des Vergleichs eine **Reihung** der Unternehmen gemäß ihrer erzielten Effizienz erfolgt, die den erreichten Effizienzstand des Unternehmens im Verhältnis zu dem der anderen beschreibt (relativer Effizienzvergleich). Daraus leitet sich die **unternehmensspezifische Effizienzvorgabe** ($X_{individuell}$) ab, wobei es wegen des **Effizienzpostulats,** dessen Gültigkeit sich unmittelbar aus § 21a I und dem Verweis auf § 21 II in § 21a IV ergibt, auf den **Abstand** zum **Best-Practice-Unternehmen** auf der **Effizienzgrenze** (Frontier-Betrachtung real-existierender Unternehmen) ankommt. Je größer der Abstand (d. h. je geringer die eigene Effizienz), desto größer fällt die unternehmensspezifische Effizienzvorgabe (Effizienzsteigerungsziel) aus. Weniger effiziente Unternehmen werden dadurch zu größeren Anstrengungen bei der Kostenreduzierung getrieben (vgl. *Pritzsche/Klauer,* emw 2005, 22 ff., 24). Gemäß § 21a IV 6 sind Effizienzvorgaben nur auf den beeinflußbaren Kostenanteil zu beziehen (s. u. Rn. 42 ff.). Nach § 21a V 1 sind bei der Ermittlung der Effizienzvorgaben außerdem insbesondere die **bestehende Effizienz** des jeweiligen Netzbetriebs und **objektive strukturell Unterschiede** zu berücksichtigen.

32   **1. Effizienzvergleich.** Für den bundesweiten **Effizienzvergleich** ist deshalb zunächst eine Untersuchung der strukturellen Unterschiede zwischen den Netzbetreibern erforderlich, denn es sollen nur strukturell vergleichbare Unternehmen (und nicht Äpfel mit Birnen) verglichen werden. Dafür sind die Kostentreiber wie z. B. die Anschlußdichte, transportierte Energiemengen, Besiedlungsstruktur und Bodenbeschaffenheit etc. zu identifizieren und diese Einflußfaktoren mit funktionalen Beziehungen (mathematisch) abzubilden (vgl. WIK-Consult, Analyse der Kostentreiber in Strom- und Gasnetzen zur Identifikation geeigneter Benchmarkingparameter aus technischer und wirtschaftlicher Sicht, 3. Referenzbericht Anreizregulierung, 31. 3. 2006; *Anreizregulierungsbericht,* Rn. 991 ff., insb. Abb. 19 – „Kostentreiberbaum"). Sodann sind die Zusammenhänge zwischen den Variablen (Input- und Outputgrößen) mit Hilfe von **Benchmarkverfahren** zu analysieren sowie die Ergebnisse des Effizienzvergleichs auszuwerten. Diese genauere Erfassung der die Kosten bestimmenden Faktoren und ihrer Zusammenhänge ermöglicht eine wesentlich feinere Vergleichsbetrachtung der einzelnen Netzbetreiber als die grobe Strukturklasseneinteilung der Vergleichsverfahren nach § 21 III EnWG i. V. m. §§ 22 ff. StromNEV (§§ 21 ff. GasNEV, s. o. § 21, Rn. 150 ff., 155), die zu unscharf ist, wodurch sehr unterschiedliche Netzbetreiber noch in einer Klasse zusammengefaßt sind, was die am 24. 8. 2006 veröffentlichten Ergebnisse des Vergleichsverfahrens, die große Unterschiede innerhalb

einer Klasse ausweisen, eindringlich belegen (im Internet abrufbar unter http://www.bundesnetzagentur.de/enid/7e0923deffc15184d0413bb5d 8b80fe3,0/Presse/Pressemitteilungen_d2.html#8981). Auf die Strukturklasseneinteilung kann deshalb verzichtet werden. Die umfassenden und eine große Anzahl von Einflußfaktoren einbeziehenden Analysen gestatten es, unternehmensindividuelle Effizienzvorgaben zuverlässig festzulegen, weshalb von der nach § 21 a II 2 und V 1 auch möglichen Festlegung gruppenspezifischer Vorgaben abgesehen werden konnte.

Die BNetzA hält eine **sofortige Umsetzung** der Ergebnisse des von 33 ihr auf Basis einer bundeseinheitlichen Datenerhebung für alle Netzbetreiber (die Einbeziehung der Gasfernleitungsnetzbetreiber in die Entwicklung des Anreizregulierungskonzepts ist laut den Entscheidungen des *OLG Düsseldorf* in den von mehreren Gasnetzbetreibern angestrengten Verfahren gegen die Auskunftsverlangen der BNetzA nach §§ 69, 112 a zulässig gewesen, siehe *OLG Düsseldorf*, B. v. 28. 6. 2006 – VI-3 Kart 151/06–160/06; inzwischen vom *BGH* bestätigt mit B. v. 19. 6. 2007 – KVR 16/06 – 18/06, NuR 2008, 36 ff. = IR 2007, 230 f. = RdE 207, 349 ff.; vgl. zur Durchführung auch *Anreizregulierungsbericht,* Rn. 153 ff.) durchzuführenden Effizienzvergleichs in **Effizienzvorgaben** für geboten. Dabei bilden die nach einheitlicher Berechnungsmethodik aus den Effizienzwerten (Ergebnisse des Effizienzvergleichs) transformierten **unternehmensindividuellen Effizienzziele** die Grundlage der von den zuständigen Regulierungsbehörden (BNetzA/LRB) gegenüber den einzelnen Netzbetreibern (soweit sie unter die Anreizregulierung fallen) zu treffenden Verwaltungsentscheidungen (*Anreizregulierungsbericht,* Rn. 283 ff., 326 ff.), mit denen die Vorgaben festgelegt werden (s. o. Rn. 2). Die Effizienzvorgaben sollten so ausfallen, daß „die ermittelten Ineffizienzen am Ende der zweiten Regulierungsperiode vollständig abgebaut sind" (*Anreizregulierungsbericht,* Rn. 374).

Da die ersten beiden Regulierungsperioden der Heranführung an das 34 effiziente Niveau dienen, soll die **Aufteilung** der abzubauenden Ineffizienzen (als Differenz zwischen Effizienzwert und 100%) durch entsprechende Schlüsselung dergestalt vorgenommen werden, daß der Abbau der betriebskostengetriebenen auf die erste Periode, der Abbau der kapitalkostengetriebenen Ineffizienzanteile dagegen bis auf das Ende der zweiten erstreckt wird, wobei sowohl Betriebskosten (OPEX – operational expenditures) als auch Kapitalkosten (CAPEX – capital expenditures) grundsätzlich zu den beeinflußbaren Kostenanteilen gehören (*Anreizregulierungsbericht,* Rn. 287 f. und zur Berücksichtigung in der Anreizformel Rn. 337; s. u. Rn. 42 ff.). Mit der Aufteilung (zeitlichen Differenzierung) wird § 21 a V 4 Rechnung getragen, denn sie gestaltet die Vorgabe so, daß sie dem Netzbetreiber mit möglichen und zumutbaren Maßnahmen erreichbar und übertreffbar ist, weil mit den einfacher abzubauenden betriebskostengetriebenen Ineffizienzen begonnen werden soll und für die schwerer abzubauenden Kapitalkosten ein längerer Zeitraum gewährt wird (*Anreizregulierungsbericht,* Rn. 142; krit. hierzu *Balzer/Schönefuß,* RdE 2006, 213 ff.).

35 Die große Anzahl und Heterogenität von Netzbetreibern erfordert also einerseits die sorgfältige Untersuchung der strukturellen Unterschiede. Andererseits bietet gerade die Vielzahl der Netzbetreiber in Deutschland die Möglichkeit, aufgrund der breiten Datenbasis einen **belastbaren Vergleich** durchzuführen und die wissenschaftlichen **Benchmarking-Methoden** ohne die in anderen Ländern in der Regel erforderlichen Simulationsrechnungen anwenden zu können (zum Einsatz der Methoden durch Regulierungsbehörden in anderen Ländern siehe *Anreizregulierungsbericht,* Kap. 5 – Berücksichtigung der internationalen Erfahrungen und der spezifischen Gegebenheiten in Deutschland; nach § 112a EnWG sind bei der Erstellung des Anreizregulierungsberichts internationale Erfahrungen mit Anreizregulierungssystemen zu berücksichtigen).

36 **2. Benchmarkingmethoden.** Nachfolgend wird ein Überblick der bekanntesten Benchmarking-Methoden gegeben (Abb. 3 und 4) und Vor- und Nachteile) der wichtigsten kurz erläutert.

Benchmarking-Verfahren (1)

Der Kern: Benchmarking zur Effizienzbewertung eines Netzbetreibers

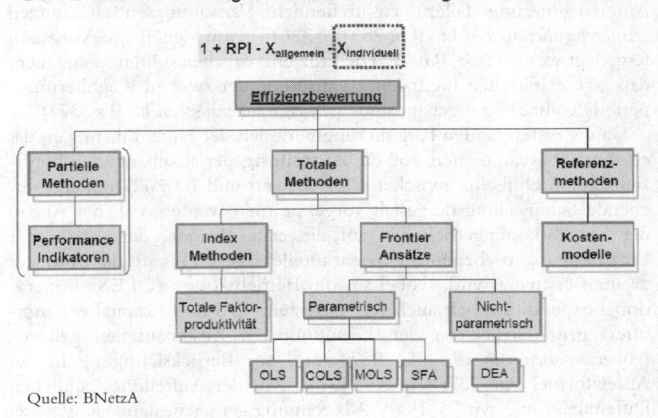

$$1 + RPI - X_{allgemein} - X_{individuell}$$

Effizienzbewertung

- Partielle Methoden
  - Performance Indikatoren
- Totale Methoden
  - Index Methoden
    - Totale Faktorproduktivität
  - Frontier Ansätze
    - Parametrisch
      - OLS | COLS | MOLS | SFA
    - Nichtparametrisch
      - DEA
- Referenzmethoden
  - Kostenmodelle

Quelle: BNetzA

Abb. 3: Benchmarking-Verfahren (1)

Benchmarking-Verfahren (2)

Vergleichsmaßstäbe

Im Rahmen des Benchmarking wird die im Hinblick auf einen Vergleichsmaßstab relative Effizienz eines Unternehmens bestimmt.

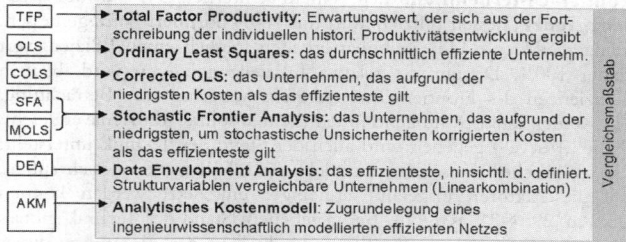

TFP	**Total Factor Productivity:** Erwartungswert, der sich aus der Fortschreibung der individuellen histori. Produktivitätsentwicklung ergibt
OLS	**Ordinary Least Squares:** das durchschnittlich effiziente Unternehm.
COLS	**Corrected OLS:** das Unternehmen, das aufgrund der niedrigsten Kosten als das effizienteste gilt
SFA / MOLS	**Stochastic Frontier Analysis:** das Unternehmen, das aufgrund der niedrigsten, um stochastische Unsicherheiten korrigierten Kosten als das effizienteste gilt
DEA	**Data Envelopment Analysis:** das effizienteste, hinsichtl. d. definiert. Strukturvariablen vergleichbare Unternehmen (Linearkombination)
AKM	**Analytisches Kostenmodell:** Zugrundelegung eines ingenieurwissenschaftlich modellierten effizienten Netzes

Die verschiedenen Ansätze bergen spezifische Vor- und Nachteile.

⇨ Eine **komplementäre Nutzung** verschiedener Verfahren kann die **sachgerechte, zuverlässige** und **robuste Ausgestaltung** des Gesamtverfahrens sicherstellen, d.h. Risiken minimieren und Schwächen ausgleichen (und so zur Erfüllung von § 21a V 5 EnWG beitragen).

Abb. 4: Benchmarking-Verfahren (2)

Wegen der Vielzahl der zu berücksichtigenden Einflußfaktoren ist eine sog. **totale Methode** (auch multi-dimensionaler Ansatz) und keine partielle (ein-dimensionale) zu verwenden. Wegen des **Effizienzgebots** sind nur sog. **Frontier-Methoden** und keine Durchschnittsbetrachtungen geeignet (vgl. hierzu *Anreizregulierungsbericht,* Rn. 113–130, 827ff., 909; a. A. *Schaefer/Schönefuß,* ZfE 2006, 173ff., 181; zur Anwendung der Methoden vgl. speziell für Elektrizitätsverteilnetze *Jamasb/Pollitt,* International benchmarking and regulation: an application to European electricity distribution utilities, Energy Policy 2003, 1609ff.; *Giannakis/Jamasb/Pollitt,* Benchmarking and Incentive Regulation of Quality of Service: An Application to the UK Electricity Distribution Utilities, Cambridge, CMI Working Paper No. 35 [auch als Cambridge Working Papers in Economics CWPE 0408] 2003; *Edvardsen/Forsund,* International benchmarking of electricity distribution, Resource and Energy Economics 2003, 353ff.; *v. Hirschhausen/Kappeler/Cullmann,* Efficiency analysis of German Electricity Distribution Utilities – Non-parametric and Parametric Tests, Discussion Paper TU Dresden/DIW Berlin, März 2005; *Stern,* UK regulatory price reviews and the role of efficiency estimates, Utilities Policy 2005, 273ff.; *Shuttleworth,* Benchmarking of electricity networks: Practical problems with its use for regulation, Utilities Policy 2005, 310 ff.; speziell für Gasverteilnetze [die Methoden teilweise in Frage stellend] *Höhn/Wagner/Ludwig/Scheidtmann/Mastenbroek/Rohde/Haas,* Benchmarking von Betreibern örtlicher Gasverteilnetze, emw 4/2005, 16 ff.).

38 Bei den Frontier-Methoden wird die Effizienz in Bezug zu einem **Frontier-Unternehmen,** d. h. einem Unternehmen auf der **Effizienzgrenze,** dessen Effizienzwert mit 100% normiert wird, gemessen. Weniger effiziente Unternehmen erhalten folglich einen Effizienzwert kleiner 100%. Da nur die relative Effizienz gemessen wird, bleiben Ineffizienzen des Frontier-Unternehmens außerhalb der Betrachtung, d. h. werden letztlich hingenommen (kein absoluter Effizienzvergleich). Als (je „Kurve") gegeben wird auch der Stand der Technik unterstellt, d. h. technischer Fortschritt verschiebt die Effizienzgrenze nach außen, weil die Faktoren insgesamt ergiebiger eingesetzt werden können (s. o. Rn. 29; § 21, Rn. 66). Bei gegebenem Stand der Technik gibt es nur eine Effizienzgrenze für alle, individuell ist der Abstand zu dieser Effizienzgrenze, der die erforderlichen Anpassungsanstrengungen des einzelnen Netzbetreibers beschreibt und mit dem Effizienzziel die notwendige Steigerungsrate vorgibt, mit der er sich auf die Effizienzgrenze zu bewegen muß (*Anreizregulierungsbericht,* Rn. 329, 340; zum Effizienzbegriff und zur einheitlichen Effizienzkurve im Telekommunikationssektor siehe *Groebel,* BerlK-TKG, § 31, Rn. 23).

39 Bei den **parametrischen Frontiermethoden** wird vorab auf Basis von Annahmen über den funktionellen Zusammenhang zwischen Input (Aufwand/Kosten) und Output (Leistung) eine Kostenfunktion gebildet, bei der durch eine ökonometrische Analyse für jeden Kostenfaktor ein Parameter ermittelt wird, der dessen Einfluß (die Gewichtung) auf die Kostengröße ausdrückt. Bekannt ist hier v. a. die sog. **Stochastische Effizienzgrenzen-Analyse** (SFA). Diese Methode setzt auf der statistischen Methode der kleinsten [Fehler-]Quadrate (OLS) auf, wobei eine konsistente statistische Korrektur der Effizienzgrenze erfolgt, d. h. letztlich zufällige exogene Schocks und Ineffizienzen getrennt und letztere herausgerechnet werden. Eine der bekanntesten und häufig verwendeten **nicht-parametrischen Methoden** ist die **Dateneinhüllungsanalyse** (DEA). Sie ist eine Methode der linearen Programmierung, bei der die Effizienzgrenze mittels Linearkombination, die das bestmögliche Verhältnis zwischen Input und Output (Effizienz) darstellt, bestimmt wird. Sie kann inputorientiert als **Minimalkombination,** d. h. minimaler Input bei gegebenem Output oder bei Maximierung, d. h. maximaler Output bei gegebenem Input, outputorientiert angegeben werden (vgl. zur DEA auch *Poddig/Varmaz,* Data Envelopment Analysis und Benchmarking, Controlling 2005, 565 ff.). Für den

Effizienzvergleich wird die **inputorientierte DEA** herangezogen, da der Output vom Netzbetreiber nicht beeinflußbar ist.

3. Komplementäres Benchmarking (ausgewählte Methoden).

40 Die BNetzA schlägt die Anwendung der **DEA- und SFA-Methode** vor, um durch die Verwendung mehrerer Methoden die jeweiligen spezifischen Nachteile zu kompensieren, so daß durch die **Kombination** einer nicht-parametrischen (DEA) und einer parametrischen (SFA) Methode (komplementäres Benchmarking, *Anreizregulierungsbericht,* Rn. 914 ff.) die Ergebnisse belastbar sind und ein Höchstmaß an Robustheit und Zuverlässigkeit erreicht wird (Sprechzettel PK 2. 5. 2006, S. 11; krit. hierzu *Kraus,* in: NERA – Economic Consulting, Incentive Regulation For German Energy Network Operators, Energy Regulation Insights, Issue 30, July 2006, im Internet abrufbar unter www.nera.com; ebenfalls teilweise methodenkritisch *Schaefer/Schönefuß,* ZfE 2006, 173 ff., 177 ff.). Damit wird sichergestellt, daß eine geringfügige Änderung einzelner Parameter der zugrunde gelegten Methode nicht zu einer, insbesondere im Vergleich zur Bedeutung, überproportionalen Änderung der Vorgaben führt, § 21 a V 5. **Ergänzend** wird als Referenzmethode (siehe Abb. 3) auf **analytische Kostenmodelle** (AKM) zurückgegriffen, bei denen die Kosten *bottom-up* auf Basis eines ingenieurswissenschaftlich modellierten effizienten Netzes (kostenoptimales **Modellnetz**) berechnet werden. Je nach dem gewählten Ansatz – reiner *„Greenfield"*-Ansatz, bei dem ein Netz idealtypisch „auf der grünen Wiese" errichtet wird oder *„Scorched-node"*-Ansatz, bei dem bestimmte Gegebenheiten wie z. B. die Lokationen der Netzknoten (nicht die Anzahl) des bestehenden Netzes in das Modell übernommen (und nicht mit dem Modellalgorithmus optimiert) werden, – weist das Modell eine kleinere oder größere Realitätsnähe auf (vgl. hierzu auch *Kühling,* N&R 2004, 12 ff., 15 f.). Mit einem (detailgenaueren) **Referenznetz** wird für ein gegebenes Versorgungsgebiet ein Optimalnetz entworfen (*Anreizregulierungsbericht,* Rn. 873).

41 Im Hinblick auf den Einsatz **analytischer Kostenmodelle** kann die BNetzA ihre langjährige Erfahrung bei der **telekommunikationsrechtlichen Entgeltregulierung** nutzen, denn hier wird z. B. bei der Kalkulation des Entgelts für den Zugang zur entbündelten Teilnehmeranschlußleitung seit längerem das AKM für das Anschlußnetz, bei dem es sich um ein *Scorched-node*-Modell handelt, herangezogen. Auch werden Kostenmodelle explizit als Methode in § 35 I Nr. 2 TKG genannt (vgl. hierzu ausführlich *Groebel,* BerlK-TKG, § 35, Rn. 25–36; s. o. § 21, Rn. 25, 71). Das Vorgehen bei der Verwendung eines AKM ist nachfolgend in Abb. 5 dargestellt.

Benchmarking-Verfahren (3)

Analytische Kostenmodelle

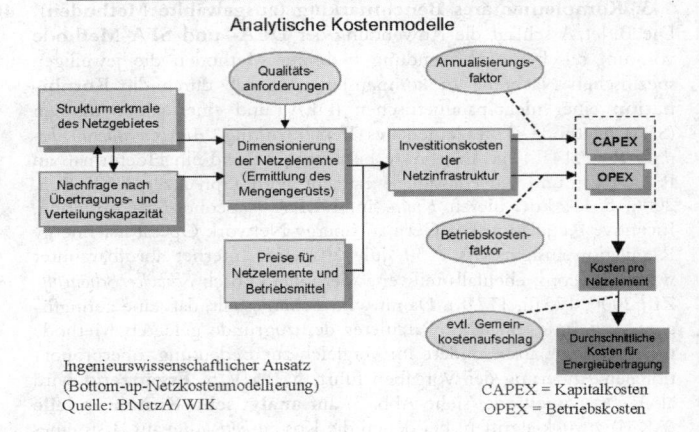

Ingenieurswissenschaftlicher Ansatz
(Bottom-up-Netzkostenmodellierung)
Quelle: BNetzA/WIK

CAPEX = Kapitalkosten
OPEX = Betriebskosten

Abb. 5: Analytische Kostenmodelle

D. Beeinflußbare und nicht beeinflußbare Kostenanteile (§ 21a IV)

42 Es wurde bereits mehrfach darauf hingewiesen, daß § 21a IV 6 vorschreibt, daß Effizienzvorgaben nur auf die beeinflußbaren Kostenanteile zu beziehen und daß gem. § 21a IV 1 bei der Ermittlung der Obergrenzen beeinflußbare und nicht beeinflußbare Kostenanteile zu unterscheiden sind. Es ist deshalb zu klären, welche **Kostenanteile beeinflußbar** und welche **nicht beeinflußbar** sind. Als nicht beeinflußbare Kostenanteile hat der Gesetzgeber insbesondere Kostenanteile gezählt, die auf

– nicht zurechenbaren strukturellen Unterschieden der Versorgungsgebiete,
– gesetzliche Abnahme- und Vergütungspflichten,
– Konzessionsabgaben und Betriebssteuern

beruhen, § 21a IV 2. Nach der Einfügung von **§ 21a IV 3** (neu) durch das Gesetz zur Beschleunigung von Planungsverfahren für Infrastrukturvorhaben vom 9. 12. 2006 (BGBl. I S. 2833) gelten auch

Regulierungsvorgaben **43 § 21a**

– **Mehrkosten** eines nach § 43 3 EnWG planfestgestellten **Erdkabels** ggü. einer Freileitung als **nicht beeinflußbare Kostenanteile**; dies gilt auch für Erdkabel mit einer Nennspannung von 380 Kilovolt, deren Verlegung aufgrund anderer öffentlich-rechtlicher Vorschriften durch einen Planfeststellungsbeschluß zugelassen ist. Die **gesetzliche Fiktion** stellt sicher, daß die zur Netzanbindung von Offshore-Anlagen i. S. d. § 10 III 1 EEG (Offshore-Windparks) aus der Verlegung von Erdkabeln, die als Teil des Netzes der Anreizregulierung unterliegen, entstehenden Mehrkosten in die Obergrenzenermittlung als nicht beeinflußbare Kostenanteile eingehen, um zum einen zu verhindern, daß durch eine Nichtberücksichtigung der Leitungsbau nicht durchgeführt wird, und zum anderen um sicherzustellen, daß „eine gleichmäßige Verteilung der Kosten der Netzanbindung von Offshore-Anlagen unter allen Übertragungsnetzbetreibern erfolgt" (Beschlußempfehlung und Begründung des BT-Ausschusses für Verkehr, Bau und Stadtentwicklung, BT-Drs. 16/3158 v. 25. 10. 2006, S. 44) und mithin über die Netzentgelte von allen Netznutzern finanziert werden.

Diese Aufzählung läßt sich systematisch in zwei Kategorien unterteilen (§ 21 a VI 2 Nr. 7):
– die **dauerhaft nicht beeinflußbaren** Kostenanteile, zu denen gesetzliche Abnahme- und Vergütungspflichten (z. B. nach dem EEG oder KWK-G), Konzessionsabgaben, Betriebssteuern, Aufwendungen für vorgelagerte Netze sowie verfahrensregulierte Kosten (z. B. für Regelenergie) und Erlöse gehören, d. h. Kosten, die weder der Art noch der Höhe nach durch den Netzbetreiber beeinflußbar sind;
– die **vorübergehend nicht beeinflußbaren** Kostenanteile, die auf nicht zurechenbaren strukturellen Gebietsunterschieden beruhen, d. h. Kosten, die nicht der Art, aber der Höhe nach bestimmt sind.

Diese letztere Kategorie ist kostenrechnerisch nicht eindeutig einer **43** bestimmten Kostenart oder Kostenposition zugeordnet. Vielmehr finden sich gebietsstrukturell vorgegebene Kostenanteile in den unterschiedlichsten Kostenarten und -positionen, was auch für beeinflußbare Kostenanteile gilt. Das Gesetz spricht von Kosten*anteilen*, nicht von Kosten*arten*, so daß sich eine Gleichsetzung z. B. von Kapitalkosten mit nicht beeinflußbaren Kostenanteilen verbietet. **Vorübergehend nicht beeinflußbare Kostenanteile** sind die auf exogenen, gebietsstrukturellen, unvermeidbaren Gegebenheiten (wie z. B. der Topologie) beruhenden Kostenanteile, die **jeden anderen Netzbetreiber im gleichen Netzgebiet in gleicher Weise betreffen würden.** Das bedeutet, daß auch für diese Kostenanteile die für diese Gegebenheiten effizienten (und nicht jedwede) Kosten erreicht werden müssen, mithin

Groebel 579

§ 21a 44, 45 Teil 3. Regulierung des Netzbetriebs

der Effizienzvorgabe unterfallen, da sie (nur *vorübergehend* nicht) beeinflußbar sind. Bestehende Ineffizienz kann also nicht mit gebietsstrukturellen Gegebenheiten begründet werden, auch für diese Gegebenheit gibt es eine kostenminimale Produktionsweise, die zu wählen ist, d.h. die Inputfaktoren sind optimal einzusetzen (so auch *Säcker* (2006), S. 6; oben § 21, Rn. 66).

44 **Beeinflußbare Kostenanteile** sind dann alle Kosten, an deren Entstehung das Unternehmen in irgendeiner Weise beteiligt war, d.h. alle Kosten, die durch Entscheidungen des jeweiligen Netzbetreibers beeinflußt werden. Darunter fallen insbesondere auch und ohne zeitliche Begrenzung hinsichtlich ihres Entstehens **Kapitalkosten,** die durch Investitionsentscheidungen, die der Netzbetreiber (in der Vergangenheit) getroffen hat, entstehen. Diese sind keineswegs unbeeinflußbar, d.h. vor allem auch, daß Folgekosten aus Übermaß-/Fehlinvestitionen nicht außen vor bleiben, sondern von den **Effizienzvorgaben** erfaßt werden. Kalkulatorische Kosten für bestehendes Anlagevermögen sind somit einer Bewertung, insbesondere auch einer Wertberichtigung, zugänglich und können vom Netzbetreiber beeinflußt werden (vgl. *Anreizregulierungsbericht,* Rn. 14f., 58ff.; siehe dazu auch ausführlich oben § 21, Rn. 98ff., 123ff.; a.A. *Balzer/Schönefuß,* RdE 2006, 213ff., 215ff.; *Schaefer/Schönefuß,* ZfE 2006, 173ff., 180f.; ebenso *May,* IR 2006, 184f.). Wären die Kapitalkosten der Effizienzvorgabe entzogen, würden ineffizient hohe Kapitalkosten aufgrund von Fehlentscheidungen perpetuiert. Mithin greift dies auch nicht in die Eigentumsgarantie nach Art. 14 GG ein, denn wie *Säcker* treffend formuliert gab es „keine Freiheit, überhöhte Kosten ... zu „produzieren" (*Säcker* (2006), S. 8; *ders.,* AöR 2005, 180ff., 206ff.; vgl. zur Nichttangierung von Art. 14 GG auch *Anreizregulierungsbericht,* Rn. 70ff.; sowie oben § 21, Rn. 119 und die neuere Rspr., z.B. *OLG Düsseldorf,* HS-Beschluß v. 9. 5. 2007 – VI-3 Kart 289/06 (V) S. 15f. des amtl. Umdr.).

45 Es würde dem **Gesetzeszweck** im allgemeinen und dem **Zweck der Anreizregulierung** im besonderen zuwiderlaufen, wenn Ineffizienzen nicht abgebaut werden müssten, v.a. weil wegen der hohen Kapitalintensität von Netzindustrien damit nur noch ein kleiner Teil der Effizienzsteigerungsvorgabe unterfiele und somit das Ziel, einen wettbewerbsähnlichen Zustand zu erreichen, ausgehöhlt (wenn nicht sogar ganz verfehlt) würde (siehe zur Erforderlichkeit dieser Maßnahmen auch die prinzipiellen Überlegungen oben bei § 21, Rn. 124ff.). Auch im Wettbewerb gibt es keine Garantie auf Rückfluß der investierten Mittel, das unternehmerische **Risiko,** das jeder Investitionsentscheidung innewohnt, wird über den **Eigenkapitalzinssatz** bzw. die Risikoprämie abgedeckt. Gemäß § 7 VI 1 Strom-/GasNEV legt die Behörde nach Inkrafttreten der Anreizregulierung den Eigenkapitalzinssatz fest. Dies muß im **Kontext** zu den **kapitalkostenbezogenen Effizienzvorgaben** gesehen werden, weshalb die BNetzA vorschlägt, daß die Festlegung für die Länge der Regulierungsperiode getroffen wird (*Anreizregulierungsbericht,* Rn. 297, 741; vgl. auch *Säcker,* AöR 2005, 180 ff., 205; 210 ff.). In welchem Umfang und in welcher Geschwindigkeit Ineffizienzen, die in beeinflußbaren Kostenanteilen enthalten sind, abzubauen sind, ist eine Frage der **Zumutbarkeit,** § 21 a V 4 (s. u. Rn. 47).

Für beide – nicht beeinflußbare und beeinflußbare Kostenanteile gilt der **Effizienzmaßstab,** denn es wird in § 21 a ausdrücklich auf § 21 II Bezug genommen, d. h. beide müssen den Kosten eines effizienten und strukturell vergleichbaren Netzbetreibers genügen und es dürfen bei der Berechnung keine Kosten und Kostenbestandteile, die sich ihrem Umfang nach im Wettbewerb nicht einstellen würden, berücksichtigt werden (siehe dazu ausführlich oben § 21, Rn. 65 ff.). Durch Zugrundelegung des **Effizienzmaßstabs** nach § 21 II bei der Ermittlung der nicht beeinflußbaren Kostenanteile und des Ausgangsniveaus der beeinflußbaren Kostenanteile (zu Beginn einer Regulierungsperiode, § 21 a IV 5), auf dem die **Effizienzvorgaben** aufsetzen, greifen § 21 und § 21 a nahtlos ineinander und es erfolgt **durchgängig** eine effizienzorientierte Entgeltregulierung. Es gibt mithin weder Lücken (Fortbestehen von Ineffizienzen) noch Doppelungen, d. h. eine zweifache Berücksichtigung ist ausgeschlossen, denn „in der Kostenprüfung aberkannte Kostenpositionen können im Effizienzvergleich naturgemäß gar nicht mehr zu höheren Effizienzvorgaben ... führen" (*Anreizregulierungsbericht,* Rn. 139). Für die Effizienzvorgaben sowohl der beeinflußbaren Kostenanteile wie der nur vorübergehend nicht beeinflußbaren, die umfaßt sind, gilt, daß für diese Kategorien die **effizienten Kosten** die – mit zumutbaren Maßnahmen – anzustrebende Größe bilden. Da diese Kostenanteile **beeinflußbar** sind, sind die Netzbetreiber hierzu dem Grunde nach fähig, sie *können* Maßnahme zur Effizienzsteigerung durchführen. Es kommt auf die **abstrakte** Möglichkeit der **Beeinflußbarkeit** durch den jeweiligen (einzelnen) Netzbetreiber an, § 21 a IV 1 (vgl. *Anreizregulierungsbericht,* Rn. 68; a. A. *Ruge,* IR 2006, 122 ff., der offenbar den Begriff „beeinflußbar" wegen der darin enthaltenen zeitlichen Komponente mit „erreichbar" gleichsetzt, ebenda, S. 124; siehe auch *Balzer/Schönefuß,* RdE 2006, 213 ff., 215; *Schaefer/Schönefuß,* ZfE 2006, 173 ff., 179 f.).

E. Maßnahmen zur Effizienzsteigerung (§ 21 a V)

I. Zumutbare Maßnahmen (§ 21 a V 4)

47   Es darf nichts verlangt werden, was **objektiv unmöglich** ist (keine Überforderung, vgl. auch Hempelmann-Bericht, BT-Drucks. 15/5268, S. 120) und es gilt, das Übermaßverbot zu beachten, d. h. es dürfen keine Effizienzvorgaben gesetzt werden, die die Unternehmen zwangsläufig in die Insolvenz treiben würden (Sprechzettel PK 2. 5. 2006, S. 12 f.). **Zumutbare Maßnahmen** bedeutet deshalb, daß die Grenze für die zumutbaren Effizienzvorgaben so gesetzt wird, daß ein Unternehmen unter **Ausschöpfung aller Rationalisierungspotentiale** Erlöse erzielen kann, die auf oder über den Selbstkosten liegen. Als zumutbare Maßnahmen werden in der Literatur auch Änderungskündigungen bestehender Verträge sowie Netzkooperationen vertreten (vgl. z. B. *Säcker* (2006), S. 8).

II. Erreichbarkeit und Übertreffbarkeit (§ 21 a V 4)

48   Da mit dem sich auf der Effizienzgrenze befindenden **Best-Practice-Unternehmen** gezeigt wird, daß das **effiziente Kosten/Leistungs-Verhältnis** realisiert wird, ist die **Erreichbarkeit** und **Übertreffbarkeit** gem. § 21 a V 4 sichergestellt (*Anreizregulierungsbericht*, Rn. 15, 98 ff., 106 ff., 111 ff.). Wenn ein real existierender Netzbetreiber in der Lage ist, dieses Maß an Effizienz zu realisieren, ist dies auch anderen möglich und es wird ergo von den anderen Unternehmen nichts objektiv unmögliches verlangt. Da es sich insgesamt („nur") um einen relativen Effizienzvergleich bestehender Unternehmen handelt, kann auch das – jetzt (zum Zeitpunkt der Messung) effiziente Frontier-Unternehmen seine Effizienz (absolut) noch steigern, mithin sind die Vorgaben auch prinzipiell übertreffbar. Methodisch wird dies zum einen mit einer entsprechenden Ausgestaltung des Effizienzvergleichs sichergestellt sowie zum anderen bei der Umsetzung der Ergebnisse über die Einbeziehung der **Bestabrechnung**, d. h. aus den beiden vorgeschlagenen Methoden (SFA, DEA) wird zur Bestimmung der Effizienzziele die bestgeeignete komplementäre Kombination ausgewählt (*Anreizregulierungsbericht*, Rn. 111, 275, 1239).

49   Von Netzbetreiberseite ist kritisiert worden, daß die **Erreichbarkeit und Übertreffbarkeit** eine **Einzelfallbetrachtung** erfordere und die grundsätzliche Erreichbarkeit und Übertreffbarkeit mittels der Methodik nicht ausreiche (vgl. stellvertretend *Balzer/Schönefuß*, RdE 2006, 213 ff., 215 f.). Diese Kritik geht indessen doppelt fehl. Denn zum einen ist die geforderte Einzelfallbetrachtung sowohl bei der Ermittlung des Ausgangsniveaus als auch bei der Berechnung unternehmensindividueller Effizienzvorgaben, die die Berücksichtigung insbesondere der „bestehenden Effizienz des *jeweiligen* Netzbetriebs" erfordern, § 21a V 1 (s. o. Rn. 18) bereits dort erfolgt, wo sie gesetzlich vorgeschrieben ist. Zum anderen sieht das Gesetz an dieser Stelle **eine Einzelfallbetrachtung nicht zwingend vor,** wie der „pauschale" Verweis auf „die *betroffene Gruppe* von Netzbetreibern ...", die eindeutig nicht mehr nach dem *einzelnen* Netzbetreiber unterscheidet, sondern diese als (homogene) Einheit betrachtet, für die hinsichtlich der Maßnahmen keine individualisierte Betrachtung mehr erfolgt, zeigt. Für die Gruppenmitglieder wird also die Einheitlichkeit der Maßnahmen unterstellt. Mithin ist es ausreichend, die Erreichbarkeit und Übertreffbarkeit methodisch abzusichern (s. o. Rn. 48), weil dann unterstellt werden kann, daß alle (betroffenen) Netzbetreiber grundsätzlich in der Lage sind, das geforderte Effizienzniveau mit den ihnen möglichen und zumutbaren Effizienzsteigerungsmaßnahmen zu erreichen, d. h. die gesetzlich vorgegebenen Bedingungen der Erreichbarkeit und Übertreffbarkeit erfüllt sind.

Bezüglich der Erreichbarkeit und Übertreffbarkeit wird also – anders als bei der Beeinflußbarkeit und der bestehenden Effizienz – nicht mehr auf den *jeweiligen* (einzelnen), sondern auf den bzw. die *betroffenen* (jeden) Netzbetreiber abgestellt. Darüber hinaus wird der Erreichbarkeit und Übertreffbarkeit durch die Aufteilung (zeitliche Differenzierung) der Effizienzvorgaben zusätzlich Rechnung getragen (s. o. Rn. 34), womit insbesondere für die Kapitalkosten ein längerer Anpassungszeitraum gewährt wird. Im übrigen bleibt es den einzelnen Netzbetreibern unbenommen, das Gegenteil (die objektive Unmöglichkeit) nachzuweisen, wobei der Netzbetreiber dann die „Ausschöpfung aller Rationalisierungspotentiale" nachweisen muß, bevor er sich auf die **Unzumutbarkeit** berufen kann (vgl. *Anreizregulierungsbericht,* Rn. 103 ff., 105). Die gesetzliche Grundlage für diese „Beweislastumkehr" wird in der Literatur bezweifelt (vgl. stellvertretend *May,* IR 2006, 184 f., 184). Sie ergibt sich indessen schon aus dem bei der Abwägung zwischen den Interessen der Kunden und denen der Netzbetreiber zu berücksichtigenden **Gesetzeszweck** der preisgünstigen, verbraucherfreundlichen, effizienten und umweltverträglichen leitungsgebundenen Versorgung der Allgemeinheit mit Elektrizität und Gas (§ 1 I) sowie dem **Ziel** der Sicherstellung eines wirksamen und unverfälschten **Wettbewerbs** bei der Versorgung (§ 1 II). Wie oben dargelegt, kann das **Wettbewerbsziel** nur erreicht werden, wenn Regulierung nach dem **Effizienzmaßstab** handelt, da dies das Wettbewerbsergebnis simuliert (vgl. *An-*

reizregulierungsbericht, Rn. 115 ff.; sowie *Groebel,* Die Entgeltgenehmigungspraxis der RegTP – Erfahrungen aus dem Telekommunikationsbereich, TKMR-Tagungsband 2004, S. 39 ff., 42), wodurch die **Ausschöpfung aller Rationalisierungspotentiale** als „**Regelmaßnahmen**" definiert ist, deren Durchführung grundsätzlich unterstellt werden kann.

51 § 21a V 4 besagt, daß die Effizienzvorgaben erreich*bar* und übertreff*bar* sein müssen, d. h. die **Möglichkeit** muß (objektiv) bestehen, aber es gibt andererseits auch keine **Garantie,** daß das Unternehmen sie auch realisiert, denn die Anpassungsmaßnahmen und deren Gestaltung bleiben ihm überlassen. D. h. es ist nicht Aufgabe der Behörde, den einzelnen Unternehmen konkrete Maßnahmen aufzuzeigen (kein Mikromanagement durch die Behörde). Der „Witz" der Anreizregulierung besteht ja gerade in der Einräumung größerer unternehmerischer Freiräume als im Falle der Einzelentgeltgenehmigung mit individueller Kostenprüfung. Dies bildet den Wettbewerb mit Chancen und Risiken ab (s. o. § 21, Rn. 126). D. h. es werden **Anreize für effizientes Handeln** gesetzt (§ 21a I a. E.), den Akteuren bleibt es – wie im Wettbewerb – selbst überlassen, welche Maßnahmen sie zur Zielerreichung (Effizienzsteigerung) ergreifen.

F. Qualitätsregulierung (§ 21a V 2 und 3)

52 Ziel der **Qualitätsregulierung** (§ 21a V 2) ist es, zu vermeiden, daß Kosteneinsparungen zulasten der Qualität gehen, denn die Versorgungszuverlässigkeit spielt eine zentrale Rolle in der deutschen Energienetzwirtschaft (vgl. z. B. *Cohnen/Wagner,* Hohe Versorgungsqualität trotz Anreizregulierung, emw 1/2005, 26 ff.; siehe auch *Salje,* EnWG, § 21a, Rn. 11). Die Sicherstellung der Versorgungszuverlässigkeit ist deshalb eine wichtige Nebenbedingung im Rahmen des Gesamtkonzepts (vgl. *E-Bridge Consulting/The Brattle Group/ECgroup,* Konzept einer Qualitätsregulierung, 4. Referenzbericht Anreizregulierung, 7. 4. 2006; *Anreizregulierungsbericht,* Kap. 6, Rn. 558 ff.; allgemein zur Qualitätsregulierung z. B. *Ajodhia/Hakvoort,* Economic regulation of quality in electricity distribution networks, Utilities Policy 2005, 211 ff.). Im allgemeinen werden die vier Qualitätsdimensionen technische Sicherheit, Produktqualität, Servicequalität und Netzverlässigkeit unterschieden (vgl. auch *Schaefer/Schönefuß,* ZfE 2006, 173 ff., 176 f.). Für die Qualitätsregulierung wird ein **Zwei-Phasen-Konzept** vorgeschlagen (*Anreizregulierungsbericht,* Rn. 19 ff., 220 ff., 616 ff.).

Zunächst soll in der ersten Regulierungsperiode die bestehende Qualität mittels einer **Bonus-/Malus-Regelung** für über-/unterdurchschnittliche Versorgungsqualität sichergestellt werden, wozu ein sog. **Qualitätselement** in die Anreizformel eingebaut ist. Bei anhand bestimmter **Netzzuverlässigkeitskenngrößen** (Dauer und Häufigkeit von Versorgungsunterbrechungen, nicht gelieferte Energie und nicht gedeckte Last; mangels belastbarer Daten im Gasbereich wird die Regelung nur für den Strombereich vorgeschlagen) nachgewiesener überdurchschnittlicher Versorgungsqualität werden Zuschläge zu den erlaubten Erlösen (Bonus) gewährt, bei unterdurchschnittlicher Qualität Abzüge (Malus) angesetzt, § 21a V 3. Für den Strombereich werden Standards für die durchschnittliche Versorgungsqualität vorgegeben, wobei ein Mindestqualitätsniveau gesetzt und die Abzüge auf max. 2% begrenzt werden (siehe Abb. 6).

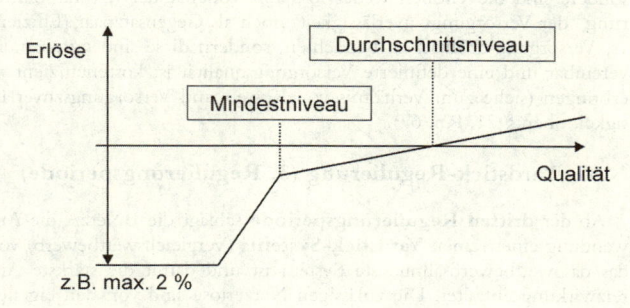

Qualitätsregulierung

Durchschnittliches Qualitätsniveau unter
Berücksichtigung von strukturellen Unterschieden

Abb. 6: Qualitätsregulierung

Begleitend ist eine Veröffentlichung der erreichten **Qualitätskenngrößen** (Kundenstandards für die Servicequalität für Strom- und Gasbereich, Kompensationszahlungen bei deutlichen Qualitätsmängeln im Einzelfall) vorgesehen sowie ein **Monitoring** des Investitionsverhaltens (Anlagenregister) geplant, um sicherzustellen, daß die für den **Erhalt** der **Versorgungsqualität** erforderlichen **Erweiterungs- und Umstrukturierungsinvestitionen** von den Netzbetreibern durchgeführt werden (*Anreizregulierungsbericht,* Rn. 577 ff.). Diese Erweiterungsinvestitionen (z. B. Anschluß neuer Wohn- oder Gewerbegebiete an das Gas- oder Stromnetz im Versorgungsgebiet) der **Verteilnetzbetreiber** werden in der Anreizformel mit dem Erweiterungsfaktor berücksichtigt (s. o. Rn. 21), der die erlaubte Erlösobergrenze entsprechend der Zunahme der Anschlußpunkte, der versorgten Fläche und der Hauptlast anhebt. Wegen ihrer besonderen Aufgaben hinsichtlich der Versorgungssicherheit wird für **Transportnetzbetreiber** ein zu genehmigendes (individualisiertes) **Investitionsbudget** vorgeschlagen.

55   Ab der **zweiten Regulierungsperiode** ist die Einführung der sog. **integrativen Qualitätsregulierung** vorgesehen, d. h. die Qualität wird direkt in das Effizienzbenchmarking mit einbezogen, was jetzt aufgrund der Datenlage noch nicht möglich ist. Dies bietet gegenüber der getrennten Berücksichtigung über die zwei Faktoren Qualitätselement und Erweiterungsfaktor in der Anreizformel während der ersten Periode den systematischen Vorteil, daß alle Wechselbeziehungen zwischen Strukturmerkmalen, Versorgungsqualität und Kosteneffizienz methodisch vollständig erfaßt werden können. Für das richtige Setzen der Anreize zur Effizienzsteigerung dürfen nämlich diese Wechselbeziehungen nicht vernachlässigt oder außer Acht gelassen werden. Insbesondere sind die Größen weder losgelöst voneinander („Verabsolutierung" der Versorgungszuverlässigkeit) noch als Gegensatzpaar (Effizienz vs. Versorgungsqualität) zu betrachten, sondern diese sind miteinander vereinbar und eine definierte Versorgungsqualität ist kosteneffizient zu erbringen (siehe zum Verhältnis von Kosten und Versorgungszuverlässigkeit oben § 21, Rn. 67).

G. Yardstick-Regulierung (3. Regulierungsperiode)

56   Ab der **dritten Regulierungsperiode** schlägt die BNetzA die Anwendung eines reinen **Yardstick-Systems** (Vergleichswettbewerb) vor, das das wettbewerbsähnlichste System ist und damit die stärkste Anreizwirkung entfaltet. Die zulässigen Netzerlöse sind von den eigenen Kosten des Unternehmens losgelöst und es wird nur ein unternehmensindividueller X-Faktor (Effizienzziel) auf Basis des Effizienzvergleichs vorgegeben. Damit schließt sich der Kreis, denn die Vorgabe orientiert sich an der Produktivitätsentwicklung der übrigen Unternehmen der Branche, m. a. W. den Kosten der effizienten Leistungserbringung (vgl. *Anreizregulierungsbericht,* Rn. 341 ff.) oder der „Kostensituation [in] der Konkurrenz" (vgl. *Anreizregulierungsbericht,* Rn. 144 ff., 148).

H. Empfehlungen für die Anreizregulierungsverordnung (§ 21a VI)

In **Kapitel 3** des *Anreizregulierungsberichts* faßt die BNetzA ihr Gesamtkonzept für ein Anreizregulierungssystem mit allen (inhaltlichen) Elementen sowie den Verfahrensvorschriften in den **Empfehlungen** für die **Anreizregulierungsverordnung** (AnreizVO) nach **§ 21a VI** zusammen (vgl. *Anreizregulierungsbericht*, Rn. 344 ff.). Nach dem Vorschlag der BNetzA soll sich die Anreizverordnung in folgende fünf Teile gliedern:
- Allgemeine Vorschriften;
- Allgemeine Bestimmungen zur Anreizregulierung;
- Besondere Bestimmungen zur Anreizregulierung;
- Befugnisse, Verfahren und Zuständigkeiten;
- Schlussvorschriften.

Im Teil „Allgemeine Bestimmungen zur Anreizregulierung" sind die oben erläuterten Elemente des **Gesamtkonzepts** enthalten, § 21a VI 1 Nr. 2:
- Regulierungsperiode;
- Erlösobergrenzen und Anreizformel;
- Kostenprüfung;
- Festlegung der Netzentgelte;
- Vorgaben für Erlösobergrenzen;
- Effizienzvorgaben;
- Sicherstellung der Versorgungsqualität.

Der Teil „Besondere Bestimmungen zur Anreizregulierung" enthält die Sonderbestimmungen für Transport- und Fernleitungsnetzbetreiber, § 21a VI 2 Nr. 2 und 8. Der Teil „Befugnisse, Verfahren und Zuständigkeiten" betrifft u. a. die **Durchführungsbestimmungen** für die erforderliche bundesweite Datenerhebung (insbesondere) zur Durchführung des Effizienzvergleichs, § 21a VI 2 Nr. 10 (vgl. auch *Anreizregulierungsbericht*, Rn. 153 ff.). Hier schlägt die BNetzA konkret vor, daß ihr die Ermittlungsbefugnisse des EnWG zustehen sollten (vgl. *Anreizregulierungsbericht*, Rn. 388). Es sollte klargestellt werden, daß zur Durchführung des Effizienzvergleichs auch Daten von nicht der kostenorientierten Entgeltbildung unterliegenden Netzbetreibern erhoben werden können (s. o. Rn. 33), die für eine vollständige Abbildung der Effizienzsituation, d. h. einen vollständigen Effizienzvergleich, erforderlich sind. Angesichts der negativen Erfahrungen (gerichtliche Auseinandersetzungen) bei der Veröffentlichung der Ergebnisse des Vergleichsverfahrens (s. o. § 21, Rn. 156) fordert die BNetzA v. a. strenge

§ 21a Teil 3. Regulierung des Netzbetriebs

Transparenzvorschriften (Pressemitteilung der BNetzA zur Veröffentlichung der Ergebnisse des Vergleichsverfahrens vom 24. 8. 2006, im Internet abrufbar unter http://www.bundesnetzagentur.de/enid/7e09 23deffc15184d0413bb5d8b80fe3,0/Presse/Pressemitteilungen_d2.html #8981). Als wesentlicher Bestandteil für eine effiziente Durchführung der Anreizregulierung wird erachtet, daß die BNetzA konkret **Kompetenzen für die Festlegung** nach § 21a VI 1 Nr. 3 der folgenden Sachverhalte zukommen:
- die Anpassung der Anreiz-, Erweiterungs- und Qualitätsformel;
- die Anpassung des generellen sektoralen Produktivitätsfortschritts;
- die Ausgestaltung des Regulierungskontos;
- die Vorgaben zum technisch-wirtschaftlichen Anlageregister;
- die Bestimmung des garantierten Kundenstandards.

60 Als Fazit läßt sich festhalten, daß die BNetzA mit dem Anreizregulierungsbericht sowohl ein **inhaltlich geschlossenes Konzept** (§ 21a VI 1 Nr. 2) vorgelegt als auch die für die praktische Durchführung notwendigen **konkreten Verfahrensschritte** einschließlich der dafür erforderlichen **Festlegungskompetenzen** (§ 21a VI 1 Nr. 3) detailliert beschrieben hat, so daß die Umsetzung in eine Anreizregulierungsverordnung durch die Bundesregierung mit Zustimmung des Bundesrates gemäß der Ermächtigungsgrundlage des § 21a VI 1 ohne weiteres erfolgen kann.

I. Regelungen für die Berechnung der Mehrkosten der Erdkabelverlegung nach § 21a IV 3 in der Rechtsverordnung nach § 21a VI (§ 21a VII)

61 Die durch das Gesetz für die Beschleunigung von Planungsverfahren für Infrastrukturvorhaben aufgenommene Vorschrift in § 21a IV 3, nach der **Mehrkosten** eines nach § 43 3 planfestgestellten **Erdkabels** ggü. einer Freileitung bei der Obergrenzenermittlung nach § 21a IV 1 als **nicht beeinflußbare Kostenanteile gelten;** dies gilt auch für Erdkabel mit einer Nennspannung von 380 Kilovolt, deren Verlegung aufgrund anderer öffentlich-rechtlicher Vorschriften durch einen Planfeststellungsbeschluß zugelassen ist, erfordert nähere Regelungen für die Berechnung der Mehrkosten. Diese sollen nach dem ebenfalls neu aufgenommen Abs. 7 in der Rechtsverordnung nach § 21a VI 1 getroffen werden.

§ 21 b Messeinrichtungen

(1) Der Einbau, der Betrieb und die Wartung von Messeinrichtungen sowie die Messung der gelieferten Energie sind Aufgabe des Betreibers von Energieversorgungsnetzen, soweit nicht eine anderweitige Vereinbarung nach Absatz 2 oder 3 getroffen worden ist.

(2) [1]Der Einbau, der Betrieb und die Wartung von Messeinrichtungen kann auf Wunsch des betroffenen Anschlussnehmers von einem Dritten durchgeführt werden, sofern der einwandfreie und den eichrechtlichen Vorschriften entsprechende Betrieb der Messeinrichtungen durch den Dritten gewährleistet ist und die Voraussetzungen nach Satz 5 Nr. 2 vorliegen. [2]Der Netzbetreiber ist berechtigt, den Einbau, den Betrieb und die Wartung von Messeinrichtungen durch einen Dritten abzulehnen, sofern die Voraussetzungen nach Satz 1 nicht vorliegen. [3]Die Ablehnung ist in Textform zu begründen. [4]Der Messstellenbetreiber hat einen Anspruch auf den Einbau einer in seinem Eigentum stehenden Messeinrichtung. [5]Sie muss
1. den eichrechtlichen Vorschriften entsprechen und
2. den von dem Netzbetreiber einheitlich für sein Netzgebiet vorgesehenen technischen Mindestanforderungen und Mindestanforderungen in Bezug auf Datenumfang und Datenqualität genügen.

[6]Die Mindestanforderungen des Netzbetreibers müssen sachlich gerechtfertigt und nichtdiskriminierend sein. [7]Der Messstellenbetreiber und der Netzbetreiber sind verpflichtet, zur Ausgestaltung ihrer rechtlichen Beziehungen einen Vertrag zu schließen. [8]Bei einem Wechsel des Messstellenbetreibers sind der bisherige und der neue Messstellenbetreiber verpflichtet, die für einen effizienten Wechselprozess erforderlichen Verträge abzuschließen und die notwendigen Daten unverzüglich auszutauschen.

(3) [1]Die Bundesregierung wird ermächtigt, durch Rechtsverordnung mit Zustimmung des Bundesrates die Voraussetzungen für den Einbau, die Wartung und den Betrieb von Messeinrichtungen durch einen Dritten zu regeln. [2]Durch Rechtsverordnung mit Zustimmung des Bundesrates kann die Bundesregierung auch bestimmen, dass die Messung von Energie auf Wunsch des betroffenen Anschlussnutzers von einem Dritten durchgeführt werden kann, sofern durch den Dritten die einwandfreie Messung und eine Weitergabe der Daten an alle berechtigten Netzbetreiber und Lieferanten, die eine fristgerechte und vollständige Abrechnung ermöglicht, gewährleistet ist; dabei sind in Bezug auf die Zulassung des

§ 21b
Teil 3. Regulierung des Netzbetriebs

Dritten zur Messung angemessene Übergangsfristen vorzusehen. ³In Rechtsverordnungen nach den Sätzen 1 und 2 können insbesondere

1. der Zeitpunkt der Übermittlung der Messdaten und die für die Übermittlung zu verwendenden Datenformate festgelegt werden,
2. die Vorgaben zur Dokumentation und Archivierung der relevanten Daten bestimmt werden,
3. die Haftung für Fehler bei Messung und Datenübermittlung geregelt werden,
4. die Vorgaben für den Wechsel des Messstellenbetreibers näher ausgestaltet werden,
5. das Vorgehen beim Ausfall des Messstellenbetreibers geregelt werden.

Literatur: *Fest/Strahmann,* Trennung der Netzentgeltkomponenten Messung und Abrechnung, ET 2005, 932 ff.; *Höch,* Liberalisierung des Zähl- und Messwesens, emw 5/2006, 12 ff.; *Höch/Schütte,* Wie eng gehören Netznutzung und Messung zusammen?, ET 2003, 2 ff.; *Köhler,* Ein neuer Markt entsteht: Wettbewerb um den Betrieb von Strom- und Gaszählern, RdE 2006, 292 ff.; *Tugendreich/von Hammerstein,* Die Liberalisierung des Messwesens, emw 5/2005, 14 ff.; *Zeuch/Lück,* Liberalisierung des Zähl- und Messwesens aus Sicht der Bundesnetzagentur, emw 5/2006, 6 ff.

Übersicht

	Rn.
A. Allgemeines	1
I. Inhalt und Zweck	1
II. Bedeutung des Meßwesens	2
III. Ausgangssituation der Liberalisierung	3
IV. Eigenständigkeit des Marktes für Meßdienstleistungen	4
V. Mögliche Folgen der Marktöffnung	5
VI. Entstehungsgeschichte	7
B. Arbeitsschritte des Meßwesens (§ 21b I)	9
C. Meßstellenbetrieb durch Dritte (§ 21b II)	15
I. Die Voraussetzungen im einzelnen	16
1. Auf Wunsch des Anschlußnehmers (§ 21b II 1)	16
2. Anforderungen an die Meßeinrichtung (§ 21b II 5)	20
a) Eichrechtliche Vorschriften (§ 21b II 5 Nr. 1)	21
b) Mindestanforderungen des Netzbetreibers (§ 21b II 5 Nr. 2)	22
3. Anforderungen an den Dritten	24
II. Möglichkeiten und Form der Ablehnung durch den Netzbetreiber (§ 21b II 2, 3)	27
III. Anspruch auf Einbau (§ 21b II 4)	29
IV. Meßstellenbetreiber(rahmen)vertrag (§ 21b II 7)	30

	Rn.
V. Der Prozeß des Meßstellenbetreiberwechsels (§ 21 b II 8)	33
D. Ausgestaltung und Fortgang der Marktöffnung durch Rechtsverordnung (§ 21 b III)	34
I. Verordnungsermächtigung nach § 21 b III 1	35
II. Verordnungsermächtigung nach § 21 b III 2	36
III. Mögliche Gegenstände der Verordnung (§ 21 b III 3)	39
E. Aufgaben der Regulierungsbehörde	40

A. Allgemeines

I. Inhalt und Zweck

Mit § 21 b wird der Markt für Einbau, Betrieb und Wartung von 1
Meßeinrichtungen und optional der für die Messung von Energie für
Dritte geöffnet. Dazu bestimmt Abs. 1, daß die Netzbetreiber als bisherige Monopolisten auch zukünftig grundsätzlich für alle Arbeitsprozesse
des Meßwesens zuständig sein sollen, sofern keine anderweitige Vereinbarung getroffen wird. Diese neuen Abweichungsmöglichkeiten richten
sich nach den § 21 b II und III. Während § 21 b II Vorgaben für die
Durchführung von **Einbau, Betrieb und Wartung von Meßeinrichtungen durch Dritte** sowie für die vertragliche und organisatorische Ausgestaltung dieses Wechselprozesses macht, ermächtigt § 21 b III
die Bundesregierung insbesondere zum nächsten Schritt der Liberalisierung: der Öffnung des Marktes für die Messung von Energie (s. als
Zielsetzung im sog. Meseberg-Beschluß der Bundesregierung v. 23.
und 24. 8. 2007, Eckpunkte für ein integriertes Energie- und Klimaprogramm, S. 15).

II. Bedeutung des Meßwesens

In liberalisierten Energiemärkten bilden die Meßdaten die **Grundla-** 2
ge einer Vielzahl von Abrechnungsbeziehungen. Für den Netzbetreiber dienen sie der Be- bzw. Abrechnung der Netzentgelte, der
Abnahme- und Vergütungspflichten nach dem EEG und dem KWKG,
der Konzessionsabgabe und der Bilanzkreise. Energielieferanten ermitteln anhand der Meßdaten die Entgelte der Lieferung und der Abnahme- und Vergütungspflichten nach dem EEG sowie die Stromsteuer
(vgl. Hempelmann-Bericht, S. 120 f.). Entsprechend komplex ist das
Meß- und Abrechnungssystem ausgestaltet. Beispielsweise müssen in
der Stromwirtschaft die Zählerdaten von knapp 49 Millionen Anschlüssen verwaltet werden (*BNetzA*, Monitoring-Bericht 2006, S. 11).

III. Ausgangssituation der Liberalisierung

3   Der **Meßbetrieb** wurde bislang entsprechend der traditionellen Strukturen sowie nach Auslegung des Begriffs Versorgungsunternehmen i. S. d. alten §§ 18 ff. AVBEltV bzw. AVBGasV (dazu *Genten/Rosin,* ET 2000, 606, 610 ff.) **durch die Netzbetreiber** durchgeführt. Dabei konnten die Netzbetreiber nach § 20 I 1 AVBEltV bzw. AVBGasV wählen, ob sie die Ablesung dem gesetzlichen Regelfall entsprechend durch Beauftragte selbst vornehmen oder, wie zunehmend aus Kostengründen betrieben, Kunden zur Selbstablesung auffordern; unter den Voraussetzungen des § 20 II AVBEltV bzw. AVBGasV konnte der Netzbetreiber statt dessen auch den Energieverbrauch schätzen (dazu *Karakaya/Meltzer,* MDR 2002, 6 ff.). Folge dieser Monopolstellung waren undurchsichtige und überhöhte Preise sowie insbesondere im Gassektor Mißbräuche (*Held,* ZNER 2004, 231, 235). Lange umstritten war die Zulässigkeit der Erhebung von **Wechselgebühren** beim Lieferantenwechsel, die dem Netzbetreiber etwa durch die nötige **Zählerstandsermittlung** anfallende Kosten ersetzen sollten (*Säcker/Boesche,* in: BerlK-EnR, § 6, Rn. 275; *Gründel,* RdE 2001, 129 ff.). Die Netzbetreiber verpflichteten sich schließlich in Punkt 2.2.6 der VV II Strom Plus bis zu einer höchstrichterlichen Entscheidung keine Entgelte mehr hierfür zu erheben. Nunmehr darf der Lieferantenwechsel aufgrund von § 14 VI StromNZV und § 37 V GasNZV nicht mehr von der Begleichung eines solchen Wechselentgelts abhängig gemacht machen.

IV. Eigenständigkeit des Marktes für Meßdienstleistungen

4   In den letzten Jahren wurde die Höhe der von Netzbetreibern abgerechneten Entgelte für Meßbetrieb und Messung häufig kartellrechtlich überprüft und war Gegenstand gerichtlicher Auseinandersetzungen. In einem viel beachteten Beschluß hatte das *OLG Düsseldorf* eine aufgrund mißbräuchlicher Preisgestaltung erlassene Untersagungsverfügung des Bundeskartellamtes gegenüber einem Netzbetreiber aufgehoben, weil das Amt bei seiner Betrachtung von einem Markt ausgegangen war, der so schon mangels Nachfrage nicht existierte und nicht existieren werde. Damit war aber, wie das Gericht mehrfach betonte, nicht die Leistung Meßbetrieb oder Ablesung gemeint, sondern das vom Bundeskartellamt in seiner Marktabgrenzung geschnürte Leistungsbündel aus Zählerbereitstellung, Ablesung, Abrechnung und Inkasso. Dabei bezogen sich die Zweifel des Gerichts explizit auf die Teil-

leistungen der Rechnungsstellung und des Inkassos. Für Meßstellenbetrieb und Ablesung isoliert könne hingegen „möglicherweise ein sachlicher Teilmarkt festgestellt werden" (*OLG Düsseldorf*, RdE 2004, 75, 77). Trotz dieser vorsichtigen Formulierung wurde in solcher (potentieller) **Markt weithin als eigenständig** angesehen (*LG Frankfurt*, ZNER 2004, 308 ff. mit Anm. *Grigoleit; Held*, ZNER 2004, 231, 235; darüber hinausgehend auch für Verrechnung und Inkasso *Säcker/ Boesche*, in: BerlK-EnR, § 6 Rn. 172; anders wohl *Höch/Schütte*, ET 2003, 2, 4f.). Auch im Entwurf des Änderungsgesetzes des Gesetzes zur Neuregelung des Energiewirtschaftsrechts wurde bereits darauf hingewiesen, daß die Meß- und Regeltechnik durch die neue Vermutungsregelung zugunsten der „guten fachlichen Praxis" nicht ausschließlich den Netzbetreibern zugewiesen werde (BT-Drucks. 15/197, S. 7). Beleg der Existenz eines entsprechenden Marktes waren die Versuche Dritter, bereits vor der nunmehr erfolgten Liberalisierung die Aufgaben von Meßbetrieb und Messung anstelle der Netzbetreiber durchzuführen.

V. Mögliche Folgen der Marktöffnung

Auf diesem Markt soll nun durch die stufenweise Liberalisierung 5 Wettbewerb entstehen. Damit verbunden sind Hoffnungen auf die **klassischen Effekte des Wettbewerbs:** Höhere Effizienz, niedrigere Preise und mehr Preistransparenz, innovative und bedarfsgerechte Geräteentwicklung und Produktgestaltung sowie eine verbesserte Datenqualität (förderlich hier auch die Umsetzungsverpflichtung aus Art. 13 der Richtlinie 2006/32/EG; zu derzeitigen technischen Neuerungen insb. bei der Ablesung *Thomas*, ET 2004, 458 f.; *Gerull*, emw 5/2006, 16 ff.; *Bachmann/Kloidt/Faulenbach*, ET 2007, 58 ff.). Eine solche Entwicklung ist aber durch die Marktöffnung keineswegs vorprogrammiert, wie die Liberalisierung in den Niederlanden seit 2001 zeigt: Dort ist die Zahl der unabhängigen Meßbetreiber noch immer gering und auch eine Senkung der Entgelte insgesamt konnte nicht erreicht werden (*Fest/Strahmann*, ET 2005, 932, 933). Zumindest in der ersten Phase nach Inkrafttreten des EnWG wurden auch in Deutschland nur relativ wenige Anträge nach § 21b II im Strom- und annähernd keine Anträge im Gassektor gestellt (*BNetzA*, Monitoring-Bericht 2006, S. 49, 100). Zumindest das Ziel einer preisgünstigeren Messung kann aber auch ohne wettbewerbliche Strukturen durch die Einführung einer Anreizregulierung und den damit verbundenen Kostendruck hinsichtlich der Einzelposten der Netznutzungsentgelte gefördert werden.

Neben den liberalisierungstypischen Hoffnungen sind aber auch **Ge-** 6 **fahren** mit der Marktöffnung verbunden. Mit dem Dritten als Meßstellenbetreiber schiebt sich nun ein weiterer Akteur an zentraler Stelle in das komplizierte rechtliche, wirtschaftliche und organisatorische Geflecht der Energieversorgung, der integriert werden muß, ohne daß die Abläufe, insbesondere durch mangelnde Zuverlässigkeit von Meßdatenqualität und -fluß, gestört werden. Bei einer zukünftigen Marktöffnung für die Messung selbst würde ein weiterer möglicher Beteiligter hinzustoßen, was angesichts der Vielzahl von Schnittstellen Effektivität und Effizienz von Zählung und Messung mindern könnte (*Germer/Loibl*, Energierecht, 2. Aufl., 2007, S. 298).

VI. Entstehungsgeschichte

7   Die Marktöffnung des Meßwesens in der Energieversorgung geht nicht auf Vorgaben europäischer Rechtsakte zurück, sondern ist Ergebnis einer langjährigen nationalen Diskussion, die allerdings auch unter Verweis auf Liberalisierungen in anderen europäischen Ländern geführt wurde. Im ursprünglichen Gesetzentwurf des neuen EnWG (BT-Drucks. 15/3917) war dennoch keine Regelung zum Meßwesen enthalten, obwohl man im Bereich der Einspeisungen nach dem EEG gerade eine Marktöffnung für das Meßwesen beschlossen hatte (vgl. das Wahlrecht des Anlagenbetreibers für Errichtung und Betrieb von Meßeinrichtungen nach § 13 I 4 EEG). Die guten Erfahrungen hiermit waren aber wohl schließlich ein Argument für die Aufnahme einer entsprechenden Vorschrift in den Gesetzesentwurf (*Tugendreich/von Hammerstein*, emw 5/2005, 14).

8   Noch bevor überhaupt in einem Entwurf des EnWG Bestimmungen über die Marktöffnung des Meßwesens Eingang fanden, setzte § 18 des ersten Entwurfs für eine StromNZV die Liberalisierung bereits voraus (näher *Witzmann*, ZNER 2005, 54; bereits zuvor im Entwurf einer AVB-Netzanschluß, dazu *Höch/Schütte*, ET 2003, 2, 4). Die erste Fassung des § 21b **geht zurück auf die Beschlußempfehlung** und den Bericht des **BT-Ausschusses für Wirtschaft und Arbeit** (BT-Drucks. 15/5268, S. 36 f.). Hierbei entsprachen Abs. 1 und Abs. 2 bereits der heutigen Formulierung. Für die Messung von Energie durch Dritte auf Mittelspannungs- bzw. Mitteldruckebene sowie höheren Ebenen war nach der Empfehlung ein eigener Abs. 3 eingefügt, der vorsah, daß hier eine Liberalisierung auch ohne Erlaß einer Verordnung, dafür aber erst nach einer Übergangsfrist von vier Jahren eintreten sollte. Um den Marktakteuren eine entsprechende Vorbereitung zu ermöglichen (Begr. zu § 118 VIII des Entwurfs, BT-Drucks. 15/5268, S. 123), war auch für die Öffnung des Meßstellenbetriebs nach Abs. 2 in § 118 VIII des Entwurfs eine Übergangsfrist vorgesehen, die im Fall

von Haushaltskunden zwei, für sonstige Kunden ein Jahr betragen sollte. Auf Grundlage der Beschlußempfehlung des Vermittlungsausschusses wurde diese Übergangsfrist schließlich aufgehoben und § 21 b seine endgültige Gestalt verliehen (BT-Drucks. 15/5736, S. 4 bzw. 8).

B. Arbeitsschritte des Meßwesens (§ 21 b I)

§ 21 b I weist Einbau, Betrieb und Wartung von Meßeinrichtungen sowie die Messung den Netzbetreibern zu. Sämtliche Arbeitsschritte des Meßbetriebs bleiben damit weiterhin **grundsätzlich die Aufgabe der Netzbetreiber.** Nunmehr sind aber Abweichungen davon durch Vereinbarungen zulässig, die sich nach den § 21 b II und III richten. Entsprechend sehen auch die neuen Anschluß- und Grundversorgungsverordnungen keine Regelung mehr vor, die nach Muster der §§ 18 I 1 AVBEltV bzw. AVBGasV eine ausschließliche Zuweisung vornehmen.

Die **Arbeitsschritte** des Meßwesens werden durch § 21 b I untergliedert und bestimmten **Begriffen** zugewiesen. § 21 b unterscheidet dem folgend in Einbau, Betrieb und Wartung von Meßeinrichtungen sowie der Messung von Energie. Eine mögliche feinere Aufgliederung der Einzelbegriffe in mit den jeweiligen Arbeitsschritten verbundene zusätzliche Prozesse, etwa die genaue Erfassung, Verwaltung und Weitergabe bestimmter Daten, nimmt die Norm nicht vor. Die genaueren Abläufe sollen nach den Erfordernissen der Praxis ausgestaltet werden. Die Abrechnung als nicht liberalisierbarer Endpunkt des Meßprozesses obliegt weiterhin dem Netzbetreiber (zur Abgrenzung gegenüber der Messung s. *VDN*, Leistungsbeschreibung für Messung und Abrechnung, 2006).

In § 21 b bezieht sich der Ausdruck **Messung** lediglich auf das Ab- bzw. Auslesen und die Weitergabe der Zählerdaten. Der Begriff der Messung kann allerdings auch in einem weiteren Sinn verstanden werden. Dann umfaßt er alle dem Meßwesen zuordenbaren Arbeitsschritte vom Zählereinbau bis zur Ablesung und Datenweitergabe. In diesem Sinne wird der Begriff in § 17 VII 1 StromNEV, §§ 13 III 4, 15 VII 4 GasNEV gebraucht, wie sich insbesondere aus der Aufschlüsselung der Hauptkostenstellen der jeweiligen Anlage 2 zu den Verordnungen ergibt. Während die Trennung von Meßstellenbetrieb und Messung in § 21 b die in unterschiedlichen Geschwindigkeiten liberalisierten Dienstleistungen abgrenzt, geht es bei den Normen der Entgeltverordnungen um die Ausweisung separierter Entgelte für Messung und Abrechnung. Wenn aber nur ein Gesamtpreis für die Messung i. w. S. ausgewiesen werden muß, ist schwerlich erkennbar, wie hoch das Entgelt für den nunmehr liberalisierten Teilprozeß des Meßstellenbetriebs ist. Eine solche Vergleichsmöglichkeit ist aber Grundbedingung für die Entscheidung zum Anbieterwechsel und erschwert damit das Entstehen eines Marktes für den Meßstellenbetrieb (näher *Zeuch/Lück*, emw 5/2005, 6, 10).

12 Während **Einbau** und **Wartung** als Leistungen relativ klar abgrenzbar sind, erscheint der Begriff des **Betriebs** weniger eindeutig. Es ist fraglich, welche Handlungen dieser neben Einbau und Wartung umfassen soll. Vom Kontext der Norm gelöst, könnte man Betrieb der Meßstelleneinrichtung auch als Oberbegriff für Einbau, Wartung und sogar das Ablesen der Zählerdaten verstehen. Entsprechend wird vertreten, auch die Messung selbst könne bereits jetzt durch den Meßstellenbetreiber durchgeführt werden, sofern der Anschlußnehmer dies wünscht (*Tugendreich/von Hammerstein*, emw 5/2005, 14, 17). Die Verordnungsermächtigung zur Liberalisierung der Messung nach § 21b III 2 betreffe nur eigenständige Dienstleister, denen der Markt nicht ohnehin schon durch ihre Aufgabe als Meßstellenbetreiber geöffnet sei. Mit dem dort genannten „Dritten" wäre damit letztlich ein „Vierter" gemeint. Diese Argumentation wird durch die Formulierung des § 38 I GasNZV gestützt, wonach die Messung durch den Meßstellenbetreiber vorgenommen wird. Wortlaut wie Normentstehung von § 21b sprechen aber gegen eine solche Auslegung. Die Liberalisierung sollte schrittweise erfolgen, allerdings getrennt nach den Leistungen in Bezug auf die Meßeinrichtung – also Zähler, Wandler, Kommunikations- oder Steuergerät – einerseits und die Messung andererseits. Für eine Auslegung des Begriffs des Betriebs, der ausschließlich dem Meßstellenbetreiber auch den Markt für die Messung öffnen würde, finden sich in der Norm keine Anhaltspunkte. Überdies wurde § 38 GasNZV seiner Begründung nach als Ergänzung zu § 21b begriffen (BR-Drucks. 246/05, S. 51 f.). Die Norm soll für eine Liberalisierung nach § 21b III 2 offen bleiben und diese nicht schon durchführen. Dementsprechend fehlt eine vergleichbare Bestimmung in der StromNZV.

13 Der **Betrieb der Meßstelle** umfaßt vielmehr sämtliche Prozesse, die über den Einbau und die Wartung der Meßeinrichtung hinausgehen, sich aber dennoch unmittelbar auf das Gerät bzw. die Geräte und nicht das Ablesen der Daten beziehen. Darunter fällt beispielsweise der Bereich der Verwaltung, etwa von Daten im Zusammenhang mit dem Zählerpunkt und des Geräts oder der Austausch von Informationen mit dem Netzbetreiber, etwa bei Störungen. Er umfaßt Betriebshandlungen wie den Austausch des Geräts bzw. Laufzeitverlängerung bei Auslaufen der Eichgültigkeit, die nicht (nur) den beiden engeren Begriffen des Einbaus und der Wartung zuzuordnen sind.

Da die Norm selbst aber immer wieder vom Dritten, der Einbau, 14
Betrieb und Wartung übernimmt, als Meßstellenbetreiber spricht, kann
man daneben die drei nunmehr liberalisierten Teilleistungen auch unter
dem **Ausdruck des Meßstellenbetriebs** zusammenfassen (so auch
VDN, MeteringCode 2006, 30).

C. Meßstellenbetrieb durch Dritte (§ 21 b II)

§ 21 b II stellt die Voraussetzungen auf, die für den Markteintritt ei- 15
nes Dritten erfüllt sein müssen. Die Marktöffnung bezieht sich dabei
auf die Leistungen des Einbaus, des Betriebs und der Wartung von Meßeinrichtungen.

I. Die Voraussetzungen im einzelnen

1. Auf Wunsch des Anschlußnehmers (§ 21 b II 1). Der Wechsel 16
des Meßstellenbetreibers ist abhängig von der Entscheidung des **Anschlußnehmers.** Im Gegensatz dazu stellt § 21 b III 2 auf den **Anschlußnutzer** ab. Für beide Begriffe findet sich keine Begriffsdefinition
in § 3, dafür allerdings in den neuen Niederspannungs- bzw. Niederdruckanschlußverordnungen. Anschlußnehmer ist nach deren jeweiligen
§ 1 II jedermann i. S. d. § 18 I 1 des EnWG, in dessen Auftrag ein Grundstück oder Gebäude an das Niederspannungs- oder Niederdrucknetz
angeschlossen wird oder im übrigen jeder Eigentümer oder Erbbauberechtigte eines Grundstücks oder Gebäudes, das an das Niederspannungs-
oder Niederdrucknetz angeschlossen ist. Anschlußnutzer ist nach den
§§ 1 III NAV bzw. NDAV jeder Letztverbraucher, der im Rahmen eines
Anschlußnutzungsverhältnisses einen Anschluß an das Niederspannungsnetz zur Entnahme von Elektrizität oder einen Anschluß an das Niederdrucknetz zur Entnahme von Gas nutzt. Damit können Anschlußnehmer
und Anschlußnutzer personengleich sein, müssen es aber nicht. Beispielsweise ist bei Wohnungsmietverhältnissen der Hauseigentümer typischerweise Anschlußnehmer, während der Mieter den Anschluß nutzt.

Fraglich ist allerdings, warum ein Anschlußnehmer, der nicht zu- 17
gleich auch Anschlußnutzer ist, den „Wunsch" entwickeln sollte, den
Meßstellenbetreiber zu wechseln. Die Kosten für die Messung werden
nämlich dem Anschlußnutzer berechnet, sei es direkt durch den Netzbetreiber im Rahmen der Netznutzungsabrechnung bzw. wie im regelmäßigen Fall eines all-inclusive-Vertrages durch den Stromlieferanten
oder aber indirekt im Wege der Erstattung von Betriebskosten gegenüber dem Vermieter (zur Zulässigkeit eines solchen Weiterwälzens auf
den Mieter *Köhler,* RdE 2006, 292, 293 f.). Niedrigere Kosten für den

Meßstellenbetrieb kommen daher nur dem Anschlußnutzer zugute. Überdies kann der Wechsel zu einem neuen Meßstellenbetreiber den Anschlußnehmer mit den Kosten für dessen Dienste konfrontieren, die er wiederum von seinem Mieter oder Pächter einzutreiben hätte (zur Problematik *Höch,* emw 5/2005, 12, 14). Dem Anschlußnehmer bieten sich daher nur in den Fällen **Anreize zum Wechsel,** in denen er selbst auch den Anschluß nutzt. Die Nachfrage nach Meßbetriebsdiensten durch neue Anbieter vom Anschlußnehmer und nicht vom Anschlußnutzer abhängig zu machen, erscheint daher zunächst widersinnig. Eine elegante Lösung dieses Problems, als Anschlußnehmer i. S. d. § 21 b II denjenigen zu verstehen, der letztlich die Kosten des Meßbetriebs begleichen muß, scheidet nicht nur wegen der bewußten Unterscheidung von Anschlußnehmer und Anschlußnutzer in § 21 b (*Tugendreich/von Hammerstein,* emw 5/2005, 14, 15), sondern auch mit der Definition der NAV und der NDAV aus.

18 Daß bei der Wahl des Meßstellenbetreibers auf den Anschlußnehmer abgestellt wird, kann nur mit dessen **langfristigen Einflußmöglichkeit auf den Anschluß** erklärt werden. Der Anschlußnutzer kann etwa in Mietwohnungen häufig wechseln, was zu ökonomisch unverhältnismäßig häufigen Zählerwechseln oder auch zur Mitnahme von Zählern mit entsprechenden Folgeproblemen für Abrechnung und Sicherheit führen könnte (*Höch,* emw 5/2005, 12, 14).

19 Mit dem Meßbetrieb und der Messung verbundene **Rechte und Verpflichtungen des Anschlußnehmers bzw. des Anschlußnutzers** und Kunden werden – mit Ausnahme der Möglichkeit den Wechselprozeß in Gang zu setzen – in § 21 b nicht ausgeführt. Diese sind allerdings in **flankierenden Verordnungen** ausgestaltet. Daraus ergibt sich etwa die Pflicht die Meßeinrichtungen zugänglich zu erhalten (§§ 22 III 1 NAV bzw. NDAV; §§ 9 4 StromGVV bzw. GasGVV), sorgsam mit ihnen umzugehen (§ 19 II 1 StromNZV, § 39 II 1 GasNZV) sowie Zutritt zu diesen zu gewähren (§§ 21 NAV bzw. NDAV, §§ 9 1 StromGVV bzw. GasGVV). Eine Prüfung der Meßeinrichtung durch eine Eichbehörde oder eine staatlich anerkannte Prüfstelle i. S. d. § 2 IV EichG kann jederzeit verlangt werden (§ 20 StromNZV, § 40 GasNZV; §§ 8 II StromGVV bzw. GasGVV). Die Zersplitterung der Vorschriften auf verschiedene Verordnungen ist dabei der Erweiterung des Kreises der Akteure geschuldet, die an nicht korrekter Erfassung und Weitergabe der Meßdaten zur Netznutzung und Energielieferung Interesse haben (*Stenneken/Thomale,* N&R 2007, 51, 58). Der Kunde steht dabei nicht mehr nur in einem Rechtsverhältnis zu einem integrierten Energieversorgungsunternehmen, sondern sieht sich mit dem Betreiber des Anschlußnetzes und dem Energielieferanten nunmehr zwei Akteuren gegenüber. Weitere Regelungen hierzu können in entsprechenden Verträgen mit Netzbetreibern, Meßstellenbetreibern und Stromlieferanten getroffen werden.

2. Anforderungen an die Meßeinrichtung (§ 21 b II 5). Der Netzbetreiber hat ein berechtigtes Interesse an Kompatibilität und Qualität der Leistungen des Dritten, um diese sicher, dauerhaft und kostengünstig in seine Messungs- und Abrechnungssysteme integrieren zu können. Dies erfordert angesichts der großen Auswahl verschiedener Meßgeräte und Datenformate gewisse einheitliche Vorgaben, die Netzbetreiber in den Grenzen des § 21 b II 5, 6 an neue Meßstellenbetreiber stellen dürfen. Daneben muß die Meßeinrichtung auch den eichrechtlichen Vorschriften entsprechen.

a) Eichrechtliche Vorschriften (§ 21 b II 5 Nr. 1). Die Vorgabe, eine Meßeinrichtung für Energie müsse den eichrechtlichen Vorschriften genügen, ist hier wie auch in § 18 II 2 StromNZV deklaratorischer Natur. Nach § 2 I EichG muß das Meßgerät zugelassen und geeicht sein. Von maßgeblicher Bedeutung hierfür sind das Eichgesetz und die Eichordnung. Die Möglichkeiten einer Nachprüfung durch eine Eichbehörde oder sonstige Prüfstelle i. S. d. § 2 IV EichG und das Vorgehen bei Meßfehlern regeln §§ 20 f. StromNZV bzw. §§ 40 f. GasNZV sowie §§ 8 II StromGVV bzw. GasGVV.

b) Mindestanforderungen des Netzbetreibers (§ 21 b II 5 Nr. 2). Die Möglichkeit des Netzbetreibers technische Mindestanforderungen an den Betrieb der Meßeinrichtung sowie an deren Datenumfang und -qualität zu stellen, birgt die Gefahr, daß die bisherigen Monopolisten neue Barrieren für den Marktzutritt möglicher Wettbewerber aufbauen. Nach § 21 b II 6 müssen daher die Anforderungen **sachlich gerechtfertigt und nicht diskriminierend** sein. Überdies müssen diese Bedingungen auch allen möglichen Interessierten in transparenter Weise zugänglich gemacht werden. Dabei dürfte bereits das Diskriminierungsverbot dazu führen, daß nur sachlich gerechtfertigte Bedingungen an Meßeinrichtungen neuer Meßeinrichtungsbetreiber gestellt werden, da die Mindestanforderungen denen entsprechen müssen, die Netzbetreiber an ihre eigenen Geräte oder die ihrer ausgegliederten oder von ihnen beauftragten Unternehmen stellen. Eine unterschiedliche Vorgabe für verschiedene Regionen oder Anschlüsse innerhalb des jeweiligen Netzgebietes ist ebenso ausgeschlossen („einheitlich für sein Netzgebiet").

Vorgaben für diese Mindestanforderungen finden sich im Metering-Code 2006 des VDN bzw. dem Regelwerk des DVGW. Durch solche rechtlich unverbindlichen, wenngleich faktisch bedeutsamen **verbandlichen Richtlinien** dürfte eine Angleichung der Mindestvoraussetzungen stattfinden, wobei damit spezielle Vorgaben von Netzbetreibern nicht ausgeschlossen sind. Die Entwicklung bundeseinheitlicher Mindeststandards an Meßeinrichtung, Datenumfang und Datenqualität unterliegt auch dem Monitoring durch die BNetzA nach § 35 I Nr. 12. Bei der ersten Datenabfrage gegenüber den Netzbetreibern für das Jahr 2005 stellte sich heraus, daß etwa die Hälfte von diesen noch keine Mindestanforderungen aufgestellt hatte (vgl. *BNetzA,* Monitoring-Bericht 2006, S. 49, 100).

24 **3. Anforderungen an den Dritten.** Während der Begriff des Meßstellenbetreibers nicht für den fachkundigen Dritten reserviert ist, sondern damit auch ein für die Meßstellenbetrieb verantwortlicher Netzbetreiber bezeichnet werden kann (etwa in § 18 II StromNZV), bezieht sich der Begriff **„Dritter"** in § 21 b II ausschließlich auf einen Neu-Meßstellenbetreiber. Auch eine Selbstvornahme durch den Anschlußnehmer ist nach dem Wortlaut und den Anforderungen der Norm wohl ausgeschlossen. Hingegen können auch Energielieferanten Dritte i. S. d. Norm sein (dazu *Köhler,* RdE 2006, 292, 295). Für diese könnte es sich wirtschaftlich lohnen, selbst Meßstellenbetreiberdienste zu erbringen oder mit entsprechenden Anbietern zu kooperieren, da sie bisher zumeist die Meßentgelte im Rahmen eines all-inclusive-Vertrages an den Netznutzer weitergeben und durch Einsparungen ihre Angebote für die Stromlieferung günstiger gestalten könnten (*Höch,* emw 5/2005, 12, 14). Der „Dritte" nach § 21 b III 2 kann, muß aber nicht der Meßstellenbetreiber sein. Denkbar wäre auch hier die Erweiterung des Kreises der Akteure um einen Anbieter für die bloße Leistung der Messung und Datenweitergabe.

25 Der Dritte nach § 21 b II muß den einwandfreien und eichrechtlichen Vorschriften entsprechenden Betrieb einer anforderungsgemäßen Meßeinrichtung (vgl. Rn. 20 ff.) gewährleisten (§ 21 b II 1). Er muß damit auch für die Ermöglichung einer einwandfreien Messung sowie für die Datenübertragung Sorge tragen (§ 19 I 1 StromNZV, § 39 I 1 GasNZV). Dies kann er nur, wenn er die **fachliche Sachkompetenz** besitzt sowie ausreichende **organisatorische, technische und finanzielle Rahmenbedingungen** vorweisen kann. Was aber genau unter einem „einwandfreien" Betrieb zu verstehen ist, definiert das Gesetz nicht näher. Entsprechend problematisch könnte es im Einzelfall sein, die Eignung des Dritten hierfür zu bestimmen.

26 Fraglich ist, ob damit zwingend ein einzelner Dritter gemeint ist, der Einbau, Betrieb und Wartung „als Paket" übernimmt oder ob der Anschlußnehmer sich für die **Beauftragung verschiedener Dienstleister** für die verschiedenen Aufgaben entscheiden kann. Der Wortlaut des § 21 b II („Der Einbau, der Betrieb *und* die Wartung [...] von *einem*

Dritten", „*der* Meßstellenbetreiber") könnte zwar nahelegen, ein einzelner Meßstellenbetreiber sei einheitlich für alle drei Teilhandlungen zu wählen. Dies entspräche auch dem Bedürfnis der Netzbetreiber, lediglich einen „Dritten" auf seine Befähigung hin zu prüfen und nur einen Ansprechpartner für Wechselprozeß und Datenaustausch zu haben. Eine Marktabgrenzung wäre allerdings für alle Teilschritte des Meßstellenbetriebs möglich. Den Zielen der Liberalisierung entsprechend, Kosten und Preise zu senken sowie die Produktinnovation zu beschleunigen, ist die Aufteilung der Arbeitsschritte auf verschiedene Dienstleister grundsätzlich zulässig (*Salje,* EnWG, § 21 b Rn. 9).

II. Möglichkeiten und Form der Ablehnung durch den Netzbetreiber (§ 21 b II 2, 3)

Sofern ein einwandfreier (vgl. Rn. 25) und den eichrechtlichen Vorschriften (vgl. Rn. 21) entsprechender Meßbetrieb durch den Dritten nicht zu erwarten ist oder die verwendete Meßeinrichtung den Mindestanforderungen des Netzbetreibers nicht entspricht (vgl. Rn. 22), hat dieser nach § 21 b II 2 ein **Ablehnungsrecht** im Rahmen der Voraussetzungen des § 21 b II 3. Ein weiterer möglicher Ablehnungsgrund könnte überdies darin liegen, daß der Anschlußnutzer und nicht der Anschlußnehmer den Wechsel beantragt und somit die Voraussetzung nach § 21 b II 1 nicht vorliegt (*Höch,* emw 5/2006, 12, 14). Daher kann der Netzbetreiber vom Neu-Meßstellenbetreiber die Vorlage einer Beauftragung durch Anschlußnehmer verlangen. 27

Entsprechend dem Ziel einer Marktöffnung muß die Berufung auf einen der Ablehnungsgründe durch den Netzbetreiber begründet dargelegt werden. An dieser zwingend in Textform gem. § 126 b BGB abzugebenden Begründung muß sich der Netzbetreiber in einem behördlichen oder gerichtlichen Verfahren messen lassen. Der erste Monitoring-Bericht stellt fest, daß keiner der bislang relativ wenigen Anträge durch Netzbetreiber abgelehnt worden ist (*BNetzA,* Monitoring-Bericht 2006, 50, 100). 28

III. Anspruch auf Einbau (§ 21 b II 4)

Nach § 21 b II 4 hat der Dritte einen Anspruch auf Einbau seiner Meßeinrichtung. Dieser Anspruch richtet sich gegen den Netzbetreiber bzw. den bisherigen Meßstellenbetreiber, in dessen Eigentum die bisher am Anschluß des Kunden angebrachte Meßeinrichtung steht. Es ist somit vor allem auch ein Anspruch auf Ausbau von dessen Gerät. Wer diesen Ausbau vornehmen und bezahlen muß, ist vertraglich zu klären (vgl. Rn. 33). Dadurch wird verhindert, daß insbesondere Netzbetrei- 29 ber den Meßstellenbetreiberwechsel erschweren. Sofern sich die Parteien darauf einigen, ist aber auch die Weiternutzung des Altgerätes durch den Dritten möglich. Der Anspruch kann grundsätzlich nicht ohne weiteres mit Verweis auf den vom Meßstellenbetreiber ausgewählten Zählertyp oder abrechnungsrelevanten Zählerpunkt verweigert werden, da die **Wahl eines angemessenen Meßkonzepts** nach § 19 I 2 StromNZV bzw. § 39 I 2 GasNZV primär dem Meßstellenbetreiber obliegt (dazu *BNetzA*, RdE 2007, 209, 213 f. m. Anm. *v. Chevallerie*). Er bestimmt danach Art, Zahl und Größe von Meß- und Steuereinrichtungen, wobei er sich dazu mit seinem Auftraggeber über dessen Entnahmebedarf abstimmen und netzwirtschaftliche Belange des Netzbetreibers berücksichtigen muß.

IV. Meßstellenbetreiber(rahmen)vertrag (§ 21 b II 7)

30 Durch die Übernahme von Einbau, Betrieb und Wartung des Zählers tritt der Meßstellenbetreiber in die bisherige Beziehung von Energieverbraucher und Netzbetreiber ein. Es genügt dazu nicht, daß Anschlußnehmer und Dritter sich über den Meßstellenbetrieb einigen und der Netzbetreiber keine Einwände erhebt. Nach § 21 b II 7 müssen Meßstellenbetreiber und Netzbetreiber einen Vertrag über die Ausgestaltung ihrer rechtlichen Beziehungen abschließen. In der Regel dürfte dazu ein **Rahmenvertrag** geschlossen werden, der bestimmte oder sämtliche vom Meßstellenbetreiber übernommene Meßstellen im Netzgebiet umfaßt und fortwährend aktualisiert aufführt.

31 Im Gegensatz zu anderen durch das EnWG vorgegebenen Vertragstypen fehlen für diesen Vertrag zwischen Meßstellen- und Netzbetreiber genauere gesetzliche Vorgaben zum **Inhalt.** Einige Vorgaben zu möglichen Vertragsgegenständen enthalten die §§ 18–21 StromNZV und §§ 38–41 GasNZV, etwa daß der Meßstellenbetreiber dafür Sorge zu tragen hat, daß eine einwandfreie Messung sowie die Datenübertragung gewährleistet sind (§ 19 I 1 StromNZV, 39 I 1 GasNZV). Die nähere Ausgestaltung sachangemessener Lösungen wird aber weitgehend der Praxis überlassen, wobei auch diese der regulierungsbehördlichen Prüfung unterliegt und einzelne mögliche Streitfragen nachträglich durch Verordnung nach § 21 b III bzw. durch behördliche Festlegungen (etwa nach § 27 I Nr. 13 StromNZV) geklärt werden können. Im Vertrag sind insbesondere technische Anforderungen an die Arbeitsschritte des Meßbetriebs zu regeln und festzulegen, wer für die Durchführung der jeweiligen Prozesse zuständig und verantwortlich ist. Weiterhin sind Form und Umfang des Austauschs von Daten (zu den Anforderungen an die IT-Systeme der Marktpartner *Fest/Strahmann*,

ET 2005, 932, 933; *Zeuch/Lück,* emw 5/2006, 6, 8) und weiterer Informationen, etwa zu Störungen, sowie die Möglichkeiten der Kontrolle durch den Netzbetreiber zu bestimmen. Daneben sind übliche Vertragspunkte, etwa Fragen der Haftung, der Laufzeit und möglicher Kündigungsrechte zu klären (dazu *Germer/Loibl,* Energierecht, 2. Aufl., 2007, S. 97 f.).

Angesichts der Vielzahl von Netzbetreibern in Deutschland erscheinen **einheitliche Vorgaben für die vertraglichen Regelungen** sinnvoll, um etwa einem bundesweit agierenden Meßstellenbetreiber nicht mit unzähligen Einzelverhandlungen zu belasten, die dessen Wettbewerbsfähigkeit beschränken würden (*Fest/Strahmann,* ET 2005, 932). Auch für die Netzbetreiber wäre eine jeweils eigenständige Ausarbeitung und Verhandlung von Verträgen ineffizient. Die Netzbetreiberverbände haben daher eine gemeinsame **Formulierungshilfe** für einen Meßstellenbetreibervertrag und Vorschläge zur Gestaltung eines Rahmenvertrages veröffentlicht. 32

V. Der Prozeß des Meßstellenbetreiberwechsels (§ 21b II 8)

Nach § 21b II 8 müssen alter und neuer Meßstellenbetreiber alle „für einen effizienten Wechselprozeß erforderlichen Verträge abschließen und die notwendigen Daten unverzüglich austauschen". Wie an vielen anderen Stellen stellt das EnWG hier eine Zusammenarbeitspflicht zwischen Privaten auf (dazu *Britz,* ZNER 2006, 91 ff.), hält sich aber hinsichtlich der konkreten Form weitgehend zurück. Welche Verträge erforderlich sind und welche Daten notwendigerweise ausgetauscht werden müssen, bleibt somit **der Praxis** überlassen. Ein möglicher Vertragsgegenstand ist etwa die Frage, ob und durch wen ein Zählerwechsel zu welchem Zeitpunkt durchgeführt werden soll und wer die Kosten hierfür trägt (insb. zu möglichen Kooperationen hierbei *Höch,* emw 5/2006, 12, 15). Es geht bei diesen Regelungen aber lediglich um die Erfordernisse des Betreiberwechsels. Das dauerhafte Verhältnis gegenüber dem Netzbetreiber muß durch einen Vertrag nach § 21b II 7 ausgestaltet werden (vgl. Rn. 30 ff.). Hierin können allerdings, etwa in einem Rahmenvertrag, die grundsätzlich regelungsbedürftigen Anforderungen an den Wechselprozeß ausgestaltet werden. 33

D. Ausgestaltung und Fortgang der Marktöffnung durch Rechtsverordnung (§ 21 b III)

34 Die Verordnungsermächtigung an die Bundesregierung nach § 21 b III umfaßt zwei Bereiche. Einerseits können die Voraussetzungen für den nunmehr liberalisierten Meßstellenbetrieb näher ausgestaltet werden (§ 21 b III 1). Anderseits kann mittels Verordnung auch der Bereich der Messung für Wettbewerb geöffnet werden (§ 21 b III 2), der ansonsten nach § 21 b I wie bisher Aufgabe der Netzbetreiber bleibt. Nach § 21 b III 3 werden wichtige mögliche Regelungsgegenstände einer Verordnung nach § 21 b III 1 und 2 beispielhaft benannt. Zum Erlaß einer Verordnung nach § 21 b III bedarf es der Zustimmung des Bundesrates.

I. Verordnungsermächtigung nach § 21 b III 1

35 Von der Ermächtigung nach § 21 b III 1 ist bereits Gebrauch gemacht worden. Die StromNZV, die GasNZV sowie die neuen Netzanschlußverordnungen sind unter anderem auf diese Ermächtigung gestützt. Die darin enthaltenen Regelungen zum Meßwesen (§§ 18–21 StromNZV, §§ 38–41 GasNZV, §§ 21, 22 NAV bzw. NDAV) sind allerdings noch nicht sehr detailliert bzw. betreffen weniger den Meßstellenbetrieb durch Dritte. Die weitgehende Überlassung der näheren rechtlichen und organisatorisch-technischen Ausgestaltung der Marktöffnung an die Praxis wird jedoch mit der Ermächtigung nach § 21 b III 1 unter den **„Schatten des Verordnungsgebers"** gestellt. Sollte etwa der Marktzutritt für neue Anbieter an der Ausgestaltung der Anforderungen seitens der Netzbetreiber scheitern, so können bestimmte Rahmenbedingungen durch eine Verordnung vorgegeben werden.

II. Verordnungsermächtigung nach § 21 b III 2

36 Die Option, auch den Markt für die Messung selbst zu liberalisieren, gewährt die Verordnungsermächtigung nach § 21 b III 2. Eine solche Verordnung öffnete den Markt nicht lediglich für neue Wettbewerber, die ausschließlich die Aufgabe der Messung übernehmen wollen, sondern auch für solche, die bislang ohnehin als Meßstellenbetreiber tätig sind (dazu oben Rn. 12).

37 Die Struktur für eine solche Regelung ist in der Ermächtigung vorgegeben und ähnelt in ihren Anforderungen der des § 21 b II. Auch für die Übernahme der Dienstleistung Messung werden besondere Voraussetzungen an den Dritten gestellt. Dieser muß befähigt sein und gewährleisten, die Messung einwandfrei vorzunehmen und die so gewonnenen Daten rechtzeitig an alle berechtigten Netzbetreiber und Lieferanten weiterzugeben, so daß eine vollständige und fristgemäße Abrechnung möglich ist. Der Wechsel zu einem solchen Drittanbieter ist abhängig vom Wunsch des **Anschlußnutzers,** nicht wie beim Meßstellenbetrieb vom Wunsch des Anschlußnehmers. Da mit dem Wechsel des Messungsverantwortlichen kein möglicher Ausbau von Geräten verbunden ist, kann direkt auf den Anschlußnutzer als den Nachfrager der Leistung abgestellt werden (vgl. Rn. 17 f.).

Für die Öffnung des Marktes für die Messung sollen **angemessene** **38** **Übergangsfristen** in einer möglichen Verordnung vorgesehen sein, um einen reibungslosen Umstellungsprozeß der komplexen Meß- und Abrechnungssysteme zu gewährleisten. Die Wahl der Dauer einer solchen Frist hängt sicherlich auch von der Entwicklung auf dem Markt für den Meßstellenbetrieb ab. Bei seinem Vorschlag für eine Liberalisierung auch des Marktes für die Messung hielt der BT-Ausschuß für Wirtschaft und Arbeit eine Übergangsfrist von vier Jahren für angemessen (vgl. Rn. 8).

III. Mögliche Gegenstände der Verordnung (§ 21 b III 3)

Welche Regelungsgegenstände eine Verordnung nach § 21 b III ne- **39** ben den Vorgaben nach § 21 b III 2 betreffen könnte, wird hier **nicht abschließend** aufgezählt. Hinsichtlich des Meßstellenbetriebs können insbesondere Vorgaben für den Prozeß des Betreiberwechsels **(Nr. 4)** und für einen möglichen Ausfall des Meßstellenbetreibers geregelt werden **(Nr. 5).** Hinsichtlich der Messung können Anforderungen an deren Übermittlung und die dabei zu verwendenden Datenformate gestellt werden **(Nr. 1).** Vorgaben für die Dokumentation und Archivierung relevanter Daten **(Nr. 2)** sowie Fragen der Haftung für Fehler bei Messung und Datenübermittlung **(Nr. 3)** können sowohl hinsichtlich des Meßstellenbetriebs als auch hinsichtlich der Messung wichtig und Gegenstand von Verordnungsnormen sein.

E. Aufgaben der Regulierungsbehörde

Als Teil der **Netznutzungsentgelte** (§ 17 VII StromNEV, § 15 VII **40** GasNEV) unterliegen die Entgelte für Meßstellenbetrieb und Messung der Kontrolle durch die Regulierungsbehörde. Sofern sie hingegen von Dritten erhoben werden, unterliegen die Entgelte für Einbau, Betrieb

Vorb §§ 22f. Teil 3. Regulierung des Netzbetriebs

und Wartung von Meßeinrichtungen sowie gegebenenfalls zukünftig auch für die Messung nicht der Prüfung durch die Regulierungsbehörde. Angesichts der derzeitigen Monopolstrukturen besteht in der ausschließlichen Kontrolle der Netzbetreiber, zumindest bis zur Entwicklung wirksamen und unverfälschten Wettbewerbs auf diesem Teilmarkt des Meßwesens und insbesondere dem noch zu liberalisierenden Markt für die Messung, kein Gleichheitsproblem. Eine Kontrolle der neuen Wettbewerber erscheint schon deswegen nicht nötig, weil diesen der Zugang zum Markt nur bei entsprechend niedrigeren Preisen offen steht.

41 Sofern die Marktakteure ihren Pflichten nach § 21b II und den Verordnungen nicht nachkommen, besteht noch die Möglichkeit, **Aufsichtsmaßnahmen** nach § 65 oder nach der spezielleren Mißbrauchsaufsicht gegenüber Netzbetreibern nach § 30 bzw. § 31 durchzuführen (erstmalig *BNetzA*, RdE 2007, 209, 213 f.). Beispielsweise könnte dies geschehen, sofern sich Netzbetreiber weigern, einen Vertrag nach § 21b II 7 zu schließen oder unangemessen hohe oder uneinheitliche Mindestanforderungen aufstellen. Um einen Überblick über die Entwicklung bundeseinheitlicher Mindestanforderungen nach § 21b II 5 Nr. 2 zu erhalten, sind diese Gegenstand des Monitorings der BNetzA nach § 35 I Nr. 12 (Rn. 23).

Vorbemerkung zu §§ 22f.

Literatur: *Brückl/Neubarth/Wagner*, Regel- und Reserveleistungsbedarf eines Übertragungsnetzbetreibers, ET 2006, 50 ff.; *Hohaus/Ronacker*, Die Verordnung (EG) über die Bedingungen für den Zugang zu den Erdgasfernleitungsnetzen, ET Special 2005, 5 ff.; *Müller-Kirchenbauer/Zenke*, Wettbewerbsmarkt für Regel- und Ausgleichsenergie, ET 2001, 696 ff.; *Nailis*, Steht der Regelenergiemarkt vor dem Umbruch? Auswirkungen des EnWG und der Netzgangsverordnung auf Regel- und Ausgleichsenergie, ET 2006, 56 ff.; *Ritzau/Zander*, Verbändevereinbarung II – Sind die Voraussetzungen für eine liquiden Energiehandel gegeben?, in: Becker/Held/Riedel/Theobald (Hrsg.), Energiewirtschaft im Aufbruch, 2001, S. 157 ff.

Übersicht

	Rn.
I. Inhalt und Zweck	1
II. Europarechtliche Vorgaben	4
1. Richtlinien	4
2. Art. 7 GasfernleitungsVO	6
III. Entstehungsgeschichte	7

Vorbemerkung 1–3 **Vorb §§ 22f.**

I. Inhalt und Zweck

§ 22 bestimmt, wie Energie zur Erbringung von Ausgleichsleistungen zu beschaffen ist. § 23 bestimmt, unter welchen Bedingungen die Ausgleichsleistungen zu erbringen sind. Beide Vorschriften betreffen lediglich die **Modalitäten der Beschaffung und Erbringung von Ausgleichsleistungen.** Hingegen ergibt sich die Pflicht zur Erbringung von Ausgleichsleistungen bereits aus anderen Vorschriften (§ 22, Rn. 2). 1

Die Vorschriften dienen verschiedenen **Zielen.** Zweck der Regelung ist insbesondere **eine möglichst preisgünstige Versorgung** (s. § 22 I 2). Dazu sollen die Kosten für die Beschaffung und der Preis für die Erbringung der Ausgleichsleistung niedrig gehalten werden. Damit werden auch die Beschaffungskosten des bilanzkreisverantwortlichen Lieferanten (§ 20 II 4) niedrig gehalten, weil die Vergütung der Ausgleichsenergie gegenüber dem Netzbetreiber einen Teil seiner Beschaffungskosten ausmacht. Die Regelung kommt zudem in mehrfacher Hinsicht dem **Wettbewerb** im Energiesektor zugute. Zum einen schützt die Regelung andere Anbieter von Ausgleichsenergie davor, durch den Netzbetreiber bei der Beschaffung von Regelenergie zugunsten seiner verbundenen oder assoziierten Unternehmen diskriminiert zu werden (§ 22 I 1). Zum anderen erleichtert die Senkung der Ausgleichsenergiekosten und damit der Netzentgelte auch den Netzzugang, der seinerseits Voraussetzung für Wettbewerb ist. Dieser Gedanke ist im 17. Erwägungsgrund der EltRl und im 15. Erwägungsgrund der GasRl explizit formuliert: „Zur Sicherstellung eines effektiven Marktzugangs für alle Marktteilnehmer einschließlich neuer Marktteilnehmer, bedarf es nichtdiskriminierender, kostenorientierter Ausgleichsmechanismen". Daß daneben auch die **Versorgungssicherheit** nicht aus dem Blickfeld geraten soll, folgt aus § 22 I 2 i. V. m. §§ 13 bis 16. 2

Die in § 22 I und 23 genannten **Kriterien** für die Beschaffung und Erbringung der Ausgleichsleistung sind ähnlich. Regelungstechnisch unterscheiden sich §§ 22 und 23 insofern als § 22 Anforderungen an das Beschaffungs**verfahren** formuliert, wohingegen § 23 Anforderungen an die inhaltliche Ausgestaltung von **Bedingungen der Ausgleichsleistung an sich** einschließlich der Entgelte vorgibt. Dementsprechend findet sich die Vorgabe, die Beschaffung nach § 22 I solle in einem auch marktorientierten Verfahren erfolgen, in § 23 nicht. 3

II. Europarechtliche Vorgaben

4 1. Richtlinien. Ausweislich der Begründung des Regierungsentwurfs dient § 22 gemeinsam mit § 23 zum einen der Umsetzung der **EltRl** (Begr. BT-Drucks. 15/3917, S. 60). Der durch § 22 normierte Aspekt der **Beschaffung** ist in Art. 11 II, VI EltRl (ÜNB) und Art. 14 V (VNB) geregelt. Der durch § 23 geregelte Aspekt der **Erbringung** der Ausgleichsleistung findet sich in Art. 11 VII EltRl (ÜNB) und in Art. 14 VI EltRl (VNB).

Zum anderen sollen §§ 22, 23 die Art. 8 II und 12 V der **GasRl** umsetzen (Begr. BT-Drucks. 15/3917, S. 60). In der GasRl ist die **Beschaffung** (§ 22) der Ausgleichsenergie allerdings nicht normiert.

5 Sowohl nach Art. 11 VII, 14 VI EltRl als auch nach Art. 8 II, 12 V GasRl bedürfen die Bedingungen der Erbringung der Ausgleichsleistungen der **Ex-ante-Regulierung.** Da die Kosten der Beschaffung von Energie zum Ausgleich physikalisch bedingter Netzverluste (Verlustenergie) gem. § 10 I 1 StromNEV bei der Ermittlung der Netzkosten in Ansatz gebracht werden können und damit Bestandteil des Netznutzungsentgelts sind, unterfallen sie der Genehmigungspflicht nach § 23a; insoweit ist das Regulierungserfordernis zweifellos erfüllt. Hingegen erfolgt keine vollständige behördliche Ex-ante-Regulierung bezüglich der Beschaffung von Regelenergie und der vom ÜNB für die entsprechende Ausgleichsleistung geforderten Vergütung: § 23a ist nicht anwendbar soweit diese Leistung nicht als Systemdienstleistung in das Netznutzungsentgelt eingeht (Primärregelleistung und -arbeit, Vorhaltung von Sekundenregelleistung und Minutenreserveleistung, § 8 I 1 StromNZV), sondern zwischen ÜNB und BKV abgerechnet wird (Arbeitspreise der Sekundärregelung und der Minutenreserve, § 8 II 1 StromNZV). Insofern sind die Bedingungen der Erbringung der Ausgleichsleistung jedoch durch den Verordnungsgeber in §§ 6ff. StromNZV präzisiert. Zudem kann die Regulierungsbehörde gem. § 27 I Nr. 2, 3 StromNZV weitere Festlegungen zur Ausschreibung und zum Einsatz von Regelenergie treffen. Insgesamt dürfte dies dem gemeinschaftsrechtlichen Regulierungsbedarf genügen. Schwächer fällt die Ex-ante-Regulierung der Bedingungen der Erbringung von Ausgleichsenergieleistungen im Gasbereich aus (§ 26 II GasNZV i. V. m. § 30 GasNZV).

6 2. Art. 7 GasfernleitungsVO. Nach Erlaß des EnWG und der GasNZV ist die GasfernleitungsVO in Kraft getreten. Diese enthält in Art. 7 unmittelbar anwendbare Vorschriften für den Ausgleich von Mengenabweichungen und Ausgleichsentgelte, wobei nicht ausdrücklich zwischen Beschaffung und Ausgleichsleistung unterschieden wird. Vielmehr ist von „Ausgleichsregeln" (Abs. 1) und „Ausgleichssystemen" (Abs. 2) die Rede, wobei im wesentlichen die **Leistungserbringung** gemeint ist. Die StromhandelsVO enthält keine vergleichbaren Bestimmungen.

III. Entstehungsgeschichte

Hintergrund der Regelungen der §§ 22, 23 sind intensive kartellrechtliche Auseinandersetzungen darum, auf welche Weise Energie zur Erbringung von Ausgleichsleistungen zu beschaffen ist und in welcher Höhe sich die vom Netzbetreiber erbrachten Ausgleichsleistungen im Netznutzungsentgelt niederschlagen dürfen. Entzündet haben sich die Auseinandersetzungen an der Beschaffung und Erbringung der Regelenergieleistung durch ÜNB. Diese sind sowohl hinsichtlich der Beschaffung als auch hinsichtlich der Leistungserbringung Nachfrage- bzw. Leistungsmonopolisten (*Müller-Kirchenbauer/Zenke,* ET 2001, 696 ff.). **Kartellrechtliche Probleme** wurden insbesondere hinsichtlich der Möglichkeit des Preismißbrauchs durch überhöhte Preise für die Leistungserbringung gesehen. Das BKartA hatte eine Ausschreibung von Regelenergie zuerst durch die Auferlegung entsprechender Auflagen in einem Fusionskontrollverfahren erreicht (WuW/E DE-V 301 – RWE/VEW; WuW/E DE-V 360 – Heingas).

7

§ 22 Beschaffung der Energie zur Erbringung von Ausgleichsleistungen

(1) ¹Betreiber von Energieversorgungsnetzen haben die Energie, die sie zur Deckung von Verlusten und für den Ausgleich von Differenzen zwischen Ein- und Ausspeisung benötigen, nach transparenten, auch in Bezug auf verbundene oder assoziierte Unternehmen nichtdiskriminierenden und marktorientierten Verfahren zu beschaffen. ²Dem Ziel einer möglichst preisgünstigen Energieversorgung ist bei der Ausgestaltung der Verfahren, zum Beispiel durch die Nutzung untertäglicher Beschaffung, besonderes Gewicht beizumessen, sofern hierdurch nicht die Verpflichtungen nach den §§ 13 und 16 gefährdet werden.

(2) ¹Bei der Beschaffung von Regelenergie durch die Betreiber von Übertragungsnetzen ist ein diskriminierungsfreies und transparentes Ausschreibungsverfahren anzuwenden, bei dem die Anforderungen, die die Anbieter von Regelenergie für die Teilnahme erfüllen müssen, soweit dies technisch möglich ist, von

den Betreibern von Übertragungsnetzen zu vereinheitlichen sind. ²Die Betreiber von Übertragungsnetzen haben für die Ausschreibung von Regelenergie eine gemeinsame Internetplattform einzurichten. ³Die Einrichtung der Plattform nach Satz 2 ist der Regulierungsbehörde anzuzeigen. ⁴Die Betreiber von Übertragungsnetzen sind unter Beachtung ihrer jeweiligen Systemverantwortung verpflichtet, zur Senkung des Aufwandes für Regelenergie unter Berücksichtigung der Netzbedingungen zusammenzuarbeiten.

Literatur: Vgl. dazu die Hinweise zu Vorb §§ 22 f.

Übersicht

	Rn.
A. Allgemeine Regelung (§ 22 I)	1
I. Anwendungsbereich	1
II. Anforderungen an das Beschaffungsverfahren (§ 22 I 1)	4
1. Anforderungen des Gesetzes	5
2. Konkretisierung durch Verordnungen	7
III. Inhaltliche Anforderungen an die zu beschaffende Ausgleichsenergie (§ 22 I 2)	9
B. Beschaffung von Regelenergie (§ 22 II)	10
I. Inhalt und Zweck der Regelung	10
II. Anwendungsbereich	12
1. Positiver und negativer Regelenergiebedarf	12
2. Drei Regelenergiearten	13
III. Konkretisierung durch § 6 StromNZV	14

A. Allgemeine Regelung (§ 22 I)

I. Anwendungsbereich

1 § 22 I betrifft lediglich die **Beschaffung** von Energie zur Erbringung von Ausgleichsleistungen und ist grundsätzlich sowohl für den **Gasbereich** als auch für den **Strombereich** anwendbar.

2 Geregelt ist die Beschaffung sowohl von Verlustenergie (§ 22 I 1, 1. Alternative) als auch von Energie zwecks Differenzausgleich (§ 22 I 1, 2. Alternative). § 22 bezeichnet beides als Ausgleichsleistungen. **Verlustenergie** ist die zum Ausgleich physikalisch bedingter Netzverluste benötigte Energie (§ 2 Nr. 12 StromNZV). Die Pflicht der ÜNB (Strom) zur Erbringung dieser Ausgleichsleistungen ist der allgemeinen Regelungspflicht nach § 12 I zu entnehmen. Die Verpflichtung des VNB (Strom) zur Beschaffung von Verlustenergie ergibt sich aus § 14 I 1 i. V. m. § 12 I. Im Gassektor besteht keine entsprechende Regelung. **Dem Differenzausgleich dienende Energie** wird unterschiedlich bezeichnet: Im Gassektor heißt sie Ausgleichsenergie und ist in § 2 Nr. 2 GasNZV definiert als die für den Ausgleich von Abweichungen zwischen Ein- und Ausspeisungen von Transportkunden in einem festgelegten Zeitintervall benötigte Energie. Diese Ausgleichsenergie zu leisten, ist Teil der in § 15 niedergelegten Regelungsaufgabe der Betreiber von Fernleitungsnetzen. Sie gilt gem. § 16 a für die Betreiber von Gasverteilernetzen entsprechend. Im Elektrizitätssektor hat es sich eingebürgert, die vom ÜNB zwecks Ausgleich beschaffte Energie als Regelenergie zu bezeichnen, wohingegen die vom ÜNB tatsächlich erbrachte Ausgleichsleistung als Ausgleichsenergie bezeichnet wird (demgegenüber als einheitlicher Begriff in § 2 Nr. 9 StromNZV). Die Pflicht der ÜNB (Strom) zur Erbringung sog. Regelenergieleistungen ist wiederum der allgemeinen Regelungspflicht nach § 12 I zu entnehmen (*K/K/R*, S. 43; § 12, Rn. 11 ff.).

Die dem Differenzausgleich dienenden Energie (nicht aber die Verlustenergie) kann sowohl in Gestalt **positiver Ausgleichsenergie** als auch in Gestalt **negativer Ausgleichsenergie** benötigt werden. Mit positiver Ausgleichsenergie werden Mindermengen eines Netzes kompensiert, die daraus resultieren, daß die entnommene die eingespeiste Energiemenge überschreitet. Hier muß dem Netz zusätzliche Energie zur Verfügung gestellt werden. Negative Ausgleichsenergie kompensiert Mehrmengen eines Netzes, die daraus resultieren, daß die eingespeiste die entnommene Energiemenge übersteigt. Hier muß das Netz überflüssige Energie abgeben. Wenn § 22 I von „beschaffen" spricht, kann dies neben der Beschaffung positiver Ausgleichsenergie auch die Beschaffung negativer Ausgleichsenergie meinen.

II. Anforderungen an das Beschaffungsverfahren (§ 22 I 1)

§ 22 formuliert keine inhaltlichen Anforderungen an die zu beschaffende Energie(-dienstleistung), sondern nennt Anforderungen an das Beschaffungs**verfahren**. Europarechtlich ist dies nicht unproblematisch, da Art. 11 II EltRl durchaus Anforderungen bezüglich der Eigenschaften der einzusetzenden Energie vorgibt. Insbesondere ist gem. Art. 11 II 2 EltRl bei der Reihenfolge der einzusetzenden Beschaffungsquellen der Grundsatz des wirtschaftlichen Vorrangs („merit order") einzuhalten, demzufolge dem günstigsten Angebot Vorrang zu geben ist. Letztlich bestehen gleichwohl keine durchgreifenden Bedenken. Zum einen hat das Verfahrenskriterium der Marktorientierung einen materiellrechtlichen Einschlag (Rn. 6 a. E.). Zum anderen ist der Grundsatz des wirtschaftlichen Vorrangs hinsichtlich der (für den Wettbewerb noch wichtigeren) Kriterien für die *Erbringung* der Ausgleichsleistung in Stromnetzen auf Verordnungsebene in § 7 1 StromNZV verankert (§ 23, Rn. 6).

5 **1. Anforderungen des Gesetzes.** Das Verfahren der Energiebeschaffung muß transparent sein, es muß auch in bezug auf verbundene oder assoziierte Unternehmen nichtdiskriminierend sein und es muß marktorientiert sein. Es sind damit die Kriterien aus Art. 11 VI EltRl wörtlich übernommen. Auch die Anforderungen für die Ausgleichsregeln nach der GasfernleitungsVO dürften damit abgedeckt sein („gerecht, nicht diskriminierend, transparent, objektiv", Art. 7 I GasfernleitungsVO).

6 Das **Diskriminierungsverbot** bedeutet, daß die Angebote anderer Unternehmen nicht ohne sachlichen Grund ausgeschlagen werden dürfen. Das **Transparenzgebot** verlangt zum einen, daß Informationen über den Ausgleichsenergiebedarf zur Verfügung gestellt werden, so daß Ausgleichsenergieanbieter vom Bedarf des Netzbetreibers überhaupt Kenntnis erlangen. Zum anderen müssen die inhaltlichen Kriterien, die der Netzbetreiber seiner Beschaffungsentscheidung zugrunde legt, bekannt gemacht werden, was auch die Aufdeckung etwaiger Diskriminierungen erleichtert. Die **Marktorientierung** kann auf unterschiedliche Weise realisiert werden. Idealerweise wird ein *privates Ausschreibungsverfahren* durchgeführt. Dies ist in § 22 II für den Regelenergiebedarf vorgesehen. Im übrigen ist es nicht zwingend erforderlich. Als schwächere Form der Marktorientierung kommt ein *Markterkundungsverfahren* in Betracht, indem verschiedene Angebote unterschiedlicher Anbieter eingeholt werden. Denkbar ist auch, die Marktorientierung mittels *materiell-rechtlicher Kriterien* herzustellen, indem eine maximale Preisgünstigkeit bei maximaler Versorgungsqualität zum Maßstab der Beschaffungsentscheidung gemacht wird.

7 **2. Konkretisierung durch Verordnungen.** Konkretisiert werden die Anforderungen an das Beschaffungsverfahren im Elektrizitätssektor durch die **StromNZV**. Das Beschaffungsverfahren für Regelenergie folgt hier den spezielleren Anforderungen des § 22 II (Rn. 10 ff.). Besondere Regeln für die Beschaffung von Verlustenergie finden sich in § 10 I StromNZV. Obwohl § 10 StromNZV in den 2. Teil der Verordnung aufgenommen wurde, der mit „Zugang zu den Übertragungsnetzen" überschrieben ist, gilt er auch für den Ausgleich von Netzverlusten durch die Verteilernetzbetreiber, weil nur so die Ausnahmevorschriften in § 10 I 4, II 2 StromNZV einen Sinn ergeben. Für die Beschaffung von Verlustenergie sind gem. § 10 I 2 StromNZV grundsätzlich Ausschreibungsverfahren durchzuführen. Damit geht die StromNZV über die Minimalanforderungen des § 22 I hinaus. Die Ausschreibungspflicht steht allerdings unter dem Vorbehalt, daß nicht wesentliche Gründe entgegenstehen. Ein wesentlicher Grund kann nach § 10 I 3 StromNZV dann vorliegen, wenn die Kosten des Ausschreibungsverfahrens in einem unangemessenen Verhältnis zum Nutzen stehen. Entgegen dem Wortlaut ist in diesen Fällen ein wesentlicher Grund automatisch anzuerkennen. Den notwendigen Abwägungsspielraum bietet bereits das Tatbestandsmerkmal der „Unangemessenheit". Das in § 22 I 3 genannte Beispiel für einen wesentlichen Grund ist nicht abschließend („insbesondere"). Durch § 22 I 4 sind außerdem die Betreiber kleiner Verteilernetze, an die weniger als 100.000 Kunden angeschlossen sind, vollständig ausgenommen. Nach § 27 I Nr. 6 StromNZV ist die Regulierungsbehörde ermächtigt, Festlegungen zum Ausschreibungsverfahren für Verlustenergie zu treffen.

Für den Gasmarkt ist das Beschaffungsverfahren bislang durch die **GasNZV** kaum konkretisiert (s. § 29 VIII GasNZV). Gemeinschaftsrechtlich ist dies nicht zu beanstanden, weil die GasRl zur Beschaffung von Ausgleichsenergie, insofern abweichend von der EltRl, keine Angaben macht.

III. Inhaltliche Anforderungen an die zu beschaffende Ausgleichsenergie (§ 22 I 2)

§ 22 I 2 nennt inhaltliche Kriterien, die nicht dem Verfahren (§ 22 I 1), sondern der zu beschaffenden Energie(-dienstleistung) selbst gelten. Diese muß einerseits möglichst **preisgünstig** sein; dafür ist insbesondere die Möglichkeit der untertäglichen (d. h. besonders kurzfristigen) Beschaffung in Betracht zu ziehen. Andererseits muß gewährleistet sein, daß die Netzbetreiber ihre Aufgaben (§§ 13–16), insbesondere ihre **Systemverantwortung** erfüllen können. Für die Anbieter von Regelenergieprodukten wird dies in § 6 V StromNZV näher ausgeführt. Potentielle Anbieter von Regelenergieprodukten haben danach den Nachweis zu erbringen, daß sie die zur Gewährleistung der Versorgungssicherheit erforderlichen Anforderungen für die Erbringung der unterschiedlichen Regelenergiearten erfüllen. Nachzuweisen sind insbesondere die notwendigen technischen Fähigkeiten.

B. Beschaffung von Regelenergie (§ 22 II)

I. Inhalt und Zweck der Regelung

§ 22 II trifft gegenüber § 22 I eine Spezialregelung für die Beschaffung von Regelenergie (Strom) durch den ÜNB. Zum einen werden die Anforderungen an das Beschaffungsverfahren dadurch verschärft, daß ein Ausschreibungsverfahren zwingend angeordnet wird; durch

Art. 11 VI EltRl ist die Durchführung dieses Ausschreibungsverfahrens nicht zwingend geboten, vielmehr genügt jedes „marktorientierte Verfahren". Zum anderen werden den ÜNB Vereinheitlichungs- und Zusammenarbeitspflichten aufgegeben: Die Anforderungen an die Anbieter von Regelenergie für die Teilnahme (zur Ausschreibungspraxis der ÜNB TransmissionCode 2003, Anhang D) müssen von den ÜNB vereinheitlicht werden, soweit dies möglich ist (§ 22 II 1). Zudem wird für die Ausschreibung die Einrichtung einer gemeinsamen Internetplattform durch die ÜNB verlangt (§ 22 II 2 und 3). Durch die damit zu erzielende **regelzonenübergreifende Ausschreibung** wird die wettbewerbshemmende Wirkung der jeweiligen Monopole der ÜNB innerhalb ihrer Regelzonen gemindert (vgl. *Ritzau/Zander*, S. 57, 165).

11 Darüber hinaus wird eine spezielle Zusammenarbeitspflicht der ÜNB begründet, die der Senkung des Aufwands für die Regelenergie dienen soll (§ 22 II 4). Am effektivsten würden diese Kosten gesenkt, wenn verhindert würde, daß in einer Regelzone negative Regelenergie bezogen wird, während in einer anderen positive Regelenergie bezogen wird (vgl. *Nailis,* ET 2006, 56, 60). Diese Zusammenarbeitspflicht kann allerdings nicht bedeuten, daß die Salden der Regelzonen miteinander zu verrechnen sind, um die zum Ausgleich erforderlichen Regelenergiemengen infolge der Durchmischung weiter reduzieren zu können. Dies hätte ausdrücklicher Regelung bedurft (vgl. § 112 3 Nr. 6).

12 ## II. Anwendungsbereich

1. Positiver und negativer Regelenergiebedarf. Das Erfordernis der Ausschreibung gilt sowohl für den positiven als auch für den negativen Regelenergiebedarf; auch hinsichtlich der Abgabe von Energie aus einer Regelzone ist mithin ein Ausschreibungsverfahren durchzuführen (vgl. § 6 III StromNZV).

13 **2. Drei Regelenergiearten.** Es werden drei verschiedene Regelenergiearten unterschieden, die alle nach § 6 III StromNZV ausschreibungsbedürftig sind: **Primärenergie** (§ 2 Nr. 8 StromNZV), **Sekundärregelung** (§ 2 Nr. 10 StromNZV) und **Minutenreserve** (§ 2 Nr. 6 StromNZV) (näher TransmissionCode 2003, Ziffer 4.2.2.1 bis 4.2.2.3 und Anhang D, Ziffer 3.1 bis 3.3; *Brückl/Neubarth/Wagner,* ET 2006, 50, 51).

14 ## III. Konkretisierung durch § 6 StromNZV

Die Anforderungen des § 22 II werden durch § 6 StromNZV konkretisiert. § 6 I, II StromNZV betrifft die Verpflichtung zur **Vereinheitlichung des Regelenergiemarkts.** Gemäß § 6 I StromNZV sind die ÜNB verpflichtet, die jeweilige Regelenergieart im Rahmen einer gemeinsamen regelzonenübergreifenden, anonymisierten Ausschreibung über eine Internetplattform zu beschaffen. In § 6 II StromNZV wird der Grundsatz der regelzonenübergreifenden Ausschreibung allerdings eingeschränkt. Zur Erfüllung der Aufgaben des Netzbetriebs und der Systemverantwortung (§§ 12 I, III, 13 I) sind die ÜNB berechtigt, einen technisch notwendigen Anteil an Regelenergie aus Kraftwerken in ihrer Regelzone auszuschreiben, soweit dies zur Gewährleistung der Versorgungssicherheit in ihrer jeweiligen Regelzone, insbesondere zur Aufrechterhaltung der Versorgung im Inselbetrieb nach Störungen, erforderlich ist.

§ 6 III–V StromNZV treffen einige Regelungen zum **Ausschreibungsverfahren.** § 6 V StromNZV trifft eine Regelung über **Bedingungen,** die **Anbieter** von Regelenergie zu erfüllen haben (Nachweise bezüglich der Gewährleistung der Versorgungssicherheit). Dies schließt nicht aus, daß die ÜNB weitergehende Anforderungen stellen. Das ergibt sich bereits daraus, daß die ÜNB durch § 22 II 1 zur Vereinheitlichung der den Anbietern gestellten Bedingungen verpflichtet sind. § 27 I Nr. 2 StromNZV ermächtigt darüber hinaus die **Regulierungsbehörde, Festlegungen** zum Ausschreibungsverfahren zu treffen. § 27 II StromNZV bestimmt, daß die Regulierungsbehörde festlegen soll, daß ÜNB im Zusammenhang mit der Beschaffung von Regelenergie weitere Daten veröffentlichen müssen, wenn dadurch die Angebotsbedingungen für Regelenergie durch Erhöhung der Markttransparenz verbessert werden (zur Notwendigkeit solcher Regelungen *Nailis,* ET 2006, 56, 59).

§ 23 Erbringung von Ausgleichsleistungen

¹Sofern den Betreibern von Energieversorgungsnetzen der Ausgleich des Energieversorgungsnetzes obliegt, müssen die von ihnen zu diesem Zweck festgelegten Regelungen einschließlich der von den Netznutzern für Energieungleichgewichte zu zahlenden Entgelte sachlich gerechtfertigt, transparent, nichtdiskriminierend und dürfen nicht ungünstiger sein, als sie von den Betreibern der Energieversorgungsnetze in vergleichbaren Fällen für Leistungen innerhalb ihres Unternehmens oder gegenüber verbundenen oder assoziierten Unternehmen angewendet und tatsächlich oder kalkulatorisch in Rechnung gestellt werden. ²Die Entgelte sind auf der Grundlage einer Betriebsführung nach § 21 Abs. 2 kostenorientiert festzulegen und zusammen mit den übrigen Regelungen im Internet zu veröffentlichen.

Literatur: Vgl. dazu die Hinweise zu Vorb §§ 22 f.

Übersicht

	Rn.
A. Anwendungsbereich	1
B. Bedingungen der Leistungserbringung	3
C. Konkretisierung durch Verordnungen	5
I. StromNZV	5
1. § 8 Abs. 1 StromNZV	6
2. § 8 Abs. 2 StromNZV	7
3. § 9 StromNZV	10
II. GasNZV	11

A. Anwendungsbereich

1 § 23 betrifft die Bedingungen der **Erbringung der Ausgleichsleistungen** durch die Netzbetreiber an die Netznutzer. Die Regelung ist sowohl auf **Strom-** als auch auf **Gasnetze** anwendbar. Sie gilt für **Netze aller Spannungsebenen**. **Positive** und **negative Ausgleichsleistungen** (§ 22, Rn. 3) sind gleichermaßen erfaßt.

2 Nach dem Wortlaut ist nicht ganz klar, ob durch § 23 nur die Erbringung von Ausgleichsleistungen bei Abweichung der Ein- und Ausspeisemengen erfaßt ist oder auch der **Verlustausgleich**. In § 22 wird zwischen der Deckung von Verlusten und dem Ausgleich von Differenzen zwischen Ein- und Ausspeisung unterschieden (§ 22, Rn. 2). § 23 spricht demgegenüber vom „Ausgleich des Versorgungsnetzes" und (in Anlehnung an Art. 11 VII, 14 VI EltRl und Art. 8 II, 12 V GasRl) von „Energieungleichgewichten"; von Verlustausgleich ist nicht die Rede. Dies deutet darauf hin, daß hier nur der Differenzausgleich, nicht aber der Verlustausgleich geregelt ist. Allerdings sind in § 22 beide Dienstleistungen unter der Überschrift „Ausgleichsleistungen" zusammengefaßt. Man könnte darum auch das in § 23 verwendete Tatbestandsmerkmal „Ausgleich des Energieversorgungsnetzes" als übergreifendes Merkmal ansehen, das beides erfaßt. Praktisch kommt es darauf kaum an. Die inhaltlichen Maßstäbe des § 23 ähneln denen für das Netznutzungsentgelt nach § 21. Die Kosten der Beschaffung von Verlustenergie können gem. § 10 I 1 StromNEV bei der Ermittlung der Netzkosten in Anschlag gebracht werden und unterliegen damit ohnehin der Preisregulierung nach § 21 i. V. m. § 23 a (Vorb §§ 22 f. Rn. 5). § 21 bietet dafür einen ausreichenden Maßstab, der (auch) hinsichtlich der Beurteilung der von den Netznutzern für den Ausgleich der Netzverluste zu zahlenden Entgelte zur Anwendung kommt.

B. Bedingungen der Leistungserbringung

§ 23 nennt verschiedene Kriterien, nach denen die Bedingungen 3 einschließlich der Entgelte für die Erbringung der Ausgleichsleistungen zu beurteilen sind. Nach § 23 1 müssen die Regelungen und Entgelte sachlich gerechtfertigt, transparent und nichtdiskriminierend sein und dürfen nicht ungünstiger sein, als sie von den Netzbetreibern in vergleichbaren Fällen für Leistungen innerhalb des Unternehmens oder gegenüber verbundenen oder assoziierten Unternehmen angewendet und tatsächlich oder kalkulatorisch in Rechnung gestellt werden. Dies deckt sich weitgehend mit § 20 I 1 und § 21 I und ist eng an den Wortlaut der Richtlinien angelehnt (vgl. Art. 11 VII, 14 VI EltRl und Art. 8 II, 12 V GasRl). § 23 wiederholt außerdem in Satz 2 den in § 21 II genannten Grundsatz der Kostenorientierung (ebenso Art. 7 III GasfernleitungsVO).

Allerdings läßt § 23 **zahlreiche Fragen offen:** Offen ist, ob die 4 Entgelte als Teil des **Netznutzungsentgelts** abgerechnet werden oder nicht (s. Rn. 5 ff.). Auch das Verhältnis zwischen Beschaffungspreisen und Preisen für die Erbringung der Ausgleichsleistung ist nicht klar geregelt: Eine strikte Kopplung der den Netznutzern in Rechnung gestellten Preise an die **tatsächlichen Beschaffungskosten** ist möglich, aber nicht zwingend. Der Grundsatz der Kostenorientierung gebietet allerdings wenigstens eine grundsätzliche Ausrichtung an den Beschaffungspreisen (s. Rn. 5). Auch der Grundsatz des **wirtschaftlichen Vorrangs** („merit order", vgl. Art. 11 II 2 EltRl) ist ebenso wenig ausdrücklich festgelegt (Rn. 6) wie die Frage einer „Preisspreizung", ob also die Preise für negative und positive Ausgleichsenergie identisch sein müssen (Rn. 9, 13).

C. Konkretisierung durch Verordnungen

I. StromNZV

Die Abrechnung von Regelenergie ist in § 8 StromNZV geregelt. 5 Dabei ist zu unterscheiden zwischen der Abrechnung über Netznutzungsentgelte nach § 8 I StromNZV und der Abrechnung mit den BKV nach § 8 II StromNZV. Der Aufteilung liegt die Unterscheidung zwischen den drei Regelenergiearten (Primärregelung, Sekundärregelung, Minutenreserve) einerseits und der Abrechnung nach Leistungspreisen oder Arbeitspreisen andererseits zugrunde (zum Unterschied zwischen Leistungs- und Arbeitspreis *Specht/Zander,* in: Z/R/K, I 2,

S. 2, 12). Bezüglich der berücksichtigungsfähigen Kostenhöhe stellt im Übrigen § 10 I 2 StromNEV klar, daß es auf die **tatsächlichen Kosten** der Beschaffung im abgelaufenen Kalenderjahr ankommt. Etwaige **Margen** durch die Verwendung marktorientierter Preise sind dadurch ausgeschlossen (*OLG Naumburg*, B. v. 16. 4. 2007 – 1 W 25/06, ZNER 2007, 174, 175). Auch die Berücksichtigung von **Planwerten** nach § 3 I 5 2. Hs. StromNEV ist damit ausgeschlossen (*OLG Düsseldorf*, B. v. 21. 7. 2006, ZNER 2006, 258, 260; *OLG Bamberg*, B. v. 21. 2. 2007, ZNER 2007, 88, 89; *OLG München*, B. v. 22. 2. 2007 – Kart. 2/06, ZNER 2007, 62, 64; *OLG Koblenz*, Urt. v. 4. 5. 2007 – W 605/06, ZNER 2007, 182, 183 m. w. N.).

6   **1. § 8 Abs. 1 StromNZV.** Nach § 8 I 1 StromNZV werden den Netznutzern Primärleistung und -arbeit, Vorhaltung von Sekundärregelleistung und Vorhaltung von Minutenreserveleistung im Rahmen des **Netznutzungsentgelts** als eigenständige Systemdienstleistung in Rechnung gestellt. Die Vergütungshöhe ist in § 8 I 2 StromNZV geregelt. Sie bemißt sich nach dem im jeweils zum Zuge kommenden Angebot geforderten Preis. Welches Angebot zum Zuge kommt, bestimmt § 7 StromNZV, der die Geltung des Grundsatzes des wirtschaftlichen Vorrangs („**merit order**", § 22, Rn. 4) anordnet. Durch § 8 I 2 StromNZV erfolgt eine strikte Kostenorientierung der Regelenergiepreise.

7   **2. § 8 Abs. 2 StromNZV.** Nach § 8 II StromNZV werden Beschaffungskosten für Sekundärregelarbeit und Minutenreservearbeit auf 15-Minutenbasis **mit den BKV abgerechnet.** Dabei sind zwei Fälle zu unterscheiden: Wenn bei einer Saldierung der Mehr- und Mindereinspeisungen aller Bilanzkreise in einer Regelzone (Satz 1) eine Unterdeckung bestand, mußte der ÜNB **positive Regelenergie** beschaffen (Satz 2). Im Ergebnis müssen die BKV dem ÜNB dann die Kosten für die Beschaffung dieser positiven Regelenergie ersetzen. Die Kosten ergeben sich aus dem Preis, den der ÜNB aufgrund des Ausschreibungsverfahrens (§ 6 StromNZV) für das – nach dem Grundsatz des wirtschaftlichen Vorrangs, § 7 StromNZV – zum Zuge kommende Angebot entrichten muß. Wie in § 8 I StromNZV ist also auch hier ein strikt kostenorientierter Abrechnungsmodus gewählt. Wenn die Gesamtsaldierung (Satz 1) hingegen eine Überdeckung ergibt, mußte der ÜNB durch Verkauf von Strom **negative Regelenergie** beschaffen, die er den BKV vergüten muß. Spiegelbildlich zum Grundsatz der Kostenorientierung werden hier die im Ausschreibungsverfahren für die aus der Regelzone abgegebene Energie erzielten Preise zugrunde gelegt (Satz 3).

8   Abrechnungstechnisch rechnet der ÜNB in beiden Fällen mit jedem BKV jeweilige Bilanzkreisüberspeisungen und Bilanzkreisunterspeisungen ab (vgl. S. 4), insofern ist die in Satz 1 angeordnete Gesamtsaldierung

etwas irreführend und für die **Einzelabrechnung** in Wirklichkeit entbehrlich. Im Fall, daß in der Regelzone insgesamt eine Unterdeckung bestand, rechnet der ÜNB mit jedem BKV den Kostenpreis der positiven Regelenergie (S. 2) ab, unabhängig davon, ob der einzelne Bilanzkreis eine Über- oder eine Unterspeisung aufweist; es wird also auch dem BKV, in dessen Bilanzkreis eine Überspeisung bestand, der Preis der positiven Regelenergie vergütet. Im Fall, daß in der Regelzone insgesamt eine Überdeckung bestand, rechnet der ÜNB hingegen mit jedem BKV den für die negative Regelenergie erzielten Preis (S. 3) ab, unabhängig davon, ob der einzelne Bilanzkreis eine Über- oder eine Unterspeisung aufweist. Wiederum zahlt auch jener BKV, in dessen Bilanzkreis eine Unterspeisung bestand, den Preis der aufgrund der Ausschreibung für den negativen Regelenergiebedarf der Regelzone erzielt wurde.

Die Preise, aufgrund derer der ÜNB mit den BKV abrechnet, müssen also für Überspeisungen und Unterspeisungen in den einzelnen Bilanzkreisen identisch sein. Dies ist in Satz 4 ausdrücklich klargestellt. Die demnach dem Identitätsgebot unterworfenen Preise für den (rechnerischen) Ausgleich von Bilanzkreisunter- und -überspeisungen sind nicht zu verwechseln mit den Kosten und Preisen für die tatsächlich beschaffte positive und negative Regelenergie. Der Preis für positive und negative Regelenergie ist dem Identitätsgebot nicht unterworfen, sondern richtet sich nach Angebot und Nachfrage (Ausschreibungsverfahren). Mit dem Identitätsgebot des § 8 II 4 StromNZV ist die Möglichkeit der sog. **„Preisspreizung"** ausgeschlossen. Um mißbräuchliche Über- und Unterspeisungen durch den BKV zu verhindern, könnte es hilfreich sein, positive Ausgleichsleistungen im Vergleich zu negativen Ausgleichsleistungen im Verhältnis zwischen ÜNB und BKV teurer zu gestalten (sog. Preisspreizung). Dies würde dem BKV einen Anreiz geben, die Einspeisung und Abnahme von Elektrizität auszugleichen (vgl. 17. Erwägungsgrund der EltRl, Art. 7 III 1 GasfernleitungsVO). Ansonsten wird eine Gefahr gesehen, daß der BKV in spekulativer Absicht sehenden Auges Differenzen produziert, um entweder überflüssige Energie über den regelungsverantwortlichen ÜNB günstig absetzen zu können oder fehlende Energie mittels des ÜNB günstig beziehen zu können. Gleichwohl hat der Verordnungsgeber von einer Preisspreizung bislang Abstand genommen. Vermutlich steht dahinter die Annahme, daß das Ausschreibungsverfahren spekulatives Verhalten der BKV hinreichend effektiv verhindert. Allerdings ermächtigt § 27 I Nr. 4 StromNZV die Regulierungsbehörde dazu, Festlegungen zu treffen zu Kriterien für mißbräuchliche Über- oder Untereinspeisung von Bilanzkreisen und deren Abrechnung. Im Notfall steht damit ein Instrument zur Bekämpfung von Mißbräuchen zur Verfügung.

10 3. **§ 9 StromNZV.** Die Regelung des § 9 StromNZV gilt sowohl für die nach § 8 I StromNZV als auch für die nach § 8 II StromNZV abgerechnete Regelenergie. Sie dient der **Transparenz** der Regelenergiepreise. Die Regelenergiepreise richten sich gem. § 8 StromNZV nach den im Ausschreibungsverfahren ermittelten Preisen. Folgerichtig werden die Ausschreibungsergebnisse in § 9 StromNZV Publizitätsanforderungen unterworfen.

II. GasNZV

11 Die GasNZV regelt die Bedingungen der Erbringung der Ausgleichsleistung nur sehr knapp. Nach § 30 I, II GasNZV erfolgen Ausgleichsleistung und Vergütung der Ausgleichsleistung im Verhältnis zwischen Netzbetreiber und Transportkunde, wobei der Transportkunde einen an der Transportkette beteiligten Netzbetreiber mit dem Ausgleich beauftragen kann. Die grundlegende Bestimmung über die Vergütung der Ausgleichsleistung findet sich in § 26 II GasNZV. Danach haben Netzbetreiber Transportkunden einen Ausgleich für Abweichungen von deren Ein- und Ausspeisungen innerhalb bestimmter Toleranzgrenzen (§ 30 GasNZV) ohne gesondertes Entgelt anzubieten (§ 26 II 1 GasNZV). Insoweit handelt es sich um den sog. Basisbilanzausgleich. Für darüber hinaus gehende Abweichungen ist der Ausgleich diskriminierungsfrei zu einem gesonderten Entgelt anzubieten (§ 26 II 2 GasNZV).

12 Die **Toleranzgrenze** für den Basisbilanzausgleich wird durch § 30 I 1 GasNZV definiert und setzt sich aus zwei Komponenten zusammen: Sie beträgt einerseits stündlich zehn Prozent. Berechnungsgrundlage ist dabei der niedrigere Wert von entweder gebuchter Einspeisung oder gebuchter Ausspeisung. Andererseits beträgt die Toleranzgrenze mindestens eine Stundenmenge, die wiederum auf den niedrigeren Wert von gebuchter Ein- oder Ausspeisung zu beziehen ist. Diese Bemessung der Toleranzgrenze ist europarechtlich anpassungsbedürftig. Nach Art. 7 II GasfernleitungsVO werden im Falle nichtmarktorientierter Ausgleichssysteme die Toleranzwerte in einer Weise bestimmt, die die tatsächlichen technischen Möglichkeiten des Fernleitungsnetzes widerspiegelt und entweder dem saisonalen Charakter entspricht oder zu einem Toleranzwert führt, der höher ist als der sich aus dem saisonalen Charakter ergebende Toleranzwert. Die erste Alternative (saisonaler bedingter Toleranzwert) bedeutet, daß zugunsten der Netznutzer zu berücksichtigen ist, daß der Netzbetreiber zwar bei der winterbedingten hohen Netzauslastung auf eine weitestgehend zeitgleiche und wärmeäquivalente Ein- und Ausspeisung von Gas angewiesen ist, daß aber in den Sommermonaten bei einer niedrigeren Transportbelastung das Netz durchaus gewisse Puffer- und Speicherfunktionen wahrnehmen kann (*Hohaus/Ronacker,* ET Special 2005, 5, 8). In der zweiten Alternative (Überschreitung des saisonal bedingten Toleranzwerts) ist der Fall gemeint, daß dem Netzbetreiber auch Möglichkeiten zur Erdgasspeicherung in Kavernen- oder Porenspeichern zur Verfügung stehen, über die er einen höheren als den rein saisonalen Bilanzausgleich anbieten kann (*Hohaus/Ronacker,* ET Special 2005, 5, 8).

Für Abweichungen, die **innerhalb dieser Toleranzgrenze** bleiben, wird zwar gem. § 26 II GasNZV kein gesondertes Entgelt gezahlt. Sie bleiben gleichwohl als Mehr- oder Mindermengen entweder vom Netzbetreiber oder vom Transportkunden/BKV zu vergüten. Eine Preisspreizung ist insoweit durch § 30 II 5 GasNZV ausgeschlossen. Nähere Regelungen zur Preishöhe sind in der GasNZV nicht getroffen. Es bleibt damit bei den allgemeinen Preisbildungskriterien des § 23. 13

Außerhalb der Toleranzgrenze können gem. § 30 II 6 GasNZV auf den Arbeitspreis angemessene Auf- und Abschläge erhoben werden. Das Verbot der Preisspreizung gilt hier nicht, so daß Mehr- und Mindermengen zu unterschiedlichen Preisen vergütet bzw. in Rechnung gestellt werden können. Grundsätzlich ist eine Preisspreizung auch mit Art. 7 III GasfernleitungsVO vereinbar. Die Höhe der Auf- und Abschläge ist nicht genau vorgegeben. § 26 II 2 GasNZV nennt das Kriterium der „Diskriminierungsfreiheit". § 30 II 6 GasNZV spricht zudem von „angemessenen" Auf- und Abschlägen. Dies entspricht Art. 7 III 1 GasfernleitungsVO, der ebenfalls das Kriterium der Angemessenheit verwendet. 14

§ 23 a Genehmigung der Entgelte für den Netzzugang

(1) **Soweit eine kostenorientierte Entgeltbildung im Sinne des § 21 Abs. 2 Satz 1 erfolgt, bedürfen Entgelte für den Netzzugang nach § 21 einer Genehmigung, es sei denn, dass in einer Rechtsverordnung nach § 21 a Abs. 6 die Bestimmung der Entgelte für den Netzzugang im Wege einer Anreizregulierung durch Festlegung oder Genehmigung angeordnet worden ist.**

(2) ¹**Die Genehmigung ist zu erteilen, soweit die Entgelte den Anforderungen dieses Gesetzes und den auf Grund des § 24 erlassenen Rechtsverordnungen entsprechen.** ²**Die genehmigten Entgelte sind Höchstpreise und dürfen nur überschritten werden, soweit die Überschreitung ausschließlich auf Grund der Weitergabe nach Erteilung der Genehmigung erhöhter Kostenwälzungssätze einer**

§ 23a

vorgelagerten Netz- oder Umspannstufe erfolgt; eine Überschreitung ist der Regulierungsbehörde unverzüglich anzuzeigen.

(3) [1]Die Genehmigung ist mindestens sechs Monate vor dem Zeitpunkt schriftlich zu beantragen, an dem die Entgelte wirksam werden sollen. [2]Dem Antrag sind die für eine Prüfung erforderlichen Unterlagen beizufügen; auf Verlangen der Regulierungsbehörde haben die Antragsteller Unterlagen auch elektronisch zu übermitteln. [3]Die Regulierungsbehörde kann ein Muster und ein einheitliches Format für die elektronische Übermittlung vorgeben. [4]Die Unterlagen müssen folgende Angaben enthalten:
1. eine Gegenüberstellung der bisherigen Entgelte sowie der beantragten Entgelte und ihrer jeweiligen Kalkulation,
2. die Angaben, die nach Maßgabe der Vorschriften über die Strukturklassen und den Bericht über die Ermittlung der Netzentgelte nach einer Rechtsverordnung über die Entgelte für den Zugang zu den Energieversorgungsnetzen nach § 24 erforderlich sind, und
3. die Begründung für die Änderung der Entgelte unter Berücksichtigung der Regelungen nach § 21 und einer Rechtsverordnung über die Entgelte für den Zugang zu den Energieversorgungsnetzen nach § 24.

[5]Die Regulierungsbehörde hat dem Antragsteller den Eingang des Antrags schriftlich zu bestätigen. [6]Sie kann die Vorlage weiterer Angaben oder Unterlagen verlangen, soweit dies zur Prüfung der Voraussetzungen nach Absatz 2 erforderlich ist; Satz 5 gilt für nachgereichte Angaben und Unterlagen entsprechend. [7]Das Bundesministerium für Wirtschaft und Technologie wird ermächtigt, durch Rechtsverordnung mit Zustimmung des Bundesrates das Verfahren und die Anforderungen an die nach Satz 4 vorzulegenden Unterlagen näher auszugestalten.

(4) [1]Die Genehmigung ist zu befristen und mit einem Vorbehalt des Widerrufs zu versehen; sie kann unter Bedingungen erteilt und mit Auflagen verbunden werden. [2]Trifft die Regulierungsbehörde innerhalb von sechs Monaten nach Vorliegen der vollständigen Unterlagen nach Absatz 3 keine Entscheidung, so gilt das beantragte Entgelt als unter dem Vorbehalt des Widerrufs für einen Zeitraum von einem Jahr genehmigt. [3]Satz 2 gilt nicht, wenn
1. das beantragende Unternehmen einer Verlängerung der Frist nach Satz 2 zugestimmt hat oder
2. die Regulierungsbehörde wegen unrichtiger Angaben oder wegen einer nicht rechtzeitig erteilten Auskunft nicht entscheiden

kann und dies dem Antragsteller vor Ablauf der Frist unter Angabe der Gründe mitgeteilt hat.

(5) ¹Ist vor Ablauf der Befristung oder vor dem Wirksamwerden eines Widerrufs nach Absatz 4 Satz 1 oder 2 eine neue Genehmigung beantragt worden, so können bis zur Entscheidung über den Antrag die bis dahin genehmigten Entgelte beibehalten werden. ²Ist eine neue Entscheidung nicht rechtzeitig beantragt, kann die Regulierungsbehörde unter Berücksichtigung der §§ 21 und 30 sowie der auf Grund des § 24 erlassenen Rechtsverordnungen ein Entgelt als Höchstpreis vorläufig festsetzen.

Literatur: *Baur,* Der Regulator, Befugnisse, Kontrollen, ZNER 2004, 318 ff.; *Büdenbender,* Die Ausgestaltung des Regulierungskonzepts für die Elektrizitäts- und Gaswirtschaft, RdE 2004, 284, 288 ff.; *Haucap/Kruse,* Ex-ante-Regulierung oder Ex-post-Aufsicht für netzgebundene Industrien?, WuW 2004, 266 ff.; *Kühling/el-Barudi,* Das runderneuerte Energiewirtschaftsgesetz – Zentrale Neuerungen und erste Probleme, DVBl. 2005, 1470 ff.; *Lecheler/Germelmann,* Verfahrensrechtliche Bindungen der Bundesnetzagentur im Genehmigungsverfahren nach § 23a EnWG, WuW 2007, 6 ff.; *Mengies,* Rückwirkende Genehmigung der Netzentgelte und Abschöpfung von „Mehrerlösen" bei erstmaliger Genehmigungserteilung, IR 2006, 170 ff.; *Pielow,* Vom Energiewirtschafts- zum Energieregulierungsrecht?, in: ders. (Hrsg.), Grundsatzfragen, 2005, S. 16 ff.; *Ruge,* Die Genehmigungsfiktion des § 23a EnWG zwischen hinreichender Entscheidungsfrist für Behörden und Rechtssicherheit für Unternehmern, N&R 2006, 150 ff.; *Ruge,* Ausgewählte Rechtsfragen der Genehmigung von Netznutzungsentgelten im Strombereich, IR 2007, 2 ff.; *Schalle/Boos,* Stromnetzentgeltprüfung durch die Regulierungsbehörden – Erfahrungen und bevorstehende Auseinandersetzungen, ZNER 2006, 20 ff.; *Schmidt-Preuß,* Regulierung im neuen „Energiepaket": „Philosophie" und Netznutzungsentgelte, IR 2004, 146; *Stumpf/Gabler,* Netzzugang, Netznutzungsentgelte und Regulierung in Energienetzen nach der Energierechtsnovelle, NJW 2005, 3174 ff.

Übersicht

	Rn.
A. Allgemeines	1
I. Inhalt und Zweck	1
II. Europarechtliche Vorgaben	2
III. Entstehungsgeschichte	3
B. Genehmigungserfordernis (§ 23a I)	6
C. Genehmigungsentscheidung (§ 23a II)	7
D. Genehmigungsantrag (§ 23a III)	11
I. Überblick	11
II. Antragsfrist und Schriftform (§ 23a III 1)	12
III. Elektronische Übermittlung der Antragsunterlagen (§ 23a III 2 Hs. 2, 3)	14
IV. Angaben des Antragstellers (§ 23a III 4)	15
V. Verordnungsermächtigung (§ 23a III 7)	16

	Rn.
E. Nebenbestimmungen und Genehmigungsfiktion (§ 23 a IV)	17
I. Nebenbestimmungen (§ 23 a IV 1)	17
1. Bedingungen und Auflagen	17
2. Befristung	18
3. Widerrufsvorbehalt	19
II. Genehmigungsfiktion (§ 23 a IV 2 und 3)	22
F. Entgeltregelung für Übergangszeiträume (§ 23 a V)	24
I. Regelungsinhalt	24
II. Beibehaltung des genehmigten Entgelts (§ 23 a V 1)	25
III. Höchstpreisfestsetzung durch die Behörde (§ 23 a V 2)	28
G. Verhältnis zu anderen Vorschriften	31

A. Allgemeines

I. Inhalt und Zweck

1 Durch § 23 a werden die Netzzugangsentgelte (nicht aber die sonstigen Netzzugangsbedingungen) bis zur Einführung einer Anreizregulierung (§ 21 a) der **Ex-ante-Kontrolle** durch behördliche Genehmigung unterworfen. Das Genehmigungsverfahren wird durch § 23 a näher ausgestaltet. Mit der im Vorfeld sehr umstrittenen Einführung der Genehmigungspflichtigkeit der Entgelte hat der Gesetzgeber unterschiedliche Zwecke verfolgt. Neben dem Gedanken der Rechtssicherheit (Rn. 3) wurde vor allem das Ziel einer Intensivierung der Preisaufsicht über die Netzbetreiber angeführt, mit der sich die Hoffnung auf Effektuierung des Netzzugangs verband (Rn. 5). Ob die Ex-ante-Kontrolle der Entgelte durch Genehmigung im Vergleich zu einer Kombination aus bloßer Methodenregulierung ex ante und einer Ex-post-Kontrolle (Rn. 4) tatsächlich effektiver ist, wurde von vielen bezweifelt (krit. zur Ex-ante-Regulierung *Pielow,* in: ders. (Hrsg.), Grundsatzfragen, S. 16, 30; *Schmidt-Preuß,* IR 2004, 146; *Büdenbender,* RdE 2004, 284, 288 ff.; Monitoring-Bericht der Bundesregierung, BT-Drucks. 15/1510, S. 33 ff.; offener *Baur,* ZNER 2004, 318, 320; befürwortend *Haucap/Kruse,* WuW 2004, 266 ff.). Eine behördliche Ex-ante-Methodenregulierung bleibt nun neben der Genehmigung möglich, sofern der Verordnungsgeber hierfür gem. § 24 1 Nr. 2 die erforderlichen Rechtsgrundlagen schafft (§ 24, Rn. 10).

II. Europarechtliche Vorgaben

2 Die **Beschleunigungsrichtlinien** haben eine behördliche Regulierung der Netzzugangsentgelte zwingend vorgegeben (Vorb § 20, Rn. 18 ff.). Die Einführung einer Genehmigungspflicht für die Netzzugangsentgelte wäre nach den Energie-Richtlinien allerdings nicht erforderlich gewesen. Gemäß Art. 23 II EltRl und Art. 25 II GasRl obliegt es den mitgliedstaatlichen Regulierungsbehörden, zumindest die Methoden zur Berechnung der Bedingungen für den Anschluß an und den Zugang zu den nationalen Netzen einschließlich der Tarife für die Übertragung (Strom) bzw. Fernleitung (Gas) und die Verteilung vor deren Inkrafttreten festzulegen oder zu genehmigen. Ausreichend wäre demnach die Festlegung oder Genehmigung der Berechnungsmethoden gewesen (sog. Methodenregulierung). Zu einem möglichen Genehmigungsverfahren enthalten die Richtlinien kaum Vorgaben.

III. Entstehungsgeschichte

Die Vorabgenehmigung der Entgelte für den Netzzugang wurde erst ganz am Ende des Gesetzgebungsverfahrens ins Gesetz aufgenommen. Vor- und Nachteile einer Ex-ante-Preisregulierung waren sehr streitig gewesen (Rn. 1). Der **Bundesrat** hatte die Einfügung einer entsprechenden Bestimmung von Beginn an gefordert (BT-Drucks. 15/3917, S. 84 ff.) und dies vor allem mit dem Gesichtspunkt der Rechtssicherheit begründet. Daneben sprachen aus Sicht des Bundesrats Effektivitätsaspekte für eine Ex-ante-Kontrolle: Der Verwaltungsaufwand im Genehmigungsverfahren sei geringer als im Mißbrauchsverfahren auf Grund der höheren Mitwirkungsbereitschaft der regulierten Unternehmen, weil ein eigenes Interesse an zügigen und vollständigen Verfahren bestehe.

Die **Bundesregierung** hielt demgegenüber eine Vorabgenehmigung der Entgelte für unpraktikabel: „Eine Vorabgenehmigung der Entgelte aller Netzbetreiber für Netzzugang und Ausgleichsleistungen, die nicht allein auf Erhöhungen der Entgelte begrenzt ist, würde angesichts der Zahl von mehr als 1700 privatwirtschaftlich organisierten Netzbetreibern bereits in der Startphase der Regulierung zu kaum überwindbaren Schwierigkeiten führen. Der bürokratische Aufwand einer solchen Verfahrensweise wäre erheblich." Allerdings kündigte die Bundesregierung an, einen Vorschlag zu unterbreiten, der bis zum Inkrafttreten einer Anreizregulierung für Erhöhungen der Netzzugangsentgelte ein Genehmigungsverfahren vorsieht (Gegenäußerung BT-Drucks. 15/4068, S. 5).

Aufgrund einer **Empfehlung des Ausschusses für Wirtschaft und Arbeit** (BT-Drucks. 15/5268) wurde dann zunächst als Kompromiß ein § 117a eingefügt, der eine Vorabprüfung für die Erhöhung der Netzzugangsentgelte vorsah (BR-Drucks. 248/05). Nach Ansicht des Ausschusses soll die Ex-ante-Kontrolle die Intensität der Preisaufsicht über die Netzbetreiber weiter erhöhen (Hempelmann-Bericht, S. 123). Auf Empfehlung des **Vermittlungsausschusses** (BT-Drucks. 15/5736,

S. 4 f.) wurde schließlich durch § 23 a doch noch die vom Bundesrat geforderte umfassende Ex-ante-Kontrolle für die Netzzugangsentgelte aufgenommen. § 117 a der Entwurfsfassung wurde wieder gestrichen. Die späte Entscheidung für die Einführung einer Genehmigung nach § 23 a mag die unzureichende Abstimmung der dort getroffenen Regelungen mit den sonstigen Vorschriften des EnWG erklären (s. z. B. Rn. 19 ff.).

B. Genehmigungserfordernis (§ 23 a I)

6 Grundsätzlich bedürfen Netznutzungsentgelte gem. § 23 a I einer Genehmigung. Genehmigungsbedürftig sind auch Entgelte, die bei Inkrafttreten des Gesetzes bereits gelten (§ 118 I b). Auch das Angebot **individueller Netznutzungsentgelte** nach § 19 II StromNEV ist nach dessen Satz 5 genehmigungspflichtig. Genehmigungsbedürftig sind (abgesehen vom Sonderfall des § 23 a II 2) auch **Erhöhungen** der allgemeinen Netznutzungsentgelte. Eine Erhöhung der Netznutzungsentgelte ist nach Auffassung der Bundesnetzagentur auch dann genehmigungspflichtig, wenn sie mit der Erhöhung des über die Stromnetzentgelte erhobenen **Zuschlags nach dem KWKG** begründet wird (BNetzA-Newsletter vom 20. 12. 2005, dazu Rn. 9). Eine **Ausnahme** vom allgemeinen Genehmigungserfordernis besteht gem. § 23 a I für den Fall, daß keine Entgeltbildung nach dem Grundsatz der Kostenorientierung nach § 21 II 1 erfolgt. Der Verordnungsgeber ist gem. § 24 2 Nr. 5 ermächtigt, Regelungen über eine Abweichung vom Grundsatz der Kostenorientierung zu erlassen, nach denen bei bestehendem oder potentiellem Leitungswettbewerb die Entgeltbildung auf der Grundlage eines marktorientierten Verfahrens oder eine Preisbildung im Wettbewerb erfolgen kann. Davon hat der Verordnungsgeber in der GasNEV für den Zugang zu überregionalen Gasfernleitungsnetzen Gebrauch gemacht (§ 24, Rn. 29). Insoweit kann also gem. § 23 a I im Falle nicht kostenorientierter Entgeltbildung das Genehmigungserfordernis entfallen. Das Genehmigungserfordernis nach § 23 a I entfällt nach § 23 a I Hs. 2 außerdem, sobald aufgrund einer Rechtsverordnung nach § 21 a VI der Übergang zur Anreizregulierung erfolgt ist.

C. Genehmigungsentscheidung (§ 23 a II)

7 § 23 a II macht deutlich, daß es sich bei der Genehmigung nach § 23 a um eine gebundene Entscheidung handelt. Sofern deren rechtliche Voraussetzungen vorliegen, besteht daher ein **Anspruch auf Er-**

teilung (die Frage der gerichtlichen Kontrolldichte, insb. der Anerkennung behördlicher Beurteilungsspielräume ist streitig; abl. *Ruge,* IR 2007, 2 ff.). Die Entgeltgenehmigung ist in dem Sinne **rückwirkungsfähig,** daß bei einer gerichtlichen Verpflichtung zur Neubescheidung die neue Entscheidung auch schon für die Zeit seit der ursprünglichen Genehmigung gilt (*OLG Düsseldorf,* B. v. 29. 3. 2007, VI – 3 – Kart 466/06; *OLG Koblenz,* Urt. v. 4. 5. 2007 – W 605/06, ZNER 2007, 182, 191 f.; *OLG Düsseldorf,* B v. 9. 5. 2007 – VI – 3 Kart 289/06, ZNER 2007, 205; a. A. *BNetzA,* ZNER 2006, 177, 187; s. zur anders gelagerten Rückwirkungsfrage nach §§ 23 a V 1 und 118 I b Rn. 25).

Die genehmigten Entgelte sind **Höchstpreise,** d. h. sie dürfen unter-, grundsätzlich aber nicht überschritten werden. Auch eine Unterschreitung ist jedoch nur generell, nicht aber individuell gegenüber einzelnen Netznutzern zulässig. Würde der Netzbetreiber nur im Einzelfall den genehmigten Höchstpreis unterschreiten, verstieße er gegen das Diskriminierungsverbot des § 20 I 1. **Individuelle niedrigere Entgelte** sind nur aufgrund einer besonderen rechtlichen Grundlage (§ 24 1 Nr. 3 EnWG i. V. m. § 19 II StromNEV) zulässig und bedürfen gem. § 19 II 5 StromNEV einer eigenen Genehmigung. **8**

Eine Ausnahme vom Überschreitungsverbot gilt gem. § 23 a II 2 Hs. 2, sofern dadurch lediglich die **nachträgliche Erhöhung der Kostenwälzungssätze** einer vorgelagerten Netz- oder Umspannstufe weitergegeben wird (s. zur Kostenwälzung § 14 StromNEV). Die Beweislast trägt insofern der Antragsteller (§ 68, Rn. 7). Eine Überschreitung muß auch für den Fall zugelassen werden, daß eine Erhöhung des über die Stromnetzentgelte erhobenen **Zuschlags nach dem KWKG** erfolgte. Dieser Fall ist nicht ausdrücklich geregelt. Die Interessenlage gleicht jedoch der bei Erhöhung der nachträglichen Kostenwälzungssätze. In beiden Fällen kommt es zu einer objektiv meßbaren Kostenerhöhung die außerhalb der Verantwortungssphäre des Netzbetreibers liegt. Darum ist es angemessen, den Fall der Erhöhung des KWKG-Zuschlags analog zu § 23 a II 2 Hs. 2 zu behandeln. Eine darauf beruhende Erhöhung des Netzzugangsentgelts ist darum anzeige-, nicht aber genehmigungspflichtig. **9**

Die **Rechtsschutzmöglichkeiten** gegen die Genehmigung richten sich gem. § 75 II danach, ob die Betroffenen gem. § 66 II an dem Verfahren vor der Regulierungsbehörde beteiligt sind. Der betroffene Netzbetreiber selbst ist danach ohne weiteres beschwerdebefugt, da er als Antragsteller nach § 66 II Nr. 1 an dem Verfahren vor der Regulierungsbehörde beteiligt war. U. U. können als Verfahrensbeteiligte gem. § 66 II Nr. 3 auch die Verbraucherverbände nach § 75 II Beschwerde einlegen. Hingegen werden einzelne Verbraucher in der Regel nicht **10**

Verfahrensbeteiligte i. S. d. § 66 II Nr. 3 sein, weil das Interesse eines jeden Verbrauchers für sich genommen die in § 66 II Nr. 3 vorgesehene Erheblichkeitsschwelle selten überschreiten dürfte (vgl. § 66, Rn. 16). Anderes gilt für die Genehmigung eines individuellen Entgelts nach § 19 II 5 StromNEV. In diesem Verfahren ist der Letztverbraucher gem. § 66 II Nr. 3 zu beteiligen, so daß auch ihm die Beschwerde nach § 75 II möglich ist. Auch die Beschwerdebefugnis jener Energieversorgungsunternehmen, die ihre Kunden über das von der Genehmigungsentscheidung betroffene Netz im Wege des Netzzugangs versorgen wollen, hängt von deren Beteiligtenstellung im Genehmigungsverfahren ab (§ 66 II Nr. 3).

D. Genehmigungsantrag (§ 23 a III)

I. Überblick

11 § 23 a III enthält Verfahrensvorschriften über den Genehmigungsantrag. Geregelt werden der Zeitpunkt des Antrags (§ 23 a III 1), die Notwendigkeit der behördlichen Antragsbestätigung (§ 23 a III 5), die Form des Antrags (§ 23 a III 1 [Schriftform], § 23 a III 2 Hs. 2 [ggf. elektronische Übermittlung der Unterlagen], § 23 a III 3 [behördliche Vorgaben für die elektronische Übermittlung]) und der Inhalt der dem Antrag beizufügenden Angaben und Unterlagen (§ 23 a III 2, 4, 6). Darüber hinaus enthält § 23 a III 7 eine weitere Verordnungsermächtigung.

II. Antragsfrist und Schriftform (§ 23 a III 1)

12 Die **Antragsfrist** des § 23 a III 1 gilt zum einen für Erstanträge; § 118 I b trifft eine Übergangsregelung zu den Antragsfristen bei Erstanträgen für den (häufigen) Fall, daß der Antragsteller das Energieversorgungsnetz bereits bei Inkrafttreten des Gesetzes betrieben hat. Zum anderen gilt die Antragsfrist für den Fall, daß bereits eine Genehmigung bestand, wegen Fristablaufs oder infolge eines Widerrufs (§ 23 a IV) jedoch eine neue Genehmigung erforderlich ist. Im Falle des Widerrufs kann die Sechsmonatsfrist allerdings nicht gelten, wenn der Betreiber von dem Widerruf nicht frühzeitig vor dessen Wirksamwerden Kenntnis hatte. Dem Betreiber ist vielmehr eine eigene Frist zur Antragstellung einzuräumen. Hierfür sollten zwei Monate ab Kenntnis des (bevorstehenden) Widerrufs genügen. Die Sechsmonatsfrist könnte demnach nur eingehalten werden, wenn der Betreiber acht Monate vor Wirksamwerden des Widerrufs Kenntnis von diesem hat.

Das in § 23a III 1 genannte Schriftformerfordernis kann gem. § 23a III 2 durch die Regulierungsbehörde dahingehend konkretisiert werden, daß die **elektronische Form** zwingend ist.

III. Elektronische Übermittlung der Antragsunterlagen (§ 23a III 2 Hs. 2, 3)

Die Befugnisse der Regulierungsbehörde, Vorgaben bzgl. Muster und einheitlichem Format für die elektronische Übermittlung der Antragsunterlagen zu machen, finden eine **Parallelregelung** in den auf § 24 2 Nr. 6 und § 29 III gestützten § 29 StromNEV und § 29 GasNEV. Danach kann die Regulierungsbehörde zur Vereinfachung des Verfahrens Entscheidungen treffen zu Umfang, Zeitpunkt und Form der ihr zu übermittelnden Informationen, insbesondere zu den zulässigen Datenträgern und Übertragungswegen. Zwar betreffen diese beiden Regelungen nicht unmittelbar den Genehmigungsantrag, sondern vielmehr die Dokumentation nach § 28 beider Verordnungen. Diese Dokumentationen sind jedoch gem. § 23a III 4 Nr. 2 ebenfalls dem Genehmigungsantrag beizufügen (Rn. 15). Hier ist darauf zu achten, daß es nicht zu widersprüchlichen Anforderungen seitens der Regulierungsbehörde aufgrund der genannten Verordnungsermächtigungen einerseits und des § 23a III 2, 3 andererseits kommt.

IV. Angaben des Antragstellers (§ 23a III 4)

Die in § 23a III 4 Nr. 2 angesprochenen Verordnungsvorschriften über den Bericht über die Ermittlung der Netzentgelte finden sich in § 28 StromNEV und in § 28 GasNEV. Verordnungsvorschriften über die Strukturklassen finden sich in § 24 StromNEV und in § 23 GasNEV. § 23a III 4 Nr. 3 ist dahingehend zu verstehen, daß der Antragsteller darlegen muß, inwiefern die beantragten Entgelte den in § 21 und den Netzentgeltverordnungen niedergelegten materiell-rechtlichen Grundsätzen der Entgeltbildung genügen.

V. Verordnungsermächtigung (§ 23a III 7)

Durch Verordnung kann das BMWi das Verfahren und die Anforderungen an die nach § 23a III 4 vorzulegenden Unterlagen näher ausgestalten. Eine **verwandte Verordnungsermächtigung** findet sich bereits in § 29 III. Danach kann die Bundesregierung das Verfahren zur Genehmigung durch Rechtsverordnung näher ausgestalten. Die eigenständige Bedeutung des § 23a III 7 besteht demgegenüber im abweichenden Ermächtigungsadressaten (BMWi). Verfahrensregeln können demnach sowohl durch Rechtsverordnung der Bundesregierung als auch durch Rechtsverordnung des BMWi getroffen werden. Ratsam ist ein solches doppeltes Vorgehen nicht, zumal zwischen Verordnungen der Bundesregierung und solchen eines Bundesministeriums kein allgemeines Rangverhältnis besteht, das im Kollisionsfall ohne weiteres auf den Vorrang einer Norm schließen ließe. Im Zweifel wird man wohl annehmen müssen, daß Verordnungen des BMWi zu den in § 23 a III angesprochenen Verfahrensfragen als speziellere Normen den Verfahrensregelungen in Verordnungen der Bundesregierung nach § 29 III vorgehen. Bislang stellt sich dieses Problem allerdings nicht, da von der Verordnungsermächtigung des § 23 a III 7 bislang nicht Gebrauch gemacht wurde.

E. Nebenbestimmungen und Genehmigungsfiktion (§ 23 a IV)

I. Nebenbestimmungen (§ 23 a IV 1)

17 **1. Bedingungen und Auflagen.** Nach § 23 a IV 1 Hs. 2 steht die Aufnahme von Bedingungen und Auflagen im Ermessen der Behörde. Die Regelung entspricht § 12 IV 1 BTOElt. Die Auflage einer Auskunftserteilung kann zulässig sein, wenn ein Zusammenhang zwischen der Rechtmäßigkeit der Genehmigung und der verlangten Mitteilung besteht (vgl. *OLG Naumburg,* B. v. 16. 4. 2007 – 1 W 25/06, ZNER 2007, 174, 182).

18 **2. Befristung.** Zwingend ist hingegen gem. § 23 a IV 1 Hs. 1, wie in § 12 IV 1 BTOElt, die Befristung der Genehmigungen. Wie die Frist zu bemessen ist, sagt das Gesetz allerdings nicht. Die Befristung trägt der Dynamik der Kosten- und Marktverhältnisse (vgl. *Spoerr,* in: Trute/Spoerr/Bosch, Telekommunikationsgesetz, 2001, § 28, Rn. 8) und dem damit zusammenhängenden Umstand Rechnung, daß die Regulierungsentscheidung auf Seiten der Behörde in der Regel mit einem hohen Maß an Unsicherheit hinsichtlich der Prüfungsmaßstäbe wie auch der tatsächlichen Grundlagen der Entgeltbildung verbunden ist (allg. zum Ungewißheitsproblem Vorb § 20, Rn. 15 ff.). Die Befristung erlaubt es der Regierungsbehörde, eine Entscheidung rasch anzupassen und ermöglicht es, im Einklang mit Art. 23 IV EltRl und Art. 25 IV GasRl sicherzustellen, daß die Entgelte „angemessen" i. S. d. Richtlinien bleiben.

19 **3. Widerrufsvorbehalt. Zwingend ist,** wie in § 12 IV 1 BTOElt, auch die Aufnahme eines Widerrufsvorbehalts. **Hintergrund** dieser Regelung dürften zum einen Art. 23 IV EltRl und Art. 25 IV GasRl sein. Danach sind die Regulierungsbehörden befugt, falls erforderlich,

von den Netzbetreibern zu verlangen, die Tarife zu ändern, um sicherzustellen, daß diese angemessen sind und nicht diskriminierend angewendet werden. Die Bundesregierung schloß daraus, nach den Richtlinienvorgaben müßten die Regulierungsbehörden die Befugnis erhalten, von Netzbetreibern jederzeit Änderungen gegebenenfalls auch genehmigter Tarife zu verlangen (Gegenäußerung BT-Drucks. 15/4068, S. 5). Der Widerrufsvorbehalt erlaubt auch, gem. § 71a Entgeltänderungen auf vorgelagerten Netzebenen Rechnung zu tragen (vgl. *OLG Koblenz*, Urt. v. 4. 5. 2007, ZNER 2007, 182, 192). Zum anderen soll mit dem obligatorischen Widerrufsvorbehalt wohl den regulierungstypischen Ungewißheiten der Regulierungsbehörde Rechnung und eine nachträgliche Korrektur der Entgeltgenehmigung erleichtert werden (vgl. § 29, Rn. 20). Eben dieses Bedürfnis wird auch durch die Befristung berücksichtigt (Rn. 18), so daß es aufgrund des obligatorischen Widerrufsvorbehalts zu einer nicht unproblematischen Doppelung der „Instabilität" einer Entgeltgenehmigung kommt.

Der Widerruf beeinträchtigt die Stabilität der Regulierungsentscheidung allerdings insofern nur in Maßen, als er lediglich **für die Zukunft** wirkt. Die Ex-tunc-Wirkung hätte der Gesetzgeber ausdrücklich regeln müssen. Gegen die Rückwirkung spricht auch, daß ein Zweck der Einführung der Ex-ante-Regulierung gerade war, höhere Kalkulationssicherheit herzustellen, an der es bei der bloß „vorläufigen" Geltung der Netzentgelte im Rahmen der Ex-post-Kontrolle fehle (BT-Drucks. 15/3917, S. 85). Eben diese „Vorläufigkeit" wäre jedoch mit der rückwirkenden Widerrufsmöglichkeit wiederum verbunden.

Ob die Genehmigungsbehörde von dem Widerrufsvorbehalt Gebrauch macht, hat sie nach pflichtgemäßem **Ermessen** zu entscheiden. Will eine Behörde von einem Widerrufsvorbehalt Gebrauch machen, hat sie bei der Ermessensentscheidung grundsätzlich den Zweck des Widerrufsvorbehalts zu berücksichtigen. Dies bereitet hier insofern Schwierigkeiten, als der Widerrufsvorbehalt an **keine weiteren Voraussetzungen** zu knüpfen ist. Gleichwohl lassen sich ermessensleitende Anhaltspunkte aus dem EnWG gewinnen. Nach § 29 II 1 ist eine Änderung der Regulierungsentscheidung möglich, wenn dies erforderlich ist, um sicherzustellen, daß sie weiterhin den Voraussetzungen für eine Festlegung oder Genehmigung genügt (näher § 29, Rn. 20). Andere Gründe für einen Widerruf nach § 23a IV 1 sind nicht ersichtlich. Es sind hier also die gleichen Ermessenserwägungen anzustellen (vgl. § 29, Rn. 23). Die Widerrufsbefugnis nach § 23a IV geht demnach nicht über die Änderungsbefugnis nach § 29 II 1 hinaus. Beim Widerruf einer Entgeltgenehmigung ist zudem im Rahmen der Ermessensentscheidung zu berücksichtigen, daß die Entgeltgenehmigung immer mit einer Befristung versehen ist. Dies kann – zumal bei einer nur kurz bemessenen Frist – gegen den zwischenzeitlichen Widerruf sprechen, sofern die Regulierungsbehörde den regulierungstypischen Ungewißheiten ohnehin bald durch eine neue Entgeltgenehmigung nach Ablauf der Frist der alten Genehmigung Rechnung tragen kann.

II. Genehmigungsfiktion (§ 23 a IV 2 und 3)

22 § 23 a IV 2 und 3 treffen eine Fiktionsregelung für den Fall, daß die Behörde über einen Antrag nicht innerhalb der durch § 23 a I vorgegebenen Sechsmonatsfrist entscheidet. Der Eintritt der Fiktionswirkung wird nicht nur durch die endgültige Entscheidung, sondern auch durch die vorläufige Höchstpreisfestsetzung nach 23 a V 2 verhindert. Die Fiktionswirkung tritt nach Fristablauf unabhängig davon ein, ob der Antrag rechtzeitig (Rn. 28) gestellt ist oder nicht. Entscheidet die Behörde nicht innerhalb von sechs Monaten, gilt für ein Jahr das beantragte Entgelt. Diese „fingierte Genehmigung" ist wegen des gesetzlichen **Widerrufsvorbehalts** insoweit in den allgemeinen Grenzen des Widerrufs nach § 49 II 1 Nr. 1 2. Alt. VwVfG widerruflich (vgl. *OLG Düsseldorf,* B. v. 21. 7. 2006 – VI-3 Kart 289/06 (V), ZNER 2006, 258, 259; enger *Ruge,* N&R 2006, 150, 154 f.; *Lecheler/Germelmann,* WuW 2007, 6, 10 f., die mit Unterschieden im Einzelnen noch die weiteren Tatbestandsvoraussetzungen der §§ 48, 49 VwVfG prüfen wollen). Der Widerruf wirkt allerdings lediglich ex nunc. Der Widerruf wird auch konkludent durch eine Genehmigungsentscheidung der Regulierungsbehörde erklärt (*OLG Düsseldorf,* B. v. 21. 7. 2006 – VI-3 Kart 289/06 (V), ZNER 2006, 258, 259). Der Widerruf wirkt jedoch mangels ausdrücklicher Rückwirkungsanordnung im Gesetz nur ex nunc (vgl. umgekehrt § 23 a V 2, der die „Vorläufigkeit" ausdrücklich anordnet, Rn. 29). Auch die Genehmigungsentscheidung der Regulierungsbehörde hat daher keine Rückwirkung.

Eine Untätigkeitsregelung findet sich auch in **§ 75 III 2, 3**. Danach ist die Unterlassung der Entscheidung innerhalb einer angemessenen Frist einer Ablehnung gleich zu achten, gegen die eine Beschwerde zulässig ist. Diese Regelung findet hier jedoch keine Anwendung, weil sie durch die speziellere Rechtsfolgenregelung einer Genehmigungsfiktion des § 23 a IV 2, 3 verdrängt wird (§ 75, Rn. 9). Für eine Untätigkeitsbeschwerde fehlt es dann im übrigen angesichts der fingierten Genehmigung am Rechtsschutzbedürfnis.

23 Die **Sechsmonatsfrist** der Behörde nach § 23 a IV beginnt nach Satz 2 erst dann zu laufen, wenn der Behörde die **vollständigen Unterlagen** nach Abs. 3 vorliegen. Für die Vollständigkeit der Unterlagen ist die Sach- und Rechtslage im Zeitpunkt der Antragstellung maßgeblich (*OLG Düsseldorf,* B. v. 21. 7. 2006 – VI-3 Kart 289/06 (V), ZNER 2006, 258). Die Unterlagen sind vollständig, wenn sie die in § 23 a III 4 sowie ggfs. die in einer Verordnung nach § 23 a III aufgezählten Angaben enthalten; hingegen wird ein Antrag nicht dadurch unvollständig, daß die Genehmigungsbehörde Unterlagen nach § 23 a III 6 nachverlangt (*OLG Düsseldorf,* B. v. 21. 7. 2006 – VI-3 Kart 289/06 (V), ZNER 2006, 258). Zudem wird der Fristenlauf gem. § 23 a IV 2 Nr. 2 herausgezögert, wenn die Regulierungsbehörde wegen unrichtiger Angaben oder wegen einer nicht rechtzeitigen Auskunft nicht entscheiden kann und dies dem Antragsteller vor Ablauf der Frist unter Angabe der Gründe mitgeteilt wurde. Weiterhin kann die Frist nach § 23 a IV 3 Nr. 1 verlängert werden.

F. Entgeltregelung für Übergangszeiträume (§ 23 a V)

I. Regelungsinhalt

§ 23 a V regelt die Frage, welche Entgelthöchstgrenze nach Ablauf einer befristeten Genehmigung oder nach dem Widerruf einer Genehmigung gilt, wenn zum **Zeitpunkt des Außerkrafttretens der früheren Genehmigung** eine **neue Genehmigung noch nicht vorliegt.** Gemäß Satz 1 gilt, daß bis zur Entscheidung die bis dahin genehmigten Entgelte beibehalten werden können, wenn vor Ablauf der Befristung oder Widerruf eine neue Genehmigung beantragt ist. Nach § 23 a V kann die Behörde ein Entgelt vorläufig festsetzen, wenn die neue Entscheidung nicht rechtzeitig beantragt ist. § 23 a V 1 entspricht § 12 IV 2 BTOElt, § 23 a V 2 entspricht § 12 IV 3 BTOElt.

II. Beibehaltung des genehmigten Entgelts (§ 23 a V 1)

Bis zur Entscheidung der Behörde können die bis dahin genehmigten Entgelte beibehalten werden. Diese Regelung gilt gem. § 118 I b 2 entsprechend, wenn zuvor kein Entgelt genehmigt war. In einer Übergangszeit kommen dann die bisher nach den Verbändevereinbarungen kalkulierten Entgelte zur Anwendung (*Schalle/Boos,* ZNER 2006, 20, 21). § 23 a V 1 trifft eine **materiell-rechtliche Regelung;** die bisher genehmigten Entgelte gelten demnach als rechtmäßig. Sie gelten auch nicht bloß „vorläufig" (anders § 23 a V 2), sondern vielmehr endgültig als rechtmäßig. Die neue Genehmigung entfaltet daher insoweit **keine**

Rückwirkung und kann auch nicht auf einen dem realen Genehmigungszeitpunkt voraus liegenden Zeitraum **zurückerstreckt** werden (*OLG Brandenburg*, B. v. 16. 11. 2006 – Kart W 1/06, ZNER 2006, 347, 348; a. A. *OLG Stuttgart*, B. v. 9. 11. 2006 – 205 EnWG 1/06, ZNER 2006, 344 ff.; *OLG Stuttgart*, B. v. 5. 4. 2007 – 202 EnWG 8/06, ZNER 2007, 194, 201; *OLG Stuttgart*, B. v. 3. 5. 2007 – 202 EnWG 4/06), so daß die für den Übergangszeitraum geltenden Entgelte auch nicht nachträglich für diesen Übergangszeitraum angepaßt werden können (*Mengies*, IR 2006, 170 ff.; *Schalle/Boos*, ZNER 2006, 20, 26). Damit scheiden auch Sanktionsmaßnahmen nach §§ 30 ff. aus, weil sie ein rechtswidriges Verhalten des Betreibers voraussetzen. Eine „Mehrerlösabschöpfung" kommt darum insoweit nicht in Betracht (*OLG Düsseldorf*, B. v. 21. 7. 2006 – VI-3 Kart 289/06 (V), ZNER 2006, 258, 264; *OLG Brandenburg*, B. v. 16. 11. 2006 – Kart W 1/06, ZNER 2006, 347, 348; *OLG Düsseldorf*, B. v. 9. 5. 2007 – VI – 3 Kart 289/06 (V), ZNER 2007, 205, 209). Der Anwendungsbereich von § 23 a V 1 erfaßt zunächst sowohl die Fälle, in denen eine Genehmigung **rechtzeitig** (Rn. 28) beantragt ist als auch jene Fälle, in denen sie nicht rechtzeitig beantragt wurde. Die Bestimmung in § 23 a V 1 ist jedoch als „Kann-Regelung" formuliert. Eine Alternative zur Beibehaltung des genehmigten Entgelts besteht zum einen für den Fall, daß der Antrag auf Genehmigung **nicht rechtzeitig** gestellt wurde. Dann kann die Behörde alternativ nach Satz 2 verfahren (Rn. 28 ff.). Zum anderen kommt bei Verstreichen der behördlichen Sechsmonatsfrist nach § 23 a IV 2 die Anwendung der dort getroffenen Fiktionsregelung in Betracht (Rn. 26).

26 Wenn die **Behörde nicht innerhalb von sechs Monaten** nach Stellung des Genehmigungsantrags **entscheidet**, konkurrieren die Fiktionsregelung des § 23 a IV 2 und die Übergangsregelung des § 23 a V 1. Es könnten dann entweder (ungeachtet der Regelung des Absatzes 4 Satz 2) gem. § 23 a V 1 das früher genehmigte Entgelt oder aber (entgegen der Regelung des § 23 a V 1) gem. § 23 a IV 2 ab dem Zeitpunkt des Verstreichens der dort genannten Sechsmonatsfrist das beantragte neue Entgelt gelten. Die Untätigkeitsregelung des § 23 a IV 2 dürfte die speziellere Norm sein. Da Untätigkeitsregelungen jedoch regelmäßig zugunsten des Antragstellers getroffen werden, sollte sie hier nicht zu Lasten des Betreibers angewendet werden. Falls das beantragte Entgelt (§ 23 a IV 2) niedriger sein sollte als das früher genehmigte Entgelt (§ 23 a V 1), steht dem Betreiber darum die Wahl der Rechtsfolge des § 23 a V 1 offen.

27 Der Anwendungsbereich der Übergangsregelung ist bei **rechtzeitiger Antragstellung** eng: Sofern die vorige Genehmigung ihre Wirk-

samkeit nicht durch Widerruf verliert, ist der Antrag nur dann rechtzeitig, wenn er gem. § 23a III 1 sechs Monate im voraus gestellt wurde (vgl. Rn. 28). Entscheidet die Behörde innerhalb dieses Sechsmonatszeitraums, ist eine Übergangsregelung nach § 23a V aber nicht erforderlich, weil dann zum Zeitpunkt des Auslaufens der früheren Genehmigung bereits die neue Entscheidung existiert. Für den Fall, daß die Behörde nicht innerhalb der sechs Monate bis zum Ablauf der früheren Genehmigung entscheidet, kann die für den Antragsteller wohl meistens günstigere Fiktionsregelung in § 23a IV 2 zur Anwendung kommen (Rn. 26). Lediglich in dem Fall, daß der Antrag zwar rechtzeitig unter Wahrung der Sechsmonatsfrist (§ 23a III 1) gestellt wurde, die Fiktionsfrist (§ 23a IV 2) jedoch wegen unvollständiger Angaben oder nach § 23a IV 3 nicht unmittelbar zu laufen begonnnen hat (Rn. 23), kommt die Übergangsregelung in § 23a V 1 trotz rechtzeitiger Antragstellung (sechs Monate vorab) zum Tragen. Ein weiterer Anwendungsfall kann der Widerruf sein, weil hier die Sechsmonatsfrist für die Antragstellung nicht gilt (Rn. 12, 28), so daß die Rechtsfolge des § 23a V 1 vor der Fiktionsregelung des § 23a IV 2 eintreten kann.

III. Höchstpreisfestsetzung durch die Behörde (§ 23a V 2)

Sofern eine neue Entscheidung nicht rechtzeitig beantragt ist, gilt § 23a V 2. Die **Rechtzeitigkeit** richtet sich grundsätzlich nach § 23a III 1. Es muß die dort genannte Sechsmonatsfrist gewahrt sein. Diese Regelung kann allerdings nicht ohne weiteres im Falle des Widerrufs einer Genehmigung gelten. Dann ist dem Betreiber vielmehr ab Kenntnis des (bevorstehenden) Widerrufs eine Antragsfrist von maximal zwei Monaten einzuräumen (Rn. 12). Für Erstanträge nach § 118 Ib sind die dort genannten Fristen auch für die Rechtzeitigkeit der Antragstellung maßgeblich.

Unklar ist, ob § 23a V 2 voraussetzt, daß überhaupt ein Antrag gestellt wurde. Sinnvollerweise kann die einseitige Höchstpreisfestsetzung nach § 23a V 2 auch dann erfolgen, wenn **gar kein Antrag** gestellt wurde (ebenso *Stumpf/Gabler*, NJW 2005, 3174, 3176). Nur so ist sichergestellt, daß auch ein „säumiger" Netzbetreiber zur Durchleitung verpflichtet werden kann. Ansonsten könnte derjenige, der es versäumt ein neues Netznutzungsentgelt genehmigen zu lassen, den Netzzugang mit der Begründung verweigern, es stehe das Netznutzungsentgelt nicht fest.

Die Höchstpreisfestsetzung gilt nur **vorläufig.** Sie kann darum mit Wirkung ex tunc widerrufen werden. Als konkludenter Widerruf gilt auch die endgültige Genehmigungsentscheidung. Die endgültige Genehmigung gilt rückwirkend ab dem Zeitpunkt des Unwirksamwerdens der früheren Genehmigung.

30 Die **Fiktionsregelung** in § 23a IV 2 kommt nicht zur Anwendung, wenn die vorläufige Höchstpreisfestsetzung beim verspäteten Antrag nach Art. 23a V 2 erfolgte, bevor die Sechsmonatsfrist der Behörde nach § 23a IV verstrichen war (Rn. 22). Hingegen kann auch bei einem verspäteten Genehmigungsantrag i. S. d. § 23a V 2 die Fiktionswirkung nach § 23a IV 2 eintreten, sofern die Behörde weder eine endgültige noch eine vorläufige Festsetzung vornimmt. Ist die Fiktionswirkung eingetreten, bleibt es der Behörde allerdings unbenommen, auch dann noch eine vorläufige Höchstpreisfestsetzung nach § 23a V 2 zu treffen. Die Höchstpreisfestsetzung ist dann zugleich ein ab dem Festsetzungszeitpunkt wirksamer (Rn. 22) Widerruf der fingierten Genehmigung i. S. d. § 23a IV 2 und ersetzt diese vorläufig. Wird die vorläufige Festsetzung ihrerseits durch die endgültige Genehmigung rückwirkend ersetzt, behält die nach § 23a IV 2 fingierte Genehmigung Gültigkeit für die Zeit bis zur vorläufigen Höchstpreisfestsetzung nach § 23a V 2.

G. Verhältnis zu anderen Vorschriften

31 Der Regulierungsbehörde stehen für die Regulierung des Netzzugangsentgelts neben § 23a zahlreiche weitere Handlungsbefugnisse zur Verfügung, deren Verhältnis zueinander und zu § 23a nicht immer leicht zu bestimmen ist (Vorb § 29, Rn. 1 ff.).

§ 24 Regelungen zu den Netzzugangsbedingungen, Entgelten für den Netzzugang sowie zur Erbringung und Beschaffung von Ausgleichsleistungen

¹Die Bundesregierung wird ermächtigt, durch Rechtsverordnung mit Zustimmung des Bundesrates
1. die Bedingungen für den Netzzugang einschließlich der Beschaffung und Erbringung von Ausgleichsleistungen oder Methoden zur Bestimmung dieser Bedingungen sowie Methoden zur Bestimmung der Entgelte für den Netzzugang gemäß den §§ 20 bis 23 festzulegen,
2. zu regeln, in welchen Fällen und unter welchen Voraussetzungen die Regulierungsbehörde diese Bedingungen oder Methoden festlegen oder auf Antrag des Netzbetreibers genehmigen kann,

3. zu regeln, in welchen Sonderfällen der Netznutzung und unter welchen Voraussetzungen die Regulierungsbehörde im Einzelfall individuelle Entgelte für den Netzzugang genehmigen oder untersagen kann und
4. zu regeln, in welchen Fällen die Regulierungsbehörde von ihren Befugnissen nach § 65 Gebrauch zu machen hat.

²Insbesondere können durch Rechtsverordnungen nach Satz 1
1. die Betreiber von Energieversorgungsnetzen verpflichtet werden, zur Schaffung möglichst einheitlicher Bedingungen bei der Gewährung des Netzzugangs in näher zu bestimmender Weise zusammenzuarbeiten,
2. die Rechte und Pflichten der Beteiligten, insbesondere die Zusammenarbeit und Pflichten der Betreiber von Energieversorgungsnetzen, einschließlich des Austauschs der erforderlichen Daten und der für den Netzzugang erforderlichen Informationen, einheitlich festgelegt werden,
2 a. die Rechte der Verbraucher bei der Abwicklung eines Anbieterwechsels festgelegt werden,
3. die Art sowie Ausgestaltung des Netzzugangs und der Beschaffung und Erbringung von Ausgleichsleistungen einschließlich der hierfür erforderlichen Verträge und Rechtsverhältnisse und des Ausschreibungsverfahrens auch unter Abweichung von § 22 Abs. 2 Satz 2 festgelegt werden, die Bestimmungen der Verträge und die Ausgestaltung der Rechtsverhältnisse einheitlich festgelegt werden sowie Regelungen über das Zustandekommen und die Beendigung der Verträge und Rechtsverhältnisse getroffen werden,
3 a. im Rahmen der Ausgestaltung des Netzzugangs zu den Gasversorgungsnetzen für Anlagen zur Erzeugung von Biogas im Rahmen des Auswahlverfahrens bei drohenden Kapazitätsengpässen sowie beim Zugang zu örtlichen Verteilernetzen Vorrang gewährt werden,
3 b. die Regulierungsbehörde befugt werden, die Zusammenfassung von Teilnetzen, soweit dies technisch möglich und wirtschaftlich zumutbar ist, anzuordnen,
4. Regelungen zur Ermittlung der Entgelte für den Netzzugang getroffen werden, wobei die Methode zur Bestimmung der Entgelte so zu gestalten ist, dass eine Betriebsführung nach § 21 Abs. 2 gesichert ist und die für den Betriebs- und Versorgungssicherheit sowie die Funktionsfähigkeit der Netze notwendigen Investitionen in die Netze gewährleistet sind,
5. Regelungen über eine Abweichung von dem Grundsatz der Kostenorientierung nach § 21 Abs. 2 Satz 1 getroffen werden,

nach denen bei bestehendem oder potentiellem Leitungswettbewerb die Entgeltbildung auf der Grundlage eines marktorientierten Verfahrens oder eine Preisbildung im Wettbewerb erfolgen kann,

6. Regelungen darüber getroffen werden, welche netzbezogenen und sonst für ihre Kalkulation erforderlichen Daten die Betreiber von Energieversorgungsnetzen erheben und über welchen Zeitraum sie diese aufbewahren müssen,

7. Regelungen für die Durchführung eines Vergleichsverfahrens nach § 21 Abs. 3 einschließlich der Erhebung der hierfür erforderlichen Daten getroffen werden.

[3] Im Falle des Satzes 2 Nr. 1 und 2 ist das Interesse an der Ermöglichung eines effizienten und diskriminierungsfreien Netzzugangs im Rahmen eines möglichst transaktionsunabhängigen Modells unter Beachtung der jeweiligen Besonderheiten der Elektrizitäts- und Gaswirtschaft besonders zu berücksichtigen; die Zusammenarbeit soll dem Ziel des § 1 Abs. 2 dienen. [4] Regelungen nach Satz 2 Nr. 3 können auch weitere Anforderungen an die Zusammenarbeit der Betreiber von Übertragungsnetzen bei der Beschaffung von Regelenergie und zur Verringerung des Aufwandes für Regelenergie vorsehen. [5] Regelungen nach Satz 2 Nr. 4 und 5 können vorsehen, dass Entgelte nicht nur auf der Grundlage von Ausspeisungen, sondern ergänzend auch auf der Grundlage von Einspeisungen von Energie berechnet und in Rechnung gestellt werden, wobei bei Einspeisungen von Elektrizität aus dezentralen Erzeugungsanlagen auch eine Erstattung eingesparter Entgelte für den Netzzugang in den vorgelagerten Netzebenen vorzusehen ist.

Übersicht

	Rn.
A. Allgemeines	1
I. Inhalt und Zweck	1
II. Europarechtliche Vorgaben	2
B. Ermächtigungen	5
I. Generalermächtigungen (§ 24 1)	5
1. Bedingungs- und Methodenregulierung durch Verordnung (§ 24 1 Nr. 1)	5
a) Inhalt	5
b) Anwendungsbereich	6
c) Unterschiedliche Regulierungsmodi	7
2. Bedingungs- und Methodenregulierung durch Behörde (§ 24 1 Nr. 2)	10
a) Inhalt und Anwendungsbereich	10
b) Unterschiedliche Regulierungsmodi	12

	Rn.
aa) Festlegungen	12
bb) Genehmigung	13
3. Individuelle Entgelte (§ 24 1 Nr. 3)	14
4. Befugnisse nach § 65 (§ 24 1 Nr. 4)	17
II. Spezialermächtigungen (§ 24 2)	20
1. Zusammenarbeitspflicht der Netzbetreiber (§ 24 2 Nr. 1)	20
2. Rechte und Pflichten der Beteiligten (§ 24 2 Nr. 2)	21
3. Verabraucherrechte bei Anbieterwechsel (§ 24 2 Nr. 2 a)	22
4. Ausgestaltung des Netzzugangs (§ 24 2 Nr. 3)	24
5. Biogasanlagen (§ 24 2 Nr. 3 a)	25
6. Zusammenfassung von Teilnetzen (§ 24 2 Nr. 3 b)	27
7. Bestimmung der Netzzugangsentgelte (§ 24 2 Nr. 4)	28
8. Entgeltbestimmung bei Leitungswettbewerb (§ 24 2 Nr. 5)	29
9. Dokumentationspflichten (§ 24 2 Nr. 6)	30
10. Vergleichsverfahren (§ 24 2 Nr. 7)	31
III. Transaktionsunabhängiger Netzzugang (§ 24 3)	32
IV. Verringerung des Regelenergieaufwands (§ 24 4)	33
V. Einspeiseentgelte (§ 24 5)	34

A. Allgemeines

I. Inhalt und Zweck

§ 24 ermächtigt den Verordnungsgeber dazu, die gesetzlichen **Be-** 1
stimmungen zum Netzzugang durch Rechtsverordnung zu **konkretisieren**. Die Ermächtigungen ermöglichen es dem Verordnungsgeber zum einen, den Netzzugang unmittelbar durch Verordnung näher zu regeln (unmittelbare Regulierung, s. insb. § 24 1 Nr. 1). Zum anderen wird der Verordnungsgeber ermächtigt, entsprechende Handlungsbefugnisse der Regulierungsbehörden zu schaffen (mittelbare Regulierung, s. insb. § 24 1 Nr. 2). § 24 2 präzisiert, welchen Inhalt Rechtsverordnungen nach § 24 1 haben können. Dabei sind die Ermächtigungen in § 24 2 nicht im technischen Sinne Spezialregelungen gegenüber § 24 1, so daß Verordnungen kumulativ auf Ermächtigungen nach § 24 1 und § 24 2 gestützt werden können. Die Verordnungsermächtigungen sind ausschließlich an die Bundesregierung gerichtet. Eine Subdelegation der Verordnungsermächtigung an die Regulierungsbehörde ist – anders als in § 92 III 3 – nicht vorgesehen (vgl. etwa Begr. des RegE zur StromNZV, BR-Drucks. 245/05, S. 44). Handlungsbefugnisse mit normierendem Charakter können der Regulie-

rungsbehörde jedoch in Gestalt der Festlegung nach § 24 1 Nr. 2 übertragen werden (näher *Britz,* RdE 2006, 1, 4 ff.).

II. Europarechtliche Vorgaben

2   § 24 schafft die Voraussetzungen für eine Umsetzung von **Art. 23 II EltRl und Art. 25 II GasRl.** Nach Art. 23 II EltRl und Art. 25 II GasRl obliegt es den Regulierungsbehörden der Mitgliedstaaten, zumindest die Methoden zur Berechnung oder Festlegung der Bedingungen für den Zugang zu nationalen Netzen einschließlich der Tarife und die Bedingungen für die Erbringung von Ausgleichsleistungen festzulegen oder zu genehmigen. Die Richtlinie läßt also die sog. „Methodenregulierung" genügen.

3   Bezüglich der **Entgeltregulierung** hat der deutsche Gesetzgeber dieses gemeinschaftsrechtliche Mindestmaß behördlicher Regulierung sogar überschritten, indem er die Genehmigung der einzelnen Entgelte durch die Regulierungsbehörde in § 23 a vorgeschrieben hat. Insofern ist es konsequent, daß nicht noch zusätzlich eine Verordnungsermächtigung zur Festlegung der Entgelte besteht; dafür ist angesichts des Genehmigungserfordernisses nach § 23 a kein Raum. Aus europarechtlicher Sicht war es nicht erforderlich, dem Verordnungsgeber weitere Regulierungsmöglichkeiten zu eröffnen. Umgekehrt ist die Ermächtigung zur unmittelbaren (§ 24 1 Nr. 1) oder mittelbaren (§ 24 1 Nr. 2) Methodenregulierung auch bezüglich der Höchstpreise nach § 23 a (Rn. 6, 9) europarechtlich nicht zu beanstanden.

4   Bezüglich der Regulierung der **sonstigen Bedingungen** stellt sich hingegen aus europarechtlicher Sicht die Frage, ob die Verordnungsermächtigungen die Einhaltung des Mindestmaßes an behördlicher Regulierung gewährleisten: Zum einen ist die Umsetzung des gemeinschaftsrechtlichen Regulierungsauftrags nicht mit letzter Sicherheit gewährleistet. Die Verordnungsermächtigungen des § 24 sind lediglich Regulierungsermächtigungen, nicht aber Regulierungs*verpflichtungen*, weil der Verordnungsgeber grundsätzlich nicht gezwungen ist, von einer Verordnungsermächtigung tatsächlich Gebrauch zu machen. Zum anderen schreiben die Richtlinien vor, daß wenigstens die Regulierung der Methoden zur Bestimmung der Bedingungen durch *Regulierungsbehörden* erfolgt. Nach § 24 1 Nr. 1 können sowohl die Bedingungs- als auch die Methodenregulierung jedoch unmittelbar durch den Verordnungsgeber vorgenommen werden; ob der gemeinschaftsrechtliche Begriff der Regulierungsbehörde so weit auszulegen ist, daß auch der Verordnungsgeber als Regulierungsbehörde anzusehen ist, ist fraglich (so *Büdenbender/Rosin,* ET 2003, 746, 747 f.; differenzierend *Schneider,*

ZWeR 2003, 381, 383). Zwar findet sich in § 24 1 Nr. 2 eine mittelbare Ermächtigung an die Regulierungs*behörde*. Ob davon Gebrauch gemacht wird, bleibt jedoch dem Verordnungsgeber überlassen. Tatsächlich wurde die Regulierungsbehörde in §§ 27 StromNZV, 42 GasNZV zur Regulierung von Methoden und Bedingungen durch behördliche Festlegungen ermächtigt. Auch insoweit ist die Umsetzung des behördlichen Regulierungsauftrags allerdings nicht mit letzter Sicherheit gewährleistet, weil es weitgehend der Behörde überlassen wurde, ob sie von der Festlegungsermächtigung Gebrauch machen will oder nicht (anders § 27 II StromNZV, der als Soll-Regelung formuliert ist). Gleichwohl dürfte die damit insgesamt **erreichte Regulierungsdichte europarechtlichen Anforderungen genügen.**

B. Ermächtigungen

I. Generalermächtigungen (§ 24 1)

1. Bedingungs- und Methodenregulierung durch Verordnung 5
(§ 24 1 Nr. 1). a) Inhalt. § 24 I Nr. 1 ermächtigt den **Verordnungsgeber** hinsichtlich des Netzzugangs **selbst** regulierend tätig zu werden. Die Vorschrift ermächtigt zur Festlegung von drei verschiedenen Aspekten: Bedingungen für den Netzzugang einschließlich der Beschaffung und Erbringung von Ausgleichsleistungen, Methoden zur Bestimmung dieser Bedingungen und Methoden zur Bestimmung der Entgelte.

b) Anwendungsbereich. Dem Wortlaut nach erfaßt die Ermächti- 6
gung den Netzzugang nach §§ 20–23. Dies ist einerseits zu weit formuliert, weil die Anreizregulierung nach § 21 a eingeschlossen ist. Die Verordnungsermächtigung des § 24 ist jedoch nicht auf die Anreizregulierung anwendbar, weil die Verordnungsermächtigung nach § 21 a VI spezieller ist. Es ist redaktionell versäumt worden, den im Gesetzgebungsverfahren erst spät eingefügten § 21 a ausdrücklich von der Aufzählung in § 24 1 Nr. 1 auszunehmen. Andererseits ist die Ermächtigung zu eng gefaßt, weil die Genehmigung der Netzentgelte nach **§ 23 a** nicht mitaufgezählt ist. Die eigene Verordnungsermächtigung in § 23 a III 7 betrifft lediglich einen speziellen Verfahrensaspekt. Daneben ist die Anwendung von § 24 1 Nr. 1 erforderlich. Auch für die behördliche Höchstpreisgenehmigung nach § 23 a ist eine verordnungsrechtliche Präzisierung der Methoden zur Bestimmung des Entgelts hilfreich. Von der Anwendbarkeit des § 24 bezüglich der Höchstpreisfestsetzung nach § 23 a ist der Gesetzgeber zweifellos ausgegangen (vgl. § 23 a V 2). Die Nichterwähnung von § 23 a in § 24 1 Nr. 1 dürfte wiederum ein redaktionelles Versehen sein.

7 **c) Unterschiedliche Regulierungsmodi.** Der Verordnungsgeber kann die **Bedingungen für den Netzzugang einschließlich der Beschaffung und Erbringung von Ausgleichsleistungen** festlegen. Gemeint sind alle Bedingungen außer dem Entgelt; das Entgelt wird gem. § 23 a (§ 21 a) durch die Regulierungsbehörde unmittelbar reguliert. Der Verordnungsgeber kann aufgrund dieser Ermächtigung zum einen präzisieren, was sachlich gerechtfertigte Kriterien (§ 20 I 1) bzw. angemessene Bedingungen (§ 21 I) sind. Zum anderen können die gesetzlichen Bestimmungen über die Beschaffung (§ 22) und Erbringung (§ 23) von Ausgleichsleistungen konkretisiert werden. Von diesen Ermächtigungen wurde durch die GasNZV und die StromNZV Gebrauch gemacht.

8 Neben der Regulierung der konkreten Bedingungen kann der Verordnungsgeber die **Methoden zur Bestimmung dieser Bedingungen** festlegen (Methodenregulierung, s. § 29, Rn. 5 f.). Auch von dieser Ermächtigung wurde durch die GasNZV und die StromNZV Gebrauch gemacht.

9 Darüber hinaus können die **Methoden zur Bestimmung der Entgelte für den Netzzugang** durch Verordnung festgelegt werden. Dies gilt nicht für die Methoden der Anreizregulierung, für die in § 21 a VI 1 Nr. 2 eine eigene Verordnungsermächtigung besteht. Entgegen dem Wortlaut ist der Verordnungsgeber jedoch zur Regulierung der Methoden für die Höchstpreisregulierung nach § 23 a ermächtigt (Rn. 6). Diese Methodenregulierung dient der Präzisierung der Vorgaben zur Entgeltbildung nach § 21. Von der Verordnungsermächtigung wurde durch die GasNEV und die StromNEV Gebrauch gemacht.

10 **2. Bedingungs- und Methodenregulierung durch Behörden (§ 24 I Nr. 2). a) Inhalt und Anwendungsbereich.** Satz 1 Nr. 2 ermächtigt den Verordnungsgeber dazu, Handlungsermächtigungen für die **Regulierungsbehörde** zur Präzisierung der Netzzugangsvoraussetzungen zu schaffen. Der Anwendungsbereich ist mit dem des § 24 I Nr. 1 identisch (Rn. 6). Als behördliche Handlungsinstrumente kommen eine Festlegung und eine Genehmigung in Betracht. Die Genehmigung setzt – im Unterschied zur Festlegung – einen Antrag des Netzbetreibers voraus. Die Genehmigung bezieht sich auf einen durch den Antrag individualisierten Sachverhalt und ergeht darum in der Form eines Verwaltungsakts. Der Rechtscharakter der Festlegung ist nicht eindeutig (§ 29, Rn. 12 ff.). Adressaten der Handlungsermächtigung durch den Verordnungsgeber können grundsätzlich sowohl die BNetzA als auch die Landesregulierungsbehörden sein. Dies richtet sich im einzelnen nach § 54 (§ 54, Rn. 1, 11 ff.).

Die Bestimmung enthält **sechs verschiedene Ermächtigungen.** 11
Der Verordnungsgeber kann die Regulierungsbehörde einerseits zu sog.
Festlegungen ermächtigen: Er kann die Regulierungsbehörde dazu
ermächtigen, die Bedingungen für den Netzzugang einschließlich der
Beschaffung und Erbringung von Ausgleichsleistungen (1), die Methoden zur Bestimmung dieser Bedingungen (2) oder die Methoden zur
Bestimmung der Entgelte (3) festzulegen. Andererseits kann der Verordnungsgeber ein **Genehmigung**serfordernis vorsehen, indem er die
Regulierungsbehörde dazu ermächtigt, die Bedingungen für den Netzzugang einschließlich der Beschaffung und Erbringung von Ausgleichsleistungen (4), die Methoden zur Bestimmung dieser Bedingungen (5)
oder die Methoden zur Bestimmung der Entgelte für den Netzzugang
(6) zu genehmigen. Ausgenommen ist auch hier die unmittelbare Festlegung oder Genehmigung des Entgelts, weil dessen Genehmigungsbedürftigkeit bereits durch § 23 a geregelt ist.

b) Unterschiedliche Regulierungsmodi. aa) Festlegungen. Von 12
der Ermächtigung zur Festlegung der **Bedingungen für den Netzzugang einschließlich der Beschaffung und Erbringung von Ausgleichsleistungen** hat der Verordnungsgeber in § 27 StromNZV und
§ 42 GasNZV Gebrauch gemacht. In § 27 StromNZV finden sich insbesondere auch Ermächtigungen zu Festlegungen zur Beschaffung und
Erbringung von Augleichsleistungen; hervorzuheben ist § 27 II Strom
NZV, der nicht bloß eine Ermächtigung für die Behörde, sondern einen
behördlichen Festlegungsauftrag („soll") vorsieht. Zahlreiche Bestimmungen in § 27 StromNZV und § 42 GasNZV ermächtigen zur behördlichen Festlegung sonstiger Netzzugangsbedingungen. Ermächtigungen an die Regulierungsbehörde zur Festlegung der **Methoden zur
Bestimmung dieser Bedingungen** finden sich ebenfalls in § 27
StromNZV und in § 42 GasNZV. Ermächtigungen zur Festlegung der
Methoden zur Bestimmung der Netzzugangsentgelte hat der
Verordnungsgeber durch § 30 StromNEV und § 30 GasNEV geschaffen.

bb) Genehmigung. Von der Ermächtigung zur Schaffung eines 13
behördlichen Genehmigungserfordernisses bezüglich Netzzugangsbedingungen, Methoden zur Ermittlung der Netzzugangsbedingungen
und Methoden der Entgeltkalkulation wurde in den Netzzugangs- und
-entgeltverordnungen bislang kein Gebrauch gemacht.

3. Individuelle Entgelte (§ 24 I Nr. 3). Nach § 24 I Nr. 3 kann 14
der Verordnungsgeber **Sonderregelungen** bezüglich der Höhe des
Netznutzungsentgelts treffen, durch die die Regulierungsbehörde
unter bestimmten Voraussetzungen zur Genehmigung oder Untersagung individueller Netznutzungsentgelte ermächtigt wird. In verfahrenstechnischer Hinsicht kann dies als „Verbot mit Erlaubnisvorbehalt"

(Genehmigung) oder als „Verbotsvorbehalt" (Untersagung) ausgestaltet werden. Der materiell-rechtliche Gehalt der Verordnungsermächtigung liegt in (der Ermächtigung zu) einer Abweichung vom Grundsatz gleicher Netznutzungsentgelte (§ 21 I 1).

15 Im Strombereich hat der Verordnungsgeber von der Ermächtigung durch **§ 19 StromNEV** Gebrauch gemacht. Nach § 19 II 5 StromNEV sind individuelle Netznutzungsentgelte **genehmigungsbedürftig**, so daß nur aufgrund einer Genehmigung durch die Regulierungsbehörde von dem nach § 23a genehmigten Tarif abgewichen werden darf. Bestimmungen zum Genehmigungsverfahren finden sich in § 19 II 6, 7, 8, 9 StromNEV. Die **materiell-rechtlichen Voraussetzungen** für die Genehmigung eines individuellen Netznutzungsentgelts sind in § 19 II 1, 2 StromNEV geregelt. Zwei unterschiedliche Konstellationen sind dabei zu unterscheiden: Einerseits kommt ein individuelles Netznutzungsentgelt nach § 19 II 1 StromNEV dann in Betracht, wenn aufgrund vorliegender oder prognostizierter Verbrauchsdaten oder aufgrund technischer oder vertraglicher Gegebenheiten offensichtlich ist, daß der Höchstlastbeitrag eines Letztverbrauchers vorhersehbar erheblich von der zeitgleichen Jahreshöchstlast aller Entnahmen abweicht. Andererseits gewährt § 19 II 2 StromNEV eine Privilegierung für Großabnehmer. Danach ist ein individuelles Netzentgelt auch dann anzubieten, wenn die Stromabnahme an einer Abnahmestelle im letzten Kalenderjahr bestimmte zeitliche und mengenmäßige Mindestwerte überstiegen hat (krit. *Britz/Herzmann,* IR 2005, 98 ff.; s. auch *Stumpf/Gabler,* NJW 2005, 3174, 3178, Fn. 51 m.w.N.). Regelungen zur Höhe des individuellen Netznutzungsentgelts finden sich in § 19 II 3, 4 StromNEV. § 19 I, III StromNEV treffen weitere Regelungen zu besonderen Formen der Berechnung des Netznutzungsgelts, die im Unterschied zu den Fällen des § 19 II StromNEV keiner behördlichen Genehmigung bedürfen.

16 Im Gasbereich hat der Verordnungsgeber von der Ermächtigung in **§ 20 II GasNEV** Gebrauch gemacht. Im Einzelfall können Betreiber von Verteilernetzen demnach ein gesondertes Netznutzungsentgelt berechnen, wenn dadurch ein Direktleitungsbau vermieden werden kann. Auf ein Genehmigungserfordernis wurde verzichtet. Es besteht lediglich unter bestimmten Voraussetzungen gem. § 20 II 2 GasNEV eine Mitteilungspflicht.

17 **4. Befugnisse nach § 65 (§ 24 1 Nr. 4). Zweck** einer Regelung nach § 24 1 Nr. 4 ist es, eine **Einschreitenspflicht** der Behörde zu begründen. Dies geht über die in § 65 selbst geregelte Ermächtigung der Behörde hinaus, weil das Einschreiten der Behörde dort in deren Ermessen gestellt ist. Insofern geht eine Regelung nach § 24 1 Nr. 4

auch über die Befugnisse nach § 30 II hinaus, der das Einschreiten ebenfalls ins behördliche Ermessen stellt.

Verordnungsbestimmungen nach § 24 1 Nr. 4 sind Rechtsgrundverweisungen. Damit die Behörde einschreiten kann, müssen also die Tatbestandsvoraussetzungen des § 65 vorliegen. Danach kann die Regulierungsbehörde gegen ein Verhalten vorgehen, das den Bestimmungen des EnWG oder einer darauf gestützten Verordnung widerspricht. Wegen der systematischen Stellung von § 24 1 Nr. 4 ist dies allerdings auf Verstöße gegen Vorschriften zum **Netzzugang** zu beschränken. 18

Der Verordnungsgeber hat von der Ermächtigung in § 3 III 4 Gas-NEV und § 6 IV 5 GasNZV Gebrauch gemacht. Hintergrund des **§ 3 III 4 GasNEV** ist, daß in diesen Fällen keine Ex-ante-Aufsicht nach § 23a besteht. Die Genehmigungspflicht entfällt hier gem. § 23a, weil keine kostenorientierte Entgeltbildung erfolgt, sondern das Entgelt vielmehr gem. § 3 II 1 GasNEV i. V. m. § 19 GasNEV nach einem Vergleichsverfahren gebildet wird. An die Stelle der Genehmigung nach § 23a tritt darum die Anzeige nach § 3 III GasNEV. Die Regulierungsbehörde hat gem. § 3 III 3 GasNEV zu prüfen, ob die Voraussetzungen und Anforderungen der Entgeltberechnung nach § 19 GasNEV eingehalten sind. Ist dies nicht der Fall, muß sie gem. § 3 III 4 GasNEV i. V. m. § 65 einschreiten. Auch im Fall der Teilnetzbildung nach **§ 6 IV GasNZV** scheint der Verordnungsgeber eine bloße Ermessensvorschrift für zu schwach gehalten zu haben und hat darum eine Pflicht zum Einschreiten angeordnet, falls die Voraussetzungen für eine als ultima ratio gedachte (Begr. des RegE zur GasNZV, BR-Drucks. 246/05, 39) Teilnetzbildung nicht vorliegen. 19

II. Spezialermächtigungen (§ 24 2)

1. Zusammenarbeitspflicht der Netzbetreiber (§ 24 2 Nr. 1). § 24 2 Nr. 1 ermächtigt den Verordnungsgeber, die Netzbetreiber zur **Zusammenarbeit zwecks Harmonisierung** ihrer **Netzzugangsbedingungen** zu verpflichten. Damit wird dem Bedarf nach einheitlichen Netzzugangsbedingungen Rechnung getragen, der Voraussetzung eines effizienten Netzzugangs ist (vgl. Begr. BT-Drucks. 15/3917, S. 61). Die Verordnungsermächtigung dient vor allem der Präzisierung der Zusammenarbeitspflicht nach § 20 I 2 (vgl. § 20, Rn. 30). Von der Ermächtigung zur Harmonisierungsverpflichtung wurde z. B. durch § 16 I StromNZV Gebrauch gemacht (Verpflichtung der Netzbetreiber, gemeinsam mit anderen Netzbetreibern einheitliche Bedingungen des Netzzugangs zu schaffen, um die Transaktionskosten des Zugangs zum gesamten Netz so gering wie möglich zu halten). 20

21 **2. Rechte und Pflichten der Beteiligten (§ 24 2 Nr. 2).** § 24 2 Nr. 2 ermächtigt den Verordnungsgeber allgemein zur Festlegung der Rechte und Pflichten der Beteiligten. Gemeint sind die Rechte und Pflichten im Rahmen des Netzzugangs. Hierzu finden sich zahlreiche Regelungen in den Netzzugangs- und Netzentgeltverordnungen. Besonders hervorgehoben werden in § 24 2 Nr. 2 die Zusammenarbeit und Pflichten der Netzbetreiber einschließlich des Datenaustauschs. Die Zusammenarbeitspflicht der Netzbetreiber nach Nr. 2 hat einen anderen Schwerpunkt als die Zusammenarbeitspflicht zwecks Harmonisierung nach Nr. 1. Bei Nr. 2 geht es vor allem um die zur Abwicklung des Netzzugangs erforderliche praktische Zusammenarbeit der Netzbetreiber, für die allerdings wiederum zunächst eine einheitliche Regelung in Gestalt eines Netzzugangsmodells getroffen werden muß (vgl. § 20, Rn. 98). Die Verordnungsermächtigung dient vor allem der Präzisierung der Zusammenarbeitspflicht nach § 20 I a 4 (vgl. § 20, Rn. 96 ff.). Die **praktische Zusammenarbeit** ist insbesondere erforderlich, um ein **transaktionsunabhängiges Netzzugangsmodell** realisieren zu können (vgl. § 24 3). Tatsächlicher Transaktionsaufwand, der aufgrund der Nutzung verschiedener Netze entsteht, soll nicht zu Lasten der Letztverbraucher gehen, für die der Netzzugang einfach handhabbar und transparent sein soll (Begr. BT-Drucks. 15/3917, S. 61). Der Verordnungsgeber hat von der Ermächtigung z. B. durch § 16 II StromNZV Gebrauch gemacht (Verpflichtung der Netzbetreiber, die zur effizienten Organisation des Netzzugangs erforderlichen Verträge abzuschließen und die notwendigen Daten unverzüglich auszutauschen).

22 **3. Verbraucherrechte bei Anbieterwechsel (§ 24 2 Nr. 2 a).** Die Möglichkeit des **Anbieterwechsels** ist Voraussetzung für den Wettbewerb um Energiekunden. § 24 2 Nr. 2 a ermächtigt aber aufgrund seiner systematischen Stellung im Gesetz nur zur Regelung solcher Fragen des Anbieterwechsels, die mit dem Netzzugang zusammenhängen. Regelungen zur Ausgestaltung des vertraglichen Energielieferungsverhältnisses finden in dieser Ermächtigung hingegen keine Grundlage (vgl. § 20, Rn. 91). Die Netzzugangs- und Netzentgeltverordnungen sind nicht ausdrücklich auf diese Ermächtigung gestützt. Bestimmungen zum Lieferantenwechsel finden sich gleichwohl in § 14 StromNZV und in § 37 GasNZV.

23 Der in der Ermächtigung verwendete Begriff des **„Verbrauchers"** ist uneindeutig. Das EnWG definiert nur den Haushaltskunden (§ 3 Nr. 22), den Kunden (§ 3 Nr. 24) und den Letztverbraucher (§ 3 Nr. 25). Seitens der Vertreter von Verbraucherschutzinteressen war im Gesetzgebungsverfahren gefordert worden, die Verfahren und Rechte der Haushaltskunden bei einem Anbieterwechsel müßten in einer eigenen Rechtsverordnung geregelt werden (Hempelmann-Bericht, S. 110). Die anschließende Empfehlung des Ausschusses für Wirtschaft und Arbeit, § 24 2 Nr. 2a einzufügen, könnte auf diese Anregung zurückzuführen sein und darum ebenfalls die Haushaltskunden meinen. Bezüglich sonstiger Kunden bietet § 24 1 Nr. 1 eine hinreichende Ermächtigungsgrundlage. Tatsächlich regeln § 14 Strom NZV und § 37 Gas NZV Näheres zum Verfahren des Lieferantenwechsels nicht nur für Haushaltskunden, sondern für alle Netznutzer.

4. Ausgestaltung des Netzzugangs (§ 24 2 Nr. 3). § 24 2 Nr. 3 **24** ist die zentrale Verordnungsermächtigung zur näheren Ausgestaltung des Netzzugangs einschließlich der Beschaffung und Erbringung von Ausgleichsleistungen. Die Verordnungsermächtigung dient insbesondere zur Konkretisierung von § 20 Ia und Ib. Davon hat der Verordnungsgeber in den beiden Netzzugangsverordnungen Gebrauch gemacht. § 24 4 erweitert den materiellrechtlichen Spielraum des Verordnungsgebers bei der Ausgestaltung der Zusammenarbeit der ÜNB bei der Beschaffung von Regelenergie (Rn. 33).

5. Biogasanlagen (§ 24 2 Nr. 3 a). § 24 2 Nr. 3 a enthält zwei **25** Ermächtigungen zur Schaffung von **Privilegierungstatbeständen für Biogas** beim Zugang zu Gasnetzen (Rn. 26). Unter Biogas sind gem. § 3 Nr. 10 c Biomethan, Gas aus Biomasse, Deponiegas, Klärgas und Grubengas zu verstehen. Die Verordnungsermächtigung trägt dem Zweck des Gesetzes einer auch umweltverträglichen Energieversorgung (§ 1 I) Rechnung. Daß die Privilegierungsermächtigung auf den Zugang zu Gasnetzen beschränkt ist, beruht darauf, daß es für den Zugang zu den Stromnetzen angesichts der Spezialregelungen im EEG und im KWKG keiner weiteren Zugangserleichterung bedarf. Die Verpflichtungen der Netzbetreiber aus dem EEG und dem KWKG bleiben gem. § 2 II unberührt.

Die Verordnungsermächtigung sieht zwei verschiedene Privilegierungsmöglichkeiten vor. Zum einen kann Anlagen zur Erzeugung von **26** Biogas im Rahmen des Auswahlverfahrens bei drohenden **Kapazitätsengpässen** Vorrang gewährt werden (s. auch § 20, Rn. 205). Demgemäß bestimmt § 10 IV 1 GasNZV, daß Kapazitäten vorrangig an Transportkunden, die Biomasse einspeisen, zu vergeben sind, wenn im Falle eines Engpasses 90 Prozent oder mehr, aber weniger als 100 Prozent der verfügbaren technischen Kapazität bereits durch Transportkunden gebucht sind (näher *Graßmann,* ZNER 2006, 12, 19). Zum anderen kann für die genannten Anlagen beim Zugang zu **örtlichen Verteilernetzen** ein genereller Vorrang gewährt werden. Davon wurde in § 8 I 2 GasNZV Gebrauch gemacht. Der Abschluß von Netzzugangsverträgen mit Transportkunden, die Biomethan und Gas aus Biomasse einspeisen, hat danach

Vorrang, soweit diese Gase netzkompatibel sind und keine bestehenden Verträge entgegenstehen (näher *Graßmann*, ZNER 2006, 12, 14 ff.).

27 **6. Zusammenfassung von Teilnetzen (§ 24 2 Nr. 3 b).** Von dieser Ermächtigung hat der Verordnungsgeber in § 6 IV 6 GasNZV Gebrauch gemacht. Danach kann die Regulierungsbehörde die Zusammenfassung von Teilnetzen anordnen, sofern dies technisch möglich und wirtschaftlich zumutbar ist. Grundsätzlich sind die Netzbetreiber gem. § 3 II 2 GasNZV ohnehin verpflichtet, den Transportkunden Kapazitäten für das ganze Netz anzubieten (Begr. des RegE zur GasNZV, BR-Drucks. 246/05, S. 36). § 6 IV 1, 2 GasNZV gestattet allerdings unter bestimmten Voraussetzungen die Bildung von Teilnetzen, was dazu führt, daß Kapazitäten für Teile des Netzes ausgewiesen werden können. Die Behörde muß jedoch bereits nach § 6 IV 5 GasNZV gem. § 65 einschreiten, wenn die rechtlichen Voraussetzungen für die Teilnetzbildung nicht vorliegen. Zu den Befugnissen der Regulierungsbehörde nach § 6 IV 5 GasNZV i. V. m. § 65 EnWG gehört auch die Anordnung der Zusammenlegung unzulässigerweise gebildeter Teilnetze. Sinn der als weitergehend gedachten Ermächtigung in § 6 IV 6 GasNZV kann es darum nur sein, der Regulierungsbehörde ein Vorgehen gegen Teilnetze im Wege der Zusammenfassungsanordnung auch dann zu ermöglichen, wenn die rechtlichen Voraussetzungen der Teilnetzbildung an und für sich gegeben sind, so daß die Behörde nicht nach § 6 IV 5 GasNZV einschreiten kann. Voraussetzung ist dann allerdings, daß die Zusammenfassung der Teilnetze technisch möglich und wirtschaftlich zumutbar ist. Ein Anwendungsfall für diese Regelung ist allerdings nicht recht zu erkennen. Die als ultima ratio gedachte Teilnetzbildung kommt ohnehin nur in Betracht, wo sie aufgrund dauerhafter physikalischer Engpässe unvermeidbar ist (Begr. des RegE zur GasNZV, BR-Drucks. 246/05, S. 39). Dann wird aber die Zusammenfassung kaum technisch möglich und wirtschaftlich zumutbar sein.

28 **7. Bestimmung der Netzzugangsentgelte (§ 24 2 Nr. 4).** § 24 2 Nr. 4 ist die zentrale Verordnungsermächtigung zur näheren Ausgestaltung der Methoden für die Bestimmung der Netzzugangsentgelte. Von der Ermächtigung hat der Verordnungsgeber in den beiden Netzentgeltverordnungen Gebrauch gemacht. Die Verordnungsermächtigung macht materiell-rechtliche Vorgaben für die Entgeltberechnung, die systematisch in die Entgeltvorschrift des § 21 gehören. Zum einen wird auf die materiellrechtlichen Kostenmaßstäbe des § 21 II verwiesen. Zum anderen muß das Entgelt so kalkuliert werden, daß die für die Betriebs- und Versorgungssicherheit sowie die Funktionsfähigkeit der Netze notwendigen Investitionen in die Netze gewährleistet sind. Letzteres beschränkt die Entgeltkalkulation nach unten.

8. Entgeltbestimmung bei Leitungswettbewerb (§ 24 2 Nr. 5).

Auch § 24 2 Nr. 5 betrifft die Methoden zur Entgeltbestimmung. Der Verordnungsgeber kann demnach unter bestimmten Voraussetzungen **Ausnahmen vom Grundsatz der kostenorientierten Entgeltermittlung** gestatten. Auf die Kostenorientierung wird verzichtet, wenn Leitungswettbewerb tatsächlich oder potentiell besteht. Dann kann das Entgelt entweder auf der Grundlage eines marktorientierten Verfahrens bestimmt werden oder aber es wird der sich tatsächlich im Wettbewerb bildende Preis zugrunde gelegt. Als marktorientiertes Verfahren kommt insbesondere ein Vergleichsverfahren in Betracht (s. § 19 i. V. m. § 26 GasNEV). Der Verordnungsgeber hat von der Ermächtigung des § 24 2 Nr. 5 nur durch § 3 II GasNEV beim Zugang zu überregionalen Gasfernleitungen Gebrauch gemacht. Auch nach § 3 II GasNEV sind die Betreiber von Gasfernleitungen allerdings nicht automatisch von der Pflicht zur kostenorientierten Kalkulation befreit. Vielmehr muß im Einzelfall anhand der alternativen Mindestkriterien des § 3 II 2 GasNEV geprüft werden, ob das Fernleitungsnetz wirksamem bestehenden oder potentiellen Wettbewerb ausgesetzt ist.

9. Dokumentationspflichten (§ 24 2 Nr. 6).

Auf der Ermächtigung in § 24 2 Nr. 6 beruhen die Dokumentationspflichten nach §§ 28 StromNEV und 28 GasNEV.

10. Vergleichsverfahren (§ 24 2 Nr. 7).

Regelungen für die Durchführung von Vergleichsverfahren finden sich in §§ 22–26 StromNEV und in §§ 21–26 GasNEV.

III. Transaktionsunabhängiger Netzzugang (§ 24 3)

§ 24 3 hebt die Bedeutung der **Zusammenarbeitspflicht** der Netzbetreiber für ein **transaktionsunabhängiges Netzzugangsmodell** und damit für die Sicherstellung eines wirksamen und unverfälschten Wettbewerbs und die Sicherung eines langfristig angelegten, leistungsfähigen und zuverlässigen Netzbetriebs (§ 24 3 i. V. m. § 1 II) hervor (Rn. 21; § 20, Rn. 96). In § 24 3 ist noch von einem „möglichst transaktionsunabhängigen" Modell die Rede. Diese Einschränkung hat sich noch im Gesetzgebungsverfahren erledigt, da in § 20 Ib 1 auch für den Gasnetzzugang ein transaktionsunabhängiges Modell vorgeschrieben wurde.

IV. Verringerung des Regelenergieaufwands (§ 24 4)

§ 24 4 erweitert den materiellrechtlichen Spielraum des Verordnungsgebers bei Regelungen nach § 24 2 Nr. 3. Der Verordnungsgeber darf bezüglich der Zusammenarbeit der Betreiber von Übertragungsnetzen im Hinblick auf die Beschaffung von Regelenergie und die Verringerung des Aufwands für Regelenergie „weitere Anforderungen" vorsehen. Dies gestattet, über die bislang im Gesetz (§ 22 II) an die Beschaffung der Regelenergie gestellten Anforderungen hinaus zu gehen. Die Abweichungsermächtigung des § 24 4 war gem. § 118 II erst ab dem 1. 10. 2007 anzuwenden. Es sollte zunächst der Evaluierungsbericht der Bundesregierung nach § 112 3 Nr. 5 abgewartet werden, in dem die Bedingungen der Beschaffung und des Einsatzes von Ausgleichsenergie darzustellen und gegebenenfalls Vorschläge zur Verbesserung des Beschaffungsverfahrens, insbesondere der gemeinsamen, regelzonenübergreifenden Ausschreibung und zu einer möglichen Zusammenarbeit der ÜNB zur weiteren Verringerung des Aufwands für Regelenergie zu machen waren.

V. Einspeiseentgelte (§ 24 5)

34 § 24 5 sieht eine weitere materiell-rechtliche Konkretisierung zu den Verordnungsermächtigungen in Nr. 4 und Nr. 5 vor. Danach ist eine Regelung möglich, die eine **ergänzende Erhebung von Entgelten für die Einspeisung von Energie** gestattet (Begr. BT-Drucks. 15/3917, S. 61). Nach § 15 I 3 StromNEV sind für die Einspeisung elektrischer Energie grundsätzlich keine Netzentgelte zu entrichten. Demgegenüber sieht die GasNEV sowohl Einspeiseentgelte als auch Ausspeiseentgelte vor (§§ 13 II, 15 I GasNEV).

§ 25 Ausnahmen vom Zugang zu den Gasversorgungsnetzen im Zusammenhang mit unbedingten Zahlungsverpflichtungen

¹Die Gewährung des Zugangs zu den Gasversorgungsnetzen ist im Sinne des § 20 Abs. 2 insbesondere dann nicht zumutbar, wenn einem Gasversorgungsunternehmen wegen seiner im Rahmen von Gaslieferverträgen eingegangenen unbedingten Zahlungsverpflichtungen ernsthafte wirtschaftliche und finanzielle Schwierigkeiten entstehen würden. ²Auf Antrag des betroffenen Gasversorgungsunternehmens entscheidet die Regulierungsbehörde, ob die vom Antragsteller nachzuweisenden Voraussetzungen des Satzes 1 vorliegen. ³Die Prüfung richtet sich nach Artikel 27 der Richtlinie 2003/55/EG des Europäischen Parlaments und des Rates vom 26. Juni 2003 über gemeinsame Vorschriften für den Erdgasbinnenmarkt und zur Aufhebung der Richtlinie 98/30/EG (ABl. EU Nr. L 176 S. 57). ⁴Das Bundesministerium für Wirtschaft und

Ausnahmen vom Zugang zu den Gasversorgungsnetzen § 25

Technologie wird ermächtigt, durch Rechtsverordnung, die nicht der Zustimmung des Bundesrates bedarf, die bei der Prüfung nach Artikel 27 der Richtlinie 2003/55/EG anzuwendenden Verfahrensregeln festzulegen. [5] In der Rechtsverordnung nach Satz 4 kann vorgesehen werden, dass eine Entscheidung der Regulierungsbehörde, auch abweichend von den Vorschriften dieses Gesetzes, ergehen kann, soweit dies in einer Entscheidung der Kommission der Europäischen Gemeinschaften vorgesehen ist.

Literatur: *Baur,* Energielieferverträge unter europäischem Kartellrecht, RdE 2001, 81 ff.; *Büdenbender,* Grundfragen des energierechtlichen Netzzugangs in der Gaswirtschaft nach der Gasnovelle (§ 6a EnWG), RdE 2001, 165 ff.; *Büttner/Däuper,* Analyse typischer Klauseln in Gaslieferverträgen, ZNER 2001, 210 ff.; *Ehricke/Pellmann,* Zur EG-kartellrechtlichen Bewertung der Unzulässigkeitskriterien langfristiger Gaslieferungsverträge, WuW 2005, 1104 ff.; *Markert,* Langfristige Bezugsbindungen für Strom und Gas nach deutschem und europäischem Kartellrecht, EuZW 2000, 427 ff.; *Markert,* Langfristige Energiebezugsbindungen als Kartellrechtsverstoß, WRP 2003, 356 ff.; *Säcker/Jaecks,* Langfristige Energielieferverträge und Wettbewerbsrecht, 2002; *Schnichels,* Marktabschottung durch langfristige Gaslieferverträge, EuZW 2003, 171 ff.; *Schöler,* Langfristige Gaslieferverträge, 2006.

Übersicht

	Rn.
A. Allgemeines	1
I. Inhalt und Zweck	1
II. Europarechtliche Vorgaben	2
III. Entstehungsgeschichte	3
B. Unzumutbarkeit der Zugangsgewährung	4
I. Überblick	4
II. Unbedingte Zahlungsverpflichtungen aus Gaslieferverträgen	5
III. Gefahr ernsthafter wirtschaftlicher und finanzieller Schwierigkeiten	7
C. Entscheidung der Regulierungsbehörde	9
I. Verfahren	9
II. Ermessensausübung	12
1. Überblick	12
2. Interessen der Beteiligten	13
3. Wettbewerbsrechtliche und gaswirtschaftliche Kriterien	16
D. Verordnungsermächtigung und EG-Beteiligungsverfahren	17
E. Rechtsschutz	19

A. Allgemeines

I. Inhalt und Zweck

1   Die Vorschrift normiert die materiellen und prozeduralen Voraussetzungen für einen speziellen Fall der Unzumutbarkeit i. S. d. § 20 II, wenn der Zugang zu Gasversorgungsnetzen begehrt wird. Ziel ist es, Gasversorgungsunternehmen vor wirtschaftlichen und finanziellen Schwierigkeiten zu schützen. Diese können entstehen, wenn ein Unternehmen aufgrund neuer Wettbewerber seine durch unbedingte Zahlungsverpflichtungen sanktionierten Mindestbezugsmengen nicht mehr am Markt absetzen kann. Durch die Regelung soll der Bedeutung **langfristiger Lieferverträge** in der Gaswirtschaft Rechnung getragen werden, die typischerweise solche Verpflichtungen vorsehen. Um eine übermäßige Inanspruchnahme dieses Verweigerungsgrunds zu verhindern, unterliegt die Ausübung des Zugangsverweigerungsrechts einer besonderen Kontrolle durch die Regulierungsbehörde.

II. Europarechtliche Vorgaben

2   Den materiellen und prozeduralen Rahmen für die Gewährung von Ausnahmen aufgrund unbedingter Zahlungsverpflichtungen gibt Art. 27 GasRl detailliert vor (zur Entstehungsgeschichte vgl. *Rapp-Jung*, BerlK-EnR, § 6a, Rn. 74 ff.). Wie bei Art. 22 GasRl unterliegt die mitgliedstaatliche Entscheidung einem **europäischen Kontrollverfahren**. Diese Einbindung der Kommission in den Entscheidungsprozeß ist mit dem Subsidiaritätsprinzip vereinbar. Im Anwendungsbereich des Art. 27 GasRl bestehen erhebliche Überschneidungen mit dem europäischen Wettbewerbsrecht. Die Beteiligung der Kommission dient daher der Kohärenz und der Verfahrensökonomie. Art. 27 GasRl hat Übergangscharakter (*Rapp-Jung*, BerlK-EnR, § 6a, Rn. 62). Dies ergibt sich aus seiner Stellung als Teil der Schlussvorschriften und aus der Berichtspflicht der Kommission nach Art. 27 VI GasRl. Bemerkenswert ist, daß diese Ausnahmevorschrift in der Praxis bisher noch keine Anwendung gefunden hat. Dies liegt allerdings auch in dem sich nur langsam entwickelnden Wettbewerb auf dem Gasmarkt begründet.

III. Entstehungsgeschichte

3   § 25 entspricht materiell § 6a III EnWG 2003. Bei der Bestimmung der für die Ausnahmeentscheidung zuständigen Behörde wurde der Einrichtung der Regulierungsbehörde Rechnung getragen. Die Ver-

ordnungsermächtigung für Verfahrensfragen war bisher in § 6a IV 1 EnWG 2003 enthalten. Entfallen ist das Zustimmungserfordernis des Bundesrates. Nicht aufgenommen wurde die Anregung des Bundesrates, der eine ausdrückliche Befristung der Ausnahme gefordert hatte (BT-Drucks. 15/3917, S. 89). § 25 5 geht zurück auf die Empfehlung des Ausschusses für Wirtschaft und Arbeit (BT-Drucks. 15/5268, S. 40).

B. Unzumutbarkeit der Zugangsgewährung

I. Überblick

§ 25 ermöglicht eine Zugangsverweigerung trotz vorhandener Kapazitäten, wenn einem Gasversorgungsunternehmen, das im Rahmen seiner Gaslieferungsverträge unbedingte Zahlungsverpflichtungen eingegangen ist, durch die Belieferung von Kunden durch einen Wettbewerber ernsthafte wirtschaftliche und finanzielle Schwierigkeiten entstehen würden. Wie die Formulierung im Konjunktiv verdeutlicht, müssen diese Schwierigkeiten noch nicht eingetreten sein. Ausreichend ist das Bestehen einer **konkreten Gefahr**. Der Anwendungsbereich des § 25 ist nicht ausdrücklich auf Importverträge bzw. die Fernleitungsebene beschränkt (*Büdenbender*, RdE 2001, 165, 169f.; *Neveling*, in: D/T, Europ. Energierecht, Rn. 487). Die Anwendung auf die überkommenen langfristigen Gasbezugsverträge der Weiterverteiler dürfte gleichwohl regelmäßig daran scheitern, daß diese aus kartellrechtlichen Gründen unwirksam sind (Rn. 6; zur Wirksamkeit von Importverträgen vgl. *Schöler*, S. 123, 131–155). Die Vorschrift ist **restriktiv** anzuwenden (*Rapp-Jung*, BerlK-EnR, § 6a, Rn. 96), um das Ziel, einen funktionierenden Wettbewerb auf dem Gasmarkt zu etablieren, nicht zu gefährden und das Prinzip der Nichtdiskriminierung nicht übermäßig einzuschränken. 4

II. Unbedingte Zahlungsverpflichtungen aus Gaslieferverträgen

Verträge mit unbedingten Zahlungsverpflichtungen verpflichten den Abnehmer zur Bezahlung einer bestimmten Mindestmenge (oftmals 80% der vereinbarten Liefermenge) unabhängig davon, ob er diese selbst am Markt absetzen kann (**take-or-pay-Klausel**). Oftmals enthalten die Verträge die Möglichkeit, überschüssige Mengen aus den Vorjahren anrechnen zu lassen oder etwaigen Minderbezug in nachfolgenden Jahren auszugleichen. 5

Die unbedingte Zahlungsverpflichtung muß sich aus einem **wirksamen** Gasliefervertrag ergeben. Die vor der Liberalisierung abge- 6 schlossenen **langfristigen Lieferverträge** der Ferngasgesellschaften mit Weiterverteilern verstoßen in der Regel gegen Art. 81 EG und § 1 GWB sowie Art. 82 EG und §§ 19, 20 GWB (*BKartA,* WuW/E DE-V 1147, bestätigt durch *OLG Düsseldorf,* WuW/E DE-R 1757 und WuW/E DE-R 2197; *OLG Stuttgart,* RdE 2002, 182; *OLG Düsseldorf,* RdE 2002, 44). Sie enthalten typischerweise Verpflichtungen, einen überwiegenden Teil (oft 80% oder mehr) des Gesamtbedarfs bei einem Lieferanten zu decken. Dadurch entfalten sie eine marktabschottende Wirkung. Die von den Ferngasgesellschaften ihrerseits gegenüber den Produzenten eingegangen unbedingten Zahlungsverpflichtungen können dies regelmäßig nicht rechtfertigen (*Schnichels,* EuZW 2003, 171, 174; *Schöler,* S. 186 f.; krit. *Ehricke/Pellmann,* WuW 2005, 1104, 1114 f.).

III. Gefahr ernsthafter wirtschaftlicher und finanzieller Schwierigkeiten

7 Aufgrund von unbedingten Zahlungsverpflichtungen drohende Schwierigkeiten sind stets wirtschaftlicher und finanzieller Art. Sie sind **ernsthaft,** wenn sie so gewichtig sind, daß sie die Wettbewerbsfähigkeit des Unternehmens und damit seine wirtschaftliche Tätigkeit auf dem Gasmarkt konkret gefährden. Nicht notwendig ist hingegen eine unmittelbare Insolvenzgefährdung (*Büdenbender,* RdE 2001, 165, 171). Nicht ausreichend ist demgegenüber eine Verschlechterung der bisherigen Marge, auch wenn sie erheblich ist. Die Schwierigkeiten müssen sich auf das Gasversorgungsunternehmen als Ganzes beziehen. Bestehen mehrere Verträge, reicht es daher nicht aus, wenn einer dieser Verträge unwirtschaftlich ist (*Büdenbender,* RdE 2001, 165, 170; *Neveling,* in: D/T, Europ. Energierecht, Rn. 489; *Rapp-Jung,* BerlK-EnR, § 6a, Rn. 90, a. A. *v. Burchard/Riemer,* ET 1998, 782, 783).

8 Die Schwierigkeiten müssen auf der unbedingten Zahlungsverpflichtung beruhen. Daran fehlt es insbesondere, wenn der Erdgasabsatz des betroffenen Unternehmens nicht unter die vereinbarte Mindestabnahmemenge sinkt. Hat ein Unternehmen mehrere Verträge mit Take-or-Pay-Verpflichtungen abgeschlossen, bildet insoweit grundsätzlich die Summe der Mindestabnahmemengen den Bezugspunkt. § 25 kann daher nicht eine umfassende Zugangsverweigerung rechtfertigen. Möglich ist dies nur für Mengen, durch deren Nichtabsatz die Mindestabnahmemenge erheblich unterschritten würde. Keine ernsthaften Schwierigkeiten liegen weiterhin vor, wenn der Gasliefervertrag **angepasst** werden kann oder **Absatzalternativen** gefunden werden können (§ 25 3 i. V. m. Art. 27 III 3 GasRl). Absatzalternativen sind prinzipiell europaweit zu suchen, soweit hierfür Transportmöglichkeiten zur

Verfügung stehen. Bei vor Inkrafttreten der GasRl am 4. August 2003 geschlossenen Verträgen müssen die Absatzalternativen wirtschaftlich tragfähig sein.

C. Entscheidung der Regulierungsbehörde

I. Verfahren

Über das Vorliegen der Voraussetzungen des in § 25 1 normierten Zugangsverweigerungsrechts wird in jedem Fall durch die Regulierungsbehörde entschieden. Wie sich aus Art. 27 I GasRl eindeutig ergibt, hat das Unternehmen kein Wahlrecht, ob es den Antrag nach § 25 2 stellt oder nicht. Die Ausübung des Zugangsverweigerungsrechts bedarf daher der Genehmigung. Ein entsprechender Antrag ist von dem **betroffenen** Gasversorgungsunternehmen zu stellen. Diese Formulierung ist unklar, da ihr noch das Bild des nicht entflochtenen Unternehmens zugrunde liegt (*Rapp-Jung,* BerlK-EnR, § 6a, Rn. 80). Von den wirtschaftlichen Schwierigkeiten kann nach der Entflechtung nur die Vertriebsgesellschaft betroffen sein. Nur der Netzbetreiber kann aber die Zugangsverweigerung vornehmen. Aus Gründen der Verfahrensökonomie sollte der Antrag von beiden Unternehmen gemeinsam gestellt werden.

Nach § 36 I 1 GasNZV ist der Antrag in der Regel bis zum Juni eines Jahres zu stellen. Die Vorschrift soll eine Entscheidung vor Beginn des jeweils nächsten Gaswirtschaftsjahres ermöglichen. Diese unpräzise Zeitbestimmung ist aus rechtsstaatlichen Gründen so auszulegen, daß eine Antragstellung bis Ende Juni ausreicht (*Stumpf/Gabler,* NJW 2005, 3174, 3176; a. A. *K/K/R,* S. 76). Ein späterer Antrag ist nur zulässig, wenn zumindest eine der Voraussetzungen der Zugangsverweigerung erst nach diesem Zeitpunkt entstanden ist. Der Netzzugang kann bereits vor der Befreiungsentscheidung der Regulierungsbehörde verweigert werden, soweit die Voraussetzungen vorliegen. Art. 27 I GasRl verlangt lediglich, daß das Genehmigungsverfahren unverzüglich nach der Zugangsverweigerung eingeleitet wird. Der Netzbetreiber trägt dann das Risiko einer ablehnenden Entscheidung der Regulierungsbehörde. Praktisch relevant wird dies regelmäßig nur in Fällen eines zulässigerweise verspäteten Antrags sein.

Die **Darlegungs- und Beweislast** für das Vorliegen der Voraussetzungen des Satzes 1 liegt beim Antragsteller (§ 25 2). Er muß bereits bei der Antragstellung alle für die Prüfung erforderlichen Angaben machen (§ 36 I 3 GasNZV). Die **Zusammenarbeit** der Regulierungsbehörde mit dem **BKartA** regelt § 58 I (§ 58, Rn. 8).

II. Ermessensausübung

12 **1. Überblick.** Der Wortlaut von § 25 2 könnte so verstanden werden, daß die Regulierungsbehörde verpflichtet ist, die Zugangsverweigerung zu billigen, wenn die Voraussetzungen des § 25 1 vorliegen. Allerdings ergibt sich aus § 25 3 i. V. m. Art. 27 I 6 GasRl, dass es sich um eine Ermessensentscheidung handelt. Bei dieser sind die in Art. 27 III GasRl aufgeführten Kriterien zu berücksichtigen. Anhand dieser erfolgt eine Abwägung zwischen der Ernsthaftigkeit der Schwierigkeiten und den einer Ausnahme entgegenstehenden Interessen. Dabei ist die Ausnahme nach dem Grundsatz der Verhältnismäßigkeit hinsichtlich der betroffenen Kapazitäten und der Dauer zu begrenzen.

13 **2. Interessen der Beteiligten.** Neben den wirtschaftlichen Schwierigkeiten des durch die unbedingte Zahlungsverpflichtung gebundenen Gasversorgungsunternehmens sind auch die Auswirkungen auf die Endverbraucher in die Ermessensausübung einzubeziehen (Art. 27 III lit. d GasRl). Diese sind dann betroffen, wenn sie durch die Zugangsverweigerung nicht von einem günstigeren Lieferanten mit Erdgas beliefert werden können. Überschreiten die Schwierigkeiten des Gasversorgungsunternehmens die Schwelle der Ernsthaftigkeit, beeinflusst ihre Schwere im Rahmen der Ermessensausübung den zeitlichen und kapazitären **Umfang der zulässigen Zugangsverweigerung.** Gleiches gilt für die **Bedingungen der Verträge** (Art. 27 III lit. e GasRl), wenn diese z. B. einen Ausgleichsmöglichkeit mit überschüssigen Mengen aus anderen Jahren enthalten oder eine Mengenanpassung vorsehen. Ebenso zu berücksichtigen ist, welche **Anstrengungen zur Lösung des Problems** unternommen worden sind (Art. 27 III lit. f GasRl). Dies bezieht sich insbesondere auf Bemühungen, alternative Absatzmöglichkeiten zu finden oder den Vertrag in Verhandlungen anzupassen.

14 Ein besonders gewichtiger Faktor ist der **Zeitpunkt** des Vertragsschlusses und die damit verbundene Frage, inwieweit der Antragsteller zu diesem Zeitpunkt mit dem wahrscheinlichen Auftreten von ernsthaften Schwierigkeiten hätte rechnen können (Art. 27 III lit. g GasRl). Jedenfalls bei Verträgen, die nach Inkrafttreten der GasRl am 4. 8. 2003 geschlossen wurden, konnten die Gasversorgungsunternehmen mit durch den Wettbewerb veränderten Absatzmöglichkeiten rechnen (*Rapp-Jung*, BerlK-EnR, § 6a, Rn. 108). Daher sind mögliche Änderungen der Marktlage in den Verträgen stärker zu berücksichtigen. Eine Unzumutbarkeit der Zugangsgewährung wegen der in diesen Verträgen eingegangenen Zahlungsverpflichtungen wird daher praktisch kaum zu begründen sein.

Weiterhin ist die Stellung des Gasversorgungsunternehmens auf dem 15
Gasmarkt und die tatsächliche **Wettbewerbslage** auf diesem Markt
(Art. 27 III lit. c) von Bedeutung. Eine unverändert starke Position des
Gasversorgungsunternehmens auf dem Markt ist ein Indiz dafür, daß
eventuelle wirtschaftliche Schwierigkeiten aus einer take-or-pay-Klausel
nicht mit der Öffnung des Marktes zusammen hängen, sondern etwa
auf einem allgemein rückläufigen Absatz beruhen.

3. Wettbewerbsrechtliche und gaswirtschaftliche Kriterien. 16
Wichtige Ermessensgesichtspunkte sind die Auswirkungen einer Ausnahme auf das Ziel der Vollendung eines wettbewerbsorientierten Gasmarkts (Art. 27 III lit. a GasRl) und auf das einwandfreie Funktionieren des Erdgasbinnenmarktes (Art. 27 III lit. i GasRl). Sie sprechen insbesondere gegen die Gewährung von Ausnahmen, die nationale Grenzen auf dem Gasmarkt aufrechterhalten oder eine marktbeherrschende Stellung eines Gaslieferanten verfestigen würden (*Schöler*, S. 182; ungenau *Rapp-Jung*, BerlK-EnR, § 6a, Rn. 110, der auf die Auswirkungen des Liefervertrages abstellen will). Für eine Zugangsverweigerung kann angeführt werden, dass diese für die Erfüllung gemeinwirtschaftlicher Verpflichtungen oder der Versorgungssicherheit erforderlich ist (Art. 27 III lit. b GasRl). Schließlich ist das Ausmaß, in dem das durch die Ausnahme betroffene Netz mit anderen Netzen verbunden ist, und der Grad ihrer Interoperabilität zu berücksichtigen (lit. h). Eine unzureichende Interoperabilität kann die alternative Vermarktung von Gas erschweren und so eine erleichterte Zugangsverweigerung rechtfertigen (*Rapp-Jung*, BerlK-EnR, § 6a, Rn. 109).

D. Verordnungsermächtigung und EG-Beteiligungsverfahren

Die von Art. 27 II GasRl geforderte Einbeziehung der Kommission 17
ist in § 36 II 1 GasNZV umgesetzt worden, der aufgrund von § 25 4
erlassen wurde. Danach übermittelt die Regulierungsbehörde ihre Entscheidung unverzüglich der Kommission. Diese kann innerhalb von
acht Wochen verlangen, die Entscheidung zu ändern oder aufzuheben.
Um eine verbindliche Entscheidung erlassen zu können, muß die
Kommission nach Art. 27 II 4 GasRl das in Art. 30 II GasRl vorgesehene Ausschussverfahren durchführen. Nach Art. 27 III GasRl
berücksichtigt die Kommission die gleichen Kriterien wie die Regulierungsbehörde. Dies verdeutlicht, daß sie ein **umfassendes Prüfungsrecht** besitzt (zum EG-Beteiligungsverfahren vgl. auch § 28a,
Rn. 18f.).

18 § 25 5 i. V. m. § 36 II 2 GasNZV bildet die Rechtsgrundlage für eine europarechtlich gebotene **Änderung** oder **Aufhebung** einer Genehmigung der Zugangsverweigerung. Die Formulierung, dass eine Entscheidung auch abweichend von den Vorschriften des EnWG ergehen kann, ist irreführend. Die Kommission ist bei ihrer Entscheidung an Art. 27 GasRl gebunden, auf den § 25 3 vollumfänglich verweist. Eine materielle Abweichung ist daher ausgeschlossen. Gemeint ist wohl, dass eine Rechtsgrundlage zur nachträglichen Aufhebung oder Änderung von Entscheidungen geschaffen werden kann, obwohl die allgemeinen Verfahrensvorschriften des EnWG eine solche Regelung nicht vorsehen. Die Änderung oder Aufhebung einer Entscheidung durch die Regulierungsbehörde erfolgt mit Wirkung für die **Zukunft**. Dies ergibt sich daraus, daß die Wirksamkeit der Genehmigung durch die Durchführung des EG-Beteiligungsverfahrens im Einklang mit Art. 27 II GasRl nicht aufgeschoben wird und daher ein **schützenswertes Vertrauen** des Antragstellers entsteht. Eine Rücknahme für die Vergangenheit ist nur unter den Voraussetzungen des § 48 VwVfG zulässig, der ebenso wie § 49 VwVfG unberührt bleibt. Die insofern restriktive Rechtsprechung zum Vertrauensschutz bei der Rückforderung von mitgliedstaatlichen Beihilfen (*EuGH*, Rs. C-24/95 – Alcan II, *EuGHE* 1997, I-1617) ist nicht übertragbar (so aber tendenziell *Schneider*, ZWeR 2003, 381, 408). Im Beihilfenrecht ist das Nichtvorliegen schützenswerten Vertrauens regelmäßig Folge eines offensichtlich gemeinschaftsrechtswidrigen Verhaltens des Mitgliedstaats, da der Verwaltungsakt aufgrund des Durchführungsverbots des Art. 88 III EGV nicht vor Abschluß des Notifizierungsverfahrens hätte erlassen werden dürfen.

E. Rechtsschutz

19 Für den Rechtsschutz gegen Entscheidungen der Kommission und der Regulierungsbehörde gelten die Ausführungen zu § 28 a entsprechend (§ 28 a, Rn. 21 ff.).

§ 26 Zugang zu den vorgelagerten Rohrleitungsnetzen und zu Speicheranlagen im Bereich der leitungsgebundenen Versorgung mit Erdgas

Der Zugang zu den vorgelagerten Rohrleitungsnetzen und zu Speicheranlagen erfolgt abweichend von den §§ 20 bis 24 auf vertraglicher Grundlage nach Maßgabe der §§ 27 und 28.

Übersicht

	Rn.
I. Allgemeines	1
1. Inhalt der Vorschrift	1
2. Entstehungsgeschichte	2
II. Europarechtliche Vorgaben	3
1. Vorgelagerte Rohrleitungsnetze	3
2. Zugang zu Speichern	4
III. Verhandelter Netzzugang	8
1. Ex-post-Kontrolle der Zugangsbedingungen	8
2. Zugang auf vertraglicher Grundlage	10
3. Durchsetzung des Zugangsanspruchs	12

I. Allgemeines

1. Inhalt der Vorschrift. § 26 nimmt den Zugang zu Speicheranlagen und vorgelagerten Rohrleitungsnetzen vom allgemeinen Netzzugangsregime der §§ 20–24 aus. An dessen Stelle tritt ein verhandelter Netzzugang. Durch die Vorschrift wird das in Art. 19 I GasRl enthaltene Wahlrecht zwischen verhandeltem und reguliertem Speicherzugang ausgeübt und die durch Art. 20 GasRl eröffnete Möglichkeit genutzt, ein spezielles Zugangsregime für vorgelagerte Rohrleitungen zu etablieren.

2. Entstehungsgeschichte. § 26 beruht auf dem Gesetzesentwurf der Bundesregierung (BT-Drucks. 15/3917). Er war im Gesetzgebungsverfahren nicht umstritten und ist in diesem auch nicht verändert worden. Die Bundesregierung war einer der maßgeblichen Akteure, die im Rahmen des europäischen Rechtsetzungsverfahrens den verhandelten Netzzugang soweit wie möglich bewahren wollte (*Neveling/Theobald,* EuZW 2002, 106, 107). Daher ist es wenig überraschend, daß von den Möglichkeiten, die die GasRl insoweit bietet, Gebrauch gemacht wurde.

II. Europarechtliche Vorgaben

1. Vorgelagerte Rohrleitungsnetze. Der europarechtliche Rahmen für die Ausgestaltung des Zugangs zu den vorgelagerten Rohrleitungsnetzen ist weit. Art. 20 I und II GasRl geben allgemein formulierte Ziele vor. Dies ist insbesondere ein offener und diskriminierungsfreier Zugang zu gerechten Bedingungen. Weitere Ziele sind die Schaffung eines wettbewerbsorientierten Erdgasmarkts und die Verhinderung des Mißbrauchs einer marktbeherrschenden Stellung, wobei der Versorgungssicherheit, der Kapazitätssituation und dem Umweltschutz Rechnung getragen werden soll. Art. 20 III GasRl verlangt die Einrichtung einer unabhängigen Streitbeilegungsstelle, die Zugang zu allen relevanten Informationen haben muß. Aus dem Vergleich mit Art. 25 V GasRl ergibt sich im Umkehrschluß, daß es nicht notwendig ist, die Regulierungsbehörde mit der Streitbeilegung zu betrauen.

4 **2. Zugang zu Speichern.** Art. 19 I GasRl gibt den Mitgliedstaaten grundsätzlich die Möglichkeit, zwischen verhandeltem und reguliertem Speicherzugang zu wählen. Bei der Entscheidung, welches Modell umgesetzt wird, sind sie allerdings an die Ziele der GasRl gebunden. Ein funktionierender Wettbewerb auf dem Gasmarkt setzt einen effizienten Speicherzugang voraus, da ohne ihn eine strukturierte Belieferung von Endkunden kaum möglich ist. Die Option des verhandelten Speicherzugangs ist vor diesem Hintergrund besonders begründungsbedürftig. Sie ist dann zulässig, wenn durch den verhandelten Speicherzugang ein funktionierender Wettbewerb auf dem Gasmarkt in **vergleichbarer** Weise gewährleistet ist wie bei einem regulierten Zugang. Dies ergibt sich daraus, daß die grundlegenden Prinzipien der Objektivität, Transparenz und Nichtdiskriminierung nach Art. 19 I 2 GasRl für beide Zugangsmodelle gleichermaßen gelten (vgl. Kommission, GD Verkehr und Energie, Vermerk Zugang Dritter zu den Speicheranlagen, S. 9). Auch bei der Monitoring-Verpflichtung der Regulierungsbehörden hinsichtlich des Zugangs zu Speicheranlagen nach Art. 25 I lit. f GasRl wird nicht zwischen den Modellen differenziert. Eine Äquivalenz der beiden Modelle besteht nur, wenn zum Zeitpunkt der Entscheidung bereits die Voraussetzungen für einen ausreichenden Wettbewerb auf dem Speichermarkt vorliegen (*Däuper/Lokau,* in: Zenke/Schäfer, § 4, Rn. 27). Dies unterstreicht auch der 22. Erwägungsgrund GasRl. Der innerstaatliche Gesetzgeber hat hierbei einen Prognosespielraum.

5 Bedenken, ob die Regelungen des EnWG diesen Anforderungen genügen, bestehen insbesondere dann, wenn ein Gasnetzzugangsmodell mit einer Vielzahl von abgeschlossenen Entry/Exit-Zonen etabliert würde. Ein deutschlandweiter Wettbewerb zwischen den Speichern würde dann durch die hohen Transportkosten und den Transaktionsaufwand weiterhin erheblich eingeschränkt (*Däuper/Lokau,* in: Zenke/Schäfer, Rn. 27; vgl. auch Monitoring-Bericht, BT-Drucks. 15/1510, S. 29; *Spreng,* S. 161). Zweifel am Vorliegen von Wettbewerb werden auch aufgrund der hohen Kosten für den Zugang zu Speichern vorgebracht, die in Deutschland ungefähr doppelt so hoch liegen wie in Großbritannien (*Däuper/Lokau,* in: Zenke/Schäfer, Rn. 39).

6 Nach Art. 25 I lit. f GasRl haben die Regulierungsbehörden zu beobachten, ob unter anderem die Bedingungen für den Zugang zu Spei-

cheranlagen echten Wettbewerb oder das Funktionieren des Marktes behindern (**Monitoring,** zu dieser Verwaltungsaufgabe allgemein *Herzmann,* DVBl. 2007, 670 ff.). Sie haben insofern auch zu überprüfen, ob die Voraussetzungen für die Wahl des verhandelten Netzzugangs weiterhin vorliegen. Ist dies nicht der Fall, hat der Mitgliedstaat die Pflicht, sein Speicherzugangsregime anzupassen. Zwar ist das Monitoring selbst nicht unmittelbar auf eine Rechtsfolge gerichtet (*Herzmann,* DVBl. 2007, 670, 672), die Verpflichtung folgt aber aus der Bindung an die Ziele der GasRl.

Nicht eindeutig ist, ob aufgrund Art. 25 IV GasRl den Regulierungsbehörden die Befugnis zur **Ex-post-Aufsicht** über den Speicherzugang eingeräumt werden muß. Dieser erwähnt die Betreiber von Speicheranlagen nicht ausdrücklich. Allerdings müssen sie unter anderem befugt sein sicherzustellen, daß die in Art. 25 I genannten Bedingungen rechtmäßig angewandt werden. Zu diesen Bedingungen gehören ohne Einschränkung auch diejenigen für den Speicherzugang (lit. f). Für eine weite Auslegung des Art. 25 IV sprechen zudem systematisch-teleologische Überlegungen. Die Regulierungsbehörden haben nach Art. 25 I GasRl die umfassende Aufgabe, die grundlegenden Prinzipien des Erdgasbinnenmarktes sicherzustellen. Die Erfüllung dieser Aufgabe würde behindert, wenn sie im wichtigen Bereich des Speicherzugangs z. B. nicht gegen Diskriminierungen vorgehen könnte (*Herrmann,* S. 291; *Jones,* EU Energy Law I, Rn. 5.12). 7

III. Verhandelter Netzzugang

1. Ex-post-Kontrolle der Zugangsbedingungen. Durch § 26 werden vorgelagerte Rohrleitungsnetze und Speicheranlagen aus dem allgemeinen Regulierungsregime der §§ 20–24 ausgenommen. Sie unterliegen insoweit nicht der **Ex-ante-Regulierung.** Die Befugnisse der Regulierungsbehörde zur **Ex-post-Kontrolle** nach den §§ 30, 31 werden hingegen nicht berührt (§ 30, Rn. 19). Aus § 30 I Nr. 1 ergibt sich, daß sich die Ex-post-Kontrolle unter anderem umfassend auf die Bestimmungen des Abschnitts 3 erstreckt. Dies schließt die §§ 27, 28 mit ein. Betreiber von **Speicheranlagen** sind zudem Betreiber von Energieversorgungsnetzen und fallen daher in den persönlichen Anwendungsbereich der §§ 30, 31. Für Speicheranlagen ergibt sich dies bereits ausdrücklich aus § 3 Nr. 4 i. V. m. Nr. 20. 8

Problematischer ist, ob auch **vorgelagerte Rohrleitungen** als Gasversorgungsnetze und damit als Energieversorgungsnetze i. S. d. §§ 30, 31 anzusehen sind, obwohl sie in § 3 Nr. 20 nicht genannt werden. Unter dem EnWG 2003 wurde dies abgelehnt (*Boesche,* S. 142 f.; *Büdenben-* 9 *der,* EnWG, § 2, Rn. 33). Träfe dies auch unter dem EnWG zu, wäre die Verpflichtung zur Einrichtung eines Streitbeilegungsverfahrens aus Art. 20 III GasRl nicht umgesetzt. Um dies zu vermeiden, könnten sie als spezieller Teil des Verteilnetzes (§ 3 Nr. 37) angesehen werden. Auch in vorgelagerten Netzen erfolgt ein Gastransport über regionale oder örtliche Leitungen. Anders als unter § 2 III 4 EnWG 2003, der das vorgelagerte Netz gerade in Abgrenzung auch zum Verteilnetz definierte, ist dies auch nicht durch die Begriffsbestimmung des vorgelagerten Netzes in § 3 Nr. 39 ausgeschlossen. Alternativ dazu könnte die Aufzählung in § 3 Nr. 20 als nicht abschließend angesehen werden. Daß vorgelagerte Leitungen grundsätzlich Teil der Gasversorgungsnetze sind, wird durch eine systematische Überlegung gestützt. Ansonsten müßten sie durch § 26 nicht vom Netzzugangsregime für Energieversorgungsnetze i. S. d. §§ 20 ff. ausgenommen werden, sondern wären durch diese Regelungen ohnehin nicht erfaßt. Für diese Auslegung spricht zudem, daß die für die örtliche Produktionstätigkeit verwendeten Netzteile eigens von dem Anwendungsbereich des § 3 Nr. 20 ausgenommen werden. Dies wäre unnötig, wenn das vorgelagerte Netz generell nicht unter den Begriff des Gasversorgungsnetzes fiele (vgl. auch die Begr. BT-Drucks. 15/3917, S. 49). Auch der Begriff der Versorgung nach § 3 Nr. 36 umfaßt ausdrücklich die Gewinnung von Energie.

10 **2. Zugang auf vertraglicher Grundlage.** Vorgelagerte Rohrleitungsnetze und Speicheranlagen werden den speziellen Regelungen der §§ 27 bzw. 28 unterstellt, die ein Zugangssystem auf „vertraglicher Grundlage" etablieren. Diese Formulierung ist mißverständlich. Auch beim regulierten Netzzugang werden Verträge zwischen Netzbetreibern und Netznutzern geschlossen. Die Ungenauigkeit dürfte auf eine unkritische Übernahme der Begrifflichkeit des Art. 19 III GasRl beruhen, der in der deutschen Fassung vom Zugang auf Vertragsbasis spricht. Präziser wäre der Begriff des **verhandelten Netzzugangs** gewesen, der u. a. auch in der englischen (negotiated access) und französischen Fassung (l'accèss négocié) verwandt wird.

11 Aus dem Begriff des verhandelten Zugangs lassen sich noch keine konkreten Konsequenzen für das Zugangsregime ableiten. § 26 verweist insofern nur auf die speziellen Vorschriften. Für die Auslegung der Verordnungsermächtigungen in § 27 5 (§ 27, Rn. 7) und § 28 IV (§ 28, Rn. 17) gibt die Vorschrift einen Rahmen vor, der allerdings weit ist.

12 **3. Durchsetzung des Zugangsanspruchs.** Neben dem besonderen Mißbrauchsverfahren nach § 31 kann der Zugangspetent seinen Zugangsrecht vor den Zivilgerichten geltend machen (vgl. § 102). Allerdings dürfte in der Praxis das behördliche Verfahren schneller und

kostengünstiger sein. Die Ansprüche aus §§ 27, 28 sind zunächst auf **Abschluß eines Vertrages** gerichtet. Nach der in der obergerichtlichen Rechtsprechung überwiegenden Ansicht sollten zwar die insofern parallel formulierten §§ 6 I, 6a II EnWG a. F. jeweils ein gesetzliches Schuldverhältnis begründen, das einen unmittelbar zivilgerichtlich durchsetzbaren Anspruch gewährte (*OLG Dresden,* RdE 2001, 144, 145; RdE 2002, 49; *KG,* WRP 2002, 564, 568; *OLG Schleswig-Holstein,* RdE 2002, 75, 76; *Säcker/Boesche,* § 6, Rn. 105 ff.; 115 ff., § 6a, Rn. 40 ff.; *Holtorf/Horstmann,* RdE 2003, 264, 265). § 3 II GasNZV und § 27 I StromNZV verdeutlichen nunmehr jedoch, daß sogar die Ansprüche im Rahmen des regulierten Netzzugangs nur einen Kontrahierungszwang begründen (§ 20, Rn. 10). Für die Ansprüche im System des verhandelten Netzzugangs muß dies dann erst recht gelten (a. A. *Kühling/el-Barudi,* DVBl. 1470, 1475). Allerdings verdichtet sich auch der Kontrahierungszwang letztlich zu einer Pflicht zur Leistung (*Hermes,* ZHR 166 (2002), 431, 451 ff.), so daß die Frage der prozessualen Durchsetzbarkeit nicht durch die dogmatische Einordnung des Anspruchs entschieden wird. In diesem Sinne hat der *BGH* für die vergleichbare Regelung in § 3 I EEG 2000 die dogmatische Einordnung des Anspruchs zwar offen gelassen, zugleich aber klargestellt, daß **unmittelbar auf Netzzugang** geklagt werden kann. Zur Begründung hat er angeführt, daß ansonsten die Rechtsdurchsetzung unnötig erschwert würde (*BGHZ* 155, 141, 159 ff.).

§ 27 Zugang zu den vorgelagerten Rohrleitungsnetzen

[1] Betreiber von vorgelagerten Rohrleitungsnetzen haben anderen Unternehmen das vorgelagerte Rohrleitungsnetz für Durchleitungen zu Bedingungen zur Verfügung zu stellen, die angemessen und nicht ungünstiger sind, als sie von ihnen in vergleichbaren Fällen für Leistungen innerhalb ihres Unternehmens oder gegenüber verbundenen oder assoziierten Unternehmen tatsächlich oder kalkulatorisch in Rechnung gestellt werden. [2] Dies gilt nicht, soweit der Betreiber nachweist, dass ihm die Durchleitung aus betriebsbedingten oder sonstigen Gründen unter Berücksichtigung der Ziele des § 1 nicht möglich oder nicht zumutbar ist. [3] Die Ablehnung ist in Textform zu begründen. [4] Die Verweigerung des Netzzugangs nach Satz 2 ist nur zulässig, wenn einer der in Artikel 20 Abs. 2 Satz 3 Buchstabe a bis d der Richtlinie 2003/55/EG genannten Gründe vorliegt. [5] Das Bundesministerium für Wirtschaft und Technologie wird ermächtigt, durch Rechtsverordnung mit Zustimmung des Bundesrates die Bedingungen des Zugangs zu den

vorgelagerten Rohrleitungsnetzen und die Methoden zur Berechnung der Entgelte für den Zugang zu den vorgelagerten Rohrleitungsnetzen unter Berücksichtigung der Ziele des § 1 festzulegen.

Übersicht

	Rn.
I. Allgemeines	1
1. Inhalt und Zweck	1
2. Europarechtliche Rahmenbedingungen	2
II. Zugangsanspruch (§ 27 1)	3
III. Zugangsverweigerung (§ 27 2–4)	4
IV. Verordnungsermächtigung (§ 27 5)	7

I. Allgemeines

1 **1. Inhalt und Zweck.** Die Vorschrift regelt den Zugang zu den vorgelagerten Rohrleitungsnetzen nach dem Modell des verhandelten Netzzugangs. Die speziellen Zugangsverweigerungsgründe sollen dem Umstand Rechnung tragen, daß vorgelagerte Rohrleitungen funktional der Gasgewinnung näher stehen als dem Gastransport. Der Zugang zu diesen Leitungen ist von Bedeutung für den Gasmarkt, wenn eine Reihe von Produzenten Gasfelder in einem Gebiet fördern und Gas frei Bohrloch verkaufen. Die praktische Bedeutung dieser Vorschrift dürfte eher gering sein, da in Deutschland nur an wenigen Stellen Erdgas gefördert wird (*Theobald,* in: D/T, EnWG a. F., § 6a, Rn. 47). Anders ist die Situation in den Mitgliedstaaten, die bisher zu den Erdgasexporteuren gehört haben, vor allem in den Niederlanden und in Großbritannien (*Jones,* EU Energy Law I, Rn. 3.31).

2 **2. Europarechtliche Rahmenbedingungen.** § 27 dient der Umsetzung von Art. 20 GasRl, dessen Regelungsgehalt im Wesentlichen Art. 23 GasRl a. F. entspricht. Im Gegensatz zu den allgemeinen Zugangsregelungen und den Vorschriften über den Speicherzugang wird ein umfassendes Prinzip der Nichtdiskriminierung nicht ausdrücklich normiert. Lediglich eine Diskriminierung aufgrund des Niederlassungsorts eines Zugangspetenten wird durch Art. 20 I GasRl verboten. Jedoch gibt Art. 20 II GasRl als Ziele vor, einen offenen Zugang zu gerechten Bedingungen zu ermöglichen und den Mißbrauch einer marktbeherrschenden Stellung zu verhindern. Daraus läßt sich ableiten, daß grundsätzlich die Zugangsbedingungen für einen Nutzungsinteressenten nicht ungünstiger sein dürfen, als jene, die innerhalb des Betreiberunternehmens oder gegenüber anderen Unternehmen gewährt werden.

II. Zugangsanspruch
(§ 27 1)

§ 27 1 gewährt einen Zugangsanspruch zu vorgelagerten Rohrlei- 3
tungsnetzen zu **angemessenen** und **diskriminierungsfreien** Bedingungen. Nach ihrem Wortlaut verbietet die Vorschrift nur die Diskriminierung im Vergleich zu Unternehmen, die mit dem Betreiber verbunden oder assoziiert sind. Im Lichte des § 30 I Nr. 3 ist allerdings auch die Diskriminierung gegenüber anderen Unternehmen unzulässig (zur parallelen Situation unter §§ 6 I 1 und 6a II 1 EnWG a. F., *Säcker/Boesche*, § 6, Rn. 99). Der Anspruch bezieht sich nicht auf solche Leitungen und Anlagen, die zu der örtlichen Produktionstätigkeit auf einem Gasfeld verwendet werden. Diese fallen nach § 2 Nr. 39 nicht unter den Begriff der vorgelagerten Rohrleitung. Diese einschränkende Definition ist europarechtlich unbedenklich, da auch Art. 20 I 1 GasRl den Zugangsanspruch insoweit begrenzt.

III. Zugangsverweigerung
(§ 27 2–4)

Nach § 27 2 kann der Zugang verweigert werden, wenn **betriebs-** 4
bedingte oder **sonstige Gründe** unter Berücksichtigung der Ziele des § 1 eine Durchleitung unmöglich oder nicht zumutbar machen. Diese sehr weite Formulierung wird durch Satz 4 konkretisiert. Dieser verweist auf die in Art. 20 II 3 lit. a–d GasRl genannten Gründe, die die technischen, wirtschaftlichen, operationellen und rechtlichen Besonderheiten der vorgelagerten Rohrleitungsnetze berücksichtigen. Die dortige Aufzählung von Verweigerungsgründen ist abschließend.

Danach kann der Zugang verweigert werden, wenn **technische** 5
Spezifikationen nicht auf zumutbare Weise miteinander in Übereinstimmung zu bringen sind (Art. 20 II 3 lit. a GasRl). Hierbei ist insbesondere die Beschaffenheit des zu transportierenden Gases relevant. Da durch vorgelagerte Rohrleitungsnetze vor allem nicht aufbereitetes Gas fließt, können verstärkt Kompatibilitätsprobleme auftreten. Ein weiterer Verweigerungsgrund ist die Vermeidung von Schwierigkeiten, die die Effizienz der laufenden und künftigen **Kohlenwasserstoffgewinnung** beeinträchtigen könnten, sofern diese nicht auf zumutbare Art überwunden werden können (Art. 20 II 3 lit. b GasRl). Hintergrund ist unter anderem, daß Gasfelder in der Regel nur kontinuierlich abgebaut werden können (*Hensing et al.*, S. 78). Die für die bereits bestehende Produktion benötigten Kapazitäten sind daher besonders schutzwürdig. Dies gilt auch für Produktionsfelder, die eine geringe wirtschaftliche

Rentabilität aufweisen. Daher müssen Kapazitäten nicht für rentablere Projekte freigegeben werden. Weiterhin können dem Zugangsanspruch Erfordernisse entgegenstehen, die der Eigentümer oder Betreiber des vorgelagerten Netzes für Gastransport und -aufbereitung geltend macht. Ebenso sind die Interessen aller anderen möglicherweise betroffenen Benutzer dieser Leitungen oder der an sie angeschlossenen Aufbereitungs- oder Umschlagseinrichtungen von Bedeutung (Art. 20 II 3 lit. c GasRl). Schließlich kann der Zugang verweigert werden, wenn dies aus der Notwendigkeit der Anwendung der einzelstaatlichen Rechtsvorschriften und Verwaltungsverfahren zur Erteilung von **Genehmigungen** für Gewinnungstätigkeiten oder vorgelagerte Entwicklungstätigkeiten in Übereinstimmung mit dem Gemeinschaftsrecht ergibt (Art. 20 II 3 lit. d GasRl). Dieser Verweigerungsgrund greift nur ein, wenn die Durchleitung von durch den Netznutzer gewonnenem Gas begehrt wird. Soweit eine Genehmigungspflicht für die Gewinnung von Kohlenwasserstoff oder für vorgelagerte Gewinnungstätigkeiten besteht (§ 6 BBergG), ist diese vor dem Durchleitungsbegehren einzuholen. Auch Umweltschutzvorschriften werden grundsätzlich von der Regelung erfaßt (*Salje,* EnWG, § 27, Rn. 25).

6 Die **Darlegungs- und Beweislast** für das Vorliegen eines Verweigerungsgrunds trifft den Betreiber des vorgelagerten Rohrleitungsnetzes. Er hat die Ablehnung in **Textform** (§ 126 b BGB) zu begründen.

IV. Verordnungsermächtigung
(§ 27 5)

7 Durch § 27 5 wird das BMWi ermächtigt, durch Rechtsverordnung mit Zustimmung des Bundesrates die **Bedingungen** für den Zugang zu den vorgelagerten Rohrleitungsnetzen und die **Methoden der Entgeltberechnung** für diesen Zugang zu regeln. Der Verordnungsgeber kann damit das Zugangssystem erheblich modifizieren und bedeutende Elemente des regulierten Netzzugangs auch auf die vorgelagerten Netze übertragen. Ausgeschlossen ist lediglich eine Ex-ante-Festlegung der konkreten Entgelte. Von dieser Ermächtigung ist bisher noch kein Gebrauch gemacht worden.

§ 28 Zugang zu Speicheranlagen

(1) **Betreiber von Speicheranlagen haben anderen Unternehmen den Zugang zu ihren Speicheranlagen und Hilfsdiensten zu angemessenen und diskriminierungsfreien technischen und wirtschaftlichen Bedingungen zu gewähren, sofern der Zugang für einen effi-**

zienten Netzzugang im Hinblick auf die Belieferung der Kunden technisch oder wirtschaftlich erforderlich ist.

(2) [1] Betreiber von Speicheranlagen können den Zugang nach Absatz 1 verweigern, soweit sie nachweisen, dass ihnen der Zugang aus betriebsbedingten oder sonstigen Gründen unter Berücksichtigung der Ziele des § 1 nicht möglich oder nicht zumutbar ist. [2] Die Ablehnung ist in Textform zu begründen.

(3) [1] Betreiber von Speicheranlagen sind verpflichtet, den Standort der Speicheranlage, Informationen über verfügbare Kapazitäten sowie ihre wesentlichen Geschäftsbedingungen für den Speicherzugang im Internet zu veröffentlichen. [2] Dies betrifft insbesondere die verfahrensmäßige Behandlung von Speicherzugangsanfragen, die Beschaffenheit des zu speichernden Gases, die nominale Arbeitsgaskapazität, die Ein- und Ausspeicherungsperiode, soweit für ein Angebot der Betreiber von Speicheranlagen erforderlich, sowie die technisch minimal erforderlichen Volumen für die Ein- und Ausspeicherung.

(4) Das Bundesministerium für Wirtschaft und Technologie wird ermächtigt, durch Rechtsverordnung mit Zustimmung des Bundesrates die technischen und wirtschaftlichen Bedingungen sowie die inhaltliche Gestaltung der Verträge über den Zugang zu den Speicheranlagen zu regeln.

Literatur: *Däuper,* Optimierung des Gasbezugs durch Zugang zu Speicheranlagen – rechtliche Rahmenbedingungen, ZNER 2003, 306 ff.; *Held/Ringwald,* Frischer Wind für den Speicherzugang? Die Europäischen Leitlinien und das neue EnWG, IR 2005, 244 ff.; *Schuler/Tugendreich,* Status Quo und Regelungsdefizite beim Gasspeicherzugang in Deutschland (Teil 2), IR 2007, 170 ff.; *Tugendreich/Schuler,* Status Quo und Regelungsdefizite beim Gasspeicherzugang in Deutschland (Teil 1), IR 2007, 146 ff.

Übersicht

	Rn.
I. Allgemeines	1
1. Inhalt und Zweck	1
2. Europarechtlicher Rahmen	2
II. Zugangsanspruch (§ 28 I)	4
1. Erforderlichkeit des Speicherzugangs	4
2. Zugangsbedingungen	7
3. Kapazitätsrechtshandel	8
4. Durchsetzung des Zugangsanspruchs	9
III. Zugangsverweigerung (§ 28 II)	10
IV. Informationspflichten (§ 28 III)	14
V. Verordnungsermächtigung (§ 28 IV)	17

I. Allgemeines

1. Inhalt und Zweck. § 28 regelt den Zugang zu Speicheranlagen für Gas nach dem Modell des verhandelten Zugangs. Der Zugang zu Speichern ist ein essentieller Baustein für ein effizientes Netzzugangsregime und die Etablierung von Wettbewerb auf dem Gasmarkt. Die Vorschrift betrifft nur den Zugang zu Speicheranlagen i. S. d. § 3 Nr. 31. Dies sind vor allem Kavernen-, Aquifer- oder Porenspeicher. Ausgenommen sind hierbei Anlagen, soweit sie den Betreibern von Leitungsnetzen für die Erfüllung ihrer Aufgaben, insbesondere für Ausgleichsleistungen, vorbehalten sind. Ebenfalls unter den Begriff der Speicheranlage fällt die Netzpufferung (§ 3 Nr. 29), durch die Gas im Netz selbst gespeichert werden kann.

2. Europarechtlicher Rahmen. Art. 19 I GasRl ermöglicht den Mitgliedstaaten die Wahl zwischen einem verhandelten und regulierten Modell des Speicherzugangs (§ 26, Rn. 4). Die grundlegenden Prinzipien der Nichtdiskriminierung, der Objektivität und der Transparenz gelten jedoch unabhängig von dieser Wahl (vgl. auch Art. 8 I lit. b und d GasRl). Entscheidet sich ein Mitgliedstaat für einen verhandelten Speicherzugang, normiert Art. 19 III GasRl hierfür nur wenige spezielle Vorgaben. Insbesondere wird klargestellt, daß ein Zugangsanspruch sowohl bei technischer als auch bei wirtschaftlicher Notwendigkeit eingeräumt werden muss (zur vorherigen Rechtslage vgl. *Säcker/ Boesche*, in: BerlK-EnR, § 6a, Rn. 23). Ferner müssen die Speicherbetreiber verpflichtet werden, mindestens einmal jährlich ihre wesentlichen Geschäftsbedingungen zu veröffentlichen. Da Art. 19 GasRl keine eigenen Gründe für die Verweigerung des Speicherzugangs normiert, gelten die allgemeinen Gründe des Art. 21 GasRl. Die Generaldirektion Verkehr und Energie der Kommission hat ihre Interpretation der Regelungen der GasRl zum Speicherzugang in einem unverbindlichen Vermerk niedergelegt.

Der europäische Regulierungsrahmen für den Speicherzugang wird auch durch die **Leitlinien** für den Speicherzugang (Guidelines for Good Practice for Storage System Operators, GGPSSO) beeinflußt. Diese sind im Rahmen des Europäischen Forums für Erdgasregulierung im Madrid (Vorb § 20, Rn. 21) erarbeitet worden. Sie sind für sich genommen unverbindlich und können keine unmittelbaren Rechtswirkungen für den Speicherzugang entfalten. Allerdings sind sie für dessen Ausgestaltung auch nicht unerheblich. Als Ergebnis eines informellen Konsensbildungsprozesses zwischen den Marktbeteiligten, den Regulierungsbehörden und der Kommission bieten sie eine Orientierung bei der Konkretisierung der Prinzipien der Nichtdiskriminierung, der Transparenz und anderer unbestimmter Rechtsbegriffe (*Held/Ringwald,* IR 2005, 244, 246; *Neveling,* in: D/T, Europ. Energierecht, Rn. 136). In der Praxis dürfte ihre Befolgung eine widerlegbare Vermutung für richtlinienkonformes Verhalten begründen. Umgekehrt ist die Nichteinhaltung der Leitlinien ein Indiz für ein mißbräuchliches Verhalten des Speicherbetreibers, das zumindest eine Begründungslast auslöst. Dies gilt auch im Verhältnis von Mitgliedstaat und Kommission. Daher sind sie ein Instrument mittelbarer Vollzugssteuerung (*Arndt,* Die Verwaltung 39 (2006), 100, 107 ff.). Die ERGEG veröffentlicht jährliche Berichte, in denen sie die Einhaltung der Leitlinien darstellt.

II. Zugangsanspruch (§ 28 I)

1. Erforderlichkeit des Speicherzugangs. Voraussetzung eines 4 Anspruchs auf Zugang zu Speicheranlagen ist zunächst, daß dieser für einen effizienten Netzzugang **technisch oder wirtschaftlich erforderlich** ist. Technisch erforderlich ist der Speicherzugang, wenn die Vollversorgung des Kunden aus Gründen der Netzkapazität nur durch eine Inanspruchnahme von Speicherleistung ermöglicht werden kann. Dies ist z. B. der Fall, wenn die Spitzenlast des Kunden höher ist als die maximale Einspeiseleistung in ein Gasversorgungsnetz, die der Lieferant nutzen kann (*Säcker/Boesche,* in: BerlK-EnR, § 6 a, Rn. 24).

Die Speichernutzung ist insbesondere für den Ausgleich von **jahres-** 5 **zeitlichen Schwankungen** im Gasverbrauch erforderlich (*Däuper,* ZNER 2003, 306, 307; *Tugendreich/Schuler,* IR 2007, 146, 147). Schon aus technischen Gründen kann die Gasförderung nicht hinreichend flexibel gesteuert werden, um dadurch ein abnahmegerechte Lieferung zu gewährleisten. Weitergehend ist in dieser Hinsicht aber die wirtschaftliche Erforderlichkeit. Hintergrund ist, daß die Kosten für eine gleichmäßige Produktion niedriger sind als für eine den jahreszeitlichen Schwankungen soweit wie möglich angepasste Gewinnung. Nur Lieferanten, die auf Speicher zurückgreifen können, haben die Möglichkeit ein sog. Jahresband zu beziehen und dadurch günstigere Konditionen bei den Erdgasproduzenten auszuhandeln. Ohne eine Speichernutzung wäre ein Lieferant dadurch wirtschaftlich gesehen nicht wettbewerbsfähig. Aber auch **kurzfristige Abnahmeschwankungen** innerhalb eines Tages können die wirtschaftliche Notwendigkeit der Speichernutzung begründen (*Säcker/Boesche,* in: BerlK-EnR, § 6 a, Rn. 22). Nicht zutreffend ist es daher, kleinere Speicher, die lediglich als Stunden- oder Spitzenlastspeicher genutzt werden, bereits aufgrund dieser Funktion aus dem Anwendungsbereich des § 28 I auszunehmen (so aber *Held/*

Ringwald, IR 2005, 244, 245, obwohl sie die Bedeutung dieser Speicher für die wirtschaftliche Optimierung nicht in Abrede stellen). Ihre Nutzung ist jedoch nicht wirtschaftlich erforderlich, wenn günstigere Möglichkeiten bestehen, die notwendige Flexibilität zu erreichen. In diesem Sinne nicht erforderlich kann der Zugang zu einer konkreten Speicheranlage weiterhin sein, wenn der Netzbetreiber einen sogenannten **Systemspeicher** anbietet, der Netzpufferung und die im betreffenden Netz verfügbaren Speicheranlagen zu einer umfassenden Speicherdienstleistung integriert. Allerdings bleibt im Einzelfall zu prüfen, ob ein direkter Speicherzugang nicht günstiger ist als die Nutzung des Systemspeichers.

6 Der Zugang muß weiterhin im Hinblick auf die **Belieferung** von Kunden erforderlich sein. Daher umfaßt der Zugangsanspruch nicht die Speichernutzung zu rein spekulativen Zwecken, auch wenn diese eine wirtschaftliche Bedeutung haben.

7 **2. Zugangsbedingungen.** Die Zugangsbedingungen müssen angemessen und diskriminierungsfrei sein. Zur Konkretisierung dieser Prinzipien kann auf die kartellrechtliche Rechtsprechung zu §§ 19 IV, 20 I GWB und Art. 82 EG zurückgegriffen werden. Bemerkenswert ist dabei, daß Art. 8 I lit. b GasRl auch die Diskriminierung von Kategorien von Netznutzern verbietet. Solche Kategorien sind zum Beispiel Speichernutzer, die keine langfristigen Verträge eingehen wollen oder nur relativ geringe Kapazitäten nutzen wollen. Mengenrabatte dürfen nur gewährt werden, soweit diese durch tatsächlich geringere Kosten gerechtfertigt sind (*Herrmann,* S. 193). Der gleiche Gedanke liegt § 7.2. GGPSSO zugrunde, wenn die Diskriminierung von neuen Marktteilnehmern verboten wird.

8 **3. Kapazitätsrechtshandel.** Ein **Sekundärhandel** mit Kapazitätsrechten ist nicht ausdrücklich vorgeschrieben. § 14 GasNZV ist nicht auf Speicherbetreiber anwendbar, obwohl diese angesichts der Definition in § 3 Nr. 6, 20 als Netzbetreiber angesehen werden könnten. Die GasNZV ist allerdings nicht auf § 28 IV gestützt, so daß sie Speicherbetreiber nicht verpflichten kann. Eine vertragliche Behinderung eines solchen Handels dürfte gleichwohl in der Regel nicht den Anforderungen eines diskriminierungsfreien Zugangs genügen, da hierdurch neue Wettbewerber benachteiligt werden. Vor diesem Hintergrund sieht auch § 9 GGPSSO vor, daß der Handel mit Kapazitätsrechten ermöglicht und durch eine elektronische Handelsplattform unterstützt werden soll.

9 **4. Durchsetzung des Zugangsanspruchs.** Zur Durchsetzung des Zugangsanspruchs kann das besondere Mißbrauchsverfahren nach § 31 eingeleitet werden. Der Zugangsanspruch kann zudem unmittelbar vor den Zivilgerichten geltend gemacht werden (vgl. § 26, Rn. 12). Re-

gelmäßig wird das Verfahren vor der Regulierungsbehörde schneller und kostengünstiger sein.

III. Zugangsverweigerung (§ 28 II)

§ 28 II enthält eine spezielle Regelung der Zugangsverweigerung für Speicheranlagen. Die Formulierung der materiellen Zugangsverweigerungsgründe entspricht der des § 20 II (§ 20, Rn. 200 ff.). Die Verweigerungsgründe der mangelnden Kapazität, der inkompatiblen Gasqualität oder der mangelnden Zahlungsbereitschaft sind dabei auf die Speichernutzung übertragbar. Ein für den Speicherzugang spezifischer Verweigerungsgrund ergibt sich aus dem Bestehen von festgelegten **Ein-** und **Ausspeiseperioden.** In diesen ist eine Nutzung in umgekehrter Richtung nur begrenzt möglich, da ein gewisses Mindestvolumen in der Hauptflußrichtung erreicht werden muß. Diese Perioden müssen so festgelegt werden, daß die Beschränkungen für die Gesamtheit der Nutzer minimiert wird. 10

Auch das **Engpassmanagement** muß nach diskriminierungsfreien Grundsätzen erfolgen. Nach den Leitlinien für den Speicherzugang sollen hierfür vorrangig marktorientierte Verfahren angewandt werden (§ 4.2. lit. a GGPSSO). Um neue Marktteilnehmer nicht zu benachteiligen, müssen die Betreiber von Speicheranlagen bei drohenden Engpässen auf eine ausgewogene Aufteilung der Gesamtkapazität auf langfristige und kurzfristige Verträge achten (§ 4.2. lit. c GGPSSO). 11

Anders als bei der Verweigerung des Netzzugangs muß die Begründung nicht der **Regulierungsbehörde** mitgeteilt werden. Weiterhin hat der Speichernutzungspetent keinen Anspruch darauf, daß ihm die **Kosten** für eine **Kapazitätserweiterung** mitgeteilt werden. Der Grund hierfür ist auch, daß die Erweiterung der betroffenen Speicher in der Regel technisch schwieriger zu realisieren ist. 12

Die **Darlegungs- und Beweislast** für das Vorliegen eines Verweigerungsgrunds trifft den Betreiber der Speicheranlage. Er hat die Ablehnung in **Textform** (§ 126 b BGB) zu begründen. 13

IV. Informationspflichten (§ 28 III)

§ 28 III normiert eine Pflicht des Speicherbetreibers, den Standort der Anlage, Informationen über verfügbare **Kapazitäten** sowie die wesentlichen **Geschäftsbedingungen** zu veröffentlichen. Die Informationen sind im Internet zu veröffentlichen, um eine größtmögliche Transparenz für potentielle Nutzer zu erreichen. Die Leitlinien zum Speicherzugang verlangen unter § 6.1. zudem, daß die Informationen 14 auch in englischer Sprache zugänglich gemacht werden. Die Informationen sind auf aktuellem Stand zu halten.

15 Nach § 28 III 2 sind insbesondere Informationen über die verfahrensmäßige Behandlung von Speicherzugangsanfragen, zur Beschaffenheit des speicherbaren Gases, die nominale Arbeitsgaskapazität, die Ein- und Ausspeicherungsperiode sowie das aus technischen Gründen minimale Volumen für die Ein- und Ausspeicherung anzugeben. Diese Aufzählung ist nicht abschließend. Es sind Beispiele für Informationen, die für einen effizienten Speicherzugang bedeutsam sind. Auffällig ist, daß anders als unter § 6a VI 2 EnWG a. F. die Veröffentlichung von **Entgelten** nicht ausdrücklich gefordert wird. Dies bedeutet allerdings nicht, daß Entgelte nicht Teil der wesentlichen Geschäftsbedingungen sind. Zum einen war ausweislich der Begründung des Regierungsentwurfs keine inhaltliche Änderung beabsichtigt (Begr. BT-Drucks. 15/3917, S. 62). Zum anderen wäre eine solche Sichtweise nicht mit den europarechtlichen Vorgaben vereinbar, da sie Diskriminierungen vereinfachen würde und mit dem Transparenzgebot nicht in Einklang stünde. Daß zumindest Entgelte für die standardisierte Nutzung von Speichern veröffentlicht werden müssen, wird auch durch die Leitlinien zum Speicherzugang unterstrichen. Sie geben unter § 6.4. GGPSO weitere Hinweise, welche weiteren Informationen unter diesem Gesichtspunkt als wesentliche Geschäftsbedingungen anzusehen sind (*Held/Ringwald,* IR 2005, 244, 246). Danach sind auch die Regeln für die Zuteilung von Kapazitäten, zum Engpaßmanagement und zur Vermeidung von Kapazitätshortung sowie für den Handel von Kapazitätsrechten auf dem Sekundärmarkt zu veröffentlichen.

16 Das Transparenzgebot des § 28 III gilt grundsätzlich für Betreiber von Speicheranlagen i. S. d. § 3 Nr. 31. Dieser sieht keine ausdrückliche Beschränkung auf solche Speicher vor, deren Nutzung für einen effizienten Netzzugang erforderlich ist. Dies ergibt sich jedoch aus der systematischen Stellung und dem Zweck des Transparenzgebots. Es ist kein Selbstzweck, sondern erfüllt eine dem Netzzugang **dienende Funktion**. Speicher, für deren Nutzung z. B. aufgrund ihrer geringen Kapazität und höherer spezifischer Kosten offensichtlich kein Bedürfnis des Marktes besteht, fallen daher auch nicht unter § 28 III.

V. Verordnungsermächtigung (§ 28 IV)

17 Durch Rechtsverordnung können die technischen und wirtschaftlichen Bedingungen sowie die inhaltliche Gestaltung der Verträge über den Zugang zu Speicheranlagen geregelt werden. Wirtschaftliche Bedingungen umfassen auch die Nutzungsentgelte, so daß eine Regulierung der Preisbildungsmethoden möglich ist. Bisher ist von der Ermächtigung noch kein Gebrauch gemacht worden.

§ 28a Neue Infrastrukturen

(1) Verbindungsleitungen zwischen Deutschland und anderen Staaten oder LNG- und Speicheranlagen können von der Anwendung der §§ 20 bis 28 befristet ausgenommen werden, wenn
1. durch die Investition der Wettbewerb bei der Gasversorgung und die Versorgungssicherheit verbessert werden,
2. es sich um größere neue Infrastrukturanlagen im Sinne des Artikels 22 Abs. 1 der Richtlinie 2003/55/EG handelt, bei denen insbesondere das mit der Investition verbundene Risiko so hoch ist, dass die Investition ohne eine Ausnahmegenehmigung nicht getätigt würde,
3. die Infrastruktur Eigentum einer natürlichen oder juristischen Person ist, die entsprechend des § 7 Abs. 1 und der §§ 8 bis 10 von den Netzbetreibern getrennt ist, in deren Netzen die Infrastruktur geschaffen wird,
4. von den Nutzern dieser Infrastruktur Entgelte erhoben werden und
5. die Ausnahme sich nicht nachteilig auf den Wettbewerb oder das effektive Funktionieren des Erdgasbinnenmarktes oder das effiziente Funktionieren des regulierten Netzes auswirkt, an das die Infrastruktur angeschlossen ist.

(2) Absatz 1 gilt auch für Kapazitätsaufstockungen bei vorhandenen Infrastrukturen, die insbesondere hinsichtlich ihres Investitionsvolumens und des zusätzlichen Kapazitätsvolumens bei objektiver Betrachtung wesentlich sind, und für Änderungen dieser Infrastrukturen, die die Erschließung neuer Gasversorgungsquellen ermöglichen.

(3) [1] Auf Antrag des betroffenen Gasversorgungsunternehmens entscheidet die Regulierungsbehörde, ob die vom Antragsteller nachzuweisenden Voraussetzungen nach Absatz 1 oder 2 vorliegen. [2] Die Prüfung und das Verfahren richten sich nach Artikel 22 Abs. 3 Buchstabe b bis e und Abs. 4 der Richtlinie 2003/55/EG. [3] Soweit nach Artikel 22 Abs. 4 der Richtlinie 2003/55/EG die Beteiligung der Kommission der Europäischen Gemeinschaften (EG-Beteiligungsverfahren) vorgesehen ist, leitet die Regulierungsbehörde dieses Verfahren ein. [4] Die Regulierungsbehörde hat eine Entscheidung über einen Antrag nach Satz 1 nach Maßgabe einer

endgültigen Entscheidung der Kommission nach Artikel 22 Abs. 4 in Verbindung mit Artikel 30 Abs. 2 der Richtlinie 2003/55/EG zu ändern oder aufzuheben; die §§ 48 und 49 des Verwaltungsverfahrensgesetzes bleiben unberührt.

(4) **Die Entscheidungen werden von der Regulierungsbehörde auf ihrer Internetseite veröffentlicht.**

Literatur: *Arndt*, Vollzugssteuerung im Regulierungsverbund, Die Verwaltung 39 (2006), 100 ff.; *Britz*, Vom Europäischen Verwaltungsverbund zum Regulierungsverbund?, EuR 2006, 46 ff.; *Herzmann*, Zur Kooperation der Energieregulierungsbehörden in Europa – Ein Überblick und Vergleich mit dem Telekommunikationssektor, ZNER 2005, 216 ff.

Übersicht

	Rn.
A. Allgemeines	1
I. Inhalt und Zweck	1
II. Europarechtliche Rahmenbedingungen	2
1. Vorgaben der GasRl	2
2. Europäische Regulierungspraxis	3
III. Entstehungsgeschichte	4
B. Befreiung von der Regulierung des Netzzugangs (§ 28 a I)	5
I. Überblick	5
II. Materielle Voraussetzungen einer Befreiung	6
III. Befristung	11
C. Erweiterung bestehender Infrastruktur (§ 28 a II)	12
D. Verfahren und Ermessensausübung (§ 28 a III)	13
I. Überblick	13
II. Befreiungsentscheidung der Regulierungsbehörde	14
III. EG-Beteiligungsverfahren	17
1. Übermittlung an die Kommission	17
2. Änderungsverlangen der Kommission	18
3. Änderung oder Aufhebung der Befreiung	20
E. Rechtsschutz gegen Entscheidungen der Kommission und Entscheidungen der Regulierungsbehörde	21
F. Veröffentlichungspflicht (§ 28 a IV)	25
G. Verhältnis zu anderen Vorschriften, insbesondere zum Wettbewerbsrecht	26

A. Allgemeines

I. Inhalt und Zweck

1 Die Vorschrift regelt die befristete Befreiung bestimmter neuer Erdgas-Infrastrukturanlagen von den Regulierungsvorgaben der §§ 20–28.

Die Befreiung kann sich auch nur auf Teile dieser Vorgaben erstrecken. Ziel ist es, den Bau neuer Verbindungsleitungen, von bedeutenden LNG- und Speicheranlagen nicht durch die Anforderungen des Netzzugangsregimes wirtschaftlich unmöglich zu machen. Neue Infrastrukturen sind vielmehr für die Entwicklung eines europäischen Gasmarkts notwendig. Die Refinanzierung von risikoreichen Infrastrukturprojekten erfolgt in der Regel durch langfristige Nutzungsverträge. Wird eine umfassende Befreiung erteilt, verbessert dies in zweierlei Hinsicht die Investitionsbedingungen. Zum einen wird dem Betreiber ermöglicht, solche Verträge ohne regulative Vorgaben zur Entgeltbildung auszuhandeln. Zum anderen kann er exklusive Nutzungsrechte vergeben und dadurch höhere Einnahmen erzielen als bei einer allgemein zugänglichen Anlage.

II. Europarechtliche Rahmenbedingungen

1. Vorgaben der GasRl. Art. 22 GasRl gibt den materiellen Rahmen für die Gewährung von Ausnahmen vom regulierten Netzzugang detailliert vor. Es ist eine restriktive Anwendung geboten, da ansonsten die Wirksamkeit des allgemeinen Netzzugangsregimes verwässert werden könnte (*Neveling*, in: D/T, Europ. Energierecht, Rn. 500). Dies wird auch durch die Entstehungsgeschichte der Vorschrift unterstrichen (vgl. die Begründung des Rates, ABl.-EU 2003 C 50 E/36, S. 56). Zudem bindet er die mitgliedstaatliche Entscheidung in ein europäisches Kontrollverfahren ein (Rn. 17). Diese intensive materielle und prozedurale Determinierung durch die europäische Ebene erscheint angemessen, um zu gewährleisten, daß das Funktionieren des Binnenmarkts nicht über eine großzügige Handhabung der Ausnahmeregelung konterkariert wird. Da Art. 22 GasRl eine **Ausnahmemöglichkeit** normiert, besteht keine Pflicht der Mitgliedstaaten, diese Regelung auch in nationales Recht umzusetzen. Zur ihrer Wirksamkeit bedarf sie allerdings der Umsetzung in innerstaatliches Recht. Die parallele Regelung für den Elektrizitätssektor findet sich in Art. 7 StromhandelsVO. Anders als Art. 22 GasRl gilt diese unmittelbar. Die Kommission schlägt nunmehr vor, die Befreiungsentscheidung bei grenzüberschreitenden Projekten bei einer Europäischen Agentur für die Zusammenarbeit der Energieregulierungsbehörden zu zentralisieren (KOM(2007) 529 und 530 endg.).

2. Europäische Regulierungspraxis. Befreiungen für neue Infrastruktureinrichtungen sind bisher vor allem für LNG-Terminals in Großbritannien, den Niederlanden und in Italien erteilt worden. Die Dauer der Befreiungen beträgt zwischen 20 und 25 Jahren. Weiterhin sind neue Verbindungsleitungen zwischen Großbritannien und den Niederlanden, zwischen Griechenland und Italien sowie Teile der sog. Nabucco Erdgas Pipeline von der Regulierung ausgenommen worden. Die britische Regulierungsbehörde Ofgem hat Ende 2003 Leitlinien veröffentlicht, in denen sie ihre Auslegung des Art. 22 GasRl darlegt (Ofgem Publication 150/03, LNG facilities and interconnectors: EU legislation and regulatory regime – DTI/Ofgem final views, November 2003, http://ofgem.gov.uk). Die Generaldirektion Verkehr und Energie der Kommission ihre Sichtweise in einem unverbindlichen Vermerk vom 30. 1. 2004 zu „Ausnahmen von bestimmten Bestimmungen der Regelung des Netzzugangs Dritter" veröffentlicht. Der Council of European Energy Regulators hat eine zwischen den europäischen Regulierungsbehörden abgestimmte Bewertung der Kriterien für eine Befreiung veröffentlicht (Stellungnahme vom 28. 3. 2006, C05-EWG-22–04, www.ceer-eu.org).

III. Entstehungsgeschichte

4   Die Ausnahmeregelung für neue Infrastrukturen im EnWG geht auf eine Anregung des Bundesrates zurück (BT-Drucks. 15/3917, S. 87 f.). Als Begründung führte er insbesondere ein positives Investitionsklima, die Wettbewerbsfähigkeit der deutschen Gaswirtschaft und die Versorgungssicherheit an. Aufgrund der Empfehlung des Ausschusses für Wirtschaft und Arbeit (BT-Drs. 15/5268, S. 41 f.) wurde dann die spätere Gesetzesfassung eingefügt. Dabei wurden insbesondere die Erheblichkeitsschwelle in § 28 II und die verfahrensrechtlichen Regelungen in § 28 III konkretisiert.

B. Befreiung von der Regulierung des Netzzugangs (§ 28 a I)

I. Überblick

5   Der **Anwendungsbereich** von § 28 a umfasst Verbindungsleitungen zwischen Deutschland und anderen Staaten, LNG- und Speicheranlagen. Diese Aufzählung ist abschließend. Andere, auch erhebliche, Verbesserungen der Infrastruktur fallen nicht unter § 28 a. Bei der Normierung der materiellen Voraussetzungen (Abs. 1 Nr. 1–5) für eine Befreiung hat der Gesetzgeber den Wortlaut des Art. 22 I GasRl im Wesentlichen übernommen. Diese Voraussetzungen müssen **kumulativ**

vorliegen. Der Tatbestand des § 28a I ist im Lichte der europäische Vorgaben (Rn. 2) eng auszulegen. Die Entscheidung über die Gewährung der Ausnahme steht im pflichtgemäßen Ermessen der Regulierungsbehörde.

II. Materielle Voraussetzungen einer Befreiung

Voraussetzung für eine Befreiung ist zunächst, daß der **Wettbewerb** bei der Gasversorgung und die **Versorgungssicherheit** durch die Investition verbessert werden. Eine Wettbewerbsverbesserung liegt vor, wenn die neue Infrastruktur einen Beitrag zur Erhöhung der Liquidität des Gasmarkts leistet. Dies kann sowohl durch die Auflösung von Netzengpässen als auch die Erschließung neuer Gasversorgungsquellen geschehen. Die Versorgungssicherheit wird zum einen erhöht, wenn durch neue Anlagen die Abhängigkeit von den bisherigen Gasquellen oder Transportwegen spürbar verringert wird. LNG-Anlagen ermöglichen z. B. die weltweite Beschaffung von Gas und können so insbesondere die steigende Abhängigkeit von russischen Erdgasvorkommen abmildern (*Däuper/Lokau,* in: Zenke/Schäfer, § 4, Rn. 3). Speicheranlagen verbessern zum anderen die Versorgungssicherheit durch den Ausgleich saisonaler Schwankungen des Gasbedarfs.

Es muß sich um **größere neue Infrastrukturanlagen** im Sinne der GasRl handeln. Wann eine Anlage als neu gilt, bestimmt sich trotz der mißverständlichen Gesetzesformulierung auch nach § 3 Nr. 29a. Ansonsten würde diese Vorschrift praktisch leerlaufen. Die von Art. 2 Nr. 33 GasRl abweichende Festlegung des Zeitpunkts, ab dem Infrastruktur als neu angesehen wird, ist europarechtlich unbedenklich, da sie den Anwendungsbereich der Ausnahmevorschrift einschränkt. In der Praxis dürfte die Differenz ohnehin keine Auswirkungen haben, da soweit ersichtlich keine entsprechende Infrastruktur vor Inkrafttreten des EnWG in Betrieb genommen worden ist. Größer sind solche Erdgasinfrastrukturen, die eine Funktion für den zwischenstaatlichen Handel besitzen (*Neveling,* in: D/T, Europ. Energierecht, Rn. 499). Das mit der Investition verbundene **Risiko** muß so hoch sein, daß sie ohne Ausnahmegenehmigung nicht getätigt würde. Dies ist insbesondere dann der Fall, wenn die Projektkosten und die Amortisationsdauer im Vergleich zu denen der regulierten Netze außergewöhnlich hoch sind, dem jedoch unter dem Regulierungsregime keine besonderen Ertragschancen gegenüberstehen würden. Ein Beispiel sind Verbindungsleitungen, die auf dem Meeresboden verlegt werden (*Jones,* EU Energy Law I, Rn. 11.32).

8 Die Gesellschaft, in deren Eigentum die Infrastruktur steht, muß der Rechtsform nach auch von den Netzbetreibern unabhängig sein, in deren Netzen die Infrastruktur angeschlossen ist. Insofern finden die Vorschriften zum **Unbundling** in den §§ 8–10 Anwendung. Zweck hiervon ist es, Quersubventionierungen der privilegierten Infrastrukturen durch die Betreiber des regulierten Netzes zu verhindern.

9 Von den Nutzern der Infrastruktur müssen **Entgelte** erhoben werden. Diese müssen wirtschaftlich sein und eine Amortisation der Investition in angemessener Zeit ermöglichen. Dies ergibt sich aus dem Ziel der Regelung, Ausnahmen von der Regulierung nur befristet zuzulassen. Weiterhin ergibt sich aus dieser Voraussetzung ein Verbot von Quersubventionierungen. Aus Transparenzgründen ist eine Veröffentlichung der Entgelte anzustreben.

10 Die Gewährung der Ausnahme darf sich schließlich auf keinen der in Nr. 5 genannten Bereiche nachteilig auswirken. Eine **Beeinträchtigung des Wettbewerbs** kann insbesondere dann vorliegen, wenn die Ausnahme zu einer marktbeherrschenden Stellung eines privilegierten Nutzers der Infrastruktur auf einem nachgelagerten Markt führt oder diese verstärkt. Das effektive **Funktionieren des Binnenmarkts** kann im Falle einer Verbindungsleitung dann beeinträchtigt werden, wenn Kapazitäten nur unter sehr wenigen Wettbewerbern aufgeteilt werden sollen und trotz der neuen Infrastruktur ein erheblicher Engpass bestehen bleibt. Diese Ausschlußkriterien werden in der Regel durch Auflagen für den Betreiber der Infrastruktur hinsichtlich der Kapazitätszuweisung (Rn. 15) vermieden werden können. Das **effiziente Funktionieren des Netzes**, an das die Infrastruktur angeschlossen wird, ist z. B. dadurch zu sichern, daß im Falle von Verbindungsleitungen ggf. Kompatibilitätsfragen geklärt werden.

III. Befristung

11 Die Ausnahme ist in jedem Fall zu befristen. Die Dauer der Befreiung ist dabei so zu bemessen, daß das Risiko der Investition nicht über das erforderliche Maß hinaus sinkt. Eine **Obergrenze** bilden jedenfalls die Abschreibungszeiträume für solche Anlagen (ähnlich *Neveling*, in: D/T, Europ. Energierecht, Rn. 501). Eine Orientierung kann die Dauer von Freistellungen im Wettbewerbsrecht bieten (dazu *EuG*, Rs. T-374/94, European Night Services u. a./Kommission, EuGHE 1998, II-3141, Rn. 230–232). Die Kommission hat im Rechtsetzungsverfahren erklärt, daß sie auf einer strikten Begrenzung der Laufzeit von

Befreiungen bestehen wird (SEK(2003) 161 endg.). Die ersten Erfahrungen aus der Regulierungspraxis verdeutlichen diese Ankündigung. Aufgrund der Intervention der Kommission hat die britische Regulierungsbehörde die Laufzeit einer Ausnahmeentscheidung für die überwiegende Kapazität einer Verbindungsleitung von 15 auf zehn Jahre verkürzt. Dadurch wurde insbesondere gewährleistet, daß die Befreiung nicht länger läuft als die mit den Nutzern abgeschlossenen langfristigen Verträge.

C. Erweiterung bestehender Infrastruktur (§ 28 a II)

§ 28 a II erweitert den Anwendungsbereich der Befreiungsmöglichkeit auf **vorhandene Infrastruktur,** d. h. bestehende Verbindungsleitungen, LNG- oder Speicheranlagen. Erfasst werden zum einen **Kapazitätserweiterungen** bei vorhandenen Infrastrukturen. Diese müssen eine Erheblichkeitsschwelle überschreiten. Maßstab für die Erheblichkeit sind insbesondere das Investitionsvolumen und das zusätzliche Kapazitätsvolumen. Maßgebend ist eine objektive Betrachtung. Es reicht also nicht aus, daß das Kapazitätsvolumen der bestehenden Anlage erheblich ausgebaut wird. Vielmehr muß bei einer Verbindungsleitung der Beitrag zur Kapazitätsverbesserung des ganzen Netzes gesehen werden. Bei LNG- oder Speicheranlagen bildet die Kapazität aller vergleichbaren Anlagen innerhalb eines Marktgebietes den Bezugspunkt. Zum anderen werden **Änderungen** dieser Infrastrukturen einbezogen, die die Erschließung neuer Gasversorgungsquellen ermöglichen. Insoweit besteht in Übereinstimmung mit Art. 22 II GasRl keine weitere Erheblichkeitsschwelle.

D. Verfahren und Ermessensausübung (§ 28 a III)

I. Überblick

§ 28 a III legt das Verfahren für die Gewährung der Ausnahme fest. Das Verfahren wird nur auf Antrag eingeleitet. Dieser kann schon im Planungsstadium einer Infrastrukturanlage gestellt werden, da nur so der Zweck der Investitionssicherheit erreicht werden kann. Die Regulierungsbehörde entscheidet zunächst über den Antrag (Rn. 14). Die **Zusammenarbeit mit dem BKartA** hinsichtlich der Voraussetzung des § 28 I Nr. 1 regelt § 58 I. Gewährt sie die Befreiung, leitet sie ihre

Entscheidung unverzüglich an die Kommission weiter, die die Entscheidung überprüft (Rn. 17 ff.). Während dieser Prüfung besteht kein präventives Durchführungsverbot (*Schneider,* ZWeR 2003, 381, 408). Auch die Beschwerdefrist des § 78 beginnt unabhängig von einer eventuellen Kommissionsentscheidung zu laufen.

II. Befreiungsentscheidung der Regulierungsbehörde

14 Das Vorliegen der Voraussetzungen der § 28 I und II ist durch den Antragsteller nachzuweisen. § 28 a III 1 normiert damit eine Ausnahme vom Untersuchungsgrundsatz des § 24 VwVfG. Den Antragsteller trifft insofern die formelle und materielle **Beweislast.** Bedeutung hat § 28 a III 1 auch für die Auferlegung von **Gutachterkosten** nach § 73 III, die im Fall des § 28 a regelmäßig der Antragsteller tragen muss.

15 § 28 a III 2 verweist auf die Regelungen des Art. 22 GasRl, die neben verfahrensrechtlichen Aspekten vor allem Anforderungen an die **Ermessensausübung** der Regulierungsbehörde festlegen. Sie hat im Rahmen ihres Ermessens insbesondere zu prüfen, ob Auflagen möglich sind, die die Beschränkung des allgemeinen Netzzugangsregimes abmildern und das Prinzip der Nichtdiskriminierung sicherstellen. Sie berücksichtigt dabei insbesondere die Laufzeit der Verträge, die Kapazität des Projekts und die einzelstaatlichen Gegebenheiten (Art. 22 III lit. b). Dabei sind die Auflagen desto schärfer auszugestalten, je weitreichender die Befreiung ist. Die Regulierungsbehörde kann die Regeln und Mechanismen für das **Kapazitätsmanagement** und die **Kapazitätszuweisung** festlegen. Dadurch darf die Durchführung langfristiger Verträge nicht verhindert werden (Art. 22 III lit. c). Die Regulierungsbehörde kann aber verlangen, daß Kapazität anfänglich auf dem Markt angeboten wird. Ferner kann sie die Auflage machen, daß die Infrastruktur dabei allen Nutzungsinteressenten, die langfristige Verträge eingehen wollen, prinzipiell offen steht, z. B. im Rahmen eines Bieterverfahrens. Dies gilt insbesondere, wenn zu den geplanten Nutzern ein Unternehmen gehört, dessen marktbeherrschende Stellung durch einen exklusiven Zugang verstärkt würde. Für solche Bieterverfahren hat die ERGEG unverbindliche **Leitlinien** erlassen (ERGEG Guidelines for Good Practice on Open Season Procedures vom 21. 5. 2007). Weiterhin können effektive Mechanismen verlangt werden, die eine Kapazitätshortung verhindern (use-it-or-lose-it-Prinzip) und den Handel mit Kapazitätsrechten ermöglichen.

16 Soll eine Befreiung für eine Verbindungsleitung erteilt werden, **konsultiert** die Regulierungsbehörde vorab die zuständigen Behörden in

den Mitgliedstaaten, deren Fernleitungsnetze ebenfalls an diese Leitung angeschlossen sind (Art. 22 III lit. e). Eine Bindung oder Berücksichtigungspflicht an die Stellungnahmen der anderen Regulierungsbehörden besteht nicht (*Britz*, EuR 2006, 46, 66; *Arndt*, Die Verwaltung 39 (2006), 100, 112). Durch die nachgelagerte Kontrolle durch die Kommission dürfte die Regulierungsbehörde allerdings faktisch gezwungen sein, diese in ihre Ermessensausübung und die Begründung ihrer Entscheidung einzubeziehen.

III. EG-Beteiligungsverfahren

1. Übermittlung an die Kommission. Nach § 28 a III 3 beteiligt 17 die Regulierungsbehörde die Kommission, soweit dies in Art. 22 IV GasRl vorgesehen ist. Diese Formulierung ist mißverständlich, da Befreiungsentscheidungen für neue Infrastrukturen stets der Kontrolle der Kommission unterliegen. Die Regulierungsbehörde hat der Kommission unverzüglich die Ausnahmeentscheidung selbst sowie alle Informationen mitzuteilen, die ihre Entscheidung tragen (§ 28 a III 3 i. V. m. Art. 22 IV 1 GasRl). Die Begleitinformationen dürfen in einer aussagekräftigen Zusammenfassung übermittelt werden. Art. 22 IV 2 und 3 GasRl legt hierzu Mindestanforderungen fest.

2. Änderungsverlangen der Kommission. Aufgrund ihrer Prü- 18 fung kann die Kommission eine Änderung oder den Widerruf der Befreiung verlangen (Art. 22 IV 4 GasRl). Die Frist hierfür beträgt grundsätzlich zwei Monate. Sie kann durch die Kommission um einen Monat verlängert werden, wenn sie zusätzliche Informationen anfordert. Um eine verbindliche Entscheidung erlassen zu können, muß die Kommission nach Art. 22 IV 6 GasRl das in Art. 30 II GasRl vorgesehene Ausschußverfahren durchführen **(Komitologie).** Sie hat dazu die Stellungnahme eines beratenden Ausschusses aus Vertretern der Mitgliedstaaten einzuholen und diese soweit wie möglich zu berücksichtigen (Art. 3 IV Beschluß 1999/468/EG). Inhaltlich wird die Kommission dadurch nicht unmittelbar gebunden. Ein Abweichen von der Stellungnahme ist begründungsbedürftig und hat Konsequenzen für die gerichtliche Kontrolldichte (Rn. 23). Im Rahmen dieses Verfahrens ist auch dem Antragsteller erneut rechtliches Gehör zur Stellungnahme zur geben (*EuG*, Rs. T-205/99 – Hyper Srl./Kommission, EuGHE 2002, II-3141, Rn. 49; T-329/00, Bonn Fleisch/Kommission, EuGHE 2003, II-287, Rn. 45; *Sydow*, Verwaltungskooperation in der Europäischen Union, S. 274f.).

Die Kommission kann die Entscheidung der Regulierungsbehörden 19 in vollem Umfang überprüfen (*Neveling*, in: D/T, Europ. Energierecht,

Rn. 504). Neben der **Kontrolle der Rechtmäßigkeit** kann sie zudem unter dem Gesichtspunkt der Koordination einen eigenen **Ermessensspielraum** besitzen. Es handelt sich insofern um ein echtes Vetorecht (*Britz,* EuR 2006, 46, 65). Deutlichstes Beispiel sind die Entscheidungen zur Befreiung einer Verbindungsleitung. Sind hierbei Divergenzen der Regulierungsbehörden nicht im Konsultationsverfahren ausgeräumt worden, hat sie eine koordinierende und streitschlichtende Funktion. Für die Erfüllung dieser Aufgabe ist eine eigene Entscheidungsbefugnis notwendig (*Kadelbach,* in: Schmidt-Aßmann/Hoffmann-Riem (Hrsg.), Verwaltungskontrolle, 2001, S. 205, 228), die über die bloße Rechtskontrolle hinausgeht. Die Kommission darf allgemein für eine kohärente Anwendung der Befreiungsregelungen in den Mitgliedstaaten sorgen, um die Regulierungsziele zu erreichen (vgl. *Trute,* FS Selmer, S. 565, 576 für den Telekommunikationssektor). Diese Ausgestaltung des Verfahrens ist mit den Prinzipien der Subsidiarität und Verhältnismäßigkeit vereinbar. Diese Gesichtspunkte werden durch die prozedurale Absicherung der endgültigen Kommissionsentscheidung gewahrt. Zudem betreffen die aufsichtsähnlichen Rechte der Kommission im Vergleich zum Telekommunikationssektor einen Randbereich (*Herzmann,* ZNER 2005, 216, 219; *Herrmann,* S. 312 f.). Eine über diese Prinzipien hinausgehende Verfahrensautonomie der Mitgliedstaaten im Sinne eines administrativen Kernbereichs besteht nicht (zum Streitstand *Möllers,* EuR 2002, 483, 500 f. m. w. N.).

20 **3. Änderung oder Aufhebung der Befreiung.** § 28 III 4 normiert eine klare Rechtsgrundlage für europarechtlich gebotene Änderung oder Aufhebung einer Befreiungsentscheidung. Es wird verdeutlicht, daß die Regulierungsbehörde verpflichtet ist, eine endgültige Entscheidung der Kommission umzusetzen. Dies ist unter dem Gesichtspunkt des Vertrauensschutzes unbedenklich. Den Antragestellern ist bekannt, daß eine Entscheidung der Regulierungsbehörde zunächst unter dem Vorbehalt des europäischen Kontrollverfahrens steht. Der Zeitraum, in dem insofern noch keine Rechtssicherheit besteht, ist zumutbar. Die §§ 48 und 49 VwVfG bleiben neben § 28a III 4 anwendbar. Dies wird insbesondere im Fall der Nichterfüllung von Auflagen oder einer erheblichen Änderung der Wettbewerbssituation relevant sein. Weiterhin ist ein **Widerrufsvorbehalt** nach § 36 II Nr. 3 VwVfG empfehlenswert, damit die Regulierungsbehörde ggf. bereits einem unverbindlichen Änderungsverlangen der Kommission nachkommen kann.

E. Rechtsschutz gegen Entscheidungen der Kommission und Entscheidungen der Regulierungsbehörde

Das erste Verlangen der Kommission, die Ausnahmebewilligung zu ändern oder zu widerrufen, kann nicht im Wege der Nichtigkeitsklage angegriffen werden. Es ist nicht verbindlich und betrifft den Antragsteller nicht unmittelbar. Ändert oder widerruft die Regulierungsbehörde bereits aufgrund dieses Verlangens der Kommission ihre Ausnahmebewilligung, ist der Antragsteller auf den innerstaatlichen Rechtsweg nach § 75 verwiesen.   **21**

Verlangt die Kommission endgültig eine Aufhebung oder Änderung einer Ausnahmebewilligung, kann der Mitgliedstaat diese Entscheidung vor dem *EuGH* angreifen. Daneben kann auch der Antragsteller Nichtigkeitsklage nach Art. 230 I und IV EG vor dem *EuG* erheben. Er ist insbesondere auch unmittelbar von der Entscheidung der Kommission betroffen, da der Regulierungsbehörde beim Vollzug der Entscheidung kein Ermessensspielraum bleibt (*EuGH*, Rs. C-222/83 – Commune de Differdange/Kommission, *EuGHE* 1984, 2889, Rn. 12; Rs. C-386/96 – Dreyfus/Kommission, *EuGHE* 1998, I-2309 Rn. 43; *EuG,* Rs. T-42/96, Eyckeler & Malt, *EuGHE* 1998, II-401, Rn. 38). Nach Ablauf der zweimonatigen Klagefrist des Art. 230 V EG wird die Entscheidung der Kommission **bestandskräftig** und kann auch im Wege des Vorabentscheidungsverfahrens nicht mehr überprüft werden (*EuGH,* Rs. C-188/92 – TWD Textilwerke Deggendorf, *EuGHE* 1994, I-833, Rn. 26; Rs. 178/95 – Wiljo, *EuGHE* 1997, I-585 Rn. 21; krit. *Vogt,* Die Entscheidung als Handlungsform des Europäischen Gemeinschaftsrechts, 2005, S. 241 f.).   **22**

Steht die endgültige Kommissionsentscheidung im Einklang mit der Stellungnahme des Beratenden Ausschusses, ist die **Kontrolldichte** durch den *EuGH* begrenzt. Die Überprüfung beschränkt sich auf das Vorliegen von offensichtliche Tatsachen- bzw. Rechtsirrtümern oder Ermessensfehlern. Der *EuGH* hat dies für den Bereich des gemeinsamen Zolltarifs und des Umweltrechts entschieden. Zur Begründung hat er auf den technischen Charakter der zu beurteilenden Fragen und den Sachverstand der eingebundenen Experten abgestellt (*EuGH,* Rs. 216/82 – Universität Hamburg, *EuGHE* 1983, 2771, Rn. 14; Rs. C-86/03 – Griechenland/Kommission, *EuGHE* 2005, I-10979, Rn. 66). Diese Bedingungen liegen auch bei der Ausnahme bestimmter Infrastrukturen von der Regulierung der Energiemärkte vor. Die Beurteilung der Auswirkungen auf den Energiebinnenmarkt und die Risikobewertung der geplanten Investition erfordern besonderen techni-   **23** schen Sachverstand. Aus dieser Rechtsprechung folgt im Umkehrschluß, daß ggf. die Begründung der Kommission, warum sie von einer Stellungnahme des Beratenden Ausschusses abweicht, verstärkter gerichtlicher Kontrolle unterliegt.

24   Gegen Entscheidungen der Regulierungsbehörde steht dem Antragsteller die **Beschwerde** nach § 75 III zur Verfügung. Wenn eine Befreiung für eine Verbindungsleitung in Rede steht, bestehen Besonderheiten, falls die Konsultation der anderen betroffenen Regulierungsbehörden noch nicht erfolgt ist oder durch das Urteil insoweit eine veränderte Sachlage geschaffen wird. Dann kann die Regulierungsbehörde nur verpflichtet werden, das Konsultationsverfahren unter Beachtung der Rechtsauffassung des Gerichts durchzuführen. Durch das **EG-Beteiligungsverfahren** ergeben sich keine Auswirkungen auf den Ausspruch des Gerichts, da dieses erst nach der Entscheidung der Regulierungsbehörde durchzuführen ist. Wettbewerber des Antragstellers oder der privilegierten Nutzer, die nach § 66 III Nr. 3 beigeladen worden sind, können ebenfalls Beschwerde einlegen (§ 75 II).

F. Veröffentlichungspflicht (§ 28 a IV)

25   § 28 a IV normiert eine Veröffentlichungspflicht für die Entscheidungen zu neuen Infrastrukturen. Umfasst werden sowohl die Entscheidungen der Regulierungsbehörde als auch eventuelle Entscheidungen der Kommission. Für letztere hätte ansonsten keine Veröffentlichungspflicht bestanden. Ihre Veröffentlichung ist jedoch mit Blick auf die drohende Bestandskraft (Rn. 22) geboten. Für Entscheidungen der Regulierungsbehörde ist § 28 a IV die speziellere Vorschrift. Abweichend von § 74 müssen diese nur auf der Internetseite der BNetzA veröffentlicht werden, nicht jedoch im Amtsblatt.

G. Verhältnis zu anderen Vorschriften, insbesondere zum Wettbewerbsrecht

26   Der Betreiber einer gemäß § 28 a befreiten Infrastruktureinrichtung bleibt grundsätzlich an das Verbot mißbräuchlichen Verhaltens nach § 30 gebunden. Die Befreiung betrifft nur die Vorgaben der §§ 20–28. Soweit § 30 I 1 auf diese Bezug nimmt, ist auch er nicht anwendbar. Der materielle Gehalt von § 30 ist jedoch weiter, da er auch Regelungen der nach § 111 I, II bei der Regulierung des Netzzugangs nicht

anwendbaren §§ 19, 20 GWB aufgreift (§ 30, Rn. 2). Gleichermaßen eröffnet Art. 22 I GasRl nur die Möglichkeit, von den Vorgaben der Richtlinie zum Netzzugang zu befreien, nicht aber von den Vorschriften des allgemeinen Wettbewerbsrechts. Art. 81, 82 EG bleiben daher anwendbar. Soweit eine Verbindungsleitung nach § 28a befreit wird, findet auch die **GasfernleitungsVO** keine Anwendung (Art. 16 lit. b GasfernleitungsVO).

Abschnitt 4. Befugnisse der Regulierungsbehörde, Sanktionen

Vorbemerkung

Literatur: *Britz*, Markt(er)öffnung durch Regulierung – Neue Regulierungsaufgaben nach den Energie-Beschleunigungsrichtlinien und der Stromhandelsverordnung, in: Aschke/Hase/Schmidt-De Caluwe (Hrsg.), v. Zezschwitz-FS, 2005, S. 374 ff.; *Hohaus/Ronnacker*, Die Verordnung (EG) über die Bedingungen für den Zugang zu den Erdgasfernleitungsnetzen, ET spezial 2005, 5 ff.; *Schneider*, Kooperative Netzzugangsregulierung und europäische Verbundverwaltung im Elektrizitätsbinnenmarkt, ZWeR 2003, 381 ff.

Übersicht

	Rn.
A. Behördliche Regulierungsbefugnisse nach dem 4. Abschnitt im Überblick	1
B. Systematik der behördlichen Befugnisse zur Regulierung von Netzzugangsentgelt, sonstigen Netzzugangsbedingungen und Netzanschlußbedingungen	2
C. Befugnisse zur Regulierung der Netzzugangsentgelte	3
I. Ex-ante-Befugnisse	3
1. Anreizregulierung	3
2. Kostenorientierte Regulierung von Höchstpreisen	4
II. Ex-post-Befugnisse	5
D. Befugnisse zur Regulierung sonstiger Netzzugangsbedingungen	6
E. Befugnisse zur Regulierung der Netzanschlußbedingungen	8

A. Behördliche Regulierungsbefugnisse nach dem 4. Abschnitt im Überblick

1 In den §§ 29 bis 35 finden sich die Befugnisse der Regulierungsbehörden für die Ausführung des Dritten Teils des Gesetzes (Regulierung des Netzbetriebs). Lediglich § 32 sieht keine behördliche Befugnis vor, sondern ist eine reine Sanktionsnorm. Die Regulierungsbefugnisse beziehen sich nach ihrer systematischen Stellung auf den Netzanschluß nach den §§ 17 bis 19 (Abschnitt 2), den Netzzugang nach den §§ 20 bis 28 a (Abschnitt 3) und die Aufgaben der Netzbetreiber nach den §§ 11 bis 16 a (Abschnitt 1). Tatsächlich nehmen die meisten Befugnisnormen jedoch nur auf die Vorschriften über Netzanschluß (Abschnitt 2) und über den Netzzugang (Abschnitt 3) Bezug (§ 29 I, § 30 II

i. V. m. § 30 I 2 Nr. 1, § 31 I 2, § 33 I). Lediglich das Monitoring nach § 35 i. V. m. § 69 geht sachlich über den Bereich von Netzanschluß und Netzzugang hinaus. Weitere behördliche Befugnisse zur Regulierung des Netzbetriebs ergeben sich aus § 23 a. Eng verwandt sind die Regulierungsbefugnisse nach der StromhandelsVO und der GasfernleitungsVO (§ 20, Rn. 3 f.; § 56, Rn. 8 ff.; *Britz*, in: v. Zezschwitz-FS, S. 374, 381 ff.; *Schneider*, ZWeR 2003, 381 ff.; *Hohaus/Ronnacker*, ET spezial 2005, 5 ff.). Außerdem finden sich Ermächtigungen an den Verordnungsgeber, der Regulierungsbehörde weitere Befugnisse einzuräumen in § 17 III 1 Nr. 2, § 21 a VI 1 Nr. 3 und § 24 1 Nr. 2.

B. Systematik der behördlichen Befugnisse zur Regulierung von Netzzugangsentgelt, sonstigen Netzzugangsbedingungen und Netzanschlußbedingungen

Die behördlichen Regulierungsbefugnisse lassen sich systematisieren: **2** Zu unterscheiden sind erstens Formen der **Ex-ante**-Regulierung und der **Ex-post**-Regulierung. Zweitens ist zu unterscheiden zwischen einer bloßen **Methoden**regulierung und einer Regulierung der **konkreten** Anschluß- oder Zugangs**bedingungen** einschließlich der Entgelte. Beide Regulierungsformen können sowohl ex ante als auch ex post zum Einsatz kommen. Drittens ist im Rahmen der Ex-ante-Regulierung zwischen der **Genehmigung** von Bedingungen oder Methoden und der **Festlegung** von Bedingungen und Methoden zu differenzieren. Viertens ist bei der Netzentgeltregulierung zwischen einer kostenorientierten Regulierung von **Höchstpreisen** und einer sogenannten **Anreizregulierung** zu differenzieren. Fünftens lassen sich Regulierungsbefugnisse, die unmittelbar aus dem EnWG folgen, von jenen unterscheiden, die der Verordnungsgeber zunächst noch augrund gesetzlicher Ermächtigung gewähren muß.

C. Befugnisse zur Regulierung der Netzzugangsentgelte

I. Ex-ante-Befugnisse

1. Anreizregulierung. Bei der Anreizregulierung läßt § 21 a VI re- **3** lativ wenig Raum für eine behördliche **Methodenregulierung**. Die Regulierungsmethoden werden vielmehr weitgehend nach § 21 a VI 2 durch den Verordnungsgeber selbst festgelegt. Der Regulierungsbehör-

Vorb §§ 29ff. 4–6   Teil 3. Regulierung des Netzbetriebs

de obliegt es dann aber aufgrund einer Verordnung nach § 21 a VI 1 Nr. 3, im Rahmen der Durchführung dieser Methoden **Festlegungen** zu treffen und Maßnahmen des Netzbetreibers zu **genehmigen**.

4   **2. Kostenorientierte Regulierung von Höchstpreisen.** Die Regulierung der Netznutzungsentgelte in Gestalt einer an den Kosten orientierten Höchstpreisregulierung erfolgt im Wege der **Genehmigung nach § 23 a**. Daneben hat der Verordnungsgeber die Behörde nach § 24 1 Nr. 2 zur **Methodenregulierung** in der Form der Methoden-**Festlegung** ermächtigt (§ 30 StromNEV und § 30 GasNEV).

II. Ex-post-Befugnisse

5   Als Instrumente der nachträglichen Kontrolle der Netzzugangsentgelte stehen die **Mißbrauchsaufsicht** nach § 30 II, die im Interesse bestimmter betroffener Personen durchzuführenden besonderen Mißbrauchsverfahren nach § 31 und das **Monitoring** nach § 35 zur Verfügung. Zur Sanktionierung von Verstößen gegen die Entgeltvorschriften hat die Behörde zudem das **Vorteilsabschöpfungsinstrumentarium** des § 33. Die Ex-post-Befugnisse bestehen grundsätzlich bei allen Verstößen gegen die Entgeltvorschriften sowie gegen aufgrund dieser Vorschriften ergangene Entscheidungen. Dies gilt einerseits sowohl für Maßnahmen der Methodenregulierung als auch für die konkrete Entgeltfestsetzung. Andererseits bestehen die Ex-post-Befugnisse sowohl bei Entscheidungen, die durch Genehmigung getroffen wurden als auch bei Entscheidungen, die als Festlegung ergangen sind. Sofern allerdings ex ante eine Entgeltgenehmigung nach § 23 a erteilt wurde oder eine Obergrenze im Rahmen der Anreizregulierung nach § 21 a festgesetzt wurde, unterliegt das Entgelt einer nachträglichen Kontrolle nur noch, wenn von dem genehmigten Höchstpreis (§ 23 a) oder von der im Rahmen der Anreizregulierung festgelegten Obergrenze (§ 21 a) abgewichen wird. Dies ist für die Mißbrauchsaufsicht in § 30 I 2 Nr. 5 ausdrücklich geregelt, gilt aber auch für die sonstigen Ex-post-Befugnisse (§ 30, Rn. 6).

D. Befugnisse zur Regulierung sonstiger Netzzugangsbedingungen

6   Die **Ex-ante-Regulierung** der **konkreten Zugangsbedingungen** ist im Gesetz nicht unmittelbar vorgesehen. Die Genehmigungspflicht nach § 23 a gilt nur für die Entgelte. Nach § 24 1 Nr. 2 kann jedoch der **Verordnungsgeber** die Regulierungsbehörde ermächtigen, die

Bedingungen des Netzzugangs festzulegen oder zu genehmigen. Von dieser Ermächtigung hat der Verordnungsgeber in § 27 StromNZV und § 42 GasNZV Gebrauch gemacht. Die Ermächtigung beschränkt sich auf behördliche **Festlegungen**. Ein Genehmigungsverfahren ist in den Verordnungen nicht vorgesehen. Auch für eine Befugnis zur behördlichen **Methodenregulierung** bedarf es einer vorherigen Ermächtigung durch eine Verordnung nach § 24 1 Nr. 2. Ermächtigungen an die Regulierungsbehörde zur **Festlegung** der Methoden für die Bestimmung der Bedingungen finden sich wiederum in § 27 StromNZV und in § 42 GasNZV. Genehmigungsverfahren sind auch hier nicht vorgesehen.

Es bestehen die **selben nachträglichen Befugnisse** wie bei der nachträglichen Überwachung der Entgelte (Rn. 5). 7

E. Befugnisse zur Regulierung der Netzanschlußbedingungen

Weder zur Methodenregulierung noch zur Regulierung der konkreten Anschlußbedingungen finden sich unmittelbar im Gesetz behördliche **Ex-ante-Befugnisse**. Allerdings kann der **Verordnungsgeber** nach § 17 III 1 Nr. 2 auch insoweit die Regulierungsbehörde dazu ermächtigen, **Bedingungen** oder **Methoden** festzulegen oder auf Antrag des Netzbetreibers zu genehmigen. 8

Für die **Ex-post-Überwachung** bestehen auch hier die gleichen Befugnisse wie bei der Überwachung der Entgelte (Rn. 5). 9

§ 29 Verfahren zur Festlegung und Genehmigung

(1) **Die Regulierungsbehörde trifft Entscheidungen über die Bedingungen und Methoden für den Netzanschluss oder den Netzzugang nach den in § 17 Abs. 3, § 21a Abs. 6 und § 24 genannten Rechtsverordnungen durch Festlegung gegenüber einem Netzbetreiber, einer Gruppe von oder allen Netzbetreibern oder durch Genehmigung gegenüber dem Antragsteller.**

(2) ¹**Die Regulierungsbehörde ist befugt, die nach Absatz 1 von ihr festgelegten oder genehmigten Bedingungen und Methoden nachträglich zu ändern, soweit dies erforderlich ist, um sicherzustellen, dass sie weiterhin den Voraussetzungen für eine Festlegung oder Genehmigung genügen.** ²**Die §§ 48 und 49 des Verwaltungsverfahrensgesetzes bleiben unberührt.**

§ 29 Teil 3. Regulierung des Netzbetriebs

(3) ¹Die Bundesregierung kann das Verfahren zur Festlegung oder Genehmigung nach Absatz 1 sowie das Verfahren zur Änderung der Bedingungen und Methoden nach Absatz 2 durch Rechtsverordnung mit Zustimmung des Bundesrates näher ausgestalten. ²Dabei kann insbesondere vorgesehen werden, dass Entscheidungen der Regulierungsbehörde im Einvernehmen mit dem Bundeskartellamt ergehen.

Literatur: *Britz*, Behördliche Befugnisse und Handlungsformen für die Netzentgeltregulierung nach neuem EnWG, RdE 2006, 1 ff.; *Britz*, Abänderbarkeit behördlicher Regulierungsentscheidungen nach dem neuen EnWG, N&R 2006, 6 ff.; *Britz*, Erweiterung des Instrumentariums administrativer Normsetzung zur Realisierung gemeinschaftsrechtlicher Regulierungsaufträge, EuZW 2004, 462 ff.; *Burgi*, Das subjektive Recht im Energie-Regulierungsverwaltungsrecht, DVBl. 2006, 269 ff.; *Pielow*, Vom Energiewirtschafts- zum Energieregulierungsrecht?, in: ders. (Hrsg.), Grundsatzfragen der Energiemarktregulierung, 2005, S. 16 ff.

Übersicht

	Rn.
A. Bedingungs- und Methodenregulierung durch Festlegung und Genehmigung (§ 29 I)	1
I. Inhalt und Zweck	1
II. Anwendungsbereich	2
III. Methodenregulierung	5
1. Bedeutung der Methodenregulierung	5
2. Bindungswirkung der Methodenregulierung	7
IV. Regulierung durch Festlegung	10
1. Festlegung als eigener Regulierungsmodus	10
2. Einordnung in das System verwaltungsrechtlicher Handlungsformen	12
B. Nachträgliche Änderung von Regulierungsentscheidungen (§ 29 II)	17
I. Allgemeines	17
1. Inhalt, Zweck, Anwendungsbereich	17
2. Sonstige Befugnisse zur Abänderung von Regulierungsentscheidungen	19
II. Nachträgliche Änderung (§ 29 II 1)	20
1. Tatbestandsvoraussetzungen	20
a) Rechtswidrigkeit	20
b) Anfängliche Rechtmäßigkeit?	21
c) Kein Vertrauensschutz	22
2. Änderungsermessen	23
3. Änderungsumfang	24
III. Verhältnis zu §§ 48 ff. VwVfG (§ 29 II 2)	25
1. Anwendbarkeit von §§ 48, 49 VwVfG	25
2. Anwendbarkeit von § 51 VwVfG	26

C. Verfahrensregelungen (§ 29 III) 27
   I. Allgemeine Verordnungsermächtigung (§ 29 III 1) 27
      1. Inhalt und Zweck 27
      2. Anwendungsbereich 28
      3. Ergangene Rechtsverordnungen 29
      4. Verhältnis zu anderen Verfahrensbestimmungen 30
      5. Behördliche Verfahrensfestlegungen 31
   II. Einvernehmen mit Bundeskartellamt (§ 29 III 2) 32

A. Bedingungs- und Methodenregulierung durch Festlegung und Genehmigung (§ 29 I)

I. Inhalt und Zweck

Die Vorschrift dient der ergänzenden Umsetzung von Art. 23 II EltRl und Art. 25 II GasRl, die die Einführung von Ex-ante-Regulierungsmöglichkeiten verlangen (Vorb § 20, Rn. 18). Ausweislich der Entwurfsbegründung wurde § 29 I als Befugnisnorm betrachtet, die neben den speziellen Handlungsermächtigungen erforderlich sei, welche sich insbesondere aus den auf § 24 1 Nr. 2 gestützten Verordnungsvorschriften ergeben. Während die Rechtsverordnung nach § 24 1 Nr. 2 die materiellen Voraussetzungen des Erlasses einer Regulierungsentscheidung regle, biete § 29 I die Grundlage, auf der die Regulierungsentscheidung formell erlassen werde (Begr. BT-Drucks. 15/3917, S. 61). Die durch § 29 I in Bezug genommenen Vorschriften über die Bedingungen und Methoden für den Netzanschluß oder den Netzzugang sehen allerdings bereits eigene Genehmigungs- bzw. Festlegungsbefugnisse vor, zu deren Gebrauch es keiner weiteren „formellen Grundlage" bedarf. § 29 ist darum **keine eigenständige Ermächtigungsgrundlage,** sondern ist akzessorisch zu den Ermächtigungen durch Rechtsverordnungen nach §§ 17 III, 21a VI und 24. Darüber hinaus verweist § 12 III a auf § 29 I. Auch hier ist die Befugnisgewährung jedoch nicht erforderlich, weil § 12 III a bereits selbst zur Festlegung ermächtigt. Gleichwohl hat § 29 I einen gesetzgebungstechnischen Nutzen, da er es dem Gesetzgeber ermöglicht hat, an anderer Stelle **Sammelverweisungen** auf Genehmigungen und Festlegungen im Bereich des Netzzugangs und -anschlusses anzubringen (§§ 29 II, III, 31 I, 74, 83 III).

II. Anwendungsbereich

2 Die Frage nach dem Anwendungsbereich des § 29 I ist insbesondere wegen des Verweises in § 29 II und III von Bedeutung. § 29 I gilt für Entscheidungen der Regulierungsbehörde über die **Bedingungen und Methoden für den Netzanschluß oder den Netzzugang.** Welche Entscheidungen im einzelnen erfaßt werden, ergibt sich aus der Verweisung auf die Rechtsverordnungen nach § 17 III, § 21 a VI und § 24.

3 Darüber hinaus gilt § 29 I für **Genehmigungen nach § 23 a.** Daß die Entscheidungen nach § 23 a in § 29 I nicht aufgeführt sind, dürfte ein Redaktionsversehen sein. Die Ursache dafür liegt wohl darin, daß die Regulierungsbehörde nach der erst im allerletzten Moment aufgegebenen Vorstellung des Gesetzgebers über die Netznutzungsentgelte nicht ex ante entscheiden sollte. Während beinahe des gesamten Gesetzgebungsprozesses war bezüglich der Netzzugangsentgelte allein eine Methodenregulierung vorgesehen. Der als Bestimmung über die Ex-ante-Befugnisse gefaßte § 29 enthielt dementsprechend keine Regelung zu den Netzzugangsentgelten. Diese Sachlage hat sich mit der Einfügung der Ex-ante-Regulierung der Netznutzungsentgelte durch §§ 21 a, 23 a geändert. Die nach der Einfügung des § 23 a erforderliche Gesetzeskonsolidierung ist allerdings unterblieben. Die aus der fehlenden Erwähnung von § 23 a resultierende Gesetzeslücke ist durch Analogie zu schließen. Analogiefähig ist insbesondere die Aufzählung des § 21 a VI. Wenn § 29 Ex-ante-Entscheidungen bei der Entgeltregulierung im Rahmen der Anreizregulierung erfaßt, ist es folgerichtig, ihn auch auf die Entgeltregulierung nach § 23 a anzuwenden.

4 Tatsächlich benötigt man zwar keine separate Befugnisnorm neben § 23 a, weil dort das Genehmigungserfordernis und sonstige mit der Genehmigung zusammen hängende Handlungsbefugnisse (§ 23 a III 2, 3, 6) unmittelbar normiert sind. Wichtig ist die Einbeziehung der Genehmigung nach § 23 a jedoch im Hinblick auf die **Anwendbarkeit von § 29 II und III.** Die Anwendung der Revisibilitätsregelung des § 29 II ist sinnvoll, um ermessensleitende Anhaltspunkte für die Anwendung des obligatorischen Widerrufsvorbehalts nach § 23 a IV 1 zu gewinnen (§ 23 a, Rn. 21.) Auch die Anwendbarkeit der Verordnungsermächtigung nach § 29 III auf das Verfahren der Entgeltgenehmigung ist folgerichtig (Rn. 28).

III. Methodenregulierung

1. Bedeutung der Methodenregulierung. § 29 I nennt neben der Regulierung der konkreten Anschluß- und Zugangsbedingungsbedingungen die Methodenregulierung. Methodenregulierung bedeutet, daß nicht (nur) die vom einzelnen Netzbetreiber konkret verwendeten Entgelte und sonstigen Bedingungen überwacht werden, sondern daß (auch oder nur) die Methoden, nach denen Entgelte und Bedingungen zu bestimmen sind, der Regulierung unterworfen sind. Diese Methoden dienen der **materiell- und verfahrensrechtlichen Konkretisierung der gesetzlichen Maßstäbe** zur Ermittlung und Beurteilung von Netzanschlußentgelten, Netznutzungsentgelten und sonstigen Bedingungen. Methodenregulierung und Bedingungsregulierung schließen einander nicht aus. Die Methodenregulierung kann vielmehr Vorstufe der Einzelbedingungsregulierung sein.

Der Verordnungsgeber hat bereits auf der Grundlage insbesondere von § 24 2 Nr. 1 eine eigene Methodenregulierung vorgenommen. Darüber hinaus hat er aufgrund von § 24 1 Nr. 2 die Regulierungsbehörde ermächtigt, die in den Verordnungen festgelegten Methoden durch behördliche Festlegungen gem. § 30 StromNEV, § 30 GasNEV, § 27 StromNZV und § 42 GasNZV zu ergänzen und zu modifizieren. Die Behörde kann sogar Regelungen zur Berechnungsmethode treffen, die von den durch den Verordnungsgeber selbst vorgegebenen Methoden abweichen (z. B. § 30 I Nr. 3, II Nr. 6, 8 StromNEV). Damit wurden weitreichende **Normierungsbefugnisse der Regulierungsbehörde** geschaffen. Der Verordnungsgeber hielt die Flexibilität behördlicher Normierung unterhalb der Verordnungsebene für unverzichtbar (Begr. zur GasNZV, BR-Drucks. 246/05, S. 52; Begr. zur StromNZV, BR-Drucks. 244/05, S. 29; Begr. zur StromNEV, BR-Drucks. 245/05, S. 44). **Zuständig** für die Methodenregulierung ist gem. § 54 I, III die **BNetzA**. Dies gilt auch dann, wenn Energieversorgungsunternehmen i. S. d. § 54 II betroffen sind. Nur die Einzelregulierung nach §§ 21a, 23a, 30 II fällt dann in die Zuständigkeit der Landesregulierungsbehörden (§ 54 II 1 Nr. 1, 2, 8); für die Methodenregulierung bleibt es hingegen bei der Auffangzuständigkeit der BNetzA.

2. Bindungswirkung der Methodenregulierung. Festlegungen zur Methodenregulierung haben Außenwirkung. Ansonsten hätte der Gesetzgeber sie nicht in den Abschnitt über „Befugnisse" der Regulierungsbehörde aufgenommen. Dafür spricht auch der Wortlaut des § 29 I („... Festlegung gegenüber einem Netzbetreiber ..."). Sie binden den die betroffenen **Netzbetreiber** bei der Ausgestaltung der Netzanschluß- und -zugangsbedingungen einschließlich der Entgelte.

8 Auch die mit der Einzelregulierung von Bedingungen und Entgelten nach §§ 21 a, 23 a (ex ante) und § 30 II 3 Nr. 1 (ex post) befaßte **Behörde** ist an die vorab festgelegten Methoden gebunden. Für die Mißbrauchsaufsicht folgt dies unmittelbar aus § 30 II 3 Nr. 1, der die festgelegten Methoden als Prüfungsmaßstab nennt; bezüglich der Netzzugangsentgelte bleibt insoweit allerdings angesichts der dazwischen geschalteten Genehmigungsentscheidung nach § 23 a kein Raum (§ 30, Rn. 49). Bindend muß die Methodenfestlegung für die Behörde auch bei der Ex-ante-Genehmigung sein, weil der Netzbetreiber ansonsten mit widersprüchlichen Behördenentscheidungen konfrontiert werden könnte.

9 Die Bindung der für die Einzelregulierung zuständigen Behörde kann **Zuständigkeitsprobleme** aufwerfen, weil damit materiell- und verfahrensrechtliche Beurteilungsspielräume reduziert werden. Soweit Methodenfestlegung und Einzelregulierung durch dieselbe Behörde erfolgen, tritt durch die Methodenfestlegung für das „nachgelagerte" Verfahren unproblematisch eine Selbstbindung ein. Kompetenzprobleme treten hingegen auf, wenn die behördliche Methodenregulierung und die daran anknüpfende Einzelregulierung nicht in einer Hand liegen. Dies ist beim Zugang zu kleinen Netzen der Fall. Gemäß § 54 II 1 Nr. 1, 2, 8 sind dann die Landesbehörden für Ex-ante-Entgeltentscheidungen (§§ 21 a, 23 a) und die Mißbrauchsaufsicht (§ 30 II) zuständig. Hingegen ist für die Methodenregulierung die BNetzA zuständig (Rn. 6). Verfassungsrechtliche Bedenken resultieren daraus, daß es sich bei der bundesbehördlichen Methodenfestlegung um Gesetzeskonkretisierungen zur Gewährleistung eines einheitlichen Vollzugs des EnWG handelt (vgl. Begr. BT-Drucks. 15/3917, S. 62; Begr. zu § 30 Strom-NEV, BR-Drucks. 245/05, S. 44; näher *Britz*, RdE 2006, 1, 4 f.). Als Instrument des Bundes zur Vereinheitlichung des Vollzugs unbestimmter Normen des Bundesrechts durch die Landesbehörden steht aber nach Art. 84 II GG die Verwaltungsvorschrift zur Verfügung (*Groß*, in: F/H, Art. 84, Rn. 30; *Hermes*, in: Dreier, Art. 84, Rn. 56). Deren Erlaß ist an bestimmte Voraussetzungen geknüpft (Erlaß durch Bundesregierung; Zustimmung des Bundesrats), die hier nicht vorliegen. Art. 84 GG regelt abschließend, welche Instrumente dem Bund zur Verfügung stehen, wenn er Bundesrecht verbindlich konkretisieren will, um damit einen einheitlichen Vollzug des Bundesrechts durch die Landesbehörden sicherzustellen (vgl. *Dittmann*, in: Sachs, Art. 84, Rn. 29). Er entfaltet damit zu Gunsten der Länder eine Sperrwirkung: Art. 84 II darf weder dadurch umgangen werden, daß für die Gesetzeskonkretisierung eine andere Handlungsform als die Verwaltungsvorschrift gewählt wird, noch dadurch, daß eine andere Stelle als die Bundesregierung mit entsprechenden Befugnissen ausgestattet wird. Letzteres spricht nicht nur gegen die Ermächtigung eines einzelnen Ministers (näher *Hermes,* in: Dreier, Art. 84, Rn. 65 m. w. N.), sondern erstrecht gegen die Ermächtigung sonstiger Stellen (*Groß,* in: F/H, Art. 84, Rn. 33 a.E.), etwa einer Bundesoberbehörde (Art. 87 III 1 GG) wie der BNetzA (a. A. Vor § 65, Rn. 9), wofür es einer ausdrücklichen Grundlage im GG bedürfte (s. etwa Art. 85 II 1 i. V. m. Art. 87 b II 2 GG). Eine Bindung der Landesbehörde an die Festlegungen der BNetzA stößt darum auf verfassungsrechtliche Grenzen (ausf. *Britz,* RdE 2006, 1, 5 f.). Praktisch läßt sich das Problem durch eine Abstimmung der Methodenregulierung zwischen BNetzA und den Landesbehörden im Rahmen des Länderausschusses mildern.

IV. Regulierung durch Festlegung

1. Festlegung als eigener Regulierungsmodus. § 29 I nennt neben der Genehmigung gegenüber einem Antragsteller als weiteren Regulierungsmodus die Festlegung gegenüber einem Netzbetreiber, einer Gruppe von Netzbetreibern oder allen Netzbetreibern. Die Festlegung ist in der allgemeinen Terminologie des deutschen Verwaltungsrechts **keine gängige Handlungsform** (Rn. 12; *Britz,* EuZW 2004, 462 ff.; *Pielow,* in: ders. (Hrsg.), Grundsatzfragen, 2005, S. 16, 32 ff.), wird allerdings auch in den gesetzlichen Regelungen anderer Netzwirtschaften verwendet (z. B. § 10 I TKG, § 14 f. Nr. 3 AEG, § 13 V 3 PostG).

Die Verwendung der Festlegung als Regulierungsinstrument ist vor dem Hintergrund der zunächst vom Gesetzgeber verfolgten Regulierungskonzeption zu sehen. Ursprünglich sollte sich die gemeinschaftsrechtlich erforderliche Ex-ante-Regulierung in der gesetzlichen Umsetzung auf eine Methodenregulierung (Rn. 5 ff.) beschränken. Eine Einzelfallentscheidung über die individuellen Netzzugangsbedingungen eines jeden Netzbetreibers sollte zur Reduzierung des Regulierungsaufwands vermieden werden. Die Methodenregulierung gestattet demgegenüber, durch abstrakt-generelle Formulierung eine **Vielzahl von Fällen** zu erfassen. Für eine abstrakt-generelle Methodenregulierung bietet die Genehmigung jedoch nicht das geeignete Handlungsinstrument. Zwar ließen sich durch Genehmigung die Methoden jedes einzelnen Netzbetreibers regulieren, der dafür einen Antrag auf Genehmigung seiner Methoden stellen müßte. Damit gingen aber der Effizienz- und der Einheitlichkeitseffekt einer abstrakt-generellen Methodenregulierung verloren. Nach Einschätzung der Bundesregierung war angesichts der Vielzahl der Betreiber von Energieversorgungsnetzen in erster Linie das Instrument der Festlegung geeignet, bundesweit einheitliche Vorgaben und Wettbewerbsbedingungen auch durch behördliche Entscheidung zu gewährleisten (Begr. BT-Drs. 15/3917, S. 62). Zwar wurde schließlich doch noch eine generelle Genehmigungspflicht der Netznutzungsentgelte eingeführt (§ 23 a). Gleichwohl besteht die Möglichkeit einer (kumulativen) Methodenfestlegung auch beim Netznutzungsentgelt fort (Rn. 5).

12 **2. Einordnung in das System verwaltungsrechtlicher Handlungsformen.** Eine Einordnung der Festlegung in das System der verwaltungsrechtlichen Handlungsformen ist nicht ohne weiteres möglich. Die Feststellung der Handlungsform einer Verwaltungsentscheidung hat weitreichende Folgen. Im Falle der Methodenfestlegungen relativiert sich die Tragweite der Handlungsform allerdings, weil das EnWG zu handlungsformabhängigen Aspekten Spezialregelungen enthält (behördliches Verfahren: §§ 65 ff.; Revisibilität: § 29 II; Publikationspflicht: § 74; Rechtsschutz: §§ 75 ff. und §§ 86 ff.).

13 Der Gesetzgeber ging davon aus, bei den Festlegungen nach dem EnWG handele es sich um **Verwaltungsakte,** u. U. in der Form einer **Allgemeinverfügung** (vgl. § 60 a II). Problematisch ist dies, sofern durch eine Festlegung nicht bloß ein Einzelfall geregelt, sondern eine abstrakt-generelle Regelung getroffen werden soll. Zwar teilt die Allgemeinverfügung nach § 35 2 1. Alt. VwVfG mit der abstraktgenerellen Norm den generellen Charakter, weil sich auch die Allgemeinverfügung an einen nach allgemeinen Merkmalen bestimmten oder bestimmbaren Personenkreis richtet. Die Allgemeinverfügung bleibt gleichwohl Einzelfallregelung, weil sie nicht abstrakt, sondern nur für einen konkreten Sachverhalt gilt (*Ruffert,* in: E/E, S. 616; *Stelkens/Stelkens,* in: S/B/S, § 35 Rn. 215; *K/R,* § 35, Rn. 103; *Wolff,* in: W/D, § 35 VwVfG, Rn. 93). Schwierig ist damit die Einordnung jener Festlegungen, die nicht anlaßbezogen einzelne Sachverhalte regeln, sondern in abstrakt-genereller Weise „ein für allemal" (*Stelkens/Stelkens,* in: S/B/S, § 35, Rn. 214a) den materiellrechtlichen Regulierungsmaßstab oder das Verfahren zur Ermittlung der Netzzugangsbedingungen konkretisieren. Dies dürfte auf die meisten Festlegungen im Rahmen der Methodenregulierung zutreffen, weil diese in der Regel rechtsatzartig die Methoden der Entgeltregulierung bestimmen. Hierbei handelt es sich eher um abstrakt-generelle, normierende denn um einzelfallbezogene Regelungen. Funktion dieser Festlegungen ist es, einheitliche Leitlinien für die Wahl der Methode zur Bestimmung der Netzzugangsbedingungen zu schaffen (Rn. 9). Als Allgemeinverfügung lassen sie sich darum nicht qualifizieren (*Pielow,* in: ders. (Hrsg.), Grundsatzfragen, S. 16, 33; a. A. *Burgi,* DVBl. 2006, 269, 274; Vor

§ 65, Rn. 9). Zwar hinderte § 35 VwVfG mangels Verfassungsrang des VwVfG den Bundesgesetzgeber nicht daran, auch solche Maßnahmen als Verwaltungsakt zu deklarieren, bei denen die Voraussetzungen des § 35 nicht vorliegen (*Stelkens/Stelkens,* in: S/B/S, § 35, Rn. 12a). Eine eindeutige Bezeichnung als Allgemeinverfügung hat der Gesetzgeber bezüglich der Festlegung nach § 29 I jedoch (auch durch § 60 II 1) nicht vorgenommen.

Die geborene Handlungsform der Verwaltung zur Schaffung abstrakt-genereller Regelungen ist die **Rechtsverordnung.** Diese darf jedoch nur aufgrund einer Ermächtigung ergehen. Weder das EnWG noch die dazu ergangenen Verordnungen sehen aber zur Regulierung des Netzbetriebs eine Verordnungsermächtigung zu Gunsten der Regulierungsbehörde vor (s. aber § 92 III 3). Aus den Verordnungsbegründungen ergibt sich unzweifelhaft, daß der Regulierungsbehörde hier gerade nicht die Handlungsform der Rechtsverordnung an die Hand gegeben werden sollte (z.B. Begr. zu § 30 StromNEV, BR-Drucks. 245/05, S. 44). Siehe außerdem zu verfassungsrechtlichen Hindernissen einer Verordnungsermächtigung für die Behörde *Britz,* RdE 2006, 1, 6. 14

Die behördliche Methodenfestlegung kann als eine Form der Selbstprogrammierung der Verwaltung verstanden werden. Dafür steht das Handlungsinstrument der **Verwaltungsvorschrift** zur Verfügung. Funktion der Verwaltungsvorschrift ist es, Gesetze zu konkretisieren, um so zu einer Vereinheitlichung der Gesetzesanwendung beizutragen (Rn. 9). Ebendies ist eine Funktion der Methodenfestlegungen (Rn. 5, 11, 13). Allerdings käme einer Verwaltungsvorschrift der Regulierungsbehörde gegenüber den Netzbetreibern nicht ohne weiteres Außenwirkung zu. Obwohl mittlerweile auch Verwaltungsvorschriften eine gewisse Außenwirkung zuerkannt wird, bleibt diese doch auf bestimmten Konstellationen beschränkt (*Hermes,* in: Dreier, GG, Art. 84, Rn. 59 m.w.N.). Zwar wäre denkbar, auf eine unmittelbare Außenwirkung der Methodenfestlegung zu verzichten. Der Gesetzgeber ging jedoch davon aus, daß die Methodenfestlegung Außenwirkung hat (Rn. 7). Gerade weil der Gesetzgeber zum Ausdruck gebracht hat, daß die Methodenfestlegung gegenüber den Netzbetreibern Außenwirkung haben sollten, könnten die Methodenfestlegungen allerdings von Gesetzes wegen als eine jener Konstellationen angesehen werden, in denen der Verwaltungsvorschrift ausnahmsweise Außenwirkung zukommt (a.A. *Burgi,* DVBl. 2006, 269, 274). 15

Zur Vermeidung der Einordnungsschwierigkeiten könnte die Methodenfestlegung als durch das EnWG etablierte außenwirksame **Handlungsform sui generis** angesehen werden. Das Verwaltungsver- 16 fahrensgesetz als einfaches Gesetz hindert den Gesetzgeber nicht daran, neue Handlungsformen zu etablieren (allgemein *Stelkens/Stelkens,* in: S/B/S, § 35, Rn. 219). U. U. auftretende Zuständigkeitsprobleme (Rn. 9) wären allerdings auch dadurch nicht zu lösen.

B. Nachträgliche Änderung von Regulierungsentscheidungen (§ 29 II)

I. Allgemeines

17 1. Inhalt, Zweck, Anwendungsbereich. § 29 II trifft in Satz 1 und Satz 2 Regelungen über die nachträgliche Abänderbarkeit von behördlichen Entscheidungen nach § 29 I einschließlich der Entgeltgenehmigung nach § 23a (*Salje,* EnWG, § 29, Rn. 18; s. auch Rn. 3). Der Gesetzgeber hielt eine Revisibilitätsregelung für Entscheidungen zur Netzzugangsregulierung aus europarechtlichen Gründen für erforderlich: „Absatz 2 dient der Umsetzung von Artikel 23 Abs. 4 der Elektrizitätsrichtlinie und Artikel 25 Abs. 4 der Gasrichtlinie. Er gibt der Regulierungsbehörde die Befugnis, in eigenständigen Verfahren sowie im Rahmen von Verfahren nach § 30 Abs. 2 und § 31 von Amts wegen oder auf Antrag die von ihr nach § 29 Abs. 1 festgelegten oder genehmigten Bedingungen und Methoden zu ändern, um sicherzustellen, daß diese angemessen sind und nichtdiskriminierend angewendet werden" (Begr. BT-Drucks. 15/3917, S. 62).

18 § 29 II 1 erweitert im Verhältnis zu §§ 48, 49 VwVfG – in für Regulierungsentscheidungen typischer Weise (Rn. 20) – die Möglichkeiten, die Bindungswirkung einer Verwaltungsentscheidung zu durchbrechen. § 29 II 1 und § 29 II 2 i. V. m. §§ 48, 49 VwVfG sind auf ähnliche Rechtsfolgen gerichtet. § 29 II 1 spricht zwar von der nachträglichen Änderung, wohingegen §§ 48 und 49 VwVfG Rücknahme und Widerruf regeln. Die Änderung ist jedoch ebenfalls eine Aufhebung, die mit einer neuen Verwaltungsentscheidung verbunden ist. Der Anwendungsbereich des § 29 II 1 ist im Gegensatz zu § 29 II 2 i. V. m. §§ 48, 49 VwVfG nicht auf Verwaltungsakte beschränkt, sondern erstreckt sich auf alle Genehmigungen und Festlegungen i. S. d. § 29 I. Die Aufhebungsbefugnisse nach § 29 II 1 und 2 unterscheiden sich auch hinsichtlich der Tatbestandsvoraussetzungen der Aufhebung. Während §§ 48, 49 VwVfG insbesondere unter Vertrauensschutzgesichtspunkten umfangreiche Anforderungen an die Aufhebung stellen, fehlen diese in § 29 II 1.

19 2. Sonstige Befugnisse zur Abänderung von Regulierungsentscheidungen. Im Verfahrensteil des EnWG findet sich keine Regelung zur nachträglichen Aufhebung oder Änderung von Verwaltungsentscheidungen. Der Gesetzgeber hat jedoch neben § 29 II weitere Spezialregelungen getroffen. Eine Regelung findet sich in § 23 a IV 1, der bestimmt, daß die Entgeltgenehmigung nach § 23 a mit einem Vorbehalt des Widerrufs zu versehen sei (§ 23 a, Rn. 19 f.). § 23 a IV 2 bestimmt zudem, dass auch die nach § 23 a IV 1 fingierte Genehmigung unter Widerrufsvorbehalt steht. In § 21 a finden sich Regelungen für nachträgliche Änderungen bei der Anreizregulierung: Nach § 21 a III bleiben die Vorgaben für eine Regulierungsperiode (nur) unverändert, sofern nicht Änderungen staatlich veranlaßter Mehrbelastungen auf Grund von Abgaben oder der Abnahme- und Vergütungspflichten nach dem Erneuerbare-Energien-Gesetz und dem Kraft-Wärme-Kopplungsgesetz oder anderer, nicht vom Netzbetreiber zu vertretender, Umstände eintreten; damit wird die Abänderbarkeit gegenüber § 29 II eingeschränkt. Nach § 21 a V 3 können bei einem Verstoß gegen Qualitätsvorgaben die Obergrenzen zur Bestimmung der Netzzugangsentgelte für ein Energieversorgungsunternehmen gesenkt werden. Gemäß § 21 a VI 2 Nr. 4 können durch Rechtsverordnung Regelungen darüber getroffen werden, unter welchen Voraussetzungen die Obergrenze innerhalb einer Regulierungsperiode auf Antrag des betroffenen Netzbetreibers von der Regulierungsbehörde abweichend vom Entwicklungspfad angepaßt werden kann. Hingegen bildet § 31 I 3 keinen eigenständigen Aufhebungsgrund, sondern reduziert das Aufgreifermessen der Behörde. Zum Verhältnis der Spezialregelungen zu § 29 II ausführlich *Britz,* N&R 2006, 6, 7 ff.

II. Nachträgliche Änderung (§ 29 II 1)

1. Tatbestandsvoraussetzungen. a) Rechtswidrigkeit. Nachträgliche Änderungen der Bedingungen oder Methoden sind nach § 29 II 1 zulässig, soweit dies erforderlich ist, um sicherzustellen, daß sie weiterhin den Voraussetzungen für eine Festlegung oder Genehmigung genügen; gemeint sind die materiell-rechtlichen Voraussetzungen der Entscheidung. Eine Änderung ist demnach nur möglich, wenn die Entscheidung ohne die Änderung die Genehmigungsvoraussetzungen heute nicht mehr erfüllen würden. Dies kann in drei verschiedene Konstellationen der Fall sein. Erstens kann sich die Sachlage aufgrund nachträglich eingetretener Tatsachen geändert haben (vgl. § 49 II Nr. 3 VwVfG). Zweitens kann sich die Rechtslage geändert haben (vgl. § 49 II Nr. 4 VwVfG). Drittens kann sich die Einschätzung der Regulierungsbehörde geändert haben. So können etwa neue Erkenntnisse über die Möglichkeiten eines effizienten Netzbetriebs (§ 21 II) vorliegen, aufgrund derer die Behörde das ursprünglich genehmigte Entgelt heute nicht mehr für genehmigungsfähig hält. Daß sich die Erkenntnislage der Regulierungsbehörde rasch ändert, ist insbesondere in der Anfangsphase der Netzzugangsregulierung typisch und hat auch in anderen Netzwirtschaften zur Schaffung erweiterter Änderungsmöglichkeiten geführt (s. *Lübbig,* in: Beck'scher PostG-Kommentar, 2. Aufl., 2003, § 24, Rn. 1; *Spoerr,* in: Trute/Spoerr/Bosch, Telekommunikationsgesetz, 2001, § 30, Rn. 13). Da diese Konstellation von § 49 II Nr. 3 VwVfG nicht erfaßt ist (*Ziekow,* Verwaltungsverfahrensgesetz, 2006, § 49, Rn. 17), bedurfte es hierfür einer eigenen Änderungsbefugnis.

21 **b) Anfängliche Rechtmäßigkeit?** Dem Wortlaut nach („weiterhin") scheinen nur solche Fälle erfaßt zu sein, in denen die rechtlichen Voraussetzungen ursprünglich vorlagen. (Nur) die nachträglich rechtswidrigen Entscheidungen können demnach im Wege des § 29 II 1 geändert werden. Dies führte allerdings zu Wertungswidersprüchen durch Privilegierung solcher Entscheidungen, die von Beginn an rechtswidrig waren, gegenüber jenen Entscheidungen, die zwar rechtmäßig ergangen sind, deren tatsächliche oder rechtliche Grundlage oder deren rechtliche Bewertung sich jedoch im nachhinein geändert hat. Nur die anfänglich rechtmäßigen Entscheidungen könnten im Wege des § 29 II 1 und damit ohne Berücksichtigung von Vertrauensschutzgesichtspunkten (Rn. 22) geändert werden. Für die anfänglich rechtswidrigen Entscheidungen würde hingegen § 48 VwVfG mit den ihm eigenen Vertrauensschutzanforderungen bei der Rücknahme begünstigender Verwaltungsakte (§ 48 II, III VwVfG) gelten. Anfänglich rechtswidrige Regulierungsentscheidungen hätten damit einen stärkeren Bestand als die anfänglich rechtmäßigen Entscheidungen, deren sachlicher und rechtlicher Kontext sich erst nachträglich ändert. Auf anfängliche Rechtmäßigkeit kann es daher entgegen dem insofern mißverständlichen Wortlaut nicht ankommen. Vielmehr ist eine Änderung nach § 29 II 1 auch dann möglich, wenn die Entscheidung von Beginn an rechtswidrig war.

22 **c) Kein Vertrauensschutz.** Die Behörde ist nach § 29 II 1 ohne weiteres zur Änderung befugt. Es kommt nicht darauf an, ob es sich um eine begünstigende oder eine belastende Entscheidung handelt. Auf die in §§ 48, 49 VwVfG niedergelegten Vertrauensschutzregelungen für die Aufhebung begünstigender Verwaltungsakte wurde in § 29 II 1 verzichtet. Eine Änderung zu Lasten des betroffenen Unternehmens ist insoweit nach § 29 II 1 leichter möglich als eine Aufhebung nach dem VwVfG; insbesondere fehlt es auch an einer §§ 48 III, 49 VI VwVfG entsprechenden Ausgleichs- und Entschädigungsregelung. § 29 II 1

erleichtert die Änderung damit insbesondere gegenüber der ähnlichen Regelung des § 49 II Nr. 3 und 4 VwVfG. In den beiden Fällen des § 49 VwVfG, nicht aber in § 29 II 1 wird ein besonderes öffentliches Interesse an der Aufhebung vorausgesetzt und u. U. eine Entschädigung nach § 49 VI gewährt; in § 49 II Nr. 4 VwVfG wird sogar Rücksicht darauf genommen, ob von der Vergünstigung bereits Gebrauch gemacht worden war.

2. Änderungsermessen. Die Änderung der Bedingungen und Methoden steht im Ermessen der Behörde. Die Regulierungsbehörde muß den Grundsatz der Verhältnismäßigkeit beachten. Zwar durfte der Netzbetreiber wegen § 29 II 1 nicht ohne weiteres in den Bestand der Entscheidung vertrauen. Gleichwohl kann die Annahme einer gewissen Verläßlichkeit der Regulierungsentscheidung schützenswert sein. Wie hoch die Belastung des Netzbetreibers durch eine Änderung zu seinen Ungunsten zu bewerten ist, hängt von unterschiedlichen Umständen ab. Von Bedeutung ist etwa die Gewährung von Übergangsfristen. Auch kann es darauf ankommen, wieviel Zeit seit der ursprünglichen Behördenentscheidung vergangen ist (je länger die Entscheidung schon bestand, umso wahrscheinlicher wird eine Anpassung an neue Regulierungserkenntnisse), ob die Entscheidung befristet gilt, wenn ja wie lang die Befristung bemessen ist (je kürzer die Frist, als um so weniger wahrscheinlich darf eine zwischenzeitliche Änderung gelten, vgl. § 23a, Rn. 21). Auch wird in der Anfangsphase der Netzzugangsregulierung eher mit nachträglichen Änderungen zu rechnen sein als später, wenn sich die Regulierungspraxis eingespielt hat.

3. Änderungsumfang. Die Änderungsbefugnis reicht nicht weiter als es die sonstigen Ermächtigungsgrundlagen des dritten Teils des Gesetzes gestatten (vgl. allgemein *Sachs*, in: S/B/S, § 48, Rn. 110a). § 29 II 1 verleiht **keine eigenständige materiell-rechtliche Grundlage für den Erlaß einer neuen Entscheidung.** Zwar kann die Behörde im Wege der Änderung die alte Regulierungsentscheidung durch eine neue Regulierungsentscheidung ersetzen. Die Änderung umfaßt damit sowohl die Aufhebung der alten als auch den Erlaß der neuen Entscheidung. § 29 II 1 verleiht jedoch lediglich die Aufhebungsbefugnis, nicht hingegen eine eigenständige Ersetzungsbefugnis. Als eigenständige Befugnis zum Erlaß einer neuen Regulierungsentscheidung wäre § 29 II 1 zu unbestimmt. Die Änderungsbefugnis reicht auch nur so weit, wie eine Änderung erforderlich ist, um sicherzustellen, daß die Entscheidung weiterhin den rechtlichen Voraussetzungen genügt. Grundsätzlich ist darum die Möglichkeit einer **teilweisen Änderung** in Betracht zu ziehen. Dies setzt die Teilbarkeit der Entscheidung voraus. Es gelten die allgemeinen Grundsätze über die Teilbarkeit eines Verwaltungsakts (dazu *Sachs,* in: S/B/S, § 44 Rn. 200). Die Änderung wirkt lediglich **ex nunc;** insoweit bleibt die Änderungsmöglichkeit nach § 29 II 1 hinter den Möglichkeiten des § 48 VwVfG zurück. Wenn der Gesetzgeber die Regulierungsbehörde hätte zur rückwirkenden Änderung ermächtigen wollen, hätte dies angesichts der erheblichen Konsequenzen, die dies für die Betroffenen hätte, ausdrücklich im Gesetz erklärt werden müssen.

III. Verhältnis zu §§ 48 ff. VwVfG (§ 29 II 2)

25 **1. Anwendbarkeit von §§ 48, 49 VwVfG.** Nach § 29 II 2 bleiben die §§ 48, 49 VwVfG unberührt. Die beiden Bestimmungen finden also neben § 29 II 1 Anwendung (*Angenendt/Gramlich/Pawlik,* LKV 2006, 49, 51). **§ 48 VwVfG** regelt die Rücknahme begünstigender und belastender Verwaltungsakte, die rechtswidrig sind. Ein rechtswidriger belastender Verwaltungsakt kann demnach ohne weiteres zurückgenommen werden (§ 48 I 1 VwVfG). Ein rechtswidriger begünstigender Verwaltungsakt kann nur unter bestimmten Voraussetzungen zurückgenommen werden, die dem Vertrauensschutz dienen (§ 48 I 2, II, III, IV VwVfG). **§ 49 VwVfG** regelt, wann neben den rechtswidrigen darüber hinaus auch rechtmäßige Verwaltungsakte – seien sie begünstigend oder belastend – widerrufen werden dürfen. Auch hier gilt, daß ein rechtmäßiger belastender Verwaltungsakt ohne weiteres (§ 49 I VwVfG), der rechtmäßige begünstigende Verwaltungsakt hingegen nur unter bestimmten Voraussetzungen (§ 49 II, III, VI VwVfG) widerrufen werden kann. Die Aufhebung nach §§ 48, 49 VwVfG steht im Ermessen der Behörde. Es besteht also kein Anspruch auf Aufhebung oder Änderung.

26 **2. Anwendbarkeit von § 51 VwVfG.** Es fehlt in § 29 II 2 ein Verweis auf § 51 VwVfG. § 51 VwVfG regelt, wann der Betroffene einen Anspruch darauf hat, daß die Behörde über die Aufhebung oder Änderung des Verwaltungsakts erneut entscheidet. Ein Anspruch auf Aufhebung oder Änderung resultiert auch daraus nicht. Der Anspruch des Betroffenen beschränkt sich vielmehr auf das ergebnisoffene Wiederaufgreifen des Verfahrens. Ein Anspruch auf Wiederaufgreifen besteht insbesondere dann, wenn sich die dem Verwaltungsakt zugrunde liegende Sachlage nachträglich zu Gunsten des Betroffenen geändert hat (§ 51 I Nr. 1 VwVfG). Es fehlt an einer entsprechenden Regelung im EnWG. Nur für die Anreizregulierung kann der Verordnungsgeber dazu nach § 21a VI 2 Nr. 4 eine Spezialregelung treffen. Außerdem kann gem. § 31 I 3 ein Dritter das Wiederaufgreifen erzwingen. Im übrigen ist der Gedanke des § 51 VwVfG bei Anträgen auf nachträg-

liche Änderung von Regulierungsentscheidungen entsprechend heranzuziehen.

C. Verfahrensregelungen (§ 29 III)

I. Allgemeine Verordnungsermächtigung (§ 29 III 1)

1. Inhalt und Zweck. Das EnWG enthält in seinem 8. Teil die allgemeinen Bestimmungen für das behördliche Verfahren. § 29 III 1 ermächtigt die Bundesregierung, darüber hinaus Verfahrensregeln durch Rechtsverordnung zu treffen. Ausweislich der Begründung des Regierungsentwurfs sind Verfahrensregeln nach § 29 III als ergänzende Regelungen zu den Verfahrensvorschriften des 8. Teils gedacht, die im übrigen gelten (Begr. BT-Drucks. 15/3917, S. 62). 27

2. Anwendungsbereich. Die Ermächtigung bezieht sich auf das Verfahren zum Erlaß oder zur Änderung von Entscheidungen nach § 29 I einschließlich der Genehmigungsentscheidungen nach § 23a (Rn. 3). Zwar besteht in § 23a III 7 eine eigene Verordnungsermächtigung für das Genehmigungsverfahren nach § 23a. Diese deckt jedoch lediglich die in § 23a III angesprochenen Spezialfragen ab. 28

3. Ergangene Rechtsverordnungen. Verfahrensvorschriften, die auf der Ermächtigung des § 29 III 1 beruhen, finden sich in den Zugangsverordnungen und in den Entgeltverordnungen: § 29 StromNEV und § 29 GasNEV (Ermächtigung der Regulierungsbehörde zu Festlegungen zum Verfahren, s. Rn. 30); § 21 StromNEV, § 17 GasNEV (Publikation von Genehmigungsanträgen); § 28 StromNZV, § 43 GasNZV (Verfahren der Festlegung zur Vereinheitlichung von vertraglichen Netzzugangsbedingungen); § 42 V 2, VI 2 GasNZV (behördliche Anhörungspflichten); § 27 IV StromNZV, § 42 IX GasNZV (Veröffentlichung behördlicher Festlegungen; das Ermessen des Verordnungsgebers ist allerdings wegen § 74 I 1 eingeschränkt). 29

4. Verhältnis zu anderen Verfahrensbestimmungen. § 29 III 1 ermächtigt im Verhältnis zu den **Verfahrensbestimmungen des 8. Teils** des Gesetzes nur zu ergänzenden Verfahrensregelungen (Rn. 27), nicht zur Abweichung von den gesetzlichen Verfahrensregeln. Für Abweichungen durch Rechtsverordnung hätte es einer ausdrücklichen Verordnungsermächtigung bedurft. Verfahrensbestimmungen nach § 23a III 7 sind im Verhältnis zu den Verfahrensverordnungen nach § 29 III spezieller und haben daher Vorrang. Verfahrensregelungen können auch durch Verordnung aufgrund von § 24, insbesondere aufgrund des § 24 2 Nr. 2 getroffen werden. Ein genereller Vorrang der Ermächtigungen des § 24 oder des § 29 III 1 besteht nicht. Bei widersprüchlichen Regelungen geht die speziellere Regelung vor. Verfah- 30 rensregeln des EnWG und der aufgrund des EnWG erlassenen Rechtsverordnungen haben Vorrang vor den allgemeinen Regeln des **VwVfG** (§ 1 I letzter Hs., II 1 letzter Hs. VwVfG; zur Anwendbarkeit des VwVfG neben dem EnWG Vor § 65, Rn. 7). Darum kommt die Anwendung des VwVfG nur dort in Betracht, wo die Verfahrensregeln nach § 29 III keine abschließende Regelung des Verfahrens bezwecken.

31 **5. Behördliche Verfahrensfestlegungen.** Der Verordnungsgeber kann aufgrund der Ermächtigung des § 29 III 1 seinerseits die Regulierungsbehörde zu Festlegungen zum Verfahren ermächtigen (s. z. B. § 29 StromNEV, § 29 GasNEV). Zuständig ist (auch bezüglich kleiner Netze i. S. d. § 54 II) wohl die BNetzA, weil die abschließende Aufzählung in § 54 II keine Verfahrenszuständigkeit der Landesregulierungsbehörde begründet. Zwar könnte die Verfahrenszuständigkeit auch als Annexkompetenz zur Genehmigungskompetenz nach § 54 II 1 Nr. 1, 2 angesehen werden, wodurch Probleme bezüglich der Bindung der Landesbehörde an Verfahrensfestlegungen der BNetzA (vgl. Rn. 9) umgangen würden. Für die wortlautnähere Zuordnung zur Auffangzuständigkeit der BNetzA nach § 54 I, III spricht jedoch der praktische Bedarf nach Einheitlichkeit der Verfahrensregeln.

II. Einvernehmen mit Bundeskartellamt (§ 29 III 2)

32 Aufgrund von § 29 III 2 können die Einvernehmensregelungen des § 58 I 1 und die Benehmensregelung des § 58 I 2 wie auch die Befugnis zum Informationsaustausch nach § 58 IV ergänzt werden. Zwar verfügt das Bundeskartellamt in den von § 29 I, III betroffenen Rechtsfragen über keine Zuständigkeiten (§ 111 I, II). Anwendbar bleiben die kartellrechtlichen Mißbrauchstatbestände (§§ 19, 20, 29 GWB) jedoch hinsichtlich der nicht nach dem EnWG regulierten Preise von Energieversorgungsunternehmen für die Belieferung von Letztverbrauchern. Insoweit bleibt auch die Aufsichtszuständigkeit der Kartellbehörden bestehen. Da die von den Regulierungsbehörden regulierten Netznutzungsentgelte auf die Letztverbraucherpreise Einfluß haben und bei der **kartellbehördlichen Mißbrauchsaufsicht über die Letztverbraucherpreise** zugrunde zu legen sind (§ 111 III), wird die Tätigkeit der Kartellbehörden durch die Entscheidungen der Regulierungsbehörden berührt. Eine Einvernehmensregelung nach § 29 III 2 ermöglicht eine Abstimmung der Behörden (vgl. auch § 58 III). Eine umgekehrte Benehmensregelung zu Gunsten der Bundesnetzagentur für Verfahren, die von den Kartellbehörden geführt werden, findet sich in § 58 II. Von der Verordnungsermächtigung des § 29 III 2 hat der Verordnungsgeber bislang nicht Gebrauch gemacht.

§ 30 Missbräuchliches Verhalten eines Netzbetreibers

(1) ¹Betreibern von Energieversorgungsnetzen ist ein Missbrauch ihrer Marktstellung verboten. ²Ein Missbrauch liegt insbesondere vor, wenn ein Betreiber von Energieversorgungsnetzen
1. Bestimmungen der Abschnitte 2 und 3 oder der auf Grund dieser Bestimmungen erlassenen Rechtsverordnungen nicht einhält,
2. andere Unternehmen unmittelbar oder mittelbar unbillig behindert oder deren Wettbewerbsmöglichkeiten ohne sachlich gerechtfertigten Grund erheblich beeinträchtigt,
3. andere Unternehmen gegenüber gleichartigen Unternehmen ohne sachlich gerechtfertigten Grund unmittelbar oder mittelbar unterschiedlich behandelt,
4. sich selbst oder mit ihm nach § 3 Nr. 38 verbundenen Unternehmen den Zugang zu seinen intern genutzten oder am Markt angebotenen Waren und Leistungen zu günstigeren Bedingungen oder Entgelten ermöglicht, als er sie anderen Unternehmen bei der Nutzung der Waren und Leistungen oder mit diesen in Zusammenhang stehenden Waren oder gewerbliche Leistungen einräumt, sofern der Betreiber des Energieversorgungsnetzes nicht nachweist, dass die Einräumung ungünstigerer Bedingungen sachlich gerechtfertigt ist,
5. ohne sachlich gerechtfertigten Grund Entgelte oder sonstige Geschäftsbedingungen für den Netzzugang fordert, die von denjenigen abweichen, die sich bei wirksamem Wettbewerb mit hoher Wahrscheinlichkeit ergeben würden; hierbei sind insbesondere die Verhaltensweisen von Unternehmen auf vergleichbaren Märkten und die Ergebnisse von Vergleichsverfahren nach § 21 zu berücksichtigen; Entgelte, die die Obergrenzen einer dem betroffenen Unternehmen erteilten Genehmigung nach § 23 a nicht überschreiten, und im Falle der Durchführung einer Anreizregulierung nach § 21 a Entgelte, die für das betroffene Unternehmen für eine Regulierungsperiode vorgegebene Obergrenzen nicht überschreiten, gelten als sachlich gerechtfertigt oder
6. ungünstigere Entgelte oder sonstige Geschäftsbedingungen fordert, als er sie selbst auf vergleichbaren Märkten von gleichartigen Abnehmern fordert, es sei denn, dass der Unterschied sachlich gerechtfertigt ist.

³Satz 2 Nr. 5 gilt auch für die Netze, in denen nach einer Rechtsverordnung nach § 24 Satz 2 Nr. 5 vom Grundsatz der Kostenorientierung abgewichen wird. ⁴Besondere Rechtsvorschriften über

§ 30 Teil 3. Regulierung des Netzbetriebs

den Missbrauch der Marktstellung in solchen Netzen bleiben unberührt.

(2) ¹ Die Regulierungsbehörde kann einen Betreiber von Energieversorgungsnetzen, der seine Stellung missbräuchlich ausnutzt, verpflichten, eine Zuwiderhandlung gegen Absatz 1 abzustellen. ² Sie kann den Unternehmen alle Maßnahmen aufgeben, die erforderlich sind, um die Zuwiderhandlung wirksam abzustellen. ³ Sie kann insbesondere
1. Änderungen verlangen, soweit die gebildeten Entgelte oder deren Anwendung sowie die Anwendung der Bedingungen für den Anschluss an das Netz und die Gewährung des Netzzugangs von der genehmigten oder festgelegten Methode oder den hierfür bestehenden gesetzlichen Vorgaben abweichen, oder
2. in Fällen rechtswidrig verweigerten Netzanschlusses oder Netzzugangs den Netzanschluss oder Netzzugang anordnen.

Literatur: *Antweiler/Nieberding,* Rechtsschutz im Energiewirtschaftsrecht, NJW 2005, 3673 ff.; *Britz,* Behördliche Befugnisse und Handlungsformen für die Netzentgeltregulierung nach dem neuen EnWG, RdE 2006, 1 ff.; *Bundesministerium der Justiz* (Hrsg.), Handbuch der Rechtsförmlichkeit, 2. Aufl. 1999; *Robert,* Die besondere Mißbrauchsaufsicht nach § 42 TKG, K&R 2005, 354 ff.; *Säcker,* Zum Verhältnis von § 315 BGB, § 30 AVBElt, § 30 AVBGas, § 24 AVB Fernwärme und § 19 GWB – Zur MVV-Entscheidung des Bundesgerichtshofes vom 18. 10. 2005, RdE 2006, 65; *Weyer,* Die regulatorische Missbrauchskontrolle nach § 30 EnWG, N&R 2007, 14.

Übersicht

	Rn.
A. Allgemeines	1
I. Inhalt und Zweck	1
II. Europarechtliche Vorgaben und Entstehungsgeschichte	3
III. Verhältnis zu anderen Vorschriften	4
1. Ex-ante-Maßnahmen	4
a) Entgeltgenehmigung	5
b) Festlegung nach § 29 I	9
2. Sonstige Konkurrenzverhältnisse	12
B. Mißbrauch (§ 30 I)	13
I. Allgemeines Verbot (§ 30 I 1)	13
II. Beispieltatbestände (§ 30 I 2 Nr. 1–6)	15
1. Netzanschluß und Netzzugang (§ 30 I 2 Nr. 1)	16
a) Mißbrauch beim Netzanschluß	18
b) Mißbrauch beim Netzzugang	19
2. Behinderung; Beeinträchtigung (§ 30 I 2 Nr. 2)	20
a) Unbillige Behinderung (§ 30 I 2 Nr. 2 1. Hs.)	21
b) Beeinträchtigung der Wettbewerbsmöglichkeiten (§ 30 I 2 Nr. 2 2. Hs.)	22
c) Fallgruppen	24

	Rn.
3. Horizontales (externes) Diskriminierungsverbot (§ 30 I 2 Nr. 3)	25
4. Vertikales (internes) Diskriminierungsverbot (§ 30 I 2 Nr. 4)	31
5. Ausbeutungsmißbrauch (§ 30 I 2 Nr. 5)	37
6. Strukturmißbrauch (§ 30 I 2 Nr. 6)	42
C. Entscheidungen der Regulierungsbehörde (§ 30 II)	43
I. Verpflichtung zum Abstellen der Zuwiderhandlung (§ 30 II 1)	44
II. Anordnung von Maßnahmen (§ 30 II 2 und 3)	45
III. Verfahren	51
IV. Zuständigkeitsüberschneidung mit Landesregulierungsbehörden	54

A. Allgemeines

I. Inhalt und Zweck

Durch § 30 soll der Mißbrauch einer Marktstellung verhindert werden. Die **ex post** erfolgende Mißbrauchsaufsicht stellt neben den Instrumenten zur behördlichen Ex-ante-Kontrolle einen Grundpfeiler der Regulierung des Netzbetriebs dar. Systematisch wirft das Zusammenspiel aus Ex-ante- und Ex-post-Maßnahmen Probleme auf. Das Ex-ante-Instrumentarium hat erst sehr spät Eingang in das Gesetzgebungsverfahren gefunden. Notwendige Anpassungen bei den Ex-post-Instrumenten sind unterblieben. 1

§ 30 I 1 enthält eine **Generalklausel der Mißbrauchsaufsicht**, die durch **Beispielstatbestände** in § 30 I 2 konkretisiert wird. Die praktisch bedeutsamste Konkretisierung erfährt der allgemeine Mißbrauchstatbestand des § 30 I 1 durch § 30 I 2 Nr. 1, wonach jeder Verstoß gegen eine Bestimmung der Abschnitte 2 und 3 einschließlich der danach ergangenen Verordnungen als Mißbrauch anzusehen ist. Durch die in § 30 I 2 Nr. 2 bis Nr. 6 genannten Beispieltatbestände besteht im übrigen die Möglichkeit, gegen die unterschiedlichsten Mißbrauchskonstellationen vorzugehen (Behinderungsmißbrauch (Nr. 2, Rn. 20), horizontale Diskriminierung (Nr. 3, Rn. 25), vertikale Diskriminierung (Nr. 4, Rn. 31), Ausbeutungsmißbrauch (Nr. 5, Rn. 37), Strukturmißbrauch (Nr. 6, Rn. 42)). Mit der nachträglichen Mißbrauchsaufsicht nach § 30 I 2 Nr. 2–6 sind neben bekannten Ansätzen der §§ 6, 6a EnWG 1998 die materiellen Wertungen der §§ 19, 20 GWB ins EnWG überführt worden (vgl. zu § 30 EnWG-RegE, Begr. BT-Drucks. 15/3917, S. 63). Daher finden gemäß § 111 I 1 die §§ 19, 20 2 und 29 GWB insoweit keine Anwendung mehr (vgl. zu § 30 EnWG-RegE, Begr. BT-Drucks. 15/3917, S. 63). § 30 II normiert die **Handlungsbefugnisse** der Regulierungsbehörden.

II. Europarechtliche Vorgaben und Entstehungsgeschichte

3 Europarechtlicher Hintergrund sind **Art. 23 VIII EltRl** und **Art. 25 VIII GasRl.** Danach haben die Mitgliedstaaten „geeignete und wirksame Mechanismen für die Regulierung, die Kontrolle und die Sicherstellung von Transparenz" zu schaffen. Ziel ist es, den Mißbrauch einer marktbeherrschenden Stellung zum Nachteil insbesondere der Verbraucher sowie Verdrängungspraktiken zu verhindern. Im Gesetzgebungsverfahren ist § 30 weitestgehend unverändert geblieben (vgl. § 30 EnWG-RegE, BT-Drucks. 15/3917, S. 19). Der Vermittlungsausschuß hat § 30 I 2 Nr. 5 ergänzt (BR-Drucks. 498/05, S. 10).

III. Verhältnis zu anderen Vorschriften

4 **1. Ex-ante-Maßnahmen.** Die Mißbrauchsaufsicht kommt vollständig zur Anwendung, wenn die Regulierungsbehörde keine Exante-Maßnahmen (§§ 21a, 23a, 29 I) ergriffen hat. Problematische Fallkonstellation entstehen jedoch, wenn die Behörde eine Maßnahme aus dem Bereich des Ex-ante-Instrumentariums getroffen hat (vgl. zum Telekommunikationsrecht *BGH* v. 10. 2. 2004, WuW/E DE-R 1254 ff.).

5 **a) Entgeltgenehmigung.** Dies ist regelmäßig im Bereich der **Entgeltkontrolle** der Fall. Entgelte bedürfen gemäß § 23a I 1 einer Vorabgenehmigung durch die Behörde. Damit ist fraglich, ob die Forderung eines ex ante genehmigten Entgelts trotzdem im Rahmen der nachträglichen Mißbrauchskontrolle (bspw. nach § 30 I 2 Nr. 1) beanstandet werden kann (i. E. abl. *Säcker,* RdE 2006, 65; wohl ebenso *Salje,* EnWG, § 30, Rn. 31). Die **Gesetzeshistorie** ließe diesen Schluß durchaus zu. Der EnWG-RegE sah zunächst im Schwerpunkt lediglich eine methodenbasierte Entgeltregulierung, ergänzt durch eine Ex-post-Kontrolle vor (vgl. §§ 21, 30 EnWG-RegE, BT-Drucks. 15/3917, S. 19). Bei der demgegenüber vom BR vorgeschlagenen Ex-ante-Entgeltkontrolle sollte darüber hinaus § 30 I a ergänzt werden: „Ein Mißbrauch der Marktstellung liegt nicht vor, soweit ein Unternehmen keine höheren Entgelte für Netzzugang und Ausgleichsleistungen gefordert oder erhalten hat als von der Regulierungsbehörde genehmigt" (BT-Drucks. 15/3917, S. 85). Obwohl schließlich mit § 23a die Exante-Entgeltkontrolle aufgenommen wurde, wurde jedoch auf die „im

Gegenzug" vorgeschlagene Ergänzung von § 30 I a zur Freistellung von der Mißbrauchsaufsicht verzichtet (vgl. BT-Drucks. 15/3917).

Eine mit dem vorgeschlagenen § 30 I a vergleichbare Ausschlußwirkung geht allerdings mit **§ 30 I 2 Nr. 5** einher. Danach unterliegen die Entgelte für den Netzzugang grundsätzlich einer an § 19 IV Nr. 2 GWB angelehnten Mißbrauchskontrolle (Rn. 37). Gemäß § 30 I 2 Nr. 5 a. E. gelten jedoch Entgelte als sachlich gerechtfertigt, die die Obergrenze einer dem betroffenen Unternehmen erteilten Genehmigung nach § 23 a nicht überschreiten, und im Falle der Durchführung einer Anreizregulierung nach § 21 a Entgelte, die die für das betroffene Unternehmen für eine Regulierungsperiode vorgegebene Obergrenze nicht überschreiten. Eine entsprechende Einschränkung der Mißbrauchsaufsicht findet sich zwar bei den anderen in § 30 I 2 aufgezählten Mißbrauchstatbeständen nicht, obwohl diese dem Wortlaut nach z. T. ebenfalls eine nachträgliche Entgeltkontrolle ermöglichen. Insoweit ist jedoch von einem Spezialitätsverhältnis von § 30 I 2 Nr. 5 – insbesondere zu § 30 I 2 Nr. 1 – auszugehen. Die Mißbrauchskontrolle genehmigter Entgelte ist demnach nach allen Mißbrauchstatbeständen des § 30 I 2 ausgeschlossen. 6

Ohnehin dürfte es im Falle genehmigter Entgelte praktisch kaum zu einem nachträglichen Mißbrauchsvorwurf kommen. Die Vorabgenehmigung erfolgt auf der Grundlage der Kosten einer Betriebsführung, die denen eines effizienten und strukturell vergleichbaren Netzbetreibers entsprechen müssen (vgl. § 21, Rn. 16). Dieser Maßstab dürfte im Zweifel „strenger" sein, als die grundsätzlich an das Wettbewerbsrecht angelehnte Mißbrauchsaufsicht nach § 30, so daß ein nachträgliches Aufgreifen unwahrscheinlich ist. 7

Zudem kann der Wettbewerber im Rahmen des besonderen Mißbrauchsverfahrens gemäß **§ 31 I 3** eine **Überprüfung** der ex ante **genehmigten Entgelte** anstoßen. Danach hat die Behörde zu überprüfen, ob die Voraussetzungen für eine Aufhebung der Genehmigung vorliegen. 8

b) Festlegung nach § 29 I. Die Mißbrauchsaufsicht tritt hinter der Ex-ante-Regulierung u. U. auch dann zurück, wenn die Regulierungsbehörde eine **Festlegung gemäß § 29 I** gegenüber einem Netzbetreiber, einer Gruppe von oder allen Netzbetreibern oder durch Genehmigung gegenüber dem Antragsteller getroffen hat (vgl. § 29, Rn. 8). Eine Festlegung nach § 29 I ergänzt die Vorgaben der §§ 17 und 20 bis § 23 sowie die nach § 17 III und § 24 erlassenen Rechtsverordnungen (vgl. § 29, Rn. 1) und wirkt somit normkonkretisierend. 9

Befolgt der Versorgungsnetzbetreiber bei der Festsetzung seiner Netzzugangsbedingungen die behördliche **Festlegung,** so können 10 diese festlegungsgemäßen Netzzugangsbedingungen nicht ex post zum Gegenstand eines Mißbrauchsverfahrens gemacht werden. Für die Überprüfung und Abänderung der Festlegungen nach § 29 hat der Gesetzgeber in § 29 II vielmehr gesonderte Voraussetzungen geschaffen (vgl. hierzu im Detail § 29, Rn. 17).

11 Etwas anderes gilt für den Fall, daß ein Energieversorgungsnetzbetreiber die **Festlegung** nach § 29 I nicht oder **nicht korrekt anwendet.** Dann kann ein Mißbrauch gemäß § 30 I 2 Nr. 1 vorliegen. Denn ein Verstoß gegen die behördliche Festlegung nach § 29 I, die die Regelungen zum Netzanschluß (Abschnitt 2) und zum Netzzugang (Abschnitt 3) konkretisiert, könnte dazu führen, daß eine „Bestimmung der Abschnitte 2 und 3" bzw. der jeweiligen Verordnungen nicht eingehalten wird. Die Mißbrauchsaufsicht nach § 30 wird damit zur Durchsetzungsnorm für Verstöße gegen Festlegungen nach § 29. § 30 II Nr. 1 setzt ebenfalls die Anwendbarkeit der Mißbrauchsaufsicht für den Fall voraus, daß die Anwendung der Netzzugangsbedingungen von einer behördlichen Festlegung abweicht. Auch nach § 31 I 2 hat die Behörde zu überprüfen, ob das Verhalten eines Energieversorgungsnetzbetreibers mit den nach § 29 I festgelegten oder genehmigten Bedingungen und Methoden übereinstimmt (vgl. zu den Voraussetzungen im Detail § 31, Rn. 15).

12 **2. Sonstige Konkurrenzverhältnisse.** Zum Verhältnis der Mißbrauchsaufsicht nach **§ 30** zur besonderen Mißbrauchsaufsicht nach **§ 31** vgl. § 31, Rn. 3 und 16. Im Einzelfall ist denkbar, daß ein Konkurrenzverhältnis zum **Verwaltungsvollstreckungsrecht** entsteht. Dies hängt maßgeblich davon ab, ob es sich bei der Festlegung nach § 29 um einen vollstreckbaren Verwaltungsakt handelt (vgl. zu den Handlungsformen nach § 29 *Britz,* RdE 2006, 1, 4 ff.). Das Verhältnis zur Mißbrauchsaufsicht nach **GWB** ist maßgeblich durch § 111, geprägt, wodurch die Anwendung von §§ 19, 20 und 29 GWB ausgeschlossen wird (vgl. § 111, Rn. 4). Umstritten ist das Verhältnis zu den allgemeinen Aufsichtsmaßnahmen nach **§ 65.** Gemäß § 65 IV bleibt § 30 II unberührt. Bereits der Wortlaut „bleibt [...] unberührt" macht deutlich, daß das Verfahren nach § 65 im Verhältnis zu § 30 nachrangig ist (vgl. § 65, Rn. 1; zum Rangverhältnis aufgrund der Formulierung „bleibt [...] unberührt", *BMJ,* Hdb. d. Rechtsförmlichkeit, Rn. 70; *Salje,* EnWG, § 30, Rn. 35; für ein Wahlrecht jedoch *Antweiler/ Nieberding,* NJW 2005, 3673, 3674).

B. Mißbrauch (§ 30 I)

I. Allgemeines Verbot (§ 30 I 1)

§ 30 I 1 enthält eine **allgemeine Verbotsnorm** (vgl. ebenso § 19 I 1 GWB, §§ 28 I 1, 42 I 1 TKG), der in § 30 I 2 Nr. 1–6 Beispieltatbestände zur Konkretisierung des Mißbrauchstatbestandes folgen. Soweit die Beispielstatbestände das Verhalten nicht erfassen, bleibt die Rückgriffsmöglichkeit auf die Generalklausel nach § 30 I 1 (vgl. zu § 19 GWB: *Engelsing,* in: Säcker, BerlK-EnR, § 19, Rn. 114).

Adressaten der Regelung sind die Betreiber von Energieversorgungsnetzen. Nach § 3 Nr. 4 sind dies alle Betreiber von Elektrizitäts- oder Gasversorgungsnetzen. Einer der wesentlichen Unterschiede zu §§ 19 I 1, 20 I GWB und §§ 28 I 1, 42 I 1 TKG besteht darin, daß der Normadressat **keine bestimmte Marktstellung** aufweisen muß (vgl. auch *Schultz,* in: L/B, Anh. z. 5. Abschn., EnergieW, Rn. 104). Damit ist jeder Betreiber von Energieversorgungsnetzen Adressat des Mißbrauchsverbotes, ohne daß die Voraussetzungen einer marktbeherrschenden Stellung bzw. beträchtlicher Marktmacht geprüft werden müßten. Mit dem Verzicht auf eine bestimmte Marktstellung wird ein wichtiger Gedanke der §§ 6, 6 a EnWG 1998 fortgeführt. Aber auch eine Begrenzung des Mißbrauchsverbotes auf Versorgungsnetzbetreiber mit beträchtlicher Marktmacht hätte letztlich zu keinem anderen Ergebnis geführt. Denn diese verfügen in dem von ihnen betriebenen Netz in der Regel über beträchtliche Marktmacht (vgl. auch Begr. BT-Drucks. 15/3917, S. 63).

II. Beispieltatbestände (§ 30 I 2 Nr. 1–6)

Die Mißbrauchsaufsicht enthält in § 30 I 2 sechs Beispieltatbestände, die die Generalklausel konkretisieren. Diese Aufzählung ist nicht abschließend („insbesondere"). Aus der unterschiedlichen Zielrichtung der Beispieltatbestände läßt sich des Weiteren schließen, daß kein Ausschließlichkeitsverhältnis besteht, sondern diese **parallel nebeneinander anwendbar** sind. Damit dürften insbesondere materielle Überschneidungen zwischen § 30 I 2 Nr. 1 und § 30 I 2 Nr. 2 bis Nr. 6 dazu führen, daß mehrere Beispieltatbestände einschlägig sind (krit. *Salje,* EnWG, § 30, Rn. 25). Für den Sonderfall der Mißbrauchsaufsicht über genehmigte Entgelte (§ 30 I 2 Nr. 5) dürfte jedoch ein Spezialitätsverhältnis gegenüber den anderen Mißbrauchstatbeständen anzunehmen sein (vgl. Rn. 4 ff.).

§ 30 16–19 Teil 3. Regulierung des Netzbetriebs

16 **1. Netzanschluß und Netzzugang (§ 30 I 2 Nr. 1).** Gemäß § 30 I 2 Nr. 1 liegt ein Mißbrauch der Marktstellung vor, wenn der Versorgungsnetzbetreiber eine Bestimmung der Abschnitte 2 und 3 oder der auf Grund dieser Bestimmungen erlassenen Rechtsverordnungen nicht einhält. Die Bestimmungen der Abschnitte 2 und 3 stellen die wesentlichen Regelungen der Regulierung des Netzbetriebes (Teil 3) dar. Dabei konzentriert sich der Gesetzgeber auf die Regelungen zum Netzanschluß (Abschnitt 2) und zum Netzzugang (Abschnitt 3). Aufgrund dieses weiten Anwendungsbereiches hat § 30 I 2 Nr. 1 nahezu **generalklauselartigen Charakter** (*Schultz*, in: L/B, Anh. z. 5. Abschn., EnergieW, Rn. 104).

17 Begrifflich ist in diesem Zusammenhang zwischen **Netzanschluß, Anschlußnutzung** und **Netzzugang** zu unterscheiden. Bei den Bestimmungen zum Netzanschluß handelt es sich um die Herstellung der Verbindung des Hausanschlusses mit dem Energieversorgungsnetz. Mit den Bedingungen zur Anschlußnutzung wird die Entnahme von Energie über den Hausanschluß, d. h. die physische Nutzung des Hausanschlusses zur Entnahme von Energie geregelt. Der Netzzugang wiederum zielt auf den Transport von Energie über das Netz. Die Bedingungen für den Netzanschluß und die Anschlußnutzung zwischen Netzbetreiber und Letztverbraucher sind also unabhängig von den Bedingungen für den Transport von Energie, dem Netzzugang. Netzanschluß und Anschlußnutzung sind Voraussetzung für den Netzzugang (vgl. zu § 18 EnWG-RegE, Begr. BT-Drucks. 15/3917, S. 58 ff.).

18 **a) Mißbrauch beim Netzanschluß.** Vorschriften zum Netzanschluß, deren Verletzung einen Mißbrauch begründet, finden sich in **§§ 17 bis 19.** Mißbräuchlich können demnach sowohl die Anschlußverweigerung als auch die Ausgestaltung der Anschlußbedingungen einschließlich des Entgelts sein. Allerdings ist zu beachten, daß der Mißbrauchsvorwurf wegen einer Anschlußverweigerung entfällt, wenn gem. § 17 II und § 18 I 2 ein Zugangsverweigerungsrecht besteht. Gemäß § 30 I 2 Nr. 1 begründet auch der Verstoß gegen eine aufgrund dieser Bestimmungen erlassene **Verordnung** einen Mißbrauch. Insoweit kommen hier Regelungen nach §§ 17 III, 18 III in Betracht. Der Gesetzgeber hat durch Erlaß der NAV und NDAV von seiner Verordnungsgebungskompetenz Gebrauch gemacht. Als Mißbrauch i. S. d. § 30 I 2 Nr. 1 ist es auch anzusehen, wenn ein Unternehmen gegen eine den Netzanschluß betreffende **Festlegung der Regulierungsbehörde** (§ 29 I) verstößt (vgl. zum Verhältnis zur Ex-ante-Regulierung oben, Rn. 4).

19 **b) Mißbrauch beim Netzzugang.** Ein Mißbrauch der Marktstellung ist auch beim Netzzugang möglich **(§§ 20 bis 28 a).** Mißbräuchlich können insbesondere sein: die Verweigerung des grundsätzlichen Zugangsanspruch (§ 20), sofern nicht gesetzliche Verweigerungsgründe vorliegen, eine Verletzung der Verpflichtung zur Zusammenarbeit (§ 20 I 2, § 20 I a 4, § 21 I b 5), die Ausgestaltung der Bedingungen für den Netzzugang (§§ 20 I, 21 I 1), Bedingungen des Zähler- und Meßwesen (§ 21 b) sowie die Bedingungen für die Beschaffung und Erbringung von Ausgleichsleistungen (§§ 22, 23). Eine Mißbrauchsaufsicht im Hinblick auf die ex ante genehmigten Entgelte (§ 21 a, § 23 a) kommt allerdings grundsätzlich nicht in Betracht (Rn. 5 f.). Gemäß § 30 I 2 Nr. 1 sind des Weiteren die Regelungen der **Rechtsverordnungen** Maßstab der Mißbrauchskontrolle. Bislang hat der Verordnungsgeber von der entsprechenden Verordnungsermächtigung durch § 24 im Rahmen der StromNZV, der StromNEV sowie der GasNZV und der GasNEV. Mißbräuchlich ist auch ein Verstoß gegen eine auf den Netzzugang bezogene **Festlegung der Regulierungsbehörde** nach § 29 I (vgl. Rn. 9).

2. Behinderung; Beeinträchtigung (§ 30 I 2 Nr. 2). Nach 20 § 30 I 2 Nr. 2 liegt ein Mißbrauch vor, wenn andere Unternehmen unmittelbar oder mittelbar unbillig behindert oder deren Wettbewerbsmöglichkeiten ohne sachlich gerechtfertigten Grund erheblich beeinträchtigt werden. Wortlaut und Gesetzesbegründung verdeutlichen die **Anlehnung an § 20 I 1. Alt. GWB** (Behinderungsverbot) und § 19 IV Nr. 1 GWB (Behinderungsmißbrauch; vgl. Begr. BT-Drucks. 15/3917, S. 63; *Salje*, EnWG, § 30, Rn. 19). Der Normzweck besteht demnach darin, den Energieversorgungsnetzbetreiber davon abzuhalten, durch den Eingriff in die Bewegungsfreiheit Dritter die Wettbewerbsbedingungen zu verschlechtern. Damit werden dem Energieversorgungsnetzbetreiber besondere Rücksichtnahmepflichten auferlegt (vgl. *Engelsing*, in: BerlK-EnR, § 19, Rn. 119). Hinsichtlich des Anwendungsbereichs von § 30 I 2 Nr. 2 sind jedoch die im Rahmen der Ex-ante-Regulierung getroffenen Maßnahmen zu berücksichtigen (vgl. Rn. 4). Darüber hinaus besteht wie in § 19 IV Nr. 1 GWB und in § 20 I 1. Alt. GWB auch in § 30 I 2 Nr. 2 das Problem, die „unbillige Behinderung" von der „sachlich nicht gerechtfertigten Beeinträchtigung" abzugrenzen, da beide Varianten fast deckungsgleich sind (*Engelsing*, in: BerlK-EnR, § 19, Rn. 120; *Schultz*, in: L/B, GWB, § 19, Rn. 128; *Salje*, EnWG, § 30, Rn. 23; s. zum wortgleichen § 42 I 2 TKG *Gersdorf*, in: BerlK-TKG, § 42, Rn. 27; *Robert*, K&R 2005, 354, 355).

a) Unbillige Behinderung (§ 30 I 2 Nr. 2 1. Hs.). Als **Behin-** 21 **derung** wird üblicherweise jede Beeinträchtigung der Betätigungsmöglichkeiten im Wettbewerb angesehen, gleichgültig, ob dabei „wettbewerbsfremde" oder in sonstiger Weise anfechtbare Mittel angewandt werden (*BGHZ* 81, 322; *BGHZ* 116, 47, 57; *Markert*, in: I/M, GWB, § 20, Rn. 116 m. w. N.; *Bechtold,* GWB, § 20, Rn. 37). Der Aspekt der Behinderung bildet damit den wertneutralen Teil des Tatbestandes. Denn eine Wertung erfolgt erst in der zweiten Stufe bei der Frage, ob es sich um eine **„unbillige"** Behinderung handelt. Die Abgrenzung zwischen einer **unmittelbaren und einer mittelbaren** Beeinträchtigung ist hingegen unpraktikabel. Oftmals wird zumindest eine mittelbare Beeinträchtigung anzunehmen sein (vgl. *Markert,* in: I/M, GWB, § 20, Rn. 119 m. w. N.; vgl. zu § 42 TKG *Robert*, K&R 2005, 354, 355). Um zu beurteilen, ob es sich bei dem Verhalten um eine unbillige Behinderung handelt, ist eine Interessenabwägung vorzunehmen. Dabei sind die Interessen der Beteiligten unter Berücksichtigung des Gesetzeszweckes nach § 1 gegeneinander abzuwägen (vgl. *Markert*, in: I/M, GWB, § 20, Rn. 129 ff. m. w. N.). Die Darlegungs- und Beweislast für die Behinderung und deren Unbilligkeit trägt – im Zivilprozeß – das (angeblich) behinderte Unternehmen (vgl. *Rixen*, in: F/K, GWB, § 20, Rn. 138; *Markert*, in: I/M, GWB, § 20, Rn. 233; zur Abgrenzung zu § 30 I 2 Nr. 3, Rn. 29), bzw. – im behördlichen Mißbrauchsverfahren – die Behörde.

22 **b) Beeinträchtigung der Wettbewerbsmöglichkeiten (§ 30 I 2 Nr. 2 2. Hs.).** Das Verbot der Beeinträchtigung der Wettbewerbsmöglichkeiten nach § 30 I 2 Nr. 2 2. Hs. ähnelt dem Beeinträchtigungsverbot in § 19 IV Nr. 1 GWB (*Möschel*, in: I/M, GWB, § 19, Rn. 108). Durch den Wortlaut „... deren Wettbewerbsmöglichkeiten ..." schafft der Gesetzgeber ebenso wie in § 19 IV Nr. 1 GWB ein **unternehmensbezogenes Element,** so daß auch hier die Handlungsfähigkeit von konkurrierenden Unternehmen Anhaltspunkt sein muß. Das **marktbezogene Element** ist hingegen nicht exakt vergleichbar mit § 19 IV Nr. 1 GWB (vgl. zu § 42 I 2 2. Alt. TKG *Robert*, K&R 2005, 354, 355). Denn dort, wo im GWB eine Beeinträchtigung der Wettbewerbsmöglichkeiten „in einer für den Wettbewerb auf dem Markt erheblichen Weise" gefordert wird, ist nur eine erhebliche Beeinträchtigung der Wettbewerbsmöglichkeiten notwendig. Die Wettbewerbsmöglichkeiten anderer Unternehmen werden aber nicht nur durch mißbräuchliche, sondern bei jeder erfolgreichen wettbewerblichen Aktivität tangiert, so daß dieses Kriterium schwerlich zur Unterscheidung herangezogen werden kann (ebenso zu § 19 Abs. 4 Nr. 1 GWB *Wiedemann*, § 23, Rn. 39; *Möschel*, in: I/M, GWB, § 19, Rn. 110). Unter **Beeinträchtigung** versteht man jeden für die Wettbewerbsmöglichkeiten anderer Unternehmen nachteiligen Wirkzusammenhang (vgl. *Möschel*, in: I/M, GWB, § 19, Rn. 112; *Bechtold*, GWB, § 19, Rn. 63). Eine Einschränkung erfährt dieses weit gefaßte Merkmal

durch den Umstand, daß es sich um eine **erhebliche** Beeinträchtigung handeln muß. Für die Annahme einer erheblichen Beeinträchtigung reicht insbesondere nicht die bloße Gefahr oder Wahrscheinlichkeit des Eintritts aus, sondern es müssen tatsächliche Beeinträchtigungen nachgewiesen werden.

Das **Bewertungselement „ohne sachlich gerechtfertigten Grund"** ist entscheidend für die Prüfung des § 30 I 2 Nr. 2 Hs. 2 (vgl. § 19 Abs. 4 Nr. 1 GWB, § 42 I 2 2. Alt. TKG). Dabei sind wiederum die Interessen der Beteiligten unter Berücksichtigung des Gesetzeszweckes gemäß § 1 gegeneinander abzuwägen (vgl. *Wiedemann*, § 23, Rn. 40).

c) Fallgruppen. Zur Strukturierung der Mißbrauchsaufsicht nach § 19 IV Nr. 1 GWB sind unterschiedliche Fallgruppen speziell für den Energiesektor entwickelt worden, die z. T. übertragbar sind. Hierzu gehören u. a.: Mißbräuchliche Preisstrategien, Abwicklung des Lieferantenverhältnisses, Vertragsgestaltung bei der Netznutzung, Wechselentgelte, Bearbeitungsgebühren, Auskunfts- und Veröffentlichungspflichten oder Vorauszahlungen/Sicherheitsleistungen (vgl. hierzu im Detail *Engelsing*, in: BerlK-EnR, § 19, Rn. 130ff.). Auch hier ist jedoch das Verhältnis der Mißbrauchsaufsicht zu den Maßnahmen im Rahmen der Ex-ante-Regulierung zu beachten (vgl. Rn. 4). Die Übertragung der herkömmlichen Fallgruppen ist daher nur insofern möglich, als sie nicht schon im Bereich der Ex-ante-Regulierung Gegenstand von behördlichen Maßnahmen geworden sind. Dies ist im Einzelfall zu überprüfen.

3. Horizontales (externes) Diskriminierungsverbot (§ 30 I 2 Nr. 3). Nach § 30 I 2 Nr. 3 liegt ein Mißbrauch vor, wenn andere Unternehmen gegenüber gleichartigen Unternehmen ohne sachlich gerechtfertigten Grund unmittelbar oder mittelbar unterschiedlich behandelt werden. Dies entspricht dem horizontalen Diskriminierungsverbot nach **§ 20 I GWB** (Begr. BT-Drucks. 15/3917, S. 63).

Behandlung ist die Begründung bzw. Ausgestaltung einer Verbindung zwischen dem Normadressaten und dem mißbräuchlich behandelten Unternehmen. Die Ausgestaltung einer solchen Verbindung kann Preise, Rabatte, Konditionen, Qualität, Menge oder die Lieferzeit betreffen (*Markert*, in: I/M, GWB, § 20, Rn. 120). Dabei kann eine **unterschiedliche** Behandlung in der Benachteiligung einzelner gegenüber der Mehrheit der Behandelten, aber auch in der Bevorzugung einzelner im Verhältnis zur Mehrheit gesehen werden (vgl. *BGH* v. 30. 1. 1970, WuW/E BGH 1069, 1072 „Tonbandgeräte"; v. 14. 7. 1998, WuW/E De-R 201, 203 „Schilderpräger im Landratsamt"; *Markert*, in: I/M, GWB, § 20, Rn. 121; *Rixen*, in: F/K, GWB, § 20,

Rn. 145; *Schultz,* in: L/B, § 20, Rn. 113). Die Regelung richtet sich damit gegen die sich aus der Ungleichbehandlung mittelbar ergebende Beeinträchtigung der wettbewerblichen Chancengleichheit anderer gleichartiger Unternehmen (vgl. *BGH* v. 19. 3. 1996, WuW/E BGH 3058, 3068 „Pay-TV-Durchleitung"; *Markert,* in: I/M, GWB, § 20, Rn. 121; *Rixen,* in: F/K, GWB, § 20, Rn. 145). Die **passive Diskriminierung,** bei der sich ein Unternehmen Sondervorteile gewähren läßt, die das gewährende Unternehmen nicht allen anderen Unternehmen in gleicher Weise einräumt, stellt im Gegensatz zur aktiven unterschiedlichen Behandlung keine Variante des § 30 I 2 Nr. 3 dar (vgl. *Rixen,* in: F/K, GWB, § 20, Rn. 148; *Markert,* in: I/M, GWB, § 20, Rn. 127). Das Merkmal **mittelbare oder unmittelbare** Ungleichbehandlung ist als Unterscheidungsmerkmal unpraktikabel (vgl. *Markert,* in: I/M, GWB, § 20, Rn. 125).

27 **Gleichartig** sind Unternehmen, die auf einer bestimmten Wirtschaftsstufe im wesentlichen gleiche unternehmerische Tätigkeit und wirtschaftliche Funktion im Hinblick auf eine bestimmte Art von Waren oder gewerbliche Leistungen ausüben (*BGH* v. 19. 3. 1996, WuW/E BGH 3058, 3063 „Pay-TV-Durchleitung"; v. 17. 3. 1998, WuW/E BGH DE-R 134 „Bahnhofsbuchhandel"; *Markert,* in: I/M, GWB, § 20, Rn. 99 f.; *Rixen,* in: F/K, GWB, § 20, Rn. 119; vgl. *Schultz,* in: L/B, § 20, Rn. 112; krit. zur Übertragbarkeit der Grundsätze aus § 20 I GWB *Weyer,* N&R 2007, 14, 18). Dabei ist jedoch nur eine verhältnismäßig „grobe Sichtung" vorzunehmen (*BGH* v. 19. 3. 1996, WuW/E BGH 3058, 3063 „Pay-TV-Durchleitung"; v. 17. 3. 1998, WuW/E BGH DE-R 134 „Bahnhofsbuchhandel" = NJW-RR 1998, 1730).

28 Wesentlich ist, ob die unterschiedliche Behandlung **sachlich gerechtfertigt** ist. Beurteilungsmaßstab ist hierfür eine Abwägung der Interessen der Beteiligten, die unter Berücksichtigung der Zielsetzung des Energiewirtschaftsgesetzes zu erfolgen hat (vgl. § 1) (vgl. zum gleichen Ansatz im GWB *Markert,* in: I/M, GWB, § 20, Rn. 129 m. w. N.; *Rixen,* in: F/K, GWB, § 20, Rn. 149 ff.; *BGH* v. 27. 4. 1999, WuW/E DE-R 357, 359 „Feuerwehrgeräte"; vgl. zu den Besonderheiten im Gassektor *Weyer,* N&R 2007, 14, 18 f.).

29 Mit der Unterscheidung zwischen **§ 30 I 2 Nr. 2 1. Alt.** („**unbillig behindern**") und **§ 30 I 2 Nr. 3** („**unterschiedlich behandeln**") wurden die **Abgrenzungsprobleme** des GWB in das EnWG importiert. Beide Regelungen finden ein Pendant in § 20 I GWB, für den eine Abgrenzung zwischen den beiden Tatbestandsalternativen als nicht sinnvoll erachtet wird (*Rixen,* in: F/K, GWB, § 20, Rn. 137 und Rn. 176.; *Markert,* in: I/M, GWB, § 20, Rn. 114). Es wird teilweise

angenommen, daß es sich bei der Ungleichbehandlung um den spezielleren und bei der Behinderung um den generellen Tatbestand handelt (*Schultz,* in: L/B, § 20, Rn. 110ff.; *Rixen,* in: F/K, GWB, § 20, Rn. 137).

Ein **Unterschied** zwischen der unbilligen Behinderung (§ 30 I 2 Nr. 2 1. Alt.) und einer ungleichen Behandlung (§ 30 I 2 Nr. 3) besteht jedoch im Bereich der **Beweislast**. Für die Ungleichbehandlung ist zwar ebenso wie für die Benachteiligung im Zivilprozeß das (angeblich) benachteiligte Unternehmen, bzw. beim behördlichen Mißbrauchsverfahren der Behörde darlegungs- und beweispflichtig. Bei der etwaigen sachlichen Rechtfertigung der Ungleichbehandlung kommt es jedoch zu einer Umkehrung der Beweislast. Hierfür ist der Normadressat darlegungs- und beweispflichtig. Begründet wird dies damit, daß die ungleiche Behandlung gleicher Sachverhalte für die Interessenabwägung bereits eine negative Indizwirkung hat (*Rixen,* in: F/K, GWB, § 20, Rn. 138; *Markert,* in: I/M, GWB, § 20, Rn. 233; *Schultz,* in: L/B, GWB, § 20, Rn. 111). Dies ist bei einer allgemeinen Behinderung, in der kein Spezialfall der horizontalen Diskriminierung i. S. d. § 30 I 2 Nr. 3 EnWG zu sehen ist, nicht der Fall. Bei der allgemeinen Behinderung i. S. d. § 30 I 2 Nr. 2 1. Alt. bleibt das (angeblich) behinderte Unternehmen für die Unbilligkeit der Behinderung darlegungs- und beweispflichtig (vgl. Rn. 21).

4. Vertikales (internes) Diskriminierungsverbot (§ 30 I 2 Nr. 4). Mit § 30 I 2 Nr. 4 wird das Verbot externer Diskriminierung (vgl. § 30 I 2 Nr. 3) um das **Verbot** *interner* **Diskriminierung** ergänzt. Der Grundsatz „intern gleich extern" ist bereits aus § 6 und § 6a EnWG 1998 bekannt (Begr. BT-Drucks. 15/3917, S. 63; vgl. ebenfalls § 42 II TKG: *Gersdorf,* in: BerlK-TKG, § 42, Rn. 33; § 19 II TKG: *Nolte,* in: BerlK-TKG, § 19, Rn. 33).

Beim Diskriminierten muß es sich um ein **anderes Unternehmen** handeln. Dazu muß es in Ausübung einer gewerblichen oder selbständigen beruflichen Tätigkeit handeln (*Immenga,* in: I/M, GWB, § 1, Rn. 30ff. m. w. N.). Hierzu wurden bereits nach § 6 EnWG 1998 Stromhändler, Weiterverteiler, Lieferanten von Endverbrauchern, Arealnetzbetreiber, EVU oder Stromerzeuger gezählt (*Säcker/Boesche,* in: BerlK-EnR, § 6, Rn. 51).

Regelungsgegenstand des Diskriminierungsverbots ist der **Zugang** zu **Waren** und **Leistungen** des Energieversorgungsnetzbetreibers. Laut Gesetzesbegründung handelt es sich dabei um den Netzanschluß, d. h. die Verbindung des Hausanschlusses mit dem Energieversorgungsnetz, und um den Netzzugang, d. h. den Transport von Energie über das Netz (vgl. Begr. BT-Drucks. 15/3917, S. 63: Verweis auf §§ 17 I, 21 I).

Damit wird von dem bereits zu § 6 I EnWG 1998 kritisierten Begriff der „Durchleitung" abgerückt (*Säcker/Boesche,* in: BerlK-EnR, § 6, Rn. 65).

34 Der Begriff der **Bedingungen** i. S. d. § 30 I 2 Nr. 4 bezieht sich auf §§ 20 I, 21 I und wird insbesondere durch die StromNZV und durch die GasNZV konkretisiert. Die Ex-post-Überprüfung von ex ante genehmigten **Entgelten** ist nicht möglich (vgl. Rn. 5, vgl. speziell zu § 30 I 2 Nr. 5, Rn. 37).

35 Die Zugangsbedingungen und Entgelte für den Netzanschluß und den Netzzugang dürfen **nicht ungünstiger** sein, als diejenigen Bedingungen und Entgelte, die der Energieversorgungsnetzbetreiber sich selbst oder nach § 3 Nr. 38 verbundenen Unternehmen einräumt. Damit soll der unternehmensinternen Begünstigung bei vertikal integrierten Unternehmen begegnet werden (vgl. zur vertikalen Integration die Legaldefinition in § 3 Nr. 38). Andere Unternehmen sollen hinsichtlich des Netzanschlusses und des Netzzugangs dem Netzbetreiber oder dessen „Schwester-" und „Tochterunternehmen" gleichgestellt werden (vgl. bereits zu § 6 I 1 Hs. 2 EnWG 1998 *Säcker/Boesche,* in: BerlK-EnR, § 6, Rn. 95). Flankiert wird dies durch die in §§ 6 ff. EnWG geregelten Bestimmungen zur Entflechtung, mit denen die unternehmensinterne Begünstigung vermieden bzw. einfacher verfolgbar werden soll. Vergleichsmaßstab zur Beantwortung der Frage, ob es sich um günstigere bzw. ungünstigere Bedingungen und Entgelte handelt, ist damit immer der intern gewährte Leistungsumfang.

36 Die einzige Möglichkeit, sich dem Diskriminierungsverbot zu entziehen, ist der Nachweis, daß die Einräumung ungünstigerer Bedingungen **sachlich gerechtfertigt** ist. Bereits der Wortlaut des § 30 I 2 Nr. 4 („nachweist") macht deutlich, daß hiermit eine den Netzbetreiber treffende Beweislastumkehr vorliegt (vgl. Begr. BT-Drucks. 15/3917, S. 63).

37 **5. Ausbeutungsmißbrauch (§ 30 I 2 Nr. 5).** Beim Regelbeispiel § 30 I 2 Nr. 5 handelt es sich um einen sog. „Ausbeutungsmißbrauch", der § 19 IV Nr. 2 GWB entspricht (vgl. Begr. BT-Drucks. 15/3917, S. 63). Die Regelung hat den **Zweck,** die Marktgegenseite vor nicht wettbewerbsanalogen Entgelten und Geschäftsbedingungen zu schützen (vgl. *Engelsing,* in: Säcker, BerlK-EnR, § 19, Rn. 176; *Schultz,* in: L/B, GWB, § 19, Rn. 92; ebenso zu § 28 II 2 Nr. 1 TKG *Groebel,* in: BerlK-TKG, § 28, Rn. 22 ff.). Der Gesetzgeber unterscheidet zwischen dem Preismißbrauch („Entgelte") und dem Konditionenmißbrauch („sonstige Geschäftsbedingungen") beim Netzzugang.

38 Im Hinblick auf den Preismißbrauch ist der **Anwendungsbereich** von § 30 I 2 Nr. 5 sehr gering (*Britz,* RdE 2006, 1, 4). Denn die ge-

nehmigten Entgelte (§ 23 a) und die Obergrenze im Rahmen der Anreizregulierung (§ 21 a) gelten als sachlich gerechtfertigt (vgl. Rn. 6; ebenso *Säcker,* RdE 2006, 65, 66; vgl. *Weyer,* N&R 2007, 14, 19). Etwas anderes kann nur im **Ausnahmefall** des § 30 I 3 gelten. Denn danach gilt § 30 I 2 Nr. 5 auch für Netze, in denen nach einer Rechtsverordnung nach § 24 2 Nr. 5 vom Grundsatz der Kostenorientierung abgewichen wird. Diese Verordnungsermächtigung setzt bestehenden oder potentiellen Leitungswettbewerb voraus, bei dem dann von der Ex-ante-Entgeltregulierung abgesehen werden könnte (vgl. §§ 23 a I, 21 I 1; zu Anwendungsfällen der Freistellung vom Genehmigungserfordernis § 24, Rn. 29). Nach § 30 I 4 bleiben besondere Vorschriften über den Mißbrauch der Marktstellung in solchen Netzen unberührt. Der Wortlaut „bleiben [...] unberührt" macht deutlich, daß § 30 I 2 Nr. 5 gegenüber diesen besonderen Rechtsvorschriften eine nachrangige Vorschrift darstellt (vgl. zum Rangverhältnis aufgrund der Formulierung „bleiben [...] unberührt", *BMJ,* Hdb. d. Rechtsförmlichkeit, Rn. 70).

Die Mißbrauchsaufsicht über die **sonstigen Geschäftsbedingungen** unterliegt nicht der Einschränkung durch § 30 I 2 Nr. 5 a. E. In diesem Zusammenhang kommen etwa Vereinbarungen über Sicherheitsleistungen oder Vorauszahlungen, Kündigungsfristen, Haftungsausschlüsse, Freizeichnungsklauseln, der Abschluß von Netznutzungsverträgen mit Endkunden oder das Verlangen von Baukostenzuschüssen in Betracht (vgl. § 19 IV Nr. 2 GWB und zur Übertragung dieser hergebrachten wettbewerbsrechtlichen Fallgruppen auf das EnWG Rn. 24). Allerdings handelt es sich dabei häufig ebenfalls um einen Fall des Behinderungsmißbrauchs, der bereits nach § 30 I 2 Nr. 2 als Mißbrauch einer Marktstellung gilt (vgl. zu § 19 IV Nr. 2 GWB *Engelsing,* in: BerlK-EnR, § 19, Rn. 228 f.; *Schultz,* in: L/B, GWB, 19 Rn. 122).

Die sonstigen Geschäftsbedingungen sind bei der Mißbrauchsprüfung an den Bedingungen zu messen, die sich bei wirksamem Wettbewerb mit hoher Wahrscheinlichkeit ergeben würden. Konkretisiert wird dies dadurch, daß insbesondere die Verhaltensweisen von Unternehmen auf vergleichbaren Märkten und die Ergebnisse des Vergleichsverfahrens nach § 21 zu berücksichtigen sind. In der Praxis ist der Rückgriff auf **vergleichbare Märkte** gerade beim Konditionenmißbrauch **problematisch**. Es ist vielmehr eine Gesamtbetrachtung des Leistungsbündels notwendig (*Engelsing,* in: BerlK-EnR, § 19, Rn. 228; *Schultz,* in: L/B, GWB, § 19, Rn. 120). Der Vergleich einzelner Geschäftsbedingungen miteinander erscheint nicht sinnvoll, da eine ungünstige von einer günstigen Bedingung kompensiert werden kann. Es ist vorzugswürdig, als Beurteilungsmaßstab Wertungen des AGB-

Rechts zum Vergleich heranzuziehen (*Möschel,* in: I/M, GWB, § 19, Rn. 228). Der Rückgriff auf das Vergleichsverfahren nach § 21 kommt beim Konditionenmißbrauch nicht in Betracht, da hier lediglich Netzentgelte, Erlöse und Kosten miteinander verglichen werden (vgl. § 21 III, § 22 I 2 StromNEV).

41 Ein etwaiges mißbräuchliches Verhalten i. S. d. § 30 I 2 Nr. 5 kann **sachlich gerechtfertigt** sein (vgl. hierzu *Engelsing,* in: BerlK-EnR, § 19, Rn. 263). Im Rahmen der sachlichen Rechtfertigung sind wiederum die Interessen der Beteiligten unter Berücksichtigung des Gesetzeszweckes gemäß § 1 gegeneinander abzuwägen.

42 **6. Strukturmißbrauch (§ 30 I 2 Nr. 6).** Nach § 30 I 2 Nr. 6 liegt ein Mißbrauch vor, wenn der Energieversorgungsnetzbetreiber ungünstigere Entgelte oder sonstige Geschäftsbedingungen fordert, als er sie selbst auf vergleichbaren Märkten von gleichartigen Abnehmern fordert. Geregelt ist damit der sog. Strukturmißbrauch nach § 19 IV Nr. 3 GWB (Begr. BT-Drucks. 15/3917, S. 63), der einen Unterfall des Ausbeutungsmißbrauchs darstellt (vgl. *Engelsing,* in: BerlK-EnR, § 19, Rn. 276). In methodischer Hinsicht kommt eine Variante des räumlichen Vergleichsmarktkonzeptes zum Zuge (*Möschel,* in: I/M, GWB, § 19, Rn. 169), wobei als Besonderheit das eigene Verhalten auf vergleichbaren Märkten zum Vergleich herangezogen wird (*Engelsing,* in: BerlK-EnR, § 19, Rn. 276). **Ziel** des Vorgehens gegen den Strukturmißbrauch ist, eine kostenverursachungsgerechte Preisbildung zu gewährleisten und eine Quersubventionierung bestimmter Kundengruppen durch andere Kundengruppen zu vermeiden (vgl. *Engelsing,* in: BerlK-EnR, § 19, Rn. 277). Hinsichtlich etwaiger ungünstigerer **Entgelte** tritt die Mißbrauchsaufsicht ebenso wie bei § 30 I 2 Nr. 5 hinter der Ex-ante-Kontrolle zurück (vgl. Rn. 4). Durch die Formulierung „es sei denn" ist dem Energieversorgungsnetzbetreiber die **Darlegungs- und Beweislast** für die **sachliche Rechtfertigung** zugewiesen (vgl. *Möschel,* in: I/M, GWB, § 19, Rn. 172).

C. Entscheidungen der Regulierungsbehörde (§ 30 II)

43 Mit § 30 II besteht eine „besondere Eingriffsermächtigung", die der Behörde unterschiedliche Handlungsoptionen gibt, um gegen ein mißbräuchliches Verhalten nach § 30 I vorzugehen. Dabei hat sich der Gesetzgeber an dem seit der 7. GWB-Novelle neu formulierten § 32 GWB orientiert und gleichzeitig hergebrachte Ansätze aus § 32 GWB a. F. übernommen (vgl. *Bornkamm,* in: L/B, GWB, § 33, Rn. 6 ff.). Im Gegensatz zum Bußgeld (§ 95, Rn. 3 f.) und zur Vorteilsabschöpfung

(§ 33, Rn. 1 ff.) ist das Ziel, den Mißbrauch abzustellen, auch in die Zukunft gerichtet und kommt bereits bei drohender Zuwiderhandlung in Betracht (vgl. *Rehbinder,* in: L/M/R, KartellR, § 32, Rn. 1 und Rn. 4; vgl. ebenfalls § 42 IV 1 f. TKG *Gersdorf,* in: BerlK-TKG, § 42, Rn. 43; vgl. zur telekommunikationsrechtlichen Ex-post-Entgeltkontrolle § 38 IV 1 f. TKG *Mielke,* in: BerlK-TKG, § 38, Rn. 102 ff.).

I. Verpflichtung zum Abstellen der Zuwiderhandlung (§ 30 II 1)

Nach § 30 II 1 hat die Regulierungsbehörde die Möglichkeit, im Rahmen **pflichtgemäßer Ermessensausübung** („kann") einen Energieversorgungsnetzbetreiber dazu zu verpflichten, die Zuwiderhandlung abzustellen. Der Wortlaut verlangt keine konkrete Vorgaben zum „Wie" der Mißbrauchsbeseitigung. Die Zuwiderhandlung ist lediglich „abzustellen". Andererseits ist bei der Verpflichtung durch die Behörde der **Bestimmtheitsgrundsatz** gemäß § 37 I VwVfG zu beachten. Grundsätzlich gilt hierzu, daß die Verfügung so vollständig, klar und eindeutig sein muß, daß sich die Adressaten ohne weiteres nach ihr richten können und eine Vollstreckung nach dem VwVG jederzeit möglich ist (vgl. zu den Einzelfragen im Bereich des § 32 GWB *Bornkamm,* in: L/B, GWB, § 33, Rn. 30; *Rehbinder,* in: L/M/R, KartellR, § 32, Rn. 11; *Säcker,* RdE 2006, 65; zu § 32 GWB a. F. *Emmerich,* in: I/M, GWB, § 32, Rn. 21 f.; vgl. eher restriktiv zu § 30 I EnWG *Weyer,* N&R 2007, 14, 20 f.). Des weiteren ist aufgrund des systematischen Bezugs zwischen § 30 II 1 und § 30 I eine **Orientierung am jeweiligen Verletzungstatbestand** notwendig. Denn die Behörde kann nur dazu verpflichten, eine Zuwiderhandlung „gegen Absatz 1" abzustellen (vgl. zu § 32 GWB a. F. *Emmerich,* in: I/M, GWB, § 32, Rn. 20).

44

II. Anordnung von Maßnahmen (§ 30 II 2 und 3)

Nach § 30 II 2 kann die Regulierungsbehörde den Unternehmen alle Maßnahmen aufgeben, die erforderlich sind, um die Zuwiderhandlung wirksam abzustellen. Auch hier hat die Behörde ihr Ermessen pflichtgemäß auszuüben („kann"). Sie kann gegenüber den Unternehmen **konkrete Maßnahmen zur Mißbrauchsbeseitigung** anordnen. Im Gegensatz bspw. zum bisherigen § 32 GWB a. F. kann die Behörde damit nicht nur Verbote („kann [...] ein Verhalten untersagen, das [...] verboten ist"), sondern auch Gebote aussprechen, um das mißbräuchliche Verhalten zu beseitigen (sog. „positive Tenorierung"; Begründung zu § 32 GWB-RegE, GWB-Begr. BT-Drucks. 15/3640,

45

S. 33; *Salje,* EnWG, § 30, Rn. 38; vgl. zu § 32 GWB a. F. *Emmerich,* in: I/M, GWB, § 32, Rn. 17). Die Funktion dieser Verfügung besteht damit darin, das vom Gesetz allgemein ausgesprochene Verbot des Mißbrauchs der Marktstellung durch Anwendung auf einen bestimmten Sachverhalt zu konkretisieren (vgl. zu § 32 GWB *Bornkamm,* in: L/B, GWB, § 33, Rn. 10). Ebenso wie im Rahmen von § 30 II 1 hat die behördliche Entscheidung dem Bestimmtheitsgrundsatz nach § 37 I VwVfG zu genügen (vgl. Rn. 44).

46 Die Behörde kann grundsätzlich alle Maßnahmen treffen. Demnach sind Eingriffe in die Unternehmenssubstanz (strukturelle Maßnahmen) nicht ausgeschlossen (vgl. zu § 32 GWB *Lutz,* WuW 2005, 718, 725; *Rehbinder,* in: L/M/R, KartellR, § 32, Rn. 17). Von praktischem Interesse könnte wegen der Möglichkeit zur positiven Tenorierung eine Abstellungsverfügung auf Beseitigung einer **bereits geschehenen, aber noch gegenwärtigen Beeinträchtigung** sein. Dem Adressaten könnte aufgegeben werden, die durch den Mißbrauch der Marktstellung **erwirtschafteten Vorteile** an die Kunden **zurückzuerstatten.** Dies ist insbesondere für den Fall denkbar, daß die geschädigten Abnehmer eindeutig bestimmbar sind und diese – bspw. wegen zu geringer Einzelbeträge – die Rückerstattung nicht selbständig betreiben werden (vgl. zu § 32 II GWB *Bornkamm,* in: L/B, GWB, § 32, Rn. 26; abl. wegen der fehlenden Bestimmtheit eines solchen Verwaltungsaktes *Säcker,* RdE 2006, 65).

47 Der Gesetzgeber hat jedoch mit zwei weiteren Merkmalen des § 30 II 2 diese weite Anordnungsermächtigung eingeschränkt. Zum einen muß die angeordnete Maßnahme **erforderlich** sein, um den Mißbrauch abzustellen. Erforderlich ist eine Maßnahme nur dann, wenn sie unter mehreren möglichen und gleich geeigneten Mitteln das mildeste darstellt. Zum anderen muß die Maßnahme zu einer **wirksamen** Beseitigung des Mißbrauchs führen. Damit „die Zuwiderhandlung" wirksam abgestellt wird, ist eine Orientierung am jeweiligen Verletzungstatbestand notwendig (vgl. Rn. 44). Nach § 32 II GWB muß neben dem Erforderlichkeitskriterium noch die Verhältnismäßigkeit i. e. S. zwischen festgestelltem Verstoß und der aufgegebenen Maßnahme gesondert von den Kartellbehörden geprüft und nachgewiesen werden (vgl. *Rehbinder,* in: L/M/R, KartellR, § 32, Rn. 15). Obwohl dies in § 30 II 2, 3 nicht ausdrücklich geregelt ist, sind entsprechende Überlegungen aufgrund allgemeiner Grundsätze auch hier im Rahmen der Ermessenserwägungen („kann") anzustellen.

48 Die behördlichen Handlungsoptionen nach § 30 II 2 erfahren durch **§ 30 II 3 Nr. 1 und Nr. 2** eine **Konkretisierung.** Diese Konkretisierung ist jedoch nicht abschließend („insbesondere"), so daß neben den in Nr. 1 und Nr. 2 vorgegebenen Abhilfemaßnahmen weiterhin „alle" Maßnahmen denkbar sind.

Nach § 30 II 3 Nr. 1 kann die Behörde hinsichtlich unterschiedlicher Aspekte Änderungen verlangen. Dies kann zwar nicht die genehmigten **Entgelte** (Rn. 5), wohl aber deren **Anwendung** betreffen. Die notwendige Zuwiderhandlung liegt in diesem Fall in einem Verstoß gegen § 30 I 2 Nr. 1 (Rn. 16). Ein weiteres Änderungsverlangen der Regulierungsbehörde kann sich auf die **Anwendung der Bedingungen** für den Netzanschluß und die Gewährung des Netzzugangs richten. Abweichungen können zum einen von der genehmigten oder festgelegten Methode (vgl. § 29 Rn. 17 ff.) bestehen. Zum anderen können auch Abweichungen von den „hierfür bestehenden gesetzlichen Vorgaben" Gegenstand des Änderungsverlangens sein. **49**

Mit **§ 30 II 3 Nr. 2** sieht der Gesetzgeber eine explizite Regelung für den Fall der Verweigerung des Netzanschlusses oder Netzzugangs vor. Die Behörde hat dann den Netzanschluß oder Netzzugang anzuordnen. Dem kann auch nicht entgegengehalten werden, dass das Anschlussentgelt noch nicht feststeht (vgl. *BNetzA,* B. v. 11. 6. 2007 – BK6–06–053, 22; *BNetzA,* B. v. 5. 9. 2007 – BK6–07–022, Rn. 129 ff.). **50**

III. Verfahren

§ 30 statuiert hinsichtlich der Einleitung eines Mißbrauchsverfahrens **kein eigenständiges Antragsrecht** der Wettbewerber. Die Behörde entscheidet im Rahmen ihres **Ermessens** („kann") über die Einleitung eines Mißbrauchsverfahrens und den Erlaß einer Entscheidung nach § 30 II (vgl. § 32 GWB). Diese kann den Betroffenen ggf. auf die Geltendmachung seiner Ansprüche im Zivilrechtsweg verweisen (*Salje,* EnWG, § 30, Rn. 36). Ausweislich der Gesetzesbegründung wird § 30 jedoch durch die weiteren Verfahrensvorschriften des Gesetzes ergänzt. Die Regulierungsbehörde kann von Amts wegen oder auf Antrag tätig werden (Begr. BT-Drucks. 15/3917, S. 63). So wird in § 31 I 1 festgelegt, daß bestimmte Personengruppen „einen Antrag auf Überprüfung" des mißbräuchlichen Verhaltens stellen können (vgl. zum expliziten Antragsrecht in § 42 IV 1 TKG *Gersdorf,* in: BerlK-TKG, § 42, Rn. 46 ff.; *Robert,* K&R 2005, 354, 357; vgl. zum fehlenden Antragsrecht in § 38 II TKG *Mielke,* in: BerlK-TKG, § 38, Rn. 20 und Rn. 56). **51**

Dem Gesetzeswortlaut ist **keine zeitliche Reihenfolge** beim Vorgehen nach § 30 II 1 und 2 zu entnehmen. Die unterschiedliche Formulierung in § 30 II 1 („kann [...] verpflichten, [...] abzustellen") und **52**

§ 30 II 2 („kann [...] Maßnahmen aufgeben") macht allenfalls deutlich, daß es sich bei § 30 II 1 um eine weniger einschneidende Maßnahme handelt. Eine zeitliche Reihenfolge hat der Gesetzgeber in vergleichbaren Mißbrauchsregelungen immer ausdrücklich vorgesehen (vgl. § 33 II 1 TKG 1996: Auferlegung eines konkreten Verhaltens. „Zuvor" Aufforderung der Behörde, den beanstandeten Mißbrauch abzustellen, § 33 II 2 TKG 1996). Da es an einer solchen eindeutigen zeitlichen Wertung in § 30 II fehlt, kann die Behörde – abhängig von der verhältnismäßigen Eingriffstiefe – sowohl nach § 30 II 1 als auch nach Satz 2 vorgehen.

53 Bei der Mißbrauchskontrolle nach § 30 I, an die eine Abstellungsverfügung nach § 30 II anknüpft, handelt es sich um eine **kostenpflichtige Amtshandlung** (Gebührenrahmen zwischen 2.500–180.000 Euro, vgl. § 2 EnWGKostV, Anlage, Nr. 6). Das Nichtbefolgen einer vollziehbaren Anordnung nach § 30 II könnte mit einem **Bußgeld** bis zu einer Höhe von 1 Mio. Euro geahndet werden (§ 95 I Nr. 3 b, II 1, vgl. im Detail § 95, Rn. 17).

IV. Zuständigkeitsüberschneidung mit Landesregulierungsbehörden

54 Bei der Anwendung von § 30 ist die Zuständigkeitsaufteilung zwischen Bundesnetzagentur und Landesregulierungsbehörden zu beachten (**§ 54 II Nr. 8**). Danach obliegt die Mißbrauchsaufsicht den Landesregulierungsbehörden soweit Energieversorgungsunternehmen betroffen sind, die unter 100.000 Kunden haben und deren Netze nicht über die Landesgrenzen hinausreichen (vgl. zu den Details § 54, Rn. 25).

§ 31 Besondere Missbrauchsverfahren der Regulierungsbehörde

(1) [1] Personen und Personenvereinigungen, deren Interessen durch das Verhalten eines Betreibers von Energieversorgungsnetzen erheblich berührt werden, können bei der Regulierungsbehörde einen Antrag auf Überprüfung dieses Verhaltens stellen. [2] Diese hat zu prüfen, inwieweit das Verhalten des Betreibers von Energieversorgungsnetzen mit den Vorgaben in den Bestimmungen der Abschnitte 2 und 3 oder der auf dieser Grundlage erlassenen Rechtsverordnungen sowie den nach § 29 Abs. 1 festgelegten oder genehmigten Bedingungen und Methoden übereinstimmt. [3] Soweit das Verhalten des Betreibers von Energieversorgungsnetzen nach

§ 23 a genehmigt ist, hat die Regulierungsbehörde darüber hinaus zu prüfen, ob die Voraussetzungen für eine Aufhebung der Genehmigung vorliegen. [4]Interessen der Verbraucherzentralen und anderer Verbraucherverbände, die mit öffentlichen Mitteln gefördert werden, werden im Sinne des Satzes 1 auch dann erheblich berührt, wenn sich die Entscheidung auf eine Vielzahl von Verbrauchern auswirkt und dadurch die Interessen der Verbraucher insgesamt erheblich berührt werden.

(2) [1]Ein Antrag nach Absatz 1 bedarf neben dem Namen, der Anschrift und der Unterschrift des Antragstellers folgender Angaben:
1. Firma und Sitz des betroffenen Netzbetreibers,
2. das Verhalten des betroffenen Netzbetreibers, das überprüft werden soll,
3. die im Einzelnen anzuführenden Gründe, weshalb ernsthafte Zweifel an der Rechtmäßigkeit des Verhaltens des Netzbetreibers bestehen und
4. die im Einzelnen anzuführenden Gründe, weshalb der Antragsteller durch das Verhalten des Netzbetreibers betroffen ist.

[2]Sofern ein Antrag nicht die Voraussetzungen des Satzes 1 erfüllt, weist die Regulierungsbehörde den Antrag als unzulässig ab.

(3) [1]Die Regulierungsbehörde entscheidet innerhalb einer Frist von zwei Monaten nach Eingang des vollständigen Antrags. [2]Diese Frist kann um zwei Monate verlängert werden, wenn die Regulierungsbehörde zusätzliche Informationen anfordert. [3]Mit Zustimmung des Antragstellers ist eine weitere Verlängerung dieser Frist möglich. [4]Betrifft ein Antrag nach Satz 1 die Entgelte für den Anschluss größerer neuer Erzeugungsanlagen, so kann die Regulierungsbehörde die Fristen nach den Sätzen 1 und 2 verlängern.

(4) [1]Soweit ein Verfahren nicht mit einer den Beteiligten zugestellten Entscheidung nach § 73 Abs. 1 abgeschlossen wird, ist seine Beendigung den Beteiligten schriftlich oder elektronisch mitzuteilen. [2]Die Regulierungsbehörde kann die Kosten einer Beweiserhebung den Beteiligten nach billigem Ermessen auferlegen.

Literatur: *Britz,* Behördliche Befugnisse und Handlungsformen für die Netzentgeltregulierung nach dem neuen EnWG, RdE 2006, 1 ff.; *Höch/Göge,* Das besondere Missbrauchsverfahren der Regulierungsbehörde, RdE 2006, 340; *Säcker,* Zum Verhältnis von § 315 BGB, § 30 AVBElt, § 30 AVBGas, § 24 AVB Fernwärme und § 19 GWB – Zur MVV-Entscheidung des Bundesgerichtshofes vom 18. 10. 2005, RdE 2006, 65.

Übersicht

	Rn.
A. Allgemeines	1
I. Inhalt und Zweck, europarechtliche Vorgaben, Entstehungsgeschichte	1
II. Verhältnis zu § 30	3
B. Verfahrensgegner (§ 31 I 1)	4
C. Antragsberechtigung (§ 31 I 1 und 4)	5
I. Personen und Personenvereinigungen	5
II. Eigene Interessen	6
III. Erhebliche Berührung	9
D. Prüfungspflicht (§ 31 I 2 und 3)	13
E. Materieller Prüfungsumfang (§ 31 I 2 und 3)	14
I. Prüfungsumfang nach § 31 I 2	15
II. Prüfungsumfang nach § 31 I 3	16
F. Antragsform (§ 31 II)	19
G. Verfahren (§ 31 III und IV)	21
H. Entscheidungsbefugnisse der Regulierungsbehörde	24

A. Allgemeines

I. Inhalt und Zweck, europarechtliche Vorgaben, Entstehungsgeschichte

1 Durch § 31 sollen **Art. 23 V EltRl** und **Art. 25 V GasRl** umgesetzt werden. Der europäische Richtliniengeber ordnet den Regulierungsbehörden die Funktion einer **Streitbeilegungsstelle** für den Fall zu, daß sich der Betroffene gegen ein Verhalten eines Übertragungs- oder Verteilernetzbetreibers hinsichtlich Art. 23 I, II und IV EltRl bzw. eines Fernleitungs-, Verteilernetzbetreibers oder Betreibers von LNG-Anlagen hinsichtlich Art. 25 I, II und IV GasRl und Art. 19 GasRl beschwert. Das Mißbrauchsverfahren nach § 31 ist darum ein **Antragsverfahren,** in dem die Behörde nicht von Amts wegen tätig wird.

2 § 31 I 3 wurde im **Gesetzgebungsverfahren** erst später aufgrund der Ergebnisse des Vermittlungsausschusses eingefügt (BR-Drucks. 498/05, S. 10) und ist eine Konsequenz der Einführung der Ex-ante-Genehmigungspflicht nach § 23a (vgl. BR-Drucks. 498/05, S. 8).

II. Verhältnis zu § 30

3 Die Mißbrauchsverfahren nach § 30 und § 31 stehen in einem engen Zusammenhang. § 30 bietet die allgemeine Mißbrauchsregelung. Die Überschrift von § 31 legt dem gegenüber bereits nahe, daß es sich hierbei um eine Sonderregelung handelt („„Besonderes Mißbrauchsverfahren"). Ein wesentlicher Unterschied der beiden Regelungen liegt darin, daß § 31 I 1 im Gegensatz zu § 30 ein **Antragsrecht** vorsieht. Der materielle **Prüfungsumfang** der Mißbrauchsverfahren deckt zum einen nach § 31 I 2 den Mißbrauchstatbestand des § 30 I 2 Nr. 1 vollständig ab (Rn. 15). Zum anderen wird nach § 31 I 3 im Falle einer Entgeltgenehmigung darüber hinaus geprüft, ob die Voraussetzungen für eine Aufhebung vorliegen. Die **Entscheidung** der Behörde richtet sich im Falle des § 31 I 2 nach § 30 II (vgl. *BNetzA*, B. v. 17. 11. 2006 – BK7–06–74, 71; *BNetzA*, B. v. 19. 3. 2007 – BK6–06–071, 44). Im Falle des § 31 I 3 sind die Voraussetzungen, die für eine Aufhebung der Genehmigung notwendig sind, zu beachten (Rn. 16).

B. Verfahrensgegner (§ 31 I 1)

Das Verfahren richtet sich gegen das Verhalten eines **Betreibers** 4 **von Energieversorgungsnetzen.** Zu beachten ist in diesem Zusammenhang insbesondere, daß das zu überprüfende Verhalten vom Netzbetreiber ausgehen muß (vgl. Begr. BT-Drucks. 15/3917, S. 63). Demzufolge kann beispielsweise das mißbräuchliche Verhalten einer Vertriebsgesellschaft nicht Verfahrensgegenstand werden. Diese Beschränkung ist systemgerecht, da nach § 31 I 2 ausschließlich Verhaltensweisen hinsichtlich des Netzzugangs und des Netzanschlusses (Abschnitte 2 und 3) überprüft werden können (vgl. zum Prüfungsumfang Rn. 14).

C. Antragsberechtigung (§ 31 I 1 und 4)

I. Personen und Personenvereinigungen

Antragsberechtigt sind entsprechend der Beteiligungsregelung in 5 § 66 II Nr. 3 Personen und Personenvereinigungen (vgl. auch § 54 II Nr. 3 GWB, § 134 II Nr. 2 TKG, § 13 II VwVfG und § 65 I VwGO). Als **Personen** sind sowohl natürliche, als auch juristische Personen anzusehen.

II. Eigene Interessen

Die Antragsberechtigung nach § 31 I 1 setzt voraus, dass durch das 6 Verhalten des Netzbetreibers die Interessen der Personen und Personenvereinigungen berührt sind. Ob das Interesse des Antragstellers berührt ist, läßt sich nicht pauschal, sondern nur im jeweiligen Einzelfall beurteilen. Der Wortlaut des § 31 I 1 lässt zunächst darauf schließen, daß dazu eine Berührung der konkreten, **eigenen** Interessen des Einzelnen vorliegen muß („deren" Interessen). Die systematische Betrachtung spricht jedoch dagegen, da nach § 32 I 3 die Abschnitte 2 und 3 auch dann dem Schutz anderer Marktbeteiligter dienen, wenn sich der Verstoß nicht gezielt gegen diese richtet. Damit ist es auch ausreichend, wenn sich der mögliche Verstoß gegen einen außerhalb des Verfahrens nach § 31 stehenden **Dritten** richtet. In diesem Fall liegt eine **erhebliche** Interessenberührung allerdings nur dann vor, wenn das gerügte Verhalten in einem konkreten und unmittelbaren Bezug zu den Interessen des Antragstellers steht und sich auch auf diese auswirkt (*BNetzA*, B. v. 2. 3. 2007 – BK6–06–071, 18; vgl. § 32, Rn. 9).

7 Bei den **Personenvereinigungen** ist das jeweilige **Verbandsinteresse** zur Bestimmung des möglicherweise berührten Interesses entscheidend. Das Verbandsinteresse ist üblicherweise im Rahmen der satzungsgemäßen Aufgaben konkretisiert (vgl. *Gurlit*, in: BerlK-TKG, § 134, Rn. 33; *Schmidt*, in: I/M, GWB, § 54, Rn. 41). Es reicht aus, daß ein Teil der Verbandsmitglieder betroffen ist. Ferner kann der Überprüfungsantrag eines Verbandes durch einen gesonderten Überprüfungsantrag eines einzelnen Unternehmens, welches gleichzeitig Verbandsmitglied ist, ergänzt werden (*BNetzA*, B. v. 17. 11. 2006 – BK7–06–74, 75 f.). Für **Verbraucherverbände** folgt bereits aus § 31 I 4, daß sie die Interessen der Verbraucher insgesamt geltend machen können.

8 Da der Gesetzeswortlaut im Gegensatz etwa zu § 13 II 1 VwVfG und § 65 I VwGO („rechtliche" Interessen) keine Einschränkung erkennen läßt, genügt bereits die Berührung **„wirtschaftlicher" Interessen** (vgl. zu § 66 II Nr. 3: *OLG Düsseldorf*, B. v. 7. 4. 2006 – VI-3 Kart 161/06 (V); Streitstand zu § 54 GWB a. F. *Schmidt*, in: I/M, GWB, § 54, Rn. 38 m. w. N.; *Gurlit*, in: BerlK-TKG, § 134, Rn. 34). Darum ist es auch nicht erforderlich, daß es sich bei der vom Betreiber verletzten Bestimmung i. S. d. § 31 I 2 um eine „Schutznorm" zugunsten des Antragstellers handelt. Die Interessen des Antragstellers müssen allerdings mit den **Gesetzeszielen des EnWG im Zusammenhang** stehen (vgl. zu § 66 II Nr. 3: *OLG Düsseldorf*, B. v. 7. 4. 2006 – VI-3 Kart 161/06 (V)). Ferner kann aus dem Wortlaut geschlossen werden, dass es sich um eine **gegenwärtige** Interessenberührung handeln muss (§ 31 I 1 und 2: „Personen [...], deren Interessen [...] berührt werden [...]. Diese hat zu prüfen, inwieweit [...] übereinstimmt."; *BNetzA*, B. v. 11. 12. 2007 – BK6–07–018, 7).

III. Erhebliche Berührung

9 Um das Antragsrecht aus § 31 I 1 geltend machen zu können, müssen die Interessen der Antragsberechtigten erheblich berührt sein. Das Er-

Besondere Missbrauchsverfahren der Regulierungsbehörde 10–12 § 31

heblichkeitskriterium hat der Gesetzgeber auch bei den Regelungen zur Beiladung in § 66 II Nr. 3 EnWG, § 54 II Nr. 3 GWB und auch in den materiellen Regelungen zur Mißbrauchsaufsicht (§ 30 I 2 Nr. 2 EnWG, § 19 IV Nr. 1 GWB, § 42 I 2 TKG) verwendet. In anderen, ansonsten ähnlichen Regelungen hat der Gesetzgeber hingegen bewußt darauf verzichtet (§ 13 II VwVfG, § 65 I VwGO, § 134 II Nr. 2 TKG). Das Erheblichkeitskriterium dient dem **Zweck, das Antragsrecht zu begrenzen** (vgl. *Schmidt,* in: I/M, GWB, § 54, Rn. 40 m. w. N.). Vor diesem Hintergrund ist das Antragsrecht einzelner Verbraucher restriktiv zu interpretieren.

Grundsätzlich scheint eine Anlehnung an die (z. T. str.) Kriterien zur Beiladung im **EnWG** und **GWB** möglich. Bei der Beurteilung der Interessenberührung sind die spezifischen Zielsetzungen des § 1 EnWG zu berücksichtigen (*BNetzA,* B. v. 17. 11. 2006 – BK7–06–74, 74). Eine erhebliche Interessenberührung liegt vor, wenn zumindest mit einer mittelbaren Auswirkung des Verhaltens des Netzbetreibers zu rechnen ist und die Interessen spürbar, d. h. nicht bloß entfernt oder nur geringfügig, berührt werden (vgl. zum Streitstand *Kieker,* in: L/B, GWB, § 54, Rn. 29; *Schmidt,* in: I/M, GWB, § 54, Rn. 40; *Höch/Göge,* RdE 2006, 340, 342; vgl. zur Interessenberührung Dritter, Rn. 6). 10

Für natürliche Personen ist das Erheblichkeitskriterium wegen § 31 I 4 (Rn. 12) als eine **hohe Zulässigkeitsschwelle** anzusehen. Für sich genommen erschiene diese Antragserschwerung europarechtlich problematisch (krit. *Salje,* EnWG, § 31, Rn. 6). Der europarechtliche Rahmen in Art. 23 V EltRl und Art. 25 V GasRl ist hier großzügiger („Jeder Betroffene, der [...] eine Beschwerde [...] hat, kann damit die Regulierungsbehörde befassen"). Das Erheblichkeitskriterium wird jedoch durch § 31 I 4 in europarechtskonformer Weise abgemildert. 11

§ 31 I 4 enthält eine Sonderregelung zum Erheblichkeitskriterium für **Verbraucherzentralen** und anderer **Verbraucherverbände,** die mit öffentlichen Mitteln gefördert werden (vgl. auch § 66 II Nr. 3, § 54 II Nr. 3 GWB). Diese haben ein Antragsrecht bereits dann, wenn die wirtschaftliche Beeinträchtigung eines jeden Verbrauchers für sich genommen zwar als gering einzustufen ist, die wirtschaftliche Dimension der Entscheidung der Regulierungsbehörde aufgrund der Vielzahl der betroffenen Verbraucher insgesamt jedoch erheblich ist (Begr. BT-Drucks. 15/3917, S. 63; vgl. zur Intention in § 66: Begr. BT-Drucks. 15/3917, S. 71; zu § 54 GWB, BT-Drucks. 15/3640, S. 63; *Kieker,* in: L/B, GWB, § 54, Rn. 30). Die Regelung in § 31 I 4 hat damit eine Art Bündelungsfunktion, die für effektives Verwaltungshandeln zwingend notwen- 12 dig ist (ebenso *Salje,* EnWG, § 31, Rn. 6). Gleichzeitig wird damit weiterhin gewährleistet, daß der Gesetzeszweck einer verbraucherfreundlichen Versorgung der Allgemeinheit mit Elektrizität und Gas (§ 1 I) erreicht werden kann.

D. Prüfungspflicht (§ 31 I 2 und 3)

13 Die Behörde ist nach § 31 I 2, 3 auf Antrag zur Überprüfung verpflichtet. Insoweit besteht **kein Aufgreifermessen** (vgl. *Höch/ Göge,* RdE 2006, 340, 341). Die Überprüfungspflicht der Behörde (§ 31 I 2) und die damit verbundene Prüfungsfrist werden allerdings erst durch Anträge ausgelöst, die den formalen gesetzlichen Anforderungen in § 31 II 1 entsprechen.

E. Materieller Prüfungsumfang (§ 31 I 2 und 3)

14 Der materielle Prüfungsumfang der besonderen Mißbrauchsaufsicht wird durch § 31 I 2 und 3 bestimmt (vgl. *Salje,* EnWG, § 31, Rn. 7).

I. Prüfungsumfang nach § 31 I 2

15 Der Prüfungsumfang nach § 31 I 2 entspricht dem der allgemeinen Mißbrauchsaufsicht nach § 30 I 2 Nr. 1. Das Verhalten des Netzbetreibers wird überprüft auf Verstöße gegen die Vorschriften über den **Netzanschluß** (Abschnitt 2) oder den **Netzzugang** (Abschnitt 3) sowie auf Verstöße gegen die dazugehörigen, konkretisierenden Rechtsverordnungen (StromNZV, StromNEV, GasNZV, GasNEV, NAV, NDAV). Eine Erweiterung erfährt der Prüfungsumfang scheinbar dadurch, daß die Übereinstimmung des Verhaltens des Netzbetreibers mit den nach § 29 I festgelegten oder genehmigten Bedingungen und Methoden überprüft werden kann (§ 31 I 2 a. E.). Dies wird jedoch auch nach § 30 I 2 Nr. 1 (wenngleich ohne ausdrückliche Erwähnung) untersucht (§ 30, Rn. 9 ff.). Insgesamt bleibt der Prüfungsumfang der besonderen Mißbrauchsaufsicht hinter dem der Mißbrauchsaufsicht nach § 30 I 2 zurück: Ein mißbräuchliches Verhalten, welches nur den Regelbeispielen in § 30 I 2 Nr. 2–6, nicht aber § 31 I 2 bzw. § 30 I 2 Nr. 1 zugeordnet werden kann, ist nicht über das besondere Mißbrauchsverfahren nach § 31 verfolgbar. Ebenfalls nicht im Rahmen der besonderen Mißbrauchsaufsicht verfolgbar sind behauptete Rechtsverstöße, die nicht ausdrücklich vom Prüfungsmaßstab in § 31 I 2 und 3 erfaßt werden

(bspw. Art. 81 f. EGV oder § 1 GWB; vgl. *BNetzA,* B. v. 17. 11. 2006 – BK7–06–74, 72).

II. Prüfungsumfang nach § 31 I 3

Soweit das Verhalten des Betreibers von Energieversorgungsnetzen nach § 23 a genehmigt ist, hat die Regulierungsbehörde darüber hinaus zu prüfen, ob die Voraussetzungen für eine Aufhebung der Genehmigung vorliegen (§ 31 I 3). Ob die **Voraussetzungen für eine Aufhebung der Entgeltgenehmigung** (§ 23 a) vorliegen, richtet sich nach den an anderer Stelle getroffenen Änderungsregelungen des Gesetzes. Entsprechende Befugnisse ergeben sich aus dem gem. § 23 a IV 1 obligatorischen Widerrufsvorbehalt (§ 23 a, Rn. 19), aus § 29 II 1 und aus § 29 II 2 i. V. m. §§ 48, 49 VwVfG (§ 29, Rn. 25). 16

Der eigenständige Regelungsgehalt des § 31 I 3 ist darum nicht in der Ermächtigung zur Aufhebung einer Genehmigung zu sehen. Sinn der Regelung ist vielmehr, daß dem Antragsteller ein Mittel an die Hand gegeben wird, die ansonsten im Ermessen der Behörde stehende **Prüfung** der Voraussetzungen **einer Aufhebung zu erzwingen.** Die Vorschrift ähnelt insoweit funktionell § 51 VwVfG. 17

Die Formulierung „darüber hinaus" weist darauf hin, daß nach Auffassung des Gesetzgebers in diesen Fällen auch überprüft wird, inwiefern das Verhalten an sich, also die Entgelterhebung, zu beanstanden ist. 18

F. Antragsform (§ 31 II)

Für die Zulässigkeit des Überprüfungsantrags hat der Gesetzgeber bereits auf Gesetzesebene konkrete **formale Antragsvoraussetzungen** in § 31 II aufgestellt. Dabei kommt insbesondere den Voraussetzungen in § 31 II 1 Nr. 2 bis Nr. 4 eine gesteigerte Bedeutung zu. Danach muß der Antragsteller das zu überprüfende Verhalten des Netzbetreibers (Nr. 2), die Gründe, weshalb ernsthafte Zweifel an der Rechtmäßigkeit des Netzbetreiberverhaltens bestehen (Nr. 3) und die Gründe für die Betroffenheit des Antragstellers (Nr. 4) darlegen. Diese Gründe sind zwar nach dem Wortlaut in Nr. 3 und Nr. 4 „im einzelnen" darzulegen, allerdings dürfen an das Darlegungserfordernis auch keine überzogenen Anforderungen gestellt werden. Entscheidend ist der Sinn und Zweck dieser formalen Vorgaben. Sie dienen vor allem dazu, der Behörde eine Prüfung des Sachverhalts und die Entscheidungsfindung in der nach § 31 III vorgeschriebenen Zeit zu ermöglichen bzw. gänzlich „substanzlose" Anträge ohne weiteren Prüfungs- 19 und Zeitaufwand nach § 31 I 2 als unzulässig zurückweisen zu können. Für § 31 II 1 Nr. 3 bedarf es nicht der Darlegung einer offensichtlichen Rechtswidrigkeit des Netzbetreiberverhaltens. Ein gewisser Detaillierungsgrad und ggf. Hilfserwägungen sind ausreichend (vgl. Begr. BT-Drucks. 15/3917, S. 63; *BNetzA,* B. v. 17. 11. 2006 – BK7–06–74, 73 f.; *Salje,* EnWG, § 31, Rn. 11). Der Begriff der „Betroffenheit" i. S. d. § 31 II 1 Nr. 4 stimmt mit der „Interessenberührung" i. S. d. § 31 I 1 überein (*BNetzA,* B. v. 11. 12. 2007 – BK6–07–018, 7; vgl. Rn. 6 ff.). Es ist auch ein Antrag in **elektronischer Form** gem. § 3 a VwVfG möglich (Begr. BT-Drucks. 15/3917, S. 63).

20 Erfüllt der Antrag diese Anforderungen nicht, erfolgt aus Klarstellungsgründen die **Antragsabweisung** wegen Unzulässigkeit durch die BNetzA (§ 31 II 2, Begr. BT-Drucks. 15/3917, S. 63). Die Antragsabweisung nach § 31 II stellt eine kostenpflichtige Amtshandlung dar. Die zu erhebende Gebühr kann zwischen 50 und 5.000 Euro betragen (vgl. § 2 EnWGKostV, Anlage, Nr. 7).

G. Verfahren (§ 31 III und IV)

21 In § 31 III und IV hat der Gesetzgeber in enger Orientierung am europarechtlichen Wortlaut weitere Verfahrensregelungen für das besondere Mißbrauchsverfahren getroffen (vgl. Art. 23 V EltRl; Art. 25 V GasRl). Danach gilt eine **Entscheidungsfrist** von **zwei Monaten** (§ 31 III 1). Diese Frist beginnt jedoch erst mit Vorliegen der **vollständigen Antragsunterlagen** (vgl. Begr. BT-Drucks. 15/3917, S. 63). Des weiteren hat der Gesetzgeber zwei Möglichkeiten zur Fristverlängerung vorgesehen. Danach ist eine Verlängerung um weitere zwei Monate möglich, wenn die Behörde zusätzliche Informationen anfordert (§ 31 III 2). Diese Verlängerung steht im Ermessen der Behörde („kann"). Darüber hinaus kann die Entscheidungsfrist ein weiteres Mal verlängert werden. Diese Verlängerung ist jedoch nur „mit Zustimmung des Antragstellers" möglich. Ein maximaler Verlängerungszeitraum ist nicht vorgegeben. Abweichend von den europarechtlichen Vorgaben in Art. 23 V EltRl und Art. 25 V GasRl hat der Gesetzgeber für die Entgelte für den Anschluß größerer neuer Erzeugungsanlagen eine Sonderregelung geschaffen. Nach § 31 III 4 kann die Regulierungsbehörde in diesem Falle die Fristen nach den Sätzen 1 und 2 verlängern.

22 Die Regelungen in **§ 31 IV** stellen **besondere Verfahrensvorschriften** dar (Begr. BT-Drucks. 15/3917, S. 63). Danach hat die Behörde die Beendigung des Verfahrens den Beteiligten schriftlich oder

elektronisch mitzuteilen, soweit das Verfahren nicht mit einer den Beteiligten zugestellten Entscheidung nach § 73 I abgeschlossen wird. Damit handelt es sich bei § 31 IV 1 im Verhältnis zu § 73 II um eine Spezialregelung. Denn nach § 31 IV ist sowohl die schriftliche, als auch die elektronische Mitteilung gegenüber dem Antragsteller möglich. Bei § 73 II hat der Gesetzgeber die Mitteilung auf die Schriftform begrenzt.

Des Weiteren kann die Behörde die **Kosten** einer Beweiserhebung 23 den Beteiligten nach billigem Ermessen auferlegen. Die Regelung in § 31 IV 2 und § 73 III sind deckungsgleich. Bei der besonderen Mißbrauchsaufsicht nach § 31 handelt es sich darüber hinaus um eine kostenpflichtige Amtshandlung. Bei einer Entscheidung nach § 31 III kann die zu erhebende Gebühr zwischen 500 und 180.000 Euro betragen (vgl. § 2 EnWGKostV, Anlage, Nr. 8; vgl. zum reduzierten Kostenmaßstab bei einer Ablehnung des Antrags nach § 31, Rn. 20).

H. Entscheidungsbefugnisse der Regulierungsbehörde

Der Gesetzgeber hat mit § 31 I 2 und 3 der Behörde lediglich einen 24 Überprüfungsauftrag erteilt („hat zu prüfen"), ohne die Entscheidungsbefugnisse näher zu regeln. Fraglich ist darum, welche Konsequenzen aus dem jeweiligen Prüfungsergebnis zu ziehen sind. Die weiteren Verfahrensregelungen zur Frist und deren Verlängerung sehen zwar vor, daß die Regulierungsbehörde „entscheidet" (§ 31 III 1), konkrete Vorgaben zum Entscheidungsinhalt fehlen jedoch. Hinsichtlich des **Entscheidungsinhalts** ist zwischen § 31 2 und 3 zu unterscheiden.

Ergibt die Prüfung nach **§ 31 I 2**, daß das Verhalten nicht mit den 25 dort in Bezug genommen Regelungen übereinstimmt, so kann die Behörde gemäß **§ 30 II** vorgehen. Auch wenn dieses seitens des Gesetzgebers nicht ausdrücklich durch Verweis vorgesehen wurde, so legt der systematische und inhaltliche Zusammenhang der beiden Regelungen diesen Schluß nahe. Konkret spricht hierfür zum einen der identische Prüfungsumfang von § 31 I 2 und § 30 I 2 Nr. 1. Zum anderen deutet die Bezeichnung als „besonderes" Mißbrauchsverfahren darauf hin, daß der Entscheidungsrahmen des „allgemeinen" Mißbrauchsverfahrens nach § 30 II hier ebenfalls Anwendung finden kann. Die Möglichkeit, mißbräuchliches Netzbetreiberverhalten wirksam abzustellen, dient dem Ziel des besonderen Mißbrauchsverfahrens, eine effektive Streitbeilegung herbeizuführen (vgl. auch *BNetzA,* B. v. 17. 11. 2006 – BK7–06–74, 71).

26 Etwas anderes gilt im Falle des § 31 I 3. Hierbei hat die Behörde zu überprüfen, ob die Voraussetzungen für eine Aufhebung der Genehmigung vorliegen. Kommt diese Prüfung zu einem positiven Ergebnis, ist die Aufhebung der Genehmigung Entscheidungsgegenstand.

§ 32 Unterlassungsanspruch, Schadensersatzpflicht

(1) ¹Wer gegen eine Vorschrift der Abschnitte 2 und 3, eine auf Grund der Vorschriften dieser Abschnitte erlassene Rechtsverordnung oder eine auf Grundlage dieser Vorschriften ergangene Entscheidung der Regulierungsbehörde verstößt, ist dem Betroffenen zur Beseitigung einer Beeinträchtigung und bei Wiederholungsgefahr zur Unterlassung verpflichtet. ²Der Anspruch besteht bereits dann, wenn eine Zuwiderhandlung droht. ³Die Vorschriften der Abschnitte 2 und 3 dienen auch dann dem Schutz anderer Marktbeteiligter, wenn sich der Verstoß nicht gezielt gegen diese richtet. ⁴Ein Anspruch ist nicht deswegen ausgeschlossen, weil der andere Marktbeteiligte an dem Verstoß mitgewirkt hat.

(2) Die Ansprüche aus Absatz 1 können auch von rechtsfähigen Verbänden zur Förderung gewerblicher oder selbständiger beruflicher Interessen geltend gemacht werden, soweit ihnen eine erhebliche Zahl von Unternehmen angehört, die Waren oder Dienstleistungen gleicher oder verwandter Art auf demselben Markt vertreiben, soweit sie insbesondere nach ihrer personellen, sachlichen und finanziellen Ausstattung imstande sind, ihre satzungsmäßigen Aufgaben der Verfolgung gewerblicher oder selbständiger beruflicher Interessen tatsächlich wahrzunehmen und soweit die Zuwiderhandlung die Interessen ihrer Mitglieder berührt.

(3) ¹Wer einen Verstoß nach Absatz 1 vorsätzlich oder fahrlässig begeht, ist zum Ersatz des daraus entstehenden Schadens verpflichtet. ²Geldschulden nach Satz 1 hat das Unternehmen ab Eintritt des Schadens zu verzinsen. ³Die §§ 288 und 289 Satz 1 des Bürgerlichen Gesetzbuchs finden entsprechende Anwendung.

(4) ¹Wird wegen eines Verstoßes gegen eine Vorschrift der Abschnitte 2 und 3 Schadensersatz begehrt, ist das Gericht insoweit an die Feststellung des Verstoßes gebunden, wie sie in einer bestandskräftigen Entscheidung der Regulierungsbehörde getroffen wurde. ²Das Gleiche gilt für entsprechende Feststellungen in rechtskräftigen Gerichtsentscheidungen, die infolge der Anfechtung von Entscheidungen nach Satz 1 ergangen sind.

(5) ¹Die Verjährung eines Schadensersatzanspruchs nach Absatz 3 wird gehemmt, wenn die Regulierungsbehörde wegen eines Verstoßes im Sinne des Absatzes 1 ein Verfahren einleitet. ² § 204 Abs. 2 des Bürgerlichen Gesetzbuchs gilt entsprechend.

Literatur: *Bechtold/Buntscheck,* Die 7. GWB-Novelle und die Entwicklung des deutschen Kartellrechts 2003 bis 2005, NJW 2005, 2966 ff.; *Berrisch/Burianski,* Kartellrechtliche Schadensersatzansprüche nach der 7. GWB-Novelle, WuW 2005, 878 ff.; *Lutz,* Schwerpunkte der 7. GWB-Novelle, WuW 2005, 718 ff.; *Moch,* Privat Kartellrechtsdurchsetzung – Stand, Probleme, Perspektiven (Tagungsbericht des Bundeskartellamtes), WuW 2006, 39 ff.; *Möschel,* Behördliche oder privatrechtliche Durchsetzung des Kartellrechts?, WuW 2007, 483 ff.; *Monopolkommission,* Sondergutachten 41, Das Allgemeine Wettbewerbsrecht in der Siebten GWB-Novelle, 2004.

Übersicht

	Rn.
A. Allgemeines	1
I. Inhalt und Zweck, Entstehungsgeschichte	1
II. Verhältnis zu anderen Vorschriften	4
B. Beseitigungs- und Unterlassungsanspruch (§ 32 I und II)	6
I. Schuldner	7
II. Gläubiger	8
1. Betroffener (§ 32 I 1)	9
2. Verbandsklage (§ 32 II)	12
III. Handlung, Kausalität, Verschulden	18
IV. Rechtsfolgen	21
V. Darlegungs- und Beweislast	25
C. Schadensersatzanspruch (§ 32 III–V)	26
I. Schuldner und Gläubiger (§ 32 III)	27
II. Sonstige Voraussetzungen (§ 32 III)	31
III. Follow-on Klagen (§ 32 IV)	35
IV. Verjährung (§ 32 V)	37

A. Allgemeines

I. Inhalt und Zweck, Entstehungsgeschichte

Durch die Regelungen in § 32 etabliert der Gesetzgeber einen **Beseitigungs- und Unterlassungsanspruch** (§ 32 I) sowie einen **Schadensersatzanspruch** (§ 32 III) gegenüber demjenigen, der gegen Regelungen der Abschnitte 2 und 3, gegen die dazugehörigen Rechtsverordnungen oder gegen eine Entscheidung der Regulierungsbehörde verstößt. Eine europarechtliche Verpflichtung bestand insoweit nicht. Mit § 32 werden die durch die 7. GWB-Novelle in § 33 GWB vorgenommenen weitreichenden Änderungen unter entsprechenden Anpassungen auch in das sektorspezifische Energiewirtschaftsrecht übernommen (vgl. Begr. BT-Drucks. 15/3917, S. 63; vgl. *Schultz*, in: L/B, Anh. z. 5. Abschn., EnergieW, Rn. 102). Eine vergleichbare Regelung findet sich in § 44 I TKG.

2 Insbesondere mit dem zivilrechtlichen Schadensersatzanspruch wird der **Zweck** verfolgt, eine spürbare **Abschreckungswirkung** zu entfalten (vgl. GWB-Begr. BT-Drucks. 15/3640, S. 35). Allerdings ist der zivilrechtliche Anspruch durch den im Zivilprozeß prägenden Beibringungsgrundsatz in der Praxis dem Verwaltungsverfahren mit den Amtsermittlungspflichten und den dazugehörigen behördlichen Befugnissen strukturell unterlegen (*Bornkamm*, in: L/B, GWB, § 33, Rn. 8). Ferner kann durch die Parteidisposition die Entscheidung (auch) grundsätzlicher Rechtsfragen durch Klagerücknahme oder Vergleich kurz vor der (höchst)richterlichen Entscheidung verhindert werden (*Bornkamm*, in: L/B, GWB, § 33, Rn. 9). Hinderlich für die effektive Anwendung von § 32 wird sich auch die Kompliziertheit der materiell entscheidenden Normen auswirken (*Schultz*, in: L/B, Anh. z. 5. Abschn., EnergieW, Rn. 102; grds. krit. *Möschel*, WuW 2007, 483 ff.).

3 Während des **Gesetzgebungsprozesses** wurde der Anspruch der **Verbraucherverbände** gestrichen (vgl. Rn. 17; BR-Drucks. 498/05, S. 10).

II. Verhältnis zu anderen Vorschriften

4 Nach § 31 steht „Personen und Personenvereinigungen", deren Interessen durch das Verhalten eines Netzbetreibers erheblich berührt sind, ein besonderes Mißbrauchsverfahren bei der Regulierungsbehörde zur Verfügung. In den sog. Follow-on-Klagen ist das Gericht an die Feststellung eines Verstoßes durch den Netzbetreiber, wie sie in der bestandskräftigen Entscheidung der Regulierungsbehörde getroffen wurde, gebunden (§ 32 IV 1). Gleiches gilt für die jeweiligen rechtskräftigen Gerichtsentscheidungen (§ 32 IV 2).

5 Gegenüber der Vorteilsabschöpfung nach § 33 hat der Schadensersatzanspruch nach § 32 Vorrang.

B. Beseitigungs- und Unterlassungsanspruch (§ 32 I und II)

6 Aus § 32 I 1 ergibt sich ein zivilrechtlicher Anspruch auf **Beseitigung einer Beeinträchtigung** (1. Alt.) und bei Wiederholungsgefahr ein Anspruch auf **Unterlassung** (2. Alt.).

I. Schuldner

Adressat dieser Pflichten ist derjenige, der gegen eine Vorschrift der Abschnitte 2 und 3, eine auf Grund der Vorschriften dieser Abschnitte erlassene Rechtsverordnung (vgl. § 30, Rn. 18 ff.) oder eine auf Grundlage dieser Vorschriften ergangene Entscheidung der Regulierungsbehörde verstößt. Da die in Bezug genommenen Normenkomplexe den **Betreibern von Energieversorgungsnetzen** Pflichten auferlegen, sind diese bei einem Verstoß wiederum Adressat des § 32 I 1. 7

II. Gläubiger

Der Kreis der Berechtigten, die einen Anspruch auf Beseitigung der Beeinträchtigung oder Unterlassung geltend machen können, ist grundsätzlich auf diejenigen begrenzt, die durch die Zuwiderhandlung **betroffen** sind. Darüber hinaus können die Ansprüche nach § 32 II unter bestimmten Voraussetzungen auch von **Verbänden** geltend gemacht werden. 8

1. Betroffener (§ 32 I 1). Zur Auslegung des Begriffs des Betroffenen i. S. d. § 32 I 1 ist das Vorgehen des Gesetzgebers mit dem im **GWB** und **TKG** zu vergleichen. Der Gesetzgeber hat im GWB und TKG den Begriff des Betroffenen weitergehend konkretisiert. Gemäß § 33 I 3 GWB und § 44 I 3 TKG ist derjenige betroffen, der als Mitbewerber oder sonstiger Marktbeteiligter durch den Verstoß beeinträchtigt ist. Damit wurde auf das bisher geltende Schutzgesetzerfordernis verzichtet, wonach die Vorschrift oder Verfügung, gegen die verstoßen wurde, den Schutz eines anderen bezwecken mußte (§ 33 I 1 GWB a. F.; *Rehbinder*, in: L/M/R, KartellR, § 33, Rn. 2 ff.). Das Schutzgesetzerfordernis hatte zu einer einschränkenden Rechtsprechung geführt, wonach sich das entsprechende Verhalten „gezielt" gegen bestimmte Anbieter oder Lieferanten richten mußte, um den Schutzbereich von § 1 GWB zu eröffnen (*Lutz*, WuW 2005, 718, 727 m. w. N.). Die nunmehr vorgenommene Anpassung im GWB folgt der Rechtsprechung des *EuGH*, wonach „jedermann", der durch eine kartellrechtswidrige Vereinbarung oder Verhaltensweise einen Schaden erlitten hat, diesen Schaden auch geltend machen kann (vgl. *EuGH* v. 20. 9. 2001, Rs C-453/99, Rn. 26 „Courage" = WuW/E EU-R 497; *Lutz*, WuW 2005, 718, 727 m. w. N.; *Moch*, WuW 2006, 39, 41; *Berrisch/Burianski*, WuW 2005, 878, 881; *Bornkamm*, in: L/B, GWB, § 33, Rn. 15 ff.; *Rugullis*, in: BerlK-TKG, § 44, Rn. 21). 9

Im Gegensatz zum GWB und TKG hat der Gesetzgeber beim EnWG einen (teilweise) anderen Ansatz gewählt. Obwohl der Wortlaut 10 von § 32 I 1 EnWG und § 33 I 1 GWB im Wesentlichen identisch ist, fehlt es an einer mit dem GWB vergleichbaren Legaldefinition des Begriffs „betroffen" (vgl. § 33 I 3 GWB). Daraus allein können jedoch keine eindeutigen Schlußfolgerungen hinsichtlich der Notwendigkeit eines Schutzgesetzes und eines „gezielten" Verstoßes im Rahmen von § 32 I gezogen werden. Nach § 32 I 3 dienen die Vorschriften der Abschnitte 2 und 3 auch dann dem Schutz anderer Marktbeteiligter, wenn sich der Verstoß nicht gezielt gegen diese richtet. Im Ergebnis bestätigt die Regelung in § 32 I 3 damit einerseits, daß der Gesetzgeber es weiterhin für notwendig erachtet, daß „die Vorschriften [...] dem Schutz anderer Marktbeteiligter" dienen (**Schutzgesetzerfordernis**). Andererseits ist damit aber auch die strenge Forderung der Rechtsprechung nach einem **„gezielten" Verhalten gegen bestimmte Marktbeteiligte** eben **nicht** zur Voraussetzung eines Anspruchs aus § 32 I gemacht worden. Damit dürfte auch den Anforderungen der Courage-Rechtsprechung des *EuGH* Rechnung getragen sein.

11 Durch **§ 32 I 3** macht der Gesetzgeber darüber hinaus deutlich, daß auch sog. **indirekte Abnehmer** (also insbes. Letztverbraucher) einen Beseitigungs- und Unterlassungsanspruch haben. In den der Gesetzesbegründung zum ansonsten unveränderten § 32 I 3 EnWG-RegE wird ausgeführt, daß „Marktbeteiligte" i. S. d. § 32 I 3 „auch Letztverbraucher" sind (vgl. Begr. BT-Drucks. 15/3917, S. 63. Dies ist allerdings für den Schadensersatzanspruch nach § 33 III 1 praktisch von noch größerer Relevanz (vgl. Rn. 26).

12 **2. Verbandsklage (§ 32 II).** Der Kreis der Anspruchsberechtigten wird darüber hinaus durch ein Verbandsklagerecht erweitert. Nach § 32 II können die Beseitigungs- und Unterlassungsansprüche auch von rechtsfähigen Verbänden zur Förderung gewerblicher oder selbständiger beruflicher Interessen geltend gemacht werden (vgl. § 33 II GWB, § 8 III Nr. 2 UWG; *Bornkamm,* in: L/B, GWB, § 33, Rn. 74 ff.; *Bechtold/Buntscheck,* NJW 2005, 2966, 2968). Den Voraussetzungen in § 33 II kommt sowohl Bedeutung im Rahmen der Zulässigkeit der Klage (**Prozeßführungsbefugnis**) als auch im Rahmen der Begründetheitsprüfung (**Aktivlegitimation**) zu (vgl. zur Rechtsnatur *Meckel,* HeidelbergerK z WettbewerbsR, § 8, Rn. 101 m. w. N.; krit. zur „Doppelnatur" *Bornkamm,* in: L/B, GWB, § 33, Rn. 76).

13 Die **Förderung gewerblicher oder selbständiger beruflicher Interessen** muß der satzungsgemäße Hauptzweck des Verbandes sein. Dies muß sich durch Auslegung des Satzungsinhalts ermitteln lassen.

14 Dem Verband muß eine **erhebliche Zahl** von Unternehmen angehören, die Waren oder Dienstleistungen gleicher oder verwandter Art auf demselben Markt vertreiben. Die erhebliche Zahl von Unternehmen ist nicht quantitativ zu messen. Vielmehr ist entscheidend, daß die Mitglieder einen betroffenen Wettbewerbsbereich nach Anzahl oder Größe, Marktbedeutung oder wirtschaftlichem Gewicht repräsentativ vertreten (*Meckel,* HeidelbergerK z WettbewerbsR, § 8, Rn. 103 f. m. w. N.).

Bei der Frage, ob die dem Verband angehörenden Unternehmen, **Waren oder Dienstleistungen gleicher oder verwandter Art auf demselben Markt vertreiben,** ist ein großzügiger Maßstab anzulegen. Es kommt insbesondere nicht darauf an, daß das Produkt, um dessen Absatz es bei der beanstandeten Handlung ging, im Sinne des Bedarfsmarktkonzeptes austauschbar ist mit dem Produkt der Verbandsmitglieder (vgl. *Bornkamm,* in: L/B, GWB, § 33, Rn. 80). 15

Schließlich muß der Verband insbesondere nach seiner **personellen, sachlichen und finanziellen Ausstattung** imstande sein, die satzungsmäßigen Aufgaben der Verfolgung gewerblicher oder selbständiger beruflicher Interessen tatsächlich wahrzunehmen. Hierzu gehört die Beobachtung des Marktgeschehens und ggf. die Erwirkung eines Unterlassungstitels inklusive prozessualer Durchsetzung (*Bornkamm,* in: L/B, GWB, § 33, Rn. 81). 16

Den qualifizierten Einrichtungen, d. h. insbesondere den **Verbraucherverbänden** wurde hingegen kein Beseitigungs- und Unterlassungsanspruch zugestanden. (vgl. § 32 II Nr. 2 EnWG-RegE und BR-Drucks. 498/05, S. 10). Gleiches gilt bspw. für § 33 II GWB (*Lutz,* WuW 2005, 718, 727 m. w. N.; *Bornkamm,* in: L/B, GWB, § 33, Rn. 75), anders jedoch in § 44 Abs. 2 TKG (*Rugullis,* in: BerlK-TKG, § 44, Rn. 33 ff.). 17

III. Handlung, Kausalität, Verschulden

Anspruchsbegründende **Handlung** ist ein Verstoß i. S. d. § 32 I 1 (vgl. bspw. zum Anspruch auf Gewährung des Netzanschlusses bei gegen § 17 EnWG verstoßender Anschlussverweigerung *OLG München,* Urt. v. 3. 8. 2006 – U (K) 5768/05, ZNER 2006, 264 ff.; zum Anspruch auf Unterlassen der Abtrennung einer Gasverbindungsleitung *LG Frankfurt/O.,* Urt. v. 5. 10. 2006 – 31 O 42/06, ZNER 2006, 358 m. Anm. *Thau;* vgl. zu den darüber hinaus in Betracht kommenden Regelungen, § 30, Rn. 16 ff.). 18

Der Verstoß i. S. d. § 32 I 1 muß Ursache der Beeinträchtigung sein. Für die **Kausalität** gelten die allgemeinen im Zivilrecht anerkannten Anforderungen (vgl. *Salje,* EnWG, § 32, Rn. 27; *Heinrichs,* in: Palandt, Vor § 249, Rn. 58 ff.; *Rugullis,* in: BerlK-TKG, § 44, Rn. 22). 19

§ 32 20–25   Teil 3. Regulierung des Netzbetriebs

20 Im Gegensatz zum Schadensersatzanspruch (§ 32 III) sind alle Ansprüche nach § 32 I **verschuldensunabhängig**. Hinsichtlich des **mitwirkenden Verschuldens des Betroffenen** hat der Gesetzgeber in § 32 I EnWG eine von § 44 I TKG oder § 33 I GWB abweichende Regelung getroffen. Nach § 32 I 4 ist der Anspruch nicht deswegen ausgeschlossen, weil der andere Marktbeteiligte an dem Verstoß mitgewirkt hat (zu § 33 I GWB a. F. *Emmerich,* in: I/M, § 33, Rn. 40).

IV. Rechtsfolgen

21 Der Gesetzgeber hat im Hinblick auf § 32 I mit dem Beseitigungs-, dem Unterlassungs- und dem vorbeugenden Unterlassungsanspruch dreierlei Rechtsfolgen vorgesehen.

22 Nach § 32 I 1 besteht ein Anspruch auf **Beseitigung** der Beeinträchtigung (1. Alt.). Dieser setzt voraus, daß die noch andauernde Beeinträchtigung abgestellt wird (vgl. *Bornkamm,* in: L/B, GWB, § 33, Rn. 92). Die Herstellung des früheren Zustandes durch eine reine Folgenbeseitigung ist nicht ausreichend. Folgenbeseitigung erfolgt über den Schadensersatzanspruch (vgl. *Rugullis,* in: BerlK-TKG, § 44, Rn. 24; zu § 32 GWB a. F. *Emmerich,* in: I/M, GWB, § 32, Rn. 53).

23 Daneben besteht bei Wiederholungsgefahr der **Anspruch auf Unterlassung** der Beeinträchtigung (2. Alt.). In diesem Fall muß sich die konkrete Beeinträchtigung bereits erledigt haben. **Wiederholungsgefahr** ist gegeben, wenn konkrete Anhaltspunkte für einen zukünftigen, erneuten vergleichbaren Verstoß gegen die Vorschriften der Abschnitte 2 und 3, der entsprechenden Rechtsverordnungen oder Entscheidungen der Regulierungsbehörde vorliegen.

24 Ergänzt wird der Anspruch nach § 32 I 1 durch einen präventiv wirkenden **vorbeugenden Unterlassungsanspruch** nach § 32 I 2. Voraussetzung ist, daß eine Zuwiderhandlung droht. Eine Zuwiderhandlung droht, wenn greifbare Anhaltspunkte dafür bestehen, daß eine bestimmte Verletzungshandlung in naher Zukunft vorgenommen wird (vgl. § 8 I 2 UWG; *Kotthoff/Gabel,* HeidelbergerK z WettbewerbsR, § 8, Rn. 29; *Salje,* EnWG, § 32, Rn. 12; *Rugullis,* in: BerlK-TKG, § 44, Rn. 25). Das Unternehmen schuldet nicht nur die Untätigkeit in der Zukunft, sondern ein Verhalten, das bewirkt, daß die drohende Beeinträchtigung überhaupt nicht erst eintritt (*Rugullis,* in: BerlK-TKG, § 44, Rn. 25; *Bassenge,* in: Palandt, § 1004 BGB, Rn. 34).

V. Darlegungs- und Beweislast

25 Die Beweislast für den Nachweis eines Verstoßes richtet sich nach den allgemeinen Grundsätzen (Begr. BT-Drucks. 15/3917, S. 63). Das bedeutet, der Betroffene ist im Falle des **Beseitigungsanspruches** darlegungs- und ggf. beweispflichtig für den Rechtsverstoß, die Beeinträchtigung und die Kausalität zwischen Rechtsverstoß und Beeinträchtigung. Beim **Unterlassungsanspruch** besteht eine widerlegbare Vermutung für das Vorliegen der Wiederholungsgefahr (vgl. *Rugullis,* in: BerlK-TKG, § 44, Rn. 30). Im Falle des **vorbeugenden Unterlassungsanspruchs** ist der Betroffene auch für die drohende Zuwiderhandlung darlegungs- und beweispflichtig (*Rugullis,* in: BerlK-TKG, § 44, Rn. 30 m. w. N.).

C. Schadensersatzanspruch (§ 32 III–V)

Der Schadensersatzanspruch aus § 32 III verfolgt den **Zweck**, einen **wirksamen Ausgleich** für den Geschädigten sicherzustellen und zugleich den **abschreckenden Effekt** zu verstärken (vgl. zu § 33 GWB, GWB-Begr. BT-Drucks. 15/3640, S. 35). 26

I. Schuldner und Gläubiger (§ 32 III)

Der Schuldner des Schadensersatzanspruchs ist mit dem Schuldner eines Beseitigungs- und Unterlassungsanspruch nach § 32 I identisch (vgl. Rn. 7). 27

Bei der Person des **Gläubigers des Schadensersatzanspruches** ist problematisch, ob auch **(indirekte) Abnehmer** auf nachgelagerten Absatzstufen Schadensersatzansprüche aufgrund des Verstoßes geltend machen können. Im Strombereich könnte sich bspw. die Frage stellen, ob Endverbraucher (Stromkunden) Schadensersatz von einem Netzbetreiber verlangen können, weil ihr Stromlieferant für die Durchleitung ein überhöhtes Netznutzungsentgelt zahlen mußte (abl. für das GWB *Bornkamm,* in: L/B, GWB, § 33, Rn. 52). 28

Die Möglichkeit von Schadensersatzansprüchen **indirekter Abnehmer** wird auch in der wettbewerbsrechtlichen Literatur diskutiert (vgl. zum Diskussionsstand *Bornkamm,* in: L/B, GWB, § 33, Rn. 36 ff. m. w. N.). Dies geschieht zum einen vor dem Hintergrund, daß der Gesetzgeber mit § 33 III 2 GWB die sog. „**passing-on defense**" ausgeschlossen hat. Wenn also eine Ware oder Dienstleistung zu einem überteuerten Preis bezogen wird, ist in diesem Fall der Schaden nicht deshalb ausgeschlossen, weil die Ware oder Dienstleistung weiterveräußert wurde (vgl. *Lutz,* WuW 2005, 718, 728; vgl. ferner im Detail *Bornkamm,* in: L/B, GWB, § 33, Rn. 36 ff. und Rn. 97 ff.; *Berrisch/Burianski,* WuW 2005, 878, 885 ff.; *Moch,* WuW 2006, 39, 41; *Bechtold/Buntscheck,* NJW 2005, 2966, 2969). Zum anderen könnte aus der 29

Courage-Entscheidung des *EuGH,* nach der „jedermann" Ersatz des Schadens verlangen kann, gefolgert werden, daß Mitgliedstaaten einen Schadensersatzanspruch auch für Abnehmer entfernterer Marktstufen gewährleisten müssen (*Monopolkommission,* Sondergutachten 41, Rn. 39; vgl. *Bornkamm,* in: L/B, GWB, § 33, Rn. 36 m. w. N.).

30 Im Gegensatz zum GWB hat der Gesetzgeber beim EnWG auf den Ausschluß der sog. „passing-on defense" verzichtet. Nun könnte aus dem gesetzgeberischen Verzicht gefolgert werden, daß damit auch Ansprüche indirekter Abnehmer ausgeschlossen sind. Das Verhältnis von § 32 III zu § 32 I und der Kreis möglicher Gläubiger nach § 32 I 1 und 3 sprechen jedoch für einen Schadensersatzanspruch auch für indirekte Abnehmer. Der Wortlaut des § 32 III 1 benennt keinen Gläubiger des Schadensersatzanspruches, sondern bezieht sich lediglich auf den möglichen Schuldner („Wer einen Verstoß [...] begeht, ist [...] verpflichtet"). Die Frage, wem gegenüber diese Verpflichtung besteht, beantwortet der Gesetzeswortlaut des § 32 III 1 somit nicht. Diese Konkretisierung erfolgt durch den Gegenstand des Schadensersatzanspruches („Verstoß nach Absatz 1"). Damit dürfte der Kreis der möglichen Gläubiger eines Schadensersatzanspruches in seiner Weite identisch mit dem Kreis der Gläubiger des Unterlassungs- und Beseitigungsanspruches nach § 32 I 1 und 3 sein. Wie bereits herausgestellt (Rn. 8), hat der Gesetzgeber den Begriff des „Betroffenen" i. S. d. § 32 I 1 keiner mit dem GWB vergleichbaren Legaldefinition unterzogen. Mit § 32 I 3 wird jedoch ausdrücklich festgelegt, daß die Abschnitte 2 und 3 auch dann dem Schutz „anderer Marktbeteiligter" dienen, wenn sich der Verstoß „nicht gezielt" gegen diese richtet. Bereits der weite Wortlaut („anderer **Marktbeteiligter**") spricht dafür, daß diese Konkretisierung des Begriffs des „Betroffenen" aus § 32 I 1 nicht nur den unmittelbar Betroffenen meint. Klargestellt wird dieses durch die Gesetzesbegründung zum ansonsten unveränderten § 32 I 3 EnWG-RegE. Denn darin wird ausgeführt, daß „Marktbeteiligte" i. S. d. § 32 I 3 „auch Letztverbraucher" sind (vgl. Begr. BT-Drucks. 15/3917, S. 63). Letztverbraucher sind Kunden, die Energie für den eigenen Verbrauch kaufen (§ 3 Nr. 25). Dienen die Abschnitte 2 und 3 auch dem Schutz dieser Letztverbraucher – als „andere Marktbeteiligte" und damit als „Betroffene" i. S. d. § 32 I 1 –, muß diesen auch ein Schadensersatzanspruch nach § 32 III 1 zukommen.

II. Sonstige Voraussetzungen (§ 32 III)

31 Schadensbegründende **Handlung** ist ein Verstoß i. S. d. § 32 I (vgl. Rn. 8, Begr. BT-Drucks. 15/3917, S. 64; *Salje,* EnWG, § 32, Rn. 26).

Der Verstoß muß **kausal** für den Schaden gewesen sein („daraus entstehenden"). Im **Unterschied** zum verschuldensunabhängigen Unterlassungs- und Beseitigungsanspruch nach § 32 I besteht der Schadensersatzanspruch jedoch nur, wenn das Unternehmen **schuldhaft** gehandelt hat. Der Verstoß muß **vorsätzlich** oder **fahrlässig** begangen worden sein (vgl. § 33 III 1 GWB, § 44 I 4 TKG; *Heinrichs,* in: Palandt, BGB § 276, Rn. 10 ff.; *Emmerich,* in: I/M, GWB, § 32, Rn. 39; *Rugullis,* in: BerlK-TKG, § 44, Rn. 23).

Hält der Schädiger sein Verhalten für rechtmäßig, muß ihm dieser **Rechtsirrtum** vorwerfbar sein. Das ist der Fall, wenn der Schädiger bei Anwendung der im Verkehr erforderlichen Sorgfalt mit einer anderen Beurteilung seines Verhaltens durch die Gerichte rechnen mußte. Daß eine fehlerhaft beurteilte Frage höchstrichterlich noch nicht entschieden ist, ist nicht bereits dann ein Entschuldigungsgrund, wenn die fehlerhafte Beurteilung ernsthaft vertreten werden kann. Ein Rechtsirrtum kommt vielmehr nur in Betracht, wenn der Schädiger bei Anwendung der im Verkehr erforderlichen Sorgfalt mit einer anderen gerichtlichen Beurteilung nicht zu rechnen brauchte. Damit soll erreicht werden, daß der Schädiger das Risiko der zweifelhaften Rechtslage trägt (*BGH* v. 10. 10. 1989, WuW/E BGH 2603, 2607 „Neugeborenentransporte"; *Bornkamm,* in: L/B, GWB, § 33, Rn. 95 m. w. N.).

Die **Schadensermittlung** erfolgt nach § 287 ZPO (Begr. BT-Drucks. 15/3917, S. 64; vgl. im Detail *Reichold,* in: T/P, § 287, Rn. 1 ff.; ferner *Bornkamm,* in: L/B, GWB, § 33, Rn. 93). Der Gesetzgeber hat die in § 33 III 3 GWB getroffene Regelung zur Ermittlung des hypothetischen Marktpreises als Grundlage einer Schadensschätzung für das EnWG als nicht notwendig erachtet (Begr. BT-Drucks. 15/3917, S. 64; vgl. *Berrisch/Burianski,* WuW 2005, 878, 884).

Geldschulden sind ab Eintritt des Schadens zu **verzinsen** (§ 32 III 2; s. a. § 33 III 4 GWB, § 44 I 4 TKG). Denn der Geschädigte kann häufig erst lange nach einem Rechtsverstoß seinen Anspruch geltend machen und dadurch eine Zinspflicht auslösen. Die Verfahrensdauer soll den Anspruch des Geschädigten nicht entwerten. Der Schädiger erzielt auch durch längere behördliche Ermittlungen keinen Vorteil, was wiederum den Abschreckungscharakter des Schadensersatzanspruches stärkt. Weitergehende Zinsansprüche bleiben unberührt (Begr. BT-Drucks. 15/3917, S. 64). Aufgrund § 32 III 3 richtet sich die Zinshöhe nach §§ 288, 289 1 BGB.

III. Follow-on Klagen (§ 32 IV)

35 Mit § 32 IV 1 wird der Fall der sog. „Follow-on Klagen" geregelt. Wird wegen eines Verstoßes Schadensersatz begehrt, ist das Gericht insoweit an die Feststellung des Verstoßes gebunden, wie sie in einer **bestandskräftigen Entscheidung der Regulierungsbehörde** getroffen wurde. Gemäß § 34 IV 2 gilt das Gleiche für entsprechende Feststellungen in **rechtskräftigen Gerichtsentscheidungen,** die infolge der Anfechtung von Entscheidungen nach § 32 IV 1 ergangen sind. Damit greift der Gesetzgeber eine auch in § 33 IV 1 GWB getroffene Regelung im sektorspezifischen Recht wieder auf. Diese hat ihren Ursprung im Kartellrecht der USA und weist Bezüge zur Masterfoods-Entscheidung des *EuGH* (*EuGH* v. 14. 12. 2000, WuW/E EU-R 389 „Masterfoods/HB Ice Cream) bzw. zu Art. 16 VO 1/2003 auf (zust. zu § 33 IV GWB: *Bornkamm,* in: L/B, GWB, § 33, Rn. 113 ff.; *Berrisch/Burianski,* WuW 2005, 878, 882; krit. *Bechtold/Buntscheck,* NJW 2005, 2966, 2969; vgl. ferner *Rehbinder,* in: L/M/R, KartellR, § 33, Rn. 4).

36 Dabei kommt es nicht nur auf den **Tenor** an, sondern es kann auch auf die **Gründe** Bezug genommen werden (vgl. *Bornkamm,* in: L/B, GWB, § 33, Rn. 120; ferner zum Bindungsumfang: *Monopolkommission,* Sondergutachten 41, Rn. 43). Allerdings bezieht sich die Tatbestandswirkung allein auf die Feststellung eines **Rechtsverstoßes.** Alle sonstigen Fragen (insbesondere Schadenskausalität und Schadensbezifferung) unterliegen der freien Beweiswürdigung des Gerichts. Für Straf- und Bußgeldverfahren bleibt es – laut Gesetzesbegründung – bei dem allgemeinen Untersuchungsgrundsatz und der Unschuldsvermutung (Begr. BT-Drucks. 15/3917, S. 64).

IV. Verjährung (§ 32 V)

37 Nach § 32 V wird die **Verjährung** eines Schadensersatzanspruchs durch die Einleitung eines Verfahrens durch die Regulierungsbehörde gehemmt. Dies gilt sowohl für Verfahren nach § 30 als auch für Verfahren nach § 31. Ergänzt wird die Regelung zur Hemmung der Verjährung dadurch, daß § 204 II BGB für entsprechend anwendbar erklärt wird (§ 32 V 2).

§ 33 Vorteilsabschöpfung durch die Regulierungsbehörde

(1) Hat ein Unternehmen vorsätzlich oder fahrlässig gegen eine Vorschrift der Abschnitte 2 und 3, eine auf Grund der Vorschriften dieser Abschnitte erlassene Rechtsverordnung oder eine auf Grund-

lage dieser Vorschriften ergangene Entscheidung der Regulierungsbehörde verstoßen und dadurch einen wirtschaftlichen Vorteil erlangt, kann die Regulierungsbehörde die Abschöpfung des wirtschaftlichen Vorteils anordnen und dem Unternehmen die Zahlung des entsprechenden Geldbetrags auferlegen.

(2) [1] Absatz 1 gilt nicht, sofern der wirtschaftliche Vorteil durch Schadensersatzleistungen oder durch die Verhängung der Geldbuße oder die Anordnung des Verfalls abgeschöpft ist. [2] Soweit das Unternehmen Leistungen nach Satz 1 erst nach der Vorteilsabschöpfung erbringt, ist der abgeführte Geldbetrag in Höhe der nachgewiesenen Zahlungen an das Unternehmen zurückzuerstatten.

(3) [1] Wäre die Durchführung der Vorteilsabschöpfung eine unbillige Härte, soll die Anordnung auf einen angemessenen Geldbetrag beschränkt werden oder ganz unterbleiben. [2] Sie soll auch unterbleiben, wenn der wirtschaftliche Vorteil gering ist.

(4) [1] Die Höhe des wirtschaftlichen Vorteils kann geschätzt werden. [2] Der abzuführende Geldbetrag ist zahlenmäßig zu bestimmen.

(5) Die Vorteilsabschöpfung kann nur innerhalb einer Frist von bis zu fünf Jahren seit Beendigung der Zuwiderhandlung und längstens für einen Zeitraum von fünf Jahren angeordnet werden.

Literatur: *Bechtold/Buntscheck,* Die 7. GWB-Novelle und die Entwicklung des deutschen Kartellrechts 2003 bis 2005, NJW 2005, 2966 ff.; *Lutz,* Schwerpunkte der 7. GWB-Novelle, WuW 2005, 718 ff.; *Gersemann/Wittge,* Rückwirkung der Genehmigung nach § 23 a EnWG und die Möglichkeit der Mehrerlösabschöpfung bei erstmaliger Genehmigung der Netznutzungsentgelte, RdE 2006, 105 ff.; *Ortlieb,* Ist die Mehrerlösabschöpfung im Rahmen der Entgeltgenehmigung nach dem neuen EnWG möglich?, N&R 2006, 145 ff.

Übersicht

	Rn.
A. Inhalt und Zweck, Entstehungsgeschichte	1
B. Adressat	3
C. Verstoß	4
D. Wirtschaftlicher Vorteil	7
E. Kausalität	9
F. Behördliches Ermessen	10
G. Subsidiarität (§ 33 II)	11
H. Unbillige Härte; geringer wirtschaftlicher Vorteil (§ 33 III)	14
I. Frist (§ 33 V)	17
J. Kosten	18

A. Inhalt und Zweck, Entstehungsgeschichte

1   Die Vorteilsabschöpfung nach § 33 geht als Instrument auf Änderungen des allgemeinen Wettbewerbsrechts im Rahmen der 7. GWB-Novelle zurück (Begr. BT-Drucks. 15/3917, S. 64). Damit soll die Regulierungsbehörde in die Lage versetzt werden, einem sich rechtswidrig verhaltenden Unternehmen den gesamten durch den Verstoß erlangten wirtschaftlichen Vorteil zu entziehen. Die hoheitliche Abschöpfung des wirtschaftlichen Vorteils erfolgte in der Vergangenheit in der Regel allein über die Geldbuße. Ziel der Änderungen im Rahmen der 7. GWB-Novelle (§ 34 GWB) und damit auch der gleichlautenden sektorspezifischen Regelung ist es, daß die Vorteilsabschöpfung durch ein **eigenständiges Instrument** der Regulierungsbehörde größerer Bedeutung erhält (vgl. GWB-Begr. BT-Drucks. 15/3640, S. 36; *Rehbinder,* in: L/M/R, KartellR, § 34, Rn. 1; *Bornkamm,* in: L/B, GWB, § 34, Rn. 1 ff.). Eine teilweise vergleichbare Regelung findet sich in § 43 TKG.

2   Die im EnWG-RegE enthaltene **Vorteilsabschöpfung durch Verbände** zugunsten des Bundeshaushalts ist – ebenso wie beim GWB – im Gesetzgebungsverfahren entfallen (§ 34 EnWG-RegE, BT-Drucks. 15/3917, S. 21). Damit wird die Abschöpfung des wirtschaftlichen Vorteils bei Massen- und Streuschäden (d.h. insbesondere für die Verbraucher) erschwert (*Lutz,* WuW 2005, 718, 730; krit. zur vergleichbaren Problemkonstellation in § 34a GWB *Bornkamm,* in: L/B, GWB, § 34a, Rn. 1 f.). Eine vergleichbare Wirkung hätte allenfalls eine Abstellungsverfügung nach § 30 II, die darauf gerichtet sein könnte, die zu unrecht erlangten Erlöse zurückzuerstatten (vgl. hierzu § 30, Rn. 46).

B. Adressat

3   Adressaten der Vorteilsabschöpfung sind „Unternehmen". Das sind hier **Betreiber von Energieversorgungsnetzen,** da sich die in § 33 I 1 in Bezug genommenen Abschnitte 2 (Netzanschluß) und 3 (Netzzugang), die jeweiligen Rechtsverordnungen und die darauf beruhenden Entscheidungen der Regulierungsbehörde nur an diese richten.

C. Verstoß

4   Voraussetzung der Vorteilsabschöpfung ist (wie in §§ 30 I 2 Nr. 1, 31 I 2, 32 I 1) ein Verstoß gegen eine **Vorschrift der Abschnitte 2**

und 3 oder gegen eine auf Grund der Abschnitte 2 und 3 erlassene Rechtsverordnung oder gegen eine aufgrund dieser Regelungen erlassene Entscheidung der Regulierungsbehörde.

Ein Übergangsproblem dürfte die **Bestimmung des Zeitpunktes** 5 darstellen, ab wann die Vorteilsabschöpfung wegen Verstoßes gegen das Gesetz bzw. die jeweiligen Verordnungen angeordnet werden kann. Als frühestmöglicher Zeitpunkt für einen Verstoß gegen das EnWG bzw. die jeweiligen Verordnungen kommt das Inkrafttreten der jeweiligen Regelwerke in Betracht. Aufgrund der zahlreichen Übergangsregelungen ist jeweils eine Einzelfallbetrachtung notwendig. Hinsichtlich der Ex-ante-Entgeltgenehmigungsverfahren bspw. waren die Unternehmen spätestens mit Ablauf der Antragsfrist (29. 10. 2005) verpflichtet, die Netzentgelte auf Basis von § 21 EnWG i. V. m. der StromNEV zu bilden. Allerdings bestimmt §§ 118 Ib 2 i. V. m. 23 a V, daß die Unternehmen die bisherigen Entgelte bis zu einer Entscheidung der Behörde beibehalten können. Ob daraus geschlossen werden kann, daß den Betroffenen die so erzielten Erlöse auch materiell zustehen, ist umstritten (für eine Abschöpfung *BNetzA,* ZNER 2006, 177, 188 f.; *Ortlieb,* N&R 2006, 145 ff.; a. A. *Gersemann/Wittge,* RdE 2006, 105 ff.; *OLG Düsseldorf,* B. v. 21. 7. 2006 – VI-3 Kart 289/06; ebenso in der Hauptsache *OLG Düsseldorf,* B. v. 9. 5. 2007 – VI-3 Kart 289/06 (V) m. w. N.).

Alle drei Varianten eines möglichen Verstoßes i. S. d. § 33 I 1 sind 6 vom Gesetzgeber **verschuldensabhängig** ausgestaltet worden (vgl. im Gegensatz dazu § 43 I 1 TKG, *Gersdorf,* in: BerlK-TKG, § 43, Rn. 8). Hierzu kann auf die Verschuldensregelung im Rahmen des Schadensersatzanspruches, insbesondere auch zur Frage eines etwaigen Rechtsirrtums, verwiesen werden (§ 32, Rn. 31 f.).

D. Wirtschaftlicher Vorteil

Für die Definition des wirtschaftlichen Vorteils ist auf die zu § 17 IV 7 OWiG entwickelten Rechtsgrundsätze zurückzugreifen (Begr. BT-Drucks. 15/3917, S. 64). Die Berechnung des wirtschaftlichen Vorteils folgt dem sog. **Saldierungsgrundsatz.** Der wirtschaftliche Vorteil ist im Vergleich zu der vermögensrechtlichen Gesamtsituation des Betroffenen zu errechnen. Es ist die Situation ohne Zuwiderhandlung mit der Situation zu vergleichen, wie sie sich durch die Zuwiderhandlung ergeben hat (vgl. zu § 34 III GWB *Rehbinder,* in: L/M/R, KartellR, § 34 Rn. 3; *Bechtold/Buntscheck,* NJW 2005, 2966, 2969; vgl. zu § 43 I TKG *Gersdorf,* in: BerlK-TKG, § 43, Rn. 26). Dabei ist nicht nur ein in Geld bestehender Gewinn zu berücksichtigen, sondern auch ein sonstiger wirtschaftlicher Vorteil, wie beispielsweise eine Verbesserung der Marktposition des Täters durch Ausschaltung oder Zurückdrängung von Wettbewerbern (Begr. BT-Drucks. 15/3917, S. 64; vgl. *Bornkamm*, in: L/B, GWB, § 34, Rn. 9). Diese Verbesserung der Marktposition drückt sich wiederum im einer Erhöhung des Unternehmenswertes aus (vgl. *König*, in: Göhler, OWiG, § 17, Rn. 40 m. w. N.). Andererseits sind nach h. M. zum vergleichbaren § 17 IV OWiG die Kosten und Aufwendungen des Täters abzuziehen (sog. **"Nettoprinzip"**; vgl. zum Streitstand *König*, in: Göhler, OWiG, § 17, Rn. 38 ff.; *Salje*, EnWG, § 33, Rn. 6; vgl. ebenso zu § 34 GWB *Bornkamm*, in: L/B, GWB, § 34 Rn. 9).

8   Gemäß **§ 33 IV** kann die **Höhe** des wirtschaftlichen Vorteils **geschätzt** werden. Dabei ist der abzuführende Geldbetrag zahlenmäßig zu bestimmen (vgl. § 34 IV GWB, § 43 IV TKG; Begr. BT-Drucks. 15/3917, S. 64). Dabei sind bei der Schätzung dieselben Gesichtspunkte und Tatsachen wie bei der Regelberechnung zu berücksichtigen; lediglich die Strenge des Nachweises für diese Tatsachen ist im Falle der Schätzung geringer als bei der Regelberechnung (vgl. zu § 34 III GWB a. F. *Emmerich*, in: I/M, GWB, § 34, Rn. 10; vgl. desweiteren *König*, in: Göhler, OWiG, § 17, Rn. 45; *Bornkamm*, in: L/B, GWB, § 34, Rn. 10).

E. Kausalität

9   Eine weitere Voraussetzung für die Vorteilsabschöpfung nach § 33 ist, daß der Verstoß des Unternehmens adäquat-kausal für den erlangten wirtschaftlichen Vorteil ist. Dieses ergibt sich bereits aus dem Wortlaut des § 33 I 1 („dadurch") und ist auch in vergleichbaren Regelungen so angelegt (vgl. *Gersdorf*, in: BerlK-TKG, § 43, Rn. 11).

F. Behördliches Ermessen

10   Die Anordnung der Vorteilsabschöpfung steht – anders als bspw. in § 43 I TKG („soll") – im **behördlichen Ermessen** („kann") (vgl. *Gersdorf*, in: BerlK-TKG, § 43, Rn. 3). Der Ermessensspielraum wird allerdings durch § 33 III eingeschränkt.

G. Subsidiarität (§ 33 II)

11   Durch **§ 33 II 1** wird die **Subsidiarität** der Vorteilsabschöpfung **gegenüber** dem **Schadensersatzanspruch** (§ 32), der **Geldbuße** (§ 95)

und der Anordnung des **Verfalls** (§§ 73, 73 a StGB) festgelegt. Damit soll eine Doppelbelastung der Unternehmen verhindert werden (vgl. *Rehbinder*, in: L/M/R, KartellR, § 34, Rn. 8; *Lutz,* WuW 2005, 718, 729). Voraussetzung für die Subsidiarität der Vorteilsabschöpfung ist jedoch, daß die jeweilige Maßnahme auch zur Abschöpfung des wirtschaftlichen Vorteils verhängt wird (Begr. BT-Drucks. 15/3917, S. 64).

Das Verhältnis von Vorteilsabschöpfung und Schadensersatz ist darüber hinaus für den Fall relevant, daß ein bestehender Schadensersatzanspruch – bspw. wegen zu geringer Beträge – nicht geltend gemacht wird. Soweit es sich um den Mißbrauch einer Marktstellung handelt, könnte trotzdem die behördliche Anordnung der Vorteilsabschöpfung vermieden werden, wenn im Rahmen einer Abstellungsverfügung nach § 30 II darauf hingewirkt wird, daß den Kunden die aufgrund des Verstoßes erzielten Vorteile zurückgewährt werden (vgl. § 30, Rn. 46; vgl. zu § 34 GWB *Bornkamm,* in: L/B, GWB, § 34, Rn. 12).

Mit § 33 II 2 wird dem durch eine Vorteilsabschöpfung betroffenen Unternehmen ein **Rückerstattungsanspruch** eingeräumt, wenn nach der Vorteilsabschöpfung Zahlungen im Rahmen der vorrangigen Maßnahmen (Schadensersatz, Geldbuße, Verfall) erfolgen.

H. Unbillige Härte; geringer wirtschaftlicher Vorteil (§ 33 III)

Eine **Einschränkung** des Aufgreif- und Rechtsfolgeermessens der Behörde bei der Anordnung der Vorteilsabschöpfung nimmt der Gesetzgeber in **§ 33 III 1** im Falle unbilliger Härte vor. Für das betroffene Unternehmen bedeutet die Vorteilsabschöpfung insbesondere dann eine **unbillige Härte,** wenn die Existenz des Unternehmens gefährdet wäre (vgl. *Salje,* EnWG, § 33, Rn. 11; zu § 34 GWB *Rehbinder,* in: L/M/R, KartellR, § 6; *Bornkamm,* in: L/B, GWB, § 34, Rn. 16). Der BR hat hinsichtlich § 33 III 1 dahingehend Bedenken geäußert, daß es bei der Vorteilsabschöpfung nicht auf die individuellen Auswirkungen auf das rechtswidrig handelnde Unternehmen ankommen könne (Begr. BT-Drucks. 15/3917, S. 88). Hiermit hat der BR sich gegenüber der BReg jedoch nicht durchsetzen können (Begr. BT-Drucks. 15/4068, S. 6 f.).

Eine weitere Ermessenseinschränkung ergibt sich aus **§ 33 III 2,** wonach die Vorteilabschöpfung unterbleiben soll, wenn lediglich ein **geringer wirtschaftlicher Vorteil** vorliegt. Ob der erlangte wirtschaftliche Vorteil, als „gering" einzuschätzen ist, hängt vom Einzelfall ab. Zu berücksichtigen bleibt jedoch, daß sich jeglicher Verstoß wettbewerbsverzerrend auswirkt (vgl. auch krit. BR, Begr. BT-

Drucks. 15/3917, S. 88). Letztlich entscheidend ist der Verwaltungsaufwand für die Behörde, die von Bagatellfällen entlastet werden soll (vgl. zu § 34 GWB *Bornkamm,* in: L/B, GWB, § 34, Rn. 16). Eine Alternative böte hier eine Abstellungsverfügung nach § 30 II, mit der auf die Rückerstattung des erzielten Erlöses hingewirkt wird (vgl. hierzu § 30, Rn. 46).

16 Sowohl bei § 33 III 1 als auch bei § 33 III 2 handelt es sich um eine **Soll-Vorschrift,** so daß die Behörde davon in atypischen Einzelfällen abweichen kann.

I. Frist (§ 33 V)

17 Durch § 33 V wird die Vorteilsabschöpfung in zeitlicher Hinsicht eingeschränkt. Danach kann diese nur innerhalb einer Frist von **bis zu fünf Jahren** seit Beendigung der Zuwiderhandlung und längstens für einen Zeitraum von fünf Jahren angeordnet werden.

J. Kosten

18 Bei der Vorteilsabschöpfung handelt es sich um eine kostenpflichtige Amtshandlung. Die zu erhebende Gebühr kann zwischen 2.500 und 75.000 Euro betragen (vgl. § 2 EnWGKostV, Anlage, Nr. 2).

§ 34 (aufgehoben)

§ 35 Monitoring

(1) **Die Regulierungsbehörde führt zur Wahrnehmung ihrer Aufgaben nach diesem Gesetz, insbesondere zur Herstellung von Markttransparenz, ein Monitoring durch über**
  1. **die Regeln für das Management und die Zuweisung von Verbindungskapazitäten; dies erfolgt in Abstimmung mit der Regulierungsbehörde oder den Regulierungsbehörden der Mitgliedstaaten, mit denen ein Verbund besteht;**
  2. **die Mechanismen zur Behebung von Kapazitätsengpässen im nationalen Elektrizitäts- und Gasversorgungsnetz;**
  3. **die Zeit, die von Betreibern von Übertragungs-, Fernleitungs- und Verteilernetzen für die Herstellung von Anschlüssen und Reparaturen benötigt wird;**

4. die Veröffentlichung angemessener Informationen über Verbindungsleitungen, Netznutzung und Kapazitätszuweisung für interessierte Parteien durch die Betreiber von Übertragungs-, Fernleitungs- und Verteilernetzen unter Berücksichtigung der Notwendigkeit, nicht statistisch aufbereitete Einzeldaten als Geschäftsgeheimnisse zu behandeln;
5. die tatsächliche Entflechtung der Rechnungslegung entsprechend § 10 zur Verhinderung von Quersubventionen zwischen den Erzeugungs-, Übertragungs-, Verteilungs- und Versorgungstätigkeiten oder Fernleitungs-, Verteilungs-, Speicher-, LNG- und Versorgungstätigkeiten;
6. die Bedingungen und Tarife für den Anschluss neuer Elektrizitätserzeuger unter besonderer Berücksichtigung der Kosten und der Vorteile der verschiedenen Technologien zur Elektrizitätserzeugung aus erneuerbaren Energien, der dezentralen Erzeugung und der Kraft-Wärme-Kopplung;
7. die Bedingungen für den Zugang zu Speicheranlagen nach den §§ 26 und 28 sowie die Netzzugangsbedingungen für Anlagen zur Erzeugung von Biogas;
8. den Umfang, in dem die Betreiber von Übertragungs-, Fernleitungs- und Verteilernetzen ihren Aufgaben nach den §§ 11 bis 16 nachkommen;
9. die Erfüllung der Verpflichtungen nach § 42;
10. das Ausmaß von Transparenz und Wettbewerb;
11. die wettbewerbliche Entwicklung in den Netzen für Elektrizität und Gas aus Sicht der Haushaltskunden und mögliche Gegenmaßnahmen für den Fall von Fehlentwicklungen;
12. bundesweit einheitliche Mindestanforderungen an Messeinrichtungen sowie Datenumfang und Datenqualität nach § 21b Abs. 2 Satz 5 Nr. 2.

(2) **Zur Durchführung des Monitoring gelten die Befugnisse nach § 69 entsprechend.**

Literatur: *Baur,* Der Regulator: Entscheidungen, gerichtliche Kontrolle, in: Ehricke, Das neue Recht der Energiewirtschaft, 2005 S. 37 ff.; *Herzmann,* Monitoring als Verwaltungsaufgabe, DVBl. 2007, 670 ff.; *Lecheler/Gundel,* Ein weiterer Schritt zur Vollendung des Energie-Binnenmarktes: Die Beschleunigungs-Rechtsakte für den Binnenmarkt für Strom und Gas, EuZW 2003, 621 ff.; *Masing,* Verhandlungen des 66. Deutschen Juristentages Stuttgart 2006, Band I: Gutachten, Teil D: Soll das Recht der Regulierungsverwaltung übergreifend geregelt werden?, 2006.

Übersicht

		Rn.
A.	Allgemeines	1
	I. Inhalt	1
	II. Europarechtliche Vorgaben und Entstehungsgeschichte	2
	III. Begriff des Monitorings	3
	IV. Zweck des Monitorings	6
B.	Gegenstand	9
C.	Verfahren	11
	I. Beteiligte	12
	1. Bundesnetzagentur	12
	2. Landesregulierungsbehörden	13
	3. Marktteilnehmer	14
	4. Gesetzgeber	15
	II. Ablauf	16
	1. Informationsgewinnung	17
	2. Auswertung	24

A. Allgemeines

I. Inhalt

1 Nach § 35 I wird die Regulierungsbehörde zur Durchführung eines Monitorings über in der Norm genannte Gegenstände verpflichtet. Dieses Monitoring soll der Wahrnehmung der Aufgaben der Behörde nach dem EnWG dienen. Ihr stehen hierzu nach Abs. 2 die Befugnisse nach § 69 bei entsprechender Anwendung zu. Darüber hinaus sagt § 35 zur tatsächlichen Ausgestaltung dieser Verpflichtung nichts aus. Es besteht allerdings nach § 63 IV die Pflicht der Behörde, über ihre Monitoring-Tätigkeiten einen Bericht zu erstellen.

II. Europarechtliche Vorgaben und Entstehungsgeschichte

2 § 35 dient der Umsetzung von Art. 23 I 3 EltRl und Art. 25 I 3 GasRl. Die Norm war im Gesetzgebungsverfahren weitgehend unumstritten. Der ursprüngliche Entwurf wurde lediglich dahingehend abgeändert, daß der bereits über die europäischen Vorgaben hinausgehende Katalog (Rn. 9) der Monitoring-Objekte nochmals ergänzt wurde. Erweitert wurde § 35 I Nr. 7 um „die Netzzugangsbedingungen für Anlagen zur Erzeugung von Biogas", während Nr. 11 und 12 als zusätzliche Punkte angefügt wurden (sämtlich zurückgehend auf die Beschlußempfehlung des Ausschusses für Wirtschaft und Arbeit, BT-Drucks. 15/5268, S. 47 f.).

III. Begriff des Monitorings

Das Monitoring ist **kein klassischer Begriff** im deutschen Recht, 3
er findet aber zunehmend, insbesondere durch europäische Vorgaben,
Eingang in deutsche Gesetze (hierzu *Herzmann*, DVBl. 2007, 670 f.).
Im Bereich der Energieregulierung kennt man den Begriff vom Bericht
über die energiewirtschaftlichen und wettbewerblichen Wirkungen der
Verbändevereinbarungen, der als Monitoring-Bericht bezeichnet und
als eine „Bestandsaufnahme der bisherigen Entwicklungen [...] und
Ausblick auf die Grundzüge einer künftigen staatlichen Regulierung"
verstanden wurde (BT-Drucks. 15/1510, S. 3). Auch die Zwischen-
überprüfung nach § 12 I KWKG wird als Monitoring bezeichnet.

Der englischen Wortbedeutung nach handelt es sich beim Monito- 4
ring um eine Beobachtung oder ein Überwachen. Im europäischen
Gesetzgebungsprozess wurde auch zunächst der Begriff der **„ständigen
Überwachung"** als Äquivalent zum „continuously monitoring" des
englischsprachigen Entwurfs verwendet (vgl. die jeweiligen Art. 22 des
Vorschlags zur Änderung der Richtlinien 96/92/EG und 98/30/EG
über Vorschriften für den Elektrizitätsbinnenmarkt und den Erdgasbinnenmarkt, KOM/2002/0304 endg.). Ob eine solche Übersetzung das
Instrument treffend beschreibt, wurde aber von deutscher Seite bestritten (vgl. *Neveling*, in: D/T, Europ. Energierecht, Rn. 258). Dementsprechend hat sich in den Richtlinien und diesen folgend auch im
EnWG der Begriff Monitoring durchgesetzt. Die Vermutung, eine
bedeutungsverlustfreie Gleichsetzung dieses Begriffs mit dem der
Überwachung sei dennoch möglich, bestärkt hingegen die Umsetzung
von Art. 10 Rl 2001/42/EG in § 4c BauGB (dazu aber Rn. 5) und
anderer europäischer Rechtsakte.

Der dogmatisch umstrittene Begriff der Überwachung bezieht sich 5
im positiven Recht in der Regel auf die bloße Kontrolle der Einhaltung
von Vorschriften des jeweiligen Gesetzes (*Gröschner*, Das Überwa-
chungsverhältnis, 1992, S. 130 f.). Der Ansatz des Monitorings erscheint
breiter, geht es doch überdies um die Ermittlung allgemeiner Entwicklungen (vgl. begriffliche Trennung in §§ 38 ff. bzw. §§ 50 ff. LFGB).
Entsprechend wird beim so ausgerichteten, jedoch mit dem Begriff
„Überwachung" überschriebenen § 4c BauGB allgemein vom (bauplanungsrechtlichen) Monitoring gesprochen (statt vieler *Stüer/Sailer*,
BauR 2004, 1392 ff.). Damit steht das Monitoring dem Begriff der
Wirtschafsaufsicht bzw. -lenkung näher. Dessen Phasen des Beobach-
tens und des Auswertens sind auch vom Monitoring umfaßt, es fehlt
diesem jedoch das Element der Berichtigung von Fehlentwicklungen.

Eine genaue Definition des im deutschen Recht neuen Begriffs erscheint nur im Kontext der jeweiligen Bestimmungen möglich. Unter **energiewirtschaftlichem Monitoring nach § 35** kann eine systematische, regelmäßige Beobachtung und Auswertung des Zustands und der Entwicklung bestimmter Regulierungsgegenstände anhand dazu erhobener Unternehmensdaten verstanden werden (zum Monitoring als Verwaltungsaufgabe *Herzmann,* DVBl. 2007, 670 ff.).

IV. Zweck des Monitorings

6 Weder die Informationsgewinnung noch deren Auswertung kann sinnvoll ohne eine vorherige Zweckkonkretisierung geschehen. § 35 I enthält insoweit mit dem Bezug auf die Aufgabe der Herstellung von **Markttransparenz** eine wichtige Vorgabe. Die Behörde soll so ihr Wissensdefizit weiter vermindern und in die Lage versetzt werden, ihre Regulierungsziele effektiv und angemessen zu verfolgen. Zugleich sollen bestehende Informationsungleichgewichte zwischen den Marktteilnehmern als ein Hindernis eines funktionierenden Marktes abgebaut werden. Weder eine erfolgreiche Regulierung noch die gewünschte Entfaltung der Marktkräfte sind ohne eine stärkere Durchsichtigkeit des Energiemarktes möglich. Das Monitoring dient damit gleichzeitig auch der Wahrnehmung aller anderen „Aufgaben nach diesem Gesetz" (§ 35 I 1), die vornehmlich an der Realisierung der Ziele der **Regulierung** nach § 1 II ausgerichtet sind. Gerade um die hierfür relevanten Gegenstände geht es auch in der Aufzählung des § 35 I. Unter Umständen ist den Regulierungszielen sogar unmittelbar durch die Existenz eines jährlichen Monitorings im Sinne einer Art Ex-post-Kontrolle gedient, sofern Marktakteure ihr Verhalten bereits daraufhin freiwillig anpassen.

7 Mittelfristig wird zudem anhand eines Vergleichs mit Daten vorheriger Erhebungen eine Aufdeckung spezifischer Entwicklungen möglich sein. Das Monitoring als „rechtlich institutionalisierte Lernerfahrung" (*Spiecker genannt Döhmann,* DVBl. 2007, 1074, 1076) führt dann zu einer **„Wirkungskontrolle"** der Regulierungstätigkeit wie auch des rechtlichen Rahmens. In dieser „kommunikativen immer wieder neu zu gewinnenden Bestimmung des Standorts und Umfelds der Regulierungspolitik durch die Behörde" (*Masing,* S. 182) dürfte auch die **Hauptfunktion** des Monitorings nach § 35 liegen.

8 Der Auftrag zur Durchführung eines Monitorings führt überdies zu einer **„systematischen** Beobachtung" (*Lecheler/Gundel,* EuZW 2003, 621, 625), da hinsichtlich des Katalogs des Abs. 1 regelmäßig ausgewertetes Datenmaterial vorliegen muß, um Entwicklungslinien erkennen zu können. Dazu muß ermittelt werden, worin genau der Informationsbedarf besteht und in welcher Form dieser abgefragt werden kann, um eine Auswertung zu ermöglichen. Ferner werden mögliche mit der Datenabfrage verbundene Eingriffe in die Grundrechte der Betroffenen konkretisiert und vorhersehbarer (Rn. 20 f.).

B. Gegenstand

Die **europäischen Vorgaben** der Art. 23 I 3 EltRl und Art. 25 I 3 GasRl wurden in der Aufzählung des § 35 I um die Kontrolle der Verpflichtung von EVU zur Stromkennzeichnung und zur Transparenz von Stromrechnungen nach § 42 **ergänzt (Nr. 9),** wodurch auch der Bedarf einer konkretisierenden Verordnung nach § 42 VII ergründet werden soll (Begr. BT-Drucks. 15/3917, S. 65). Auch die Prüfung des Wettbewerbs in den Energienetzen aus Sicht der Haushaltskunden sowie eine damit verbundene Ermittlung notwendiger Berichtigungsmaßnahmen **(Nr. 11)** stellt eine Erweiterung gegenüber den Richtlinien dar. Ebenfalls nicht durch diese vorgegeben war das Monitoring über Netzzugangsbedingungen für Anlagen zur Erzeugung von Biogas **(Nr. 7 a. E.)** sowie hinsichtlich bundeseinheitlicher Mindestanforderungen an Technik, Datenumfang und -qualität von Meßeinrichtungen eines Meßstellenbetreibers **(Nr. 12).** Durch Letzteres soll die durch § 21 b angestrebte schrittweise Öffnung des Marktes für Zählereinbau und Messung für Wettbewerb begleitet werden, für die „bundesweit einheitliche Wettbewerbsbedingungen bei dem Angebot von Zählern und Messdienstleistungen wichtig sind" (Hempelmann-Bericht S. 121). Das Monitoring über die Versorgungssicherheit hingegen hat der Gesetzgeber trotz der ausdrücklichen Möglichkeit nach Art. 4 2 EltRl und Art. 5 2 GasRl nicht der BNetzA, sondern dem BMWA übertragen (§ 51, Rn. 2).

Im übrigen beruht die Aufzählung im wesentlichen auf den Vorgaben der Richtlinien: In Abstimmung mit den Regulierungsbehörden der Mitgliedstaaten, mit denen ein Verbund besteht, sollen die Regeln für das Management und die Zuweisung von Verbindungskapazitäten einem Monitoring unterzogen werden **(Nr. 1).** Weiterhin soll der Ist-Stand ermittelt werden über die Mechanismen zur Behebung von Kapazitätsengpässen in den nationalen Energieversorgungsnetzen **(Nr. 2),** die benötigte Zeit der Netzbetreiber für Anschluß und Reparaturen **(Nr. 3)** sowie hinsichtlich der Veröffentlichungen angemessener Informationen durch die Netzbetreiber bzgl. Verbindungsleitungen, Netznutzung und Kapazitätszuweisungen für interessierte Parteien **(Nr. 4).**

Ferner sollen die tatsächliche Entflechtung der Rechnungslegung nach § 10 **(Nr. 5)**, die Bedingungen und Tarife für den Anschluß neuer Stromerzeuger unter Berücksichtigung technologie- und netzebenenspezifischer Vorteile und Kosten **(Nr. 6)**, die Bedingungen für den Zugang zu Speicheranlagen nach den §§ 26 und 28 **(Nr. 7)** sowie die Erfüllung der Pflichten nach §§ 11 bis 16 durch die Netzbetreiber **(Nr. 8)** untersucht werden.

Die Ansatzpunkte für das behördliche Auskunftsverlangen sind dabei zumeist durch die enge Eingrenzung des jeweiligen Monitoring-Objektes vorgegeben. Die Untersuchung des „Ausmaßes von Transparenz und Wettbewerb" **(Nr. 10)** mutet hingegen eher wie ein Auffangtatbestand an. Konkret könnte dabei bspw. das Ausmaß der Befolgung von nach Nr. 5 nicht umfaßten Unbundling-Verpflichtungen beurteilt werden (*Angenendt/Gramlich/Pawlik*, LKV 2006, 49, 51).

C. Verfahren

11 Das Monitoring selbst ist weniger ein formaler Akt denn ein Prozeß. Er besteht freilich aus einzelnen z. T. formalen Akten. § 35 selbst verleiht der Behörde für diese Verfahrensschritte keine besonderen Befugnisse. Vielmehr verweist § 35 II auf die Befugnisse des entsprechend anzuwendenden § 69.

I. Beteiligte

12 1. **Bundesnetzagentur.** Entsprechend der europarechtlichen Vorgabe behördlicher Mindestbefugnisse (Art. 23 I 3 EltRl und Art. 25 I 3 GasRl) liegt die **Zuständigkeit** – anders als beim Monitoring nach § 51 – bei der Regulierungsbehörde; nach § 54 obliegt die Aufgabe der BNetzA.

13 2. **Landesregulierungsbehörden.** Den Landesregulierungsbehörden wird keine eigenständige Aufgabe bei der Durchführung des Monitorings zugewiesen. Sie sollen nach § 64 a II 1 1. Hs. aber die Bundesbehörde beim Monitoring unterstützen (§ 64 a, Rn. 11). Sofern durch dieses Aufgaben der Landesregulierungsbehörden berührt sein sollten, muß ihnen die Gelegenheit zur Mitwirkung, etwa im Länderausschuß (§ 64 a II 2), eingeräumt werden. Darüber hinaus besteht die allg. Pflicht zur Zusammenarbeit (§ 64 a I).

14 3. **Marktteilnehmer.** Adressaten der Datenabfrage sind **Unternehmen.** Bei Konzernen dürfen die Fragebögen nicht zusammengefaßt von der Obergesellschaft beantwortet werden, sondern sind an die jeweiligen Teilunternehmen gerichtet. Beim ersten und zweiten Durchgang des Monitorings im Jahr 2006 und 2007 waren die Fragebögen im Bereich Strom jeweils durch Erzeuger, ÜNB, VNB, Großhändler/Lieferanten und die Strombörse EEX auszufüllen. Im Gasbereich unterschied die Behörde in Produzenten/Importeure, Betreiber von Gasversorgungsnetzen, die nicht der örtlichen Verteilung dienen, Betreiber von örtlichen Gasverteilernetzen, Speicherbetreiber sowie Großhändler/Lieferanten. An Betreiber von Biogasanlagen sowie an Speichernutzer/potentielle Nutzer von Speicherkapazität richtete sich die Abfrage nur im Jahr 2006.

4. Gesetzgeber. Das Monitoring dient mittelbar auch der Feststellung weiterer Reformbedarfs. Das Gesetz schreibt – vom Sonderfall des § 112 abgesehen – gleichwohl keine Pflicht für den nationalen Gesetz- und Verordnungsgeber zur Nachbesserung vor (dazu *Becker,* ZNER 2005, 108, 117). Durch das Monitoring der nationalen Regulierungsbehörden aufgedeckte erhebliche Mängel des Rechtsrahmens könnten ggf. auch den europäischen Gesetzgeber zu einer erneuten Reform bewegen.

II. Ablauf

Die Behörde wird durch § 35 und die damit verbundene Berichtspflicht nach § 63 IV nicht nur befugt, sondern auch **verpflichtet,** ein Monitoring durchzuführen. Trotz der Vorgabe von Gegenstand, Befugnissen und Zweck des Monitorings verbleibt der BNetzA ein weiter **Spielraum für die tatsächliche Ausgestaltung.** Detaillierte gesetzliche Regelungen hierzu wären weder auf europäischer Ebene noch durch den nationalen Gesetzgeber sinnvoll gewesen, da eine flexible Anpassung anhand der gesammelten Erfahrungen für die Behörde möglich bleiben muß.

1. Informationsgewinnung. Die für die Informationsgewinnung erforderliche **Datenabfrage** gestaltet die Behörde in Abstimmung mit den Betroffenen aus. Die BNetzA erstellt Fragebögen und diese ergänzende Definitionen. Beides wird einem Konsultationsprozeß unterzogen. Dadurch können Belastungen für die Unternehmen abgemildert und deren fachliche Kompetenz genutzt werden. Obschon eine Anhörung in einem förmlichen Verfahren ohnehin vorgeschrieben ist, erscheint ein Austausch im Sinne einer Zusammenarbeit mit den Adressaten des Monitorings erfolgversprechender für das Monitoring als eine bloße einseitige Durchsetzung mit den Mitteln des § 69. Zudem können frühzeitig Probleme hinsichtlich der Verpflichtung der Behörde, die Anfragen verständlich und erfüllbar zu gestalten, ausgeräumt werden. Darüber hinaus findet ggf. eine Abstimmung bzw. ein Erfahrungsaustausch mit den Regulierungsbehörden anderer Mitgliedstaaten statt.

18 Wenngleich der Begriff Monitoring eine eher passive Rolle der BNetzA suggeriert und ein gewisses Kooperationsverhältnis mit den Betroffenen unentbehrlich ist, so kann sich die Behörde durchaus **hoheitlicher Befugnisse** zur Informationsgewinnung bedienen (*Baur,* in: Ehricke, Energiewirtschaft, S. 37, 47; *Lecheler/Gundel,* EuZW 2003, 621, 625). Spezifische Befugnisse sind der BNetzA für das Monitoring allerdings nicht zugewiesen. Sie kann aber bei dessen Durchführung gem. § 35 II die Befugnisse **nach § 69** nutzen, um an die notwendigen Informationen zu gelangen bzw. um die eingegangenen zu prüfen. Wichtigste Befugnis im Rahmen des Monitorings ist das Auskunftsverlangen nach § 69 I i.V.m. mit der Auskunftspflicht der Betroffenen nach § 69 II. Die Ausübung dieser Befugnisse ist jedoch von der vorherigen Verfahrenseinleitung durch Beschluß und den weiteren in § 69 aufgestellten Bedingungen abhängig.

19 Wie bei vergleichbaren Befugnissen im Wettbewerbs- oder Telekommunikationsrecht (§ 59 GWB bzw. § 127 TKG) ist dem Einsatz hoheitlicher Befugnisse aber gewöhnlich ein **formloses Auskunftsersuchen** als „milderes Mittel" vorgeschaltet. Auch wenn ein solches Vorgehen für den Fall der Weigerung eines Marktteilnehmers die Abfrage verzögern könnte, wird damit seitens der Behörde der Wille zur Kooperation zum Ausdruck gebracht. Entsprechend wird aber freiwillige und vollständige Auskunft von Seiten der Marktteilnehmer erwartet.

20 Mit dem Monitoring sind **Eingriffe in Freiheitsrechte** (insbesondere Art. 12 und 14 GG) verbunden. Was Gegenstand der Abfrage sein kann, bedurfte daher hinreichend genauer gesetzlicher Bestimmung. Dem genügt die Aufzählung in § 35 I. Ein gewisser Einschätzungsspielraum mußte der Behörde dabei angesichts des Regulierungsauftrags, der komplexen Untersuchungsgegenstände und des Zwecks des Monitorings, Entwicklungen erkennbar zu machen, verbleiben. Dabei muß die Behörde ihre Befugnisse jedoch unter strikter Anwendung des Verhältnismäßigkeitsprinzips ausüben, was auch in § 69 I („erforderlich") betont wird.

21 Gleiches gilt für Detailtiefe und Umfang der Abfrage angesichts des damit verbundenen **Aufwandes für die Unternehmen.** Im Gesetzgebungsverfahren wurde in einer kleinen Anfrage gewarnt, die Auskunftspflichten im Monitoring-Prozeß könnten insbesondere für kleine und mittlere Unternehmen, etwa aufgrund des Zeit- und Arbeitsaufwandes, unverhältnismäßig sein (vgl. BT-Drucks. 15/5154, S. 2). Auch diesbezüglich ist die behördliche Umsetzung am Maßstab des Übermaßprinzips entscheidend (vgl. Antwort BReg, BT-Drucks. 15/5211, S. 2f.). Die BNetzA hat angekündigt, der Umfang der Datenabfrage werde in den Folgejahren ein ähnliches Ausmaß wie im ersten Durchgang haben (ABl. BNetzA 6/2006, S. 756).

Da die Abfrage regelmäßig **Betriebs- und Geschäftsgeheimnisse** 22 betrifft, ist deren Wahrung zu sichern. Auch wenn im Gegensatz zum Monitoring nach § 51 nicht explizit auf die Regelung des § 71 verwiesen wurde, ist dieser (auch bei formloser Abfrage) anwendbar. Entsprechend hat die BNetzA die Unternehmen in den Fragebögen aufgefordert, zu kennzeichnen und zu begründen, welche Punkte sie als Betriebs- oder Geschäftsgeheimnisse ansehen. Diese Angabe kann von der Behörde überprüft werden. Überdies hat die Behörde angekündigt, die Ergebnisse des Monitorings im Bericht gemäß § 63 IV nur in zusammengefaßter Form ohne Nennung einzelner Werte darzustellen (ABl. BNetzA 6/2006, S. 756; ABl. BNetzA 6/2007, S. 1039).

Sollte ein Unternehmen das Auskunftsersuchen verweigern und **Be-** 23 **schwerde** nach den §§ 75 ff. einlegen wollen, kann innerhalb einer Frist eine rechtsmittelfähige Auskunftsverfügung schriftlich bei der Behörde angefordert werden (ABl. BNetzA 6/2006, S. 756; ABl. BNetzA 6/2007, S. 1039). Gegenstände einer solchen Beschwerde könnten insbesondere Verstöße gegen das Verhältnismäßigkeitsprinzip sein (*Salje,* EnWG, § 35, Rn. 8; und oben Rn. 20 f.).

2. Auswertung. Einzige gesetzlich vorgegebene Zielsetzung für die 24 Auswertung der Daten ist, daß stets auch untersucht werden soll, welche Auswirkungen die ermittelten Verhältnisse und Entwicklungen auf den Letztverbraucher haben (Begr. BT-Drucks. 15/3917, S. 65; Jahresbericht BNetzA 2005, S. 162). Die Aussagekraft der Auswertung hängt maßgeblich von der Datenqualität und den behördlich verfügbaren Ressourcen ab und wird zwischen den einzelnen Gegenständen variieren. Die Auswertung erfolgte beim ersten Durchgang **automatisiert** durch Übertragung der ausgefüllten, standardisierten Fragebögen in eine Auswertungsdatenbank (Monitoring-Bericht der Bundesnetzagentur 2006, S. 8).

Ob die Abfrage der Daten und deren Auswertung stets alle Gegenstände umfassen muß, ist den Vorgaben des EnWG nicht eindeutig zu entnehmen; aus den Richtlinien könnte man eine solche Verpflichtung zumindest für die dort genannten Gegenstände (sonstige s. Rn. 9) ableiten (Art. 23 I 4 EltRl, Art. 25 I 4 GasRl). Im zweiten Durchgang des Monitorings im Jahr 2007 wurden etwa keine Daten zum zusätzlich durch den nationalen Gesetzgeber eingefügten Monitoringgegenstand der Netzzugangsbedingungen für Anlagen für die Erzeugung von Biogas nach Abs. 1 Nr. 7 von deren Betreibern erhoben (oben Rn. 9, 14). Auch wenn die Informationsabfrage und -auswertung danach zwar **nicht stets sämtliche Bereiche** umfassen muß, ist die Nichtberück-

§ 35 25

sichtigung einzelner Gegenstände erklärungsbedürftig und zumindest nicht über Jahre zulässig, da es gerade Ziel des Monitorings ist, Entwicklungen aufzuzeigen. Die erste Datenabfrage und -auswertung als künftige Vergleichsbasis betraf dementsprechend sämtliche Gegenstände des § 35 I (vgl. Monitoring-Bericht der Bundesnetzagentur 2006).

25 Zwingend jährlich ist aber ein Bericht über die Monitoring-Tätigkeit durch die Behörde zu erstellen (§ 63 IV). Insofern ist auch ein **Turnus** vorgegeben, in dem ein Monitoring durchgeführt werden muß. Der Monitoring-Bericht war erstmals zum 30. 6. 2006 anzufertigen (ABl. BNetzA 6/2006, S. 756). Den Termin der Veröffentlichung kann die Behörde aber wählen (*Salje,* EnWG, § 63, Rn. 5). Der Bericht ist, aufgrund der Hauptfunktion einer reflexiven Standortbestimmung der Regulierung durch die Behörde, im Gegensatz zu anderen zu erstellenden Berichten keiner politischen Entscheidungsinstanz zuzuleiten (*Masing,* S. 182). Eine **Rechtsfolge** ist nicht angeordnet. Allerdings dürfte der Bericht Auswirkungen auf die behördliche Regulierungspolitik und ggf. die Gesetzgebung haben.

Teil 4. Energielieferung an Letztverbraucher

§ 36 Grundversorgungspflicht

(1) ¹Energieversorgungsunternehmen haben für Netzgebiete, in denen sie die Grundversorgung von Haushaltskunden durchführen, Allgemeine Bedingungen und Allgemeine Preise für die Versorgung in Niederspannung oder Niederdruck öffentlich bekannt zu geben und im Internet zu veröffentlichen und zu diesen Bedingungen und Preisen jeden Haushaltskunden zu versorgen. ²Die Pflicht zur Grundversorgung besteht nicht, wenn die Versorgung für das Energieversorgungsunternehmen aus wirtschaftlichen Gründen nicht zumutbar ist.

(2) ¹Grundversorger nach Absatz 1 ist jeweils das Energieversorgungsunternehmen, das die meisten Haushaltskunden in einem Netzgebiet der allgemeinen Versorgung beliefert. ²Betreiber von Energieversorgungsnetzen der allgemeinen Versorgung nach § 18 Abs. 1 sind verpflichtet, alle drei Jahre jeweils zum 1. Juli, erstmals zum 1. Juli 2006, nach Maßgabe des Satzes 1 den Grundversorger für die nächsten drei Kalenderjahre festzustellen sowie dies bis zum 30. September des Jahres im Internet zu veröffentlichen und der nach Landesrecht zuständigen Behörde schriftlich mitzuteilen. ³Über Einwände gegen das Ergebnis der Feststellungen nach Satz 2, die bis zum 31. Oktober des jeweiligen Jahres bei der nach Landesrecht zuständigen Behörde einzulegen sind, entscheidet diese nach Maßgabe der Sätze 1 und 2. ⁴Stellt der Grundversorger nach Satz 1 seine Geschäftstätigkeit ein, so gelten die Sätze 2 und 3 entsprechend.

(3) Im Falle eines Wechsels des Grundversorgers infolge einer Feststellung nach Absatz 2 gelten die von Haushaltskunden mit dem bisherigen Grundversorger auf der Grundlage des Absatzes 1 geschlossenen Energielieferverträge zu den im Zeitpunkt des Wechsels geltenden Bedingungen und Preisen fort.

Literatur: *Bartsch/Kästner,* Der Tarifkunde auf dem Weg in die neue Grundversorgung, ET 54 (2004), 837; *Boos,* Der „unfreiwillige" und der „verhinderte" Grundversorger, IR 2005, 101; *Eder/de Wyl/Becker,* Der Entwurf eines neuen EnWG, ZNER 2004, 3; *Galahn,* Die Anschluß- und Versorgungspflicht gemäß § 10 EnWG, RdE 2004, 35; *Hampel,* Von der Tarifkundenversorgung zur Grundversorgung, ZNER 2004, 117; *ders.,* Die Zukunft der Tarifkundenversor-

§ 36 Teil 4. Energielieferung an Letztverbraucher

gung, 2005; *Hellermann,* Das Schicksal der Energieversorgungsverhältnisse beim Wechsel des Verteilungsnetzbetreibers und allgemeinen Versorgers, ZNER 2002, 70; *ders.,* Von der allgemeinen Versorgung zur Grundversorgung: Rechtsgrundlage der Gebietsversorgungspflicht und Folgen für den Versorgerwechsel, IR 2004, 266; *ders.,* Probleme des Kundenübergangs in Zeiten des „Grundversorgers", ZNER 2004, 329; *Holznagel/Schumacher,* Netzanschluss, Netzzugang und Grundversorgung im EnWG 2005, ZNER 2006, 218; *Strohe,* Grundversorgung, Ersatzversorgung und Sonderkundenversorgung, ET 56 (2006), 62; *Theobald,* Neues EnWG: 10 Eckpunkte zum Referentenentwurf vom Februar 2004, IR 2004, 50; *Weltge,* Die Novelle des Energiewirtschaftsrechts aus Sicht der Städte, IR 2004, 103.

Übersicht

	Rn.
A. Allgemeines	1
I. Inhalt und Zweck	1
II. Entstehungsgeschichte	4
1. Vorgeschichte und Grundlage der Neuregelung	4
2. Gesetzgebungsgeschichte	6
III. Gemeinschaftsrechtlicher Hintergrund	8
IV. Verfassungsrechtliche Beurteilung	10
V. Gesetzliche und untergesetzliche Konkretisierung	12
1. Rechtslage nach Teil 4 des EnWG 2005	12
a) Ergänzende gesetzliche Regelungen	12
b) Verordnungen zur Regelung der Allgemeinen Preise und Bedingungen	13
2. Übergangsregelungen	16
B. Ausgestaltung der Grundversorgung (§ 36 I)	17
I. Grundversorgungspflichtiger	17
II. Haushaltskunden als Grundversorgungsberechtigte	21
III. Inhalt der Grundversorgungspflicht	25
1. Bekanntgabe von Allgemeinen Bedingungen und Allgemeinen Tarifen	25
2. Versorgung von Haushaltskunden	27
IV. Unzumutbarkeit als Grenze der Grundversorgungspflicht (§ 36 I 2)	29
C. Bestimmung des Grundversorgers (§ 36 II)	35
I. Grundsätzliche Definition (§ 36 II 1)	35
1. Netzgebiet der allgemeinen Versorgung	36
2. Anzahl der versorgten Haushaltskunden	41
II. Verfahren der Feststellung des Grundversorgers (§ 36 II 2, 3)	44
1. Feststellungs- und Mitteilungspflicht des Netzbetreibers (§ 36 II 2)	45
2. Entscheidung über Einwände (§ 36 II 3)	48
III. Einstellung der Geschäftstätigkeit des Grundversorgers (§ 36 II 4)	52
D. Grundversorgerwechsel (§ 36 III)	55
I. Anwendungsbereich	56

	Rn.
II. Rechtsfolgen	58
1. Rechtsfolgen nach früherer Rechtslage	58
2. Rechtsfolgen nach § 36 III	60

A. Allgemeines

I. Inhalt und Zweck

§ 36 statuiert für bestimmte Energieversorgungsunternehmen, die **1** sog. Grundversorger, die **Verpflichtung, für bestimmte Netzgebiete die sog. Grundversorgung der Haushaltskunden mit Energie sicherzustellen.** Die Regelung sichert damit jedem Haushaltskunden i. S. d. Bestimmung die Belieferung mit Strom und Gas. Dies geschieht durch die Anordnung eines einseitigen Kontrahierungszwangs zu Lasten des grundversorgungspflichtigen EVU. Die Bestimmung dieses pflichtigen Grundversorgers orientiert sich an tatsächlichen Marktverhältnissen; dem Grundsatz nach ist Grundversorger das EVU, das in einem bestimmten Netzgebiet der allgemeinen Versorgung die meisten Haushaltskunden beliefert.

Diese Regelung des § 36 steht in enger sachlicher Beziehung zu § 1 I, **2** insbesondere zum **Gesetzeszweck einer möglichst sicheren (im Sinne von versorgungssicheren) und insbesondere verbraucherfreundlichen Energieversorgung.** Diese Orientierung an den Zwecken des § 1 I kommt schon darin zum Ausdruck, daß jedem einzelnen Haushaltskunden grundsätzlich ein Anspruch auf Belieferung zu allgemeinen Bedingungen und Preisen gewährt wird (§ 36 I 1), und wird noch expliziter bei der weiteren Ausgestaltung der Grundversorgung; so kann nach § 39 I 1 die Gestaltung der Allgemeinen Preise durch Rechtsverordnung unter Berücksichtigung des § 1 I geregelt werden.

Die Regelung dient damit dem Zweck der sog. **Daseinsvor-** **3** **sorge.** Daß die leitungsgebundene Versorgung der Bevölkerung mit Energie eine Daseinsvorsorgeaufgabe darstellt, ist – ungeachtet des zweifelhaften rechtlichen Gehalts dieser Qualifikation – seit jeher in Rechtsprechung und Literatur verbreitet anerkannt (*BVerfGE* 66, 248, 258; *BVerfG*, NJW 1990, 1783; *BVerwGE* 98, 273, 275; *Rheinl.-Pf.VerfGH*, NVwZ 2000, 801, 801 und 803). Mit dieser Zuordnung zur Daseinsvorsorge verbindet sich die Vorstellung, daß die Versorgung der Bevölkerung mit Energie zu angemessenen Bedingungen und Preisen sichergestellt sein soll. Vor der Liberalisierung der leitungsgebundenen Energieversorgung durch das EnWG 1998 wurde dies sichergestellt einerseits durch rechtliche Vorgaben des EnWG und auf dieser Grundlage ergangener Rechtsverordnungen, anderseits durch den Konzessionsvertrag zwischen Gemeinde und EVU; durch den Konzessionsvertrag erhielt das EVU regelmäßig das ausschließliche Recht zur Versorgung des Gemeindegebiets, zugleich unterlag es aber nach § 6 I EnWG 1998 auch einer Versorgungspflicht (vgl. *Albrecht,* in: S/T, § 8, Rn. 1 ff.). Die Daseinsvorsorgeaufgabe, die gemeinwohlgerechte, insbesondere sichere und beständige Energieversorgung der Bevölkerung sicherzustellen, stellt sich unter den Bedingungen einer liberalisierten, im Wettbewerb unter mehreren EVU erfolgenden Energieversorgung neu. Die Erfüllung dieser – über die bloße Sicherung einer Interimsversorgung (vgl. in diesem Sinne *Hempel,* in: Hempel/Franke, § 36 EnWG, Rn. 5) hinausgehenden – Daseinsvorsorgeaufgabe ist als gesetzgeberischer Wille in der Regelung des § 36 erkennbar (vgl. *LG Baden-Baden,* RdE 2006, 126, 127).

II. Entstehungsgeschichte

4   **1. Vorgeschichte und Grundlage der Neuregelung.** § 36 ist eine **Nachfolgebestimmung des § 10 EnWG 1998.** Diese Bestimmung sah eine Anschluß- und Versorgungspflicht des sog. allgemeinen Versorgers vor. Der allgemeine Versorger wurde maßgeblich von der Gemeinde bestimmt; allgemeiner Versorger war das EVU, mit dem die Gemeinde einen Konzessionsvertrag über die Nutzung öffentlicher Verkehrswege für die Verlegung und den Betrieb von Leitungen zur Durchführung der allgemeinen Versorgung nach § 13 II bis IV EnWG a. F. geschlossen hatte (zu einzelnen Problemen hinsichtlich des Begriffs des allgemeinen Versorgers vgl. *Albrecht,* in: S/T, § 8, Rn. 121 ff; *de Wyl/Essig/Holtmeier,* in: S/T, § 10, Rn. 151 ff.; *Galahn,* RdE 2004, 35, 36 f.; *Hampel,* ZNER 2004, 117, 118 f.).

5   Diese bisherige Regelung hat durch die Novellierung des EnWG, die eine (gesellschafts-)rechtliche Entflechtung vertikal integrierter EVU vorschreibt (§§ 6 ff.) und eine **Trennung von Netzbetrieb und Energielieferung** vorgibt, ihre Grundlage verloren; danach ist eine miteinander verknüpfte Anschluß- und Versorgungspflicht ausgeschlossen, und es bedarf unter den Bedingungen entflochtener Versorgungsverhältnisse einer neuartigen Konstruktion. Nunmehr bestehen zwei einander ergänzende Regelungen: Zum einen sieht § 18 eine – nicht nur, aber auch zugunsten von Haushaltskunden bestehende und somit auch deren Grundversorgung ermöglichende – Netzanschlußpflicht des EVU vor, das in einem bestimmten Gemeindegebiet ein Netz der allgemeinen Versorgung betreibt. Zum anderen begründet § 36 eine vom Netzbetrieb unabhängige Grundversorgungspflicht (*Scholtka,* NJW

2005, 2421, 2425) im Sinne einer Verpflichtung zur Energielieferung an Haushaltskunden.

2. Gesetzgebungsgeschichte. Die Regelung geht zurück auf **§ 36 RegE** (BT-Drucks. 15/3917, S. 21). Während des Gesetzgebungsverfahrens war sie nicht ganz unumstritten. Von kommunaler Seite gab es Widerstände (vgl. *Welge,* IR 2004, 103, 104), und auch der Bundesrat hat in seiner Stellungnahme auch verfassungsrechtlich fundierte, auf Art. 28 II GG gestützte Bedenken angemeldet (BR-Drucks. 613/04, S. 29). Diese Bedenken und Anregungen sind von der Bundesregierung in ihrer Gegenäußerung mit der Begründung zurückgewiesen worden, bei der Bestimmung des Grundversorgers es sich nicht um eine zwingend hoheitliche Tätigkeit und die gemeindliche Infrastrukturverantwortung erstrecke sich nach der Liberalisierung nicht mehr notwendig auf die Ausgestaltung der vertraglichen Lieferbeziehungen in der Grundversorgung (BT-Drucks. 15/4068, S. 7). Förmliche Änderungsvorschläge hat es im Gesetzgebungsverfahren nicht gegeben. Die Bestimmung ist gegenüber dem RegE unverändert Gesetz geworden.

Der „Teil 4. Energielieferung an Letztverbraucher", an dessen Spitze § 36 steht, hat allerdings im Gesetzgebungsverfahren eine Änderung insofern erfahren, als die im RegE vorgesehene Regelung des **§ 40 RegE** entfallen ist. Nach dieser Bestimmung sollten insbesondere auch die Allgemeinen Preise für die Belieferung mit Elektrizität nach § 36 I einer besonderen Mißbrauchsaufsicht durch die nach Landesrecht zuständige Behörde unterliegen. Die Bundesregierung wollte damit die Preisaufsicht nach der BTOElt in eine über die kartellrechtliche Mißbrauchsaufsicht hinausgehende, besondere Mißbrauchsaufsicht durch Landesbehörden überführen, um einen wirkungsvollen Schutz der Haushaltskunden zu erreichen (Begr., BT-Drucks. 15/3917, S. 66). Auf Vorschlag des Wirtschaftsausschusses, der eine umfassende Zuständigkeit der Kartellbehörden für die Preisaufsicht auf den dem Netzbereich vor- und nachgelagerten Märkten favorisierte (vgl. BT-Drucks. 15/5268, S. 121), wurde die Regelung nicht in das Gesetz aufgenommen.

III. Gemeinschaftsrechtlicher Hintergrund

Die Regelung des § 36 dient der **Umsetzung von Art. 3 III 1 und 2 EltRl und Art. 3 III 1 bis 3 GasRl** (vgl. Begr. zum RegE, BT-Drucks. 15/3917, S. 66). Nach Art. 3 III EltRl tragen die Mitgliedstaaten für eine Grundversorgung, d. h. ein Recht auf Versorgung mit Elektrizität einer bestimmten Qualität zu angemessenen, leicht und eindeutig vergleichbaren und transparenten Preisen Sorge; sie können zu diesem Zweck einen sog. Versorger letzter Instanz benennen. Etwas unbestimmter verpflichtet Art. 3 III GasRl die Mitgliedstaaten zu geeigneten Maßnahmen zum Schutz der Endkunden und zum Verbraucherschutz, insbesondere zum Schutz schutzbedürftiger Kunden einschließlich des Schutzes vor Ausschluß von der Versorgung; auch hier ist die Möglichkeit der Benennung eines Versorgers letzter Instanz vorgesehen. Während diese Vorgaben der GasRl in Bezug auf alle „Endkunden" i. S. v. Art. 2 Ziff. 27 GasRl gelten, sind die Vorgaben des Art. 3 III EltRl nur in Bezug auf „Haushaltskunden" i. S. v. Art. 2 Ziff. 10 EltRl formuliert, was gewerblich oder beruflich tätige Endkunden ausschließt; für Kleinunternehmen mit weniger als 50 Beschäftigten und höchstens 10 Mio. Euro Jahresumsatz bzw. Jahresbilanzsumme können die Mitgliedstaaten eine Elektrizitäts-Grundversorgung etablieren. Durch diese Vorgaben hat die EG – der weiter vorangetriebenen Liberalisierung korrespondierend – selbst gemeinwirtschaftliche Ziele und Verpflichtungen der Energiewirtschaft definiert (vgl. dazu *Börner,* Versorgungswirtschaft 2003, 269, 270).

9 Diesen Grundversorgungsverpflichtungen genügte zwar im Ergebnis bereits die Rechtslage unter dem früheren EnWG. Sie lösten jedoch Transformations- und **Novellierungsbedarf** insofern aus, als die zugleich gemeinschaftsrechtlich aufgegebene Trennung von Leitungsbetrieb und Lieferung (*Börner,* Versorgungswirtschaft 2003, 269, 274 f.) neue Regelungen erforderte.

IV. Verfassungsrechtliche Beurteilung

10 Die Regelung des § 36 enthält gegenüber dem früheren Rechtszustand eine beträchtliche **weitere Einschränkung der Position der jeweiligen Gemeinde.** Bis zum EnWG 1998 hatte die Gemeinde durch den Konzessionsvertrag den alleinigen Gebietsversorger bestimmen können. Nach dem EnWG 1998 konnte die Gemeinde, indem sie mit einem EVU einen Konzessionsvertrag abschloß, zwar nicht mehr den Monopolversorger des Gebiets, aber doch noch zugleich auch den allgemeinen Versorger bestimmen, dem in Konkurrenz mit anderen EVU die Gebietsversorgungspflicht oblag. Mit der Entkoppelung von (Verteilungs-)Netzbetrieb und Gebietsversorgung durch das neue EnWG ist der gemeindliche Konzessionsvertragsabschluß rechtlich nur noch für den Verteilungsnetzbetrieb bedeutsam; der früher hierauf gegründete gemeindliche Einfluß auf die Gebietsversorgung ist hingegen verlorengegangen.

11 Diese weitreichende Verdrängung der Gemeinde aus der Versorgungsverantwortlichkeit ist **verfassungsrechtlich nicht unbedenk-**

lich. Sie ist wegen der durch Art. 3 III 1 und 2 EltRl und Art. 3 III 1 bis 3 GasRl hinsichtlich der Art und Weise der Organisation der Grundversorgung gelassenen Spielräume (vgl. Rn. 8), die auch ein gemeindliches Bestimmungsrecht zuließen, gemeinschaftsrechtlich nicht zwingend vorgegeben. Die Wahrnehmung dieses gemeinschaftsrechtlich verbleibenden Gestaltungsspielraums durch den deutschen Gesetzgeber muß sich vor Art. 28 II GG rechtfertigen. Daß die Selbstverwaltungsgarantie des Art. 28 II GG auch die Verantwortlichkeit der Gemeinde für die leitungsgebundene Versorgung ihrer Einwohner mit Energie umfaßt, ist weithin anerkannt (*BVerfG*, NJW 1990, 1783; *BVerwGE* 98, 273, 275 ff.; *Rheinl.-Pf.VerfGH,* NVwZ 2000, 801, 803; *Hampel,* S. 303). Die Verdrängung der jeweiligen Gemeinde aus der Bestimmung des in ihrem Gebiet subsidiär pflichtigen Energielieferanten ist eine gesetzliche Beschränkung dieser verfassungsgeschützten Verantwortung. Diese Beschränkung läßt sich nicht allein damit rechtfertigen, daß diese gemeindliche Bestimmungsbefugnis nicht, jedenfalls unter den Bedingungen einer liberalisierten Energieversorgung nicht mehr zum verfassungsgeschützten Kernbestand der gemeindlichen Selbstverwaltung zähle (so die BReg. in ihrer Gegenäußerung, BT-Drucks. 15/4068, S. 7). Wie das *BVerfG* klargestellt hat (*BVerfGE* 79, 127, 150 f.), unterliegen auch Beschränkungen, die nicht den Kernbereich, sondern nur den vorgelagerten Randbereich der Selbstverwaltungsgarantie tangieren, materiellen Rechtfertigungsanforderungen; materiell gerechtfertigt sind sie nur, soweit überwiegende öffentliche Interessen sie erfordern, insbesondere weil die Gemeinde zur ordnungsgemäßen Wahrnehmung der Aufgabe nicht in der Lage ist oder die gemeindliche Aufgabenwahrnehmung unverhältnismäßig höhere Kosten verursachen würde (*BVerfGE* 79, 127, 153). Die Rechtfertigung könnte hier wohl nur aus der gesetzgeberischen Erwartung einer gemeinwohlgerechteren, insbesondere preiswerteren Grundversorgung der Bevölkerung folgen. Ob die Grundversorgungsregelung des § 36 zur Erreichung dieses Ziels besser geeignet ist als eine Regelung, die eine hoheitliche, gemeindliche Bestimmung des Grundversorgers vorsieht, erscheint aber sehr fraglich. Mit Blick auf Art. 28 II GG sind deshalb beachtenswerte Bedenken gegen § 36 erhoben worden (vgl. *Theobald,* IR 2004, 50, 51; *Hellermann,* IR 2004, 266, 268; *ders.,* ZNER 2004, 329, 331; *Hampel,* S. 303 f.).

V. Gesetzliche und untergesetzliche Konkretisierung

12 **1. Rechtslage nach Teil 4 des EnWG 2005. a) Ergänzende gesetzliche Regelungen.** Die Regelung der Grundversorgung in § 36 wird durch nachfolgende Vorschriften des „Teil 4. Energielieferung an Letztverbraucher", d. h. die **§§ 37 bis 42** weiter konkretisiert. Wegen des unmittelbaren Bezugs auf die Grundversorgung i. S. v. § 36 sind insofern hervorzuheben einerseits § 37, der den Anspruch auf Grundversorgung unter gewissen Voraussetzungen ausschließt bzw. modifiziert, sowie andererseits § 39, der eine u. a. auch auf die Grundversorgung i. S. v. § 36 bezogene Verordnungsermächtigung enthält.

13 **b) Verordnungen zur Regelung der Allgemeinen Preise und Bedingungen.** Wie in der **Verordnungsermächtigung des § 39** zum Ausdruck kommt, ist die Regelung der Grundversorgung auf untergesetzliche Konkretisierung angelegt. Durch Rechtsverordnung können die Gestaltung der Allgemeinen Preise und die Versorgungsbedingungen im Rahmen der Grundversorgung nach § 36 geregelt werden (zu den Regelungsmöglichkeiten nach § 39 vgl. näher § 39, Rn. 19 ff.)

14 Hinsichtlich der **Allgemeinen Preise** galt auf der Grundlage der Übergangsregelung in Art. 5 III EnWG-NeuregelungsG (BGBl. I 2005 S. 1970) bis zum 1. 7. 2007 noch die BTOElt. Bis dahin waren also die Regelungen dieser Verordnung über „allgemeine Tarife" auf die Allgemeinen Preise in der Grundversorgung nach § 36 I anzuwenden; das hatte insbesondere zur Folge, daß diese der in § 12 BTOElt vorgesehenen Genehmigungspflicht unterlagen (vgl. *Börner,* Versorgungswirtschaft 2005, 221 f.). Von der Ermächtigung zur Regelung der Allgemeinen Preise in § 39 I hat der Verordnungsgeber nach dem Inkrafttreten des EnWG 2005 bislang keinen neuen Gebrauch gemacht.

15 Die Konkretisierung der **Allgemeinen Bedingungen der Grundversorgung** hingegen ist, gestützt auf § 39 II, durch die „Verordnung zum Erlaß von Regelungen für die Grundversorgung von Haushaltskunden und die Ersatzversorgung im Energiebereich" vom 26. 10. 2006 (BGBl. I S. 2391) erfolgt. Sie sieht in ihrem Art. 1 eine Verordnung über Allgemeine Bedingungen für die Grundversorgung von Haushaltskunden und die Ersatzversorgung mit Elektrizität aus dem Niederspannungsnetz (Stromgrundversorgungsverordnung – StromGVV) sowie in Art. 2 eine Verordnung über Allgemeine Bedingungen für die Grundversorgung von Haushaltskunden und die Ersatzversorgung mit Gas aus dem Niederdrucknetz (Gasgrundversorgungsverordnung – GasGVV) vor.

2. Übergangsregelungen. Hinsichtlich der Anwendbarkeit der 16
neuen gesetzlichen und untergesetzlichen Regelungen über die Grundversorgung sind die **Übergangsregelungen für bestehende Energielieferverträge** mit Letztverbrauchern in §§ 115 II und III, 116 zu beachten (vgl. die dortige Kommentierung).

B. Ausgestaltung der Grundversorgung (§ 36 I)

I. Grundversorgungspflichtiger

Grundversorgungspflichtig nach § 36 I können nur EVU i. S. v. § 3 17
Nr. 18 sein. Der Sache nach kann sich § 36 I dabei nicht auf netzbetreibende EVU beziehen, sondern nur auf solche **EVU, die – leitungsgebunden – Energie an andere liefern.** Wegen der durch § 7 vorgegebenen rechtlichen Entflechtung wird es sich regelmäßig um rechtlich eigenständige – zumeist juristische – Personen handeln, deren Unternehmen seinem Gegenstand nach auf die leitungsgebundene Energielieferung beschränkt ist; nur soweit die De-minimis-Regelung des § 7 II (s. § 7, Rn. 41 ff.) dies zuläßt, kann ein von einer natürlichen oder juristischen Person getragenes EVU, das zugleich Netzbetreiber und Energielieferant ist, grundversorgungspflichtig sein.

Die Grundversorgerstellung kommt einem EVU nicht etwa als solchem und damit für seine gesamte Energielieferungstätigkeit zu, son- 18
dern jeweils nur **bezogen auf bestimmte, einzelne Netzgebiete der allgemeinen Versorgung.** Das hat zur Folge, daß ein EVU, das in einem solchen Netzgebiet oder in mehreren solcher Netzgebiete Grundversorger ist, in anderen Versorgungsgebieten diese Stellung nicht notwendig hat (*Salje,* EnWG, § 36, Rn. 8).

Die Bestimmung des grundversorgungspflichtigen EVU hat zunächst 19
eine von § 36 II abweichende **Übergangsregelung in § 118 III** übernommen; danach ist bis zum 31. 12. 2006 das Unternehmen Grundversorger gewesen, das die Aufgabe der allgemeinen Versorgung im Zeitpunkt des Inkrafttretens des EnWG 2005, also am 13. 7. 2006, durchgeführt hat. Zweck dieser Regelung ist es gewesen, bis zur ersten Feststellung eines Grundversorgers gemäß § 36 II übergangsweise sicherzustellen, daß alle Haushaltskunden über eine Grundversorgung verfügen (*LG Baden-Baden,* RdE 2006, 126, 127; *Kühne/Brodowski,* NVwZ 2005, 848, 850). Problematisch ist sie allerdings gewesen mit Blick auf solche Fälle, in denen zwischen Inkrafttreten des EnWG 2005 und dem 31. 12. 2006 Netzübernahmen stattgefunden haben, der bisherige allgemeine Versorger seine Geschäftstätigkeit aufgegeben hat,

vielleicht sogar liquidiert worden ist oder erstmalig eine allgemeine Versorgung aufgenommen worden ist (vgl. *Boos,* IR 2005, 101).

20 Für die Zeit nach Ablauf dieser Übergangsfrist, also für die Zeit seit dem 1. 1. 2007 findet sich die maßgebliche Regelung in § 36 II. Dem **nach § 36 II als Grundversorger festgestellten EVU** obliegt danach also die Pflicht zur Grundversorgung in einem bestimmten Gebiet eines Netzes der allgemeinen Versorgung (vgl. näher Rn. 35 ff.).

II. Haushaltskunden als Grundversorgungsberechtigte

21 Der Anspruch auf Grundversorgung steht den **Haushaltskunden i. S. v. § 3 Nr. 22** zu. Dies sind Letztverbraucher (vgl. § 3 Nr. 25), die Energie überwiegend kaufen entweder für den Eigenverbrauch im Haushalt oder auch für den Eigenverbrauch für berufliche, landwirtschaftliche oder gewerbliche Zwecke, letzteres jedoch nur bei einem Jahresverbrauch bis zu 10.000 kWh.

22 Diese Definition des grundversorgungsberechtigten Haushaltskunden modifiziert die des Letztverbrauchers (§ 3 Nr. 25) insofern, als kein ausschließlich für den Eigenverbrauch bestimmter Energieeinkauf gefordert ist, es vielmehr zureicht, wenn Energie überwiegend für den Eigenverbrauch gekauft wird; eine dem Umfang nach **nicht überwiegende Verwendung der gekauften Energie für den Fremdverbrauch**, d. h. für Zwecke außerhalb des eigenen Haushalts oder der eigenen beruflichen oder gewerblichen Betätigung ist danach unschädlich (*Salje,* EnWG, § 36, Rn. 9). Der Grundversorgungsanspruch eines Endkunden bleibt also insbesondere erhalten, wenn er einen – nicht überwiegenden – Teil der von ihm gekauften Energie außerhalb seines Haushalts lebenden Personen oder auch fremden Unternehmen zum Verbrauch überläßt. Praktisch wird das am bedeutsamsten sein in Fällen der Untervermietung, in denen der Untermieter kein eigenes Energielieferverhältnis mit einem EVU eingegangen ist (zur Rechtsstellung des Untermieters oder auch des Familienangehörigen in diesen Fällen vgl. *Hempel,* in: Hempel/Franke, § 36 EnWG, Rn. 51, 63).

23 § 36 I geht über die zwingende gemeinschaftsrechtliche Vorgabe namentlich im Elektrizitätssektor hinaus. Art. 3 III i. V. m. Art. 2 Ziff. 10 EltRl definiert als „Haushaltskunden" Kunden, die Elektrizität für den Eigenverbrauch im Haushalt kaufen, unter Ausschluß gewerblicher und beruflicher Tätigkeiten. § 36 I nimmt die den Mitgliedstaaten gewährte Option zur Erstreckung der Grundversorgung auch auf Kleinunternehmen in Anspruch, indem der **Grundversorgungsanspruch auch für Letztverbraucher mit einem beruflichen, gewerblichen oder landwirtschaftlichen Zwecken dienenden Ei-**

genverbrauch bis zu einem Jahresverbrauch von 10 000 kWh gewährt wird. Die Festsetzung dieser Jahresverbrauchsgrenze bereitet insofern gewisse Anwendungsschwierigkeiten (vgl. hierzu *Salje,* EnWG, § 36, Rn. 10 f.; *Hempel,* in: Hempel/Franke, § 36 EnWG, Rn. 79), als ihre Einhaltung nicht rückblickend festgestellt werden kann, denn dann müßte eine zunächst vermeintlich angenommene Grundversorgung rückwirkend als außerhalb der Grundversorgung durchgeführte Versorgung angesehen und konstruiert werden. Maßgeblich kann nur das jeweils letzte vorausliegende Verbrauchsjahr sein. Hat der Letztverbraucher in diesem Verbrauchsjahr die Jahresverbrauchsgrenze überschritten, entfällt für das nachfolgende Kalenderjahr der Grundversorgungsanspruch. Das hindert jedoch nicht den Fortbestand des Lieferverhältnisses zu Grundversorgungspreisen und -bedingungen, solange beide Vertragspartner dazu bereit sind.

Kein Grundversorgungsanspruch besteht **für Letztverbraucher, die über ein Objektnetz i. S. v. § 110 I versorgt werden.** Das entspricht der gesetzgeberischen Annahme, daß Grundversorgung die Energiebelieferung über Energieversorgungsnetze der allgemeinen Versorgung meint (BT-Drucks. 15/3917, S. 66), und folgt ausdrücklich aus § 110 II, wonach Teil 4 des EnWG, also §§ 36 bis 42, auf die Belieferung von Letztverbrauchern mit Energie unter Nutzung solcher Objektnetze keine Anwendung findet (zur Frage der Vereinbarkeit des insoweit mangelnden Grundversorgungsanspruchs mit den gemeinschaftsrechtlichen Vorgaben vgl. § 110, Rn. 19; sowie *Hempel,* in: Hempel/Franke, § 36 EnWG, Rn. 69).

III. Inhalt der Grundversorgungspflicht

1. Bekanntgabe von Allgemeinen Bedingungen und Allgemeinen Tarifen. Der Pflicht zur Grundversorgung des einzelnen Haushaltskunden vorgelagert sind zwei miteinander zusammenhängende Verpflichtungen des Grundversorgers, nämlich die **Verpflichtung zur öffentlichen Bekanntgabe und zur Internetveröffentlichung von Allgemeinen Bedingungen und Allgemeinen Preisen** für die Versorgung in Niederspannung oder Niederdruck (§ 36 I 1). Die Regelung dient der Erfüllung der Vorgaben aus Art. 3 III EltRl und Art. 3 III 1 GasRl und verfolgt einen kunden- bzw. verbraucherschützenden Zweck (zu Einzelheiten der Art und Weise der Bekanntgabe vgl. *Hempel,* in: Hempel/Franke, § 36 EnWG, Rn. 144 ff.).

In der Sache ergeben sich insbesondere aus **den auf § 39 gestützten Rechtsverordnungen** Vorgaben zur Ausgestaltung der Allgemeinen Bedingungen und Tarife, die nach dieser Bestimmung bekanntzugeben sind.

27 **2. Versorgung von Haushaltskunden.** Hierauf baut auf der **Anspruch jedes einzelnen Haushaltskunden auf Belieferung mit Energie zu den veröffentlichten Allgemeinen Bedingungen und Preisen** gemäß § 36 I 2. Mit diesem individuellen Grundversorgungsanspruch trägt das Gesetz den Anforderungen insbesondere des Art. 3 III 1 EltRl, weiter auch des Art. 3 III GasRl Rechnung.

28 Dem Gegenstand nach erfaßt dieser Anspruch gegen den Grundversorger die **leitungsgebundene Versorgung des Haushaltskunden mit Strom bzw. Gas** in Niederspannung bzw. Niederdruck nach Maßgabe der öffentlich bekannt gegebenen (vgl. Rn. 25) Allgemeinen Bedingungen und Preise (*Hempel,* in: Hempel/Franke, § 36 EnWG, Rn. 87). Dieser Anspruch begründet einen gegen das grundversorgungspflichtige EVU gerichteten Kontrahierungszwang (*Hempel,* in: Hempel/Franke, § 36 EnWG, Rn. 36 f.). Dem korrespondiert keine entsprechende Verpflichtung für den Haushaltskunden (*Hempel,* in: Hempel/Franke, § 36 EnWG, Rn. 5); seine Freiheit, sich auch anderweitig mit Energie beliefern zu lassen, bleibt unberührt, wie § 41 belegt. Einen Anspruch auf Einräumung individuell günstigerer Konditionen kann der Haushaltskunde im Rahmen des Grundversorgungsanspruchs nicht geltend machen. Der Grundversorger ist, auch wenn die ausdrückliche Regelung des § 10 I 3 EnWG 1998 nicht in das EnWG 2005 übernommen worden ist, grundsätzlich zum Angebot gleicher Preise in dem maßgeblichen Netzgebiet der allgemeinen Versorgung verpflichtet (vgl. ausführlicher *Hempel,* in: Hempel/Franke, § 36 EnWG, Rn. 102 ff., der für eine – problematisch erscheinende – Erstreckung des Grundsatzes der Gleichpreisigkeit über Gemeindegrenzen hinweg auf das gesamte räumlich zusammenhängende und strukturell vergleichbare Netzgebiet eines grundversorgungspflichtigen EVU plädiert).

IV. Unzumutbarkeit als Grenze der Grundversorgungspflicht (§ 36 I 2)

29 Die Grundversorgungspflicht unterliegt **Begrenzungen zum einen aus der besonderen Bestimmung des § 37 und zum anderen aus § 36 I 2.** Beiden gesetzlichen Begrenzungen liegt die Annahme zugrunde, daß die Grundversorgungspflicht wegen Unzumutbarkeit entfallen kann.

30 Nach § 36 I 2 entfällt die Grundversorgungspflicht, wenn die Versorgung für das EVU **aus wirtschaftlichen Gründen nicht zumut-**

bar ist. Für die Auslegung dieser Regelung wird man zwar auf das Verständnis der Vorgängerregelung des § 10 I 2 EnWG 1998 zurückgreifen können, dabei aber beachten müssen, daß es im Rahmen von § 36 I 2 nunmehr nur noch um die Zumutbarkeit der Versorgung eines an ein Netz der allgemeinen Versorgung angeschlossenen Haushaltskunden geht (vgl. *Salje,* EnWG, § 36, Rn. 19).

Auch für § 36 I 2 gilt, daß **nur wirtschaftliche und nicht anders begründete Unzumutbarkeit** die Grundversorgungspflicht entfallen läßt. Sonstige, ansonsten zur Begründung der Unzumutbarkeit und der Verweigerung von Vertragsbeziehungen durchaus geeignete Gesichtspunkte scheiden damit hier aus (*Büdenbender,* EnWG, § 10, Rn. 99, mit dem Beispiel eines Kunden, der die Geschäftsleitung des EVU unsachlich und verletzend kritisiert hat).

Wirtschaftliche Unzumutbarkeitsgründe können sich **aus dem objektiven Versorgungsverhältnis** ergeben. Dies erklärt sich daraus, daß die Allgemeinen Bedingungen und Tarife der Grundversorgung auf einer Gruppenkalkulation und der Annahme beruhen, daß sich die erfaßten Abnahmeverhältnisse in einem bestimmten Rahmen bezüglich ihrer wirtschaftlichen Vor- und Nachteile ausgleichen; fällt ein bestimmtes – atypisches – Versorgungsverhältnis in seinen Abnahmebedingungen aus diesem Rahmen, kann das die wirtschaftliche Unzumutbarkeit der Grundversorgung begründen, wenn die hierdurch veranlaßten Kosten nicht mehr im angemessenen Verhältnis zu den Kosten stehen, die für die typisierten Annahmeverhältnisse als durchschnittlich im Versorgungsgebiet zugrunde gelegt worden sind (vgl. *BGHZ* 74, 327, 335). Für die Beurteilung dieser Unzumutbarkeit hat die vorherrschende Auffassung unter der alten Rechtslage nicht auf die wirtschaftliche Gesamtsituation des EVU abgestellt, sondern auf die Rentabilität des konkreten Einzelgeschäfts (*BGH,* RdE 1979, 153, 155; *de Wyl/Essig/Holtmeyer,* in: S/T, § 10, Rn. 161, m.w.N.; *Büdenbender,* EnWG, § 10, Rn. 100 ff.). Mit Recht wird insoweit jedoch betont, daß der Grundsatz die Versorgungspflicht ist, während der Ausschlußgrund der Unzumutbarkeit der Ausnahmetatbestand ist, so daß eine deutlich atypische Abnahmesituation vorauszusetzen ist (vgl. *Hampel,* S. 103 f.). Wirtschaftliche Unzumutbarkeit der Versorgung wird danach nicht schon begründet durch eine ungünstige, besondere Lasten etwa durch Leitungsverluste begründende Lage der Verbrauchsstelle (*Salje,* EnWG, § 36, Rn. 23). Als Anwendungsfälle wirtschaftlicher Unzumutbarkeit werden einerseits Fälle eines – über die typischen Abnahmeschwankungen etwa bei Ferien- oder Zweitwohnungen hinausgehenden – saisonalen Wechsels von sehr niedrigem und kurzzeitig sehr hohem Leistungsbedarf genannt; andererseits kann auch ein atypisch hoher

Energieverbrauch wirtschaftliche Unzumutbarkeit begründen, wenn er allein im Kundeninteresse Mehraufwendungen auslöst, die durch die Tarifentgelte nicht mehr angemessen ausgeglichen werden (*Hampel*, S. 104 f.).

33 Weiter kann wirtschaftliche Unzumutbarkeit auch **in der Person des Kunden liegende Gründe** haben. Anhaltspunkte hierfür können sich insbesondere aus der Nicht- oder Schlechterfüllung von Pflichten aus bestehenden oder auch früheren Versorgungsverhältnissen ergeben; genannt werden insbesondere die Tatbestände der Zahlungsunfähigkeit bzw. -verweigerung, der Kreditunwürdigkeit, der vorschriftswidrigen Errichtung oder Bedienung von Energieanlagen sowie der Stromentziehung i. S. v. § 284 StGB (vgl. *Hampel*, S. 105 f.; *Hempel*, in: Hempel/Franke, § 36 EnWG, Rn. 166 ff.). Konkretisierungen finden sich insoweit auf der Grundlage von § 39 II in §§ 19, 21 StromGVV bzw. GasGVV.

34 Für die Unzumutbarkeit steht ggf. das sonst grundversorgungspflichtige EVU in der **Darlegungs- und Beweislast** (vgl. *BGHZ* 74, 327, 339, *de Wyl/Essig/Holtmeyer*, in: S/T, § 10, Rn. 161 zu § 10 I 2 EnWG 1998; *Salje*, EnWG, § 36, Rn. 19).

C. Bestimmung des Grundversorgers (§ 36 II)

I. Grundsätzliche Definition (§ 36 II 1)

35 Grundversorger i. S. v. § 36 I ist **das EVU, das die meisten Haushaltskunden in einem Netzgebiet der allgemeinen Versorgung beliefert.** Hierin kommt eine grundlegende konzeptionelle Neuerung bei der Bestimmung des für die Gebietsversorgung zumindest subsidiär verantwortlichen EVU zum Ausdruck. Sie erfolgt nicht mehr durch hoheitliche Entscheidung, nämlich durch den Konzessionsvertragsschluß der jeweiligen Gemeinde, wie das bis zum EnWG 1998 und auch auf der Grundlage des EnWG 1998 der Fall war, sondern durch eine gesetzliche Definition, die an objektive Marktgegebenheiten anknüpft (BT-Drucks. 15/3917, S. 66; zu verfassungsrechtlichen Bedenken vgl. oben Rn. 11).

36 **1. Netzgebiet der allgemeinen Versorgung.** Bezugsgröße für die Bestimmung des jeweiligen Grundversorgers ist ein Netzgebiet der allgemeinen Versorgung. Für das „Netzgebiet der allgemeinen Versorgung" findet sich im EnWG unmittelbar keine Legaldefinition. Man wird darunter jedoch das Gebiet zu verstehen haben, auf das sich ein **„Energieversorgungsnetz der allgemeinen Versorgung"** i. S. v.

§ 3 Nr. 17 erstreckt (vgl. *Strohe,* ET 56 [2006], 62). Dieses ist definiert als ein Energieversorgungsnetz, das der Verteilung von Energie an Dritte dient und das von seiner Dimensionierung nicht von vornherein nur auf die Versorgung bestimmter, schon bei der Netzerrichtung feststehender oder bestimmbarer Letztverbraucher angelegt ist, sondern grundsätzlich für die Versorgung jedes Letztverbrauchers offen steht (vgl. § 3, Rn. 33). Auch die Heranziehung dieser Definition beseitigt jedoch nicht die Ungewißheit über die räumliche Abgrenzung eines solchen Versorgungsnetzes bzw. Netzgebiets, die ein beträchtliches Konfliktpotential in sich bergen dürfte (so zu Recht *Hampel,* S. 303, Fn. 1565).

Für die Bewältigung dieser Abgrenzungsprobleme ist der **Rekurs auf den Konzessionsvertrag** wesentlich (vgl. *Salje,* EnWG, § 36, Rn. 26, der das Vorliegen eines Konzessionsvertrags i. S. v. § 46 II als Indiz heranziehen will). Zwar hat das Bestehen eines wirksamen Konzessionsvertrags zwischen dem Netzbetreiber und der Gemeinde keine unmittelbare rechtliche Bedeutung für das Rechtsverhältnis des Netzbetreibers (vgl. dazu *Büdenbender,* EnWG, § 10, Rn. 38; s. auch § 18 Rn. 6), erst recht das des energieliefernden EVU zum Letztverbraucher. Das hindert jedoch nicht, einem bestehenden Konzessionsvertrag Bedeutung für die Abgrenzung des nach § 36 für den gesetzlichen Grundversorgungsanspruch maßgeblichen Versorgungsgebiets zuzusprechen.

Das hat insbesondere Bedeutung für die Frage, ob Netzgebiete der allgemeinen Versorgung jeweils **gemeindegebietsbezogen oder u. U. auch gemeindegebietsüberschreitend** zu bestimmen sind. Der Wortlaut des § 36 gibt für eine Begrenzung auf das Gebiet einer Gemeinde zunächst keinen Anhalt und spricht wohl eher dafür, für die Gebietsbestimmung auf die Gesamtheit eines zusammenhängenden Niederspannungs- bzw. Niederdrucknetzes eines Netzbetreibers abzustellen (*Bartsch/Kästner,* ET 2004, 837, 838). Entsprechend gingen auch im Gesetzgebungsverfahren Änderungsvorschläge, die allerdings eine hoheitliche Bestimmung des Grundversorgers vorsahen, implizit davon aus, daß Versorgungsgebiete auch gemeindegebietsübergreifend sein können (vgl. BR-Drucks. 613/1/04, S. 31). Für die in § 36 II 1 getroffene Regelung ist jedoch – ungeachtet der Trennung von Netzbetrieb und Belieferung – zunächst zu beachten, daß die Grundversorgungspflicht tatbestandlich auf ein bestimmtes Netz der allgemeinen Versorgung bezogen wird; die Regelungen über die Begründung und den Betrieb eines Netzes der allgemeinen Versorgung, insbesondere auch über die allgemeine Anschlußpflicht, aber geben Anhaltspunkte für eine Begrenzung auf das Gebiet jeweils einer Gemeinde. So spricht § 46 II 1 in Bezug auf Konzessionsverträge zwischen EVU und Gemeinden von

„Leitungen, die zu einem Energieversorgungsnetz der allgemeinen Versorgung im Gemeindegebiet gehören"; folgerichtig erlegt § 18 I 1 Netzbetreibern die allgemeine Anschlußpflicht auf „für Gemeindegebiete, in denen sie Energieversorgungsnetze der allgemeinen Versorgung von Letztverbrauchern betreiben". Dafür, daß jedenfalls das auf das jeweilige Netz der allgemeinen Versorgung Bezug nehmende Versorgungsgebiet i. S. v. § 36 II 1 notwendig auf das Gebiet jeweils einer Gemeinde begrenzt ist, spricht der Umstand, daß andernfalls der Netzbetreiber u. U. nicht unerhebliche Möglichkeiten erhielte, durch entsprechende Gestaltung, evtl. auch Separierung seines Niederspannungs- bzw. Niederdrucknetzes auf den Zuschnitt des maßgeblichen Grundversorgungsgebietes (*Bartsch/Kästner,* ET 2004, 837, 838) und darüber auf die Grundversorgungspflichtigkeit bestimmter energieliefernder EVU Einfluß zu nehmen. Der Konzeption des Gesetzes, die im Interesse eines diskriminierungsfreien Wettbewerbs gerade auf eine Separierung von Netzbetrieb und Energielieferung abzielt, entspricht deshalb die Annahme, daß ein Netzgebiet der allgemeinen Versorgung notwendig jeweils auf das Gebiet einer Gemeinde beschränkt ist (so auch *Strohe,* ET 56 [2006], 62, 62 f.; vgl. auch *Hempel,* in: Hempel/Franke, § 36 EnWG, Rn. 201).

39 Umgekehrt wird **keine strikte, notwendige Bezogenheit auf das gesamte Gebiet einer Gemeinde** bestehen. Das versteht sich zunächst, soweit eine flächendeckende Erschließung mit Versorgungsanlagen nicht besteht, wie das namentlich im Bereich der Gaswirtschaft der Fall ist (vgl. *Büdenbender,* EnWG, § 10, Rn. 39). Es ist jedoch auch nicht ausgeschlossen, daß ein Gemeindegebiet in mehrere Netzgebiete der allgemeinen Versorgung unterteilt ist (vgl. *LG Baden-Baden,* RdE 2006, 126, 126 f., das von der Möglichkeit ausgeht, daß ein EVU Grundversorger allein in einem Teilort einer Gemeinde ist). Auch hierfür wird maßgeblich auf die bestehende konzessionsvertragliche Lage abzustellen sein, die ein Nebeneinander mehrerer Konzessionsverträge für verschiedene Gemeinde(teil)gebiete nicht ausschließt; es ist nicht ersichtlich, daß § 46 II 1 dem entgegenstünde (*Salje,* EnWG, § 46, Rn. 104).

40 Nicht unter den Begriff des Netzgebiets der allgemeinen Versorgung fallen Gebiete, die über ein sog. **Objektnetz** i. S. v. § 110 I versorgt werden (so auch *Salje,* EnWG, § 36, Rn. 26). Hierüber belieferte Haushaltskunden bleiben – so wie ihnen auch kein Grundversorgungsanspruch gemäß § 36 zusteht (vgl. Rn. 24) – auch bei der Bestimmung des Grundversorgers nach § 36 II 1 außer Betracht.

41 **2. Anzahl der versorgten Haushaltskunden.** Bezogen auf ein Netzgebiet der allgemeinen Versorgung ist Grundversorger **das EVU,**

das die meisten Haushaltskunden beliefert (§ 36 II 1). Insofern rekurriert die Bestimmung auf die tatsächlich gegebenen Marktverhältnisse.

Die maßgebliche Anzahl der Haushaltskunden meint richtigerweise die **Zahl der Verträge über Abnahmestellen von Haushaltskunden.** Auf die Zahl der versorgten Personen, also etwa auch die Anzahl der über ein Vertragsverhältnis mitversorgten Familien- oder Firmenangehörigen etc. kommt es nicht an. Aus dem Wortlaut von § 36 II 1 und auch von § 3 Nr. 22 ist das zwar nicht unmittelbar abzuleiten. Hierfür spricht jedoch schon der systematische Zusammenhang zwischen § 36 II 1 und § 36 I 1, wo unter dem Haushaltskunden offenkundig – nur – der potentielle Vertragspartner des Grundversorgers verstanden wird; es ist zumindest naheliegend, in § 36 II 1 den gleichen Haushaltskundenbegriff zugrunde zu legen (*Salje,* EnWG, § 36, Rn. 28). Hinzu tritt das in § 36 II 2 vorgesehene Verfahren zur Feststellung des Grundversorgers, denn der dort herangezogene örtliche Versorgungsnetzbetreiber wird jedenfalls die Anzahl der tatsächlich von einem EVU versorgten Personen nicht ermitteln können. Um Zufälligkeiten zu vermeiden, wird man auch nicht auf die Zahl der Vertragspartner, sondern auf die Zahl der Vertragsverhältnisse abzustellen haben (*Hempel,* in: Hempel/Franke, § 36 EnWG, Rn. 194).

Nicht von Bedeutung ist nach § 36 II 1 **Art und Umfang der Versorgung von Haushaltskunden.** Sie muß ihre Rechtsgrundlage insbesondere nicht in § 36 I 1 haben. Zu berücksichtigen sind sowohl Grundversorgungsverhältnisse wie auch Energielieferungsverträge mit Haushaltskunden außerhalb der Grundversorgung (§ 41) oder Ersatzversorgungsverhältnisse mit Haushaltskunden (§ 38).

II. Verfahren der Feststellung des Grundversorgers (§ 36 II 2, 3)

Der Gesetzgeber hat bewußt auf einen regelmäßig erforderlichen Hoheitsakt zur Feststellung des Grundversorgers nach § 36 II 1 verzichtet, weil er darin eine unnötige Formalie sah (Gegenäußerung der BReg, BT-Drucks. 15/4068, S. 7, zum abweichenden Vorschlag des BR). Statt dessen enthält § 36 II 2 und 3 besondere **Verfahrensregelungen für die Feststellung des Grundversorgers,** die regelmäßig auf die Mitwirkung der verteilungsnetzbetreibenden EVU setzen und nur ausnahmsweise eine hoheitliche Klärung vorsehen.

1. Feststellungs- und Mitteilungspflicht des Netzbetreibers (§ 36 II 2). Für die Bestimmung des EVU, das nach § 36 II 1 im jeweiligen Gemeindegebiet Grundversorger ist, sieht § 36 II 2 grundsätzlich eine **Feststellung durch den jeweiligen Betreiber des Ener-**

gieversorgungsnetzes der allgemeinen Versorgung nach § 18 I vor. Er ist verpflichtet, diese Feststellung **erstmals zum 1. Juli 2006 und danach alle drei Jahre jeweils zum 1. Juli** zu treffen. Regelmäßig auf der Grundlage dieser Feststellung wird der Grundversorger dieses Netzgebiets der allgemeinen Versorgung für die jeweils nächsten drei Kalenderjahre bestimmt. Der Netzbetreiber hat seine Feststellung jeweils bis zum 30. September des Jahres im Internet zu veröffentlichen und der nach Landesrecht zuständigen Behörde schriftlich mitzuteilen.

46 Die somit dem Netzbetreiber auferlegte Feststellungspflicht ist in der Sache deshalb problematisch, weil der Versorgungsnetzbetreiber infolge der Entflechtungsvorgaben u. U. **keine sichere Kenntnis von der Zahl der versorgten Haushaltskunden** hat. Die ihm mögliche Zählung der Abnahmestellen gibt darüber keine genaue Auskunft, weil deren Zahl nicht notwendig mit der Zahl der Anschlußnehmer und der Zahl der Vertragspartner übereinstimmt (vgl. *Hampel,* S. 303; *Salje,* EnWG, § 36, Rn. 30 f.). Es wird deshalb nur Näherungslösungen geben können, die im Ergebnis nur deshalb hinnehmbar erscheinen, weil zum einen nach den bisherigen Marktverhältnissen in einem Netzgebiet kaum je mehrere gleich starke Energieversorger im Haushaltskundenbereich vorhanden sein werden und zum anderen auf Einwände hin ein behördliches Feststellungsverfahren vorgesehen ist (vgl. Rn. 48 ff.).

47 Aus § 36 II 2 nicht ohne weiteres ablesbar ist die **rechtliche Qualifikation dieser Tätigkeiten des netzbetreibenden EVU.** Das Problem resultiert daraus, daß es sich einerseits dabei um ein privates – oder auch um ein Privaten insofern gleichgestelltes öffentliches, jedenfalls privatwirtschaftlich tätiges – Unternehmen handelt, diesem andererseits aber eine Tätigkeit im öffentlichen Interesse, im Zusammenhang mit hoheitlichen Aufgaben obliegt. Die Annahme, die Netzbetreiber würden deshalb „wie beliehene Unternehmen" tätig (so – etwas undeutlich bleibend – *Salje,* EnWG, § 36, Rn. 12; vgl. auch, einen feststellenden Verwaltungsakt annehmend, *Strohe,* ET 56 [2006], 62; zutreffend a. A. *Hempel,* in: Hempel/Franke, § 36 EnWG, Rn. 206), überzeugt gleichwohl nicht. Vielmehr dürfte es sich allein um eine sog. Indienstnahme eines Privaten handeln, die die privatrechtliche Qualifikation seines Handelns ungeachtet des auf eine öffentliche Aufgabe bezogenen Zwecks unberührt läßt. Dies entspricht auch der gesetzgeberischen Intention, im Interesse der Deregulierung grundsätzlich auf eine Feststellung des Grundversorgers durch besonderen Hoheitsakt zu verzichten (vgl. BT-Drucks. 15/4068, S. 7).

48 **2. *Entscheidung über Einwände (§ 36 II 3).*** Erst auf Einwände hin kommt es zu **einer hoheitlichen Entscheidung über die Fest-**

stellung des Grundversorgers. Die zuständige Behörde ist durch das Landesrecht zu bestimmen.

Unklar ist die **Einwendungsberechtigung** nach dieser Vorschrift. Eine Eingrenzung auf Personen, die als Konkurrenten, andere Netzbetreiber oder Haushaltskunden im Netzgebiet von der Feststellung betroffen sein können (*Salje,* EnWG, § 36, Rn. 34), die also in eigenen Rechten oder auch nur eigenen Interessen tangiert sind, ist § 36 II 3 nicht zu entnehmen; danach wird grundsätzlich jedermann Einwände erheben und eine Sachentscheidung der Behörde herbeiführen können. Eine Eingrenzung erscheint über das allgemeine Erfordernis eines eigenen Sachbescheidungsinteresses des Einwenders möglich.

49

Maßstab der Entscheidung der zuständigen Behörde sind die **Vorgaben des § 36 II 1 und 2.** Es gelten also die gleichen materiellen Kriterien und die gleichen zeitlichen Vorgaben wie für den nach § 36 II 2 zunächst eingeschalteten Betreiber des Verteilungsnetzes.

50

Das auf die Einwände hin durchzuführende Verwaltungsverfahren endet mit einer Entscheidung der zuständigen Behörde durch **Verwaltungsakt.** Dieser ist im Verwaltungsrechtsweg angreifbar.

51

III. Einstellung der Geschäftstätigkeit des Grundversorgers (§ 36 II 4)

Die Regelung des § 36 II 4 dient dem schon gemeinschaftsrechtlich vorgegebenen Ziel der **dauerhaften Sicherung der Grundversorgung** unabhängig von der Wahrnehmung dieser Aufgabe durch das aktuell grundversorgungspflichtige EVU. Kein energielieferndes EVU, auch nicht der Grundversorger ist verpflichtet, überhaupt seine Geschäftstätigkeit als Energielieferant aufrechtzuerhalten (zur Betriebspflicht von Netzbetreibern hingegen vgl. § 11 I; vgl. dazu § 11, Rn. 9 ff.). Daran ändert die allgemeine Versorgungspflicht von EVU nach § 2 I i. V. m. § 1, die ausdrücklich nur im Rahmen der Vorschriften des EnWG besteht und nicht eigenständig eine Versorgungspflicht von EVU begründet, nichts (*Salje,* EnWG, § 36, Rn. 36). Auch aus § 36 I 1, II 1, wonach das EVU mit den meisten Haushaltskunden in einem Netzgebiet zur Durchführung der Grundversorgung verpflichtet ist, folgt keine Verpflichtung zur Aufrechterhaltung der Geschäftstätigkeit. Für den Fall ihrer Einstellung bedarf es einer die Nachfolge in der Grundversorgungsfunktion regelnden Bestimmung.

52

Die Geschäftstätigkeit des Grundversorgers kann etwa infolge von Insolvenz, aber auch aus eigenem, freiem Entschluß beendet werden (*Salje,* EnWG, § 36, Rn. 36). Letztere Möglichkeit führt zu der Frage, ob **nur ein vollständiger oder auch ein regional und bzw. oder**

53

auf bestimmte Kundenkreise, etwa die Haushaltskunden, begrenzter Rückzug aus der Versorgungstätigkeit eine Einstellung der Geschäftstätigkeit i. S. v. § 36 II 4 darstellt (vgl. *Boos,* IR 2005, 101, 103). Letzteres würde es einem EVU ermöglichen, sich in einem bestimmten Netzgebiet der allgemeinen Versorgung aus der Haushaltskundenbelieferung zurückzuziehen und damit ggf. auch die Grundversorgerstellung zu verlieren, zugleich jedoch in diesem Netzgebiet andere (Sonder-)Kunden weiterhin zu beliefern bzw. in anderen Netzgebieten der allgemeinen Versorgung weiterhin in der Haushaltskundenbelieferung tätig zu bleiben. Der Umstand, daß die Regelung des § 36 II ganz auf die Haushaltskundenbelieferung in einem bestimmten Netzgebiet abstellt und im übrigen eine Betriebspflicht grundsätzlich nicht besteht, spricht dafür, auch eine solche partielle Änderung ggf. als Einstellung der Geschäftstätigkeit i. S. v. § 36 II 4 gelten zu lassen (so auch *Strohe,* ET 56 [2006], 62, 63).

54 Die Regelung der Nachfolge in die Grundversorgerfunktion ergibt sich aus **§ 36 II 1 sowie § 36 II 4 i. V. m. § 36 II 2 und 3**. In ihrem materiellrechtlichen Kern folgt sie schon aus § 36 II 1; wenn der bisherige Grundversorger nach § 36 II 1 seine Geschäftstätigkeit eingestellt hat, ist danach nunmehr das EVU Grundversorger, das bis dahin die zweitmeisten, nunmehr die meisten Haushaltskunden im Netzgebiet versorgt (*Salje,* EnWG, § 36, Rn. 37). Der durch § 36 II 4 angeordneten entsprechenden Anwendbarkeit von § 36 II 2 und 3 bleibt danach nur noch ergänzende verfahrensrechtliche Bedeutung. Diese entsprechende Anwendung wird so vorzunehmen sein, daß das EVU, das nach dem Ausscheiden des bisherigen Grundversorgers nunmehr den stärksten Marktanteil bei der Belieferung von Haushaltskunden hat, aus dem Ergebnis der letzten regulären Ermittlung des Grundversorgers zu ermitteln ist, sofern dabei auch die hierfür nötigen Daten ermittelt worden sind und diese ungeachtet zwischenzeitlicher Marktanteilsverschiebungen noch verläßlich erscheinen; andernfalls wird die entsprechende Anwendung des § 36 II 2 und 3 bedeuten, daß abweichend von den durch § 36 II 2 vorgegebenen Fristen eine Sonderfeststellung durchzuführen ist, um das EVU mit der größten Zahl an belieferten Haushaltskunden festzustellen.

D. Grundversorgerwechsel (§ 36 III)

55 § 36 III trifft eine Regelung für den Fall, daß es in einem Gemeindegebiet zu einem Wechsel des Grundversorgers kommt. Die in dem Fall des Wegfalls der Grundversorgerstellung eines EVU sich stellende Frage nach dem Eintritt eines anderen EVU in die Grundversorgungs-

pflicht beantwortet bereits § 36 II (s. Rn. 35 ff.). Die weitere Frage nach dem **rechtlichen Schicksal der mit dem bisherigen Grundversorger geschlossenen Energielieferungsverträge** zu klären ist die Aufgabe des § 36 III.

I. Anwendungsbereich

Ein **Wechsel des Grundversorgers** ist nach der gesetzlichen Konstruktion des § 36 zum einen dann denkbar, wenn bei der regelmäßig vorzunehmenden Feststellung des Grundversorgers gemäß § 36 II 1 ein anderes als das bisherige EVU als Grundversorger festgestellt wird. Zum anderen kann es zu einem Wechsel im Falle des § 36 II 4 kommen; er ist gegeben, wenn der Grundversorger seine Geschäftstätigkeit einstellt und nach Maßgabe von § 36 II 4, § 36 II 2 und 3 ein neuer Grundversorger bestimmt wird.

§ 36 III erfaßt **nur die auf der Grundlage des § 36 I geschlossenen Energielieferverträge.** Das Schicksal sonstiger Energielieferverträge, insbesondere auch solcher Verträge mit Haushaltskunden, die nicht nach den allgemeinen Bedingungen und Tarifen der Grundversorgung, sondern als Sonderkundenverträge abgeschlossen worden sind, ist hier nicht geregelt. Sie bleiben auch ohne besondere Regelung von einem Grundversorgerwechsel unberührt.

II. Rechtsfolgen

1. Rechtsfolgen nach früherer Rechtslage. Die Rechtsfrage nach dem Schicksal des Energielieferungsvertrags bei einem Wechsel des Gebietsversorgers hat sich **bis zur Liberalisierung durch das EnWG 1998** nicht gestellt. Solange die Gemeindegebiete jeweils allein durch ein Energieversorgungsunternehmen auf der Grundlage eines Konzessionsvertrags mit Ausschließlichkeitsklausel versorgt wurden, verlor mit dessen Auslaufen dieses EVU der Gemeinde gegenüber die Befugnis zur Versorgung des Gemeindegebiets mit Energie. Wechselte der Konzessionsvertragspartner der Gemeinde, war klar, daß mit dem Konzessionsvertragswechsel auch die Versorgungsverhältnisse auf den neuen Konzessionsvertragspartner übergingen (*Albrecht,* in: S/T, § 8, Rn. 140).

Unter der Geltung des **EnWG 1998** wurden die Rechtsfolgen eines Wechsels des gebietsversorgungspflichtigen Energieversorgungsunternehmens mit Blick auf die bestehenden Energielieferungsverträge problematisch. Der durch den mit der Gemeinde abgeschlossenen Konzessionsvertrag bestimmte, (anschluß- und) versorgungspflichtige allgemeine Versorger i. S. v. §§ 10, 13 II EnWG 1998 war nunmehr der Konkurrenz durch andere Anbieter ausgesetzt. Wechselte die Gemeinde den Konzessionsvertragspartner, stellte sich deshalb die Frage, ob der bisherige allgemeine Versorger, der nunmehr als konkurrierender Anbieter im Gemeindegebiet tätig bleiben konnte, Vertragspartner der in der Zeit seines Allgemeinversorger-Status begründeten Energielieferungsverträge blieb oder ob diese Energielieferungsverträge auf den neuen Konzessionsvertragspartner und allgemeinen Versorger übergingen. Diese Frage war unter dem früheren Energiewirtschaftsrecht nicht explizit gesetzlich geregelt und nicht unumstritten. Wohl überwiegend wurde sie jedoch im Sinne eines Übergangs der Vertragsverhältnisse auf den neuen Konzessionsvertragspartner und allgemeinen Versorger beantwortet (*LG Köln*, RdE 2003, 42; *OLG Schleswig*, DÖV 2006, 436, 437; *Hellermann*, ZNER 2002, 70, 77; *Maatz/Michaels*, RdE 2003, 65, 67 ff.; abl. *LG Stuttgart*, RdE 2005, 174; *Säcker/Dörner*, RdE 2002, 161, 161 ff.).

60 **2. Rechtsfolgen nach § 36 III.** Diese frühere Streitfrage hat sich mit der Neuregelung des EnWG 2005 erledigt (vgl. *OLG Stuttgart*, RdE 2005, 307, 310; *Hellermann*, ZNER 2004, 329, 330; *Boos*, IR 2005, 101, 102). Nach heutiger Rechtslage ordnet § 36 III im Falle des Grundversorgerwechsels eindeutig die **Fortgeltung der zwischen dem bisherigen Grundversorger und den Haushaltskunden auf der Grundlage des § 36 I geschlossenen Energielieferungsverträge** an (vgl. BT-Drucks. 15/3917, S. 66). Sie werden damit zu Sondervertragskunden des bisherigen Grundversorgers, jedoch unter Fortgeltung der im Zeitpunkt des Wechsels des Grundversorgers geltenden Preise und Bedingungen (*K/K/R*, S. 144). Diese Regelung ist nach der gesetzlichen Konzeption folgerichtig, da der Wechsel des Grundversorgers nicht mehr auf einer hoheitlichen Auswahl und Beauftragung beruht, sondern allein von der Entwicklung der tatsächlichen Wettbewerbsverhältnisse am Markt abhängig sein soll.

61 Die **Möglichkeit der Kündigung** des Vertrages mit dem bisherigen Grundversorger bleibt unberührt (BT-Drucks. 15/3917, S. 66). Die Kündigungsregelungen des §§ 20 StromGVV/GasGVV, die nach §§ 1 I 1 StromGVV/GasGVV Bestandteil des Grundversorgungsvertrages sind, bleiben anwendbar. Sie erlauben einerseits dem Kunden die Kündigung; andererseits ist allerdings auch das EVU nunmehr zur Kündigung ohne Rücksicht auf eine Grundversorgungspflicht befugt (vgl. §§ 20 I 2 StromGVV/GasGVV).

§ 37 Ausnahmen von der Grundversorgungspflicht

(1) ¹Wer zur Deckung des Eigenbedarfs eine Anlage zur Erzeugung von Energie betreibt oder sich von einem Dritten versorgen lässt, hat keinen Anspruch auf eine Grundversorgung nach § 36

Ausnahmen von der Grundversorgungspflicht § 37

Abs. 1 Satz 1. ²Er kann aber Grundversorgung im Umfang und zu Bedingungen verlangen, die für das Energieversorgungsunternehmen wirtschaftlich zumutbar sind. ³Satz 1 gilt nicht für Eigenanlagen (Notstromaggregate), die ausschließlich der Sicherstellung des Energiebedarfs bei Aussetzen der öffentlichen Energieversorgung dienen, wenn sie außerhalb ihrer eigentlichen Bestimmung nicht mehr als 15 Stunden monatlich zur Erprobung betrieben werden, sowie für die Deckung des Eigenbedarfs von in Niederspannung belieferten Haushaltskunden aus Anlagen der Kraft-Wärme-Kopplung bis 50 Kilowatt elektrischer Leistung und aus erneuerbaren Energien.

(2) ¹Reserveversorgung ist für Energieversorgungsunternehmen im Sinne des Absatzes 1 Satz 2 nur zumutbar, wenn sie den laufend durch Eigenanlagen gedeckten Bedarf für den gesamten Haushalt umfasst und ein fester, von der jeweils gebrauchten Energiemenge unabhängiger angemessener Leistungspreis mindestens für die Dauer eines Jahres bezahlt wird. ²Hierbei ist von der Möglichkeit gleichzeitiger Inbetriebnahme sämtlicher an das Leitungsnetz des Energieversorgungsunternehmens angeschlossener Reserveanschlüsse auszugehen und der normale, im gesamten Niederspannungs- oder Niederdruckleitungsnetz des Energieversorgungsunternehmens vorhandene Ausgleich der Einzelbelastungen zugrunde zu legen.

(3) ¹Das Bundesministerium für Wirtschaft und Technologie kann durch Rechtsverordnung mit Zustimmung des Bundesrates regeln, in welchem Umfang und zu welchen Bedingungen Versorgung nach Absatz 1 Satz 2 wirtschaftlich zumutbar ist. ²Dabei sind die Interessen der Energieversorgungsunternehmen und der Haushaltskunden unter Beachtung der Ziele des § 1 angemessen zu berücksichtigen.

Literatur: Siehe dazu die Hinweise zu § 36.

Übersicht

	Rn.
A. Allgemeines	1
I. Inhalt und Zweck	1
II. Entstehungsgeschichte	4
III. Gemeinschaftsrechtliche Beurteilung	6
B. Modifikation des Grundversorgungsanspruchs (§ 37 I)	7
I. Ausschluß der Grundversorgung nach § 36 I 1 (§ 37 I 1 und 3)	7

	Rn.
1. Tatbestandsvoraussetzungen	7
a) Eigenversorgung und Drittbelieferung (§ 37 I 1)	7
b) Einschränkungen (§ 37 I 3)	9
2. Rechtsfolge	11
II. Gewährung eines modifizierten Grundversorgungsanspruchs (§ 37 I 2)	12
1. Anwendungsbereich	13
2. Rechtsfolge: Grundversorgung im Rahmen des Zumutbaren	15
C. Zumutbarkeit von Reserveversorgung (§ 37 II)	17
D. Verordnungsermächtigung (§ 37 III)	20

A. Allgemeines

I. Inhalt und Zweck

1 § 37 regelt eine **Modifikation des aus § 36 folgenden Grundversorgungsanspruchs** von Haushaltskunden für den Fall, daß diese sich mittels eigener Erzeugungsanlagen selbst oder durch Dritte mit Energie versorgen. In dieser Konstellation bedarf der Haushaltskunde nur einer Zusatz- bzw. Ersatzversorgung, die dem für das fragliche Gebiet grundversorgungspflichtigen EVU nur in engeren Grenzen verpflichtend auferlegt wird. Für diese Fälle wird deshalb der Grundversorgungsanspruch gemäß § 36 I 1 ausgeschlossen. An seine Stelle tritt ein Anspruch auf eine Grundversorgung, die nach Umfang und Bedingungen unter dem Vorbehalt des für das grundversorgungspflichtige EVU wirtschaftlich Zumutbaren steht.

2 Die Regelung zielt, wie § 37 III 2 deutlich macht (vgl. Rn. 22), auf einen angemessenen **Ausgleich der berechtigten Interessen des grundversorgungspflichtigen EVU und des Haushaltskunden** für den Fall, daß ein Haushaltskunde nicht seinen gesamten Strom- bzw. Gasbedarf vom Grundversorger bezieht. Darin wird deutlich, daß die Grundversorgung von dem Leitbild einer Vollversorgung, d. h. dem Bezug des gesamten Energiebedarfs durch ein EVU (*Theobald,* in: S/T, § 1, Rn. 3), ausgeht (*Hempel,* in: Hempel/Franke, § 36 EnWG, Rn. 125). Die Gültigkeit dieses Leitbildes, insbesondere auch seine Gemeinschaftsrechtskonformität ist zwar mit Blick auf den angestrebten Wettbewerb auf dem Energiesektor in Zweifel gezogen worden (*Salje,* EnWG, § 37, Rn. 6, der die Zugrundelegung dieses Leitbildes als „noch europarechtlich beachtenswert" ansieht). In Bezug auf den Grundversorger, der aus Gemeinwohlgründen einer gemeinschaftsrechtlich vorgegebenen, gesetzlich begründeten Versorgungspflicht unterworfen wird (vgl. § 36, Rn. 25 ff.), schlagen diese Bedenken jedoch nicht durch. Vielmehr erscheint es insofern grundsätzlich legitim, den Kontrahierungszwang an diesem Leitbild zu orientieren und für hiervon abweichende Abnahmeverhältnisse, soweit sie mit höheren wirtschaftlichen Belastungen des Grundversorgers verbunden sind, zu modifizieren. In Fällen der Eigen- oder Drittversorgung rechtfertigt sich das daraus, daß die dann allein verbleibende Zusatz- oder Reserveversorgung beim EVU im Verhältnis zur Bezugsmenge höhere Kosten als die Vollversorgung verursacht (*Büdenbender,* EnWG, § 10, Rn. 141; *de Wyl/Essig/Holtmeier,* in: S/T, § 10, Rn. 61); dies gilt jedenfalls mehr noch als für die Zusatzversorgung für die Reserveversorgung, die insbesondere auch dann Kosten verursacht, wenn sie nicht in Anspruch genommen wird (vgl., mit Blick auf den Netzbetreiber, *Albrecht,* in: S/T, § 8, Rn. 154 f.).

Die Bedeutung der gesetzlichen Regelung erscheint allerdings dadurch relativiert, daß in der Praxis weniger die von §§ 36, 37 erfaßten Haushaltskunden als vielmehr herkömmlich sog. **Sonderkunden als Betreiber von industriellen Eigenerzeugungsanlagen** auftreten und ggf. auf Zusatz- und Reserveversorgung angewiesen sind. In dem Verhältnis von industrieller Kraftwirtschaft und öffentlicher Energieversorgung hat es langanhaltende Konflikte gegeben, die erstmals 1977 zu einer – später mehrfach aktualisierten – Verbändevereinbarung über die sog. stromwirtschaftliche Zusammenarbeit geführt haben. Auf diesem Wege sind Regelungen insbesondere über Zusatz- und Reserveversorgung, außerdem auch über die Einspeisung von Überschußenergie getroffen worden (vgl. hierzu *Büdenbender,* EnWG, § 10, Rn. 151 ff.). 3

II. Entstehungsgeschichte

Die Vorschrift hat **Vorbilder im früheren Energiewirtschaftsrecht,** die die Anschluß- und Versorgungspflicht des alleinigen Gebietsversorgers vor dem EnWG 1998 sowie die des nach § 10 EnWG 1998 anschluß- und versorgungspflichtigen allgemeinen Versorgers in Fällen der Eigen- oder Drittversorgung begrenzt hatten. Das unmittelbare gesetzliche Vorbild ist § 10 II EnWG 1998. Außerdem fanden sich entsprechende Regelungen in der gemäß Art. 5 III Ziff. 3 Zweites Energieneuregelungsgesetz mit Ablauf des 12. 7. 2005 außer Kraft getretenen 5. DVO zum EnWG; so lehnt sich die besondere Regelung der Zumutbarkeit von Reserveversorgung in § 37 II eng an § 5 der 5. DVO zum EnWG an (vgl. BT-Drucks. 15/3917, S. 66). 4

Im Anschluß hieran hat der **RegE** – wegen der Trennung von Netzbetrieb und Energiebelieferung – eine besondere, korrespondierende Regelung zur Modifikation der Anschlußpflicht in § 18 II RegE (vgl. 5

§ 18, Rn. 30 ff.) sowie die Regelung zur Modifikation der Versorgungspflicht in § 37 RegE vorgesehen. Letzterer hat das Gesetzgebungsverfahren unverändert durchlaufen.

III. Gemeinschaftsrechtliche Beurteilung

6 Die – die Grundversorgung beschränkende – Regelung des § 37 kann sich zwar nicht auf eine explizite entsprechende Ausnahmeregelung im Gemeinschaftsrecht stützen. Die der Grundversorgung zugrunde liegenden **Art. 3 III 1 und 2 EltRl und Art. 3 III 1 bis 3 GasRl** (vgl. § 36, Rn. 8) enthalten keinen entsprechenden Vorbehalt. Sie lassen aber so weitreichenden Spielraum für die Ausgestaltung der gebotenen Grundversorgung, daß die vorgesehene Modifizierung für den Fall von Eigen- oder Drittversorgung damit vereinbar ist; in diesem Sinne trifft zu, daß das Gemeinschaftsrecht dem grundversorgungspflichtigen EVU keine im weiteren Sinne wirtschaftlich unzumutbare Grundversorgung abverlangt (*Salje,* EnWG, § 37, Rn. 1).

B. Modifikation des Grundversorgungsanspruchs (§ 37 I)

I. Ausschluß der Grundversorgung nach § 36 I 1 (§ 37 I 1 und 3)

7 **1. Tatbestandsvoraussetzungen. a) Eigenversorgung und Drittbelieferung (§ 37 I 1).** § 37 I 1 erfaßt zunächst den Fall, daß ein Haushaltskunde eine **Energieerzeugungsanlage zur Deckung des Eigenbedarfs** betreibt. Das Gesetz definiert diesen Begriff nicht näher, sondern nur den nahestehenden Begriff der „Eigenanlage", der gemäß § 3 Nr. 13 ausdrücklich auf Anlagen zur Erzeugung von Elektrizität beschränkt ist, sowie den Begriff der „Energieanlage", der gemäß § 3 Nr. 15 auch Energieerzeugungsanlagen, und zwar auch solche zur Erzeugung bzw. Gewinnung von Gas einschließt. Danach, wegen der ausdrücklichen Erwähnung der Versorgung in Niederdruck in § 37 II 2 und auf Grund der Anknüpfung an die 5. DVO zum EnWG (vgl. BT-Drucks. 15/3917, S. 66) ist nicht davon auszugehen, daß hier von vornherein nur die eigene Stromerzeugung erfaßt sein soll; praktisch spielt die Eigenerzeugung jedoch wohl so gut wie nur im Elektrizitätssektor eine Rolle (*Büdenbender,* EnWG, § 10, Rn. 147). Es ist angenommen worden, daß auch Kraft-Wärme-Kopplungsanlagen, die zwar kein Gas gewinnen, aber durch Wärmeerzeugung Gas substituieren, auch im Hinblick auf die Gasgrundversorgung unter § 37 I 1 fielen,

weil § 37 I 3 solche Anlagen ausdrücklich erwähne, § 1 der 5. DVO zum EnWG auch „andere gleichzuachtende Energieerzeugungsanlagen" erfaßt habe und auch hier eine Abweichung vom Leitbild der Vollversorgung gegeben sei (*Salje*, EnWG, § 37, Rn. 8 f.). Allerdings hatte § 2 der 5. DVO zum EnWG Anlagen zur Erzeugung von Wärme gerade nicht als gleichzuachtende Energieerzeugungsanlagen angesehen, und § 37 I 3 nennt die Kraft-Wärme-Kopplungsanlagen gerade nur in Bezug auf den Strombezug (vgl. Rn. 10). Trotz der Auswirkung auf die Gasabnahmeverhältnisse wird deshalb der Gasgrundversorgungsanspruch durch solche Anlagen nach § 37 I 1 nicht ausgeschlossen werden.

Weiter erfaßt § 37 I 1 den Fall der **Energieversorgung durch einen Dritten.** Dritter in diesem Sinne ist jeder, der zu dem grundversorgungspflichtigen EVU personenverschieden ist, und zwar unabhängig von etwaigen wirtschaftlichen oder gesellschaftsrechtlichen Beziehungen, insbesondere einer Konzernbindung zwischen dem grundversorgungspflichtigen und einem anderen EVU als Drittem (*Büdenbender*, EnWG, § 10, Rn. 147 f.).

b) Einschränkungen (§ 37 I 3). Der Ausschluß des Grundversorgungsanspruchs nach § 37 I 1 erfährt durch § 37 I 3 – wie schon nach § 8 der 5. DVO zum EnWG – eine erste Ausnahme für den Fall des Einsatzes von **Notstromaggregaten.** Eigenanlagen, die ausschließlich der Sicherstellung des Energiebedarfs bei Aussetzen der öffentlichen Energieversorgung dienen, bleiben insoweit außer Betracht, wenn sie außerhalb ihrer eigentlichen Bestimmung nicht mehr als 15 Stunden monatlich zur Erprobung betrieben werden.

Eine zweite Ausnahme vom Ausschluß des Grundversorgungsanspruchs nach § 37 I 1 gilt für die Deckung des Eigenbedarfs von in Niederspannung belieferten Haushaltskunden in **Kraft-Wärme-Kopplungsanlagen sowie Anlagen zur Stromerzeugung aus erneuerbaren Energien.** Diese Ausnahme ist somit ausdrücklich beschränkt auf Haushaltskunden, die mit Elektrizität in Niederspannung beliefert werden. Sie erfaßt zum einen Kraft-Wärme-Kopplungsanlagen i. S. v. § 2 KWKG; insoweit hat § 37 I 3 im Vergleich zu § 10 II EnWG 1998 den Grenzwert, was bereits im Zuge der gescheiterten Gasnovelle 2002 beabsichtigt war (*Büdenbender*, EnWG, § 10, Rn. 137), von 30 kW auf 50 kW angehoben. Zum anderen werden ohne einen derartigen Grenzwert Eigenanlagen zur Stromerzeugung aus erneuerbaren Energien i. S. v. § 2 EEG erfaßt. Die hierin liegende Privilegierung der Energieerzeugung durch KWK-Anlagen und aus regenerativen Energien läßt sich teilweise schon daraus erklären, daß diese Anlagen im Vergleich zu sonstigen Eigenanlagen oder zur Drittbelieferung aus technisch-wirtschaftlichen Gründen deutlich weniger Möglichkeiten bieten, ihren Einsatz im Sinne einer möglichst umfassenden Deckung des Energiebedarfs zu optimieren; hinzu tritt das politische Motiv der Förderung der Kraft-Wärme-Kopplung und der Nutzung erneuerbarer Energien im Interesse der Umwelt- und Ressourcenschonung (*Büdenbender,* EnWG, § 10, Rn. 145 f.).

11 2. **Rechtsfolge.** Wenn die Tatbestandsvoraussetzungen des § 37 I 1 vorliegen und die Ausnahmen des § 37 I 3 nicht greifen, besteht die Rechtsfolge des § 37 I 1 im **Ausschluß des Anspruchs auf Grundversorgung (nach § 36 I 1)** des Haushaltskunden. § 37 I 1 macht dies – mit einer dogmatisch saubereren Formulierung als der frühere § 10 II 1 EnWG 1998 (krit. dazu *Büdenbender,* EnWG, § 10, Rn. 138) – deutlich. Der Eintritt dieser Rechtsfolge ist ggf. für Strom und Gas differenziert zu beurteilen.

II. Gewährung eines modifizierten Grundversorgungsanspruchs (§ 37 I 2)

12 Soweit der Grundversorgungsanspruch nach § 36 I 1 in den Fällen des § 37 I 1 ausgeschlossen ist, tritt nach § 37 I 2 an dessen Stelle ein **modifizierter Grundversorgungsanspruch.** Er ist insofern modifiziert, als ein Anspruch auf Grundversorgung nur im Umfang und zu Bedingungen besteht, die für das EVU wirtschaftlich zumutbar sind.

13 1. **Anwendungsbereich.** Wie sich nicht aus dem Wortlaut, aber aus dem systematischen Zusammenhang mit § 37 I 1 und § 36 erschließt und in § 37 III 2 mit der Nennung der Haushaltskunden bestätigt, setzt der Anspruch nach § 37 I 2 voraus, daß **abgesehen von den Ausschlußgründen nach § 37 I 1 alle Voraussetzungen eines Grundversorgungsanspruchs** nach § 36 gegeben sind (vgl. zu § 10 EnWG 1998 *Büdenbender,* EnWG, § 10, Rn. 149). Der modifizierte Grundversorgungsanspruch steht also insbesondere nur Haushaltskunden i. S. v. §§ 36 I 1, 3 Nr. 22 zu, die über ein Netz der allgemeinen Versorgung beliefert werden. Vor allem nicht mehr unter den Haushaltskundenbegriff fallende Unternehmenskunden und über Objektnetze versorgte Kunden haben danach keinen Anspruch nach § 37 I 2 gegen einen Grundversorger.

14 Dem Gegenstand nach erfaßt diese modifizierte Grundversorgung **Zusatzversorgung und Reserveversorgung** von Haushaltskunden (zu diesen Begriffen vgl. §§ 3 f. der seit 13. 7. 2005 außer Kraft getretenen 5. DVO zum EnWG, deren Definitionen freilich im Wesentlichen auf die Alternative des Eigenanlagenbetriebs bezogen sind und die Alternative der Drittversorgung nicht aufnehmen). Zusatzversorgung meint die Versorgung eines Abnehmers, der einen Teil seines Energiebedarfs durch Eigenanlagen oder auch durch ein drittes EVU abdeckt, mit dem verbleibenden Teil seines Energiebedarfs. Reserveversorgung ist die vorübergehende Befriedigung des Energiebedarfs eines Abnehmers, der seinen Energiebedarf regelmäßig durch Eigenanlagen oder auch durch Drittversorgung befriedigt, bei Ausfall dieser Eigenanlage oder Drittversorgung.

2. Rechtsfolge: Grundversorgung im Rahmen des Zumutba- 15
ren. Zugunsten des Haushaltskunden begründet § 37 I 2 auch insoweit einen **Kontrahierungszwang zu Lasten des Grundversorgers** (vgl. bereits § 36 Rn. 28).

Der Versorgungsanspruch steht jedoch unter einem **Vorbehalt der** 16
wirtschaftlichen Zumutbarkeit. Die Unzumutbarkeit ist – wie auch im Rahmen des § 36 I 2 (vgl. § 36, Rn. 34) – vom grundversorgungspflichtigen EVU darzulegen und erforderlichenfalls zu beweisen (*Salje*, EnWG, § 37, Rn. 13 sowie bzgl. § 37 II Rn. 23). In welchem Umfang und unter welchen Bedingungen die Versorgung wirtschaftlich zumutbar ist, ist letztlich nur im Einzelfall zu beurteilen (*Salje*, EnWG, § 37, Rn. 13). Mit Rücksicht auf die bewußte gesetzgeberische Anknüpfung an die frühere energiewirtschaftsrechtliche Rechtslage (vgl. BT-Drucks. 15/3917, S. 66) erscheint es angängig, zur Konkretisierung des Gesetzesbegriffs der Unzumutbarkeit auf die in § 6 der – seit dem 13. 7. 2005 außer Kraft getretenen – 5. DVO zum EnWG aufgeführten Fallkonstellationen zurückzugreifen (vgl. *Salje*, EnWG, § 37, Rn. 14). § 37 III eröffnet die Möglichkeit, durch Rechtsverordnung hierzu allgemeine Regelungen zu treffen (vgl. Rn. 20 ff.). Für die Beurteilung der Zumutbarkeit von Reserveversorgung für das EVU liefert § 37 II nähere Vorgaben (vgl. Rn. 17 ff.).

C. Zumutbarkeit von Reserveversorgung (§ 37 II)

§ 37 II leistet eine besondere gesetzliche **Konkretisierung der** 17
wirtschaftlichen Zumutbarkeit i. S. v. § 37 I 2 für die sog. Reserveversorgung und damit für einen bestimmten Ausschnitt der nach § 37 I 2 geschuldeten modifizierten Grundversorgung. Die Regelung folgt – bis auf eine der Beschränkung auf Haushaltskunden geschuldete Modifikation – wörtlich dem Vorbild des § 5 der 5. DVO zum EnWG.

Diesem Vorbild folgend stellt § 37 II für die Reserveversorgung **be-** 18
stimmte Bedingungen und bestimmte Vorgaben für die Be-

rechnung des Leistungspreises auf. Der Reserveversorgungsanspruch besteht nach § 37 II 1 nur, wenn er für den Bedarf für den gesamten Haushalt geltend gemacht wird, der ansonsten laufend durch Eigenanlagen gedeckt wird; die nach § 37 I auch in Betracht zu ziehende Reserveversorgung für einen ansonsten durch einen Dritten gedeckten Energiebedarf ist hier im Wortlaut nicht aufgegriffen, der Sache nach aber ggf. wohl erfaßt. Weiter setzt der Anspruch voraus, daß ein fester, von der jeweils gebrauchten Energiemenge unabhängiger angemessener Leistungspreis mindestens für die Dauer eines Jahres gezahlt wird. § 37 II 2 liefert ergänzend Berechnungsvorgaben. Danach ist einerseits von der Möglichkeit der gleichzeitigen Inbetriebnahme sämtlicher Reserveanschlüsse auszugehen; der Preisberechnung ist also über den gesamten Zeitraum die anzunehmende Höchstlast zugrunde zu legen. Andererseits ist aber – im Ergebnis preismindernd – der normale, im gesamten Niederspannungs- oder Niederdruckleitungsnetz vorhandene Ausgleich der Einzelbelastungen zugrunde zu legen.

19 Die Regelung ist in ihrer engen **Anlehnung an § 5 der 5. DVO zum EnWG nicht gelungen,** weil sie den veränderten energiewirtschaftlichen Rahmenbedingungen nicht hinreichend Rechnung trägt. So ist schon die Möglichkeit der Reserveversorgung für den Fall der Drittbelieferung nicht beachtet (s. Rn. 18). Vor allem aber ist die Bezugnahme auf das Leitungsnetz des EVU bzw. das gesamte Niederspannungs- oder Niederdruckleitungsnetz des EVU in § 37 II 2 angesichts der rechtlichen Trennung von Netzbetrieb und Versorgung einschließlich Grundversorgung verfehlt (vgl. *Salje*, EnWG, § 37, Rn. 22, der mit Recht die historisch bedingt zu starke Netzorientierung der Regelung kritisiert).

D. Verordnungsermächtigung (§ 37 III)

20 Nach der Ermächtigung des § 37 III 1 kann durch **Rechtsverordnung des Bundesministeriums für Wirtschaft und Technologie mit Zustimmung des Bundesrats** (vgl. Art. 80 II 1 GG, wonach die Zustimmung bundesgesetzlich vorgeschrieben werden kann) näher geregelt werden, in welchem Umfang und zu welchen Bedingungen Versorgung nach § 37 I 2 wirtschaftlich zumutbar ist.

21 Die Ermächtigung erstreckt sich auf die **modifizierte Grundversorgung nach § 37 I 2** einschließlich der in § 37 II gesetzlich noch näher geregelten Reserveversorgung. Bei Beachtung der dort festgelegten Bedingungen und Vorgaben kann durch Rechtsverordnung auch die Reserveversorgung näher geregelt werden (undeutlich insofern

Salje, EnWG, § 37, Rn. 20, mit der Annahme, die Verordnungsermächtigung gemäß § 37 III sei insoweit nicht einschlägig).

Für die Ausgestaltung der Rechtsverordnung gibt § 37 III 2 eine **Zielvorgabe.** Danach sind die Interessen der EVU einerseits, der Haushaltskunden andererseits unter Beachtung der Ziele des § 1 angemessen zu berücksichtigen. 22

Von der Ermächtigung des § 37 III hat der Verordnungsgeber **bislang keinen Gebrauch** gemacht. 23

§ 38 Ersatzversorgung mit Energie

(1) [1] Sofern Letztverbraucher über das Energieversorgungsnetz der allgemeinen Versorgung in Niederspannung oder Niederdruck Energie beziehen, ohne dass dieser Bezug einer Lieferung oder einem bestimmten Liefervertrag zugeordnet werden kann, gilt die Energie als von dem Unternehmen geliefert, das nach § 36 Abs. 1 berechtigt und verpflichtet ist. [2] Die Bestimmungen dieses Teils gelten für dieses Rechtsverhältnis mit der Maßgabe, dass der Grundversorger berechtigt ist, für diese Energielieferung gesonderte Allgemeine Preise zu veröffentlichen und für die Energielieferung in Rechnung zu stellen. [3] Für Haushaltskunden dürfen die Preise die nach § 36 Abs. 1 Satz 1 nicht übersteigen.

(2) [1] Das Rechtsverhältnis nach Absatz 1 endet, wenn die Energielieferung auf der Grundlage eines Energieliefervertrages des Kunden erfolgt, spätestens aber drei Monate nach Beginn der Ersatzenergieversorgung. [2] Das Energieversorgungsunternehmen kann den Energieverbrauch, der auf die nach Absatz 1 bezogenen Energiemengen entfällt, auf Grund einer rechnerischen Abgrenzung schätzen und den ermittelten anteiligen Verbrauch in Rechnung stellen.

Literatur: *Bartsch/Kästner,* Der Tarifkunde auf dem Weg in die neue Grundversorgung, ET 54 (2004), 837; *Genten/Rosin,* Praktische Rechtsfragen beim Wechsel des Energielieferanten. Kündigung und Interimsvertrag, ET 50 (2000), 469; *Hampel,* Von der Tarifkundenversorgung zur Grundversorgung, ZNER 2004, 117; *Strohe,* Grundversorgung, Ersatzversorgung und Sonderkundenversorgung, ET 56 (2006), 62; *Theobald/de Wyl/Eder,* Der Wechsel des Stromlieferanten, 2004.

Übersicht

	Rn.
A. Allgemeines	1
I. Inhalt und Zweck	1
II. Entstehungsgeschichte	3
III. Gesetzliche und untergesetzliche Konkretisierung	5

	Rn.
B. Gesetzliche Fiktion eines Energielieferverhältnisses (§ 38 I)	7
I. Fiktion der Energielieferung durch den Grundversorger (§ 38 I 1)	7
1. Tatbestandsvoraussetzungen	7
a) Erfaßter Kundenkreis und Energiebezug	7
b) Fehlen einer vertraglichen Grundlage	9
aa) Vertragliche Grundlage, insbesondere Vertragsschluß durch Energieentnahme	10
bb) Mangelnde Zuordenbarkeit zu einer Lieferung oder einem Liefervertrag	13
c) Feststellung durch Netzbetreiber	15
2. Rechtsfolge	16
II. Ausgestaltung des fingierten Energielieferverhältnisses (§ 38 I 2 und 3)	17
1. Grundsätzliche entsprechende Anwendung der §§ 36 ff. (§ 38 I 2)	17
2. Allgemeine Preise für die Ersatzversorgung	18
a) Grundsätzliche Zulässigkeit gesonderter Allgemeiner Preise (§ 38 I 2)	18
b) Höchstpreisregelung für Haushaltskunden (§ 38 I 3)	19
C. Beendigung und Abrechnung des Ersatzversorgungsverhältnisses (§ 38 II)	21
I. Beendigungsgründe (§ 38 II 1)	21
II. Verbrauchsabrechnung (§ 38 II 2)	23

A. Allgemeines

I. Inhalt und Zweck

1 § 38 schafft eine **Rechtsgrundlage für solche Situationen, in denen Letztverbraucher Energie verbrauchen, ohne daß diese Energieentnahme einem vertraglichen Verhältnis mit einem EVU zugeordnet werden kann,** so daß es an einer vertraglichen Grundlage für die Energieversorgung fehlt (vgl. BT-Drucks. 15/3917, S. 66). In solchen Fällen begründet § 38 ein gesetzliches Schuldverhältnis zwischen dem Letztverbraucher und dem grundversorgungspflichtigen EVU. Das Gesetz bezeichnet dieses Versorgungsverhältnis als Ersatzversorgung.

2 Die Begründung dieses gesetzlichen Schuldverhältnisses und seine Ausgestaltung bezweckt die **Beseitigung von Rechtsunsicherheit und einen gerechten Interessenausgleich** in dieser Situation des Energiebezugs ohne Vertragsgrundlage. Die Regelung beseitigt eine – durch die veränderten energiewirtschaftsrechtlichen Randbedingungen erheblich vergrößerte (vgl. Rn. 3) – Unsicherheit in der rechtlichen

Beurteilung von Fällen der Energieentnahme, die sich keinem zuvor abgeschlossenen Liefervertrag zuordnen läßt. In der sachlichen Ausgestaltung geht es der getroffenen Regelung einerseits darum, den Interessen des subsidiär versorgungspflichtigen Grundversorgers, andererseits aber auch dem Schutz des Letztverbrauchers, insbesondere soweit er Haushaltskunde ist, Rechnung zu tragen.

II. Entstehungsgeschichte

Im **früheren Energiewirtschaftsrecht** stellte sich die Rechtsfrage 3 der ohne vertragliche Grundlage erfolgten Energieentnahme durch Letztverbraucher nicht in gleicher Weise und Schärfe. Das hatte seinen Grund darin, daß zunächst unter dem EnWG 1935 durch Konzessionsvertrag ein alleiniger Gebietsversorger, der zugleich auch das Versorgungsnetz betrieb, später ein allgemeiner Versorger i. S. v. § 10 I EnWG 1998 bestimmt wurde. Vor diesem Hintergrund bewältigte die – auf der Grundlage von § 7 EnWG 1935 bzw. § 11 EnWG 1998 geschaffene – Regelung des § 2 II Hs. 1 AVBEltV bzw. AVBGasV das Problem einer keinem bereits bestehenden Energielieferungsvertrag zuordenbaren Energieentnahme weitgehend; danach kam mit der Energieentnahme ein Versorgungsvertrag mit dem alleinigen Gebietsversorger bzw. mit dem allgemeinen Versorger zustande. Eine ausdrückliche gesetzliche Regelung der sog. Ersatzversorgung ohne vertragliche Grundlage gab es in früheren Fassungen des EnWG nicht. § 38 ist daher ohne direktes Vorbild.

Die Regelung geht zurück auf § 38 RegE. Im **Gesetzgebungsver-** 4 **fahren** hat es Änderungsvorschläge des Wirtschaftsausschusses gegeben, die auf eine Streichung des Verbots höherer Preise für Haushaltskunden gemäß § 38 I 3 bei gleichzeitiger Aufhebung der Befristung gemäß § 38 II 1 zielten (BR-Drucks. 613/1/04, S. 32). Der Vorschlag ist von der Bundesregierung unter Hinweis auf die besondere Schutzwürdigkeit der Haushaltskunden gegenüber höheren Preisen auch im – regelmäßig nicht von ihnen zu verantwortenden – Zustand der Ersatzversorgung zurückgewiesen worden (BT-Drucks. 15/4068, S. 7) und nicht in das Gesetz eingegangen.

III. Gesetzliche und untergesetzliche Konkretisierung

Um den intendierten Zweck zu erreichen, bedarf das durch § 38 be- 5 gründete gesetzliche Schuldverhältnis der inhaltlichen Konkretisierung. Diese wird zunächst durch eine **entsprechende, teils modifizierte Anwendung der §§ 36 bis 42** bewirkt (vgl. § 38 I 2 sowie dazu

§ 38 6–8   Teil 4. Energielieferung an Letztverbraucher

Rn. 17). Die dort für die Belieferung von Letztverbrauchern auf vertraglicher Grundlage getroffenen gesetzlichen Vorgaben werden insoweit auch auf die Belieferung außerhalb eines vertraglichen Verhältnisses erstreckt.

6   Partiell besteht darüber hinaus noch eine **Ermächtigung zu näherer Regelung durch Rechtsverordnung**. § 38 I 2 bezieht mit dem Verweis auf den 4. Teil des Gesetzes auch die Verordnungsermächtigung in § 39 mit ein. Trotz dieses Verweises besteht allerdings keine umfassende Verordnungsermächtigung für die Ersatzversorgung. Hinsichtlich der Gestaltung der Allgemeinen Preise ergibt sich keine Einschränkung; § 39 I erteilt insoweit eine Ermächtigung auch bzgl. der Ersatzversorgung nach § 38 I. Die in § 39 II enthaltene Ermächtigung bzgl. der Allgemeinen Versorgungsbedingungen erfaßt jedoch nicht sämtliche ersatzversorgten Letztverbraucher, sondern nur die Haushaltskunden i. S. v. § 3 Nr. 22, die im Rahmen der Ersatzversorgung gemäß § 38 in Niederspannung oder Niederdruck beliefert werden; diese ausdrückliche Einschränkung läßt eine Verordnungsregelung der Allgemeinen Versorgungsbedingungen sonstiger ersatzversorgter Letztverbraucher nicht zu (so i. E. auch *Salje,* EnWG, § 38, Rn. 23 Fn. 21). Die Verordnungsermächtigung nach §§ 38 I 2, 39 II 1 ist deshalb insoweit keine zureichende Grundlage für § 1 I 3, II sowie § 3 StromGVV/GasGVV, wie dort die Ersatzversorgung sämtlicher Letztverbraucher, nicht nur der Haushaltskunden geregelt werden soll.

B. Gesetzliche Fiktion eines Energielieferverhältnisses (§ 38 I)

I. Fiktion der Energielieferung durch den Grundversorger (§ 38 I 1)

7   **1. Tatbestandsvoraussetzungen. a) Erfaßter Kundenkreis und Energiebezug.** Anders als § 36 findet § 38 I 1 nicht nur auf Haushaltskunden i. S. v. § 3 Nr. 22, für die freilich § 38 I 3 eine privilegierende Sonderregelung enthält (vgl. Rn. 19 f.), sondern auf **alle Letztverbraucher i. S. v. § 3 Nr. 25** Anwendung. Tatbestandlich eingeschlossen sind damit insbesondere auch Unternehmerkunden (vgl. § 3, Rn. 41), die wegen Überschreitens der Jahresverbrauchsgrenze von 10.000 kWh nach § 3 Nr. 22 nicht mehr unter den – im Vergleich zu den gemeinschaftsrechtlichen Vorgaben erweiterten – Haushaltskundenbegriff des EnWG fallen.

8   Voraussetzung ist weiter der **Energiebezug aus einem Energieversorgungsnetz der allgemeinen Versorgung in Niederspan-**

nung bzw. Niederdruck. Tatbestandlich ausgeschlossen ist damit zum einen der nicht über ein Netz der allgemeinen Versorgung erfolgende Energiebezug, namentlich der Energiebezug über Direktleitungen sowie über ein Objektnetz i. S. v. § 110 I; hierauf findet nach § 110 II der 4. Teil des EnWG, also auch § 38, ohnehin keine Anwendung. Zum anderen ist die Energielieferung in höherer Spannungs- bzw. Druckstufe, auch soweit sie über ein Netz der allgemeinen Versorgung erfolgen sollte, nicht erfaßt. Diese tatbestandlichen Einschränkungen dürften der Erstreckung über Haushaltskunden hinaus auf alle Letztverbraucher an Bedeutung nehmen, da Unternehmerkunden mit größerem Energieverbrauch häufig in Mittelspannung bzw. Mitteldruck beliefert werden dürften. Für die Fälle, daß in diesen Konstellationen eine Energiebelieferung ohne vertragliche Grundlage stattfindet, greift damit die besondere Regelung des § 38 nicht ein; vielmehr bleibt es bei den Grundsätzen, die die Rechtsprechung bereits zur früheren Rechtslage unter Rückgriff auf die Grundsätze der Geschäftsführung ohne Auftrag entwickelt hat (*BGH*, NJW-RR 2005, 639 = RdE 2005, 140).

b) Fehlen einer vertraglichen Grundlage. Der Tatbestand des § 38 I 1 setzt schließlich die **mangelnde Zuordenbarkeit des Energiebezugs zu einer Lieferung oder einem Liefervertrag** voraus, so daß dem fraglichen Energiebezug an einer vertraglichen Rechtsgrundlage fehlt.

aa) Vertragliche Grundlage, insbesondere Vertragsschluß durch Energieentnahme. Der Rückgriff auf die Regelung der Ersatzversorgung ist nach § 38 I 1 ausgeschlossen, im übrigen auch in der Sache entbehrlich, wo die **Zuordnung einer Energieentnahme zu einer vertraglich fundierten Lieferung** möglich ist. Das ist der Fall, wenn die Lieferung im Rahmen eines zuvor ausdrücklich, insbesondere schriftlich geschlossenen Liefervertrages erfolgt. Im übrigen entfällt der Tatbestand der Ersatzversorgung aber auch, soweit es erst durch Entnahme von Energie aus dem Versorgungsnetz zu einem Vertragsschluß kommen sollte (*K/K/R,* S. 144; vgl. auch BR-Drucks. 306/06, Verordnungsentwurf S. 24 f.).

Die **Möglichkeit des Vertragsschlusses durch Energieentnahme** haben die ständige zivilgerichtliche Rechtsprechung und die allgemeine Meinung im Schrifttum herkömmlich angenommen. Danach ist in dem Leistungsangebot des Versorgungsunternehmens grundsätzlich ein Vertragsangebot in Gestalt einer sog. Realofferte zum Abschluß eines Versorgungsvertrages zu sehen, das von demjenigen konkludent angenommen wird, der dem Verteilungsnetz eines Versorgungsunternehmens Elektrizität oder Gas (bzw. auch Wasser oder Fernwärme) entnimmt (vgl. *RGZ* 111, 310, 312; *BGHZ* 115, 311, 314; *BGH*,

NJW 2003, 3131, 3131; NJW-RR 2005, 639, 640; *L/O/H/F* AVB-WasserV, § 2, Rn. 17ff.; *Morell,* AVBWasserV, E § 2 Anm. a) zu Abs. 2; siehe auch *Heinrichs,* in: Palandt, BGB, Einf. v. § 145, Rn. 28); dies soll auch dann gelten, wenn trotz willentlicher Energieentnahme erklärt wird, keinen Vertrag abschließen bzw. kein Entgelt für die entnommene Energie entrichten zu wollen, weil der Abnehmer wisse, daß die Lieferung nur gegen eine Gegenleistung erbracht zu werden pflege (*BGH,* MDR 2000, 956, 957; NJW-RR 2005, 639, 640). Diese Annahme konkludent erfolgten Vertragsschlusses ist zum einen für die nach Allgemeinen Preisen und Bedingungen versorgten sog. Tarifkunden zugrunde gelegt worden; hier ist man davon ausgegangen, daß mit der Energieentnahme ein Vertrag zu diesen Preisen und Bedingungen zustande gekommen ist. Zum anderen ist die Annahme auch auf den – früher sogenannten – Sonderkundenbereich angewandt worden, wo die näheren Vertragsbedingungen ggf. unter Rückgriff auf eine entsprechende Anwendung von §§ 315, 316 BGB ermittelt worden sind (vgl. *de Wyl/Essig/Holtmeier,* in: S/T, § 10, Rn. 192ff).

12   Diese rechtliche Bewältigung sog. – insoweit nur scheinbar – vertragsloser Lieferverhältnisse geht allerdings deutlich erkennbar zurück auf die Versorgungssituation vor der Liberalisierung des Energiesektors, als auf Grund demarkations- und konzessionsvertraglicher Absprachen regelmäßig nur ein Lieferant und potentieller Vertragspartner des Kunden in Betracht kam (*de Wyl/Essig/Holtmeier,* in: S/T, § 10, Rn. 202). Es stellt sich deshalb die Frage nach der **Übertragbarkeit auf die Situation einer liberalisierten, entflochtenen Energieversorgung.** Sie hat sich schon nach dem energiewirtschaftlichen Ordnungsmodell des EnWG 1998, nach dem es keinen ausschließlichen Gebietsversorger mehr gegeben hat und auch Dritte als Energielieferanten in Betracht kamen, gestellt; der BGH hat jedoch auch unter diesen Bedingungen regelmäßig einen konkludent geschlossenen Vertrag mit dem allgemeinen Versorger annehmen wollen (*BGH,* NJW-RR 2005, 639, 640). Auf der Grundlage des EnWG 2005 stellt sich das Problem noch schärfer, da es nunmehr keinen hoheitlich bestimmten allgemeinen Versorger mehr gibt (vgl. § 36, Rn. 35) und darüber hinaus auch der Betreiber des Netzes der allgemeinen Versorgung grundsätzlich nicht mehr zugleich Energielieferant ist, so daß jedenfalls ein Rückschluß vom Netzbetreiber auf den Lieferanten nicht mehr möglich ist. Jedenfalls im Anwendungsbereich der Grundversorgung soll jedoch weiterhin im Regelfall davon auszugehen sein, daß ein Haushaltskunde, der – etwa nach Beendigung eines früheren Energieliefervertrages – bewußt keinen neuen Energieliefervertrag i. S. v. § 41 abschließt, durch die Entnahme von Energie aus dem Netz der allgemeinen Versorgung konkludent einen Grundversorgungsvertrag abschließt (so die Begründung zu §§ 2 StromGVV/GasGVV in BR-Drucks. 306/06, Verordnungsentwurf S. 23; zu §§ 2 II StromGVV/GasGVV vgl. § 39 Rn. 42; *Strohe,* ET 56 [2006], 62, 64). Diese Annahme läßt sich angesichts der grundsätzlich bestehenden Wahlmöglichkeit des Haushaltskunden wohl nur vor dem rechtlichen Hintergrund der in § 36 begründeten Versorgungspflicht des Grundversorgers rechtfertigen. Vor diesem Hintergrund mag es plausibel erscheinen, daß die Zurverfügungstellung von Energie im Netz sich regelmäßig, vorbehaltlich besonderer Umstände des konkreten Einzelfalls, als konkludentes Vertragsangebot des jeweiligen Grundversorgers darstellt, das er durch die Energieentnahme annimmt; besondere Umstände können etwa vorliegen, wenn vor der Energieentnahme dem Grundversorger mitgeteilt worden ist, daß der Kunde mit einem anderen EVU einen Liefervertrag geschlossen hat, und umgekehrt dem Haushaltskunden nicht mitgeteilt worden ist, daß der Belieferung durch dieses dritte EVU noch Hindernisse, z.B. hinsichtlich des Netzzugangs entgegenstehen (vgl. *Hempel,* in: Hempel/Franke, § 36 EnWG, Rn. 42). Außerhalb der tatbestandlichen Reichweite des § 36 erscheint die Annahme, der Zurverfügungstellung von Energie könne ein konkludentes Vertragsangebot eines bestimmten Lieferanten entnommen werden, noch problematischer; aus dem Umstand, daß § 38 den Grundversorger als subsidiär zuständigen Versorger vorsieht, wird man jedenfalls nicht auf das Vorliegen eines konkludenten Vertragsangebots schließen dürfen, da § 38 gerade ein nichtvertragliches Versorgungsverhältnis anordnet.

bb) Mangelnde Zuordenbarkeit zu einer Lieferung oder einem Liefervertrag. Danach kann es zum einen zur Ersatzversorgung als Interimsversorgung in der Situation der Aufnahme der Versorgung bzw. eines Versorgerwechsels kommen. Sofern hier ein – neuer – Liefervertrag förmlich noch nicht geschlossen ist und auch durch den Energiebezug ein Vertragsverhältnis nicht begründet wird (vgl. dazu Rn. 11 f.), kann hier ein Energiebezug ohne vertragliche Grundlage stattfinden (vgl. *K/K/R,* S. 144, die dies – in einer wohl etwas zu weiten Formulierung – immer dann annehmen, wenn über einen Liefervertrag verhandelt wird, aber noch keine Einigung erzielt worden ist). In der Sache geht es dann um eine Interimsversorgung bis zum Wirksamwerden des – neuen – Liefervertrages (*Hampel,* ZNER 2004, 117, 119 Fn. 18). 13

Zum anderen kann Ersatzversorgung als **Notversorgung bei bestehendem Energieliefervertrag** eintreten, wenn der Lieferant plötzlich ausfällt (*Hampel,* ZNER 2004, 117, 119 Fn. 18). Dies kann insbesondere in Folge von Insolvenz geschehen. Zwar berührt die Insolvenz 14 nicht ohne Weiteres den Liefervertrag mit dem Letztverbraucher; wenn aber dem Lieferanten aufgrund einer wegen Insolvenz erfolgten Kündigung des Lieferantenrahmenvertrages eine weitere Einspeisung nicht mehr möglich ist, hat das zur Folge, daß dem tatsächlichen Bezug eines Verbrauchers keine Lieferung zugeordnet werden kann (vgl. *Salje,* EnWG, § 38, Rn. 13; *K/K/R,* S. 144, unter Hinweis auf den Sachverhalt in *BGH,* NJW 2005, 339).

15 c) **Feststellung durch Netzbetreiber.** Ob die Voraussetzungen nach § 38 I 1 vorliegen, insbesondere eine einer Lieferung bzw. einem Liefervertrag nicht zuordenbare Energieentnahme vorliegt, kann der Sache nach nur der **Betreiber des Netzes der allgemeinen Versorgung** feststellen; bei ihm sind alle Lieferverpflichtungen an- bzw. abzumelden und zu kontrollieren (*Salje,* EnWG, § 38, Rn. 15).

16 2. **Rechtsfolge.** Liegen die genannten Voraussetzungen vor, ordnet § 38 I 1 die **Fiktion einer Lieferung durch den Grundversorger** i. S. v. § 36 I an. Das Rechtsverhältnis der Ersatzversorgung wird damit als ein gesetzliches Schuldverhältnis unmittelbar durch Gesetz begründet (vgl. BT-Drucks. 15/3917, S. 66), ohne daß es noch des Austausches von Vertragserklärungen oder auch nur einer Benachrichtigung bedürfte (*Salje,* EnWG, § 38, Rn. 14). Allerdings sieht § 3 II StromGVV/GasGVV eine Verpflichtung des Grundversorgers vor, dem Kunden unverzüglich nach Kenntnisnahme den Zeitpunkt des Beginnes und des Endes der Ersatzversorgung mitzuteilen und ihn auf die Erforderlichkeit des Abschlusses eines Energieliefervertrages spätestens zum Ende der Ersatzversorgung hinzuweisen.

II. Ausgestaltung des fingierten Energielieferverhältnisses (§ 38 I 2 und 3)

17 1. **Grundsätzliche entsprechende Anwendung der §§ 36 ff. (§ 38 I 2).** Für das durch die Fiktion nach § 38 I 1 begründete Rechtsverhältnis ordnet § 38 I 2 grundsätzlich die **entsprechende Anwendung des Teil 4 des Gesetzes, also der §§ 36 bis 42** an. Diese pauschale Regelung ist insofern wenig glücklich, als manche dieser Regelungen für eine entsprechende Anwendung schwerlich in Betracht kommen. Schon der Anordnung einer entsprechenden Anwendung von § 36 I und II für die Bestimmung des zuständigen Grundversorgers bedarf es an sich nicht, nachdem § 38 I 1 auf das Unternehmen rekurriert, „das nach § 36 I berechtigt und verpflichtet ist". Bedeutsam dürfte hingegen die Verpflichtung zur Veröffentlichung Allgemeiner Bedingungen und Allgemeiner Preise in entsprechender Anwendung von § 36 I 1 sein; dies bestätigt sich in § 38 I 2, der expli-

zit die Veröffentlichung gesonderter Preise zuläßt (vgl. Rn. 18). Eine entsprechende Heranziehung der Ausnahmen von der Grundversorgungspflicht gemäß § 37 dürfte ausscheiden, nachdem § 38 I 1 jeglichen Energiebezug über das Netz der allgemeinen Versorgung in Niederspannung oder Niederdruck erfaßt. Die Anordnung entsprechender Anwendung von § 39 geht insofern fehl, als § 39 sich selbst – freilich nicht ganz umfassend (vgl. § 39, Rn. 33 dazu, daß § 39 II 1 der Ersatzversorgung unterfallende Letztverbraucher, die keine Haushaltskunden sind, nicht erfasst; vgl. weiter § 39, Rn. 26, zu § 39 I 2) – für auf die Ersatzversorgung anwendbar erklärt. Der Verweis auf § 41, der Energielieferverträge außerhalb der Grundversorgung regelt, dürfte ganz ins Leere stoßen. Entsprechend anwendbar erscheinen hingegen wiederum die Verpflichtungen zur Stromkennzeichnung und zum gesonderten Netzzugangsentgeltausweis in der Rechnung gemäß § 42.

2. Allgemeine Preise für die Ersatzversorgung. a) Grundsätzliche Zulässigkeit gesonderter Allgemeiner Preise (§ 38 I 2). 18
§ 38 I 2 stellt die entsprechende Anwendung der §§ 36 ff. ausdrücklich unter die Maßgabe, daß der Grundversorger berechtigt ist, **gesonderte, d. h. insbesondere im Vergleich zur Grundversorgung höhere Allgemeine Preise** für die Energielieferung im Rahmen der Ersatzversorgung zu veröffentlichen und zu berechnen. Eine Genehmigungspflicht ist auch insoweit nicht vorgesehen.

b) Höchstpreisregelung für Haushaltskunden (§ 38 I 3). Eine 19 begünstigende Sonderregelung für Haushaltskunden i. S. v. § 3 Nr. 22 trifft § 38 I 3 mit dem **Verbot höherer Preise in der Ersatz- als in der Grundversorgung.** In der Folge bedeutet das, daß die Ersatzversorgungspreise für Haushaltskunden mit den Grundversorgungspreisen übereinstimmen werden.

Kritisch entgegengehalten wird dieser Regelung, daß damit der Ge- 20 setzgeber eine **Subventionierung der ersatzversorgten durch die grundversorgten Haushaltskunden** installiere, da die unterjährig zu beschaffende Ersatzenergie erheblich teurer sei als die eingeplante, mit zeitlichem Vorlauf eingekaufte Energie; dies durchbreche ohne sachlichen Grund das Prinzip einer verursachergerechten Kostenzuordnung (*Bartsch/Kästner,* ET 2004, 837, 838). Die durch Ersatzversorgung von Haushaltskunden auftretende Zusatzbelastung ist freilich zu relativieren. Der Grundversorger ist nach § 36 I 1 verpflichtet, auch unter dem Jahr neue Haushaltskunden in die Versorgung aufzunehmen. Die verbleibende Mehrbelastung durch die Ersatzversorgung zu Grundversorgungspreisen läßt sich aus dem Verbraucherschutzzweck, der auch zugunsten des ohne Vertragsgrundlage Energie entnehmenden Haushaltskunden greift, rechtfertigen. Weiterhin endet das Ersatzversorgungsverhältnis gemäß § 38 II 1 spätestens nach drei Monaten (Rn. 22).

C. Beendigung und Abrechnung des Ersatzversorgungsverhältnisses (§ 38 II)

I. Beendigungsgründe (§ 38 II 1)

21 Nach § 38 II 1 endet die Ersatzversorgung, wenn die **Energiebelieferung auf der Grundlage eines Energieliefervertrages** des Kunden erfolgt. Soweit der Letztverbraucher Haushaltskunde ist, kann er mit dem ihn ersatzversorgenden EVU einen Grundversorgungsvertrag nach § 36 oder auch mit diesem oder einem anderen EVU einen Energielieferungsvertrag außerhalb der Grundversorgung i. S. v. § 41 abschließen; das Anliegen des Bundesrats, Haushaltskunden durch die Zulassung höherer Ersatzversorgungspreise hierzu anzuhalten, hat sich im Gesetzgebungsverfahren nicht durchgesetzt (vgl. Rn. 4). Nicht der Definition des Haushaltskunden unterfallende Letztverbraucher können die Ersatzversorgung durch Abschluß eines Energieliefervertrages außerhalb der §§ 36, 41, also eines bislang sog. Sonderkundenvertrages beenden.

22 In jedem Falle endet die Ersatzversorgung aber **spätestens drei Monate nach ihrem Beginn,** also am Ende desjenigen Tages drei Monate später, der durch seine Zahl dem Tage des Beginns der Ersatzversorgung entspricht (vgl. §§ 187 II, 188 II BGB). Der Vorschlag einer zeitlich unbegrenzten Ersatzversorgung ist im Gesetzgebungsverfahren nicht umgesetzt worden (vgl. Rn. 4). Bei weiterer Energieentnahme nach Ablauf der drei Monate dürfte regelmäßig stillschweigend ein Vertrag zwischen Letztverbraucher und Grundversorger zustande kommen (*Strohe,* ET 56 [2006], 62, 64 f.).

II. Verbrauchsabrechnung (§ 38 II 2)

23 Dem Vorbild von §§ 21 AVBEltV/AVBGasV folgend kann der Grundversorger als ersatzversorgendes EVU nach § 38 II 2 die **Ermittlung und Berechnung des auf die Ersatzversorgung entfallenden Energieverbrauchs durch Schätzung auf Grund einer rechnerischen Abgrenzung** vornehmen. §§ 3 I StromGVV/GasGVV setzt diese Vorgabe nunmehr um.

§ 39 Allgemeine Preise und Versorgungsbedingungen

(1) [1]Das Bundesministerium für Wirtschaft und Technologie kann im Einvernehmen mit dem Bundesministerium für Ernährung, Landwirtschaft und Verbraucherschutz durch Rechtsverordnung mit Zustimmung des Bundesrates die Gestaltung der Allgemeinen Preise nach § 36 Abs. 1 und § 38 Abs. 1 des Grundversorgers unter Berücksichtigung des § 1 Abs. 1 regeln. [2]Es kann dabei Bestimmungen über Inhalt und Aufbau der Allgemeinen Preise treffen sowie die tariflichen Rechte und Pflichten der Elektrizitätsversorgungsunternehmen und ihrer Kunden regeln.

(2) [1]Das Bundesministerium für Wirtschaft und Technologie kann im Einvernehmen mit dem Bundesministerium für Ernährung, Landwirtschaft und Verbraucherschutz durch Rechtsverordnung mit Zustimmung des Bundesrates die allgemeinen Bedingungen für die Belieferung von Haushaltskunden in Niederspannung oder Niederdruck mit Energie im Rahmen der Grund- oder Ersatzversorgung angemessen gestalten und dabei die Bestimmungen der Verträge einheitlich festsetzen und Regelungen über den Vertragsabschluss, den Gegenstand und die Beendigung der Verträge treffen sowie Rechte und Pflichten der Vertragspartner festlegen. [2]Hierbei sind die beiderseitigen Interessen angemessen zu berücksichtigen. [3]Die Sätze 1 und 2 gelten entsprechend für Bedingungen öffentlich-rechtlich gestalteter Versorgungsverhältnisse mit Ausnahme der Regelung des Verwaltungsverfahrens.

Literatur: *Groß,* Die neuen Netzanschluß- und Grundversorgungsverordnungen im Strom- und Gasbereich, NJW 2007, 1030; *vom Wege/Finke,* Grundversorgungsverordnungen (StromGVV/GasGVV) – Eine Vorstellung der wesentlichen Änderungen, ZNER 2007, 116.

Übersicht

	Rn.
A. Allgemeines	1
I. Inhalt und Zweck	1
1. Inhalt der Regelung	1
2. Zweck der Regelung	2
II. Entstehungsgeschichte	5
1. Frühere Regelungen	5
2. Gesetzgebungsgeschichte	7
III. Gemeinschaftsrechtliche Vorgaben	9
IV. Verfassungsrechtliche Beurteilung	10
V. Stand der Verordnungsgebung	11

	Rn.
1. Preisregelung	11
2. Regelung der Allgemeinen Versorgungsbedingungen	13
VI. Reichweite und Bedeutung der normativen Vorgaben	15
VII. Übergangsregelung	17
B. Verordnungsermächtigung für Allgemeine Preise (§ 39 I)	19
I. Vorgaben der Verordnungsermächtigung	20
1. Zuständigkeit und Verfahren (§ 39 I 1)	20
2. Gegenstand der Verordnungsermächtigung (§ 39 I 1 und 2)	23
a) Gestaltung bzw. Inhalt und Aufbau der Allgemeinen Preise	23
b) Tarifliche Rechte und Pflichten der Elektrizitätsversorgungsunternehmen und ihrer Kunden	26
c) Ausschluß der Genehmigungspflicht und Kontrolle der Energiepreise	28
3. Berücksichtigung des § 1 I (§ 39 I 1)	29
II. Umsetzung der Verordnungsermächtigung	30
C. Verordnungsermächtigung für Allgemeine Versorgungsbedingungen (§ 39 II)	31
I. Allgemeine Bedingungen für die Haushaltskundenbelieferung (§ 39 II 1 und 2)	32
1. Vorgaben der Verordnungsermächtigung	32
a) Adressaten der Verordnungsermächtigung (§ 39 II 1)	32
b) Gegenstand der Verordnungsermächtigung (§ 39 II 1)	33
c) Berücksichtigung der beiderseitigen Interessen (§ 39 II 2)	36
2. Umsetzung der Verordnungsermächtigung	38
a) Allgemeine Versorgungsbedingungen in der Grundversorgung	39
aa) Zustandekommen des Vertrags	41
bb) Vertragsgegenstand	43
cc) Wechselseitige Rechte und Pflichten	46
dd) Beendigung des Grundversorgungsverhältnisses	48
b) Allgemeine Versorgungsbedingungen in der Ersatzversorgung	50
II. Öffentlich-rechtliche Versorgungsverhältnisse (§ 39 II 3)	52

A. Allgemeines

I. Inhalt und Zweck

1. Inhalt der Regelung. § 39 enthält zwei zu unterscheidende **1** Verordnungsermächtigungen einerseits bzgl. **Allgemeiner Preise (§ 39 I)**, andererseits bzgl. **Allgemeiner Versorgungsbedingungen (§ 39 II) in der Grund- und Ersatzversorgung** und ergänzt insofern §§ 36, 38. §§ 36 I 1, 38 I 2 sehen zunächst lediglich vor, daß die grundversorgungspflichtigen EVU Allgemeine Preise und Allgemeine Bedingungen für die Grund- und die Ersatzversorgung festsetzen und veröffentlichen, ohne sich zu deren inhaltlicher Gestaltung weiter zu äußern. Auf der Grundlage von § 39 können Rechtsverordnungen erlassen werden, die nähere, verbindliche Vorgaben für die Allgemeinen Preise und Versorgungsbedingungen für Energiebelieferungsverhältnisse im Rahmen der Grund- und Ersatzversorgung enthalten.

2. Zweck der Regelung. Die Regelung bezweckt eine **möglichst** **2** **konkrete Festlegung des Inhalts der Grund- und Ersatzversorgungsverhältnisse** (*Salje*, EnWG, § 39, Rn. 1). Dies ist wichtig, weil der Kontrahierungszwang bzw. das gesetzliche Schuldverhältnis gemäß §§ 36, 38 entscheidend von der inhaltlichen Ausgestaltung des Belieferungsverhältnisses abhängt; die Anordnung eines Kontrahierungszwangs bzw. gesetzlichen Schuldverhältnisses verlangt das Bestehen reglementierter, der Disposition der Parteien entzogener Vertragsbedingungen, um zu verhindern, daß durch unangemessene Bedingungen und Preise der mit dieser Anordnung verfolgte Zweck vereitelt wird (*Hampel*, S. 119).

Die durch § 39 ermöglichte inhaltliche Vorfestlegung der Vertragsin- **3** halte dient zunächst der **Erleichterung der Abwicklung dieses Massenkundengeschäfts** (*Salje*, EnWG, § 39, Rn. 6).

Darüber hinaus soll die durch § 39 ermöglichte hoheitliche Rege- **4** lung eine inhaltlich **den Regelungszielen des EnWG entsprechende, gerechte Ausgestaltung der Grund- und Ersatzversorgungsverhältnisse** sicherstellen. § 39 I 1 verdeutlicht das mit dem Verweis auf die Ziele des § 1 I und § 39 II 2 mit der Verpflichtung zur angemessenen Berücksichtigung der beiderseitigen Interessen. Nach wie vor, ungeachtet der rechtlichen Eröffnung von Wettbewerb ist angesichts der Wettbewerbsverhältnisse auf dem Energiesektor jedoch hervorzuheben das durch die Verordnungsermächtigung verfolgte verbraucherpolitische Schutzziel (vgl. *Danner*, in: Obernolte/Danner, Energiewirtschaftsrecht, § 11, Rn. 12, zu § 11 EnWG 1998; besonders deutlich *Säcker*, in: Münchener Kommentar zum Bürgerlichen Gesetzbuch, Art. 243 EGBGB, Rn. 1: Es gehe in den Netzwirtschaften „um den Schutz der Abnehmer vor marktstrukturell begründeter monopolistischer Exploitation".).

II. Entstehungsgeschichte

5   **1. Frühere Regelungen.** Der heutige § 39 hat eine erste Vorläuferbestimmung bereits in **§ 7 EnWG 1935,** der in Satz 1 der Ursprungsfassung den Reichswirtschaftsminister zur wirtschaftlichen Gestaltung der allgemeinen Bedingungen und allgemeinen Tarifpreise der EVU sowie der Energieeinkaufspreise der Energieverteiler durch allgemeine Vorschriften und Einzelanordnungen ermächtigte. Der Energiewirtschaftsrechtsgesetzgeber hielt es also von Beginn an für geboten, Tarifkunden in Haushalt, Landwirtschaft und Gewerbe hinsichtlich der Preise und Versorgungsbedingungen besonders zu schützen. Durch das AGB-Gesetz vom 9. 12. 1976 (BGBl. I S. 3317) ist § 7 EnWG 1935 neugefaßt worden; während § 39 I nunmehr Preisgestaltung und -genehmigung erfaßte, enthielt § 39 II eine im Hinblick auf die Anforderungen des Art. 80 I 2 GG modifizierte (vgl. BT-Drucks. 7/3919, S. 45), den Allgemeinen Versorgungsbedingungen geltende Verordnungsermächtigung (vgl. *Hempel*, in: Böwing, EnWG, Art. 1, § 11, Rn. 2.1.1).

6   Dem Vorbild des § 7 EnWG 1935 folgte die auf die allgemeine Versorgung i. S. v. § 10 EnWG 1998 bezogene Verordnungsermächtigung des **§ 11 EnWG 1998.** Dabei ist in § 11 I EnWG 1998 zum einen die Ermächtigung zu staatlichen Tarifregelungen für den Gassektor gestrichen worden, weil der Gesetzgeber hierfür angesichts veränderter Markt- und Wettbewerbsverhältnisse kein Bedürfnis mehr sah (BT-Drucks. 13/7274, S. 17); zum anderen ist die verbliebene Ermächtigung bzgl. der Gestaltung und Genehmigungspflichtigkeit der Allgemeinen Tarife der Elektrizitätsversorgungsunternehmen, die der Gesetzgeber wegen der Erwartung eines auch künftig nur beschränkten Wettbewerbs um Tarifkunden weiterhin für notwendig hielt (BT-Drucks. 13/7274, S. 9), auch mit Blick auf die verfassungsrechtlichen Erfordernisse des Art. 80 I 2 GG modifiziert worden. Die Ermächtigung zur Regelung allgemeiner Bedingungen für die Belieferung von Kunden im Rahmen der allgemeinen Versorgung mit Strom und Gas in § 11 II EnWG 1998 ist so gut wie unverändert von § 7 II EnWG 1935 übernommen worden.

7   **2. Gesetzgebungsgeschichte.** An § 11 EnWG 1998 knüpft wiederum die Entwurfsfassung des **§ 39 RegE** bewußt und deutlich an.

Anders als § 11 I 1, 3 EnWG 1998 sieht § 39 I RegE jedoch eine Ermächtigung für die Einführung eines Tarifgenehmigungsverfahrens mit ergänzenden Regelungen zu dessen Ausgestaltung nicht mehr vor.

Im Zusammenhang mit § 39 bedeutsam ist allerdings, daß § 40 **RegE** im Laufe des Gesetzgebungsverfahrens entfallen ist (vgl. dazu § 36 Rn. 7). Die Absicht des Regierungsentwurfs, die Preisaufsicht nach der BTOElt, für die in § 39 I keine Ermächtigung mehr vorgesehen war und die nach dem Willen jedenfalls des damaligen Gesetzgebers entfallen sollte (vgl. dazu Rn. 12), in die besondere Mißbrauchsaufsicht nach § 40 RegE zu überführen (BT-Drucks. 15/3917, S. 66), geht insoweit heute ins Leere (zur Energielieferpreiskontrolle vgl. auch Rn. 11 f., 28). 8

III. Gemeinschaftsrechtliche Vorgaben

Die Regelung des § 39 dient der **Umsetzung von Art. 3 V EltRl, Art. 3 III GasRl, jeweils i. V. m. Anlage A** (vgl. BT-Drucks. 15/3917, S. 66). Das Gemeinschaftsrecht verlangt danach von Mitgliedstaaten insbesondere geeignete Maßnahmen zum Schutz der Endkunden sowie die Gewährleistung eines hohen Verbraucherschutzes insbesondere auch in Bezug auf die Transparenz der Vertragsbedingungen und auf allgemeine Informationen. 9

IV. Verfassungsrechtliche Beurteilung

In verfassungsrechtlicher Hinsicht ist § 39 vor allem an dem auf Rechtsverordnungsermächtigungen bezogenen, speziellen **Bestimmtheitsgebot des Art. 80 I 2 GG** zu messen; danach muß die im Gesetz erteilte Ermächtigung nach Inhalt, Zweck und Ausmaß hinreichend bestimmt sein. Wie gesehen (Rn. 5 f.) hat der Gesetzgeber im Laufe der Zeit die energiewirtschaftsrechtlichen Verordnungsermächtigungen für die Allgemeinen Preise und Allgemeinen Versorgungsbedingungen nicht zuletzt auch mit Blick auf diese Anforderungen weiterentwickelt und konkretisiert. Die auch nach der konkretisierenden Neufassung durch das AGBG noch erhobenen verfassungsrechtlichen Bedenken gegen die Verordnungsermächtigung wegen mangelnder Bestimmtheit dürften nach der zu der AVBWasserV ergangenen Entscheidung des *BVerfG* vom 2. 11. 1981 (JZ 1982, 288; vgl. auch *BGHZ* 100, 1, 4) heute erledigt sein (vgl. *Säcker*, in: Münchener Kommentar zum Bürgerlichen Gesetzbuch, Art. 243 EGBGB, Rn. 2; *Büdenbender*, EnWG, § 11, Rn. 30; Bedenken bzgl. § 39 I 2 allerdings bei *Salje*, EnWG, § 39, Rn. 23). 10

V. Stand der Verordnungsgebung

11 **1. Preisregelung.** Die frühere **BTOGas** vom 10. 2. 1959 (BGBl. I S. 46, geändert durch VO vom 21. 6. 1979, BGBl. I S. 676), ist bereits im Rahmen der Energierechtsreform 1998 (Art. 5 II Nr. 4 Gesetz zur Neuregelung des Energiewirtschaftsrechts vom 24. 4. 1998, BGBl. I S. 730) aufgehoben worden. Nach Auffassung des Gesetzgebers war sie in der Praxis nahezu bedeutungslos geworden, nachdem sich bei der Heizgas- und Gasvollversorgung Sonderverträge durchgesetzt hatten und die Gasversorgung nur zu Koch- und Warmwasserbereitungszwecken im Haushalt- und Kleinabnehmerbereich immer weiter zurückgegangen war (vgl. BT-Drucks. 13/7274, S. 17).

12 Für den Stromsektor ist hingegen die Geltung der **BTOElt** vom 18. 12. 1989 (BGBl. I S. 2255) in der Energierechtsreform 1998 unberührt geblieben, weil der Gesetzgeber auch künftig nur einen beschränkten Wettbewerb um Tarifkunden erwartete und deshalb eine besondere staatliche Preisaufsicht als Gegengewicht zur jedenfalls faktischen Monopolposition der EVU erforderlich sah (BT-Drucks. 13/7274, S. 17). Art. 5 III des Zweiten Neuregelungsgesetzes vom 12. 7. 2005 (BGBl. I S. 1970, 2017 f.) ordnet ihre Fortgeltung bis zum 30. 6. 2007, also für etwa weitere zwei Jahre an; auch unter dem neuen EnWG 2005 sollte eine staatliche Preisaufsicht zunächst die Haushaltskunden schützen, bis nach einer Übergangsphase eine Intensivierung des Wettbewerbs auch um Kleinkunden stattgefunden hat, so daß auf eine besondere Preiskontrolle verzichtet werden kann. Ob dieser Zustand erreicht und die gesetzgeberische Entscheidung richtig ist, ist angesichts steigender Endverbraucherpreise für die leitungsgebundene Energieversorgung umstritten. Ein auf eine periodisch zu überprüfende Fortgeltung der Preisaufsicht nach der BTOElt abzielender Gesetzesantrag (vgl. BR-Drucks. 735/06; vgl. auch BT-Drucks. 16/2505) ist jedoch im Gesetzgebungsverfahren erfolglos geblieben (vgl. auch Rn. 28).

13 **2. Regelung der Allgemeinen Versorgungsbedingungen.** Die Allgemeinen Versorgungsbedingungen sind bei Inkrafttreten des EnWG 2005 durch die **AVBEltV und AVBGasV**, jeweils vom 21. 6. 1979 (BGBl. I S. 684 bzw. 676), geregelt gewesen. Diese Verordnungen sind durch den neuen energiewirtschaftsrechtlichen Ordnungsrahmen jedoch insofern überholt worden, als sie nach wie vor von Anschluß und Belieferung aus einer Hand ausgehen und damit die Trennung zwischen Netzbetrieb und Belieferung nicht mitvollziehen. Art. 4 der „Verordnung zum Erlaß von Regelungen des Netzanschlusses von Letztverbrauchern in Niederspannung und Niederdruck" vom 1. 11.

2006 (BGBl. I S. 2477) hat ihr Außerkrafttreten zugleich mit dem Inkrafttreten der Verordnung, die in Art. 1 die NAV und in Art. 2 die NDAV enthält, am Tage nach der Verkündung, d. h. am 8. 11. 2006 angeordnet.

Zugleich mit dem Außerkrafttreten von AVBEltV und AVBGasV ist **14** die „Verordnung zum Erlaß von Regelungen für die Grundversorgung von Haushaltskunden und die Ersatzversorgung im Energiebereich" vom 26. 10. 2006 (BGBl. I S. 2391) in Kraft getreten. In ihr sind die neue **Stromgrundversorgungsverordnung (StromGVV)** und eine neue **Gasgrundversorgungsverordnung (GasGVV)** zusammengefaßt (vgl. dazu näher Rn. 38 ff.). Damit gibt es nunmehr – dem neuen Ordnungsrahmen entsprechend – auf § 18 III gestützte Verordnungsregelungen zum Netzanschluß in Gestalt der NAV und NDAV einerseits, zur Grund- und Ersatzversorgung in Gestalt der auf § 39 II gestützten StromGVV und der GasGVV andererseits.

VI. Reichweite und Bedeutung der normativen Vorgaben

Die Verordnungsermächtigungen des § 39 und die darauf gestützten **15** Rechtsverordnungen entfalten ihre rechtliche Wirksamkeit nur in Bezug auf **Energielieferverhältnisse im Rahmen der Grund- und Ersatzversorgung** (vgl. im einzelnen und weiter differenzierend Rn. 23, 26, 33, 38 ff., 50 f.). Sie erfassen also nur Energielieferverhältnisse von Letztverbrauchern, die entweder auf den Grundversorgungsanspruch gemäß § 36 I 1 gestützt sind oder gemäß § 38 I 1 durch Energiebezug ohne Bezug auf eine bestimmte Lieferung oder einen bestimmten Liefervertrag zustande gekommen sind. Der Regelung unterfallen also keineswegs sämtliche Energielieferverhältnisse mit Letztverbrauchern und auch nicht sämtliche Energielieferverhältnisse mit Haushaltskunden; vielmehr sind Sonderkundenverträge von Letztverbrauchern und auch von Haushaltskunden nicht erfaßt. § 41 erkennt die Möglichkeit solcher Sonderkundenverträge ausdrücklich an und enthält zugleich eine eigenständige Rechtsgrundlage für normative Vorgaben zur Ausgestaltung solcher Verträge.

Jedoch haben die AVB in der Praxis gleichwohl erhebliche **Auswir-** **16** **kungen auch auf die Bedingungen in Lieferverträgen mit Sonderkunden.** Faktisch nehmen auch Sonderkundenverträge auch nach der Liberalisierung der Energieversorgung weiter weitgehend auf die AVBEltV bzw. AVBGasV Bezug (vgl. *BGH*, NJW 1998, 1640; *Theobald*, in: S/T, § 1, Rn. 161; *de Wyl/Essig/Holtmeier*, in: S/T, § 10, Rn. 240 Fn. 8, Rn. 301). Diese Praxis spiegelt sich rechtlich wider in der privilegierenden Regelung des § 310 II 1 BGB; danach ist die Inhaltskontrolle von Allgemeinen Geschäftsbedingungen gemäß §§ 308, 309 BGB u. a. ausgeschlossen, soweit Verträge der Elektrizitäts- und Gasversorgungsunternehmen über die Versorgung von Sonderabnehmern mit Strom und Gas in ihren Versorgungsbedingungen nicht von Verordnungen über Allgemeinen Bedingungen für die Versorgung von Tarifkunden mit elektrischer Energie und Gas, also der früheren AVBEltV bzw. AVBGasV und der heutigen StromGVV bzw. GasGVV abweichen. Darüber hinaus hat die Rechtsprechung den Regelungen der AVBEltV eine Indiz- und Leitbildfunktion im weiteren Sinne auch für die Beurteilung von Allgemeinen Geschäftsbedingungen in „Sonderkundenverträgen" zugesprochen und unter Berufung hierauf etwa eine § 6 AVBEltV entsprechende Haftungsregelung für vereinbar mit § 307 BGB erklärt (*BGHZ* 138, 118, 126 ff.).

VII. Übergangsregelung

17 Die Übergangsvorschrift des § 115 II und III trifft Regelungen u. a. auch für die Anwendbarkeit der auf § 39 gestützten Rechtsverordnungen auf bei Inkrafttreten des Gesetzes bestehende Energieliefervertäge mit Letztverbrauchern im Rahmen bzw. außerhalb der allgemeinen Versorgung nach § 10 EnWG 1998 (s. dortige Kommentierung).

18 Für die nach Inkrafttreten des Gesetzes, d. h. nach dem 12. 7. 2005 abgeschlossenen Versorgungsverträge gelten nach **§ 1 I 4 StromGVV/ GasGVV** diese neuen Verordnungen über die Allgemeinen Versorgungsbedingungen, soweit diese Verträge nicht schon vor dem 8. 11. 2006, d. h. vor Inkrafttreten von StromGVV und GasGVV beendet worden sind.

B. Verordnungsermächtigung für Allgemeine Preise (§ 39 I)

19 § 39 I enthält eine Verordnungsermächtigung, die auf die **Allgemeinen Preise in der Grund- und Ersatzversorgung** bezogen ist.

I. Vorgaben der Verordnungsermächtigung

20 **1. Zuständigkeit und Verfahren (§ 39 I 1).** Eigentlicher Adressat der Verordnungsermächtigung ist das **Bundesministerium für Wirtschaft und Technologie,** das für den Erlaß von Verordnungen nach § 39 I zuständig ist.

§ 39 I 1 verlangt weiter das **Einvernehmen des Bundesministeri-** 21
ums für Ernährung, Landwirtschaft und Verbraucherschutz.
Hierin liegt eine Abweichung von § 11 I EnWG 1998, die man als
verfahrensmäßigen Ausdruck des Verbraucherschutzanliegens des § 39
verstehen darf. Art. 80 I 1 GG läßt es zu, daß in solcher Weise der Erlaß einer Rechtsverordnung von der Mitwirkung einer weiteren Stelle
abhängig gemacht wird (vgl. *Maunz,* in: Maunz/Dürig, GG, Art. 80,
Rn. 42). Einvernehmen bedeutet Einverständnis mit dem Inhalt der zu
erlassenden Rechtsverordnung.

Schließlich ist – wie bereits nach § 11 I EnWG 1998 – die **Zu-** 22
stimmung des Bundesrates erforderlich. Dieses in § 39 I 1 ausdrücklich enthaltene Zustimmungserfordernis hat seine verfassungsrechtliche Grundlage in Art. 80 II GG.

2. Gegenstand der Verordnungsermächtigung (§ 39 I 1 und 23
2). a) Gestaltung bzw. Inhalt und Aufbau der Allgemeinen
Preise. Aus § 39 I 1, wonach Gegenstand der Verordnung die Gestaltung der Allgemeinen Preise (nach §§ 36 I, 38 I) des Grundversorgers
sein kann, ergibt sich der **Anwendungsbereich** der Ermächtigung. Sie
gilt zum einen der Grund- und Ersatzversorgung i. S. v. §§ 36, 38 und
somit nicht Energielieferverhältnissen außerhalb dieses gesetzlichen
Rahmens (vgl. Rn. 15). Zum anderen erfaßt sie die Grund- und Ersatzversorgung sowohl mit Strom wie auch mit Gas; das ergibt sich
schon aus dem Wortlaut, weiter auch aus der Abweichung von der
insoweit auf Elektrizitätsversorgungsunternehmen beschränkten Vorläuferbestimmung des § 11 I 1 EnWG 1998 und dem systematischen Verhältnis zu § 39 I 2 Hs. 2 (s. Rn. 26).

Inhaltlich sind Regelungen zur **Gestaltung bzw. über Inhalt und** 24
Aufbau der Allgemeinen Preise zugelassen. Die Ermächtigung in
§ 39 I 1 folgt insoweit bis auf die sprachliche Änderung von „Tarife" in
„Preise" (vgl. dazu BR-Drucks. 613/1/04, S. 30 f.; BT-Drucks. 15/
4068, S. 7) dem Vorbild von § 11 I 1 EnWG 1998. Konkretisierend
ermächtigt § 39 I 2 Hs. 1 dazu, dabei Bestimmungen über Inhalt und
Aufbau der Allgemeinen Preise zu treffen. Auch diese Konkretisierungsbefugnis erstreckt sich sowohl auf die Strom- wie auch auf die Gasversorgung nach §§ 36, 38 (a. A. *Salje,* EnWG, § 39, Rn. 12); das erscheint
angesichts der Beschränkung auf die Elektrizitätsversorgung in § 39 I 2
Hs. 2 zunächst nicht ganz eindeutig, ist aber dort schon sprachlich nahegelegt und folgt aus der engen, kaum aufzulösenden sachlichen Verbindung zwischen Gestaltung der Allgemeinen Preise i. S. v. § 39 I 1 und
Regelungen über ihren Inhalt und Aufbau.

In der Sache ermöglichen § 39 I 1 und 2 Hs. 1 damit die Vorgabe 25
eines **Preisstrukturrechts** mit Vorgaben für die Preisbildung und Preis-

systematik, das die unternehmerische Freiheit der EVU bei der Bildung der Grund- und Ersatzversorgungspreise einschränkt (vgl. *Büdenbender,* EnWG, § 11, Rn. 42 f., der hiervon das in dem früheren Genehmigungserfordernis realisierte „Preisniveaurecht" unterscheidet). Insoweit eröffnen sich unterschiedliche Regelungsansätze (zum Folgenden vgl. ausführlich *Büdenbender,* EnWG, § 11, Rn. 46 ff.), die insbesondere auf die Verpflichtung zur Beachtung bestimmter Parameter bei der Preisbildung abzielen können. In diesem Sinne kann durch Verordnung dem Grundversorger die Bildung eines Pflichttarifs oder mehrerer Pflichttarife aufgegeben und daneben das Angebot von Wahltarifen zugelassen werden (vgl. die frühere Inanspruchnahme dieser Regelungsmöglichkeit in §§ 1 II, 2 BTOElt). Es können Vorgaben für einen für alle erfaßten Letztverbraucher einheitlichen Allgemeinen Tarif oder für nach Letztverbrauchergruppen differenzierte Allgemeine Tarife (vgl. § 3 BTOElt) sowie Vorgabe für das Angebot von Schwachlasttarifen für Tageszeiten schwacher Leistungsentnahme (vgl. § 9 BTOElt) gemacht werden. Vorgaben hinsichtlich des Aufbaus der Allgemeinen Preise können – und müssen der Sache nach wegen des hohen Anteils fixer Kosten gerade in der Stromversorgung – insbesondere auf das Verhältnis von verbrauchsabhängigen und -unabhängigen Preisbestandteilen Rücksicht nehmen; insofern ist die Unterscheidung der Preisbestandteile „Arbeitspreis" als Gegenleistung für konkret gelieferte Energiemengen, „Leistungspreis" oder „Bereitstellungspreis" als Gegenleistung für die Bereitstellung der Energieleistungen und „Verrechnungspreis" als Entgelt für Meßeinrichtungen etc. etabliert (vgl. § 4 BTOElt). Dabei können auf einer unterschiedlichen Zuordnung der fixen Kostenbestandteile zu den einzelnen Kunden beruhende, unterschiedliche Tarifgestaltungen geregelt werden, z.B. mit bei steigendem Energieverbrauch flach oder steil verlaufender Preiskurve oder in Gestalt von gestuften Zonentarifen. Schließlich kann vorgegeben werden, inwieweit die Tarife im Sinne einer ökonomischen Preisbildung an den Kosten der Energieversorgung orientiert sein sollen (vgl. § 1 I 2 BTOElt) bzw. inwieweit bestimmte politische, etwa ökologische oder soziale Zielsetzungen einfließen sollen.

26 b) Tarifliche Rechte und Pflichten der Elektrizitätsversorgungsunternehmen und ihrer Kunden.[1] Im Gegensatz zu § 39 I 1 und 2 Hs. 1 (vgl. Rn. 23) ist § 39 I 2 Hs. 2 nur auf **Grund- und Ersatzversorgungsverhältnisse in der Elektrizitätsversorgung** anwendbar, nicht hingegen auf Gasversorgungsverhältnisse. Der Gesetzgeber hat für diese ungleiche Regelung, die die Stromversorgung einer intensiveren Regelungsmöglichkeit unterwirft, keine Begründung gegeben. Sie kann wohl nur in unterschiedlichen wirtschaftlichen Verhältnissen des Strom- und des Gasversorgungssektors, deren Annahme bereits der früheren

Entscheidung zur Aufhebung der BTOGas zugrunde lag (vgl. oben Rn. 11), gefunden werden (krit., auf Art. 3 I GG gestützte verfassungsrechtliche Zweifel aufwerfend insoweit *Salje,* EnWG, § 39, Rn. 4).

Die Ermächtigung gilt nicht beliebigen Rechten und Pflichten von **27** Elektrizitätsversorgungsunternehmen und ihren Kunden, wie sie teils bereits anderweitig gesetzlich geregelt sind und im Übrigen auf der Grundlage von § 39 II durch eine Verordnung über Allgemeine Versorgungsbedingungen konkretisiert werden können. Vielmehr sollen nach § 39 I 2 Hs. 2, wie trotz der Ersetzung des „Tarif"-Begriffs in § 39 I 1 formuliert wird, nur wechselseitige **tarifliche, d. h. preisrechtliche Rechte und Pflichten** regelbar sein. Hieran ist vor allem die – wohl kaum überschneidungsfrei mögliche – Abgrenzung zu § 39 II festzumachen. Als mögliche tarifliche Pflichten des Elektrizitätsversorgungsunternehmens werden genannt Informations- und Beratungspflichten und die Verpflichtung zur nachträglichen Abrechnung nach einem in Betracht kommenden günstigeren Tarif; als mögliche Kundenpflichten sollen z. B. Informations- und Mitteilungspflichten bzgl. tariflich relevanter Umstände und ihrer Änderung oder die Beachtung bestimmter Zahlungsfristen geregelt werden können (vgl. *Büdenbender,* EnWG, § 11, Rn. 59).

c) Ausschluß der Genehmigungspflicht und Kontrolle der **28** **Energiepreise.** Die in § 11 I 1 Hs. 2 EnWG 1998 noch ausdrücklich vorgesehene Möglichkeit der Einführung einer Genehmigungspflicht für die Allgemeinen Tarife hat § 39 I 1 nicht übernommen. Nach der so gefaßten Ermächtigungsgrundlage wird eine künftige Verordnung zur Regelung der Allgemeinen Preise zwar materielle Regeln über die Gestaltung der Allgemeinen Preise – wie in §§ 1 bis 9 BTOElt – enthalten dürfen. Die Einführung einer Genehmigungspflicht, die auch zu einer hoheitlichen Kontrolle des Preisniveaus führen könnte, wie sie der bis zum 30. 6. 2006 fortgeltende § 12 BTOElt vorgesehen hat, ist hingegen nach der derzeitigen Gesetzeslage nicht mehr zugelassen (BT-Drucks. 15/3917, S. 66; *Salje,* EnWG, § 39, Rn. 7). Ein Vorstoß, die Ermächtigung des § 39 I wieder auf die Regelung einer Preisgenehmigung zu erweitern und auf dieser Grundlage § 12 BTOElt fortgelten zu lassen (BR-Drs. 735/06; vgl. Rn. 12), ist erfolglos geblieben. Nachdem der Gesetzgeber in Gestalt von § 29 GWB eine – bis 2012 befristete – besondere Konkretisierung des kartellrechtlichen Mißbrauchstatbestandes für marktbeherrschende Strom- und Gasanbieter zur Kontrolle der Energiepreise geschaffen hat (Art. 1 Nr. 4, Nr. 20 d des Gesetzes zur Bekämpfung von Preismissbrauch im Bereich der Energieversorgung und des Lebensmittelhandels vom 18. 12. 2007, BGBl. I S. 2966), dürfte die Wiedereinführung einer Ermächtigung zur Energiepreisgenehmigung derzeit auch nicht mehr zu erwarten sein. Vielmehr ist damit bis auf Weiteres die Überprüfung der – ihrer Höhe wegen vielfach kritisierten – Energielieferpreise der kartellrechtlichen Kontrolle und der insbesondere auf § 315 BGB gestützten allgemein-zivilgerichtlichen Kontrolle (vgl. *BGH,* NJW 2007, 1672; *BGH,* NJW 2007, 2540), überantwortet (vgl. auch *Ehricke,* JZ 2005, 599; *Markert,* RdE 2006, 84; *Kunth/Tüngler,* NJW 2005, 1313 *Kühne,* NJW 2006, 2520).

29 **3. Berücksichtigung des § 1 I (§ 39 I 1).** Während die soeben besprochenen Tatbestandsmerkmale von § 39 I 1 und 2 (s. Rn. 24 ff.) die möglichen Regelungsgegenstände bezeichnen, beschränkt sich die inhaltliche Vorgabe für die Art und Weise der Regelung – ähnlich wie bereits in § 11 I 1 EnWG 1998 – auf das **Gebot zur Berücksichtigung des § 1 I, also der grundlegenden Gesetzeszwecke** (§ 39 I 1). Eine auf § 39 I 1 gestützte Verordnung muß demnach auf den Zweck einer möglichst sicheren, preisgünstigen, verbraucherfreundlichen, effizienten und umweltverträglichen leitungsgebundenen Energieversorgung ausgerichtet sein. Da diese einzelnen Zwecke jedoch keineswegs notwendig gleichlaufend sind, sondern miteinander konfligieren können, bleibt die aus dieser Zweckbindung folgende Eingrenzung der Verordnungsermächtigung sehr begrenzt (*Salje,* EnWG, § 39, Rn. 11). Dem Verordnungsgeber bleibt ein Spielraum für die Entscheidung darüber, wie er mögliche Zielkonflikte bewältigt, also etwa zwischen einer an Preisgünstigkeit und an Umweltverträglichkeit orientierten Gestaltung die Gewichte verteilt.

II. Umsetzung der Verordnungsermächtigung

30 Wie gesehen (Rn. 12) ist die auf der Grundlage der früheren Ermächtigung in § 7 I EnWG 1935 erlassene **BTOElt** vom 18. 12. 1989 (BGBl. I S. 2255) nach Art. 5 III des Zweiten Neuregelungsgesetzes vom 12. 7. 2005 (BGBl. I S. 1970, 2017 f.) für weitere zwei Jahre in Kraft geblieben; am 1. 7. 2007 trat sie danach außer Kraft. Ob eine neue Verordnung zur Regelung der Allgemeinen Preise auf der Grundlage von § 39 I ergeht oder aber der Verordnungsgeber von einer weiteren konkretisierenden Regelung insoweit absieht, bleibt abzuwarten (vgl. Rn. 28 zu aktuellen gesetzgeberischen Aktivitäten).

C. Verordnungsermächtigung für Allgemeine Versorgungsbedingungen (§ 39 II)

31 Die Verordnungsermächtigung des § 39 II ist auf **die allgemeinen Versorgungsbedingungen in der Grund- und Ersatzversorgung**

bezogen. Von ihr ist – anders als von der des § 39 I (vgl. Rn. 11 f., 30) – aktuell auch Gebrauch gemacht worden (vgl. dazu Rn. 13 f., 38 ff.).

I. Allgemeine Bedingungen für die Haushaltskundenbelieferung (§ 39 II 1 und 2)

1. Vorgaben der Verordnungsermächtigung. a) Adressaten der Verordnungsermächtigung (§ 39 II 1). Die Zuständigkeitsverteilung und Verfahrensregelung entspricht der des § 39 I 1 (vgl. näher Rn. 20 ff.). Auch Rechtsverordnungen nach § 39 II werden vom Bundesministerium für Wirtschaft und Technologie erlassen: Sie bedürfen – was auch hier neu ist – des Einvernehmens des Bundesministeriums für Ernährung, Landwirtschaft und Verbraucherschutz sowie – wie bereits früher nach § 11 II 1 EnWG 1998 – der Zustimmung des Bundesrats.

b) Gegenstand der Verordnungsermächtigung (§ 39 II 1). Der im Vergleich zu § 11 II 1 EnWG 1998 so gut wie unverändert gebliebene Gegenstand der Ermächtigung sind die **Allgemeinen Bedingungen für die Belieferung von Haushaltskunden in Niederspannung oder Niederdruck mit Energie im Rahmen der Grund- oder Ersatzversorgung** (§§ 36, 38), wie § 39 II 1 zunächst allgemein umschreibt. Erfaßt ist somit die Belieferung sowohl mit Strom wie auch mit Gas. Die Beschränkung auf Belieferung in Niederspannung oder Niederdruck entspricht dem Anwendungsbereich der §§ 36, 38 (vgl. § 36 Rn. 28, § 38 Rn. 8). Das gilt ebenso für die Begrenzung auf die Belieferung von Haushaltskunden i. S. v. § 3 Nr. 22, soweit es um die Grundversorgung geht (vgl. § 36 Rn. 21). In Bezug auf § 38 liegt hierin jedoch eine Verengung, da die Ersatzversorgung nicht nur für Haushaltskunden, sondern für alle Letztverbraucher i. S. v. § 3 Nr. 25 geregelt wird; für Letztverbraucher, die keine Haushaltskunden sind, greift deshalb im Rahmen der Ersatzversorgung die Verordnungsermächtigung des § 39 II 1 nicht (vgl. bereits § 38 Rn. 17). Für die erfaßten Versorgungsverhältnisse können durch Verordnung geregelt werden die Allgemeinen Versorgungsbedingungen; diese können sich letztlich auf alle Fragen erstrecken, die im Rahmen der fraglichen Versorgungsverhältnisse eine Rolle spielen können (vgl. *Danner,* in: Obernolte/Danner, Energiewirtschaftsrecht, § 11, Rn. 12).

Bei der Gestaltung der Allgemeinen Versorgungsbedingungen soll der Verordnungsgeber eine **einheitliche Festsetzung der Bestimmungen der Verträge** vornehmen können. Hiermit wird insbesondere klargestellt, daß der Verordnungsgeber nicht nur Vorgaben für von den Vertragspartnern zu vereinbarende Versorgungsbedingungen machen kann, sondern daß er darüber hinaus normativ anordnen kann, daß die von ihm gestalteten Versorgungsbedingungen unmittelbar, ohne Erfordernis einer spezifischen vertraglichen Einigung darauf Bestandteil der erfaßten Versorgungsverhältnisse werden.

35 Erläuternd sagt § 39 II 1 letzter Halbsatz schließlich, daß dabei Regelungen über **den Vertragsschluß und die Beendigung der Verträge, den Vertragsgegenstand sowie die Rechte und Pflichten der Vertragspartner** getroffen werden können. Mit dieser Umschreibung des zulässigen Regelungsgegenstandes erfaßt die gesetzliche Ermächtigung – bis auf die in § 39 I geregelten Preise – die einschlägigen Energieversorgungsverhältnisse umfassend (*Büdenbender,* EnWG, § 11, Rn. 83).

36 **c) Berücksichtigung der beiderseitigen Interessen (§ 39 II 2).** Für die Regelung dieser Vertragsbedingungen in einer Rechtsverordnung gibt § 39 II 2 – wie bereits früher § 11 II 2 EnWG 1998 – die inhaltliche Vorgabe einer **angemessenen Berücksichtigung der beiderseitigen Interessen.** Die früher in § 11 II 3 EnWG 1998 enthaltene weitere Vorgabe, daß dem Interesse des Anschlußnehmers an kostengünstigen Lösungen besonderes Gewicht beizumessen ist (vgl. dazu *Büdenbender,* EnWG, § 11, Rn. 86), findet sich in § 39 II nicht mehr, weil diese Vorgabe insbesondere auf Kosten des Netzanschlusses zielte; folgerichtig ist sie jetzt allein in § 18 III 2 enthalten (vgl. § 18 Rn. 34).

37 § 39 II 2 verlangt die **Ermittlung, Gewichtung und gegenüberstellende Bewertung der wechselseitigen Interessen.** Die sachgerechte Auflösung möglicher Interessenkonflikte darf nicht isoliert in Bezug auf einzelne Verordnungsregelungen, sondern muß unter Berücksichtigung des gesamten Katalogs der wechselseitigen Rechte und Pflichten beurteilt werden (vgl. *Büdenbender,* EnWG, § 11, Rn. 85).

38 **2. Umsetzung der Verordnungsermächtigung.** Die auf der Grundlage von § 39 II neu erlassenen Verordnungen, **StromGVV und GasGVV** (s. Rn. 14), knüpfen an die AVBEltV und die AVBGasV an. Sie beschränken sich jedoch, dem veränderten Ordnungsrahmen entsprechend, unter Verzicht auf Regelungen zum Netzanschluß auf Vorschriften für die Allgemeinen Bedingungen der Versorgung i. S.v Belieferung im Rahmen von Grund- und Ersatzversorgung. Außerdem enthalten sie nicht nur Regelungen zur Grundversorgung gemäß § 36 (vgl. Rn. 39 ff.), sondern ergänzend auch Regelungen zur neu in das Gesetz aufgenommenen Ersatzversorgung gemäß § 38 (vgl. Rn. 50 f.).

a) **Allgemeine Versorgungsbedingungen in der Grundversorgung.** Primäre Funktion der StromGVV/GasGVV ist die **Festlegung der Versorgungsbedingungen von Grundversorgungsverträgen** nach § 36. Nach §§ 1 I 1 StromGVV/GasGVV regeln die SormGVV und die GasGVV die Allgemeinen Bedingungen der Versorgung von Haushaltskunden in Niederspannung oder Niederdruck mit Energie im Rahmen der Grundversorgung. §§ 1 I 2 StromGVV/GasGVV ordnet ausdrücklich an, daß die Bestimmungen der Verordnung ohne Weiteres, kraft normativer Anordnung Bestandteil des Grundversorgungsvertrages sind (*Groß*, NJW 2007, 1030, 1033). Hierdurch unterscheiden sich die Versorgungsbedingungen der StromGVV/GasGVV in ihrem Rechtscharakter grundlegend von Allgemeinen Geschäftsbedingungen, die erst durch übereinstimmende Willenserklärung der Vertragspartner zum Vertragsbestandteil werden (vgl. *Danner*, in: Obernolte/Danner, Energiewirtschaftsrecht, § 1 AVBEltV/AVBGasV, Anm. 3 c). Umgekehrt kann von diesen Versorgungsbedingungen im Rahmen von Grundversorgungsverträgen weder im Einvernehmen mit dem Kunden noch gar einseitig abgewichen werden (*de Wyl/Essig/Holtmeyer*, in: S/T, § 10, Rn. 287). Möglich sind, soweit die Vorgaben der StromGVV/GasGVV dem Grundversorger Gestaltungsspielraum dafür lassen, ergänzende Bedingungen.

Inhaltlich knüpfen die StromGVV/GasGVV an die auf die Versorgung bezogenen Regelungen der AVBEltV/AVBGasV an. Die durch das EnWG 2005 vorgenommene Entflechtung von Netzbetrieb und Energiebelieferung und die dadurch begründeten dreiseitigen Rechtsbeziehungen zwischen Netzbetreiber, Energielieferanten und Letztverbraucher nötigen allerdings auch den Verordnungsgeber zu konzeptionellen Veränderungen, insbesondere zur **Aufspaltung der Regelung der Versorgungsbedingungen** in die auf § 18 III beruhenden NAV und NDAV und die StromGVV/GasGVV, die die nach §§ 36, 38 erforderlichen Regelungen aufnehmen sollen (BR-Drucks. 306/06, Verordnungsentwurf S. 20 f.). Nach der Intention des Verordnungsgebers nehmen insoweit die StromGVV und die GasGVV nötige formale Anpassungen und darüber hinaus auch sachliche Neuregelungen zur Verbesserung der Rechtsstellung des Haushaltskunden gegenüber dem Grundversorger vor (BR-Drucks. 306/06, Verordnungsentwurf S. 21).

aa) **Zustandekommen des Vertrags.** Für den Grundversorgungsvertrag schreiben die StromGVV/GasGVV nunmehr die **Textform i. S. v. § 126 b BGB** vor. Nach §§ 2 I 1 StromGVV/GasGVV soll der Vertrag in dieser Form abgeschlossen werden. Er ist nach §§ 2 I 2 StromGVV/GasGVV durch den Grundversorger in dieser Form zu bestätigen, wenn er auf andere Weise zustande gekommen ist. Der Vertrag bzw. die Vertragsbestätigung muß außerdem bestimmte, näher konkretisierte Angaben und Hinweise, insbesondere auf die Allgemeinen Versorgungsbedingungen einschließlich eventueller ergänzender Bedingungen, enthalten (vgl. §§ 2 III StromGVV/GasGVV).

42 Entsprechend dem Vorbild des früheren §§ 2 II AVBEltV/AVBGasV statuiert auch §§ 2 II 1 StromGVV/GasGVV eine **Mitteilungspflicht des Kunden für den Fall des Zustandekommens des Grundversorgungsvertrages durch Entnahme von Energie** aus dem Versorgungsnetz der allgemeinen Versorgung. Die Regelung setzt also weiterhin die Möglichkeit eines derartig zustande gekommenen Vertragsschlusses voraus, wie die ständige zivilgerichtliche Rechtsprechung und die allgemeine Meinung im Schrifttum sie unter der früheren energiewirtschaftsrechtlichen Rechtslage angenommen haben (vgl. näher, auch zur Frage der Fortführung dieser Annahme unter den Randbedingungen des EnWG 2005, § 38 Rn. 11 f.).

43 bb) **Vertragsgegenstand.** Als Vertragsgegenstand wird die **Energielieferung im Rahmen der Grundversorgung nach Maßgabe der §§ 36, 37** konkretisiert. Nach §§ 6 II 1 StromGVV/GasGVV ist der Grundversorger grundsätzlich verpflichtet, in diesem Rahmen den Energiebedarf des Kunden zu befriedigen und die nötigen Energiemengen zur Verfügung zu stellen. Umgekehrt statuiert §§ 4 StromGVV/GasGVV den Grundsatz der Gesamtbedarfsdeckung; der Haushaltskunde ist verpflichtet, seinen gesamten leitungsgebundenen Energiebedarf, soweit nicht § 37 I 3 Ausnahmen zuläßt (vgl. § 37, Rn. 9 f.), durch die Lieferungen des Grundversorgers befriedigen zu lassen.

44 Für die **Art der Versorgung** verweist §§ 5 I StromGVV/GasGVV auf Stromart und Spannung bzw. Gasart des jeweiligen Netzes der allgemeinen Versorgung, über das die Versorgung erfolgt.

45 Die neu eingefügte **Verpflichtung des Grundversorgers zum Abschluß der erforderlichen Verträge mit Netzbetreibern** (§§ 6 I StromGVV/GasGVV) ist dem veränderten energiewirtschaftsrechtlichen Ordnungsrahmen, nämlich der grundsätzlichen Trennung von Netzbetrieb und Belieferung geschuldet.

46 cc) **Wechselseitige Rechte und Pflichten.** Die im Rahmen des Energielieferverhältnisses bestehenden einzelnen wechselseitigen Rechte und Pflichten werden durchweg in **Anknüpfung an die AVBEltV/AVBGasV, jedoch unter Anpassung an die veränderten Rahmenbedingungen,** d. h. insbesondere unter Beschränkung auf das für das Grundversorgungsverhältnis Nötige, geregelt. Im einzelnen finden sich etwa Vorschriften über Mitteilungspflichten (§§ 7

Allgemeine Preise und Versorgungsbedingungen 47–49 § 39

StromGVV/GasGVV), Meßeinrichtungen (§§ 8 StromGVV/GasGVV), Zutrittsrechte (§§ 9 StromGVV/GasGVV) und Ablesung, Abrechnung, Zahlung (§§ 11 ff. StromGVV/GasGVV).

Eine wesentliche Änderung findet sich in der Regelung der **Haftung** 47 **des Grundversorgers im Falle von Unterbrechungen oder Störungen der Lieferung** (§§ 6 III StromGVV/GasGVV). Er ist danach nur noch für von ihm vorgenommene, unberechtigte Unterbrechungsmaßnahmen nach §§ 19 StromGVV/GasGVV verantwortlich, im übrigen aber frei, soweit es sich um Folgen einer Störung des Netzbetriebs einschließlich des Netzanschlusses handelt. Die geänderte Haftungssystematik soll dem Umstand Rechnung tagen, daß Unterbrechungen oder Unregelmäßigkeiten der Energiebelieferung aus netztechnischen Gründen stets Folge von Störungen des Netzbetriebs sind, denen allein der Netzbetreiber abhelfen kann und muß, und darüber hinaus der Grundversorger auch keine Möglichkeit der Auswahl des Netzbetreibers hat (BR-Drucks. 306/06, Verordnungsentwurf S. 28). Im Interesse des Haushaltskunden ist dem Grundversorger ihm gegenüber eine Auskunftspflicht auferlegt (§§ 6 III 3 StromGVV/GasGVV).

dd) Beendigung des Grundversorgungsverhältnisses. §§ 20 48 I 1, 2 StromGVV/GasGVV läßt die **Kündigung des Grundversorgungsvertrags durch den Kunden** innerhalb kurzer Fristen zu. Die frühere Mindestvertragslaufzeit von einem Jahr ist entfallen (*Groß*, NJW 2007, 1030, 1034). Diese Regelung trägt dem Umstand Rechnung, daß Haushaltskunden zwar einen Anspruch auf Grundversorgung, aber selbst keine Verpflichtung zu deren Inanspruchnahme haben (vgl. § 36, Rn. 28). Zur Sicherung einer verbesserten Möglichkeit des Lieferantenwechsels (zu dieser Zielsetzung vgl. *Groß*, NJW 2007, 1030, 1034) ordnet §§ 20 III StromGVV/GasGVV ergänzend an, daß der Grundversorger für den Fall der Kündigung insbesondere zu diesem Zweck keine gesonderten Entgelte erheben darf.

Eine **Kündigung durch den Grundversorger** ist hingegen gemäß 49 §§ 20 I 3 StromGVV/GasGVV grundsätzlich nur zulässig, soweit nicht eine Grundversorgungspflicht nach § 36 I 2 besteht. Wenn wiederholt die Situation eintritt, daß der Haushaltskunde in nicht unerheblicher Weise der StromGVV/GasGVV schuldhaft zuwiderhandelt und die Unterbrechung der Grundversorgung erforderlich ist, um den Gebrauch von Energie unter Umgehung, Beeinflussung oder vor Anbringung von Meßeinrichtungen zu verhindern, oder bei wiederholten Zuwiderhandlungen nach §§ 19 II StromGVV/GasGVV, insbesondere wiederholter Nichterfüllung von Zahlungsverpflichtungen trotz Mahnung, ist darüber hinaus auch eine fristlose Kündigung des Grundversorgers zulässig (§§ 21 StromGVV/GasGVV). Hierin liegt eine Konkretisierung der wirtschaftlichen Unzumutbarkeit der Grundversorgung i. S. v. § 36 I 2 (vgl. § 36, Rn. 33).

50 **b) Allgemeine Versorgungsbedingungen in der Ersatzversorgung.** Die StromGVV und die GasGVV sollen **generell auch auf die Ersatzversorgung nach § 38 anwendbar** sein. Nach §§ 1 I 3 StromGVV/GasGVV regeln die StromGVV und die GasGVV auch die Allgemeinen Bedingungen für die Ersatzversorgung nach § 38. Insoweit sind nach §§ 1 II StromGVV/GasGVV Kunden i. S. d. StromGVV bzw. der GasGVV die Letztverbraucher, die in § 3 Nr. 25 definiert sind. Das ist in der Sache mit Blick auf die Reichweite der Ersatzversorgung nach § 38 einleuchtend, rechtlich jedoch im Hinblick auf die erforderliche Ermächtigungsgrundlage problematisch, da § 39 II 2 eine Verordnungsermächtigung nur für die Belieferung von Haushaltskunden (i. S. v. § 3 Rn. 22) u. a. im Rahmen der Ersatzversorgung vorsieht (vgl. bereits Rn. 33, sowie § 38, Rn. 17); die Erstreckung auf Letztverbraucher, die nicht Haushaltskunden sind, erscheint hiervon nicht gedeckt.

51 §§ 3 StromGVV/GasGVV gibt dann nähere Vorgaben für die **Anwendbarkeit einzelner Regelungen der StromGVV bzw. der GasGVV.** Nach §§ 3 I StromGVV/GasGVV gelten für die Ersatzversorgung die §§ 4 bis 8, 10 bis 19 und 22 sowie – für die Beendigung – §§ 20 III StromGVV/GasGVV entsprechend, außerdem §§ 9 I StromGVV/GasGVV mit der Maßgabe, daß der Grundversorger den Energieverbrauch auf Grund einer rechnerischen Abgrenzung schätzen und anteilig in Rechnung stellen darf; diese besondere Regelung ist der Vorgabe des § 38 II 2 (s. § 38 Rn. 23) geschuldet. Ergänzend ordnet §§ 3 II StromGVV/GasGVV bestimmte, näher konkretisierte Mitteilungspflichten des Grundversorgers gegenüber dem Kunden bezüglich des Beginns und des Endes der Ersatzversorgung an.

II. Öffentlich-rechtliche Versorgungsverhältnisse (§ 39 II 3)

52 § 39 II 3 ordnet außer für das Verwaltungsverfahren, das durch die Verwaltungsverfahrensgesetze seine spezielle Regelung findet, die **entsprechende Geltung von § 39 II 1 und 2 für öffentlich-rechtlich gestaltete Versorgungsverhältnisse** an. Dieser Regelung des § 39 II 3 wird man wohl nicht entnehmen können, daß unmittelbar von Gesetzes wegen nach § 39 II 1 und 2 erlassene Allgemeine Versorgungsbedingungen auch für öffentlich-rechtliche Versorgungsverhältnisse gelten sollen (so aber wohl *Salje,* EnWG, § 39, Rn. 65). Vielmehr spricht diese Formulierung dafür, daß allein die Verordnungsermächtigung auch insoweit

gelten soll, so daß der Verordnungsgeber die Erstreckung hierauf aussprechen müßte (so auch *Salje*, EnWG, § 39, Rn. 93, in tendenziellem Widerspruch zu Rn. 65); dies ist weder in den früheren AVBEltV/AVBGasV noch in den neuen StromGVV/GasGVV geschehen.

Die Frage ist jedoch ohne größere Relevanz. Bereits der entsprechenden Regelung des EnWG 1998 ist **eher theoretische als praktische Bedeutung** zugesprochen worden, weil – soweit ersichtlich – die kommunale Strom- und Gasversorgung nicht mehr in öffentlich-rechtlicher Form durchgeführt werde (*Danner*, in: Obernolte/Danner, Energiewirtschaftsrecht, § 11, Rn. 13; *Hempel*, in: VWEW, Art. 1, § 11, Rn. 2.3; *Büdenbender*, EnWG, § 11, Rn. 88). Das dürfte unter den heutigen, stärker noch wettbewerblich ausgerichteten Strukturen erst recht zutreffen. 53

§ 40 (aufgehoben)

§ 41 Energielieferverträge mit Haushaltskunden

(1) [1]**Verträge über die Belieferung von Haushaltskunden mit Energie außerhalb der Grundversorgung haben insbesondere Bestimmungen zu enthalten über**
1. **die Vertragsdauer, die Preisanpassung, die Verlängerung und Beendigung der Leistungen und des Vertragsverhältnisses sowie das Rücktrittsrecht des Kunden,**
2. **zu erbringende Leistungen einschließlich angebotener Wartungsdienste,**
3. **die Zahlungsweise,**
4. **Haftungs- und Entschädigungsregelungen bei Nichteinhaltung vertraglich vereinbarter Leistungen,**
5. **den unentgeltlichen und zügigen Lieferantenwechsel und**
6. **die Art und Weise, wie aktuelle Informationen über die geltenden Tarife und Wartungsentgelte erhältlich sind.**
[2]**Dem Haushaltskunden sind vor Vertragsabschluss verschiedene Regelungen nach Satz 1 Nr. 3 anzubieten.**

(2) [1]**Das Bundesministerium für Wirtschaft und Technologie kann im Einvernehmen mit dem Bundesministerium für Ernährung, Landwirtschaft und Verbraucherschutz durch Rechtsverordnung mit Zustimmung des Bundesrates nähere Regelungen für die Belieferung von Haushaltskunden mit Energie außerhalb der Grundversorgung treffen, die Bestimmungen der Verträge einheitlich festsetzen und insbesondere Regelungen über den Vertragsab-**

schluss, den Gegenstand und die Beendigung der Verträge treffen sowie Rechte und Pflichten der Vertragspartner festlegen. ² Hierbei sind die beiderseitigen Interessen angemessen zu berücksichtigen. ³ Die jeweils in Anhang A der Richtlinie 2003/54/EG des Europäischen Parlaments und des Rates vom 26. Juni 2003 über gemeinsame Vorschriften für den Elektrizitätsbinnenmarkt und zur Aufhebung der Richtlinie 96/92/EG (ABl. EU Nr. L 176 S. 37) und der Richtlinie 2003/55/EG vorgesehenen Maßnahmen sind zu beachten.

Literatur: *Boesche/Wolf,* Viel Lärm um kleine Netze, ZNER 2005, 285; *Steurer,* Die Möglichkeit verschiedener Zahlungsweisen in Haushaltskundenverträgen nach § 41 EnWG, IR 2005, 218; *Strohe,* Grundversorgung, Ersatzversorgung und Sonderkundenversorgung, ET 56 (2006), 62.

Übersicht

	Rn.
A. Allgemeines	1
I. Inhalt und Zweck	1
II. Geschichte	3
III. Gemeinschaftsrechtliche Vorgaben	5
IV. Anwendungsbereich	6
V. Übergangsregelung und Umsetzung	10
B. Gesetzliche Vorgaben (§ 41 I)	12
I. Mindestregelungen (§ 41 I 1)	12
II. Angebot verschiedener Zahlungsweisen (§ 41 I 2)	14
C. Verordnungsermächtigung (§ 41 II)	17
I. Zuständigkeit und Verfahren (§ 41 II)	17
II. Regelungsgegenstände (§ 41 II 1)	18
III. Inhaltliche Vorgaben	19
1. Berücksichtigung der beiderseitigen Interessen (§ 41 II 2)	19
2. Beachtung der gemeinschaftsrechtlich vorgesehenen Maßnahmen (§ 41 II 3)	21

A. Allgemeines

I. Inhalt und Zweck

1 Die Vorschrift enthält zwingende **gesetzliche Vorgaben und eine Verordnungsermächtigung für Verträge über die Belieferung von Haushaltskunden außerhalb der Grundversorgung** des § 36 I. § 41 I schreibt insbesondere vor, daß solche Verträge bestimmte Mindestregelungen enthalten müssen. § 41 II ermächtigt dazu, durch

Rechtsverordnung nähere Regelungen für diese Lieferverhältnisse zu treffen, und gibt gewisse materielle Vorgaben dafür.

Die Regelung dient **einerseits der Standardisierung, andererseits der Sache nach dem Verbraucherschutz** in Bezug auf die erfaßten Energielieferverhältnisse. Sie ergänzt insofern §§ 36, 39 II, die diesen Zweck zugunsten von Haushaltskunden im Rahmen der sog. Grundversorgung übernehmen, indem sie entsprechende gesetzliche Vorkehrungen für Energielieferverträge mit Haushaltskunden gerade außerhalb der Grundversorgung trifft. Insofern verfolgt die Regelung den Zweck, eine gesetzliche Grundlage für den Verbraucherschutz gerade auch unter den Bedingungen verstärkten Wettbewerbs und einer gesetzgeberisch offenbar erwarteten zunehmenden Versorgung von Haushaltskunden außerhalb der Grundversorgung zu schaffen.

II. Geschichte

Die Bestimmung hat **keinen Vorläufer im früheren Energiewirtschaftsrecht.** Das EnWG 1935 und das EnWG 1998 kannten spezielle Regelungen über Versorgungsbedingungen, namentlich in Gestalt von Verordnungsermächtigungen, nur für den sog. Tarifvertragskundenbereich, also die auf der Grundlage der Anschluß- und Versorgungspflicht gemäß § 6 EnWG 1935 bzw. § 10 EnWG 1998 versorgten Kunden, nicht hingegen für den hiervon unterschiedenen sog. Sondervertragskundenbereich (zur Unterscheidung vgl. *de Wyl/Essig/Holtmeier,* in: S/T, § 10, Rn. 9 ff.). Die Liberalisierung des Energiesektors mit dem EnWG 1998 hat freilich auch potentiellen Tarifkunden die Möglichkeit eröffnet, anstelle eines Tarifkunden- einen Sonderkundenvertrag zu schließen, sei es mit dem allgemeinen Versorger i. S. v. § 10 EnWG 1998 durch die Wahl eines Vertragsangebots außerhalb der allgemeinen Versorgung, sei es mit einem dritten Lieferanten. Für solche außerhalb der allgemeinen Versorgung mit privaten Haushaltungen oder sonstigen Kleinabnehmern abgeschlossenen Lieferverträge sind typischerweise standardisierte Versorgungsverträge geschlossen worden, die die für die allgemeine Versorgung kraft Gesetzes bzw. Verordnung verbindlichen Allgemeinen Versorgungsbedingungen vertraglich einbezogen und damit übernommen haben (vgl. *Salje,* EnWG, § 41, Rn. 3; *de Wyl/Essig/Holtmeier,* in: S/T, § 10, Rn. 18, zu sog. Normsonderkundenverträgen). Insofern nahm die Situation unter dem EnWG 1998, da es an einer besonderen gesetzlichen Regelung noch fehlte, faktisch doch bereits annähernd vorweg, was durch § 41 nunmehr gesetzlich geregelt wird.

§ 41 4–8   Teil 4. Energielieferung an Letztverbraucher

4   Die – gemeinschaftsrechtlich geforderte (vgl. Rn. 5) – Einführung einer gesetzlichen Regelung geht zurück auf **§ 41 RegE** (vgl. BT-Drucks. 15/3917, S. 23, 67). Die Entwurfsfassung ist im Gesetzgebungsverfahren ohne Änderungsvorschläge geblieben und unverändert Gesetz geworden.

III. Gemeinschaftsrechtliche Vorgaben

5   Die Vorschrift dient der Umsetzung von **Art. 3 V i. V. m. Anhang A EltRl** bzw. **Art. 3 III i. V. m. Anhang A der GasRl** (BT-Drucks. 15/3917, S. 67). Diese gemeinschaftsrechtlichen Regelungsvorgaben gelten zumindest (vgl. Art. 3 V 5 EltRl/Art. 3 III 6 GasRl) der Versorgung von Haushaltskunden i. S. v. Art. 2 Nr. 10 EltRl/Art. 2 Nr. 25 GasRl; insofern beanspruchen sie allgemeine Beachtung, d. h. bezogen auf die deutsche Rechtslage sowohl im Bereich der Grundversorgung wie auch außerhalb. Während die Umsetzung für den Grundversorgungsbereich durch § 39 II erfolgt (BT-Drucks. 15/3917, S. 67), wird der verbleibende Bereich der Haushaltskundenversorgung durch § 41 abgedeckt. Auf Grund der Erweiterung des Haushaltskundenbegriffs geht das deutsche Recht in seiner Reichweite über die europäischen Vorgaben noch hinaus.

IV. Anwendungsbereich

6   Der bei § 41 I und II übereinstimmende Anwendungsbereich erfaßt zunächst **Energielieferverträge**. Das stellt zum einen klar, daß nicht etwa auch Netzanschluß- oder Netznutzungsverträge, sondern nur Lieferverträge darunter fallen (*Salje*, EnWG, § 41, Rn. 6). Zum anderen erstreckt sich die Regelung auf Verträge über die – leitungsgebundene – Belieferung sowohl mit Strom wie auch mit Gas (vgl. § 3 Nr. 14).

7   Der Anwendungsbereich beschränkt sich jedoch auf Lieferverträge mit **Haushaltskunden i. S. v. § 3 Nr. 22.** Darunter fallen Letztverbraucher (vgl. § 3 Nr. 25), die Energie überwiegend kaufen entweder für den Eigenverbrauch im Haushalt oder auch für den Eigenverbrauch für berufliche, landwirtschaftliche oder gewerbliche Zwecke, letzteres jedoch nur bei einem Jahresverbrauch bis zu 10 000 kWh. Nicht unter die Definition des Haushaltskunden und damit auch nicht unter § 41 fallen demnach gewerbliche Kunden, die die genannte Jahresverbrauchsgrenze überschreiten, namentlich also industrielle Großkunden.

8   Unter § 41 fallen nur Energielieferverhältnisse mit Haushaltskunden **außerhalb der Grundversorgung (und der Ersatzversorgung).**

Der – in § 41 I und II ausdrücklich ausgenommen – Fall der Grundversorgung liegt vor, wenn ein Haushaltskunde mit einem EVU einen Energieliefervertrag auf der Grundlage der Allgemeinen Bedingungen und Allgemeinen Preise abgeschlossen hat, die dieses EVU für ein Netzgebiet der allgemeinen Versorgung, in dem es grundversorgungspflichtig ist, für die Grundversorgung öffentlich bekannt gemacht hat. Daß Haushaltskunden im Falle der Ersatzversorgung nach § 38 von § 41 nicht erfaßt werden, ergibt sich aus der Sache; § 38 begründet ein gesetzliches Schuldverhältnis für den Fall, daß eine Energielieferung gerade keinem vertraglichen Energielieferverhältnis zugeordnet werden kann, während § 41 Vorgaben für den Inhalt von Energielieferverträgen zwischen EVU und Haushaltskunden aufstellt.

Fraglich erscheint, ob § 41 auch anwendbar ist auf eine Belieferung von Haushaltskunden, die sich nicht über ein Netz der allgemeinen Versorgung, sondern über sog. **Objektnetze i. S. v. § 110** vollzieht. Der Wortlaut des § 110 II scheint eindeutig vorzugeben, daß für diesen Fall die Anwendbarkeit des Teils 4 des Gesetzes und damit auch des § 41 ausgeschlossen ist. Die Annahme, § 41 I sei entgegen § 110 II auch auf die Belieferung von an Objektnetze angeschlossenen Haushaltskunden anwendbar, wird auch schwerlich getragen von dem Argument, daß § 41 seinen Anwendungsbereich gerade außerhalb der allgemeinen Versorgung habe (so *Salje,* EnWG, § 41, Rn. 12). Für diese Annahme streiten jedoch gemeinschaftsrechtliche Erwägungen. Die EltRl und die GasRl, die ohnehin schon Ausnahmen für „kleine isolierte Netze" nur für Elektrizitätsnetze zulassen (vgl. dazu § 110, Rn. 3 f.), erlauben auch insoweit nur Ausnahmen von den einschlägigen Bestimmungen der Kapitel IV, V, VI, VII sowie u. U. des Kapitels III, nicht aber des Kapitels II, wo Art. 3 V EltRl sich findet (vgl. § 110, Rn. 19, sowie *Boesche/Wolf,* ZNER 2005, 285, 289, dazu, daß § 110 II deshalb partiell mit den Vorgaben der EltRl unvereinbar ist). In gemeinschaftsrechtskonformer Auslegung ist daher anzunehmen, daß § 41 auch auf Verträge über die Lieferung von Energie über Objektnetze Anwendung findet.

V. Übergangsregelung und Umsetzung

In **§ 115 II und III** findet sich eine Übergangsvorschrift in Bezug auf bei Inkrafttreten des Gesetzes bestehende Energielieferverträge mit Letztverbrauchern im Rahmen bzw. außerhalb der allgemeinen Versorgung nach § 10 EnWG 1998. Für diese Verträge mit Haushaltskunden sieht § 115 II 3, III 3 u. a. auch eine Anpassungspflicht in Bezug auf nach § 41 erlassene Rechtsverordnungen vor (vgl. Kommentierung zu § 115).

11 Eine **Verordnung nach § 41 II** gibt es bislang nicht. Auch Vorarbeiten zu einem entsprechenden Entwurf sind nicht bekannt.

B. Gesetzliche Vorgaben (§ 41 I)

I. Mindestregelungen (§ 41 I 1)

12 § 41 I 1 beschränkt sich grundsätzlich auf die **Verpflichtung zu bestimmten vertraglichen Mindestregelungen ohne gleichzeitige Vorgabe materieller Anforderungen.** Einzelne Vorgaben implizieren freilich bereits bestimmte Inhalte; so ist aus § 41 I 1 Nr. 6 abzulesen, daß es aktuelle Informationen über die geltenden Tarife und Wartungsentgelte geben muß, und § 41 I 1 Nr. 5 setzt voraus, daß ein unentgeltlicher und zügiger Lieferantenwechsel möglich sein muß. Im übrigen allerdings ist die nähere inhaltliche Ausgestaltung der durch § 41 I 1 Nr. 1 bis 6 vorgegebenen Vertragsbestandteile nicht vorgegeben, sondern der vertraglichen Vereinbarung überlassen. Nähere sachliche Vorgaben folgen zum einen aus § 41 I 2 (s. Rn. 14 ff.), zum anderen ggf. aus einer Rechtsverordnung gemäß § 41 II (s. Rn. 17 ff.).

13 Die verbindlichen **Mindestregelungen (§ 41 I 1 Nr. 1 bis 6)** orientieren sich deutlich an den Vorgaben von Anhang A lit. a der EltRl/GasRl. Viele der dort vorgegebenen, in § 41 I 1 Nr. 1 bis 6 aufgenommenen Regelungen dürften allerdings ohnehin selbstverständlicher Bestandteil von (Norm-)Sonderkundenverträgen sein, so daß § 41 I 1 nur einen begrenzten Anpassungsbedarf auslösen dürfte (vgl. auch *Salje*, EnWG, § 41, Rn. 8).

II. Angebot verschiedener Zahlungsweisen (§ 41 I 2)

14 § 41 I 2 dient der **Umsetzung von Anhang A lit. d der EltRl/GasRl,** wonach ein breites Spektrum an Zahlungsmodalitäten gewährleistet sein soll. Zu diesem Zweck erfährt § 41 I 1 Nr. 3 in § 41 I 2 insofern eine sachliche Ergänzung, als vorgeschrieben wird, daß dem Haushaltskunden ein Angebot verschiedener Zahlungsweisen vor Vertragsschluß unterbreitet werden muß.

15 Nicht ohne weiteres klar und eindeutig ist der **Inhalt des Begriffs Zahlungsweisen.** Hierunter könnten sprachlich sowohl verschiedene zeitliche Staffelungen der Zahlung, also etwa jährliche, vierteljährliche oder monatliche Zahlung, oder auch verschiedene Zahlungsmodalitäten i. S. v. Zahlungswegen oder Zahlungsmitteln (Barzahlung, Überweisung, Lastschrift etc.) gemeint sein. Auch die gemeinschaftsrechtlichen Vorgaben, die von Zahlungsmodalitäten und zugleich auch von Zahlungssystemen sprechen (vgl. Anhang A lit. d der EltRl/GasRl), geben keine völlige Klarheit. Angesichts dieser begrifflichen Offenheit wird man es genügen lassen müssen, wenn verschiedene Zahlungsmodalitäten offeriert werden (vgl. *Steurer,* IR 2005, 218, 218; *Strohe,* ET 56 [2006], 62, 65). Hiervon geht im übrigen auch der Verordnungsgeber in Bezug auf die − § 41 I 2 entsprechende − Regelung in §§ 16 III StromGVV/GasGVV aus (vgl. die Begründung in BR-Drucks. 306/06, Verordnungsentwurf S. 36 f.: Der Grundversorger sei verpflichtet, „mindestens zwei der Zahlungsweisen anzugeben, in denen der Haushaltskunde Rechnungen und Abschläge ... begleichen kann. ... Grundsätzlich sollen ... möglichst alle möglichen Zahlungsweisen ... angeboten werden.").

§ 41 I 2 verlangt **nicht das kostenneutrale Angebot** verschiedener Zahlungsweisen. Verschiedene Zahlungsweisen können unterschiedliche Kosten bei dem EVU verursachen. § 41 I 2 steht nicht entgegen, wenn das EVU mit einem Vertragsangebot verschiedene Zahlungsweisen und dabei unterschiedliche Preisgestaltungen anbietet, die lediglich die unterschiedlichen Kosten der verschiedenen Zahlungsweisen widerspiegeln (*Steurer,* IR 2005, 218, 218 f.). Nicht genügt wäre § 41 I 2 allerdings, wenn dem Haushaltskunden mehrere sich auch in anderer Hinsicht unterscheidende Vertragsangebote unterbreitet werden, die jeweils nur eine Zahlungsweise vorsehen.

C. Verordnungsermächtigung (§ 41 II)

I. Zuständigkeit und Verfahren (§ 41 II)

Die Regelungen über **Zuständigkeit und Verfahren des Verordnungserlasses** in § 41 II 1 entsprechen denen des § 39 II (vgl. näher § 39 Rn. 20 ff.). Die Rechtsverordnung kann vom Bundesministerium für Wirtschaft und Technologie im Einvernehmen mit dem Bundesministerium für Ernährung, Landwirtschaft und Verbraucherschutz sowie mit Zustimmung des Bundesrats erlassen werden.

II. Regelungsgegenstände (§ 41 II 1)

Auch die Umschreibung der möglichen **Regelungsgegenstände der Verordnung** in § 41 II 1 entspricht im wesentlichen der in § 39 II 1. Zwar fehlt hier der Auftrag zur angemessenen Gestaltung der Allgemeinen Versorgungsbedingungen, der sich in § 39 II 1 mit Rücksicht darauf findet, daß § 36 I 1 Allgemeine Bedingungen für die Grundversorgung verlangt; außerhalb der Grundversorgung sind derartige Allgemeine Bedingungen nicht vorgeschrieben. Im übrigen aber erlaubt § 41 II 1 wie § 39 II 1 die einheitliche Festsetzung der Bestimmungen der Verträge und insbesondere Regelungen über den Vertragsabschluß und die Beendigung der Verträge, den Vertragsgegenstand sowie die Rechte und Pflichten der Vertragspartner (vgl. § 39, Rn. 33 ff.).

III. Inhaltliche Vorgaben

19   1. **Berücksichtigung der beiderseitigen Interessen (§ 41 II 2).** Die inhaltliche Vorgabe einer **angemessenen Berücksichtigung der beiderseitigen Interessen,** an der sich eine allfällige Verordnung bei der Ausgestaltung der Regelungsgegenstände auszurichten hat, entspricht dem Wortlaut und auch dem Gehalt des § 39 II 2 (vgl. § 39, Rn. 36 f.).

20   Diesen Vorgaben des EnWG läßt sich entnehmen, daß seiner Konzeption nach eine **zumindest weitgehend parallele Ausgestaltung der Versorgungsverhältnisse mit Haushaltskunden innerhalb und außerhalb der Grundversorgung** erfolgen soll. Dies erscheint auch in der Sache folgerichtig, wenn nach der gesetzgeberischen Vorstellung die Versorgung auch der Haushaltskunden verstärkt im Wettbewerb erfolgen soll und damit auch ein Wechsel zwischen Grundversorgungs- und anderen Versorgungsverhältnissen vermehrt auftreten soll; eine wesentlich unterschiedliche Ausgestaltung der Versorgungsbedingungen erscheint dann kaum sinnvoll (vgl. *Salje,* EnWG, § 41, Rn. 11, 15 f., der dafür plädiert, ein im wesentlichen identisches Regelwerk zu schaffen, dies jedoch anders als hinsichtlich der Grundversorgung in einer Rechtsverordnung nach § 41 II nur als Mindeststandard festzulegen und eine Abweichung zugunsten des Kunden zuzulassen).

21   2. **Beachtung der gemeinschaftsrechtlich vorgesehenen Maßnahmen (§ 41 II 3).** Anders als § 39 II schreibt § 41 II 3 für Versorgungsverhältnisse außerhalb der Grundversorgung ausdrücklich die **Beachtung der gemeinschaftsrechtlich vorgesehenen Maßnahmen** vor. Die Bestimmung verweist damit auf die Vorgaben der Art. 3 V EltRl/Art. 3 III GasRl, jeweils i.V.m. Anhang A. Dort sind – über die in lit. a festgelegten, in § 41 I umgesetzten Anforderungen an den Mindestinhalt von Verträgen hinaus – noch verschiedene weitergehende Maßnahmen aufgeführt, die von den Mitgliedstaaten umgesetzt werden sollen. Die Sicherstellung dieser Umsetzung würde teilweise noch eine Regelung durch eine auf § 41 II gestützte Rechtsverordnung erfordern (vgl. *Salje,* EnWG, § 41, Rn. 9, dazu, daß die in Anhang A lit. f EltRl/GasRl vorgeschriebene Einrichtung eines transparenten,

einfachen und kostengünstigen Verfahrens zur Behandlung von Kundenbeschwerden noch ausstehe und im Rahmen einer Rechtsverordnung nach § 41 II erfolgen könnte).

Einen bedeutsamen **Unterschied zur Verordnungsermächtigung des § 39 II** vermag § 41 II 3 freilich schon deshalb kaum zu begründen, weil diese gemeinschaftsrechtlichen Vorgaben zwischen Grundversorgung und sonstiger Haushaltskundenversorgung nicht differenzieren; sie erfassen diese beiden im deutschen Energiewirtschaftsrecht unterschiedenen und gesondert geregelten Bereiche gleichermaßen. Auch ohne den ausdrücklichen Hinweis darf also auch die Ausgestaltung der Grundversorgungsverträge hinter diesen Anforderungen nicht zurückbleiben.

§ 42 Stromkennzeichnung, Transparenz der Stromrechnungen

(1) Elektrizitätsversorgungsunternehmen sind verpflichtet, in oder als Anlage zu ihren Rechnungen an Letztverbraucher und in an diese gerichtetem Werbematerial für den Verkauf von Elektrizität anzugeben:
1. den Anteil der einzelnen Energieträger (Kernkraft, fossile und sonstige Energieträger, Erneuerbare Energien) an dem Gesamtenergieträgermix, den der Lieferant im letzten oder vorletzten Jahr verwendet hat; spätestens ab 15. Dezember eines Jahres sind jeweils die Werte des vorangegangenen Kalenderjahres anzugeben;
2. Informationen über die Umweltauswirkungen zumindest in Bezug auf Kohlendioxidemissionen (CO_2-Emissionen) und radioaktiven Abfall, die auf den in Nummer 1 genannten Gesamtenergieträgermix zur Stromerzeugung zurückzuführen sind.

(2) Die Informationen zu Energieträgermix und Umweltauswirkungen sind mit den entsprechenden Durchschnittswerten der Stromerzeugung in Deutschland zu ergänzen.

(3) ¹Sofern ein Energieversorgungsunternehmen im Rahmen des Verkaufs an Letztverbraucher eine Produktdifferenzierung mit unterschiedlichem Energieträgermix vornimmt, gelten für diese Produkte sowie für den verbleibenden Energieträgermix die Absätze 1 und 2 entsprechend. ²Die Verpflichtungen nach den Absätzen 1 und 2 bleiben davon unberührt.

(4) ¹Bei Elektrizitätsmengen, die über eine Strombörse bezogen oder von einem Unternehmen mit Sitz außerhalb der Europäi-

schen Union eingeführt werden, können die von der Strombörse oder von dem betreffenden Unternehmen für das Vorjahr vorgelegten Gesamtzahlen, ansonsten der UCTE-Strommix, zugrunde gelegt werden. ²Dieser ist auch für alle Strommengen anzusetzen, die nicht eindeutig erzeugungsseitig einem der in Absatz 1 Nr. 1 genannten Energieträger zugeordnet werden können.

(5) Erzeuger und Vorlieferanten von Elektrizität haben im Rahmen ihrer Lieferbeziehungen den nach Absatz 1 Verpflichteten auf Anforderung die Daten so zur Verfügung zu stellen, dass diese ihren Informationspflichten genügen können.

(6) Elektrizitätsversorgungsunternehmen sind verpflichtet, in ihren Rechnungen an Letztverbraucher das Entgelt für den Netzzugang gesondert auszuweisen.

(7) Die Bundesregierung wird ermächtigt, durch Rechtsverordnung, die nicht der Zustimmung des Bundesrates bedarf, Vorgaben zur Darstellung der Informationen nach den Absätzen 1 bis 3 sowie die Methoden zur Erhebung und Weitergabe von Daten zur Bereitstellung der Informationen nach den Absätzen 1 bis 3 festzulegen.

Literatur: *Büdenbender,* Umweltschutz in der Novelle des Energiewirtschaftsgesetzes, DVBl. 2006, 1161; *Tödtmann/Schauer,* Die Stromkennzeichnungspflicht nach § 42 EnWG-E, ZNER 2005, 118.

Übersicht

	Rn.
A. Allgemeines	1
I. Inhalt und Zweck	1
1. Inhalt	1
2. Zweck	4
II. Geschichte	6
III. Gemeinschaftsrechtliche Vorgaben	8
IV. Anwendungsbereich	10
V. Umsetzung	14
B. Information über Energieträgermix und Umweltauswirkungen (§ 42 I)	16
I. Rechtsnatur der Informationspflicht	16
II. Anlässe und Medien der Information	18
III. Die gebotenen Informationen	20
1. Energieträgermix	20
2. Umweltauswirkungen	22
C. Ergänzung um Durchschnittswerte (§ 42 II)	24
D. Produktdifferenzierung (§ 42 III)	26

	Rn.
E. Subsidiärer Rückgriff auf Vorjahres-Gesamtzahlen oder UCTE-Strommix (§ 42 IV)	30
I. Bezug über eine Strombörse	31
II. Bezug von einem Unternehmen außerhalb der EU	33
III. Nicht eindeutig zuordenbare Strommengen	35
F. Erzeuger und Vorlieferanten (§ 42 V)	36
G. Ausweis des Netzzugangsentgelts (§ 42 VI)	38
H. Verordnungsermächtigung (§ 42 VII)	40

A. Allgemeines

I. Inhalt und Zweck

1. Inhalt. Durch die Vorschrift werden **Informationsansprüche** 1 **der Letztverbraucher gegen Elektrizitätsversorgungsunternehmen** begründet und teils durch ergänzende Regelungen weiter konkretisiert und gesichert.

Im Vordergrund steht dabei die in § 42 I bis V sowie VII geregelte 2 **Stromkennzeichnung.** Sie zielt auf eine Information der Verbraucher über die Primärenergiequellen, die für die Erzeugung des ihnen angebotenen bzw. gelieferten Stroms eingesetzt werden, und die daraus resultierenden Umweltauswirkungen.

Hinzu tritt in § 42 VI eine Regelung zur **Transparenz der Strom-** 3 **rechnung** in Gestalt einer Verpflichtung zur Information über den Anteil des Entgelts für den Netzzugang in den Stromrechnungen. Dies bildet einen zweiten, eigenständigen Regelungsgegenstand der Vorschrift.

2. Zweck. Die der Stromkennzeichnung dienende Regelung in 4 § 42 I bis V, VII zielt auf die **Ermöglichung eines auch ökologisch orientierten Nachfrageverhaltens der Verbraucher.** Durch die Sicherstellung der nötigen Information sollen sie die Möglichkeit erhalten, ihre Nachfrageentscheidung auch daran auszurichten, welche Primärenergieträger der Elektrizitätserzeuger eingesetzt hat und wie deren Umweltauswirkungen sind (vgl. BT-Drucks. 15/3917, S. 67; BT-Drucks. 15/4068, S. 7). Insofern ist diese Regelung dem Gesetzeszweck der möglichst umweltverträglichen leitungsgebundenen Energieversorgung (vgl. § 1 I) verpflichtet. Ihr umweltpolitischer Nutzen wird freilich als allenfalls flankierend und eher marginal eingeschätzt (*Büdenbender*, DVBl. 2006, 1161, 1169).

Eine **wettbewerbsfördernde Zielsetzung** verfolgt hingegen die 5 Regelung zur Stromrechnungstransparenz. Die dadurch ermöglichte Information der Letztverbraucher über den Anteil der Netzzugangsentgelte am Strompreis soll zu einer angemessenen Preisbildung beitragen.

II. Geschichte

6 Für die Regelung von Informationspflichten und -ansprüchen zur Stromkennzeichnung hat es **Vorbilder allein im Ausland** gegeben. Sie finden sich namentlich in verschiedenen US-Bundesstaaten, im kanadischen Bundesstaat Ontario sowie in Österreich (*Tödtann/Schauer*, ZNER 2005, 118, 119). Für das deutsche Energiewirtschaftsrecht handelt es sich hingegen um eine neuartige Regelung; weder die früheren Fassungen des EnWG noch die AVBEltV, wo allein § 26 I AVBEltV Verständlichkeit der Rechnungsvordrucke und einen vollständigen, allgemein verständlichen Ausweis der maßgeblichen Berechungsfaktoren forderte, enthielten vergleichbare Regelungen.

7 Die – durch gemeinschaftsrechtliche Vorgaben (vgl. Rn. 8 f.) angestoßene – Einführung der Informationspflichten ist zwar in der von § 42 RegE (BT-Drucks. 15/3917, S. 23) vorgeschlagenen Fassung Gesetz geworden, im **Gesetzgebungsverfahren** jedoch durchaus umstritten gewesen. Der Vorschlag des federführenden Wirtschaftsausschusses sah eine noch detailliertere Regelung vor (BT-Drucks. 15/5268, S. 51 f.), die mit weiterer Konkretisierungsbedürftigkeit begründet wurde (BT-Drucks. 15/5268, S. 121). Hingegen schlug der Bundesrat eine einfachere, stärker am Wortlaut der EltRl orientierte und darüber nicht hinausgehende Regelung vor, um eine übermäßige Belastung der Elektrizitätsversorgungsunternehmen zu vermeiden (vgl. BT-Drucks. 15/3917 Anlage 2, S. 90). Dem trat die Bundesregierung mit dem Argument, es würden nur grundlegende Anforderungen geregelt und den beteiligten Wirtschaftskreisen hinreichende Gestaltungsspielräume belassen, sowie mit dem Hinweis auf großzügige Übergangsregelungen (vgl. Rn. 14) entgegen (BT-Drucks. 15/4068, S. 7). Die Einigung erfolgte im Vermittlungsausschuß (vgl. BT-Drucks. 15/5736 [neu], S. 5).

III. Gemeinschaftsrechtliche Vorgaben

8 Die Regelung der Information der Letztverbraucher wird durch **Erwägungsgrund 25 sowie Art. 3 VI, Anhang A lit. c EltRl** gefordert. Art. 3 VI EltRl verpflichtet die Mitgliedstaaten sicherzustellen, daß die Endkunden von Elektrizitätsversorgungsunternehmen über den Primärenergieträgermix sowie über Umweltauswirkungen informiert werden (vgl. zum Zweck der Umsetzung dieser Vorgabe BT-Drucks. 15/3917, S. 67). Zu den in Anhang A der EltRl den Mitglied-

staaten aufgegebenen Maßnahmen gehört es weiter auch sicherzustellen, daß die Kunden transparente Informationen über geltende Preise und Tarife erhalten; § 42 VI läßt sich als Realisierung dieser Vorgabe verstehen (*Salje,* EnWG, § 42, Rn. 1).

§ 42 dient explizit der **Umsetzung** von Art. 3 VI sowie Anhang A lit. c EltRl (BT-Drucks. 15/3917, S. 67), geht aber in der vom RegE vorgeschlagenen und schließlich beschlossenen Fassung über die zwingenden gemeinschaftsrechtlichen Vorgaben noch hinaus.

IV. Anwendungsbereich

Die Regelung erfaßt nicht die gesamte Energie-, sondern allein die **Elektrizitätsversorgung.** Dem ausdrücklichen Wortlaut nach treffen die grundlegenden Informationspflichten nach § 42 I und VI nur Elektrizitätsversorgungsunternehmen. Auch die ergänzenden Verpflichtungen nach § 42 V gelten allein Erzeugern und Vorlieferanten von Elektrizität. Daß in § 42 III allgemeiner eine Produktdifferenzierung vornehmende Energieversorgungsunternehmen angesprochen werden, beinhaltet nicht etwa eine Erweiterung auch auf Gas liefernde Unternehmen, sondern ist wohl nur eine redaktionelle Ungenauigkeit (so auch *Salje,* EnWG, § 42, Rn. 6).

Eigentlicher Gegenstand der Regelung sind weiter, wie sich ebenfalls aus § 42 I und VI ablesen läßt, nur **Elektrizitätslieferverhältnisse** mit Letztverbrauchern. Der Sache nach sind deshalb durch § 42 I bis IV, VI primär die Elektrizitätsversorgungsunternehmen verpflichtet, die Strom an Letztverbraucher liefern, nicht hingegen die netzbetreibenden Elektrizitätsversorgungsunternehmen. Nur ergänzend werden in § 42 V auch Erzeuger und Vorlieferanten von Elektrizität dazu verpflichtet, Daten zur Verfügung zu stellen.

Auf der Nachfrageseite informationsberechtigt sind damit nicht nur Haushaltskunden i. S. v. § 3 Nr. 22, sondern **alle Letztverbraucher i. S. v. § 3 Nr. 25,** also alle Kunden, die Strom für den eigenen Verbrauch kaufen. Anderen Kunden (vgl. § 3 Nr. 24), etwa Großhändlern oder Weiterverteilern gegenüber bestehen hingegen die Informationspflichten nicht.

Richtigerweise dürften **auch über Objektnetze belieferte Letztverbraucher** in den Anwendungsbereich der Vorschrift fallen. Zwar schließt § 110 II seinem Wortlaut nach die Anwendung von Teil 4 des EnWG und damit auch von § 42 aus, soweit EVU Letztverbraucher unter Nutzung von Objektnetzen i. S. v. § 110 I beliefern. Die einschlägigen gemeinschaftsrechtlichen Vorgaben (vgl. Rn. 8) lassen eine solche Ausnahme jedoch nicht zu; Art. 26 EltRl, der bestimmte Ausnahmeregelungen für sog. kleine, isolierte Netze bzw. isolierte Kleinstnetze zuläßt, erstreckt sich hierauf nicht (vgl. zu einem Parallelproblem § 41 Rn. 9). In gemeinschaftsrechtkonformer Auslegung ist deshalb anzunehmen, daß § 42 auch auf die Belieferung von Letztverbrauchern mit Strom über Objektnetze Anwendung findet (so auch *Salje,* EnWG, § 42, Rn. 7).

V. Umsetzung

14   Für die Umsetzung der Informationspflichten gemäß § 42 I und VI hat **§ 118 IV** eine Übergangsfrist bis zum 15. 12. 2005 vorgesehen (vgl. § 118, Rn. 6).

15   Von der **Verordnungsermächtigung in § 42 VII** hat die Bundesregierung bislang keinen Gebrauch gemacht. Sie beabsichtigt dies jedenfalls aktuell wohl auch nicht (vgl. Rn. 41).

B. Information über Energieträgermix und Umweltauswirkungen (§ 42 I)

I. Rechtsnatur der Informationspflicht

16   § 42 I begründet **eine Informationsverpflichtung und einen korrespondierenden Informationsanspruch.** Zur Information verpflichtet sind Elektrizitätsversorgungsunternehmen, die Strom an Letztverbraucher liefern (vgl. Rn. 11). Umgekehrt begründet die Regelung aber auch einen Anspruch dieser Letztverbraucher gegenüber den EVU.

17   Es handelt sich damit um eine der Rechtsnatur nach zivilrechtliche Verpflichtung, die ggf. auch der **zivilgerichtlichen Kontrolle und Durchsetzung** zugänglich ist (*Salje,* EnWG, § 42, Rn. 31).

II. Anlässe und Medien der Information

18   Die Informationsverpflichtung besteht zunächst im Rahmen bestehender Lieferverhältnisse im Zusammenhang mit der Stellung der **Rechnung.** Entweder in den Rechungen selbst oder als Anlage hierzu muß das Elektrizitätsversorgungsunternehmen die vorgeschriebenen Angaben machen. Damit gibt zugleich die Form der Rechnungsstellung auch das für die Information zu verwendende Medium vor. Bei Rechungsstellung in Papierform muß die Information ebenso, in der Rechnung oder als Anhang, erfolgen; ein bloßer Hinweis auf Internet-

seiten, Aushänge in Räumlichkeiten des Unternehmens etc. reicht dann nicht. Wenn allerdings für die Rechnungen elektronische Übermittlung vereinbart ist, reicht dieser Weg entsprechend auch für die nach § 42 I gebotene Information (*Salje,* EnWG, § 42, Rn. 15).

Darüber hinaus sind Elektrizitätsversorgungsunternehmen auch in ihrem **an Letztverbraucher gerichteten Werbematerial** zur Information verpflichtet. Die Informationsverpflichtung reicht damit auch über bestehende Stromlieferverhältnisse hinaus und erfaßt auch die der Kundengewinnung dienende Werbung. Anders als bei Rechnungen können die gebotenen Informationen hier nicht als Anhang, sondern müssen als integraler Bestandteil des Werbematerials übermittelt werden; daraus folgt ohne weiteres, daß das Medium der Information dem des Werbematerials folgt.

III. Die gebotenen Informationen

1. Energieträgermix. Gegenstand der Informationspflicht ist zunächst der **Anteil der einzelnen Primärenergieträger an dem Gesamtenergieträgermix,** den der Lieferant verwendet hat (§ 42 I Nr. 1). Aus dem Klammerzusatz ergibt sich, daß nur über die Anteile von Kernkraft, fossilen Energieträgern, Erneuerbaren Energien und sonstigen, d. h. nicht unter die vorgenannten Kategorien fallenden (*Salje,* EnWG, § 42, Rn. 11) Energieträgern informiert werden muß; Erneuerbare Energien sind nach § 3 Nr. 18 a Energien i. S. d. § 3 I EEG. Eine weitere Ausdifferenzierung, wie sie im Gesetzgebungsverfahren vorgeschlagen worden war (vgl. BT-Drucks. 15/5268, S. 51), sieht das Gesetz nicht vor. Das hindert Elektrizitätsversorgungsunternehmen freilich nicht, solche differenzierteren Angaben über die gesetzliche Informationspflicht hinaus gehend freiwillig zu machen.

Maßgeblich ist der Primärenergieträgereinsatz des Lieferanten jeweils im **letzten oder vorletzten Jahr vor Rechnungsstellung bzw. Werbematerialausgabe** durch das EVU; spätestens ab dem 15. Dezember eines Jahres ist nur noch die Verwendung der Daten des vorangegangenen Kalenderjahres zulässig. Diese Vorgabe bleibt allerdings hinter den Vorgaben von Art. 3 VI lit. a EltRl insofern zurück, als dort allein auf den im vorangegangenen Jahr verwendeten Gesamtenergieträgermix abgestellt wird; die Abweichung des deutschen Gesetzgebers beruht darauf, daß erst nach dem gemäß § 14 EEG durchzuführenden sog. Belastungsausgleich feststeht, welcher Stromlieferant welchen Anteil an Erneuerbarer Energie zu beziehen hat (*Salje,* EnWG, § 42, Rn. 16). Diese gesetzlichen Vorgaben haben zur Folge, daß erst ab dem 31. Oktober verläßliche Angaben zum Anteil Erneuerbarer

Energien gemacht werden können; dies hat den Gesetzgeber veranlaßt, die Verpflichtung zur Angabe des Gesamtenergieträgermixes bis zum 15. Dezember jeweils auf das vorletzte Jahr zu beziehen (BT-Drucks. 15/3917, S. 67).

22 **2. Umweltauswirkungen.** Nach § 42 I 2 sind weiter auch Informationen über **die auf den Gesamtenergieträgermix zurückzuführenden Umweltauswirkungen,** und zwar zumindest in Bezug auf Kohlendioxidemissionen (CO_2-Emissionen) und radioaktiven Abfall, anzugeben. Danach reicht in Rechnungen und Werbematerial nicht der bloße Hinweis auf Informationsquellen (so die Mindestforderung in Art. 3 VI lit. b EltRl sowie der Vorschlag in BR-Drucks. 613/1/04, S. 34); vielmehr müssen die Informationen selbst beigefügt sein. Gegenständlich ist die Informationspflicht auf Kohlendioxidemissionen (CO_2-Emissionen) und radioaktiven Abfall beschränkt. Informationen hierüber sind anzugeben, soweit sie auf den gemäß § 42 I Nr. 1 anzugebenden Gesamtenergieträgermix zur Stromerzeugung zurückzuführen sind. Daraus wird zutreffend abgeleitet, daß jahresbezogene, konkret auf die vom Stromlieferanten verwendeten Energieträger bezogene Mengenangaben gefordert sind, die auch nicht verbrauchten, sondern etwa auch Leitungsverlusten anheimgefallene Strommengen berücksichtigen (*Salje,* EnWG, § 42, Rn. 12).

23 § 42 I Nr. 2 macht schon im Wortlaut deutlich, daß nur **Mindestanforderungen** an die Information über Umweltauswirkungen aufgestellt werden. Selbstverständlich bleibt es dem EVU unbenommen, weitergehende, detaillierte Angaben zu machen.

C. Ergänzung um Durchschnittswerte (§ 42 II)

24 Über die gemeinschaftsrechtlichen Vorgaben hinaus gehend schreibt § 42 II vor, daß die Angaben nach § 42 I um die entsprechenden **Durchschnittswerte der Stromerzeugung in Deutschland** zu ergänzen sind.

25 Diese Regelung dient **sowohl dem Zweck der umweltverträglichen wie auch dem einer preisgünstigen leitungsgebundenen Stromversorgung.** Sie erlaubt nicht nur unter Umweltgesichtspunkten einen Vergleich, sondern ergänzt den mit der Stromkennzeichnungspflicht verfolgten Umweltschutzzweck, indem sie auch im Interesse einer preisgünstigen Stromversorgung die Möglichkeit des Preisvergleichs verbessert. Wenn der Stromlieferant einen im bundesdeutschen Vergleich hohen Anteil an Energie aus Erneuerbaren Energien anbietet, ist ein höherer Preis eher gerechtfertigt; weist der Ver-

gleich mit dem bundesdeutschen Durchschnitt hingegen einen hohen Anteil an Elektrizität aus Atomkraft aus, darf der Letztverbraucher einen vergleichsweise günstigen Strompreis erwarten (*Salje,* EnWG, § 42, Rn. 13).

D. Produktdifferenzierung (§ 42 III)

§ 42 III regelt den Fall, daß ein Elektrizitätsversorgungsunternehmen 26 im Rahmen des Stromverkaufs an Letztverbraucher **verschiedene Produkte mit unterschiedlichem Energieträgermix** anbietet. Bereits seit längerem bieten Elektrizitätsversorgungsunternehmen auch besondere Stromprodukte an, die insbesondere für sich in Anspruch nehmen, aus regenerativen Energien, etwa insbesondere aus Wasserkraft oder auch mittels Kraft-Wärme-Kopplungsanlagen erzeugt zu sein. Sie werden unter entsprechenden Bezeichnungen („Öko-Strom", „Grüner Strom", „Aquapower" etc.) vermarktet und wenden sich an umweltbewußte oder auf ein umweltfreundliches Image bedachte Kunden. Dabei ist dieses Angebot nicht so zu verstehen, daß der Kunde mit Strom einer bestimmten Erzeugungsart beliefert würde; dies ist auf Grund der physikalischen Vermischung des aus verschiedenen Energieträgern gewonnenen Stroms im Stromnetz ausgeschlossen. Ein bestimmter Strom kann dem Letztverbraucher daher nicht physikalisch, wohl aber in einem kaufmännischen Sinne geliefert werden (*Tödtmann/Schauer,* ZNER 2005, 118, 119). Mit der Inanspruchnahme solcher Produkte verbindet sich die Vorstellung, daß der Stromentnahme durch den Kunden eine entsprechende Menge entsprechend erzeugten Stroms beim liefernden EVU gegenübersteht (vgl. *de Wyl/Essig/Holtmeier,* in: S/T, § 10, Rn. 65 f.).

Für diesen Fall der sog. Produktdifferenzierung schreibt § 42 III 1 27 **die entsprechende Geltung der Informationspflichten gemäß § 42 I und II für die besonderen Stromprodukte und den evtl. verbleibenden Energieträgermix** vor. Was daraus im einzelnen folgt, hängt von dem Angebot des jeweiligen Strom liefernden EVU ab. Soweit ein oder mehrere besondere Stromprodukte i. S. v. § 42 III angeboten werden, sind für diese jeweils die besonderen Angaben entsprechend § 42 I und II geboten. Werden allein mehrere besondere Produkte angeboten, sind die Anforderungen des § 42 III 1 mit den Angaben hierzu erfüllt. Soweit neben diesem einen oder diesen mehreren besonderen Produkten auch noch sonstiger, dem Energieträgermix nach nicht näher definierter Strom angeboten wird, ist auch der verbleibende Energieträgermix anzugeben.

§ 42 28–31 Teil 4. Energielieferung an Letztverbraucher

28 Die durch § 42 III 1 zusätzlich auferlegte Verpflichtung läßt gemäß § 42 III 2 die Verpflichtungen nach § 42 I und II unberührt. Zusätzlich bleibt im Fall des § 42 III 1 deshalb die Verpflichtung des Elektrizitätsversorgungsunternehmens zur **Information über den von ihm verwendeten Gesamtenergieträgermix und daraus resultierende Umweltauswirkungen** bestehen. Dies stellt sicher, daß der von dem Lieferanten verwendete Gesamtenergieträgermix, der aus den gemäß § 42 III 1 zu machenden Angaben nicht ableitbar ist, offen gelegt wird.

29 Diese Regelungen des § 42 III sollen eine **Doppelvermarktung, namentlich von umwelt- bzw. ressourcenschonend erzeugten Strommengen, verhindern** (vgl. BT-Drucks. 15/3917, S. 67). Wenn ein Stromanbieter ein bestimmtes Produkt mit bestimmtem, insbesondere ökologisch orientiertem Energieträgermix vermarktet, soll durch die Verpflichtung zur Information auch über die sonstigen Strommengen und den Gesamtenergieträgermix Transparenz hergestellt werden.

E. Subsidiärer Rückgriff auf Vorjahres-Gesamtzahlen oder UCTE-Strommix (§ 42 IV)

30 § 42 IV enthält eine **Modifikation von Informationsverpflichtung und Informationsanspruch für Konstellationen, in denen die nach § 42 I benötigten Informationen nicht (sicher) zugänglich sind.** Dies ist offenbar zunehmend der Fall. Infolge der europaweiten Liberalisierung des Stromsektors werden immer mehr größere Strommengen über Strombörsen oder Zwischenhändler bezogen; dies führt dazu, daß die Herkunft des Stroms und damit auch der verwendete Primärenergieträger zunehmend verschleiert wird und unbekannt bleibt (vgl. *Tödtmann/Schauer*, ZNER 2005, 118, 118 f.). In solchen Fällen erlaubt § 42 IV dem Elektrizitätsversorgungsunternehmen, statt auf den eigenen Gesamtenergieträgermix des Vor- oder Vorvorjahres subsidiär auf andere Angaben abzustellen.

I. Bezug über eine Strombörse

31 § 42 IV 1 erfaßt zunächst den – entsprechend auch bereits in Art. 3 VI EltRl berücksichtigten – **Fall des Strombezugs über eine Strombörse.** Hierfür ist gerade kennzeichnend, daß ein anonymer Handel mit standardisierten Stromprodukten dargeboten und möglichst reibungslos garantiert werden soll (*de Wyl/Essig/Holtmeier*, in: S/T, § 11, Rn. 62). In der Folge verfügt der Erwerber nicht über die für Angaben nach § 42 I Nr. 1 erforderlichen Informationen.

In diesem Falle können nach § 42 IV 1 anstelle der in § 42 I Nr. 1 **32** geforderten Daten **die von der Strombörse für das Vorjahr vorgelegten Gesamtzahlen, ansonsten der UCTE-Strommix** zugrunde gelegt werden. Primär sind ggf. also, soweit vorhanden, die Vorjahresgesamtzahlen der Strombörse heranzuziehen; das Gesetz sieht hierin offenbar die bestmöglichen Näherungswerte für den Energieträgermix des durch den Lieferanten von der Börse bezogenen Stroms. Subsidiär vorgesehen ist der Rückgriff auf den sog. UCTE-Strommix. Die UCTE ist die „Union for the Co-ordination of Transmission of Electricity", d. h. die „Union für die Koordinierung des Transports von Elektrizität"; der UCTE-Strommix ist eine summarische Darstellung nach Stromerzeugungsarten in den Netzen des Verbandes der Übertragungsnetzbetreiber (vgl. BT-Drucks. 15/3917, S. 67). Das Gesetz setzt die – tatsächlich erfolgende – Veröffentlichung dieses Strommix durch die UCTE voraus.

II. Bezug von einem Unternehmen außerhalb der EU

§ 42 IV 1 erstreckt sich weiter auf den **Fall des Strombezugs von** **33** **einem Unternehmen außerhalb der EU.** Darin kommt zum Ausdruck, daß der Gesetzgeber davon ausgeht, daß bei einem Strombezug innerhalb der EU die gemäß § 42 I Nr. 1 erforderlichen Informationen für den Stromlieferanten grundsätzlich verfügbar sein werden; diese Annahme kann sich auf Art. 3 VI EltRl stützen, wonach die Mitgliedstaaten verpflichtet sind, die Verläßlichkeit der an die Kunden weiterzugebenden Informationen sicherzustellen. Bei einem Bezug von Stromerzeugern und Vorlieferanten außerhalb der EU, auf den sich diese gemeinschaftsrechtliche Vorgabe nicht erstrecken kann, geht das Gesetz davon aus, daß weder auf Grund gesetzlicher Vorgaben noch auf Grund vertraglicher Abmachungen die nötigen Angaben regelmäßig verfügbar sein werden.

Für diesen Fall läßt § 42 IV 1 den Rückgriff auf **die von dem be-** **34** **treffenden Unternehmen für das Vorjahr vorgelegten Gesamt-** **zahlen, ansonsten den UCTE-Strommix** (vgl. dazu näher Rn. 32) anstelle der in § 42 I Nr. 1 geforderten Daten zu.

III. Nicht eindeutig zuordenbare Strommengen

§ 42 IV 2 schreibt die **Anwendung des UCTE-Strommix für** **35** **nicht eindeutig zuordenbare Strommengen** vor. Erfaßt sind alle Strommengen, die nicht eindeutig erzeugungsseitig einem der in § 42 I Nr. 1 genannten Energieträger zugeordnet werden können. Da hier andere Anhaltspunkte auch nur für Näherungswerte fehlen, ordnet das Gesetz den Rückgriff auf den UCTE-Strommix (vgl. Rn. 32) an.

F. Erzeuger und Vorlieferanten (§ 42 V)

36 § 42 V enthält eine ergänzende Regelung, die dazu dient, dem Strom liefernden EVU **die Erfüllung seiner Informationsverpflichtung nach § 42 I und II zu ermöglichen.** Zu diesem Zweck sichert § 42 V dem verpflichteten EVU den Zugang zu den benötigten Daten, über die es selbst nicht ohne weiteres verfügt, die es vielmehr nur mit Hilfe des stromerzeugenden EVU bzw. eventueller Vorlieferanten erlangen kann.

37 Zu diesem Zweck begründet § 42 V einen **Anspruch des nach § 42 I verpflichteten Elektrizitätsversorgungsunternehmens gegen Erzeuger und Vorlieferanten** auf Zurverfügungstellung benötigter Daten zur Erfüllung der ihnen obliegenden Informationspflichten nach § 42 I und II. Es handelt sich um einen gesetzlichen Anspruch, der dem Wortlaut nach nicht nur gegenüber dem unmittelbaren Vorlieferanten, sondern im Rahmen der Lieferbeziehungen auch gegenüber dem hiervon unterschiedenen Erzeuger bzw. weiteren Vorlieferanten besteht. Der Anspruch setzt eine Anforderung der Daten durch das nach § 42 I verpflichtete EVU voraus. Dem Umfang nach orientiert sich der Anspruch daran, was zur Erfüllung der Informationspflichten gemäß § 42 I und II erforderlich ist.

G. Ausweis des Netzzugangsentgelts (§ 42 VI)

38 Eine von den sonstigen Absätzen der Vorschrift unabhängige, eigenständige Regelung stellt die **Verpflichtung zum gesonderten Ausweis des Netzzugangsentgelts in den Rechnungen** der Elektrizitätsversorgungsunternehmen an Letztverbraucher dar. Informationsverpflichtet sind auch hier die Strom liefernden EVU. Ihre Verpflichtung besteht – nur – gegenüber Letztverbrauchern i. S. v. § 3 Nr. 25. Die gebotene Information ist – anders als im Rahmen von § 42 I – nicht auch in Werbematerial, sondern nur bei Rechnungsstellung und dann in der Rechnung selbst zu geben. Der Sache nach gefordert ist der gesonderte Ausweis der Entgelte, die auf die geleistete und in Rechnung gestellte Strommenge bezogen für den Netzzugang gemäß § 20 ff. angefallen sind. Vorschläge, auch weitere Kostenanteile geson-

dert auszuweisen (vgl. BR-Drucks. 613/1/04, S. 34), haben sich im Gesetzgebungsverfahren nicht durchgesetzt.

Ungeachtet dieses Umstands erlaubt § 42 VI, der nur eine **Mindest-** **39** **verpflichtung** enthält, den betroffenen EVU auch einen noch weiter differenzierten Ausweis einzelner Entgelt- oder Kostenbestandteile (*Salje*, EnWG, § 42, Rn. 30).

H. Verordnungsermächtigung (§ 42 VII)

§ 42 VII enthält die **Ermächtigung zu einer – ausdrücklich** **40** **nicht zustimmungspflichtigen – Rechtsverordnung der Bundesregierung** zur Konkretisierung von § 42 I bis III. Potentieller Gegenstand der Verordnungsregelung sind einerseits Vorgaben zur Darstellung der danach gebotenen Informationen, andererseits Methoden zur Erhebung und Weitergabe von Daten zur Bereitstellung der hierfür benötigten Informationen.

Bereits der Gesetzgeber hat jedoch wohl darauf gesetzt, daß die be- **41** teiligten Wirtschaftskreise sich insoweit auf konkretisierende Regelungen verständigen. Nach dem Willen des Gesetzgebers soll es insbesondere **primär Aufgabe der beteiligten Wirtschaftskreise** sein, sich auf ein einheitliches und übersichtliches, den Letztverbrauchern einen Vergleich erleichterndes Kennzeichnungsmodell zu einigen. Die Verordnungsermächtigung ist ausweislich der Gesetzesbegründung (BT-Drucks. 15/3917, S. 67) – nur – für den Fall geschaffen worden, daß den beteiligten Wirtschaftskreisen eine solche Verständigung nicht gelingt, und soll wohl auch gewissen Druck auf die Branche ausüben (*Tödtmann/Schauer*, ZNER 2005, 118/122).

Teil 5. Planfeststellung, Wegenutzung

§ 43 Erfordernis der Planfeststellung

¹Die Errichtung und der Betrieb sowie die Änderung von
1. Hochspannungsfreileitungen, ausgenommen Bahnstromfernleitungen, mit einer Nennspannung von 110 Kilovolt oder mehr und
2. Gasversorgungsleitungen mit einem Durchmesser von mehr als 300 Millimeter

bedürfen der Planfeststellung durch die nach Landesrecht zuständige Behörde. ²Bei der Planfeststellung sind die von dem Vorhaben berührten öffentlichen und privaten Belange im Rahmen der Abwägung zu berücksichtigen. ³Für Hochspannungsleitungen mit einer Nennspannung von 110 Kilovolt im Küstenbereich von Nord- und Ostsee, die zwischen der Küstenlinie und dem nächstgelegenen Netzverknüpfungspunkt, höchstens jedoch in einer Entfernung von nicht mehr als 20 Kilometer von der Küstenlinie landeinwärts verlegt werden sollen, kann ergänzend zu Satz 1 Nr. 1 auch für die Errichtung und den Betrieb sowie die Änderung eines Erdkabels ein Planfeststellungsverfahren durchgeführt werden. ⁴Küstenlinie ist die in der Seegrenzkarte Nr. 2920 „Deutsche Nordseeküste und angrenzende Gewässer", Ausgabe 1994, XII., und in der Seegrenzkarte Nr. 2921 „Deutsche Ostseeküste und angrenzende Gewässer", Ausgabe 1994, XII., des Bundesamtes für Seeschifffahrt und Hydrographie jeweils im Maßstab 1 : 375 000 dargestellte Küstenlinie. ⁵Für das Planfeststellungsverfahren gelten die §§ 72 bis 78 des Verwaltungsverfahrensgesetzes nach Maßgabe dieses Gesetzes. ⁶Die Maßgaben gelten entsprechend, soweit das Verfahren landesrechtlich durch ein Verwaltungsverfahrensgesetz geregelt ist.

Literatur: *Büdenbender/Heintschel von Heinegg/Rosin,* Energierecht I – Recht der Energieanlagen, 1999, S. 211 ff.; *Cancik,* Beschleunigung oder Re-Arkanisierung?, DÖV 2007, 107; *Ehlers/Pünder,* Energiewirtschaftsrecht, in: Achterberg/Püttner/Würtenberger (Hrsg.), Besonderes Verwaltungsrecht Bd. 1, 2. Aufl. 2000; *Erbguth/Schink,* Gesetz über die Umweltverträglichkeitsprüfung, 2. Aufl. 1999; *Hermes,* Staatliche Infrastrukturverantwortung, 1998; *Hönig,* Fachplanung und Enteignung, 2001; *Hoppe* (Hrsg.), Gesetz über die Umweltverträglichkeitsprüfung, 1995; *Horstmann,* Anforderungen an den Bau und Betrieb von Energieversorgungsleitungen in Deutschland, 2000; *Keller,* Das Planungs- und Zulassungsregime für Offshore-Windenergieanlagen in der deutschen Ausschließlichen Wirtschaftszone, 2007; *Kühling/Herrmann,* Fachplanungsrecht, 2. Aufl. 2000;

Lautner, Funktionen raumordnerischer Verfahren, 1999; *Schneider,* Liberalisierung der Stromwirtschaft durch regulative Marktorganisation, 1999; *Schneller,* Beschleunigter Ausbau des Stromtransportnetzes, DVBl. 2007, 529; *Steinberg/Berg/Wickel,* Fachplanung, 3. Aufl. 2000; *Stüer,* Handbuch des Bau- und Fachplanungsrechts, 3. Aufl. 2005.

Übersicht

	Rn.
A. Allgemeines	1
B. Planfeststellung	10
I. Planfeststellungsbedürftige Vorhaben (§ 43 1 und 3)	11
1. Errichtung von Leitungen	11
2. Änderung von Leitungen	13
3. Betrieb von Leitungen	14
II. Materielle Anforderungen	16
1. Planrechtfertigung	17
2. Zwingende gesetzliche Vorgaben	19
a) Höherstufige Planungen	19
b) Vogelschutz- und FFH-Richtlinie	21
c) Sicherheitsanforderungen	23
d) Sonstige zwingende gesetzliche Vorgaben	24
3. Abwägungsgebot	25
III. Zuständigkeit und Verfahren	28
1. Zuständigkeit	28
2. Verfahren (§ 43 5 und 6)	29
3. Verhältnis von Planfeststellungsverfahren und UVP-Verfahren	30
IV. Rechtsschutz des Vorhabenträgers	31

A. Allgemeines

1 § 43 statuiert für die Errichtung, für den Betrieb und für die Änderung bestimmte Leitungsvorhaben (mit näher bestimmten Merkmalen) einen Planfeststellungs- bzw. Plangenehmigungsvorbehalt, enthält in § 43 2 materielle Anforderungen an die Planfeststellung und die Plangenehmigung und trifft eine grundlegende Regelung des Verfahrens durch einen eingeschränkten („nach Maßgabe dieses Gesetzes", womit auf die z. T. erheblichen Modifikationen durch die §§ 43a bis 43e verwiesen ist) Verweis auf das VwVfG bzw. die Landesverwaltungsverfahrensgesetze (§ 43 5 und 6). Für große Leitungsvorhaben bedient sich das EnWG mit der Planfeststellung und der Plangenehmigung der zentralen Entscheidungsformen der **vorhabenbezogenen Fachplanung.** Auf diese Weise werden die in § 43 definierten Leitungsvorhaben planungsrechtlich auf eine Stufe gestellt mit Straßen-, Schienen- und anderen Infrastrukturprojekten.

Erfordernis der Planfeststellung 2–4 § 43

Leitungen für den Transport von Elektrizität und Gas sind Vorhaben, 2
die erhebliche Kosten verursachen, sich als Teile komplexer technischer
Systeme in diese einfügen müssen, einen bestehenden oder prognostizierten Bedarf befriedigen sollen, Raum beanspruchen und räumliche
Wirkungen hervorrufen. Darüber hinaus bestehen in vielfacher Hinsicht Wechselwirkungen oder auch Konflikte zwischen diesen Vorhaben
einerseits und Belangen des Umwelt-, Landschafts- und Naturschutzes,
der Eigentümer benötigter Grundstücke, der Nachbarn von Anlagen
sowie anderen öffentlichen und privaten Interessen andererseits. Insoweit bestehen offensichtliche Parallelen zu anderen Infrastrukturvorhaben wie Eisenbahnstrecken oder Fernstraßen, die ebenfalls planfeststellungsbedürftig sind (§ 18 AEG, § 17 BFStrG). Daraus folgt sowohl
aus der Perspektive der Energieversorgungsunternehmen wie auch aus
der Perspektive der Allgemeinheit die **Notwendigkeit planerischer Vorbereitung,** bevor Energieanlagen errichtet oder wesentlich geändert werden.

Durch das **UVP-Änderungsgesetz 2001** (BGBl. I S. 1950) wurde 3
in § 11a I a.F., mit dem § 43 in seiner bis Dezember 2006 geltenden
Fassung identisch war, erstmals ein Planfeststellungsverfahren für Errichtung, Betrieb und Änderungen von Hochspannungsleitungen (ausgenommen Bahnstromfernleitungen) mit einer Nennspannung von 110
kV oder mehr und für Gasversorgungsleitungen mit einem Durchmesser von mehr als 300 mm eingeführt, sofern nach dem UVP-Gesetz für
diese Vorhaben eine Umweltverträglichkeitsprüfung durchzuführen
war. Forderungen, für Fernleitungsvorhaben die Planfeststellung vorzuschreiben, waren schon lange erhoben worden (*Hermes,* Staatliche
Infrastrukturverantwortung, S. 424, 432 m.w.N.). Hintergrund dieser
Forderungen war die für Fernleitungsvorhaben notwendige „groß angelegte Planung" (*Keller,* Enteignung für Zwecke der öffentlichen
Energieversorgung, 1967, S. 86), die Notwendigkeit, einen Ausgleich
für die weitgehend fehlende staatliche energiewirtschaftliche Bedarfsplanung zu schaffen, und die Erwägung, daß für die Bewältigung der
durch Energieanlagen ausgelösten Raumnutzungskonflikte ein adäquates planerisches Instrumentarium benötigt wurde. Die Schaffung des
§ 11a im Jahre 2001 ging allerdings nicht auf derartige – berechtigte –
Erwägungen zurück. Sie wurde vielmehr durch die UVP-Änderungsrichtlinie des Rates vom 3. 3. 1997 (RL 97/11/EG) erzwungen.
Deshalb wurde auch nur für die UVP-pflichtigen Vorhaben eine Planfeststellungspflicht vorgeschrieben (BT-Drucks. 14/4599, S. 161).

Aus den dargelegten Zusammenhängen der Regelung des § 11a 4
2001 folgt, daß die Planfeststellung ursprünglich ausschließlich zu dem
Zweck und in dem Umfang eingeführt wurde, in dem ein **„Träger-**

verfahren" für die Umweltverträglichkeitsprüfung** benötigt wurde. Auf diese Weise wurde der planerische Gehalt einer Entscheidung über die Erforderlichkeit eines Vorhabens der Energieversorgung keineswegs vollständig erfasst, weil insbesondere die energiewirtschaftlichen Belange auch dort adäquate planerische Berücksichtigung finden müssen, wo die Kriterien nach dem Gesetz über die Umweltverträglichkeitsprüfung nicht zu der Notwendigkeit einer Planfeststellung führen.

5   Die seit dem 17. 12. 2006 geltende Fassung des § 43 **folgt diesem UVPG-akzessorischen Regelungsmuster für die Planfeststellung nicht mehr.** Lediglich für die Plangenehmigung besteht noch eine UVP-Akzessorietät (§ 43 b Nr. 2, dazu dort Rn. 7). Diese Änderung geht auf Art. 7 des Gesetzes zur Beschleunigung von Planungsverfahren für Infrastrukturvorhaben (BGBl. I 2006 S. 2833) zurück.

6   Die vorhabenbezogene Fachplanung fügt sich wie folgt in die Hierarchie der Planungsstufen ein: Am Beginn des Planungsprozesses für neue Energieanlagen steht regelmäßig die **fachliche Bedarfsplanung,** die den energiewirtschaftlichen Bedarf für ein Vorhaben einschließlich der damit zusammenhängenden Einschätzungen und Prognosen bewertet. Diese Planung hat bislang nur auf europäischer Ebene und auch dort nur in Bezug auf das Leitungsnetz in dem Instrumentarium der Art. 154 ff. EG über die Transeuropäischen Netze einen rechtlichen Rahmen erhalten (dazu genauer *Hermes,* in: S/T, § 6, Rn. 42 ff.). Jenseits dieser europäischen Energienetz-Bedarfsplanung ist in Deutschland die Beurteilung des fachlichen Bedarfs für neue Leitungs- oder Erzeugungsanlagen rechtlich nicht formalisiert. Das hat zur Folge, daß diese Beurteilung primär durch das jeweilige Energieversorgungsunternehmen vorgenommen wird, das eine Energieanlage realisieren will. Staatliche Stellen sind erst an späterer Stelle – etwa bei der Prüfung der Erforderlichkeit eines Vorhabens im Rahmen des Planfeststellungsverfahrens – in diese Prüfung eingeschaltet. In dieser Phase stellt sich dann die Frage, ob den jeweils zuständigen staatlichen Stellen ein eigener planerischer Einschätzungsspielraum im Hinblick auf den fachlichen Bedarf zukommt, oder ob sie die planerischen Einschätzungen des Energieversorgungsunternehmens lediglich hinzunehmen oder „nachzuvollziehen" haben (dazu unten Rn. 17; *Hermes/Pöcker,* RdE 2002, 85, 87).

7   Auf der Ebene des Bundes existiert kein gesamtplanerisches Instrument, mit dessen Hilfe Standorte für Energieanlagen ausgewählt und gegenüber nachfolgenden Planungs- und Zulassungsverfahren verbindlich vorgegeben werden. Diese Aufgabe kommt vielmehr der Landesplanung zu, die Standorte für Erzeugungsanlagen und Trassen für

Energieversorgungsleitungen als **Ziele der Raumordnung** mit Verbindlichkeit nach Maßgabe des § 4 ROG festlegen kann (hierzu *Horstmann,* Anforderungen an den Bau und Betrieb von Energieversorgungsanlagen in Deutschland, S. 3 ff.; *Paßlick,* Ziele der Raumordnung und Landesplanung, 1986, S. 26). Die Ziele der Raumordnung sind danach insbesondere von den Behörden des Bundes und der Länder sowie von den kommunalen Gebietskörperschaften bei ihren Planungen, Vorhaben und sonstigen Maßnahmen zu beachten, durch die Raum in Anspruch genommen oder die räumliche Entwicklung oder Funktion eines Gebietes beeinflußt wird. § 7 II 1 Nr. 36 ROG sieht vor, daß insbesondere Festlegungen zu den zu sichernden Trassen für die Versorgungsinfrastruktur in den Raumordnungsplänen enthalten sein sollen.

Neben den Zielen der Raumordnung kommt dem raumplanerischen Instrument des **Raumordnungsverfahrens** für die planerische Vorbereitung von planfeststellungs- oder plangegehmigungsbedürftigen Leitungsanlagen eine erhebliche praktische Bedeutung zu (dazu genauer *Hermes,* in: S/T, § 6, Rn. 45 ff.). Für die Errichtung von Hochspannungsleitungen mit einer Nennspannung von 110 kV oder mehr und von Gasleitungen mit einem Durchmesser von mehr als 300 mm soll gem. § 1 2 Nr. 14 RoV ein Raumordnungsverfahren durchgeführt werden. Das Raumordnungsverfahren schließt gem. § 15 I ROG mit den Feststellungen ab, ob das Vorhaben mit den Erfordernissen der Raumordnung übereinstimmt und wie es unter den Gesichtspunkten der Raumordnung durchgeführt werden kann, wie das Vorhaben mit raumbedeutsamen Planungen und Maßnahmen anderer Planungsträger abgestimmt werden kann, sowie – wenn es sich um ein Raumordnungsverfahren mit integrierter raumordnerischer Umweltverträglichkeitsprüfung gehandelt hat – welche Maßgaben erforderlich sind, um die Umweltverträglichkeit des Vorhabens zu gewährleisten. Die dem Ergebnis des Raumordnungsverfahrens zukommende Bindungswirkung für die Zulassungsentscheidung ist nach der geltenden Rechtslage differenziert gestaltet. Das Ergebnis des Raumordnungsverfahrens stellt ein sonstiges Erfordernis der Raumordnung dar. Deshalb ist es nach § 4 II, IV ROG im Rahmen raumbedeutsamer öffentlicher Planungen und Maßnahmen, aber auch bei Genehmigungen, Planfeststellungen und sonstigen behördlichen Entscheidungen über die Zulässigkeit raumbedeutsamer Maßnahmen Privater nach Maßgabe der jeweils für diese Vorhaben geltenden Vorschriften zu „berücksichtigen". Soweit für Energieanlagen eine Planfeststellung oder Plangenehmigung erforderlich ist, bedeutet dies, daß im Rahmen des dann einschlägigen Abwägungsgebotes, das alle einschlägigen Belange erfasst, Raum für eine Berücksichtigung des Ergebnisses des Raumordnungsverfahrens ist (dazu genauer unten Rn. 25 ff.).

9 Die Notwendigkeit hoheitlicher Planung von Energieanlagen resultiert insbesondere daraus, daß zur Realisierung planfestgestellter oder plangenehmigter Energieanlagen gem. § 45 die **Enteignung** zulässig ist und daß eine spätere Enteignung ohne vorangehende staatliche Planung mit dem Grundrecht des Enteigneten aus Art. 14 GG unvereinbar wäre. Dieser generelle Zusammenhang zwischen vorgeschalteter Planung und nachfolgender Enteignung (deutlich herausgearbeitet etwa in B*VerfG,* DVBl. 1987, 895, 896; B*VerwGE* 71, 166, 170) ist seit langem anerkannt. Er hat seine Wurzel in dem Umstand, daß das die Enteignung rechtfertigende Allgemeinwohl auch bei strengen Anforderungen an die gesetzliche Konkretisierung der Enteignungszwecke auf gesetzlicher Ebene immer nur ungenau und in allgemeiner Form bestimmt werden kann und unausweichlich auf die weitere Konkretisierung durch die Verwaltung angewiesen bleibt, „die üblicherweise in gestuften Verfahren Vorentscheidungen trifft, Fixpunkte für die spätere Notwendigkeit von Enteignungen setzt und insgesamt Gestaltungsspielräume umfaßt" (so *Schmidt-Aßmann,* NJW 1987, 1587, 1589; ausführlich *Hermes,* Staatliche Infrastrukturverantwortung, S. 358 ff.). Allerdings hat das *BVerwG* in einer jüngeren Entscheidung die Auffassung vertreten, daß die Eigentumsgarantie des Art. 14 GG nicht dazu zwinge, Bau und Betrieb einer 110 kV-Stromfreileitung generell einem fachplanerischen Planfeststellungsverfahren mit enteignungsrechtlicher Vorwirkung zu unterwerfen (*BVerwGE* 116, 365 ff.). Aus der Perspektive des Enteignungsrechts ist dieser Zusammenhang gleichwohl zwingend (*Schmidt-Aßmann,* NJW 1987, 1587, 1589 f., der zutreffend für eine phasenspezifische Abschichtung bei Enteignungsvorgängen plädiert; vgl. auch *Nüßgens/Boujong,* Eigentum, Sozialbindung, Enteignung, 1987, Rn. 359 ff.; s. auch bereits *BVerwG,* NJW 1955, 1245) und es wird deshalb regelmäßig als selbstverständlich vorausgesetzt (vgl. etwa *Papier,* in: Maunz/Dürig, GG, Art. 14, Rn. 497), daß der Enteignung eine planerische Konkretisierung des Allgemeinwohls durch einen öffentlichen Planungsträger vorausgehen muß. Die nach Art. 14 III GG gebotene Rechtfertigung eines Vorhabens im Einzelfall hat anzuerkennen, daß der Enteignung auf den vorgelagerten Planungsstufen politische Zweckmäßigkeitserwägungen vorausgehen müssen „und setzt die prinzipielle Notwendigkeit der vorherigen planerisch-politischen Dezision voraus" (*Breuer,* DVBl. 1981, 971, 974; vgl. auch *Gramlich,* JZ 1986, 269, der betont, daß das „Eigentumsentzugsverfahren zur Planrealisierung" ein „mehrstufiger Akt" und „die Beachtung der eigentumsrechtlichen Bestandsgarantie bereits im Stadium der Planaufstellung unentbehrlich" ist; zur Differenzierung nach Unterneh-

mensrechtfertigung (Planung) und Enteignungszulässigkeit s. auch *Schmidbauer,* Enteignung zugunsten Privater, 1989, S. 139 f., 161, 176 ff.).

B. Planfeststellung

Als typisches Instrument für die Feinplanung von Netzvorhaben hat 10
sich im Verlauf der historischen Entwicklung (*Fehling,* AöR 1996, 59,
76 f.), die eng mit der bei Infrastrukturnetzen erforderlichen Enteignung zusammenhängt, das Institut der **Planfeststellung** entwickelt.
Was die fachliche Bedarfsplanung und die Raumordnung an Vorentscheidungen und Konfliktlösungen noch nicht geleistet haben und
regelmäßig auch nicht leisten konnten, wird hier, bezogen auf das konkrete Projekt, entschieden. Bedarfsprognosen für das konkrete Vorhaben, Abwägung der widerstreitenden öffentlichen und privaten Belange, Ausgleich von gegenläufigen Interessen, insgesamt also planerische
Gestaltung, sind die Merkmale, die diese fachplanerische Entscheidung
prägen. Planfeststellungsbeschluss und Plangenehmigung für Energieleitungsvorhaben nach § 43 haben deshalb in planerischer Hinsicht
die Funktion von **Standortentscheidungen.** Daneben haben sie eine
zweite Funktion: Sie sind nämlich zugleich auch abschließende **Zulassungsentscheidungen,** also Entscheidungen, die nur bei Übereinstimmung des Vorhabens mit allen auf die Anlagenzulassung bezogenen
materiell-rechtlichen Vorschriften bzw. technischen Anforderungen
ergehen dürfen. Insoweit ist für diese Entscheidungen die sonst übliche
formale Trennung in planerische Ebene und Zulassungsentscheidung
nicht möglich.

I. Planfeststellungsbedürftige Vorhaben (§ 43 1 und 3)

1. Errichtung von Leitungen. Planfeststellungspflichtig ist 11
nach der Regelung des § 43 1 zunächst die Errichtung von
– Hochspannungsfreileitungen, ausgenommen Bahnstromfernleitungen
 (s. dazu § 3 a Rn. 12), mit einer Nennspannung von 110 Kilovolt
 oder mehr und
– Gasversorgungsleitungen mit einem Durchmesser von mehr als 300
 Millimeter.

Die in § 43 3 und 4 vorgesehene **optionale Planfeststellung** für 12
die Errichtung und den Betrieb sowie die Änderung ein **Erdkabels**
von Hochspannungsleitungen mit einer Nennspannung von 110 Kilovolt im Küstenbereich von Nord- und Ostsee, die zwischen der Küstenlinie und dem nächstgelegenen Netzverknüpfungspunkt, höchstens

jedoch in einer Entfernung von nicht mehr als 20 Kilometer von der Küstenlinie landeinwärts verlegt werden sollen, ist ebenfalls durch Art. 7 des Gesetzes zur Beschleunigung von Planungsverfahren für Infrastrukturvorhaben (BGBl. I 2006 S. 2833) eingefügt worden (s. dazu *Schütte,* RdE 2007, 300 ff.; *Wustlich,* ZUR 2007, 122, 124 ff.). § 43 4 enthält eine Legaldefinition des Begriff der „Küstenlinie" und verweist dafür auf die in der Seegrenzkarte Nr. 2920 „Deutsche Nordseeküste und angrenzende Gewässer", Ausgabe 1994, XII., und in der Seegrenzkarte Nr. 2921 „Deutsche Ostseeküste und angrenzende Gewässer", Ausgabe 1994, XII., des Bundesamtes für Seeschifffahrt und Hydrographie jeweils im Maßstab 1 : 375.000 dargestellte Küstenlinie. Der insofern nicht Gesetz gewordene Gesetzentwurf des Bundesregierung (BT-Drucks. 16/54, S. 18) hatte für die Planfeststellung dieser Vorhaben noch einen „besonderen Antrag" vorgesehen. An welchen Erwägungen das nunmehr bestehende nicht antragsgebundene Ermessen auszurichten ist, läßt sich weder dem Gesetzeswortlaut noch den Gesetzesmaterialien entnehmen. Wesentliche Ermessensrichtlinie muß aber das Erfordernis der planerischen Abwägung (§ 43 2) sein.

13 **2. Änderung von Leitungen.** Planfeststellungspflichtig ist nicht nur die Errichtung neuer, sondern auch die **Änderung** bestehender Anlagen, soweit diese Änderung UVP-pflichtig ist. Anders als bei der Frage nach der Plangenehmigungsbedürftigkeit (§ 43 2 und 3) kommt es nach § 43 1 für die Planfeststellungsbedürftigkeit nicht darauf an, ob es sich um eine wesentliche oder um eine unwesentliche Änderung handelt (so auch *Salje,* EnWG, § 43 Rn. 18 m. zutr. Hinweis auf die Gesetzesbegründung in BT-Drucks. 14/4599, S. 161). Nur im Rahmen der nach den Regeln des UVPG vorzunehmenden Prüfung, ob eine Umweltverträglichkeitsprüfung erforderlich ist, kann sich eine Änderung als so unwesentlich erweisen, daß keine UVP und folglich auch keine Planfeststellung erforderlich ist.

14 **3. Betrieb von Leitungen.** Die Erwähnung des **„Betriebs"** neben der Errichtung und der Änderung in § 43 1 erscheint im Vergleich zu anderen Planfeststellungsnormen ungewöhnlich, verdankt sich aber wohl der Erwähnung des „Betriebs" (neben der Errichtung) in den einschlägigen Rechtsgrundlagen der UVP-Pflicht (s. o. Rn. 3). Unter Betrieb ist allgemein die funktionale Nutzung der Anlage zu verstehen, davon umfaßt sind – wie im Anlagengenehmigungsrecht – auch vorübergehende Betriebsunterbrechungen etwa zu Wartungszwecken und die Wiederinbetriebnahme der Anlage (*Büdenbender,* EnWG, § 11 a, Rn. 39; *Büdenbender et al.,* Rn. 716). Fraglich ist, ob auch der in § 43 1 erwähnte Betrieb der dort genannten Leitungsanlagen einen eigenständigen – die Planfeststellungsbedürftigkeit auch unabhängig von der

Errichtung oder Änderung von Anlagen begründenden – Gehalt hat. Die Erwähnung des „Betriebs" könnte nämlich auch so verstanden werden, daß er zwar Prüfungs- und Zulassungsgegenstand bei der Errichtung oder Änderung von Anlagen ist, daß aber allein für die Aufnahme des Betriebs vorhandener Anlagen keine Planfeststellung erforderlich ist.

Relevanz hat diese Frage für (wohl seltene) Fälle, in denen vorhandene Anlagen, die in der Vergangenheit nicht oder jedenfalls über einen nennenswerten Zeitraum nicht mehr als Hochspannungsfreileitung oder als Gasversorgungsleitung genutzt wurden, (wieder) in Betrieb genommen werden sollen (**Nutzungsänderung von Anlagen, Wiederertüchtigung von Altanlagen**). Hier gilt nach dem Wortlaut und der Funktion des § 43 1, daß die erstmalige oder die nach längerer Unterbrechung vorgenommene Wiederinbetriebnahme einer Leitungsanlage je nach UVP-Pflicht planfeststellungsbedürftig oder plangenehmigungsbedürftig ist, (s. oben Rn. 3) eine UVP-Pflicht zu bejahen ist. Dies ergibt sich schlicht daraus, daß die UVP ein Trägerverfahren benötigt. In dieser – wenig praxisgerechten, aber zwingenden – Konsequenz zeigt sich einmal mehr die unglückliche Verkopplung von Planfeststellung/Plangenehmigung und UVP, wie sie § 43 zu Grunde liegt (dazu näher oben 3 ff.). Praxisgerechter wäre in diesen Fällen eine Lösung, die sich an der Rechtsprechung zur Wiederertüchtigung im Eisenbahnrecht (dazu *Vallendar*, in: Hermes/Sellner, BeckAEG-Komm, § 18, Rn. 65 ff.) orientiert. Danach hätte man in solchen Fällen zu prüfen, ob die Identität des planungsrechtlichen Bestandes durch die Wiederinbetriebnahme berührt wird oder nicht.

II. Materielle Anforderungen

Was die **materiell-rechtlichen Anforderungen** an einen Planfeststellungsbeschluß nach § 43 angeht, so enthält diese Norm lediglich das Gebot, daß die von dem Vorhaben berührten öffentlichen und privaten Belange abzuwägen sind (§ 43 2). Darüber hinaus sind aber weitere rechtliche Bindungen zu beachten, die sich insbesondere aus Spezialvorschriften außerhalb des Energiewirtschaftsgesetzes ergeben können.

1. **Planrechtfertigung.** Als Grundlage der planerischen Abwägungsentscheidung ist im Falle von Energieanlagen die **Erforderlichkeit** der konkreten Energieanlage als Problem der **Planrechtfertigung** zu prüfen. Das Erfordernis der Planrechtfertigung wurde vom *BVerwG* zuerst für die Bauleitplanung aus § 1 I BBauG a. F. abgeleitet (*BVerwGE* 34, 301, 304 f.), es gilt aber im Fachplanungsrecht sinngemäß (*Stein-*

berg/Berg/Wickel, Fachplanung, S. 197). Dabei müssen umfassend energiepolitische Ziele und Zweckvorstellungen geprüft werden (a.A. *Schneller,* DVBl. 2007, 529, 536). Darin liegt ein wesentlicher Unterschied zu sonstigen Fachplanungen, bei denen der Frage der Planrechtfertigung nach inzwischen im Vordringen befindlicher Auffassung kaum eigenständige Bedeutung zukommen kann (*Steinberg/Berg/Wickel,* Fachplanung, S. 197 f. m. w. N.). Zurückzuführen ist dieser eigenständige Gehalt der Planrechtfertigungsprüfung auf den Umstand, daß für Energieanlagen – anders als bei anderen Fachplanungen – eine allgemeine fachliche Bedarfsplanung auf höherer Ebene weitgehend fehlt (s. Rn. 6 f.), und Vorhabenträger im Falle von Energieanlagen regelmäßig nicht (mehr) die öffentliche Hand ist, sondern private Unternehmen. Zunächst ist insoweit zu prüfen, ob das Vorhaben den in § 1 I genannten **Zielen** entspricht. Ein entsprechende ausdrückliche Regelung enthält § 43 in seiner seit dem 17. 12. 2006 geltenden Fassung nicht mehr (anders noch die Vorgängerfassung, die dies in § 43 I 5 ausdrücklich statuierte). Gleichwohl wird man wegen der umfassenden Abwägungsaufgabe, die § 43 2 weiterhin stellt, davon auszugehen haben, daß diese Zielbeachtungspflicht weiter besteht.

18 Wichtig festzuhalten ist in diesem Zusammenhang vor allem, daß es an der Erforderlichkeit und damit an der Planrechtfertigung für ein Leitungsvorhaben fehlt, solange **ausreichende Netzkapazitäten vorhanden** sind. Daran ändert auch Art. 22 I a) EltRl, nichts. Danach haben die Mitgliedstaaten dafür Sorge zu tragen, daß alle Elektrizitätserzeuger und alle Elektrizitätsversorgungsunternehmen, die auf ihrem Hoheitsgebiet ansässig sind, ihre eigenen Betriebsstätten, Tochterunternehmen und zugelassene Kunden über Direktleitungen versorgen können. Für die Regelung eines derartigen „freien Leitungsbaus" fehlt der Gemeinschaft allerdings bereits die Regelungskompetenz. Die Entscheidung darüber, ob und wo, wann und nach welchen Regeln Energietransportleitungen gebaut werden, entscheiden nach den Regelungen des EG-Vertrages die Mitgliedstaaten (näher dazu *Hermes,* Staatliche Infrastrukturverantwortung, S. 471 f.). Außerdem steht der Leitungsbau nach geltendem Gemeinschaftsrecht unter dem Vorbehalt einer staatlichen Genehmigung, die lediglich unter nicht-diskriminierenden und objektiven Kriterien erteilt werden muß (Art. 6 I EltRl). Die Mitgliedstaaten können die Genehmigung einer Direktleitung verweigern, wenn ihre Erteilung den Vorgaben des Art. 6 I EltRl zuwiderlaufen würde. Dazu gehört die Möglichkeit der Auferlegung gemeinwirtschaftlicher Leistungen im Interesse der Sicherheit, der Preiswürdigkeit und des Umweltschutzes einschließlich der Möglichkeit, diese Verpflichtungen durch langfristige Planungen zu sichern (Art. 3 II EltRl)

(*Hermes,* Staatliche Infrastrukturverantwortung, S. 471). Daß die Nichtauslastung vorhandener Netzkapazitäten und sogar die bereits begonnene Planung neuer Leitungsnetze einen Grund darstellen, Genehmigungen für weitere Leitungsvorhaben nicht zu erteilen, ist denn auch in Art. 4 IV GasRl anerkannt. Dies alles führt dazu, daß von einem „freien" Leitungsbau in der Sache keine Rede sein kann (dazu auch *Schneider,* Liberalisierung, S. 430 f., 477 f. und 490).

2. Zwingende gesetzliche Vorgaben. a) Höherstufige Planungen. Für die Frage, ob ein Planfeststellungsbeschluß für ein Vorhaben ergehen darf oder nicht, ergeben sich **Bindungen durch höherstufige Raum- und Fachplanungen** (siehe dazu allgemein *BVerwG,* DVBl. 1997, 838, 839 f.; zur Rolle der FFH-Verträglichkeitsprüfung im Rahmen des § 34 BNatSchG s. *Hösch,* NuR 2004, 210). Dazu gehören die Instrumente der Landesplanung, also vor allem die Ziele der Raumordnung (§ 4 ROG und den entsprechenden Regelungen der Landesplanungsgesetze).

Eine Bindung für die Planfeststellung kann sich ferner nach Maßgabe von § 7 BauGB durch den **Flächennutzungsplan** ergeben. Ein Bebauungsplan bindet die Planfeststellung und andere Entscheidungen mit den Rechtswirkungen der Planfeststellung hingegen gem. § 38 BauGB nicht, wenn es sich um ein Vorhaben von überörtlicher Bedeutung handelt (*Steinberg/Berg/Wickel,* Fachplanung, S. 191). Jedoch befreit dies nicht davon, durch Bebauungsplan getroffene Festsetzungen als Belange im Rahmen der Abwägung zu berücksichtigen (*Steinberg/Berg/Wickel,* Fachplanung, S. 191).

b) Vogelschutz- und FFH-Richtlinie. Bindungen des Planungsermessens ergeben sich auch aus der **Vogelschutzrichtlinie** (RL 79/409/EWG; dazu allgemein *Epiney,* UPR 1997, 303 ff.) und der darauf aufbauenden **FFH-Richtlinie** (RL 92/43 EG). Diese Richtlinien dienen dem Aufbau des europäischen Schutzgebietsnetzes „Natura 2000" (siehe dazu auch den Überblick bei *Sparwasser/Engel/Voßkuhle,* Umweltrecht, 5. Aufl., 2003, § 6 Rn 36 ff.; *Klooth/Walter,* NuR 2005, 438 ff.). Sie reagieren auf die erheblichen Gefährdungen für Fauna und Flora, die auch von Energieanlagen ausgehen (siehe dazu *Hermes,* in: S/T, § 6, Rn. 21 f.). Die Umsetzung der Richtlinien in nationales Recht erfolgte durch die 2. Novelle zum BNatSchG im Jahre 1998 mit erheblicher Verzögerung. Damals wurde der formelle Rahmen der Unterschutzstellung und die Verträglichkeitsprüfung geregelt (in den §§ 19 a BNatSchG). Heute finden sich diese Regelungen in den §§ 32 bis 38 BNatschG. Sobald ein Gebiet als Schutzgebiet ausgewiesen ist, ist für alle Pläne des Fachplanungsrechts, die seine Realisierung beeinträchtigen können, eine **Verträglichkeitsprüfung** erforderlich (*Jarass,*

DÖV 1999, 666, 667; *Wolf,* ZUR 2005, 449 ff.; *Füßer,* ZUR 2005, 458; *Gellermann,* ZUR 2005, 581; *Burmeister,* NuR 2004, 296). Bei Gebieten von gemeinschaftlicher Bedeutung und Europäischen Vogelschutzgebieten bilden die Erhaltungszeile den einschlägigen Maßstab. Ergibt die Prüfung der Verträglichkeit, daß ein Projekt zu erheblichen Beeinträchtigungen der Erhaltungsziele führen kann, so ist es unzulässig (§ 34 II BNatSchG). Die Ausnahmevorschriften des § 34 III BNatSchG sind eng auszulegen. So dürfen die zwingenden Gründe des öffentlichen Interesses, die zur ausnahmsweisen Zulässigkeit führen sollen (§ 34 III Nr. 1 BNatSchG), nicht lediglich behauptet sein, sondern sie müssen im Einzelnen nachgewiesen sein und langfristig wirken (*BVerwG,* DVBl. 2001, 386). Private Interessen können unter keinen Umständen eine Ausnahme rechtfertigen (*OVG Münster,* UPR 2000, 78; *Müller-Terpitz,* NVwZ 1999, 26, 29). Entsprechend streng ist nach § 34 III Nr. 2 BNatSchG zu prüfen, ob eine zumutbare und das Schutzgebiet zugleich weniger beeinträchtigende Alternative nicht besteht (siehe dazu *BVerwGE* 107, 1). Eine Alternativlösung ist in diesem Sinne erst dann nicht vorhanden, wenn sich diese nur mit einem unverhältnismäßigen Kostenaufwand verwirklichen ließe. Die Beurteilung, wann dies der Fall ist, unterliegt nicht der fachplanerischen Abwägung oder einer anderweitigen Ermessensentscheidung der Planfeststellungsbehörde (*BVerwG,* DVBl. 2001, 386). Befinden sich in dem Schutzgebiet prioritäre Arten oder prioritäre Biotope, so sind die Ausnahmevoraussetzungen nach Maßgabe des § 34 IV BNatSchG noch deutlich strenger. Hier können zwingende Gründe des überwiegenden öffentlichen Interesses nur solche der Gesundheit des Menschen, der Sicherheit einschließlich der Landesverteidigung und des Zivilschutzes sein, wenn nicht das Vorhaben sich entweder günstig auf die Umwelt auswirkt oder über das Bundesumweltministerium eine Stellungnahme der europäischen Kommission eingeholt wurde. Abgesehen von diesem letzten Fall, in dem nach § 34 IV 2 BNatSchG lediglich die materiellen Ausnahmeanforderungen des § 34 III Nr. 1 BNatSchG gelten, können die Voraussetzungen des § 34 IV BNatSchG durch eine Energieleitungsanlage kaum erfüllt werden. Rechtsprechung zu der Frage, wann Ausnahmevorschriften im Energiebereich erfüllt sein können, ist bisher nicht ergangen.

22 Der Schutz ausgewiesener Schutzgebiete kommt in sehr weitem Umfang bereits **potentiellen bzw. faktischen Schutzgebieten** zu. Dies sind solche Gebiete, bei denen die materiellen Voraussetzungen der Unterschutzstellung offenkundig vorliegen, aber eine formelle Deklaration als Schutzgebiet noch nicht erfolgt ist (wegweisend dazu *EuGHE* 1993, I 4221, Rn. 22; 1996, I 3805/3843, Rn. 25 ff.; vgl. auch

BVerwG, UPR 1998, 226; *Gellermann/Schreiber,* NuR 2003, 205). Ein Gebiet, das die Merkmale des Art. 4 I FFH-RL erfüllt und dessen Meldung für die Aufnahme in das kohärente Netz „Natura 2000" sich aufdrängt, ist als potentielles FFH-Gebiet zu behandeln (*BVerwGE* 110, 302 ff.). Unklar ist allerdings bisher, wie dieser vorauswirkende Schutz dogmatisch zutreffend zu begründen ist. Während das Bundesverwaltungsgericht noch vor kurzer Zeit offenbar davon ausging, daß sich diese Wirkung unmittelbar aus Art. 6 III und IV FFH-RL ergibt (*BVerwGE* 110, 302, 306 ff., im Anschluß an *BVerwGE* 107, 1, 21 ff.), vertritt dasselbe Gericht in einem Urteil, daß das Schutzregime in einem potentiellen FFH-Gebiet (*BVerwGE* 107, 1) grundsätzlich nicht durch Art. 6 FFH-RL, sondern durch „gemeinschaftsrechtliche Vorwirkungen" bestimmt wird, durch die verhindert wird, daß Gebiete, deren Schutzwürdigkeit nach der FFH-Richtlinie auf der Hand liegt, zerstört oder so nachhaltig beeinträchtigt werden, daß sie für eine Meldung nicht mehr in Betracht kommen (*BVerwG,* DVBl. 2001, 386).

c) **Sicherheitsanforderungen.** Zwingend zu beachten sind auch die in § 49 normierten **Sicherheitsanforderungen.** Hier ist problematisch, ob der Planfeststellungsbeschluß bereits alle denkbaren sicherheitsbezogenen Einzelregelungen treffen muß, oder ob dies späterer Entscheidung vorbehalten werden kann. Allgemein gilt, daß der Planfeststellungsbeschluß unter Einbeziehung aller anderen notwendigen behördlichen Entscheidungen eine einheitliche, umfassende und abschließende Entscheidung über die Zulässigkeit des Vorhabens zu treffen hat (so auch *Vallendar,* in: Hermes/Sellner, BeckAEG-Komm, § 18, Rn. 177). Deswegen darf die Planfeststellungsbehörde in der Zulassungsentscheidung keine regelungsbedürftige Frage offenlassen. Regelungsbedürftig ist eine Frage dann, wenn ohne ihre Beantwortung nicht sicher beurteilt werden kann, ob das Vorhaben allen rechtlichen und tatsächlichen Anforderungen entspricht (*BVerwG,* NVwZ 1992, 787). Dazu gehören die in § 49 normierten Sicherheitsanforderungen ohne Zweifel. Von diesem Erfordernis ist die Frage zu unterscheiden, ob eine an sich gebotene Regelung zwingend ausdrücklich im Planfeststellungsbeschluß aufgeführt sein muß (*Vallendar,* in: Hermes/Sellner, BeckAEG-Komm, § 18, Rn. 177). Nicht alles, was im Planfeststellungsverfahren Gegenstand der Sachprüfung geworden ist, wird auch Regelungsgegenstand der Planfeststellung. Diese beschränkt sich auf die Feststellung, daß im Ergebnis die rechtlichen Voraussetzungen für die Zulassung des Vorhabens erfüllt sind. Da § 49 V eine Befugnisnorm enthält, die die Durchsetzung der Sicherheitsanforderungen im Wege von „Maßnahmen" erlaubt (dazu genauer § 49, Rn. 13 ff.), wird man an die ausdrückliche Erwähnung sicherheitsbezogener Regelungen im

Planfeststellungsbeschluß im Ergebnis keine allzu überzogenen Anforderungen stellen dürfen.

24 **d) Sonstige zwingende gesetzliche Vorgaben.** Weitere zwingend zu beachtende Vorgaben folgen aus dem Wasserrecht, dem Immissionsschutzrecht, dem Denkmalrecht und dem Baurecht (Bauplanungs- und Bauordnungsrecht). Für spezifische Anforderungen an Gashochdruckleitungen ist die GashochdruckVO einschlägig (zu weiteren zwingend zu beachtenden Vorgaben s. *Büdenbender et al.*, Energierecht I, Rn. 1468 ff.).

25 **3. Abwägungsgebot.** Nach § 43 2 sind bei der Planfeststellung die von dem Vorhaben berührten öffentlichen und privaten Belange abzuwägen. Das damit in Bezug genommene allgemeine planungsrechtliche **Abwägungsgebot** verlangt, daß die nach Lage der Dinge zu berücksichtigenden Belange zu ermitteln und in die Abwägung einzustellen sind. Die Belange dürfen nicht im Gegensatz zu ihrer objektiven Gewichtigkeit bewertet werden. Die Ausgleichsentscheidung zwischen den berührten privaten und öffentlichen Belangen darf nicht in einer Weise vorgenommen werden, die zur objektiven Gewichtigkeit der Belange außer Verhältnis steht (zur Übernahme der allgemeinen Grundsätze des Abwägungsgebotes in die fachplanungsrechtlichen Entscheidungen *BVerwG*, Buchholz 445.4 § 31 WHG Nr. 7; *Stüer*, Handbuch des Bau- und Fachplanungsrechts, 3. Aufl. 2005, Rn. 3954 ff.). Innerhalb dieser – einen Rahmen markierenden – Vorgaben verbleibt der Planfeststellungsbehörde ein erheblicher Spielraum, den sie zur Gestaltung nutzen kann. Dies bedeutet auch, daß ein privater Vorhabenträger **keinen** von der Abwägung unabhängigen **Anspruch** auf den Erlass eines Planfeststellungsbeschlusses hat (*Stüer*, Handbuch des Bau- und Fachplanungsrechts, 3. Aufl. 2005, Rn. 3955).

26 Abwägungsrelevant sind auf jeden Fall die z. T. erheblichen **Umweltauswirkungen** von Freileitungen. Sie verbrauchen Fläche (betonierte Mastsockel) und führen bei der überspannten Bodenfläche auf der gesamten Trassenbreite – also für 4 bis 10 ha je laufendem Kilometer – zu einem erheblichen Funktionsverlust (*Jarass/Apfelstedt/Obermair*, in: HdUVP, 4415 S. 20). Höchstspannungsleitungen führen bis zu einem Abstand von ca. 50 Metern zu einem erheblich erhöhten Zinkeintrag im Boden mit Werten, die den Richtwert von 300 ppm z. T. deutlich überschreiten (*Jarass/Apfelstedt/Obermair*, in: HdUVP, 4415, S. 20 m. w. N.). Bei Freileitungen der höchsten Spannungsebene kommt es, vor allem bei hoher Luftfeuchte und Temperatur, zu Korona-Entladungen, deren Folgen wiederum nicht unbeträchtliche Geräuschentwicklung (*Jarass/Apfelstedt/Obermair*, in: HdUVP, 4415, S. 21, nennen einen Geräuschpegel von 50 dB in einem Abstand von 50 Metern,

was den für Nachtstunden in Wohngebieten geltenden Höchstpegel von 35 dB deutlich überschreitet) und die Erzeugung von Oxidantien sind. Auch die Vogelwelt wird durch Freileitungen beeinträchtigt (durch die Gefahren der Elektrokution und des Aufpralls der Vögel gegen die Leitungen sowie durch die Entwertung von Biotopen; s. dazu *Jarass/Apfelstedt/Obermair*, in: HdUVP, 4415, S. 22). Eine mögliche Gesundheitsgefährdung durch die elektromagnetischen Wechselfelder, die in der Nähe von Freileitungen herrschen, wird seit längerem diskutiert (dazu näher *Jarass/Apfelstedt/Obermair*, in: HdUVP, 4415, S. 23 m. w. N.). Schließlich führt die zunehmende „Verdrahtung" der Landschaft durch Freileitungen auch zu einer Denaturierung des **Landschaftsbildes**.

Ist für ein Leitungsvorhaben ein Planfeststellungsverfahren durchzuführen, in dem die abschließende Entscheidung über Zulässigkeit und konkrete Gestalt der Anlage getroffen wird, so ist im Rahmen der dann erforderlichen planerischen Abwägung aller betroffenen Belange und Trassenalternativen auch über die Frage nach dem konkreten **Standort** der Energieanlage zu entscheiden (sofern – was möglich ist – keine diesbezüglichen zwingenden Vorgaben durch die Landes- oder Regionalplanung statuiert wurden, Rn. 19 f.). Im Gegensatz zu sonstigen, nicht fachplanungsbedürftigen Vorhaben fallen dann die Frage nach dem Standort und die abschließende Zulassung des Vorhabens in einem Verfahren zusammen. **Alternativtrassen** sind im Rahmen der Abwägung zu erwägen. Der Eigentümer eines zu Zwecken der öffentlichen Energieversorgung vorbelasteten Grundstücks hat indes keinen Anspruch auf eine abweichende Trassenfestsetzung, die aus seiner Sicht zu einer „gerechteren Lastenverteilung" führt. Vielmehr stellt es eine sachgerechte Auswahlentscheidung dar, wenn bei der Trassenwahl bereits in der Vergangenheit vorhandene Belastungen erneuert oder verstärkt und weitere Eingriffe in Natur und Landschaft auf diese Weise vermieden werden (*OVG Münster*, Urt. v. 9. 1. 2004 – 11 D 116/02, juris).

III. Zuständigkeit und Verfahren

1. Zuständigkeit. Die Bestimmung der für die Planfeststellung zuständigen Behörde obliegt dem **Landesrecht**. § 43 1 enthält insofern keine weiteren Vorgaben, also auch nicht hinsichtlich der zulässigen Handlungsform (Parlamentsgesetz oder Rechtsverordnung). In Hessen ergibt sich die Zuständigkeit etwa aus der Verordnung über Zuständigkeiten nach dem Energiewirtschaftsgesetz, in Schleswig-Holstein aus der Landesverordnung zur Bestimmung der zuständigen Behörden nach dem Energiewirtschaftsrecht. In Hamburg finden sich die einschlägigen Regelungen in der Anordnung zur Durchführung des Energiewirtschaftsgesetzes.

29 **2. Verfahren (§ 43 5 und 6).** Hinsichtlich des **Planfeststellungsverfahrens** erklärt § 43 5 ausdrücklich die §§ 72 bis 78 des Verwaltungsverfahrensgesetzes des Bundes „nach Maßgabe dieses Gesetzes" für anwendbar. Entsprechendes gilt nach § 43 6, soweit das Verfahren landesrechtlich durch ein Verwaltungsverfahrensgesetz geregelt ist. Regelungstechnisch werden dadurch die Vorschriften des §§ 43a bis 43e leges speciales gegenüber den einschlägigen landesrechtlichen Regelungen. Dies ist zulässig, es löst aber ein Zustimmungserfordernis nach Art. 84 I GG aus. Eingefügt wurde diese Regelung im Dezember 2006 durch Art. 7 des Gesetzes zur Beschleunigung von Planungsverfahren für Infrastrukturvorhaben (BGBl. I S. 2833). Zum Ablauf des Planfeststellungsverfahrens nach den §§ 72 ff. VwVfG und den speziellen Regelungen in § 43a bis § 43e wird auf die Kommentierungen dieser Spezialvorschriften verwiesen.

30 **3. Verhältnis von Planfeststellungsverfahren und UVP-Verfahren.** Zum **Verhältnis von Planfeststellungsverfahren und UVP-Verfahren** gilt Folgendes: Nach dem Regelungskonzept des UVPG wird eine UVP nicht als eigenständiges Verfahren durchgeführt, sondern in andere Verfahrensarten – hier das Planfeststellungsverfahren – integriert. Dies bedeutet, daß der Träger des Vorhabens in einem sog. Scoping-Termin (dazu näher *Hermes,* in: S/T, § 6, Rn. 35) von der zuständigen Behörde über deren voraussichtlichen Untersuchungsrahmen sowie Umfang und Inhalt der Unterlagen informiert wird, die er der Behörde nach § 6 UVPG zu übermitteln hat (*Hermes,* in: S/T, § 6, Rn. 36). Im Verfahren sind nationale und internationale Behörden und die Öffentlichkeit zu beteiligen (*Hermes,* in: S/T, § 6, Rn. 37f.). Auf dieser Basis wird eine Darstellung der Auswirkungen auf die Schutzgüter des § 2 I 2 UVPG erarbeitet. Abgeschlossen wird das Verfahren gem. § 12 UVPG mit einer Bewertung der Umweltauswirkungen des Vorhabens (*Hermes,* in: S/T, § 6, Rn. 39). Diese **Risikobewertung nach § 12 UVPG** ist Angelegenheit der Planfeststellungsbehörde im Rahmen ihrer abschließenden Entscheidung über den Erlaß und ggf. den Inhalt des Planfeststellungsbeschlusses. Als „Trägerverfahren" für die UVP kommt das Planfeststellungsverfahren vor allem wegen des **Abwägungsgebotes** in Betracht (dazu genauer oben Rn. 25 ff.), das auf einen schonenden Ausgleich der unterschiedlichen, vielfach konfligierenden öffentlichen und privaten Interessen zielt (dazu allg. *Steinberg/Berg/Wickel,* Fachplanung, S. 107).

IV. Rechtsschutz des Vorhabenträgers

Dem weiten planerischen Gestaltungsermessen entsprechend, das den zuständigen Behörden bei der Planfeststellung und Plangenehmigung zukommt (s. o., Rn. 25), ist ein **Anspruch eines Vorhabenträgers** auf eine stattgebende Entscheidung nicht anzuerkennen. Einer darauf gerichteten Klage eines Vorhabenträgers würde bereits deshalb die Klagebefugnis fehlen. In Betracht kommt daher lediglich eine **Bescheidungsklage** (a. A. *Büdenbender,* EnWG, § 11a, Rn. 56, der – allerdings ohne das Planungsermessen zu berücksichtigen – eine Verpflichtungsklage annimmt). Zum Rechtsschutz Dritter s. § 43 e. 31

§ 43a Anhörungsverfahren

Für das Anhörungsverfahren gilt § 73 des Verwaltungsverfahrensgesetzes mit folgenden Maßgaben:
1. **Die Auslegung nach § 73 Abs. 2 des Verwaltungsverfahrensgesetzes erfolgt in den Gemeinden, in denen sich das Vorhaben voraussichtlich auswirkt, innerhalb von zwei Wochen nach Zugang des Plans.**
2. **Die Anhörungsbehörde benachrichtigt innerhalb der Frist des § 73 Abs. 2 des Verwaltungsverfahrensgesetzes auch die nach § 59 des Bundesnaturschutzgesetzes oder nach landesrechtlichen Vorschriften im Rahmen des § 60 des Bundesnaturschutzgesetzes anerkannten Vereine sowie sonstige Vereinigungen, soweit diese sich für den Umweltschutz einsetzen und nach in anderen gesetzlichen Vorschriften zur Einlegung von Rechtsbehelfen in Umweltangelegenheiten vorgesehenen Verfahren anerkannt sind, (Vereinigungen) von der Auslegung des Plans und gibt ihnen Gelegenheit zur Stellungnahme. Die Benachrichtigung erfolgt durch die ortsübliche Bekanntmachung der Auslegung nach § 73 Abs. 5 Satz 1 des Verwaltungsverfahrensgesetzes in den Gemeinden nach Nummer 1. Unbeschadet davon bleibt die Beteiligung anderer Vereinigungen nach den allgemeinen Vorschriften.**
3. **Für Vereinigungen gilt § 73 Abs. 4 des Verwaltungsverfahrensgesetzes entsprechend. § 73 Abs. 6 des Verwaltungsverfahrensgesetzes gilt für Vereinigungen entsprechend, wenn sie fristgerecht Stellung genommen haben. Sie sind von dem Erörterungstermin zu benachrichtigen.**
4. **Nicht ortsansässige Betroffene, deren Person und Aufenthalt bekannt sind, sollen auf Veranlassung der Anhörungsbehörde**

§ 43a Teil 5. Planfeststellung, Wegenutzung

von der Auslegung in der Gemeinde mit dem Hinweis nach § 73 Abs. 5 Satz 2 des Verwaltungsverfahrensgesetzes benachrichtigt werden.

5. Die Anhörungsbehörde kann auf eine Erörterung verzichten. Findet eine Erörterung statt, so hat die Anhörungsbehörde die Erörterung innerhalb von drei Monaten nach Ablauf der Einwendungsfrist abzuschließen. Die Anhörungsbehörde gibt ihre Stellungnahme innerhalb eines Monats nach Abschluss der Erörterung ab und leitet sie innerhalb dieser Frist mit dem Plan, den Stellungnahmen der Behörden, den Stellungnahmen der Vereinigungen und den nicht erledigten Einwendungen der Planfeststellungsbehörde zu. Findet keine Erörterung statt, so hat die Anhörungsbehörde ihre Stellungnahme innerhalb von sechs Wochen nach Ablauf der Einwendungsfrist abzugeben und zusammen mit den sonstigen in Satz 2 aufgeführten Unterlagen der Planfeststellungsbehörde zuzuleiten.

6. Soll ein ausgelegter Plan geändert werden, so sind auch Vereinigungen entsprechend § 73 Abs. 8 Satz 1 des Verwaltungsverfahrensgesetzes zu beteiligen. Für Vereinigungen, die sich nicht in der sich aus Nummer 3 in Verbindung mit § 73 Abs. 4 Satz 1 des Verwaltungsverfahrensgesetzes ergebenden Frist geäußert haben, und im Falle des § 73 Abs. 8 Satz 2 des Verwaltungsverfahrensgesetzes erfolgt die Benachrichtigung von der Planänderung und der Frist zur Stellungnahme in entsprechender Anwendung der Nummer 2 Satz 2. Im Regelfall kann von der Erörterung im Sinne des § 73 Abs. 6 des Verwaltungsverfahrensgesetzes und des § 9 Abs. 1 Satz 3 des Gesetzes über die Umweltverträglichkeitsprüfung abgesehen werden.

7. Einwendungen gegen den Plan oder – im Falle des § 73 Abs. 8 des Verwaltungsverfahrensgesetzes – dessen Änderung sind nach Ablauf der Einwendungsfrist ausgeschlossen. Einwendungen und Stellungnahmen der Vereinigungen sind nach Ablauf der Äußerungsfrist nach den Nummern 3 und 6 ausgeschlossen. Auf die Rechtsfolgen der Sätze 1 und 2 ist in der Bekanntmachung der Auslegung oder bei der Bekanntgabe der Einwendungs- oder Stellungnahmefrist sowie in der Benachrichtigung der Vereinigungen hinzuweisen. Abweichend von § 73 Abs. 3a Satz 2 des Verwaltungsverfahrensgesetzes können Stellungnahmen der Behörden, die nach Ablauf der Frist des § 73 Abs. 3a Satz 1 des Verwaltungsverfahrensgesetzes eingehen, auch noch nach Fristablauf berücksichtigt werden; sie sind stets zu berücksichtigen, wenn später von einer Behörde vorgebrachte öffentliche Belange

der Planfeststellungsbehörde auch ohne ihr Vorbringen bekannt sind oder hätten bekannt sein müssen oder für die Rechtmäßigkeit der Entscheidung von Bedeutung sind.

Literatur: Vgl. dazu die Hinweise zu § 43.

Übersicht

	Rn.
A. Allgemeines	1
B. Ablauf des Anhörungsverfahrens (§ 43 a Nr. 1–5)	3
C. Planänderungen (§ 43 a Nr. 6)	13
D. Präklusion (§ 43 a Nr. 7)	15

A. Allgemeines

§ 43 a wurde im Dezember 2006 durch Art. 7 des Gesetzes zur Beschleunigung von Planungsverfahren für Infrastrukturvorhaben (BGBl. I S. 2833) in das EnWG eingefügt. Die Vorschrift gilt seit dem 17. 12. 2006. Ihr Regelungsansatz besteht in einem Verweis auf § 73 VwVfG für den Ablauf des Anhörungsverfahrens. Ergänzt wird dieser Verweis durch einige **Spezialregelungen,** die zum Teil auf die (weitere) **Verfahrensbeschleunigung** abzielen (s. dazu den Regierungsentwurf, BR-Drucks. 363/05, gemäß Koalitionsvereinbarung wieder eingebracht mit BT-Drucks. 16/54 vom 4. 11. 2005; sowie den Bundesratsentwurf, BR-Drucks. 94/06), zum Teil aber auch erweiterte Beteiligungsrechte vorsehen (§ 43 a Nr. 2). § 43 hatte in seiner bis zum 16. 12. 2006 geltenden Fassung bereits eine Fristregelung für den Abschluß des Erörterungsverfahrens vorgesehen (§ 43 II EnWG 2005). Die nunmehr geltende Regelung des § 43 a setzt an allen Verfahrensschritten des Anhörungsverfahrens an und verfolgt das Beschleunigungsziel damit erheblich entschlossener als ihre Vorgängerin. Sie fügt sich damit ein in eine seit den 1990er Jahren zu beobachtende allgemeine Tendenz, mit dem Hinweis auf überlange Verwaltungsverfahren und daraus resultierende „Standortnachteile" Verfahrensrecht abzubauen oder es über großzügige Verfahrensfehlerfolgeregime zu entwerten (s. dazu den Überblick bei *Cancik*, DÖV 2007, 107, m. w. N.).

Diese weitere **Verfahrensbeschleunigung** ist unter verwaltungswissenschaftlichen Gesichtspunkten mit dem Hinweis **kritisiert** worden, daß es an Empirie fehle, die die Verfahrensbeschleunigung belege (*Cancik,* DÖV 2007, 107, 113). Das Hauptproblem solcher Beschleunigungsregelungen liegt aber eher auf einer anderen Ebene. Materielles Recht wie das in § 43 2 normierte **Abwägungsgebot,** das eine komplexe Abwägungsaufgabe formuliert, **bedarf einer verfahrensrechtlichen Einbettung, die der Komplexität des abzuarbeitenden Normprogramms angemessen** ist. Weil Verwaltung kein „isolierter Vollzugsmechanismus" (*Schmidt-Aßmann,* Verwaltungsorganisationsrecht als Steuerungsressource, in: Schmidt-Aßmann/Hoffmann-Riem (Hrsg.), Verwaltungsorganisationsrecht als Steuerungsressource, 1997, S. 26) ist und weil eine moderne Gesetzesanwendungslehre den Gedanken der kontextabhängigen Gesetzeskonkretisierung in den Vordergrund rücken muß (*Schmidt-Aßmann,* Zur Reform des Allgemeinen Verwaltungsrechts – Reformbedarf und Reformansätze, in: Schmidt-Aßmann/Hoffmann-Riem/Schuppert (Hrsg.), Reform des Verwaltungsrechts, Grundfragen, 1993, S. 49), erlangen die „Rahmenbedingungen" des jeweiligen Konkretisierungsprozesses erhebliche Bedeutung. Dazu gehört (neben den Vorschriften des Organisationsrechts) vor allem auch das Verfahrensrecht (*Schmidt-Aßmann,* Zur Reform des Allgemeinen Verwaltungsrechts – Reformbedarf und Reformansätze, in: Schmidt-Aßmann/Hoffmann-Riem/Schuppert (Hrsg.), Reform des Verwaltungsrechts, Grundfragen, 1993, S. 50). Materielles Recht und Verfahrensrecht müssen „aufeinander bezogene und miteinander harmonierende Antworten auf die Regelungsprobleme und Konflikte des jeweiligen Sachgebietes geben" (*Wahl,* Neues Verfahrensrecht für Planfeststellung und Anlagengenehmigung – Vereinheitlichung des Genehmigungsverfahrens oder bereichsspezifische Sonderordnung?, in: Blümel/Pitschas (Hrsg.), Reform des Verwaltungsverfahrensrechts, 1994, S. 83, 86 f.). Ein prinzipieller Nachrang des Verfahrensrechts gegenüber dem materiellen Recht oder sein nahezu beliebiger **beschleunigungsbedingter Abbau wird diesem notwendigen „Eigengewicht prozeduraler Steuerung" nicht gerecht** (*Schmidt-Aßmann,* Das Allgemeine Verwaltungsrecht als Ordnungsidee, 1998, S. 290).

B. Ablauf des Anhörungsverfahrens (§ 43 a Nr. 1–5)

3   Hinsichtlich des **Anhörungsverfahrens** erklärt § 43a ausdrücklich § 73 VwVfG für anwendbar. Das Anhörungsverfahren verfolgt allgemein den Zweck, den von dem Vorhaben Betroffenen einen (vorverlagerten) Rechtsschutz durch Verfahren zu gewährleisten, außerdem dient es dazu, die Planfeststellungsbehörde möglichst umfassend über den entscheidungserheblichen Sachverhalt zu unterrichten (*Kühling/Herrmann,* Fachplanungsrecht, Rn. 500).

4   Das Anhörungsverfahren erfüllt die Anforderungen an die **Öffentlichkeitsbeteiligung nach § 8 und 9 UVPG**. Hinsichtlich der inter-

nationalen Behördenbeteiligung wird es ergänzt durch § 9a UVPG. Zur Erhebung von Einwendungen gegen den Plan berechtigt sind nicht nur diejenigen Privaten, die durch das Vorhaben in subjektiven Rechten verletzt werden.

Das **Anhörungsverfahren** beginnt mit dem Einreichen des Plans durch den Vorhabenträger. § 73 I VwVfG normiert die Anforderungen an den Plan: Er muß aus Zeichnungen und Erläuterungen bestehen, die das Vorhaben und seinen Anlass erkennen lassen. Er muß auch eine Aufstellung der betroffenen Grundstücke enthalten. Eine Ergänzung des § 73 I VwVfG ergibt sich durch die §§ 5 (vorgelagertes Scoping) und 6 (vorzulegende Unterlagen) UVPG (dazu § 43, Rn. 30).

Wenn der Vorhabenträger den Plan gemäß § 73 I 1 VwVfG bei der Anhörungsbehörde eingereicht hat, holt diese nach § 73 II VwVfG die **Stellungnahmen der Behörden** ein, deren Aufgabenbereich durch das Vorhaben berührt wird, und veranlaßt gleichzeitig die **Planauslegung** in den **Gemeinden,** in denen sich das Vorhaben voraussichtlich auswirkt. § 43a Nr. 1 statuiert in diesem Zusammenhang die **Fristregelung,** daß die Auslegung in den betroffenen Gemeinden binnen zwei Wochen nach Zugang des Plans zu erfolgen hat. Die öffentliche Auslegung der Pläne ist nach § 73 III 1 VwVfG auf einen Monat begrenzt.

Neu ist die in § 43a Nr. 2 erstmals ausdrücklich statuierte **Benachrichtigung der anerkannten Naturschutzvereine sowie sonstiger Vereine, die sich für den Umweltschutz einsetzen und denen ein Verbandsklagerecht nach anderen gesetzlichen Regelungen zukommt** (legal definiert als „Vereinigungen"), sowie das diesen zukommende Recht zur Stellungnahme. Die Benachrichtigung dieser Vereinigungen erfolgt durch die ortsübliche Bekanntmachung nach § 73 V 1 VwVfG in den Auslegungsgemeinden. Ihnen kommt ferner gem. § 43 Nr. 3 das Einwendungsrecht zu (§ 74 IV VwVfG). Wenn sie fristgerecht Stellung genommen haben, werden ihre fristgerecht erhobenen Einwendungen Gegenstand des Erörterungstermins, von dem sie zu benachrichtigen sind (§ 43 Nr. 3). Diese Regelungen gehen ebenfalls auf die Neuregelung durch das Gesetz zur Beschleunigung von Planungsverfahren für Infrastrukturvorhaben (BGBl. I S. 2833) zurück. Sie wurden im Gesetzgebungsverfahren als „Kernelemente" der Novelle 2006 bezeichnet (BT-Drucks. 16/54, S. 24), die der Transparenz und Berechenbarkeit des Entscheidungsprozesses dienen, indem sie Einbeziehung der interessierten Öffentlichkeit zu einem Zeitpunkt ermöglichen, zu dem noch „alle Optionen offen stehen" (BT-Drucks. 16/54, S. 24). Daß Beteiligungsrechte zu einem Zeitpunkt bestehen müssen, zu dem über das Vorhaben bereits abschließend entschieden ist, müßte eigentlich selbstverständlich sein und keiner besonderen Hervorhebung bedürfen.

8 § 43 a Nr. 3 statuiert die entsprechende Geltung des § 73 IV VwVfG für Vereinigungen i. S. d. § 43 a Nr. 2. Sie sind demnach berechtigt, bis zwei Wochen nach Ende der Auslegungsfrist schriftlich oder zur Niederschrift **Einwendungen** gegen den Plan bei der Anhörungsbehörde oder der Auslegungsgemeinde zu erheben. Die entsprechende Geltung des § 73 VI VwVfG bedeutet vor allem, daß deren Einwendungen zum Gegenstand der Erörterung zu machen sind, sowie die Geltung der dort getroffenen Regelungen über die Benachrichtigung vom Erörterungstermin.

9 Die in § 43 a **Nr. 4 getroffene Regelung über die Benachrichtigung nicht ortsansässiger Betroffener, deren Person und Aufenthalt bekannt ist, ist überflüssig,** soweit sich das Erörterungsverfahren nach dem Verwaltungsverfahrensgesetz des Bundes richtet, denn ein identische Regelung findet sich in § 73 V 3 VwVfG, außerdem, soweit ein anwendbares Landesverwaltungsverfahrensgesetz (§ 43, Rn. 29) eine § 73 V 3 VwVfG entsprechende Regelung enthält. Sie ist insofern ein Beispiel für eine gesetzgeberische Fehlleistung.

10 Das „Herzstück" (*Stüer/Probstfeld,* DÖV 2000, 701, 704) des Planfeststellungsverfahrens ist der **Erörterungstermin.** Dieser dient als Gelegenheit, um – wie sich das Verwaltungsverfahrensgesetz ausdrückt – Einwendungen zu „erledigen", indem bei einzelnen Einwendungen eine einverständliche Lösung herbeigeführt wird. Dadurch reduziert sich der streitige Sachverhalt, der später noch von der Planfeststellungsbehörde verarbeitet werden muß. Zum anderen dient der Erörterungstermin im Rahmen der Verfahrensstufung als Grundlage der Stellungnahme, die die Anhörungsbehörde mit dem Plan, den nicht erledigten Einwendungen und den Behördenstellungnahmen der Planfeststellungsbehörde am Ende des Anhörungsverfahrens zukommen läßt. Die Darstellung der Umweltauswirkungen des Vorhabens nach § 11 I UVPG ist von der Anhörungsbehörde zu fertigen. Die Stellungnahme der Anhörungsbehörde ist das Produkt der gesamten Beschäftigung der Anhörungsbehörde mit dem Vorhaben im Rahmen des Anhörungsverfahrens. Sie ist also das Produkt der Abschätzung des Gewichts der erhobenen Einwendungen. In diesem Sinne ist die Stellungnahme auch vom Gesetz funktional im Rahmen der Verfahrensstufung eingesetzt, da sie Teil des Entscheidungsstoffes wird (§ 73 IX VwVfG), auf dessen Grundlage die Planfeststellungsbehörde ihre Entscheidung zu treffen hat (§ 73 IX VwVfG; zum Erörterungstermin siehe auch *Pöcker,* Die Rechtsfolgen der Einlegung von Widerspruch und Anfechtungsklage, 2001, S. 170 f.).

Vor diesem Hintergrund stellt sich die in § 43 a Nr. 5 neu vorgesehene und gesetzlich nicht weiter eingeengte **Ermessensentscheidung der Anhörungsbehörde, auf eine Erörterung zu verzichten,** als problematisch dar. Man mag in dieser dem Beschleunigungsgedanken geschuldeten neuen Regelung einen Kommunikationsabbau oder eine „Re-Arkanisierung" des Verwaltungshandelns sehen (*Cancik,* DÖV 2007, 107). Das eigentliche praktische Problem der Verzichtsentscheidung liegt jedoch in einem anderen Aspekt: Indem das Anhörungsverfahren – und damit auch der Erörterungstermin – dazu dient, den entscheidungserheblichen Sachverhalt möglichst umfassend zu ermitteln und die Planfeststellungsbehörde darüber zu unterrichten (*Kühling/ Herrmann,* Fachplanungsrecht, Rn. 500), dient es auch und vor allem der Einhaltung des rechtsstaatlich gebotenen materiell-rechtlichen Abwägungsgebotes (§ 43, Rn. 25). Zu dem Zeitpunkt, zu dem das Gesetz es nunmehr erlaubt, auf den Erörterungstermin zu verzichten, ist aber noch nicht notwendigerweise klar, was zum entscheidungserheblichen Sachverhalt gehört und wie die betroffenen Belange im einzelnen zu gewichten sein werden. Hier ergeben sich Prognoseunsicherheiten, die oft erst im Erörterungstermin ausgeräumt werden können. Insofern bedeutet der **Verzicht auf den Erörterungstermin** immer auch das **Risiko einer abwägungsfehlerhaften und damit rechtswidrigen Entscheidung.** Man wird diesem Problem nur dadurch im Sinne rechtsstaatlicher Mindestanforderungen an eine planerische Abwägungsentscheidung begegnen können, daß man für den **Regelfall eine Pflicht zur Durchführung des Erörterungstermins** annimmt, von der nur dann ausnahmsweise abgewichen werden darf, wenn im Ausnahmefall tatsächlich einmal abzusehen sein sollte, daß ein Erörterungstermin seinen Zweck verfehlen würde. Die Annahme eines solchen Ausnahmefalls ist entsprechend zu **begründen.** Den Weg der Gesetzesbegründung, auf eher zweifelhafte „effizientere" Formen der Konfliktbereinigung zu hoffen („frühzeitige, unter der Regie des Vorhabenträgers erfolgende Diskussion des Vorhabens mit der betroffenen Öffentlichkeit", BR-Drucks. 94/06, S. 34), muß man auf diese Weise nicht gehen. Nur so bleibt es im Übrigen noch möglich, die Planfeststellung von der Plangenehmigung, die ebenfalls ohne Erörterungstermin ergeht, aber dieselben Rechtsfolgen wie die Planfeststellung aufweisen soll (dazu näher § 43 b, Rn. 12), sinnvoll abzugrenzen.

Die weiteren Regelungen des § 43 Nr. 5 betreffen **Fristen,** die von der Anhörungsbehörde einzuhalten sind. Die erste dieser Regelungen – daß die Erörterung innerhalb von drei Monaten nach Ablauf der Einwendungsfrist abzuschließen ist – war bereits in § 43 EnWG 2005 vorgesehen. Alle weiteren Fristen wurden mit Art. 7 des Gesetzes zur Beschleunigung von Planungsverfahren für Infrastrukturvorhaben (BGBl. I S. 2833) in das EnWG eingefügt. Sie dienen der Verfahrensbeschleunigung.

C. Planänderungen (§ 43 a Nr. 6)

13 § 43 a Nr. 6 betrifft **Planänderungen und die Beteiligung von Vereinigungen im Sinne des § 43 a Nr. 2.** Planänderungen unterfallen ebenfalls dem Planfeststellungsvorbehalt (§ 43, Rn. 13). § 43 a Nr. 6 1 trifft die Grundregel, daß Vereinigungen (dazu oben Rn. 7) entsprechend § 73 VIII 1 VwVfG zu beteiligen sind, d. h. die Planänderungsabsicht ist ihnen dann mitzuteilen, wenn die von ihnen geltend gemachten Umweltbelange durch die Änderung erstmalig oder stärker als bisher berührt sind. Die Äußerungsfrist beträgt zwei Wochen (§ 73 VIII 1 VwVfG). § 43 a 2 betrifft den Fall, daß sich Vereinigungen nicht binnen zwei Wochen nach Ende der Auslegungsfrist (§ 73 IV 1 VwVfG) zum ursprünglichen Plan geäußert haben, sowie den Fall, daß sich die Änderung auf das Gebiet einer anderen Gemeinde auswirkt (§ 73 VIII 2 VwVfG). In beiden Fällen erfolgt die Benachrichtigung von der Planänderung und der Frist zur Stellungnahme nach § 43 a Nr. 2 2, also (nur) durch ortsübliche Bekanntmachung.

14 § 43 a Nr. 6 3 sieht vor, daß bei **Planänderungen im Regelfall von einer Erörterung abzusehen ist.** Auch insoweit zeigt sich der deutliche Beschleunigungswille des Gesetzgebers. Gegen diese Regelung sind mutatis mutandis **dieselben Bedenken wie oben zu Nr. 5 1 vorzubringen** (Rn. 11): Auch Planänderungen sind nicht sozusagen „von Hause aus" so wenig komplex, daß die jeweils betroffenen abwägungsrelevanten Belange zum Zeitpunkt der Verzichtsentscheidung schon klar abzusehen und zu bewerten sind. Planänderungen mögen häufig weniger komplex als Planfeststellungen sein, weil sie typischerweise auf einen bereits vorhandenen Plan bezogen sind und diesen lediglich modifizieren. Dies ist aber nicht notwendigerweise und stets der Fall. Insofern hätte das adäquate Regelungsmuster darin bestanden, den Verzicht auf die Erörterung von Voraussetzungen abhängig zu machen, die diesen Besonderheiten Rechnung tragen, und die Entscheidung über den Verzicht ansonsten in das Ermessen zu stellen. Das gewählte Regelungsmuster, nach dem die Erörterung **regelmäßig** entfällt, führt hingegen dazu, daß die Durchführung der Erörterung gesondert geprüft und begründet werden muß, während dies für den Verzicht nicht gilt. De lege lata kann man dieses Problem wohl nur so auflösen, daß man die Entscheidung über den Verzicht auf die Erörterung als Verfahrensentscheidung auch hier auf das materiell-rechtliche und rechtsstaatlich gebotene Abwägungsgebot (§ 43, Rn. 25 ff.) rückbezieht, auf dessen Einhaltung der Erörterungstermin zielt (dazu oben Rn. 11). Daraus ergibt sich dann, daß **immer dann, wenn die Planänderung eine neue Abwägung wahrscheinlich erscheinen läßt, auch ein Erörterungstermin durchzuführen ist.**

D. Präklusion (§ 43 a Nr. 7)

§ 43 a Nr. 7 enthält eine Regelung der materiellen Präklusion von Einwendungen Betroffener und von Stellungnahmen von Vereinigungen (zum Begriff oben Rn. 7), wenn diese nach Ablauf der Einwendungsfrist oder der Äußerungsfrist eingehen. Daß mit § 43 a Nr. 7 eine Regelung der **materiellen Präklusion** getroffen ist (und nicht lediglich der formellen), ergibt sich aus dem Verhältnis der Vorschrift zu § 73 IV 2 VwVfG. Diese Vorschrift, der gegenüber § 43 a Nr. 7 speziell ist, stellt eine Regelung der materiellen Präklusion dar (*Bonk,* in: Stelkens/Bonk/Sachs, VwVfG, 6. Aufl., 2001, § 73, Rn. 77). Ausgeschlossen sind Einwendungen und Äußerungen also nicht nur von der weiteren Berücksichtigung im Verwaltungsverfahren. Auch verwaltungsgerichtliche Rechtsbehelfe können nicht auf derart präkludierte Einwendungen gestützt werden. Daß derartige Regelungen mit Art. 19 IV GG vereinbar sind, ist inzwischen geklärt (*Bonk,* in: Stelkens/Bonk/Sachs, VwVfG, 6. Aufl., 2001, § 73, Rn. 79 m. w. N.). Regelungen der materiellen Präklusion führen dazu, daß den Betroffenen eine **erhöhte Mitwirkungslast** auferlegt wird (*Bonk,* in: Stelkens/Bonk/Sachs, VwVfG, 6. Aufl., 2001, § 73, Rn. 79).

Auf die Rechtsfolge der materiellen Präklusion ist in der Bekanntmachung der Auslegung oder bei der Bekanntgabe der Einwendungs- und Stellungnahmefrist sowie in der Benachrichtigung der Vereinigungen **hinzuweisen** (§ 43 a Nr. 7 3). Dieser ordnungsgemäße Hinweis ist **Voraussetzung für das Eingreifen der Präklusion** (so zu § 73 IV 2 VwVfG *Bonk,* in: Stelkens/Bonk/Sachs, VwVfG, 6. Aufl., 2001, § 73, Rn. 83).

Ausnahmen von der materiellen Präklusion regelt § 43 a Nr. 7 4 für **Behördenstellungnahmen.** Nach dem letzten Halbsatz der Vorschrift soll insofern eine zwingende Ausnahme greifen („sie sind stets zu berücksichtigen"). § 73 III a 2 VwVfG sieht ebenfalls eine zwingende Durchbrechung der materiellen Präklusion bei denselben Voraussetzungen (Planfeststellungsbehörde kennt das Vorbringen oder hätte es kennen müssen, Relevanz für die Rechtmäßigkeit der Entscheidung) vor, die § 43 a Nr. 7 4 letzter Halbsatz auch nennt. **Damit ist § 43 a Nr. 7 4 letzter Hs. überflüssig.** Welchen Sinn das jenseits dieser zwingenden Durchbrechung der materiellen Präklusion nunmehr in Satz 4 erster Halbsatz eingeräumte **Ermessen** hat, verspätete Behördenstellungnahmen zu berücksichtigen, bleibt dunkel: Entweder ist eine Behördenstellungnahme für die materielle Rechtmäßigkeit der zu treffenden Abwägungsentscheidung relevant, weil sie z. B. abwägungsrelevante Sachverhaltsinformation enthält, dann muß sie nach § 73 III a 2 VwVfG berücksichtigt werden, oder sie ist es nicht, dann besteht auch kein Anlaß, diese Stellungnahme zu berücksichtigen.

§ 43 b Planfeststellungsbeschluss, Plangenehmigung

Für Planfeststellungsbeschluss und Plangenehmigung gilt § 74 des Verwaltungsverfahrensgesetzes mit folgenden Maßgaben:
1. Bei Planfeststellungen für Vorhaben im Sinne des § 43 Satz 1 werden für ein bis zum 31. Dezember 2010 beantragtes Vorhaben für die Errichtung und den Betrieb sowie die Änderung von Hochspannungsfreileitungen oder Gasversorgungsleitungen, das der im Hinblick auf die Gewährleistung der Versorgungssicherheit dringlichen Verhinderung oder Beseitigung längerfristiger Übertragungs-, Transport-, oder Verteilungsengpässe dient, die Öffentlichkeit einschließlich der Vereinigungen im Sinne von § 43 a Nr. 2 ausschließlich entsprechend § 9 Abs. 3 Satz 1 des Gesetzes über die Umweltverträglichkeitsprüfung mit der Maßgabe einbezogen, dass die Gelegenheit zur Äußerung einschließlich Einwendungen und Stellungnahmen innerhalb eines Monats nach der Einreichung des vollständigen Plans für eine Frist von sechs Wochen zu gewähren ist. Nach dieser Frist eingehende Äußerungen, Einwendungen und Stellungnahmen sind ausgeschlossen. Hierauf ist in der Bekanntmachung des Vorhabens hinzuweisen. § 43 a Nr. 4 und 5 Satz 2 gilt entsprechend. Für die Stellungnahmen der Behörden gilt § 43 a Nr. 7 Satz 4.
2. Abweichend von Nummer 1 und § 43 Satz 1 und 3 ist für ein Vorhaben, für das nach dem Gesetz über die Umweltverträglichkeitsprüfung eine Umweltverträglichkeitsprüfung nicht durchzuführen ist, auf Antrag des Trägers des Vorhabens, an Stelle des Planfeststellungsbeschlusses eine Plangenehmigung zu erteilen. Ergänzend zu § 74 Abs. 6 Satz 1 Nr. 1 des Verwaltungsverfahrensgesetzes kann eine Plangenehmigung auch dann erteilt werden, wenn Rechte anderer nur unwesentlich beeinträchtigt werden.
3. Die Plangenehmigung hat die Rechtswirkungen der Planfeststellung.

4. **Verfahren zur Planfeststellung oder Plangenehmigung bei Vorhaben, deren Auswirkungen über das Gebiet eines Landes hinausgehen, sind zwischen den zuständigen Behörden der beteiligten Länder abzustimmen.**
5. **Planfeststellungsbeschluss und Plangenehmigung sind dem Träger des Vorhabens, den Vereinigungen, über deren Einwendungen und Stellungnahmen entschieden worden ist, und denjenigen, über deren Einwendungen entschieden worden ist, mit Rechtsbehelfsbelehrung zuzustellen.**

Literatur: Vgl. dazu die Hinweise zu § 43.

Übersicht

	Rn.
A. Allgemeines	1
B. Sonderregelungen für das Planfeststellungsverfahren (§ 43 b Nr. 1)	2
C. Plangenehmigung (§ 43 b Nr. 2 und Nr. 3)	7
I. Allgemeines	7
II. Materielle Anforderungen	8
III. Zuständigkeit und Verfahren	9
IV. Rechtswirkungen der Plangenehmigung (§ 43 b Nr. 3)	12
D. Verzicht auf Planfeststellung und Plangenehmigung	16
I. Fälle von unwesentlicher Bedeutung	16
II. Verzichtsentscheidung	17
E. Abstimmungspflicht (§ 43 b Nr. 4)	19
F. Zustellung (§ 43 b Nr. 5)	20

A. Allgemeines

§ 43 b wurde im Dezember 2006 durch Art. 7 des Gesetzes zur Beschleunigung von Planungsverfahren für Infrastrukturvorhaben (BGBl. I S. 2833) in das EnWG eingeführt. Die Vorschrift gilt seit dem 17. 12. 2006. Sie dient – wie die meisten anderen durch dieses Gesetz geschaffenen Regelungen – der (weiteren) Verfahrensbeschleunigung (s. dazu den Regierungsentwurf, BR-Drucks. 363/05, gemäß Koalitionsvereinbarung wieder eingebracht mit BT-Drucks. 16/54 vom 4. 11. 2005; sowie den Bundesratsentwurf, BR-Drucks. 94/06). Ihre **wesentlichen Regelungsbestandteile** sollen ausweislich des Wortlauts der Vorschrift als gegenüber § 74 VwVfG spezielle Vorgaben zu verstehen sein: Während § 43 b Nr. 1 Sonderregeln für das Planfeststellungsverfahren (also keine lex specialis zu § 74 VwVfG, sondern eine zu § 73 VwVfG) trifft,

§ 43b 2–4   Teil 5. Planfeststellung, Wegenutzung

wenn bestimmte Voraussetzungen erfüllt sind, regelt § 43 b Nr. 2, wann statt eines Planfeststellungsbeschlusses eine Plangenehmigung ergeht, der § 43 b Nr. 3 dann dieselben Rechtswirkungen zuspricht wie dem Planfeststellungsbeschluß. § 43 b Nr. 4 schließlich betrifft Abstimmungspflichten bei Vorhaben, deren Auswirkungen über das Gebiet eines Bundeslandes hinausgehen. Insgesamt liegen die Regelungsinhalte des § 43 b also auf sehr unterschiedlichen Ebenen; sie sind daher kaum systematisierbar.

B. Sonderregelungen für das Planfeststellungsverfahren (§ 43 b Nr. 1)

2   § 43 b Nr. 1 trifft die Regelung, daß für Planfeststellungen im Sinne von § 43, die bis zum 31. 12. 2010 beantragt werden und die der im Hinblick auf die Gewährleistung der Versorgungssicherheit dringlichen Verhinderung oder Beseitigung längerfristiger Übertragungs-, Transport-, oder Verteilungsengpässe dienen, **die Öffentlichkeit** einschließlich der Vereinigungen im Sinne von § 43 a Nr. 2 **ausschließlich** – also ohne den für das Planfeststellungsverfahren kaum entbehrlichen (oben Rn. 11) Erörterungstermin – **entsprechend § 9 III 1 UVPG** mit der Maßgabe **einbezogen wird,** daß die Gelegenheit zur Äußerung einschließlich Einwendungen und Stellungnahmen innerhalb eines Monats nach der Einreichung des vollständigen Plans für eine Frist von sechs Wochen zu gewähren ist.

3   Mit dem Verweis auf die entsprechende Anwendung des § 9 III UVPG wird die **Öffentlichkeitsbeteiligung im Planfeststellungsverfahren** bei den genannten Vorhaben auf das nach Maßgabe der UVP-Änderungsrichtlinie des Rates vom 3. 3. 1997 (RL 97/11/EG) **europarechtlich gebotene Minimum reduziert.** Nach der entsprechenden Anwendung dieser Vorschrift wird die Öffentlichkeit hier nur noch dadurch beteiligt, daß das Vorhaben (mit Angaben entsprechend § 9 I a UVPG, also vor allem dem eingereichten Plan) öffentlich bekannt gemacht wird, daß die erforderlichen Unterlagen während eines angemessenen Zeitraumes eingesehen werden können, daß der betroffenen Öffentlichkeit Gelegenheit zur Äußerung gegeben wird, und daß die Öffentlichkeit über die Entscheidung unterrichtet und der Inhalt der Entscheidung mit Begründung und einer Information über Rechtsbehelfe der Öffentlichkeit zugänglich gemacht wird. Namentlich findet also **kein Erörtertungstermin** statt.

4   Dem Erörtertungstermin kommt im Planfeststellungsverfahren jedoch eine integrale Funktion zu. Diese besteht vor allem in der Erledi-

Planfeststellungsbeschluss, Plangenehmigung 5, 6 § 43 b

gung von Einwendungen und in der Sicherung der Einhaltung des materiell-rechtlichen Abwägungsgebotes, da der Erörterungstermin der Aufbereitung des typischerweise komplexen Sachverhalts dient und die zutreffende Bewertung der betroffenen Belange vorbereitet (§ 43, Rn. 25; § 43 a, Rn. 10). Die Voraussetzungen, unter denen nach § 43 b Nr. 1 der Erörterungstermin durch die reduzierte Öffentlichkeitsbeteiligung nach § 9 II 1 UVPG ersetzt wird, indizieren jedoch keineswegs eine vorhabenspezifische Funktionslosigkeit des Erörterungstermins, sondern liegen auf einer völlig anderen Ebene. Insofern wird **durch § 43 b Nr. 1 eine normativ erhöhte Wahrscheinlichkeit der Verfehlung des Abwägungsgebotes und damit einer materiell rechtswidrigen Entscheidung geschaffen.** Insoweit gelten deshalb dieselben **verfassungsrechtlichen Bedenken,** die auch gegen eine Plangenehmigung mit enteignungsrechtlicher Vorwirkung zu erheben sind (dazu unten Rn. 14 f.).

Verstärkt wird diese Gefahr materiell rechtswidriger Entscheidung 5 wegen Verfehlung des Abwägungsgebotes durch die Regelung, nach der die **Äußerungsfrist** auf sechs Wochen festgelegt wird, und vor allem durch den unbedingten Einwendungsausschluß **(Präklusion)** nach § 43 b Nr. 1 2: Zwar ist hierauf in der Bekanntmachung des Vorhabens hinzuweisen, worin auch hier eine Voraussetzung der Eingreifens der Präklusion liegt (§ 43 a, Rn. 16). Jedoch **fehlt in § 43 b Nr. 1 eine Ausnahme von der Präklusionswirkung,** wie sie § 43 a Nr. 7 (dort Rn. 17) für den Fall vorsieht, daß die verspäteten Einwendungen oder Stellungnahmen für die Rechtmäßigkeit der Entscheidung relevant sind, daß sie bekannt sind oder sein müssten. Insofern wird die **Mitwirkungslast im Verhältnis zu § 43 a Nr. 7 nochmals erhöht.**

Um dieser Gefahr de lege lata im Dienste der rechtsstaatlich gebote- 6 nen Abwägung zu begegnen, bleibt nur der Weg, **die Voraussetzungen, unter denen nach § 43 b Nr. 1 der Erörterungstermin durch die Öffentlichkeitsbeteiligung nach § 9 III UVPG ersetzt wird, sehr restriktiv auszulegen.** Da diese Voraussetzungen ohnehin ein Prognoseelement enthalten, läßt sich dieses Erfordernis restriktiver Auslegung in dem erforderlichen Wahrscheinlichkeitsgrad verankern: Ein Vorhaben muß demnach mit sehr hoher Wahrscheinlichkeit der im Hinblick auf die Gewährleistung der Versorgungssicherheit dringlichen Verhinderung oder Beseitigung längerfristiger Übertragungs-, Transport-, oder Verteilungsengpässe dienen, um unter § 43 b Nr. 1 zu fallen.

C. Plangenehmigung
(§ 43 b Nr. 2 und Nr. 3)

I. Allgemeines

7 § 43b Nr. 2 sieht für die Fälle, in denen für ein an sich planfeststellungsbedürftiges Vorhaben keine UVP durchzuführen ist, die **Möglichkeit** vor, **auf Antrag** des Vorhabenträgers an Stelle eines Planfeststellungsbeschlusses eine **Plangenehmigung** zu erteilen (dazu unten Rn. 10). Hierin liegt eine erheblicher Unterschied zu § 43 EnWG 2005, der die Planfeststellungspflicht von Leitungsvorhaben an die Notwendigkeit der Durchführung einer UVP knüpfte und nach dem ein Plangenehmigungsverfahren durchzuführen war, wenn keine UVP-Pflicht bestand. Außerdem soll – ebenfalls im Unterschied zu § 43 EnWG 2005 – **nunmehr auch in Fällen unwesentlicher Beeinträchtigung der Rechte Dritter** (anders als nach § 74 VI 1 Nr. 1 VwVfG, der die Plangenehmigung von der fehlenden Beeinträchtigung der Rechte Dritter abhängig macht) die **Möglichkeit bestehen,** eine Plangenehmigung zu erlassen (dazu unten Rn. 11). Ergeht keine Plangenehmigung, stellt sich das Problem der **Verzichtsentscheidung** (unten Rn. 17 f.).

II. Materielle Anforderungen

8 Das **Abwägungserfordernis** des § 43 I 2 (§ 43, Rn. 11) gilt auch für Plangenehmigungen. Auch die zwingenden Vorschriften (§ 43, Rn. 19 ff.) gelten für planfeststellungsbedürftige ebenso wie für plangenehmigungsbedürftige Vorhaben. Daher ist auch der sachliche Prüfungsgehalt von Plangenehmigung und Planfeststellung nach § 43 identisch.

III. Zuständigkeit und Verfahren

9 Für die **Zuständigkeiten** gilt dasselbe wie für das Planfeststellungsverfahren (§ 43, Rn. 28). Für das Verfahren gelten kraft des Verweises in § 43 I 5 auf die §§ 72–78 VwVfG bzw. die jeweils entsprechenden Vorschriften der Landesverwaltungsverfahrensgesetze die einschlägigen Regelungen dieser Vorschriften. Dies bedeutet im Wesentlichen, daß alle für das Planfeststellungsverfahren geltenden Regelungen keine Anwendung finden, wenn eine Plangenehmigung erteilt wird. Es findet also im Interesse der Verfahrensbeschleunigung insbesondere **das gesamte Anhörungsverfahren** (Planauslegung, Einwendungsverfahren und Erörterungstermin) **nicht statt.**

Nach der **Antragsregelung in § 43 b Nr. 2 1** wird eine Plangenehmigung anstelle eines Planfeststellungsbeschlusses auf Antrag des Vorhabenträgers erteilt, wenn das Vorhaben nicht UVP-pflichtig ist. In Ermangelung eines behördlichen Verfahrensermessens wird es dadurch nunmehr in **die Hand des Vorhabenträgers gelegt,** ob ein Planfeststellungsverfahren durchgeführt wird, das die Einhaltung des Abwägungsgebotes durch seine Verfahrenskautelen sichert, oder ob ein Plangenehmigungsverfahren an dessen Stelle tritt, dem alle wesentlichen verfahrensrechtlichen Sicherungen zur Einhaltung des rechtsstaatlich gebotenen Abwägungsstandards fehlen und dessen Ergebnis gleichwohl die enteignungsrechtliche Vorwirkung zukommt (zu diesem Problem unten Rn. 14 f.). Dieses erhebliche Problem läßt sich hier auch nicht dadurch mindern, daß man die Voraussetzungen dieser Möglichkeit restriktiv auslegt: Die Vorgaben über die UVP-Pflicht von Leitungsvorhaben nach dem UVPG enthalten keine Auslegungsspielräume. Deshalb muß man gegen diese Regelung **verfassungsrechtliche Bedenken anmelden.**

Nach der (Verfahrens-) Ermessensregelung in § 43 b Nr. 2 2 soll auch **in Fällen unwesentlicher Beeinträchtigung der Rechte Dritter** eine Plangenehmigung erlassen werden können. Dieser Fall ist insofern problematisch, als hier in einem Fall wenn auch unwesentlicher, aber gleichwohl gegebener Rechtsbeeinträchtigung Dritter ebenfalls ein Plangenehmigungsverfahren an die Stelle des Planfeststellungsverfahrens treten soll, so daß damit wesentliche verfahrensrechtliche Sicherungen zur Einhaltung des rechtsstaatlich gebotenen Abwägungsstandards fehlen. **Verfassungskonform ausgeübt** werden kann dieses Ermessen deshalb nur, wenn eine **Plangenehmigung nur dann ergeht, wenn es auf deren enteignungsrechtliche Vorwirkung zur Verwirklichung des konkreten Vorhabens nicht ankommt** (zu Begründung s. näher unten Rn. 15).

IV. Rechtswirkungen der Plangenehmigung (§ 43 b Nr. 3)

Aus § 43 b Nr. 3 ergibt sich, daß die Plangenehmigung dieselben Rechtswirkungen hat wie ein Planfeststellungsbeschluß (zu den Rechtswirkungen des Planfeststellungsbeschlusses § 43 c, Rn. 2 ff.). **Genehmigungswirkung, Gestaltungswirkung, Duldungswirkung, Konzentrationswirkung, enteignungsrechtliche Vorwirkung** (dazu genauer Rn. 3 f.) und **Präklusionswirkung** kommen also auch der Plangenehmigung zu. Ebenso gilt das **Fachplanungsprivileg** (§ 38 BauGB).

Probleme wirft allerdings die **enteignungsrechtliche Vorwirkung** auf, die der Plangenehmigung nach der allgemeinen Regel des § 74 VI 2

VwVfG nicht zukommt. Dies ist auch nicht verwunderlich angesichts des Umstandes, daß die Plangenehmigung nur ergehen darf, wenn alle Betroffenen einverstanden sind oder Rechte anderer nicht berührt werden. Dieser **Unterschied in den Rechtswirkungen von Planfeststellung und Plangenehmigung** wurde erstmals durch § 12 I EnWG 2001 eingeebnet, dessen Regelung heute in § 45 I Nr. 1 fortgeschrieben wird. Danach hat die Plangenehmigung auch die enteignungsrechtliche Vorwirkung. Nach § 45 ist eine Enteignung nämlich zulässig, soweit sie zur Durchführung eines Vorhabens nach § 43 oder § 43b Nr. 1 oder 2 erforderlich ist, für das der Plan „festgestellt oder genehmigt ist". Sowohl der festgestellte als auch der genehmigte Plan ist dem Enteignungsverfahren zu Grunde zu legen und für die Enteignungsbehörde bindend.

14   Diese **enteignungsrechtliche Vorwirkung der Plangenehmigung** ist systemfremd und **verfassungsrechtlich bedenklich** (dazu näher *Hermes/Pöcker,* RdE 2002, 85, 89 f.). Denn daß der Plangenehmigung nach den allgemeinen Vorschriften keine enteignungsrechtliche Vorwirkung zukommt, hat seinen Grund darin, daß sie wegen ihrer Erlaßvoraussetzungen dieser Wirkung nicht bedarf und daß deshalb auch die Verfahrensregelungen des Planfeststellungsrechts nicht gelten (müssen): Diese sichern nämlich die Einhaltung der materiell-rechtlichen Vorgaben des Abwägungsgebotes, indem sie die durch das Abwägungsgebot vorgezeichneten Prüfungsschritte durch ein diesen Anforderungen adäquates Verfahrensrecht unterfangen. Wenn aber – wie in § 74 VI 2 VwVfG vorausgesetzt – Rechte Dritter nicht berührt werden oder alle Betroffenen einverstanden sind, bedarf es deshalb weder einer Abwägung dieser privaten Interessen, noch einer verfahrensrechtlichen Absicherung dieser Abwägung, noch der enteignungsrechtlichen Vorwirkung.

15   Diese zwingende und verfassungsrechtlich gebotene Relation zwischen erforderlicher Abwägung, notwendiger verfahrensrechtlicher Absicherung und enteignungsrechtlicher Wirkung ist im Falle der Plangenehmigung nach § 43b Nr. 2 aber durchbrochen: Voraussetzung ihres Erlasses ist nämlich nicht das Einverständnis aller Betroffenen oder die Nicht-Berührung privater Rechte, sondern daß das Leitungsvorhaben nicht UVP-pflichtig ist und daß der Vorhabenträger sie anstelle der Planfeststellung beantragt (§ 43b Nr. 2 1), oder daß Rechte Dritter nur unwesentlich betroffen sind (§ 43b Nr. 2 2). Da deshalb Fälle auftreten können, in denen keine UVP erforderlich ist, aber gleichwohl Eigentum Privater in Anspruch genommen werden muß, bedarf die Plangenehmigung in diesen Fällen der Abwägung, der enteignungsrechtlichen Vorwirkung und notwendig auch der entsprechenden verfahrensrechtlichen Absicherung. Daran fehlt es jedoch. Die Mißachtung des Zu-

sammenhangs zwischen enteignungsrechtlicher Vorwirkung auf der einen und den dafür erforderlichen qualifizierten verfahrensrechtlichen Anforderungen auf der anderen Seite ist insofern erstaunlich, als der Gesetzgeber bei der Änderung des Verwaltungsverfahrensgesetzes diesen Zusammenhang noch klar erkannt hatte: „Auf die enteignungsrechtliche Vorwirkung der Planfeststellung wurde verzichtet, da das vereinfachte Verfahren der Plangenehmigung keine ausreichende Grundlage für eine Enteignung darstellt" (so die Begründung zu § 74 VI 2 VwVfG, BT-Drucks. 13/3995, S. 10). Auch eine verfassungskonforme Auslegung unter Rückgriff auf die allgemeinen Voraussetzungen der Plangenehmigung nach § 74 VI VwVfG scheidet aus. Denn § 74 VI VwVfG schließt die Plangenehmigung bei jeder Rechtsbeeinträchtigung aus. Wenn aber die Plangenehmigung nach § 43b wegen des Rückgriffs auf § 74 VI VwVfG bei jeder Beeinträchtigung von Rechten ausgeschlossen wäre, dann bliebe für die enteignungsrechtliche Vorwirkung kein Raum mehr; die Vorschrift liefe damit also leer. Damit sind die Grenzen der verfassungskonformen Auslegung überschritten (dazu auch § 45, Rn. 24).

D. Verzicht auf Planfeststellung und Plangenehmigung

I. Fälle von unwesentlicher Bedeutung

Planfeststellung und Plangenehmigung entfallen gem. § 74 VII VwVfG, wenn es sich um einen **Fall von unwesentlicher Bedeutung** handelt. Ein Fall unwesentlicher Bedeutung liegt nach dieser Vorschrift dann vor, wenn andere öffentliche Belange nicht berührt sind oder die erforderlichen behördlichen Entscheidungen vorliegen und sie dem Plan nicht entgegenstehen sowie Rechte anderer nicht beeinflußt werden oder mit den vom Plan Betroffenen entsprechende Vereinbarungen getroffen worden sind. Nur so ist gewährleistet, daß die behördliche Entscheidung für einen Verzicht auf eine fachplanerische Entscheidung selbst keinen systemfremden materiellen Planungscharakter erhält. Die uneingeschränkte Geltung des § 74 VII VwVfG folgt aus § 43 I 6 sowie daraus, daß § 43b diese Vorschrift nicht modifiziert.

II. Verzichtsentscheidung

Üblicherweise (s. insofern *Müller,* Verfahrensartfehler, S. 58 ff. m. w. N.; *Bender/Sparwasser/Voßkuhle,* Umweltrecht, § 4, Rn. 96) nähert sich die Literatur der Frage, welche rechtliche Qualität die Entscheidung der Behörde hat, weder ein Planfeststellungs- noch ein Plangenehmigungsverfahren durchzuführen, nur über § 35 VwVfG, d. h. sie fragt, ob es sich bei dem Akt des Verzichts auf jedwedes fachplanerische Verfahren um einen (feststellenden) Verwaltungsakt handelt. Dies wird dann regelmäßig bejaht. Einige nehmen an, daß die **Verzichtsentscheidung** nur über die fachplanungsrechtliche Freistellung des Vorhabens entscheide (*Jarass,* DVBl. 1997, 795, 796; *Ronellenfitsch,* DVBl. 1994, 441, 447; *Wahl/Dreier,* NVwZ 1999, 606, 608; *Müller,* Verfahrensartfehler, S. 64), andere meinen, daß dieser Verwaltungsakt auch über die Zulassung des Vorhabens entscheide (*Timmermanns,* Verzicht auf Planfeststellung und Plangenehmigung, 1997, S. 92; *dies.,* VBlBW 1998, 285, 290). Vorzugswürdig ist insofern die erstgenannte Ansicht, da einer Verzichtsentscheidung keine Konzentrationswirkung zukommt, sie also andere erforderliche Erlaubnisse etc. nicht ersetzen kann, und der Entscheidung anderenfalls ein systemfremder materieller Planungscharakter zukäme (so auch *Müller,* Verfahrensartfehler, S. 69).

18 Indes ist die Frage nach der Verwaltungsaktsqualität und dem Regelungsgehalt der Verzichtsentscheidung nur ein Aspekt des Problems. Die andere Seite ist die Frage nach der Qualität der gesetzlichen Grundlage dieser Entscheidung. So, wie die Bestandskraft der Verzichtsentscheidung als Negativattest hinsichtlich der Fachplanungsbedürftigkeit dem EVU Rechtssicherheit hinsichtlich der fehlenden Planfeststellungs- oder Plangenehmigungsbedürftigkeit vermittelt, bindet sie auch die Verwaltung für den Fall, daß nachträgliche Änderungen eintreten (so auch *Müller,* Verfahrensartfehler, S. 65). Die Verzichtsentscheidung müßte dann je nach Fallkonstellation zurückgenommen (§ 48 VwVfG) oder widerrufen (§ 49 VwVfG) werden, was unter Umständen Vertrauensschutzbindungen unterliegt. Wie diese Überlegung zeigt, ist eine Verzichtsentscheidung keine Maßnahme, die lediglich das EVU begünstigt und im Hinblick auf öffentliche und Drittinteressen neutral bleibt. Deswegen wird es nicht ausreichen, die Entfallensregelung des § 74 VII als konkludente Ermächtigungsgrundlage für den Erlaß der Verzichtsentscheidung anzusehen. Vielmehr bedürfte die **Verzichtsentscheidung einer ausdrücklichen gesetzlichen Grundlage.**

E. Abstimmungspflicht (§ 43 b Nr. 4)

19 § 43 b Nr. 4 sieht vor, daß Planfeststellungs- und Plangenehmigungsverfahren, deren Auswirkungen über das Gebiet eines Landes hinausgehen, **zwischen den zuständigen Behörden der beteiligten Länder abzustimmen sind.** Damit ist keine Ausnahme von § 3 VwVfG normiert. Dessen Regelung der örtlichen Zuständigkeit gilt vielmehr kraft des Verweises in § 72 VwVfG, auf den wiederum § 43 I 5 verweist (Entsprechendes gilt für die landesrechtlichen Regelungen). Örtlich zuständig für den Erlaß von Planfeststellungsbeschlüssen und Plangenehmigungen ist daher die Behörde, in deren Bezirk das Vorhaben liegt (§ 3 I Nr. 2 VwVfG). Die Auswirkungen des Vorhabens können jedoch Ländergrenzen überschreiten; auf diesen Fall zielt wohl die in § 43 b Nr. 4 normierte Abstimmungspflicht. Was aber genau unter „Abstimmung" zu verstehen sein soll, ist unklar. Insbesondere sind Behörden von Nachbarbundesländern, in deren Gebiet sich ein Vorhaben auswirkt, bereits über die allgemeine Beteiligung der Träger öffentlicher Belange am Verfahren beteiligt. Am ehesten dürfte man dem Willen des Gesetzgebers daher entsprechen, wenn man hier eine Pflicht zu **informeller Abstimmung** annimmt, die z. B. Terminsabstimmungen und wechselseitige Informationen umfassen könnte.

F. Zustellung (§ 43 b Nr. 5)

§ 43 b Nr. 5 modifiziert gegenüber § 74 IV 1 VwVfG den Kreis derjenigen, denen der **Planfeststellungsbeschluß** bzw. die **Plangenehmigung individuell zuzustellen** ist. Planfeststellungsbeschluß und Plangenehmigung sind danach dem Träger des Vorhabens, den Einwendern, über deren Einwendungen entschieden worden ist, und Vereinigungen, über deren Stellungnahmen entschieden worden ist, unter Beifügung einer Rechtsbehelfsbelehrung zuzustellen. Die Regelung ist im Vergleich zu § 74 IV 1 VwVfG insofern enger als eine Zustellung nur an Einwender und Vereinigungen (zum Begriff der Vereinigungen s. § 43 a Nr. 2), über deren Einwendung bzw. Stellungnahme entschieden wurde, nicht aber an alle „bekannten Betroffenen" vorgeschrieben wird. Eine „Entscheidung" über eine Einwendung setzt voraus, daß sich die Einwendung nicht im Anhörungsverfahren erledigt hat oder zurückgezogen wurde, sondern aufrechterhalten geblieben ist und im Planfeststellungsbeschluß „abgearbeitet" wurde (*Kipp/Schütz*, in: Hermes/Sellner, BeckAEG-Komm, § 20, Rn. 160). Gleiches gilt für eine Entscheidung über Stellungnahmen von Vereinigungen. Die Möglichkeit, bei mehr als 50 Zustellungen diese durch **öffentliche Bekanntmachung** zu ersetzen (§ 75 V 1 VwVfG) läßt § 43 b Nr. 5 unberührt. Maßgeblich für die Zustellung sind die Verwaltungszustellungsgesetze der Länder. Die Zustellung setzt die Rechtsbehelfsfrist in Gang (zum Rechtsschutz § 43, Rn. 31; § 43 e). Neben die Zustellung nach § 43 b Nr. 5 tritt die zweiwöchige **Auslegung** einer Ausfertigung des Planfeststellungsbeschlusses bzw. der Plangenehmigung nach § 74 IV 2

§ 43 c   Teil 5. Planfeststellung, Wegenutzung

und 3 VwVfG, mit deren Ende eine Zustellungsfiktion gegenüber allen übrigen Betroffenen bewirkt wird (ausf. zur Auslegung *Kipp/Schütz,* in: Hermes/Sellner, BeckAEG-Komm, § 20, Rn. 166 ff.).

§ 43 c Rechtswirkungen der Planfeststellung und Plangenehmigung

Für die Rechtswirkungen der Planfeststellung und Plangenehmigung gilt § 75 des Verwaltungsverfahrensgesetzes mit folgenden Maßgaben:

1. Wird mit der Durchführung des Plans nicht innerhalb von zehn Jahren nach Eintritt der Unanfechtbarkeit begonnen, so tritt er außer Kraft, es sei denn, er wird vorher auf Antrag des Trägers des Vorhabens von der Planfeststellungsbehörde um höchstens fünf Jahre verlängert.
2. Vor der Entscheidung nach Nummer 1 ist eine auf den Antrag begrenzte Anhörung nach den für die Planfeststellung oder für die Plangenehmigung vorgeschriebenen Verfahren durchzuführen.
3. Für die Zustellung und Auslegung sowie die Anfechtung der Entscheidung über die Verlängerung sind die Bestimmungen über den Planfeststellungsbeschluss entsprechend anzuwenden.
4. Als Beginn der Durchführung des Plans gilt jede erstmals nach außen erkennbare Tätigkeit von mehr als nur geringfügiger Bedeutung zur plangemäßen Verwirklichung des Vorhabens; eine spätere Unterbrechung der Verwirklichung des Vorhabens berührt den Beginn der Durchführung nicht.

Literatur: Vgl. dazu die Hinweise zu § 43.

Übersicht

	Rn.
A. Allgemeines	1
B. Rechtswirkungen der Planfeststellung nach Maßgabe des § 75 VwVfG	2
I. Allgemeines	2
II. Insbesondere: Konzentrationswirkung	3
III. Insbesondere: Enteignungsrechtliche Vorwirkung	4
C. Rechtswirkungen der Plangenehmigung	5
I. Allgemeines	5
II. Insbesondere: Enteignungsrechtliche Vorwirkung	6
D. Sonderregelungen in § 43 c	7
I. Allgemeines	7
II. Verlängerungsverfahren	8

A. Allgemeines

Eingefügt wurde diese Regelung im Dezember 2006 durch Art. 7 **1** des Gesetzes zur Beschleunigung von Planungsverfahren für Infrastrukturvorhaben (BGBl. I S. 2833). Sie gilt seit dem 17. 12. 2006. Ihre Regelungstechnik besteht darin, für die Rechtswirkungen von Planfeststellung und Plangenehmigung **auf § 75 VwVfG zu verweisen und einige Sonderregelungen** zu treffen. Des ausdrücklichen Verweises im Text der Vorschrift auf § 75 VwVfG hätte es indes nicht bedurft, da bereits § 43 5 pauschal auf die §§ 72 bis 78 VwVfG verweist (§ 43, Rn. 29). Redaktionell ebenso wenig geglückt ist die gesonderte Erwähnung der Plangenehmigung in § 43c. Denn bereits § 43b Nr. 3 spricht der Plangenehmigung dieselben Rechtswirkungen zu wie der Planfeststellung (dazu § 43b, Rn. 12 ff.).

B. Rechtswirkungen der Planfeststellung nach Maßgabe des § 75 VwVfG

I. Allgemeines

Der Regelungsgehalt des Planfeststellungsbeschlusses ist vielschichtig **2** (dazu auch *Steinberg/Berg/Wickel*, Fachplanung, S. 324 f.). Der Planfeststellungsbeschluß entscheidet über die Zulassung des Vorhabens, d. h. die Zulässigkeit der Errichtung und des Betriebs der der für das Vorhaben erforderlichen Anlagen **(Genehmigungswirkung)**. Im Regelungsgehalt des Planfeststellungsbeschlusses inbegriffen sind auch Regelungen bezüglich der Erforderlichkeit von Folgemaßnahmen an anderen Anlagen sowie Schutzvorkehrungen zu Gunsten Betroffener und zu Gunsten des öffentlichen Wohls. Mit diesen Regelungen wird nicht nur das Rechtsverhältnis zwischen EVU und Planfeststellungsbehörde geregelt, sondern auch über die Vereinbarkeit mit subjektiven Rechten Drittbetroffener entschieden. Insofern kommt dem Planfeststellungsbeschluß hinsichtlich aller öffentlich-rechtlichen Beziehungen zwischen dem EVU und den von dem Vorhaben Betroffenen eine umfassende **Gestaltungswirkung** zu (§ 75 I 2 VwVfG). Die Kehrseite der Gestaltungswirkung ist – aus der Perspektive der Betroffenen – die **Duldungswirkung** (§ 75 II 1 VwVfG). Nach § 73 IV VwVfG greift eine **Präklusionswirkung** hinsichtlich aller Einwendungen, die nicht rechtzeitig während der Einwendungsfrist erhoben wurden. Diese gilt nicht nur für das weitere Planfeststellungsverfahren, sondern beschränkt auch die verwaltungsgerichtlichen Rechtsschutzmöglichkeiten. Schließlich liefert die planerische Abwägung auch die sachliche Rechtfertigung dafür, daß planfestgestellte Vorhaben sich auch gegen entgegenstehende Planungen der lokalen Entscheidungsträger durchsetzen. Sie genießen insoweit gegenüber der Bauleitplanung das **Fachplanungsprivileg** des § 38 BauGB.

II. Insbesondere: Konzentrationswirkung

3   Charakteristisch für das Planfeststellungsverfahren ist die sog. **Konzentrationswirkung** (dazu zusammenfassend *Wahl/Dreier*, NVwZ 1999, 609). Damit ist das Phänomen bezeichnet, daß neben einem Planfeststellungsbeschluß andere behördliche Entscheidungen „nicht erforderlich" (§ 75 I 1 2. Hs. VwVfG) sind, auch wenn solche Entscheidungen (Genehmigungen etc.) nach einschlägigem Fachrecht gefordert werden. Die Konzentrationswirkung hat allerdings nur einen verfahrensrechtlichen Gehalt. Sie bedeutet nicht, daß die materiellen Bindungen des einschlägigen materiellen Rechts beseitigt werden. Dieses ist vielmehr in der Weise für die Planfeststellungsentscheidung relevant, daß zwingenden Normen strikt zu beachten und Normen mit Ausnahme-, Befreiungs- oder sonstigen Abweichungsmöglichkeiten im Rahmen der Abwägung berücksichtigt werden müssen (dazu § 43, Rn. 19 ff., 25 ff.; *Steinberg/Berg/Wickel*, Fachplanung, S. 182 f.).

III. Insbesondere: Enteignungsrechtliche Vorwirkung

4   Lassen sich die für die Energieanlage erforderlichen Grundstücke nicht im Wege freihändigen Erwerbs beschaffen, so aktualisiert sich ein weiteres kennzeichnendes Merkmal der Planfeststellung, nämlich die **enteignungsrechtliche Vorwirkung,** nach der der Planfeststellungsbeschluß als Grundlage der förmlichen Enteignung dient, die ihrerseits nach den Enteignungsgesetzen der Länder abläuft. Nach der bis vor kurzem durchgehaltenen Regelungstechnik des Gesetzgebers kam die enteignungsrechtliche Vorwirkung lediglich dem Planfeststellungsbeschluß zu, nicht aber der Plangenehmigung. Dies hat sich jedoch 2002 geändert (dazu auch § 43 b, Rn. 13 ff.).

C. Rechtswirkungen der Plangenehmigung

I. Allgemeines

5   Aus dem Verweis in § 43c auf § 75 VwVfG (außerdem – in dieser Doppelung überflüssig und redaktionell missglückt – aus § 43 b Nr. 3)

Rechtswirkungen der Planfeststellung 6, 7 § 43c

ergibt sich, daß die Plangenehmigung dieselben Rechtswirkungen hat wie ein Planfeststellungsbeschluß (zu den Rechtswirkungen des Planfeststellungsbeschlusses oben Rn. 2). **Genehmigungswirkung, Gestaltungswirkung, Duldungswirkung, Konzentrationswirkung, enteignungsrechtliche Vorwirkung** (dazu genauer Rn. 3f.) und **Präklusionswirkung** kommen also auch der Plangenehmigung zu. Ebenso gilt das **Fachplanungsprivileg** (§ 38 BauGB).

II. Insbesondere: Enteignungsrechtliche Vorwirkung

Die **enteignungsrechtliche Vorwirkung der Plangenehmigung** ist **verfassungsrechtlich bedenklich**. Mit ihrer Anordnung verkennt der Gesetzgeber einen zentralen Zusammenhang: Die enteignungsrechtliche Wirkung einer staatlichen Entscheidung setzt ein verfassungsrechtlich gebotenes Mindestmaß an verfahrensrechtlicher Absicherung voraus. Dieses Mindestmaß ist bei der Plangenehmigung verfehlt (dazu auch oben § 43b, Rn. 13 ff.; näher dazu auch *Hermes/Pöcker*, RdE 2002, 85, 89f.). 6

D. Sonderregelungen in § 43c

I. Allgemeines

Die Sonderregelungen in § 43c Nr. 1 bis 4 betreffen die Geltungsdauer von Planfeststellung und Plangenehmigung. § 74 IV VwVfG trifft im Sinne einer lex specialis gegenüber der allgemeinen Wirksamkeitsregelung des § 43 VwVfG die Regelung, daß der (genehmigte oder festgestellte) Plan außer Kraft tritt, wenn nicht binnen fünf Jahren nach Eintritt der Unanfechtbarkeit mit seiner Umsetzung begonnen wurde. Davon abweichend gilt nunmehr nach § 43c, daß ein Plan, mit dessen Umsetzung noch nicht begonnen wurde, **erst zehn Jahre nach Eintritt der Unanfechtbarkeit außer Kraft** tritt. § 43c Nr. 4 definiert denkbar weit, was unter dem Beginn der Durchführung des Plans zu verstehen ist: Jede erstmals danach außen erkennbare Tätigkeit von mehr als nur geringfügiger Bedeutung zur plangemäßen Verwirklichung des Vorhabens. Ausgenommen sind damit nur Arbeiten, die nicht der plangemäßen Verwirklichung dienen, sowie bloße Vorarbeiten. Ist einmal in diesem Sinne mit der Verwirklichung begonnen worden, so schaden auch Unterbrechungen nicht; der Fristlauf bleibt unterbrochen (§ 43c Nr. 4 2). Diese überaus vorhabenträgerfreundlichen Sonderregelungen der Geltungsdauer sind wohl verfassungsrechtlich unbedenklich. Vor dem Hintergrund der erklärten Beschleu- 7 nigungsabsicht des Gesetzgebers (s. dazu den Regierungsentwurf, BR-Drucks. 363/05, gemäß Koalitionsvereinbarung wieder eingebracht mit BT-Drucks. 16/54 vom 4. 11. 2005; sowie den Bundesratsentwurf, BR-Drucks. 94/06) bleibt es aber unerfindlich, wieso die Geltungsdauer eines nicht umgesetzten Planes nun gerade um das Doppelte verlängert werden mußte. Eine insofern nachvollziehbare Begründung bleiben die Gesetzesmaterialien schuldig.

II. Verlängerungsverfahren

8 Für den Fall, daß die Zehnjahresfrist ungenutzt zu verstreichen droht, sieht § 43 c in Nrn. 1 bis 3 ein **Verlängerungsverfahren** vor, für das bestimmte Verfahrenskautelen vorgesehen werden und das zu einer Fristverlängerung um maximal fünf Jahre führt. Kernstück dieses Verfahrens ist die **Anhörung nach § 43 c Nr. 2.** Die in § 43 c Nr. 2 getroffene Regelung, daß diese Anhörung auf den (Verlängerungs-)Antrag begrenzt ist, ist allerdings überflüssig. Der Verlängerungsantrag fixiert ohnehin den Gegenstand des Verlängerungsverfahrens (eines Verwaltungsverfahrens nach § 9 VwVfG, das mit dem Erlass eines Verwaltungsaktes endet), und daß ein Verfahrensschritt sich auf den Verfahrensgegenstand (und nichts anderes) bezieht, ist selbstverständlich. Konstitutiven Gehalt hat hingegen die Anordnung, daß diese „Anhörung" nach den für das Planfeststellungs- oder Plangenehmigungsverfahren geltenden Vorschriften (dazu oben § 43 b, Rn. 2 ff.) durchzuführen ist. Dies bedeutet etwa, daß dann, wenn ein Verlängerungsantrag für einen Planfeststellungsbeschluß gestellt wird, grundsätzlich ein Erörterungstermin nach § 73 VwVfG durchzuführen ist.

9 § 43 c Nr. 3 schließlich bestimmt für das Verlängerungsverfahren die entsprechende Anwendung der Auslegungs- **und Zustellungsvorschriften,** die für das Planfeststellungsverfahren auch gelten, also vor allem des § 74 VwVfG und der im EnWG selbst vorgesehenen Modifikationen dieser Vorschriften (dazu § 43 b, Rn. 20).

§ 43 d Planänderung vor Fertigstellung des Vorhabens

¹ **Für die Planergänzung und das ergänzende Verfahren im Sinne des § 75 Abs. 1 a Satz 2 des Verwaltungsverfahrensgesetzes und für die Planänderung vor Fertigstellung des Vorhabens gilt § 76 des Verwaltungsverfahrensgesetzes mit der Maßgabe, dass im Falle des § 76 Abs. 1 des Verwaltungsverfahrensgesetzes von einer Erörterung im Sinne des § 73 Abs. 6 des Verwaltungsverfahrensgesetzes und des § 9 Abs. 1 Satz 3 des Gesetzes über die Umweltverträg-**

lichkeitsprüfung abgesehen werden kann. ²Im Übrigen gelten für das neue Verfahren die Vorschriften dieses Gesetzes.

Literatur: Vgl. dazu die Hinweise zu § 43.

Übersicht

	Rn.
A. Allgemeines	1
B. Anwendungsfälle des § 43 d	2
C. Sonderregelungen im Verhältnis zu § 76 VwVfG	3

A. Allgemeines

Eingefügt wurde die Regelung des § 43 d im Dezember 2006 durch 1 Art. 7 des Gesetzes zur Beschleunigung von Planungsverfahren für Infrastrukturvorhaben (BGBl. I S. 2833). Sie gilt seit dem 17. 12. 2006 und verfolgt das Ziel der Verfahrensbeschleunigung. Entsprechend der durch § 43 5 vorgegebenen Regelungstechnik **verweist § 43 d auf das VwVfG – hier § 76 –** und trifft im Verhältnis zu dessen Absatz 1 **einige Sonderregelungen.** Der Verweis auf § 76 ist für den Fall der Planänderung vor Fertigstellung des Vorhabens auch hier (s. auch § 43 c, Rn. 1) redaktionell überflüssig, verweist doch bereits § 43 5 pauschal auf die §§ 71 bis 78 VwVfG.

B. Anwendungsfälle des § 43 d

§ 43 d gilt in drei Fällen: Für die (materiell-inhaltliche) **Planergän-** 2 **zung**, das (formell-rechtliche) **ergänzende Verfahren** sowie die **Planänderung vor Fertigstellung des Vorhabens.** Während die ersten beiden Fälle aus dem Fehlerfolgeregime des § 75 I a 2 VwVfG stammen und voraussetzen, daß Abwägungsfehler vorliegen, die es zu heilen gilt (dazu näher mit zahlreichen Beispielen *Bonk,* in: Stelkens/BonkSachs, VwVfG, § 75, Rn. 40 ff.), hat der dritte Fall, die Planänderung vor Fertigstellung des Vorhabens, nichts mit der Rechtswidrigkeit der Entscheidung und deren Folgen zu tun. Anlaß zur Planänderung in diesem Sinne liefert vor allem ein geänderter tatsächlicher Bedarf des Vorhabenträgers.

C. Sonderregelungen im Verhältnis zu § 76 VwVfG

Während § 76 VwVfG ausschließlich für den Fall der Planänderung 3 vor Fertigstellung des Vorhabens, nicht für Fälle der Abwägungsfehler-

§ 43d 4–7   Teil 5. Planfeststellung, Wegenutzung

behebung, vorsieht, daß ein neues Planfeststellungsverfahren inklusive aller Verfahrensschritte, also vor allem inklusive Erörterungstermin, durchzuführen ist (§ 76 I VwVfG), wenn nicht in Fällen unwesentlicher Bedeutung, in denen Rechte Dritter nicht berührt werden oder die Betroffenen zugestimmt haben (§ 76 II VwVfG; zu allem ausführlich *Bonk,* in: Stelkens/Bonk/Sachs, VwVfG, 6. Aufl., 2001, § 76, Rn. 4 ff.), ordnet § 43 d ohne weitere Voraussetzungen an, daß für seine drei Anwendungsfälle von einem **Erörterungstermin i. S. v. § 73 VI VwVfG und des § 9 I 3 UVPG abgesehen werden kann.** Insofern wird also ein **behördliches (Verfahrens-) Ermessen** eröffnet.

4   Was die **Freistellung von der Öffentlichkeitsbeteiligung** i. S. d. § 9 I 3 UVPG angeht, so ist zu beachten, daß diese für den Fall UVP-pflichtiger Vorhaben ohnehin das europarechtlich gebotene Minimum darstellt (dazu oben § 43 b, Rn. 3). Dahinter darf jedenfalls dann von Gemeinschaftsrechts wegen nicht zurückgegangen werden, wenn die Planänderung oder -ergänzung als solche selbst UVP-pflichtig ist. In diesen Fällen darf also jedenfalls von der Öffentlichkeitsbeteiligung nach § 9 I 3 UVPG nicht abgesehen werden.

5   Die **Ausübung des (Verfahrens-) Ermessens,** ob auf den Erörterungstermin im Sinne von § 73 VI VwVfG verzichtet wird oder nicht, wird **im Falle der Planergänzung und des ergänzenden Verfahrens,** die der Abwägungsfehlerbehebung dienen, zu berücksichtigen haben, daß dem Erörterungstermin eine wesentliche Funktion für die Einhaltung des Abwägungsgebotes zukommt (§ 43 b, Rn. 4). Auf einen Erörterungstermin wird daher in diesem Fall der Fehlerkorrektur nur im Ausnahmefall verzichtet werden können.

6   Geht es um eine **Planänderung vor Fertigstellung des Vorhabens,** so ist zu beachten, daß § 76 II VwVfG bereits für unwesentliche Fälle, in denen Rechte Dritter nicht berührt werden oder die Betroffenen zugestimmt haben, vom Planfeststellungsverfahren an sich freistellt (dazu *Bonk,* in: Stelkens/Bonk/Sachs, VwVfG, 6. Aufl., 2001, § 76, Rn. 17 ff.) und daß § 76 III VwVfG für den Fall, daß es dennoch durchgeführt wird, den Erörterungstermin ex lege entfallen läßt. Demnach betrifft § 43 d den Fall einer wesentlichen Planänderung: Da sich durch eine wesentliche Planänderung aber regelmäßig auch die Abwägungsproblematik neu stellt, wird auch in diesem Fall der Verzicht auf einen Erörterungstermin i. S. d. § 73 VI VwVfG im Regelfall eine rechtswidrige Ausübung des Ermessens darstellen.

7   Im übrigen ordnet § 43 d 2 an, daß für das **„neue Verfahren"** – dies ist das nach § 76 I VwVfG durchzuführende Planfeststellungsverfahren und das Planergänzungsverfahren – ebenfalls die Sondervorschriften des EnWG gelten.

§ 43e Rechtsbehelfe

(1) ¹Die Anfechtungsklage gegen einen Planfeststellungsbeschluss nach § 43, auch in Verbindung mit § 43 b Nr. 1, oder eine Plangenehmigung nach § 43 b Nr. 2 hat keine aufschiebende Wirkung. ²Der Antrag auf Anordnung der aufschiebenden Wirkung der Anfechtungsklage gegen einen Planfeststellungsbeschluss oder eine Plangenehmigung nach § 80 Abs. 5 Satz 1 der Verwaltungsgerichtsordnung kann nur innerhalb eines Monats nach der Zustellung des Planfeststellungsbeschlusses oder der Plangenehmigung gestellt und begründet werden. ³Darauf ist in der Rechtsbehelfsbelehrung hinzuweisen. ⁴§ 58 der Verwaltungsgerichtsordnung gilt entsprechend.

(2) ¹Treten später Tatsachen ein, die die Anordnung der aufschiebenden Wirkung rechtfertigen, so kann der durch den Planfeststellungsbeschluss oder die Plangenehmigung Beschwerte einen hierauf gestützten Antrag nach § 80 Abs. 5 Satz 1 der Verwaltungsgerichtsordnung innerhalb einer Frist von einem Monat stellen und begründen. ²Die Frist beginnt mit dem Zeitpunkt, in dem der Beschwerte von den Tatsachen Kenntnis erlangt.

(3) ¹Der Kläger hat innerhalb einer Frist von sechs Wochen die zur Begründung seiner Klage dienenden Tatsachen und Beweismittel anzugeben. ²§ 87 b Abs. 3 der Verwaltungsgerichtsordnung gilt entsprechend.

(4) ¹Mängel bei der Abwägung der von dem Vorhaben berührten öffentlichen und privaten Belange sind nur erheblich, wenn sie offensichtlich und auf das Abwägungsergebnis von Einfluss gewesen sind. ²Erhebliche Mängel bei der Abwägung oder eine Verletzung von Verfahrens- oder Formvorschriften führen nur dann zur Aufhebung des Planfeststellungsbeschlusses oder der Plangenehmigung, wenn sie nicht durch Planergänzung oder durch ein ergänzendes Verfahren behoben werden können; die §§ 45 und 46 des Verwaltungsverfahrensgesetzes und die entsprechenden landesrechtlichen Bestimmungen bleiben unberührt.

Literatur: Vgl. dazu die Hinweise zu § 43.

Übersicht

	Rn.
A. Allgemeines	1
B. Rechtsschutz betroffener Eigentümer, Nachbarn und Gemeinden	2
I. Fragen des verwaltungsgerichtlichen Hauptsacheverfahrens	3
II. Einstweiliger Rechtsschutz	8

A. Allgemeines

1 Eingefügt wurde § 43e im Dezember 2006 durch Art. 7 des Gesetzes zur Beschleunigung von Planungsverfahren für Infrastrukturvorhaben (BGBl. I S. 2833). Die Vorschrift gilt seit dem 17. 12. 2006. Sie trifft, der Regelungsintention dieses Gesetzes entsprechend, im Dienste der Verfahrensbeschleunigung **eine Reihe neuer Sonderregeln für den verwaltungsgerichtlichen (Dritt-)- Rechtsschutz** (Hauptsacheverfahren und einstweiliger Rechtsschutz). In der vorhergehenden Gesetzesfassung (EnWG 2005) hatte § 43 III Sonderregelungen lediglich für den einstweiligen Rechtsschutz getroffen (gesetzliche Anordnung des Entfallens der aufschiebenden Wirkung i. S. v. § 80 I 1 VwGO für Anfechtungsklagen gegen Planfeststellungen und Plangenehmigungen).

B. Rechtsschutz betroffener Eigentümer, Nachbarn und Gemeinden

2 Für den **Rechtsschutz Drittbetroffener** ist nach § 48 I Nr. 4 VwGO das Oberverwaltungsgericht zuständig. Statthafter Antrag ist ein Anfechtungsantrag nach § 42 I VwGO. Werden Planfeststellungsbeschluß oder Plangenehmigung, was häufig der Fall ist, von obersten Landesbehörden erlassen, entfällt nach § 68 I 2 VwGO das Widerspruchsverfahren.

I. Fragen des verwaltungsgerichtlichen Hauptsacheverfahrens

3 Nachbarn und Grundstücksbetroffene können gegen Planfeststellungsbeschluß oder Plangenehmigung vorgehen, wenn sie geltend machen können, durch diese Entscheidung in ihren subjektiven Rechten verletzt zu sein (§ 42 II VwGO, dazu näher *Steinberg/Berg/Wickel*, Fachplanung, S. 371 ff. m. w. N.). Damit weicht die Regelung der **Kla-**

gebefugnis von der Beteiligtenregelung im Verwaltungsverfahren ab, wo die Geltendmachung von Belangen genügt (siehe dazu m. w. N. *Pöcker,* Die Rechtsfolgen der Einlegung von Widerspruch und Anfechtungsklage, 2001, S. 163 f.). Gemeinden können zulässigerweise gegen Planfeststellungsbeschlüsse oder Plangenehmigungen nach § 43 klagen, wenn sie geltend machen können, in ihrem Recht aus Art. 28 II 1 GG (sog. Selbstverwaltungsgarantie) verletzt zu sein.

§ 43 e III 1 **verschärft** – wiederum im Sinne der Verfahrensbeschleunigung – die **Mitwirkungslast des Klägers** im Verwaltungsprozess. Er muß binnen sechs Wochen nach Klageerhebung die der Begründung seiner Klage dienenden Tatsachen und Beweismittel angeben. Ein vergleichbare Regelung kennt die VwGO nicht; § 82 I 3 VwGO bestimmt lediglich ohne Fristbestimmung, daß die Klageschrift die der Begründung der Klage dienenden Tatsachen und Beweismittel angeben *soll.* Der in § 43 e III 2 enthaltene **Verweis auf die entsprechende Anwendung des § 87 b III VwGO** sanktioniert die Frist des § 43 e III 1 durch die Möglichkeit der Zurückweisung verspäteten Vorbringens durch das Gericht. § 87 b III VwGO ist jedoch so ausgestaltet, daß ein für die gerichtliche Entscheidung relevantes verspätetes Vorbringen trotz der Verspätung Eingang in den gerichtlichen Entscheidungsstoff finden kann. Denn diese Vorschrift macht in ihrem § 43 e III 1 Nr. 1 die Zurückweisung verspäteten Vorbringens davon abhängig, daß die Zulassung des Vorbringens nach **der freien Überzeugung** des Gerichts **die Erledigung des Rechtsstreits verzögern würde.** Ein für die gerichtliche Entscheidung über einen Planfeststellungsbeschluß oder eine Plangenehmigung relevantes Vorbringen kann aber die Erledigung eines Rechtsstreits im Sinne seiner umfassenden und dem Untersuchungsgrundsatz (§ 86 VwGO) genügenden Entscheidung kaum verzögern. Die für „normale" Hauptsacheklagen entwickelten Präklusionskonstellationen stellen für die Feststellung einer Verspätung darauf ab, daß nur ein einziger Termin zur mündlichen Verhandlung anberaumt wird (*Ortloff,* in: Schoch/Schmidt-Aßmann/Pietzner, VwGO, § 87 b, Rn. 37 m. w. N.). Dies kann auf schwierige Hauptsacheverfahren, wie sie die Folge gegen komplexe Planfeststellungsbeschlüsse und Plangenehmigungen gerichteter Klagen ist, nicht übertragen werden. Hier ist regelmäßig ohnehin mehr als nur ein Termin zur mündlichen Verhandlung notwendig.

Der inhaltliche **Prüfungsumfang** weicht für denjenigen, der von der enteignungsrechtlichen Vorwirkung betroffen ist, von „normalen" Drittanfechtungsklagen ab. Ihm steht ein Anspruch auf objektive Rechtmäßigkeitskontrolle zu (*Steinberg/Berg/Wickel,* Fachplanung, S. 389, 458 m. w. N. aus der Rspr.). Ansonsten wird die Rechtmäßigkeit nur in dem durch die Klagebefugnis vorbezeichneten Umfang geprüft, d. h. es wird nur die Rechtswidrigkeit im Hinblick auf die geltend gemachten drittschützenden Normen geprüft. Eine solche „einfache" Nachbarklage ist dennoch nur begründet, wenn der Kläger in subjektiven Rechten verletzt ist (§ 113 I 1 VwGO).

6 In § 43e IV 1 und 2 1. Hs. übernimmt der Gesetzgeber den präzisen Wortlaut des § 75 I a VwVfG in das EnWG. Worin der Sinn dieser wörtlichen Übernahme angesichts des in § 43 5 (dort Rn. 29) enthaltenen Verweises auf die §§ 72 bis 78 VwVfG und die entsprechenden Regelungen der Landesverwaltungsverfahrensgesetze liegt, bleibt dunkel. Inhaltlich kann deswegen im Hinblick auf die hier bestimmte, der Verfahrensbeschleunigung und der Planerhaltung dienenden **materielle Fehlerfolgerelativierung** auf Kommentierungen zu dieser Vorschrift verwiesen werden (s. etwa *Bonk,* in: Stelkens/Bonk/Sachs, VwVfG, 6. Aufl. 2001, § 75, Rn. 33–43).

7 Der **Anwendungsbereich der §§ 45 und 46 VwVfG** und der entsprechenden landesrechtlichen Bestimmungen, die durch § 42 IV 2 e. Hs. für „unberührt" erklärt werden, ist bei Abwägungsentscheidungen wie Planfeststellungsbeschlüssen und Plangenehmigungen **eher gering.** § 45 I VwVfG nennt die nachholbaren Verfahrenshandlungen abschließend. Bei Planfeststellungs- und Plangenehmigungsverfahren kann vor allem Nr. 5 dieser Vorschrift Bedeutung erlangen (Nachholung der Mitwirkung einer anderen Behörde), die Nr. 1 bis 4 passen auf derartige Verfahren nur teilweise (Anhörung eines Beteiligten, Nr. 3: Die Anhörungsvorschriften sind für das Planfeststellungsverfahren durch die Vorschriften über die Öffentlichkeitsbeteiligung specialiter derogiert) oder gar nicht (Nr. 4: Beschluß eines Ausschusses, dessen Mitwirkung erforderlich ist) bzw. dürften in der Realität nicht vorkommen (Fehlen des Antrags, § 45 I Nr. 1, fehlende Begründung, Nr. 2). § 46 VwVfG verlangt für die Beachtlichkeit von Verfahrensfehlern eine Kausalbeziehung zwischen dem Verfahrensrechtsverstoß und der – deswegen materiell rechtswidrigen – Entscheidung. Dies dürfte bei Abwägungsverwaltungsakten wie Planfeststellungen und Plangenehmigungen kaum jemals festzustellen sein (*Pöcker,* Die Rechtsfolgen der Einlegung von Widerspruch und Anfechtungsklage, 2001, S. 159, m. w. N.).

II. Einstweiliger Rechtsschutz

8 Nach § 43e I 1 **entfällt die aufschiebende Wirkung der Anfechtungsklage gegen einen Planfeststellungsbeschluß oder eine Plangenehmigung.** Die Vorschrift trägt dem Interesse des Vorha-

Vorarbeiten § 44

benträgers an Planungssicherheit Rechnung. Sie verstößt nach Ansicht des Gesetzgebers nicht gegen Art. 19 IV GG, da den Betroffenen die Möglichkeit offen bleibt, die Anordnung der aufschiebenden Wirkung gemäß § 80 V 1 VwGO zu beantragen (BT-Drucks. 14/4599, S. 161 f.). Dieser Antrag ist beim Gericht der Hauptsache, also beim Oberverwaltungsgericht (Rn. 2), zu stellen. Gibt das Oberverwaltungsgericht dem Antrag statt, so bestimmt sich die Dauer der aufschiebenden Wirkung aus § 80b I 1VwGO.

§ 43e I 2 schafft eine in der VwGO nicht vorgesehene **Frist für** 9 **den Antrag nach § 80 V VwGO** auf Anordnung der aufschiebenden Wirkung einer Anfechtungsklage gegen einen Planfeststellungsbeschluß oder eine Plangenehmigung. Die Frist läuft einen Monat ab Zustellung des Bescheides. Auch hierdurch werden im Interesse der Verfahrensbeschleunigung Mitwirkungslasten der Antragsteller erhöht. Maßgeblich für den Fristlauf ist, daß in der Rechtsbehelfsbelehrung auf die Frist hingewiesen wird. Ist die Frist nicht wirksam in Lauf gesetzt, ergibt sich der Fristlauf aus der entsprechenden Anwendung des § 58 VwGO. Dadurch verlängert sich die Frist entsprechend § 58 II VwGO auf ein Jahr seit Zustellung. Planfeststellungsbeschluß und Plangenehmigung müssen **zugestellt** werden. Eine einfache Bekanntgabe nach § 41 VwVfG reicht nicht aus.

Härten, die sich aus der Frist des § 43e I 2 ergeben, versucht § 43e II 10 zu begegnen. Die Vorschrift ermöglicht einen **Antrag auf Anordnung der aufschiebenden Wirkung auch für den Fall, daß nachträglich (also nach Ablauf der Monatsfrist des § 43e I 2) Tatsachen eintreten, die die Anordnung der aufschiebenden Wirkung rechtfertigen.** Diese (Rück-) Ausnahme dürfte unter dem Gesichtspunkt des effektiven Rechtsschutzes (Art. 19 IV GG) verfassungsrechtlich geboten sein. Zulässig ist auch dieser Antrag wiederum nur binnen Monatsfrist seit Erlangung der Kenntnis von den Tatsachen, auf die der Antrag gestützt werden soll (§ 43e I 2). Dies ist insofern unbedenklich, als mit jeder neu eintretenden Tatsache diese Monatsfrist erneut in Lauf gesetzt wird. Ob der intendierte Beschleunigungseffekt auf diese Weise tatsächlich erreichbar sein wird, ist allerdings abzuwarten.

§ 44 Vorarbeiten

(1) ¹Eigentümer und sonstige Nutzungsberechtigte haben zur Vorbereitung der Planung und der Baudurchführung eines Vorhabens oder von Unterhaltungsmaßnahmen notwendige Vermessungen, Boden- und Grundwasseruntersuchungen einschließlich der vorübergehenden Anbringung von Markierungszeichen sowie

§ 44

sonstige Vorarbeiten durch den Träger des Vorhabens oder von ihm Beauftragte zu dulden. ²Weigert sich der Verpflichtete, Maßnahmen nach Satz 1 zu dulden, so kann die nach Landesrecht zuständige Behörde auf Antrag des Trägers des Vorhabens gegenüber dem Eigentümer und sonstigen Nutzungsberechtigten die Duldung dieser Maßnahmen anordnen.

(2) Die Absicht, solche Arbeiten auszuführen, ist dem Eigentümer oder sonstigen Nutzungsberechtigten mindestens zwei Wochen vor dem vorgesehenen Zeitpunkt unmittelbar oder durch ortsübliche Bekanntmachung in den Gemeinden, in denen die Vorarbeiten durchzuführen sind, durch den Träger des Vorhabens bekannt zu geben.

(3) ¹Entstehen durch eine Maßnahme nach Absatz 1 einem Eigentümer oder sonstigen Nutzungsberechtigten unmittelbare Vermögensnachteile, so hat der Träger des Vorhabens eine angemessene Entschädigung in Geld zu leisten. ²Kommt eine Einigung über die Geldentschädigung nicht zustande, so setzt die nach Landesrecht zuständige Behörde auf Antrag des Trägers des Vorhabens oder des Berechtigten die Entschädigung fest. ³Vor der Entscheidung sind die Beteiligten zu hören.

Literatur: *Hönig,* Vorbereitende Maßnahmen für das Planfeststellungsverfahren, UPR 2001, 374; *ders.,* Vorbereitende Maßnahmen vor Einleitung des Planfeststellungsverfahrens, in: Ziekow, Flughafenplanung, Planfeststellungsverfahren, Anforderungen an die Planungsentscheidung, 2002, S. 373; *Hoppe/Schlarmann/Buchner,* Rechtsschutz bei der Planung von Straßen und anderen Verkehrsanlagen, 3. Aufl. 2001; *Kirchberg,* Planfeststellungsverfahren, in: Ziekow, Handbuch Praxis des Fachplanungsrechts, 2003, Kap. 1 Rn. 1 ff.; *Marschall/Schroeter/Kastner,* Fernstraßengesetz (FStrG), 5. Aufl. 1998; *Schütz,* in: Hermes/Sellner, BeckAEG-Komm, 2006, Kommentierung zu § 17.

Übersicht

	Rn.
A. Allgemeines	1
B. Die Pflicht zur Duldung von Vorarbeiten (§ 44 I)	4
I. Berechtigter: Vorhabenträger	5
II. Verpflichtete: Eigentümer und Nutzungsberechtigte	6
III. Gegenstand und Grenzen der Duldungspflicht	8
1. Zu duldende Maßnahmen	8
2. Sachlich-zeitlicher Anwendungsbereich	10
3. Verhältnismäßigkeit	16
IV. Durchsetzung der Duldungspflicht durch Anordnung (§ 44 I 2)	17

	Rn.
C. Bekanntgabe (§ 44 II)	21
I. Allgemeines	21
II. Adressat	23
III. Anforderungen an Form, Bestimmtheit und Frist der Bekanntgabe	24
D. Rechtsschutz	27
E. Entschädigung	31
F. Vorbereitung von Unterhaltungsmaßnahmen	34

A. Allgemeines

§ 44 will in der dem eigentlichen Planfeststellungsverfahren vorgelagerten **Phase der Entwurfsplanung** dazu beitragen, daß der Vorhabenträger den „Plan" erarbeiten kann, der später planfestgestellt werden soll. In dieser Phase ist der Vorhabenträger häufig darauf angewiesen, fremde Grundstücke zu betreten und dort bestimmte Arbeiten – die Vorschrift nennt notwendige Vermessungen, Boden- und Grundwasseruntersuchungen – vorzunehmen. So soll verhindert werden, daß die zur Duldung Verpflichteten durch Verweigerung ihres sonst notwendigen Einverständnisses ein Vorhaben bereits in dieser Phase behindern. Der Vorhabenträger soll auch gegen den Willen von Eigentümern die notwendige Informationsgrundlage für seine Planung und damit auch für die Entscheidung der Planfeststellungsbehörde beschaffen können. Die Vorschrift dient damit dem Interesse an einem „bestmöglich erarbeiteten Abwägungsergebnis" (*BVerwG,* NVwZ-RR 2003, 66, 67 zu § 16a FStrG). Die Duldung von Vorarbeiten ist auch im sonstigen Planfeststellungsrecht jeweils eigens geregelt (§ 16a BFStrG, § 17 AEG, § 3 Magnetschwebebahn-PlG). Eine entsprechende Vorschrift findet sich in § 209 BauGB für Maßnahmen nach dem Baugesetzbuch. 1

Verfassungsrechtlich betrachtet stellt die in § 44 geregelte Duldungspflicht eine unbedenkliche Inhaltsbestimmung des Eigentums i. S. v. Art. 14 I 2, II GG dar (siehe zur Parallelvorschrift in § 17 AEG *Schütz,* in: Hermes/Sellner, BeckAEG-Komm, § 17, Rn. 3). Die Vorschrift bildet damit auch die nach dem Vorbehalt des Gesetzes erforderliche Ermächtigungsgrundlage für eingreifende Hoheitsakte in Form von Duldungsverfügungen (Rn. 17). 2

Bis auf den im **Gesetzgebungsverfahren** eingefügten § 44 II 2 war § 44 bereits in dieser Form im Gesetzesentwurf der Bundesregierung (BT-Drucks. 15/3917, S. 24) enthalten. Die Vorschrift übernimmt § 11b EnWG a. F. (BT-Drucks. 15/3917, S. 67). § 11b EnWG a. F. wurde durch das Gesetz zur UVP-Änderungsrichtlinie, der IVU- 3

Richtlinie und weiterer EG-Richtlinien (vom 27. 7. 2001, BGBl. I S. 1950) in das Energiewirtschaftsgesetz eingefügt. Innerhalb des Gesetzgebungsverfahrens zu diesem Gesetz beruht § 11 b auf einer Beschlußempfehlung des Bundestages (BT-Drucks. 14/5750, S. 113). § 44 I 2 wurde schließlich im Gesetzgebungsverfahren zum Energiewirtschaftsgesetz vom 7. Juli 2005 durch Beschlußempfehlung des Ausschusses für Wirtschaft und Arbeit (9. Ausschuss) mit der Begründung eingefügt, die Regelung diene der „besseren Durchsetzung der Verpflichtung nach Abs. 1 Satz 1" (BT-Drucks. 15/5268, S. 122).

B. Die Pflicht zur Duldung von Vorarbeiten (§ 44 I)

4   Wie auch in § 16a BFStrG, § 17 AEG und § 3 Magnetschwebebahn-PlG ist der Vorhabenträger nach § 44 EnWG nicht darauf verwiesen, daß ihm die Durchführung von Vorarbeiten behördlich gestattet wird. Auch hier ergibt sich die **Duldungspflicht** des Grundstückseigentümers **unmittelbar aus dem Gesetz**. Zur Durchsetzung und näheren Konkretisierung (dazu *Ronellenfitsch,* in: Marschall/Schroeter/Kastner, FStrG, § 16a, Rn. 15) dieser Duldungspflicht können jedoch Verwaltungsakte erforderlich werden (§ 44 I 2, dazu unten Rn. 17 ff.).

I. Berechtigter: Vorhabenträger

5   **Berechtigte**r aus § 44 I 1 ist der **Vorhabenträger,** also das EVU als der Antragsteller des späteren Planfeststellungsverfahrens (*Salje,* EnWG, § 44 Rn. 6). Die Duldungspflicht besteht nicht nur im Hinblick auf Maßnahmen des Vorhabenträgers selbst, sondern auch im Hinblick auf Maßnahmen seiner **Beauftragten** (also z. B. Subunternehmer des EVU).

II. Verpflichtete: Eigentümer und Nutzungsberechtigte

6   **Verpflichtete** sind Grundstückseigentümer sowie die sonstigen Nutzungsberechtigten, wobei unerheblich ist, ob das Nutzungsrecht dinglicher (Erbbau- und Dienstbarkeitsberechtigte) oder schuldrechtlicher Natur (Mieter und Pächter) ist (so zur Parallelvorschrift des § 17 AEG auch *Schütz,* in: Hermes/Sellner, BeckAEG-Komm, § 17, Rn. 12, zu § 44, EnWG *Salje,* EnWG, § 44 Rn. 8). Dies kann Folgen für die Bekanntgabe haben (Rn. 23).

Aus § 44 zur Duldung verpflichtet sind nicht nur die Eigentümer 7
und Nutzungsberechtigten von Grundstücken, die später für das Vorhaben in Anspruch genommen werden (*Kirchberg*, in: Ziekow, Handbuch, Rn. 61). Oft ist in der von § 44 geregelten Entwurfsphase noch gar nicht absehbar, welche Grundstücke später für die Verwirklichung des Vorhabens benötigt werden. Für die Frage, welche Grundstücke nach § 44 für die Planungsvorbereitung in Anspruch genommen werden müssen, ist alleine der **Aufklärungsbedarf im Hinblick auf die für die spätere Abwägungsentscheidung** bedeutsamen Belange maßgeblich (so auch *Salje*, EnWG, § 44, Rn. 12). Dazu gehört auch, daß Vorhabenalternativen (etwa alternative Trassenverläufe) untersucht werden müssen. Die Duldungspflicht trifft daher auch Eigentümer und Nutzungsberechtigte solcher Grundstücke, die für eine **Alternativtrasse** in Anspruch genommen werden müßten (*BVerwG*, NVwZ-RR 2003, 66, 67 zu § 16a FStrG; *Hess. VGH*, DVBl. 2001, 1863, 1868 zu § 7 LuftVG; *Deutsch*, DVBl. 2001, 1868, 1869; *Hönig*, UPR 2001, 374, 379).

III. Gegenstand und Grenzen der Duldungspflicht

1. Zu duldende Maßnahmen. Zu dulden sind nach dem Wort- 8
laut der Vorschrift **notwendige Vermessungen, Boden- und Grundwasseruntersuchungen,** aber auch sonstige Vorarbeiten. Unter Bodenuntersuchungen sind (wie auch bei § 17 AEG, dazu *Schütz*, in: Hermes/Sellner, BeckAEG-Komm, § 17, Rn. 15) etwa Aufschürfungen, Entnahmen von Bodenproben und Bohrungen zur Gesteinsprüfung zu verstehen. Auch für eine Grundwasseruntersuchung sind regelmäßig Bohrungen erforderlich (*Schütz*, in: Hermes/Sellner, BeckAEG-Komm, § 17, Rn. 15). Eventuell erforderliche wasserrechtliche Erlaubnisse sind vom Vorhabenträger einzuholen (*Schütz*, in: Hermes/Sellner, BeckAEG-Komm, § 17, Rn. 15).

Von der Duldungspflicht erfaßt sind – über die ausdrücklich genann- 9
ten hinaus – aber auch sämtliche **sonstigen Maßnahmen,** die zur Ermittlung des planerischen Abwägungsmaterials notwendig werden können (*Ronellenfitsch*, in: Marschall/Schroeter/Kastner, FStrG, § 16a, Rn. 5). Die in § 44 I 1 enthaltene Aufzählung bestimmter Vorarbeiten ist also lediglich beispielhaft und **nicht abschließend.** Dies folgt schon aus dem generellen Verweis auf (ebenfalls zu duldende) „sonstige" Vorarbeiten.

2. Sachlich-zeitlicher Anwendungsbereich. § 44 betrifft die 10
Vorbereitungsphase der Planung. Erfaßt ist damit jedenfalls die Phase bis zum Beginn des Planfeststellungsverfahrens durch Stellung des Planfeststellungsantrags. Darüber hinaus entspricht es gängiger Auffas-

sung, daß die Vorschrift den gesamten Zeitraum bis zum Erlaß des Planfeststellungsbeschlusses abdeckt (*Kirchberg*, in: Ziekow, Handbuch, Rn. 60; *Deutsch,* DVBl. 2001, 1868, 1869 zu § 7 LuftVG; zur Phase nach der öffentlichen Auslegung siehe *BVerwG,* NVwZ 1994, 483).

11 Die wesentliche Abgrenzungsfrage in zeitlicher Hinsicht betrifft vor diesem Hintergrund die Vorbereitung der Planung einer- und die Durchführung des Vorhabens andererseits. Denn Arbeiten, die Teil der **Durchführung** sind, werden durch § 44 nicht gedeckt (*BVerwG,* NVwZ-RR 2003, 66, 67, zu § 16a BFStrG; *Kirchberg,* in: Ziekow, Handbuch, Rn. 58; *Hoppe/Schlarmann/Buchner,* Rechtsschutz, Rn. 319; *Hönig,* UPR 2001, 374, 376).

12 Problematisch ist in diesem Zusammenhang, ob § 44 auch die Vorarbeiten zur **Erstellung der Ausführungsplanung** oder der Ausschreibungsunterlagen erfaßt, oder ob diese Maßnahmen bereits zur Durchführung des Vorhabens zu rechnen sind (siehe hierzu *Kirchberg,* in: Ziekow, Handbuch, Rn. 58; *Hoppe/Schlarmann/Buchner,* Rechtsschutz, Rn. 319). Rechtsprechung zu diesem Problem existiert bezogen auf § 44 noch nicht. Zur Parallelvorschrift des § 16a BFStrG ist die Rechtsprechung wenig ergiebig: Nachdem das Bundesverwaltungsgericht zunächst die Auffassung vertreten hatte, mit der Ausschreibung späterer Baumaßnahmen werde noch nicht das Vorhaben selbst ausgeführt (*BVerwG,* NVwZ-RR 2003, 66, 67 – allerdings mit der Besonderheit, daß die Ausschreibungsunterlagen vor Erlaß des Planfeststellungsbeschlusses erstellt wurden), und nach Erlaß des Planfeststellungsbeschlusses stelle dieser (im Wege der Enteignung) die Grundlage der Duldung von Vermessungen und Untersuchungen dar (*BVerwG,* NVwZ-RR 2003, 66, 67), wurde die Abgrenzungsfrage mit der Entscheidung vom 17. 9. 2002 (9 VR 17.02, juris) offengelassen.

13 Vor dem Hintergrund dieser **Unsicherheit in der Rechtsprechung** bedarf es eines stimmigen Konzepts zur Lösung des Problems. Im Anschluß an *Schütz* (in: Hermes/Sellner, BeckAEG-Komm, § 17, Rn. 24 ff.) ist der Anwendungsbereich des § 44 parallel zu dem des § 17 AEG wie folgt zu bestimmen: Wie § 17 AEG zielt § 44 darauf, das bestmöglich erarbeitete Abwägungsergebnis zu gewährleisten, indem er den für die planerische Abwägungsentscheidung erforderlichen Informationstand gewährleisten hilft. Damit scheidet eine unmittelbare Anwendung der Vorschrift für die Phase nach dem Erlaß des Planfeststellungsbeschlusses aus. Deshalb lassen sich Vorarbeiten, die der Erarbeitung der Ausführungsplanung oder Ausschreibungsunterlagen dienen, nicht unmittelbar auf § 44 stützen.

14 Allerdings ist es nicht sachgerecht, dem Vorhabenträger für begleitende Arbeiten während der Durchführungsphase den Rückgriff auf

§ 44 vollständig zu verweigern und ihn stattdessen auf enteignungsrechtliche Institute zu verweisen. Dies gilt schon deshalb, weil die vom Planfeststellungsbeschluß und seiner enteignungsrechtlichen Vorwirkung betroffenen Grundstücke nicht zwingend mit den Grundstücken identisch sein müssen, die für solche Maßnahmen in Betracht kommen. Ein Aufklärungsbedarf im Hinblick auf die Ausführungsplanung muß möglicherweise auf Grundstücken befriedigt werden, auf die der Planfeststellungsbeschluß mit seiner enteignungsrechtlichen Vorwirkung den Zugriff nicht gestattet. Daraus folgt, daß **§ 44 für Vorarbeiten zur Erstellung der Ausschreibungsunterlagen bzw. der Ausführungsplanung analog anzuwenden** ist.

Die für die Parallelvorschrift des § 17 AEG gebotene **enge Beschränkung dieser Analogie** auf die Fälle, in denen die betroffenen Grundstücke nicht von der enteignungsrechtlichen Vorwirkung des Planfeststellungsbeschlusses erfaßt sind (*Schütz*, in: Hermes/Sellner, BeckAEG-Komm, § 17, Rn. 40), ist seit der Einfügung des seit dem 17. 12. 2006 geltenden § 44b durch Art. 7 des Gesetzes zur Beschleunigung von Planungsverfahren für Infrastrukturvorhaben (BGBl. I S. 2833) ebenfalls angebracht. Denn mit § 44b wurde erstmals eine § 21 AEG entsprechende Vorschrift über die vorzeitige Besitzeinweisung in das EnWG eingefügt, die die Grundstücke erfaßt, die von der enteignungsrechtlichen Vorwirkung erfaßt sind. Für Maßnahmen, die zur Vorhabendurchführung zählen, steht § 44 allerdings auch in entsprechender Anwendung nicht zur Verfügung.

3. Verhältnismäßigkeit. Allgemein begrenzt werden die zu duldenden Vorarbeiten durch den rechtsstaatlichen Grundsatz der **Verhältnismäßigkeit** (*Ronellenfitsch*, in: Marschall/Schröder/Kastner, FStrG, § 16a, Rn. 8; *Hoppe/Schlarmann/Buchner*, Rechtsschutz, Rn. 322; *Hönig*, UPR 2001, 374, 379). Flurschäden sind deshalb auf das Unvermeidbare zu beschränken (*BVerwG*, B. v. 1. 4. 1999 – 4 VR 4.99, juris, zu § 16a FStrG). Die Beweislast für die die Verhältnismäßigkeit der Maßnahme belegenden Umstände liegt beim Vorhabenträger (*Salje*, EnWG, § 44, Rn. 15).

IV. Durchsetzung der Duldungspflicht durch Anordnung (§ 44 I 2)

Für den Fall, daß ein nach § 44 I 1 Verpflichteter sich weigert, Maßnahmen nach dieser Vorschrift zu dulden, erlaubt § 44 I 2 den Erlaß einer **Duldungsverfügung.** Die Zuständigkeit hierfür richtet sich nach Landesrecht.

18 Eine derartige Duldungsverfügung stellt einen **Verwaltungsakt** im Sinne des § 35 1 VwVfG dar. Deswegen ist der Adressat vor Erlaß der Verfügung anzuhören (§ 28 VwVfG). Der Rechtsschutz richtet sich nach § 42 VwGO (Anfechtungsklage, unten Rn. 28).

19 Um die Umsetzung der Duldungsverfügung zu beschleunigen, kann die **sofortige Vollziehbarkeit** gemäß § 80 II 1 Nr. 4 VwGO angeordnet und damit die Verwaltungsvollstreckung ermöglicht werden. Die Vollstreckung richtet sich nach dem Verwaltungsvollstreckungsrecht des jeweiligen Landes.

20 Die Duldungsverfügung muß **ausreichend bestimmt** sein (§ 37 VwVfG). Eine solche Verfügung muß so präzise bestimmt sein, daß sie eine geeignete Grundlage eventuell anzuwendenden Verwaltungszwanges bilden kann. Erforderlich sind also die genaue Bezeichnung der betroffenen Grundstücke, die Angabe des voraussichtlichen Beginns und der voraussichtlichen Dauer der Vorarbeiten sowie mindestens überschlägige Angaben zu deren Art und Umfang. Die Anforderungen an die Angaben zu Art und Umfang der geplanten Maßnahme bestimmt das *BVerwG* hingegen nicht vom Verwaltungszwang her, sondern vom Informationsinteresse des Betroffenen. So hat das Gericht es ausreichen lassen, daß in der Benachrichtigung über Probebohrungen die metergenaue Angabe der einzelnen Bohrpunkte unterblieben ist, weil diese von den jeweiligen örtlichen Gegebenheiten abhängen (*BVerwG*, NVwZ 1994, 368, 369, zu einer bundesfernstraßenrechtlichen Duldungsanordnung).

C. Bekanntgabe (§ 44 II)

I. Allgemeines

21 Die Absicht, Vorarbeiten durchzuführen, ist den zur Duldung Verpflichteten mindestens zwei Wochen vor dem vorgesehene Zeitpunkt bekanntzugeben. Diese Bekanntgabe ist durch den Vorhabenträger zu veranlassen. Sie ist **Voraussetzung der Duldungspflicht** nach § 44 I 1 EnWG (s. nur *Hönig*, UPR 2001, 374, 377).

22 Die Bekanntgabe i. S. d. § 44 II ist **kein Verwaltungsakt**, sondern ein Realakt. Ihr fehlt der nach § 35 1 VwVfG erforderliche Regelungscharakter; außerdem ist der Vorhabenträger, dem die Bekanntgabe obliegt, keine Behörde i. S. d. § 35 1 VwVfG. Anders als bei der Parallelvorschrift des § 17 AEG ist wegen der ausdrücklichen Regelung der Duldungsverfügung in § 44 I 2 die Konstruktion einer der Bekanntgabe zu Grunde liegenden Duldungsverfügung überflüssig.

II. Adressat

Hinsichtlich der Frage, gegenüber welchem Duldungsverpflichteten 23 die Bekanntgabe zu erfolgen hat, wenn es deren mehrere (z. B. Eigentümer und Mietbesitzer) gibt, gilt Folgendes: Beeinträchtigen Vorarbeiten den Mietbesitz, so muß eine Duldungsverfügung jedenfalls gegenüber dem **Mietbesitzer** ergehen. Ob darüber hinaus die Bekanntgabe auch gegenüber dem **Eigentümer** erfolgen muß, hängt davon ab, ob Vorarbeiten beabsichtigt sind, die der Mietbesitzer selbst im Rahmen seines Nutzungsrechts auf dem Grundstück nicht ohne Zustimmung des Eigentümers vornehmen dürfte (wie Veränderungen des Grundstücks; z. B. das Entfernen eines Zaunes oder Fällen eines Baumes; *Schütz*, in: Hermes/Sellner, BeckAEG-Komm, § 17, Rn. 40).

III. Anforderungen an Form, Bestimmtheit und Frist der Bekanntgabe

§ 44 II läßt neben der **individuellen Bekanntgabe** gegenüber dem 24 Eigentümer bzw. Nutzungsberechtigten (§ 41 I VwVfG) auch die **ortsübliche Bekanntmachung** in den Gemeinden zu, in deren Bereich die Vorarbeiten durchzuführen sind (§ 41 III, IV VwVfG). Im Falle der individuellen Bekanntgabe besteht kein Schriftformerfordernis (§ 37 II VwVfG). Die Form der öffentlichen Bekanntmachung richtet sich nach dem jeweiligen Kommunalrecht des Landes in Verbindung mit der kommunalen Bekanntmachungssatzung. Ein Nachrang der ortsüblichen gegenüber der individuellen Bekanntgabe in dem Sinne, daß die ortsübliche Bekanntgabe nur in Frage kommt, wenn Eigentümer oder Nutzungsberechtigte nicht oder nur unter großen Schwierigkeiten ermittelbar sind (so aber *Ronellenfitsch*, in: Marschall/Schroeter/Kastner, FStrG, § 16 a, Rn. 11; *Hönig*, UPR 2001, 374, 377), besteht nicht (so wohl auch *Schütz*, in: Hermes/Sellner, BeckAEG-Komm, § 17, Rn. 43, unter Berufung auf *BVerwG*, B. v. 1. 4. 1999 – 4 VR 4.99, juris).

Auch die Bekanntgabe unterliegt **Bestimmtheitsanforderungen,** 25 die sich allerdings mangels Verwaltungsaktscharakters nicht aus § 37 VwVfG ergeben. Maßgeblich ist stattdessen das allgemeine Rechtsstaatsprinzip und der Grundrechtsschutz der Betroffenen. Insofern kommt es darauf an, daß diesen die zu gewärtigenden Maßnahmen ausreichend erkennbar sind. Erforderlich sind auch hier (zum Inhalt einer Duldungsverfügung nach § 44 I 2 s. o. Rn. 20) die Bezeichnung der betroffenen Grundstücke, die Angabe des voraussichtlichen Beginns und der voraussichtlichen Dauer der Vorarbeiten sowie mindestens überschlägige Angaben zu deren Art und Umfang.

26 Die Duldungspflicht wird nur dann ausgelöst, wenn dem Betroffenen die Absicht, Vorarbeiten durchzuführen, mindestens zwei Wochen vor deren Beginn bekannt gegeben wird. Die **Zwei-Wochen-Frist** schafft den Raum für eine vom Betroffenen gewünschte Beweissicherung (so zur Parallelvorschrift in § 17 AEG *Schütz,* in: Hermes/Sellner, BeckAEG-Komm, § 17, Rn. 56). Daneben dient die Frist auch dazu, dem Betroffenen Gelegenheit zu geben, dem Vorhabenträger sein fehlendes Einverständnis mitzuteilen mit der Folge, daß eine Duldungsverfügung (§ 44 I 2, dazu s. o. Rn. 17), ergehen muß.

D. Rechtsschutz

27 Gegen die **Bekanntgabe der Absicht, Vorarbeiten durchzuführen,** durch den Vorhabenträger (§ 44 II) ist Rechtsschutz weder möglich noch erforderlich. Hier genügt die Mitteilung des Betroffenen an den Vorhabenträger, daß er nicht zur Duldung bereit ist. Diese Mitteilung löst die Notwendigkeit einer Duldungsverfügung nach § 44 I 2 aus (Rn. 17).

28 Der Rechtsschutz gegen die **Duldungsverfügung** nach § 44 I 2 richtet sich in der Hauptsache nach § 42 I VwGO, d. h. der Betroffene hat Widerspruch einzulegen (§ 68 VwGO) und im Mißerfolgsfalle sodann eine Anfechtungsklage zu erheben. Die Frist des § 70 I VwGO ist zu beachten. Gemäß § 80 I VwGO kommt dem Widerspruch aufschiebende Wirkung zu, so daß mit den Vorarbeiten nicht gegen den Willen des Betroffenen begonnen werden kann.

29 Etwas anders gilt für den Fall, daß die zuständige Behörde nach § 80 II 1 Nr. 4, III VwGO im öffentlichen Interesse oder im überwiegenden Interesse des Vorhabenträgers die **sofortige Vollziehung** der Duldungsverfügung anordnet (zu dieser Möglichkeit auch *Salje,* EnWG, § 44, Rn. 21). Das hierfür erforderliche und in der Vollziehbarkeitsanordnung darzulegende Sofortvollzugsinteresse soll in der Dringlichkeit des Projekts selbst und in der damit verbundenen Eilbedürftigkeit der Fertigstellung der Planunterlagen liegen können (*Schütz,* in: Hermes/Sellner, BeckAEG-Komm, § 17, Rn. 54). Das *BVerwG* hat es darüber hinausgehend sogar genügen lassen, daß das Vorhaben, zu dessen Vorbereitung Vorarbeiten erforderlich waren, im gesetzlichen Bedarfsplan als Vorhaben des vordringlichen Bedarfs ausgewiesen war (*BVerwG*, B. v. 1. 4. 1999 – 4 VR 4.99, juris). Hat die zuständige Behörde die sofortige Vollziehung der Duldungsverfügung angeordnet, so steht dem Betroffenen hiergegen das Aussetzungsverfahren nach § 80 V VwGO zur Verfügung.

Der Betroffene kann die Duldungsverfügung nur darauf hin über- 30
prüfen lassen, ob ihre **sachlichen Voraussetzungen** vorliegen und ob
eine ordnungsgemäße **Bekanntgabe** erfolgt ist. Einwendungen gegen
das geplante Vorhaben selbst sind im Verwaltungsstreitverfahren über
die Zulässigkeit von Vorarbeiten ausgeschlossen.

E. Entschädigung

§ 44 III sieht eine angemessene Entschädigung in Geld für die durch 31
die Vorarbeiten verursachten unmittelbaren Vermögensnachteile vor.
Der Entschädigung in Geld geht allerdings die Verpflichtung des
Vorhabenträgers vor, nach Abschluß der Arbeiten den **vorherigen
Zustand** unverzüglich **wieder herzustellen,** wie dies z. B. im Abfallrecht ausdrücklich gesetzlich bestimmt ist (§ 30 II KrW-/AbfG).

Die gleichwohl verbleibenden Schäden sind in Geld auszugleichen 32
(*Kirchberg,* in: Ziekow, Handbuch, Rn. 70). § 44 III beschränkt die
Ersatzpflicht allerdings auf **unmittelbare Vermögensnachteile,** so
daß lediglich Wertersatz zu leisten, nicht aber auch der entgangene
Gewinn zu ersetzen ist (*Schütz,* in: Hermes/Sellner, BeckAEG-Komm,
§ 17, Rn. 60; *Kirchberg,* in: Ziekow, Handbuch, Rn. 70) Zur Entschädigung verpflichtet ist der Vorhabenträger.

Das **Verfahren** der Entschädigung ist dem Enteignungsrecht nachge- 33
bildet (so zur Parallelvorschrift in § 17 AEG *Schütz,* in: Hermes/
Sellner, BeckAEG-Komm, § 17, Rn. 61). Danach hat sich der Vorhabenträger zunächst um eine Einigung mit dem Betroffenen zu bemühen. Erst wenn diese Bemühungen scheitern, wird die Entschädigung
durch die nach Landesrecht zuständige Behörde (nach Gewährung
rechtlichen Gehörs) festgesetzt.

F. Vorbereitung von Unterhaltungsmaßnahmen

§ 44 I 1 verpflichtet Eigentümer und sonstige Nutzungsberechtigte 34
auch im Hinblick auf **Unterhaltungsmaßnahmen** zur Duldung
von Vorarbeiten (dazu auch *Salje,* EnWG, § 44, Rn. 13 f.). Der Begriff
der Unterhaltungsmaßnahmen kann analog zum eisenbahnrechtlichen
Parallelbegriff (dazu *Schütz,* in: Hermes/Sellner, BeckAEG-Komm,
§ 17, Rn. 66) definiert werden. Unterhaltungsmaßnahmen dienen
danach der Bewahrung oder Wiederherstellung eines planungsrechtlich genehmigten Zustandes, um die Funktionsfähigkeit der Anlage
zu erhalten, wiederherzustellen und/oder sie an neue technische Stan-

dards anzupassen. Vorarbeiten zu Unterhaltungsmaßnahmen in diesem Sinne fallen unter § 44 I 1 2. Alt. und lösen eine Duldungspflicht des Grundstückseigentümers bzw. sonstigen Nutzungsberechtigten aus. Die Unterhaltungsmaßnahmen als solche sind nicht planfeststellungs- oder plangenehmigungspflichtig nach § 43 EnWG (so zum parallelen Problem im Eisenbahnrecht m. w. N. *Vallendar,* in: Hermes/Sellner, BeckAEG-Komm, § 18, Rn. 59).

35 Die Ausführungen zu den **Vorarbeiten für die Planung** von Vorhaben (oben Rn. 8 ff.) gelten **entsprechend für Vorarbeiten zu Unterhaltungsmaßnahmen.** Notwendige Modifikationen ergeben sich naheliegenderweise aus den Unterschieden zwischen Vorhabenplanung und nach Vorhabenfertigstellung liegenden Unterhaltungsmaßnahmen. So stehen Vorarbeiten im Hinblick auf Unterhaltungsmaßnahmen nicht in Beziehung zu einer Optimierung des Abwägungsergebnisses. Vorarbeiten im Hinblick auf Alternativtrassen sind deshalb beispielsweise nicht erforderlich.

§ 44a Veränderungssperre, Vorkaufsrecht

(1) ¹**Vom Beginn der Auslegung der Pläne im Planfeststellungsverfahren oder von dem Zeitpunkt an, zu dem den Betroffenen Gelegenheit gegeben wird, den Plan einzusehen, dürfen auf den vom Plan betroffenen Flächen bis zu ihrer Inanspruchnahme wesentlich wertsteigernde oder die geplante Baumaßnahmen erheblich erschwerende Veränderungen nicht vorgenommen werden (Veränderungssperre).** ²**Veränderungen, die in rechtlich zulässiger Weise vorher begonnen worden sind, Unterhaltungsarbeiten und die Fortführung einer bisher ausgeübten Nutzung werden davon nicht berührt.** ³**Unzulässige Veränderungen bleiben bei Anordnungen nach § 74 Abs. 2 Satz 2 des Verwaltungsverfahrensgesetzes und im Entschädigungsverfahren unberücksichtigt.**

(2) ¹**Dauert die Veränderungssperre über vier Jahre, im Falle von Hochspannungsfreileitungen über fünf Jahre, können die Eigentümer für die dadurch entstandenen Vermögensnachteile Entschädigung verlangen.** ²**Sie können ferner die Vereinbarung einer beschränkt persönlichen Dienstbarkeit für die vom Plan betroffenen Flächen verlangen, wenn es ihnen mit Rücksicht auf die Veränderungssperre wirtschaftlich nicht zuzumuten ist, die Grundstücke in der bisherigen oder einer anderen zulässigen Art zu benutzen.** ³**Kommt keine Vereinbarung nach Satz 2 zustande, so können die Eigentümer die entsprechende Beschränkung des Eigentums an den Flächen verlangen.** ⁴**Im Übrigen gilt § 45.**

(3) **In den Fällen des Absatzes 1 Satz 1 steht dem Träger des Vorhabens an den betroffenen Flächen ein Vorkaufsrecht zu.**

Literatur: Schütz, in: Hermes/Sellner, BeckAEG-Komm, 2006, Kommentierung zu § 19: vgl. auch die Hinweise zu § 44.

Übersicht

	Rn.
A. Allgemeines	1
B. Veränderungssperre	2
I. Beginn und Ende der Veränderungssperre	2
II. Gegenstand der Veränderungssperre	4
III. Wirkungen der Veränderungssperre	10
IV. Räumlicher Geltungsbereich	13
V. Entschädigung	14
1. Allgemeines	14
2. Die Vierjahresfrist nach § 44a II	15
3. Entschädigungsverpflichteter und -berechtigter	16
4. Voraussetzungen und Umfang der Entschädigung	17
5. Vereinbarung einer beschränkt persönlichen Dienstbarkeit (§ 44a II 2 und 3)	19
6. Verfahren und Rechtsschutz	20
C. Vorkaufsrecht	22
I. Allgemeines	22
II. Anwendungsbereich	23
III. Ausübung und Rechtswirkung	24

A. Allgemeines

§ 44a wurde im Dezember 2006 durch Art. 7 des Gesetzes zur Beschleunigung von Planungsverfahren für Infrastrukturvorhaben (BGBl. I S. 2833) in das EnWG eingefügt. Die Vorschrift gilt seit dem 17. 12. 2006. Entsprechende Vorschriften finden sich in § 19 AEG und § 15 WaStrG. Das EnWG kannte eine vergleichbare Regelung bislang nicht. § 44a I bis III regelt die Modalitäten der ex lege eintretenden **Veränderungssperre**, § 44a III sieht das **Vorkaufsrecht des Vorhabenträgers** vor. Beide Instrumente dienen der Erleichterung der Umsetzung energierechtlicher Fachplanungen.

B. Veränderungssperre

I. Beginn und Ende der Veränderungssperre

Die Veränderungssperre greift nach § 44a I 1 mit dem **Beginn der Auslegung der Pläne im Planfeststellungsverfahren** bzw. von dem

Zeitpunkt an, zu dem den Betroffenen **Gelegenheit zur Einsichtnahme** nach § 73 III 2 VwVfG gegeben wird. Im Falle der vereinfachten Anhörung nach § 73 III 2 und IV 2 wird die Veränderungssperre mit dem Zugang der den Betroffenen zur Einsichtnahme zugeleiteten Pläne oder dem Zugang der schriftlichen Mitteilung der Anhörungsbehörde, daß die Pläne eingesehen werden können, wirksam (so auch zur Parallelvorschrift in § 19 AEG *Schütz,* in: Hermes/Sellner, BeckAEG-Komm, § 19, Rn. 17).

3   Die Veränderungssperre **endet** erst dann, wenn die betroffenen Flächen vom Vorhabenträger in Anspruch genommen werden. **Inanspruchnahme** in diesem Sinne ist der Erwerb des Eigentums durch den Vorhabenträger (so auch zur Parallelvorschrift in § 19 AEG *Schütz,* in: Hermes/Sellner, BeckAEG-Komm, § 19, Rn. 18). Besteht der Grunderwerb lediglich in der dinglichen Belastung eines Grundstück, so ist deren Eintragung ins Grundbuch als „Inanspruchnahme" i. S. d. § 44a I 1 anzusehen (so auch zur Parallelvorschrift in § 19 AEG *Schütz,* in: Hermes/Sellner, BeckAEG-Komm, § 19, Rn. 18).

II. Gegenstand der Veränderungssperre

4   Die Veränderungssperre betrifft nach § 44a I 1 **wesentlich wertsteigernde oder die geplante Maßnahme erheblich erschwerende Veränderungen.** Diese beiden Tatbestände werden in der Praxis häufig kumulativ vorliegen, weil wesentlich wertsteigernde Veränderungen – zum Beispiel die Errichtung baulicher Anlagen – regelmäßig auch eine Erschwerung der Baudurchführung zur Folge haben (so auch zur Parallelvorschrift in § 19 AEG *Schütz,* in: Hermes/Sellner, BeckAEG-Komm, § 19, Rn. 20).

5   **Wesentlich wertsteigernd** sind alle Maßnahmen, die den Grundstückswert des von der Veränderungssperre erfassten Grundstücks nicht nur unwesentlich erhöhen. Dies kann z. B. bei einer Intensivierung der land- oder forstwirtschaftlichen Nutzung der Fall sein (weitere Beispiele bei *Schütz,* in: Hermes/Sellner, BeckAEG-Komm, § 19, Rn. 21). Regelmäßig wird die Errichtung oder Erweiterung baulicher Anlagen zu einer wesentlichen Wertsteigerung des Grundstücks führen.

6   Zu den die geplante Maßnahme erheblich **erschwerenden Veränderungen** gehören z. B. Ablagerungen, Aufschüttungen und Abgrabungen, die zur Errichtung der planfestgestellten Leitungsanlage wieder beseitigt werden müssen, aber auch die Verlegung von Leitungen. Eine erhebliche Erschwerung kann dabei auch in einer Verteuerung der Baumaßnahme bestehen (so auch zur Parallelvorschrift in § 19 AEG *Schütz,* in: Hermes/Sellner, BeckAEG-Komm, § 19, Rn. 22.

Ausgenommen von der Veränderungssperre sind nach § 44a 7
I 2 Veränderungen, die vor ihrem Inkrafttreten in rechtlich zulässiger Weise **begonnen** worden sind. Die Vorschrift ist damit – wie auch § 19 AEG (dazu *Schütz,* in: Hermes/Sellner, BeckAEG-Komm, § 19, Rn. 23) – enger als beispielsweise § 14 III BauGB, nach dem es für die Freistellung ausreicht, daß das Vorhaben vor Inkrafttreten der Veränderungssperre baurechtlich genehmigt wurde. In rechtlich zulässiger Weise wurde mit Maßnahmen begonnen wird, wenn diese in formeller und materieller Hinsicht legal sind. Die Durchführung genehmigungsbedürftiger Bauarbeiten ohne die erforderliche Baugenehmigung reicht hierfür auch dann nicht aus, wenn ein Anspruch auf Erteilung dieser Baugenehmigung besteht (so auch zur Parallelvorschrift in § 19 AEG *Schütz,* in: Hermes/Sellner, BeckAEG-Komm, § 19, Rn. 24).

Von der Veränderungssperre ebenfalls nicht betroffene **Unterhal-** 8
tungsarbeiten sind Maßnahmen, die der Erhaltung des vorhandenen Bestandes dienen. Der Begriff der Unterhaltungsarbeiten ist im Hinblick auf den Charakter des § 44a I 2 als Ausnahmeregelung und wegen des mit § 44a I 1 verfolgten Zwecks eng auszulegen (*Bielenberg/Stock,* in: Ernst/Zinkahn/Bielenberg/Krautzberger, BauGB, § 14, Rn. 68; *Lemmel,* in: Berliner Kommentar, BauGB, 3. Aufl. 2002, § 14, Rn. 29; zur Parallelvorschrift in § 19 AEG *Schütz,* in: Hermes/Sellner, BeckAEG-Komm, § 19, Rn. 24; dort auch Beispiele wie die Neueindeckung eines Dachs, die Erneuerung eines morschen Dachstuhls, das Verputzen einer feuchtigkeitsgefährdeten Wand oder das Aufmauern rissiger Gebäudeteile).

Unter die ebenfalls von der Veränderungssperre nicht betroffene 9
Fortführung der bisher ausgeübten Nutzung fällt beispielsweise die weitere Bewirtschaftung eines Feldes im Rahmen der Fruchtfolge, nicht aber z.B. die Intensivierung der Nutzung, etwa durch Anlage einer Obstplantage auf einer seither als Wiese genutzten Fläche (*Schlosser,* in: Marschall/Schroeter/Kastner, FStrG, § 9a, Rn. 7; zur Parallelvorschrift in § 19 AEG *Schütz,* in: Hermes/Sellner, BeckAEG-Komm, § 19, Rn. 29).

III. Wirkungen der Veränderungssperre

Die wesentliche rechtliche Wirkung der Veränderungssperre besteht 10
in einem **Verbot, wesentlich wertsteigernde oder die geplanten Baumaßnahmen erheblich erschwerende Veränderungen durchzuführen.** Verbotene Veränderungen, die trotzdem vorgenommen werden, sind rechtswidrig. Der Eigentümer kann aus solchen Verände-

rungen keine Rechte gegenüber dem Vorhabenträger oder gegenüber der Planfeststellungsbehörde herleiten. Die zuständigen Behörden können verbotene Veränderungen mit den Mitteln der Eingriffsverwaltung – also namentlich durch Untersagungsverfügungen und deren Durchsetzung – unterbinden. Der Vorhabenträger hat hierauf einen Anspruch aus § 44a, da die Vorschrift als eine Schutznorm zu seinen Gunsten zu verstehen ist (so auch zur Parallelvorschrift in § 19 AEG *Schütz*, in: Hermes/Sellner, BeckAEG-Komm, § 19, Rn. 11).

11 Ausdrücklich geregelt ist in § 44a I 3, daß Anlagen, die unter Verstoß gegen § 44a I 1 entstanden sind, bei Schutzvorkehrungsanordnungen gem. § 74 II 2 VwVfG oder im Entschädigungsverfahren unberücksichtigt bleiben. Konsequent ist insofern auch die auf § 19 AEG, aber auch für § 44a gültige Aussage, **daß die Veränderungssperre bereits Auswirkungen auf das Gewicht hat, mit dem die Belange des Betroffenen in die Abwägung einzustellen sind** (so auch zur Parallelvorschrift in § 19 AEG *Schütz*, in: Hermes/Sellner, BeckAEG-Komm, § 19, Rn. 9). Entgegen § 44a I 1 vorgenommene Veränderungen bleiben demnach im Rahmen der Abwägung nach § 43 2 unberücksichtigt (zu § 19 AEG auch *BVerwG*, Buchholz 442.09 § 18 AEG Nr. 41).

12 Eine Sperrwirkung entfaltet § 44a I 1 auch gegenüber einem **Bebauungsplan,** der der Veränderungssperre widersprechende Bauvorhaben bauplanungsrechtlich legalisiert. Ein solcher Bebauungsplan ist mangels Erforderlichkeit i. S. d. § 1 III BauGB nichtig (*BVerwG*, NVwZ 1993, 884, 885; vgl. ferner *BVerwG*, DVBl. 2000, 187; *VGH Bad.-Württ.*, ZfBR 1997, 101, 103 f.).

IV. Räumlicher Geltungsbereich

13 In **räumlicher Hinsicht** betrifft die Veränderungssperre die „vom Plan betroffenen Flächen". Welche dies sind, ergibt sich aus den ausgelegten – bzw. gem. § 73 III 2 VwVfG zur Einsichtnahme gebrachten – Planunterlagen. „Vom Plan betroffen" i. S. d. § 44a I 1 sind dabei diejenigen Flächen, welche für das Vorhaben unmittelbar endgültig oder vorübergehend in Anspruch genommen werden (so auch zur Parallelvorschrift in § 19 AEG *Schütz*, in: Hermes/Sellner, BeckAEG-Komm, § 19, Rn. 15). Es kommt nicht darauf an, ob die Flächen für das Vorhaben selbst, für notwendige Folgemaßnahmen an Anlagen Dritter (§ 75 I 1 VwVfG) oder für Maßnahmen der landschaftspflegerischen Begleitplanung (§ 20 IV BNatschG) benötigt werden. Nicht von der Veränderungssperre betroffen sind Flächen, die durch das Vorhaben nur mittelbar, zum Beispiel durch Verkehrslärmimmissionen, betroffen sind.

V. Entschädigung

1. Allgemeines. § 44 a II gewährt Eigentümern einen **Entschädigungsanspruch,** wenn die Veränderungssperre über vier Jahre dauert. Die Entschädigung nach § 44 a II ist keine Enteignungsentschädigung für einen gezielten staatlichen Zugriff, sondern Ausgleich für eine unverhältnismäßige Belastung des Eigentümers im Rahmen der Inhalts- und Schrankenbestimmung (so auch zur Parallelvorschrift in § 19 AEG *Schütz,* in: Hermes/Sellner, BeckAEG-Komm, § 19, Rn. 31).

2. Die Vierjahresfrist nach § 44 a II. Während der ersten vier Jahre der Geltungsdauer der Veränderungssperre besteht kein Entschädigungsanspruch. Dies ist eine nicht zu beanstandende Inhalts- und Schrankenbestimmung des Eigentums (so auch zur Parallelvorschrift in § 19 AEG *Schütz,* in: Hermes/Sellner, BeckAEG-Komm, § 19, Rn. 40). Die **Vierjahresfrist** beginnt mit der Planauslegung bzw. mit der individuellen Bekanntgabe gem. § 73 III 2 VwVfG. Der Anspruch entfällt, wenn der Vorhabenträger vor ihrem Ablauf das Grundstück in Anspruch genommen – also das Eigentum erlangt (dazu oben Rn. 3) – hat. Ausreichend ist aber auch die Besitzerlangung im Rahmen der vorzeitigen Besitzeinweisung nach § 44 b, weil die Beschränkung des Eigentums von diesem Zeitpunkt an auf der vorzeitigen Besitzeinweisung beruhend nach den hierfür geltenden Maßstäben zu entschädigen ist (§ 44 b, Rn. 14 ff.).

3. Entschädigungsverpflichteter und -berechtigter. Entschädigungsverpflichteter ist der Vorhabenträger, **Berechtigter** (lediglich) der Eigentümer. Wie auch die Parallelvorschrift des § 19 II AEG ist aber auch dieser Vorschrift **verfassungskonform** dahin auszulegen, daß auch denjenigen, die aufgrund eines dinglichen oder persönlichen Rechts zur Nutzung eines Grundstücks berechtigt sind, ein Entschädigungsanspruch zuzubilligen ist, falls die übrigen Voraussetzungen hierfür erfüllt sind (dazu *Schütz,* in: Hermes/Sellner, BeckAEG-Komm, § 19, Rn. 35).

4. Voraussetzungen und Umfang der Entschädigung. Die Entschädigung zielt – wie auch bei der bauplanungsrechtlichen Veränderungssperre – nur auf **Wertausgleich für Substanzverlust.** Nicht erfaßt ist also entgangener Gewinn (so auch zur Parallelvorschrift in § 19 AEG *Schütz,* in: Hermes/Sellner, BeckAEG-Komm, § 19, Rn. 38). In Fällen erschwerter Nutzung des von der Veränderungssperre betroffenen Grundstücks setzt der Anspruch voraus, daß der Eigentümer tatsächlich in der Lage und ernsthaft gewillt war, eine über die bisherige Nutzung hinausgehende Nutzung vorzunehmen und diese Nutzung nach den für sie geltenden Rechtsvorschriften des Bauplanungs-, Bauordnungs- oder Naturschutzrechts rechtlich zulässig war (so auch zur Parallelvorschrift in § 19 AEG *Schütz*, in: Hermes/Sellner, BeckAEG-Komm, § 19, Rn. 37; *BGHZ* 57, 278, 285; 73, 161, 166; *BGH, NJW* 1981, 458; *BGH,* NVwZ 1983, 500).

18 Die **Höhe der Nutzungsentschädigung** ist an die Bodenrente anzupassen (so auch zur Parallelvorschrift in § 19 AEG *Schütz,* in: Hermes/Sellner, BeckAEG-Komm, § 19, Rn. 41; *BGHZ* 30, 338; *BGH,* NVwZ 1992, 1119, 1121). Diese bestimmt sich danach, was ein Bauwilliger gezahlt hätte, wenn ihm gestattet worden wäre, auf dem betreffenden Grundstück die verbotene Nutzung durchzuführen (Miet-, Pacht- oder Erbbauzins). Hiervon ist der Wert der Nutzungen, die durch die Veränderungssperre nicht beeinträchtigt wurden, abzuziehen (so auch zur Parallelvorschrift in § 19 AEG *Schütz,* in: Hermes/Sellner, BeckAEG-Komm, § 19, Rn. 41; *BGH,* BauR 1975, 328). Wenn der Eigentümer die Entschädigung nach § 44a II schon vor der endgültigen Inanspruchnahme des Grundstücks erhalten hat, so ist diese von der Entschädigung für das Grundstück abzuziehen (so auch zur Parallelvorschrift in § 19 AEG *Schütz,* in: Hermes/Sellner, BeckAEG-Komm, § 19, Rn. 42, m. w. N.).

19 **5. Vereinbarung einer beschränkt persönlichen Dienstbarkeit (§ 44a II 2 und 3).** § 44a II 2 stellt neben („ferner") die Entschädigung nach § 44a II 1 die Vereinbarung einer **beschränkt persönlichen Dienstbarkeit** für die vom Plan betroffenen Flächen. Diese kann deren Eigentümern verlangt werden, insofern besteht also ein **Kontrahierungszwang.** Voraussetzung ist, daß es den Eigentümern mit Rücksicht auf die Veränderungssperre wirtschaftlich nicht zuzumuten ist, die Grundstücke in der bisherigen oder einer anderen zulässigen Art zu benutzen. Kommt eine solche Vereinbarung nicht freiwillig zustande, so können die Eigentümer die entsprechende Beschränkung des Eigentums an den Flächen direkt verlangen, d. h. gerichtlich geltend machen.

20 **6. Verfahren und Rechtsschutz.** § 44a II 4 („Im übrigen gilt § 45") verweist auf die einschlägige Vorschrift zur Enteignung. Dies bedeutet für das **Verfahren der Entschädigung,** daß die Landesenteignungsgesetze maßgeblich sind. Dies folgt aus dem weiter führenden Verweis in § 45 III.

21 Die Eigentümer betroffener Grundstücke können die Wirksamkeit oder Reichweite der Veränderungssperre im Wege der **Feststellungsklage** nach § 43 I VwGO verwaltungsgerichtlich klären lassen. Voraussetzung im Sinne der Sachurteilsvoraussetzung des besonderen Feststellungsbedürfnisses ist es jedoch, daß eine möglicherweise verbotene Veränderung am Grundstück beabsichtigt ist oder (im Falle einer Veräußerungsabsicht) die auf der Veränderungssperre beruhende Wertminderung beseitigt werden soll (so auch zur Parallelvorschrift in § 19 AEG *Schütz,* in: Hermes/Sellner, BeckAEG-Komm, § 19, Rn. 45). Bedarf die möglicherweise verbotene Veränderung einer Genehmigung nach anderen Vorschriften, so muß der Betroffene gegen eine versagende Entscheidung der Baugenehmigungsbehörde Widerspruch und Verpflichtungsklage erheben; über die Veränderungssperre wird dann inzident entschieden (so auch zur Parallelvorschrift in § 19 AEG *Schütz,* in: Hermes/Sellner, BeckAEG-Komm, § 19, Rn. 42, 45; zum Ganzen auch *Kühling/Herrmann,* Fachplanungsrecht, 2. Aufl. 2000, Rn. 755).

C. Vorkaufsrecht

I. Allgemeines

Auch das **Vorkaufsrecht des § 44 a III** sichert die Durchführung 22 des planfestgestellten oder plangenehmigten Vorhabens. Es eröffnet dem Vorhabenträger die Möglichkeit, sich die für das Vorhaben benötigten Grundstücke ohne Durchführung eines Enteignungsverfahrens zu beschaffen, wenn diese von ihren Eigentümern verkauft werden. Ratio legis ist die Befürchtung, daß z. B. Verbände während des Planfeststellungsverfahrens Grundstücke, die für das Vorhaben benötigt werden, als „Sperrgrundstücke" erwerben, um auf diese Weise ein eigenes Einwendungsrecht im Planfeststellungsverfahren und ein Klagerecht gegen den Planfeststellungsbeschluß zu erwerben (so auch zur Parallelvorschrift in § 19 AEG *Schütz,* in: Hermes/Sellner, BeckAEG-Komm, § 19, Rn. 48). Allerdings hat die Einführung der naturschutzrechtlichen Verbandsklage den Grund solcher „Sperrgrundstücks-Klagen" zum Teil entfallen lassen, auch wenn die Verbandsklage nicht zu einer Vollüberprüfung des Planfeststellungsbeschlusses, sondern nur zu einer naturschutzbezogenen Kontrolle führt.

II. Anwendungsbereich

Das Vorkaufsrecht soll dem Wortlaut des § 44 a III nach **in denselben Fällen wie die Veränderungssperre** greifen. Wie die Parallelvorschrift des § 19 III AEG (dazu *Schütz,* in: Hermes/Sellner, BeckAEG-Komm, § 19 Rn. 56 f.) ist § 44 a III im Hinblick auf den sachlichen Anwendungsbereich in zweifacher Hinsicht einschränkend auszulegen: Zum einen ist ein Vorkaufsrecht für Flächen, die für das Vorhaben nur vorübergehend (z. B. zur Baustelleneinrichtung) benötigt 23 werden, nicht anzuerkennen. Zum anderen kann ein Vorkaufsrecht dann nicht bestehen, wenn nach Grunderwerbsverzeichnis und Grunderwerbsplan nicht die vollständige oder teilweise Übertragung eines Grundstücks auf den Vorhabenträger vorgesehen ist, sondern lediglich die Eintragung eines dinglichen Nutzungsrechts. In beiden Fällen wäre ein Vorkaufsrecht auch schon nicht vom Normzweck, der Sicherung der Durchführung der Planung, gedeckt.

III. Ausübung und Rechtswirkung

24 Auf das Vorkaufsrecht des § 44a III finden als **gesetzliches Vorkaufsrechte die §§ 463–472 BGB entsprechende Anwendung** (*Putzo*, in: Palandt, BGB, 67. Aufl., 2008, Vorb. v. § 463, Rn. 2, 4). Die Ausübung des Vorkaufsrechts setzt also einen wirksamen Kaufvertrag zwischen dem Vorkaufsverpflichteten und einem Dritten voraus. Ausgeübt wird das Vorkaufsrecht durch einseitige empfangsbedürftige Willenserklärung des Vorhabenträgers gegenüber dem Vorkaufsverpflichteten. Durch die Ausübung kommt ein neuer selbständiger Kaufvertrag zwischen dem Vorhabenträger und dem Vorkaufsverpflichteten unter den Bedingungen zustande, welche der Verpflichtete mit dem Dritten vereinbart hat (§ 464 Abs. 2 BGB).

25 Die Ausübung des Vorkaufsrechts ist **kein Verwaltungsakt**. Der Rechtsschutz des Eigentümers und des Dritten gegen die Ausübung des Vorkaufsrechts führt daher vor die Zivilgerichte.

§ 44b Vorzeitige Besitzeinweisung

(1) ¹Ist der sofortige Beginn von Bauarbeiten geboten und weigert sich der Eigentümer oder Besitzer, den Besitz eines für den Bau, die Änderung oder Betriebsänderung von Hochspannungsfreileitungen, Erdkabeln oder Gasversorgungsleitungen im Sinne des § 43 benötigten Grundstücks durch Vereinbarung unter Vorbehalt aller Entschädigungsansprüche zu überlassen, so hat die Enteignungsbehörde den Träger des Vorhabens auf Antrag nach Feststellung des Plans oder Erteilung der Plangenehmigung in den Besitz einzuweisen. ²Der Planfeststellungsbeschluss oder die Plangenehmigung müssen vollziehbar sein. ³Weiterer Voraussetzungen bedarf es nicht.

(2) ¹Die Enteignungsbehörde hat spätestens sechs Wochen nach Eingang des Antrags auf Besitzeinweisung mit den Beteiligten mündlich zu verhandeln. ²Hierzu sind der Antragsteller und die Betroffenen zu laden. ³Dabei ist den Betroffenen der Antrag auf

Besitzeinweisung mitzuteilen. ⁴Die Ladungsfrist beträgt drei Wochen. ⁵Mit der Ladung sind die Betroffenen aufzufordern, etwaige Einwendungen gegen den Antrag vor der mündlichen Verhandlung bei der Enteignungsbehörde einzureichen. ⁶Die Betroffenen sind außerdem darauf hinzuweisen, dass auch bei Nichterscheinen über den Antrag auf Besitzeinweisung und andere im Verfahren zu erledigende Anträge entschieden werden kann.

(3) ¹Soweit der Zustand des Grundstücks von Bedeutung ist, hat die Enteignungsbehörde diesen bis zum Beginn der mündlichen Verhandlung in einer Niederschrift festzustellen oder durch einen Sachverständigen ermitteln zu lassen. ²Den Beteiligten ist eine Abschrift der Niederschrift oder des Ermittlungsergebnisses zu übersenden.

(4) ¹Der Beschluss über die Besitzeinweisung ist dem Antragsteller und den Betroffenen spätestens zwei Wochen nach der mündlichen Verhandlung zuzustellen. ²Die Besitzeinweisung wird in dem von der Enteignungsbehörde bezeichneten Zeitpunkt wirksam. ³Dieser Zeitpunkt soll auf höchstens zwei Wochen nach Zustellung der Anordnung über die vorzeitige Besitzeinweisung an den unmittelbaren Besitzer festgesetzt werden. ⁴Durch die Besitzeinweisung wird dem Besitzer der Besitz entzogen und der Träger des Vorhabens Besitzer. ⁵Der Träger des Vorhabens darf auf dem Grundstück das im Antrag auf Besitzeinweisung bezeichnete Bauvorhaben durchführen und die dafür erforderlichen Maßnahmen treffen.

(5) ¹Der Träger des Vorhabens hat für die durch die vorzeitige Besitzeinweisung entstehenden Vermögensnachteile Entschädigung zu leisten, soweit die Nachteile nicht durch die Verzinsung der Geldentschädigung für die Entziehung oder Beschränkung des Eigentums oder eines anderen Rechts ausgeglichen werden. ²Art und Höhe der Entschädigung sind von der Enteignungsbehörde in einem Beschluss festzusetzen.

(6) ¹Wird der festgestellte Plan oder die Plangenehmigung aufgehoben, so sind auch die vorzeitige Besitzeinweisung aufzuheben und der vorherige Besitzer wieder in den Besitz einzuweisen. ²Der Träger des Vorhabens hat für alle durch die Besitzeinweisung entstandenen besonderen Nachteile Entschädigung zu leisten.

(7) ¹Ein Rechtsbehelf gegen eine vorzeitige Besitzeinweisung hat keine aufschiebende Wirkung. ²Der Antrag auf Anordnung der aufschiebenden Wirkung nach § 80 Abs. 5 Satz 1 der Verwaltungsgerichtsordnung kann nur innerhalb eines Monats nach der Zustellung des Besitzeinweisungsbeschlusses gestellt und begründet werden.

§ 44b 1, 2 — Teil 5. Planfeststellung, Wegenutzung

Literatur: *Riedel,* Die vorzeitige Besitzeinweisung nach § 44b EnWG, RdE 2008, 81; *Schütz,* in: Hermes/Sellner, BeckAEG-Komm, 2006, § 17; vgl. auch die Hinweise zu § 44.

Übersicht

	Rn.
A. Allgemeines	1
B. Voraussetzungen der vorzeitigen Besitzeinweisung	3
C. Benötigte Grundstücke	6
D. Dringlichkeit der Inanspruchnahme	7
E. Verfahren (§ 44b II und III)	8
F. Besitzeinweisungsbeschluß (§ 44b IV)	11
G. Entschädigung (§ 44b V)	14
H. Aufhebung des Planfeststellungsbeschlusses/der Plangenehmigung (§ 44b VI)	16
I. Rechtsschutz (§ 44b VII)	18

A. Allgemeines

1 § 44b wurde im Dezember 2006 durch Art. 7 des Gesetzes zur Beschleunigung von Planungsverfahren für Infrastrukturvorhaben (BGBl. I S. 2833) in das EnWG eingefügt. Die Vorschrift gilt seit dem 17. 12. 2006. Entsprechende Vorschriften finden sich in § 21 AEG und § 18f FStrG. Das EnWG kannte eine vergleichbare Regelung bislang nicht (zur alten Rechtslage *Riedel,* RdE 2008, 81, 82). Die Vorschrift dient, wie auch § 44a, der **beschleunigten Durchführung von energierechtlichen Fachplanungsvorhaben i. S. d. § 43.** Da Planfeststellungsbeschluß und Plangenehmigung als solche weder unmittelbar das Eigentum (die Enteignung erfolgt auf der Grundlage des § 45) noch den Besitz an den betroffenen Grundstücken betreffen, muß der Vorhabenträger, der vor Ablauf des Enteignungsverfahrens mit der Durchführung des Vorhabens beginnen will, zum Zwecke der schnellen Erlangung des Besitzes an den benötigten Grundstücken entweder mit dem Betroffenen eine gütliche Einigung herbeiführen oder aber auf der Grundlage des § 44b in den Besitz der Grundstücke vorzeitig eingewiesen werden. Die vorzeitige Besitzeinweisung ist von erheblicher praktischer Bedeutung (so auch zur Parallelvorschrift in § 21 AEG *Schütz,* in: Hermes/Sellner, BeckAEG-Komm, § 21, Rn. 4).

2 § 44b hat folgende **Regelungsbestandteile:** § 44b I regelt die Voraussetzungen der vorzeitigen Besitzeinweisung, § 44b II und III betreffen das Verwaltungsverfahren, während § 44b IV die Bekanntgabe und die Rechtswirkungen der vorzeitigen Besitzeinweisung betrifft. § 44b V sieht einen Entschädigungsanspruch des Eigentümers vor, der

Vermögensnachteile aus der vorzeitigen Besitzeinweisung ausgleichen soll. § 44b VI regelt das Schicksal der vorzeitigen Besitzeinweisung, wenn der Planfeststellungsbeschluß oder die Plangenehmigung aufgehoben werden. § 44b VII schließlich trifft Sonderregeln für den verwaltungsgerichtlichen Rechtsschutz des Eigentümers gegen die vorzeitige Besitzeinweisung.

B. Voraussetzungen der vorzeitigen Besitzeinweisung

§ 44b I trifft ausweislich seines Satzes 3 eine **abschließende Regelung der Voraussetzungen der vorzeitigen Besitzeinweisung**. Auf die **Besitzeinweisung besteht ein Anspruch des Vorhabenträgers,** wenn die Voraussetzungen vorliegen (*Riedel*, RdE 2008, 81, 85; zur Parallelvorschrift in § 21 AEG *Schütz,* in: Hermes/Sellner, BeckAEG-Komm, § 21, Rn. 33). 3

Erforderlich ist danach zunächst, daß sich der Eigentümer oder Besitzer weigert, den Besitz eines für den Bau, die Änderung oder Betriebsänderung von Hochspannungsfreileitungen, Erdkabeln oder Gasversorgungsleitungen i. S. d. § 43 benötigten Grundstücks durch **Vereinbarung unter Vorbehalt aller Entschädigungsansprüche** zu überlassen. Der Vorhabenträger muß deshalb zuerst im Sinne eines gegenüber der vorzeitigen Besitzeinweisung milderen Mittels versuchen, eine solche Vereinbarung herbeizuführen. Erforderlich ist also, daß Gespräche oder Verhandlungen über die Besitzüberlassung stattgefunden haben. Nicht erforderlich ist allerdings, daß der Vorhabenträger dem Berechtigten ein angemessenes Kaufangebot für die benötigten Grundstücke unterbreitet hat (so auch zur Parallelvorschrift in § 21 AEG *Schütz,* in: Hermes/Sellner, BeckAEG-Komm, § 21, Rn. 21). 4

Kommt die Vereinbarung nicht zustande, setzt die vorzeitige Besitzeinweisung weiter nur voraus, daß **der Plan festgestellt und die Plangenehmigung erteilt ist und daß die Entscheidungen vollziehbar sind** (§ 44b I 2). Da Rechtsbehelfe gegen Planfeststellungsbeschlüsse und Plangenehmigungen von Gesetzes wegen (§ 43e I 1) keine aufschiebende Wirkung haben, ist die vorzeitige Besitzeinweisung regelmäßig mit dem Eintritt der Wirksamkeit (§ 43 VwVfG) zulässig. Sie ist jedoch unzulässig, wenn und solange aufgrund verwaltungsgerichtlicher Entscheidung im Verfahren nach § 80 V VwGO die aufschiebende Wirkung eines Rechtsbehelfs angeordnet ist. **Nicht erforderlich ist,** daß das Enteignungsverfahren im Hinblick auf die in Anspruch zu nehmende Fläche bereits eingeleitet ist (so auch zur Parallelvorschrift in § 21 AEG *Schütz,* in: Hermes/Sellner, BeckAEG-Komm, § 21, Rn. 14). 5

C. Benötigte Grundstücke

6 Die vorzeitige Besitzeinweisung bezieht sich auf **ein für den Bau, die Änderung oder Betriebsänderung von Hochspannungsfreileitungen, Erdkabeln oder Gasversorgungsleitungen i. S. d. § 43 benötigtes Grundstück.** Welche Grundstücke dies sind, ergibt sich aus dem Planfeststellungsbeschluß bzw. der Plangenehmigung. Die vorzeitige Besitzeinweisung kommt mithin nur für Grundstücke in Betracht, deren Inanspruchnahme durch den Planfeststellungsbeschluß nach Maßgabe des Grunderwerbsverzeichnisses und Grunderwerbsplans zugelassen ist. Im Hinblick auf Flächen, die für notwendige Folgemaßnahmen an Anlagen Dritter benötigt werden, gilt, daß die sofortige Besitzeinweisung ebenfalls zulässig ist. Allerdings ist hier stets besonders zu prüfen, ob der sofortige Baubeginn der Sache nach geboten ist (so auch zur Parallelvorschrift in § 21 AEG *Schütz*, in: Hermes/Sellner, BeckAEG-Komm, § 21, Rn. 17). Gleiches gilt für Flächen, die für naturschutzrechtliche Kompensationsmaßnahmen i. S. d. § 19 BNatSchG benötigt werden (so auch zur Parallelvorschrift in § 21 AEG *Schütz*, in: Hermes/Sellner, BeckAEG-Komm, § 21, Rn. 18, m. w. N.). § 44b gilt nicht für andere als die in § 43 genannten Vorhaben, wie z. B. immissionsschutzrechtlich genehmigte Windenergieanlagen und die zu ihrem Betrieb erforderlichen Erdkabel (*OLG Jena,* NS 2008, 175f.).

D. Dringlichkeit der Inanspruchnahme

7 Die vorzeitige Besitzeinweisung setzt voraus, daß der **sofortige Beginn von Bauarbeiten geboten** ist. Damit ist – entgegen dem Wortlaut – nicht ausschließlich ein zeitliches Moment gemeint, sondern diese Dringlichkeit ist gegeben, wenn das Interesse des Vorhabenträgers, mit den Bauarbeiten zu beginnen, das Stillhalteinteresse des Eigentümer überwiegt (dazu m. w. N. zur Parallelvorschrift in § 21 AEG *Schütz*, in: Hermes/Sellner, BeckAEG-Komm, § 21, Rn. 22). Es kann also auch dann vorzeitig in den Besitz eingewiesen werden, wenn nur mit notwendigen Vorarbeiten begonnen werden soll, auch wenn danach bis zum eigentlichen Baubeginn noch Unterbrechungen eintreten (zur Parallelvorschrift in § 21 AEG *Schütz*, in: Hermes/Sellner, BeckAEG-Komm, § 21, Rn. 22). Die Dringlichkeit ist vom Vorhabenträger substantiiert, d. h. plausibel und nachvollziehbar darzulegen (zu § 18f FStrG *VGH München,* v. 23. 4. 2002 – 8 AS 02.40027, juris).

E. Verfahren (§ 44b II und III)

Das Verfahren der vorzeitigen Besitzeinweisung ist ein **Verwal-** 8
tungsverfahren i. S. v. § 9 VwVfG. Es beginnt mit dem Antrag des
Vorhabenträgers bei der Enteignungsbehörde und der negativen oder
positiven Entscheidung der Behörde über den Antrag. Antragsgegner
i. S. d. § 13 I 1 1. Alt. VwVfG sind die betroffenen Grundstückseigentümer, daneben auch Miteigentümer, Gesamthandeigentümer, Erbbauberechtigte sowie schuldrechtlich zum Besitz Berechtigte (Mieter und
Pächter).

Gegenüber § 28 VwVfG speziell regelt § 44b II 1 die Gewährung 9
rechtlichen Gehörs als **mündliche Verhandlung**. Diese ist spätestens
sechs Wochen nach Eingang des Besitzeinweisungsantrags durchzuführen. Der Antragsteller und die Betroffenen sind mit einer Ladungsfrist
von drei Wochen zur mündlichen Verhandlung zu laden. Dabei ist den
Betroffenen der Antrag auf Besitzeinweisung mitzuteilen und diese sind
aufzufordern, etwaige Einwendungen gegen den Antrag vor der mündlichen Verhandlung bei der Enteignungsbehörde einzureichen. Die
Ladung muß ferner den Hinweis enthalten, daß auch bei Nichterscheinen über den Antrag auf Besitzeinweisung und andere im Verfahren zu
erledigende Anträge entschieden werden kann. Ziel der mündlichen
Verhandlung ist – wie auch beim Erörterungstermin im Planfeststellungsverfahren (§ 43b, Rn. 4) – die gütliche Einigung der Beteiligten.

§ 44b III regelt die **Beweissicherung**. Soweit der Zustand des 10
Grundstücks von Bedeutung ist, hat die Enteignungsbehörde diesen bis
zum Beginn der mündlichen Verhandlung in einer Niederschrift festzustellen oder durch einen Sachverständigen ermitteln zu lassen. Den
Beteiligten – also dem Vorhabenträger als Antragsteller sowie den weiteren Beteiligten i. S. d. § 13 I 1 2. Alt. VwVfG (oben Rn. 8) ist eine
Abschrift der Niederschrift oder des Ermittlungsergebnisses zu übersenden. Voraussetzung der Beweissicherung ist allerdings, daß der Zustand
des Grundstücks strittig ist oder sich nach Beginn der Baumaßnahmen
nicht mehr feststellen läßt (zur Parallelvorschrift in § 21 AEG *Schütz*,
in: Hermes/Sellner, BeckAEG-Komm, § 21, Rn. 30).

F. Besitzeinweisungsbeschluß (§ 44b IV)

Die Enteignungsbehörde entscheidet nach § 44b IV 1 durch 11
„Beschluß", der ein VA i. S. d. § 35 VwVfG ist und dem Antragsteller
und den Betroffenen (Rn. 8) spätestens zwei Wochen nach der münd-

lichen Verhandlung zuzustellen ist. Die Rechtswirkungen des Besitzeinweisungsbeschlusses treten zu dem in dem von der Enteignungsbehörde bezeichneten Zeitpunkt ein, welcher auf höchstens zwei Wochen nach Zustellung über die vorzeitige Besitzeinweisung an den unmittelbaren Besitzer festgesetzt werden soll (§ 44 b IV 2 und 3). Welche Frist angemessen ist, ist nach den Umständen des Einzelfalles zu entscheiden. Maßgeblich für die Bemessung ist die Dringlichkeit der geplanten Maßnahmen einerseits und andererseits der Zeitbedarf es Betroffenen, um sich auf den Besitzverlust einzustellen.

12 Die **Besitzeinweisung erledigt** sich auf „andere Weise" i. S. d. § 43 II VwVfG mit einer endgültigen Regelung des Eigentumswechsels, also mit der Anordnung der Ausführung des Enteignungsbeschlusses durch die Enteignungsbehörde oder mit einer gütlichen Einigung. Eine (deklaratorische) Feststellung der Erledigung ist nicht notwendig. Eine Sonderregel über die Geltung des Planfeststellungsbeschlusses oder der Plangenehmigung trifft § 44 b VI für den Fall der Aufhebung dieser Entscheidungen (unten Rn. 16 f.).

13 Die **Rechtswirkung** der Besitzeinweisung besteht nach § 44 b IV 4 darin, daß der Vorhabenträger **Besitzer der in Anspruch zu nehmenden Flächen** wird (und nicht etwa nur ein Recht zum Besitz an diesen Flächen erlangt). Da Besitz aber tatsächliche Sachherrschaft bedeutet, liegt hierin bis zur tatsächlichen Besitzerlangung eine gesetzliche Fiktion. Der Besitzeinweisungsbeschluß muß daher noch mit den Mitteln des Verwaltungszwanges vollzogen werden, wenn der Betroffene ihn nicht befolgt (den Besitz aufgibt). Zwar hat der Vorhabenträger auch die Möglichkeit, auf der Grundlage der §§ 861, 862 BGB sein Besitzrecht mit Hilfe der einstweiligen Verfügung vor dem Zivilgericht durchzusetzen. Da eine entsprechende einstweilige Verfügung aber ebenfalls noch vollstreckt werden müsste, handelt es sich dabei nicht um eine Möglichkeit, welche die Verpflichtung der Enteignungsbehörde zur Anwendung von Verwaltungszwang entfallen ließe (zur Parallelvorschrift in § 21 AEG *Schütz,* in: Hermes/Sellner, BeckAEG-Komm, § 21, Rn. 36, unter Berufung auf *OVG Münster,* NVwZ-RR 1996, 182).

G. Entschädigung (§ 44 b V)

14 Wie auch im Falle der Veränderungssperre des § 44a, ist auch der Anspruch nach § 44b V kein Schadensersatz-, sondern ein **Entschädigungsanspruch für die entzogene Nutzungsmöglichkeit.** Der Nutzungsentgang ab Wirksamwerden der Besitzeinweisung (Rn. 11) bis zur späteren Festsetzung der Entschädigung im Enteignungsverfahren oder bis zu einer gütlichen Regelung soll damit ausgeglichen werden (zur Parallelvorschrift in § 21 AEG *Schütz*, in: Hermes/Sellner, BeckAEG-Komm, § 21, Rn. 38). Art und Höhe der Entschädigung sind von der Enteignungsbehörde festzusetzen. Dies kann Besitzeinweisungsbeschluß geschehen, aber auch als gesonderter VA (zur Parallelvorschrift in § 21 AEG *Schütz*, in: Hermes/Sellner, BeckAEG-Komm, § 21, Rn. 39).

Soweit das in Anspruch genommene Grundstück später in das Eigentum des Vorhabenträgers übergehen soll, ist die **Besitzeinweisungsentschädigung durch eine auf den Zeitpunkt des Wirksamwerdens der Besitzeinweisung bezogene Verzinsung der späteren Enteignungsentschädigung** zu gewähren (§ 44b V 1). Die Höhe des Zinssatzes ergibt sich aus den Enteignungsgesetzen der Länder. Soweit die Verzinsung des Entschädigungsbetrages für die spätere Enteignung des Grundstücks nicht ausreicht, um dem Betroffenen Ausgleich für die entgehenden Vorteile und Erträge zu verschaffen, besteht nach § 44a I 1 ein Anspruch auf weitergehende konkrete Nutzungsentschädigung. Dafür trägt allerdings der Betroffene die Darlegungs- und Beweislast (zur Parallelvorschrift in § 21 AEG *Schütz*, in: Hermes/Sellner, BeckAEG-Komm, § 21, Rn. 41). Scheidet eine Entschädigung durch Verzinsung ganz aus (wenn etwa ein Grundstück nur vorübergehend in Anspruch genommen), wird der Ausgleich in Form der ortsüblichen Miete oder Pacht durch Erstattung des wirklichen Nutzungsausfalls vorgenommen (zur Parallelvorschrift in § 21 AEG *Schütz*, in: Hermes/Sellner, BeckAEG-Komm, § 21, Rn. 42 m. w. N.). 15

H. Aufhebung des Planfeststellungsbeschlusses/der Plangenehmigung (§ 44b VI)

§ 44b VI regelt die **Folgen einer Aufhebung von Planfeststellungsbeschluß und Plangenehmigung für die einstweilige Besitzeinweisung.** Werden diese Entscheidungen aufgehoben, so ist auch die vorzeitige Besitzeinweisung durch Beschluß der Enteignungsbehörde aufzuheben; der vorherige Besitzer ist wieder in den Besitz einzuweisen (§ 44a VI 1). Der Vorhabenträger hat die von ihm errichteten Anlagen zu beseitigen und das Grundstück dem Besitzer zurückzugeben (zur Parallelvorschrift in § 21 AEG *Schütz*, in: Hermes/Sellner, BeckAEG-Komm, § 21, Rn. 44). 16

Für diesen Fall sieht § 44b VI 2 einen **besonderen Entschädigungsanspruch** vor. Der Betroffene kann für die durch die vorzeitige 17

Besitzeinweisung entstandenen besonderen Nachteile Entschädigung verlangen. Der Betroffene ist so zu stellen, wie er ohne die Besitzeinweisung stünde (zur Parallelvorschrift in § 21 AEG *Schütz,* in: Hermes/Sellner, BeckAEG-Komm, § 21, Rn. 45). Die Entschädigung wird von der Enteignungsbehörde durch Beschluß festgesetzt.

I. Rechtsschutz (§ 44 b VII)

18 Wie in jüngeren Beschleunigungsgesetzen üblich, ordnet § 44 b VII 1 an, daß ein Rechtsbehelf gegen die vorzeitige Besitzeinweisung **keine aufschiebende Wirkung** hat. Rechtsschutz muß daher (auch) im Wege des Anordnungsverfahrens nach § 80 V VwGO gesucht werden. Für den Antrag auf Anordnung der aufschiebenden Wirkung gilt gemäß § 44 b VII 2 eine Antrags- und Begründungsfrist von einem Monat. Dabei handelt es sich um eine Ausschlußfrist, deren Versäumung zur Unzulässigkeit des vorläufigen Rechtsschutzantrags führt (zur Parallelvorschrift in § 21 AEG *Schütz,* in: Hermes/Sellner, BeckAEG-Komm, § 21, Rn. 46).

19 Die **gerichtliche Zuständigkeit** für das Anordnungsverfahren nach § 80 V VwGO folgt in Ermangelung (abschließender) bundesgesetzlicher Regelung in § 44 b aus dem Landes- (Enteignungs-) Recht (so auch zur Parallelvorschrift in § 21 AEG *Schütz,* in: Hermes/Sellner, BeckAEG-Komm, § 21, Rn. 50). Soweit das Landesrecht nicht die Baulandkammern der Zivilgerichtsbarkeit für zuständig erklärt, sondern den Verwaltungsrechtsweg eröffnet, ist gegen den Besitzeinweisungsbeschluß (vorbehaltlich landesrechtlicher Sonderregelung, § 68 I 2 VwGO) Widerspruch einzulegen. Außerdem kann die die erstinstanzliche Zuständigkeit des OVG landesrechtlich begründet sein (§ 48 I 3 VwGO).

20 Der gerichtliche **Prüfungsumfang** ist allerdings beschränkt. Da § 44 b I 1 nur einen vollziehbaren Planfeststellungsbeschluß oder eine vollziehbare Plangenehmigung voraussetzt, nicht aber die Rechtmäßigkeit dieser Entscheidungen, kann der Rechtsschutz gegen den Besitzeinweisungsbeschluß nicht auf Einwendungen gegen die Rechtmäßigkeit des Planfeststellungsbeschlusses oder der Plangenehmigung gestützt werden. Gerügt werden kann in materieller Hinsicht nur das **Fehlen der Voraussetzungen der Vollziehbarkeit** (zur Parallelvorschrift in § 21 AEG *Schütz,* in: Hermes/Sellner, BeckAEG-Komm, § 21, Rn. 53; *BVerwG,* NVwZ-RR 1999, 485, 486) und **der Dringlichkeit der Besitzeinweisung.** In formeller Hinsicht zu prüfen ist die Zuständigkeit der Enteignungsbehörde, die ordnungsgemäße Durchführung der mündlichen Verhandlung oder die ordnungsgemäße Durchführung der Beweissicherung.

Rechtsstreitigkeiten im Hinblick auf die **Höhe der Entschädigung** 21 gemäß § 44 b V sind vor den Zivilgerichten auszutragen (Art. 14 III 4 GG).

§ 45 Enteignung

(1) **Die Entziehung oder die Beschränkung von Grundeigentum oder von Rechten am Grundeigentum im Wege der Enteignung ist zulässig, soweit sie zur Durchführung**
1. **eines Vorhabens nach § 43 oder § 43 b Nr. 1 oder 2, für das der Plan festgestellt oder genehmigt ist, oder**
2. **eines sonstigen Vorhabens zum Zwecke der Energieversorgung erforderlich ist.**

(2) [1]**Über die Zulässigkeit der Enteignung wird in den Fällen des Absatzes 1 Nr. 1 im Planfeststellungsbeschluss oder in der Plangenehmigung entschieden; der festgestellte oder genehmigte Plan ist dem Enteignungsverfahren zugrunde zu legen und für die Enteignungsbehörde bindend.** [2]**Hat sich ein Beteiligter mit der Übertragung oder Beschränkung des Eigentums oder eines anderen Rechtes schriftlich einverstanden erklärt, kann das Entschädigungsverfahren unmittelbar durchgeführt werden.** [3]**Die Zulässigkeit der Enteignung in den Fällen des Absatzes 1 Nr. 2 stellt die nach Landesrecht zuständige Behörde fest.**

(3) **Das Enteignungsverfahren wird durch Landesrecht geregelt.**

Literatur: *Daiber,* Die Enteignung für Zwecke der Energieversorgung, DÖV 1990, 961; *Gartner,* Privateigentum und öffentliche Energieversorgung – Betrachtung zu einem normativen Instrumentarium, das unentgeltliche Grundstücksnutzung und Enteignung vorsieht, 1990; *Hermes,* Staatliche Infrastrukturverantwortung, 1998, S. 370 ff., 433 ff.; *Hönig,* Fachplanung und Enteignung, 2001; *Lecheler,* Enteignung zu Gunsten Privater beim Bau von Elektrizitätsfernleitungen, RdE 2005, 125; *Möller,* Leitungsrechte in den neuen Bundesländern nach § 9 Grundbuchbereinigungsgesetz, RdE 1997, 101; *Schmidt-Räntsch,* Energieleitungsrechte in den neuen Bundesländern, RdE 1994, 214.

Übersicht

	Rn.
A. Allgemeines	1
I. Funktion und Entstehungsgeschichte	1
II. Position des Grundstückseigentümers nach allgemeinem Zivilrecht	5

	Rn.
III. Duldungspflicht des Eigentümers nach NAV und NDAV	7
IV. Verfassungsrechtliche Problematik von Enteignungen für Energieversorgungsanlagen	14
B. Vorhaben, die Enteignung rechtfertigen können	22
I. Planfeststellungs- und plangenehmigungsbedürftige Leitungsvorhaben	23
II. Sonstige Vorhaben der Energieversorgung	25
C. Entscheidung über die Zulässigkeit der Enteignung im Einzelfall	27
I. Materieller Prüfungsmaßstab (Erforderlichkeit)	27
II. Verfahren	33
III. Behördenzuständigkeit	37
IV. Rechtsschutz	38
D. Enteigungsverfahren nach Landesrecht (§ 45 III)	42
I. Zuständigkeit und Verfahren	43
II. Materielle Anforderungen	44
III. Zur Entschädigungshöhe	47
IV. Rechtsschutz	48

A. Allgemeines

I. Funktion und Entstehungsgeschichte

1 Ein funktionsfähiges System einer leitungsgebundenen Energieversorgung muß Instrumente bereitstellen, mit deren Hilfe die für Anlagen erforderlichen Grundstücke zwangsweise in Anspruch genommen werden können, wenn deren Eigentümer nicht freiwillig bereit ist, die Grundstücke zu übereignen oder zugunsten des Trägers eines Vorhabens zu belasten. § 45 erklärt deshalb die Enteignung für planfestgestellte oder -genehmigte Leitungsvorhaben sowie für „sonstige Vorhaben zum Zwecke der Energieversorgung" für zulässig. Soweit für das Vorhaben ein Planfeststellungsbeschluß oder eine Plangenehmigung ergeht, wird darin auch über die Zulässigkeit der Enteignung entschieden. Diese Entscheidung ist für die Enteignungsbehörde bindend (§ 45 II 1). In den sonstigen Fällen wird die Zulässigkeit der Enteignung von der nach Landesrecht zuständigen Behörde festgestellt (§ 45 II 3). Für das Enteignungsverfahren wird auf die landesrechtlichen Regelungen verwiesen (§ 45 III). Die **praktische Bedeutung der Enteignung** vor allem bei **Transportleitungen** (vgl. z. B. *Labbé/Wölfel*, BayVBl. 1990, 161, 165) wird an der hohen Zahl gerichtlicher Auseinandersetzungen um deren Zulässigkeit deutlich (*BVerfGE* 66, 248; *SächsVerfGH*, LKV 2000, 301; *BVerwGE* 13, 75; *BVerwGE* 72, 365; *BVerwG*, UPR 1989,

105; *BVerwG,* RdE 1994, 232; *BVerwGE* 116, 365; *VGH München,* NVwZ 1996, 406; *VGH Mannheim,* NuR 2000, 455; *VGH Mannheim,* NuR 2000, 277; *VGH München,* NVwZ 2003, 1534; *OVG Bautzen,* NJW 1999, 517; *BezG Erfurt,* RdE 1994, 237; *OLG Celle,* RdE 1986, 16; *OLG Braunschweig,* ET 1984, 542; *VG Frankfurt,* RdE 1983, 32; *VG Minden,* GWF/Recht und Steuern 2004, 14).

Die Enteignung „für Zwecke der öffentlichen Energieversorgung" war bereits in § 11 EnWG 1935 enthalten. In der durch die **Reform des Energiewirtschaftsrechts 1998** eingeführten Fassung erklärte § 12 die Enteignung von Grundeigentum für zulässig, „soweit sie für Vorhaben zum Zwecke der Energieversorgung erforderlich ist". Die Zulässigkeit der Enteignung war durch die Energieaufsichtsbehörde festzustellen. Im Übrigen verwies die Vorschrift auf die landesrechtlichen Regelungen über das Enteignungsverfahren. Die **Änderung des § 12 im Jahr 2001,** die durch das UVP-Änderungsgesetz 2001 (Art. 20 Nr. 2 des Gesetzes zur Umsetzung der UVP-Änderungsrichtlinie, der IVU-Richtlinie und weiterer EG-Richtlinien zum Umweltschutz v. 27. 7. 2001, BGBl. I S. 1950) erfolgte, vollzog dann die Einführung des Planfeststellungsverfahrens für bestimmte Vorhaben im Bereich der Energieversorgung nach. Danach war die Enteignung zulässig für Vorhaben, für die nach § 11 a EnWG a. F. der Plan festgestellt oder genehmigt war, sowie für sonstige Vorhaben zum Zwecke der Energieversorgung (zur Rechtslage seit 2001 s. *Hermes,* in: S/T, § 9, Rn. 40 ff.). Die Norm wurde damit begründet, daß ohne die Inanspruchnahme fremden Grundeigentums (insbesondere bei Leitungen) die Versorgung mit Elektrizität und Gas nicht durchführbar ist. „Im Interesse einer sicheren, preisgünstigen und umweltverträglichen Energieversorgung und im Interesse des Wettbewerbs bei Strom und Gas ist die Entziehung oder die Beschränkung von Grundeigentum oder von Rechten am Grundeigentum im Wege der Enteignung zugelassen" (BT-Drucks. 14/4599, S. 162).

An diese Rechtslage knüpfte die **Neufassung des EnWG im Jahr 2005** an. § 45 war bereits im Gesetzesentwurf der Bundesregierung (BT-Drucks. 15/3917, S. 24) enthalten und übernimmt § 12 des EnWG a. F. (BT-Drucks. 15/3917, S. 67).

Die letzte Änderung erfolgte mit Art. 7 des Gesetzes zur Beschleunigung von Planungsverfahren für Infrastrukturvorhaben (BGBl. I S. 2833). Sie gilt seit dem 17. 12. 2006 und betrifft (in § 45 I Nr. 1) **Folgeänderungen zu den Änderungen bei Planfeststellung und Plangenehmigung** (§ 43, § 43 b) sowie die **Einfügung des § 45 II 2.**

II. Position des Grundstückseigentümers nach allgemeinem Zivilrecht

5 Gemäß § 903 BGB hat der Grundstückseigentümer das Recht, mit seinem Grundstück nach Belieben zu verfahren. Grundsätzlich ist es dem Eigentümer also freigestellt, ob er eine Grundstücksnutzung durch **obligatorische Gestattung** erlaubt oder ob er **dingliche Nutzungsrechte** einräumt.

6 § 905 2 BGB beschränkt das in § 903 umfassend gewährleistete Eigentum, indem er die Abwehr von Einwirkungen auf ein Grundstück ausschließt, wenn diese in solcher Höhe oder Tiefe vorgenommen werden, daß der Eigentümer an der Ausschließung kein Interesse hat. Allerdings liefert § 905 2 BGB in der Praxis nur selten eine verläßliche Grundlage für die Realisierung von Energieversorgungsvorhaben (*Büdenbender et al.*, Rn. 1842 f. m. w. N.; *Theobald*, in: D/T, § 45, Rn. 5).

III. Duldungspflicht des Eigentümers nach NAV und NDAV

7 In **§ 12 NAV** (VO über Allgemeine Bedingungen für den Netzanschluß und dessen Nutzung für die Elektrizitätsversorgung in Niederspannung; BGBl. I 2006, S. 2477; in Kraft getreten am 8. 11. 2006) und **§ 12 NDAV** (VO über Allgemeine Bedingungen für den Netzanschluß und dessen Nutzung für die Gasversorgung in Niederdruck; BGBl. I 2006, S. 2485; ebenfalls in Kraft getreten am 8. 11. 2006) werden Kunden und Anschlußnehmern, die Grundeigentümer sind, Pflichten zur Duldung der Benutzung ihrer Grundstücke zum Zwecke der örtlichen Energieversorgung auferlegt. Diese Regelungen ersetzen § 8 der Allgemeinen Versorgungsbedingungen für die Elektrizitätsversorgung von Tarifkunden (AVBEltV) und § 8 der Allgemeinen Versorgungsbedingungen für die Gasversorgung von Tarifkunden (AVBGasV). **§ 12 NAV** verpflichtet dazu, das Anbringen und Verlegen von Leitungen zur Zu- und Fortleitung von Elektrizität über ihre im gleichen Versorgungsgebiet liegenden Grundstücke sowie das Anbringen von Leitungsträgern und sonstigen Einrichtungen einschließlich erforderlicher Schutzmaßnahmen unentgeltlich zuzulassen (zu den Vorgängerregelungen *Büdenbender*, EnWG, § 12, Rn. 8), § 12 NDAV trifft die Parallelregelung für Gasleitungs- und Verteilungsanlagen.

8 NAV und NDAV enthalten als **Rechtsverordnungen** verbindliche Regelungen für die Ausgestaltung der Energielieferverträge (zu den Vorgängerregelungen *Büdenbender et al.*, Rn. 1844; *BGHZ* 9, 390, 393; *BGHZ* 66, 62, 65; vgl. hierzu auch *LG Wuppertal*, RdE 2005, 203,

204. Die darin enthaltenen Versorgungsbedingungen sind kraft Rechtsverordnung Bestandteil der Versorgungsverträge (§ 1 I 2 NAV; 1 I 2 NDAV). Da die Realisierung von Leitungen **örtlicher Energieversorgungsnetze** in wesentlichem Umfang auf § 12 NAV und § 12 NDAV gestützt wird, ist die **praktische Bedeutung** der Vorschriften **groß.**

Die **Grundstücksinanspruchnahme** ist gemäß § 12 NAV und § 12 NDAV **unentgeltlich** und damit als entschädigungslose Inhalts- und Schrankenbestimmung des Eigentums i. S. d. Art. 14 I 2, II GG ausgestaltet. Diese Belastung wird mit der Solidargemeinschaft der Kunden im Versorgungsgebiet und der überragenden Bedeutung einer stets gesicherten Energieversorgung für die Gemeinschaft gerechtfertigt (*BGH,* MDR 1991, 637; *Theobald,* in: D/T, § 45, Rn. 6, 14). Da § 12 I 3 NAV und § 12 I 3 NDAV im Falle der mehr als notwendigen oder unzumutbaren Belastung des Eigentümers die Duldungspflicht ausschließen, wird die Vorschrift als verfassungsgemäß angesehen (so noch zu § 8 AVBEltV/§ 8 AVBGasV *BVerfG,* RdE 1989, 143 f.; vgl. auch die Darstellung der Rechtsprechung zu dieser Frage bei *Gartner,* Privateigentum und öffentliche Energieversorgung, S. 42 ff.).

Die Normen gelten für alle **Grundstücke** (als Grundstück wird nicht die katastermäßig erfasste Parzelle angesehen, sondern die Grundfläche, die eine wirtschaftliche Einheit bildet, insoweit zu den Vorgängerregelungen *OLG Hamm,* RdE 1997, 152, 153), die selbst an die Strom- oder Gasversorgungsnetze angeschlossen sind. Steht ein Grundstück in Miteigentum **(Wohnungseigentum),** so ist es nur dann duldungspflichtig, wenn alle Miteigentümer angeschlossenen sind (zu den Vorgängerregelungen *BVerfG,* RdE 2002, 15, 16 f.). Weiterhin werden alle anderen **im gleichen Versorgungsgebiet** liegenden Grundstücke desselben Eigentümers erfaßt, sofern sie in **wirtschaftlichem Zusammenhang** mit den an die Versorgung angeschlossenen Grundstücken genutzt werden. Ein Versorgungsgebiet ist nach herkömmlicher Auffassung der räumliche Wirkungsbereich des betreffenden Versorgungsunternehmens (zu den Vorgängerregelungen insoweit *OLG Hamm,* RdE 1997, 152 f.).

Daneben kann die Duldungspflicht auch dadurch ausgelöst werden, daß die **Möglichkeit der Versorgung** sonst wirtschaftlich vorteilhaft ist (§ 12 I 2 letzte Alt. NAV/NDAV). Dies ist dann der Fall, wenn die reale Möglichkeit der Versorgung besteht, der Anschluß bislang jedoch noch nicht realisiert wurde (zu den Vorgängerregelungen *Büdenbender et al.,* Rn. 1845).

Geduldet werden müssen nach § 12 I NAV das Anbringen und Verlegen von **Leitungen,** von Leitungsträgern und **sonstigen Einrich-**

tungen sowie erforderliche **Schutzmaßnahmen**. Erfaßt ist auch die Errichtung von Freileitungsmasten (zu der Vorgängerregelung OLG Schleswig, RdE 1988, 253). § 12 I NDAV legt den Eigentümern die Duldung der Verlegung von Rohrleitungen, den Einbau von **Verteilungsanlagen** und erforderlicher Schutzmaßnahmen auf. In beiden Fällen sind neben der Leitung, die der Versorgung des duldungspflichtigen Grundstücks selbst dient, auch solche Leitungen zu dulden, die der Versorgung anderer Grundstücke dienen (BGHZ 66, 62, 65 zur alten Rechtslage). Von der Duldungspflicht nicht mehr umfaßt sind Übertragungs- und Hochdruckfernleitungsnetze (siehe auch die amtliche Begründung zur Vorgängerregelung in § 8 AVBEltV, BR-Drucks. 76/79, S. 47). Zur Verwirklichung von Hochspannungs- und Hochdrucknetzen ist der Zugriff auf Grund und Boden nur im Wege der Enteignung nach § 45 möglich.

13 Die Duldungspflicht des Eigentümers entfällt gemäß § 45 I 3 der §§ 12 beider Verordnungen bei **mehr als notwendiger oder unzumutbarer Belastung** (näher zu den Begriffen der notwendigen und zumutbaren Belastung Gartner, Privateigentum und öffentliche Energieversorgung, S. 38 f.) der Eigentümer durch Inanspruchnahme der Grundstücke. Kriterium für die Gewichtung der Interessen des Grundeigentümers ist, ob die bisherige, situationsbedingte Nutzungsart des Grundstücks durch Art und Umfang der Einwirkung beeinträchtigt wird (dazu näher Hermes, in: S/T, § 9, Rn. 18). Im Falle der Unzumutbarkeit kann der Zugriff nur im Wege der Enteignung von Grund und Boden nach § 45 erfolgen.

IV. Verfassungsrechtliche Problematik von Enteignungen für Energieversorgungsanlagen

14 Bei der Enteignung zum Zwecke der Realisierung von Energieversorgungsvorhaben handelt es sich um eine **Enteignung zugunsten privater Unternehmen** (Lecheler, RdE 2005, 125 ff.; Büdenbender, SP, S. 243; Salje, EnWG, § 45, Rn. 14 ff.). Die verfassungsrechtliche Zulässigkeit einer Enteignung für das Wohl der Allgemeinheit ist allerdings dann grundlegenden Zweifeln ausgesetzt, wenn Private Aufgaben der Daseinsvorsorge im Wettbewerb übernehmen. Hier stellt sich nämlich die Frage, ob ein privater Grundeigentümer zugunsten privater Anbieter von Infrastrukturleistungen enteignet werden darf. Dieses Problem ist bis heute nicht zufrieden stellend gelöst. Ein Konsens läßt sich nur insoweit feststellen, als einerseits Enteignungen zum Vorteil „bloßer Privatinteressen" nicht mit Art. 14 III GG vereinbar sind (Papier, in: Maunz/Dürig, GG, Art. 14, Rn. 499 m. w. N.; Schmidbauer, Enteignung

Enteignung 15, 16 § 45

zugunsten Privater, 1989, S. 112f., 151), andererseits aber die privatrechtliche Organisationsform des Enteignungsbegünstigten allein noch nicht die Unzulässigkeit einer Enteignung nach sich zieht (*BVerwGE* 1, 42, 43; 71, 108, 124f.; *OVG Koblenz,* NJW 1968, 2121; *Bullinger,* Der Staat 1962, 449, 451; *Keller,* Enteignung für Zwecke der öffentlichen Energieversorgung, 1967, S. 54f.; *Nüßgens/Boujong,* Eigentum, Sozialbindung, Enteignung, 1987, Rn. 356; *Theobald,* in: D/T, EnWG, § 45, Rn. 8ff.; jew. m. w. N.; einen komprimierten Überblick über Verwaltungspraxis, Rechtsprechung und Literatur gibt *Schmidbauer,* Enteignung zugunsten Privater, 1989, S. 44ff.), weil Hoheitsträgern kein Monopol auf die Verwirklichung des Allgemeinwohls zukommt und privatwirtschaftliche Organisationsformen nicht notwendig die Gemeinwohlorientierung ausschließen.

Die **Rechtsprechung des** *BVerfG* hat zum Problem der privatnützigen Enteignung in der **„Boxberg"-Entscheidung** (*BVerfGE* 74, 264ff.) am Rande Stellung genommen. Es hat dort die Argumentation der Beschwerdeführer, die Enteignung verstoße bereits deshalb gegen Art. 14 III GG, weil sie zugunsten eines Privaten erfolge, zurückgewiesen. Der Person des Begünstigten komme bei der Beurteilung der Verfassungsmäßigkeit einer Enteignung keine ausschlaggebende Bedeutung zu. Entscheidend sei vielmehr der qualifizierte Enteignungszweck – das Wohl der Allgemeinheit –, der seine konkrete Ausformung durch oder auf Grund eines Gesetzes gefunden haben müsse. Unter diesen Voraussetzungen komme es nicht maßgeblich darauf an, ob die danach erfolgte Enteignung zugunsten eines Trägers öffentlicher Verwaltung oder eines Privaten erfolge (*BVerfGE* 74, 264, 284f.). Allerdings stellt das Gericht für den Fall einer Enteignung zugunsten Privater „besondere Anforderungen an die gesetzliche Konkretisierung" (*BVerfGE* 74, 264, 286) des Enteignungszwecks, wenn sich der Nutzen für das allgemeine Wohl nicht bereits aus dem Unternehmensgegenstand selbst ergibt. 15

Zu der **Vorschrift des § 11 EnWG 1935** hatte das *BVerfG* festgestellt, daß eine Enteignung zugunsten eines privatrechtlich organisierten Unternehmens jedenfalls dann zulässig sei, wenn ihm die Erfüllung einer dem Gemeinwohl dienenden Aufgabe durch Gesetz oder aufgrund eines Gesetzes zugewiesen und darüber hinaus sichergestellt sei, daß es zum Nutzen der Allgemeinheit geführt werde (*BVerfGE* 66, 248, 257). Die besondere Zielrichtung des Unternehmens überlagere dessen privatrechtliche Struktur sowie den auf die Erzielung von Gewinn gerichteten Zweck und lasse diese unter dem Blickwinkel des Enteignungsrechts in den Hintergrund treten. Die genannten Voraussetzungen seien im Falle des § 11 EnWG 1935 gegeben. Die Energieversorgung sei eine öffentliche Aufgabe aus dem Bereich der Daseinsvorsorge von 16

§ 45 17–19   Teil 5. Planfeststellung, Wegenutzung

größter Bedeutung. Die Erfüllung dieser öffentlichen Aufgabe sei den Energieversorgungsunternehmen durch das Energiewirtschaftsgesetz „zugewiesen" und durch das Aufsichtsinstrumentarium nach diesem Gesetz (EnWG 1935) sei auch die Führung dieser Unternehmen zum Nutzen der Allgemeinheit sichergestellt (*BVerfGE* 66, 248, 258 f.).

17 Diese einfachen Kategorisierungen, die das *BVerfG* bei der Prüfung von § 11 EnWG 1935 zugrundgelegt hat, sind allerdings **heute nicht mehr tragfähig** (zur Kritik im einzelnen siehe *Hermes,* in: S/T, § 9, Rn. 27 f.). An ihre Stelle hat die Anforderung zu treten, wonach der Gesetzgeber den Enteignungszweck so genau beschreiben muß, daß die Entscheidung über die Zulässigkeit der Enteignung nicht in die Hand der Verwaltung und schon gar nicht in die Hand des privaten Begünstigten gegeben wird. Darüber hinaus muß er durch differenzierte materiell- und verfahrensrechtliche Regelungen den Gemeinwohlbezug der Unternehmenstätigkeit rechtlich dauerhaft sichern, indem er den begünstigten Privaten effektiv an das Wohl der Allgemeinheit bindet (*BVerfGE* 66, 248, 257; 74, 264, 286). Das *BVerfG* verlangt hierfür, daß „besondere Anforderungen an die gesetzliche Konkretisierung" (*BVerfGE* 74, 264, 286) des Enteignungszwecks zu erfüllen sind, wenn sich der Nutzen für das allgemeine Wohl nicht bereits aus dem Unternehmensgegenstand selbst ergibt. Demnach ist erstens eine **unternehmensbezogene** Sicherung der Gemeinwohlbindung und zweitens eine **vorhabenbezogene Konkretisierung des Allgemeinwohls** möglich.

18 Für die Annahme einer **allgemeinen Gemeinwohlbindung von EVU** ist spätestens seit der Energierechtsreform aus dem Jahr 1998 kein Raum mehr (ausführlich *Hermes,* Staatliche Infrastrukturverantwortung, S. 445 f. m. w. N.; krit. insoweit auch *BVerwGE* 116, 365, 369, wo allerdings darauf verwiesen wird, daß diese Erkenntnis bereits bei der Entscheidung des *BVerfG* aus dem Jahr 1984 – *BVerfGE* 66, 248, 257 f. – nicht neu war; mit pauschalem Verweis auf diese Rechtsprechung des *BVerfG* – zu § 11 EnWG 1935 – auch *Büdenbender,* SP, S. 243). Vor diesem Hintergrund gewinnt jedoch die infrastrukturtypische Trennung von Netz und Diensten (Produktion, Handel, Vertrieb) an Bedeutung für die Rechtfertigung nach Art. 14 III GG (ausführlich *Hermes,* Staatliche Infrastrukturverantwortung, S. 477 ff.). Diese Trennung erlaubt, das legitime Gewinninteresse der Unternehmen, die im Wettbewerb stehen, und das Enteignungsrecht nicht beanspruchen können, von der gemeinwohlgebundenen Aufgabe des enteignungsbegünstigten Netzbetreibers abzugrenzen.

19 Da eine unternehmensbezogene Allgemeinwohlbindung der Energieversorgungsunternehmen nicht feststellbar ist, kommt zur verfassungsrechtlichen Rechtfertigung der Enteignungsmöglichkeit in § 45 nur die **vorhabenbezogene Gemeinwohlzweckbindung** in Betracht. Dazu muß eine generelle Allgemeinwohlbindung des Netzbetriebs ebenso erkennbar sein wie die Erforderlichkeit des konkreten Netzvorhabens. Diese Allgemeinwohlbindung folgt für die Energieversorgungsnetze (allg. zu Netzwirtschaften *Hermes,* Staatliche Infrastrukturverantwortung, S. 370, 375 ff.) aus den Betreiberpflichten in §§ 11 ff. und aus den Netzanschluß- und –zugangsregeln der §§ 17 ff., 20 ff. in Kombination mit den Entflechtungsregeln der §§ 6 ff. Im Gegensatz zu den Regelungen im EnWG 1998 (§§ 5 ff.) rechtfertigen diese Neuregelungen im EnWG 2005 die Prognose, daß eine ausreichende Allgemeinwohlbindung aller Netzbetreiber insbesondere durch effektive Netzzugangsregeln gewährleistet ist (so auch *Lecheler,* RdE 2005, 125, 129). Verfassungsrechtliche Bedenken gegen § 45 bestehen also unter dem Gesichtspunkt einer erforderlichen **Gemeinwohlbindung der Netze** nicht.

Hinzutreten muß die **konkrete Rechtfertigung** des jeweiligen Netzvorhabens, die darin liegt, daß im Rahmen der allgemeinen Transportfunktion des jeweiligen Netzes ein geplantes neues Teilstück eine sinnvolle und die Allgemeinwohlnützlichkeit des Gesamtnetzes erhöhende Funktion übernimmt. Dies sicherzustellen, ist vor allem die Funktion der **planerischen Vorbereitung** (zum Zusammenhang zwischen Planung und Enteignung *Hermes,* Staatliche Infrastrukturverantwortung, S. 359 ff., 402 f. m. w. N., § 43, Rn. 9), die zu gewährleisten hat, daß das Vorhaben „vernünftigerweise geboten" ist (vgl. die Übersichten bei *Kühling/Herrmann,* Fachplanungsrecht, 2. Aufl., 2000, Rn. 270 ff.; *Wahl,* NVwZ 1990, 426, 434 f.; *Wahl/Hönig,* NVwZ 2006, 161, 167). Seine „Rationalität" in diesem Sinne erhält ein Vorhaben durch Konformität mit übergeordneten und vorgelagerten Planungsstufen, mit besonderen Planungsleitsätzen und mit dem Abwägungsgebot, in das neben dem Interesse des Enteignungsbetroffenen auch die vielfältigen Wechselwirkungen mit öffentlichen Belangen einfließen (*Kühling,* Die privatnützige Planfeststellung, in: Franßen u. a. (Hrsg.), FS Sendler, 1991, S. 391, 394).

Nach der ständigen Rechtsprechung (zuletzt *BVerwG,* RdE 1994, 232, 233) zur Enteignungsentscheidung nach § 11 EnWG 1935, die für den Bereich der **nicht planfeststellungsbedürftigen Vorhaben** nach wie vor Geltung hat, soll im Verlauf der verschiedenen Prüfungen und Genehmigungen erst anlässlich des allerletzten Verfahrensschritts einer einzelnen Enteignung das in Rede stehende Leitungsvorhaben auf seine Allgemeinwohlerforderlichkeit geprüft werden (zusammenfassend *BVerwGE* 116, 365, 373 f.; s. auch *Daiber,* DÖV 1990, 961, 964). Danach muß eine planerische Würdigung der für und wider das Vorhaben streitenden öffentlichen Belange untereinander und im Verhältnis zu den privaten Belangen durch die Behörde erst dann stattfinden, wenn und nur deshalb, weil enteignet werden soll (*BVerwG*, RdE 1994, 232, 233). Ob die Enteignungsentscheidung als letztes Glied in der bei anderen Infrastrukturplanungen vorhandenen Kette vorangegangener Planungsentscheidungen in der Lage ist, die Last einer vollen planerischen Prüfung zu tragen, ist allerdings sehr zweifelhaft (näher dazu *Hermes*, in: S/T, § 9, Rn. 36 f.; dagegen hält *BVerwGE* 116, 365, 374, an der Zulässigkeit einer Konzentration der behördlichen und gerichtlichen Kontrolle auf der letzten Verfahrensstufe der Enteignung fest). Das vom *BVerfG* zur verfassungsrechtlichen Rettung der Enteignungsermächtigung verlangte „abwägende Nachvollziehen" der Vorhabenplanung des Privaten durch die Behörde (*BVerwGE* 72, 365, 367; *BVerwG*, RdE 1996, 232, 233) genügt nicht, um die in Art. 14 III GG verlangte Allgemeinwohlbindung sicherzustellen.

B. Vorhaben, die Enteignung rechtfertigen können

22   Seit der Neuregelung des EnWG 2001 (damals § 12) ist bei Enteignungen zu unterscheiden zwischen Vorhaben, für welche der **Plan festgestellt oder genehmigt** ist (§ 45 I Nr. 1) und **sonstigen Vorhaben** zum Zwecke der Energieversorgung (§ 45 II Nr. 2; dazu auch *Salje*, EnWG, § 45 Rn. 32 ff.).

I. Planfeststellungs- und plangenehmigungsbedürftige Leitungsvorhaben

23   Ein Vorhaben kann Enteignungen rechtfertigen, wenn über die Zulässigkeit der Enteignung **im Planfeststellungsbeschluß entschieden** ist. Die Regelung in § 45 I Nr. 1 ergänzt damit das in § 43 geregelte Planfeststellungsverfahren, in dem die privaten Belange der Grundstückseigentümer zwar in die Abwägung mit einbezogen werden, über die Zulässigkeit der Enteignung im Einzelfall aber noch nicht entschieden wird. Der festgestellte Plan ist dem Enteignungsverfahren zugrunde zu legen und für die Enteignungsbehörde bindend (§ 45 II 1). Eine gesonderte Prüfung der Zulässigkeit der Enteignung ist in diesem Fall nicht mehr erforderlich. Diese **enteignungsrechtliche Vorwirkung** – also die Entbehrlichkeit einer späteren gesonderten Prüfung der Zulässigkeit einer Enteignung – ist bei der Planfeststellung systemkonform und verfassungsrechtlich unbedenklich, weil die privaten Belange der

Grundstückseigentümer im Planfeststellungsverfahren umfassende Berücksichtigung gefunden haben.

Anders verhält es sich bei der **Plangenehmigung (§ 43 b Nr. 2) und den Planfeststellungen nach § 43 b Nr. 1**: Sie erfüllen nämlich nicht die verfassungsrechtlichen Mindestvoraussetzungen, die an eine Enteignungsentscheidung zu stellen sind (§ 43 b, Rn. 14; *Hermes*, in: S/T, § 6, Rn. 84 ff.). Solchen Entscheidungen kann deshalb keine enteignungsrechtliche Vorwirkung zukommen mit der Folge, daß die Zulässigkeit der Enteignung gesondert geprüft werden muß.

II. Sonstige Vorhaben der Energieversorgung

Neben den in § 43 ausdrücklich erwähnten planfeststellungsbedürftigen Hochspannungsfreileitungen und Gasversorgungsleitungen fallen unter die sonstigen Vorhaben zum Zwecke der Energieversorgung, für die nach § 45 I Nr. 2 eine Enteignung in Betracht kommt, sonstige über- und unterirdische **Leitungen,** Umspannwerke, Transformatorenstationen, Maststandplätze und Gasspeicher (*Büdenbender et al.*, Rn. 1856). Nicht darunter fallen hingegen **Energieerzeugungsanlagen,** insbesondere Kraftwerke. Eine Enteignung zugunsten von Erzeugungsanlagen ist nach dem mit der Energiewirtschaftsreform durchgesetzten Wettbewerbsmodell auf dem Erzeugungsmarkt verfassungsrechtlich nicht mehr zu rechtfertigen (anders wohl *Salje*, EnWG, § 45, Rn. 36). Die Erzeuger von Energie unterliegen keiner Gemeinwohlbindung mehr (Rn. 18) und können daher nicht von einer Enteignung profitieren. Deshalb ist § 45 I Nr. 2 verfassungskonform einschränkend auszulegen.

Unabhängig von einer derartigen einschränkenden Auslegung sieht auch der Gesetzgeber Enteignungen zugunsten „sonstiger Vorhaben zum Zwecke der Energieversorgung" nicht generell als zulässig an. Sie müssen vielmehr im Interesse einer möglichst sicheren, preisgünstigen, verbraucherfreundlichen, effizienten und umweltverträglichen Energieversorgung sowie im Interesse des Wettbewerbs bei Strom und Gas erforderlich sein (vgl. dazu die – noch nicht auf die umfassendere Zielformulierung in § 1 EnWG 2005 bezogene – Begründung des Gesetzentwurfs, BT-Drucks. 14/4599, S. 162). Die zuständige Behörde hat die Zulässigkeit der Enteignung für den konkreten Einzelfall zu prüfen (§ 45 II 3). Bei dieser Feststellung handelt es sich im Kern um die „Feststellung eines energiewirtschaftlichen Bedarfs" (*BVerwGE* 116, 365, 376). Entscheidende Bedeutung für die Prüfung, ob das öffentliche Interesse an dem Vorhaben solches Gewicht hat, daß es das Eigentumsrecht zu überwinden in der Lage ist, kommt also der Frage zu, ob die Inanspruchnahme von Grundeigentum für Zwecke der öffentlichen Energieversorgung **erforderlich** ist. Es bleibt der Verwaltungsentscheidung im Einzelfall überlassen zu prüfen, ob das konkrete Vorhaben „energiewirtschaftlich notwendig" (so z. B. *Horstmann,* Anforderungen an den Bau und Betrieb von Energieversorgungsleitungen in Deutschland, 2000, S. 372; *OLG Braunschweig,* ET 1984, 542, jew. m. w. N.) ist.

C. Entscheidung über die Zulässigkeit der Enteignung im Einzelfall

I. Materieller Prüfungsmaßstab (Erforderlichkeit)

27 Die gesetzliche Vorgabe für die Entscheidung über die Zulässigkeit der Enteignung in den Fällen, in denen sie noch nicht im Planfeststellungsverfahren gefallen ist, beschränkt sich darauf, daß die Entziehung oder die Beschränkung von Grundeigentum für das Vorhaben zum Zwecke der Energieversorgung „erforderlich" sein muß. Diese **Erforderlichkeitsprüfung** umfaßt „eine Würdigung der für und wider das Vorhaben streitenden öffentlichen Belange untereinander und im Verhältnis zu den privaten Belangen" (*BVerfGE* 72, 365, 367). Die Bedeutung des Tatbestandsmerkmals der Erforderlichkeit folgt daraus, daß seine Auslegung und Anwendung durch die Behörden sowie seine gerichtliche Überprüfung über die Grenzziehung zwischen dem planerischen Spielraum und der wirtschaftlichen Gestaltungsfreiheit des jeweiligen Energieversorgungsunternehmens bei seinen Dispositionen einerseits und der Position des Grundeigentümers andererseits entscheidet (zutr. stellt *Keller,* Enteignung für Zwecke der öffentlichen Energieversorgung, 1967, S. 63, fest, daß die Gerichte dabei vor eine nur schwer lösbare Aufgabe gestellt sind). Ein Vorhaben soll dann erforderlich sein, wenn es „eine vorhandene Versorgungslücke schließen soll oder wenn es der Versorgungssicherheit dient" (so *BVerwGE* 116, 365, 376; *Theobald,* in: D/T, § 45, Rn. 31; strenger etwa *Daibe,* DÖV 1990, 961, 963, anders – auf die Erforderlickeitsprüfung im Rahmen der Verhältnismäßigkeitsprüfung bezogen – *Salje,* EnWG, § 45, Rn. 38).

28 Die Prüfung der generellen Erforderlichkeit des Vorhabens für die Zwecke der Energieversorgung auf der ersten Stufe ist **zu unterscheiden von** der **Prüfung der Verhältnismäßigkeit** des Eingriffs gegenüber dem konkreten Enteignungsbetroffenen. Diese erfolgt erst auf der zweiten Stufe im Rahmen des Enteignungsverfahrens. Erst in diesem Verfahren ist also beispielsweise zu klären, ob Verhandlungen über eine privatrechtliche Vereinbarung mit dem Eigentümer gescheitert sind

oder ob statt des vollen Eigentumsentzugs auch die dingliche Belastung für die Durchführung des Vorhabens ausreichend ist, da beide Prüfungen voraussetzen, daß die benötigte Grundfläche bereits parzellengenau feststeht (*Gartner,* Privateigentum und öffentliche Energieversorgung, S. 231 f.).

Der allgemeine Grundsatz, wonach die Erforderlichkeit einer Enteignung die **Prüfung aller maßgebenden privaten und öffentlichen Belange** erfordert, soll auch im Rahmen der Enteignung zugunsten von Energieversorgungsvorhaben Geltung beanspruchen (so zur Enteignung nach § 11 EnWG 1935 *BVerwG,* UPR 1989, 105, 107). Die bei der Zulassung raumbeanspruchender Vorhaben erforderliche Abwägung umfaßt demnach notwendigerweise auch die für und gegen das Vorhaben sprechenden öffentlichen Interessen (§ 43, Rn. 25; *VGH München,* RdE 1996, 25, 26). Diese erforderliche umfassende Abwägung bringt zum Ausdruck, daß es sich bei der Entscheidung über die grundsätzliche Zulässigkeit der Enteignung für die Realisierung eines konkreten Energieversorgungsvorhabens um eine materielle Planungsentscheidung handelt (ausführlich dazu *Hermes,* Staatliche Infrastrukturverantwortung, S. 400 ff.; a. A. *Horstmann,* Anforderungen an den Bau und Betrieb von Energieversorgungsleitungen in Deutschland, 2000, S. 371). 29

Trägt man dem verfassungsrechtlichen Erfordernis nach einer Abwägung sämtlicher öffentlichen Belange bei dieser Entscheidung Rechnung, so ist eine umfassende Erforderlichkeitsprüfung unter **Berücksichtigung der gesamten Versorgungssituation** vorzunehmen. Deshalb sind sämtliche Versorgungsalternativen in diese Prüfung mit einzustellen (*BVerwGE* 116, 365, 376 f., zählt dazu sowohl technische Alternativen als auch die Möglichkeit der Durchleitung). Insbesondere der durch die Energierechtsreform geschaffene Anspruch auf diskriminierungsfreien Zugang zu bestehenden Netzen (vgl. §§ 20 ff.) ist als Alternative zum Leitungsneubau in Betracht zu ziehen. Wenn das mit der neu zu errichtenden Leitung angestrebte Versorgungsziel gleichwertig im Wege der Durchleitung erreicht werden kann, ist eine Enteignung für die Errichtung einer neuen Leitung nicht zur Energieversorgung erforderlich und damit unzulässig (*Büdenbender* SP, S. 246 f.; zu Belangen des Wettbewerbs als Gemeinwohlbelange, die eine Enteignung rechtfertigen können, *Hermes,* in: S/T, § 9, Rn. 54). 30

Die verfassungsrechtlich gebotene Sicherung der Allgemeinwohldienlichkeit der Enteignung berührt auch die Frage nach der Intensität, mit der die Energieaufsichtsbehörde den Antrag des Energieversorgungsunternehmens prüft. In der Literatur wird der zuständigen **Energieaufsichtsbehörde** in diesem Zusammenhang teilweise nur ein 31 begrenzter Entscheidungsspielraum eingeräumt. Den antragstellenden **Energieversorgungsunternehmen** soll ein „Ermessens- und Prognosespielraum" zukommen (*Büdenbender et al.*, Rn. 1864). Diese Auffassung kann sich insoweit auf die Rechtsprechung des *BVerwG* stützen, als es in einem Urteil aus dem Jahre 1986 heißt, die Behörde habe „die Vorhabenplanung abwägend nachzuvollziehen" (*BVerwGE* 72, 365, 367; ebenso *VGH Mannheim*, NuR 2000, 455, 456). Gleichzeitig wird der Behörde von der Rechtsprechung jedoch abverlangt, daß sie selbst eine vollständige Prüfung vornehmen und auf der Grundlage „eigener Prüfung" die Rechtfertigung der Enteignung feststellen muß (*BVerwGE* 72, 365, 367 f.). Insgesamt ergibt die Rechtsprechung zur Frage der Prüfungsintensität also kein klares Bild. Immerhin hat das *BVerwG* jüngst betont, daß den Energieversorgungsunternehmen kein „staatsfreies Trassenselbstfindungsrecht" zukommt (*BVerwGE* 116, 365, 374).

32 Die Ansicht, dem antragstellenden Energieversorgungsunternehmen stehe ein Ermessens- bzw. Prognosespielraum zu, ist allerdings verfehlt. Ebenso wie in den gesetzlich vorgesehenen Fällen der Planfeststellung für Energieversorgungsanlagen (§§ 45 I Nr. 1 i. V. m. § 43) kann das **Allgemeinwohl** auch bei der Entscheidung über die Zulässigkeit der Enteignung ohne vorausgehendes Planfeststellungsverfahren (§ 45 I Nr. 2) **nur von der Behörde selbst konkretisiert** werden. Nur diese ist in der Lage, die zur Rechtfertigung der Enteignung notwendigen energiewirtschaftlichen Bedarfs- und energiepolitischen Prioritätsentscheidungen sowie die Abwägung zwischen den unterschiedlichen öffentlichen Belangen zu treffen. Den privatwirtschaftlichen Energieversorgungsunternehmen hingegen fehlt hierfür nicht nur die erforderliche demokratische Legitimation. Sie sind auch in der Sache hierzu nicht in der Lage, weil sie sich nach dem geltenden energierechtlichen Rahmen zulässigerweise von ihren Gewinnerzielungsabsichten leiten lassen. Aus dieser Verteilung der Prüfungs- und Abwägungskompetenzen ergibt sich folgerichtig auch der Anspruch des Enteignungsbetroffenen auf fehlerfreie Abwägung der betroffenen Belange durch die Behörde.

II. Verfahren

33 Ein **Enteignungsverfahren entfällt nach § 45 II 2,** wenn sich ein Beteiligter mit der Übertragung oder Beschränkung des Eigentums oder eines anderen Rechtes schriftlich einverstanden erklärt. In diesem Fall wird direkt in das Entschädigungsverfahren übergeleitet. Die Vorschrift ist neu. Sie wurde durch Art. 7 des Gesetzes zur Beschleunigung

von Planungsverfahren für Infrastrukturvorhaben (BGBl. I S. 2833) eingefügt und gilt seit dem 17. 12. 2006. Ihr Sinn ist klar: Das Enteignungsverfahren ist nur notwendig, wenn der Enteignungsbetroffene sich der Entziehung oder Beschränkung seiner Rechte entgegenstellt. Ist dies nicht der Fall, kann unmittelbar über die Entschädigungshöhe entschieden werden.

Ist ein Enteignungsverfahren durchzuführen, so ist der Verfahrensablauf einer Enteignung für energiewirtschaftliche Vorhaben **zweistufig** (*BVerwGE* 116, 365, 375 f.; *Horstmann,* Anforderungen an den Bau und Betrieb von Energieversorgungsleitungen in Deutschland, 2000, S. 367; *Büdenbender,* SP, S. 244). Die erste Stufe besteht in der Entscheidung nach § 45 II 1. Diese klärt die Zulässigkeit der Enteignung dem Grunde nach. Ihr Gehalt entspricht also der enteignungsrechtlichen Vorwirkung des Planfeststellungsbeschlusses (§ 74 VI 2 VwVfG; vgl. hierzu *Bonk,* in: Stelkens/Bonk/Sachs, VwVfG, 6. Aufl., 2001, § 72, Rn. 67). Sofern die Energieaufsichtsbehörde die Zulässigkeit der Enteignung verneint, ist das Verfahren auf administrativer Ebene schon beendet (*Büdenbender et al.,* Rn. 1853). Sofern die Enteignung dem Grunde nach für zulässig gehalten wird, schließt sich als zweite Stufe das eigentliche Enteignungsverfahren an. Gemäß § 45 III richtet sich das Enteignungsverfahren nach Landesrecht. Das weitere Verfahren ist daher nach den Regelungen in den Landesenteignungsgesetzen durchzuführen.

Nach h. M. kommt der Entscheidung über die Zulässigkeit der Enteignung dem Grunde nach für den (später enteignungsbetroffenen) Bürger keinerlei Außenwirkung zu (*Büdenbender et al.,* Rn. 1853), sodaß die von der Planung Betroffenen an dem **Verwaltungsverfahren** der ersten Stufe nicht zu beteiligen sind (*BVerwG,* RdE 1994, 232, 233). Auch eine Verpflichtung zur Anhörung von Trägern öffentlicher Belange läßt sich weder aus dem allgemeinen Verwaltungsverfahrensrecht noch aus speziellen Vorgaben des Energiewirtschaftsgesetzes entnehmen. Gleiches gilt für die Einbeziehung externen Sachverstandes, was bereits daraus folgt, daß die Energieaufsichtsbehörde mangels Beteiligung der betroffenen Bürger regelmäßig keinerlei Anhaltspunkte dafür hat, den Angaben des Vorhabenträgers zu mißtrauen.

Die verfassungsrechtlich gebotene Einordnung der Entscheidung über die Erforderlichkeit der Enteignung nach § 45 I als von der Behörde unter Berücksichtigung aller betroffenen öffentlichen und privaten Belange zu treffende Planungsentscheidung, muß sich jedoch auch in einer **verfassungskonformen Ausgestaltung** des Verfahrens widerspiegeln. Erforderlich ist damit eine Ausgestaltung des Verfahrens, die sicherstellt, daß alle relevanten öffentlichen und privaten Belange, die von dem Vorhaben berührt werden, in das behördliche Entscheidungsverfahren einfließen (vgl. dazu nur *BVerfGE* 74, 264, 286; *Steinberg/Berg/Wickel*, Fachplanung, 3. Aufl., 2000, S. 107 ff.). Als minimale Garantien für eine verfassungskonforme Gestaltung des Verfahrens sind die Beteiligung der potentiell (Enteignungs-) Betroffenen, der Träger berührter öffentlicher Belange sowie des antragstellenden Vorhabenträgers, die Zusammenführung der von diesen Beteiligten vorgebrachten Anregungen und Einwände in einem einheitlichen Verfahrensschritt, der die in der materiellen Abwägungsentscheidung einzubeziehenden Belange verfahrensrechtlich „abbildet", und die Einbeziehung externen Sachverstandes unabdingbar, soweit die Behörde, die die planerische Abwägungsentscheidung zu treffen hat, über diesen Sachverstand nicht selbst verfügt.

III. Behördenzuständigkeit

37 § 45 II 3 verweist die Entscheidung über die Zulässigkeit der Enteignung für sonstige Vorhaben an die **„zuständige Behörde"**. Zum Teil wird davon ausgegangen, daß die Energieaufsichtsbehörde die zuständige Behörde ist (*Büdenbender et al.*, Rn. 1853). Im Wortlaut des § 45 II findet sich hierfür jedoch kein entsprechender Anhaltspunkt. Damit fällt die Bestimmung, welche Landesbehörde zuständig ist, in die Organisationskompetenz der Länder (*Theobald*, in: D/T, EnWG, § 45, Rn. 48). Es wird als zweckmäßig angesehen, wenn die Länder die Energieaufsichtsbehörde beauftragen, weil diese als Fachbehörde besonders geeignet ist, die Zweckbestimmung des Vorhaben zu beurteilen (*Theobald*, in: D/T, EnWG, § 45, Rn. 49; auch der Gesetzgeber sah die das Energiewirtschaftsgesetz ausführende Behörde als am besten geeignet für diese Prüfung an; vgl. Begründung des Gesetzentwurfs, BT-Drucks. 14/4599, S. 162).

IV. Rechtsschutz

38 Die ablehnende Entscheidung der zuständigen Behörde über die Zulässigkeit einer Enteignung (§ 45 II) stellt sich **für die Energieversorgungsunternehmen** als Verweigerung eines begünstigenden Verwaltungsakts dar, gegen die sie mit der Verpflichtungsklage vorgehen kann (*Büdenbender et al.*, Rn. 1853, in Fn. 4 mit Verweis auf *BVerwG*, RdE 1974, 78). Grundsätzlich besteht allerdings **kein Anspruch auf die Zulässigkeitserklärung,** sondern nur auf fehlerfreie Abwägung der betroffenen öffentlichen und privaten Belange. Die Bescheidungsklage, die zu einer entsprechenden gerichtlichen Abwägungskontrolle führt, ist deshalb die einschlägige Klageart.

Nach h. M. und bisheriger Rechtsprechung soll die Entscheidung der **39** Energieaufsichtsbehörde nach § 45 II aus Sicht des betroffenen **Grundstückseigentümers** nur ein Teil eines mehrstufigen Verwaltungsverfahrens sein, dem für sich allein die **Außenwirkung** fehlt. Gegenüber dem Bürger ergeht nach dieser Ansicht in der ersten Stufe des Enteignungsverfahrens also kein Verwaltungsakt. Für ihn soll deshalb nur die anschließende Entscheidung im Enteignungsverfahren — zweite Stufe (s. u. Rn. 42 ff.) — angreifbar sein (*BVerfGE* 66, 248, 251; *BVerwGE* 116, 365, 376; *VGH Mannheim,* RdE 2000, 150; *BVerwG,* RdE 1994, 232, 233; *BVerwG,* RdE 1974, 78; *Theobald,* in: D/T, EnWG, § 45, Rn. 46; *Büdenbender et al.,* Rn. 1853, in Fn. 5 mit Verweis auf *BVerwG,* RdE 1974, 78; *VGH München,* BayVBl. 1974, 43). Eine Verkürzung seines Rechtsschutzes soll damit nicht verbunden sein, weil im Rahmen der Anfechtungsklage gegen die Entscheidung der Enteignungsbehörde die Zulassungsentscheidung der Energieaufsichtsbehörde nach § 45 II ebenso wie „die gesamte vorgängige Planung" inzident mit überprüft wird (*OVG Lüneburg,* NuR 1999, 533, *Büdenbender et al.,* Rn. 1854; kritisch zu dieser Ansicht *v. Götz,* DVBl. 1999, 1413, 1416). Diese Ansicht hat in der Rechtsprechungspraxis zur Folge, daß zwischen erster und zweiter Verfahrensstufe bei der Enteignung nicht mehr unterschieden wird. Vielmehr wird von der Enteignungsbehörde eine umfassende Prüfung der Erforderlichkeit der Enteignung dem Grunde nach erwartet. Die verwaltungsgerichtliche Kontrolle beschränkt sich auf die nach außen verbindliche abschließende Enteignungsentscheidung und muß dann die vorausgegangenen Planungsentscheidungen ebenso wie die energiewirtschaftliche Bedarfsentscheidung inzident überprüfen (zusammenfassend dazu *BVerwGE* 116, 365, 376).

Diese Ansicht stößt auf Bedenken. Sie wird weder den verwaltungs- **40** praktischen noch den rechtssystematischen Anforderungen an eine sinnvolle Ordnung gestufter Verwaltungsverfahren gerecht. Sie verkürzt darüber hinaus den Rechtsschutz der Betroffenen, weil die vollständige inzidente Kontrolle aller vorausliegenden Entscheidungen im Rahmen des Rechtsschutzes gegen die abschließende Enteignungsentscheidung eine nur theoretische Möglichkeit darstellt. Stattdessen sollte anerkannt werden, daß die Entscheidung nach § 45 II 1 mit Bindungswirkung für die Enteignungsbehörde die energiewirtschaftliche Notwendigkeit des Vorhabens und damit die Zulässigkeit der Enteignung „dem Grunde nach" feststellt (so *BVerwGE* 116, 365, 375) und damit **auch gegenüber dem Grundstückseigentümer Regelungswirkung** (*Ehlers/Pünder,* Energiewirtschaftsrecht, in: Achterberg/Püttner/Würtenberger (Hrsg.), Besonderes Verwaltungsrecht Bd. 1, 2. Aufl. 2000, Rn. 57) besitzt. Die Außenwirkung dieser Entscheidung wird durch die Einführung des Planfeststellungsverfahrens für einzelne Vorhaben in § 45 I Nr. 1 zusätzlich verdeutlicht. Denn der Regelungsgehalt der Entscheidung über Zulässigkeit der Enteignung nach § 45 I Nr. 2 unterscheidet sich nicht von der enteignungsrechtlichen Vorwirkung eines Planfeststellungsbeschlusses. Auch diesem folgt ein landesrechtlich geregeltes Enteignungsverfahren nach. Gemäß § 45 II 1 ist die Enteignungsbehörde im nachfolgenden Verfahrensschritt daran gebunden. Dieser sinnvollen Verfahrensstufung widerspricht es, die gerichtliche Nachprüfbarkeit auf den letzten Verfahrensakt zu beschränken. Die Entscheidung der Behörde am Ende der ersten Verfahrensstufe über die Zulässigkeit der Enteignung dem Grunde nach wäre danach von den Eigentümern mit der Anfechtungsklage angreifbar.

41 Sofern das vorausgegangene behördliche Entscheidungsverfahren den oben dargestellten verfassungsrechtlichen Anforderungen an eine planerische Abwägung der Belange entspricht, sind auch die allgemeinen Regeln über die rechtsstaatlichen Bindungen planerischer Gestaltungsfreiheit (vgl. nur die Übersicht bei *Wahl*, NVwZ 1990, 426 ff.) bei der **gerichtlichen Kontrolle** zu berücksichtigen. In diesem Falle müssen sich die Gerichte auf eine nachvollziehende Abwägungskontrolle zurückziehen, um nicht unzulässigerweise diese rechtlich nur begrenzt determinierte Gestaltungsfreiheit zu beeinträchtigen. Die von der Behörde getroffenen wertenden Einschätzungen, Prognosen und Abwägungen sind dann nicht gerichtlich ersetzbar, „soweit sie methodisch einwandfrei zustande gekommen und in der Sache vernünftig sind" (*VGH Mannheim*, NuR 2000, 455, 456 m. w. N.).

D. Enteigungsverfahren nach Landesrecht (§ 45 III)

42 An die Entscheidung über die Zulässigkeit der Enteignung dem Grunde nach, die in der Regel von der Energieaufsichtsbehörde vorzunehmen ist, schließt sich auf der zweiten Verfahrensstufe das **enteignungsrechtliche Verfahren nach Landesrecht** an (§ 45 III). In einigen Bundesländern ist dafür zwingend ein enteignungsrechtliches Planfeststellungsverfahren (ausf. dazu *Stuchlik*, UPR 1998, 1 ff.) durchzuführen, in anderen Ländern ist dies fakultativ (Übersicht bei *Horstmann*, Anforderungen an den Bau und Betrieb von Energieversorgungsleitungen in Deutschland, 2000, S. 375 f.). Diesem Verfahren kam vor den jüngeren Gesetzesänderungen die Funktion zu, die fehlende Planfeststellung für Energieversorgungsleitungen zu ersetzen. Mit der Einführung der Planfeststellung für bestimmte Leitungsvorhaben durch

§ 43 ist dem jedoch die Grundlage entzogen. Aber auch bei der Enteignung für Vorhaben, die nicht planfeststellungsbedürftig sind, ist die Erforderlichkeit des Vorhabens und somit die Zulässigkeit einer Enteignung dem Grunde nach gar nicht mehr Gegenstand des enteignungsrechtlichen Verfahrens nach den Landesenteignungsgesetzen. Nach der oben dargelegten Verfahrensstufung (Rn. 34) ist über diese Frage nämlich bereits verbindlich im Verfahren nach § 45 I und II durch die Planfeststellungs- oder Energieaufsichtsbehörde entschieden (*Horstmann,* Anforderungen an den Bau und Betrieb von Energieversorgungsleitungen in Deutschland, 2000, S. 377), während in der zweiten Stufe die Enteignungsbehörden **nur noch** über die **Modalitäten der Enteignung** im Einzelnen zu entscheiden haben. Entsprechend diesem Entscheidungsprogramm ist die gesetzliche Ausgestaltung des Verfahrens in den Landesenteignungsgesetzen wie auch ihre Auslegung und Anwendung durch die Enteignungsbehörden nur noch auf diese „Modalitäten" der Enteignung gerichtet.

I. Zuständigkeit und Verfahren

§ 45 III verweist für die Durchführung des Enteignungsverfahrens auf die Regelungen des Landesrechts. Einschlägig sind die Landesenteignungsgesetze. Diese regeln zum einen die **Zuständigkeit** (im Falle des Hessischen Enteignungsgesetzes ist etwa der Regierungspräsident Enteignungsbehörde, § 11 HEG). Das **Verfahren** wird typischerweise auf schriftlichen Antrag des EVU unter Beifügung der zur Beurteilung des Vorhabens erforderlichen Unterlagen bei der Enteignungsbehörde eröffnet (§ 22 HEG). Diese klärt den Sachverhalt von Amts wegen auf (§ 24 I HEG) und soll das Verfahren beschleunigt – tunlichst in einem Verhandlungstermin – durchführen (§ 25 1 HEG). Verfahrensbeteiligte sind das antragstellende EVU sowie der betroffene Grundstückseigentümer sowie Inhaber sonstiger dinglicher oder grundstücksbezogener Rechte (§ 23 HEG). In der mündlichen Verhandlung mit den Beteiligten hat die Behörde auf eine Einigung hinzuwirken. Sofern das nicht gelingt, ist durch Beschluß zu entscheiden. Der Enteignungsbeschluß ist mit einer Begründung und Rechtsmittelbelehrung versehen den Beteiligten zuzustellen. Weder die Einleitung des Enteignungsverfahrens noch die das Verfahren abschließende positive Entscheidung haben zur Voraussetzung, daß alle für das Vorhaben erforderlichen **öffentlich-rechtlichen Gestattungen** (Genehmigungen, Erlaubnisse etc.) vorliegen (*VGH München,* NVwZ 2003, 1534, LS 5). Der Enteignungsbeschluß beinhaltet Gegenstand und Umfang der Enteignung sowie Art und Höhe der Entschädigung. Nach Eintritt der Unanfechtbarkeit und

Zahlung bzw. unwiderruflicher Hinterlegung der Entschädigung durch das enteignungsbegünstigte EVU ordnet die Behörde die Ausführung an. Diese Ausführungsanordnung ist allen Beteiligten zuzustellen, deren Rechtsstellung durch den Enteignungsbeschluß betroffen wird. Falls das Vorhaben nicht innerhalb der im Enteignungsbeschluß festgelegten Frist durchgeführt wird, hat der frühere Eigentümer unter bestimmten Voraussetzungen einen Anspruch auf Rückenteignung.

II. Materielle Anforderungen

44 Die Enteignungsbehörde ist an die Entscheidung der zuständigen Behörde auf der ersten Verfahrensstufe, in der Regel also der Planfeststellungs- oder Energieaufsichtsbehörde, über die **Zulässigkeit der Enteignung dem Grunde nach gebunden** (Rn. 23). Die Enteignungsbehörde darf dem Enteignungsantrag nur insoweit entsprechen, als die Zulässigkeit der Enteignung auf der ersten Verfahrensstufe festgestellt wurde. Die Entscheidung darüber ist nicht mehr Gegenstand des Enteignungsverfahrens nach den Landesenteignungsgesetzen.

45 Aus dem Grundsatz der Beschränkung von Grundrechtseingriffen auf das Erforderliche ergibt sich, daß die Enteignungsbehörde nur dann dem Enteignungsantrag stattgeben darf, wenn eine **freiwillige Rechtseinräumung** im Wege freihändiger Vereinbarungen gescheitert ist (*Gartner*, Privateigentum und öffentliche Energieversorgung, S. 231 f.; *Papier*, in: Maunz/Dürig, GG, Art. 14, Rn. 596; zur Zuordnung dieser Frage zur zweiten Verfahrensstufe siehe oben Rn. 28).

46 Der Grundsatz des möglichst schonenden Grundrechtseingriffs begrenzt zudem den Umfang der Enteignung auf das für die **Durchführung des Vorhabens Erforderliche**. Die Enteignungsbehörde muß deshalb prüfen, ob statt des Vollentzugs des Eigentums auch die dingliche Belastung des Grundstücks mit einer Dienstbarkeit, üblicherweise in der Form einer beschränkten persönlichen Dienstbarkeit nach § 1090 BGB, ausreicht. Für die Durchführung von Leitungsvorhaben genügt regelmäßig eine solche dingliche Belastung des Grundstücks (*Büdenbender et al.*, Rn. 1868; *Salje*, EnWG, § 45, Rn. 25).

III. Zur Entschädigungshöhe

47 Gemäß Art. 14 III 2 GG ist die Enteignung nur bei angemessener **Entschädigung** des Eigentümers zulässig, wobei die Interessen der Allgemeinheit und der Beteiligten gerecht abzuwägen sind. Der Umfang der Enteignungsentschädigung richtet sich nach dem Wert des entzogenen Objektes. Die hypothetische Weiterentwicklung dieses

Wertes wird nicht berücksichtigt (*Ossenbühl*, Staatshaftungsrecht, 5. Aufl. 1998, S. 209). In den Landesenteignungsgesetzen ist die Bemessung der Entschädigung nach dem **Verkehrswert des zu enteignenden Grundstücks** vorgesehen, wobei für die Bemessung der Zeitpunkt maßgeblich ist, in dem die Enteignungsbehörde über den Enteignungsantrag entscheidet. Im Falle des vollständigen Entzugs des Grundeigentums hat der Betroffene demnach Anspruch auf Erstattung des Grundstückswertes. Wird dem Eigentümer die Einräumung von dinglichen Rechten an seinem Grundstück auferlegt, hängt die Bestimmung der angemessenen Entschädigung davon ab, inwieweit sich der Verkehrswert durch die Einräumung der Dienstbarkeit reduziert (*BGHZ* 83, 61, 64).

IV. Rechtsschutz

Gemäß Art. 14 III 4 GG steht den Betroffenen wegen der **Entschädigungshöhe** der Rechtsweg zu den **ordentlichen Gerichten** offen. Nach der Rechtsprechung ist von dieser Zuständigkeit der ordentlichen Gerichte auch die Entscheidung über den Grund dieses Anspruchs umfaßt (dazu m. w. N. *Wieland*, in: Dreier, GG, Bd. I, 2. Aufl., 2004, Art. 14, Rn. 123). Die herrschende Ansicht und Rechtsprechung, wonach eine isolierte Anfechtung der Entscheidung über die generelle Zulässigkeit der Enteignung zu Energieversorgungszwecken nach § 45 II 3 durch den Betroffenen nicht möglich ist, sondern stets nur der konkrete Enteignungsbeschluß insgesamt anfechtbar sein soll (Rn. 39), führt dazu, daß in der Regel die Zivilgerichte auch über den Grund des Enteignungsanspruches mitentscheiden. Auch dies zeigt die Fragwürdigkeit dieser Auffassung. Allerdings schließt Art. 14 III 4 GG nicht aus, daß die Entscheidung über die Zulässigkeit der Enteignung dem Grunde nach gesetzlich den Verwaltungsgerichten zugewiesen wird. So sind gemäß § 48 I 1 Nr. 4 VwGO die Oberverwaltungsgerichte für sämtliche Streitigkeiten zuständig, die die Errichtung von Freileitungen mit mehr als einhunderttausend Volt Nennspannung sowie die Änderung ihrer Linienführung betreffen. Sofern über die Zulässigkeit einer Enteignung dem Grunde nach erst im konkreten Enteignungsbeschluß mitentschieden wird, kann deshalb ein solcher Enteignungsbeschluß auch Gegenstand eines Verfahrens vor den Oberverwaltungsgerichten sein (*VGH Mannheim*, RdE 2000, 150). Daraus kann jedoch nicht gefolgert werden, daß jeder Enteignungsbeschluß, der eine Freileitung mit mehr als 100 kV betrifft, automatisch zur erstinstanzlichen Zuständigkeit der Oberverwaltungsgerichte führt. Nur wenn der Beschluß zur Verwirklichung einer neuen Freileitung oder Änderung der Linienführung ergangen ist, und nicht etwa nur die rechtliche Sicherung einer bereits vorhandenen Freileitung bezweckt, kann das Oberverwaltungsgericht angerufen werden (*VGH Mannheim*, RdE 2000, 150 f.). Die verfassungsrechtliche Zuweisung der Zuständigkeit zur Entscheidung über die Höhe der Entschädigung an die Zivilgerichte in Art. 14 III 4 GG kann durch solche gesetzlichen Zuweisungen an die Verwaltungsgerichtsbarkeit selbstverständlich nicht überwunden werden. Sofern Enteignungsbetroffene den Enteignungsbeschluß sowohl im Hinblick auf die Zulässigkeit der Enteignung als auch im Hinblick auf die Höhe der Entschädigung angreifen wollen, müssen sie letzteres jedenfalls vor den Zivilgerichten geltend machen.

49   Diese **Doppelgleisigkeit des Rechtsschutzes** zumindest für Vorhaben, für die eine Zuweisung an die Verwaltungsgerichtsbarkeit zur Prüfung des Enteignungsgrundes besteht, zeigt die Problematik der herrschenden Ansicht, die den Enteignungsbetroffenen dazu zwingt, diese unterschiedlichen Fragen erst durch ein Vorgehen gegen den Enteignungsbeschluß prüfen zu lassen. Vorzuziehen ist deshalb die Lösung, nach der der Enteignungsbetroffene sowohl gegen die Feststellung der Zulässigkeit der Enteignung auf der ersten Verfahrensstufe als auch gegen den Enteignungsbeschluß auf der zweiten Verfahrensstufe Rechtsschutz geltend machen kann (oben Rn. 40).

§ 45a Entschädigungsverfahren

Soweit der Vorhabenträger auf Grund eines Planfeststellungsbeschlusses oder einer Plangenehmigung verpflichtet ist, eine Entschädigung in Geld zu leisten, und über die Höhe der Entschädigung keine Einigung zwischen dem Betroffenen und dem Träger des Vorhabens zustande kommt, entscheidet auf Antrag eines der Beteiligten die nach Landesrecht zuständige Behörde; für das Verfahren und den Rechtsweg gelten die Enteignungsgesetze der Länder entsprechend.

Literatur: *Baron*, Enteignung und vorzeitige Besitzeinweisung zur Verwirklichung eines planfestgestellten Bauvorhabens in Sachsen-Anhalt am Beispiel einer Bundesfernstraße, DVP 2003, 348; *Bauer*, Entschädigungsrechtliche Auflagen im straßenrechtlichen Planfeststellungsbeschluß, NVwZ 1993, 441.

Übersicht

	Rn.
A. Allgemeines	1
B. Anwendungsbereich: Entschädigungsauflagen	2
C. Entschädigungshöhe	3
D. Verfahren und Rechtsschutz	4

A. Allgemeines

§ 45a regelt **Verfahrensfragen im Zusammenhang mit Streitigkeiten über die Höhe einer Entschädigung,** die aufgrund entsprechender Regelungen in Planfeststellungsbeschluß oder Plangenehmigung zu zahlen ist (§ 74 II 3 VwVfG). Ihre systematische Stellung nach § 45, der die Enteignung behandelt, ist also insofern irreführend, als es in § 45a **nicht um Enteignungsfragen** geht, sondern um Probleme, die sich aus Nebenregelungen in fachplanungsrechtlichen Entscheidungen unmittelbar ergeben. § 45a ist § 19a FStrG (eingefügt durch Art. 26 Nr. 5 G v. 28. 6. 1990, BGBl. I S. 1221, in Kraft seit dem 1. 7. 1990) nachgebildet. Die Übernahme dieser Regelung in das EnWG (und – parallel – in das AEG) dient ausweislich der Gesetzesbegründung (BT-Drucks. 16/54, S. 31) der Verfahrensbeschleunigung insoweit, als Streitigkeiten über die Höhe einer im Planfeststellungsbeschluß oder in einer Plangenehmigung vorgesehenen Entschädigung in ein gesondertes Verfahren verwiesen werden, das die nach Landesrecht zuständige Enteignungsbehörde führt.

1

B. Anwendungsbereich: Entschädigungsauflagen

§ 45a knüpft an die in § 74 II 3 VwVfG enthaltene Möglichkeit an, zu Gunsten Betroffener **Entschädigungsauflagen in Planfeststellungsbeschlüssen und Plangenehmigungen vorzusehen.** Solche Auflagen verpflichten den Vorhabenträger und entsprechen dem fachplanungsrechtlichen Grundsatz der Problembewältigung. Dieser erfordert, daß in dem Planfeststellungsbeschluß oder der Plangenehmigung über etwaige Ansprüche Dritter auf Schutzvorkehrungen oder Geldausgleich entschieden wird. Ansprüche auf Schutzauflagen oder Geldausgleich sind grundsätzlich ausgeschlossen, wenn der Planfeststellungsbeschluß unanfechtbar wird, ohne insoweit eine Regelung getroffen zu haben (*BVerwGE* 80, 8, 9; s. dazu auch *Vallendar,* in: Hermes/Sellner, BeckAEG-Komm, § 18, Rn. 199). Solche Entschädigungsauflagen setzen voraus, daß inhaltliche Schutzvorkehrungen untunlich oder mit dem Vorhaben unvereinbar sind (§ 74 II 3 VwVfG). Eine Geldentschädigung ist etwa zu gewähren, wenn eine Lärmschutzwand einem Streckenanlieger den Zutritt von Licht und Luft zu einer Wohnung erheblich beeinträchtigt (*Vallendar,* in: Hermes/Sellner, BeckAEG-Komm, § 18, Rn. 221). Die Verpflichtung zur Geldentschädigung ist in der Planfeststellung dem Grunde nach auszusprechen. Der Höhe nach ge-

2

§ 45a 3–6   Teil 5. Planfeststellung, Wegenutzung

nügt es, wenn die für einen Berechnung maßgeblichen Faktoren benannt werden (*Vallendar,* in: Hermes/Sellner, BeckAEG-Komm, § 18, Rn. 221; *BVerwGE* 71, 166, 174; *BVerwG,* NVwZ-RR 2001, 653, 656; *Kühling/Herrmann,* Fachplanungsrecht, Rn. 466).

C. Entschädigungshöhe

3   Zur Entschädigungshöhe kann z. Zt. nur auf die Rechtsprechung zu § 19a BFStrG zurückgegriffen werden. Allgemein gilt, daß der Betroffene so zu stellen ist, wie er ohne die durch den Planfeststellungsbeschluß oder die Plangenehmigung gedeckte Beeinträchtigung seiner Rechte stehen würde; entgangener Gewinn ist hingegen – wie auch bei den anderen Entschädigungsansprüchen der §§ 43ff. (s. § 44, Rn. 32, § 44a, Rn. 17, § 44b, Rn. 14) – nicht ersatzfähig. Beispielsweise hat das *LG Meiningen* zu § 19a FStrG Vorschrift judiziert, daß bei der Durchschneidung eines Jagdbezirks infolge des Baus einer Bundesstraße die Ermittlung der Höhe des Anspruchs der Jagdgenossenschaft auf Entschädigung nach dem Pachtzinsdifferenzverfahren nicht zu beanstanden ist. Danach bemisst sich der der Jagdgenossenschaft infolge des Straßenbaus in ihrem Bezirk entstandene jährliche Nachteil nach der Differenz zwischen dem vorher und dem nachher möglichen Pachtzins (*LG Meiningen,* Urt. v. 14. 6. 2006 – BLK O 2/05, juris).

D. Verfahren und Rechtsschutz

4   § 45a setzt verfahrensrechtlich voraus, daß über die Höhe der Entschädigung eine Einigung zwischen dem Betroffenen und dem Vorhabenträger **eine Einigung nicht erzielt** werden konnte. Die Vorschrift ähnelt insofern dem in § 44 III vorgesehenen Entschädigungsanspruch infolge von zu duldender Vorarbeiten (§ 44, Rn. 32f.). Wie dort wird man also anzunehmen haben, daß der Vorhabenträger die Initiative ergreifen und eine Einigung mit dem Betroffenen herbeizuführen versuchen muß.

5   Um die Entscheidung der nach Landesrecht zuständigen Behörde herbeizuführen, bedarf es nach Scheitern der Bemühungen um eine einvernehmliche Lösung lediglich eines entsprechenden **Antrags** eines der Beteiligten – also des Betroffenen oder des Vorhabenträgers.

6   § 45a 2. Hs. verweist für die Verfahrens- und Rechtsschutzmodalitäten auf die **Enteignungsgesetze der Länder.** Dies bedeutet nament-

lich, daß der Rechtsweg gegen die Festsetzung der Entschädigungshöhe vor die Zivilgerichte – Kammern für Baulandsachen – führt. Im übrigen kann auf die entsprechenden Ausführungen bei § 45 verwiesen werden (§ 45, Rn. 42 ff.).

§ 46 Wegenutzungsverträge

(1) [1]Gemeinden haben ihre öffentlichen Verkehrswege für die Verlegung und den Betrieb von Leitungen, einschließlich Fernwirkleitungen zur Netzsteuerung und Zubehör, zur unmittelbaren Versorgung von Letztverbrauchern im Gemeindegebiet diskriminierungsfrei durch Vertrag zur Verfügung zu stellen. [2]Unbeschadet ihrer Verpflichtungen nach Satz 1 können die Gemeinden den Abschluss von Verträgen ablehnen, solange das Energieversorgungsunternehmen die Zahlung von Konzessionsabgaben in Höhe der Höchstsätze nach § 48 Abs. 2 verweigert und eine Einigung über die Höhe der Konzessionsabgaben noch nicht erzielt ist.

(2) [1]Verträge von Energieversorgungsunternehmen mit Gemeinden über die Nutzung öffentlicher Verkehrswege für die Verlegung und den Betrieb von Leitungen, die zu einem Energieversorgungsnetz der allgemeinen Versorgung im Gemeindegebiet gehören, dürfen höchstens für eine Laufzeit von 20 Jahren abgeschlossen werden. [2]Werden solche Verträge nach ihrem Ablauf nicht verlängert, so ist der bisher Nutzungsberechtigte verpflichtet, seine für den Betrieb der Netze der allgemeinen Versorgung im Gemeindegebiet notwendigen Verteilungsanlagen dem neuen Energieversorgungsunternehmen gegen Zahlung einer wirtschaftlich angemessenen Vergütung zu überlassen.

(3) [1]Die Gemeinden machen spätestens zwei Jahre vor Ablauf von Verträgen nach Absatz 2 das Vertragsende durch Veröffentlichung im Bundesanzeiger oder im elektronischen Bundesanzeiger bekannt. [2]Wenn im Gemeindegebiet mehr als 100 000 Kunden unmittelbar oder mittelbar an das Versorgungsnetz angeschlossen sind, hat die Bekanntmachung zusätzlich im Amtsblatt der Europäischen Union zu erfolgen. [3]Beabsichtigen Gemeinden eine Verlängerung von Verträgen nach Absatz 2 vor Ablauf der Vertragslaufzeit, so sind die bestehenden Verträge zu beenden und die vorzeitige Beendigung sowie das Vertragsende öffentlich bekannt zu geben. [4]Vertragsabschlüsse mit Unternehmen dürfen frühestens drei Monate nach der Bekanntgabe der vorzeitigen Beendigung erfolgen. [5]Sofern sich mehrere Unternehmen bewerben, macht die

§ 46 Teil 5. Planfeststellung, Wegenutzung

Gemeinde bei Neuabschluss oder Verlängerung von Verträgen nach Absatz 2 ihre Entscheidung unter Angabe der maßgeblichen Gründe öffentlich bekannt.

(4) Die Absätze 2 und 3 finden für Eigenbetriebe der Gemeinden entsprechende Anwendung.

(5) Die Aufgaben und Zuständigkeiten der Kartellbehörden nach dem Gesetz gegen Wettbewerbsbeschränkungen bleiben unberührt.

Literatur: *Ballwieser/Lecheler,* Die angemessene Vergütung für Netze nach § 46 Abs. 2 EnWG, 2007; *Becker,* Nochmals: zur Netzüberlassungspflicht nach dem Energiewirtschaftsgesetz, ZNER 2002, 118; *Börner/Pohl,* Die Wegerechte für das Strom- und Gasnetz in der Entflechtung, Versorgungswirtschaft 2006, 221; *Erman,* Der Einfluß von Wettbewerb und Regulierung auf kommunale Konzessionen, ET 2005, 272; *Gersemann/Maqua,* Anforderungen des EnWG und der Netzentgeltverordnungen bei Überlassung von Anlagen, Versorgungswirtschaft 2006, 53; *Hellermann,* Das Schicksal der Energieversorgungsverhältnisse beim Wechsel des Verteilungsnetzbetreibers und allgemeinen Versorgers, ZNER 2002, 70; *ders.,* Von der allgemeinen Versorgung zur Grundversorgung: Rechtsgrundlage der Gebietsversorgungspflicht und Folgen für den Versorgerwechsel, IR 2004, 266 *ders.,* Probleme des Kundenübergangs in Zeiten des „Grundversorgers", ZNER 2004, 329; *Kermel,* Aktuelle Entwicklungen im Konzessionsvertragsrecht, RdE 2005, 153; *Klemm,* Konzessionsverträge und Konzessionsabgaben nach der Energierechtsreform 2005, Versorgungswirtschaft 2005, 197; *Klemm,* Der Anspruch auf Netzüberlassung gemäß § 46 Abs. 2 EnWG, CR 2007, 44; *Lecheler,* Der Umfang der nach § 46 Abs 2 EnWG herauszugebenden Netzanlagen beim Wechsel des Versorgers, RdE 2007, 181; *Pippke/Gaßner,* Neuabschluss, Verlängerung und Änderung von Konzessionsverträgen nach dem neuen EnWG, RdE 2006, 33; *Reimann/Decker,* § 13 EnWG – ein Schritt zu mehr Wettbewerb?, RdE 2000, 16; *Säcker/Jäcks,* Die Netzüberlassungspflicht im Energiewirtschaftsgesetz: Eigentumsübertragung oder Hebrauchsüblassung?, BB 2001, 997; *Theobald,* Gesetzliche Ansprüche auf konkurrierenden Leitungsbau in der Strom- und Gaswirtschaft, VerwArch 2001, 109; *Schnutenhaus/von LaChevallerie,* Zum Übergang der Tarifkundenverhältnisse auf den neu konzessionierten Gasversorger, RdE 2006, 204.

Übersicht

	Rn.
A. Allgemeines	1
I. Inhalt und Zweck	1
1. Inhalt	1
2. Zweck	6
a) Hintergrund der Regelung	6
aa) Leitungsgebundene Energieversorgung und kommunales Wegenetz	7
bb) Kommunale Wegehoheit	8
b) Gesetzgeberische Zielsetzung	10
aa) Förderung von Wettbewerb	11
bb) Kommunale Interessen	15

	Rn.
II. Entstehungsgeschichte	17
1. Vorgeschichte	17
a) EnWG 1935	17
b) EnWG 1998	18
2. Gesetzgebungsgeschichte	22
III. Gemeinschaftsrechtliche Vorgaben	24
IV. Verfassungsrechtliche Beurteilung	26
1. Gesetzgebungskompetenz	26
2. Materielle Verfassungsrechtspositionen	28
a) Art. 28 II GG	29
b) Grundrechte	31
V. Laufende Wegenutzungsverträge	32
B. Einfache Wegenutzungsverträge (§ 46 I)	33
I. Anwendungsbereich	34
II. Kontrahierungszwang	38
1. Anspruchsverpflichtung und -berechtigung	39
2. Wegerechtseinräumung durch Vertrag	42
3. Laufzeit	43
4. Diskriminierungsfreie Vergabe einfacher Wegerechte	44
a) Grundsatz des Anspruchs auf diskriminierungsfreie Vergabe	44
b) Verweigerungsgründe	46
aa) Mangelnde Einigung über Konzessionsabgaben (§ 46 I 2)	46
bb) Sonstige Verweigerungsgründe	48
C. Qualifizierte Wegenutzungsverträge/Konzessionsverträge (§ 46 II bis IV)	52
I. Inhalt und Rechtsnatur des Konzessionsvertrags (§ 46 II 1)	54
1. Vertragspartner	55
2. Gegenstand des Vertrages	56
3. Rechtsnatur des Vertrages	59
II. Laufzeitbegrenzung (§ 46 II 1)	60
III. Ablauf, Verlängerung und Abschluß von Konzessionsverträgen (§ 46 III)	61
1. Bekanntmachung des Vertragsablaufs (§ 46 III 1 und 2)	61
2. Sonderfall der vorzeitigen Vertragsverlängerung (§ 46 III 3 und 4)	64
3. Abschluß und Verlängerung von Konzessionsverträgen	65
a) Rechtliche Vorgaben für den Vertragsschluß	65
b) Bekanntmachungspflicht (§ 46 III 5)	68
IV. Wechsel des konzessionierten EVU	69
1. Gesetzlicher Überlassungsanspruch (§ 46 II 2)	69
a) Tatbestand	69
b) Rechtsfolge	71
aa) Umfang des Überlassungsanspruchs	72

		Rn.
	bb) Art der Überlassung	76
	cc) Kundenübergang	78
	dd) Wirtschaftlich angemessene Vergütung	79
	2. Verhältnis zu konzessionsvertraglichen Endschaftsklauseln	82
V.	Entsprechende Anwendung auf Eigenbetriebe (§ 46 IV)	85
	1. Reichweite unmittelbarer Anwendbarkeit auf gemeindeeigene Unternehmen	85
	2. Anordnung entsprechender Anwendung	87
D.	Kartellbehördliche Aufgaben und Zuständigkeiten (§ 46 V)	89

A. Allgemeines

I. Inhalt und Zweck

1 1. **Inhalt.** § 46 regelt die **Nutzung der öffentlichen, insbesondere gemeindlichen Verkehrswege für die Verlegung und den Betrieb von Leitungen** zur unmittelbaren Versorgung von Letztverbrauchern mit Energie. Es werden die verfahrensmäßigen und sachlichen Voraussetzungen, unter denen Gemeinden ihre Verkehrswege EVU zur Verfügung zu stellen haben, festgelegt sowie einzelne Folgeregelungen getroffen.

2 Von besonderer Bedeutung ist in § 46 die **Unterscheidung zwischen Leitungen eines Energieversorgungsnetzes der allgemeinen Versorgung und sonstigen Leitungen** zur unmittelbaren Versorgung von Letztverbrauchern im Gemeindegebiet. Der – diesen sonstigen Leitungen geltende – § 46 I einerseits, die § 46 II bis IV andererseits gestalten das Wegenutzungsrecht insoweit deutlich unterschiedlich aus.

3 Für Leitungen, die nicht einem Energieversorgungsnetz der allgemeinen Versorgung zuzurechnen sind (vgl. Rn. 57), sondern in sonstiger Weise zur unmittelbaren Versorgung von Letztverbrauchern bestimmt sind, trifft § 46 I eine Regelung über **sog. einfache Wegenutzungsverträge.** Insoweit ist grundsätzlich ein Anspruch der EVU darauf vorgesehen, daß die Gemeinden ihnen ihre Verkehrswege durch Vertrag gegen Zahlung von Konzessionsabgaben diskriminierungsfrei zur Verfügung stellen (s. im einzelnen Rn. 38 ff.).

4 Für die Leitungen, die zu einem Energieversorgungsnetz der allgemeinen Versorgung im Gemeindegebiet gehören, treffen § 46 II bis IV eine besondere, ausführliche und differenzierte Regelung über **sog.**

qualifizierte **Wegenutzungsverträge oder Konzessionsverträge**, wie die herkömmliche Bezeichnung lautet. Im Kern vorgesehen ist, daß solche Konzessionsverträge nur für eine Laufzeit von höchstens 20 Jahren abgeschlossen werden dürfen (§ 46 II 1). Der Verlängerung oder dem Neuabschluß solcher Verträge hat eine öffentliche Bekanntmachung des Vertragsendes durch die Gemeinde vorauszugehen (§ 46 II 1 bis 3); wenn sich mehrere EVU um Verlängerung bzw. Neuabschluß bewerben, hat die Gemeinde auch ihre Auswahlentscheidung unter Angabe der maßgeblichen Gründe öffentlich bekannt zu geben (§ 46 II 5). Kommt es zu einem Wechsel des Konzessionsvertragspartners der Gemeinde, ist das bisher nutzungsberechtigte EVU verpflichtet, dem neuen EVU die für den Betrieb der Netze der allgemeinen Versorgung im Gemeindegebiet notwendigen Verteilungsanlagen gegen wirtschaftlich angemessene Vergütung zu überlassen (§ 46 II 2).

Ergänzend wird in § 46 V das Verhältnis dieser energiewirtschaftsrechtlichen Regelung der Wegenutzung zu **Aufgaben und Zuständigkeiten der Kartellbehörden** nach dem GWB behandelt.

2. Zweck. a) Hintergrund der Regelung. Der mit der Regelung verfolgte Zweck tritt deutlicher hervor, wenn man ihren tatsächlichen und rechtlichen Hintergrund beleuchtet, nämlich die **Besonderheiten der leitungsgebundenen Energieversorgung** (vgl. § 1, Rn. 18 ff., zur leitungsgebundenen Energieversorgung als Regelungsgegenstand des EnWG). Ähnlich wie andere sog. Netzwirtschaften unterliegt auch die leitungsgebundene Energieversorgung spezifischen tatsächlichen und rechtlichen Funktionsbedingungen, die sich gerade in der Regelung der Inanspruchnahme des örtlichen Wegenetzes niederschlagen.

aa) Leitungsgebundene Energieversorgung und kommunales Wegenetz. Ausgangspunkt ist insoweit die tatsächliche **Angewiesenheit der leitungsgebundenen Energieversorgung der Letztverbraucher auf das örtliche Wegenetz.** Ohne Inanspruchnahme dieses Wegenetzes ist eine leitungsgebundene, öffentliche Versorgung mit Strom und Gas nicht möglich. Nur über dieses Wegenetz sind die Grundstücke der einzelnen Letztverbraucher mit Leitungen zur Energieversorgung flächendeckend zu erreichen.

bb) Kommunale Wegehoheit. Rechtlich steht dieses örtliche Wegenetz in der **Herrschaft der jeweiligen Gemeinde.** Sie verfügt damit quasi monopolartig über diese Ressource des öffentlichen Wegenetzes, auf deren Inanspruchnahme die EVU für die Durchführung der leitungsgebundenen Energieversorgung zwingend angewiesen sind.

Die **rechtliche Qualifikation der Herrschaft der Gemeinden über das örtliche Wegenetz und der auf dessen Nutzung bezogenen rechtlichen Beziehungen von Gemeinden und EVU** ist umstritten. Der *BGH* (*BGHZ* 37, 353, 354 f.; 138, 266, 274) und die vorherrschende Literaturauffassung (*Böwing* in: VWEW, EnWG, Art. 1, § 13, Rn. 2.5; *Theobald* in: D/T, EnWG, § 46, Rn. 19) nehmen an, daß es sich um eine privatrechtliche, im Grundeigentum wurzelnde Rechtsposition der Gemeinden handele und daß folglich die Wegenutzungs- einschließlich der Konzessionsverträge insgesamt als privatrechtliche Verträge anzusehen seien. Diese Auffassung bezieht sich insbesondere auf § 8 X FStrG und die entsprechenden landesstraßenrechtlichen Regelungen, wonach die Einräumung von Rechten zur Benutzung des Eigentums an Straßen sich nach bürgerlichem Recht richtet, wenn diese Benutzung den Gemeingebrauch nur kurzzeitig, nämlich für die Dauer des Leitungsbaus, für Zwecke der öffentlichen Versorgung beeinträchtigt. Diese vorherrschende Ansicht trifft allerdings auf beachtliche, gut begründete Kritik. Sie verweist darauf, daß die Herrschaft der Gemeinden über das örtliche Wegenetz sich nicht in ihrer privatrechtlichen Eigentümerstellung erschöpft, sondern eine spezifische, hoheitliche Herrschaftsposition darstellt (vgl. *Bartslperger,* DVBl. 1980, 249, 250 ff.; *Wieland,* Die Konzessionsabgaben, 1991, S. 383 f.; *Hermes,* S. 382, 452; *Hellermann,* S. 276 ff.), die als Selbstverwaltungsaufgabe in Art. 28 II GG verfassungsrechtlich garantiert ist (*Hellermann,* S. 280; zur verfassungsrechtlichen Beurteilung des § 46 mit Blick auf Art. 28 II GG vgl. Rn. 29 f.).

10   **b) Gesetzgeberische Zielsetzung.** § 46 will – allgemein gesprochen – einen rechtlichen Rahmen für das Rechtsverhältnis zwischen der Gemeinde als Inhaber des öffentlichen Wegenetzes und den darauf angewiesenen EVU bereitstellen. Zur näheren inhaltlichen Konkretisierung der gesetzgeberischen Zielsetzung ist die **Gesetzesbegründung** zum EnWG 2005, die insoweit allein auf § 13 EnWG 1998 zurückverweist (vgl. BT-Drucks. 15/3917, S. 67), unergiebig. Es bleibt danach nur der Rückgriff auf die Begründung dieser früheren Regelung (BT-Drucks. 13/7274, S. 20 f.).

11   **aa) Förderung von Wettbewerb.** Bereits 1998 hat der Gesetzgeber die **Ermöglichung zusätzlichen Wettbewerbs als eine generelle Zielsetzung** der Regelung angegeben (BT-Drucks. 13/7274, S. 20). Genauer und schärfer gefaßt geht es insoweit darum, der Einschränkung möglichen Wettbewerbs, die aus der Angewiesenheit der leitungsgebundenen Versorgung der Letztverbraucher mit Energie auf das im gemeindlichen Monopol stehende örtliche Wegenetz (Rn. 7) folgt, entgegenzuwirken. Dabei handelt es sich, wie aus den Überlegungen zur rechtlichen Qualifikation folgt (Rn. 9), nicht eigentlich um ein Problem der wettbewerbsrechtlich verorteten essential facilities-Doktrin (so *Salje,* EnWG, § 46, Rn. 1), sondern um die Frage der Zurverfügungstellung öffentlicher, konkreter gemeindlicher Infrastruktur für wirtschaftliche Betätigungen. Mit Blick auf die Nutzung dieser gemeindlichen Infrastruktur verfolgt § 46 in seinen einzelnen Regelungen unterschiedliche Ansätze.

Grundlegend war 1998 das **Ziel, die Vereinbarung von Wegerechten mit Ausschließlichkeitsklausel auszuschließen.** Dies ist durch die Streichung der kartellrechtlichen Freistellung in § 103 a GWB a. F. geschehen. Damit war jedenfalls die Möglichkeit, jeglichen Wettbewerb um die Endkunden im Gemeindegebiet konzessionsvertraglich auszuschließen, verwehrt.

Als ein Instrument der Wettbewerbsförderung hat die Gesetzesbegründung zu § 13 EnWG 1998 zunächst auch den Wettbewerb um Endkunden durch die **Ermöglichung zusätzlichen Leitungsbaus, d. h. des Baus sog. Direktleitungen** herausgestellt (vgl. BT-Drucks. 13/7274, S. 10, 20 f.). Über solche Direktleitungen können Letztverbraucher unmittelbar, ohne das vorhandene örtliche Verteilungsnetz im Wege der Durchleitung in Anspruch nehmen zu müssen, mit Energie versorgt werden. Zur Ermöglichung solcher Versorgung über Direktleitungen verpflichtet heute § 46 I (früher: § 13 I EnWG 1998) die Gemeinde zur diskriminierungsfreien Zurverfügungstellung von Wegenutzungsrechten. Insoweit will der Gesetzgeber über Wegenutzungsregelungen unmittelbar einen Wettbewerb um Endkunden begünstigen. Dieser Regelungsansatz zur Wettbewerbsstimulierung ist jedoch in der Sache nicht unproblematisch. Er muß in Rechnung stellen, daß die hohen Kosten und die langen Vorlaufzeiten dem alternativen Leitungsbau nur eine eher eng begrenzten Anwendungsbereich und deshalb auch nur eine begrenzte wettbewerbsfördernde Wirkung lassen (*Albrecht,* in: S/T, § 8, Rn. 5); zudem kann die Möglichkeit des Direktleitungsbaus u. U. sogar eine wettbewerbshemmende Wirkung entfalten, weil sie als Druckmittel den angestrebten Wettbewerb um Netze (vgl. Rn. 14) beeinträchtigen kann (vgl. *Albrecht,* in: S/T, § 8, Rn. 5, Fn. 6). Dieser Regelungsansatz ist dann auch im Zuge des Gesetzgebungsverfahrens zum EnWG 1998 mit der Aufnahme eines besonderen Tatbestands der Durchleitung in seiner Bedeutung erkennbar zurückgetreten hinter der Vorstellung eines Wettbewerbs um Endkunden durch Durchleitung (vgl. Rn. 19).

Aus der Erkenntnis heraus, daß ein Wettbewerb um Endkunden, insbesondere Haushaltskunden, sich nur mühsam und begrenzt wird erreichen lassen, verfolgt das EnWG in § 46 darüber hinaus auch den Zweck, einen **Wettbewerb um Netzgebiete** zu befördern. Das kommt maßgeblich in § 46 II bis IV (früher: § 13 II bis IV EnWG 1998) zum Ausdruck, die eine zeitliche Beschränkung der Einräumung des Rechts zum Betrieb eines Netzes der allgemeinen Versorgung im Gemeindegebiet (Rn. 60) und für die Verlängerung bzw. Neuvergabe dieses Rechts gewisse Verfahrensvorgaben zur Sicherstellung von Transparenz (vgl. Rn. 61 ff.) vorsehen. Diese Regelungen verfolgen zunächst jedenfalls für den Betrieb des örtlichen Verteilungsnetzes das Ziel, die Begründung von ewigen Monopolrechten zu verhindern und einen regelmäßigen Wettbewerb um das jeweilige Netz zu etablieren. Das früher damit zugleich verfolgte, weitergehende Ziel, auch für die Versorgung der Letztverbraucher über das Netz der allgemeinen Versorgung einen Wettbewerb um das Netz zu erzeugen, ist durch den veränderten, Netzbetrieb und Versorgung trennenden Ordnungsrahmen des EnWG zumindest stark relativiert (krit. zur Rechtfertigung des verbleibenden Wettbewerbs um Netzgebiete *Pippke/Gaßner*, RdE 2006, 33, 33 und 37 f.).

15   **bb) Kommunale Interessen.** Mit Blick auf die kommunale Seite verfolgt die Regelung zunächst den Zweck, den Gemeinden **Konzessionseinnahmen als Gegenleistung für die Gewährung von Wegenutzungsrechten** zu sichern (vgl. BT-Drucks. 13/7274, S. 20, wo einleitend der enge Zusammenhang mit dem gemeindlichen Recht zur Konzessionsabgabenerhebung betont wird). Dies geht aus der Einschränkung des Anspruchs auf sog. einfache Wegenutzungsverträge gemäß § 46 I 2 besonders deutlich hervor, gilt aber auch für Konzessionsverträge und schlägt sich in der Regelung des § 48 nieder.

16   Die weitergehende Zielsetzung, einen **sachlichen Einfluß der Gemeinde auf die örtliche Energieversorgung** zu wahren, verfolgt die Regelung nur noch sehr eingeschränkt. Unter den Bedingungen des energiewirtschaftlichen Ordnungsrahmens des EnWG 2005 beschränkt sich diese Zielsetzung vor allem auf die – zudem unter einschränkende Kautelen gestellte – Möglichkeit, den Betreiber des Netzes der allgemeinen Versorgung für das Gemeindegebiet auszuwählen. Einen weitergehenden Einfluß auf die Energieversorgung, d. h. die Belieferung mit Energie im Gemeindegebiet will die Regelung der Gemeinde nicht mehr vermitteln (zur geschichtlichen Entwicklung vgl. Rn. 17 ff.).

II. Entstehungsgeschichte

17   **1. Vorgeschichte. a) EnWG 1935.** Das **EnWG 1935 in seiner bis 1998 geltenden Fassung** kannte keine besondere energiewirtschaftsrechtliche Regelung über die Vergabe von Rechten zur Nutzung des gemeindlichen Wegenetzes für Zwecke leitungsgebundener Energieversorgung. Einschlägige gesetzliche Regelungen fanden sich zum einen im Straßenrecht, in § 8 X FStrG und entsprechenden landesstraßengesetzlichen Bestimmungen, die für die Einräumung von Straßenbenutzungsrechten im Zusammenhang mit der Verlegung und dem Betrieb von Leitungen der öffentlichen Versorgung auf den Abschluß privatrechtlicher Verträge verwiesen. Zum anderen waren Konzessionsverträge zwischen Gemeinde und EVU ausschließlich Regelungsgegenstand des GWB; §§ 103 I Nr. 2 GWB a. F. nahm die in Konzessionsverträgen zwischen Gebietskörperschaften und EVU vereinbarten ausschließlichen Wegenutzungsrechte für die öffentliche Strom-, Gas- und Wasserversorgung vom Kartellverbot des § 1 GWB a. F. aus, wobei 103 a I 1 GWB seit der 4. Kartellrechtsnovelle des Jahres 1980 (BGBl. I S. 458) eine Höchstdauer von 20 Jahren vorsah. In diesem Rahmen konnten durch den Abschluß von Konzessionsverträgen zwischen Gemeinden und EVU ausschließliche Versorgungsrechte und damit geschlossene gemeindliche Versorgungsgebiete begründet werden, zumal auch der Durchleitungstatbestand des § 103a V 2 Nr. 4 GWB a. F. im Ergebnis keine Öffnung zugunsten anderer EVU herbeizuführen vermochte (vgl. *BGHZ* 128, 17, 34 ff.).

b) **EnWG 1998.** Eine grundlegende Änderung brachte die Neuregelung des Energiewirtschaftsrechts 1998. Seit dem Inkrafttreten des Neuregelungsgesetzes am 29. 4. 1998 sind die **§§ 103, 103a GWB a. F. nicht mehr auf die Strom- und Gasversorgung anzuwenden;** damit ist die wettbewerbsrechtliche Abschirmung von Verträgen über ausschließliche Wegenutzungsrechte entfallen. Zugleich ist in § 13 EnWG 1998 die erste energiewirtschaftsrechtliche Regelung des Wegenutzungsrechts getroffen worden. 18

§ 13 I **EnWG 1998** begründete die grundsätzliche Verpflichtung der Gemeinden zum diskriminierungsfreien Abschluß von Verträgen über die Wegenutzung für sog. Direktleitungen. Diese Regelung sollte nach der ursprünglichen Regelungsabsicht zunächst wesentliche Bedeutung für die Förderung des Wettbewerbs haben, insbesondere auch freiwillige Vereinbarungen über die Nutzung vorhandener Leitungen herbeiführen (BT-Drucks. 13/7274, S. 10 f.). Im weiteren Verlauf des Gesetzgebungsverfahrens ist dann jedoch ein besonderer gesetzlicher Durchleitungstatbestand, der spätere § 6 EnWG 1998, aufgenommen worden, dem nunmehr entscheidende Bedeutung für die Förderung von Wettbewerb im Netz zukommen sollte. Die wettbewerbsfördernde Bedeutung des § 13 I EnWG 1998 ist dadurch in den Hintergrund getreten (vgl. ausführlich dazu *Theobald*, in: D/T, EnWG, § 46, Rn. 11 ff.). 19

In **§ 13 II, III EnWG 1998** fanden sich die zentralen Regelungen über die sog. Konzessionsverträge, d. h. Verträge über die Wegenutzung zur Durchführung der allgemeinen Versorgung i. S. v. § 10 I 1 EnWG 20

1998; mit Blick hierauf wurden insbesondere geregelt: die – bereits zuvor vorgesehene – zeitliche Befristung auf höchstens 20 Jahre, die Verpflichtung der Gemeinde zur öffentlichen Bekanntmachung des anstehenden Vertragsablaufs sowie ihrer Entscheidung über Neuabschluß bzw. Verlängerung bei Bewerbung mehrerer EVU und schließlich der gesetzliche Anspruch auf Überlassung der Verteilungsanlagen im Verhältnis von neuem und altem gemeindlichen Konzessionsvertragspartner. Auf dieser gesetzlichen Grundlage konnte die Gemeinde weiterhin einen Konzessionsvertrag über bis zu 20 Jahre mit einem EVU schließen, so daß nur dieses das der allgemeinen Versorgung dienende Netz innehatte und zugleich auch allgemeiner Versorger i. S. v. § 10 I 1 EnWG 1998 war.

21 Die zuvor starke gemeindliche Position ist durch diese Neuregelung deutlich beschränkt worden. Das **gemeindliche Recht zur Konzessionsvergabe** ist nicht nur durch die Kautelen des § 13 II, III EnWG 1998, sondern auch durch die in § 13 I EnWG 1998 eröffnete Möglichkeit des Direktleitungsbaus und – wichtiger noch – durch den in §§ 6, 6a EnWG 1998 begründeten Anspruch anderer EVU darauf, Leitungen im Wege der Durchleitung für die Versorgung von Endkunden in Anspruch zu nehmen, beschränkt worden.

22 **2. Gesetzgebungsgeschichte.** Ausweislich der Begründung knüpft § 46 RegE unmittelbar an § 13 EnWG 1998 an und will diesem Vorbild in einer an die neuen rechtlichen Rahmenbedingungen angepaßten Form entsprechen (BT-Drucks. 15/3917, S. 67). § 46 RegE folgte daher im Wortlaut weitgehend § 13 EnWG 1998. Mit Rücksicht auf den veränderten Ordnungsrahmen entfallen ist die Privilegierungsregelung des früheren § 13 I 2 i. V. m. § 6 III EnWG 1998 zugunsten von Elektrizität aus fernwärmeorientierten, umwelt- und ressourcenschonenden sowie Kraft-Wärme-Kopplungsanlagen oder Anlagen zur Nutzung erneuerbarer Energien. Die zentrale konzeptionelle Veränderung spiegelt sich darin, daß § 13 II 1 EnWG 1998 Konzessionsverträge „für die Verlegung und den Betrieb von Leitungen zur Durchführung der allgemeinen Versorgung nach § 10 Abs. 1 Satz 1" vorsah; diese Verknüpfung mit der Durchführung der allgemeinen Versorgung ist entfallen. Hierin liegt die wesentliche Anpassung an die veränderten rechtlichen Rahmenbedingungen, die vor allem in der Entflechtung der vertikal integrierten EVU (vgl. Kommentierung zu § 6 ff.) und der Trennung von Netzbetrieb und Energielieferung liegen.

23 Im Laufe des Gesetzgebungsverfahrens ist § 46 III noch um **einzelne Regelungen zur vorzeitigen Verlängerung von Konzessionsverträgen** ergänzt worden (vgl. BT-Drucks. 15/3917, S. 91, 15/4068,

S. 8). Solche vorzeitigen Verlängerungsabsprachen, die in der Praxis durchaus häufiger vorkamen, waren bis dahin nicht besonders geregelt (vgl. *Böwing,* in: VWEW, EnWG, Art. 1, § 13, Rn. 5.4.3).

III. Gemeinschaftsrechtliche Vorgaben

Die Regelung über einfache Wegenutzungsrechte in § 13 I EnWG 1998 bzw. jetzt in § 46 I geht auf gemeinschaftsrechtliche Vorgaben zurück, die den Mitgliedstaaten **die – begrenzte – Zulassung von Direktleitungen** aufgeben. Entsprechende Verpflichtungen ergaben sich zunächst aus Art. 21 EltRl 1996/Art. 20 GasRl 1998, dann aus Art. 22 EltRl 2003/Art. 24 GasRl 2003. Diese Verpflichtungen sind allerdings in Art. 22 IV, V i. V. m. Art. 3 EltRl 2003/Art. 24 III und Art. 4 IV GasRl 2003 deutlich eingeschränkt; insbesondere ist hier auch gemeinschaftsrechtlich ein Vorrang der Durchleitung vor dem Direktleitungsbau zugelassen. 24

Für die **Regelung der Konzessionsverträge** finden sich, was aus den unterschiedlichen Strukturen der Mitgliedstaaten erklärbar sein dürfte, keine vergleichbar konkreten Vorgaben im Gemeinschaftsrecht (vgl. *Pippke/Gaßner,* RdE 2006, 33, 33). Man wird insoweit nur auf die mitgliedstaatliche Verpflichtung zur Sicherstellung einer Grundversorgung (Art. 3 III 1 EltRl 2003) sowie die Verpflichtung zur Benennung von Verteilernetzbetreibern (Art. 13 EltRl 2003/Art. 11 GasRl 2003) verweisen können. 25

IV. Verfassungsrechtliche Beurteilung

1. Gesetzgebungskompetenz. Hinsichtlich der Regelungszuständigkeit des Bundesgesetzgebers wird § 46 auf die Gesetzgebungskompetenz für das **Recht der Wirtschaft (Art. 74 I Nr. 11 GG)** gestützt (vgl. BT-Drucks. 15/3917, S. 46). Die vorherrschende Auffassung geht davon aus, daß der Gesetzgeber hier in Wahrnehmung seines energiewirtschaftsrechtlichen Handlungsspielraums die ordnungspolitischen Rahmenbedingungen für die leitungsgebundene Energieversorgung regele (*Ossenbühl,* Energierechtsreform und kommunale Selbstverwaltung, 1998, S. 11; *Büdenbender,* EnWG, § 13, Rn. 18, 20). 26

Allerdings ist schon § 13 EnWG 1998 insofern kritisch diskutiert und eine **Zuständigkeit der Landesgesetzgeber** angenommen worden. Der Berufung auf Art. 74 I Nr. 11 GG wird entgegengehalten, daß die Regelung der Wegenutzung gerade nicht mehr im Bereich energiewirtschaftlicher Regelungen verbleibe, sondern darüber hinaus, nämlich auf den spezifisch hoheitlichen Regelungsgegenstand der 27 kommunalen Wegehoheit (vgl. Rn. 9, 29) und ihrer Inanspruchnahme für Zwecke der Energieversorgung zugreife; nicht das Wirtschaftsrecht, sondern das Straßenrecht als landesrechtliche Regelungsmaterie sei deshalb insoweit einschlägig (*Wieland/Hellermann*, DVBl. 1996, 401, 405; *Hellermann*, S. 307 ff.).

28 **2. Materielle Verfassungsrechtspositionen.** Materiell steht die Regelung des § 46 im **Spannungsfeld von teils konfligierenden Verfassungsrechtspositionen,** die im Ergebnis durchaus unterschiedlich gewichtet werden. Entsprechend werden die verschiedenen Regelungen des § 46 teils auch unterschiedlich in ihrer materiellen Verfassungsrechtsmäßigkeit beurteilt bzw. im Lichte des Verfassungsrechts ausgelegt.

29 **a) Art. 28 II GG.** Einerseits wird verfassungsrechtlich die gemeindliche Selbstverwaltungsgarantie des Art. 28 II GG ins Feld geführt. Sie umfaßt auch die **Verantwortlichkeit der Gemeinde für die leitungsgebundene Versorgung ihrer Einwohner** mit Energie (*BVerfG*, NJW 1990, 1783; *BVerwGE* 98, 273, 275 ff.; *RPVerfGH*, NVwZ 801, 803; *Hampel*, Die Zukunft der Tarifkundenversorgung, S. 303). Historische, aber auch sachliche, auf den Charakter des Straßennetzes als multifunktionales Universal- oder Basisinfrastrukturnetz (vgl. *Bartlsperger*, DVBl. 1980, 249, 252, 259; *Hermes*, S. 382) verweisende Gründe sprechen dafür, daß diese gemeindliche Verantwortlichkeit ihre Grundlage und ihr Instrument gerade in der Hoheit über das gemeindliche Wegenetz hat (ausführlich *Hellermann*, S. 281 ff.). Energiewirtschaftsrechtliche Einschränkungen der gemeindlichen Wegehoheit stellen sich deshalb als Beschränkung kommunaler Selbstverwaltung dar, die sich vor Art. 28 II GG rechtfertigen müssen. Nach der Rechtsprechung des *BVerfG* setzen Beschränkungen, die nicht den Kernbereich, sondern den sog. Randbereich der Selbstverwaltungsgarantie tangieren, materiell voraus, daß überwiegende öffentliche Interessen sie erfordern, insbesondere weil die Gemeinde zur ordnungsgemäßen Wahrnehmung der Aufgabe nicht in der Lage ist oder die gemeindliche Aufgabenwahrnehmung unverhältnismäßig höhere Kosten verursachen würde (*BVerfGE* 79, 127, 153).

30 Ob die verschiedenen **Beschränkungen kommunaler Selbstverwaltung durch § 13 EnWG 1998, § 46 EnWG 2005** (vgl. Rn. 18 ff.) danach gerechtfertigt sind, erscheint durchaus fraglich. Zum EnWG 1998 ist insoweit vor allem streitig erörtert worden, ob die bereits damit vorgenommene, im EnWG 2005 beibehaltene Durchbrechung geschlossener gemeindlicher Versorgungsgebiete verfassungskonform ist (dafür etwa *Büdenbender*, EnWG, § 13, Rn. 18 f.; zur Kritik vgl. *Wieland/Hellermann*, DVBl. 1996, 401, 406 ff.; *Friauf*, in: Baur/Friauf,

Energierechtsreform zwischen Europarecht und kommunaler Selbstverwaltung, 1997, S. 55 ff.; *Hellermann,* S. 303 ff.). Die neuerlichen Änderungen durch § 46 liegen im Wesentlichen darin, daß die Auswahl eines EVU als Konzessionsvertragspartner der Gemeinde nicht mehr zugleich eine besondere Rechtsstellung in der Versorgung der Letztverbraucher begründet, sondern hierfür keine Bedeutung mehr hat und ganz auf die Bestimmung des Verteilernetzbetreibers reduziert ist. Diese Änderung führt zunächst zu einer kritischen verfassungsrechtlichen Diskussion um die Bestimmung des sog. Grundversorgers, die nunmehr gemäß § 36 II in Anknüpfung an objektive Marktgegebenheiten erfolgt (vgl. § 36, Rn. 11). Auch für den verbleibenden Regelungsbereich des § 46 verlangt aber Art. 28 II GG, daß insbesondere die Freiheit der Gemeinde, über den Betreiber des Netzes der allgemeinen Versorgung im Gemeindegebiet zu entscheiden, nur soweit eingeschränkt wird, wie hinreichende rechtfertigende Gemeinwohlgründe dies rechtfertigen (vgl. etwa Rn. 77).

b) Grundrechte. Andererseits wird aus Perspektive der EVU deren **Eigentumsgrundrecht (Art. 14 GG) und Berufsfreiheit (Art. 12 I GG)** ins Feld geführt. Dies gilt insbesondere, soweit sie eine durch Konzessionsvertrag i. S. v. § 46 II 1 begründete Rechtsposition innehaben (vgl. etwa *Salje,* EnWG, § 46, Rn. 156; *Pippke/Gaßner,* RdE 2006, 33, 38).

V. Laufende Wegenutzungsverträge

§ 113 enthält eine **Übergangslösung** im Hinblick auf zum Zeitpunkt des Inkrafttretens bereits geltende Wegenutzungsverträge. Diese sollen danach unbeschadet der u. a. durch § 46 bewirkten Änderungen im übrigen unberührt fortbestehen (vgl. Rn. 83 sowie näher die Kommentierung zu § 113).

B. Einfache Wegenutzungsverträge (§ 46 I)

Für die in § 46 I geregelten Vereinbarungen über die Wegenutzung bietet sich in Abgrenzung zum sog. qualifizierten Wegenutzungs- oder Konzessionsvertrag nach § 46 II bis IV die Bezeichnung als einfache Wegenutzungsverträge an. Sie bilden die Grundlage für die Wegenutzung zur Verlegung und zum Betrieb von Leitungen zur unmittelbaren Letztverbraucherversorgung im Gemeindegebiet, die nicht einem Energieversorgungsnetz der allgemeinen Versorgung zuzurechnen sind (vgl. Rn. 52 zur insoweit bestehenden Spezialität von § 46 II bis IV). Praktisch gesehen geht es dabei um sog. **Direkt- oder Stichleitungen,** die errichtet und betrieben werden, um darüber einzelne Letztverbraucher mit Strom oder Gas zu versorgen. § 46 I regelt insofern näher einen Anspruch auf Vertragsschluß.

I. Anwendungsbereich

34 § 46 I 1 erfaßt ausdrücklich und ausschließlich **Verkehrswege der Gemeinden,** worunter dem verfassungs- und kommunalrechtlichen Sprachgebrauch entsprechend die Gemeinden einschließlich der Städte als untere kommunale Ebene zu verstehen sind. Andere, höherstufige kommunale Gebietskörperschaften wie die Kreise sind nicht mitumschlossen (*Böwing,* in: VWEW, EnWG, Art. 1, § 13, Rn. 2.2; zu Unrecht a. A. *Salje,* EnWG, § 46, Rn. 13). Erst recht ist nach dem Wortlaut die Einbeziehung auch staatlicher Gebietskörperschaften, also des Bundes und der Länder, ausgeschlossen. Hinter dieser gesetzgeberischen Differenzierung steht die Einschätzung, daß die öffentlichen Verkehrswege dieser anderen Gebietskörperschaften keine vergleichbar bedeutende Rolle für die Versorgung der Letztverbraucher spielen (*Büdenbender,* EnWG, § 13, Rn. 21). Auch eine gemeinschaftsrechtskonforme Auslegung, die auch Verkehrswege von staatlichen Gebietskörperschaften oder gar Privaten einbezöge, erscheint weder möglich noch geboten (krit. insoweit mit Rücksicht auf Art. 22 I EltRl, Art. 24 I GasRl *Salje,* EnWG, § 46, Rn. 15 ff.).

35 Gegenständlich erstreckt sich die Regelung auf **öffentliche Verkehrswege** der Gemeinden. Das sind Straßen, Wege und Plätze, die dem öffentlichen Verkehr gewidmet sind. Hierunter sollen gemäß den einschlägigen Straßengesetzen förmlich dem öffentlichen Verkehr gewidmete Wege, aber auch nur faktisch für den öffentlichen Verkehr geöffnete Wege, fallen (*Theobald,* in: D/T, EnWG, § 46, Rn. 16). Nicht erfaßt sind fiskalischen Zwecken dienende gemeindliche Grundstücke; insoweit befindet sich die Gemeinde, sieht man von dem ihr nach vorherrschender Auffassung (vgl. *BVerfGE* 61, 82, 91) fehlenden Grundrechtsschutz nach Art. 14 GG ab, in der gleichen rechtlichen Position wie auch ein privater Grundeigentümer (vgl. *OLG Brandenburg,* OLGR 2007, 807).

36 Regelungsgegenstand ist die Inanspruchnahme gemeindlicher öffentlicher Wege für die **Verlegung und den Betrieb von Leitungen.** Erfaßt sind damit Leitungen zum Transport von Energie, d. h. Elektrizität und Gas (vgl. § 3 Nr. 14). Da eine Beschränkung auf bestimmte Spannungs- bzw. Druckstufen der Bestimmung nicht zu entnehmen ist,

fallen darunter nicht nur Niederspannungs- bzw. Niederdruck-, sondern auch Mittelspannungs- bzw. Mitteldruckleitungen (*Theobald,* in: D/T, EnWG, § 46, Rn. 17). Verlegung meint dabei das erstmalige Herstellen und auch spätere wesentliche Veränderungen. Zum Betrieb sollen etwa die laufende Kontrolle und eine eventuelle Reparatur zählen (*Salje,* EnWG, § 46, Rn. 35).

Jedoch sind nur Leitungen zur **unmittelbaren Versorgung von** 37 **Letztverbrauchern im Gemeindegebiet** von der Regelung erfaßt. Dies erfordert, wie sich aus dem Wortlaut und einer systematischen, insbesondere § 46 II in den Blick nehmenden Interpretation ergibt, nicht etwa eine Versorgung von Letztverbrauchern im Rahmen einer allgemeinen Versorgung (vgl. Rn. 57); vielmehr sind gerade Stichleitungen zur Versorgung nur einzelner Letztverbraucher erfaßt. Auch aus dem Merkmal der Letztverbraucherbelieferung folgt keine Beschränkung auf Niederspannungs- bzw. Niederdruckleitungen, denn Letztverbraucher mit großem Energiebedarf, für die die Inanspruchnahme des § 46 I wohl allenfalls in Betracht kommen wird, werden nicht selten in Mittelspannung bzw. Mitteldruck beliefert werden. Erfaßt sind nur Leitungen zur Belieferung von Letztverbrauchern im Gebiet der jeweiligen Gemeinde, nicht hingegen von solchen in Nachbargemeinden (a. A. *Salje,* EnWG, § 46, Rn. 43 ff., dessen abweichende Auffassung mit Rücksicht auf die Rechtsposition der jeweiligen Gemeinde nicht überzeugt). Sofern Leitungen multifunktional in dem Sinne sind, daß sie der unmittelbaren Letztverbraucherbelieferung im Gemeindegebiet und zugleich auch der Versorgung von Nachbargemeinden dienen, steht das der Anwendbarkeit von § 46 I nicht entgegen (*Böwing,* in: VWEW, EnWG, Art. 1, § 13, Rn. 2.4.1; *Theobald,* in: D/T, EnWG, § 46, Rn. 17; ausführlicher dazu *Salje,* EnWG, § 46, Rn. 38 ff.).

II. Kontrahierungszwang

Als Rechtsfolge ordnet § 46 I einen **Kontrahierungszwang zur** 38 **Einräumung sog. einfacher Wegerechte** an.

1. Anspruchsverpflichtung und -berechtigung. Dem Anwen- 39 dungsbereich korrespondierend sind, wie sich aus § 46 I 1 ausdrücklich ergibt, die **Anspruchsverpflichteten** die Gemeinden. Eine Ausdehnung auf Landkreise als Gemeindeverbände (so *Salje,* EnWG, § 46, Rn. 13) oder gar auf staatliche Gebietskörperschaften und Private scheidet aus (vgl. Rn. 34).

Zur **Anspruchsberechtigung** äußert sich § 46 I 1 hingegen nicht 40 explizit. Die Auffassung, jede natürliche oder juristische Person, die ein Interesse daran hat, eine Direktleitung zu bauen und/oder zu betreiben, sei daher Gläubiger des Anspruchs (*Salje,* EnWG, § 46, Rn. 50), überzeugt dennoch nicht. Aus dem in § 46 I 1 enthaltenen Hinweis auf den Zweck der unmittelbaren Versorgung von Letztverbrauchern läßt sich vielmehr ableiten, daß den Anspruch hat, wer eine solche unmittelbare Letztverbraucherversorgung vornehmen will; anspruchsberechtigt sind danach EVU (*Böwing,* in: VWEW, EnWG, Art. 1, § 13, Rn. 2.1; *Theobald,* in: D/T, EnWG, § 46, Rn. 20) einschließlich reiner Netzbetreiber (*Böwing,* in: VWEW, EnWG, Art. 1, § 13, Rn. 2.1; *Salje,* EnWG, § 46, Rn. 51), soweit es um die Energieversorgung Dritter geht. Zwar ist auf die Definition des EVU nach § 3 Nr. 18, aus der dies ableitbar sein könnte, hier nicht Bezug genommen (so zu Recht *Salje,* EnWG, § 46, Rn. 51). § 46 I 1 geht es jedoch um die Versorgung von Letztverbrauchern; das sind nach § 3 Nr. 25 Kunden, die Energie für den eigenen Verbrauch kaufen, und damit vom Versorger rechtlich unterschiedene Personen. In systematischer Hinsicht wird diese Auslegung durch § 8 X FStrG gestützt, der nur die kurzfristige Störung des Gemeingebrauchs für Zwecke der „öffentlichen" Energieversorgung dem Erfordernis der Sondernutzungserlaubnis entzieht und der bürgerlich-rechtlichen Regelung zuweist, damit die sog. Eigenversorgung nicht erfaßt (*Böwing,* in: VWEW, EnWG, Art. 1, § 13, Rn. 2.1). Nicht anspruchsberechtigt ist danach der Eigenversorger, namentlich der Energieerzeuger, der seine eigenen rechtlich unselbständigen Betriebsstätten oder Tochterunternehmen versorgen will (*Böwing,* in: VWEW, EnWG, Art. 1, § 13, Rn. 2.1; *Theobald,* in: D/T, EnWG, § 46, Rn. 17; a. A. *Salje,* EnWG, § 46, Rn. 51, unter Hinweis auf die gemeinschaftsrechtliche Vorgabe in Art. 22 I lit. a EltRl, die von den Mitgliedstaaten in der Tat verlangt sicherzustellen, daß alle Elektrizitätserzeuger u. a. auch ihre eigenen Betriebsstätten und Tochterunternehmen über eine Direktleitung versorgen können). Ebenfalls nicht anspruchsberechtigt sind die Letztverbraucher selbst, z. B. Unternehmen, die über eine Direktleitung mit Energie versorgt werden wollen (a.A. *Salje,* EnWG, § 46, Rn. 51, 54); daß die gemeinschaftsrechtlichen Vorgaben in Art. 22 I lit. b EltRl, Art. 24 I lit. b GasRl, die allein verlangen sicherzustellen, daß jeder zugelassene Kunde im Wege der Direktleitung versorgt werden kann, zwingend die Gewährung eines entsprechenden subjektiven Rechts erforderten, überzeugt nicht.

41 Auch eine **Übertragung dieses Rechts des EVU auf einen Dritten** ohne Zustimmung der Gemeinde soll nach vorherrschender Auffassung nach § 413 i. V. m. § 398 BGB ausgeschlossen sein, weil die Vertragspartnerwahl ein verfassungsrechtlich abgesichertes Recht der Gemeinde sei (vgl. *Börner/Pohl,* Versorgungswirtschaft 2006, 221, 223 f.; *Theobald,* in: D/T, EnWG, § 46, Rn. 20).

2. Wegerechtseinräumung durch Vertrag. Das Wegenutzungs- 42 recht wird nicht im Sinne eines unmittelbaren gesetzlichen Benutzungsanspruchs, sondern durch einen **Anspruch auf Vertragsschluß** verwirklicht, setzt also den Abschluß eines entsprechenden Vertrages voraus. § 46 I 1 selbst sagt dies ausdrücklich mit der Formulierung „durch Vertrag". Entstehungsgeschichtlich wird das dadurch bestätigt, daß diese Formulierung im Entwurf des EnWG 1998 zunächst nicht ausdrücklich enthalten war (BT-Drucks. 13/7274, S. 6; vgl. aber S. 21, wo bereits auf die Wegerechtseinräumung „durch Vertrag" hingewiesen wird) und erst später eingefügt worden ist (*Salje,* EnWG, § 46, Rn. 56). § 48 III, IV bekräftigt dies mit dem Hinweis auf die vertraglich vereinbarten Konzessionsabgaben. Darin wird zugleich die sachliche Rechtfertigung des bloßen Kontrahierungszwangs deutlich; Art und Umfang von Leistung und Gegenleistung sind gesetzlich nicht so präzis umschrieben, daß eine vertragliche Konkretisierung verzichtbar wäre (vgl. *Salje,* EnWG, § 46, Rn. 56).

3. Laufzeit. Für die abzuschließenden Verträge über einfache We- 43 gerechte sieht § 46 I **keine gesetzliche Laufzeitbegrenzung** vor (*Büdenbender,* EnWG, § 13, Rn. 27). Die in § 46 II 1 vorgesehene Beschränkung auf höchstens 20 Jahre gilt nur für die dort geregelten sog. Konzessionsverträge (vgl. Rn. 60). Eine generelle Laufzeitbegrenzung für Wegenutzungsrechte in der Energieversorgung hielt der Gesetzgeber für entbehrlich.

4. Diskriminierungsfreie Vergabe einfacher Wegerechte. 44 **a) Grundsatz des Anspruchs auf diskriminierungsfreie Vergabe.** § 46 I 1 verlangt keine unbedingte, sondern eine diskriminierungsfreie Vergabe der Wegenutzungsrechte. Diese Formulierung kann auf gemeinschaftsrechtliche Vorgaben zurückgeführt werden (vgl. Art. 22 II 2 EltRl 2003/Art. 24 II 2 GasRl 2003), wird aber überwiegend als **Verweis auf die Anforderungen des allgemeinen kartellrechtlichen Diskriminierungsverbots** verstanden (*Büdenbender,* EnWG, § 13, Rn. 29). Dies überzeugt jedoch nicht vollständig. Bedenken weckt nicht nur die zu große Unterschiedlichkeit der EVU, die ein Gleichbehandlungsgebot ins Leere laufen ließe (*Böwing,* in: VWEW, EnWG, Art. 1, § 13, Rn. 2.5.1). Grundsätzlicher noch steht entgegen, daß es hier − anders als in § 20 GWB − nicht um Verhinderung von ungerechtfertigter Ungleichbehandlung von Unternehmen durch Unternehmen im wirtschaftlichen Wettbewerb geht, sondern daß es richtigerweise um den diskriminierungsfreien Zugang von Unternehmen zu einer hoheitlichen Ressource, zum gemeindlichen Wegenetz geht (vgl. Rn. 9; insoweit anders allerdings die h. M., die von einer Anwendbarkeit des GWB auf die gemeindliche Wegerechtsvergabe ausgeht; vgl.

BGH, RdE 1986, 115, 116; RdE 1986, 118, 119; RdE 1992, 234, 236; *Albrecht,* in: S/T, § 8, Rn. 38 ff.). Für die Verpflichtung der Gemeinde als Hoheitsträger, den EVU den Zugang zu dieser Ressource grundsätzlich zu gewähren, aber trifft § 46 I eine grundsätzliche, wenn auch unter dem Vorbehalt nicht diskriminierender Einschränkungen stehende Entscheidung (vgl. auch *Salje,* EnWG, § 46, Rn. 62).

45 Diskriminierungsfreiheit i. S. v. § 46 I 1 bedeutet deshalb über bloße Gleichbehandlung hinausgehend, daß die Nutzung grundsätzlich zu ermöglichen und eine **Verweigerung allein bei Vorliegen zureichender sachlicher Gründe** zulässig ist (insoweit zutreffend *Böwing,* in: VWEW, EnWG, Art. 1, § 13, Rn. 2.5.1). Dies entspricht auch der Gesetzesbegründung, wonach die „Einräumung eines Wegerechts ... nur aus sachlich gerechtfertigten Gründen verweigert werden" darf (BT-Drucks. 13/7274, S. 21).

46 **b) Verweigerungsgründe. aa) Mangelnde Einigung über Konzessionsabgaben (§ 46 I 2).** Eine ausdrückliche und zugleich die einzige gesetzliche Regelung eines Rechtfertigungsgrundes für die Verweigerung eines Vertragsschlusses nach § 46 I 1 trifft § 46 I 2. Die Regelung erfaßt nunmehr **alle EVU und damit sowohl Strom- wie auch Gasversorger.** Die Vorgängervorschrift des § 13 I 3 EnWG 1998 kannte ein entsprechendes Verweigerungsrecht zunächst nur in Bezug auf Elektrizitätsversorgungsunternehmen (vgl. dazu *Böwing,* in: VWEW, EnWG, Art. 1, § 13, Rn. 3.1); erst mit dem Änderungsgesetz vom 20. Mai 2003 (BGBl. I S. 686) war eine Erweiterung auch auf Gasversorgungsunternehmen vorgesehen worden.

47 Ungeachtet der sprachlich wenig geglückten Formulierung des § 46 I 2 handelt es sich im Kern um einen einheitlichen Verweigerungsgrund, nämlich den der **mangelnden Einigung über die Höhe der Konzessionsabgaben.** Auch die erste, auf die Zahlung des Höchstbetrages der Konzessionsabgaben abstellende Alternative zielt wohl eigentlich auf das Erfordernis einer vertraglichen Einigung, nicht auf Zahlung i. S. v. Erfüllung der Leistungspflicht (vgl. *Salje,* EnWG, § 46, Rn. 88). Die zweite Alternative verlangt ebenfalls eine vertragliche Einigung und macht lediglich deutlich, daß diese Einigung nicht zwingend die Höchstbeträge vorsehen muß, sondern auch eine niedrigere Festsetzung der Konzessionsabgaben vornehmen kann; allerdings besteht insoweit kein Kontrahierungszwang der Gemeinde (*Theobald,* in: D/T, EnWG, § 46, Rn. 24).

48 **bb) Sonstige Verweigerungsgründe.** Hinsichtlich der ansonsten in Betracht kommenden Verweigerungsgründe erscheint die Anknüpfung an die Kriterien des allgemeinen kartellrechtlichen Diskriminierungsverbots (vgl. Rn. 44) hilfreich. Hiergegen wird verstoßen, wenn gleichartige Unternehmen ohne sachlichen Grund mittelbar oder unmittelbar unterschiedlich behandelt werden; ein sachlich gerechtfertigter Grund wird insoweit vom BGH angenommen, wenn eine Ungleichbehandlung unter Abwägung der wechselseitigen Interessen unter Berücksichtigung des Gesetzeszwecks des GWB akzeptabel ist (vgl. *BGHZ* 38, 90, 102). Entsprechend wird man eine Diskriminierung i. S. v. § 46 I 1 verneinen müssen, wenn **vom Gesetzeszweck des EnWG gedeckte sachliche Gründe** die Verweigerung des Wegenutzungsrechts rechtfertigen; dies ist anzunehmen, wenn das gemeindliche Interesse an der Verweigerung des begehrten Wegerechts gegenüber dem Interesse des Investors unter Berücksichtigung der Zielsetzungen des § 1 I Vorrang verdient (vgl. *Büdenbender,* EnWG, § 13, Rn. 29).

Anerkannt sind insoweit im engeren Sinne **wegenutzungsspezifische Verweigerungsgründe** (vgl. *Büdenbender,* EnWG, § 13, Rn. 29). Das gilt namentlich für den Fall der Unmöglichkeit der Leitungsverlegung (*K/K/R,* S. 164 f.). Sie kann insbesondere auch auf wegerechtlichen Gründen beruhen (*Theobald,* in: D/T, EnWG, § 46, Rn. 21). Fraglich ist, ob darüber hinaus auch ein Verweigerungsgrund der Unzumutbarkeit einer Leitungsverlegung für die Gemeinde besteht (abl. dazu *K/K/R,* S. 165). Er wird jedenfalls anzunehmen sein, wenn etwa durch die Vielzahl der Leitungen häufige Störungen des Gemeingebrauchs zu besorgen sind (vgl. *Büdenbender,* EnWG, § 13, Rn. 29).

Richtigerweise müssen u. U. auch **Versorgungsaspekte** eine Verweigerung rechtfertigen können (a.A. *Büdenbender,* EnWG, § 13, Rn. 29). Die sichere und preisgünstige sowie verbraucherfreundliche Versorgung ist ein ausdrückliches Ziel des § 1 I. An der Verwirklichung dieser Zielsetzung wirken auch die Gemeinden, deren Verantwortlichkeit für die Energieversorgung ihres Gebiets auch verfassungsrechtlich abgesichert ist (vgl. Rn. 29), in der Wahrnehmung ihrer Hoheit über das örtliche Wegenetz mit. Bei der nach § 46 I 1 zu treffenden Abwägung treffen diese Zielvorgaben und das Liberalisierungsziel des EnWG aufeinander (vgl. *BGHZ* 163, 296, 306 ff., zu der ähnlich gelagerten, ebenfalls in einen Konflikt der Ziele der Versorgungssicherheit und der Liberalisierung führenden Frage, unter welchen Voraussetzungen ein regionales EVU Arealversorgern den Netzzugang verweigern darf). Konkret stellt sich das Problem bei der Frage, ob und unter welchen Voraussetzungen die Einräumung eines einfachen Wegerechts wegen des Bestehens eines Konzessionsvertrages i. S. v. § 46 II mit einem anderen EVU verweigert werden darf (vgl. *Kermel,* RdE 2005, 153, 154). Dies wird einerseits nicht ausgeschlossen sein, wenn die Ziele des § 1 I gravierend tangiert sind, kann aber andererseits nicht wegen jeder nachteiligen Auswirkung auf den Betrieb des Netzes der allgemeinen Versorgung als Verweigerungsgrund ausreichen.

51 Als Verweigerungsgrund nicht zureichend ist der **Schutz bloß wirtschaftlicher Interessen einzelner EVU,** etwa der Stadtwerke der fraglichen Gemeinde oder auch anderer Versorgungsunternehmen (*Büdenbender,* EnWG, § 13, Rn. 29). Das läßt sich schon entstehungsgeschichtlich eindeutig belegen (vgl. BT-Drucks. 13/7274, S. 21) und folgt im übrigen aus der auf Wettbewerb angelegten Konzeption des EnWG.

C. Qualifizierte Wegenutzungsverträge/ Konzessionsverträge (§ 46 II bis IV)

52 Im Verhältnis zu § 46 I stellen sich § 46 II bis IV als **eine der allgemeinen Regelung in § 46 I vorgehende Spezialregelung** dar. Insbesondere die Regelungen zur Laufzeitbegrenzung in § 46 II 1 (vgl. Rn. 60) sowie zur Verlängerung bzw. zum Neuabschluß von Verträgen in § 46 III verdeutlichen, daß für Verträge i. S. v. § 46 II 1 ein Rückgriff auf die Vorgaben des § 46 I ausgeschlossen ist; eine Übertragung des in § 46 I begründeten Anspruchs auf Abschluß eines Wegenutzungsvertrages auf Verträge i. S. v. § 46 II 1 würde diese besonderen Regelungen unterlaufen (*Salje,* EnWG, § 46, Rn. 131 f.).

53 Diese Absätze treffen besondere Regelungen zu den sog. qualifizierten Wegenutzungsverträgen, die herkömmlich als **Konzessionsverträge** bezeichnet werden. Der Gesetzgeber vermeidet diesen Begriff allerdings durchgängig (vgl. *Klemm,* Versorgungswirtschaft 2005, 197, 197; *K/K/R,* S. 163), was ihn nicht hindert, in § 48 von Konzessionsabgaben zu sprechen.

I. Inhalt und Rechtsnatur des Konzessionsvertrags (§ 46 II 1)

54 Die für die Anwendbarkeit von § 46 II bis IV maßgebliche **Definition des sog. Konzessionsvertrags** findet sich in § 46 II 1. Danach sind Konzessionsverträge Verträge von EVU mit Gemeinden über die Nutzung öffentlicher Verkehrswege für die Verlegung und den Betrieb von Leitungen, die zu einem Energieversorgungsnetz der allgemeinen Versorgung im Gemeindegebiet gehören.

55 **1. Vertragspartner.** Vertragspartner des Konzessionsvertrages sind danach **Gemeinden einerseits und EVU andererseits.** Als EVU kommen dabei sowohl gemeindeeigene Unternehmen, „Stadtwerke",

soweit sie rechtlich verselbständigt sind (vgl. näher Rn. 85 f.), wie auch sonstige EVU in Betracht.

2. Gegenstand des Vertrages. Gegenstand des Konzessionsvertrages ist nach § 46 II 1 das Recht zur **Nutzung öffentlicher Verkehrswege für die Verlegung und den Betrieb von Leitungen, die zu einem Energieversorgungsnetz der allgemeinen Versorgung im Gemeindegebiet gehören.** Anders als das Nutzungsrecht nach § 46 I, das leitungsbezogen ist, kann das nach § 46 II damit als nicht leitungs-, sondern gebietsbezogen charakterisiert werden (*Theobald*, in: D/T, EnWG, § 13, Rn. 25).

Für die Reichweite des Wegenutzungsrechts maßgeblich ist die Zugehörigkeit von Leitungen zu einem **Energieversorgungsnetz der allgemeinen Versorgung.** Eine Legaldefinition dieses Begriffs findet sich in § 3 Nr. 17 (vgl. § 3, Rn. 33). Sie knüpft an den etablierten Begriff der allgemeinen Versorgung an, den kennzeichnet, daß diese nicht von vornherein auf bestimmte Abnehmer begrenzt sein darf, sondern grundsätzlich für jeden Abnehmer offen sein muß; dies soll nicht nur objektiv voraussetzen, daß der Netzbetreiber grundsätzlich in der Lage ist, jeden Letztverbraucher an sein Netz anzuschließen und darüber versorgen zu lassen, sondern als subjektives Moment auch seine Bereitschaft, evtl. auch vertragliche Verpflichtung hierzu (*OLG Düsseldorf*, RdE 2007, 274, 275).

Nach § 46 II 1 umschließt der Konzessionsvertrag **nicht mehr das Recht zur Versorgung der Letztverbraucher.** Dies war nach § 13 II 1 EnWG 1998, der im Konzessionsvertrag das Recht zur Nutzung öffentlicher Verkehrswege für die Verlegung und den Betrieb von Leitungen „zur Durchführung der allgemeinen Versorgung" begründet sah, noch der Fall. § 46 II 1 bringt die Abweichung schon im Wortlaut deutlich zum Ausdruck. Sie ist im übrigen eine zwingende Konsequenz aus der Trennung von Netzbetrieb und Versorgung im EnWG 2005, die sich darin niederschlägt, daß an die Stelle der allgemeinen Versorgung nunmehr die in § 36 geregelte, vom Konzessionsvertrag abgekoppelte Grundversorgung getreten ist.

3. Rechtsnatur des Vertrages. Seiner Rechtsnatur nach sieht die vorherrschende Auffassung den Konzessionsvertrag als einen **privatrechtlichen Vertrag** an (vgl. bereits Rn. 9). Dies ist jedoch nicht unumstritten; die rein privatrechtliche Qualifikation der Konzessionsverträge stößt seit langem auf gut begründete Kritik (vgl. *Bartlsperger*, DVBl. 1980, 249, 250 f.; *Wieland*, Die Konzessionsabgaben, 1991, S. 384; *Hermes*, S. 454; *Hellermann*, S. 279 f.; *Albrecht*, in: S/T, § 8, Rn. 25; *Theobald*, in: S/T, § 1, Rn. 201).

II. Laufzeitbegrenzung (§ 46 II 1)

60 Wie bereits früher nach § 103a GWB a. F., § 13 II EnWG 1998 dürfen gemäß § 46 II 1 Konzessionsverträge **höchstens für eine Laufzeit von 20 Jahren** abgeschlossen werden. Die Vereinbarung längerer Laufzeiten wäre gemäß § 134 BGB unwirksam (*Pippke/Gaßner,* RdE 2006, 33, 34).

III. Ablauf, Verlängerung und Abschluß von Konzessionsverträgen (§ 46 III)

61 **1. Bekanntmachung des Vertragsablaufs (§ 46 III 1 und 2).** Im Vergleich zu § 13 II 1 EnWG 1998 ist bereits die Grundregel des § 46 III 1 konkretisiert und verschärft worden. Sie schreibt nunmehr die **Bekanntmachung des bevorstehenden Vertragsendes spätestens zwei Jahre vor Ablauf des Vertrages** durch Veröffentlichung im Bundesanzeiger oder im elektronischen Bundesanzeiger vor. Diese Verfahrensregelung zielt darauf, durch großzügige Fristen eine ordnungsgemäße Abwicklung eines Konzessionsvertragswechsels sicherzustellen.

62 Ergänzend verlangt § 46 III 2 die zusätzliche **Bekanntmachung im Amtsblatt der EU,** wenn mehr als 100.000 Kunden unmittelbar oder mittelbar an das fragliche Versorgungsnetz angeschlossen sind.

63 Bei Konzessionsverträgen mit ungewöhnlich kurzen Laufzeiten, die u. U. auch nur ein Jahr betragen können, paßt die zweijährige Bekanntmachungsfrist nicht. In diesen Fällen erscheint eine **Verkürzung der Bekanntmachungsfrist in entsprechender Anwendung von § 46 III 3 und 4** angemessen (*Theobald,* in: D/T, EnWG, § 46, Rn. 109). Dadurch ist jedenfalls die Drei-Monats-Frist nach § 46 III 4 (vgl. Rn. 64) im Interesse potentieller Bewerber gewahrt. Daß die Zwei-Jahres-Frist nach § 46 III 1 nicht gewahrt werden kann, ist unvermeidliche Folge der kurzen Vertragslaufzeit.

64 **2. Sonderfall der vorzeitigen Vertragsverlängerung (§ 46 III 3 und 4).** Für den Fall, daß Gemeinden beabsichtigen, bestehende Konzessionsverträge vor deren Ablauf zu verlängern, ordnet § 46 III 3 und 4 **eine besondere Beendigungs- und Bekanntmachungspflicht sowie ein Neuabschlußverbot** für drei Monate nach der Bekanntgabe an. Hintergrund dafür ist, daß durch eine solche vorzeitige Verlängerung von Konzessionsverträgen die in § 46 III 1 angeordnete Bekanntmachungspflicht umgangen werden (vgl. BT-Drucks. 15/3917, S. 91) und in der Folge auch die weitere Bekanntmachungspflicht nach § 46 III 5 leerlaufen könnte. Die Regelung wird, da eine einseitige vorzeitige Beendigung zwecks Verlängerung ausscheiden wird, nur bei Einvernehmen der Vertragspartner Anwendung finden (*Pippke/ Gaßner,* RdE 2006, 33, 39). Durch die Regelung in § 46 III 3 und 4 wird die Situation der beabsichtigten vorzeitigen Vertragsverlängerung der Situation des Vertragsablaufs weitgehend angenähert, sieht man davon ab, daß die Frist zwischen Bekanntmachung der Vertragsbeendigung und zulässigem Neuabschluß sich auf drei Monate verkürzt. Die Bekanntmachung wird wie in § 46 III 1 und 2 geregelt (Rn. 61 f.) durchzuführen sein (*Pippke/Gaßner,* RdE 2006, 33, 37).

3. Abschluß und Verlängerung von Konzessionsverträgen. 65
a) Rechtliche Vorgaben für den Vertragsschluß. Anders als für Verträge nach § 46 I (vgl. Rn. 38 ff.) besteht für Konzessionsverträge **kein energiewirtschaftsrechtlicher Kontrahierungszwang** (*Salje,* EnWG, § 46, Rn. 132). § 46 I ist auf Konzessionsverträge nicht anwendbar (vgl. Rn. 52). Der Gesetzgeber hat in der Sache gerade nicht bestimmen wollen, nach welchen Kriterien die Gemeinde ihre (Auswahl-)Entscheidung zu treffen hat (BT-Drucks. 13/7274, S. 21). Sie unterliegt insoweit also keinen spezifischen materiellrechtlichen Vorgaben. Vielmehr ist die Entscheidung über den Vertragsschluß eine – auch nicht auf Leistungsaspekte beschränkte – Angelegenheit der Lokalpolitik (vgl. *Albrecht,* in: S/T, § 8, Rn. 92 ff.; *Pippke/Gaßner,* RdE 2006, 33, 37; *Theobald,* in: D/T, EnWG, § 46, Rn. 105).

Auf die Entscheidung der Gemeinde über den Vertragspartner ist 66 auch **das Vergaberecht der §§ 97 ff. GWB nicht anwendbar,** da hier durch die Gemeinde kein Dienstleistungsauftrag vergeben wird, sondern regelmäßig eine Dienstleistungskonzession zustande kommt (*Albrecht,* in: S/T, § 8, Rn. 93; *Kermel,* RdE 2005, 153, 158; *Pippke/ Gaßner,* RdE 2006, 33, 36). Es gelten daher weder die verfahrensrechtlichen Anforderungen des Vergaberechts noch die materiellrechtlichen Vorgaben; insbesondere gilt nicht die Verpflichtung zur Zuschlagserteilung auf das wirtschaftlichste Gebot nach § 97 V GWB.

Das EnWG beschränkt sich auf gewisse Verfahrens-, namentlich Be- 67 kanntmachungspflichten (Rn. 61 ff.). Die Frage der **Rechtsfolgen der Nichtbeachtung bzw. verspäteten Beachtung der Bekanntmachungspflichten nach § 46 III 1 bis 3** für den Konzessionsvertragsschluß ist differenziert zu beantworten. Schon die Frage, ob der Abschluß eines Konzessionsvertrags ohne jegliche Bekanntmachung des Ablaufs des früheren Konzessionsvertrags wegen Verstoßes gegen ein gesetzliches Verbot nichtig ist, ist bislang nicht einheitlich beantwortet worden (für Nichtigkeit: *Büdenbender,* EnWG, § 13, Rn. 85; *Kermel,* RdE 2005, 153, 158; a.A. *Albrecht,* in: S/T, § 8, Rn. 91; *Böwing,* in: VWEW, EnWG, Art. 1, § 13, Rn. 65.4.3); nachdem allerdings § 46 III 4 eine ausdrückliche Verbotsfrist für den Vertragsschluß von drei Monaten nach Bekanntgabe vorsieht, erscheint es in systematischer Interpretation geboten, bei völliger Unterlassung der Bekanntmachung einen Verstoß gegen ein gesetzliches Verbot mit Nichtigkeitsfolge anzunehmen. Darüber hinaus wird auch diese dreimonatige Verbotsfrist für den Vertragsschluß nach Bekanntgabe als ein gesetzliches Verbot anzusehen sein, dessen Mißachtung die Nichtigkeit des Vertrages zur Folge hat. Die Verbotsfrist gilt gemäß § 46 III 4 ausdrücklich nur mit Blick auf die Bekanntgabe im Fall der vorzeitigen Beendigung. Man wird diese Regelung aber auf die Situation des regulären Vertragsendes entsprechend anzuwenden haben, wo sie zwar angesichts der Verpflichtung zur Bekanntmachung mindestens zwei Jahre im Voraus regelmäßig praktisch bedeutungslos bleiben dürfte, aber doch das – irreguläre, kaum zu erwartende – Vorgehen mittels eines unmittelbar nach der Bekanntgabe erfolgten, knapp zwei Jahre später wirksam werdenden Vertragschlusses zu Recht ausschließt. Die Drei-Monats-Frist erfüllt in beiden Fällen die Funktion, Interessen anderer potentieller Bewerber zu schützen, ihnen Gelegenheit zur Bewerbung und eine Chance auf den Vertragsschluß zu geben (vgl. BT-Drucks. 15/3917, S. 91; *Theobald*, in: D/T, EnWG, § 46, Rn. 109). Die aus § 46 III 1 folgende Zwei-Jahres-Frist wird hingegen zu Recht als selbständige Pflicht der Gemeinde angesehen, deren Mißachtung den Bestand eines gleichwohl geschlossenen Konzessionsvertrags nicht berührt (vgl. *Albrecht*, in: S/T, § 8, Rn. 91), solange die genannte Drei-Monats-Frist gewahrt bleibt (vgl. *Kermel*, RdE 2005, 153, 158, die – ohne Rekurs auf die Drei-Monats-Frist – darauf abstellen will, ob genügend Zeit für andere Bewerber zur Abgabe eines Gebots gegeben ist). Hat die Gemeinde die Bekanntmachungsfrist gemäß § 46 III 1 versäumt, erscheint es im übrigen im Interesse der Herstellung möglichst rechtstreuer Zustände auch vertretbar, ihr das Recht zuzugestehen, mit dem bisherigen Netzbetreiber einen Interimsvertrag schließen, der dessen Recht zur Wegenutzung so verlängert, daß die Wahrung der Zwei-Jahres-Frist möglich ist (*Theobald*, in: D/T, EnWG, § 46, Rn. 107).

68 **b) Bekanntmachungspflicht (§ 46 III 5).** Ausdrücklich geregelt ist in § 46 III 5 die **Verpflichtung der Gemeinde zur Bekanntmachung ihrer Entscheidung** über Neuabschluß bzw. Verlängerung von Konzessionsverträgen. Diese verfahrensrechtliche, auf Transparenz zielende Vorgabe soll die Gemeinde dazu veranlassen, die Auswahl unter mehreren Bewerbern auf der Grundlage von begründeten, nachvollziehbaren, rationalen und wettbewerbsorientierten Kriterien zu treffen (BT-Drucks. 13/7274, S. 21).

IV. Wechsel des konzessionierten EVU

1. Gesetzlicher Überlassungsanspruch (§ 46 II 2). a) Tat- 69
bestand. § 46 II 2 trifft eine Folgeregelung für die Situation eines **Wechsels des konzessionierten EVU** mit Blick auf die Verteilungsanlagen. Nach dem Wortlaut der Bestimmung ist die Situation erfaßt, in der ein EVU bislang auf der Grundlage eines Konzessionsvertrages wegenutzungsberechtigt gewesen ist, dieser Konzessionsvertrag jedoch abgelaufen ist und auch nicht verlängert wird und die Gemeinde statt dessen mit einem anderen EVU einen neuen Konzessionsvertrag schließt. Richtigerweise gilt dies nicht nur für den in § 46 II geregelten Fall des regulären Ablaufs, sondern auch für den in § 46 III 3 und 4 geregelten Fall der vorzeitigen Beendigung, sofern es hier nicht zur Verlängerung mit dem bisherigen EVU, sondern zum Konzessionsvertragsschluß mit einem neuen EVU kommt.

Mitunter nutzen EVU das gemeindliche Wegnetz für Zwecke des 70 Verteilungsnetzbetriebs ohne konzessionsvertragliche Grundlage. In der Situation der **Beendigung eines konzessionsvertragslosen Zustands** durch Konzessionsvertragsschluß mit einem anderen EVU ist § 46 II 2 dem Wortlaut nach wohl nicht unmittelbar, aber doch jedenfalls entsprechend anwendbar (vgl. *LG Rostock*, RdE 2000, 28, 30; *Reimann/Decker*, RdE 2000, 16, 19; *Theobald*, in: D/T, EnWG, § 46, Rn. 46 ff.). Dies ist auch aus Gründen verfassungskonformer Auslegung, mit Rücksicht auf die gemeindliche Selbstverwaltung, die sich in der Auswahl eines neuen Konzessionsvertragspartners realisiert, geboten.

b) Rechtsfolge. Als Rechtsfolge des Netzbetreiberwechsels ordnet 71 § 46 II 2, wie dies bereits § 13 II 2 EnWG a. F. getan hatte, einen **gesetzlichen Anspruch auf Überlassung der notwendigen Verteilungsanlagen** an. Der Anspruch besteht zwischen dem alten EVU als Schuldner und dem neuen EVU als Gläubiger. Der Zweck der Regelung liegt darin zu verhindern, daß der bisherige Konzessionsnehmer durch seine fortbestehende Verfügungsmacht über das Verteilungsnetz einen möglichen Wechsel des konzessionierten EVU und damit den Wettbewerb behindert (vgl. *Albrecht*, in: S/T, § 8, Rn. 96).

aa) Umfang des Überlassungsanspruchs. Nach § 46 II 2 sind 72 **die für den Betrieb der Netze der allgemeinen Versorgung erforderlichen Verteilungsanlagen** Gegenstand der Überlassungspflicht.

Die Überlassungspflicht gilt **unabhängig von Spannungs- bzw.** 73 **Druckstufe.** Zwar beschränkt § 36 I 1 ausdrücklich den Grundversorgungsanspruch auf die Belieferung von Haushaltskunden über das Netz der allgemeinen Versorgung in Niederspannung bzw. Niederdruck (vgl.

§ 36 Rn. 28). Eine entsprechende Einschränkung gilt aber nicht für die Leitungen des Netzes der allgemeinen Versorgung (vgl. auch zu § 46 I, Rn. 36).

74 Streitig ist die Behandlung **multifunktionaler Leitungen,** die sowohl der Versorgung von Letztverbrauchern im Gemeindegebiet wie auch der überörtlichen Verteilung dienen. Im Anschluß an eine zur früheren Rechtslage ergangene Entscheidung des *OLG Frankfurt* (RdE 1997, 146, 152; krit. dazu *Becker,* ZNER 1998, 57) wird teilweise angenommen, nur solche Leitungen unterfielen dem Überlassungsanspruch, die ausschließlich der Letztverbraucherversorgung im Gemeindegebiet dienen (*Albrecht,* in: S/T, § 8, Rn. 105; *Kermel,* RdE 2005, 153, 156; *Lecheler,* RdE 2007, 181). Dies überzeugt nicht. § 46 II 2 verlangt nicht die ausschließliche Nutzung für Zwecke der Letztverbraucherversorgung, sondern stellt auf die Erforderlichkeit ab. Soweit Leitungen, die zugleich einem überörtlichen Versorgungszweck dienen, für die Versorgung von Letztverbrauchern im Gemeindegebiet erforderlich sind, sind auch sie zu übertragen.

75 Nicht erfaßt sind hingegen im Gemeindegebiet befindliche Leitungen und Anlagen, der **überörtlichen Versorgung,** nicht jedoch der Letztverbraucherversorgung im Gemeindegebiet dienen bzw. hierfür jedenfalls nicht erforderlich sind (*Klemm,* Versorgungswirtschaft 2005, 197, 199).

76 **bb) Art der Überlassung.** Bereits zu § 13 II 2 EnWG 1998 ist teilweise angenommen worden, daß der Überlassungsanspruch nicht notwendig auf Eigentumsübertragung gerichtet sei, sondern **auch durch bloß schuldrechtliche Einräumung von Nutzungsrechten, namentlich Verpachtung** erfüllt werden könne (vgl. – nicht rechtskräftig – *LG Darmstadt,* RdE 2007, 239, 240; RdE 2007, 240, 241 f.; *Büdenbender,* EnWG, § 13, Rn. 58; *Säcker/Jäcks,* BB 2001, 997, 999 ff.; *Kermel,* RdE 2005, 153, 157; *Böwing,* in: VWEW, EnWG, Art. 1, § 13, Rn. 5.2.3 ff.; *Salje,* EnWG, § 46, Rn. 160) und daß die Wahl zwischen Eigentumsübertragung und Verpachtung beim bisherigen Konzessionsnehmer als Schuldner des Anspruchs liege (*Büdenbender,* EnWG, § 13, Rn. 58; *Kermel,* RdE 2005, 153, 157). Hierfür wird zunächst auf den Wortlaut verwiesen, der nur von Überlassung, nicht von (Eigentums-)Übertragung spreche; außerdem soll Art. 14 GG, das Eigentumsgrundrecht des früheren Konzessionsnehmers, für die Pachtoption streiten, weil der Zwang zur Übereignung ein zu weitreichender Eingriff in diese Grundrechtsposition sei.

77 Dagegen und für die Annahme eines Anspruchs auf **Eigentumsübertragung** steht aber nicht nur die Rechtstradition, da bis zur Energierechtsreform von 1998 Konzessionsverträge bei ihrem Ablauf stets

eine Pflicht zur Übereignung der örtlichen Verteilungsanlagen an den neuen Konzessionsvertragspartner der Gemeinde vorsahen. Es gibt auch keine Anzeichen dafür, daß der Gesetzgeber 1998 oder 2005 die Tradition insoweit durchbrechen wollte; die insoweit allein aussagekräftige Begründung zum EnWG 1998 spricht ausdrücklich von der Unzulässigkeit eines prohibitiven Kaufpreises (BT-Drucks. 13/7274, S. 21). Schon die Konstruktion des § 46 II 2 setzt eine Eigentumsübertragung insofern voraus, als ein neuer Konzessionsnehmer auf das Eigentum angewiesen ist, wenn er nach Ablauf seines Konzessionsvertrages den Anspruch aus § 46 II 2 gegenüber dem nächsten nachfolgenden EVU erfüllen will (ausführlich *Theobald*, in: D/T, EnWG, § 46, Rn. 37 f.). Der auf Förderung von Wettbewerb um Netze abzielende Gesetzeszweck dürfte zudem deutlich für einen Eigentumsübertragungsanspruch sprechen; denn ohne Eigentumsübertragung droht auf Grund eines Konzessionsvertrages, ungeachtet der hierfür vorgesehenen Laufzeitbegrenzung, eine endgültige Versteinerung des Eigentums an den Verteilungsanlagen, die zugleich auch die angestrebte Möglichkeit des Netzbetreiberwechsels praktisch beeinträchtigen kann. Damit dürfte zugleich auch verfassungsrechtlich das gemeindliche Selbstverwaltungsrecht für diese Lösung streiten, weil sie die dadurch geschützte gemeindliche Freiheit in der Auswahl eines neuen Konzessionsnehmers sichert und der getroffenen Wahl größere praktische Wirksamkeit verleiht. Damit ist der Auffassung der Vorzug zu geben, daß Überlassung in § 46 II 2 Eigentumsübertragung meint (so auch *LG Kiel*, ZNER 2006, 329; *OLG Schleswig*, DÖV 2006, 436, 438; *Becker*, ZNER 2002, 118, 120; *Schnutenhaus/von LaChevallerie,* RdE 2006, 204).

cc) Kundenübergang. Zu § 13 II 2 EnWG 1998 war streitig, ob der Überlassungsanspruch zugleich auch einen **Übergang der (Tarif-) Kundenverhältnisse auf den neuen Konzessionsvertragspartner** der Gemeinde einschließt. Die besseren Gründe dürften für einen solchen Kundenübergang gesprochen haben, und zwar im Kern deshalb, weil der Konzessionsvertragspartner der Gemeinde nach § 13 II 2 EnWG 1998 zugleich auch der allgemeine Versorger war, der nach § 11 I EnWG 1998 einer allgemeinen Anschluß- und Versorgungspflicht unterlag (*LG Köln*, RdE 2003, 42, 43 ff.; *OLG Schleswig*, DÖV 2006, 436, 437 f.; vgl. auch *OLG Stuttgart*, RdE 2005, 307, 308 ff.). Das EnWG 2005 aber trennt strikt zwischen Netzbetrieb und Versorgung; § 36 begründet nunmehr eine allgemeine Versorgungspflicht nicht mehr in Anknüpfung an die Innehabung des Netzes der allgemeine Versorgung, sondern auf der Grundlage einer empirischen Ermittlung von Kundenzahlen (vgl. § 36, Rn. 35 ff.). Damit aber kann der Wechsel des Konzessionsnehmers für die Zuordnung bzw. einen Wechsel von Versorgungsverhältnissen keine Rolle mehr spielen (*Hellermann*, ZNER 2004, 329, 330; *Theobald*, in: D/T, EnWG, § 46, Rn. 95; vgl. auch § 36, Rn. 60).

79 **dd) Wirtschaftlich angemessene Vergütung.** Der durch § 46 II 2 begründete Überlassungsanspruch besteht nur gegen **angemessene Vergütung**. Der Gesetzgeber, der einerseits unsinnige Doppelinvestitionen vermeiden will, will damit andererseits prohibitiv hohe Kaufpreise für das Netz verhindern (vgl. BT-Drucks. 13/7274, S. 21). Eine Konkretisierung der Vergütungsberechnung, die von manchen als wünschenswert angesehen würde (*Welge*, IR 2004, 103, 105; *Pippke/Gaßner*, RdE 2006, 33, 35), hat der Gesetzgeber offenbar bewußt nicht vorgenommen.

80 Für die Bemessung dieser angemessenen Vergütung unter der Geltung des EnWG 1998 ist das sog. **Kaufering-Urteil des BGH** (*BGHZ* 143, 128; vgl. ausführlich dazu *Theobald*, in: D/T, EnWG, § 46, Rn. 55 ff.) grundlegend geworden. Danach ist grundsätzlich die Vereinbarung des sog. Sachzeitwerts als angemessene Vergütung zulässig; als Sachzeitwert wird dabei der auf der Grundlage des Tagesneuwerts oder Wiederbeschaffungswerts unter Berücksichtigung des Alters und Zustands ermittelte Restwert zugrundegelegt (*Klemm*, Versorgungswirtschaft 2005, 197, 200; *Lecheler*, in: Ballwieser/Lecheler, Die angemessene Vergütung für Netze nach § 46 Absatz 2 EnWG, S. 38). Der Sachzeitwert sei nur ausnahmsweise in solchen Fällen zu beanstanden, in denen der Sachzeitwert den Ertragswert des Netzes in einem solchen Maße übersteigt, daß die Übernahme des Netzes und der Versorgung für einen nach wirtschaftlichen Maßstäben handelnden Dritten ausgeschlossen erscheint und die Gemeinde daher nach Auslaufen des Konzessionsvertrages faktisch an den bisherigen Versorger gebunden bleibt.

81 Die weitere Anwendung dieser Rechtsprechungsvorgaben wird die **veränderten Rahmenbedingungen des EnWG 2005** beachten müssen. Bedeutsam sind insoweit insbesondere die strikte Trennung von Netzbetrieb und Versorgung sowie die Regulierung des Netzbetriebs auf der Grundlage der Netzentgeltverordnungen; diese geben normative Maßstäbe für die Bestimmung der wirtschaftlich angemessenen Vergütung vor (*Gersemann/Maqua*, Versorgungswirtschaft 2006, 53, 56; krit. dazu *Lecheler*, in: Ballwieser/Lecheler, Die angemessene Vergütung für Netze nach § 46 Absatz 2 EnWG, S. 19 f.). Hiernach ist davon auszugehen, daß die Erträge aus dem Netzbetrieb sinken werden und damit der Ertragswert als Korrektiv des Sachzeitwerts erheblich an Bedeutung gewinnen wird (*Klemm*, Versorgungswirtschaft 2005, 197, 200; krit. zur künftigen Zulässigkeit des Rekurses auf den Ertragswert *Leche-*

ler, in: Ballwieser/Lecheler, Die angemessene Vergütung für Netze nach § 46 Absatz 2 EnWG, S. 48).

2. Verhältnis zu konzessionsvertraglichen Endschaftsklauseln. 82
Die vor Inkrafttreten des EnWG 1998 abgeschlossenen Konzessionsverträge enthalten regelmäßig sog. Endschaftsklauseln. Sie regeln einen **vertraglichen Anspruch der Gemeinde gegen das EVU auf Übertragung der Versorgungsanlagen** für den Fall, daß der Konzessionsvertrag nicht verlängert wird.

Aus dem Energiewirtschaftsrecht folgt die **Fortgeltung dieser kon-** 83
zessionsvertraglichen Endschaftsklauseln. Zunächst hat Art. 4 § 1 Gesetz zur Neuregelung des Energiewirtschaftsrechts vom 24. 4. 1998 (BGBl. I S. 730) die Fortgeltung der bestehenden Konzessionsverträge angeordnet, und zwar ungeachtet des neu eingeführten gesetzlichen Anspruchs nach § 13 II 2 EnWG 1998 (*Schulz-Jander*, in: VWEW, EnWG, Art. 1, 14, Rn. 8.1; *Büdenbender*, EnWG, § 13, Rn. 71). Nunmehr regelt entsprechend auch § 113 die Fortgeltung bestehender Wegenutzungsverträge, also auch bestehender Konzessionsverträge nach § 46 II unbeschadet ihrer Änderung durch §§ 36, 46 und 48 (vgl. näher die Kommentierung zu § 113). Wenn man die Fortgeltung der Endschaftsklauseln nach dem EnWG 1998 angenommen hat, ist auch unter dem EnWG 2005 von der unveränderten Fortgeltung der vertraglichen Endschaftsklauseln auszugehen, da sich gegenüber § 13 II 2 EnWG 1998 durch § 46 II 2 insoweit keine relevante Veränderung ergeben hat; daß der veränderte Wortlaut des § 46 II 2 eine sachliche Anpassung der Endschaftsklauseln erfordere (*Salje*, EnWG, § 113, Rn. 8), ist nicht ersichtlich.

Es besteht somit weiterhin ein **Nebeneinander von vertraglichem** 84
Übertragungsanspruch und gesetzlichem Überlassungsanspruch (*Theobald*, in: D/T, EnWG, § 46, Rn. 93). Die durch den Konzessionsvertrag regelmäßig begünstigte Gemeinde und das nach § 46 II 2 anspruchsberechtigte EVU sollen Gesamtgläubiger nach § 428 BGB sein; schon unter der früheren Rechtslage hat die Gemeinde ihren Anspruch regelmäßig an das neue EVU abgetreten, und so ist zu erwarten, daß sie auch unter der neuen Rechtslage ihren Anspruch abtreten oder dem neuen EVU die Durchsetzung seines gesetzlichen Anspruchs überlassen wird (vgl. *Büdenbender*, EnWG, § 13, Rn. 71).

V. Entsprechende Anwendung auf Eigenbetriebe (§ 46 IV)

1. Reichweite unmittelbarer Anwendbarkeit auf gemeindeei- 85
gene Unternehmen. Für den Fall der Wahrnehmung des Betriebs des Energieversorgungsnetzes der allgemeinen Versorgung durch ein Un-

ternehmen der Gemeinde selbst ist die – unmittelbare – Anwendbarkeit der Regelungen des § 46 II und III gegeben, sofern es sich um **ein gegenüber der Trägergemeinde rechtlich verselbständigtes gemeindeeigenes Unternehmen** handelt. Insoweit in Betracht kommende Unternehmensformen mit eigener Rechtsfähigkeit können grundsätzlich auch öffentlich-rechtlicher Art sein, so etwa in Gestalt des in einigen Kommunalordnungen vorgesehenen sog. Kommunalunternehmens, einer rechtfähigen Anstalt des öffentlichen Recht (vgl. etwa § 114a GO NRW); praktisch bedeutsam dürften allerdings nur die privatrechtlichen Rechtsformen, insbesondere GmbH und AG, sein.

86   Hingegen sind § 46 II und III nicht unmittelbar anwendbar, wenn eine Gemeinde die Wahrnehmung dieser Aufgabe auf ein **gemeindeeigenes Unternehmen ohne eigene Rechtsfähigkeit** übertragen will bzw. übertragen hat, das über keine verfügt. Dies ist zum einen theoretisch möglich, praktisch jedoch wohl nicht vorzufinden in Gestalt eines sog. Regiebetriebs, der ein integraler Bestandteil der Gemeindeverwaltung ist. Zum anderen kommt die Unternehmensform des sog. Eigenbetriebs in Betracht. In diesen Fällen scheitert die unmittelbare Anwendbarkeit von § 46 II und III schon daran, daß wegen rechtlicher Identität kein Vertragsschluß zwischen Gemeinde und EVU möglich ist.

87   **2. Anordnung entsprechender Anwendung.** § 46 IV ordnet die **entsprechende Anwendbarkeit von § 46 II und III für Eigenbetriebe der Gemeinden** an. Darin kommt weniger eine Aufwertung der Eigenbetriebe (so *Salje,* EnWG, § 46, Rn. 172) als vielmehr eine Durchsetzung des Wettbewerbsgedankens zum Ausdruck; die wettbewerbsfördernden Mechanismen des § 46 II und III sollen auch dann zur Geltung kommen, wenn eine Gemeinde den Betrieb des Netzes der allgemeinen Versorgung unter Inanspruchnahme des gemeindlichen Wegenetzes selbst, d.h. durch rechtlich nicht verselbständigte eigene Unternehmen wahrnimmt. Nach dem Telos der Norm wird man eine Anwendung auch auf andere rechtlich unselbständige Unternehmensformen, soweit sie ausnahmsweise gewählt worden sein sollten, annehmen können (*Salje,* EnWG, § 46, Rn. 174).

88   Die entsprechende Anwendung hat die **Unterwerfung der Gemeinde unter die in § 46 II und III statuierten Rechtspflichten sowohl der Gemeinde wie auch des EVU** zur Folge. Auch hier sind also die Laufzeitbegrenzung nach § 46 II 1 sowie die Regelungen zur vorzeitigen Verlängerung nach § 46 III 3 zu beachten. Spätestens zwei Jahre vor Ablauf dieser 20-Jahres-Frist muß die Gemeinde die ihr auferlegten Bekanntmachungsverpflichtungen nach § 46 III 1, 2 und ggf. 3 erfüllen. Für die Erteilung eines erstmaligen oder erneuten Auf-

trags an einen Eigenbetrieb der Gemeinde sind die Vorgaben von § 46 III 4 und 5 zu beachten. Andererseits trifft auch die in § 46 II 2 geregelte Verpflichtung des EVU die Gemeinde. Kraft der Anordnung entsprechender Anwendung sind sie auch auf den gemeindlichen Eigenbetrieb, der als EVU die Funktion des Betreibers des Netzes der allgemeinen Versorgung wahrnimmt, bezogen. Da dieser mangels Rechtsfähigkeit nicht selbst Träger von Rechten und Pflichten im Außenverhältnis ist, vielmehr die Gemeinde als Trägerin des Eigenbetriebs diese Rechte und Pflichten im Außenverhältnis trägt, hat die Gemeinde hier auch die auf das EVU bezogenen Pflichten zu erfüllen. Danach trifft der Überlassungsanspruch gemäß § 46 II 2 hier die Gemeinde, wenn ein Konzessionsvertragswechsel zu einem anderen EVU ansteht.

D. Kartellbehördliche Aufgaben und Zuständigkeiten (§ 46 V)

Nach § 46 V bleiben die **Aufgaben und Zuständigkeiten der Kartellbehörden nach dem GWB unberührt.** Damit wird klargestellt, daß das EnWG als Spezialregelung nicht etwa den Rückgriff auf das allgemeine Kartellrecht sperrt (vgl. *Büdenbender,* EnWG, § 13, Rn. 89). Weder die Möglichkeiten (zivil-)gerichtlicher Klärung noch die regulierungsbehördlichen Befugnisse sollen somit ein kartellbehördliches Einschreiten ausschließen (*Salje,* EnWG, § 46, Rn. 175). Kartellbehördliche Befugnisse werden sich vor allem aus §§ 19, 20 GWB ergeben können (*Böwing,* in: VWEW, EnWG, Art. 1, § 13, Rn. 7; *Salje,* EnWG, § 46, Rn. 184). Nach vorherrschender Auffassung kommt ein hierauf gestütztes Einschreiten insbesondere dann in Betracht, wenn die Gemeinde ihre Rechtsstellung in Bezug auf das kommunale Wegenetz bei dem Abschluß von Wegenutzungsverträgen mißbräuchlich ausnutzt (*Büdenbender,* EnWG, § 13, Rn. 90); so soll insbesondere die Frage, ob im Einzelfall eine Diskriminierung nach § 46 I vorliegt, der kartellbehördlichen Überprüfung unterliegen (vgl. BT-Drucks. 13/7274, S. 21). Diese Annahme setzt allerdings voraus, daß die Gemeinde im Zusammenhang mit dem Abschluß von Wegenutzungsverträgen als Unternehmerin i. S. v. des GWB agiert. Hiervon geht die vorherrschende Auffassung in Rechtsprechung und Literatur in der Tat aus, doch unterliegt diese Annahme gewichtigen Einwänden (vgl. Rn. 9, 44, 59). Gegenstand kartellbehördlicher Kontrolle kann jedenfalls etwa das Verhalten von EVU bei der Aushandlung der angemessenen Vergütung nach § 46 II Satz 2 sein (*Lecheler,* in: Ballwieser/Lecheler, Die angemessene Vergütung für Netze nach § 46 Absatz 2 EnWG, S. 13 f.).

90 Umgekehrt kann aus § 46 V nicht abgeleitet werden, daß **regulierungsbehördliche Maßnahmen** durch § 46 ausgeschlossen sind (*Theobald,* in: D/T, EnWG, § 46, Rn. 113; a. A. *Böwing,* in: EnWG, Art. 1, § 13, Rn. 7). Vielmehr können auch sie nach Maßgabe insbesondere von §§ 54, 65 in Betracht kommen.

§ 47 (aufgehoben)

§ 48 Konzessionsabgaben

(1) ¹**Konzessionsabgaben sind Entgelte, die Energieversorgungsunternehmen für die Einräumung des Rechts zur Benutzung öffentlicher Verkehrswege für die Verlegung und den Betrieb von Leitungen, die der unmittelbaren Versorgung von Letztverbrauchern im Gemeindegebiet mit Energie dienen, entrichten.** ²**Eine Versorgung von Letztverbrauchern im Sinne dieser Vorschrift liegt auch vor, wenn ein Weiterverteiler über öffentliche Verkehrswege mit Elektrizität oder Gas beliefert wird, der diese Energien ohne Benutzung solcher Verkehrswege an Letztverbraucher weiterleitet.**

(2) ¹**Das Bundesministerium für Wirtschaft und Technologie kann durch Rechtsverordnung mit Zustimmung des Bundesrates die Zulässigkeit und Bemessung der Konzessionsabgaben regeln.** ²**Es kann dabei jeweils für Elektrizität oder Gas, für verschiedene Kundengruppen und Verwendungszwecke und gestaffelt nach der Einwohnerzahl der Gemeinden unterschiedliche Höchstsätze in Cent je gelieferter Kilowattstunde festsetzen.**

(3) **Konzessionsabgaben sind in der vertraglich vereinbarten Höhe von dem Energieversorgungsunternehmen zu zahlen, dem das Wegerecht nach § 46 Abs. 1 eingeräumt wurde.**

(4) **Die Pflicht zur Zahlung der vertraglich vereinbarten Konzessionsabgaben besteht auch nach Ablauf des Wegenutzungsvertrages für ein Jahr fort, es sei denn, dass zwischenzeitlich eine anderweitige Regelung getroffen wird.**

Literatur: *Bachert,* Die Fortgeltung vereinbarter Gemeinderabatte nach der Änderung der Konzessionsabgabenverordnung durch das Zweite Gesetz zur Neuregelung des Energiewirtschaftsgesetzes, RdE 2006, 76; *Klemm,* Konzessionsverträge und Konzessionsabgaben nach der Energierechtsreform 2005, Versorgungswirtschaft 2005, 197; *Meier,* Auswirkungen der Änderungen des Energiewirtschaftsrechts auf die Gewährung des sog. Kommunalrabatts gem. § 3 Abs 1 Ziff 1 KAV, ZKF 2007, 57; *Säcker,* Vorauszahlungen auf Konzessionsabgaben, ET 2004, 349; *Scholz/Stappert/Haus,* Auswirkungen der Entflechtung auf den Gemeinderabatt nach der Konzessionsabgabenverordnung, RdE 2007, 106; *Wieland,* Die Konzessionsabgaben, 1991.

Übersicht

	Rn.
A. Allgemeines	1
I. Inhalt und Zweck	1
1. Inhalt	1
2. Zweck	2
II. (Entstehungs-)Geschichte	4
III. Untergesetzliche Konkretisierung	8
B. Definition der Konzessionsabgaben (§ 48 I)	9
I. Allgemeine Begriffsbestimmung (§ 48 I 1)	9
II. Klarstellung für die Weiterverteilung (§ 48 I 2)	15
C. Verordnungsermächtigung (§ 48 II)	16
I. Vorgaben der Verordnungsermächtigung	16
II. Umsetzung der Verordnungsermächtigung	18
D. Konzessionsabgabenpflicht des Wegerechtsinhabers (§ 48 III)	24
E. Konzessionsabgabenpflicht im vertragslosen Zustand	26
I. Gesetzliche Regelung nachvertraglicher Konzessionsabgaben (§ 48 IV)	27
1. Einjährige nachvertragliche Konzessionsabgabenpflicht	27
2. Bedeutung für mehr als einjährige nachvertragliche Wegenutzung	29
II. Konzessionsabgaben in sonstigen vertragslosen Konstellationen	32

A. Allgemeines

I. Inhalt und Zweck

1. Inhalt. Die Bestimmung enthält die **gesetzliche Grundlage für** 1 **die von EVU an die Gemeinden als Gegenleistung für die Einräumung von Wegenutzungsrechten nach § 46 entrichteten Entgelte**. § 48 schafft dabei keine gesetzliche Anspruchsgrundlage bzw. Zahlungsverpflichtung. Vielmehr findet sich die alleinige Rechtsgrundlage hierfür – soweit nicht in vertragslosen Konstellationen §§ 812 ff. BGB herangezogen werden (vgl. Rn. 31, 33) – in den Wegenutzungsverträgen, in deren Rahmen Vereinbarungen über Konzessionsabgaben rechtlich nicht getroffen werden müssen, faktisch allerdings insbesondere in Stromkonzessionsverträgen immer getroffen werden (*Büdenbender*, EnWG, § 13, Rn. 3). § 48 enthält, namentlich in § 48 III und IV, einzelne gesetzliche Regelungen zum vertraglichen Zahlungsanspruch der Kommunen. Darüber hinaus trifft § 48 II i. V. m. mit der darauf gestützten Rechtsverordnung eine Regelung preisrechtlicher Rechtsnatur, indem die Höhe zulässiger Konzessionsabgaben begrenzt und Parameter für deren Festsetzung vorgegeben werden.

§ 48 2–4   Teil 5. Planfeststellung, Wegenutzung

2   **2. Zweck.** § 48 i. V. m. der einschlägigen konkretisierenden Rechtsverordnung verfolgt einerseits den **Zweck, die Belastung der Energiepreise durch Konzessionsabgaben zu begrenzen** (vgl. *Büdenbender,* EnWG, § 13 Rn. 3). Zwar ist die ursprünglich mit der KAE (vgl. Rn. 5) verbundene Zielsetzung einer völligen Abschaffung der Konzessionsabgaben (*Theobald,* in: D/T, EnWG, § 48, Rn. 7) obsolet. Das Ziel, sie der Höhe nach zu begrenzen, hat aber Bestand.

3   Andererseits verfolgt § 48 den **Zweck, das Konzessionsabgabenaufkommen der Gemeinden zu sichern.** Dahinter stehen zwei unterschiedliche Aspekte. Energiepolitisch soll die Garantie der Konzessionsabgaben den sonst auch für kleine Gemeinden bestehenden Anreiz mindern, den Verteilungsnetzbetrieb selbst durchzuführen, was eine ungünstige kleinräumige Struktur der leitungsgebundenen Energieversorgung zur Folge haben könnte (vgl. *Büdenbender,* EnWG, § 14, Rn. 16; *Theobald,* in: D/T, EnWG, § 48, Rn. 3). Vor allem allerdings handelt es sich bei den Konzessionsabgaben um ein gewichtiges Element der kommunalen Finanzen; das Volumen soll in der Größenordnung von etwa 3,4 Mrd. Euro/Jahr insgesamt liegen (vgl. *Klemm,* Versorgungswirtschaft 2005, 197, 201) und etwa 2 bis 3% der gemeindlichen Einnahmen ausmachen. Die Sicherung dieser Einnahmequelle ist vor allem deshalb eine besondere Zielsetzung des § 48, weil die Gegenleistung, die Wegerechtsgewährung, eine wesentliche Änderung, und zwar eine Verkürzung dadurch erfahren hat, daß das Wegenutzungsrecht nach § 46 II nur noch für Verlegung und Betrieb des Verteilernetzes, nicht aber mehr für die Durchführung der Versorgung von Bedeutung ist (vgl. § 46, Rn. 58); gleichwohl die ungeschmälerten Konzessionsabgaben zu erhalten ist ein in § 46 I 2 deutlich zum Ausdruck kommendes und auch § 48 zugrunde liegendes gesetzgeberisches Ziel (vgl. BT-Drucks. 15/3917, S. 68).

II. (Entstehungs-)Geschichte

4   Die Erhebung von Konzessionsabgaben geht zurück auf den Beginn leitungsgebundener Energieversorgung durch private EVU im späten **19. Jahrhundert.** Als die Energieversorgung über einzelne Häuserblocks hinausgriff und die öffentlichen Wege für Leitungen benötigte, kam es – erstmals 1884 in Berlin – zu konzessionsvertraglichen Vereinbarungen zwischen Kommunen und EVU. Seither wurden auf dieser vertraglichen Grundlage, die lange Zeit im wesentlichen unverändert geblieben ist, Konzessionsabgaben an die Kommunen entrichtet (vgl. *Wieland,* Die Konzessionsabgaben, S. 80 ff.).

Die erste gesetzliche Regelung erfolgte in § 12 **EnWG 1935**, der 5
die Benutzung von Straßen und Verkehrswegen jeder Art durch EVU
erfaßte und den Reichswirtschaftsminister insoweit zu Vorschriften und
Einzelanordnungen über Zulässigkeit und Höhe von Benutzungsgebühren usw. ermächtigte. Nicht hierauf, sondern auf das Gesetz zur Durchsetzung des Vierjahresplanes vom 29. Oktober 1936 (RGBl. 1936 I
S. 927) gestützt erging untergesetzlich die Anordnung über die Zulässigkeit von Konzessionsabgaben der Unternehmen und Betriebe zur
Versorgung mit Elektrizität, Gas und Wasser an Gemeinden und Gemeindeverbände (KAE) vom 4. März 1941 (RAnz. 1941, Nr. 57 und
120); sie strebte eine Entlastung der EVU von Konzessionsabgaben,
letztlich deren Abschaffung an und sah u. a. ein Verbot der Neueinführung und Erhöhung von Konzessionsabgaben vor. Nachdem das
BVerwG (*BVerwGE* 87, 133, 135 ff.) u. a. dieses Verbot der Neueinführung sowie das Erhöhungsverbot für unzulässig erklärt hatte, wurde
die KAE für Strom und Gas durch die KAV vom 9. Januar 1992
(BGBl. I S. 407) abgelöst; diese wurde nunmehr auf der Grundlage
von §§ 7, 12 EnWG 1935 erlassen (zu Konzessionsabgaben in der
öffentlichen Wasserversorgung vgl. § 117 sowie die Kommentierung
hierzu).

Die Nachfolgeregelung des § 14 **EnWG 1998** beschränkte nun auch 6
die gesetzliche Regelung und Verordnungsermächtigung auf Gemeinden und ergänzte die bisherige gesetzliche Regelung insbesondere um
eine Regelung der nachvertraglichen Konzessionsabgabenpflicht in
§ 14 IV. Um das gemeindliche Konzessionsabgabenaufkommen zu sichern, wurde § 14 EnWG 1998 im Jahre 2003 geändert. In § 14 I entfiel
das in der Ursprungsfassung enthaltene Erfordernis der unmittelbaren
Letztverbraucherversorgung, und eine mit dem heutigen § 48 I 2 identische Regelung wurde eingefügt, um klarzustellen, daß die über öffentliche Verkehrswege erfolgende Belieferung von Weiterverteilern konzessionsabgabenpflichtig sein soll, und damit eine klare Rechtsgrundlage
für § 2 VIII KAV zu schaffen (vgl. BT-Drucks. 14/5969, S. 13).

Dem Beispiel des so geänderten § 14 EnWG 1998 folgte **§ 48 RegE** 7
mit gewissen Anpassungen an die veränderten rechtlichen Rahmenbedingungen (BT-Drucks. 15/3917, S. 68). Die Entwurfsfassung ist im
Gesetzgebungsverfahren unverändert geblieben und so Gesetz geworden.

III. Untergesetzliche Konkretisierung

Die bis heute maßgebliche untergesetzliche Konkretisierung geht zu- 8
rück auf die **KAV** vom 9. Januar 1992 (BGBl. I S. 12, 407). Anders als

die von ihr abgelöste KAE (vgl. Rn. 5) hat sie klargestellt, daß alle Gemeinden Konzessionsabgaben für Strom und Gas erheben dürfen. Weiter hat sie die frühere prozentuale Koppelung der Höchstbeträge der Konzessionsabgaben an die Energiepreise abgelöst durch die nach verschiedenen Kriterien differenzierte Festsetzung absoluter, fixer Höchstbeträge, womit die Höhe der Konzessionsabgaben von der Entwicklung des Endverbraucherpreisniveaus abgekoppelt worden ist (*Büdenbender*, EnWG, § 14, Rn. 13). Außerdem sind danach die Konzessionsabgaben in den allgemeinen Strom- und Gastarifen auszuweisen (zu diesen Kernpunkten der KAV vgl. *Theobald*, in: D/T, EnWG, § 48, Rn. 10). Durch die Erste Verordnung zur Änderung der KAV vom 22. Juli 1999 (BGBl. I S. 1669) ist sie den durch das EnWG 1998 veränderten Rahmenbedingungen angepaßt worden. Durch Art. 3 XXXX Zweites Gesetz zur Neuregelung des Energiewirtschaftsrechts vom 7. Juli 2005 (BGBl. I S. 1970, 3621) hat sie die nötigen Anpassungen an das EnWG 2005 erfahren. Die letzte Änderung ist durch Art. 3 IV der Verordnung vom 1. November 2006 (BGBl. I S. 2477) erfolgt.

B. Definition der Konzessionsabgaben (§ 48 I)

I. Allgemeine Begriffsbestimmung (§ 48 I 1)

9   Nach der allgemeinen Begriffsbestimmung des § 48 I 1 sind **Konzessionsabgaben** Entgelte, die EVU für die Einräumung des Rechts zur Benutzung öffentlicher Verkehrswege für die Verlegung und den Betrieb von Leitungen, die der unmittelbaren Versorgung von Letztverbrauchern im Gemeindegebiet mit Energie dienen, entrichten.

10   Schuldner sind danach **EVU i. S. v. § 3 Nr. 18.** Eine nähere Konkretisierung, welches EVU zahlungspflichtig ist, erfolgt durch § 48 III (vgl. Rn. 25).

11   Gläubiger sind – nur – die **Gemeinden.** Das ergibt sich zwar nicht unmittelbar aus dem Wortlaut, der die Gemeinden nicht ausdrücklich nennt. Es erschließt sich aber aus dem ausdrücklichen Bezug auf das Gemeindegebiet in § 48 I 1, aus dem systematischen Zusammenhang mit § 46 I, II und aus der geschichtlichen Entwicklung der Konzessionsabgaben als an Gemeinden zu entrichtende Entgelte. Die in § 7 KAV vorgesehene Entrichtung von Konzessionsabgaben an Landkreise erklärt sich allein aus von den kreisangehörigen Gemeinden abgeleiteten Rechten des Landkreises.

12   Während der Begriff der Konzessionsabgabe in Richtung einer öffentlich-rechtlichen Abgabenpflicht deutet, verwendet die Definition

des § 48 I den neutralen Begriff des **Entgelts**. Dies trägt dem Umstand Rechnung, daß Konzessionsabgaben auf vertraglicher Rechtsgrundlage, und zwar nach vorherrschender Auffassung auf der Grundlage privatrechtlicher Verträge entrichtet werden (vgl. § 46, Rn. 9, 59).

Während § 14 I EnWG 1998 als Gegenleistung das Recht zur Letzt- 13 verbraucherversorgung mittels Benutzung öffentlicher Verkehrswege angesehen hatte, besteht die Gegenleistung nach § 48 I 1 nunmehr in der **Wegerechtseinräumung für die Verlegung und den Betrieb von Leitungen zur unmittelbaren Letztverbraucherversorgung** im Gemeindegebiet. In dieser Umschreibung des Zwecks der Wegerechtseinräumung kommt die Anpassung an die veränderten Rahmenbedingungen, die strikt zwischen Verteilungsnetzbetrieb und Versorgung im Sinne von Energielieferung trennen, explizit zum Ausdruck; damit ist klargestellt, daß die Konzessionsabgabenpflicht des Netzbetreibers insbesondere unabhängig davon besteht, ob ein ihm verbundenes oder aber ein fremdes EVU Grundversorger im Vertragsgebiet ist (*Klemm*, Versorgungswirtschaft 2005, 197, 201). Erfaßt sind damit die Verlegung und der Betrieb sowohl von Direktleitungen i. S. v. § 46 I (BT-Drucks. 13/7274, S. 21), was durch § 46 I 2 bestätigt wird, wie auch von Leitungen, die zu einem Netz der allgemeinen Versorgung gehören und Gegenstand eines Konzessionsvertrages nach § 46 II sind; der Konzessionsabgabenpflicht nicht unterworfen sind hingegen Leitungen, die dem Transport von Energie durch das Gemeindegebiet hindurch dienen (*Schulz-Jander*, in: VWEW, EnWG, Art. 1, § 14, Rn. 2.1).

Verteilungsnetzverlegung und -betrieb müssen der **„unmittelbaren"** 14 **Letztverbraucherversorgung** dienen. Dieses zwischenzeitlich mit Blick auf die Weiterverteilungsproblematik gestrichene (vgl. Rn. 6), nunmehr wieder aufgenommene Unmittelbarkeitserfordernis steht der Konzessionsabgabenpflichtigkeit der über öffentliche Verkehrswege erfolgenden Belieferung von Weiterverteilern, die ihrerseits die gelieferte Energie ohne Benutzung solcher Verkehrswege an Letztverbraucher weiterleiten, nicht entgegen. Eine i. S. v. § 48 I 1 unmittelbare Versorgung liegt nach der Klarstellung in § 48 I 2 auch im Falle solcher Weiterverteilung vor (s. Rn. 15).

II. Klarstellung für die Weiterverteilung (§ 48 I 2)

Der – bereits in § 14 I EnWG 1998 i. d. F. des Änderungsgesetzes 15 vom 20. Mai 2003 wortgleich enthaltene – § 48 I 2 nimmt die Formulierung von § 2 VIII KAV auf. Er stellt damit, nachdem § 48 I 1 grundsätzlich wieder die unmittelbare Letztverbraucherbelieferung verlangt, die **Konzessionsabgabenpflicht bei Energielieferung an Weiter-**

verteiler klar. Damit zielt die Regelung in § 48 I 2 auf die gegenständliche Reichweite der Konzessionsabgabenpflicht, nicht auf die Person des Schuldners der Konzessionsabgabe (so *Theobald,* in: D/T, EnWG, § 48, Rn. 20); daß dies – auch in Fällen der Weiterleitung – der Wegerechtsinhaber ist, ergibt sich aus § 48 III (vgl. Rn. 25).

C. Verordnungsermächtigung (§ 48 II)

I. Vorgaben der Verordnungsermächtigung

16　Die **grundsätzliche Ermächtigung zur Verordnungsgebung** findet sich in § 48 II 1. Zuständig für die Verordnungsgebung ist danach das BMWi; es ist die Zustimmung des Bundesrates erforderlich. Gegenstand der Verordnung können Zulässigkeit und Bemessung der Konzessionsabgaben i. S. v. § 48 I sein.

17　§ 48 II 2 gibt **nähere Vorgaben für die Festsetzung von Höchstsätzen** der Konzessionsabgaben in der Verordnung. Danach sind die Höchstbeträge – anders als früher in der KAE, wo sie prozentual an die Energiepreise gekoppelt waren (vgl. Rn. 8) – in Cent je gelieferter Kilowattstunde festzusetzen. § 48 II 2 läßt weiter ausdrücklich eine nach verschiedenen Kriterien differenzierte Festsetzung zu: Die Höchstbeträge können jeweils für Elektrizität und Gas, für verschiedene Kundengruppen und für verschiedene Verwendungszwecke sowie gestaffelt nach der Einwohnerzahl unterschiedlich geregelt werden.

II. Umsetzung der Verordnungsermächtigung

18　Die – nach heutiger Gesetzeslage auf § 48 II zu stützende – KAV in ihrer aktuellen, dem EnWG 2005 angepaßten Fassung (vgl. Rn. 8) legt in § 1 II KAV den **Konzessionsabgabenbegriff** zugrunde, wie er gesetzlich in § 48 I 1 definiert ist (vgl. Rn. 9 ff.).

19　Für die **Bemessung der Konzessionsabgaben** schreibt § 2 I KAV ausdrücklich vor, daß nur eine Festsetzung in Cent je gelieferter Kilowattstunde zulässig ist (vgl. bereits Rn. 17). Die in § 48 II 2 eingeräumten Differenzierungsmöglichkeiten in Anspruch nehmend werden in § 2 II, III KAV die Höchstbeträge für Strom und Gas unterschiedlich, bei Tarifkunden außerdem nach Einwohnerzahl differenziert festgesetzt. Die dabei zugrunde gelegte Unterscheidung von Tarif- und Sonderkunden wird in § 1 III, IV KAV eigenständig so geregelt, daß Tarifkunden die auf Grund von Verträgen nach §§ 36, 39, 115 II, 116 belieferten Kunden sind; die Unterscheidung ist wenig bedeutsam, weil § 2 VII KAV den Tarifkunden die Sonderkunden mit geringer Leistungsanforderung bzw. geringem Verbrauch gleichstellt und damit im Ergebnis maßgeblich zwischen Groß- und Kleinabnehmern unterscheidet (*Klemm*, Versorgungswirtschaft 2005, 197, 202).

Für die **Situation der Energielieferung durch fremde EVU** 20 **("Durchleitung") und der Weiterverteilung ohne Inanspruchnahme öffentlicher Wege** (vgl. Rn. 15, 25) werden in § 2 VI, VIII KAV die nötigen Vorkehrungen getroffen. Sie stellen sicher, daß hier im Verhältnis von Gemeinde und Netzbetreiber die Konzessionsabgaben ungeschmälert anfallen. Sie können dann vom Netzbetreiber im Verhältnis zum liefernden bzw. zum weiterverteilenden EVU dem Durchleitungsentgelt hinzugerechnet werden.

§ 3 KAV regelt nach wie vor **das grundsätzliche Verbot sonsti-** 21 **ger Leistungen und die ausnahmsweise Zulässigkeit insbesondere des sog. Gemeinderabatts.** Während dieser Rabatt früher auf den gesamten Rechnungsbetrag gewährt werden konnte, ist seit dem Zweiten Gesetz zur Neuregelung des Energiewirtschaftsrechts vom 7. Juli 2005 (BGBl. I S. 1970, 3621) die Vereinbarung eines Preisnachlasses auf den Eigenverbrauch der Gemeinde nur noch von bis zu 10% des Rechnungsbetrages für den Netzzugang zulässig (§ 3 I Nr. 1 KAV). Dies gilt für die Energielieferung sowohl in Niederspannung wie auch – seit der Änderungsverordnung vom 1. November 2006 (BGBl. I S. 2477) – wieder für die in Niederdruck; die zwischenzeitlich diskutierte Frage, ob der Preisnachlaß für Gaslieferungen ausgeschlossen sein sollte (vgl. *Klemm*, Versorgungswirtschaft 2005, 197, 202; *Bachert*, RdE 2006, 76, 77), hat sich damit erledigt.

Dem gleichen Zweck, eine Umgehung der Höchstbetragsregelungen 22 zu verhindern, dient auch das **Verbot von Abschlagszahlungen für künftige Zeitabschnitte und von Vorauszahlungen** (§ 5 KAV). Dieses Verbot soll aber einer Vorauszahlung marktgerecht abgezinster Konzessionsabgaben oder der Gewährung eines Darlehens an die Gemeinde, dessen Rückzahlung durch die künftig fällig werdenden Konzessionsabgaben gesichert ist, nicht grundsätzlich entgegenstehen; Voraussetzung soll danach nur sein, daß die Höchstbetragsregelung nicht umgangen und das Transparenzgebot beachtet werden (*Säcker*, ET 2004, 349). Diese Annahme steht zwar in einem gewissen Konflikt zu einem strengen Verständnis des Wortlauts, rechtfertigt sich aber aus entstehungsgeschichtlichen Erwägungen (vgl. die amtliche Begründung zu § 5 II KAV in BR-Drucks. 686/91, S. 21) und aus Sinn und Zweck der Norm.

Mit Blick auf die **Aufsichtsbefugnisse** gewährt § 6 I KAV der zu- 23 ständigen Behörde die zur Überwachung erforderlichen Auskunftsrechte und Ansprüche auf Vorlage von Belegen, und § 6 II KAV ordnet die entsprechende Anwendung von §§ 65, 69 an. Auch der Verweis auf § 65 klärt nicht unmittelbar, welche Behörde zuständig ist; die Zuständigkeit dürfte jedoch gemäß § 54 III analog bei der BNetzA liegen (*Klemm,* Versorgungswirtschaft 2005, 197, 202). Richtigerweise sind auch die weiteren Verfahrensvorschriften der §§ 65 ff. als anwendbar anzusehen (*Klemm,* Versorgungswirtschaft 2005, 197, 202 f.).

D. Konzessionsabgabenpflicht des Wegerechtsinhabers (§ 48 III)

24 Nach § 48 III sind Konzessionsabgaben in der **vertraglich vereinbarten Höhe** zu entrichten. Dem ist zunächst zu entnehmen, daß der Rechtsgrund der Konzessionsabgaben im jeweiligen (Wegenutzungs-)Vertrag liegt (s. bereits Rn. 1) und Konzessionsabgaben also nur zu zahlen sind, wenn und – mit Blick auf ihre Höhe – soweit sie zulässig vereinbart worden sind.

25 Wichtiger ist die daran anschließende, zur Beseitigung einer bis dahin bestehenden Unsicherheit (vgl. *Schulz-Jander,* in: VWEW, EnWG, Art. 1, § 14, Rn. 2.3.1) bereits durch das Änderungsgesetz vom 20. Mai 2003 eingefügte Klarstellung der **Zahlungspflicht des EVU, dem das Wegerecht nach § 46 I eingeräumt wurde** (vgl. BT-Drucks. 14/5969, S. 13). Ungeachtet der Bezugnahme allein auf § 46 I erfaßt diese Klarstellung nicht nur einfache Wegenutzungsverträge, sondern auch Konzessionsverträge i. S. v. § 46 II, die insoweit als speziell geregelter Unterfall des § 46 I anzusehen sind (*Salje,* EnWG, § 48, Rn. 64). Es gilt also umfassend, daß nur das EVU, das Vertragspartner der Gemeinde im Wegenutzungsvertrag ist, zahlungspflichtig ist, nicht hingegen andere EVU, die als Dritte die fraglichen Leitungen für Energielieferungen in Anspruch nehmen. § 2 VI KAV erlaubt im übrigen folgerichtig die Umlegung der Konzessionsabgabe auf das Durchleitungsentgelt des Weiterverteilers. Für die Zulässigkeit einer Abwälzung des Insolvenz- oder sonstigen Inkassorisikos von dem wegerechtsinhabenden EVU auf die Gemeinde, etwa durch Abtretung dieses Anspruchs gegen Dritte an Erfüllungs statt, gibt § 48 III jedoch nichts her (so zutreffend *Theobald,* in: D/T, EnWG, § 48, Rn. 29; a. A. *Salje,* EnWG, § 48, Rn. 69).

E. Konzessionsabgabenpflicht im vertragslosen Zustand

26 Der reguläre Rechtsgrund der Konzessionsabgabenpflicht liegt im Wegenutzungsvertrag. Die Frage einer möglichen Konzessionsabgabenpflicht auch im sog. vertragslosen Zustand ist zunächst energiewirtschaftsgesetzlich ungeregelt gewesen und Gegenstand richterlicher Beurteilung unter Heranziehung allgemeiner Rechtsgrundlagen, namentlich des Bereicherungsrechts, gewesen. Eine freilich nur **partielle energiewirtschaftsgesetzliche Regelung** hat es erstmals in § 14 IV EnWG 1998 gegeben und gibt es heute, annähernd wortgleich, in § 48 IV. Die Reichweite dieser energiewirtschaftsgesetzlichen Regelung und der verbleibende Spielraum für die Heranziehung allgemeiner Rechtsgrundlagen bedürfen näherer Untersuchung.

I. Gesetzliche Regelung nachvertraglicher Konzessionsabgaben (§ 48 IV)

1. Einjährige nachvertragliche Konzessionsabgabenpflicht. 27
§ 48 IV betrifft Fälle der **Weiternutzung gemeindlicher öffentlicher Wege nach Ablauf eines Wegenutzungsvertrages.** Die Regelung ist also tatbestandlich nur einschlägig, wenn überhaupt ein Wegenutzungsvertrag bestanden hat. In Betracht kommen Verträge nach § 46 I, II; schon der Umstand, daß § 48 IV anders als noch § 14 IV EnWG 1998 nicht von Konzessions-, sondern allgemeiner von Wegenutzungsvertrag spricht, verdeutlicht dies (*Salje*, EnWG, § 48, Rn. 73).

Für den Zeitraum von einem Jahr nach Auslaufen des Wegenut- 28
zungsvertrages begründet § 48 IV eine **gesetzliche Regelung einer bis zu einjährigen Konzessionsabgabenpflicht ohne vertragliche Grundlage.** Abgabenpflichtig ist das EVU, dem durch Vertrag ein Wegenutzungsrecht eingeräumt worden ist. Zahlungspflichtig ist es, was im Wortlaut der Bestimmung nicht deutlich hervortritt, sofern und solange es das Wegenetz auch über den Vertragsablauf hinaus für Zwecke des Leitungsbetriebs in Anspruch nimmt. Im übrigen endet die so begründete Konzessionsabgabenpflicht zum einen vorzeitig, wenn zwischenzeitlich eine anderweitige vertragliche Regelung getroffen, also ein neuer Wegenutzungsvertrag abgeschlossen wird, zum anderen mit Ablauf eines Jahres.

2. Bedeutung für mehr als einjährige nachvertragliche Wege- 29
nutzung. Mit Blick auf eine die Jahresfrist überschreitende nachvertragliche Wegenutzung stellt sich die Frage, **ob und inwieweit § 48 IV als abschließende Regelung einer weiteren Konzessionsabgabenpflicht entgegensteht.** § 48 IV könnte anzusehen sein als insoweit offene, auch längere nachvertragliche Konzessionsabgabenpflichten zulassende Regelung, als jedenfalls weitere (nach-)vertragliche Ansprüche ausschließende und allenfalls noch bereicherungsrechtliche Ansprüche zulassende Regelung oder als strikt abschließende, jeglichen

weiteren Konzessionsabgabenanspruch ausschließende Regelung (vgl. *Salje*, EnWG, § 48, Rn. 74 ff.).

30 Es sprechen gute Gründe dafür, daß § 48 IV jedenfalls die **Annahme eines weiteren Anspruchs auf die vertraglich vereinbarten Konzessionsabgaben kraft ergänzender Vertragsauslegung ausschließt.** Schon der Umstand, daß es der Regelung angesichts der vorhandenen Rechtsprechung des *BGH* (NJW-RR 1994, 822, 823; NJW-RR 2002, 180) zur Begründung eines solchen einjährigen Anspruchs nicht zwingend bedurft hätte, deutet darauf hin, daß ihr insoweit auch ein begrenzender Zweck zukommt. Dieser Zweck ist zugleich ein wettbewerbsfördernder, da er das Unterlaufen der zeitlichen Begrenzungen für die Vergabe qualifizierter Wegenutzungsrechte verhindert. Aus eben dieser Erwägung heraus hat der *BGH* in seiner früheren Rechtsprechung den aus ergänzender Vertragsauslegung gewonnenen Anspruch auf nachvertragliche Konzessionsabgaben auf ein Jahr als den für die Abwicklung des Vertragsverhältnisses eventuell erforderlichen, aber auch zureichenden Zeitraum begrenzt angenommen. Da die nunmehr durch § 46 III vorgegebenen Fristen, insbesondere die Pflicht zur Bekanntmachung des Konzessionsvertragsendes zwei Jahre im voraus der Gemeinde auch hinreichend Zeit zum Abschluß eines neuen Konzessionsvertrages lassen, spricht auch der systematische Zusammenhang mit dieser Bestimmung für die Annahme einer insoweit abschließenden Regelung.

31 Hingegen dürfte **ein auf allgemeine Rechtsgrundlagen, namentlich §§ 812 ff. BGB gegründeter Konzessionsabgabenanspruch** durch § 48 IV nicht ausgeschlossen sein (*Albrecht*, in: S/T, § 8, Rn. 168 ff.). In Anknüpfung an die frühere Rechtsprechung des *BGH* ist der hiernach zu leistende Wertersatz am objektiven Verkehrswert des Erlangten zu orientieren; für dessen Bestimmung soll von den in der KAV vorgesehenen Beträgen auszugehen, jedoch zu berücksichtigen sein, daß mit dem Auslaufen des Konzessionsvertrages keine langfristig gesicherte Rechtsposition des EVU mehr besteht und deshalb die in Anspruch genommene Wegenutzung in ihrem Wert geschmälert ist (vgl. *BGHZ* 132, 198, 203 ff.; krit. dazu *Albrecht*, in: S/T, § 8, Rn. 171). Einen solchen, u. U. geminderten Konzessionsabgabenanspruch auch über ein Jahr nachvertraglicher Wegenutzung hinaus zuzulassen, vermeidet das zu Recht als ungerecht empfundene Ergebnis, daß die Gemeinde eine unentgeltliche Nutzung ihres Wegenetzes hinnehmen muß (*Salje*, EnWG, § 48, Rn. 79). Zugleich hat dieser Lösungsvorschlag den Vorzug, wertungsmäßig mit der Bewältigung des Problems von vornherein vertragsloser Wegenutzung (vgl. Rn. 32 f.) in der Rechtsprechung überein zu stimmen.

II. Konzessionsabgaben in sonstigen vertragslosen Konstellationen

Es bleibt die Frage, wie in sonstigen vertragslosen Konstellationen die Konzessionsabgabenpflicht zu beurteilen ist. Dies betrifft insbesondere den – von § 48 IV schon dem Wortlaut nach nicht erfaßten (*Salje,* EnWG, § 48, Rn. 82) – Fall der **Wegenutzung ohne jede – frühere – vertragliche Grundlage**. Hierzu kann es insbesondere kommen in Fällen „vorvertraglicher" Wegenutzung, wenn einem EVU, mit dem ein Wegenutzungs-, insbesondere ein Konzessionsvertrag geschlossen werden soll, aber nicht so schnell wie gedacht zustande kommt, die Verteilungsanlagen und damit auch die Wegenutzung bereits vorab überlassen werden (*Salje,* EnWG, § 48, Rn. 83).

In solchen Fällen, in denen eine Anknüpfung an einen Vertrag etwa durch ergänzende Vertragsauslegung ausscheidet, kommt ein auf **§§ 812 ff. BGB** gestützter Konzessionsabgabenanspruch (vgl. *BGHZ* 132, 198, 203 ff.; *Albrecht,* in: S/T, § 8, Rn. 170) nach den gleichen Grundsätzen in Betracht wie bei einer die Jahresfrist überschreitenden nachvertraglichen Wegenutzung (Rn. 31).

Teil 6. Sicherheit und Zuverlässigkeit der Energieversorgung

§ 49 Anforderungen an Energieanlagen

(1) ¹Energieanlagen sind so zu errichten und zu betreiben, dass die technische Sicherheit gewährleistet ist. ²Dabei sind vorbehaltlich sonstiger Rechtsvorschriften die allgemein anerkannten Regeln der Technik zu beachten.

(2) Die Einhaltung der allgemein anerkannten Regeln der Technik wird vermutet, wenn bei Anlagen zur Erzeugung, Fortleitung und Abgabe von
1. Elektrizität die technischen Regeln des Verbandes der Elektrotechnik Elektronik Informationstechnik e. V.,
2. Gas die technischen Regeln der Deutschen Vereinigung des Gas- und Wasserfaches e. V.
eingehalten worden sind.

(3) ¹Bei Anlagen oder Bestandteilen von Anlagen, die nach den in einem anderen Mitgliedstaat der Europäischen Union oder in einem anderen Vertragsstaat des Abkommens über den Europäischen Wirtschaftsraum geltenden Regelungen oder Anforderungen rechtmäßig hergestellt und in den Verkehr gebracht wurden und die gleiche Sicherheit gewährleisten, ist davon auszugehen, dass die Anforderungen nach Absatz 1 an die Beschaffenheit der Anlagen erfüllt sind. ²In begründeten Einzelfällen ist auf Verlangen der nach Landesrecht zuständigen Behörde nachzuweisen, dass die Anforderungen nach Satz 1 erfüllt sind.

(4) Das Bundesministerium für Wirtschaft und Technologie kann, soweit Anlagen zur Erzeugung von Strom aus erneuerbaren Energien im Sinne des Erneuerbare-Energien-Gesetzes betroffen sind im Einvernehmen mit dem Bundesministerium für Umwelt, Naturschutz und Reaktorsicherheit, Rechtsverordnungen mit Zustimmung des Bundesrates über Anforderungen an die technische Sicherheit von Energieanlagen erlassen.

(5) Die nach Landesrecht zuständige Behörde kann im Einzelfall die zur Sicherstellung der Anforderungen an die technische Sicherheit von Energieanlagen erforderlichen Maßnahmen treffen.

§ 49 Teil 6. Sicherheit u. Zuverlässigkeit d. Energieversorgung

(6) ¹Die Betreiber von Energieanlagen haben auf Verlangen der nach Landesrecht zuständigen Behörde Auskünfte über technische und wirtschaftliche Verhältnisse zu geben, die zur Wahrnehmung der Aufgaben nach Absatz 5 Satz 1 erforderlich sind. ²Der Auskunftspflichtige kann die Auskunft auf solche Fragen verweigern, deren Beantwortung ihn selbst oder einen der in § 383 Abs. 1 Nr. 1 bis 3 der Zivilprozessordnung bezeichneten Angehörigen der Gefahr strafrechtlicher Verfolgung oder eines Verfahrens nach dem Gesetz über Ordnungswidrigkeiten aussetzen würde.

(7) Die von der nach Landesrecht zuständigen Behörde mit der Aufsicht beauftragten Personen sind berechtigt, Betriebsgrundstücke, Geschäftsräume und Einrichtungen der Betreiber von Energieanlagen zu betreten, dort Prüfungen vorzunehmen sowie die geschäftlichen und betrieblichen Unterlagen der Betreiber von Energieanlagen einzusehen, soweit dies zur Wahrnehmung der Aufgaben nach Absatz 5 Satz 1 erforderlich ist.

Übersicht

	Rn.
A. Allgemeines	1
I. Inhalt	1
II. Zweck	2
B. Errichtung und Betrieb von Energieanlagen (§ 49 I)	3
I. Gewährleistung der technischen Sicherheit (§ 49 I 1)	4
II. Einhaltung der anerkannten Regeln der Technik (§ 49 I 2)	6
C. Vermutungswirkung des VDE- und DVGW-Regelwerks (§ 49 II)	7
D. Ausländische Anlagen und Anlagenteile (§ 49 III)	9
I. Vermutung der Einhaltung der Anforderungen nach § 49 I (§ 49 III 1)	10
II. Nachweis im Einzelfall (§ 49 III 2)	11
E. Verordnungsermächtigung (§ 49 IV)	12
F. Maßnahmen der Landesbehörden (§ 49 V)	13
G. Auskunftspflicht der Betreiber von Energieanlagen (§ 49 VI)	15
I. Auskunft an die Landesbehörden (§ 49 VI 1)	16
II. Auskunftsverweigerungsrecht (§ 49 VI 2)	19
H. Behördliche Betretungs-, Prüfungs- und Einsichtsrechte (§ 49 VII)	20
I. Allgemeine Voraussetzungen	21
II. Betreten von Grundstücken, Räumen und Einrichtungen	22
III. Prüfungen und Einsichtnahme in Unterlagen	23

A. Allgemeines

I. Inhalt

§ 49 regelt Anforderungen an Energieanlagen und Befugnisse der zuständigen Landesbehörden, um die Einhaltung dieser Anforderungen zu überwachen. Nach § 49 I müssen bei der Errichtung und dem Betrieb von Energieanlagen die technische Sicherheit gewährleistet und die allgemein anerkannten Regeln der Technik beachtet werden. Die Einhaltung der allgemein anerkannten Regeln der Technik wird widerlegbar vermutet, wenn die technischen Regeln des VDE und des DVGW eingehalten werden (§ 49 II). Bei ausländischen Anlagen und Anlagenteilen ist von der Einhaltung der Anforderungen nach § 49 I auszugehen, wenn entsprechende Sicherheitsstandards bestehen und beachtet werden (§ 49 III). § 49 IV enthält eine Verordnungsermächtigung für die Festlegung von Anforderungen an die technische Sicherheit von Anlagen, die in den Anwendungsbereich des EEG fallen. Gem. § 49 V sind die Landesbehörden berechtigt, die zur Sicherstellung der Anforderungen an die technische Sicherheit von Energieanlagen erforderlichen Maßnahmen zu treffen. Um den Behörden die Wahrnehmung ihrer Überwachungsaufgaben zu ermöglichen, sieht § 49 VI eine Auskunftspflicht der Betreiber von Energieanlagen vor. Ergänzend dazu regelt § 49 VII behördliche Betretungs-, Prüfungs- und Einsichtsrechte.

II. Zweck

In § 49 werden die zuvor in den §§ 16, 18 EnWG a. F. enthaltenen Regelungen zusammengefaßt. § 49 konkretisiert das in § 1 I enthaltene Ziel einer sicheren Energieversorgung bezogen auf die **technische Sicherheit von Energieanlagen.** Ziel der Vorschrift ist der Schutz vor Gefahren, die mit dem Einsatz technischer Anlagen im Bereich der Strom- und Gasversorgung verbunden sind. Dabei spielt die Einhaltung der für Energieanlagen allgemein anerkannten Regeln der Technik eine zentrale Rolle. Neben § 49 ergeben sich Anforderungen an die technische Sicherheit aus den Normen des Umweltrechts und des technischen Sicherheitsrechts (*Büdenbender*, EnWG, § 16, Rn. 4). § 49 enthält zugleich **Befugnisnormen** für die Landesbehörden, um die Einhaltung der sich aus der Norm ergebenden Anforderungen überwachen und durchsetzen zu können.

B. Errichtung und Betrieb von Energieanlagen (§ 49 I)

3 § 49 I 1 schreibt vor, daß Energieanlagen so zu errichten und zu betreiben sind, daß die technische Sicherheit gewährleistet ist. Nach § 49 I 2 sind dazu – vorbehaltlich sonstiger Rechtsvorschriften – insbesondere die allgemein anerkannten Regeln der Technik zu beachten. Als Generalklausel kommt § 49 I 1 nur dann Bedeutung zu, wenn konkretere Anforderungen in anderen gesetzlichen Bestimmungen oder Regelwerken nicht getroffen sind (vgl. zu der entsprechenden Generalklausel des § 4 I AEG im Eisenbahnrecht *Hermes,* in: BeckAEG-Komm, § 4, Rn. 33 f., 39 f., 41 ff.).

I. Gewährleistung der technischen Sicherheit (§ 49 I 1)

4 Die Anforderungen von § 49 I 1 gelten für Energieanlagen i. S. d. § 3 Nr. 15. Dabei handelt es sich um Anlagen zur Erzeugung, Speicherung, Fortleitung oder Abgabe von Energie, soweit sie nicht der Übertragung von Signalen dienen. Zu Energieanlagen gehören gem. § 3 Nr. 15 auch Verteileranlagen der Letztverbraucher sowie bei der Gasversorgung die letzte Absperreinrichtung vor der Verbrauchsanlage (dazu § 3, Rn. 30). § 49 I 1 erfaßt neben dem **Betrieb** auch die **Errichtung** der Anlagen. Es sind deshalb bereits in der Errichtungsphase einschlägige Sicherheitsanforderungen zu beachten. Dies können einerseits die Errichtung der Anlagen selbst, also die Arbeiten beim Bau von Energieanlagen betreffende Anforderungen sein. Soweit erforderlich, sind andererseits bereits in der Errichtungsphase Anforderungen zu beachten, die den späteren Anlagenbetrieb betreffen.

5 Die Gewährleistung der technischen Sicherheit verlangt, daß bei der Errichtung und dem Betrieb von Energieanlagen Gefahren für die Allgemeinheit und die Mitarbeiter der Anlagenbetreiber vermieden werden. Dies bedeutet nicht, daß Schäden mit absoluter Sicherheit ausgeschlossen sein müssen. Erforderlich ist vielmehr, daß der **Schadenseintritt** aufgrund der getroffenen Sicherheitsvorkehrungen **hinreichend unwahrscheinlich** ist. Entsprechend der „je-desto"-Formel" des Polizeirechts (dazu bspw. *Gusy,* Polizeirecht, 3. Aufl. 1996, Rn. 115) hängt die rechtlich noch akzeptable Eintrittswahrscheinlichkeit vom Umfang des möglichen Schadens ab. Deshalb ist bei Ereignissen mit potentiell großen Schäden eine geringere Eintrittswahrscheinlichkeit zu verlangen, als bei Schäden mit potentiell begrenztem Ausmaß.

II. Einhaltung der anerkannten Regeln der Technik (§ 49 I 2)

Nach § 49 I 2 sind vorbehaltlich sonstiger Rechtsvorschriften bei der Errichtung und dem Betrieb von Energieanlagen die allgemein anerkannten Regeln der Technik zu beachten. Es handelt sich dabei um solche technischen Regeln, die von der Mehrheit der Fachleute **als richtig anerkannt** sind. Sie müssen darüber hinaus – anders als zum Stand der Technik zählende Verfahren – **in der Praxis erprobt** sein. Sicherheitstechnische Lösungen, die zwar schon in das technische Regelwerk aufgenommen wurden, deren praktische Erprobung aber noch aussteht, zählen deshalb nicht zu den anerkannten Regeln der Technik (*Rutkowski*, in: Böwing, Art. 1, § 16, Anm. 3.1). Neben den in § 49 II genannten technischen Regeln des VDE und des DVGW ist für die technische Sicherheit von Energieanlagen insbesondere das Regelwerk des VDI und des DIN von Bedeutung. Mit dem Vorbehalt **sonstiger Rechtsvorschriften** stellt § 49 I 1 klar, daß allgemein anerkannte Regeln der Technik nur unter der Voraussetzung maßgeblich sind, daß sie mit sonstigen Bestimmungen des technischen Sicherheitsrechts vereinbar sind (*Büdenbender*, EnWG, § 16, Rn. 12). Ist dies nicht der Fall, gehen diese Bestimmungen den allgemein anerkannten Regeln der Technik vor.

C. Vermutungswirkung des VDE- und DVGW-Regelwerks (§ 49 II)

§ 49 II verleiht den technischen Regeln des VDE und des DVGW besonderen Stellenwert. Soweit diese Regeln eingehalten werden, wird die Einhaltung der allgemein anerkannten Regeln der Technik gem. § 49 I 2 vermutet. Hintergrund von § 49 II ist die besondere Bedeutung des VDE- und des DVGW-Regelwerks für die Elektrizitäts- bzw. Gaswirtschaft. Da § 49 II nicht auf eine bestimmte Fassung dieses Regelwerks Bezug nimmt, handelt es sich um eine **dynamische Verweisung** auf das Regelwerk in seiner jeweils geltenden Fassung (*Rutkowski*, in: Böwing, Art. 1, § 16, Anm. 4.2). Eine solche Verweisung ist verfassungsrechtlich dann problematisch, wenn der Gesetzgeber seine Regelungskompetenz – außerhalb von Art. 80 GG – delegiert und dadurch die Anforderungen an die demokratische Legitimation des jeweiligen Gesetzes nicht mehr erfüllt sind (*BVerfGE* 67, 348, 363 f.). In § 49 II dient die Verweisung jedoch nur zur Konkretisierung des in § 49 I 2 für die Einhaltung der Sicherheitsanforderungen in Bezug genommenen

Maßstabs der allgemeinen anerkannten Regeln der Technik. Gegen die dynamische Verweisung auf das Regelwerk des VDE und des DVGW in § 49 II bestehen deshalb keine verfassungsrechtlichen Bedenken.

8   Die Vermutung gem. § 49 II ist zudem **widerlegbar.** Sie hat in erster Linie Bedeutung für die Darlegungs- und Beweislast. Wer sich darauf beruft, daß die Regeln des VDE oder des DVGW nicht den allgemein anerkannten Regeln der Technik entsprechen, muß dies darlegen und – falls erforderlich – beweisen. Bedeutung hat der Charakter von § 49 II als widerlegbare Vermutung in atypischen Fällen, in denen das VDE- bzw. DVGW-Regelwerk nicht paßt und deshalb für die Gewährleistung der technischen Sicherheit keinen geeigneten Maßstab liefert. Entsprechendes gilt, wenn die technischen Regeln des VDE oder der DVGW mit der Entwicklung der allgemein anerkannten Regeln der Technik nicht Schritt halten und deshalb überholt sind (*Rutkowski*, in: Böwing, Art. 1, § 16, Anm. 4.1; *Büdenbender*, EnWG, § 16, Rn. 13). In beiden Fällen ist die Einhaltung der allgemein anerkannten Regeln der Technik gem. § 49 I 2 unabhängig vom Regelwerk des VDE bzw. des DVGW nachzuweisen.

D. Ausländische Anlagen und Anlagenteile (§ 49 III)

9   Die Anforderungen an die technische Anlagensicherheit nach § 49 I finden im Ausland keine Anwendung. Im Hinblick auf den **Grundsatz des freien Warenverkehrs** in der Europäischen Union (Art. 23 ff. EGV) und das Abkommen über den Europäischen Wirtschaftsraum (BGBl. II 1993 S. 266) erkennt § 49 III jedoch unter bestimmten Voraussetzungen für ausländische Anlagen und Anlagenteile in den jeweiligen Herkunftsstaaten geltende Sicherheitsstandards an.

I. Vermutung der Einhaltung der Anforderungen nach § 49 I (§ 49 III 1)

10   § 49 III 1 bestimmt, daß bei (Energie-)Anlagen oder Bestandteilen von Anlagen, die nach den Regeln oder Anforderungen eines anderen Mitgliedstaates der Europäischen Union oder eines Vertragsstaates des Abkommens über den Europäischen Wirtschaftsraum hergestellt und in Verkehr gebracht wurden, von der Einhaltung der Anforderungen gem. § 49 I an die Beschaffenheit der Anlagen auszugehen ist. Voraussetzung dieser **tatsächlichen Vermutung** (*Rutkowski*, in: Böwing, Art. 1, § 16, Anm. 5) ist, daß die jeweiligen Regeln oder Anforderungen eine § 49 I entsprechende Sicherheit gewährleisten. Dies bedeutet nicht, daß

im Ausland geltende Sicherheitsvorschriften und technische Standards den in Deutschland allgemein anerkannten Regeln der Technik exakt entsprechen müssen. Erforderlich ist vielmehr, daß ausländische Standards im Hinblick auf das danach erreichte **Sicherheitsniveau gleichwertig** sind. Ist dies der Fall und werden Energieanlagen oder Anlagenteile unter Beachtung dieser Standards hergestellt und in Verkehr gebracht, muß aufgrund der durch § 49 III 1 aufgestellten tatsächlichen Vermutung die Einhaltung der sich aus § 49 I ergebenden Anforderungen nicht im einzelnen nachgewiesen werden.

II. Nachweis im Einzelfall (§ 49 III 2)

Eine Ausnahme von diesem Grundsatz enthält § 49 III 2. Danach ist in begründeten Einzelfällen auf Verlangen der nach Landesrecht zuständigen Behörde nachzuweisen, daß die Anforderungen nach § 49 III 1 erfüllt sind. § 49 III 1 regelt nicht selbst Anforderungen an die Anlagensicherheit, sondern verweist auf § 49 I. Der Nachweis muß sich daher auf die Gewährleistung der technischen Sicherheit und die Beachtung der allgemein anerkannten Regeln der Technik gem. § 49 I beziehen. Er kann von der zuständigen Landesbehörde nur in begründeten Einzelfällen gefordert werden. Die Behörde kann also einen Nachweis nicht ohne Vorliegen konkreter Anhaltspunkte stichprobenartig verlangen. Es müssen sich im Einzelfall vielmehr **konkrete und begründete Zweifel an der technischen Anlagensicherheit** ergeben. Dies kann der Fall sein, wenn in dem betreffenden Staat keine oder nur unzulängliche technische Sicherheitsstandards bestehen. Ferner kann, unabhängig von bestehenden Standards, die Beschaffenheit von Energieanlagen oder Anlagenteilen selbst, etwa aufgrund negativer Erfahrungen in der Vergangenheit, Anlaß zu Zweifeln an der Einhaltung der Anforderungen des § 49 I sein (*Büdenbender*, EnWG, § 16, Rn. 15).

E. Verordnungsermächtigung (§ 49 IV)

§ 49 IV ermächtigt das Bundesministerium für Wirtschaft und Arbeit im Einvernehmen mit dem Bundesministerium für Umwelt, Naturschutz und Reaktorsicherheit, durch Rechtsverordnung Anforderungen an die technische Sicherheit von Anlagen zur Erzeugung von Strom aus erneuerbaren Energien i. S. d. EEG zu regeln. Laut Gesetzesbegründung entspricht die Verordnungsermächtigung § 16 IV EnWG a. F. (Begr. BT-Drucks. 15/3917, S. 68). Dies ist insofern unzutreffend als

§ 16 IV EnWG a. F. zur Regelung von Anforderungen an die technische Sicherheit sämtlicher Energieanlagen ermächtigte. Dagegen ist § 49 IV **auf EEG-Anlagen beschränkt.** Der begrenzte Anwendungsbereich der Verordnungsermächtigung läßt sich unter Sicherheitsbedürfnissen nicht rechtfertigen. Im Vergleich zu sonstigen Energieanlagen werfen EEG-Anlagen keine besonders regelungsbedürftigen Fragen der technischen Sicherheit auf. Vor diesem Hintergrund hat § 49 IV den Zweck, der Bundesregierung die Regelung technischer Rahmenbedingungen für die Förderung von EEG-Anlagen unabhängig von den allgemein anerkannten Regeln der Technik zu ermöglichen. Zwar muß sich die Rechtsverordnung im Rahmen der sich aus § 49 I ergebenden Anforderungen an die Sicherheit der Energieanlagen halten. § 49 I 2 stellt jedoch die Pflicht zur Einhaltung der allgemein anerkannten Regeln der Technik ausdrücklich unter den Vorbehalt sonstiger Rechtsvorschriften. Zu solchen Rechtsvorschriften gehört auch eine Rechtsverordnung gem. § 49 IV.

F. Maßnahmen der Landesbehörden (§ 49 V)

13   Die Einhaltung der Anforderungen gem. § 49 I wird von den nach Landesrecht zuständigen Behörden überwacht. Sie sind nach § 49 V befugt, im Einzelfall die zur Sicherstellung der Anforderungen an die technische Sicherheit von Energieanlagen erforderlichen Maßnahmen zu treffen. § 49 V enthält eine als **Generalklausel** ausgestaltete **Befugnisnorm.** Sie deckt den Erlaß von Verwaltungsakten (§ 35 VwVfG) ebenso ab wie schlicht hoheitliches Handeln (Realakte) der Behörden. In jedem Fall müssen die behördlichen Maßnahmen zur Gewährleistung der technischen Anlagensicherheit erforderlich sein. Anders ausgedrückt: Es muß eine **Verletzung der sich aus § 49 I ergebenden Pflichten** vorliegen. Materiell bestimmt daher § 49 I die Voraussetzungen und Grenzen der den Landesbehörden durch § 49 V eingeräumten Befugnisse.

14   § 49 V billigt den Behörden bei der Entscheidung darüber, ob und welche Maßnahmen konkret getroffen werden, ein **Ermessen** zu. Dies ergibt sich aus dem insofern eindeutigen Wortlaut der Vorschrift. Danach *kann* die Behörde erforderliche Maßnahmen treffen. Sie hat ihr Ermessen dem Zweck der Ermächtigung entsprechend und innerhalb der gesetzlichen Grenzen auszuüben (vgl. § 40 VwVfG). Von Bedeutung ist deshalb vor allem, ob und in welchem Maße sich bei einem Verstoß gegen § 49 I **Gefahren für die Allgemeinheit oder Mit-**

arbeiter der Betreiber von Energieanlagen ergeben. Soweit aufgrund von Sicherheitsmängeln an Energieanlagen eine Gefahrenlage besteht und erhebliche Schäden zu befürchten sind, muß sich die Behörde im Regelfall für ein Einschreiten entscheiden. Entsprechend dem **Grundsatz der Verhältnismäßigkeit** hat sie konkret die Maßnahmen zu ergreifen, die einerseits eine effektive Gefahrenabwehr versprechen und andererseits die davon Betroffenen so wenig wie möglich belasten. Unabhängig davon darf der mit der jeweiligen Maßnahme erzielbare Erfolg nicht außer Verhältnis zu den damit verbundenen Belastungen stehen (Verhältnismäßigkeit i. e. S.).

G. Auskunftspflicht der Betreiber von Energieanlagen (§ 49 VI)

Die Landesbehörden werden in vielen Fällen nicht über die erforderlichen Informationen verfügen, um eine abschließende Entscheidung über Maßnahmen nach § 49 V treffen zu können. § 49 VI ergänzt daher die Befugnisse der Behörden durch eine Auskunftspflicht der Betreiber von Energieanlagen.

I. Auskunft an die Landesbehörden (§ 49 VI 1)

Nach § 49 VI 1 haben Betreiber von Energieanlagen auf Verlangen der nach Landesrecht zuständigen Behörde Auskünfte über technische und wirtschaftliche Verhältnisse zu geben, die zur Wahrnehmung der Aufgaben nach § 49 V erforderlich sind. Die Betreiber sind danach nicht von sich aus zur Auskunft verpflichtet. Dies gilt selbst dann, wenn ihnen Sicherheitsmängel an Energieanlagen bekannt werden oder es zu Schäden kommt (zur Meldung von Versorgungsstörungen durch Betreiber von Energieversorgungsnetzen vgl. § 52). § 49 VI 1 setzt vielmehr ein **behördliches Auskunftsverlangen** voraus. In der Praxis wird das Auskunftsverlangen vielfach **informellen Charakter** haben. Soweit Betreiber von Energieanlagen zur Erteilung der erforderlichen Auskünfte bereit sind, ergeben sich keine Probleme. Insbesondere dann, wenn die Behörde nicht mit einer Kooperation des Betreibers rechnen kann, wird sie das Auskunftsverlangen in Form eines (vollstreckbaren und anfechtbaren) **Verwaltungsakts** (§ 35 VwVfG) an den Betreiber richten. Sie muß dabei die angeforderten Auskünfte im Hinblick auf den Bestimmtheitsgrundsatz konkret bezeichnen; der Betreiber muß wissen, welche Informationen von ihm erwartet werden. Ferner hat die Behörde den Anlagenbetreiber über den Grund des Auskunftsverlangens zu unterrichten. Zwar sieht § 49 VI 1 zu dessen Erfüllung keine bestimmte Frist oder eine Fristsetzung durch die Behörde vor. Die Behörde muß dem Betreiber aber abhängig von der Dringlichkeit der Angelegenheit und der Komplexität der verlangten Auskünfte – der Betreiber muß sich Informationen ggf. erst selbst beschaffen – eine angemessene Frist einräumen (*Büdenbender,* EnWG, § 18, Rn. 32 f.; *Rutkowski,* in: Böwing, Art. 1, § 18, Anm. 3.2).

17 Gegenstand der Auskunftspflicht gem. § 49 VI 1 sind Auskünfte über technische und wirtschaftliche Verhältnisse, die zur Wahrnehmung der Aufgaben nach § 49 V erforderlich sind. Auskünfte über **technische Verhältnisse** betreffen die Energieanlagen selbst. Die Behörde kann insbesondere Informationen über Typ, Alter, Kapazität, Betrieb und Unterhaltung sowie technische Spezifikationen der Anlagen verlangen. Zu den **wirtschaftlichen Verhältnissen** zählen die wirtschaftliche Lage der Betreiber sowie wirtschaftliche Beziehungen zu Kunden, Lieferanten und verbundenen Unternehmen. Die Auskunftspflicht nach § 49 VI 1 ist wesentlich dadurch begrenzt, daß nur **zur Aufgabenerfüllung nach § 49 V erforderliche Auskünfte** verlangt werden dürfen. Dadurch wird vor allem die Pflicht der Betreiber zur Erteilung von Auskünften über ihre wirtschaftlichen Verhältnisse erheblich eingeschränkt. Sie müssen darüber nur dann Auskunft geben, wenn die wirtschaftlichen Verhältnisse für die Gewährleistung der technischen Anlagensicherheit von Bedeutung sind. Dies kann der Fall sein, wenn ein Betreiber aufgrund seiner wirtschaftlichen Lage nicht (mehr) die Gewähr für die Erfüllung der Anforderungen an die technische Sicherheit seiner Anlagen bietet. Ferner ist denkbar, daß Zweifel an der Zuverlässigkeit von Unternehmen bestehen, die der Betreiber mit der Unterhaltung oder dem Betrieb von Energieanlagen beauftragt hat.

18 Unter dem Gesichtspunkt der Erforderlichkeit der Auskünfte stellt sich die Frage, ob die Behörde für ihr Auskunftsverlangen einen konkreten Anlaß haben muß. Dafür spricht die Befugnisnorm des § 49 V, mit der die Auskunftspflicht nach § 49 VI 1 korrespondiert. Nach § 49 V können im *Einzelfall* die zur Sicherstellung der Anforderungen an die technische Sicherheit von Energieanlagen erforderlichen Maßnahmen getroffen werden. Dahinter steht die Vorstellung des Gesetzgebers, daß die Behörden Pflichtverstöße gegen § 49 I abstellen sollen. Dagegen haben sie nicht die Aufgabe, die technischen Anlagensicherheit im Sinne eines Monitorings zu überwachen (zum Monitoring der Versorgungssicherheit vgl. § 51; zu den im Eisenbahnrecht allgemeiner gefaßten Überwachungsaufgaben nach § 5 a I AEG vgl. *Hermes/ Schweinsberg,* in: BeckAEG-Komm, § 5 a, Rn. 4 ff., 58 ff.). Deshalb können nach § 49 VI 1 grundsätzlich keine Auskünfte von Betreibern verlangt werden, deren Anlagen keinen Anlaß zu Zweifeln an der Einhaltung der technischen Sicherheitsanforderungen geben. Ein Auskunftsverlangen gem. § 49 VI 1 setzt voraus, daß die Behörde **konkrete Anhaltspunkte** dafür hat, daß Anforderungen an die technische Anlagensicherheit nach § 49 I nicht eingehalten werden. Das Vorliegen von Sicherheitsmängeln muß allerdings nicht feststehen. Die Behörde kann auch einem **begründeten Verdacht** nachgehen. Dabei muß der Verdacht nicht zwingend den Betreiber betreffen, von dem Auskünfte verlangt werden. Soweit aufgrund technischer Probleme bestimmte Anlagentypen im Verdacht stehen, Sicherheitsmängel aufzuweisen, können von Betreibern solcher Anlagen gem. § 49 VI 1 auch dann Auskünfte verlangt werden, wenn konkret ihre Anlagen bisher keinen Anlaß zu Beanstandungen gegeben haben.

II. Auskunftsverweigerungsrecht (§ 49 VI 2)

§ 49 VI 2 gibt den für Betreiber von Energieanlagen – bei denen es sich typischerweise um juristische Personen handeln wird – auskunftspflichtigen Personen ein Auskunftsverweigerungsrecht. Danach können Auskünfte auf solche Fragen verweigert werden, die sie selbst oder ihre Angehörigen (§ 383 I Nr. 1 bis 3 ZPO) der Gefahr strafrechtlicher Verfolgung oder der Verfolgung wegen einer Ordnungswidrigkeit aussetzen würden. § 49 VI 2 entspricht dem **allgemein anerkannten Rechtsgrundsatz** (vgl. §§ 383 ff. ZPO, §§ 52 ff. StPO, § 46 I OWiG i. V. m. §§ 52 ff. StPO, § 98 VwGO i. V. m. §§ 383 ff. ZPO), sich selbst oder Angehörige nicht belasten zu müssen. Da sich Angaben über technische und wirtschaftliche Verhältnisse des Betreibers regelmäßig unabhängig von der Person des Auskunftspflichtigen machen lassen, wird das Auskunftsverweigerungsrecht in der Praxis nur in Ausnahmefällen Bedeutung haben.

H. Behördliche Betretungs-, Prüfungs- und Einsichtsrechte (§ 49 VII)

Um den Landesbehörden die Wahrnehmung ihrer Aufgaben zu ermöglichen, ergänzt § 49 VII die Auskunftspflicht der Anlagenbetreiber nach § 49 VI um behördliche Betretungs-, Prüfungs- und Einsichtsrechte. Werden Auskünfte von den Betreibern nicht oder nicht vollständig erteilt oder geben die erteilten Auskünfte Anlaß zu weitergehenden Prüfungen, kann sich die Behörde auf der Grundlage von § 49 VII selbst die erforderlichen Informationen beschaffen.

I. Allgemeine Voraussetzungen

21 Die Betreiber von Energieanlagen trifft eine mit den Rechten der Behörde aus § 49 VII korrespondierende **Duldungspflicht;** Handlungspflichten der Anlagenbetreiber werden durch § 49 VII nicht begründet. Die Behörde darf von den Betretungs-, Prüfungs- und Einsichtsrechten nur Gebrauch machen, wenn dies zur Wahrnehmung der Aufgaben nach § 49 V erforderlich ist. Es muß deshalb ein **begründeter Verdacht** bestehen, daß Anforderungen an die technische Sicherheit von Energieanlagen gem. § 49 I nicht erfüllt sind (oben Rn. 18). § 49 VII berechtigt die von der Behörde mit der Aufsicht beauftragten Personen. Im Hinblick auf den Grundsatz der Verhältnismäßigkeit muß die Behörde die Anzahl der im Einzelfall eingesetzten Personen auf das für die effiziente Erledigung des Vorgangs erforderliche Maß beschränken. Sie darf den Betrieb des Anlagenbetreibers nicht durch einen unverhältnismäßig hohen Personaleinsatz lahmlegen. Soweit erforderlich, können von der Behörde nicht behördenangehörige Fachleute einbezogen werden (*Büdenbender,* EnWG, § 18, Rn. 51, 54 und 58).

II. Betreten von Grundstücken, Räumen und Einrichtungen

22 Das Betretungsrecht der Landesbehörden umfaßt Betriebsgrundstücke, Geschäftsräume und Einrichtungen der Betreiber von Energieanlagen. § 49 VII soll Behördenmitarbeitern Zutritt zu dem gesamten für den Betrieb von Energieanlagen bedeutsamen unternehmerischen Bereich ermöglichen. **Betriebsgrundstücke** sind alle Grundstücke, die dem Betrieb von Energieanlagen dienen. Bei **Geschäftsräumen** handelt es sich um Büro- und Verwaltungsräume der Anlagenbetreiber, soweit in diesen zumindest auch für den Anlagenbetrieb relevante Tätigkeiten erfolgen oder Unterlagen aufbewahrt werden. Zu **Einrichtungen** der Anlagenbetreiber zählen insbesondere die Energieanlagen selbst. Behördenmitarbeiter dürfen daher bspw. auch Kraftwerke oder Trafo-Stationen betreten. § 49 VI gibt den Behördenmitarbeitern das Recht, sich auf den Grundstücken sowie in den Geschäftsräumen und Einrichtungen der Betreiber von Energieanlagen aufzuhalten, ohne daß sich diese auf ihr Hausrecht berufen können (vgl. *Büdenbender,* EnWG, § 18, Rn. 47 und 55). Da Art. 13 I GG bei Betriebs- und Geschäftsräumen insofern einen geringeren Schutz als bei Wohnräumen bietet, sind die behördlichen Betretungsrechte an Art. 2 I GG und nicht an Art. 13 I GG zu messen (vgl. *Rutkowski,* in: Böwing, Art. 1, § 18, Anm. 4.1; zur Beurteilung von Durchsuchungen unten Rn. 23).

III. Prüfungen und Einsichtnahme in Unterlagen

Nach § 49 VII sind die von der Behörde beauftragten Personen befugt, auf den Betriebsgrundstücken sowie in den Geschäftsräumen und Einrichtungen Prüfungen vorzunehmen. Sie dürfen ferner geschäftliche und betriebliche Unterlagen der Anlagenbetreiber einsehen. Das **Einsichtsrecht** berechtigt die Behördenmitarbeiter dazu, die Unterlagen vor Ort an sich zu nehmen, zu lesen und auszuwerten. Dazu gehört auch das Recht, sich über den Inhalt der Unterlagen Notizen zu machen. Dagegen ermöglicht § 49 VII **keine Beschlagnahme** von Unterlagen. Ob Betriebsgrundstücke, Geschäftsräume und Einrichtungen der Anlagenbetreiber durchsucht werden dürfen, ist umstritten. Eine Durchsuchungsbefugnis wird mit dem Argument bejaht, daß ansonsten die den Behörden eingeräumten Kompetenzen leerliefen, da Betreiber mangels einer in § 49 VII geregelten Handlungspflicht zur aktiven Preisgabe von Unterlagen nicht verpflichtet seien (*Büdenbender*, EnWG, § 18, Rn. 59). Nach a. A. sollen Durchsuchungen im Hinblick auf die nur zur Durchführung von Gefahrenabwehrmaßnahmen eingeräumten Befugnisse der Behörden ausgeschlossen sein (*Rutkowski*, in: Böwing, Art. 1, § 18, Anm. 4.2). § 49 VII begründet **keine behördliche Durchsuchungsbefugnis.** Nach der Rechtsprechung des Bundesverfassungsgerichts sind auch Arbeits-, Geschäfts- und Büroräume in den Schutzbereich von Art. 13 I GG einbezogen. Sie genießen gegenüber Durchsuchungen den gleichen Schutz wie Wohnungen (*BVerfGE* 32, 54, 75 ff.). Daher bedürfen, von Fällen des Gefahrenverzugs abgesehen, Durchsuchungen gem. Art. 13 II GG einer richterlichen Anordnung. Davon geht der Gesetzgeber auch im Kartellrecht aus; § 59 IV GWB regelt die Durchführung von Durchsuchungen ausdrücklich. Dagegen stellt § 49 VII keine für Durchsuchungen erforderliche Rechtsgrundlage dar. Die sich aus Art. 13 GG ergebenden verfassungsrechtlichen Anforderungen an Durchsuchungen können auch nicht mit Praktikabilitätserwägungen beiseite geschoben werden. Daß § 49 VII ohne Durchsuchungsbefugnis der Behörden leerliefe, ist aber nicht zu befürchten. Der Gesetzgeber geht erkennbar davon aus, daß den Behörden – mit Ausnahme von Durchsuchungen – eine **umfassende Kontrolle** ermöglicht werden soll. Sie sind deshalb jedenfalls berechtigt, Auskunftsersuchen nach § 49 VI 1 notfalls im Wege der Verwaltungsvollstreckung durchzusetzen und Einsicht in dabei von den Betreibern herausgegebene Unterlagen nehmen.

Das den Behörden in § 49 VII eingeräumte **Prüfungsrecht** hat für die Prüfung von Unterlagen keine praktische Bedeutung. Es ist von dem Einsichtsrecht der Behörden bereits umfaßt, das nicht nur die

§ 50 Teil 6. Sicherheit u. Zuverlässigkeit d. Energieversorgung

Kenntnisnahme, sondern auch die Auswertung der Unterlagen erlaubt. Das Recht zur Durchführung von Prüfungen ist jedoch nicht auf Unterlagen der Anlagenbetreiber beschränkt. Vielmehr sind die Behörden auch zu sonstigen Prüfungen berechtigt. Sie dürfen insbesondere – das ist unter Sicherheitsaspekten wesentlich – die **Energieanlagen** der Betreiber untersuchen. Entsprechende Untersuchungen können mit Einschränkungen des Anlagenbetriebes, insbesondere der Abschaltung von Anlagen verbunden sein, soweit dies zur Wahrnehmung der den Landesbehörden nach § 49 V zugewiesenen Aufgaben erforderlich ist.

§ 50 Vorratshaltung zur Sicherung der Energieversorgung

Das Bundesministerium für Wirtschaft und Technologie wird ermächtigt, zur Sicherung der Energieversorgung durch Rechtsverordnung mit Zustimmung des Bundesrates
1. Vorschriften zu erlassen über die Verpflichtung von Energieversorgungsunternehmen sowie solcher Eigenerzeuger von Elektrizität, deren Kraftwerke eine elektrische Nennleistung von mindestens 100 Megawatt aufweisen, für ihre Anlagen zur Erzeugung von
    a) Elektrizität ständig diejenigen Mengen an Mineralöl, Kohle oder sonstigen fossilen Brennstoffen,
    b) Gas aus Flüssiggas ständig diejenigen Mengen an Flüssiggas
    als Vorrat zu halten, die erforderlich sind, um 30 Tage ihre Abgabeverpflichtungen an Elektrizität oder Gas erfüllen oder ihren eigenen Bedarf an Elektrizität decken zu können,
2. Vorschriften zu erlassen über die Freistellung von einer solchen Vorratspflicht und die zeitlich begrenzte Freigabe von Vorratsmengen, soweit dies erforderlich ist, um betriebliche Schwierigkeiten zu vermeiden oder die Brennstoffversorgung aufrechtzuerhalten,
3. den für die Berechnung der Vorratsmengen maßgeblichen Zeitraum zu verlängern, soweit dies erforderlich ist, um die Vorratspflicht an Rechtsakte der Europäischen Gemeinschaften über Mindestvorräte fossiler Brennstoffe anzupassen.

Übersicht

	Rn.
A. Allgemeines	1
B. Bevorratungspflichten (§ 50 Nr. 1)	3
I. Stromversorgung	4
II. Gasversorgung	6
C. Freistellung von Bevorratungspflichten (§ 50 Nr. 2)	7
D. Verlängerung der Bevorratungspflicht (§ 50 Nr. 3)	10

A. Allgemeines

§ 50 übernimmt § 17 EnWG a. F. in das neue EnWG. Die Vorschrift ermächtigt das Bundesministerium für Wirtschaft und Arbeit, durch Rechtsverordnung Vorschriften über die Bevorratung von Brennstoffen für die Strom- und Gasversorgung zu erlassen (§ 50 Nr. 1). In der Rechtsverordnung können eine Freistellung von diesen Pflichten (§ 50 Nr. 2) sowie eine Verlängerung der gem. § 50 Nr. 1 auf die Erfüllung der Abgabepflicht von Elektrizität und Gas für 30 Tage festgelegten Bevorratungspflicht (§ 50 Nr. 3) vorgesehen werden. Zweck der Verordnungsermächtigung ist die **Sicherstellung der Strom- und Gasversorgung** bei Störungen der Brennstoffversorgung. Das Vorliegen einer konkreten Gefährdung der Versorgungssicherheit ist – anders als nach dem Energiesicherungsgesetz vom 20. Dezember 1974 (BGBl. I 1974 S. 3681) – nicht erforderlich. Aus § 50 selbst ergeben sich keine unmittelbaren Rechtspflichten. Soweit die Gasversorgung sichergestellt werden soll, ist § 50 auch vor dem Hintergrund der Richtlinie 2004/67/EG vom 26. April 2004 über Maßnahmen zur Gewährleistung der sicheren Erdgasversorgung zu sehen. 1

Die **praktische Bedeutung** von § 50 ist **gering**. Es ist nicht damit zu rechnen, daß in absehbarer Zeit von der Verordnungsermächtigung Gebrauch gemacht wird. Die noch auf der Grundlage von § 14 EnWG a. F. (der Vorgängervorschrift von § 17 EnWG a. F.) erlassene Verordnung über die Brennstoffbevorratung von Kraftwerken vom 11. Dezember 1981 (BGBl. I 1981 S. 164) wurde mit Verordnung vom 8. September 1999 (BGBl. I 1999 S. 1934) aufgehoben. Die Aufhebung wurde damit begründet, daß unter Wettbewerbsbedingungen den Unternehmen überlassen bleiben solle, wie die Brennstoffversorgung optimal und flexibel sichergestellt werden könne. Die Aufrechterhaltung einer staatlichen Bevorratungsregelung sei eher schädlich (BR-Drucks. 808/98, S. 3). Vor diesem Hintergrund ist der Erlaß einer auf § 50 gestützten Rechtsverordnung derzeit unwahrscheinlich. 2

B. Bevorratungspflichten (§ 50 Nr. 1)

3 § 50 Nr. 1 ermächtigt das Bundesministerium für Wirtschaft und Arbeit, in einer Rechtsverordnung Vorschriften über die Brennstoffbevorratung zu erlassen. Bevorratungspflichten können zur Sicherung der Stromversorgung und der Gasversorgung geregelt werden.

I. Stromversorgung

4 Adressaten der Pflichten zur Brennstoffbevorratung für die Stromversorgung können nur **Betreiber von mit fossilen Brennstoffen befeuerten Kraftwerken** sein. Zwar gilt § 50 Nr. 1 nach seinem Wortlaut für Energieversorgungsunternehmen (§ 3 Nr. 18) und bestimmte Eigenerzeuger von Elektrizität (§ 3 Nr. 13). Die in § 50 Nr. 1 a) vorgesehenen Bevorratungspflichten können jedoch nur von Kraftwerksbetreibern erfüllt werden, die Mineralöl, Kohle oder sonstige fossile Brennstoffe einsetzen. § 50 Nr. 1 a) gilt nicht für Betreiber von Kernkraftwerken und für Betreiber von Anlagen, die erneuerbare Energien nutzen. Eine Verpflichtung der **Betreiber von Eigenanlagen** zur Brennstoffbevorratung ist nur dann zulässig, wenn es sich um Kraftwerke mit einer elektrischen Nennleistung von mindestens 100 MW handelt. Hintergrund dieser Leistungsgrenze ist die Annahme des Gesetzgebers, daß Ausfälle kleinerer Anlagen ohne Gefährdung der Elektrizitätsversorgung verkraftet werden können (*Büdenbender*, EnWG, § 17, Rn. 8). KWK-Anlagen fallen daher aus dem Anwendungsbereich der Vorschrift heraus, da diese Anlagen eine elektrische Nennleistung von 100 MW regelmäßig nicht erreichen.

5 § 50 Nr. 1 gibt den Umfang der durch Rechtsverordnung zu regelnden Bevorratungspflicht selbst vor. Es müssen diejenigen Mengen an Mineralöl, Kohle oder sonstigen fossilen Brennstoffen vorgehalten werden, die erforderlich sind, um über **30 Tage** Abgabeverpflichtungen an Elektrizität erfüllen oder – im Fall von Eigenanlagen – den eigenen Bedarf an Elektrizität decken zu können. Bei Eigenanlagen ist nur der Bedarf an Elektrizität zugrunde zu legen, der bisher durch die jeweilige Anlage abgedeckt wurde. Der nicht durch die Eigenanlage gedeckte Elektrizitätsbedarf ist dem Kraftwerksbetreiber zuzurechnen, der die entsprechende Menge an Elektrizität liefert. Dabei ist nicht die pro Jahr in einem Zeitraum von 30 Tagen durchschnittlich abzugebende Elektrizität maßgeblich. Im Hinblick auf den Zweck von § 50, jederzeit die Versorgungssicherheit zu gewährleisten, kommt es vielmehr auf die jeweils bevorstehenden 30 Tage an. Dies bedeutet, daß die Bevorratungspflicht saisonal unterschiedlich ausfällt. Der **Begriff der**

Abgabeverpflichtung in § 50 Nr. 1 ist nicht auf die Lieferbeziehung des Kraftwerksbetreibers zu Kunden i. S. d. § 3 Nr. 24, also zu Großhändlern, Letztverbrauchern und Unternehmen, die Energie kaufen, beschränkt. Vor dem Hintergrund des nach § 7 erforderlichen Legal Unbundlings kommt auch die Abgabe von Elektrizität an rechtlich selbständige Netzbetreiber in Betracht. Abgabeverpflichtungen i. S. d. § 50 Nr. 1 lassen sich daher zusammengefaßt als Lieferungen von Kraftwerken an die nachgelagerten Wertschöpfungsstufen Vertrieb und Netzbetrieb beschreiben (vgl. *Büdenbender,* EnWG, § 17, Rn. 12 ff.).

II. Gasversorgung

Zur Sicherung der Gasversorgung können gem. § 50 Nr. 1 in einer Rechtsverordnung Bevorratungspflichten für **Anlagen zur Erzeugung von Gas aus Flüssiggas** festgelegt werden. Wegen der mit wirtschaftlich vertretbarem Aufwand nicht zu schaffenden Speicherkapazitäten für Erdgas, richtet sich die Vorschrift nur an die Betreiber von Flüssiggasanlagen (*Büdenbender,* EnWG, § 17, Rn. 11). Die Gasproduktion aus Erdgas wird nicht erfaßt. Zum Umfang der Bevorratungspflicht gilt das für die Stromversorgung Gesagte entsprechend (vorstehend Rn. 5). Es müssen daher diejenigen Mengen an Flüssiggas vorgehalten werden, die erforderlich sind, um Abgabepflichten für die jeweils bevorstehenden 30 Tage decken zu können.

C. Freistellung von Bevorratungspflichten (§ 50 Nr. 2)

Nach § 50 Nr. 2 kann in der Rechtsverordnung eine Freistellung von den Bevorratungspflichten i. S. d. § 50 Nr. 1 vorgesehen werden, soweit dies erforderlich ist, um betriebliche Schwierigkeiten zu vermeiden oder die Brennstoffversorgung aufrechtzuerhalten. § 50 Nr. 2 schreibt nicht vor, ob Freistellungen in der Rechtsverordnung selbst – ohne das Erfordernis einer behördlichen Entscheidung – oder nach Maßgabe der Rechtsverordnung durch die zuständige Behörde zugelassen werden. Grundsätzlich sind daher beide Regelungsvarianten möglich. Im Hinblick darauf, daß die Freistellung zur **Vermeidung betrieblicher Schwierigkeiten** oder zur **Aufrechterhaltung der Brennstoffversorgung** erforderlich sein muß, wird eine in der Rechtsverordnung unmittelbar vorgesehene Freistellung aber nur in Ausnahmefällen (zur Braunkohlebevorratung unten Rn. 8) in Betracht kommen. Im Regelfall wird eine behördliche Entscheidung erforderlich sein, um mit einer Freistellung auf eine temporäre Ausnahmesituation reagieren zu können. Die Freigabe von Vorratsmengen (unten Rn. 9) ist in § 50 Nr. 2 generell nur zeitlich begrenzt vorgesehen.

8 Die Freistellung kann sich zum einen auf die Pflicht zur **Bevorratung von Brennstoffen** beziehen. Sie kann für bestimmte Fälle mit der Folge ausgeschlossen werden, daß Kraftwerksbetreiber Vorräte erst gar nicht anlegen müssen. Die Freistellung kann ganz oder durch die Herabsetzung der Bevorratungsmenge teilweise erfolgen. Im letzteren Fall ist sie bis zu der festgelegten Grenze uneingeschränkt zu erfüllen. Praktische Bedeutung könnte § 50 Nr. 2 für Kraftwerke haben, in denen Braunkohle als Brennstoff eingesetzt wird. Eine Bevorratung von Braunkohle für 30 Tage ist angesichts des für diesen Zeitraum erforderlichen Brennstoffvolumens (es wird im Vergleich zu Steinkohle etwa die dreifache Menge benötigt) praktisch und wirtschaftlich nur mit erheblichem Aufwand zu leisten (*Büdenbender*, EnWG, § 17, Rn. 9). Betriebliche Schwierigkeiten könnten daher in diesem Fall zumindest eine teilweise Freistellung von der Bevorratungspflicht rechtfertigen.

9 Zum anderen ist gem. § 50 Nr. 2 eine zeitlich begrenzte **Freigabe von Vorratsmengen** möglich. Davon betroffen sind Kraftwerksbetreiber, die zunächst eine zur Erfüllung der Bevorratungspflicht für 30 Tage ausreichende Brennstoffmenge vorgehalten haben. Soweit dies zur Vermeidung betrieblicher Schwierigkeiten oder zur Aufrechterhaltung der Brennstoffversorgung erforderlich ist, bspw. zur Fortsetzung des Kraftwerksbetriebs, kann ihnen gestattet werden, die Vorräte anderweitig zu verwenden. Da § 50 Nr. 2 eine Freistellung nur **zeitlich begrenzt** zuläßt, ist diese zu befristen.

D. Verlängerung der Bevorratungspflicht (§ 50 Nr. 3)

10 Als weitere Abweichung von den nach § 50 Nr. 1 festgelegten Bevorratungspflichten ermächtigt § 50 Nr. 3 das Bundesministerium für Wirtschaft und Arbeit dazu, den für die Berechnung von Vorratsmengen maßgeblichen Zeitraum (von 30 Tagen) zu verlängern. Von dieser Möglichkeit darf gem. § 50 Nr. 3 nur dann Gebrauch gemacht werden, wenn dies erforderlich ist, um die Vorratspflicht an **Rechtsakte der Europäischen Gemeinschaften** über Mindestvorräte fossiler Brennstoffe anzupassen.

§ 51 Monitoring der Versorgungssicherheit

(1) **Das Bundesministerium für Wirtschaft und Technologie führt ein Monitoring der Versorgungssicherheit im Bereich der leitungsgebundenen Versorgung mit Elektrizität und Erdgas durch.**

(2) [1]**Das Monitoring nach Absatz 1 betrifft insbesondere das Verhältnis zwischen Angebot und Nachfrage auf dem heimischen Markt, die erwartete Nachfrageentwicklung und das verfügbare Angebot, die in der Planung und im Bau befindlichen zusätzlichen Kapazitäten, die Qualität und den Umfang der Netzwartung, eine Analyse von Netzstörungen sowie Maßnahmen zur Bedienung von Nachfragespitzen und zur Bewältigung von Ausfällen eines oder mehrerer Versorger sowie im Erdgasbereich das verfügbare Angebot auch unter Berücksichtigung der Bevorratungskapazität und des Anteils von Einfuhrverträgen mit einer Lieferfrist von mehr als zehn Jahren (langfristiger Erdgasliefervertrag) sowie deren Restlaufzeit.** [2]**Bei der Durchführung des Monitoring hat das Bundesministerium für Wirtschaft und Technologie die Befugnisse nach § 12 Abs. 3 a, den §§ 68, 69 und 71.** [3]**Die §§ 73, 75 bis 89 und 106 bis 108 gelten entsprechend.**

Übersicht

	Rn.
A. Allgemeines	1
B. Aufgabenzuweisung an das Bundesministerium für Wirtschaft und Arbeit (§ 51 I)	2
C. Durchführung des Monitorings (§ 51 II)	3
I. Gegenstand (§ 51 II 1)	3
II. Befugnisse (§ 51 II 2)	6
1. Berichte der Übertragungsnetzbetreiber	7
2. Ermittlungen, Auskunfts- und Betretungsrechte	8
III. Verfahren und Rechtsmittel (§ 51 II 3)	11

A. Allgemeines

§ 51 I weist dem Bundesministerium für Wirtschaft und Arbeit die Aufgabe des Monitorings der Versorgungssicherheit im Bereich der leitungsgebundenen Versorgung mit Elektrizität und Gas zu. Der Gegenstand des Monitorings wird in § 51 II 1 näher konkretisiert. § 51 II 2 regelt die Befugnisse des Ministeriums im Rahmen der Durchführung des Monitorings. Gemäß § 51 II 3 sind bestimmte für

§ 51 2, 3   Teil 6. Sicherheit u. Zuverlässigkeit d. Energieversorgung

das behördliche Verfahren und Rechtsmittel geltende Bestimmungen des EnWG auch auf das Monitoring anwendbar. Eine Regelung zur Berichterstattung über die Ergebnisse des Monitorings und etwaige daran anschließende Maßnahmen fehlt in § 51. Sie ist in § 63 I und II enthalten. § 51 dient der Umsetzung von Art. 4 EltRl und Art. 5 GasRl (Begr. BT-Drucks. 15/3917, S. 68). Die Vorschrift ist vor dem Hintergrund in der Vergangenheit auch in Deutschland eingetretener großräumiger Versorgungsstörungen zu sehen. Sie soll sicherstellen, daß Fragen der Versorgungssicherheit zum Gegenstand einer umfassenden Bestandsaufnahme und einer **grundlegenden Bewertung** gemacht und so frühzeitig angegangen werden. § 50 trägt damit im Gasbereich auch der Richtlinie 2004/67/EG vom 26. April 2004 über Maßnahmen zur Gewährleistung der sicheren Erdgasversorgung Rechnung.

B. Aufgabenzuweisung an das Bundesministerium für Wirtschaft und Arbeit (§ 51 I)

2   Nach § 51 I obliegt die Aufgabe des Monitorings der Versorgungssicherheit dem Bundesministerium für Wirtschaft und Arbeit. Art. 4 EltRl und Art. 5 GasRl lassen zwar ausdrücklich die Übertragung dieser Aufgabe auf die Regulierungsbehörde zu. Der Gesetzgeber hat von dieser Möglichkeit jedoch keinen Gebrauch gemacht. Er sieht im Hinblick auf die grundsätzliche **energiepolitische Bedeutung** der Versorgungssicherheit die Aufgabe des Monitorings beim Bundesministerium für Wirtschaft und Arbeit besser aufgehoben (Begr. BT-Drucks. 15/3917, S. 68). Dafür kann zwar auch eine größere Distanz des Ministeriums zum regulatorischen Tagesgeschäft sprechen. Für eine Betrauung der Regulierungsbehörde mit dem Monitoring der Versorgungssicherheit hätte andererseits gesprochen, daß diese augrund der ihr obliegenden Aufgaben über ein hohes Maß an Marktkenntnis verfügt. Es muß deshalb sichergestellt sein, daß die Erkenntnisse der Regulierungsbehörde Eingang in das Monitoring finden (dazu Rn. 4).

C. Durchführung des Monitorings (§ 51 II)

I. Gegenstand (§ 51 II 1)

3   Das Monitoring soll umfassend alle Aspekte der Versorgungssicherheit beleuchten (Begr. BT-Drucks. 15/3917, S. 68). § 51 II 1 regelt **nicht abschließend** den Gegenstand des Monitorings. Die Vorschrift

legt die wesentlichen Fragen fest, die *insbesondere* zu behandeln sind. Es wäre hilfreich gewesen, hätte sich der Gesetzgeber in § 51 II 1 nicht auf die Wiedergabe von Art. 4 EltRl bzw. Art. 5 GasRl beschränkt, sondern ausgehend von § 3 die Begrifflichkeit des EnWG zugrundegelegt. Das Monitoring betrifft zum einen die **Nachfrageseite.** Einzubeziehen sind die Nachfrage auf dem heimischen Markt und die erwartete Nachfrageentwicklung. Zum anderen sind **Energieversorgungsnetze** und **Erzeugungskapazitäten,** einschließlich Primärenergieträger, Gegenstand des Monitorings. Bestimmte der in § 51 II 1 genannten Aspekte betreffen nur Energieversorgungsnetze (Qualität und Umfang der Netzwartung, Analyse von Netzstörungen) oder Erzeugungskapazitäten und Primärenergieträger (Bewältigung des Ausfalls eines oder mehrerer Versorger sowie im Erdgasbereich das verfügbare Angebot auch unter Berücksichtigung der Bevorratungskapazität und des Anteils von Einfuhrverträgen mit einer Lieferfrist von mehr als zehn Jahren sowie deren Restlaufzeit). Ferner sind Energieversorgungsnetze und Erzeugungsanlagen angesprochen (in der Planung und im Bau befindliche Kapazitäten, Maßnahmen zur Bedienung von Nachfragespitzen).

Das Bundesministerium für Wirtschaft und Arbeit hat sicherzustellen, daß in das Monitoring **Erkenntnisse der Regulierungsbehörde** einfließen, die diese im Rahmen ihrer Tätigkeit gewonnen hat. Dazu gehören insbesondere die nach § 52 von den Betreibern von Energieversorgungsnetzen vorzulegenden Berichte über Versorgungsunterbrechungen (Begr. BT-Drucks. 15/3917, S. 68). Soweit das Ministerium nicht selbst über den zur Durchführung des Monitorings erforderlichen Sachverstand verfügt, sind externe Sachverständige mit der Untersuchung von für das Monitoring relevanten Fragen zu beauftragen. Die Kosten dafür hat das Ministerium zu tragen, soweit sich nicht aus § 51 II 2 i. V. m. § 69 IX etwas anderes ergibt (vgl. unten Rn. 9). § 51 ist **keine Rechtsgrundlage für Maßnahmen,** um etwaige im Zusammenhang mit dem Monitoring der Versorgungssicherheit festgestellte Mängel zu beheben. Die Ergebnisse des Monitorings können aber Grundlage für die Anordnung von Maßnahmen durch die Regulierungsbehörde sein, soweit Betreiber von Energieanlagen die ihnen nach dem EnWG obliegenden Pflichten nicht erfüllen. Stellt sich etwa im Rahmen des Monitorings heraus, daß Energieversorgungsnetze nicht den Anforderungen der §§ 11 ff. entsprechend betrieben und ausgebaut werden, kann die Regulierungsbehörde gestützt auf die allgemeine Befugnisnorm des § 65 die Netzbetreiber zu Abhilfemaßnahmen verpflichten.

§ 51 selbst enthält keine Regelung zur **Berichterstattung** über die Ergebnisse des Monitorings und etwaige auf dieser Grundlage getroffe-

§ 51 6, 7   Teil 6. Sicherheit u. Zuverlässigkeit d. Energieversorgung

ne Maßnahmen. In Umsetzung von Art. 4 EltRl und Art. 5 GasRl bestimmt jedoch § 63 I und II, daß vom Bundesministerium für Wirtschaft und Arbeit spätestens zum 31. Juli eines jeden Jahres ein Bericht über die bei dem Monitoring gewonnen Erkenntnisse und etwaige getroffene oder geplante diesbezügliche Maßnahmen zu veröffentlichen und unverzüglich der Kommission zu übermitteln ist.

II. Befugnisse (§ 51 II 2)

6 Die im EnWG enthaltenen Befugnisnormen gelten für das Bundesministerium für Wirtschaft und Arbeit nicht unmittelbar. Deshalb räumt § 51 II 2 dem Ministerium zur Durchführung des Monitorings die Befugnisse gem. § 12 III a sowie den §§ 68, 69 und 71 ausdrücklich ein.

7 **1. Berichte der Übertragungsnetzbetreiber.** Nach § 12 III a 1 kann das Ministerium von den Übertragungsnetzbetreibern die Vorlage des alle zwei Jahre zu erstellenden **Berichts über den Netzzustand und die Netzausbauplanung** verlangen. Da § 51 II 2 auf § 12 III a insgesamt verweist, stehen dem Ministerium auch die in § 12 III a 2 bis 4 geregelten Befugnisse zu. Daher ist auf Verlangen des Ministeriums von den Übertragungsnetzbetreibern innerhalb von drei Monaten ein Bericht über bestimmte Teile des Übertragungsnetzes vorzulegen (§ 12 III a 2). Ferner kann das Ministerium durch Festlegung nach § 29 I nähere Bestimmungen zum Inhalt des Berichts zu machen (§ 12 III a 4). Es hat über Anträge Dritter auf Einsicht in die Berichte der Übertragungsnetzbetreiber zu entscheiden (§ 12 III a 3; vgl. dazu im einzelnen § 12, Rn. 35 ff.). Das Bundesministerium für Wirtschaft und Arbeit kann davon zur Durchführung des Monitorings der Versorgungssicherheit Anforderungen an die Berichterstattung der Betreiber von Übertragungsnetzen unabhängig davon stellen, welche Vorgaben von der Regulierungsbehörde gem. § 12 III a gemacht werden. Im Hinblick auf den für die Übertragungsnetzbetreiber mit der Berichterstattung verbundenen Aufwand sind zusätzliche Anforderungen des Ministeriums jedoch nur dann verhältnismäßig, wenn nicht bereits der Regulierungsbehörde vorliegende oder von dieser angeforderte Berichte zur Durchführung des Monitorings ausreichen. Insofern ist eine **Abstimmung zwischen Regulierungsbehörde und Ministerium** erforderlich, um unverhältnismäßigen Aufwand für die Übertragungsnetzbetreiber zu vermeiden. Es darf nicht zu Lasten der Übertragungsnetzbetreiber gehen, daß die Aufgaben gem. § 12 III a einerseits und § 51 andererseits auf unterschiedliche Behörden verteilt sind.

2. Ermittlungen, Auskunfts- und Betretungsrechte. Nach 8
§ 51 II 2 stehen dem Ministerium außerdem die in §§ 68, 69 und 71
geregelten Befugnisse zu. Das Ministerium kann zur Durchführung des
Monitorings alle erforderlichen Ermittlungen führen und Beweise erheben (§ 68 I; dazu § 68, Rn. 2 ff.). Der in § 68 II bis VI näher ausgestalteten Beweiserhebung (vgl. § 68, Rn. 8) wird dabei für das Monitoring, anders als für das behördliche Verfahren, keine wesentliche praktische Bedeutung zukommen.

Weitgehend sind die sich aus § 69 ergebenden Befugnisse des Bundesministeriums für Wirtschaft und Arbeit. Danach bestehen umfangreiche Auskunfts-, Einsichts- und Prüfungsrechte sowie ein Anspruch des Ministeriums auf Vorlage von Unterlagen (§ 69 I, II; dazu § 69, Rn. 3 ff.). Mitarbeiter des Ministeriums dürfen Betriebsgrundstücke, Büro- und Geschäftsräume sowie Einrichtungen auskunftspflichtiger Unternehmen und Vereinigungen von Unternehmen betreten (§ 69 III; vgl. § 69, Rn. 9). Unter den in § 69 IV und V geregelten Voraussetzungen (dazu § 69, Rn. 13 f.) sind Durchsuchungen sowie Beschlagnahmen zulässig. Von diesen Befugnissen darf das Ministerium nur dann Gebrauch machen, wenn dies **zur Durchführung des Monitorings erforderlich** ist. Davon ist nur auszugehen, wenn ansonsten der Zweck des Monitorings, die grundlegende Bewertung der Versorgungssicherheit, aufgrund einer lückenhaften Informationsbasis erheblich beeinträchtigt würde. Unter dem Gesichtspunkt der **Verhältnismäßigkeit** sind daher Prüfungen in Räumen und Einrichtungen von Unternehmen, jedenfalls aber Durchsuchungen und Beschlagnahmen, nur ganz ausnahmsweise zulässig. Sie kommen nur in Betracht, wenn die entsprechenden Informationen für die Versorgungssicherheit insgesamt von ausschlaggebender Bedeutung sind und nicht anders beschafft werden können. § 69 VII und VIII (vgl. § 69, Rn. 11 f.) sind im Rahmen des Monitorings mit der Maßgabe anzuwenden, daß Auskünfte bzw. Prüfungen durch **Einzelverfügung** des Bundesministeriums für Wirtschaft und Arbeit anzufordern bzw. anzuordnen sind. Auch wenn § 69 IX und X von der Verweisung in § 51 II 2 mitumfaßt sind, kommt diesen Vorschriften für das Monitoring der Versorgungssicherheit keine Bedeutung zu. Da das Monitoring im Allgemeininteresse und ohne konkreten Anlaß erfolgt, sind **Kosten** für Prüfungen des Ministeriums selbst dann nicht gem. § 69 IX von Unternehmen zu tragen, wenn sich praktisch bei Gelegenheit ein Verstoß gegen Anordnungen oder Entscheidungen der Regulierungsbehörde ergibt. Etwas anderes gilt, wenn die Prüfung auch konkret veranlaßt war, also nicht ausschließlich auf § 51 gestützt wurde. § 69 X betrifft **Wettbewerbsbeeinträchtigungen** und -verfälschungen. Sie können zwar Auswirkungen auf die Versorgungssicherheit haben. Ihre nähere Untersuchung ist jedoch der Regulierungsbehörde vorbehalten und nicht Gegenstand des Monitorings nach § 51.

10 § 71 regelt keine behördlichen Befugnisse im eigentlichen Sinn. Die Vorschrift betrifft den Umgang mit **Betriebs- und Geschäftsgeheimnissen** durch diejenigen, die im Zusammenhang mit dem Monitoring zur Vorlage von Informationen verpflichtet sind. Sie müssen Betriebs- und Geschäftsgeheimnisse kennzeichnen und eine Fassung der Unterlagen vorlegen, die ohne die Preisgabe von Betriebs- und Geschäftsgeheimnissen eingesehen werden kann (§ 71 1 und 2; dazu § 71, Rn. 4 f.). Erfolgt dies nicht oder hält das Ministerium die Kennzeichnung von Informationen als Betriebs- oder Geschäftsgeheimnisse für unberechtigt, richtet sich die Einsicht der Informationen nach § 71 3 und 4 (vgl. § 71, Rn. 6 ff.).

III. Verfahren und Rechtsmittel
(§ 51 II 3)

11 Nach § 51 II 3 gelten neben den vorstehend genannten Befugnisnormen bestimmte Vorschriften für das behördliche Verfahren und Rechtsmittel entsprechend auch für die Durchführung des Monitorings. Auf das Monitoring der Versorgungssicherheit anzuwenden sind die §§ 73, 75 bis 89 und 106 bis 108. Bei **Entscheidungen** des Bundesministeriums für Wirtschaft und Arbeit im Rahmen des Monitorings sind daher die in § 73 I und II geregelten Anforderungen an die Begründung und Zustellung zu beachten. Aus den bereits genannten Gründen (oben Rn. 9) kommt nur in Ausnahmefällen in Betracht, die Kosten einer etwaigen Beweiserhebung, die in der Praxis aus Anlaß des Monitorings nur selten vorkommen wird, nach § 73 III Beteiligten aufzuerlegen.

12 Gegen Entscheidungen des Ministeriums, das insofern an die Stelle der in den §§ 75 bis 85 genannten Regulierungsbehörde tritt, ist die **Beschwerde** zulässig. § 75 IV bestimmt, daß für die Entscheidung über Beschwerden im Falle des Monitorings gem. § 51 das für den Sitz der Bundesnetzagentur zuständige Oberlandesgericht auch dann zuständig ist, wenn sich die Beschwerde gegen eine Verfügung des Bundesministeriums für Wirtschaft und Arbeit richtet. In der Hauptsache erlassene Beschlüsse der Oberlandesgerichte können mit der **Rechtsbeschwerde** (§§ 86 bis 88) angefochten werden. Die Beteiligtenfähigkeit richtet sich im Monitoringverfahren ebenso wie im Beschwerde- und Rechtsbeschwerdeverfahren nach § 89. Danach sind neben natürlichen und juristischen Personen auch nichtrechtsfähige Personenvereinigungen beteiligtenfähig (vgl. § 89, Rn. 7). Für das gerichtliche Verfahren über Rechtsmittel gegen Entscheidungen im Rahmen des Monitorings gelten ferner die gemeinsamen Bestimmungen der §§ 106 bis 108.

§ 52 Meldepflichten bei Versorgungsstörungen

¹Betreiber von Energieversorgungsnetzen haben der Bundesnetzagentur bis zum 30. Juni eines Jahres über alle in ihrem Netz im letzten Kalenderjahr aufgetretenen Versorgungsunterbrechungen einen Bericht vorzulegen. ²Dieser Bericht hat mindestens folgende Angaben für jede Versorgungsunterbrechung zu enthalten:
1. den Zeitpunkt und die Dauer der Versorgungsunterbrechung,
2. das Ausmaß der Versorgungsunterbrechung und
3. die Ursache der Versorgungsunterbrechung.

³In dem Bericht hat der Netzbetreiber die auf Grund des Störungsgeschehens ergriffenen Maßnahmen zur Vermeidung künftiger Versorgungsstörungen darzulegen. ⁴Darüber hinaus ist in dem Bericht die durchschnittliche Versorgungsunterbrechung in Minuten je angeschlossenem Letztverbraucher für das letzte Kalenderjahr anzugeben. ⁵Die Bundesnetzagentur kann Vorgaben zur formellen Gestaltung des Berichts machen sowie Ergänzungen und Erläuterungen des Berichts verlangen, soweit dies zur Prüfung der Versorgungszuverlässigkeit des Netzbetreibers erforderlich ist. ⁶Sofortige Meldepflichten für Störungen mit überregionalen Auswirkungen richten sich nach § 13 Abs. 6.

Übersicht

	Rn.
A. Allgemeines	1
I. Inhalt	1
II. Zweck	2
B. Berichterstattung der Netzbetreiber (§ 52 1)	3
C. Angaben über Versorgungsunterbrechungen (§ 52 2)	5
I. Zeitpunkt und Dauer (§ 52 2 Nr. 1)	6
II. Ausmaß (§ 52 2 Nr. 2)	7
III. Ursache (§ 52 2 Nr. 3)	8
D. Darlegung von Maßnahmen (§ 52 3)	9
E. Durchschnittliche Dauer der Versorgungsunterbrechung (§ 52 4)	10
F. Vorgaben der Bundesnetzagentur (§ 52 5)	12
G. Meldepflichten nach § 13 VI (§ 52 6)	14

A. Allgemeines

I. Inhalt

1 Bei den als Meldepflichten bei Versorgungsstörungen überschriebenen Pflichten der Netzbetreiber gem. § 52 handelt es sich in der Sache um die Verpflichtung zur Vorlage eines **jährlichen Berichts** über Versorgungsunterbrechungen bei der Bundesnetzagentur (§ 52 1). Dagegen begründet § 52 keine Pflicht der Netzbetreiber, der Bundesnetzagentur jede aufgetretene Versorgungsstörung unverzüglich zu melden (unten Rn. 4). Aus § 52 2 ergeben sich die Angaben, die der jährliche Bericht zu den darin aufzunehmenden Versorgungsstörungen mindestens enthalten muß. Nach § 52 3 haben die Netzbetreiber in dem Bericht die zur Vermeidung künftiger Versorgungsstörungen ergriffenen Maßnahmen darzulegen. Sie müssen ferner je angeschlossenem Letztverbraucher die durchschnittliche Dauer der jährlichen Versorgungsunterbrechung angeben (§ 52 4). Die Bundesnetzagentur ist gem. § 52 4 berechtigt, Vorgaben zur formellen Gestaltung des Berichts zu machen sowie dessen Ergänzung und Erläuterung zu verlangen. Sofortige Meldungen bei Störungen der Elektrizitätsversorgung mit überregionalen Auswirkungen sind nach §§ 13 VI zu erstatten (§ 52 6).

II. Zweck

2 Die Berichterstattung über Versorgungsunterbrechungen liefert wichtige Informationen für die Beurteilung der Zuverlässigkeit der Strom- und Gasversorgung. Zwar kann daraus nicht zwingend auf den Zustand der Energieversorgungsnetze geschlossen werden, über den gem. §§ 12 III a, 14 I 2 und 3 (dazu § 12, Rn. 35 ff.; § 14, Rn. 6) nur Betreiber von Elektrizitätsversorgungsnetzen zu berichten haben. Der gegenwärtige Zustand der Netze kann nämlich trotz des Ausbleibens größerer Versorgungsunterbrechungen bereits kritisch sein. Die Häufigkeit und das Ausmaß von Versorgungsunterbrechungen sind jedoch ein zentrales **Indiz für das Maß der Versorgungssicherheit.** Laut Gesetzesbegründung dient vor diesem Hintergrund die Berichtspflicht der Netzbetreiber zur Unterstützung des Monitorings der Versorgungssicherheit gem. § 51. Da die Netzbetreiber die Berichte der Bundesnetzagentur vorzulegen haben, setzt der Gesetzgeber insofern die Weitergabe der relevanten Informationen an das für das Monitoring zuständige Bundesministerium für Wirtschaft und Arbeit voraus (Begr. BT-Drucks. 15/3967, S. 68). Aber auch die Bundesnetzagentur wird die Berichte der Netzbetreiber nach § 52 in ihre Tätigkeit einfließen lassen. Sie können insbesondere Anhaltspunkte dafür bieten, ob die Netzbetreiber ihre in den §§ 11 ff. geregelten Aufgaben ordnungsgemäß erfüllen oder die Bundesnetzagentur zu deren Durchsetzung ein behördliches Einschreiten in Betracht zu ziehen hat. Dies macht insbesondere § 52 5 deutlich. Danach kann die Bundesnetzagentur u. a. Ergänzungen und Erläuterungen des Berichts verlangen, soweit dies zur Überprüfung der Versorgungszuverlässigkeit des Netzbetreibers erforderlich ist.

B. Berichterstattung der Netzbetreiber (§ 52 1)

§ 52 1 verpflichtet Betreiber von Energieversorgungsnetzen, der Bundesnetzagentur bis zum 30. Juni eines jeden Jahres über alle in ihrem Netz im letzten Kalenderjahr aufgetretenen Versorgungsunterbrechungen einen Bericht vorzulegen. Während der Gesetzentwurf der Bundesregierung die Pflicht zur Berichterstattung noch auf **Betreiber von Elektrizitätsversorgungsnetzen** (§ 3 Nr. 2) beschränkte (Begr. BT-Drucks. 15/3967, S. 68), wurde auf Beschlußempfehlung des Ausschusses für Wirtschaft und Arbeit die Berichtpflicht auch auf **Betreiber von Gasversorgungsnetzen** (§ 3 Nr. 6 und 20) erstreckt (BT-Drucks. 15/5268, S. 122). § 52 1 gilt unabhängig von der Spannungsebene oder Druckstufe des jeweiligen Netzes. Davon abhängig ist allerdings der Inhalt der vorzulegenden Berichte, da die Wahl der Kenngrößen zur Erfassung der Versorgungszuverlässigkeit je nach Spannungsebene oder Druckstufe unterschiedlich sein kann. Die Kenngrößen sind grundsätzlich so auszuwählen, daß eine ausreichend genaue Beschreibung der Versorgungszuverlässigkeit mit möglichst geringem Erfassungsaufwand erfolgen kann. Um Vergleiche auf internationaler Ebene vornehmen zu können, sind der Berichterstattung nach möglichst anerkannte Verfahren zugrunde zu legen (Begr. BT-Drucks. 15/3967, S. 68).

Aus § 52 1 folgt keine Verpflichtung der Netzbetreiber, Versorgungsunterbrechungen unmittelbar nach ihrem Auftreten zu melden. Vielmehr sind die Versorgungsunterbrechungen in ihrer Gesamtheit in einem jährlichen Bericht zu dokumentieren. § 52 1 bietet daher keine geeignete Informationsgrundlage, um auf eine konkrete Gefährdung oder Störung der Versorgungssicherheit zu reagieren, sondern – wie in der Gesetzesbegründung hervorgehoben wird (oben Rn. 2) – **Hilfestellung für das Monitoring** nach § 51. Die Beseitigung konkreter Gefährdungen und Störungen der Versorgungssicherheit obliegt gem. §§ 13, 16 in erster Linie den Betreibern von Übertragungs- und Fernleitungsnetzen im Rahmen ihrer Systemverantwortung (dazu § 13, Rn. 9 ff.).

C. Angaben über Versorgungsunterbrechungen (§ 52 2)

5 § 52 2 legt fest, welche Angaben zu Versorgungsunterbrechungen der Bericht der Netzbetreiber nach § 52 1 *mindestens* enthalten muß. Den Netzbetreibern bleibt unbenommen, auf freiwilliger Basis weitergehende Angaben zu machen, soweit im übrigen die sich aus § 52 ergebenden Anforderungen an die Berichtspflicht erfüllt werden. Die Bundesnetzagentur kann die Netzbetreiber über die in § 52 2 geregelten Mindestangaben hinaus aber zu keinen weiteren Angaben verpflichten (dazu unten Rn.13).

I. Zeitpunkt und Dauer (§ 52 2 Nr. 1)

6 Nach § 52 2 Nr. 1 müssen die Netzbetreiber in ihrem Bericht den Zeitpunkt und die Dauer der Versorgungsunterbrechung angeben. Der Zeitpunkt gibt Aufschluß über die Verteilung der Versorgungsunterbrechungen im Berichtsjahr. Er läßt möglicherweise Rückschlüsse auf jahreszeitabhängige Einflüsse zu. Die Versorgungsunterbrechungen im Münsterland im November 2005 etwa wurden durch den Bruch von aus Thomasstahl gefertigten Strommasten aufgrund hoher Schneelasten verursacht (vgl. InfoBrief 2/2006 der Bundesnetzagentur, abrufbar unter www.bundesnetz agentur.de). Die Dauer ist die zeitliche Komponente des Ausmaßes der Versorgungsunterbrechung (vgl. § 52 2 Nr. 2). Als zeitliche Verfügbarkeit verstanden, spiegelt sie die Zuverlässigkeit des Energieversorgungssystems wider.

II. Ausmaß (§ 52 2 Nr. 2)

7 Während sich Zeitpunkt und Dauer klar bestimmen lassen, können Angaben zum Ausmaß der Versorgungsunterbrechung theoretisch anhand verschiedener Kriterien erfolgen. § 52 2 Nr. 2 präzisiert die Anforderungen an die insofern erforderlichen Angaben nicht näher. Die Gesetzesbegründung verweist – für den Bereich der Stromversorgung – als geeignete Kenngrößen beispielhaft auf die ausgefallene Umspannleistung, die Anzahl ausgefallener Leitungsabgänge oder die Anzahl ausgefallener Anschlüsse von Letztverbrauchern. Dabei soll die Anzahl der von einer Versorgungsstörung betroffenen Letztverbraucher in der Regel möglichst genau angegeben werden. Soweit genaue Angaben dazu nicht möglich sind, ist eine Schätzung zulässig (Begr. BT-

Drucks. 15/3967, S. 68). Auch wenn die Gesetzesbegründung die vorgenannten Kenngrößen nur als Beispiele verstanden wissen will, ergeben sich daraus – auch für den Gassektor – die wesentlichen Kriterien, die bei der Berichterstattung über das Ausmaß von Versorgungsunterbrechungen zu berücksichtigen sind. Erforderlich sind Angaben zu der **Energiemenge,** die aufgrund der Versorgungsunterbrechung nicht planmäßig transportiert und an Letztverbraucher geliefert werden konnte (kapazitives Ausmaß). Ferner ist von den Netzbetreibern anzugeben, welche **Netzbereiche und -bestandteile** von der Versorgungsunterbrechung betroffen waren (räumliches Ausmaß). Um die unmittelbaren Folgen für die Energieversorgung darzustellen, sind Angaben zu **Anzahl und Art der Letztverbraucher** (Haushalts- bzw. Gewerbekunden) zu machen, deren Versorgung mit Energie ganz oder teilweise unterbrochen war.

III. Ursache (§ 52 2 Nr. 3)

Zentrale Bedeutung kommt den gem. § 52 2 Nr. 3 erforderlichen Angaben zur Ursache der Versorgungsunterbrechung zu. Sie sollen der Bundesnetzagentur und – im Rahmen des Monitorings der Versorgungssicherheit nach § 51 – dem Bundesministerium für Wirtschaft und Arbeit Schlußfolgerungen hinsichtlich des Zustands der Energieversorgungsnetze ermöglichen. Die Berichte der Netzbetreiber sollen insbesondere eine Einschätzung erlauben, ob Versorgungsunterbrechungen auf strukturelle Schwächen der Energieversorgungsnetze zurückgehen oder ob es sich um isolierte Einzelursachen handelt, mit deren erneutem Auftreten nicht gerechnet werden muß. Deshalb sind von den Netzbetreibern Angaben zur **Belastungssituation** der Netze zum Zeitpunkt der Versorgungsunterbrechung, zu den **ausgefallenen Netzkomponenten** und den **Wirkungsketten** zu machen, die zu der Versorgungsunterbrechung geführt haben. Dazu gehören insbesondere Angaben zu etwaigen Materialschwächen von Netzbestandteilen und dem Ausfall von Schutzvorkehrungen, wie etwa dem Versagen redundant vorhandener Schutzeinrichtungen. Ferner ist auf menschliches Versagen, insbesondere im Rahmen der Netzsteuerung, einzugehen, soweit dadurch eine Ursache für die Versorgungsunterbrechung gesetzt wurde. Zwar ist von den Netzbetreibern nach § 52 2 Nr. 3 nur die Ursache der jeweiligen Versorgungsunterbrechung darzustellen. Um eine Einschätzung des Zustandes der Energieversorgungsnetze und der Versorgungssicherheit zu ermöglichen, sind die Netzbetreiber jedoch auch dazu verpflichtet, auf **über die konkrete Versorgungsunterbrechung hinausgehende Risiken** hinzuweisen. Sind etwa Materialien, deren Versagen Ursache einer Versorgungsunterbrechung war, auch sonst in Energieversorgungsnetzen, möglicherweise flächendeckend, verwendet worden, müssen die Netzbetreiber darauf in ihren Berichten aufmerksam machen.

D. Darlegung von Maßnahmen (§ 52 3)

9 § 52 3 sieht vor, daß von den Netzbetreibern aufgrund des Störungsgeschehens ergriffene Maßnahmen zur Vermeidung künftiger Versorgungsstörungen darzulegen sind. Die Vorschrift selbst begründet keine Verpflichtung zur Durchführung solcher Maßnahmen; sie können von der Bundesnetzagentur nicht gem. § 52 3 gefordert werden. Vielmehr ist § 52 3 auf eine **bloße Berichtspflicht** beschränkt. Soweit nicht Maßnahmen freiwillig durchgeführt werden, setzt § 52 3 eine an anderer Stelle geregelte Verpflichtung der Netzbetreiber voraus, durch entsprechende Maßnahmen in Zukunft Versorgungsstörungen zu vermeiden. Ob und welche Maßnahmen von den Netzbetreibern anläßlich einer Versorgungsunterbrechung zu ergreifen sind, richtet sich nach den §§ 11 ff. Danach sind die Netzbetreiber insbesondere zum Betrieb sicherer und zuverlässiger Energieversorgungsnetze verpflichtet. Sie müssen für ein hohes Maß an Versorgungssicherheit bzw. – umgekehrt ausgedrückt – für eine geringe Ausfallrate ihrer Netze sorgen (vgl. § 11, Rn. 16). Werden im Rahmen von Versorgungsstörungen Mängel der Energieversorgungsnetze oder bei deren Steuerung offenbar, die mit den Anforderungen an einen sicheren und zuverlässigen Netzbetrieb nicht zu vereinbaren sind, müssen die Netzbetreiber durch geeignete Maßnahmen Abhilfe schaffen. Diese Maßnahmen sind nach § 52 3 darzulegen. Da § 52 3 ausdrücklich nur einen Bericht über **bereits ergriffene Maßnahmen** vorschreibt, müssen Netzbetreiber der Bundesnetzagentur nicht bereits über in Planung befindliche Abhilfemaßnahmen berichten.

E. Durchschnittliche Dauer der Versorgungsunterbrechung (§ 52 4)

10 Während gem. § 52 2 Nr. 1 die Dauer der *einzelnen* Versorgungsunterbrechungen anzugeben ist, verlangt § 52 4 zusätzlich die Angabe der durchschnittlichen Versorgungsunterbrechung in Minuten je angeschlossenem Letztverbraucher für das letzte Kalenderjahr. In der Stromwirtschaft werden bereits heute die durchschnittlichen Unterbre-

chungsminuten pro Jahr ermittelt und in der Verfügbarkeitsstatistik des VDN veröffentlicht (vgl. § 11, Rn. 22). Zukünftig ist dies gem. § 52 4 auch in der Gaswirtschaft erforderlich. Mit der Angabe der Unterbrechungszeiten läßt sich das **Maß der Versorgungssicherheit** auszudrücken. Es können ferner Vergleiche auf internationaler, insbesondere auf europäischer Ebene angestellt werden. Auch dies ist in der Stromwirtschaft bereits bestehende Praxis.

§ 52 4 richtet sich an sämtliche Betreiber von Energieversorgungsnetzen. Unproblematisch ist die Anwendung der Vorschrift auf die **Betreiber von Elektrizitätsverteilernetzen und Gasverteilernetzen.** Sie haben für die an ihre Netze angeschlossenen Letztverbraucher die durchschnittlichen Unterbrechungsminuten im jeweiligen Berichtsjahr anzugeben. Fraglich ist dagegen, ob § 52 4 auch für **Übertragungsnetzbetreiber und Fernleitungsnetzbetreiber** gilt, an deren Netze keine Letztverbraucher angeschlossen sind. Der Wortlaut von § 52 4 gibt keinen eindeutigen Aufschluß. Die Vorschrift setzt zwar voraus, daß an die Energieversorgungsnetze Letztverbraucher angeschlossen sind. Dies ist bei Fernleitungs- und Übertragungsnetzen nicht der Fall (§ 3 Nr. 19 und 32). § 52 4 ist andererseits jedoch auch an Betreiber von Übertragungs- und Fernleitungsnetzen adressiert. Der Gesetzgeber geht offenbar davon aus, daß auch sie zur Angabe der durchschnittlichen Unterbrechungsminuten verpflichtet sind. Deshalb haben Übertragungsnetz- und Fernleitungsnetzbetreiber für Letztverbraucher, die über an ihre Netze angeschlossene Verteilernetze versorgt werden, die durchschnittlichen Unterbrechungsminuten pro Letztverbraucher im jeweiligen Berichtsjahr anzugeben. Dadurch wird sichergestellt, daß der Bundesnetzagentur nicht nur Zahlen der Verteilernetzbetreiber, sondern auch auf größere Netzbereiche bezogene Durchschnittswerte der Übertragungsnetz- und Fernleitungsnetzbetreiber vorliegen.

F. Vorgaben der Bundesnetzagentur (§ 52 5)

Die Bundesnetzagentur wird durch § 52 5 ermächtigt, Vorgaben zur formellen Gestaltung des Berichts zu machen. Sie kann gem. § 52 5 ferner Ergänzungen und Erläuterungen des Berichts verlangen, soweit dies zur Überprüfung der Versorgungszuverlässigkeit des Netzbetreibers erforderlich ist. Im Hinblick auf die Festlegung **formeller Vorgaben** verweist die Gesetzesbegründung auf die laufende Entwicklung von Verfahren zur Erfassung der Versorgungszuverlässigkeit auf internationaler Ebene, insbesondere in der Europäischen Union. § 52 5 soll vor

§ 52 13, 14   Teil 6. Sicherheit u. Zuverlässigkeit d. Energieversorgung

diesem Hintergrund die Bundesnetzagentur in die Lage versetzen, an **international anerkannte Verfahren** angepaßte formelle Vorgaben für die Berichterstattung durch die Netzbetreiber zu machen (Begr. BT-Drucks. 15/3967, S. 68). Zur Festlegung materieller Anforderungen, die von dem in § 52 2 bis 4 geregelten Berichtsinhalt abweichen, ist die Bundesnetzagentur dagegen nicht berechtigt.

13   Daran ändert nichts, daß die Bundesnetzagentur nach § 52 5 **Ergänzungen** und **Erläuterungen** des Berichts verlangen kann. Die Vorschrift knüpft an die in § 52 2 bis 4 geregelten inhaltlichen Anforderungen an die Berichterstattung an. Soweit die danach erforderlichen Angaben in den Berichten der Netzbetreiber unvollständig oder erläuterungsbedürftig sind, kann die Bundesnetzagentur die Netzbetreiber zur Nachbesserung verpflichten. Sie müssen fehlende Angaben ergänzen und aufgrund des Berichts nicht ohne weiteres verständliche Informationen erläutern. § 52 5 ermächtigt die Bundesnetzagentur jedoch **nicht** dazu, **über die Anforderungen gem. § 52 2 bis 4 hinausgehende Angaben** zu verlangen. Dazu hätte es einer eindeutigen gesetzlichen Regelung bedurft, die der Bundesnetzagentur eine entsprechende Befugnis einräumt. Sie ist in § 52 5 nicht enthalten. Vielmehr liegt nahe, die danach möglichen Ergänzungen des Berichts ebenso wie Erläuterungen nur auf den in § 52 2 bis 4 geregelten Berichtsinhalt zu beziehen. Auch in § 52 2 ist keine Befugnis der Bundesnetzagentur zu sehen, weitergehende inhaltliche Anforderungen an die Berichterstattung zu verlangen. Es hätte dazu mehr bedurft als einer Regelung, die festlegt, welche Anforderungen von den Netzbetreibern *mindestens* zu machen sind. Schließlich liefert auch die Gesetzesbegründung keine Anhaltspunkte dafür, daß der Gesetzgeber die Bundesnetzagentur ermächtigen wollte, die Berichtspflicht der Netzbetreiber eigenständig zu erweitern.

G. Meldepflichten nach § 13 VI (§ 52 6)

14   § 52 6 verweist im Hinblick auf sofortige Meldepflichten bei Störungen mit überregionalen Auswirkungen auf § 13 VI. Der Verweis hat nur **klarstellende Bedeutung.** Danach müssen die Übertragungsnetzbetreiber unverzüglich die Regulierungsbehörde unterrichten, wenn nach ihrer Feststellung selbst Notfallmaßnahmen nach § 13 II nicht ausreichen, um eine Versorgungsstörung für lebenswichtigen Bedarf gem. § 1 EnSG abzuwenden. Dadurch soll der Regulierungsbehörde die Prüfung ermöglicht werden, ob Maßnahmen nach dem EnSG notwendig sind (Begr. BT-Drucks. 15/3917, S. 57, 68).

§ 53 Ausschreibung neuer Erzeugungskapazitäten im Elektrizitätsbereich

Sofern die Versorgungssicherheit im Sinne des § 1 durch vorhandene Erzeugungskapazitäten oder getroffene Energieeffizienz- und Nachfragesteuerungsmaßnahmen allein nicht gewährleistet ist, kann die Bundesregierung durch Rechtsverordnung mit Zustimmung des Bundesrates ein Ausschreibungsverfahren oder ein diesem hinsichtlich Transparenz und Nichtdiskriminierung gleichwertiges Verfahren auf der Grundlage von Kriterien für neue Kapazitäten oder Energieeffizienz- und Nachfragesteuerungsmaßnahmen vorsehen, die das Bundesministerium für Wirtschaft und Technologie im Bundesanzeiger oder im elektronischen Bundesanzeiger veröffentlicht.

Übersicht

	Rn.
A. Allgemeines	1
B. Beschränkung auf den Elektrizitätsbereich	3
C. Gewährleistung der Versorgungssicherheit	4
D. Ausschreibung von Erzeugungskapazitäten oder Energieeffizienz- und Nachfragesteuerungsmaßnahmen	5
E. Ausschreibungsverfahren oder gleichwertiges Verfahren	6
I. Art des Verfahrens	7
II. Transparenz und Nichtdiskriminierung	8
III. Kriterien und Ausschreibungsbedingungen	9
IV. Veröffentlichung	11
V. Zuständigkeit	12

A. Allgemeines

§ 53 ermächtigt die Bundesregierung, durch Rechtsverordnung ein 1 Ausschreibungsverfahren oder ein gleichwertiges Verfahren auf der Grundlage von Kriterien für neue Kapazitäten oder Energieeffizienz- und Nachfragesteuerungsmaßnahmen zu regeln. Die Kriterien sind im Bundesanzeiger zu veröffentlichen. § 53 ist danach nicht selbst Grundlage für die Durchführung eines Ausschreibungsverfahrens. Vielmehr kann ein Ausschreibungsverfahren erst aufgrund einer nach § 53 erlassenen Rechtsverordnung durchgeführt werden. Voraussetzung einer solchen Rechtsverordnung ist, daß die Versorgungssicherheit i. S. d. § 1 durch vorhandene Erzeugungskapazitäten oder getroffene Energieeffizienz- oder Nachfragesteuerungsmaßnahmen allein nicht gewähr-

§ 53 2, 3   Teil 6. Sicherheit u. Zuverlässigkeit d. Energieversorgung

leistet ist. § 53 dient daher der **Gewährleistung der Versorgungssicherheit.** Der Wortlaut der Vorschrift ist mißlungen. Wesentliche Fragen, insbesondere die Beschränkung auf den Elektrizitätsbereich (Rn. 3) und der Gegenstand der Ausschreibung (Rn. 5), sind nicht klar geregelt.

2   Auch die Gesetzesbegründung wirft Fragen auf. Danach erfolgt durch § 53 die Umsetzung von Art. 6 und 7 EltRl (Begr. BT-Drucks. 15/3917, S. 68). Im Hinblick auf Art. 7 EltRl, der die **Ausschreibung** neuer Kapazitäten regelt, ist dies nachvollziehbar. § 53 ist eng an den Wortlaut von Art. 7 I EltRl angelehnt. Die durch Art. 7 II EltRl eröffnete Möglichkeit, im Interesse des Umweltschutzes und der Förderung neuer Technologien Kapazitäten auszuschreiben, greift § 53 nicht auf. Von dieser Möglichkeit hat der Gesetzgeber keinen Gebrauch gemacht, sondern Ausschreibungsverfahren auf die Fälle beschränkt, in denen diese zur Gewährleistung der Versorgungssicherheit erforderlich sind. Aus Art. 7 III bis V EltRl ergeben sich Anforderungen an das Ausschreibungsverfahren. Sie sind von der Bundesregierung bei Erlaß einer Rechtsverordnung nach § 53 zu beachten (vgl. Rn. 6ff.). Nicht nachvollziehbar ist, daß durch § 53 auch Art. 6 EltRl umgesetzt werden soll. Gegenstand von Art. 6 EltRl ist die **Genehmigung** neuer Erzeugungskapazitäten. Zwar können sich gem. Art. 7 III EltRl im Rahmen der Ausschreibung festzulegende Spezifikationen auch auf die in Art. 6 II EltRL genannten Aspekte für die Genehmigung von Erzeugungsanlagen beziehen. Genehmigungsfragen werden in § 53 jedoch nicht geregelt. Die Vorschrift soll die Voraussetzungen dafür schaffen, daß im Interesse der Versorgungssicherheit neue Kapazitäten bereitgestellt werden. In welchem Verfahren und unter welchen Voraussetzungen die Errichtung und der Betrieb dieser Kapazitäten genehmigt werden, richtet sich dagegen nach den dafür einschlägigen Bestimmungen des Umweltrechts und des technischen Sicherheitsrechts. § 53 ermächtigt die Bundesregierung nicht dazu, entsprechende Regelungen in einer Rechtsverordnung zu treffen.

B. Beschränkung auf den Elektrizitätsbereich

3   Der Wortlaut von § 53 liefert keine Anhaltspunkte dafür, daß die Vorschrift auf den Elektrizitätsbereich beschränkt ist. Es ist erstaunlich, daß der Gesetzgeber versäumt hat, in dieser Hinsicht in § 53 eine ausdrückliche Klarstellung aufzunehmen. Er hat statt dessen weitgehend den – zwangsläufig nur für die Stromversorgung geltenden – Wortlaut

von Art. 7 I EltRl übernommen. Im Ergebnis bestehen jedoch keine ernsthaften Zweifel daran, daß § 53 nur für die Ausschreibung neuer Erzeugungskapazitäten oder von Energieeffizienz- und Nachfragesteuerungsmaßnahmen im Elektrizitätsbereich gilt. Neben der amtlichen Überschrift der Vorschrift weist auf einen entsprechenden Willen des Gesetzgebers auch die Gesetzesbegründung (Begr. BT-Drucks. 15/3917) hin. Zudem enthält die GasRl keine Vorschrift über Ausschreibungsverfahren und ist die Sicherstellung der Gasversorgung von Haushaltskunden in § 53a besonders geregelt.

C. Gewährleistung der Versorgungssicherheit

Der Erlaß einer Rechtsverordnung nach § 53 setzt voraus, daß durch 4 vorhandene Erzeugungskapazitäten oder getroffene Energieeffizienz- und Nachfragesteuerungsmaßnahmen allein die Versorgungssicherheit i. S. d. § 1 nicht gewährleistet werden kann. Die Bundesregierung kann deshalb von der Verordnungsermächtigung des § 53 nur Gebrauch machen, um die vom Gesetzeszweck gem. § 1 umfaßte, möglichst sichere leitungsgebundene Versorgung der Allgemeinheit mit Elektrizität (dazu § 1, Rn. 26 ff.) zu gewährleisten. Anders ausgedrückt: Es muß ohne die Ausschreibung neuer Erzeugungskapazitäten oder von Energieeffizienz- und Nachfragesteuerungsmaßnahmen eine Gefährdung der Versorgungssicherheit zu befürchten sein. Dabei eröffnet § 53 keine Möglichkeit, um auf mangelnde Transportkapazitäten der Elektrizitätsversorgungsnetze zu reagieren. Der bedarfsgerechte Ausbau der Netze ist in den §§ 11 ff. geregelt und Aufgabe der Netzbetreiber (vgl. insbesondere § 11, Rn. 31 ff.). Nach § 53 muß die Versorgungssicherheit vielmehr durch ein **unausgewogenes Verhältnis zwischen angebotener und nachgefragter Elektrizität** gefährdet sein. § 53 setzt voraus, daß dieses Verhältnis – ohne Ausschreibung neuer Kapazitäten – durch Maßnahmen auf der Angebotsseite oder der Nachfrageseite nicht ins Gleichgewicht gebracht werden kann. Die Vorschrift verlangt ausdrücklich, daß die Versorgungssicherheit weder durch vorhandene Erzeugungskapazitäten (Angebotsseite) noch durch getroffene Energieeffizienz- und Nachfragesteuerungsmaßnahmen (Nachfrageseite) gewährleistet werden kann.

D. Ausschreibung von Erzeugungskapazitäten oder Energieeffizienz- und Nachfragesteuerungsmaßnahmen

5 Nach der amtlichen Überschrift regelt § 53 die Ausschreibung neuer Erzeugungskapazitäten im Elektrizitätsbereich. Die Gesetzesbegründung ist in dieser Hinsicht nicht eindeutig. Sie geht davon aus, daß gem. § 53 neue Kapazitäten ausgeschrieben werden können (Begr. BT-Drucks. 15/3917, S. 68). Dies läßt sich zwar so interpretieren, als wolle der Gesetzgeber die Verordnungsermächtigung auf Erzeugungskapazitäten beschränken. Andererseits bezieht auch Art. 7 EltRl unter der Überschrift „Ausschreibung neuer Kapazitäten" Energieeffizienz- und Nachfragesteuerungsmaßnahmen mit ein. Ein entsprechendes Verständnis ist auch für § 53 zugrunde zu legen. Danach kann die Bundesregierung ein Ausschreibungsverfahren oder ein gleichwertiges Verfahren auf der Grundlage von Kriterien für **neue Kapazitäten** oder **Energieeffizienz- und Nachfragesteuerungsmaßnahmen** regeln. Theoretisch kann im Hinblick auf die Wortstellung § 53 so verstanden werden, daß Erzeugungskapazitäten auf der Grundlage von für diese und für Energieeffizienz- und Nachfragesteuerungsmaßnahmen aufgestellten Kriterien ausgeschrieben werden können. Es würde jedoch keinen Sinn machen, im Rahmen eines Ausschreibungsverfahrens für Erzeugungseinheiten Kriterien für die Nachfrageseite festzulegen. Deshalb ist § 53 so auszulegen, daß in einer Rechtsverordnung sowohl die Ausschreibung von Erzeugungskapazitäten als auch von Energieeffizienz- und Nachfragesteuerungsmaßnahmen geregelt werden kann. Dieses Verständnis entspricht auch dem **Zweck der Vorschrift.** Sie eröffnet die Möglichkeit, Angebot und Nachfrage in ein ausgewogenes Verhältnis zu bringen, um die Versorgungssicherheit im Elektrizitätsbereich zu gewährleisten. Dies kann durch Maßnahmen auf der Angebotsseite ebenso geschehen wie durch Maßnahmen auf der Nachfrageseite. Ferner spricht eine an Art. 7 I EltRl orientierte **richtlinienkonforme Auslegung** von § 53 dafür, daß in einer Rechtsverordnung gem. § 53 auch die Ausschreibung von Energieeffizienz- und Nachfragesteuerungsmaßnahmen geregelt werden kann. Nach Art. 7 I 1 EltRl tragen die Mitgliedstaaten dafür Sorge, daß neue Kapazitäten oder Energieeffizienz- und Nachfragesteuerungsmaßnahmen über ein Ausschreibungsverfahren oder ein gleichwertiges Verfahren bereitgestellt bzw. getroffen werden können. Die Mitgliedstaaten sind daher verpflichtet, die Möglichkeit eines Ausschreibungsverfahrens auch für Energieeffizienz- und Nachfragesteuerungsmaßnahmen vorzusehen. Vor diesem Hintergrund würde die Beschränkung von § 53 auf die Ausschreibung von Erzeugungskapazitäten eine mangelhafte Umsetzung von Art. 7 EltRl bedeuten.

E. Ausschreibungsverfahren oder gleichwertiges Verfahren

Gegenstand einer Rechtsverordnung nach § 53 kann ein Ausschreibungsverfahren oder ein diesem hinsichtlich Transparenz und Nichtdiskriminierung gleichwertiges Verfahren auf der Grundlage von Kriterien für neue Kapazitäten oder Energieeffizienz- und Nachfragesteuerungsmaßnahmen sein. Weitere Anforderungen an das Verfahren, die bei Erlaß einer Rechtsverordnung vom Verordnungsgeber umzusetzen sind, ergeben sich aus Art. 7 EltRl.

I. Art des Verfahrens

§ 53 regelt nicht ausdrücklich, was unter einem **Ausschreibungsverfahren** zu verstehen ist. Zwar finden die vergaberechtlichen Bestimmungen der §§ 98 ff. GWB im Rahmen von § 53 keine Anwendung. Art. 7 EltRl und der diesen umsetzende § 53 enthalten das allgemeine Vergaberecht verdrängende Spezialregelungen. Gleichwohl bietet sich ein Vergleich mit den Verfahren an, die Gegenstand des Vergaberechts sind. In der Sache handelt es sich dabei um Verfahren, in denen die Erbringung einer bestimmten Leistung von der diese vergebenden Stelle ausgeschrieben, von den an dem Verfahren teilnehmenden Bietern angeboten und der Zuschlag dem Bieter erteilt wird, der das leistungsfähigste Angebot abgegeben hat. Übertragen auf § 53 bedeutet dies, daß in einem Ausschreibungsverfahren der nach den maßgeblichen Kriterien leistungsfähigste Bieter zu ermitteln und dieser mit der Bereitstellung von Erzeugungskapazitäten oder der Durchführung von Energieeffizienz- und Nachfragesteuerungsmaßnahmen zu beauftragen ist. Alternativ können in einer Rechtsverordnung nach § 53 einem Ausschreibungsverfahren hinsichtlich Transparenz und Nichtdiskriminierung (dazu Rn. 8) **gleichwertige Verfahren** geregelt werden. § 53 stellt die Wahl des Verfahrens in das Ermessen des Verordnungsgebers. Er hat zu berücksichtigen, daß in der Regelfall ein Ausschreibungsverfahren einen sachgerechten Rahmen für die Vergabe entsprechender Leistungen bietet. Deshalb sollte der Verordnungsgeber alternative Verfahren grundsätzlich nur dann vorsehen, wenn diese im Hinblick auf die Art der bereitzustellenden Leistung oder den Kreis der Anbieter einem Ausschreibungsverfahren überlegen sind.

II. Transparenz und Nichtdiskriminierung

8 Alternative Verfahren müssen nach § 53 einem Ausschreibungsverfahren – in dem diese Anforderungen auch vorausgesetzt werden – hinsichtlich Transparenz und Nichtdiskriminierung gleichwertig sein. Das **Transparenzerfordernis** bedeutet, daß die Verfahrensregelungen, die bereitzustellende Leistung und insbesondere die Kriterien, nach denen sich die Vergabe dieser Leistung richtet, den an dem Verfahren beteiligten Bietern offengelegt werden müssen (zur Veröffentlichung unten Rn. 11). Die Bieter müssen neben dem verfahrensrechtlichen Rahmen konkret erkennen können, welche Leistung von ihnen erwartet wird und welche Anforderungen an die Leistungsfähigkeit gestellt werden. Aus dem Grundsatz der **Nichtdiskriminierung** folgt, daß diese und sämtliche anderen für das jeweilige Verfahren relevanten Informationen allen Bietern gleichermaßen zur Verfügung gestellt werden müssen. Ferner darf bei der Entscheidung, welcher Bieter mit der Bereitstellung neuer Erzeugungskapazitäten oder der Durchführung von Energieeffizienz- oder Nachfragesteuerungsmaßnahmen betraut wird, kein Bieter ohne sachlichen Grund bevorzugt oder benachteiligt werden.

III. Kriterien und Ausschreibungsbedingungen

9 Nach § 53 müssen in der Rechtsverordnung Kriterien für neue Erzeugungskapazitäten oder Energieeffizienz- und Nachfragesteuerungsmaßnahmen festgelegt werden. Der Gegenstand dieser Kriterien ist in § 53 nicht eindeutig geregelt. Sie müssen zum einen beschreiben, welche **Leistung** aufgrund des Ausschreibungsverfahrens oder eines gleichwertigen Verfahrens bereitgestellt werden soll. Es muß also eine hinreichend konkrete Leistungsbeschreibung erfolgen. Zum anderen sind Kriterien für die **Auswahl des Bieters** festzulegen, der mit der Leistungserbringung beauftragt wird. Diese Kriterien müssen im Hinblick auf die Art der Leistung und die damit verbundenen Anforderungen an die Leistungsfähigkeit der Bieter sachgerecht sein. Sie dürfen einzelne Bieter oder Gruppen von Bietern nicht aufgrund sachfremder Erwägungen diskriminieren. Die Vergabeentscheidung darf sich grundsätzlich nur nach diesen Kriterien richten.

10 Entsprechendes ergibt sich aus **Art. 7 EltRL,** der Anforderungen an die Ausschreibungsbedingungen regelt. Sie sind als Vorgaben für die Umsetzung von Art. 7 EltRl vom Verordnungsgeber unabhängig davon zu beachten, daß § 53 diese nicht ausdrücklich wiederholt. Danach müssen die Ausschreibungsbedingungen eine genaue Beschreibung der Spezifikationen des Auftrags und des von den Bietern einzuhaltenden

Verfahrens sowie eine vollständige Liste der Kriterien für die Auswahl der Bewerber und die Auftragsvergabe enthalten. Dabei sind auch von der Ausschreibung umfaßte Anreize, bspw. Beihilfen zu berücksichtigen. Die Spezifikationen können sich auf die in Art. 6 II EltRL geregelten Aspekte für die Genehmigung von Erzeugungsanlagen beziehen (Art. 7 III EltRl). Bei der Ausschreibung von Erzeugungskapazitäten müssen auch Angebote für langfristig garantierte Lieferungen von Strom aus bestehenden Produktionseinheiten in Betracht gezogen werden, sofern damit eine Deckung des zusätzlichen Bedarfs möglich ist (Art. 7 IV EltRl). Da ein Ausschreibungsverfahren gem. Art. 7 I 2 EltRl und § 53 voraussetzt, daß durch vorhandene Erzeugungskapazitäten die Versorgungssicherheit nicht gewährleistet werden kann, gilt dies nur dann, wenn entsprechende Angebote nicht bereits außerhalb eines Ausschreibungsverfahrens vorliegen. Nach Art. 7 V 3 EltRl hat die für die Durchführung des Verfahrens zuständige Stelle (dazu Rn. 12) die erforderlichen Maßnahmen zu treffen, um die Vertraulichkeit der in den Angeboten gemachten Angaben zu gewährleisten.

IV. Veröffentlichung

§ 53 schreibt vor, daß die Kriterien für neue Erzeugungskapazitäten oder Energieeffizienz- und Nachfragesteuerungsmaßnahmen vom Bundesministerium für Wirtschaft und Arbeit im **Bundesanzeiger** oder im elektronischen Bundesanzeiger veröffentlicht werden. Eine weitere Veröffentlichungspflicht bestimmt Art 7 III EltRL. Die Vorschrift verlangt, daß die Einzelheiten des Ausschreibungsverfahrens mindestens sechs Monate vor Ablauf der Ausschreibungsfrist im **Amtsblatt der Europäischen Union** veröffentlicht werden. Dadurch wird sichergestellt, daß sich Unternehmen europaweit an dem Ausschreibungsverfahren beteiligen können.

V. Zuständigkeit

Die Bundesregierung wird durch § 53 zum Erlaß einer Rechtsverordnung ermächtigt, in dem ein Ausschreibungsverfahren oder gleichwertiges Verfahren geregelt wird. Welche Stelle für die **Durchführung des Verfahrens** zuständig ist, gibt § 53 nicht vor. Das Bundesministerium für Wirtschaft und Arbeit hat nur die Aufgabe, die für das Verfahren maßgeblichen Kriterien zu veröffentlichen. Aus § 53 folgt nicht, daß die Durchführung des Verfahrens auch im übrigen dem Ministerium obliegt. Allerdings kann das Ministerium, ebenso wie eine andere Stelle, damit in einer Rechtsverordnung gem. § 53 betraut werden. Zu beachten sind bei der Regelung der Zuständigkeit die sich aus Art. 7 V

EltRL ergebenden Anforderungen. Danach benennen die Mitgliedstaaten eine Behörde, eine öffentliche Stelle oder eine von der Erzeugung, Übertragung und Verteilung von Elektrizität sowie von der Elektrizitätsversorgung unabhängige private Stelle, die für die Durchführung, Überwachung und Kontrolle des Verfahrens zuständig ist. Nach Art. 7 V 2 EltRl kann es sich dabei auch um die Regulierungsbehörde oder einen in seinen Eigentumsverhältnissen von anderen, nicht mit dem Übertragungsnetz zusammenhängenden Tätigkeitsbereichen völlig unabhängigen Übertragungsnetzbetreiber handeln.

§ 53a Sicherstellung der Versorgung von Haushaltskunden mit Erdgas

[1] Die Energieversorgungsunternehmen sind verpflichtet, auch im Falle einer teilweisen Unterbrechung der Versorgung mit Erdgas und im Falle außergewöhnlich hoher Gasnachfrage in extremen Kälteperioden Haushaltskunden mit Erdgas zu versorgen, solange die Versorgung für das Energieversorgungsunternehmen aus wirtschaftlichen Gründen zumutbar ist. [2] Zur Gewährleistung einer sicheren Versorgung von Haushaltskunden mit Erdgas kann insbesondere auf die im Anhang der Richtlinie 2004/67/EG des Rates vom 26. April 2004 über Maßnahmen zur Gewährleistung der sicheren Erdgasversorgung (ABl. EU Nr. L 127 S. 92) aufgeführten Mittel und Maßnahmen zurückgegriffen werden.

Übersicht

	Rn.
A. Allgemeines	1
B. Versorgungspflicht der Energieversorger (§ 53a 1)	2
I. Normadressat	3
II. Versorgungspflicht	4
1. Versorgung von Haushaltskunden	4
2. Versorgungsunterbrechungen und hohe Gasnachfrage	7
III. Wirtschaftliche Zumutbarkeit	8
C. Instrumente der Richtlinie 2004/67/EG (§ 53a 2)	9

A. Allgemeines

1 Nach § 53a 1 haben Energieversorgungsunternehmen im Rahmen der wirtschaftlichen Zumutbarkeit Haushaltskunden mit Erdgas zu versorgen. Dies gilt auch bei einer teilweisen Unterbrechung der Versorgung und einer außergewöhnlich hohen Gasnachfrage. § 53a 2 verweist zur Gewährleistung einer sicheren Erdgasversorgung von Haushaltskunden beispielhaft auf die Instrumente, die im Anhang der Richtlinie 2004/67/EG des Rates vom 26. April 2004 über Maßnahmen zur Gewährleistung der sicheren Erdgasversorgung aufgeführt sind. Der auf Beschlußempfehlung des Ausschusses für Wirtschaft und Arbeit vom 13. April 2005 in das EnWG aufgenommene § 53a soll diese Richtlinie umsetzen (BT-Drucks. 15/5268). Sie trägt der zunehmenden **Bedeutung von Erdgas für die Energieversorgung** in der Gemeinschaft und der Abhängigkeit von Erdgasimporten aus Versorgungsquellen außerhalb der EU Rechnung. Die Richtlinie soll – auch unter den Bedingungen eines liberalisierten Gasmarktes – insbesondere die Sicherheit der Erdgasversorgung für Privathaushalte gewährleisten (vgl. Erwägungsgründe Nr. 1, 2 und 5 der Richtlinie 2004/67/EG).

B. Versorgungspflicht der Energieversorger (§ 53a 1)

§ 53a 1 verpflichtet die Energieversorgungsunternehmen dazu, auch im Falle einer teilweisen Unterbrechung der Versorgung mit Erdgas und bei einer außergewöhnlich hohen Gasnachfrage in extremen Kälteperioden, Haushalskunden mit Erdgas zu versorgen. Diese Pflicht steht unter dem Vorbehalt der wirtschaftlichen Zumutbarkeit für die Energieversorgungsunternehmen.

I. Normadressat

Normadressat sind nach dem Wortlaut von § 53a sämtliche Energieversorgungsunternehmen. Da Gegenstand der Vorschrift die **Versorgung mit Erdgas** ist, gilt § 53a jedoch nur für die Energieversorgungsunternehmen i. S. d. § 3 Nr. 18, die Erdgas an andere liefern, ein Erdgasversorgungsnetz betreiben oder über ein solches Netz als Eigentümer verfügungsbefugt sind.

II. Versorgungspflicht

1. Versorgung von Haushaltskunden. Energieversorgungsunternehmen sind nach § 53a 1 zur Versorgung von Haushaltskunden mit Erdgas verpflichtet. Bei Haushaltskunden handelt es sich gem. § 3 Nr. 22 um Letztverbraucher, die Energie – hier Erdgas – überwiegend für den **Eigenverbrauch im Haushalt** oder für den einen Jahresverbrauch von 100.000 kWh nicht übersteigenden Eigenverbrauch für berufliche, landwirtschaftliche oder gewerbliche Zwecke kaufen (dazu § 3, Rn. 41). Durch die Einbeziehung von **Kleinverbrauchern aus dem beruflichen, landwirtschaftlichen und gewerblichen Bereich** hat der Gesetzgeber teilweise von der in Art. 4 II der Richtlinie 2004/67/EG vorgesehenen Möglichkeit Gebrauch gemacht, die Umsetzung der Richtlinie auf kleine und mittlere Unternehmen ausdehnen.

5   Der Inhalt der Versorgungspflicht wird in § 53a 1 nicht näher konkretisiert. Zwar liegt die Bedeutung der Vorschrift vor allem darin, die Versorgung auch in den Fällen sicherzustellen, in denen der Erdgasbezug unterbrochen ist oder eine besonders hohe Nachfrage besteht (Rn. 7). Es bleibt jedoch der **Wahl der Erdgasversorgungsunternehmen** überlassen, mit welchen Mitteln sie der Versorgungspflicht nachkommen. Welche Maßnahmen von den Unternehmen zur Gewährleistung der Versorgung von Haushaltskunden mit Erdgas zu ergreifen sind, richtet sich dabei nach der Stellung der Unternehmen in der Versorgungskette. Die Betreiber von Erdgasversorgungsnetzen haben andere Vorkehrungen zu treffen als Unternehmen, die Erdgas an Haushaltskunden liefern. Dies veranschaulicht § 53a 2, der beispielhaft auf die im Anhang der Richtlinie 2004/67/EG genannten Instrumente verweist (dazu Rn. 9 f.). Dabei sind die den **Erdgaslieferanten** nach § 53a 1 obliegenden Pflichten von der Grundversorgungspflicht nach § 36 zu unterscheiden. Sie müssen gem. § 53a 1 die Versorgung von Haushaltskunden mit Erdgas im Rahmen bestehender Versorgungsverhältnisse sicherstellen. Anders als unter den in § 36 geregelten Voraussetzungen, folgt aus § 53a 1 jedoch keine Verpflichtung zur Aufnahme der Versorgung von bisher noch nicht belieferten Kunden.

6   Den **Betreibern von Erdgasversorgungsnetzen** obliegen bereits nach anderen Vorschriften des EnWG im Interesse der Versorgungssicherheit normierte Pflichten. Sie haben ihre Netze den §§ 11, 15 ff. entsprechend zu betreiben und auszubauen sowie gem. § 52 Versorgungsstörungen zu melden. Die in § 53a geregelte Verpflichtung zur Erdgasversorgung von Haushaltskunden tritt neben diese Pflichten. In der Praxis werden sich daraus wesentliche zusätzliche Anforderungen für die Betreiber von Gasversorgungsnetzen nicht ergeben. Soweit die Betreiber die sich aus den §§ 11, 15 ff. ergebenden Pflichten erfüllen, ist davon auszugehen, daß sie damit auch einen ausreichenden Beitrag zur Erdgasversorgung gem. § 53a leisten.

7   **2. Versorgungsunterbrechungen und hohe Gasnachfrage.** § 53a 1 verpflichtet die Erdgasversorgungsunternehmen zur Versorgung von Haushaltskunden ausdrücklich auch in den Fällen einer teilweisen

Unterbrechung der Versorgung mit Erdgas und einer außergewöhnlich hohen Gasnachfrage in extremen Kälteperioden. Die Unternehmen müssen geeignete Vorkehrungen treffen, um die Erdgasversorgung auch in diesen Fällen fortsetzen zu können. Mit einer teilweisen Unterbrechung der Erdgasversorgung ist in § 53a 1 der Fall gemeint, daß es zu Störungen auf der Bezugsseite der Energielieferanten kommt. Dieser Fall ist deshalb von besonderer Bedeutung, weil die Versorgungssicherheit im Erdgasbereich in hohem Maße von **Gasimporten** abhängig ist. Wie sich aus den Erwägungsgründen der Richtlinie 2004/67/EG ergibt, trägt diesem Umstand auch die Richtlinie Rechnung. Daneben müssen die Erdgasversorgungsunternehmen gem. § 53a 1 insbesondere auf eine außergewöhnlich hohe Gasnachfrage in extremen Kälteperioden reagieren können. Nach Art. 4 I lit. a) der Richtlinie 2004/67/EG treten solche Kälteperioden statistisch gesehen einmal in 20 Jahren auf. Erdgaslieferanten müssen durch entsprechende Vorkehrungen auf der Bezugsseite und Betreiber von Erdgasversorgungsnetzen durch ausreichend dimensionierte Transportkapazitäten auch in diesem Fall die für die Versorgung von Haushaltskunden erforderlichen Erdgasmengen zur Verfügung stellen können.

III. Wirtschaftliche Zumutbarkeit

Die Pflicht zur Versorgung von Haushaltskunden mit Erdgas steht gem. § 53a 1 unter dem Vorbehalt, daß deren Erfüllung für die Versorgungsunternehmen aus wirtschaftlichen Gründen zumutbar ist. Unabhängig von deren Grundrechtsfähigkeit (dazu § 11, Rn. 31) soll § 53a 1 dadurch **unverhältnismäßige Eingriffe** in die – wenn auch möglicherweise nur einfachgesetzlich geschützten – Rechtspositionen der Unternehmen **verhindern.** Wirtschaftlich unzumutbar sind Maßnahmen, die zu einer Existenzgefährdung führen. Ferner kann die Grenze der wirtschaftlichen Zumutbarkeit gem. § 53a 1 überschritten sein, wenn für Investitionen zur Sicherstellung der Erdgasversorgung von Haushaltskunden mangels Renditeerwartung unter Marktbedingungen eine Kapitalbeschaffung nicht möglich ist (vgl. § 11, Rn. 38 f.).

C. Instrumente der Richtlinie 2004/67/EG (§ 53a 2)

Nach § 53a 2 kann zur Gewährleistung einer sicheren Versorgung von Haushaltskunden mit Erdgas insbesondere auf die im Anhang der Richtlinie 2004/67/EG aufgeführten Mittel und Maßnahmen zurück-

gegriffen werden. § 53 a 2 konkretisiert dadurch – wenn auch nur beispielhaft – die Versorgungspflicht gem. § 53 a 1. Der Anhang der Richtlinie 2004/67/EG führt „zur Erhöhung der Sicherheit der Erdgasversorgung" folgende Instrumente auf:
– Arbeitsgasspeicherkapazität,
– Entnahmekapazität in den Gasspeicheranlagen,
– Bereitstellung von Fernleitungskapazität, um Gas in betroffene Regionen umleiten zu können,
– liquide Märkte für handelsfähiges Gas,
– Flexibilität der Netze,
– Ausbau der unterbrechbaren Nachfrage,
– Verwendung von Ersatzbrennstoffen in Industrieanlagen und Kraftwerken,
– grenzüberschreitende Kapazitäten,
– Zusammenarbeit zwischen Fernleitungsnetzbetreibern benachbarter Mitgliedstaaten im Interesse einer koordinierten Abgabe,
– Koordinierung der Abgabeaktivitäten der Verteilernetz- und der Fernleitungsnetzbetreiber,
– einheimische Erdgaserzeugung,
– Erzeugungsflexibilität,
– Einfuhrflexibilität,
– Diversifizierung der Gasversorgungsquellen,
– langfristige Verträge,
– Investitionen in die Infrastruktur für die Gaseinfuhr über Wiedervergasungsstationen und Fernleitungen.

10 **§ 53 a 2 setzt Art. 3 der Richtlinie 2004/67/EG nicht ausreichend um.** Nach Art 3 I der Richtlinie haben die Mitgliedstaaten die Funktionen und Zuständigkeiten der einzelnen Marktteilnehmer bei der Umsetzung der Politik zur Sicherstellung der Gasversorgung zu definieren. Dazu gehört, daß die für den Gebrauch der im Anhang der Richtlinie genannten Instrumente Verantwortlichen festgelegt werden. § 53 a 2 trifft diese Festlegung nicht. Es bleibt offen, ob und welche Instrumente in ausschließlichen Verantwortungsbereich der Energieversorgungsunternehmen liegen.

Teil 7. Behörden

Abschnitt 1. Allgemeine Vorschriften

§ 54 Allgemeine Zuständigkeit

(1) Die Aufgaben der Regulierungsbehörde nehmen die Bundesnetzagentur für Elektrizität, Gas, Telekommunikation, Post und Eisenbahnen (Bundesnetzagentur) und nach Maßgabe des Absatzes 2 die Landesregulierungsbehörden wahr.

(2) [1]Den Landesregulierungsbehörden obliegt
1. die Genehmigung der Entgelte für den Netzzugang nach § 23 a,
2. die Genehmigung oder Festlegung im Rahmen der Bestimmung der Entgelte für den Netzzugang im Wege einer Anreizregulierung nach § 21 a,
3. die Genehmigung oder Untersagung individueller Entgelte für den Netzzugang, soweit diese in einer nach § 24 Satz 1 Nr. 3 erlassenen Rechtsverordnung vorgesehen sind,
4. die Überwachung der Vorschriften zur Entflechtung nach § 6 Abs. 1 in Verbindung mit den §§ 7 bis 10,
5. die Überwachung der Vorschriften zur Systemverantwortung der Betreiber von Energieversorgungsnetzen nach den §§ 14 bis 16 a,
6. die Überwachung der Vorschriften zum Netzanschluss nach den §§ 17 und 18 mit Ausnahme der Vorschriften zur Festlegung oder Genehmigung der technischen und wirtschaftlichen Bedingungen für einen Netzanschluss oder die Methoden für die Bestimmung dieser Bedingungen durch die Regulierungsbehörde, soweit derartige Vorschriften in einer nach § 17 Abs. 3 Satz 1 Nr. 2 erlassenen Rechtsverordnung vorgesehen sind,
7. die Überwachung der technischen Vorschriften nach § 19,
8. die Missbrauchsaufsicht nach den §§ 30 und 31 sowie die Vorteilsabschöpfung nach § 33 und
9. die Entscheidung nach § 110 Abs. 4,

soweit Energieversorgungsunternehmen betroffen sind, an deren Elektrizitäts- oder Gasverteilernetz jeweils weniger als 100 000 Kunden unmittelbar oder mittelbar angeschlossen sind. [2]Satz 1 gilt nicht, wenn ein Elektrizitäts- oder Gasverteilernetz über das Gebiet eines Landes hinausreicht. [3]Für die Feststellung der Zahl der angeschlossenen Kunden sind die Verhältnisse am 13. Juli 2005 für das Jahr 2005 und das Jahr 2006 und danach diejenigen am 31. De-

§ 54
Teil 7. Behörden

zember eines Jahres jeweils für die Dauer des folgenden Jahres maßgeblich. ⁴Begonnene behördliche oder gerichtliche Verfahren werden von der Behörde beendet, die zu Beginn des behördlichen Verfahrens zuständig war.

(3) Weist eine Vorschrift dieses Gesetzes eine Zuständigkeit nicht einer bestimmten Behörde zu, so nimmt die Bundesnetzagentur die in diesem Gesetz der Behörde übertragenen Aufgaben und Befugnisse wahr.

Literatur: *Angenendt/Gramlich/Pawlik,* Neue Regulierung der Strom- und Gasmärkte – Aufgaben und Organisation der Regulierungsbehörde(n), LKV 2006, 49; *Holznagel/Göge/Schumacher,* Die Zulässigkeit der Übertragung von Landesregulierungsaufgaben im Energiesektor auf die BNetzA, DVBl. 2006, 471; *Kühling/el-Barudi,* Das runderneuerte Energiewirtschaftsgesetz, DVBl. 2005, 1470; *Neveling,* Die Bundesnetzagentur – Aufbau, Zuständigkeiten und Verfahrensweisen, ZNER 2005, 263; *Pielow,* Wie „unabhängig" ist die Netzregulierung im Strom- und Gassektor?, DÖV 2005, 1017; *Scheil/Friedrich,* Ein Jahr Bundesnetzagentur – Organisation, Zuständigkeiten und Verfahren nach dem Paradigmenwechsel im EnWG, N&R 2006, 90; *Schmidt,* Neustrukturierung der Bundesnetzagentur – verfassungs- und verwaltungsrechtliche Probleme, NVwZ 2006, 907.

Übersicht

	Rn.
A. Allgemeines	1
I. Gemeinschafts- und verfassungsrechtlicher Rahmen	3
II. Entstehungsgeschichte	6
III. Typen von Energiebehörden nach dem EnWG	9
1. Regulierungsbehörden	10
a) Bundesnetzagentur als Regulierungsbehörde	11
b) Landesregulierungsbehörden	12
c) Zur Wahrnehmung von Landesregulierungsaufgaben durch die Bundesnetzagentur (Organleihe)	15
2. Sonstige Behörden, die Normen des EnWG vollziehen	20
a) Bundesbehörden	21
b) Nach Landesrecht zuständige Behörden	23
B. Verteilung der Regulierungsaufgaben zwischen Bund und Ländern	25
I. Zuständigkeiten der Landesregulierungsbehörden (§ 54 II)	28
1. Enumerative Aufzählung der Länderzuständigkeiten	29
2. Weniger als 100.000 angeschlossene Kunden	35
a) Verteilernetz als Bezugspunkt	36
b) Unmittelbar oder mittelbar angeschlossene Kunden	39

Allgemeine Zuständigkeit 1–3 **§ 54**

Rn.
    c) Maßgeblicher Berechnungszeitpunkt und Meldepflicht der Netzbetreiber 41
    d) Fortführung des Verfahrens durch die bisher zuständige Behörde 43
  3. Ausnahme bei länderübergreifenden Verteilernetzen 46
  4. Zuständigkeitsabgrenzung zwischen mehreren Ländern 47
 II. Zuständigkeiten der Bundesnetzagentur als Regulierungsbehörde (§ 54 I) 48
C. Subsidiäre Zuständigkeit der Bundesnetzagentur (§ 54 III)   50

A. Allgemeines

Die Vorschrift des § 54 regelt die **Verteilung** der im EnWG vorgesehenen exekutiven Aufgaben der **„Regulierungsbehörden"** zwischen **BNetzA** (§ 54 I) einerseits und **Landesregulierungsbehörden** (§ 54 II) andererseits. Daneben enthält § 54 III eine subsidiäre Auffangzuständigkeit der BNetzA für die Fälle, in denen eine Vorschrift des EnWG eine Zuständigkeit weder der „Regulierungsbehörde", der BNetzA oder den Landesregulierungsbehörden noch einer sonstigen Bundesbehörde oder den nach Landesrecht zuständigen Behörden zuweist (zur Typologie der Behörden nach dem EnWG s. u. Rn. 9).   **1**

Hintergrund dieser Zuständigkeitsverteilung in § 54 ist die auch für den Bereich des Energiewirtschaftsrechts geltende Regel des **Art. 83 GG**, wonach Bundesgesetze von den Ländern als eigene Angelegenheiten ausgeführt werden. Da Art. 87 III GG von dieser Regel Ausnahmen zuläßt, war verfassungsrechtlich der Weg eröffnet zu einer **Auseinandersetzung zwischen Bund und Ländern** darüber, ob und in welchem Umfang die Wahrnehmung der Regulierungsaufgaben bei der BNetzA zu konzentrieren oder zwischen Bundes- und Landesregulierungsbehörden zu verteilen seien. Diese Auseinandersetzung, die auch dessen Entstehungsgeschichte (Rn. 6 ff.) geprägt hat, mündete in der konkreten Zuständigkeitsverteilung des § 54, der insoweit einen **Kompromiß** darstellt.   **2**

I. Gemeinschafts- und verfassungsrechtlicher Rahmen

Das Gemeinschaftsrecht enthält zu der in § 54 beantworteten Frage nach der föderalen Verteilung der Regulierungszuständigkeiten keine Vorgaben. **Art. 23 I EltRl** und **Art. 25 I GasRl** erlauben vielmehr   **3** ausdrücklich die **Betrauung "einer oder mehrerer Stellen"** mit der Aufgabe der Regulierungsbehörde. Allerdings verlangen die genannten Richtlinienbestimmungen, daß "diese Behörden von den Interessen" der Elektrizitäts- bzw. Erdgaswirtschaft "vollkommen unabhängig sein" müssen. Ob und inwieweit die Regulierungsbehörden über diese **Unabhängigkeit von energiewirtschaftlichen Interessen** hinaus auch "politisch" in dem Sinne unabhängig sein müssen, daß sie "eine gewisse **Selbständigkeit im innerstaatlichen Verwaltungsgefüge** aufweisen" müssen (*Pielow*, DÖV 2005, 1017, 1018 f.; *Britz*, EuZW 2004, 462, 464), ist noch nicht geklärt. Hinweise in diese Richtung lassen sich Art. 23 II und III EltRl und Art. 23 II und III GasRl entnehmen, die offensichtlich von der Unterscheidung zwischen Regulierungsbehörden einerseits und – von diesen zu unterscheidenen – "staalichen Stellen" ausgehen. Hinsichtlich beider Aspekte der Unabhängigkeit werden Bedenken vorgebracht, soweit Länder die Aufgabe der Landesregulierungsbehörde einem Ministerium zugewiesen haben (dazu *Pielow*, DÖV 2005, 1017, 1020).

4 Der verfassungsrechtliche Rahmen für die **Verteilung der Verwaltungskompetenzen** beim Vollzug des EnWG folgt aus Art. 83 ff. GG. Danach gilt als Regel, daß die Länder die Bundesgesetze als eigene Angelegenheiten ausführen (Art. 83 GG) und in der Folge eigenständig über die Einrichtung der Behörden und das Verwaltungsverfahren entscheiden (Art. 84 I GG). Eine spezielle Bundesverwaltungskompetenz, wie sie in Art. 87 f II 2 GG für den Bereich des Postwesens und der Telekommunikation und in Art. 87 e I und II GG für das Eisenbahnwesen vorgesehen ist, existiert für den Bereich der Energieversorgung nicht. Die Kompetenz des Bundes, durch Gesetz einer Bundesbehörde (BNetzA) Vollzugskompetenzen im Energiebereich zuzuweisen, kann deshalb nur auf **Art. 87 III 1 GG** gestützt werden (so auch BT-Drucks. 15/3917, S. 47).

5 Allerdings birgt Art. 87 III 1 GG die Gefahr, daß die Regelzuständigkeit der Länder aus Art. 83 GG ausgehöhlt wird. Deshalb darf die Bundesoberbehörde, der auf der Grundlage des Art. 87 III 1 GG eine Vollzugszuständigkeit zugewiesen wird, über **keinen eigenen Verwaltungsunterbau** verfügen und nur (bundesweit) **zentral zu erfüllende Aufgaben** wahrnehmen (*Hermes*, in: Dreier, GG-Kommentar, Bd. III, 2000, Art. 87, Rn. 85 m. w. N.). Der letztgenannten Bedingung wird die Aufgabenverteilung zwischen Bundes- und Landesregulierungsbehörden in § 54 gerecht. Die erstgenannte Voraussetzung ist solange erfüllt, wie den Außenstellen der BNetzA keine wesentlichen Aufgaben im Bereich der Energieversorgung zugewiesen sind.

II. Entstehungsgeschichte

Die Gesetz gewordenen Fassung des § 54 ist das Ergebnis eines 6
Kompromisses zwischen Bund und Ländern, der auf der Beschlußempfehlung des **Vermittlungsausschusses** (BT-Drucks. 15/5736 neu) beruht.

Der ursprüngliche Gesetzesentwurf der Bundesregierung sah eine 7
grundsätzliche **Alleinzuständigkeit der Bundesregulierungsbehörde** für alle wesentlichen Netzangelegenheiten vor (BT-Drucks. 15/3917, S. 54). Begründet wurde diese alleinige Bundesverwaltungszuständigkeit vor allem damit, daß die Regulierungsbehörde nach den Bestimmungen der Elektrizitätsrichtlinie und der Gasrichtlinie in der Lage sein müsse, „ihren Verpflichtungen aus diesem Gesetz effizient und zügig nachzukommen" und „von den Interessen der Energiewirtschaft vollkommen unabhängig sein" müsse. Darüber hinaus wurde für den Fall einer Beteiligung der Länder mit einem „deutlich erhöhten Verwaltungsaufwand", mit „Größenvorteilen" im Fall einer alleinigen Bundeszuständigkeit sowie mit dem „Gesichtspunkt einheitlicher Rechtsanwendung" argumentiert (BT-Drucks. 15/3917, S. 68 f.).

Demgegenüber plädierte der **Bundesrat** für eine **„sachgerechte** 8
Verteilung" der Aufgaben zwischen Bund und Ländern, die den Landesregulierungsbehörden „die Regulierungsaufgaben für die Verteilernetze" überträgt. Hingewiesen wurde auf „die Vorteile eines ortsnahen Vollzugs, der die Wirksamkeit der Regulierung erhöht". Zu den Aufgaben der Bundesregulierungsbehörde sollten danach nur „die Regulierungsaufgaben im Zusammenhang mit der Entflechtung (Teil 2) und die Regulierung des Netzbetriebs (Teil 3) der Übertragungsnetzbetreiber und der Verteilernetzbetreiber gehören, deren Netz länderübergreifend ist", sowie Allgemeinverfügungen, mit denen die Regulierungsbehörde Bedingungen oder Methoden festlegt (BT-Drucks. 15/3917, S. 93).

III. Typen von Energiebehörden nach dem EnWG

Die vielfältigen Entscheidungs-, Vollzugs-, Kontroll- und sonstigen 9
Aufgaben nach dem EnWG sind teilweise **Bundesbehörden** zugewiesen und teilweise – entsprechend der verfassungsrechtlichen Regel aus Art. 83 und 84 GG – den durch Landesrecht zu bestimmenden **Behörden der Länder** anvertraut. Dabei ist sowohl auf Bundes- als auch auf Landesebene zwischen den **Regulierungsbehörden** einerseits (Rn. 10 ff.) und **sonstigen Behörden** (Rn. 20 ff.) andererseits zu unterscheiden, denen Vollzugsaufgaben nach dem EnWG zugewiesen sind. Aus dieser Systematik ergeben sich **vier Typen** von Behörden,

die in den Vollzug des EnWG eingeschaltet sind: Bundes- (BNetzA) und Landesregulierungsbehörden sowie sonstige mit dem Vollzug des Gesetzes betraute Behörden des Bundes und der Länder.

10 **1. Regulierungsbehörden.** Zentrale Regulierungsaufgaben (§§ 29 ff.) wie auch die allgemeinen Befugnisse zur Durchsetzung der Verpflichtungen, die sich aus dem EnWG oder aus den auf seiner Grundlage erlassenen Rechtsverordnungen ergeben (§ 65), weist das EnWG der **„Regulierungsbehörde"** zu. Wie sich aus § 54 ergibt, bezeichnet dieser Begriff der „Regulierungsbehörde" sowohl die BNetzA auf Bundesebene als auch die Landesregulierungsbehörden.

11 **a) Bundesnetzagentur als Regulierungsbehörde.** Aus § 54 I folgt, daß die BNetzA als alleinige **Regulierungsbehörde des Bundes** alle die Aufgaben wahrnimmt, die im EnWG der „Regulierungsbehörde" zugewiesen sind und die nicht nach § 54 II in die Zuständigkeit der Landesregulierungsbehörden fallen. Mit der Bezeichnung „Bundesnetzagentur für Elektrizität, Gas, Telekommunikation, Post und Eisenbahnen (Bundesnetzagentur)" nimmt § 54 I Bezug auf das parallel verabschiedete BNAG, dessen organisationsrechtliche Regelungen maßgeblich sind, soweit das EnWG selbst nicht – speziellere – Regelungen organisations- oder verfahrensrechtlicher Natur trifft.

12 **b) Landesregulierungsbehörden.** Wie sich aus dem systematischen Zusammenhang zwischen § 54 einerseits und der Vielzahl von Vorschriften, die eine Zuständigkeit der „Regulierungsbehörde" zuweisen, andererseits ergibt, bezeichnet das EnWG mit dem Begriff „Regulierungsbehörde" sowohl die BNetzA als auch die jeweils örtlich zuständige (s. u. Rn. 47) **Landesregulierungsbehörde.** Welche dieser beiden jeweils zuständig für die Wahrnehmung einer Regulierungsaufgabe ist, entscheidet sich allein nach § 54 II.

13 § 54 II löst in Verbindung mit denjenigen Vorschriften des EnWG, die ausdrücklich die „Landesregulierungsbehörde" erwähnen, eine **Verpflichtung der Länder** aus, eine solche **Behörde einzurichten** oder die Funktionen der Landesregulierungsbehörde nach dem EnWG eindeutig einer oder mehreren bestehenden Behörden zuzuweisen. Anderenfalls wären die bundesrechtlich begründeten Zuständigkeiten, Befugnisse und Verpflichtungen der Landesregulierungsbehörden auf der Ebene des jeweiligen Landes nicht eindeutig zuzuordnen. Auch die Länder, die Aufgaben der Landesregulierungsbehörde durch die BNetzA wahrnehmen lassen (Organleihe, s. Rn. 15 ff.), haben die Landesregulierungsbehörde zu bestimmen, die die notwendig beim Land verbleibenden Aufgaben (Rn. 18) wahrnimmt.

14 Vorgaben für die Organisation, für die Zahl oder für sonstige Eigenschaften der Landesregulierungsbehörden enthält das EnWG nicht

(*Angenendt/Gramlich/Pawlik,* LKV 2006, 49, 52). Welcher Behörde oder welchen Behörden die Funktion der Landesregulierungsbehörde zugewiesen wird, **entscheiden** deshalb **die Länder** unter Beachtung ihrer jeweiligen verfassungsrechtlichen Vorgaben durch Gesetz, Verordnung oder einfachen Organisationsakt (s. u. Rn. 23). So hat etwa Bayern die Regulierungsaufgaben zwischen dem Staatsministerium für Wirtschaft, Infrastruktur, Verkehr und Technologie und den Bezirksregierungen aufgeteilt. Für die beiden größten Netzbetreiber ist hier die Ministeriumszuständigkeit begründet, während Landesregulierungsbehörde für die übrigen Netzbetreiber die Bezirksregierungen sind. Allein Ministerien sind beispielsweise in Hessen (Ministerium für Wirtschaft, Verkehr und Landesentwicklung), Sachsen-Anhalt (Ministerium für Wirtschaft und Arbeit) und Rheinland-Pfalz (Ministerium für Wirtschaft, Verkehr, Landwirtschaft und Weinbau) für die Regulierungsaufgaben zuständig.

c) Zur Wahrnehmung von Landesregulierungsaufgaben 15 **durch die Bundesnetzagentur (Organleihe).** Da nicht alle Länder über die finanziellen und/oder personellen Ressourcen verfügen, die Aufgaben der Landesregulierungsbehörden wahrzunehmen, hatten bereits im Gesetzgebungsverfahren sechs Länder dem Bund ihr Interesse angezeigt, ihre Aufgaben nach § 54 II im Wege der **Organleihe** durch die **BNetzA** wahrnehmen zu lassen (dazu ausführlich *Holznagel/Göge/Schumacher,* DVBl. 2006, 471 ff.; s. ebenso *Neveling,* ZNER, 2005, 263, 267). Die Bundesregierung hatte im Vermittlungsverfahren die Bereitschaft des Bundes zu einer solchen Aufgabenerledigung unter der Voraussetzung zugesagt, daß entsprechende Erklärungen der jeweiligen Länder bis zum 1. 8. 2005 vorliegen (vgl. Stenografischer Bericht der 812. Sitzung des Bundesrates, S. 240, und Anlage 3, S. 263). Von diesem „Angebot" des Bundes haben die Länder Bremen (s. hierzu Amtsblatt der Freien Hansestadt Bremen 107/2005, 873 ff.), Mecklenburg-Vorpommern, Niedersachsen, Thüringen und Schleswig-Holstein Gebrauch gemacht.

Obwohl das EnWG – im Gegensatz etwa zu § 5 II 2 AEG (dazu 16 *Hermes/Schweinsberg,* in: BeckAEG-Komm, § 5, Rn. 60 ff.) – keine ausdrückliche Ermächtigung für die Übertragung von Aufgaben der Landesverwaltung im Energiesektor auf eine Behörde des Bundes enthält, bestehen gegen eine solche Übertragung **keine durchgreifenden verfassungsrechtlichen Bedenken** (*BVerfGE* 61, 1 ff.; 63, 1, 31 ff.; *Holznagel/Göge/Schumacher,* DVBl. 2006, 471, 474 ff.), soweit die nachfolgend genannten Bedingungen eingehalten werden.

In formaler Hinsicht bedarf es einer expliziten **Vereinbarung** zwi- 17 schen dem jeweiligen Land und dem Bund (a.A. – allerdings vor dem Hintergrund einer eindeutigen bundesgesetzlichen Regelung der Organleihe – *BVerfGE* 63, 1, 43 f.), welche Umfang und Modalitäten der Aufgabenwahrnehmung durch die BNetzA für das Land eindeutig regelt. Dieses Abkommen bedarf der **Veröffentlichung,** weil die Betroffenen Unternehmen anderenfalls nicht erkennen können, welche Behörde zuständig ist. Da die Aufgaben der Landesregulierungsbehörde nicht vollständig auf den Bund übertragen werden können, befreit eine Organleihe das jeweilige Land nicht von der Pflicht, eine **Landesregulierungsbehörde** zu bestimmen, die diejenigen Aufgaben wahrzunehmen hat, welche nicht auf den Bund übertragbar sind (Rn. 18).

18 In der Sache kann eine Organleihe im Wege eines Verwaltungsabkommens nichts an der durch Verfassung (Art. 83, 84 GG) und Bundesgesetz (§ 54 II) geschaffenen Rechtslage ändern, wonach es sich bei den hier in Rede stehenden Aufgaben nach § 54 II um **Landesverwaltungsaufgaben** handelt. Deshalb muß der nach Landesrecht zuständigen Landesregulierungsbehörde ein uneingeschränktes **fachliches Weisungsrecht** und das Recht auf umfassende Information gegenüber der Bundesbehörde zukommen, soweit es um die Wahrnehmung der Aufgaben nach § 54 II geht (*Hermes,* in: Dreier, GG-Kommentar, Bd. III, 2000, Art. 83, Rn. 51; *Holznagel/Göge/Schumacher,* DVBl. 2006, 471, 476, 478 f.). Anderenfalls wäre der aus Art. 83 GG folgende Grundsatz der **eigenverantwortlichen Aufgabenwahrnehmung** mißachtet. Unberührt bleibt jedoch die Funktion des BMWT als Dienstaufsichtsbehörde der BNetzA.

19 **Haftungsrechtlich** ist für Handlungen, die Bedienstete oder Beauftragte der BNetzA als Organ eines Landes vornehmen, das entleihende Land verantwortlich. Für den **Rechtsschutz** gegen Entscheidungen der BNetzA „als Landesregulierungsbehörde" hat die verbleibende Zurechnung zum Land die Folge, daß die Klage gegen das Land zu richten ist und sich die örtliche Zuständigkeit des Oberlandesgerichts gem. § 75 IV danach richtet, wo die Landesregulierungsbehörde (Rn. 17) des jeweiligen Landes ihren Sitz hat (*Holznagel/Göge/Schumacher,* DVBl. 2006, 471, 478 f.; s. § 75, Rn. 17).

20 **2. Sonstige Behörden, die Normen des EnWG vollziehen.** Neben den Regulierungsbehörden kennt das EnWG weitere Bundes- und Landesbehörden, denen Vollzugsaufgaben zugewiesen sind. Vorschriften, die ausdrücklich auf die „Regulierungsbehörde" Bezug nehmen, finden auf solche Behörden keine Anwendung.

21 **a) Bundesbehörden.** Auf der Ebene des Bundes kennt das EnWG als Vollzugsbehörde – also jenseits der Zuständigkeit für den Erlaß von Rechtsverordnungen – neben der BNetzA lediglich das **Bundesministerium für Wirtschaft und Arbeit,** das nach § 51 zuständig ist für die Durchführung des Monitorings der Versorgungssicherheit.

22 Neben dieser ministeriellen Zuständigkeit sind die Vorschriften zu erwähnen, die der **BNetzA** Aufgaben, Befugnisse und Verpflichtungen zuweisen, ohne diese als „Regulierungsbehörde" zu bezeichnen. Diese terminologische Verschiedenheit ist deshalb von Bedeutung, weil die ausdrücklich auf die „Regulierungsbehörde" Bezug nehmenden Vorschriften dann keine Anwendung finden, wenn die BNetzA als solche und nicht als Regulierungsbehörde tätig wird (s. insbesondere §§ 65 ff.).

23 **b) Nach Landesrecht zuständige Behörden.** Auf der Ebene der Länder kennt das EnWG neben den Landesregulierungsbehörden (Rn. 12) noch die „nach Landesrecht zuständigen Behörden" (z. B. § 4 I). Welches diese Behörden sind, regelt das jeweilige Land nach Maßgabe seiner verfassungsrechtlichen Ordnung. Zu der Frage, ob die Länder diese Regelung durch Gesetz, in der Form untergesetzlicher Normen (Rechtsverordnung) oder durch sonstigen Organisationsakt treffen, enthalten die Art. 83 und 84 I GG keine Aussage. Die bundesverfassungsrechtlichen Minimalanforderungen an die **organisationsrechtlichen Entscheidungen der Länder** ergeben sich vielmehr allein aus dem sog. institutionellen Vorbehalt des Gesetzes (Rechtsstaats- und Demokratieprinzip), der über Art. 28 I GG auch von den Ländern zu beachten ist. Auch die Formulierung „nach Landesrecht zuständige Behörde" in den Vorschriften des EnWG kann nicht in dem Sinne ausgelegt werden, daß die Behördenzuständigkeit einem Landes(parlaments)gesetz vorbehalten ist. Für eine solche bundesgesetzliche Regelung landesverfassungsrechtlicher Fragen des Verhältnisses zwischen Landesparlament und -regierung fehlt es nämlich an der erforderlichen Bundesgesetzgebungskompetenz (s. zum Ganzen *Hermes*, in: Dreier, GG-Kommentar, Bd. III, 2000, Art. 84, Rn. 37 m. w. N.).

24 Zu der Bestimmung, welches die zu dem Vollzug des EnWG berufene Landesbehörde ist, sind die Länder nach Art. 83 GG in Verbindung mit den Vorschriften des EnWG, die ausdrücklich auf die nach Landesrecht zuständigen Behörden Bezug nehmen, **verpflichtet** (*Hermes,* in: Dreier, GG-Kommentar, Bd. III, 2000, Art. 83 Rn. 34, Art. 84, Rn. 37). Auch für diese Landesbehörden (für Bundesbehörden s. Rn. 21) gilt, daß auf sie die Vorschriften des EnWG, die ausdrücklich auf Regulierungsbehörden bezogen sind, keine Anwendung finden.

B. Verteilung der Regulierungsaufgaben zwischen Bund und Ländern

25 Bei der Verteilung der Regulierungszuständigkeiten zwischen **Bundesnetzagentur** und **Landes**regulierungsbehörden knüpft § 54 – wie der Wortlaut von Abs. 1 eindeutig erkennen läßt – an das formale Kriterium an, ob in der jeweiligen die behördliche Aufgabe benennenden Vorschrift eben diese Aufgabe der „Regulierungsbehörde" zugewiesen wird. § 54 verlangt deshalb keine Beantwortung der schwierigen Frage, welche exekutiven Aufgaben der „Regulierung" (vgl. etwa § 1 II) zuzurechnen sind.

26 In allen den Fällen, in denen eine solche ausdrückliche Zuweisung einer Aufgabe zu der „Regulierungsbehörde" vorgenommen wurde, ist **grundsätzlich** nach § 54 I die **BNetzA** zuständig, wenn nicht ausnahmsweise nach § 54 II die Zuständigkeit der Landesregulierungsbehörden begründet ist (s. u. Rn. 28).

27 Außerhalb des Anwendungsbereichs von § 54 liegen die **spezielleren Zuständigkeitsregelungen**, die explizit die „Bundesnetzagentur" (z. B. § 56) oder die „Landesregulierungsbehörde" (z. B. § 71 a) erwähnen und deshalb eine Abgrenzung der Zuständigkeiten nach § 54 überflüssig machen.

I. Zuständigkeiten der Landesregulierungsbehörden (§ 54 II)

28 Die Zuständigkeit der Landesregulierungsbehörden ist nur unter den beiden Voraussetzungen gegeben, daß das EnWG die Zuständigkeit für die Wahrnehmung einer bestimmten Aufgabe der **„Regulierungsbehörde"** zuweist und daß die in **§ 54 II abschließend genannten Voraussetzungen** für eine Zuständigkeit der Landesregulierungsbehörde vorliegen. Bei diesen in § 54 II normierten Voraussetzungen handelt es sich um die folgenden drei, die kumulativ vorliegen müssen: Es muß sich um eine der in § 54 II 1 Nrn. 1 bis 9 genannten Aufgaben handeln, es muß sich um ein Verteilernetz mit weniger als 100.000 angeschlossenen Kunden handeln und dieses Netz darf über das Gebiet eines Landes nicht hinausreichen.

29 **1. Enumerative Aufzählung der Länderzuständigkeiten.** Die Zuständigkeit der Landesregulierungsbehörden umfaßt nur die in **§ 54 II 1 Nrn. 1 bis 9** abschließend aufgelisteten Aufgaben **(Enumerationsprinzip).** Diese Aufgaben sind durch die Bezugnahme auf die jeweils einschlägigen Vorschriften des EnWG in einer Art und Weise bezeichnet, die positive oder negative Kompetenzkonflikte zwischen Bundes- und Landesregulierungsbehörde kaum entstehen lassen dürften.

Dies gilt zunächst für die drei die **Entgelte für den Netzzugang** 30 betreffenden Zuständigkeiten nach § 54 II 1 **Nr. 1 bis 3**. § 54 II 1 Nr. 1 bezieht sich dabei auf die Erteilung der Genehmigungen auf der Grundlage einer kostenorientierten Entgeltbildung (§ 23 a). § 54 II 1 Nr. 2 weist der Landesregulierungsbehörde die Zuständigkeit für Festlegungen und Genehmigungen im Rahmen der Durchführung der Methoden einer Anreizregulierung auf der Grundlage einer Rechtsverordnung nach § 21 a VI zu. § 54 II 1 Nr. 3 betrifft schließlich die Genehmigungen und Untersagungen individueller Netzzugangsentgelte auf der Grundlage einer Rechtsverordnung nach § 24 1 Nr. 3 (Genehmigungsvorbehalt in § 19 II 5 StromNEV). Soweit in § 54 II 1 Nr. 2 und 3 Vollzugsaufgaben genannt sind, die erst durch Rechtsverordnung begründet und konkretisiert werden, darf der Verordnungsgeber die in § 54 II Nr. 2 und 3 vorgegebene Zuständigkeitsanordnung zugunsten der Landesregulierungsbehörden nicht verändern.

Die in § 54 II 1 **Nr. 4** genannte Überwachung der Vorschriften zur 31 **Entflechtung** nach § 6 I in Verbindung mit den §§ 7 bis 10 erfaßt alle Überwachungsmaßnahmen, die der Regulierungsbehörde nach §§ 65 ff. zur Verfügung stehen, um die Beachtung der Entflechtungsvorschriften zu kontrollieren und durchzusetzen.

In den § 54 II 1 **Nr. 5 bis 7** sind die **netzbezogenen Regulie-** 32 **rungsaufgaben** enthalten, die sich auf die Systemverantwortung der Netzbetreiber nach §§ 14 bis 16 a, auf den Netzanschluß nach §§ 17 und 18 sowie auf die von den Netzbetreibern nach § 19 zu veröffentlichenden technischen Mindestanforderungen beziehen. Auch insoweit umfaßt der Begriff der Überwachung die Gesamtheit der Kontroll- und Durchsetzungsbefugnisse, die den Regulierungsbehörden nach §§ 65 ff. zustehen. Informationsrechte der Regulierungsbehörde – solche sind unter anderem auch in den Verfahrensvorschriften (insb. § 69) enthalten – ergeben sich ebenso direkt aus den §§ 14–19 (§ 14, Rn. 5, 7; § 16, Rn. 16 f., 18 f.; § 16 a, Rn. 1, 4; § 17, Rn. 47; § 18, Rn. 33; § 19, Rn. 1, 6). Aus dem Bereich der Überwachung der Vorschriften zum Netzanschluß fallen nicht in die Zuständigkeit der Landesregulierungsbehörden die Festlegungen und Genehmigungen, die sich auf die technischen und wirtschaftlichen Bedingungen für einen Netzanschluß oder auf die Methoden für die Bestimmung dieser Bedingungen beziehen, soweit eine Rechtsverordnung der Bundesregierung nach § 17 III 1 Nr. 2 solche Festlegungsbefugnisse und/oder einen solchen Genehmigungsvorbehalt vorsieht.

§ 54 33–38   Teil 7. Behörden

33   Die § 54 II 1 **Nr. 8** weist den Landesregulierungsbehörden die Zuständigkeit für die **Mißbrauchsaufsicht** nach den §§ 30 und 31 sowie für die Vorteilsabschöpfung nach § 33 zu (siehe zu den Eingriffs-, Kontroll- und Durchsetzungsbefugnissen insbesondere § 30, Rn. 43 ff.; § 31, Rn. 3, 13 ff., 21 ff., 24 ff.; § 33, Rn. 1 ff.).

34   Schließlich sind die Landesregulierungsbehörden nach § 54 II 1 **Nr. 9** zuständig für die Entscheidung über Anträge, Energieversorgungsnetzen die Qualität eines **Objektnetzes** nach § 110 I zuzusprechen (s. hierzu § 110, Rn. 23 ff.).

35   **2. Weniger als 100.000 angeschlossene Kunden.** Adressaten der in § 54 II 1 Nr. 1 bis 9 aufgelisteten Kontroll- und Überwachungsaufgaben sind EVU i. S. d. § 3 Nr. 18, die zumindest auch ein Elektrizitäts- oder Gasverteilernetz betreiben. Anknüpfend an das betriebene **Verteilernetz** beschränkt § 54 II 1 die Zuständigkeit der Landesregulierungsbehörden auf solche EVU, an deren Netz **weniger als 100.000 Kunden unmittelbar oder mittelbar angeschlossen** sind. Dieses Abgrenzungskriterium entspricht demjenigen der §§ 7 II und 8 VI (s. im einzelnen § 7, Rn. 41 ff., § 8, Rn. 65).

36   **a) Verteilernetz als Bezugspunkt.** Wie sich bereits aus dem Wortlaut des § 54 II 1 eindeutig ergibt, ist **Bezugspunkt** für die Prüfung des 100.000-Kunden-Kriteriums nicht das EVU, sondern **das jeweilige Verteilernetz.** Wenn also z. B. ein EVU mehrere Verteilernetze betreibt, so ist für die Zuständigkeitsprüfung nach § 54 II nur auf das Netz abzustellen, auf das sich die jeweilige Kontroll- oder Überwachungsmaßnahme bezieht.

37   Die Abgrenzung der Zuständigkeiten zwischen BNetzA und Landesregulierungsbehörde nach § 54 II setzt mithin eine Präzisierung des betroffenen Netzes voraus. Hinweise dazu gibt zunächst § 3 Nr. 37, wonach die Verteilung von Elektrizität mit hoher, mittlerer oder niederer Spannung und die Verteilung von Gas über regionale oder örtliche Leitungsnetze erfolgen kann. Im übrigen sind Verteilernetze durch ihre Funktion bestimmt, die Versorgung von Kunden – gem. § 3 Nr. 24 also Großhändler, Letztverbraucher und Unternehmen – zu ermöglichen. Aus § 3 Nr. 3 und 7 folgt darüber hinaus, daß ein Verteilernetz einem bestimmten Gebiet zugeordnet sein muß und daß „Verbindungsleitungen" (§ 3 Nr. 34) nicht zu den Verteilernetzen gehören. Aus diesen Vorschriften folgt, daß das Verteilernetz, auf das § 54 abstellt, als **technisch-funktionale Einheit** zu verstehen ist, die einem abgegrenzten Territorium zugeordnet werden kann.

38   Auf die **rechtlichen und organisatorischen Strukturen** des Betriebs und der Verwaltung des Verteilernetzes kommt es daher nicht an. Deshalb kann sich etwa ein EVU nicht dadurch der Zuständigkeit der

BNetzA entziehen, daß es sein Verteilernetz organisatorisch und/oder rechtlich in mehrere Teile aufgliedert (*Salje*, EnWG, § 54, Rn. 37 f.). Soweit die Vorschriften über den Betrieb von Energieversorgungsnetzen einen „kooperativen" Netzbetrieb durch mehrere EVU zulassen, muß sich jedes dieser Unternehmen die Gesamtzahl der an das Verteilernetz angeschlossenen Kunden zurechnen lassen.

b) Unmittelbar oder mittelbar angeschlossene Kunden. Die 39 Grenze von „weniger als 100.000" bezieht sich auf die angeschlossenen Kunden. Gemäß § 3 Nr. 24 werden dazu gezählt **Großhändler,** die Energie zum Zwecke des Weiterverkaufs kaufen (§ 3 Nr. 21), **Letztverbraucher,** die Energie für den eigenen Verbrauch kaufen (§ 3 Nr. 25) sowie **Unternehmen,** die Energie kaufen. Bei den Kunden i. S. d. Vorschrift handelt es sich somit nicht um die tatsächlichen Nutzer der Energielieferung, sondern vielmehr um die Anschlußinhaber, die üblicherweise als **Vertragspartner** dem Netzbetreiber gegenüber stehen (*Salje*, EnWG, § 7, Rn. 11).

Die **Netzanschlüsse,** auf die § 54 II 1 Bezug nimmt, sind solche 40 i. S. d. §§ 17 ff. Darauf, ob über den jeweiligen Anschluß tatsächlich Energie bezogen wird, kommt es nicht an. Neben den **unmittelbaren** Anschlüssen, die die technische Verbindung zwischen dem Verteilernetz und dem Übergabe- oder Ausspeisepunkt beim Kunden herstellen, werden nach § 54 II 1 auch die mittelbaren Anschlüsse erfaßt. Als **„mittelbar"** an ein Verteilernetz angeschlossene Kunden werden diejenigen gezählt, die an ein Objektnetz i. S. d. § 110 I angeschlossen sind und deshalb über keinen unmittelbaren oder direkten Anschluß an das Netz des regulierten EVU. Der Anschluß an ein Objektnetz wird dem EVU somit nicht zugerechnet (*Salje*, EnWG, § 7, Rn. 13).

c) Maßgeblicher Berechnungszeitpunkt und Meldepflicht der 41 **Netzbetreiber.** In § 54 II 3 wird – neben dem 13. 7. 2005 als maßgeblicher Berechnungszeitpunkt für die Jahre 2005 und 2006 – der **31. Dezember** eines jeden Jahres zum **maßgeblichen Zeitpunkt** bestimmt, zu dem die Zahl der angeschlossenen Kunden zu erfassen ist. Diese Zahl ist dann für die Zuständigkeitsabgrenzung des folgenden Jahres maßgeblich.

Darüber hinaus läßt sich § 54 II 3 entnehmen, daß die EVU, die ein 42 Verteilernetz betreiben, verpflichtet sind, die Zahl der am 31. Dezember eines jeden Jahres an ihr Verteilernetz unmittelbar oder mittelbar angeschlossenen Kunden der für sie nach § 54 zuständigen Regulierungsbehörde mitzuteilen. Diese **Meldepflicht der EVU,** die sich indirekt auch aus § 52 4 (Bericht über durchschnittliche Versorgungsunterbrechungen „je angeschlossenem Letztverbraucher") ergibt, muß also nicht erst einzelfallbezogen auf der Grundlage des § 69 durch Beschluß oder Einzelverfügung begründet werden.

43 **d) Fortführung des Verfahrens durch die bisher zuständige Behörde.** Für den Fall eines Zuständigkeitswechsels zum 1. Januar eines Jahres aufgrund einer veränderten Zahl der angeschlossenen Kunden (am 31. Dezember des Vorjahres) ordnet § 54 II 4 an, daß begonnene behördliche oder gerichtliche Verfahren von der Behörde fortgeführt werden, die zu Beginn des behördlichen Verfahrens zuständig war. Die Regelung dient den Interessen der **Verfahrensvereinfachung und -beschleunigung.**

44 Der **Beginn des behördlichen Verfahrens**, auf den § 54 II 4 abstellt, wird definiert durch die Handlungen, die das Verwaltungsverfahrensrecht im Allgemeinen und die §§ 65 ff. im besonderen dem „behördlichen Verfahren" zurechnen. Ausgehend vom Wortlaut der allgemeinen Vorschrift zum Begriff des Verwaltungsverfahrens (§ 9 VwVfG) beginnt das Verwaltungsverfahren, wenn die Behörde Handlungen vornimmt, die auf die Prüfung der Voraussetzungen, die Vorbereitung oder den Erlaß eines Verwaltungsaktes oder den Abschluß eines öffentlich-rechtlichen Vertrages abzielen. Im einzelnen können hier erhebliche Abgrenzungsschwierigkeiten entstehen. Jedenfalls gehört bei Verfahren, die auf Antrag eingeleitet werden können oder müssen, der Eingang des Antrags bereits dazu. Leitet die Regulierungsbehörde ein Verfahren von Amts wegen ein, so beginnt das Verfahren mit der (dem EVU nicht notwendig bekannten) aktenkundigen Tätigkeit der Behörde, die sich auf die Prüfung eines konkreten Einzelfalles bezieht. Wohl nicht mehr dem Verwaltungsverfahren zuzurechnen ist die dem vorangehende Prüfung, ob überhaupt ein Verfahren eingeleitet werden soll (*Kastner*, in: Fehling/Kastner/Wahrendorf, Hk-VerwR, § 9 VwVfG, Rn. 64; *P. Stelkens/Schmitz*, in: VwVfG, 6. Aufl., 2001, § 9, Rn. 95 ff.).

45 Die Frage, ob die zu Beginn des behördlichen Verfahrens zuständige Behörde auch zuständig bleibt für die Durchführung eines gerichtlichen Verfahrens, obwohl zum Zeitpunkt des **Zuständigkeitswechsels** das **gerichtliche Verfahren noch nicht begonnen** hatte, läßt sich aus dem Wortlaut des § 54 II 4 nicht klar beantworten. Der Gesichtspunkt der Verfahrensvereinfachung spricht für eine solche Auslegung.

46 **3. Ausnahme bei länderübergreifenden Verteilernetzen.** Bei Verteilernetzen, die die **Grenze eines Landes** überschreiten, ist eine Zuständigkeit der Landesregulierungsbehörde nicht gegeben. Landesgrenzüberschreitende Verteilernetze fallen also in die Zuständigkeit der BNetzA. Sofern man bei geringfügigen Überschreitungen der Landesgrenzen im Wege einer Annexzuständigkeit unter Wahrung des örtlichen Bezugs die weitere Zuständigkeit der Landesregulierungsbehörde annimmt, muß beachtet werden, daß eine Zuständigkeit **mehrerer Landesbehörden nicht** in Betracht kommt. Dies würde den Wortlaut des § 54 II 2 überschreiten (*Salje*, EnWG, § 54, Rn. 39).

4. Zuständigkeitsabgrenzung zwischen mehreren Ländern. 47
Die Zuständigkeitsabgrenzung zwischen mehreren Ländern richtet sich nach den **Verwaltungsverfahrensgesetzen der Länder**, die in § 3 I Nr. 1 Landes-VwVfG die örtliche Zuständigkeit nach der Belegenheit der Sache bestimmen. Zuständig ist danach die Behörde, in deren Bezirk sich die Sache befindet. Dies ist das Land, auf dessen Territorium das jeweilige Netz, auf welches sich die Regulierungsmaßnahme bezieht, gelegen ist.

II. Zuständigkeiten der Bundesnetzagentur als Regulierungsbehörde (§ 54 I)

In die Zuständigkeit der BNetzA fallen alle die Aufgaben, die das 48 EnWG den „Regulierungsbehörden" zuweist und die in § 54 II nicht den Landesregulierungsbehörden zugewiesen sind. Die Zuständigkeiten der BNetzA sind in diesem Sinne das Ergebnis eines einfachen **Subtraktionsverfahrens.**

Danach gehören zu den **Zuständigkeiten der BNetzA** – un- 49 abhängig von der Zahl der angeschlossenen Kunden und von der länderübergreifenden Netzausbreitung – die Durchführung des Vergleichsverfahrens für die Überprüfung der kostenorientierten Entgeltberechnung (§ 21 III), die Festlegung der Bedingungen für Netzanschluß und Netzzugang, die Zusammenarbeit mit den Regulierungsbehörden anderer EG-Staaten und der Europäischen Kommission (§ 57) sowie die Entwicklung eines Systems zur „Anreizregulierung" (§§ 21a, 112a) (*Holznagel/Göge/Schumacher*, DVBl. 2006, 471, 472).

C. Subsidiäre Zuständigkeit der Bundesnetzagentur (§ 54 III)

§ 54 III enthält eine **subsidiäre Zuständigkeit der BNetzA** für 50 die Fälle, in denen bei der Formulierung einer vollzugsfähigen Vorschrift des EnWG „vergessen" wurde zu bestimmen, welche Behörde die jeweilige Aufgabe und/oder Befugnis wahrnimmt. Der Vorschrift des § 54 III bedurfte es deshalb, weil anderenfalls im Falle einer fehlenden Bestimmung der Behördenzuständigkeit die verfassungsrechtliche Regel des Art. 83 GG Platz gegriffen hätte, wonach die Länder die Bundesgesetze ausführen.

51 Ein konkreter Anwendungsfall des § 54 III ist bislang nicht in Erscheinung getreten. Soweit ersichtlich weist das EnWG die Zuständigkeit für die Wahrnehmung der in diesem Gesetz geregelten Aufgaben und Befugnisse den „Regulierungsbehörden" (Zuständigkeit folgt § 54 I und II), der BNetzA oder den nach Landesrecht zuständigen Behörden zu. Vor diesem Hintergrund handelt es sich bei § 54 III um eine **„Angstklausel"**, die eine im Vermittlungsverfahren (Rn. 6) befürchtete und nicht auszuschließende Zuständigkeitslücke zugunsten der BNetzA schließen soll.

§ 55 Bundesnetzagentur, Landesregulierungsbehörde und nach Landesrecht zuständige Behörde

(1) [1] **Für Entscheidungen der Regulierungsbehörde nach diesem Gesetz gelten hinsichtlich des behördlichen und gerichtlichen Verfahrens die Vorschriften des Teiles 8, soweit in diesem Gesetz nichts anderes bestimmt ist.** [2] **Leitet die Bundesnetzagentur ein Verfahren ein, führt sie Ermittlungen durch oder schließt sie ein Verfahren ab, so benachrichtigt sie gleichzeitig die Landesregulierungsbehörden, in deren Gebiet die betroffenen Unternehmen ihren Sitz haben.**

(2) **Leitet die nach Landesrecht zuständige Behörde ein Verfahren nach § 4 oder § 36 Abs. 2 ein oder führt sie nach diesen Bestimmungen Ermittlungen durch, so benachrichtigt sie die Bundesnetzagentur, sofern deren Aufgabenbereich berührt ist.**

Literatur: Vgl. dazu die Hinweise zu § 54.

Übersicht

	Rn.
A. Allgemeines	1
B. Verfahrensrecht der Regulierungsbehörden (§ 55 I 1)	4
C. Benachrichtigung der Landesregulierungsbehörden durch die Bundesnetzagentur (§ 55 I 2)	9
D. Benachrichtigung der Bundesnetzagentur durch die nach Landesrecht zuständigen Behörden (§ 55 II)	12

A. Allgemeines

1 Neben der **Geltungsanordnung** der Vorschriften über das behördliche und gerichtliche Verfahren **des Teiles 8** für Entscheidungen der BNetzA und der Landesregulierungsbehörden (§ 55 I 1) regelt § 55 zum einen die **Zusammenarbeit zwischen BNetzA und Landes-**

regulierungsgehörden (§ 55 I 2). Insoweit steht die Vorschrift in Zusammenhang mit § 60 a (Länderausschuß) und § 64 a (Zusammenarbeit der Regulierungsbehörden), mit deren Zielen und Gehalten sie offensichtliche Überschneidungen aufweist. Zum anderen betrifft § 55 – anders als §§ 60 a und 64 a – in seinem § 55 II das **Verhältnis zwischen BNetzA und den „nach Landesrecht zuständigen Behörden"** (s. § 54, Rn. 23 f.) und normiert insoweit deren Pflicht, in bestimmten Fällen die BNetzA zu benachrichtigen.

Der ursprüngliche **Regierungsentwurf** (BT-Drucks. 15/3917, S. 26, 69) hatte – vor dem Hintergrund einer ausschließlichen Zuständigkeit der Bundesregulierungsbehörde für alle Regulierungsfragen auf dem Energiesektor – in § 55 neben der Geltungsanordnung des Teiles 8 nur die Zusammenarbeit zwischen der Regulierungsbehörde des Bundes und den nach Landesrecht zuständigen Behörden zum Gegenstand. Er betraf allerdings nur die wenigen diesen Landesbehörden nach dem EnWG verbleibenden Vollzugsaufgaben (Genehmigung der Betriebsaufnahme eines Energieversorgungsnetzes, Entscheidung über Grundversorger, Mißbrauchsaufsicht im Bereich der Grundversorgung nach § 40 des Regierungsentwurfs). Die Zusammenarbeit zwischen BNetzA und Landesregulierungsbehörden wurde erst aufgrund der Beschlußempfehlung des **Vermittlungsausschusses,** die das Nebeneinander von Bundes- und Landesregulierungsbehörden mit sich brachte (§ 54, Rn. 6 ff.), Thema des § 55 (BT-Drucks. 15/5736 [neu], S. 2). Zudem wurde durch den Vermittlungsausschuß die in Abs. 2 Satz 1 des Regierungsentwurfs vorgesehene Regelung gestrichen, wonach auch für das Verfahren der nach Landesrecht zuständigen Behörden die Geltung der Verfahrensvorschriften des Teiles 8 vorgesehen war.

Wie sich aus der Orientierung des Regierungsentwurfs an **§ 49 GWB** (BT-Drucks. 15/3917, S. 69) ergibt, verfolgt § 55 das **Ziel, parallele Verwaltungsverfahren** mit potentiell sich widersprechenden Ergebnissen zu **vermeiden,** und soll offenbar darüber hinaus den befürchteten Abstimmungsproblemen zwischen BNetzA und Landesregulierungsbehörden (§ 60 a, Rn. 2; § 64 a, Rn. 1) entgegenwirken. Allerdings ist die Orientierung an § 49 GWB deshalb fehl am Platze, weil § 54 II im Unterschied zu § 48 II GWB eine vergleichsweise präzise Abgrenzung der Zuständigkeiten von BNetzA und Landesregulierungsbehörden vornimmt. Anhaltspunkte für die im Wettbewerbsrecht durchaus naheliegenden Parallelverfahren sind deshalb im Anwendungsbereich des EnWG nicht erkennbar. Als nachvollziehbares Ziel des § 55 I 2 und II bleibt deshalb nur die allgemeine Förderung eines zwischen Landesbehörden – einschließlich der nach Landesrecht zuständigen Behörden (§ 55 II) – und BNetzA abgestimmten Vollzugs des EnWG.

§ 55   4–8   Teil 7. Behörden

B. Verfahrensrecht der Regulierungsbehörden (§ 55 I 1)

4   Für Entscheidungen der Regulierungsbehörden des Bundes (BNetzA) und der Länder ordnet § 55 I 1 hinsichtlich des behördlichen und gerichtlichen Verfahrens die Geltung der Vorschriften des Teiles 8 (§§ 65 bis 108) an, soweit das EnWG keine ausdrücklich abweichende Regelung trifft. Wie sich aus § 54 I ergibt (s. § 54, Rn. 10), bezeichnet § 55 mit der Formulierung „Regulierungsbehörde" zum einen die **BNetzA** und zum anderen die **Landesregulierungsbehörden,** zu deren Einrichtung die Länder – einschließlich derjenigen, die diese Funktion durch die BNetzA im Wege der Organleihe wahrnehmen lassen (§ 54, Rn. 15 ff.) – verpflichtet sind (§ 54, Rn. 13).

5   Soweit § 55 I 1 die Geltung der §§ 65 bis 108 für das behördliche und gerichtliche Verfahren anordnet, betrifft dies nur **Entscheidungen der Regulierungsbehörden.** Mit diesem Begriff verweist die Vorschrift wie die entsprechende Formulierung in § 59 auf die Gesamtheit der im EnWG als „Entscheidung", „Anordnung", „Genehmigungen", „Festlegung", „Untersagung" etc. bezeichneten **außengerichtete Tätigkeit der Regulierungsbehörden** mit intendierter **Regelungswirkung** (vgl. genauer bei bei § 59, Rn. 25).

6   Die Geltungsanordnung des § 55 I 1 steht unter dem **Vorbehalt abweichender Regelungen** im EnWG. Zu diesen abweichenden Regelungen gehören zum einen solche, die nicht an die Regulierungsbehörden insgesamt adressiert sind, sondern Sonderregelungen für die BNetzA und/oder die Landesregulierungsbehörden enthalten (z. B. §§ 91 VIII, VIII a, 71, 92 f.). Zum anderen enthält der Teil 8 auch Vorschriften, die nicht für die Regulierungsbehörden, sondern für die nach Landesrecht zuständigen Behörden (dazu § 54, Rn. 23 f.) gelten (z. B. §§ 66 III, 69 VII und VIII, 79 II).

7   Für das **behördliche Verfahren** der Regulierungsbehörden gelten neben den verwaltungsverfahrensrechtlichen Bestimmungen des Teiles 8 **subsidiär** das **VwVfG des Bundes** (vgl. § 1 VwVfG), soweit das Verfahren durch die BNetzA geführt wird, und die **Verwaltungsverfahrensgesetze der Länder,** soweit die Landesregulierungsbehörden verfahrensführend sind. Dies gilt auch, soweit in § 67 IV und § 71 ein expliziter Verweis auf das „Verwaltungsverfahrensgesetz" enthalten ist. Denn diese beiden Verweise haben nicht den Sinn, auch für die Tätigkeit der Landesregulierungsbehörden die (isolierte) Geltung der dort genannten Vorschriften des Bundes-VwVfG anzuordnen.

8   Für das **Verfahren gerichtlichen Rechtsschutzes** gegen Entscheidungen der Regulierungsbehörden gelten gem. § 85, der für die

Rechtsbeschwerde entsprechend Anwendung findet (§ 88 V), die Vorschriften der §§ **169 bis 197 GVG** sowie thematisch bestimmte Vorschriften der **Zivilprozeßordnung** (s. § 85 Nr. 2) entsprechend. Darüber hinaus enthält der Teil 8 punktuelle weitere Verweise auf die Zivilprozeßordnung (z. B. § 75 IV 2) und das Gerichtsverfassungsgesetz (z. B. § 87 IV 1).

C. Benachrichtigung der Landesregulierungsbehörden durch die Bundesnetzagentur (§ 55 I 2)

Gemäß § 55 I 2 hat die BNetzA die Landesregulierungsbehörden, in deren Zuständigkeitsgebiet die betroffenen Unternehmen ihren Sitz haben, bei wesentlichen Verfahrensschritten zu benachrichtigen. Diese Benachrichtigungspflicht konkretisiert die in **§ 64a I 1** normierte **wechselseitige Unterstützungspflicht** der Regulierungsbehörden des Bundes und der Länder. Deshalb ist es nicht nachvollziehbar und aus den Gesetzesmaterialien auch nicht ersichtlich, warum die Landesregulierungsbehörden keine reziproke Pflicht zur Benachrichtigung der BNetzA trifft. Will man die durch den Vermittlungsausschuß geänderten bzw. eingefügten Vorschriften der §§ 55 und 64a in ein stimmiges Verhältnis zueinander bringen, kann man nicht umhin anzunehmen, daß **auch die Landesregulierungsbehörden** aus § 64a I i. V. m. mit einer analogen Anwendung des § 55 I 2 zur **Benachrichtigung der BNetzA** verpflichtet sind. Die nachfolgenden Ausführungen gelten danach für die Landesregulierungsbehörden entsprechend.

Zu den Verfahrensschritten der BNetzA, die die Benachrichtigungspflicht auslösen, gehört zunächst die **Einleitung eines Verfahrens** auf Antrag oder von Amts wegen (dazu § 66, Rn. 2 ff.). Unabhängig von der Einleitung eines Verfahrens muß die jeweilige Landesregulierungsbehörde aber auch bereits über **Ermittlungen** (s. § 68, Rn. 2 ff.) insbesondere im Vorfeld möglicher Verfahren informiert werden. Solange sich solche Ermittlungen allerdings (noch) nicht gegen bestimmte Unternehmen richten, wird die Benachrichtigungspflicht des § 55 I 2 schon mangels Bestimmbarkeit der zu benachrichtigenden Landesregulierungsbehörde nicht ausgelöst. In solchen Fällen ist die allgemeine Kooperationspflicht des § 64a I einschlägig. Schließlich sind von der BNetzA **verfahrensabschließende Maßnahmen** mitzuteilen. Darunter fallen nicht nur verfahrensabschließende Entscheidungen zur Sache, sondern auch die Verfahrenseinstellung etwa nach Erledigung der Hauptsache oder nach Antragsrücknahme.

11 Da das Gesetz eine besondere **Form** der Benachrichtigung nicht bestimmt, kann diese formlos erfolgen. Was den **Inhalt** der Benachrichtigung angeht, so muß daraus für die jeweilige Landesregulierungsbehörde mindestens erkennbar sein, auf welches Unternehmen sich die Verfahrenseinleitung oder die Ermittlungen der BNetzA beziehen und auf welche tatsächlichen Informationen oder Anhaltspunkte sie ihre Maßnahmen stützt. Bei verfahrensabschließenden Entscheidungen ist der Landesregulierungsbehörde der vollständige Inhalt der Entscheidung zu übermitteln. Sonstige verfahrensbeendende Maßnahmen sind zumindest in dem Umfang mitzuteilen, in dem auch das betroffene Unternehmen über die Beendigung des Verfahrens informiert wird. Was den **Zeitpunkt** der Benachrichtigung angeht, so verlangt § 55 I 2 die „gleichzeitige" Benachrichtigung. Der Schutz von **Betriebs- und Geschäftsgeheimnissen** rechtfertigt es nicht, von einer Benachrichtigung der Landesregulierungsbehörden abzusehen, weil diese nicht anders als die BNetzA an die (grund-)rechtlichen Pflichten zur Geheimhaltung gebunden sind und sie nicht „Dritte" i. S. d. § 71 4 sind.

D. Benachrichtigung der Bundesnetzagentur durch die nach Landesrecht zuständigen Behörden (§ 55 II)

12 In § 55 II wird das Verhältnis zwischen BNetzA und den nach Landesrecht zuständigen Behörden (dazu § 54, Rn. 25 ff.) geregelt. Wie bei der Regelung des Verhältnisses zwischen BNetzA und Landesregulierungsbehörden in § 55 I 2 (Rn. 9) bleibt es allerdings auch hier ohne ersichtlichen Grund bei einer **einseitigen Benachrichtigungspflicht** – in § 55 II allerdings in umgekehrter Richtung, indem nur die **nach Landesrecht zuständige Behörde** zur Benachrichtigung der BNetzA in bestimmten Fällen verpflichtet wird. Die nach Landesrecht zuständigen Behörden sind – entgegen dem Wortlaut, der auf einem offensichtlichen redaktionellen Versehen des Vermittlungsausschusses beruht – auch nach § 58 I 2 nicht an den Verfahren der BNetzA nach den Bestimmungen des Teiles 3 beteiligt (dazu § 58, Rn. 13). Einer durch ergänzende Auslegung zu gewinnenden Benachrichtigungspflicht der BNetzA gegenüber den nach Landesrecht zuständigen Behörden bedarf es hier – anders als bei der Benachrichtigung der BNetzA durch die Landesregulierungsbehörden (Rn. 9) – allerdings nicht. Denn nach § 55 I 2 sind die Landesregulierungsbehörden über alle wesentlichen Verfahrensschritte der BNetzA zu informieren. Es ist dann Sache der Länder, dafür Sorge zu tragen, daß diese Informationen an andere Landesbehörden weitergeleitet werden, soweit deren Aufgabenbereich berührt ist.

Die **Aufgaben** der „**nach Landesrecht zuständigen Behörden**" 13
beim Vollzug des EnWG sind überschaubar. Sie beschränken sich nämlich auf die Genehmigung des Netzbetriebs nach § 4, die Feststellung des Grundversorgers nach § 36 II, die Planfeststellung einschließlich Vorarbeiten und Enteignung nach §§ 43 ff. sowie die Durchsetzung der technischen Sicherheit von Energieanlagen nach § 49. Zuständigkeitsüberschneidungen oder -abgrenzungsprobleme im Verhältnis zur BNetzA sind insbesondere beim Vollzug von § 4 und § 36 II, auf die allein § 55 II Bezug nimmt, nicht ersichtlich. Deshalb kann § 55 II kaum der Vermeidung paralleler Verwaltungsverfahren, sondern nur der allgemeinen **Abstimmung** und dem allgemeinen Informationsfluß **zwischen Landesbehörden und BNetzA** dienen. Insofern erfüllt § 55 II dieselbe Funktion wie § 64a im Verhältnis zwischen BNetzA und Landesregulierungsbehörden.

Die Benachrichtigungspflicht der nach Landesrecht zuständigen Be- 14
hörde ist zum einen bezogen auf **Verfahren nach § 4.** Benachrichtigungspflichtig sind also sowohl die Einleitung eines Verfahrens zur Erteilung einer Genehmigung nach § 4 I, II 1 als auch die Einleitung eines Untersagungsverfahrens nach § 4 II 2 (dazu § 4, Rn. 44 ff.). Ebenfalls benachrichtigungspflichtig sind Ermittlungen, die die nach Landesrecht zuständige Behörde – ohne zuvor ein Verfahren eingeleitet zu haben – auf der Grundlage des Landesrechts durchführt, die auf Maßnahmen nach § 4 gerichtet sind oder zu diesen einen engen sachlichen Bezug haben. Einer Benachrichtigung über den Abschluß des Verfahrens bedarf es – anders als im Fall des § 55 I 2 – nicht, weil die BNetzA gem. § 66 III Beteiligte des Verfahrens vor den nach Landesrecht zuständigen Behörden ist (dazu § 66, Rn. 10).

Zum anderen unterfällt die Einleitung eines **Verfahrens nach** 15
§ 36 II der Benachrichtigungspflicht nach § 55 II. Es handelt sich dabei einerseits um das aufgrund von „Einwänden" von der nach Landesrecht zuständigen Behörde einzuleitende Verfahren nach § 36 II 3 (dazu § 36, Rn. 48 ff.) und andererseits das behördliche Verfahren, das gem. § 36 II 4 in dem Fall durchzuführen ist, daß der Grundversorger seine Geschäftstätigkeit einstellt (dazu § 36, Rn. 52 ff.). Insbesondere im letztgenannten Fall kommen Ermittlungen auf landesrechtlicher Grundlage in Betracht, die ebenfalls der Benachrichtigungspflicht nach § 55 II unterliegen.

Zusätzliche Voraussetzung für die Benachrichtigungspflicht ist, daß 16
die Verfahrenseinleitung oder die Ermittlungen der nach Landesrecht zuständigen Behörde die Aufgabenbereiche der BNetzA berühren. Dies

§ 56 Teil 7. Behörden

richtet sich danach, ob das von den Verfahren nach § 4 oder nach § 36 II betroffene Unternehmen gem. § 54 oder nach speziellen Zuständigkeitsvorschriften (s. § 54, Rn. 48 f.) der Aufsicht durch die BNetzA unterliegt.

§ 56 Tätigwerden der Bundesnetzagentur beim Vollzug des europäischen Rechts

¹ Die Bundesnetzagentur nimmt die in der Verordnung (EG) Nr. 1228/2003 des Europäischen Parlaments und des Rates vom 26. Juni 2003 über die Netzzugangsbedingungen für den grenzüberschreitenden Stromhandel (ABl. EU Nr. L 176 S. 1) den Regulierungsbehörden der Mitgliedstaaten übertragenen Aufgaben wahr. ² Zur Erfüllung dieser Aufgaben hat die Bundesnetzagentur die Befugnisse, die ihr auf Grund der Verordnung (EG) Nr. 1228/2003 und bei der Anwendung dieses Gesetzes zustehen. ³ Es gelten die Verfahrensvorschriften dieses Gesetzes.

Literatur: *Hamdorf*, Die Verordnung (EG) Nr. 1228/2003 über die Netzzugangsbedingungen für den grenzüberschreitenden Stromhandel, IR 2004, 245 ff.; *Hermeier*, Die Zuständigkeitsverteilung bei der Regulierung des grenzüberschreitenden Stromhandels – Mehr Binnenmarkt durch mehr Zentralisierung?, RdE 2007, 249.

Übersicht

	Rn.
A. Allgemeines	1
B. Zuständigkeit der Bundesnetzagentur	3
C. Befugnisse	8
D. Verfahren	11

A. Allgemeines

1 Die Vorschrift, die bis auf eine redaktionelle Folgeänderungen bereits im Regierungsentwurf (BT-Drucks. 15/3917, S. 26) enthalten war, begründet die **Zuständigkeit der BNetzA** für die Wahrnehmung der Aufgaben, die die StromhandelsVO den Regulierungsbehörden der Mitgliedstaaten zuweist (§ 56 1). Darüber hinaus stattet § 56 2 die BNetzA mit den zur Wahrnehmung dieser Aufgabe erforderlichen **Befugnissen** aus, indem er ihr neben den in der VO normierten Ermächtigungen auch die allgemeinen Befugnisse zuweist, die das Gesetz zur Durchsetzung von Bestimmungen des EnWG vorsieht (insbesondere § 65 EnWG). Schließlich erklärt § 56 3 die **Verfahrensvorschriften** des EnWG auch für solche Maßnahmen für anwendbar, deren Rechtsgrundlage die VO bildet.

Nicht erwähnt wird in § 56 die **GasfernleitungsVO**. Die von der BNetzA offensichtlich beanspruchte Zuständigkeit auch für den Vollzug dieser Verordnung (vgl. Verfahren BK7-07-005 u. a.) ist deshalb nicht eindeutig. Ließe sich nämlich die Zuständigkeit der BNetzA bereits aus dem Umstand begründen, daß Art. 10 GasfernleitungsVO die nach Art. 25 GasRl „eingerichteten Regulierungsbehörden" mit dem Vollzug betraut, so müßte dies auch für den Vollzug der StromhandelsVO (s. Art. 9 i. V. m. Art. 2 II lit. a StromhandelsVO) gelten. § 56 wäre dann überflüssig. Im übrigen sind auch die Landesregulierungsbehörden solche i. S. d. Art. 10 GasfernleitungsVO und des Art. 9 StromhandelsVO. Auch § 54 II kann seinem Wortlaut nach die Zuständigkeit der BNetzA nicht begründen, weil die GasfernleitungsVO keine „Vorschrift dieses Gesetzes" – also des EnWG – ist. Die durchaus sinnvolle und nahe liegende Zuständigkeit der BNetzA kann angesichts der hier offensichtlich ungewollt vorliegenden Regelungslücke aber über eine **analoge Anwendung des § 56** begründet werden. 2

B. Zuständigkeit der Bundesnetzagentur

Durch § 56 1 wird die Zuständigkeit der BNetzA für diejenigen Aufgaben begründet, die die Verordnung (EG) Nr. 1228/2003 über die Netzzugangsbedingungen für den grenzüberschreitenden Stromhandel den Regulierungsbehörden der Mitgliedstaaten überträgt. Diese Aufgaben umschreibt Art. 9 der StromhandelsVO. Danach sorgen die Regulierungsbehörden – also die Regulierungsbehörden nach Art. 23 I EltRl (vgl. Art. 2 II lit. a) StromhandelsVO) – für die „Einhaltung dieser Verordnung und der gemäß Artikel 8 festgelegten Leitlinien". Der durch die Verordnung den Regulierungsbehörden der Mitgliedstaaten zugewiesene Aufgabenbereich läßt sich folglich allgemein umschreiben als die **Überwachung, Kontrolle und Durchsetzung** der **Pflichten von Übertragungsnetzbetreibern,** die in der Verordnung selbst oder in den Leitlinien nach Art. 8 der Verordnung normiert sind. 3

Darüber hinaus enthält die StromhandelsVO **spezielle Aufgabenzuweisungen,** zu denen insbesondere die Genehmigung eines allgemeinen Modells für die Berechnung der Gesamtübertragungskapazität und der Sicherheitsmarge (Art. 5 II) und die Erteilung von Ausnahmen von den strengen Vorschriften über die Verwendung von Einnahmen aus der Kapazitätszuweisung (Art. 7) gehören. Auch die Verhängung 4

§ 56 5–7   Teil 7. Behörden

der in Art. 12 der Verordnung vorgesehenen Sanktionen fällt, obwohl nicht explizit den Regulierungsbehörden zugewiesen, sinnvollerweise in den Aufgabenbereich der Regulierungsbehörden, in Deutschland also nach § 56 in die Zuständigkeit der BNetzA.

5   Diese umfassende Aufgabenumschreibung bedarf der näheren Konkretisierung mit Hilfe der **Ziele**, des **Inhalts** und des **Regelungszusammenhangs** der StromhandelsVO (dazu *Hamdorf*, IR 2004, 245 ff.). Während die Förderung der im Interesse eines grenzüberschreitenden Stromhandels erforderlichen grenzüberschreitenden Leitungskapazitäten Gegenstand der Regelungen über die transeuropäischen Netze ist, soll die seit dem 1. 7. 2004 geltende StromhandelsVO **Kostenorientierung, Transparenz, Netzeffizienz und Diskriminierungsfreiheit** bei dem Zugang zu grenzüberschreitenden Elektrizitätstransportkapazitäten herstellen. Hintergrund der Verordnung war der relativ geringe innereuropäische Handel auf dem Stromsektor. Beschränkungen resultierten nach den Analysen der Kommission – abgesehen von beschränkten Leitungskapazitäten – insbesondere aus den unterschiedlichen Strukturen der mitgliedstaatlichen Entgeltsysteme, die den tatsächlich entstehenden Kosten nicht entsprachen.

6   Wesentliche Regelungsgegenstände sind das **Engpaßmanagement an den Grenzkuppelstellen** zwischen den einzelnen Übertragungsnetzen (Art. 6), die zum Teil nicht über die benötigte Kapazität verfügen, die Festsetzung von **Ausgleichszahlungen** zwischen den Übertragungsnetzbetreibern für die Kosten grenzüberschreitender Stromflüsse (Art. 3) sowie **Grundsätze für die Bemessung der Netzzugangsentgelte** (Art. 4). Für diese Problemkreise sieht die Verordnung den Erlaß von verbindlichen „Leitlinien" durch die Kommission im Wege des Komitologieverfahrens (dazu *Scheel*, DÖV 2007, 683, 687 ff.) vor (Art. 8). Zur Minimierung von Netzengpässen sind unter anderem ein Informationsaustausch zwischen den Übertragungsnetzbetreibern sowie die Veröffentlichung freier und bereits reservierter Übertragungskapazitäten vorgesehen. Ein Horten ungenutzter Kapazitätsreservierungen soll vermieden werden.

7   Was die **grenzüberschreitende Zuständigkeitsverteilung** zwischen den Regulierungsbehörden mehrerer Mitgliedstaaten angeht, so ist neben dem Territorialitätsprinzip subsidiär Art. 23 X EltRl anzuwenden. Danach ist die Regulierungsbehörde entscheidungsbefugt, die für den den Netzzugang verweigernden Betreiber zuständig ist (zur Zuständigkeitsverteilung bei der Engpaßbewirtschaftung *Hermeier*, RdE 2007, 249 ff.). Im übrigen gilt hier das Gebot der Zusammenarbeit gem. Art. 9 S. 2 der StromhandelsVO.

C. Befugnisse

Die Befugnisse, die der BNetzA zur Wahrnehmung der dargestellten Aufgaben zur Verfügung stehen, ergeben sich zum einen **unmittelbar aus der StromhandelsVO** und zum anderen aus dem **EnWG**, soweit es sich um Befugnisse handelt, die für eine **entsprechende Anwendung** auf die in der Verordnung enthaltenen Pflichten in Betracht kommen.

Was die Befugnisse angeht, die sich unmittelbar aus der Verordnung ergeben, so ist auf die in Art. 5 II den mitgliedstaatlichen Behörden zugewiesene Entscheidungsbefugnis über die **Genehmigung** eines **Modells für die Berechnung der Gesamtübertragungskapazität** und der Sicherheitsmarge sowie auf die Pflicht und die Befugnis zur Übermittlung von Daten an die Kommission gem. Art. 10 I zu denken. Auch die Befugnis zur Entscheidung über Ausnahmen nach Art. 7 IV gehört hierher.

Zu den Befugnissen aufgrund des EnWG, die der BNetzA beim Vollzug der StromhandelsVO zugewiesen sind, gehören zum einen diejenigen der **Mißbrauchskontrolle** gem. §§ 29 ff. und zum anderen die in §§ 65 ff. normierten **Untersagungs- und Ermittlungsbefugnisse**.

D. Verfahren

Hinsichtlich des **behördlichen Verfahrens**, das einer Entscheidung in Vollzug der StromhandelsVO vorausgeht, und hinsichtlich des **gerichtlichen Verfahrens** der Kontrolle solcher Entscheidungen erklärt § 56 3 die Verfahrensvorschriften des EnWG für anwendbar. Entsprechend den allgemeinen gemeinschaftsrechtlichen Vorgaben für den nationalen (indirekten) Vollzug von Normen des Gemeinschaftsrechts sorgt diese Vorschrift dafür, daß zwischen dem Vollzug von Vorschriften des EnWG und von solchen der Verordnung kein Unterschied gemacht wird.

§ 57 Zusammenarbeit mit Regulierungsbehörden anderer Mitgliedstaaten und der Europäischen Kommission

(1) ¹**Die Bundesnetzagentur darf im Rahmen der Zusammenarbeit mit den Regulierungsbehörden anderer Mitgliedstaaten und**

der Europäischen Kommission zum Zwecke der Anwendung energierechtlicher Vorschriften Informationen, die sie im Rahmen ihrer Ermittlungstätigkeit erhalten hat und die nicht öffentlich zugänglich sind, nur unter dem Vorbehalt übermitteln, dass die empfangende Behörde

1. die Informationen nur zum Zwecke der Anwendung energierechtlicher Vorschriften sowie in Bezug auf den Untersuchungsgegenstand verwendet, für den sie die Bundesnetzagentur erhoben hat,
2. den Schutz vertraulicher Informationen wahrt und diese nur an andere weitergibt, wenn die Bundesnetzagentur dem zustimmt; dies gilt auch in Gerichts- und Verwaltungsverfahren.

²Vertrauliche Angaben, einschließlich Betriebs- und Geschäftsgeheimnisse, dürfen nur mit Zustimmung des Unternehmens übermittelt werden, das diese Angaben vorgelegt hat.

(2) **Die Regelungen über die Rechtshilfe in Strafsachen sowie Amts- und Rechtshilfeabkommen bleiben unberührt.**

Literatur: *Arndt,* Vollzugssteuerung im Regulierungsverbund, Die Verwaltung 2006, 1; *Britz,* Vom Europäischen Verwaltungsverbund zum Regulierungsverbund? – Europäische Verwaltungsentwicklung am Beispiel der Netzzugangsregulierung bei Telekommunikation, Energie und Bahn, EuR 2006, 46.

Übersicht

	Rn.
A. Allgemeines	1
B. Informationsübermittlung durch die Bundesnetzagentur (§ 57 I)	3
I. Relevante Informationen	3
II. Übermittlungsempfänger	8
III. Voraussetzungen und Grenzen der Übermittlung	9
1. Zusammenarbeit zum Zwecke der Anwendung energierechtlicher Vorschriften	9
2. Verwendungs- und Weitergabevorbehalt	10
a) Allgemeine Anforderungen an den Vorbehalt	11
b) Wahrung des Verwendungszusammenhangs	12
c) Wahrung des Schutzes der Vertraulichkeit	14
3. Zustimmung des vorlegenden Unternehmens bei vertraulichen Angaben	15
C. Amts- und Rechtshilfeabkommen (§ 57 II)	16

A. Allgemeines

Die Vorschrift, die abgesehen von einer redaktionellen Änderung bereits im Regierungsentwurf (BT-Drucks. 15/3917, S. 26) enthalten war, dient der Umsetzung der Verpflichtung aus Art. 23 XII EltRl und Art. 25 XII GasRl, wonach die **nationalen Regulierungsbehörden zur Entwicklung des Binnenmarktes und zur Schaffung gleicher Wettbewerbsbedingungen durch transparente Zusammenarbeit untereinander und mit der Kommission** beitragen. § 57 übernimmt zu diesem Zweck in angepasster Form § 50b GWB (BT-Drucks. 15/3917, S. 69). Einer gesetzlichen Regelung bedurfte es deshalb, weil die Übermittlung von Informationen einen **Eingriff in Grundrechte** der betroffenen Unternehmen darstellen kann (zum Schutz von Betriebs- und Geschäftsgeheimnissen durch Art. 12 GG s. *BVerfGE* 115, 205 ff.). 1

Der Aufgabe, die Erfordernisse der **Zusammenarbeit** mit den Regulierungsbehörden anderer Mitgliedstaaten und der Kommission und den **grundrechtlichen Schutz** nicht öffentlich zugänglicher Informationen zueinander in ein **angemessenes Verhältnis** zu setzen, stellt sich § 57, indem er zunächst zwischen vertraulichen und sonstigen nicht öffentlich zugänglichen Informationen differenziert. Die Zulässigkeit der Übermittlung der weiter gefaßten Kategorie nicht öffentlich zugänglicher Informationen wird an den doppelten Vorbehalt der Wahrung des Verwendungszusammenhanges und der Wahrung der Vertraulichkeit geknüpft. Bei „vertraulichen Angaben" ist darüber hinaus die Zustimmung des vorlegenden Unternehmens erforderlich. Schließlich stellt § 57 II klar, daß die Regelungen über die Rechtshilfe in Strafsachen sowie Amts- und Rechtshilfeabkommen unberührt bleiben, die die Übermittlung beschränkenden Regelungen des § 57 I in diesen Bereichen also keine Anwendung finden. 2

B. Informationsübermittlung durch die Bundesnetzagentur (§ 57 I)

I. Relevante Informationen

Der Anwendungsbereich des § 57 I wird bestimmt durch solche Informationen, die bei der BNetzA vorliegen, die nicht öffentlich zugänglich sind und die die BNetzA im Rahmen ihrer Ermittlungstätigkeit erhalten hat. Daß öffentlich zugängliche Informationen keinen Übermittlungsbeschränkungen unterworfen sind, bedarf keiner weite- 3 ren Begründung, weil sich die Kommission oder eine Regulierungsbehörde eines anderen Mitgliedstaates diese Informationen auch mit eigenen Mitteln beschaffen kann und sie deshalb nicht schutzwürdig sind. **Nicht öffentlich zugängliche Informationen** sind vor diesem Hintergrund durch ihr Gegenteil definiert, nämlich durch die Erreichbarkeit für jedermann mit den der Allgemeinheit zur Verfügung stehenden Mitteln (insbesondere Internet). Dazu gehören auch solche bei Behörden und anderen Stellen vorliegende Informationen, auf deren Herausgabe der Einzelne nach Maßgabe des **Umweltinformationsgesetzes** oder des **Informationsfreiheitsgesetzes** einen von individueller Betroffenheit unabhängigen Anspruch hat.

4   Die Informationen, deren Übermittlung § 57 beschränkt, muß die BNetzA **im Rahmen** ihrer **Ermittlungstätigkeit** erhalten haben. Bezug genommen wird damit auf die Ermittlungsbefugnisse der BNetzA nach den §§ 68 ff. Allerdings ist es nach dem Sinn und Zweck des § 57 nicht erforderlich, daß die Informationen unter Anwendung dieser Zwangsbefugnisse in den Bereich der Behörde gelangt sind. Schutzwürdig sind auch solche nicht öffentlich zugänglichen Informationen, die ein betroffenes Unternehmen in Erfüllung seiner gesetzlichen Auskunfts- und Mitteilungspflichten „freiwillig" an die BNetzA gegeben hat. Allerdings fehlt es an der Schutzwürdigkeit dann, wenn die Initiative von dem Unternehmen selbst ausging und auch keine gesetzliche Verpflichtung des Unternehmens bestand.

5   Nicht in den Anwendungsbereich des § 57 fallen **aggregierte Daten,** die von der BNetzA in einer Weise aufbereitet wurden, daß Rückschlüsse auf einzelne Unternehmen daraus nicht gezogen werden können. Denn nur hinsichtlich **unternehmensbezogener Daten** besteht ein (grundrechtliches) Schutzbedürfnis, um dessen Wahrung es in § 57 geht.

6   Eine Teilmenge der auf diese Weise eingegrenzten nicht öffentlich zugänglichen Informationen bilden die **„vertraulichen Angaben",** deren Übermittlung § 57 I 2 an die zusätzliche Bedingung der Zustimmung des betroffenen Unternehmens knüpft. Das Gesetz gibt einen Anhaltspunkt für die Konkretisierung dieses Begriffes, indem es die **Betriebs- und Geschäftsgeheimnisse** (s. § 67, Rn. 9) ausdrücklich der Kategorie dieser vertraulichen Angaben zuordnet. Wenn das *BVerfG* Betriebs- und Geschäftsgeheimnisse definiert als „alle auf ein Unternehmen bezogene Tatsachen, Umstände und Vorgänge", die „nicht offenkundig, sondern nur einem begrenzten Personenkreis zugänglich sind und an deren Nichtverbreitung der Rechtsträger ein berechtigtes Interesse hat" (*BVerfGE* 115, 205, 230 f. mit einzelnen Beispielen), so dürfte dieses weite Verständnis auch den Begriff der

„vertraulichen Angaben" zutreffend erfassen. Für die Klärung der Frage, welche Angaben von Unternehmen unter diese Kategorie fallen, finden die in § 71 normierten Grundsätze und Verfahrensregeln Anwendung.

Jenseits der nicht öffentlich zugänglichen Informationen einerseits und der vertraulichen Angaben (Betriebs- und Geschäftsgeheimnisse) andererseits erwähnt § 57 I 1 Nr. 2 **vertrauliche Informationen**. Die Funktion dieser Kategorie könnte darin liegen, diejenigen Informationen zu bezeichnen, die einerseits – weil sie keine vertraulichen Angaben darstellen – ohne Zustimmung des Unternehmens nach § 57 I 2 übermittelt werden dürfen, die andererseits aber – anders als die sonstigen nicht öffentlich zugänglichen Informationen – der besonderen Übermittlungsvoraussetzung unterworfen sind, daß ihre Weitergabe an andere als die Empfängerbehörde an die Zustimmung der BNetzA geknüpft ist. Wenn allerdings von § 57 I ohnehin nur unternehmensbezogene Informationen erfasst werden, so ist für eine solche dritte Kategorie kein sinnvoller Anwendungsbereich ersichtlich. Anders formuliert: Die nicht öffentlich zugänglichen Informationen, die § 57 I 1 regelt, sind zumindest im Regelfall zugleich vertrauliche Informationen i. S. d. § 57 I 1 Nr. 2. Diese Norm ist folglich so zu lesen, daß der Schutz der Vertraulichkeit der Informationen gewahrt sein muß und ihre Weitergabe an andere der Zustimmung der BNetzA bedarf.

II. Übermittlungsempfänger

Als Übermittlungsempfänger nennt § 57 I nur die **Regulierungsbehörden anderer Mitgliedstaaten** und die Europäische **Kommission**. Für die Übermittlung unternehmensbezogener Informationen durch die BNetzA an andere Behörden oder Organe – seien es solche der Union oder anderer Mitgliedstaaten – ohne Zustimmung des betroffenen Unternehmens fehlt es deshalb an der erforderlichen gesetzlichen Grundlage. Das gilt auch für Behörden und Organe von Drittstaaten.

III. Voraussetzungen und Grenzen der Übermittlung

1. Zusammenarbeit zum Zwecke der Anwendung energierechtlicher Vorschriften. Die Übermittlung von Informationen durch die BNetzA ist zunächst dadurch gesetzlich beschränkt, daß sie gem. § 57 I 1 nur im Rahmen der Zusammenarbeit mit den Regulierungsbehörden anderer Mitgliedstaaten und der Europäischen Kommission zum Zwecke der Anwendung energierechtlicher Vorschriften erfolgen darf. Bezug genommen wird damit auf die in Art. 23 XII EltRl und Art. 25 XII GasRl vorgesehene Zusammenarbeit, die in Gestalt der Komitologieverfahren, vielfältiger Berichts- und Mitteilungspflichten im Verhältnis zwischen Kommission und mitgliedstaatlichen Regulierungsbehörden sowie in der Form der „Gruppe der europäischen Regulierungsbehörden für Elektrizität und Erdgas" (**ERGEG,** eingesetzt mit Beschluß 2003/796 der Kommission vom 11. 11. 2003) ihre organisations- und verfahrensmäßige Verfestigung gefunden hat (vgl. die Übersicht m. w. N. bei *Britz,* EuR 2006, 46, 58 ff.).

10 **2. Verwendungs- und Weitergabevorbehalt.** § 57 I 1 knüpft die Zulässigkeit der Übermittlung daran, daß die BNetzA gegenüber der Empfängerbehörde einen **„Vorbehalt"** erklärt, der sich auf die Wahrung des Verwendungszusammenhangs und auf die Wahrung des Schutzes der Vertraulichkeit der übermittelten Informationen bezieht. Bei diesem Vorbehalt handelt es sich um eine Erklärung der BNetzA, die die Verpflichtung der Empfängerbehörde auslöst, mit den Informationen entsprechend dem Vorbehalt zu verfahren. Diese Verpflichtung sowohl der Regulierungsbehörden anderer Mitgliedstaaten als auch der Kommission hat ihre rechtliche Grundlage in Art. 10 EG sowie in Art. 23 XII EltRl und Art. 25 XII GasRl.

11 **a) Allgemeine Anforderungen an den Vorbehalt.** Wenn § 57 I 1 die Übermittlung der dort genannten Informationen nur unter den beiden in Ziff. 1 und 2 genannten Vorbehalten zuläßt, so kann dies nur bedeuten, daß diese Vorbehalte bei der konkreten Übermittlung **schriftlich** erklärt werden müssen. Der erforderliche **Inhalt** dieser schriftlichen Erklärung gegenüber der Empfängerbehörde ergibt sich zum einen aus dem Wortlaut des § 57 I 1 und zum anderen daraus, daß der **Untersuchungsgegenstand** (§ 57 I 1 Nr. 1), für den die BNetzA die Informationen erhoben hat, benannt werden muß, weil anderenfalls der Bindung an den Verwendungszusammenhang die Grundlage fehlt. Darüber hinaus ist im Interesse der Rechtsklarheit in geeigneter Form kenntlich zu machen, welche Informationen von dem Vorbehalt betroffen sind.

12 **b) Wahrung des Verwendungszusammenhangs.** Nach Ziff. 1 des § 57 I 1 hat der erforderliche Vorbehalt zum einen den Inhalt, daß die Informationen von der Empfängerbehörde nur zu dem Zweck verwendet werden dürfen, **energierechtliche Vorschriften** anzuwenden. Mit dem Terminus energierechtliche Vorschriften nimmt das Gesetz Bezug auf die europaweit gebräuchliche Umschreibung des Energierechts als Recht der leitungsgebundenen Versorgung mit Elektrizität und Gas, wie es insbesondere durch die EltRl und die GasRl gemeinschaftsrechtlich vorgeformt ist.

Darüber hinaus ist durch den Vorbehalt die Verwendung auf den **Untersuchungsgegenstand** zu begrenzen, für den die BNetzA die Informationen erhoben hat. Damit kann nur der Zweck gemeint sein, zu dem die Informationen erhoben wurden. Da es im Rahmen einer Übermittlung nach § 57 ohnehin nur um energierechtliche Zwecke gehen kann, muß es bei dieser Zweckbindung also um die unterschiedlichen durch das EnWG verfolgten Zwecke gehen. Daraus folgt, daß z.B. zum Zwecke der Gewährleistung eines sicheren Netzbetriebes (§§ 11 ff.) erhobene Informationen im Wege des Vorbehalts auf diesen Verwendungszweck bezogen bleiben müssen und nicht etwa für Zwecke der Entgeltregulierung verwendet werden dürfen. 13

c) Wahrung des Schutzes der Vertraulichkeit. Gemäß § 57 I 1 Nr. 2 ist im Wege des Vorbehalts darüber hinaus der Schutz der Vertraulichkeit durch die Empfängerbehörde sicherzustellen. Das bedeutet nichts anderes als das mit der Übermittlung verbundene Verbot, die Informationen an andere (Behörden oder Private) weiterzugeben, wobei dazu – wie in § 57 I 1 Nr. 2 ausdrücklich klargestellt ist – auch gerichtliche Verfahren zählen. Jede Weitergabe an andere ist an die Zustimmung der BNetzA zu binden. 14

3. Zustimmung des vorlegenden Unternehmens bei vertraulichen Angaben. Bei vertraulichen Angaben, die weitestgehend identisch mit Betriebs- und Geschäftsgeheimnissen sein dürften (Rn. 6), macht § 57 I 2 die Zulässigkeit der Übermittlung sowohl an andere Regulierungsbehörden als auch an die Kommission abhängig von der vorherigen Zustimmung des Unternehmens, das diese Angaben vorgelegt hat. Gründe für die Verweigerung dieser Zustimmung muß das Unternehmen nicht angeben. Der Konflikt zwischen dem Schutz der Vertraulichkeit von Unternehmensdaten einerseits und der erforderlichen Ausstattung der Kommission und der Regulierungsbehörden mit Informationen findet also nicht im Rahmen der Erteilung oder Verweigerung der Zustimmung nach § 57 I 2 statt. Vielmehr ist in dem Verfahren nach § 71 darüber zu befinden, ob es sich um Betriebs- und Geschäftsgeheimnisse handelt, deren Übermittlung von der Zustimmung abhängig ist. Im Übrigen ist darauf hinzuweisen, daß die Kommission z.B. nach Art. 10 StromhandelsVO über eigenständige Informationserhebungsbefugnisse verfügt. 15

C. Amts- und Rechtshilfeabkommen
(§ 57 II)

16 Gemäß § 57 II bleiben die Regelungen über die Rechtshilfe in Strafsachen (Gesetz über die internationale Rechtshilfe in Strafsachen) sowie Amts- und Rechtshilfeabkommen unberührt. Das bedeutet, daß für die in diesen Vorschriften enthaltenen **eigenständigen Übermittlungsbefugnisse** nicht – zusätzlich – die Voraussetzungen des § 57 I gelten.

§ 58 Zusammenarbeit mit den Kartellbehörden

(1) ¹In den Fällen des § 65 in Verbindung mit den §§ 6 bis 10, des § 25 Satz 2, des § 28a Abs. 3 Satz 1, des § 56 in Verbindung mit Artikel 7 Abs. 1 Buchstabe a der Verordnung (EG) Nr. 1228/2003 und von Entscheidungen, die nach einer Rechtsverordnung nach § 24 Satz 1 Nr. 2 in Verbindung mit Satz 2 Nr. 5 vorgesehen sind, entscheidet die Bundesnetzagentur im Einvernehmen mit dem Bundeskartellamt, wobei jedoch hinsichtlich der Entscheidung nach § 65 in Verbindung mit den §§ 6 bis 9 das Einvernehmen nur bezüglich der Bestimmung des Verpflichteten und hinsichtlich der Entscheidung nach § 28a Abs. 3 Satz 1 das Einvernehmen nur bezüglich des Vorliegens der Voraussetzungen des § 28a Abs. 1 Nr. 1 erforderlich ist. ²Trifft die Bundesnetzagentur Entscheidungen nach den Bestimmungen des Teiles 3, gibt sie dem Bundeskartellamt und der nach Landesrecht zuständigen Behörde, in deren Bundesland der Sitz des betroffenen Netzbetreibers belegen ist, rechtzeitig vor Abschluss des Verfahrens Gelegenheit zur Stellungnahme.

(2) **Führt die nach dem Gesetz gegen Wettbewerbsbeschränkungen zuständige Kartellbehörde im Bereich der leitungsgebundenen Versorgung mit Elektrizität und Gas Verfahren nach den §§ 19, 20 und 29 des Gesetzes gegen Wettbewerbsbeschränkungen, Artikel 82 des Vertrages zur Gründung der Europäischen Gemeinschaft oder nach § 40 Abs. 2 des Gesetzes gegen Wettbewerbsbeschränkungen durch, gibt sie der Bundesnetzagentur rechtzeitig vor Abschluss des Verfahrens Gelegenheit zur Stellungnahme.**

(3) **Bundesnetzagentur und Bundeskartellamt wirken auf eine einheitliche und den Zusammenhang mit dem Gesetz gegen Wettbewerbsbeschränkungen wahrende Auslegung dieses Gesetzes hin.**

(4) ¹Bundesnetzagentur und die Kartellbehörden können unabhängig von der jeweils gewählten Verfahrensart untereinander Informationen einschließlich personenbezogener Daten und Betriebs- und Geschäftsgeheimnisse austauschen, soweit dies zur Erfüllung ihrer jeweiligen Aufgaben erforderlich ist, sowie diese in ihren Verfahren verwerten. ²Beweisverwertungsverbote bleiben unberührt.

Übersicht

	Rn.
A. Allgemeines	1
B. Beteiligung der Kartellbehörden an Entscheidungen der Bundesnetzagentur	3
I. Einvernehmen des Bundeskartellamtes (§ 58 I 1)	3
1. Entflechtung und Rechnungslegung	4
2. Zugang zu Gasversorgungsnetzen	7
3. Netzzugang bei neuen Infrastrukturen	8
4. Netzzugang bei grenzüberschreitendem Stromhandel	10
5. Abweichungen vom Grundsatz der Kostenorientierung beim Netzzugangsentgelt	11
II. Gelegenheit zur Stellungnahme (§ 58 I 2)	12
C. Beteiligung der Bundesnetzagentur an Entscheidungen der Kartellbehörden (§ 58 II)	14
D. Einheitliche Auslegung des EnWG (§ 58 III)	16
E. Informationsaustausch (§ 58 IV)	18

A. Allgemeines

Die Vorschrift regelt die **Zusammenarbeit** zwischen der **BNetzA** und den **Kartellbehörden.** Ähnliche Regelungen enthält § 123 I TKG. Die überwiegend **verfahrensrecht**lichen Vorkehrungen des § 58 sind Folge des Umstandes, daß sich die Anwendungsbereiche des GWB und des EnWG überschneiden, das Verhältnis beider Rechtsregime in materieller Hinsicht unklar ist und daraus (Kompetenz-)Konflikte zwischen Regulierungs- und Kartellbehörden resultierten (s. dazu *Geppert,* in: BeckTKG-Komm, 3. Aufl., 2006, § 123, Rn. 5). Auch **§ 111,** der im Gegensatz zu § 58 die materielle Frage der Anwendbarkeit des GWB im Verhältnis zu spezielleren Vorschriften des EnWG betrifft, löst das Spannungsverhältnis der beiden Regelungsbereiche nur partiell (s. § 111, Rn. 1), so daß er den Bedarf an verfahrensrechtlichen Koordinierungsregeln nicht beseitigen kann.

2 Diesen Koordinierungsbedarf sucht § 58 zu befriedigen, indem er in § 58 I bestimmte **Entscheidungen der BNetzA** an das Einvernehmen des Bundeskartellamtes bindet und für andere Entscheidungen eine Anhörung der Kartellbehörden vorsieht. In § 58 II ist umgekehrt eine Anhörung der BNetzA vor **Entscheidungen der Kartellbehörden** auf dem Gebiet der leitungsgebundenen Energieversorgung vorgesehen. § 58 III enthält eine allgemeine Verpflichtung von BNetzA und Bundeskartellamt, auf eine **einheitliche Auslegung des EnWG** hinzuwirken. Schließlich enthält § 58 IV als Instrument zur Durchführung der Zusammenarbeit die aus verfassungsrechtlichen Gründen erforderliche Ermächtigung, **personen- und unternehmensbezogene Daten** untereinander auszutauschen.

B. Beteiligung der Kartellbehörden an Entscheidungen der Bundesnetzagentur

I. Einvernehmen des Bundeskartellamtes (§ 58 I 1)

3 In § 58 I 1 sind enumerativ die Entscheidungen aufgelistet, die die BNetzA nur im Einvernehmen mit dem BKartA treffen darf, für deren Erlaß also die **Zustimmung des BKartA** Voraussetzung ihrer **Rechtmäßigkeit** ist. Die Sachentscheidungsbefugnis verbleibt in diesen Fällen zwar bei der BNetzA, wird aber an die Zustimmung des BKartA gebunden. Verweigert dieses seine Zustimmung, kann die beabsichtigte Entscheidung (so) nicht ergehen. Die Entscheidungsbefugnis des BKartA ist folglich formal auf eine **Vetoposition** beschränkt, d.h. das BKartA kann den Erlaß einer bestimmten Entscheidung nicht erzwingen.

4 **1. Entflechtung und Rechnungslegung.** Dem Einvernehmenserfordernis unterliegen zunächst Entscheidungen im Bereich der **Entflechtungsregeln** (§ 65 i.V.m. §§ 6 bis 9). Hintergrund ist der Umstand, daß bei vertikal integrierten Unternehmen ein „institutioneller Verstoß" gegen das Diskriminierungsverbot typischerweise schon darin liegt, daß eine Entflechtung nicht oder nicht ordnungsgemäß durchgeführt wurde (*Salje,* EnWG, § 58, Rn. 8). Die Verpflichteten der in den §§ 6 bis 9 enthaltenen Regeln definiert § 3 Nr. 38, der seinerseits auf Art. 3 II der Fusionskontrollverordnung (FKVO) Bezug nimmt und besondere Auslegungs- und Anwendungsspielräume läßt (*Salje,* EnWG, § 58, Rn. 9). Weil das BKartA für die Anwendung dieser Norm zuständig ist und die Beteiligungsrechte an Verfahren der Europäischen Kommission nach der FKVO wahrnimmt, kommt es hier in besonderer

Weise auf eine einheitliche Anwendung an. Die Einvernehmensregelung vermeidet den anderenfalls notwendigen Aufbau eigener Sachkunde bei der BNetzA und eine etwaige unterschiedliche Auslegung des Art. 3 II FKVO (BT-Drucks. 15/3917, S. 69).

Allerdings beschränkt sich das Einvernehmenserfordernis auf die die **Bestimmung des Verpflichteten,** also auf die Auslegung und Anwendung des § 3 Ziff. 38. Deshalb kann die BNetzA erst entscheiden, wenn das BKartA seine Zustimmung zur Bestimmung des Verpflichtungsadressaten der §§ 6 bis 9 erteilt hat. Auf dieser Grundlage ist die BNetzA befugt, ohne Zustimmung des BKartA darüber zu entscheiden, auf welche Art und Weise die Entflechtung vorzunehmen ist (*Salje,* EnWG, § 58, Rn. 10). 5

Anders liegt es bei den Entscheidungen der BNetzA zur **Rechnungslegung und internen Buchführung** nach § 65 i. V. m. § 10, weil sich das Einvernehmen hier nicht nur auf die Verpflichteten bezieht, sondern auch auf den Inhalt der Entscheidung. Der Gesetzgeber wollte hier angesichts der divergierenden Zuständigkeiten im Netz- und im Wettbewerbsbereich die Kohärenz der Entscheidungen zur Mißbrauchsaufsicht sicherstellen (BT-Drucks. 15/3917, S. 69). 6

2. Zugang zu Gasversorgungsnetzen. Der zweite Fall der Einvernehmenserfordernisse betrifft die Entscheidungen der BNetzA über **Ausnahmen** von der Verpflichtung zur Gewährung von **Zugang zu Gasversorgungsnetzen,** die aufgrund unbedingter Zahlungsverpflichtungen zur Unzumutbarkeit für den Netzbetreiber führen kann **(§ 25 2).** Da diese Verträge der Aufsicht des BKartA unterliegen, war hier eine enge Koordinierung der beiden Behörden in Gestalt des Einvernehmens angezeigt (BT-Drucks. 15/3917, S. 69). Die Notwendigkeit des Einvernehmens ist nicht auf bestimmte Elemente der Entscheidung nach § 25 2 beschränkt. Es bedarf also der Zustimmung des BKartA zu der Entscheidung insgesamt. 7

3. Netzzugang bei neuen Infrastrukturen. In Umsetzung des Art. 22 III und IV GasRl eröffnet § 28 a die Möglichkeit, für sog. **neue Infrastrukturen** eine **Zugangsverweigerung** zu gestatten. Die Entscheidung darüber trifft die BNetzA gem. den Vorgaben des § 28 a III. Diese Entscheidung bindet § 58 I 1 an die Zustimmung des BKartA, weil auf diese Weise Abnehmer, die nur über die neue Infrastruktur erreichbar sind, vom Wettbewerb um die Belieferung mit Gas ausgeschlossen werden (*Salje,* EnWG, § 58, Rn. 13). 8

Auch hier ist allerdings die Erforderlichkeit des Einvernehmens begrenzt auf bestimmte Entscheidungsvoraussetzungen, nämlich auf das Vorliegen der in Nr. 1 des § 28 a I genannten Voraussetzung **(Verbesserung des Wettbewerbs bei der Gasversorgung und der Ver-** 9 sorgungssicherheit durch die Investition). Auch hier gilt, daß die BNetzA in eigener Verantwortung über die übrigen Voraussetzungen entscheidet, sobald das BKartA die Voraussetzung des § 28 a I Nr. 1 im konkreten Fall in Übereinstimmung mit der BNetzA bejaht hat.

10   **4. Netzzugang bei grenzüberschreitendem Stromhandel.** Nach Art. 7 I StromhandelsVO können **neue Verbindungsleitungen** von der Verpflichtung ausgenommen werden, die Einnahmen aus der Zuweisung von Verbindungskapazität nur für bestimmte Zwecke zu verwenden (Art. 6 VI StromhandelsVO). Auch diese gem. § 56 von der BNetzA zu treffende Entscheidung bedarf der Zustimmung durch das BKartA. Allerdings ist entsprechend dem insoweit eindeutigen Wortlaut des § 58 I 1 auch dieses Einvernehmenserfordernis beschränkt auf die Prüfung der Voraussetzung des Art. 7 I lit a) StromhandelsVO (**Verbesserung des Wettbewerbs in der Stromversorgung** durch die Investition), während die übrigen Voraussetzungen durch die BNetzA in eigener Verantwortung zu prüfen und zu entscheiden sind (a. A. *Salje,* EnWG, § 58, Rn. 15, der übersieht, daß Art. 7 I mehrere Voraussetzungen enthält).

11   **5. Abweichungen vom Grundsatz der Kostenorientierung beim Netzzugangsentgelt.** Der fünfte Fall der Einvernehmenserfordernisse nimmt Bezug auf die Verordnungsermächtigung in § 24 1 Nr. 2 (Bedingungen und Methoden der Entgeltfindung von Netzbetreibern) sowie in § 24 2 Nr. 5 (Abweichung von der Kostenorientierung). Entscheidungen, die auf Vorschriften einer Rechtsverordnung beruhen, die sich ihrerseits auf diese spezielle Verordnungsermächtigung stützt, knüpft § 58 I 1 wegen der Nähe einer solchen Abweichung zum Konzept des Als-Ob-Wettbewerbs an die Zustimmung des BKartA (*Salje,* EnWG, § 58, Rn. 16).

II. Gelegenheit zur Stellungnahme (§ 58 I 2)

12   Über die speziellen Entscheidungen, die gem. § 58 I 1 nur im Einvernehmen mit dem BKartA ergehen dürfen, hinaus statuiert § 58 I 2 die Pflicht der **BNetzA**, die Kartellbehörden bei allen **Entscheidungen nach den Bestimmungen des Teiles 3** (§§ 11 bis 35) anzuhören. Verpflichtet wird nur die BNetzA. Die Landesregulierungsbehörden sind nicht Adressat des § 58 (a. A., den endgültigen Gesetzeswortlaut nicht berücksichtigend, *Salje,* EnWG, § 58, Rn. 18).

13   Die Pflicht zur Anhörung der **nach Landesrecht zuständigen Behörde** (dazu § 54, Rn. 23) beruht auf einem Versehen des Vermittlungsausschusses. Der ursprüngliche Regierungsentwurf (BT-Drucks. 15/3917, S. 27) enthielt diese Formulierung vor dem Hinter-

grund, daß nach diesem Entwurf „die nach Landesrecht zuständige Behörde" nach § 40 des Regierungsentwurfs noch für die Mißbrauchsaufsicht im Bereich der Grundversorgung zuständig war. Nach der Streichung dieser Vorschrift macht die Beteiligung „der nach Landesrecht zuständigen Behörde" angesichts ihrer begrenzten Zuständigkeiten (vgl. die Aufzählung bei § 55, Rn. 13) keinen Sinn. Die Pflicht zur Anhörung ist folglich auf das BKartA beschränkt.

C. Beteiligung der Bundesnetzagentur an Entscheidungen der Kartellbehörden (§ 58 II)

Die – im Verhältnis zu § 58 I „umgekehrte" – Pflicht zur Beteiligung der BNetzA an Entscheidungen der **Kartellbehörden des Bundes** (BKartA) und **der Länder** normiert § 58 II. Eine Beteiligung der Landesregulierungsbehörden wird von § 58 II nicht thematisiert.

Die Verpflichtung, der BNetzA Gelegenheit zur Stellungnahme zu geben, ist beschränkt auf die in § 58 II explizit aufgelisteten Verfahren der **Mißbrauchsaufsicht** und **Fusionskontrolle**. Andere Verfahrensarten wie z. B. solche wegen Verstoßes gegen das Kartellverbot unterliegen nicht der Pflicht zur Einholung von Stellungnahmen (*Salje,* EnWG, § 58, Rn. 23). Außerdem muß das Verfahren „im Bereich der leitungsgebundenen Versorgung mit Elektrizität und Gas" geführt werden. Betroffenes Unternehmen muß also ein solches sein, dessen Geschäftszweck jedenfalls auch auf die leitungsgebundene Versorgung mit Elektrizität oder Gas gerichtet ist (*Salje,* EnWG, § 58, Rn. 24).

D. Einheitliche Auslegung des EnWG (§ 58 III)

Jenseits der speziellen Einvernehmenserfordernisse und Anhörungspflichten des § 58 I und II normiert § 58 III im Sinne einer Generalklausel die allgemeine Pflicht der BNetzA und des BKartA, auf eine einheitliche Auslegung des EnWG hinzuwirken und dabei den Zusammenhang mit dem GWB zu wahren. Vor dem Hintergrund der rechtspolitischen Diskussionen über Vorteile und Risiken einer **Trennung** zwischen **allgemeiner Wettbewerbsaufsicht** und **sektorenspezifischer Regulierung** soll § 58 III offensichtlich den Gefahren eines „Auseinanderdriftens" bei der Auslegung und Anwendung wettbewerbs- und energierechtlicher Normen entgegenwirken (*Salje,* EnWG, § 58, Rn. 26).

17 Wie die Formulierung mit Hilfe des Begriffes „Hinwirken" deutlich macht, handelt es sich nicht um die Statuierung präziser Pflichten, sondern um eine Zielvorgabe, die der Verfahrens- und Entscheidungspraxis beider Behörden Orientierung geben soll. Welche konkreten Folgerungen aus dieser allgemein gefaßten **Kooperations- und Koordinationspflicht** zu ziehen sind, bleibt dem Ermessen der jeweils entscheidungsbefugten Amtsträger überlassen. In Betracht kommen insoweit Kooperations- und Koordinationsformen sowohl im Rahmen einzelner anhängiger Verwaltungsverfahren als auch bei Vorbereitungshandlungen und vor allem bei der Erarbeitung von Verwaltungsgrundsätzen, Richtlinien, Leitlinien u. ä., die der zukünftigen Entscheidungspraxis Maß und Richtung geben sollen. Auch die Schulung und Fortbildung des Personals kommt als Anwendungsfeld der Kooperations- und Koordinationspflicht in Betracht. Daß das ernsthafte Bemühen der Vertreter beider Behörden, gemeinsame Auffassungen in Auslegungsfragen zu finden und im Zweifel der Kompromissbereitschaft den Vorrang gegenüber ausgedehnten Kontroversen um die zutreffende Interpretation einräumen. (*Geppert,* in: BeckTKG-Komm, § 123, Rn. 24), letztlich nicht durch Gesetz angeordnet werden kann, muß auch § 58 III zur Kenntnis nehmen.

E. Informationsaustausch (§ 58 IV)

18 Um die Erfüllung der in § 58 III normierten allgemeinen Kooperations- und Koordinierungspflicht zu ermöglichen und zu erleichtern, gestattet § 58 IV den verfahrensunabhängigen Austausch von Informationen zwischen BNetzA und Kartellbehörden (BKartA und Landeskartellbehörden). Von dieser Ermächtigung ausdrücklich erfaßt sind auch personenbezogene Daten sowie Betriebs- und Geschäftsgeheimnisse (dazu § 67, Rn. 9). Auf diese Weise dürfte das EnWG den Erfordernissen genügen, die sich aus **Art. 12 GG** sowie aus dem **Grundrecht auf informationelle Selbstbestimmung** im Hinblick auf eine bereichsspezifische gesetzliche Grundlage für die Weitergabe und Verwendung von personen- und unternehmensbezogenen Daten ergeben.

19 Begrenzt wird die Befugnis zum Informationsaustausch und zur Verwertung dieser Informationen nur dadurch, daß die jeweiligen Informationen **für die Aufgabenerfüllung** der empfangenden Behörde **erforderlich** sein muß. In Anbetracht des Umstandes, daß in der Weitergabe an eine andere Bundesbehörde mit vergleichbarem Aufgabenprofil (Gewährleistung und Sicherung des Wettbewerbs) keine wesentliche Änderung des Verwendungszusammenhangs und somit keine deutliche Intensivierung des Grundrechtseingriffs liegt, dürfte es ausreichen, wenn die Information unabhängig von konkreten Verfahren geeignet ist, die empfangende Behörde bei der zukünftigen Aufgabenerfüllung (abstrakt) zu unterstützen (*Salje,* EnWG, § 58, Rn. 28).

Daß § 58 IV nicht von (straf-)prozessualen und verwaltungsverfahrensrechtlichen **Beweisverwertungsverboten** befreit, ist eine Selbstverständlichkeit, auf die § 58 IV 2 ausdrücklich hinweist.

Abschnitt 2. Bundesbehörden

§ 59 Organisation

(1) ¹Die Entscheidungen der Bundesnetzagentur nach diesem Gesetz werden von den Beschlusskammern getroffen. ²Satz 1 gilt nicht für die Erhebung von Gebühren nach § 91 und Beiträgen nach § 92, die Durchführung des Vergleichsverfahrens nach § 21 Abs. 3, die Datenerhebung zur Erfüllung von Berichtspflichten und Maßnahmen nach § 94. ³Die Beschlusskammern werden nach Bestimmung des Bundesministeriums für Wirtschaft und Technologie gebildet.

(2) ¹Die Beschlusskammern entscheiden in der Besetzung mit einem oder einer Vorsitzenden und zwei Beisitzenden. ²Vorsitzende und Beisitzende müssen Beamte sein und die Befähigung zum Richteramt oder für eine Laufbahn des höheren Dienstes haben.

(3) Die Mitglieder der Beschlusskammern dürfen weder ein Unternehmen der Energiewirtschaft innehaben oder leiten noch dürfen sie Mitglied des Vorstandes oder Aufsichtsrates eines Unternehmens der Energiewirtschaft sein.

Literatur: *Agenendt/Gramlich/Pawlik*, Neue Regulierung der Strom- und Gasmärkte – Aufgaben und Organisation der Regulierungsbehörde(n), LKV 2006, 49; *Bosman*, Die Beschlußkammern der Regulierungsbehörde für Telekommunikation und Post, 2003; *Haupt*, Die Verfahren vor den Beschlusskammern der Regulierungsbehörde für Telekommunikation und Post, 2004; *Masing*, Soll das Recht der Regulierungsverwaltung übergreifend geregelt werden?, Gutachten D für den 66. Deutschen Juristentag, 2006; *Neveling*, Die Bundesnetzagentur, ZNER 2005, 263; *Oertel*, Die Unabhängigkeit der Regulierungsbehörde nach §§ 66 ff. TKG, 2000; *Pöcker*, Unabhängige Regulierungsbehörden und die Fortentwicklung des Demokratieprinzips, VerwArch 2008 (i. E.); *Schmidt*, Neustrukturierung der Bundesnetzagentur – Verfassungs- und verwaltungsrechtliche Probleme, NVwZ 2006, 907; *Schmidt*, Von der RegTP zur Bundesnetzagentur: Der organisationsrechtliche Rahmen der neuen Regulierungsbehörde, DÖV 2005, 1025.

Übersicht

	Rn.
A. Allgemeines	1
B. Status und Organisation der Bundesnetzagentur	4
C. Beschlußkammern	10

Organisation 1–3 § 59

	Rn.
I. Organisation, Zusammensetzung, Status	11
1. Zusammensetzung, berufliche Qualifikation, Inkompatibilität (§ 59 II und III)	12
2. Bildung „nach Bestimmung" des Bundesministeriums für Wirtschaft und Technologie (§ 59 I 3)	17
3. Weisungsunterworfenheit der Beschlußkammern?	21
II. Zuständigkeiten (§ 59 I 1 und 2)	24
1. Entscheidungen nach dem EnWG	25
2. Ausnahmen (§ 59 I 2)	26

A. Allgemeines

Mit seinen Regelungen zu den Beschlußkammern enthält § 59 die zentrale energiesektorspezifische Vorschrift zur **Binnenorganisation der BNetzA**, die die allgemeinen organisationsrechtlichen Vorgaben des BNAG ergänzt. Während § 59 spezielle Aussagen zur Bildung (§ 59 I 3), zur Zusammensetzung (§ 59 II) und zu den Zuständigkeiten (§ 59 I 1 und 2) der Beschlußkammern sowie zu Inkompatibilitäten ihrer Mitglieder enthält, finden sich die allgemeinen Regelungen zum Status und zur Organisation der BNetzA in dem Gesetz über die Bundesnetzagentur. Eine Reihe von Einzelfragen zum Status der Beschlußkammern kann nur vor dem Hintergrund der Organisationsstruktur der BNetzA insgesamt und deshalb nur auf der Grundlage einer Zusammenschau von § 59 und den allgemeinen Regelungen des BNAG beantwortet werden. 1

Mit der Einrichtung von Beschlußkammern hat der Gesetzgeber das **Ziel** verfolgt, „eine justizähnliche, den strengen Vorgaben der EU-Richtlinien entsprechende **Unabhängigkeit der Entscheidungsmechanismen**" sicherzustellen (BT-Drucks. 15/3917, S. 70; *Schmidt*, DÖV 2005, 1025, 1028 ff.; *Neveling*, ZNER 2005, 263). Die bereits im ursprünglichen Regierungsentwurf enthaltene Vorschrift wurde im Vermittlungsverfahren lediglich durch § 59 I 2 ergänzt (BT-Drucks. 15/5736, S. 6). 2

Bei den in der Gesetzesbegründung in Bezug genommenen Richtlinien-Vorgaben handelt es sich um **Art. 23 I EltRl** und **Art. 25 I GasRl**, wonach die Regulierungsbehörden „von den Interessen" der Elektrizitäts- bzw. Erdgaswirtschaft „vollkommen **unabhängig** sein" müssen. Ob die Regulierungsbehörden darüber hinaus auch „politisch" unabhängig von der Regierung sein müssen, ist noch nicht geklärt (dazu § 54, Rn. 3). Aus **verfassungsrechtlicher** Perspektive sind insoweit in erster Linie die verwaltungsorganisationsrechtlichen Gehalte 3 des Demokratieprinzips (§ 61, Rn. 1) von Bedeutung (Rn. 22). Der verwaltungskompetenzrechtliche Titel des Art. 87 III GG, auf dem die Errichtung der BNetzA hinsichtlich ihrer energierechtlichen Regulierungsaufgaben beruht (§ 54, Rn. 4), spricht zwar von „selbständigen" Bundesbehörden. Daraus lassen sich allerdings keine zwingenden Vorgaben für die fachliche (Weisungs-)Abhängigkeit der BNetzA insgesamt oder der Beschlußkammern ableiten (Rn. 21).

B. Status und Organisation der Bundesnetzagentur

4 Der BNetzA ist gem. § 1 2 BNAG eine selbständige Bundesoberbehörde im Geschäftsbereich des Bundesministeriums für Wirtschaft und Technologie. Es handelt sich bei dieser Behörde um die auf der Grundlage des TKG 1996 zum 1. 1. 1998 errichtete „Regulierungsbehörde für Post und Telekommunikation", die durch § 1 BNAG (Art. 2 des Zweiten Gesetzes zur Neuregelung des Energiewirtschaftsrechts vom 7. 7. 2005) mit Wirkung ab dem 8. 7. 2005 in „Bundesnetzagentur für Elektrizität, Gas, Telekommunikation, Post und Eisenbahnen" umbenannt und mit neuen Aufgaben auf den Gebieten der leitungsgebundenen Versorgung mit Elektrizität und Gas und des Zugangs zur Eisenbahninfrastruktur ausgestattet wurde (§ 2 BNAG). Diese Entscheidung zugunsten einer auch institutionell **sektorspezifischen Regulierung der Netzwirtschaften** und gegen eine Zuweisung der Regulierungsaufgaben an das Bundeskartellamt (s. hierzu *Geppert*, in: BeckTKG-Komm., 3. Aufl., 2006, § 116, Rn. 3 ff., 12 ff.) ist Ausdruck der zutreffenden Einsicht in die Besonderheiten netzgebundener Infrastrukturen.

5 Mit der gesetzlichen Qualifizierung der BNetzA als **„Bundesoberbehörde"** in § 1 BNAG wird entsprechend der allgemeinen – insbesondere in Art. 87 III 1 GG verwendeten – Terminologie zum Ausdruck gebracht, daß es sich bei der BNetzA um einen organisatorisch gegenüber der Ministerialverwaltung verselbständigten Teil der unmittelbaren Bundesverwaltung handelt, dessen Zuständigkeit sich auf das gesamte Bundesgebiet erstreckt und das einem Bundesministerium nachgeordnet ist (s. dazu nur *Hermes*, in: Dreier, GG-Kommentar, Art. 86, Rn. 26 f.). Mit dieser Nach- oder „Unterordnung" unter das in § 1 BNAG genannte Ministerium für Wirtschaft und Technologie ist nach der traditionellen verfassungs- und verwaltungsorganisationsrechtlichen Lehre die ministerielle Fach- und Rechtsaufsicht verbunden, die allerdings durch § 61 modifiziert (dazu § 61, Rn. 1) und durch eine Reihe weiterer Besonderheiten der BNetzA (Rn. 21) in Frage gestellt wird.

Die in § 1 2 BNAG erwähnte „**Selbständigkeit**" der BNetzA, die 6
ebenfalls der verfassungsrechtlichen Terminologie des Art. 87 III 1 GG
entspricht (*Agenendt/Gramlich/Pawlik,* LKV 2006, 54), bringt zunächst
die organisatorische Ausgliederung aus der Ministerialverwaltung –
ohne Verleihung eigener Rechtsfähigkeit – zum Ausdruck. Die Einzelheiten dieser Selbständigkeit ergeben sich allerdings nicht bereits aus
§ 1 2 BNAG, sondern bedürfen der näheren Ausgestaltung durch Gesetz. In Anlehnung an den gesetzlichen Rahmen des Bundeskartellamtes (*Geppert,* in: BeckTKG-Komm, § 116, Rn. 12) hat der Gesetzgeber
diese Ausgestaltung in der Weise vorgenommen, daß der BNetzA ein
eigenständiger Aufgabenbereich ohne ein Selbsteintrittsrecht des Ministeriums zugewiesen ist und die Behörde durch einen eigenen Haushalts(unter)titel im Einzelplan des Wirtschaftsministeriums mit den
erforderlichen Finanzmitteln ausgestattet wird. Darüber hinaus ist die
BNetzA durch eine Reihe organisations- und verfahrensrechtlicher
Besonderheiten geprägt, die sie im Vergleich zu anderen Bundesbehörden mit einer deutlich gesteigerten funktionellen und politischen Unabhängigkeit ausstatten (*Oertel,* S. 171 ff., 317 ff.; *Schmidt,* NVwZ 2006,
907, 908 ff.; vgl. auch § 61, Rn. 2).

Die **Leitung** der BNetzA und ihre gerichtliche und außergerichtli- 7
che **Vertretung** liegen beim Präsidenten (§ 3 I BNAG), der durch zwei
Vizepräsidenten vertreten wird (§ 3 II BNAG). Der Präsident ist folglich Dienstvorgesetzter der Beamten der BNetzA und Inhaber des Direktionsrechts gegenüber den Arbeitnehmern der BNetzA. Vorbehaltlich der umstrittenen Weisungsunterworfenheit der Beschlußkammern
(Rn. 21) bedeutet dies ein Weisungsrecht des Präsidenten im gesamten
Aufgabenbereich der BNetzA. Die Beschäftigten der BNetzA werden
bei außengerichteten Maßnahmen also in Vertretung (Vizepräsidenten)
oder im Auftrag (Beschäftigte) des Präsidenten tätig (*Geppert,* in:
BeckTKG-Komm, § 116, Rn. 19).

Darüber hinaus regelt der Präsident die Verteilung und den Gang der 8
Geschäfte durch eine **Geschäftsordnung**, welche der Bestätigung
durch das Bundesministerium für Wirtschaft und Technologie bedarf
(§ 3 I 2 BNAG). Durch diese Geschäftsordnung können insbesondere
die Aufgaben bestimmt werden, bei deren Wahrnehmung der Präsident
ständig durch die beiden Vizepräsidenten vertreten wird, und die von
einzelnen Abteilungen oder Referaten in seinem Auftrag wahrgenommen werden. Nicht Gegenstand der Geschäftsordnung ist die Bildung
der **Beschlußkammern,** weil diese gem. § 59 I 3 der Bestimmung des
BMWT vorbehalten ist (Rn. 18). Das Verfahren sowohl der Beschlußkammern als auch der sonstigen Entscheidungsträger der BNetzA kann
die Geschäftsordnung nur insoweit regeln, als in §§ 65 ff. keine gesetz-

liche Regelungen getroffen sind oder diese Konkretisierungsspielräume lassen.

9 Bei der **Geschäftsordnung** handelt es sich – anders etwa als die Geschäftsordnung des Bundestages nach Art. 40 I 2 GG oder der Bundesregierung nach Art. 65 4 GG – nicht um eine Form „autonomer" Rechtsetzung, sondern um **abstrakt-generelle Anweisungen des Präsidenten der BNetzA,** die auf seiner Leitungsbefugnis nach § 3 I 1 BNAG beruhen. Wie der Bestätigungsvorbehalt zugunsten des BMWT in § 3 I 2 BNAG zeigt, steht die Befugnis für die Erteilung allgemeiner innerbehördlicher Anweisungen aber nicht dem Präsidenten alleine zu, sondern ist an die Zustimmung des Ministeriums gebunden. Auf diese Weise werden Organisations- und Verfahrensfragen, die für den Status und die tatsächliche Unabhängigkeit der BNetzA von Bedeutung sind, zum Gegenstand von Verhandlungen und möglicherweise auch „intensiven Auseinandersetzungen zwischen Ministerium und Behörde" (*Oertel,* S. 206 Fn. 119). Für eventuelle Abweichungen von der Geschäftsordnung hat dies zur Folge, daß der Präsident diese nicht aus eigener Kompetenz anordnen oder zulassen darf, sondern nur dann, wenn solche Abweichungen in der Geschäftsordnung ausdrücklich zugelassen sind. Eine Veröffentlichung der Geschäftsordnung, die bislang unterblieben ist (zu Recht krit. dazu *Masing,* S. D 99), verlangt das Gesetz nicht explizit, entspräche aber der auf Transparenz angelegten Gesamtkonzeption der BNetzA.

C. Beschlußkammern

10 Alle wesentlichen Entscheidungen der BNetzA, die ihre rechtliche Grundlage im EnWG finden, treffen Beschlußkammern als **Kollegialorgane.** Sie werden nach Bestimmung des Bundesministeriums für Wirtschaft und Technologie gebildet.

I. Organisation, Zusammensetzung, Status

11 Fragen der Organisation, der Zusammensetzung und der rechtlichen Stellung der Beschlußkammern sind **gesetzlich** in § 59 nur rudimentär geregelt. Ergänzende Regelungen trifft das BMWT durch **„Bestimmung"** auf der Grundlage des § 59 I 3. Verbleibende Organisationsfragen kann der Präsident der BNetzA mit Zustimmung des BMWT in der **„Geschäftsordnung"** (§ 3 I 2 BNAG) oder auf der Grundlage seiner Leitungsbefugnis (§ 3 I 1 BNAG) durch einzelne **Anweisungen** klären.

1. Zusammensetzung, berufliche Qualifikation, Inkompatibilität (§ 59 II und III).

Die fachliche **Qualität** der Entscheidungen der Beschlußkammern sucht das Gesetz dadurch zu sichern, daß sie in der kollegialen Besetzung von drei Beamten ergehen, die über eine bestimmte berufliche Qualifikation verfügen und deren Unabhängigkeit von den regulierten Unternehmen der Energiewirtschaft durch Inkompatibilitäten gewährleistet wird.

Die Beschlußkammern entscheiden gem. § 59 II 1 in der Besetzung mit **drei Beamten**, von denen einem die Funktion des Vorsitzenden und den zwei übrigen die Funktion von Beisitzenden zukommt. Nicht ausgeschlossen ist dadurch, daß einer Beschlußkammer mehr als drei Beamte zugewiesen werden, die dann in unterschiedlicher Zusammensetzung entscheiden. Wenn die gesetzlich vorgegebene Besetzung der Beschlußkammern mit drei Beamten auf „Entscheidungen" bezogen ist, so bedeutet dies nicht, daß die dazu berufenen (Rn. 20) drei Mitglieder der Beschlußkammer nur an der abschließenden Fassung des Verwaltungsaktes beteiligt sein müssen. Aus der entscheidungsvorbereitenden Funktion des behördlichen Verfahrens (§§ 68 ff.) ergibt sich vielmehr, daß die zur Entscheidung berufenen Beschlußkammermitglieder auch an allen wesentlichen Verfahrensschritten – insbesondere an Anhörungen – beteiligt sein müssen.

Was den **beruflichen Status und** die **Qualifikation** der Beschlußkammermitglieder angeht, so verlangt § 59 II 2 zum einen, daß die Entscheidungsbeteiligten Beamte sind und entweder die Befähigung zum Richteramt (§ 5 DRiG) oder die Befähigung für eine Laufbahn des höheren Dienstes (§ 19 BBG) haben. Auf diese Weise öffnet das Gesetz den Weg für die in der Praxis übliche Besetzung der Beschlußkammern mit einem Juristen, einem Ökonomen und einem Absolventen eines Ingenieurstudienganges (*Attendorn,* in: BeckTKG-Komm, § 132, Rn. 10 f.).

§ 59 III legt Grundsätze zur **beruflichen Inkompatibilität** für die Mitglieder der Beschlußkammern fest. Sie nehmen mit ihren verschiedenen Funktionen, die jeweils mit der Stellung als Mitglied einer Beschlußkammer unvereinbar sind, Bezug auf den Begriff des **Unternehmens der Energiewirtschaft.** Entsprechend dem Ziel des § 59, die sachliche Qualität, Unabhängigkeit, Neutralität und Akzeptanz der Entscheidungen der BNetzA zu sichern, ist bei der Konkretisierung dieses Begriffs nicht auf den Begriff des EVU in § 3 Nr. 18 abzustellen, sondern ein weiter Begriff des energiewirtschaftlich tätigen Unternehmens zugrunde zu legen. **Potentielle Interessenkonflikte** zwischen der Entscheidungstätigkeit der Beschlußkammern einerseits und den in § 59 III genannten Funktionen sind auch denkbar, wenn es um Unternehmen geht, die z.B. in den Bereichen der Gewinnung und Erzeugung von Energie (Mineralölindustrie, Steinkohle- und Braunkohleförderung, Kernenergie) oder der Energieanlagen tätig sind (ähnlich *Salje*, EnWG, § 59, Rn. 16).

16 Das Gesetz nennt in Bezug auf Unternehmen der Energiewirtschaft vier Funktionen, die mit der Stellung als Mitglied einer Beschlußkammer unvereinbar sind: Zunächst dürfen Beschlußkammermitglieder solche Unternehmen nicht **innehaben**, womit die Mehrheitsgesellschafter- oder Eigentümerstellung gemeint ist (*Salje*, EnWG, § 59, Rn. 15). Auch das **Leiten** eines Unternehmens der Energiewirtschaft z.B. als Geschäftsführer oder in vergleichbarer verantwortlicher Position fällt in den Bereich der Inkompatibilität. Schließlich erwähnt § 59 III die Mitgliedschaft im **Vorstand** und im **Aufsichtsrat** eines Unternehmens der Energiewirtschaft. Ob § 59 III mit diesen Inkompatibilitäten die Interessenkonflikte erfaßt hat, denen praktische Relevanz zukommen könnte, erscheint eher zweifelhaft. Deshalb bleiben die Regelungen in **§ 20 VwVfG** zu den im Verwaltungsverfahren ausgeschlossenen Personen und die **Befangenheitsregelung in § 21 VwVfG** bedeutsam, die durch § 59 nicht verdrängt werden (so auch *Salje*, EnWG, § 59, Rn. 17).

17 **2. Bildung „nach Bestimmung" des Bundesministeriums für Wirtschaft und Technologie (§ 59 I 3).** Gemäß § 59 I 3 werden die Beschlußkammern „nach Bestimmung" des Bundesministeriums für Wirtschaft und Technologie gebildet. Was mit dieser **ministeriellen „Bestimmung"** genau gemeint ist und in welchem Verhältnis folglich die ministeriellen zu den **Kompetenzen des Präsidenten der BNetzA** (Rn. 7) stehen, läßt sich der Vorschrift nicht ohne weiteres entnehmen. Entscheidungsbedürftig sind neben der Zahl der Beschlußkammern im Bereich des Energiesektors in erster Linie die Fragen, wie deren Zuständigkeiten abgegrenzt sind und welche Beamten diesen Beschlußkammern als vorsitzende und beisitzende entscheidungsbefugte Mitglieder zugeordnet werden. Welche dieser Fragen der „Bestimmung" des BMWT vorbehalten sind, ist offen.

18 Weil die Entscheidung über die **Zahl der Beschlußkammern** weitreichende finanzielle Auswirkungen für den Bundeshaushalt hat und zu den allgemeinen Ausstattungsentscheidungen über Größe und Struktur der BNetzA gehört, spricht alles dafür, zumindest diese Entscheidung als Ausdruck der politischen Gesamtverantwortung der „Bestimmung" des BMWT vorzubehalten (*Bosman*, S. 15; *Masing*, S. D 90). Die Leitungs- und Geschäftsordnungskompetenz des Präsidenten nach § 3 I BNAG kann diese Kompetenz also schon wegen ihrer haushaltsmäßigen Voraussetzungen (Planstellen) nicht umfassen.

Anders könnte die Frage der **Zuständigkeitsabgrenzung** der gebildeten Beschlußkammern zu beurteilen sein. Obwohl man auch die Zuweisung von Zuständigkeiten unter den Begriff der „Bildung von Beschlußkammern" nach „Bestimmung" des BMWT fassen könnte (so *Salje,* EnWG, § 59, Rn. 5), besteht hier ein engerer Bezug zu den Inhalten der Regulierungstätigkeit und somit eine größeres Gefahrenpotential politischer Einflußnahme. Wenn man sich der Einsicht nicht verschließt, daß sowohl das Gemeinschaftsrecht wie auch seine Konkretisierung im BNAG und im EnWG die Regulierungstätigkeit der BNetzA aus guten Gründen gegenüber politischen Einflüssen abschirmen wollen (Rn. 6), kann man die Zuständigkeitsabgrenzung nur der Leitungsbefugnis des Präsidenten zuweisen. Ohnehin bleibt es bei einer Mitwirkung des BMWT im Wege der „Bestätigung" der Geschäftsordnung nach § 3 I 2 BNAG (a. A. *Bosman,* S. 15). 19

Was schließlich die **Auswahl der Beamten** und ihre Zuweisung als vorsitzende und beisitzende Mitglieder zu den einzelnen Beschlußkammern angeht, so sprechen auch hier die besseren Argumente dafür, diese Kompetenz der Leitungsbefugnis des Präsidenten nach § 3 I BNAG zuzuordnen. Zwar mag der Begriff „bilden" auch die Ernennung und Funktionszuweisung von Beamten erfassen (so *Salje,* EnWG, § 59, Rn. 5). Allerdings hängen die Personalentscheidungen betreffend die Beschlußkammern in kaum trennbarer Weise mit der allgemeinen Personalkompetenz des Präsidenten zusammen. Darüber hinaus besteht auch hier die Gefahr politischer Einflußnahme im Wege von Personalentscheidungen, die durch das besondere Verfahren der Ernennung des Präsidiums der BNetzA (§ 3 BNAG) offensichtlich verhindert werden sollte. Könnte das BMWT an dem Präsidenten der BNetzA „vorbei" über die personelle Besetzung der Beschlußkammern entscheiden, wäre dessen besondere Stellung nach dem BNAG weitgehend entwertet. 20

3. Weisungsunterworfenheit der Beschlußkammern? Ungeklärt und umstritten – in der Praxis allerdings scheinbar von geringer Bedeutung – ist die Frage, ob die Beschlußkammern einem fachlichen Weisungsrecht des **Ministeriums** und/oder des **Präsidenten** der BNetzA unterworfen sind. Während die Weisungsbefugnis des BMWT gegenüber der BNetzA im allgemeinen und gegenüber den Beschlußkammern im besonderen ausführlich diskutiert wurde (N. bei *Haupt,* S. 62 ff.; vgl. auch § 61, Rn. 12), erfreut sich die Frage nach der Direktions- und Weisungsbefugnis des Präsidenten der BNetzA bislang nur geringen Interesses, obwohl sie von grundlegender Bedeutung für die Struktur der Regulierungsverwaltung ist (zutreffend *Masing,* S. D 97). 21

§ 59 22, 23

22 Was zunächst **ministerielle Weisungen** angeht, die **unmittelbar an die entscheidungsbefugten Mitglieder einer Beschlußkammer** gerichtet sind (s. dazu auch § 61, Rn. 12 ff.), so lassen diese sich weder mit § 3 BNAG noch mit dem gesamten „institutionellen Arrangement" (§ 61, Rn. 12) der BNetzA vereinbaren und sind deshalb **unzulässig** (vgl. dazu auch § 61, Rn. 14). Jenseits allgemeiner Differenzen über die Anforderungen des Demokratieprinzips an die Verwaltungsorganisation im allgemeinen und die Zulässigkeit sog. „ministerialfreier Räume" in Bezug auf die Regulierungsverwaltung im besonderen (dazu *Hermes,* Legitimationsprobleme unabhängiger Behörden, in: Bauer/Huber/Sommermann (Hrsg.), Demokratie in Europa, 2005, S. 457 ff.; *Masing,* S. D 71 ff.), kann dies bereits aus der besonderen Stellung des Präsidenten der BNetzA gem. § 3 BNAG begründet werden. Denn das besondere Ernennungsverfahren unter Beteiligung des Beirates (§ 3 BNAG) und die besondere Ausgestaltung des öffentlich-rechtlichen Amtsverhältnisses (§ 4 BNAG) des Präsidenten der BNetzA würden weitgehend funktionslos, wenn man dem BMWT das Recht zubilligen würde, am Präsidenten der BNetzA „vorbei" den Beschlußkammern fachliche Weisungen zu erteilen. Insoweit gilt hier nichts anderes als für die Frage der Personalentscheidungsbefugnis (Rn. 20). Das schließt allerdings nicht aus, daß ministerielle Weisungen Entscheidungen zum Gegenstand haben, die in die Entscheidungskompetenz der Beschlußkammern fallen. Diese **Weisungen** sind aber **an die BNetzA,** vertreten durch ihren Präsidenten, **zu richten** (§ 61, Rn. 9, 13 f.). Dieser hat dann – notfalls aufgrund seines behördeninternen Weisungsrechts (Rn. 23) – dafür Sorge zu tragen, daß die zuständigen Entscheidungsträger innerhalb der BNetzA der ministeriellen Weisung nachkommen.

23 Vor dem Hintergrund der organisatorischen Ausgestaltung der BNetzA insgesamt ist auch die Frage nach einem **Weisungsrecht des Präsidenten** der BNetzA gegenüber den Beschlußkammern zu beantworten (differenziert, i. E. skeptisch dazu *Masing,* S. D 98; abl. – allerdings auf der Grundlage eines oberflächlich begründeten Einzelweisungsrechts des BMWT – *Attendorn,* in: BeckTKG-Komm, § 132, Rn. 12 f.). Obwohl dies der Entpolitisierung und Verfachlichung von Regulierungsentscheidungen zu widersprechen scheint, sprechen gewichtige Argumente für ein solches präsidentielles Weisungsrecht (*Geppert,* in: BeckTKG-Komm, § 116, Rn. 23 f.). Das Bedürfnis nach einer „einheitlichen Spruchpraxis" (vgl. § 132 IV i. V. m. § 27 II TKG) läßt sich auch für den Energiesektor nicht leugnen. Die ökonomischen und technischen Handlungsgrundlagen wie auch allgemeinere Regulierungsstrategien, an denen sich einzelne Beschlußkammerentscheidungen orientieren, können nur durch die BNetzA als Gesamtorganisation erarbeitet und entwickelt werden. Diese Koordinierungsaufgabe ist durch § 3 I BNAG dem Präsidenten zugewiesen und das Mittel, dessen er zur Wahrnehmung dieser Aufgabe bedarf, ist jedenfalls im Extremfall das Einzelweisungsrecht. Hinzu kommt der Vergleich mit der gesetzlich explizit normierten Unabhängigkeit der Vergabekammern (§ 105 I und IV GWB). Dieser Vergleich spricht dafür, daß § 59 – möglicherweise vor dem Hintergrund unberechtigter verfassungsrechtlicher Bedenken – noch nicht die Konsequenz aufbringen konnte, die Beschlußkammern der BNetzA mit einem vergleichbaren Unabhängigkeitsstatus auszustatten und die Ausrichtung der Entscheidungstätigkeit der BNetzA an gemeinsamen Handlungsgrundlagen und -strategien durch andere Koordinierungsmechanismen zu gewährleisten. Dies alles ändert allerdings nichts an der praktischen Erfahrung, daß der Präsident eine weitgehende faktische Unabhängigkeit der Beschlußkammern respektiert (*Geppert,* in: BeckTKG-Komm, § 116, Rn. 25) und auf diese Weise den Beweis liefert, daß auch ohne Weisungsrechte eine Koordinierung der Tätigkeit der BNetzA möglich ist.

II. Zuständigkeiten (§ 59 I 1 und 2)

Die Zuständigkeit der Beschlußkammern werden durch § 59 I 1 und 2 abschließend bestimmt und können weder durch „Bestimmung" des BMWT (Rn. 17) noch durch die Geschäftsordnung des Präsidenten (Rn. 8) verändert werden.

1. Entscheidungen nach dem EnWG. Gemäß § 59 I 1 fallen alle „Entscheidungen" nach dem EnWG in die Zuständigkeit der Beschlußkammern. Der Begriff der Entscheidung entspricht demjenigen anderer Vorschriften des EnWG, die die **außengerichtete Tätigkeit der BNetzA** mit intendierter **Regelungswirkung** ebenfalls als „Entscheidung" (s. insb. §§ 55 I, 64 I, 66 II Nr. 3, 69 I, 73 I, 74, 75 I) oder auch als „Anordnung" (§§ 69 IX, 94) bezeichnen. Zu den Entscheidungen i. S. d. § 59 I 1 gehören insbesondere Genehmigungen (z. B. § 23 a IV, V), Festlegungen (§ 29 I, III), Untersagungen (§ 5 4), vorläufige Anordnungen (§ 72), Ablehnungen einer beantragten Entscheidung (§ 75 III), Verpflichtungen nach § 65 I, Feststellungen nach § 65 III und Festsetzungen einer Geldbuße (§ 96). Zu den Entscheidungen **„nach diesem Gesetz"** gehören auch diejenigen, deren Inhalt durch Rechtsverordnung näher bestimmt ist (z. B. § 30 StromNEV).

2. Ausnahmen (§ 59 I 2). Die Entscheidungen, die ausnahmsweise nicht in die Entscheidungszuständigkeit der Beschlußkammern fallen, sind abschließend in § 59 I 2 aufgezählt. Dabei handelt es sich zum einen um Entscheidungen, die durch Gesetz und/oder Rechtsverordnung (Erhebung von **Gebühren** nach § 91 und von **Beiträgen** nach § 92) oder durch eine vorangegangene Entscheidung der BNetzA (Maßnahmen der **Vollstreckung**, § 94) weitgehend determiniert sind. Zum anderen wurden auch solche Maßnahmen von der Zuständigkeit der Beschlußkammern ausgenommen, die einen erheblichen Aufwand erfordern und deshalb von einem mit drei Mitgliedern besetzten Kollegialorgan kaum angemessen zu bewältigen sind (Durchführung des **Vergleichsverfahrens** nach § 21 III).

27 Der letztgenannte Gesichtspunkt dürfte auch maßgeblich dafür gewesen sein, die **Datenerhebung** zur Erfüllung von Berichtspflichten nicht den Beschlußkammern zuzuweisen (s. *OLG Düsseldorf,* NJW-RR 2006, 1353, wonach der Gesetzgeber mit § 59 I 2 „ersichtlich den Bedürfnissen der Praxis Rechnung tragen" wollte). Gemeint sind damit zumindest auch diejenigen Berichtspflichten, die die BNetzA selbst treffen (§ 112a – dazu *OLG Düsseldorf,* NJW-RR 2006, 1353 ff. –, § 63 III, IV, IV a, V). Ob darüber hinaus auch Berichtspflichten von EVU gegenüber der BNetzA (z. B. § 12 III a) gemeint sind (so wohl *OLG Düsseldorf,* NJW-RR 2006, 1353), erscheint eher zweifelhaft, weil in diesen Fällen die Datenerhebung nicht der „Erfüllung" sondern der Durchsetzung der Berichtspflicht dient.

28 Wer anstelle der Beschlußkammern für die Maßnahmen nach § 59 I 2 zuständig ist, richtet sich nach der „Bestimmung" des BMWT (Rn. 17) oder nach der Geschäftsordnung des Präsidenten (Rn. 8). In Betracht kommt ein **Mitglied einer Beschlußkammer** (z. B. für Vollstreckungsmaßnahmen) sowie der **Präsident,** in dessen Auftrag dann die jeweiligen Beschäftigten der nach der Geschäftsordnung zuständigen Abteilungen handeln (*Salje,* EnWG, § 59, Rn. 11).

§ 60 Aufgaben des Beirates

¹ Der Beirat nach § 5 des Gesetzes über die Bundesnetzagentur für Elektrizität, Gas, Telekommunikation, Post und Eisenbahnen hat die Aufgabe, die Bundesnetzagentur bei der Erstellung der Berichte nach § 63 Abs. 3 bis 5 zu beraten. ² Er ist gegenüber der Bundesnetzagentur berechtigt, Auskünfte und Stellungnahmen einzuholen. ³ Die Bundesnetzagentur ist insoweit auskunftspflichtig.

Literatur: *Neveling,* Die Bundesnetzagentur, ZNER 2005, 263; *Oertel,* Die Unabhängigkeit der Regulierungsbehörde nach §§ 66 ff. TKG, 2000.

Übersicht

	Rn.
A. Allgemeines	1
B. Status des Beirates nach dem Gesetz über die Bundesnetzagentur	3
C. Aufgaben und Rechte des Beirates nach dem EnWG	8
I. Funktion des Beirates	9
II. Auskünfte und Stellungnahmen der Bundesnetzagentur	11
III. Beratung der Bundesnetzagentur bei der Erstellung der Berichte	14

A. Allgemeines

Die Vorschrift des § 60 regelt die Aufgaben und Befugnisse des Beirates im Verhältnis zur BNetzA auf dem Energiesektor. Sie steht in Zusammenhang mit dem **Gesetz über die Bundesnetzagentur** für Elektrizität, Gas, Telekommunikation, Post und Eisenbahnen, welches in § 5 I 1 regelt, daß die BNetzA einen Beirat „hat" (§ 5 BNAG), und dessen Zusammensetzung, Organisation und Verfahren normiert (§§ 5, 6 BNAG). Hinsichtlich der Aufgaben des Beirates verweist § 7 BNAG auf andere gesetzliche Regelungen. Dementsprechend bestimmt § 60 die Aufgaben des Beirates im Zusammenhang mit der Tätigkeit der BNetzA nach dem EnWG (BT-Drucks. 15/3917, S. 70).

Die telekommunikationsrechtliche Parallelvorschrift zu § 60 ist **§ 120 TKG,** der allerdings sehr viel weitergehende Initiativ- und Mitwirkungsrechte des Beirates enthält. Auf dem Gebiet des Eisenbahnwesens ist durch § 4 IV Bundeseisenbahnverkehrsverwaltungsgesetz ein – mit dem Beirat nach § 5 BNAG vergleichbarer, aber nicht identischer – Infrastrukturbeirat eingerichtet worden, dessen Aufgaben und Rechte in **§ 38 AEG** geregelt sind.

B. Status des Beirates nach dem Gesetz über die Bundesnetzagentur

Der Beirat nach § 5 BNAG ist ein **Organ des Bundes,** das der BNetzA zugeordnet, aber mit Unabhängigkeit ausgestattet ist.

Aus der **Zuordnung zur BNetzA** folgt etwa deren Verpflichtung, die Arbeit des Beirates organisatorisch (Sitzungsräumlichkeiten, Geschäftsstelle) zu ermöglichen und zu unterstützen (*Geppert,* in: BeckTKG-Komm, § 120, Rn. 6).

5   Die **Unabhängigkeit** des Beirates zeigt sich vor allem daran, daß er – abgesehen von der „inadäquaten" (zutr. *Masing,* Soll das Recht der Regulierungsverwaltung umfassend geregelt werden?, Gutachten D für den 66. Deutschen Juristentag 2006, S. D 88) Pflicht aus § 6 I BNAG, seine Geschäftsordnung vom Ministerium genehmigen zu lassen – keinen Weisungen oder sonstigen aufsichtlichen Ingerenzen von Seiten der Bundesregierung, eines Ministeriums oder der BNetzA unterworfen ist (*Geppert,* in: BeckTKG-Komm, § 120, Rn. 6).

6   Hinsichtlich der **Zusammensetzung** des Beirates bestimmt § 5 BNAG, daß dieser aus jeweils 16 Mitgliedern des Deutschen Bundestages und 16 Vertretern oder Vertreterinnen des Bundesrates besteht (§ 5 I 1 BNAG), welche jeweils auf Vorschlag des Deutschen Bundestages und des Bundesrates von der Bundesregierung berufen werden (§ 5 I 2 BNAG). Dabei ist die Bundesregierung an die von Bundestag und Bundesrat vorgelegten Vorschläge gebunden (*Geppert,* in: BeckTKG-Komm, § 120, Rn. 19 ff., 22). Aufgrund seiner Zusammensetzung wird der Beirat als **„parlamentarischer" Beirat** bezeichnet (*Neveling,* ZNER 2005, 263), dem eine „politische Vermittlungs-, Beratungs- und diskursive Kontrollfunktion zukommt" (*Masing,* S. D 87).

7   Jenseits spezieller Mitwirkungsbefugnisse in den einzelnen Regulierungssektoren ist das wichtigste Recht des Beirates dasjenige aus § 3 III BNAG, der Bundesregierung **Personalvorschläge** für die Besetzung der Ämter des **Präsidenten** und der beiden **Vizepräsidenten** zu unterbreiten (dazu *Geppert,* in: BeckTKG-Komm, § 120, Rn. 2). Obwohl der Bundesregierung das Letztentscheidungsrecht zusteht (§ 3 III 4 BNAG), ist mit dem formalisierten Vorschlagsrecht des Beirates ein erheblicher (personal-)politischer Einfluß verbunden. Dieser wird insbesondere dadurch bewirkt, daß die Bundesregierung bei einem Abweichen von dem Vorschlag des Beirates unter öffentlichen Rechtfertigungsdruck geraten würde.

C. Aufgaben und Rechte des Beirates nach dem EnWG

8   Aufgabe des Beirates nach § 60 ist einerseits die **Beratung der BNetzA** bei der Erstellung ihrer Berichte nach § 63 III bis V (zum Inhalt dieser Berichte s. § 63, Rn. 7 ff. Dabei kann mit Beratung aller-

Aufgaben des Beirates 9–11 § 60

dings nicht die Bereitstellung von fachspezifischem Expertenwissen gemeint sein, weil dem Beirat aufgrund seiner politischen Zusammensetzung dafür die Voraussetzungen fehlen. Andererseits weist § 60 dem Beirat das Recht zu, **Auskünfte und Stellungnahmen von der BNetzA** einzuholen und erlegt der BNetzA eine entsprechende Auskunftspflicht auf.

I. Funktion des Beirates

Sowohl die Beratung nach § 60 1 als auch die Kontrolle nach den Sätzen 2 und 3 des § 60 lassen sich nur mit Hilfe eines Blickes auf die **politischen Funktion** des Beirates (Rn. 6) begreifen und näher konkretisieren. Diese „politische Vermittlungs-, Beratungs- und diskursive Kontrollfunktion" (*Masing*, S. D 87), die den Beirat allgemein kennzeichnet, ist auch für das Verständnis und die Auslegung von § 60 prägend. 9

Aus dem Blickwinkel der politischen Funktion des Beirates stehen dessen **Informationsrechte** nach § 60 2 im Mittelpunkt. Das Informationsrecht erzeugt **Transparenz** und ermöglicht auf diese Weise eine **„Politisierung"** von einzelnen Entscheidungen und generellen Konzepten der BNetzA, die auf den ersten Blick ausschließlich oder überwiegend rechtlichen, ökonomischen oder technischen Gehalt haben. Dem Beirat kommt insoweit – seine Funktion als **„Mittler föderalen Einflusses"** ergänzend – Legitimation vermittelnde Wirkung zu (*Oertel*, Die Unabhängigkeit der Regulierungsbehörde nach §§ 66 ff. TKG, S. 451). Die Beratungs- und Kontrollaufgaben des Beirates können die unter Gesichtspunkten des Demokratieprinzips nicht unproblematische Verselbständigung der BNetzA (s. § 59, Rn. 6) teilweise kompensieren (*Neveling*, ZNER 2005, 263; allg. dazu *Hermes*, in: FS Zuleeg, 2005, S. 410 ff.). 10

II. Auskünfte und Stellungnahmen der Bundesnetzagentur

Nach § 60 2 steht dem Beirat das Recht zu, von der BNetzA Auskünfte und Stellungnahmen einzuholen. Obwohl dieses Recht nach seiner systematischen Stellung in § 60 so verstanden werden könnte, daß es sich nur auf die Beratungsaufgabe nach § 60 1 bezieht (so *Salje*, EnWG, § 60, Rn. 2), sprechen die besseren Argumente dafür, aus § 60 2 und 3 ein **umfassendes Informationsrecht** abzuleiten. Dies folgt in erster Linie aus der politischen Kontrollfunktion des Beirates (s. Rn. 6), die aus der Zusammensetzung des Beirates und aus dem allgemeinen – alle Aufgabenbereiche der BNetzA betreffenden – **Zitier-** 11

recht des § 6 VII 3 BNAG abgeleitet werden kann. Wenn der Beirat nach dieser Vorschrift die Anwesenheit des Präsidenten oder – im Verhinderungsfall – einer stellvertretenden Person in seinen Sitzungen verlangen kann, so ist dies Ausdruck seiner Stellung als Organ, das die **politische Kontrolle** über die BNetzA ausüben soll. Im Unterschied zu dem Zitierrecht nach § 6 VII 3 BNAG ist **Adressat** des Informationsrechts die BNetzA insgesamt und nicht nur der Präsident.

12 Seinem Inhalt nach ist das Informationsrecht zunächst auf **Auskünfte** bezogen, also auf Informationen über alle tatsächlichen Umstände, die die BNetzA selbst betreffen oder die der BNetzA im Rahmen ihrer Aufgaben nach dem EnWG bekannt geworden sind. Unerheblich ist, ob die Informationen schriftlich festgehalten, in elektronischer Form gespeichert oder lediglich einzelnen Amtsträgern bekannt sind. Dementsprechend kann der Beirat Zugang zu allen bei der BNetzA vorhandenen Informationen verlangen, indem er **Akten** einsieht, gespeicherte **Daten** zur Kenntnis nimmt oder **Beschäftigte** der BNetzA befragt. Soweit es sich bei diesen Informationen um schutzwürdige Daten (personenbezogene Daten, Geschäfts- und Betriebsgeheimnisse) handelt, unterliegt der Beirat denselben rechtlichen Grenzen wie die BNetzA selbst. Gesichtspunkte des Daten- und Geheimnisschutzes sind deshalb kein Grund, der der BNetzA die Verweigerung von Auskünften gestatten könnte (a. A. *Geppert,* in: BeckTKG-Komm, § 120, Rn. 15).

13 Das Recht, **Stellungnahmen** der BNetzA einzuholen, bezieht sich auf wertende Einschätzungen, die zum einen die Situation auf den Energiemärkten wie auch das Verhalten einzelner Unternehmen zum Gegenstand haben können und zum anderen die Absichten, Strategien und Konzepte der BNetzA betreffen können (ähnlich *Geppert,* in: BeckTKG-Komm, § 120, Rn. 14). Dieses Recht des Beirates, Stellungnahmen der BNetzA einzuholen, scheint auf den ersten Blick schwächer ausgestaltet zu sein als das Auskunftsrecht, weil in § 60 3 die dem Recht des Beirates korrespondierende Pflicht der BNetzA lediglich als Auskunftspflicht bezeichnet wird. Dies läßt sich allerdings auch ohne Abstriche an dem Umfang der Pflicht zur Stellungnahme so verstehen, daß die BNetzA auch im Hinblick auf Stellungnahmen (nur) auskunftspflichtig ist über solche Wertungen, Einschätzungen, Konzepte etc., die bereits Niederschlag in Entscheidungen, Verfahrenshandlungen, Veröffentlichungen oder auch in internen Weisungen gefunden haben. Danach begründet § 60 keine Verpflichtung der BNetzA, auf Initiative des Beirates Fragen zu beantworten, zu deren Behandlung die BNetzA aufgrund ihrer gesetzlichen Aufgabenzuweisung bislang keine Veranlassung hatte. Eine Einschränkung des Aus-

kunftsrechts im Hinblick auf laufende Verfahren (so *Geppert,* in: BeckTKG-Komm, § 120, Rn. 15) läßt sich § 60 nicht entnehmen.

III. Beratung der Bundesnetzagentur bei der Erstellung der Berichte

In Zusammenhang mit der Kontrollaufgabe des Beirates, die durch sein Informationsrecht (Rn. 10) gesichert wird, steht die Aufgabe nach § 60 1, die ebenfalls Konsequenz aus der politischen Funktion des Beirates (Rn. 6) und damit eine **politische Beratungsaufgabe** ist. Dem Beirat kommt die Aufgabe zu, Anstöße dafür zu liefern, daß politische Aspekte bei der Erstellung der Berichte nach § 63 III bis V nicht ausgeblendet, sondern daß diese Berichte an die wettbewerbs- und energiepolitischen Einschätzungen des Bundestages und des Bundesrates rückgekoppelt werden. 14

Diese Funktion kann die Beratungsaufgabe des Beirates nur dann erfüllen, wenn die BNetzA die beratenden Hinweise, Empfehlungen etc. des Beirates auch berücksichtigt. Deshalb ist über den Wortlaut des § 60 1 hinaus von einer **Berücksichtigungspflicht** der BNetzA auszugehen. **Verfahrens**rechtlich hat die Beratungsaufgabe des Beirates und die Berücksichtigungspflicht der BNetzA zur Konsequenz, daß der Beirat bereits bei der Vorbereitung der Berichte nach § 63 III bis V zu beteiligen ist. Ein vollständiger Berichtsentwurf ist dem Beirat vor der Veröffentlichung bzw. der Übermittlung an die Europäische Kommission (§ 63 V) so rechtzeitig vorzulegen, daß er dazu Stellung nehmen kann und eine Berücksichtigung durch die BNetzA noch möglich ist (*Salje,* EnWG, § 60, Rn. 2). 15

§ 60a Aufgaben des Länderausschusses

(1) **Der Länderausschuss nach § 8 des Gesetzes über die Bundesnetzagentur für Elektrizität, Gas, Telekommunikation, Post und Eisenbahnen (Länderausschuss) dient der Abstimmung zwischen der Bundesnetzagentur und den Landesregulierungsbehörden mit dem Ziel der Sicherstellung eines bundeseinheitlichen Vollzugs.**

(2) ¹**Vor dem Erlass von Allgemeinverfügungen, insbesondere von Festlegungen nach § 29 Abs. 1, durch die Bundesnetzagentur nach den Teilen 2 und 3 ist dem Länderausschuss Gelegenheit zur Stellungnahme zu geben.** ²**In dringlichen Fällen können Allgemeinverfügungen erlassen werden, ohne dass dem Länderausschuss Gelegenheit zur Stellungnahme gegeben worden ist; in solchen Fällen ist der Länderausschuss nachträglich zu unterrichten.**

§ 60a 1 — Teil 7. Behörden

(3) ¹Der Länderausschuss ist berechtigt, im Zusammenhang mit dem Erlass von Allgemeinverfügungen im Sinne des Absatzes 2 Auskünfte und Stellungnahmen von der Bundesnetzagentur einzuholen. ²Die Bundesnetzagentur ist insoweit auskunftspflichtig.

(4) ¹Der Bericht der Bundesnetzagentur nach § 112a Abs. 1 zur Einführung einer Anreizregulierung ist im Benehmen mit dem Länderausschuss zu erstellen. ²Der Länderausschuss ist zu diesem Zwecke durch die Bundesnetzagentur regelmäßig über Stand und Fortgang der Arbeiten zu unterrichten. ³Absatz 3 gilt entsprechend.

Literatur: *Neveling,* Die Bundesnetzagentur, ZNER 2004, 263.

Übersicht

	Rn.
A. Allgemeines	1
B. Zusammensetzung, Organisation, Verfahren des Länderausschusses	5
C. Aufgaben und Befugnisse des Länderausschusses	9
I. Allgemeine Abstimmungsaufgabe (§ 60a I)	11
II. Mitwirkungsbefugnisse des Länderausschusses nach den § 60a II und IV	15
1. Mitwirkung beim Erlaß von Allgemeinverfügungen (§ 60a II)	15
2. Mitwirkung bei dem Bericht zur Anreizregulierung (§ 60a IV)	19
III. Auskünfte und Stellungnahmen der Bundesnetzagentur (§ 60a III)	22

A. Allgemeines

1   Die Vorschrift des § 60a weist dem Länderausschuß die allgemeine Aufgabe der Abstimmung zwischen der BNetzA und den Landesregulierungsbehörden zu. Darüber hinaus werden einzelne Mitwirkungsrechte des Länderausschusses normiert. Obwohl der Länderausschuß **ausschließlich auf dem Energiesektor** tätig wird, ist seine Zusammensetzung – systemwidrig – in dem **Gesetz über die Bundesnetzagentur** für Elektrizität, Gas, Telekommunikation, Post und Eisenbahnen geregelt. Nach dessen § 8 wird bei der BNetzA ein Länderausschuß gebildet, der sich aus Vertretern der Landesregulierungsbehörden zusammensetzt, die für die Wahrnehmung der Aufgaben nach § 54 zuständig sind. Hinsichtlich der Aufgaben des Länder-

ausschusses verweist § 10 BNAG auf andere gesetzliche Regelungen. Diese Funktion, die konkreten Aufgaben und Mitwirkungsrechte des Ausschusses zu bestimmen, kommt § 60a zu.

Ausweislich der Formulierung in § 60a I verfolgt die Vorschrift – ebenso wie die in diesen Zusammenhang gehörende Norm des § 64a – das Ziel, einen **bundeseinheitlichen Vollzug** des EnWG sicherzustellen. Wie die Aufspaltung der regulierungsbehördlichen Zuständigkeiten zwischen Bundes- und Landesbehörden nach § 54 (s. § 54, Rn. 6), so ist auch die „Folgeregelung" des § 60a erst das Ergebnis der Beratungen des Vermittlungsausschusses gewesen (BT-Drucks. 15/5736 [neu], S. 6), der auch die entsprechende Ergänzung des BNAG (§§ 8 bis 10) vorgeschlagen hatte (BT-Drucks. 15/5736 [neu], S. 8f.).

2

Offenbar orientiert sich die Regelung des § 60a an der aus der Kartellrechtspraxis bekannten – und nach Einschätzung von Praktikern bewährten – sog. **Tagung der Kartellreferenten.** Zwar ist diese Tagung kein institutionalisiertes Instrument, jedoch werden auch hier die Aufgaben der Landeskartellbehörden und des Bundeskartellamtes besprochen und zur Sicherstellung einer bundeseinheitlichen Gesetzesanwendung des GWB sog. Kartellreferentenentschließungen gefaßt (*Salje,* EnWG, § 60a, Rn. 2).

3

Verfassungsrechtliche Bedenken gegen die Regelung des § 60a, die sich auf die Unzulässigkeit einer die Verwaltungstypen der Art. 83ff. GG mißachtenden **„Mischverwaltung"** (s. dazu *Hermes,* in: Dreier, GG-Kommentar, Bd. III, 2000, Art. 83, Rn. 47ff.) von Bund und Ländern stützen könnten, greifen nicht durch. Denn trotz der Abstimmung zwischen BNetzA und Landesregulierungsbehörden und trotz der Mitwirkungsbefugnisse des Länderausschusses nach § 60a II bis IV bleibt es bei der klaren Abgrenzung der Entscheidungsbefugnisse von Bundes- und Landesbehörden nach § 54, weil § 60a keine Mitentscheidungsbefugnisse normiert.

4

B. Zusammensetzung, Organisation, Verfahren des Länderausschusses

Der Länderausschuß nach § 7 BNAG ist ein **Organ des Bundes,** das der BNetzA zugeordnet, aber mit Unabhängigkeit ausgestattet ist. Insoweit gilt für ihn dasselbe wie für den Beirat nach § 5 BNAG (s. § 60, Rn. 3).

5

Für die **Zusammensetzung** des Länderausschusses bestimmt § 8 BNAG, daß er sich aus Vertretern der für die Wahrnehmung der Aufgaben nach § 54 EnWG zuständigen Landesregulierungsbehörden zu-

6

sammensetzt und daß jede Landesregulierungsbehörde jeweils einen Vertreter in den Ausschuß entsenden „kann". Die Landesregulierungsbehörden sind also nicht verpflichtet, einen Vertreter in den Ausschuß zu entsenden.

7 Fragen hinsichtlich der Zusammensetzung des Länderausschusses werden durch die Praxis einiger **Länder** aufgeworfen, im Wege der **Organleihe** Landesverwaltungsaufgaben durch die **BNetzA** wahrnehmen zu lassen (s. dazu § 54, Rn. 15). In diesen Fällen ergibt sich bereits aus Wortlaut und Funktion des § 8 BNAG i. V. m. § 60 a, daß die Mitgliedschaft eines Vertreters der BNetzA ausgeschlossen ist. Allerdings kann auch der Auffassung, in solchen Fällen könne für das betroffene Land gar kein Vertreter entsandt werden (*Salje*, EnWG, § 60 a, Rn. 4), nicht gefolgt werden. Sie verkennt nämlich, daß die Länder aus verfassungsrechtlichen Gründen gehindert sind, die Aufgabe der Landesregulierungsbehörde vollständig an die BNetzA abzugeben (dazu § 54, Rn. 17). Deshalb sind auch die Länder, die einen wesentlichen Teil ihrer Vollzugsaufgaben nach § 54 II durch die BNetzA als vom Bund entliehenes Organ wahrnehmen lassen, verpflichtet, eine Landesregulierungsbehörde einzurichten. Diese Landesbehörde ist auch nach § 8 BNAG berechtigt, einen Vertreter in den Länderausschuß zu entsenden.

8 Die wesentlichen Fragen der **Geschäftsordnung**, des **Vorsitzes** und des **Verfahrens** des Länderausschusses sind in § 9 BNAG geregelt.

C. Aufgaben und Befugnisse des Länderausschusses

9 Ziel des § 60 a ist die Institutionalisierung einer **Zusammenarbeit** zwischen den Landesregulierungsbehörden und der BNetzA. Dieses Ziel wird außerhalb der Regelungen in § 60 a zunächst dadurch verfolgt, daß die BNetzA an den Beratungen des Länderausschusses beteiligt ist. Ihr Präsident oder Beauftragte können an den Sitzungen des Länderausschusses gem. **§ 9 VII BNAG** teilnehmen und müssen jederzeit gehört werden. Umgekehrt kann der Länderausschuß die Anwesenheit des Präsidenten oder – im Verhinderungsfalle – eines Beauftragten verlangen (§ 9 VII 3 BNAG).

10 Ergänzend weist § 60 a I dem Länderausschuß die allgemeine Aufgabe zu, die Tätigkeit der BNetzA mit derjenigen der Landesregulierungsbehörden **abzustimmen** und dadurch einen **bundeseinheitlichen Vollzug** des EnWG sicherzustellen. Konkretisiert wird diese allgemeine Abstimmungsaufgabe durch Mitwirkungsbefugnisse des Länderausschusses, die sich auf den Erlaß von **Allgemeinverfügungen**

Aufgaben des Länderausschusses 11–14 § 60a

durch die BNetzA (§ 60a II) und auf den Bericht der BNetzA zur **Anreizregulierung** beziehen (§ 60a IV). Beide Mitwirkungsbefugnisse werden ergänzt durch das Recht des Länderausschusses, von der BNetzA **Auskünfte und Stellungnahmen** einzuholen (§ 60a III, IV 3).

I. Allgemeine Abstimmungsaufgabe (§ 60a I)

§ 60a I enthält die allgemeine **Aufgabenzuweisung** i.S.d. § 10 **11** BNAG. Danach wird der Länderausschuß gebildet, um den **bundeseinheitliche Vollzug** des EnWG sicherzustellen. § 60a I leitet mit dieser Funktionsbestimmung allgemein die Tätigkeit des Länderausschusses programmatisch an. Mittel zur Sicherung des bundeseinheitlichen Vollzugs des EnWG ist nach § 60a I die **Abstimmung** zwischen der BNetzA und den Landesregulierungsbehörden. Es handelt sich um eine **Generalklausel,** die dem Länderausschuß eine Vielfalt an Abstimmungs- und Koordinierungsaktivitäten ermöglicht (*Salje*, EnWG, § 60a, Rn. 7).

Die dem Länderausschuß aufgegebene Abstimmung betrifft allerdings **12** nur das **Verhältnis** zwischen der Gesamtheit der **Landesregulierungsbehörden** auf der einen Seite und der **BNetzA** auf der anderen Seite. Diese Abstimmung konkretisieren und formalisieren die folgenden § 60a II bis IV partiell. Weiterreichende Abstimmungen sind von der allgemeinen Aufgabennorm des § 60a I gedeckt und intendiert. Dazu gehören etwa Beratungen und Absprachen bezüglich der Auslegung einzelner Vorschriften des EnWG sowie die Verständigung über einzelne Entscheidungsentwürfe.

Darüber hinaus bedarf das Ziel eines bundeseinheitlichen Gesetzes- **13** vollzugs aber auch der Abstimmung im **Verhältnis** der **Landesregulierungsbehörden untereinander.** Diese Abstimmung wird in § 60a **nicht geregelt**, weil dem Bund keine Kompetenz zukommt, die nach Art. 83 GG vollzugskompetenten Länder zur Koordinierung oder Abstimmung zu verpflichten. Soweit der Bund von seiner Kompetenz nach Art. 87 III GG keinen Gebrauch gemacht und den Vollzug des EnWG der BNetzA anvertraut hat, führen die Länder das EnWG vielmehr als „eigene Angelegenheit" aus. Eine bundesgesetzliche Verpflichtung von Landesbehörden, ihre Vollzugstätigkeit bei der Ausführung von Bundesgesetzen untereinander abzustimmen oder zu koordinieren, läßt das Grundgesetz nicht zu.

Die in § 60a I vorgesehene **Abstimmung** kann nur eine **freiwillige** **14** sein, weil diese Vorschrift nicht die verfassungsrechtliche Verteilung der Vollzugskompetenzen zwischen Bundes- (Art. 87 III GG i.V.m. § 54) und Landesbehörden (Art. 83 GG) verändern kann. Der Länderausschuß kann deshalb weder die BNetzA noch die Landesregulierungsbehörden zu einem bestimmten Tun oder Unterlassen verpflichten. Seine Tätigkeit ist also auf Informationsaustausch, Empfehlungen, Stellungnahmen und vergleichbare „weiche" Koordinierungsinstrumente beschränkt.

II. Mitwirkungsbefugnisse des Länderausschusses nach § 60 a II und IV

15 **1. Mitwirkung beim Erlaß von Allgemeinverfügungen (§ 60 a II).** § 60 a II sieht die **Mitwirkung** des Länderausschusses bei allen Allgemeinverfügungen der BNetzA nach den Teilen 2 und 3 vor. Dabei ist die Mitwirkung bei **Allgemeinverfügungen nach § 29 I** besonders hervorgehoben. Diese betreffen Entscheidungen über die Bedingungen und Methoden für den Netzanschluß oder den Netzzugang. Die besondere Hervorhebung dieser Allgemeinverfügungen erklärt sich durch die Tatsache, daß die Länder auf der Grundlage dieser Allgemeinverfügungen später konkrete Entscheidungen zu treffen haben (*Salje,* EnWG, § 60 a, Rn. 9).

16 Die Mitwirkung des Länderausschusses hat zunächst die **Informationsfunktion,** die BNetzA über die Praxis des Landesvollzugs und über die relevanten Interessen der Länder in Kenntnis zu setzen. Zugleich erfüllt der Länderausschuß bei seiner Mitwirkung eine **überwachende und kontrollierende Funktion.** Sie ermöglicht zum einen sachgerechte und praxisorientierte Entscheidungen der BNetzA und relativiert zugleich teilweise die unter demokratischen Gesichtspunkten nicht unproblematische Selbständigkeit und Unabhängigkeit der BNetzA (*Neveling,* ZNER 2005, 263).

17 Die Mitwirkungsbefugnis des Länderausschusses beschränkt sich auf die **Gelegenheit zur Stellungnahme.** Die **BNetzA** ist nicht an Stellungnahmen des Länderausschusses gebunden, sondern vielmehr in ihrer Entscheidungsfindung **autonom.** Jedoch muß sie den Länderausschuß über geplante Allgemeinverfügungen rechtzeitig unterrichten. Zudem ist § 60 a II 1 über die Gelegenheit zur Stellungnahme hinaus eine **Berücksichtigungspflicht** der BNetzA zu entnehmen, um dem Regelungszweck der Vorschrift gerecht zu werden. Die BNetzA ist danach verpflichtet, die Stellungnahme des Länderausschusses zur Kenntnis zu nehmen, in Erwägung zu ziehen und dem Länderausschuß eine Reaktion auf seine Stellungnahme in geeigneter Form zur Kenntnis zu bringen (zur vergleichbaren Situation hinsichtlich des Beirates s. § 60, Rn. 15).

Aufgaben des Länderausschusses 18–21 § 60a

Um die Versorgungssicherheit zu gewährleisten, kann der kurzfristige 18
Erlaß von Allgemeinverfügungen notwendig sein. Es können daher
gem. § 60a II 2 ausnahmsweise **ohne Stellungnahme** des Länderausschusses Allgemeinverfügungen in **dringlichen Fällen** erlassen werden.
Der Länderausschuß ist dann nachträglich zu unterrichten.

2. Mitwirkung bei dem Bericht zur Anreizregulierung 19
(§ 60a IV). Nach § 60a IV ist der Bericht der BNetzA nach § 112a I
zur Einführung einer Anreizregulierung „im Benehmen" mit dem
Länderausschuß zu erstellen (s. zu dem Bericht im einzelnen § 21a,
Rn. 3f., § 112a, Rn. 4ff.).

Mit dem Begriff des **„Benehmens"** normiert das Gesetz eine Mit- 20
wirkungsbefugnis, die einerseits unterhalb des „Einvernehmens" (s.
z.B. § 58, Rn. 3ff.), andererseits aber oberhalb der bloßen „Gelegenheit zur Stellungnahme" (§ 60a II, s.o. Rn. 17) anzusiedeln ist. Das
Benehmen erfordert also keine Willensübereinstimmung und bedeutet
„nicht mehr als die (gutachtliche) Anhörung der anderen Behörde, die
dadurch Gelegenheit erhält, ihre Vorstellungen in das Verfahren einzubringen" (*BVerwGE* 92, 258, 262 – zu § 9 BNatSchG). Die BNetzA
entscheidet also über den Inhalt des Berichts in eigener Verantwortung.
Im Zusammenhang mit der Pflicht der BNetzA, den Länderausschuß
regelmäßig und ohne besondere Aufforderung zu **unterrichten**
(§ 60a IV 2), kann das „Benehmen" also als eine intensivierte Form der
Anhörung und Mitwirkung verstanden werden. Die BNetzA hat –
nicht anders als bei der Beratung durch den Beirat (§ 60, Rn. 15) und
bei § 60a, II (Rn. 17) – die Stellungnahmen, Einwände und Anregungen des Länderausschusses zur Kenntnis zu nehmen, in Erwägung zu
ziehen und muß dem Länderausschuß das Ergebnis in geeigneter Form
zur Kenntnis geben.

Die Funktion des Erfordernisses des Benehmens liegt zum einen in 21
der **Rückkopplung an die Länderinteressen,** die bei der Berichtserstellung durch die BNetzA berücksichtigt werden müssen und so im
Sinne des § 60a I der bundeseinheitlichen Durchführung des Konzepts
dienen. Zum anderen hat das Benehmenserfordernis wie die Mitwirkung nach § 60a II (Rn. 16) zugleich **die BNetzA beratende und
informierende Funktion,** was durch die Anforderungen an den Bericht in § 112a II 1 (Beteiligung der Länder) bestätigt wird. Vor dem
Hintergrund der möglichen Auswirkungen und Risiken einer Anreizregulierung (vgl. die N. bei § 21a, Rn. 5) dient § 60a IV neben der
Berücksichtigung von Länderinteressen auch der **Sicherung einer adäquaten und risikoausschließenden Konzeptentwicklung**
i.S.d. § 112a I.

§ 61 Teil 7. Behörden

III. Auskünfte und Stellungnahmen der Bundesnetzagentur (§ 60 a III)

22 Sowohl im Rahmen seiner **Mitwirkung** beim Erlaß von **Allgemeinverfügungen** nach § 60 a II als auch im Rahmen der Herstellung des **Benehmens** bei der Erstellung des Berichts zur **Anreizregulierung** nach § 60 a IV – vgl. § 60 a IV 2 – ist der Länderausschuß nach § 60 a III 3 berechtigt, von der BNetzA Auskünfte und Stellungnahmen einzuholen. Diesem Recht des Länderausschusses entspricht die Auskunftspflicht der BNetzA nach § 60 a III 2.

23 Im Unterschied zu den Mitteilungspflichten der BNetzA, die sich unmittelbar aus § 60 a II und IV ergeben (Übermittlung von Entwürfen für Allgemeinverfügungen an den Länderausschuß, regelmäßige Unterrichtung über Stand des Berichtes), entsteht die Auskunftspflicht der BNetzA erst aufgrund eines konkreten **Verlangens des Länderausschusses**. Die Vorschrift des § 60 a III entspricht in Wortlaut und Funktion dem **Informationsanspruch** des Beirates gegenüber der BNetzA nach § 60 2 und 3, so daß auf die dortigen Erläuterungen verwiesen werden kann (§ 60, Rn. 11 f.). Im Unterschied zu § 60 ist allerdings der Informationsanspruch des Länderausschusses thematisch begrenzt auf die Mitwirkungsgegenstände der Abs. 2 und 4.

§ 61 Veröffentlichung allgemeiner Weisungen des Bundesministeriums für Wirtschaft und Technologie

Soweit das Bundesministerium für Wirtschaft und Technologie der Bundesnetzagentur allgemeine Weisungen für den Erlass oder die Unterlassung von Verfügungen nach diesem Gesetz erteilt, sind diese Weisungen mit Begründung im Bundesanzeiger zu veröffentlichen.

Literatur: *Hermes*, Legitimationsprobleme unabhängiger Behörden, in: Bauer/Huber/Sommermann (Hrsg.), Demokratie in Europa, 2005, S. 457; *Mayen*, Verwaltung durch unabhängige Einrichtungen, DÖV 2004, 45; *Oertel*, Die Unabhängigkeit der Regulierungsbehörde nach §§ 66 ff. TKG, 2000; *Pöckes*, Unabhängige Regulierungsbehörden und die Fortentwicklung des Demokratieprinzips, VerArch 2008 (i. E.).

Veröffentlichung allgemeiner Weisungen　　　　　1, 2　§ 61

Übersicht

	Rn.
A. Allgemeines	1
B. Pflicht zur Veröffentlichung allgemeiner Weisungen	5
I. Allgemeine Weisungen	6
II. Gegenstand und Adressat allgemeiner Weisungen	8
III. Veröffentlichung mit Begründung im Bundesanzeiger	10
C. Ministerielle Einzelweisungen	12
D. Weisungen innerhalb der Bundesnetzagentur	15

A. Allgemeines

Die Vorschrift steht in Zusammenhang mit § 1 BNAG, wonach die BNetzA eine selbständige Bundesoberbehörde im Geschäftsbereich des Bundesministeriums für Wirtschaft und Technologie ist. Nach dem verfassungsrechtlich im **Demokratieprinzip** des Art. 20 II GG fundierten Grundmodell hierarchisch-bürokratischer Ministerialverwaltung (s. dazu nur *Dreier*, in: *ders.*, GG-Kommentar, Bd. II, 2. Aufl., 2006, Art. 20 [Demokratie] Rn. 124 ff.; *Oertel*, Die Unabhängigkeit der Regulierungsbehörde nach §§ 66 ff. TKG, S. 238 ff.; weiterführend *Pöcker*, VerwArch 2008 (i. E.)) bedeutet dies, daß die BNetzA im Rahmen der Fach- und Rechtsaufsicht einem umfassenden ministeriellen Weisungsrecht unterliegt. Vor diesem Hintergrund kommt § 61 die Funktion zu, die Ausübung des ministeriellen Weisungsrechts für die Öffentlichkeit **transparent** zu machen (BT-Drucks. 15/3917, S. 70) und dadurch zugleich politisch zu disziplinieren (ähnlich *Geppert*, in: BeckTKG-Komm, 3. Aufl., 2006, § 117, Rn. 9). 1

Wenn der Veröffentlichungspflicht des § 61 offensichtlich eine das Weisungsrecht disziplinierende und damit begrenzende Funktion zukommt, so ist diese Norm im Zusammenhang mit denjenigen Vorschriften zu betrachten und auszulegen, die die BNetzA organisations- und verfahrensrechtlich in einer für die Regulierungsverwaltung typischen Art und Weise ausgestalten und gegenüber der Politik verselbständigen. Die (relative) **Unabhängigkeit der BNetzA** ist nämlich durch ein „institutionelles Arrangement" gekennzeichnet, zu dessen Elementen etwa das justizförmige Beschlußkammerverfahren, die politische Kontrolle durch den Beirat, die Berichtspflichten u. ä. Vorkehrungen gehören. Deshalb ist es aus der verfassungsrechtlichen Perspektive des Demokratieprinzips nicht erforderlich, daß die BNetzA entsprechend dem traditionellen Modell hierarchisch-bürokratischer Ministerialverwaltung einem umfassenden ministeriellen (Einzel-)Wei- 2 sungsrecht unterworfen wird (s. zu dieser Grundsatzfrage *Hermes,* Legitimationsprobleme unabhängiger Behörden, in: Bauer/Huber/Sommermann (Hrsg.), Demokratie in Europa, S. 457 ff.; *Masing,* Soll das Recht der Regulierungsverwaltung übergreifend geregelt werden?, Gutachten D zum 66. Deutschen Juristentag 2006, S. D 71 ff.; *Trute,* in: Hoffmann-Riem/Schmidt-Aßmann/Voßkuhle, Grundlagen des Verwaltungsrechts I, § 6, Rn. 66 ff.).

3   Vor diesem Hintergrund ist offen, ob § 61 über seine disziplinierende Wirkung im Hinblick auf allgemeine Weisungen hinaus die BNetzA dadurch gegenüber politischen Einflüssen von Seiten der Regierung abschirmt, daß diese Vorschrift nur die dort erwähnten allgemeinen Weisungen zuläßt mit der Folge, daß zumindest fachaufsichtliche **Einzelweisungen** unzulässig wären (s. u. Rn. 12 ff.).

4   Eine § 61 vergleichbare Regelung findet sich in **§ 52 GWB**, der allerdings die Begründung von Weisungen nicht erwähnt. Auch **§ 117 TKG** normiert – ebenfalls ohne Erwähnung der Begründung – eine Veröffentlichungspflicht für ministerielle „Weisungen", während noch das TKG in seiner Fassung aus dem Jahr 1996 in § 66 V diese Veröffentlichungspflicht auf „allgemeine Weisungen" bezog. Die Orientierung an diesen beiden Vorbildern läßt auf die Erwartung der gesetzgebenden Organe schließen, daß das Ministerium von dem Instrument der Weisung auf dem Energiesektor in ähnlich zurückhaltender Weise Gebrauch machen wird, wie das in der Vergangenheit gegenüber dem Bundeskartellamt und gegenüber der Regulierungsbehörde auf dem Gebiet der Telekommunikation der Fall war (*Geppert,* in: BeckTKG-Komm, § 117, Rn. 9).

B. Pflicht zur Veröffentlichung allgemeiner Weisungen

5   Seinem klaren Wortlaut nach begründet § 61 zunächst nur eine Pflicht des Bundesministeriums für Wirtschaft und Technologie zur Veröffentlichung allgemeiner Weisungen, die sich auf den Erlaß oder die Unterlassung von Verfügungen nach dem EnWG beziehen (zu weiteren möglichen Gehalten s. u. Rn. 14 f.).

I. Allgemeine Weisungen

6   Von der Veröffentlichungspflicht erfaßt werden nur allgemeine Weisungen. Ihnen wurde im Gesetzgebungsverfahren „grundsätzliche Bedeutung" für die Tätigkeit der BNetzA beigemessen (BT-Drucks. 15/3917, S. 70). Kriterien für die genauere Bestimmung des-

sen, was unter solchen allgemeinen Weisungen zu verstehen ist, liefert zunächst der im Verwaltungs(organisations-)recht gebräuchliche **Weisungsbegriff,** der verbindliche Gebote oder Verbote einer Behörde an eine nachgeordnete Behörde oder einen einzelnen Bediensteten bezeichnet (s. dazu nur *Bull/Mehde,* Allgemeines Verwaltungsrecht, 7. Aufl., 2005, Rn. 732). Für die Qualifizierung als Weisung in diesem Sinne kommt es nicht auf die formale Bezeichnung durch das Ministerium an, sondern auf die Verbindlichkeit, die die „Adressaten" der ministeriellen Maßnahme beimessen, und auf die daraus folgende tatsächliche Befolgung der ministeriellen Vorgaben. Auch „Empfehlungen", „Merkblätter", „Hinweise" oder sonstige „weiche" Formen der Steuerung können deshalb nach § 61 veröffentlichungspflichtig sein.

Hinsichtlich der Abgrenzung von allgemeinen Weisungen zu Einzelfallweisungen kann die Unterscheidung zwischen **abstrakt-genereller** und konkret-individueller Regelung herangezogen werden, mit deren Hilfe nach § 35 VwVfG der Verwaltungsakt von Rechtsnormen abgegrenzt wird. Entsprechend dieser Abgrenzung liegt eine veröffentlichungspflichtige allgemeine Weisung dann vor, wenn sie zukünftige Entscheidungen der BNetzA in einer unbestimmten Zahl von Fällen und mit einem unbestimmten Kreis potentieller Adressaten determinieren soll (s. dazu *P. Stelkens/U. Stelkens,* in: Stelkens/Bonk/Sachs, Verwaltungsverfahrensgesetz, 6. Aufl., 2001, § 35, Rn. 82 ff.).

II. Gegenstand und Adressat allgemeiner Weisungen

Veröffentlichungspflichtig sind nur solche allgemeinen Weisungen, die auf den Erlaß oder die Unterlassung von Verfügungen nach dem EnWG bezogen sind. Das Gesetz gebraucht den Terminus „Verfügungen" zwar auch an verschiedenen anderen Stellen (z. B. §§ 77 III 1 Nr. 2, 91 VI 1 Nr. 2). Dies geschieht allerdings offensichtlich nicht in einer terminologisch konsequenten und insbesondere gegenüber dem Terminus „Entscheidungen" abgegrenzten Weise. Deshalb sind unter Verfügungen i. S. d. § 61 alle **nach außen gerichteten Entscheidungen** der BNetzA (vgl. § 59, Rn. 25; § 75, Rn. 3, 8) einschließlich der Festlegungen z. B. nach § 29 zu verstehen. Abweichend von § 117 TKG (dazu *Geppert,* in: BeckTKG-Komm, § 117, Rn. 11) sind nach § 61 also nicht veröffentlichungspflichtig solche Weisungen, die im Rahmen der allgemeinen Organaufsicht ergehen und z. B. die innere Ordnung, die allgemeine Geschäftsführung oder Personalangelegenheiten der BNetzA betreffen.

Adressat der nach § 61 veröffentlichungspflichtigen allgemeinen Weisungen ist allein die **BNetzA** als organisatorisch verselbständigte

Einheit (Behörde), die auch insoweit – als Weisungsadressat – durch ihren Präsidenten vertreten wird. Dieses Verbot des ministeriellen Weisungsdurchgriffs auf einzelne Bedienstete der BNetzA im allgemeinen und auf die Mitglieder der Beschlußkammern im besonderen (§ 59, Rn. 22 f.) kommt im Wortlaut des § 61 zum Ausdruck, wenn dort ausschließlich die BNetzA als Adressat allgemeiner Weisungen bezeichnet ist. Es entspricht im übrigen der besonderen organisationsrechtlichen Ausgestaltung der BNetzA (Rn. 2) und der hervorgehobenen Position des Präsidenten (§ 59, Rn. 22 f.).

III. Veröffentlichung mit Begründung im Bundesanzeiger

10 Allgemeine Weisungen, die die dargelegten Kriterien (Rn. 6 f.) erfüllen, sind vom Bundesministerium für Wirtschaft und Technologie im Bundesanzeiger zu veröffentlichen. § 61 stellt darüber hinaus klar, daß „nicht nur die Weisung, sondern auch deren Begründung zu veröffentlichen ist" (BT-Drucks. 15/3917, S. 70). Die Gesetzesbegründung bringt darüber hinaus die Erwartung zum Ausdruck, daß das Ministerium „im Interesse größerer Transparenz allgemeine Weisungen auch im Internet veröffentlichen" wird (BT-Drucks. 15/3917, S. 70).

11 **Unveröffentlichten allgemeinen Weisungen** kommt **keine Verbindlichkeit** zu. Entscheidungen der BNetzA, die mit einer Bezugnahme auf eine solche unveröffentlichte allgemeine Weisung begründet werden, sind **(ermessens-)fehlerhaft** und schon deshalb gerichtlich anfechtbar. Auch ohne explizite Bezugnahme auf unveröffentlichte allgemeine Weisungen spricht eine Vermutung für die Rechtswidrigkeit von Entscheidungen der BNetzA, wenn sie im Anwendungsbereich einer „Geheimweisung" ergangen sind und sich die Existenz einer solchen nachweisen läßt.

C. Ministerielle Einzelweisungen

12 Nicht abschließend geklärt ist die Frage, ob sich aus § 61 der Umkehrschluß ziehen läßt, daß Einzelweisungen unzulässig sind. So wurde aus der mit § 61 vergleichbaren Norm des **§ 66 V TKG 1996** mit seiner ausschließlichen Erwähnung von „allgemeinen Weisungen" vor dem Hintergrund der besonderen Ausgestaltung des Beschlußkammerverfahrens gefolgert, daß Einzelweisungen gegenüber der Regulierungsbehörde zumindest in diesem Verfahren unzulässig seien (so insb. *Oertel*, Die Unabhängigkeit der Regulierungsbehörde nach §§ 66 ff. TKG, 2000, S. 405 f.). Andere hielten demgegenüber an dem traditionellen Modell hierarchisch-bürokratischer Ministerialverwaltung (Rn. 2) auch im Hinblick auf die Beschlußkammern fest (*Mayen,* Verwaltung durch unabhängige Einrichtungen, DÖV 2004, 45 ff.; w. N. zum Meinungsstand bei *Haupt,* Die Verfahren von Beschlußkammern der Regulierungsbehörde für Telekommunikation und Post, 2004, S. 64 ff.). Nachdem nunmehr in **§ 117 TKG** ausdrücklich von „Weisungen" und nicht mehr nur von „allgemeinen Weisungen" die Rede ist, wird für den Telekommunikationssektor angenommen, daß das Ministerium als übergeordnete oberste Bundesbehörde rechts- und fachaufsichtlich sowohl durch **Einzelweisungen** als auch durch **allgemeine Weisungen** tätig werden kann (s. nur *Geppert,* in: BeckTKG-Komm, § 117, Rn. 1 f.).

Maßgebliche Bedeutung für eine Antwort auf die Frage nach der Zulässigkeit von Einzel- und allgemeinen Weisungen des Ministeriums gegenüber der BNetzA im allgemeinen und gegenüber den Beschlußkammern im besonderen kommt dem **institutionellen Gesetzesvorbehalt** zu (so auch *Oertel,* Die Unabhängigkeit der Regulierungsbehörde nach §§ 66 ff. TKG, 2000, S. 344 f.). Zwar wäre es verfassungsrechtlich durchaus zulässig, die BNetzA dem ministeriellen Einzelweisungsrecht zu entziehen (Rn. 2, *Pöcker,* VerwArch 2008 (i. E.); a. A. *Geppert,* in: BeckTKG-Komm, § 117, Rn. 3). Dies verlangt aber eine klare gesetzliche Regelung, weil eine Behörde – abweichend von dem als Regelfall zugrundezulegenden Modell (Rn. 1) – aufgrund anderer institutioneller Arrangements (Rn. 2), die demokratische Legitimation vermitteln können, weisungsfrei gestellt würde. Daß sich § 61 eine solche klare gesetzliche Organisationsentscheidung zugunsten einer Einzelweisungsfreiheit entnehmen läßt, erscheint allerdings insbesondere vor dem Hintergrund eines Vergleichs mit den beiden Fassungen der Parallelvorschrift im TKG (§ 66 V a. F. und § 117 n. F.) sehr zweifelhaft.

Mangels einer eindeutigen gesetzlichen Organisationsentscheidung im EnWG zugunsten einer Einzelweisungsfreiheit der BNetzA ist also davon auszugehen, daß ministerielle **Einzelweisungen** rechtlich **zulässig** und **nicht veröffentlichungspflichtig** sind (so auch *Geppert,* in: BeckTKG-Komm, § 117, Rn. 7). Allerdings sind auch Einzelweisungen ausschließlich an die BNetzA, vertreten durch den Präsidenten, zu richten und dürfen weder an einzelne Bedienstete noch an Beschlußkammern adressiert werden (Rn. 9, § 59, Rn. 22 f.). Allerdings stehen solche Einzelweisungen in einem offensichtlichen Widerspruch zu der organisations- und verfahrensrechtlichen Ausgestaltung der BNetzA im allgemeinen und der Beschlußkammern im besonderen. Solange der Gesetzgeber in Wahrnehmung der ihm zur Verfügung stehenden verfassungsrechtlichen Spielräume (Rn. 2) daraus nicht die Konsequenz einer eindeutigen Weisungsfreiheit gezogen hat, ist es Sache einer zurückhaltenden ministeriellen Weisungspraxis, die Funktionsbedingungen der von der BNetzA wahrzunehmenden Aufgaben zu respektieren. Dem auf Transparenz von Regulierungsentscheidungen angelegten Grundansatz des EnWG entspricht es außerdem, wenn auch Einzelweisungen veröffentlicht werden – sei es durch das Ministerium, sei es durch die BNetzA. Deshalb steht auch der BNetzA ein rechtlich zulässiges Mittel der „Gegenwehr" zur Verfügung, ihre Unabhängigkeit durch die Veröffentlichung von ministeriellen Einzelweisungen abzusichern.

D. Weisungen innerhalb der Bundesnetzagentur

15 Außerhalb des Anwendungsbereichs von § 61 liegen innerbehördliche Weisungen insbesondere des Präsidenten gegenüber den Beschlußkammern. Soweit solche Weisungen als zulässig angesehen werden können (s. dazu § 59, Rn. 23), ergibt sich die Pflicht zu ihrer Veröffentlichung jedenfalls nicht aus § 61. Nach dessen eindeutigem Wortlaut werden nämlich nur allgemeine Weisungen des Ministeriums für Wirtschaft und Technologie erfaßt. Immerhin kann § 61 als Beleg dafür herangezogen werden, daß das EnWG der Sicherung von regulierungsbehördlicher Unabhängigkeit durch Transparenz einen hohen Stellenwert einräumt. Da diese Unabhängigkeit weder allein noch in erster Linie der Behörde insgesamt oder ihrem Präsidenten zukommt, sondern zumindest auch die Tätigkeit der Beschlußkammern kennzeichnet, kann in **Analogie zu § 61** auch für innerbehördliche Weisungen eine Veröffentlichungspflicht in Betracht gezogen werden.

§ 62 Gutachten der Monopolkommission

(1) ¹**Die Monopolkommission erstellt alle zwei Jahre ein Gutachten, in dem sie den Stand und die absehbare Entwicklung des Wettbewerbs und die Frage beurteilt, ob funktionsfähiger Wettbewerb auf den Märkten der leitungsgebundenen Versorgung mit Elektrizität und Gas in der Bundesrepublik Deutschland besteht, die Anwendung der Vorschriften dieses Gesetzes über die Regulierung und Wettbewerbsaufsicht würdigt und zu sonstigen aktuellen wettbewerbspolitischen Fragen der leitungsgebundenen Versorgung mit Elektrizität und Gas Stellung nimmt.** ²**Das Gutachten soll in**

dem Jahr abgeschlossen sein, in dem kein Hauptgutachten nach § 44 des Gesetzes gegen Wettbewerbsbeschränkungen vorgelegt wird.

(2) ¹Die Monopolkommission leitet ihre Gutachten der Bundesregierung zu. ²Die Bundesregierung legt Gutachten nach Absatz 1 Satz 1 den gesetzgebenden Körperschaften unverzüglich vor und nimmt zu ihnen in angemessener Frist Stellung. ³Die Gutachten werden von der Monopolkommission veröffentlicht. ⁴Bei Gutachten nach Absatz 1 Satz 1 erfolgt dies zu dem Zeitpunkt, zu dem sie von der Bundesregierung der gesetzgebenden Körperschaft vorgelegt werden.

Übersicht

	Rn.
A. Allgemeines	1
B. Pflichtgutachten zu den Energiemärkten	4
I. Pflichtinhalt und Zeitpunkt	6
II. Verfahren und Veröffentlichung	8
C. Sonstige Gutachten	11

A. Allgemeines

Die Vorschrift des § 62 regelt die Berichterstattung der Monopolkommission über Fragen des Wettbewerbs auf den Märkten der leitungsgebundenen Energieversorgung. Sie orientiert sich an § 44 GWB. Der Gesetzgeber hielt es für sachgerecht, die Monopolkommission speziell für den Bereich der leitungsgebundenen Energieversorgung mit der Erstellung von Gutachten zur Marktbeobachtung zu beauftragen (BT-Drucks. 15/3917, S. 70). § 62 II, der sich ebenfalls an der entsprechenden Regelung des GWB (§ 44 III) orientiert, wurde aufgrund der Beschlußempfehlung des Ausschusses für Wirtschaft und Arbeit eingefügt (BT-Drucks. 15/5268, S. 61, 122), um Unsicherheiten darüber auszuräumen, ob die Regelung des § 44 III GWB auch für den Bereich der Energiewirtschaft zur Anwendung kommt (*Salje*, EnWG, § 62, Rn. 2). 1

Vergleichbare Regelungen existieren für die Telekommunikationsmärkte in § 121 II TKG und in § 36 AEG für den Bereich des Eisenbahnwesens. 2

Zusammensetzung, **Organisation** und **Beschlussfassung** der Monopolkommission sowie **Rechte und Pflichten** ihrer Mitglieder sind in § 46 GWB geregelt. Die hier enthaltenen Regelungen gelten 3 generell und unabhängig davon, auf welchem Gebiet die Monopolkommission tätig wird. Ohne ausdrückliche Übernahme in das EnWG gilt insbesondere auch § 44 II GWB, wonach die Monopolkommission in ihrer Tätigkeit **unabhängig** ist.

B. Pflichtgutachten zu den Energiemärkten

4   § 62 weist der Monopolkommission über ihren Aufgabenbereich nach § 44 GWB hinaus im Bereich der leitungsgebundenen Energieversorgung die Aufgabe zu, alle zwei Jahre ein **Gutachten** betreffend die Märkte der leitungsgebundenen Energieversorgung in der Bundesrepublik Deutschland zu erstellen. Die Erstellung dieses Gutachtens zu den Energiemärkten ist gem. § 62 I eine **Pflichtaufgabe** der Monopolkommission. Der Inhalt des Gutachtens wird in § 62 I 1 näher bestimmt. Daneben enthält die Vorschrift in § 62 I Vorgaben über den Zeitpunkt sowie nähere Regelungen zu dem Verfahren nach Erstellung des Gutachtens (§ 62 II).

5   Die **Funktion** der Gutachten der Monopolkommission liegt darin, die Bundesregierung und die Organe der Gesetzgebung, die mit dem Vollzug des EnWG befaßten Behörden des Bundes und der Länder sowie die Öffentlichkeit zu **informieren.** Auf diese Weise wird durch Transparenz die Grundlage geschaffen für (öffentliche) **Kontrolle** insbesondere der Tätigkeit der mit dem Vollzug des EnWG befaßten Behörden. Würdigungen und Stellungnahmen der Monopolkommission haben darüber hinaus **unterstützende, initiierende** und **beratende** Funktion für Gesetzgebung und Exekutive.

I. Pflichtinhalt und Zeitpunkt

6   Als **Pflichtinhalt** des Gutachtens nennt § 62 I 1 den Stand und die absehbare Entwicklung des Wettbewerbs, die Beurteilung der Frage, ob funktionsfähiger Wettbewerb auf den Energiemärkten besteht, die Würdigung der Anwendung der Vorschriften des EnWG über die Regulierung und Wettbewerbsaufsicht sowie die Stellungnahme zu sonstigen wettbewerbspolitischen Fragen der Energieversorgung. Es geht dem Gesetz offensichtlich um eine **umfassende Darstellung** und **Würdigung** der energiewirtschaftlichen Gesamtlage. Die Monopolkommission kann „umfassend zu allen wettbewerblichen Fragen der leitungsgebundenen Energieversorgung Stellung nehmen" (BT-Drucks. 15/3917, S. 70). Das Gutachten kann daher ebenso Prognosen hinsichtlich künftiger Entwicklungen im Rahmen der Beurteilung der

Funktionsfähigkeit des Netzzugangs enthalten (BT-Drucks. 15/3917, S. 70). Die Monopolkommission ist jedoch hinsichtlich der weiteren Konkretisierung dieser Pflichtinhalte, hinsichtlich ihrer Gewichtung wie auch hinsichtlich weiterer Gegenstände, zu denen z. B. auch rechtspolitische Vorschläge gehören können, weitgehend frei.

Das Sondergutachten ist im **Zweijahresrhythmus** zu erstellen (§ 62 I 1). Es muß in dem Jahr abgeschlossen sein, in dem kein Hauptgutachten nach § 44 GWB vorgelegt wird. Diese zeitliche Vorgabe dient der **Arbeitsentlastung** der Monopolkommission (*Salje*, EnWG, § 62, Rn. 8). Allerdings fällt der vorgeschriebene Abschlußzeitpunkt des Gutachtens nach dem EnWG mit demjenigen der Gutachten nach dem TKG und dem AEG zusammen (§ 122 II 2 TKG, § 36 2 AEG).

II. Verfahren und Veröffentlichung

Das kommissionsinterne **Verfahren der Erstellung** des Hauptgutachtens bestimmt sich nach § 46 I GWB und nach der Geschäftsordnung (§ 46 II 1 GWB) der Monopolkommission.

Im Gegensatz zum Verfahren der Erstellung der Gutachten ist das weitere **Vorgehen nach Erstellung** des Sondergutachtens in § 62 II geregelt. Zunächst muß das Gutachten der Bundesregierung zugeleitet werden. Diese hat das Gutachten „unverzüglich" dem Bundestag und dem Bundesrat vorzulegen. Darüber hinaus ist die Bundesregierung gegenüber diesen beiden Organen verpflichtet, „in angemessener Frist" zu dem Gutachten Stellung zu nehmen. Welche Frist angemessen ist und welchen Grad an Präzision und Aussagekraft die Stellungnahme der Bundesregierung hat, ist in erster Linie von dieser selbst zu entscheiden und unterliegt der politisch-parlamentarischen Kontrolle.

Das Gutachten muß von der Monopolkommission **veröffentlicht** werden (§ 62 II 3). Eine bestimmte Form der Veröffentlichung schreibt das Gesetz nicht vor. Was den **Zeitpunkt** der Veröffentlichung angeht, so muß das Gutachten gem. § 62 II 4 zu dem Zeitpunkt veröffentlicht werden, zu dem es von der Bundesregierung dem Bundestag und dem Bundesrat vorgelegt wird. Durch die Vorlage als Bundestags- und als Bundesratsdrucksache ist dem Veröffentlichungserfordernis Genüge getan.

C. Sonstige Gutachten

Wie sich aus der Gegenüberstellung des Pflichtgutachtens nach § 62 I einerseits und der Erwähnung von Gutachten im Plural in § 62 II andererseits ergibt, erlaubt § 62 über das Pflichtgutachten nach

§ 62 I hinaus **sonstige – freiwillige – Gutachten** der Monopolkommission betreffend den Energiesektor (Auftrags- oder Ermessensgutachten), die insbesondere punktuelle und aktuelle Einzelfragen der leitungsgebundenen Energieversorgung betreffen können.

12 Hinsichtlich dieser sonstigen Gutachten beschränken sich die Regelungen des § 62 allerdings auf die Pflicht, sie der **Bundesregierung zuzuleiten** (§ 62 II 1) und sie zu **veröffentlichen** (§ 62 II 3). Das Verfahren der Erstellung sonstiger Gutachten richtet sich ebenfalls nach § 46 I GWB und nach der Geschäftsordnung (§ 46 II 1 GWB) der Monopolkommission.

§ 63 Berichterstattung

(1) **Das Bundesministerium für Wirtschaft und Technologie veröffentlicht alle zwei Jahre spätestens zum 31. Juli einen Bericht über die bei dem Monitoring der Versorgungssicherheit nach § 51 im Bereich der leitungsgebundenen Elektrizitätsversorgung gewonnenen Erkenntnisse und etwaige getroffene oder geplante Maßnahmen und übermittelt ihn unverzüglich der Europäischen Kommission.**

(2) **Das Bundesministerium für Wirtschaft und Technologie veröffentlicht spätestens zum 31. Juli eines jeden Jahres einen Bericht über die bei dem Monitoring der Versorgungssicherheit nach § 51 im Bereich der leitungsgebundenen Erdgasversorgung gewonnenen Erkenntnisse und etwaige getroffene oder geplante Maßnahmen und übermittelt ihn unverzüglich der Europäischen Kommission.**

(3) [1]Die Bundesnetzagentur veröffentlicht alle zwei Jahre einen Bericht über ihre Tätigkeit sowie über die Lage und Entwicklung auf ihrem Aufgabengebiet nach diesem Gesetz. [2]In den Bericht sind die allgemeinen Weisungen des Bundesministeriums für Wirtschaft und Technologie nach § 59 aufzunehmen. [3]Die Bundesregierung leitet den Bericht der Bundesnetzagentur dem Deutschen Bundestag unverzüglich mit ihrer Stellungnahme zu.

(4) **Die Bundesnetzagentur veröffentlicht jährlich einen Bericht über das Ergebnis ihrer Monitoring-Tätigkeiten gemäß § 35.**

(4a) **Die Bundesnetzagentur veröffentlicht alle zwei Jahre unter Berücksichtigung eigener Erkenntnisse eine Auswertung der Berichte, deren Vorlage sie nach § 12 Abs. 3a Satz 1 und 2 angefordert hat.**

(5) [1]Die Bundesnetzagentur unterbreitet der Europäischen Kommission bis zum Jahre 2009 jährlich und danach alle zwei Jahre

jeweils bis zum 31. Juli im Einvernehmen mit dem Bundeskartellamt einen Bericht über Marktbeherrschung, Verdrängungspraktiken und wettbewerbsfeindliches Verhalten im Bereich der leitungsgebundenen Energieversorgung. ²Dieser Bericht enthält auch eine Untersuchung der Veränderungen der Eigentumsverhältnisse sowie eine Darstellung der konkreten Maßnahmen, die getroffen wurden, um eine ausreichende Vielfalt an Marktteilnehmern zu garantieren, oder die konkreten Maßnahmen, um Verbindungskapazität und Wettbewerb zu fördern. ³Er wird anschließend in geeigneter Form veröffentlicht.

(6) Das Statistische Bundesamt unterrichtet die Europäische Kommission alle drei Monate über in den vorangegangenen drei Monaten getätigte Elektrizitätseinfuhren in Form physikalisch geflossener Energiemengen aus Ländern außerhalb der Europäischen Union.

Übersicht

		Rn.
A.	Allgemeines	1
B.	Einzelne Berichtspflichten	5
I.	Monitoring-Berichte des Ministeriums (§ 63 I und II)	5
II.	Berichte der Bundesnetzagentur	7
	1. Tätigkeitsbericht (§ 63 III)	8
	2. Monitoringbericht (§ 63 IV)	12
	3. Auswertung der Berichte von Übertragungsnetzbetreibern (§ 63 IV a)	13
	4. Wettbewerbsbericht (§ 63 V)	14
III.	Unterrichtung über Elektrizitätseinfuhren durch das Statistische Bundesamt (§ 63 VI)	18

A. Allgemeines

Die Vorschrift des § 63 enthält **alle Berichtspflichten im Bereich des Energiewirtschaftsrechts.** Dies gilt sowohl für Berichte, die ihre Grundlage im sekundären Gemeinschaftsrecht finden als auch für die Berichtspflichten, die das EnWG darüber hinaus normiert. Berichtspflichtig sind entsprechend ihren unterschiedlichen Aufgabenbereichen das Bundesministerium für Wirtschaft und Technologie, die BNetzA und das Statistische Bundesamt.

Die Berichte dienen der **Information der Europäischen Kommission,** der **Gesetzgebungsorgane** des Bundes, der mit Fragen der Energieversorgung befaßten **Behörden** des Bundes und der Länder,

der am energiewirtschaftlichen Geschehen beteiligten **Unternehmen** sowie der **Öffentlichkeit**. Die umfassenden Berichtspflichten sollen Transparenz schaffen und die genannten „Informationsadressaten" in die Lage versetzen, mit den ihnen jeweils zu Gebote stehenden – rechtlichen und/oder politischen – Mitteln die leitungsgebundene Energieversorgung und ihre Regulierung zu kontrollieren, überwachend zu begleiten (*Neveling,* ZNER 2005, 263) und ggf. ihr eigenes Verhalten daran auszurichten (BT-Drucks. 15/3917, S. 27, 70). Insbesondere den Gesetzgebungsorganen des Bundes sollen die Berichtspflichten ermöglichen, das EnWG im Lichte seiner praktischen Anwendung und der aktuellen Gegebenheiten zu überprüfen, einen möglichen Reformbedarf zu erkennen und diesem rechtzeitig nachzugehen.

3 In ihren Grundzügen war die Regelung des § 63 bereits im **Regierungsentwurf** (BT-Drucks. 15/3917, S. 27 f.) enthalten. Aufgrund der Beschlußempfehlung des Ausschusses für Wirtschaft und Arbeit wurde § 63 IV a eingefügt, um die Berichtspflicht der Betreiber von Elektrizitätsversorgungsunternehmen nach § 12 zu ergänzen (BT-Drucks. 15/5268, S. 122). Zur „Klarstellung des Gewollten" (BT-Drucks. 15/5268, S. 122) wurde außerdem § 63 V 3 eingefügt.

4 Teilweise setzt § 63 die Beschleunigungs-**Richtlinien** in nationales Recht um (BT-Drucks. 15/3917, S. 70). § 63 I dient der Umsetzung von Art. 4 EltRl und § 63 II der Umsetzung des Art. 5 GasRl. § 63 IV setzt Art. 23 I d) EltRl und Art. 25 I d) GasRl um. § 63 V dient der Umsetzung von Art. 23 VIII EltRl und übernimmt die Regelungen auch für den Gasbereich. § 63 VI dient der Umsetzung des Art. 25 der EltRl (BT-Drucks. 15/3917, S. 70).

B. Einzelne Berichtspflichten

I. Monitoring-Berichte des Ministeriums (§ 63 I und II)

5 Die § 63 I und II regeln die sowohl gegenüber der **Öffentlichkeit** als auch gegenüber der **Europäischen Kommission** bestehende Pflicht des Bundesministeriums für Wirtschaft und Technologie zur Berichterstattung über die bei dem nach § 51 durchzuführenden **Monitoring** gewonnenen Erkenntnisse und die in diesem Zusammenhang getroffenen oder geplanten Maßnahmen. Dabei ist – jeweils zum 31. Juli – im Zweijahresrhythmus ein Bericht zur Versorgungssicherheit im Elektrizitätsbereich (§ 63 I) und jährlich ein Bericht über Versorgungssicherheit im Gasbereich (§ 63 II) zu erstellen.

Den notwendigen **Inhalt der Berichte** definieren die Absätze 1 und 6
2 des § 63 als die bei dem Monitoring nach § 51 „gewonnenen Erkenntnisse" und „etwaige getroffene oder geplante Maßnahmen". Bezug genommen wird damit auf die in § 51 definierten Gegenstände des Monitorings (s. § 51, Rn. 3 ff.), wobei den in § 51 II hervorgehobenen Fragen besonderes Gewicht zukommt, weil diese weitgehend gemeinschaftsrechtlich vorgegeben sind (Art. 4 EltRl, Art. 5 GasRl). Wenn die Berichte nach § 63 I und II Informationen sowohl zu getroffenen als auch zu geplanten Maßnahmen enthalten müssen, so sind damit sowohl Maßnahmen der betroffenen EVU als auch Maßnahmen der Bundesregierung (§ 53) und der zuständigen Behörden des Bundes oder der Länder gemeint. Denn nur eine Gesamtschau dieser Maßnahmen vermittelt der Kommission und der Öffentlichkeit ein zutreffendes Bild von der Versorgungssicherheitssituation.

II. Berichte der Bundesnetzagentur

Die § 63 III bis V regeln die **Berichtspflichten** der BNetzA, die ih- 7
re Tätigkeit insgesamt (§ 63 III), das Ergebnis ihrer Monitoring-Tätigkeit nach § 35 (§ 63 IV), die Auswertung der Berichte von Übertragungsnetzbetreibern nach § 12 III a (§ 63 IV a) sowie die Situation des Wettbewerbs im Bereich der leitungsgebundenen Energieversorgung betreffen.

1. Tätigkeitsbericht (§ 63 III). Die BNetzA muß gem. § 63 III 8
alle zwei Jahre einen **umfassenden Tätigkeits-** und **Zustandsbericht** erstellen. Vergleichbare Berichtspflichten sind in § 121 I TKG und in § 53 GWB normiert. An diesen Vorbildern hat der Gesetzgeber sich orientiert (BT-Drucks. 15/3917, S. 70).

Den erforderlichen **Inhalt des Berichts** definiert § 63 III zunächst 9
dadurch, daß er pauschal auf die „Tätigkeit" der BNetzA verweist. Gefordert ist deshalb eine umfassende Darstellung der in den Berichtszeitraum – also seit „Redaktionsschluß" des vorangegangenen Berichts – fallenden Aktivitäten der BNetzA. Dies bedeutet, daß der Bericht sowohl zur Entscheidung gelangte als auch nicht nach außen getretene Vorgänge darstellen muß. Die wesentlichen Erwägungen, die konkreten Maßnahmen zugrunde lagen, sind in dem Bericht darzulegen, soweit nicht auf veröffentlichte Quellen verwiesen werden kann.

Über diesen allgemeinen Einblick in die Entscheidungspraxis der 10
BNetzA hinaus sind in dem Bericht die vom Bundesministerium für Wirtschaft und Technologie nach § 61 der BNetzA erteilten **allgemeinen Weisungen** zu veröffentlichen (§ 63 III 2). Bei dem Hinweis auf § 59 handelt es sich offensichtlich um ein redaktionelles Versehen.

Zwar ist bereits in § 61 eine Veröffentlichung der allgemeinen Weisungen im Bundesanzeiger vorgesehen (§ 61, Rn. 5 ff.). Ihre erneute Veröffentlichung im Rahmen des Tätigkeitsberichts hat aber die Funktion, solche Weisungen in den Gesamtzusammenhang der Tätigkeit der BNetzA einzuordnen

11 Die BNetzA hat den Tätigkeitsbericht gem. § 63 III 1 zu **veröffentlichen.** Über Form und Zeitpunkt der Veröffentlichung entscheidet die BNetzA. Anders als die Monopolkommission bei der Veröffentlichung ihres Gutachtens nach § 62 I ist die BNetzA dabei nicht auf den Zeitpunkt festgelegt, zu dem die Bundesregierung den Tätigkeitsbericht dem Deutschen Bundestag zuleitet. Spätestens mit der Veröffentlichung hat die BNetzA ihren Tätigkeitsbericht der **Bundesregierung** weiterzuleiten, die nach § 63 III 3 verpflichtet ist, diesen „unverzüglich" dem **Bundestag** zuzuleiten. Die Bundesregierung hat darüber hinaus dem Bundestag ihre **Stellungnahme** zu dem Tätigkeitsbericht zuzuleiten. Entgegen dem Wortlaut des § 63 III 3 kann sich allerdings die Pflicht zur „unverzüglichen" Zuleitung nur auf den Tätigkeitsbericht selbst und nicht auf die Stellungnahme beziehen, weil der Willensbildungsprozeß innerhalb der Bundesregierung Zeit benötigt.

12 **2. Monitoringbericht (§ 63 IV).** Nach § 63 IV hat die BNetzA jährlich einen Bericht über das Ergebnis ihrer Monitoring-Tätigkeiten nach § 35 zu veröffentlichen. Die Gegenstände dieses Berichts ergeben sich aus den einzelnen Vorgaben des § 35.

13 **3. Auswertung der Berichte von Übertragungsnetzbetreibern (§ 63 IV a).** Der erst im Verlauf des Gesetzgebungsverfahrens eingeführte (Rn. 3 f.) § 63 IV a erweitert die Berichtspflicht der BNetzA um die alle zwei Jahre zu veröffentlichende Auswertung der Berichte, welche ihr gem. § 12 III a 1 und 2 von den Betreibern der Übertragungsnetze auf Verlangen vorgelegt wurden (BT-Drucks. 15/5268, S. 122). Der Regelungszweck von § 63 IV a besteht nicht darin, die Informationen der ÜNB unverändert der Öffentlichkeit zugänglich zu machen. Dies wird insbesondere mit Blick auf § 12 III a 3 deutlich, der den Zugang Dritter zu den Berichten der ÜNB vom Vorliegen eines berechtigten Interesses abhängig macht (s. § 12, Rn. 35 f.). Vielmehr ist der Bericht in Form einer **zusammenfassenden Auswertung** von der BNetzA zu veröffentlichen. Die BNetzA muß dabei die aufgrund der Berichte der ÜNB erarbeiteten Erkenntnisse verarbeiten und dabei insbesondere die Konsequenzen für die Sicherheit und Zuverlässigkeit der Übertragungsnetze und die Versorgungssicherheit insgesamt aufzeigen. Erkenntnisse der **Landesregulierungsbehörden,** die zwar selbst nicht berichtspflichtig nach § 63 sind, gem. § 63 a II aber die relevanten Informationen der BNetzA übermitteln müssen, sind bei der Auswertung nach § 63 IV a zu berücksichtigen (*Salje,* EnWG, § 63, Rn. 7).

4. Wettbewerbsbericht (§ 63 V). § 63 V betrifft die Berichtspflicht der BNetzA in Form eines **Zustands- und Tätigkeitsberichts** zur Information der Europäischen Kommission (§ 63 V 1) sowie der Öffentlichkeit (§ 63 V 3) über **wettbewerbsrelevante Sachverhalte.** § 63 V setzt Art. 23 VIII EltRl um und erstreckt die gemeinschaftsrechtlich nur für den Elektrizitätssektor vorgeschriebene Berichtspflicht auch auf den Gassektor. Entgegen dem Wortlaut, welcher jährliche Berichte lediglich bis 2009 vorsieht, sind diese entsprechend der Vorgabe des Art. 23 VIII 3 EltRL bis **2010 jährlich** und danach alle zwei Jahre jeweils zum **31. Juli** der **Europäischen Kommission** zu unterbreiten. Gemäß § 63 V 3 ist der Bericht im Anschluß an die Übermittlung an die Europäische Kommission in geeigneter Form **zu veröffentlichen.** Über Form und genauen Zeitpunkt der Veröffentlichung entscheidet die BNetzA.

Der Bericht ist im **Einvernehmen mit dem Bundeskartellamt** zu erstellen. Federführend für die Erstellung des Berichts ist also die BNetzA. Sie hat ihren Entwurf so rechtzeitig dem Bundeskartellamt vorzulegen, daß diesem eine angemessene Frist zur Prüfung und Entscheidung über seine Zustimmung verbleibt. Ohne diese Zustimmung darf der Bericht nicht der Europäischen Kommission unterbreitet werden.

Als notwendige Inhalte des Berichts nennt § 63 V 1 und 2 in Übereinstimmung mit Art. 23 VIII EltRl **Marktbeherrschung, Verdrängungspraktiken** und **wettbewerbsfeindliches Verhalten** im Bereich der leitungsgebundenen Energieversorgung. Außerdem sind die **Veränderungen der Eigentumsverhältnisse** zu untersuchen. Über diese Bestandsanalyse hinaus hat der Bericht die **Maßnahmen der BNetzA und des Bundeskartellamtes** darzulegen, die als Reaktion auf die Bestandsanalyse mit den Zielen getroffen wurden, eine ausreichende Vielfalt an Marktteilnehmern zu garantieren, Verbindungskapazität und allgemein den Wettbewerb zu fördern. Zustands- und Tätigkeitsbericht müssen sich also sowohl auf die Erzeugung als auch auf den Transport, die Verteilung und den Handel beziehen.

Der Bericht nach § 63 V überschneidet sich mit dem allgemeinen Zustands- und Tätigkeitsbereich nach § 63 III und bildet den **wettbewerbsrechtlich relevanten Ausschnitt** daraus ab.

III. Unterrichtung über Elektrizitätseinfuhren durch das Statistische Bundesamt (§ 63 VI)

18 § 63 VI dient der Unterrichtung der Europäischen Kommission über den Energiehandel mit Ländern außerhalb der Europäischen Union. Die Analyse dieser Angaben der Mitgliedsländer erlaubt eine Aussage über den **gesamteuropäischen Energiebedarf** und dessen **gemeinschaftsinterne Deckung**. Die Regelung setzt Art. 25 EltRL um.

§ 64 Wissenschaftliche Beratung

(1) ¹Die Bundesnetzagentur kann zur Vorbereitung ihrer Entscheidungen oder zur Begutachtung von Fragen der Regulierung wissenschaftliche Kommissionen einsetzen. ²Ihre Mitglieder müssen auf dem Gebiet der leitungsgebundenen Energieversorgung über besondere volkswirtschaftliche, betriebswirtschaftliche, verbraucherpolitische, technische oder rechtliche Erfahrungen und über ausgewiesene wissenschaftliche Kenntnisse verfügen.

(2) ¹Die Bundesnetzagentur darf sich bei der Erfüllung ihrer Aufgaben fortlaufend wissenschaftlicher Unterstützung bedienen. ²Diese betrifft insbesondere
1. die regelmäßige Begutachtung der volkswirtschaftlichen, betriebswirtschaftlichen, technischen und rechtlichen Entwicklung auf dem Gebiet der leitungsgebundenen Energieversorgung,
2. die Aufbereitung und Weiterentwicklung der Grundlagen für die Gestaltung der Regulierung des Netzbetriebs, die Regeln über den Netzanschluss und -zugang sowie den Kunden- und Verbraucherschutz.

Übersicht

	Rn.
A. Allgemeines	1
B. Kommissionen (§ 64 I)	6
C. Fortlaufende wissenschaftliche Unterstützung (§ 64 II)	10

A. Allgemeines

1 Der BNetzA wird durch § 64 die Möglichkeit eröffnet, zur Vorbereitung einzelner Entscheidungen und zur Unterstützung bei der Erfüllung ihrer Aufgaben auf wissenschaftliche Beratung und Unterstützung zurückzugreifen (BT-Drucks. 15/3917, S. 70). Die Vorschrift sieht

Wissenschaftliche Beratung § 64

einerseits **wissenschaftliche Kommissionen** zur Vorbereitung einzelner Entscheidungen und zur Begutachtung von Fragen der Regulierung vor, an deren Mitglieder Anforderungen gestellt werden (§ 64 I). Andererseits ermächtigt § 64 – allgemeiner – zur Inanspruchnahme **fortlaufender wissenschaftlicher Unterstützung** (§ 64 II).

§ 64 war bereits im Gesetzesentwurf der Bundesregierung (BT-Drucks. 15/3917, S. 28) enthalten. Vorbild der Regelung ist die Vorschrift des **§ 125 TKG** (BT-Drucks. 15/3917, S. 70). Eine entsprechende Regelung gilt gem. **§ 44 2 PostG** i. V. m. § 70 TKG 1996 auch für den Postsektor. Die Vorschrift ermöglicht den „Import" **externen wissenschaftlichen Sachverstandes** und soll auf diese Weise einen Beitrag zu einer objektiven, sachgerechten, kompetenten und dem Stand der Wissenschaft entsprechenden Aufgabenerfüllung durch die BNetzA leisten.

Wie sich aus den Formulierungen „Vorbereitung" und „Begutachtung" in § 64 I sowie „Unterstützung" in § 64 II ergibt, kommt der Einbeziehung externen Sachverstandes lediglich **unterstützende und entlastende Funktion** zu (BT-Drucks. 13/3609, 51). Das bedeutet zunächst, daß es für das Tätigwerden einer Kommission nach § 64 I oder einer sonstigen unterstützenden Person oder Einrichtung nach § 64 II eines **Auftrages der BNetzA** bedarf (*Geppert*, in: BeckTKG-Komm, § 125, Rn. 9). Die für die BNetzA handelnden Amtsträger müssen außerdem die Ergebnisse jeder externen Beratung, Vorbereitung oder Unterstützung in eigener Verantwortung nachvollziehen und dürfen sie im Rahmen ihrer eigenständigen Entscheidungsfindung nicht ungeprüft übernehmen.

Während die Tätigkeit der wissenschaftlichen Kommissionen nach § 64 I auf die punktuelle **Vorbereitung einzelner Entscheidungen** und auf die Beantwortung von **Einzelfragen der Regulierung** durch Kommissionen ausgelegt ist, regelt § 64 II die fortlaufende und langfristig angelegte wissenschaftliche Unterstützung, die sich primär auf die **Beantwortung genereller Fragen** bezieht. Im Unterschied zu § 64 I läßt § 64 II größeren Spielraum bei der Auswahl externer wissenschaftlicher Berater. Wegen des weiten Anwendungsbereichs von § 64 II 1 bietet diese Vorschrift die Grundlage vor allem für die umfangreiche Vergabe von **Gutachtenaufträgen** durch die BNetzA.

Bei der wissenschaftlichen Beratung nach § 64 handelt es sich um Maßnahmen zur Sicherstellung eines chancengleichen und funktionsfähigen Wettbewerbs auf den Märkten für die leitungsgebundene Energieversorgung. Darüber hinaus kann die Beratung, soweit sie einen Einzelfallbezug aufweist, der Verwaltung, Kontrolle und Durchsetzung von Rechten und Pflichten nach dem EnWG zuzuordnen sein. Die

Kosten der wissenschaftlichen Beratung sind deshalb **beitragsfähig nach § 92.**

B. Kommissionen (§ 64 I)

6 Nach § 63 I kann sich die BNetzA bei **konkreten Entscheidungen der vorbereitenden Beratung** (1. Alt.) und bei **Fragen der Regulierung der Begutachtung** (2. Alt) speziell hierfür gebildeter wissenschaftlicher Kommissionen bedienen. Nach der bisherigen Praxis bildet § 64 I – gemeinsam mit den entsprechenden Vorschriften des TKG und des PostG (Rn. 2) – die Grundlage für die Einsetzung und die Tätigkeit des **Wissenschaftlichen Arbeitskreises für Regulierungsfragen** bei der BNetzA.

7 Grundsätzlich steht die Auswahl der Mitglieder der Kommission im **Ermessen** der Regulierungsbehörde (*Geppert,* in: BeckTKG-Komm, § 125, Rn. 10). Gemäß § 64 I 2 kommen jedoch als **Mitglieder der Kommissionen** nur solche Personen in Frage, die auf dem Gebiet der leitungsgebundenen Energieversorgung über besondere volkswirtschaftliche, betriebswirtschaftliche, verbraucherpolitische, technische oder rechtliche Erfahrungen verfügen. Darüber hinaus müssen sie über ausgewiesene wissenschaftliche Kenntnisse verfügen. Zudem ist die Regulierungsbehörde bei der Auswahl externer Dienstleister an die Grundsätze des **Vergabe- und Haushaltsrechts** gebunden. Es muß daher eine öffentliche Ausschreibung stattfinden, auf deren Grundlage dem nach dem Preis-Leistungs-Vergleich günstigste Anbieter der Zuschlag zu erteilen ist (*Geppert,* in: BeckTKG-Komm, § 125, Rn. 14).

8 Die Vorbereitungs- und Beratungstätigkeit der Kommissionen nach § 64 I ist vom Gesetz **interdisziplinär** (*Geppert,* in: BeckTKG-Komm, § 125, Rn. 10) und **kollegial beratend** angelegt. Die institutionelle Form der Kommission, die Liste der Qualifikationen und der Unterschied gegenüber der auch Einzelgutachten erfassenden Unterstützung nach § 64 II bringen dies zum Ausdruck. Dies ist sowohl von der BNetzA bei der Einsetzung (Rn. 3) als auch von den Kommissionen selbst bei ihrer Willensbildung zu beachten.

9 Weitere Vorgaben hinsichtlich **Zusammensetzung, Status** und **Verfahren** der Kommissionen lassen sich § 64 I nicht entnehmen. Ihre Regelung ist deshalb Gegenstand der Einsetzungsbefugnis der BNetzA, die durch **Organisationsakt** z. B. Fragen der Einberufung, des Verfahrens, der Vermeidung von Interessenkonflikten (z. B. Verbot, Genehmigungsbedürftigkeit, Publizität privater Gutachtenaufträge an Kommissionsmitglieder) etc. bestimmen kann. Darüber hinaus bedarf es der **Ernennung** der einzelnen Mitglieder.

C. Fortlaufende wissenschaftliche Unterstützung (§ 64 II)

Gemäß § 64 II darf sich die BNetzA ganz allgemein bei der Erfüllung ihrer Aufgaben wissenschaftlicher Unterstützung bedienen. Weder die Gegenstände dieser Unterstützung noch die Formen und Modalitäten der Unterstützung sind gesetzlich näher geregelt. Zwar ermöglicht die Vorschrift eine langfristig und kontinuierlich angelegte Unterstützung insbesondere zu den in § 64 II 2 genannten Themen. Die „fortlaufende" Unterstützung deckt aber auch die punktuelle Vergabe insbesondere einzelner **Gutachtenaufträge**. Als Auftragnehmer kommen einzelne Wissenschaftler, wissenschaftliche Einrichtungen wie auch öffentliche oder private Stellen in Betracht, die über die erforderliche wissenschaftliche Qualifikation verfügen.

Die in § 64 II 2 genannten Themen haben lediglich exemplarischen Charakter. Sie betreffen langfristig angelegte Projekte, die einerseits den **Verlauf** der wirtschaftlichen, technischen und rechtlichen **Entwicklung** (§ 64 II 2 Nr. 1) und andererseits die Grundlagen für die Gestaltung der Netzregulierung sowie des Kunden- und Verbraucherschutz zum Gegenstand haben können.

§ 64a Zusammenarbeit zwischen den Regulierungsbehörden

(1) ¹Die Bundesnetzagentur und die Landesregulierungsbehörden unterstützen sich gegenseitig bei der Wahrnehmung der ihnen nach § 54 obliegenden Aufgaben. ²Dies gilt insbesondere für den Austausch der für die Wahrnehmung der Aufgaben nach Satz 1 notwendigen Informationen.

(2) ¹Die Landesregulierungsbehörden unterstützen die Bundesnetzagentur bei der Wahrnehmung der dieser nach den §§ 35, 60, 63 und 64 obliegenden Aufgaben; soweit hierbei Aufgaben der Landesregulierungsbehörden berührt sind, gibt die Bundesnetzagentur den Landesregulierungsbehörden auf geeignete Weise Gelegenheit zur Mitwirkung. ²Dies kann auch über den Länderausschuss nach § 60a erfolgen.

Übersicht

	Rn.
A. Allgemeines	1
B. Zusammenarbeit zwischen Bundes- und Landesregulierungsbehörden	3
I. Gegenseitige Unterstützung bei Parallelaufgaben (§ 64 a I)	4
II. Zusammenarbeit im Bereich der Alleinzuständigkeiten der Bundesnetzagentur (§ 64 a II)	8

A. Allgemeines

1 Die in § 64a getroffene Regelung zur Zusammenarbeit zwischen den Regulierungsbehörden des Bundes (BNetzA) und der Länder steht in Zusammenhang mit der **Aufteilung der Vollzugskompetenzen** in § 54. Die im Verlauf des Gesetzgebungsverfahrens aufgetretenen Differenzen zwischen Bund und Ländern (dazu § 54, Rn. 7 f.) waren auf Seiten des Bundes geprägt von der Befürchtung, eine Aufteilung der regulierungsbehördlichen Zuständigkeiten zwischen BNetzA und Landesregulierungsbehörden könne zu einem uneinheitlichen und unkoordinierten Vollzug des EnWG führen. Sowohl die Einrichtung eines Länderausschusses (s. § 60a, Rn. 2) als auch die Verpflichtung zur Zusammenarbeit in § 64a sind Teile des vom **Vermittlungsausschuß** vorgeschlagenen **Kompromisses,** die dieser Gefahr entgegenwirken sollen (zum Vorschlag des Bundesrates s. BT-Drucks. 15/3917, Anlage 2, S. 92; Beschlußempfehlung des Vermittlungsausschusses in BT-Drucks. 15/5736 [neu], S. 7).

2 Die **verfassungsrechtliche Problematik** des § 64a liegt nicht anders als diejenige des § 60a (dazu § 60a, Rn. 4) darin, daß offensichtlich die Konsequenzen der verfassungsrechtlich gebotenen Eigenständigkeit von Bundes- und Landesbehörden (s. zuletzt *BVerfGE* 108, 169, 182), die aus der in § 54 getroffenen Grundentscheidung zwangsläufig resultieren, durch die Kooperationspflicht zwar nicht beseitigt aber beschränkt werden sollen. Ein Verstoß gegen das **Verbot der Mischverwaltung** ist darin allerdings nicht zu sehen, weil die Unterstützungspflichten und Mitwirkungsrechte des § 64a die eigenverantwortlichen Entscheidungsbefugnisse der BNetzA und der Landesregulierungsbehörden unberührt lassen. Diese verfassungsrechtliche Bewertung ist allerdings notwendig mit der Konsequenz verbunden, daß ein bundeseinheitlicher Vollzug des EnWG durch § 64a ebensowenig erzwungen wird wie durch das Instrument des Länderausschusses nach § 60a.

B. Zusammenarbeit zwischen Bundes- und Landesregulierungsbehörden

Vor dem Hintergrund der verfassungsrechtlich gebotenen Eigenständigkeit der Bundes- und Landesbehörden (Rn. 2) beschränkt § 64a sich darauf, die BNetzA und die Landesregulierungsbehörden zu wechselseitiger Unterstützung und zum Austausch von Informationen zu verpflichten und den Landesregulierungsbehörden ein Mitwirkungsrecht bei bestimmten Tätigkeiten der BNetzA einzuräumen. Obwohl § 64a **Kooperationspflichten** zu **Rechtspflichten** verdichtet, die theoretisch gerichtlich vor dem Bundesverwaltungsgericht durchgesetzt werden könnten (§ 50 VwGO), handelt es sich in der Sache um Fragen der exekutiven Zusammenarbeit zwischen Bund und Ländern, die jenseits rechtlicher Normierung zu den Selbstverständlichkeiten loyaler Kooperation im Bundesstaat des Grundgesetzes gehören dürften.

I. Gegenseitige Unterstützung bei Parallelaufgaben (§ 64a I)

§ 64a I 1 normiert zunächst eine allgemeine gegenseitige Unterstützungspflicht der BNetzA und der Landesregulierungsbehörden. **Gegenstand dieser Unterstützungspflicht** ist die Gesamtheit der Aufgaben, die gem. **§ 54 II** zwischen BNetzA und Landesregulierungsbehörden entsprechend der Zahl der angeschlossenen Kunden aufgeteilt sind **(Parallelaufgaben)**. Nicht erfaßt von § 64a I sind dagegen die Aufgaben, die – unabhängig von der Größe des Netzes – ausschließlich von der BNetzA, von einer anderen Bundesbehörde oder von den „nach Landesrecht zuständigen Behörden" wahrzunehmen sind. Daß der Verweis auf § 54 nur die Parallelaufgaben erfaßt, folgt zum einen aus dem Wortlaut („ihnen nach § 54 obliegenden Aufgaben") und zum anderen aus dem systematischen Zusammenhang mit § 64a II, der eine besondere Regelung für diejenigen Aufgaben trifft, die – auch im Hinblick auf „kleine" Netze – ausschließlich der BNetzA zugewiesen sind.

Nicht anders als die vom Länderausschuß nach § 60a zu leistende Koordinierungsaufgabe (§ 60a, Rn. 11) bezieht sich auch die Unterstützungspflicht des § 64a I 1 nur auf das **Verhältnis** zwischen der jeweiligen **Landesregulierungsbehörde** auf der einen Seite und der **BNetzA** auf der anderen Seite. Das Verhältnis der Landesregulierungsbehörden untereinander regelt § 64a I nicht. Dem Bund kommt nämlich keine Kompetenz zu, die nach Art. 83 GG vollzugskompetenten Länder zur Koordinierung oder Abstimmung untereinander zu verpflichten.

6 Den **Inhalt der Unterstützungspflicht** bestimmt § 64 a I 1 nicht genauer. Wie allerdings die Konkretisierung in § 64 a I 2 (Informationsaustausch) zeigt, geht es bei der Unterstützungspflicht nach § 64 a I 1 vor allem um solche **Koordinierungs- und Kooperationspflichten,** die bereits als Elemente des Grundsatzes bundesfreundlichen Verhaltens (Bundestreue) unabhängig von einer ausdrücklichen gesetzlichen Normierung anerkannt sind (s. z. B. *Bauer,* in: Dreier, GG-Kommentar, Bd. II, 2. Aufl. 2006, Art. 20 [Bundesstaat], Rn. 42 ff.). Eine spezielle Konkretisierung der Informationspflicht findet sich in **§ 55 I 2,** der die BNetzA verpflichtet, die jeweilige Landesregulierungsbehörde über die Einleitung eines Verfahrens, die Durchführung von Ermittlungen und über verfahrensabschließende Entscheidungen zu benachrichtigen. Vor dem Hintergrund der Befürchtungen, die Zuständigkeitsverteilung des § 54 werde zu einem uneinheitlichen Vollzug des EnWG führen (Rn. 1), läßt sich die Unterstützungspflicht wie folgt präzisieren: BNetzA und Landesregulierungsbehörden sind verpflichtet, diejenigen Maßnahmen wechselseitiger Unterstützung zu ergreifen, die unter Wahrung ihrer verfassungsrechtlich normierten exekutiven Eigenständigkeit geeignet und erforderlich sind, sich widersprechende oder miteinander unvereinbare Maßnahmen zu vermeiden.

7 In § 64 a I 2 wird die allgemeine Unterstützungspflicht durch eine **Pflicht zum Austausch von Informationen** konkretisiert, die für die Wahrnehmung der Aufgaben nach § 54 notwendig sind. Diese Austauschpflicht betrifft alle Informationen, die der BNetzA und den Landesregulierungsbehörden in amtlicher Funktion übermittelt oder von diesen Behörden erhoben wurden und die darüber hinaus einen sachlichen Bezug zu den Aufgaben nach § 54 aufweisen. Zur Weitergabe von Informationen, die grundrechtlich durch Art. 12 I GG geschützte **Betriebs- und Geschäftsgeheimnisse** von EVU enthalten (dazu *BVerfGE* 115, 205, 229 ff.), ermächtigt § 64 a I nicht, weil es dieser Vorschrift insoweit an der erforderlichen Bestimmtheit fehlt. Die Informationsaustauschpflicht des § 64 a I 2 bezieht sich folglich nur auf solche Informationen, die nach Maßgabe der Regelung in § 71 Dritten zur Einsichtnahme zur Verfügung gestellt werden dürfen.

II. Zusammenarbeit im Bereich der Alleinzuständigkeiten der Bundesnetzagentur (§ 64 a II)

8 In Ergänzung zu § 64 a I, der nur die Aufgaben betrifft, die – in Abhängigkeit von der Größe des Netzes (§ 54 II) – sowohl von der BNetzA als auch von den Landesregulierungsbehörden wahrgenommen werden (Parallelaufgaben, s. o. Rn. 4), regelt § 64 a II das Verhältnis zwischen BNetzA und Landesregulierungsbehörden im Bereich der **Alleinzuständigkeit der BNetzA**. Dementsprechend kann das Ziel dieser Zusammenarbeit nicht in einem bundeseinheitlichen Vollzug des EnWG liegen, weil die Länder hier über keine Vollzugskompetenzen verfügen. Vielmehr geht es in § 64a II um die allgemeine Unterstützung einer Bundesbehörde, wenn diese bei der Wahrnehmung ihrer Aufgaben auf die Mithilfe der zuständigen Landesbehörden angewiesen ist. Insoweit dürfte § 64a II kaum über das hinausgehen, was verfassungsrechtlich bereits durch das Gebot bundesfreundlichen Verhaltens (s. Rn. 3) von den Ländern gefordert ist.

Entsprechend dem von § 64a I abweichenden Anwendungsbereich ist in § 64a II keine wechselseitige Unterstützungspflicht, sondern eine einseitige **Unterstützungspflicht** der Landesregulierungsbehörden und eine korrespondierende Pflicht der BNetzA normiert, den Landesregulierungsbehörden „auf geeignete Weise **Gelegenheit zur Mitwirkung**" zu geben, wenn deren Aufgabenbereich berührt ist. Beide Formen der Zusammenarbeit können gem. § 64a II 2 – auf entsprechende Initiative der BNetzA – im institutionellen Rahmen des **Länderausschusses** abgewickelt werden.

Die **Gegenstände** sowohl der Unterstützungspflicht der Landesregulierungsbehörden als auch der Pflicht der BNetzA, diesen Gelegenheit zur Mitwirkung einzuräumen, sind durch den Verweis auf die Aufgaben der BNetzA nach den §§ 35, 60, 63 und 64 abschließend umschrieben.

Besondere Bedeutung kommt dabei dem **Monitoring** nach § 35 zu, weil die BNetzA nur partiell über die erforderlichen Informationen verfügt, um die Angaben der Unternehmen (Fragebögen) überprüfen und Anhaltspunkte für eine Nachprüfung gewinnen zu können. Die von den Landesregulierungsbehörden zu leistende Unterstützung liegt hier in erster Linie in der Übermittlung der in § 35 I genannten Informationen, soweit sie im Rahmen ihrer Zuständigkeit nach § 54 II über solche Informationen verfügen. Da das Monitoring nach § 35 in vielfältiger Weise Aufgaben der Landesregulierungsbehörden nach § 54 II berührt, ist diesen gem. § 64a II 1 auf geeignete Weise Gelegenheit zur Mitwirkung an dem Monitoring zu geben. Dies kann nur dadurch geschehen, daß die BNetzA die erhobenen – nach Ländern aufbereiteten – Daten den Landesregulierungsbehörden zur Stellungnahme zuleitet. Die Monitoringberichte 2006 und 2007 der BNetzA lassen nicht erkennen, ob diesem Erfordernis Genüge getan wurde.

Soweit sich die in § 64a II geregelte Zusammenarbeit zwischen BNetzA und Landesregulierungsbehörden auf die Aufgaben der BNetzA nach § 60 bezieht, können damit nur **Auskunftsverlangen des Bei-**

§ 64a 13, 14 Teil 7. Behörden

rates gemeint sein, denen die BNetzA nur mit Hilfe eines Rückgriffs auf solche Informationen entsprechen kann, über die die Landesregulierungsbehörden verfügen und die folglich zumindest partiell deren Aufgabenbereich berühren. Wenn die Landesregulierungsbehörden insoweit zur „Unterstützung" der BNetzA verpflichtet ist, so bedeutet dies allerdings nicht, daß sie auf diese Weise – mittelbar – der politischen Kontrolle des Beirates (s. dazu § 60, Rn. 11) unterworfen werden. Dies wäre mit der verfassungsrechtlich vorgegebenen Eigenständigkeit der Landesexekutive (s. dazu § 60a, Rn. 14) unvereinbar. Die Landesregulierungsbehörde kann sich folglich auf die Übermittlung der Informationen beschränken, die es dem Beirat erlauben, die Verantwortlichkeit der BNetzA in Abgrenzung zu derjenigen der Landesregulierungsbehörde zu beurteilen. Auskünfte der BNetzA, die in dem dargelegten Sinne Aufgaben der Landesregulierungsbehörden berühren, sind gem. § 64a II 1 2. Hs. vor ihrer Übermittlung an den Beirat der Landesregulierungsbehörde zur Stellungnahme zuzuleiten. Diese Stellungnahme der Landesregulierungsbehörde hat die BNetzA dem Beirat zu übermitteln.

13 Die Zusammenarbeit der Regulierungsbehörden von Bund und Ländern im Hinblick auf die **Berichterstattung der BNetzA (§ 63)** kann – da § 64a II von den Behörden des Bundes nur die BNetzA erfaßt – allein auf die Abs. 3, 4a und 5 des § 63 bezogen sein. Denn die Berichte nach den Abs. 1, 2 und 6 sind von anderen Bundesbehörden zu erstellen und die Zusammenarbeit hinsichtlich des Monitoring ist bereits durch den ausdrücklichen Verweis in § 64a II auf § 35 abgedeckt (s. o. Rn. 11). Allerdings ist im Hinblick auf den Tätigkeitsbericht der BNetzA (§ 63 III) und auf die Auswertung der Berichte von Übertragungsnetzbetreibern (§ 63 IV a) nicht ersichtlich, daß der Aufgabenbereich der Landesregulierungsbehörden dadurch berührt sein könnte. Praktische Bedeutung kann der Verweis auf § 63 deshalb nur bezogen auf den **Wettbewerbsbericht nach § 63 V** erlangen. Hier sind die Landesregulierungsbehörden zur Übermittlung der relevanten Informationen aus ihrem Zuständigkeitsbereich verpflichtet, während die BNetzA den Landesbehörden Gelegenheit zur Stellungnahme zu geben hat, soweit im Wettbewerbsbericht deren Aufgaben nach § 54 II thematisiert werden sollen.

14 Die Unterstützung der BNetzA durch die Landesregulierungsbehörden bei der **wissenschaftlichen Beratung** nach § 64 kann vor allem dann bedeutsam werden, wenn Bedienstete der Landesregulierungsbehörden zu Mitgliedern von Kommissionen berufen werden. Die jeweilige Landesbehörde hat dies im Rahmen des öffentlichen Dienstrechts zu unterstützen. Darüber hinaus kann die wissenschaftliche Beratungstätigkeit im Einzelfall auf Informationen angewiesen sein, die nur bei den Landesregulierungsbehörden verfügbar sind. Solche Informationen sind dann von den Landesbehörden in geeigneter Form bereitzustellen.

Teil 8. Verfahren

Abschnitt 1. Behördliches Verfahren

Vorbemerkung

Übersicht

	Rn.
A. Allgemeines	1
B. Europarechtliche Grundlagen	4
C. Anwendbarkeit des VwVfG	6
D. Handlungsformen	8
E. Formelles und informelles Verwaltungshandeln	10
F. Aufgabenbereich der Bundesnetzagentur und Verfahrensvielfalt	13

A. Allgemeines

Bei der Gestaltung des Verfahrens hat der Gesetzgeber bewußt sehr 1 weitgehend die entsprechenden **Vorschriften des GWB** (§§ 54 ff.) unter Einbeziehung der Regelungen des **TKG** (§§ 126 ff.) **übernommen** (vgl. BT-Drucks. 15/3917, S. 46). Änderungen des GWB im Siebten Gesetz zur Änderung des GWB aus dem Jahre 2005 (BGBl. I S. 2144, zum Gesetzentwurf BT-Drucks. 15/3640) sind dabei bereits berücksichtigt. Auf Rechtsprechung und Literatur zu den Vorschriften insbesondere des GWB und auch des TKG kann deshalb in großem Umfang zurückgegriffen werden.

Nach § 54 I nehmen die **BNetzA** und die **Landesregulierungs-** 2 **behörden** jeweils Aufgaben der Regulierungsbehörde wahr (zum Begriff der Regulierungsbehörde *Pielow,* DÖV 2005, 1025, 1019), weshalb die Verwendung des allgemeinen Begriffs **„Regulierungsbehörde"** im EnWG grundsätzlich beide erfaßt. Die Verfahrensvorschriften von Teil 8 Abschnitt 1 EnWG (§§ 65–74) beziehen sich durchgängig auf die Regulierungsbehörde und **gelten** deshalb sowohl **für** die energiewirtschaftsrechtlichen Verwaltungsverfahren der **BNetzA** als auch für derartige Verfahren der **Landesregulierungsbehörden.** Teilweise gehen Formulierungen im Gesetz noch vom Stand des Regierungsentwurfs

Vorb. §§ 65ff. 3–5 Teil 8. Verfahren

aus, wonach ausschließlich die BNetzA für die Regulierung der Netzentgelte zuständig war (vgl. § 66, Rn. 10). Neu eingefügt wurde inzwischen § 66a, um nachträglich die Folgen der Änderung behördlicher Zuständigkeiten während des Gesetzgebungsverfahrens jedenfalls teilweise aufzufangen (vgl. § 66a, Rn. 1).

3 Wie in GWB (§ 51) und TKG (§ 132) auch, sind die Entscheidungen auf Kollegialorgane – **Beschlußkammern** – übertragen worden, die sich aus einem Vorsitzenden und zwei Beisitzern zusammensetzen (§ 59 II). Außerdem ist das Verfahren, verglichen mit dem „einfachen" Verwaltungsverfahren, besonders ausgestaltet (z. B. mündliche Verhandlung, § 67; Beiladung nach § 66 II Nr. 3 statt Beteiligung nach § 13 VwVfG). Der Sache nach handelt es sich aber um ein Verwaltungsverfahren, das in wesentlichen Merkmalen mit dem förmlichen Verwaltungsverfahren nach §§ 63ff. VwVfG übereinstimmt und insoweit als **förmliches Verwaltungsverfahren im weiteren Sinn** zu charakterisieren ist (vgl. *K/R*, VwVfG, § 63, Rn. 10; *Sachs*, in: S/B/S, VwVfG, § 63, Rn. 10ff.), welches in vielfacher Hinsicht **justizförmig** ausgestaltet ist (*Schmidt*, DÖV 2005, 1025, 1029 m. w. N.).

B. Europarechtliche Grundlagen

4 Das EnWG dient der Umsetzung der EltRl sowie der GasRl und wird maßgeblich von diesen europarechtlichen Grundlagen bestimmt. Für das **Verfahren** enthalten die Richtlinien allerdings in Art. 23 EltRl bzw. Art. 25 GasRl weitestgehend wortlautidentisch **nur rudimentäre Vorgaben.** In diesen Vorschriften werden insbesondere die von der Regulierungsbehörde mindestens zu erfüllenden Aufgaben allgemein beschrieben. Außerdem kann danach die Regulierungsbehörde durch Betroffene bei bestimmten Konflikten mit Netzbetreibern mit den Streitigkeiten befaßt werden und hat dann als Streitbeilegungsstelle zu entscheiden (Art. 23 Abs. 5 EltRl/Art. 25 Abs. 5 GasRl). Daneben statuieren Art. 23 Abs. 7 EltRl/Art. 25 Abs. 7 GasRl die Pflicht der Mitgliedstaaten, sicherzustellen, daß die Regulierungsbehörde diese Aufgaben „**effizient und zügig**" erledigen kann. Dieses europarechtliche Gebot ist bei der Auslegung der Verfahrensvorschriften zu berücksichtigen.

5 Neben den Richtlinien existieren **interpretatorische Vermerke der Generaldirektion Energie und Verkehr,** die als rechtlich nicht bindendes Kommissionspapier bezeichnet und nicht amtlich veröffentlicht, sondern auf den Internetseiten der Kommission zugänglich sind („Vermerk[e] der GD Energie und Verkehr zu den Richtlinien 2003/54/EG

und 2003/55/EG über den Elektrizitäts- und den Erdgasbinnenmarkt", vgl. *Ehricke,* EuZW 2004, 359 ff.). Der Vermerk vom 14. 1. 2004 beschäftigt sich mit der Rolle der Regulierungsbehörden. Im Ergebnis hat dieser jedoch allenfalls **geringe Relevanz.** Zum einen bleiben die inhaltlichen Vorgaben in diesem Vermerk für das Verfahren insgesamt vage und wenig aussagekräftig. Zum anderen sind diese interpretatorischen Vermerke insgesamt **rechtlich** aus mehreren Gründen **unbeachtlich.** Da sie lediglich von einer Generaldirektion und nicht der Kommission als Kollegium stammen, fehlt es bereits an der notwendigen Form. Außerdem stellen die Vermerke einen Kompetenzverstoß gegenüber Europäischem Parlament und Rat sowie gegenüber den Mitgliedstaaten dar. Im Ergebnis handelt es sich bei den Vermerken um ein rechtliches *nullum* (ausf. *Ehricke,* EuZW 2004, 359, 361 ff.).

C. Anwendbarkeit des VwVfG

Wie auch unter dem GWB ist das **VwVfG** des Bundes, bzw. beim Handeln einer Landesbehörde das des jeweiligen Landes, **subsidiär anwendbar** (*Salje,* EnWG, vor §§ 65–74, Rn. 3). Da es sich bei den Tätigkeiten der Regulierungsbehörde und der Landesbehörden um öffentlich-rechtliche Verwaltungstätigkeiten einer Behörde handelt, ist die allgemeine Regel des **§ 1 I VwVfG** heranzuziehen: Das VwVfG findet demnach Anwendung, soweit nicht „inhaltsgleiche oder entgegenstehende Bestimmungen" vorhanden sind. Im Ergebnis kommt es also darauf an, **ob und inwieweit** die jeweilige verfahrensrechtliche Regelung im **EnWG abschließend** ist (vgl. *Bracher,* in: F/K, vor §§ 54–64 GWB 2005, Rn. 2; *K/R,* VwVfG, § 1, Rn. 34 f.). Eine spezielle Verfahrensregelung im EnWG verdrängt folglich die jeweilige Regelung des VwVfG. Das EnWG enthält jedoch im Ergebnis keine der Anwendung des VwVfG generell entgegenstehende Regelung, auch wenn das Gesetz diesbezüglich nicht ganz klar ist. 6

Nach § 55 I 1 gelten hinsichtlich des Verfahrens die Vorschriften von Teil 8 des EnWG „soweit in diesem Gesetz nichts anderes bestimmt ist", was nahe legt, daß das VwVfG nur bei ausdrücklicher Anordnung im EnWG anzuwenden sein soll (*Britz,* N&R 2006, 6). Dieser Satz 1 fehlt in § 49 I GWB, der Parallelvorschrift des § 55 I EnWG. Die mit dieser Abweichung verbundene gesetzgeberische Absicht bleibt dunkel, denn in der Gesetzesbegründung zu § 55 heißt es lediglich knapp, die Vorschrift entspreche der Parallelnorm aus dem GWB „in angepaßter Form" (BT-Drucks. 15/3917, S. 69). Es gibt jedoch in der gesamten Gesetzesbegründung keinen Hinweis darauf, daß etwas anderes gelten soll als nach dem GWB. Vielmehr wird ausdrücklich festgestellt, daß 7 sich die Verfahrensregeln des EnWG an den „bewährten Verfahrensregeln" des GWB „orientieren" (BT-Drucks. 15/3917, S. 46). Für das GWB ist die subsidiäre Anwendung des VwVfG jedoch seit langem anerkannt (vgl. *Bracher,* in: FK, vor §§ 54–64 GWB 2005, Rn. 2; *K. Schmidt,* in: I/M, vor § 54, Rn. 9) und die Anwendbarkeit ist in der Gesetzesbegründung zur 7. GWB-Novelle vom Gesetzgeber ausdrücklich festgestellt worden (BT-Drucks. 15/3640, S. 63). Auch der ausdrückliche Verweis auf die §§ 45, 46 VwVfG in § 67 IV hat nicht im Umkehrschluß zur Folge, daß die übrigen Regelungen des VwVfG unanwendbar sind, wie sich aus der Gesetzesbegründung ergibt (§ 67, Rn. 14). Außerdem ist das energiewirtschaftsrechtliche Verwaltungsverfahren im EnWG nicht umfassend geregelt, die verfahrensrechtlichen Vorschriften weisen vielmehr, wie die weitgehend übernommenen Regelungen des GWB, Lücken auf (vgl. *Bracher,* in: FK, vor §§ 54–64 GWB 2005, Rn. 2). Lückenhaft sind auch die ausdrücklichen Verweise auf das VwVfG. Beispielsweise verweist § 29 II 2 lediglich auf die §§ 48, 49 VwVfG, nicht aber auf den in diesem Zusammenhang wichtigen § 51 VwVfG. Deshalb ist jedenfalls der Gedanke des § 51 heranzuziehen, auch wenn man das VwVfG nicht für anwendbar hält (*Britz,* N&R 2006, 6, 7 f.). Diese Lückenhaftigkeit zeigt, daß der Gesetzgeber mit den Verfahrensvorschriften im EnWG keine abschließende verfahrensrechtliche Regelung konzipieren wollte, die einen Rückgriff auf das VwVfG nur dann erlaubt, wenn dies ausdrücklich angeordnet ist. Vor diesem Hintergrund ist § 55 I 1 so zu verstehen, daß die verfahrensrechtlichen Regelungen des 8. Teils anzuwenden sind, soweit nicht im EnWG Spezialregelungen, wie etwa in § 29, etwas anderes bestimmen. Eine der Anwendung des VwVfG generell entgegenstehende Regelung enthält § 55 somit nicht (vgl. § 55, Rn. 6 f.). Auch eine grundsätzliche Vermutung zugunsten einer abschließenden Regelung im EnWG läßt sich der Norm deshalb nicht entnehmen (a. A. *Britz,* N&R 2006, 6). Bei der Anwendung von Vorschriften des VwVfG ist allerdings der Charakter des energiewirtschaftsrechtlichen Verwaltungsverfahrens als förmliches Verwaltungsverfahren (oben Rn. 3) zu beachten (vgl. § 63 II VwVfG zur Anwendbarkeit der übrigen Vorschriften des VwVfG auch im förmlichen Verwaltungsverfahren).

D. Handlungsformen

8 Mit der Anwendbarkeit des VwVfG sind auch die darin vorgesehenen **verwaltungsverfahrensrechtlichen Handlungsformen anwendbar.** Die Einordnung als Verwaltungsakt i. S. d. § 35 VwVfG ist insbesondere für die jeweils anzuwendenden Form- und Verfahrensvorschriften relevant, da insoweit in § 73 I für Verwaltungsakte höhere Anforderungen gestellt werden als für andere verfahrensbeendende Maßnahmen (§ 73 Rn. 1).

Problematisch ist die Einordnung hinsichtlich sog. „**Festlegungen**" 9
der Regulierungsbehörde, etwa der Methodenfestlegungen nach §§ 21 a VI 2 Nr. 1 und 24 1 Nr. 2 (ausführlich *Britz*, RdE 2006, 1; *Pielow*, DÖV 2005, 1021). Diese Festlegungen werden nach § 29 I durch die Regulierungsbehörde gegenüber einem Netzbetreiber, einer Gruppe von ihnen oder allen Netzbetreibern getroffen. Ob es sich dabei, wenn die Festlegung gegenüber mehr als einem Netzbetreiber erfolgt, um eine Einzelfallregelung i. S. d. § 35 2 VwVfG handelt, ist zweifelhaft (dafür *Burgi*, DVBl. 2006, 269, 274), im Ergebnis handelt es sich dennoch um **Allgemeinverfügungen** (a. A. *Britz*, die zu einer Verwaltungsvorschrift mit Außenwirkung neigt, N&R 2006, 8 f.; *Pielow*, DÖV 2005, 1022). Der Gesetzgeber selbst ordnet ausweislich § 60 a II diese Festlegungen als Allgemeinverfügungen ein (vgl. *Britz*, N&R 2006, 4; *Pielow*, DÖV 2005, 1022). Auch wenn es sich unter Zugrundelegung allgemeiner (bisheriger) verwaltungsverfahrensrechtlicher Regelungen nicht um Allgemeinverfügungen handelt, muß sich der Gesetzgeber daran nicht messen oder festhalten lassen. Ebenso wie eine gesetzgeberische Erweiterung des § 35 VwVfG möglich ist, kann er Maßnahmen als Verwaltungsakt qualifizieren, welche die Voraussetzungen des § 35 VwVfG nicht erfüllen (*Emmerich-Fritsche*, NVwZ 2006, 762, 763 mit Fn. 2). Hier hat er den im allgemeinen Verwaltungsverfahrensrecht etablierten Formen der Allgemeinverfügung in einer spezialgesetzlichen Regelung eine weitere hinzugefügt. Die Festlegung tritt somit als ein weiterer Typ der Allgemeinverfügung jedenfalls für das energiewirtschaftsrechtliche Verwaltungsverfahren zu den in § 35 2 VwVfG genannten Formen der Allgemeinverfügung hinzu. Ein Verstoß gegen Art. 80 GG liegt darin nicht. Auch wenn mit den Festlegungen nach herkömmlicher Einordnung abstrakt-generelle Regelungen verbunden sein sollten und man sie deshalb als Gesetzgebung im materiellen Sinn bezeichnet, bleibt Art. 80 GG unanwendbar. Das Grundgesetz hat einen formalisierten Verordnungsbegriff, der auf Form und Verfahren der Verordnungsgebung abstellt (*Bryde*, in: M/K, GG, Art. 80, Rn. 8 m. w. N. auch zur verfassungsrechtlichen Gegenauffassung), so daß es auf die Einordnung als materielles Gesetz nicht ankommt (a. A. *Pielow*, DÖV 2005, 1021, 1023, ohne auf die Unterscheidung zwischen formellem und materiellem Verordnungsbegriff einzugehen). Schließlich stehen auch bundesstaatliche Erwägungen der Einordnung als Allgemeinverfügung nicht entgegen (a. A. *Britz*, N&R 2006, 5 f.). Es gibt zwar Konstellationen, in

denen die abstrakten Festlegungen durch die BNetzA erfolgen, während die darauf basierenden Einzelfallentscheidungen durch die Landesregulierungsbehörde getroffen werden. Eine Allgemeinverfügung durch die BNetzA erfüllt weder die Anforderungen von Art. 84 II noch von Art. 84 V GG (*Britz,* N&R 2006, 5 f.). Auf die Anforderungen des Art. 84 GG kommt es jedoch nicht an. Der Bund durfte nach Art. 87 III 1 GG hier eine Bundesoberbehörde errichten bzw. einer bestehenden Bundesoberbehörde neue Aufgaben übertragen. Teil der Errichtung i. S. d. Art. 87 III 1GG ist auch die Aufgabenausstattung (*Burgi,* in: vM/*K*/*S,* GG, Art. 87, Rn. 94; *Lerche,* in: M/D, Art. 87, Rn. 175). Durch die Zuweisung von Aufgaben an eine Bundesoberbehörde gemäß Art. 87 III 1 GG wird eine an sich bestehende Verwaltungshoheit der Länder „verdrängt" (*Lerche,* ebd.) weil es insoweit gerade nicht um Landeseigenverwaltung nach Art. 84 GG, sondern um bundeseigene Verwaltung geht. Hier verdrängt somit die Aufgabe der BNetzA, bestimmte Festlegungen zu treffen, die Verwaltungshoheit der Länder.

E. Formelles und informelles Verwaltungshandeln

10 Die §§ 65 ff. regeln das formelle Verwaltungshandeln, welches mit der Verfahrenseinleitung nach § 66 beginnt. Ob das damit eingeleitete energiewirtschaftsrechtliche Verwaltungsverfahren in eine Entscheidung nach § 73 I mündet oder ein Verfahren nicht mit einer Entscheidung endet (§ 73 II), ist unerheblich. Insoweit ist der energiewirtschaftsrechtliche Begriff des Verfahrens weiter als in § 9 VwVfG, wo ausdrücklich bestimmte Handlungsformen als notwendiges Ergebnis eines Verwaltungsverfahrens benannt sind.

11 Außerhalb des förmlichen Verwaltungsverfahrens finden Maßnahmen wie die allgemeine Marktüberwachung oder formlose Ermittlungen der Regulierungsbehörde statt. Bezüglich letzterer ist strikt darauf zu achten, dass verfahrensrechtliche Garantien nicht umgangen werden. Insbesondere darf kein Druck auf Befragte ausgeübt werden und die Unverbindlichkeit von Maßnahmen wie Auskunftsersuchen muss unzweideutig erkennbar sein (*K. Schmidt,* in: I/M, vor § 54, Rn. 16). Da bei informellen Ermittlungen praktisch immer die „Drohung" eines formellen Verfahrens im Raum steht und die Beteiligten ihr Verhalten an den potentiellen Folgen und damit an den formellen Möglichkeiten der Regulierungsbehörde ausrichten werden, ist in der Regel ein **formelles Verfahren** der formlosen Ermittlungstätigkeit **vorzuziehen.** Dies entspricht auch der justizförmigen Ausgestaltung des Verfahrens generell.

Auch die **allgemeine Öffentlichkeitsarbeit** der Regulierungsbehörde ist nicht Teil des förmlichen Verwaltungsverfahrens. Neben der Pflicht zur Publikation verschiedener Berichte (§ 63 III–V) sowie der Veröffentlichung bestimmter Entscheidungen (vgl. Veröffentlichungspflicht nach § 74, Veröffentlichungsmöglichkeit nach § 27 IV StromNZV, § 42 IX GasNZV) ist die Öffentlichkeitsarbeit nicht explizit geregelt. Die Publizität von Verfahren und auch allgemeine programmatische Äußerungen der Organe der Regulierungsbehörde können jedoch erhebliche Wirkung entfalten. Diese Öffentlichkeitsarbeit ist der Behörde nicht grundsätzlich untersagt, sie hat dabei jedoch den Verhältnismäßigkeitsgrundsatz zu beachten. Deshalb besteht auch die **Pflicht zu einer neutralen Darstellung,** insbesondere auch unter Berücksichtigung der Standpunkte Betroffener, die von der Position der Regulierungsbehörde abweichen. Die justizförmige Ausgestaltung der Verfahren vor der Regulierungsbehörde und ihre daraus resultierende Rolle verpflichten zu einer ebenfalls justizförmigen und damit **sehr zurückhaltenden Öffentlichkeitsarbeit** jenseits der gesetzlich bestimmten Veröffentlichungspflichten. Insbesondere ist der Eindruck von Parteilichkeit oder Voreingenommenheit strikt zu vermeiden.

F. Aufgabenbereich der Bundesnetzagentur und Verfahrensvielfalt

Die BNetzA ist als Regulierungsbehörde neben der energierechtlichen Regulierung auch für die Regulierung von Post, Telekommunikation und Eisenbahn zuständig. Dabei hat sie auch **Unterschiede zwischen den jeweiligen Verfahrensregelungen** zu berücksichtigen, bei denen nicht immer ersichtlich ist, weshalb diese Unterschiede bestehen. So kennt das AEG – anders als EnWG, TKG und PostG – keine Beschlußkammern. Nach TKG und PostG entscheiden die Beschlußkammern notwendig durch Verwaltungsakt (§ 132 TKG, im PostG durch Verweis darauf in § 46 III), im EnWG fehlt eine solche Vorgabe. Für die Behandlung von Betriebs- und Geschäftsgeheimnissen im Verwaltungsverfahren ist in § 136 TKG (im PostG durch Verweis darauf in § 44) und § 71 EnWG eine besondere Regelung getroffen, das AEG hingegen enthält keine solche Regelung. Daneben ist die Nähe zum kartellrechtlichen Verwaltungsverfahren unter Berücksichtigung der teilweise durchaus erheblichen Unterschiede zu bewältigen. Hinzu kommt, daß der Rechtsweg unterschiedlich ausgestaltet ist und nach TKG, AEG und PostG die Verwaltungsgerichtsbarkeit, aber nach dem EnWG die ordentliche Gerichtsbarkeit zuständig ist (vgl. vor § 75, Rn. 2). Diese

Dissonanzen zwischen partiell sehr ähnlichen, an wesentlichen Stellen aber auch voneinander abweichenden, Regelungen haben nicht nur Unübersichtlichkeit zur Folge, sondern produzieren unnötige Unwägbarkeiten, auch weil die Klärung verfahrensrechtlicher Fragen in einem Zuständigkeitsbereich der BNetzA nicht notwendig zur Klärung in den übrigen Zuständigkeitsbereichen führt. Es wäre zu begrüßen, wenn der Gesetzgeber die bereits bestehenden Erfahrungen mit Regulierungsverfahren vollständig nutzen und diese vereinheitlichen würde, zumal die Zuständigkeiten für das Verwaltungsverfahren bereits bei der Regulierungsbehörde konzentriert wurden.

§ 65 Aufsichtsmaßnahmen

(1) Die Regulierungsbehörde kann Unternehmen oder Vereinigungen von Unternehmen verpflichten, ein Verhalten abzustellen, das den Bestimmungen dieses Gesetzes sowie den auf Grund dieses Gesetzes ergangenen Rechtsvorschriften entgegensteht.

(2) Kommt ein Unternehmen oder eine Vereinigung von Unternehmen seinen Verpflichtungen nach diesem Gesetz oder den auf Grund dieses Gesetzes erlassenen Rechtsverordnungen nicht nach, so kann die Regulierungsbehörde die Maßnahmen zur Einhaltung der Verpflichtungen anordnen.

(3) Soweit ein berechtigtes Interesse besteht, kann die Regulierungsbehörde auch eine Zuwiderhandlung feststellen, nachdem diese beendet ist.

(4) § 30 Abs. 2 bleibt unberührt.

Übersicht

	Rn.
A. Allgemeines	1
B. Eingriffsbefugnisse (§ 65 I und II)	2
I. Einheitlicher Tatbestand	2
II. Ermessen	4
III. Rechtsfolgen	6
C. Feststellungsbefugnis (§ 65 III)	9

A. Allgemeines

1   § 65 I lehnt sich an § 32 I GWB an und § 65 III übernimmt § 32 III GWB, wohingegen § 65 II dem § 126 II TKG entspricht (BT-Drucks. 15/3917, S. 70). Die Vorschrift regelt die der Regulierungs-

behörde „zur Verfügung stehenden **Eingriffsbefugnisse**" (ebd.) und stellt angesichts des umfassenden Anwendungsbereichs sowie der umfassenden Befugnisse eine **Generalermächtigung** dar (*Kühling/el-Barudi,* DVBl. 2005, 1470, 1479). Möglich sind i. V. m. § 72 auch **vorläufige Anordnungen.** Nach § 65 IV bleiben die Befugnisse der Behörde aus § 30 II unberührt. Diese Regelung wäre nicht zwingend notwendig gewesen, da § 30 II ohnehin lex specialis ist, wenn ein Mißbrauch der Marktstellung durch einen Betreiber von Energieversorgungsnetzen vorliegt. § 65 als allgemeine Aufsichtsbefugnis ist demgegenüber subsidiär (*Holznagel/Göge,* ZNER 2004, 218, 219; *Salje,* EnWG, § 65, Rn. 2 und 4; a. A. *Antweiler/Nieberding,* NJW 2005, 3673, 3674, die die Normen für nebeneinander anwendbar halten).

B. Eingriffsbefugnisse (§ 65 I und II)

I. Einheitlicher Tatbestand

§ 65 I und II enthalten unterschiedlich formulierte Eingriffsbefugnisse, die jedoch auf der Tatbestandsseite inhaltlich identisch sind. Nach dem Wortlaut von § 65 I kann die Regulierungsbehörde die Verpflichtung aussprechen, ein Verhalten abzustellen, welches den Bestimmungen des EnWG (oder den auf Grund des EnWG ergangenen Rechtsverordnungen) entgegensteht, also wenn ein Adressat gegen diese Rechtsvorschriften „verstößt" (BT-Drucks. 15/3917, S. 70). Der Wortlaut von § 65 II ermächtigt die Regulierungsbehörde zu Maßnahmen, wenn den Verpflichtungen nach dem EnWG oder den auf Grund des EnWG erlassenen Rechtsverordnungen nicht nachgekommen wird. Zwischen diesen Formulierungen besteht **kein inhaltlicher Unterschied.** Wann immer ein Adressat (durch aktives Tun oder Unterlassen) einer Verpflichtung nach dem EnWG nicht nachkommt (Abs. 2), so steht dieses Verhalten notwendig den Bestimmungen des EnWG entgegen (Abs. 1) und wann immer ein Verhalten den Bestimmungen des EnWG entgegensteht, kommt der Betreffende einer Verpflichtung aus dem EnWG nicht nach. **Einheitliche Tatbestandsvoraussetzung** beider Absätze ist also ein **Verstoß** gegen das EnWG oder gegen auf seiner Grundlage erlassene Rechtsvorschriften. Auf Verschulden kommt es nicht an. Ein Verstoß ist ausgeschlossen, wenn eine das Verhalten gestattende Genehmigung vorliegt. Beispielsweise wird durch eine Genehmigung nach § 23a und die Anreizregulierung ein Vorgehen aufgrund § 65 ausgeschlossen, wenn das Entgelt die vorgegebene Höhe nicht überschreitet (*Britz,* RdE 2006, 1, 4).

3 Der Kreis der möglichen **Adressaten** ist mit Unternehmen oder Vereinigungen von Unternehmen ebenfalls in beiden Absätzen identisch. Natürliche Personen können folglich nicht Adressaten einer Aufsichtsmaßnahme sein.

II. Ermessen

4 Liegt ein Verstoß vor, so steht es nach beiden Absätzen im pflichtgemäßen **Ermessen** der Regulierungsbehörde („kann"), eine Verpflichtung zur Abstellung eines Verhaltens auszusprechen bzw. eine Maßnahme anzuordnen. Dabei ist, wie bei belastendem Verwaltungshandeln generell, die **Verhältnismäßigkeit** zu wahren. Allerdings ist dieser Punkt, anders als in § 32 II GWB, dem einzigen Absatz des § 32 GWB, der nicht in das EnWG übernommen wurde, vom Gesetzgeber nicht besonders akzentuiert worden (zu § 32 II GWB BT-Drucks. 15/3640, S. 51). Während der Gesetzgeber für das GWB also die Bedeutung der Verhältnismäßigkeit insbesondere bei strukturellen Eingriffen in die Unternehmenssubstanz betont (vgl. die Gesetzesbegründung, ebd.), fehlt die im EnWG, trotz der im übrigen sehr weitgehenden Orientierung am GWB allgemein und hier an § 32 GWB im besonderen. Übernommen wurde vielmehr § 126 II TKG, mit dem der TKG-Gesetzgeber das Ziel verfolgte, Verpflichtungen „effektiv durchzusetzen" (BT-Drucks. 15/2316, S. 100, zu § 124 II des Entwurfs). Deutlich wird, daß die nach dem EnWG möglichen Eingriffe vom Gesetzgeber weniger zurückhaltend betrachtet werden und insoweit eher eine offensive denn eine restriktive Handhabung gesetzgeberisch gewollt ist. Auch vor diesem Hintergrund verlangt das Verhältnismäßigkeitsprinzip nicht, daß auf § 65 II nur zurückgegriffen werden darf, wenn ein Verbot nach § 65 I nicht ausreicht (so aber *Salje*, EnWG, § 56, Rn. 18). Im Rahmen der Erforderlichkeit als Teil der Verhältnismäßigkeitsprüfung kommt es vielmehr allein darauf an, ob im konkreten Fall ein milderes, aber ebenso effektives Mittel existiert. Bereits weil ein Verbot nach § 65 I in vielen Fällen nicht ebenso effektiv sein dürfte wie eine weitergehende Maßnahme nach § 65 II, besteht kein allgemeiner Vorrang von Verboten nach § 65 I.

5 Nach § 66, der für alle Verfahren vor der Regulierungsbehörde anwendbar ist, kann eine Aufsichtsmaßnahme auch beantragt werden. Im Falle einer **Ermessensreduzierung auf Null** besteht auch ein Anspruch auf entsprechendes Einschreiten (a. A. *Salje*, EnWG, § 65, Rn. 28 f. sowie die h. M. zu § 32 GWB, vgl. *Emmerich*, in: I/M, § 32, Rn. 8, wobei allerdings ein Anspruch bestehen soll, wenn dem Antragsteller ein schwerer Schaden droht, der auf andere Weise nicht abwendbar ist, so daß in vielen Fällen im Ergebnis kein Unterschied bestehen dürfte).

III. Rechtsfolgen

Die **Abstellung des Verstoßes** nach § 65 I schließt die Unterlassung mit ein (so die Begründung zum hier übernommenen § 32 I GWB, BT-Drucks. 15/3640, S. 51). Vom Gesetzgeber gewollt ist eine „positive Tenorierung" (zum hier übernommenen § 32 I GWB BT-Drucks. 15/3640, S. 51) in der Verpflichtungsentscheidung, die vom Begriff der Untersagung gelöst ist (BT-Drucks. 15/3917, S. 70). Anders als nach § 32 GWB a. F. (dazu *Emmerich*, in: I/M, § 32, Rn. 17 ff.) kann die Regulierungsbehörde nach § 65 I also **auch Gebote** aussprechen. 6

In § 65 II wird die Regulierungsbehörde pauschal zu „**Maßnahmen**" ermächtigt. Eine solche Maßnahme könnte dem Wortlaut nach auch eine Verpflichtung i. S. d. § 65 I sein. Der Gesetzgeber ging jedoch davon aus, daß die „Abstellungsbefugnis" des § 65 I durch die „Anordnungsbefugnis" des § 65 II ergänzt wird (BT-Drucks. 15/3917, S. 70). Im Hinblick darauf und im Sinne einer systematischen Interpretation, die nicht eine der Regelungen überflüssig macht, sind mit den Maßnahmen des § 65 II alle die Anordnungen erfaßt, die keine Verpflichtung i. S. d. § 65 I darstellen. § 65 II ist also als § 65 I ergänzende Auffangregelung zu verstehen. 7

Die in § 126 II 2 TKG ausdrücklich formulierte Anforderung, eine angemessene Frist zur Umsetzung der Maßnahme zu setzen, ist nicht in das EnWG übernommen worden. Ein wesentlicher Unterschied ergibt sich daraus nicht, weil eine angemessene Gelegenheit zur Realisierung der Anordnungen auch ohne ausdrückliche gesetzliche Regelung durch den Verhältnismäßigkeitsgrundsatz gefordert ist. 8

C. Feststellungsbefugnis (§ 65 III)

§ 65 III erteilt ausdrücklich die Befugnis, einen Verstoß auch nachträglich festzustellen, wenn hierfür ein berechtigtes Interesse besteht. Ein berechtigtes Interesse liegt insbesondere dann vor, wenn eine Klarstellung der Rechtslage wegen Wiederholungsgefahr geboten ist (so die Begründung zum hier übernommenen § 32 III GWB, BT-Drucks. 15/3640, S. 51). Die Wiederholungsgefahr ist jedoch nur ein Beispiel, ein berechtigtes Interesse ist auch in vielen anderen Fällen denkbar und das Vorliegen eines solchen Interesses ist jeweils im konkreten Einzelfall zu prüfen. Beispiele für ein berechtigtes Interesse sind etwa 9 eine unsichere Rechtslage oder die Berührung von Verbraucherinteressen in besonderem Umfang (*Salje,* EnWG, § 65, Rn. 25).

§ 66 Einleitung des Verfahrens, Beteiligte

(1) **Die Regulierungsbehörde leitet ein Verfahren von Amts wegen oder auf Antrag ein.**

(2) **An dem Verfahren vor der Regulierungsbehörde sind beteiligt,**
1. **wer die Einleitung eines Verfahrens beantragt hat,**
2. **Unternehmen, gegen die sich das Verfahren richtet,**
3. **Personen und Personenvereinigungen, deren Interessen durch die Entscheidung erheblich berührt werden und die die Regulierungsbehörde auf ihren Antrag zu dem Verfahren beigeladen hat, Interessen der Verbraucherzentralen und anderer Verbraucherverbände, die mit öffentlichen Mitteln gefördert werden, auch dann erheblich berührt werden, wenn sich die Entscheidung auf eine Vielzahl von Verbrauchern auswirkt und dadurch die Interessen der Verbraucher insgesamt erheblich berührt werden.**

(3) **An Verfahren vor den nach Landesrecht zuständigen Behörden ist auch die Regulierungsbehörde beteiligt.**

Übersicht

	Rn.
A. Allgemeines	1
B. Verfahrenseinleitung (§ 66 I)	2
C. Beteiligte (§ 66 II Nr. 1 und 2, III)	7
D. Beiladung zum Verfahren (§ 66 II Nr. 3)	11
I. Notwendige Beiladung	12
II. Einfache Beiladung	13
1. Berührung erheblicher Interessen	14
2. Ermessensentscheidung	17
III. Folgen unterbliebener Beiladung	19
IV. Anfechtung	21
E. Rechtswirkungen der Beteiligtenstellung	22

A. Allgemeines

1 § 66 entspricht in angepaßter Form § 134 TKG (§ 74 TKG-1996) sowie § 54 GWB (BT-Drucks. 15/3917, S. 70). Neben der Verfahrenseinleitung ist geregelt, wer an dem Verfahren vor der Regulierungsbehörde beteiligt ist.

B. Verfahrenseinleitung (§ 66 I)

Die Verfahren bei der Regulierungsbehörde werden von Amts wegen oder auf Antrag eingeleitet (§ 66 I). Der Vorschrift kommt **nur verfahrensrechtliche Bedeutung** zu, sie setzt also eine materiell-rechtliche Ermächtigung der Behörde zum Tätigwerden bzw. ein Antragsrecht voraus. Nach dem subsidiär anwendbaren § 22 VwVfG entscheidet die Regulierungsbehörde über die Verfahrenseinleitung nach pflichtgemäßem Ermessen (vgl. *OVG Münster,* NVwZ 2002, 228 f.). Eine Ermessensreduzierung auf Null und damit eine Pflicht zur Verfahrenseinleitung ist möglich. Eine Ausnahme besteht gemäß § 22 2 Nr. 2 VwVfG, wenn die Behörde nur auf Antrag tätig werden darf und ein Antrag nicht vorliegt. In diesen Fällen darf ohne Antrag ein Verfahren nicht eingeleitet werden.

Ob es sich um ein **Antragsverfahren** handelt, ergibt sich aus den materiellen Vorschriften. Falls der Antrag nicht ausdrücklich im Gesetz erwähnt wird, ist die Zielrichtung der jeweiligen Regelung entscheidend: Sind es in erster Linie die Interessen des Einzelnen, die Anlaß für das Verfahren geben, handelt es sich um ein Antragsverfahren, wohingegen von einem Amtsverfahren auszugehen ist, wenn das Verfahren überwiegend öffentlichen Interessen dienen soll (*K/R,* VwVfG, § 22, Rn. 22). In Antragsverfahren gilt die Dispositionsmaxime, weshalb der Antragsteller Beginn, Gegenstand, Umfang und Ende des Verfahrens bestimmt (*Ohlenburg,* in: Manssen, TKM, § 134 TKG-2004, Rn. 5; *Gurlit,* in: BerlK-TKG, § 138, Rn. 6, weist darauf hin, daß nach Antragsrücknahme aber ein Amtsverfahren eingeleitet werden kann). Die Anforderungen an den Antrag richten sich nach den jeweiligen materiellen Vorschriften, soweit diese Vorgaben enthalten. Anderenfalls gelten nach § 22 VwVfG die allgemeinen Mindestanforderungen: Insbesondere muß der Antrag sein Ziel erkennen lassen, hinreichend bestimmt und unbedingt sein sowie die Antragsbefugnis bestehen (vgl. ausf. *K/R,* VwVfG, § 22, Rn. 35 ff.).

Auch im Antragsverfahren ist entgegen einer verbreiteten Ansicht zu den Parallelvorschriften im TKG und GWB eine **Einleitungshandlung** der Behörde notwendig und das Verfahren ist nicht automatisch mit Antragstellung eingeleitet (i. E. wie hier *Mayen,* in: S/M, TKG, § 74, Rn. 55; *Bracher,* in: F/K, § 54 GWB 2005, Rn. 14; *Gurlit,* in: BerlK-TKG, § 134, Rn. 15; a. A. *Ohlenburg,* in: Manssen, TKM, § 134 TKG-2004, Rn. 5; *W. Bosch,* in: Trute/Spoerr/Bosch, TKG, § 74, Rn. 5; *K. Schmidt,* in: I/M, § 54, Rn. 2 und 4). Der Wortlaut des § 66 I ist insoweit eindeutig: als Handelnder ist für die Einleitung allein

§ 66 5, 6   Teil 8. Verfahren

die Regulierungsbehörde genannt, die gegebenenfalls auf Antrag tätig wird. Darüber kann man sich nicht mit dem Hinweis hinwegsetzen, im Gesetz sei „ungenau" formuliert (so jedoch *K. Schmidt,* in: I/M, § 54, Rn. 2), insbesondere, weil das Gesetz insoweit konsequent bleibt: Auch in § 66 II ist der Antragsteller als jemand, der die Einleitung beantragt hat und nicht als der ein Verfahren mit dem Antrag selbst Einleitende bezeichnet. Eine Einleitung durch Antrag widerspräche auch der hier anwendbaren allgemeinen Definition eines Verwaltungsverfahrens in § 9 VwVfG, die eine nach außen wirkende Tätigkeit der Behörde voraussetzt (vgl. zum allgemeinen Verfahrensrecht *P. Stelkens/Schmitz,* in: S/B/S, VwVfG, § 9, Rn. 103 m.w.N.; differenzierend *K/R,* VwVfG, § 9, Rn. 29).

5   Mit der Verfahrenseinleitung wird das öffentlich-rechtliche Verfahrensverhältnis zwischen der Behörde und den Beteiligten begründet. Verfahrensbezogene Rechte wie das Akteneinsichtsrecht oder das Recht auf rechtliches Gehör können von diesem Zeitpunkt an geltend gemacht werden. Um diesen somit verfahrensrechtlich bedeutsamen Zeitpunkt präzise bestimmen zu können, hat die Regulierungsbehörde den Betroffenen die **Einleitung** eines förmlichen Verfahrens **mitzuteilen** (*Ohlenburg,* in: Manssen, TKM, § 134 TKG-2004, Rn. 1). Diese Pflicht besteht zum einen gegenüber den nach § 66 II Nr. 1 und 2 kraft Gesetzes Beteiligten. Zum anderen sind auch die notwendig Beizuladenden (unten Rn. 12) von der Verfahrenseinleitung in Kenntnis zu setzen, damit sie einen Beiladungsantrag stellen können (vgl. *Bracher,* in: FK, § 54 GWB 2005, Rn. 23). Mit einer entsprechenden Mitteilung erfolgt die nach § 9 VwVfG nötige, nach außen wirkende, Tätigkeit der Behörde (vgl. *Salje,* EnWG, § 66, Rn. 5; *Bracher,* in: FK, § 54 GWB 2005, Rn. 17 f.). Das Tätigwerden nach außen durch die Mitteilung ist nicht mit der unmittelbaren Rechtswirkung nach außen i. S. v. § 35 VwVfG gleichzusetzen (*K/R,* VwVfG, § 9, Rn. 10) und ist im Ergebnis **kein selbständiger Verwaltungsakt** (vgl. *P. Stelkens/Schmitz,* in: S/B/S, § 9, Rn. 95 und 157; *K. Schmidt,* in: I/M, § 54, Rn. 6 m.w.N.).

6   Ein Verwaltungsverfahren **endet** entweder mit einer Entscheidung der Regulierungsbehörde (§ 73 I) oder mit der sonstigen Erledigung des Verfahrens. Antragsverfahren können jedoch nicht durch eine, wie auch immer geartete, Erledigung beendet werden, da ein förmlicher Antrag zwingend zu bescheiden ist (vgl. *K. Schmidt,* in: I/M, GWB, § 54, Rn. 16) und deshalb eine Entscheidung nach § 73 I zu ergehen hat.

C. Beteiligte (§ 66 II Nr. 1 und 2, III)

Die Vorschrift kennt den gemäß § 66 II Nr. 1 und 2 qua Gesetz **"geborenen"** Beteiligten und den nach § 66 II Nr. 3 durch die Beiladung der Regulierungsbehörde **"gekorenen"** Beteiligten. Die Beteiligteneigenschaft ist nicht nur wegen ihrer Folgen für die Rechtsstellung im Verwaltungsverfahren von großer Bedeutung, sondern auch weil sie nach § 75 II grundsätzlich Voraussetzung für das gerichtliche Vorgehen gegen eine Entscheidung ist (vgl. § 75, Rn. 4). Die einem Beteiligten wirksam bekanntgegebene (§ 73) Entscheidung bindet diesen und wird ihm gegenüber nach Ablauf der Beschwerdefrist (§ 78) bestandskräftig.

Beteiligt kraft Gesetzes ist jeder **Antragsteller** (§ 66 II Nr. 1). Dem liegt, wie auch § 13 I Nr. 1 VwVfG, ein formeller Antragsbegriff zu Grunde, so daß es allein darauf ankommt, ob ein bestimmtes Tätigwerden der Behörde begehrt und nicht lediglich ein Handeln von Amts wegen angeregt wird (*Salje,* EnWG, § 66, Rn. 8; *Bracher,* in: FK, § 54 GWB 2005, Rn. 36). Weder in § 66 II Nr. 1 noch in § 13 I Nr. 1 VwVfG werden weitere Kriterien genannt, weshalb für weitere Anforderungen zur Begründung der Beteiligtenstellung, wie etwa der Zulässigkeit des Antrags inklusive Antragsbefugnis, kein Raum ist (so auch *Gurlit,* in: BerlK-TKG, § 134, Rn. 22; vgl. auch *K/R,* VwVfG, § 13, Rn. 17; str., insb. im Kartellverfahrensrecht wird die Antragsberechtigung verlangt, vgl. zusammenfassend *Bracher,* in: FK, § 54 GWB 2005, Rn. 39 m. w. N.). Die Beteiligtenstellung nach § 66 II Nr. 1 erlangt der Antragsteller mit Antragseingang und nicht erst mit der Verfahrenseinleitung durch die Behörde (*Ohlenburg,* in: Manssen, TKM, § 134 TKG-2004, Rn. 13; vgl. BVerwGE 9, 219, 220). Obgleich der Wortlaut nahelegt, daß die die Beteiligtenstellung eine Verfahrenseinleitung voraussetzt (Beteiligter „an dem Verfahren"), ist der Antragsteller auch dann als Beteiligter anzusehen und damit beschwerdebefugt nach § 75 II, wenn die Regulierungsbehörde auf einen Antrag hin untätig bleibt und demnach formal ein Verfahren nicht eingeleitet ist (vgl. *Bracher,* in: FK, § 54 GWB 2005, Rn. 30 und 41).

Nach § 66 II Nr. 2 sind **Unternehmen** beteiligt, **gegen die sich das Verfahren richtet.** Umfaßt sind alle Unternehmen, die **unmittelbar** durch eine das Verfahren abschließende Entscheidung belastet werden können, also die potentiellen Adressaten in Abgrenzung von den vom Verfahren lediglich Betroffenen i. S. v. § 41 I 1 VwVfG (*Mayen,* in: S/M, TKG, § 74, Rn. 64). Im Unterschied zu Nr. 1 setzt die Beteiligtenstellung nach Nr. 2 die Einleitung des Verfahrens durch die Behörde voraus, weil ohne die Einleitung noch kein Verfahren gegen das jeweilige Unternehmen existiert. Mittelbar betroffene Unternehmen, etwa solche, die das beteiligte Unternehmen beherrschen oder dessen Tochterunternehmen sind, fallen nicht unter Nr. 2 (vgl. *Bechtold,* Kartellgesetz, § 54, Rn. 2 m. N. aus der kartellrechtlichen Rspr.). Auch durch das Verfahren Begünstigte sind nicht nach Nr. 2 beteiligt, weil sich das Verfahren nicht „gegen" sie richtet (vgl. *K. Schmidt,* in: I/M, § 54, Rn. 28). Solche mittelbar betroffenen Unternehmen müssen, wollen sie am Verfahren beteiligt werden, einen Antrag auf Beiladung stellen.

10   In § 66 III ist die **Beteiligung** der Regulierungsbehörde an Verfahren vor den nach Landesrecht zuständigen Behörden vorgeschrieben. Mit den nach Landesrecht zuständigen Behörden sind die Behörden bezeichnet, die nicht Regulierungsbehörden sind (vgl. BT-Drucks. 15/3917, S. 69). § 66 III regelt allgemein die Beteiligung der Regulierungsbehörde und erfaßt damit neben der BNetzA auch die Beteiligung einer Landesregulierungsbehörde (vgl. zum Begriff Regulierungsbehörde vor § 65, Rn. 2). Dem Sinn und Zweck der Regulierung nach sind aber nicht alle Landesregulierungsbehörden an allen derartigen Verfahren beteiligt, sondern nur soweit eine Betroffenheit der Landesregulierungsbehörde besteht. Analog § 55 I a. E. kommt es dafür darauf an, ob ein von dem Verfahren betroffenes Unternehmen seinen Sitz im Gebiet der Landesregulierungsbehörde hat. Der **Wortlaut** ist außerdem **zu eng** und erfaßt nicht die Verfahren vor den Landesregulierungsbehörden, weil diese in der ursprünglichen Konzeption des Gesetzes nicht vorgesehen waren und im Gesetzgebungsverfahren eine Anpassung von Abs. 3 an die veränderte Situation nicht erfolgte (vgl. auch die Stellungnahme des BR, BT-Drucks. 16/5847, S. 15). Für die Beteiligung der BNetzA bei Verfahren vor einer Landesregulierungsbehörde besteht also eine Regelungslücke, die durch analoge Anwendung von § 66 III auf diese Fälle zu schließen ist (*Salje,* EnWG, § 66, Rn. 20 ff.; eine Regelung, die diese Lücke schließen würde und nur eine Beteiligung der nach § 54 zuständigen Regulierungsbehörde vorsieht, enthält der Entwurf des BR, ebd., vgl. auch § 79, Rn. 2). Die Beteiligtenstellung der Regulierungsbehörde nach § 66 III setzt deren **Beteiligtenfähigkeit** voraus. Für **Behörden** allgemein ergibt sich die Beteiligtenfähigkeit zumindest aus der subsidiären Anwendung von § 11 Nr. 3 VwVfG.

D. Beiladung zum Verfahren (§ 66 II Nr. 3)

11   Die Beiladung nach § 66 II Nr. 3 ist die spezialgesetzliche Konkretisierung der verwaltungsverfahrensrechtlichen Hinzuziehung nach § 13 I Nr. 4, II VwVfG (vgl. *Mayen,* in: S/M, TKG, § 74, Rn. 68). In

der Bezeichnung als Beiladung kommt allerdings die besondere Justizförmigkeit des Verfahrens zum Ausdruck. Der Beiladungsakt durch die Regulierungsbehörde setzt notwendig einen Beiladungsantrag voraus (*Salje,* EnWG, § 66, Rn. 12) und ist verfahrensrechtlicher **Verwaltungsakt mit Dauerwirkung** (vgl. *VGH Kassel,* NVwZ 2000, 828; *Bonk/Schmitz,* in: S/B/S, VwVfG, § 13, Rn. 30). **Beteiligtenfähig** sind nach § 89 natürliche und juristische Personen sowie nicht rechtsfähige Personenvereinigungen, die demgemäß auch nach § 66 II Nr. 3 beigeladen werden können. Ausdrücklich erwähnt sind in § 66 II Nr. 3 zudem die Verbraucherzentralen und andere mit öffentlichen Mitteln geförderten Verbraucherverbände. Diese speziellen Regelungen verdrängen den engeren § 11 Nr. 2 VwVfG, der für die Beteiligtenfähigkeit, wie auch § 13 II VwVfG für die Hinzuziehung, auf die Betroffenheit in Rechten abstellt. Zu unterscheiden ist zwischen notwendiger und einfacher Beiladung.

I. Notwendige Beiladung

Die **notwendige Beiladung** ist in der Vorschrift nicht ausdrücklich erwähnt, folgt jedoch aus dem subsidiär anwendbaren § 13 II 2 VwVfG (vgl. *OLG Düsseldorf,* ZNER 2006, 349; *Ohlenburg,* in: Manssen, TKM, § 134 TKG-2004, Rn. 18; *K. Schmidt,* in: I/M, § 54, Rn. 43 und 45 ff.; a. A. *Attendorn,* in: BeckTKG-Komm, § 134, Rn. 36, der diesbezüglich keine Regelungslücke sieht, aber eine starke Reduktion des Ermessens zugesteht). Danach ist **auf Antrag** die Beiladung des Dritten auszusprechen, wenn der Ausgang des Verfahrens rechtsgestaltende Wirkung für diesen hat (*Salje,* EnWG, § 66, Rn. 14), also durch eine möglicherweise ergehende Entscheidung Rechte des Dritten begründet, aufgehoben oder verändert werden (ausf. *K/R,* VwVfG, § 13, Rn. 39 ff. m. w. N.) und der Ausgang des Verfahrens den Beizuladenden deshalb unmittelbar in seinen Rechten verletzen kann (*OLG Düsseldorf,* ZNER 2006, 349). Ein **Ermessen** der Regulierungsbehörde existiert diesbezüglich **nicht,** weshalb es auch der Konstruktion einer Ermessensreduzierung auf Null in diesen Fällen nicht bedarf (str., wie hier *Mayen,* in: S/M, TKG, § 74, Rn. 86 m. w. N.). Das EnWG verlangt allerdings in § 66 II Nr. 3 einen Antrag und verdrängt insoweit die Regelung des § 13 II VwVfG, der eine Hinzuziehung auch von Amts wegen vorsieht. Ohne Antragstellung kann deshalb keine Beiladung erfolgen (*Mayen,* in: S/M, TKG, § 74, Rn. 81; a. A. *Ohlenburg* in: Manssen, TKM, § 134 TKG-2004, Rn. 23). Die notwendig Beizuladenden sind aber von der Regulierungsbehörde über die Einleitung des Verfahrens zu informieren (oben Rn. 5).

II. Einfache Beiladung

13 Die einfache Beiladung erfolgt nach § 66 II Nr. 3 ebenfalls nur auf Antrag. Voraussetzung ist die erhebliche **Berührung eigener Interessen**. Faktische Beteiligung am Verfahren genügt nicht zur Begründung der Stellung als Beigeladener (a. A. *K. Schmidt*, in: I/M, § 54, Rn. 57), denn das Gesetz schreibt ausdrücklich den **förmlichen Akt** einer Beiladung auf Antrag vor (vgl. *Mayen*, in: S/M, TKG, § 74, Rn. 83).

14 **1. Berührung erheblicher Interessen.** Es sind nicht nur rechtliche, sondern **Interessen aller Art**, inklusive sozialer, ökologischer, ideeller oder wirtschaftlicher Interessen, zu berücksichtigen, wie sich aus dem Vergleich mit § 13 II VwVfG ergibt (vgl. *Mayen,* in: S/M, TKG, § 74, Rn. 75). Jedenfalls alle in § 1 EnWG aufgeführten Interessen sind relevant (*OLG Düsseldorf,* ZNER 2006, 150 f.). Die **Möglichkeit** einer Interessenberührung ist, wie bei § 13 II VwVfG, ausreichend (vgl. *Mayen,* in: S/M, TKG, § 74, Rn. 80).

15 Wie nach § 54 II Nr. 3 GWB (und anders als § 134 II Nr. 3 TKG) ist eine **erhebliche Interessenberührung** erforderlich. Damit ist eine gewisse Einschränkung verbunden, die allerdings nicht als hohe Hürde verstanden werden darf (vgl. die Zusammenfassung der h. M. zum GWB bei *K. Schmidt,* in: I/M, § 54, Rn. 40 m. w. N.). Die Erheblichkeit der Interessenberührung ist im Rahmen der Ermessensausübung (dazu Rn. 17 f.) von größerer Bedeutung. Eine erhebliche Interessenberührung eines Verbandes liegt auch dann vor, wenn die Interessen eines erheblichen Teils seiner Mitglieder betroffen sind (*OLG Düsseldorf,* ZNER 2006, 150, 151; vgl. *Lange,* IR 2007, 157).

16 Für **Verbraucherzentralen** und andere **Verbraucherverbände,** die mit öffentlichen Mitteln gefördert werden, wird die erhebliche Interessenberührung in § 66 II Nr. 3 gesetzlich näher definiert. Der Gesetzgeber wollte mit dieser Formulierung eine Lücke in der Rechtsprechung zum GWB schließen: Diese erfaßte solche Fälle nicht, in denen zwar eine Vielzahl von Verbrauchern betroffen ist, aber die Interessenberührung des einzelnen Verbrauchers unterhalb der Erheblichkeitsschwelle liegt (BT-Drucks. 15/3917, S. 70 f.). Der letzte Halbsatz der Ziffer 3 ist sprachlich etwas verunglückt, inhaltlich aber, wenn man ihn als von Halbsatz 1 getrennt liest, eindeutig: Interessen der Verbraucherzentralen und anderer mit öffentlichen Mitteln geförderter Verbraucherverbände werden auch dann erheblich berührt, wenn sich die Entscheidung auf eine Vielzahl von Verbrauchern auswirkt und dadurch die Interessen der Verbraucher insgesamt erheblich berührt werden (so auch der Wortlaut des hier nicht ganz richtig übernommenen § 54 II Nr. 3 GWB, vgl. auch § 31 I 4). Für die genannten Verbände ist damit eine

kollektive Betrachtung bezogen auf die Gesamtheit der Verbraucher notwendig. Auf eine erhebliche Interessenberührung des einzelnen Verbrauchers kommt es nicht mehr an.

2. Ermessensentscheidung. Die einfache Beiladung steht im **17** **pflichtgemäßen Ermessen** der Regulierungsbehörde (*OLG Düsseldorf,* ZNER 2006, 150, 151; zur Parallelnorm im GWB *BGH,* ZNER 2007, 61). Bei ihrer Ermessensausübung hat die Regulierungsbehörde neben der Intensität der jeweils betroffenen Interessen auch das Bedürfnis der Konzentration und der Beschleunigung des Verfahrens, also die Verfahrensökonomie als der Öffnung des Verfahrens für Dritte Grenzen setzenden Faktor zu berücksichtigen (*OLG Düsseldorf,* ZNER 2006, 150, 151; *BGH,* ZNER 2007, 61). Mit der Möglichkeit der Beiladung unter den gegebenen Tatbestandsvoraussetzungen hat der Gesetzgeber sich insoweit auch für die Möglichkeit der Drittanfechtung durch Beigeladene entschieden. Deshalb kann die durch eine solche Drittanfechtungsmöglichkeit entstehende Rechtsunsicherheit einer Beiladungsentscheidung nicht entgegen gehalten werden (*OLG Düsseldorf,* ZNER 2006, 150, 151; vgl. *Lange,* IR 2007, 157). Aus § 67 II ergibt sich im Umkehrschluß, daß die Berührung wirtschaftlicher Interessen keine Pflicht zur Beiladung nach sich zieht, sondern diesen Interessen auch durch die Gelegenheit zur Stellungnahme Rechnung getragen werden kann. Das Stellungnahmerecht nach § 67 II bietet allerdings kein der Beiladung gleichwertiges Aktionsforum und die Möglichkeit der Stellungnahme schließt eine Beiladung nicht aus (*OLG Düsseldorf,* ZNER 2006, 150, 152; ZNER 2006, 349, 350). Diesbezüglich hat die Regulierungsbehörde ein **weites Ermessen** (*OLG Düsseldorf,* ZNER 2006, 150, 152; vgl. *Lange,* IR 2007, 157). **Geheimhaltungsinteressen** anderer Beteiligter sprechen nicht gegen eine Beiladung (*Bechtold,* Kartellgesetz, § 54, Rn. 11), die Sicherung dieser Interessen ist im Rahmen von § 30 VwVfG und §§ 71, 84 zu gewährleisten (*OLG Düsseldorf,* ZNER 2006, 150, 151 f.; ZNER 2006, 349, 350). Zu berücksichtigen ist nach der Rechtsprechung zugunsten eines Beiladungswilligen außerdem eine mehrfache Betroffenheit als Netznutzer, Kunde und Wettbewerber eines Antragstellers (*OLG Düsseldorf,* ZNER 2006, 349).

Zentral für die Ermessensausübung ist der **Gleichheitssatz.** Bei sich **18** gegenüberstehenden Interessen wäre es eine unzulässige Ungleichbehandlung, wenn eine Beiladung lediglich für Vertreter der einen Seite erfolgt, obwohl Vertreter beider Seiten einen Antrag gestellt haben. Problematischer ist es, wenn Vertreter gleichgerichteter Interessen Beiladungsanträge stellen. Die kartellrechtliche Rspr. verlangt hier eine sachgerechte Auswahl (*KG,* WuW/E OLG 2356, 2359). Selbstverständlich ist auch dabei der Gleichheitssatz zu wahren und eine Beiladungsentscheidung, nach der je Interesse ein beizuladendes Unternehmen ausgewählt wird (so *Salje,* EnWG, § 66, Rn. 14) stellt eine Ungleichbehandlung zwischen den Unternehmen mit gleichen Interessen dar. Eine solche Ungleichbehandlung bei der Beiladung berührt unmittelbar nicht nur die Stellung im Verwaltungsverfahren, sondern ist nach § 75 II auch für die Möglichkeit gerichtlichen Rechtsschutz zu erlangen, konstitutiv (vgl. aber die Öffnung durch die Rspr. für denjenigen, dessen Beiladung allein aus Gründen der Verfahrensökonomie abgelehnt wurde, § 75, Rn. 5). Insbesondere bei Grundsatzfragen betreffenden Verfahren spricht der Gleichheitssatz deshalb gegen eine restriktive Beiladungspraxis. Die in derartigen Verfahren getroffenen Entscheidungen haben faktisch auch massive Wirkungen gegenüber den Nicht-Beigeladenen, obwohl die Entscheidung formal nur gegenüber den Beteiligten wirksam wird. Nicht nur wird die Regulierungsbehörde in weiteren Verfahren allenfalls in Ausnahmefällen von einer einmal getroffenen Grundsatzentscheidung wieder abweichen, vor allem wird der Markt derartige Entscheidungen sofort berücksichtigen. Vor diesem Hintergrund darf sich die Regulierungsbehörde bei der Ablehnung einer Beiladung auch nicht auf ihre allgemeine Arbeitsbelastung, etwa andere zu bescheidende Netzentgeltgenehmigungsanträge, berufen (*OLG Düsseldorf,* ZNER 2006, 349, 350).

III. Folgen unterbliebener Beiladung

19 Als Folge der unterbliebenen Beiladung ist der Betroffene nicht Verfahrensbeteiligter und ihm gegenüber wird die Entscheidung formal nicht wirksam (vgl. *Gurlit,* in: BerlK-TKG, § 134, Rn. 51; *K/R,* VwVfG, § 13, Rn. 51). Da ohne Antrag eine Beiladung nicht erfolgen kann (oben Rn. 11), kommt ein Verfahrensfehler der Regulierungsbehörde durch unterbliebene Beiladung nur in Betracht, wenn ein entsprechender Antrag vorlag oder die Regulierungsbehörde ihrer Pflicht zur Information eines notwendig Beizuladenden (oben Rn. 5) nicht nachgekommen ist.

20 Die unterbliebene **einfache Beiladung** ist trotz der möglichen faktischen Auswirkungen **formal ohne Folgen,** weil die Entscheidung gegenüber dem nicht beigeladenen Dritten ohne Wirkung und dieser dadurch geschützt ist (*Attendorn,* in: BeckTKG-Komm, § 134, Rn. 37; *K/R,* VwVfG, § 13, Rn. 51). Ein schwerer Verfahrensfehler liegt hingegen bei unterbliebener **notwendiger Beiladung** vor, weil in diesen Fällen die Entscheidung gegenüber dem Dritten rechtsgestaltende Wirkung hat (vgl. *K/R,* VwVfG, § 13, Rn. 51). Ist der Mangel offensichtlich (§ 44 I VwVfG), ist die Entscheidung nichtig, auch gegenüber den übrigen Beteiligten (*Kerkhoff,* in: BeckTKG-Komm, 2. Aufl., § 74, Rn. 40). Bei einem nicht offensichtlichen Mangel ist die Entscheidung aufhebbar. Die fehlende notwendige Beiladung ist nach Abschluß des Verwaltungsverfahrens **nicht heilbar** (a. A. für das TKG *Kerkhoff,* in: BeckTKG-Komm, 2. Aufl., § 74, Rn. 40 und für GWB *K. Schmidt,* in: I/M, § 54, Rn. 47). Gegen eine Heilung analog § 45 I Nr. 3 VwVfG spricht neben dem Wortlaut des § 45, der nur die Anhörung erwähnt, die Justizförmigkeit des energiewirtschaftsrechtlichen Verwaltungsverfahrens. Eine unterbliebene notwendige Beiladung führt verwaltungsprozessual zur Aufhebung des Urteils und Zurückverweisung der Sache, weil dem Dritten eine Instanz genommen wird, wenn seine Beiladung erst in der zweiten Instanz erfolgen würde (*K/S,* VwGO, § 65, Rn. 42). Angesichts der aus der VwGO entlehnten Bezeichnung als Beiladung und der damit gerade für diesen Zusammenhang betonten Justizförmigkeit des energiewirtschaftsrechtlichen Verwaltungsverfahrens, gilt dies auch hier. Selbst soweit man eine Heilung fehlender Beiladung analog § 45 I Nr. 3 VwVfG für möglich hält, ist eine Heilung während des gerichtlichen Verfahrens ausgeschlossen (vgl. *Mayen,* in: S/M, TKG, § 74, Rn. 98; *Kerkhoff,* in: BeckTKG-Komm, 2. Aufl., § 74, Rn. 41; a. A. *Ohlenburg,* in: Manssen, TKM, § 134 TKG-2004, Rn. 28).

IV. Anfechtung

Die Beiladung ist ein Verwaltungsakt (s. o. Rn. 11) und damit eine Entscheidung i. S. v. § 73 (vgl. dort Rn. 6). Eine die Anfechtung von Verfahrenshandlungen einschränkende Vorschrift wie § 44a VwGO fehlt im energiewirtschaftsrechtlichen Beschwerdeverfahren. Die Beiladungsentscheidung ist folglich mit der Beschwerde nach § 75 anfechtbar (*Salje,* EnWG, § 66, Rn. 24), die Ablehnung einer Beiladung kann mit der Verpflichtungsbeschwerde angefochten werden. Eine Beschwerde hat nach § 76 bezüglich der Beiladungsentscheidung keine aufschiebende Wirkung.

E. Rechtswirkungen der Beteiligtenstellung

Durch die Beiladung wird die Stellung als Verfahrensbeteiligter begründet. Beteiligte sind mit **eigenen Verfahrensrechten** ausgestattet (vgl. § 67 I und III), insbesondere dem Recht auf Akteneinsicht (§ 29 VwVfG) und dem Recht, eigene Anträge zum Verfahren und zur Sache zu stellen (*K/R,* VwVfG, § 13, Rn. 1). Beigeladene sind bei ihren

Anträgen auf den Gegenstand des Verfahrens beschränkt und nur notwendig Beigeladene können, analog § 66 II VwGO, abweichende Sachanträge stellen (*Mayen*, in: S/M, TKG, § 74, Rn. 91).

23 Daneben ist Folge der Beiladung, daß die in der Sache ergehende Entscheidung der Regulierungsbehörde gegenüber dem Beigeladenen wirksam wird und diesen bindet, wenn sie ihm ordnungsgemäß bekanntgegeben wurde (*K/R*, VwVfG, § 13, Rn. 49). Läßt ein Beigeladener den im Verfahren, zu dem er beigeladen ist, ergangenen Verwaltungsakt bestandskräftig werden, hat er keine spätere Klagemöglichkeit.

§ 66 a Vorabentscheidung über Zuständigkeit

(1) ¹**Macht ein Beteiligter die örtliche oder sachliche Unzuständigkeit der Regulierungsbehörde geltend, so kann die Regulierungsbehörde über die Zuständigkeit vorab entscheiden.** ²**Die Verfügung kann selbständig mit der Beschwerde angefochten werden.**

(2) **Hat ein Beteiligter die örtliche oder sachliche Unzuständigkeit der Regulierungsbehörde nicht geltend gemacht, so kann eine Beschwerde nicht darauf gestützt werden, dass die Regulierungsbehörde ihre Zuständigkeit zu Unrecht angenommen hat.**

1 Der nachträglich eingefügte § 66 a regelt eine selbständig anfechtbare **Vorabentscheidung** der Regulierungsbehörde über ihre eigene Zuständigkeit. Diese Ergänzung ist die Folge der Änderung der behördlichen Zuständigkeiten während des Gesetzgebungsverfahrens zum EnWG, die auf Grundlage der Beschlußempfehlung des Vermittlungsausschusses erfolgte. Wegen der dadurch entstandenen Zuständigkeitsverteilung zwischen Bundesnetzagentur und Landesregulierungsbehörden ist ein Bedürfnis nach Rechtssicherheit über die zuständige Regulierungsbehörde entstanden, das auch der entsprechenden Regelung in § 55 GWB zugrunde liegt (BT-Drucks. 16/5847, S. 12).

2 Falls ein Beteiligter (§ 66 II und III) der Auffassung ist, die Regulierungsbehörde sei örtlich oder sachlich unzuständig, ermöglicht § 66 a I dies gegenüber der Regulierungsbehörde zu **rügen.** Aufgrund der Beteiligtenstellung nach § 66 III hat auch die jeweils beteiligte Behörde diese Möglichkeit. Eine Form ist nicht vorgeschrieben, die Rüge kann auch mündlich erhoben werden (vgl. *Bechtold,* Kartellgesetz, § 55, Rn. 2). Die Rüge ist bis zum Abschluß des Verfahrens vor der Regulierungsbehörde möglich.

3 Wenn die Rüge nicht rechtzeitig erhoben wurde, kann eine Beschwerde nicht auf die Unzuständigkeit gestützt werden. In diesem Fall

hat das Gericht von der Zuständigkeit der Regulierungsbehörde auszugehen, falls die Unzuständigkeit nicht evident und die angefochtene Entscheidung deshalb nichtig ist (vgl. *Bechtold,* Kartellgesetz, § 55, Rn. 2). Deshalb ist auch, von den Fällen der Nichtigkeit abgesehen, ausgeschlossen, daß die Zuständigkeit der Regulierungsbehörde durch das Beschwerdegericht von Amts wegen überprüft wird (vgl. *Kiecker,* in: L/B, § 55, Rn. 6).

Auf die Rüge hin **kann** die Regulierungsbehörde über die Zuständigkeit **vorab entscheiden.** Ob sie dies tut, steht in ihrem Ermessen. Bei dieser Ermessensentscheidung ist abzuwägen zwischen der möglichen Verfahrensverzögerung auf der einen und der Gefahr einer Aufhebung allein wegen Unzuständigkeit auf der anderen Seite vor *K. Schmidt/Bach,* in: I/M, § 55, Rn. 4). Allerdings ist eine eventuelle Verfahrensverzögerung hier deutlich weniger problematisch als im Kartellrecht, weil die Beschwerde keine aufschiebende Wirkung hat (unten Rn. 5). Diese Zwischen-Entscheidung über die Rüge ist in § 66 I 2 entgegen der sonst im EnWG gebrauchten Terminologie als „Verfügung" und nicht als „Entscheidung" (vgl. § 77, Rn. 2 ff.) bezeichnet. Die Übernahme der Terminologie des GWB ist als Redaktionsversehen bei der Übernahme der Parallelvorschrift aus dem GWB ohne Folgen: Es handelt sich um eine feststellende **Entscheidung i. S. d. § 73 I.** 4

Die Entscheidung der Regulierungsbehörde nach § 66a I 1 über die Rüge der Unzuständigkeit kann selbständig mit der Beschwerde angefochten werden (§ 66a I 2). Anders als nach der Parallelvorschrift des GWB hat die Beschwerde jedoch keine aufschiebende Wirkung, so daß die Beschwerde auch keine Unterbrechung des Hauptsacheverfahrens zur Folge hat (vgl. zum GWB *Bracher,* in: FK, § 55 GWB 2005, Rn. 11). Die Regulierungsbehörde darf deshalb, auch wenn Beschwerde gegen die Zwischenentscheidung erhoben ist, eine abschließende Sachentscheidung treffen. 5

§ 67 Anhörung, mündliche Verhandlung

(1) **Die Regulierungsbehörde hat den Beteiligten Gelegenheit zur Stellungnahme zu geben.**

(2) **Vertretern der von dem Verfahren berührten Wirtschaftskreise kann die Regulierungsbehörde in geeigneten Fällen Gelegenheit zur Stellungnahme geben.**

(3) ¹**Auf Antrag eines Beteiligten oder von Amts wegen kann die Regulierungsbehörde eine öffentliche mündliche Verhandlung durchführen.** ²**Für die Verhandlung oder für einen Teil davon ist die Öffentlichkeit auszuschließen, wenn sie eine Gefährdung der**

§ 67 1, 2   Teil 8. Verfahren

öffentlichen Ordnung, insbesondere der Sicherheit des Staates, oder die Gefährdung eines wichtigen Betriebs- oder Geschäftsgeheimnisses besorgen lässt.

(4) **Die §§ 45 und 46 des Verwaltungsverfahrensgesetzes sind anzuwenden.**

Übersicht

	Rn.
A. Allgemeines	1
B. Rechtliches Gehör (§ 67 I und II)	2
I. Anhörung der Beteiligten	3
II. Akteneinsicht und Geschäftsgeheimnisse	6
III. Anhörung berührter Wirtschaftskreise	12
C. Mündliche Verhandlung (§ 67 III)	13
D. Folgen eines Verstoßes (§ 67 IV)	15

A. Allgemeines

1   Die Vorschrift entspricht § 56 GWB und „im Grundsatz" § 135 TKG (BT-Drucks. 15/3917, S. 71). Lediglich § 56 III 2 GWB ist nicht in das EnWG übernommen, weil dieser auf eine Vorschrift des GWB verweist, die im EnWG keine Entsprechung findet.

B. Rechtliches Gehör (§ 67 I und II)

2   In den § 67 I und II wird mit dem rechtlichen Gehör ein „prozessuales Urrecht" (*BVerfGE* 55, 1, 6) konkretisiert. Zwar findet Art. 103 I GG hier keine Anwendung, da die Regulierungsbehörde kein Gericht i. S. d. Norm ist (vgl. *Schmidt-Aßmann*, in: M/D, GG, Art. 103, Rn. 55). Aber die Möglichkeit der Artikulation für die Beteiligten ist eine der Hauptfunktionen des Verwaltungsverfahrensrechts (*Schmidt-Preuß*, NVwZ 2005, 489) und die Regelung zum rechtlichen Gehör in § 67 I hat angesichts der justizförmigen Ausgestaltung des Verfahrens **höhere Bedeutung** als in sonstigen Verwaltungsverfahren. Demgegenüber ist die Gelegenheit zur **Stellungnahme für Nichtbeteiligte** nach § 67 II rechtlich von geringerer Bedeutung. Aus praktischer Sicht, insbesondere im Hinblick auf die zusätzlichen Informationen, welche die „berührten Wirtschaftskreise" beitragen können, kann die Bedeutung der Stellungnahmen Nichtbeteiligter jedoch erheblich sein.

I. Anhörung der Beteiligten

§ 67 I verpflichtet („hat") die Regulierungsbehörde dazu, den Beteiligten Gelegenheit zur Stellungnahme zu geben. Dies ist nicht, wie nach dem durch § 67 I als lex specialis verdrängten § 28 I VwVfG, auf belastende Entscheidungen beschränkt. Die Gelegenheit zur Stellungnahme ist also **vor allen Entscheidungen** und anderen verfahrensbeendenden Handlungen (vgl. § 73 II) zu geben (vgl. *Ohlenburg*, in: Manssen, TKM, § 135 TKG-2004, Rn. 2).

Problematischer ist, ob § 28 II und III VwVfG, die unter bestimmten Voraussetzungen ein Absehen von der Anhörung ermöglichen, anwendbar sind. Die Subsidiaritätsklausel des § 1 VwVfG steht einer Anwendung nicht entgegen, da das EnWG in Abs. 1 keine abschließende Regelung trifft (vgl. vor § 65, Rn. 6). Die besondere Justizförmigkeit des energiewirtschaftsrechtlichen Verwaltungsverfahrens spricht aber für eine Parallele zur Regelung für das förmliche Verwaltungsverfahren nach §§ 63 ff. VwVfG, weil beide Verfahren in wesentlichen Merkmalen übereinstimmen (vgl. vor § 65, Rn. 3; *Wissmann/Klümper*, in: Wissmann, Kap. 17, Rn. 60). Zudem entspricht die Regelung in § 67 I im wesentlichen dem § 66 I VwVfG (vgl. *Bracher*, in: FK, § 56 GWB 2005, Rn. 7), der für das förmliche Verwaltungsverfahren die Anwendung von § 28 II und III VwVfG vor der abschließenden Sachentscheidung ausschließt (*K/R*, VwVfG, § 66, Rn. 1). Somit ist in Anlehnung an § 66 I VwVfG zu differenzieren: Vor der **abschließenden Sachentscheidung** darf von einer Anhörung nicht nach § 28 II und III VwVfG abgesehen werden; soweit es um andere Entscheidungen oder verfahrensbeendende Handlungen geht, hingegen schon (str., wie hier *Bracher*, in: F/K, § 56 GWB 2005, Rn. 7; für eine uneingeschränkte Anwendung von § 28 II und III VwVfG hingegen *Mayen*, in: S/M, TKG, § 75, Rn. 2, generell gegen eine Anwendung *Ohlenburg*, in: Manssen, TKM, § 135 TKG-2004, Rn. 2).

Die Gelegenheit zur Stellungnahme setzt voraus, daß die Beteiligten sich vor einer Entscheidung zu allen entscheidungserheblichen Tatsachen äußern und so Verfahren und Ergebnis beeinflussen können (*BVerfG*, NJW 2000, 1709 f.). Demgemäß müssen den Beteiligten nicht nur **die entscheidungserheblichen Tatsachen mitgeteilt** werden, sondern **die beabsichtigte Entscheidung** ist auch so **konkret zu umschreiben**, dass die Beteiligten erkennen können, zu welchen Fragen eine Äußerung zweckmäßig ist (*Sachs*, in: S/B/S, VwVfG, § 28, Rn. 34). Nur dann besteht auch tatsächlich die Möglichkeit, Verfahren und Ergebnis zu beeinflussen. Zu unterrichten sind die Beteiligten daneben über die rechtlichen Grundlagen der beabsichtigten Entscheidung sowie über wesentliche rechtliche Wertungen, die in Erwägung gezogen werden. Diese gegenüber § 28 I VwVfG erweiterte Informationspflicht folgt daraus, dass die Gelegenheit zur Stellungnahme nach § 67 I nicht, wie in § 28 I VwVfG, auf entscheidungserhebliche Tatsachen beschränkt ist (wie auch nach § 66 I VwVfG, § 135 TKG; § 56 GWB, vgl. zum Streit über den Umfang der Mitteilungspflichten nach § 28 VwVfG und dem Unfang nach § 66 I VwVfG etwa *Bonk/Kallerhoff*, in: S/B/S, VwVfG, § 28, Rn. 38 f. und *Sachs*, in: S/B/S, VwVfG, § 66, Rn. 6).

II. Akteneinsicht und Geschäftsgeheimnisse

6   Die entscheidungserheblichen Tatsachen werden den Beteiligten im Regelfall im Rahmen der zu gewährenden Akteneinsicht bekannt. Zur Akteneinsicht im Verwaltungsverfahren findet sich im EnWG keine Regelung, weshalb **§ 29 VwVfG** anwendbar ist (*Salje*, EnWG, § 67, Rn. 11). Nach § 29 I 1 VwVfG ist die Behörde verpflichtet („hat"), den **Beteiligten** (§ 66; allg. zu Akteneinsichtsrechten sonstiger, am Verfahren nicht nach § 66 beteiligter Personen *K/R*, VwVfG, § 29, Rn. 20 ff.) Akteneinsicht zu gestatten. Für die Beteiligten sind die Vorschriften des EnWG bezüglich der Akteneinsicht lex specialis und das IFG ist unanwendbar (vgl. § 1 III IFG).

7   Eine erste Beschränkung ergibt sich aus § 29 I 1 VwVfG, wonach die Behörde den Beteiligten Akteneinsicht zu gestatten „hat", **soweit** deren Kenntnis zur Geltendmachung oder Verteidigung ihrer rechtlichen Interessen **erforderlich** ist. Angesichts der, anders als nach § 13 VwVfG, nicht nur bei Betroffenheit rechtlicher Interessen bestehenden Beteiligtenstellung, muß diese Erweiterung in analoger Anwendung auch hier nachvollzogen werden. Akteneinsicht ist demnach auch zu gewähren, wenn dies zur Durchsetzung anderer als rechtlicher, nach dem EnWG relevanter Interessen (vgl. § 66, Rn. 14), erforderlich ist. Die Erforderlichkeit kann auch nur für Teile der Akten bestehen („soweit"). Ausreichend dafür ist, daß die Akten für Anträge oder Ausführungen der Beteiligten zu Sach- oder Rechtsfragen **von Bedeutung sein können** (*Gurlit*, in: BerlK-TKG, § 135, Rn. 20; *K/R*, VwVfG, § 29, Rn. 17). Zweifel über die Erforderlichkeit gehen zu Lasten der Behörde (*Bonk/Kallerhoff*, in: S/B/S, VwVfG, § 29, Rn. 41) und stehen der Akteneinsicht nicht entgegen. Nach § 29 I 2 VwVfG sind außerdem Entwürfe zu Entscheidungen sowie sonstige Vorarbeiten zu ihrer unmittelbaren Vorbereitung vom Rechtsanspruch auf Akteneinsicht ausgenommen, solange das Verwaltungsverfahren noch nicht abgeschlossen ist. In § 29 I 3 VwVfG der Vorschrift findet sich eine Sonderregelung für Massenverfahren (§§ 17, 18 VwVfG).

§ 29 II VwVfG schränkt die Verpflichtung, Akteneinsicht zu gewähren, ein, ist aber als Ausnahmevorschrift eng auszulegen (*K/R,* VwVfG, § 29, Rn. 26). Die Behörde ist in den Fällen des § 29 II VwVfG nicht verpflichtet, sondern nach **pflichtgemäßem Ermessen berechtigt,** die Akteneinsicht **zu versagen** (*Bonk/Kallerhoff,* in: S/B/S, VwVfG, § 29, Rn. 52). Diese Ermessensentscheidung ist zu treffen, (i) wenn durch Akteneinsicht die ordnungsgemäße Erfüllung der Behördenaufgaben beeinträchtigt wird, (ii) wenn ein Bekanntwerden des Akteninhalts dem Wohl des Bundes oder eines Landes Nachteile bereiten würde oder (iii) soweit die Vorgänge nach einem Gesetz oder ihrem Wesen nach, namentlich wegen der berechtigten Interessen der Beteiligten oder Dritter, geheim gehalten werden müssen.

Im Telekommunikationsrecht hat die letzte Alternative, von der insbesondere die **Geheimhaltung von** Unterlagen mit **Betriebs- und Geschäftsgeheimnissen** erfaßt wird, herausragende Bedeutung (*Ohlenburg,* in: Manssen, TKM, § 135 TKG-2004, Rn. 13 m. w. N.), was aufgrund einer vergleichbaren Situation auch im Energiewirtschaftsrecht zu erwarten ist. Auch hier wird in Entgeltregulierungsstreitigkeiten und Mißbrauchsverfahren die Kostenstruktur ein Kernpunkt sein, dessen Beurteilung kaum anders als auf der Grundlage sensibler Unternehmensdaten möglich ist. Da die übrigen am Verfahren Beteiligten regelmäßig Konkurrenten des Geheimnisträgers sind, ist die Offenlegung dieser sensiblen Daten im Rahmen der Akteneinsicht für die Unternehmen von großer Tragweite. Vor dem Hintergrund der Bedeutung dieses Konflikts ist, wie im TKG, ein eigenes Verfahren für die Sicherung von Betriebs- und Geschäftsgeheimnissen geschaffen worden (§ 71). Betriebs- und Geschäftsgeheimnisse werden definiert als, unter Einsatz von betrieblich-geschäftlichen Leistungen und/oder Finanzaufwand, gewonnene, für die Geschäftstätigkeit verwertete oder verwertbare Einrichtungen, Abläufe und Kenntnisse, die selbst Vermögenswerte darstellen (vgl. die Zusammenfassung bei *v. Danwitz,* DVBl. 2005, 597, 600 m. w. N.). In Anlehnung an die kartellrechtliche Praxis (vgl. dazu *Salje,* EnWG, § 71, Rn. 2 m. w. N.) bezeichnet das *BVerfG* alle auf ein Unternehmen bezogenen Tatsachen, Umstände und Vorgänge, die nicht offenkundig nur einem begrenzten Personenkreis zugänglich sind und an deren Nichtverbreitung der Rechtsträger ein berechtigtes Interesse hat, als Betriebs- und Geschäftsgeheimnis (*BVerfGE* 115, 205 (230); *BVerwG,* N&R 2007, 76; *OLG Düsseldorf,* RdE 2007, 130). Allerdings bleibt, jenseits der ebd. aufgezählten Beispiele, unklar, anhand welcher Maßstäbe im Einzelfall entschieden werden soll, ob ein berechtigtes Interesse besteht. Erfaßt werden nach der Rechtsprechung auch solche Informationen, die ein Unternehmen nicht nur einem Wettbewerber, sondern auch Lieferanten, Abnehmern oder Verbrauchern in der Regel nicht mitteilt: Deshalb habe auch ein Monopolist, der in seinem operativen Geschäft keinem Wettbewerb ausgesetzt ist, Anspruch auf Wahrung seiner Geschäftsgeheimnisse (*OLG Düsseldorf,* RdE 130, 131).

10 Die Regulierungsbehörde hat bei Vorliegen der Voraussetzungen des § 29 II VwVfG eine **Ermessensentscheidung** hinsichtlich der Akteneinsicht zu treffen (Rn. 8) und dabei § 30 VwVfG zu beachten (vgl. *Salje,* EnWG, § 67, Rn. 16). Danach haben die Beteiligten Anspruch darauf, daß ihre Geheimnisse nicht unbefugt offenbart werden. Befugt ist eine Offenbarung, wenn eine Abwägung der betroffenen Interessen und Güter ergibt, daß die Offenbarung zur Wahrung höherrangiger Rechtsgüter der Allgemeinheit oder Einzelner erforderlich ist (*K/R,* VwVfG, § 30, Rn. 16 m. w. N.; *Knemeyer,* NJW 1984, 2241, 2245). Zu berücksichtigen ist dabei auch das Recht der Beteiligten auf rechtliches Gehör, das leer läuft, wenn für die Behördenentscheidung maßgebliche Sachverhalte nicht offenbart werden (vgl. *Kerkhoff,* in: BeckTKG-Komm, 2. Aufl., § 75, Rn. 9). Weil die Offenbarung nicht revidierbar ist, muß den Betroffenen Gelegenheit gegeben werden, die Entscheidung über die Offenbarung vor ihrer Vollziehung gerichtlich überprüfen zu lassen. Voraussetzung dafür ist eine Mitteilung der Regulierungsbehörde über die beabsichtigte Gewährung von Akteneinsicht, um dem Inhaber des Betriebs- und Geschäftsgeheimnisses einstweiligen Rechtsschutz zu ermöglichen (vgl. *Kerkhoff,* in: BeckTKG-Komm, 2. Aufl., § 75, Rn. 9).

11 Bei Anträgen **Nichtbeteiligter** auf Zugang zu Informationen nach dem IFG sind Betriebs- und Geschäftsgeheimnisse durch § 6 IFG geschützt, wonach der Zugang nur nach einer Einwilligung der Betroffenen gewährt werden darf. Zudem ist Betroffenen nach § 8 I IFG schriftlich Gelegenheit zur Stellungnahme zu geben.

III. Anhörung berührter Wirtschaftskreise

12 Die Regulierungsbehörde kann nach **pflichtgemäßem Ermessen** Vertretern der von dem Verfahren berührten Wirtschaftskreise Gelegenheit zur Stellungnahme geben (§ 67 II). Berührt im Sinne der Vorschrift ist, wer unmittelbar oder mittelbar ein wirtschaftliches Interesse am Ausgang des Verfahrens hat. Die Regulierungsbehörde hat insoweit einen **weiten Ermessensspielraum.** Zu berücksichtigen ist dabei insbesondere, ob durch die Anhörung entscheidungserhebliche Informationen zu erwarten sind, die nicht durch die Beteiligten vorgetragen wurden (*Ohlenburg,* in: Manssen, TKM, § 135 TKG-2004, Rn. 19). Die Anhörung erfolgt formlos. Durch eine Stellungnahme wird der Betreffende nicht Verfahrensbeteiligter, weil dies eine förmliche Beiladung nach § 66 II Nr. 3 voraussetzt. Gegenüber den Nichtbeteiligten, die Gelegenheit zur Stellungnahme hatten, wird die Entscheidung damit auch nicht wirksam.

C. Mündliche Verhandlung (§ 67 III)

Nach § 67 III 1 „kann" die Regulierungsbehörde eine öffentliche mündliche Verhandlung durchführen. Dies geschieht nach **pflichtgemäßem Ermessen** auf Antrag oder von Amts wegen. Die Regelung entspricht § 56 III 1 GWB, wohingegen § 135 III 1 TKG grundsätzlich eine öffentliche mündliche Verhandlung anordnet, es sei denn, die Beteiligten verzichten darauf. Obwohl die Behörde sowohl nach dem EnWG (§ 59 I) wie auch nach dem TKG (§ 132) durch Beschlußkammern als „Spruchkörper" entscheidet, gelten hinsichtlich eines für das Verfahren so zentralen Schrittes wie der mündlichen Verhandlung im Ansatz unterschiedliche Regelungen. Dies ist inkonsequent und unbefriedigend. Die Gesetzesbegründung läßt den Rechtsanwender über die Motive für diese Differenzierung im Dunkeln: Die Vorschrift entspreche § 56 GWB sowie „im Grundsatz" § 135 TKG (Rn. 1). Für den Gesetzgeber besteht also kein grundsätzlicher Unterschied zu § 135 III 1 TKG. Dies ist im Hinblick auf die Durchführung einer mündlichen Verhandlung nur dann der Fall, wenn auch nach dem EnWG **im Regelfall** eine **mündliche Verhandlung** stattfindet (für mündliche Verhandlung in bedeutsamen Verfahren *Salje,* EnWG, § 67, Rn. 21). Für dieses Ergebnis spricht auch die stark justizförmige Ausgestaltung des Verwaltungsverfahrens insgesamt als förmliches Verwaltungsverfahren im weiteren Sinn (vgl. vor § 65, Rn. 3), da auch im förmlichen Verwaltungsverfahren nach VwVfG die Behörde grundsätzlich aufgrund mündlicher Verhandlung entscheidet (§ 67 VwVfG). 13

Führt die Regulierungsbehörde eine mündliche Verhandlung durch, muß diese **öffentlich** sein. Nach § 67 III 2 besteht jedoch eine Verpflichtung („ist"), die Öffentlichkeit **auszuschließen,** wenn die Öffentlichkeit der Verhandlung eine Gefährdung für die öffentliche Ordnung oder die Gefährdung eines wichtigen Betriebs- oder Geschäftsgeheimnisses besorgen läßt. Insbesondere die Erleichterung des Geheimnisschutzes ist im energiewirtschaftsrechtlichen Verwaltungsverfahren von Bedeutung, allerdings können die Gefährdungen durch am Verfahren Beteiligte damit nicht ausgeschlossen werden: § 67 III 2 erlaubt nur den Ausschluß der Öffentlichkeit und nicht der Beteiligten. Es gilt wie im förmlichen Verwaltungsverfahren (§ 68 I VwVfG) der Grundsatz der Beteiligtenöffentlichkeit (*Ohlenburg,* in: Manssen, TKM, § 135 TKG- 14

2004, Rn. 29; *Gurlit,* in: BerlK-TKG, § 135, Rn. 40). Nicht jedes Betriebs- und Geschäftsgeheimnis rechtfertigt den Ausschluß der Öffentlichkeit, sondern nur **wichtige.** Das eine wertende Betrachtung notwendig machende Kriterium der Wichtigkeit verlangt von der Regulierungsbehörde eine Güterabwägung, weil Wichtigkeit nicht statisch ist, sondern auch von den im Verfahren zu treffenden Sachentscheidungen und ihren Auswirkungen auf den Markt abhängt (str., wie hier *Kerkhoff,* in: BeckTKG-Komm, 2. Aufl., § 75, Rn. 24; gegen eine Güterabwägung *Ohlenburg,* in: Manssen, TKM, § 135 TKG-2004, Rn. 28).

D. Folgen eines Verstoßes (§ 67 IV)

15 In die Parallelvorschrift im GWB ist § 67 IV durch die 7. GWB-Novelle im Jahr 2005 eingefügt worden. Der GWB-Gesetzgeber wollte mit der Regelung klarstellen, daß die **§§ 45, 46 VwVfG** anwendbar sind, weil dies in der Rechtsprechung bezweifelt worden war (BT-Drucks. 15/3640, S. 63). Ausdrücklich ist in der Gesetzesbegründung (ebd.) festgehalten, daß die Anwendbarkeit der übrigen Regelungen des VwVfG keiner solchen Klarstellung bedarf. Aufgrund der Übernahme der neu gefaßten Regelung des GWB gelten diese Erwägungen auch hier. Deshalb kann aus dem Verweis auf §§ 45, 46 VwVfG nicht im Umkehrschluß gefolgert werden, daß VwVfG sei nur anwendbar, soweit das EnWG dies ausdrücklich vorsieht (vgl. auch vor § 65, Rn. 6 ff.).

16 Nach § 46 VwVfG kann die Aufhebung einer Entscheidung aufgrund eines Verfahrens- oder Formfehlers nicht beansprucht werden, wenn dieser Fehler „offensichtlich" die Entscheidung in der Sache nicht beeinflußt hat. Dabei sind strenge Maßstäbe an die Offensichtlichkeit anzulegen und wenn ernste Zweifel daran bestehen, daß ohne den Fehler ebenso entschieden worden wäre, fehlt es an der Offensichtlichkeit (*Salje,* EnWG, § 67, Rn. 34). In § 45 VwVfG ist die **Heilung** von bestimmten **Verfahrens- und Formfehlern** durch Nachholung der unterlassenen Handlungen geregelt. Die Nachholung kann nach § 45 II VwVfG bis zum Abschluß der letzten Tatsacheninstanz des gerichtlichen Verfahrens geschehen (zusammenfassend zu den rechtspolitischen und verfassungsrechtlichen Bedenken gegen diese Regelung *Hufen,* Fehler im Verwaltungsverfahren, 4. Aufl. 2002, Rn. 616; *K/R,* VwVfG, § 45, Rn. 35, vgl. auch *Gurlit,* in: BerlK-TKG, § 135, Rn. 41 ff.). Eine Heilung erfolgt nicht durch das Gericht oder vor dem Gericht (*Hufen,* ebd., Rn. 617), sondern in einem Verwaltungsverfahren (Nachholverfahren) durch die zuständige Behörde (*BVerwGE* 68, 267, 274 f.; *K/R,* VwVfG, § 45, Rn. 42). Nach erfolgter Nachholung der fehlenden oder fehlerhaften Verfahrenshandlung muß durch die Behörde nochmals entschieden werden, ob sie ihre Entscheidung aufrechterhält oder abändert, weil eine Nachholung anderenfalls sinnlos wäre (K/R, VwVfG, § 45, Rn. 46). Der Fehler muß außerdem noch heilbar sein. Die Heilung ist ausgeschlossen, wenn die nachgeholte Verfahrenshandlung ihre rechtsstaatliche Funktion nicht erfüllt, weil die Heilung das Verfahrensergebnis nicht mehr beeinflussen kann. Besonders problematisch ist dies für die Anhörung und für den Fall, daß die Entscheidung eine besondere verfahrensmäßige Vorkehrung wie eine mündliche Verhandlung erfordert (Hufen, ebd., Rn. 600 f.). Weil nach dem EnWG die mündliche Verhandlung den Regelfall darstellt (Rn. 12), ist vor diesem Hintergrund jedenfalls für **unterbliebene Anhörungen** eine **Heilung nur in Ausnahmefällen** möglich.

§ 68 Ermittlungen

(1) **Die Regulierungsbehörde kann alle Ermittlungen führen und alle Beweise erheben, die erforderlich sind.**

(2) **[1] Für den Beweis durch Augenschein, Zeugen und Sachverständige sind § 372 Abs. 1, §§ 376, 377, 378, 380 bis 387, 390, 395 bis 397, 398 Abs. 1, §§ 401, 402, 404, 404a, 406 bis 409, 411 bis 414 der Zivilprozeßordnung sinngemäß anzuwenden; Haft darf nicht verhängt werden. [2] Für die Entscheidung über die Beschwerde ist das Oberlandesgericht zuständig.**

(3) **[1] Über die Zeugenaussage soll eine Niederschrift aufgenommen werden, die von dem ermittelnden Mitglied der Regulierungsbehörde und, wenn ein Urkundsbeamter zugezogen ist, auch von diesem zu unterschreiben ist. [2] Die Niederschrift soll Ort und Tag der Verhandlung sowie die Namen der Mitwirkenden und Beteiligten ersehen lassen.**

(4) **[1] Die Niederschrift ist dem Zeugen zur Genehmigung vorzulesen oder zur eigenen Durchsicht vorzulegen. [2] Die erteilte Genehmigung ist zu vermerken und von dem Zeugen zu unterschreiben. [3] Unterbleibt die Unterschrift, so ist der Grund hierfür anzugeben.**

(5) **Bei der Vernehmung von Sachverständigen sind die Bestimmungen der Absätze 3 und 4 anzuwenden.**

(6) **[1] Die Regulierungsbehörde kann das Amtsgericht um die Beeidigung von Zeugen ersuchen, wenn sie die Beeidigung zur Herbeiführung einer wahrheitsgemäßen Aussage für notwendig erachtet. [2] Über die Beeidigung entscheidet das Gericht.**

Übersicht

	Rn.
A. Allgemeines	1
B. Amtsermittlung (§ 68 I)	2
I. Pflicht zur Ermittlung von Amts wegen	3
II. Mitwirkungspflichten der Beteiligten	5
III. Beweislast	6
C. Beweismittel (§ 68 II–VI)	8

A. Allgemeines

1 Die Vorschrift „übernimmt" (BT-Drucks. 15/3917, S. 71) § 57 WB sowie 128 TKG (§ 76 TKG-1996). Neben dem Amtsermittlungsgrundsatz in § 68 I enthält die Norm Regelungen über die Beweismittel.

B. Amtsermittlung (§ 68 I)

2 Die Vorschrift regelt die Befugnisse der Regulierungsbehörde zu Ermittlungen allgemein und zur Beweiserhebung. Vorausgesetzt ist die Geltung des in § 24 VwVfG normierten **Amtsermittlungsgrundsatzes** (vgl. Gesetzesbegründung zu § 76 TKG-1996, BT-Drucks 13/3609, S. 52 zu § 73 des Regierungsentwurfs, dessen unveränderte Nachfolgeregelung § 128 TKG-2004 in das EnWG übernommen wurde; zum TKG etwa *Bergmann,* in: S/M, TKG, § 76, Rn. 1 f.).

I. Pflicht zur Ermittlung von Amts wegen

3 § 68 I ist als eine der Behörde Ermessen einräumende Eingriffsgrundlage formuliert, es besteht jedoch aufgrund des subsidiär anwendbaren § 24 VwVfG die grundsätzliche **Pflicht, den Sachverhalt von Amts wegen zu ermitteln** (vgl. *KG,* WuW/E OLG 4341; *Attendorn,* in: BeckTKG-Komm, § 128, Rn. 2; *Bracher,* in: FK, § 57 GWB 1999, Rn. 6). Welche Ermittlungsmaßnahmen die Regulierungsbehörde wählt, steht wiederum in ihrem Ermessen, begrenzt durch das Verhältnismäßigkeitsprinzip. Es sind unter sachgerechtem und rationellem Einsatz der zur Verfügung stehenden Mittel diejenigen Maßnahmen zu treffen, die der Bedeutung des aufzuklärenden Tatbestandes gerecht werden und erfahrungsgemäß Erfolg haben können (*BVerwG,* NJW 1988, 1104, 1105; *Gurlit,* in: BerlK-TKG, § 128, Rn. 5). Je schwerwiegender die jeweilige Maßnahme für den einzelnen oder die Allgemeinheit ist, desto gründlicher und weitreichender ist der Sachverhalt zu klären (*Berg,* Die Verwaltung 1976, 161, 188; *Bergmann,* in: S/M, TKG, § 76, Rn. 4).

Nicht ausreichende Ermittlungen der Regulierungsbehörde zur 4 Feststellung des entscheidungserheblichen Sachverhalts sind ein **Verfahrensfehler** (vgl. *K/R,* VwVfG, § 24, Rn. 38). Als Verfahrensfehler führt die mangelnde Sachverhaltsaufklärung zwar zur Rechtswidrigkeit der Entscheidung (vgl. *Bracher,* in: FK, § 57 GWB 1999, Rn. 52), aber eine Aufhebung kann nur unter den besonderen Voraussetzungen des § 46 VwVfG erfolgen (vgl. § 67 Rn. 15 sowie *K/R,* VwVfG, § 46, insb. Rn. 4 f. zur verfassungskonformen Auslegung der Norm).

II. Mitwirkungspflichten der Beteiligten

Trotz Amtsermittlungspflicht **bestehen Mitwirkungspflichten** der 5 Beteiligten. Derartige – nicht erzwingbare – Obliegenheiten ergeben sich aus § 26 II VwVfG, wonach die Beteiligten insbesondere ihnen bekannte Tatsachen und Beweismittel angeben sollen (vgl. *K/R,* VwVfG, § 26, Rn. 40 ff.). Die Verletzung dieser Mitwirkungspflicht hat keine unmittelbaren verfahrensrechtlichen Folgen. War die Mitwirkungshandlung jedoch möglich und zumutbar, so ist zum einen die Regulierungsbehörde in der Regel nicht mehr gehalten, diesbezüglich selbst allen übrigen denkbaren Erkenntnismöglichkeiten nachzugehen (vgl. BVerwGE 74, 222, 224 f.; NJW 1986, 1703, 1704; *K/R,* VwVfG, § 26, Rn. 43). Zum anderen kann die Regulierungsbehörde für den Betroffenen ungünstige Schlüsse hinsichtlich der in Rede stehenden Tatsachen ziehen, wenn sich ein Beteiligter weigert, an der Aufklärung bestimmter Fragen mitzuwirken, obwohl er dazu durch die Behörde aufgefordert wurde, (K/R, VwVfG, § 26, Rn. 44; *P. Stelkens/Kallerhoff,* in: S/B/S, VwVfG, § 26, Rn. 53).

III. Beweislast

Der Amtsermittlungsgrundsatz schließt aus, daß einer der Beteiligten 6 die formelle Beweislast, wie sie im Zivilprozeß besteht, zu tragen hat. Die davon zu unterscheidende **materielle Beweislast** betrifft die Notwendigkeit, eine ggf. verbleibende Unerweislichkeit von Tatsachen zu Lasten von Antragsteller, Behörde oder eines anderen Beteiligten gehen zu lassen (*K/R,* VwVfG, § 24, Rn. 39 f.). Dies ist eine Frage des **materiellen Rechts** (*BVerwGE* 19, 87, 94; *P. Stelkens/Kallerhoff,* in: S/B/S, VwVfG, § 24, Rn. 55). Teilweise sind Nachweispflichten ausdrücklich geregelt, beispielsweise in den §§ 25 2 und 27 2.

7 Wenn solche ausdrücklichen gesetzlichen Regelungen fehlen, gilt grundsätzlich, daß die **Unerweislichkeit** einer Tatsache **zu Lasten des aus ihr eine günstige Rechtsfolge Herleitenden** geht (*K/R*, VwVfG, § 24 Rn. 42; *Attendorn*, in: BeckTKG-Komm, § 128, Rn. 8). Werden beispielsweise genehmigte Entgelte, die Höchstpreise darstellen, überschritten, geht die Unerweislichkeit der in § 23a II 2 genannten Ausnahmegründe zu Lasten des die Höchstpreise überschreitenden Unternehmens. Bei der Genehmigung des Netzbetriebs nach § 4 hat die Konstruktion der Versagungsgründe hingegen zur Folge, daß die materielle Beweislast bei der Regulierungsbehörde liegt. Die Behörde ist jedoch auch in solchen Fällen darauf angewiesen, daß der Antragsteller durch geeignete Mitwirkung zur Aufklärung von Tatsachen aus seiner eigenen Sphäre beiträgt. Erfolgt eine entsprechende Mitwirkung, etwa das Beibringen von Unterlagen, nicht, so kann die Unerweislichkeit für den Antragsteller nachteilige Folgen haben, auch wenn die Behörde die materielle Beweislast trifft (vgl. oben Rn. 5 sowie in vergleichbarer Konstellation für das TKG *Bergmann*, in: S/M, TKG, § 76, Rn. 19).

C. Beweismittel (§ 68 II–VI)

8 In § 68 II sind die Beweismittel Augenschein, Zeugen und Sachverständige aufgezählt, mit der Folge einer Formalisierung der jeweiligen Verfahren anhand der in Bezug genommenen Vorschriften der ZPO. Die Aufzählung ist nicht abschließend und es gibt **keine Beschränkung** auf die genannten Beweismittel (*Salje*, EnWG, § 68, Rn. 6; *Attendorn*, in: BeckTKG-Komm, § 128, Rn. 9), denn § 68 I ermöglicht die Erhebung aller erforderlichen Beweise und der subsidiär anwendbare § 26 I 2 VwVfG ermöglicht ausdrücklich weitere Ermittlungshandlungen (vgl. *Faber*, RdE 2006, 334, 336; *Lammich*, in: Manssen, TKM, § 128 TKG-2004, Rn. 13; *K. Schmidt*, in: I/M, GWB, § 57, Rn. 13).

9 Durch die Verweisung in § 68 II sind die genannten Vorschriften der ZPO anwendbar (vgl. im Einzelnen *K. Schmidt*, in: I/M, § 57, Rn. 14 ff.), u. a. die Vorgaben für die Ladung von Zeugen (§ 377 ZPO), für Zeugnisverweigerungsrechte (§§ 383–387 ZPO), für die Zwangsmittel gegenüber Zeugen (§§ 380 f. und 390 ZPO, abgesehen von der Verhängung von Haft, vgl. § 68 II 1 2. Hs.), Auswahl und Bestimmung von Sachverständigen (§ 404 ZPO) sowie Rechte der Beteiligten zur Ablehnung des Sachverständigen (§ 406 ZPO).

10 Eigenständig geregelt ist in § 68 III–V die **Niederschrift** der Zeugenaussage und der Sachverständigenvernehmung. Eine **Beeidigung**

von Zeugen (§ 68 VI) kann die Regulierungsbehörde nicht selbst vornehmen, sie muß vielmehr das Amtsgericht (örtliche Zuständigkeit folgt aus § 157 GVG) darum ersuchen. Die Entscheidung über die Beeidigung liegt beim zuständigen Gericht.

Die **Beschwerde** gegen Maßnahmen der Regulierungsbehörde im Rahmen der Beweisaufnahme ist in den Fällen der §§ 380 III, 390 III, 409 II, 411 II 4 ZPO (Zwangsmittel gegen Zeugen/Sachverständige) sowie bezüglich der Beschlüsse über die Rechtmäßigkeit der Zeugnisverweigerung (§ 387 III ZPO) und über die Ablehnung eines Sachverständigen (§ 406 V ZPO) zulässig. Hinsichtlich des Zeugen- und Sachverständigenbeweises sind die auf Grund des Verweises aus § 68 II in die ZPO zur Verfügung stehenden Rechtsmittel damit **abschließend** bezeichnet: Der in § 68 II nicht genannte Beweisbeschluß ist deshalb nicht selbständig anfechtbar. Eine Beschwerde nach § 75 kommt nur bei Entscheidungen der Regulierungsbehörde **außerhalb** des Zeugen- oder Sachverständigenbeweises in Betracht (vgl. *Bracher*, in: FK, § 57 GWB 1999, Rn. 50). 11

Die besondere Zuständigkeitsregelung in § 68 II 2 neben der allgemeinen Regelung in § 75 IV zeigt, daß es sich bei den Beschwerden im Zusammenhang mit dem Zeugen- und Sachverständigenbeweis um **Beschwerden eigener Art** handelt. Es sind deshalb für das Beschwerdeverfahren in diesen Fällen nicht die §§ 74 ff. anzuwenden, sondern die sich aus der entsprechenden Anwendung der ZPO ergebenden Vorschriften (*Salje*, EnWG, § 68, Rn. 9; *Bracher*, in: FK, § 57 GWB 1999, Rn. 51; *K. Schmidt*, in: I/M, § 57, Rn. 28). Deshalb besteht für diese Beschwerden in Abweichung von § 80 auch kein Anwaltszwang (*K. Schmidt*, in: I/M, § 57, Rn. 34, zu den Verfahrensregeln im Einzelnen ebd., Rn. 29 ff.). 12

§ 69 Auskunftsverlangen, Betretungsrecht

(1) ¹Soweit es zur Erfüllung der in diesem Gesetz der Regulierungsbehörde übertragenen Aufgaben erforderlich ist, kann die Regulierungsbehörde bis zur Bestandskraft ihrer Entscheidung
1. von Unternehmen und Vereinigungen von Unternehmen Auskunft über ihre technischen und wirtschaftlichen Verhältnisse sowie die Herausgabe von Unterlagen verlangen; dies umfasst auch allgemeine Marktstudien, die der Regulierungsbehörde bei der Erfüllung der ihr übertragenen Aufgaben, insbesondere bei der Einschätzung oder Analyse der Wettbewerbsbedingungen oder der Marktlage, dienen und sich im Besitz des Unternehmens oder der Vereinigung von Unternehmen befinden;

§ 69

2. von Unternehmen und Vereinigungen von Unternehmen Auskunft über die wirtschaftlichen Verhältnisse von mit ihnen nach Artikel 3 Abs. 2 der Verordnung (EG) Nr. 139/2004 verbundenen Unternehmen sowie die Herausgabe von Unterlagen dieser Unternehmen verlangen, soweit sie die Informationen zur Verfügung haben oder soweit sie auf Grund bestehender rechtlicher Verbindungen zur Beschaffung der verlangten Informationen über die verbundenen Unternehmen in der Lage sind;
3. bei Unternehmen und Vereinigungen von Unternehmen innerhalb der üblichen Geschäftszeiten die geschäftlichen Unterlagen einsehen und prüfen.

²Gegenüber Wirtschafts- und Berufsvereinigungen der Energiewirtschaft gilt Satz 1 Nr. 1 und 3 entsprechend hinsichtlich ihrer Tätigkeit, Satzung und Beschlüsse sowie Anzahl und Namen der Mitglieder, für die die Beschlüsse bestimmt sind.

(2) Die Inhaber der Unternehmen oder die diese vertretenden Personen, bei juristischen Personen, Gesellschaften und nichtrechtsfähigen Vereinen die nach Gesetz oder Satzung zur Vertretung berufenen Personen, sind verpflichtet, die verlangten Unterlagen herauszugeben, die verlangten Auskünfte zu erteilen, die geschäftlichen Unterlagen zur Einsichtnahme vorzulegen und die Prüfung dieser geschäftlichen Unterlagen sowie das Betreten von Geschäftsräumen und -grundstücken während der üblichen Geschäftszeiten zu dulden.

(3) Personen, die von der Regulierungsbehörde mit der Vornahme von Prüfungen beauftragt sind, dürfen Betriebsgrundstücke, Büro- und Geschäftsräume und Einrichtungen der Unternehmen und Vereinigungen von Unternehmen während der üblichen Geschäftszeiten betreten.

(4) ¹Durchsuchungen können nur auf Anordnung des Amtsgerichts, in dessen Bezirk die Durchsuchung erfolgen soll, vorgenommen werden. ²Durchsuchungen sind zulässig, wenn zu vermuten ist, dass sich in den betreffenden Räumen Unterlagen befinden, die die Regulierungsbehörde nach Absatz 1 einsehen, prüfen oder herausverlangen darf. ³Auf die Anfechtung dieser Anordnung finden die §§ 306 bis 310 und 311a der Strafprozessordnung entsprechende Anwendung. ⁴Bei Gefahr im Verzuge können die in Absatz 3 bezeichneten Personen während der Geschäftszeit die erforderlichen Durchsuchungen ohne richterliche Anordnung vornehmen. ⁵An Ort und Stelle ist eine Niederschrift über die Durchsuchung und ihr wesentliches Ergebnis aufzunehmen, aus der sich,

falls keine richterliche Anordnung ergangen ist, auch die Tatsachen ergeben, die zur Annahme einer Gefahr im Verzuge geführt haben. ⁶Das Grundrecht der Unverletzlichkeit der Wohnung (Artikel 13 Abs. 1 des Grundgesetzes) wird insoweit eingeschränkt.

(5) ¹Gegenstände oder geschäftliche Unterlagen können im erforderlichen Umfang in Verwahrung genommen werden oder, wenn sie nicht freiwillig herausgegeben werden, beschlagnahmt werden. ²Dem von der Durchsuchung Betroffenen ist nach deren Beendigung auf Verlangen ein Verzeichnis der in Verwahrung oder Beschlag genommenen Gegenstände, falls dies nicht der Fall ist, eine Bescheinigung hierüber zu geben.

(6) ¹Zur Auskunft Verpflichtete können die Auskunft auf solche Fragen verweigern, deren Beantwortung sie selbst oder in § 383 Abs. 1 Nr. 1 bis 3 der Zivilprozessordnung bezeichnete Angehörige der Gefahr strafrechtlicher Verfolgung oder eines Verfahrens nach dem Gesetz über Ordnungswidrigkeiten aussetzen würde. ²Die durch Auskünfte oder Maßnahmen nach Absatz 1 erlangten Kenntnisse und Unterlagen dürfen für ein Besteuerungsverfahren oder ein Bußgeldverfahren wegen einer Steuerordnungswidrigkeit oder einer Devisenzuwiderhandlung sowie für ein Verfahren wegen einer Steuerstraftat oder einer Devisenstraftat nicht verwendet werden; die §§ 93, 97, 105 Abs. 1, § 111 Abs. 5 in Verbindung mit § 105 Abs. 1 sowie § 116 Abs. 1 der Abgabenordnung sind insoweit nicht anzuwenden. ³Satz 1 gilt nicht für Verfahren wegen einer Steuerstraftat sowie eines damit zusammenhängenden Besteuerungsverfahrens, wenn an deren Durchführung ein zwingendes öffentliches Interesse besteht, oder bei vorsätzlich falschen Angaben der Auskunftspflichtigen oder der für sie tätigen Personen.

(7) ¹Die Regulierungsbehörde fordert die Auskünfte nach Absatz 1 Nr. 1 durch Beschluss, die nach Landesrecht zuständige Behörde fordert sie durch schriftliche Einzelverfügung an. ²Darin sind die Rechtsgrundlage, der Gegenstand und der Zweck des Auskunftsverlangens anzugeben und eine angemessene Frist zur Erteilung der Auskunft zu bestimmen.

(8) ¹Die Regulierungsbehörde ordnet die Prüfung nach Absatz 1 Nr. 2 durch Beschluss mit Zustimmung des Präsidenten oder der Präsidentin, die nach Landesrecht zuständige Behörde durch schriftliche Einzelverfügung an. ²In der Anordnung sind Zeitpunkt, Rechtsgrundlage, Gegenstand und Zweck der Prüfung anzugeben.

(9) **Soweit Prüfungen einen Verstoß gegen Anordnungen oder Entscheidungen der Regulierungsbehörde ergeben haben, hat das Unternehmen der Regulierungsbehörde die Kosten für diese Prüfungen zu erstatten.**

(10) **¹Lassen Umstände vermuten, dass der Wettbewerb im Anwendungsbereich dieses Gesetzes beeinträchtigt oder verfälscht ist, kann die Regulierungsbehörde die Untersuchung eines bestimmten Wirtschaftszweiges oder einer bestimmten Art von Vereinbarungen oder Verhalten durchführen. ²Im Rahmen dieser Untersuchung kann die Regulierungsbehörde von den betreffenden Unternehmen die Auskünfte verlangen, die zur Durchsetzung dieses Gesetzes und der Verordnung (EG) Nr. 1228/2003 erforderlich sind und die dazu erforderlichen Ermittlungen durchführen. ³Die Absätze 1 bis 9 sowie die §§ 68, 71 und 69 gelten entsprechend.**

Übersicht

	Rn.
A. Allgemeines	1
B. Auskunft, Herausgabe und Prüfung	2
I. Allgemeine Voraussetzungen (§ 69 I)	3
II. Inhalt und Umfang (§ 69 I 1 Nr. 1–3, III)	7
III. Adressaten (§ 69 I und II)	10
IV. Form (§ 69 VII und VIII)	12
V. Durchsuchungen/Beschlagnahme (§ 69 IV und V)	14
VI. Aussageverweigerungsrecht (§ 69 VI)	16
VII. Kosten (§ 69 IX)	17
C. Untersuchung eines Wirtschaftszweiges (§ 69 X)	18

A. Allgemeines

1   Die Vorschrift kombiniert § 127 TKG (§ 72 TKG-1996) und § 59 GWB (im einzelnen BT-Drucks. 15/3971, S. 71) und hat in § 69 IV und V bereits Ergänzungen erfahren (§ 69, Rn. 14 f.). Während § 68 die Amtsermittlung und das Vorgehen bezüglich bestimmter Beweismittel regelt, ist § 69 die zentrale Vorschrift über die **Ermittlungsbefugnisse** der Regulierungsbehörde und regelt auch die Umsetzung und Durchsetzung dieser Befugnisse (Betretungsrecht, Durchsuchungen, Beschlagnahme, Aussageverweigerungsrecht, Kosten). Die für eine effiziente Ermittlungstätigkeit der Regulierungsbehörde relevanten gesetzlichen Ermächtigungsgrundlagen sind in § 69 geschaffen (*Salje,* EnWG, § 69, Rn. 2). Neben den dazu aus den Parallelnormen entlehnten Regelungen findet sich in § 69 X ein eigenständiges und weitgehendes Untersuchungsrecht der Regulierungsbehörde.

B. Auskunft, Herausgabe und Prüfung

Nach § 69 I 1 Nr. 1 und 2 kann die Regulierungsbehörde **Auskünfte** sowie die **Herausgabe von Unterlagen** verlangen. § 69 I 1 Nr. 3 ermöglicht **Prüfungen** geschäftlicher Unterlagen.

I. Allgemeine Voraussetzungen (§ 69 I)

Die Ermittlungsbefugnisse des § 69 I bestehen, soweit es zur Erfüllung der im EnWG „der Regulierungsbehörde **übertragenen Aufgaben** erforderlich" ist. Der Sachverhalt, der ermittelt werden soll, muß in irgendeiner Weise für die aktuelle Anwendung des EnWG relevant sein (vgl. *Bechtold*, Kartellgesetz, § 59, Rn. 5). Ausweislich der Gesetzesbegründung verfügt die Regulierungsbehörde außerhalb konkreter Verwaltungsverfahren über die Befugnisse nach § 69 X (BT-Drucks. 15/3971, S. 71), weshalb es für die Ausübung der Befugnisse nach § 69 I darauf ankommt, das bereits ein Verfahren nach § 66 eingeleitet ist (*Salje*, EnWG, § 69, Rn. 8). Die Anwendung der Norm ist auch nicht auf „regulierungsspezifische" Aufgaben beschränkt (so mit systematischen Erwägungen *Gräfer/Schmitt*, N&R 2007, 2, 5 f., wobei unklar bleibt, was mit dem Begriff „regulierungsspezifisch" gemeint ist): Sowohl der eindeutige Wortlaut von § 69 I sowie die Gesetzesbegründung (ebd.) verweisen ausdrücklich und uneingeschränkt auf die „in diesem Gesetz der Regulierungsbehörde übertragenen Aufgaben".

Weiterhin muß die Ermittlung zu diesem Zweck **erforderlich** sein. Die Regulierungsbehörde verfügt also nicht über vom konkreten Sachverhalt losgelöste Ermittlungsbefugnisse, sondern es bedarf eines **konkreten Anfangsverdachts** (*Faber*, RdE 2006, 334, 335; *Bergmann*, in: S/M, TKG, § 72, Rn. 15), um ein rechtmäßiges Auskunftsbegehren geltend zu machen. An einen solchen Anfangsverdacht sind jedoch **keine allzu hohen Anforderungen** zu stellen (*OVG Münster*, B. v. 2. 4. 1998 – 13 B 213/98; *VG Köln*, B. v. 11. 1. 2000 – 1 L 3061/99, S. 3). Es ist vielmehr eine Art Schlüssigkeitsprüfung vorzunehmen, mit dem Blick darauf, daß die Vorschrift dazu dient, die Voraussetzungen für ein Eingreifen nach dem EnWG erst zu ermitteln (vgl. *Klaue*, in: I/M, § 59, Rn. 20).

Für die Ausgestaltung der Ermittlungen hat die Regulierungsbehörde einen **weiten Ermessensspielraum** (*Bechtold*, Kartellgesetz, § 59 Rn. 5; etwas restriktiver *Faber*, RdE 2006, 334, 337). Beispielsweise ist der Regulierungsbehörde ein weiter Spielraum hinsichtlich der Beurteilung einzuräumen, ob eine Auskunft zur Erstellung eines Berichts nach § 112a I erforderlich ist (*BGH*, B. v. 19. 6. 2007 – KVR 16/06; *OLG*

Düsseldorf, RdE 2006, 162, 164). In die Abwägung einzustellen sind die konkret in Rede stehenden Rechtsgüter, inklusive der im konkreten Fall betroffenen Interessen der Allgemeinheit. Grundsätzlich begründen weder erheblicher finanzieller noch zeitlicher Aufwand für die von den Ermittlungen Betroffenen die Unverhältnismäßigkeit einer Maßnahme (*OLG Düsseldorf*, RdE 2006, 162, 165; vgl. auch *Werner*, in: Wiedemann, § 52, Rn. 19). Die einzige im Gesetz vorgesehene Einschränkung der Pflichten Betroffener zur Beschaffung von Informationen findet sich in Nr. 2 mit Blick auf die rechtlichen Möglichkeiten. Grundsätzlich geht das Gesetz also von einer Pflicht der Unternehmen aus, die Informationen zu beschaffen und zur Verfügung zu stellen.

6   Diese Befugnisse bestehen **bis zur Bestandskraft** einer Entscheidung der Regulierungsbehörde. Mit dieser, hier übernommenen, Formulierung, hat der GWB-Gesetzgeber klargestellt, daß die Ermittlungsbefugnisse auch **während** des **Beschwerde-** und des **Rechtsbeschwerdeverfahrens** gelten (BT-Drucks. 15/3640, S. 63).

II. Inhalt und Umfang (§ 69 I Nr. 1–3, III)

7   Die Ermittlungsbefugnisse aus § 69 I Nr. 1 und 2 ermöglichen es der Regulierungsbehörde, Auskünfte und/oder die Herausgabe von Unterlagen zu verlangen. Die Unternehmen sind nach dem Wortlaut nur zu Auskunft und Herausgabe verpflichtet, soweit es **„ihre technischen und wirtschaftlichen Verhältnisse"** betrifft. Auskünfte über Dritte können deshalb nicht verlangt werden. Erfaßt sind jedoch ausdrücklich allgemeine **Marktstudien,** die sich im Besitz des Betroffenen befinden. Die Beschränkung auf Marktstudien im Zusammenhang mit den der Regulierungsbehörde übertragenen Aufgaben ist lediglich eine Wiederholung. § 69 I ist insgesamt nur im Rahmen der Aufgaben, die der Regulierungsbehörde übertragen wurden, anwendbar (Rn. 3). Der Erfüllung dieser Aufgaben muß die Marktanalyse „dienen". In der Gesetzesbegründung heißt es enger, die Regulierungsbehörde könne solche Studien nur herausverlangen, wenn sie darauf „angewiesen" ist (BT-Drucks. 15/3640, S. 63 zur übernommenen Regelung des § 59 GWB). Der Wortlaut des Gesetzes selbst ist jedoch eindeutig sehr viel weiter, weshalb es nur darauf ankommt, daß die Marktstudien der Erfüllung von Aufgaben der Regulierungsbehörde „dienen".

8   Vom Grundsatz, dass keine Auskünfte über und Unterlagen von Dritten verlangt werden können, macht § 69 II eine Ausnahme. Es kann danach Auskunft **über** mit dem Betroffenen **verbundene Unternehmen** sowie die Herausgabe von Unterlagen dieser verbundenen Unternehmen verlangt werden. Davon sind alle i. S. v. Art. 3 Abs. 2 VO

(EG) Nr. 139/2004 verbundenen Unternehmen erfaßt. Dies gilt, wenn entweder der Betroffene die Informationen zur Verfügung hat oder auf Grund bestehender rechtlicher Verbindungen zur Beschaffung in der Lage ist. Der GWB-Gesetzgeber wollte mit der Einführung dieser Vorgabe sowohl eine Straffung der Ermittlungen erreichen als auch die Anforderung der Informationen von und über im Ausland befindliche Mutter- oder Schwestergesellschaften ermöglichen (BT-Drucks. 15/3640, S. 64 zur übernommenen Regelung des GWB).

Schließlich ermöglicht § 69 I 1 Nr. 3 der Regulierungsbehörde die **Einsicht** in und **Prüfung** von **geschäftlichen Unterlagen.** Die Durchführung muß während der normalen Geschäftszeiten erfolgen. Weil dies das jeweilig betroffene Unternehmen vor Belastungen schützen soll, kommt es auf die im konkreten Fall für das konkrete Unternehmen bzw. die Vereinigung von Unternehmen normalen Geschäftszeiten an. In § 69 III ist ergänzend dazu geregelt, daß von der Regulierungsbehörde mit der Prüfung beauftragte Personen die Grundstücke, Büro- und Geschäftsräume sowie Einrichtungen während der üblichen Geschäftszeiten betreten dürfen.

III. Adressaten (§ 69 I und II)

Die Ermittlungsbefugnisse stehen der Regulierungsbehörde gegenüber Unternehmen und Vereinigungen von Unternehmen zu. Damit ist ein weiter Adressatenkreis bezeichnet (*Faber,* RdE 2006, 334, 337). Einschränkungen auf die von einem Verfahren Betroffenen oder daran Beteiligte enthält die Norm nicht, weshalb die Ermittlungsbefugnisse auch gegenüber **unbeteiligten Dritten** bestehen (*KG,* WuW/E OLG 1463, 1465; *Werner,* in: Wiedemann, § 52, Rn. 8). Es kann jedoch ein Gebot der Verhältnismäßigkeit sein, zunächst an unmittelbar Betroffene heranzutreten (*Bechtold,* Kartellgesetz, § 59, Rn. 3).

Beschränkt auf im Gesetz konkret benannte Informationen (Tätigkeit, Satzung und Beschlüsse, Anzahl und Namen der Mitglieder) bestehen die Ermittlungsbefugnisse aus § 69 I 1 Nr. 1 und 3 auch gegenüber Wirtschafts- und Berufsvereinigungen der Energiewirtschaft (§ 69 I 2). Verpflichtet dazu, die jeweiligen Handlungen vorzunehmen (Auskünfte zu erteilen, Unterlagen herauszugeben) bzw. zu dulden (Betreten der Geschäftsräume, Prüfung der geschäftlichen Unterlagen) sind die in § 69 II aufgeführten natürlichen Personen.

IV. Form (§ 69 VII und VIII)

Die § 69 VII und VIII sehen Formerfordernisse für die Ausübung der Ermittlungsbefugnisse nach § 69 I 1 Nr. 1 und 2 vor. **§ 69 VII** bestimmt für die Forderung von Auskünften (zu denen auch die Herausgabe von Unterlagen zu rechnen ist) nach § 69 I 1 Nr. 1 die Form des Beschlusses der Regulierungsbehörde. Für das Handeln der nach Landesrecht zuständigen Behörde ist abweichend davon die schriftliche Einzelverfügung vorgeschrieben. Die für die BNetzA geforderte Entscheidungsform des Beschlusses ist im EnWG nicht näher definiert, es ist jedoch ohnehin durch die Beschlußkammer zu entscheiden (§ 59 I). Beschluß bzw. Einzelverfügung müssen zudem die **Rechtsgrundlage,** den **Gegenstand und Zweck** des Auskunftsverlangens und eine angemessene **Frist** enthalten. Die Frist ist abhängig von den Umständen des Einzelfalles, insbesondere dem Umfang der geforderten Auskunft bzw. der herausverlangten Unterlagen. Der Gegenstand ist präzise anzugeben, um deutlich zu machen, welche Auskünfte bzw. welche Unterlagen verlangt werden. Als Rechtsgrundlage ist nicht nur § 69 anzugeben, sondern vor allem die Norm, in der die Aufgabe enthalten ist, zu deren Erfüllung die Ermittlungen vorgenommen werden (vgl. *Klaue,* in: I/M, § 59, Rn. 31).

13 § 69 VIII bezieht sich ausdrücklich auf die Anordnung der „**Prüfung**". Die Prüfung ist in § 69 I 1 Nr. 3 geregelt, in § 69 VIII wird jedoch allein auf § 69 I 1 Nr. 2 verwiesen. Dabei handelt es sich um ein Redaktionsversehen. Insbesondere bezieht sich der als § 69 VIII übernommene § 59 VII GWB nur auf die Prüfung. Auch § 69 VIII ist damit nur auf Prüfungen nach § 69 I 1 Nr. 3 anzuwenden. Hinsichtlich des Abs. 1 S. 1 Nr. 2 besteht eine Regelungslücke, weil weder § 69 VIII noch § 69 VII ihrem Wortlaut nach Anwendung finden. Weil § 69 I 1 Nr. 2 lediglich eine Erweiterung von § 69 I 1 Nr. 1, kann diese Lücke durch analoge Anwendung von § 69 VII geschlossen werden. In § 69 VIII sind die Anforderungen identisch mit denen aus § 69 VII, mit der Ausnahme, daß zusätzlich zum Beschluß der Beschlußkammer die Zustimmung des Präsidenten der Regulierungsbehörde notwendig ist.

V. Durchsuchungen/Beschlagnahme (§ 69 IV und V)

14 Nach **richterlicher Anordnung** hat die Regulierungsbehörde nach § 69 IV auch ein **Durchsuchungsrecht.** Bei Gefahr im Verzug kann die Durchsuchung auch ohne richterliche Anordnung erfolgen (§ 69 IV 4). Nach § 69 IV 2 sind Durchsuchungen zulässig, wenn zu **vermuten** ist, daß in den betreffenden Räumen Unterlagen sind, auf die die Regulierungsbehörde Zugriff nehmen darf. Mit diesem nachträglich eingefügten Satz sollen die Voraussetzungen für eine Durchsuchung in Anlehnung an § 102 StPO konkreter gefaßt werden, ohne die bisherigen Durchsuchungsrechte einzuschränken (BT-Drucks. 16/5847, S. 13). Die Maßnahme darf nicht zur bloßen Ausforschung eingesetzt werden, es genügt aber, wenn nach behördlicher Erfahrung die Vermutung besteht, daß sich die Unterlagen in den Räumen befinden (vgl. Meyer-Goßner, StPO, § 102, Rn. 2). Die Niederschrift über die Durchsuchung erfolgt, unter Aufnahme des wesentlichen Ergebnisses der Durchsuchung und gegebenenfalls unter Aufführung von den die Gefahr im Verzug begründenden Umständen, an ihrem Ende (§ 69 IV 5). Nachträglich wurde der aufgrund eines Redaktionsversehens unterbliebene ausdrückliche Hinweis auf die Einschränkung von Art. 13 Abs. 1 GG aufgenommen und damit dem Zitiergebot Genüge getan (ebd., S. 7 und 13). Dies ist notwendig, da auch Geschäftsräume von Schutzbereich des Art. 13 GG erfaßt sind (*BVerfGE* 76, 83, 88; a.A. ohne Begründung *Faber,* RdE 2006, 334, 339).

Die Durchsuchungsbefugnis allein erlaubt nur das „Suchen" und die **15** Einsichtnahme. Die **Beschlagnahme** bzw. die **Verwahrung** sind in § 69 V geregelt. Während Unterlagen bei freiwilliger Herausgabe in Verwahrung genommen werden können, wird die Beschlagnahme vorgenommen, wenn die Herausgabe nicht freiwillig erfolgt. Beschränkt sind Verwahrung und Beschlagnahme auf Unterlagen im „erforderlichen Umfang". § 69 V erlaubt ausdrücklich eine Beschlagnahme und stellt damit eine eigene Ermächtigungsgrundlage dar; die weiteren Voraussetzungen der Beschlagnahme regelt § 70. Eine Ergänzung von § 69 V um das Recht des Betroffenen auf Übergabe eines Verzeichnisses der in Verwahrung oder Beschlag genommenen Gegenstände ist mittlerweile erfolgt (vgl. BT-Drucks. 16/5847, 15 sowie 17).

VI. Aussageverweigerungsrecht (§ 69 VI)

Nach § 69 VI 1 haben die Personen, die nach § 69 II zur Erteilung **16** von Auskünften verpflichtet sind, ein **Aussageverweigerungsrecht,** wenn die Beantwortung der Frage sie selbst oder in § 383 I Nr. 1–3 ZPO bezeichnete Angehörige der Gefahr strafrechtlicher Verfolgung oder eines Verfahrens nach dem OWiG aussetzen würde. Die Auskunft kann nicht mit der Begründung verweigert werden, es lägen Betriebs- oder Geschäftsgeheimnisse vor (*BGH,* B. v. 19. 6. 2007 – KVR 16/06; *OLG Düsseldorf,* RdE 2006, 162, 165; *Faber,* RdE 2006, 334, 339). Für Steuerverfahren bzw. Bußgeldverfahren wegen einer Steuerordnungswidrigkeit besteht nach § 69 VI 2 ein **Beweisverwertungsverbot** für Kenntnisse und Unterlagen, die aufgrund der Befugnisse des § 69 erlangt werden. § 69 VI 3 regelt eine **Ausnahme** von diesem Beweisverwertungsverbot. Er bezieht sich zwar seinem Wortlaut nach auf

§ 69 VI 1, gemeint ist jedoch § 69 VI 2 (ähnlich *Salje,* § 69, Rn. 20). Nur so ist die Regelung sinnvoll, weil sie die Verwendung gewonnener Erkenntnisse gestattet und keine Ausnahme vom Aussageverweigerungsrecht des § 69 VI I enthält. Dieses Redaktionsversehen ist bereits bei der Neufassung des hier übernommenen § 127 VIII TKG entstanden. Bei der Neuregelung des TKG wurde der frühere § 72 TKG-1996 im wesentlichen übernommen (BT-Drucks. 15/2316, S. 100 zu § 125 des Entwurfs). In dem aus zwei Sätzen bestehenden § 72 VIII TKG-1996 nahm die Ausnahmeregelung in Satz 2 Bezug auf Satz 1, der wiederum die in TKG und EnWG als Satz 2 eingefügte Regelung enthielt. Bei der Einfügung in den neuen Regelungszusammenhang wurde versäumt, dies anzupassen und nunmehr auf Satz 2 zu verweisen. Weil es sich um ein Redaktionsversehen handelt, geht es nicht um eine analoge Anwendung von Satz 3 auf Satz 2 sondern die Ausnahme des Satz 3 bezieht sich direkt und allein auf das Beweisverwertungsverbot des Satz 2 und nicht auf das Auskunftsverweigerungsrecht nach Satz 1 (*Salje,* EnWG, § 69, Rn. 21 übersieht, daß es sich um ein Redaktionsversehen handelt und stellt Überlegungen zur analogen Anwendung an).

VII. Kosten (§ 69 IX)

17 Ergibt die Prüfung einen Verstoß gegen Anordnungen oder Entscheidungen der Regulierungsbehörde, besteht nach § 69 IX eine Pflicht („hat") des betroffenen Unternehmens, der Regulierungsbehörde die **Kosten der Prüfung** zu erstatten. Damit ist der Regulierungsbehörde auch die Ermächtigung erteilt, diese Kosten festzusetzen.

C. Untersuchung eines Wirtschaftszweiges (§ 69 X)

18 In § 69 X sind die Ermittlungsbefugnisse der Regulierungsbehörde „[a]ußerhalb konkreter Verwaltungsverfahren" geregelt (BT-Drucks. 15/3917, S. 71). Eine ähnliche Vorschrift enthält § 32e GWB. Die **Tatbestandsvoraussetzungen** sind **sehr weit.** Bereits wenn Umstände es vermuten lassen, daß der Wettbewerb im Anwendungsbereich dieses Gesetzes (zur Abgrenzung zum GWB vgl. § 111) beeinträchtigt oder verfälscht ist, kann die Regulierungsbehörde eine Untersuchung durchführen. Dies ist erheblich weiter als der strafprozessuale Anfangsverdacht, der auf Tatsachen und nicht nur Vermutungen basieren muß (vgl. *Meyer-Goßner,* StPO, § 152, Rn. 4), während hier bereits „Umstände" und Vermutungen genügen (vgl. *Rehbinder,* in: L/M/R, KartellR, § 32e, Rn. 2). Die Untersuchung kann sich auf einen bestimmten Wirtschaftszweig oder auf eine bestimmte Art von Vereinbarungen oder Verhalten beziehen.

Im Rahmen der Untersuchung kann die Regulierungsbehörde nicht 19
nur von den betroffenen Unternehmen alle die **Auskünfte** verlangen, die zur Durchsetzung dieses Gesetzes und der Verordnung (EG) Nr. 1228/2003 erforderlich sind. Sie kann darüber hinaus die dazu **„erforderlichen Ermittlungen"** durchführen (§ 69 X 2). Dabei gelten § 68 über die Ermittlungen und § 71 über die Betriebs- und Geschäftsgeheimnisse „entsprechend" (§ 69 X 3). Für Ermittlungen ist § 68 jedoch bereits nach seinem Wortlaut direkt anwendbar, ebenso wie § 71 direkte Anwendung findet, wenn eine Pflicht besteht, Informationen vorzulegen. Die gesetzliche Anordnung ist insoweit also überflüssig. Zudem ordnet § 69 X 3 die entsprechende Anwendung der § 69 I–IX an. Daß Satz 3 daneben die Anwendung von § 69 insgesamt anordnet ist überflüssig und als Redaktionsversehen zu werten. Weil § 69 V eine Ermächtigungsgrundlage auch für Beschlagnahmen darstellt (oben Rn. 14 und § 70, Rn. 1), sind auch bei Untersuchungen nach § 69 X Beschlagnahmen möglich (a. A. *Salje,* EnWG, § 69, Rn. 29).

Die Regulierungsbehörde bekommt hier im Ergebnis sehr **weitge-** 20
hende Ermittlungsbefugnisse auf der Grundlage einer bloßen Vermutung. Weil die Informationsbeschaffung durch die Behörde einen durchaus erheblichen Eingriff darstellen kann, ist die **Verhältnismäßigkeit** der Ermittlungsmaßnahmen von zentraler Bedeutung. Bei erheblichen Eingriffen, etwa umfangreichen Auskunftsanordnungen oder gar Durchsuchungen und Beschlagnahmen, muß ein entsprechend verdichteter Verdacht vorliegen oder aber die vermutete Wettbewerbsbeeinträchtigung muß erhebliche Bedeutung haben.

§ 70 Beschlagnahme

(1) ¹**Die Regulierungsbehörde kann Gegenstände, die als Beweismittel für die Ermittlung von Bedeutung sein können, beschlagnahmen.** ²**Die Beschlagnahme ist dem davon Betroffenen unverzüglich bekannt zu geben.**

(2) **Die Regulierungsbehörde hat binnen drei Tagen um die richterliche Bestätigung des Amtsgerichts, in dessen Bezirk die Beschlagnahme vorgenommen ist, nachzusuchen, wenn bei der Beschlagnahme weder der davon Betroffene noch ein erwachsener Angehöriger anwesend war oder wenn der Betroffene und im Falle seiner Abwesenheit ein erwachsener Angehöriger des Betroffenen gegen die Beschlagnahme ausdrücklich Widerspruch erhoben hat.**

§ 70 1–3   Teil 8. Verfahren

(3) ¹ **Der Betroffene kann gegen die Beschlagnahme jederzeit um die richterliche Entscheidung nachsuchen.** ² Hierüber ist er zu belehren. ³ Über den Antrag entscheidet das nach Absatz 2 zuständige Gericht.

(4) ¹ **Gegen die richterliche Entscheidung ist die Beschwerde zulässig.** ² Die §§ 306 bis 310 und 311 a der Strafprozessordnung gelten entsprechend.

1   § 70 übernimmt § 58 GWB und § 129 TKG (BT-Drucks. 15/ 3917, S. 71). Die Regulierungsbehörde kann, wie auch nach dem TKG bzw. wie die Kartellbehörde nach dem GWB, Gegenstände, die als Beweismittel von Bedeutung sein können, beschlagnahmen. Eine Ermächtigung zur Beschlagnahme enthält neben § 70 I 1 auch § 69 V, wobei die in § 70 geregelten Anforderungen an eine Beschlagnahme, mit denen die Wahrung der Rechte Betroffener sichergestellt wird, auch bei auf § 69 V gestützten Beschlagnahmen einzuhalten sind. Aufgrund der Erfahrungen im Kartellrecht und unter dem TKG dürfte allerdings die mit § 69 I bestehende Möglichkeit der Behörde, die Herausgabe von Unterlagen zu verlangen, weitaus bedeutsamer sein. § 70 gilt nur im **förmlichen Verwaltungsverfahren** i. S. d. § 66 I; in Bußgeldverfahren richtet sich die Beschlagnahme nach den Regeln von OWiG und StPO (vgl. *K. Schmidt*, in: I/M, § 58, Rn. 2).

2   Eine **richterliche Anordnung** ist für die Beschlagnahme nicht erforderlich. Allerdings begründet § 70 kein Zutritts- oder Durchsuchungsrecht (vgl. *Bracher*, in: FK, § 58 GWB 1999, Rn. 6). Durchsuchungen sind danach grundsätzlich nur nach vorheriger richterlicher Anordnung zulässig. Im Nachhinein ist die Regulierungsbehörde bei einer Beschlagnahme unter den Voraussetzungen des § 70 II verpflichtet, um eine richterliche Bestätigung nachzusuchen. Der Betroffene kann nach § 70 III unabhängig davon um eine richterliche Entscheidung nachsuchen und ist über dieses Recht zu belehren. **Betroffener** ist der jeweilige Gewahrsamsinhaber sowie jeder, in dessen Rechte durch die Beschlagnahme eingegriffen wird. Zuständig ist in allen Fällen das Amtsgericht, in dessen Bezirk die Beschlagnahme vorgenommen wurde. Gegen die Entscheidung des Amtsgerichts ist die Beschwerde zum Landgericht möglich, wofür die §§ 306–310 und 311 a StPO gelten.

3   Wie jede Ermittlungsmaßnahme und Beweiserhebung muß die Beschlagnahme nach § 68 I **erforderlich** sein. Bei der Ausübung des in § 70 I gewährten Ermessens ist die Regulierungsbehörde außerdem an den Grundsatz der **Verhältnismäßigkeit** gebunden. Zu berücksichtigen sind dabei gesetzgeberische Verhältnismäßigkeitserwägungen, die in

Beschlagnahmeverboten wie etwa § 97 StPO zum Ausdruck kommen. Praktisch ausgeschlossen ist deshalb etwa die Beschlagnahme anwaltlicher Akten (vgl. *Bracher,* in: FK, § 58 GWB 1999, Rn. 11).

Die Anordnung der Beschlagnahme ist zwar konkrete Regelung eines Einzelfalles, also ein Verwaltungsakt und damit auch eine Entscheidung i. S. v. § 73 I (vgl. § 73, Rn. 6), aber weil hier in § 70 II und III besondere Regelungen zum Rechtsschutz mit eigener Zuständigkeit existieren, ist die allgemeine Beschwerdemöglichkeit gegen Entscheidungen aus § 75 hier verdrängt. Die Durchführung der Beschlagnahme selbst ist hingegen, wie die Ersatzvornahme, ein Realakt (vgl. *K/R,* VwVfG, § 35, Rn. 67). **Verfahrensrechtlich** zu beachten sind gegenüber dem Betroffenen insbesondere die Bekanntgabepflicht nach § 70 I 2 und die Belehrungspflicht aus § 70 III 2. Dem Betroffenen ist außerdem nach § 67 I rechtliches Gehör zu gewähren. 4

§ 71 Betriebs- oder Geschäftsgeheimnisse

¹ Zur Sicherung ihrer Rechte nach § 30 des Verwaltungsverfahrensgesetzes haben alle, die nach diesem Gesetz zur Vorlage von Informationen verpflichtet sind, unverzüglich bei der Vorlage diejenigen Teile zu kennzeichnen, die Betriebs- oder Geschäftsgeheimnisse enthalten. ² In diesem Fall müssen sie zusätzlich eine Fassung vorlegen, die aus ihrer Sicht ohne Preisgabe von Betriebs- oder Geschäftsgeheimnissen eingesehen werden kann. ³ Erfolgt dies nicht, kann die Regulierungsbehörde von ihrer Zustimmung zur Einsicht ausgehen, es sei denn, ihr sind besondere Umstände bekannt, die eine solche Vermutung nicht rechtfertigen. ⁴ Hält die Regulierungsbehörde die Kennzeichnung der Unterlagen als Betriebs- oder Geschäftsgeheimnisse für unberechtigt, so muss sie vor der Entscheidung über die Gewährung von Einsichtnahme an Dritte die vorlegenden Personen hören.

Übersicht

	Rn.
A. Allgemeines/Anwendungsbereich	1
B. Mitwirkungspflichten der Beteiligten (§ 71 1 und 2)	4
C. Zulässigkeit der Gewährung von Akteneinsicht (§ 71 3)	6
D. Unberechtigte Kennzeichnung als Betriebs- oder Geschäftsgeheimnis (§ 71 4)	8

A. Allgemeines/Anwendungsbereich

1 § 71 „übernimmt" nach der Gesetzesbegründung (BT-Drucks. 15/ 3917, S. 71) § 136 TKG (§ 75 a I TKG-1996). Die Vorschrift enthält spezielle **Verfahrensregeln** für den Umgang mit Betriebs- und Geschäftsgeheimnissen. Dies hat, wie die Erfahrungen mit dem TKG zeigen, herausragende Bedeutung. Ob und inwieweit eine Verpflichtung der Regulierungsbehörde zur Wahrung der Betriebs- und Geschäftsgeheimnisse besteht, ist nicht Gegenstand dieser Verfahrensregelung, sondern ergibt sich aus § 30 VwVfG. In § 71 geht es allein um das **Verfahren** und die **Pflichten der Betroffenen** bezüglich ohnehin bestehender Rechte, wie der ausdrückliche Verweis auf die Rechte nach § 30 VwVfG in § 71 1 deutlich macht (vgl. aufgrund der Entstehungsgeschichte ebenso für den nicht ausdrücklich auf § 30 VwVfG verweisenden § 136 TKG, *Ohlenburg,* in: Manssen, TKM, § 136 TKG-2004, Rn. 2; vgl. auch *Gurlit,* in: BerlK-TKG, § 136, Rn. 1 f.).

2 **Anwendung** findet die Vorschrift ihrem Wortlaut nach immer, wenn nach dem EnWG eine **Verpflichtung zur Vorlage** von Informationen besteht. Demgegenüber findet die Parallelnorm im TKG bei der Vorlage von Unterlagen generell Anwendung. Die Einschränkung im EnWG ist unverständlich, weil die mit der Regelung beabsichtigte Vereinfachung des Verfahrens deshalb nicht für alle der Regulierungsbehörde vorgelegten Informationen gilt, ohne daß dafür ein Grund ersichtlich wäre. Im Widerspruch zu dieser Einengung des Anwendungsbereichs steht die Gesetzesbegründung, in der pauschal die Übernahme der Regelung aus dem TKG behauptet wird. Angesichts dessen ist unklar, ob diese Einengung beabsichtigt war und sie sollte rückgängig gemacht werden.

3 Unter Informationen fallen **alle Angaben,** gleich welcher Art oder in welcher Form, die ein so Verpflichteter gegenüber der Behörde macht. Ob hinsichtlich aller Angaben, die ein Verpflichteter macht, eine Pflicht zur Vorlage bestand, ist für die Anwendbarkeit der Vorschrift irrelevant. Die anderenfalls erforderliche Abgrenzung zwischen freiwilligen Angaben einerseits und aufgrund einer Verpflichtung gemachten Angaben andererseits würde die mit der Norm bezweckte Vereinfachung des Verfahrens konterkarieren.

B. Mitwirkungspflichten der Beteiligten
(§ 71 1 und 2)

Es werden den Beteiligten zwei **Mitwirkungspflichten** hinsichtlich 4
des Schutzes ihrer Betriebs- und Geschäftsgeheimnisse auferlegt, die den
Umgang mit diesem Problemkreis erheblich erleichtern. Diese Pflichten
bestehen unmittelbar kraft Gesetzes und damit unabhängig von behördlichen Vollzugsanordnungen, weshalb auch eine besondere Aufforderung durch die Regulierungsbehörde nicht notwendig ist (*Salje*,
EnWG, § 71, Rn. 6). Es müssen zum einen nach § 71 1 die Betriebs-
und Geschäftsgeheimnisse **gekennzeichnet** werden; die Verantwortung für hinreichende Kennzeichnungen liegt damit bei den jeweils Betroffenen. Daneben ist, wenn eine solche Kennzeichnung vorgenommen
wird, nach § 71 2 eine **Einsichtfassung vorzulegen,** die Dritten ohne
Preisgabe der Betriebs- und Geschäftsgeheimnisse zur Einsicht überlassen
werden kann.

Die Kennzeichnung und die Vorlage der Einsichtfassung muss nicht 5
zwingend gleichzeitig mit der Vorlage der Informationen erfolgen,
sondern **„unverzüglich",** also ohne schuldhaftes Zögern (*Salje*,
EnWG, § 71, Rn. 6). Zwar nimmt § 71 2 nicht ausdrücklich auf diese
zeitliche Vorgabe in § 71 1 Bezug, dem Sinn und Zweck der Vorschrift
nach gilt diese aber auch für § 71 2 (a. A. *Mayen*, in: S/M, TKG, § 75 a,
Rn. 17; *Gurlit*, in: BerlK-TKG, § 136, Rn. 19). Die Vorschrift soll der
Behörde nicht nur einen einfachen, sondern auch einen zügigen Umgang mit den aus dem Spannungsverhältnis von Akteneinsichtsrecht
und Geschäftsgeheimnisschutz erwachsenden Anforderungen ermöglichen, weshalb auch die unverzügliche Einreichung einer Einsichtfassung von der Norm gefordert ist. Für Kennzeichnung und Vorlage der
Einsichtfassung kann die Regulierungsbehörde Fristen setzen, was mit
Blick auf die Rechtsfolgen nach § 71 3 und dem Recht der übrigen
Verfahrensbeteiligten auf Akteneinsicht als Teil des Rechts auf Gehör
regelmäßig sinnvoll sein dürfte (*Gurlit*, in: BerlK-TKG, § 136, Rn. 17
und 19).

C. Zulässigkeit der Gewährung von Akteneinsicht
(§ 71 3)

§ 71 3 enthält eine **Vermutungsregel.** Danach kann die Regulie- 6
rungsbehörde von der Zustimmung zur Einsicht in die Betriebs- oder
Geschäftsgeheimnisse ausgehen. Voraussetzung ist, daß eine Kennzeich-

nung als Betriebs- oder Geschäftsgeheimnis nicht oder nicht rechtzeitig erfolgt. Die Vermutungsregel greift nicht, wenn Informationen als Betriebs- oder Geschäftsgeheimnisse gekennzeichnet wurden, aber eine Einsichtfassung nicht (rechtzeitig) vorgelegt wird (*Mayen,* in: S/M, TKG, § 75 a, Rn. 18; a. A. *Salje,* EnWG, § 71, Rn. 9; *Ohlenburg,* in: Manssen, TKM, § 136 TKG-2004, Rn. 7, wonach die Vermutungsregel auch greift, wenn lediglich die Einsichtfassung nicht vorgelegt wird). Zwar knüpft die Vermutungsregel in § 71 3 sprachlich unmittelbar an die Pflicht zur Vorlage einer Einsichtfassung aus § 71 2 an. Allerdings wird die Vermutungsregel ausdrücklich eingeschränkt: Sie gilt nicht, wenn der Regulierungsbehörde besondere Umstände bekannt sind, die eine solche vermutete Zustimmung nicht rechtfertigen. Nach der Gesetzesbegründung liegen besondere Umstände insbesondere vor, wenn durch den Hinweis auf Betriebs- und Geschäftsgeheimnisse erkennbar ist, daß das betroffene Unternehmen nicht mit der Offenlegung einverstanden ist (BT-Drucks. 14/7921, S. 17 zum hier übernommenen § 75 a, inzwischen § 136, TKG). Damit steht nach dem Willen des Gesetzgebers bereits die Kennzeichnung als Betriebs- oder Geschäftsgeheimnis gemäß § 71 1, unabhängig vom Vorliegen einer Einsichtfassung nach § 71 2, einer Vermutung der Zustimmung zur Offenlegung entgegen. Dies ist problematisch, weil die Weigerung der Pflicht zur Vorlage einer Einsichtfassung gemäß § 71 2 nachzukommen sanktionslos bleibt, obwohl gerade damit ein ein einfacher und zügiger Umgang mit Betriebs- oder Geschäftsgeheimnissen ermöglicht wird (auf die problematischen Verzögerungsmöglichkeiten weist auch *Dahlke,* in: BeckTKG-Komm, § 136, Rn. 39 hin).

7 Die materielle Pflicht der Behörde zur Geheimhaltung aus §§ 29 II, 30 VwVfG wird durch die Vermutungsregel nicht aufgehoben. Aufgrund der vermuteten Zustimmung ist die **Offenbarung** der Betriebs- und Geschäftsgeheimnisse im Anwendungsbereich der Vermutungsregel **nicht unbefugt** i. S. v. § 30 VwVfG. Nur wenn, wie bereits angesprochen, der Regulierungsbehörde besondere Umstände i. S. v. § 71 3, 2. Hs. bekannt sind, aufgrund derer eine solche Vermutung nicht gerechtfertigt ist, greifen die behördlichen Geheimhaltungspflichten aus dem VwVfG trotz der Vermutungsregel. Ob besondere Umstände im Sinne des § 71 3 2. Hs. vorliegen, beurteilt sich anhand des konkreten Einzelfalles. Solche Umstände liegen, jenseits eines ausdrücklichen Hinweises auf das Vorliegen von Betriebs- oder Geschäftsgeheimnissen, nur in Ausnahmefällen vor. Die Verfahrensvorgaben des § 71 bezwecken gerade eine Formalisierung, um die Regulierungsbehörde von inhaltlichen Überlegungen zur Einordnung von Informationen als Betriebs- und Geschäftsgeheimnisse zu entlasten und so das Verfahren insgesamt zu vereinfachen und zu beschleunigen. Deshalb werden die Betroffenen in § 71 verpflichtet, aktiv am Schutz ihrer Betriebs- oder Geschäftsgeheimnisse mitzuwirken (für eine Pflicht zur Geltendmachung des Geheimnischarakters auch nach dem VwVfG *Bohl,* NVwZ 2005, 133, 135). Dies würde durch eine Pflicht der Behörde, trotz der Formalisierung inhaltliche Prüfungen vorzunehmen, konterkariert. Hinsichtlich solcher Umstände besteht ausweislich des Wortlauts („sind ... bekannt") auch keine Amtsermittlungspflicht (*Mayen,* in: S/M, TKG, § 75 a, Rn. 19; *Gurlit,* in: BerlK-TKG, § 136, Rn. 21).

D. Unberechtigte Kennzeichnung als Betriebs- oder Geschäftsgeheimnis (§ 71 4)

Die Behörde ist nach § 71 4, der insoweit den Amtsermittlungsgrundsatz konkretisiert, **nicht an die Kennzeichnung** von Informationen als Betriebs- oder Geschäftsgeheimnis **gebunden.** Wenn sie eine solche Kennzeichnung für unberechtigt hält, kann sie Dritten dennoch Einsicht gewähren (vgl. *Bohl,* NVwZ 2005, 133, 135 zum VwVfG). Vor einer Entscheidung hierüber sind zwingend die vorlegenden Personen **anzuhören** (*Salje,* EnWG, § 71, Rn. 14). Zu berücksichtigen ist auch, daß die Offenlegung der Informationen irreversibel ist (vgl. die Kammerentscheidung *BVerfG,* NVwZ 2004, 719 f. bezüglich einer einstweiligen Anordnung). Bevor die Behörde Dritten tatsächlich Einsicht gewährt, muß sie außerdem den vorlegenden Personen Gelegenheit geben, einstweiligen Rechtsschutz zu erlangen (*Ohlenburg,* in: Manssen, TKM, § 136 TKG-2004, Rn. 11; *Mayen,* in: S/M, TKG, § 75 a, Rn. 25; vgl. auch *OVG Münster,* NVwZ 2000, 449, 450 zu § 99 I VwGO). Dafür eignet sich insbesondere die Setzung einer (knappen) Frist zur Stellung eines Eilantrages, nach deren Ablauf die Einsicht gewährt wird (*Mayen,* ebd.; *OVG Münster,* NVwZ 2000, 449, 450).

Angesichts der von der Behandlung als Betriebs- oder Geschäftsgeheimnis betroffenen subjektiven Rechte der Beteiligten auf Akteneinsicht und rechtliches Gehör (§ 67, Rn. 2 ff.) ist die Behörde **zu einer Überprüfung** der Kennzeichnung nicht nur berechtigt, sondern **grundsätzlich** auch **verpflichtet** (*Salje,* EnWG, § 71, Rn. 12). Dies gilt insbesondere hinsichtlich solcher Informationen, die für die Sachentscheidung der Behörde zentral sind. Ihre Behandlung als Betriebs- oder Geschäftsgeheimnis hat aus Sicht der übrigen Beteiligten effektiv eine Art Geheimverfahren zur Folge. Dies kann nicht allein auf Grundlage der Kennzeichnung durch andere Beteiligte erfolgen. Zu entscheiden hat die Behörde allein darüber, ob es sich bei den Informationen tatsächlich um Betriebs- oder Geschäftsgeheimnisse handelt (zur Definition solcher Geheimnisse § 67, Rn. 9). Sind es keine, greift das Recht der Beteiligten aus § 29 VwVfG auf Akteneinsicht auch bezüglich dieser Informationen. Der Grad der Schutzwürdigkeit von Betriebs- und Geschäftsgeheimnissen ist hier jedoch unerheblich (in diese Richtung aber wohl *Ohlenburg*, in: Manssen, TKM, § 136 TKG-2004, Rn. 10). Es kommt bereits dem Wortlaut nach allein darauf an, ob irgendein Betriebs- oder Geschäftsgeheimnis vorliegt oder nicht.

10 Umstritten ist, ob die Entscheidung über die Gewährung von Akteneinsicht ein Verwaltungsakt nach § 35 VwVfG (vgl. *K/R*, VwVfG, § 35, Rn. 65a; *K. Schmidt*, in: I/M, § 56, Rn. 11). Dies ist jedoch unter dem EnWG weder für die verfahrensrechtliche Behandlung der Einsichtsentscheidung noch für den zu gewährenden Rechtsschutz erheblich. In § 71 4 ist ausdrücklich von einer „Entscheidung" über die Gewährung von Einsicht die Rede, weshalb § 73 über „Entscheidungen" der Behörde Anwendung findet (vgl. § 73, Rn. 2). Die Entscheidung ist somit nach § 73 zu begründen und zuzustellen. Rechtsmittel ist die Anfechtungs- bzw. die Verpflichtungsbeschwerde nach § 75.

§ 71 a Netzentgelte vorgelagerter Netzebenen

Soweit Entgelte für die Nutzung vorgelagerter Netzebenen im Netzentgelt des Verteilernetzbetreibers enthalten sind, sind diese von den Landesregulierungsbehörden zugrunde zu legen, soweit nicht etwas anderes durch eine sofort vollziehbare oder bestandskräftige Entscheidung der Bundesnetzagentur oder ein rechtskräftiges Urteil festgestellt worden ist.

1 Die Regelung ist Ergebnis der Einigung im Vermittlungsausschuß (BT-Drucks. 15/5736, S. 15). Sie betrifft allein Entscheidungen der **Landesregulierungsbehörden** hinsichtlich der Netzentgelte von **Verteilernetzbetreibern** (§ 3 Nr. 3 und Nr. 7) und ist Folge der Zuständigkeitsverteilung zwischen BNetzA und Landesregulierungsbehörden in § 54. Nach § 54 II 1 bestehen Zuständigkeiten der Landesregulierungsbehörden nur, soweit Energieversorgungsunternehmen betroffen sind, an deren Verteilernetz weniger als 100.000 Kunden unmittelbar angeschlossen sind. Dies gilt jedoch nach § 54 II 2 nicht, wenn ein Netz über das Gebiet eines Landes hinausreicht (vgl. *Neveling*, ZNER 2005, 263, 267). Im übrigen ist die BNetzA zuständig. Deren Zuständigkeit umfaßt damit jedenfalls die den Verteilernetzbetreibern vorgelagerten Netzebenen.

§ 71a trägt dieser Zuständigkeitsverteilung Rechnung, in dem der **Landesregulierungsbehörde** im Ergebnis **untersagt** wird, die Entgelte für die vorgelagerten Netzebenen im Rahmen ihrer eigenen Entscheidung über Netzentgelte der Verteilernetzbetreiber zu kontrollieren. Sind Entgelte für die Nutzung vorgelagerter Netzebenen im Netzentgelt des Verteilernetzbetreibers enthalten, muß die Landesregulierungsbehörde diese enthaltenen Entgelte der eigenen Entscheidung zugrunde legen. Dies gilt ausweislich des Wortlautes („... soweit nicht etwas anderes...") auch, wenn noch keine Entgeltgenehmigung durch die BNetzA vorliegt (*Salje*, EnWG, § 71a, Rn. 10ff.). Soweit etwas anderes durch bestandskräftige oder sofort vollziehbare Entscheidung der BNetzA festgestellt worden ist, sind diese Feststellungen zugrunde zu legen. 2

Probleme entstehen in dieser Konstellation insbesondere, wenn sich nach der Genehmigung durch eine Landesregulierungsbehörde das von ihr **zugrunde zu legende Entgelt verändert,** z. B. weil im Entscheidungszeitpunkt ein ungenehmigtes Entgelt zugrunde zu legen war und nach der Entscheidung der BNetzA ein anderes Entgelt zu Grunde zu legen ist. Es ist deshalb notwendig, daß die Genehmigungen der Landesregulierungsbehörde an die neue Grundlage angepaßt werden (*Salje*, EnWG, § 71a, Rn. 15ff.). Um dies umzusetzen, ist es denkbar, daß die Genehmigungen durch die Landesregulierungsbehörde unter Widerrufsvorbehalt erteilt werden und darauf gestützt eine rückwirkende Teiländerung der Genehmigung erfolgt (diesen Weg schlägt *Salje*, EnWG, § 71a, Rn. 16f. vor). Die Landesregulierungsbehörde kann ihre Genehmigung auch von der **Bedingung** (§ 36 II Nr. 2 VwVfG) abhängig machen, daß sich das zugrunde zu legende Entgelt nicht ändert. Die Genehmigung ist dann nur bis zur Veränderung der Grundlage wirksam und die notwendigen Anpassungen sind möglich. Inwieweit eine **Auflage** der Landesregulierungsbehörde gegenüber dem Netzbetreiber, die Netzentgelte entsprechend der Genehmigungen der Netzentgelte für vorgelagerte Netzebenen anzupassen, auf § 71a gestützt werden kann, wird in der Rechtsprechung zwar offen gelassen, aber sehr skeptisch beurteilt (*OLG Koblenz*, ZNER 2007, 182, 192, wobei unklar bleibt, warum die in der Entscheidung angesprochene generelle Ermächtigungsgrundlage in § 23a IV 1 nicht ausreichen soll). Die aus der Kompetenzverteilung zwischen Landesregulierungsbehörde und BNetzA folgende unbefriedigende Situation, daß ein bereits genehmigtes Entgelt unter Umständen mehrfach angepaßt werden muß, ist durch die verwaltungsrechtliche Umsetzung nicht lösbar. 3

§ 72 Vorläufige Anordnungen

Die Regulierungsbehörde kann bis zur endgültigen Entscheidung vorläufige Anordnungen treffen.

Übersicht

	Rn.
A. Allgemeines	1
B. Formelle Voraussetzungen	3
C. Materielle Voraussetzungen	4
D. Inhalt/Wirkung der Anordnung	7

A. Allgemeines

1 Die Vorschrift entspricht § 130 TKG (§ 78 TKG-1996). Nach der Gesetzesbegründung ist nicht nur § 130 TKG, sondern auch § 60 GWB in angepaßter Form übernommen worden (BT-Drucks. 15/3917, S. 71). Dies ist insoweit nicht präzise, als § 60 GWB einstweilige Anordnungen nur für bestimmte, in der Norm ausdrücklich aufgeführte Maßnahmen erlaubt, während § 72 EnWG und § 130 TKG **generell** einstweilige Anordnungen ermöglichen. Damit ist für die Regulierungsbehörde im Gegensatz zur Kartellbehörde ein möglichst **umfassend anwendbares Instrument** geschaffen worden, welches einstweilige Anordnungen immer dann ermöglicht, wenn ein praktisches Bedürfnis dafür besteht (*Mayen,* in: S/M, TKG, § 78, Rn. 3). Es wird nicht, wie etwa in § 123 I VwGO und § 935 ZPO, zwischen Sicherungsanordnung und Regelungsanordnung unterschieden und auch die Formulierung aus § 60 GWB, wonach die vorläufige Anordnung zum Zwecke der Regelung eines vorläufigen Zustands ergehen kann, findet sich in § 72 nicht. Eine Beschränkung auf bestimmte Formen der vorläufigen Anordnung besteht angesichts dieser Unterschiede nicht.

2 Die **Voraussetzungen** für eine vorläufige Anordnung sind, verglichen mit §§ 123 VwGO und 935 ZPO **im Gesetz kaum formuliert.** Der Wortlaut ist vielmehr der einer pauschalen Ermächtigungsgrundlage. Grenzen ergeben sich nach dem Wortlaut allein aus dem Merkmal „bis zur endgültigen Entscheidung" und aus den Grenzen der Ermessensausübung („kann").

B. Formelle Voraussetzungen

3 Die vorläufige Anordnung erfordert **keinen Antrag.** Es handelt sich nicht um ein Antragsverfahren i. S. v. § 22 VwVfG (*Mayen,* in: S/M, TKG, § 78, Rn. 15; diff. *Nübel,* in: BeckTKG-Komm, § 130, Rn. 3).

Vorläufige Anordnungen 4 § 72

Es kommt auch nicht darauf an, ob in der Hauptsache ein Verwaltungsverfahren bei der Regulierungsbehörde anhängig ist (ausführlich *Mayen,* in: S/M, TKG, § 78, Rn. 16 ff.; a. A. *K. Schmidt,* in: I/M, § 60, Rn. 4, wobei dieser Streit geringe praktische Bedeutung hat, weil es auch nach der engeren Auffassung genügt, wenn das Verfahren mit dem vorläufigen Ziel einer vorläufigen Anordnung eröffnet wurde, vgl. *K. Schmidt,* ebd.). Eine vorläufige Anordnung ist nach dem Wortlaut und dem Zweck der Norm entsprechend aber nur „bis zur endgültigen Entscheidung" möglich. Entscheidung meint hier jede denkbare Hauptsacheentscheidung der Behörde. Die Hauptsacheentscheidung wird erst mit dem rechtskräftigen Abschluß des Verwaltungsverfahrens endgültig und nicht bereits im Zeitpunkt der Entscheidung selbst, weshalb der Erlaß vorläufiger Anordnungen durch die Behörde **bis zur Bestandskraft** der Hauptsacheentscheidung möglich bleibt (str., wie hier *Mayen,* in: S/M, TKG, § 78, Rn. 24 f.; *K. Schmidt,* in: I/M, § 60, Rn. 25 jew. m. w. N.; a. A. *Nübel,* in: BeckTKG-Komm, § 130, Rn. 5; *Gurlit,* in: BerlK-TKG, § 130, Rn. 4). Praktisch relevant dürfte dies aber kaum sein, da die Hauptsacheentscheidung mangels aufschiebender Wirkung einer Beschwerde (§ 76 I) in der Regel ohnehin vollstreckbar ist. Nach Erlaß der Hauptsacheentscheidung besteht somit kaum Bedarf für vorläufige Anordnungen. Falls die Beschwerde aufschiebende Wirkung hat (vgl. § 76, Rn. 2 ff.), kann die Regulierungsbehörde die sofortige Vollziehung der Hauptsacheentscheidung unter den Voraussetzungen von § 77 I anordnen. Für die Anordnung sofortiger Vollziehung ist § 77 I lex specialis und eine solche Anordnung ist nur unter den dort genannten Voraussetzungen zulässig.

C. Materielle Voraussetzungen

Die Vorschrift enthält keine materiellen Voraussetzungen für den Erlaß einer einstweiligen Anordnung. Im Kartellrecht wird für § 60 GWB, der ebenfalls keine materiellen Vorgaben enthält, eine Analogie zu § 65 GWB und §§ 123 I VwGO, 32 BVerfGG und 935 ff. ZPO gebildet (*KG,* WuW/E OLG 4640, 4642; zusammenfassend *K. Schmidt,* in: I/M, § 60, Rn. 11; *Bechtold,* Kartellgesetz, § 60, Rn. 7). Für die telekommunikationsrechtliche Parallelnorm des § 130 TKG wird dies teilweise ebenso gesehen (*Nübel,* in: BeckTKG-Komm, § 130, Rn. 6), während die Gegenauffassung eine solche Analogie ablehnt (*Mayen,* in: S/M, TKG, § 78, Rn. 27 ff.). Die BNetzA hat § 130, TKG und § 123 VwGO entsprechend herangezogen (*BNetzA,* B. v. 5. 4. 2006 – BK7-06-008). Wesentliche inhaltliche Unterschiede ergeben sich aus diesen Auffassungen nicht. Nach allen Auffassungen ist eine **Interessenabwägung** vorzunehmen 4 und es muß ein **besonderes öffentliches Interesse** oder ein **überwiegendes privates Interesse** an der vorzeitigen Entscheidung der Regulierungsbehörde bestehen (vgl. i. E. *Salje,* EnWG, § 72, Rn. 9; *Mayen,* in: S/M, TKG, § 78, Rn. 34; *Nübel,* in: BeckTKG-Komm, § 130, Rn. 8; *K. Schmidt,* in: I/M, § 60, Rn. 12). Das öffentliche oder private Interesse muß Vorrang vor dem allgemeinen Grundsatz haben, daß eine Entscheidung erst nach Entscheidungsreife zu treffen ist, was nur im Rahmen einer **einzelfallbezogenen Abwägung** beurteilt werden kann. Die mit der einstweiligen Anordnung abzuwehrenden Nachteile müssen zumindest von „einigem Gewicht" sein (*BNetzA,* B. v. 5. 4. 2006 – BK7-06-008). Zu berücksichtigen ist dabei auch der voraussichtliche Ausgang der Hauptsache (*BNetzA,* B. v. 5. 4. 2006 – BK7-06-008; *Mayen,* in: S/M, TKG, § 78, Rn. 46 ff.; *K. Schmidt,* in: I/M, § 60, Rn. 13).

5   Eine **Vorwegnahme der Hauptsache** darf durch die vorläufige Anordnung grundsätzlich nicht erfolgen (*Nübel,* in: BeckTKG-Komm, § 130, Rn. 13 f.). Aus verfassungsrechtlichen Gründen ist eine solche Vorwegnahme jedoch möglich und gegebenenfalls geboten, wenn anderenfalls nicht abwendbare, unzumutbar schwere Nachteile drohen (zuletzt *BVerfGE* 94, 166, 216). Diese, auf Art. 19 Abs. 4 GG gestützte verfassungsgerichtliche Rechtsprechung gilt auch für die regulierungsbehördliche einstweilige Anordnung, insbesondere im Hinblick auf die Gerichtsförmigkeit des energieverwaltungsrechtlichen Verfahrens (vgl. vor § 65, Rn. 3).

6   Im Rahmen der behördlichen **Ermessensausübung** („kann") ist auch der Verhältnismäßigkeitsgrundsatz zu wahren. Erforderlich sind einstweilige Anordnungen, wenn der drohende Nachteil nur durch die einstweilige Anordnung abgewendet werden kann. Es scheiden somit solche Nachteile zur Rechtfertigung einer einstweiligen Anordnung aus, die auch nach Abschluß des Hauptsacheverfahrens noch behoben werden können. Hinzu treten muß die Angemessenheit der konkreten einstweiligen Anordnung.

D. Inhalt/Wirkung der Anordnung

7   Inhalt einer vorläufigen Anordnung kann **jede Entscheidung** sein, die von der Regulierungsbehörde generell getroffen werden kann. Umfaßt sind sowohl begünstigende und belastende Anordnungen als auch Feststellungen (*Mayen,* in: S/M, TKG, § 78, Rn. 67 f.). Ausgenommen sind lediglich die in den Anwendungsbereich der Spezialregelung des § 77 fallende Anordnung der sofortigen Vollziehung bzw. die Aussetzung der Vollziehung. Eine vorläufige Anordnung kann bereits ihrem

Zweck nach nur für einen begrenzten Zeitraum bis zur Hauptsacheentscheidung Bestand haben. In Anlehnung an § 75 VwGO wird zu Recht auf einen „angemessenen Zeitraum" abgestellt (*Mayen,* in: S/M, TKG, § 78, Rn. 71). Diese sicherlich wenig präzise Anforderung erfordert eine Betrachtung des jeweiligen Einzelfalls. Berücksichtigung kann für die Bestimmung des angemessenen Zeitraums insbesondere die Komplexität der Hauptsacheentscheidung finden.

Die **Beschwerde** gegen eine vorläufige Anordnung der Regulierungsbehörde hat keine aufschiebende Wirkung, es sei denn, die vorläufige Anordnung betrifft die Durchsetzung von Entflechtungsverpflichtungen aus den §§ 7 oder 8 (vgl. § 76, Rn. 2). 8

§ 73 Verfahrensabschluss, Begründung der Entscheidung, Zustellung

(1) ¹**Entscheidungen der Regulierungsbehörde sind zu begründen und mit einer Belehrung über das zulässige Rechtsmittel den Beteiligten nach den Vorschriften des Verwaltungszustellungsgesetzes zuzustellen.** ²**§ 5 Abs. 4 des Verwaltungszustellungsgesetzes und § 178 Abs. 1 Nr. 2 der Zivilprozessordnung sind entsprechend anzuwenden auf Unternehmen und Vereinigungen von Unternehmen.** ³**Entscheidungen, die gegenüber einem Unternehmen mit Sitz im Ausland ergehen, stellt die Regulierungsbehörde der Person zu, die das Unternehmen der Regulierungsbehörde als im Inland zustellungsbevollmächtigt benannt hat.** ⁴**Hat das Unternehmen keine zustellungsbevollmächtigte Person im Inland benannt, so stellt die Regulierungsbehörde die Entscheidungen durch Bekanntmachung im Bundesanzeiger zu.**

(2) **Soweit ein Verfahren nicht mit einer Entscheidung abgeschlossen wird, die den Beteiligten nach Absatz 1 zugestellt wird, ist seine Beendigung den Beteiligten schriftlich mitzuteilen.**

(3) **Die Regulierungsbehörde kann die Kosten einer Beweiserhebung den Beteiligten nach billigem Ermessen auferlegen.**

Übersicht

	Rn.
A. Allgemeines	1
B. Verfahrensbeendigung durch Entscheidung (§ 73 I)	2
I. Entscheidung	2
II. Schriftform/Begründung	7
III. Rechtsmittelbelehrung/Zustellung	9
IV. Fehlerfolgen	12
C. Verfahrensabschluß ohne Entscheidung (§ 73 II)	15
D. Kostenregelung (§ 73 III)	16

A. Allgemeines

1 Nach der unvollständigen Gesetzesbegründung (BT-Drucks. 15/13917, S. 71) „übernehmen" § 73 I und II die § 61 I und II GWB und § 131 I und II TKG (§ 79 TKG-1996). Unerwähnt bleibt, daß § 73 I 2 in den übernommenen Normen nicht existiert und neu eingefügt wurde. § 73 III ist identisch mit § 131 III TKG. Die Vorschrift regelt den **Abschluß** des energiewirtschaftsrechtlichen **Verwaltungsverfahrens,** wozu auch die Auferlegung von Kosten einer Beweiserhebung nach § 73 III gehören kann. Vorgeschrieben sind unterschiedliche Form- und Verfahrensanforderungen für „Entscheidungen" i. S. d. § 73 I einerseits und für verfahrensbeendende Handlungen nach § 73 II, die keine Entscheidungen sind, andererseits.

B. Verfahrensbeendigung durch Entscheidung (§ 73 I)

I. Entscheidung

2 Die besonderen Form- und Verfahrensanforderungen nach § 73 I sind einzuhalten, wenn es sich um eine **„Entscheidung" i. S. d. § 73 I** handelt. Dies ist ohne weiteres der Fall, wenn bereits im Gesetz selbst ausdrücklich von einer Entscheidung der Regulierungsbehörde die Rede ist. Dies betrifft z. B. Entscheidungen nach § 29 I (und damit auch deren Änderung nach § 29 II) oder Entscheidungen über Gewährung von Akteneinsicht (§ 71).

3 Soweit im Gesetz nicht ausdrücklich der Begriff Entscheidung verwendet wird, kommt es darauf an, welche Handlungen als Entscheidung i. S. d. § 73 I einzuordnen sind. Da **Entscheidung** ein sehr **weiter Begriff** ist, der je nach Verständnis praktisch jede willentliche, bewußte Handlung erfassen kann, ist der Wortlaut allein wenig ergiebig.

4 In der **Gesetzesbegründung** findet sich keine Erwägung zum Entscheidungsbegriff, sondern allein der pauschale **Verweis** auf die **§§ 131 TKG und 61 GWB**, die der Gesetzgeber „übernehmen" wollte (Rn. 1), ohne dies näher zu erläutern. Beide Normen stellen im Ergebnis, trotz unterschiedlicher Begrifflichkeiten, darauf ab, ob ein Verwaltungsakt vorliegt. In **§ 61 GWB** ist nicht von Entscheidungen, sondern von „Verfügungen" die Rede. Der kartellverfahrensrechtliche Begriff der Verfügung deckt sich mit dem verwaltungsverfahrensrechtlichen Begriff des **Verwaltungsaktes** gemäß § 35 VwVfG (vgl. *BGHZ* 55, 40 ff.; *K. Schmidt,* in: I/M, § 61, Rn. 2).

Hinsichtlich der zweiten laut Gesetzesbegründung übernommenen 5
Vorschrift, **§ 131 I TKG**, ist im Ergebnis ebenfalls davon auszugehen,
daß die **Verwaltungsaktsqualität** das entscheidende Abgrenzungskriterium ist. In § 131 TKG wird zwar, wie im EnWG, der Begriff „Entscheidungen" verwendet. Dessen Vorgängervorschrift, § 79 I TKG-1996, bezog sich noch auf „Entscheidungen der Beschlußkammer", wobei es sich qua gesetzlicher Definition (§ 73 I 2 TKG-1996) um Verwaltungsakte handelte. In § 131 I TKG ist zwar nunmehr allgemeiner von Entscheidungen der Regulierungsbehörde die Rede. Dafür, der Gesetzgeber mit dieser Änderung vom Verwaltungsakt als Kriterium abrücken wollte, gibt es keine Anzeichen. Vielmehr wird die allgemein im TKG vorgenommene Zuweisung von Befugnissen der Beschlußkammern zur Regulierungsbehörde ausdrücklich als „einzige Änderung" bezeichnet (vgl. BT-Drucks. 15/2316, S. 100; *Nübel,* in: Beck-TKG-Komm, § 131, Rn. 1; ohne Begründung von Verwaltungsaktsqualität ausgehend *Ruffert,* in: BerlK-TKG, § 131, Rn. 1).

Eine weite Interpretation des Entscheidungsbegriffs, die nicht nur 6
Verwaltungsakte, sondern alle Entscheidungen der Regulierungsbehörde unter § 73 I subsumieren würde, hätte außerdem zur Folge, daß es (so gut wie) keine Verfahren mehr gäbe, die nicht mit einer Entscheidung abgeschlossen werden. Ein Anwendungsbereich für § 73 II würde (so gut wie) nicht mehr existieren. Deshalb spricht auch eine systematische Interpretation dafür, den Begriff der Entscheidung auf Verwaltungsakte zu begrenzen. Schließlich ist auch die Entscheidung, wie die Verfügung, ein Beispiel für eine hoheitliche Maßnahme in der gesetzlichen Definition des Verwaltungsaktes in § 35 VwVfG (vgl. *K/S,* VwGO, Anh. § 42, Rn. 13). Somit liegt eine „Entscheidung" i. S. d. § 73 I vor, wenn es sich um einen **Verwaltungsakt i. S. d. § 35 VwVfG** handelt (*BGH,* B. v. 19. 6. 2007 – KVR 16/06; vgl. auch *Salje,* EnWG, § 73, Rn. 4, der aber auch die Mitteilung über die Verfahrenseinstellung als Verwaltungsakt einordnet, ebd. Rn. 9, weshalb die Abgrenzung des Anwendungsbereichs von § 73 I und II dunkel bleibt). Davon erfaßt sind auch Entscheidungen im Nebenverfahren, etwa Auskunftsverlangen nach § 69 (*BGH,* B. v. 19. 6. 2007 – KVR 16/06).

II. Schriftform/Begründung

Schriftform ist nicht ausdrücklich vorgeschrieben, wird aber von 7
der Norm vorausgesetzt (vgl. *OLG Stuttgart,* WuW/E OLG 4211; *K. Schmidt,* in: I/M, GWB, § 61, Rn. 12). Diesbezüglich gelten die Anforderungen des § 37 III VwVfG.

8 Auch die **Begründung** hat schriftlich zu erfolgen. Sie ist in § 73 I für **alle Entscheidungen** vorgeschrieben, weshalb die Ausnahmen von der Begründungspflicht aus § 39 II VwVfG keine Anwendung finden. Zur Bestimmung des **Umfangs** der Begründung kann jedoch auf § 39 I VwVfG zurückgegriffen werden (vgl. *BGH,* WuW/E BGH 2967, 2970; *KG,* WuW/E OLG 2053, 2060). Danach sind die wesentlichen tatsächlichen und rechtlichen Gründe mitzuteilen, welche die Behörde zu ihrer Entscheidung bewogen haben. Bei Ermessensentscheidungen soll die Begründung zudem die Gesichtspunkte erkennen lassen, von denen die Regulierungsbehörde bei der Ausübung ihres Ermessens ausgegangen ist. Insgesamt muß die Begründung so vollständig sein, daß sie dem Betroffenen und dem Beschwerdegericht eine Überprüfung in rechtlicher und tatsächlicher Hinsicht ermöglicht (*BGH,* WuW/E BGH 2231 f.; *OLG Düsseldorf,* WuW/E OLG 1820, 1821; *Bracher,* in: FK, § 61 GWB 1999, Rn. 13).

III. Rechtsmittelbelehrung/Zustellung

9 Entscheidungen **müssen** eine **Rechtsmittelbelehrung enthalten.** Darin ist zu informieren über das einschlägige Rechtsmittel, die einzuhaltende Frist, den Zwang zur Schriftform, die Stelle, bei der das Rechtsmittel einzulegen ist (§ 78 I), über die Notwendigkeit der Begründung des Rechtsmittels und die diesbezügliche Frist (§ 78 III und IV) sowie über den Vertretungszwang (§ 78 V).

10 Die Regulierungsbehörde ist **verpflichtet,** ihre **Entscheidungen** i. S. v. § 73 I 1 nach den Vorschriften des VwZG des Bundes in der jeweils gültigen Fassung **förmlich zuzustellen.** Deshalb genügt eine formlose Übersendung der Entscheidung oder die anderweitige Kenntnisnahme durch einen Betroffenen nicht. Nach § 73 I 2 sind § 5 IV VwZG und § 178 I Nr. 2 ZPO auf Unternehmen und Vereinigungen von Unternehmen entsprechend anzuwenden. Das ermöglicht die Zustellung gegenüber den Genannten durch Empfangsbekenntnis (§ 5 IV VwZG) oder die Zustellung an eine in den Geschäftsräumen beschäftigte Person (§ 178 I Nr. 2 ZPO).

11 In § 73 I 3 und 4 wird die Zustellung gegenüber **Unternehmen mit Sitz im Ausland** erleichtert. Sie kann gegenüber einer Person erfolgen, die von dem Unternehmen als im Inland zustellungsbevollmächtigt benannt wurde. Mangelt es an der Benennung eines solchen Zustellungsbevollmächtigten, ist die Entscheidung durch Veröffentlichung im Bundesanzeiger zuzustellen. Da diesbezüglich kein Ermessen der Behörde besteht, setzt eine wirksame Zustellung in diesen Fällen die Veröffentlichung im Bundesanzeiger voraus. Eine zusätzliche formlose Bekanntmachung der Entscheidung gegenüber dem betroffenen Unternehmen bleibt dadurch unbenommen. An einem Verfahren beteiligte Unternehmen mit Sitz im Ausland sind bereits vor der Entscheidung darauf hinzuweisen, dass bei Nichtbenennung eines Zustellungsbevollmächtigten die Zustellung durch Veröffentlichung im Bundesanzeiger erfolgt, damit sie Gelegenheit haben, einen Zustellungsbevollmächtigten zu benennen.

IV. Fehlerfolgen

Fehlt es an den Erfordernissen, die § 37 III VwVfG an einen **schriftlichen Verwaltungsakt** stellt, so ist zu unterscheiden: Wenn die erlassende Behörde nicht erkennbar ist, so ist die Entscheidung nach § 44 II Nr. 1 VwVfG nichtig, im übrigen dürfte eine Aufhebung im gerichtlichen Verfahren nach § 46 VwVfG jedoch nicht in Betracht kommen (*Bracher,* in: FK, § 61 GWB 1999, Rn. 23).

Das **Fehlen** einer **Begründung** kann nach § 45 II VwVfG bis zum Abschluß des Verfahrens vor dem Beschwerdegericht geheilt werden (*Bracher,* in: FK, § 61 GWB 1999, Rn. 24). Die durch Verfahrensvorgaben wie die Begründungspflicht verfolgten Zwecke können bei einer so späten Nachholung allerdings nicht mehr erreicht werden. Ihre Rechtsschutzfunktion kann die im gerichtlichen Verfahren nachgeholte Begründung kaum noch erfüllen. Dies ist jedoch angesichts eines weiten gesetzgeberischen Spielraums noch verfassungsgemäß (*K/R,* VwVfG, § 45, Rn. 5).

Fehlt eine **Rechtsmittelbelehrung** oder ist sie unvollständig, hindert dies den Lauf der Rechtsmittelfrist gegenüber denjenigen, die keine oder eine unvollständige Belehrung erhalten haben (*OLG München,* WuW/E OLG 1033, 1036). Entsprechend § 58 VwGO (*Salje,* EnWG, § 73, Rn. 8) ist, unabhängig von der Rechtsmittelbelehrung, die maximale Frist zur Einlegung eines Rechtsmittels ein Jahr ab Zustellung (*K. Schmidt,* in: I/M, § 61, Rn. 17; *Nübel,* in: BeckTKG-Komm, § 131, Rn. 8). **Zustellungsmängel** können durch eine korrekte förmliche Zustellung oder durch den Nachweis, daß die Nachricht auf andere Weise empfangen wurde (§ 9 VwZG) behoben werden (*BGH,* B. v. 19. 6. 2007 – KVR 16/06; *Nübel,* in: BeckTKG-Komm, § 131, Rn. 8).

C. Verfahrensabschluß ohne Entscheidung (§ 73 II)

Ist eine verfahrensbeendende Handlung **kein Verwaltungsakt** und liegt damit keine Entscheidung vor (vgl. oben Rn. 3 ff.), findet § 73 II

Anwendung. Bloße Mitteilungen einer Behörde sind mangels Regelung ebensowenig ein Verwaltungsakt (*BVerwGE* 75, 109, 113; *K/R,* VwVfG, § 35, Rn. 50; vgl. auch *Becker,* in: L/M/R, KartellR, § 61, Rn. 1) wie die Verfahrenseinstellung selbst, soweit es um von Amts wegen eingeleitete Verfahren geht (*K/R,* VwVfG, § 9, Rn. 35; a. A. *Salje,* EnWG, § 73, Rn. 9, der allgemein in der Mitteilung der Verfahrenseinstellung eine Regelung sieht). Von der Auffangregelung des § 73 II sind also insbesondere **Einstellungen** erfaßt, wenn es sich um ein Amtsverfahren handelt. Auf Antragsverfahren ist § 73 II nicht anzuwenden, denn solange ein Antrag gestellt ist, muß er mittels einer Entscheidung beschieden werden. Eine Einstellung beendet in diesen Fällen das Verfahren nicht (vgl. *K. Schmidt,* in: I/M, § 61, Rn. 24). Erfaßt sind aber andere verfahrensbeendende Ereignisse ohne Verwaltungsaktscharakter, etwa die Beendigung durch Rücknahme eines Antrags, sowie auch jede andere faktische endgültige Beendigung der Tätigkeit der Regulierungsbehörde in einem einmal eingeleiteten Verfahren (vgl. *Bracher,* in: FK, § 61 GWB 1999, Rn. 31; *Höch/Göge,* RdE 2006, 340, 345). Die Beendigung des Verfahrens auf andere Weise als durch Entscheidung ist schriftlich mitzuteilen. In § 31 IV 1 ist eine parallele Regelung enthalten, die allerdings neben der schriftliche Mitteilung noch die elektronische Mitteilung erlaubt. Dies betrifft jedoch nur Verfahren nach § 31, weil es sich bei § 31 IV um „besondere Verfahrensvorschriften" handelt (BT-Drucks. 15/13917, S. 63), die deshalb einer Verallgemeinerung nicht zugänglich sind.

D. Kostenregelung (§ 73 III)

16 Die Regelung des § 73 III ist mit § 31 IV 1 wortlautidentisch, der als besondere Verfahrensregelung nur für Verfahren nach § 31 gilt (oben Rn. 15). Sie betrifft ausschließlich die Auferlegung der **Kosten** einer **Beweiserhebung.** Hat eine Beweisaufnahme stattgefunden, steht es im Ermessen („kann") der Regulierungsbehörde, ob sie Kosten auferlegt und welche Beteiligten diese zu tragen haben. Dabei kann, insbesondere angesichts des justizförmigen Verfahrens (vgl. vor § 65 Rn. 3), auf allgemeine prozessuale Kostengrundsätze zurückgegriffen werden (vgl. *Lammich,* in: Manssen, TKM, § 131 TKG-2004, Rn. 26). Eine Kostenauferlegung ist nicht nur in Ausnahmefällen, etwa wegen Mißbrauchs, möglich (in diese Richtung aber *Kerkhoff,* in: BeckTKG-Komm, 2. Aufl., § 79, Rn. 21; wie hier *Ruffert,* in: BerlK-TKG, § 131, Rn. 15). Zu berücksichtigen ist in Anlehnung an § 154 II VwGO, § 96 ZPO die Veranlassung einer Beweisaufnahme, etwa wenn ein Antragsteller in einem Antragsverfahren nach der Beweisaufnahme seinen Antrag zurücknimmt (vgl. *Lammich,* in: Manssen, TKM, § 131 TKG-2004, Rn. 26).

Eine Regelung hinsichtlich **weiterer Kosten** (Gebühren und Auslagen, vgl. § 91 I) findet sich in § 91. Darin sind die Leistungen der Regulierungsbehörde aufgezählt, für die Kosten erhoben werden. Eine Auferlegung von Kosten allein aufgrund des VwKostG ist hingegen nicht möglich. Nach der Rechtsprechung ist das VwKostG nur anwendbar, wenn und soweit im jeweiligen Sachgesetz die kostenpflichtigen Tatbestände bestimmt sind (*BVerwG,* DÖV 1985, 110, 111). Deshalb sind alle **Handlungen** der Regulierungsbehörde **kostenfrei,** soweit das EnWG dafür keine Kostenpflichtigkeit bestimmt. 17

§ 74 Veröffentlichung von Verfahrenseinleitungen und Entscheidungen

¹**Die Einleitung von Verfahren nach § 29 Abs. 1 und 2 und Entscheidungen der Regulierungsbehörde auf der Grundlage des Teiles 3 sind auf der Internetseite und im Amtsblatt der Regulierungsbehörde zu veröffentlichen.** ²**Im Übrigen können Entscheidungen von der Regulierungsbehörde veröffentlicht werden.**

Die Vorschrift entspricht in angepaßter Form § 62 GWB (BT-Drucks. 15/3917, S. 71). Es besteht nach § 74 1 die **Pflicht** der Regulierungsbehörde **zur Veröffentlichung** von Verfahrenseinleitungen (Verfahren nach § 29 I und II) sowie von allen Entscheidungen, die auf er Grundlage von Teil 3 des EnWG (Regulierung des Netzbetriebs, §§ 11–35) ergehen. Voraussetzung ist lediglich der Erlaß der Entscheidung, nicht erst ihre Bestandskraft (*K. Schmidt,* in: I/M, § 62, Rn. 7). Vorgeschrieben ist nur die Veröffentlichung des Entscheidungstenors, wozu auch die Nennung der Unternehmen gehört, nicht aber der Begründung (*Salje,* EnWG, § 74, Rn. 8). 1

Während nach dem GWB die Veröffentlichung im (elektronischen) Bundesanzeiger zu erfolgen hat, sind hier die **Internetseiten** der Regulierungsbehörde sowie ihr **Amtsblatt** vorgesehen. Die Veröffentlichung hat in beiden Medien („und") zu geschehen. Andere Wege der Veröffentlichung sind damit nicht ausgeschlossen, etwa die Veröffentlichung in juristischen Fachpublikationen. Hinsichtlich aller nicht in § 74 1 genannten Entscheidungen steht eine Veröffentlichung nach § 74 2 im Ermessen der Regulierungsbehörde. 2

Abschnitt 2. Beschwerde

Vorbemerkung

1 Der in den §§ 75 ff. normierte Rechtsschutz orientiert sich weitgehend am Rechtsschutzsystem des GWB. Das Beschwerdeverfahren der §§ 75 ff. dient dem **Verwaltungsrechtsschutz,** der jedoch für energiewirtschaftsrechtliche Verwaltungssachen in § 75 IV in Übernahme von § 63 IV GWB ausdrücklich der **ordentlichen Gerichtsbarkeit** zugewiesen ist. Nach § 40 I 1 VwGO ist die verwaltungsgerichtliche Zuständigkeit damit umfassend verdrängt (vgl. *K. Schmidt,* in: I/M, § 63, Rn. 1). Auch im Beschwerderecht wird deutlich, daß neben den Interessen Privater auch **öffentliche Interessen** Bedeutung haben. Deshalb ist, wie im Kartellrecht, der Untersuchungsgrundsatz normiert (§ 70), der prinzipiell in all den Verfahren Anwendung findet, deren Gegenstände in besonderer Weise auch öffentliche Interessen berühren (vgl. *Schenke,* Verwaltungsprozeßrecht, Rn. 21). Das gesetzgeberische Bestreben, mit dem EnWG eine beschleunigte Umsetzung der netzbezogenen Regulierung zu erreichen, zeigt sich beispielhaft in der gegenüber der Parallelnorm im GWB halbierten Beschwerdebegründungsfrist in § 78 III (*OLG Düsseldorf,* ZNER 2006, 258, 264).

2 Die Zuweisung zur ordentlichen Gerichtsbarkeit steht im Gegensatz zu allen anderen Zuständigkeitsbereichen der BNetzA (Telekommunikation, Post, Eisenbahn), für die jeweils der Rechtsweg zu den Verwaltungsgerichten eröffnet ist. Nicht nur für das EnWG (vgl. *Holznagel/Werthmann,* ZNER 2004, 17 ff.; *Becker,* ZNER 2004, 130 ff.), auch im Rahmen der Änderung des TKG, war über den Rechtsweg diskutiert worden (vgl. etwa *Möschel/Haug,* MMR 2003, 505, 507 f.; *Holznagel,* MMR 2003, 513 f.). Während sich der Gesetzgeber hinsichtlich des TKG im Jahre 2004 für die Beibehaltung des Verwaltungsrechtswegs entschied, kam er ein Jahr später für das EnWG zu einem anderen Ergebnis (berechtigte Kritik daran bei *Eder/de Wyl/Becker,* ZNER 2004, 3, 10; der BR hatte im Gesetzgebungsverfahren für eine Mischlösung plädiert, vgl. BT-Drucks. 15/3917, S. 93).

3 Rechtsschutz in energiewirtschaftsrechtlichen Fragen wird grundsätzlich durch die nach dem EnWG zuständigen Gerichte gewährt. Etwas anderes kann sich ergeben, wenn nicht eine Regulierungsbehörde, also weder die BNetzA noch eine Landesregulierungsbehörde, handelt. Möglich ist dies in den Fällen des § 49, in dem die „nach Landesrecht zuständige Behörde" zu Maßnahmen ermächtigt wird. Ist dies nach Landesrecht nicht die Landesregulierungsbehörde, so greift die abdrängende Spezialzuweisung des § 75 nicht und es ist der Verwaltungsrechtsweg eröffnet (vgl. *Salje,* EnWG, § 75, Rn. 2). Davon ging die BReg im Gesetzgebungsverfahren aus (BT-Drucks. 15/4048, S. 9 im Zusammenhang mit der Stellungnahme des BR zu § 75, BT-Drucks. 15/3917, S. 93 f.).

Die unterschiedlichen Rechtswege für die verschiedenen Zuständigkeitsbereiche der BNetzA haben **wesentliche Unterschiede,** etwa bezüglich der Regelungen zur Akteneinsicht, zur Folge. Außerdem ist die gerichtliche Kontrolldichte hinsichtlich des behördlichen Ermessens nach dem EnWG (§ 83 V) und nach dem Kartellrecht wesentlich höher als nach den verwaltungsprozessualen Vorgaben gem. § 114 VwGO (vgl. § 83, Rn. 20 f.). Zudem besteht die Gefahr, daß sich unterschiedliche Rechtsprechung zu Fragen des Regulierungsrechts bildet, die in allen Zuständigkeitsbereichen der Regulierungsbehörde relevant sind. Auch deshalb wäre ein einheitlicher Rechtsweg zumindest für die im Zuständigkeitsbereich der BNetzA liegenden Materien wünschenswert. 4

§ 75 Zulässigkeit, Zuständigkeit

(1) ¹**Gegen Entscheidungen der Regulierungsbehörde ist die Beschwerde zulässig.** ²**Sie kann auch auf neue Tatsachen und Beweismittel gestützt werden.**

(2) **Die Beschwerde steht den am Verfahren vor der Regulierungsbehörde Beteiligten zu.**

(3) ¹**Die Beschwerde ist auch gegen die Unterlassung einer beantragten Entscheidung der Regulierungsbehörde zulässig, auf deren Erlass der Antragsteller einen Rechtsanspruch geltend macht.** ²**Als Unterlassung gilt es auch, wenn die Regulierungsbehörde den Antrag auf Erlass der Entscheidung ohne zureichenden Grund in angemessener Frist nicht beschieden hat.** ³**Die Unterlassung ist dann einer Ablehnung gleich zu achten.**

(4) ¹**Über die Beschwerde entscheidet ausschließlich das für den Sitz der Regulierungsbehörde zuständige Oberlandesgericht, in den Fällen des § 51 ausschließlich das für den Sitz der Bundesnetzagentur zuständige Oberlandesgericht, und zwar auch dann, wenn sich die Beschwerde gegen eine Verfügung des Bundesministeriums für Wirtschaft und Technologie richtet.** ²**§ 36 der Zivilprozessordnung gilt entsprechend.**

Übersicht

	Rn.
A. Arten der Beschwerde	1
I. Anfechtungsbeschwerde (§ 75 I 1)	3
II. Verpflichtungsbeschwerde (§ 75 III)	8
III. Fortsetzungsfeststellungsbeschwerde	11
IV. Allgemeine Leistungsbeschwerde	12
V. Rücknahme einer Beschwerde	14
B. Berücksichtigung neuer Tatsachen und Beweismittel (§ 75 I 2)	15
C. Beschwerdegericht (§ 75 IV)	17

A. Arten der Beschwerde

1 Die Vorschrift entspricht § 63 GWB und enthält wie dieser nur eine **unvollständige Regelung** der zulässigen Beschwerdearten. Gesetzlich geregelt sind nur die **Anfechtungsbeschwerde** (§ 75 I) und die **Verpflichtungsbeschwerde** (§ 75 III) sowie die **Fortsetzungsfeststellungsbeschwerde** (§ 83 II 2). Diese unvollständige Regelung ist hinsichtlich der Beschwerdearten in Anlehnung an Regeln der VwGO zu ergänzen (*K. Schmidt,* in: I/M, § 63, Rn. 3). Für das Kartellrecht ist mittlerweile zu Recht weitgehend anerkannt, daß **weitere Beschwerdearten notwendig** sind, insbesondere um den durch Art. 19 IV GG vorgeschriebenen lückenlosen Rechtsschutz zu gewährleisten (in der Rspr. grundlegend *BGHZ* 117, 209; vgl. außerdem *K. Schmidt,* in: I/M, § 63, Rn. 5; *Meyer-Lindemann,* in: FK, § 63 GWB 1999, Rn. 6, jew. m. w. N.). Der Beschwerdeführer muß im Hinblick auf jede von Art. 19 IV GG erfaßte Rechtsverletzung Rechtsschutz erlangen können, nicht nur gegen den Erlaß oder die Unterlassung von Entscheidungen (vgl. *BGHZ* 117, 209, 211). Da der Gesetzgeber die kartellrechtlichen Regelungen für das EnWG in Kenntnis der inzwischen gefestigten Rechtsprechung zur Existenz weiterer Beschwerdearten übernommen hat, ist diese Rechtsprechung zumindest für das Energiewirtschaftsrecht auch vom Gesetzgeber sanktioniert.

2 **Anerkannt** ist vor diesem Hintergrund mittlerweile die **allgemeine Leistungsbeschwerde** (so ausdrücklich *OLG Düsseldorf,* WuW/E DE-R 924, 925, das aber betont, das diese nur dann zugebilligt werden kann, wenn sonst kein effektiver Rechtsschutz erlangt werden kann und im konkreten Fall auf einen Anspruch nach dem IFG verweist; für eine allg. Leistungsbeschwerde auch *K. Schmidt,* in: I/M, § 63, Rn. 9; *Bechtold,* Kartellgesetz, § 63, Rn. 11; i. E. wohl auch *Salje,* EnWG, § 75, Rn. 19).

Nicht anerkannt ist hingegen die Statthaftigkeit einer **allgemeinen Feststellungsbeschwerde** (abl. etwa *KG*, WuW/E OLG 151, 1518; 3685, 3697), was insbesondere daran liegt, daß ihr im Kartellrecht bislang keine praktische Bedeutung zukam (*Meyer-Lindemann*, in: FK, § 63, GWB 1999, Rn. 7). Aufgrund der anerkannten Argumentation zur allgemeinen Leistungsbeschwerde auf der Basis von Art. 19 IV GG kann eine Feststellungsbeschwerde jedoch nicht generell ausgeschlossen werden (*Bechtold*, Kartellgesetz, § 63, Rn. 12). Im – allerdings eventuell rein theoretischen – Fall, daß nur durch eine Feststellungsbeschwerde effektiver Rechtsschutz gegen die Verletzung eines subjektiven Rechts erlangt werden kann, ist die Feststellungsbeschwerde als subsidiäre Beschwerdeart zulässig (*Meyer-Lindemann*, in: FK, § 63 GWB 1999, Rn. 7; weitergehend *K. Schmidt*, in: I/M, § 63, Rn. 11; abl. wohl *Salje*, EnWG, § 75, Rn. 21).

I. Anfechtungsbeschwerde (§ 75 I 1)

Die Anfechtungsbeschwerde nach § 75 I richtet sich gegen **Entscheidungen.** Damit sind zunächst alle Fälle erfaßt, in denen das Gesetz selbst ausdrücklich von Entscheidungen spricht. Daneben ist die Anfechtungsbeschwerde bei allen Entscheidungen i. S. d. § 73 I und damit immer, wenn es sich um einen **Verwaltungsakt** (vgl. § 73, Rn. 6) der Regulierungsbehörde handelt, die richtige Beschwerdeart. Eine Unterscheidung zwischen Anfechtung einer rechtswidrigen Entscheidung und der Nichtigkeitsfeststellung wie in der VwGO (vgl. § 43 VwGO) gibt es nicht. Die Anfechtungsbeschwerde kann sich deshalb auch auf Nichtigkeitsgründe stützen (*Meyer-Lindemann*, in: FK, § 63 GWB 1999, Rn. 12). Eine Sonderregelung wie in § 44a VwGO für behördliche Verfahrenshandlungen gibt es im EnWG nicht, weshalb diese Handlungen gemäß den allgemeinen Regeln mit der Anfechtungsbeschwerde angegriffen werden können, wenn es sich um eine Entscheidung im Sinne der Norm handelt.

Beschwerdebefugt sind nach § 75 II alle Verfahrensbeteiligten, womit die Beschwerdebefugnis allein von der formalen **Beteiligtenstellung** nach § 66 II abhängt (*Salje*, EnWG, § 75, Rn. 24) und es auf die Geltendmachung einer Rechtsverletzung nicht ankommt (*Sauerland*, RdE 2007, 153, 157; *Meyer-Lindemann*, in: FK, § 63 GWB 1999, Rn. 32 f. m. w. N. auch zur vereinzelt vertretenen Gegenauffassung). Nicht Beigeladene, die möglicherweise in ihren Rechten verletzt wurden, sind analog § 75 III 1 sowie § 42 II VwGO ebenfalls beschwerdebefugt (vgl. *KG*, WuW/E OLG 2720, 2722; *Meyer-Lindemann*, in: FK, § 63 GWB 1999, Rn. 34; *K. Schmidt*, in: I/M, § 63, Rn. 22; zurückhaltender *Bechtold,* Kartellgesetz, § 63, Rn. 5). Wer geltend macht, in seinen Rechten verletzt zu sein, muß also nicht auf den Weg einer nachträglichen Beiladung durch die Regulierungsbehörde gezwungen werden (*K. Schmidt,* in: I/M, § 63, Rn. 22 m. w. N.; in diese Richtung aber wohl *Salje,* EnWG, § 75, Rn. 27). Dies ist auch im Hinblick auf Art. 19 IV GG geboten.

5   Darüber weit hinausgehend hat der *BGH* für das Kartellrecht in ergänzender Auslegung von § 63 II GWB den Kreis Beschwerdebefugter ausgedehnt: Liegen die Voraussetzungen einer einfachen Beiladung vor und wurde der Antrag auf Beiladung allein aus Gründen der Verfahrensökonomie abgelehnt (vgl. § 67, Rn. 17) und kann der Betroffene geltend machen, daß ihn die behördliche Entscheidung unmittelbar und individuell betrifft, steht ihm die Möglichkeit offen, Beschwerde einzulegen (*BGH,* ZNER 2007, 61, 62). Nach Auffassung des *BGH* wäre es mit dem Gleichheitssatz nur schwer vereinbar, wenn der Rechtsschutz im Einzelfall davon abhinge, ob der beantragten Beiladung im Verwaltungsverfahren Gründe der Verfahrensökonomie entgegen standen (ebd.). Angesichts des Wortlauts von § 63 II GWB, der insoweit mit § 75 II EnWG identisch ist, bestehen Zweifel an dieser Auslegung, denn der Gesetzgeber hat die Beschwerdebefugnis formal an die Beteiligtenstellung im Verwaltungsverfahren geknüpft (vgl. die Kritik von *Bechtold,* NJW 2007, 562, 563f.). Die sich aus dem Gleichheitssatz ergebenden Erwägungen sind jedenfalls bereits in der Ermessensentscheidung der Regulierungsbehörde über die einfache Beiladung zu berücksichtigen (vgl. § 66, Rn. 18).

6   Zudem muß ein **Rechtsschutzbedürfnis** bestehen. Dies erfordert hauptsächlich eine **formelle Beschwer.** Entspricht die angefochtene Entscheidung in vollem Umfang dem Antrag des Beschwerdeführers im Verwaltungsverfahren, fehlt es daran (*K. Schmidt,* in: I/M, § 63, Rn. 26). Gibt es keinen Antrag, etwa in einem von Amts wegen eingeleiteten Verfahren, kommt es hingegen auf die formelle Beschwer mangels eines Bezugspunktes nicht an (*Meyer-Lindemann,* in: FK, § 63 GWB 1999, Rn. 36; a. A. *Salje,* EnWG, § 75, Rn. 31; *Bechtold,* Kartellgesetz, § 63, Rn. 6).

7   Eine **materielle Beschwer** ist allenfalls in der Form zu fordern, daß der Beschwerdeführer eine Beeinträchtigung seiner wirtschaftlichen Interessen geltend zu machen hat. Weitergehende Anforderungen, insbesondere eine Geltendmachung der Verletzung von subjektiven Rechten zu verlangen, würde die Formalisierung der Beschwerdebefugnis in § 75 II konterkarieren (ausf. *K. Schmidt,* in: I/M, § 63, Rn. 27 m. w. N.; restriktiver *Bechtold,* Kartellgesetz, § 63, Rn. 8). Im Ergebnis ist auch die kartellrechtliche Rechtsprechung hinsichtlich der Anforderungen an die

materielle Beschwer sehr zurückhaltend (zusammenfassend *Meyer-Lindemann,* in: FK, § 63 GWB 1999, Rn. 37 m. w. N.), wenn auch teilweise zu Unrecht ein Eingriff in eine rechtlich geschützte Position verlangt wird (so etwa in *BGH,* WuW/E BGH 2077, 2079). Für eine Beschwerde der Regulierungsbehörde kommt es auf eine materielle Beschwer nicht an (so für das BKartA *K. Schmidt,* in: I/M, § 63, Rn. 27 m. w. N.).

II. Verpflichtungsbeschwerde (§ 75 III)

Die Verpflichtungsbeschwerde nach § 75 III ist auf **Erlaß einer** 8
Entscheidung (zum Begriff der Entscheidung oben Rn. 3) gerichtet. Es gibt zwei Arten der Verpflichtungsbeschwerde, die Weigerungsbeschwerde (§ 75 III 1) und die Untätigkeitsbeschwerde (§ 75 III 2). Der Streitgegenstand ist in beiden Varianten der Anspruch auf Erlaß der begehrten Entscheidung.

Die **Beschwerdebefugnis** setzt zunächst dem Wortlaut von § 75 III 9
nach voraus, daß ein entsprechender **Antrag erfolglos** gestellt wurde. Dafür gibt es zwei Möglichkeiten. Entweder wurde der Antrag abgelehnt (§ 75 III 1 spricht insoweit von der „Unterlassung"), oder der Antrag wurde ohne zureichenden Grund in angemessener Frist nicht beschieden (§ 75 III 2). Welche Frist in letzterem Fall angemessen ist, kann nur im Einzelfall entschieden werden. Soweit das EnWG selbst Entscheidungsfristen vorgibt (etwa §§ 31 III, 23a IV 2), kann nach Ablauf dieser Fristen Verpflichtungsbeschwerde erhoben werden. Bestehen solche Vorgaben nicht, sind allgemeine Grundsätze anzuwenden: In der VwGO ist eine Klage frühestens nach drei Monaten zulässig (§ 75 2 VwGO), im EnWG fehlt es hingegen an einer solchen allgemeinen Sperrfrist für die Erhebung der Beschwerde. Ferner gibt es für die Regulierungsbehörde engere Vorgaben in vergleichbar komplexen Zusammenhängen gibt, etwa der Zehn-Wochen-Frist für eine telekommunikationsrechtliche Entgeltgenehmigung (§ 31 VI 3 TKG). Im Kartellrecht wird allgemein eine Verfahrensdauer von drei bis vier Monaten als angemessen erachtet (*Bechtold,* Kartellgesetz, § 63 Rn. 9; *Meyer-Lindemann,* in: FK, § 63 GWB 1999, Rn. 50). Entsprechend stellen drei Monate im Regelfall, soweit im EnWG keine anderen Entscheidungsfristen explizit geregelt sind, die zeitliche Obergrenze bis zur Behördenentscheidung dar. Fingiert das Gesetz, wie in § 23a IV 2, nach Ablauf einer Frist die beantragte Rechtsfolge, geht diese speziellere Regelung grundsätzlich vor, soweit nicht ein besonderes Interesse an der Klärung der relevanten Rechtsfragen besteht. Die fingierte Genehmigung zugunsten des Antragstellers darf z. B. nicht dazu führen, daß Wettbewerber, die das beantragte Ent-

§ 75 10, 11   Teil 8. Verfahren

gelt für überhöht halten, prozessual rechtlos gestellt werden. Rechtsschutz ist hier nur durch eine Verpflichtungsbeschwerde mit dem Ziel, eine inhaltliche Entscheidung der Regulierungsbehörde herbeizuführen, möglich. Einer solchen Beschwerde steht § 75 III 2 und 3 nicht entgegen.

10   Zudem muß der Beschwerdeführer nach § 75 III 1 einen **Rechtsanspruch** auf die Entscheidung **geltend machen**. Dies verlangt inhaltlich nichts anderes als die Regelung zur Klagebefugnis in § 42 II VwGO. Im Ergebnis muß ein substantiierter Vortrag des Beschwerdeführers das Bestehen eines Rechts auf die begehrte Entscheidung als möglich erscheinen lassen. Die Beschwerdebefugnis fehlt, wenn dieses Recht offensichtlich nach keiner Betrachtungsweise bestehen kann (*BGH,* WuW/E BGH 995, 996; WuW/E BGH 2058, 2059). Nicht ausreichend für die Beschwerdebefugnis ist hingegen, anders als bei der Anfechtungsbeschwerde, die bloße Verfahrensbeteiligung (vgl. *KG,* WuW/E OLG 540, 542 f.; WuW/E OLG 1758, 1759, a. A. *K. Schmidt,* in: I/M, § 63, Rn. 32 ff.). Die von der Gegenauffassung befürwortete Rechtsfortbildung in diese Richtung ist bereits für das GWB angesichts des Wortlauts zumindest sehr zweifelhaft (*Meyer-Lindemann,* in: FK, § 63 GWB 1999, Rn. 54; *Mazanowski,* WRP 1990, 588, 590). Der Gesetzgeber hat trotz der dazu ergangenen Rechtsprechung die Regelung des GWB in das EnWG übernommen. Folglich sah er keinen Bedarf für eine entsprechende Rechtsfortbildung und diese ist jedenfalls für das energiewirtschaftsrechtliche Beschwerdeverfahren abzulehnen.

III. Fortsetzungsfeststellungsbeschwerde

11   Die Fortsetzungsfeststellungsbeschwerde ist in § 75 nicht erwähnt, jedoch nach § 83 II 2 zulässig bei Erledigung des Anfechtungs- oder Verpflichtungsbegehrens. Sie ist mit der verwaltungsgerichtlichen Fortsetzungsfeststellungsklage nach § 113 I 4 VwGO eng verwandt. Wie bei der verwaltungsgerichtlichen Fortsetzungsfeststellungsklage (*K/S,* VwGO, § 113, Rn. 118 ff.) müssen die **Zulässigkeitsvoraussetzungen der fortzusetzenden Beschwerde** vorliegen. Parallel zur weitestgehend anerkannten weiten Interpretation des § 113 I 4 VwGO (*K/S,* VwGO, § 113, Rn. 99) kann in erweiternder Auslegung von § 83 II 2 die Fortsetzungsfeststellungsbeschwerde auch zulässig sein, wenn die **Erledigung vor Einlegung der Beschwerde** eingetreten ist (vgl. *KG,* WuW/E OLG 3217, 3221; *K. Schmidt,* in: I/M, § 71, Rn. 24).

IV. Allgemeine Leistungsbeschwerde

Die allgemeine Leistungsbeschwerde ist nicht ausdrücklich geregelt, **12** ihre Existenz aber, auch vom Gesetzgeber, **anerkannt** (vgl. oben Rn. 2). Sie ist anwendbar in den wohl seltenen Fällen, in denen ein Anspruch gegenüber der Regulierungsbehörde geltend gemacht wird, der nicht auf eine Entscheidung i. S. d. § 73 gerichtet ist (vgl. *OLG Düsseldorf,* WuW/E DE-R 924, 925, s. o. Rn. 2). Sie kann auch in Form der **Unterlassungsbeschwerde** statthaft sein.

Unter engen Voraussetzungen besteht ausnahmsweise auch die Mög- **13** lichkeit einer **vorbeugenden Unterlassungsbeschwerde**. Besteht ein qualifiziertes Rechtsschutzinteresse, hätte also bevorstehendes Handeln der Regulierungsbehörde irreparable oder nur sehr schwer ausgleichbare Nachteile zur Folge, verbietet es Art. 19 IV GG, den Beschwerdeführer auf nachträglichen Rechtsschutz zu verweisen (*BGH,* WuW/E BGH 2760, 2761; *Meyer-Lindemann,* in: FK, § 63 GWB 1999, Rn. 63).

V. Rücknahme einer Beschwerde

Ebenfalls nicht geregelt ist die **Rücknahme** der Beschwerde. In ent- **14** sprechender Anwendung der §§ 92 I 2 VwGO, 515 I, 269 I ZPO, kann die Rücknahme bis zur Stellung der Anträge in der mündlichen Verhandlung ohne weiteres erfolgen und nach Stellung der Anträge nur mit Zustimmung der beklagten Regulierungsbehörde (*OLG Düsseldorf,* WuW/E DE-R759, 760 f.).

B. Berücksichtigung neuer Tatsachen und Beweismittel (§ 75 I 2)

Die Beschwerde kann sich auch auf **neue Tatsachen und Beweis-** **15** **mittel** stützen (§ 75 I 2), so daß die Beteiligten nicht an den Tatsachenstoff oder die Beweismittel gebunden sind, die im Verfahren vor der Regulierungsbehörde verwertet wurden. Damit ist nicht geregelt, auf welchen Zeitpunkt es für die Beurteilung der Sach- und Rechtslage ankommt, dies ist vielmehr von der Beschwerdeart und der Art der zu beurteilenden Entscheidung abhängig (vgl. § 83, Rn. 11, 13). Kommt es z. B. hierfür auf den Zeitpunkt der Behördenentscheidung an, können nur Tatsachen vorgebracht werden, die bereits zu diesem Zeitpunkt bestanden, allerdings unabhängig davon, ob sie im Verfahren vor der Regulierungsbehörde berücksichtigt wurden.

16 Die Regelung in § 75 I 2 ist Ausdruck des Untersuchungsgrundsatzes in § 82 und gilt deshalb nicht nur für die Anfechtungsbeschwerde nach § 75 I, sondern für **alle Beschwerdearten**. Danach ist das Gericht berechtigt und verpflichtet, auch außerhalb des Vortrags der Beteiligten liegende Tatsachen und rechtliche Gesichtspunkte zu berücksichtigen (*BGH*, WuW/E BGH 588, 594; *KG*, WuW/E OLG 4919, 4939; *Bechtold*, Kartellgesetz, § 63, Rn. 14). Nach der Rechtsprechung darf die angefochtene Entscheidung dadurch aber nicht in ihrem „Wesen" verändert werden (grundlegend *BGH*, WuW/E BGH 558, 594), ohne daß immer eindeutig wäre, was das „Wesen" einer Entscheidung ausmacht.

C. Beschwerdegericht (§ 75 IV)

17 Nach § 75 IV besteht eine ausschließliche Zuständigkeit des **OLG**, das für den Sitz der jeweils zuständigen Behörde zuständig ist. Für die BNetzA ist dies das *OLG Düsseldorf* (aufgrund der nach § 106 II EnWG, 92 I GWB anwendbaren Kartellsachen-Konzentrations-VO, vgl. *OLG Düsseldorf*, RdE 2007, 163, 164; *Holznagel/Göge/Schumacher*, DVBl. 2006, 471, 479), welches in Fällen des § 51 auch zuständig ist für eine Beschwerde gegen Verfügungen des BMWi. Soweit Länder die BNetzA mit der Wahrnehmung von Aufgaben der Landesregulierungsbehörde betraut haben, ist der „Sitz der Regulierungsbehörde" nach Abs. 4 der Sitz des nach Landesrecht zuständigen Ministeriums (vgl. *Holznagel/Göge/Schumacher*, DVBl. 2006, 471, 479; *Salje*, EnWG, § 75, Rn. 38). Das *OLG Düsseldorf* sieht demgegenüber in diesen Fällen die BNetzA als Regulierungsbehörde i. S. v. § 75 IV an, mit dem Ergebnis seiner eigenen Zuständigkeit. Begründet wird dies mit der auch von § 75 IV verfolgten Einheitlichkeit der Rechtsprechung (*OLG Düsseldorf*, RdE 2007, 163, 166). Dies ist mit dem Wortlaut der Norm unvereinbar, denn trotz Wahrnehmung der Aufgabe durch die BNetzA bleibt die Landesregulierungsbehörde existent und zuständig (im konkreten Fall der Senator für Bau, Umwelt und Verkehr des Landes Bremen) und damit kann es nur auf den Sitz dieser zuständigen Regulierungsbehörde ankommen.

§ 76 Aufschiebende Wirkung

(1) **Die Beschwerde hat keine aufschiebende Wirkung, soweit durch die angefochtene Entscheidung nicht eine Entscheidung zur Durchsetzung der Verpflichtungen nach den §§ 7 und 8 getroffen wird.**

Aufschiebende Wirkung § 76

(2) ¹Wird eine Entscheidung, durch die eine vorläufige Anordnung nach § 72 getroffen wurde, angefochten, so kann das Beschwerdegericht anordnen, dass die angefochtene Entscheidung ganz oder teilweise erst nach Abschluss des Beschwerdeverfahrens oder nach Leistung einer Sicherheit in Kraft tritt. ²Die Anordnung kann jederzeit aufgehoben oder geändert werden.

(3) ¹§ 72 gilt entsprechend für das Verfahren vor dem Beschwerdegericht. ²Dies gilt nicht für die Fälle des § 77.

Übersicht

	Rn.
A. Allgemeines	1
B. Aufschiebende Wirkung (§ 76 I)	2
C. Vorläufige Anordnungen der Regulierungsbehörde (§ 76 II)	6
D. Vorläufige Anordnungen des Beschwerdegerichts (§ 76 III)	9

A. Allgemeines

Die Vorschrift dient der Umsetzung von Art. 23 V und VI der EltRL 1 und Art. 25 V und VI der GasRL. Der Gesetzgeber hat § 76 I bewußt an § 137 I TKG angelehnt, wohingegen in den § 76 II und III die Regelungen aus § 64 II und III GWB übernommen wurden (Begr. BT-Drucks. 15/3917, S. 71). Die Kombination beider Vorschriften für die Regelung im EnWG ist **mißlungen.** Mit der Regelung aus dem TKG wird eine Norm übertragen, deren Funktion sich aus der Anwendbarkeit des Verwaltungsprozeßrechts ergibt. Da nach § 80 I 1 VwGO Widerspruch und Klage grundsätzlich aufschiebende Wirkung haben, muß eine Ausnahme davon geregelt werden, wenn die aufschiebende Wirkung nicht eintreten soll. Für das Energiewirtschaftsrecht ist jedoch der Verwaltungsrechtsweg nicht eröffnet, sondern die ordentliche Gerichtsbarkeit zuständig. Weder im EnWG noch im Zivilprozeßrecht ist aber eine aufschiebende Wirkung von Rechtsmitteln gegen behördliche Entscheidungen vorgesehen (§ 570 I ZPO betrifft nur die sofortige Beschwerde gegen gerichtliche Beschlüsse), weshalb es einer Ausnahme wie in § 137 I TKG nicht bedurft hätte. Aus diesem Grund sieht § 64 I GWB für das kartellverwaltungsrechtliche Gerichtsverfahren auch nicht die Ausnahme vom Regelfall der aufschiebenden Wirkung vor, sondern ordnet umgekehrt die aufschiebende Wirkung der Beschwerde in bestimmten Fällen an (vgl. auch *Birmanns*, in: FK, § 64 GWB 2005, Rn. 11). Dieses, vom Gesetzgeber übersehene, Problem ist

B. Aufschiebende Wirkung (§ 76 I)

2 Nach § 76 I haben Beschwerden grundsätzlich **keine aufschiebende Wirkung**. Eine solche aufschiebende Wirkung hätte aber ohnehin nicht bestanden (Rn. 1). Es handelt sich somit um eine allenfalls klarstellende Aussage. Bedeutsamer ist die Einschränkung dieser grundsätzlichen Regel. Es soll keine aufschiebende Wirkung bestehen, „soweit durch die angefochtene Entscheidung nicht eine Entscheidung zur Durchsetzung der Verpflichtungen" nach § 7 (Rechtliche Entflechtung) und § 8 (Operationelle Entflechtung) getroffen wurde. Im Umkehrschluß aus dieser nicht ganz glücklich formulierten doppelten Verneinung ergibt sich, daß in den genannten Fällen die Beschwerde aufschiebende Wirkung hat. Ohne daß dies in der Gesetzesbegründung zum Ausdruck käme, scheint der Gesetzgeber die mit der Entflechtung verbundenen Eingriffe für so schwerwiegend zu halten, daß der Regelfall der fehlenden aufschiebenden Wirkung für diesen Bereich außer Kraft gesetzt wird. Der **eigentliche Regelungsgehalt** von § 76 I ist deshalb, wenn man statt der vom Gesetzgeber gewählten doppelten Verneinung eine positive Formulierung wählt, daß die Beschwerde **aufschiebende Wirkung** hat, **soweit** durch die angefochtene Entscheidung **Verpflichtungen aus den §§ 7 und 8 durchgesetzt** werden. Eine solche, § 64 I GWB entsprechende, Formulierung wäre klarer gewesen und hätte der Entscheidung zugunsten der ordentlichen Gerichtsbarkeit entsprochen.

3 Aufschiebende Wirkung können dem Wortlaut nach („angefochtene Entscheidung") **nur Anfechtungsbeschwerden** haben. Aufschiebende Wirkung haben Beschwerden, „soweit" die angefochtene Entscheidung „zur Durchsetzung" von Pflichten aus §§ 7, 8 getroffen wird. Dabei kommt es nicht auf den Willen der Behörde an, sondern darauf, ob inhaltlich eine dieser Pflichten mit der Entscheidung durchgesetzt wird. Die Aufzählung der Entscheidungen, hinsichtlich derer der Anfechtungsbeschwerde aufschiebende Wirkung hat, ist abschließend. Eine analoge Anwendung der Norm ist allerdings nicht völlig ausgeschlossen (vgl. *BGH,* WuW/E BGH 667, 670; *KG,* WuW/E OLG 5263). Eine solche analoge Anwendung ist jedoch auf echte Sonderfälle beschränkt, weil der Gesetzgeber für den Fall, daß die aufschiebende Wirkung nicht kraft Gesetzes eintritt, in § 77 III eine Regelung geschaffen hat: Danach besteht die Möglichkeit, einen Antrag auf Anordnung der aufschiebenden Wirkung beim Beschwerdegericht zu stellen (vgl. *Birmanns,* in: FK, § 64 GWB 2005, Rn. 25).

Im Hinblick auf allgemeine Fragen der aufschiebenden Wirkung 4 kann auf die **verwaltungsprozessuale Dogmatik** zurückgegriffen werden. Die dogmatische Bedeutung der aufschiebenden Wirkung ist nach wie vor umstritten. Grundpositionen sind die Wirksamkeitstheorie, nach der die Wirksamkeit der Entscheidung aufgeschoben wird und die Vollziehbarkeitstheorie, wonach lediglich die Hemmung der Vollziehbarkeit das Resultat der aufschiebenden Wirkung ist (zusammenfassend *K/S,* VwGO, § 80, Rn. 22 ff. m. w. N.). Die praktische Relevanz des Streites ist jedoch aufgrund weitgehend übereinstimmender Ergebnisse gering (zu den weitgehend gleichen Ergebnissen etwa *K. Schmidt,* in: I/M, § 64, Rn. 2).

Der **Suspensiveffekt** tritt in den Fällen des § 76 I 2. Hs. automa- 5 tisch **mit Einlegung der Beschwerde** ein und **wirkt** auf den Zeitpunkt des Erlasses der angefochtenen Entscheidung **zurück** (vgl. *K/S,* VwGO, § 80, Rn. 53 f.). Solange die Beschwerde nicht eingelegt ist, kann die Entscheidung der Regulierungsbehörde vollzogen werden. Einzulegen ist die Beschwerde bei der Regulierungsbehörde (§ 78 I 1). Die lediglich fristwahrende Einlegung beim Beschwerdegericht (§ 78 I 3) führt noch nicht zum Eintritt der aufschiebenden Wirkung (*Werner,* in: Wiedemann, § 54, Rn. 47; zweifelnd *K. Schmidt,* in: I/M, § 64, Rn. 10 m. Fn. 35). Im Zeitraum zwischen Eingang der Beschwerde bei Gericht und Eingang der Beschwerde bei der Regulierungsbehörde ist also eine Vollziehung weiterhin möglich. Anderenfalls würde die Behörde bei einem Vollzug nach Eingang der Beschwerde bei Gericht, aber vor Eingang bei ihr, rechtswidrig handeln, ohne davon zu wissen und ohne Möglichkeit, dies zu vermeiden. Auf die **Zulässigkeit der Beschwerde** kommt es aus Gründen der Rechtssicherheit grundsätzlich nicht an. Etwas anderes gilt nur, wenn die Beschwerde **offensichtlich unzulässig** ist (*K/S,* VwGO, § 80, Rn. 50). Praktisch bedeutsamster Fall ist wohl das Verstreichen der Beschwerdefrist (§ 78 I 1). Die Anfechtung einer bereits bestandskräftigen Entscheidung kann keinen Suspensiveffekt mehr auslösen. Dies gilt auch dann, wenn mit der Anfechtung ein Antrag auf Wiedereinsetzung in den vorigen Stand verbunden ist, weil die Bestandskraft bis zur Gewährung der Wiedereinsetzung bestehen bleibt (*K/S,* VwGO, § 80, Rn. 50; *Birmanns,* in: FK, § 64 GWB 2005, Rn. 18). Die aufschiebende Wirkung tritt in diesen Fällen mit Gewährung der Wiedereinsetzung ein, wirkt aber ebenfalls auf den Erlaßzeitpunkt zurück (*K. Schmidt,* in: I/M, § 64, Rn. 11). Die aufschiebende Wirkung **endet** mit rechtskräftigem Abschluß des Be-

C. Vorläufige Anordnungen der Regulierungsbehörde (§ 76 II)

6 In § 76 II ist der Fall geregelt, daß die **Regulierungsbehörde** in ihrer Entscheidung eine **vorläufige Anordnung** nach § 72 getroffen hat. Im Falle der Anfechtung einer solchen Entscheidung kann das Beschwerdegericht anordnen, daß die vorläufige Anordnung der Regulierungsbehörde (ganz oder teilweise) erst nach Abschluß des Beschwerdeverfahrens oder nach einer Sicherheitsleistung in Kraft tritt. Diese Vorschrift ist, wie die Parallelregelung im GWB auch, nicht notwendig, weil mit § 77 III 2 und 4 eine auch vorläufige Anordnungen nach § 72 umfassende Regelung existiert, die die Anordnung der aufschiebenden Wirkung gegen Sicherheitsleistung (§ 77 IV) zuläßt (*Bechtold,* Kartellgesetz, § 64, Rn. 8). Unterschied ist allein, daß nach § 76 II kein Antrag erforderlich ist. Als **lex specialis** für vorläufige Anordnungen geht § 76 II den allgemeinen Regelungen in § 77 III vor (*Birmanns,* in: FK, § 64 GWB 2005, Rn. 34; a. A. ohne nähere Begr. *K. Schmidt,* in: I/M, § 64, Rn. 15).

7 **Voraussetzung** für eine Anordnung des Beschwerdegerichts ist in Analogie zu § 77 III 1 Nr. 2 und 3, daß ernstliche Zweifel an der Rechtmäßigkeit der angefochtenen einstweiligen Anordnung der Regulierungsbehörde bestehen oder das sofortige Inkrafttreten der einstweiligen Anordnung für den Betroffenen eine unbillige Härte zur Folge hätte, die nicht durch überwiegende öffentliche Interessen geboten ist (vgl. *Bechtold,* Kartellgesetz, § 64, Rn. 8). Im Rahmen dieser Vorgaben trifft das Beschwerdegericht seine Entscheidung nach **pflichtgemäßem Ermessen** („kann"). Soweit argumentiert wird, es seien nach § 76 II geringere Anforderungen zu stellen als nach § 76 III 1 (vgl. *Birmanns,* in: FK, § 64 GWB 2005, Rn. 34), bleibt offen, welche Kriterien Anwendung finden sollen und warum ein anderer Maßstab notwendig sein soll.

8 Weil die Anordnung des Beschwerdegerichts nach § 76 II nicht „in der Hauptsache" erlassen ist, findet nach § 86 I eine **Rechtsbeschwerde nicht** statt (vgl. *Birmanns,* in: FK, § 64 GWB 2005, Rn. 33 zur jetzt geänderten Rechtslage im GWB). Eine **Aufhebung oder Änderung** der Anordnung durch das Beschwerdegericht selbst ist allerdings nach § 76 II 2 jederzeit möglich, auch aufgrund einer geänderten Rechtsauffassung (*BGH* WuW/E BGH 1717, 1718 ff.; *Birmanns,* in: FK, § 64,

GWB 2005, Rn. 33). Die Sicherungsmittel werden in der Vorschrift nicht näher bestimmt und richten sich somit nach §§ 108–113 ZPO.

D. Vorläufige Anordnungen des Beschwerdegerichts (§ 76 III)

Das Beschwerdegericht kann nach § 76 III i. V. m. § 72 **vorläufige Anordnungen** erlassen. Dies ist, wie im übernommenen § 64 III GWB, ohne Zusammenhang mit der in § 76 I und II geregelten aufschiebenden Wirkung der Beschwerde. Neben die Befugnis der Regulierungsbehörde aus § 72, die bis zur Bestandskraft ihrer Entscheidung vorläufige Anordnungen erlassen kann (§ 72, Rn. 3), tritt mit Einleitung des Beschwerdeverfahrens eine ebensolche Befugnis des Beschwerdegerichts. Voraussetzung dafür ist, daß **Beschwerde eingelegt** ist (*Salje,* EnWG, § 76, Rn. 15). Eine Anordnung nach § 76 III kann deshalb nur beantragt werden, wenn zumindest zugleich fristgerecht eine statthafte Beschwerde eingelegt wird (*Bechtold,* Kartellgesetz, § 64, Rn. 9).

Aufgrund des pauschalen Verweises können durch das Beschwerdegericht **alle Maßnahmen** getroffen werden, die auch **die Regulierungsbehörde** nach § 72 **hätte treffen können.** Ausgenommen sind durch § 76 III 2 ausdrücklich die Fälle des § 77, der diesbezüglich eine Spezialregelung enthält. § 76 III ermöglicht damit vorläufige Anordnungen allgemein, die nicht die aufschiebende Wirkung der Beschwerde betreffen. Auf die kartellrechtliche Debatte, ob vom Beschwerdegericht auch Maßnahmen getroffen werden können, die der Behörde nicht gestattet sind (vgl. *K. Schmidt,* in: I/M, § 64, Rn. 17), kommt es hier nicht an. Da § 72, im Gegensatz zur Parallelnorm des § 60 GWB, keine Beschränkung von einstweiligen Anordnungen der Behörde auf bestimmte Entscheidungen enthält, ist der Anwendungsbereich ohnehin umfassend (vgl. § 72, Rn. 1).

Unter Rückgriff auf die zu § 123 VwGO entwickelten Grundsätze muß sowohl ein Anordnungsanspruch als auch ein Anordnungsgrund vorliegen (*OLG Düsseldorf,* N&R 2007, 118, 119; *Schellberg/Spiekermann,* N&R 2007, 120, 121 f.). Hinsichtlich des Anordnungsanspruchs ist zu berücksichtigen, daß in Anfechtungsfällen ernstliche Zweifel an der Rechtmäßigkeit der angefochtenen Entscheidung notwendig sind (§ 77 III Nr. 2) und beim Eilrechtsschutz nach § 76 III kein milderer Maßstab anzulegen ist: Es muß also mit überwiegender Wahrscheinlichkeit glaubhaft gemacht werden, daß der behauptete Anspruch besteht (*OLG Düsseldorf,* N&R 2007, 118, 119).

§ 77 Anordnung der sofortigen Vollziehung und der aufschiebenden Wirkung

(1) Die Regulierungsbehörde kann in den Fällen des § 76 Abs. 1 die sofortige Vollziehung der Entscheidung anordnen, wenn dies im öffentlichen Interesse oder im überwiegenden Interesse eines Beteiligten geboten ist.

(2) Die Anordnung nach Absatz 1 kann bereits vor der Einreichung der Beschwerde getroffen werden.

(3) ¹Auf Antrag kann das Beschwerdegericht die aufschiebende Wirkung ganz oder teilweise wiederherstellen, wenn
1. die Voraussetzungen für die Anordnung nach Absatz 1 nicht vorgelegen haben oder nicht mehr vorliegen oder
2. ernstliche Zweifel an der Rechtmäßigkeit der angefochtenen Verfügung bestehen oder
3. die Vollziehung für den Betroffenen eine unbillige, nicht durch überwiegende öffentliche Interessen gebotene Härte zur Folge hätte.

²In den Fällen, in denen die Beschwerde keine aufschiebende Wirkung hat, kann die Regulierungsbehörde die Vollziehung aussetzen. ³Die Aussetzung soll erfolgen, wenn die Voraussetzungen des Satzes 1 Nr. 3 vorliegen. ⁴Das Beschwerdegericht kann auf Antrag die aufschiebende Wirkung ganz oder teilweise anordnen, wenn die Voraussetzungen des Satzes 1 Nr. 2 oder 3 vorliegen.

(4) ¹Der Antrag nach Absatz 3 Satz 1 oder 4 ist schon vor Einreichung der Beschwerde zulässig. ²Die Tatsachen, auf die der Antrag gestützt wird, sind vom Antragsteller glaubhaft zu machen. ³Ist die Entscheidung der Regulierungsbehörde schon vollzogen, kann das Gericht auch die Aufhebung der Vollziehung anordnen. ⁴Die Wiederherstellung und die Anordnung der aufschiebenden Wirkung können von der Leistung einer Sicherheit oder von anderen Auflagen abhängig gemacht werden. ⁵Sie können auch befristet werden.

(5) Entscheidungen nach Absatz 3 Satz 1 und Beschlüsse über Anträge nach Absatz 3 Satz 4 können jederzeit geändert oder aufgehoben werden.

Übersicht

	Rn.
A. Allgemeines	1
B. Anordnung sofortiger Vollziehung durch Regulierungsbehörde (§ 77 I und II)	2
I. Anwendungsbereich	2
II. Verfahren/Wirkung	3
III. Materielle Voraussetzungen	4
C. Aussetzung der Vollziehung durch Regulierungsbehörde (§ 77 III 2 und 3)	6
I. Anwendungsbereich/Verfahren	6
II. Materielle Voraussetzungen	7
D. Wiederherstellung/Anordnung aufschiebender Wirkung durch Beschwerdegericht (§ 77 III–V)	10
I. Verfahren	11
II. Materielle Voraussetzungen	16
III. Inhalt	18

A. Allgemeines

Die Vorschrift entspricht in angepaßter Form § 65 GWB (BT-Drucks. 15/3917, S. 71). Geregelt sind in § 77 die Voraussetzungen, unter denen die Regulierungsbehörde die sofortige Vollziehung einer Entscheidung anordnen bzw. die sofortige Vollziehung aussetzen und unter denen das Beschwerdegericht die aufschiebende Wirkung anordnen bzw. wiederherstellen kann. Da die Beschwerde grundsätzlich keine aufschiebende Wirkung hat (vgl. § 76 I), kommen der Aussetzung der Vollziehung durch die Regulierungsbehörde und insbesondere der Anordnung aufschiebender Wirkung durch das Beschwerdegericht besondere Bedeutung zu.

B. Anordnung sofortiger Vollziehung durch Regulierungsbehörde (§ 77 I und II)

I. Anwendungsbereich

Nach dem Wortlaut von § 77 I kann die **sofortige Vollziehung** der Entscheidung durch die **Regulierungsbehörde** in den Fällen des § 76 I angeordnet werden. Gemeint sein können damit aber **nicht alle von § 76 I geregelten Fälle,** denn grundsätzlich hat die Beschwerde danach keine aufschiebende Wirkung, so daß die Entscheidung auch nach Einlegung der Beschwerde ohne weiteres vollziehbar ist. Eine Anordnung der sofortigen Vollziehung ist nur in den Fällen sinnvoll, in denen § 76 I die aufschiebende Wirkung der Beschwerde vorsieht. Hierin liegt ohnehin der eigentliche Regelungsgehalt von § 76 I (vgl. § 76, Rn. 2). Die zumindest ungenaue pauschale Verweisung auf § 76 resultiert aus dem **Redaktionsversehen** einer nicht hinreichend auf das EnWG abgestimmten Übernahme von Vorschriften des GWB. Der Gesetzgeber hat sich hier ausweislich der Begr. (BT-Drucks. 15/3917, S. 71) und des Wortlauts der Vorschrift sehr nah an § 65 GWB angelehnt. Diese Parallelnorm ermöglicht die Anordnung sofortiger Vollziehung in Fällen des § 64 I GWB, der wiederum für bestimmte Fälle die aufschiebende Wirkung der kartellverwaltungsrechtlichen Beschwerde anordnet. Aber § 64 GWB ist nicht vollständig in das EnWG übernommen worden (vgl. § 76, Rn. 1). Diese Abweichung wurde bei der schlichten Übernahme des § 65 GWB übersehen. Eine Anordnung der sofortigen Vollziehung kann im Ergebnis **nur** ergehen, **wenn** die Ausnahmen des § 76 I greifen und eine **Beschwerde aufschiebende Wirkung** hat, weil die Entscheidung zur Durchsetzung der Verpflichtungen zur rechtlichen und operationellen Entflechtung aus §§ 7 und 8 dient.

II. Verfahren/Wirkung

3 Die Regulierungsbehörde kann nach § 77 II auch vor Einlegung der Beschwerde eine Anordnung nach § 77 I treffen. Selbst wenn bereits eine Entscheidung des Beschwerdegerichts vorliegt, kann, dann mit Wirkung für die Dauer des Rechtsbeschwerdeverfahrens, die sofortige Vollziehung angeordnet werden (*Birmanns*, in: FK, § 65 GWB 2005, Rn. 22). Die Anordnung ist **ohne Antrag** möglich (*Salje*, EnWG, § 77, Rn. 9), wie sich insbesondere aus dem Umkehrschluß zu den das gerichtliche Eilverfahren betreffenden Regelungen in § 77 III ergibt. Bezüglich letzterem wird ein Antrag verlangt, jedoch nicht für die Anordnung sofortiger Vollziehung durch die Regulierungsbehörde in § 77 I und II. Mit der Anordnung sofortiger Vollziehung wird die betroffene Entscheidung der Regulierungsbehörde vollziehbar. Diese **Wirkung** tritt nur **ex nunc** ein (*Birmanns*, in: FK, § 65 GWB 2005, Rn. 26). Rechtsmittel ist nicht die Beschwerde, sondern ein Antrag auf Wiederherstellung der aufschiebenden Wirkung durch das Beschwerdegericht nach § 77 III 1.

III. Materielle Voraussetzungen

Die Anordnung der sofortigen Vollziehung setzt materiell voraus, daß **4**
dies entweder im öffentlichen Interesse oder im überwiegenden Interesse eines Beteiligten geboten ist. Ein solches **besonderes Vollziehungsinteresse** muß über das Interesse, welches die Verfügung selbst rechtfertigt, hinausgehen (*Salje,* EnWG, § 76, Rn. 5). Das Gesetz stellt hier relativ strenge Anforderungen (vgl. *KG,* WuW/E OLG 2614, 2615; zurückhaltender aber *Salje,* EnWG, § 77, Rn. 5, weil der Sofortvollzug im energiewirtschaftsrechtlichen Verfahren die Regel sei; soweit aber eine Anordnung der sofortigen Vollziehung möglich ist, weil die Beschwerde aufschiebende Wirkung hat, wurde demgegenüber vom Gesetzgeber gerade die aufschiebende Wirkung zum Regelfall erhoben), weil nicht nur ein besonderes Vollziehungsinteresse notwendig ist, sondern die sofortige Vollziehung aufgrund dieses besonderen Interesses **geboten** sein muß. Ob ein besonderes Interesse die sofortige Vollziehung gebietet, kann nur unter **Abwägung der Interessen aller Beteiligter sowie des öffentlichen Interesses** bestimmt werden. Beteiligte sind nicht nur die Verfahrensbeteiligten nach § 66, sondern alle individuell Betroffenen (*K. Schmidt,* in: I/M, § 65, Rn. 6). Im Ergebnis stellt sich, wie hinsichtlich der verwandten Regelungen in § 80 II Nr. 4, III VwGO, das besondere öffentliche oder private Interesse an sofortiger Vollziehung als Ergebnis einer Gesamtabwägung unter Berücksichtigung aller im konkreten Fall betroffenen öffentlichen und privaten Interessen dar (vgl. *K/S,* VwGO, § 80, Rn. 90). Dazu gehört auch die Möglichkeit oder Unmöglichkeit, die getroffene Regelung und ihre Folgen rückgängig zu machen (*K/S,* VwGO, § 80, Rn. 90). Im Einzelfall kann die **unterschiedliche wirtschaftliche Stärke** der Betroffenen den Ausschlag geben und zu einem überwiegenden Interesse eines Beteiligten führen, etwa wenn ohne die sofortige Vollziehung einer Anordnung ein Beteiligter seinen Geschäftsbetrieb einstellen müßte (*Birmanns* in: FK, § 65 GWB 2005, Rn. 16).

Nicht zu prüfen hat die Regulierungsbehörde hingegen, **ob 5 ernstliche Zweifel an der Rechtmäßigkeit** ihrer Verfügung i. S. d. § 77 III 1 Nr. 2 bestehen, ebensowenig wie sie den mutmaßlichen Ausgang des Beschwerdeverfahrens prognostizieren muß (a. A. *KG,* WuW/E OLG 850, 851; *K. Schmidt,* in: I/M, § 65, Rn. 7 m. w. N.). Diese Erwägungen hat vielmehr nach § 77 III das Beschwerdegericht anzustellen. Die behördliche Entscheidungssituation ist nicht mit der des Gerichts vergleichbar, denn die Behörde hat die Entscheidung selbst getroffen und kann konsequenterweise nur von deren Rechtmäßigkeit ausgehen (vgl. *K/S,* VwGO, § 80, Rn. 100 f.). Diese Unterscheidung wird auch im Gesetz getroffen: Der ernstliche Zweifel an der Rechtmäßigkeit findet sich als Maßstab nur in § 77 III 1 Nr. 2, der allein das Beschwerdegericht betrifft. Soweit hingegen die Regulierungsbehörde über die aufschiebende Wirkung entscheidet, wird § 77 III 1 Nr. 2 nicht in Bezug genommen. § 77 I verlangt eine Interessenabwägung durch die Regulierungsbehörde und im ebenfalls die Regulierungsbehörde betreffenden § 77 III 4 wird allein auf § 77 III 1 Nr. 3 und gerade nicht auf Nr. 2 verwiesen. Diese konsequente Trennung im Gesetz zwischen Entscheidungen des Gerichts, welches in Eilverfahren bereits ernstliche Zweifel an der Rechtmäßigkeit einer behördlichen Entscheidung haben kann und der Behörde selbst, die solche ernstlichen Zweifel des Gerichts allenfalls prognostizieren kann, ist zu beachten. Dem widerspräche es, wenn die Regulierungsbehörde verpflichtet wäre, eine Prognose über den Ausgang des Beschwerdeverfahrens anzustellen und an diese Prognose rechtliche Folgen knüpfen müßte.

C. Aussetzung der Vollziehung durch Regulierungsbehörde (§ 77 III 2 und 3)

I. Anwendungsbereich/Verfahren

6   Eine **Aussetzung** der Vollziehung durch die Regulierungsbehörde kommt in Betracht, wenn die Beschwerde keine aufschiebende Wirkung hat (§ 77 III 2, ähnlich § 80 IV VwGO). Ein **Antrag** ist **nicht erforderlich,** wie sich aus dem Umkehrschluß zu den Regelungen bezüglich gerichtlicher Eilentscheidungen in § 77 III ergibt. Nur für letztere verlangt das Gesetz einen Antrag. Die Regulierungsbehörde kann somit auch von Amts wegen tätig werden.

II. Materielle Voraussetzungen

7   Über die Aussetzung entscheidet die Regulierungsbehörde nach pflichtgemäßem **Ermessen** („kann"). Zu beachten ist dabei die gesetzgeberische **Grundentscheidung zugunsten** der sofortigen **Vollziehbarkeit** (§ 76 I, vgl. *Birmanns,* in: FK, § 65 GWB 2005, Rn. 28). Diese kann nur aus gewichtigen Gründen durch die Regulierungsbehörde überspielt werden. Relevant sind neben den Interessen desjenigen, gegen den sich die Entscheidung unmittelbar richtet, insbesondere die Interessen Dritter, beispielsweise von Unternehmen, die durch mißbräuchliches Verhalten eines Netzbetreibers unbillig behindert werden.

Auch hier kann die wirtschaftliche Stärke bzw. Schwäche der Beteiligten eine Rolle spielen (vgl. oben Rn. 4).

Eine grundsätzliche **Pflicht zur Aussetzung** der Vollziehung von 8
Entscheidungen, mit denen die Behörde „**Neuland**" – was auch immer darunter im Einzelfall zu verstehen sein mag – betritt, besteht **nicht** (so aber *Birmanns*, in: FK, § 65 GWB 2005, Rn. 29; *K. Schmidt*, in: I/M, § 65, Rn. 16). Dies widerspräche der gesetzgeberischen Grundentscheidung zugunsten der sofortigen Vollziehbarkeit. Daß diese Grundentscheidung für alle Fälle, in denen eine gesicherte Rechtsprechung noch nicht existiert, durch die Regulierungsbehörde mittels einer Aussetzung der Vollziehung aufgehoben werden soll, ist im Gesetz an keiner Stelle auch nur angedeutet. Vielmehr kann nach § 77 III 1 Nr. 2 das Beschwerdegericht die aufschiebende Wirkung wiederherstellen, wenn ernstliche Zweifel an der Rechtmäßigkeit einer Entscheidung bestehen. Damit ist es Aufgabe des Gerichts, die Vollziehung einer Entscheidung zu verhindern, wenn es Zweifel an der Rechtmäßigkeit hat. Im Gesetz ist nicht vorgesehen, daß die Regulierungsbehörde diese Einschätzung des Gerichts prognostizieren und vorauseilend selbst die Vollziehung aussetzen müßte (oben Rn. 5). Genau dies würde aber von der Behörde verlangt, wenn sie beim Betreten von „Neuland" die Vollziehung aussetzen müßte. Außerdem müßte in den ersten Jahren der Regulierung auf der Grundlage des neuen EnWG, in denen die Regulierungsbehörde zwangsläufig in sehr vielen Fällen „Neuland" betritt, für die Mehrzahl der Entscheidungen die Vollziehung ausgesetzt werden. Eine solche, angesichts der Dauer bis zum Abschluß eines gerichtlichen Verfahrens, erhebliche Verschiebung wirksamer Regulierung des Energiesektors ist gesetzgeberisch offensichtlich nicht gewollt.

Wenn die Vollziehung für den Betroffenen eine **unbillige Härte** zur 9
Folge hat, die nicht durch überwiegende öffentliche Interessen geboten ist, so schränkt § 77 III 3 die Ermessensausübung ein. In diesen Fällen „**soll**" die **Aussetzung erfolgen.** Dies beinhaltet eine strikte Bindung für den Regelfall und gestattet Abweichungen in atypischen Fällen, in denen besondere überwiegende Gründe für die Abweichung sprechen (*BVerwGE* 90, 275, 278; *K/R*, VwVfG, § 40, Rn. 44). Die Gründe dürfen nicht von der Behörde selbst zu vertreten sein (*BVerwGE* 42, 26, 29).

D. Wiederherstellung/Anordnung aufschiebender Wirkung durch Beschwerdegericht (§ 77 III–V)

Zu trennen ist zwischen der Wiederherstellung der aufschiebenden 10
Wirkung nach § 77 III 1 und der Anordnung aufschiebender Wirkung

nach § 77 III 4 durch das **Beschwerdegericht** (*K. Schmidt*, in: I/M, § 65, Rn. 9 f.). Diese Unterscheidung entspricht inhaltlich und begrifflich der Unterscheidung in § 80 V VwGO (vgl. *K/S, VwGO*, § 80, Rn. 123). Die aufschiebende Wirkung kann **wiederhergestellt** werden, wenn die Regulierungsbehörde nach § 77 I und II die sofortige Vollziehung angeordnet hat (*Salje*, EnWG, § 77, Rn. 12), während die **Anordnung** aufschiebender Wirkung in den Fällen möglich ist, in denen die Beschwerde keine aufschiebende Wirkung hat. Die im Gesetz nicht ausdrücklich geregelte **Feststellung** aufschiebender Wirkung kommt, wie für § 80 V VwGO anerkannt (*K/S, VwGO*, § 80, Rn. 117), analog § 77 III in Betracht, wenn die Regulierungsbehörde fälschlicherweise der Auffassung ist, daß eine Beschwerde keine aufschiebende Wirkung hat (*K. Schmidt*, in: I/M, § 65, Rn. 10).

I. Verfahren

11   Das Verfahren ist für den Antrag auf Anordnung wie für den Antrag auf Wiederherstellung aufschiebender Wirkung identisch. Zuständig ist das **Beschwerdegericht**. Folglich besteht der **Anwaltszwang** auch hier, da § 80 eindeutig die Pflicht statuiert, sich „[v]or dem Beschwerdegericht" anwaltlich vertreten zu lassen. Die Frist und Formvorschriften des § 78 I sind jedoch nicht anwendbar, da sich die Vorschrift nur auf die Beschwerde bezieht (*K. Schmidt*, in: I/M, § 65, Rn. 15). Demnach kann ein Antrag auch noch gestellt werden, wenn das Hauptsacheverfahren im Rechtsbeschwerdeverfahren beim *BGH* anhängig ist. Dann ist jedoch nicht mehr das Beschwerdegericht, sondern der *BGH* zuständig (*BGH*, NJW 1999, 342), was sich aus dem Rechtsgedanken des § 80 V VwGO ergibt, wonach im Eilverfahren das Gericht der Hauptsache zuständig ist (*K. Schmidt*, in: I/M, § 65, Rn. 15). Dies ist auch deshalb folgerichtig, weil die Tatbestandsvoraussetzung aus § 77 III 1 Nr. 2 (ernstliche Zweifel an der Rechtmäßigkeit der angefochtenen Entscheidung) zweckmäßigerweise vom auch in der Hautsache zuständigen Gericht zu prüfen ist.

12   Nach § 77 IV 1 können Anträge auf Wiederherstellung/Anordnung der aufschiebenden Wirkung bereits **vor Einreichung** der **Beschwerde** gestellt werden. Auch wenn die Regulierungsbehörde bereits die Vollziehung ausgesetzt hat (§ 77 III 2), ist ein Antrag auf gerichtliche Aussetzung statthaft, weil die Regulierungsbehörde diese Entscheidung jederzeit aufheben oder ändern kann und deshalb eine gesicherte Rechtsstellung des Betroffenen nicht existiert (*Birmanns*, in: FK, § 65 GWB 2005, Rn. 32).

Der **Antragsteller** muß die **Tatsachen glaubhaft machen,** auf die 13
er seinen Antrag stützt (§ 77 IV 2; *OLG Naumburg,* RdE 2007, 232,
233). Dem können Beweismittel dienen sowie die Versicherung an
Eides Statt (vgl. § 294 ZPO; *Bechtold,* Kartellgesetz, § 65, Rn. 9). Eine
Pflicht des Gerichts von Amts wegen zu ermitteln, besteht nicht. Fehlt
es an der Glaubhaftmachung, kann dem Antrag aus Rechtsgründen
stattgegeben werden, wenn es auf die Tatsachen nicht ankommt
(*K. Schmidt,* in: I/M, § 65, Rn. 15).

Im Hinblick auf die **Form der gerichtlichen Entscheidung** ist die 14
Regelung unklar. § 77 V spricht von „Entscheidungen" nach § 77 III 1
einerseits und bezieht sich auf „Beschlüsse über Anträge" nach
§ 77 III 4 andererseits. Der Wortlaut weicht insoweit von § 65 V GWB
ab, der nur allgemein auf Beschlüsse in Verfahren nach § 77 III verweist. Der Sinn der Differenzierung im EnWG ist unklar. Aus der Gesetzesbegründung ergibt sich nichts, da es zu § 77 lediglich heißt, er
entspreche in angepaßter Form § 65 GWB (BT-Drucks. 15/3917,
S. 31). Daß, ohne Begründung hier eine andere Entscheidungsform als
der Beschluß eingeführt werden sollte, ist kaum wahrscheinlich, zumal
die „Entscheidung" keine in den Prozeßordnungen existente eigenständige Form der Gerichtsentscheidung darstellt. Da im EnWG hinsichtlich der Regulierungsbehörde (fast) durchgängig von „Entscheidungen"
die Rede ist, könnte die Änderbarkeit von Entscheidungen der Regulierungsbehörde gemeint sein. Dagegen spricht aber bereits der Wortlaut, der eindeutig auf die Gerichtsentscheidungen betreffenden Sätze
des § 77 III verweist. Angesichts dessen wird die Unterscheidung zwischen Beschluß und Entscheidung ohne Konsequenzen bleiben müssen,
weshalb das Gericht im Verfahren des einstweiligen Rechtsschutzes, wie
auch im Beschwerdeverfahren (§ 83 I 1), **immer durch Beschluß** zu
entscheiden hat. Der Wortlaut erlaubt jedenfalls eine solche Interpretation, weil auch ein Beschluß eine Entscheidung darstellt.

Gerichtliche Beschlüsse nach § 77 III sind **unanfechtbar.** Dies ergibt 15
sich im Umkehrschluß aus § 86 I, der die Rechtsbeschwerde nur gegen
„in der Hauptsache" ergangene Beschlüsse zuläßt (*K. Schmidt,* in: I/M,
§ 65, Rn. 17; Gesetzesbegründung zur Änderung des § 65 GWB, BT-Drucks. 15/3640, S. 65 jew. unter Verweis auf § 74 I GWB; dort ist die
Beschränkung auf Beschlüsse in der Hauptsache mit der Novellierung
2005 jedoch entfallen, was im EnWG nicht nachvollzogen wurde, vgl.
§ 86, Rn. 1). Die Beschlüsse können jedoch nach § 77 V vom Beschwerdegericht **jederzeit geändert** oder **aufgehoben** werden, erwachsen also nicht in Rechtskraft (*Birmanns,* in: FK, § 65 GWB 2005,
Rn. 63).

II. Materielle Voraussetzungen

16 Auch wenn das Gesetz die Entscheidung scheinbar in das gerichtliche Ermessen stellt ("kann"), so handelt es sich um eine **gebundene Entscheidung** (*OLG Stuttgart*, ZNER 2006, 344, 346; *K. Schmidt*, in: I/M, § 65, Rn. 11 m. w. N.). Die aufschiebende Wirkung ist **wiederherzustellen,** wenn die Voraussetzungen der **Nr. 1–3** von § 77 III 1 erfüllt sind, für die **Anordnung** aufschiebender Wirkung nach § 77 III 4 sind nur die **Nr. 2 und 3** relevant. Ungeschriebene Voraussetzung ist eine **"Anfechtungslage":** Das Hauptbegehren des Antragstellers muß sich auf Beseitigung eines Verwaltungsakts richten (*OLG Düsseldorf,* N&R 2007, 118; *Schellberg/Spiekermann,* N&R 2007, 120, 121). Ist Ziel des Antragstellers die Verpflichtung der Behörde zum Erlaß eines bestimmten Bescheids, richtet sich der einstweilige Rechtsschutz nach § 76 III 1 i. V. m. § 72 (*OLG Düsseldorf,* N&R 2007, 118; i. E. a. A. *OLG Naumburg,* RdE 2007, 232, 233, wonach auch ein im Kern auf eine vorläufige Begründung gerichteter Antrag nach § 77 III statthaft ist, allerdings ohne weitere Argumentation hierzu). Infolge der Eilbedürftigkeit hat das Verfahren nach § 77 III 4 nur vorläufigen Charakter, sein Prüfungsmaßstab ist **summarisch** (*OLG München,* ZNER 2007, 62 f.; *OLG Naumburg,* RdE 2007, 232, 233; *OLG Düsseldorf,* ZNER 2006, 258; krit. *Ruge,* IR 2007, 2, 6).

17 § 77 III 1 **Nr. 1** verweist auf die Voraussetzungen nach § 77 I, die nicht oder nicht mehr vorliegen dürfen. Ausdrücklich umfaßt ist auch der Wegfall der Voraussetzungen nach einer regulierungsbehördlichen Entscheidung ("nicht mehr vorliegen"). In § 77 III 1 **Nr. 2** werden **ernstliche Zweifel an der Rechtmäßigkeit** der Entscheidung verlangt. Das Gesetz spricht zwar von "Verfügung" und nicht von Entscheidung, dabei handelt es sich jedoch offensichtlich um ein Redaktionsversehen. Bei der Übertragung der Norm aus dem GWB wurde an dieser Stelle die Begrifflichkeit des GWB, wo von Verfügungen der Kartellbehörde die Rede ist, nicht an die Begrifflichkeit des EnWG, wo der Begriff Entscheidung Verwendung findet, angepaßt. Ernstliche Zweifel können sich auf Tatsachen beziehen, etwa wenn mangelhafte Sachaufklärung der Behörde beanstandet wird, oder rechtlicher Art sein (*K. Schmidt,* in: I/M, § 65, Rn. 13). Ernstliche Zweifel sind zu bejahen, wenn die Aufhebung der angefochtenen Entscheidung überwiegend wahrscheinlich ist, die bloße Offenheit der Rechtslage genügt nicht (vgl. *OLG München,* ZNER 2007, 62, 63; *OLG Naumburg,* RdE 2007, 232, 233; *OLG Stuttgart,* ZNER 2006, 344, 346; *OLG Düsseldorf,* ZNER 2006, 258). Nach § 77 III 1 **Nr. 3** ist die aufschiebende Wirkung wieder herzustellen, wenn die Vollziehung für den Betroffenen eine **unbillige Härte** zur Folge hätte, die durch überwiegende öffentliche Interessen nicht geboten ist. Allein **schwerwiegende,** nicht wieder gutzumachende **Nachteile** stellen überhaupt eine Härte dar (*OLG München,* ZNER 2007, 62, 63; *OLG Düsseldorf,* ZNER 2006, 258, 263; *K. Schmidt,* in: I/M, § 65, Rn. 14), und die Unbilligkeit einer Härte entfällt, wenn überwiegende öffentliche Interessen bestehen (vgl. die gesamtwirtschaftlichen Erwägungen in *KG,* WuW/E OLG 1561, 1562). Es ist denkbar, daß auch Existenzbedrohungen aufgrund eines überwiegenden öffentlichen Interesses nicht unbillig sind, insbesondere, wenn dazu die Existenzsicherung des von der Entscheidung über eine Vollziehung Begünstigten gehört (*Birmanns,* in: FK, § 65 GWB 2005, Rn. 42, vgl. oben Rn. 4). Insgesamt ist damit der Maßstab für den Erfolg eines Aussetzungsantrags recht hoch (vgl. *Schellberg/Spiekermann,* N&R 2007, 120, 122), auch weil der sofortigen Vollziehbarkeit von Entscheidungen der Regulierungsbehörde im Rahmen der Abwägung ein hoher Rang einzuräumen ist (*OLG München,* ZNER 2007, 62, 63; *OLG Düsseldorf,* ZNER 2006, 258, 263). Ein Abweichen von der gesetzgeberischen Grundentscheidung für den Sofortvollzug ist die Ausnahme und es bedarf besonderer Umstände, um eine solche Ausnahme zu rechtfertigen (*OLG München,* ZNER 2007, 62, 63; *OLG Düsseldorf,* ZNER 2006, 258, 263; vgl. *Schalle/Boos,* ZNER 2006, 20, 21 und 27, die für den Bereich der Netzentgeltgenehmigung auf die praktischen Folgen dieser Anforderungen hinweisen und damit Zweifel an der Verfassungsmäßigkeit der „Ex-ante"-Genehmigung begründen).

III. Inhalt

Das Gericht kann die Wiederherstellung oder Anordnung aufschiebender Wirkung von **Bedingungen** (das Gesetz spricht von „Auflagen") abhängig machen, wobei die Sicherheitsleistung als ein Beispiel im Gesetz ausdrücklich erwähnt ist (§ 77 IV 4). Ausdrücklich zulässig ist auch eine **Befristung** der Wirkungen (§ 77 IV 5). In Anlehnung an § 80 V 3 VwGO sieht § 77 IV 3 vor, daß die Aufhebung der Vollziehung angeordnet werden kann, wenn die Entscheidung der Regulierungsbehörde bereits vollzogen ist. Eine solche **Folgenbeseitigung** kommt auch bei der „freiwilligen" Erfüllung unter dem Druck weiterer behördlicher Maßnahmen in Betracht (vgl. *BVerwG,* NJW 1961, 90, 91; *VGH Kassel,* NVwZ 1995, 1027, 1029).

§ 78 Frist und Form

(1) ¹Die Beschwerde ist binnen einer Frist von einem Monat bei der Regulierungsbehörde schriftlich einzureichen. ²Die Frist beginnt mit der Zustellung der Entscheidung der Regulierungsbehörde. ³Es genügt, wenn die Beschwerde innerhalb der Frist bei dem Beschwerdegericht eingeht.

(2) Ergeht auf einen Antrag keine Entscheidung, so ist die Beschwerde an keine Frist gebunden.

(3) ¹Die Beschwerde ist zu begründen. ²Die Frist für die Beschwerdebegründung beträgt einen Monat; sie beginnt mit der Einlegung der Beschwerde und kann auf Antrag von dem oder der Vorsitzenden des Beschwerdegerichts verlängert werden.

(4) Die Beschwerdebegründung muss enthalten
1. die Erklärung, inwieweit die Entscheidung angefochten und ihre Abänderung oder Aufhebung beantragt wird,
2. die Angabe der Tatsachen und Beweismittel, auf die sich die Beschwerde stützt.

(5) Die Beschwerdeschrift und die Beschwerdebegründung müssen durch einen Rechtsanwalt unterzeichnet sein; dies gilt nicht für Beschwerden der Regulierungsbehörde.

Übersicht

	Rn.
A. Allgemeines	1
B. Frist und Form (§ 78 I und II)	2
C. Beschwerdebegründung (§ 78 III und IV)	4
D. Folgen eines Verstoßes	6

A. Allgemeines

1 Die Vorschrift entspricht § 66 GWB (BT-Drucks. 15/3917, S. 71). Geregelt sind Frist und Form der Beschwerde sowie der Beschwerdebegründung.

B. Frist und Form (§ 78 I und II)

2 **Ergeht** eine **Entscheidung** der Regulierungsbehörde, so ist für die Beschwerde unabhängig von der Beschwerdeart die **Monatsfrist** des § 78 I 1 einzuhalten. Sie beginnt für jeden Beschwerdeberechtigten einzeln mit der Zustellung der Entscheidung. Die Frist berechnet sich gemäß § 73 Nr. 2 nach §§ 222 ZPO, 187–189 BGB. Die Frist endet danach mit dem Ablauf des Tages des Folgemonats, der durch seine Zahl dem Tag der Zustellung entspricht und, falls dieser Tag ein Samstag, Sonntag oder allgemeiner Feiertag ist, mit dem Ablauf des nächsten Werktags. Die Frist kann nicht verlängert werden, es ist aber gegebenenfalls die Wiedereinsetzung in den vorigen Stand möglich (§ 73 Nr. 2 i. V. m. §§ 233 ff. ZPO). Wenn **keine Entscheidung** der Regulierungsbehörde ergeht, ist die Beschwerde **unbefristet** möglich (§ 78 II). Dies betrifft neben der Verpflichtungsbeschwerde bei der Nichtbescheidung eines Antrags auch die allgemeine Leistungsbeschwerde.

Die Beschwerde ist **schriftlich** einzureichen und es bedarf daher der Unterzeichnung. Bereits hier gilt der Anwaltszwang (§ 78 V). Der **Inhalt** der Beschwerdeschrift ist dem Gesetz nicht zu entnehmen. Es muß jedoch das Ziel (Anfechtung einer Entscheidung, Begehr einer bestimmten Entscheidung oder einer anderen Handlung) unzweideutig aus dem Schriftsatz hervorgehen. Genauere Angaben sind erst in der Beschwerdebegründung nach § 78 III und IV notwendig. 3

C. Beschwerdebegründung (§ 78 III und IV)

Die **Monatsfrist** für die Begründung gilt für alle Beschwerdearten und läuft ab der Einlegung der Beschwerde (§ 78 III, zur Berechnung oben Rn. 2). Sie ist einen Monat kürzer als in der Parallelnorm § 66 III GWB. Anders als die Beschwerdefrist kann die Begründungsfrist auf Antrag von dem oder der Vorsitzenden verlängert werden. Wenn der Verlängerungsantrag vor Ablauf der Frist gestellt ist, kann die Entscheidung über eine Verlängerung nach Fristablauf ergehen (*BGHZ* 83, 217, 221). Eine mehrfache Verlängerung ist möglich. Auch die Beschwerdebegründung unterliegt dem Anwaltszwang (§ 78 V). 4

Inhaltlich muß die Beschwerdebegründung nach § 78 IV Nr. 1 den Gegenstand der Beschwerde und damit den **Streitgegenstand** festlegen. Ein Antrag mit tenorierungsfähigem Inhalt ist nicht erforderlich und ebensowenig ist das Gericht an die Formulierung eines Antrags gebunden. **Entscheidend** ist vielmehr das gegebenenfalls durch Auslegung der Begründung zu ermittelnde **Begehren** des Beschwerdeführers (*KG,* WuW/E OLG 4859, 4861; *Bechtold,* Kartellgesetz, § 66, Rn. 6). Daneben sind nach § 78 IV Nr. 2 die Tatsachen und Beweismittel anzugeben, auf die sich die Beschwerde stützt. Die kartellrechtliche Rechtsprechung fordert auch Ausführungen dazu, an welchen 5

Punkten die Rechtsansichten der Behörde angegriffen werden (*KG*, WuW/E OLG 5565, 5579; abl. *Bracher,* in: FK, § 66 GWB 2005, Rn. 22). Diesbezüglich sind jedenfalls keine überzogenen Anforderungen zu stellen (*Salje,* EnWG, § 78, Rn. 11). § 78 IV erfordert weit weniger konkrete Ausführungen als eine Berufungsbegründung nach § 520 ZPO (*Bechtold,* Kartellgesetz, § 66, Rn. 7). Allerdings können unter Umständen die gerichtlichen Ermittlungspflichten sinken, wenn der Beschwerdeführer nur sehr wenig vorträgt (*BGH,* WuW/E BGH 990, 993; *Bechtold,* Kartellgesetz, § 66, Rn. 7).

D. Folgen eines Verstoßes

6 Die Einhaltung von Frist und Form prüft das Gericht **von Amts wegen.** Fehlt es an diesen Voraussetzungen, verwirft das Gericht analog §§ 522 I ZPO, 125 II VwGO die Beschwerde als unzulässig.

§ 79 Beteiligte am Beschwerdeverfahren

(1) **An dem Verfahren vor dem Beschwerdegericht sind beteiligt**
1. **der Beschwerdeführer,**
2. **die Regulierungsbehörde,**
3. **Personen und Personenvereinigungen, deren Interessen durch die Entscheidung erheblich berührt werden und die die Regulierungsbehörde auf ihren Antrag zu dem Verfahren beigeladen hat.**

(2) **Richtet sich die Beschwerde gegen eine Entscheidung einer nach Landesrecht zuständigen Behörde, ist auch die Regulierungsbehörde an dem Verfahren beteiligt.**

Übersicht

	Rn.
A. Allgemeines	1
B. Beteiligte (§ 79 I und II)	2
C. Letzter Zeitpunkt der behördlichen Beiladung	5
D. Stellung der Beteiligten	6

A. Allgemeines

1 Die Vorschrift übernimmt § 67 GWB (Begr. BT-Drucks. 15/3917, S. 71) und regelt, wer am Verfahren vor dem Beschwerdegericht beteiligt ist.

B. Beteiligte (§ 79 I und II)

Beteiligt sind zunächst nach dem Wortlaut von § 79 I der **Beschwerdeführer** (§ 79 I Nr. 1) und die **Regulierungsbehörde** (§ 79 I Nr. 2) sowie die von der Regulierungsbehörde **Beigeladenen** (§ 79 I Nr. 3). § 79 II ordnet außerdem die Beteiligung der Regulierungsbehörde an, wenn die Beschwerde sich gegen eine Entscheidung einer nach Landesrecht zuständigen Behörde richtet. Der **Wortlaut** ist, wie auch bei § 66 III (vgl. dort Rn. 10) **zu eng.** Nicht erfaßt sind Beschwerden gegen Entscheidungen der Landesregulierungsbehörden, weil diese in der ursprünglichen Konzeption des Gesetzes nicht vorgesehen waren und eine Anpassung an die veränderte Situation nicht erfolgte (vgl. auch die Stellungnahme des BRat bezüglich einer Änderung der Norm, BT-Drucks. 16/5847, S. 15). Für die Beteiligung der BNetzA bei Beschwerden gegen Entscheidungen einer Landesregulierungsbehörde besteht eine Regelungslücke, die durch analoge Anwendung von § 79 II auf diese Fälle zu schließen ist (*Salje,* EnWG, § 79, Rn. 6; eine Regelung, die diese Lücke schließen würde und nur eine Beteiligung der nach § 54 zuständigen Regulierungsbehörde vorsieht, enthält der Entwurf des BRat, ebd.).

Eine **Beiladung durch** das **Beschwerdegericht** selbst ist **nicht möglich** (*Salje,* EnWG, § 79, Rn. 5; *K. Schmidt,* in: I/M, § 67, Rn. 4). Das Gericht prüft jedoch, ob die von der Regulierungsbehörde Beigeladenen in ihren Interessen erheblich berührt sind (wie hier *Bracher,* in: FK, § 67 GWB 2005, Rn. 7; anders die wohl h. M., vgl. *K. Schmidt,* in: I/M, § 67, Rn. 4 m. w. N.). Nach dem Wortlaut von § 79 I Nr. 3 ist die Beteiligtenstellung im gerichtlichen Verfahren ausdrücklich nicht allein von der Beiladungsentscheidung der Regulierungsbehörde abhängig, sondern auch von einer erheblichen Berührung der Interessen. Mit der Interessenberührung ist der alleinige Prüfungsmaßstab für das Beschwerdegericht benannt. Die Ermessensentscheidung der Regulierungsbehörde über die Beiladung im Verwaltungsverfahren (vgl. § 66, Rn. 17) wird hingegen nur im Rahmen einer Beschwerde gegen eine Beiladungsentscheidung gerichtlich überprüft (vgl. *Bracher,* in: FK, § 67 GWB 2005, Rn. 7).

Wie die insoweit allgemein als verunglückt geltende Parallelvorschrift des GWB (*Bechtold,* Kartellgesetz, § 67, Rn. 2), erfaßt der diesbezüglich nicht veränderte Wortlaut auch hier nicht alle am Verwaltungsverfahren Beteiligten. Diese mißglückte Regelung wird durch den Grundsatz der **Kontinuität der Verfahrensbeteiligung** überlagert, so daß am Beschwerdeverfahren jedenfalls alle in § 66 II aufgeführten Personen beteiligt sind (*K. Schmidt,* in: I/M, § 67, Rn. 5). Damit ist neben den oben in Rn. 2 genannten Personen auch beteiligt, wer die Einleitung des Verfahrens beantragt hat (§ 66 II Nr. 1, vgl. *BGH,* WuW/E BGH 2191, 2192; *KG,* WuW/E OLG 755, 756) und derjenige, gegen den sich das Verfahren richtet (§ 66 II Nr. 2, vgl. *BGH,* WuW/E BGH 767, 768).

C. Letzter Zeitpunkt der behördlichen Beiladung

5   Da eine Beiladung durch das Gericht nicht erfolgen kann (oben Rn. 3), kommt der behördlichen Beiladung erhöhte Bedeutung zu. Umstritten ist im Kartellrecht, bis zu welchem **Zeitpunkt** eine **behördliche Beiladung** noch möglich ist (vgl. *Bracher,* in: FK, § 67 GWB 2005, Rn. 8 m. w. N.). Der *BGH* hat die Beiladung nach der behördlichen Sachentscheidung, aber vor Einlegung der Beschwerde für zulässig gehalten und offen gelassen, ob auch eine Beiladung nach Einleitung des Beschwerdeverfahrens möglich ist (WuW/E BGH 2077, 2078). Das *KG* hat darauf abgestellt, ob der Beiladungsantrag vor Beginn des gerichtlichen Verfahrens gestellt wurde (WuW/E OLG 4363, 4364 f.; WuW/E DE-R 641, 642) Gegen eine Beiladung auch nach Abschluß des Verwaltungsverfahrens spricht jedoch der Wortlaut von § 66 II, der die Beiladung durch die Regulierungsbehörde regelt. Danach erfaßt die Vorschrift nur die Beteiligung an dem „Verfahren vor der Regulierungsbehörde", nicht aber die Beteiligung am Verfahren vor dem Beschwerdegericht. Mit diesem Wortlaut ist eine Beiladung nur vereinbar, wenn zumindest der **Beiladungsantrag vor** dem **Abschluß des Verwaltungsverfahrens** gestellt wird.

D. Stellung der Beteiligten

6   Die Verfahrensbeteiligten sind alle Subjekte des Verfahrens und haben grundsätzlich dieselben Befugnisse. Allerdings steht die volle **Dispositionsbefugnis nur den Hauptbeteiligten** nach § 79 I Nr. 1 und 2 zu, weil nur sie die Beschwerde zurücknehmen bzw. durch eine dem Beschwerdeantrag entsprechende Entscheidung eine Erledigung des Verfahrens herbeiführen können. Auf die Beigeladenen sind die **Grundsätze des verwaltungsgerichtlichen Verfahrens** anzuwenden (*Bracher,* in: FK, § 67 GWB 2005, Rn. 12). Insbesondere kann der notwendig Beigeladene (vgl. § 66, Rn. 12) zwar abweichende Sachanträge stellen (§ 66 2 VwGO), ist dabei aber auf den durch den Streitgegen-

stand gezogenen Rahmen beschränkt (*Bier,* in: S/SA/P, VwGO, § 66, Rn. 6; a. A. *K/S,* VwGO, § 66, Rn. 6).

§ 80 Anwaltszwang

¹Vor dem Beschwerdegericht müssen die Beteiligten sich durch einen Rechtsanwalt als Bevollmächtigten vertreten lassen. ²Die Regulierungsbehörde kann sich durch ein Mitglied der Behörde vertreten lassen.

§ 80 übernimmt § 68 GWB (BT-Drucks. 15/3917, S. 71). Wie nach 1 dem GWB für Kartellverwaltungssachen ist auch nach dem EnWG bereits in der Beschwerdeeinstanz eine **anwaltliche Vertretung** vorgeschrieben. Der Anwendungsbereich erfaßt die Beschwerde nach § 75 sowie die Rechtsbeschwerde (§ 88 V i. V. m. § 80). Bereits für die Einlegung der Beschwerde gilt der Anwaltszwang (§ 78 V), eine dem nicht genügende Beschwerde ist unzulässig und wahrt nicht die Frist des § 78 (*K. Schmidt,* in: I/M, § 68, Rn. 2). Anwaltliche Vertretung ist auch in der mündlichen Verhandlung notwendig. Postulationsfähig ist jeder in Deutschland zugelassene Anwalt. Diesen gleichgestellt sind dienstleistende europäische Anwälte nach § 25 I EuRAG, sofern sie im Einvernehmen mit einem deutschen Rechtsanwalt handeln (§§ 27 I, 28 I EuRAG).

Beteiligte, die sich nicht durch einen Rechtsanwalt vertreten lassen, 2 verlieren dadurch die Beteiligteneigenschaft nicht und erhalten deshalb alle Schriftsätze und Ladungen, können sich aber nicht aktiv beteiligen (*Bechtold,* Kartellgesetz, § 68, Rn. 2).

Die nach § 79 I Nr. 2 oder § 79 II am Verfahren beteiligte **Regulie-** 3 **rungsbehörde** unterliegt dem **Anwaltszwang nicht** und kann sich durch ein Mitglied der Behörde vertreten lassen. Das Mitglied der Behörde, also ein hauptberuflich dort Beschäftigter, muß nicht die Befähigung zum Richteramt besitzen (*Bracher,* in: FK, § 68 GWB 1999, Rn. 11).

§ 81 Mündliche Verhandlung

(1) **Das Beschwerdegericht entscheidet über die Beschwerde auf Grund mündlicher Verhandlung; mit Einverständnis der Beteiligten kann ohne mündliche Verhandlung entschieden werden.**

(2) **Sind die Beteiligten in dem Verhandlungstermin trotz rechtzeitiger Benachrichtigung nicht erschienen oder gehörig vertreten, so kann gleichwohl in der Sache verhandelt und entschieden werden.**

Übersicht

                                                                                  Rn.
A. Mündliche Verhandlung (§ 81 I) 1
B. Nichterscheinen der Beteiligten (§ 81 II) 4

A. Mündliche Verhandlung (§ 81 I)

1 § 81 übernimmt § 69 GWB (BT-Drucks. 15/3917, S. 71). Die Vorschrift bezieht sich auf energiewirtschaftsrechtliche Beschwerden i. S. d. § 75 und findet nach § 88 V auch auf Rechtsbeschwerden Anwendung. § 81 I fordert eine mündliche Verhandlung, bevor entschieden wird, allerdings nur für die **Sachentscheidung**. Demgegenüber ist analog §§ 519 b ZPO, 125 II VwGO die Verwerfung der Beschwerde als unzulässig auch ohne mündliche Verhandlung möglich (*BGHZ* 56, 155, 156; *K. Schmidt*, in: I/M, § 69, Rn. 1). Ebensowenig bedarf es vor prozeßleitenden Verfügungen einer mündlichen Verhandlung (*Bechtold*, Kartellgesetz, § 69, Rn. 2).

2 Die Formulierung „auf Grund mündlicher Verhandlung" macht deutlich, daß ausschließlich der **Prozeßstoff** in der Entscheidung berücksichtigt werden darf, der **Gegenstand der mündlichen Verhandlung** war (*Salje*, EnWG, § 81, Rn. 7; *Bechtold*, Kartellgesetz, § 69, Rn. 3). Dem steht § 83 I, wonach Grundlage der Gerichtsentscheidung das „Gesamtergebnis des Verfahrens" ist, nicht entgegen, weil damit ausschließlich der Grundsatz der freien Beweiswürdigung normiert und nicht die Bedeutung der mündlichen Verhandlung relativiert wird (*Meyer-Lindemann*, in: FK, § 69 GWB 1999, Rn. 6). Dies entspricht auch der Interpretation der parallelen Regelung des § 108 VwGO (vgl. *K/S*, VwGO, § 108, Rn. 2).

3 Im **schriftlichen Verfahren** kann nach § 81 I Hs. 2 mit Einverständnis der Beteiligten entschieden werden. Das **Einverständnis** unterliegt dem Anwaltszwang und muß ausdrücklich, unbedingt und eindeutig **von allen Beteiligten** erklärt werden und ist grundsätzlich unwiderruflich und unanfechtbar. Es bindet allerdings nur für die nächste anstehende Verhandlung. Liegen die notwendigen Einverständniserklärungen vor, so kann das Gericht ohne mündliche Verhandlung entscheiden, ist dazu aber nicht verpflichtet (ausf. zum Einverständnis *Meyer-Lindemann*, in: FK, § 69 GWB 1999, Rn. 12 ff. m. w. N.).

B. Nichterscheinen der Beteiligten (§ 81 II)

Wegen der Geltung des Untersuchungsgrundsatzes (§ 82) gibt 4 es im energiewirtschaftsrechtlichen Beschwerdeverfahren **kein Versäumnisverfahren**. Zwecks **Verhinderung der Prozeßverschleppung** räumt § 81 II dem Gericht die Möglichkeit ein, trotz des Ausbleibens eines Beteiligten zur Sache zu verhandeln und zu entscheiden. Ein Hinweis darauf in der Ladung ist nicht ausdrücklich im Gesetz vorgeschrieben (anders etwa § 102 II VwGO). Eine Entscheidung in der Sache ist allerdings nur dann zulässig, wenn die Sachaufklärungspflicht (§ 82 I) dem nicht entgegensteht, die Sache also spruchreif ist. Dabei können von den Beteiligten versäumte Mitwirkungsobliegenheiten zu Lasten des insoweit Säumigen berücksichtigt werden (*K. Schmidt,* in: I/M, § 69, Rn. 4).

In Fällen **unvermeidbarer Säumnis** ist der Rechtsschutzgarantie 5 (Art. 19 Abs. 4 GG) und dem Gebot rechtlichen Gehörs (Art. 103 I GG) dadurch Rechnung zu tragen, daß eine neue mündliche Verhandlung anberaumt wird (*Bechtold,* Kartellgesetz, § 69, Rn. 4). Dies ist jedoch nur möglich, wenn noch keine Beschwerdeentscheidung ergangen ist. Nach Ergehen einer solchen Entscheidung ist bei unverschuldeter Säumnis das Verfahren der Wiedereinsetzung in den vorigen Stand entsprechend anzuwenden (vgl. *Meyer-Lindemann,* in: FK, § 69 GWB 1999, Rn. 24).

§ 82 Untersuchungsgrundsatz

(1) **Das Beschwerdegericht erforscht den Sachverhalt von Amts wegen.**

(2) **Der oder die Vorsitzende hat darauf hinzuwirken, dass Formfehler beseitigt, unklare Anträge erläutert, sachdienliche Anträge gestellt, ungenügende tatsächliche Angaben ergänzt, ferner alle für die Feststellung und Beurteilung des Sachverhalts wesentlichen Erklärungen abgegeben werden.**

(3) [1]**Das Beschwerdegericht kann den Beteiligten aufgeben, sich innerhalb einer zu bestimmenden Frist über aufklärungsbedürftige Punkte zu äußern, Beweismittel zu bezeichnen und in ihren Händen befindliche Urkunden sowie andere Beweismittel vorzulegen.** [2]**Bei Versäumung der Frist kann nach Lage der Sache ohne Berücksichtigung der nicht beigebrachten Unterlagen entschieden werden.**

(4) [1]**Wird die Anforderung nach § 69 Abs. 7 oder die Anordnung nach § 69 Abs. 8 mit der Beschwerde angefochten, hat die Regulie-**

§ 82 1–3   Teil 8. Verfahren

rungsbehörde die tatsächlichen Anhaltspunkte glaubhaft zu machen. ² § 294 Abs. 1 der Zivilprozessordnung findet Anwendung.

Übersicht

	Rn.
A. Allgemeines	1
B. Untersuchungsgrundsatz (§ 82 I)	2
I. Umfang der Aufklärungspflicht	3
II. Fehlerfolgen	4
III. Beweislast	5
C. Erörterungspflichten (§ 82 II)	6
D. Mitwirkungspflichten (§ 82 III)	7
E. Erleichterte Beweisführung (§ 82 IV)	8

A. Allgemeines

1 Die Vorschrift entspricht § 70 GWB (BT-Drucks. 15/3917, S. 71), mit Ausnahme von § 70 IV 3 GWB, der jedoch auf eine Norm des GWB Bezug nimmt, die im EnWG keine Entsprechung findet. Geregelt sind neben dem Untersuchungsgrundsatz gerichtliche Erörterungspflichten sowie Mitwirkungspflichten der Beteiligten. Die ebenfalls geregelte erleichterte Beweisführung betrifft lediglich ganz bestimmte Maßnahmen der Regulierungsbehörde im Vorfeld ihrer inhaltlichen Entscheidung.

B. Untersuchungsgrundsatz (§ 82 I)

2 Das Beschwerdegericht ist nach § 82 I, wie die Regulierungsbehörde auch (vgl. § 68), verpflichtet, den Sachverhalt **von Amts wegen** zu erforschen. Es gilt also hinsichtlich der Sachverhaltsaufklärung der Untersuchungsgrundsatz, hinsichtlich des Streitgegenstandes jedoch die Dispositionsmaxime. Den Streitgegenstand bestimmt das Begehren (§ 78 IV Nr. 1) des Beschwerdeführers (vgl. § 88 VwGO), wobei das Beschwerdegericht nicht an die Formulierung des Antrags gebunden ist (§ 78 Rn. 5).

I. Umfang der Aufklärungspflicht

3 Die erstmalige Sachverhaltsaufklärung obliegt der Regulierungsbehörde (*Salje,* EnWG, § 81, Rn. 5); deren völliges Fehlen ist bereits ein Aufhebungsgrund (*Bechtold,* Kartellgesetz, § 70, Rn. 2). Aufzuklären sind vom Gericht nur **rechtserhebliche,** für die Entscheidung über eine Beschwerde notwendige **Tatsachen.** Der Umfang ist somit abhängig vom Streitgegenstand des Beschwerdeverfahrens (*K. Schmidt,* in: I/M, § 70, Rn. 4). Weiterhin muß ein **Anlaß** für gerichtliche Ermittlungen bestehen, weshalb weder alle vorgetragenen Tatsachen von Amts wegen nachgeprüft werden müssen, noch wegen jeder möglichen Unvollständigkeit des Vorbringens der Beteiligten Ermittlungen anzustellen sind. Außerdem sind nur solche Tatsachen zu ermitteln, die nicht aufgeklärt oder offenkundig und daher **beweisbedürftig** sind (*Meyer-Lindemann,* in: FK, § 70 GWB 1999, Rn. 7 f.).

II. Fehlerfolgen

Verletzt das Beschwerdegericht seine Aufklärungspflicht, kann dies mit der Rechtsbeschwerde gerügt werden (*BGHZ* 50, 357, 362). Nicht rechtsbeschwerdefähig ist zwar die individuelle Entscheidung über Beweisangebote. Aber die unzureichende Sachaufklärung kann ein Verfahrensfehler sein, auf dem die Hauptsacheentscheidung beruht (vgl. § 88 II). Weil ein derartiger Verfahrensfehler nicht bereits vorliegt, wenn eine denkbare oder mögliche Erkenntnisquelle außer acht gelassen wurde, sondern das Beschwerdegericht über die Grenzen seiner Aufklärungspflicht im konkreten Fall nach pflichtgemäßem Ermessen entscheidet (*K. Schmidt,* in: I/M, § 70, Rn. 2 m. w. N.), ist die **Kontrolldichte gering** (*Meyer-Lindemann,* in: FK, § 70 GWB 1999, Rn. 10).

III. Beweislast

Angesichts des Untersuchungsgrundsatzes gibt es eine formelle Beweisführungslast nicht. Aufgrund der **materiellen Beweislast** entscheidet sich, wie auch im Verfahren vor der Regulierungsbehörde (vgl. § 68, Rn. 6), wer das Risiko der Unaufklärbarkeit von Tatsachen trägt. Dies ist, unabhängig von der Parteirolle im Prozeß, eine Frage des materiellen Rechts (*K/S,* VwGO, § 108, Rn. 12 m. w. N.). Soweit das materielle Recht nicht ausdrücklich eine Nachweispflicht enthält (vgl. § 20 II) und keine andere Verteilung vornimmt, etwa durch eine Vermutungsregel, geht nach der Rechtsprechung die Unerweislichkeit einer Tatsache zu Lasten desjenigen, der aus der Tatsache eine günstige Rechtsfolge herleitet (*BGHZ,* 113, 222, 224; *BVerwG,* NVwZ-RR 1991, 488, 489; beachtliche Kritik am Günstigkeitsprinzip zusammengefaßt bei *Nierhaus,* Beweismaß und Beweislast, S. 407 ff.). Zurückgegriffen werden kann hier auch auf die **verwaltungsprozessualen Grund-**

§ 82 6, 7   Teil 8. Verfahren

sätze zur Verteilung der materiellen Beweislast. Bei Beschwerden, die der Abwehr von Eingriffen dienen, insbesondere Anfechtungsbeschwerden, geht die Nichterweislichkeit im Zweifel zu Lasten der Regulierungsbehörde. Bei Leistungsbeschwerden und Feststellungsbeschwerden, soweit sie nicht der Abwehr von Eingriffen dienen, geht die Nichterweislichkeit hingegen zu Lasten des Beschwerdeführers (*K/S,* VwGO, § 108, Rn. 14 f. m. w. N.; vgl. auch *K. Schmidt,* in: I/M, § 70, Rn. 10; zu pauschal die materielle Beweislast in der Regel der Behörde aufbürdend *Salje,* EnWG, § 82, Rn. 13; *Bechtold,* Kartellgesetz, § 70, Rn. 5).

C. Erörterungspflichten (§ 82 II)

6   In § 82 II sind die Erörterungspflichten des oder der Vorsitzenden geregelt. Die Bestimmung ist praktisch identisch mit § 86 III VwGO und entspricht weitgehend § 139 I 2 ZPO. Sie dient der Verwirklichung der den Beteiligten zustehenden Verfahrensrechte und ihrer materiellen Ansprüche und soll sowohl zu einer, dem Gesetz entsprechenden, gerechten Entscheidung des Gerichts beitragen als auch zur Verwirklichung des durch § 83 I 2 konkretisierten Rechts auf Gehör gem. Art. 103 I GG (zusammenfassend *K/S,* VwGO, § 86, Rn. 22 m. w. N.). Bei der Erörterung von **Sachverhalt** und **Anträgen** hat der oder die Vorsitzende nötigenfalls auf eine **Klärung** hinzuwirken. Eine Erörterung von **Rechtsfragen** ist verpflichtend zur Vermeidung einer Entscheidung auf für die Beteiligten überraschender Grundlage und soweit dies zur Klarstellung der Anträge notwendig ist (*Meyer-Lindemann,* in: FK, § 70 GWB 1999, Rn. 13). Rechtsberatung ist demgegenüber nicht Aufgabe des Gerichts (*K/S,* VwGO, § 86, Rn. 24). Ein Verstoß gegen die Erörterungspflichten kann, soweit er für die Hauptsacheentscheidung ursächlich war, die Rechtsbeschwerde begründen (*K. Schmidt,* in: I/M, § 71, Rn. 11).

D. Mitwirkungspflichten (§ 82 III)

7   Den Beteiligten kann das Beschwerdegericht nach § 82 III aufgeben, innerhalb einer zu bestimmenden Frist **an der Sachverhaltsaufklärung mitzuwirken.** Ein Beteiligter kann verpflichtet werden, sich zu aufklärungsbedürftigen Punkten zu äußern, Beweismittel zu bezeichnen und sowohl Urkunden als auch andere Beweismittel, die sich in den Händen des Beteiligten befinden, vorzulegen (§ 82 III 1). Die dafür gesetzte **Frist** muß angemessen sein. Wird die Frist versäumt, kann das

Gericht nach Lage der Sache entscheiden, ohne die nicht beigebrachten Beweismittel (im Wortlaut ist zu eng nur von „Unterlagen" die Rede) zu berücksichtigen (vgl. *K. Schmidt,* in: I/M, § 70, Rn. 12).

E. Erleichterte Beweisführung (§ 82 IV)

§ 82 IV gilt nur in den dort ausdrücklich aufgeführten Fällen, also 8
bei Anfechtungsbeschwerden gegen Anforderungen von Auskünften nach § 69 VII und bei Anordnungen der Prüfung nach § 69 VIII. Beides sind Mittel der Regulierungsbehörde, sich im laufenden Verfahren, also vor einer Hauptsacheentscheidung, Informationen zu beschaffen. Bei der Anfechtung solcher Entscheidungen ist die Beweisführung der Regulierungsbehörde erleichtert, weil lediglich eine **Glaubhaftmachung** der tatsächlichen Anhaltspunkte nach § 294 I ZPO notwendig ist und kein voller Beweis der Tatbestandsvoraussetzungen verlangt wird (vgl. *Meyer-Lindemann,* in: FK, § 70 GWB 1999, Rn. 15). Die Regulierungsbehörde kann sich folglich aller Beweismittel bedienen, inkl. der Versicherung an Eides statt (*Bechtold,* Kartellgesetz, § 70, Rn. 9). Um zu beweisen, daß die Voraussetzungen für eine entsprechende Entscheidung im Auskunftsverfahren vorlagen, muß die Regulierungsbehörde deshalb nicht ihren Informanten nennen (*Salje,* EnWG, § 82, Rn. 18), sondern kann die relevanten Tatsachen durch andere Beweismittel glaubhaft zu machen versuchen.

Im Kartellrecht beruht diese Vorschrift auf Überlegungen zur sog. 9
Roß- und Reiter-Problematik. Dies beschreibt die Erfahrung, daß marktmächtige Unternehmen andere Unternehmen unter Druck setzten und diese davor zurückschreckten, das Kartellamt einzuschalten, weil das Kartellamt bereits im Beschwerdeverfahren zu Verfügungen aus dem Auskunftsverfahren ihre Informanten als Zeugen benennen mußte (vgl. *Meyer-Lindemann,* in: FK, § 70 GWB 1999, Rn. 15; *Bechtold,* Kartellgesetz, § 70, Rn. 9). Inwieweit ähnliche Konstellationen im Anwendungsbereich des EnWG eine Rolle spielen werden, bleibt abzuwarten. Diese Form des Informantenschutzes ist ohnehin nur im Auskunftsverfahren möglich, im Verfahren gegen die Hauptsacheentscheidung der Regulierungsbehörde ist § 82 IV hingegen unanwendbar.

§ 83 Beschwerdeentscheidung

(1) ¹**Das Beschwerdegericht entscheidet durch Beschluss nach seiner freien, aus dem Gesamtergebnis des Verfahrens gewonnenen Überzeugung.** ²**Der Beschluss darf nur auf Tatsachen und Beweismittel gestützt werden, zu denen die Beteiligten sich äußern konn-**

ten. ³Das Beschwerdegericht kann hiervon abweichen, soweit Beigeladenen aus wichtigen Gründen, insbesondere zur Wahrung von Betriebs- oder Geschäftsgeheimnissen, Akteneinsicht nicht gewährt und der Akteninhalt aus diesen Gründen auch nicht vorgetragen worden ist. ⁴Dies gilt nicht für solche Beigeladene, die an dem streitigen Rechtsverhältnis derart beteiligt sind, dass die Entscheidung auch ihnen gegenüber nur einheitlich ergehen kann.

(2) ¹Hält das Beschwerdegericht die Entscheidung der Regulierungsbehörde für unzulässig oder unbegründet, so hebt es sie auf. ²Hat sich die Entscheidung vorher durch Zurücknahme oder auf andere Weise erledigt, so spricht das Beschwerdegericht auf Antrag aus, dass die Entscheidung der Regulierungsbehörde unzulässig oder unbegründet gewesen ist, wenn der Beschwerdeführer ein berechtigtes Interesse an dieser Feststellung hat.

(3) Hat sich eine Entscheidung nach den §§ 29 bis 31 oder § 40 wegen nachträglicher Änderung der tatsächlichen Verhältnisse oder auf andere Weise erledigt, so spricht das Beschwerdegericht auf Antrag aus, ob, in welchem Umfang und bis zu welchem Zeitpunkt die Entscheidung begründet gewesen ist.

(4) Hält das Beschwerdegericht die Ablehnung oder Unterlassung der Entscheidung für unzulässig oder unbegründet, so spricht es die Verpflichtung der Regulierungsbehörde aus, die beantragte Entscheidung vorzunehmen.

(5) Die Entscheidung ist auch dann unzulässig oder unbegründet, wenn die Regulierungsbehörde von ihrem Ermessen fehlsamen Gebrauch gemacht hat, insbesondere wenn sie die gesetzlichen Grenzen des Ermessens überschritten oder durch die Ermessensentscheidung Sinn und Zweck dieses Gesetzes verletzt hat.

(6) Der Beschluss ist zu begründen und mit einer Rechtsmittelbelehrung den Beteiligten zuzustellen.

Übersicht

	Rn.
A. Allgemeines	1
B. Beweiswürdigung (§ 83 I 1)	2
C. Rechtliches Gehör (§ 83 I 2–4)	3
I. Grundlagen (§ 83 I 2)	4
II. Geheimnisschutz gegenüber Beigeladenen (§ 83 I 3–4)	6
D. Beschwerdeentscheidung	7
I. Form (§ 83 I 1, VI)	7
II. Anfechtungsbeschwerde (§ 83 II 1)	9

	Rn.
III. Verpflichtungsbeschwerde (§ 83 IV)	11
IV. Fortsetzungsfeststellungsbeschwerde (§ 83 II 2, III)	13
V. Weitere Beschwerdearten	17
E. Umfang der Ermessensüberprüfung (§ 83 V)	18

A. Allgemeines

Die Vorschrift entspricht § 71 GWB (BT-Drucks. 15/3917, S. 72), **1** abgesehen von § 71 V 2 GWB, der jedoch auf eine Tatbestandsvoraussetzung verweist, die im EnWG keine Entsprechung findet. Geregelt ist, neben dem Grundsatz der freien Beweiswürdigung und einer Ausprägung des Rechts auf rechtliches Gehör, insbesondere die Form der Beschwerdeentscheidung und Fragen der Begründetheit der Beschwerde.

B. Beweiswürdigung (§ 83 I 1)

Der Grundsatz der **freien Beweiswürdigung** ist in § 83 I 1 formu- **2** liert. Daraus folgt lediglich, daß das Gericht nicht an feste Beweisregeln gebunden ist (*K. Schmidt,* in: I/M, § 71, Rn. 1). In der Sammlung des zu würdigenden Tatsachenstoffes ist das Gericht jedoch nicht frei, sondern aufgrund von § 82 an den Untersuchungsgrundsatz gebunden. Für die nach dem Gesetz notwendige **Überzeugung** des Gerichts genügt bloße Wahrscheinlichkeit nicht, allerdings muß auch keine volle Gewißheit des Gerichts bestehen (ausführlicher *K/S,* VwGO, § 108, Rn. 5 m.w.N.).

C. Rechtliches Gehör (§ 83 I 2–4)

Während die Norm insgesamt vor allem den Abschluß des **3** Beschwerdeverfahrens regelt, betreffen die Regelungen zum **rechtlichen Gehör** in § 83 I 2–4 hauptsächlich das **Verfahren** als den Verfahrensabschluß. In einer § 71a GWB entsprechenden Regelung hat die BReg nunmehr einen neuen § 83a eingefügt (siehe § 83a, Rn. 1 ff.).

I. Grundlagen (§ 83 I 2)

Die Beschwerdeentscheidung darf nur auf Tatsachen und Beweismit- **4** tel gestützt werden, zu denen die Beteiligten sich äußern konnten

(§ 83 I 2). Entsprochen wird damit dem verfassungsrechtlichen Gebot aus Art. 103 I GG. Erforderlich ist nicht, daß sich die Beteiligten geäußert haben, sondern allein die **Möglichkeit,** sich vor der Entscheidung in tatsächlicher und rechtlicher Hinsicht zu äußern (*Kunig,* in: M/K, GG, Art. 103, Rn. 9 m. w. N.).

5 Voraussetzung dafür ist der **Zugang** der Beteiligten **zum gesamten Verfahrensstoff** (*Pieroth,* in: J/P, GG, Art. 103, Rn. 19 und 12), insbesondere der Zugang zu den bei Gericht vorliegenden Behörden- und Gerichtsakten (*Bechtold,* Kartellgesetz, § 71, Rn. 3). Für die Beteiligten muß außerdem erkennbar sein, auf welchen Tatsachenvortrag es für die rechtliche Beurteilung seitens des Gerichts ankommen kann. Deshalb muß das Gericht auf Rechtsansichten hinweisen, mit deren Entscheidungserheblichkeit auch ein gewissenhafter und kundiger Prozeßbeteiligter nicht zu rechnen braucht (sog. **Verbot von Überraschungsentscheidungen**). Eine solche Situation liegt im allgemeinen nicht bereits bei einer umstrittenen oder unübersichtlichen Rechtslage vor (zum Ganzen BVerfGE 86, 133, 144 f.; *Pieroth,* in: J/P, GG, Art. 103, Rn. 16 und 39 a). Angesichts dieser verfassungsrechtlichen Vorgaben ist es im Ergebnis irrelevant, ob man das Verbot von Überraschungsentscheidungen bei § 83 I 2 oder aus der Offizialmaxime (§ 82) herleitet (vgl. zu den unterschiedlichen Auffassungen im Kartellrecht *Bechtold,* Kartellgesetz, § 71, Rn. 3). Auch wenn, wie im energiewirtschaftsrechtlichen Beschwerdeverfahren, Anwaltszwang herrscht (§ 80), ist in solchen Fällen ein Hinweis grundsätzlich nötig (vgl. *Reichold,* in: T/P, ZPO, § 139, Rn. 12).

II. Geheimnisschutz gegenüber Beigeladenen (§ 83 I 3–4)

6 Im Zusammenhang mit den Regelungen über die Akteneinsicht und den darin enthaltenen Vorschriften zum Schutz von Betriebs- und Geschäftsgeheimnissen (§§ 71, 84) trifft § 83 I 3 und 4 eine Abwägung zwischen dem Anspruch auf rechtliches **Gehör der Beigeladenen** und den Interessen am Schutz der Geheimnisse. Danach dürfen aufgrund von § 83 I 3 in der Entscheidung des Gerichts auch solche Tatsachen und Beweismittel verwertet werden, die den **einfachen Beigeladenen** aus Gründen des Geheimnisschutzes vorenthalten werden (*OLG Düsseldorf,* RdE 2007, 130, 131). Das Gericht entscheidet hierüber durch zu begründenden Beschluß nach pflichtgemäßem Ermessen und unter Abwägung der Geheimhaltungsinteressen mit dem Interesse an transparentem Rechtsschutz (*K. Schmidt,* in: I/M, § 71, Rn. 4). Ist ein einfacher Beigeladener nur in begrenzten wirtschaftlichen Interessen

betroffen, gebührt einem nicht nur unerheblichen Interesse an der Geheimhaltung der Vorrang (vgl. Gesetzesbegründung zur übernommenen kartellrechtlichen Regelung, BT-Drucks. 11/4610, S. 25; *OLG Düsseldorf,* RdE 2007, 130, 131 f.). Diese Möglichkeit einer Ausnahme vom Anspruch auf rechtliches Gehör besteht nach § 83 I 4 nicht für **notwendig Beigeladene,** die insoweit den Hauptbeteiligten gleich stehen.

D. Beschwerdeentscheidung

I. Form (§ 83 I 1, VI)

Die Beschwerdeentscheidung ergeht nach § 83 I 1 durch **Beschluß.** 7 Dies ist aufgrund der Übernahme der Regelung des GWB der ursprünglichen Vorstellung des GWB-Gesetzgebers geschuldet, der zunächst von Ähnlichkeiten mit dem FGG-Verfahren ausging (*Werner,* in: Wiedemann, § 54, Rn. 85). Eine **Verkündung** ist nicht ausdrücklich erwähnt, aber analog § 310 ZPO erforderlich, wenn eine mündliche Verhandlung stattgefunden hat (*Bechtold,* Kartellgesetz, § 71, Rn. 2). Ist eine Beschwerde unzulässig, wird sie verworfen, ist sie unbegründet, wird sie zurückgewiesen (*Werner,* in: Wiedemann, § 54, Rn. 91).

Der Beschluß ist nach § 83 VI zu **begründen.** Die Begründung muß 8 die entscheidungstragenden Grundlagen und Erwägungen enthalten, wozu insbesondere der vom Gericht festgestellte Sachverhalt (inklusive der Ergebnisse einer möglichen Beweisaufnahme und der Beweiswürdigung) sowie dessen rechtliche Würdigung gehören (*K. Schmidt,* in: I/M, § 71, Rn. 5). Wie sich aus § 90 ergibt, ist der Beschluß mit einer **Kostenentscheidung** zu versehen. Da nur die verwaltungsprozessuale Regelung die Besonderheiten der vorläufigen Vollstreckbarkeit in Anfechtungs- bzw. Verpflichtungssituationen berücksichtigt, ist § 167 VwGO analog anzuwenden (i. E. ebenso *K. Schmidt,* in: I/M, § 71, Rn. 5). Schließlich ist der Beschluß mit einer **Rechtsmittelbelehrung** zu versehen und allen Beteiligten (§ 79) **zuzustellen.**

II. Anfechtungsbeschwerde (§ 83 II 1)

In § 83 II 1 ist die etwas verunglückte Formulierung des GWB über- 9 nommen worden, nach der die Entscheidung der Regulierungsbehörde aufgehoben wird, wenn sie „unzulässig oder unbegründet" ist. Im Ergebnis ist die Anfechtungsbeschwerde begründet, wenn die Entscheidung **rechtswidrig** ist (*K. Schmidt,* in: I/M, § 71, Rn. 13). Verfahrensverstöße führen nur zur Aufhebung, wenn sie noch nicht geheilt (§ 45 I VwVfG) sind und die Verfügung auf dem Verfahrensverstoß beruht (§ 46 VwVfG, vgl. § 67, Rn. 14 f.). Das Beschwerdegericht kann die Entscheidung bereits dem Wortlaut nach nur **aufheben** und nicht abändern oder gar eine eigene, für sachdienlich gehaltene Entscheidung an deren Stelle setzen (*Salje,* EnWG, § 83, Rn. 11; *Bechtold,* Kartellgesetz, § 71, Rn. 5). Eine **Teilaufhebung** ist bei Teilbarkeit der Entscheidung vorzunehmen (vgl. *K. Schmidt,* in: I/M, § 71, Rn. 15). Die Teilbarkeit ist analog § 44 IV VwVfG zu bestimmen (dazu *K/R,* VwVfG, § 44, Rn. 60 ff.). Die Aufhebung wirkt auf den Zeitpunkt des Erlasses der Entscheidung zurück.

10 Maßgeblicher **Zeitpunkt** für die Beurteilung der Sach- und Rechtslage ist grundsätzlich der Zeitpunkt der Behördenentscheidung (vgl. *BVerwG,* NJW 1993, 1729, 1730 m. w. N.; *Wolff,* in: S/Z, VwGO, § 113, Rn. 99; *Werner,* in: Wiedemann, § 54, Rn. 93; a. A. immer Zeitpunkt der letzten mündlichen Verhandlung *K/S,* VwGO, § 113, Rn. 35, in diese Richtung interpretierbar *BVerwGE* 97, 81 f.). Anders ist dies jedoch bei Entscheidungen mit Dauerwirkungen. Bei derartigen Entscheidungen ist eine nachträgliche Änderung der Sach- und Rechtslage beachtlich; es kommt somit auf den Zeitpunkt der letzten mündlichen Verhandlung an (*Salje,* EnWG, § 82, Rn. 16; *Wolff,* in: S/Z, VwGO, § 113, Rn. 115 ff.; *K. Schmidt,* in: I/M, § 71, Rn. 8).

III. Verpflichtungsbeschwerde (§ 83 IV)

11 Die Formulierung zur Verpflichtungsbeschwerde in § 83 IV entspricht der in § 83 II zur Anfechtungsbeschwerde. Wie im Verwaltungsprozeßrecht auch, kommt es nicht auf die Rechtswidrigkeit der Ablehnungsentscheidung an, sondern darauf, ob eine **Verpflichtung zum Erlaß** der Entscheidung besteht. Ist die Sache spruchreif, verpflichtet das Beschwerdegericht die Regulierungsbehörde zum Erlaß der beantragten Entscheidung. Bei fehlender Spruchreife ergeht analog § 113 V 2 VwGO ein **Bescheidungsbeschluß** (*K. Schmidt,* in: I/M, GWB, § 71, Rn. 17 ff.).

12 Maßgeblicher **Zeitpunkt** für die Beurteilung der Sach- und Rechtslage ist unstrittig der Zeitpunkt der letzten mündlichen Verhandlung. Für **Verpflichtungsbeschwerden bezüglich Entgeltgenehmigungen** kommt es jedoch in Anlehnung an die Rechtsprechung zum TKG allein auf den **Zeitpunkt der Behördenentscheidung** an. Nach der gefestigten Rechtsprechung des *VG Köln* und des *OVG Münster* ist bei Verpflichtungsbegehren auf Genehmigung eines höheren Entgelts für die rechtlichen und tatsächlichen Verhältnisse auf den Zeitpunkt der

Behördenentscheidung abzustellen (*OVG Münster*, B. v. 27. 5. 2004 – 13 A 4068/01; zusammenfassend etwa *VG Köln*, CR 2005, 345, 346). Weil das eine Genehmigung anstrebende Unternehmen zur Mitwirkung verpflichtet ist und insbesondere Kostennachweise und entsprechende Erläuterungen vorlegen muß (vgl. §§ 31 V, 33 TKG), darf auch das Gericht nur auf der Grundlage der am Ende des Verwaltungsverfahrens vorliegenden Nachweise und Erläuterungen sowie der zu diesem Zeitpunkt bestehenden Rechtslage entscheiden (*OVG Münster*, ebd.). Dies gilt angesichts der Mitwirkungspflichten aus § 23 a III des eine Genehmigung nach § 23 a beantragenden Unternehmens (vgl. dazu § 23 a, Rn. 15) auch für das EnWG. Die Mitwirkungspflicht der Unternehmen im Verfahren vor der Regulierungsbehörde würde umgangen, wenn erst im Gerichtsverfahren vorgelegte Kostenunterlagen berücksichtigt würden.

IV. Fortsetzungsfeststellungsbeschwerde (§ 83 II 2, III)

Das Verfahren nach § 83 II 2 entspricht weitgehend der Fortsetzungsfeststellungsklage nach § 113 I 4 VwGO. Erfaßt ist sowohl die Fortsetzung der Anfechtungs- als auch der Verpflichtungsbeschwerde. Die Fortsetzungsfeststellungsbeschwerde kann auch erhoben werden, wenn die Erledigung vor Erhebung der Beschwerde eingetreten ist (§ 75, Rn. 10). Es muß **Erledigung** eingetreten sein. Das Gesetz nennt als ein Beispiel für die Erledigung die Rücknahme der Entscheidung. Angesichts des insoweit mit § 113 I 4 VwGO identischen Wortlauts kann auf die verwaltungsprozessualen Kriterien zurückgegriffen werden. Eine Entscheidung ist demnach erledigt, wenn von ihr keine belastenden Wirkungen mehr ausgehen oder dem Beschwerdeführer mit einer Aufhebung objektiv nicht mehr gedient ist (vgl. ausführlich *K/S*, VwGO, § 113, Rn. 102). Bei der analogen Anwendung dieses Grundsatzes auf Verpflichtungsbegehren kommt es darauf an, ob sich die vom Beschwerdeführer begehrte Entscheidung erledigt hätte, wenn sie bereits erlassen worden wäre. 13

Weiterhin ist ein **Feststellungsantrag** des Beschwerdeführers erforderlich. Das erforderliche **Feststellungsinteresse** auf Seiten des Beschwerdeführers kann rechtlicher, wirtschaftlicher oder ideeller Art sein (*KG*, WuW/E OLG 5497, 5502). Typischerweise besteht ein solches Interesse bei Wiederholungsgefahr sowie bei Vorgreiflichkeit für etwaige Schadensersatz- oder Amtshaftungsansprüche (*BGH*, WuW/E BGH 1556, 1561; *KG*, WuW/E OLG 1074, 1075; ausf. zu verschiedenen Fällen *K. Schmidt*, in: I/M, § 71, Rn. 30 f.). Hinsichtlich letzterer ist 14 jedoch zu differenzieren. Es besteht in Anlehnung an die neuere verwaltungsgerichtliche Rechtsprechung ein Feststellungsinteresse nur bei Erledigung nach Erhebung der Beschwerde (*BVerwGE*, 81, 226, 227 f.; *BVerwG*, NVwZ 2001, 1410), wobei es nicht darauf ankommt, ob das Gericht sich mit der Beschwerde bereits befaßt hat (vgl. *BVerwG*, NVwZ 1998, 1295, 1296). Ist in diesen Fällen die Erledigung vor Erhebung der Beschwerde eingetreten, kann die Rechtmäßigkeit einer Maßnahme auch von dem Gericht geklärt werden, welches für das Verfahren über den Schadensersatz- oder Amtshaftungsanspruch zuständig ist (vgl. *K/S*, VwGO, § 113, Rn. 136).

15 Einen **Sonderfall** der Fortsetzungsfeststellungsbeschwerde regelt § 83 III. Danach spricht das Beschwerdegericht im Falle der Erledigung von bestimmten Entscheidungen auf Antrag aus, ob, inwieweit und bis zu welchem Zeitpunkt die erledigte Entscheidung **begründet** war. Nach dem Wortlaut ist dies bei Entscheidungen nach den §§ 29 bis 31 oder § 40 möglich. Daß § 40 noch erwähnt wird, ist ein Redaktionsversehen, denn die Vorschrift wurde im Laufe des Gesetzgebungsverfahrens gestrichen (*Salje*, EnWG, § 83, Rn. 15). Warum § 29 erfaßt wurde, ergibt sich aus der Gesetzesbegründung nicht. Die kartellrechtliche Norm, der § 83, laut Gesetzesbegründung „entspricht" (oben Rn. 1), verweist auf Vorschriften, die insbesondere Untersagungsverfügungen wegen Kartellrechtsverstößen ermöglichen. Demgegenüber geht es in § 29 nicht um eine Untersagung, sondern um Entscheidungen über Bedingungen und Methoden für den Netzanschluß oder den Netzzugang. Dem scheint der Gesetzgeber eine zumindest vergleichbare Bedeutung wie einer Untersagung beizumessen, weshalb er diese Norm in § 83 III mit aufnahm. Eine ausdrückliche Begründung statt des pauschalen und diesbezüglich irreführenden Hinweises auf eine Entsprechung mit der kartellrechtlichen Norm wäre wünschenswert gewesen. Die übrigen in Bezug genommenen Vorschriften, §§ 30 und 31, betreffen die Untersagung mißbräuchlichen Verhaltens.

16 Antragsberechtigt ist neben der Regulierungsbehörde auch ein Dritter, wenn er mögliche Ansprüche aus § 32 geltend machen kann (vgl. *K. Schmidt*, in: I/M, § 71, Rn. 34 a). Der Antrag setzt auch nach § 83 III ein Feststellungsinteresse voraus (*BGHZ* 130, 390, 397).

V. Weitere Beschwerdearten

17 Bei der Leistungsbeschwerde (§ 75, Rn. 11) wird im Erfolgsfall die Pflicht der Regulierungsbehörde zur Vornahme der entsprechenden Leistung ausgesprochen, bei einer Feststellungsbeschwerde (§ 75, Rn. 2) enthält der Tenor die beantragte Feststellung. Maßgeblich ist hier regelmäßig der Zeitpunkt der letzten mündlichen Verhandlung (*K. Schmidt,* in: I/M, § 71, Rn. 9).

E. Umfang der Ermessensüberprüfung (§ 83 V)

Die Regelung des § 83 V über den Umfang der gerichtlichen **Ermessenskontrolle** gilt nicht nur für die **Anfechtungsbeschwerden,** sondern auch im Rahmen der **Verpflichtungsbeschwerde** sowie der **Fortsetzungsfeststellungsbeschwerde** nach § 83 II 2 (vgl. *K. Schmidt,* in: I/M, GWB, § 71, Rn. 40).

§ 83 V stellt allgemein darauf ab, ob die Regulierungsbehörde von ihrem Ermessen „fehlsamen Gebrauch" gemacht hat. Die Überschreitung der gesetzlichen Grenzen des Ermessens und die Verletzung von Sinn und Zweck des Gesetzes durch die Ermessensentscheidung sind dem Wortlaut nach („insbesondere") nur Beispiele für fehlsamen Ermessensgebrauch. Die Vorschrift geht damit weiter als § 114 VwGO (*Werner,* in: Wiedemann, § 54, Rn. 96). Der Zweck der Regelung im hier wörtlich übernommenen § 70 V 1 GWB ist die **umfassende Verrechtlichung** der behördlichen Entscheidung (*Kremer,* Die kartellverwaltungsrechtliche Beschwerde, 1988, S. 64 m.w.N.; *K. Schmidt,* in: I/M, § 71, Rn. 37). Die zu Spielräumen der BNetzA unter dem TKG geführte Diskussion (vgl. für einen Beurteilungsspielraum *VG Köln,* MMR 2003, 814 ff.; *Ladeur/Möllers,* DVBl. 2005, 525, 531 ff.; gegen einen solchen *v. Danwitz,* DVBl. 2003, 1405) ist nicht übertragbar, weil dort aufgrund der Anwendbarkeit der VwGO die prozessuale Grundlage eine wesentlich andere ist (vgl. zu den Unterschieden auch *Baur,* ZNER 2004, 318, 324).

Es erfolgt im Ergebnis eine **umfassende Rechtskontrolle**, anders als nach der VwGO, **auch** eine Kontrolle **der Zweckmäßigkeit** umfaßt (*BGH,* B. v. 19. 6. 2007 – KVR 16/06; *Antweiler/Nieberding,* NJW 2005, 3673, 3675). Es gibt **keine** gerichtlich nicht oder nur beschränkt überprüfbaren **Ermessens- oder Beurteilungsspielräume** (*Bechtold,* Kartellgesetz, § 71, Rn. 18; offen gelassen von *Salje,* EnWG, § 83, Rn. 20; für Zurückhaltung bei der Herleitung gerichtsfreier regulatorischer Räume *Pielow,* DÖV 2005, 1017, 1024, allerdings ohne auf die prozessualen Vorschriften einzugehen; Ansätze zu Differenzierungen bei *Büdenbender,* ET-Special, Energierechtsreform und Regulierung, 2005, 35, 40; zwischen Festlegungen und den übrigen Entscheidungen differenzierend, ebenfalls ohne auf § 83 einzugehen *Burgi,* DVBl. 2006, 269, 275). Dies wird für das EnWG im Vergleich zum GWB besonders deutlich: Das GWB entzieht in § 71 V, der hier übernommenen Parallelnorm, durch § 71 V 2 die Würdigung der gesamtwirtschaftlichen Lage und Entwicklung der Nachprüfung des Gerichts und regelt damit explizit eine Ausnahme von der umfassenden gerichtlichen Kontrolle der Behördenentscheidung. Eine solche Regelung fehlt für Tatbestände des EnWG. Der Gesetzgeber sah also keinen Bedarf für Ausnahmen von der umfassenden gerichtlichen Kontrolle. Die Entscheidung der Regulierungsbehörde darf allerdings durch das Gericht nicht in ihrem Wesen verändert und auf eine völlig neue Rechtsgrundlage gestützt werden (*Werner*, in: Wiedemann, § 54, Rn. 96).

§ 83a Abhilfe bei Verletzung des Anspruchs auf rechtliches Gehör

(1) ¹Auf die Rüge eines durch eine gerichtliche Entscheidung beschwerten Beteiligten ist das Verfahren fortzuführen, wenn
1. ein Rechtsmittel oder ein anderer Rechtsbehelf gegen die Entscheidung nicht gegeben ist und
2. das Gericht den Anspruch dieses Beteiligten auf rechtliches Gehör in entscheidungserheblicher Weise verletzt hat.
²Gegen eine der Entscheidung vorausgehende Entscheidung findet die Rüge nicht statt.

(2) ¹Die Rüge ist innerhalb von zwei Wochen nach Kenntnis von der Verletzung des rechtlichen Gehörs zu erheben; der Zeitpunkt der Kenntniserlangung ist glaubhaft zu machen. ²Nach Ablauf eines Jahres seit Bekanntgabe der angegriffenen Entscheidung kann die Rüge nicht mehr erhoben werden. ³Formlos mitgeteilte Entscheidungen gelten mit dem dritten Tage nach Aufgabe zur Post als bekannt gegeben. ⁴Die Rüge ist schriftlich oder zur Niederschrift des Urkundsbeamten der Geschäftsstelle bei dem Gericht zu erheben, dessen Entscheidung angegriffen wird. ³Die Rüge muss die angegriffene Entscheidung bezeichnen und das Vorliegen der in Absatz 1 Satz 1 Nr. 2 genannten Voraussetzungen darlegen.

(3) Den übrigen Beteiligten ist, soweit erforderlich, Gelegenheit zur Stellungnahme zu geben.

(4) ¹Ist die Rüge nicht statthaft oder nicht in der gesetzlichen Form oder Frist erhoben, so ist sie als unzulässig zu verwerfen. ²Ist die Rüge unbegründet, weist das Gericht sie zurück. ³Die Entscheidung ergeht durch unanfechtbaren Beschluss. ⁴Der Beschluss soll kurz begründet werden.

(5) ¹Ist die Rüge begründet, so hilft ihr das Gericht ab, indem es das Verfahren fortführt, soweit dies aufgrund der Rüge geboten ist.

²Das Verfahren wird in die Lage zurückversetzt, in der es sich vor dem Schluss der mündlichen Verhandlung befand. ³Im schriftlichen Verfahren tritt an die Stelle des Schlusses der mündlichen Verhandlung der Zeitpunkt, bis zu dem Schriftsätze eingereicht werden können. ⁴Für den Ausspruch des Gerichts ist § 343 der Zivilprozessordnung anzuwenden.

(6) § 149 Abs. 1 Satz 2 der Verwaltungsgerichtsordnung ist entsprechend anzuwenden.

Übersicht

	Rn.
A. Allgemeines	1
B. Voraussetzungen (§ 83a I)	2
C. Form, Frist (§ 83a II)	3
D. Entscheidung (§ 83a IV, V, VI)	5
E. Aussetzung der Vollziehung (§ 83a VI)	7

A. Allgemeines

§ 83a soll den Vorgaben des *BVerfG* (B v. 30. 4. 2003, NJW 2003, 1924 ff.) für das energiewirtschaftliche Verfahren Rechnung tragen (BT-Drucks. 15/3706, S. 25). Nach diesem Beschluß war der Gesetzgeber verpflichtet, bei einer **Verletzung rechtlichen Gehörs,** gleich, in welcher Instanz, **fachgerichtlichen Rechtsschutz** durch förmliche Rechtsbehelfe zu schaffen. Es handelt sich um eine Parallelnorm zu § 71a GWB; § 152 VwGO und § 321a ZPO. **1**

B. Voraussetzungen (§ 83a I)

Die Anhörungsrüge ist gegen **rechtskräftige Endentscheidungen** (§ 83a I 2) statthaft, wenn ein Beteiligter nach § 83a I im Beschwerde- oder Rechtsbeschwerdeverfahren geltend macht, daß das Gericht in **entscheidungserheblicher Weise** seinen Anspruch auf rechtliches Gehör verletzt hat. Ferner darf gegen die Entscheidung des Gerichts kein Rechtsmittel oder anderer Rechtsbehelf gegeben sein; die Anhörungrüge ist damit **subsidiär** (*Bechtold,* Kartellgesetz, § 71a, Rn. 2). Gegen Beschlüsse des OLG findet bei Verletzung des rechtlichen Gehörs nach § 86 IV Nr. 3 die Rechtsbeschwerde auch ohne Zulassung statt, diese geht der Anhörungsrüge vor (*Kollmorgen,* in: FK, § 71a GWB 2005, Rn. 6; *K. Schmidt,* in: I/M, § 71a, Rn. 8). Primär ist deshalb die Anhörungsrüge im Rechtsbeschwerdeverfahren beim *BGH* **2** relevant. Die Rüge ist auch gegen Entscheidungen im einstweiligen Rechtsschutz jedenfalls dann gegeben, wenn bei einer erst im Hauptsacheverfahren stattfindenden Prüfung unzumutbare Nachteile drohen. Das ist vor allem dann der Fall, wenn die Eilentscheidung mindestens faktisch endgültige Verhältnisse schafft (BT-Drucks. 15/3706, S. 14; *Kollmorgen,* in: FK, § 71a GWB 2005, Rn. 5; a. A. *K. Schmidt,* in: I/M, § 71a, Rn. 4).

C. Form, Frist (§ 83a II)

3 Nach § 83a II 1 ist die Rüge binnen einer **Notfrist** von zwei Wochen zu erheben. Die Frist beginnt von dem Augenblick an zu laufen, an dem der Betroffene von der Verletzung des rechtlichen Gehörs Kenntnis erlangt. Es kommt damit, vergleichbar mit den Regelungen zur Wiedereinsetzung und der Wiederaufnahme, nicht auf die Bekanntgabe der Entscheidung, sondern auf die **tatsächliche Kenntnisnahme** an. Der Betroffene muß glaubhaft machen, wann er von der Gehörsverletzung Kenntnis erlangt hat. Im Interesse der Rechtssicherheit sieht § 83a II 2 eine **Ausschlußfrist** von einem Jahr ab Bekanntgabe der angegriffenen Entscheidung vor. Die Frist ist als materielle Ausschlußfrist der Wiedereinsetzung nicht zugänglich. Für den Fall der formlosen Zustellung einer Entscheidung sieht § 83a II 3 eine Fiktion der Bekanntgabe vor.

4 Die Rüge ist nach § 83a II 4 durch Einreichung eines Schriftsatzes oder zur Niederschrift des Urkundsbeamten der Geschäftsstelle des Gerichts zu erheben, dessen Entscheidung angegriffen wird. Anwaltszwang besteht mindestens für die Erhebung der Rüge durch Niederschrift nicht (s. *K. Schmidt,* in: I/M, § 71a, Rn. 14). Die Rüge muß angeben, welche Entscheidung angegriffen wird, inwieweit das Gericht den Anspruch des Betroffenen auf rechtliches Gehör verletzt hat und inwieweit diese Verletzung entscheidungserheblich war (BT-Drucks. 15/3706, S. 25).

D. Entscheidung (§ 83a IV, V, VI)

5 Das Gericht, dessen Entscheidung angegriffen wird, entscheidet selbst über die Rüge. Den übrigen Beteiligten ist zuvor „soweit erforderlich" Gelegenheit zur Stellungnahme zu geben; die Erforderlichkeit ist dabei großzügig zu handhaben (§ 83a III). Die unzulässige oder unbegründete Rüge ist zu verwerfen bzw. zurückzuweisen (§ 83a IV 1, 2).

Diese Entscheidung ergeht durch unanfechtbaren Beschluß (§ 83 a IV 3). Dies gilt auch dann, wenn an sich die Rechtsbeschwerde noch gegeben ist (*Bechtold,* Kartellgesetz, § 71 a, Rn. 2). Der Beschluß soll kurz begründet werden (§ 83 a IV 4; krit. zur Handhabung des *BGH Zuck,* NJW 2008, 479ff.).

Bei begründeter Rüge hilft das Gericht ihr ab, indem das Verfahren 6 fortführt. Das Verfahren wird in die Lage zurückversetzt, in der es sich vor Schluß der mündlichen Verhandlung befunden hat (§ 83 a V). Im schriftlichen Verfahren tritt an die Stelle der mündlichen Verhandlung der Zeitpunkt, bis zu dem Schriftsätze eingereicht werden können. Jedoch erfolgt die Fortführung nur in dem Umfang, in dem der Anspruch auf rechtliches Gehör verletzt wurde. Führt das Verfahren auch nach Anhörung zu keinem anderen Ergebnis, wird die Entscheidung aufrechterhalten, ansonsten wird sie aufgehoben und über die gestellten Anträge ist neu zu entscheiden (§ 83 a V i. V. m. § 343 ZPO).

E. Aussetzung der Vollziehung (§ 83 a VI)

Die Erhebung der Anhörungsrüge läßt die Rechtskraft der angegrif- 7 fenen Entscheidung unberührt und hindert auch die Vollstreckung nicht. Nach § 83 a VI kann aber das mit der Anhörungsrüge befaßte Gericht die (weitere) Vollziehung der angegriffenen Entscheidung aussetzen, wenn dies nach den Umständen des Falles geboten ist.

§ 84 Akteneinsicht

(1) [1] **Die in § 79 Abs. 1 Nr. 1 und 2 und Abs. 2 bezeichneten Beteiligten können die Akten des Gerichts einsehen und sich durch die Geschäftsstelle auf ihre Kosten Ausfertigungen, Auszüge und Abschriften erteilen lassen.** [2] **§ 299 Abs. 3 der Zivilprozessordnung gilt entsprechend.**

(2) [1] **Einsicht in Vorakten, Beiakten, Gutachten und Auskünfte sind nur mit Zustimmung der Stellen zulässig, denen die Akten gehören oder die die Äußerung eingeholt haben.** [2] **Die Regulierungsbehörde hat die Zustimmung zur Einsicht in ihre Unterlagen zu versagen, soweit dies aus wichtigen Gründen, insbesondere zur Wahrung von Betriebs- oder Geschäftsgeheimnissen, geboten ist.** [3] **Wird die Einsicht abgelehnt oder ist sie unzulässig, dürfen diese Unterlagen der Entscheidung nur insoweit zugrunde gelegt werden, als ihr Inhalt vorgetragen worden ist.** [4] **Das Beschwerdegericht**

§ 84 1, 2   Teil 8. Verfahren

kann die Offenlegung von Tatsachen oder Beweismitteln, deren Geheimhaltung aus wichtigen Gründen, insbesondere zur Wahrung von Betriebs- oder Geschäftsgeheimnissen, verlangt wird, nach Anhörung des von der Offenlegung Betroffenen durch Beschluss anordnen, soweit es für die Entscheidung auf diese Tatsachen oder Beweismittel ankommt, andere Möglichkeiten der Sachaufklärung nicht bestehen und nach Abwägung aller Umstände des Einzelfalles die Bedeutung der Sache das Interesse des Betroffenen an der Geheimhaltung überwiegt. [5] Der Beschluss ist zu begründen. [6] In dem Verfahren nach Satz 4 muss sich der Betroffene nicht anwaltlich vertreten lassen.

(3) Den in § 79 Abs. 1 Nr. 3 bezeichneten Beteiligten kann das Beschwerdegericht nach Anhörung des Verfügungsberechtigten Akteneinsicht in gleichem Umfang gewähren.

Übersicht

	Rn.
A. Allgemeines	1
B. Akteneinsichtsrecht der Hauptbeteiligten (§ 84 I und II)	3
I. Zustimmung der aktenführenden Stelle (§ 84 II 1 und 2)	4
II. Folgen der Zustimmungsversagung (§ 84 II 3)	7
III. Offenlegungsentscheidung des Beschwerdegerichts (§ 84 II 4)	9
1. Verlangen von Geheimhaltung	9
2. Verfahren/Rechtsmittel	11
3. Verhältnismäßigkeit der Offenlegung	13
C. Akteneinsicht durch Nebenbeteiligte (§ 84 III)	19

A. Allgemeines

1   Die Vorschrift entspricht § 72 GWB (BT-Drucks. 15/3917, S. 72). Zentral ist die Regelung zur gerichtlichen Abwägungsentscheidung über die Offenlegung von Betriebs- und Geschäftsgeheimnissen in § 84 II 4. An die hier übernommene Regelung des GWB lehnt sich auch die von § 99 VwGO abweichende Regelung des § 138 II 2 TKG (vgl. *Ohlenburg*, NVwZ 2005, 15 ff.) an.

2   Die Vorschrift regelt das Spannungsverhältnis zwischen dem Geheimnisschutz, insbesondere bezüglich der Betriebs- und Geschäftsgeheimnisse betroffener Unternehmen einerseits und dem Recht der Prozeßbeteiligten auf effektiven Rechtsschutz. In diesem Interessenkonflikt hat der Gesetzgeber mit § 84 nicht selbst eine inhaltliche Abwägung vorgenommen, sondern nur das **Abwägungsverfahren vorgezeichnet.** Die inhaltliche Abwägungsentscheidung ist in jedem Einzelfall in einem Zwischenverfahren vom Beschwerdegericht zu treffen. Das Zwischenverfahren dient der Prüfung, ob durch Vorlage der Unterlagen dem Gebot effektiven Rechtsschutzes Geltung zu verschaffen ist oder ob in verfassungsrechtlich unbedenklicher Weise die Unterlagen geheim gehalten werden können (*BVerfGE* 115, 205, 234 f.).

B. Akteneinsichtsrecht der Hauptbeteiligten (§ 84 I und II)

Die Hauptbeteiligten (§ 79 I Nr. 1 und 2, II) haben ein grundsätzlich **uneingeschränktes Recht** auf **Akteneinsicht.** Gegenstand des Akteneinsichtsrechts sind die Akten des Gerichts einschließlich der in § 84 II aufgezählten Vorakten, Beiakten, Gutachten und Auskünfte. Nach § 84 I 2 i. V. m. § 299 IV ZPO sind Entwürfe zu den Beschlüssen des Gerichts, die zu ihrer Vorbereitung gelieferten Arbeiten sowie Schriftstücke, die Abstimmungen betreffen, nicht erfaßt. Daß § 84 I 2 auf § 299 III ZPO verweist, ist ein Redaktionsversehen. Nicht nachvollzogen wurde die Änderung von § 299 ZPO im Jahre 2001, bei der ein neuer Abs. 3 eingefügt und der damalige Abs. 3 zu Abs. 4 wurde. Belegt wird dies durch die hier übernommene Parallelnorm des § 72 I 2 GWB, die bereits vor der Änderung der ZPO auf die Ausnahme vom Akteneinsichtsrecht im damaligen § 299 III ZPO verwies (vgl. *K. Schmidt* in: I/M, § 72 Rn. 4).

I. Zustimmung der aktenführenden Stelle (§ 84 II 1 und 2)

Nach § 84 II 1 ist die Einsicht in Vorakten, Beiakten, Gutachten und Äußerungen nur mit Zustimmung derjenigen Stelle zulässig, der die Akten gehören bzw. die die Äußerung eingeholt hat. Mit „gehören" ist kein zivilrechtliches Eigentum, sondern die urkundliche bzw. informationelle Verfügungsberechtigung gemeint. Soweit diese Verfügungsberechtigung bei einer anderen Stelle als der Regulierungsbehörde liegt, ist § 99 I VwGO, gegebenenfalls analog, anzuwenden (vgl. *K. Schmidt,* in: I/M, § 72, Rn. 6). Dem Wortlaut nach ist die Einsicht „nur mit Zustimmung" der verfügungsberechtigten Stelle zulässig, die **Zustimmung muß** also **vorliegen.** Dies stellt sicher, daß eine Entscheidung der verfügungsberechtigten Stelle tatsächlich vor der Gewährung der Akteneinsicht herbeigeführt wird.

5 Zentrale Bedeutung haben die Vorakten, also die Akten des Verwaltungsverfahrens bei der Regulierungsbehörde. In der ganz überwiegenden Zahl der Fälle wird es somit auf die Zustimmung der Regulierungsbehörde zur Einsichtnahme ankommen. Die **Regulierungsbehörde** ist nach § 84 II 2 **verpflichtet** („hat"), ihre Zustimmung zu versagen, wenn dies aus „wichtigen Gründen", insbesondere zur Wahrung von **Betriebs- oder Geschäftsgeheimnissen** (zur Definition vgl. § 67 Rn. 9), „geboten" ist. Es kommt demnach für die Regulierungsbehörde nur darauf an, ob die Versagung zum Schutz der Betriebs- und Geschäftsgeheimnisse erforderlich ist, weitergehende Abwägungen, wie sie das Gericht nach § 84 II 4 anzustellen hat, sind hier durch die Regulierungsbehörde nicht vorzunehmen (vgl. auch unten Rn. 13). Die Norm dient dem Schutz der beispielsweise nach § 23 a III 3 im Verwaltungsverfahren auskunftspflichtigen Unternehmen.

6 Eine **Überprüfung der Entscheidung** der Regulierungsbehörde analog § 99 II VwGO durch das Beschwerdegericht ist **nicht zulässig** (a. A. *K. Schmidt,* in: I/M, § 72, Rn. 7). Insoweit ist die Vorschrift eindeutig: Die Pflicht zur Versagung der Zustimmung ist der Regulierungsbehörde zugewiesen (§ 84 II 2) und es ist gerade keine Überprüfung dieser Entscheidung durch das Beschwerdegericht vorgesehen. Vielmehr ist dem Gericht in § 84 II 4 eine eigene Entscheidung übertragen, die anhand anderer Maßstäbe als die Entscheidung der Regulierungsbehörde getroffen wird und vor der mit einer Anhörung ein besonderer Verfahrensschritt notwendig ist. Eine planwidrige Regelungslücke, die durch die analoge Anwendung von § 99 II VwGO geschlossen werden müßte, gibt es vorliegend nicht. Durch die Spezialregelung in § 84 II 4 ist daneben § 75 verdrängt. Eine Beschwerde gegen die Erteilung oder Versagung der Zustimmung ist folglich nicht möglich.

II. Folgen der Zustimmungsversagung (§ 84 II 3)

7 In § 84 II 3 ist vorgeschrieben, daß bei nicht vollständiger Einsicht in die Akten diese einer gerichtlichen Entscheidung nur soweit zugrunde gelegt werden dürfen, als ihr Inhalt vorgetragen wurde. Dies gilt dem Wortlaut nach sowohl bei Versagung der Zustimmung als auch bei Unzulässigkeit der Akteneinsicht. Unzulässig ist die Einsicht auch, wenn eine Zustimmung der verfügungsberechtigten Stelle noch nicht vorliegt (oben Rn. 4). Normiert ist damit in Konkretisierung des Rechts auf rechtliches Gehör (Art. 103 II GG, § 83 I 2) ein **Verwertungsverbot.**

Das Beschwerdegericht kann seinen Beschluß nur auf solche Tatsachen und Beweismittel stützen, zu denen der Beschwerdeführer (und, soweit vorhanden, notwendig Beigeladene) sich äußern konnten; die also zumindest vorgetragen wurden. Es können demnach nur die Akten in der Gerichtsentscheidung verwertet werden, in die Einsicht gewährt oder deren Inhalt vorgetragen wurde. Die Ausnahmen vom Recht auf rechtliches Gehör in § 83 I gelten nur für die einfachen Beigeladenen und greifen hinsichtlich der Hauptbeteiligten nicht. Infolgedessen **definiert** der Umfang der Akteneinsicht durch den Beschwerdeführer oder einen notwendig Beigeladenen auch den Umfang dessen, was das Beschwerdegericht seiner Entscheidung zugrunde legen kann.

III. Offenlegungsentscheidung des Beschwerdegerichts (§ 84 II 4)

1. Verlangen von Geheimhaltung. Wenn die **Geheimhaltung** von Tatsachen oder Beweismitteln aus wichtigen Gründen, insbesondere zur Wahrung von Betriebs- und Geschäftsgeheimnissen, **„verlangt wird"**, kann deren Offenlegung durch das Gericht angeordnet werden. Die Voraussetzung für die Herbeiführung einer gerichtlichen Entscheidung über die Offenlegung – daß Geheimhaltung aus wichtigen Gründen „verlangt wird" – ist sehr weit gefaßt. Ein Verlangen der Geheimhaltung in diesem Sinne liegt jedenfalls vor, wenn die verfügungsberechtigte Stelle ihre Zustimmung zur Einsicht nicht erteilt. Der Personenkreis, der daneben Geheimhaltung verlangen kann, ist in der Norm nicht ausdrücklich begrenzt. Unter Berücksichtigung von Sinn und Zweck kommen allerdings nur die von einer Offenlegung betroffenen Personen in Betracht. Geheimhaltung können also alle diejenigen verlangen, bei denen wichtige Gründe für eine solche Geheimhaltung bestehen, insbesondere die Wahrung von Betriebs- und Geschäftsgeheimnissen (ohne Begründung wird von *Salje*, EnWG, § 84, Rn. 11 die Verweigerung der Zustimmung zur Akteneinsicht durch die Regulierungsbehörde als Voraussetzung genannt, was den offen formulierten Wortlaut negiert). Erfaßt sind damit auch die Fälle, in denen allein das **betroffene Unternehmen** die **Geheimhaltung verlangt,** die verfügungsberechtigte Stelle die Zustimmung zur Einsicht jedoch erteilt hat (ohne auf den weiten Wortlaut einzugehen, wird Raum für eine Entscheidung nach § 84 II 4 nur gesehen, wenn die Zustimmung zur Einsicht versagt wurde oder diese unzulässig ist, von *K. Schmidt*, in: I/M, § 72, Rn. 8).

Hier hat das Beschwerdegericht zunächst zu prüfen, ob Geheimhaltung aus **wichtigen Gründen** verlangt wird, insbesondere, ob es tatsächlich um die Wahrung von Betriebs- und Geschäftsgeheimnissen geht. Handelt es sich um wichtige Gründe, muß das Beschwerdegericht eine Entscheidung treffen und eine Offenlegung der Tatsachen anordnen, wenn es der Auffassung ist, dass Einsicht gewährt werden soll. Damit besteht für die betroffenen Unternehmen die auch rechtsstaatlich gebotene Möglichkeit, eine Entscheidung des Gerichts über die Offenlegung herbeizuführen, auch wenn die verfügungsberechtigte Stelle keinen wichtigen Grund für die Verweigerung ihrer Zustimmung zur Einsicht sieht.

11 **2. Verfahren/Rechtsmittel.** Vor der Anordnung einer Offenlegung von Tatsachen oder Beweismitteln muß das Gericht den von der Offenlegung Betroffenen **anhören** (§ 84 II 4). Die Anordnung ergeht durch Beschluß, der zu begründen ist (§ 84 II 5). Im Gegensatz zum Beschwerdeverfahren im übrigen (vgl. § 80), besteht für dieses Zwischenverfahren kein Anwaltszwang (§ 84 II 6).

12 Weder die Erteilung noch die Versagung der Akteneinsicht können selbständig angefochten werden (*K. Schmidt,* in: I/M, § 72, Rn. 13). Die rechtswidrige Erteilung oder Versagung ist jedoch ein Verfahrensfehler, der in der Hauptsache gerügt werden kann.

13 **3. Verhältnismäßigkeit der Offenlegung.** Die Offenlegung kann angeordnet werden, wenn es für die Entscheidung auf die Tatsachen oder Beweismittel ankommt (Geeignetheit zur Erreichung des Ziels), andere Möglichkeiten der Sachaufklärung in dem entscheidungserheblichen Punkt nicht bestehen (Erforderlichkeit) und schließlich die „Bedeutung der Sache" das Interesse des Betroffenen an der Geheimhaltung überwiegt (Angemessenheit). Inhaltlich liegt in diesen Tatbestandsmerkmalen eine gesetzlich **vorgezeichnete Verhältnismäßigkeitsprüfung,** inklusive einer Abwägung zwischen Bedeutung der Sache und Geheimhaltungsinteressen. Diese Abwägung und die damit geschaffene Möglichkeit, schützenswerte Betriebs- und Geschäftsgeheimnisse offen zu legen, ist allein dem Gericht und nicht der Regulierungsbehörde zugewiesen. Dies ergibt sich in systematischer Auslegung insbesondere durch einen Vergleich der jeweiligen Tatbestandsvoraussetzungen von § 84 I 2 und 4 (vgl. auch oben Rn. 5).

14 Die für die **Geeignetheit der Offenlegung** notwendige **Entscheidungserheblichkeit** der vollständigen Vorakten der Regulierungsbehörde inklusive darin enthaltener Betriebs- und Geschäftsgeheimnisse wird regelmäßig gegeben sein. Ohne Kenntnis der tatsächlichen Grundlagen einer Entscheidung und ihrer vollständigen Begründung ist eine Überprüfung der Entscheidung allenfalls in Ausnahmefällen möglich (vgl. *BVerwGE* 118, 352, 355; vgl. aber die Konstellation in *OLG Düsseldorf,* RdE 2007, 130, 131, wo das Gericht keine Anhaltspunkte dafür

gefunden hat, daß es auf die geheimnisgeschützten Tatsachen ankommt). Daran ändert sich nichts, wenn der Regulierungsbehörde (entgegen der hier vertretenen Ansicht, § 83 Rn. 20 f.) bei der angefochtenen Entscheidung ein Beurteilungsspielraum zustehen sollte, weil sich auch die insoweit beschränkte gerichtliche Rechtmäßigkeitskontrolle jedenfalls darauf erstreckt, ob die Behörde von einem richtigen Sachverhalt ausgegangen ist (*BVerwG,* ebd.). Dies gilt im energiewirtschaftsrechtlichen Verfahren insbesondere, weil nach 83 V auch die Zweckmäßigkeit der Entscheidung gerichtlicher Kontrolle unterliegt (§ 83, Rn. 19).

Die Offenlegung ist nur **erforderlich,** wenn **keine anderen Möglichkeiten der Sachaufklärung** bestehen (*Salje,* EnWG, § 84, Rn. 12). Eine Beweisführung durch einen zur Verschwiegenheit Verpflichteten als Beweismittler scheidet dabei als Alternative aus. Dieser dürfte, um die Geheimhaltung zu gewährleisten, die seinem Sachverständigengutachten zu Grunde liegenden Tatsachen nicht offenlegen, was verfassungsrechtlich und prozeßrechtlich ausgeschlossen ist (*BVerfGE* 115, 205, 238; *BVerwGE* 118, 353, 355). Ein Sachverständigengutachten ist unverwertbar, wenn es auf im Verfahren nicht offen gelegten Unterlagen beruht (*BGHZ* 116, 47, 58).

Die **Angemessenheit** der Offenlegung verlangt eine **Abwägung** zwischen dem Interesse des Betroffenen an der Geheimhaltung und der Bedeutung der Sache unter Berücksichtigung aller Umstände des Einzelfalles (*Salje,* EnWG, § 84, Rn. 13). Diese Abwägung wird durch die verfassungsrechtlich geschützten Güter und deren Betroffenheit vorstrukturiert. Zu berücksichtigen ist der grundrechtliche Schutz von Betriebs- und Geschäftsgeheimnissen (Art. 12 I und 14 GG). Ihre Offenlegung stellt einen Eingriff in diese Grundrechte dar. In einer Grundsatzentscheidung zu Fragen der Offenlegung von Betriebs- und Geschäftsgeheimnissen hat das *BVerwG* demgegenüber zu Recht **die Bedeutung** der Gewährleistung **effektiven Rechtsschutzes** aus Art. 19 IV GG **hervorgehoben** (*BVerwGE* 118, 353, 357 ff.; krit. dazu unter Überbetonung des Geheimnisschutzes *Mayen,* NVwZ 2003, 537 ff.; *v. Danwitz,* DVBl. 2005, 597 ff.). Diese Gewährleistung schließt ein, daß die notwendigen tatsächlichen Grundlagen durch das Gericht selbst ermittelt und beurteilt werden können sowie daß Verwaltungsvorgänge dem Gericht zur Verfügung stehen, soweit sie für die **Beurteilung** der Rechtmäßigkeit der behördlichen Entscheidung **bedeutsam** sein **können** (*BVerfGE* 101, 106, 122 ff. m. w. N.; *BVerwGE* 118, 353, 357). Das *BVerfG* hat zwar die Entscheidung des *BVerwG* aufgehoben, aber die Notwendigkeit lückenloser Sachverhaltsaufklärung im gerichtlichen Verfahren betont und insoweit das *BVerwG* bestätigt (*BVerfGE* 115, 205, 241). Andererseits hat das *BVerfG* klargestellt, daß das Geheimhaltungsinteresse nicht grundsätzlich hinter das Rechtsschutzinteresse zurücktreten darf. Es bedarf stets einer Abwägung, ob Geheimnisschutz auch angesichts des Interesses an effektivem Rechtsschutz gewährt werden kann (*BVerfGE* 115, 205, 240). Das *BVerfG* hat die Sache an das *BVerwG* zurückverwiesen und die Konkretisierung der zugrunde liegenden Kriterien sowie deren nachvollziehbare Anwendung verlangt (*BVerfGE* 115, 205, 246 f.). Eine höchstrichterliche Klärung steht insoweit aber weiterhin aus, denn das *BVerwG* hat in der Folge eine solche Abwägung nicht vorgenommen, sondern seine Entscheidung unabhängig von der konkreten Geheimhaltungsbedürftigkeit der Unterlagen auf gemeinschaftsrechtliche Vorgaben gestützt (*BVerwG*, N&R 2007, 76 f.; vgl. die Anm. von *Herrmann/Bosch*, N&R 2007, 79, 80). Das Gemeinschaftsrecht gebiete danach, daß dem Gericht sämtliche nötigen Informationen vorliegen müssen, einschließlich vertraulicher Informationen (*BVerwG*, N&R 2007, 76, 77). Daraus folge, in europarechtskonformer Auslegung von § 138 TKG, die Durchführung eines *„in camera"-* Verfahrens nicht nur als Zwischenverfahren über die Vorlage der Unterlagen, sondern auch in der Hauptsache. Diese Entscheidung ist, unabhängig von berechtigten Zweifeln an der Argumentation des Gerichts (dazu *Herrmann/Bosch*, N&R 2007, 79; demgegenüber zu den europarechtlichen Fragen ebenso wie das *BVerwG Schütze*, CR 2006, 665, 667), nicht auf das EnWG übertragbar. Das *BVerwG* stützt sich auf europäische Richtlinien, die den Telekommunikationssektor betreffen und Anforderungen an die Gestaltung des Rechtsbehelfs gegen Entscheidungen der Regulierungsbehörde enthalten. Die europarechtlichen Grundlagen des EnWG, die GasRl und die EltRl, enthalten solche Anforderungen nicht. Zudem sieht § 84 II nicht nur, anders als § 138 TKG, ein *in camera*- (Zwischen-)Verfahren gar nicht vor, ein solches Verfahren ist als Ergebnis des ausdrücklichen Verwertungsverbotes in § 84 II 3 (oben Rn. 7 f.) ausgeschlossen.

17 Notwendig ist die vom Gesetz ausdrücklich verlangte Abwägung zwischen der Bedeutung der Sache und dem sich daraus ergebenden Offenlegungsinteresse sowie dem Interesse an Geheimhaltung. Für die Bedeutung der Sache ist sowohl die Bedeutung für die Beteiligten zu berücksichtigen als auch das öffentliche Interesse, weil das Energiewirtschaftsrecht in erheblichem Umfang Gemeinwohlziele verfolgt (vgl. die Zweckbestimmung in § 1 und zum hohen öffentlichen Interesse an einem richtigen Verfahrensergebnis *OLG Düsseldorf*, RdE 130, 131). Auch das öffentliche Interesse an der Wahrheitsfindung allgemein ist in die Abwägung einzustellen (*BVerfGE* 115, 205, 241), denn die Intensität des Geheimnisschutzes hängt auch von dem Gewicht des Offenlegungsinteresses ab (*BVerfGE* 115, 205, 244). Ob eine durchgreifende Verfahrensförderung durch den Einblick eines Beteiligten zu erwarten ist, kann dabei jedoch keine Rolle spielen (in diese Richtung aber *OLG Düsseldorf,* RdE 130, 131). Zu berücksichtigen ist allerdings, wie sich die materielle Beweislast (vgl. § 82, Rn. 5) auswirkt (vgl. *BVerfGE* 115, 205, 235). Wenn die materielle Beweislast durch einen Beteiligten zu tragen ist, der geheime Unterlagen nicht kennt, weil sich die nicht beweisbelastete Beteiligte erfolgreich auf Geheimschutz beruft, führt dies zu einem mit Art. 19 IV GG kaum vereinbaren Rechtsschutzdefizit (*BVerwGE* 118, 353, 358). Berücksichtigt werden muß schließlich die Bedeutung der jeweiligen Betriebs- und Geschäftsgeheimnisse. Im Regelfall dürfte es nicht um Geschäftsgeheimnisse wie Patente gehen, die in vielen Fällen tatsächlich die zentrale Geschäftsgrundlage eines Unternehmens darstellen, sondern etwa um die Berechnungsgrundlagen für Entgelte. Soweit die notwendige Einzelfallbetrachtung eine Verallgemeinerung zuläßt, dürfte in vielen Fällen angesichts der Gemeinwohlziele des § 1 **das Interesse an der Offenlegung überwiegen** (vgl. *Sommer/Bosch,* K&R 2002, 456, 463, die „häufig" einen geringeren Wert der Geheimhaltungsinteressen annehmen).

In Verfahren des **einstweiligen Rechtsschutzes** stellt sich das Problem ebenfalls. Dabei ist aber außerdem zu berücksichtigen, daß bei einer Offenlegung im Eilverfahren die Folgen irreversibel sind, weil der Inhalt der Unterlagen dann bekannt ist. Demgegenüber berührt die Vorenthaltung der Unterlagen im Eilverfahren allein den effektiven einstweiligen Rechtsschutz, was im Hauptsacheverfahren korrigiert werden kann. Demgemäß überwiegt im Eilverfahren jedenfalls im Regelfall das Geheimhaltungsinteresse (*BVerwG,* CR 2005, 194, 196 zu § 138 II TKG).

C. Akteneinsicht durch Nebenbeteiligte (§ 84 III)

Das unbeschränkte Akteneinsichtsrecht der Hauptbeteiligten steht den Nebenbeteiligten, insbesondere den einfachen Beigeladenen nicht zu. Ihnen **kann** nach Anhörung des Verfügungsberechtigten vom Beschwerdegericht in gleichem Umfang wie den Hauptbeteiligten **Akteneinsicht** gewährt werden. Hierüber entscheidet das Beschwerdegericht nach pflichtgemäßem Ermessen.

§ 85 Geltung von Vorschriften des Gerichtsverfassungsgesetzes und der Zivilprozessordnung

Im Verfahren vor dem Beschwerdegericht gelten, soweit nicht anderes bestimmt ist, entsprechend

1. die Vorschriften der §§ 169 bis 197 des Gerichtsverfassungsgesetzes über Öffentlichkeit, Sitzungspolizei, Gerichtssprache, Beratung und Abstimmung;
2. die Vorschriften der Zivilprozessordnung über Ausschließung und Ablehnung eines Richters, über Prozessbevollmächtigte und Beistände, über die Zustellung von Amts wegen, über Ladungen, Termine und Fristen, über die Anordnung des persönlichen Erscheinens der Parteien, über die Verbindung mehrerer Prozesse, über die Erledigung des Zeugen- und Sachverständigenbeweises sowie über die sonstigen Arten des Beweisverfahrens, über die Wiedereinsetzung in den vorigen Stand gegen die Versäumung einer Frist.

1 Die Vorschrift entspricht § 73 GWB. Für das Beschwerdeverfahren verweist § 85 ergänzend auf Vorschriften des GVG (§§ 169–197) und der ZPO (§§ 41–49, 78–90, 166–190, 214–229, 141, 147, 375–401, 402–414, 415–494a und 233–238). Die gesetzlich angeordnete analoge Anwendung bezieht sich somit nur auf bestimmte Normen des GVG und der ZPO, nicht auf die gesamten Gesetze. Dies schließt nicht aus, weitere Vorschriften analog anzuwenden (*K. Schmidt*, in: I/M, § 73, Rn. 5).

2 Das EnWG „übernimmt" mit der Parallelnorm des GWB (vgl. Begr. BT-Drucks. 15/3917, S. 72) auch die Entscheidung des GWB-Gesetzgebers, die Entwicklung des Beschwerdeverfahrensrechts bewußt den Gerichten zu überlassen (*Werner*, in: Wiedemann, § 54, Rn. 63). Nach dem Willen des Gesetzgebers sollen Lücken, deren Vorliegen sorgfältig zu prüfen ist (*Salje*, EnWG, § 85, Rn. 6), durch gerichtliche Weiterentwicklung des Verfahrensrechts geschlossen werden. Dafür sind insbesondere Vorschriften der ZPO und VwGO heranzuziehen (*OLG Düsseldorf*, WuW/E DE-R 759, 760; *Bechtold*, Kartellgesetz, § 73, Rn. 1). Dies ist nicht nur in Ausnahmefällen möglich (so aber *Salje*, EnWG, § 85, Rn. 6), sondern entsprechend allgemeiner Auslegungsregeln immer dann, wenn eine Regelungslücke vorliegt. Im Verhältnis der beiden Prozeßordnungen ist maßgeblich, daß im energiewirtschaftsrechtlichen Beschwerdeverfahren insbesondere der Grundsatz der Amtsaufklärung gilt, weshalb es der VwGO sachlich näher steht. Bei Unterschieden zwischen den Prozeßordnungen ist deshalb auf die VwGO

zurückzugreifen, allerdings notwendigerweise unter Berücksichtigung der Besonderheiten des energiewirtschaftsrechtlichen Verfahrens (vgl. *Werner* in: Wiedemann, § 54, Rn. 63). Der selektive Verweis auf die ZPO in § 85 bestätigt dies, weil damit gerade keine generelle Annäherung an den Zivilprozeß erfolgt.

Abschnitt 3. Rechtsbeschwerde

§ 86 Rechtsbeschwerdegründe

(1) Gegen die in der Hauptsache erlassenen Beschlüsse der Oberlandesgerichte findet die Rechtsbeschwerde an den Bundesgerichtshof statt, wenn das Oberlandesgericht die Rechtsbeschwerde zugelassen hat.

(2) Die Rechtsbeschwerde ist zuzulassen, wenn
1. eine Rechtsfrage von grundsätzlicher Bedeutung zu entscheiden ist oder
2. die Fortbildung des Rechts oder die Sicherung einer einheitlichen Rechtsprechung eine Entscheidung des Bundesgerichtshofs erfordert.

(3) [1] Über die Zulassung oder Nichtzulassung der Rechtsbeschwerde ist in der Entscheidung des Oberlandesgerichts zu befinden. [2] Die Nichtzulassung ist zu begründen.

(4) Einer Zulassung zur Einlegung der Rechtsbeschwerde gegen Entscheidungen des Beschwerdegerichts bedarf es nicht, wenn einer der folgenden Mängel des Verfahrens vorliegt und gerügt wird:
1. wenn das beschließende Gericht nicht vorschriftsmäßig besetzt war,
2. wenn bei der Entscheidung ein Richter mitgewirkt hat, der von der Ausübung des Richteramtes kraft Gesetzes ausgeschlossen oder wegen Besorgnis der Befangenheit mit Erfolg abgelehnt war,
3. wenn einem Beteiligten das rechtliche Gehör versagt war,
4. wenn ein Beteiligter im Verfahren nicht nach Vorschrift des Gesetzes vertreten war, sofern er nicht der Führung des Verfahrens ausdrücklich oder stillschweigend zugestimmt hat,
5. wenn die Entscheidung auf Grund einer mündlichen Verhandlung ergangen ist, bei der die Vorschriften über die Öffentlichkeit des Verfahrens verletzt worden sind, oder
6. wenn die Entscheidung nicht mit Gründen versehen ist.

Übersicht

	Rn.
A. Allgemeines	1
B. Zugelassene Rechtsbeschwerde (§ 86 I–III)	2
C. Zulassungsfreie Rechtsbeschwerde (§ 86 IV)	5

A. Allgemeines

Die Vorschrift übernimmt § 74 GWB (Begr. BT-Drucks. 15/ **1** 3917, S. 72), allerdings unter ausdrücklicher Aufrechterhaltung der Beschränkung auf Beschlüsse in der Hauptsache. Diese Einschränkung ist im GWB in der Novellierung 2005 entfallen, ohne daß damit eine inhaltliche Änderung verbunden wäre (vgl. *Mees,* in: L/M/R, KartellR, § 74, Rn. 2). Die Gründe für diese Unterscheidung sind unklar (zu den unterschiedlichen Auffassungen von BR und BT im Gesetzgebungsverfahren *Salje,* EnWG, § 86, Rn. 1, die aber die Unterschiede zum GWB nicht erklären). Der BR strebt in einem neuen Gesetzgebungsverfahren eine Erstreckung auch auf Entscheidungen der OLG im Eilverfahren an und die Bundesregierung hat zugesagt, diesen Vorschlag zu prüfen (BT-Drucks. 16/5847, S. 16 und 17). Mit der Rechtsbeschwerde, die der Revision des Zivil- und Verwaltungsprozesses entspricht, können nur Rechtsverletzungen geltend gemacht werden. Rechtsbeschwerdegericht ist allein der *BGH.*

B. Zugelassene Rechtsbeschwerde (§ 86 I–III)

Voraussetzung für eine Rechtsbeschwerde ist grundsätzlich die **Zu-** **2** **lassung** durch das Beschwerdegericht (Ausnahmen in § 86 IV). Über Zulassung bzw. Nichtzulassung ist in der Entscheidung des Beschwerdegerichts zu befinden, die Nichtzulassung ist zu begründen (§ 86 III). Die Zulassung ist für den *BGH* als Rechtsbeschwerdegericht bindend (§ 86 I: „wenn ... zugelassen hat"). Im Falle der Nichtzulassung ist die Nichtzulassungsbeschwerde zum *BGH* möglich (§ 87).

Die Rechtsbeschwerde ist nur zulässig gegen in der **Hauptsache** er- **3** lassene Beschlüsse des Beschwerdegerichts (*BGH,* B. v. 19. 6. 2007 – KVR 16/06; *OLG Düsseldorf,* ZNER 2006, 258, 264). Der Begriff der Hauptsache ist in der Theorie wenig geklärt (vgl. *K. Schmidt,* in: I/M, § 74, Rn. 6 ff. m. w. N.), in der Praxis allerdings im Regelfall eindeutig zu bestimmen (*Werner,* in: Wiedemann, § 54, Rn. 113). Hauptsacheentscheidungen bringen das eigentliche Streitverhältnis ganz oder teilweise zum Abschluß und betreffen nicht lediglich Neben- und Zwischenfragen (*BGH,* WuW/E BGH 2379, 2740), die materiell und verfahrensrechtlich von einem anderen Verfahren abhängig sind (*Werner,* in: Wiedemann, § 54, Rn. 113), z. B. einstweilige Anordnungen (§ 72), Anordnungen der sofortigen Vollziehung (§ 77, *OLG Düsseldorf,* ZNER 2006, 258, 264). In diesen Fällen ist allenfalls eine Gegenvorstellung

§ 87   Teil 8. Verfahren

beim Beschwerdegericht möglich (*Bechtold*, Kartellgesetz, 3. Aufl., § 74, Rn. 3). Entscheidungen über ein Auskunftsverlangen nach § 112 a I 3 i. V. m. § 69 werden hingegen nicht als Neben- und Zwischenfrage angesehen, so daß in diesen Fällen eine Rechtsbeschwerde möglich ist (*BGH*, B. v. 19. 6. 2007 – KVR 16/06).

4   Als **Zulassungsgründe** nennt § 86 II die grundsätzliche Bedeutung der Rechtsfrage (Nr. 1) und das Erfordernis einer Entscheidung des *BGH* zur Fortbildung des Rechts oder zur Sicherung einer einheitlichen Rechtsprechung (Nr. 2). Der erste Fall liegt vor, wenn entscheidungserhebliche Rechtsfragen behandelt werden, die über den Einzelfall hinaus von Bedeutung und von der Rechtsprechung noch nicht geklärt sind (vgl. *KG*, WuW/E OLG 1515, 1519; 3501, 3507; *Bechtold*, Kartellgesetz, § 74, Rn. 5). Der letztere Fall ist gegeben, wenn eine Frage noch nicht höchstrichterlich entschieden ist oder die Beschwerdeentscheidung von der Rechtsprechung des *BGH* oder eines anderen OLG abweicht (*Werner*, in: Wiedemann, § 54, Rn. 110).

C. Zulassungsfreie Rechtsbeschwerde (§ 86 IV)

5   Ohne Zulassung ist die Rechtsbeschwerde möglich, wenn eine der Voraussetzungen des § 86 IV vorliegt. Der Katalog der **Verfahrensmängel,** die unabhängig von einer Zulassung die Rechtsbeschwerde ermöglichen, entspricht, abgesehen von § 86 IV Nr. 3, den absoluten Revisionsgründen in § 547 ZPO und ist **abschließend** (*Bechtold*, Kartellgesetz, § 74, Rn. 7). Die nach § 86 IV zulässige Rechtsbeschwerde hat nur die Prüfung des gerügten Verfahrensmangels zum Ergebnis, führt also in keinem Fall zu einer Sachentscheidung des Rechtsbeschwerdegerichts, sondern lediglich zur Aufhebung und Zurückverweisung an das Beschwerdegericht (*Werner*, in: Wiedemann, § 54, Rn. 115).

§ 87 Nichtzulassungsbeschwerde

(1) **Die Nichtzulassung der Rechtsbeschwerde kann selbständig durch Nichtzulassungsbeschwerde angefochten werden.**

(2) [1]**Über die Nichtzulassungsbeschwerde entscheidet der Bundesgerichtshof durch Beschluss, der zu begründen ist.** [2]**Der Beschluss kann ohne mündliche Verhandlung ergehen.**

(3) [1]**Die Nichtzulassungsbeschwerde ist binnen einer Frist von einem Monat schriftlich bei dem Oberlandesgericht einzulegen.** [2]**Die Frist beginnt mit der Zustellung der angefochtenen Entscheidung.**

Nichtzulassungsbeschwerde 1–3 § 87

(4) ¹Für die **Nichtzulassungsbeschwerde** gelten die §§ 77, 78 Abs. 3, 4 Nr. 1 und Abs. 5, §§ 79, 80, 84 und 85 Nr. 2 dieses Gesetzes sowie die §§ 192 bis 197 des Gerichtsverfassungsgesetzes über die Beratung und Abstimmung entsprechend. ²Für den Erlass einstweiliger Anordnungen ist das Beschwerdegericht zuständig.

(5) ¹Wird die Rechtsbeschwerde nicht zugelassen, so wird die Entscheidung des Oberlandesgerichts mit der Zustellung des Beschlusses des Bundesgerichtshofs rechtskräftig. ²Wird die Rechtsbeschwerde zugelassen, so beginnt mit der Zustellung des Beschlusses des Bundesgerichtshofs der Lauf der Beschwerdefrist.

Die Vorschrift übernimmt § 75 GWB (Begr. BT-Drucks. 15/ 3917, S. 72). Nach § 86 ist die Rechtsbeschwerde grundsätzlich nur nach der Zulassung durch das Beschwerdegericht zulässig. Wird sie nicht zugelassen, steht mit der Nichtzulassungsbeschwerde ein besonderes Rechtsmittel zur Verfügung. **Gegenstand** der Nichtzulassungsbeschwerde ist lediglich die Frage, ob die Nichtzulassung § 86 II verletzt (vgl. *K. Schmidt,* in: I/M, § 75, Rn. 2). **1**

Die Nichtzulassungsbeschwerde ist binnen einer **Frist** von einem Monat ab Zustellung der Beschwerdeentscheidung schriftlich beim Beschwerdegericht einzureichen (§ 87 III). Von der Einlegung der Nichtzulassungsbeschwerde ist deren **Begründung** zu unterscheiden, für die nach § 87 IV i. V. m. § 78 III, IV Nr. 1 die Monatsfrist ab Einlegung der Beschwerde läuft. Die Begründung muß zumindest erkennen lassen, welcher Zulassungsgrund vorliegen soll. Die Beteiligung richtet sich nach der Beteiligung im Beschwerdeverfahren (§ 87 IV i. V. m. § 79), die Regeln über die Akteneinsicht im Beschwerdeverfahren gelten auch hier (§ 87 IV i. V. m. § 84). **Aufschiebende Wirkung** kommt der Nichtzulassungsbeschwerde nach § 87 IV i. V. m. § 77 in den Fällen zu, in denen auch die Beschwerde aufschiebende Wirkung hat. Für einstweilige Anordnungen bleibt das Beschwerdegericht zuständig (§ 87 IV 2). Es gilt auch im Nichtzulassungsbeschwerdeverfahren der Anwaltszwang (§ 87 IV i. V. m. § 78 V und § 80). **2**

Bei **Nichtzulassung** der Rechtsbeschwerde wird der Beschluß des Beschwerdegerichts mit der Zustellung des Beschlusses des *BGH* rechtskräftig (§ 87 V 1). Ist zulassungsfreie Rechtsbeschwerde (§ 86 IV) eingelegt, tritt die Rechtskraft der Entscheidung des Beschwerdegerichts erst mit der Entscheidung über die Rechtsbeschwerde ein (*K. Schmidt* in: I/M, § 75 Rn. 10). Im Falle der **Zulassung** der Rechtsbeschwerde durch den *BGH* beginnt nach § 87 V 2 die Frist des § 88 V i. V. m. 78 III mit Zustellung des Beschlusses über die Zulassung. **3**

Preedy

§ 88 Beschwerdeberechtigte, Form und Frist

(1) Die Rechtsbeschwerde steht der Regulierungsbehörde sowie den am Beschwerdeverfahren Beteiligten zu.

(2) Die Rechtsbeschwerde kann nur darauf gestützt werden, dass die Entscheidung auf einer Verletzung des Rechts beruht; die §§ 546, 547 der Zivilprozessordnung gelten entsprechend.

(3) ¹Die Rechtsbeschwerde ist binnen einer Frist von einem Monat schriftlich bei dem Oberlandesgericht einzulegen. ²Die Frist beginnt mit der Zustellung der angefochtenen Entscheidung.

(4) Der Bundesgerichtshof ist an die in der angefochtenen Entscheidung getroffenen tatsächlichen Feststellungen gebunden, außer wenn in Bezug auf diese Feststellungen zulässige und begründete Rechtsbeschwerdegründe vorgebracht sind.

(5) ¹Für die Rechtsbeschwerde gelten im Übrigen die §§ 76, 78 Abs. 3, 4 Nr. 1 und Abs. 5, §§ 79 bis 81 sowie §§ 83 bis 85 entsprechend. ²Für den Erlass einstweiliger Anordnungen ist das Beschwerdegericht zuständig.

Übersicht

	Rn.
A. Rechtsbeschwerdebefugnis (§ 88 I)	1
B. Umfang der Nachprüfung (§ 88 II und IV)	2
C. Verfahren (§ 88 III und V)	4

A. Rechtsbeschwerdebefugnis (§ 88 I)

1 Die Vorschrift übernimmt § 76 GWB (Begr. BT-Drucks. 15/3917, 72), mit Ausnahme von § 76 II 2 GWB. **Beschwerdebefugt** sind die Regulierungsbehörde sowie alle anderen am Beschwerdeverfahren Beteiligten (vgl. § 79). Zur Rechtsbeschwerde ist auch befugt, wer, ohne Beteiligter am Verfahren zu sein, i. S. v. § 42 II VwGO durch die Beschwerdeentscheidung in seinen Rechten verletzt ist. In einem solchen Fall der unterlassenen notwendigen Beiladung ist mit Blick auf Art. 19 IV GG aus verfassungsrechtlichen Gründen eine Rechtsbeschwerdebefugnis anzunehmen (str., wie hier *K. Schmidt*, in: I/M, § 76, Rn. 1; vgl. auch § 75, Rn. 4; gegen eine solche Befugnis Nichtbeteiligter *Bechtold*, Kartellgesetz, § 76, Rn. 2). Für das Erfordernis einer formellen und materiellen Beschwer gilt dasselbe wie bei der Anfechtungsbeschwerde (vgl. § 75, Rn. 6).

B. Umfang der Nachprüfung (§ 88 II und IV)

Die Rechtsbeschwerde kann allein darauf gestützt werden, daß die **2** Beschwerdeentscheidung auf einer **Verletzung des Rechts** beruht. Eine solche Rechtsverletzung liegt nach § 88 II i. V. m. § 546 ZPO vor, wenn eine Rechtsnorm nicht oder nicht richtig angewendet worden ist. Daneben liegt aufgrund der Verweisung in § 88 II eine Rechtsverletzung immer dann vor, wenn einer der absoluten Revisionsgründe des § 547 ZPO gegeben ist.

Nach § 88 IV ist der *BGH* an die **tatsächlichen Feststellungen ge- 3 bunden,** die in der angefochtenen Entscheidung getroffen wurden. Eine Ausnahme besteht, wenn in Bezug auf diese Feststellungen zulässige und begründete Rechtsbeschwerdegründe vorgebracht wurden. Damit sind Verletzungen von Verfahrensvorschriften durch das Beschwerdegericht gemeint, die zu unrichtigen oder unzulässigen tatsächlichen Feststellungen geführt haben können (*Bechtold,* Kartellgesetz, § 76, Rn. 4).

C. Verfahren (§ 88 III und V)

Die Rechtsbeschwerde ist binnen einer **Frist** von einem Monat bei **4** dem OLG, dessen Entscheidung angefochten wird, schriftlich einzureichen (§ 88 III 1). Beginn der Frist ist die Zustellung der Beschwerdeentscheidung an die Beteiligten, so daß der Beginn für die einzelnen Beteiligten unterschiedlich sein kann. Innerhalb eines Monats ab Einlegung der Rechtsbeschwerde ist diese zu **begründen** (§ 88 V i. V. m. § 78 III, IV Nr. 1). Der **Anwaltszwang** gilt auch hier (§ 88 V i. V. m. § 78 V und § 80). Die Kontinuität der Verfahrensbeteiligten bleibt grundsätzlich auch in der Rechtsbeschwerdeinstanz gewahrt (§ 88 V i. V. m. § 79). Nach § 88 V gilt zudem für die mündliche Verhandlung § 81 und für die Akteneinsicht § 84. Es gelten darüber hinaus generell die gleichen Grundsätze und Verfahrensregeln wie im Beschwerdeverfahren (*Bechtold,* Kartellgesetz, § 76, Rn. 5). Für den Erlaß **einstweiliger Anordnungen** bleibt das Beschwerdegericht zuständig (§ 88 V 2).

Die Entscheidung des *BGH* ergeht durch zu begründenden Beschluß **5** (§ 88 V i. V. m. § 83). Ist die Rechtsbeschwerde erfolgreich, kann der *BGH* eine Entscheidung in der Sache nur bei Spruchreife treffen, im übrigen wird die Beschwerdeentscheidung aufgehoben und an das Beschwerdegericht zurück verwiesen. Dies spricht § 88 nicht ausdrücklich aus, ist aber aufgrund revisionsrechtlicher Grundsätze auch hier notwendiges Ergebnis (vgl. *K. Schmidt,* in: I/M, § 76, Rn. 11).

Abschnitt 4. Gemeinsame Bestimmungen

§ 89 Beteiligtenfähigkeit

Fähig, am Verfahren vor der Regulierungsbehörde, am Beschwerdeverfahren und am Rechtsbeschwerdeverfahren beteiligt zu sein, sind außer natürlichen und juristischen Personen auch nichtrechtsfähige Personenvereinigungen.

Übersicht

	Rn.
A. Allgemeines	1
I. Inhalt und Zweck	1
II. Entstehungsgeschichte	3
B. Natürliche Personen	4
C. Juristische Personen	5
D. Nichtrechtsfähige Personenvereinigungen	7

A. Allgemeines

I. Inhalt und Zweck

1 § 89 regelt die Beteiligungsfähigkeit für Verfahren **vor den Regulierungsbehörden** und für das anschließende **gerichtliche Verfahren** einheitlich.

2 Von der Regelung des § 89 nicht betroffen ist das Verfahren vor der nach Landesrecht zuständigen Behörde nach § 4 und § 36 II. Bei diesen Verfahren handelt es sich um die Verfahren der klassischen Energieaufsicht: Einerseits die Zulassung zum Netzbetrieb nach § 4 und andererseits die Bestimmung des Grundversorgers nach § 36 II. Hier gelten die inhaltsgleichen Regelungen der **§§ 11 VwVfG** des jeweiligen Landes bzw. des **§ 63 VwGO** für das gerichtliche Verfahren (anders *Salje*, EnWG, § 89, Rn. 2, der nur auf § 63 VwGO abstellt).

II. Entstehungsgeschichte

3 Die Regelung des § 89 ist an die wortgleiche Vorschrift des § 77 GWB 2005 angelehnt (BT-Drucks. 15/3917, S. 72). Die Vorschrift ist **im Gesetzgebungsverfahren unverändert geblieben** und war bereits im Referentenentwurf enthalten. Vergleichbare Vorschriften über die Beteiligten- bzw. Parteifähigkeit finden sich in den Verwaltungsverfahrensgesetzen des Bundes und der Länder und in allen Prozeßordnungen.

B. Natürliche Personen

Beteiligtenfähig sind zunächst alle natürlichen Personen. Die Beteiligtenfähigkeit natürlicher Personen wird von der Vorschrift als selbstverständlich vorausgesetzt und orientiert sich an der Rechtsfähigkeit des Bürgerlichen Rechts (§ 1 BGB). Die Beteiligtenfähigkeit gilt auch für **ausländische natürliche Personen** (*KG*, WuW/E OLG 1071, 1073). 4

C. Juristische Personen

Juristische Personen zeichnen sich durch ihre **eigene Rechtsfähigkeit** aus. Nach klassischer Betrachtung fallen hierunter die Aktiengesellschaften (§ 1 I AktG), die Gesellschaften mit beschränkter Haftung (§ 13 I GmbHG), die eingetragenen Vereine (§ 21 BGB), die wirtschaftlichen Vereine mit staatlicher Verleihung (§ 22 BGB), die Stiftungen mit staatlicher Genehmigung (§ 80 BGB). 5

Nach der neueren Rechtsprechung des *BGH* haben auch die offene Handelsgesellschaft (§ 124 I HGB), die Kommanditgesellschaft (§ 161 II, § 124 I HGB) und die **Gesellschaft Bürgerlichen Rechts (§ 705 BGB) eigene Rechtsfähigkeit** (*BGHZ* 146, 341). Sie sind daher als juristische Personen beteiligtenfähig. 6

D. Nichtrechtsfähige Personenvereinigungen

Weiterhin weitet die Vorschrift die Beteiligtenfähigkeit auf alle nicht rechtsfähigen Personenvereinigungen aus. Der Begriff der Personenvereinigung ist in Anlehnung an § 77 GWB und seine Vorgängervorschriften weit auszulegen, nämlich als jegliche **Zusammenfassung von natürlichen und juristischen Personen** (*Kollmorgen*, in: L/B, § 77 GWB, Rn. 6). Seit jeher fällt hierunter der nicht rechtsfähige Verein. Innengesellschaften, insbesondere auch stille Gesellschaften nach §§ 230 ff. HGB, sind hingegen nicht fähig zur Beteiligung an den genannten Verfahren. 7

Auch Unternehmen sind als solche nicht beteiligungsfähig. **Beteiligungsfähig ist der Unternehmensträger,** also die hinter ihnen stehende natürliche oder juristische Person. Auch eine Gruppe nebeneinan- 8 derstehender Gesellschaften, die lediglich Identität der Gesellschafter besitzt, aber nicht durch eine vertretungsberechtigte Person zusammengefaßt ist, ist weder beteiligten- noch prozessfähig (*KG*, WuW/E OLG 3914, 3915 f.). Beteiligtenfähig sind dagegen Kartelle, Wirtschafts- und Berufsvereinigungen, sowie Verbände (*K. Schmidt*, in: I/M, § 77, Rn. 5). Ausländische Personenvereinigungen sind dann beteiligtenfähig, wenn sie nach fiktiver Anwendung des Deutschen Rechts nach ihrer Struktur und Organisation die Beteiligtenfähigkeiten hätten (*Bechtold*, § 77 GWB, Rn. 2).

§ 90 Kostentragung und -festsetzung

[1] Im Beschwerdeverfahren und im Rechtsbeschwerdeverfahren kann das Gericht anordnen, dass die Kosten, die zur zweckentsprechenden Erledigung der Angelegenheit notwendig waren, von einem Beteiligten ganz oder teilweise zu erstatten sind, wenn dies der Billigkeit entspricht. [2] Hat ein Beteiligter Kosten durch ein unbegründetes Rechtsmittel oder durch grobes Verschulden veranlasst, so sind ihm die Kosten aufzuerlegen. [3] Im Übrigen gelten die Vorschriften der Zivilprozessordnung über das Kostenfestsetzungsverfahren und die Zwangsvollstreckung aus Kostenfestsetzungsbeschlüssen entsprechend.

Literatur: *Deichfuß*, Kostenverteilung im kartellverwaltungsrechtlichen Beschwerde- und Rechtsbeschwerdeverfahren, BB 2000, 469 ff.; *Gröning*, Das Beschwerdeverfahren im neuen Vergaberecht, ZIP 1999, 181 ff.; *Hoffmann/Schaub*, Zur Erstattung außergerichtlicher Kosten, DB 1985, 2335 ff.; *Ipsen*, Auslegung und Anwendung von § 77 GWB im Beschwerdeverfahren nach Erledigung der Hauptsache, BB 1976, 954 ff.

Übersicht

	Rn.
A. Allgemeines	1
B. Kostenbegriff	2
C. Kostenerstattung	5
I. Obligatorische Kostenerstattung	7
1. Kostenerstattung bei unbegründetem Rechtsmittel (§ 90 2 Alt. 1)	7
2. Kosten durch grobes Verschulden (§ 90 2 Alt. 2)	11
II. Kostenerstattung nach Billigkeit (§ 90 1)	12
III. Erledigung der Hauptsache	14
IV. Kostenerstattung sonstiger Verfahrensbeteiligter	16
D. Rechtsmittel gegen Kostenentscheidung	17
E. Kostenfestsetzung und Zwangsvollstreckung	18

A. Allgemeines

§ 90 entspricht dem § 78 GWB. Er bezieht sich – entgegen der systematischen Stellung – ausschließlich auf das **Verfahren der Beschwerde und der Rechtsbeschwerde**. Für das behördliche Verfahren enthält § 91 IX eine Verordnungsermächtigung, von der bisher nicht Gebrauch gemacht wurde.

B. Kostenbegriff

§ 90 bezieht sich zunächst von seinem Wortlaut her auf die Kosten, die zur zweckentsprechenden Erledigung der Angelegenheit notwendig waren. Damit sind zunächst die Kosten der zweckentsprechenden Rechtsverteidigung, also die **außergerichtlichen Kosten** gemeint. Über diesen Wortlaut hinaus ist die Regelung aber auch für die Auferlegung der **Gerichtskosten** anzuwenden (*KG* in st. Rspr.: WuW/E OLG 836, 937; 4405, 4406; *Sauter*, in: I/M, § 78 GWB, Rn. 7; *Kollmorgen*, in: L/B § 78 GWB, Rn. 7; zur Frage der Erstattung außergerichtlicher Kosten und zur Erstattungsfähigkeit einzelner Kosten ausführlich *Hoffmann/Schaub*, DB 1985, 2335 ff.).

Den Hauptteil der außergerichtlichen Kosten stellen die Kosten der **Vertretung durch einen Rechtsanwalt** dar. Die BNetzA kann sich durch ein Mitglied der Behörde vertreten lassen. In diesem Fall fallen als außergerichtliche Kosten lediglich Fahrtkosten etc. an. Häufig wird die BNetzA durch ihr Prozeßführungsreferat vertreten. In wichtigen oder eiligen Verfahren findet auch eine Vertretung durch Rechtsanwälte statt. Bei der Abschätzung des Kostenrisikos ist dies zu berücksichtigen.

Da die Verfahrenbeteiligten gehalten sind, die erstattungsfähigen Kosten so niedrig wie möglich zu halten, ist in der Regel die Prozeßvertretung durch **einen Prozeßbevollmächtigten ausreichend.** Nur bei besonderen rechtlichen oder tatsächlichen Schwierigkeiten kann die Hinzuziehung eines zweiten Prozeßbevollmächtigten geboten sein (*Sauter*, in: I/M, § 78 GWB, Rn. 31).

C. Kostenerstattung

OLG und *BGH* treffen **von Amts wegen** nicht nur eine Entscheidung in der Hauptsache, sondern auch eine Entscheidung zur Kostentragung. Dies ist für die Praxis seit dem Urteil des *BGH* vom 14. 3. 1990 (*BGH,* WuW/E BGH 2627, 2643) geklärt. Das *Kammergericht* hat seine vorherige abweichende Rechtsprechung aufgegeben (*KG,* WuW/E OLG 5355, 5359).

6 In § 90 2 hat der Gesetzgeber zwei Fälle der **obligatorischen Kostenerstattung** geregelt. Soweit die obligatorische Kostenentscheidung nicht eingreift, hat das Gericht nach **Billigkeit** über die Kosten zu entscheiden.

I. Obligatorische Kostenerstattung

7 **1. Kostenerstattung bei unbegründetem Rechtsmittel (§ 90 2 Alt. 1).** Nach § 90 2 Alt. 1 sind einem Verfahrensbeteiligten von Amts wegen die Kosten aufzuerlegen, die er durch die Einlegung eines **unbegründeten Rechtsmittels** verursacht hat. Im Wege eines Erst-Recht-Schlusses gilt dies auch für ein **unzulässiges Rechtsmittel.** Rechtsmittel sind die Rechtsbeschwerde (§ 86) und die Nichtzulassungsbeschwerde (§ 87).

8 Für die Frage, ob auch die **Beschwerde ein Rechtsmittel** i. S. d. § 90 2 darstellt, herrscht in der Rechtsprechung und Literatur zum Kartellrecht **Streit.** Dieser ist auf das EnWG übertragbar (*Salje,* EnWG, § 90, Rn. 13).

9 Nach **überwiegender Ansicht** ist die **Beschwerde kein Rechtsmittel,** da sich der Beschwerdeführer nicht gegen eine gerichtliche Entscheidung zur Wehr setzt, sondern vergleichbar der Anfechtungsklage oder der Verpflichtungsklage, die Rechtssache das erste Mal bei Gericht anhängig wird (*KG,* WuW/E OLG 797, 799; *OLG Düsseldorf,* WuW/E OLG 348; *Sauter,* in: I/M, § 78 GWB, Rn. 33).

10 Nach anderer Ansicht ist auch die **Beschwerde Rechtsmittel** (so jetzt *OLG Düsseldorf,* WuW/E DE-R 523, 528; ebenso *Bracher,* in: FK, § 78 GWB, Rn. 8; *Bechtold,* § 78 GWB, Rn. 4). Für das *OLG Düsseldorf* ergibt sich dieses Ergebnis aus der Funktion der Beschwerde nach den §§ 63 ff. GWB (entspricht §§ 75 ff.) und aus dem Wortlaut des § 61 I 1 GWB (entspricht § 73 I 1). Hiernach haben die Kartellbehörde ihre Verfügungen mit einer Belehrung über das zulässige „Rechtsmittel" zu versehen. § 73 I 1 gilt sowohl für die Beschwerde (§§ 75 ff.) als auch die Rechtsbeschwerde (§§ 86 ff.). Daher wird zugunsten des *OLG Düsseldorf* angeführt, daß Beschwerde- und Rechtsbeschwerdeverfahren vom Gesetz prinzipiell gleich behandelt werden. Im übrigen werde im Kartellrecht auch seitens der entgegengesetzten Rechtsprechung des *KG* das gleiche Ergebnis erlangt, also dem Beschwerdeführer die Gerichtskosten auferlegt, indem sie § 90 1 anwendet. Daß es häufig zu einer Nichtauferlegung der außergerichtlichen Kosten der Kartellbehörde kommt, könne nur so erklärt werden, dass diese sich nicht anwaltlich vertreten lässt und daher keine erstattungsfähigen Kosten nachweisen könne (*Bechtold*, § 78 GWB, Rn. 4).

2. Kosten durch grobes Verschulden (§ 90 2 Alt. 2). Einem Beteiligten sind obligatorisch auch die Kosten einer Instanz oder einzelner Prozessteile aufzuerlegen, die der Beteiligte durch grobes Verschulden verursacht hat. Durch grobes Verschulden sind die Kosten nur dann veranlaßt, wenn sie durch **besonders schwere Nachlässigkeiten, Fehler oder Versäumnisse** bei der Vornahme von Verfahrenshandlungen entstanden sind (*KG*, WuW/E OLG 1443, 1444). Hier kommen insbesondere falsche Aussagen, das Verleiten zu falschen Aussagen oder das Zurückhalten von wichtigen Urkunden in Betracht (*Salje*, EnWG, § 90, Rn. 14). Dabei sind nur die Kosten auferlegungsfähig, die kausal durch das grobe Verschulden verursacht wurden.

II. Kostenerstattung nach Billigkeit (§ 90 1)

§ 90 1 weicht ebenso wie § 78 GWB 2005 von dem Prinzip anderer Verfahrensordnungen ab, wonach die Kostenentscheidung sich allein nach dem Verfahrensausgang richtet (vgl. etwa § 154 VwGO). Das *BVerfG* hat zu der Vorläufervorschrift des § 78 GWB entschieden, daß eine solche Regelung verfassungsmäßig ist (*BVerfGE* 74, 78, 91 ff.). Aus dem in anderen Verfahrensordnungen normierten Grundsatz der Kostentragungspflicht der unterlegenen Partei lasse sich kein allgemein gültiges Prinzip des Verfahrensrechts ableiten. Die **Verfassungsmäßigkeit** der Regelung ist damit für die Praxis **geklärt**.

Nachdem das *BVerfG* in der bereits zitierten Entscheidung die bis dahin ständige Rechtsprechung des *BGH* beanstandet hat, nach der die Beteiligten ihre Kosten regelmäßig selbst zu tragen hatten, gilt der **Grundsatz**, daß auch in Kartellverwaltungsverfahren die **obsiegende Partei einen Anspruch auf Erstattung der außergerichtlichen Kosten hat**. Etwas anderes wäre mit Art. 3 I GG unvereinbar. Eine solche Auslegung würde nämlich dazu führen, daß die aus dem einseitigen Anwaltszwang herrührende ungleiche Kostenbelastung für den obsiegenden Teil bestehen bliebe. Der Verfahrensausgang hat damit eine herausragende Bedeutung für die Auferlegung der Kosten.

III. Erledigung der Hauptsache

Nach der Rechtsprechung des *KG* in Kartellverwaltungsangelegenheiten werden die **Erfolgsaussichten der Beschwerde regelmäßig** aus Gründen der Prozeßökonomie **nicht überprüft** (*KG*, WuW/E

OLG 2720, 2721; 1776, 1777). Bei Erledigungserklärung seitens der Parteien, ist der vermutliche Verfahrensausgang daher nur dann entscheidend, wenn er bei summarischer Prüfung des bisherigen Sach- und Streitstandes mit hinreichender Sicherheit festzustellen ist. Ist der Verfahrensausgang danach offen, sind in der Regel die Gerichtskosten hälftig zu teilen. Die außergerichtlichen Kosten werden nicht erstattet (*KG*, WuW/E OLG 4569, 4571; *BGH*, WuW/E DE-R 420, 421 f.).

15   Eine **Ausnahme** hiervon gilt bei ohne weiterem **absehbaren Verfahrensausgang** (*KG*, WuW/E OLG 2720, 2721; WuW/E OLG 4648, 4649). Entsprechendes gilt für die Rücknahme der Beschwerde (*KG*, WuW/E OLG 5311 f.). Hebt die Regulierungsbehörde ihre Entscheidung auf, so hat sie auch die außergerichtlichen Kosten des Beschwerdeführers zu tragen (*KG*, WuW/E OLG 5437 f.).

IV. Kostenerstattung sonstiger Verfahrensbeteiligter

16   Über die Kostenerstattung sonstiger Beteiligter – also der Beigeladenen des gerichtlichen Verfahrens – entscheiden die Gerichte nach § 90 1. Maßgeblich ist **einerseits der Verfahrensausgang** (aber nicht allein: *BGH*, WuW/E BGH 1949, 1954), **andererseits die Frage,** ob der Beigeladene sich **aktiv am Verfahren beteiligt** hat und an seinem Ausgang ein besonderes Interesse hat (*BGH*, WuW/E BGH 2627, 2643). Einen Schematismus, wie ihn die verwaltungsgerichtliche Rechtsprechung auf der Grundlage des § 154 III VwGO entwickelt hat, nach dem einem Beigeladenen dann und nur dann Kosten erstattet werden können, wenn er sich durch die Stellung eigener Sachanträge gem. § 66 VwGO dem Kostenrisiko auch ausgesetzt hat (zu § 162 III VwGO *BVerwG*, NVwZ-RR 2001, 276; *VGH München*, BayVBl 1991, 476; *LVerfG Brandenburg*, NVwZ-RR 2003, 602; *K/S*, § 162 VwGO, Rn. 23), besteht in der Rechtsprechung der Kartellgerichte aber nicht.

D. Rechtsmittel gegen Kostenentscheidung

17   Die Kostenentscheidung ist nur im Zusammenhang mit der in der Hauptsache ergangenen Entscheidung anfechtbar. Ein selbständige Anfechtung der Kostenentscheidung gibt es folglich nicht (vgl. *BGH*, WuW/E BGH 415, 416 f.; *KG*, WuW/E OLG 877, 884; 1983, 1988; ebenso *Salje*, EnWG, § 90, Rn. 18). Statthaftes Rechtsmittel ist die Rechtsbeschwerde. Auch bei Verfahren, in denen sich die Hauptsache erledigt hat, ist eine **isolierte Rechtsbeschwerde gegen die Kostenentscheidung unzulässig.** In solchen Fällen verbleibt dem Betroffe-

nen nur die Möglichkeit des formlosen Rechtsbehelfs der Gegenvorstellung (so *Sauter,* in: I/M, § 78 GWB, Rn. 37).

E. Kostenfestsetzung und Zwangsvollstreckung

Für das Kostenfestsetzungsverfahren und die Zwangsvollstreckung aus Kostenfestsetzungsbeschlüssen gelten nach § 90 3 die **Vorschriften der ZPO** entsprechend. Dies sind §§ 103 ff. ZPO und §§ 794 I Nr. 2, 795, 798, 882 a ZPO. 18

§ 90a Elektronische Dokumentenübermittlung

¹ Im Beschwerdeverfahren und im Rechtsbeschwerdeverfahren gelten § 130 a Abs. 1 und 3 sowie § 133 Abs. 1 Satz 2 der Zivilprozessordnung mit der Maßgabe entsprechend, dass die Beteiligten nach § 89 am elektronischen Rechtsverkehr teilnehmen können. ² Die Bundesregierung und die Landesregierungen bestimmen für ihren Bereich durch Rechtsverordnung den Zeitpunkt, von dem an elektronische Dokumente bei den Gerichten eingereicht werden können, sowie die für die Bearbeitung der Dokumente geeignete Form. ³ Die Landesregierungen können die Ermächtigung durch Rechtsverordnung auf die Landesjustizverwaltung übertragen. ⁴ Die Zulassung der elektronischen Form kann auf einzelne Gerichte oder Verfahren beschränkt werden.

§ 91 Gebührenpflichtige Handlungen

(1) ¹ Die Regulierungsbehörde erhebt Kosten (Gebühren und Auslagen) für folgende gebührenpflichtige Leistungen:
1. Untersagungen nach § 5;
2. Amtshandlungen auf Grund von § 33 Abs. 1 und § 36 Abs. 2 Satz 3;
3. Amtshandlungen auf Grund der §§ 21 a, 23 a, 29, 30 Abs. 2, § 31 Abs. 2 und 3, § 65 sowie § 110 Abs. 4;
3 a. Entscheidungen auf Grund einer Rechtsverordnung nach § 24 Satz 1 Nr. 3;
4. Erteilung von beglaubigten Abschriften aus den Akten der Regulierungsbehörde.

² Daneben werden als Auslagen die Kosten für weitere Ausfertigungen, Kopien und Auszüge sowie die in entsprechender Anwendung des Justizvergütungs- und -entschädigungsgesetzes zu zahlenden Beträge erhoben.

§ 91 Teil 8. Verfahren

(2) ¹Gebühren und Auslagen werden auch erhoben, wenn ein Antrag auf Vornahme einer in Absatz 1 bezeichneten Amtshandlung abgelehnt wird. ²Wird ein Antrag zurückgenommen, bevor darüber entschieden ist, so ist die Hälfte der Gebühr zu entrichten.

(3) ¹Die Gebührensätze sind so zu bemessen, dass die mit den Amtshandlungen verbundenen Kosten gedeckt sind. ²Darüber hinaus kann die wirtschaftliche Bedeutung, die der Gegenstand der gebührenpflichtigen Handlung hat, berücksichtigt werden. ³Ist der Betrag nach Satz 1 im Einzelfall außergewöhnlich hoch, kann die Gebühr aus Gründen der Billigkeit ermäßigt werden.

(4) Zur Abgeltung mehrfacher gleichartiger Amtshandlungen können Pauschalgebührensätze, die den geringen Umfang des Verwaltungsaufwandes berücksichtigen, vorgesehen werden.

(5) Gebühren dürfen nicht erhoben werden
1. für mündliche und schriftliche Auskünfte und Anregungen;
2. wenn sie bei richtiger Behandlung der Sache nicht entstanden wären.

(6) ¹Kostenschuldner ist
1. in den Fällen des Absatzes 1 Satz 1 Nr. 1, wer eine Genehmigung beantragt hat;
2. in den Fällen des Absatzes 1 Satz 1 Nr. 1 bis 3, wer durch einen Antrag die Tätigkeit der Regulierungsbehörde veranlasst hat, oder derjenige, gegen den eine Verfügung der Regulierungsbehörde ergangen ist;
3. in den Fällen des Absatzes 1 Satz 1 Nr. 4, wer die Herstellung der Abschriften veranlasst hat.

²Kostenschuldner ist auch, wer die Zahlung der Kosten durch eine vor der Regulierungsbehörde abgegebene oder ihr mitgeteilte Erklärung übernommen hat oder wer für die Kostenschuld eines anderen kraft Gesetzes haftet. ³Mehrere Kostenschuldner haften als Gesamtschuldner.

(7) ¹Eine Festsetzung von Kosten ist bis zum Ablauf des vierten Kalenderjahres nach Entstehung der Schuld zulässig (Festsetzungsverjährung). ²Wird vor Ablauf der Frist ein Antrag auf Aufhebung oder Änderung der Festsetzung gestellt, ist die Festsetzungsfrist so lange gehemmt, bis über den Antrag unanfechtbar entschieden wurde. ³Der Anspruch auf Zahlung von Kosten verjährt mit Ablauf des fünften Kalenderjahres nach der Festsetzung (Zahlungsverjährung). ⁴Im Übrigen gilt § 20 des Verwaltungskostengesetzes.

(8) ¹Das Bundesministerium für Wirtschaft und Technologie wird ermächtigt, im Einvernehmen mit dem Bundesministerium der Finanzen durch Rechtsverordnung mit Zustimmung des Bundesrates die Gebührensätze und die Erhebung der Gebühren vom Gebührenschuldner in Durchführung der Vorschriften der Absätze 1 bis 6 sowie die Erstattung der Auslagen für die in § 73 Abs. 1 Satz 4 und § 74 Satz 1 bezeichneten Bekanntmachungen und Veröffentlichungen zu regeln, soweit es die Bundesnetzagentur betrifft. ²Sie kann dabei auch Vorschriften über die Kostenbefreiung von juristischen Personen des öffentlichen Rechts, über die Verjährung sowie über die Kostenerhebung treffen.

(8a) Für die Amtshandlungen der Landesregulierungsbehörden werden die Bestimmungen nach Absatz 8 durch Landesrecht getroffen.

(9) Das Bundesministerium für Wirtschaft und Technologie wird ermächtigt, durch Rechtsverordnung mit Zustimmung des Bundesrates das Nähere über die Erstattung der durch das Verfahren vor der Regulierungsbehörde entstehenden Kosten nach den Grundsätzen des § 90 zu bestimmen.

Literatur: *Aengenvoort,* Allgemeine Grundsätze des Gebührenrechts, NwVBl. 1997, 409 ff.

Übersicht

	Rn.
A. Zweck und Entstehungsgeschichte	1
B. Kostenbegriff	3
C. Kostenpflichtige Leistungen	6
I. Gebühren- und auslagepflichtige Leistungen (§ 91 I 1)	6
II. Ablehnung und Antragsrücknahme (§ 91 II)	7
III. Ausfertigungen, Kopien und Auszüge (§ 91 I 2)	9
IV. Verbot der Gebührenerhebung	11
D. Bemessung der Gebühr (§ 91 III und IV)	14
I. Grundsätze der Gebührenbemessung	14
II. Pauschalgebührensätze	17
III. Ermäßigung aus Billigkeit im Einzelfall	18
E. Kostenschuldner (§ 91 VI)	20
F. Verjährung (§ 91 VII)	24
G. Verordnungsermächtigungen (§ 91 VIII)	29

A. Zweck und Entstehungsgeschichte

1 Mit § 91 wird die **gesetzliche Grundlage** dafür geschaffen, daß die Regulierungsbehörden für ihre Amtshandlungen Gebühren und Auslagen festsetzen können. Ohne gesetzliche Ermächtigungsgrundlage können öffentliche Abgaben nicht festgesetzt werden.

2 § 91 entspricht weitgehend § 142 TKG sowie § 80 GWB. Er ist in seiner Grundstruktur im Gesetzgebungsverfahren unverändert geblieben, allerdings waren verschiedene Änderungen und Anpassungen erforderlich, die teils der Klarstellung dienten, teils die im Gesetzgebungsverfahren geänderte gesetzgeberische Konzeption wiederspiegeln, insbesondere die Einführung einer Ex-ante-Entgeltgenehmigung (zu den einzelnen Änderungen vgl. Bericht und Beschlußempfehlung des Wirtschaftsausschusses, BT-Drucks. 15/5268, S. 95; Beschlußempfehlung des Vermittlungsausschusses, BT-Drucks. 15/5736 (neu), S. 7 (Ziffer 35)).

B. Kostenbegriff

3 § 91 I 1 faßt – entsprechend dem herkömmlichen Sprachgebrauch – **Gebühren und Auslagen** unter dem Begriff der Kosten zusammen. Geregelt wird die Erhebung der Kosten, nicht nur von Gebühren. Die Überschrift des § 91 ist daher irreführend.

4 **Gebühren** sind öffentlich-rechtliche Geldleistungen, die aus Anlaß individuell zurechenbarer öffentlicher Leistungen und Gebührenschuldner durch eine öffentlich-rechtliche Norm oder sonstige hoheitliche Maßnahmen auferlegt werden und dazu bestimmt sind, in Anknüpfung an diese Leistung deren Kosten ganz oder teilweise zu decken (*BVerfGE* 108, 1, 13; 110, 370, 388; *BVerwGE* 120, 311, 316).

5 Neben Gebühren sind **Auslagen** zu erheben. Dabei handelt es sich um Geldleistungen, die zur Abdeckung von tatsächlich entstandenem Aufwand von der Verwaltung vorgeschossen werden müssen. Dies betrifft etwa den Aufwand für Telekommunikation, für die Erstellung von Schriftstücken und Kopien, Übersetzungsaufwand, die Kosten einer Bekanntmachung, Kosten nach dem Zeugen- und Sachverständigenentschädigungsgesetz, Reisekosten, Entgelte bei Inanspruchnahme anderer Verwaltungsbehörden sowie Kosten für Transport und Verwahrung der Sachen (vgl. § 10 VwLastG des Bundes).

C. Kostenpflichtige Leistungen

I. Gebühren- und auslagepflichtige Leistungen (§ 91 I 1)

Amtshandlungen der Regulierungsbehörde (BNetzA sowie 6
Landesregulierungsbehörde), die in § 91 I 1 aufgeführt sind, sowie die
Ablehnung diesbezüglicher Anträge (§ 91 II) sind kostenpflichtig. Nach
§ 91 I 1 Ziffer 1 bis 4 sind folgende Amtshandlungen kostenpflichtig:
– Untersagung der Aufnahme der Energiebelieferung von Haushaltskunden (§ 5 4),
– Anordnung einer Vorteilsabschöpfung nach § 33 I,
– Entscheidung über Einwände gegen die Feststellung des Grundversorgers nach § 36 II 3,
– Entscheidungen im Rahmen der Anreizregulierung (§ 21 a),
– Genehmigung von Netzentgelten (§ 23 a),
– Bedingungen und Methodenfestlegungen (§ 29 I),
– Entscheidungen bezüglich eines Mißbrauchs nach § 30 II,
– Entscheidungen im besonderen Mißbrauchsverfahren nach § 31,
– Aufsichtsmaßnahmen nach § 65,
– Entscheidungen über das Vorliegen eines Objektnetzes (§ 110 IV),
– Entscheidungen über individuelle Netzentgelte (Versorgung nach § 24 I Nr. 3),
– Erteilung von beglaubigten Abschriften aus den Akten der Regulierungsbehörde (Ziffer 4).

II. Ablehnung und Antragsrücknahme (§ 91 II)

Lehnt die Regulierungsbehörde die Vornahme einer nach § 91 I 1 7
gebührenpflichtigen Amtshandlung ab, ist auch die **Ablehnung kostenpflichtig.** Dies gilt unabhängig davon, ob ein Antrag als zulässig
oder unzulässig abgelehnt wird. Aus einem Vergleich mit § 142 II 2
Nr. 1 TKG folgt, daß dies auch dann gilt, wenn ein Antrag wegen
Unzuständigkeit der Regulierungsbehörde abgelehnt wird. Voraussetzung für die Belastung mit Kosten ist aber, daß ein **Antrag** gestellt ist.
Davon zu unterscheiden sind **lediglich Anregungen** an die Behörde,
von Amts wegen tätig zu werden. Ob ein Antrag vorliegt, der eine
Kostenpflicht auslösen kann, ist durch Auslegung zu ermitteln. Zu
beachten ist, daß nicht nur die Netzbetreiber mit Kosten belegt werden
können. Auch Antragsteller im Rahmen des § 31 können bei Erfolglosigkeit ihres Antrags mit Kosten belegt werden.

Gebühren und Auslagen werden nach § 90 II 2 auch dann erhoben, 8
wenn der **Antrag** nach Beginn der sachlichen Bearbeitung, jedoch vor
deren Beendigung **zurückgenommen** wird; der Gesetzgeber hat diese

Regelung aufgenommen, um dem Erfordernis eines fachgesetzlichen Gebührentatbestandes für Fälle der Antragsrücknahme (*BVerwGE* 108, 364, 366) gerecht zu werden. Den typischerweise geringeren Aufwand im Fall der Antragsrücknahme hat der Gesetzgeber dadurch berücksichtigt, daß die Gebühr auf die Hälfte reduziert wird.

III. Ausfertigungen, Kopien und Auszüge (§ 91 I 2)

9 § 91 I 2 ist von seiner Bedeutung her äußerst unklar. Da in § 91 I 1 bereits die Kosten als Gebühren und Auslagen definiert sind, ist unklar, warum § 91 I 2 mit „daneben" eingeleitet wird. Dieses „daneben" wäre überflüssig, wenn es sich bei der Regelung – wie im Regierungsentwurf erläutert – um die Festlegung der Voraussetzungen der Erhebung von Auslagen handeln würde (BT-Drucks. 15/3917, S. 72). Man wird § 91 I 2 wohl dahingehend verstehen müssen, daß Kosten für weitere Kopien etc. auch dann angesetzt werden können, **wenn es sich nicht um „Auslagen"** handelt, weil die Behörde die Kopien selbst anfertigt.

10 Der zweite Halbsatz, der die entsprechende Anwendung des Justizvergütungs- und -entschädigungsgesetzes anordnet, bezieht sich nicht auf die Kosten für weitere Ausfertigungen, Kopien und Auszüge, sondern im Wesentlichen auf die Vergütung von Zeugen und Sachverständigen. Hier wird **klargestellt**, daß die **Begrenzung der Sachverständigenkosten,** die für das gerichtliche Verfahren vorgesehen ist, auch hier Anwendung findet.

11 IV. Verbot der Gebührenerhebung

§ 91 V regelt zwei **Fälle, in denen Gebühren nicht erhoben werden dürfen.** Dies gilt einmal für mündliche und schriftliche Auskünfte und Anregungen einerseits, andererseits für Gebühren, die bei richtiger Behandlung der Sache nicht entstanden wären.

12 Auskünfte der Regulierungsbehörde sind kostenfrei. Dies soll die **Kommunikation** der Regulierungsbehörde **mit den Marktteilnehmern** erleichtern, sie soll nicht durch mögliche Gebührenforderungen belastet werden. Ebenso kostenfrei sind Anregungen an die Regulierungsbehörde. Kostenfrei ist es deshalb, wenn ein Unternehmen eine Tätigkeit der Regulierungsbehörde nach § 30 II anregt. Kostenpflichtig ist es demgegenüber, wenn eine Person oder ein Unternehmen einen Antrag nach § 31 I 1 stellt und die Regulierungsbehörde diesen Antrag ablehnt.

13 Gebührenfreiheit besteht nach § 91 V Nr. 2 darüber hinaus, wenn die formal entstandenen Gebühren **bei richtiger Behandlung der Sache nicht entstanden** wären. Dies ist zunächst der Fall, wenn die

gebührenpflichtige Amtshandlung gerichtlich aufgehoben wird (*Bechtold*, § 80 GWB, Rn. 4). In diesem Fall wird zudem die Kostenentscheidung zusammen mit der angefochtenen Handlung aufgehoben. Eigentliche Bedeutung hat die Regelung in den Fällen, in denen die Hauptsacheentscheidung nicht angefochten wird (*KG, WuW/E OLG*, 1805, 1812). In diesen Fällen wird nach der h. M. eine unrichtige Sachbehandlung, die zum Wegfall einer Gebührenschuld führt, nur dann angenommen, wenn ein eindeutiger Gesetzesverstoß vorliegt, der offen und erkennbar zu Tage tritt (*Sauter*, in: I/M, § 80 GWB, Rn. 31).

D. Bemessung der Gebühr (§ 91 III und IV)

I. Grundsätze der Gebührenbemessung

§ 91 III 1 und 2 enthalten Grundsätze der Gebührenbemessung. Sie binden sowohl den **Verordnungsgeber** als auch bei der konkreten Bemessung der Gebühr innerhalb eines Gebührenrahmens die **handelnde Behörde** (zum Kostendeckungsprinzip *BVerwGE* 120, 227, 230). 14

§ 91 III 1 konkretisiert das **Kostendeckungsprinzip** dahingehend, daß die Gebührenhöhe so zu bemessen ist, daß das geschätzte Gebührenaufkommen den für die **einzelne Amtshandlung entfallenden durchschnittlichen Personal- und Sachaufwand** für die Tätigkeit der Regulierungsbehörde nicht übersteigt. Der Gesetzgeber hat sich damit dafür entschieden, auf die Kosten der einzelnen Verwaltungshandlung („spezielles Kostendeckungsprinzip") abzustellen. Es kommt also nicht allein darauf an, daß die Kosten der Regulierungsbehörde insgesamt durch Gebühren nicht überdeckt werden. 15

§ 91 III 2, der darauf abstellt, daß die wirtschaftliche Bedeutung, die der Gegenstand der gebührenpflichtigen Handlung hat, berücksichtigt werden kann, stellt eine Ausprägung des **Äquivalenzprinzips** dar. Das Äquivalenzprinzip besagt, daß Leistung und Gegenleistung in einem angemessenen Verhältnis zueinander stehen müssen (*Aengenvoort*, NWVBl. 1997, 409, 410). 16

II. Pauschalgebührensätze

Zur Abgeltung mehrfacher gleichartiger Amtshandlungen desselben Gebührenschuldners können Pauschalgebührensätze vorgesehen werden, die den geringen Umfang des Verwaltungsaufwands berücksichtigen. Bei dieser Regelung handelt es sich ausschließlich um eine **Er-** 17 mächtigung für die Bundesregierung (vgl. zum gleichlautenden § 80 III GWB: *Sauter*, in: I/M, § 80 GWB, Rn. 35; *Kollmorgen*, in: L/B, § 80 GWB 1999, Rn. 25).

III. Ermäßigung aus Billigkeit im Einzelfall

18 § 91 III 3 stellt einerseits eine Vorgabe für den Verordnungsgeber dar, andererseits ermächtigt er die Regulierungsbehörde zur Ermäßigung der Gebühr unter Billigkeitsgesichtspunkten. Anders als § 80 GWB enthält die Vorschrift keinen Rahmen **für die Ermäßigung** im Fall der Billigkeit. Es kann daher davon ausgegangen werden, daß aus Billigkeitsgesichtspunkten eine Gebühr auch vollständig entfallen kann. Das kann etwa der Fall sein, wenn ein Verbraucher einen Antrag nach § 31 stellt, der zu umfangreichen Ermittlungen der Regulierungsbehörde geführt hat, der dann aber nicht in eine Mißbrauchsverfügung gemündet ist.

19 Nach der Rechtsprechung sollen für eine Ermäßigung aus Gründen der Billigkeit die allgemein angespannte wirtschaftliche Lage eines ganzen Industriezweigs und die schlechte wirtschaftliche Situation einer bestimmten Herstellergruppe sprechen. Demgegenüber soll die schlechte **Ertragslage des Gebührenschuldners** keine Rolle spielen, weil diese Umstände später im Rahmen von § 19 VwKostG berücksichtigt werden könnten (*KG*, WuW/E OLG 1784, 1785). Dies überzeugt nicht. Wenn bereits bei der Festsetzung der Gebühr zu sehen ist, daß sie zu einer Härte für das betroffene Unternehmen führen würde, ist dies bereits im Rahmen der Billigkeit zu berücksichtigen.

E. Kostenschuldner (§ 91 VI)

20 § 91 VI folgt im Grundsatz dem allgemein anerkannten kostenrechtlichen **Veranlasserprinzip**. Das bedeutet, daß die Regulierungsbehörde die Kostenerstattung in erster Linie von demjenigen fordern muß, der durch sein Verhalten Anlaß zur Einleitung des Verfahrens gegeben hat (*BVerwG*, DÖV 1972, 724). Bei Amtshandlungen auf Antrag ist daher grundsätzlich der Antragsteller als Kostenschuldner heranzuziehen. Eine Ausnahme bildet § 31: Wird ein mißbräuchliches Verhalten des Netzbetreibers festgestellt, ist dieser Kostenschuldner.

21 Redaktionell ist die Vorschrift des § 91 VI mißlungen: § 91 V Nr. 1 trifft keinen Fall, in dem eine Genehmigung beantragt wurde. Es handelt sich vielmehr um einen Fall des § 91 VI Nr. 2. **Die Vorschrift der Ziffer 1 ist daher überflüssig.**

Kostenschuldner ist auch der, der durch Erklärung gegenüber der 22
Regulierungsbehörde sich zur **Übernahme der Kostenschuld** verpflichtet hat. Auch derjenige, der aufgrund einer gesetzlichen Regelung für die Schuld eines anderen einzustehen hat, ist richtiger Kostenschuldner.

Mehrere Kostenschuldner haften als **Gesamtschuldner** nach § 421 23
BGB (§ 91 VI 3). Die Ausgleichspflicht der Kostenschuldner untereinander richtet sich nach dem zugrundeliegenden Innenverhältnis, vgl. § 426 BGB.

F. Verjährung (§ 91 VII)

Die Regelung des § 91 VII mit seiner Zweistufung von **Festset-** 24
zungsverjährung und **Zahlungsverjährung** orientiert sich an der entsprechenden Unterscheidung in der Abgabenordnung (§§ 169, 222 AO).

Die Festsetzung von Gebühren und Auslagen ist bis zum Ablauf des 25
vierten Kalenderjahres nach Entstehung der Gebühren- bzw. Auslagenschuld zulässig. § 91 VII 1 statuiert damit keine Verjährungsfrist im eigentlichen Sinne, sondern legt den Zeitpunkt der letzten Festsetzung fest.

Die Gebühren- oder Auslagenschuld entsteht, soweit ein Antrag 26
notwendig ist, mit dessen Eingang bei der Regulierungsbehörde, im übrigen mit der Beendigung der gebührenpflichtigen Amtshandlung (§ 11 I VwKostG). Die Festsetzungsverjährung beginnt also nicht erst mit Ablauf des Kalenderjahres, in dem der Anspruch entstanden bzw. fällig geworden ist. Da die Festsetzung jedoch bis zum Ablauf des vierten Kalenderjahres zulässig ist, führt auch § 91 VII 1 dazu, daß die Festsetzungsverjährung **immer mit Ablauf des 31. 12. eintritt.**

Nach § 91 VII 2 führt ein vor Eintritt der Festsetzungsverjährung er- 27
stellter Antrag auf Aufhebung oder Änderung der Festsetzung **zur Hemmung,** bis über den Antrag unanfechtbar entschieden ist. Die Vorschrift ist § 171 III a AO nachgebildet.

Der Anspruch auf Zahlung der festgesetzten Gebühren und Auslagen 28
verjährt mit Ablauf des fünften Kalenderjahres nach Festsetzung (§ 91 VII 3), d. h. nach Erlaß des Festsetzungsbescheides. Für den Beginn der **Zahlungsverjährung** ist nicht die Bestandskraft des Festsetzungsbescheides, sondern dessen Wirksamkeit maßgeblich (§ 229 I 2 AO, für die Zahlungsverjährung des § 228 AO). Widerspruch und Anfechtungsklage gegen die Festsetzung haben keine aufschiebende Wirkung (§ 76 I).

G. Verordnungsermächtigungen (§ 91 VIII)

29 § 91 VIII enthält eine Verordnungsermächtigung des Bundesministeriums für Wirtschaft und Technologie im Einvernehmen mit dem Bundesministerium für Finanzen und unter Zustimmung des Bundesrates für eine **Gebührenordnung** der BNetzA.

30 § 91 VIII a stellt klar, daß entsprechende Regelungen für Amtshandlungen der **Landesregulierungsbehörden durch Landesrecht** getroffen werden.

31 § 91 IX ermöglicht es, daß auch für das Verfahren vor der Regulierungsbehörde **Regelungen zur Kostenerstattung** getroffen werden, die der Regelung des § 90 für das Beschwerde- und Rechtsbeschwerdeverfahren entsprechen. Hierfür ist eine Rechtsverordnung des Bundesministeriums für Wirtschaft und Technologie erforderlich.

§ 92 Beitrag

(1) ¹Zur Deckung der Kosten der Bundesnetzagentur für Maßnahmen zur Sicherstellung eines chancengleichen und funktionsfähigen Wettbewerbs auf den Märkten für die leitungsgebundene Versorgung mit Elektrizität und Gas und für die Verwaltung, Kontrolle sowie Durchsetzung von mit diesem Gesetz verbundenen Rechten und Pflichten, darauf beruhenden Verordnungen und Nutzungsrechten, soweit sie nicht anderweitig durch Gebühren oder Auslagen nach diesem Gesetz gedeckt sind, haben die Betreiber von Energieversorgungsnetzen einen Beitrag zu entrichten. ²Dies umfasst auch die Kosten für die in Satz 1 genannten Aufgaben in Bezug auf die internationale Zusammenarbeit. ³Der auf das Allgemeininteresse entfallende Kostenanteil ist beitragsmindernd zu berücksichtigen. ⁴Der Beitragsanteil darf höchstens 60 Prozent der nicht anderweitig durch Gebühren oder Auslagen gedeckten Kosten betragen.

(2) Die beitragsrelevanten Kosten nach Absatz 1 werden anteilig auf die einzelnen beitragspflichtigen Unternehmen nach Maßgabe ihrer Umsätze bei der Tätigkeit als Betreiber von Energieversorgungsnetzen umgelegt und von der Bundesnetzagentur als Jahresbeitrag erhoben.

(3) ¹Das Bundesministerium für Wirtschaft und Technologie wird ermächtigt, durch Rechtsverordnung mit Zustimmung des Bundesrates im Einvernehmen mit dem Bundesministerium der Finanzen das Nähere über die Erhebung der Beiträge, insbesondere über den

Verteilungsschlüssel und -stichtag, die Mindestveranlagung, das Umlageverfahren einschließlich eines geeigneten Schätzverfahrens und einer Klassifizierung hinsichtlich der Feststellung der beitragsrelevanten Kosten nach Absatz 2, die Pflicht zur Mitteilung der Umsätze einschließlich eines geeigneten Verfahrens mit der Möglichkeit einer Pauschalierung sowie die Zahlungsfristen, die Zahlungsweise und die Höhe der Säumniszuschläge zu regeln. ²Die Rechtsverordnung kann auch Regelungen über die vorläufige Festsetzung des Beitrags vorsehen. ³Das Bundesministerium für Wirtschaft und Technologie kann die Ermächtigung nach Satz 1 durch Rechtsverordnung unter Sicherstellung der Einvernehmensregelung auf die Bundesnetzagentur übertragen.

Literatur: *Eichele/Krisch,* Neuregelung der Finanzierung der Regulierungsbehörde im Energie- und Telekommunikationsbereich, IR 2004, 220 ff.; *Ehlers/Achelpöhler,* Die Finanzierung der Wirtschaftsaufsicht des Bundes durch Wirtschaftsunternehmen, NVwZ 1993, 1025; *Habich,* Objektnetze: Praktikabler Ausweg aus der Regulierung?, DVBl. 2006, 211 ff.; *Kühne/Brodowski,* Das neue Energiewirtschaftsrecht nach der Reform 2005, NVwZ 2005, 849 ff.; *Schmidt/Ruge,* Verfassungswidrigkeit der Beitragserhebung nach § 92 EnWG zur Finanzierung der BNetzA, RdE 2006, 285 ff.; *Theobald,* Neues EnWG: 10 Eckpunkte zum Referentenentwurf vom Februar 2004, IR 2004, 50 ff.

Übersicht

	Rn.
A. Allgemeines	1
I. Inhalt und Zweck	2
II. Entstehungsgeschichte	3
B. Beitragsrelevante Kosten der Bundesnetzagentur und Kreis der Beitragspflichtigen (§ 92 I)	6
I. Kreis der Beitragspflichtigen	6
II. Beitragsberechnung	8
1. Beitragsrelevanter Aufwand (§ 92 I 1 und 2)	9
2. Aufwandsminderung (§ 92 I 3 und 4)	12
C. Umlage der Kosten auf Beitragspflichtigen (§ 92 II)	15
D. Verordnungsermächtigung (§ 92 III)	17
E. Verfassungswidrigkeit der Regelung	23
I. Grundlagen	24
II. Keine Rechtfertigung als Gebühr	27
III. Keine Rechtfertigung als Beitrag	29
1. Klassischer Beitragsbegriff	30
2. Keine Erweiterung des Beitragsbegriffs	34
IV. Keine Rechtfertigung als Sonderabgabe	35
F. Verstoß gegen Art. 23 I 2 EltRl und Art. 25 I 2 GasRl	40

A. Allgemeines

1   Die Vorschrift soll der BNetzA die Möglichkeit eröffnen, für den laufenden **Verwaltungsaufwand Abgaben** von den **Betreibern von Energieversorgungsnetzen** zu erheben. Unmittelbares Vorbild ist § 144 TKG, der seinerseits an § 16 FinDAG anknüpft, der die Vorläufervorschriften in § 51 Abs. 4 KWG, § 101 Abs. 5 VAG sowie § 11 WpHG abgelöst hat. Die Regelung ist weder mit Verfassungsrecht noch mit Gemeinschaftsrecht vereinbar.

I. Inhalt und Zweck

2   § 92 soll die Netzbetreiber an den Kosten der Tätigkeit der BNetzA beteiligen. Laut der Begründung des Gesetzesentwurfs der Bundesregierung verfolgt die Erhebung von Beiträgen den Zweck, zur Abdeckung von Kosten, die bei einer **„gruppennützigen" Betätigung öffentlicher Stellen** anfallen, beizutragen. Voraussetzung dafür ist nach der Auffassung der Bundesregierung, daß einer abgrenzbaren Gruppe von natürlichen oder juristischen Personen ein bestimmter Nutzen zugeordnet werden kann, der von der Tätigkeit der Regulierungsbehörde ausgeht. Mit der Regulierungstätigkeit nütze die Regulierungsbehörde der Gesamtheit der Marktteilnehmer durch die Förderung des Wettbewerbs, so daß die Möglichkeit eröffnet sei, die Marktteilnehmer mittels einer Beitragsregelung zur Refinanzierung der staatlichen Aufgaben heranzuziehen (BT-Drucks. 15/3917, S. 72).

II. Entstehungsgeschichte

3   Die Aufnahme der Regelung des § 92 war im Gesetzgebungsverfahren umstritten. Der **Bundesrat** hatte in seiner Stellungnahme zum Regierungsentwurf eine **Streichung des § 92 verlangt**, weil es sich bei dem Beitrag um eine „Leistung ohne Gegenleistung" handele, da den betroffenen kontrollierten Unternehmen durch die Regulierung keine Vorteile gewährt würden. Die Regulierungsbehörde dürfe auch nicht abhängig von Zahlungen der zu beaufsichtigenden Energieversorgungsunternehmen sein. Auch würden auf diese Weise die Preise für die Netznutzung steigen (Umlegung des Beitrags auf die Kunden). Angesichts erheblicher ordnungspolitischer und rechtsstaatlicher Bedenken spreche alles dafür, die Finanzierung der Regulierungsbehörde aus dem allgemeinen Haushalt zu bestreiten (BT-Drucks. 15/3917, S. 78, 94 [Rn. 59]).

Die **Bundesregierung** ist dem in ihrer **Gegenäußerung** entgegen 4
getreten. Weil es sich bei den Netzbetreibern um eine abgrenzbare
Gruppe von natürlichen oder juristischen Personen handele, könne
diesen Personen der von der Tätigkeit der Regulierungsbehörde ausgehende Nutzen ohne Verletzung von Rechtsvorschriften zugeordnet
werden. Die verfassungsgemäße Finanzierungsform gefährde auch nicht
die Unabhängigkeit der Regulierungsbehörde. Die von Dritten veranlaßten Tätigkeiten der Regulierungsbehörde würden ohnehin über
Gebühren und Auslagen finanziert (BT-Drucks. 15/4068, S. 9).

Der Wirtschaftsausschuß hat keine Veränderung des § 92 vorgeschlagen (BT-Drucks. 15/5268, S. 76 f.). Der **Vermittlungsausschuß** hat 5
schließlich § 92 I am Ende um einen Satz 4 ergänzt, wonach der **Beitragsanteil höchstens 60%** der nicht anderweitig durch Gebühren
oder Auslagen gedeckten Kosten betragen darf (BT-Drucks. 15/5736,
S. 7).

B. Beitragsrelevante Kosten der Bundesnetzagentur und Kreis der Beitragspflichtigen (§ 92 I)

I. Kreis der Beitragspflichtigen

Beitragspflichtig sind nach § 92 I 1 alle Betreiber von Energie- 6
versorgungsnetzen, d. h. nach der Legaldefinition in § 3 Nr. 4 alle
Betreiber von Elektrizitätsversorgungsnetzen oder Gasversorgungsnetzen (BT-Drucks. 15/3917, S. 72 f.) unabhängig von der
Spannungsebene oder Druckstufe (*Salje*, EnWG, § 92, Rn. 8). Im einzelnen finden sich die Definitionen der Betreiber von Elektrizitätsversorgungsnetzen und Gasversorgungsnetzen in § 3 Nr. 2 und 6.

Nach § 110 I findet § 92 **keine Anwendung auf den Betrieb von** 7
Objektnetzen (ausführlich zu § 110 *Habich,* DVBl. 2006, 211 ff.).
Damit werden Objektnetzbetreiber von der Beitragspflicht des § 92
ausgenommen. Nach § 110 IV entscheidet die Regulierungsbehörde
auf Antrag, ob die Voraussetzungen des § 110 I vorliegen. Es fragt sich
daher, ob auch schon bei bloßem objektivem Vorliegen der Voraussetzungen eines Objektnetzes die Beitragspflicht entfällt oder ob es hierzu
zunächst der Bescheidung des Antrags durch die Regulierungsbehörde
bedarf. § 110 I spricht ausweislich seines Wortlauts dafür, daß das rein
objektive Vorliegen eines Objektnetzes ausreicht. § 110 ist gerade nicht
als Genehmigungstatbestand ausgestaltet *(Habich,* DVBl. 2006, 211,
215). Auch wenn die Regulierungsbehörde fälschlich von einem
Nichtvorliegen eines Objektnetzes ausgeht, führt diese unrichtige Sach-

behandlung nach § 91 V Nr. 2 zur Gebührenfreiheit. Daher ist ein Objektnetzbetreiber auch schon dann beitragsfrei, wenn er noch gar keinen Antrag nach § 110 IV gestellt hat (vgl. hierzu auch *Salje*, EnWG, § 92, Rn. 8 ff.).

II. Beitragsberechnung

8   § 92 I bestimmt zunächst den beitragsrelevanten Gesamtaufwand der BNetzA. Dieser wird nach Maßgabe von § 92 II auf die beitragspflichtigen Unternehmen umgelegt.

9   **1. Beitragsrelevanter Aufwand (§ 92 I 1 und 2).** Beitragsrelevant ist der gesamte Aufwand der BNetzA, der durch Maßnahmen zur Sicherstellung eines chancengleichen und funktionsfähigen Wettbewerbs auf den Märkten für die leitungsgebundene Versorgung mit Elektrizität und Gas sowie für die Verwaltung, Kontrolle sowie Durchsetzung der mit dem EnWG verbundenen Rechte und Pflichten (einschließlich solcher aufgrund von Verordnungen) veranlaßt wird. Umlagefähig sind damit die Aufwendungen der BNetzA für Maßnahmen nach den Teilen 2 und 3 des EnWG. Da die Regulierung der Energieversorgungsnetze auch die Zusammenarbeit der Regulierungsbehörde mit Gremien auf internationaler Ebene erfordert, sind die Kosten gemäß § 92 I 2 für diesen Bereich ebenfalls zu berücksichtigen (§§ 56, 57, 64 a). Die Gesamtheit dieses Aufwandes stellt den **beitragsfähigen Bruttoaufwand** dar.

10   Der Aufwand der **Landesregulierungsbehörden** fällt nicht unter den beitragsfähigen Aufwand. Um dies klarzustellen, ist im Gesetzgebungsverfahren der Wortlaut des § 92 dahingehend geändert worden, daß nicht mehr von der „Regulierungsbehörde" (so noch BT-Drucks. 15/3917, S. 34), sondern von der „Bundesnetzagentur" die Rede ist. Die Regelung der Verwaltungskosten der Länder fällt ohnehin nicht in die Regelungskompetenz des Bundes, Art. 104 a GG (*Salje*, EnWG, § 92, Rn. 15).

11   Der Bruttoaufwand der BNetzA ist um das Aufkommen aus Gebühren und Auslagen nach dem EnWG zu vermindern. Der Abzug des Aufkommens aus Gebühren und Auslagen ist erforderlich, um eine **Doppelverrechnung von Kosten zu vermeiden.** Da die Amtshandlungen der Bundesnetzagentur regelmäßig gebührenpflichtig sind, dürften die Kosten der Bundesnetzagentur, soweit sie individuellen Amtshandlungen zurechenbar sind, bereits im wesentlichen durch Gebühren und Auslagen gedeckt sein. Um eine übermäßige Belastung der Beitragspflichtigen zu vermeiden, sollten kostendeckende Gebühren erhoben

werden. Nur der um das Aufkommen der Gebühren und Beiträge verminderte Aufwand **(Netto-Aufwand)** ist beitragsfähig.

2. Aufwandsminderung (§ 92 I 3 und 4). Die beitragsrelevanten Netto-Kosten der BNetzA sind nach § 92 I 3 um die auf das **Allgemeininteresse entfallenden Kosten zu vermindern.** Durch § 92 I 3 soll der Rechtsprechung des *BVerwG* (*BVerwGE* 112, 194 ff.) Rechnung getragen werden. Wie hoch das Allgemeininteresse zu beziffern ist, soll ausweislich der Begründung zum Regierungsentwurf in der Verordnung auf der Grundlage des § 92 III festgelegt werden (BT-Drucks. 15/3917, S. 73).

Da die Tätigkeit der Regulierungsbehörde insgesamt auch im Allgemeininteresse liegt, geht es bei der Verminderung der beitragsfähigen Netto-Kosten um einen Anteil des Allgemeininteresses nicht um die Frage, welche einzelnen Kosten konkret bestimmten im Allgemeinwohlinteresse liegenden Tätigkeiten der BNetzA zuzuordnen sind. Vielmehr handelt es sich um eine Wertung, in welchem Umfang die Tätigkeit der BNetzA insgesamt als im **Allgemeininteresse** liegend anzusehen ist und in welchem Umfang das Interesse der beitragspflichtigen im Vordergrund steht.

Nach § 92 I 4 dürfen höchstens 60% der Netto-Kosten der BNetzA auf die Beitragspflichtigen umgelegt werden. Der Gesetzgeber hat damit zu erkennen gegeben, daß er **mindestens 40% der Netto-Kosten der BNetzA dem Allgemeininteresse** an der Tätigkeit der BNetzA **zurechnen** will.

C. Umlage der Kosten auf Beitragspflichtigen (§ 92 II)

Die nach § 92 I ermittelten, um den Anteil des Allgemeininteresses verminderten Netto-Kosten der BNetzA werden nach § 92 II auf die einzelnen Beitragspflichtigen umgelegt. Bemessungsmaßstab für den Beitrag sind die **Umsätze der Beitragspflichtigen als Betreiber von Energieversorgungsnetzen.** Von den Gesamtumsätzen der beitragspflichtigen Unternehmen sind also solche Umsätze abzuziehen, die auf andere Tätigkeiten als den Betrieb von Energieversorgungsnetzen entfallen. Soweit die Beitragspflichtigen zum gesellschaftsrechtlichen Unbundling nicht verpflichtet sind, sind dies insbesondere die auf die Erzeugung oder den Vertrieb von Elektrizität oder Gas entfallenden Umsätze. Bei Beitragspflichtigen, die „reine" Netzbetreiber sind, sind solche Umsätze abzuziehen, die aus Nebentätigkeiten des Netzbetreibers resultieren, etwa das Vermieten von Glasfasern an Telekommunikationsunternehmen.

§ 92 16–21   Teil 8. Verfahren

16   Nach § 92 II wird der Beitrag als **Jahresbeitrag** erhoben. Für die Berechnung des Beitrags gilt nicht die Veranschlagungsmaxime. Er ist vielmehr im Nachhinein für das abgelaufene Jahr im Folgejahr zu berechnen (*Salje*, EnWG, § 92, Rn. 23). Dies ergibt sich daraus, daß der Gesetzgeber im Rahmen der Verordnungsermächtigung nach § 92 III Regelungen über die vorläufige Festsetzung vorsieht. Diese Regelungen wären bei einer Veranschlagungsmaxime nicht notwendig.

D. Verordnungsermächtigung (§ 92 III)

17   § 92 III 1 und 2 regeln die Ermächtigung zum Erlaß einer Verordnung durch das BMWi. Der Erlaß der Verordnungen ist an die Zustimmung des Bundesrates sowie an das Einvernehmen mit dem Bundesministerium der Finanzen geknüpft. § 92 III 3 ermöglicht die **Delegation der Verordnungsermächtigung** auf die BNetzA. Dabei ist die Einvernehmensregelung sicherzustellen. In diesem Fall wird die Rechtsverordnung durch die BNetzA erlassen (*Salje*, EnWG, § 92, Rn. 25). Man wird den Einschub „unter Sicherstellung der Einvernehmensregelung" so verstehen müssen, daß die BNetzA an das Einvernehmen des Bundesministeriums der Finanzen gebunden wird. Erfolgt die Delegation auf die BNetzA, bedarf die Rechtsverordnung, die die Delegation vornimmt, der Zustimmung des Bundesrates. Zu der eigentlichen Beitragsverordnung bedarf es dann keiner Zustimmung des Bundesrates mehr.

18   § 92 III ermächtigt zu Verordnungen über **drei Themenkomplexe**: Über die Erhebung der Beiträge und die Pflicht der Unternehmen zur Mitteilung der Umsätze und bezüglich der Einzelheiten des Erhebungsverfahrens.

19   Bezüglich der Erhebung der Beiträge können Regelungen über **Verteilschlüssel und Verteilstichtag, Mindestveranlagung, Umlageverfahren sowie geeignete Schätzverfahren** und Klassifizierung (Feststellung der beitragsrelevanten Kosten nach § 92 II) vorgesehen werden.

20   Für die Umlage der Kosten auf die einzelnen Unternehmen ist es erforderlich, daß die Umsätze der Unternehmen erfaßt und zusammengestellt werden. Die Verordnungsermächtigung bezieht sich dabei auch auf die **Pflicht zur Mitteilung der Umsätze** einschließlich geeigneter Verfahren mit Pauschalierungsmöglichkeiten.

21   Schließlich bezieht sich die Verordnungsermächtigung auf die Einzelheiten des Erhebungsverfahrens. In diesem Rahmen können Regelungen über die **Zahlungsfristen** für die Beiträge, die **Zahlungsweise**

(monatliche oder vierteljährliche Abschläge oder die Zahlung in einer Gesamtsumme), die Höhe der **Säumniszuschläge** und über eine **vorläufige Festsetzung** des Beitrags getroffen werden.

Insgesamt ist festzustellen, daß die Beitragerhebung in einem komplizierten Verfahren erfolgt. Sie hängt von zwei Parametern ab, die sich **erst im Nachhinein erfassen** lassen: Sowohl die beitragsrelevanten Kosten als auch die Umsätze der Netzbetreiber sind erst nach Ablauf des jeweiligen Jahres bekannt. Wird von der vorläufigen Festsetzung des Beitrags Gebrauch gemacht, werden die Netzbetreiber jeweils einen vorläufigen Bescheid für das laufende Jahr und einen endgültigen Bescheid für das abgelaufene Jahr erhalten (vgl. *Salje*, EnWG, § 92, Rn. 27). 22

E. Verfassungswidrigkeit der Regelung

Bei dem Beitrag nach § 92 handelt es sich um eine **verfassungswidrige Abgabe eigener Art.** 23

I. Grundlagen

Die finanzverfassungsrechtliche Zulässigkeit von Abgaben unter dem Grundgesetz hängt ganz wesentlich von der Einordnung der **Abgaben als Steuern, Vorzugslasten (Gebühren und Beiträge), Sonderabgaben oder sonstigen Abgaben ab.** Dabei enthält das Grundgesetz keinen Numerus Clausus von Abgaben (*BVerfGE* 113, 128, 146 f.). Gleichwohl ist die Einordnung in bestimmte Abgabentypen sowohl unter kompetenziellen als auch unter materiellen Gesichtspunkten von erheblicher Bedeutung: Kompetenziell sind die Steuern in Art. 105 ff. des Grundgesetzes geregelt, während das Gesetzgebungsrecht bezüglich nicht steuerlicher Abgaben der Gesetzgebungskompetenz für die jeweilige Sachmaterie folgt. Im Hinblick darauf, daß der Staat grundsätzlich gehalten ist, seine Ausgaben durch Steuern zu refinanzieren („Steuerstaat") (*BVerfGE* 78, 249, 266 f.), sowie auf den aus dem allgemeinen Gleichheitssatz (Art. 3 I GG) hergeleiteten Grundsatz der Belastungsgleichheit ist materiell zu folgern, daß nichtsteuerliche Abgaben einer besonderen materiellen Rechtfertigung bedürfen (*Heun*, in: Dreier, Art. 105 GG, Rn. 11; *Jachmann*, in: vM/K/S, GG, Art. 105 GG, Rn. 2). 24

Sowohl die kompetenziellen als auch die materiellen Gesichtspunkte haben dazu geführt, daß unterschiedliche **Typen nichtsteuerlicher Abgaben** namentlich in der Rechtsprechung des *BVerfG* unterschieden werden und für diese Typen jeweils spezielle Rechtmäßigkeitsanforde- 25 rungen gelten (*BVerfGE* 108, 1, 16 f.; ZUR 2005, 426 f.). Dabei wird nicht immer streng zwischen Begriffsbestimmung und Zulässigkeitsvoraussetzung unterschieden.

26 Eine verfassungsrechtliche Rechtfertigung der in § 92 vorgesehenen Abgabe als Steuer kommt schon deshalb nicht in Betracht, weil dem Bund die Ertragshoheit lediglich bezüglich der in Art. 106 I GG aufgeführten Steuern ausschließlich zusteht. Damit scheitert eine verfassungsrechtliche Rechtfertigung als **„Netzbetreibersteuer"** schon an der fehlenden Ertragshoheit des Bundes (i. E. genauso *Schmitt/Ruge,* RdE 2006, 285, 287).

II. Keine Rechtfertigung als Gebühr

27 Als Gebühren werden Geldleistungen verstanden, die als Gegenleistung für eine besondere Leistung – Amtshandlung oder Tätigkeit – der Verwaltung (Verwaltungsgebühren) oder für die Inanspruchnahme öffentlicher Einrichtungen oder Anlagen (Benutzungsgebühren) oder als Ausgleich für den von einem einzelnen verursachten Aufwand (Aufwandsgebühren) erhoben werden. Die **Gebühr ist Entgelt für eine bestimmte Leistung des Staates.** Sie dient entweder dem Ausgleich für einen geldwerten individuellen Vorteil, d. h. für einen Vorteil, von dem Dritte prinzipiell ausgeschlossen werden können. Oder die Gebühr dient der Auferlegung von Kosten, die der Pflichtige verursacht hat und für die er eine Verantwortung trägt („Kostenprovokation"). Die gebotene Abgrenzung zur Steuer wird dabei dadurch gewahrt, daß entscheidendes Kriterium die individuelle Verantwortlichkeit des einzelnen für die entstandenen Kosten ist; anders ausgedrückt: Es darf nicht eine unbestimmte Vielzahl anderer neben dem Verursacher in gleicher Weise verantwortlich sein (vgl. statt vieler *Vogel/Waldhoff,* in: BK-GG, Vorbem. zu Art. 104 bis 115, Rn. 414).

28 Um eine Gebühr handelt es sich bei der Regelung in § 92 nicht. Die Vorschrift knüpft nämlich **nicht an eine bestimmte, kostenverursachende Tätigkeit** in Bezug auf den einzelnen Abgabenschuldner an (so auch *Schmitt/Ruge,* RdE 2006, 285, 288), sondern löst die Abgabenpflicht allein dadurch aus, daß es sich bei dem Abgabenschuldner um einen Betreiber von Energienetzen handelt. Demgegenüber knüpfen die Gebührentatbestände in § 91 an konkrete Amtshandlungen an, die gegenüber einem bestimmten Unternehmen vorgenommen werden. Sie sind – wenn die Amtshandlung im Interesse des Unternehmens liegt – als Verwaltungsgebühr und – wenn gegen das Unternehmen eingeschritten wird – als Aufwandsgebühr verfassungsrechtlich zu rechtfertigen.

III. Keine Rechtfertigung als Beitrag

Im Gesetz wird die Abgabe nach § 92 als Beitrag bezeichnet. Die 29
Merkmale des allgemein anerkannten, **klassischen Beitragsbegriffs**
erfüllt die Abgabe nach § 92 aber nicht. Auch besteht keine Veranlassung, einen erweiterten verfassungsrechtlichen Beitragsbegriff in Betracht zu ziehen.

1. Klassischer Beitragsbegriff. Nach klassischer, in Literatur und 30
Rechtsprechung vertretener Auffassung, sind Beiträge zum **Ausgleich eines Vorteils erhobene Abgaben**, bei denen die Pflichtigen dadurch verbunden sind, daß ihnen der Vorteil gemeinsam zugute kommt (vgl. etwa *BVerwGE* 14, 312, 317; 42, 233, 228; *Vogel/Waldhoff*, in: BK-GG, Vorbem. zu Art. 104 bis 115, Rn. 429).

Für den Beitrag ist es nicht erforderlich, daß dem individuellen Bei- 31
tragspflichtigen durch die Tätigkeit der Behörde tatsächlich ein Vorteil zugute kommt. Es reicht vielmehr aus, daß der Beitragspflichtige bei typisierter Betrachtungsweise **in der Lage** ist, aus der Einrichtung **einen Vorteil zu ziehen.**

Demgemäß hat das *BVerfG* den Beitrag nach § 10 I EMVG mit der 32
Erwägung gerechtfertigt, daß die Tätigkeit des Bundesamtes für Post und Telekommunikation den beitragspflichtigen Senderbetreibern mit dem Schutz vor elektromagnetisch störungsträchtigen Geräten und vor elektromagnetischen Störungen eine Leistung gewähre, die nicht jedermann zu Gute komme. Die Senderbetreiber hätten ein besonderes Interesse an der Störungsfreiheit, weil Funksignale gegenüber elektromagnetischen Einflüssen besonders empfindlich seien und dadurch bedingte Funktionsstörungen den Sendebetrieb erheblich gefährdeten (*BVerwGE* 112, 194, 200). Die Beitragspflicht knüpft hier also an die **Gewährung eines Sondervorteils** an, der darin begründet liegt, daß Senderbetreiber – im Vergleich zur Allgemeinheit – einen höheren Nutzen aus der Tätigkeit der Behörde ziehen.

Bezüglich der Netzbetreiber stellt die **Regulierung des Netzbe-** 33
triebs keine vorteilhafte Leistung dar, weil die staatliche Aufsicht den unternehmerischen Freiraum lediglich einengt, aber nicht erweitert (so auch *Eichele/Krisch*, IR 2004, 220, 221; vgl. allg. zu diesem Kriterium *Ehlers/Achelpöhler*, NVwZ 1993, 1025, 1028). Einen Nutzen aus der Tätigkeit der Regulierungsbehörde ziehen zunächst und in erster Linie die Verbraucher, die letztlich die Netznutzungsentgelte zahlen müssen. In zweiter Linie kommen als Nutznießer die Energiehändler in Betracht, deren Wettbewerbsbedingungen sich möglicherweise durch niedrigere Netzentgelte positiv gestalten. Netzbetreiber hingegen profitieren von der Regulierung weder unmittelbar (sowohl die Verpflich-

tung zum Netzzugang als auch die Entgeltregulierung greifen vielmehr in ihre Rechte ein) noch mittelbar in dem vom BVerwG zu § 10 EMVG bezeichneten Sinne. Damit fehlt das jedenfalls auf der Basis des klassischen Beitragsbegriffs maßgebliche Kriterium des Vorteilsausgleichs (*Schmitt/Ruge,* RdE 2006, 285, 289). Soweit die Verbraucher Nutznießer der Regulierung sind, wird die Regulierung im Allgemeininteressen tätig, sie ist also aus Steuergeldern zu finanzieren. Soweit Energiehändler durch die Wettbewerbsförderung profitieren, sind sie gerade nicht in den Kreis der Abgabenpflichtigen einbezogen. Eine Beitragsfinanzierung kommt insofern also nicht in Betracht.

34 **2. Keine Erweiterung des Beitragsbegriffs.** Vereinzelt wird allerdings der traditionelle Beitragsbegriff als zu eng angesehen. So wird im Schrifttum die Auffassung vertreten, daß die Beiträge nicht nur Vorteile erfassen, sondern auch in der Art eines „Ersatzgeldes" aus der **Nichterfüllung einer Gruppenleistungspflicht** abgeleitet werden können (*P. Kirchhoff,* in: HdbStR IV, § 88, Rn. 213). In dieser Allgemeinheit vermag ein solcher Ansatz die Belastung bestimmter Unternehmen mit den Kosten der staatlichen Aufsicht über diese Unternehmen – soweit nicht individuell zurechenbar – nicht zu tragen. Es ist nicht ersichtlich, daß die der Aufsicht unterworfenen Unternehmen per se stets die Nichterfüllung einer Gruppenleistungspflicht zu verantworten hätten. Dies würde der Unterstellung gleich kommen, daß sämtliche Netzbetreiber ihren gesetzlichen Pflichten nicht nachkämen. Hierfür ist nichts ersichtlich.

IV. Keine Rechtfertigung als Sonderabgabe

35 Wenn man auf den Gesichtspunkt einer gruppenbezogenen Finanzierungsverantwortlichkeit abstellt, wie es die Begründung zum Regierungsentwurf tut, liegt es nahe, die Regelung des § 92 an den **Zulässigkeitskriterien für eine Sonderabgabe** zu messen.

36 Der Typus der Sonderabgabe ist bisher weder in Literatur noch Rechtsprechung verfassungsrechtlich abschließend umschrieben. Als gemeinsames Merkmal der Sonderabgabe wird aber angesehen, daß einer besonderen Gruppe von Personen zur Erfüllung einer bestimmten Aufgabe eine Geldleistungspflicht auferlegt wird. Um das Prinzip der Steuerfinanzierung und die sonstigen verfassungsrechtlichen Vorgaben sowie die Belastungsgleichheit zu wahren, hat das *BVerfG* verschiedene **Zulässigkeitskriterien für die Sonderabgaben aufgestellt** (vgl. grundlegend *BVerfGE* 55, 274, 298; 108, 186, 217 f.). Dabei werden zunächst Sonderabgaben mit Lenkungsfunktion und solche mit Finanzierungsfunktion unterschieden. Vorliegend kommt – allein – eine Sonderab-

gabe mit Finanzierungsfunktion in Betracht. Für Sonderaufgaben mit Finanzierungsfunktion hat das Bundesverfassungsgericht fünf Zulässigkeitskriterien herausgearbeitet. Zunächst ist es erforderlich, daß ein Sachzweck verfolgt wird, der über die bloße Mittelbeschaffung hinausgeht. Sodann muß eine Gruppenhomogenität, eine Finanzierungsverantwortung der Gruppe sowie eine sachgerechte Verknüpfung zwischen den von der Sonderabgabe bewirkten Belastungen und der mit ihr finanzierten Begünstigungen bestehen. Schließlich hat der Gesetzgeber die Legitimation der Abgabe in angemessenen Zeitabständen zu überprüfen.

Zweifelhaft ist bereits, ob eine Finanzierungsverantwortung der belasteten Gruppen (der Energienetzbetreiber) angenommen werden kann. Eine solche Finanzverantwortung liegt dann vor, wenn die Aufgabe, die mit Hilfe der Sonderabgabe erfüllt werden soll, ganz überwiegend in die Sachverantwortung der Gruppe und nicht in diejenige des Staates fällt (vgl. *BVerfGE* 55, 274, 306). Die **staatliche Wirtschaftsaufsicht ist eine klassische Staatsaufgabe und keine Gruppenaufgabe** (*Ehlers/Achelpöhler,* NVwZ 1993, 1025, 1029; so wohl auch *Schmitt/Ruge,* RdE 2006, 285, 290, anders aber jüngst das *BVerwG* zu § 51 KWG, Urt. v. 13. 9. 2007, BVerwG GC 10.06, Rz. 38 ff.). Allerdings könnte man hier noch entgegenhalten, daß jedenfalls die Aufgabe der Gewährung von Netzzugang zu bestimmten Entgelten in die Sachverantwortung der Gruppe der Netzbetreiber fällt. 37

Jedenfalls das weitere Kriterium, nämlich die sachgerechte Verknüpfung zwischen der Belastung und der mit ihr finanzierten Begünstigung ist vorliegend nicht mehr erfüllt. Grundsätzlich muß das Abgabeaufkommen nämlich gruppennützig verwendet werden. Nur in Ausnahmefällen, wenn „die Natur der Sache eine finanzielle Inanspruchnahme der Abgabepflichtigen zugunsten fremden Begünstigten aus triftigen Gründen eindeutig rechtfertigt" (*BVerwGE* 82, 159, 180) kann etwas anderes gelten. **Eine gruppennützige Verwendung liegt hier unzweifelhaft nicht vor** (ausführlich *Schmitt/Ruge,* RdE 2006, 285, 289 ff.), da die Regulierung der Energienetze die Betreiber von Energienetzen nicht begünstigt. 38

Gegen die Annahme einer Sonderabgabe spricht zudem, daß es zumeist als das Wesensmerkmal einer Sonderabgabe angesehen wird, daß die Erträge einer Sonderabgabe **nicht in den Haushalt** einer Gebietskörperschaft, **sondern in einen Sonderfond** fließen. Eine entsprechende Regelung enthält § 92 aber nicht. 39

F. Verstoß gegen Art. 23 I 2 EltRl und Art. 25 I 2 GasRl

40 Nach Art. 23 I 2 EltRl und Art. 25 I 2 GasRl müssen die Regulierungsbehörden von den Interessen der Energiewirtschaft vollkommen unabhängig sein. Eine unmittelbare Finanzierung durch die Energiewirtschaft ist jedenfalls nicht geeignet, die **Unabhängigkeit der BNetzA** zu fördern (*Theobald*, IR 2004, 50; *Kühne/Brodowski*, NVwZ 2005, 849, 855).

41 Bereits der Bundesrat hat in dieser Beziehung Bedenken geäußert. Unter der Geltung der genannten Vorschriften der Richtlinien darf die BNetzA nicht abhängig von Zahlungen der Versorgungsunternehmen sein. Gerade dieses wird aber durch die Regelung des § 92 bewirkt. Die Unabhängigkeit der BNetzA ist daher bei diesem Finanzierungsregime nicht mehr gewährleistet (BT-Drucks. 15/3917, S. 94; auch schon in den Empfehlungen der Ausschüsse des BR, BR-Drucks. 613/1/04, S. 44).

§ 93 Mitteilung der Bundesnetzagentur

¹ Die Bundesnetzagentur veröffentlicht einen jährlichen Überblick über ihre Verwaltungskosten und die insgesamt eingenommenen Abgaben. ² Soweit erforderlich, werden Gebühren- und Beitragssätze in den Verordnungen nach § 91 Abs. 8 und § 92 Abs. 3 für die Zukunft angepasst.

Literatur: *Höfler*, in: Säcker, Berliner Kommentar zum Telekommunikationsgesetz, 2006, § 147, Rn. 1 ff.

Übersicht

	Rn.
A. Allgemeines	1
B. Veröffentlichung im Überblick (§ 93 1)	2
C. Anpassung von Gebühren- und Beitragssätzen (§ 93 2)	3

A. Allgemeines

1 Die Vorschrift entspricht § 147 TKG 2005. Zweck der Vorschrift ist die **Offenlegung der im Bereich des Energierechts anfallenden Verwaltungskosten** und der in diesem Bereich erwirtschafteten Einnahmen der Bundesnetzagentur. Einnahmen der Bundesnetzagentur sind die von den Energiewirtschaftsunternehmen entrichteten Abgaben, also Gebühren, Auslagen (§ 91) und Beiträge (§ 92). Da die Tätigkeit der BNetzA zu einem Großteil von den Energieunternehmen finanziert wird, besteht ein besonderes Bedürfnis an der Offenlegung der Kosten und Einnahmen.

B. Veröffentlichung im Überblick (§ 93 1)

Die Veröffentlichung erfolgt zwar nur im Überblick, aber um ihrem 2
Zweck gerecht zu werden muß sie so detailliert sein, daß anhand der Aufstellung die **Rechtmäßig- bzw. Rechtswidrigkeit einer Gebühren- oder Beitragsentscheidung überprüft** werden kann. Zweckmäßig wird es daher sein, den Überblick der Kosten nach Arten von Verwaltungskosten zu gliedern: Personalausgaben, Sachausgaben, Ausgaben für die Inanspruchnahme von Fremdleistungen (so *Salje,* EnWG, § 93, Rn. 2).

C. Anpassung von Gebühren- und Beitragssätzen (§ 93 2)

§ 93 2 enthält einen über die bloße Informationspflicht der BNetzA 3
hinausgehenden **Handlungsauftrag an den Verordnungsgeber** im Sinne einer Anpassungspflicht. Betroffen sind die Verordnungen nach § 91 VIII und nach § 92 III. Wenn nach Ablauf des Jahres festgestellt wird, daß die Gebühren und Beitragseinnahmen höher oder niedriger sind als der Verwaltungsaufwand, ist die Abgabenverordnung jedoch nicht unwirksam, vielmehr sind Änderungen für die Zukunft vorzunehmen und die Gebühren- bzw. Beitragssätze entsprechend anzupassen (so auch *Höfler,* in: Säcker, BerlK-TKG, § 147, Rn. 3; *Salje,* EnWG, § 93, Rn. 7). Nur geringfügige Änderungen in der Kosten- und Einnahmerechnung sind unbeachtlich. Die Geringfügigkeit beurteilt sich danach, ob der Differenzbetrag in einem angemessenen Verhältnis zu den Kosten für die Änderung der betroffenen Verordnung steht.

Für die Beurteilung der **Rechtmäßigkeit** der Gebühren gelten die 4
allgemeinen gebührenrechtlichen Grundsätze (vgl. § 91, Rn. 4 ff.).

Abschnitt 5. Sanktionen, Bußgeldverfahren

§ 94 Zwangsgeld

¹ Die Regulierungsbehörde kann ihre Anordnungen nach den für die Vollstreckung von Verwaltungsmaßnahmen geltenden Vorschriften durchsetzen. ² Die Höhe des Zwangsgeldes beträgt mindestens 1000 Euro und höchstens zehn Millionen Euro.

Literatur: *App/Wettlaufer,* Verwaltungsvollstreckungsrecht, 4. Aufl. 2004; *Becker,* Rechtsfragen der Genehmigung von Netzentgelten, ZNER 2005, 190 ff., *Engelhardt/App,* Verwaltungsvollstreckungsgesetz, Verwaltungszustellungsgesetz, 8. Aufl. 2008.

Übersicht

	Rn.
A. Allgemeines	1
I. Zweck und Inhalt	1
II. Entstehungsgeschichte	3
B. Voraussetzungen für die Festsetzung eines Zwangsgeldes	4
C. Rechtsschutz	7
D. Verhältnis zu den anderen Vorschriften	8

A. Allgemeines

I. Zweck und Inhalt

1 § 94 1 stellt klar, daß die Regulierungsbehörden ihre Entscheidungen nach den für die Vollstreckung von Verwaltungsakten geltenden Vorschriften durchsetzen können. Dies sind im Fall der BNetzA das **Verwaltungsvollstreckungsgesetz** des Bundes, im Fall der Landesregierungen die entsprechenden Regelungen des Landesrechts.

2 Die eigentliche Bedeutung des § 94 besteht in dem in § 94 2 angeordneten Rahmen für die **Höhe des Zwangsgeldes von 1.000,– Euro bis höchstens 10 Mio Euro.** Damit geht der Zwangsgeldrahmen im Bereich des Energiewirtschaftsrechtes erheblich über den Zwangsgeldrahmen im Verwaltungsvollstreckungsgesetz (1,53 Euro bis 1.022,58 Euro) hinaus. Dies trägt der besonderen wirtschaftlichen Bedeutung dieses Rechtsgebietes Rechnung.

II. Entstehungsgeschichte

3 Die Vorschrift war in dieser Form bereits im Gesetzesentwurf der Bundesregierung enthalten. Die noch im **Referentenentwurf** (§ 90 II

EnWG-RefE) vorgesehene Möglichkeit, Zwangsgelder in der Weise anzuordnen, daß **„für jeden Tag der Nichtbefolgung"** ein Zwangsgeld entsteht, ohne daß es hierfür einer gesonderten Androhung und Festsetzung bedürfe, wurde im Gesetzesentwurf der Bundesregierung nicht aufgenommen. Ein Zwangsgeld kann jedoch wiederholt festgesetzt werden, wenn der Pflichtige dem Handlungsgebot des Verwaltungsakts nicht nachkommt.

B. Voraussetzungen für die Festsetzung eines Zwangsgeldes

Voraussetzung für die Verhängung eines Zwangsgeldes ist zunächst, 4 daß die Voraussetzungen für die Zulässigkeit des Verwaltungszwangs nach § 6 VwVG vorliegen. Dies setzt in der Regel nach § 6 I VwVG einen **vollstreckbaren Verwaltungsakt** voraus.

Eine Androhung und Verhängung von Zwangsgeld setzt voraus, daß 5 es sich bei der Handlung, die mit dem Verwaltungsakt auferlegt wird, um eine **unvertretbare Handlung** handelt. Unvertretbare Handlungen sind solche, die nur vom Willen des Pflichtigen abhängen.

Ein Zwangsgeld ist nach § 13 VwVG anzudrohen. Hierbei ist für die 6 Erfüllung der Verpflichtung gleichzeitig eine Frist zu setzen. Zudem ist nach § 13 V VwVG das **Zwangsgeld in einer bestimmten Höhe anzudrohen.**

C. Rechtsschutz

Gegen eine Vollstreckungsmaßnahme (die Anordnung, die Festsetzung 7 und die Vollstreckung des Zwangsgeldes) kann **Beschwerde** nach § 75 ff. erhoben werden (*Salje,* EnWG, § 94, Rn. 9).

D. Verhältnis zu anderen Vorschriften

Das Zwangsgeld kann **kumulativ zu einer Strafe oder Geldbuße** 8 verhängt werden (§ 13 VI VwVG). Die Verhängung von Zwangsgeldern setzt kein Verschulden des Pflichtigen, dessen Handlung erzwungen werden soll, voraus (*BFH,* BFH/NV 1993, S. 46; *Engelhardt/App,* § 11 VwVG, Rn. 1; zu diesem Verhältnis ausführlich: *App/Wettlaufer,* VwVG, § 34, Rn. 4).

§ 95 Bußgeldvorschriften

(1) Ordnungswidrig handelt, wer vorsätzlich oder fahrlässig
1. ohne Genehmigung nach § 4 Abs. 1 ein Energieversorgungsnetz betreibt,
2. entgegen § 5 Satz 1 eine Anzeige nicht, nicht richtig, nicht vollständig oder nicht rechtzeitig erstattet,
3. einer vollziehbaren Anordnung nach
   a) § 5 Satz 4, § 65 Abs. 1 oder 2 oder § 69 Abs. 7 Satz 1 oder Abs. 8 Satz 1 oder
   b) § 30 Abs. 2
   zuwiderhandelt,
4. entgegen § 30 Abs. 1 Satz 1 eine Marktstellung missbraucht oder
5. einer Rechtsverordnung nach
   a) § 17 Abs. 3 Satz 1 Nr. 1, § 24 Satz 1 Nr. 1 oder § 27 Satz 5, soweit die Rechtsverordnung Verpflichtungen zur Mitteilung, Geheimhaltung, Mitwirkung oder Veröffentlichung enthält,
   b) § 17 Abs. 3 Satz 1 Nr. 2, § 24 Satz 1 Nr. 2 oder § 29 Abs. 3 oder
   c) einer Rechtsverordnung nach § 49 Abs. 4 oder § 50
   oder einer vollziehbaren Anordnung auf Grund einer solchen Rechtsverordnung zuwiderhandelt, soweit die Rechtsverordnung für einen bestimmten Tatbestand auf diese Bußgeldvorschrift verweist.

(1 a) Ordnungswidrig handelt, wer vorsätzlich oder leichtfertig entgegen § 12 Abs. 3 a Satz 1 oder 2 einen Bericht nicht, nicht richtig, nicht vollständig oder nicht rechtzeitig vorlegt.

(2) [1]Die Ordnungswidrigkeit kann in den Fällen des Absatzes 1 Nr. 3 Buchstabe b, Nr. 4 und 5 Buchstabe b mit einer Geldbuße bis zu einer Million Euro, über diesen Betrag hinaus bis zur dreifachen Höhe des durch die Zuwiderhandlung erlangten Mehrerlöses, in den Fällen des Absatzes 1 Nr. 5 Buchstabe a sowie des Absatzes 1 a mit einer Geldbuße bis zu zehntausend Euro und in den übrigen Fällen mit einer Geldbuße bis zu hunderttausend Euro geahndet werden. [2]Die Höhe des Mehrerlöses kann geschätzt werden.

(3) Die Regulierungsbehörde kann allgemeine Verwaltungsgrundsätze über die Ausübung ihres Ermessens bei der Bemessung der Geldbuße festlegen.

Bußgeldvorschriften § 95

(4) ¹Die Verjährung der Verfolgung von Ordnungswidrigkeiten nach Absatz 1 richtet sich nach den Vorschriften des Gesetzes über Ordnungswidrigkeiten. ²Die Verfolgung der Ordnungswidrigkeiten nach Absatz 1 Nr. 4 und 5 verjährt in fünf Jahren.

(5) Verwaltungsbehörde im Sinne des § 36 Abs. 1 Nr. 1 des Gesetzes über Ordnungswidrigkeiten ist die nach § 54 zuständige Behörde.

Literatur: *Achenbach,* Verfassungswidrigkeit variabler Obergrenzen der Geldbußzumessung bei Kartellrechtverstößen, WuW 2002, 1154 ff.; *ders.,* Das neue Recht der Kartellordnungswidrigkeiten, wistra 18 (1999), 241 ff.; *Becker,* Rechtsfragen der Genehmigung von Netzentgelten, S. 190 ff.; *Boos,* Bußgeld wegen überhöhter Netzentgelte?, RdE 2004, 189 ff.; *Enaux/König,* Missbrauchs- und Sanktionsnormen im GWB-E, TKG und EnWG-E, N&R 2005, 1 ff.; *Göhler,* Ordnungswidrigkeitengesetz, 14. Aufl. 2006; *Hartog/Noack,* Die 7. GWB-Novelle, WRP 2005, 1396 ff.; *Herrlinger,* Änderungen der 7. GWB-Novelle im Rahmen des Gesetzgebungsverfahrens, WRP 2005, 1136 ff.; *Kamecke,* Die Bedeutung von Durchschnittspreisen für die Schätzung des Mehrerlöses in einem vom Durchschnitt abweichenden Markt, WRP 2005, 1407 f.; *Lutz,* Schwerpunkte der 7. GWB-Novelle, WuW 2005, 718 ff.; *Meesen,* Die 7. GWB-Novelle – verfassungsrechtlich gesehen, WuW 2004, 733 ff.; *Senge,* Karlsruher Kommentar zum Gesetz über Ordnungswidrigkeiten, 3. Aufl. 2006.

Übersicht

	Rn.
A. Allgemeines	1
I. Inhalt und Zweck	1
II. Entstehungsgeschichte	2
B. Ordnungswidrigkeit/Geldbuße	3
C. Ordnungswidrigkeitstatbestände	5
I. Betreiben eines Energieversorgungsnetzes ohne Genehmigung nach § 4 I (§ 95 I Nr. 1)	6
II. Keine, keine richtige, keine vollständige oder keine rechtzeitige Erstattung einer Anzeige entgegen § 5 1 (§ 95 I Nr. 2)	7
III. Zuwiderhandlung gegen eine vollziehbare Anordnung (§ 95 I Nr. 3)	8
IV. Mißbrauch einer Marktstellung entgegen § 30 I 1 (§ 95 I Nr. 4)	9
V. Zuwiderhandlung gegen Rechtsverordnung oder vollziehbare Anordnung aufgrund einer Rechtsverordnung bei Verweis der Rechtsverordnung auf Bußgeldtatbestand für bestimmten Tatbestand (§ 95 I Nr. 5)	11
VI. Nichtvorlage, nicht richtige, nicht vollständige oder nicht rechtzeitige Vorlage eines Berichts entgegen § 12 III a 1 oder 2 (§ 95 I a)	14

		Rn.
D.	Verschuldensmaßstab (§ 95 I und I a)	15
E.	Höhe der Geldbuße (§ 95 II)	16
	I. Verstoß gegen gesetzliche Bestimmungen im EnWG	17
	II. Fahrlässigkeit und Vorsatz bei der Bemessung der Geldbuße	21
	III. Bemessung der Geldbuße	22
F.	Allgemeine Verwaltungsgrundsätze (§ 95 III)	24
G.	Verjährung (§ 95 IV)	25
H.	Zuständige Behörde (§ 95 V)	26

A. Allgemeines

I. Inhalt und Zweck

1 Der Katalog der Bußgeldvorschriften ergänzt die im Gesetz vorgesehenen Instrumente der Regulierung um die Möglichkeit der **bußgeldbewehrten Sanktion**. Gegenüber § 19 EnWG 1998 wurden die Bußgeldvorschriften angepaßt und erweitert, da das neue Regelungssystem eine Reihe von neuen Verpflichtungen enthält, deren Bußgeldbewehrung vom Gesetzgeber für notwendig gehalten wurde. Die Bußgeldvorschriften stellen damit einen wichtigen Baustein zur Durchsetzung gesetzlicher und regulatorischer Ziele dar. Die Bußgeldtatbestände betreffen Verstöße gegen formelle und materielle Bestimmungen dieses Gesetzes, gegen auf der Grundlage dieses Gesetzes erlassene Rechtsverordnungen sowie gegen Entscheidungen der Regulierungsbehörde und der nach Landesrecht zuständigen Behörden (Begr., BT-Drucks. 15/3917, S. 73).

II. Entstehungsgeschichte

2 Die Bußgeldvorschriften waren schon im Gesetzesentwurf der Bundesregierung enthalten (BT-Drucks. 15/3917, S. 35). Bis auf einige **geringfügige Änderungen** (überwiegend formaler Natur) im Laufe des Gesetzgebungsverfahrens, die durch den Ausschuß für Wirtschaft und Arbeit eingebracht wurden (BT-Drucks. 15/5268, S. 77 f.; auch schon Ausschußdrucks. 15(9)1811, S. 33 f.), wurde der Entwurf der Bundesregierung im wesentlichen Gesetz. Eingefügt wurde später insbesondere § 95 I a.

B. Ordnungswidrigkeit/Geldbuße

Nach § 1 OWiG ist eine Ordnungswidrigkeit eine **rechtswidrige und** 3
vorwerfbare Handlung, die den Tatbestand eines Gesetzes verwirklicht, das die Ahndung mit einer Geldbuße zuläßt.

Die Geldbuße ist eine Unrechtsfolge für eine tatbestandsmäßige 4
rechtswidrige und vorwerfbare Handlung. Zwar hat sie wie die Strafe auch repressiven Charakter, ihr **fehlt aber das sozialethische Unwerturteil** (*BVerfGE* 22, 49, 79; 45, 272, 288 f.; *König,* in: Göhler, Vor § 1 OWiG, Rn. 9). Sie dient der Durchsetzung einer bestimmten Ordnung und soll dazu anhalten, die gesetzte Ordnung zu beachten. Bei wirtschaftlichen Betätigungen dient sie ferner der Gewinnabschöpfung und der Vorbeugung unlauteren Gewinnstrebens (*König,* in: Göhler, Vor § 1 OWiG, Rn. 9).

C. Ordnungswidrigkeitstatbestände

Die Ordnungswidrigkeitstatbestände sind in § 95 I, I a geregelt. Die 5
Tatbestände des § 95 I folgen in der **Reihenfolge** ihrer Begehungsmöglichkeiten grundsätzlich dem **Aufbau des Gesetzes,** soweit sie nicht aus Gründen der gebotenen Kürze zusammengefaßt sind (BT-Drucks. 15/3917, S. 73). § 95 I a sanktioniert Verstöße gegen die Berichtspflicht des § 12 III a.

I. Betreiben eines Energieversorgungsnetzes ohne Genehmigung nach § 4 I (§ 95 I Nr. 1)

§ 95 I Nr. 1 ist an § 19 I Nr. 1 EnWG 1998 angelehnt und geht 6
über die Vorgängervorschrift insoweit hinaus, als nicht nur die Aufnahme der Energieversorgung, sondern jedes Betreiben eines Energieversorgungsnetzes ohne Genehmigung bußgeldbewehrt ist. Hierdurch soll – auch im Hinblick auf die Verfolgungsverjährung – klargestellt werden, daß der eigentliche Kern des zu sanktionierenden Verhaltens der **Betrieb eines Energieversorgungsnetzes ohne Genehmigung** ist, nicht nur die bloße Aufnahme des Betriebs ohne Genehmigung (BT-Drucks. 15/3917, S. 73).

II. Keine, keine richtige, keine vollständige oder keine rechtzeitige Erstattung einer Anzeige entgegen § 5 1 (§ 95 I Nr. 2)

§ 95 I Nr. 2 betrifft die Verpflichtung zur unverzüglichen **Anzeige** 7
der Aufnahme, Änderung und Beendigung der Tätigkeit von Ener-

gieversorgungsunternehmen, die Haushaltskunden mit Energie beliefern, bei der Regulierungsbehörde nach § 5 1.

III. Zuwiderhandlung gegen eine vollziehbare Anordnung (§ 95 I Nr. 3)

8 § 95 I Nr. 3 bestimmt, daß Verstöße gegen vollziehbare Anordnungen auf der Grundlage der aufgezählten Rechtsgrundlagen Ordnungswidrigkeiten darstellen. Im Hinblick darauf, daß mit der Novellierung des Energiewirtschaftsrechts ein neues Regelungssystem geschaffen wird, das zahlreiche neue gesetzliche Verpflichtungen für die Adressaten enthält, die in der Praxis auch zu Unwägbarkeiten in der Rechtsanwendung führen könnten, wurde aus Verhältnismäßigkeitsgesichtspunkten der **unmittelbare Verstoß gegen die meisten Verpflichtungen nicht mit einer Bußgeldbewehrung sanktioniert.** Dagegen sind jedoch Verstöße gegen vollziehbare Anordnungen nach den in § 95 Nr. 3 aufgezählten Rechtsgrundlagen, die die Verpflichtungen der Adressaten in konkreter und eindeutiger Form bestimmen, bußgeldbewehrt. Im Hinblick auf das Verhältnismäßigkeitsprinzip und den jeweiligen Unrechtsgehalt eines Verstoßes gegen vollziehbare Anordnungen werden insoweit nur Verstöße gegen vollziehbare Anordnungen nach § 30 II dem höheren Bußgeldrahmen nach § 95 II 1 unterstellt (BT-Drucks. 15/3917, S. 73 f.).

IV. Mißbrauch einer Marktstellung entgegen § 30 I 1 (§ 95 I Nr. 4)

9 § 95 I Nr. 4 betrifft die mißbräuchliche Ausnutzung einer Marktstellung. Da solche Verstöße im Hinblick auf die Ziele des Gesetzes und der Regulierung als schwerwiegend eingestuft werden, sind diese unmittelbar bußgeldbewehrt (BT-Drucks. 15/3917, S. 74). § 95 I Nr. 4 stuft schon den **Mißbrauch selbst als bußgeldbewehrte Ordnungswidrigkeit** ein. Er folgt damit dem Vorbild des § 81 I, II GWB. Im Gegensatz dazu knüpft § 149 I Nr. 4 TKG die Bußgeldverhängung erst an eine Zuwiderhandlung gegen eine vollziehbare Anordnung der Regulierungsbehörde zur Beendigung des Mißbrauchs. Lediglich die Erhebung eines nicht genehmigten Entgelts stellt als besonderer Fall des Mißbrauchs auch ohne eine vorherige Verfügung der Regulierungsbehörde eine Ordnungswidrigkeit dar, § 149 I Nr. 6 TKG i. V. m. §§ 30 I, 39 I TKG (*Enaux/König*, N&R 2005, 1, 6). Auch hier handelt es sich um die Sanktionierung eines formellen Verstoßes.

10 Die Regelung des § 95 I Nr. 4 ist im Hinblick auf den **Bestimmtheitsgrundsatz** (Art. 103 II GG, hierzu *BVerfGE* 78, 374, 382) prob-

lematisch. Zwar wird der Mißbrauch einer marktbeherrschenden Stellung durch Regelbeispiele in § 30 I 2 näher konkretisiert, die Konkretisierung erfolgt jedoch überwiegend durch unbestimmte Rechtsbegriffe, die oft kaum einer Subsumtion zugänglich sind. Daher kann ein Bußgeld nur dann verhängt werden, wenn über das Vorliegen der Tatbestandsvoraussetzungen kein Zweifel besteht, diese also eindeutig vorliegen (BGHSt 4, 24, 32). Im Hinblick auf den Bestimmtheitsgrundsatz ist zudem problematisch, daß das Vorliegen eines Mißbrauchs oft erst im Rahmen des Vorliegens einer sachlichen Rechtfertigung festgestellt werden kann. Hierzu ist eine wenig strukturierte Abwägung durchzuführen. Der Tatbestand erfüllt damit nicht seine Warnfunktion für den Normadressaten. Vielmehr ist auch für erfahrene Normanwender oft nicht vorher prognostizierbar, wie Behörden und Gerichte hier entscheiden werden. Erschwerend kommt hinzu, daß ein sozialethisches Unwerturteil nicht erforderlich ist und auch eine fahrlässige Handlung bußgeldbewehrt ist.

V. Zuwiderhandlung gegen Rechtsverordnung oder vollziehbare Anordnung aufgrund einer Rechtsverordnung bei Verweis der Rechtsverordnung auf Bußgeldtatbestand für bestimmten Tatbestand (§ 95 I Nr. 5)

§ 95 I Nr. 5 enthält eine weitere Unterscheidung von Bußgeldtatbeständen im Hinblick auf die jeweiligen Bußgeldrahmen nach § 95 II. Im Hinblick auf das Verhältnismäßigkeitsprinzip und den jeweiligen zu bewehrenden Unrechtsgehalt eines Verstoßes gegen die nach den aufgeführten Ermächtigungen ergangenen Rechtsverordnungen sollen nur diejenigen Tatbestände dem **erhöhten Bußgeldrahmen nach § 95 II 1** unterstellt werden, die in Rechtsverordnungen nach § 17 III 1 Nr. 2, § 24 Satz 1 Nr. 2 oder § 29 III bußgeldbewehrt sind.

In § 95 I Nr. 5 lit. a) und b) werden aus Gründen der Bestimmtheit diejenigen Sachverhalte näher bestimmt, die in den entsprechenden Rechtsverordnungen mit Bußgeldtatbeständen bewehrt werden können. Hierdurch wurde dem **Verordnungsgeber ein Rahmen vorgegeben,** der durch die jeweiligen Rechtsverordnungen näher ausgefüllt wurde. § 95 I Nr. 5 lit. a) und b) wird nun durch folgende Vorschriften konkretisiert:

§ 31 GasNEV (BGBl. I 2005 S. 2206); § 44 GasNZV (BGBl. I 2005 S. 2224); § 31 StromNEV (BGBl. I 2005 S. 2234 f.); § 29 StromNZV (BGBl. I 2005 S. 2251).

§ 95 I Nr. 5 lit. c) bestimmt, daß Verstöße gegen eine Rechtsverordnung über Anforderungen an die **technische Sicherheit von Ener-**

gieanlagen nach § 49 IV, gegen eine Rechtsverordnung zur Sicherung der Energieversorgung nach § 50 oder gegen eine vollziehbare Anordnung auf Grund solcher Rechtsverordnungen bußgeldbewehrt sind. Hierdurch wird dem Umstand Rechnung getragen, daß die genannten Vorschriften die essenziellen Ziele der Sicherheit und Zuverlässigkeit der Energieversorgung betreffen und damit im grundlegenden Allgemeininteresse liegen (BT-Drucks. 15/3917, S. 74).

VI. Nichtvorlage, nicht richtige, nicht vollständige oder nicht rechtzeitige Vorlage eines Berichts entgegen § 12 III a 1 oder 2 (§ 95 I a)

14 § 95 I a wurde durch die Beschlußempfehlung und den Bericht des Ausschusses für Wirtschaft und Arbeit am 13. 4. 2005 in das Gesetzgebungsverfahren eingebracht (BT-Drucks. 15/5268, S. 77 f.; auch schon Ausschußdrucks. 15(9)1811, S. 33, hier noch als § 95 II ausgewiesen). Die Regelung dient der rechtlichen Durchsetzung der neu eingeführten **Berichtspflicht nach § 12 IV** (BT-Drucks. 15/5268, S. 122).

D. Verschuldensmaßstab (§ 95 I und I a)

15 Nach § 10 OWiG kann als Ordnungswidrigkeit nur vorsätzliches Handeln geahndet werden, es sei denn das Gesetz bedroht fahrlässiges Handeln ausdrücklich mit Geldbuße. Diese Vorschrift dient dazu, den Gesetzgeber dazu anzuhalten, die Auferlegung einer Geldbuße auch für ein fahrlässiges Verhalten nur in den Fällen anzuwenden, in denen auch die fahrlässige Begehungsweise sanktionswürdig ist. Ob dies hier bei allen Tatbeständen der Fall ist, ist rechtspolitisch eher zweifelhaft. Für § 94 I ist ausdrücklich **auch fahrlässiges Handeln mit Geldbuße** bedroht. § 94 I a fordert mindestens Leichtfertigkeit, welche eine gesteigerte Form der Fahrlässigkeit darstellt und in etwa der groben Fahrlässigkeit des Zivilrechts entspricht. Für die Ermittlung von Vorsatz oder Fahrlässigkeit kann auf die allgemeinen strafrechtlichen Grundsätze abgestellt werden (ausführlich hierzu *König*, in: Göhler, § 10 OWiG).

E. Höhe der Geldbuße (§ 95 II)

16 In § 17 I OWiG ist der Regelrahmen der Geldbuße bestimmt, welcher nur gilt, wenn das Gesetz nichts anderes bestimmt. Eine solche **von § 17 I OWiG abweichende Bestimmung** trifft § 95 II für die Ordnungswidrigkeiten nach dem EnWG.

I. Verstoß gegen gesetzliche Bestimmungen im EnWG

§ 95 II regelt die Höhe der jeweiligen Bußgelder und differenziert 17 hierbei zwischen verschiedenen Bußgeldtatbeständen. Ordnungswidrigkeiten nach § 95 I Nr. 3 lit. b), Nr. 4 und 5 lit. b) können hierbei mit einer **Geldbuße bis zu einer Mio. Euro** geahndet werden. Diese Höchstgrenze ist erforderlich, weil es sich hierbei um Verstöße handelt, die den Kernbereich des Gesetzes und seine regulatorischen Ziele betreffen und damit besonders gravierend sind. Darüber hinaus wird in Anlehnung an § 81 II GWB ein besonderer Bußgeldrahmen (Dreifaches des erlangten Mehrerlöses) nach § 95 II 1 Hs. 2 für Fälle geschaffen, in denen auf Grund der Zuwiderhandlung ein Mehrerlös erlangt wird (BT-Drucks. 15/3917, S. 74).

Mehrerlös bedeutet nach der Rechtsprechung zu § 81 II GWB 18 1999 **Mehr-Umsatz,** nicht etwa Mehr-Gewinn, und zwar die Differenz zwischen den tatsächlichen Einnahmen, die aufgrund des Verstoßes erzielt werden, und den Einnahmen, die ohne ihn erzielt worden wären (*BGH,* WuW/E BGH 2718, 2719). Der Begriff des „Mehrerlös" erfaßt demnach die gesamten Bruttoeinnahmen ohne Abzug von Kosten und Steuern (vgl. *BGH,* WUW/E BGH 2718, 2719f.; wistra 1991, 268; *BFH,* DB 1999, 1983, 1985; vgl. hierzu auch *König,* in: Göhler, § 17 OWiG, Rn. 48 e).

Die **ursprüngliche** Ratio der Regelung stammt noch aus dem **Wirtschaftsstrafrecht der 50er Jahre.** Unternehmen sollten von einer Überschreitung der damals noch vielfach behördlich festgesetzten Preise dadurch abgehalten werden, daß sie das Risiko liefen, die Differenz zwischen dem vorgeschriebenen Preis und dem durch Überschreitung dieses Preises erzielten Ertrag als Mehrerlös an die Staatskasse abführen zu müssen (*Meesen,* WuW 2004, 733, 739).

Die Regelung des § 95 II 1 Hs. 2 stellt nach der Begründung des Re- 19 gierungsentwurfs eine wirksame Sanktionsmöglichkeit dar, die erforderlich ist, um unlauteres Gewinnstreben zu bekämpfen und im Falle mißbräuchlichen Verhaltens den Zuwiderhandelnden so zu stellen, daß er im Ergebnis aus seinem mißbräuchlichen Verhalten keinen Vorteil zieht, sondern über das Maß der gezogenen Vorteile hinaus eine spürbare finanzielle Einbuße hinnehmen muß. Nach Satz 2 kann der Mehrerlös geschätzt werden (zum GWB *Achenbach,* WuW 2002, 1154, 1159), um insoweit ggf. aufwendige und schwierige Untersuchungen im Rahmen der Verfolgung der Ordnungswidrigkeiten vermeiden zu können (BT-Drucks. 15/3917, S. 74). Für Ordnungswidrigkeiten nach § 95 I Nr. 3 lit. b) Nr. 4 und 5 lit. b) hat der Gesetzgeber folglich das **Modell der Mehrerlösabschöpfung aus § 81 II GWB 1999** übernommen.

20 Für **weniger gravierende Verstöße,** wie solche nach § 95 I Nr. 5 lit. a) sowie nach § 95 I a, wird eine **Bußgeld-Höchstgrenze von bis zu zehntausend Euro** festgelegt und bei Verstößen gegen die übrigen Bußgeldtatbestände eine solche von hunderttausend Euro.

II. Fahrlässigkeit und Vorsatz bei der Bemessung der Geldbuße

21 Bei den angegebenen Höchstbeträgen wird allerdings nur zwischen den einzelnen Bußgeldtatbeständen differenziert, ohne dem Grad des Verschuldens bei dem Begehen der Ordnungswidrigkeit Bedeutung beizumessen. Eine solche Differenzierung folgt jedoch aus § 17 II OWiG, der bestimmt, daß bei undifferenzierter Androhung einer Geldbuße für vorsätzliches und fahrlässiges Handeln **fahrlässiges Handeln im Höchstmaß nur mit der Hälfte** des angedrohten Höchstbetrages der Geldbuße geahndet werden kann. Soweit das Gesetz wie in § 95 I a leichtfertiges Handeln mit Geldbuße bedroht, ist die Geldbuße dem Bußgeldrahmen für fahrlässiges Handeln zu entnehmen, da es sich bei Leichtfertigkeit nur um ein gesteigertes Maß an Fahrlässigkeit handelt (*König*, in: Göhler, § 17 OWiG, Rn. 13; *Mitsch*, in: KK-OWiG, § 17, Rn. 26).

III. Bemessung der Geldbuße

22 Für die Bemessung der Geldbuße im Einzelfall ist auf die allgemeinen Vorschriften (§ 17 III OWiG) zurückzugreifen. Nach § 17 III OWiG sind hier die Bedeutung der Ordnungswidrigkeit und der **Vorwurf, der den Täter trifft, zugrunde** zu legen. Auch die wirtschaftlichen Verhältnisse des Täters kommen in Betracht; bei geringen Ordnungswidrigkeiten bleiben sie jedoch in der Regel unberücksichtigt (vgl. hierzu näher *König*, in: Göhler, § 17 OWiG, Rn. 15 ff.). Auch § 17 IV OWiG ist bei der Zumessung der Geldbuße neben § 95 II anwendbar. Hiernach soll die Geldbuße den wirtschaftlichen Vorteil, den der Täter aus der Ordnungswidrigkeit gezogen hat, übersteigen. Aufgrund der Vorschrift des § 17 IV 2 OWiG kann zu diesem Zweck der gesetzliche Höchstrahmen überschritten werden. § 95 II erweitert zwar den Bußgeldrahmen, greift aber nicht in § 17 IV OWiG ein (vgl. *BGH*, NJW 1975, 269, 270, zu § 38 IV WettbewG, § 13 III OWiG 1968). Bei der Berechnung des **wirtschaftlichen Vorteils** zählt im Gegensatz zum Mehrerlös zu den **„Netto-Vorteil",** für die Berechnung des wirtschaftlichen Vorteils werden also die Ertragssteuern abgezogen (*BFH*, DB 1999, 1983, 1985; *Bechtold*, § 81 GWB, Rn. 27). Für die Fälle, in denen für die Bemessung der Mehrerlös relevant ist, wird eine Überschreitung des Höchstrahmens aufgrund von § 17 IV 2 OWiG jedoch praktisch nicht eintreten, denn der wirtschaftliche Vorteil wird kaum jemals höher sein als der dreifache Mehrerlös (*Bechtold,* § 81 GWB, Rn. 27).

Kritik findet das Modell der Mehrerlösabschöpfung bereits während des Gesetzgebungsverfahrens zum GWB 2005 im Ausschuß für Wirtschaft und Arbeit bezüglich seiner Vereinbarkeit mit dem verfassungsrechtlichen Bestimmtheitsgrundsatz aus Art. 103 II GG (Stellungnahme zum Gesetzesentwurf der Bundesregierung von Prof. Andreas Fuchs, Universität Osnabrück, Ausschußdrucks., 15(9)1333, S. 52; auch schon *Achenbach,* WUW 2002, 1154, 1160; *Meesen,* WuW 2004, 733, 740 ff.). So wurde beispielsweise eine am Vermögen des Täters orientierte Strafandrohung vom *BVerfG* als verfassungswidrig verworfen und für nichtig erklärt (für § 43 a StGB *BVerfGE* 105, 135, 165 ff.). 23

F. Allgemeine Verwaltungsgrundsätze (§ 95 III)

§ 95 III bestimmt, daß die Regulierungsbehörde allgemeine Verwaltungsgrundsätze über die Ausübung ihres Ermessens bei der Bemessung der Geldbuße festlegen kann. Derartige Verwaltungsgrundsätze konkretisieren in zulässiger Weise das Verfolgungsermessen der Behörde und können die Anwendung der Bußgeldvorschriften transparenter und einfacher gestalten (BT-Drucks. 15/3917, S. 74). Es kann zu einem **„Bußgeldkatalog"** kommen. 24

G. Verjährung (§ 95 IV)

§ 95 IV enthält Regelungen über die **Verfolgungsverjährung** der Ordnungswidrigkeiten nach § 95 I. Nach § 95 IV 2 verjährt die Verfolgung der Ordnungswidrigkeiten nach § 95 I Nr. 4 und 5 abweichend von den allgemeinen Regeln des OWiG (§ 31 II OWiG) **in fünf Jahren.** Hierdurch soll insbesondere dem Umstand Rechnung getragen werden, daß mißbräuchliches Verhalten und Zuwiderhandlungen unter Umständen erst nach einer längeren Zeitspanne aufgedeckt werden können. Daher wird bis zur in § 95 IV 2 bestimmten Grenze vermieden, daß in diesen Fällen die Verfolgung nicht mehr möglich sein könnte. Die Verfolgungsverjährung der übrigen Ordnungswidrigkeiten nach § 95 I richtet sich dagegen nach den Bestimmungen des OWiG (BT-Drucks. 15/3917, S. 74). Nach § 31 II Nr. 1 OWiG verjähren Ordnungswidrigkeiten nach § 95 I Nr. 3 lit. b) und alle übrigen Ordnungswidrigkeiten mit einer Geldbußenhöchstandrohung bis zu 100.000 Euro (vgl. § 95 II) in drei Jahren. Ordnungswidrigkeiten nach 25

§ 95 I Nr. 5 lit. a), I a verjähren nach § 31 II Nr. 2 OWiG nach zwei Jahren. § 31 II OWiG ist auf § 95 I a ebenfalls anwendbar.

H. Zuständige Behörde (§ 95 V)

26   Nach § 95 V ist die nach § 36 I OWiG durch Gesetz bestimmte Behörde nach § 54 I, III die **Bundesnetzagentur** oder für die in § 54 II aufgeführten Fälle die **jeweilige Landesregulierungsbehörde**.

§ 96 Zuständigkeit für Verfahren wegen der Festsetzung einer Geldbuße gegen eine juristische Person oder Personenvereinigung

¹Die Regulierungsbehörde ist für Verfahren wegen der Festsetzung einer Geldbuße gegen eine juristische Person oder Personenvereinigung (§ 30 des Gesetzes über Ordnungswidrigkeiten) in Fällen ausschließlich zuständig, denen
1. eine Straftat, die auch den Tatbestand des § 95 Abs. 1 Nr. 4 verwirklicht, oder
2. eine vorsätzliche oder fahrlässige Ordnungswidrigkeit nach § 130 des Gesetzes über Ordnungswidrigkeiten, bei der eine mit Strafe bedrohte Pflichtverletzung auch den Tatbestand des § 95 Abs. 1 Nr. 4 verwirklicht,

zugrunde liegt. ²Dies gilt nicht, wenn die Behörde das § 30 des Gesetzes über Ordnungswidrigkeiten betreffende Verfahren an die Staatsanwaltschaft abgibt.

Literatur: *Achenbach*, Die Verselbständigung der Unternehmensgeldbuße bei strafbaren Submissionsabsprachen – ein Papiertiger?, wistra 17 (1998), 168 ff.; *ders.*, Bonusregelungen bei Kartellstraftaten?, NJW 2001, 2232 ff.; *Bangard*, Aktuelle Probleme der Sanktionierung von Kartellabsprachen, wistra 16 (1997), 161 ff.; *Boos*, Bußgeld wegen überhöhter Netzentgelte, RdE 2004, 189 ff.; *Göhler*, Ordnungswidrigkeitengesetz, 14. Aufl. 2006; *ders.*, Zum Bußgeld- und Strafverfahren wegen verbotswidrigen Kartellabsprachen, wistra 15 (1996), 132 ff.; *ders.*, Die Zuständigkeit des Kartellsenats zur strafrechtlichen Seite eines bei ihm anhängigen Falles, wistra 13 (1994), 17 ff.; *ders.*, Nochmals – Zur Zuständigkeit des Kartellsenats hinsichtlich der strafrechtlichen Seite eines bei ihm anhängigen Falles, wistra 13 (1994), 260 ff.; *König*, Neues Strafrecht gegen die Korruption, JR 1997, 397 ff.; *Korte*, Bekämpfung der Korruption und Schutz des freien Wettbewerbs mit Mitteln des Strafrechts, NStZ 1997, 513 ff.; *Rieß*, Die sachliche Zuständigkeit beim Wechsel von Kartellordnungswidrigkeit und Straftat, NStZ 1993, 513 ff.

Übersicht

Rn.
- A. Allgemeines 1
  - I. Inhalt und Zweck der Vorschrift 2
  - II. Entstehungsgeschichte 3
- B. Regulierungsbehörde 6
- C. Fortwirkende Zuständigkeit der Regulierungsbehörden 7
- D. Abgabe des Verfahrens an die Staatsanwaltschaft 9

A. Allgemeines

Die Vorschrift des § 96 ist **§ 82 GWB 1999** nachgebildet (BR- 1 Drucks. 613/04 (Beschluß), S. 43).

I. Inhalt und Zweck der Vorschrift

§ 96 bestimmt, daß die Regulierungsbehörde Ordnungswidrigkeiten 2 wegen Mißbrauchs der Netzbetreiberstellung (§ 95 I Nr. 4 i. V. m. § 30 I 1) auch dann noch als solche verfolgen kann, wenn die **Mißbrauchshandlung zugleich einen Straftatbestand** erfüllt oder aber wegen eines vergleichbaren Vorwurfs auch gegen natürliche Personen ermittelt wird. Denn in diesen Fällen würde die Regulierungsbehörde nach § 21 I 1 i. V. m. §§ 40, 41 OWiG die Zuständigkeit zur Verfolgung einer Ordnungswidrigkeit des Unternehmens an die Staatsanwaltschaft bzw. nach § 30 IV OWiG e contrario an diejenige Behörde, die die Ordnungswidrigkeit gegen die natürliche Person verfolgt, verlieren (*Salje,* EnWG, § 96, Rn. 1). Das soll durch § 96 verhindert werden, da bei mißbräuchlichem Netzbetreiberverhalten die Ahndung gegenüber der juristischen Person regelmäßig im Vordergrund stehen wird.

II. Entstehungsgeschichte

Die Aufnahme des § 96 war im Gesetzgebungsverfahren umstritten. 3 Die Gesetz gewordene Fassung **entspricht dem Regierungsentwurf.**

Der Bundesrat forderte in seiner Stellungnahme zu dem Gesetzesent- 4 wurf der Bundesregierung die vollständige Streichung der Vorschrift. Gegen den dem § 82 GWB 1999 nachgebildeten Paragraphen würden von der **Literatur zu Recht durchgreifende Bedenken erhoben** (vgl. *König,* in: Göhler § 30 OWiG, Rn. 34a). Die durch diese Vorschrift intendierte Zuständigkeitsaufspaltung führe zu Doppelermittlungen in sich eventuell unterschiedlich entwickelnden Verfahren mit ggf. abweichendem Gerichtszug; sie berge die Gefahr divergierender Entscheidungen (betreffend die natürliche Person einerseits und das Unternehmen andererseits) in sich und könne zu erheblichen Problemen bei der Abstimmung der jeweils zu verhängenden Sanktionen führen. Sie dürfte daher mit der umfassenden Kognitionspflicht (§§ 155 II und 264 StPO) des Gerichts kaum vereinbar sein und möglicherweise gegen das verfassungsrechtlich bestimmte Verbot der Doppelverfolgung verstoßen. Vor diesem Hintergrund bestehe keine Veranlassung, durch die Aufnahme einer dem § 82 GWB 1999 entsprechenden Regelung in das EnWG den Anwendungsbereich der gesonderten Verbandsgeldbuße im selbständigen Verfahren noch auszuweiten (BT-Drucks. 15/3917, S. 94 f.).

5   Die Bundesregierung lehnt den Vorschlag des Bundesrates in ihrer Gegenäußerung jedoch ab. Da auf der Grundlage des neuen EnWG Bußgeldverfahrens Verfahren gegen **juristische Personen** und Personenvereinigungen weitaus **größere Bedeutung** als Verfahren gegen natürliche Personen haben würden, sei die Aufnahme der Regelung erforderlich. Im übrigen habe der Bundesrat auch eine entsprechende Änderung des § 82 GWB 1999 im Rahmen der Novellierung des GWB nicht vorgeschlagen (BT-Drucks. 15/4068, S. 9).

B. Regulierungsbehörde

6   § 96 begründet eine Zuständigkeit der Regulierungsbehörde. Nach der Terminologie des Gesetzes ist dies sowohl die BNetzA als **Bundesregulierungsbehörde** als auch die **Landesregulierungsbehörden** (§ 54 I). Allerdings sind der Landesregulierungsbehörde in § 54 II enumerativ bestimmte Aufgaben auferlegt worden. Die Ahndung von Ordnungswidrigkeiten ist hier jedenfalls nicht ausdrücklich erwähnt. Allerdings trifft § 95 V die Regelung, daß Verwaltungsbehörde i. S. d. § 36 I Nr. 1 OWiG die nach § 54 zuständige Behörde ist. Nach dieser Regelung ist die Kompetenz zur Ahnung von Ordnungswidrigkeiten eine Annex-Kompetenz zur zugewiesenen Verwaltungsaufgabe. Im Rahmen des § 96 ist Regulierungsbehörde daher die Bundesnetzagentur, soweit es um die Aufsicht über Energieversorgungsunternehmen geht, die der Zuständigkeit der BNetzA unterliegen. Bei den der Aufsicht der Landesregulierungsbehörde unterliegenden Unternehmen sind demgegenüber die Landesregulierungsbehörden zuständig.

C. Fortwirkende Zuständigkeit der Regulierungsbehörden

Eine Handlung kann – in Tateinheit (§ 52 I StGB) – gleichzeitig Straftat und Ordnungswidrigkeit sein. Durch mißbräuchliches Netzbetreiberverhalten kann es zur Verwirklichung des Tatbestandes des Betruges (§ 263 StGB) kommen. Im Fall der Betreuung fremder Gelder (Belastungsausgleich nach EEG bzw. KWKG) ist ferner der Tatbestand der Untreue gemäß § 266 StGB nicht auszuschließen. Treffen Straftat und Ordnungswidrigkeit in Tateinheit zusammen, so wird nach **§ 21 I 1 OWiG nur das Strafgesetz angewendet.** Nach § 21 I 2 OWiG kann aber auch auf die nach dem anderen Gesetz angedrohten Nebenfolgen erkannt werden. Außerdem kann nach § 21 II OWiG die Handlung als Ordnungswidrigkeit geahndet werden, wenn eine Strafe nicht verhängt wird. 7

Es stellt sich daher die Frage, ob die Regulierungsbehörden für das Verfahren gegen das Unternehmen nach § 30 OWiG noch zuständig sind, wenn wegen einer Ordnungswidrigkeit, die zugleich Straftat ist, ein Verfahren gegen die Person durchgeführt wird, an die die Sanktion des § 30 OWiG anknüpft (vertretungsberechtigtes Organ, Mitglied des Vorstandes eines nicht rechtsfähigen Vereins, vertretungsberechtigter Gesellschafter einer Personenhandelsgesellschaft oder Generalbevollmächtigter, Prokurist oder Handlungsbevollmächtigter), oder ob das Verfahren an die Staatsanwaltschaft zwingend abzugeben ist. Hier trifft § 96 die Regelung, daß die Regulierungsbehörden ausschließlich für die Geldbuße gegen das Unternehmen auch dann zuständig ist, wenn die Ordnungswidrigkeit nach § 95 I Nr. 4 auch einen Straftatbestand oder die Ordnungswidrigkeit der Aufsichtspflichtverletzung nach § 130 OWiG erfüllt, soweit die Pflichtverletzung des Nichtorgans eine Straftat darstellt. Es ist daher grundsätzlich von **parallelen Verfahren** gegen die handelnden natürlichen Personen und das Unternehmen auszugehen. 8

D. Abgabe des Verfahrens an die Staatsanwaltschaft

Nach § 96 2 besteht die Möglichkeit der Abgabe des § 30 OWiG betreffenden Verfahrens an die Staatsanwaltschaft. Im Falle der Abgabe geht dann die ausschließliche Zuständigkeit der Regulierungsbehörde auf die Staatsanwaltschaft über. Ergeben sich **Anhaltspunkte für eine Straftat,** so ist zu unterscheiden: Bezüglich der natürlichen Personen besteht die Pflicht der Regulierungsbehörde zur Abgabe an die Staats- 9 anwaltschaft nach § 41 I OWiG. Bezüglich des Bußgeldverfahrens gegen das Unternehmen steht es im Ermessen der Regulierungsbehörde, ob sie dieses Verfahren ebenfalls an die Staatsanwaltschaft abgibt oder das Bußgeldverfahren gegen das Unternehmen selbständig weiter betreibt.

§ 97 Zuständigkeiten im gerichtlichen Bußgeldverfahren

[1] Sofern die Regulierungsbehörde als Verwaltungsbehörde des Vorverfahrens tätig war, erfolgt die Vollstreckung der Geldbuße und des Geldbetrages, dessen Verfall angeordnet wurde, durch die Regulierungsbehörde als Vollstreckungsbehörde auf Grund einer von dem Urkundsbeamten der Geschäftsstelle des Gerichts zu erteilenden, mit der Bescheinigung der Vollstreckbarkeit versehenen beglaubigten Abschrift der Urteilsformel entsprechend den Vorschriften über die Vollstreckung von Bußgeldbescheiden. [2] Die Geldbußen und die Geldbeträge, deren Verfall angeordnet wurde, fließen der Bundeskasse zu, die auch die der Staatskasse auferlegten Kosten trägt.

Übersicht

	Rn.
A. Zweck	1
B. Entstehungsgeschichte	2
C. Anwendbarkeit	3
D. Vollstreckung durch die Regulierungsbehörde (§ 97 1)	6
E. Vereinnahmung durch die Bundeskasse (§ 97 2)	8

A. Zweck

1   Die Vorschrift hat den Zweck, der **Bundeskasse** von der BNetzA verhängte **Bußgelder** auch dann **zu sichern,** wenn die Verhängung des Bußgeldes (erfolglos) mit der Beschwerde angegriffen wird. Zudem wird in Abweichung von § 91 OWiG bestimmt, daß nicht die Staatsanwaltschaft, sondern die Regulierungsbehörde für die Vollstreckung zuständig ist.

B. Entstehungsgeschichte

2   § 97 ist während des Gesetzgebungsverfahrens nicht geändert worden, er entspricht also der Fassung des Regierungsentwurfes. Gegen die Vor-

schrift hat sich der Bundesrat gewandt (BT-Drucks. 15/3917, S. 95). Der Bundesrat war der Auffassung, daß die **Bußgelder der Landeskasse zufließen sollten,** da das OLG zukünftig stark mit Bußgeldverfahren belastet sei. Dementsprechend solle sich die Vollstreckung auch nach Landesrecht richten.

C. Anwendbarkeit

Nach seinem Wortlaut ist § 97 sowohl für Bußgeldverfahren, die auf 3 eine Tätigkeit der BNetzA zurückgehen, als auch auf solche Bußgeldverfahren anwendbar, die von **Landesregulierungsbehörden** durchgeführt werden. Mit Blick auf § 97 2 erscheint dies wenig sachgerecht. Es gibt keinen Grund dafür, warum Bußgelder der Bundeskasse zufließen sollten, wenn die Bußgeldverfahren nicht von einer Bundesbehörde durchgeführt werden. Hier handelt es sich um ein Redaktionsversehen, das darauf beruht, daß im Regierungsentwurf noch keine Zuständigkeiten der Länder als Regulierungsbehörden vorgesehen waren.

Um dieses Redaktionsversehen zu bereinigen, wird man entweder 4 den Anwendungsbereich der Vorschrift insgesamt oder zumindest des § 97 2 dahingehend **teleologisch reduzieren** müssen, daß die Vorschrift nur dann Anwendung findet, wenn die BNetzA im Bußgeldverfahren tätig gewesen ist (im Ergebnis genauso *Salje,* EnWG, § 97, Rn. 8).

Dabei sprechen überwiegende Argumente dafür, den **Anwendungs-** 5 **bereich des § 97 insgesamt auf von der BNetzA durchgeführte Bußgeldverfahren zu beschränken.** Werden Bußgeldverfahren durch die Landesregulierungsbehörden durchgeführt, ist es nicht nur sachgerecht, die Bußgelder der Landeskasse zufließen zu lassen, vielmehr ist in diesen Fällen eine Vollstreckung durch die Landesregulierungsbehörden weder erforderlich noch zweckmäßig. Vielmehr kann es hier bei der Regel bleiben, daß die Vollstreckung durch die Staatsanwaltschaften erfolgt. Die Landesregulierungsbehörden sind häufig sachlich und personell nicht darauf eingerichtet, Bußgeldbescheide zu vollstrecken.

D. Vollstreckung durch die Regulierungsbehörde (§ 97 1)

Voraussetzung für die Anwendung des § 97 ist es, daß die **Regulie-** 6 **rungsbehörde** als Verwaltungsbehörde des Vorverfahrens tätig gewesen ist. Gemeint ist damit, daß die Regulierungsbehörde nach § 95 einen **Bußgeldbescheid erlassen** hat (*Salje,* EnWG, § 97, Rn. 5).

7   Voraussetzung ist weiter, daß als Ergebnis des Rechtsschutzverfahrens durch das OLG (§ 98) oder den *BGH* (§ 99) entweder die **Festsetzung einer Geldbuße** und/oder die **Anordnung einer Nebenfolge** (§ 72 III OWiG) erfolgt. Handelt es sich bei der Nebenfolge um den Verfall eines Geldbetrages, erfolgt die Vollstreckung ebenfalls durch die Regulierungsbehörde. Diese erhält zum Zwecke der Vollstreckung vom Urkundsbeamten des Gerichts eine beglaubigte Abschrift der Urteilsformel mit Bescheinigung der Vollstreckbarkeit.

E. Vereinnahmung durch die Bundeskasse (§ 97 2)

8   Soweit die BNetzA im Rahmen des § 97 Bußgeldentscheidungen vollstreckt, fließen die **Geldbeträge der Bundeskasse** zu. Konsequenterweise trägt die Bundeskasse auch die Kosten, die der Staatskasse in solchen Verfahren auferlegt werden. Dies gilt insbesondere, wenn auf eine Beschwerde gegen einen Bußgeldbescheid der BNetzA im gerichtlichen Verfahren kein Bußgeld festgesetzt wird.

§ 98 Zuständigkeit des Oberlandesgerichts im gerichtlichen Verfahren

(1) [1]**Im gerichtlichen Verfahren wegen einer Ordnungswidrigkeit nach § 95 entscheidet das Oberlandesgericht, in dessen Bezirk die zuständige Regulierungsbehörde ihren Sitz hat; es entscheidet auch über einen Antrag auf gerichtliche Entscheidung (§ 62 des Gesetzes über Ordnungswidrigkeiten) in den Fällen des § 52 Abs. 2 Satz 3 und des § 69 Abs. 1 Satz 2 des Gesetzes über Ordnungswidrigkeiten.** [2]**§ 140 Abs. 1 Nr. 1 der Strafprozessordnung in Verbindung mit § 46 Abs. 1 des Gesetzes über Ordnungswidrigkeiten findet keine Anwendung.**

(2) **Das Oberlandesgericht entscheidet in der Besetzung von drei Mitgliedern mit Einschluss des vorsitzenden Mitglieds.**

Übersicht

	Rn.
A. Zweck	1
B. Dem OLG zugewiesene Entscheidungen	2
C. Zuständiges Oberlandesgericht	5

A. Zweck

Die Vorschrift ordnet für das gerichtliche Bußgeldverfahren in Abweichung von § 68 OWiG die Zuständigkeit des Oberlandesgerichts an. Der Gesetzgeber hat sich dabei an der Vorschrift des § 83 GWB orientiert (Begr., BT-Drucks. 15/3917, S. 75). Ebenso wie bei Kartellbußgeldsachen ist es sachgerecht, diese Verfahren den insoweit sachkundigen **Kartellsenaten** zuzuweisen. Den Amtsgerichten fehlt es an Erfahrung in der Spezialmaterie. Zudem liegen Umfang und Komplexität energiewirtschaftsrechtlicher und kartellrechtlicher Bußgeldverfahren erheblich über dem Durchschnitt der herkömmlicherweise den Amtsgerichten nach § 68 OWiG zugewiesenen Bußgeldverfahren.

B. Dem OLG zugewiesene Entscheidungen

§ 98 I 1 Hs. 1 weist dem Oberlandesgericht die **Zuständigkeit im gerichtlichen Verfahren** nach §§ 67 ff. OWiG zu. Dies betrifft den Einspruch gegen einen Bußgeldbescheid.

Nach § 98 I 1 Hs. 2 entscheidet das Oberlandesgericht auch über einen **Antrag auf gerichtliche Entscheidung nach § 62 OWiG**. Diese Vorschrift betrifft den Rechtsbehelf gegen Maßnahmen der Verwaltungsbehörde im außergerichtlichen Bußgeldverfahren. Zudem wird die Zuständigkeit des OLG für den Antrag bei Verwerfung des **Antrags auf Wiedereinsetzung in den vorherigen Stand** (§ 52 II 3 OWiG) sowie den Antrag gegen die **Verwerfung des Einspruchs als verfristet** (§ 69 I 2 OWiG) begründet.

§ 98 I 2 bestimmt abweichend von § 140 I Nr. 1 StPO, daß es sich bei den Bußgeldverfahren vor dem Oberlandesgericht um keine Verfahren notwendiger Verteidigung handelt. Es besteht somit kein **Anwaltszwang.** Gleichwohl kann sich aus § 140 II StPO ergeben, daß bei schwieriger Sach- und Rechtslage die Mitwirkung eines Verteidigers geboten ist.

C. Zuständiges Oberlandesgericht

§ 98 I 1 weist die Zuständigkeit im gerichtlichen Verfahren dem Oberlandesgericht zu, in dessen Bezirk die zuständige Regulierungsbehörde ihren Sitz hat. Nach § 106 I sind die Kartellsenate zuständig, die nach § 106 II, §§ 92, 93 GWB auch für mehrere Oberlandesgerichtsbezirke an einem OLG eingerichtet werden können. Bezüglich der **Bußgeldverfahren der BNetzA** ist daher ein **Kartellsenat beim OLG Düsseldorf** zuständig.

6   Nach § 98 II entscheidet der Kartellsenat auch in Bußgeldangelegenheiten in der Besetzung von drei Mitgliedern unter Einschluß des vorsitzenden Mitglieds. Der Kartellsenat ist dabei ein „spezialisierter Spruchkörper eigener Art" und **nicht etwa Strafsenat** i. S. v. § 116 I 1 GVG (*BGH*, WuW/E 2865, 2866; *KG*, WuW/E OLG 4983, 4987).

§ 99 Rechtsbeschwerde zum Bundesgerichtshof

¹ Über die Rechtsbeschwerde (§ 79 des Gesetzes über Ordnungswidrigkeiten) entscheidet der Bundesgerichtshof. ² Hebt er die angefochtene Entscheidung auf, ohne in der Sache selbst zu entscheiden, so verweist er die Sache an das Oberlandesgericht, dessen Entscheidung aufgehoben wird, zurück.

Übersicht

	Rn.
A. Zweck	1
B. Entscheidung über die Rechtsbeschwerde (§ 99 1)	2
C. Zurückverweisung (§ 99 2)	3

A. Zweck

1   § 99 zieht die **Konsequenz** für das Rechtsbeschwerdeverfahren **aus der erstinstanzlichen Zuständigkeit des Oberlandesgerichts** (§ 98). Für die Rechtsbeschwerde nach § 79 ff. OWiG ist hier wie in § 84 GWB der *BGH* zuständig. Aus § 107 I Nr. 2 folgt, daß der **Kartellsenat** des *BGH* und nicht einer seiner Strafsenate zuständig ist.

B. Entscheidung über die Rechtsbeschwerde (§ 99 1)

2   Für die Entscheidung des *BGH* über die Rechtsbeschwerde sind die §§ 79 ff. OWiG anzuwenden. Die Rechtsbeschwerde ist nach § 79 I OWiG zulässig, wenn einer der dort genannten Beschwerdegründe vorliegt oder wenn die Rechtsbeschwerde zugelassen wird. In energiewirtschaftsrechtlichen Bußgeldverfahren dürfte ebenso wie in kartellrechtlichen Bußgeldverfahren die **Rechtsbeschwerde regelmäßig zulässig** sein, da sie sowohl bei Freispruch als auch bei Verhängung einer Geldbuße von über 250 Euro von Gesetzes wegen zugelassen ist.

C. Zurückverweisung (§ 99 2)

Mit § 99 2 weicht das Gesetz von § 79 VI OWiG ab. Nach dieser 3
Vorschrift verweist das Beschwerdegericht – wenn es nicht selbst entscheidet – das Verfahren an das Amtsgericht, dessen Entscheidung aufgehoben wird, oder an ein anderes Amtsgericht des gleichen Landes zurück. Aufgrund der Konzentration der Kartell- und Energiewirtschaftssachen auf ein Oberlandesgericht je Bundesland kommt hier die **Zurückverweisung an ein anderes Oberlandesgericht nicht in Betracht.** Daraus hat der Gesetzgeber in § 99 2 die Konsequenz gezogen.

§ 100 Wiederaufnahmeverfahren gegen Bußgeldbescheid

Im Wiederaufnahmeverfahren gegen den Bußgeldbescheid der Regulierungsbehörde (§ 85 Abs. 4 des Gesetzes über Ordnungswidrigkeiten) entscheidet das nach § 98 zuständige Gericht.

§ 101 Gerichtliche Entscheidungen bei der Vollstreckung

Die bei der Vollstreckung notwendig werdenden gerichtlichen Entscheidungen (§ 104 des Gesetzes über Ordnungswidrigkeiten) werden von dem nach § 98 zuständigen Gericht erlassen.

Übersicht

	Rn.
A. Zweck der Vorschriften	1
B. Wiederaufnahmeverfahren gegen Bußgeldbescheid (§ 100)	2
C. Gerichtliche Entscheidungen bei der Vollstreckung (§ 101)	3

A. Zweck der Vorschriften

§§ 100 und 101 ziehen für das Wiederaufnahmeverfahren und die 1
Vollstreckung die Konsequenz aus der in § 98 angeordneten **erstinstanzlichen Zuständigkeit des Oberlandesgerichts** in Bußgeldverfahren. Sie entsprechen den §§ 85, 86 GWB.

B. Wiederaufnahmeverfahren gegen Bußgeldbescheid (§ 100)

2 Auch für die Entscheidung über die Wiederaufnahme des Verfahrens gegen einen Bußgeldbescheid ist das Oberlandesgericht zuständig. Nach § 140a VI GVG ist bei Zuständigkeit des OLG im ersten Rechtszug für die Wiederaufnahme ein **anderer Senat** dieses Oberlandesgerichts zuständig. Im Fall des *OLG Düsseldorf,* das für die Bußgeldverfahren der BNetzA zuständig ist, bereitet dies keine Probleme, da das Oberlandesgericht über drei Kartellsenate verfügt. Verfügt ein Oberlandesgericht lediglich über einen Kartellsenat, muß für solche Fälle ein Auffangsenat eingerichtet werden (*BGH,* WuW/E BGH 2467, 2468).

C. Gerichtliche Entscheidungen bei der Vollstreckung (§ 101)

3 Nach **§ 104 OWiG** werden die bei der Vollstreckung notwendig werdenden gerichtlichen Entscheidungen von dem nach **§ 68 OWiG** zuständigen Amtsgericht erlassen, wenn ein Bußgeldbescheid der Verwaltungsbehörde zu vollstrecken ist und von dem Gericht des ersten Rechtszuges, wenn eine gerichtliche Bußgeldentscheidung zu vollstrecken ist. Beide gerichtlichen Zuständigkeiten sind hier dem Oberlandesgericht zugewiesen.

4 § 101 bezieht sich nur auf die im Rahmen der Vollstreckung erforderlichen **gerichtlichen Entscheidungen.** Dies ist insbesondere nach § 96 OWiG die **Anordnung der Erzwingungshaft** sowie die gerichtlichen Entscheidungen nach § 103 OWiG über **Einwendungen** im Rahmen der Zwangsvollstreckung.

Abschnitt 6. Bürgerliche Rechtsstreitigkeiten

§ 102 Ausschließliche Zuständigkeit der Landgerichte

(1) ¹Für bürgerliche Rechtsstreitigkeiten, die sich aus diesem Gesetz ergeben, sind ohne Rücksicht auf den Wert des Streitgegenstandes die Landgerichte ausschließlich zuständig. ²Satz 1 gilt auch, wenn die Entscheidung eines Rechtsstreits ganz oder teilweise von einer Entscheidung abhängt, die nach diesem Gesetz zu treffen ist.

(2) Die Rechtsstreitigkeiten sind Handelssachen im Sinne der §§ 93 bis 114 des Gerichtsverfassungsgesetzes.

Literatur: *Klein,* Der Einfluß kartellrechtlich begründeter Einwendungen im Prozeß auf die Zuständigkeit des Gerichts, NJW 2003, 16 ff.

Übersicht

	Rn.
A. Zweck und Entstehungsgeschichte	1
B. Ausschließliche Zuständigkeit des Landgerichts	5
I. Bürgerliche Rechtsstreitigkeit	6
II. Rechtsstreitigkeit aus dem EnWG	11
III. Energiewirtschaftsrechtliche Vorfrage	13
IV. Eilverfahren	15
C. Zuständigkeit der Kammer für Handelssachen (§ 102 II)	16

A. Zweck und Entstehungsgeschichte

Die Vorschrift des § 102 entspricht § 87 GWB 1999 (BT-Drucks. 15/3917, S. 75). **1**

§ 102 begründet eine ausschließliche landgerichtliche Zuständigkeit für Rechtsstreitigkeiten, die sich aus dem EnWG ergeben. Diese Zuständigkeit besteht **unabhängig vom Wert des Streitgegenstandes.** Damit ist die amtsgerichtliche Zuständigkeit für Streitigkeiten mit einem Streitwert bis zu 5000,– Euro nach § 23 Nr. 1 GVG ausgeschlossen. **2**

In Verbindung mit § 103 ermöglicht § 102 eine **Konzentration der Streitigkeiten** aus dem EnWG **bei spezialisierten Spruchkörpern.** Dies soll verhindern, daß andere, nicht für Fragen des EnWG zuständige Gerichte bzw. Spruchkörper ohne entsprechende Sachkunde bedeutsame Ausführungen zu Fragen der Auslegung des EnWG machen **3** (für das Kartellrecht vgl. *OLG Düsseldorf,* NJW-WettbR 1999, 41; *Meier-Lindemann,* in: FK, § 87 GWB 1999, Rn. 9). Wird die Klage vor einem anderen Gericht erhoben, muß sie auf Antrag an das nach § 102 zuständige Gericht verwiesen oder – mangels Antrag – als unzulässig abgewiesen werden (vgl. für das Kartellrecht *Bechtold,* NJW 2001, 3159, 3167; zur Verweisung *KG,* NZBau 2004, 345, 346).

4 Die Formulierung „bürgerliche Rechtsstreitigkeiten, die sich aus diesem Gesetz ergeben", ist so zu verstehen, daß die Sonderzuweisung des § 102 I auch schon auf **energiewirtschaftsrechtliche Vorfragen** Anwendung findet. Bis zur 6. GWB-Novelle war die Rechtslage im Kartellrecht anders. Kartellrechtliche Vorfragen waren von den speziellen Kartell-Spruchkörpern zu entscheiden, der Rechtsstreit bei den Nicht-Kartellgerichten also auszusetzen (§ 96 II GWB a. F.: *KG,* WuW/DE-R, 165,167; *Bornkamm,* in: L/B, § 87 GWB 1999, Rn. 2; *Bechtold,* § 87 GWB 1999, Rn. 1). Die Aufgliederung des Rechtsstreits in zwei Verfahren (Vorfrage und Hauptstreitigkeit) hat sich als unzweckmäßig erwiesen. Sie führte zu umständlichen, kostenintensiven und zeitraubenden Parallelprozessen (*Ebel,* § 87 GWB 1999, Rn. 4, 5).

B. Ausschließliche Zuständigkeit des Landgerichts

5 Die Zuständigkeitsregel des § 102 setzt voraus, daß es sich bei dem Rechtsstreit um eine **bürgerliche Rechtsstreitigkeit** handelt, die sich entweder aus dem EnWG ergibt oder deren Entscheidung von der Beantwortung einer Vorfrage aus dem EnWG abhängt.

I. Bürgerliche Rechtsstreitigkeit

6 Der Begriff der bürgerlichen Rechtsstreitigkeit in § 102 ist der gleiche wie in **§ 13 GVG**. Einen Vorbehalt der Zuweisung bürgerlicher Rechtsstreitigkeiten an andere Gerichtszweige, wie ihn § 13 GVG enthält, enthält § 102 aber nicht. Daher ist die Zuweisung energierechtlicher Streitigkeiten an die Landgerichte gegenüber den Rechtswegzuweisungen zur Verwaltungsgerichtsbarkeit, der Finanzgerichtsbarkeit oder der Sozialgerichtsbarkeit in den jeweiligen Prozeßordnungen vorrangig (a. A. *Salje,* EnWG, § 102, Rn. 4).

7 Bürgerliche Rechtsstreitigkeiten sind alle Rechtsstreitigkeiten, die sich aus einem nicht öffentlich-rechtlich geprägten Rechtsverhältnis ergeben. Maßgeblich ist nicht, ob die streitentscheidende Norm eine Norm des Bürgerlichen Rechts i. S. d. **Art. 74 I Nr. 1 GG** ist. Vielmehr ist auf das Verhältnis der Parteien zueinander abzustellen.

Dieses Verhältnis ist öffentlich-rechtlicher Natur, wenn die streit- 8
entscheidende Norm eine Norm des öffentlichen Rechts ist. Nach der
herrschenden modifizierten Subjektstheorie gehört eine Norm dann
dem öffentlichen Recht an, wenn sie **einseitig einen Träger öffentlicher Verwaltung berechtigt oder verpflichtet** (*GSOGH BGHZ*
108, 284, 287). Auf den Gesichtspunkt einer Über-/Unterordnung oder
einer Gleichordnung kommt es nicht entscheidend an. Daher ist das
Merkmal der Gleichordnung auch zur Charakterisierung bürgerlicher
Rechtsstreitigkeiten nur sehr unvollkommen geeignet (hierauf abstellend *Salje*, EnWG, § 102, Rn. 5).

Bürgerlich-rechtlich sind demnach **Rechtsverhältnisse**, an denen 9
Träger öffentlicher Gewalt gar nicht oder jedenfalls nicht in ihrer Eigenschaft als Träger öffentlicher Gewalt beteiligt sind.

Im EnWG sind insbesondere solche Normen bürgerlich-recht- 10
licher Natur, die das **Verhältnis zwischen Netzbetreibern und
Netznutzern** regeln. Wichtigste Fälle der bürgerlich-rechtlichen
Rechtsstreitigkeiten aus dem EnWG werden daher Ansprüche auf Anschluß, Anschlußnutzung und Netzzugang sowie auf Unterlassung und
Schadenersatz wegen energiewirtschaftsrechtswidrigen Netzbetreiberverhaltens sein.

II. Rechtsstreitigkeit aus dem EnWG

Eine Rechtsstreitigkeit aus dem EnWG liegt bei **Leistungsklagen** 11
dann vor, wenn die **Anspruchsgrundlage** eine Norm des **EnWG** oder
des auf dem EnWG beruhenden untergesetzlichen Regelwerks ist. Bei
Feststellungsklagen ist erheblich, ob das Rechtsverhältnis auf einer Norm
des EnWG oder des untergesetzlichen Regelwerks beruht.

Für die Anwendbarkeit des § 102 ist es ausreichend, wenn der Kläger 12
seine Ansprüche zumindest auch auf das EnWG stützt (für das Kartellrecht *OLG Stuttgart*, WuW/E OLG/E, 4001 f.). Maßgeblich ist die
richterliche Beurteilung des **Klagebegehrens** auf der Basis des **klägerischen Tatsachenvortrags** (für das Kartellrecht *BGH*, WuW/E BGH,
1383, 1384; *OLG Stuttgart*, WuW/E OLG, 4001, 4002). § 102 I 1 greift
nur dann nicht ein, wenn es auf die Vorschriften des EnWG offensichtlich nicht ankommt (*Salje*, EnWG, § 102, Rn. 6).

III. Energiewirtschaftsrechtliche Vorfrage

Nach § 102 I 2 reicht es für die Anwendung des § 102 aus, wenn die 13
Entscheidung eines Rechtsstreites ganz oder teilweise von einer Entscheidung abhängt, die nach dem EnWG zu treffen ist. Die ausschließliche Zuständigkeit des Landgerichts ist also auch begründet, wenn die

Entscheidung des Rechtsstreits **jedenfalls teilweise von einer Rechtsfrage abhängt,** die nach dem EnWG zu entscheiden ist. Unerheblich ist, ob die Vorfrage zweifelhaft oder eindeutig ist (*Salje,* EnWG, § 102, Rn. 7; für das Kartellrecht *Bechtold,* § 87 GWB 1999, Rn. 4).

14 Eine energiewirtschaftsrechtliche Vorfrage liegt auch dann vor, wenn der **Beklagte** energiewirtschaftsrechtliche **Einwände** geltend macht (für das Kartellrecht *Meier-Lindemann,* in: FK, § 87 GWB 1999, Rn. 29; zu dieser Frage ausführlich für § 87 I 2 GWB *Klein,* NJW 2003, 16 ff.).

IV. Eilverfahren

15 Die Ausschließlichkeit nach § 102 I 2 soll nach der h.M. zum früheren Recht nicht im Verfahren der **einstweiligen Verfügung** gelten (vgl. *Bechtold,* § 87 GWB 1999, Rn. 5). Für den alten Rechtszustand, bei dem hinsichtlich der kartellrechtlichen Vorfrage der Rechtsstreit auszusetzen war, war diese Auffassung zutreffend. Die Aussetzung führte zu einer Verzögerung, die mit der Eilbedürftigkeit des einstweiligen Rechtsschutzes nicht zu vereinbaren war. Für § 102 überzeugt diese Rechtsauffassung aber nicht, da die Zuweisung der Zuständigkeit an die Landgerichte mit der Eilbedürftigkeit eines Verfügungsverfahrens nicht unvereinbar ist (zutreffend *Salje,* EnWG, § 102, Rn. 13).

C. Zuständigkeit der Kammer für Handelssachen (§ 102 II)

16 Die Rechtsstreitigkeiten, für die nach § 102 I die Landgerichte ausschließlich zuständig sind, sind **Handelssachen** i. S. d. §§ 93 bis 114 GVG. Dies gilt unabhängig davon, ob im einzelnen die Voraussetzungen des § 95 GVG vorliegen.

17 Die Zuständigkeit der Kammer für Handelssachen ist keine ausschließliche. Der Rechtsstreit kommt also nur dann vor die Kammer für Handelssachen, wenn dies in der **Klageschrift beantragt** wird (§ 95 I GVG) oder wenn der Beklagte die Verweisung an die Kammer für Handelssachen beantragt (§ 98 I GVG). Die Zivilkammer bleibt zuständig, wenn eine Energiewirtschaftsrechtssache bei ihr anhängig gemacht wird und der Beklagte keinen Verweisungsantrag stellt (vgl. *BGH,* WuW/E, 1553).

§ 103 Zuständigkeit eines Landgerichts für mehrere Gerichtsbezirke

(1) ¹Die Landesregierungen werden ermächtigt, durch Rechtsverordnung bürgerliche Rechtsstreitigkeiten, für die nach § 102 ausschließlich die Landgerichte zuständig sind, einem Landgericht für die Bezirke mehrerer Landgerichte zuzuweisen, wenn eine solche Zusammenfassung der Rechtspflege, insbesondere der Sicherung einer einheitlichen Rechtsprechung, dienlich ist. ²Die Landesregierungen können die Ermächtigung auf die Landesjustizverwaltungen übertragen.

(2) Durch Staatsverträge zwischen Ländern kann die Zuständigkeit eines Landgerichts für einzelne Bezirke oder das gesamte Gebiet mehrerer Länder begründet werden.

(3) Die Parteien können sich vor den nach den Absätzen 1 und 2 bestimmten Gerichten auch anwaltlich durch Personen vertreten lassen, die bei dem Gericht zugelassen sind, vor das der Rechtsstreit ohne die Regelung nach den Absätzen 1 und 2 gehören würde.

Übersicht

	Rn.
A. Allgemeines	1
B. Umsetzung der Vorschrift	4
C. Auswirkungen auf die Anwaltsvertretung	5

A. Allgemeines

Die Vorschrift entspricht § 89 GWB 1999 (BT-Drucks. 15/3917, S. 75). Durch die in § 103 vorgesehenen Möglichkeiten kann die Sachkompetenz der mit **EnWG-rechtlichen Streitigkeiten** befaßten Gerichte über § 102 hinaus noch **stärker konzentriert** werden. Nach § 103 I 1 werden die Landesregierungen ermächtigt, die von § 102 erfaßten Rechtsstreitigkeiten landesweit auf ein LG zu konzentrieren. Die Ermächtigung kann an die Landesjustizverwaltungen übertragen werden. 1

In Ländern mit mehreren Oberlandesgerichten kann ein Landgericht auch für den **Bezirk mehrerer Oberlandesgerichte** bestimmt werden (*Bechtold*, § 89 GWB 1999, Rn. 1). Nach § 102 II kann durch Staatsverträge zwischen Ländern die Zuständigkeit eines Landgerichts für einzelne Bezirke oder das gesamte Gebiet mehrer Länder begründet 2

§ 104 Teil 8. Verfahren

werden. Es kann demnach auch ein Landgericht für länderübergreifende Gebiete zuständig sein. Vorausgesetzt für diese Zuständigkeitskonzentration wird, daß sie der Sicherung einer einheitlichen Rechtsprechung dienlich ist.

3   Es handelt sich bei § 103 nicht bloß um eine Vorschrift über die örtliche Zuständigkeit, vielmehr sollen alle anderen Landgerichte unzuständig sein. Überwiegend wird dies als sachliche Zuständigkeit im weiteren oder besonderen Sinne gedeutet, so daß die **Vorschriften der ZPO über die sachliche Zuständigkeit** (z. B. §§ 281, 529 II, 549 II ZPO) Anwendung finden (näher hierzu *K. Schmidt,* in: I/M, § 89 GWB 1999, Rn 4; *Meyer-Lindemann,* in: FK, § 89 GWB 1999, Rn. 20).

B. Umsetzung der Vorschrift

4   **Bisher** haben die Bundesländer von der Ermächtigung des § 103 **keinen Gebrauch gemacht.** Dies ist jedoch im Hinblick auf die Parallelvorschrift des § 89 GWB zu erwarten. Für die Kartellgerichtsbarkeit haben alle Bundesländer die Ermächtigung des § 89 I GWB genutzt (für das Kartellrecht zusammengestellt von *Bornkamm,* in: L/B, § 89 GWB, Rn. 3), von § 89 II GWB bisher allerdings auch noch keinen Gebrauch gemacht. Um eine Zuständigkeitskonzentration auch für das EnWG zu erreichen, müssen die Verordnungen für das GWB entweder von den Landesregierungen entsprechend erweitert werden oder aber parallele Verordnungen erlassen werden (*Salje,* EnWG, § 103, Rn. 2).

C. Auswirkungen auf die Anwaltsvertretung

5   Die Regelung von § 103 III beruht auf der unreflektierten Übernahme von § 89 GWB 1999. § 89 III GWB 1999 ist durch die **Aufhebung des Lokalisationsprinzips** obsolet geworden. Auch ohne die Regelung des § 103 III können sich die Parteien also durch jeden zugelassenen Rechtsanwalt vertreten lassen.

§ 104 Benachrichtigung und Beteiligung der Regulierungsbehörde

(1) ¹**Das Gericht hat die Regulierungsbehörde über alle Rechtsstreitigkeiten nach § 102 Abs. 1 zu unterrichten.** ²**Das Gericht hat der Regulierungsbehörde auf Verlangen Abschriften von allen**

Schriftsätzen, Protokollen, Verfügungen und Entscheidungen zu übersenden.

(2) ¹Der Präsident oder die Präsidentin der Regulierungsbehörde kann, wenn er oder sie es zur Wahrung des öffentlichen Interesses als angemessen erachtet, aus den Mitgliedern der Regulierungsbehörde eine Vertretung bestellen, die befugt ist, dem Gericht schriftliche Erklärungen abzugeben, auf Tatsachen und Beweismittel hinzuweisen, den Terminen beizuwohnen, in ihnen Ausführungen zu machen und Fragen an Parteien, Zeugen und Sachverständige zu richten. ²Schriftliche Erklärungen der vertretenden Personen sind den Parteien von dem Gericht mitzuteilen.

Übersicht

	Rn.
A. Allgemeines	1
B. Unterrichtungspflicht des Gerichts	2
C. Beteiligungsmöglichkeit der Regulierungsbehörde	7

A. Allgemeines

Die Vorschrift entspricht § 90 GWB (BT-Drucks. 15/3917, S. 75) inhaltlich in seinen Absätzen 1 und 2. Es soll erreicht werden, daß die Regulierungsbehörde Kenntnis von interessierenden Sachverhalten erhält. Ihr soll dadurch die Möglichkeit gegeben werden, auch **bei bürgerlichen Rechtsstreitigkeiten das öffentliche Interesse wahrzunehmen** und ihren Sachverstand in das konkrete Verfahren einzubringen (*Salje,* EnWG, § 104, Rn. 1; für das Kartellrecht *Ebel,* § 90 GWB 1999; *Meyer-Lindemann,* in: FK, § 90 GWB 1999, Rn. 1; *Bornkamm,* in: L/B, § 90 GWB, Rn. 1).

B. Unterrichtungspflicht des Gerichts

Nach § 104 I 1 hat das Gericht die Regulierungsbehörde über alle Rechtsstreitigkeiten nach § 102 I (**unaufgefordert**) **zu unterrichten.** Erfaßt werden demnach nur zivilrechtliche Streitigkeiten. Ein gerichtliches (Beschwerde- und Rechtsbeschwerde-)Verfahren, das der Überprüfung einer Verwaltungsentscheidung dient, richtet sich nach § 79. Hier ist die Regulierungsbehörde ohnehin beteiligt (§§ 88 V, 79 I

§ 104 3–6   Teil 8. Verfahren

Nr. 2) (für das GWB *Bornkamm*, in: L/B, § 90 GWB, Rn. 2). Im Gegensatz zu § 90 GWB 1999, der noch von „sich aus diesem Gesetz.." ergebenden Rechtsstreitigkeiten sprach und damit die Vorfragenregelung in § 87 I 2 in seinem Wortlaut nicht berücksichtigte, bezieht sich § 104 auf alle Rechtsstreitigkeiten aus § 102 I (so jetzt auch § 90 GWB, der sich auf alle Rechtsstreitigkeiten nach § 87 I GWB bezieht) (zur Vorfragen-Problematik näher unter § 102, Rn. 13 f.).

3   Die Unterrichtung ist an keine Form gebunden. Sie sollte von Sinn und Zweck der Vorschrift her, auch wenn dies sich dem Wortlaut nicht entnehmen läßt, mindestens das Aktenzeichen, die Parteien und die Art des geltend gemachten Anspruchs beinhalten, es wird **also in der Regel die Klageschrift zu übersenden sein,** damit die Regulierungsbehörde prüfen kann, ob sie die Übersendung weiterer Unterlagen nach § 104 I 2 verlangt (für das Kartellrecht *K. Schmidt*, in: I/M, § 90 GWB 1999, Rn. 7; *Meyer-Lindemann*, in: FK, § 90 GWB 1999 Rn. 10).

4   Erst auf Verlangen hat das Gericht dann nach § 104 I 2 der Regulierungsbehörde Abschriften von allen Schriftsätzen, Protokollen, Verfügungen und Entscheidungen zu übersenden. Dadurch soll die Regulierungsbehörde **umfassend über den Gang des Prozesses in Kenntnis gesetzt werden,** um entscheiden zu können, ob sie aktiv am Prozess nach § 104 II 2 teilnehmen wird (für das Kartellrecht *Meyer-Lindemann*, in: FK, § 90 GWB 1999, Rn. 11). Um die Notwendigkeit eines ständigen Nachfragens der Regulierungsbehörde zu vermeiden, wird das Gericht Akteneinsicht durch Übersendung von Kopien gewähren (*Salje*, EnWG, § 104, Rn. 5).

5   Diese Pflichten nach § 104 I treffen nicht nur Landgerichte, sondern **jedes Gericht,** ausgenommen Schiedsgerichte (*K. Schmidt*, in: I/M, § 90 GWB 1999, Rn. 5; *Bornkamm*, in: L/B, § 90 GWB, Rn. 4), unabhängig davon ob dieses im Einzelfall zuständig oder unzuständig ist, sofern das Verfahren bei ihm anhängig wird. Sie erstrecken sich auf alle Instanzen (*Bechtold*, § 90 GWB 1999, Rn. 2).

6   Der Begriff der Regulierungsbehörde des § 104 I umfaßt jedenfalls die BNetzA. Die Nichtübernahme des § 90 III GWB in § 104 spricht dafür, daß die Unterrichtungspflicht nicht **gegenüber den Landesregulierungsbehörden gilt.** Nach *Salje* soll es sich hierbei jedoch um ein Redaktionsversehen handeln. § 104 sei irrtümlich nicht angepaßt worden, nachdem das ursprüngliche Entwurfskonzept – Zuständigkeitskonzentration auf eine Bundesregulierungsbehörde – im Laufe des Gesetzgebungsverfahrens aufgegeben worden war. Wenn die Bedeutung eines Rechtsstreits in EnWG-Sachen nicht über das Gebiet eines Landes hinausreiche, könne die Benachrichtigung der zuständigen Landes-

C. Beteiligungsmöglichkeit der Regulierungsbehörde

Die Regulierungsbehörde kann sich nach § 104 II an dem Verfahren beteiligen, Schriftsätze einreichen und an Verhandlungsterminen teilnehmen. Die Möglichkeit der Beteiligung an einer Zivilrechtsstreitigkeit steht selbständig neben der Möglichkeit, ein Verwaltungsverfahren einzuleiten, so daß die **Beteiligung am Zivilstreit die Einleitung eines Verwaltungsverfahrens** seitens der Regulierungsbehörde **nicht ausschließt** (für das GWB *Bornkamm,* in: L/B, § 90 GWB, Rn. 3). Die Entscheidung der Regulierungsbehörde steht in ihrem pflichtgemäßen Ermessen. Eine Verpflichtung zum Abwarten bis zu einer rechtskräftigen Entscheidung eines Zivilprozesses vor Einleitung eines dieselben Fragen betreffenden Verwaltungsverfahrens (Untersagungsverfahren nach § 65) besteht nicht, insbesondere weil diese keine Bindungswirkung gegenüber dem Verwaltungsverfahren entfaltet (zum Kartellrecht *KG,* WUW/E OLG, 2446, 2447 f.; *Bornkamm,* in: L/B, § 90 GWB, Rn. 3).

Der Präsident oder die Präsidentin der Regulierungsbehörde kann gemäß § 104 II 1 aus den Mitgliedern der Regulierungsbehörde eine Vertretung bestellen, die befugt ist, gegenüber dem Gericht schriftliche Erklärungen abzugeben, auf Tatsachen und Beweismittel hinzuweisen, den Terminen beizuwohnen, in ihnen Ausführungen zu machen (Rederecht) und Fragen an Parteien, Zeugen und Sachverständige zu richten. Nach § 104 II 2 sind schriftliche Erklärungen der vertretenden Person den Parteien von dem Gericht mitzuteilen. Das **Gericht ist jedoch an die Ausführungen der Regulierungsbehörden in keiner Weise gebunden.** Insbesondere steht der Regulierungsbehörde das Auskunftsrecht nach § 69 im Rahmen ihrer Beteiligung nach § 104 nicht zu (für das Kartellrecht *KG,* WUW OLG, 2446, 2447). Sie hat daher keine Ermittlungsbefugnisse, solange sie nicht selbst das Verfahren eingeleitet hat (§ 66 I), und wird dementsprechend in der Regel keine Tatsachen vortragen (*Bornkamm,* in: L/B, § 90 GWB, Rn. 9; *Bechtold,* § 90 GWB 1999, Rn. 1). Allerdings besteht die Möglichkeit einer Verwertung von Erkenntnissen aus einem parallel eingeleiteten Verwaltungsverfahren, sofern eine Partei den Tatsachenvortrag der Regulierungsbehörde sich zu eigen macht. Die Gegenpartei kann diesen Vortrag bestreiten. Es ist dann ggf. Beweis zu erheben. Das Gericht hat nur insofern eine Einflussmöglichkeit, als es die Parteien auffordern kann, sich zu dem Tatsachenvortrag zu äußern (näher hierzu noch *Bornkamm*, in: L/B, § 90 GWB, Rn. 9).

§ 105 Streitwertanpassung

(1) ¹Macht in einer Rechtsstreitigkeit, in der ein Anspruch nach dem § 32 geltend gemacht wird, eine Partei glaubhaft, dass die Belastung mit den Prozesskosten nach dem vollen Streitwert ihre wirtschaftliche Lage erheblich gefährden würde, so kann das Gericht auf ihren Antrag anordnen, dass die Verpflichtung dieser Partei zur Zahlung von Gerichtskosten sich nach einem ihrer Wirtschaftslage angepassten Teil des Streitwerts bemisst. ²Das Gericht kann die Anordnung davon abhängig machen, dass die Partei glaubhaft macht, dass die von ihr zu tragenden Kosten des Rechtsstreits weder unmittelbar noch mittelbar von einem Dritten übernommen werden. ³Die Anordnung hat zur Folge, dass die begünstigte Partei die Gebühren ihres Rechtsanwalts ebenfalls nur nach diesem Teil des Streitwerts zu entrichten hat. ⁴Soweit ihr Kosten des Rechtsstreits auferlegt werden oder soweit sie diese übernimmt, hat sie die von dem Gegner entrichteten Gerichtsgebühren und die Gebühren seines Rechtsanwalts nur nach dem Teil des Streitwerts zu erstatten. ⁵Soweit die außergerichtlichen Kosten dem Gegner auferlegt oder von ihm übernommen werden, kann der Rechtsanwalt der begünstigten Partei seine Gebühren von dem Gegner nach dem für diesen geltenden Streitwert beitreiben.

(2) ¹Der Antrag nach Absatz 1 kann vor der Geschäftsstelle des Gerichts zur Niederschrift erklärt werden. ²Er ist vor der Verhandlung zur Hauptsache anzubringen. ³Danach ist er nur zulässig, wenn der angenommene oder festgesetzte Streitwert später durch das Gericht heraufgesetzt wird. ⁴Vor der Entscheidung über den Antrag ist der Gegner zu hören.

Übersicht

	Rn.
A. Zweck und Entstehungsgeschichte	1
I. Zweck	1
II. Entstehungsgeschichte	4
B. Anordnungsvoraussetzungen für die Streitwertanpassung	5
C. Verfahren der Antragstellung	7
D. Rechtsfolgen der Streitwertanpassung	11

A. Zweck und Entstehungsgeschichte

I. Zweck

Die Vorschrift übernimmt unter entsprechender Anpassung die im Rahmen der 7. Novelle des GWB neu eingefügte Regelung des **§ 89 a GWB** (BT-Drucks. 15/3917, S. 75). Beide Regelungen stimmen wörtlich überein mit § 23 b UWG a. F. Parallelbestimmungen finden sich auch in Regelungen zum gewerblichen Rechtsschutz (§ 144 PatG, § 142 MarkenG, § 26 GebrMG, § 54 GeschmMG) und zum Aktiengesetz (§ 247 AktG), wobei diesen Vorschriften der auf die Verbandsklagebefugnis abzielende Satz 2 fehlt. 1

Die Bezeichnung dieser Vorschriften mit der Überschrift „Streitwertbegünstigung" wird teilweise im negativen Sinne als passender angesehen als „Streitwertanpassung", da diese Vorschriften mit einem **„bemerkenswerten Gerechtigkeitsdefizit"** (so *Bornkamm*, in: L/B, § 89 a GWB, Rn. 3; Kritik äußern ferner zu den Parallelvorschriften im UWG *Teplitzky*, Kap. 50, Rn. 2 ff. m. w. N. und MarkenG *Ingerl/Rohnke*, § 143 MarkenG, Rn. 16) ausgestattet seien. Insgesamt werde das Prinzip der Unterliegenshaftung zwar beachtet (BT-Drucks. 15/3640, S. 69 zum Kartellrecht). Eine Partei werde bei Anwendung der Vorschrift aber so bevorzugt, daß ihre Verfassungsmäßigkeit in Frage gestellt werden kann (so *Zuck*, GRUR 1966, 167; *Graf Lambsdorff/Kanz*, BB 1983, 2215). 2

Zweck des § 105 ist es, die private Rechtsdurchsetzung bei Ansprüchen aus dem EnWG zu fördern. Es geht darum, **Anreiz für einen privaten Rechtsschutz zu liefern.** Dem „Kleinen", den das hohe Kostenrisiko eines Prozesses davon abhält, Rechtsschutz nachzusuchen, soll es erleichtert werden, gegen die „Großen" zu prozessieren. Die Vorschrift führt auch zu einer Art Erfolgshonorar für den Anwalt. Unterliegt der Begünstigte, so muß er nur die nach dem verringerten Streitwert bemessenen Gerichtsgebühren bezahlen. Das Gleiche gilt für die dem Gegner nach § 91 ZPO zu erstattenden Kosten des Rechtsstreits und für die Gebühr des eigenen Anwalts. Im Falle eines Obsiegens des Begünstigten, kann dessen Anwalt aber von dem Gegner die Gebühren nach der vollen Höhe des Streitwerts verlangen (BT-Drucks. 15/3640, S. 69). 3

II. Entstehungsgeschichte

Die Regelung ist in der Fassung des Regierungsentwurfs Gesetz geworden. Sie war im Gesetzgebungsverfahren **nicht umstritten.** 4

B. Anordnungsvoraussetzungen für die Streitwertanpassung

5 Voraussetzung ist das Vorliegen einer Rechtsstreitigkeit nach § 32. Es muß sich hier um **Schadensersatz- oder Unterlassungsansprüche** handeln. Nicht erfasst werden grundsätzlich primäre Erfüllungsansprüche (vgl. hierzu ausführlich mit eingehender Begründung *Salje*, EnWG, § 105, Rn. 6 ff.). Sinn und Zweck des § 32 ist es, offensichtliche Rechtsverstöße auch der privaten Rechtsverfolgung zugänglich zu machen. § 105 gilt daher nicht für Rechtsstreitigkeiten, in denen es dem Kläger darum geht, die Pflichtenstellung des Netzbetreibers zu konkretisieren (*Salje*, EnWG, § 105, Rn. 9 f.).

6 Ferner setzt § 105 eine erhebliche Gefährdung der wirtschaftlichen Lage der antragstellenden Partei voraus, welche glaubhaft gemacht werden muß. Abzuwägen sind die wirtschaftliche Bedeutung des Streitgegenstandes und das zur Verfügung stehende Eigenkapital sowie Fremdkapital. Unter erheblicher Gefährdung ist jedenfalls die **bevorstehende Insolvenz** zu verstehen. In diesem Fall ist unter Umständen sogar von einer Ermessensreduzierung auf Null auszugehen (*Salje*, EnWG, § 105, Rn. 15, der diese Fälle in Anbetracht des Problems der richtigen Einschätzung der wirtschaftlichen Lage praktisch eher für selten hält). Es reicht aber auch schon eine bloße Unternehmensgefährdung, wenn der Streitwert in voller Höhe angesetzt würde.

C. Verfahren der Antragsstellung

7 Der Antrag auf Streitwertanpassung kann sowohl von Kläger- als auch von Beklagtenseite oder von beiden gestellt werden. Die Streitwertanpassung ist als **Zwischenverfahren** ausgestaltet, so daß es hierfür keinen Anwaltszwang gibt (§ 78 V ZPO). Bei der Antragstellung muß versichert werden, daß die Kosten weder unmittelbar noch mittelbar von einem Dritten (bspw. bei einer Ausfallbürgschaft des Hauptgesellschafters einer GmbH, dazu *Salje*, EnWG, § 105, Rn. 14) übernommen werden.

8 Der Antrag muß nicht in der Klageschrift oder Klageerwiderung gestellt werden, sondern „kann" (optional) nach § 105 II 1 zur **Niederschrift der Geschäftsstelle** erklärt werden. Zuständig ist der Urkundsbeamte der Geschäftsstelle des zuständigen Gerichts.

9 Nach § 105 II 2 kann der Antrag nur bis zum Beginn der Verhandlung zur Hauptsache, also **bis zur mündlichen Verhandlung** vor dem zur Entscheidung des Rechtsstreits in der Hauptsache angerufenen und zuständigen Gericht, die mit dem Aufruf der Sache beginnt (*Salje,* EnWG, § 105, Rn. 21), gestellt werden. Eine spätere Antragsstellung führt grundsätzlich zur Unzulässigkeit des Antrags, wenn nicht unter direkter oder analoger Anwendung der Vorschriften über die Wiederaufnahme des Verfahrens eine endgültige Entschuldigung der Verspätung festgestellt wird (*Salje,* EnWG, § 105, Rn. 21).

Diese Ausschlußfrist gilt aber dann nicht, wenn das Gericht den angenommenen oder festgesetzten Streitwert heraufsetzt, § 105 II 3. Dennoch wird Verwirkung anzunehmen sein, wenn der Antrag nach **Streitwertheraufsetzung** längere Zeit auf sich warten läßt (mehrere Wochen). Trotz fehlender Frist für diesen Fall bedarf es daher einer unmittelbaren Reaktion der betroffenen Partei im Falle der Streitwertheraufsetzung. Liegt ein Antrag vor, muß vor seiner Bescheidung der gegnerischen Partei rechtliches Gehör gewährt werden, § 105 II 4.

C. Rechtsfolgen der Streitwertanpassung

Wird die Streitwertanpassung angeordnet, bedarf es zunächst einer Berechnung der **Gerichtskosten** nach dem angepaßten Streitwert. Dabei ist auch die Reichweite der Streitwertanpassung festzulegen.

Ferner bedarf es der Berechnung der Rechtsanwaltsgebühren, da sich die Anordnung auch auf die **Rechtsanwaltsgebühren** erstreckt (§ 105 I 3, 4), sofern solche von der antragstellenden Partei (ganz oder teilweise) zu tragen sind.

Es erfolgt keine Neufestsetzung des Streitwerts für beide Parteien, sondern Rechtsfolge ist ein **gespaltener Streitwert.** Eine Ausnahme besteht nur dann, wenn beide Seiten den Antrag auf Streitwertanpassung stellen, da das Gericht dann einen einheitlich angepaßten Streitwert festsetzen kann.

Abschnitt 7. Gemeinsame Bestimmungen für das gerichtliche Verfahren

§ 106 Zuständiger Senat beim Oberlandesgericht

(1) Die nach § 91 des Gesetzes gegen Wettbewerbsbeschränkungen bei den Oberlandesgerichten gebildeten Kartellsenate entscheiden über die nach diesem Gesetz den Oberlandesgerichten zugewiesenen Rechtssachen sowie in den Fällen des § 102 über die Berufung gegen Endurteile und die Beschwerde gegen sonstige Entscheidungen in bürgerlichen Rechtsstreitigkeiten.

(2) Die §§ 92 und 93 des Gesetzes gegen Wettbewerbsbeschränkungen gelten entsprechend.

Übersicht

	Rn.
A. Zweck	1
B. Zuständigkeiten der Kartellsenate	3
I. Funktional als Verwaltungsgericht	4
II. Funktional als Strafgericht	5
III. Funktional als Zivilgericht	6
C. Zuständigkeitskonzentration	8

A. Zweck

1 § 106 soll sicherstellen, daß der **Sachverstand der spezialisierten Kartellsenate** bei den Oberlandesgerichten für die EnWG-Streitigkeiten genutzt wird. Daher konzentriert das Gesetz nicht lediglich die Zuständigkeiten, bei denen das Oberlandesgericht funktional als Verwaltungsgericht, Strafgericht oder Zivilgericht tätig ist, in einem Spruchkörper, sondert ordnet zudem an, daß die nach §§ 91 ff. GWB gebildeten Kartellsenate über die nach dem EnWG dem Oberlandesgericht zugewiesenen Rechtssachen entscheiden.

2 In der praktischen Umsetzung ist der **Zweck des Gesetzes nicht vollständig erreicht** worden. Beim Oberlandesgericht Düsseldorf, das als für die BNetzA zuständiges Gericht eine Hauptlast der Verfahren zu tragen hat, war der Kartellsenat bereits vor Zuweisung der Zuständigkeiten aus dem EnWG mehr als ausgelastet. Bei diesem Gericht sind mittlerweile drei Kartellsenate gebildet worden. Kartellrechtliche Erfahrungen haben längst nicht alle Richter, die nun in den drei Kartellsenaten tätig sind.

B. Zuständigkeiten der Kartellsenate

Die Kartellsenate sind nach den Regelungen des EnWG funktional als **Verwaltungsgerichte**, **Strafgerichte** und **Zivilgerichte** tätig. Die ersten Entscheidungen der Kartellsenate in ihrer Zuständigkeit nach § 106 sind in der verwaltungsgerichtlichen Funktion ergangen. Es ist zu erwarten, daß die verwaltungsgerichtliche Funktion auch in Zukunft die Hauptarbeit der Senate nach § 106 ausmachen wird.

I. Funktional als Verwaltungsgericht

Soweit die Kartellsenate funktional als Verwaltungsgerichte tätig werden, steht ihre Zuständigkeit nach § 75 IV als **Beschwerdegericht gegen regulierungsbehördliche Entscheidungen** im Mittelpunkt. Dies schließt Anordnungen nach § 77 sowie Entscheidungen der Regulierungsbehörden über vorläufige Anordnungen nach § 72 ein. Darüber hinaus entscheidet das Beschwerdegericht nach § 84 II über die Einsicht in Vorakten, Beiakten, Gutachten und Auskünfte, sowie nach § 86 III über die Zulassung oder Nichtzulassung der Rechtsbeschwerde.

II. Funktional als Strafgericht

Der Kartellsenat des Oberlandesgerichtes entscheidet funktional als Strafgericht im Bußgeldverfahren. Die Entscheidungskompetenz bezieht sich auf die Überprüfung der **Bußgeldbescheide der Regulierungsbehörde** (§ 98), auf das Wiederaufnahmeverfahren (§ 100) sowie auf den Rechtsschutz in Vollstreckungsangelegenheiten (§ 101).

III. Funktional als Zivilgericht

Der Kartellsenat ist nach § 106 I für die Berufung gegen Endurteile und die Beschwerde gegen sonstige **Entscheidungen in bürgerlichen Rechtsstreitigkeiten** zuständig, bei denen die Landgerichte nach § 102 zuständig sind. Dies sind Verfahren, bei denen die Ansprüche aus dem EnWG hergeleitet werden oder eine Entscheidung über eine Norm des EnWG und des untergesetzlichen Regelwerks Vorfrage für die Entscheidung des Zivilprozesses sind.

Für die Zuständigkeit des Kartellsenats als EnWG-Senat kommt es dabei auf eine **materiellrechtliche Anknüpfung** an (*BGH,* WuW/E

DE-R, 485, 487; *OLG Hamm,* WettbR 2000, 198; *OLG Köln,* NJW/ E-WettbR 2000, 2024). Die Kartellsenate sind demnach immer dann zuständig, wenn es sich um eine Streitigkeit handelt, für die in erster Instanz die Zuständigkeit des nach § 102 zuständige Landgerichts begründet gewesen wäre, ungeachtet dessen, ob dieses tatsächlich entschieden hat (anders noch vor der 6. GWB-Novelle *BGH,* WuW/E BGH 1399, 1401). Unter die energiewirtschaftsrechtlichen Berufungssachen fallen demnach alle EnWG-Sachen, die sich erst nachträglich in der Berufungsinstanz als solche herausstellen. Wegen der bestehenden Einordnungsschwierigkeiten bezüglich der Zuständigkeit der Energiewirtschaftssenate muß die Einlegung des Rechtsmittels bei dem Gericht erfolgen, das für die Vorinstanz allgemein als Rechtsmittelgericht zuständig ist. Bei Unzuständigkeit des Gerichts nach § 91 GWB hat dieses Gericht die Sache auf Antrag nach § 281 ZPO an das Kartell-OLG zu verweisen. Eine Einlegung direkt bei diesem zuständigen OLG ist ebenso möglich (vgl. *Bechtold,* § 91 GWB 1999, Rn. 3).

C. Zuständigkeitskonzentration

8 § 106 II erklärt die §§ 92 und 93 GWB für entsprechend anwendbar. Nach diesen Vorschriften haben die Länder die Möglichkeit, durch Rechtsverordnung ein **einziges OLG für Kartellsachen für zuständig zu erklären.** Darüber hinaus besteht die Möglichkeit, durch Staatsvertrag länderübergreifend die Zuständigkeit in Kartellsachen bei einem OLG zu bündeln (§ 92 II GWB).

9 Unklar ist, welche Rechtsfolge der Gesetzgeber mit der entsprechenden Anwendung der §§ 92 und 93 GWB setzen wollte. Einerseits kann die Verweisung so verstanden werden, daß die Länder in Anwendung von §§ 92, 93 GWB eine Zuständigkeitskonzentration bei einem OLG durch Rechtsverordnung herbeiführen können. Eine andere Lesart würde dahingehen, daß in dem Fall, daß die Länder eine **Zuständigkeitskonzentration** in Kartellsachen herbeigeführt haben, diese **automatisch auch für Energiewirtschaftssachen** gelten würden. Für die letztere Lesart spricht, daß § 106 I die Zuständigkeiten den bei dem OLG gebildeten Kartellsenaten zuweist. Hat ein Land von der Zuständigkeitskonzentration Gebrauch gemacht, sind bei den übrigen Oberlandesgerichten keine Kartellsenate gebildet. Die gesetzgeberische Wertung, daß die EnWG-Streitigkeiten vor den bei den Oberlandesgerichten gebildeten Kartellsenaten verhandelt werden sollten, würde bei anderer Betrachtungsweise unterlaufen (vgl. *Salje,* EnWG, § 106, Rn. 7).

Die hier vertretene Rechtsauffassung entspricht auch der **Praxis** des Präsidiums des *OLG Düsseldorf*. Dieses hat im Geschäftsverteilungsplan die Zuständigkeit für die Beschwerden gegen die Entscheidungen der BNetzA nämlich einen dortigen Kartellsenat zugewiesen. Dies beruht auf § 2 der VO vom 22. 11. 1994 (GVBl. NW, 167). Ohne Anwendung dieser Verordnung wäre nämlich für die BNetzA mit Sitz in Bonn das *OLG Köln* zuständig. 10

§ 107 Zuständiger Senat beim Bundesgerichtshof

(1) **Der nach § 94 des Gesetzes gegen Wettbewerbsbeschränkungen beim Bundesgerichtshof gebildete Kartellsenat entscheidet über folgende Rechtsmittel:**
1. **in Verwaltungssachen über die Rechtsbeschwerde gegen Entscheidungen der Oberlandesgerichte (§§ 86 und 88) und über die Nichtzulassungsbeschwerde (§ 87);**
2. **in Bußgeldverfahren über die Rechtsbeschwerde gegen Entscheidungen der Oberlandesgerichte (§ 99);**
3. **in bürgerlichen Rechtsstreitigkeiten, die sich aus diesem Gesetz ergeben,**
   a) **über die Revision einschließlich der Nichtzulassungsbeschwerde gegen Endurteile der Oberlandesgerichte,**
   b) **über die Sprungrevision gegen Endurteile der Landgerichte,**
   c) **über die Rechtsbeschwerde gegen Beschlüsse der Oberlandesgerichte in den Fällen des § 574 Abs. 1 der Zivilprozessordnung.**

(2) **§ 94 Abs. 2 des Gesetzes gegen Wettbewerbsbeschränkungen gilt entsprechend.**

Übersicht

	Rn.
A. Allgemeines	1
B. Zuständigkeiten des BGH-Kartellsenats als EnWG-Senat (§ 107 I)	4
C. Entscheidung als Zivilsenat oder als Strafsenat (§ 107 II)	7

A. Allgemeines

Die Vorschrift entspricht **§ 94 GWB** (BT-Drucks. 15/3917, S. 75). Sie enthält die Festlegung der Fälle der ausschließlichen Zuständigkeit (§ 108) des *BGH*. 1

2 Der **Kartellsenat des** *BGH* (§ 94 GWB) ist zuständig für alle Rechtsmittel gegen Entscheidungen der Kartell-OLGe in energiewirtschaftsrechtlichen Streitigkeiten (vgl. hierzu § 106, Rn. 3–5). Der Kartellsenat wird im Geschäftsverteilungsplan des *BGH* unter den „übrigen Senaten" geführt. Traditionsgemäß ist sein **Vorsitzender der Präsident** des *BGH* (§ 21 e I 3 GVG) (*Bornkamm,* in: L/B, § 94 GWB 1999, Rn. 2).

3 Die Besetzung der Senate des *BGH* richtet sich nach § 139 I GVG. Der Kartellsenat entscheidet als **Zivilsenat** stets in der Besetzung mit **fünf Mitgliedern,** als Strafsenat in der Besetzung mit drei Mitgliedern.

B. Zuständigkeiten des BGH-Kartellsenats als EnWG-Senat (§ 107 I)

4 Der *BGH* entscheidet nach § 107 I Nr. 1 über die Rechtsbeschwerde gegen Entscheidungen der OLG und über die **Nichtzulassungsbeschwerde.** Die **Rechtsbeschwerde** ist nach §§ 86 I, III, 88 III beim OLG einzulegen, welches auch über ihre Zulassung bestimmt. Die Nichtzulassungsbeschwerde ist nach § 87 III ebenfalls beim OLG einzulegen.

5 Nach § 107 I Nr. 2 entscheidet der *BGH* in **Bußgeldverfahren** über die **Rechtsbeschwerde** gegen Entscheidungen der OLG nach § 99 i. V. m. § 79 OWiG. Zuständig ist in Abweichung von §§ 121 I Nr. 1 lit. a), 122 I GVG i. V. m. §§ 46 VII, 79 III OWiG auch hier der Kartellsenat.

6 In § 107 I Nr. 3 lit. a)–c) ist die Zuständigkeit des *BGH*-Kartellsenats für die dort genannten Zivilsachen geregelt. Ob es sich im Rahmen der Revision um Kartellrevisionssachen handelt, ergibt sich aus § 102. Alle Kartellrechtssachen nach § 102 I (vgl. hierzu § 102, Rn. 6–15) sind in der Revisionsinstanz auch **Kartellrevisionssachen.** Andere Rechtsstreitigkeiten gehören nicht hierher (vgl. hierzu für das Kartellrecht ferner näher *K. Schmidt,* in: I/M, § 94 GWB 1999, Rn. 9 ff.). Auch hier ist eine materiell-rechtliche Anknüpfung maßgebend (für das Kartellrecht *Bornkamm,* in: L/B, § 94 GWB 1999, Rn. 3). Die Rechtsbeschwerde nach § 107 I Nr. 3 lit. c) ist zulässig, wenn das OLG gem. § 567 ZPO entschieden hat und das Gesetz die Statthaftigkeit der Rechtsbeschwerde festlegt oder das Beschwerdegericht die Rechtsbeschwerde durch Beschluß zugelassen hat (*Salje,* EnWG, § 107, Rn. 3).

C. Entscheidung als Zivilsenat oder als Strafsenat (§ 107 II)

Geht es um eine Entscheidung durch den Großen Senat nach § 132 GVG, muß wegen des Verfassungsgebots des gesetzliches Richters (Art. 101 I 2 GG) feststehen, ob der **Kartellsenat als Zivilsenat oder als Strafsenat entschieden hat.** Daher wird durch § 107 II i. V. m. § 94 II GWB klargestellt, daß er in Bußgeldsachen immer als Strafsenat entscheidet, in allen übrigen Streitigkeiten dagegen als Zivilsenat. Dies umfaßt auch die Fälle, in denen die Kartellgerichte funktional als Verwaltungsgerichte tätig werden. 7

§ 108 Ausschließliche Zuständigkeit

Die Zuständigkeit der nach diesem Gesetz zur Entscheidung berufenen Gerichte ist ausschließlich.

Übersicht

	Rn.
A. Allgemeines	1
B. Geltungsbereich	3
C. Rechtsfolgen	4

A. Allgemeines

§ 108 entspricht **§ 95 GWB** (BT-Drucks. 15/3917, S. 75). 1

Die Anordnung der Ausschließlichkeit der Gerichtsstände dient der Konzentration der Rechtspflege in energiewirtschaftsrechtlichen Streitigkeiten (für das Kartellrecht *K. Schmidt,* in: I/M, § 95 GWB 1999, Rn. 1). § 108 stellt klar, daß bei Anordnung der Zuständigkeit eines Gerichts nach dem EnWG dieses ausschließlich zuständig ist. Damit sind die ansonsten in bürgerlich-rechtlichen Streitigkeiten zulässigen **Gerichtsstandsvereinbarungen (§ 38 ZPO) unzulässig.** Mit Blick auf § 102 ist § 108 überflüssig (*Salje,* EnWG, § 108, Rn. 2). 2

B. Geltungsbereich

§ 108 gilt für alle staatlichen Gerichte in allen Rechtszügen (für das Kartellrecht *Kleier,* in: FK, § 95 GWB 1999, Rn. 23). Von § 108 nicht erfasst werden daher **Schiedsgerichte.** Auch die Spruchkörperzustän- 3

§ 108   4

digkeiten nach §§ 106, 107 sind ausschließliche Zuständigkeiten (für das Kartellrecht *Kleier,* in: FK, § 95 GWB 1999, Rn. 26).

C. Rechtsfolgen

Die Rechtsfolgen von Verstößen gegen § 108 richten sich nach den allgemeinen prozessualen Vorschriften (vgl. näher *Kleier,* in: FK, § 95 GWB 1999, Rn. 28 ff.). Nach § 40 II 1 Nr. 2, II 2 ZPO führt die Anordnung ausschließlicher Gerichtsstände dazu, daß keine Gerichtsstandsvereinbarung (§ 38 ZPO) und **keine Zuständigkeit infolge rügelosen Einlassens** (§ 39 ZPO) möglich sind. Durch die Anordnung der ausschließlichen Gerichtsstände im EnWG ergibt sich inzident auch die Eröffnung des Rechtsweges nur zu den Zivilgerichten, da eine nach § 13 GVG vorbehaltene Zuweisung an Verwaltungsgerichte insoweit zurücktritt (für das Kartellrecht *Kleier,* in: FK, § 95 GWB 1999, Rn. 15). Der Verstoß gegen den Ausschließlichkeitsgrundsatz bleibt aber ohne Beachtung, wenn nicht eine rechtzeitige Rüge des Verstoßes gemäß § 529 II i. V. m. § 520 III ZPO erfolgt (*Salje,* EnWG, § 108, Rn. 3). Nur im Rechtsmittelverfahren ist der Verstoß von Amts wegen und unbefristet zu beachten (für das Kartellrecht *Bechtold,* § 95 GWB, Rn. 1; a. A. *Bornkamm,* in: L/B, § 95 GWB 1999, Rn. 3).

Teil 9. Sonstige Vorschriften

§ 109 Unternehmen der öffentlichen Hand, Geltungsbereich

(1) Dieses Gesetz findet auch Anwendung auf Unternehmen, die ganz oder teilweise im Eigentum der öffentlichen Hand stehen oder die von ihr verwaltet oder betrieben werden.

(2) Dieses Gesetz findet Anwendung auf alle Verhaltensweisen, die sich im Geltungsbereich dieses Gesetzes auswirken, auch wenn sie außerhalb des Geltungsbereichs dieses Gesetzes veranlasst werden.

Literatur: *Tödtmann*, Kommunale Energieversorgungsunternehmen zwischen Gemeinderecht und Wettbewerb, RdE 2002, 6.

Übersicht

	Rn.
A. Allgemeines	1
I. Inhalt und Zweck	1
II. Entstehungsgeschichte	4
B. Anwendung auf öffentliche und gemischtwirtschaftliche Unternehmen (§ 109 I)	6
I. Tatsächlicher Hintergrund	6
II. Rechtliche Bedeutung	7
1. Tatbestandsmerkmale	7
2. Rechtsfolge: Anwendbarkeit des EnWG	11
C. Anwendung auf extraterritoriales Verhalten (§ 109 II)	12
I. Völkerrechtliche Grundlage	12
II. Energiewirtschaftsrechtliche Bedeutung	14

A. Allgemeines

I. Inhalt und Zweck

Die – den „Teil 9. Sonstige Vorschriften" eröffnende – Vorschrift **1** enthält **Regelungen zum Anwendungsbereich** des Gesetzes. Insoweit bezweckt sie in zwei Hinsichten, die der Gesetzgeber einer besonderen Regelung bedürftig angesehen hat, eine Klarstellung bzw. Erweiterung.

2 Zum einen stellt § 109 I in personeller Hinsicht die **Anwendbarkeit des EnWG auch auf sog. öffentliche bzw. gemischtwirtschaftliche Unternehmen** klar. Die Regelung zielt darauf, Unternehmen unabhängig von ihrer Zuordnung zum öffentlichen Sektor, die durch Rechtsform, (Anteils-)Eigentum, Verwaltung und Betrieb des Unternehmens oder sonstige Form der Beherrschung begründet sein mag, den Vorschriften des EnWG zu unterwerfen. Sie fixiert damit für das EnWG den aus dem Wettbewerbsrecht bekannten funktionalen Unternehmensbegriff, der nicht auf die Person des Handelnden, sondern allein auf die Art der Tätigkeit, nämlich die aktive Teilnahme am Wirtschaftsleben abstellt (vgl. *Bechtold,* § 1, Rn. 2). In der Folge soll die öffentliche Hand, soweit sie sich unternehmerisch betätigt, grundsätzlich den gleichen Regeln unterliegen wie auch private Unternehmen (vgl. *Bechtold,* § 130, Rn. 3).

3 Zum anderen erstreckt § 109 II in räumlicher Hinsicht die **Anwendbarkeit des Gesetzes auf extraterritoriales Verhalten,** nämlich auf solches Verhalten, das außerhalb des Geltungsbereichs des Gesetzes vorgenommen bzw. veranlaßt worden ist, sich jedoch in seinem Geltungsbereich auswirkt. § 109 II enthält damit eine den allgemeinen Regeln des Internationalen Privatrechts vorgehende besondere Kollisionsnorm (*Salje,* EnWG, § 109, Rn. 11).

II. Entstehungsgeschichte

4 Die Bestimmung hat **keine unmittelbaren Vorläufer** in den früheren Fassungen des EnWG. Sie folgt dem Vorbild von § 130 I 1 und II GWB, die den Anwendungsbereich des GWB entsprechend regeln (vgl. BT-Drucks. 15/3917, S. 75).

5 Die Regelung war bereits im Regierungsentwurf vorgesehen (BT-Drucks. 15/3917, S. 37). Sie hat das **Gesetzgebungsverfahren,** soweit ersichtlich, ohne größere Beratungen durchlaufen und ist unverändert Gesetz geworden.

B. Anwendung auf öffentliche und gemischtwirtschaftliche Unternehmen (§ 109 I)

I. Tatsächlicher Hintergrund

6 Nachdem im späten 19. Jahrhundert allererste Anfänge der Gas- und Elektrizitätsversorgung teils in die Hand privater Unternehmen gegeben worden waren, haben sehr bald **öffentliche, insbesondere kommunale sowie gemischtwirtschaftliche EVU,** d. h. teils in öffentlichem, teils in privatem Anteilseigentum stehende EVU, eine dominierende Rolle in der Energieversorgung in Deutschland gespielt. Unter der Geltung des EnWG 1935 hat sich in der Bundesrepublik eine Struktur der Energieversorgung etabliert, bei der die Kommunen ganz überwiegend die lokalen EVU in Gestalt ihrer Stadtwerke, vor allem mit der Funktion der örtlichen Energieverteilung, betreiben und darüber hinaus auch an den regionalen und den großen, überregionalen Verbundunternehmen beteiligt sind (vgl. *Hellermann,* S. 21 f., 41 f.). Diese gefestigte Struktur ist durch die vom EnWG 1998 bewirkte Liberalisierung aufgelockert worden; u. a. ist auch eine Tendenz zum Verkauf von Stadtwerken bzw. zur Aufnahme von Fremdbeteiligungen konstatiert worden (*Tödtmann,* RdE 2002, 6, 9). Desungeachtet spielen aber öffentliche und gemischtwirtschaftliche EVU auf den verschiedenen Stufen der Energieversorgung nach wie vor eine bedeutende Rolle.

II. Rechtliche Bedeutung

1. Tatbestandsmerkmale. Öffentliche Hand im Sinne der Vorschrift sind alle rechtlich selbständigen Träger öffentlicher Gewalt. Dies sind zunächst die Gebietskörperschaften, also Bund, Länder und Kommunen. Weiter zählen dazu aber auch sonstige juristische Personen des öffentlichen Rechts, also insbesondere rechtsfähige Anstalten und Körperschaften des öffentlichen Rechts (vgl. *Salje,* EnWG, § 109, Rn. 5).

§ 109 I erfaßt nur die **unternehmerische Betätigung der öffentlichen Hand** auf dem Sektor der Energiewirtschaft (*Salje,* EnWG, § 109, Rn. 8). Dafür, was solche energiewirtschaftlich-unternehmerischen Betätigungen sind, liefert die Definition des EVU (§ 3 Nr. 18) Anhaltspunkte. Danach zählen hierzu die – leitungsgebundene – Lieferung von Energie an andere, der Betrieb eines Energieversorgungsnetzes sowie die Innehabung von eigentumsbegründeter Verfügungsbefugnis über ein Energieversorgungsnetz. § 109 I ist hingegen unanwendbar, soweit Stellen der öffentlichen Hand hoheitlich tätig werden. Die Abgrenzung zwischen unternehmerischer bzw. wirtschaftlicher und hoheitlicher Betätigung auf dem Sektor der leitungsgebundenen Energieversorgung ist teils problematisch und umstritten. Dies gilt insbesondere für die Qualifikation der Tätigkeit der Gemeinden bei der Vergabe von Wegerechten durch Konzessionsvertrag; sie wird von Rechtsprechung und h. L. als eine wirtschaftliche Betätigung angesehen, ist mit den besseren Gründen jedoch als hoheitliche Betätigung zu qualifizieren, weil die Gemeinden hierbei ihre Hoheit über das örtliche Wegenetz als eine spezifisch hoheitliche Rechtsposition wahrnehmen (vgl. § 46, Rn. 9).

§ 109 9–11   Teil 9. Sonstige Vorschriften

9   Über dieses funktionelle Element der wirtschaftlichen Betätigung hinaus stellt § 109 I **keine weitere organisatorische Voraussetzung im Hinblick auf den Unternehmensbegriff** auf. Wie mit Blick auf den Unternehmensbegriff des GWB zutreffend geklärt und auf § 109 I zu übertragen ist, ist nach der maßgeblichen funktionellen Betrachtung Unternehmen jeder, der im geschäftlichen Verkehr selbständig tätig wird, ohne daß es auf die Form der rechtlichen oder wirtschaftlichen Organisation oder auf die Betriebsgröße ankommt (vgl. *Bechtold,* § 130, Rn. 5). Die öffentliche Hand unterfällt deshalb auch dann in ihrem unternehmerischen Handeln dem § 109 I, wenn sie sich keiner besonderen organisatorisch, haushaltsmäßig oder rechtlich selbständigen Unternehmensform bedient, sondern unmittelbar selbst wirtschaftlich tätig wird (*Salje,* EnWG, § 109, Rn. 4), etwa eine Kommune durch einen sog. Regiebetrieb. Gerade im Sektor der Energiewirtschaft wird die öffentliche Hand jedoch typischerweise durch organisatorisch mehr oder minder verselbständigte Unternehmen tätig. Grundsätzlich stehen der öffentlichen Hand dafür einerseits öffentlich-rechtliche Unternehmensformen, im kommunalen Bereich insbesondere die Organisationsform des Eigenbetriebs sowie der rechtsfähigen Anstalt zur Verfügung; andererseits kann die öffentliche Hand auch auf privatrechtliche Organisationsformen, namentlich die der AG und der GmbH zurückgreifen (vgl. *Britz,* in: S/T, § 4, Rn. 3 ff.). Unternehmerische Betätigung der öffentlichen Hand in all diesen Unternehmensformen, insbesondere auch in öffentlich-rechtlichen Rechtsformen unterfällt § 109 I.

10   Die Abgrenzung des öffentlichen bzw. gemischtwirtschaftlichen Unternehmens i. S. d. § 109 I von privaten Unternehmen erfolgt durch die Merkmale des **(Anteils-)Eigentums der öffentlichen Hand sowie der Betriebsführung und Verwaltung des EVU durch die öffentliche Hand.** Verwaltung soll vorliegen, wenn nach Abzug einer Verwaltergebühr die Erlöse an den Unternehmensinhaber ausgekehrt werden, Betriebsführung hingegen, wenn das Unternehmen nach außen hin wie von einem Eigentümer, aber auf fremde Rechnung betrieben wird (*Salje,* EnWG, § 109, Rn. 7). Die genaue Abgrenzung zwischen diesen Merkmalen und gegenüber privaten EVU bleibt hier ohne besondere Bedeutung, weil das EVU entweder nach § 109 I oder sonst als privates Unternehmen unmittelbar dem Anwendungsbereich des EnWG unterfällt.

11   **2. Rechtsfolge: Anwendbarkeit des EnWG.** Für öffentliche und gemischtwirtschaftliche Unternehmen in dem dargelegten Sinne (Rn. 7 ff.) ordnet § 109 I die Anwendung des EnWG an. In der Sache wird damit die **Anwendung der unternehmensbezogenen Regelungen des EnWG** auch auf solche Unternehmen klargestellt. Auch

sie unterfallen danach etwa den Regelungen über die Entflechtung, die Netzzugangsgewährung, die Anschlußpflicht oder die Grundversorgungspflicht etc. Regelungen, die Träger öffentlicher Gewalt in Wahrnehmung hoheitlicher, nicht unternehmerischer Funktionen berechtigen oder verpflichten (vgl. Rn. 8), sind auf diese hingegen nicht kraft § 109 I, sondern unmittelbar anwendbar. Das gilt richtigerweise etwa für § 46, soweit dieser die Gemeinden als Wegenutzungsvertragspartner von EVU anspricht.

C. Anwendung auf extraterritoriales Verhalten (§ 109 II)

I. Völkerrechtliche Grundlage

12 Der Anwendungsbereich des EnWG wird völkerrechtlich grundsätzlich durch **das Territorialitätsprinzip und das Einmischungsverbot**, das damit im Zusammenhang steht, begrenzt. Dadurch werden die Regelungsbefugnis des nationalen Gesetzgebers und die Eingriffsbefugnisse nationaler Behörden grundsätzlich auf das eigene Hoheitsgebiet beschränkt (*Bechtold,* § 130, Rn. 11). Regelungsgegenstand des EnWG ist danach grundsätzlich die Energiewirtschaft innerhalb des Bundesgebietes.

13 Die darüber hinausführende Regelung des § 109 II stützt sich völkerrechtlich auf das sog. **Auswirkungsprinzip**. Dieses erlaubt auch in Bezug auf Verhalten, das sich in fremdem Staatsgebiet abspielt, einem Staat nationale Regelungen und Maßnahmen, soweit dieses Verhalten sich in seinem Hoheitsgebiet auswirkt. Allerdings unterliegt es auch seinerseits wiederum völkerrechtlichen Begrenzungen (*Bechtold,* § 130, Rn. 12).

II. Energiewirtschaftsrechtliche Bedeutung

14 § 109 II verlangt eine **Inlandsauswirkung** extraterritorialen Verhaltens. Voraussetzung dafür ist eine nicht nur potentielle, sondern tatsächliche und zudem spürbare Auswirkung im Inland (*Salje,* EnWG, § 109, Rn. 13).

15 Der Bestimmung wird allerdings deshalb **keine große Bedeutung** vorhergesagt, weil zumindest alle EU-Mitgliedstaaten zugleich auch zur Beachtung der einschlägigen Binnenmarktrichtlinien und des EG-Primärrechts verpflichtet sind und insofern primär die EG-Kommission zum Eingreifen berufen sein wird (*Salje,* EnWG, § 109, Rn. 11, 13).

§ 110 Objektnetze

(1) Die Teile 2 und 3 sowie die §§ 4, 52 und 92 finden keine Anwendung auf den Betrieb von Energieversorgungsnetzen, die sich auf einem

1. räumlich zusammengehörenden Betriebsgebiet befinden sowie überwiegend dem Transport von Energie innerhalb des eigenen Unternehmens oder zu im Sinne des § 3 Nr. 38 verbundenen Unternehmens dienen,
2. räumlich zusammengehörenden privaten Gebiet befinden und dem Netzbetreiber oder einem Beauftragten dazu dienen, durch einen gemeinsamen übergeordneten Geschäftszweck, der
   a) über reine Vermietungs- und Verpachtungsverhältnisse hinausgeht, und
   b) durch die Anwendung der im einleitenden Satzteil genannten Bestimmungen unzumutbar erschwert würde,
   bestimmbare Letztverbraucher mit Energie zu versorgen oder
3. räumlich eng zusammengehörenden Gebiet befinden und überwiegend der Eigenversorgung dienen,

sofern das Energieversorgungsnetz nicht der allgemeinen Versorgung im Sinne des § 3 Nr. 17 dient und der Betreiber des Objektnetzes oder sein Beauftragter die personelle, technische und wirtschaftliche Leistungsfähigkeit besitzen, um den Netzbetrieb entsprechend den Vorschriften dieses Gesetzes auf Dauer zu gewährleisten.

(2) Soweit Energieversorgungsunternehmen unter Nutzung von Netzen nach Absatz 1 Letztverbraucher mit Energie beliefern, findet Teil 4 keine Anwendung.

(3) Eigenversorgung im Sinne des Absatzes 1 Nr. 3 ist die unmittelbare Versorgung eines Letztverbrauchers aus der für seinen Eigenbedarf errichteten Eigenanlage oder aus einer Anlage, die von einem Dritten ausschließlich oder überwiegend für die Versorgung eines bestimmbaren Letztverbrauchers errichtet und betrieben wird.

(4) Die Regulierungsbehörde entscheidet auf Antrag, ob die Voraussetzungen nach Absatz 1 vorliegen.

(5) Die Anwendung dieses Gesetzes auf den Fahrstrom der Eisenbahnen (§ 3 a) bleibt unberührt.

Literatur: *Boesche/Wolf,* Viel Lärm um kleine Netze, ZNER 2005, 285 ff.; *Habich,* Objektnetze: Praktikabler Ausweg aus der Regulierung?, DVBl. 2006,

211 ff.; *Krebs,* Die Entscheidung der Regulierungsbehörde nach § 110 Abs. 4 EnWG, RdE 2006, 115 ff.; *Lippert,* Beitrag der Arealversorgung zu einer zukunftsfähigen Energieversorgung – rechtlicher Rahmen, WiVerw 2005, 84 ff.; *Meinhold,* Netzanschluß von Areal- und Objektnetzen nach „Mainova" und dem neuen EnWG – Auftrieb für Kraft-Wärme-Kopplung (KWK) und Contracting?, ZNER 2005, 196 ff.; *Rosin,* Die Privilegierung von Objektnetzen nach § 110 EnWG, RdE 2006, 9 ff.; *Strohe,* Arealnetze und Objektnetze, ET 2005, 747 ff.

Übersicht

	Rn.
A. Allgemeines	1
I. Inhalt	1
II. Zweck	2
III. Europarecht	3
B. Rechtsrahmen für Objektnetze (§ 110 I)	5
I. Definition von Objektnetzen	5
1. Werks- und Industrienetze (§ 110 I Nr. 1)	6
2. Netze mit übergeordnetem Geschäftszweck (§ 110 I Nr. 2)	8
3. Eigenversorgungsnetze (§ 110 I Nr. 3)	12
4. Weitere Voraussetzungen	14
a) Kein Netz der allgemeinen Versorgung	15
b) Leistungsfähigkeit des Netzbetreibers oder Beauftragten	16
II. Ausschluß der Anwendung der Teile 2 und 3 sowie der §§ 4, 52 und 92	17
C. Belieferung von Letztverbrauchern über Objektnetze (§ 110 II)	19
D. Eigenversorgung im Sinne des § 110 I Nr. 3 (§ 110 III)	20
I. Eigenbedarfsanlage	21
II. Contracting	22
E. Entscheidung der Regulierungsbehörde über Objektnetzeigenschaft (§ 110 IV)	23
F. Fahrstrom der Eisenbahnen gemäß § 3a (§ 110 V)	26

A. Allgemeines

I. Inhalt

§ 110 enthält ein **Ausnahmeregelung** für sog. Objektnetze. Zentrale Vorschriften der Netzregulierung gelten für diese Netze nicht. Der Gesetzentwurf der Bundesregierung beschränkte die Ausnahmeregelung zunächst auf die in § 3 Nr. 40 des Entwurfs definierten Werksnetze (vgl. Begr. BT-Drucks. 15/3917, S. 37; BR-Drucks. 248/05). § 110 in seiner jetzigen Fassung wurde auf Beschlußempfehlung des Vermittlungsausschusses vom 15. 6. 2005 in das EnWG aufgenommen (BT-

Drucks. 15/5736, S. 7). Die Vorschrift gilt neben Werksnetzen für sonstige Netze mit übergeordnetem Geschäftszweck und Eigenversorgungsnetze. Die Netze werden unter dem Oberbegriff „Objektnetze" in § 110 I Nr. 1 bis 3 näher definiert und **von der Anwendung der Teile 2 und 3 sowie der §§ 4, 52 und 92 ausgenommen.** Voraussetzung dafür ist, daß es sich bei den Netzen nicht um Energieversorgungsnetze der allgemeinen Versorgung i. S. d. § 3 Nr. 17 handelt und der Netzbetreiber oder sein Beauftragter über die für den Netzbetrieb erforderliche Leistungsfähigkeit verfügen. Nach § 110 II gilt Teil 4 nicht für die Energieversorgung von Letztverbrauchern über Objektnetze. § 110 III definiert die für Objektnetze gem. § 110 I Nr. 3 als Tatbestandsmerkmal vorausgesetzte Eigenversorgung. Gemäß § 110 IV entscheidet die Regulierungsbehörde auf Antrag, ob die Voraussetzungen nach § 110 I vorliegen. § 110 V stellt klar, daß die Anwendung des EnWG auf den Fahrstrom der Eisenbahnen unberührt bleibt (§ 3 a).

II. Zweck

2   Mit § 110 werden Objektnetze der Netzregulierung weitgehend entzogen (im einzelnen unten Rn. 17 f.). Zweck der Regelung ist es, Objektnetze dadurch zu **privilegieren,** daß diese praktisch als Kundenanlagen behandelt werden und **der Netzregulierung entzogen** werden. Die Privilegierung soll für Werksnetze (§ 110 I Nr. 1) auch dann gelten, wenn über diese Netze aufgrund einer wirtschaftlich und arbeitsmarktpolitisch positiv zu bewertenden Entwicklung der Standorte, die zur Ansiedlung von Tochterunternehmen oder anderen Unternehmen auf dem Werksgelände führt, auch andere juristische Personen als der ursprüngliche Betreiber des Energieversorgungsnetzes mit Energie versorgt werden (Begr. BT-Drucks. 15/3917, S. 75). Diese Erwägung gilt für die in § 110 I Nr. 2 geregelten Netze mit übergeordnetem Geschäftszweck entsprechend. Privilegiert werden sollen darüber hinaus Netze zur Eigenversorgung (§ 110 I Nr. 3). § 110 liegt die Vorstellung des Gesetzgebers zugrunde, daß bei Objektnetzen ein typischer, regulierungsbedürftiger Monopolkonflikt nicht besteht (*Meinhold,* ZNER 2005, 196, 204).

III. Europarecht

3   Nach dem eindeutigen Wortlaut gilt § 110 für sämtliche Energieversorgungsnetze. Die Vorschrift ist daher gem. § 3 Nr. 16 auf Elektrizitätsversorgungsnetze ebenso anwendbar wie auf Gasversorgungsnetze. Es ist fraglich, ob dies mit gemeinschaftsrechtlichen Vorgaben vereinbar ist. Für **Elektrizitätsversorgungsnetze** ist diese Frage – ungeachtet der

Notwendigkeit einer gemeinschaftsrechtskonformen Auslegung von § 110 (vgl. Rn. 4) – im Grundsatz zu bejahen. Art. 26 EltRl erlaubt für die in Art. 2 Nr. 26 und 27 EltRl definierten „kleinen isolierten Netze" und „isolierten Kleinstnetze" Ausnahmeregelungen. Sie können sich auf den Betrieb des Übertragungsnetzes und des Verteilungsnetzes (Kapitel IV und V EltRl), die Entflechtung und Transparenz der Rechnungslegung (Kapitel VI EltRl) sowie die Organisation des Netzzugangs (Kapitel VII EltRl) beziehen. Ausnahmen sind nach Art. 26 EltRl von den Mitgliedstaaten bei der Kommission zu beantragen. Einen entsprechenden Antrag hat die Bundesregierung bisher nicht gestellt. Da die **Gewährung von Ausnahmen durch die Kommission** konstitutiven Charakter hat, steht das Fehlen eines Antrags der Bundesregierung und einer diesem Antrag stattgebenden Entscheidung der Kommission derzeit der Anwendung von § 110 auf Elektrizitätsversorgungsnetze entgegen.

Dagegen sieht die GasRl Ausnahmeregelungen nicht vor. Sie verpflichtet die Mitgliedstaaten dazu, die Vorgaben zur Netzregulierung ausnahmslos für sämtliche Gasversorgungsnetze umzusetzen. Eine Rechtsgrundlage für die in § 110 für **Gasversorgungsnetze** vorgesehenen Ausnahmen von der Netzregulierung gibt es in der GasRl nicht. Deshalb dürfte § 110, soweit die Regelung in § 110 I Nr. 2 und 3 auch Gasversorgungsnetze erfaßt (§ 110 I Nr. 3 gilt nur für den Elektrizitätsbereich), nicht mit Gemeinschaftsrecht vereinbar sein (*Boesche/Wolf,* ZNER 2005, 285, 286). § 110 ist daher gemeinschaftsrechtskonform so auszulegen, daß die Vorschrift **für Gasversorgungsnetze nicht gilt;** ihr Anwendungsbereich ist auf Elektrizitätsversorgungsnetze zu beschränken. § 110 führt folglich bei Gasversorgungsnetzen auch in den Fällen, in denen die Tatbestandsvoraussetzungen von § 110 I Nr. 1 oder 2 vorliegen, nicht dazu, daß Gasversorgungsnetze von der Netzregulierung nach dem EnWG ausgenommen sind. Für sie gelten uneingeschränkt insbesondere die Bestimmungen der Teile 2 und 3.

B. Rechtsrahmen für Objektnetze (§ 110 I)

I. Definition von Objektnetzen

§ 110 I definiert drei verschiedene Netztypen, die als Objektnetze der Netzregulierung entzogen sind (zu den verschiedenen Netzarten vgl. *Lippert,* WiVerw 2005, 84, 85 ff.). Hinzukommen muß in allen drei Fällen, daß kein Energieversorgungsnetz der allgemeinen Versorgung i. S. d. § 3 Nr. 17 vorliegt und der Netzbetreiber oder sein Beauftragter personell, technisch und wirtschaftlich ausreichend leistungsfähig ist, um einen den Vorschriften des EnWG entsprechenden Netzbetrieb auf Dauer zu gewährleisten. § 110 I enthält eine **Vielzahl unbestimmter Rechtsbegriffe,** durch die eine rechtssichere Handhabung der Vorschrift erschwert wird (*Rosin,* RdE 2006, 9, 10). Vor diesem Hintergrund hat erhebliche praktische Bedeutung, ob die Entscheidung der Regulierungsbehörde nach § 110 IV über das Vorliegen der Voraussetzungen des § 110 I Voraussetzung für die Privilegierung von Objektnetzen ist oder nur deklaratorischen Charakter hat (dazu Rn. 24 f.). Grundsätzlich gilt, daß § 110 als Ausnahmevorschrift eng auszulegen ist (*Habich,* DVBl. 2006, 211; *Boesche/Wolf,* ZNER 2005, 285, 286).

6   1. Werks- und Industrienetze (§ 110 I Nr. 1). Nach § 110 I Nr. 1 sind als Objektnetze sich auf einem räumlich zusammengehörenden Betriebsgebiet befindende Energieversorgungsnetze zu verstehen, die überwiegend dem Transport von Energie innerhalb des eigenen Unternehmens oder zu i. S. v. § 3 Nr. 38 verbundenen Unternehmen dienen. § 110 bezieht sich in erster Linie auf Werks- und Industrienetze (*Rosin,* RdE 2006, 9, 11). Es sollen aber auch Flughäfen, Pflegeheime und Einkaufszentren erfaßt werden (BT-Drucks. 248/1/205, S. 9). Das Betriebsgebiet kann sich auf mehrere Grundbuchgrundstücke erstrecken. Da § 110 I Nr. 1 kein räumlich zusammenhängendes, sondern nur ein **räumlich zusammengehörendes Betriebsgebiet** verlangt, ist nicht erforderlich, daß die Grundstücke unmittelbar aneinander angrenzen. Die von § 110 I Nr. 1 geforderte räumliche Zusammengehörigkeit kann vielmehr auch dann vorliegen, wenn das Betriebsgebiet durch andere Grundstücke, insbesondere durch Straßen oder Gewässer **unterbrochen** ist. Voraussetzung ist jedoch, daß aufgrund einer gewissen räumlichen Nähe und Verbindung zwischen den Grundstücken das Gebiet aus Sicht eines objektiven Betrachters **als einheitlich wahrgenommen** wird (*Rosin,* RdE 2006, 9, 11 f.; *Habich,* DVBl. 2006, 211, 212; *Strohe,* ET 2005, 747). Ob dies der Fall ist, kann abschließend nur anhand der Umstände des Einzelfalls beurteilt werden. Eine entsprechende Feststellung – mit für die Objektnetzeigenschaft konstitutivem Charakter – ist von der Regulierungsbehörde zu treffen (dazu unten Rn. 23 ff.).

7   Das Energieversorgungsnetz – genauer das Elektrizitätsversorgungsnetz (vgl. Rn. 4) – muß gem. § 110 I Nr. 1 ferner überwiegend dem Transport von Energie innerhalb des eigenen Unternehmens oder zu i. S. v. § 3 Nr. 38 verbundenen Unternehmen (dazu § 3 Nr. 38, Rn. 61) dienen. Konkreter wird der Gesetzgeber nicht. § 110 I Nr. 1 läßt sich weder *entnehmen,* worauf – Liefermenge oder Anzahl der belieferten Unternehmen – sich das Erfordernis des Überwiegens bezieht, noch wird klar, wie dieses Erfordernis in quantitativer Hinsicht zu bestimmen ist. Die erste Frage läßt sich anhand der Gesetzesbegründung beantworten. Sie besagt ausdrücklich, daß maßgebliches Kriterium der Umfang der Liefermenge ist (Begr. BT-Drucks. 15/3917, S. 75). Vom allgemeinen Sprachgebrauch ausgehend bedeutet „überwiegen", daß **mehr als 50% der über das Netz transportierten Liefermenge** für das eigene Unternehmen oder verbundenen Unternehmen nach § 3 Nr. 38 bestimmt sein müssen. Dieses Verständnis ist mangels anderer Anhaltspunkte auch für die Auslegung von § 110 I Nr. 1 zugrunde zu legen (*Rosin,* RdE 2006, 9, 12; *Strohe,* ET 2005, 747). Die Auffassung von *Boesche/Wolf* (ZNER 2005, 285, 294), nach der ein Objektnetz nur dann vorliegt, wenn die unternehmens- bzw. gruppenintern transportierte Liefermenge bei 95% liegt, ist abzulehnen. *Boesche/Wolf* folgern dieses Erfordernis aus der Definition des „kleinen, isolierten Netzes" in Art. 2 Nr. 26 EltRl. Danach ist Voraussetzung eines solchen Netzes insbesondere, daß dieses nur bis zu einem Wert von weniger als 5 Prozent seines Jahresverbrauchs mit anderen Netzen im Verbund geschaltet werden kann. Dies bedeutet zwar, daß der maximale Anteil der von außen in das Netz fließender Fremdenergie nicht größer als 5 Prozent sein darf. Daraus lassen sich jedoch keine Rückschlüsse auf das Erfordernis des Überwiegens in § 110 I Nr. 1 ziehen. § 110 I Nr. 1 stellt darauf ab, an wen die über das Netz transportierte Energie verteilt wird. Es kommt – anders als bei Art. 2 Nr. 26 EltRl – nicht darauf an, woher diese Energie bezogen wird.

2. Netze mit übergeordnetem Geschäftszweck (§ 110 I Nr. 2). § 110 I Nr. 2 definiert als Objektnetze auf einem räumlich zusammengehörenden privaten Gebiet befindliche Netze, die dem Netzbetreiber oder einem Beauftragten dazu dienen, durch eine gemeinsamen übergeordneten Geschäftszweck bestimmbare Letztverbraucher mit Energie zu versorgen. Dabei muß der Geschäftszweck über reine Vermietungs- und Verpachtungsverhältnisse hinausgehen und durch die Anwendung der Teile 2 und 3 sowie der §§ 4, 52 und 92 unzumutbar erschwert werden. Mit § 110 I Nr. 2 werden den industriellen Werksnetzen gem. § 110 I Nr. 1 vergleichbare Versorgungskonstellationen im gewerblichen Bereich in die Objektnetzdefinition einbezogen (BR-Drucks. 248/1/05 [neu], S. 9; *Rosin,* RdE 2006, 9, 13). Das betreffende Netzgebiet muß im Fall von § 110 I Nr. 2 vollständig in **Privateigentum** stehen. Da der Gesetzgeber u. a. Flughäfen, an deren Betreibergesellschaften durchweg eine Beteiligung der öffentlichen Hand besteht, als möglichen Anwendungsfall von § 110 I Nr. 2 sieht, ist davon auszugehen, daß ein privates Gebiet i. S. d. Vorschrift auch dann vorliegt, wenn die öffentliche Hand an einer das Eigentum innehabenden privaten

§ 110 9, 10 Teil 9. Sonstige Vorschriften

Gesellschaft beteiligt ist (*Habich,* DVBl. 2006, 211, 213). Für die Frage, wann ein **räumlich zusammengehörendes Gebiet** vorliegt, gelten die für § 110 I Nr. 1 maßgeblichen Kriterien (dazu Rn. 6) entsprechend.

9 Für § 110 I Nr. 2 wesentlich ist ein **gemeinsamer übergeordneter Geschäftszweck** des Netzbetreibers oder seines Beauftragten und der in dem Netzgebiet ansässigen Letztverbraucher. Dieser Zweck muß über reine Vermietungs- und Verpachtungsverhältnisse hinausgehen. Erforderlich ist, daß die Einrichtung, deren Versorgung über das Netz erfolgt, im gemeinsamen Interesse des Netzbetreibers bzw. seines Beauftragten und der Letztverbraucher liegt. Sie muß Voraussetzung für deren gewerbliche Betätigung sein. Dies wird in der Regel dann der Fall sein, wenn der Netzbetreiber bzw. sein Beauftragter den Letztverbrauchern über die Energieversorgung hinaus eine Vielzahl von Leistungen zur Verfügung stellt (*Rosin,* RdE 2006, 9, 13; *Strohe,* ET 2005, 747). In diesem Sinne geht der Gesetzgeber von einem – die Energielieferung umfassenden – vertraglichen Gesamtpaket aus, das bspw. vorliegen kann beim Betrieb von Flughäfen, Pflegeheimen und Einkaufszentren (BR-Drucks. 248/1/05 (neu), S. 9). Angesichts der **Vielzahl von Fallkonstellationen** in der Praxis (vgl. *Boesche/Wolf,* ZNER 2005, 285, 294 ff.) ist in jedem Einzelfall kritisch zu prüfen, ob tatsächlich ein übergeordneter, über reine Vermietungs- und Verpachtungsverhältnisse hinausgehender gemeinsamer Geschäftszweck i. S. v. § 110 I Nr. 2 vorliegt.

10 Ein solcher Geschäftszweck allein reicht nach § 110 I Nr. 2 für das Vorliegen eines Objektnetzes nicht aus. Die Vorschrift verlangt zusätzlich, daß dieser Geschäftszweck durch die Anwendung der Teile 2 und 3 sowie der §§ 4, 52 und 92 **unzumutbar erschwert** würde. Auch wenn der Gesetzgeber die Lösung von Konflikten innerhalb der von § 110 I Nr. 2 erfaßten Netzgebiete grundsätzlich den Vertragsparteien im Rahmen der von diesen getroffenen Vereinbarungen überlassen will, wird eine unzumutbare Erschwerung nicht bereits durch den gemeinsamen übergeordneten Geschäftszweck indiziert (so aber *Habich,* DVBl. 2006, 211, 214). Es genügt auch nicht aus, daß der Netzbetreiber bzw. sein Beauftragter an der bestehenden vertraglichen Struktur nichts ändern wollen (a. A. *Rosin,* RdE 2006, 9, 14). Dies würde nämlich darauf hinauslaufen, daß es die Vertragspartner weitgehend selbst in der Hand hätten, eine Ausnahme von der Netzregulierung zu begründen. Diese Vorstellung ist § 110 I Nr. 2 und Art. 26 EltRl ganz offensichtlich fremd. Vielmehr ist die Nichtanwendung der Vorschriften der Teile 2 und 3 sowie der §§ 4, 52 und 92 nur dann gerechtfertigt, wenn anderenfalls die vertraglichen Beziehungen zwischen dem Netzbetreiber bzw. seinem Beauftragten und den Letztverbrauchern so empfindlich

gestört würden, daß die **Realisierung des gemeinsamen übergeordneten Geschäftszwecks gefährdet** ist. Dies kann vor allem der Fall sein, wenn mit der Einhaltung der in § 110 I genannten Bestimmungen erhebliche finanzielle Belastungen verbunden wären. Denkbar ist eine unzumutbare Erschwerung insbesondere, wenn ein eigens zur Versorgung des Netzgebietes errichtetes Kraftwerk durch die Öffnung des Netzes für andere Energielieferanten und ein Abwandern von Kunden wirtschaftlich oder technisch nicht mehr sinnvoll betrieben werden kann (vgl. *Boesche/Wolf,* ZNER 2005, 285, 296, die nur Fälle technischer Unmöglichkeit ausreichen lassen wollen). Dagegen wird der Geschäftszweck dann nicht unzumutbar erschwert, wenn die Frage, von wem die im Netzgebiet benötigte Energie bezogen wird, auf die Erreichung des Geschäftszwecks keinen wesentlichen Einfluß hat.

§ 110 I Nr. 2 verlangt schließlich, daß über das Netz **bestimmbare Letztverbraucher** mit Energie versorgt werden. Diese Kriterium entspricht der in § 110 I geregelten Voraussetzung, daß es sich bei Objektnetzen nicht um Energieversorgungsnetze der allgemeinen Versorgung i. S. v. § 3 Nr. 17 handeln darf (vgl. *Rosin,* RdE 2006, 9, 14). Nach § 3 Nr. 17 haben Energieversorgungsnetze der allgemeinen Versorgung u. a. zur Voraussetzung, daß sie nicht von vornherein nur auf die Versorgung schon bei der Netzerrichtung feststehender oder bestimmbarer Letztverbraucher ausgelegt sind. Es kann deshalb auf die Ausführungen unter Rn. 15 verwiesen werden.

3. Eigenversorgungsnetze (§ 110 I Nr. 3). Als dritte Gruppe von Objektnetzen regelt § 110 I Nr. 3 überwiegend der Eigenversorgung dienende Netze, die sich auf einem räumlich eng zusammenhängenden Gebiet befinden. Hintergrund der Regelung ist die Absicht des Gesetzgebers, Eigenversorgungsnetze unabhängig davon zu privilegieren, ob ein industrieller Zusammenhang und damit die Voraussetzungen eines Werksnetzes gem. § 110 I Nr. 1 vorliegen (BT-Drucks. 15/5268, S. 122). § 110 I Nr. 3 erfaßt daher **jede Art von Gebieten;** eine bestimmte Zweckbestimmung wird – anders als in § 110 I Nr. 1 und 2 – nicht vorausgesetzt (*Boesche/Wolf,* ZNER 2005, 285, 296). Im Hinblick auf die räumliche Zusammengehörigkeit geht § 110 I Nr. 3 dagegen über § 110 I Nr. 1 und 2 hinaus. Danach müssen sich Eigenversorgungsnetze auf einem **räumlich eng zusammenhängenden Gebiet** befinden. Dies bedeutet nicht, daß dieses Gebiet lückenlos sein muß. Es kann insbesondere durch Straßen und Gewässer unterbrochen sein. Jedoch ist eine räumliche Zusammengehörigkeit erforderlich, der enger ist als in den Fällen des § 110 I Nr. 1 und 2 (*Rosin,* RdE 2006, 9, 14; *Strohe,* ET 2005, 747, 748). Auch hier kommt es auf die Umstände des Einzelfalls an (vgl. Rn. 6). Es ist jedoch zu bezweifeln, daß die Unterscheidung zwischen fehlender räumlicher Zusammengehörigkeit (kein Objektnetz), räumlicher Zusammengehörigkeit (§ 110 I Nr. 1 und 2) und enger räumlicher Zusammengehörigkeit (§ 110 I Nr. 3) in der Praxis mit vernünftigen Ergebnissen handhabbar ist.

13 Nach § 110 I Nr. 3 müssen die Energieversorgungsnetze **überwiegend der Eigenversorgung dienen.** Der Begriff der Eigenversorgung wird in § 110 III definiert (dazu Rn. 20 ff.). Da sich die Definition nur auf Anlagen zur Erzeugung von Elektrizität bezieht, ist auch § 110 I Nr. 3 **auf Elektrizitätsversorgungsnetze beschränkt.** Diese Beschränkung ergibt sich – auch für § 110 I Nr. 1 und 2 – bereits aus der erforderlichen gemeinschaftskonformen Auslegung, nach der Ausnahmen von der Netzregulierung im Gasbereich nicht zulässig sind (dazu Rn. 4). Netze dienen dann überwiegend der Eigenversorgung, wenn die durch sie transportierte Energie zu **mehr als 50 Prozent aus Eigenversorgungsanlagen** i. S. d. § 110 III stammt.

14 **4. Weitere Voraussetzungen.** § 110 I macht die Anerkennung als Objektnetz davon abhängig, daß kein Energieversorgungsnetz der allgemeinen Versorgung i. S. d. § 3 Nr. 17 vorliegt und der Netzbetreiber oder sein Beauftragter personell, technisch und wirtschaftlich ausreichend leistungsfähig ist, um einen den Vorschriften des EnWG entsprechenden Netzbetrieb auf Dauer zu gewährleisten.

15 **a) Kein Netz der allgemeinen Versorgung.** Der Gesetzgeber grenzt in § 110 I Objektnetze von Energieversorgungsnetzen der allgemeinen Versorgung ab. § 3 Nr. 17 definiert letztere als Netze, die der Verteilung von Energie an Dritte dienen und von ihrer Dimensionierung nicht von vornherein nur auf die Versorgung bestimmter, schon bei der Netzerrichtung feststehender oder bestimmbarer Letztverbraucher ausgelegt sind, sondern grundsätzlich für die Versorgung jedes Letztverbrauchers offenstehen. Der entscheidende Unterschied zwischen Objektnetzen und Energieversorgungsnetzen der allgemeinen Versorgung liegt demnach darin, daß Objektnetze der Versorgung zumindest **bestimmbarer Letztverbraucher** dienen müssen. Während an Netze der allgemeinen Versorgung grundsätzlich jeder Letztverbraucher angeschlossen werden kann, müssen Objektnetze bei ihrer Errichtung aufgrund der räumlichen und technischen Dimensionierung nur auf die Versorgung individueller, schon bei der Netzerrichtung feststehender oder bestimmbarer Letztverbraucher ausgelegt sein (*Rosin,* RdE 2006, 9, 15). Dazu ist nicht erforderlich, daß die Letztverbraucher namentlich bekannt sind (BT-Drucks. 15/5268, S. 117; a. A. *Boesche/Wolf,* ZNER 2005, 285, 297). Es ist ausreichend, wenn sie **nach abstrakten Kriterien** bestimmt werden können; in Betracht kommt insbesondere eine räumliche Integration in das Netzgebiet (*Habich,* DVBl. 2006, 211,

213). Zwar kann danach ein Objektnetz auch dann vorliegen, wenn das Netz für den Anschluß neuer Letztverbraucher offen ist, die sich innerhalb des Netzgebiets ansiedeln. Je größer das Netzgebiet ist, desto näher liegt jedoch die Annahme eines Netzes der allgemeinen Versorgung (vgl. *Strohe,* ET 2005, 747, 748; *Meinhold,* ZNER 2005, 196, 198).

b) Leistungsfähigkeit des Netzbetreibers oder Beauftragten. 16
Auf eine Netzregulierung nach Teil 2 und 3 sowie den §§ 4, 52 und 92 soll gem. § 110 I nur dann verzichtet werden, wenn der Netzbetreiber oder sein Beauftragter personell, technisch und wirtschaftlich ausreichend leistungsfähig ist, um einen den Vorschriften des EnWG entsprechenden Netzbetrieb auf Dauer zu gewährleisten. Im Ergebnis gelten danach materiell für Objektnetze vergleichbare Anforderungen wie für Energieversorgungsnetze, die nach § 4 genehmigungspflichtig sind (*Strohe,* ET 2005, 747, 748; *Habich,* DVBl. 2006, 211, 215). Der Netzbetreiber oder sein Beauftragter müssen Personal in ausreichender Zahl vorhalten. Das Personal muß über die für den Netzbetrieb erforderliche fachliche Qualifikation verfügen (**personelle Leistungsfähigkeit**). Ferner müssen die notwendigen technischen Ressourcen vorhanden sein. Dazu gehören neben den technischen Anlagen, Einrichtungen und Geräten auch entsprechende technische Kenntnisse des Personals (**technische Leistungsfähigkeit**). Der Betrieb eines Objektnetzes setzt weiter voraus, daß der Netzbetreiber bzw. sein Beauftragter in der Lage ist, den finanziellen Anforderungen an den Netzbetrieb zu entsprechen. Er muß das erforderliche Eigen- und Fremdkapital beschaffen können (**wirtschaftliche Leistungsfähigkeit**). Der Maßstab für die Leistungsfähigkeit ergibt sich aus den gesetzlichen Vorgaben für den Netzbetrieb, insbesondere den §§ 11 ff. Der Netzbetreiber bzw. sein Beauftragter müssen die Gewähr dafür bieten, daß sie diese Vorgaben dauerhaft einhalten können (vgl. zur Leistungsfähigkeit auch § 4, Rn. 23 ff.).

II. Ausschluß der Anwendung der Teile 2 und 3 sowie der §§ 4, 52 und 92

Liegen die Voraussetzungen von § 110 I vor, finden auf das betref- 17
fende Objektnetz die Teile 2 und 3 sowie die §§ 4, 52 und 92 keine Anwendung. Objektnetze werden dadurch **der Netzregulierung entzogen.** Insbesondere werden für Objektnetze die Netzanschluß- und Netzzugangspflichten der §§ 17 ff. ausgeschlossen. Ferner gelten für Objektnetze weder die Bestimmungen über die Entflechtung (§§ 6 ff.) noch die in den §§ 11 ff. geregelten Anforderungen an den Netzbetrieb und die Genehmigungspflicht nach § 4 (zur Leistungsfähigkeit des Netzbetreibers vgl. Rn. 16). § 110 I entbindet Objektnetz-

betreiber zudem von den Meldepflichten bei Versorgungsstörungen gem. § 52 sowie der Beitragspflicht nach § 92. Pflichten der Objektnetzbetreiber, Dritte an ihr Netz anzuschließen und Netzzugang zu gewähren, können sich aber aus **§ 19 IV GWB** ergeben (*Meinhold*, ZNER 2005, 196, 204). Die Sperrwirkung des § 111 steht einer Anwendung des GWB nicht entgegen. § 111 schließt die Anwendung des GWB nur dann aus, wenn das EnWG ausdrücklich abschließende Regelungen getroffen hat. Dies ist bei den von den Netzanschluß- und Netzzugangspflichten des EnWG befreiten Objektnetzen gerade nicht der Fall (*Boesche/Wolf*, ZNER 2005, 285, 290).

18 Der Wortlaut von § 110 I läßt eine Auslegung zu, nach der die Anwendung der Teile 2 und 3 sowie der §§ 4, 52 und 92 auf Objektnetze in jeder Hinsicht ausgeschlossen ist. Dies würde bedeuten, daß Objektnetzbetreiber nicht nur von den sich dort geregelten Pflichten befreit wären. Vielmehr könnten sie sich auch nicht auf Ansprüche berufen, die sich aus diesen Bestimmungen ergeben. Insbesondere könnten Objektnetzbetreiber nicht gem. § 17 den Anschluß ihrer Netze an andere Energieversorgungsnetze verlangen. Eine solche Auslegung würde der eindeutigen Absicht des Gesetzgebers zuwiderlaufen, Objektnetze zu privilegieren. Diese Privilegierung kann dann nicht erreicht werden, wenn Objektnetzbetreibern ihre Rechte aus den §§ 17ff. genommen werden. Die Betreiber von Objektnetzen haben deshalb einen **Anspruch auf Netzanschluß nach § 17** (*Boesche/Wolf*, ZNER 2005, 285, 288 f.; *Strohe*, ET 2005, 747, 749; *Meinhold*, ZNER 2005, 196, 199; vgl. auch § 17, Rn. 13).

C. Belieferung von Letztverbrauchern über Objektnetze (§ 110 II)

19 Nach § 110 II ist zusätzlich zu den in § 110 I genannten Bestimmungen die Anwendung von Teil 4 ausgeschlossen, wenn Energieversorgungsunternehmen unter Nutzung von Objektnetzen Letztverbraucher mit Energie beliefern. In diesen Fällen besteht daher **keine Grundversorgungspflicht** der Energieversorgungsunternehmen nach den §§ 36ff. Wie bereits ausgeführt (oben Rn. 3), können von der Kommission Ausnahmen von den Bestimmungen der EltRl nur unter den in Art. 26 EltRl geregelten Voraussetzungen zugelassen werden. Sie sind auf die Kapitel III bis VII der Richtlinie beschränkt. Ausnahmen von der in Kapitel II EltRl vorgesehenen Grundversorgungspflicht sieht Art. 26 EltRl nicht vor. § 110 II ist deshalb **mit den Vorgaben der EltRl unvereinbar** (*Boesche/Wolf*, ZNER 2005, 285, 289). Der Gesetzgeber ist verpflichtet, eine Grundversorgung auch dann zu gewährleisten, wenn Letztverbraucher über Objektnetze mit Energie beliefert werden.

D. Eigenversorgung im Sinne des § 110 I Nr. 3 (§ 110 III)

§ 110 III definiert die als Tatbestandsmerkmal in § 110 I Nr. 3 vorausgesetzte Eigenversorgung; bei dem Verweis auf § 110 I Nr. 2 handelt es sich um ein Redaktionsversehen (*Habich*, DVBl. 2006, 211, 214; *Meinhold*, ZNER 2005, 196, 204). Danach liegt Eigenversorgung in zwei Fällen vor: Zum einen, wenn der Eigenbedarf eines Letztverbrauchers aus einer Eigenanlage gedeckt wird. Als Eigenversorgung werden von § 110 III zum anderen auch Konstellationen des Contractings erfaßt (*Rosin*, RdE 2006, 9, 14; *Strohe*, ET 2005, 747, 748). In beiden Fällen ist erforderlich, daß eine **unmittelbare Versorgung eines Letztverbrauchers** erfolgt.

I. Eigenbedarfsanlage

Nach § 110 III ist Eigenversorgung die unmittelbare Versorgung eines Letztverbrauchers aus der für seinen Eigenbedarf errichteten Eigenanlage. Der Begriff der Eigenanlage ist in § 3 Nr. 13 definiert. Er umfaßt nur die Elektrizitätsversorgung. Danach sind Eigenanlagen Anlagen zur Erzeugung von Elektrizität zur Deckung des Eigenbedarfs, die nicht von Energieversorgungsunternehmen betrieben werden. Da der Netzbetrieb gem. § 3 Nr. 18 die Eigenschaft als Energieversorgungsunternehmen bedingt, paßt diese Definition für § 110 III nicht. Eigenversorgung i. S. v. § 110 III liegt vor, wenn ein Unternehmen eine **Stromerzeugungsanlage errichten läßt, selbst betreibt und den darin erzeugten Strom selbst verbraucht** (*Rosin*, RdE 2006, 9, 14). Die Anlage muß bereits zum Zeitpunkt ihrer Errichtung für die Eigenversorgung bestimmt gewesen sein (*Habich*, DVBl. 2006, 211, 214). Aus der Definition der Eigenanlage in § 3 Nr. 13 folgt, daß der Eigenanlagenbetreiber anders als in den Fällen des Contracting (Rn. 22) aus seiner Anlage keine weiteren Letztverbraucher beliefern darf (*Meinhold*, ZNER 2005, 196, 205). Einleuchtend ist diese Differenzierung nicht. Soweit sich dafür kein sachlicher Grund findet, begegnet sie im Hinblick auf den Gleichbehandlungsgrundsatz des Art. 3 I GG verfassungsrechtlichen Bedenken.

II. Contracting

22 Um Eigenversorgung handelt es sich nach § 110 III ferner dann, wenn ein Letztverbraucher unmittelbar aus einer Anlage versorgt wird, die von einem Dritten ausschließlich oder überwiegend für die Versorgung eines bestimmten Letztverbrauchers errichtet und betrieben wird. Damit stellt § 110 III die Fälle des Contractings der Versorgung aus Eigenanlagen nicht nur gleich. Die Vorschrift privilegiert Contracting vielmehr dadurch, daß aus der Anlage – anders als aus einer Eigenanlage – **weitere Letztverbraucher versorgt** werden dürfen. Gemäß § 110 III ist nämlich ausreichend, daß die Anlage überwiegend der Versorgung eines bestimmten Letztverbrauchers dient. Auch hier wird man mangels anderer Anhaltspunkte vom allgemeinen Sprachgebrauch ausgehend annehmen müssen, daß mindestens **mehr als 50 Prozent der Strommenge an einen bestimmten Letztverbraucher** geliefert werden müssen (*Habich,* DVBl. 2006, 211, 215).

E. Entscheidung der Regulierungsbehörde über Objektnetzeigenschaft (§ 110 IV)

23 Nach § 110 IV entscheidet die Regulierungsbehörde auf Antrag, ob die Voraussetzungen nach § 110 I vorliegen. **Antragsberechtigt** sind der Netzbetreiber und sein Beauftragter. Darüber hinaus kann der Antrag von Letztverbrauchern gestellt werden, die über das Netz versorgt werden (*Rosin,* RdE 2006, 9, 16). Der Antrag ist an keine bestimmte Frist gebunden (*Habich,* DVBl. 2006, 211, 215).

24 Fraglich ist, ob die Entscheidung der Regulierungsbehörde nur deklaratorischen oder – als Voraussetzung für den Ausschluß der Teile 2 und 3 sowie der §§ 4, 52 und 92 – konstitutiven Charakter hat. Der Wortlaut von § 110 gibt auf diese Frage keine eindeutige Antwort. Einerseits regelt § 110 I, daß die dort genannten Vorschriften der Netzregulierung auf Objektnetze keine Anwendung finden. Diese Rechtsfolge tritt **kraft Gesetzes** ein. § 110 I enthält keinen Entscheidungsvorbehalt zugunsten der Regulierungsbehörde. Dies spricht dafür, daß die Entscheidung der Regulierungsbehörde gem. § 110 IV nur **deklaratorischen Charakter** hat (*Rosin,* RdE 2006, 9, 16). Sie würde nur dazu dienen, Rechtssicherheit im Hinblick auf die Objektnetzeigenschaft und die für das jeweilige Netz geltenden Bestimmungen schaffen. Andererseits soll die Regulierungsbehörde gem. § 110 IV das Vorliegen der Voraussetzungen nach § 110 I nicht nur feststellen, sondern darüber **entscheiden** (*Habich,* DVBl. 2006, 211, 215). Dies spricht wiederum dafür, daß erst die Entscheidung der Regulierungsbehörde dazu führt, daß für ein bestimmtes Netz die Geltung der Teile 2 und 3 sowie der §§ 4, 52 und 92 ausgeschlossen ist. Dann hat die Entscheidung **konstitutiven Charakter.**

Auch wenn § 110 IV nicht explizit als Genehmigungstatbestand ausgestaltet ist, regelt § 110 I Voraussetzungen, die **in der Sache einem Genehmigungstatbestandes entsprechen.** Zum einen müssen danach die Voraussetzungen eines Objektnetzes vorliegen. Zum anderen – dies ist für die Auslegung von § 110 IV entscheidend – muß der Netzbetreiber oder sein Beauftragter personell, technisch und wirtschaftlich ausreichend leistungsfähig sein, um einen den Vorschriften des EnWG entsprechenden Netzbetrieb auf Dauer zu gewährleisten. Die Annahme, der Gesetzgeber habe dem Netzbetreiber oder seinem Beauftragten selbst die Einschätzung überlassen wollen, ob er über die notwendige Leistungsfähigkeit verfügt, liegt fern. Jedenfalls die Prüfung der Leistungsfähigkeit ist Aufgabe der Regulierungsbehörde (*Krebs,* RdE 2006, 115). Deshalb sind ein Antrag gem. § 110 IV und eine positive **Entscheidung der Regulierungsbehörde Voraussetzung** dafür, daß der Betrieb eines Objektnetzes von der Anwendung der Teile 2 und 3 sowie der §§ 4, 52 und 92 befreit ist. 25

F. Fahrstrom der Eisenbahnen gemäß § 3 a (§ 110 V)

§ 110 V stellt klar, daß die Anwendung des EnWG auf den Fahrstrom der Eisenbahnen unberührt bleibt. Für den Fahrstrom ändert § 110 demnach nichts an der in § 3 a geregelten Geltung des EnWG für die Versorgung von Eisenbahnen mit leitungsgebundener Energie (*Habich,* DVBl. 2006, 211, 215). 26

§ 111 Verhältnis zum Gesetz gegen Wettbewerbsbeschränkungen

(1) ¹**Die §§ 19, 20 und 29 des Gesetzes gegen Wettbewerbsbeschränkungen sind nicht anzuwenden, soweit durch dieses Gesetz oder auf Grund dieses Gesetzes erlassener Rechtsverordnungen ausdrücklich abschließende Regelungen getroffen werden.** ²**Die Aufgaben und Zuständigkeiten der Kartellbehörden bleiben unberührt.**

(2) **Abschließende Regelungen im Sinne des Absatzes 1 Satz 1 enthalten**
1. **die Bestimmungen des Teiles 3 und**

§ 111

2. die Rechtsverordnungen, die auf Grund von Bestimmungen des Teiles 3 erlassen worden sind, soweit diese sich für abschließend gegenüber den Bestimmungen des Gesetzes gegen Wettbewerbsbeschränkungen erklären.

(3) In Verfahren der Kartellbehörden nach den §§ 19, 20 und 29 des Gesetzes gegen Wettbewerbsbeschränkungen, die Preise von Energieversorgungsunternehmen für die Belieferung von Letztverbrauchern betreffen, deren tatsächlicher oder kalkulatorischer Bestandteil Netzzugangsentgelte im Sinne des § 20 Abs. 1 sind, sind die von Betreibern von Energieversorgungsnetzen nach § 20 Abs. 1 veröffentlichten Netzzugangsentgelte als rechtmäßig zugrunde zu legen, soweit nicht ein anderes durch eine sofort vollziehbare oder bestandskräftige Entscheidung der Regulierungsbehörde oder ein rechtskräftiges Urteil festgestellt worden ist.

Literatur: *Antweiler/Nieberding,* Rechtsschutz im neuen Energiewirtschaftsrecht, NJW 2005, 3673 ff.; *Baur,* Zur künftigen Rolle der Kartellbehörden in der Energiewirtschaft, RdE 2004, 277 ff.; *Büdenbender,* Kurzkommentar zum BGH-Beschluß v. 28. 6. 2005, EWiR 2005, 887 f.; *Enaux/König,* Mißbrauchs- und Sanktionsnormen im GWB-E, TKG und EnWG-E, N&R 2005, 1 ff.; *Klotz,* Bericht aus Brüssel: Das Kartellrecht im TKG und im EnWG, N&R 2004, 70 ff.; *Kühne,* Gerichtliche Entgeltkontrolle im Energierecht, NJW 2006, 654 ff.; *Kühne/Brodowski,* Das neue Energiewirtschaftsrecht nach der Reform 2005, NVwZ 2005, 849 ff.; *Säcker,* Der Referentenentwurf zum Energiewirtschaftsgesetz – ordnungspolitische und rechtsdogmatische Grundsatzbemerkungen, N&R 2004, 46 ff.; *ders.,* Freiheit durch Wettbewerb. Wettbewerb durch Regulierung, ZNER 2004, 98 ff.; *ders.,* Das Regulierungsrecht im Spannungsfeld von öffentlichem und privatem Recht – Zur Reform des deutschen Energie- und Telekommunikationsrechts, AöR 130 (2005), 180 ff.

Übersicht

	Rn.
A. Allgemeines	1
B. Abschließende Regelungen nach dem EnWG (§ 111 I und II)	3
I. Verdrängung der §§ 19, 20 GWB (§ 111 I)	5
II. Abschließende Regelungen des 3. Teils (§ 111 II Nr. 1)	6
III. Abschließende Rechtsverordnungen	8
IV. Den Kartellbehörden verbleibende Zuständigkeiten (§ 111 I 2)	10
C. Rechtmäßigkeit veröffentlichter Netznutzungsentgelte (§ 111 III)	16
I. Betroffene Verfahren	17
II. Voraussetzung der Bindung	21
III. Grenzen der Bindung	22

A. Allgemeines

Die Aufsicht über die wirtschaftliche Tätigkeit der Betreiber von Energieversorgungsnetzen ist bisher auf Bundesebene durch das BKartA ausgeübt worden. Die Aufsichtsbefugnisse des BKartA werden nun durch das neue EnWG beschränkt (*Antweiler/Nieberding*, NJW 2005, 3673, 3675). Der Gesetzgeber hat das Verhältnis des EnWG zum GWB insbesondere im Hinblick auf die **drohende Doppelzuständigkeit von Regulierungs- und Kartellbehörden** in § 111 und § 130 III GWB 2005 geregelt. Gemäß § 130 III GWB stehen die Vorschriften des EnWG der Anwendung der §§ 19 und 20 GWB nicht entgegen, soweit in § 111 keine andere Regelung getroffen ist. Nach alter Rechtslage standen die Aufsicht nach dem EnWG in § 18 EnWG 1998 und die kartellbehördliche Aufsicht (insb. §§ 19, 20 GWB a. F.) unverbunden nebeneinander (vgl. § 130 III GWB a. F. und auch § 6 I und § 6a II EnWG 2003). Nunmehr soll anstelle von Doppelzuständigkeiten und Anspruchskonkurrenz der **Spezialitätsgrundsatz** treten (*Salje*, EnWG, § 111, Rn. 2). § 111 dient dem Zweck, die Kontrolle von Netzanschluß, Netzzugang und diskriminierungsfreier Netznutzung allein auf der Basis des EnWG zu entscheiden. Die Netzentgeltregulierung soll bei den Regulierungsbehörden konzentriert werden (*Büdenbender*, DVBl. 2006, 197, 207). § 130 III GWB kann aber nicht dahin verstanden werden, daß das GWB mit Ausnahme einer eingeschränkten Anwendung der §§ 19 und 20 GWB überhaupt nicht anwendbar ist, sondern gerade in dem Sinne, daß das GWB im übrigen voll anzuwenden ist (*Säcker*, N&R 2004, 46, 51; *ders.*, ZNER 2004, 98, 111; *ders.*, AöR 130 (2005), 180, 215 f.). Insbesondere sind die vertraglichen Vereinbarungen zwischen Netzbetreibern an § 1 GWB zu messen (*Salje*, EnWG, § 111, Rn. 3).

§ 111 ist durch das Gesetz zur Bekämpfung von Preismissbrauch im Bereich der Energieversorgungen des Lebensmittelhandels vom 18. 12. 2007 (BGBl. I S. 2966) geändert worden. Dabei ist in Abs. 2 die Bezugnahme auf § 29 GWB ergänzt und die Bezugnahme auf Art. 82 EG gestrichen worden. Zur Begründung ist im Gesetzentwurf der Bundesregierung ausgeführt worden, daß es sich einerseits um eine Folgeänderung im Hinblick auf die Einfügung des § 29 GWB, zum anderen um eine Klarstellung des Gewollten handele (BT-Drucks. 16/5847, S. 13).

B. Abschließende Regelungen nach dem EnWG (§ 111 I und II)

3 Gemäß § 111 I sind die §§ 19 und 20 GWB (Mißbrauchsaufsicht der Kartellbehörden über marktbeherrschende Unternehmen) nicht anzuwenden, soweit das EnWG oder aufgrund des EnWG erlassene Rechtsverordnungen **ausdrücklich abschließende Regelungen** getroffen haben. Die ausschließliche Anwendung der Vorschriften des EnWG als abschließende Spezialregelung ist geboten, da die Aufsicht der Regulierungsbehörde in bezug auf Eingriffsumfang und Eingriffsintensität deutlich intensiver ist als die der Mißbrauchsaufsicht der Kartellbehörde über marktbeherrschende Unternehmen, so daß eine Doppelzuständigkeit von Regulierungsbehörden und Kartellbehörden zur Verhinderung mißbräuchlichen Verhaltens von Netzbetreibern wettbewerbspolitisch nicht geboten ist (*Baur*, RdE 2004, 277, 279). Durch die Ausschließlichkeitsregelung des § 111 I wird eine solche Doppelzuständigkeit vermieden und der Anwendungsbereich von Kartellrecht und Regulierungsrecht sinnvoll abgegrenzt (*Säcker*, N&R 2004, 46, 52). Für eine Regelung einer ausschließlichen Zuständigkeit der Regulierungsbehörde spricht ferner die hieraus folgende Rechtssicherheit (*Büdenbender*, ET 2003, 746, 752).

4 Die §§ 19, 20 GWB werden nur verdrängt, wenn das EnWG ausdrücklich abschließende Regelungen enthält. Das könnte zu dem Schluß verleiten, daß der abschließende Charakter der Regelungen nach der **allgemeinen lex-specialis-Regel** ausgeschlossen wäre (widersprüchlich insoweit: *Salje*, EnWG, § 111, Rn. 8, der einerseits ausschließt, daß der abschließende Charakter der Normen des EnWG durch Auslegung ermittelt werden kann, andererseits aber auf die lex-specialis-Regel verweist). Bei einer solchen Betrachtungsweise würde jedoch das Ziel des § 111, Doppelzuständigkeiten zu vermeiden, nicht gefördert, sondern erschwert. Es kann daher auch durch Auslegung ermittelt werden, daß Regelungen des EnWG abschließend sind und damit einen Rückgriff auf das GWB ausschließen.

I. Verdrängung der §§ 19, 20 GWB (§ 111 I)

5 Der Spezialitätsgrundsatz des § 111 I 1 führt zur **endgültigen Verdrängung der §§ 19, 20 GWB,** nicht zur bloßen nachrangigen Anwendbarkeit der Vorschriften. Er gilt auch für die private Rechtsdurchsetzung, soweit sie auf der Anwendung der §§ 33, 19, 20 GWB beruht. Macht also ein Unternehmen Schadensersatz gegen einen Netzbetreiber geltend, so kann es sich nur auf § 32, nicht aber (alternativ oder kumulativ) auf § 33 GWB berufen, wenn es sich zur Anspruchsbegründung auf mißbräuchliches oder diskriminierendes Verhalten des Netzbetreibers stützt (*Salje,* EnWG, § 111, Rn. 14). Der Spezialitätsgrundsatz betrifft aber auch nur die §§ 19, 20 GWB. Löst beispielsweise ein Netzbetreiberverhalten den Mißbrauchstatbestand des § 19 GWB aus (§ 19 ist dann unanwendbar) und verstößt gleichzeitig gegen das **Kartellverbot (§ 1 GWB),** so ist von einer uneingeschränkten Anwendbarkeit des Kartellverbots auszugehen. Es bleiben also außerhalb der Anwendbarkeit der §§ 19, 20 GWB die Aufgaben und Zuständigkeiten der Kartellbehörde unberührt (klarstellend § 111 I 2). Sie sind insofern gleichrangig handelnde Wirtschaftsaufsichtsbehörden, sofern sie sich in ihren Ermittlungen oder abschließenden Entscheidungen nicht auf §§ 19, 20 GWB stützen (*Salje,* EnWG, § 111, Rn. 11).

II. Abschließende Regelungen des 3. Teils (§ 111 II Nr. 1)

Abschließende Regelungen sind nach § 111 II Nr. 1 die Bestimmungen des 3. Teils des EnWG (Regulierung und Netzbetrieb, §§ 11 bis 35). Im einzelnen gelten demnach die Vorschriften zum **Betrieb von Versorgungsnetzen** (§§ 11 ff.), zum **Netzanschluß** (§§ 17 ff.) zum **Netzzugang** (§§ 20 ff.) und zu den **Verhaltensanforderungen und Verhaltensweisen von Netzbetreibern** (§§ 29 ff.) abschließend gegenüber §§ 19, 20 GWB. 6

Hierdurch werden der Netzbetrieb und dessen Überwachung in Preisen und in Konditionen der Zuständigkeit der Kartellbehörden entzogen; es wird eine **ausschließliche Zuständigkeit** der Regulierungsbehörde begründet (*Baur,* RdE 2004, 277, 279; *Antweiler/Nieberding,* NJW 2005, 3673, 3675), welche nun für die Kontrolle der Netznutzungsentgelte auf der Grundlage des EnWG zuständig ist (*Wagener/Wahle,* NJW 2005, 3174, 3179; *Kühne/Brodowski,* NVwZ 2005, 849, 856). Im Regelungsbereich des § 35 (Monitoring) sind die §§ 19, 20 GWB dagegen ohnehin nicht anwendbar. 7

III. Abschließende Rechtsverordnungen

§ 111 II Nr. 2 räumt dem Verordnungsgeber die Befugnis ein, Rechtsverordnungen, die aufgrund von Bestimmungen des 3. Teils erlassen werden, für abschließend gegenüber §§ 19, 20 GWB zu erklären. 8

Dementsprechend wird die **StromNZV in § 1 2** eigenständig für abschließend erklärt. Die übrigen drei Verordnungen (StomNEV, GasNZV, GasNEV) enthalten keine solche Erklärung. Dies scheint den 9

Kartellbehörden die Möglichkeit zu eröffnen, entsprechende Sachverhalte auf der Grundlage der §§ 19, 20 GWB zu prüfen und auch abweichend von den Verordnungen zu entscheiden. Es ist daher hier eine Klarstellung zu wünschen. Allerdings ist die Annahme, daß auch die anderen Verordnungen abschließend sind, insofern berechtigt, als es sich bei allen Verordnungen um solche handelt, welche nur der **Konkretisierung der Vorschriften zur Regulierung des Netzbetriebs** und damit der näheren Beschreibung der Vorschriften des 3. Teils (genauer der §§ 20, 21) dienen, welche in § 111 II Nr. 1 für abschließend erklärt werden. Wenn bereits die Vorschriften des 3. Teils abschließend sind, wäre es nicht verständlich, daß die definierten Regelungen der o. a. Rechtsverordnungen die Anwendung der generalklauselartigen §§ 19, 20 GWB nicht sperren sollten, während die Vorschriften der Rechtsverordnungen eine solche Wirkung nicht haben sollen. Eine solche Auslegung findet zudem auch im Wortlaut des § 111 II Nr. 2 eine Stütze, als nicht verlangt wird, daß die Rechtsverordnungen sich „ausdrücklich" für abschließend erklären.

IV. Den Kartellbehörden verbleibende Zuständigkeiten (§ 111 I 2)

10 Nach § 111 I 2 bleiben die Aufgaben und Zuständigkeiten der Kartellbehörden unberührt. Diese Formulierung wirft im Detail mehr Fragen auf, als sie Antworten gibt. Zunächst ist unklar, warum sich die Vorschrift auf Aufgaben und Zuständigkeiten bezieht, nicht aber auf die **Befugnisse der Kartellbehörden.** Zudem ist unklar, was mit „unberührt bleiben" gemeint ist. Soll die Regelung des § 111 I 1 nicht ausgehebelt werden, kann man es nur so verstehen, daß Aufgaben, Zuständigkeiten und Befugnisse insoweit weiter bestehen, als durch das EnWG keine Einschränkung erfolgt. Die Formulierung ist dann tautologisch.

11 Unabhängig von Unschärfen bezüglich der Aufsicht über Netzbetreiber ergeben sich die folgenden **Grundzüge:**

12 Die Mißbrauchsaufsicht der **Kartellbehörden** fokussiert sich nunmehr nur noch auf die Tätigkeitsbereiche von Energieunternehmen, die nicht dem Netzbetrieb unterfallen (*Baur,* RdE 2004, 277, 281). Die Aufgaben der Kartellbehörden konzentrieren sich zukünftig demnach auf die Untersagung wettbewerbsbeschränkender Verhaltensweisen von Energieunternehmen im Rahmen der **Vertriebs- und Bezugsaktivitäten,** d. h. beim Verkauf an Energieverbraucher und beim Bezug der für den Handel erforderlichen Energie (*Baur,* RdE 2004, 277, 281).

Der Zuständigkeit der **Kartellbehörden** unterfallen insbesondere die **Preisaufsicht über die Strom- und Gaspreise.** Neben der Preisaufsicht obliegt den Kartellbehörden auch künftig die Kontrolle der Energieversorgungsunternehmen i. S. d. § 20 GWB (Diskriminierungsverbot, Verbot unbilliger Behinderung). Ferner verbleibt den Kartellbehörden in der netzgebundenen Energiewirtschaft auch künftig die Zuständigkeit für die **Fusionskontrolle** (§§ 36 ff. GWB) vorbehalten (*Antweiler/Nieberding,* NJW 2005, 3673, 3675 f.; *Baur,* RdE 2004, 277, 284; *Büdenbender,* ZWeR 2006, 233, 238). 13

Außerdem bleiben die Kartellbehörden -vorbehaltlich der Entscheidungsbefugnisse der Kommission- für die gesamte Energiewirtschaft nach **europäischem Wettbewerbsrecht** zuständig (*Kühne/Brodowski,* NVwZ 2005, 849, 856). Zunächst ist die – neben der europäischen Kommission – auf nationaler Ebene dem BKartA (§ 50 GWB) zugewiesene Aufsicht nach den europäischen Wettbewerbsvorschriften der Art. 81 und 82 EG zu nennen. Hierdurch kann es im Anwendungsbereich des Art. 82 EG zu einer doppelten Kontrolle durch Regulierungsbehörde und BKartA kommen. 14

Allerdings ist der Bereich, in dem die ausschließliche Zuständigkeit der Regulierungsbehörde durchbrochen wird, auf den Betrieb grenzüberschreitender Netze, auf europarechtlich relevante marktbeherrschende Stellungen von Netzbetreibern und deren Mißbrauch bei Netznutzungsentgelten beschränkt. Im Bereich der rein nationalen Netze ohne gemeinschaftsweite Bedeutung bleibt es bei der alleinigen Zuständigkeit der Regulierungsbehörde (*Antweiler/Nieberding,* NJW 2005, 3673, 3675; *Baur,* RdE 2004, 277, 281). 15

C. Rechtmäßigkeit veröffentlichter Netzzugangsentgelte (§ 111 III)

§ 111 III soll verhindern, daß Netzzugangsentgelte in kartellbehördlichen Verfahren, die **All-inclusive-Preise gegenüber Letztverbrauchern** zum Gegenstand haben, inzident einer kartellbehördlichen Kontrolle nach den Maßstäben der §§ 19, 20 und 29 GWB unterliegen (*Bauer,* RdE 2004, 277, 282; *Wagener/Wahle,* NJW 2005, 3174, 3179). 16

I. Betroffene Verfahren

§ 111 III ordnet eine Bindungswirkung nur gegenüber den **Kartellbehörden** in kartellbehördlichen Verfahren an. Eine Bindung der **Kar-** 17

§ 111 18–21 Teil 9. Sonstige Vorschriften

tellgerichte unmittelbar aus § 111 III erfolgt damit nur dann, wenn sie im Rahmen einer Beschwerde (§ 63 GWB) über die Rechtmäßigkeit einer kartellbehördlichen Verfügung zu entscheiden haben.

18 Inwieweit in sonstigen **zivilgerichtlichen Verfahren,** in denen Letztverbraucher einen Verstoß von **All-inclusive-Preisen** gegen § 19 GWB oder § 315 BGB geltend machen, Netznutzungsentgelte inzident überprüft werden können, ist damit nach allgemeinen Grundsätzen zu entscheiden. In der Regel wird eine Überprüfung daran scheitern, daß der All-inclusive-Anbieter nicht selber Netzbetreiber ist und rechtlich verpflichtet ist, an den Netzbetreiber die Netznutzungsentgelte zu zahlen. Daß diese Entgelte im Rahmen der Kalkulation des All-inclusive-Preises weitergegeben werden, stellt kein mißbräuchliches Verhalten i. S. d. § 19 GWB dar.

19 Die Bindung nach § 111 III tritt lediglich dann ein, wenn das kartellbehördliche Verfahren darauf gerichtet ist, einen Verstoß gegen §§ 19, 20 oder 29 GWB festzustellen.

20 Weitere Voraussetzung für die Bindung ist, daß sich das Verfahren der Kartellbehörden auf die Belieferung von Letztverbrauchern bezieht. Soweit Preise bei der Belieferung von Letztverbrauchern betroffen sind, müssen zu den Bestandteilen Netzzugangsentgelte i. S. v. § 20 I gehören **(All-inclusive-Preise).** Dies ist heute regelmäßig der Fall. Dabei spielt es keine Rolle, ob die Netznutzungsentgelte lediglich in die Kalkulation einfließen oder gegenüber dem Letztverbraucher offen ausgewiesen werden (*Salje,* EnWG, § 111, Rn. 22).

II. Voraussetzung der Bindung

21 Voraussetzung der Bindung ist, daß die Netznutzungsentgelte veröffentlicht worden sind. Eine Verpflichtung zur Veröffentlichung der Netzzugangsentgelte ist in den §§ 27 StromNEV/GasNEV enthalten. Die Textfassung des § 111 III hat nicht berücksichtigt, daß im Vermittlungsausschuß die Ex-ante-Genehmigungspflicht für Netzzugangsentgelte in § 23a verankert wurde. Daß Modell einer Bindungswirkung der veröffentlichten Netzzugangsentgelte und der Grenzen der Bindung im zweiten Halbsatz orientiert sich noch an dem im Regierungsentwurf und im Gesetzesbeschluß des Bundestages vorgesehenem Modell einer Ex-post-Entgeltkontrolle. Solange Einzelgenehmigungen nach § 23a EnWG erteilt werden und im Rahmen einer Anreizregulierung keine anderen Mechanismen gelten, folgt aus der Regelung des § 23a aber, daß die **Bindungswirkung lediglich bezüglich genehmigter Entgelte** eintritt.

III. Grenzen der Bindung

Eine Bindung soll dann nicht eintreten, wenn die Rechtswidrigkeit 22
eines veröffentlichten Netzzugangsentgeltes durch eine sofort vollziehbare oder bestandskräftige Entscheidung der Regulierungsbehörde oder ein rechtskräftiges Urteil festgestellt worden ist. Diese Regelung hat deutlich die ursprünglich beabsichtigte Konzeption einer Ex-post-Kontrolle der Netzzugangsentgelte vor Augen. Bezüglich der Entscheidungen der BNetzA bedarf es dieser Einschränkung im Rahmen der Ex-ante-Genehmigung im Grunde nicht mehr. Soweit Entgelte in die Kalkulation einbezogen werden, die über den genehmigten Entgelten liegen, tritt eine Bindungswirkung der Kartellbehörden ohnehin nicht ein (oben Rn. 21). Die Bindungswirkung tritt ebenfalls nicht ein, wenn die Rechtswidrigkeit der Netznutzungsentgelte durch rechtskräftiges Urteil festgestellt worden ist. Bei der ursprünglichen Ex-post-Konzeption war es ohne weiteres denkbar, daß die Regulierungsbehörde kein Ex-post-Verfahren einleitet, und sei es auch nur darum, weil sie bei einer Vielzahl von Netzbetreibern Prioritäten setzen muß. In diesem Fall war es denkbar gewesen, daß Netznutzer zivilgerichtliche Klagen wegen überhöhter Netznutzungsentgelte erheben. Auch solche **zivilrechtlichen rechtskräftigen Urteile,** die die Rechtswidrigkeit von Netznutzungsentgelten feststellen, würden eine Bindungswirkung der Kartellbehörden entfallen lassen.

Teil 10. Evaluierung, Schlussvorschriften

§ 112 Evaluierungsbericht

¹Die Bundesregierung hat den gesetzgebenden Körperschaften bis zum 1. Juli 2007 einen Bericht über die Erfahrungen und Ergebnisse mit der Regulierung vorzulegen (Evaluierungsbericht). ²Sofern sich aus dem Bericht die Notwendigkeit von gesetzgeberischen Maßnahmen ergibt, soll die Bundesregierung einen Vorschlag machen. ³Der Bericht soll insbesondere
1. Vorschläge für Methoden der Netzregulierung enthalten, die Anreize zur Steigerung der Effizienz des Netzbetriebs setzen,
2. Auswirkungen der Regelungen dieses Gesetzes auf die Umweltverträglichkeit der Energieversorgung darlegen,
3. Auswirkungen der Netzregulierung sowie der Regelungen nach Teil 4 auf die Letztverbraucher untersuchen,
4. eine Prüfung beinhalten, ob für die Planung des Verteilernetzausbaus die Aufnahme einer Ermächtigung zum Erlass einer Rechtsverordnung notwendig wird um sicherzustellen, dass nachfragesteuernde und effizienzsteigernde Maßnahmen angemessen beachtet werden,
5. die Bedingungen der Beschaffung und des Einsatzes von Ausgleichsenergie darstellen sowie gegebenenfalls Vorschläge zur Verbesserung des Beschaffungsverfahrens, insbesondere der gemeinsamen regelzonenübergreifenden Ausschreibung, und zu einer möglichen Zusammenarbeit der Betreiber von Übertragungsnetzen zur weiteren Verringerung des Aufwandes für Regelenergie machen,
6. die Möglichkeit der Einführung eines einheitlichen Marktgebiets bei Gasversorgungsnetzen erörtern und Vorschläge zur Entwicklung eines netzübergreifenden Regelzonenmodells bei Elektrizitätsversorgungsnetzen prüfen sowie
7. den Wettbewerb bei Gasspeichern und die Netzzugangsbedingungen für Anlagen zur Erzeugung von Biogas prüfen.

Der Bericht bildet die Grundlage für eine umfassende Überprüfung der neuen regulativen Vorgaben des Gesetzes (Begr. BT-Drucks. 15/3917, S. 75). Dabei handelt es sich um eine einmalige Berichtspflicht zum 1. 7. 2007. 1

§ 112 2–7 Teil 10. Evaluierung, Schlussvorschriften

2 **Anreizregulierung (§ 112 3 Nr. 1):** Die BNetzA hat der Bundesregierung gem. § 112a bis zum 1.7.2006 einen Bericht zur Einführung einer Anreizregulierung nach § 21a vorzulegen. Gemäß § 118 V soll die Bundesregierung unverzüglich nach Vorlage des Berichts der BNetzA den Entwurf einer Rechtsverordnung nach § 21a VI vorlegen. Sofern dies geschieht, läuft die Verpflichtung aus § 112 3 Nr. 1 ins Leere.

3 **Auswirkungen auf die Umweltverträglichkeit (§ 112 3 Nr. 2):** Darzulegen ist insbesondere, wie sich der Wettbewerb auf den Energieverbrauch und auf übertragungsbedingte Energieverluste auswirkt, wie sich das Angebot und die Nachfrage ressourcenschonend erzeugter Energie im Wettbewerb verändern und wie sich unter Umweltschutzgesichtspunkten der Einsatz von Primärenergieträgern, etwa betreffend das Ausmaß von Kohlendioxidemissionen und radioaktiven Abfall, entwickelt.

4 **Auswirkungen auf die Letztverbraucher (§ 112 3 Nr. 3):** Von Interesse sind vor allem die Auswirkungen der Netzregulierung und der Neuordnung der Grundversorgung auf die Entwicklung der Letztverbraucherpreise. Hierbei kann die Bundesregierung auf Ergebnisse des Monitoring durch die BNetzA nach § 35 I Nr. 11 über die wettbewerbliche Entwicklung aus Sicht der Haushaltskunden zurückgreifen; ein Monitoringbericht der BNetzA erfolgt gem. § 63 IV jährlich. Auch das Gutachten der Monopolkommission nach § 62 enthält für die Bundesregierung verwertbare Angaben.

5 **Planung des Verteilernetzausbaus (§ 112 3 Nr. 4):** Eine entsprechende Verordnungsermächtigung besteht bereits in § 14 II 2. § 112 3 Nr. 4 stellt sicher, daß die Bundesregierung den Erlaß einer Verordnung tatsächlich in Erwägung zieht.

6 **Beschaffung und Einsatz von Regelenergie (§ 112 3 Nr. 5):** Es sind die Erfahrungen mit den bisherigen Regelungen in §§ 22, 23 und den aufgrund § 24 2 Nr. 3 ergangenen Rechtsverordnungen auszuwerten, um festzustellen, ob ein weiterer Regelungsbedarf besteht. In § 24 4 besteht bereits eine Rechtsgrundlage für weitergehende Verordnungen, die aber nach § 118 II erst nach Vorlage des Evaluierungsberichts der Bundesregierung ab dem 1.10.2007 angewendet werden kann.

7 **Marktgebiet und Regelzonen (§ 112 3 Nr. 6):** Hintergrund der Reduzierung der Marktgebiete und Regelzonen sind die damit verbundenen Kostenersparnisse (§ 20, Rn. 99). Der Gesetzgeber sieht die Einführung eines einheitlichen Marktgebiets und netzübergreifender Regelzonen offenbar nicht als Unterpunkt der Zusammenarbeit der Netzbetreiber zur weiteren Verringerung des Aufwandes für Regel-

energie (§ 112 3 Nr. 5) an. Eine Regelung zur Einführung eines einheitlichen Marktgebiets und netzübergreifender Regelzonen könnte demnach nicht auf die Verordnungsermächtigung in § 24 2 Nr. 3 i. V. m. § 24 4 gestützt werden, die nicht über § 112 3 Nr. 5 hinaus geht.

Gasspeicher und Biogasanlagen (§ 112 3 Nr. 7): Die Regelung ergänzt § 35 I Nr. 7 (Hempelmann-Bericht, S. 122). 8

§ 112a Bericht der Bundesnetzagentur zur Einführung einer Anreizregulierung

(1) **¹Die Bundesnetzagentur hat der Bundesregierung bis zum 1. Juli 2006 einen Bericht zur Einführung der Anreizregulierung nach § 21a vorzulegen. ²Dieser Bericht hat ein Konzept zur Durchführung einer Anreizregulierung zu enthalten, das im Rahmen der gesetzlichen Vorgaben umsetzbar ist. ³Zur Vorbereitung und zur Erstellung des Berichts stehen der Bundesnetzagentur die Ermittlungsbefugnisse nach diesem Gesetz zu.**

(2) **¹Die Bundesnetzagentur soll den Bericht unter Beteiligung der Länder, der Wissenschaft und der betroffenen Wirtschaftskreise erstellen sowie die internationalen Erfahrungen mit Anreizregulierungssystemen berücksichtigen. ²Sie gibt den betroffenen Wirtschaftskreisen nach der Erstellung eines Berichtsentwurfs Gelegenheit zur Stellungnahme; sie veröffentlicht die erhaltenen Stellungnahmen im Internet. ³Unterlagen der betroffenen Wirtschaftskreise zur Entwicklung einer Methodik der Anreizregulierung sowie die Stellungnahme nach Satz 2 sind von den Regelungen nach § 69 Abs. 1 Satz 1 Nr. 1 und 3 sowie Satz 2 ausgenommen.**

(3) **¹Die Bundesnetzagentur hat der Bundesregierung zwei Jahre nach der erstmaligen Bestimmung von Netzzugangsentgelten im Wege einer Anreizregulierung nach § 21a einen Bericht über die Erfahrungen damit vorzulegen. ²Die Bundesregierung hat den Bericht binnen dreier Monate an den Deutschen Bundestag weiterzuleiten; sie kann ihm eine Stellungnahme hinzufügen.**

Literatur: *BNetzA*, Bericht der BNetzA nach § 112a zur Einführung der Anreizregulierung nach § 21a vom 30. 6. 2006 (zit. *Anreizregulierungsbericht*).

Übersicht

	Rn.
A. Inhalt und Zweck	1
I. Inhalt der Norm	1
II. Zweck der Norm	2

	Rn.
B. Entstehungsgeschichte	3
C. Bericht zur Einführung einer Anreizregulierung	4
I. Prozeß der Berichtserarbeitung (§ 112a I 3, II)	5
1. Konsultation	6
2. Weitere Beteiligung	7
3. Datenerhebung	9
4. Berichtsentwurf	12
II. Fertigstellung und Übergabe	13
D. Erfahrungsbericht (§ 112a III)	14

A. Inhalt und Zweck

I. Inhalt der Norm

1 § 112a verpflichtet und ermächtigt die BNetzA zur Erstellung **zweier Berichte**. Der erste soll der Einführung einer Anreizregulierung nach § 21a, insbesondere durch Erstellung eines Konzeptes für eine entsprechende Verordnung, den Weg ebnen, der zweite soll zwei Jahre nach der erstmaligen Bestimmung von Netzzugangsentgelten nach dieser Methode einen Überblick der damit gemachten Erfahrungen liefern. Daneben enthält die Norm Vorgaben für den Prozeß der Erstellung des Berichts zur Einführung einer Anreizregulierung.

II. Zweck der Norm

2 Der Bericht nach § 112a I soll die **Einführung der Anreizregulierung** mittels Verordnung nach § 21a VI ermöglichen. Die grundsätzlich für den Erlaß zuständige Bundesregierung wird dadurch entlastet, indem die mit besonderer Sachkompetenz und Ermittlungsbefugnissen ausgestattete BNetzA wesentliche Vorarbeiten leistet. Zur Steigerung der Qualität und der Akzeptanz des Konzepts soll diese den Prozeß der Erstellung so organisieren, daß sämtliche Aspekte berücksichtigt und potentielle Betroffene gestaltend miteinbezogen werden. Mit Anfertigung und Übergabe des „Berichts] der BNetzA nach § 112a EnWG zur Einführung der Anreizregulierung nach § 21a EnWG" (Anreizregulierungsbericht) sind die meisten Vorgaben der Norm allerdings gegenstandslos geworden. Lediglich der Bericht nach § 112a III soll zukünftig eine weitere Verbesserung des gesetzlichen Rahmens der Anreizregulierung auch nach ihrer Einführung ermöglichen.

B. Entstehungsgeschichte

Die Beschleunigungsrichtlinien sehen zwar eine Entgeltregulierung 3
vor, hinsichtlich der Methode legen sie sich aber bewußt nicht fest. Die
Einführung einer Anreizregulierung ist daher eine nationale Option, die
im Gesetzgebungsprozeß des EnWG von Beginn an diskutiert und stetig
in ihrer Gestalt präzisiert wurde. Die Forderung nach einer genaueren
Darlegung und Verankerung eines Konzepts im Gesetz stellte bereits der
Bundesrat in seiner Stellungnahme zum ersten Gesetzentwurf auf (BT-
Drucks. 15/3917, S. 83 f.). Die schließlich vom Bundestagsausschuß für
Wirtschaft und Arbeit vorgenommene Ausgestaltung durch den neuen
§ 21 a wurde daher begleitet durch Einfügung eines ebenfalls neuen
§ 112 a, der eine genaue fachliche Ausarbeitung eines Konzepts durch
die Experten der BNetzA unter Beteiligung von Wissenschaft und betroffener Wirtschaftskreise vorsah. Diese Norm **entsprach bereits weitestgehend dem § 112 a** in seiner heutigen Form (vgl. BT-Drucks. 15/
5268, S. 83 f.). Im Vermittlungsausschuß wurde lediglich in § 112 a II
der dritte Satz sowie die Klarstellung eingefügt, daß auch die
Länder bei der Erarbeitung des Berichts zu beteiligen sind (BT-
Drucks. 15/5736, S. 8).

C. Bericht zur Einführung einer Anreizregulierung

Die BNetzA wird nach § 112 a I damit beauftragt, für den Verord- 4
nungsgeber nach § 21 a VI einen Bericht über die Einführung der Anreizregulierung nach § 21 a zu erstellen. Die Vorschrift stellt im Zusammenwirken mit anderen Normen des EnWG Vorgaben für einen
zeitlichen Rahmen, die inhaltliche Ausgestaltung sowie für das Verfahren der Erstellung des Berichts zur Einführung einer Anreizregulierung
auf. Allerdings werden bereits durch § 21 a II–V methodische Rahmenbedingungen für eine Anreizregulierung aufgeführt und auch die
Regelungsgegenstände einer möglichen Verordnung sind durch § 21 a
VI teils vorgegeben. Der Übergabetermin des 1. 7. 2006 nach § 112 a I
1 räumt der BNetzA zur Berichtserstellung eine Frist von weniger als
einem Jahr ein.

I. Prozeß der Berichtserarbeitung (§ 112 a I 3, II)

Durch § 112 a I 3 und II werden eine Reihe von Vorgaben dazu ge- 5
macht, auf welche Weise der Bericht nach § 112 a I zu erstellen ist.

6 1. Konsultation. Der Bericht soll nach § 112a II 1 unter Beteiligung der Länder, der Wissenschaft sowie der betroffenen Wirtschaftskreise erstellt werden. Wie diese Beteiligung gestaltet werden soll, gibt die Norm nicht abschließend vor. Die BNetzA hat dazu bereits unmittelbar nach Inkrafttreten des EnWG einen Konsultationsprozeß initiiert, bei dem sie in zwei getrennten Gremien, einerseits bestehend aus den **Vertretern von Landesregulierungsbehörden und des BMWi** (sog. Arbeitskreis), andererseits besetzt mit **Verbändevertretern** (sog. Konsultationskreis), ein Konzept entwerfen und abstimmen wollte. In den beiden Gremien wurde parallel insbesondere an den Themen Price/Revenue-Cap, Produktivitätsfortschritt, Effizienzvergleichsmethoden, Datenplausibilitätsprüfung, Kostentreiberanalyse, Effizienzvergleichsparameter und Qualitätsregulierung gearbeitet. Als Basis der Diskussion dienten zumeist Gutachten von externen Sachverständigen oder eigene Vorarbeiten der BNetzA. Die Zwischenergebnisse dieser Beratungen aufnehmend erstellte und veröffentlichte die BNetzA ab Dezember 2005 diverse Referenzberichte zu den jeweiligen Fachfragen, die im Internet veröffentlicht und wiederum in den Gremien diskutiert wurden (zum gesamten Konsultationsprozeß detailliert *Anreizregulierungsbericht*, Rn. 390 ff.).

7 2. Weitere Beteiligung: Entsprechend der gesetzlichen Vorgabe wurden die Konzeptansätze auf Grundlage bestehender Forschungsergebnisse und unter der Beteiligung insbesondere des Wissenschaftlichen Arbeitskreises Regulierungsfragen sowie von internationalen Beratungsfirmen erarbeitet und, etwa auf einer internationalen Wissenschaftskonferenz, wiederum zur **Diskussion durch die Wissenschaft** gestellt (*Anreizregulierungsbericht*, Rn. 421 ff.). Eine **Einbeziehung internationaler Erfahrungen**, wie sie § 112a II 1 bemerkenswerterweise vorschreibt, wurde durch einen Austausch im Rahmen einer Arbeitsgruppe des Council of European Energy Regulators (CEER) bzw. bilateral mit den Regulierungsbehörden anderer Staaten sowie durch ein externes Gutachten ermöglicht.

8 Zudem wurde gem. § 60a IV der **Länderausschuß** fortwährend über den Stand der Arbeiten unterrichtet und dessen Stellungnahme bei der Fassung des Berichts berücksichtigt. Auch der **Beirat** wurde entsprechend § 60 über die Entwicklungen in Kenntnis gesetzt, so daß eine Beratung möglich war.

9 3. Datenerhebung. Neben dem abgeflacht-hierarchischen Vorgehen der Konsultation weist § 112a I 3 der BNetzA aber auch die **Ermittlungsbefugnisse** nach dem EnWG zu. Die Behörde soll so in die Lage versetzt werden, anhand von Unternehmensdaten und sonstigen Auskünften die Ausgangslage zu analysieren und auf dieser Basis die abstrakten Konzepte zur Anreizregulierung optimal an die tatsächlichen Verhältnisse anzupassen. Die BNetzA hat hierzu eine Erhebung von Unternehmensdaten durchführt. Ausgenommen von einer solchen Datenabfrage sind nach § 112a II 3 diejenigen Unterlagen, die den Betroffenen selbst in Bezug auf die Entwicklung einer Methodik der Anreizregulierung und den hierzu abzugebenden Stellungnahmen nach § 112a II 2 dienen.

Um eine **Auskunftsanordnung nach § 69** zu treffen, bedurfte es hier keines Anfangsverdachts gegenüber Unternehmen oder Vereinigungen und einer daraufhin erfolgten Verfahrenseinleitung nach § 66 I. Die Ermächtigung erfolgte direkt aus § 112a I und implizit aus § 112a II 3 (Anmerkung *Börner* zu *OLG Düsseldorf*, RdE 2006, 166ff.; ebenso nach verfassungskonformer Auslegung *Salje*, EnWG, § 112a Rn. 6), zumal es sich bei der Berichterstattung um die „Erfüllung der [...] der Regulierungsbehörde übertragenen Aufgaben" handelt (§ 69 I 1).

Um den Aufwand für die betroffenen Unternehmen zu minimieren, wurde diese Auskunftsanordnung zunächst mit den Verbänden abgestimmt und mit den Datenabfragen für die Vergleichsverfahren Strom und Gas zusammengelegt, da die dafür benötigten Daten teils für beide erforderlich und nutzbar waren (*BNetzA*, Jahresbericht 2005, S. 123). Dennoch war die Datenerhebung als solche umfangreich und wurde bezogen auf Inhalt und Detailtiefe mittels Beschwerden angegriffen. Diese wurden mit der Begründung zurückgewiesen, der Behörde komme angesichts ihrer Sachkompetenz bei der **gestaltenden und planerischen Aufgabe** der Erstellung eines Berichts zur Anreizregulierung ein **weiter Spielraum** zu, welche Auskünfte sie benötige, solange sich diese Einschätzung vertretbar innerhalb der Grenzen des Auftrags halte. Auch das Maß der Detailtiefe könne durch die Behörde entsprechend ihres Auftrages bestimmt werden. Der komplexen Zielsetzung der Erstellung eines Gesamtkonzeptes gemäß könne die Abfrage daher noch detaillierter ausfallen als solche innerhalb konkreter Verfahren im Rahmen der noch einzuführenden Anreizregulierung (vgl. zu beiden Aspekten *OLG Düsseldorf*, RdE 2006, 162ff. sowie *OLG Düsseldorf*, ZNER 2006, 44ff.; bestätigt durch *BGH*, B. v. 19. 6. 2007 – KVR 18/06).

4. Berichtsentwurf. Am 2. 5. 2006 hat die BNetzA einen Berichtsentwurf i. S. d. § 112a II 2 **veröffentlicht und zur Diskussion gestellt.** Die ausdrücklich von der BNetzA erbetenen Stellungnahmen der betroffenen Wirtschaftskreise hierzu wurden wie nach § 112a II 2 a. E. gefordert im Internet veröffentlicht. Besondere **rechtliche Streitfragen** hinsichtlich dieses Entwurfs waren die vorgesehene pauschale initiale Absenkung der Entgelte zu Beginn der ersten Regulierungsperiode sowie die Orientierung der Effizienzvorgaben am effizientesten Unternehmen (zu beiden *Ruge,* IR 2006, 122 ff. sowie ZNER 2006, 200 ff.). Auf eine pauschale initiale Absenkung der Netznutzungsentgelte hat die BNetzA aufgrund der erhobenen Einwände schließlich zugunsten einer sog. individualisierten regulatorischen Kostenprüfung verzichtet *(Anreizregulierungsbericht,* Rn. 132 ff.; § 21 a, Rn. 18; krit. *Balzer/ Schönefuß,* RdE 2006, 213 ff.).

II. Fertigstellung und Übergabe

13 Fristgerecht am 30. 6. 2006 wurde der endgültige „Bericht der BNetzA nach § 112 a EnWG zur Einführung der Anreizregulierung nach § 21 a EnWG" dem Bundesminister für Wirtschaft und Technologie übergeben. § 118 V ordnet an, daß die Bundesregierung unverzüglich nach Erhalt dieses Berichts einen Entwurf einer Rechtsverordnung nach § 21 a VI vorlegen soll. Um eine entsprechend schnelle Umsetzung des erarbeiteten Konzepts in eine Verordnung zu ermöglichen, wurden hierzu im dritten Kapitel des Berichts Empfehlungen für eine Umsetzung im Rahmen einer **Anreizregulierungsverordnung** dargelegt (dazu § 21 a, Rn. 57 ff.). Aufgrund des Zeitdrucks des Verordnungsgebers, aber auch aufgrund der umfangreichen Einbindung von Betroffenen und Sachverständigen bei der Berichterstellung dürften diese Vorschläge großen Einfluß auf die Verordnung haben. Als möglicher Starttermin einer Anreizregulierung wurde von der BNetzA der 1. 1. 2008 genannt *(BNetzA,* Anreizregulierungsbericht, Rn. 32), nach § 1 I der nunmehr verabschiedeten Anreizregulierungsverordnung ist die Einführung aber erst für den 1. 1. 2009 vorgesehen.

D. Erfahrungsbericht (§ 112 a III)

14 Der Bericht nach § 112 a III soll der Überprüfung der Anreizregulierung durch den Gesetzgeber dienen (BT-Drucks. 15/5268, S. 123). Damit sind die beiden Berichtspflichten nach § 112 a von unterschiedlicher Natur. Während die nach § 112 a I weniger auf das passiv anmutende „Berichten" abstellt, sondern gerade die Gestaltung eines komplexen Regelungskonzepts fordert, entspricht der Erfahrungsbericht nach § 112 a III der üblichen Form, wonach ein Bericht über bestimmte **Entwicklungen eines Regelungsbereiches für gesetzgebende Körperschaften** verfaßt wird, „denen damit die politische Gesamtbeurteilung zurückgespielt wird" *(Masing,* Verhandlungen des 66. Deutschen Juristentages Stuttgart 2006, Band I: Gutachten, Teil D: Soll das Recht der Regulierungsverwaltung übergreifend geregelt werden?, 2006, S. 184). Die Kontroll- und Gestaltungsfunktion des Bundestages wird hierdurch gewahrt (dazu *Smeddinck,* ZNER 2002, 295, 297 f.). Wie bei Berichten dieser Art üblich, findet jedoch keine direkte Überweisung an das Parlament statt. Statt dessen wird der Bericht nach § 112a III 2 zunächst der Bundesregierung vorgelegt, die ihn binnen dreier Monate und optional versehen mit einer Stellungnahme an den Bundestag weiterleitet. Die Regierung bzw. das zuständige Ministerium kann so gewissermaßen als Mittler und Übersetzer zwischen gesamtpolitischem Ansatz des Parlaments und eher fachlichem Ansatz der Behörde auftreten. Die nunmehr in Kraft getretene Anreizregulierungsverordnung sieht in § 33 darüber hinaus **neue Berichtspflichten** für die BNetzA zur Evaluierung des gewählten Konzepts und zur Erarbeitung von Vorschlägen einer weiteren Ausgestaltung der Anreizregulierung vor.

§ 113 Laufende Wegenutzungsverträge

Laufende Wegenutzungsverträge, einschließlich der vereinbarten Konzessionsabgaben, bleiben unbeschadet ihrer Änderung durch die §§ 36, 46 und 48 im Übrigen unberührt.

Literatur: *Pippke/Gaßner,* Neuabschluss, Verlängerung und Änderung von Konzessionsverträgen nach dem neuen EnWG, RdE 2006, 33.

Übersicht

	Rn.
A. Allgemeines	1
B. Änderung und Fortgeltung laufender Wegenutzungsverträge	4
I. Laufende Wegenutzungsverträge	4
II. Reichweite der Fortgeltung	6
1. Änderungen auf Grund von §§ 36, 46, 48	6
a) Einschlägige Gesetzesänderungen	6
b) Folgen für Wegenutzungsverträge	8
2. Fortgeltung im übrigen	10

A. Allgemeines

Die Vorschrift ordnet die im übrigen unveränderte **Fortgeltung laufender Wegenutzungsverträge unbeschadet ihrer Änderung durch §§ 36, 46 und 48** an. Sie entfaltet damit Regelungswirkung in zwei Richtungen: Es wird einerseits ausdrücklich die Anpassung der bestehenden Verträge an bestimmte veränderte gesetzliche Vorgaben, andererseits die ansonsten unveränderte Fortgeltung der Verträge ungeachtet der gesetzlichen Neuregelung ausgesprochen.

2   Wegenutzungsverträge, die als einfache Wegenutzungsverträge auch unbefristet (vgl. § 46 Rn. 43), als Konzessionsverträge auf bis zu 20 Jahre (vgl. § 46 Rn. 60) abgeschlossen werden dürfen, haben regelmäßig eine lange Laufzeit. Vor diesem Hintergrund verfolgt die Regelung den **Zweck,** einen Ausgleich herzustellen zwischen der Rechtsbeständigkeit dieser langfristig angelegten Vertragsbeziehungen einerseits und der Änderungsnotwendigkeit im Hinblick auf grundlegende Veränderungen des gesetzlichen Rahmens andererseits. Nach der Gesetzesbegründung hat die Regelung insofern nur klarstellende Funktion (BT-Drucks. 15/3917, S. 75). Ob sie deshalb rein deklaratorisch ist (*Salje,* EnWG, § 1 Rn. 1), erscheint fraglich; immerhin strebt sie mit der expliziten Nennung von §§ 36, 46, 48 an klarstellend anzuordnen, welche gesetzlichen Neuregelungen auf bestehende Verträge ändernd einwirken sollen und welche nicht.

3   Die Regelung folgt **entstehungsgeschichtlich** dem Vorbild des Art. 4 § 1 Gesetz zur Neuregelung des Energiewirtschaftsrechts vom 24. April 1998 (BGBl. I S. 730), der die im übrigen unberührte Fortgeltung laufender Konzessionsverträge trotz des Wegfalls der Ausschließlichkeit auf Grund des EnWG 1998 angeordnet hatte. Eine entsprechende, dem heutigen § 113 wortgleiche Regelung sah bereits der RegE vor (BT-Drucks. 15/3917, S. 38). Im weiteren Gesetzgebungsverfahren blieb sie – soweit ersichtlich – ohne nähere Erörterung und wurde unverändert Gesetz.

B. Änderung und Fortgeltung laufender Wegenutzungsverträge

I. Laufende Wegenutzungsverträge

4   Die Vorschrift gilt für **Wegenutzungsverträge.** Das sind sowohl einfache Wegenutzungsverträge i. S. v. § 46 I wie auch qualifizierte Wegenutzungsverträge, sog. Konzessionsverträge, i. S. v. § 46 II.

5   Laufende Wegenutzungsverträge sind solche, die **einerseits bereits rechtswirksam und andererseits noch nicht ausgelaufen** sind, womit Beginn und Ende der Laufzeit des vereinbarten Wegenutzungsrechts ausschlaggebend sind. Maßgeblicher Zeitpunkt, zu dem dieses vertragliche Wegenutzungsrecht bestehen muß, ist der des Inkrafttretens des EnWG am 13. 7. 2005.

II. Reichweite der Fortgeltung

1. Änderungen auf Grund von §§ 36, 46, 48. a) Einschlägige 6
Gesetzesänderungen. Nach § 113 können **nur über §§ 13, 14
EnWG 1998 hinausgehende Neuregelungen** der §§ 36, 46, 48 Anlaß zu Änderungen bestehender Wegenutzungsverträge sein. Für die bereits durch das EnWG 1998 vorgenommenen Änderungen hat bereits Art. 4 § 1 Gesetz zur Neuregelung des Energiewirtschaftsrechts vom 24. April 1998 (BGBl. I S. 730) eine Überleitungsregelung getroffen, die § 113 voraussetzt, nicht in Frage stellt. Aus dieser früheren Überleitungsregel folgt deshalb insbesondere, daß die bereits mit dem EnWG 1998 durch Aufhebung des Ausschließlichkeitsrechts und Begründung des Durchleitungsanspruchs vollzogene Trennung von Netzbetrieb und Energielieferung die damals laufenden Konzessionsverträge unberührt gelassen hat und bis heute unberührt läßt; auch eine Störung der Geschäftsgrundlage kann wegen dieses im EnWG 1998 begründeten Umstands nicht geltend gemacht werden (*OLG Schleswig*, NVwZ-RR 2006, 811, 812; a. A. *Säcker/Jaecks*, BB 2001, 998, 1003 f.; *Säcker/Dörmer*, RdE 2002, 161, 167 f.).

Die **weitergehenden, für bestehende Wegenutzungsverträge** 7
bedeutsamen Änderungen der §§ 36, 46, 48 haben ihren zentralen Punkt darin, daß nach § 46 II 1, anders als nach § 13 II 1 EnWG 1998, der Konzessionsvertrag nur noch das Recht zu Verlegung und Betrieb des Verteilernetzes, nicht aber mehr zugleich auch die Durchführung einer allgemeinen Versorgung oder überhaupt die Versorgung mit Energie umfaßt (vgl. § 46, Rn. 22, 58). Die Änderungen, die § 48 gegenüber § 14 EnWG 1998 enthält, sind im wesentlichen Folgeänderungen hierzu. Auch die neuartige Regelung des § 36 ist eine Folgeregelung; da es einen durch Konzessionsvertrag bestimmten allgemeinen Versorger i. S. v. § 10 I EnWG 1998 nicht mehr gibt, bedarf es einer – in § 36 getroffenen – Regelung darüber, welches EVU als „Grundversorger" die subsidiäre Versorgungspflicht für ein bestimmtes Gebiet trägt.

b) Folgen für Wegenutzungsverträge. Damit haben die gesetzlichen Neuregelungen der §§ 36, 46, 48 insbesondere Folgen für konzessionsvertragliche Vereinbarungen, die eine **Versorgungspflicht des konzessionierten EVU** („Versorgungskonzession") begründen. 8

Die laufenden Verträge erfahren nach § 113 ein **Änderung unmit-** 9
telbar kraft Gesetzes, durch die sie den Neuregelungen der §§ 36, 46, 48 angepaßt werden; einer entsprechenden Vereinbarung der Konzessionsvertragspartner bedarf es daher nicht (*Pippke/Gaßner*, RdE 2006,

33). Insbesondere die konzessionsvertraglichen Regelungen, die eine Versorgungskonzession vorsehen, sind spätestens seit der erstmaligen Festsetzung eines Grundversorgers nach § 36 III 2 gegenstandslos geworden (*Pippke/Gaßner*, RdE 2006, 33, 34).

10 **2. Fortgeltung im übrigen.** Die Bestimmung hebt die **Fortgeltung der vertraglichen Vereinbarungen über Konzessionsabgaben** besonders hervor. Dies erklärt sich daraus, daß die Änderung insbesondere von § 46 II 1 andernfalls herangezogen werden könnte, um eine Anpassung der bestehenden Konzessionsverträge für geboten zu erklären; denn danach begründet der Konzessionsvertrag nur noch das Recht zur Verlegung und zum Betrieb des Verteilernetzes, während § 13 Abs. 2 Satz 2 EnWG 1998 noch die Durchführung der allgemeinen Versorgung nach § 10 Abs. 1 Satz 1 EnWG 1998 mit umschlossen hatte. Ebenso wie schon Art. 4 § 1 EnWNeuRG mit Blick auf die Aufhebung des Ausschließlichkeitsrechts (vgl. *Kermel*, RdE 2005, 153, 154) verfolgt auch § 113 insoweit das Ziel, für die Laufzeit des Vertrages den gemeindlichen Anspruch auf die vereinbarten Konzessionsabgaben in vollem Umfang zu sichern. Diese gesetzliche Wertung in Bezug auf vertraglich vereinbarte Konzessionsabgaben steht im übrigen in Einklang mit der gesetzgeberischen Intention, ungeachtet der Änderungen des § 46 auch mit Blick auf zukünftige Vereinbarungen das gemeindliche Konzessionsabgabenaufkommen unvermindert zu sichern (vgl. BT-Drucks. 15/3917, S. 68).

§ 114 Wirksamwerden der Entflechtungsbestimmungen

¹Auf Rechnungslegung und interne Buchführung findet § 10 erstmals zu Beginn des jeweils ersten vollständigen Geschäftsjahres nach Inkrafttreten dieses Gesetzes Anwendung. ²Bis dahin sind die §§ 9 und 9a des Energiewirtschaftsgesetzes vom 24. April 1998 (BGBl. I S. 730), das zuletzt durch Artikel 1 des Gesetzes vom 20. Mai 2003 (BGBl. I S. 686) geändert worden ist, weiter anzuwenden.

Übersicht

	Rn.
A. Zweck und Entstehungsgeschichte	1
I. Zweck	1
II. Entstehungsgeschichte	2
B. Einzelkommentierung	3
I. Erstmalige Anwendung des § 10	3
II. Vorübergehende Fortgeltung der §§ 9, 9a EnWG a. F.	4

A. Zweck und Entstehungsgeschichte

I. Zweck

§ 114 sorgt dafür, daß die betroffenen Unternehmen nicht gezwungen werden, im Laufe eines Geschäftsjahres ihre **Rechnungslegung zu ändern** (Begr. BT-Drucks. 15/3917, S. 76). § 10 enthält gegenüber den §§ 9, 9a EnWG a. F. nämlich detailliertere und weitergehende Vorschriften. Daher war eine Übergangsvorschrift erforderlich. Mittlerweile muß der Übergang von allen Unternehmen vollzogen worden sein.

II. Entstehungsgeschichte

In der Fassung des Regierungsentwurfs enthielt § 114 noch zwei Absätze. Während § 114 II die heute in § 114 1 enthaltene Übergangsvorschrift enthielt, sah § 114 I eine auf den 30. 6. 2005 befristete **Berichtspflicht** mit dem Ziel vor, für Verteilnetzbetreiber einen Freistellungsantrag bei der EU-Kommission stellen zu können. Der Wirtschaftsausschuß hat § 114 I gestrichen, da der Bericht angesichts des Fristablaufs obsolet geworden sei. Im bisherigen § 114 II erfolgte eine Klarstellung des Gewollten (BT-Drucks. 15/5268, S. 123).

B. Einzelkommentierung

I. Erstmalige Anwendung des § 10

In § 10 sind die im bisherigen Rechtszustand in § 9 und § 9a EnWG a. F. enthaltenen Regelungen für die buchhalterische Entflechtung der Stromversorgungsunternehmen und der Gasversorgungsunternehmen zusammengefaßt worden. Zudem wurden die Anforderungen erhöht und die Regelung detaillierter gefaßt. Um die betroffenen Unternehmen nicht während eines laufenden Geschäftsjahres zur Umstellung ihres Rechnungswesens zu zwingen, bestimmt § 114 1, daß § 10 auf Rechnungslegung und interne Buchführung erstmals zu Beginn des jeweils ersten vollständigen Geschäftsjahres nach Inkrafttreten des EnWG 2005 Anwendung findet. Hierbei wird an das **Geschäftsjahr des jeweiligen Unternehmens** angeknüpft. Dies war erforderlich, da insbesondere in der Gaswirtschaft viele Unternehmen ein vom Kalenderjahr abweichendes Geschäftsjahr haben. Spätestens seit dem 1. 8. 2006 ist § 10 auf alle Energieversorgungsunternehmen anwendbar.

II. Vorübergehende Fortgeltung der §§ 9, 9a EnWG a. F.

4 Mit § 114 2 sorgt der Gesetzgeber dafür, daß trotz Aufhebung auch der §§ 9, 9a EnWG a. F. Art. 5 II Ziff. 1 des zweiten Gesetzes zur Neuregelung des Energiewirtschaftsrechts vom 7. 7. 2005 (BGBl. I 1978 S. 2017 f.) diese Vorschriften vorübergehend weiter anzuwenden sind. Bis zum Ende des bei Inkrafttreten des Gesetzes laufenden Geschäftsjahres hatten deshalb Energieversorgungsunternehmen das alte Recht der Rechnungslegung fortzuführen.

§ 115 Bestehende Verträge

(1) [1] Bestehende Verträge über den Netzanschluss an und den Netzzugang zu den Energieversorgungsnetzen mit einer Laufzeit bis zum Ablauf von sechs Monaten nach Inkrafttreten dieses Gesetzes bleiben unberührt. [2] Verträge mit einer längeren Laufzeit sind spätestens sechs Monate nach Inkrafttreten einer zu diesem Gesetz nach den §§ 17, 18 oder 24 erlassenen Rechtsverordnung an die jeweils entsprechenden Vorschriften dieses Gesetzes und die jeweilige Rechtsverordnung nach Maßgabe dieser Rechtsverordnung anzupassen, soweit eine Vertragspartei dies verlangt. [3] § 20 Abs. 1 des Gesetzes gegen Wettbewerbsbeschränkungen findet nach Maßgabe des § 111 Anwendung.

(1a) Abweichend von Absatz 1 Satz 2 sind die dort genannten Verträge hinsichtlich der Entgelte, soweit diese nach § 23a zu genehmigen sind, unabhängig von einem Verlangen einer Vertragspartei anzupassen.

(2) [1] Bestehende Verträge über die Belieferung von Letztverbrauchern mit Energie im Rahmen der bis zum Inkrafttreten dieses Gesetzes bestehenden allgemeinen Versorgungspflicht mit einer Laufzeit bis zum Ablauf von sechs Monaten nach Inkrafttreten dieses Gesetzes bleiben unberührt. [2] Bis dahin gelten die Voraussetzungen des § 310 Abs. 2 des Bürgerlichen Gesetzbuchs als erfüllt, sofern die bestehenden Verträge im Zeitpunkt des Inkrafttretens dieses Gesetzes diese Voraussetzungen erfüllt haben. [3] Verträge mit einer längeren Laufzeit sind spätestens sechs Monate nach Inkrafttreten einer zu diesem Gesetz nach § 39 oder § 41 erlassenen Rechtsverordnung an die jeweils entsprechenden Vorschriften dieses Gesetzes und die jeweilige Rechtsverordnung nach Maßgabe dieser Rechtsverordnung anzupassen.

(3) [1] Bestehende Verträge über die Belieferung von Haushaltskunden mit Energie außerhalb der bis zum Inkrafttreten dieses Gesetzes

bestehenden allgemeinen Versorgungspflicht mit einer Restlaufzeit von zwölf Monaten nach Inkrafttreten dieses Gesetzes bleiben unberührt. ²Bis dahin gelten die Voraussetzungen des § 310 Abs. 2 des Bürgerlichen Gesetzbuchs als erfüllt, sofern die bestehenden Verträge im Zeitpunkt des Inkrafttretens dieses Gesetzes diese Voraussetzungen erfüllt haben. ³Verträge mit einer längeren Laufzeit sind spätestens zwölf Monate nach Inkrafttreten einer zu diesem Gesetz nach § 39 oder § 41 erlassenen Rechtsverordnung an die entsprechenden Vorschriften dieses Gesetzes und die jeweilige Rechtsverordnung nach Maßgabe dieser Rechtsverordnung anzupassen. ⁴Sonstige bestehende Lieferverträge bleiben im Übrigen unberührt.

Übersicht

	Rn.
A. Allgemeines	1
B. Netzanschluß- und Netzzugangsverträge (§ 115 I und I a)	2
I. Bestehende Verträge (§ 115 I)	2
II. Anpassung von Netzzugangsentgelten (§ 115 I a)	3
C. Verträge über die Belieferung von Letztverbrauchern (§ 115 II)	4
D. Verträge über die Belieferung von Haushaltskunden und sonstige Lieferverträge (§ 115 III)	5

A. Allgemeines

§ 115 enthält **Übergangsregelungen** für bestehende Netzanschluß- und Netzzugangsverträge (§ 115 I und I a), für Verträge über die Belieferung von Letztverbrauchern (§ 115 II) und Haushaltskunden sowie für sonstige Lieferverträge (§ 115 III). Abhängig von der Restlaufzeit der Verträge ist danach eine Anpassung an die neue Rechtslage erforderlich. § 115 gilt für die **Elektrizitäts- und Gasversorgung** gleichermaßen.

B. Netzanschluß- und Netzzugangsverträge (§ 115 I und I a)

I. Bestehende Verträge (§ 115 I)

Nach § 115 I 1 bleiben bestehende Netzanschluß- und Netzzugangsverträge mit einer Restlaufzeit von **sechs Monaten** nach Inkrafttreten des EnWG unberührt. Die Regelung galt danach für bis zum

§ 115 3, 4   Teil 10. Evaluierung, Schlussvorschriften

13. 1. 2006 laufende Verträge. Dagegen sind Verträge mit einer längeren Laufzeit gem. § 115 I 2 **auf Verlangen einer Vertragspartei** spätestens sechs Monate nach Inkrafttreten einer nach den §§ 17, 18 oder 24 erlassenen Rechtsverordnung an die Vorschriften des EnWG und die entsprechende Rechtsverordnung **anzupassen;** die Anpassung hat nach Maßgabe dieser Rechtsverordnung zu erfolgen. Die Frist von sechs Monaten ist **nicht als Ausschlußfrist** zu verstehen. Eine Vertragsanpassung kann von einer Vertragspartei daher auch noch nach Ablauf dieser Frist verlangt werden. § 115 I 3 stellt klar, daß § 20 I GWB nach Maßgabe von § 111 Anwendung findet. Bei der Änderung von Netzanschluß- und Netzzugangsverträgen ist daher der **Gleichbehandlungsgrundsatz des § 20 I GWB** zu beachten (Begr. BT-Drucks. 15/3917, S. 76). Dies gilt jedoch nur dann, wenn das EnWG oder eine aufgrund des EnWG erlassene Rechtsverordnung keine ausdrücklich abschließende Regelung enthält (vgl. § 111, Rn. 7 f.).

II. Anpassung von Netzzugangsentgelten (§ 115 I a)

4 § 115 I a wurde aufgrund der Beschlußempfehlung des Vermittlungsausschusses vom 15. 6. 2005 (BT-Drucks. 15/5736, S. 8) in das EnWG aufgenommen. Die Vorschrift enthält eine Sonderregelung zu § 115 I 2. Danach sind Netzanschluß- und Netzzugangsverträge mit einer Restlaufzeit von mehr als sechs Monaten **unabhängig vom Verlangen einer Vertragspartei** an die nach § 23 a genehmigten Netzzugangsentgelte anzupassen.

C. Verträge über die Belieferung von Letztverbrauchern (§ 115 II)

4 § 115 II betrifft bestehende Verträge über die Belieferung von Letztverbrauchern **im Rahmen der bisherigen allgemeinen Versorgungspflicht** (Begr. BT-Drucks. 15/3917, S. 76). Diese Verträge blieben gem. § 115 II 1 unberührt, soweit sie eine Restlaufzeit bis höchstens zum 13. 1. 2006 hatten. Ferner galten nach § 115 II 2 die Voraussetzungen von § 310 II BGB als erfüllt, wenn die Verträge diese Voraussetzungen auch bei Inkrafttreten des EnWG erfüllt haben. Eine Inhaltskontrolle dieser Verträge nach den §§ 308 und 309 BGB fand daher nicht statt. Verträge mit einer längeren Laufzeit sind spätestens sechs Monate nach Inkrafttreten einer aufgrund von § 39 oder § 41 erlassenen Rechtsverordnung an die Vorschriften des EnWG und die entsprechende Rechtsverordnung nach Maßgabe dieser Rechtsverordnung anzupassen. Anders

als in den Fällen des § 115 I 2 besteht diese Verpflichtung **unabhängig vom Verlangen einer Vertragspartei.**

D. Verträge über die Belieferung von Haushaltskunden und sonstige Lieferverträge (§ 115 III)

Für Verträge mit Haushaltskunden i. S. v. § 3 Nr. 22 (dazu § 3, Rn. 41) **außerhalb der bisherigen allgemeinen Versorgungspflicht** enthält § 115 III 1 bis 3 eine § 115 II entsprechende Regelung. Diese Verträge sind als sog. Sonderverträge abgeschlossen worden (Begr. BT-Drucks. 15/3917, S. 76). Für sie gelten jedoch andere Fristen als für Tarifkundenverträge. Nach § 115 III 1 blieben diese Verträge unberührt, soweit sie einer Restlaufzeit von nicht mehr als **zwölf Monaten**, gerechnet vom Zeitpunkt des Inkrafttretens des EnWG, also höchstens bis zum 13. 7. 2006 hatten. Auch für diese Verträge gelten die Voraussetzungen von § 310 II BGB als erfüllt, wenn die Verträge diese Voraussetzungen auch bei Inkrafttreten des EnWG erfüllt haben (§ 115 III 2). Bei einer über den 13. 7. 2006 hinausgehenden Laufzeit ist gem. § 115 III 3, **unabhängig vom Verlangen einer Vertragspartei,** spätestens sechs Monate nach Inkrafttreten einer aufgrund von § 39 oder § 41 erlassenen Rechtsverordnung eine Anpassung von Haushaltskundenverträgen an die Vorschriften des EnWG und die entsprechende Rechtsverordnung nach Maßgabe dieser Rechtsverordnung erforderlich.

§ 115 III 4 regelt, daß **sonstige Lieferverträge** im übrigen unberührt bleiben. Die Einschränkung, daß diese Verträge „im übrigen" unberührt bleiben, könnte so ausgelegt werden, daß eine Anpassung über die in § 115 III 2 geregelten Anpassungspflicht hinaus nicht erforderlich ist. Diese Auslegung würde jedoch keinen Sinn ergeben, da sonstige Lieferverträge mit Haushaltskundenverträgen gleichgestellt würden. § 115 III 4 wäre in diesem Fall überflüssig. Die Vorschrift ist daher so zu verstehen, daß eine **Anpassung** bei Inkrafttreten des EnWG bestehender sonstiger Lieferverträge an das EnWG und an aufgrund des EnWG erlassene Rechtsverordnungen **nicht erforderlich** ist.

§ 116 Bisherige Tarifkundenverträge

[1] Unbeschadet des § 115 sind die §§ 10 und 11 des Energiewirtschaftsgesetzes vom 24. April 1998 (BGBl. I S. 730), das zuletzt durch Artikel 126 der Verordnung vom 25. November 2003 (BGBl. I S. 2304) geändert worden ist, sowie die Verordnung über

§ 117   Teil 10. Evaluierung, Schlussvorschriften

Allgemeine Bedingungen für die Elektrizitätsversorgung von Tarifkunden vom 21. Juni 1979 (BGBl. I S. 684), zuletzt geändert durch Artikel 17 des Gesetzes vom 9. Dezember 2004 (BGBl. I S. 3214), und die Verordnung über Allgemeine Bedingungen für die Gasversorgung von Tarifkunden vom 21. Juni 1979 (BGBl. I S. 676), zuletzt geändert durch Artikel 18 des Gesetzes vom 9. Dezember 2004 (BGBl. I S. 3214), auf bestehende Tarifkundenverträge, die nicht mit Haushaltskunden im Sinne dieses Gesetzes abgeschlossen worden sind, bis zur Beendigung der bestehenden Verträge weiter anzuwenden. ²Bei Änderungen dieser Verträge und bei deren Neuabschluss gelten die Bestimmungen dieses Gesetzes sowie der auf Grund dieses Gesetzes erlassenen Rechtsverordnungen.

1   § 116 1 betrifft bestehende Tarifkundenverträge, die nicht mit Haushaltskunden i. S. v. § 3 Nr. 22 (dazu § 3, Rn. 41) abgeschlossen wurden. Sie werden **nicht mehr von der Grundversorgungspflicht nach § 36 erfaßt** (Begr. BT-Drucks. 15/3917, S. 76). Auf diese Verträge sind bis zu ihrer Beendigung die §§ 10 und 11 EnWG a. F. sowie die AVBElt und die AVBGas anzuwenden. Es gelten demnach die bisherigen Bestimmungen über die Allgemeine Anschluß- und Versorgungspflicht sowie über allgemeine Tarife und Versorgungsbedingungen fort.

2   Abweichend davon sind nach § 116 2 die Bestimmungen des EnWG und die auf der Grundlage des EnWG erlassenen Rechtsverordnungen anwendbar, soweit Verträge i. S. v. § 116 1 geändert oder neu abgeschlossen werden.

§ 117 Konzessionsabgaben für die Wasserversorgung

Für die Belieferung von Letztverbrauchern im Rahmen der öffentlichen Wasserversorgung gilt § 48 entsprechend.

Übersicht

	Rn.
A. Allgemeines	1
B. Entsprechende Anwendung des § 48 auf die öffentliche Wasserversorgung	5
I. Voraussetzungen der analogen Anwendung	5
II. Analoge Anwendung von § 48	7

A. Allgemeines

Die Vorschrift ordnet die **entsprechende Anwendung des unmittelbar für die Strom- und Gasversorgung anwendbaren § 48 für die Belieferung von Letztverbrauchern im Rahmen der öffentlichen Wasserversorgung** an. § 48 regelt die Erhebung von Konzessionsabgaben; diese sind dort definiert als Entgelte, die EVU für die Einräumung des Rechts zur Benutzung öffentlicher Verkehrswege für die Erlegung und den Betrieb von Leitungen, die der unmittelbaren Versorgung von Letztverbrauchern im Gemeindegebiet dienen, entrichten (§ 48 I 1). § 117 dient damit dazu, eine Rechtsgrundlage für die Erhebung von Konzessionsabgaben auch in der öffentlichen Wasserversorgung zur Verfügung zu stellen; vor allem ist damit auch die Verordnungsermächtigung des § 48 II auf die öffentliche Wasserversorgung anwendbar.

In ihrer **geschichtlichen Entwicklung** (vgl. dazu ausführlicher *Büdenbender*, EnWG, § 15, Rn. 1 ff.) hatten die Konzessionsabgaben für Energie einerseits, Wasser andererseits zunächst unterschiedliche gesetzliche Grundlagen; das EnWG 1935, namentlich § 12 EnWG 1935 galt nur der Strom- und Gasversorgung. Gestützt auf das Gesetz zur Durchsetzung des Vierjahresplanes vom 29. Oktober 1936 (RGBl. I 1936 S. 927) erging jedoch untergesetzlich eine einheitliche Anordnung über die Zulässigkeit von Konzessionsabgaben der Unternehmen und Betriebe zur Versorgung mit Elektrizität, Gas und Wasser an Gemeinden und Gemeindeverbände (KAE) vom 4. März 1941 (RAnz. 1941, Nr. 57 und 120). Diese KAE wurde für Strom und Gas durch die KAV vom 9. Januar 1992 (BGBl. I S. 407) abgelöst, blieb aber für die öffentliche Wasserversorgung weiter in Kraft. Angesichts dieser Rechtslage hat der Gesetzgeber bereits in § 15 EnWG 1998 die entsprechende Anwendbarkeit des damaligen § 14 EnWG 1998 auf die öffentliche Wasserversorgung angeordnet; insbesondere sollte die entsprechende Anwendbarkeit der Verordnungsermächtigung des § 14 II EnWG 1998 die Grundlage dafür schaffen, daß die KAE vom 4. März 1941 auch für die öffentliche Wasserversorgung durch eine neue Konzessionsabgabenverordnung ersetzt werden konnte (vgl. BT-Drucks. 13/7274, S. 22). Diese Regelung des § 15 EnWG 1998 hat § 117, der im Gesetzgebungsverfahren keine Veränderungen erfahren hat, im Wortlaut unverändert überommen (BT-Drucks. 15/3917, S. 76).

Wie die Begründung zutreffend ausspricht (BT-Drs. 15/3917, S. 76), wird damit **eine an sich im EnWG rechtssystematisch deplazierte Bestimmung** aufgenommen. Das trifft zunächst insofern zu, als sie mit dem Ausgreifen auf die öffentliche Wasserversorgung über den generellen Anwendungsbereich und Zweck des EnWG (vgl. § 1 I sowie § 1, Rn. 18 ff.) hinausgeht, der auf eine Regelung der leitungsgebundenen Energieversorgung beschränkt ist (vgl. *Büdenbender*, EnWG, § 15, Rn. 4). Darüber hinaus gibt es seit dem EnWG 2005 auch inhaltlich eine systematische Unstimmigkeit insofern, als dieses Gesetz für die Energieversorgung keine ausschließlichen Wegenutzungsrechte mehr kennt und darüber hinaus eine strikte Trennung von Netzbetrieb und Versorgung zugrunde legt; für die Wasserversorgung gilt hingegen weiterhin §§ 103, 103a GWB a. F. (vgl. § 131 VI GWB), so daß hier weiterhin mit Ausschließlichkeitsklausel versehene, die Versorgung einschließende Konzessionsverträge zulässig und verbreitet sind.

4 Von § 117 i. V. m. § 48 II ist bislang auf der Ebene der **Verordnungsgebung** kein Gebrauch gemacht worden. Es gibt also keine Strom, Gas und auch Wasser umschließende Konzessionsabgabenverordnung. Die – nach wie vor allein auf Strom und Gas bezogene – KAV ist auf die öffentliche Wasserversorgung nicht, auch nicht analog anwendbar (*Salje*, EnWG, § 117, Rn. 3). Es gilt also weiter die KAE (s. Rn. 2) fort.

B. Entsprechende Anwendung des § 48 auf die öffentliche Wasserversorgung

I. Voraussetzungen der analogen Anwendung

5 Die analoge Anwendung ist angeordnet für die **öffentliche Wasserversorgung**. Darunter wird man die Versorgung der Allgemeinheit mit Wasser zu verstehen haben. Dies muß nicht notwendig, wird aber regelmäßig die auf der Grundlage eines durch gemeindliche Satzung verhängten Anschluß- und Benutzungszwangs durchgeführte Wasserversorgung (*Salje*, EnWG, § 117, Rn. 2) sein.

6 Im Rahmen der öffentlichen Wasserversorgung ist die entsprechende Anwendung weiter auf die **Belieferung von Letztverbrauchern** begrenzt. Als Letztverbraucher wird man dabei in entsprechender Anwendung von § 3 Nr. 22 sämtliche Kunden, die Wasser für den eigenen Verbrauch kaufen, anzusehen haben; damit fallen sowohl Eigenversorger wie auch Wasserverteiler in ihren Rechtsbeziehungen zu Wasserlieferanten aus dem Anwendungsbereich heraus (*Salje*, EnWG, § 117, Rn. 2). Allerdings wirkt auf diese Anwendungsvoraussetzung die entsprechende Anwendung von § 48 I 2 insofern zurück, als die dort vorgesehene Erweiterung auf Weiterverteiler, die selbst über öffentliche Verkehrswege

beliefert werden und dann ohne Inanspruchnahme von öffentlichen Verkehrswegen Wasser an Letztverbraucher weiterleiten, auch hier zu beachten sein wird.

II. Analoge Anwendung von § 48

Die analoge Anwendung des § 48 I hat zunächst die Folge, daß die Definition der Konzessionsabgabe in § 48 I 1 entsprechend gilt. Ungeachtet des Umstands, daß der Konzessionsvertrag über die Wegenutzung zur Wasserversorgung über das Recht zu Verlegung und Betrieb von Leitungen hinaus weiterhin auch das Recht zur ausschließlichen Versorgung begründen kann (vgl. bereits Rn. 3), gilt damit, daß die Konzessionsabgabe – wie bei der Energieversorgung – nur für das Recht zu Leitungsverlegung und -betrieb erhoben wird. 7

Dem Gesetzgeber besonders bedeutsam war die entsprechende Anwendung von § 48 II. Danach ist das Bundesministerium für Wirtschaft und Technologie ermächtigt, mit Zustimmung des Bundesrates durch Rechtsverordnung die Zulässigkeit und Bemessung der Konzessionsabgaben zu regeln (§ 48 II 1). Für die durch § 48 II 2 analog ermöglichte Festsetzung von nach Kundengruppen sowie Verwendungszwecken bzw. gestaffelt nach Einwohnerzahlen unterschiedlichen Höchstsätzen wird man für die Wasserversorgung eine andere Bezugsgröße als Cent/kWh zu wählen haben. 8

Konzessionsabgabepflichtig ist nach § 48 III analog das Wasserversorgungsunternehmen, das mit der Gemeinde den Vertrag über die Einräumung des Wegerechts nach § 46 I abgeschlossen hat. 9

Aus § 48 IV analog folgt, daß die Pflicht zur Zahlung der vereinbarten Konzessionsabgabe nach Ablauf des Konzessionsvertrages für ein Jahr fortgilt, sofern nicht zwischenzeitlich eine anderweitige Regelung vereinbart wird. 10

§ 118 Übergangsregelungen

(1) § 22 Abs. 2 Satz 2 ist erst sechs Monate nach Inkrafttreten einer Rechtsverordnung über die Entgelte für den Zugang zu Elektrizitätsversorgungsnetzen nach § 24 anzuwenden.

(1 a) § 20 Abs. 1 b ist erst ab dem 1. Februar 2006 anzuwenden.

(1 b) [1]Betreiber von Elektrizitätsversorgungsnetzen haben erstmals drei Monate nach Inkrafttreten einer Rechtsverordnung über die Entgelte für den Zugang zu den Elektrizitätsversorgungsnetzen und Betreiber von Gasversorgungsnetzen erstmals sechs Monate nach Inkrafttreten einer Rechtsverordnung über die Entgelte für

den Zugang zu den Gasversorgungsnetzen einen Antrag nach § 23 a Abs. 3 zu stellen. ² § 23 a Abs. 5 gilt entsprechend.

(2) § 24 Satz 4 ist erst ab dem 1. Oktober 2007 anzuwenden.

(3) Abweichend von § 36 Abs. 2 ist Grundversorger bis zum 31. Dezember 2006 das Unternehmen, das die Aufgabe der allgemeinen Versorgung im Zeitpunkt des Inkrafttretens dieses Gesetzes durchgeführt hat.

(4) § 42 Abs. 1 und 6 ist erst ab dem 15. Dezember 2005 anzuwenden.

(5) Die Bundesregierung soll unverzüglich nach Vorlage des Berichts nach § 112a Abs. 1 zur Einführung der Anreizregulierung den Entwurf einer Rechtsverordnung nach § 21 a Abs. 6 vorlegen.

(6) § 6 Abs. 2 ist mit Wirkung vom 26. Juni 2003 anzuwenden.

(7) § 17 Abs. 2a gilt nur für Offshore-Anlagen, mit deren Errichtung bis zum 31. Dezember 2011 begonnen worden ist.

(8) Vor dem 17. Dezember 2006 beantragte Planfeststellungsverfahren oder Plangenehmigungsverfahren werden nach den Vorschriften dieses Gesetzes in der ab dem 17. Dezember 2006 geltenden Fassung zu Ende geführt.

1 **Ausschreibung von Regelenergie (§ 118 I):** Die Pflicht zur Errichtung einer gemeinsamen Internetplattform für die Ausschreibung von Regelenergie besteht erst sechs Monate nach Inkrafttreten der StromNZV. Dadurch soll es den betroffenen Unternehmen ermöglicht werden, die notwendigen technischen Voraussetzungen zu schaffen (Begr. BT-Drucks. 15/3917, S. 76).

2 **Gasnetzzugang (§ 118 I a):** Die Gasnetzbetreiber sind nach § 20 I 2, I b verpflichtet ein transaktionsunabhängiges Netzzugangsmodell zu entwickeln. Zum Zeitpunkt des Inkrafttretens der Gesetzesnovelle bestand für den Gasnetzzugang noch kein vom Gesetzgeber akzeptiertes Zugangsmodell. Darum wurde den Gasnetzbetreibern eine Übergangsfrist eingeräumt.

3 **Antrag auf Entgeltgenehmigung (§ 118 I b):** Das Entgeltgenehmigungserfordernis nach § 23 a wurde am Ende des Gesetzgebungsverfahrens überraschend eingeführt. Darum wurde den Netzbetreibern für die Stellung ihrer nach § 23 a III erforderlichen Genehmigungsanträge eine Übergangsfrist gewährt. Die längere Übergangsfrist für den Gasnetzzugang berücksichtigt, daß zum Zeitpunkt des Inkrafttretens des Gesetzes noch kein Gasnetzzugangsmodell vorlag. Nach § 118 I b 2 ist die für den Fall des Befristungsablaufs oder des Widerrufs einer Geneh-

migung in § 23 a V getroffene Übergangsregelung beim erstmaligen Genehmigungsantrag entsprechend anzuwenden (dazu *Schalle/Boos*, ZNER 2006, 20, 26). Für die Frage der Rechtzeitigkeit i. S. d. § 23 V 2 kommt es dann auf die in § 118 I b genannten Antragsfristen an.

Beschaffung und Einsatz von Regelenergie (§ 118 II): Die Übergangsregelung stellt sicher, daß zu dieser Frage der zum 1. 7. 2007 fällige Erfahrungsbericht der Bundesregierung nach § 112 3 Nr. 5 abgewartet wird. 4

Grundversorger (§ 118 III): Wer Grundversorger nach § 36 II 1 ist, wird gem. § 36 II 2 erstmals zum 1. 7. 2006 für die folgenden drei Kalenderjahre festgestellt, so daß die Bestimmung erstmals zum 1. 1. 2007 wirksam wurde. Die Übergangsregelung stellt klar, daß bis dahin dasjenige Unternehmen Grundversorger ist, das bisher die allgemeine Versorgung durchgeführt hat. 5

Stromkennzeichnung und Rechnungstransparenz (§ 118 IV): Die Regelung gewährt den Unternehmen eine Anpassungsfrist. 6

Anreizregulierung (§ 118 V): Es steht der Bundesregierung nicht frei, ob sie von der Verordnungsermächtigung des § 21 a VI Gebrauch macht. Vielmehr soll sie einen Verordnungsentwurf zur Einführung der Anreizregulierung vorlegen. Der Gesetzgeber erwartet also den Übergang zur Anreizregulierung. Allerdings muß der Bundesrat dem Verordnungsentwurf nach § 21 a VI 1 zustimmen. Der Verordnungsentwurf soll unverzüglich nach Vorlage des Berichts der BNetzA nach § 112 a vorgelegt werden, so daß die Auswertung des eigenen Berichts der Bundesregierung nach § 112 3 Nr. 1 nicht mehr möglich ist. 7

Übertragung von Teilbetrieben (§ 118 VI): Die Übergangsregelung gestattet bezüglich des in § 6 II verwendeten Tatbestandsmerkmals der „übertragenen Wirtschaftsgüter" eine Rückanknüpfung an Übertragungsvorgänge, die vor Inkrafttreten des Gesetzes abgeschlossen waren. 8

Stichwortverzeichnis

Die fettgedruckte Zahl gibt den Paragraphen wieder und die mager
gedruckten Ziffern bezeichnen die Randnummern.

Abgaben 93 1
Abschreibung 21 76, 97 ff.; unter
Null **21** 106, 114 ff.
Abschreibungsdauer 10 27
Abstimmungspflicht 43 b 19
Abwägungsentscheidung 44 7
Akteneinsicht 67 6 ff.; **84** 1 ff.; Betriebs- und Geschäftsgeheimnisse **67** 9 f.; **71** 6 f.; Geheimhaltung **84** 9 f.; Nebenbeteiligte **84** 19; Offenlegungsentscheidung des Beschwerdegerichts **84** 9 ff.; Unanwendbarkeit IFG für Beteiligte **67** 6; Versagung **67** 7; Zustimmung der aktenführenden Stelle **84** 4 ff.
allgemeine Anschlußpflicht 18 1 ff.; Abwägung **18** 23; Anschlußnehmer **18** 15; Anschlußnutzer **18** 15; Anschlußnutzungsverhältnis **18** 12; Anschlußverpflichteter **18** 4 ff.; Ausnahmen **18** 30 ff.; Bedingungen **18** 17 ff.; Bedingungen der Netzbetreiber **18** 19; Beschränkung auf Gemeindegebiet **18** 9; Darlegungs- und Beweislast **18** 23; Durchsetzung **18** 33; EEG-Anlagen **18** 32; Eigenbedarfsanlage **18** 30; Energieversorgungsnetze der allgemeinen Versorgung **18** 6 ff.; Gruppenkalkulation **18** 25; Kontrahierungszwang **18** 13; Konzessionsvertrag **18** 8; KWKG-Anlagen **18** 32; Letztverbraucher **18** 14; NAV/NDAV **18** 18; Netzanschluß **18** 10 ff.; Netzanschlußverhältnis **18** 12; Netzkapazität **18** 28; Sonderleistungen des Anschlußnehmers **18** 29; technische Anschlußbedingungen **18** 19; technische Vorschriften **19** 1 ff.; Verletzung von Vertragspflichten **18** 27; Veröffentlichung von Netzanschlußbedingungen **18** 21; Verordnungsermächtigung **18** 34; vertragliche Vereinbarungen **18** 20; wirtschaftliche Verhältnisse des Netzbetreibers **18** 24; wirtschaftliche Zumutbarkeit **18** 8, 22 ff.; Zweck **18** 2 f.
allgemeine Bedingungen 36 15, 25 f.; **39** 5 f., 31 ff.
Allgemeine Geschäftsbedingungen 39 16
allgemeine Preise/Tarife 36 14, 25 f.; **39** 5 f., 19 ff.
allgemeine Versorgung 46 22, 58
allgemeiner Versorger 36 4, 10, 59; **37** 4; **46** 20
Allgemeinverfügung 60 a 15 ff., 22
All-inclusive-Preise 111 16 ff.
Alternativtrasse 44 7
Amtsermittlung 68 2 ff.; Beweislast **68** 6; Ermittlungsbefugnisse der Regulierungsbehörde **69** 1 ff.; Mitwirkungspflichten Beteiligter **68** 5; **71** 4 f.; Pflicht zur **68** 3
Amtshilfe 57 16
Anfechtungsbeschwerde 75 3 ff.
Anforderungen an Energieanlagen 49 1 ff.; anerkannte Regeln der Technik **49** 6; Auskunftspflicht der Betreiber **49** 13 ff.; Auskunftsverlangen **49** 16; Auskunftsverweigerungsrecht **49** 19; ausländische Anlagen und Anlagenteile **49** 9 ff.; behördliche Befugnisse **49** 20 ff.; Beschlagnahme **49** 23; Betretungsrecht **49** 22; Durchsuchung **49** 23; Errichtung und Betrieb **49** 3 ff.; Maßnahmen der Landesbehörden **49** 13 f.; Prüfung und Einsichtnahme **49** 23 f.; technische Sicherheit **49** 2 ff.; technische Verhältnisse **49**

Stichwortverzeichnis

fette Zahlen = §§

17; VDEW- und DVGW-Regelwerk **49** 7 f.; Verordnungsermächtigung **49** 12; wirtschaftliche Verhältnisse **49** 17
Angebotspreisuntergrenze 21 83
angemessene Vergütung 46 79 ff.
Anhörung 67 3 ff.; berührter Wirtschaftskreise **67** 12; Beschlagnahme **70** 4; der Beteiligten **67** 3; Gewährung von Akteneinsicht **71** 8; Heilung unterbliebener Anhörung **67** 16
Anhörungsrüge 83 a
Anhörungsverfahren 43 a 3 ff.; Abwägungsgebot **43 a** 11, 14; Behördenbeteiligung **43 a** 4 ff.; Beteiligung von Vereinigungen **43 a** 7, 13; Einwendungen **43 a** 4 ff.; Ermessensentscheidung **43 a** 11 ff.; Erörterungstermin **43 a** 7 ff.; Planänderungen **43 a** 13 ff.; Planauslegung und Planauslegungsfrist **43 a** 6 ff., 13 ff.; Planfeststellungsbehörde **43 a** 3, 10, 17
Anordnung sofortiger Vollziehung 77 2 ff.; Anordnung durch Regulierungsbehörde **77** 2 ff.; Aussetzung durch Regulierungsbehörde **77** 6 ff.; durch Beschwerdegericht **77** 10 ff.
Anpassungspflicht 41 10
Anregungen 91 7
Anreizregulierung 21 5, 30 ff., 41, 64 ff., 70, 119, 121 ff.; **21 a** 1, 5, 8 f., 14, 45, 51; **91** 6
Anreizregulierungsbericht 21 a 3, 33 ff., 60; **112 a** 1 ff.; Berichtsentwurf **112 a** 12; Beteiligung der Länder **112 a** 6; Datenerhebung **112 a** 9 ff.; Erfahrungsbericht **112 a** 14; Konsultation **112 a** 6; Konzept für eine Verordnung **112 a** 1 ff., 6 f., 13; pauschale initiale Absenkung **112 a** 12; Übergabe **112 a** 2 ff., 13; Verbändevertreter **112 a** 6; Wissenschaft **112 a** 6 f.; Zweck **112 a** 2
Anreizregulierungsformel
s. Regulierungsformel
Anreizregulierungsverordnung 21 a 8, 57 ff.

Anschaffungs- und Herstellungskosten 21 98 ff.
Anstalt des öffentlichen Rechts 10 13
Antrag 91 7
Antragsrecht 30 51; **31** 5
Anwaltszwang 80 1 ff.; **90** 13
Anwendungsbereich des EnWG 1 1, 18; **3** 29; **109** 1
Anzeigepflicht 5 1 ff.; Adressat **5** 5 ff.; Inhalt **5** 13; Voraussetzungen **5** 13 ff.; Zuständigkeit **5** 3, 28
Äquivalenzprinzip 91 16
Arealnetzbetreiber 7 51
Arealnetze 17 13
aufschiebende Wirkung 76 2 ff.
Ausbau von Energieversorgungsnetzen 11 31 ff.; **14** 12; **15** 19; Ausbauplanung **11** 33; Bedarf **11** 33 ff.; Bedarfsprognose **11** 35 f.; Investitionspflicht **11** 31; Netznutzungsansprüche **11** 34; wirtschaftliche Zumutbarkeit **11** 38 ff.
Ausgangsniveau 21 a 18, 24
Ausgleichsleistungen 3 9; **20** 53, 60, 115; **24** 7; Beschaffung **22** 1 ff.; **23** 1 ff.; Erbringung **23** 1 ff.
Auskünfte 91 12
Auskunftsverlangen 21 70; **21 a** 33
Auslagen 91 3; **93** 1
Auslegungsgrundsätze 6 27; **7** 49; **8** 32
Aussageverweigerungsrecht 69 16
Ausschließlichkeitsklausel 46 12
Ausschreibung 53 1 ff.; Beschränkung auf den Elektrizitätsbereich **53** 3; Energieeffizienz- und Nachfragesteuerung **53** 5; Erzeugungskapazitäten **53** 5; Kriterien **53** 9 f.; Nichtdiskriminierung **53** 8; Transparenz **53** 8; Verfahren **53** 6 ff.; Veröffentlichung **53** 11; Versorgungssicherheit **53** 2 ff.; Zuständigkeit **53** 12
außergerichtliche Kosten 90 2
Ausspeisekapazität 3 10
Ausspeisepunkt 3 11
Ausspeisevertrag 20 145 ff.
Auswirkungsprinzip 109 13
AVBEltV 39 13 ff.
AVBGasV 39 13 ff.

magere Zahlen = Randnummern

Stichwortverzeichnis

Bahnstrom 3 a 1 ff.
Bahnstromfernleitungen 3 a 12; **43** 11
Baukostenzuschüsse 21 139
Beachtung der gemeinschaftsrechtlich vorgesehenen Maßnahmen 41 21
Bedarfsplanung 43 3, 6, 10, 17
Bedarfsprognose 11 35 f.; konservative Annahmen **11** 36; rechtliche Anforderungen **11** 35; Unsicherheiten **11** 36
beeinflußbare und nicht beeinflußbare Kostenanteile 21 a 16, 34, 42 ff.
Befreiung, bestehende Infrastrukturen **28 a** 12; neue Infrastrukturen **28 a** 1 ff.
Begründung 71 10; **73** 8, 13
Beigeladene 90 16
Beiladung im Verwaltungsverfahren 66 11 ff.; einfache **66** 13 ff.; Folgen unterbliebener Beiladung **66** 19 ff.; notwendige **66** 12
Beirat 60 1 ff.; Aufgaben **60** 8 ff., 14 f.; Auskunftsrecht **60** 12; **64 a** 12; Funktion **60** 9 ff.; Rechte **60** 11; **64 a** 12; Status **60** 3 ff.; Zusammensetzung **60** 6
Beitrag 92 16, 29 ff.; **93** 1
beitragsrelevanter Aufwand 92 9
Benachrichtigungspflicht 4 33
Benchmarking 21 12, 69, 152; **21 a** 19 ff., 30; Benchmarking-Methoden **21 a** 31 ff.; s. auch Effizienzvergleich
Berichtspflicht 12 32 ff.; **14** 6; **63** 1 ff.; Betriebs- und Geschäftsgeheimnisse **12** 37; der Bundesnetzagentur **63** 7 ff.; Inhalt **12** 33 f., 38; des Ministeriums **63** 5 f.; Zugang zu Berichten **12** 35 ff.
Berufsfreiheit 46 31
Beschlagnahme 69 15; **70** 1 ff.
Beschlußkammern 59 10 ff.; Bildung **59** 17 ff.; Organisation **59** 10 ff.; Status **59** 11 ff.; Weisungsunterworfenheit **59** 21 ff.; **61** 9, 13 f.; Zusammensetzung **59** 12 ff.; Zuständigkeit **59** 19, 24 ff.

Beschwerde Vorb 75–83; **94** 7; allgemeine Leistungsbeschwerde **75** 2, 12 f.; Anfechtungsbeschwerde **75** 3 ff.; Arten **75** 1 f.; aufschiebende Wirkung **72** 7; **76** 2 ff.; Begründung **78** 4 f.; Beiladung **79** 3 ff.; Berücksichtigung neuer Tatsachen und Beweismittel **75** 15 f.; Beschwerdeentscheidung **83** 1 ff.; Beschwerdegericht **75** 17; Beteiligte **79** 2 ff.; Feststellungsbescheide **75** 2; Form **78** 3 ff.; Fortsetzungsbeschwerde **75** 11; Frist **78** 2 ff.; gegen Maßnahmen Regulierungsbehörde zur Beweisaufnahme **68** 11 f.; Rechtsschutzbedürfnis **75** 6 f.; Rücknahme **75** 14; Verpflichtungsbeschwerde **75** 8 ff.
Beschwerdebefugnis 75 4 f.
Beschwerdeentscheidung 83; Form **83** 7 f.
Beschwerdegericht 75 17; **106** 4
Beseitigungs- und Unterlassungsanspruch 32 1, 6; Beseitigung **32** 22; Betroffener **32** 9; Beweislast **32** 25; Darlegungslast **32** 25; gezieltes Verhalten **32** 10; Gläubiger **32** 8; Handlung **32** 18; Kausalität **32** 19; Rechtsfolgen **32** 21; Schuldner **32** 7; Schutzgesetz **32** 9; Unterlassen **32** 22; Verbandsklage **32** 12; Verbraucherverbände **32** 3, 17; Verhältnis zu anderen Vorschriften **32** 4; Verschulden **32** 20; vorbeugender Unterlassungsanspruch **32** 24; Wiederholungsgefahr **32** 23
Besitzeinweisung s. vorzeitige –
besondere Stromprodukte 42 26 f.
besonderes Mißbrauchsverfahren 31 1; Antragsberechtigung **31** 5; Antragsform **31** 19; Antragsverfahren **31** 1; eigene Interessen **31** 6; Entscheidungsbefugnis der Regulierungsbehörde **31** 24; Entscheidungsfrist **31** 21; erhebliche Interessenberührung **31** 9; gegenwärtige Interessen **31** 8; Kosten **31** 23; Personen- und Personenvereinigungen **31** 5; Prüfungspflicht der Regulierungsbehörde **31** 9; Prüfungsum-

1369

Stichwortverzeichnis

fette Zahlen = §§

fang **31** 15; Streitbeilegungsstelle **31** 1; Verbraucherverbände **31** 7, 12; Verfahren **31** 21; Verfahrensgegner **31** 4; Verhältnis zur Mißbrauchsaufsicht nach § 30 **31** 3; wirtschaftliche Interessen **31** 8
Bestimmtheitsgebot 39 10
Best-practice-Ansatz 21 69
Best-practice-Unternehmen 21 a 30, 38; Bestabrechnung **21 a** 48
Beteiligte im Verwaltungsverfahren 66 7; Beteiligtenstellung **66** 22 f.
Betreiber 11 6 ff.; Betreiberbegriff **11** 8; Betriebspflicht **11** 9 ff., s. auch besonderes Mißbrauchsverfahren; Elektrizitätsversorgungsnetze **11** 6; Energieversorgungsnetze **11** 1 ff.; Fernleitungsnetze **15** 4; Gasversorgungsnetze **11** 6; Grundrechtsfähigkeit **11** 31; Haftung **11** 43 ff.; Kooperationspflicht **11** 10; Übertragungsnetze **12** 4 f.
Betreiber der Schienenwege 3 a 12 f.
Betreiber von Elektrizitätsversorgungsnetzen 3 12 ff.
Betreiber von Elektrizitätsverteilernetzen 3 13
Betreiber von Energieversorgungsnetzen 92 15
Betreiber von Fernleitungsnetzen 3 15
Betreiber von Gasversorgungsnetzen 3 16
Betreiber von Gasverteilernetzen 3 17
Betreiber von LNG-Anlagen 3 18
Betreiber von Speicheranlagen 3 19
Betreiber von Übertragungsnetzen 3 20, 40
Betriebs- und Geschäftsgeheimnisse 10 40; **12** 37; **57** 6 f., 15; **64 a** 7; **67** 9, 14; **71** 1 ff.; **84** 9 f.; bei Anträgen nach IFG **67** 11; Kennzeichnungspflicht für Beteiligte **71** 4 f.; unberechtigte Kennzeichnung **71** 8
Betriebsaufnahme 4 9 ff.

Betriebsaufnahmegenehmigung 4 1 ff.; Antrag **4** 31; Energieversorgungsnetz **4** 6 ff.; Gegenstand **4** 6 ff., 34; Genehmigungsvoraussetzungen **4** 17 ff.; Inhalt **4** 34 f.; Nebenbestimmungen **4** 35; Negativtest **4** 16; Objektnetz **4** 7; Rechtsnachfolge **4** 36 ff.; Rechtsschutz **4** 42 f.; Umfang **4** 34 f.; Verfahren **4** 30 ff.; Zuständigkeit **4** 28 f.
Betriebserweiterung 4 12 ff.
Betriebsfortführung 4 44 ff.
betriebsnotwendiges Vermögen 21 97 ff.
Betriebspflicht 11 9 ff., 27 ff.; **12** 17; Diskriminierungsfreiheit **11** 26; Durchsetzung **11** 40; Stillegung von Netzen **11** 29; Umgehung **11** 29
Betriebsuntersagung 4 44 ff.; Rechtsschutz **4** 47; Verfahren **4** 47; Voraussetzungen **4** 46; Zuständigkeit **4** 47
Beurteilungsspielraum 21 70, 129
Beweislast im Verwaltungsverfahren **68** 6 f.
Beweismittel, Berücksichtigung neuer **75** 15 f.; im Verwaltungsverfahren **68** 8 ff.
Beweisverwertungsverbot 69 16
Bilanzausgleich, Abrechnung der Beschaffungskosten **23** 7 ff.; Basisbilanzausgleich **23** 11 ff.; Bedingungen für die Leistungserbringung **23** 3 ff.; Beschaffung von Regelenergie **22** 10 ff.; Beschaffungsverfahren **22** 4 ff.; Differenzausgleich **22** 2 ff.; **23** 1 f.; Grundsatz wirtschaftlichen Vorrangs („merit order") **22** 4; **23** 4 ff.; regelzonenübergreifende Ausschreibung **22** 10 ff.; Toleranzgrenze **23** 12 ff.; Verlustausgleich **22** 2; **23** 2
Bilanzkreis 3 21
Bilanzkreissystem 20 58, 107 ff.; Abwicklung von Stromhandelsgeschäften **20** 113; Bilanzkreise innerhalb der Regelzone **20** 112; Bilanzkreisverantwortlicher **20** 57 ff.,

magere Zahlen = Randnummern

Stichwortverzeichnis

114; Bilanzkreisvertrag **20** 89, 110; Differenzbilanzkreis **20** 62; Fahrplanabwicklung **20** 116 ff.; Lastprofilverfahren **20** 61 f.; regelzonenübergreifender Austausch **20** 120; Unterbilanzkreis **20** 117; wirtschaftliche Verantwortung **20** 57, 114 f.
Bilanzkreisvertrag 20 150 ff.
Bilanzmethode 21 129
Bilanzzone 3 22
Billigkeit 91 18
Bindungswirkung 111 21
Biogas 3 23, 37; Zugang zu Gasnetzen **24** 24
BKartA 58 1 ff.; **111** 14; Einvernehmen **58** 3 ff.; **63** 15; Kooperation **58** 16 ff.; Stellungnahme **58** 12
BMELV 39 21, 32; **41** 17
BMWi 39 20, 32; **41** 17; **48** 16
BNetzA 96 6; **97** 5; **98** 5; **101** 2; Auskunftspflicht **60** 11 ff.; **60 a** 22 f.; Befugnisse **56** 8 ff.; Benachrichtigungspflicht **55** 9 ff.; Berichtspflichten **61** 7 ff.; **64 a** 13; Beteiligung **58** 14 f.; Geschäftsordnung **59** 8 f.; Informationsübermittlung **57** 3 ff.; **64 a** 7; Kooperationspflicht **55** 1 ff.; **57** 1 ff.; **58** 1 ff., 16 ff.; **64 a** 1 ff.; Leitung **59** 7; Organisation **59** 4 ff.; Präsident **59** 23; **60** 3; **61** 9, 14; Status **59** 4 ff.; Stellungnahmepflicht **60** 13, 23; Unabhängigkeit **59** 2 f.; **61** 2, 13 ff.; Verfahren **55** 4 ff.; Vertretung **59** 7; Zuständigkeit **54** 1 ff., 48 ff.; **56** 1 ff.
Bonität, Nachweis **20** 230
Börsenhandel Vorb 20 3; **20** 35
Bottom-up 21 71
Broker, Anzeigepflicht **5** 10
BTOElt 36 14; **39** 12, 30
BTOGas 39 11
buchhalterische Entflechtung 6 12; **114** 3
Bündelkunden, Anzeigepflicht **5** 11
Bundesrat 39 22, 32; **41** 17; **48** 16
Bußgeld 95 1; **97** 1, 6; **101** 2

capital expenditue (CAPEX) 10 27

Darlegungslast 21 25, 28, 79 ff., 86, 95, 108 ff.
Daseinsvorsorge 36 3
Dateneinhüllungsanalyse (DEA) 21 a 39 ff.
Delegation 92 17
De-minimis-Regelung 6 42; **7** 41; **8** 65; **9** 17; **10** 8
dezentrale Erzeugungsanlage 3 24
Direktleitungen 3 25, 30 ff.; **4** 8; **38** 8; **46** 13, 19 ff., 33
Diskriminierung
s. Gleichbehandlungsgrundsatz
diskriminierungsfreie Vergabe 46 44 ff.
Diskriminierungsfreiheit
s. Gleichbehandlungsgrundsatz
Diskriminierungsverbot
s. Gleichbehandlungsgrundsatz
Dispatching 8 13
Dispositionsbefugnis 79 6
Distribution Code 11 21
Doppelverrechnung 92 11
Drittbelieferung 37 8, 19
Duldungspflicht von Vorarbeiten 44 1 ff.; Adressat **44** 23; Bekanntgabe **44** 21 f; Durchsetzung mittels Anordnung **44** 17 ff.; Eigentümer und Nutzungsberechtigte **44** 6 f.; Entschädigung **44** 31 ff.
Durchleitung 46 13, 19 ff.; **48** 20
Durchschnittsmaßstab 21 11, 14, 69
Durchsuchungen 69 14

EEG 1 16; **2** 1, 5, 11
effektiver Rechtsschutz 84 16
Effizienz 1 34 ff.
Effizienzgebot s. Effizienzmaßstab
Effizienzgrenze 21 a 18, 29, 37 ff., 48
Effizienzmaßstab 21 5 f., 11, 14, 29, 33, 41, 60 ff., 69 f., 98 ff., 119, 144, 149; **21 a** 9, 37, 45 f., 50; Effizienzkosten **21** 11, 16, 27, 65; Effizienzkriterium **21** 14, 26, 44, 53 ff., 67 f., 85; Effizienzprüfung **21** 25 f., 141
Effizienzsteigerung 21 a 1, 6, 30, 55

1371

Stichwortverzeichnis

fette Zahlen = §§

Effizienzvergleich 21 12, 141; **21 a** 19, 24, 30 ff., 48
Effizienzvorgaben 21 a 1, 5, 9, 16 ff., 23, 31 ff., 44 ff., 51
Effizienzziele s. Effizienzvorgaben
EG-Beteiligungsverfahren 25 2, 17; **28 a** 2, 17 ff.
Eigenanlage 3 26; **37** 7
Eigenbedarf 3 26
Eigenbetrieb 10 13; **46** 85 ff.
Eigenkapitalverzinsung 10 27, s. Verzinsung
Eigentumsgrundrecht 46 31, 76
Eigenversorgung 37 7; **46** 40
Eingriffsbefugnisse Regulierungsbehörde 65 1 ff.; Adressaten **65** 3; einheitlicher Tatbestand **65** 2; Ermessen **65** 4; Generalermächtigung **65** 1
Einschätzungsprärogative 21 70
Einspeiseentgelte 24 34
Einspeisekapazität 3 27
Einspeisepunkt 3 28
Einspeisevertrag 20 142 ff.
einstweilige Verfügung 102 15
Einzelbuchungsmodell 20 190 ff.; Unzulässigkeit **20** 193
Einzelfall 21 8, 25; **21 a** 49
Einzelkosten 21 48, 83 ff.
Einzelweisung, ministerielle **61** 12 ff.
Eisenbahninfrastruktur 3 a 2, 7, 12
Eisenbahnrecht 3 a 1 ff.
Elektrizität 1 19
Elektrizitäts- und Gasverteilernetze 3 40
Elektrizitätslieferverhältnisse 42 11
Elektrizitätsübertragung 12 11 ff.; Ausgleichsenergie **12** 13; Austausch mit anderen Verbundnetzen **12** 15; Bilanzkreise **12** 13; Fahrpläne **12** 14; Kraftwerkseinsatz **12** 12
Elektrizitätsversorgungsnetze 3 12
Elektrizitätsversorgungssystem 12 21
Elektrizitätsverteilernetze 14 1 ff.; Ausbau **14** 12; Berichtspflicht **14** 6; Betreiber **14** 2; Haftung bei Notfallmaßnahmen **14** 10 f.; Schwachstellenanalyse **14** 7; Sicherheit und Zuverlässigkeit **14** 3 ff.; Systemverantwortung **14** 5; Unterstützung der Übertragungsnetzbetreiber **14** 8 f.
Endschaftsklauseln 46 82 f.
Energie 3 5, 29
Energieanlagen 1 14; **3** 4 f., 30; **49** 1 ff.
Energiebehörden 54 9 ff.
Energiebelieferung, Anzeigepflicht **5** 1 ff.; Aufnahme **5** 14 ff.; Untersagungsbefugnis **5** 30 ff.
Energieberater, Anzeigepflicht **5** 10
Energiebinnenmarktrichtlinien Vorb 20 6 ff., 12, 18
Energieeffizienz(maßnahmen) 1 15, 36 f.; **3** 31, 56
Energieentnahme 38 3, 10 ff.; **39** 42
Energielieferverträge 41 6, 12 f.
Energiepreisgenehmigung 39 28
Energieträgermix 42 20 ff.
Energieversorgung, Anzeigepflicht **5** 1 ff.
Energieversorgungsnetz der allgemeinen Versorgung 3 33; **17** 6 ff.; **36** 36 ff.; **38** 8; **46** 2 ff., 56 ff.
Energieversorgungsnetze 1 48; **3** 32 ff., 59; **17** 44; **11** 31 ff.; Betreiber **11** 6 ff.; Betrieb **11** 24 ff.; Betriebspflicht **11** 9 ff., 27 ff.; Genehmigung des Betriebs **4** 1 ff.; Leistungsfähigkeit **11** 17; Sicherheit **11** 12 ff.; Wartung **11** 30; Zuverlässigkeit **11** 16
Energieversorgungsunternehmen 2 6; **3** 4 f., 34; **36** 17; **43** 2, 6; **46** 40, 55; **48** 10; **109** 8
Engpaßmanagement 12 9; Auktion **20** 210 ff.; bei Elektrizitätsversorgungsnetzen **20** 209 ff.; Erlösverwendung **20** 219 f.; bei Gasversorgungsnetzen **20** 214 ff.; marktorientierte Verfahren **20** 210 f.; bei Speichern **20** 213
Enteignung 43 3, 9 f.; Behördenzuständigkeit **45** 37; Duldungspflicht nach allgemeinen Versorgungsbedingungen **45** 7 ff.; Enteignung nach Landesrecht **45** 42 ff.; Erforderlichkeit **45** 27 ff.; planfeststellungs- und plangenehmigungsbe-

dürftige Leitungsvorhaben **45** 23 f.; Rechtsposition des Eigentümers nach zivilrechtlichen Normen **45** 5 f.; Rechtsschutz **45** 38 ff.; sonstige Vorhaben **45** 25; Verfahren **45** 33 ff.; verfassungsrechtliche Problematik **45** 14 ff.

Entflechtung 1 9, 48; **4** 37 ff.; **21** 49 f.; **46** 22; Zuständigkeit **54** 31

Entgelte 21 18, 63; angemessene **21** 28, 44 f., 53 ff.; diskriminierungsfreie **21** 44, 54, 60; Kapazitätshandel **20** 138; neue Infrastrukturen **28 a** 9; Veröffentlichung **28** 15

Entgeltregulierung 21; 21 a; ex ante **21** 5, 10 ff., 19 ff., 33, 124, 160; **21 a** 6, 14; ex post **21** 7 ff., 15, 20, 25; Normen **21** 2; **21 a; 23 a;** strenge **21** 30

Entgeltstruktur 21 59

Entgeltverordnungen, Strom- und GasNEV 21 26, 72 ff.; **21 a** 18, 26

Entry-Exit-Modell 20 127 ff., 189

Entschädigung 45 a 1 ff.; Auflagen **45 a** 2; Höhe **45 a** 3; Rechtsschutz **45 a** 4; Verfahren **45 a** 4

Entschädigung für Veränderungssperre 44 a 14 ff.; beschränkt persönliche Dienstbarkeit **44 a** 19; Entschädigungsberechtigter **44 a** 16; Entschädigungsverpflichteter **44 a** 16; Frist **44 a** 15; Rechtsschutz **44 a** 20 f.; Umfang **44 a** 17; Verfahren **44 a** 20

Entscheidungen der Regulierungsbehörde 30 43; **31** 24

Erdgasversorgung 53 a 1 ff.; Gasnachfrage **53 a** 7; Haushaltskunden **53 a** 4; Kleinverbraucher **53 a** 4; Mittel zur Sicherstellung **53 a** 5, 9 f.; Versorgungspflicht **53 a** 2 ff.; Versorgungsunterbrechung **53 a** 7; wirtschaftliche Zumutbarkeit **53 a** 8

Erdkabelverlegung 21 a 61

ERGEG 6 26

Erheblichkeitszuschlag 21 29, 31, 161

Erkenntnisse, gesicherte 21 78

Erlösobergrenze, Revenue-Cap 21 a 5, 10 ff., 16 ff., 23 ff.

Erlöspfad 21 a 1

Ermessen 21 64

Ermittlungsbefugnisse der Regulierungsbehörde **69** 1 ff.

erneuerbare Energien 1 16; **3** 35; **37** 10

Ersatzversorgung 37 1; **38** 1, 6, 13 ff.; **39** 1 f., 15 ff., 23 ff., 33, 50 f.; **41** 8

Ertragswert 46 81

Erweiterungsfaktor 21 a 21, 26

Erweiterungsinvestitionen 21 a 54

Evaluierungsbericht der Bundesregierung 112 1 ff.

Ex-ante-Entgeltregulierung s. Entgeltregulierung

Ex-post-Aufsicht, Speicherzugang **26** 7 f.

Ex-post-Entgeltregulierung s. Entgeltregulierung

extraterritoriales Verhalten 109 3, 14

Fahrdraht 3 a 13
Fahrstrom 3 a 1 ff.
Fernleitungen 3 36, 57, 62
Fernleitungsnetze 3 40; **15** 1 ff.; Ausbau **15** 19; Bereitstellung und Betrieb **15** 12, 19; nationaler und internationaler Verbund **15** 13; Verbindung mit anderen Netzen **15** 11

Festlegung, Engpaßmanagement **20** 209 ff.; Lieferantenwechsel **20** 188

Festlegung als Handlungsform der Regulierungsbehörde 29 10 ff.

Festsetzungsverjährung 91 24

FFH-Richtlinie 43 21 f.; formelle Anforderungen **44** 24 ff.; Gegenstand und Grenzen **44** 8 ff.; Inhalts- und Schrankenbestimmung **44** 2; Rechtsschutz **44** 27 ff.; Unterhaltungsmaßnahmen **44** 34 f.; Verhältnismäßigkeit **44** 16; Vorhabenträger **44** 5, 22

Follow-on-Klagen 32 35
Formfehler 73 12 f.
Frontier s. Effiezienzgrenze
Frontier-Unternehmen s. Best-practice-Unternehmen
Fusionskontrolle 58 15; **111** 13

Stichwortverzeichnis

fette Zahlen = §§

Gas **1** 19; **3** 37
Gasfernleitungsnetze **21** 159
GasGVV **36** 15; **39** 14 ff., **38** ff.
Gashandelsverordnung, Verfahren **56** 11; Vollzugszuständigkeit **56** 1 ff.
Gaslieferant **3** 38
Gasliefervertäge, langfristige **25** 1, 6; unbedingte Zahlungsverpflichtung **25** 5
Gasnetzentgeltverordnung s. Entgeltverordnungen
Gasnetzzugang, Ausgestaltung **20** 131 ff.; Geschäftsbedingungen **20** 153 ff.; Verträge **20** 139 ff., 174; virtueller Handelspunkt **20** 127, 144 ff., 171
Gastransport **15** 8 ff.; Bilanzkreise **15** 9; Normierungsverfahren **15** 10
Gasversorgungsleitung **43** 3, 11, 15
Gasversorgungsnetze **3** 39, 48 ff.
Gasverteilernetze **16 a** 1 ff.
Gebühren **91** 3; **92** 27 f.; **93** 1
Gebührenordnung **91** 29
Geldbuße **95** 15 ff.
Gemeinden **43 e** 3; **46** 34, 39, 55; **48** 11
Gemeinderabatt **48** 21
Gemeinkosten **21** 48, 83 ff., 95
Gemeinkostenzuschlagssatz **10** 32
Genehmigung **21** 16, 21, 61, 124; Genehmigungsfähigkeit **21** 10, 70 ff.; Genehmigungspflicht **21 a** 15
Genehmigungspflicht **4** 1 ff.; Betriebsaufnahme **4** 9 ff.; Betriebserweiterung **4** 12 ff.; Negativattest **4** 16; Reichweite **4** 6 ff.
Gerichtskosten **105** 11
Gesamtwirkung **21** 55
Geschäftsführung ohne Auftrag **38** 8
Geschäftsgeheimnisse **10** 40
Geschäftsjahr **21** 78; **114** 3
Gesellschaftsrecht **1** 9
Gesetzgebungskonferenz **46** 26 f.
Gesetzgebungsverfahren **3** 6; **36** 6 f.; **38** 4; **39** 8; **41** 4; **42** 7; **48** 7; **109** 5; **113** 3
getrennte Rechnungsführung **6** 15
Gewinnabschöpfung **95** 4

Gleichbehandlungsbeauftragte **8** 51, 60 ff.
Gleichbehandlungsbericht **8** 64
Gleichbehandlungsgrundsatz, Diskriminierungsverbot **21** 46 ff.
Gleichbehandlungsprogramm **8** 49 ff., 60 ff.
grenzüberschreitender Stromhandel **20** 3
Großhändler **3** 40
Grubengas **3** 23, 35
Grunderwerbssteuer **7** 22
Grundsatz der Stetigkeit **10** 28
Grundstücke, Bewertung **21** 120
Grundversorger **36** 35 ff., 55 ff.; **39** 47; **46** 30; **91** 6
Grundversorgung **2** 9; **3** 41; **36** 1 ff.; **37** 2 ff., 11, 13; **39** 1 f., 15, 19 ff., 31 ff., 39 ff.; **41** 8; **46** 58
Gutachten, freiwillige **62** 11 f.; der Monopolkommission **62** 1 ff.; Pflicht **62** 4 ff.
GVG **85** 1 f.
GWB **111** 5

Haftung der Netzbetreiber **11** 43 ff.; **12** 19; **13** 10, 27 ff.; **14** 10 f.; grobe Fahrlässigkeit **11** 48; Haftungshöchstbeträge **11** 48; Notfallmaßnahmen **11** 49; **14** 10 f.; Preisgünstigkeit der Energieversorgung **11** 45; Störanfälligkeit **11** 45; Systemverantwortung **13** 10, 27 ff.; Verordnungsermächtigung **11** 43 ff.; Versorgungsunterbrechungen **11** 44; Vorsatz **11** 48
Hausanschluß **7** 48
Haushaltskunden **3** 41 ff.; **36** 21 ff., 42 f.; **41** 7
herstellerunabhängiger Strom- und Gashandel Vorb **20** 3
Hilfsdienste **3** 39 ff.
Hochspannungsfreileitung **43** 3, 11 ff.

Indexreihen **21** 107 f.
individuelle Netzentgelte **91** 6
Inflationsrate **21** 122; **21 a** 28
Informationsansprüche/-pflichten **42** 1, 6 ff., 14 ff.

1374

magere Zahlen = Randnummern **Stichwortverzeichnis**

Informationsasymmetrie 21 a 10
Informationspflicht 12 25 ff., 40 f.; **15** 15 ff.; Anspruch **12** 29; Betreiber verbundener Netze **12** 26; der Betreiber von Fernleitungsnetzen, Speicher- oder LNG-Anlagen **15** 16; Bezugspunkte **12** 28; **15** 18; Netzausbaukosten **20** 232 ff.; der Netznutzer **12** 40 f.; notwendige Informationen **12** 27; der Übertragungsbetreiber **12** 25 ff.
Informationsübermittlung durch die Bundesnetzagentur **57** 3 ff.
informatorische Entflechtung 6 13; **9** 1
Infrastruktur 28 a
Infrastrukturvorhaben 43 2 ff., 12, 29
Infrastrukturwettbewerb 21 102
initiale Absenkung 21 a 18
Investitionen 21 36, 71, 98 ff., 122 ff.; **21 a** 44 f., 54
Investitionsbudget 21 a 21, 54
isolierte Rechtsbeschwerde 90 17
Istkosten 21 25, 78
IT-Dienste 8 25

Jahresbeitrag 92 16
juristische Personen 89 5

Kalkulationsgrundsätze, -vorgaben 21 26, 72, 76 ff.; kalkulatorische Kosten **21** 76 ff., 96 ff.
Kammer für Handelssachen 102 16 f.
Kapazität, Berechnung **20** 205; Engpässe **20** 26; Handel mit Kapazitätsrechten **20** 5, 137; Übertragung bei Lieferantenwechsel **20** 182; ungenutzte **20** 163, 213, 221 ff.; unterbrechbare **20** 203, 220
Kapazitätshandel, Gasnetzzugang **20** 136 ff.; bei Speichern **28** 8
Kapazitätsmanagement, neue Infrastrukturen **28 a** 15; s. auch Engpaßmanagement
Kapazitätsverträge, bestehende **20** 203, 218; Wirksamkeit **20** 208
Kapitalerhaltung 21 36, 41 ff., 98 ff.; **21 a** 44 f.

Kapitalkosten 21 77, 97 ff., 119; **21 a** 34, 43 ff., s. auch kalkulatorische Kosten
Kapitalmarktorientierung 21 129
Kapitalverzinsung s. Verzinsung
Kartellbehörden 46 5, 89; **58** 1 ff.; **111** 1, 10 ff., s. auch Bundeskartellamt
Kartelle 89 8
kartellrechtliches Diskriminierungsverbot 46 44 ff.
Kartellsenate 106 1; **107** 2
Kartellverbot 111 5
KAV 48 5 ff., 18 ff.; **117** 4
Klagebegehren 102 12
Kleinunternehmen 3 41; **36** 23
Komitologie 28 a 18
Kommissionspapier 6 23
Kontrahierungszwang 1 11; **36** 28; **37** 15; **39** 2; **46** 38, 42, 65
Konzessionsabgaben 46 15, 46 f.; **48** 1 ff.; **114** 10; **117** 1 f., 7 ff.
Konzessionsvertrag 18 8; **36** 3 f., 10, 37 ff.; **46** 4, 9, 12, 17, 20 ff., 50 ff.; **48** 25; **109** 8; **113** 2 ff.; **117** 3
konzessionsvertragsloser Zustand 46 70; **48** 26 ff.
Kooperationsverpflichtung 20 166 ff.; Grenzen **20** 170; Kooperationsvereinbarung **20** 168; Marktgebiete **20** 175 ff.; Vertragsstandards **20** 174
Kosten 69 17; **73** 16 f.; bilanzielle Kosten **21** 77; kalkulatorische Kosten **21** 76 ff., 96 ff.; Kostenregulierung **21** 6, 32, 149; **21 a** 1; Kostenzuordnung **21** 48, 59, 81, 94; Kürzung **21** 26, 64, 70, 145; der Netznutzung **21** 63, 76 ff.; **21 a** 55; Nichtanerkennung **21** 4, 26, 124
Kosten- und Entgeltwälzung 20 147, 173
Kostenanteile s. beeinflußbare und nicht beeinflußbare Kostenanteile
Kostenarten, -stellen, -träger 21 81 ff., 146
Kostendeckungsprinzip 91 15
Kosteneffizienz 1 33 ff.
Kostenmodelle, analytische 21 25, 69 ff.; **21 a** 40 f.

1375

Stichwortverzeichnis

fette Zahlen = §§

Kostenorientierung 21 6, 16, 35 f., 44, 58 ff., 119; **21 a** 14; Kostenmaßstab **21** 35 f., 62 ff.
Kosten-Preis-Schere 21 47, s. auch Price-squeezing
Kostenprüfung 21 12, 25, 69, 120, 142 ff., 150; **21 a** 10, 18, 24, 46
Kostenschuldner 91 22
Kostensenkung 21 a 5
Kostenstruktur 21 87
Kostentreiber 21 154; **21 a** 32
Kostenunterlagen 21 25, 78 ff.
Kostenverursachungsprinzip 21 52, 81 ff., 95
Kraft-Wärme-Kopplungsanlagen 37 19
Kunden 3 43 ff.; **7** 45; **8** 65
Kundenübergang 46 78
Kuppelstellen, grenzüberschreitende 21 139
KWKG 2 1, 5, 11

Länderausschuß 60 a 1 ff.; Aufgaben **60 a** 9 ff.; Auskunftsrecht **60 a** 22; Befugnisse **60 a** 15 ff.; Geschäftsordnung **60 a** 8; Verfahren **60 a** 8; Zusammensetzung **60 a** 6 f.
Landesbehörden 4 28 f.; **54** 23; **55** 12 ff., s. auch Landesregulierungsbehörden
Landesregulierungsbehörden Vorb 65 2; **71 a** 1 ff.; **92** 10; **96** 6; **97** 3; **104** 6; Abstimmung **60 a** 11 ff.; Benachrichtigung **55** 9 ff.; Kooperationspflicht **55** 1 ff.; **64 a** 1 ff.; Organleihe **54** 15 ff.; Unterstützungspflicht **64 a** 8 ff.; Verfahren **55** 4 ff.; Zuständigkeit **54** 1 ff., 28 ff.; Zuständigkeitsabgrenzung **54** 47
Landgerichte 102 6, 13; **103** 2; **104** 5
laufende Wegenutzungsverträge 46 32; **113** 1, 5
Laufzeitbegrenzung 46 43, 60
Lebensfähigkeit, Leistungsfähigkeit **21** 36, 101
Legal Unbundling 6 15
Leistungsbeschwerde, allgemeine 75 2, 12 f.

Leistungserbringung, effiziente **21 a** 13 f.
Leistungsfähigkeit 4 17 ff.; **5** 20 ff.; **11** 17; personelle **4** 23; **5** 24; technische **4** 24 f.; **5** 25; wirtschaftliche **4** 25; **5** 26
Leitlinien für das Management und die Vergabe verfügbarer Übertragungskapazitäten **20** 212; für Open Season Verfahren **28 a** 15; für den Speicherzugang **28** 3
Leitungen 43 11 ff.; Änderung **43** 3, 11 ff.; Betrieb **43** 14 f.; Errichtung **43** 3, 9 ff.
Leitungen zur unmittelbaren Versorgung von Letztverbrauchern 46 37
Leitungsgebundenheit 1 20
Leitungspersonal 8 8
Letztverbraucher 3 41 ff.; **17** 12; **18** 4; **38** 7; **42** 12; **46** 40; **111** 16 ff.; **117** 6
Lieferantenrahmenvertrag 20 80 ff., 149; Abgrenzung zum Netznutzungsvertrag **20** 81 ff.; Vertragsinhalt **20** 84 ff.
Lieferantenwechsel 20 17, 91, 182 ff., 207
Lieferverträge, konkurrierende **20** 227
LNG 6 34
LNG-Anlagen 3 18, 39, 45, 52; **6** 31; **10** 24

Madrid Forum, Leitlinien Speicherzugang **28** 3
Management-Unbundling 6 14
marktbeherrschende Stellung, neue Infrastruktur **28 a** 10; Zugangsverweigerung **25** 16
marktbezogene Maßnahmen 13 13 f.; **16** 7; vertragliche Vereinbarungen **13** 13
Marktgebiet 20 176; Zuordnung örtlicher Verteilnetze **20** 196; Zusammenlegung **20** 178 f.
Marktversagen 1 50
Marktzutrittsbarriere 21 47
Mehrerlös 95 18
Mehrerlösabschöpfung 95 23

magere Zahlen = Randnummern

Stichwortverzeichnis

Meldepflichten bei Versorgungsstörungen 52 1 ff.; Angaben zu Versorgungsunterbrechungen **52** 5 ff.; Berichterstattung **52** 1 ff.; Darlegung von Maßnahmen **52** 9; Dauer der Versorgungsunterbrechung **52** 10 f.; Ergänzungen und Erläuterungen **52** 13; international anerkannte Verfahren **52** 12; Monitoring **52** 4; Ursache von Versorgungsunterbrechungen **52** 8; verpflichtete Betreiber **52** 3; Vorgaben der Bundesnetzagentur **52** 12 f.; Zweck **52** 2

Mengeneffekte 21 92, s. auch periodenübergreifende Saldierung

Meßeinrichtungen 21 b 1 ff.; Anforderungen **21 b** 20, 22 f.; Anspruch auf Ausbau **21 b** 29; Anspruch auf Einbau **21 b** 29; Betrieb **21 b** 1, 7 ff., 12 ff., 22, 25 f., 30, 40; Eichrecht **21 b** 20 f.; Einbau **21 b** 1, 9 ff., 26 ff., 40; Metering Code **21 b** 23; Mindestanforderungen des Netzbetreibers **21 b** 22 f., 41; Regelwerk des DVGW **21 b** 23; Wartung **21 b** 1, 9 ff., 26, 30, 40

Meßwesen 21 b 1 ff.; Ablehnungsrecht des Netzbetreibers **21 b** 27 f.; Ablesung **21 b** 3 ff., 11 ff.; Abrechnung **21 b** 2 ff., 10 f., 18 ff., 37 f.; all-inclusive-Vertrag **21 b** 17, 24; Anschlußnehmer **21 b** 12, 16 ff., 24 ff., 30, 37; Anschlußnutzer **21 b** 16 ff., 27, 37; Aufgaben der Regulierungsbehörde **21 b** 40 f.; Aufteilung der Arbeitsschritte **21 b** 9 ff., 26, 31; Datenweitergabe **21 b** 11, 24; Dritter **21 b** 4, 24 ff., 30; Festlegung **21 b** 31; Liberalisierung/Marktöffnung **21 b** 1 ff., 12 ff., 26 ff., 35 ff.; Marktabgrenzung **21 b** 4, 26; Meßbetrieb/Meßstellenbetrieb **21 b** 3 f., 8 ff., 24 ff., 34 ff.; Meßstellenbetreiber **21 b** 12 ff., 24 ff., 36 ff.; Meßstellenbetreiber(rahmen)vertrag **21 b** 30 ff.; Meßstellenbetreiberwechsel **21 b** 29, 33; Messung **21 b** 1, 4 ff., 17 ff., 24 f., 34 ff.; Monitoring **21 b** 23, 28; Netzbetreiber **21 b** 1 ff., 9 f., 13, 17 ff., 26 ff., 37, 40 f.; Selbstvornahme **21 b** 24; Verordnungsermächtigung **21 b** 35 f.; Wahl eines angemessenen Meßkonzepts **21 b** 29

Methode 21 25, 69, 112; Methodenregulierung **21** 19 ff.; **21 a** 2 ff., 17; **29**

Methodenfestlegungen 91 6

Mindestveranlagung 92 19

Mischverwaltung 64 a 29

Mißbrauch 91 6; **95** 9; **96** 2

Mißbrauchsaufsicht 21 3, 7, 14, 15, 19, 44, 58, 124; **21 a** 12; **30** 2, 13; Abstellen der Zuwiderhandlung **30** 44; Anordnung von Maßnahmen **30** 45; Antragsrecht **30** 51; Ausbeutungsmißbrauch (Nr. 5) **30** 37; Beeinträchtigung (Nr. 2) **30** 20 ff.; Behinderung (Nr. 2) **30** 20 f.; Bußgeld **30** 53; Entgeltgenehmigung **30** 5; Entscheidungen der Regulierungsbehörde **30** 43; Entstehungsgeschichte **30** 3; Europarecht **30** 3; Festlegung **30** 4; horizontales Diskriminierungsverbot (Nr. 3) **30** 25; intern gleich extern **30** 31; Kosten **30** 53; Mißbrauchskriterien **21** 44 ff., 53 ff.; Mißbrauchsmaßstab **21** 9; Netzanschluß (Nr. 1) **30** 16 ff.; Netzzugang (Nr. 1) **30** 16 ff.; Rückerstattung **30** 46; Strukturmißbrauch (Nr. 6) **30** 42; unbillige Behinderung **30** 29; unterschiedliche Behandlung **30** 25; Verfahren **30** 51; Verhältnis zu anderen Vorschriften **30** 4; vertikales Diskriminierungsverbot (Nr. 4) **30** 31; Verwaltungsvollstreckungsrecht **30** 12; Zuständigkeit **30** 54; **54** 33; **56** 10

Mißbrauchstatbestand für marktbeherrschende Strom- und Gasanbieter 39 28

Mitteldruckleitungen 46 36

Mittelspannungsleitungen 46 36

Monitoring 35 1 ff.; Auskunftsverlangen **35** 10, 18; Auswertung **35** 5 ff., 24; Begriff **35** 3 ff., 18; Bericht **35** 16, 22 ff.; Beteiligte **35** 12 ff.;

Stichwortverzeichnis

fette Zahlen = §§

Betriebs- und Geschäftsgeheimnisse **35** 22; Datenabfrage **35** 3, 17, 21, 24; Gegenstand **35** 6 ff., 20; Konsultationsprozeß **35** 17; Markttransparenz **35** 6; Nichtberücksichtigung einzelner Gegenstände **35** 24; beim Speicherzugang **26** 6; Turnus **35** 25; Verfahren **35** 11 ff.; Verhältnismäßigkeit **35** 20 ff.; Zuständigkeit **35** 12; Zweck **35** 6 ff.

Monitoring der Versorgungssicherheit 51 1 ff.; Aufgabenzuweisung **51** 2; Berichterstattung **51** 5 ff.; Betriebs- und Geschäftsgeheimnisse **51** 10; Erkenntnisse der Regulierungsbehörde **51** 4; Ermittlungen **51** 8; Gegenstand **51** 3; grundlegende Bewertung **51** 1; Maßnahmen **51** 4 f.; Rechte des BMWi **51** 6 ff.; Rechtsmittel **51** 12; Verfahren **51** 11; Verhältnismäßigkeit **51** 9

Monitoringbericht **63** 5 f., 12

Monopol, natürliches Vorb 20 2, 13; Informationsasymmetrie **Vorb 20** 15; Leitungsgebundenheit **Vorb 20** 2

Monopolkommission **62** 1 ff.; Gutachtenpflicht **62** 4 ff.

multifunktionale Leitungen 46 74

mündliche Verhandlung 81 1 ff.

mündliche Verhandlung im Verwaltungsverfahren 67 13 f.; Ausschluß der Öffentlichkeit **67** 14

(n-1)-Kriterium 13 5

nachträgliche Änderung der Regulierungsentscheidung 29 17 ff.; Verhältnis zu §§ **48** ff. VwVfG **29** 25 ff.

Nachvollziehbarkeit **21** 79 f., 86, 108 ff., s. auch Darlegungslast

Natura 2000 **43** 21 f.

natürliche Monopole 1 49; **6** 10

natürliche Personen 89 4

NAV 39 13, 40

NDAV 39 13, 40

Negativattest 4 16

Nettosubstanzerhaltung 21 41 ff., 98 ff.

Netz der allgemeinen Versorgung 38 15; **46** 72 f.

Netzanlagen, Betrieb **4** 9; Errichtung **4** 9

Netzanschluß 17 1 ff.; Abwägung **17** 33; Anschlußberechtigte **17** 11 ff.; Anschlußnehmer **17** 12; Anschlußnetzbetreiber **20** 67; Anschlußnutzer **17** 12; Anschlußnutzungsvertrag **17** 10; **20** 89; Anspruch **17** 6 ff.; Bedingungen **17** 18 ff.; Bedingungs- und Methodenregulierung **29** 1 ff.; Begründung der Anschlußverweigerung **17** 43; betriebsbedingte Gründe **17** 34; Darlegungs- und Beweislast **17** 17, 25; Diskriminierungsfreiheit **17** 19 f.; Druckstufe **17** 16 ff.; Durchsetzung **17** 46 f.; eigenständige Regelung **17** 3; Eigentümerwechsel **17** 9; Einschätzungsprärogative **17** 41; gleichgelagerte Netze **17** 36; Kontrahierungszwang **17** 7 f.; Kosten des Netzanschlusses **17** 19; Kunden- und Kostenstruktur **17** 38; Mainova-Entscheidung des BGH **17** 39; Netzanschluß in Mittelspannung **17** 37 ff.; Netzanschlußentgelt **17** 19 ff.; Netzanschlußvertrag **17** 9; **20** 89; Netzausbaumaßnahmen **17** 44; Netzzugang **17** 26 f.; Sonderleistungen des Anschlußnehmers **17** 42; Spannungsebene **17** 1 ff.; technische Verweigerungsgründe **17** 35; technische Vorschriften **19** 1 ff.; technisches Regelwerk **17** 19; Transparenz **17** 21; Umspannung **17** 37; Unmöglichkeit **17** 29; unternehmensinterne Bedingungen **17** 22 ff.; Unzumutbarkeit **17** 30 ff.; Verordnungsermächtigung **17** 48 f.; verpflichtete Netzbetreiber **17** 4 f.; Verweigerung **17** 25 ff.; wirtschaftliche Verweigerungsgründe **17** 35

Netzanschlußpflicht 36 5

Netzanschlußverträge 115 1 ff.; Anpassung von Netznutzungsentgelten **115** 3; bestehende Verträge **115** 2; Haushaltskunden **115** 5 f.; Letztverbraucher **115** 4

magere Zahlen = Randnummern

Stichwortverzeichnis

Netzausbau, Kosten 20 232 ff.; Verpflichtung 20 235
Netzausbaumaßnahmen 8 36
Netzbetreiber 3 46
Netzbetrieb 1 46 f.
netzbezogene Maßnahmen 13 12; 16 6
Netzeigentum 7 9
Netzengpässe 13 5
Netzentgelte 91 6; Zuständigkeit 54 30; s. Entgelte
Netzgebiete der allgemeinen Versorgung 36 18, 36 ff.
Netzgesellschaft 7 26 f.
Netzkosten s. Kosten
Netznutzer 3 43 ff.
Netznutzungsvertrag 20 63 ff.; Einbeziehung in ein Bilanzkreissystem 20 107 ff.; Entgelt 20 69; Vertragsgegenstand 20 69; Vertragsinhalt 20 68 ff.; Vertragsschluß 20 90; Zugang zum gesamten Elektrizitätsversorgungsnetz 20 94 f.
Netzplanung, Netzplanungsrisiko 21 99, 123 f.; **21 a** 44 f.
Netzpufferung 3 39, 48
Netzverluste 21 140 ff.
Netzzugang, Aufgaben der Netzbetreiber 20 52; Ausnahmen von der Netzzugangspflicht 20 36; Bedingungs- und Methodenregulierung 29 1 ff.; Einspeisung und Entnahme von Energie **Vorb** 20 5 ff.; 20 44 ff.; Informationspflicht 20 32; Lieferantenwechsel 20 91; 24 22 ff.; Massengeschäftstauglichkeit 20 33 f.; Netzzugangsanspruch 20 9 f., 26; Stromhändler 20 66; Übergangsregelung für Gasnetzzugang 118 2; Unmöglichkeit 20 201 ff.; verhandelter 26 1; Versorgerwechsel 20 65; Vertragsverhältnisse 20 38 ff.; Voraussetzungen der Nutzung 20 70 ff.; Zugang zu den Gasversorgungsnetzen 20 125 ff.; 24 25 ff.; Zugang zu den Stromnetzen 20 38 ff.; Zugangsberechtigte 20 8; Zugangsverpflichtete 20 7
Netzzugangsbedingungen, Diskriminierungsverbot 20 20 f.; Einschreitenspflicht der Regulierungsbehörde 24 17 ff.; Handlungsermächtigungen für die Regulierungsbehörden 24 10 ff.; Konkretisierung durch die Netzzugangsverordnungen 20 17; 24 1, 5 ff.; Methodenregulierung 24 2, 8; Nachberechnungsklausel 20 16; sachliche Rechtfertigung 20 16 ff.; Veröffentlichung 20 25; Zugangsverweigerungsgründe 20 15
Netzzugangsentgelt, gesonderter Ausweis in den Rechnungen 42 38
Netzzugangsentgelte 21 30, 60; Genehmigung **23 a;** Genehmigungserfordernis **23 a** 6; 24 13 ff.; Genehmigungsfiktion **23 a** 22 ff.; individuelle Entgelte **23 a** 8; 24 14; Methoden zur Bestimmung 24 9, 28 ff.; Übergangsregelung 118 3; Veröffentlichung 20 25; Zuschlag nach KWG **23 a** 9; s. auch Entgelte
Netzzugangsmodell, Ein-Vertrag-Modell 20 49; Gesamtnetzcharakter 20 44; Individualisierungsbedarf 20 45; Netzpunktmodell 20 50; Nutzung mehrerer Teilnetze 20 47 f.; 24 27; technisch-organisatorischer Hintergrund 20 42 f.
Netzzugangssysteme, regulierter Netzzugang **Vorb** 20 12 ff.; selbstregulative Elemente **Vorb** 20 21, 24; verhandelter Netzzugang auf Vertragsbasis **Vorb** 20 9 ff.
Netzzugangsverträge 115 1 ff.; Anpassung von Netznutzungsentgelten 115 3; bestehende Verträge 115 2; Haushaltskunden 115 5 f.; Letztverbraucher 115 4
Netzzuverlässigkeit
s. Versorgungszuverlässigkeit
neue Infrastruktur 3 49
nichtsteuerliche Abgaben 92 25
Nichtzulassungsbeschwerde 87 1 ff.; 107 4
Notfallmaßnahmen 13 19 ff.; 16 8 ff.; Gegenstand 13 20 f.; Haftung 11 49; 13 27 ff.; 16 14; Informationspflicht 13 23; 16 11; Ruhen

1379

Stichwortverzeichnis

fette Zahlen = §§

von Leistungspflichten **13** 26; **16** 13; Stomeinspeisungen aus EEG- und KWKG-Anlagen **13** 24; Unterrichtung **13** 31 ff.; **16** 15 f.; Verhältnismäßigkeit **13** 20; Zusammenarbeit **13** 22; **16** 10
Notstromaggregate 37 9
Nutzungsdauer 21 109 ff., 142 f.

Obergrenzen s. Erlös- und Preisobergrenzen
Oberleitung 3 a 13
Objektnetze 3 13, 33; **4** 7; **36** 24, 40; **38** 8; **41** 9; **42** 13; **91** 6; **92** 7; **110** 1 ff.; Anzeigepflicht **5** 12; Belieferung von Netzverbrauchern **110** 19; bestimmbare Letztverbraucher **110** 11 ff.; Contracting **110** 22; Definition **110** 5 ff.; Eigenbedarfsanlage **110** 21; Eigenversorgungsnetze **110** 12 f.; Entscheidung der Regulierungsbehörde **110** 23 ff.; Fahrstrom der Eisenbahnen **110** 26; Leistungsfähigkeit des Netzbetreibers **110** 16; Privilegierung **110** 2; räumliches Gebiet **110** 8; übergeordneter Geschäftszweck **110** 8 ff.; unanwendbare Vorschriften **110** 17 f.; unzumutbare Erschwerung **110** 10; Vereinbarkeit mit Europarecht **110** 3 ff., 19; Werks- und Industrienetze **110** 6 f.; Zuständigkeit **54** 34
öffentliche Verkehrswege 46 1, 35
öffentliche/gemischtwirtschaftliche Unternehmen 109 2, 6 ff.
Öffentlichkeitsarbeit Vorb 65 12
öffentlich-rechtliche Versorgungsverhältnisse 39 52 f.
OLG Düsseldorf 98 5; **101** 2; **106** 10
operating expenditure (OPEX) 10 27
operationelle Entflechtung 7 7, 25; **8** 4, 30
organisatorische Entflechtung 6 14
Organleihe 54 15 ff.; **60 a** 7
örtliche Verteilungsnetze 3 50

örtliches Wegenetz 46 7 ff.
Ownership-Unbundling 6 16 ff.; **7** 8

Pachtvertrag 7 13 ff.; **8** 41
Paradigmenwechsel 21 2 ff.
Parallelaufgaben 64 a 4 ff.
Passing-on-defense 32 29
Pauschalgebührensätze 91 17
periodenübergreifende Saldierung 21 91 ff.
Planänderung vor Fertigstellung 43 d 2, 6
Planergänzung und ergänzendes Verfahren 43 d 2 ff.; Erörterungstermin **43 d** 5; Freistellung von der Öffentlichkeitsbeteiligung **43 d** 4; Verfahrensermessen **43 d** 5
Planfeststellung 43 1 ff.; **43 c** 1 ff.; Abwägungsgebot **43** 25; Behörde **43** 21 ff., 30; Beschluß **43 b** 1, 7, 10 ff.; **43 e** 3 ff.; Duldungswirkung **43 c** 2; enteignungsrechtliche Vorwirkung **43 c** 4; Erörterungstermin **43 b** 2 ff., 6; Geltungsdauer **43 c** 7; Gestaltungswirkung **43 c** 2; Konzentrationswirkung **43 c** 3; Pflicht **43** 3, 11 ff.; Präklusionswirkung **43 c** 2; Rechtsschutz d. Vorhabenträgers **43** 31; Rechtswirkungen **43 c** 2 ff.; Sonderregelungen für das Planfeststellungsverfahren **43 b** 2 ff.; Verfahren **43** 3, 7 ff., 23 ff.; Verhältnis zu UVP-Verfahren **43** 5, 30; Verzichtsentscheidung **43 b** 16 ff.
Plangenehmigung 43 7 ff.; **43 b** 7 ff.; **43 e** 3 ff.; Abwägungsgebot **43 b** 4 ff., 8 ff., 14; Anhörungsverfahren **43 b** 9; Anwendungsbereich **43 b** 10; Duldungswirkung **43 c** 5; Enteignung **43 b** 13 ff.; enteignungsrechtliche Vorwirkung **43 c** 5; Geltungsdauer **43 c** 7; Genehmigungswirkung **43 c** 5; Konzentrationswirkung **43 c** 5; Rechtswirkungen **43 b** 12 ff.; UVP-Akzessorietät **43** 5; Verfahren **43 b** 9; Zuständigkeit **43 b** 9
Plankosten 21 78
Planrechtfertigung 43 17 f.

magere Zahlen = Randnummern

Stichwortverzeichnis

Planungsermessen 43 12, 21, 31
Präklusion 43 a 15 ff.; **43 e** 4
Preisänderungsrisiko 21 122 f.
Preisaufsicht 39 8, 12
Preisfindungsprinzipien
s. Verbändevereinbarung
Preisgünstigkeit 1 2 f., 27 ff., 35; **42** 25
Preisgünstigkeit der Energieversorgung 11 19, 45
Preisindizes s. Indexreihen
Preiskontrolle, präventive s. Ex-ante-Entgeltregulierung
Preisobergrenze, Price-Cap **21 a** 5, 10, 16 ff., 23
Preispfad 21 a 1
Preisstrukturmißbrauch 21 52, 59
Price-squeezing 21 47
Produktivität, Produktivitätsentwicklung, Produktivitätssteigerung 21 a 20 ff., 29; Produktivitätsfaktor **21 a** 28
Prozeßbevollmächtigte 90 4
Prüfmaßstab 21 13
Prüfschema 21 96

Qualitätsregulierung 21 a 1, 21, 52 ff.; Qualitätskenngrößen **21 a** 54
Quersubventionen 6 12
Quersubventionierung 21 47 ff.
Quotierung, doppelte **21** 119

Rationalisierungspotentiale 21 a 47 ff.
Raumordnung 43 7 ff., 19
Realkapitalerhaltung 21 41, 98 ff.
Rechnung 42 3, 18
Rechnungslegung 6 12; **10** 12, 22 ff., 35; **114** 1
Rechnungswesen 10 12
rechtliche Entflechtung 6 15; **7** 4 ff.
rechtliches Gehör 67 2; **70** 4; **71** 8; **83** 3 ff.; **84** 7 ff.
Rechtsabteilung 8 26 ff.
Rechtsakt 6 24
Rechtsanwalt 103 5
Rechtsanwaltgebühren 105 12
Rechtsberatung 8 25
Rechtsbeschwerde 86 ff.; **107** 4; Beschwerdeberechtigte **88** 1; Entscheidung **88** 5; Gründe **86** 1 ff., s. auch Produktivität, Produktivitätsentwicklung, Produktivitätssteigerung; Umfang **88** 2 f.; Verfahren **88** 4; Zulassung **86** 2 ff.
Rechtshilfe 57 16
Rechtsmittel 90 7
Rechtsmittelbelehrung 73 9, 14, s. auch Rechnungslegung
Rechtsnachfolge 4 36 ff.
Rechtsschutz 43 e 1 ff.; Dritter **43 e** 1 ff.; EG-Beteiligungsverfahren **28 a** 21 ff.; Eigentümer **43 e** 2 ff.; einstweiliger **43 e** 1, 8 ff.; Gemeinde **43 e** 2 ff.; Klagebefugnis **43 e** 3 ff.; Nachbar **43 e** 3; Prüfungsumfang **43 e** 5; Rechtmäßigkeitskontrolle **43 e** 5
Rechtsweg Vorb 75 1 ff.
Referenzberichte 21 a 22
Referenznetzanalyse 21 a 21
Regelenergie, Abrechnung **23** 5; Beschaffung **22** 10 ff.; negative **22** 11 f.; **23** 7 ff.; positive **22** 11 f.; **23** 7 ff.; Preisspreizung **23** 4, 9, 13; regelzonenübergreifende Ausschreibung **22** 10 ff.; Übergangsregelung für Ausschreibung **118** 1; Übergangsregelung für Beschaffung und Einsatz **118** 4; Verringerung des Regelenergieaufwands **24** 33
Regelzone 3 51
Regelzonen 12 5, 15, 20
Regulierung 1 48; **21** 2 ff.; Anreizregulierung **Vorb 29** 2 f.; **112** 2; Ex-ante-Regulierung **Vorb 29** 2 ff.; Ex-post-Regulierung **Vorb 29** 2 ff.; durch Festlegung **29** 10 ff.; Methodenregulierung **Vorb 29** 2 ff.; **29** 5 ff.; der Netzanschlußbedingungen **Vorb 29** 8 f.; der Netzzugangsentgelte **Vorb 29** 3 ff.; sektorspezifische **21** 3; **21 a** 14; sonstiger Netzzugangsbedingungen **Vorb 29** 6 f.; Übergangsregelung zur Anreizregulierung **118** 7
Regulierungsbehörde Vorb 65 2; **104** 4 ff.; **111** 1
Regulierungsbehörden, Kooperation **55** 1 ff.; **57** 1 ff.; Rechtsschutz

1381

Stichwortverzeichnis

fette Zahlen = §§

gegen Entscheidungen der **55** 8; Verfahren **55** 4 ff.; Zuständigkeit **54** 1 ff.; s. auch Bundesnetzagentur; s. auch Landesregulierungsbehörden
regulierungsbehördliche Maßnahmen 46 90
Regulierungsformel 21 a 21, 26 ff., 34
Regulierungskonto 21 a 26
Regulierungsperiode 21 a 16 f., 24 f., 55 f.
Regulierungsverbund, europäischer **57** 1 ff.
Reserveversorgung 37 2 f., 14 ff.
Restwertermittlung 21 96 ff., 106 ff.
richtlinienkonforme Auslegung 1 52
Risiko, risikoangepasst s. Verzinsung
Roß- und Reiter-Problematik 82 9
Rucksackprinzip 20 182 ff., 207; Ausnahmen **20** 185 ff.
rügeloses Einlassen 108 4

Sachanlagevermögen 21 96 ff., 104 ff.
sachliche Rechtfertigung 21 15, 51, 163
Sachzeitwert 46 81
Säumnis 81 4 f.
Säumniszuschläge 92 21
Schadensersatzanspruch 32 1; Courage-Entscheidung **32** 29; Follow-on-Klagen **32** 35; Gläubiger **32** 28; Handlung **32** 31; Kausalität **32** 31; Passing-on-defense **32** 29; Rechtsirrtum **32** 32; Schadensermittlung **32** 33; Schuldner **32** 28; Verbraucherverbände **32** 3, 17; Verhältnis zu anderen Vorschriften **32** 4; Verjährung **32** 37; Zinsen **32** 33; Zweck **32** 26
Scheingewinnbesteuerung 21 138
Schriftform 73 7 ff.
schriftliches Verfahren 81 3
Schwachstellenanalyse 13 34 ff.; **14** 7; **16** 17 f.; **16 a** 4
Scorched-node 21 71; **21 a** 41

Sekundärmarkt s. Kapazitätshandel
Selbstverwaltungsgarantie/-recht 36 11; **46** 29 f., 77
Shared Services 7 40; **8** 6, 22 ff.; **9** 6, 16
Sicherheit 11 12 ff.; **12** 22; Abwägung **11** 20; Gefährdung **13** 4 ff.; **16** 3; technische Anlagensicherheit **11** 12; **12** 22; Versorgungssicherheit **11** 13 f., 18 ff.; **12** 22
Sicherheit der Energieversorgung 1 24
Sonderabgaben 92 36 ff.
Sonderkunden(vertrag) 39 15 f.; **41** 3
Sondervorteil 92 32
Speicheranlage 3 19, 39, 52; **6** 31 ff.
Speicherzugang, europarechtlicher Rahmen **26** 4 ff.; **28** 2 f.; Informationspflichten **28** 14 ff.; Leitlinien **28** 3; Systemspeicher **28** 5; verhandelter **26** 1, 10; Zugangsanspruch **28**
Staatsanwaltschaft 96 8 ff.
Standortentscheidung 43 7 ff., 27
Statistisches Bundesamt 63 18
Stetigkeitsgrundsatz 21 76
Steuern 21 132 ff.
Stochastische Effizienzgrenzen-Analyse (SFA) 21 a 39 ff.
Strafgerichte 106 3
Straftat 96 10
Straßenrecht 46 17
Streitbeilegungsstelle 31 1
Streitwertanpassung 105 2
Strom- und Gasnetzentgeltverordnung s. Entgeltverordnung
Strom- und Gaspreise 111 13
Strombezug von außerhalb der EU 42 33
Strombörse 42 30 ff.; Anzeigepflicht **5** 10
Strombündler, Anzeigepflicht **5** 11
StromGVV 36 15; **39** 14 ff., 38
Stromhandelsverordnung, Verfahren **56** 11; Vollzugszustündigkeit **56** 1 ff.
Stromhändler, Anzeigepflicht **5** 8 ff.
Stromkennzeichnung 1 16, 33; **42** 2 ff.

1382

Stichwortverzeichnis

Stromlieferungsvertrag 20 89; integrierter Stromlieferungsvertrag 20 65, 89
Strommakler, Anzeigepflicht 5 11
Stromschienen 3 a 13
strukturelle Vergleichbarkeit 21 27, 31, 37, 40, 58, 65 f., 85, 94, 155; **21 a** 16
Strukturklassen 21 152 ff.; **21 a** 32
Strukturkontrolle 4 3, 17
Strukturmerkmale 21 153 ff.
summarische Prüfung 90 14
Systemdienstleistungen 12 9
Systemverantwortlichkeit 2 12
Systemverantwortung 12 7 ff.; 13 1 ff.; **16** 1 ff.; Abgrenzung 12 7 ff.; 15 6 f.; Auswahl von Maßnahmen 13 11; EEG 13 16; Engpaßmanagement 12 9; Gefährdung 13 4 ff.; Haftung 13 10; „je-desto-Formel" 13 7; KWKG 13 17; marktbezogene Maßnahmen 13 13; Maßnahmen 12 8; netzbezogene Maßnahmen 13 12; Notfallmaßnahmen 13 19 ff.; Prognose 13 8; Stufensystem 13 2; **16** 2; Systemdienstleistugen 12 9

Tagesneuwert, -berechnung 21 96 ff., 107 ff.
Tarifkundenverträge 116 1 f.
Tätigkeitsbericht 63 7 ff.; Inhalt 63 9 f.
Tätigkeitsuntersagung, Rechtsschutz 5 35; Verfahren 5 35; Voraussetzungen 5 30 ff.; Zuständigkeit 5 35; s. auch Betriebsuntersagung
Tatsachen, Berücksichtigung neuer 75 15 f.
technische Sicherheit 1 17, 25
technische Vorschriften 19 1 ff.; Anschluß an Elektrizitätsversorgungsnetze 19 2; Anschluß an Gasversorgungsnetze 19 3; Kriterien für technische Mindestanforderungen 19 4 f.; Mitteilung und Unterrichtung 19 6 f.; Tranparenz 19 1
technisches Regelwerk 11 17 ff.; 15 3; **17** 19; **49** 6; Distribution Code 11 21; Maßstab 11 18; rechtliche Unverbindlichkeit 11 22; Transmission Code 11 21; **12** 3; Wertungen 11 23
Teilbeherrschungsvertrag 7 11
Teilbetrieb 6 39
Teilnetz 3 53
Teilnetze, Zusammenfassung 24 27
Telekommunikation 21 18, 66 ff., 88, 93, 102, 129; **21 a** 11 ff., 41
Territorialitätsprinzip 109 12
Top-down 21 71
Traktionsenergie 3 a 14
Transmission Code 11 21; **12** 3
Transparenz der Stromrechnung 42 3
Transparenzgebot 21 44, 50 ff., 60, 151
Transportkunden 3 38, 54; **9** 18

Übergangsregelungen 118 1 ff.
Überlassung der notwendigen Verteilungsanlagen 46 71 ff., 84
überörtliche Versorgung 46 75
Übertragung 3 55, 60
Übertragungsnetzbetreiber 3 51; Ausgleich von Bilanzabweichungen 20 54 ff.
Übertragungsnetze 12 1 ff.; Bereitstellung 12 16; Berichtspflicht 12 32 ff.; Betreiber 12 4 f.; Betrieb 12 6 ff.; Betriebspflicht 12 17; Elektrizitätsübertragung 12 11 ff.; Engpaßmanagement 12 9; Informationspflicht 12 25 ff.; Regelzone 12 5; Schwachstellenanalyse 12 34 ff.; Sicherheit 12 22; Sicherstellung von Netzkapazität 12 30 f.; Systemdienstleistungen 12 9; Systemverantwortung 12 7 ff.; Verbund 12 18; Zuverlässigkeit 12 23
Übertreffen, Übertreffbarkeit 21 a 5, 34, 48 f.
UCTE-Strommix 42 32 ff.
Umsetzung des Europäischen Gemeinschaftsrechts 1 1, 6, 52; **3** 2, 7; **41** 5; **42** 8 f.
Umstrukturierungsinvestitionen 21 a 54
Umwandlungsgesetz 4 40

1383

Stichwortverzeichnis

fette Zahlen = §§

Umweltauswirkungen 42 22 f., 28
Umweltrecht 1 13 ff.
Umweltverträglichkeit 1 3, 36 ff., 44; **3** 5, 56; **42** 4, 25
Unbedenklichkeitsbescheinigung 4 16
unbedingte Zahlungsverpflichtung, Auswirkung auf Rucksackprinzip **20** 187; wirtschaftliche Schwierigkeiten **25** 5 ff.; Zulässigkeit **25** 6
Unbundling, neue Infrastrukturen **28 a** 8
unmittelbare Versorgung von Letztverbrauchern 46 40; **48** 14
Unmöglichkeit der Leitungsverlegung 46 49
Unternehmen(sbegriff) 109 9
Unternehmensträger 89 8
Untersuchungsgrundsatz 43 e 4; **82** 1 ff.; Erörterungspflichten **82** 6; Mitwirkungspflichten **82** 7; Umfang **82** 3
Unzumutbarkeit 21 a 50; Kooperationspflicht **20** 170; des Netzzugangs **20** 225 ff.; bei wirtschaftlichen Schwierigkeiten **25**
Unzumutbarkeit der Grundversorgung 36 29 ff.

Veränderungssperre 44 a 2 ff.; Beginn **44 a** 2 f.; Gegenstand **44 a** 4 ff.; räumlicher Geltungsbereich **44 a** 13; Wirkung **44 a** 10 ff.
Veranlasserprinzip 91 20
Verbände 89 8
Verbändevereinbarung 21 94
Verbändevereinbarung über die sog. stromwirtschaftliche Zusammenarbeit 37 3
Verbindungsleitung, Befreiung **28 a** 5
Verbindungsleitungen 3 57 f.
Verbraucher 3 43
Verbraucherfreundlichkeit 1 32; **36** 2
Verbraucherrechte bei Anbieterwechsel 24 22
Verbraucherschutz 1 4; **39** 4, 9; **41** 2

Verbundnetze 3 58; **12** 15 ff.
Verfahren 30 51; **31** 21
Verfahren zur Festlegung und Genehmigung, Änderung von Regulierungsentscheidungen **29** 17 ff.; Antragsfrist **23 a** 12; Bedingungsregulierung **29** 1 ff.; Einvernehmen mit Bundeskartellamt **29** 32 ff.; elektronische Übermittlung der Antragsunterlagen **23 a** 14; Methodenregulierung **Vorb 29** 2 ff.; **29** 5 ff.; Regulierung durch Festlegung **29** 10 ff.; Schriftform des Antrags **23 a** 13; Verordnungsermächtigung **29** 27 ff.
Verfahrensbeendigung 73 1 ff.
Verfahrensbeschleunigung 43 a 7, 12 ff.; **43 d** 1; **43 e** 1, 3 ff.
Verfahrenseinleitung 66 2 ff.; Mitteilung über Verfahrenseinleitung **66** 5; Veröffentlichungspflicht **74** 1
Verfahrensfehler 67 15 f.; **68** 4; Heilung **67** 16; Heilung unterbliebener Beiladung **66** 20
Verfahrensrecht der Regulierungsbehörden **55** 4 ff.
Vergaberecht 46 66
Vergleichsmarktkonzept 21 7, 69; **21 a** 12
Vergleichsnetzanalyse s. Kostenmodelle und Referenznetzanalyse
Vergleichsverfahren 21 11 f., 150 ff., 164
Verjährung 95 25
Verlängerungsverfahren 43 c 8 f.
Verlegung und Betrieb von Leitungen 46 36
Verlustenergie 21 141
Vermutungsregel 21 9 ff., 62
Veröffentlichungspflicht, Befreiungsentscheidungen **28 a** 25; für örtliche Verteilnetze **20** 199
Verordnungsermächtigung, Speicherzugang **28** 17; vorgelagerte Rohrleitungen **27** 7
Verordnungsvorbehalt 21 a 3 f., 7 f.
Verpflichtungsbeschwerde 75 8 ff.
Verschmelzung 4 40

magere Zahlen = Randnummern

Stichwortverzeichnis

Verschuldungsobergrenze 8 43
Versorger letzter Instanz 36 8
Versorgung 3 59
Versorgung der Allgemeinheit 1 21 f.
Versorgungspflicht 2 3 ff.; 36 3, 52 f.; **37** 2; **113** 8
Versorgungsqualität 21 a 21, 54 f.
Versorgungssicherheit 1 24 ff., 44; 2 12; **36** 2; Rucksackprinzip 20 185 ff.; Verbesserung 28 a 6; Zugangsverweigerung 25 16
Versorgungsunterbrechungen 11 2, 22, 44; Erdgasversorgung 53 a 7; Meldepflichten 52 1 ff.
Versorgungsverhältnisse 39 52; 41 20
Versorgungszuverlässigkeit 21 67; **21 a** 1, 16, 53
Verteilernetz 3 24; Zuständigkeit 54 36 ff.
Verteilernetzbetreiber 7 57
Verteilnetze, örtliche 20 194 ff.
Verteilschlüssel 92 19
Verteilstichtag 92 19
Verteilung 3 60
vertikal integrierte Energieversorgungsunternehmen 3 61; 6 29 f.; **11** 42
Vertragsrecht 1 10
Verwaltungsakt 94 4; Entscheidung als Verwaltungsakt 73 4 ff.; Entscheidung über Gewährung Akteneinsicht 71 10; Festlegung als Verwaltungsakt **Vorb** 65 9
Verwaltungsgerichte 106 3
Verwaltungskosten 93 1
Verwaltungsverbund 25 2, 17 f.; **28 a** 2, 17 ff.
Verwaltungsverfahren, Antragsverfahren 66 3; **72** 3; Einleitungshandlung 66 4; förmliches **Vorb** 65 3; justizförmige Ausgestaltung **Vorb** 65 3; **67** 13; mündliche Verhandlung 67 13; Übernahme Regelungen TKG und GWB **Vorb** 65 1; Verfahrensbeendigung 73 1 ff.; Verfahrenseinleitung 66 2 ff.
Verwaltungsvorschrift 6 27
Verwertungsverbot 84 7 f.

Verzinsung 21 65 ff., 76 ff., 96 ff., 115 ff., 121 ff., 128 ff.; **21 a** 45
Vogelschutzrichtlinie 43 21
Vorarbeiten, Begriff 44 1 ff.; s. auch Duldungspflicht von Vorarbeiten
vorbeugende Unterlassungsbeschwerde 75 13
Vorfragen 102 4, 14
vorgelagerte Rohrleitungen, als Teil der Gasversorgungsnetze 26 9; europarechtlicher Rahmen 26 3; Zugangsanspruch 27 3
vorgelagerte Rohrleitungsnetze 3 36 ff., 62
Vorkaufsrecht 44 a 22 ff.; Anwendungsbereich **44 a** 23; Ausübung **44 a** 24; Rechtswirkung **44 a** 24
vorläufige Anordnungen 76 6 ff.; Beschwerdegericht 76 9 ff.; Regulierungsbehörde 76 6 ff.; Wiederherstellung/Anordnung 77 10 ff.
vorläufige Anordnungen der Regulierungsbehörde 72 1 ff.; Inhalt 72 7
Vorratshaltung 50 1 ff.; Abgabeverpflichtung **50** 5; Aufrechterhaltung der Brennstoffversorgung **50** 7; Bevorratungspflichten **50** 3 ff., 8 ff.; Eigenanlagen **50** 4; Freistellung **50** 7 ff.; Gasversorgung **50** 6; Kraftwerke **50** 4; praktische Bedeutung **50** 2; Sicherstellung der Energieversorgung **50** 1; Stromversorgung **50** 4 f.; Vermeidung betrieblicher Schwierigkeiten **50** 7
Vorteilsabschöpfung 33 1; **91** 6; Ermessen 33 10; Frist 33 17; geringer wirtschaftlicher Vorteil 33 15; Kausalität 33 9; Kosten 33 18; Rückerstattungsanspruch **33** 13; Saldierungsgrundsatz 33 7; Schätzung 33 8; Subsidiarität gegenüber Schadensersatzanspruch, Geldbuße, Verfall 33 11; unbillige Härte 33 14; Verbände 33 2; Verstoß 33 4; wirtschaftlicher Vorteil 33 7; Zeitpunkt 33 5
vorzeitige Besitzeinweisung 44 b 1 ff.; Aufhebung **44 b** 16 f.; benötigte Grundstücke **44 b** 6; Beschluß

1385

Stichwortverzeichnis

fette Zahlen = §§

44 b 11 ff.; Dringlichkeit 44 b 7; Entschädigung 44 b 14 f.; Rechtsschutz 44 b 18; Verfahren 44 b 8 ff.; Voraussetzungen 44 b 3 ff.
VwVfG 43 1, 29; Anwendbarkeit allgemein **Vorb 65** 6; **67** 15; Handlungsformen **Vorb 65** 8
VwVG 94 1

Wagniszuschlag s. Verzinsung
Wasserversorgung 117 1 ff.
Wegenetz 46 7 ff., 11
Wegenutzungsverträge 46 3 f., 9, 19, 32 f.; **48** 24 f.; **113** 1 ff.
Weisung 8 48; **59** 21 ff.; **61** 1 ff.; Adressat **59** 22 f.; **61** 9, 13 f.; allgemeine **61** 5 ff.; Begriff **61** 6 f.; Einzel- **61** 12 ff.; innerbehördliche **61** 15; Veröffentlichung **61** 5 ff.
Weisungsrecht s. Weisung
Weisungsverbot 8 46
Weiterverteilung 48 15, 20
Werbematerial 42 19
Wettbewerb 1 46 ff.; **46** 11 ff., 51; Beeinträchtigung **28 a** 10; Verbesserung **28 a** 6; Wettbewerbsanalogie **21** 11, 65 ff., 85; Wettbewerbsorientierung **21** 64, 68, 94, 126; wirksamer **21** 2 ff., 26, 30; **21 a** 50; Zugangsverweigerung **25** 15 f.
Wettbewerbsbericht 63 14 ff.
Wettbewerbsrecht 1 12; **21** 3 ff., 16, 31; **46** 17 f.
Widerruf der Entgeltgenehmigung 23 a 19 ff.
Wiederbeschaffungswerte 21 102, s. auch Tagesneuwerte
wirtschaftliche Unabhängigkeit 8 37
wirtschaftliche Zumutbarkeit 11 38 ff.; Erdgasversorgung **53 a** 8; Existenzgefährdung **11** 39; Investitionsfähigkeit der Netzbetreiber **11** 39; Netzanschluß **17** 35; **18** 8, 22 ff.; Verhältnismäßigkeit **11** 38
wirtschaftlicher Vorteil 95 22
Wirtschafts- und Berufsvereinigungen 89 8
Wirtschaftsaufsicht 92 37

wissenschaftliche Beratung 64 1 ff.; **64 a** 14
wissenschaftliche Kommission 64 6 ff.
wissenschaftlicher Arbeitskreis 64 6

X-Faktor s. Produktivitätsfaktor

Yarkstick-Competition 21 a 17 ff., 56

Zahlungsverjährung 91 24
Zahlungsweisen 41 14 ff.
Ziele der Netzregulierung 1 46 f., 51
Zivilgerichte 106 3
Zivilkammer 102 17
ZPO 85 1 f.
Zugangsanspruch, Durchsetzung **26** 12; **28** 9; zu Speichern **28;** vorgelagerte Rohrleitungen **27;** vorrangiger **20** 206
Zugangsverweigerung 20 200 ff.; zu Speichern **28** 10 ff.; zu vorgelagerten Rohrleitungen **27** 4 ff.; bei wirtschaftlichen Schwierigkeiten **25**
Zumutbarkeit 21 a 34, 45 ff.
Zusammenarbeit der Netzbetreiber, bestehende Zusammenarbeitsformen **20** 100 ff.; Durchsetzung der Zusammenarbeitspflicht **20** 104 ff.; ETSO **20** 102; UCTE **20** 101; VDN **20** 103; verbindliche Regelwerke **20** 30 f.; Zusammenarbeitspflicht **20** 27 ff., 96 ff.; **24** 20 ff., 32
Zusammenarbeit der Regulierungsbehörde mit anderen Regulierungsbehörden **28 a** 16; mit dem BKartA **25** 11; **28 a** 13
Zusatzversorgung 37 1 ff., 14
Zuständigkeit 30 54
Zustellung 71 10; **73** 10 f., 14
Zuverlässigkeit 4 26 ff.; **5** 27; **11** 16; **12** 23; Gefährdung **13** 4 ff.
Zwangsgeld 94 2
Zweck des Gesetzes 1 1, 22, 41, 42 ff.; **2** 7; **39** 4, 29
Zwei-Vertragsmodell 20 125, 139 ff., 166 ff., 193